Wolfgang Graf Vitzthum, Alexander Proelß (Hrsg.)
Völkerrecht
De Gruyter Studium

Völkerrecht

Herausgegeben von
Wolfgang Graf Vitzthum und Alexander Proelß

Bearbeitet von
Michael Bothe
Marcel Kau
Charlotte Kreuter-Kirchhof
Philip Kunig
Alexander Proelß
Stefanie Schmahl
Meinhard Schröder
Robert Uerpmann-Wittzack
Wolfgang Graf Vitzthum

8., neu bearbeitete Auflage

DE GRUYTER

Prof. i.R. Dr. Dr. h.c. **Wolfgang Graf Vitzthum**, LL.M. (Columbia), Universität Tübingen;
Prof. Dr. **Alexander Proelß**, Universität Hamburg.

Zitiervorschlag: zB *Schmahl* in Graf Vitzthum/Proelß (Hrsg) Völkerrecht, 8. Aufl, Rn 15

ISBN 978-3-11-063012-1
e-ISBN (PDF) 978-3-11-063326-9
e-ISBN (EPUB) 978-3-11-063329-0

Library of Congress Control Number: 2019945306

Bibliografische Information der Deutschen Nationalbibliothek
Die Deutsche Nationalbibliothek verzeichnet diese Publikation in der Deutschen
Nationalbibliografie; detaillierte bibliografische Daten sind im Internet
über http://dnb.dnb.de abrufbar.

© 2019 Walter de Gruyter GmbH, Berlin/Boston
Einbandabbildung: Labsas/iStock Unreleased/gettyimages
Datenkonvertierung/Satz: jürgen ullrich typosatz, 86720 Nördlingen
Druck und Bindearbeiten: CPI books GmbH, Leck

www.degruyter.com

Vorwort zur 8. Auflage

Seit Erscheinen der 7. Auflage sind in den internationalen Beziehungen drei für ihre normative Ordnung besonders ereignisreiche Jahre vergangen. Dies machte es notwendig, Aktualisierungen, Präzisierungen und Ergänzungen in das Lehrbuch aufzunehmen, bei der Rechtsetzung, Rechtsprechung und Literatur ebenso wie bei der Praxis der Staaten und der sonstigen Völkerrechtssubjekte.

In beschränktem Umfang wurden auch Entwicklungen berücksichtigt, die noch nicht zu anerkannt neuem universellen Recht geführt haben, die aber die Tendenz zu einer möglichen normativen Verdichtung und Konsolidierung aufweisen. Ebenfalls einbezogen wurden praktisch-politische Schritte, die derzeit die internationale Rechtsordnung in ihrer normativen Kraft und Einheit ganz grundsätzlich in Frage stellen.

Robert Uerpmann-Wittzack trat in die Gemeinschaft der Autorinnen und Autoren des Lehrbuchs ein, Rudolf Dolzer und Eckart Klein haben sich aus Altersgründen von der Mitarbeit an diesem Werk zurückgezogen. Ihnen, die mehr als zwei Jahrzehnte zum Team gehörten, verdankt das Lehrbuch grundlegende, vielzitierte Abschnitte, die nun in je alleiniger Verantwortung und im gleichen internationalen Geist von Charlotte Kreuter-Kirchhof bzw. Stefanie Schmahl, die bereits zuvor zu unserem Kreis gehört hatten, fortgeführt werden.

Unverändert bleiben Konzeption und Aufbau des Werkes: Zugeschnitten auf die Bedürfnisse der Studierenden und der Praxis wird das Völkerrecht in seiner gesamten Regelungsbreite und -tiefe, in seiner Geschichtlichkeit und Farbigkeit, Lückenhaftigkeit und Verbindlichkeit dargestellt und bewertet – in einem einzigen, kompakten, auf das Wesentliche konzentrierten Band. Weiterführende Hinweise zur aktuellen Literatur und Judikatur in den einzelnen Teilgebieten dieser globalen Rechtsordnung vervollständigen die Darstellung.

Unverändert bleibt auch die transnationale Ausstrahlung des je zweimal ins Chinesische und ins Russische übersetzten Werkes.

Kritische Anregungen, zu richten an die Herausgeber oder an die einzelnen Autorinnen und Autoren, sind jederzeit willkommen.

Frankfurt/M. • Konstanz • Düsseldorf • Berlin • Hamburg • Würzburg • Trier • Regensburg • Tübingen

Im Mai 2019

Michael Bothe • Marcel Kau • Charlotte Kreuter-Kirchhof • Philip Kunig • Alexander Proelß • Stefanie Schmahl • Meinhard Schröder • Robert Uerpmann-Wittzack • Wolfgang Graf Vitzthum

Vorwort zur 1. Auflage

Diese systematische Gesamtdarstellung des Völkerrechts wendet sich in erster Linie an Studierende und Referendare. Ihnen wollen die Autoren ein Hilfsmittel für Studium und Prüfung geben, das mehr ist als eine Einführung oder ein Kurzlehrbuch. In intensiver Auseinandersetzung mit Literatur, Rechtsprechung und Staatenpraxis soll das Werk zur wissenschaftlichen Durchdringung des Völkerrechts in seiner ganzen thematischen Breite und historischen Tiefe beitragen. Zugleich soll das Interesse der Nachbardisziplinen wie der Praxis an den dogmatischen Grundlagen, inneren Zusammenhängen und effektiven Wirkungen dieses Rechtsgebietes befriedigt werden.

Sieben gleichwertige Abschnitte decken die komplizierte, umfangreiche und sich in rascher Bewegung befindende Materie ab: die Geschichte und Geschichtlichkeit des Völkerrechts, seine Begriffe und seine Quellen; das Verhältnis dieses Rechtsgebietes zum nationalen Recht; die Staaten und die Einzelnen sowie die Internationalen und die Supranationalen Organisationen als die wichtigsten Subjekte des Völkerrechts; die internationale Ordnung des Raumes, des Umweltschutzes und der Wirtschaft; die mannigfaltigen Fragen der Verantwortlichkeit, des Völkerstrafrechts, der Streitbeilegung und der Sanktionen; schließlich die Friedenssicherung und das Recht bewaffneter Konflikte. Die Bezüge zum Staats- und Verwaltungsrecht, zum Europa- und Wirtschaftsrecht und zu den angrenzenden sozialwissenschaftlichen Fachgebieten sind den Autoren und dem Herausgeber, die das Völkerrecht seit Jahren an Hochschulen des In- und Auslandes lehren, ein besonderes Anliegen.

Ein weiterer Akzent des Lehrbuchs liegt auf der zuverlässigen, leicht verständlichen Verarbeitung der tiefgreifenden Änderungen des internationalen Systems und seines Rechts seit 1989/90. Die weltpolitischen Umwälzungen haben – vielleicht – einen neuen Abschnitt der Völkerrechtsgeschichte eingeleitet. Mögen seine Konturen und Konsequenzen auch noch undeutlich sein – ein Epochenwandel lädt die Völkerrechtswissenschaft zum Bilanzieren und Systematisieren ein. Das Lehrbuch soll dabei auch die Leistungsfähigkeit dieses in seiner praktischen Bedeutung nach wie vor unterschätzten Rechtsgebietes dokumentieren. Noch immer steht die Pflege des Völkerrechts in Deutschland, allen Globalisierungstrends und Europäisierungsschüben und aller europa- und weltpolitischen Verantwortung zum Trotz, hinter der in vielen Nachbarländern und in Übersee zurück.

Das Buch ist ein Gemeinschaftswerk. Den Autoren war von Anbeginn an klar, daß eine Gesamtdarstellung durch mehrere Bearbeiter wegen der Heterogenität und Fülle des Stoffs Risiken birgt. Im Verlauf der Entstehung des Werkes trat diese Überzeugung freilich gegenüber dem Eindruck in den Hintergrund, daß ein Mehrautorenbuch beim Durchdringen und Darstellen des Völkerrechts erhebliche Vorteile aufweist. Die Spezialisierung der Autoren auf ihre jeweiligen Teilthemen hat, denken wir, ein vertieftes Bearbeiten des Stoffes gefördert. Auf der anderen Seite hat der Diskurs der Autoren untereinander, wie ihn etwa die Querverweise dokumentieren, bei allen Unterschieden in Stil und Standpunkt, so steht zu hoffen, eine gleichmäßige, die Einheit des Völkerrechts als Rechtsordnung betonende Darstellung ermöglicht. Der Übersichtlichkeit und Integration dienen auch die dem Werk vorangestellte Gesamtgliederung, die das Grundgefüge der Einzelbeiträge wiedergibt, sowie das ausführliche Sachverzeichnis.

Herrn Wiss. Ass. Dr. *Jörn Axel Kämmerer* ist für die Unterstützung der herausgeberischen Arbeiten zu danken.

Für Anregungen und Kritik sind Autoren und Herausgeber dankbar.

Frankfurt/M. • Bonn • Konstanz • Potsdam • Berlin • Trier • Tübingen

Im August 1997

Michael Bothe • Kay Hailbronner • Eckart Klein • Philip Kunig • Meinhard Schröder • Wolfgang Graf Vitzthum

Autoren- und Inhaltsübersicht

Dr. Dr. h.c. Wolfgang Graf Vitzthum
Professor an der Universität Tübingen
Begriff, Geschichte und Rechtsquellen des Völkerrechts —— 1

Dr. Dr. h.c. Philip Kunig
Professor an der Freien Universität Berlin

Dr. Robert Uerpmann-Wittzack
Professor an der Universität Regensburg
Völkerrecht und staatliches Recht —— 73

Dr. Marcel Kau
Professor an der Universität Konstanz
Der Staat und der Einzelne als Völkerrechtssubjekte —— 159

Dr. Stefanie Schmahl
Professorin an der Universität Würzburg
Die Internationalen und die Supranationalen Organisationen —— 319

Dr. Alexander Proelß
Professor an der Universität Hamburg
Raum und Umwelt im Völkerrecht —— 463

Dr. Charlotte Kreuter-Kirchhof
Professorin an der Universität Düsseldorf
Wirtschaft und Kultur im Völkerrecht —— 585

Dr. Meinhard Schröder
Professor an der Universität Trier
Verantwortlichkeit, Völkerstrafrecht, Streitbeilegung und Sanktionen —— 691

Dr. Michael Bothe
Professor an der Universität Frankfurt am Main
Friedenssicherung und Kriegsrecht —— 755

Sachverzeichnis —— **875**

Inhaltsverzeichnis

Vorwort zur 8. Auflage —— **V**

Vorwort zur 1. Auflage —— **VII**

Autoren- und Inhaltsübersicht —— **IX**

Abkürzungsverzeichnis —— **XXI**

Erster Abschnitt
Begriff, Geschichte und Rechtsquellen des Völkerrechts

Vorbemerkung —— **5**
I. Begriff und Geltung des Völkerrechts —— **5**
   1. Begriff und Besonderheiten des Völkerrechts —— **5**
      a) Ansatzpunkte und Probleme der Begriffsbestimmung —— **5**
      b) Begriffsgeschichte und Völkerrechtsentwicklung —— **8**
      c) Expansion des Völkerrechts —— **11**
      d) Kombinationsdefinition des Völkerrechts —— **15**
      e) Abgrenzung zu anderen Rechtsgebieten —— **17**
      f) Völkerrecht und Europarecht —— **20**
      g) Besonderheiten des Völkerrechts —— **22**
   2. Geltung, Grundregeln und Einheit des Völkerrechts —— **26**
      a) Die Frage der Geltung —— **26**
      b) Die Grundregeln des Völkerrechts —— **30**
      c) Die Einheit der Völkerrechtsordnung —— **34**
II. Völkerrechtsgeschichte und Völkerrechtswissenschaft —— **38**
   1. Geschichte und Geschichtlichkeit des Völkerrechts —— **38**
   2. Völkerrechtswissenschaft —— **48**
III. Die Rechtsquellen des Völkerrechts —— **50**
   1. In Art 38 IGH-Statut genannte Rechtsquellen und Erkenntnismittel —— **50**
      a) Internationale Übereinkünfte (das Recht der Verträge) —— **50**
      b) Völkergewohnheitsrecht —— **60**
      c) Allgemeine Rechtsgrundsätze —— **64**
      d) Richterliche Entscheidungen, Lehrmeinung —— **66**
   2. Entwicklungen außerhalb von Art 38 IGH-Statut —— **67**
   3. Rangverhältnis und Kodifikation der Rechtsquellen —— **70**

Zweiter Abschnitt
Völkerrecht und staatliches Recht

I. Einführung in die Grundlagen —— **79**
II. Verfassungsrechtliche Grundentscheidungen für die Stellung Deutschlands in der internationalen Ordnung —— **82**

1. Das Bekenntnis zu Frieden und Menschenrechten —— 83
2. Die „Offenheit" und die „Völkerrechtsfreundlichkeit" —— 86
3. Die Integrationsorientierung —— 88
III. Das Verhältnis des Völkerrechts zur staatlichen Rechtsordnung: Grundbegriffe und Grundpositionen —— 92
  1. Der Theorienstreit —— 92
  2. Die Mechanismen —— 95
  3. Geltung und Anwendbarkeit —— 96
  4. Völkerrechtliche Rechtsfolgen mangelnder Umsetzung —— 97
IV. Völkerrecht und deutsches Recht —— 98
  1. Zur Einführung: Das Verhältnis von Völkerrecht und staatlichem Recht nach den Rechtsordnungen einzelner Staaten —— 98
  2. Die völkerrechtlichen Verträge —— 107
    a) Überblick zu den grundgesetzlichen Vorgaben —— 107
    b) Bund und Länder als Parteien völkerrechtlicher Verträge und als Mitwirkende beim Vertragsschluss —— 108
    c) Repräsentation nach außen: Die Befugnisse des Bundespräsidenten —— 112
    d) Die Rolle der Bundesregierung —— 114
    e) Das Erfordernis der Mitwirkung von Bundestag und Bundesrat —— 117
    f) Die Form des Bundesgesetzes —— 125
    g) Der Rang und die Wirkung völkerrechtlicher Verträge im deutschen Recht —— 128
    h) Die europäischen Gründungsverträge im deutschen Recht —— 130
    i) Die Übertragung von Hoheitsrechten im Übrigen —— 135
  3. Das Völkergewohnheitsrecht —— 136
    a) Völkergewohnheitsrecht und „allgemeine Regeln des Völkerrechts" —— 137
    b) Der Rang und die Wirkung gewohnheitsrechtlich geltender allgemeiner Regeln des Völkerrechts im deutschen Recht —— 141
    c) Die Normverifikation durch das Bundesverfassungsgericht —— 146
  4. Allgemeine Rechtsgrundsätze —— 147
  5. Recht Internationaler Organisationen —— 148
V. Bilanz: Völkerrecht als Maßstab deutscher Staatsgewalt —— 151
  1. Gesetzgebung —— 151
  2. Regierung und Verwaltung —— 152
  3. Gerichte —— 155

Dritter Abschnitt
Der Staat und der Einzelne als Völkerrechtssubjekte

I. Die Rechtsträger im Völkerrecht, ihre Organe und die Regeln des zwischenstaatlichen Verkehrs —— 170
  1. Rechtsträger und Handelnde im Völkerrecht —— 170
    a) Entwicklung —— 170
    b) Einteilung der Völkerrechtssubjekte —— 171

- c) Internationale Organisationen —— 172
- d) Der Einzelne —— 173
- e) Völker —— 179
- f) Minderheiten —— 179
- g) Sonstige —— 180
2. Organe der Völkerrechtssubjekte und Regeln des zwischenstaatlichen Verkehrs —— 183
   - a) Zentrale Organe —— 183
   - b) Diplomatische Missionen —— 188
   - c) Konsulate —— 194
   - d) Sonderbotschafter —— 196
   - e) Vertretung bei Internationalen Organisationen —— 197
   - f) Diplomatisches Asyl —— 197
II. Der Staat als primäres Völkerrechtssubjekt —— 199
   1. Der Staat —— 199
      - a) Die Elemente des Staates —— 199
      - b) Die staatliche Souveränität —— 202
      - c) Die Gleichheit der Staaten —— 204
   2. Das Staatsvolk —— 218
      - a) Die Staatsangehörigkeit —— 218
      - b) Diplomatischer Schutz —— 229
      - c) Das Selbstbestimmungsrecht der Völker —— 235
   3. Das Staatsgebiet —— 239
      - a) Territoriale Souveränität und Gebietshoheit —— 239
      - b) Erwerb und Verlust von Staatsgebiet —— 240
      - c) Umfang des Staatsgebiets —— 243
   4. Die Staatsgewalt —— 245
      - a) Umfang der Staatsgewalt und Neutralität —— 245
      - b) Staatsähnliche Völkerrechtssubjekte —— 247
   5. Entstehung und Untergang von Staaten —— 250
      - a) Grundlagen —— 250
      - b) Die völkerrechtliche Anerkennung —— 251
      - c) Die neuen Staaten in Mittel- und Osteuropa —— 253
   6. Die Staatensukzession —— 255
      - a) Begriff und Rechtsgrundlage —— 255
      - b) Die Nachfolge in völkerrechtliche Verträge —— 256
      - c) Die Nachfolge in Staatsvermögen, Staatsarchive, Staatsschulden und Haftungsansprüche —— 257
      - d) Staatennachfolge und Staatsangehörigkeit —— 259
   7. Die Rechtslage Deutschlands in Geschichte und Gegenwart —— 260
      - a) Die Teilung Deutschlands —— 261
      - b) Die Vereinigung Deutschlands —— 262
      - c) Die Regelungen über die Staatennachfolge —— 264
III. Der Einzelne im Völkerrecht —— 265
   1. Der Menschenrechtsschutz auf universeller Ebene —— 265
      - a) Einführung —— 265
      - b) Die Allgemeine Erklärung der Menschenrechte —— 269

- c) Die Menschenrechtspakte v 19.12.1966 —— 271
- d) Spezielle Konventionen zum Schutz der Menschenrechte —— 272
2. Der Menschenrechtsschutz auf regionaler Ebene —— 274
   - a) Der Europarat —— 274
   - b) Die Europäische Konvention zum Schutze der Menschenrechte und Grundfreiheiten —— 275
   - c) Die Europäische Sozialcharta —— 284
   - d) Die Menschenrechte im Rahmen der KSZE/OSZE —— 285
   - e) Der Menschenrechtsschutz in Amerika —— 286
   - f) Die Menschenrechte in Afrika —— 288
   - g) Die Menschenrechte in der Arabischen Liga —— 289
3. Das völkerrechtliche Fremdenrecht —— 289
   - a) Einführung —— 289
   - b) Die Einreise von Ausländern —— 291
   - c) Die Rechtsstellung von Ausländern —— 292
   - d) Die Ausweisung von Ausländern —— 293
4. Das Recht auf Asyl —— 297
   - a) Der Begriff des Flüchtlings —— 297
   - b) Das Recht auf Asyl —— 299
   - c) Der Grundsatz des *Non-Refoulement* —— 300
   - d) Maßnahmen im Rahmen des Europarats —— 303
   - e) Flüchtlinge in den EU-Mitgliedstaaten —— 304
5. Die Auslieferung —— 309
   - a) Einführung —— 309
   - b) Grundzüge der Auslieferungsverträge —— 310
   - c) Die political offence exception —— 311
   - d) Auslieferung und EMRK —— 311
   - e) Gewaltsames Verbringen in den Gerichtsstaat —— 311
6. Der völkerrechtliche Minderheitenschutz —— 312
   - a) Einführung —— 312
   - b) Der Minderheitenschutz auf universeller Ebene —— 314
   - c) Regionaler Minderheitenschutz —— 315

Vierter Abschnitt
Die Internationalen und die Supranationalen Organisationen

I. Geschichte und Bedeutung der Internationalen Organisationen —— 328
   1. Die Internationalen Organisationen als unverzichtbare Elemente der internationalen Zusammenarbeit —— 328
   2. Die Wurzeln: Von den Friedenskongressen und Verwaltungsunionen zum Völkerbund —— 328
   3. Die Entwicklung nach 1945 —— 331
   4. Definitionen und Abgrenzungen —— 333
   5. Der Einfluss der Internationalen Organisationen auf das Völkerrecht —— 335
II. Das Recht der Internationalen Organisationen —— 341

1. Entstehung und Untergang Internationaler Organisationen —— 341
   a) Der völkerrechtliche Gründungsakt —— 341
   b) Der Gründungsvertrag als „Verfassung" der Internationalen Organisationen —— 342
   c) Auslegung und Änderung des Gründungsvertrags —— 343
   d) Untergang von Internationalen Organisationen —— 348
   e) Sukzessionsfragen —— 350
2. Die Mitgliedschaft in Internationalen Organisationen —— 352
   a) Erwerb der Mitgliedschaft —— 352
   b) Mitgliedschaftsrechte und -pflichten —— 357
   c) Beendigung der Mitgliedschaft —— 358
   d) Beeinträchtigungen der Mitgliedschaftsrechte —— 362
   e) Abgestufte Formen der Mitgliedschaft —— 364
   f) Nichtmitglieder —— 366
3. Die Rechtsstellung Internationaler Organisationen —— 368
   a) Völkerrechtsfähigkeit —— 368
   b) Völkerrechtliche Handlungsfähigkeit —— 369
   c) Immunitäten, Privilegien, Verhältnis zum Sitzstaat —— 374
   d) Innerstaatliche Rechts- und Geschäftsfähigkeit —— 378
   e) Qualifikation des internen Organisationsrechts —— 379
4. Die Organe und ihre Willensbildung —— 381
   a) Allgemeine Strukturen —— 381
   b) Die Hauptorgane von UN, Europarat und EU im Vergleich —— 384
   c) Die Hauptorgane der UN —— 385
   d) Wandlungen der Organstrukturen und Zwischen-Organ-Verhältnis —— 416
5. Aufgaben und Befugnisse Internationaler Organisationen —— 419
   a) Allgemeines —— 419
   b) Festlegung der Kompetenzausstattung, Prinzip der begrenzten Ermächtigung, ultra vires-Handeln —— 420
   c) Respektierung der inneren Zuständigkeit der Mitgliedstaaten —— 423
   d) Bindung an menschenrechtliche Mindeststandards —— 424
   e) Handlungsinstrumentarium —— 426
   f) Die wichtigsten Aufgabenfelder der UN —— 428
6. Die Finanzierung Internationaler Organisationen —— 436
   a) Einnahmen —— 437
   b) Ausgaben und Budgetierung —— 441
   c) Rechnungskontrolle und Sanktionen —— 442

III. Die UN-Familie —— 443
   1. Allgemeines —— 443
   2. UN mit Haupt- und Nebenorganen —— 444
   3. Sonderorganisationen —— 444

IV. Europarat —— 448
   1. Allgemeines und Entstehung —— 448
   2. Organe —— 450
   3. Aufgaben, Grundsätze, Aktivitäten —— 451

V. Europäische Union —— 455
  1. Supranationale Organisation —— 455
  2. Völkerrechtssubjektivität und völkerrechtliche Handlungsfähigkeit —— 456
  3. Unionszuständigkeiten und Grundrechtsschutz —— 457
  4. Entwicklungsperspektiven —— 459

Fünfter Abschnitt
Raum und Umwelt im Völkerrecht

Vorbemerkung —— 474
I. Der Raum im Völkerrecht —— 474
  1. Die Raumordnung des Völkerrechts im Überblick —— 474
    a) Territoriale Souveränität und Gebietshoheit —— 474
    b) Staatsgebiet und Nichtstaatsgebiet als Grundkategorien —— 476
    c) Nichtstaatsgebiet: Funktionshoheits- und Staatengemeinschaftsräume —— 477
  2. Staatsgebiet: Raum territorial radizierter, umfassender Hoheitsgewalt —— 481
    a) Wesen und Grenzen: Gebietshoheit im Rahmen des Völkerrechts —— 481
    b) Erwerb und Verlust von Staatsgebiet —— 486
    c) Luftraum: Lufthoheit und Luftfreiheiten —— 488
    d) Maritimes Aquitorium: Innere Gewässer, Archipelgewässer, Küstenmeer —— 493
  3. Nichtstaatsgebiet (1): Küstenstaatliche Funktionshoheitsräume —— 503
    a) Wesen und Grenzen: Räume begrenzter Hoheitsbefugnisse —— 503
    b) Anschlusszone: Raum polizeilicher Kontrollrechte —— 504
    c) Ausschließliche Wirtschaftszone: Ressourcenorientierter Raum sui generis —— 505
    d) Festlandsockel: Erforschungs- und Ausbeutungsmonopol aus Küstenlage —— 509
  4. Nichtstaatsgebiet (2): Globale Staatengemeinschaftsräume —— 514
    a) Wesen und Grenzen: Gemeinschaftsbezogene Forschungs- und Nutzungsfreiheit —— 514
    b) Hohe See: Raum rechtlich geordneter Freiheit —— 515
    c) Tiefseeboden („Gebiet"): Internationalisiertes Menschheitserbe —— 519
    d) Weltraum: Kooperationsverpflichtete Freiheit und Gleichheit —— 523
    e) Antarktis: Eher „Weltpark" als „Klubraum" —— 528
II. Die Umwelt im Völkerrecht —— 532
  1. Das Völkerrecht des Umweltschutzes im Überblick —— 532
  2. Die Entwicklung des Umweltvölkerrechts —— 534
    a) Die Ausgangspunkte: Nachbarrecht und Artenschutzabkommen —— 535
    b) Die großen Umweltkonferenzen —— 537
  3. Allgemeine Prinzipien des Umweltvölkerrechts —— 543

      a) Das Trail Smelter-Prinzip und der Präventionsgrundsatz —— 545
      b) Das Gebot der ausgewogenen Mitnutzung grenzübergreifender Ressourcen —— 548
      c) Das Vorsorge- und das Verursacherprinzip —— 549
      d) Das Leitbild der nachhaltigen Entwicklung —— 552
   4. Umweltschutz und Individualrechte —— 554
   5. Bereichsspezifische Instrumente des Umweltvölkerrechts —— 557
      a) Schutz der Binnengewässer —— 558
      b) Schutz des Meeres —— 564
      c) Schutz der Luft und Bekämpfung des Klimawandels —— 570
      d) Arten- und Biodiversitätsschutz —— 579
      e) Schutz vor Abfällen und Schadstoffen —— 583

Sechster Abschnitt
Wirtschaft und Kultur

I. Die Wirtschaft im Völkerrecht —— 593
   1. Das Völkerrecht der wirtschaftlichen Zusammenarbeit im Überblick —— 593
      a) Internationales Wirtschaftsrecht —— 597
      b) Weltwirtschaftsordnung —— 598
   2. Standards des internationalen Wirtschaftsrechts —— 600
      a) Grundsatz der Nichtdiskriminierung —— 600
      b) Meistbegünstigungsgrundsatz —— 602
      c) Grundsatz der Inländergleichbehandlung —— 605
      d) Reziprozität, Fairness —— 606
      e) Recht auf Entwicklung, Nachhaltigkeit —— 609
      f) Rationalität, Transparenz, Good Governance —— 614
   3. Schutz fremden Eigentums und Status transnationaler Unternehmen —— 618
      a) Schutz von Auslandsinvestitionen —— 618
      b) Transnationale Unternehmen —— 624
   4. Welthandelsordnung —— 630
      a) Instrumente des freien Welthandels: GATT und WTO —— 630
      b) Handelsbezogene Investitionsmaßnahmen —— 646
      c) Instrumente regionaler wirtschaftlicher Integration —— 647
      d) Weitere handelsbezogene Instrumente —— 651
   5. Internationales Steuerrecht —— 652
   6. Das Völkerrecht der wirtschaftlichen Entwicklung —— 654
      a) Grundlagen und Entwicklung —— 654
      b) Internationaler Währungsfonds und Weltbankgruppe —— 655
      c) Rohstoffabkommen und Cotonou-Abkommen —— 659
II. Die Kultur im Völkerrecht —— 663
   1. Kulturgüterrecht im Überblick —— 663
   2. Informationsfreiheit und Kulturordnung —— 665
   3. Kulturelle Belange als Schranke der Waren- und Dienstleistungsfreiheiten —— 666

4. Recht auf Sprache —— 669
5. Kulturgüter und ihr Schutz —— 670
   a) Definition des Kulturguts —— 673
   b) Rechtsträger von Kulturgütern —— 675
   c) Kulturgüter in bewaffneten Konflikten —— 678
   d) Regelung für Friedenszeiten —— 681
   e) Rückführung von Kulturgut —— 685
   f) Kulturgüterschutz im Meer —— 687
   g) Archivgut, Archäologie, Architektur —— 688

Siebenter Abschnitt
Verantwortlichkeit, Völkerstrafrecht, Streitbeilegung und Sanktionen

I. Völkerrechtsverletzungen als Hauptthema des Abschnitts —— 698
II. Internationale Verantwortlichkeit —— 698
   1. Begriff und Terminologie —— 698
   2. Grundlagen und Konzept der Staatenverantwortlichkeit —— 699
      a) Rechtliches Fundament —— 699
      b) Umriss —— 700
      c) Ansätze zur Ausweitung des Konzepts —— 702
   3. Einzelfragen —— 706
      a) Zurechnungsprobleme der Staatenverantwortlichkeit —— 706
      b) Ausschluss der Staatenverantwortlichkeit —— 708
      c) Rechtsfolgen der Staatenverantwortlichkeit —— 710
   4. Die Verantwortlichkeit Internationaler Organisationen —— 712
      a) Praktische Bedeutung —— 712
      b) Einschlägige Regeln —— 712
III. Völkerstrafrecht —— 714
   1. Das Konzept —— 714
      a) Begriff und Kriterien —— 714
      b) Inhaltlicher Bezug zu Frieden und Sicherheit der Menschheit —— 716
   2. Grundelemente der Normierung —— 720
      a) Abgrenzung in Bezug auf die staatliche Strafgewalt —— 720
      b) Ausgestaltung der Tatbestände und der Strafbarkeitsvoraussetzungen —— 721
      c) Allgemeine Strafrechtsprinzipien und Strafsanktionen —— 723
      d) Die Strafgewalt internationaler Gerichte, insbesondere des IStGH —— 724
      e) Strafverfahren —— 725
   3. Bilanz —— 726
IV. Streitbeilegung —— 726
   1. Die Pflicht zur friedlichen Streitbeilegung —— 726
      a) Rechtliches Fundament —— 726
      b) Rechtssystematischer Standort —— 727
      c) Gegenstand —— 728
      d) Inhalt und Grenzen —— 729

2. Die Mittel der Streitbeilegung im Überblick —— 729
3. Diplomatische Verfahren —— 731
   a) Verhandlungen und Konsultationen —— 731
   b) Verfahren mit Drittbeteiligung —— 731
4. Schiedsgerichte —— 733
   a) Allgemeine Kennzeichnung —— 733
   b) Erscheinungsformen —— 734
   c) Einzelfragen des schiedsgerichtlichen Verfahrens —— 735
   d) Praktische Bedeutung —— 735
5. Der Internationale Gerichtshof —— 736
   a) Grundlagen —— 736
   b) Zuständigkeit —— 737
   c) Ius standi —— 740
   d) Entscheidungsmaßstab —— 740
   e) Organisation —— 741
   f) Grundzüge des Streitverfahrens —— 742
   g) Praktische Bedeutung —— 744
V. Sanktionen —— 745
1. Allgemeine Kennzeichnung —— 745
   a) Begriff und Abgrenzung —— 745
   b) Beschränkung des Begriffs auf Maßnahmen Internationaler Organisationen —— 746
2. Erscheinungsformen —— 746
3. Einzelprobleme —— 748
   a) Die Repressalie —— 748
   b) Wirtschaftssanktionen —— 751

Achter Abschnitt
Friedenssicherung und Kriegsrecht

Vorbemerkung —— 762
I. Völkerrechtliche Verhinderung von Gewalt (*ius contra bellum*) —— 762
   1. Das rechtliche Verbot von Gewalt —— 762
      a) Entwicklung —— 762
      b) Verbotene Gewalt —— 766
      c) Rechtfertigungsgründe für Gewalt —— 774
      d) Rechtliche Konsequenzen einer Verletzung und Durchsetzung des Gewaltverbots —— 785
      e) Funktion und Bedeutung des Gewaltverbots —— 788
   2. Rahmenbedingungen des Gewaltverbots —— 790
      a) Friedliche Streitbeilegung und friedlicher Wandel —— 790
      b) Das System der kollektiven Sicherheit —— 791
      c) Rüstungskontrolle und Abrüstung —— 808
II. Völkerrechtliche Eingrenzung von Gewalt – Das Recht bewaffneter Konflikte (*ius in bello*) —— 815
   1. Grundlage und Entwicklung —— 815

2. Die Beziehungen zwischen den Konfliktparteien —— 820
   a) Der Anwendungsbereich des völkerrechtlichen Kriegsrechts – der internationale bewaffnete Konflikt —— 820
   b) Allgemeine Grundsätze und Landkriegsrecht —— 821
   c) Seekrieg —— 841
   d) Luftkrieg und Militarisierung des Weltraums —— 843
   e) Wirtschaftskrieg —— 844
   f) Durchsetzung des *ius in bello* —— 844
3. Konfliktparteien und dritte Staaten (Neutralitätsrecht) —— 854
   a) Grundlagen —— 854
   b) Unverletzlichkeit des neutralen Gebiets —— 858
   c) Neutralitätspflichten der Nichtteilnehmer —— 858
   d) Landkrieg —— 859
   e) Seekrieg —— 860
   f) Luftkrieg —— 862
4. Der nichtinternationale bewaffnete Konflikt —— 864
5. Die Internationalisierung nichtinternationaler Konflikte —— 870
III. Rechtliche Steuerung des Wegs vom bewaffneten Konflikt zur friedlichen Normalität (*ius post bellum*) —— 872

Sachverzeichnis —— 875

Abkürzungsverzeichnis

a	auch
A/	Assembly (Document)
aA	anderer Ansicht
abgedr	abgedruckt
ABISFA	United Nation Interim Security Force for Abyei
abl	ablehnend
ABl/ABl EG/ABl EU	Amtsblatt/Amtsblatt der Europäischen Gemeinschaften/Amtsblatt der Europäischen Union
Abs	Absatz
Abschn	Abschnitt
abw	abweichend(e)
ACABQ	United Nations Advisory Committee on Administrative and Budgetary Questions
ACC	Administrative Committee on Co-ordination
ACT	Accountability, Coherence and Transparency Group
ACTA	Anti-Counterfeiting Trade Agreement
ADIM	Annales de Droit International Médical
ADM	Annuaire de Droit Maritime
aE	am Ende
AEC	African Economic Community
AEMR	Allgemeine Erklärung der Menschenrechte
Änd	Ändung
aF	alte Fassung
AfCFTA	African Continental Free Trade Area
AFDI	Annuaire Français de Droit International
Afr J Int'l & Comp L	African Journal of International and Comparative Law
AfrMRK	Afrikanische Charta der Menschenrechte und der Rechte der Völker
AHRLJ	African Human Rights Law Journal
AIDI	Annuaire de l'Institut de Droit International
AIIB	Asiatische Infrastruktur-Investitionsbank
Air Force LR	Air Force Law Review
AJIA	Australian Journal of International Affairs
AJIL	American Journal of International Law
AJP	American Journal of Phililogy
AKP-Staaten	afrikanische, karibische und pazifische Staaten
ALJ	American Law Journal
Alberta LR	Alberta Law Review
allg	allgemein(e)
AllgErklMR	Allgemeine Erklärung der Menschenrechte
allgM	allgemeine Meinung
aM	anderer Meinung
AMRK	Amerikanische Menschenrechtskonvention
AMUILR	American University International Law Review
Anh	Anhang
Anm	Anmerkung(en)
AnnIDI	Annuaire de l'Institut de Droit International
Annuaire AAA	Annuaire de l'Association des Auditeurs et Anciens Auditeurs de l'Académie de Droit International
AnwBl	Anwaltsblatt

AöR	Archiv des öffentlichen Rechts
App	Appendix
APS	Allgemeines Präferenzsystem
APZ	Aus Politik und Zeitgeschichte
ArbuR	Arbeit und Recht (Zeitschrift)
ArchVR/AVR	Archiv des Völkerrechts
ARES	Annual Review of Ecology and Systematics
arg(e)	argumentum (e contrario)
ARIA	American Review of International Arbitration
Arizona JICL	Arizona Journal of International and Comparative Law
Art	Artikel
ASEAN	Association of South-East Asian Nations
ASICL	Annual Survey of International & Comparative Law
ASIL (Proc)	American Society of International Law (Proceedings)
AStG	Außensteuergesetz
AU	Afrikanische Union
Aufl	Auflage(n)
AUILR	American University International Law Review
AULR	American University Law Review
ausf	ausführlich
Ausg	Ausgabe
AuslG	Ausländergesetz
Austrian JPIL/ AustrJIL	Austrian Journal of Public International Law
Austr Rev Int'l Europ Law	Austrian Review of International and European Law
Aus YBIL	Australian Year Book of International Law
AUV(s)	Autonomous Underwater Vehicle(s)
AV	Antarktisvertrag
AVR/ArchVR	Archiv des Völkerrechts
AWG	Außenwirtschaftsgesetz
AWR Bull	Vierteljahresschrift für Flüchtlingsfragen
AWZ	ausschließliche Wirtschaftszone (vgl EEZ)
AYBIL	Australian Year Book of International Law
AYHRHL	Asian Yearbook of Human Rights and Humanitarian Law
AYIL	African Yearbook of International Law
Az	Aktenzeichen
BAnz	Bundesanzeiger
Baltic YIL	Baltic Yearbook of International Law
BayGVBl	Gesetz- und Verordnungsblatt für den Freistaat Bayern
BayObLG	Bayerisches Oberstes Landesgericht
BayVBl	Bayerische Verwaltungsblätter
BB	Der Betriebs-Berater (Zeitschrift)
BCICLR	Boston College International and Comparative Law Review
Bd/Bde	Band/Bände
BdiP	Blätter für deutsche und internationale Politik
Bearb	Bearbeiter
Bek	Bekanntmachung
ber	berichtigt
BerDGVR	Berichte der Deutschen Gesellschaft für Völkerrecht
bes	besonders

betr	betreffend
BFHE	Entscheidungen des Bundesfinanzhofs
BGB	Bürgerliches Gesetzbuch
BGBl	Bundesgesetzblatt
BGE	Entscheidungen des schweizerischen Bundesgerichts
BGH (Z/St)	Bundesgerichtshof (Entscheidungen in Zivilsachen/Strafsachen)
BGSG	Gesetz über den Bundesgrenzschutz
BIICL	British Institute of International and Comparative Law
Bio	Billion(en)
BISD	Basic Instruments and Selected Documents
BIT	Bilateral Investment Treaty
BJIL	Berkeley Journal of International Law
BNUB	Bureau des Nations Unies au Burundi
BR(D)	Bundesrepublik (Deutschland)
BR-Drs	Bundesratsdrucksache(n)
BRIL	Belgian Review of International Law
Brooklyn JIL	Brooklyn Journal of International Law
BSG(E)	Bundessozialgericht (Entscheidungen)
Bsp	Beispiel(e)
BSP	Bruttosozialprodukt
bspw	beispielsweise
BT StenBer	Stenographische Berichte des Bundestages
BT-Drs	Bundestagsdrucksache(n)
BUILJ	Boston University International Law Journal
Bull BReg	Bulletin des Presse- und Informationsamtes der Bundesregierung
Bull EG	Bulletin der Europäischen Gemeinschaften
BVerfG(E)	Bundesverfassungsgericht (Entscheidungen)
BVerfGG	Bundesverfassungsgerichtsgesetz
BVerfGK	Kammerentscheidungen des Bundesverfassungsgerichts
BVerwG(E)	Bundesverwaltungsgericht (Entscheidungen)
B-VG	Bundes-Verfassungsgesetz (Österreich)
BVS	Bundesanstalt für vereinigungsbedingte Sonderaufgaben
BYBIL	The British Year Book of International Law
bzgl	bezüglich
bzw	beziehungsweise
C	Court (Urteil des Europäischen Gerichtshofs)/Celsius
ca	circa
Cal LR	California Law Review
Cardozo LR	Cardozo Law Review
Cardozo JICL	Cardozo Journal of International and Comparative Law
CCAMLR	Convention on the Conservation of Antarctic Marine Living Resources
CCAS	Convention for the Conservation of Antarctic Seals
CCLR	Carbon and Climate Law Review
CCS	Carbon Capture and Storage
CD	Conference on Disarmament
CDR	Carbon Dioxide Removal
CEB	United Nations Chief Executives Board for Coordination
CEDAW	Übereinkommen zur Beseitigung jeder Form der Diskriminierung der Frau
CEE	Communauté Economique Européenne
CERN	Organisation européenne pour la recherche nucléaire
CESCR	Committee on Economic, Social and Cultural Rights

CETA	Comprehensive Economic and Trade Agreement
CETS	Council of Europe Treaty Series
chap	chapitre, chapter
Chicago-Kent LR	Chicago-Kent Law Review
chin	chinesische/er/n
Chinese JIL	Chinese Journal of International Law
Chinese YHR	Chinese Yearbook of Human Rights
CILSA	Comparative and International Law Journal of Southern Africa
Cir	Circuit
CISG	Übereinkommen der Vereinten Nationen über Verträge über den internationalen Warenkauf
CITES	Convention on International Trade in Endangered Species of Wild Flora and Fauna
CJIELP	Colorado Journal of International Environmental Law and Policy
CJIL	Chicago Journal of International Law
CLP	Current Legal Problems (Zeitschrift)
CMLR	Common Market Law Reports
CMLRev	Common Market Law Review
CoCoSL	Cologne Commentary on Space Law
Colum JEL	Columbia Journal of European Law
Colum J Transnat'l L	Columbia Journal of Transnational Law
Colum LR	Columbia Law Review
COMECON	Council for Mutual Economic Assistance (vgl RGW)
Connecticut JIL	Connecticut Journal of International Law
CONV(Doc)	Convent (Document)
COP	Conference of the Parties
COPAX	Council for Peace and Security in Central Africa
COPUOS	Committee on the Peaceful Uses of Outer Space
Cornell Int'l LJ	Cornell International Law Journal
CPC	United Nations Committee for Programme and Coordination
CPTPP	Comprehensive and Progressive Argeement for Trans-Pacific Partnership
CRAMRA	Convention on the Regulation of Antarctic Mineral Resource Activities
C̆SFR	C̆eská a Slovenská Federatívná Republika
C̆SSR	C̆eskoslovenská Socialistická Republika
CTC	Counter-Terrorism-Committee
CTS	Consolidated Treaty Series
CWILJ	California Western International Law Journal
CWRJIL	Case Western Reserve Journal of International Law
CYIL	Canadian Yearbook of International Law
CYILA	Chinese Yearbook of International Law and Affairs
DAC	Development Assistance Committee
DARIO	Draft Articles on Responsibility of International Organisations
DDR	Deutsche Demokratische Republik
déc	décision
ders/dies	derselbe/dieselbe
DGVR	Deutsche Gesellschaft für Völkerrecht
dh	das heißt
Diss	Dissertation
DJCIL	Duke Journal of Comparative & International Law
DJT	Deutscher Juristen Tag

doc/Doc (Dok)	document (Dokument)
DocIHL	Documents on International Humanitarian Law
DÖV	Die öffentliche Verwaltung (Zeitschrift)
DokHVR	Dokumente zum humanitären Völkerrecht
DRiZ	Deutsche Richterzeitung
Drs	Drucksache
DSB	Dispute Settlement Body
DSD	(United States) Department of State Dispatch
dt	deutsch(e/er)
DtZ	Deutsch-deutsche Rechts-Zeitschrift
DÜ	Dubliner Übereinkommen
Duke LJ	Duke Law Journal
DVBl	Deutsches Verwaltungsblatt
DVP	Deutsche Verwaltungspraxis
E	Entscheidung(en)
EA	Europa-Archiv
EAC	East African Community (Ostafrikanische Gemeinschaft)
EADS	European Aeronautic Defence and Space Company
EAG(V)	(Vertrag zur Gründung der) Europäische(n) Atomgemeinschaft (Euratom-Vertrag)
ebd	ebenda
ECCAS	Economic Community of Central African States
ECHR	Reports of Judgments and Decisions of the European Court of Human Rights
ECOSOC	Economic and Social Council (vgl WSR)
ECOWAS	Economic Community of West African States
ECU	European Currency Unit
EEA	Einheitliche Europäische Akte
EEC	European Economic Community
EEZ	Exclusive Economic Zone (ausschließliche Wirtschaftszone)
EFAR	European Foreign Affairs Review
EFTA	European Free Trade Association
EG(V)	(Vertrag zur Gründung der) Europäische(n) Gemeinschaft(en)
EGBGB	Einführungsgesetz zum Bürgerlichen Gesetzbuch
EGKS(V)	(Vertrag zur Gründung der) Europäische(n) Gemeinschaft für Kohle und Stahl
EGMR	Europäischer Gerichtshof für Menschenrechte
EHRLR	European Human Rights Law Review
EHRR	European Human Rights Reports
Einl	Einleitung
EJIL	European Journal of International Law/Journal européen de droit international
EJLR	European Journal of Law Reform
EJM	Europäisches Journal für Minderheitenfragen
EJML	European Journal of Migration and Law
ELJ	European Law Journal
ELR	European Law Review
Emory ILR	Emory International Law Review
Empf	Empfehlung
EMRK	Europäische Menschenrechtskonvention
engl	englisch
ENMOD	Convention on the Prohibition of Military or Any Other Hostile Use of Environmental Modification Techniques
EnzEuR	Enzyklopädie Europarecht

EP	Europäisches Parlament
EPIL	Encyclopedia of Public International Law (Hrsg Bernhardt)
EPL	Environmental Policy and Law (Zeitschrift)
EPZ	Europäische Politische Zusammenarbeit
Erg-Lfg	Ergänzungslieferung
ESA	European Space Agency
ESALQ	European State Aid Law Quarterly
ESC	Europäische Sozialcharta
ESCWA	United Nations Economic and Social Commission for Western Asia
EStG	Einkommensteuergesetz
et al	et alii (und andere)
etc	et cetera (usw)
ETS	European Treaty Series (seit 2004: Council of Europe Treaty Series (vgl CETS))
EU(V)	(Vertrag über die) Europäische Union (Amsterdamer Vertrag)
EuG	Gericht erster Instanz der Europäischen Gemeinschaften
EuGH(E)	Europäischer Gerichtshof (Entscheidungen)
EuGRZ	Europäische Grundrechte-Zeitschrift
EuGVÜ	Europäisches Gerichtsstands- und Vollstreckungsübereinkommen
EuKMR	Europäische Kommission für Menschenrechte
EuR	Europa-Recht (Zeitschrift)
EuStAngÜbk	Europäisches Staatsangehörigkeitsübereinkommen
EuZA	Europäische Zeitschrift für Arbeitsrecht
EuZW	Europäische Zeitschrift für Wirtschaftsrecht
EV	Einigungsvertrag
EWG(V)	(Vertrag zur Gründung der) Europäische(n) Wirtschaftsgemeinschaft (jetzt EG)
EWR	Europäischer Wirtschaftsraum
EWS	Europäisches Währungssystem/Europäisches Wirtschafts- und Steuerrecht (Zeitschrift)
EYIEL	European Yearbook of International Economic Law
EYMI	European Yearbook of Minority Issues
f/ff	folgende/fortfolgende
F.Supp.	Federal Reporter Supplement (Entscheidungssammlung)
F2d	Federal Reporter, second series (Entscheidungssammlung)
FaF	Fish and Fisheries (Zeitschrift)
FamRZ	Zeitschrift für das gesamte Familienrecht
FAO	Food and Agriculture Organization of the United Nations
FAZ	Frankfurter Allgemeine Zeitung
FCKW	Fluorchlorkohlenwasserstoffe
FCommLJ	Federal Communications Law Journal
FG	Festgabe
FGG	Gesetz über die Freiwillige Gerichtsbarkeit
Fig	Figure
FILJ	Fordham International Law Journal
Fn	Fußnote(n)
Fordham ELR	Fordham Environmental Law Review
Fordham LR	Fordham Law Review
ForPol	Foreign Policy (Zeitschrift)
FR	Frankfurter Rundschau
franz	französisch/e/er/es
FS	Festschrift
FSA	Fish Stocks Agreement

FSB	Finanzstabilitätsrat
FSIA	Foreign Sovereign Immunities Act
FusV	Fusionsvertrag (Vertrag zur Einsetzung eines gemeinsamen Rates und einer gemeinsamen Kommission der Europäischen Gemeinschaften)
FW	Die Friedenswarte (Zeitschrift)
FYIL	Finnish Yearbook of International Law
g	Gramm
G	Gesetz
GA (Res)	General Assembly (Resolution)
GAIRS	Generally Accepted International Rules and Standards
GAOR	Official Records of the General Assembly
GASP	Gemeinsame Außen- und Sicherheitspolitik (der EU-Staaten)
GATS	General Agreement on Trade in Services
GATT	General Agreement on Tariffs and Trade (Allgemeines Zoll- und Handelsabkommen)
GBl	Gesetzblatt
geänd	geändert
Gen	Genesis (Bibel)
Geo ILJ	Georgetown Immigration Law Journal
Geo LJ	Georgetown Law Journal
Georgia JICL	Georgia Journal of International and Comparative Law
Ges	Gesetz
GeschO (BT)	Geschäftsordnung (des Deutschen Bundestages)
GESVP	Gemeinsame Europäische Sicherheits- und Verteidigungspolitik
GFK	Genfer Flüchtlingskonvention
GFP	Gemeinsame Fischereipolitik
GG	Grundgesetz für die Bundesrepublik Deutschland
ggf	gegebenenfalls
GJIL	Georgetown Journal of International Law
GK	Genfer Konvention
GLJ	German Law Journal
GMBl	Gemeinsames Ministerialblatt
GoJIL	Göttingen Journal of International Law
GoltdA	Goltdammers Archiv für Strafrecht
GPS	Global Positioning System
GRUR Int	Gewerblicher Rechtschutz und Urheberrecht, Internationaler Teil (Zeitschrift)
GS	Gedächtnisschrift
GS	Generalsekretär (der Vereinten Nationen)
GSO	Geosynchronous Orbit (Geostationärer Orbit)
GSVP	Gemeinsame Sicherheits- und Verteidigungspolitik
GTE	von der Groeben/Thiersing/Ehlermann (Hrsg), Kommentar zum EU-/EG-Vertrag
GUS	Gemeinschaft Unabhängiger Staaten
GV	Generalversammlung (der Vereinten Nationen)
GVBl	Gesetz- und Verordnungsblatt
GVG	Gerichtsverfassungsgesetz
GWB	Gesetz gegen Wettbewerbsbeschränkungen
GWILR	George Washington International Law Review
GWUGSLR	George Washington University Global Studies Law Review
GYIL	German Yearbook of International Law (vor 1977: JIR)

Halbs	Halbsatz
Harvard HRJ	Harvard Human Rights Journal
Harvard ILJ	Harvard International Law Journal
Harvard LR	Harvard Law Review
Hastings ICLR	Hastings International and Comparative Law Review
HCJ	High Court of Justice
HdbStR	Handbuch des Staatsrechts (hrsgg v Isensee/Kirchhof)
HFKW	teilfluorierte Kohlenwasserstoffe
HHRJ	Harvard Human Rights Journal
HJLP	Hitotsubashi Journal of Law and Politics
hL	herrschende Lehre
Hl	Heilige(n/r)
HLKO	Haager Landkriegsordnung Abkommen, betreffend die Gesetze und Gebräuche des Landkriegs
hM	herrschende Meinung
Hofstra LRev	Hofstra Law Review
Houston JIL	Houston Journal of International Law
HPCR	Harvard Program on Humanitarian Policy and Conflict Research
HRJ	Human Rights Journal
HRLJ	Human Rights Law Journal
HRLR	Human Rights Law Review
HRQ	Human Rights Quarterly
HRR	Human Rights Review
Hrsg/hrsg (v)	Herausgeber/herausgegeben (von)
HV-I	Humanitäres Völkerrecht-Informationsschriften
HYBIL	Hague Year Book of International Law
IAEA/IAEO	International Atomic Energy Agency/Internationale Atomenergie-Organisation
IAEO	s IAEA
IAGMR	Interamerikanischer Gerichtshof für Menschenrechte
IATA	International Air Transport Association
IBRD	International Bank for Reconstruction and Development (Weltbank)
ICAO	International Civil Aviation Organisation
ICC	International Criminal Court
ICESCR	International Covenant on Economic, Social and Cultural Rights
ICJ	International Court of Justice (vgl IGH)
ICJ Rep	International Court of Justice, Reports of Judgements, Advisory Opinions and Orders
ICLQ	The International and Comparative Law Quarterly
ICO	International Coffee Organisation
ICRC	International Committee of the Red Cross (vgl IKRK)
ICRW	International Convention for the Regulation of Whaling
ICSID	International Centre for the Settlement of Investment Disputes
ICSID R-FILJ	International Centre for Settlement of Investment Disputes Review – Foreign Investment Law Journal
ICTY	International Criminal Tribunal for the former Yugoslavia
IDA	International Development Association
idF/idNF	in der Fassung/in der Neufassung
IDI	Institut de droit international
idR	in der Regel
idS	in diesem (dem) Sinne

iE	im Ergebnis
ieS	im engeren (eigentlichen) Sinn
IFAD	International Fund for Agricultural Development
IFAR	International Foundation for Art Research
IFC	International Finance Corporation
IFOR	Implementation Force
IGH	Internationaler Gerichtshof (vgl ICJ)
IHLS	International Humanitarian Legal Studies
iHv	in Höhe von
IIHLY	International Institute of Humanitarian Law Yearbook
IJCL	International Journal of Constitutional Law
IJCP	International Journal of Cultural Property
IJHR	International Journal of Human Rights
IJIL	Indian Journal of International Law
IJMGR	International Journal on Minority and Group Rights
IJRL	International Journal of Refugee Law
IKRK	Internationales Komitee vom Roten Kreuz
ILA	International Law Association
ILC	International Law Commission
ILM	International Legal Materials
ILO	International Labour Organization
ILQ	International Law Quarterly
ILR	International Law Reports
ILS	International Law Studies
ILSA JICL	ILSA Journal of International and Comparative Law
IMBB	Internationale Meeresbodenbehörde
IMCO	International Maritime Consultative Organization (jetzt IMO)
IMF	International Monetary Fund (vgl IWF)
IMO	International Maritime Organization (vgl IMCO)
IMT	International Military Tribunal
Ind Q	Indian Quarterly (Zeitschrift)
Indiana JGLS	Indiana Journal of Global Legal Studies
INF	Intermediate Nuclear Forces
InfAuslR	Informationsbrief Ausländerrecht
insbes	insbesondere
int	international
Int Affairs	International Affairs
Int Affairs Bull	International Affairs Bulletin
Int'l L FORUM	International Law Forum
Int Peacekeeping	International Peacekeeping (Zeitschrift)
Int Pol	Internationale Politik (Zeitschrift)
Int Rel	International Relations
Int Rev Penal L	International Review of Penal Law
Int Spectator	International Spectator
INTELSAT	International Telecommunications Satellite Organization
INTERFET	International Force in East Timor
I O	International Organization (Zeitschrift)
I. O.	Internationale Organisation(en)
IOLR	International Organizations Law Review
Iowa LR	Iowa Law Review
IPbürgR (IPBPR)	Internationaler Pakt über bürgerliche und politische Rechte
IPCC	Intergovernmental Panel on Climate Change

IPR	Internationales Privatrecht
IPrax	Praxis des Internationalen Privat- und Verfahrensrechts
IPResp	Die deutsche Rechtsprechung auf dem Gebiet des Internationalen Privatrechts
IPwirtR (IPWSKR)	Internationaler Pakt über wirtschaftliche, soziale und kulturelle Rechte
IRD	Internationales Recht und Diplomatie (Zeitschrift)
IRK	Internationales Rotes Kreuz
IRO	International Refugee Organization
IRRC	International Review of the Red Cross
IS	Islamischer Staat
iS(e)	im Sinne (einer/eines)
Is LR	Israel Law Review
ISGH	Internationaler Seegerichtshof (vgl ITLOS)
ISIA	Irish Studies in International Affairs
IsLR	Israel Law Review
ISO	International Sugar Organisation
ISS	International Space Station
IStGH	Internationaler Strafgerichtshof
iStR	internationales Steuerrecht (Zeitschrift)
iSv	im Sinne von
IsYHR	Israel Yearbook on Human Rights
ITO	International Trade Organization
ITLOS	International Tribunal for the Law of the Sea
ITLOS Rep	International Tribunal for the Law of the Sea, Reports of Judgements and Orders
ITTA	International Tropical Timber Agreement
ITTO	International Tropical Timber Organisation
ITU	International Telecommunication Union
ItYIL	Italian Yearbook of International Law
IUOTO	International Union of Official Travel Organisations
iVm	in Verbindung mit
IVR	Internationales Verwaltungsrecht
IWF	Internationaler Währungsfonds (vgl IMF)
iwS	im weiteren Sinne
IYHR	Israel Yearbook on Human Rights
IYIL	Irish Yearbook of International Law
iZm	im Zusammenhang mit
IZVR	Internationales Zivilverfahrensrecht
J Int'l Inst	Journal of the International Institute
J Int Arbitrat	Journal of International Arbitration
J Strat Stud	Journal of Strategic Studies
JAL	Journal of African Law
JAR	Jahrbuch für Afrikanisches Recht
JCSL	Journal of Conflict and Security Law
JDI	Journal du Droit International
JEEPL	Journal for European Environmental & Planning Law
JEL	Journal of Eurasian Law
Jg	Jahrgang
Jh	Jahrhundert(e/en/s)
JHIL	Journal of the History of International Law
JICJ	Journal of International Criminal Justice
JIDS	Journal of International Dispute Settlement

JIEL	Journal of International Environmental Law/Journal of International Economic Law
JIHLS	Journal of International Humanitarian Legal Studies
JIR	Jahrbuch für Internationales Recht (jetzt GYIL)
JIU	Joint Inspection Unit
jM	juris – Die Monatszeitschrift
JMR	Jahrbuch für Migrationsrecht
JöR (NF)	Jahrbuch des öffentlichen Rechts der Gegenwart (Neue Folge)
JR	Juristische Rundschau (Zeitschrift)
JSL	Journal of Space Law
JUFIL	Journal on the Use of Force and International Law
Jura/JURA	Jura – Juristische Ausbildung (Zeitschrift)
JurFak	Juristische Fakultät
JuS	Juristische Schulung (Zeitschrift)
JV	Japanische Verfassung
JWIT	Journal of World Investment and Trade
JWT	Journal of World Trade
JWTL	Journal of World Trade Law
JZ	Juristenzeitung
Kap	Kapitel
kgl	königliche(n)
KGRE	Kongress der Gemeinden und Regionen Europas
KFOR	NATO-led International Force Responsible for Establishing a Security Presence in Kosovo
KJ	Kritische Justiz
km	Kilometer
Kön	Buch der Könige (Bibel)
Komm	Kommentar
KPdSU	Kommunistische Partei der Sowjetunion
krit	kritisch
KritV	Kritische Vierteljahresschrift für Gesetzgebung und Rechtswissenschaft
KrWaffG	Gesetz über die Kontrolle von Kriegswaffen
KSE	Konventionelle Streitkräfte in Europa
KSZE	Konferenz über Sicherheit und Zusammenarbeit in Europa (vgl OSZE)
Kutafin ULR	Kutafin University Law Review
KVAE	Konferenz über Vertrauens- und Sicherheitsbildende Maßnahmen und Abrüstung in Europa
L&P	Law and Practice of International Courts and Tribunals (Zeitschrift)
Law & Contemp Probs	Law and Contemporary Problems (Zeitschrift)
lfd	laufend
Lfg	Lieferung
LFGB	Lebensmittel-, Bedarfsgegenstände- und Futtermittelbuch
LG	Landgericht
LGBl	Landesgesetzblatt
LIEC	Legal Issues of Economic Integration
LIT	Law, Technology and Innovation (Zeitschrift)
lit	littera (Buchstabe)
liv	livre
Liverpool LR	Liverpool Law Review

LJ	Law Journal
LJIL	Leiden Journal of International Law
LJR	Law & Justice Review
LNTS	League of Nations Treaty Series
LoN Doc	League of Nations, Document
Loseblattslg	Loseblattsammlung
LR	Law Review (Zeitschriften)
m	Meter
MAI	Multilateral Agreement on Investment
Maine LR	Maine Law Review
MARPOL	International Convention on the Provention of Pollution from Ships
max	maximal
MD(A)	Missile Defence (Agency)
MDGs	Millenium Development Goals
MDR	Monatsschrift für deutsches Recht
MEA(s)	Multilateral Environmental Agreement(s)
Melb JIL	Melbourne Journal of International Law
Mich LR	Michigan Law Review
Michigan JIL	Michigan Journal of International Law
Mich SLR	Michigan State Law Review
Middle East J	Middle East Journal
MIGA	Multilateral Investment Guarantee Agency (Multilaterale Investitions-Garantie-Agentur)
Minnesota LRev	Minnesota Law Review
Minnesota JIL	Minnesota Journal of International Law
MINUGUA	United Nations Verification Mission in Guatemala
MINUSCA	United Nation Multidimensional Integrated Stabilization Mission in the CAR
MINUSMA	United Nations Multidimensional Integrated Stabilization Mission in Mali
MINUSTAH	United Nations Stabilization Mission in Haiti
MITTLR	Michigan Telecommunications & Technology Law Review
Mio	Million(en)
MJECL	Maastricht Journal of European and Comparative Law
MJGT	Minnesota Journal of Global Trade
MK	Ministerkomitee
mN	mit Nachweisen
Mod LR	The Modern Law Review
MONUSCO	UN Stabilization Mission in the DRC
MPEPIL	Max Planck Encyclopedia of Public International Law (Hrsg Wolfrum)
MPYUNL	Max Planck Yearbook of United Nations Law
Mrd	Milliarde(n)
MRM	Menschenrechtsmagazin
ms	noch unveröffentlichtes Manuskript
MV	Mondvertrag
MV	Mustervertrag
mwN	mit weiteren Nachweisen
mWv	mit Wirkung vom
MZV	Marktzugangsverordnung
n Chr	nach Christi Geburt
Nachw	Nachweis(e)
NAFTA	North American Free Trade Association

NASA	National Aeronautics and Space Administration
NATO	North Atlantic Treaty Organization
NCJILCR	North Carolina Journal of International Law and Commerce Regulations
ND	Nachdruck, Neudruck
NDC	National Determined Contribution
NdsVBl	Niedersächsische Verwaltungsblätter
NePAD	Neue Partnerschaft für Afrikas Entwicklung
NETs	Negative Emission Technologies
New England ICLA	New England International and Comparative Law Annual
NF	Neue Folge
nF	neue Fassung
NGO	Non Governmental Organization (vgl NRO)
NILR	Netherlands International Law Review
NJ	Neue Justiz (Zeitschrift)
NJW	Neue Juristische Wochenschrift
NLJ	Namibia Law Journal
NLMR	Newsletter Menschenrechte
NN	Normalnull
No/no	number/numéro
NordJIL	Nordic Journal of International Law
NordÖR	Zeitschrift für öffentliches Recht in Norddeutschland
NordTIR	Nordisk Tidsskrift for International Ret
North Carolina J Int'l L	North Carolina Journal of International Law
NPT	Nuclear Non-Proliferation Treaty (Nichtverbreitungsvertrag, „Atomwaffensperrvertrag")
NQHR	Netherlands Quarterly of Human Rights
Nr	Nummer(n)
NRdT	Nouveau Recueil de Traités
NRG	Nouveau Recueil Général de Traités
NRJ	Natural Resources Journal
NRO	Nichtregierungsorganisation (vgl NGO)
NStZ	Neue Zeitschrift für Strafrecht
NTIR	Netherlands Tijdschrift voor Internationaal Recht
NuR	Natur und Recht (Zeitschrift)
NV-Vertrag	Vertrag über die Nichtverbreitung von Kernwaffen
NVwZ	Neue Zeitschrift für Verwaltungsrecht
NY Times	New York Times
NYURev LSC	New York University Review of Law and Social Change
NYIL	Netherlands Yearbook of International Law
NYJILP	New York Journal of International Law and Politics
NYUEnvLJ	New York University Environmental Law Journal
NZIR	Niemeyers Zeitschrift für Internationales Recht
NZWehrr	Neue Zeitschrift für Wehrrecht
NZZ	Neue Zürcher Zeitung
o	oben
o ä	oder ähnliches
OAS	Organization of American States
OAU	Organization of African Unity
ÖBGBl	Bundesgesetzblatt für die Republik Österreich

OCMA	Ocean and Coastal Management (Zeitschrift)
ODA	Official Development Aid
ODIL	Ocean Development and International Law (Zeitschrift)
OECD	Organization for Economic Cooperation and Development (Nachfolgeorganisation der OEEC)
OEEC	Organization for European Economic Cooperation (jetzt OECD)
ÖHVR	Österreichisches Handbuch des Völkerrechts
ÖJZ	Österreichische Juristenzeitung
OIML	International Organization of Legal Metrology
OIOS	Office of Internal Oversight Services
OLG	Oberlandesgericht
ONUC	United Nations Operation in the Congo
OPCW	Organization for the Prohibition of Chemical Weapons
OPEC	Organization of Petroleum Exporting Countries
OR	Official Records
ORIL	Oregon Review of International Law
OSCE Yearbook	Yearbook of the Organization for Security and Cooperation in Europe
OstEurR	Osteuropa Recht (Zeitschrift)
OSZE	Organisation für Sicherheit und Zusammenarbeit in Europa (vgl KSZE)
OSZE – Jb	OSZE – Jahrbuch
OVG(E)	Oberverwaltungsgericht (Entscheidungen)
ÖZöRV	Österreichische Zeitschrift für öffentliches Recht und Völkerrecht
Pace ILR	Pace International Law Review
para(s)	paragraph(s) (Absatz/Absätze)
parl	parlamentarische
PCIJ	Permanent Court of International Justice (vgl StIGH)
Penn State JLIA	Penn Stae Journal of Law and International Affairs
PflSchG	Pflanzenschutzgesetz
PJZ(S)	Polizeiliche und justitielle Zusammenarbeit (in Strafsachen)
PLO	Palestine Liberation Organisation
PostG	Gesetz über das Postwesen
PPBS	Planning-Programming-Budgeting-System
ppm	parts per million
PRIF	Peace Research Institute Frankfurt
Pros	Prosecutor
Prot	Protokoll
QIL	Questions of International Law (Zeitschrift)
RabelsZ	Rabels Zeitschrift für ausländisches und internationales Privatrecht
RBDI	Revue Belge de Droit International
RBÜ	Revidierte Berner Übereinkunft
RdC	Recueil des Cours de l'Académie de Droit International
rd	rund
RDI	Revue de Droit International, des Sciences Diplomatiques, Politiques et Sociales
RDILC	Revue de Droit International et de Législation Comparée
RDIMDG	Revue de Droit International Militaire et Droit de la Guerre
RdJB	Recht der Jugend und des Bildungswesens
RECIEL	Review of European Community and International Environmental Law
REDI	Revista Española de Derecho Internacional
Rep	Report(s)

Res	Resolution(en)
Rev Egypt	Revue Egyptienne de Droit International
Rev Int Studies	Review of International Studies
RevICR	Revue Internationale de la Croix Rouge
RFDC	Revue Française de Droit Constitutionnel
RFMO	Regional Fisheries Management Organization
RGBl	Reichsgesetzblatt
RGDIP	Revue Générale de Droit International Public
RGSt	Entscheidungen des Reichsgerichts in Strafsachen
RGW	Rat für gegenseitige Wirtschaftshilfe (vgl COMECON)
RGZ	Entscheidungen des Reichsgerichts in Zivilsachen
RHDI	Revue Hellénique de Droit International
RIAA	Report of International Arbitral Awards
RIDA	Revue internationale de droit africain
RIDP	Revue Internationale de Droit Penal
RivDI	Rivista di Diritto Internazionale
RivDirProc	Rivista di Diritto Processuale
RIW/AWD	Recht der internationalen Wirtschaft, Außenwirtschaftsdienst des Betriebs-Beraters (vgl BB)
RL	Richtlinie
RMC	Revue du Marché Commun
Rn	Randnummer
ROW	Recht in Ost und West (Zeitschrift)
Rs/Verb Rsen	Rechtssache/Verbundene Rechtssachen
Rspr	Rechtsprechung
RSIStGH	Römisches Statut des Internationalen Strafgerichtshofes
RTDH	Revue trimestrielle des droits de l'homme
RtP	Responsibility to Protect
RuP	Recht und Politik (Zeitschrift)
russ	russische(n/r/s)
s	siehe
S/	Security Council (Document)
s a	siehe auch
SAARC	South Asian Association for Regional Cooperation (Südasiatische Vereinigung für regionale Zusammenarbeit)
SALT	Strategic-Arms Limitation Talks
San Diego ILJ	San Diego International Law Journal
Sart	Sartorius (I: Verfassungs- und Verwaltungsgesetze; II: Internationale Verträge, Europarecht)
SAGE	Simulation & Gaming (Zeitschrift)
SAYIL	South African Yearbook of International Law
SchlHA	Schleswig-Holsteinische Anzeigen (Zeitschrift)
SchwBGer	Schweizerisches Bundesgericht
Schw Zentralbl für Staats- und Verwaltungsrecht	Schweizerisches Zentralblatt für Staats- und Verwaltungsrecht
SDGs	Sustainable Development Goals
SDI	Strategic Defence Initiative
SDÜ	Schengener Durchführungsübereinkommen
sec	section (Paragraph)
SeeAnlV	Seeanlagenverordnung

sep op	separate opinion
ser/sér	series/série
Sess	Session
SFDI	Société française pour le droit international
SFOR	Stabilization Force
SFRJ	Sozialistische Föderative Republik Jugoslawien
SHIRBRIG	Multi-National Stand-by High Readiness Brigade for United Nations Operations
SIPRI	Stockholm International Peace Research Institute
SJILC	Syracuse Journal of International Law and Commerce
SJIR	Schweizerisches Jahrbuch für Internationales Recht
SJZ	Süddeutsche Juristenzeitung
Slg	Sammlung
sm	Seemeile(n) (1 sm = 1,852 km)
s o	siehe oben
S. O.	Supranationale Organisation
sog	so genannt(er/es)
SORT	Strategic Offensive Reduction Treaty
Southwestern JLTA	Southwestern Journal of Law and Trade in the Americas
Sp	Spalte(n)
spec	special
SR	Sicherheitsrat (der Vereinten Nationen)
SRM	Solar Radiation Management
SRÜ	Seerechtsübereinkommen (der Vereinten Nationen)
st	ständig(e)
StAG	Staatsangehörigkeitsgesetz
Stanford JIL	Stanford Journal of International Law
StAR-VwV	Allgemeine Verwaltungsvorschrift zum Staatsangehörigkeitsrecht
START	Strategic-Arms Reduction Treaty
StAZ	Das Standesamt (Zeitschrift)
Stellenbosch LR	Stellenbosch LR
StGB	Strafgesetzbuch
Stichw	Stichwort
StIGH	Ständiger Internationaler Gerichtshof
StISchH	Ständiger Internationaler Schiedshof
StPO	Strafprozessordnung
str	strittig, streitig
STLR	Suffolk Transnational Law Review
stRspr	ständige Rechtsprechung
StWiss u StPr	Staatswissenschaft und Staatspraxis (Zeitschrift)
s u	siehe unten
Suff ULR	Suffolk University Law Review
Suppl	Supplement (Ergänzungsband)
SYBIL	Singapore Year Book of International Law
SYIL	Spanish Yearbook of International Law
SWP-Aktuell	Schriftenreihe der Stiftung Wissenschaft und Politik
SZIER	Schweizerische Zeitschrift für internationales und europäisches Recht
T-	Tribunal (Urteil des Europäischen Gerichts)
TAC	total allowable catch
TDM	Transnational Dispute Management
Temple ICLJ	Temple International and Comparative Law Journal

Texas ILJ	Texas International Law Journal
TICLJ	Temple International and Comparative Law Journal
TISA	Trade in Services Agreement
TJICL	Tulane Journal of International and Comparative Law
TLCP	Transnational Law & Contemporary Problems
TPP	Trans-Pacific Partnership
TR	Treuhandrat (der Vereinten Nationen)
TRIMS	Agreement on Trade-Related Investment Measures
TRIPS	Agreement on Trade-Related Aspects of Intellectual Property Rights
TTIP	Transatlantic Trade and Investment Partnership
Tulsa J Comp & Int'l L	Tulsa Journal of Comparative and International Law
TV	Türkische Verfassung
u	unten
u a	unter anderem/und andere
u Ä	und Ähnliches
UAbs	Unterabsatz
UBA	Umweltbundesamt
UCLA JILFA	UCLA Journal of International Law and Foreign Affairs
UdSSR	Union der Sozialistischen Sowjetrepubliken
Übers	Übersetzung
UEMOA	Union Économique et Monétaire Ouest Africaine (Westafrikanische Wirtschafts- und Währungsunion)
UFIL	Journal on the Use of Force and International Law
UK	United Kingdom
UN	United Nations (Vereinte Nationen)
UN Doc	Dokumente der Vereinten Nationen
UN GA	United Nations General Assembly
UNAIDS	Joint United Nations Programme on HIV/AIDS
UNAMID	African Union/United Nations Hybrid Operation in Darfur
UNAT	United Nations Administrative Tribunal
UNAVEM	United Nations Angola Verification Mission
UNCED	United Nations Conference on Environment and Development (1992)
UN-Charta	Satzung der Vereinten Nationen
UNCIO	United Nations Conference on International Organizations
UNCITRAL	United Nations Commission on International Trade Law
UNCLOS	United Nations Conference on the Law of the Sea (1973–82)
UNCOPUOS	United Nations Committee on the Peaceful Uses of Outer Space
UNCTAD	United Nations Conference on Trade and Development
UNDP	United Nations Development Programme
UNECE	United Nations Economic Commission for Europe
UNEF	United Nations Emergency Force
UNEP	United Nations Environment Programme
UNESCO	United Nations Educational, Scientific and Cultural Organization
UNFCCC	United Nations Framework Convention on Climate Change
UNFICYP	United Nations Peace-keeping Force in Cyprus
UNHCR	United Nations High Commissioner for Refugees
UNHSP	United Nations Human Settlement Programme
UNICEF	United Nations International Children's Emergency Fund
UNIDIR	United Nations Institute for Disarmament Research
UNIDO	United Nations Industrial Development Organization

UNIDROIT	Internationales Institut für die Vereinheitlichung des Privatrechts
UNISFA	United Nations Interim Security Force for Abyei
UNITAF	United Task Force
UNITAR	United Nations Institute for Training and Research
UNMIBH	United Nations Mission in Bosnia and Herzegovina
UNMIL	United Nations Mission in Liberia
UNMISET	United Nations Mission of Support in East Timor
UNMISS	United Nations Mission in the Republic of South Sudan
UNO	United Nations Organization
UNOCI	United Nations Operation in Côte d'Ivoire
UNOSOM	United Nations Operation in Somalia
UNPREDEP	United Nations Preventive Deployment Force
UNRWA	United Nations Relief and Works Agency for Palestine Refugees in the Near East
UNSIMIC	United Nations Settlement Implementation Mission in Cyprus
UNSMIS	United Nations Supervision Mission in Syria
UNSSC	United Nations System Staff College
UNST/LEG/SER	United Nations Legislative Series
unstr	unstrittig, unstreitig
UNSWLJ	University of New South Wales Law Journal
UNTAC	United Nations Transitional Authority in Cambodia
UNTS	United Nations Treaty Series
UNU	United Nations University
UNWTO	World Tourism Organization
UNYB	Yearbook of the United Nations
UPennJIEL	University of Pennsylvania Journal of International Economic Law
UPennJIL	University of Pennsylvania Journal of International Law
UPU	Universal Postal Union (Weltpostverein)
US	Entscheidungen des United States Supreme Court
USA	United States of America
USMCA	United States – Mexico – Canada Agreement
Utah LRev	Utah Law Review
UTR	Jahrbuch des Umwelt- und Technikrechts
uU	unter Umständen
u v a	und viele (vieles) andere
v	von/vom/versus
Vanderbilt J Transnat'l L	Vanderbilt Journal of Transnational Law
VBlBW	Verwaltungsblätter Baden-Württemberg
VBS	Völkerbundsatzung
v Chr	vor Christi Geburt
Verb (Rs)	Verbundene (Rechtssachen)
Verf	Verfahren, Verfasser
Verh	Verhandlung
VersR	Versicherungsrecht (Zeitschrift)
VerV	Verwaltungsvorschrift
VG	Verwaltungsgericht
VGH	Verwaltungsgerichtshof
vgl	vergleiche
Victoria ULRev	Victoria University of Wellington Law Review
Villanova LR	Villanova Law Review
VJIL	Virginia Journal of International Law

Vjschr f SozR	Vierteljahresschrift fürSozialrecht
VN	Vereinte Nationen (Zeitschrift)
VO	Verordnung
VOJICL	Vienna Online Journal on International Constitutional Law
Vol	Volume
VRÜ	Verfassung und Recht in Übersee (Zeitschrift)
VULR	Valparaiso University Law Review
VVDStRL	Veröffentlichungen der Vereinigung der Deutschen Staatsrechtslehrer
VwVfG	Verwaltungsverfahrensgesetz
WBGU	Wissenschaftlicher Beirat der Bundesregierung Globale Umweltveränderungen
WCED	World Commission on Environment and Development
WCS	World Conservation Strategy
West Virginia LR	West Virginia Law Review
WEU	Western European Union (Westeuropäische Union)
WFC	World Food Council (Welternährungsrat)
WFP	World Food Programme (Welternährungsprogramm)
WHO	World Health Organization
WIPO	World Intellectual Property Organization
Wisconsin ILJ	Wisconsin International Law Journal
WKSV	Wiener Übereinkommen über die Staatennachfolge in Bezug auf Verträge
WLR	Weekly Law Reports
WMO	World Meteorological Organization
wN	weitere Nachweise
WPA	Wirtschaftspartnerschaftsabkommen
WRV	Weltraumvertrag
WRV	Weimarer Reichsverfassung
WSR	Wirtschafts- und Sozialrat (der Vereinten Nationen)
WSSD	World Summit for Sustainable Development
WTO	World Trade Organization
WTR	World Trade Review
WUB	Kommentierende Entscheidungssammlung zum Wirtschafts- und Bankrecht
WÜD	Wiener Übereinkommen über diplomatische Beziehungen
WÜK	Wiener Übereinkommen über konsularische Beziehungen
WVK	Wiener Vertragsrechtskonvention (Wiener Übereinkommen über das Recht der Verträge)
WVKIO	Wiener Konvention (Übereinkommen) über das Recht der Verträge zwischen Staaten und internationalen Organisationen oder zwischen internationalen Organisationen
WWF	World Wildlife Fund
WWU	Wirtschafts- und Währungsunion
www	World Wide Web
Yale JIL	Yale Journal of International Law
Yale LJ	Yale Law Journal
Yb	Yearbook
YIHL	Yearbook of International Humanitarian Law
YBILC	Yearbook of the International Law Commission
YBWA	Yearbook of World Affairs
YEL	Yearbook of European Law
YIEL	Yearbook of International Environmental Law
YIHL	Yearbook of International Humanitarian Law

YIO	Yearbook of International Organizations
YPL	Yearbook of Polar Law
ZaöRV	Zeitschrift für ausländisches öffentliches Recht und Völkerrecht
ZAR	Zeitschrift für Ausländerrecht und Ausländerpolitik
zB	zum Beispiel
ZBJI	Zusammenarbeit (der EU-Staaten) in den Bereichen Justiz und Inneres
ZEuS	Zeitschrift für europarechtliche Studien
ZfP	Zeitschrift für Politik
ZfSE	Zeitschrift für Staats- und Europawissenschaften
ZfV	Zeitschrift für Verwaltung
ZG	Zeitschrift für Gesetzgebung
ZGR	Zeitschrift für Unternehmens- und Gesellschaftsrecht
ZIB	Zeitschrift für Internationale Beziehungen
Ziff	Ziffer
ZIS	Zeitschrift für Internationale Strafrechtsdogmatik
ZLR	Zeitschrift für Luftrecht (jetzt ZLW)
ZLW	Zeitschrift für Luft- und Weltraumrecht (früher ZLR)
ZöR	Zeitschrift für öffentliches Recht
ZP	Zusatzprotokoll
ZParl	Zeitschrift für Parlamentsfragen
ZPO	Zivilprozessordnung
ZRP	Zeitschrift für Rechtspolitik
ZRph	Zeitschrift für Rechtsphilosophie
ZSchwR	Zeitschrift für schweizerisches Recht
ZStW	Zeitschrift für die gesamte Strafrechtswissenschaft
zT	zum Teil
ZUR	Zeitschrift für Umweltrecht
zust	zustimmend
zutr	zutreffend
ZVglRWiss	Zeitschrift für vergleichende Rechtswissenschaft
ZVR	Zeitschrift für Völkerrecht
ZZP	Zeitschrift für Zivilprozess

Erster Abschnitt

Wolfgang Graf Vitzthum
Begriff, Geschichte und Rechtsquellen des Völkerrechts

Gliederung

Vorbemerkung —— 1
I. Begriff und Geltung des Völkerrechts —— 2–87
  1. Begriff und Besonderheiten des Völkerrechts —— 2–60
     a) Ansatzpunkte und Probleme der Begriffsbestimmung —— 2
     b) Begriffsgeschichte und Völkerrechtsentwicklung —— 9
     c) Expansion des Völkerrechts —— 14
     d) Kombinationsdefinition des Völkerrechts —— 22
     e) Abgrenzung zu anderen Rechtsgebieten —— 33
     f) Völkerrecht und Europarecht —— 40
     g) Besonderheiten des Völkerrechts —— 45
  2. Geltung, Grundregeln und Einheit des Völkerrechts —— 61–87
     a) Die Frage der Geltung —— 61
     b) Die Grundregeln des Völkerrechts —— 72
     c) Die Einheit der Völkerrechtsordnung —— 80
II. Völkerrechtsgeschichte und Völkerrechtswissenschaft —— 88–112
  1. Geschichte und Geschichtlichkeit des Völkerrechts —— 88–108
  2. Völkerrechtswissenschaft —— 109–112
III. Die Rechtsquellen des Völkerrechts —— 113–159
  1. In Art 38 IGH-Statut genannte Rechtsquellen und Erkenntnismittel —— 113–147
     a) Internationale Übereinkünfte (das Recht der Verträge) —— 113
     b) Völkergewohnheitsrecht —— 131
     c) Allgemeine Rechtsgrundsätze —— 142
     d) Richterliche Entscheidungen, Lehrmeinung —— 147
  2. Entwicklungen außerhalb von Art 38 IGH-Statut —— 148–153
  3. Rangverhältnis und Kodifikation der Rechtsquellen —— 154–159

Literatur

von Arnauld, Andreas, Völkerrecht, 3. Aufl 2016
Dahm, Georg/Delbrück, Jost/Wolfrum, Rüdiger, Völkerrecht, Bd I/1, 2. Aufl 1989; Bd I/2 u Bd I/3, 2. Aufl 2002
Doehring, Karl, Völkerrecht, 2. Aufl 2004
Fassbender, Bardo/Peters, Anne (Hrsg), Oxford Handbook of the History of International Law [Oxford Handbook]
Fastenrath, Ulrich, Lücken im Völkerrecht. Zu Rechtscharakter, Quellen, Systemzusammenhang, Methodenlehre und Funktionen des Völkerrechts, 1991 [*Fastenrath*, Lücken]
Grewe, Wilhelm (Hrsg), Fontes Historiae Iuris Gentium, Bd I, 1995; Bd II, 1988; Bd III/1, 1992; Bd III/2, 1992 [Fontes]
ders, Epochen der Völkerrechtsgeschichte, 2. Aufl 1988 [*Grewe*, Epochen]; engl Ausg 2000
Herdegen, Matthias, Völkerrecht, 17. Aufl 2018
Ipsen, Knut (Hrsg), Völkerrecht, 7. Aufl 2018 [Ipsen (Hrsg), Völkerrecht]
Preiser, Wolfgang, Macht und Ohnmacht in der Völkerrechtsgeschichte, 1978 [*Preiser*, Macht]
Seidl-Hohenveldern, Ignaz (Hrsg), Lexikon des Rechts. Völkerrecht, 3. Aufl 1992 [Lexikon Völkerrecht]
Simma, Bruno/Khan, Daniel-Erasmus/Nolte, Georg/Paulus, Andreas (Hrsg), The Charter of the United Nations, 2 Bde, 3. Aufl 2012
Strupp, Karl/Schlochauer, Hans-Jürgen (Hrsg), Wörterbuch des Völkerrechts, 4 Bde, 1960–1962

Tomuschat, Christian, Stichwort „Völkerrecht", in: Roman Herzog u a (Hrsg), Evangelisches Staatslexikon, 3. Aufl 1987, Bd II, Sp 3875–3890 [*Tomuschat,* „Völkerrecht"]
ders, International Law: Ensuring the Survival of Mankind on the Eve of a New Century, RdC 281 (1999) 9–438 [*Tomuschat,* International Law]
Verdross, Alfred/Simma, Bruno, Universelles Völkerrecht, 3. Aufl 1984 [*Verdross/Simma*]; Nachdruck 2010
Wolfrum, Rüdiger (Hrsg), Max Planck Encyclopedia of Public International Law, 10 Bde, 2012 [MPEPIL]
Ziegler, Karl-Heinz, Völkerrechtsgeschichte, 2. Aufl 2007 [*Ziegler,* Völkerrechtsgeschichte]

Verträge
Genfer Konvention betreffend die Linderung des Loses der im Felddienst verwundeten Militärpersonen v 22.8.1864 (*Schindler/Toman* [Hrsg], The Laws of Armed Conflicts, 4. Aufl 2004, 365) —— 104
I. Haager Abkommen v 18.10.1907 zur friedlichen Erledigung internationaler Streitfälle (Fontes III/1, 558 bzw RGBl 1910, 5) —— 77
Friedensvertrag mit dem Deutschen Reich v 28.6.1919 (Fontes III/2, 683) [Versailler Vertrag] —— 73, 105
Satzung des Völkerbundes v 28.6.1919 (RGBl 1919, 717) —— 53, 75, 105
Vertrag über die Ächtung des Krieges v 27.8.1928 (RGBl 1929 II, 97) [Briand-Kellogg-Pakt] —— 52, 75
Charta der Vereinten Nationen v 26.6.1945 (BGBl 1973 II, 431), zuletzt geänd durch Bek v 28.8.1980 (BGBl 1980 II, 1252) [UN-Charta] —— 4, 14 f, 18, 20f, 30, 45, 52 ff, 59, 71 ff, 106f, 119, 144
Statut des Internationalen Gerichtshofs v 26.6.1945 (BGBl 1973 II, 505) [IGH-Statut] —— 3, 10, 14, 18, 24f, 110 ff, 131 ff, 142 ff, 148 ff, 154 ff
I. Genfer Abkommen zur Verbesserung des Loses der Verwundeten und Kranken der Streitkräfte im Felde v 12.8.1949 (BGBl 1954 II, 783) —— 19
II. Genfer Abkommen zur Verbesserung des Loses der Verwundeten, Kranken und Schiffbrüchigen der Streitkräfte zur See v 12.8.1949 (BGBl 1954 II, 813) —— 19
III. Genfer Abkommen über die Behandlung der Kriegsgefangenen v 12.8.1949 (BGBl 1954 II, 838) —— 19
IV. Genfer Abkommen zum Schutz von Zivilpersonen in Kriegszeiten v 12.8.1949 (BGBl 1954 II, 917) [Genfer Rotkreuzabkommen I–IV] —— 19
Konvention zum Schutze der Menschenrechte und Grundfreiheiten v 4.11.1950 idF der Neubekanntmachung v 17.5.2002 (BGBl 2002 II, 1054) [EMRK] —— 13, 46, 60, 107, 156
Vertrag zur Gründung der Europäischen Gemeinschaft v 25.3.1957 (BGBl 1957 II, 766), nunmehr gültig als Vertrag über die Arbeitsweise der Europäischen Union (konsolidierte Fassung: ABl EU 2010, Nr C 83/47) [AEUV] —— 40, 41, 42
Europäisches Übereinkommen zur friedlichen Beilegung von Streitigkeiten v 29.4.1957 (BGBl 1961 II, 82) —— 77
Genfer Übereinkommen über die Hohe See v 29.4.1958 (BGBl 1972 II, 1089) —— 125
Genfer Übereinkommen über das Küstenmeer und die Anschlusszone v 29.4.1958 (516 UNTS 205) —— 125
Genfer Übereinkommen über den Festlandsockel v 29.4.1958 (499 UNTS 311) —— 121, 125
Genfer Übereinkommen über die Fischerei und die Erhaltung der biologischen Reichtümer der Hohen See v 29.4.1958 (559 UNTS 285) —— 125
Antarktis-Vertrag v 1.12.1959 (BGBl 1978 II, 1517) —— 20, 107
Internationaler Pakt über bürgerliche und politische Rechte v 19.12.1966 (BGBl 1973 II, 1534) [IPBPR]; 1. Fakultativprotokoll (BGBl 1992 II, 1247); 2. Fakultativprotokoll (BGBl 1992 II, 391) —— 4, 20, 60, 78, 83, 107
Internationaler Pakt über wirtschaftliche, soziale und kulturelle Rechte v 19.12.1966 (BGBl 1973 II, 1570) —— 4, 20, 60, 78, 83, 107
Vertrag über die Grundsätze zur Regelung der Tätigkeiten von Staaten bei der Erforschung und Nutzung des Weltraums einschließlich des Mondes und anderer Himmelskörper v 27.1.1967 (BGBl 1969 II, 1969) [Weltraumvertrag] —— 20, 29, 107, 137–140
Vertrag über die Nichtverbreitung von Kernwaffen v 1.7.1968 (BGBl 1974 II, 786) und Entscheidung gemäß Art X Abs 2 über die Verlängerung des Vertrages auf unbegrenzte Zeit v 11.5.1995 (BGBl 1995 II, 984) [NV-Vertrag] —— 20

Brüsseler EWG-Übereinkommen über die gerichtliche Zuständigkeit und die Vollstreckung gerichtlicher Entscheidungen v 27.9.1968 (BGBl 1972 II, 774), Neufassung v 26.5.1989 (BGBl 1994 II, 519) —— 35
Wiener Übereinkommen über das Recht der Verträge v 23.5.1969 (BGBl 1985 II, 927) [WVK] —— 13, 48, 73, 75, 114–132, 137, 142
Wiener Übereinkommen über die Staatennachfolge in Verträge v 23.8.1978 (ILM 17 [1978] 1488) [WÜSV] —— 114
Übereinkommen über weiträumige grenzüberschreitende Luftverunreinigung v 13.11.1979 (BGBl 1982 II, 373) —— 20
Übereinkommen der Vereinten Nationen über Verträge über den internationalen Warenkauf v 11.4.1980 (BGBl 1989 II, 588; Berichtigung in: BGBl 1990 II, 1699) [CISG] —— 34
Übereinkommen v 19.6.1980 über das auf vertragliche Schuldverhältnisse anwendbare Recht (BGBl 1986 II, 809) —— 34
Afrikanische Charta der Menschen- und Völkerrechte v 27.6.1981 (ILM 21 [1982] 59) —— 11
Seerechtsübereinkommen der Vereinten Nationen v 10.12.1982 (BGBl 1994 II, 1799) [SRÜ] —— 20, 29, 60, 107, 118, 125, 148
Übereinkommen gegen Folter und andere grausame, unmenschliche oder erniedrigende Behandlung oder Strafe v 10.12.1984 (BGBl 1990 II, 246) —— 13
Wiener Übereinkommen zum Schutz der Ozonschicht v 22.3.1985 (BGBl 1988 II, 901) —— 20
Wiener Übereinkommen über das Recht der Verträge zwischen Staaten und internationalen Organisationen oder zwischen internationalen Organisationen v 21.3.1986 (BGBl 1990 II, 1414) [WVKIO] —— 114, 117
Montrealer Protokoll über Stoffe, die zu einem Abbau der Ozonschicht führen, v 16.9.1987 (BGBl 1988 II, 1014; letzte Änd in: BGBl 2002 II, 921) [Montrealer Protokoll] —— 20
Vertrag über die Europäische Union v 7.2.1992 (BGBl 1992 II, 1253) idF v 13.12.2007 (konsolidierte Fassung: ABl EU 2010, Nr C 83/13) [EUV] —— 40, 41, 43, 44, 116
Römisches Statut des Internationalen Strafgerichtshofs v 17.7.1998 (BGBl 2000 II, 1394) —— 36
Charta der Grundrechte der Europäischen Union v 7.12.2000 in der am 12.12.2007 angepassten Fassung (ABl. EU 2010, Nr C 83/389) [GRC] —— 40, 42

Judikatur
Ständiger Internationaler Gerichtshof
S.S. Wimbledon (France, Great Britain, Italy, Japan [with Poland intervening] v Germany), Urteil v 17.8.1923, PCIJ, Ser A, No 1 *[Wimbledon]* —— 73
The Lotus (France v Turkey), Urteil v 7.9.1927, PCIJ, Ser A, No 10 *[Lotus]* —— 49, 50, 111, 147
Serbian Loans (France v Serbia), Urteil v 12.7.1929, PCIJ, Ser A, No 20 *[Serbische Anleihen]* —— 34
Legal Status of Eastern Greenland (Denmark v Norway), Urteil v 5.4.1933, PCIJ, Ser A/B, No 53 *[Ostgrönland]* —— 142, 149

Internationaler Gerichtshof
Reparations for Injuries Suffered in the Service of the United Nations, Gutachten v 11.4.1949, ICJ Rep 1949, 174 *[Bernadotte]* —— 39, 120
Right of Passage over Indian Territory (Preliminary Objections) (Portugal v India), Urteil v 26.11.1957, ICJ Rep 1957, 125 *[Durchgangsrecht über indisches Gebiet]* —— 124
Temple of Préah Vihéar (Merits) (Cambodia v Thailand), Urteil v 15.6.1962, ICJ Rep 1962, 6 *[Tempel von Préah Vihéar]* —— 142
North Sea Continental Shelf (Germany v Denmark; Germany v Netherlands), Urteil v 20.2.1969, ICJ Rep 1969, 3 *[Nordsee-Festlandsockel]* —— 139 ff
Barcelona Traction, Light and Power Co, Ltd (Second Phase) (Belgium v Spain), Urteil v 5.2.1970, ICJ Rep 1970, 3 *[Barcelona Traction]* —— 21, 120, 133
Nuclear Tests (Australia v France; New Zealand v France), Urteile v 20.12.1974, ICJ Rep 1974, 253 u 457 *[Französische Nukleartests]* —— 149

United States Diplomatic and Consular Staff in Tehran (USA v Iran), Urteil v 24.5.1980, ICJ Rep 1980, 3 *[Teheraner Geiseln]* —— 54

Military and Paramilitary Activities in and against Nicaragua (Merits) (Nicaragua v USA), Urteil v 27.6.1986, ICJ Rep 1986, 14 *[Nicaragua]* —— 54, 76, 131

Territorial Dispute (Lybia v Chad), Urteil v 3.2.1994, ICJ Rep 1994, 6 *[Aousou]* —— 123

East Timor (Portugal v Australia), Urteil v 30.6.1995, ICJ Rep 1995, 90 *[East Timor]* —— 133

Request for an Examination of the Situation in Accordance with Paragraph 63 of the Court's Judgment of 20 December 1974 in the Nuclear Tests (New Zealand v France) Case, Beschluss v 22.9.1995, ICJ Rep 1995, 288 *[Französische Nukleartests/Urteilsüberprüfung]* —— 149

Legality of the Threat or Use of Nuclear Weapons, Gutachten v 6.7.1996, ICJ Rep 1996, 226 *[GV-Nuklearwaffen-Gutachten]* —— 50

Oil Platforms (Preliminary Objections) (Iran v USA), Urteil v 12.12.1996, ICJ Rep 1996, 803 *[Ölplattformen]* —— 123

Kasikili/Sedudu Island (Botswana v Namibia), Urteil v 13.12.1999, ICJ Rep 1999, 1045 *[Kasikili/Sedudu]* —— 123, 155

Legal Consequences of the Construction of a Wall in the Occupied Palestinian Territory, Gutachten v 9.7.2004, ICJ Rep 2004, 136 *[Grenzwall-Gutachten]* —— 133

Application of the Convention on the Prevention and Punishment of the Crime of Genocide (Bosnia and Herzegovina v Serbia and Montenegro), Urteil v 26.2.2007, ICJ Rep 2007, 43 *[Srebrenica]* —— 133

Jurisdictional Immunities of the State (Germany v Italy: Greece intervening), Urteil v 3.2.2012, ICJ Rep 2012, 99 *[Staatenimmunität]* —— 45

Questions Relating to the Obligation to Prosecute or Extradite (Belgium v Senegal), Urteil v 20.7.2012, ICJ Rep 2012, 422 *[Belgien/Senegal]* —— 120, 126

Whaling in the Antarctic (Australia v Japan; New Zealand v Japan), Urteil v 31.3.2014, ICJ Rep 2014, 226 *[Antarctic Whaling]* —— 133

Ständiger Schiedshof

Russian Indemnity, Schiedsspruch v 11.11.1912, RIAA XI, 421 *[Russisch-Türkischer Streitfall von 1912]* —— 142

Gerichtshof der Europäischen Union

Urteil v 15.7.1964, Rs 6/64, Slg 1964, 1251 *[Costa/ENEL]* —— 40

Urteil v 17.12.1970, Rs 11/70, Slg 1970, 1125 *[Internationale Handelsgesellschaft/Einfuhr- und Vorratsstelle Getreide]* —— 43

Urteil v 31.3.1971, Rs 22/70, Slg 1971, 263 *[AETR]* —— 44

Urteil v 4.12.1974, Rs 41/74, Slg 1974, 1337 *[Van Duyn/Home Office]* —— 42

Urteil v 19.1.1982, Rs 8/81, Slg 1982, 53 *[Becker]* —— 42

Urteil v 19.11.1991, Rs C-6/90 und C-9/90, Slg 1991, I-5357 *[Francovich u a]* —— 42

Urteil v 5.3.1996, Rs C-46/93 und C-48/93, Slg 1996, I-1131 *[Brasserie du pêcheur und Factortame]* —— 42

Urteil v 8.10.1996, Rs C-178/94, C-179/94, C-188/94, C-189/94 und C-190/94, Slg 1996, I-4867 *[Dillenkofer u a]* —— 42

Urteil v 22.10.1998, Rs C-10–22/97, Slg 1998, I-6307 *[Ministerio delle Finanze/IN. CO. GE'90 Srl u a]* —— 43

Bundesverfassungsgericht

Beschluss v 18.10.1967, BVerfGE 22, 293 *[EG-Verordnung]* —— 43

Beschluss v 4.5.1971, BVerfGE 31, 58 *[Spanier]* —— 34

Beschluss v 8.4.1987, BVerfGE 75, 223 *[EWG]* —— 42

Urteil v 12.10.1993, BVerfGE 89, 155 *[Maastricht]* —— 43

Urteil v 30.6.2009, NJW 2009, 2267 *[Lissabon]* —— 43

Beschluss v 15.12.2015, 2 BvR 2735/14 *[Europäischer Haftbefehl]* —— 43

Graf Vitzthum

Vorbemerkung

Das Völkerrecht ist ein schwierig zu bestimmendes Rechtsgebiet. Nicht einmal sein Charakter als *Recht*[1] blieb unbestritten. Auch wenn unser Lehrbuch die Frage nach der Rechtsqualität des Völkerrechts mit der Praxis und der ganz hL nachdrücklich bejaht,[2] ist damit noch keine Aussage zu den *begrifflichen* und *strukturellen Besonderheiten* dieser Rechtsordnung getroffen (su Rn 2ff). Mit der Definition und Qualifizierung des Völkerrechts hängen die Fragen nach seiner *Geltung* und *Relevanz*, nach seinen *Grundregeln* und seiner *Einheit* eng zusammen (su Rn 61ff). Zur Klärung dieser Grundfragen und zum Verständnis des Völkerrechts der Gegenwart bedarf es auch der Behandlung der *Geschichte* des Völkerrechts und der Rolle der Völkerrechts*wissenschaft* (su Rn 88ff). Vor allem sind die *Rechtsquellen* des Völkerrechts zum Erfassen seines Wesens und seiner Wirkung zu erläutern (su Rn 113ff). 1

I. Begriff und Geltung des Völkerrechts

1. Begriff und Besonderheiten des Völkerrechts
a) Ansatzpunkte und Probleme der Begriffsbestimmung

Obwohl etwa das Grundgesetz für die BR Deutschland den Begriff des Völkerrechts in Art 25, Art 59 Abs 1 Satz 1 und Art 100 Abs 2 ohne weiteres voraussetzt, gibt es keine allgemein anerkannte Definition des Völkerrechts. Eine Begriffsbestimmung, die *isoliert* jeweils an den Rechtsquellen, an den Subjekten oder an den Gegenständen dieser Rechtsordnung ansetzt, verfehlt die Klärung. Erst in ihrer *Kombination* bieten diese Einzelaspekte hinreichende Ansatzpunkte für die Definition (su Rn 22ff). 2

Orientiert man sich, *erstens, allein* an den *Rechtsquellen* des Völkerrechts, liegt die Zirkularität dieses Ansatzes auf der Hand. Die Bindung an das Völkerrecht setzt die Existenz einer Rechtsordnung voraus, die dessen Rechtsquellen definiert und ihnen die entsprechende Wirkung zuordnet. Auch Art 38 Abs 1 IGH-Statut, der das zwischen den Streitparteien anwendbare Recht (Völkervertragsrecht, Völkergewohnheitsrecht, allgemeine Rechtsgrundsätze) aufführt, löst das Problem nicht, bleibt doch schon die Frage nach der Rechtsquelle dieser Rechtsquelle unbeantwortet. 3

Entgegen seiner Bezeichnung handelt es sich beim Völkerrecht, setzt man bei der Definition, *zweitens,* an seinen *Rechtssubjekten* an, nicht um ein „Recht der Völker" (oder der Nationen). In anderen Sprachen kommt das deutlicher zum Ausdruck als in der deutschen. In ihnen sind an die Stelle der überkommenen Bezeichnungen *(law of nations/droit des gens/diritto delle genti)* weitgehend die neueren Termini *public international law, droit international public, diritto internazionale pubblico* getreten. Lediglich in einzelnen Aspekten, zumal beim Selbstbestimmungsrecht der 4

---

1 In Abrede gestellt etwa von *Austin*, Lectures on Jurisprudence, or the Philosophy of Positive Law, Bd I, 5. Aufl (hrsgg v Campbell) 1911, 182. Vgl aber *Zemanek*, The Legal Foundation of the International System, RdC 266 (1997-IV) 9 (37f); *Steiger*, Völkerrecht, in Brunner/Conze/Koselleck (Hrsg), Geschichtliche Grundbegriffe, Bd 7, 1992, 97ff.
2 Erzwingbarkeit einer Norm bestimmt nicht ihre Qualität als Recht. Für dessen Geltung ist seine Durchsetzung nicht konstitutiv. Auch durchsetzungsschwaches Recht ist Recht.

Völker,³ wendet sich das Völkerrecht unmittelbar an Völker und attestiert ihnen insoweit partielle Völkerrechtssubjektivität (synonym: Völkerrechtspersönlichkeit, Völkerrechtsfähigkeit). Nur der Terminologie, nicht der Sache nach spielen die Völker oder Nationen in den für Wesen und Fortentwicklung dieses Rechts so entscheidenden Internationalen Organisationen (I.O.) wie dem Völkerbund⁴ bzw den Vereinten Nationen (UN) eine Schlüsselrolle.⁵ Im Schwerpunkt ist das Völkerrecht *staaten*orientiert. Als räumlich radizierter, organisatorisch verfestigter, die Interessen der Bevölkerung auch *inter*-national wahrnehmender geschichtlich-konkreter Herrschaftsverband ist nach wie vor der Staat der zentrale Anknüpfungspunkt dieser Rechtsordnung. Eine global anerkannte *über*staatliche Hoheitsgewalt gibt es nicht. Die Völkerrechtsordnung weist insofern ein *koordinations*-, nicht ein subordinationsrechtliches Gefüge auf.

5   Das Völkerrecht ist primär die Rechtsordnung der *zwischen*staatlichen Beziehungen. Schon das durch die großen europäischen Friedenskonferenzen vom Westfälischen Frieden 1648 bis zum Wiener bzw Berliner Kongress 1815 bzw 1878 geformte „klassische" Völkerrecht war eine zwischen den Staaten geltende Rechtsordnung.⁶ Durchbrochen wird diese Staatsorientierung traditionell vom Heiligen Stuhl⁷ und dem Souveränen Malteser Ritterorden,⁸ in neuerer Zeit ua vom Internationalen Komitee vom Roten Kreuz (IKRK),⁹ von Aufständischen, Kriegführenden und stabilisierten de-facto-Regimen,¹⁰ partiell auch vom Individuum (mit der Ver-

---

3 Zurückhaltend Tomuschat (Hrsg), Modern Law of Self-Determination, 1993; Neuhold/Simma (Hrsg), Neues europäisches Völkerrecht nach dem Ende des Ost-West-Konfliktes?, 1996, 16 ff bzw 43 ff *(Thürer)*; *Heintze,* in Ipsen (Hrsg), Völkerrecht, § 10. Das Selbstbestimmungsrecht ist ein kollektives Recht der Völker, vgl Art 1 der beiden UN-Menschenrechtspakte v 1966.
4 Den Ausdruck „Völkerbund" („Société des Nations") verwendete erstmals *de Vattel,* Le droit des gens ou principes de la loi naturelle, 1758 (dt Übers): „aus dem gesetzlosen Zustande der Wilden hinaus zu gehen, und in einen Völkerbund zu treten; wo jeder, auch der kleinste, Staat seine Sicherheit und Rechte […] allein von diesem großen Völkerbunde […], von einer vereinigten Macht […] erwarten könnte". 1774 folgte *Kant,* Idee zu einer allgemeinen Geschichte in weltbürgerlicher Absicht (in *ders,* Schriften zur Anthropologie etc, 1964, 31 [41 ff]). In „Zum ewigen Frieden", 1795 (ebd 193 ff) postulierte *Kant:* „Das Völkerrecht soll auf einer Föderation freier Staaten gegründet sein", auf einem „Völkerbund". Bei Gründung des Völkerbundes (1919) wurde dann, zurückgehend auf die 14 Punkte des US-amerikanischen Präsidenten *Wilson,* dieser Begriff bewusst gewählt. Er deckte u a die Kolonien mit ab.
5 Vgl die Präambel der UN-Charta: „*We the peoples of the United Nations […] have resolved to combine our efforts* […] Accordingly, our respective Governments […] have agreed to the present Charter […]". Eine Grundlage bildete die am 1.1.1942 von 26 Staaten abgegebene *Joint Declaration by United Nations,* die die Basis der von den USA (auf der Grundlage der Atlantik-Charta v 14.8.1941) zustande gebrachten Kriegsallianz bildete.
6 *Grewe,* Epochen, 323 ff, 499 ff. Das Völkerrecht müsse auf den *Nationen* als den wirklich lebendigen Einheiten aufbauen, hatte demgegenüber zB *Mancini,* Diritto internazionale, 1873, 5 ff gefordert (erstmals 1851).
7 Bereits vor dem Verlust des Kirchenstaates (30.9.1870) war der Heilige Stuhl – trotz des Fehlens zB eines „Staatsvolkes" – als (originäres) Völkerrechtssubjekt anerkannt. Er hat wichtige völkerrechtliche Institute (u a Gesandtschaftswesen, Schiedsgerichtsbarkeit) mit ausgebildet und den Globalen Pakt für Flüchtlinge wie den UN-Migrationspakt (2018) mit ausgehandelt.
8 Vgl *Fischer/Köck,* Allgemeines Völkerrecht, 6. Aufl 2004, 198 ff, 239 ff.
9 Vgl *Epping,* in Ipsen (Hrsg), Völkerrecht, § 11 Rn 14 f.
10 De-facto-Regime erfüllen staatsähnliche Aufgaben. Dritten gegenüber können sie Achtung ihres territorialen Bestands und ihrer Herrschaft beanspruchen, haben sich aber auch ihrerseits u a an das Gewalt- und das Interventionsverbot zu halten.

pflichtung zur Achtung der Menschenrechte erkennen die Staaten den Menschen als Subjekt mit originären Rechten an und geben der Völkerrechtsordnung eine individualrechtliche Tönung) sowie von I.O. (zB UNO, NATO, Europarat) und Supranationalen Organisationen (S.O.), wie der EU.

Die Definition des Völkerrechts als Zwischen-*Staaten*-Recht bezieht sich auf seine wichtigsten Schöpfer und Geschöpfe. Staaten sind nicht Kunstschöpfungen des Rechts, sondern reale Herrschaftsgebilde. Das für diese Rechtsordnung zentrale Souveränitätsprinzip orientiert sich wirklichkeitsnah an den Staaten als soziologischen und normativen Einheiten, die sich selbst konstituieren (geborene Völkerrechtssubjekte), nicht also an den Völkern, den Nationen, den I.O. oder der Menschheit. Die Bedeutung der nichtstaatlichen Völkerrechtssubjekte, insbes der UNO als Weltfriedensorganisation und der EU als Staatenverbund, mag – entgegen der derzeitigen Lage – tendenziell zunehmen. Nach wie vor sind freilich *die Staaten die Herren der Völkerrechtsordnung*. Darin stimmen die Positivisten mit den Vertretern naturrechtlicher und idealistischer Völkerrechtslehren überein. Trotz der Fülle internationaler und transnationaler Politikprozesse, trotz neuer Akteure und Aktionstechniken, trotz zahlreicher Verträge zum Menschenrechtsschutz spielt sich der größte Teil von Politik weiterhin in und zwischen den Staaten ab. Ein Weltstaat ist nicht in Sicht.[11]

6

Orientiert man sich zur Charakterisierung des Völkerrechts, *drittens*, an seinen *Gegenständen*, geht es um *das die hoheitlichen Beziehungen zwischen Völkerrechtssubjekten regelnde Recht*. Das Völkerrecht bestimmt nicht nur seine Rechtsquellen, Rechtssubjekte und Rechtswirkungen selbst, auch in Abgrenzung zum einzelstaatlichen Recht; es regelt vielmehr auch die Zuordnung und Nutzung des Raumes, den Schutz von Menschen, Umwelt, Klima und Ressourcen sowie das Geflecht der grenzüberschreitenden wirtschaftlichen und kulturellen Beziehungen. Die Lehren von den Sanktionen und der Streitbeilegung sind weitere Gegenstände des Völkerrechts, ebenso die Fragen der Staatenverantwortung und des Rechtszwanges insgesamt, einschließlich des Völkerstrafrechts, des Gewalt- und Interventionsverbots sowie des Kriegs- und des Neutralitätsrechts. Dies alles, die Materien der Abschnitte 2–8 unseres Lehrbuches, sind zudem *politische,* nicht selten existentielle Fragen. Insofern ist das Völkerrecht – auch – politisches Recht.[12]

7

Seinem Anspruch und seiner Entwicklung nach ist das Völkerrecht nicht nur ein formaler Rahmen für an Eigeninteressen ausgerichteten Interaktionen, zumal für den Ausgleich unterschiedlicher staatlicher Interessen.[13] Diese Rechtsordnung ent-

8

---

11 Tautologisch ist auch jeder *isoliert* subjektbezogene Ansatz einer Begriffsbestimmung (Völkerrecht als die Summe der Rechtsnormen, die sich auf die Völkerrechtssubjekte beziehen). Denn was Subjekte des Völkerrechts sind, bestimmt wiederum das Völkerrecht, also die Rechtsordnung, um deren Definition es geht.
12 Der internationale Richter hat die ihm unterbreiteten Fälle, auch solche „politischer" Natur, zu entscheiden; vgl *Lauterpacht,* The Function of Law in the International Community, 1933; *ders,* The Development of International Law by the International Court, 2. Aufl 1958.
13 Nach *Huber,* Die soziologischen Grundlagen des Völkerrechts, 1928 (Erstdruck 1910), 10 verkörpert das Völkerrecht „den rechtlichen Niederschlag dauernder Kollektivinteressen der Staaten", also deren *gemeinsamen* Vorteil. Zur „ethischen Basis" dieser Ordnung *Kadelbach,* Ethik des Völkerrechts unter den Bedingungen der Globalisierung, ZaöRV 64 (2004) 1 (15ff). Sie ist auf „gemeinschaftliche Werte und Interessen" ausgerichtet: *Payandeh,* Internationales Gemeinschaftsrecht, 2010, 61ff; *Cre-*

hält vielmehr auch Hinweise dafür, was bzgl des jeweiligen Gegenstandes als gerecht und friedensfördernd angesehen wird: zB das Verbot der Sklaverei, der Piraterie, der Folter, des Angriffskriegs, des Raubbaus an Naturvorkommen, zudem die Verwirklichung der Menschenrechte und die Förderung eines Zustands von Solidarität und Stabilität. Insofern ist das Völkerrecht eine *materiale, wertorientierte Ordnung*. Jede Rechtsordnung muss dies sein. Prozesse des Wertewandels wie der Ideologisierung sind dem inhärent. Die Völkerrechtsgeschichte spiegelt auch den Aufstieg und Niedergang der historisch wirksamen Werte wider. Die Herstellung einer weltweit einheitlichen materialen Ordnung ist angesichts der Heterogenität der Wertvorstellungen, Kulturen und Religionen nur auf eng begrenzten Gebieten möglich. Mit der Nennung von Zielen und Grundsätzen impliziert die UN-Charta das Bestehen eines *gemeinsamen Interesses* daran, eine diesen Werten förderliche Ordnung zu verwirklichen.

b) Begriffsgeschichte und Völkerrechtsentwicklung

9 Die *Begriffsgeschichte* vertieft unser Wissen von den Quellen, Subjekten und Gegenständen des Völkerrechts. Die Entwicklung[14] führte vom römischen und mittelalterlichen *ius gentium* über das *ius inter gentes* des spanischen Zeitalters (1494–1648) und das ebenfalls noch ganz europäisch dominierte Zwischen*staaten*recht der französischen Epoche (1648–1815) zum heutigen *internationalen öffentlichen Recht*.[15] Dieses war zunächst geprägt vom „Europäischen Konzert" (1815–1918), dann, in der Zwischenkriegszeit und im Zweiten Weltkrieg (1919–1945), vom Völkerbund bzw einer europäisch-amerikanischen Dominanz und schließlich, nach 1945, von dem jahrzehntelangen Ost-West-Gegensatz („Kalter Krieg"), den postkolonialen Süd-Nord-Spannungen, dem Wirken der UNO, dem Erstarken des Islam und Chinas sowie, seit 1989, dem *annus mirabilis*, von der Überwindung der europäischen Teilung und vom Beginn des postsozialistischen *transition process* in Eurasien. Von „Völkerrecht" sprach man zum ersten Mal im 16. Jh.[16] In der Antike hatte das *ius gentium* auch das allen Völkern und Menschen gemeinsame Recht umfasst.[17] Erstmals definierte der spanische Spätscholastiker *Francisco de Vitoria* (1486–1546) den Begriff

---

mer, Völkerrecht – alles nur Rhetorik?, ZaöRV 67 (2007) 695 ff. Skeptisch *Goldsmith/Posner*, The Limits of International Law, 2005; *Koskenniemi*, The Gentle Civilizer of Nations – The Rise and Fall of International Law, 2002, 413 ff; *ders*, From Apology to Utopia – The Structure of International Legal Argument, 2005 (Neuausgabe); *Fassbender*, Denkschulen im Völkerrecht, BerDGVR 45 (2012), 1 ff.
14 Näher *Grewe*, Epochen; *Steiger* (Fn 1) 100 ff; *Ziegler*, Völkerrechtsgeschichte. Für diese Autoren ist das moderne Völkerrecht ein Resultat des in *Europa* geprägten neuzeitlichen Staaten- und Rechtssystems. Krit gegenüber diesem „Eurocentrism" etwa *Anand*, Development of Modern International Law and India, 2005, 64 ff; *Fassbender/Peters*, Introduction: Towards A Global History Of International Law, in Oxford Handbook.
15 Vgl auch *Preiser*, Macht, 105 ff, 127 ff. Der Universalisierungsprozess begann 1856 mit der Aufnahme der Türkei in das Europäische Konzert. Zuvor waren mit China (1842) und Japan (1854) schon zwei andere nichtchristliche Staaten dem entstehenden Weltkomplex inkorporiert worden.
16 Dieses bildete den Gegensatz zum *ius civile*, dem römischen Recht für Römer. Das *ius gentium* war römisches Recht für Nichtrömer und damit zumal für den internationalen Handel. Nach Abstrahierung der nationalen Besonderheiten verblieb die Vorstellung eines gemein-menschlichen Rechts. Die Bezeichnung des Rechts, das für alle Menschen gilt, als *ius gentium* findet sich zuerst bei *Cicero*.
17 Hintergrund der Gemeinsamkeit: die *naturalis ratio*, die natürliche Vernunft.

eingeschränkt als *ius inter gentes*.¹⁸ Endgültig vollzogen war der Begriffswandel zum „Völkerrecht" im 18. Jh.¹⁹

Der spätestens seit dem Westfälischen Frieden (1648) aufkommende Terminus **10** *ius publicum Europaeum, droit public de l'Europe*, „europäisches öffentliches Recht" entsprach der Europazentriertheit des damaligen Völkerrechts. Grundlegend war die christlich-europäische Zusammensetzung der Völkerfamilie. Ihre internen Streitigkeiten bildeten den wichtigsten Regelungsgegenstand. Zwar wurden weiterhin Mächteinteressen in Kriegen ausgefochten, aber es eröffneten sich doch auch Möglichkeiten, die Beziehungen mit Hilfe des Völkerrechts zu regulieren. Zugehörigkeit zum Kreis der *nations civilisées* (Deklaration gegen den Negerhandel v 1815) bzw zum Kreis der „Kulturvölker" (Art 38 Abs 1 lit c IGH-Statut) sowie die Maßstäbe für ein *modernes* Staats- und Gesellschaftssystem wurden aus europäischer Perspektive²⁰ bestimmt. „Europäisch" waren die Kriterien für Kultur, Fortschritt, Völkerrechtssubjektivität. Dieser die überseeischen Völker diskriminierende Ansatz – ein „Zivilisierungsrecht" wurde nur Europäern zugeordnet, war also keine Berechtigung auf Gegenseitigkeit – diente auch der „Legitimierung" kolonialer Herrschaft. Seit dem 19. Jh verstärkte sich der durch die Fortschritte von Wissenschaft und Technik bedingte Europa-Bezug im Vordringen des europäisch-nordamerikanischen Staatstyps (mit Volkssouveränität, Gewaltenteilung, Freiheitsrechten). Spätestens seit dem ausgehenden 19. Jh wird das Völkerrecht im Vergleich mit dem Landesrecht als ein prinzipiell „anderes", eigenständiges Rechtssystem aufgefasst.

Die für den Beginn des 19. Jh noch zutreffende Gleichsetzung von (europäi- **11** scher) Zivilisations- und Völkerrechtsgemeinschaft verdeckt den im Laufe des 20./21. Jh wachsenden *außereuropäischen* Anteil an den Rechtsquellen, Rechtssubjekten und Materien des Völkerrechts. So gaben Begegnung und Interessenausgleich mit den „Eingeborenen" sowie die Regelung der Beziehungen zwischen den Kolonialmächten, etwa hinsichtlich der Zuordnung überseeischer Gebiete,²¹ der Rechtsentwicklung Impulse.²² Das Völkerrecht wurde eine Ordnung zwischen Entitäten

---

18 Vgl *de Vitoria*, De Indis recenter inventis et de jure belli hispanorum in barbaros. Relectiones, 1539, dt 1952, 3. Teil, Nr 2: „Quod naturalis ratio inter omnes *gentes* constituit, vocatur ius gentium" (zur Ersetzung von „homines" durch „gentes" *Soder*, Die Idee der Völkergemeinschaft, 1955, 66 ff). Später legten vor allem der spanische Jesuit *Suarez* (1548–1617), der niederländische Humanist *Hugo Grotius* (1583–1645) sowie der Naturrechtler *Samuel Pufendorf* (1632–1694) Werke vor, mit denen das Völkerrecht ausgeformt wurde; wegweisend die Systematisierung, die *Grotius* in „De jure belli ac pacis libri tres" 1625 vornahm.
19 Vgl *Ipsen*, in ders (Hrsg), Völkerrecht, § 1 Rn 5: Völkerrecht ist eine „*Rechtsordnung* der die Völker als Organisationsform ihres politischen Seins erfassenden *Staaten*".
20 Fremde als „Wilde" zu bezeichnen, war seit der Antike Tradition. Im Kolonialkontext „erlaubte" es, im Zeichen des Kreuzes oder des „Fortschritts" zu „bekehren" und zu „zivilisieren", idR also zu unterwerfen und auszubeuten. Vgl *Anghie*, Imperialism, Sovereignty and the Making of International Law, 2008; *Pahuja*, Decolonizing International Law, 2011; *Craven*, Colonialism and Domination, in Oxford Handbook, 862 ff; *Obregón Tarazona*, The Civilized and the Uncivilized, in ebd, 917 ff.
21 *Fisch*, Die europäische Expansion und das Völkerrecht, 1984; *ders*, The Right to Self-Determination, 2015; *Kämmerer*, Das Völkerrecht des Kolonialismus: Genese, Bedeutung und Nachwirkungen, VRÜ 39 (2006) 397 ff.
22 Zur Europazentriertheit *Truyol y Serra*, Die Entstehung der Weltstaatengesellschaft unserer Zeit, 1963, 74 f. Nach *Grewe*, Vom europäischen zum universellen Völkerrecht, ZaöRV 42 (1982) 449 (477) ist das „‚europazentrische' Bild […] nur der adäquate Ausdruck der Tatsache, dass Europa der ‚Ursprungskontinent' (*Rivier*) des modernen Völkerrechts war und dass dieses seinen Charakter und

überwiegend *unterschiedlicher* politischer und ökonomischer, kultureller und religiöser Ausrichtung. Bedenkt man die rechtspolitische Rolle der lateinamerikanischen, arabischen und südostasiatischen Staaten, insbes Indiens, Japans und Chinas, so hat das universelle Völkerrecht nichteuropäisches Denken zunehmend in sich aufgenommen.[23] Ein Bsp ist die Afrikanische Charta der Menschen- und Völkerrechte v 1981,[24] die pointiert den *Völkern* die Verfügung über die natürlichen Reichtümer sowie ein Recht auf Entwicklung zuspricht.

12   Neben Begriff und Natur des Völkerrechts ist seine *Einheit* ein zentrales Thema, die Wahrung seiner Universalität also, die Verhinderung von Abspaltungen. Die Definition dieser Rechtsordnung und die Bestimmung ihrer Rechtsquellen, Rechtssubjekte und normierten Lebenssachverhalte haben das Problem der Fragmentierung, des Auseinanderlaufens ihrer Teilordnungen zu beachten. Der Funktion des Völkerrechts als einer auf Konsens beruhenden weltumspannenden Legitimations- und Ausgleichsordnung widerspräche es, wichtige Grundüberzeugungen, Akteure oder Materien aus diesem Rechtsgebiet hinauszudefinieren. Die Arbeit an den *gemeinsamen* Rechtsideen und ihren realen Grundlagen, an einer Integrationslehre des Völkerrechts, ist eine rechtspolitische und wissenschaftliche Hauptaufgabe.[25]

13   Im Mittelpunkt unserer Darstellung steht, unterteilt man das Völkerrecht nach seinen *Geltungsbereichen,* das *allgemeine* Völkerrecht, also das zwischen allen Völkerrechtssubjekten geltende Recht. Hierzu zählt insbes das *universelle* Völkergewohnheitsrecht. Daneben gibt es *partikuläres* Völkerrecht. Seine Sätze verpflichten nur einen Teil der Völkerrechtssubjekte. *Regionales* Völkerrecht ist partikuläres Völkerrecht; es trifft eine Regelung lediglich innerhalb eines bestimmten geographischen Bereichs (zB: [Europäische][26] Konvention zum Schutze der Menschenrechte und Grundfreiheiten [EMRK]).[27] Da ein völkerrechtlicher Vertrag für Dritte ohne deren Zustimmung weder Pflichten noch Rechte begründen kann (vgl Art 34 WVK), sind alle Normen völkerrechtlicher Verträge, soweit sie nicht universelle Geltung erlangt haben, *partikuläres* Völkerrecht. Steht ein völkerrechtlicher Vertrag „im Zeitpunkt seines Abschlusses im Widerspruch zu einer *zwingenden* Norm des allgemeinen Völkerrechts" *(ius cogens),*[28] ist er nichtig (Art 53 Satz 1 WVK) – ein Ansatz

---

seine Inhalte geprägt hat". Ähnlich *Onuma*, A Transcivilizational Perspective on International Law, 2010, 46 ff; *Becker Lorca*, Mestizo International Law, 2014.
23 Zu *Third World Approaches to International Law* vgl etwa Fassbender/Aust (Hrsg), Basistexte: Völkerrechtsdenken, 2012, 17; *Rajagopal*, International Law from Below, 2003; *Shahabuddin*, Ethnicity and International Law, 2016.
24 Vgl *Nowak*, Afrikanische Charta der Rechte der Menschen und Völker, EuGRZ 1986, 675 mit dt Übersetzung; *Umozurike*, The African Charter on Human and Peoples' Rights, 1997.
25 „Wertlosigkeit" wäre die Selbstaufgabe der Rechtsordnung. Zum Wertbezug der heutigen internationalen Ordnung *Bothe*, Neue Formen bewaffneter Konflikte, FS Thürer, 2015, 43 (46f, 51, 54).
26 Gemäß Präambel wurde sie abgeschlossen von „Regierungen *europäischer* Staaten, die vom gleichen Geiste beseelt [...] die ersten Schritte auf dem Wege zu einer kollektiven Garantie gewisser in der *Universellen* Erklärung [v 1948] verkündeter Rechte [...] zu unternehmen".
27 Sie gilt heute von Reykjavik bis Wladiwostok, von Porto bis Diyarbakir für 800 Mio Menschen. Da geographisch nur partiell zu Europa gehörende Staaten wie Russland und die Türkei an die EMRK gebunden sind (seit 1998 bzw 1954), reicht der freilich nicht leicht durchsetzbare Schutz der EMRK weit über Europa hinaus. Zur EMRK detailliert Pabel/Schmahl (Hrsg), Internationaler Kommentar zur Europäischen Menschenrechtskonvention, 2017.
28 Zum *ius cogens* zählen die in der Staatengemeinschaft fest verwurzelten Rechtssätze, die für den Bestand der Rechtsordnung unerlässlich sind und deren Beachtung alle Mitglieder der Staatenge-

zu einer Hierarchisierung der Völkerrechtsordnung und einer Relativierung des Konsensprinzips.

c) Expansion des Völkerrechts

Eine für die Definition des Völkerrechts wichtige Ausweitung erfuhr der Kreis seiner *Rechtsquellen,* mag auch die Aufzählung in Art 38 Abs 1 IGH-Statut nach wie vor das Wesentliche treffen. Die Beschlüsse I.O., besonders die Resolutionen der UN-Generalversammlung, die auch „Deklaration" oder „Charta"[29] genannt sein können, gewinnen an Bedeutung – nicht als Akte eines nach wie vor nicht existenten Weltgesetzgebers (vgl Art 10, 14 UN-Charta),[30] wohl aber als Auslegungshilfe, als Beleg einer dem Völkergewohnheitsrecht zugrunde liegenden Rechtsüberzeugung oder als Hinweis auf eine mögliche rechtspolitische Entwicklung. Sie können Ausdruck von Verhaltensregeln sein, die – zwischen normativer Unverbindlichkeit und Verbindlichkeit angesiedelt *(soft law)*[31] – befolgt werden, obwohl ihnen die Härte positiven Rechts *(hard law),* also die Qualität einer *Rechts*quelle fehlt. Selbst *einseitigen* Rechtsakten – auch sie im überkommenen Kanon nicht aufgeführt – kann unter dem Gesichtspunkt des Vertrauensschutzes normative Kraft zukommen.[32]

Der Bereich der Rechtsbildung unterliegt starker Entwicklung. Zu beobachten ist ein zunehmendes *Neben- und Miteinander* von *traditionellen* Rechtsquellen auf der einen Seite und, auf der anderen, von *neuartigen* Formen des Erzeugens von aufeinander abgestimmten Willenserklärungen, von Absprachen und Konsensbildungen in weder streng formalisiertem noch normativ gehärtetem Sinn innerhalb und außerhalb von I.O. Diese neueren, entformalisierenden Entwicklungen nivellieren den qualitativen Unterschied zwischen Recht und Nicht-Recht. Eine Normsetzungsbefugnis kommt den Plenarorganen I.O. zwar grundsätzlich nicht zu; aber die generell nur *politisch* verpflichtenden Akte sind als partikuläre oder gar universelle Maßstäbe kaum weniger funktionsadäquat iSv verhaltenssteuernd als jene traditio-

---

meinschaft verlangen können. Zu diesen Normen gehören etwa das Verbot der Sklaverei (Art 4 Allgemeine Erklärung der Menschenrechte v 1948; Art 4 EMRK), der Folter (Art 5 jener Allgemeinen Erklärung; Art 3 EMRK; Anti-Folter-Konvention v 1984) und des Angriffskrieges (Art 2 Nr 4 UN-Charta) sowie die grundlegenden Regeln des humanitären Völkerrechts; vgl *Oeter,* Erga omnes-Menschenrechte, in Merten/Papier (Hrsg), Handbuch der Grundrechte, Bd VI/2, 2009, 501 ff; *Paulus,* Jus Cogens in a Time of Hegemony and Fragmentation, NJIL 74 (2005) 297 ff.
[29] Von der Allgemeinen Erklärung der Menschenrechte (1948) – vgl *Moyn,* The Last Utopia: Human Rights in History, 2010 – über die „Declaration on the Granting of Independence to Colonial Countries and Peoples" (1960) und die „Declaration on Principles of International Law concerning Friendly Relations and Cooperation among States in Accordance with the Charter of the United Nations" (1970) bis hin etwa zur „Charter of Economic Rights and Duties of States" (1974). Letzterer sind bezeichnenderweise „Vorbehalte" entgegengesetzt worden, ganz so, als handele es sich bei ihr um *hard law.*
[30] Vgl aber *Talmon,* The Security Council as World Legislature, AJIL 99 (2005) 175 ff bzgl *hard law*-Resolutionen des UN-Sicherheitsrates gemäß Art 25 UN-Charta.
[31] Vgl neben dem UN-Migrationspakt (2018) die nicht registrierbare (Art 102 UN-Charta) KSZE-Schlussakte v 1.8.1975 (nur „politically binding"), der Prototyp einer *nicht*-rechtlichen, politisch freilich höchst wichtigen Vereinbarung.
[32] A A *Fiedler,* Zur Verbindlichkeit einseitiger Versprechen im Völkerrecht, GYIL 19 (1976) 35 ff.

nellen positivrechtlichen Regeln.³³ Auch diese Verfahren effektiver Willensverschränkung sind deshalb nachfolgend zu berücksichtigen.

16   Der Kreis der *Rechtssubjekte* des Völkerrechts expandierte noch stärker als der seiner Rechtsquellen.³⁴ Die bis zum Ersten Weltkrieg weitestgehend zutreffende Definition, wonach Völkerrecht das zwischen den souveränen Staaten geltende Recht war, hielt der zunehmenden Komplexität der über die Staatsgrenzen hinausgreifenden Aktionseinheiten nicht stand. Durch die einst impermeable Außenhülle der Staaten hindurch erfassen diese Beziehungen nun direkt wichtige Subjekte des staatlichen Rechts. Diese wiederum – Individuen, Medien, politische Parteien und transnationale Parteienbünde, private Verbände, Unternehmen, Terrornetzwerke – wirken, ohne im Schwerpunkt dem Völkerrecht unterworfen zu sein, auf Staaten ein und in diese hinein.³⁵

17   Die Expansion spielte sich zunächst auf der Ebene der *Staaten* ab, im Kreis also der originären Völkerrechtssubjekte. Die Ursache für die Verdreifachung der Zahl der Staaten zwischen 1945 und 2019 liegt vor allem in der Selbstbestimmung der Völker der Dritten und seit der Epochenwende 1989/90 auch der Zweiten, ehemals sozialistischen Welt. Während es 1871 nur 44 und 1914 erst ca 60 unabhängige Staaten gab,³⁶ beträgt ihre Zahl mittlerweile 196; von diesen sind 193 UN-Mitglieder.³⁷

18   Die Globalisierung des internationalen Systems ging Hand in Hand mit Funktionsgewinnen *I.O. (international [governmental] organizations)*, also *institutionalisierten* Staatenverbindungen. Mittlerweile gibt es gut 260 I.O. Regionale Sicherheitsstrukturen wie die NATO spielen ebenfalls eine wichtige Rolle. Die EU als das am höchsten („supranational") integrierte dieser neuen Völkerrechtssubjekte bildet dabei ein Modell für S.O. Mögen die Staaten damit längst nicht mehr die *exklusiven* Subjekte des Völkerrechts sein, bleiben sie doch die einzigen Träger grundsätzlich *aller* Rechte und Pflichten dieser Rechtsordnung. Anders als Staaten werfen I.O. und S.O. *prinzipielle* Probleme demokratischer Legitimation und Kontrolle auf. Auch der

---

33 Ein Bsp ist die *lex mercatoria*, also das wesentlich von privaten Akteuren ausgeprägte Normen- und Schiedssystem im Bereich des transnationalen Handels; ein anderes die Bildung (str) „faktischer und sozialer Normen" oder gar das eines ebenfalls „jenseits des Staates" angesiedelten „globalen Rechts", vgl etwa *Diehl/Ku*, The Dynamics of International Law, 2010, 52 ff. Zu informellem Normieren vgl Pauwelyn/Wessel/Wouters (Hrsg), Informal International Lawmaking, 2012.
34 Vgl *Mosler*, Die Erweiterung des Kreises der Völkerrechtssubjekte, ZaöRV 22 (1962) 1 ff.
35 Der Staat ist längst nicht mehr ein „Haus mit nur *einer* Tür"; vgl *Graf Vitzthum*, Der Staat der Staatengemeinschaft, 2006. Die Ansprüche von Personen des Privatrechts werden zwar regelmäßig durch den Heimat- oder Sitzstaat geltend gemacht; soweit völkerrechtliche Normen auf das Individuum unmittelbar anwendbar sind, ist *dieses* jedoch Träger völkerrechtlicher Rechte und Pflichten, also partielles Völkerrechtssubjekt. Vgl zu diesem Bedeutungszuwachs der Menschenrechte *Buergenthal*, Human Rights, MPEPIL IV, 1021 ff; Fassbender (Hrsg), Securing Human Rights?, 2011; *Haack*, Staatsangehörigkeit – Unionsbürgerschaft – Völkerrechtssubjektivität, in Isensee/Kirchhof (Hrsg), Handbuch des Staatsrechts, Bd X, 3. Aufl 2012, 33 (62 ff); str weitergehend *Peters*, Beyond Human Rights, 2016, 408 ff.
36 Der am 28.4.1919 gegründete Völkerbund erreichte nie eine universale Mitgliedschaft. Die UNO hat demgegenüber dieses Ziel praktisch erreicht. Nichtmitglieder (mit unterschiedlichem Status) sind: der Vatikan, Taiwan, die Demokratische Arabische Republik Sahara, die Türkische Republik Nordzypern, Kosovo, Palästina.
37 Seit UN-Generalversammlungs-Resolution 67/19 v 29.11.2012 wird Palästina in den UN als Nichtmitglieds*staat* mit Beobachterstatus behandelt. Palästina ist zwar auch Mitglied zahlreicher multilateraler Verträge, eine effektive, unabhängige Staatsgewalt lässt sich bisher aber nicht nachweisen (str).

Rechtsquellenkanon des Art 38 Abs 1 IGH-Statut stellt nach wie vor auf die Staaten ab. Die *non-state actors* sind für „die fortschreitende Entwicklung des Völkerrechts sowie seine Kodifizierung" (Art 13 Abs 1 lit a UN-Charta) hilfreich, einschließlich seiner Kontrolle; auch hier sind freilich die Staaten entscheidend.

Neben den I. O. und den *Individuen* (diese auch als Adressaten völkerrechtlicher Verantwortungs- und Strafnormen) nehmen staatliche und private Gesellschaften, insbes *transnationale Unternehmen*, zunehmend Positionen im Völkerrecht ein, ja sie gewinnen transnationale politische Handlungsmacht. Die Aufnahme von Direktbeziehungen zwischen Staaten und Unternehmen wurde ein Merkmal der internationalen Wirtschaftsordnung. In verschiedenen Staaten ansässige, miteinander verbundene, einem einheitlichen Willen unterworfene, eben „multinationale" Unternehmen schließen, ohne Völkerrechtssubjekte zu sein, mit Staaten „quasi-völkerrechtliche" bzw „transnationalisierte" Verträge, etwa über Rohstofferschließung.[38] Teils unterstützt, teils kontrolliert werden die Staaten, I. O. und Unternehmen durch annähernd 20.000 internationale *non-governmental organizations* (NGOs). Bei diesen *nichtstaatlichen* Akteuren, die ebenfalls keine Völkerrechtssubjekte sind, handelt es sich um auf privatrechtlicher Basis autonom organisierte, grenzüberschreitend agierende Idealvereine. Gelegentlich veranlassen sie, trotz ihrer Heterogenität, Konzerne[39] oder Regierungen zu Kurskorrekturen.[40]

Neben dem Kreis der Rechtsquellen und dem der Subjekte des Völkerrechts expandierte auch der seiner *Gegenstände* (u Abschn 5-8). Es erweiterte sich zugleich die Regelungstendenz. Zusätzlich zur formalen Regelung der *Koexistenz* der Staaten, dh zur herkömmlichen Zuordnung staatlicher Hoheitsbereiche (etwa Gebiets- und Grenzfragen, zwischenstaatlicher Verkehr, Fremden- und Kriegsrecht, Abrüstung), erfasste das Völkerrecht zunehmend auch das Feld der internationalen Zusammenarbeit.[41] Es entfaltete sich ein Völkerrecht der *Kooperation*, vor allem im Bereich

---

38 Hintergrund ist Res 1803 (XIII) der UN-Generalversammlung zur ständigen Souveränität über natürliche Ressourcen. Vgl auch Dritte-Welt-Forderungen nach einem *clean slate* für Neustaaten, sog *tabula rasa approach*; *Shijver*, Souvereignty over Natural Resources, 1997; *Gilman*, The New Economic Order, 2015. Regelungen in Form eines „Code of Conduct" wurden etwa (ohne Erfolg) im Rahmen der *UN Commission on Transnational Corporations* angestrebt, vgl UN Doc E/C.10/1 v 20.7.1976. Angesichts des wirtschaftlich-politischen Gewichts der „Multis" konstatiert *Wildhaber*, Internationalrechtliche Probleme multinationaler Korporationen, BerDGVR 18 (1978) 7 (39) deren Übernahme von „Aufgaben von funktioneller Staatlichkeit" und fragt (str), ob diese Unternehmen nicht Träger völkerrechtlicher Rechte und Pflichten sind oder sein sollten (vgl ebd, 391: Betonung ihres [str] „Sprungs [...] zur funktionell beschränkten Völkerrechtssubjektivität"); er würde die Unternehmensverantwortung im Völkerrecht substantiell verschärfen.
39 Vgl insges *Hummer*, Internationale nichtstaatliche Organisationen im Zeitalter der Globalisierung, BerDGVR 39 (2000) 45ff. Die Einflussmöglichkeiten von NGOs haben sich empirisch oft als begrenzt und in ihrer Wirkung als selektiv erwiesen, vgl *Dany*, Ambivalenzen der Partizipation, ZIB 19 (2012) 71ff.
40 Gemäß Art 71 UN-Charta kann der UN-Wirtschafts- und Sozialrat (ECOSOC) mit NGOs zwecks Beratung Abmachungen treffen. *Insoweit* besitzen NGOs beschränkte Völkerrechtsfähigkeit. Die meisten UN-Sonderorganisationen haben zahlreichen NGOs ebenfalls Konsultativstatus verliehen. Einen Sonderfall bildet das Internationale Komitee vom Roten Kreuz (IKRK), ein 1863 gegründeter Verein Schweizer Bürger. Die Genfer Rotkreuzabkommen v 1949 verleihen ihm wichtige Rechte und Pflichten. Insoweit ist das IKRK partielles Völkerrechtssubjekt.
41 Grundlegend *Friedmann*, The Changing Structure of International Law, 1964; *Fassbender/Aust* (Fn 23) 130ff. Die Ausweitung verdeutlicht bereits die gegenüber dem Völkerbund angereicherte Liste

„gemeinschaftlicher" Anliegen, etwa der internationalen Wirtschafts-, Finanz- und Sozialbeziehungen, der Rüstungskontrolle, der Entwicklungshilfe, der Kommunikation und des Natur- und Kulturgüterschutzes. Neu erschlossene Räume (Polargebiete, Weltraum, Tiefseeboden) und Sachgebiete (Auswirkungen des Klimawandels auf die Verteilung der natürlichen Rohstoffe; internationale Sicherheit; Atomenergie; Gesundheit; Bevölkerungswachstum; Fernerkundung aus dem Weltall; elektronische Medien; Cyberwar, autonome Waffen und Gentechnik) kamen als Sachbereiche zu den überkommenen Koordinations- und Ordnungsaufgaben hinzu. Querschnittsthemen wie Industrialisierungshilfe und Menschenrechtsschutz,[42] Welthandelsrecht, Seuchenbekämpfung und Rüstungskontrolle, Nachhaltigkeit, *Good Governance* und Terror- und Korruptionsbekämpfung sowie Kommunikation und Klima- und Umweltschutz bilden so wichtige Regelungsgegenstände, dass die Frage nach einer *„Konstitutionalisierung"* des Völkerrechts aufgeworfen wurde, jedenfalls in Europa.[43] Zudem ist das Normengefüge in den letzten Jahrzehnten durch eine Vielzahl großer Kollektivverträge[44] präzisiert worden. Mit der Ausdehnung völkerrechtlich normierter Sachbereiche ist die Gefahr der *Fragmentierung*, des *„Auseinanderlaufens von völkerrechtlichen Regelwerken" (Simma)* gestiegen. Ein Bsp ist das spannungsreiche Verhältnis zwischen Immunität und Menschenrechten.

21   *Zusammenfassend:* Das traditionelle Leitprinzip der internationalen Ordnung, die *Staatensouveränität,* ist trotz dieser Expansionsprozesse in seiner Substanz nicht in Frage gestellt. Das Völkerrecht bleibt im Kern *Zwischenstaatenrecht*.[45] Vor allem beim Einsatz von Gewalt im Innen- und Außenverhältnis sowie bei der Kreation und Durchsetzung des Völkerrechts weisen Staaten durchweg eine andere Qualität auf als die übrigen Akteure des internationalen Systems.[46]

---

der „Ziele und Grundsätze" der UNO, etwa das in Art 1 Nr 3 UN-Charta genannte Ziel umfassender Zusammenarbeit.
42 Dazu gehört auch das str Konzept von „Menschenrechten der *Dritten* Generation" (Rechte auf Entwicklung, Umweltschutz, Frieden, Demokratie, Wasser etc). Vgl *Tomuschat,* Human Rights, 2003, 24 ff.
43 Vgl *Fassbender,* The United Nations Charter as the Constitution of the International Community, 2009; *Frowein,* Konstitutionalisierung des Völkerrechts, BerDGVR 39 (2000) 427 ff; zurückhaltend *Simma,* Gestaltwandel im Völkerrecht und in der Organisation der Vereinten Nationen, in Hummer (Hrsg), Paradigmenwechsel im Völkerrecht zur Jahrtausendwende, 2002, 45 ff.
44 Vgl etwa die beiden Menschenrechtspakte v 1966; den Antarktisvertrag v 1959; den Weltraumvertrag v 1967; den Nichtverbreitungs-Vertrag v 1968; das Genfer Übereinkommen über weiträumige grenzüberschreitende Luftverunreinigung v 1979; das SRÜ v 1982; das Wiener Übereinkommen zum Schutz der Ozonschicht v 1985 nebst nachfolgenden Protokollen.
45 Dieser etatistische Grundzug ändert nichts daran, dass es Rechtspflichten gibt, die ein Staat der Staaten*gemeinschaft* als solcher schuldet, vgl *Barcelona Traction,* ICJ Rep 1970, 3, 32. Insofern haben alle Staaten ein rechtliches Interesse daran, die verletzten Rechte und Gemeinschaftswerte zu schützen. Zu den Normen mit dieser *erga omnes*-Wirkung gehören das Gewaltverbot, das Genozidverbot, der Schutz grundlegender Menschenrechte, das Sklaverei- und Rassendiskriminierungsverbot, das Selbstbestimmungsrecht der Völker (str) sowie zentrale Verpflichtungen aus dem humanitären Völkerrecht. Vgl u Rn 72, 126.
46 Prinzipiell können nur Staaten militärische Zwangsmaßnahmen einleiten bzw Krieg iSd Völkerrechts führen. Eine Ausnahme gilt für die UN (vgl Art 42 UN-Charta). Der asymmetrische *War on Terror,* geführt gegen einen nicht-staatlichen Akteur, wirft für das Völkerrecht insofern Probleme der Anpassung und ggf Weiterentwicklung auf. Hinzu kommen massive Regelungslücken, etwa im Bereich Cyberspace, vgl *von Arnauld,* Völkerrecht, 3. Aufl 2016, 375 ff.

d) Kombinationsdefinition des Völkerrechts

22 Angesichts der immer größeren Vielfalt der Rechtsquellen, Wirkungseinheiten und Regelungsgegenstände des Völkerrechts verwundert es nicht, dass die Versuche einer generellen Definition bisher zu keiner vollständigen Übereinstimmung geführt haben. Die Unterschiede in der Akzentuierung zeugen von der Schwierigkeit, das Wesen einer Rechtsordnung zu erfassen, deren Bildung, Bestand und Bewegung in hohem Maße mit konkreten Lagen verschränkt sind.[47]

23 Die wichtigsten Definitionsansätze stellen *alternativ* ab auf
- die *Rechtsquellen* des Völkerrechts; aus dieser Perspektive ist Völkerrecht die Gesamtheit aller Rechtsnormen, die *unmittelbar aus den Rechtsquellen des Völkerrechts hervorgehen* sind, die ihren Ursprung also nicht in einer einzelstaatlichen Rechtsquelle („Landesrecht") haben, sondern von *mehreren* Völkerrechtssubjekten *gemeinsam,* im Konsens geschaffen werden;
- die *Rechtssubjekte* des Völkerrechts; dieses wird dann verstanden als die Summe der Rechtsnormen, die die *hoheitlichen Rechtsbeziehungen zwischen Völkerrechtssubjekten* bestimmen;
- die *Gegenstände* des Völkerrechts; aus dieser Sicht ist dieses die Gesamtheit der Rechtsnormen, die die *grenzüberschreitenden öffentlich-rechtlichen Interaktionen von Völkerrechtssubjekten* regeln, ohne deren (inner-)staatlichem Recht anzugehören.[48]

24 Jener *erste* Weg der Begriffsbestimmung setzt vor allem am Kanon des Art 38 Abs 1 IGH-Statut an, der allgemeines Völkerrecht ist.[49] Neben dem IGH bindet dieser auch die sonstigen Völkerrechtssubjekte. Zählt man die einseitigen Rechtsakte mit Vertrauensschutzwirkung hinzu, beschreiben diese Kategorien die wesentlichen Erscheinungs*formen* des Völkerrechts.[50]

25 „Internationale Übereinkünfte" (Art 38 Abs 1 lit a IGH-Statut) sind Absprachen zwischen Völkerrechtssubjekten zur verbindlichen Regelung ihrer hoheitlichen Beziehungen. Das *„internationale Gewohnheitsrecht* als Ausdruck einer allgemeinen, als Recht anerkannten Übung" (lit b) ist die wichtigste Rechtsquelle. Die „von den Kulturvölkern anerkannten *allgemeinen Rechtsgrundsätze"* (lit c) runden den Kreis der primären Rechtsquellen ab. „Hilfsmittel zur Feststellung von Rechtsnormen" sind *richterliche Entscheidungen* sowie die weltweit führenden *Völkerrechtslehren* (lit d).

26 Völkerrecht ist *eine Ordnung, die von ihren eigenen Subjekten gesetzt wird.*[51] Als Produkt einer *gemeinsamen* Hervorbringung unterliegt es nicht der Verfügungsmacht eines einzelnen Subjektes. Seine Subjekte, insbes die Staaten, sind seine

---

47 Überblick bei Neuhold/Simma (Fn 3) bzgl der Lage nach 1989/90.
48 Deshalb ist etwa das „transnationale Recht" – zB die Vereinbarung zwischen einem Sitzstaat und einem ausländischen Investor – nicht Völkerrecht, solange der zugrunde liegende grenzüberschreitende Sachverhalt, wie regelmäßig, einer *staatlichen* Rechtsordnung (Landesrecht) unterworfen bleibt.
49 Zu ihm *Pellet*, in Zimmermann/Tomuschat/Oellers-Frahm/Tams (Hrsg), The Statute of the International Court of Justice, 2. Aufl 2012, Art 38.
50 Zu den starken Normtypen *ius cogens* und *erga omnes* u Rn 126; zum rechtskonstruktiven Ansatz *Verdross/Simma,* 262 ff.
51 Nachweise bei *Verdross*, Völkerrecht, 5. Aufl 1964, 2, im Kern den rechtsquellen- mit dem subjektbetonenden Ansatz verschränkend.

Schöpfer und Geschöpfe, Verkünder und Vollstrecker, Berechtigte und Verpflichtete. Insofern charakterisieren *reziproke* Handlungsmuster das Völkerrecht. Dieses berücksichtigt in hohem Maße außerrechtliche Faktoren. Neben dem Einfluss ua naturrechtlicher Wertbezüge[52] ist das Anknüpfen an tatsächliche „Lagen" hervorzuheben: „die besondere Wirklichkeitsnähe" des Völkerrechts,[53] der Effektivitätsgrundsatz als sein „eherner Zuchtmeister".

27 Jener *zweite* Definitionsansatz stellt auf den *Adressatenkreis* der Normen ab. Dies führt zu Definitionen wie der von Charles Rousseau:[54] *das Völkerrecht regelt die Beziehungen zwischen den Völkerrechtssubjekten.* Auch diese Sicht geht davon aus, dass die Staaten, als reale Herrschaftsgebilde,[55] im Mittelpunkt dieser Rechtsordnung stehen. Das Völkerrecht setzt sich in der Tat in erster Linie aus den Regeln zusammen, die die hoheitlichen Beziehungen zwischen Staaten zum Gegenstand haben.[56]

28 Der Kreis der Wirkungseinheiten, deren Rechtsverhältnisse zumindest *partiell* durch das Völkerrecht geregelt werden, hat sich in den letzten Jahrzehnten dramatisch ausgeweitet. Aufwertung erfuhren vornehmlich Individuen,[57] multinationale Unternehmen[58] sowie NGOs.

29 Die Liste der Subjekte des Völkerrechts kennt keinen Numerus clausus. Eines Tages könnten etwa Völker, Minderheiten und Indigene[59] in einem weniger eingeschränkten Sinne als derzeit zu ihnen zählen. Die Befolgung der völkerrechtlichen Gebote hängt indes weiterhin weitgehend vom Willen der in ihrer Souveränität gleichen Staaten ab.[60]

---

52 Vgl *Huber* (Fn 13) 11f: Freilich seien „die naturrechtlichen Forderungen selbst der Ausdruck machtvoller sozialer Neubildungen und Umschichtungen" gewesen.
53 *Krüger*, Staat, Wirtschaft, Völkergemeinschaft, 1970, 121 ff: Da das Völkerrecht aus eigener Kraft das bewirken muss, was für das Landesrecht der Staat bewirkt, muss im Völkerrecht die Distanz zwischen Norm und Wirklichkeit besonders klein gehalten werden.
54 Droit international public, 10. Aufl 1984, 93 ff.
55 Zu den *faits sociaux* als Anknüpfungspunkten der Rechtsordnung *Duguit*, Les transformations du droit public, 1913. Zur *école réaliste*, die Recht als Praxis analysiert, *Wüst*, Das völkerrechtliche Werk von Georges Scelle im Frankreich der Zwischenkriegszeit, 2007, ff; *Diggelmann*, Georges Scelle (1878-1961), in Oxford Handbook, 1162 ff. Zum Völkerrecht als einer „dem soziologischen Unterbau angepassten und als Sollensordnung zugleich von ihm unabhängigen Ordnung" *Preiser*, Die Epochen der antiken Völkerrechtsgeschichte, JZ 1956, 737.
56 Etwa die Grenzen der Souveränität (u Rn 73) und der extraterritorialen Jurisdiktionsausübung sowie die Anerkennung von Staaten.
57 Bzgl der *partiellen* Völkerrechtsfähigkeit der Individuen ist zu differenzieren. Rechte und Pflichten werden ihnen durch Völkerrechtsverträge insoweit zugeordnet, als sie auf der *völker*rechtlichen Ebene etwa gegenüber einem Staat oder einer I. O. auftreten. Nicht als Völkerrechtssubjekte agieren sie dagegen, wenn sie auf Grund eines in *inner*staatliches Recht transformierten Völkerrechtssatzes ihren Staat zB vor einem innerstaatlichen Gericht verklagen.
58 Bzgl der str Völker*rechts*qualität der „multinationalen Korporationen" bzw „transnationaler Unternehmen" *Fischer*, Multinationale Unternehmen, in Lexikon Völkerrecht, 219 ff. Zur Herleitung *Stapelbroek*, Trade, Chartered Companies, and Mercantile Associations, in Oxford Handbook, 338 ff.
59 Belege etwa bei *Schmitz*, Tibet und das Selbstbestimmungsrecht der Völker, 1998; *Langenfeld*, Minderheitenschutz, in Merten/Papier (Fn 28) 599 ff.
60 Untersuchenswert ist auch die Stellung der Menschheit als solcher. Bereits im Weltraumvertrag v 1967 findet sich ein Bezug auf sie (iSv „Sache der Menschheit"). Hier wie im SRÜ v 1982 ist die Menschheit jedoch kein Völkerrechtssubjekt. Ebensowenig ist dies die (Vision einer) Menschheitsgemeinschaft, auch nicht als Verkörperung der Summe der Individuen. Vgl weitergehend *Paulus*, Die

Im Mittelpunkt jenes *dritten* Definitionsansatzes steht der *Regelungsgegenstand.* **30**
So ist das Völkerrecht etwa nach *Paul Guggenheim*[61] der „Inbegriff jener Rechtsnormen, welche die zwischenstaatlichen Beziehungen regeln". Als die „Rechtsordnung des internationalen Systems" charakterisieren andere das Völkerrecht.[62] Welche Gegenstände in die staatliche Zuständigkeit *(domaine réservé/domestic jurisdiction)*[63] fallen, lässt sich freilich wiederum nur an Hand des Völkerrechts klären.

Alle drei Definitionsansätze treffen Wesentliches. Sie heben unterschiedliche **31**
Aspekte hervor, ergänzen und überschneiden sich.[64] Die Rechtsordnung „Völkerrecht" wird freilich plastischer und die Gefahr der Zirkularität geringer, wenn man die Ansätze *kombiniert*. Ein Modell dafür liefert *Hanspeter Neuhold*, wenn er Völkerrecht definiert als die das Gesamt „der rechtlichen Normen, die das Verhalten der Völkerrechtssubjekte regeln", ohne deren inneren Rechtsordnungen anzugehören.[65] Diese Begriffsbestimmung verbindet die Elemente *Rechtsquellen* (nicht aus Landesrecht fließend)[66] und *Rechtssubjekte,* wobei es in *gegenständlicher* Hinsicht offensichtlich um deren grenzüberschreitendes Verhalten geht.[67]

Mit diesem begrenzten Erkenntnisziel[68] lässt sich das bisher Skizzierte wie folgt **32**
zusammenfassen: *Völkerrecht ist die Summe der Rechtsnormen, welche die Beziehungen zwischen Völkerrechtssubjekten regeln, ohne deren inneren Rechtsordnungen anzugehören.*

e) Abgrenzung zu anderen Rechtsgebieten

Zur Verdeutlichung empfiehlt sich zusätzlich der Weg einer Negativdefinition. In **33**
Anlehnung an die Wortwahl anderer Länder ist vielerorts von *Internationalem Recht* die Rede. Im deutschen Sprachgebrauch hat sich dieser Ausdruck nicht durchge-

---

internationale Gemeinschaft im Völkerrecht, 2001, 142 ff, 148 ff, 174 ff; *Payandeh* (Fn 13) 446 ff („Die internationale Gemeinschaft als Legitimation vermittelndes Rechtssubjekt") – eine str „Ableitung" von „Rechtssätzen" aus generellen Völkerrechtsprinzipien.
61 Lehrbuch des Völkerrechts, Bd I, 1948, 1. Ähnlich *Schweisfurth,* Völkerrecht, Definition, in Lexikon Völkerrecht, 514 (516), wonach es beim Völkerrecht um „die Gesamtheit der nicht im Landesrecht der Staaten aufgestellten von diesen als Recht anerkannten Regeln" geht, die das Verhalten der Völkerrechtssubjekte „in ihren internationalen Beziehungen bestimmen sollen".
62 *Dahm/Delbrück/Wolfrum,* Völkerrecht I/1, 1 f, 20 f.
63 Vgl den *staatlichen,* nicht zB menschenrechtlichen Vorbehalt in Art 2 Nr 7 UN-Charta.
64 Ein *vierter* Ansatz, auf die *Durchsetzung* der Normen abhebend, versteht die Rechtsordnung als ein System der Normerzwingung. Typisch für das Völkerrecht ist aber nicht das Vorhandensein einzelner Sanktionsmöglichkeiten (vgl u Rn 45 ff, 51, 61 ff, 65), sondern das Fehlen eines *zentralen* Zwangsapparates. Die Analyse von *Austin* (Fn 1) 182 trifft die generelle Sanktionsschwäche des Völkerrechts; unzutreffend ist freilich seine Folgerung (ebd, Bd II, 1911, 1123): „Positive International Morality (commonly called *International Law*) is a branch of the science of positive morality". Durchsetzungsschwächen gibt es auch in anderen Rechtsgebieten, die dadurch nicht den Charakter von „Recht" verlieren.
65 ÖHVR I, Rn 6.
66 Insofern gehören zB weder das „internationale" Gesellschafts- und Steuerrecht noch das Recht des Außenwirtschaftsverkehrs zum Völkerrecht.
67 Vgl auch *Tomuschat*, „Völkerrecht", Sp 3876.
68 Es geht um das Verhalten der Wirkungseinheiten als *Völkerrechts*subjekte, also um deren *öffentlich*rechtliches Handeln. Im Mittelpunkt stehen damit die immunitätsgeschützten Hoheitsakte *(acta iure imperii),* nicht die nichthoheitlichen Akte *(acta iure gestionis).* Bsp für Ersteres sind Amtshandlungen von Diplomaten, für Letzteres schlichte Handelsgeschäfte.

setzt, mit gutem Grund. Viele „international" genannte Materien stellen, obwohl auf grenzüberschreitende Sachverhalte zugeschnitten, im Kern nationales Recht (Landesrecht) dar. Dieses hat die durch das Völkerrecht gezogenen Schranken zu beachten, gehört aber nicht selbst zu ihm. Bei diesen als „international" bezeichneten Rechtsgebieten geht es schwerpunktmäßig um *staatliches Kollisionsrecht*. Es beantwortet jeweils die Frage, welches Staates Recht anzuwenden ist.

34   Das *Internationale Privatrecht (private international law/droit international privé)* ist *staatliches* Recht.[69] Jeder Staat hat sein IPR. Nach Art 3 Abs 1 Satz 1 EGBGB zB beantwortet das IPR die Frage, welche Rechtsordnung bei „Sachverhalten mit einer Verbindung zum Recht eines ausländischen Staates" anzuwenden ist.[70] Das IPR klärt also die der materiellen Entscheidung *vorgelagerte* Frage. Ein über einen Auslandssachverhalt entscheidendes deutsches Gericht hat, sofern nicht international vereinheitlichte Sachnormen Platz greifen,[71] das deutsche IPR anzuwenden. Verweist dieses auf eine fremde Rechtsordnung, ist deren IPR heranzuziehen. Dieses kann die Anwendung nationaler Sachnormen vorschreiben, auf das Recht eines dritten Staates weiter- oder auf deutsches Recht zurückverweisen. Es geht beim IPR also um *Recht über die Anwendung von Rechtsordnungen*.[72] *Conflict of laws* trifft dies auch begrifflich.

35   Hinsichtlich des *Internationalen Zivilverfahrensrechts* (IZVR) gilt Ähnliches. Wie im Fall des IPR handelt es sich um *nationales*, in Teilbereichen international vereinheitlichtes Kollisionsrecht. Gegenstände des IZVR sind ua die internationale Zuständigkeit, der Rechtshilfeverkehr und die Zustellung und Beweiserhebung.[73] In den Grenzen des Völkerrechts dient das IZVR der gerichtlichen Durchsetzung (auf nationaler Ebene) eines materiellrechtlichen Anspruchs mit Auslandsbezug. Eine Vielzahl von Staatsverträgen regelt die internationale Zuständigkeit. Auch zur Anerkennung ausländischer Entscheidungen finden sich Vereinbarungen, vor allem auf europäischer Ebene (etwa Art 25 ff EuGVÜ).

36   Das *Internationale Strafrecht (international criminal law/droit pénal international)* regelt die Frage, welches Staates Strafrecht auf einen Sachverhalt anwendbar ist, der im Hinblick auf die Nationalität von Täter oder Opfer oder bzgl des Tatorts

---

69 Zum IPR als staatliches Kollisionsrecht vgl PCIJ, 1929, Ser A, No 20 *(Serbische Anleihen)*. *Völkerrechtliches* IPR gibt es nicht, wohl aber IPR in völkerrechtlichen Verträgen. Das *deutsche* IPR findet sich im EGBGB v 18.8.1896, das idF der Bek v 21.9.1994 (BGBl 1994 I, 2494) gilt (Art 3–49 EGBGB; Art 38–49 eingeführt durch Ges v 21.5.1999), vgl *Ohler*, Grundrechte und Internationales Privatrecht, in Merten/Papier (Fn 28) 643 ff. Das deutsche IPR (und IZVR) und das der anderen Mitgliedstaaten der EU wird schrittweise durch *europäische* Rechtsakte vereinheitlicht.
70 Die Legaldefinition ist insofern ungenau, als es solche Sachverhalte auch im internationalen öffentlichen Recht gibt.
71 Ein Bsp ist das als dt Kaufrecht geltende UN-Übereinkommen über Verträge über den internationalen Warenkauf v 1980 (geläufig die engl Abkürzung CISG). Die Geltung dieses Einheitskaufrechts, das selbst keine IPR-Vorschriften enthält, ist im Wesentlichen auf den Fall beschränkt, dass Käufer und Verkäufer jeweils in einem anderen Vertragsstaat sitzen (Art 1 Abs 1 lit a CISG).
72 Jeder Staat behält sich die Anwendung des eigenen Rechts vor, wenn das sonst anzuwendende ausländische Recht die inländischen Sitten und Rechtsgrundsätze (den *ordre public*) gröblich verletzen würde, vgl Art 6 EGBGB. Als staatliches Recht sind die Vorschriften des dt IPR an den Grundrechten zu messen, vgl BVerfGE 31, 58, 78 ff *(Spanier-*Beschluss); *Ohler* (Fn 69) 650 f („Vorrang der Grundrechte"), 658 ff *(ordre public)*.
73 Grundzüge bei *Schack*, Internationales Zivilverfahrensrecht, 7. Aufl 2017; Leible/Ruffert (Hrsg), Völkerrecht und IPR, 2006.

Graf Vitzthum

einen internationalen Einschlag aufweist. Das deutsche Strafrechtsanwendungsrecht findet sich in §§ 3–7 StGB.[74] Auch das *Internationale Strafverfahrensrecht* ist, wie das Auslieferungsrecht, Teil des internen Rechts. Staatsverträge über die internationale Kriminalpolitik sowie das *Völkerstrafrecht* gehören demgegenüber zum Völkerrecht. Die Errichtung einer ständigen *internationalen Strafgerichtsbarkeit* bedeutet, dass dem nationalen Strafanspruch nun in „makrokriminellen" Konstellationen ein internationaler zur Seite tritt.[75]

Das *Internationale Verwaltungsrecht* (IVR) regelt die Anwendbarkeit staatlichen Verwaltungsrechts auf über die Grenzen des Staates hinausreichende Sachverhalte.[76] Es handelt sich ebenfalls um Kollisionsrecht.[77] Zum IVR gehört das *Internationale Steuerrecht*. Es regelt Steuerfälle mit Auslandsberührung (etwa §§ 49f EStG und AStG), beantwortet also zB die Frage, ob ausländische Sachverhalte dt Steuerhoheit unterliegen. Seine wichtigsten Instrumente sind Doppelbesteuerungsabkommen, dh bilaterale völkerrechtliche Verträge.[78] 37

Gesonderter Betrachtung bedarf das *Internationale Wirtschaftsrecht*. Es enthält die Normen für das Verhalten der am grenzüberschreitenden Wirtschaftsverkehr beteiligten Rechtssubjekte. Seine Regeln umfassen solche des staatlichen Rechts, des EU-Rechts sowie des (Wirtschafts-)Völkerrechts.[79] Seinen Rechtsquellen nach handelt es sich also teils um Völker-, teils um Europa-, teils um Landesrecht; zT ist es privat-, zT öffentlichrechtlicher Natur. Gegenstand ist das Recht der internationalen Wirtschaft, nicht das internationale Recht der Wirtschaft.[80] Im Kontext unseres Lehrbuches interessiert primär das Wirtschafts*völkerrecht*.[81] 38

Das Völkerrecht schließt das Recht der *Internationalen Organisationen (I.O.)* als gekorener, nicht der Hoheitsmacht eines einzelnen Staates unterliegender Entitäten ein. Die auf hoheitliche Gegenstände bezogenen Normen über das Verhältnis zwi- 39

---

74 Anknüpfungspunkt ist das Territorialitätsprinzip, nach dem ein Staat seiner Staatsgewalt alle Handlungen unterwerfen darf, die auf dem eigenen Staatsgebiet begangen werden, auch dann, wenn der Täter Ausländer ist. Dieses Prinzip wird ergänzt durch das Personalitätsprinzip (Staatsangehörigkeit des Täters oder Opfers), durch das Flaggenprinzip, bei international geschützten Rechtsgütern durch das Weltrechtsprinzip und den Grundsatz der stellvertretenden Strafrechtspflege. Vgl *Isensee*, Grenzen, 2018, 85 ff.
75 Völkerstrafrechtliche Tatbestände begründen *unmittelbar* eine strafrechtliche Verantwortlichkeit von Einzelpersonen nach Völkerrecht: der Einzelne ist *insoweit* Völkerrechtssubjekt. Als Teilgebiet des Völkerrechts kann dieses Strafrecht nur aus Rechtsquellen des Völkerrechts entstehen. Die Gründung des Internationalen Strafgerichtshofs (in Den Haag) durch das Statut von Rom (Text: BGBl 2000 II, 1393), seit 1.7.2002 in Kraft, leitet eine neue, wenn auch keineswegs problemfreie Ära ein. Derzeit haben sich 123 Staaten dem IStGH unterworfen, nicht aber zB die USA, Frankreich, China und Russland.
76 Vgl *Vogel*, Internationales Verwaltungsrecht, in Lexikon Völkerrecht, 209 f. Als eigenständige Materie ist das IVR bisher nur rudimentär ausgebildet.
77 Eine Harmonisierung des IVR versuchen sowohl Rechtsakte der EU als auch internationale Abkommen.
78 Auch hier sind Rechtsakte der EU zu beachten, die eine Harmonisierung der mitgliedstaatlichen Vorschriften anstreben.
79 Vgl Tietje (Hrsg), Internationales Wirtschaftsrecht, 2. Aufl 2015; *Herdegen*, Internationales Wirtschaftsrecht, 11. Aufl 2017; *Krajewski*, Wirtschaftsvölkerrecht, 3. Aufl 2012.
80 *Fischer*, Das Internationale Wirtschaftsrecht, GYIL 19 (1976) 142 (145 f, 152).
81 An der einschlägigen internationalen Standardsetzung wirken zunehmend nicht-staatliche Akteure mit.

schen Staaten und I.O. (zB Sitzstaatenabkommen) sowie zwischen I.O. (etwa Kooperationsverträge) gehören dem (partikulären) Völkerrecht an.[82] Das innerhalb einer I.O. geltende Recht (internes Organisationsrecht, etwa Verfahrens-, Haushalts- und Personalregeln) ist ebenfalls Völkerrecht.

f) Völkerrecht und Europarecht

40 Das Europarecht ieS, das *Recht der Europäischen Union*, hat sich, obschon im Völkerrecht wurzelnd, zu einer *eigenständigen Rechtsordnung* entwickelt. In den Binnenbeziehungen der Mitgliedstaaten und im Verhältnis zwischen ihnen und der EU ersetzt es die Regeln des Völkerrechts, soweit diese nicht zwingend sind, durch eigene Normen.[83] Die zum *primären* Recht zählenden Vereinbarungen[84] sind völkerrechtliche Verträge. Dass der EG-Vertrag seinerzeit zum „Unterschied von gewöhnlichen internationalen Verträgen [...] eine eigene Rechtsordnung geschaffen"[85] hatte, stellt seine völkerrechtliche Wurzel nicht in Frage.[86] Funktional und materiell kommen EU-Vertrag, AEU-Vertrag und GR-Charta zusammen einer „Verfassung der Union" nahe.

41 Die Eigenständigkeit des Unionsrechts gründet in seinem *supranationalen* Charakter, den unmittelbare Wirkung und Vorrang kennzeichnen.[87] Der AEU-Vertrag, aus dem Vertrag über die Errichtung der EG hervorgegangen, sieht weitgehende Rechtsetzungskompetenzen der EU gegenüber den Mitgliedstaaten (und zT auch deren Bürgern) vor. Diese sind zur unmittelbaren Befolgung der ihnen durch die Verträge (oder durch von der EU gesetztes Recht) auferlegten Pflichten angehalten.

42 Der AEU-Vertrag nennt drei Typen verbindlicher Rechtsakte der Unionsorgane: Verordnungen, Richtlinien, Beschlüsse (Art 288 AEUV). Die *Verordnung* (VO) ist „in allen ihren Teilen verbindlich und gilt unmittelbar in jedem Mitgliedstaat", bedarf also keines mitgliedstaatlichen Transformationsaktes. Durch eine VO greift die EU am tiefsten in die Souveränität der Mitgliedstaaten ein, da deren Legislativorgane am Erlass dieser Normen nicht mitwirken. Die *Richtlinie* richtet sich nur an die Mitgliedstaaten; sie ist „hinsichtlich des zu erreichenden Ziels verbindlich, überlässt jedoch den innerstaatlichen Stellen die Wahl der Form und der Mittel" (Art 288 Abs 3 AEUV).

---

82 Eine partielle Ausnahme bildet die UN, vgl IGH, *Bernadotte*-Fall, ICJ Rep 1949, 173, 178, 185: Bejahung der Völkerrechtsfähigkeit der UN ihres universellen Charakters wegen; die übertragenen Rechte, Pflichten und Aufgaben insgesamt besäßen ein Ausmaß, das die Völkerrechtspersönlichkeit *(personalité internationale objective)* der UN voraussetze.
83 Europarecht im *weiteren* Sinn bezeichnet das Recht der europäischen I.O. (Europarat, Nordischer Rat, WEU usw). Bei diesem handelt es sich um Völkerrecht.
84 EUV (konsolidierte Fassung: ABl EU 2010, Nr C 83/13); AEUV (konsolidierte Fassung: ABl EU 2010, Nr C 83/47); GRC; zu den Rechtsquellen vgl *Oppermann/Classen/Nettesheim*, Europarecht, 8. Aufl 2018, 105 ff; Schwarze (Hrsg), EU-Kommentar, 7. Aufl 2017; *Haltern*, Europarecht I, 3. Aufl 2017. Daneben besteht weiterhin der EAG-Vertrag („Euratom") v 25.3.1957. Die EU schließt ihrerseits mit Drittstaaten (Assoziierungs-, Kooperations- und Handels-) Abkommen (Art 217 f AEUV). Davon zu unterscheiden sind völkerrechtliche Abkommen zwischen den Mitgliedstaaten, etwa das Abkommen über Stabilität, Koordinierung und Steuerung in der WWU („Fiskalpakt") v 2.3.2012.
85 EuGH, Rs 6/64, Slg 1964, 1253 *[Costa/ENEL]*. Der EuGH hat die unionsweit einheitliche Auslegung und Anwendung des Europarechts sicherzustellen; die Staatlichkeit der Mitgliedstaaten hebt sie nicht auf; vgl auch Art 4 Abs. 2 EUV.
86 Vgl *Oppermann/Classen/Nettesheim* (Anm 84) 110, 140 ff.
87 Ebd, 22 ff, 107.

Sie bedarf also der *Umsetzung* in staatliches Recht. Die Umsetzungspflicht ergibt sich u a aus dem Grundsatz der Unionstreue (vgl Art 4 Abs 3 EUV). Bleibt der Mitgliedstaat untätig, kann die Richtlinie uU unmittelbare Wirkung *in* den Mitgliedstaaten entfalten, kann der Unionsbürger sich also direkt auf sie berufen. Der EuGH[88] beruft sich zur Begründung auf den Grundsatz der praktischen Wirksamkeit des Unionsrechts (Effektivitätsgebot) und räumt unter bestimmten Voraussetzungen *individuelle* Schadenersatzansprüche gegen einen Mitgliedstaat ein, der eine begünstigende Richtlinie nicht rechtzeitig umgesetzt hat.[89] Schadenersatz soll auch bei Verletzung individualbegünstigender Normen des primären Unionsrechts gewährt werden können.[90] „Die *Beschlüsse* sind in allen ihren Teilen verbindlich" (Art 288 Abs 4 AEUV). Die Lockerung des nationalen Souveränitätspanzers kommt auch darin zum Ausdruck, dass viele EU-Rechtsetzungsakte nicht einstimmig getroffen werden müssen.[91]

Auch das Sekundärrecht der EU bildet eine vom Völkerrecht abgesonderte Rechtsordnung.[92] Ihm wird im Verhältnis zum Recht der Mitgliedstaaten ebenfalls Vorrang zuerkannt.[93] Gleichwohl ist die *EU kein Staat*. Insbes fehlt es, neben wichtigen vorrechtlichen Voraussetzungen entwickelter Demokratie und Solidarität auf europäischer Ebene, an einem europäischen (Staats-)Volk. Die Hoheitsgewalt der EU ist zudem inhaltlich beschränkt (Prinzip der begrenzten Einzelermächtigung). Die Rechtsprechung[94] betrachtete schon das vom *EG*-Vertrag geschaffene Recht als „aus einer autonomen Rechtsquelle fließend". Die *Kompetenzkompetenz*, also die Rechtsmacht, aus eigenem Recht neue Kompetenzen zu schaffen, *verbleibt bei den Mitgliedstaaten*. Art 352 AEUV (Vertragsabrundungskompetenz) ist eine eng begrenzte Ausnahme. So stellt auch der EU-Vertrag nur „eine neue Stufe bei der Verwirklichung einer immer engeren Union der Völker Europas dar" (Art 1 Abs 2 EUV);[95] verfasst wurde ein Staaten- und Verfassungs*verbund*[96] bzw (bzgl der früheren EG) eine „im Prozess fortschreitender Integration stehende *Gemeinschaft eigener Art*".[97]

43

---

88 St Rspr seit EuGH, Rs 41/74, Slg 1974, 1337 *[Van Duyn/Home Office]*; Rs 8/81, Slg 1982, 53 *[Becker]*. Diese Rspr ist von BVerfGE 75, 223 gebilligt worden.
89 EuGH, Verb Rs C 6/90 und 9/90, Slg 1991, I-5357 *[Francovich u a]*; bestätigt u a durch Verb Rs C 178/94 u a, Slg 1996, I-4867 *[Dillenkofer u a]*.
90 EuGH, Verb Rs C 46/93 u 48/93, Slg 1996, I-1131 *[Brasserie du pêcheur u a]*.
91 Vgl insbes Art 288 ff AEUV. – Die GR-Charta hat das Potenzial zur Umgestaltung wichtiger Bereiche der europäischen wie der mitgliedstaatlichen Rechtsordnungen.
92 Dies gilt jetzt auch für die justizielle Zusammenarbeit in Zivil- und Strafsachen sowie die polizeiliche Zusammenarbeit (Art 81, 82–86, 87–89 AEUV).
93 Anwendungs-, nicht Geltungsvorrang, vgl EuGH, Rs C-10/22/97, Slg 1998, I-6307 Rn 18 ff *[Ministerio delle Finanze/IN.CO]*. Der Vorrang gilt auch gegenüber dem nationalen Verfassungsrecht, vgl Rs 11/70, Slg 1970, 1125 Rn 3 *[Internationale Handelsgesellschaft/Einfuhr- und Vorratsstelle Getreide]*; einschränkend BVerfG, Beschluss v 15.12.2015 *[Europäischer Haftbefehl]*.
94 BVerfGE 22, 293, 296 mit Verweis u a auf EuGH Bd X, 1251.
95 Vgl auch Art 14 Abs 2 Satz 1 EUV: „Das Europäische Parlament setzt sich aus Vertretern der Unionsbürgerinnen und Unionsbürger zusammen".
96 Vgl BVerfGE 89, 155: „Der Unionsvertrag begründet einen Staatenverbund zur Verwirklichung einer immer engeren Union der – staatlich organisierten – Völker Europas [...], keinen sich auf ein europäisches Staatsvolk stützenden Staat"; vgl auch BVerfG, NJW 2009, 2267 (2271): „Der Begriff des Verbunds erfasst eine enge, auf Dauer angelegte Verbindung souverän bleibender Staaten, die auf vertraglicher Grundlage öffentliche Gewalt ausübt, deren Grundordnung jedoch allein der Verfügung der Mitgliedstaaten unterliegt und in der die Völker – das heißt die staatsangehörigen Bürger – der Mitgliedstaaten die Subjekte demokratischer Legitimation bleiben."
97 BVerfGE 22, 293, 296; vgl auch BVerfGE 75, 223, 242.

44 Der supranationale Charakter der Union ist bisher im Kern auf die Binnenbeziehungen beschränkt. Aus der Sicht von Drittstaaten ist die EU eine I.O.[98] In der Völkerrechtspraxis spielt sie eine wichtige Rolle. Zwar sind ihr nur Einzelkompetenzen für die Außenbeziehungen eingeräumt; der EuGH hat diesen Kompetenzbereich durch Zuerkennung von *implied powers* jedoch ausgeweitet.[99] Die Mitgliedstaaten haben insoweit zT ihre Vertragsschlussbefugnis verloren.[100]

g) Besonderheiten des Völkerrechts

45 Überkommenes Leitprinzip der Völkerrechtsordnung[101] ist das in der Liste der UN-Grundsätze an *erster* Stelle genannte Prinzip der *souveränen Gleichheit aller Mitglieder* (Art 2 Nr 1 UN-Charta). Die „Grundsätze" bilden den Maßstab, an dem sich das Verhalten der UN-Organe wie der Mitgliedstaaten zu orientieren hat. Sie repräsentieren den Kerninhalt des Völkerrechts.[102] Ihm fehlen weitgehend Regeln, Institutionen und Verfahren, mittels derer das internationale Gemeinwohl „von oben herab" (subordinationsrechtlich), etwa von einem mächtigen Staat allein (unilateral), normativ fixiert und durchgesetzt werden kann. Ungeachtet aller faktischer Unterschiede sind die Staaten vor dem Recht gleich: gleich*berechtigt*. Rechtsbildung wie Rechtsdurchsetzung sind auf den Konsens der gleich souveränen Genossen angewiesen, Mehrheitsentscheide die Ausnahmen. Das Gleichheitsgebot verbietet ein *absolutes* Verständnis der Souveränität, wie etwa das Nachbarrecht verdeutlicht.[103]

46 *Äußere Souveränität*, eine Eigenschaft der Staatsgewalt, bedeutet „Zuhöchstsein", nur dem Völkerrecht unterworfen zu sein und Völkerrechts-Unmittelbarkeit zu besitzen.[104] Gleichheit und Souveränität verhindern Fremdbestimmung. So sind die Staaten zB internationaler Gerichtsbarkeit nicht automatisch unterworfen; sie müssen sie akzeptieren.[105]

47 Das Völkerrecht ist *schwach organisiert*. Die Staaten sind nach wie vor „im wesentlichen darauf angewiesen, ihre gegenseitigen Beziehungen im Wege der Selbstregulierung, vor allem durch Vertragsschluss, zu gestalten".[106] Die Rechtserzeuger

---

98 *Oppermann/Classen/Nettesheim* (Fn 84) 631.
99 EuGH, Rs 22/70, Slg 1971, 263 *[AETR]*.
100 Vgl *Oppermann/Classen/Nettesheim* (Fn 84) 636 ff.
101 Nicht zum Völkerrecht gehören die Regeln der Courtoisie. Sie entstammen der Sitte, der Politik und der Diplomatie, vgl u Rn 66–69.
102 Vgl *Verdross/Simma*, 83 ff.
103 Aus der souveränen Gleichheit der Staaten folgt auch ihre Immunität. Diese verletzt ein Staat, wenn er Klagen und Vollstreckungsmaßnahmen gegen einen anderen Staat bzgl dessen *hoheitlichem* Handeln in seinem Staatsgebiet zulässt, vgl IGH-Urteil im *Staatenimmunitäts*-Fall; so bereits EGMR (*Al-Adsani*-Urt). Zustimmend *Talmon*, Ius Cogens after Germany v Italy, LJIL 25 (2012) 979 ff; krit *Kloth/Brunner*, Staatenimmunität im Zivilprozess bei gravierenden Menschenrechtsverletzungen, AVR 50 (2012) 218 (241).
104 Ansätze zu *hierarchischen* Elementen finden sich in Teilbereichen wie der Erhaltung des Weltfriedens und der internationalen Sicherheit. Hier stehen dem SR nach Kap VII UN-Charta besondere Befugnisse zu. Seinen fünf ständigen Mitgliedern sind mit Dauermitgliedschaft (Art 23 Nr 1 Satz 2) und Vetorecht (Art 27 Nr 3) wichtige Vorrechte eingeräumt.
105 Anders im EMRK-Kontext: Der Beitritt zur EMRK ist verkoppelt mit der Unterwerfung unter die Gerichtsbarkeit des EGMR.
106 *Tomuschat*, „Völkerrecht", Sp 3875.

sind zugleich die Rechtsunterworfenen.[107] Nach wie vor sind *die Staaten die zentralen Subjekte der Bildung und Sanktionierung* des Völkerrechts. Ihre Souveränität ist gebunden. *Freiheit* genießen die in ihrer Souveränität Gleichen *im Rahmen des Völkerrechts*.[108]

Die Rechte und Pflichten der Staaten sind grundsätzlich nur *relative*. Eine spezielle Rechtspflicht besteht im Allgemeinen nur im Verhältnis zu den Rechtssubjekten, denen gegenüber sie übernommen wurde: ein *relativisme fondamental*.[109] Die Verfügungsbefugnis der Parteien eines völkerrechtlichen Rechtsverhältnisses und ebenso die Möglichkeit der *persistent objection* (im Entstehungsprozess von Völkergewohnheitsrecht) finden ihre Grenze im *ius cogens* (vgl Art 53 WVK). Insgesamt existiert ein Geflecht von Beziehungen, deren Regelungen sich wegen unterschiedlicher Vertragsschlüsse oder wegen nur partikulär geltenden Gewohnheitsrechts nicht vollständig decken; dies lässt „ein ‚inneres System' eher vermissen".[110] Häufig besteht ein Missverhältnis zwischen der Bedeutung der normierten Bereiche und der Vollständigkeit der Normierung. Gerade wichtige Gegenstände sind oft nur formelkompromisshaft „geregelt".[111]   48

Dem Souveränitätsprinzip entspringt der *zweite* Grundsatz des Völkerrechts: die *Staatenfreiheit*. Ausgangspunkt ist das den Staatswillen[112] als wichtigste Grundlage der Völkerrechtsordnung betonende, pointiert souveränitätsfreundliche *Lotus*-Urteil des StIGH aus dem Jahre 1927, wonach „*keine Vermutung für eine Einschränkung der Unabhängigkeit der Staaten* [besteht]."[113]   49

Die Vermutung für die Handlungsfreiheit souveräner Staaten wird überwiegend aus Völkergewohnheitsrecht oder einem allgemeinen Rechtsgrundsatz abgeleitet. In dem Maße, in dem es in einer durch gegenseitige Abhängigkeiten gekennzeichneten internationalen Gemeinschaft um das *kooperative* Bewältigen gemeinsamer Aufgaben geht, gelten die Grundsätze der Staatenfreiheit nur noch eingeschränkt.[114] Das   50

---

107 Insbes bei Rechtsetzung und -durchsetzung ist den *Staaten* die Schlüsselrolle verblieben. Freilich gibt es auch das Phänomen des „Staatszerfalls", dh ihres Versagens als Herrschaftsverbände. Dazu *Thürer/Herdegen/Hohloch*, Der Wegfall effektiver Staatsgewalt: „The Failed State", BerDGVR 34 (1996) 9 ff, 49 ff, 87 ff.
108 Vgl *Mosler*, Völkerrecht als Rechtsordnung, ZaöRV 36 (1976) 6 (13). Bereits für *Bruns* (Völkerrecht als Rechtsordnung, ZaöRV 1 [1929] 1 ff) war nicht alles erlaubt, was nicht ausdrücklich verboten war.
109 *Reuter*, Droit international public, 5. Aufl 1976. U a aus diesem Relativismus folgt, dass es im Völkerrecht nur ausnahmsweise eine *erga omnes*-Wirkung gibt (vgl u Rn 120, 126). Nach dem Konsensprinzip können Pflichten für Drittstaaten ohne deren Zustimmung nicht begründet werden (vgl Art 34 f WVK).
110 *Fastenrath*, Lücken, 149.
111 Vgl Neuhold/Simma (Fn 3) 19 ff.
112 Der Staat wurde als Träger eines *unbeschränkten* Willens gesehen. Die Bändigung des souveränen Staates erschien als *das* Problem des Völkerrechts. Vgl demgegenüber *Talmon*, Die Grenzen der Völkerrechtsrezeption in Deutschland, in ders (Hrsg), Über Grenzen, 2012, 75 ff.
113 PCIJ, Ser A, No 10 *(Lotus); Cassese*, States, in Oxford Handbook, 60 ff; *Roelofsen*, International Arbitration and Courts, in ebd, 166 ff.
114 So der StIGH im *Lotus*-Fall: Fehle es an einer einschränkenden Norm des Völkerrechts (etwa „Ausschluss jeder Ausübung der Macht eines Staates auf dem Gebiet eines anderen"), komme die „ursprüngliche" Souveränität zum Zuge; sie erlaube dem Staat, sich nach Belieben zu verhalten. Diese gleichsam urwüchsige Sicht der Souveränität ist überholt (str), mag auch das *Nuclear Weapons-*Gutachten des IGH v 1996 (§ 52) daran festhalten, dass sich die Rechtswidrigkeit einer bestimmten

Recht zur Abweisung von Fremden zB ist keine vorrechtliche, sondern eine (infra-) rechtliche Position: Freiheit (eine wesentliche Modifikation also der *Lotus*-Lehre) nur innerhalb des Rechts, Freiheit *durch* Recht. Daraus folgt, „dass Völkerrecht nur insoweit besteht, als die Staaten Rechtssätze aufgestellt haben".[115]

51 Völkerrechtsverstöße bleiben *häufig ohne Sanktion*. Nicht zuletzt wegen seiner Durchsetzungsschwäche wurde der Rechtscharakter des Völkerrechts von *Hobbes* über *Spinoza* und *Hegel* bis hin zu *Austin* bezweifelt: „Macht geht vor Recht". Die Sanktionierung völkerrechtlichen Unrechts stößt in der Tat häufig auf Schwierigkeiten. Als Pressionsmittel kommt u a wirtschaftlicher Druck in Betracht, auch die Mobilisierung der öffentlichen Meinung. Freilich existieren die Gewohnheit der Regelbefolgung *(habit of obedience)*[116] und, vor allem, der *Grundsatz der Gegenseitigkeit*. Wer Recht bricht, muss damit rechnen, dass auch ihm gegenüber das betreffende Recht nicht eingehalten werden wird.[117] Letztlich setzt das Völkerrecht auf *freiwillige* Befolgung. Die Quelle des Rechtsgehorsams, etwa bzgl der Freiheit der Hohen See, „bildet die Einsicht der Regierungen, dass langfristig betrachtet den Interessen aller am besten gedient ist, wenn die Regeln [...] eingehalten werden."[118]

52 Besondere Auslegungs-, Einhaltungs- und Sanktionsprobleme wirft *das allgemeine Gewaltverbot* in Art 2 Nr 4 UN-Charta auf, das *dritte* Charakteristikum des Völkerrechts. In seinem Art 1 hatte der weltweit akzeptierte *Briand-Kellogg-Pakt* v 27.8.1928,[119] ohne die Strukturschwächen des Systems der kollektiven Sicherheit zu beheben, „den *Krieg* als Mittel für die Lösung internationaler Streitfälle" (Art I) geächtet. Eroberung fremden Staatsgebiets bildet spätestens seither keinen Gebietserwerbstitel. Mit dem Ausbau des allgemeinen *Gewalt*verbots zum Herzstück der UN-Charta[120] und damit des primär von ihr „verfassten" gegenwärtigen Völkerrechts dürfen internationale Konflikte grundsätzlich nur mehr mit Mitteln unterhalb der Gewaltschwelle gelöst werden. Das Sanktionssystem ist im UN-Sicherheitsrat (SR) zentralisiert. Bis zu dessen jeweiligem Eingreifen besteht das *Recht zur Selbstverteidigung*, Art 51 UN-Charta.

53 Das allgemeine Gewaltverbot beruht auf der Überlegung, dass die Sicherung des Weltfriedens am Besten im Rahmen einer *organisierten* Staatengemeinschaft erfol-

---

Waffenart nur aus dem Vorhandensein einer einschlägigen Verbotsnorm ergebe, also nicht aus dem Fehlen einer Ermächtigung.

115 *Fastenrath*, Lücken, 246. – Lücken im Recht kann es (anders als Lücken im Gesetz) von der Normlogik her nicht geben.
116 Vgl u Fn 129. Mit der *faktischen* Geltung des Rechts befasst sich die Rechtssoziologie. Gefragt wird etwa nach der Funktionalität bzw „Lage"-Adäquanz einer Norm oder danach, ob die reale Geltung notwendige Eigenschaft ist. Seit den 1980er Jahren wird auch über Rechtspluralismus und Multikulturalität diskutiert, vgl *Nolte*, Kulturelle Vielfalt als Herausforderung für das Völkerrecht, BerDGVR 43 (2008) 1 ff; *Keller*, Kulturelle Vielfalt und Staatsvolk, ebd, 39 ff.
117 Vgl *Simma*, Das Reziprozitätselement im Zustandekommen des Völkergewohnheitsrechts, 1970; *ders*, Das Reziprozitätselement im Zustandekommen völkerrechtlicher Verträge, 1972.
118 *Tomuschat*, „Völkerrecht", Sp 3878; die Kosten wären – etwa im Bereich des internationalen Handels – für alle Staaten hoch, würden völkerrechtliche Normen allgemein missachtet.
119 Vgl *Grewe*, Epochen, 729; Fontes III/2, 959 ff; *Hathaway/Shapiro*, The Internationalists, 2017. Die Beurteilung der Schlüsselfrage, *wann* der Pakt verletzt ist, blieb weiterhin dem einzelnen Staat überlassen, vgl *Roscher*, Der Briand-Kellogg-Pakt von 1928, 2004, 280.
120 Art 2 Nr 4 UN-Charta erfasst über den Krieg hinaus jede *militärische* Gewaltanwendung, ausgenommen solche zu Notwehrzwecken, Art 51 UN-Charta.

gen kann. Auch organisiert erfüllt die internationale Gemeinschaft die Erwartungen bisher freilich nicht. Mangels politischer Substanz konnte der Völkerbund weder die Aggression Japans gegen China (1931) und die Italiens gegen Äthiopien (1935/36) noch den deutschen Überfall auf Polen (1939) und damit den Ausbruch des Zweiten Weltkriegs verhindern. Bis zu einer Weltordnung, in der der Frieden effektiv gesichert wird, ist es noch ein weiter Weg. Dies liegt weniger an konstruktiv-technischen Mängeln der UN-Charta[121] als am Fehlen hinreichend stabiler politisch-gesellschaftlicher Grundlagen. Der vorgesehene *Kollektiv*zwang (vgl Art 25, 39 ff UN-Charta) ist durch Blockade im SR gefährdet.[122] Es fehlen, trotz Art 14 UN-Charta, gesicherte Verfahren für „friedlichen Wandel".[123] Der „Wille zum Völkerrecht" bleibt knappes Gut.

Das für das System kollektiver Sicherheit unentbehrliche *Recht zur Selbstverteidigung* dient, extensiv ausgelegt, als Hintertür, um dessen faktisches Umgehen zu kaschieren. Die wichtigste Einschränkung – gemäß Art 51 Satz 1 UN-Charta ist das Recht nur ausübbar, „bis der Sicherheitsrat die [...] erforderlichen Maßnahmen getroffen hat" – läuft bei Paralyse des SR weitestgehend leer.[124] 54

Zusammenfassend ist zu Begriff und Besonderheiten des Völkerrechts festzuhalten:
- Sein *soziales Substrat* ist eine aus vergleichsweise wenigen Subjekten bestehende Gemeinschaft. Ihre *staatlichen* Mitglieder erkennen einander als *vor dem Recht Gleiche* an: *konsensualer, koordinationsrechtlicher* Charakter des Völkerrechts. Diese Ordnung ist ein (dezentrales und „horizontales") *Koexistenz- und Kooperationsrecht. Auf ihrer Grundlage und in ihren Grenzen besitzen die Völkerrechtssubjekte Handlungsfreiheit*. 55
- Das Völkerrecht wird von seinen eigenen Subjekten gesetzt: *Identität von Rechtsschöpfern und Rechtsunterworfenen*. Begriff und Besonderheiten des Völ- 56

---

121 Wegen der Souveränitätsverhaftetheit der Staaten existiert keine *obligatorische* internationale Gerichtsbarkeit. Kaum ein Drittel der UN-Mitglieder hat sich dem IGH uneingeschränkt unterworfen; vgl *Tomuschat*, in Zimmermann/Tomuschat/Oellers-Frahm/Tams (Fn 49) Art 36 Abs 2.
122 „Verbotsrigorismus ohne Vollzugsautorität" (*Oppermann*) schwächt die normative Kraft des Völkerrechts und relativiert die Relevanz des SR, etwa im Verhältnis zu anderen globalen Foren, zB den G7- und G20-Treffen; diese und andere informelle Parallelstrukturen spiegeln die heutigen Machtverhältnisse besser wider. Die Sanktionsbefugnisse des SR bieten immerhin Ansätze zur (zentralisierten) Durchsetzung des Rechts, so dass mittlerweile verstärkt nach den *Bindungen* gefragt wird, die die UN dabei selbst zu beachten haben.
123 In der Praxis des Völkerbundes blieb bereits die stärker ausgestaltete Vorläufernorm, Art 19 Völkerbundsatzung, auf die Deutschland Hoffnungen setzte, weitestgehend wirkungslos.
124 Eine str Ausnahme vom Gewaltverbot bildet die „humanitäre Intervention". Bereits *Francisco de Vitoria* proklamierte ein Interventionsrecht zum Schutz der Religionsfreiheit und anderer Rechte von Menschen, etwa gegen „naturrechtswidrige" Vergehen (Menschenopfer); vgl *von Ungern-Sternberg*, Religion and Religious Intervention, in Oxford Handbook, 294 ff. Während im 19. Jh auch zugunsten Angehöriger dritter Staaten eingeschritten wurde, erfolgt dies heute primär zum Schutz *eigener* Staatsangehöriger, vgl *Teheraner Geiseln*, ICJ Rep 1980, 3 (§§ 62, 67), zumal wenn diese Diplomaten sind und der Empfangsstaat seinen aktiven Schutzpflichten nicht nachkommt. Die militärische Aktion gegen Serbien (Kosovo-Krieg 1999) wurde von Seiten der NATO als humanitäre Intervention gerechtfertigt (str). Befürworter berufen sich auf Nothilfe als allgemeinen Rechtsgrundsatz, vgl *Doehring*, Völkerrecht, Rn 766 ff, 777, 1015, bzw auf humanitäre Intervention als „a [legal] means of last resort", *Tomuschat* (Fn 42) 226 ff. Im *Nicaragua*-Fall hatte der IGH (ICJ Rep 1986, 14) in § 268 entschieden: „Die Einhaltung der Menschenrechte kann ein einzelner Staat nicht mit militärischer Gewalt durchsetzen. Jedenfalls die Verminung von Häfen und die Unterstützung der ‚Contras' sind keine geeigneten Mittel einer humanitären Intervention." Vgl *Hilpold*, Humanitarian Intervention, EJIL 12 (2001) 437 ff.

kerrechts werden im Kern damit nach wie vor von den *Staaten* bestimmt. Die Wirksamkeit des Völkerrechts hängt auch vom jeweiligen nationalen Recht ab, mit dem es umgesetzt wird, das zugleich aber seinerseits vom Völkerrecht geprägt ist. Das schon aus dem Gedanken des Rechts folgende Gleichheitselement verleiht dem Völkerrecht ein „demokratisches" Gefüge.

57 – Das institutionell defizitäre Völkerrecht benötigt in Form einer Organleihe die *staatlichen* Rechtsordnungen mit ihren Organen zu seiner Durchführung: *dédoublement fonctionnel*.[125] Auch insofern ist das Völkerrecht auf den Kooperationswillen der Staaten und auf *Wirklichkeitsnähe* angewiesen. Die Verhaltenssteuerung erfolgt weitgehend durch die, die „keinem rechtlich übergeordneten Verband eingegliedert sind":[126] die Staaten.

58 – Das Völkerrecht ist Objekt und Gestaltungsmittel der Politik, aber auch ihr Rahmen und ihre Grenze. Hat es sich inhaltlich auch immer wieder gewandelt, so ist seine *Funktion* doch gleich geblieben: Es stiftet Legitimität, stabilisiert Kooperation und löst Konflikte.[127]

59 – In diesem Zusammenhang sind auch Art 2 Nr 3 und 4 UN-Charta zu nennen. Ohne *allgemeines Gewaltverbot* ist dauernde Kooperation so wenig denkbar wie ohne den Grundsatz von *Treu und Glauben;* er durchzieht das gesamte Recht: Landesrecht wie Völkerrecht.

60 – Das *Individuum*, letztlich Ausgangs- und Endpunkt aller Rechtsordnungen, ist im Völkerrecht grundsätzlich staatlich *mediatisert*. Die hL weist dem Individuum nur eine begrenzte Rolle zu. Als Träger von Menschenrechten besitzt der Einzelne (partielle) Völkerrechtssubjektivität, verfügt also über eine eigenständige, nicht durch einen Verband vermittelte Rechtsstellung. Angesichts der Regelungsbreite und -tiefe der beiden Internationalen Pakte v 1966, der EMRK und der sonstigen Schutzsysteme ist dies nicht wenig. Entscheidend ist die Zugangseröffnung zu internationalen Streitbeilegungsinstanzen.[128] Auch kann das Individuum Träger völkerrechtlicher Pflichten sein. Verstößt es gegen völkerrechtliche Normen, die eine Individualhaftung vorsehen, ist es Haftungssubjekt.

2. Geltung, Grundregeln und Einheit des Völkerrechts
a) Die Frage der Geltung

61 Die Doppelfrage nach der Rechtsqualität des Völkerrechts und nach dem Grund dafür, dass diese Ordnung gilt,[129] hat Wissenschaft und Praxis seit jeher beschäftigt.

---

125 Vgl *Schweisfurth* (Fn 61) 396: „Funktional sind Organe von Staaten daher gleichzeitig auch Organe der Völkerrechtsgemeinschaft." Der Gedanke der *doppelten* Aufgabenerfüllung staatlicher Organe (für die nationale wie für die internationale Ebene) stammt von *Georges Scelle* (Précis de droit des gens, Bd I, 1932). Dazu *Cassese*, Remarks on Scelle's Theory of „Role Splitting" *(Dédoublement fonctionnel)* in International Law, EJIL 2 (1990) 210 ff.
126 *Mosler* (Fn 108) 10.
127 Dabei besteht zwischen Fakten und Normen ein enger Wechselbezug.
128 Etwa Individualbeschwerden nach Art 34 EMRK, Parteistellung gemäß Art 187 lit c–e SRÜ. Der staatlichen extraterritorialen Rechtsanwendung kommt im noch keineswegs menschenrechtszentrierten Völkerrecht der Gegenwart eine wichtige (Überbrückungs-) Funktion zu.
129 Völkerrecht wird offenbar in höherem Maße befolgt als Landesrecht, vgl *Neuhold*, The Foreign-Policy „Cost-Benefit-Analysis" Revisited, GYIL 42 (1999) 84 ff.

Die Antworten und die ihnen zugrunde liegenden Unterscheidungen und Wertvorstellungen illustrieren Wesen und Wirklichkeit des Völkerrechts.

Historisch betrachtet zerfällt die Völkerrechtsliteratur[130] in eine Handvoll traditioneller „Leugner des Völkerrechts" (etwa *Hobbes, Spinoza, Hegel, Austin*) und in die überwältigend große Zahl seiner „Bejaher". Dass das Völkerrecht *Rechts*qualität und reale Relevanz besitzt, wird heute nicht mehr bestritten. Jedes Völkerrechtssubjekt rechtfertigt sein Handeln mit völkerrechtlichen Argumenten oder versucht es jedenfalls. 62

Im Lager jener, die die Normativität und Geltung des Völkerrechts *bejahen*, finden sich zunächst *voluntaristische* Theorien. Sie betrachten den souveränen Staatswillen als Geltungsgrund dieser Rechtsordnung. Die Willenstheorien[131] zerfallen – erstens – in die positivistische unbeschränkte Selbstbindungslehre von *Georg Jellinek, Carl Bergbohm* und *Julius Hatschek*, wonach Völkerrecht erst durch staatliche Anerkennung verbindlich wird, – zweitens – in die kooperationsfreundlichere Kontraktlehre von *Heinrich Triepel*, die vermeidet, dass auch die *Fort*geltung von vereinbarten Normen im Belieben des einzelnen Staates steht,[132] sowie – drittens – in die *common consent*- und Sozialvertragslehren. Daneben finden sich *normativistische (Hans Kelsen, Dionisio Anzilotti, Paul Guggenheim)*[133] oder *naturrechtliche* Theorien der Völkerrechtsgeltung, wie die vom vorgegebenen göttlichen Gebot *(Francisco de Vitoria, Francisco Suárez)* bzw vom Recht der (natürlichen) Vernunft.[134] Danach existieren Normen, die sich aus außerpositiven Grundsätzen und Tatsachen ableiten lassen und die einen verbindlichen Charakter haben. Beispiele sind *Alfred Verdross'* kosmopolitisches „Statisches und dynamisches Naturrecht" (1971)[135] und *Hans Wel-* 63

---

130 Zu nachfolgender Skizze Belege etwa bei *Fastenrath*, Lücken, 48ff; *Mosler* (Fn 108) 6ff.
131 Aus dem menschlichen Willen *allein* lässt sich ein normatives Sollen ebenso wenig ableiten wie aus sonstigen Tatsachen. Zu den Geltungslehren *Ipsen*, in ders (Hrsg), Völkerrecht, § 1 Rn 18ff, die Bedeutung des Konsensprinzips betonend (Rn 43-49).
132 Diese wirkungsstarke Lehre nimmt einen „überlegenen" Gemeinwillen an, aus dem der einzelne Staat sich nicht einseitig lösen kann. *Triepel*, Völkerrecht und Landesrecht, 1899 arbeitete sie nach Anfängen bei *Bergbohm* und *Binding* aus (seine kategorische Trennung von Völkerrecht und innerstaatlichem Recht – als zwei sich niemals schneidende Kreise – hat jenes als eigenständige Rechtsordnung gestärkt). Freilich kann auch jener Bindungswille seine Rechts*verbindlichkeit* nur kraft einer Rechtsnorm erlangen.
133 Diese Richtung, dem logischen Positivismus verwandt, verzichtet auf eine Grundlegung des Rechts in einem vorgegebenen Etwas (Gott, Natur, Vernunft). Als letzten rechtsimmanenten Geltungsgrund sieht sie überwiegend eine „Grundnorm" an, aus der sich – „Stufenbau der Rechtsordnung" – alle weiteren Normen ableiten, vgl *von Bernstorff*, Der Glaube an das universelle Recht, 2001; *Walter*, Hans Kelsens Rechtslehre, 1999. Letztlich lässt *Kelsen* den Staat in seiner Rechtsordnung aufgehen (Normativismus).
134 Die naturrechtlich orientierten Ansichten finden den Geltungsgrund in einem menschlicher Disposition entzogenen Axiom, etwa in einer Offenbarung Gottes oder der natürlichen Vernunft *(Thomas von Aquin, de Vitoria)*. *Suárez* sieht das Völkerrecht zwischen Natur- und menschlichem Recht angesiedelt. Für *Grotius* ist die Sorge für die Gemeinschaft, welche mit der menschlichen Vernunft übereinstimmt, eine Quelle des (Natur-)Rechts, vgl *Straumann*, Hugo Grotius und die Antike, 2007, 127ff.
135 Grundlegend für die sog Wiener Schule: *Verdross*, Die Einheit des rechtlichen Weltbildes auf der Grundlage der Völkerrechtsverfassung, 1923; *Kelsen*, Das Problem der Souveränität, 1928; *Merkl*, Prolegomena einer Theorie des rechtlichen Stufenbaus, FS Kelsen, 1931, 252ff.

zels „Naturrecht und materiale Gerechtigkeit".[136] Schließlich gibt es anthropologische, soziologische und funktionale Rechtsbegründungen.

64   Weder *power politics*-Vertreter[137] noch Völkerrechtsleugner können beanspruchen, eine *maßgebliche* Begründung für die *Nicht*geltung des Völkerrechts zu liefern.[138] Unter den Bejahern dieser Rechtsordnung ist man sich demgegenüber einig, dass diese auch begründet werden *kann*. Uneinigkeit herrscht über Ansatzpunkt und Pfad der Begründung. Weil Recht sich manifestiert (naturrechtlicher Ansatz) oder geschaffen wird, wenn Menschen sich organisieren (positivistischer Ansatz), entspringt der Geltungsgrund in der jeweiligen Epoche für die jeweiligen Menschen letztlich deren Anschauung.[139] Für die Gegenwart gilt: Recht ist ein Produkt von Menschenhand; es gilt, weil es gelten soll.

65   Insgesamt hat der Streit über Geltungsgrund und Rechtsqualität des Völkerrechts weniger tatsächliche als prinzipielle Bedeutung. Die Staatenpraxis erkennt das Völkerrecht als *Recht* seit Jahrhunderten an, die völkerrechtliche Ordnung wird generell befolgt.[140] Zweifel setzen primär am *Durchsetzungs*aspekt an. Sie fußen damit auf einem am innerstaatlichen Recht orientierten Rechtsbegriff. Dieser sanktionsfixierte Begriff ist jedenfalls für das Völkerrecht zu eng.[141] *Zwangsweise* Durchsetzung[142] ist nur eine von mehreren Reaktionsmöglichkeiten.[143]

66   Von den lediglich *faktisch* praktizierten Regeln der *Courtoisie* (Völkersitte, *comitas gentium*) hebt sich das Völkerrecht durch seinen rechtlichen Gehalt ab. Bei einer Verletzung der Völkersitte – idR ein „unfreundlicher Akt" – ist mangels *Rechts*ver-

---

136 Nach *Welzels* „Prolegomena zu einer Rechtsphilosophie" (so der Untertitel seines Ganges durch die 2000-jährige Geschichte des Naturrechtsdenkens), 1951, 52 ist das Naturrecht, so zitiert er den Scholastiker *Fernando Vásquez*, „gut, weil es Gott uns eingeprägt hat." Erst in der Neuzeit trete „an die Stelle des geoffenbarten göttlichen Willens der Staatswille." Nicht in ewigen Wahrheiten, sondern in den Entscheidungen der Staatsgewalt liege für *Hobbes* der Maßstab für Recht: „Auctoritas, non veritas facit legem" (ebd 117).
137 Etwa der Rechtsrealist *Schwarzenberger*, Civitas Maxima?, YBWA 29 (1975) 337 ff. Zu ihm *Steinle*, Völkerrecht und Machtpolitik, 2002.
138 Positivismus wie Naturrecht beruhen letztlich auf unbeweisbaren Axiomen. Spätestens seit dem Positivismus des 19. Jhs ist das Naturrecht *keine* Rechtsquelle mehr, mögen seine Wertungen auch weiter Bildung und Weiterentwicklung völkerrechtlicher Normen beeinflussen.
139 Vgl *Fastenrath*, Lücken, 81: Letztlich könne kein Rechtsbegriff die Rechtsqualität des Völkerrechts in Frage stellen. Zum Geltungsgrund des *ius cogens* (s u Rn 72, 126) *ders*, Relative Normativity in International Law, EJIL 4 (1993) 305 (307 ff); *Koskenniemi*, Hierarchy in International Law, EJIL 8 (1997) 566 ff. Nach *Schmahl*, Überlegungen zur Kategorisierung internationaler Menschenrechte, in Ziebertz (Hrsg), Menschenrechte, Christentum und Islam, 2010, 27 (41) ist der Geltungsgrund „wohl eher soziologisch denn rechtlich erklärbar: es handelt sich um eine Form der *autopoiesis*."
140 So wird das Völkerrecht letztlich von der gemeinsamen Überzeugung der Staaten getragen, dass ihre gegenseitigen Beziehungen einer Regelung bedürfen, die auf gemeinsamen Rechtsanschauungen beruht. Gemäß dem positivistischen Ansatz erfüllt der Staatenkonsens *per se* die Geltungs- und Legitimitätsanforderungen. Zu institutionellen Aspekten *Ruffert/Walter*, Institutionalisiertes Völkerrecht, 2. Aufl 2015, Rn 425 f.
141 Auch nicht oder nur eingeschränkt justiziable und vollstreckbare Normen können Recht sein.
142 Eine Möglichkeit der Rechtsdurchsetzung kann bereits die formlose Feststellung (Behauptung) einer Rechtsverletzung sein – mit der Konsequenz indirekter Sanktionierung etwa durch internationalen Prestigeverlust und dessen Realfolgen.
143 Die „sanction of non-participation" (*Friedmann* [Fn 41] 88 ff, 369 f), der Ausschluss etwa von den Vorteilen der Mitgliedschaft in einer I. O., ist eine andere Möglichkeit der (mittelbaren) Rechtsdurchsetzung – ein politisch-soziologischer Ansatz.

letzung für Sanktionen kein Raum. Ein Beispiel für Courtoisie ist das gegenseitige Grüßen von Schiffen auf Hoher See.

Nicht zum Völkerrecht gehören die Regeln der internationalen *Moral,* etwa die moralische Verpflichtung zur Katastrophenhilfe.[144] Gleiches gilt von den *nichtrechtlichen zwischenstaatlichen Vereinbarungen,* zB von der KSZE-Schlussakte v 1.8.1975. Obwohl sie grundlegende Prinzipien des künftigen gegenseitigen Verhaltens niederlegte, sollte es sich nicht um rechtliche Bindungen handeln; andernfalls hätte man sich nicht einigen können.[145] Gleichwohl vermögen derartige *legally non-binding* Absprachen faktisch ebenso verhaltenslenkende Kraft zu entfalten wie rechtliche *agreements.* 67

Mit *soft law* werden Akte – etwa Resolutionen der UN-Generalversammlung – bezeichnet, die zwar als solche keine Völkerrechtsquelle sind, denen aber als Aussage über das geltende Recht, über Rechtsüberzeugungen oder über Tendenzen zur Weiterentwicklung des Rechts zugestimmt worden ist.[146] Haben sich wichtige Staaten diesen Aussagen versagt, bleibt es bei deren Charakter als *nur politische Forderungen.* So war es etwa bei der kontrovers gebliebenen Charta über die wirtschaftlichen Rechte und Pflichten der Staaten v 12.12.1974.[147] 68

Die Grenze zwischen internationaler Moral (etwa dem Postulat, Entwicklungshilfe zu leisten) und Courtoisie (zB der Einhaltung von Vorschriften des diplomatischen Zeremoniells) einerseits und Völkerrecht andererseits ist nicht immer leicht zu ziehen. Prinzipien der Völkersitte und der Moral können die Schwelle zur Normativität übersteigen, also zur *Rechts*pflicht werden. So ist ein großer Teil des Diplomatenrechts aus der Courtoisie entstanden. Kriterium für den qualitativen Sprung vom Nichtrecht zum Recht ist die Überzeugung der Völkerrechtsgemeinschaft, dass ein bestimmtes Verhalten *rechtlich* geboten ist. 69

Vom Geltungsgrund sind die *Rechtsquellen* abzugrenzen. Terminologisch ist hier vieles str.[148] Während „Geltungsgrundlage" den Grund für die Verbindlichkeit dessen darstellt, was wegen dieser Verbindlichkeit „Recht" genannt wird (etwa der Wille der Staaten), dient „Rechtsquelle" als Oberbegriff für all die *Erscheinungsformen,* in denen Recht sich manifestiert (zB als Vertrags- oder als Gewohnheitsrecht).[149] „Erkenntnisquellen" (etwa Gerichtsurteile oder wissenschaftliche Lehrmeinungen) sind demgegenüber Mittel, mit deren Hilfe sich auf Existenz und Inhalt einer Norm schließen lässt. 70

Aus dem *Rechts*charakter des Völkerrechts ergeben sich dessen primäre *Funktionen.* Es sind die des Rechts überhaupt: Verhaltenslenkung und Legitimitätsstif- 71

---

144 Vgl *Neuhold,* Die Pflicht zur Zusammenarbeit zwischen den Staaten, FS Verdross, 1980, 575 ff.
145 Zum KSZE-Prozess, einschließlich der Pariser Charta für ein neues Europa v 21.11.1990, *Heintze,* in Ipsen (Hrsg), Völkerrecht, § 33 Rn 17 f.
146 Vgl *Thürer,* „Soft Law", ZSchwR 104 (1985) 429 ff.
147 Res 3281 (XXIX); vgl auch *Seidl-Hohenveldern,* International Economic Soft Law, RdC 163 (1979-II) 165 ff.
148 Vgl u Rn 113 ff.
149 Vgl *Verdross/Simma,* § 515 zum Unterschied zwischen jenen „formellen" Rechtsquellen, den Rechtsentstehungsquellen, einerseits und den „materiellen" Rechtsquellen (soziale Normen, juristische Überzeugungen usw) andererseits; Letztere sind die *faits matériels,* die auf das Recht einwirken, auf seine Entstehung und seinen Inhalt.

tung bzw Machtbegrenzung und Machtstützung.[150] Als eine Macht konstituierende, legitimierende und limitierende Ordnung dient das Völkerrecht dem Zusammenleben und dem Schutz seiner Subjekte sowie der Lösung von Konflikten.[151] Es dient der Durchsetzung etwa von Gebiets- oder Wiedergutmachungsansprüchen ebenso wie der Delegitimation oder Destruktion derartiger Ansprüche.[152] Das Völkerrecht begrenzt und ermöglicht Handeln. Es ist eine *wert*bestimmte Ordnung.[153] So listet die UN-Prinzipiendeklaration v 24.10.1970,[154] ähnlich der Präambel der UN-Charta, als Funktionen und Werte auf: „Erhaltung und Stärkung des Weltfriedens auf der Grundlage von Freiheit, Gleichheit, Gerechtigkeit und Achtung der grundlegenden Menschenrechte."

b) Die Grundregeln des Völkerrechts

72 Die Begriffe „Grundregeln", „Grundsätze" oder „Grundprinzipien des Völkerrechts" umreißen den *Kernbereich* der Rechtsregeln für die internationalen Beziehungen.[155] Seiner materiellen Bedeutung wegen hebt sich dieser Katalog von den eher technischen Detailregeln ab. An jenem Kern knüpfte bereits *Verdross'* Begriff der *Verfassung der Völkerrechtsgemeinschaft* an.[156] Die Grundregeln des Völkerrechts sind weitestgehend in der UN-Charta niedergelegt. Sie sind allgemeinverbindlich. Darüber hinaus haben sie, vor allem bzgl des traditionellen Koexistenzrechts, ihren Niederschlag in der *UN-Prinzipiendeklaration 2625 (XXV) (Friendly Relations Declaration)* gefunden, die etwa zur Auslegung des Gewaltverbots herangezogen werden kann. Insgesamt lassen sich *sieben* Grundregeln ausmachen. Zur Klärung von Wesen und Wirkung des Völkerrechts tragen sie entscheidend bei. Vorliegend genügt eine knappe Orientierung. Sie umreißt zugleich Gegenstände einer zeitweise zT perzipierten *„Konstitutionalisierung" des Völkerrechts,*[157] eines Völkerrechts als einer nicht rein reziproken Ordnung (str) auf der Basis universeller Werte.

---

150 Vgl *K. W. Nörr,* Die Leiden des Privatrechts, 1994, 127.
151 Die Konfliktlösungsmöglichkeiten des Völkerrechts selbst sind nicht absolut, sondern rechtsimmanent begrenzt: Es sind Chancen, Rechte „within the law."
152 Neben der Funktion der Legitimierung und Organisation sozialer Herrschaft soll das Recht auch Entfaltung und sozialen Wandel innerhalb der gewährleisteten Freiräume stimulieren.
153 Vgl *Berber,* Lehrbuch des Völkerrechts, Bd I, 2. Aufl 1975, 33; *Verdross,* Die Wertgrundlagen des Völkerrechts, AVR 4 (1953) 128 ff. Später stellte sich *Verdross* auf die Seite der universalistischen Tradition von *Suarez, Vitoria, Grotius* und *Wolff* und sah die Völkerrechtsgemeinschaft in einer Ethik verankert, die allen Zivilisationen gemeinsam sei. Heute sind die wesentlichen Elemente des Naturrechts in das positive Völkerrecht integriert.
154 Erläuterung in *Graf zu Dohna,* Die Grundprinzipien des Völkerrechts über die freundschaftlichen Beziehungen und die Zusammenarbeit zwischen den Staaten, 1973 (Text 267 ff).
155 Zu Nachfolgendem etwa *Tomuschat,* „Völkerrecht", Sp 3383 ff.
156 Vgl bereits *Verdross,* Zur Konstruktion des Völkerrechts, Zeitschrift für Völkerrecht 8 (1914) 329 ff.
157 Kennzeichnend für diese str Entwicklungen sind u a die „hierarchisierenden" Konzepte der *erga omnes*-Verpflichtungen, des *ius cogens* (s u Rn 120, 126) und des Völkerstrafrechts; vgl etwa die Nachw in Fn 286. Krit Überblick *Proelß,* Die internationale Gemeinschaft im Völkerrecht, in J. Badura (Hrsg), Mondialisierungen, 2006, 233 ff. Frühzeitig skeptisch *Schwarzenberger,* International Jus Cogens?, Texas LR 43 (1965) 476 ff. Die Möglichkeit der *persistent objection* besteht gegenüber *ius cogens* nicht. Bzgl *erga omnes*-Verpflichtungen fehlt bisher eine *actio popularis* (str). Zu den einschlägigen optimistischen Denkschulen *Schellhaas,* Die „internationale Gemeinschaft" im 21. Jahrhundert, in

Die *erste* „Grundregel" stellt auf die *Staatensouveränität* ab. Die (partielle) **73** Selbstunterwerfung unter die dirigierende Gewalt etwa einer I.O. (zB um günstige Finanzhilfen zu erhalten) gehört heute zu den Selbstverständlichkeiten des Lebens vieler Staaten. Für die Souveränität bedeutet eine derartige Unterwerfung so lange keine ernsthafte Herausforderung, als sie freiwillig ist und sich die I.O.[158] nicht zu einem die inneren Belange bestimmenden Machtfaktor entwickelt, also die staatliche Selbstbestimmung prinzipiell bestehen lässt. Gemäß StIGH im *Wimbledon*-Fall im Jahr 1923[159] ist der Abschluss von Verträgen, welche die Handlungsfreiheit eines Staates beschränken, gerade Ausdruck souveräner Entscheidungsmacht.[160] Aus der gegenseitigen Achtung der Souveränität ergibt sich auch das Recht auf Freistellung (Immunität) von der Befehlsmacht anderer, jedenfalls für Akte *hoheitlicher* Natur (*acta iure imperii*).

Das *zweite* Grundprinzip des Völkerrechts, die *Staatengleichheit*, ist das Spie- **74** gelbild des ersten.[161] Diese Grundregel ist *formeller* Natur, gilt also unabhängig von „Lagen". Aus dem Gleichheitssatz folgen grundsätzlich keine Leistungsansprüche: kein Recht auf Entwicklungshilfe zB, kein Anspruch also darauf, Gleichheit im *materiellen* Sinne herzustellen. Der Gleichheitssatz verlangt nur, dass alle Staaten unter gleichen Bedingungen gleiche Rechte haben, etwa auf Hoher See gleiche Forschungs- oder Fischereifreiheit genießen. Er verbietet nicht, Präferenzpositionen *vertraglich* zu begründen, etwa einzelnen Mitgliedern des UN-Sicherheitsrats eine Vorzugsstellung einzuräumen oder die Stimmengewichte in I.O. primär an den Finanzbeiträgen der Mitgliedsstaaten zu orientieren.[162]

Das *Verbot* einer „gegen die territoriale Unversehrtheit oder die politische Un- **75** abhängigkeit eines Staates" gerichteten *Gewaltanwendung*, Art 2 Nr 4 UN-Charta, ist die *dritte* Grundregel.[163] Sie markiert die entscheidende Veränderung gegenüber dem

---

Tomuschat (Hrsg), Weltordnungsmodelle für das 21. Jahrhundert, 2009, 25 ff; *Fassbender*, UN Security Council Reform and the Right of Veto, 1998, 89 ff („The UN Charter as a Constitution"); *ders* (Fn 43); *Kleinlein*, Konstitutionalisierung im Völkerrecht, 2012.
158 Vgl *Weigelt*, Die Konditionalität des Internationalen Währungsfonds in ihrem Verhältnis zur Staatssouveränität und zu den Menschenrechten, 1999, 93 ff, 143 ff, 156 ff.
159 PCIJ, Ser A, No 1, 6, 25: Die durch den Versailler Friedensvertrag 1919 geschaffene Ordnung (mit einem bzgl des Kieler Kanals errichteten, in sich abgeschlossenen Vertragsregime) genieße Vorrang vor dem allgemeinen Völkerrecht. Die dt These, ein Staat könne nicht durch Vertrag der Mittel beraubt werden, seine Position als *gleiches* Mitglied der Völkerrechtsgemeinschaft wahrzunehmen, blieb erfolglos.
160 Vgl Art 6 WVK: „Jeder Staat besitzt die Fähigkeit, Verträge zu schließen." Vgl o Rn 50.
161 Zum „Anspruch" auf Gleichheit iSv Gleichstellung *Anand*, Sovereign Equality of States in International Law, RdC 197 (1986-II) 1 (126 ff) einerseits und *Ladreit de Lacharrière*, L'influence de l'inégalité de développement des Etats sur le droit international, RdC 139 (1973-II) 227 (253 ff) andererseits. Zum „Prinzip der souveränen Gleichheit der Staaten" *Dohna* (Fn 154) 158 ff.
162 Zu Differenzierungen im Atomwaffenbereich *Graf Vitzthum*, Weltnuklearordnung und Staatengleichheit, FS Grewe, 1981, 609 ff; zur Rolle im Recht der I.O. *Boutros-Ghali*, Le principe d'égalité des Etats et des organisations internationales, RdC 100 (1960-II) 1 ff; zu quantitativen Differenzierungen *Castrén*, La position des grands et petits Etats dans la communauté internationale et particulièrement dans les organisations internationales, FS Schätzel, 1960, 25 ff. Zum Prinzip gemeinsamer, aber unterschiedlicher Verantwortlichkeiten *Kreuter-Kirchhof*, Neue Kooperationsformen im Umweltvölkerrecht, 2005, 515 ff.
163 Die Völkerbundsatzung enthielt in Art 10 und Art 12 Abs 1 mit dem Begriff des „unerlaubten Krieges" bereits ein beschränktes Kriegsverbot. Mit dem Briand-Kellogg-Pakt v 1928 verzichteten die Vertragsparteien dann auf den Krieg als Mittel der Politik überhaupt. Art 2 Nr 4 UN-Charta erweitert

„klassischen" Völkerrecht. Gewaltanwendung ist gemäß Art 51 UN-Charta in *reaktiver* Form zulässig zur Abwehr eines „bewaffneten Angriffs" *(armed attack/aggression armée)*.[164] Auch bei diesem unilateralen „Notanker", der *Selbstverteidigung*, ist der *Grundsatz der Verhältnismäßigkeit* zu beachten.[165] Durch Gewalt erzwungene Verträge sind nichtig, Art 52 WVK. Schon bei der Formulierung des Art 2 Nr 4 UN-Charta im Frühjahr 1945 wurde die Forderung abgelehnt, den Begriff der Gewalt auch auf nichtmilitärische Maßnahmen auszudehnen.[166] Ein Verbot der Anwendung politischen und wirtschaftlichen Drucks ist zwar in der Präambel der UN-Prinzipiendeklaration v 1970 enthalten;[167] die Deklaration als solche schafft jedoch kein neues Recht.[168]

76   Mit den Prinzipien der Gleichheit und des Gewaltverbots hängt das *Interventionsverbot*, die *vierte* völkerrechtliche Grundregel, eng zusammen. Dieses Verbot der Einmischung in die inneren Angelegenheiten eines Staates (in den *domaine réservé*)[169] geht über das des Gewaltverbots hinaus. Auch subversive Tätigkeiten sowie die Anwendung erheblichen wirtschaftlichen, politischen oder sonstigen Drucks zur Vorteilserlangung werden verboten. Untersagt sind damit alle Versuche, einen anderen Staat unterhalb der Gewaltschwelle *methods of coercion* auszusetzen, um zu erreichen, dass er sein Verhalten fremdem Willen unterordnet.[170] Die Subsumtion unter diesen weit gespannten Obersatz erbringt selten eindeutige Ergebnisse.[171] So ist etwa str, inwieweit das Interventionsverbot in Bürgerkriegen eingeschränkt ist.[172] Das Problem der Unterscheidung zwischen erlaubter Einflussnahme und verbotener Intervention harrt näherer Klärung.[173]

77   Korrelat zu diesen Grundregeln ist die *Verpflichtung, internationale Streitigkeiten friedlich zu regeln* (Art 1 Nr 1, Art 2 Nr 3, Art 33 Nr 1 UN-Charta). Diese *fünfte* Grundre-

---

dieses Verbot: Nun ist grundsätzlich jede Androhung oder Anwendung von Gewalt in den zwischenstaatlichen Beziehungen untersagt.
164 Eine Aktion nach Kap VII UN-Charta bildet die zweite UN-Charta-Ausnahme vom Gewaltverbot. Diese Kollektivierung der Gewalt setzt ein positives Votum (Mandat) des SR voraus, was selten zustande kommt.
165 Das Proportionalitätsprinzip spielt etwa im Recht der Gegenmaßnahmen eine wichtige Rolle.
166 Die Präambel der UN-Charta nimmt ausdrücklich auf „*Waffen*gewalt" *(armed force)* Bezug; lediglich diese wird von Art 44 UN-Charta erfasst. UN-Charta wie allgemeines Völkerrecht verbieten unter dem Aspekt des *Gewalt*verbots demnach nur die *militärische* Gewalt.
167 UN GA Res. 2625 (XXV) Erwägungsgrund 9: „Recalling the duty of States to refrain in their international relations from military, political, economic or any other form of coercion aimed against the political independence [...] of any State [...]".
168 Vgl *Dohna* (Fn 154) 241 ff. Die Deklaration kann zur Auslegung des Gewaltverbots herangezogen werden.
169 Bzgl der UN selbst vgl die Formulierung des Nichteinmischungsprinzips in Art 2 Nr 7 UN-Charta.
170 Freilich kann sich ein Vertrag auch auf „innere Angelegenheiten von Staaten" beziehen. Rechte aus einem solchen Vertrag geltend zu machen, etwa ein rüstungskontroll- oder ein menschenrechtsbezogenes *droit de regard*, verletzt nicht das Gebot der Nichteinmischung.
171 *Tomuschat*, „Völkerrecht", Sp 3885: „Selbst der Lieferstopp (Ölembargo 1974) wird [...] als außenpolitische Waffe gehandhabt", ebenso („Hallstein-Doktrin") der Abbruch der diplomatischen Beziehungen.
172 Zur Anerkennung von Aufständischen *Talmon*, Recognition in International Law, 2000, 215 ff; zur Intervention durch Unterstützung gewaltsamer Rebellen im anderen Staat vgl ICJ Rep 1986, 14 §§ 254 ff *(Nicaragua)*.
173 Die in der UN-Deklaration v 1970 verwandte Formulierung, die *jegliche* zwischenstaatliche Einmischung unter das Interventionsverbot fallen lässt, widerspricht dem Völkerrecht.

gel, ebenfalls in der Prinzipiendeklaration v 1970 enthalten,[174] ergibt sich aus zahlreichen Verträgen. Sie manifestiert sich etwa im Europäischen Übereinkommen zur friedlichen Beilegung von Streitigkeiten v 1957.[175] Freilich gibt es keine generelle Pflicht, Streitfälle einem unparteiischen Dritten zu unterbreiten. Ein korrespondierendes Verfahren zur gewaltfreien Veränderung bestehender Strukturen sieht Art 14 UN-Charta nur ansatzweise vor.[176]

Das *Selbstbestimmungsrecht der Völker* stellt das *sechste* Grundprinzip dar.[177] Ursprünglich in Art 1 Nr 2 UN-Charta lediglich als Ziel der Weltorganisation aufgeführt,[178] ist die Selbstbestimmung, (dürftig) legaldefiniert in den übereinstimmenden Art 1 der beiden UN-Menschenrechtspakte v 1966, ein „allen Völkern" zustehendes Recht: „Kraft dieses Rechts entscheiden sie frei über ihren politischen Status und gestalten in Freiheit ihre wirtschaftliche, soziale und kulturelle Entwicklung." Die hM lehnt ein daraus ableitbares Recht von Völkern auf einseitige Loslösung aus einem bestehenden Staatsverband, also ein Recht auf Sezession, grundsätzlich ab.[179] Das in seinen Konturen und Konsequenzen str Selbstbestimmungsrecht sollte aus seinem Regelungszusammenhang heraus verstanden werden: als ein bloßer *Teil* der völkerrechtlichen Gesamtordnung;[180] zu dieser aber gehört auch die territoriale Integrität der Staaten (sowie das Gewaltverbot). Schon in Art 1 Nr 2 UN-Charta wird die Selbstbestimmung als eine Maßnahme „zur Festigung des Weltfriedens" bezeichnet, also ihr immanent beschränkter, friedens*stabilisierender* Charakter hervorgehoben.

78

Das Prinzip der *Zusammenarbeit der Staaten* (Art 1 Nr 3, Art 11, 13, 55, 56 UN-Charta) bildet den *siebten* Grundsatz des Völkerrechts. Die Kooperationsregel, geprägt vom Gedanken internationaler Solidarität, spielt etwa im Wirtschaftsvölkerrecht und im Seerecht eine Rolle, zumal bei der Hilfe für unterindustrialisierte oder geographisch benachteiligte Staaten.[181] Unabhängig von ihren politischen Systemen sind die Staaten zur Zusammenarbeit verpflichtet – zwecks Erhaltung des Weltfriedens, der Achtung der Menschenrechte und der Erfüllung UN-verhängter Maßnah-

79

---

174 Näheres bei *Neuhold,* Internationale Konflikte, 1977, 45 ff.
175 Wichtig bereits das I. Haager Abkommen v 18.10.1907 zur friedlichen Erledigung internationaler Streitfälle, Fontes III/1, 558. Auch nach Kap VI der UN-Charta sind die Mitgliedstaaten zur friedlichen Streitbeilegung verpflichtet, nach Treu und Glauben (Art 2 Nr 2 UN-Charta).
176 Die entsprechende UN-Praxis ist denn auch nach wie vor überaus dürftig.
177 Dazu Neuhold/Simma (Fn 3) 16 ff, 43 ff *(Thürer).* In der UN-Praxis war das Selbstbestimmungsrecht (vgl auch Art 55 UN-Charta) jahrzehntelang auf das Erlangen der Unabhängigkeit von Territorien bzw Völkern gerichtet, die unter Kolonialherrschaft standen; *insofern* war das Subjekt des Selbstbestimmungsrechts eindeutig.
178 UN-Charta wie UN-Deklaration v 1970 klären weder die Frage nach dem Träger des Rechts – dem „Volk" – noch die nach dem bei der Verwirklichung des Rechts zu beobachtenden Verfahren.
179 Vgl *Tomuschat,* „Völkerrecht", Sp 3885. Zur engen Ausnahme *Thürer* (Fn 177) 50: „Macht sich ein Regime einer gezielt gegen ein Volk gerichteten, dessen Existenz oder kulturelle Identität bedrohenden, schwerwiegenden Verletzung von Menschenrechten schuldig, so scheint es heute nicht mehr angängig zu sein, ein Separationsrecht dieses Volkes als ultima ratio eines Grundstandards von Menschenrechten zu leugnen."
180 *Thürer* (Fn 177) 46 ff. Freilich wäre ein „Friede", der auf *gewaltsamer* Verweigerung des Selbstbestimmungsrechts beruhte, kein Frieden; allein in der Arktis soll es bis zu 42 (indigene) „Völker" geben.
181 *Konkrete* Hilfspflichten folgen aus dem Kooperationsprinzip nicht.

men.[182] Das internationale System ist eine „als Rechtsgemeinschaft konstituierte Pluralität von Staaten, denen aus der Rechtsbindung gegenseitige Hilfs- und Unterstützungspflichten erwachsen".[183]

c) Die Einheit der Völkerrechtsordnung

80 Die Frage[184] nach der Existenz eines eigenständigen „*sozialistischen* Völkerrechts"[185] und die dahinter liegende nach der Einheit der Völkerrechtsordnung,[186] ist auch nach der weltpolitischen Wende v 1989/90, die u a eine „völkerrechtliche Flurbereinigung" in Europa brachte,[187] offen. Sie ist dies nicht nur deswegen, weil marxistisch-leninistisch determinierte Völkerrechtsvorstellungen keineswegs ganz der Vergangenheit angehören. Die Einheit der Völkerrechtsordnung wird vielmehr auch von anderen Ideologien und Rechtsverständnissen in Frage gestellt, in Kombination mit Auswirkungen oder Instrumentalisierungen einzelner Weltreligionen.

81 Während des 20. Jh sah die *sozialistische* Völkerrechtstheorie lange Zeit die *Staaten* als die (nahezu) exklusiven Völkerrechtssubjekte an.[188] Die Staaten galten als Machtinstrumente der herrschenden Klassen.[189] Das für die Beziehungen im „sozialistischen Lager" geltende Völkerrecht sollte dort dem „allgemeindemokratischen Völkerrecht", das zwischen Staaten mit anderen Gesellschaftssystemen gilt, vorgehen. Dies lief auf eine mit dem universalistischen Anspruch des Völkerrechts unvereinbare *Dreiteilung* hinaus: „bürgerliches Völkerrecht" (zwischen den „Kräften der Reaktion"), „sozialistisches Völkerrecht" (zwischen den „fortschrittlichen" Staaten), „allgemeindemokratisches Völkerrecht" (zwischen diesen beiden „Lagern").[190] Die

---

182 Das von der UN-Charta erstrebte Friedenssystem bedeutet mehr als die Abwesenheit von Gewalt. Ohne internationale Zusammenarbeit ist es nicht zu verwirklichen.
183 *Tomuschat*, „Völkerrecht", Sp 3886: ein Mechanismus der Mehrheitsentscheidung existiert freilich nicht, „so dass es nicht zu einer zwangsweisen Umverteilung kommen kann".
184 *Schweisfurth*, Sozialistisches Völkerrecht?, 1979. Zur Gefährdung der Einheit des Völkerrechts nicht durch die damalige Zweite, sondern die Dritte Welt *Ginther*, ÖHVR I, Rn 145 ff.
185 In den 1920er Jahren wurde in der UdSSR, etwa von *Korovin*, Das Völkerrecht der Übergangszeit, 1929, die These aufgestellt, das einheitliche Völkerrecht sei zerfallen, ein gemeinsames Recht könne es nur noch vorübergehend geben. Die Existenz eines eigenen „sozialistischen" Völkerrechts zwischen den „Staaten des sozialistischen Weltsystems" wurde auch 1968 (Einmarsch von Truppen des Warschauer Pakts in der Tschechoslowakei) behauptet, etwa von *Tunkin*, Völkerrechtstheorie, 1972, 487 mwN.
186 „Einheit der Völkerrechtsordnung" wird hier in einem historisch-kulturellen Sinne verstanden, nicht also als Gegenbegriff zur „Fragmentierung des Völkerrechts". Letzterer Terminus bezieht sich auf „difficulties arising from the diversification and expansion of international law" (Titel des IX. Kap des ILC-Berichts der 54. Sitzung, UN Doc A/57/10, Suppl No 10), also auf den Doppelkomplex Normenkollisionen und -hierarchie; vgl UN Doc A/60/10, Suppl No 10, Report of the ILC of its Fifty-seventh Session, § 442. Dazu Zimmermann/Hoffmann (Hrsg), Unity and Diversity of International Law, 2006; *Thiele*, Fragmentierung des Völkerrechts als Herausforderung für die Staatengemeinschaft, AVR 46 (2008) 1 ff; *Koskenniemi*, Fragmentation of International Law (= Bibliographie), 2007.
187 Hierzu und zum Folgenden Neuhold/Simma (Fn 3) 14 ff.
188 Gegenüber einer (auch nur partiellen) Völkerrechtssubjektivität von I. O. oder Individuen wurde eine äußerst restriktive Haltung eingenommen. Offener war man bzgl Völkern und Befreiungsbewegungen.
189 Sog Basis-Überbau-Theorem, das auch für das Recht allgemein galt.
190 Völkerrechtslehrbuch der Sowjetischen Akademie der Wissenschaften, 1960 (dt Übers), 1.

Unterschiede wurden nicht nur beim *Menschenrechts*verständnis deutlich,[191] sondern im Kern bei jedem Grundprinzip des Völkerrechts[192] sowie bei der Rechtsquellenlehre und der Bestimmung der Völkerrechtssubjekte.

Hinsichtlich der entscheidenden Frage nach der Geltung entweder „der allgemeinen Grundsätze des Völkerrechts […], die für die *nationalen* Interessen des einzelnen sozialistischen Staates stehen", einerseits oder der „des Grundsatzes des proletarischen *Internationalismus*", der als prätendierter Völkerrechtssatz mit sowjetmarxistischer Prägung „letztlich für die Subordination der einzelnen sozialistischen Staaten unter die UdSSR und die KPdSU steht", andererseits kam *Schweisfurth*[193] seinerzeit zu dem Ergebnis: Ein „sozialistisches" Völkerrecht mit den behaupteten Inhalten habe es nie gegeben. Die Erfolglosigkeit sozialistisch geführter Aufstandsbewegungen in der Dritten Welt, schließlich der Sturz der kommunistischen Regime in Europa seit 1989 und die Aufnahme der weitaus meisten mittel- und osteuropäischen Staaten in den Europarat, in die NATO, in die EU – all dies hat bewirkt, dass vom verklungenen Postulat eines „sozialistischen Völkerrechts"[194] Spaltungsgefahren nicht mehr ausgehen.[195] 82

Die Frage nach der Einheit des Völkerrechts wird heute u a vom *islamischen* Rechts- und Staatsverständnis aufgeworfen.[196] Die Einheitsfrage besitzt insofern eine auch religiös-politische Dimension. Herausgefordert sieht sich die überkommene *Staats*orientierung des Völkerrechts sowie seine bereits von *Grotius* ins Auge gefasste *Nichtidentifikation mit religiösen Autoritäten*. Das detailreiche islamische Recht basiert auf der Maxime, dass Gottes Wille, ausgedrückt im Koran und in der authentischen Überlieferung und normativen Praxis des Propheten, der *sunna*, die höchste Regel ist. Alles Recht unterliegt insofern den Prinzipien der *scharia* (allgemeiner 83

---

191 Gemäß sozialistischer Theorie bestünde der Gegensatz zwischen den Interessen des Einzelnen und denen der Gemeinschaft in einer klassenlosen Gesellschaft nicht mehr. Vom Staat werden statt eines Nichteingreifens Leistungen gefordert. Den entsprechenden Rechten des Individuums korrespondieren dann Pflichten gegenüber der Gesellschaft.
192 Vgl o Rn 72ff.
193 (Fn 184) 109, 539, 560ff: Rechtskonstruktionen zur Legitimation hegemonialer Interventionen. Konkret ging es um die Frage, ob die Souveränität der sozialistischen Staaten untereinander idS beschränkt war, dass sie ihr politisches System (ohne Zustimmung der KPdSU bzw der UdSSR) nicht grundlegend ändern durften. Dabei „gestattete", ja „verpflichtete" das Prinzip des „sozialistischen Internationalismus", zugunsten eines sozialistischen Staates „Hilfe" zu leisten zwecks „Beibehaltung der Errungenschaften des Sozialismus". Bsp sind die Niederschlagung der „Konterrevolutionen" in Budapest 1956 und Prag 1968 gemäß dieser „Breschnew-Doktrin".
194 Bzgl der Rechtsquellen lag der Schwerpunkt auf Verträgen. Gewohnheitsrecht wurde als *pactum tacitum* konstruiert. Die „allgemeinen Rechtsgrundsätze" wurden abgelehnt.
195 Kubanische, nordkoreanische, vietnamesische oder chinesische Völkerrechtsvorstellungen (zu Letzteren *Kaminski*, Chinesische Positionen zum Völkerrecht, 1973) werfen mangels eines eigenständigen sozialistischen Staaten*systems* und mangels einer korrespondierenden gemeinsamen Völkerrechtstheorie keine fundamentalen rechts*systematischen* Probleme auf.
196 Literatur u a *Krüger*, Islamische Völkerrechtslehre, 1979; *Salem*, Islam und Völkerrecht, 1984; *Pohl*, Islam und Friedensvölkerrechtsordnung, 1988; *Mikunda Franco*, Das Menschenrechtsverständnis in den islamischen Staaten, JöR (NF) 44 (1996) 205ff; *Fadel*, International Law, Regional Developments: Islam, MPEPIL V, 926ff; *Roeder*, Traditional Islamic Approaches to International Law, ZaöRV 72 (2012) 521ff. – Auch andere Weltreligionen verdienten in diesem Kontext nähere Untersuchung, etwa der Konfuzianismus, *Iriye*, The Principles of International Law in the Light of the Confucian Doctrine, RdC 120 (1967), der Hinduismus und der Buddhismus. Im Unterschied zum Islam ist ihr Einfluss auf Einheit und Entwicklung des Völkerrechts freilich bisher begrenzt.

scharia-Vorbehalt), der Hauptquelle der Gesetzgebung, die alle Handlungen einer rechtlich-moralischen Wertung zu unterziehen beansprucht. Wer das Recht auf den geoffenbarten Willen Gottes als des Inhabers der Souveränität zurückführt, dem müssen Menschenrechte, die religiös motiviertem Zugriff entzogen sind, problematisch erscheinen, soweit sie in Differenz zu den einschlägigen (freilich ambivalenten) Lehren und Prinzipien „des" Islam stehen.[197] Diese Zusammenhänge führen zu Schwierigkeiten sowohl mit den UN-Menschenrechtspakten v 1966, an die sich praktisch alle 56 muslimischen Staaten gebunden haben (in der UNO arbeiten sie als „Islamischer Block" zusammen), als auch mit der Vorstellung, dass das Individuum als Träger der Menschenrechte (partielles) Völkerrechtssubjekt ist. Unvereinbarkeiten können zudem aus der Rolle des *djihad* folgen, des Glaubensgrundsatzes vom Kampf. Für den Islam[198] mag spätestens seit dem 19. Jh, der Epoche der Reformen, der Kampf gegen Ungläubige *de facto* eine Art *bellum iustum* sein.[199]

84 Die konzeptionellen Besonderheiten beruhen ua darauf, dass das klassische, nach wie vor prägende islamische Recht auf ein *Universal*gemeinwesen hin orientiert ist, dem im Laufe der Zeit alle Mitglieder der Menschheitsfamilie einzugliedern sind. Als Ideal anerkannt wird die *umma,* die politisch-religiöse Einheit aller Muslime.[200] Die Gesamtheit der *Gläubigen* wird geschützt, die transnationale Religions*gruppe* also, weniger der Staat als juristische Person (juristische Personen kennt der Islam nicht), noch gar das Individuum als solches. Da das Völkerrecht primär ein Zwischen*staaten*recht ist, führt jenes Fernziel einer „globalen *umma*" zu Gegensätzen zwischen ihm, dem Staatenrecht, auf der einen Seite und, auf der anderen, dem Konzept eines Rechts, bei dem die Beziehungen zwischen religiös homogenen, *nicht*staatlichen Personenkörperschaften im Vordergrund stehen. An der Herausbildung des modernen Staatsbegriffs in den konfessionellen Bürgerkriegen des 16. und 17. Jh in Europa war der Islam nicht beteiligt. An der am Ende dieser Entwicklung stehenden grundsätzlichen Trennung des Religiösen von Staat und Politik sowie an der prinzipiellen Differenz von Individuum und Gemeinschaft fehlt es jedenfalls im *traditionellen* islamischen Denken. Damit wird seine strukturelle Vereinbarkeit mit einer demokratischen Ordnung wie mit dem modernen Völkerrecht zum Problem.[201]

---

197 „Den" Islam gibt es nicht, sondern, wie in anderen Religionen auch, viele unterschiedliche Ausprägungen, Strömungen und Auslegungen. Jedenfalls das *klassische* islamische Recht trennt die geistlichen Angelegenheiten nicht deutlich von den weltlichen. Originäre Regelungsgegenstände sind der Glaube, das religiös-soziale Zusammenleben der Muslime sowie die Stellung der Angehörigen der anderen (älteren) Buchreligionen, also der Juden und der Christen. Zentral ist auch die Pflicht, den Glauben auszuweiten.
198 Vgl *Krämer,* Gottes Staat als Republik, 1999, 49 ff; *Noth,* in Rotter (Hrsg), Die Welten des Islam, 1993, 22 ff; *Rohe,* Das islamische Recht, 2009; *van Ess,* Dschihad gestern und heute, 2012. Zwischen den Kernelementen der Demokratie zB und den Werten des Islam besteht kein prinzipieller Gegensatz, wohl aber zwischen Aufklärung, einschließlich des Konzepts des säkularen Staates (im Unterschied zu einem „koranischen *Gottes*staat"), und der Aufklärungsverweigerung mit der Ablehnung einer zeitangepassten kritischen Auslegung der zT mehrdeutigen Heiligen Schriften.
199 *Eine* Ausprägung des Islam ist der Fundamentalismus, die allein wörtliche Auslegung einer Heiligen Schrift. Islamismus ist ein politischer bzw politisierter Islam.
200 Zur Autorität der *umma Krämer* (Fn 198) 99 ff, 116 ff.
201 Vgl *Krämer* (Fn 198) 262: Grundprinzipien einer demokratischen Ordnung werden bejaht, „nicht aber eine liberale Grundhaltung, die auch religiöse Indifferenz zulässt. Pluralismus gilt nur in den Grenzen des Islam." Die islamischen Gemeinwesen akzeptieren „angemessen eingeordnete" Nichtmuslime; entscheidend ist, dass das Gemeinwesen als solches vom Islam bestimmt ist.

Als die theoretische Verkörperung der *Gemeinschaft* der Muslime besitzt das islamische Gemeinwesen eine *besondere* Qualität – ein Problem für die Staatengleichheit.[202]

85 Das Gebiet des Islam hat freilich von Anfang an in regem Kontakt mit der Außenwelt gestanden. Das Zusammenleben von Muslimen mit Nichtmuslimen wurde frühzeitig geregelt. Die sich in der Neuzeit herausbildenden islamisch geprägten *Staaten* nehmen heute überwiegend am internationalen Menschenrechtsdiskurs[203] sowie an der Entwicklung des Völkerrechts teil. Abgesehen von den Gruppierungen, die, *selektiv* auf einzelne zum Kampf aufrufende Koranverse „gestützt", extrem gewalttätig zur „Durchsetzung islamischer Gerechtigkeit" hervortreten, zeichnet sich die Haltung der islamischen Staaten überwiegend durch *Pragmatismus* aus. Mit der Existenz nichtmuslimischer Staaten hat sich der Islam faktisch ebenso abgefunden wie mit der muslimischen *Einzel*staaten. In der Staatspraxis werden Staat und Recht nicht ausschließlich aus islamischen Vorstellungen abgeleitet, und diese selbst sind prinzipiell (neu-)interpretationsfähig. Die optimistische These, wonach die Verrechtlichung der Beziehungen zwischen „dem Islam" und dem „Rest der Welt" auf einer *gemeinsamen* Grundlage bereits irreversibel ist, mag zwar nicht überzeugen;[204] je weniger Vorbehalte aber der Islam der Rechtsfigur des *Staates* als dem modernen säkularen Gemeinwesen entgegenbringt, desto größer könnten die Schnittmengen zwischen den islamischen Rechtsvorstellungen und dem bisher vor allem westeuropäisch-nordamerikanisch geprägten Völkerrecht werden.[205]

86 Bei näherer Betrachtung mag sich beim islamischen Rechtsdenken[206] ein ähnlicher Befund wie in der Zwischen- und Nachkriegszeit beim sozialistischen abzeichnen. In der „realen Existenz" agieren gewöhnlich auch jene Entitäten *innerhalb* des Rahmens des allgemeinen Völkerrechts, die in ihrer Theorie und Ideologie einem fremden Hintergrund verhaftet sind. *Anerkannte* ideologisch oder religiös geprägte Völkerrechtskreise, die sich qualitativ vom universellen Völkerrecht unterscheiden, haben sich bisher *nicht* herausgebildet. Die Völkerrechtsordnung bleibt existenziell herausgefordert, gewiss. Um ihre relative Einheit zu wahren, ist sie zur Zurückhal-

---

202 Die islamischen Völker bilden der klassischen Theorie nach eine Einheit. Der real existierende Islam folgt diesem Schema nicht. Die Verfassungen islamischer Staaten, soweit sie sich zur außenpolitischen Einbindung äußern, gehen vom Nebeneinander der Staaten aus.
203 Vgl Mahoney/Mahoney (Hrsg), Human Rights in the Twenty-first Century, 1993; *Baderin*, International Human Rights and Islamic Law, 2013; *Müller*, Islam und Menschenrechte, 1996; *Bauer*, Die Kultur der Ambiguität, 2001; *Abu-Sahlieh*, Les Musulmans face aux droits de l'homme, 1994 (mit Dokumentation); *A.E. Mayer*, Islam and Human Rights, 3. Aufl 1999; *Forstner*, Inhalt und Begründung der Allgemeinen Islamischen Menschenrechtserklärung, in Hoffmann (Hrsg), Begründung von Menschenrechten aus der Sicht unterschiedlicher Kulturen, Bd I, 1991, 249 ff; Ende/Steinbach (Hrsg), Der Islam in der Gegenwart, 4. Aufl 1996; *L. Müller*, Islam und Menschenrechte, 1996. Die Bindung der islamisch geprägten Staaten an die Menschenrechtsverträge erfolgte häufig unter Einbeziehung problematischer Vorbehaltsklauseln. Zudem definiert etwa die Kairo Declaration on Human Rights in Islam (1990, abgedr in *Baderin*, aaO, 237 ff) Menschenrechte als gewährte Gaben Allahs, unter *scharia*-Vorbehalt stehend.
204 Vgl *Salem* (Fn 196) 141 ff, 179 ff; *Pohl* (Fn 196) 87 ff.
205 *Krämer* (Fn 198) 282: der islamische *Einzel*staat wird „als Ausgangspunkt anerkannt, jedoch nicht als Endziel angestrebt".
206 Mit der Stellung der Frau, dem Status der Nichtmuslime und dem Strafensystem handelt es sich um Fragen, bei denen die völkerrechtliche Reformverpflichtung auf ein traditionell „funktionierendes" (überwiegend patriarchalisches) islamisches Rechtssystem stößt.

Graf Vitzthum

tung angehalten, auch im Menschenrechtsbereich; die einschlägigen Vorbehalte muslimischer Staaten sprechen eine deutliche Sprache.[207] Bei entsprechender Geduld müsste eine allmähliche „Einhausung" der islamischen Welt, die auch ihrerseits Ansätze zu einer universellen Menschenrechtsidee aufweist, in das überwiegend auf säkularer Basis entstandene System des Menschenrechtsschutzes möglich sein. Dies gilt umso mehr, als nicht nur die Hauptströmungen im Islam, sondern auch die Charaktere der muslimischen Staaten keineswegs einheitlich sind.[208] Die einander bei abstrakter und statischer Betrachtung entgegen gesetzten Systeme Völkerrecht/islamisches Recht[209] lassen sich pragmatisch aufeinander abstimmen, ohne dass dabei ein muslimisches Gemeinwesen seine Identität oder das universelle Völkerrecht seine Integrität verliert.[210]

87   Die Aufgabe, eine *detaillierte* planetarische Ordnung iSe *materialer* Gerechtigkeit herzustellen, würde das Völkerrecht überfordern.[211] Das Völkerrecht bleibt, auch in der Ära des Schrumpfens von Raum und Zeit, eine im Schwerpunkt *zwischenstaatliche Koexistenz- und Kooperationsordnung*: kein harmonisches Ganzes, sondern eines voller Dissonanzen, Brüche und Konflikte, aber immerhin ein Rahmen, ein Ganzes.

II. Völkerrechtsgeschichte und Völkerrechtswissenschaft

1. Geschichte und Geschichtlichkeit des Völkerrechts

88   Vorstehenden Ausführungen zu Begriff und Geltung des Völkerrechts ist zu entnehmen, dass es „Völkerrecht" nicht erst seit dem für seine Gestalt so wichtigen 17./18. Jh gibt. Nachfolgende Skizze der Geschichte und Geschichtlichkeit (iSv historischer Prägung) dieser Rechtsordnung hat in Anlehnung an *Wilhelm G. Grewe,* Epochen der Völkerrechtsgeschichte (1988) und *Karl-Heinz Ziegler,* Völkerrechtsgeschichte (2007) früher und breiter anzusetzen. Ein „Recht" für die Beziehungen zwischen Wirkungseinheiten („Entitäten"), die ein gewisses Maß an „Staatlichkeit" aufwiesen[212] – ein Recht zudem, das vom Gedanken prinzipieller Gleichordnung der Mächte und reziproker Handlungsmuster bestimmt war –, gab es bereits wesentlich früher, mochte man damals auch die Fragen nach Geltungsgrund, Rechtsquellen

---

207 Vgl *Tomuschat,* Human Rights in a Worldwide Framework, ZaöRV 45 (1985) 547 ff; *Meyer,* Islamic Reservations to Human Rights Conventions, 1998; *Petersohn,* Islamisches Menschenrechtsverständnis unter Berücksichtigung der Vorbehalte muslimischer Staaten zu den UN-Menschenrechtsverträgen, 1999.
208 Von den „Resten" der sozialistischen Staatenwelt gilt nichts anderes. Diesbezüglich besteht ebenfalls keine bruchlose Einheit.
209 Die islamischen Staaten haben bislang nicht versucht, ein islamisches Staaten*system* zu konstruieren.
210 *Pohl* (Fn 196) 155 f ist diesbezüglich zurückhaltender als etwa *Krämer* (Fn 198).
211 Der bisher durchgehaltene pragmatische *self-restraint* der großen Dogmen dürfte letztlich friedenswahrender sein als die aus systematischer Sicht näher liegende Forderung nach Einebnung fremder Rechtsstrukturen und -kulturen. Zu „Entwicklungsperspektiven" *von Arnauld* (Fn 46) 18 ff; skeptisch *Fassbender,* Völkerrecht, in Kube u a (Hrsg), Leitgedanken des Rechts I, 2013, 493 (501 f).
212 Diese Beziehungen entwickeln sich im Spannungsfeld zwischen dem Bedürfnis nach exklusiver räumlicher Herrschaft und der wirtschaftlichen Notwendigkeit, mit anderen Entitäten (Herrschaftsverbänden) in Kontakt zu treten; Manthe (Hrsg), Die Rechtskulturen der Antike, 2003.

und Rechtssubjekten zT anders beantworten als heute. In *frühen Kulturen,* etwa in Indien, aber auch in Vorderasien, fand sich als Geltungsgrund das Göttliche. Neben religiösen Schriften und nicht formalisierten Gewohnheiten waren *Verträge* die vorrangigen Rechtsquellen. Als womöglich ältestes Bsp gilt der zwischen den mesopotamischen Stadtstaaten Lagasch und Umma im Jahre 3100 v Chr geschlossene Vertrag.[213]

Verträge waren es auch, mit denen die (Verteidigungs-) Bündnisse zwischen den *griechischen Stadtstaaten* und die damaligen völkerrechtlichen Normen fixiert wurden.[214] Es existierte bereits ein Recht der Gesandten oder der den heutigen Konsuln verwandten „Proxenoi". Ebenso amtierten schon Schiedsgerichte. Im griechischen Rechtsdenken findet sich eine später oft wiederkehrende Erscheinung: der Wandel vom Recht als göttlicher oder kosmischer Ordnung (zB bei *Homer, Anaximander, Heraklit*) zum *Recht als säkularer Ordnung*[215] – mit dem entsprechenden Wandel des Geltungsgrunds, etwa bei den Sophisten aus dem Gedanken der natürlich vorgegebenen polis-übergreifenden Rechtsgemeinschaft. Dies reichte bis hin zur Annahme eines Naturrechts des Stärkeren und Besseren, ähnlich der vom platonischen *Kallikles* oder *Thrasymachos* vertretenen Position.[216] Kriege gegen Barbaren – gegen Völker, die oft nicht einmal ein Stammesrecht besaßen – galten als gerecht. Über Kriegsgründe wie über Vertrags- und Gewohnheitsrecht wurde reflektiert.

Nach der Auflösung des *Alexander*-Reiches und den Diadochenkämpfen im 3. Jh v Chr bildete sich ein rechtliches Gefüge zwischen den hellenisierten Nachfolgestaaten heraus, das sich seit der Ausdehnung *Roms* mit dessen „völkerrechtlicher" Ordnung berührte.[217] Zunehmend wirkte Rom als Schiedsrichter zwischen fremden Mächten. Aus dem ehemaligen Stadtstaat wurde seit dem 2. Jh v Chr die mediterrane Großmacht, schließlich die Weltmacht des *Imperium Romanum*. Die Normen, die die Beziehungen zu Nicht-Römern regelten, wurden im *ius gentium* zusammengefasst,

---

213 Sog Geierstele des Eannatum. Vgl *Bederman,* International Law in Antiquity, 2001, 11 ff, 16 ff (zu Methodenfragen), 51 ff, 154 ff (zu Staatsverträgen); *Barta/Rollinger/Lang,* Staatsverträge, Völkerrecht und Diplomatie im Alten Orient sowie in der griechisch-römischen Antike, 2010; *Preiser* (Fn 55).
214 Hierzu und zum Folgenden *Preiser,* Macht, 115 ff; H.H. Schmitt (Bearb), Die Staatsverträge des Altertums, Bd III, 1969; *Klose,* Die völkerrechtliche Ordnung der hellenistischen Staatenwelt in der Zeit von 280 bis 168 v Chr, 1972. Die Bündnisverträge hatten oft die Struktur einer hegemonialen *symmachia,* vgl *Baltrusch,* Symmachie und Spondai, 1994; daneben gab es *spondai* (Waffenstillstandsverträge); *Sheets,* Conceptualizing International Law in Thucydides, AJP 115 (1994) 51 ff. Zu den Rechtsquellen: *Bengtson,* Die Staatsverträge des Altertums, Bd II, 2. Aufl 1975; *Ténékidès,* Droit international et communautés fédérales dans le Grèce des Cités, RdC 90 (1956-II) 469 ff; Baltrusch/Wendt (Hrsg), Ein Besitz für immer?, 2011.
215 Die Vorstellung vom Recht als einer nicht-säkularen Ordnung war noch bei *Platon* und den Stoikern gegeben, einschließlich der Beschwörung von Göttern bei Verträgen (und der Rolle von Weissagungen).
216 Vgl *E. Wolf,* Das Problem der Naturrechtslehre, 3. Aufl 1964, 50, 119.
217 Vgl *Ziegler,* Völkerrechtsgeschichte, Rn 35 ff; *ders,* Fata juris gentium, 2008, 1 ff, 93 ff. Zum str Begriff vgl *D. Nörr,* Aspekte des römischen Völkerrechts, 1989, 15: das *ius gentium* „ist das Recht, das nach römischer Auffassung bei allen Völkern gilt, es ist zugleich Bestandteil des römischen Rechtsordnung. [Die] Begriffsbildung selbst ist ein Zeugnis für die grundsätzliche Anerkennung einer gleichsam ‚übernationalen' Rechtsordnung, in die die ‚internationalen' Beziehungen eingebettet sind". Zum *ius gentium* gehörten auch Grundsätze, die dem Völkerrecht ieS einzuordnen sind, wie die Unverletzlichkeit der Gesandten. Dieser Teil band auch die Römer selbst. Vgl *Kaser,* Ius Gentium, 1993, 6, 19 f. *Ius pacis et belli* war dann der Begriff der hoch- und spätklassischen römischen Juristen für Völkerrecht.

welches Funktionen des IPR und des Völkerrechts erfüllte. Schon in der Republik waren Vertragsschlüsse, Gesandtschafts- und Kriegsrecht Elemente eines werdenden *römischen Völkerrechts*. Der Grundsatz *pacta sunt servanda* wurde in den Außenbeziehungen nicht durchgängig angewendet. War Rom stark genug, brach es Verträge.[218] Die außerhalb seines Rechtskreises lebenden „Barbaren" wurden nicht als *Rechts*genossen angesehen.[219] Aus der Tatsache, dass das *ius gentium* nur für den Rechtsverkehr zwischen Römern und Nichtrömern galt sowie das bei allen Völkern gemeinsame Recht war, lässt sich nicht schließen, dass es ein „römisches Völkerrecht" nicht gegeben habe.[220] Auch im römischen Recht finden sich Elemente älterer Rechtsordnungen.[221] Deutlich ist dies etwa im Seerecht, das Rom vom griechischen Rhodos rezipierte. Über die Stoa mit der Vorstellung von der Universalität des Rechtsprinzips floss der Gedanke des Naturrechts ein, wobei das Göttliche (*nomos* bzw *nous* = [Welt-]Vernunft) nach wie vor eine Rolle spielte.[222] Das (komplexe) Naturrecht, der vieldeutige *Begriff* des *ius gentium* sowie die Idee einer rechtssichernden *pax romana*[223] – das alles wirkte bis in jüngere Epochen hinein.

91 In den großen Völkerwanderungen zerbrach das Römische Reich. Die *Germanen* übernahmen Teile der Rechtsideen Roms. Die *Slawen* unterlagen ebenfalls diesen Einflüssen, zT via Byzanz (Ostrom). Gedanklich weitgehend eigenständig blieben die *Araber*, sieht man von einigen naturrechtlichen und philosophischen Einflüssen ab. Zwischen *400* und *800 n Chr* bildeten sich dann die ersten Elemente der mittelalterlichen Welt heraus. Es entstand ein internationales „System" mit zahlreichen Beteiligten. War das frühe Mittelalter von landorientierten Mächten geprägt, setzte im Spätmittelalter das überseeische Ausgreifen europäischer Mächte ein. Das *Christentum* hatte sich mit dem Toleranzedikt von Mailand (313 n Chr) und der Verschmelzung von Christen- und Kaisertum zur universellen Reichsidee behauptet. Im *Judentum* und im Christentum wie dann auch in dem im 7. Jh entstandenen *Islam*, also in den drei abrahamitischen (Offenbarungs-)Religionen, leitete sich das Recht von Gott ab.

92 Die Bücher der Schrift hatten schon im alten Israel als Rechtsquelle (etwa 5. Mose 20) gedient. Grundzüge einer pointiert *christlichen* Völkerrechtslehre finden sich dann bei den Kirchenvätern, etwa die Lehre vom *bellum iustum* (auf römischer Grundlage) bei *Augustinus* (354-430). Ihm zufolge waren besonders grausame Me-

---

218 *Grotkamp*, Völkerrecht im Prinzipat, 2009, 207 betont die „Selbstverständlichkeit von Recht als Beurteilungskategorie außenpolitischer Handlungen", etwa bei *Livius* und *Tacitus*. *Ziegler*, Die Beziehungen zwischen Rom und dem Partherreich, 1964, 93 betont, Römer wie Parther hätten aus einem Gefühl *rechtlicher* Verpflichtung heraus Verträge meist eingehalten. Differenzierend *Nörr* (Fn 217) 103: „Sicherlich sind Heuchelei und Treubruch häufig anzutreffende Ingredienzien römischen Verhaltens […]. Trotzdem ist es der […] Anspruch der Römer, dass sie sich stärker als andere Völker an die *iura belli et pacis* hielten." Zu den Freundschafts- und Friedensverträgen *Ziegler* (Fn 217 [Fata]) 93ff, 119ff.
219 Hier lassen sich Parallelen zu jenen Völkerrechtstheorien ziehen, die im 16. Jh in Anknüpfung an antike Rechtsideen Völkerrecht nur den „Kulturstaaten" zuschrieben.
220 Die Römer anerkannten keine andere Macht als ebenrangig (was sie gegenüber den iranischen Parthern und den Sassaniden faktisch freilich nicht durchhalten konnten).
221 Hinsichtlich der Verträge vgl etwa *Wieacker*, Römische Rechtsgeschichte, 1988, 349ff.
222 Unklar ist, inwieweit die Römer selbst ein abweichendes Verständnis der Rechtsquellen zugrunde legten, *Kaser*, Römische Rechtsquellen und angewandte Juristenmethode, 1986, 10ff.
223 Vgl *Ziegler*, Das Völkerrecht der römischen Republik, in Temporini (Hrsg), Aufstieg und Niedergang der Römischen Welt, Teil I, 2. Bd, 1972, 68 (108ff).

Graf Vitzthum

thoden der Kriegsführung unchristlich. Die str Rechtfertigungslehre vom „gerechten", später „legalen" Krieg wurde von den Scholastikern ausgebaut und begrifflich von *Vitoria* und *Suárez* präzisiert. Grundelemente eines „gerechten Krieges" waren die Notwendigkeit einer staatlichen Autorität und eines gerechten Grundes *(iusta causa)*.[224]

Wenngleich sich mancher *Germanen*fürst als Erbe, gar Bewahrer römischer Traditionen verstand, handelte es sich doch bei Verträgen zwischen ihnen um *persönliche* Rechtsbeziehungen. Über diese Treueverhältnisse wirkte sich das Rechtsband auf die Gefolgsleute aus.[225] Noch im Heiligen Römischen Reich Deutscher Nation blieb diese Personalisierung – verkörpert an der Spitze durch einen König, unentbehrlich für den Staat als Rechtskörper – erhalten.[226] 93

Wie im Judentum und Christentum Jahrhunderte hindurch die Bibel, war die überragende Rechtsquelle im *Islam* der Koran. Er ist es weitgehend geblieben. Aus dem Koran, dessen Sprache nach dem Dogma Gott selbst verwandte, und aus der Überlieferung über Taten und Erklärungen des Propheten *Mohammed,* festgehalten in den *Hadith*-Sammlungen, ergibt sich das Recht, das als *scharia* Geltung beansprucht.[227] Innerhalb der islamischen Gemeinschaft, der *umma,* lässt sich zunächst nur von *de facto*-souveränen Staaten reden. Für ihre Beziehungen untereinander galten andere Regeln als für ihr Verhalten gegenüber den Staaten der „Ungläubigen".[228] Während im Jahre 678 ein Friedensvertrag auf 30 Jahre mit Konstantinopel geschlossen wurde, herrschte bald eine Doktrin, die zwischen dem „Haus" des Islam *(Dar al-Islam)* und dem des Krieges *(Dar al-Harb),* dh dem außer-muslimischen Bereich, schied. Die Expansion des Islam blieb in Regeln der Kriegsführung gebunden.[229] Befristete, tributpflichtige „Sicherheitszusagen" erlaubten nicht-kriegerische Beziehungen mit nichtislamischen Staaten.[230] Auf dieser Grundlage entwickelte sich das Gesandtschaftsrecht. Der Grundsatz der Vertragstreue, bezogen auf Verträge unter Muslimen, findet sich bereits im Koran (Sure 9, 4). Die islamische Welt zerfiel nach und nach in unabhängige Staaten. Die innerislamischen Beziehungen folgten nun tendenziell dem Muster, das gegenüber nichtislamischen Staaten galt. Auch dauerhafte Beziehungen mit diesen wurden möglich.[231] Trotz der Kreuzzüge vom 94

---

224 Vgl *Ziegler,* Völkerrechtsgeschichte, 59 ff, 83 f, 89, 127 f; *Grewe,* Epochen, 131 ff, 240 ff (277 ff zum Widerspruch zwischen [spanischer] Staatsräson und den Geboten der Menschlichkeit, die gerade den christlichen Herrscher binden); zu *Grewes* str Ansatz *Fassbender,* Stories of War and Peace, EJIL 13 (2002) 479 ff. Der Friedensgedanke durchdrang das Mittelalter. Aus ihm entwickelte sich u a das Institut der Schiedsgerichtsbarkeit.
225 Zu den Personenverbänden des Mittelalters *Willoweit,* Deutsche Verfassungsgeschichte, 5. Aufl 2004, 56 f; *Tellenbach,* Vom Zusammenleben der abendländischen Völker im Mittelalter, FS Ritter, 1950, 40: „Die Ebenbürtigkeit der zugehörigen Völker [bildete] eine auszeichnende Eigentümlichkeit des europäischen Kulturkreises". Zum frühen Mittelalter *Steiger,* Die Ordnung der Welt, 2010.
226 Die Rechtspraxis war insofern flexibel, als sie auch transpersonale Elemente kannte.
227 Die *scharia* blieb grundlegender Bestandteil des islamischen Gemeinwesens.
228 Vgl *Kruse,* Islamische Völkerrechtslehre, 2. Aufl 1979, 5. Freilich standen den Muslimen Juden und Christen näher als arabische Heiden.
229 Vgl *Khaddouri,* War and Peace in the Law of Islam, 1955.
230 Ein Mittel war der (oft nur hypothetische) *vorläufige* Friedensvertrag, weshalb sich für derartige Gebiete der Ausdruck *Dar al-Sulh* (Haus des Friedens) einbürgerte.
231 Im 10./11. Jh kam es zur „Schließung der Tür der unabhängigen Rechtsfindung", also der nicht an strengste Regeln gebundenen Ableitung. Das schränkte eine begriffliche Weiterentwicklung der *scharia* ebenso ein wie ihre inhaltliche „Modernisierung".

11. bis 13. Jh verhalf nicht zuletzt der Handel zum Abschluss von Verträgen mit „Ungläubigen" sowie zur Erkenntnis, dass Koexistenz möglich, gar rentabel war. Die entsprechende Vertrags*form* hieß „Kapitulation", etwa der Vertrag zwischen Frankreich und dem Osmanischen Reich v 1536.[232]

95 Eine Synthese römischer und germanischer Traditionen kennzeichnete bereits begrifflich das *Heilige Römische Reich Deutscher Nation*. Seit der Reichserneuerung von 800 kam es zur Ausübung des Kaisertums durch germanische Geschlechter. Wenngleich das Kaisertum der Konzeption nach die *höchste* weltliche Würde des Westens verkörperte, begriff sich der französische König diesem als weitestgehend gleichberechtigt; auch die Herrscher über die iberischen Staaten wollten kaisergleich sein;[233] Franzosen und Spanier standen überwiegend außerhalb des Reichsverbands. Die Befugnis zur Kriegsführung und das Recht zum Bündnis- oder Friedensschluss hingen nach mittelalterlicher Auffassung nicht vom höchsten Rang ab.[234] Die These, dass es innerhalb des Reiches keine *völker*rechtlichen Beziehungen geben konnte, lässt sich mit der faktischen Selbständigkeit vieler Herrscher schwerlich vereinbaren. Um diese Verhältnisse juristisch auf den Begriff zu bringen, unterschieden schon *Bartolus* und *Baldus* zwischen Universal- und Partikularherrschern, schrieben aber auch Letzteren Handlungsfähigkeit zu.[235] Trennen lässt sich allenfalls das „innerchristliche" Völkerrecht einerseits und das im Verhältnis zu nichtchristlichen Gemeinschaften geltende Völkerrecht andererseits. Die These, dass gegenüber letzterem Bereich die naturrechtlichen Grundsätze der *comitas gentium* gegolten hätten, bedarf der Präzisierung. Die kirchliche Lehre versuchte durchaus, Verträge mit muslimischen Herrschern als „ruchlose Bündnisse" zu verhindern, konnte aber die sich herausbildende Praxis nicht aufhalten. Das Reich selbst ging selten Verpflichtungen ein. Die Staufer suchten die Kaiseridee, die nicht mehr überall Anerkennung fand, mit naturrechtlichen und christlich-theoretischen Elementen, an denen auch *Dante* („De monarchia") mitwirkte, zu steigern. Die vorherrschende Auffassung vom Staat als einem natürlichen Organismus wurde vom mittelalterlichen Aristotelismus erneuert, was einzelstaatlicher Selbständigkeit Raum schuf.

96 Die *byzantinisch-orthodoxe Christenheit* bildete eine im Prinzip eigene, hierarchisierte Rechts- und Staatengemeinschaft.[236] An ihrer Spitze stand der (oströmische) Kaiser. Er behauptete sich gegenüber „theokratischen" Vorstellungen zwar stärker als der „weströmische" Kaiser; seine tatsächliche, cäsaro-papistische Macht

---

[232] Völkerrechtlich bedeuteten die Verträge mehr oder weniger Unterwerfungen der Nichtmuslime bzw temporäre Duldungszusagen seitens der Muslime. Auf einer anderen Ebene (der der „Gleichberechtigung") befanden sich möglicherweise die früheren, freilich schlecht dokumentierten, fränkisch-islamischen „Staatsverträge". Vgl *Kamatsu*, Die Türkei und das europäische Staatensystem im 16. Jahrhundert, FS Rabe, 1996, 121 (132 ff).

[233] Seit *Philipp dem Schönen* führte der französische König den Titel *Rex christianissimus*, Frankreich verstand sich als „älteste Tochter der Kirche". Der erste „spanische König" *(Karl I.)* war zugleich Kaiser des Heiligen Römischen Reiches Deutscher Nation *(Karl V.)*.

[234] Vgl *Ziegler*, Völkerrechtsgeschichte, 100 f, schon unter dem Gesichtspunkt der „Souveränität".

[235] Näher *Grewe*, Epochen, 30 ff. Der Lenker des Imperiums hieß *Rex Romanorum*, als der er (obwohl Deutscher) gewählt wurde. Die *Kaiser*krönung erfolgte dann durch den Papst.

[236] Zur Vertragspolitik Konstantinopels *Schulz*, Die Entwicklung römischen Völkerrechts im vierten und fünften Jahrhundert n Chr, 1993, 15, 101 ff, 110 ff, 129 f.

entsprach jedoch nicht der Vorstellung von einem Universalkaisertum.²³⁷ Während im Vertrags- und Gesandtschaftswesen keine nennenswerten Unterschiede zu verzeichnen waren, blieb das praktisch schrankenlose Kriegsrecht hinter dem bereits gemilderten des Westens zurück. Im 14./15. Jh verlor das Byzantinische Reich, im Mittelalter eine Großmacht, die Überlebensfähigkeit. 1453 fiel Konstantinopel, schon jahrzehntelang nur noch eine christliche Enklave im aufstrebenden Osmanischen Reich.

Das *Spätmittelalter im Westen* erlebte die Aushöhlung der Reichsgewalt. Der Universalismus von Kaiser und Papst zerbrach. Dies gab dem Gedanken einer *säkularen* Begründung der staatlichen Gewalt und damit auch des Rechts Raum. Die Lehre von der Staatsraison²³⁸ konnte sich nun ausbreiten. Es kam – die Kurie hatte das Kaisertum geschwächt und zugleich ihre eigene wesensmäßige politische Schwäche nicht verbergen können – zum Aufstieg der späteren *Nationalstaaten*, gekennzeichnet durch Souveränität, territoriale Ausschließlichkeit der Herrschaftsausübung und eine jeweils eigene Rechtsordnung. Die grundsätzliche *Gleichberechtigung* der christlichen Glieder wurde nicht bestritten. Gleichheit und Souveränität hingen in ihrem Werden über weite Strecken miteinander zusammen. Wichtig wurden u a die Städtebünde, besonders die vom 13.–17. Jh bestehende Hanse.²³⁹ Weitere souveräne Verbände waren im Osten bis hinauf in das Baltikum der Deutsche Orden und auf Rhodos der Johanniterorden, später als Malteserorden auf Malta. 97

Spanien stand mit seinen Glaubensgenossen – Portugal, Frankreich, Italien – den von der Reformation geprägten Gemeinwesen gegenüber. Gleichwohl begriff man sich weiterhin als eine *christliche* Völkerrechtsgemeinschaft, als eine christlich-abendländische Kulturgemeinschaft.²⁴⁰ 98

Die Eroberung neuer Länder in *Übersee*, die älteste Form der Globalisierung, führte zu einer Aufteilung in Herrschaftszonen zwischen Portugal und Spanien, vollzogen mittels der päpstlich bestätigten Verträge von Alcáçovas (1479), Tordesillas (1494) und Saragossa (1529).²⁴¹ Gegenüber den unterworfenen Bewohnern hätte sich das Recht als christlich erweisen können. Stattdessen wurden Gräuel im Zeichen des Goldes verübt, kaum kaschiert durch den Mantel der Mission. Der Dominikaner *Las Casas* und einige Herrscher bekundeten zwar Bedenken;²⁴² der Gedanke 99

---

237 Vgl *Ziegler*, Deutschland und das Osmanische Reich in ihren völkerrechtlichen Beziehungen, AVR 35 (1997) 255 ff. In Ungarn und in Russland trafen westliche und byzantinische Missionstendenzen aufeinander.
238 Dieser Leitbegriff frühneuzeitlicher, noch an feudalen Strukturen orientierter Politik findet sich schon 1523 bei *Francesco Guicciardini*. In dieser Lehre manifestierte sich das Streben nach Rationalisierung der Politik. Im Interesse des *bonum commune* kann sich der Herrscher über Recht und Moral hinwegsetzen, vgl *Münckler*, Im Namen des Staates, 1987, 165 ff. Das *Kriegs*problem stand noch bei *Grotius* im Zentrum seines Hauptwerkes „De iure belli ac pacis", 1625. Nach *Grewe*, Epochen, 231 beginnt die „systematische Völkerrechtswissenschaft" schon bei *Vitoria* und *Suárez*, nach anderer Auffassung erst bei *Hobbes* (1588-1679) oder in der Frühaufklärung (*Pufendorf, Christian Wolff*).
239 Zu ihr *Reibstein*, Das Völkerrecht der deutschen Hanse, ZaöRV 17 (1956/57) 38 ff. *Preiser*, Die Völkerrechtsgeschichte, 1964, 61 f datiert die Anfänge des „*europäischen* Völkerrechts" auf das späte Mittelalter.
240 Zum „spanischen Zeitalter" *Grewe*, Epochen, 163 ff.
241 Zum Ganzen *Grewe*, Epochen, 269 ff; zu Entsprechungen im folgenden Jh („Freundschafts- und Bündnislinien") ebd 181 ff.
242 Vgl *Stadtmüller*, Geschichte des Völkerrechts, Teil 1, 1951, 99 ff.

einer religiösen, gar politischen Eigenständigkeit der „Naturvölker" setzte sich aber nicht durch. Das von *Suárez* (1548-1617) unterstrichene Gebot der „gegenseitigen Liebe, die sich auch auf die Fremden erstrecken soll",[243] schlug sich noch weitgehend in der Vorstellung nieder, zur Mission verpflichtet zu sein. Erst wenn alle Völker christlich geworden und christlichen Herrschern unterstellt seien, wäre der „Himmel einer weltumspannenden Gemeinschaft" *(Vitoria)* verwirklicht,[244] mit dem Völkerrecht als dem gemeinsamen Gesetz. Allerdings war man angesichts der Stärke einzelner *asiatischer* Gemeinwesen alsbald gezwungen, diese als nicht-christliche zu akzeptieren und zum Instrument des Vertrages zu greifen, im Horizont einer sich in Europa beschleunigenden Säkularisierung.[245]

100   Innerhalb Europas sah sich die alte Ordnung mit neuen Staaten konfrontiert, so mit den Vereinigten Niederlanden, die nach ihrem Abfall von der Herrschaft der spanischen Habsburger erfolgreich um ihre Souveränität kämpften.[246] 1648 wurde diese anerkannt, zusammen mit der der Schweiz. Der Gedanke der *Souveränität* (als maßgebliche Eigenschaft des Fürsten), im ausgehenden Mittelalter entwickelt, hatte sich nun endgültig als Fundament des „klassischen" Völkerrechts durchgesetzt (ebenso der der Neutralität). Ausgeprägt fand sich der Souveränitätsansatz im Zusammenhang mit Vorstellungen, zwischen Staaten herrsche der Naturzustand („Krieg aller gegen alle") und das Völkerrecht entspringe freiwilliger Selbstbindung. Demgegenüber konnte *Samuel Pufendorf* (1632–1694) in Verfeinerung des Werkes des Holländers *Hugo Grotius*, der Naturrechtsidee, deren theologische Fundierung er kritisierte, neue Stärke geben.[247] Natur- *und* Völkerrecht lautete nun überwiegend die Formel: *ius naturale et gentium.*

101   Die Verträge von Münster und Osnabrück (1648), Symbol auch der steigenden Bedeutung des Vertragswesens,[248] errichteten eine positivrechtliche, von kurialer Autorität losgelöste horizontale Völkerrechts- und Friedensordnung.[249] In ihr schlugen sich Ideen nieder, die *Grotius* in „De iure belli ac pacis" dargelegt hatte. In dieser umfassenden Systematik baute *Grotius* einerseits auf Vorgängern (etwa *Bartolus, Vito-*

---

243 *Suárez*, De legibus ac de legislatore, 1612 (hrsgg v J. B. Scott, 1964), 19.
244 *Vitoria* (1483-1546) sah immerhin im bloßen Sich-Nicht-Bekehren-Lassen keinen Kriegsgrund. Zentral war für ihn die Vorstellung, der einzelne Staat sei nur ein Teil der ganzen Menschheit *(totius orbis)*.
245 Vgl *Grewe*, Epochen, 179 f.
246 Die Katholiken stritten für die Krone, die Protestanten für die „Souveränität" des Volkes. Zur Souveränität *Bodin*, Six livres de la république, 1576 (dt Übers 2 Bde, 1981, 1986): Nach innen wird der Monarch (auch gegenüber der Aristokratie), nach außen der Staat als höchste Autorität angesehen, freilich gebunden an das Naturrecht; zu diesem gehört auch das Völkerrecht. Naturrecht konnte, wie etwa *de Vattel* ([Fn 4] § 18) darlegte, durch vereinbartes Recht verdrängt werden.
247 Die neuzeitliche Natur- oder Vernunftsrechtslehre bemühte sich dann um rationale Herleitung. So behandelten *Hobbes* und *Pufendorf* etwa die Gleichheit der Staaten erstmals pointiert als *Rechts*frage. *Grotius* hatte die *Unabhängigkeit* der Völkerrechtswissenschaft begründet, vgl *Preiser*, Macht, 67.
248 Vgl die naturrechtlich fundierte Theorie der Verträge bei *Grotius*, De iure belli ac pacis libri tres. Drei Bücher vom Recht des Krieges und des Friedens, 1625, nebst einer Vorrede von Christian Thomasius zur ersten deutschen Ausgabe des Grotius vom Jahre 1707. Neuer dt Text mit Einleitung v *Schätzel*, 1950.
249 Vgl *Randelzhofer*, Völkerrechtliche Aspekte des Heiligen Römischen Reiches nach 1648, 1967, 61 f: Die Friedensbestimmungen beziehen sich nun auf „Rechtssubjekte, die [...] als Gebietskörperschaften mit unabhängiger Staatsgewalt, also als Völkerrechtssubjekte, anerkannt werden."

ria, Bodin) auf, löste sich andererseits zugleich überwiegend von der politischen Theologie und bewegte sich hin zu einem neueren säkularen Natur- oder Vernunftrecht.[250]

Nach dem Westfälischen Frieden genossen die größeren Fürstentümer des Reiches endgültig praktische und alle, auch die kleinen, theoretische Souveränität. Bis zum Wiener Kongress (1815) gelangte Frankreich in eine Vormachtposition, das Französische wurde bis ins 20. Jh zur Sprache der Diplomatie.[251] Der Erfolg Frankreichs wurde überschattet von entmenschlichenden Rückschritten in der Kriegsführung. Unter der Idee vom *Gleichgewicht der Mächte* traten die anderen europäischen Staaten Frankreich entgegen, nicht anders als zuvor schon gegenüber Spanien. Im 18. Jh erweiterte sich der Kreis der Großmächte (Spanien, Frankreich, England, Österreich) um Preußen und Russland, das zu erheblicher Macht gelangte. Im 19. Jh traten die USA hinzu. Die wesentlichen Fragen wurden von den Großmächten entschieden. Ihr übereinstimmender Wille wurde die Hauptquelle des Völkerrechts; Großmächte-Vermittlung ersetzte Schiedsgerichte. Die Niederlegung der Kaiserkrone im Jahre 1806 besiegelt das Ende des *Sacrum Romanum Imperium Nationis Germanicae* – die Idee des Reiches mit seiner schweifenden, unabgegrenzten Gestalt passte nicht mehr in die Ära der Nationalstaaten –, nachdem „Europa" im Stolz auf die Zurückschlagung der Türken vor Wien 1683 ein letztes Mal geeint gewesen war. Der Universalismus des Reiches hatte den *Abbé de Saint-Pierre* im Anschluss an den Utrechter Frieden v 1713 zum Friedensplan einer *Société Européenne* inspiriert. Der Herzog *von Sully* hatte in seinem *grand projet* hypothetisch-utopischen Charakters Frankreich an der Spitze eines europäischen Staatenbunds gesehen. *Napoleon*, auf die Einhaltung des Völkerrechts sonst weniger bedacht, hegte ähnliche Gedanken.[252] Der Friedensgedanke, der sich auch im Vorschlag zur Entwicklung einer Weltrepublik über das Zwischenstadium eines zunächst von den Staaten zu bildenden Friedensbundes *(Kant,* Zum ewigen Frieden, 1795) niederschlug, wurde von der Aufklärung gespeist *(Voltaire, Montesquieu, Rousseau).* Sie bahnte dem Gedanken der Volkssouveränität den Weg. Im Gefolge der Französischen Revolution rückte mit der Deklaration der Menschen- und der Bürgerrechte 1789 die Idee der Menschenrechte in den Vordergrund – in der Tradition der englischen *Habeas-Corpus*-Akte v 1679 und der amerikanischen Unabhängigkeitserklärung v 1776. Seit dem 18. Jh, mit Vorläufern bereits im späten 16. Jh (zB das Edikt von Nantes v 1598), wurden religiöse Minderheiten zT über Friedensverträge geschützt. Der Wiener Kongress verurteilte den Sklavenhandel; die Engländer verboten ihn als erste (sein Unterdrücken wurde auch ein Instrument der britischen Seeherrschaft).

Vom Wiener Kongress des Jahres 1815 erhoffte man sich Frieden und die Restitution des Völkerrechts. Die napoleonischen Flurbereinigungen und die Territorialver-

---

250 Vgl *Ziegler*, Völkerrechtsgeschichte, 135 f.
251 Hierzu *Grewe*, Epochen, 323 ff, 334 ff. *Reinhard*, Geschichte der Staatsgewalt, 1999, 370: Die Entwicklung der Diplomatie „verlief parallel zu derjenigen des modernen Staates."
252 Zu derartigen Friedensplänen (seit *Augustinus,* De civitate Dei, aus dem Jahr 398) *Schlochauer,* Die Idee des ewigen Friedens, 1953. Vgl auch Delbrück (Hrsg), Friedensdokumente aus fünf Jahrhunderten, 2 Teilbde, 1984. Skeptisch *Schilling,* Formung und Gestalt des internationalen Systems in der werdenden Neuzeit, in Krüger (Hrsg), Kontinuität und Wandel in der Staatenordnung der Neuzeit, 1991, 19 (25 f): „In einem Zeitalter, als die geistigen Grundlagen der Universitas Christiana zerbrachen […], war eine solche Idee der Einheitlichkeit zutiefst anachronistisch und letztlich nicht mehr zu realisieren."

Graf Vitzthum

schiebungen infolge des Kongresses, als viele Fürstentümer in größeren Staaten aufgingen, hatten die Landkarte Europas verändert. Die Verbannung *Napoleons* lässt die späteren Ansätze anklingen, Kriegsverbrechern den Prozess zu machen. Nun herrschte die mit der Kongress-Akte 1815 begründete, seit dem Krimkrieg 1856 allmählich zerfallende internationale Ordnung, das „Europäische Konzert" aus den fünf Hauptmächten England, Frankreich, Preußen, Österreich und Russland[253] – bis die Reste dieser weder formalisierten noch institutionalisierten Ordnung im Ersten Weltkrieg untergingen. Der Krieg v 1914/18 machte die mit den Haager Friedenskonferenzen v 1899 und 1907 erfolgten Bemühungen um die friedliche Erledigung internationaler Streitfälle weitgehend zunichte. Die bisher christliche, europäische Völkerrechtsgemeinschaft erweiterte sich um nichtchristliche Staaten (Osmanisches Reich, Japan, Siam, Persien). Die USA und Russland konsolidierten ihren Platz im internationalen System. Der Nationalstaat gewann weiter an Bedeutung. Imperialistische Staaten kämpften um ihren „Platz an der Sonne" und „europäisierten" ihre Kolonien auf traurige Weise. Trotz partiell entgegen gerichteter Tendenzen (Monroe-Doktrin 1823)[254] blieb das Völkerrecht eine relativ einheitliche Rechtsordnung.

104   Nach 1815 finden sich erste Vorläufer moderner *I.O.* (zB Deutscher Zollverein v 1833/34,[255] Weltpostverein v 1874). Das Kriegsrecht verzeichnet die Ablösung der Traditionen des *bellum iustum* und des „freien Kriegsführungsrechts" *(ius ad bellum)*.[256] Das Institut der Neutralität wurde gestärkt, die Kriegsführung humanisiert (etwa mittels der Genfer Konvention v 1864 über die Verbesserung des Loses der Verwundeten im Felde). Beschleunigt wurden diese Entwicklungen durch eine erstarkende politische Öffentlichkeit. Die Völkerrechtswissenschaft wurde zu einem pointiert juristisch dominierten Fach, die sich intensivierende Weltwirtschaft zur Triebfeder der Völkerrechtsentwicklung, insbesondere durch Handelsverträge, das Völkerrecht wurde zum *Welt*völkerrecht. Am Ersten Weltkrieg zerbrach dann manche Illusion vom „ewigen Frieden". Der Krieg veranlasste gar die Frage: „Haben wir noch ein Völkerrecht".[257]

105   Die Pariser Vorortfriedensverträge, insbes der von Versailles,[258] boten den Verlierern des Weltkriegs keine dauerhafte neue Orientierung. Bezeichnenderweise bildete die Satzung des *Völkerbundes*, der seit dem 10.1.1920 bestand, jeweils den ers-

---

253 Die großen, die Ordnung nun konstituierenden Verträge in Fontes III/1, 1992, 3 ff, 100 ff. Vgl *Scupin*, History of International Law: 1815 to World War I, MPEPIL IV, 843 ff, mit Vertragsregister; *Steiger*, Die Wiener Congressakte – Diskontinuität des Europäischen Völkerrechts 1789-1818, AVR 53 (2015) 167 ff.
254 Fontes III/1, 212. Zum Imperialismus *Kämmerer*, Das Völkerrecht des Kolonialismus, in Talmon (Hrsg), Über Grenzen, 2012, 35 ff; Orford (Hrsg), International Law and its Others, 2006; *Anghie* (Fn 20).
255 Fontes III/1, 512.
256 Vgl *Grewe*, Epochen, 623 ff mwN. Zur Epoche 1870-1960 *Koskenniemi* (Fn 13 [Gentle Civilizer]); *Röben*, Johann Caspar Bluntschli, Francis Lieber und das moderne Völkerrecht 1861-1881, 2003. Das 19. Jh war eine Ära pointierter Positivierung des Völkerrechts, auf Kosten seiner überpositiven Elemente.
257 Die Schrift *Zitelmanns* v 1914 fragte: „Hat es überhaupt je ein Völkerrecht gegeben? ist das, was wir Völkerrecht nennen, ein wahres Recht? und sodann: gibt es *jetzt* noch ein Völkerrecht?"
258 Hierzu und zum Folgenden *Grewe*, Epochen, 677 ff, 685 ff; Dokumente in Fontes III/2, 683 ff; *Koskenniemi* (Fn 13 [Gentle Civilizer]) 210 ff; *ders*, History of International Law, World War I to World War II, MPEPIL IV, 925 (926): „an extraordinary active period of legal innovation."

ten Teil dieser Verträge. Dass die USA dem Völkerbund fernblieben, schwächte seine Kraft weiter. Deutschland und Japan traten 1933 aus, die UdSSR wurde 1939 ausgeschlossen. Unter den Schlägen dieser Staaten, in denen ebenso wie in Spanien, Portugal, Italien und auf dem Balkan schließlich autoritäre, zT totalitäre Bewegungen an die Macht gelangt waren, zerbrach die ohnehin fragile Zwischenkriegsordnung. Mit ihr ging auch der Völkerbund unter. Er hatte weder den Ausbruch des Zweiten Weltkriegs noch eine völkerrechtswidrige Kriegsführung (Neutralitätsverletzungen; Bombardements ziviler Ziele; Völkermord) oder gar den Holocaust verhindern können.[259]

Auf diesen Erfahrungen konnten die *Vereinten Nationen* aufbauen.[260] Sie entstanden, wie der Völkerbund nach dem Ersten Weltkrieg, aus einer Kriegskoalition.[261] Das belegen etwa die obsolet gewordenen Feindstaatenklauseln der Art 53, 107 UN-Charta. Die Nachkriegszeit war geprägt durch große Gegensätze, die zur Formung von Allianzen und „Staatenverbünden" führten: NATO und Warschauer Pakt, EWG und RGW. Sie fanden sich zusammen mit den „Blockfreien" – meist entstanden in der Dekolonialisierung – in den UN wieder.

106

Neben der Fortentwicklung und der Kodifizierung des bisherigen Rechts wurden dem Völkerrecht neue Bereiche erschlossen, früh schon zB mit dem Antarktisvertrag v 1959. Die Meeresfreiheit wurde durch die Ausformung von Zonen küstenstaatlicher Hoheitsrechte, zuletzt im Kontext der 3. UN-Seerechtskonferenz (1973–1982), zurückgedrängt; die neue Ordnung wurde im UN-Seerechtsübereinkommen v 1982 fixiert. Die Regelungsbemühungen stießen bis in den Weltraum vor, erstmals 1967 mit dem Weltraumvertrag. Die Menschenrechte (EMRK, Menschenrechtspakte) – sie gelten zwar auch neben den Regeln des humanitären Völkerrechts, sind aber idR weit gefasst und weit einschränkbar – und der internationale Arten-, Umwelt- und Klimaschutz wurden immer wichtiger. Die Epochenwende v 1989/90 brachte Deutschland die historische Chance zur Wiedervereinigung ohne Krieg. Die Staaten Mittel-, Ost- und Südosteuropas befreiten sich aus der Vorherrschaft der sich in „Russland" transformierenden Sowjetunion und wurden in UN, OSZE, Europarat, NATO und/oder EU aufgenommen. Transnational ansetzende islamistische Bewegungen gefährden erste Konsolidierungserfolge. Der Irakkrieg 2003 stürzte mit den UN auch das Völkerrecht in eine Krise, der „arabische Frühling" (seit 2010) hat zu keiner Stabilisierung geführt. Auch völkerrechtspolitisch spielen die sog BRICS-Staaten (Brasilien, Russland, Indien, China, Südafrika) eine Rolle. Das internationale System wird vielfältiger, multipolar, gefährdet auch durch neue US-Unwägbarkeiten und geopolitische Ambitionen (China, Russland ua) sowie durch den global ausstrahlenden innerislamischen Religions- und Bürgerkrieg, der seiner-

107

---

259 Dennoch erfüllte er wichtige Funktionen. Dass erstmals Staaten aus allen Teilen der Erde *in praxi* einen umfassenden Bund mit dem Ziel der Friedenssicherung gegründet hatten, war trotz dessen nachlassender Rechtswirksamkeit die entscheidende, nachhaltige Neuheit.
260 Die UN-Charta betraut nun den SR damit, den Aggressionsfall verbindlich für alle festzustellen und Gegenmaßnahmen einzuleiten.
261 Vgl „Erklärung der Vereinten Nationen" v 1.1.1942. Vgl auch Art 3 UN-Charta. Vgl insgesamt *Koskenniemi*, History of International Law, since World War II, MPEPIL IV, 902ff, zusammenfassend „fluidity of the moment" (922) konstatierend; *ders*, in Oxford Handbook, 970 zitiert als *summa* der Völkerrechtsgeschichte zustimmend: „it still remains the case that 'Europe rules as the silent referent of historical knowledge'".

seits von anderen Akteuren instrumentalisiert wird. Die alte Ordnung droht zu zerbrechen. China wird von Tag zu Tag stärker, die USA ziehen sich aus internationalen Bezügen zurück.

108 *Zusammenfassend:* Allen Defiziten, Brüchen und Krisen zum Trotz ist die *Völkerrechtsordnung in ihrem Kern unbestritten.* Sie wird immer wieder herausgefordert und gebrochen, aber sie gilt. Sie erlebt Rückschläge, aber sie entwickelt sich fort. Universalisierung und Kodifizierung haben Fortschritte gemacht, mag die Durchsetzung auch weiterhin defizitär sein. Historisch geprägt und kulturell gebunden, in hohem Maße auf die Erkenntnisse und Erfahrungen vieler Epochen zurückgreifend, ruht diese Ordnung auf der souveränen Gleichheit der Staaten. Das europäische Staatensystem ist eines von mehreren Subsystemen. Unentbehrliche Bausteine des internationalen Systems sind die Staaten, auch in ihrer Handlungsverantwortung für die internationale Gemeinschaft. Die Stabilität der Staaten, herausgefordert u a durch nicht-staatliche Herrschaftsverbände, ist damit ein Aspekt der Friedenssicherung, des zentralen Anliegens des Völkerrechts. Ein Weltstaat, gar ein gewaltmonopolistischer, zeichnet sich nicht ab. Er wäre auch nicht wünschenswert. Die Epoche der völkerrechtlich geprägten Staatlichkeit ist nicht zu Ende.

2. Völkerrechtswissenschaft

109 Zwischen dem Völkerrecht und seiner Wissenschaft bestehen intensive *Wechselwirkungen*. Nicht nur sind die Normen des Völkerrechts Gegenstand wissenschaftlicher Betrachtung.[262] Vielmehr wirkt diese auch ihrerseits beim Erkennen, Weiterentwickeln und Hervorbringen von Völkerrecht mit. Zwar kann die Wissenschaft ebenso wenig im formellen Sinn Völkerrecht setzen wie dies etwa die Staatsrechtswissenschaft in Bezug auf das Staatsrecht vermag. Sie trägt aber zur Klärung und mittelbaren Fortentwicklung des Völkerrechts bei, indem sie die Existenz von Rechtsnormen und Staatenpraxis feststellt, Interpretationstechniken entwickelt, Auslegungsinhalte umreißt, wiederkehrende Argumentationsstrukturen freilegt und Rechtsideen formuliert, beschreibt, hinterfragt und systematisiert.[263] Damit liefert die Wissenschaft nicht nur der Rechtsprechung, sondern auch den für die Außenbeziehungen zuständigen Organen der Völkerrechtssubjekte rechtsdogmatische Anstöße sowie Muster zum Argumentieren „mit Gründen", zumal die Wissenschaft selbst vielfältige Vorverständnisse, Methoden und Sichtweisen aufweist, die dann auf ganz unterschiedliche Weise die Rechtsentwicklung und -durchsetzung beeinflussen (können). Erinnert sei nur an die Denkschule des Rechtspositivismus im Unterschied zu der des Naturrechts.

110 Die *Rechtsprechung des IGH* zitiert selten einzelne Völkerrechtler und lässt insofern die Rolle der Wissenschaft nur schwach erkennen. Zwar rekrutiert sich das 15-köpfige Haager Richtergremium traditionellerweise (und so auch derzeit) u a aus

---

[262] Zur Lehre *Kimminich*, Teaching International Law in an Interdisciplinary Context, AVR 24 (1986) 143 ff. Zur Wissenschaftsgeschichte *Koskenniemi* (Fn 13 [Gentle Civilizer]), zu „Denkschulen im Völkerrecht" und ihren sehr unterschiedlichen Völkerrechtsverständnissen *Fassbender* (Fn 1) 1 ff; *Mälksoo*, Russian Approaches to International Law, 2015.
[263] Vgl *Verdross/Simma*, §§ 9 ff. Eine Frage ist, inwieweit die einzelnen Wissenschaftler bereit sind, die Völkerrechtspraxis ihres eigenen Landes oder Kulturkreises einer krit Bewertung zu unterwerfen.

Lehrern des Völkerrechts. Deren wissenschaftliche Auffassungen finden auch auf diesem Wege Eingang in die Arbeit des Gerichts.[264] Die IGH-Rechtsprechung, in ihrem Umfang ohnehin eher schmal,[265] trägt kasuistischen Charakter. Ihre Wirkung im formellen Sinne ist begrenzt (vgl Art 59 IGH-Statut). Die Wissenschaft entwickelt aber aus dieser Judikatur und im Hinblick auf sie fallübergreifende Regeln. Die für neue Gedankenwege prinzipiell offenere Wissenschaft relativiert zudem das Beharrungsvermögen der eher traditionsgeneigteren, „konservativen" und gelegentlich evasiven IGH-Rechtsprechung.

Art 38 Abs 1 lit d IGH-Statut qualifiziert *„die Lehrmeinung der fähigsten Völkerrechtler der verschiedenen Nationen"* konsequenterweise „als Hilfsmittel zur Feststellung von Rechtsnormen". Die *Rechtslehre* ist demnach eine sekundäre *Quelle für die Erkenntnis des Völkerrechts,*[266] etwa für die Feststellung des Bestehens einer Regel des Gewohnheitsrechts; sie hat dabei die Rechtspraxis mit zu berücksichtigen. Diese substanzielle Hilfstätigkeit lässt sich in die Grundfunktionen Völkerrechtstheorie, -dogmatik und -politik aufgliedern. Erstere befasst sich primär damit, Völkerrecht als Recht auszuweisen und seine normativen Funktionen – Konfliktlösung, Legitimitätsstiftung – zu ermitteln. *Rechtsdogmatik* ist die Lehre von der Rechtsgewinnung im Hinblick auf die Rechtsanwendung.[267] An der Schaffung neuer Normen bzw der Verbesserung bestehender – Aufgabe der *Rechtspolitik* – ist die Wissenschaft maßgeblich beteiligt: analysierend, informierend, systematisierend, aber auch kritisierend, dekonstruierend, delegitimierend. **111**

Die Bedeutung der Völkerrechtswissenschaft als *Nachweismittel für Existenz und Inhalt* völkerrechtlicher Regeln schwindet. Waren in der frühen Neuzeit die wissenschaftlichen Traktate und (Lehr-) Bücher großer Völkerrechtler wie *Grotius, Suárez, Gentili, Vitoria* oder *Vattel* maßgebliche Kräfte hinter der Fest- und Fortschreibung des Völkerrechts,[268] so beschränkt sich die Wissenschaft im Zuge stärkerer kodifikatorischer Ansätze und teilgebietsweiser Auffächerung des Völkerrechts weitgehend auf rechtsanalytische und -kritische Aufgaben; der Wissenschaftler droht zum (Sachgebiets-)Spezialisten zu werden. Seinerzeit ging es in erster Linie darum, Völkerrecht zu „finden", also sich mit den Verfahren und Formen zu befassen, in denen Normen des positiven Rechts entstehen und sich manifestieren. Heute dagegen wird das Völkerrecht von den Staaten kraft ihres souveränen Willens gemeinsam und durchweg „sichtbar" und gut dokumentiert gesetzt. Auch ist das Völkerrecht nicht mehr ein *ius publicum Europaeum*. Es hat sich zu einer weltumspannenden, *universalen* Ordnung entwickelt, unter deren Dach die verschiedensten Kulturen und Reli- **112**

---

264 Hierzu und zum Folgenden *Dahm/Delbrück/Wolfrum*, Völkerrecht I/1, 78 f.
265 Zuständigkeitsbeschränkungen, Streitbeilegung auf diplomatischem Wege, Schiedsgerichtsbarkeit etc sind Gründe für die „Fallarmut" des IGH. Zu res iudicata-, ratio decidendi- und Präzedenzfall-Aspekten, die beim IGH eine besondere Rolle spielen, *Bos*, A Methodology of International Law, 1984, 185 ff, 193 ff, 213 ff.
266 Das *Lotus*-Urteil des StIGH v 1927 etwa argumentiert mit dem, was „alle oder fast alle Schriftsteller lehren" (PCIJ, Ser A, No 10, 98). Seit es Völkerrechtswissenschaft gibt, wird freilich auch versucht, sie zu instrumentalisieren; Bsp etwa bei *Mälksoo* (Fn 262).
267 Vgl *Ginther*, Systemwandel und Theoriendynamik im Völkerrecht, FS Lipstein, 1980, 31 (47 f).
268 *de Vattel* (Fn 4) zB war bis ins 19. Jh eine autoritative Quelle. Diesen Rang erwarb dann *Martens*, Précis de droit des gens moderne de l'Europe, Bd II, 1831. Zur anschließenden Ära, diverse Argumentationslinien dekonstruierend *Koskenniemi* (Fn 13 [Gentle Civilizer]).

Graf Vitzthum

gionen, Nationen und Weltregionen Platz finden.²⁶⁹ Solche Ausweitung und Vielfalt machen die heutige Völkerrechtslehre heterogener und vielstimmiger als es etwa die vor dem Ersten Weltkrieg war. Die frühere relative Homogenität ist einem Mix regional und kulturell determinierter Rechtsverständnisse, Richtungen (und *approaches*) gewichen.²⁷⁰ Mehr denn je ist dem Resümee von *Wolfgang Friedmann* zuzustimmen, wonach „the bolder advances [...] must remain the work of *individual* scholars",²⁷¹ von Rechtsgelehrten, die miteinander konkurrieren. Auch insofern bleibt das Völkerrecht ein Gelehrtenrecht.

III. Die Rechtsquellen des Völkerrechts

1. In Art 38 IGH-Statut genannte Rechtsquellen und Erkenntnismittel
a) Internationale Übereinkünfte (das Recht der Verträge)

113 Den entscheidenden Maßstab für die streitentscheidende Tätigkeit des IGH liefert Art 38 Abs 1 IGH-Statut. Er stellt klar, dass die aufgezählten Normerzeugungsarten Rechtsquellen des Völkerrechts (Rechtsentstehungsquellen) sind. An erster Stelle werden die internationalen Übereinkünfte *(conventions)* genannt. Auch „international bedeutsame *einseitige* Rechtsgeschäfte" darunter fassen zu wollen, widerspricht bereits dem Wortlaut: *conventions* erfordert ein *Zusammen*wirken auf rechtsgeschäftlicher Ebene, ein *„Übereinkommen"* von mindestens zwei Völkerrechtssubjekten auf dem Gebiet des Völkerrechts. Vereinzelt wurde vertreten, dass sich unter die Kategorie des Vertrags auch ein Konsens fassen lasse, der mit dem Willen, seinem Inhalt Rechtsgeltung²⁷² zu verschaffen, einhergeht; als „ursprüngliche Quelle des Völkerrechts" sollte ein derartiger formloser zwischenstaatlicher *Konsens* den inter-

---

269 Fassbender/Peters (Hrsg), Oxford Handbook, entwerfen umfassend eine „global history of international law" („Introduction" der Hrsg), „overcoming eurocentrism" zugunsten einer stärker pluralistisch angelegten Sichtweise. Im Anschluss an Ansätze zu einer „Weltgeschichte" *(Osterhammel)* bzw Global History (vorbereitet etwa von *Wallerstein*) geht es ihnen um eine multiperspektive „Welterfassung": eine Geschichte von (Rechts-) Kulturen, (Rechts-) Bewegungen, (Rechts-) Formen zumal der Wirtschaft, im Unterschied zur staatenorientierten „diplomatic history". *Fassbender/Peters* verstärken damit den von *Grewe* und *Koskenniemi* eingeleiteten „historiographical turn" der Völkerrechtswissenschaft. Das Allermeiste der außereuropäischen Quellen und Traditionen dürfte freilich, eine Enteuropäisierung des Völkerrechts entscheidend schwächend, verschüttet und nicht mehr zu rekonstruieren sein. Vgl auch *Steiger,* Universalität und Partikularität des Völkerrechts in geschichtlicher Perspektive, 2015, 31 (35 ff).
270 Zur „policy-oriented" Schule *Voss,* Die Schule von New Haven, 2000; zur Wiener Schule *Simma,* Der Beitrag von Alfred Verdross zur Entwicklung der Völkerrechtsgemeinschaft, FS Verdross, 1980, 23 ff.
271 *Friedmann* (Fn 41) 149; vgl bereits *Lauterpacht* (Fn 12). Ein solcher funktionalistischer (str) Ansatz etwa bei *Slaughter*, A New World Order, 2004 („global governance through a complex global web of ‚government networks'"). Andere Ansätze firmieren als *Law and Economics* (besonders auf das Wirtschafts- und Umweltvölkerrecht zielend) oder als „globaler Konstitutionalismus". Zu neuartigen Normierungen *Vec*, Recht und Normierung in der industriellen Revolution, 2007. Zu neuen Prozessen des Entstehens und Inkrafttretens völkerrechtlicher Verträge *Hingst,* Auswirkungen der Globalisierung auf das Recht der völkerrechtlichen Verträge, 2001.
272 Es geht also nicht um *soft law*. Dieses ist keine Rechtsquelle des Völkerrechts. Der Unterschied zwischen Recht und Nichtrecht bleibt weiterhin ähnlich fundamental wie etwa der zwischen Sein und Sollen.

nationalen Übereinkünften „überlagernd" zugeordnet sein.[273] Die besondere Bedeutung der Verträge rechtfertigt ihre Nennung in Art 38 Abs 1 lit a IGH-Statut, also an erster Stelle. Dies entspricht auch der Dynamik des Völkerrechts insoweit am ehesten, als sich dieses mittels Übereinkünften am schnellsten, präzisesten und transparentesten fortentwickeln lässt. Im Übrigen folgt aus der Formulierung *(établissant des règles expressément reconnues par les Etats en litige/establishing rules expressly recognized by the contesting States)* nicht,[274] dass Art 38 Abs 1 lit a IGH-Statut nicht potentiell *alle* Verträge erfasse. Auch ein Vertrag, der wegen gleichlautenden Völkergewohnheitsrechts nur deklaratorisch wirkt, kann Rechtsquelle sein.[275]

Das einschlägige Völkerrecht ist im Wesentlichen *kodifiziert:* in der *Wiener Konvention über das Recht der Verträge,* kurz „Wiener Vertragsrechtskonvention", v 23.5.1969 (WVK), in der Wiener Konvention über das Recht der Verträge zwischen Staaten und internationalen Organisationen oder zwischen internationalen Organisationen v 21.3.1986 (WVKIO) und im Wiener Übereinkommen über die Staatennachfolge in Verträge v 23.8.1978 (WÜSV).[276] Die WVK gibt ganz überwiegend bereits gewohnheitsrechtlich geltende Vorschriften wieder. Die folgende Kurzdarstellung des Rechts der Verträge hat sich insofern an der WVK zu orientieren. **114**

Ein völkerrechtlicher Vertrag besteht aus aufeinander bezogenen, sich deckenden Willenserklärungen zwischen mindestens zwei Völkerrechtssubjekten, gerichtet auf Begründung, Abänderung oder Aufhebung bestimmter völkerrechtlicher Beziehungen.[277] Verträge können bi- oder multilateraler Art sein. Letztere nennt man „Konventionen" oder „Übereinkommen". Nicht auf die Bezeichnung (wie „Abkommen", „Pakt", „Protokoll") oder den Regelungsgegenstand kommt es an, sondern auf den *Rechtsbindungswillen der Parteien* (vgl Art 2 Abs 1 lit b WVK), also auf die (intendierte) Verbindlichkeit der Absprache. In der WVK sind nur die *schriftlich* und zwischen *Staaten* geschlossenen Verträge geregelt (Art 1, Art 2 Abs 1 lit a). Wurde ein Vertrag zB lediglich mündlich oder nur zwischen einem Staat und einem nichtstaatlichen Völkerrechtssubjekt abgeschlossen, kann es sich gleichwohl um einen völkerrechtlichen Vertrag handeln; nur finden auf ihn die Regeln der WVK lediglich insoweit Anwendung, als sie Völkergewohnheitsrecht widerspiegeln. Auch für etwaige „Vertragslücken" finden, wie die Präambel der WVK (deklaratorisch) unterstreicht, „die Regeln des Völkergewohnheitsrechts weiterhin [...] Anwendung". Art 5 WVK stellt klar, dass zu den von ihr erfassten Verträgen auch Gründungsverträge I.O. rechnen. Die Regeln der WVK gelten unmittelbar nur für die *Vertragsstaaten.* **115**

---

273 So *Verdross/Simma,* §§ 75, 519. Diese Lehrmeinung setzte sich nicht durch.
274 Das Problem anreißend *Parry,* The Sources and Evidences of International Law, 1965, 28 f.
275 Ändert sich die Gewohnheit, bleibt doch der *Vertrag.* Vgl *Karl,* Vertrag und spätere Praxis im Völkerrecht, 1983, 248 ff, 265 ff.
276 BGBl 1985 II, 926 = Sart II, Nr 320 (WVK); BGBl 1990 II, 1414 (WVKIO); ILM 17 (1978) 1488 (WÜSV). Die WVKIO, die I.O. und Staaten weitgehend gleichstellt, ist noch nicht in Kraft. Das WÜSV ist zwar 1996 in Kraft getreten, hat aber derzeit nur 37 Parteien. Sein Inhalt ist zum größten Teil str, etwa wegen des dort stipulierten, aber völkerrechtswidrigen *tabula-rasa*-Prinzips (Art 16).
277 Die Unterscheidung zwischen Recht setzenden und rechtsgeschäftlichen Verträgen spielt keine Rolle mehr. Fast jeder Vertrag dürfte Elemente von beiden Typen aufweisen. Umfassende multilaterale Übereinkommen, zumal sektorale Weltordnungsverträge (zB das SRÜ), fungieren als „Gesetze" der internationalen Gemeinschaft. Zum besonderen Charakter der UN-Charta vgl *Köck,* UN-Satzung und allgemeines Völkerrecht, FS Zemanek, 1994, 69 ff; zu Friedensverträgen *Lesaffer,* Peace Treaties and International Law in European History, 2008.

Die USA, Frankreich und andere wichtige Staaten fehlen aus unterschiedlichen Gründen in diesem Kreis; für diese Staaten gilt die WVK nur, soweit sie Gewohnheitsrecht kodifiziert hat oder mittlerweile in Gewohnheitsrecht erwachsen ist (vgl auch Art 38 WVK). Eine weitere Einschränkung ergibt sich daraus, dass die Konventionsregeln gemäß Art 4 WVK nicht zurückwirken; formell findet die WVK also nur auf die Verträge Anwendung, die nach In-Kraft-Treten der Konvention (27.1.1980) zwischen Vertragsstaaten geschlossen wurden.

116 Zum wirksamen *Abschluss* eines Vertrags gehört die *Vertragsfähigkeit* der Parteien. Art 6 WVK erkennt sie Staaten zu. Deren Vertragsfähigkeit wird für sich genommen nicht überprüft; wohl aber kann die *Staats*qualität einer Partei, etwa eines vor- oder antistaatlichen Herrschaftsverbands, zweifelhaft sein. Mit der *treaty-making capacity* ist nicht das Problem der „offenen" bzw „geschlossenen Verträge" zu verwechseln; kraft politischer Entscheidung kann zB nur ein europäischer Staat Mitglied der EU werden (Art 49 EUV) – ein Bsp für ein *geschlossenes* System; an einem Änderungsvertrag können nur die Vertragsparteien beteiligt sein. Da Staaten als juristische Personen nicht selbst handeln können, bedarf es eines Organs, das die Willenserklärung für den Staat abgibt. Die entsprechende Befugnis liegt dann bei Vorlage einer *Vollmacht* vor (vgl Art 2 Abs 1 lit c WVK) oder nach Maßgabe zwischenstaatlicher Übung (Art 7 Abs 1 WVK). Die Vertretungsbefugnis wird vermutet für den in Art 7 Abs 2 WVK genannten Personenkreis, abgestuft nach dem jeweiligen staatlichen Amt. Mängel der Vertretungsbefugnis sind gemäß Art 8 WVK heilbar.

117 Das *Verfahren des Vertragsschlusses* ist üblicherweise zweistufig (die Vorbereitung des Abschlusses multilateraler Verträge erfolgt häufig in I. O. oder auf diplomatischen Konferenzen). Das vorläufige Ergebnis wird durch *Paraphierung*, also Unterzeichnung des Vertragstextes mit Namenskürzel, bestätigt. Zwar kann damit bereits der Text endgültig festgelegt sein, doch wird dieser Schritt verbindlich erst auf einer zweiten Stufe: mit der *Unterzeichnung* (vgl Art 10 WVK). Damit sind Nachverhandlungen nicht gänzlich ausgeschlossen – gerade bei multilateralen Verträgen verbleibt eine gewisse Flexibilität. Allerdings kann der unterzeichnende Staat, wenn dies so gewollt ist, nach Maßgabe des Art 12 WVK bereits an den Vertrag gebunden sein. Auch sonst ist der Unterzeichnerstaat insofern gebunden, als er nach Treu und Glauben gehalten ist, den Vertragszweck nicht zu vereiteln (Frustrationsverbot, Art 18 lit a WVK).[278] Die eigentliche Vertragsbindung wird idR durch *Austausch der Urkunden* besiegelt (Art 13 WVK, sog „einfaches Verfahren"). Im „zusammengesetzten" Vertragsabschlussverfahren ist diesem Schritt ein innerstaatliches, meist parlamentarisches Zustimmungsverfahren vorgeschaltet, das mit der *Ratifikation* (Art 14 WVK) endet. Mit dieser erklärt das Staatsoberhaupt gegenüber dem Vertragspartner oder dem Verwahrer, dass der Vertrag für den durch ihn vertretenen Staat bindend ist (vgl Art 2 Abs 1 lit b WVK). Sobald Bindung eingetreten ist, kann sich der Staat grundsätzlich nicht mehr vom Vertrag lösen.[279] Dabei spielt es im Prinzip keine Rolle, ob dieser bereits in Kraft getreten ist oder nicht. Weitere Arten, Bindungswir-

---

[278] Dies gilt nicht, wenn Paraphierung bzw Unterzeichnung nur Authentifizierungsfunktion haben. Vom Frustrationsverbot zu unterscheiden ist das Instrument der vorläufigen (vertraglichen und rechtsverbindlichen) Anwendung völkerrechtlicher Verträge, vgl Art 25 WVK.
[279] Vgl Riesenfeld/Abbott (Hrsg), Parliamentary Participation in the Making and Operation of Treaties, 1994.

kung zu begründen, sind in Art 11 und 13 ff WVK genannt. Ein Vertrag kann konkludent auch auf die Weise geschlossen werden, dass die Parteien in getrennten Schreiben die Vorschläge eines Drittstaats annehmen. Entscheidend ist letztlich *der zum Ausdruck gebrachte Wille der Parteien, einer bestimmten Handlung Bindungswirkung beizumessen.* Bei I.O.[280] wird die Bindung durch einen „Akt der förmlichen Bestätigung" herbeigeführt (Art 2 WVKIO).

Das *Inkrafttreten* des Vertrags erfolgt sofort mit Ratifikation oder zu dem von den Parteien – meist im Vertrag selbst – vereinbarten Zeitpunkt (Art 24 Abs 1 und 2 WVK). Für Staaten, die einem Vertrag *nach* dessen Inkrafttreten beitreten, tritt dieser zum Zeitpunkt ihrer Zustimmung, durch den Vertrag gebunden zu sein, in Kraft (Art 24 Abs 3 WVK). In der Praxis ist für multilaterale Verträge meist vorgesehen, dass sie nach Ratifikation durch eine festgelegte Zahl von Staaten in Kraft treten.[281] Dies kann, wie das Bsp des SRÜ v 1982 zeigt (Inkrafttreten 1994), längere Zeit in Anspruch nehmen. Sinkt später die Zahl der Vertragsparteien, etwa durch Rücktritt vom Vertrag, unter die für das Inkrafttreten nötige Zahl, führt dies *nicht* zum Außerkrafttreten des Vertrags (Art 55 WVK). Ein in Kraft getretener Vertrag bindet die Parteien endgültig. Sie haben ihre Vertragspflichten zu erfüllen (Art 26 WVK; *pacta sunt servanda*).[282] Eine Berufung auf innerstaatliches Recht, um ein Nichterfüllen zu rechtfertigen, ist ausgeschlossen (Art 27 WVK). Allerdings kann nach Art 46 WVK die Verletzung innerstaatlichen Rechts ausnahmsweise dann beachtlich sein, wenn die Verletzung offenkundig und sachlich gravierend ist (Evidenztheorie).[283]

118

Die WVK (Art 76 ff) sieht vor, dass Vertragsurkunden und Willenserklärungen bei einem Depositar (einem oder mehreren Staaten, einer I.O. oder deren leitendem Verwaltungsbeamten [UN-Generalsekretär]) hinterlegt und von diesem *verwahrt* werden. Außerdem ist nach Art 102 UN-Charta (vgl Art 80 WVK) der Vertrag dem UN-Sekretariat zur *Registrierung* zu übermitteln. Dies soll Geheimdiplomatie vermeiden (das Völkerrecht verbietet Geheimverträge nicht). Missachtung des Registrierungsgebots führt nicht zur Unwirksamkeit des Vertrags, doch können sich die Parteien vor UN-Organen – etwa dem IGH – dann grundsätzlich nicht auf den Vertrag berufen (Art 102 Abs 2 UN-Charta). Die Veröffentlichung des Vertrags erfolgt grundsätzlich in der amtlichen UN-Sammlung (United Nations Treaty Series – UNTS).

119

Ist ein Vertrag bindend geworden, stellt sich die Frage nach der *Reichweite* der Bindung. Grundsätzlich gilt der Vertrag – räumlich – für das gesamte Hoheitsgebiet einer Partei (Art 29 WVK), sein Geltungsbereich verändert sich also bei Gebietsveränderungen (*moving frontiers*-Grundsatz), und – in zeitlicher Hinsicht – *ex nunc* (Art 28 WVK), soweit die Parteien nichts anderes beschließen. Gebunden sind alle Vertragsparteien; Art 17 WVK erlaubt das *opting-out:* eine Abmachung aller Vertragsparteien dahingehend, dass bestimmte Normen für eine Vertragspartei nicht gelten. Anders als im innerstaatlichen Recht können Staaten nicht ohne weiteres Verträge für Dritte (Art 35 f WVK) schließen. Art 34 WVK bestimmt, dass ein zwischen anderen Staaten geschlossener Vertrag für den *Drittstaat* mangels Zustimmung „weder Pflichten noch Rechte" begründet. Aus Sicht des Dritten ist der Vertrag *res inter alios acta*, eine unter

120

---

[280] Der Gründungsvertrag einer I.O. bestimmt den Umfang ihrer Vertragsabschlussfähigkeit.
[281] Vgl Art 84 WVK für diese Konvention selbst.
[282] Ist ein Rücktritts- und Kündigungsrecht vorgesehen, ist eine Lösung vom Vertrag möglich.
[283] Vgl *Verdross/Simma*, §§ 689 ff.

Graf Vitzthum

anderen ausgehandelte Angelegenheit, die ihn nicht bindet. Diese *pacta tertiis*-Regel ist auch Bestandteil des Völkergewohnheitsrechts. Eine potentielle Relativierung könnte sich aus der Anerkennung von *erga omnes*-Pflichten durch den IGH ergeben.[284] Bei genauerer Betrachtung zeigt sich freilich, dass diese Pflichtenkategorie, soweit allgemein in Bezug genommen, nicht dem Recht der völkerrechtlichen Verträge, sondern der Quelle des Völkergewohnheitsrecht zuzuordnen ist.[285] Anderes gilt wiederum für Pflichten, die *innerhalb* eines völkerrechtlichen Vertrags *erga omnes*, dh (nur) gegenüber sämtlichen Vertragsparteien, gelten (sog *erga omnes partes*-Pflichten). Nach Ansicht des IGH zeichnen diese Pflichten sich dadurch aus, dass alle Vertragsparteien ein besonderes Interesse an ihrer Einhaltung haben. Ihre Verletzung kann deshalb von jeder Vertragspartei – also nicht nur vom in seinen Rechten verletzten Staat – klageweise geltend gemacht werden.[286] – Die *pacta tertiis*-Regel hat auch für I.O. als (nur) „gekorene" Völkerrechtssubjekte Bedeutung. Wegen deren *vertraglichen* Wurzeln kann kein Drittstaat verpflichtet werden, ihre Existenz anzuerkennen (Ausnahme die UN; wegen ihrer „objektiven Rechtspersönlichkeit" ist sie auch gegenüber Nichtmitgliedstaaten der UN rechts- und handlungsfähig, wie im *Bernadotte*-Fall bereits 1949 gutachtlich begründet).[287]

121   Auch für die Parteien eines völkerrechtlichen Vertrags kann die Bindungswirkung eine *beschränkte* sein. Dies ist der Fall, wenn eine Partei nur an einen *Teil* des Vertrages gebunden sein will und die anderen Parteien zustimmen, oder wenn der Vertrag selbst eine solche partielle Bindung zulässt (Art 17 WVK), was etwa bei IPR-Verträgen üblich ist.[288] Eine nur partielle Bindung kann auch durch Erklärung eines *Vorbehalts* einer Partei erreicht werden (Art 19 ff WVK). Darunter ist die *schriftlich* abgegebene (Art 23 Abs 1 WVK) *einseitige* Erklärung einer Vertragspartei zu verstehen, die bezweckt, die Rechtswirkung *einzelner* Vertragsbestimmungen in ihrer Anwendung auf sich auszuschließen oder zu ändern (Art 2 Abs 1 lit d WVK).[289] Davon

---

284 Grundlegend *Barcelona Traction,* ICJ Rep 1970, 3, 32: "an essential distinction should be drawn between the obligations of a State towards the international community as a whole; and those arising vis-à-vis another State in the field of diplomatic protection. By their very nature the former are the concern of all States. In view of the importance of the rights involved, all States can be held to have a legal interest in their protection; they are obligations *erga omnes*".
285 Davon zu unterscheiden sind Situationen, in denen ausnahmsweise eine allgemein geltende Ordnung durch zwischen einer begrenzten Anzahl von Parteien geschlossenen Vertrag geschaffen wird, etwa durch Verfügungsverträge (zB Gebietsabtretung), während dies bei institutionellen Verträgen (zB Gründung einer I.O.) str ist. Vgl *Klein,* Statusverträge im Völkerrecht, 1980, 15 f, 140 ff, 191 ff; *Heintschel von Heinegg,* in Ipsen (Hrsg), Völkerrecht, § 15 Rn 23 ff; *Proelss,* in Dörr/Schmalenbach (Hrsg), Vienna Convention on the Law of Treaties, 2. Aufl 2018, Art 34 Rn 31 ff.
286 IGH, *Obligation to Prosecute or Extradite,* ICJ Rep 2012, 422 (§§ 68 ff). Der konkrete Fall betraf die grundlegenden Pflichten der UN-Antifolterkonvention (Art 6 Abs 2, Art 7 Abs 1), die nach Auffassung des IGH *erga omnes partes*-Wirkung entfalten.
287 Allerdings kann dies implizit geschehen, wenn ein Staat mit Organen einer I.O. in nähere Verbindung tritt.
288 Anders die *opting out*-Klauseln mancher Verträge; dazu *Heintschel von Heinegg,* in Ipsen (Hrsg), Völkerrecht, § 16 Rn 7; *Verdross/Simma,* § 629 Fn 14 *(contracting out).*
289 Zum Problem der Anwendung auf Menschenrechtsabkommen *Bauer,* Vorbehalte zu Menschenrechtsverträgen, 1994; *Henkin u a,* Human Rights as General Norms and a State's Right to Opt Out, 1997; *Simma,* Reservations to Human Rights Treaties, FS Seidl-Hohenveldern, 1998, 659 ff. Vgl im Übrigen den völkerrechtlich nicht verbindlichen "Guide to Practice on Reservations to Treaties, adopted by the International Law Commission", 2011 (UN Doc A/66/10/Add 1).

ist eine den Vertrag lediglich auslegende Erklärung zu unterscheiden.[290] Derartige vertragliche Pflichten präzisierende *Interpretationserklärungen* sind häufig (Art 31 Abs 2 WVK). Um die Kohärenz eines Vertrags zu erhalten, wird gelegentlich das Anbringen von Vorbehalten im Vertrag selbst absolut (zB Art 1 Abs 1 Völkerbund-Satzung) oder bzgl bestimmter Vorschriften (zB Art 12 Abs 1 Genfer Festlandsockelkonvention) verboten (Art 19 lit a, b WVK). Vorbehalte, die „mit Ziel und Zweck des Vertrags unvereinbar" sind (Kompatibilitätskriterium), sind unzulässig (Art 19 lit c WVK); unzulässige Vorbehalte sind nichtig und erzeugen keine Rechtswirkung. Insgesamt ist Art 19 WVK trotz dieser Einschränkungen eine vorbehalts*freundliche* Regelung. Wie ein Vorbehalt wirkt, bestimmt sich danach, ob seine *Annahme* durch die anderen Vertragsparteien vorgesehen ist (Art 20 Abs 1 WVK). Ist keine Annahme vorgesehen, entfaltet der Vorbehalt *ohne weiteres* seine Wirkung. Andernfalls kommt es darauf an, ob alle anderen Vertragsparteien die Annahme – ausdrücklich oder konkludent – erklären oder nicht (Art 20 Abs 2, Art 23 Abs 1 WVK). Ersteres wird grundsätzlich vermutet (stillschweigende Annahme), wenn bis zum Ablauf von zwölf Monaten kein Einspruch gegen den Vorbehalt erhoben wird (Art 20 Abs 5 WVK).[291]

Das Erheben eines wirksamen Vorbehalts generiert *relative* vertragsbezogene Rechtsverhältnisse. Zwischen Parteien, die keinen Vorbehalt erhoben haben, gilt der Vertrag vollinhaltlich (Art 21 Abs 2 WVK). Zwischen Parteien, die einen Vorbehalt erklärt, und solchen, die diesen angenommen oder keinen Einspruch eingelegt haben, gilt der Vertrag in dem im Vorbehalt vorgesehenen Ausmaß (vgl Art 20 Abs 4, Art 21 Abs 1 WVK). Erhebt eine Partei *Einspruch* gegen den Vorbehalt, tritt der Vertrag im Verhältnis des Staats, der den Vorbehalt erklärt, und desjenigen, der protestiert hat, gleichwohl in Kraft (es sei denn, der einsprechende Staat bringt „seine gegenteilige Absicht eindeutig zum Ausdruck", Art 20 Abs 4 lit b WVK); freilich finden die Bestimmungen, auf die sich der Vorbehalt bezieht, in dem im Vorbehalt vorgesehenen Ausmaß keine Anwendung (Art 21 Abs 3 WVK: Ausfluss der „erweiterten relativen Theorie"). Der Umfang der inhaltlichen Bindungswirkung kann bei multilateralen Verträgen für die einzelnen Parteien damit recht unterschiedlich sein. Insgesamt steht die Grundregel für die Annahme von Vorbehalten, Art 20 Abs 4 lit a, c WVK, auf dem Boden des Souveränitätsprinzips. Sie begünstigt die Vorbehaltsstaaten – im Unterschied zum „klassischen" System, welches, Ausfluss der „absoluten Theorie", der Integrität der vertraglichen Regelung Priorität einräumte. Zumindest Art 20 Abs 4 lit b WVK dürfte freilich noch keine gewohnheitsrechtliche Geltung beanspruchen können.[292]

---

290 Näher *Kühner*, Vorbehalte zu multilateralen völkerrechtlichen Verträgen, 1980, 35 ff; dort (41 ff) auch zur Abgrenzung zu weiteren Erscheinungen wie Rechtsverwahrungen, Bedingungen, Protesten und Erklärungen politischen Charakters sowie (109 ff) Darlegung der Differenzen zwischen Art 19 ff WVK und dem (insoweit „unsicheren und diffusen") Völkergewohnheitsrecht. Bsp für „Vorbehalte und Erklärungen" bei *Langenfeld* (Fn 59) 606.
291 Außerhalb der WVK-Regeln ist die Frage des Annahmeerfordernisses str, *Kühner* (Fn 290) 104 ff, 132 ff.
292 Anhand Art 19 bis 23 WVK wird die Wirksamkeit eines Vorbehaltes geprüft in den Schritten Zulässigkeit, Reaktionen der Vertragsparteien, Rechtsfolgen. So schränkt zB Art 20 Abs 3 WVK die Möglichkeit von Vorbehalten für Gründungsverträge von I. O. ein, vgl *Walter*, in Dörr/Schmalenbach (Fn 285) Art 20 Rn 36 ff. Zu weiteren unzulässigen Vorbehalten *von Arnauld* (Fn 46) 91 ff.

123 Die *Auslegung* völkerrechtlicher Verträge bestimmt sich nach Art 31ff WVK. Die auch völkergewohnheitsrechtlich geltende[293] Schlüsselbestimmung Art 31 Abs 1 WVK lautet: „Ein Vertrag ist nach Treu und Glauben in Übereinstimmung mit der gewöhnlichen, seinen Bestimmungen in ihrem Zusammenhang zukommenden Bedeutung und im Lichte seines Zieles und Zweckes auszulegen". In Übereinstimmung mit der *objektiven* Theorie wird in dieser Grundregel (nur) auf den *Text*, auf den Wortlaut der Vertragsbestimmung abgestellt und dabei auf die „gewöhnliche" Bedeutung der gebrauchten Worte *(ordinary meaning-rule)*. Art 31 WVK entscheidet sich somit für den *Wortlaut*, also gegen das, was die Parteien bei Abschluss des Vertrages subjektiv mit den verwendeten Formulierungen meinten. Hinzu kommen – für die Auslegung – Anlagen, Protokolle, auch jede spätere Übereinkunft *(accord interprétatif)* oder Übung sowie sonstige anwendbare Völkerrechtssätze (Art 31 Abs 2, 3 WVK). Letztlich zielt dieses Schema auf den jeweils *aktuellen* Parteienkonsens. Die vorbereitenden Arbeiten zu einem Vertrag *(travaux préparatoires)* sind (nur) als „ergänzendes Auslegungsmittel" heranzuziehen, wenn die Auslegung nach Art 31 WVK entweder „die Bedeutung mehrdeutig oder dunkel lässt" oder „zu einem offensichtlich sinnwidrigen oder unvernünftigen Ergebnis führt" (Art 32 WVK). Während die materiellen Auslegungskriterien (Systematik; Telos – *effet utile*, ein in Art 33 Abs 4 WVK angedeutetes Kriterium) sich nicht wesentlich von denen des einzelstaatlichen Rechts unterscheiden (wobei der Grundsatz von Treu und Glauben sich nur auf die Anwendung der Kriterien bezieht), ergibt sich vor allem bei multilateralen Übereinkommen das im Landesrecht seltene Problem, dass Textfassungen in verschiedenen *Sprachen* vorliegen. Die im BGBl (Teil 2) abgedruckten deutschsprachigen Fassungen sind meist für den dt Amtsgebrauch angefertigte Übersetzungen von nur fremdsprachig authentischen Texten. Ein *Text* ist *authentisch*, wenn dies im Vertrag festgelegt oder aus ihm ersichtlich ist. Mehrere gleichermaßen authentische Texte sind grundsätzlich gleichermaßen auslegungsrelevant (Art 33 Abs 1 WVK),[294] wobei Art 33 Abs 3 WVK vermutet, „dass die Ausdrücke des Vertrags in jedem authentischen Text dieselbe Bedeutung haben". Weichen zwei gleichermaßen authentische Fassungen voneinander ab, ist die Auslegung zu wählen, welche beide Fassungen miteinander in Einklang bringt (Art 33 Abs 4 WVK).

124 Detailliertere *Auslegungsregeln* wurden in die WVK nicht aufgenommen. Ihre *generelle* Anwendbarkeit erschien zweifelhaft.[295] Sie können aber auch bei dem von der WVK gewählten objektiven Interpretationsansatz herangezogen werden, wenn ein *dahingehender Wille* der Vertragsparteien vorliegt.[296] Es handelt sich um folgende Regeln:
– Unklare Formulierungen gehen zu Lasten desjenigen, der sie vorgeschlagen hat *(contra proferentem)*.

---

293 Für Art 31 WVK vgl ICJ Rep 1994, 6, 21 *(Aousou)*; ICJ Rep 1996, 803, 812 *(Ölplattformen)*; *Kasikili/Sedudu*, ICJ Rep 1999, 1045 (§ 18). Näher bereits *Köck*, Vertragsinterpretation und Vertragskonvention, 1976. Die expandierende internationale Gerichtsbarkeit fördert die Erkenntnis der Auslegungsregeln (und des Völkergewohnheitsrechts), vgl *Weiß*, Die Rechtsquellen des Völkerrechts in der Globalisierung, AVR 53 (2015) 220 (227).
294 Zum Problem *Hilf*, Die Auslegung mehrsprachlicher Verträge, 1973, 124 ff, 144 ff.
295 Vgl *Verdross/Simma*, § 781; zum Ganzen *Heintschel von Heinegg*, in Ipsen (Hrsg), Völkerrecht, § 12 Rn 16.
296 Zur Vertragsauslegung vertiefend *Dahm/Delbrück/Wolfrum*, Völkerrecht, Bd I/3, § 153.

- Zu wählen ist die Auslegungsvariante, welche die Handlungsfreiheit des Schuldners am wenigsten beeinträchtigt *(interpretatio in favorem debitoris, in dubio mitius)*.[297]
- Analogieschlüsse finden im Allgemeinen nicht statt.[298]
- Die Auslegung ist völkerrechtskonform vorzunehmen, dh gemäß der jeweils anwendbaren Völkerrechtsregeln.[299]
- Gründungsverträge einer I. O. sind im Lichte des Organisationszwecks auszulegen; dies schließt eine erweiternde Auslegung idS ein, dass der I. O. über die vertraglich festgelegten Kompetenzen hinaus weitere zustehen, soweit ihre Wahrnehmung zum Erreichen des Vertragszwecks notwendig ist.[300]

Die *Änderung* völkerrechtlicher Verträge erfolgt, lässt man den Ausnahmefall derogierenden Gewohnheitsrechts außer Acht, durch völkerrechtlichen Vertrag (Art 39 ff WVK). Wird der Vertrag in umfassender Weise geändert, spricht man von Revision. Kein Vertragsstaat ist verpflichtet, Änderungen zuzustimmen (vgl Art 40 Abs 4 WVK).[301] Ratifizieren nur einige Parteien den Änderungsvertrag, gilt dieser mit unterschiedlichem Inhalt für den *jeweiligen* Kreis von Staaten: *Relativität* völkerrechtlicher Vertragsverhältnisse. Ähnlich verhält es sich, wenn ein bisheriger Vertrag durch einen neuen abgelöst werden soll (etwa die Genfer Seerechtsübereinkommen v 1958 durch das SRÜ v 1982). Im Verhältnis derartiger Verträge zueinander gilt, wie generell, der Vorrang der späteren bzw der spezielleren Normen, aber eben nur dann, wenn zwei Vertragsparteien durch den alten wie durch den neuen Vertrag und zudem im gleichen Umfang gebunden sind (vgl Art 59, Art 30 Abs 3 WVK).[302] Diese Relativität zwingt dazu, multilaterale Verträge ggf in bilaterale Rechtsverhältnisse aufzuspalten und die Anwendbarkeit der jeweiligen Vertragsregeln für jedes einzelne Rechtsverhältnis zu ermitteln.

125

Völkerrechtliche Verträge können, wie innerstaatliche, *nichtig* oder zumindest *anfechtbar* sein; die WVK verwendet für beide Fallgruppen „Ungültigkeit" als Oberbegriff. Ohne weiteres nichtig sind Verträge, die im Widerspruch zum *ius cogens* stehen (Art 53 WVK), also zu einer *zwingenden* Norm des allgemeinen Völkerrechts. Entsteht neues *ius cogens*, wird jeder zu einer solchen Norm im Widerspruch stehende Vertrag nichtig (Art 64 WVK). Macht eine Partei dies geltend, hat sie dies nach Treu und Glauben zu notifizieren.[303] Einschlägige Streitigkeiten können dem IGH oder ei-

126

---

297 Insbes *contra proferentem* und *in dubio mitius* sind bloße Vermutungen.
298 Str; vgl *Bleckmann*, Analogie im Völkerrecht, AVR 17 (1977/78) 161 ff.
299 Vgl IGH, ICJ Rep 1957, 125 *(Durchgangsrecht über indisches Gebiet)*; auch für den Vertragsschluss gilt: *tempus regit actum*.
300 Vgl *Köck*, Die „implied powers" der Europäischen Gemeinschaften als Anwendungsfeld der „implied powers" internationaler Organisationen überhaupt, FS Seidl-Hohenveldern, 1988, 279 ff. Bzgl des Gründungsvertrags einer I. O. kann ebenfalls deren *Praxis* der Vertragsauslegung dienen; gleiches gilt von den Verfahrensordnungen. Das gilt zumal für die Auslegung der UN-Charta, die allen Verträgen vorgeht (Art 103 UN-Charta). Art 2 Nr 6 UN-Charta durchbricht zudem die *pacta tertiis*-Regel (str), vgl *Köck* (Fn 277) 84 ff.
301 Verträge können ein bestimmtes Änderungsverfahren vorsehen, doch sind die Parteien an dieses nicht gebunden, wenn sie sich einstimmig anders entscheiden (arg e Art 54 WVK).
302 Näher *Verdross/Simma*, § 786.
303 Vgl *Rozakis*, The Concept of Jus Cogens in the Law of Treaties, 1976, 109, 144. Im Einzelnen bleiben viele Fragen ungelöst. So sollen zB Massenvertreibungen nach einer Mindermeinung ebenso wie zB Völkermord *ius cogens* verletzen. Aber selbst der unstr Kern des *ius cogens*-Prinzips, das Folterver-

nem Schiedsgericht unterbreitet werden.[304] Ist der Vertrag nach Art 53 WVK nichtig, verpflichtet Art 71 Abs 1 WVK zur Folgenbeseitigung. Bindung an *ius cogens*-Normen können Staaten nicht durch steten Widerspruch (*persistent objection*, vgl u Rn 133) verhindern.[305] Nach wie vor ist freilich unklar, welche Normen dem *ius cogens* zuzuordnen sind.[306] Art 53 WVK setzt insoweit voraus, dass eine Norm „von der internationalen Staatengemeinschaft in ihrer Gesamtheit angenommen und anerkannt wird als eine Norm, von der nicht abgewichen werden darf". Im Fall *Belgien/Senegal* hat der IGH mit dem Verbot der Folter erstmals eine völkerrechtliche Norm – in ihrer völkergewohnheitsrechtlichen Geltung – als solche des *ius cogens* qualifiziert.[307] Die Zuordnung zur Rechtsquelle des Gewohnheitsrechts ist folgerichtig, weil eine Vertragsnorm – vorbehaltlich der universellen Geltung des betroffenen Vertrags – letztlich nie von der internationalen Staatengemeinschaft *in ihrer Gesamtheit* angenommen und anerkannt sein wird. – Anfechtbar sind Verträge bei Mängeln des Willens (Irrtum, Betrug, Bestechung, Zwang gegen Staatenvertreter, Androhung oder Anwendung von Gewalt, Art 48–52 WVK) oder bei Mängeln der Zuständigkeit (*offenkundige* Verletzung grundlegender innerstaatlicher Regeln oder notifizierter Ermächtigungsbeschränkungen, Art 46f WVK). Wird die Gültigkeit eines Vertrages angefochten, ist dieser im Erfolgsfall der Anfechtung *ex tunc* nichtig (Art 69 Abs 1 WVK). In gutem Glauben vorgenommene Handlungen sind nicht schon aufgrund einer Ungültigkeit des Vertrages rechtswidrig. Anders ist es dann, wenn der handelnden Partei der Ungültigkeitsgrund zuzurechnen ist (Art 69 Abs 2 lit b, Abs 3 WVK).

127 Die WVK enthält Regeln, die gleichsam „regulär" und mit *ex nunc*-Wirkung den Vertrag *aufheben* oder *suspendieren* (Art 54ff), mag auch der Übergang zum Delikt und seinen Rechtsfolgen (vgl Art 60) fließend sein. Art 60–62 WVK kodifizieren im Wesentlichen bestehendes Völkergewohnheitsrecht zur *einseitigen* Vertragsbeendigung. Terminologisch ist manches undeutlich. So werden die Begriffe „Beendigung" (*termination*), „Rücktritt" (*withdrawal*) und „Kündigung" (*denunciation*) nebeneinander gestellt. Den Materialien zufolge ist mit „Kündigung" der Fall gemeint, in dem sich das Recht dazu aus dem Vertrag ergibt, während „Beendigung" auf einen völkergewohnheitsrechtlichen Aufhebungsgrund zurückgeht.[308] Diese Unterscheidung wird bereits in Art 54 lit a WVK durchbrochen, der von Beendigung oder Rücktritt (aber nicht von Kündigung) „nach Maßgabe der Vertragsbestimmungen" spricht. Letztlich erübrigt sich die Differenzierung, da die Aufhebungsinstrumente in ihren Rechtsfolgen weitestgehend übereinstimmen (Art 65, 70 WVK).

---

bot, wurde im „Krieg gegen den Terror" vielfältig durchlöchert, vgl *Maguire*, Land and War, 2010, 213 f; *Oeter* (Fn 28) 517 ff.
304 Diese Bestimmung besitzt keine Entsprechung im Völkergewohnheitsrecht. Zu bedenken ist auch, dass das *ius cogens*-Prinzip der WVK nicht universell akzeptiert ist, zB nicht von Frankreich. Rechtsprechung und Staatenpraxis üben weitestgehend Zurückhaltung gegenüber dem „zwingenden Recht".
305 *Dahm/Delbrück/Wolfrum*, Völkerrecht I/3, 62; vgl u Rn 133.
306 Nicht einheitlich beantwortet wird insbes die Frage, ob sämtliche *erga omnes*-Pflichten (Rn 120, 133) zugleich Bestandteil des *ius cogens* sind. Bejahendenfalls wären zumindest das Aggressionsverbot, das Verbot des Sklavenhandels und des Völkermordes sowie die elementaren Menschenrechte und Verbotsnormen des humanitären Völkerrechts dem zwingenden Recht zuzuordnen.
307 *Obligation to Prosecute or Extradite*, ICJ Rep 2012, 422 (§ 99).
308 Vgl *Heintschel von Heinegg*, in Ipsen (Hrsg), Völkerrecht, § 18 Rn 4 ff.

Rücktritt und *Kündigung* sind stets möglich nach Maßgabe der im Vertrag getrof- **128**
fenen Regelungen (Art 54 lit a WVK). Außerdem kann eine Beendigung *jederzeit
durch Einvernehmen* zwischen allen Vertragsparteien erfolgen (Art 54 lit b WVK).[309]
Enthält ein Vertrag keine Bestimmung über Kündigung und Rücktritt, und lässt sich
die Möglichkeit hierzu auch nicht aus den Umständen ableiten, sind Kündigung und
Rücktritt im Prinzip nicht möglich. Während die Beendigung alle Parteien dauerhaft
von der Verpflichtung befreit, den Vertrag zu erfüllen (Art 70 Abs 1 lit a, Abs 2 WVK),
tritt diese Wirkung bei der *Suspendierung* des Vertrags *nur vorübergehend* ein (Art 72
Abs 1 WVK); sie ist nach Maßgabe von Art 57 ff WVK möglich. Unter den „besonderen" Beendigungs- und Suspendierungsgründen sind Art 60–62 WVK hervorzuheben. Art 60 WVK enthält eine differenzierende Regelung für den Fall einer *erheblichen* Vertragsverletzung *(material breach).* Als eine solche definiert Art 60 Abs 3
WVK die Verletzung einer für das Erreichen des Vertragsziels oder -zwecks *wesentlichen* Bestimmung. Art 60 WVK formt insofern die „negativen Gegenseitigkeitsaspekte"[310] des Prinzips *pacta sunt servanda* aus, wonach der Vertragsbruch einer Partei
die andere von der Pflicht zur Vertragserfüllung entbindet.[311]

Wird ein *zweiseitiger* Vertrag *erheblich verletzt*, gibt dies der anderen Vertrags- **129**
partei einen Grund auch für dessen *Suspendierung*. Hier ist die Entscheidung über
die Rechtsfolge also dem „betroffenen" Staat überantwortet (Art 60 Abs 1 WVK). Für
den Fall der erheblichen Verletzung eines *mehrseitigen* Vertrags bietet Art 60 Abs 2
WVK mehrere Rechtsfolgen zur Auswahl: *Suspendierung oder Beendigung* im Einvernehmen der anderen Vertragsparteien nur im Verhältnis zum vertragsbrüchigen
Staat („Hinauskündigung"), oder Suspendierung oder Beendigung zwischen allen
Vertragsparteien (lit a). Darüber hinaus kommen in Frage: Suspendierung im Verhältnis zwischen einer „durch die Vertragsverletzung besonders betroffenen" Vertragspartei und dem vertragsbrüchigen Staat (lit b), oder Suspendierung durch Parteien in Bezug auf sie selbst, wenn sich durch die erhebliche Vertragsverletzung ihre
Lage hinsichtlich der weiteren Erfüllung ihrer Vertragsverpflichtungen „grundlegend ändert" (lit c).[312] Von der Beendigung oder Suspendierung bleiben Vertragsbestimmungen unberührt, die bei einer Verletzung des Vertrags anwendbar sind (etwa
Schadenersatzbestimmungen oder Streitschlichtungsvereinbarungen), Art 60 Abs 4
WVK. Abs 5 verfügt, dass Art 60 Abs 1–3 WVK *auf Verträge „humanitärer Art" nicht
anwendbar* sind. Damit soll der Menschenrechtsschutz effektiviert werden: Er soll
nicht davon abhängen, ob eine Partei ihren vertraglichen Verpflichtungen nachkommt. Gegenüber dem vertragsbrüchigen Staat stehen den vertragstreuen Staaten
die rechtlich anerkannten Gegenmaßnahmen[313] zur Verfügung.[314]

Gemäß Art 61 WVK gibt die Unmöglichkeit der Vertragserfüllung, die eine Partei **130**
nicht selbst herbeigeführt hat, dieser das Recht zur Beendigung oder zum Rücktritt.
In Art 62 WVK findet sich die Kodifizierung der *clausula rebus sic stantibus*, also der

---

309 Das Einvernehmen wird idR durch *actus contrarius* (Auflösungsvertrag) hergestellt.
310 *Verdross/Simma*, § 824.
311 Als Bsp kommen Rüstungskontroll- und Abrüstungsverträge in Frage.
312 Lit c kommt in Betracht, wenn ein Aufspalten in bilaterale Rechtsverhältnisse nicht möglich ist („integrale" Verträge).
313 Sie müssen – natürlich – in angemessenem Verhältnis zum Schaden stehen.
314 Zur Abgrenzung vgl etwa *Yahi*, La violation d'un traité, RBDI 1993, 437 ff.

Lehre von der Geschäftsgrundlage, der *essential basis* für den Vertragskonsens. Beendigung oder Rücktritt können demnach nur geltend gemacht werden, wenn eine grundlegende, unvorhergesehene Änderung der Umstände vorliegt (Abs 1). Diese müssen eine *wesentliche Grundlage für die Zustimmung* der Parteien zur Vertragsbindung gewesen sein (Abs 1 lit a). Ihre Änderung „würde das Ausmaß der auf Grund des Vertrags noch zu erfüllenden Verpflichtungen tiefgreifend umgestalten" (Abs 1 lit b). Die Partei, die sich auf die *clausula* beruft, darf nicht selbst gegen den Vertrag oder eine sonstige internationale Verpflichtung verstoßen haben (Abs 2 lit b). Auf Verträge, die eine *Grenze* festlegen, findet die *clausula* keine Anwendung (Art 62 Abs 2 lit a WVK); hier gehen Rechtssicherheit und Rechtsfrieden vor.[315] Die *clausula* des Art 62 WVK kann demnach nur unter äußerst strengen Voraussetzungen zur Anwendung kommen.

b) Völkergewohnheitsrecht

131 Das Völkergewohnheitsrecht *(coutume/custom)* als Ausdruck *(preuve/evidence)* einer allgemeinen,[316] als Recht anerkannten Übung wird von Art 38 Abs 1 lit b IGH-Statut erfasst. Diese Rechtsquelle umfasst die Summe der Verhaltensregeln, die von Völkerrechtssubjekten in ihrem Verkehr untereinander angewendet worden sind (Praxiselement) und bzgl deren Rechtsgültigkeit eine allgemeine Rechtsüberzeugung besteht (Rechtsüberzeugungselement): *Zwei-Elemente-Lehre* des Gewohnheitsrechts. Art 38 Abs 1 lit b IGH-Statut führt damit die Voraussetzungen der Existenz von Völkergewohnheitsrecht selbst auf:[317] *Objektiv* die wiederholte, gefestigte oder regelmäßige,[318] einheitliche *Übung*[319] seitens relevanter Subjekte und Organe, *subjektiv* die *Überzeugung*, zu diesem Verhalten von Rechts wegen verpflichtet zu sein *(opinio iuris sive necessitatis)*.[320] Nach Art 38 Abs 1 lit b IGH-Statut muss die Staatenpraxis die Übung „als Recht angenommen haben" *(acceptée comme étant le droit/ accepted as law)*.

132 Hinsichtlich der allgemeinen ständigen *Übung* ist str, ob diese *konstitutive* Voraussetzung ist – so die hL –,[321] oder ob sie das Vorhandensein des Gewohnheits-

---

315 Vgl auch Art 11 WVK.
316 Vgl *Seidl-Hohenveldern*, Gewohnheitsrecht, völkerrechtliches, in Lexikon Völkerrecht, 147 ff.
317 Gewohnheitsrecht selbst ist die Quelle, die empirisch erfassbare Praxis (Gewohnheit) bloßer Beweis ihrer Existenz.
318 Vgl aber *Tunkin* (Fn 185) 144 f.
319 Beim Vorliegen nur *dieses* Elementes *(consuetudo)* wird es sich idR um Courtoisie handeln. Der IGH hielt im *Nicaragua*-Fall v 1986 (97) am Element der Praxis fest: „[...] the Court must satisfy itself that the existence of the rule [...] is confirmed by practice [...]". Damit sie eine Norm des Gewohnheitsrechts begründen kann, muss eine Praxis freilich nicht absolut einheitlich sein. Es genügt, wenn das Verhalten im Allgemeinen der behaupteten Rechtsnorm entspricht (ebd § 186). Zu den Voraussetzungen *Mendelson*, The Formation of Customary International Law, RdC 272 (1998) 155 ff. Das Bestehen einer solchen Norm wird ua durch Überprüfung einschlägiger Kodifikationsbemühungen sowie nationaler legislativer und judikatorischer Tätigkeiten identifiziert.
320 *Jennings*, in Cheng (Hrsg), International Law, 1982, 3 ff kritisierte eine fehlende Bestimmtheit des Völkergewohnheitsrechts.
321 Rechtsüberzeugung allein lässt Völkergewohnheitsrecht nicht entstehen. Schon deshalb können Resolutionen der UN-Generalversammlung, gemäß Art 10 UN-Charta nur Empfehlungen, nicht generell als „sofort wirksam werdendes Gewohnheitsrecht" Verbindlichkeit beanspruchen: Sie stellen *per se* keine „Praxis" dar.

rechts lediglich bestätigt[322] und zum Ausdruck bringt.[323] Außerdem ist zwischen den Voraussetzungen des Entstehens und dem Beweis der Existenz von Gewohnheitsrecht zu trennen.[324] Gegenüber dem Gewohnheitsrecht stellt ein Vertrag über den gleichen Gegenstand eine *lex specialis* dar. Durch Vertrag kann entgegenstehendes Gewohnheitsrecht, soweit dieses nicht *ius cogens*-Status (s o Rn 126) besitzt, derogiert werden.

Das Verhalten *eines* Staats allein kann Gewohnheitsrecht nicht begründen. Ebenso wenig müssen sämtliche Staaten beteiligt sein. Das Fehlen „wichtiger" oder besonders betroffener Staaten kann der Praxis indes die Eigenschaft nehmen, „allgemein" bzw „repräsentativ" oder „qualifiziert" zu sein. Es ist eine Konsequenz des „fundamentalen Relativismus" *(Reuter)* des Völkerrechts, einschließlich der souveränen Gleichheit der Staaten, dass sich gegenüber dem *persistent objector* Völkergewohnheitsrecht nicht herausbilden kann: Gegen seinen ständig geäußerten Willen kann ein Völkerrechtssubjekt nicht gewohnheitsrechtlich gebunden werden. Dies gilt nach hM nicht für diejenigen Normen des Völkergewohnheitsrechts, die *erga omnes*-Pflichten statuieren. *Erga omnes*-Verpflichtungen bestehen der internationalen Gemeinschaft als Ganzer gegenüber,[325] so dass alle Staaten ein rechtliches Interesse an ihrer Erfüllung haben.[326] Welche völkerrechtlichen Pflichten solche mit *erga omnes*-Wirkung sind, ist im Einzelnen nicht abschließend geklärt.[327] Die Verletzung einer *erga omnes*-Pflicht dürfte angesichts der Bezugnahme auf die Staatengemeinschaft im Prinzip zur Folge haben, dass *jeder* Staat die Pflichtverletzung sanktionieren – wenn auch wohl nicht vor dem IGH geltend machen[328] – kann, unabhängig davon, ob er von dem Rechtsbruch selbst betroffen ist oder nicht.[329] **133**

Das staatliche Verhalten kann „aktiv" oder „passiv" sein. Im letzteren Fall spricht man von *acquiescence*. Hier ist u a das Problem der Bindung von Neustaaten **134**

---

322 So zB der Vertreter der französischen soziologischen Völkerrechtsschule *Scelle*, Règles générales du droit de la paix, RdC 46 (1933-IV) 327 (428); vgl auch *Wüst* (Fn 55) 198 ff.
323 Auch für das Element der *opinio iuris* besteht sowohl eine konstitutive als auch eine deklaratorische Sicht.
324 Das gilt für alle Rechtsquellen.
325 Zur letztlich zu verneinenden Frage nach der Existenz eines Völkerrechts*subjekts* „internationale Gemeinschaft" *Paulus* (Fn 60) 9 ff, 385 f; *Tomuschat*, Die internationale Gemeinschaft, AVR 33 (1995) 1 (8 ff).
326 Zur Etablierung etwa einer Hierarchie innerhalb der Menschenrechte kann auch der *erga omnes*-Status nicht beitragen, vgl *Schmahl* (Fn 139) 44 ff; optimistischer *Tomuschat*, International Law, 2001, 81 ff; *Scheyli*, Konstitutionelle Gemeinwohlorientierung im Völkerrecht, 2008, 103 ff.
327 Im *Barcelona Traction*-Urteil (§ 21) erwähnt der IGH beispielhaft u a das Aggressionsverbot, das Verbot des Völkermordes sowie die Regeln bzgl der grundlegenden Menschenrechte. Zum Selbstbestimmungsrecht der Völker vgl *East Timor*, ICJ Rep 1995, 90 (§ 29); Grenzwall-Gutachten, ICJ Rep 2004, 136 (§§ 155 ff).
328 Der ablehnenden Rechtsauffassung Portugals im *East Timor*-Fall, ICJ Rep 1995, 89 (§ 29) ist der IGH nicht gefolgt. Vgl auch *Srebrenica*, ICJ Rep 2007, 43 (§ 147). Ob sich aus dem Urteil des Gerichtshofs im Fall *Antarctic Whaling* (ICJ Rep 2014, 226) Abweichendes ergibt, wird – auch weil der Gerichtshof sich zu dieser Frage nicht explizit geäußert hat – unterschiedlich beurteilt. Dazu etwa *Tanaka*, Reflections on *Locus Standi* in Response to a Breach of Obligations *Erga Omnes Partes*, L&P 17 (2018) 527 ff. Näher zum Ganzen noch *Schröder*, 7. Abschn Rn 16 ff, 36, 95, 118.
329 *Tomuschat*, International Law, 84; *Simma*, From Bilateralism to Community Interest in International Law, RdC 250 (1994-VI) 217 (296 f). Krit *Ragazzi*, The Concept of International Obligations Erga Omnes, 1997, 210 ff; *Talmon*, Kollektive Nichtanerkennung illegaler Staaten, 2006, 292 ff.

an das überkommene Völkergewohnheitsrecht angesiedelt; diese Bindung ist grundsätzlich zu bejahen. Da Zustimmung durch Schweigen nicht ohne weiteres angenommen werden darf, kann von ihr nur ausgegangen werden, wenn bei gutem Glauben eine andere Auslegung des Schweigens nicht möglich ist. *Acquiescence* kann *estoppel* begründen. Die betreffende Partei kann sich dann nicht mehr auf sonst gültige Regeln des Völkerrechts oder ihre Nichtexistenz berufen. Gleiches gilt für die „Anerkennung" *(recognition)*.[330]

135   Manche Autoren führen das Gewohnheitsrecht letztlich auf die Quelle des Vertrags zurück, leugnen mithin die Eigenständigkeit des Gewohnheitsrechts als Rechtsquelle.[331] Schon die Existenz von Art 38 Abs 1 lit b IGH-Statut spricht gegen diese These.[332] Im Übrigen führt der Streit in ein Paradox:[333] Führt man als Grund für die *Eigenständigkeit* des Völkergewohnheitsrechts an, die internationale Rechtsordnung kenne und akzeptiere eine solche Rechtsquelle schon seit Jahrhunderten, so liegt darin selbst die Berufung auf Gewohnheitsrecht.[334]

136   Gewohnheitsrecht, etwa der Grundsatz der Staatenimmunität, die Anwendung des humanitären Völkerrechts, die Freiheit der Schifffahrt oder das Interventionsverbot, ist im Allgemeinen *statischer* als Vertragsrecht, schon was den Zeitraum der Entstehung betrifft. Im Übrigen können Verträge Gewohnheitsrecht begründen, modifizieren oder bekräftigen.[335] Die These, Gewohnheitsrecht sei durchweg nachgiebiges Recht, bedarf zumindest insoweit der Einschränkung, als Gewohnheitsrecht sich sogar zu *ius cogens*[336] verfestigen, also als gänzlich unnachgiebig erweisen kann.

137   Als Bsp für Bildung, Bedeutung und Wandel des Gewohnheitsrechts kann das *Weltraumrecht*[337] dienen.[338] Selbstverständlich sind Staaten, die nicht Partei der für den Weltraum wesentlichen Verträge sind, bei ihren weltraumgerichteten Aktivitäten nur dem Völkergewohnheitsrecht unterworfen.[339] Dieses regelt auch die Beziehungen zwischen den Vertrags- und den Nichtvertragsstaaten. Inhalt des einschlägigen Völkergewohnheitsrechts sind vor allem die Grundprinzipien, die etwa im Weltraumvertrag v 1967 niedergelegt sind, so die Freiheit der Erforschung und Nutzung des Weltraums, das Verbot der staatlichen Aneignung und der Fortbestand der

---

330 Die Bedeutung von *estoppel* ist str, vgl nur Martin, L'estoppel en droit international public, 1979, 71 ff. Str sind auch *acquiescence* sowie der Zusammenhang zwischen beiden Rechtsinstituten einerseits und dem *venire*-Grundsatz andererseits. Nach dem *estoppel*-Prinzip verhält sich ein Staat treuwidrig, wenn er die Anerkennung einer bestimmten Rechtsposition suggeriert hat und ein anderer im Vertrauen darauf seine eigene Position verändert oder einen Nachteil erlitten hat.
331 So *Tunkin* (Fn 185) 153 ff stellvertretend für die damalige sozialistische Doktrin.
332 Ein ähnlicher Streit herrscht bei den allgemeinen Rechtsgrundsätzen, vgl u Rn 142 ff.
333 Könnte man auf „Naturrecht" als Rechtsquelle rekurrieren, ließe sich das Paradox vermeiden.
334 Vgl in diesem Zusammenhang auch die krit Bemerkungen von *Ago*, Science juridique et Droit international, RdC 90 (1956-II) 851 (939). Dessen Lehre vom „spontanen Recht" (ebd 897 f) bricht freilich mit der hL, wonach Rechtsnormen nur dann Gültigkeit besitzen, wenn sich ihre normative Qualität aus anderen Rechtsnormen ableitet (vgl o Rn 63).
335 Die Kodifizierung einer gewohnheitsrechtlichen Norm beeinträchtigt nicht ihre (Weiter-) Geltung als Gewohnheitsrecht.
336 Dies wird etwa im Zusammenhang mit dem Selbstbestimmungsrecht der Völker diskutiert.
337 Überblick bei *Doehring*, Völkerrecht, 240 ff.
338 Dazu *Proelß*, 5. Abschn Rn 74 ff. Allgemein dazu *Diederiks-Verschoor*, An Introduction to Space Law, 1993, 10 ff; *Vereshchetin/Danilenko*, Custom as a Source of International Law of Outer Space, JSL 13 (1985) 22 ff.
339 Weitere Bindungen enthalten die allgemeinen Rechtsgrundsätze (s u Rn 142 ff).

staatlichen Souveränität über Gegenstände und Personen im Weltraum.[340] Insoweit kann das Weltraumrecht ein Bsp dafür sein, wie *aus Vertragsrecht Gewohnheitsrecht wird* (vgl Art 38 WVK), also für die Umkehrung des gebräuchlicheren Weges, der von der gewohnheitsrechtlichen Norm zu ihrer vertraglichen Kodifizierung führt.[341] Wahrscheinlich waren jene weltraumrechtlichen Grundprinzipien aber schon vor In-Kraft-Treten des Weltraumvertrags geltendes Völkergewohnheitsrecht. Setzt man bei den UN-Weltraum-*Resolutionen* v 1963 an,[342] so sind sie ein Bsp dafür, wie bei der Entstehung von Gewohnheitsrecht zuerst eine *Rechtsüberzeugung* bestehen kann (ausgedrückt durch Resolutionen, offizielle Erklärungen, diplomatische Korrespondenz oder Protest), der dann (und im konkreten Fall: sehr bald) eine entsprechende *Staatenpraxis* nachfolgt. Resolutionen der UN-Generalversammlung können ihrerseits aber auch Kristallisationspunkte für eine entsprechende Staatenpraxis sein und neues Recht vorbereiten.

Bedeutung hat das Weltraumgewohnheitsrecht auch für die Parteien der Weltraumverträge in den Bereichen, die diese Verträge *nicht* regeln. Ein Bsp ist das vertraglich ungelöste Problem der Abgrenzung von Luft- und Weltraum; es ist entweder mittels einer Linie (zB in 100 km Höhe) oder funktionell lösbar.[343] Auch die Frage der Zulässigkeit der Fernerkundung ohne vorherige Zustimmung des erkundeten Staats beantwortet sich überwiegend nach Gewohnheitsrecht.[344]

138

Die Raumfahrt verlangt nach Regelungen, die *neue*, bisher unbekannte Aktivitäten schnell erfassen. Das Völkergewohnheitsrecht kann diese Funktion aufgrund seines (langsamen) Entstehungsprozesses regelmäßig nicht erfüllen.[345] Das Element der *Übung* setzt eine *gewisse Dauerhaftigkeit* des in Frage stehenden Verhaltens voraus, so dass jedenfalls die erste, neue Aktivität nicht erfasst werden kann.[346] Der IGH stellt zwar bzgl der Dauer der Übung fest: „the passage of only a short period of time is not necessarily, or of itself, a bar to the formation of a new rule of customary international law";[347] das temporale Element als solches wird damit aber nicht fallen gelassen. Da jede Übung einer gewissen Zeit der Ausführung bedarf, kann das Ge-

139

---

340 Vgl *Vereshchetin/Danilenko* (Fn 335) 32.
341 Zu der in der Praxis nicht seltenen Konstellation, dass aus einer vertraglichen Regelung eine Gewohnheitsrechtsnorm entwickelt wird, *Villinger*, Customary International Law and Treaties, 2. Aufl 1997, 193 ff.
342 Entschließung v 17.10.1963 zur Frage der allgemeinen und vollständigen Abrüstung, Res 1884 (XVIII): Verbot der Stationierung von Massenvernichtungswaffen im Weltraum; Erklärung v 13.10.1963 über Rechtsgrundsätze zur Regelung der Tätigkeiten von Staaten bei der Erforschung und Nutzung des Weltraums, Res 1962 (XVIII), Letztere ohne Gegenstimmen angenommen.
343 Die Staaten, die nicht selbst den Weltraum nutzen konnten, haben das Entstehen von neuem Gewohnheitsrecht (zB das notwendige Durchqueren des Luftraums eines anderen Staats beim Raketenstart) hingenommen.
344 Ein Recht auf friedlichen Durchflug als Gewohnheitsrecht propagiert *Lachs*, in Böckstiegel (Hrsg), Environmental Aspects of Activities in Outer Space, 1990, 188. Zur Fernerkundung vgl bereits Declaration on Principles Relating to Remote Sensing of Earth from Space, Annex zu Res 41/65 v 3.12.1986.
345 Zur „Rückwärtsgerichtetheit" von Völkergewohnheitsrecht *Vereshchetin/Danilenko* (Fn 338) 23.
346 Zum „spontanen Völkergewohnheitsrecht" *(instant international customary law) Dörr*, in Ipsen (Hrsg), Völkerrecht, § 19 Rn 13; *Verdross/Simma*, §§ 566, 571. *Instant custom* bejaht (der „Erfinder" dieser Rechtsfigur) *Cheng*, United Nations Resolutions on Outer Space, IJIL 5 (1965) 23 ff.
347 ICJ Rep 1969, 43 *(Nordsee-Festlandsockel)*.

wohnheitsrecht eine bisher unausgeübte Verhaltensweise nicht antizipierend erfassen.[348]

140   Problematisch ist das Erfordernis der *Einheitlichkeit und Allgemeinheit der Übung*, wenn man bedenkt, dass nur wenige Staaten die Fähigkeit haben, selbst Weltraumaktivitäten zu betreiben. Dem IGH zufolge liegt „allgemeine Praxis" aber bereits dann vor, wenn sie das Verhalten all der Völkerrechtssubjekte umfasst, deren *Interessen besonders berührt* sind.[349] Auch sind alle Staaten potentielle Opfer von Schädigungen, die von fremden Weltraumaktivitäten herrühren. Außerdem beteiligen sich zunehmend weitere Staaten an einzelnen Projekten.[350] Nicht zuletzt nehmen auch die Nichtweltraumstaaten im UN-Rahmen seit den 1960er Jahren an der intensiven weltraumpolitischen und -rechtlichen Beratung und Entscheidung teil. Die Beispiele der Fernerkundung, des Durchflugs durch fremden Luftraum, der (Absturzort-)Opferrolle und der militärischen Nutzung des Weltraums machen ebenfalls deutlich, dass letztlich die Interessen aller Staaten von den Aktivitäten der wenigen Weltraumnationen betroffen sind. Die Übung ist durch die (zumindest mittelbare) Einbeziehung der gesamten Staatenwelt damit von einheitlicher, allgemeiner Art.

141   Teilweise wird zur Feststellung des Weltraumgewohnheitsrechts die Rechtsfigur der *acquiescence* bemüht.[351] Mangels ausdrücklicher Äußerungen wird dabei die bloße Hinnahme der Weltraumaktivitäten einer Minderheit von Staaten seitens der übrigen Staaten unter Berücksichtigung von Vertrauensgrundsätzen als Zustimmung zugerechnet.[352] *Pactum tacitum*-Konstruktionen sind dann nicht mehr fern.

c) Allgemeine Rechtsgrundsätze

142   Die von den „Kulturvölkern" *(nations civilisées/civilized nations)* anerkannten allgemeinen Rechtsgrundsätze *(general principles of law)*,[353] Art 38 Abs 1 lit c IGH-Statut, dienen vornehmlich dem Füllen von Lücken sowie als Legitimations- und Interpretationshilfe. Sie können sich auch in Gewohnheitsrecht oder Resolutionen der UN-Generalversammlung ausdrücken oder durch Verträge erfasst werden. So finden etwa Prinzipien der Haftung und der Verantwortlichkeit[354] zunehmend vertragliche Regelung, mögen sich auch zB die Grundsätze des Weltraumhaftungsübereinkommens (reine Gefährdungshaftung) nicht auf allgemeine Rechtsgrundsät-

---

348   Gewohnheitsrecht erreicht auch schwerlich die erforderliche normative Detailschärfe.
349   Vgl ICJ Rep 1969, 42 *(Nordsee-Festlandsockel)*. Gegen den Widerstand der Staaten, deren Interessen „specially affected" sind, kann kein Gewohnheitsrecht, ja nicht einmal ein *rough consensus* entstehen.
350   Str ist die Frage, ob die einschlägige UN-Deklaration (Fn 344), die bloßes *soft law* ist, „normative Bedeutung" (IGH) beanspruchen kann. S u Rn 152.
351   Anriss dieses Problems bei *Diederiks-Verschoor* (Fn 338) 11.
352   Gegen in dieser Weise entstehendes Völkergewohnheitsrecht kann sich ein Staat jedenfalls als *persistent objector* wehren, dazu *Dörr*, in Ipsen (Hrsg), Völkerrecht, § 19 Rn 29.
353   Vgl *Ress*, Rechtsgrundsätze, allgemeine, in Lexikon Völkerrecht, 322 ff.
354   Die Verzinsungspflicht von Geldschuld zB ist noch nicht völkervertraglich geregelt, findet sich aber in den meisten Privatrechtsordnungen (vgl aber das Zinsverbot im islamischen Recht). Ein Schiedsgericht bejahte 1912 deshalb die Pflicht, für eine feststehende völkerrechtliche Schadensersatzforderung Verzugszinsen zu zahlen: *Russisch-Türkischer Streitfall von 1912*, RIAA XI, 421.

ze zurückführen lassen.³⁵⁵ Auch die WVK hat allgemeine Rechtsgrundsätze kodifiziert.³⁵⁶ Häufig werden Grundsätze der Rechtslogik (Analogie, *lex posterior*-Regel usw) ebenfalls zu den allgemeinen Rechtsgrundsätzen gerechnet. Zu Letzteren gehören auch solche, die für das Funktionieren eines jeden Rechtssystems unerlässlich sind, wie Notstand, Treu und Glauben, Billigkeit *(equity)* und *pacta sunt servanda*. Gegenüber dem Völkervertragsrecht und dem Völkergewohnheitsrecht sind die allgemeinen Rechtsgrundsätze idR *subsidiär*. Ihre praktische Bedeutung nahm mit zunehmender Kodifizierung des Völkerrechts ab, doch sind nach wie vor Konstellationen denkbar, für die die übrigen Rechtsquellen letztlich keine Entscheidungsgrundlage enthalten. Inhaltlich gesehen finden sich unter den allgemeinen Rechtsgrundsätzen Grundelemente der Völkerrechtsordnung, so das *estoppel*-Prinzip, der Grundsatz des rechtlichen Gehörs, die Einrede der höheren Gewalt, das Verbot des Rechtsmissbrauchs.³⁵⁷ Auch die verfahrensrechtliche Sicherung der Völkerrechtsordnung ist durch allgemeine Rechtsgrundsätze gewährleistet (zB Beweislast, Rechtskraft des Urteils).³⁵⁸

Bei den allgemeinen Rechtsgrundsätzen handelt es sich um die durch (wertende) **143** *Rechtsvergleichung* zu ermittelnden materiellen, verfahrensrechtlichen oder rechtsstrukturellen Prinzipien, die übereinstimmend im *inner*staatlichen Recht der „Kulturvölker" anerkannt sind, also gelten *(recognized by civilized nations)*, und die zur Übertragung auf das Völkerrecht geeignet sind.³⁵⁹ Beschränkt wird die Rechtsvergleichung meist auf die wichtigsten Rechtskreise.³⁶⁰ Dem Attribut *civilized* kommt heute (str) keine einschränkende Bedeutung mehr zu.³⁶¹ Im Hinblick auf die souveräne Gleichheit der Staaten zählen alle³⁶² Staaten zu den *civilized nations*.³⁶³ Dies gilt umso mehr, als schon das *recognized*, dh die Akzeptanz von Recht, Zivilisation voraussetzt.³⁶⁴

Die sowjetische Lehre leugnete, dass es sich bei den allgemeinen Rechts- **144** grundsätzen um eine eigenständige Rechtsquelle des Völkerrechts handele.³⁶⁵ Dies

---

355 Vgl *Harndt*, Völkerrechtliche Haftung für die schädlichen Folgen nicht verbotenen Handelns, 1993.
356 Vgl Art 26, 48 WVK. Der IGH beurteilte im *Tempel v Préah-Vihéar*-Fall (ICJ Rep 1962, 6, 26) die Frage, ob sich eine Seite auf Irrtum berufen kann, nach einem allgemeinen Rechtsgrundsatz („an established rule of law").
357 Trotz ihrer Weite besitzen sie verpflichtende – lückenfüllende und integrierende – Kraft.
358 Ferner von Bedeutung: Verjährung, Verwirkung, Ersitzung, Notwehr und Nothilfe. Die Ersitzung spielte etwa im *Ostgrönland*-Fall des StIGH v 1933 eine Rolle. Aquieszenz des anderen Staates ist eine ihrer Voraussetzungen.
359 Unbeachtlich ist, ob die Aussagen in den nationalen Rechtsordnungen in Verfassungen, Gesetzen, Verordnungen oder Gerichtsentscheidungen verankert sind. „Allgemeinheit" der Rechtsgrundsätze bedeutet auch, dass kein Staat unilateral ihre Gestalt bestimmen kann.
360 Näher *Bleckmann*, Die Aufgabe einer Methodenlehre des Völkerrechts, 1978, 26 ff; *Schachter*, International Law in Theory and Practice, 1991, 50 ff.
361 Vgl *Dörr*, in Ipsen (Hrsg), Völkerrecht, § 20 Rn 3.
362 In diesem Sinne sind auch „Schurkenstaaten" „Kulturvölker".
363 *Barberis*, Fuentes del derecho internacional, 1973, 22 will demgegenüber hier zwischen Staaten und ihren inneren Rechtsordnungen trennen.
364 So schon *de Lapradelle*, Procès-verbaux (Cour Permanente de Justice Internationale, Comité consultatif de juristes), 1920, 335.
365 Vgl *Tunkin* (Fn 185) 229 ff: zwischen kapitalistischen und sozialistischen Systemen könne es keine übereinstimmenden materialen Rechtsgrundsätze geben. Heute unterstützen die allgemeinen Rechtsgrundsätze vor allem die Kohärenz der zunehmend diversifizierten Völkerrechtsordnung. Vgl *Kolb*, Theory of International Law, 2016.

war primär durch die Furcht motiviert, dass Grundsätze eines „westeuropäisch-nordamerikanischen Völkerrechts" anderen Staaten durch die Hintertür „allgemeiner Rechtsgrundsätze" aufgezwungen werden könnten.[366] Freilich berücksichtigte diese Auffassung bereits die Wendung in der Präambel der UN-Charta, „Achtung vor den Verpflichtungen aus Verträgen und *anderen* Quellen des Völkerrechts", nicht genügend.[367]

145   Abzulehnen ist ebenfalls die These, in den allgemeinen Rechtsgrundsätzen liege schon deshalb, weil sie alle zugleich Bestandteile des Gewohnheitsrechts seien, keine eigenständige Rechtsquelle.[368] Denn anders als das Gewohnheitsrecht bedürfen die allgemeinen Rechtsgrundsätze keiner Übung. Sie können auch durch formlose Anerkennung der Staatengemeinschaft entstehen, sogar *ad hoc*. Im Übrigen kann sich Gewohnheitsrecht durch Praxisveränderung wandeln. Auch diese Aspekte verdeutlichen die *eigenständige Bedeutung* der allgemeinen Rechtsgrundsätze. Bewahren die betreffenden Staaten in ihrer innerstaatlichen Rechtsordnung die Grundsätze, die sie als Gewohnheitsrecht auf internationaler Ebene beseitigen, bleibt dessen Inhalt als allgemeiner Rechtsgrundsatz im Völkerrecht bestehen.

146   Teilweise wird vertreten, allgemeine Rechtsgrundsätze könnten auch den *Resolutionen* I.O. entnommen werden.[369] Es findet sich sogar die These, allgemeine Rechtsgrundsätze ergäben sich unmittelbar aus den internationalen Beziehungen.[370] Dies ist schon deshalb abzulehnen, weil bei jenen Resolutionen die unentbehrliche Anerkennung – das *recognized* als Recht – durch die Staatengemeinschaft nicht angenommen werden kann:[371] Das Abstimmungsverhalten etwa in der UN-Generalversammlung wird weniger von *Rechts*folgewillen bzw *Rechts*überzeugung als von taktisch-politischen Überlegungen bestimmt. Daher beschränkt sich die Bedeutung der Resolutionen im Hinblick auf die allgemeinen Rechtsgrundsätze darauf, dass jene entweder deklaratorisch wirken oder Grundlagen für *künftige* Rechtsentwicklungen darstellen.[372]

d) Richterliche Entscheidungen, Lehrmeinung

147   Schon dem Wortlaut nach sind gemäß Art 38 Abs 1 lit d IGH-Statut, auch vorbehaltlich Art 59 IGH-Statut (*inter partes*-Wirkung der IGH-Entscheidungen), richterliche Entscheidungen[373] sowie die Lehrmeinung der fähigsten Völkerrechtslehrer der ver-

---

366 Dieser Gefahr könnten bereits strenge Anforderungen an die Rechtsvergleichung begegnen.
367 Auch angesichts der Formulierungen in den Amtssprachen *(conformément au droit international/in accordance with international law)* war jene Furcht unbegründet.
368 Vertiefter Diskussion bedürfte demgegenüber wohl einzig die Frage der Subsidiarität dieser Rechtsquelle.
369 Vgl *Verdross/Simma*, §§ 606, 639. Bsp sind die Allgemeine Erklärung der Menschenrechte v 1948 und die *Friendly Relations Declaration* v 1970.
370 Folgte man dieser These, verlöre diese Rechtsquelle jegliche Kontur.
371 Vgl *Fastenrath*, Lücken, 104. *Allenfalls* aus Resolutionen, die „resolut" und klar eine intendiert verbindliche Regel formulieren, ließe sich „normativ Kraftvolles" ableiten (str).
372 Sollen Resolutionen normativ „mehr" sein, gar – trotz fehlender Staatenpraxis – eine neue, eigenständige Rechtsquelle, müsste *darüber* Konsens hergestellt werden.
373 Rechtsschöpfung ist notwendiger Bestandteil jeglicher Rechtsprechung. Gerade im Völkerrecht – partiell ein Fallrecht – bildet die Rechtsprechungsanalyse, einschließlich der Untersuchung der richterlichen Rechtserzeugung, eine Kernaufgabe. Mangels einer globalen Legislative beruht das

schiedenen Nationen[374] nicht Rechts-, sondern bloße (Rechts-) *Erkenntnis*quellen: *Hilfsmittel* zur Feststellung von Rechtsnormen.[375] Vor allem dienen sie dazu, eine für rechtsverbindlich gehaltene Praxis nachzuweisen. Der Rang der *wissenschaftlichen Lehre* ergibt sich auch aus ihrer großen historischen Rolle. Die Völkerrechtskonzeptionen der Lehrer der *verschiedenen* Kulturkreise dürften *heute* schwerer miteinander zu vereinbaren sein. Nachgelassen hat auch die Bedeutung der Kollektivansichten internationaler Juristen*vereinigungen*, etwa bei der Ermittlung der *opinio iuris*. Hier sind vor allem das reputationsreiche Institut de droit international und die International Law Association, beide 1873 gegründet, zu nennen. *Richterliche Entscheidungen* meint nicht nur Judikate des IGH, IStGH oder ISGH – wobei eine starre Bindung an Vorentscheidungen *(stare decisis)* nicht besteht –, sondern auch Urteile internationaler Schiedsgerichte und, ein reiches Reservoir für die Rechtserkenntnis, völkerrechtsbezogene Entscheidungen nationaler Gerichte. Dabei muss man sich freilich davor hüten, der Rechtsprechung des *eigenen* Staats oder des *eigenen* Rechtskulturkreises übermäßige Bedeutung beizumessen. Der StIGH *(Lotus)* ließ die Frage der Bedeutung nationaler Judikate für Entwicklung und Nachweis von Völkergewohnheitsrecht ausdrücklich offen.

2. Entwicklungen außerhalb von Art 38 IGH-Statut

Für die These, es handele sich bei dem Katalog des Art 38 Abs 1 IGH-Statut um eine **148** *erschöpfende* Aufzählung der Völkerrechtsquellen, ergeben sich Argumente jedenfalls nicht aus dem insoweit neutralen Wortlaut *(applique/shall apply)*.[376] Mit Art 38 Abs 1 StIGH-Statut lässt sich hier erst recht nicht argumentieren, da seinerzeit sogar str war, ob die Aufzählung außer den Gerichtshof auch die Vertragsstaaten verpflichtete.[377] Art 38 IGH-Statut soll dem Gericht die Rechtsfindung erleichtern. Der IGH kann seine Aufgabe sinnvoll aber nur erfüllen, wenn er nicht am Zugriff auf *zusätzliche Rechtsquellen* gehindert ist,[378] die sich etwa in einem speziellen regionalen oder sachlichen Bereich etabliert haben. Art 38 IGH-Statut kann, selbst wenn er ursprünglich als abschließend konzipiert gewesen sein sollte, vertraglich oder gewohnheitsrechtlich modifiziert werden. Gemeinsam sind die Staaten in der Lage, neue, zusätzliche Formen der Rechtschöpfung zu entwickeln und ggf zu beschließen. Weder vom Positivismus noch von der Willenstheorie her – um nur diese beiden Ansätze zu nennen – spräche etwas gegen eine Erweiterung des Kreises der formellen Rechtsquellen. Es besteht auch kein Grund, formalisierte Verfahren der

---

Völkerrecht stärker als andere Rechtsgebiete auf Präzedenzfällen. Zugleich leistet gerade die *internationale* Gerichtsbarkeit einen Beitrag zur Feststellung und Weiterentwicklung des Völkerrechts.
374 Autorität besitzt die Lehre ("the teaching of the most highly qualified publicists of the various nations") nur bei weitgehender Übereinstimmung unter den anerkanntesten Völkerrechtlern.
375 Entscheidungen nationaler Gerichte sind auch Ausdruck der Staatenpraxis. Sie können auf diesem Weg also zur Bildung oder Weiterentwicklung von völkerrechtlichem Gewohnheitsrecht beitragen.
376 Art 38 Abs 1 IGH-Statut regelt die vom Gerichtshof *anwendbaren* Rechtsquellen, nicht die Frage der Rechtsquellen allgemein.
377 Heute einhellige Auffassung. Zum Zeitpunkt seiner Entstehung, im Jahr 1920, dürfte der Katalog eine abschließende Aufzählung der damals existierenden Völkerrechtsquellen gewesen sein.
378 Vgl *Fastenrath*, Lücken, 89.

Rechtserzeugung wie die in Art 38 Abs 1 IGH-Statut genannten Quellen als alleinige auf Dauer zu fixieren.[379] Ein derartiges Beschneiden in seinen Wurzeln würde die Dynamik des Völkerrechts verfehlen. Art 38 Abs 1 IGH-Statut ist insofern *nicht* als *numerus clausus der Völkerrechtsquellen* zu verstehen. Weitere Rechtsquellen sind möglich, und sie gibt es in der Tat.[380]

149   *Einseitige Akte* (Deklaration, Notifikation, Anerkennung, Protest, Verzicht, Versprechen, Widerruf), häufig eingesetzte Instrumente im zwischenstaatlichen Verkehr, *können eigenständige Rechtsquellen* sein, soweit sich hinter ihnen in Wahrheit nicht ohnehin ein Vertrag oder eine Norm des Gewohnheitsrechts verbirgt, oder soweit sie (wie Kündigung, Suspendierung, Anerkennung) nicht als bloßes Tatbestandsmerkmal einer völkerrechtlichen Norm auftreten.[381] Die Voraussetzungen für die normative Bindungswirkung einseitiger völkerrechtlicher Akte, wie sie etwa für Anerkennung, Protest und Verzicht allgemein anerkannt ist, sind nicht abschließend geklärt. Weitgehende Klarheit besteht aber darüber, dass sie durch einen *Vertrauenstatbestand,* etwa ein Versprechen, begründet werden kann, wobei pflichtenbegründende Erklärungen grundsätzlich eng auszulegen sind.[382] Die Bindungswirkung wurzelt damit letztlich im *estoppel*-Prinzip oder im Grundsatz von Treu und Glauben. Nach anderer Meinung beruht sie auf gewohnheitsrechtlicher Anerkennung.[383] Diejenigen, die die Rechts*quellen*qualität einseitiger Willenserklärungen verneinen,[384] tun dies aufgrund eines pointiert bildhaften Begriffsverständnisses („Quellen"). Ernstere Schwierigkeiten wirft die Heterogenität der Erscheinungsformen einseitiger Akte auf, ebenso die Uneinheitlichkeit der Kategorisierung.

150   Ob *Beschlüsse I.O.*[385] Rechtsquellen sind, hängt von der Bedeutung ab, die der Gründungsvertrag der I.O. diesen Akten gibt. Streit herrscht besonders hinsichtlich der *Resolutionen der UN-Generalversammlung.*[386] Mangels Zuständigkeit dieses Or-

---

379 Vgl aber *Tomuschat,* Verfassungsgewohnheitsrecht?, 1972, 111 f. Im Übrigen bleibt stets zu untersuchen, inwieweit vorgeblich „neue" Rechtsquellen „genealogisch" nicht doch auf eine der alten Quellen zurückzuführen sind *(genealogical link theory).* Vgl *Virally,* The Sources of International Law, in Sørensen (Hrsg), Manual of Public International Law, 1968, 116 ff.
380 Dem trägt zB Art 293 SRÜ Rechnung, wonach der ISGH sonstige mit dem SRÜ „nicht unvereinbare Regeln des Völkerrechts" anwendet.
381 Vgl *Dupuy,* Droit international public, 4. Aufl 1998, 248 ff. Einseitige Erklärungen eines Staates sind im Hinblick auf ihren bindenden Charakter nach Wortlaut, Umständen und nachfolgenden Entwicklungen auszulegen (StIGH in *Ostgrönland,* 1933).
382 IGH, *Französische Nukleartests*-Fälle, ICJ Rep 1974, 253, 267 u 457, 472: „It is well recognized that declarations made by way of unilateral acts […] may have the effect of creating legal obligations." Vgl auch *Französische Nukleartests/Urteilsüberprüfungs*-Fall, ICJ Rep 1995, 288, 305. Konkret ging es um ein öffentliches Versprechen Frankreichs im Zusammenhang mit seinen Atomwaffenversuchen im Südpazifik. Den amtlichen, mit offensichtlichem Rechtsbindungswillen abgegebenen Erklärungen entnahm der IGH die völker*rechtliche* Verpflichtung Frankreichs, keine weiteren Tests durchzuführen. Dazu *Müller,* Vertrauensschutz im Völkerrecht, 1971; *Suy,* Les actes juridiques unilatéraux en droit international public, 1962.
383 *Dörr,* in Ipsen (Hrsg), Völkerrecht, § 22 Rn 4 ff. erörtert weitere Rspr.
384 Vgl *Bos* (Fn 265) 88. Diese zu restriktive Argumentation vermag nicht zu überzeugen.
385 Davon zu unterscheiden sind *auf Grund der Gründungsverträge erlassene Normen.* Sie sind als innerhalb des Regelungsbereiches der jeweiligen I. O. gültige Rechtsquellen anzusehen, soweit sie vom Gegenstand her, wie idR, Völkerrecht betreffen. Vgl *Bernhardt,* Qualifikation und Anwendungsbereich des internen Rechts internationaler Organisationen, BerDGVR 12 (1973) 7 ff; *Weiß* (Fn 293) 224.
386 Zu den Beschlüssen von Versammlung und Rat des Völkerbundes differenzierend *Schindler,* Die Verbindlichkeit der Beschlüsse des Völkerbundes, 1927, 7, 87.

gans, das nach Art 11–14 UN-Charta grundsätzlich *nur Empfehlungen* abgeben kann, und mangels gewohnheitsrechtlicher Abänderung ist die Qualifizierung dieser Beschlüsse als Völkerrechtsquelle *abzulehnen*.[387] Dies darf nicht darüber hinwegtäuschen, dass auf Grund der oft langwierigen Aushandlung auch der kleinsten Details – die Texterarbeitung kann durchaus an komplexe Vertragsverhandlungen erinnern – viele Resolutionen der UN-Generalversammlung *die Bildung künftigen Völkerrechts,* insbes des Gewohnheitsrechts, *beeinflussen* (sollen). Zudem können sie Hilfsmittel zur Feststellung einer *opinio iuris* sein.[388]

Verträge von Staaten mit transnationalen Unternehmen wären der Rechtsquelle „völkerrechtlicher Vertrag" zuzuordnen, wenn diese Entitäten partielle Völkerrechtssubjekte wären[389] und die betroffenen Verträge inhaltlich völkerrechtliches Gepräge trügen. Beides ist nach hL *nicht* der Fall. Die von diesen Wirkungseinheiten mit Staaten geschlossenen Verträge sind insofern nur eine potentielle, also keine gesondert anzuführende Rechtsquelle. Möglich ist lediglich, dass sich ein Unternehmen *freiwillig den Regeln des Völkerrechts* für seine transnationale Rechtsbeziehung (etwa einen Rohstofflieferverttrag) *unterwirft*. **151**

Keine *Rechts*quelle des Völkerrechts ist auch das vielgestaltige *soft law*. Recht ist Recht, wenn es von einem zur Rechtsetzung befugten Organ gesetzt wird. Entweder gilt es, oder es gilt nicht, ist also kein Recht. „Stärkere" oder „schwächere" Geltung kann es rechtslogisch nicht geben."[390] Auch soweit *soft law* als *Indikator* für Rechtsüberzeugungen dient, lässt sich der rechtliche Gehalt nur andernorts, im Rahmen anerkannter Rechtsquellen, finden. Stets kann (und wird) *soft law* zur Auslegung der überkommenen Rechtsquellen und ihren „Erzeugnissen" herangezogen werden. Darüber hinausgehende rechtliche Wirkungen kraft des *Vertrauens*prinzips sind denkbar. Sie sind aber aus *dessen* Gesetzmäßigkeiten ableitbar; die Existenz einer eigenständigen Rechtsquellenkategorie begründen sie nicht. **152**

Auch völkerrechtliche *Standards,* etwa im Bereich der Menschenrechte, des Wirtschaftsvölkerrechts, im Arbeits-, Gesundheits- und Erziehungsbereich,[391] sind keine Rechtsquellen. „Standards" kombinieren rechtlich verbindliche Normen mit unverbindlichen Sätzen appellativen Charakters (zB Resolutionen). Gewohnheitsrechtlich rezipiert oder vertraglich vereinbart, also mittels der überkommenen Rechtsquellen, gewinnen Standards freilich Rechtscharakter. **153**

---

387 Vgl *Verdross/Simma,* § 635. Die Mitgliedstaaten dürfen die Resolutionen freilich nicht als unbeachtlich abtun, sondern haben sie *bona fide* zu berücksichtigen. Vgl *GV-Nuklearwaffen*-Gutachten, ICJ Rep 1996, 226, 254.
388 Vgl *Schachter* (Fn 360) 87 ff, unter dem Gesichtspunkt „authentischer Interpretation"; *Schreuer,* Recommendations and the Traditional Sources of Law, GYIL 20 (1977) 10 ff.
389 Näheres *Stoll,* Vereinbarungen zwischen Staat und ausländischem Investor, 1982, 42 ff, 51 ff; *Epping,* in Ipsen (Hrsg), Völkerrecht, § 11 Rn 19 ff.
390 Hierzu und zum Folgenden *Thürer* (Fn 146) 429, 441 ff; Shelton (Hrsg), Commitment and Compliance: The Role of Non-Binding Norms in the International Legal System, 2000; *Hillgenberg,* Soft Law im Völkerrecht, ZEuS 1 (1998) 81 ff; *d'Aspremont,* Formalism and the Sources of International Law, 2011. Für *soft law* „als neue Quellenkategorie" demgegenüber *Weiß* (Fn 293) 239 ff.
391 Vgl *Körner-Dammann,* Bedeutung und faktische Wirkung von ILO-Standards, 1991; *Vierheilig,* Die rechtliche Einordnung der von der Weltgesundheitsorganisation beschlossenen Regulations, 1984; *Schwarzenberger,* The Principles and Standards of International Law, RdC 117 (1966-I) 66 ff.

3. Rangverhältnis und Kodifikation der Rechtsquellen

154 Eine sich aus dem Rang der Normen selbst ergebende *Hierarchie* existiert im Völkerrecht grundsätzlich nicht.[392] Die für den Rechtsquellenkanon ursprünglich vorgesehene Wendung *ordre successif* wurde nicht in die endgültige Fassung des StIGH-Statuts aufgenommen. Ein Verstoß gegen *ius cogens* führt freilich zur Nichtigkeit einer Norm.[393] Auch lassen sich Vorrangklauseln vereinbaren. Leicht modifiziert sind zudem die *lex posterior*- und *lex specialis*-Sätze anwendbar. Insoweit ist die Reihenfolge in Art 38 IGH-Statut lediglich Ausdruck der Rechtslogik; ein Vertrag zB ist stets als *lex specialis* zu den allgemeinen Rechtsgrundsätzen anzusehen. Regionales oder bilaterales Völkergewohnheitsrecht geht universellem Völkergewohnheitsrecht vor.

155 Akzeptiert man die relative Eigenständigkeit der einzelnen in Art 38 IGH-Statut genannten Rechtsquellen, etwa das selbständige und gleichberechtigte Nebeneinander von Völkervertrags- und -gewohnheitsrecht, bleibt noch die Frage zu beantworten, inwieweit die *Reihenfolge* der Nennung etwas über die *normative* Bedeutung der Quellen aussagt. In der Vergangenheit galt das Gewohnheitsrecht als wichtigste Quelle. Mit zunehmender Kodifizierung wuchs die Zahl der Verträge. Eine *exponierte Stellung des Vertragsrechts* lässt sich auch dadurch rechtfertigen, dass der IGH nicht nur auf der Basis von Völkerrecht allgemein, sondern speziell auf der des zwischen den Parteien geltenden Völkerrechts zu entscheiden hat;[394] im Kollisionsfall derogiert dieses spezielle Recht jenes generelle. Derartiges *relatives* Recht aber manifestiert sich eher im Vertrags- als im Gewohnheitsrecht. Soweit die Parteien dem IGH eine Streitigkeit nach Art 36 Abs 1 IGH-Statut unterbreiten, können sie zudem auch die der Entscheidung zugrunde zu legende Rechtsquelle (idR ist dies ein Vertrag) bestimmen.[395]

156 Trotz seiner großen Ausstrahlung[396] vermochte Art 38 IGH-Statut diverse dogmatische Streitigkeiten nicht zu bereinigen. Dies war allerdings auch nicht zu erwarten. Für eine Rechtsquellen*lehre* kann Art 38 IGH-Statut schwerlich die entscheidende Basis bilden. In einer der in ihm genannten Rechtsquellen selbst enthalten, kann er zumindest diese nicht begründen.[397] Daraus folgt freilich nicht, dass sich eine

---

392 Anders noch der ursprüngliche Entwurf des Juristenkomitees des Völkerbundes zum StIGH, vgl *Hudson*, The Permanent Court of International Justice 1920–1942, 1972, 194 f, und Art 7 des nicht ratifizierten XII. Haager Abkommens über den internationalen Prisenhof, abgedr mit Materialien in *B. Schenk Graf von Stauffenberg* (Bearbeiter), Statut et règlement de la Cour permanente de Justice internationale. Eléments d'interprétation, 1934, 272 ff. Zur gegenwärtigen Diskussion: *Koskenniemi*, Hierarchy in International Law, EJIL 8 (1997) 566 ff; *Paulus*, Zur Zukunft der Völkerrechtswissenschaft in Deutschland, ZaöRV 67 (2007) 695 ff; *Zimmermann*, Durchsetzung des Völkerrechts zwischen Fragmentierung, Multilateralisierung und Individualisierung, FS Bothe 2008, 1077 ff. Zudem ist nicht nur auf Rechtsnormkonflikte zu blicken, sondern umfassender nach „Reibungen" zu suchen, die aufgrund unterschiedlicher Wertungen und Zielsetzungen zwischen Teilordnungen und „Regimen" des Völkerrechts entstehen können. Die „ideologischen" und nationalistischen Fragmentierungen des Völkerrechts sind gegenwärtig noch problematischer als die normtheoretischen.
393 Vgl Art 53, 64 WVK, die heute Völkergewohnheitsrecht darstellen.
394 Vgl *Fitzmaurice*, Some Problems Regarding the Formal Sources of International Law, Symbolae Verzijl, 1958, 153 (174).
395 Vgl IGH, *Kasikili/Sedudu*-Fall, ICJ Rep 1999, 1045, § 18 f.
396 Vgl etwa Art 7 Abs 2 EMRK.
397 Vgl trotz zT abweichenden Begriffsverständnisses *Ross*, Lehrbuch des Völkerrechts, 1951, 81.

Rechtsquellenlehre nur auf die Praxis gründen ließe.[398] Wie etwa schon die Frage nach dem Naturrecht als (früher valider) Rechtsquelle zeigt, muss eine Rechtsquellenlehre immer auch im Zusammenhang mit dem jeweiligen Verständnis des Geltungsgrunds von Recht entwickelt werden.

Art 38 IGH-Statut bietet dem IGH einen von allen Streitparteien zu akzeptierenden und somit zumindest in den Grundlagen unstr Maßstab der Rechtsfindung. Den Parteien gibt er eine gewisse Sicherheit, nach welchen *Haupt*grundlagen der Gerichtshof entscheidet. Dass die Aufzählung nicht vollständig ist, braucht kein Nachteil zu sein, solange man sie als ein bloßes Werkzeug betrachtet.[399] Die Nennung der traditionellen (und damit zugleich der überragend wichtigen) Quellen in Art 38 IGH-Statut zwingt stets zunächst zur Überprüfung, ob nicht in Wahrheit eine vorgeblich „neue" Quelle doch auf eine jener überkommenen Quellen zurückzuführen ist. **157**

Vor allem die wachsende Zahl und Bedeutung der auf der Grundlage von Gründungsverträgen I.O. erlassenen Normen (Sekundäres Vertragsrecht) könnte es rechtfertigen, eine *formelle Erweiterung des Art 38 IGH-Statut* zu fordern; Gleiches gilt etwa von einseitigen Rechtsakten mit Schutzwirkung für betätigtes Vertrauen. *Kodifizierung* und Weiterentwicklung bedeuten freilich immer auch Systematisierung. Sie setzen daher eine – meist langwierige und womöglich desintegrierende – Kristallisation des zu Kodifizierenden oder eine Erprobung des Weiterzuentwickelnden voraus. Kodifizierung kann zudem die Rechtsentwicklung hemmen.[400] Solange starke Bewegung in einem bestimmten Bereich herrscht – und das gilt etwa auch für das Sekundärrecht I.O. und seine Qualifizierung –, erscheint es angezeigt, die Rechtsregeln für diesen Bereich jedenfalls nicht in Texten zu kodifizieren, die den *Grundlagen* der einschlägigen Rechtsordnung zuzuordnen sind. **158**

Dies zusammengenommen rechtfertigt bis auf weiteres ein *Votum gegen* eine entsprechende *formelle* Ausweitung der in Art 38 IGH-Statut genannten Rechtsquellen. Kodifikationstechnisch, inhaltlich und völkerrechtspolitisch ist dieser Katalog nach wie vor funktionsadäquat. Auch im Hinblick auf die Bewältigung der vorstehend unternommenen Aufgabe, Begriff, Geschichte und Rechtsquellen des Völkerrechts darzustellen, erweist sich die Schlüsselbestimmung des Art 38 IGH-Statut als hinreichend aussagestark und leistungsfähig, ja auch in dieser Form als weiterhin unentbehrlich. **159**

---

398 So aber *Ross* (Fn 397) 295.
399 Vgl *Kearny*, Sources of Law and the International Court of Justice, in Gross (Hrsg), The Future of the International Court of Justice, Bd II, 1976, 610 (696).
400 Vgl *Shearer*, Starke's International Law, 11. Aufl 1994, 31.

Graf Vitzthum

Zweiter Abschnitt

Philip Kunig/Robert Uerpmann-Wittzack
Völkerrecht und staatliches Recht

Gliederung

I. Einführung in die Grundlagen —— 1–8
II. Verfassungsrechtliche Grundentscheidungen für die Stellung Deutschlands in der internationalen Ordnung —— 9–27
   1. Das Bekenntnis zu Frieden und Menschenrechten —— 12–17
   2. Die „Offenheit" und die „Völkerrechtsfreundlichkeit" —— 18–20
   3. Die Integrationsorientierung —— 21–27
III. Das Verhältnis des Völkerrechts zur staatlichen Rechtsordnung: Grundbegriffe und Grundpositionen —— 28–45
   1. Der Theorienstreit —— 28–36
   2. Die Mechanismen —— 37–40
   3. Geltung und Anwendbarkeit —— 41, 42
   4. Völkerrechtliche Rechtsfolgen mangelnder Umsetzung —— 43–45
IV. Völkerrecht und deutsches Recht —— 46–174
   1. Zur Einführung: Das Verhältnis von Völkerrecht und staatlichem Recht nach den Rechtsordnungen einzelner Staaten —— 46–61
   2. Die völkerrechtlichen Verträge —— 62–134
      a) Überblick zu den grundgesetzlichen Vorgaben —— 62
      b) Bund und Länder als Parteien völkerrechtlicher Verträge und als Mitwirkende beim Vertragsschluss —— 67
      c) Repräsentation nach außen: Die Befugnisse des Bundespräsidenten —— 76
      d) Die Rolle der Bundesregierung —— 80
      e) Das Erfordernis der Mitwirkung von Bundestag und Bundesrat —— 86
      f) Die Form des Bundesgesetzes —— 104
      g) Der Rang und die Wirkung völkerrechtlicher Verträge im deutschen Recht —— 115
      h) Die europäischen Gründungsverträge im deutschen Recht —— 120
      i) Die Übertragung von Hoheitsrechten im Übrigen —— 131
   3. Das Völkergewohnheitsrecht —— 135–162
      a) Völkergewohnheitsrecht und „allgemeine Regeln des Völkerrechts" —— 137
      b) Der Rang und die Wirkung gewohnheitsrechtlich geltender allgemeiner Regeln des Völkerrechts im deutschen Recht —— 148
      c) Die Normverifikation durch das Bundesverfassungsgericht —— 159
   4. Allgemeine Rechtsgrundsätze —— 163–165
   5. Recht Internationaler Organisationen —— 166–174
V. Bilanz: Völkerrecht als Maßstab deutscher Staatsgewalt —— 175–187
   1. Gesetzgebung —— 176
   2. Regierung und Verwaltung —— 177–184
   3. Gerichte —— 185–187

Literatur

von Arnauld, Andreas, Völkerrecht, 3. Aufl 2016 (§ 7)
Bleckmann, Albert, Grundgesetz und Völkerrecht, 1975
Calliess, Christian, Staatsrecht III, 2. Aufl 2018

Dahm, Georg/Delbrück, Jost/Wolfrum, Rüdiger, Völkerrecht, Bd I/1, 2. Aufl 1989 (2. Kap)
Doehring, Karl, Völkerrecht, 2. Aufl 2004 (§ 13)
Fastenrath, Ulrich, Kompetenzverteilung im Bereich der auswärtigen Gewalt, 1986
Geiger, Rudolf, Grundgesetz und Völkerrecht, 7. Aufl 2018
Geiger, Rudolf (Hrsg), Völkerrechtlicher Vertrag und staatliches Recht vor dem Hintergrund zunehmender Verdichtung der internationalen Beziehungen, 2000
Hailbronner, Kay/Wolfrum, Rüdiger/Wildhaber, Luzius/Öhlinger, Theo, Kontrolle der Auswärtigen Gewalt, VVDStRL 56 (1997)
Herrmann, Christoph, Examens-Repetitorium Europarecht, Staatsrecht III, 6. Aufl 2017
Hobe, Stefan, Einführung in das Völkerrecht, 10. Aufl 2014 (6. Kap)
Isensee, Josef/Kirchhof, Paul (Hrsg), Handbuch des Staatsrechts, Bd VII, 3. Aufl 2007 [HdbStR VII]
Rudolf, Walter, Völkerrecht und deutsches Recht, 1967
Sauer, Heiko, Staatsrecht III. Auswärtige Gewalt, Bezüge des Grundgesetzes zu Völker- und Europarecht, 5. Aufl 2018
Schorkopf, Frank, Staatsrecht der Internationalen Beziehungen, 2017
Schweitzer, Michael/Georg Dederer, Staatsrecht III. Staatsrecht, Völkerrecht, Europarecht, 11. Aufl 2016
Seidel, Gerd, Verhältnis von Völkerrecht und innerstaatlichem Recht, 1985

Verträge
Revidierte Rheinschifffahrtsakte v 17.10.1886 id NF v 11.3.1969 (BGBl 1969 II, 597), zuletzt geänd durch Zusatzprotokoll Nr 7 v 27.11.2002 (BGBl 2003 II, 1912) [Mannheimer Akte] —— 132
Charta der Vereinten Nationen v 26.6.1945 (BGBl 1973 II, 431), zuletzt geänd durch Bek v 28.8.1980 (BGBl 1980 II, 1252) [UN-Charta] —— 12, 58, 85, 89, 103, 134, 171
Statut des Internationalen Gerichtshofs v 26.6.1945 (BGBl 1973 II, 505), zuletzt geänd durch Res RC/Res.6 v 11.6.2010 (BGBl 2013 II, 139 iVm Bek v 12.6.2013 (BGBl 2013 II, 1042) [IGH-Statut] —— 60, 61, 66, 139, 163
Satzung des Europarates v 5.5.1949 (BGBl 1950 II, 263), zuletzt geänd durch Bek v 18.1.2008 (BGBl 2008 II, 129) —— 23
Abmachung zwischen den Alliierten Hohen Kommissaren und dem Deutschen Bundeskanzler v 22.11.1949 (BVerfGE 1, 1) [Petersberger-Abkommen] —— 98
Deutsch-Französisches Wirtschaftsabkommen v 10.2.1950 (BAnz v 14.2.1950, Nr 31) —— 98
Konvention zum Schutze der Menschenrechte und Grundfreiheiten v 4.11.1950 (BGBl 1952 II, 685, 953), zuletzt geänd durch Prot Nr 15 v 24.6.2013 (BGBl 2014, 1034) [EMRK] —— 118, 186
Vertrag über die Gründung der Europäischen Gemeinschaft für Kohle und Stahl v 18.4.1951 (BGBl 1952 II, 447) idF v 7.2.1992 (BGBl 1992 II, 1053/1282), zuletzt geänd durch den Vertrag von Nizza v 26.2.2001 (BGBl 2001 II, 1667) [EGKS-Vertrag] —— 120
Vertrag zwischen dem Land Baden und dem Port Autonome de Strasbourg v 19.10.1951 (BVerfGE 2, 358) [Kehler Hafenabkommen] —— 98
Vertrag zur Gründung der Europäischen Gemeinschaft v 25.3.1957 (BGBl 1957 II, 766), nach In-Kraft-Treten des Vertrags von Lissabon v 13.12.2007 (BGBl 2008 II, 1038) nunmehr gültig als Vertrag über die Arbeitsweise der Europäischen Union (konsolidierte Fassung: ABl EU 2010, Nr C 83/47), zuletzt geänd durch Art 2 ÄndBeschl 2012/419/EU v 11.7.2012 (ABl EU 2012, Nr L 204/131) [AEUV] —— 120, 130, 173, 174
Übereinkommen über die Errichtung einer Sicherheitskontrolle auf dem Gebiet der Kernenergie v 20.12.1957 (BGBl 1959 II, 586) —— 132
Haager Übereinkommen über die Zustellung gerichtlicher und außergerichtlicher Schriftstücke im Ausland in Zivil- und Handelssachen v 15.11.1965 (BGBl 1977 II, 1452), zuletzt geänd durch Bek v 6.2.2008 (BGBl 2008 II, 166) —— 119
Übereinkommen zur Beseitigung jeder Form der Rassendiskriminierung v 7.3.1966 (BGBl 1969 II, 961) —— 184

(Erstes) Fakultativprotokoll zum Pakt über bürgerliche und politische Rechte v 19.12.1966 (BGBl 1992 II, 1246) —— 104
Wiener Übereinkommen über das Recht der Verträge v 23.5.1969 (BGBl 1985 II, 927) [WVK] —— 63, 78, 86, 87, 109, 119, 130, 139, 157
Vertrag zwischen der Bundesrepublik Deutschland und der Union der Sozialistischen Sowjetrepubliken v 12.8.1970 (BGBl 1972 I, 354) [Moskauer Vertrag 1970] —— 95
Vertrag über die Auslieferung zwischen der Sozialistischen Föderativen Republik Jugoslawien und der Bundesrepublik Deutschland v 26.11.1970 (BGBl 1974 II, 1257) —— 117
Vertrag zwischen der Bundesrepublik Deutschland und der Volksrepublik Polen über die Grundlagen der Normalisierung ihrer gegenseitigen Beziehungen v 7.12.1970 (BGBl 1972 II, 362) —— 95
Abkommen zwischen der Regierung der Bundesrepublik Deutschland und der Regierung der Deutschen Demokratischen Republik über den Transitverkehr von zivilen Personen und Gütern zwischen der Bundesrepublik Deutschland und Berlin (West) v 17.12.1971 (Beilage BAnz Nr 174 v 15.9.1972, 7) [Transitabkommen] —— 113
Übereinkommen über die Rechte des Kindes v 20.11.1989 (BGBl 1992 II, 122) —— 182, 184
Abkommen über die kulturelle Zusammenarbeit zwischen der Bundesrepublik Deutschland und Vietnam v 6.3.1991 (BGBl 1991 II, 1050) —— 68
Vertrag über die Europäische Union v 7.2.1992 (BGBl 1992 II, 1253) idF des Vertrags von Lissabon v 13.12.2007 (BGBl 2008 II, 1038), zuletzt geänd durch Art 13 und Art 14 Abs. 1 EU-Beitrittsakte 2013 v 9.12.2011 (ABl EU 2012, Nr L 112/21) [EUV] —— 24, 99, 120, 125, 129
Übereinkommen über die handelsbezogenen Aspekte des Rechts des geistigen Eigentums v 15.4.1994 (BGBl 1994 II, 1565 bzw 1729) [TRIPS] —— 130
Vertrag über eine Verfassung für Europa v 29.10.2004 (ABl EU 2004, Nr C 310/1) —— 27, 120
Übereinkommen über die Rechte von Menschen mit Behinderungen v 13.12.2006 (BGBl 2008 II, 1420) [Behindertenrechtskonvention] —— 101
Vertrag über den Waffenhandel v 19.10.2013 (BGBl 2013 II, 1427) —— 97

Judikatur
Deutsche Gerichte
RG, Urteil v 2.6.1881, RGSt 4, 271 *[Staatsvertrag zwischen dem Großherzogtum Baden und den Vereinigten Staaten von Amerika]* —— 59
RG, Urteil v 26.10.1914, RGZ 85, 374 [Prioritätsrecht] —— 59
RG, Urteil v 9.2.1931, JW 1932, 582 [deutsch-polnisches Aufwertungsabkommen] —— 117
BVerfG, Urteil v 29.7.1952, BVerfGE 1, 351 [Petersberger Abkommen] —— 67, 92, 98
BVerfG, Urteil v 29.7.1952, BVerfGE 1, 372 [deutsch-französisches Wirtschaftsabkommen] —— 80, 95, 98, 102, 110
BVerfG, Urteil v 30.7.1952, BVerfGE 1, 396 [Europäische Verteidigungsgemeinschaft] —— 116
BVerfG, Urteil v 30.6.1953, BVerfGE 2, 347 [Kehler Hafenabkommen] —— 67, 98
BVerfG, Urteil v 17.8.1956, BVerfGE 5, 85 [KPD-Verbot] —— 14
BVerfG, Urteil v 26.3.1957, BVerfGE 6, 309 [Konkordat] —— 67
BVerfG, Beschluss v 30.10.1962, BVerfGE 15, 25 [Jugoslawische Militärmission] —— 152, 160
BVerfG, Beschluss v 30.4.1963, BVerfGE 16, 27 [Iranische Botschaft] —— 161
BVerfG, Beschluss v 7.4.1965, BVerfGE 18, 441 [Lastenausgleichsabgabe I] —— 135, 138
BVerfG, Beschluss v 14.5.1968, BVerfGE 23, 288 [Lastenausgleichsabgabe II] —— 158, 160
BVerwG, Urteil v 12.6.1970, BVerwGE 35, 262 [Londoner Schuldenabkommen] —— 116
BVerfG, Beschluss v 9.12.1970, BVerfGE 29, 348 [deutsch-niederländischer Ausgleichsvertrag] —— 116
BVerwG, Urteil v 22.1.1971, BVerwGE 37, 116 [Parkverbot] —— 152
BVerfG, Beschluss v 4.5.1971, BVerfGE 31, 58 [Spanische Doppelehe] —— 19
BVerfG, Beschluss v 9.6.1971, BVerfGE 31, 145 [Lütticke] —— 158
BGH, Urteil v 22.6.1972, BGHZ 59, 82 [Bronzefiguren] —— 184, 185
BVerfG, Urteil v 31.7.1973, BVerfGE 36, 1 [Grundlagenvertrag] —— 14

BVerfG, Beschluss v 29.5.1974, BVerfGE 37, 271 [Solange I] —— 133
BVerfG, Beschluss v 25.6.1974, BVerfGE 37, 363 [Viertes Rentenversicherungs-Änderungsgesetz] —— 91
BVerfG, Beschluss v 7.7.1975, BVerfGE 40, 141 [Ostverträge] —— 95
BVerfG, Beschluss v 13.12.1977, BVerfGE 46, 342 [Philippinisches Botschaftskonto] —— 135, 150, 152
BVerwG, Urteil v 23.6.1981, DÖV 1983, 118 [Spendenerlös zur Bekämpfung der Regierung Chiles] —— 12
BVerfG, Urteil v 18.12.1984, BVerfGE 68, 1 [Pershing] —— 78, 80, 133, 134
BFH, Urteil v 25.4.1985, BFHE 143, 383 [Kloppenburg II] —— 174
BVerfG, Beschluss v 26.3.1987, BVerfGE 74, 358 [Privatklageverfahren] —— 118
BVerfG, Beschluss v 31.3.1987, BVerfGE 75, 1 [ne bis in idem] —— 144, 159, 161
BVerfG, Beschluss v 8.4.1987, BVerfGE 75, 223 [Kloppenburg] —— 174
BVerfG, Beschluss v 29.10.1987, BVerfGE 77, 170 [C-Waffen] —— 134
BGH, Urteil v 3.11.1987, BGHZ 102, 118 [valley gutter] —— 134
BSG, Urteil v 26.10.1989, BSGE 66, 28 [deutsch-israelisches Sozialversicherungsabkommen] —— 119
BVerwG, Urteil v 16.10.1990, BVerwGE 87, 11 [Reiseausweis an Staatenlose] —— 116
BVerwG, Urteil v 4.6.1991, BVerwGE 88, 254 [unmittelbarer Anspruch aus Genfer Flüchtlingskonvention] —— 41, 119
VG Frankfurt, Beschluss v 22.2.1993, NJW 1993, 2067 [Ausschluss von Massendrucksachen von der Postbeförderung] —— 184
BVerfG, Urteil v 8.4.1993, BVerfGE 88, 173 [AWACS] —— 81
BVerfG, Urteil v 23.6.1993, BVerfGE 89, 38 [UNOSOM II] —— 81
BVerfG, Urteil v 12.10.1993, BVerfGE 89, 155 [Maastricht] —— 26, 85, 129, 173, 187
VG Frankfurt, Urteil v 24.11.1993, NVwZ 1994, 1137 [familiäre Bindungen als Abschiebungshindernis] —— 184
OVG Saarlouis, Beschluss v 25.3.1994, NVwZ 1995, 97 [Velsen] —— 1
BVerfG, Urteil v 12.7.1994, BVerfGE 90, 286 [Auslandseinsätze der Bundeswehr] —— 81 ff, 91 f, 95, 116
BVerfG, Beschluss v 19.10.1994, NJW 1995, 651 [V-Mann] —— 135
BVerfG, Beschluss v 7.12.1994, BVerfGE 91, 335 [punitive damages] —— 119
BVerfG, Beschluss v 15.5.1995, BVerfGE 92, 277 [DDR-Spionage] —— 154
BGH, Urteil v 14.11.1996, BGHZ 134, 67 [Globalentschädigungsabkommen DDR/Schweden] —— 119
BVerfG, Beschluss v 10.6.1997, BVerfGE 96, 68 [Immunität von Botschaftern] —— 163
BVerfG, Beschluss v 18.6.1997, NJW 1997, 3013 [Rechtsschutz bei Strafvollstreckung im Ausland] —— 1
BayObLG, Beschluss v 10.11.1997, RIW 1998, 322 [Wirtschaftsembargo] —— 169
VG Stuttgart, Beschluss v 28.11.1997, NVwZ Beilage 4/1998, 36 [Bindungswirkung durch Dayton-Abkommen] —— 184
BVerfG, Beschluss v 29.10.1998, BVerfGE 99, 145 [Kindesentführung] —— 119
BVerfG, Beschluss v 2.2.1999, BVerfGE 100, 209 [Vereinbarkeit von Atomwaffen mit Völkergewohnheitsrecht] —— 161
BVerfG, Urteil v 14.7.1999, BVerfGE 100, 313 [Fernmeldeüberwachung, G 10-Entscheidung] —— 1
BVerwG, Urteil v 16.12.1999, BVerwGE 110, 203 [EMRK und verwaltungsgerichtliche Normenkontrolle] —— 119
BVerfG, Urteil v 22.11.2001, BVerfGE 104, 151 [Strategisches Konzept der NATO] —— 82
BVerfG, Beschluss v 13.2.2003, DVBl 2003, 661 [Staatsnotstand Argentinien] —— 162
BVerfG, Beschluss v 25.3.2003, BVerfGE 108, 34 [AWACS – Irak-Krieg] —— 81
BVerfG, Beschluss v 5.11.2003, BVerfGE 109, 13 [Auslieferung an USA wegen Verdachts der Unterstützung von Al-Qaida] —— 159
BVerfG, Beschluss v 14.10.2004, BVerfGE 111, 307 [Görgülü] —— 186
BVerfG, Beschluss v 26.10.2004, BVerfGE 112, 1 [Ostenteignungen] —— 158
BVerwG, Urteil v 21.6.2005, BVerwGE 127, 302 [Soldaten – Gewissensfreiheit] —— 12

BVerfG, Urteil v 6.7.2005, BVerfGE 113, 154 [Auslieferung bei drohender lebenslanger Freiheitsstrafe] —— 1
BVerfG, Urteil v 18.7.2005, BVerfGE 113, 273 [Europäischer Haftbefehl] —— 1
BVerfG, Urteil v 31.5.2006, BVerfGE 116, 69 [Jugendstrafvollzug] —— 184
BVerfG, Beschluss v 6.12.2006, BVerfGE 117, 141 [Argentinische Staatsanleihen/Immunität] —— 161
BVerfG, Beschluss v 12.3.2007, BVerfGE 117, 359 [Tornado-Einsatz I] —— 82
BVerfG, Beschluss v 8.5.2007, BVerfGE 118, 124 [Argentinische Staatsanleihen/Notstand] —— 144
BVerfG, Urteil v 3.7.2007, BVerfGE 118, 244 [Tornado-Einsatz II] —— 82, 116
BVerfG, Urteil v 7.5.2008, BVerfGE 121, 135 [AWACS – Türkei] —— 81, 84
BVerwG, Urteil v 29.4.2009, BVerwGE 134, 1 [Studienbeitragserhebung NRW] —— 116
BVerfG, Urteil v 30.6.2009, BVerfGE 123, 267 [Lissabon] —— 26, 75, 133, 187
BVerfG, Beschluss v 13.10.2009, BVerfGE 124, 267 [NATO – Kosovo] —— 81, 82
BVerwG, Beschluss v 18.1.2010 – 6 B 52/09, BeckRS 2010, 47291 [Integrative Beschulung] —— 115, 116
BVerfG, Beschluss v 6.7.2010, BVerfGE 126, 286 [Honeywell] —— 124, 174, 186
BVerfG, Beschluss v 8.12.2010, EuGRZ 2011, 90 [Auslieferungshaft] —— 1
BVerwG, Beschluss v 13.12.2010, NVwZ 2011, 752 [Art 31 GG] —— 68
BVerfG, Urteil v 4.5.2011, BVerfGE 128, 326 [Sicherungsverwahrung] —— 116, 186
BFH, Beschluss v 10.1.2012, BFHE 236, 304 [Treaty Override] —— 176
OLG Karlsruhe, Beschluss v 5.3.2012, NJW-RR 2012, 705 [Vormund für minderjährigen unbegleiteten Flüchtling] —— 101
BSG, Urteil v 6.3.2012, BSGE 110, 194 [Cialis] —— 41
BVerfG, Urteil v 19.6.2012, BVerfGE 131, 152 [ESM/Euro-Plus-Pakt] —— 26
BVerwG, Urteil v 27.2.2014, BVerwGE 149, 117 [Streikverbot für Beamte] —— 176
BVerfG, Beschluss v 20.11.2014, wistra 2015, 96 [Auslieferungsverfahren] —— 1
BVerfG, Beschluss v 27.1.2015, BVerfGE 138, 296 [Kopftuchverbot] —— 115, 118
BVerfG, Urteil v 23.9.2015, BVerfGE 140, 160 [Libyen-Einsatz] —— 84, 85
BGH, Urteil v 6.10.2015, NJW 2016, 91 [Rechtsstaatswidrige Tatprovokation] —— 5
BVerfG, Beschluss v 15.12.2015, BVerfGE 141, 1 [Treaty Override] —— 19, 118, 176
BVerfG, Urteil v 31.5.2016, BVerfGE 142, 74 [Sampling] —— 187
BGH, Beschluss v 1.6.2017, GRUR 2017, 895 [Metall auf Metall III/Sampling] —— 187
BVerfG, Urteil v 12.6.2018, BVerfGE 148, 296 [Streikverbot für Beamte] —— 176, 186
BVerfG, Beschluss v 24.7.2018, NVwZ 2018, 1549 [Europäische Schulen] —— 19, 131, 134

Gerichtshof der Europäischen Union
Urteil v 15.7.1964, EuGHE 1964, 1251 *[Costa/ENEL]* —— 122
Urteil v 17.12.1970, EuGHE 1970, 1213 *[Spa SACE]* —— 174
Urteil v 12.12.1972, EuGHE 1972, 1219 *[International Fruit Company]* —— 130
Urteil v 19.1.1982, EuGHE 1982, 53 *[Becker]* —— 174
Urteil v 14.7.1994, EuGHE 1994 I, 3325 *[Faccini Dori]* —— 174
Urteil v 16.6.1998, EuGHE 1998 I, 3603 *[Hermès]* —— 130
Urteil v 14.12.2000, EuGHE 2000 I, 11307 *[Christian Dior]* —— 130
Urteil v 16.6.2005, EuGHE 2005 I, 5285 *[Pupino]* —— 173
Urteil v 26.2.2013, ECLI:EU:C:2013:105 *[Åkerberg Fransson]* —— 178

Europäischer Gerichtshof für Menschenrechte
Urteil v 17.12.2009, Beschwerde Nr 19359/04, EuGRZ 2010, 25 *[M. gegen Deutschland]* —— 5
Urteil v 23.10.2014, Beschwerde Nr 54648/09, NJW 2015, 3631 *[Furcht gegen Deutschland]* —— 5

Internationaler Gerichtshof
Jurisdictional Immunities of the State (Germany v Italy; Greece intervening), Urteil v 3.2.2012, ICJ Rep 2012, 99 *[Staatenimmunität]* —— 51

Französische Gerichte
Conseil d'Etat, Entscheidung v 20.10.1989, Nr 108243, EuGRZ 1990, 99 *[Nicolo]* —— 50
Conseil d'Etat, Entscheidung v 24.9.1990, Nr 58657, DVBl 1991, 324 *[Vorrang sekundären Gemeinschaftsrechts]* —— 173
Conseil constitutionnel, Entscheidung n°2010-4/17 QPC v 22.7.2010, Recueil 156 *[Alain C. et autre]* —— 50
Conseil d'Etat, Assemblée, Entscheidung n 322326 v 11.4.2012, RFDA 2012, 547*[GISTI et FAPIL]* —— 50

Italienische Gerichte
Verfassungsgerichtshof, Urteil v 22.10.2014, No 238/2014 —— 51

Schweizerische Gerichte
Bundesgericht (BGer), Lausanne, Urteil v 22.12.1997, EuGRZ 1998, 675 *[Kinderrechte-Konvention]* —— 101

US-amerikanische Gerichte
US Supreme Court, Chae Chan Ping v United States, 130 US 581 (1889) —— 49

Türkische Gerichte
AYM E. 2010/89, Entscheidung v 29.12.2011, R.G. Tarih-Sayı: 5.4.2012-28225 —— 53
AYM E. 2013/2187, Entscheidung v 19.12.2013, R.G. Tarih-Sayı: 7.1.2014-28874 —— 53
AYM E. 2014/149, Entscheidung v 2.10.2014, R.G. Tarih-Sayı: 1.1.2015-29223 —— 53

I. Einführung in die Grundlagen

Vorliegender Abschnitt hat die Frage zum Gegenstand, in welchem *Verhältnis* das *Völkerrecht zum staatlichen Recht*, das heißt – wie auch gesagt wird – zu den nationalen Rechtsordnungen steht. Gemeint sind damit die Rechtsordnungen, die die Staaten jeweils allein, also ohne ein Zusammenwirken mit anderen unabhängigen Staaten oder anderen Völkerrechtssubjekten in Geltung setzen. Einzelne Bestandteile einer nationalen Rechtsordnung können völkerrechtlich veranlasst oder sogar geboten sein; sie bleiben dennoch (mindestens auch) „nationales" Recht. Sie können sich auch auf Sachverhalte beziehen, die sich außerhalb des eigenen Staatsgebiets abspielen. Ein Teil solcher Vorschriften, nämlich das sog Kollisionsrecht, wird mitunter zwar als „international" bezeichnet (so das „Internationale Privatrecht"); dies darf aber über ihre Zugehörigkeit zum nationalen Recht nicht hinwegtäuschen.[1] Dabei sind idS „international" – grob gesagt: wegen einer Bezüglichkeit auf Sachverhalte mit Auslandselement – längst nicht mehr nur gewisse Vorschriften des Zivil- und Strafrechts, sondern (denkt man etwa an das Umweltrecht)[2] auch ganze Teile des Verwaltungsrechts.[3] Grundrechte des Grundgesetzes, also verfassungsrechtliche Vorschriften, vermögen die rechtliche Beurteilung internationaler Sachverhalte ebenfalls mitzubestimmen.[4] Auch wenn die Grundrechte sich an vom Grundgesetz verfasste, also hiesige innerstaatliche Gewalt richten, heißt dies nicht, dass ihnen Akte ausländischer Staatsgewalt unter allen Umständen gleichgültig wären: Solche Akte können auch für die grundrechtliche Beurteilung eines inländischen Hoheitsakts bedeutsam sein. Die Auslieferung eines Straftäters, dem hierdurch die Todesstrafe droht, bietet dafür das vielleicht augenfälligste Beispiel.[5]

1

---

[1] Hierzu und zur weiteren Abgrenzung *Graf Vitzthum*, 1. Abschn Rn 4 ff, 33 ff; anschaulich ferner *Neuhaus*, Der Beitrag des Völkerrechts zum Internationalen Privatrecht, GYIL 21 (1978) 60 ff.
[2] Dazu beispielhaft aus der Rspr – betr die Beurteilung der Zulassung einer Anlage mit potentiell grenzüberschreitender Umweltauswirkung – OVG Saarlouis, NVwZ 1995, 97; vgl ferner *Brandt*, Grenzüberschreitender Nachbarschutz im deutschen Umweltrecht, DVBl 1995, 779 ff. Zur völkerrechtlichen Einordnung *Kunig*, Nachbarrechtliche Staatenverpflichtungen bei Gefährdungen und Schädigungen der Umwelt, BDGVR 32 (1992) 9 (35 ff); *Durner*, Internationales Umweltverwaltungsrecht, in Möllers/Vosskuhle/Walter (Hrsg), Internationales Verwaltungsrecht, 2007, 121 ff, *Epiney*, Nachbarrechtliche Pflichten im internationalen Wasserrecht und Implikationen von Drittstaaten, AVR 39 (2001) 1 ff.
[3] *Möllers*, Internationales Verwaltungsrecht, in ders/Vosskuhle/Walter (Hrsg), Internationales Verwaltungsrecht, 2007, 1 ff; *Ohler*, Die Entwicklung eines Internationalen Verwaltungsrechts als Aufgabe der Rechtswissenschaft, DVBl 2007, 1083 (1085 ff).
[4] Eine frühe theoretische Grundlegung dazu bei *Bernstein*, Ein Kollisionsrecht für die Verfassung, NJW 1965, 2273 ff, dies mit dem die Nähe des dogmatischen Gedankens zum IPR bezeugenden Begriff vom „Verfassungskollisionsrecht"; aus grundrechtsdogmatischer Sicht vgl *Menzel*, Internationales Öffentliches Recht, 2011, 550 ff; *Schröder*, Zur Wirkkraft der Grundrechte bei Sachverhalten mit grenzüberschreitenden Elementen, FS Schlochauer, 1981, 137 ff; *Oppermann*, Transnationale Ausstrahlungen deutscher Grundrechte?, FS Grewe, 1981, 521 ff; ferner *Kunig*, in v. Münch/Kunig (Hrsg), Grundgesetz-Kommentar, Bd I, 6. Aufl 2012, Art 1 Rn 52 ff; *Giegerich*, Grund- und Menschenrechte im globalen Zeitalter: Neubewertung ihrer territorialen, personalen und institutionellen Dimension in Deutschland, Europa und den USA, EuGRZ 2004, 758 ff; aus der Rspr vgl die sog G 10-Entscheidung BVerfGE 100, 313, 362 f.
[5] Dazu *Kunig*, in v. Münch/Kunig (Fn 4), Bd II, 6. Aufl 2012, Art 102 Rn 13 ff mwN; zur Gegenposition etwa *Vogler*, Auslieferung bei drohender Todesstrafe und Europäische Menschenrechtskonvention, GS Meyer, 1990, 477 ff. Aus der Judikatur zB BVerfG, NJW 1997, 3013 ff; für den Fall drohender lebenslanger Freiheitsstrafe ohne Möglichkeit der Strafaussetzung BVerfGE 113, 154; zur Verletzung von Art 2 Abs 2 Satz 2 GG iVm Art 104 Abs 1–3 GG wegen mangelnder Prüfung eines Auslieferungshinder-

2   Für die Unterscheidung zwischen Völkerrecht und staatlichem Recht ist *maßgebend, wer den Rechtssatz erzeugt hat*. Staatliches Recht schafft der Staat *allein*. Völkerrecht – als wahrhaft „internationales" Recht – wird von Völkerrechtssubjekten erzeugt. Dies erfolgt herkömmlich und noch immer regelmäßig durch *zwischenstaatliche Interaktion,* also kooperativ, oder aber kraft einseitiger Entscheidung aufgrund einer Ermächtigung als Ergebnis vorausgehender Kooperation. Von den Völkerrechtssubjekten sind nur (einige) I.O. in der Lage, durch einen einseitigen Akt eine Norm des Völkerrechts hervorzubringen. Das einseitige Handeln von Staaten (oder anderen Völkerrechtssubjekten) ist zwar an Normen des Völkerrechts zu messen und kann auch zur Normentstehung und Normveränderung beitragen; für sich genommen lässt es aber eine Völkerrechtsnorm nicht zur Entstehung gelangen.[6]

3   Von staatlichem oder nationalem (oder inländischem, innerstaatlichem) Recht ist hier die Rede in Weiterverwendung üblicher Terminologie – auch wenn es nicht um die Rechtserzeugung durch „Nationen" geht. Nationen sind teils staatlich verfasst, sei es einzeln, sei es gemeinsam mit anderen, sei es verteilt auf mehrere Staaten. Sie sind dessen ungeachtet auch „als" Nationen Völkerrechtssubjekte, soweit ihnen das Recht der Selbstbestimmung zusteht, das auf die Bildung eigener Staatlichkeit zielen kann, aber auch innerhalb solcher Staatlichkeit iSe Minderheitenschutzes Wirkungen zeitigt. Nationen als solche setzen aber kein Recht. Umgekehrt dürfte von „nationalem" Recht auch in Bezug auf das Recht solcher Staaten gesprochen werden, bei denen zweifelhaft sein mag, ob sich in ihnen überhaupt eine Nation (oder „nur" ein Staatsvolk) konstituiert. Der Sache nach geht es also um einzelstaatlich gesetztes, eben „staatliches" Recht.

4   Ob eine Rechtsvorschrift dem Völkerrecht oder dem staatlichen Recht angehört, ist danach leicht zu bestimmen: Es kommt darauf an, wer die Norm in Geltung gesetzt hat. Vorschriften des Völkerrechts und des staatlichen Rechts können denselben Sachverhalt betreffen, sie können ihn gleichsinnig oder unterschiedlich erfassen, von den ohnehin je unterschiedlichen Rechtsfolgen abgesehen, die sie verlangen. Auch weil das Völkerrecht sich an die Staaten als Völkerrechtssubjekte richtet und ihr gesamtes Verhalten mindestens potentiell betrifft, sie also auch als Rechtserzeuger anspricht, *bedarf das Verhältnis des staatlichen Rechts zum Völkerrecht der Klärung*. Dieses Verhältnis ist ungleich schwieriger zu erkennen als die Abgrenzung der beiden Rechtsmassen. Von ihm hängt die Bedeutung des Völkerrechts als Rechtsordnung entscheidend ab. Das ist offensichtlich etwa für den völkerrechtlichen Menschenrechtsschutz, dessen Konsequenzen in der Sache sich nur „innerhalb" der Staaten zeigen können, gilt aber auch für Bereiche, die unmittelbar nur die Staaten in ihrem Verhältnis zueinander ansprechen, wie zB das Gesandtschaftsrecht (das etwa Regeln für das Handeln und den Rechtsschutz einzelner Amtsträger enthält, auf die das staatliche Recht reagieren muss). Gerade auch we-

---

nisses aufgrund drohender politischer Verfolgung BVerfG, EuGRZ 2011, 90. Vgl auch Art 16 Abs 2 Satz 2 GG sowie das Urteil zum Europäischen Haftbefehl, BVerfGE 113, 273; dazu etwa *Tomuschat*, Ungereimtes – Zum Urteil des Bundesverfassungsgerichts vom 18. Juli 2005 über den Europäischen Haftbefehl, EuGRZ 2005, 453 ff; zum Willkürverbot nach Art 3 Abs 1 GG bei Auslieferungsverfahren BVerfG, wistra 2015, 96 ff.

6 *Kunig*, Sinn, Stand und Grenzen einer Rechtsgeschäftslehre für das Völkerrecht, FS Leenen, 2012, 131 ff.

gen der strukturellen Besonderheiten der Völkerrechtsordnung, der es an den Rechtssubjekten übergeordneten Durchsetzungsmechanismen weithin mangelt, muss sie sich als Rechtsordnung auch dadurch erweisen, dass die staatlichen Rechte ihr Bedeutung verschaffen.

Das führt zu einer *wechselseitigen Beeinflussung von Völkerrecht und staatlichem Recht*. Sie hat nach dem derzeitigen Entwicklungsstand eine Vielzahl von Rechtsgebieten erreicht, wobei das Recht wirtschaftlicher Betätigung eine Vorreiterrolle eingenommen hat[7] und das auf völkerrechtlichen Grundlagen ruhende europäische Integrationswerk sogar zu einer (regional beschränkten) Internationalisierung („Europäisierung") der gesamten Rechtsordnungen der beteiligten Staaten geführt hat.[8] Je mehr das Völkerrecht, ausgehend von seinen Vorgaben zu innerstaatlich zu gewährleistenden Menschenrechten und in Fortführung dieses Ansatzes, sich dazu versteht, Vorgaben für das innerstaatliche Gefüge zu entwickeln – etwa: Anforderungen an Grade von Demokratie, weitere Verdichtung des internationalen Menschenrechtsschutzes –, gerät auch das Verfassungsrecht der Staaten in den Blickwinkel der internationalen Ordnung.[9]

Man mag sagen, dass das Völkerrecht und die staatlichen Rechtsordnungen einzelne *Rechtskreise* bilden, und dass der völkerrechtliche und ein einzelstaatlicher solcher Kreise sich je „überschneiden". Mit solchen Bildern ist allerdings noch nicht viel gewonnen. Es ist offensichtlich, dass Völkerrecht und staatliches Recht einander nicht gleichgültig sind und nicht gleichgültig sein können. Eindeutig ist ebenfalls, dass staatliches Recht und Völkerrecht in Widerspruch zueinander geraten können. Der Staat ist als Völkerrechtssubjekt an das Völkerrecht gebunden, so dass staatliche Rechtssetzung auf völkerrechtliche Grenzen stoßen kann. Umgekehrt interessiert sich auch das innerstaatliche Recht für den völkerrechtlichen Normbildungsprozess, soweit der betreffende Staat an ihm mitwirkt. Das staatliche Recht muss dann Zuständigkeiten ordnen (zB im Zusammenhang mit dem Abschluss von Verträgen). Faktisch und praktisch ist darüber hinaus auch eindeutig, dass das Völ-

---

7 *Petersmann*, Welthandelsrecht als Freiheits- und Verfassungsordnung, ZaöRV 65 (2005) 543 ff. Zur Anpassung von Völkerrecht und Verwaltungsrecht *Biaggini*, Die Entwicklung eines Internationalen Verwaltungsrechts als Aufgabe der Rechtswissenschaft, VVDStRL 67 (2008) 413 ff.
8 *Menzel* (Fn 4) 352 ff; *Kadelbach/Kleinlein*, Überstaatliches Verfassungsrecht, AVR 44 (2006) 235 ff.
9 Dazu allgemein *Kunig*, Das Völkerrecht als Recht der Weltbevölkerung, AVR 41 (2003) 327 ff; *Bryde*, Konstitutionalisierung des Völkerrechts und Internationalisierung des Verfassungsrechts, Der Staat 42 (2003) 61 ff; *Peters*, The Globalization of State Constitutions, in Nijman/Nollkaemper (Hrsg), New Perspectives on the Divide Between National and International Law, 2007, 251 ff; *Dursun*, Konstitutionalisierung der Rechtsordnung, Annales de la Faculté de Droit d'Istanbul 43 (2011) 75 ff; zur unionalen Perspektive *Uerpmann-Wittzack*, Völkerrechtliche Verfassungselemente, in von Bogdandy/Bast, Europäisches Verfassungsrecht, 2. Aufl 2009, 177 ff; zur EMRK *ders*, Die Bedeutung der EMRK für den deutschen und den unionalen Grundrechtsschutz, Jura 2014, 916 ff; *Keller/Kühne*, Zur Verfassungsgerichtsbarkeit des Europäischen Gerichtshofs für Menschenrechte, ZaöRV 76 (2016) 245 ff. Bspw gab der BGH seine bisherige Rechtsprechung infolge eines Urteils des EGMR (s NJW 2015, 3631 ff) auf, wonach eine rechtsstaatswidrige Tatprovokation durch Strafverfolgungsbehörden lediglich auf Strafzumessungsebene zu berücksichtigen sei; nunmehr begründet eine solche Einwirkung ein Verfahrenshindernis, BGH, NJW 2016, 91 ff. Ferner erachtet der EGMR zT auch innerstaatliche Entscheidungen für menschenrechtswidrig, obwohl gegen diese gerichtete Verfassungsbeschwerden in Karlsruhe erfolglos blieben. S hierzu zB EGMR, EuGRZ 2010, 25 ff – Sicherungsverwahrung.

kerrecht einzelne Subjekte des innerstaatlichen Rechts regelmäßig nur über dessen Vermittlung und in dem von ihm gezogenen Rahmen erreichen kann.[10]

7   Es verbietet sich deshalb, das Verhältnis von Völkerrecht und staatlichem Recht zu betrachten, ohne dabei die jeweilige staatliche Rechtsordnung daraufhin zu befragen, wie *gerade sie* ihr Verhältnis zum Völkerrecht ordnet. Das schließt noch nicht die Möglichkeit aus, insoweit verallgemeinerbare Aussagen zu finden und – theoretisch – auch nicht, dass das Völkerrecht selbst nach einer bestimmten innerstaatlichen Ausgestaltung dieses Verhältnisses verlangt. Allerdings enthält das Vertragsvölkerrecht keine allgemeinen Aussagen zu der Frage, in welches prinzipielle Verhältnis sich eine innerstaatliche Rechtsmasse zu derjenigen des Völkerrechts zu stellen hat. Solche könnten sich mithin nur aus Völkergewohnheitsrecht, also aus der von Rechtsüberzeugung getragenen Staatenpraxis (zu der auch die Verfassungsgebung beiträgt) herausbilden; auch dieser Umstand legt es nahe, *einzelne Rechtsordnungen differenziert zu betrachten.*

8   Für das vorliegende Lehrbuch, das das universelle Völkerrecht zur Anschauung bringt, dabei aber vor allem den am deutschen Recht interessierten Lesern dienen möchte, hat dies zur Konsequenz, dass zum Verhältnis des Völkerrechts und des staatlichen Rechts auch ein – knapper – Überblick über die Rechtslage in einigen anderen Staaten gegeben wird, ehe im Einzelnen darzustellen ist, wie sich das Völkerrecht gerade zum deutschen Recht verhält (Rn 46 ff). Die letztere Schilderung gliedert sich dann nach den einzelnen Quellen des Völkerrechts und weiteren Akten internationalen Ursprungs, die für das deutsche Recht von Bedeutung sein können. Das so aus innerstaatlicher Perspektive in den Blick genommene Recht wird schließlich – bilanzierend – vor allem darauf untersucht, inwiefern es als Maßstab für das Handeln der drei innerstaatlichen Staatsgewalten dienen kann (Rn 175 ff). Diese Kapitel werden zunächst durch eine Schilderung des in der Völkerrechtswissenschaft zu dem Problem „Völkerrecht und staatliches Recht" geführten Theorienstreits vorbereitet. Sodann erfolgt die Klärung einiger für die Verhältnisbestimmung zentraler Begriffe und – im Vorgriff auf die Darstellung des völkerrechtlichen Unrechts (im 7. Abschn dieses Lehrbuchs) – eine kurze Vergewisserung über die völkerrechtlichen Rechtsfolgen innerstaatlich mangelhafter Umsetzung von Völkerrecht (Rn 28 ff). Am Beginn steht jedoch die Darlegung der verfassungsrechtlichen Weichenstellungen für den angestrebten Ort des deutschen Staats in Völkerrecht und auswärtiger Politik (Rn 9 ff). So ergibt sich der Rahmen für alles Folgende. Die Frage nach dem Verhältnis von Völkerrecht und staatlichem Recht ist nicht nur eine solche technischer Koordination; jedenfalls das Grundgesetz gibt auch materielle Antworten.

II. Verfassungsrechtliche Grundentscheidungen für die Stellung Deutschlands in der internationalen Ordnung

9   Im Völkerrecht stehen die Staaten zunächst souverän nebeneinander. Ihre Souveränität im Inneren schirmt die nationale Rechtsordnung von anderen Rechtsordnun-

---

[10] S aber auch *Peters*, Jenseits der Menschenrechte: Die Rechtsstellung des Individuums im Völkerrecht, 2014.

gen einschließlich derer des Völkerrechts grundsätzlich ab. Die Staaten bestimmen daher im Ausgangspunkt selbst, ob, wieweit und in welcher Weise sie sich dem Völkerrecht öffnen. Das geschieht vornehmlich durch Normen, die systematisch dem *Staatsorganisationsrecht* zugehörig sind: Organisiert werden die Bedeutung außerstaatlicher Rechtssätze für das innerstaatliche Rechtsleben, ferner das Zusammenspiel innerstaatlicher Organe im Umgang mit den genannten Rechtssätzen, schließlich – darüber hinaus, denn die internationalen Beziehungen erschöpfen sich nicht in der Reaktion auf Völkerrecht und seinen Vollzug sowie die Mitwirkung bei seiner Entstehung und Wandlung – die Zuständigkeiten für die Wahrnehmung der Staatsaufgabe Außenpolitik.

Das Grundgesetz gibt aber noch mehr als den organisatorischen Rahmen zur Bewältigung der Probleme, welche sich daraus ergeben, dass Deutschland ein souveräner Staat unter vielen ist. Es *positioniert den deutschen Staat innerhalb der Völkerrechtsgemeinschaft* und *programmiert sein Verhalten nach außen*. Es beinhaltet ein Bekenntnis zum äußeren Frieden (Rn 12ff), richtet die BR Deutschland – wie häufig gesagt wird – „offen" und „völkerrechtsfreundlich" ein (Rn 18ff), und öffnet sich – darauf aufbauend und es speziell konkretisierend – für (europäische) Integration (Rn 21ff). Wie die Versuche zur kategorialen Erfassung des Vorbehaltsbereichs gegenüber verbotener Einmischung oder Intervention im Grunde seit ihrem Beginn gezeigt haben, sind „innere" und „äußere" Angelegenheiten nicht trennscharf voneinander zu unterscheiden.[11] Daher haben diese „außenbezogenen" Programmierungen auch Konsequenzen für die Rechtslage „im Inneren".

Solche Positionierung ist historisch erklärbar. Verfassungsgebung gibt im Versuch zur Zukunftsbewältigung auch Antworten auf durch die Vergangenheit bzw historische „Lagen" *(Herbert Krüger)* aufgegebene Fragen. Die das Völkerrecht gering achtende, durch Aggression und Völkermord die Zertrümmerung von Grundnormen der internationalen Rechtsgemeinschaft in Kauf nehmende Politik des Nationalsozialismus gab mit den Nürnberger und Tokioter Kriegsverbrecherprozessen Anlass für eine nach bisheriger Völkerrechtsentwicklung neuartige Gegenreaktion.[12] Es lag bei der Neuorganisation deutscher Staatlichkeit nahe, mit den Mitteln des Verfassungsrechts Vorkehrung zu versuchen (wobei nachfolgend allein auf das Verfassungsrecht des Gesamtstaats – das Grundgesetz – eingegangen wird; auch Landesverfassungen, insbes die ältesten, aber auch jüngere enthalten Aussagen zur Position in der Staatengemeinschaft).[13]

1. Das Bekenntnis zu Frieden und Menschenrechten

Der augenfälligste Ausdruck des zuvor Gesagten ist *Art 26 GG*. Sein *Abs 1 Satz 1* erklärt die Vorbereitung der Führung eines Angriffskrieges für verfassungswidrig und

---

11 Dazu *Kunig*, Das Nichteinmischungsprinzip. Zur Praxis der Organisation der afrikanischen Einheit (OAU) und des afrikanischen Staatenverkehrs, 1981, 17ff, 240ff.
12 Dazu *Grewe*, Rückblick auf Nürnberg, FS Doehring, 1989, 229ff; *K. Ipsen*, Das „Tokyo Trial" im Licht des seinerzeit geltenden Völkerrechts, FS Oehler, 1985, 505ff.
13 Vgl Art 2 Abs 1 der Verfassung des Landes Brandenburg zur „Zusammenarbeit mit anderen Völkern, insbesondere mit den polnischen Nachbarn".

darüber hinaus noch alle Handlungen, die „geeignet sind und in der Absicht vorgenommen werden, das friedliche Zusammenleben der Völker zu stören".[14] Art 26 Abs 1 Satz 2 GG verlangt die Strafbarkeit solcher Handlungen. Innerstaatlich bildet Art 26 Abs 1 GG damit eine völkerrechtliche Verbotsnorm, die zur zentralen Bestimmung des Systems der Vereinten Nationen geworden ist, in der Verfassung ab, noch weit ehe die BR Deutschland – und seinerzeit auch die DDR – im Jahre 1973 als Mitglieder dieses Systems akzeptiert worden waren: Art 2 Nr 4 UN-Charta verbietet die Führung von Angriffskriegen und ihre Vorbereitung soweit, als sie sich als Drohung militärischer Gewalt realisiert. Diese Schlüsselbestimmung der UN-Charta verlangt möglicherweise nicht auch die innerstaatliche Pönalisierung.[15] Jedenfalls verbietet sie die absichtliche Störung des „friedlichen Zusammenlebens der Völker" in einem Sinne, den der Tatbestand des Art 2 Nr 4 UN-Charta mit anderen Begriffen umreißt. Das wirft die Frage nach der Reichweite des Begriffs einer Störung des friedlichen Zusammenlebens auf. Gerade das Gebot strafrechtlicher Sanktionierung in Art 26 GG (umgesetzt durch § 80 StGB) deutet dabei – systematisch und wegen des in Art 103 Abs 2 GG verankerten Bestimmtheitsgebots – auf eine enge Interpretation. Es zeigt an, dass Art 26 Abs 1 Satz 1 GG sich nicht etwa in einer programmatischen Aussage erschöpft. Das Regelbsp „Angriffskrieg" wird zum Leitbegriff; sonst noch erfasste Handlungen müssen ihm qualitativ vergleichbar sein. Soweit etwa der *NATO-Einsatz des Jahres 1999* im ehemaligen Jugoslawien als mit dem Völkerrecht vereinbar angesehen werden kann, stand er auch mit deutschem Verfassungsrecht in Einklang. Die mit ihm verbundene „Absicht" war jedenfalls auf die Abwendung ihrerseits zweifellos rechtswidriger Unterdrückung und Vertreibung der Volksgruppe der Kosovo-Albaner gerichtet, nicht also auf die Störung des friedlichen Zusammenlebens der Völker, sondern auf die Beseitigung einer solchen Störung. Eine Beteiligung der Bundeswehr am *Irak-Krieg des Jahres 2003* in einer Weise, wie sie zB das Vereinigte Königreich, Spanien und Polen unternommen haben, würde sich angesichts von Art 26 Abs 1 GG als verfassungswidrig dargestellt haben.[16]

13 Auch *Art 26 Abs 2 GG* ist eine ungewöhnliche Vorkehrung. Von Verfassung wegen wird hier eine sonst dem Verwaltungsrecht vorbehaltene Regelung getroffen, nämlich ein Genehmigungsvorbehalt für die Herstellung, die Beförderung und das Inverkehrbringen zur Kriegsführung bestimmter Waffen errichtet. Die Regelung des Näheren wird freilich einem Gesetz vorbehalten. Dieser Regelungsauftrag ist durch

---

14 Zu hiervon auch erfassten Handlungen von Privatpersonen s BVerwG, DÖV 1983, 118 ff: Kein Verstoß gegen Art 26 Abs 1 Satz 1 GG durch Verwendung von Spendenerlös zur Bekämpfung der Regierung Chiles.
15 So *Doehring*, in HdbStR VII, 1992, § 178 Rn 35; zum Inhalt des Gewaltverbots *Kunig*, Das völkerrechtliche Gewaltverbot, Jura 1998, 664 ff mwN.
16 Zur Unvereinbarkeit des militärischen Vorgehens gegen den Irak mit dem völkerrechtlichen Gewaltverbot s *Bothe*, Der Irakkrieg und das völkerrechtliche Gewaltverbot, AVR 41 (2003) 255 ff; *Dörr*, Staats- und völkerrechtliche Aspekte des Irak-Krieges 2003, Humanitäres Völkerrecht 2003, 181 ff. S a die Entscheidung des BVerwG hinsichtlich eines Soldaten, der sich aus Gewissensgründen weigerte, einem Befehl nachzukommen, dessen Befolgung eine seiner Ansicht nach „rechtswidrige Beteiligung der Bundesrepublik Deutschland an dem rechtswidrigen Angriff gegen den Irak" hätte darstellen können (BVerwGE 127, 302 ff); dazu *Kotzur*, Gewissensfreiheit contra Gehorsamspflicht oder: der Irak-Krieg auf dem verwaltungsgerichtlichen Prüfstand, JZ 2006, 25 ff.

das *Kriegswaffenkontrollgesetz* erfüllt worden,[17] die Handhabung der Regelung allerdings durchweg von Zweifeln begleitet geblieben, was die grundsätzliche Orientierung[18] und die Effektivität der Durchsetzung betrifft. Art 26 Abs 2 GG zeigt übrigens an, dass Art 26 Abs 1 GG eine Lieferung von Kriegswaffen ins Ausland nicht per se als Handlung betrachtet, welche Störungsqualität für „friedliches Zusammenleben" aufwiese: Das Grundgesetz zeigt sich (auch hier) nicht pazifistisch, sondern zu Differenzierung bereit. Es geht auch nicht so weit, die Waffenlieferung etwa nur an Opfer von Aggressionen zuzulassen.

14 Einen verfassungsrechtlichen Beitrag zur Friedenswahrung möchte bereits die *Präambel* leisten. Die Wendung der Präambel aF – „in einem vereinten Europa dem Frieden der Welt zu dienen", dies als „gleichberechtigtes Glied" – ist auch in der Neuformulierung v 1990 im Kontext der Einigung Deutschlands erhalten geblieben. Die internationalen Rahmenbedingungen freilich unterschieden sich 1949 und 1990 grundlegend, und sie unterliegen weiter dem Wandel. So war die Redeweise vom „gleichberechtigten Glied" zunächst auch Anspruch, Erheischung von Akzeptanz. Auch in der Bezugnahme auf das „vereinte Europa" drückten sich sowohl eine Weichenstellung wie auch eine Zielorientierung aus, ein zunächst in Art 24 GG, seit 1992 darüber hinausgehend in Art 23 GG nF weiter ausgeformter Integrationswille. „Dienen" *verpflichtet zu aktiver Teilnahme an Friedenspolitik.*[19] Jedenfalls diese Vorgabe macht es unausweichlich, den verfassungsrechtlichen Friedensbegriff zu bestimmen, dies auch vor dem Hintergrund, dass das Gebot, als ein Mitglied der internationalen Gemeinschaft dem Frieden zu dienen, wie die normativen Inhalte der Präambel insgesamt, sich als Rechtspflicht darstellt.[20] Diese Pflicht ist gewiss von begrenzter Justiziabilität, doch sind dogmatisch der Rechtscharakter einer Norm, die Frage, wem die Konkretisierungskompetenz im Blick auf eine Norm zugewiesen ist, und schließlich die damit in Zusammenhang stehende weitere Frage, ob und ggf welchem Organ eine Kontrollkompetenz zusteht, voneinander zu trennen. Die Präambel ist einerseits politisches Signal – nach innen wie außen –, enthält andererseits und zugleich Handlungsanweisungen an Verfassungsorgane, und sie ist im Übrigen Leitlinie für die Auslegung anderer Verfassungsbestimmungen. Soweit es um Außenpolitik geht, folgt die geringe Justiziabilität der Präambel aus dem für Akte Auswärtiger Gewalt grundsätzlich eröffneten Handlungsspielraum der zur Aufgabenwahrnehmung primär berufenen Regierung (s u Rn 80).

15 Sähe man den Friedensbegriff der Präambel allein im Zusammenhang mit Art 26 Abs 1 GG, so läge es nahe, unter „Frieden" allein die Abwesenheit von Krieg zu verstehen.[21] Doch ist aussagekräftiger ein weiteres und außerhalb der Präambel, näm-

---

17 KrWaffG idF v 22.11.1990, BGBl I 2506. Vgl im Einzelnen *Hernekamp*, in v. Münch/Kunig (Fn 4) Art 26 Rn 31 ff; eingehend *Epping*, Grundgesetz und Kriegswaffenkontrolle, 1993.
18 Vgl dazu die „Politischen Grundsätze der Bundesregierung für den Export von Kriegswaffen und sonstigen Rüstungsgütern" v 19.1.2000 (<www.bafa.de>), welche sich an den Verhaltenskodex der EU für Waffenausfuhren v 8.6.1998 und die OSZE-Prinzipien zur Regelung des Transfers konventioneller Waffen v 25.11.1993 anlehnen, aber auf größere Restriktion zielen; wesentliches Kriterium für eine Genehmigung soll die Einschätzung der Menschenrechtslage sein.
19 *Starck*, in v. Mangoldt/Klein/Starck (Hrsg), Grundgesetz, Bd 1, 6. Aufl 2010, Präambel Rn 44; *Kunig* (Fn 4), Präambel Rn 28.
20 BVerfGE 5, 85, 127; 36, 1, 17; jeweils zur Präambel aF.
21 *Proelß*, in HdbStR XI, 3. Aufl 2013, § 227 Rn 12.

lich in Art 1 Abs 2 GG, formuliertes „Bekenntnis", dasjenige zu den Menschenrechten, welche dort ausdrücklich „als Grundlage jeder menschlichen Gemeinschaft, des Friedens und der Gerechtigkeit in der Welt" angesprochen sind. Der hier erkannte *Zusammenhang zwischen Frieden* (als Zustand der Gewaltlosigkeit) *und Menschenrechten* (als zunächst den individuellen Freiheitsrechten, aber in Offenheit für die Fortentwicklung des Menschenrechtsschutzes)[22] ist auch der Präambel zugrunde zu legen. Sie erweist sich – gemeinsam mit Art 1 Abs 2 GG selbst – als eine Zielbestimmung, welche die BR Deutschland zu zielbezogener Kooperation in der Völkerrechtsgemeinschaft verpflichtet.[23] Völkerrechtliche Ansprüche können (andere) Mitglieder der Völkerrechtsgemeinschaft daraus nicht herleiten. Den auf Friedenswahrung und Menschenrechtsschutz zielenden Normen des allgemeinen Völkerrechts wird aber eine Stützung in dem Sinne gegeben, als es für ihren Fortbestand und ihre Fortentwicklung der Rechtsüberzeugung der Rechtsunterworfenen normtheoretisch bedarf. So dokumentiert das Verfassungsrecht die diesbezügliche *opinio iuris* des Völkerrechtssubjekts BR Deutschland ein für allemal.

16   Dass die Präambel einerseits von „Europa", andererseits von der „Welt" spricht, bedeutet keine Rangfolge, sondern nimmt Kenntnis von Naheliegendem. Sie beruht auch auf der Einsicht, dass ausweislich geschichtlicher Erfahrung bis in die Mitte des 20. Jh die Konfliktvermeidung im konfliktträchtigen Europa eine Voraussetzung universellen Friedens war. Die außenpolitische Programmatik der Verfassung wäre überinterpretiert, wollte man hier etwa ein Friedensengagement in anderen Regionen – wie im Nahen Osten oder in Afrika – zurückgestuft sehen. In welchen Formen solches Engagement an welchem Ort entfaltet werden darf, entscheidet sich anhand anderer Bestimmungen (s u Rn 81 ff).

17   Schließlich gehört in diesen Zusammenhang auch, dass *Art 9 Abs 2 GG* (nicht nur einen Kriminalvorbehalt und einen solchen zum Schutz der Verfassungssubstanz enthält, sondern auch) Vereinigungen, die sich „gegen den Gedanken der Völkerverständigung richten", für verfassungswidrig erklärt und damit die Vereinigungsfreiheit begrenzt. Entgegen dem Eindruck, den der Wortlaut der Vorschrift vermittelt, bedarf das Verbot im Einzelfall eines konstitutiven (behördlichen) Feststellungsaktes.[24]

2. Die „Offenheit" und die „Völkerrechtsfreundlichkeit"

18   Die bisher behandelten grundgesetzlichen Aussagen weisen einen inneren Zusammenhang auch zu *Art 25 GG* auf. Wenn und soweit dort, wie im Einzelnen zu zeigen sein wird (Rn 137 ff), allgemeines Völkergewohnheitsrecht zum Bestandteil innerstaatlichen Rechts mit Vorrang vor Gesetzesrecht erklärt wird, zeigt dies eine besondere Hinwendung zur internationalen Rechtsordnung. In Gesamtschau auf die

---

[22] Näher *Kunig* (Fn 4) Art 1 Rn 45 ff; zust *Hodenberg,* Das Bekenntnis des deutschen Volkes zu den Menschenrechten in Art 1 Abs 2 GG, 1997, 71 f; ähnlich bereits *Denninger,* in Wassermann (Hrsg), Kommentar zum Grundgesetz für die Bundesrepublik Deutschland, 2. Aufl 1989, Art 1 II, III Rn 11; ablehnend *Doehring,* Die undifferenzierte Berufung auf Menschenrechte, FS Bernhardt, 1995, 355 (359).
[23] Vgl *Stern,* Staatsrecht, Bd I, 2. Aufl 1984, 509.
[24] Vgl *Kunig,* Vereinsverbot, Parteiverbot, Jura 1995, 384 ff mwN.

Vorschriften zur außenpolitischen Grundorientierung, aber speziell auch im Blick auf Art 25 GG, wird deshalb von der „Offenheit" des Grundgesetzes gesprochen.[25] Eine derartige Kategorienbildung ist angemessen zunächst iSe charakterisierenden Befundes, im Blickwinkel also etwa der Allgemeinen Staatslehre oder der Rechtsvergleichung. Sie ist auch nützlich, um auf gleichsinnige oder verwandte Einzelaussagen der Verfassung zu verweisen und auf diese Weise deren systematische Interpretation anzuleiten.

Wie bei den weiteren, als Leitprinzipien des Grundgesetzes anzusprechenden (und an Art 20 Abs 1 GG ablesbaren, in Art 28 Abs 1 GG angeführten) Prinzipien auf hoher Abstraktionsebene stellt sich auch hier noch die weitere Frage nach ihrer Tauglichkeit, eigenständig und in Loslösung von Einzelausprägungen als Rechtsnormen zur Beurteilung von Sachverhalten herangezogen zu werden.[26] Diese Frage ist für ein „Prinzip internationaler Offenheit" in dem Sinne zu beantworten, dass ihm zwar die Entscheidung für den Verzicht auf die Ausschließlichkeit einzelstaatlich-souveräner Rechtsmacht entnommen werden kann, es sich im Übrigen aber *allein in* thematisch einschlägigen *Einzelnormen entfaltet*. Dieser Befund lässt sich durchaus auch dahingehend beschreiben, dass das Grundgesetz eine „völkerrechtsfreundliche Grundhaltung" einnehme.[27] Ein der Subsumtion im Einzelfall unmittelbar zugängliches Prinzip ist aber auch damit nicht gefunden. Es wäre zudem nicht angängig, im Blick auf die sich auf Öffnung einlassenden Aussagen des Grundgesetzes dessen organisationsrechtliche und grundrechtliche Vorgaben „abwägend" zu relativieren. Dass etwa deutsche Staatsorgane im Einzelfall Pflichten aus einem völkerrechtlichen Vertrag zu beachten haben, welcher die BR Deutschland bindet, mindert den Grundrechtsschutz nicht.[28]

Von „Völkerrechtsfreundlichkeit" sollte schließlich auch nicht gesprochen werden, soweit es um internationale Normen unterhalb der Schwelle rechtlicher Qualität geht. Denn die Nutzung gerade vom Völkerrecht belassener Spielräume im innerstaatlichen Recht ist dann nicht „völker*rechts*freundlich", wenn sie in einer Weise erfolgt, die international geäußerten oder in nicht rechtsverbindlichen Dokumenten manifestierten Wünschen nachfolgt. „Freundlichkeit" ist auch im Übrigen ein missverständlicher Begriff, wenn er auf das Recht bezogen ist; das Recht verlangt die Einhaltung seiner Gebote – oder es belässt Freiheit.[29] Dass von dieser Freiheit auch über das rechtlich Verlangte hinaus iS internationaler Offenheit Gebrauch gemacht

---

25 Dazu mwN und im Bemühen um begriffliche Abgrenzungen *Tomuschat*, in HdbStR XI, 3. Aufl 2013, § 226 Rn 9 ff; grundlegend *Vogel*, Die Entscheidung des Grundgesetzes für eine internationale Zusammenarbeit, 1964; *Bleckmann*, Die Völkerrechtsfreundlichkeit der deutschen Rechtsordnung, DÖV 1979, 309 ff.
26 *Kunig*, Das Rechtsstaatsprinzip, 1986, 457 ff.
27 Vgl BVerfGE 31, 58, 75 ff; *Rojahn*, in v. Münch/Kunig (Fn 4) Art 24 Rn 2 mwN; *Lovric*, A Constitution Friendly to International Law: Germany and its *Völkerrechtsfreundlichkeit*, AYBIL 25 (2007) 75 ff; *Proelß*, Bundesverfassungsgericht und überstaatliche Gerichtsbarkeit, 2014, 43 ff; ebd 107 ff, 204 ff zu den sich daraus ergebenden Rechtsfolgen sowie nun grundlegend BVerfGE 141, 1, 26 ff *(Treaty Override)*.
28 So aber offenbar *Waitz v. Eschen*, Grundgesetz und internationale Zusammenarbeit, BayVBl 1991, 321 (324); zum notwendigen Grundrechtsschutz bei der Übertragung von Hoheitsrechten auf zwischenstaatliche Einrichtungen zusammenfassend BVerfG, NVwZ 2018, 1549 (Rn 31 ff).
29 Treffend *Doehring* (Fn 15) Rn 14: „Die jeweils völkerrechtsfreundlichste Verhaltensweise ist diejenige, die von den internationalen Rechtsregeln vorgeschrieben wird".

werden kann, steht auf einem anderen Blatt: Dies ist nicht verfassungsrechtlich aufgegeben, sondern bemisst sich nach einfachem Recht (su Rn 184).

3. Die Integrationsorientierung

21 Während das Grundgesetz die deutsche Rechtsordnung in Art 25 GG für einen Teil des völkerrechtlichen Normenbestands unmittelbar „öffnet", betreffen seine Aussagen zur europäischen Integration (Art 23, Art 24 Abs 1 GG) nicht nur schon existentes bzw künftig als „allgemeine Regeln des Völkerrechts" anzusprechendes Recht. Hier geht es nicht nur um Recht, sondern – wie bei den zuvor behandelten „Bekenntnissen" (so Rn 12 ff) – auch um Politik, vor allem um die Übertragung von hoheitlichen Befugnissen auf außerhalb der hiesigen Staatlichkeit angesiedelte Gewalt, damit um die Substanz dieser Staatlichkeit und – in letzter Konsequenz – um ihren Fortbestand.

22   Bereits die Präambel – hier im Zusammenwirken mit den „alten" und den „neuen" Integrationshebeln in Art 23, 24 GG – impliziert eine *Rechtspflicht zum Bemühen um europäische Integration,* auch dies allerdings ohne Vorgabe, welche Schritte im Einzelnen zu ergreifen sind – und auch insofern in einer gewissen Zieloffenheit. Das Ziel der europäischen Integration, wie sie das Grundgesetz will und ermöglicht, ist die Herstellung einer Freiheit und Gleichheit verpflichteten, innerlich befriedeten Ordnung in Europa, welche insbesondere auch den Fortbestand kultureller Vielfältigkeit sichert.

23   Dass gerade *„Europa"* zum Bezugspunkt genommen wird, will dem Umstand Rechnung tragen, dass gewisse Zwecke und Ordnungsprinzipien sich als für europäische Staaten „gemeinsames Erbe" ansprechen lassen (vgl auch Art 1 der Satzung des Europarats).[30] Dies trotz zwischenzeitlicher jahrzehntelangen Isolierung seines östlichen Teils unter einem vor allem den rechtsstaatlichen Gehalt diese Erbes herabstufenden System. Auch in den dortigen europäischen Staaten hat sich in den 1990er Jahren die Bereitschaft herausgebildet, an einer den bezeichneten Ordnungsvorstellungen verpflichteten gesamteuropäischen Integration mitzuwirken. Die europabezogenen Aussagen des Grundgesetzes sind auch dieser Entwicklung gegenüber offen, mag sie auch bei der Verfassungsgebung 1949 kaum absehbar gewesen sein. Dabei ist nicht zu verkennen, dass der Fixierung der Integration auf Europa, also unter Verwendung eines einerseits geographischen, andererseits historisch, auch ideengeschichtlich einsetzbaren Begriffs, ein Element der Willkür anhaftet. Einsichten über die politische Angemessenheit rechtlicher Ordnung sind nicht lozierbar bzw geographischen Räumen reserviert. Zudem sind kontinentale Abgrenzungen nicht trennscharf, wie Russland und die ihm westlich vorgelagerten Staaten, aber auch der über Europa im geographischen Sinne hinausreichende mediterrane Raum erweisen,[31] letzterer seit vielen Jahrhunderten. Als verfassungs-

---

[30] BGBl 1950, 263; letzte Änd in BGBl 2008 II, 129.
[31] Historische Reflexionen von bleibender Aktualität bei *Schulze,* Wie weit reicht Europa?, StWiss und StPr 1998, 305 ff; zur Diskussion über einen Beitritt der Türkei zur EU *Yenal,* EU-Mitgliedschaft der Türkei. Thesen zur aktuellen Debatte, RuP 2005, 114 ff; *v. Hippel,* Beitritt der Türkei zur Europäischen Union?, RuP 2004, 13 ff; *Solmaz,* Die türkische Verfassung unter dem Einfluss des EU-Reformprozesses, Der Staat 54 (2015) 159 ff. Zum Stand der Verhandlungen vgl den dritten Fortschrittsbericht der Kommission v 28.9.2016, COM(2016) 634 final.

rechtlicher Rechtsbegriff muss „Europäische Union" oder „vereintes Europa", wie Art 23 GG es nennt, auch deswegen *pragmatisch verstanden* werden. Die diesbezüglichen Verfassungsentscheidungen gehen in Übereinstimmung mit einem in zunächst einigen Staaten der Region seit sieben Jahrzehnten bemerkbaren Gestaltungswillen davon aus, dass die Erhaltung als bewahrenswert empfundener Strukturen unter sich wandelnden Bedingungen ein Integrationswerk untereinander prinzipiell homogener Einheiten voraussetze. Der Kreis der Kooperierenden muss dabei nicht ein für alle Mal festliegen.

Welche Form das Vereinte Europa annehmen kann und aus deutscher Sicht darf, sagt das Grundgesetz nicht ausdrücklich und hält sich auch insoweit entwicklungsoffen. Spricht es von „der" Union, meint es nicht – Namen sind Schall – notwendigerweise das in Maastricht begründete, in Amsterdam, Nizza und Lissabon umgeformte Gebilde, dies womöglich als Ende einer Entwicklung.[32] Eine Fülle unterschiedlicher Organisationsformen war und ist in Europa zu bemerken oder denkbar: klassische I.O. wie der Europarat; „zwischenstaatliche" Einrichtungen wie die EWG/EG, ein Völkerrechtssubjekt mit gegenüber ihren Mitgliedstaaten bisher ungekannt weit reichenden Rechten; ferner die EU als ein nichtstaatliches[33] Phänomen, über deren treffende Kategorisierung bis zum Inkrafttreten des Vertrags von Lissabon begrifflicher Streit geführt wurde, welcher Meinungsverschiedenheiten über geltendes Recht und rechtspolitischen Fortgang indizierte,[34] und in der mittlerweile die EG aufgegangen ist (vgl Art 1 EUV). **24**

Auf „zwischenstaatliche Einrichtungen" kann der Bund nach Art 24 Abs 1 GG Hoheitsrechte übertragen, was man als Absage an die Herausbildung europäischer Staatlichkeit verstehen könnte. Denn es ist gerade nicht von der Übertragung solcher Rechte auf einen anderen Staat die Rede. Ähnlich klingt es in Art 23 Abs 1 Satz 2 GG, der sich für die „Verwirklichung eines vereinten Europa" (Abs 1 Satz 1) als Spezialvorschrift[35] darstellt. Dieses soll „demokratischen, rechtsstaatlichen, sozialen und föderativen Grundsätzen und dem Grundsatz der Subsidiarität"[36] verpflichtet sein. Darüber hinaus soll es „einen diesem Grundgesetz im wesentlichen vergleichbaren Grundrechtsschutz" gewährleisten – ein „Maßgabevorbehalt"[37] für das politische Gestaltungsermessen der innerstaatlichen Organe, der hinsichtlich der genannten Strukturprinzipien (anders als für den Grundrechtsschutz) nicht das spezielle Modell **25**

---

32 Vgl *Uerpmann-Wittzack*, in v. Münch/Kunig (Fn 4) Art 23 Rn 7, 9.
33 *Herdegen*, Die Belastbarkeit des Verfassungsgefüges auf dem Weg zur Europäischen Union, EuGRZ 1992, 590 f; *Schwarze*, Das Staatsrecht in Europa, JZ 1993, 585 (588); *Kirchhof*, in HdbStR X, 3. Aufl. 2012, § 214 Rn 10 ff.
34 Vgl nur *Ossenbühl*, Maastricht und das Grundgesetz – eine verfassungsrechtliche Wende, DVBl 1993, 629 (631): „supranationale Staatlichkeit"; *Di Fabio*, Der neue Art 23 des Grundgesetzes, Der Staat 32 (1993) 197: „Prästaatlichkeit"; *Murswiek*, Maastricht und der Pouvoir Constituant, Der Staat 32 (1993) 179: „sehr staatsähnlich"; *Schilling*, Die deutsche Verfassung und die europäische Einigung, AöR 116 (1991) 32 (52): „Quasi-Staat". Aktueller *Wagner*, Die Rechtsnatur der EU, ZEuS 2006, 287 ff.
35 Zum Verhältnis beider Vorschriften zueinander *Sommermann*, Staatsziel „Europäische Union", DÖV 1994, 596 ff; *Geiger*, Die Mitwirkung des deutschen Gesetzgebers an der Entwicklung der Europäischen Union, JZ 1996, 1093 (1094).
36 Zum Subsidiaritätsprinzip *Lecheler*, Subsidiarität – Strukturprinzip der Europäischen Union, 1993; *ders*, Einheitsbildung und Subsidiarität, in Nettesheim/Schiera (Hrsg), Der integrierte Staat, 1999, 95 ff; *Estella di Noriega*, The EU Principle of Subsidiarity and its Critique, 2002.
37 *Breuer*, Die Sackgasse des neuen Europaartikels (Art 23 GG), NVwZ 1994, 421 ff.

des Grundgesetzes zum Leitbild erhebt,[38] sondern sich entsprechend den oben in Rn 23 bezeichneten Ausgangspunkten auf einen gemeineuropäischen Erfahrungsschatz bezieht. Da dieser im Rahmen staatlicher Strukturen gewonnen und nun für zwischenstaatliche Gefüge fruchtbar gemacht werden soll, verbleiben vielfältige Unklarheiten, dies insbes im Blick auf das Demokratieprinzip.[39]

26 „Hierzu", nämlich zur angesprochenen „Verwirklichung" (Abs 1 Satz 2), wird die Übertragung von Hoheitsrechten ermöglicht. Auch das könnte Zweifel wecken, ob der Endgestalt Europas dahingehend Grenzen gezogen sind, dass sie „zwischenstaatlich" bleiben müsse. Wegen Art 23 Abs 1 Satz 3 GG verlagert sich das Problem auf Art 79 Abs 3 GG: Bedeutet die dortige Fixierung eines (verfassungs-)änderungsfesten Minimums (vom Grundgesetz verstanden als sein Optimum), dass die BR Deutschland nicht in einen europäischen Staat dergestalt aufgehen darf, dass sie hierdurch ihre eigene Staatlichkeit einbüßte? Besagt bereits der – insoweit änderungsfeste – Art 20 Abs 1 GG, der die BR Deutschland einen „Bundesstaat" nennt, dass diese nicht Staat im Bundesstaat sein darf? Das BVerfG, das die heutige Union jenseits der Dichotomie von Bundesstaat und bloßem Staatenbund als „Staatenverbund" qualifiziert,[40] hat die Frage im Zuge der Ratifizierung des Vertrages von Maastricht offen gelassen,[41] bei der Überprüfung des Reformvertrages von Lissabon jedoch verneint und versucht, eine ganze Reihe integrationsfester Bereiche zu benennen.[42] Gleichzeitig weist das Lissabon-Urteil den Weg einer plebiszitären Verfassungsneuschöpfung über Art 146 GG, mit dem auch der Beitritt zu einem europäischen Bundesstaat erreicht werden könnte.[43] Es erscheint merkwürdig, wie das Gericht hier einerseits höchste Anforderungen aus der Verfassung ableitet und gleichzeitig diese Verfassung insgesamt zur Disposition stellt. Die im Ergebnis auf ein mit der Verfassungsbeschwerde einforderbares Individualrecht auf den Fortbestand gewisser mitgliedstaatlicher Entscheidungskompetenzen hinauslaufende Konstruktion[44] ist geeignet, dem Gericht auch hinsichtlich kleinteiliger künftiger Integrationsschritte die Möglichkeit des letzten Wortes zu geben.[45]

---

38 *Ossenbühl* (Fn 34) 633.
39 Vgl *Randelzhofer*, Zum behaupteten Demokratiedefizit der Europäischen Gemeinschaft, in Hommelhoff/Kirchhof (Hrsg), Der Staatenverbund der Europäischen Union, 1994, 39 ff; vgl auch *Brosius-Gersdorf*, Die doppelte Legitimationsbasis der Europäischen Union, EuR 1999, 133 ff; *Bryde*, Demokratisches Europa und Europäische Demokratie, FS Zuleeg, 2005, 131. – Eingehend *Kluth*, Die demokratische Legitimation der Europäischen Union, 1995; *Tiedtke*, Demokratie in der Europäischen Union, 2005. Zur Frage der Übertragbarkeit im Rahmen staatlicher Strukturen gebildeter Begriffe allg *Wahl*, Erklären staatstheoretische Leitbegriffe die Europäische Union?, JZ 2005, 916 ff.
40 BVerfGE 89, 155, 181, 184-186; bestätigend BVerfGE 123, 267, 348 (*Lissabon*); s zum Begriff auch *Kirchhof*, in HdbStR VII, 1992, § 183 Rn 50 ff, Rn 69; krit oder ablehnend zu dieser Begriffsprägung etwa *Frowein*, Das Maastricht-Urteil und die Grenzen der Verfassungsgerichtsbarkeit, ZaöRV 54 (1994) 6 f.
41 BVerfGE 89, 155, 188; krit dazu *Uerpmann-Wittzack* (Fn 32) Rn 60.
42 BVerfGE 123, 267, 347 f, 359-363.
43 BVerfGE 123, 267, 331 f; dazu *Calliess*, Staatsrecht III, 2. Aufl 2018, Rn 68-72.
44 Dazu krit *Meessen*, Maastricht und Karlsruhe, NJW 1994, 549 (551): „kompetenzrechtliche Popularklage"; *Schönberger*, Erwiderung: Der introvertierte Rechtsstaat als Krönung der Demokratie?, JZ 2010, 1160 ff; s auch *Steinberger*, Anmerkungen zum Maastricht-Urteil des Bundesverfassungsgerichts, in Hommelhoff/Kirchhof (Fn 39) 25 (27); *Cremer*, Rügbarkeit demokratiewidriger Kompetenzverschiebungen im Wege der Verfassungsbeschwerde?, NJ 1995, 5 ff.
45 S zu der Entscheidung krit etwa *Nettesheim*, Ein Individualrecht auf Staatlichkeit? Die Lissabon-Entscheidung des BVerfG, NJW 2009, 2867 ff; *Ruffert*, An den Grenzen des Integrationsverfassungs-

Davon unabhängig lässt sich feststellen: Zwar ermächtigen Art 23, 24 Abs 1 GG **27**
und die Präambel des Grundgesetzes Träger deutscher Staatsgewalt nicht dazu, durch Vertragsschluss die „Entstaatlichung" *(Paul Kirchhof)* der BR Deutschland herbeizuführen. Dennoch sind ihre Organe verfassungsrechtlich nicht gehindert, politisch am Fortgang eines Integrationsprozesses mitzuwirken, der eben dies zu realisieren sucht oder ihm Vorschub leistet. Art 79 Abs 3 GG ist – ungeachtet der Üblichkeit dieser Bezeichnung – nicht „Ewigkeitsgarantie", dem Recht ist die Fixierung von Zuständen für die Ewigkeit ohnehin versagt. Dass ein europäisches Volk, so es einst bemerkbar sein sollte, oder aber europäische Völker unter Einschluss aller Deutschen sich eine Verfassung geben, wollen wir nicht ausschließen, wichtiger: Das Grundgesetz stellt sich einer solchen Entwicklung nicht ein für allemal in den Weg. Die Frage bleibt politischer Entwicklung und Entscheidung überlassen. Hatte das Wiedervereinigungsgebot der früheren Präambel das Bemühen um die (Wieder-)Herstellung *einer* deutschen Staatlichkeit vorgegeben, so will das Bekenntnis zur Einigung Europas demgegenüber nicht in vergleichbarer Weise dessen *staatliche* Verfassung. Die BR Deutschland ist kein Provisorium (mehr). Das Grundgesetz schließt andererseits nicht aus, dass sie sich dereinst – dann im Rückblick – als eine der Vorstufen zu einem europäischen Staatswesen[46] darstellen würde. So sind auch sonst in der europäischen Geschichte kleinere staatliche Einheiten in größeren aufgegangen oder bestehen in solchen, wie heute die deutschen Länder, als Staaten im Bundesstaat fort. Der (mangels allseitiger Ratifikation politisch gescheiterte) Vertrag über eine Verfassung für Europa[47] stand im Übrigen noch nicht für eine solche Entwicklung. Einen Verfassungsstaat Europa hätte auch er nicht hervorgebracht. Ob er politisch jemals ernsthaft gewollt werden wird, wissen wir nicht – auch ganz unabhängig von derzeitigen sog Flüchtlingskrisen und anderen tiefgreifende Dissense offenbarenden Phänomenen.

---

rechts: Das Urteil des Bundesverfassungsgerichts zum Vertrag von Lissabon, DVBl 2009, 1197 ff; *Schönberger, Lisbon* in Karlsruhe: *Maastricht's* Epigones At Sea, GLJ 10 (2009) 1201 ff; *Halberstam/Möllers*, The German Constitutional Court Says „Ja zu Deutschland!", GLJ 10 (2009) 1241 ff; *Kottmann/Wohlfahrt*, Der gespaltene Wächter? Demokratie, Verfassungsidentität und Integrationsverantwortung im Lissabon-Urteil, ZaöRV 69 (2009) 443 ff; eher zust demgegenüber zB *Gärditz/Hillgruber*, Volkssouveränität und Demokratie ernst genommen – zum Lissabon-Urteil des BVerfG, JZ 2009, 872 ff. Zur Integrationsverantwortung des Bundestags im Zuge des Lissabon-Urteils s *Hölscheidt*, Die Verantwortung des Bundestags für die europäische Integration, DÖV 2012, 105 ff; *Engels*, Die Integrationsverantwortung des Deutschen Bundestags, JuS 2012, 210 ff. Zum Zustimmungs- und Mitwirkungserfordernis *Wollenschläger*, Völkerrechtliche Flankierung des EU-Integrationsprogramms als Herausforderung für den Europa-Artikel des Grundgesetzes (Art 23 GG) am Beispiel von ESM-Vertrag und Fiskalpakt, NVwZ 2012, 713 ff. S a BVerfGE 131, 152 *(ESM/Euro-Plus-Pakt)*.
46 Dazu *Petersen*, Europäische Verfassung und europäische Integration – Ein Beitrag zum kontraktualistischen Argument in der Verfassungstheorie, ZaöRV 64 (2004) 429 ff; *Kirchhof* (Fn 33) Rn 128 ff.
47 ABl EU 2004, Nr C 310/1. Überblick über Entstehung und Inhalt des Verfassungsvertrags s *Streinz*, Europarecht, 10. Aufl 2016, Rn 56 ff; s ferner *Mayer*, Wer soll Hüter der europäischen Verfassung sein?, AöR 129 (2004) 411 ff; *Sack*, Die Staatswerdung Europas – Kaum eine Spur von Stern und Stunde, Der Staat 44 (2005) 67 ff; *Geerlings*, Der Fortgang des europäischen Verfassungsprozesses, RuP 2006, 23 ff.

III. Das Verhältnis des Völkerrechts zur staatlichen Rechtsordnung: Grundbegriffe und Grundpositionen

1. Der Theorienstreit

28 „Theorien", die in der Rechtswissenschaft vorgetragen werden, haben eine dienende Funktion, sind nicht Selbstzweck. In einer Lehrdarstellung sollte von ihnen nur soweit die Rede sein, als sie zur Lösung praktischer Probleme beizutragen vermögen. Das können sie durch die Vermittlung von Einsichten, die für die Beurteilung von Einzelfragen hilfreich sind. Es kommt allerdings auch vor, dass die Komplexität von Rechtslagen ihrer Erfassung durch eine in sich geschlossene Theorie entgegensteht. Darauf deutet nicht selten hin, dass die Rechtspraxis sich solchen Streitigkeiten entzieht, weil deren Würdigung jedenfalls iE dahinstehen könne, und ebenso, dass die Literatur die Theoriengebäude durch „vermittelnde" Ansätze zu bereichern unternimmt. So liegen die Dinge hier.[48] Die „Theorien" zum Verhältnis von Völkerrecht und staatlichem Recht dürfen dennoch auch bei einer praktischen Orientierung nicht beiseitegelassen werden. Immerhin weisen sie in ihrer begrenzten Aussagekraft auf Probleme und bereiten deren Lösung damit jedenfalls vor.

29 Frühe grundsätzliche Aussagen zum Verhältnis von Völkerrecht und staatlichem Recht wurden in England formuliert. Lord Chancellor *Talbot* sprach das Völkerrecht 1737 als „Teil" des Common Law an,[49] man mag sagen: als diesem „sogleich" und „natürlich" inkorporiert. Dieser Ausgangspunkt blieb lange prägend für den im Einzelnen aber eher pragmatischen Umgang mit dem Problem in England. „Theoretisch" hingegen wurde vor allem in der deutschen und romanischen Wissenschaft angesetzt. Sie bildete den auch heute noch prägenden *Antagonismus dualistischer und monistischer Lehren* heraus und nahm für sich in Anspruch, das Problem allgemein, also *nicht* nur in Bezug auf *eine* nationale Rechtsordnung zu erklären.

30 Die *dualistische* Auffassung geht davon aus, dass das Völkerrecht einerseits, die nationalen Rechtsordnungen andererseits getrennt nebeneinander bestünden.[50] Die Konsequenz dieser Sicht ist, dass es eines Rechtsakts im innerstaatlichen Recht bedarf, um eine völkerrechtliche Norm in eine innerstaatliche zu verwandeln und sie auf diese Weise innerstaatlich in Geltung zu bringen. Diese innerstaatliche Anordnung zur Geltung von außerstaatlichem im innerstaatlichen Recht entscheidet auch über die Fälle des inhaltlichen Widerspruchs von Normen beider Sphären (Normenkollision): Sie gibt dem innerstaatlichen Recht den Vorrang, wenn es ihn in Anspruch nehmen will.

---

48 Dazu *Sperduti*, Dualism and Monism: A Confrontation to be Overcome, in Estudios de Derecho Internacional, Hom. al Miaja de la Muela, Bd I, 1979, 459 ff; ausführliche Darstellung des Theorienstreits etwa bei *Guggenheim*, Lehrbuch des Völkerrechts, Bd I, 1948, 19 ff; vgl auch *Shaw*, International Law, 6. Aufl 2008, 131 ff; Hinweise zu mittlerweile klassischen Stellen aus der dogmatischen Diskussion bei *Oppenheim/Lauterpacht*, International Law, Bd I, 8. Aufl 1955, Vor § 20. – Eingehende Darstellung bei *Rudolf*, Völkerrecht und deutsches Recht, 1967, 128 ff; *Amrhein-Hofmann*, Monismus und Dualismus in den Völkerrechtslehren, 2003.
49 Dazu mwN *Dahm/Delbrück/Wolfrum*, Völkerrecht, Bd I/1, 2. Aufl 1989, 107; ferner *Mann*, Völkerrecht im Prozess, SJZ 1950, 546, der von einem „den meisten Kulturstaaten bekannten Prinzip" sprach, wonach „das allgemeine Völkerrecht Teil des innerstaatlichen Rechts ist, ohne dass es einer Transformation bedarf" – eine auch zeitbedingte, vom Wunsch geprägte Bemerkung.
50 Grundlegend *Triepel*, Völkerrecht und Landesrecht, 1899.

Monistische Auffassungen gehen demgegenüber von einer einheitlichen Ge- **31** samtrechtsordnung aus, die auf einem gemeinsamen Geltungsgrund beruhen soll. Das Völkerrecht und die staatlichen Rechtsordnungen erscheinen als Einzelelemente dieser Gesamtrechtsordnung,[51] eines gesonderten Befehls für die innerstaatliche Geltung von Völkerrecht bedarf es bei dieser Sichtweise nicht.

Für den Umgang mit *Normenkollisionen* stehen sich innerhalb der Lehre des **32** Monismus zwei Spielarten gegenüber: Überwiegend wird vom sog Primat (Geltungsvorrang) des Völkerrechts im Rahmen der Gesamtrechtsordnung ausgegangen, teilweise aber auch vom Primat des innerstaatlichen Rechts. Für die letztgenannte Auffassung steht die Geltung des Völkerrechts also unter dem Vorbehalt entgegenstehenden innerstaatlichen Rechts.[52] Nimmt man den Primat des Völkerrechts ernst, so zeigen sich dem Völkerrecht widersprechende innerstaatliche Normativakte ohne weiteres als rechtswidrig. Nach beiden monistischen Auffassungen müssten völkerrechtliche Vorschriften ohne weiteres innerstaatlich anwendbar sein, wenn es an solchem Widerspruch fehlt. Für den Dualismus hingegen spielt Völkerrecht innerstaatlich nur eine Rolle, wenn und soweit das nationale Recht reagiert hat.

Die genannten dogmatischen Erklärungen des Verhältnisses von Völkerrecht **33** und staatlichem Recht geraten in ihrer Rigidität in *Widerspruch zur Realität des Rechts*.[53] Zum einen verlangen die Staaten voneinander nicht ein Verhalten iSe dieser Theorien; sie verlangen voneinander die Einhaltung einzelner völkerrechtlicher Vorschriften. Sie gestatten nicht den Einwand, die jeweilige innerstaatliche Ordnung habe sich dualistisch eingerichtet oder gehe vom Monismus mit Primat staatlichen Rechts aus. Sie verlangen nicht den unbedingten Geltungsvorrang „des" Völkerrechts iSe Monismus mit Völkerrechtsprimat. Sie behaupten auch nicht, dass Völkerrecht staatliches Recht „bricht",[54] wie es – mit zahlreichen Zweifelsfragen verbunden – Art 31 GG für den Vorrang des Bundesrechts gegenüber dem Landesrecht vorsieht und wie es auch für den Vorrang des Gemeinschaftsrechts gegenüber mitgliedstaatlichem Recht früher vertreten worden ist.[55] Sie erkennen aber an, dass staatliches Recht nicht von der Erfüllung völkerrechtlicher Verpflichtungen dispensiert. Sie räumen auch ein, dass die Staaten über Spielräume bei der Schaffung einer solchen innerstaatlichen Rechtsstruktur verfügen, wie

---

51 Vgl *Kelsen*, Das Problem der Souveränität und die Theorie des Völkerrechts, 1920; *Verdross*, Die Einheit des Weltbildes auf Grundlage der Völkerrechtsverfassung, 1923; in jüngerer Zeit *Hwang*, Trägt die (begrenzte) Völkerrechtsfreundlichkeit als Verfassungsprinzip zum Ausgleich zwischen internationaler Zusammenarbeit und nationaler Souveränität bei?, AVR 55 (2017) 349, 370 ff sowie, mit Blick auf die EMRK, *Pfeffer*, Das Verhältnis von Völkerrecht und Landesrecht, 2009.
52 Gestützt auf das Demokratieprinzip wird ein solcher Vorrang in jüngster Zeit wieder diskutiert; dazu *Goldmann*, Völkerrechtliche Vereinbarungen und direkte Demokratie, ZaöRV 78 (2018) 281 ff.
53 Dazu *Rousseau*, Droit international public, Bd I, 1970, 44; auch *Crawford*, Brownlie's Principles of Public International Law, 8. Aufl 2012, 50; *Shearer*, Starke's International Law, 11. Aufl 1994, 77 f; *von Bogdandy*, Pluralism, Direct effect, and the Ultimate Say: On the Relationship Between International and Domestic Constitutional Law, IJCL 6 (2008) 397 (399 ff); *Petersen*, Determining the Domestic Effect of International Law through the Prism of Legitimacy, ZaöRV 72 (2012) 223 ff.
54 Was aber teilweise – monistisch – aus der „Natur" des Völkerrechts zu begründen versucht wurde, s etwa *Jacot-Guillarmod*, Fondements juridiques internationaux de la primauté du droit international dans l'ordre juridique suisse, Zeitschrift des Bernischen Juristenvereins 120 (1984) 227 (233 f): „La primauté comme corrélat de la nature du droit international".
55 Vgl *Grabitz*, Gemeinschaftsrecht bricht nationales Recht, 1966.

sie – im Einzelfall – für die Erfüllung einer völkerrechtlichen Verpflichtung vorausgesetzt sein kann. Jedenfalls schulden die Staaten einander ein Ergebnis, sind aber frei auf den Wegen dorthin.

34 Des Weiteren ist zu beachten, dass die einzelstaatlichen Rechtsordnungen seit jeher und bis heute auf unterschiedliche Weise mit völkerrechtlichen Normenbefehlen umgehen. Sie öffnen sich in ihren Verfassungsordnungen unter Verwendung verschiedener Mechanismen explizit oder implizit völkerrechtlichen Vorgaben, nehmen auch unmittelbar durch Rechtsnormen unterhalb der Verfassung auf Völkerrecht Bezug. Sie unterscheiden dabei zumeist zwischen einzelnen Bereichen des Völkerrechts, etwa nach seinen Quellen,[56] seinem räumlichen Geltungsbereich,[57] aber auch – unausgesprochen – nach dem Inhalt von Normen.[58] Offensichtlich muss im vorliegenden Zusammenhang eine Rolle spielen, dass es auch völkerrechtliche Normen gibt, die ihrer Beschaffenheit und ihrem Sinn nach einzelne Individuen unmittelbar berechtigen, teilweise sogar verpflichten, andererseits solche, die sich („staatsgerichtet") nur für den Umgang der Staaten als solche interessieren.

35 Die Vielfalt der völkerrechtlichen Normarten und innerstaatlichen Reaktionsmechanismen schließt es aus, von einem einheitlichen theoretischen Ansatz her das Verhältnis von Völkerrecht und innerstaatlichem Recht zu bestimmen. Der Dualismus leugnet nicht, dass das Unterbleiben der von einer Norm des Völkerrechts verlangten innerstaatlichen Reaktion Rechtsfolgen hat. Der Monismus akzeptiert, dass völkerrechtliche Vorgaben innerstaatlicher Umsetzung bedürfen können. Beide betrachten die Normenwelt lediglich aus unterschiedlichen Blickwinkeln, ohne dass sie allein hieraus für die Beurteilung *aller* sich stellenden Einzelfragen ein tragfähiges Fundament gewinnen könnten. Schon vorab sei deshalb hier festgestellt, dass sich jedenfalls die in diesem Abschnitt des Lehrbuchs im Vordergrund stehende Rechtslage in Deutschland sowohl aus dualistischem wie auch aus monistischem Blickwinkel erklären lässt.[59]

36 Im Ergebnis reduziert sich also die Bedeutung des Theorienstreits in der Tat erheblich. Um die vorletzte Jahrhundertwende konnte *Triepel*[60] noch von weitgehender faktischer Trennung zwischen dem völkerrechtlichen und dem innerstaatlichen Rechtsbereich ausgehen – und vor diesem Hintergrund seinerzeit dogmatisch schlüssig einem strengen Dualismus das Wort reden. Hingegen haben die Rechtsnormen staatlichen oder internationalen Ursprungs heute einen derartigen Vernetzungsgrad bei gleichzeitiger Binnendifferenzierung iS je unterschiedlicher Reaktionen aufeinander erreicht, dass abstrakt-dogmatische Theorienbildung unergiebig erscheint. Die „Entscheidung" für eine der beiden Grundlehren legt nur noch Zeugnis ab von der jeweiligen rechtstheoretischen Prämisse: Sie steht für die Alternative

---

56 Vgl für die Bezugnahme auf bestimmte Verträge §§ 18, 19 GVG.
57 Vgl Art 25 GG: „allgemeine" Regeln, dazu u Rn 137 ff.
58 Dazu u Rn 41 f.
59 In der Lehre wird in Deutschland wohl überwiegend auf dem Boden des Dualismus argumentiert, s etwa *Berber*, Lehrbuch des Völkerrechts, Bd I, 2. Aufl 1975, 94 ff; *Rudolf* (Fn 48) 141 ff; für „gemäßigten" Monismus s beispielhaft *Verdross/Simma*, Universelles Völkerrecht, 3. Aufl 1984, §§ 73 f; für gemäßigten Dualismus *Doehring*, Völkerrecht, 2. Aufl 2004, Rn 702 f. – Die Rspr schwankt, jedenfalls terminologisch, s noch u Rn 116. – Bilanz des Theorienstreits für die Schweiz bei *Thürer*, Völkerrecht und Landesrecht. Thesen zu einer theoretischen Problemumschreibung, SZIER 1999, 217 ff.
60 *Triepel* (Fn 50) 245.

der Vorstellung von einer umgreifenden Gesamtrechtsordnung einerseits, der Vorstellung – interdependenter – Teilrechtsordnungen andererseits. Wünscht man weitere Verrechtlichung, sieht die Staatenwelt auf dem Weg zum Weltstaat oder möchte dem durch Theorienbildung Vorschub leisten, mag die zweitgenannte Alternative rückständig erscheinen. Für die Vorstellung vom Monismus spricht ebenfalls die Umbildung des Nachkriegsvölkerrechts (auch) zur Menschenrechtsordnung, die aber bekanntlich noch erheblicher Verfeinerung bedarf.[61] Auch die Option für den Monismus kann dazu aber nur begrenzt Beiträge leisten – zumal, wie gesagt, bereits auf dem Boden des Dualismus erklärt werden kann, dass ein Staat, der Menschenrechte verletzt, sich völkerrechtswidrig verhält. Die menschenrechtliche Nagelprobe – Anerkennung einer internationalen prozessualen Konsequenz aus dem Menschenrechtsschutz, nämlich Rechtssubjektivität und Klagebefugnis des Einzelnen vor internationalen Institutionen – verlangt das allgemeine Völkerrecht den Staaten bisher gerade nicht ab.

2. Die Mechanismen

Durchaus verschiedene Mechanismen werden in den einzelnen Staaten verwendet, um völkerrechtliche Normen innerstaatlich zur Wirkung zu bringen. Im Wesentlichen lassen sich drei Grundansätze unterscheiden und begrifflich grob voneinander absetzen.[62] Die dabei zentralen Begriffe sind vorzustellen und den oben geschilderten Lehren zuzuordnen. Es handelt sich sämtlich um Mechanismen der *Umsetzung* in den innerstaatlichen Rechtsbereich. Auch die zur Einordnung und Unterscheidung von Umsetzungsmechanismen gebildeten „Theorien", die jeweils mitgeprägt sind durch die im vorigen Abschnitt umrissenen dualistischen und monistischen Konzepte, vermögen für sich genommen noch nicht über die Bedeutung eines völkerrechtlichen Normativaktes in den innerstaatlichen Räumen zu befinden.[63]

37

Von *Transformation* (des Völkerrechts in das innerstaatliche Recht) wird gesprochen, um zu beschreiben, dass ein innerstaatlicher Normsetzungsakt eine völkerrechtliche Vorgabe aufnimmt und zum Bestandteil der staatlichen Rechtsordnung erklärt. Die Transformationslehre gründet auf der dualistischen Sichtweise. Das Transformationsergebnis ist eine Norm des nationalen Rechts. Die den Ausgangspunkt bildende Völkerrechtsnorm behält ihren völkerrechtlichen Geltungsgrund und ihre völkerrechtliche Wirkung. Ihr innerstaatliches Pendant wird davon unterschieden. Das müsste bedeuten, dass für die innerstaatliche Norm das Geltungsschicksal der Völkerrechtsnorm unbeachtlich ist, also etwa das Transformationsgesetz zu einem völkerrechtlichen Vertrag dessen Inhalte weiterhin in das na-

38

---

61 Vgl aber zum neuerlichen Aufleben von Argumenten aus der Debatte über Monismus und Dualismus angesichts der Globalisierung des Rechts *Viellechner*, Verfassung als Chiffre, ZaöRV 75 (2015) 231 (234 f).
62 Dazu *Dahm/Delbrück/Wolfrum* (Fn 49) 104 ff mwN.
63 Zutr *Mann*, Zur Wirkung des Zustimmungsgesetzes nach Art 59 Abs 2 des Grundgesetzes, GYIL 18 (1975) 373; s auch *Wildhaber/Breitenmoser*, The Relationship Between Customary International Law and Municipal Law in Western European Countries, ZaöRV 48 (1988) 163 (173): „In any case, to answer the question whether a country follows the monistic or dualistic conception in one or another moderated way, it will be necessary to examine pragmatically its actual constitutional position, its jurisprudence, as well as its doctrine."

tionale Recht transportiert, auch wenn dieser inzwischen außer Kraft getreten ist. Ebenso kann dies bedeuten, dass die innerstaatliche Norm ggf schon innerstaatlich zur Anwendung des sachlichen Gehalts des Vertrages verpflichtet, ehe dieser in Kraft getreten ist. Diese Konsequenzen werden jedenfalls in Deutschland kaum gezogen (s u Rn 117). Problematisch ist auch, nimmt man das Grundanliegen der Transformationslehre ernst, ob die Auslegung des innerstaatlichen Transformationsakts den transformierten völkerrechtlichen Vertrag – etwa seine Entstehungsgeschichte, den Wortlaut seiner authentischen, von derjenigen des transformierenden Staats vielleicht verschiedenen Vertragssprache – berücksichtigen darf oder muss. Eigentlich müsste dies verneint werden, wenn nicht eine – innerstaatliche – Auslegungsregel besteht, die es zulässt oder gebietet (s dazu u Rn 119).

39   Von *Inkorporation*, Adoption, Absorption oder Rezeption (des Völkerrechts) wird – teils mit Unterschieden im Einzelnen[64] – gesprochen, um einen innerstaatlichen Anwendungsbefehl für völkerrechtliche Normen zu beschreiben. Er kann sich theoretisch auf die gesamte Völkerrechtsordnung beziehen (wie es dem monistischen Modell entspräche), er mag auch das inkorporierte Völkerrecht einem Qualifikationsfilter unterwerfen, also die Inkorporation im Einzelfall vom Vorliegen einzelner Voraussetzungen abhängig machen (und nähert sich so wiederum dualistischem Denken). Die Inkorporation mag ungeschriebenem Verfassungsrecht entnommen werden, sich in geschriebenem Verfassungsrecht aus einer Generalklausel ergeben oder aufgrund Verfassungsrechts durch Einzelakt bewirkt werden. Im Gegensatz zu transformiertem Recht hat inkorporiertes Recht weiterhin Völkerrechtscharakter.

40   Weniger geprägt von einem entweder dualistischen oder monistischen Vorverständnis ist die Lehre vom *Vollzug* (des Völkerrechts durch das staatliche Recht).[65] Auch hier wird ein innerstaatlicher Anwendungsbefehl gefordert, seine Befolgung soll jedoch nicht die Entstehung einer Norm nationalen Rechts zur Folge haben (wie bei der Transformation). Er soll auch nicht unmittelbar die Geltung von Völkerrecht im innerstaatlichen Rechtsraum bewirken (wie bei der Inkorporation). Vielmehr gebiete der Anwendungsbefehl die Anwendung von Völkerrecht durch den innerstaatlichen Rechtsanwender.

3. Geltung und Anwendbarkeit

41   Die vorstehend benannten Theorien (Rn 28 ff) und vorgestellten Mechanismen (Rn 37 ff) betreffen die Frage der Geltung völkerrechtlicher Normen im innerstaatlichen Rechtsraum. Nicht jede Völkerrechtsnorm, mag sie sich in einer Vorschrift nationalen Rechts verwirklicht (transformiert) sehen oder als Völkerrechtsnorm inkorporiert sein, weist auch die innerstaatliche *Anwendbarkeit* auf, wie sie auch für den „Vollzug" des Völkerrechts vorausgesetzt ist. Anwendbarkeit wird nicht schon durch den die Geltung bewirkenden Vorgang herbeigeführt, sondern setzt ihn voraus.[66] Anwendbarkeit ist andererseits nicht notwendige Voraussetzung innerstaatli-

---

[64] Dazu *Rudolf* (Fn 48) 151 ff.
[65] Vgl *Partsch*, Die Anwendung des Völkerrechts im innerstaatlichen Recht, BDGVR 6 (1964) 13 ff.
[66] Dazu *Bleckmann*, Begriff und Kriterien der innerstaatlichen Anwendbarkeit völkerrechtlicher Verträge, 1970, 59 ff; *Geiger*, Grundgesetz und Völkerrecht, 7. Aufl 2018, 159 f.

cher Geltung,[67] weil andernfalls die verfassungsunmittelbare Verpflichtung des Gesetzgebers auf das Völkerrecht nicht erklärt werden könnte. Für die innerstaatliche Anwendbarkeit ist der Norm*inhalt entscheidend*. Die Norm muss, wie man sagt, *self-executing*, also für ihre Anwendung sachlich und ihrer Struktur nach geeignet sein, insbes ein ausreichendes Maß an Bestimmtheit aufweisen (wie etwa die Vorschriften des 1. Abschnitts der EMRK).[68] Dabei ist oft auch innerhalb eines völkerrechtlichen Vertrags zu differenzieren. So fehlt es zB solchen Vertragsbestimmungen an Anwendbarkeit, die zwar Pflichten der Bürger zum Gegenstand haben, diese aber nicht konkret ausprägen, sondern erkennbar eine Konkretisierung etwa durch den innerstaatlichen Gesetzgeber noch voraussetzen.[69] Das schließt nicht aus, dass dasselbe Vertragswerk auch innerstaatlich ohne weiteres anwendbare Vorschriften beinhaltet.

Zu differenzieren ist entscheidend aus der Sicht der das Recht jeweils anwendenden staatlichen Gewalt. Ein innerstaatlich geltender Vertrag kann hinreichend bestimmt für den Vollzug durch die Verwaltung sein (etwa wenn sie ihn heranzieht, um ihr eröffnete Handlungsspielräume zu konkretisieren), ohne notwendigerweise auch geeignet für die richterliche Anwendung zu sein.[70] Über die Anwendbarkeit innerstaatlich geltenden bzw transformierten Völkerrechts entscheidet die konkret in Rede stehende Norm des Völkerrechts also zunächst selbst. Erweist sie sich als anwendungswillig, ist in Deutschland am Maßstab des innerstaatlichen Rechts zu entscheiden, ob diesem Willen Rechnung getragen werden darf (su Rn 175 ff, 183). 42

4. Völkerrechtliche Rechtsfolgen mangelnder Umsetzung

Von einer mangelnden Umsetzung von Völkerrecht in das staatliche Recht lässt sich nur in Bezug auf solche völkerrechtlichen Vorschriften sprechen, die von der staatlichen Rechtsordnung eine Reaktion verlangen, ohne welche die betreffende völkerrechtliche Verpflichtung gegenüber anderen Völkerrechtssubjekten ganz oder teilweise unerfüllt bliebe. Aus dem Vorstehenden folgt, dass die *innerstaatlichen Rechtsfolgen* mangelnder Umsetzung nicht verallgemeinernd beschrieben werden können. So mag es sein, dass eine innerstaatliche Rechtsordnung ihren Rechtssubjekten die Berufung auch auf eine nicht adäquat umgesetzte Völkerrechtsnorm gestattet. Ebenso kann es aber sein, dass diese ohne Umsetzung überhaupt keine Bedeutung im innerstaatlichen Rechtsraum entfaltet. Theoretisch denkbar wäre auch, dass das Völkerrecht entgegenstehendes staatliches Recht „bricht" – so wie es für das Verhältnis von Bundesrecht und Landesrecht Art 31 GG anordnet. Es ist den ein- 43

---

67 Vgl – für Art 25 GG – *Rojahn* (Fn 27) Art 25 Rn 27; aus der Rspr etwa BVerwGE 88, 254, 257; BSGE 110, 194; aA zB *Rudolf* (Fn 48) 258 ff; *Partsch* (Fn 65) 20 ff.
68 S demgegenüber mit Blick auf den IPwirtR *Payandeh*, Die Internationalisierung der Rechtsordnung als Herausforderung für die Gesetzesbindung, Rechtswissenschaft 2013, 397 (404 ff); anschaulich auch die Bsp bei *von Arnauld*, Völkerrecht, 3. Aufl 2016, Rn 505, 507; allg *Rogalla*, Ehe und Familie in der Europäischen Grundrechtecharta, 2017, 226 f.
69 Ein Teil der deutschen Rechtslehre geht demgegenüber davon aus, dass solchen Vorschriften bereits die innerstaatliche Geltung fehle, weil sie von dem – hier gemäß Art 59 Abs 2 GG erfolgenden (vgl u Rn 115 ff) – Transformationsakt unberührt bleiben; etwa *Rudolf* (Fn 48) 173 ff.
70 Für diese Differenzierung findet die in Fn 68 genannte Ansicht kaum eine Erklärung.

zelstaatlichen Verfassungsordnungen unbenommen, diesen Weg zu gehen,[71] doch verlangt ihn das Völkerrecht weder in der Breite noch bereichsspezifisch (und auch nicht für den Menschenrechtsschutz).[72]

44 Verallgemeinerbar sind nur die *völkerrechtlichen Folgen mangelnder Umsetzung*. Die Unterschreitung einer völkerrechtlich gebotenen Umsetzung ist völkerrechtliches Unrecht. Sie löst damit die typischen Unrechtsfolgen aus.[73] Es besteht ein Primäranspruch auf Erfüllung der Umsetzungspflicht. Die Umsetzung kann, geht es um Verträge, grundsätzlich von den Vertragspartnern verlangt werden. Bei multilateralen Verträgen, insbesondere solchen zur Errichtung einer I.O., können auch durch den Vertrag geschaffene Organe befugt sein, die Befolgung des Vertrags zu verlangen. Denkbar ist dies etwa auch für vertragsgemäß entstandene verbindliche Entscheidungen oder Normen, die auf eine Umsetzung gerichtet sind und sie erfordern. Es bestehen auch (zunächst) objektive Verpflichtungen zu völkerrechtsgemäßer Einrichtung der innerstaatlichen Rechtsordnung, insbes aufgrund des Völkergewohnheitsrechts. So existiert etwa die Verpflichtung, (auch) mit Mitteln des Rechts zu verhindern, dass Personen oder Sachen auf fremdem Territorium durch auf dem eigenen Territorium bewirkte Umweltbelastungen schwerwiegend geschädigt werden.[74] Hier wird besonders deutlich, dass der Schutzzweck der Norm über die Aktivlegitimation befindet: Nicht jedes Völkerrechtssubjekt, sondern nur ein solches, das die Gebietshoheit über einen insoweit gefährdeten Raum innehat, kann die Erfüllung der genannten völkerrechtlichen Verpflichtung verlangen.

45 Des Weiteren kann die mangelnde Umsetzung von Völkerrecht sekundäre, also Haftungs- bzw deliktische Ansprüche auslösen, also *Schadensersatzansprüche*, wenn einem anderen Völkerrechtssubjekt durch die mangelnde Umsetzung ein Schaden entstanden ist. Das setzt voraus, dass alle Voraussetzungen des jeweiligen Haftungstatbestands erfüllt sind.

IV. Völkerrecht und deutsches Recht

1. Zur Einführung: Das Verhältnis von Völkerrecht und staatlichem Recht nach den Rechtsordnungen einzelner Staaten

46 Der folgende Überblick hat den Sinn, das Verständnis der anschließend im Schwerpunkt darzustellenden Rechtslage nach deutschem Recht zu erleichtern und die deutschen Wege einordnen zu helfen. Schon aus diesem Grunde bleibt der Überblick im folgenden Text selektiv.[75]

---

71 Vgl für die Schweiz *Kälin*, Der Geltungsgrund des Grundsatzes „Völkerrecht bricht Landesrecht", FG Schweizerischer Juristentag, 1988, 45 ff.
72 S schon o Rn 7, 33.
73 Vgl *Schröder*, 7. Abschn Rn 4 ff.
74 Vgl *Proelß*, 5. Abschn Rn 106 ff.
75 Zu historischen Hintergründen vgl die Beiträge in Schneider/Simon (Hrsg), Verfassung und Völkerrecht in der Verfassungsgeschichte, Der Staat, Beiheft 23/2015. – Zu weiteren, im Text nicht angesprochenen Staaten: ÖSTERREICH: Neuhold/Hummer/Schreuer (Hrsg), Österreichisches Handbuch des Völkerrechts, Bd I, 4. Aufl 2004, 116 ff; *Loebenstein*, Die allgemein anerkannten Regeln des Völkerrechts und das staatliche Verfassungsrecht, FS Kirchschläger, 1990, 143 ff; *Grabenwarter*, Die Verteilung völkerrechtsbezogener Zuständigkeiten nach der österreichischen Bundesverfassung, AustrJIL 48 (1995)

IV. Völkerrecht und deutsches Recht — 99

Das Verhältnis, in das sich die nationalen Rechtsordnungen zur Völkerrechtsordnung setzen, wird üblicherweise – bezogen auf einzelne Staaten – entwicklungsgeschichtlich geschildert. Demgegenüber soll hier zunächst eine rechtsvergleichende Perspektive, bezogen auf die aktuelle Rechtslage, eingenommen werden. Ein solcher Vergleich illustriert, wie unterschiedlich sich die Verfassungsordnungen zum Völkerrecht erklären und welche spezifischen Aussagen sie zu den klassischen *Quellen* des Völkerrechts (völkerrechtliche Verträge, Völkergewohnheitsrecht, allgemeine Rechtsgrundsätze)[76] treffen.[77] Dabei ist jeweils zu beachten, welchen *Rang* die betreffende staatliche Ordnung völkerrechtlichen Vorschriften innerhalb der von ihr eingerichteten oder vorausgesetzten Normenhierarchie beimisst, für Bundesstaaten auch ihre Einordnung in das föderale Gefüge. Soweit Völkerrecht als nationales Recht (oder in dessen Gewande) auch Entscheidungsmaßstab innerstaatlicher Ge- 47

79 ff; *Balthasar,* „Pacta sunt servanda" – Zur innerstaatlichen Relevanz von durch Staatsverträge eingegangenen Verpflichtungen Österreichs, ZöR 50 (1996) 161 ff. SCHWEIZ: *Häfelin/Haller/Keller,* Schweizerisches Bundesstaatsrecht, 7. Aufl 2008, § 63; *Thürer,* Verfassungsrecht und Völkerrecht, in ders/Aubert/Müller (Hrsg), Verfassungsrecht der Schweiz, 2001, § 11. NIEDERLANDE: *Fleuren,* The Application of Public International Law by Dutch Courts, NILR 57 (2010) 245 ff. BELGIEN: *Ergec,* La troisième phase de la réforme de l'Etat et les compétences internationales, Revue de droit de l'ULB 1990, 51 ff. MITTEL- und OSTEUROPA (im Überblick): Wyrozumska (Hrsg), Transnational Judicial Dialogue on International Law in Central and Eastern Europe, 2017. POLEN: *Banaszak/Milej,* Polnisches Staatsrecht, 2009, Rn 60 ff. ESTLAND: *Vallikivi,* Status of International Law in the Estonian Legal System under the 1992 Constitution, Juridica International VI (2001) 222 ff; *ders,* Domestic Applicability of Customary International Law in Estonia, Juridica International VII (2002) 28 ff. UKRAINE: *Vovk,* Die Offenheit der ukrainischen Verfassung für das Völkerrecht und die europäische Integration, 2013. SPANIEN: *Lopez Pina,* Die spanische Verfassung und das Völkerrecht, AVR 32 (1994) 178 ff; *Remiro Brotóns,* The Spanish Constitution and International Law, SYIL IX (2003) 27 ff. PORTUGAL: *Gomes Canotilho,* Offenheit vor dem Völkerrecht und Völkerrechtsfreundlichkeit des portugiesischen Rechts, AVR 34 (1996) 47 ff; *Miranda,* La constitution portugaise et la protection internationale des droits de l'homme, AVR 34 (1996) 72 ff. ISRAEL: *Lapidoth,* International Law within the Israel Legal System, IsLR 24 (1990) 451 ff; *Navot,* Constitutional Law of Israel, 2007, 31 ff. BRASILIEN: *Mesquita Ceia,* Die verfassungsrechtliche Kontrolle völkerrechtlicher Verträge, 2011. INDIEN: *Hedge,* Indian Courts and International Law, LJIL 23 (2010) 53 ff. MALAYSIA/SINGAPUR: *Lim,* Public International Law before the Singapore and Malaysian Courts, SYBIL 8 (2004) 243 ff. AUSTRALIEN: *Anton/Mathew/Morgan,* International Law, 2005, 406 ff. NAMIBIA: *Tshosa,* The Status of International Law in Namibian National Law: A Critical Appraisal of the Constitutional Strategy, NLJ 2 (2010) 3 ff. NIGERIA: *Okeke,* International Law in the Nigerian Legal System, CWILJ 27 (1997) 311 ff. TANSANIA, KENIA, UGANDA: *Kabudi,* Human Rights Jurisprudence in East Africa, 1995, 25 ff; *Oppong,* Re-Imagining International Law: An Examination of Recent Trends in the Reception of International Law Into National Legal Systems in Africa, FILJ 30 (2006) 296 ff. Weitere rechtsvergleichende Darstellungen bei *Cassese,* Modern Constitutions and International Law, RdC 192 (1985-III) 331 ff; *Jennings/Watts,* Oppenheim's International Law, Vol I, 9. Aufl 1992, § 19; *Franck/Thiruvengadam,* International Law and Constitution-Making, Chinese JIL 2 (2003) 467 ff; *Peters,* Supremacy Lost: International Law Meets Domestic Constitutional Law, VOJICL 3 (2009) 170 ff; Shelton (Hrsg), International Law and Domestic Legal Systems, 2011; *Classen,* Nationales Verfassungsrecht in der Europäischen Union, 2013, § 12; Novaković (Hrsg), Basic Concepts of International Law, 2013. Vgl mit Blick auf das Unionsrecht und die EMRK die Beiträge in von Bogdandy/Cruz Villalón/Huber (Hrsg), Handbuch Ius Publicum Europaeum, Bd II, 2008.
76 Von allgemeinen Rechtsgrundsätzen muss dabei allerdings gesondert nur die Rede sein, wenn eine nationale Rechtsordnung auf diese Rechtsquellenkategorie spezifisch reagiert; regelhaft gilt für sie weithin gleiches wie für das Völkergewohnheitsrecht.
77 Eine Einbeziehung weiterer Normen und Entscheidungen internationalen Ursprungs (verbindliche und unverbindliche Entscheidungen und Entschließungen zwischenstaatlicher Einrichtungen und I. O.), wie sie für das deutsche Recht erfolgt (s u Rn 166 ff), muss hier unterbleiben.

richte sein kann – auch dies unterliegt der näheren Ausgestaltung im nationalen Recht –, stärkt dies im Übrigen grundsätzlich das Völkerrecht und bedeutet ein potenzielles Gegengewicht angesichts der ja typischerweise schwachen Justiziabilität des Völkerrechts auf zwischenstaatlicher Ebene.[78]

48   *Großbritannien*[79] kennt keine geschriebene Verfassung. Sein (materielles) Verfassungsrecht sieht vor, dass nationales Recht entweder Common Law oder Statute Law ist. Im Ausgangspunkt wird das Völkerrecht als vom Common Law umschlossen (monistisch) verstanden, doch unter dem Vorbehalt, dass die einzelne Vorschrift inländischer Rechtsüberzeugung entspricht. Dafür verlangen die über den Bestand des Common Law wachenden Gerichte einen Rezeptionsakt, dessen Existenz auch aus Stillschweigen abgeleitet wird. Dieser Mechanismus hat Bedeutung nur für das Völker*gewohnheitsrecht* (und für allgemeine Rechtsgrundsätze) und auch hier nur im eingeschränkten Sinne: Jeglicher Parlamentsakt geht nach dem britischen Verfassungsrecht dem in das Common Law inkorporierten Völkerrecht vor, denn im Fall der Normkollision weicht Common Law dem Statute Law. Völkerrechtliche *Verträge* bedürfen der Transformation durch einen Akt des Parlaments, wenn sie bisheriges Statute Law oder Common Law ändern oder die Rechte Privater berühren. Diese Verträge werden zwar monarchisch ratifiziert, erlangen hierdurch jedoch noch nicht die für ihre innerstaatliche Geltung vorausgesetzte Qualität. Die *Rangbestimmung* macht bei diesem Bild geringe Schwierigkeiten. Völkerrecht gilt innerstaatlich in Großbritannien in Gestalt inländischer Rechtsnormen. Handelt es sich um Common Law, stehen sie unter dem Vorbehalt des Statute Law, also des Parlamentsrechts (allerdings nicht des durch die Administration gesetzten Rechts). Ist Völkerrecht durch Statute Law transformiert, teilt es den Rang des sonstigen Statute Law.[80]

49   Die Verfassung der *Vereinigten Staaten von Amerika*[81] äußert sich explizit nur zu völkerrechtlichen *Verträgen*. Sie sieht die Beteiligung des Senats schon bei deren Abschluss vor, wenn es sich nicht um sog Executive Agreements handelt. Ein nachfolgender Inkorporations- oder Transformationsakt wird nicht gefordert, ist aber möglich. Verfassungsmäßig zustande gekommene Verträge sind Bestandteil amerikanischen Rechts. Sie stehen Gesetzgebungsakten des Kongresses gleich (was die Verfassung nicht ausdrücklich besagt, aber allgemein anerkannt ist). Das entspricht der Vorstellung, dass die Gesetzgebung des Kongresses einerseits und die gemeinsam von dem Präsidenten und dem Senat ausgeübte Vertragsschlussbefugnis andererseits gleichrangig nebeneinander bestehen. Folgerichtig ist, dass im Konfliktfall die Regel

---

78 Zu diesem Zusammenhang *Kunig*, Über Schwächen und Stärken des Völkerrechts, Annales de la Faculté de Droit d'Istanbul XLVI 63 (2014) 85 (95 ff); vgl auch *Weiß*, Die Rechtsquellen des Völkerrechts in der Globalisierung, AVR 53 (2015) 220 (227 ff).
79 Überblick *Shearer* (Fn 53) 68 ff; *Crawford* (Fn 53) 62 ff; *Neff*, in Shelton (Hrsg), International Law and Domestic Legal Systems, 2011, 620 ff.
80 Zu den Besonderheiten des die EMRK transformierenden Human Rights Acts *Vick*, The Human Rights Act and the British Constitution, Texas ILJ 37 (2002) 32 ff.
81 Vgl *Paust*, International Law as Law of the United States, 2. Aufl 2003; *Carter/Trimble/Weiner*, International Law, 2007, 159 ff; *Bradley*, International Law in the U.S. Legal System, 2013; zu der in einigen US-Bundesstaaten zu beobachtenden Tendenz, Gerichten die Berücksichtigung von Völkerrecht zu untersagen, vgl *Fink/Gillich*, Der Einfluss des Völkerrechts auf die US-amerikanische Verfassung, JöR (NF) 61 (2013) 725 ff; rechtsvergleichend aus deutscher Sicht *Bungert*, Einwirkung und Rang von Völkerrecht im innerstaatlichen Rechtsraum, DÖV 1995, 797 ff. Grundlegend aus der Rspr *Chae Chan Ping v United States*, 130 US 581 (1889).

des Vorrangs der zeitlich später entstandenen Norm zur Anwendung gebracht wird. Die Verfassung der Vereinigten Staaten regelt die Bedeutung des Völker*gewohnheitsrechts* für die amerikanische Rechtsordnung nicht, doch wird die Vorstellung von der Entbehrlichkeit eines speziellen Inkorporations- oder Transformationsakts auch auf das Völkergewohnheitsrecht bezogen. Es ist damit ebenfalls ein Teil des amerikanischen Rechts auf Bundesebene. Ungeachtet der der Verfassung zu entnehmenden Bedeutungszuweisung für das Völkerrecht hat dieses selbst keinen Verfassungsrang, steht also unter dem Vorbehalt seiner Vereinbarkeit mit der amerikanischen Verfassung, geht aber – als Bundesrecht – dem gliedstaatlichen Recht vor. Insbesondere durch Transformationsgesetzgebung bzgl eines völkerrechtlichen Vertrages kann dies in den Vereinigten Staaten die gliedstaatliche Gesetzgebungsbefugnis einschränken, weil der Gesamtstaat über das fast unbegrenzte Recht verfügt, auf Feldern gliedstaatlicher Gesetzgebungskompetenz völkerrechtliche Verträge zu schließen.

Das *französische* Verfassungsrecht wird als in besonderem Maße „völkerrechtsfreundlich" bezeichnet.[82] Die Präambel der (geltenden) Verfassung (v 1958) bekennt sich zur Befolgung allgemeiner Regeln des Völkerrechts durch die Französische Republik (bewirkt durch eine Verweisung in dieser Präambel auf diejenige der Verfassung v 1946). Durch ein Menschenrechtsbekenntnis wird der Ideenstrom der Französischen Revolution fortgeführt, was konkret für das Verhältnis des Völkerrechts zum französischen Recht freilich noch nicht viel besagen muss. Immerhin wird dieser Vorschrift eine Inkorporation des Völker*gewohnheitsrechts* entnommen. Ordnungsgemäß zustande gekommenen und veröffentlichten völkerrechtlichen *Verträgen* räumt die Verfassung den Vorrang vor dem nationalen Gesetzesrecht[83] (nicht vor der Verfassung) ein. Sie gebietet allerdings die parlamentarische Zustimmung zu verschiedenen Verträgen von besonderer Bedeutung.[84] Die Verfassung stellt den Vorrang zudem unter den Vorbehalt der reziproken Vertragsanwendung – womit Zweifelsfragen verbunden sind.

50

Die *italienische* Verfassung v 1948 transformiert „allgemein anerkannte" Normen des Völkerrechts, damit das Völker*gewohnheitsrecht* meinend, in die italienische Rechtsordnung. Sie gehen einfachem Gesetzesrecht vor, besonders nachdem der im Jahre 2001 geänderte Art 117 die ausdrückliche Schranke der „Achtung der

51

---

82 Dazu etwa *Sur,* Application dans l'ordre interne, in Combacau/Sur (Hrsg), Droit international public, 9. Aufl 2010, 181 ff, 188 ff; *Pfeiffer,* Zur Verfassungsmäßigkeit des Gemeinschaftsrechts in der aktuellen Rechtsprechung des französischen Conseil constitutionnel, ZaöRV 67 (2007) 469 ff; zur weniger völkerrechtsfreundlichen Haltung in früherer Zeit *Decaux,* in Shelton (Fn 79) 207 ff. – S auch zu ungeschriebenem Völkerrecht in seiner Bedeutung für das französische Verwaltungsrecht *Teboul,* Le droit international non écrit devant le juge administratif, RGDIP 95 (1991) 321 ff.
83 Art 55 der Verfassung v 4.10.1958; dazu Conseil d'Etat, EuGRZ 1990, 99 ff *(Nicolo);* eingehend *Ludet/Stotz,* Die neue Rechtsprechung des französischen Conseil d'Etat zum Vorrang völkerrechtlicher Verträge, EuGRZ 1990, 93 ff; *Gundel,* Der Status des Völkerrechts in der französischen Rechtsordnung nach der neuen Rechtsprechung des Conseil d'Etat, AVR 37 (1999) 438 ff. Die Kontrolle der nationalen Gesetze am Maßstab der völkerrechtlichen Verträge obliegt auch nach der Einführung des verfassungsrechtlichen Vorlageverfahrens (question prioritaire de constitutionnalité) den Fachgerichten; s Conseil constitutionnel, 22.7.2010, déc n°2010-4/17 QPC *(Alain C. et autre),* Recueil 156 cons 11. Zu den Bedingungen, unter denen sich der Einzelne direkt auf ein völkerrechtliches Abkommen berufen kann, jüngst wieder Conseil d'Etat, Assemblée, 11.4.2012, n°322326, RFDA 2012, 547 *(GISTI et FAPIL).*
84 *Le Boeuf,* La double nature de la ratification des traités, RFDC 107 (2016) 601, 618 ff.

aus der internationalen Rechtsordnung herkommenden Pflichten" eingefügt hat. Allerdings hat der italienische Verfassungsgerichtshof im Angesicht des IGH-Urteils zur Staatenimmunität Deutschlands vor italienischen Gerichten den Vorrang grundlegender Verfassungsprinzipien betont.[85] Völkerrechtliche *Verträge* bedürfen einer innerstaatlichen Geltungsanordnung durch – regelmäßig – Legislative oder Exekutive. Das italienische Recht bietet unter den europäischen Staaten – nach der Erosion der sozialistischen Staatsmodelle – das markanteste Bsp der dualistischen Umsetzungskonzeption.[86]

52   In der *griechischen* Verfassungsentwicklung zeichnet sich die nach der Wiederherstellung der Demokratie zustande gekommene Verfassung von 1975 als besonders völkerrechtsfreundlich aus.[87] Nach Art 2 Abs 2 ist Griechenland bestrebt, unter Beachtung der allgemein anerkannten Regeln des Völkerrechts den Frieden, die Gerechtigkeit und die Entwicklung freundschaftlicher Beziehungen zwischen den Völkern und Staaten zu fördern. Die „allgemein anerkannten Regeln des Völkerrechts sowie die internationalen Verträge nach ihrer gesetzlichen Ratifizierung und ihrer in ihnen geregelten Inkraftsetzung" werden als „Bestandteil des innerstaatlichen griechischen Rechts" qualifiziert und gehen jeder entgegenstehenden Gesetzesbestimmung vor (Art 28 Abs 1).[88] Vor diesem Hintergrund geht die überwiegende Meinung im Schrifttum von einem monistischen Ansatz mit Blick auf das Völker*gewohnheitsrecht* aus. Obgleich kein Konsens hinsichtlich der Frage besteht, inwieweit die gesetzliche „Ratifizierung" völkerrechtlicher *Verträge* sie in die innerstaatliche Rechtsordnung transformiert, wird insoweit von einer gemäßigten Variante des dualistischen Modells ausgegangen.[89] Es wird ein Vorrang des Völkerrechts vor den einfachen Gesetzen angenommen, nicht jedoch vor der Verfassung.[90] Während das Postulat völkerrechtskonformer Auslegung der Verfassung zunehmend anerkannt wird, tendieren die griechischen Gerichte allerdings häufig dazu, völkerrechtliche Verträge für nicht unmittelbar anwendbar zu erklären.[91]

---

85 Verfassungsgerichtshof, Urteil v 22.10.2014 – 238/2014; dazu *Boggero*, The Legal Implications of Sentenza No. 238/2014 by Italy's Constitutional Court for Italian Municipal Judges: Is Overcoming the "Triepelian Approach" Possible?, ZaöRV 76 (2016) 203 ff; *Oellers-Frahm*, Das italienische Verfassungsgericht und das Völkerrecht, EuGRZ 2015, 8 ff; *Raffeiner*, Jenseits der Staatenimmunität im deutsch-italienischen *Staatenimmunitäten*-Fall: Wege und Hürden nach dem Urteil der *Corte costituzionale*, ZaöRV 76 (2016) 451 ff.
86 Allgemein dazu *Cataldi*, in Shelton (Fn 79) 328 ff; *Conforti*, Diritto internazionale, 8. Aufl 2010, 276 ff; *Tanzi*, Introduzione al diritto internazionale contemporaneo, 3. Aufl 2010, 28 ff; *Treves*, Diritto internazionale, 2005, 646 ff.
87 Überblick bei *Fatouros*, International Law in the New Greek Constitution, AJIL 70 (1976) 492 ff; *Yokaris*, in Shelton (Fn 79) 249 ff.
88 Für Ausländer gilt Völkerrecht unter dem Vorbehalt der Gegenseitigkeit, der allerdings nach hM auf menschenrechtliche Verträge und Abkommen keine Anwendung findet. Vgl etwa *Briolas*, L'application de la Convention Européenne des Droits de l'Homme dans l'ordre juridique des Etats contractants: Théorie et pratique helléniques, in Iliopoulos-Strangas (Hrsg), Grundrechtsschutz im europäischen Raum, 1993, 82 (94).
89 *Kaboğlu/Koutnatzis*, The Reception Process in Greece and Turkey, in Keller/Stone/Sweet (Hrsg), A Europe of Rights, 2008, 451 (462).
90 Statt vieler *Iliopoulos-Strangas*, Offene Staatlichkeit: Griechenland, in von Bogdandy/Cruz Villalón/Huber (Fn 75) § 16 Rn 48 ff.
91 Etwa im Bereich der sozialen Grundrechte. Dazu ausführlich *Iliopoulos-Strangas/Leventis*, Der Schutz der sozialen Grundrechte in der Rechtsordnung Griechenlands, in Iliopoulos-Strangas (Hrsg),

Auch die *türkische* Verfassung äußert sich, was das Verhältnis von Völkerrecht **53** und nationalem Recht angeht, explizit nur zu den völkerrechtlichen *Verträgen*. Gemäß Art 90 Abs 5 Satz 1 TV haben die verfahrensgemäß in Kraft gesetzten völkerrechtlichen Verträge Gesetzeskraft, stehen also grundsätzlich auf einer Stufe mit den einfachen Gesetzen. Allerdings wird auf Grund des nachfolgenden Satzes, demgemäß das Verfassungsgericht nicht mit der Behauptung der Verfassungswidrigkeit völkerrechtlicher Verträge befasst werden kann, über das Rangverhältnis von völkerrechtlichen Verträgen und einfachen Gesetzen diskutiert.[92] Die völkerrechtlichen Verträge stehen trotz der erwähnten Immunisierung auf einer Ebene mit den einfachen Gesetzen, so dass bei Normwidersprüchen die allgemeinen Prinzipien „lex posteriori derogat legi anteriori" und „lex specialis derogat legi generali" zum Tragen kommen.[93] Durch eine Verfassungsänderung im Jahre 2004 wurde die Diskussion über die Stellung der völkerrechtlichen Verträge hinsichtlich von Grundrechten und -freiheiten betreffender Verträge beendet. Gemäß dem um einen dritten Satz ergänzten Art 90 Abs 5 TV finden die Bestimmungen dieser Verträge vorrangig Anwendung, soweit diese mit nationalen Bestimmungen mit gleichem Regelungsgehalt nicht übereinstimmen. Laut der ständigen Rechtsprechung des türkischen Verfassungsgerichts müssen bei einem Konfliktfall die Gesetzesbestimmungen außer Betracht bleiben und die entsprechenden Bestimmungen insbes der EMRK und weiterer völkerrechtlichen Verträge angewendet werden.[94] Hinsichtlich des Völker*gewohnheitsrechts* und der *allgemeinen Rechtsgrundsätze* enthalten verschiedene Bestimmungen der TV Hinweise auf deren innerstaatliche Bedeutung.[95] Auch zieht das Verfassungsgericht die allgemeinen Rechtsgrundsätze bei der Verfassungsauslegung heran.[96]

Die Verfassung von *Japan* sieht vor, das Völker*vertragsrecht* und die anerkann- **54** ten Regeln des Völkerrechts (gemeint ist das Völker*gewohnheitsrecht*) „gewissenhaft zu befolgen" (Art 98 Abs 2 JV). Das Verfahren zur Bindung an Völkervertragsrecht wird im Einzelnen bestimmt (Art 7 Satz 1 u 8, Art 61, Art 73 Satz 3 JV),[97] das Verhältnis zwischen Verfassungsrecht und Völkerrecht hingegen nicht. In der Theorie wird über einen Vorrang des Völkerrechts in Anlehnung an deutschsprachige Diskussio-

---

Soziale Grundrechte in Europa nach Lissabon, 2010, 249 (268 f.). – S auch zur Umsetzung von EGMR-Entscheidungen *Micha*, Issues of Res Judicata with Reference to the Execution of Judgments of the European Court of Human Rights: The Case of Greece, in Novaković (Fn 75) 505 ff.
92 S *Gönenç/Esen*, The Problem of the Application of Less Protective International Agreements in Domestic Legal Systems: Article 90 of the Turkish Constitution, EJLR 8 (2006) 485 (487 ff) sowie *Başlar*, The Fifty Years of the Constitutional Court of Turkey (1962-2012), LJR 4 (2012) 13 (41); *Rumpf*, Einführung in das türkische Recht, 2004, 79; *ders*, Höchstrichterliche Anwendung von Menschenrechtsverträgen im türkischen Recht, EuGRZ 1995, 147 f.
93 Vgl *Özbudun*, Democratization Reforms in Turkey 1993-2004, Turkish Studies 8 (2007) 179 (189); *Gönenç/Esen* (Fn 92); *Başlar* (Fn 92) 56.
94 Vgl AYM E. 2013/2187, R.G. Tarih-Sayı: 7.1.2014-28874, 57 (62); dazu *Göztepe*, Die Einführung der Verfassungsbeschwerde in der Türkei, JöR 63 (2015) 485 (522).
95 Art 15 Abs 1 TV (Grundrechtsbeschränkungen im Notstand nur bei Vereinbarkeit mit dem Völkerrecht); Art 16 TV (Grundrechtsbeschränkungen für Ausländer nur in völkerrechtlich zulässiger Weise); Art 92 Abs 1 (Ausrufung des Kriegsfalles nur in den nach dem Völkerrecht erlaubten Fällen).
96 AYM E. 2010/89, R.G. Tarih-Sayı: 5.4.2012-28225; AYM E. 2014/149, R.G. Tarih-Sayı: 1.1.2015-29223.
97 Dazu *Miyazawa*, Verfassungsrecht, 1986, 286.

nen kontrovers diskutiert.[98] Überwiegend wird angenommen, die japanische Verfassung habe keinen Vorrang vor dem Völkerrecht.[99] In der gerichtlichen Praxis spielt der theoretische Streit selten eine Rolle. So vermied das Oberste Gericht beispielsweise im Sunagawa-Fall (1959), in welchem ein japanisch-amerikanischer Sicherheitsvertrag einschlägig war, die Prüfung der Verfassungsmäßigkeit dieses Vertrags, weil die Beurteilung allein Regierung und Parlament obliege.[100] Daher liege „ein solches Urteil [...] außerhalb der Prüfungskompetenz des ordentlichen Gerichts, solange ein solcher Vertrag nicht auf den ersten Blick offensichtlich verfassungswidrig und nichtig ist".[101]

55   Sich am *Marxismus-Leninismus* orientierende Staaten wie die seinerzeitige Sowjetunion und die DDR akzeptierten generelle Vollzugsbefehle für das Völkerrecht im innerstaatlichen Rechtsraum nicht. Das war wegen der vorausgesetzten Unterscheidbarkeit sozialistischen und nichtsozialistischen Rechts folgerichtig: Galt die innerstaatliche Ordnung als sozialistisch und war in dieser Reinheit zu bewahren, so war (und ist) das Völkerrecht mindestens auch von nichtsozialistischen Normen infiziert; innerstaatlichem Infekt kann dann nur der Filter einer Umsetzung durch Einzelakt oder aber eine qualifizierende Transformationsnorm vorbeugen.[102]

56   Die *russische* Verfassung aus dem Jahre 1993 gibt sich völkerrechtsfreundlich.[103] Bereits die Präambel spricht von dem russischen Volk als einem Teil der Weltgemeinschaft. Art 15 Abs 4 Satz 1 dieser Verfassung erklärt das gesamte Völkerrecht zum Bestandteil der russischen Rechtsordnung. Hinsichtlich der Stellung der völkerrechtlichen Normen in der Normenhierarchie differenziert Art 15 Abs 4 Satz 2 zwischen völkerrechtlichen Verträgen und sonstigem Völkerrecht. Völkerrechtliche *Verträge,* die grundsätzlich der Ratifikation in Form eines Bundesgesetzes bedürfen, genießen im Konfliktfall einen verfassungsrechtlich gewährleisteten Anwendungsvorrang vor den innerstaatlichen einfachen Gesetzen. Hingegen bleibt den „allgemein anerkannten Prinzipien und Normen des Völkerrechts", also dem Völker*gewohnheitsrecht* und den allgemeinen Rechtsgrundsätzen, nach überwiegender Auffassung ein solcher Vorrang versagt. Umstritten erscheint der Rang der völkerrechtlichen Normen, die Menschenrechte statuieren. Nach Art 17 Abs 1

---

98 S *Miyazawa* (Fn 97) 286 ff; *Takano,* Einführung in das Völkerrecht, Bd 1, 1979, 83 ff; zur einschlägigen Rechtsprechung vgl *Shin,* in Shelton (Fn 79) 360 (375 ff).
99 Typisch *Miyazawa* (Fn 97); *Takano* (Fn 98) 95 ff.
100 *Eisenhardt* ua (Hrsg), Japanische Entscheidungen zum Verfassungsrecht in deutscher Sprache, 1998, 500 ff.
101 *Miyazawa* (Fn 97) 288 sieht hierin eine Anerkennung des Vorrangs des Völkerrechts vor dem nationalen Recht.
102 Folgerichtig wurden Ausnahmen vom Transformationsdogma für „innerhalb" der sog sozialistischen Staatengemeinschaft entstandene Völkerrechtsnormen postuliert, vgl bei *de Fiumel,* Die Gültigkeit der völkerrechtlichen Normen in der nationalen Rechtsordnung, in Graefrath (Hrsg), Probleme des Völkerrechts, 1985, 79 mN. Zur verfassungsrechtlichen Neuorientierung nach dem politischen Umbruch *Vereshchetin,* New Constitutions and the Old Problem of the Relationship Between International Law and National Law, EJIL 7 (1996) 29 ff; *Schweisfurth/Alleweldt,* The Position of International Law in the Domestic Legal Orders of Central and Eastern European Countries, GYIL 40 (1997) 164 ff.
103 Zu Spannungen im Verhältnis zwischen dem EGMR und dem russischen Verfassungsgericht sowie dem angenommenen Vorrang der Verfassung gegenüber Entscheidungen des EGMR s *Padskocimaite,* Constitutional Courts and (Non)execution of Judgments of the European Court of Human Rights: A Comparison of Cases from Russia and Lithuania, ZaöRV 77 (2017) 651 (668 ff).

der russischen Verfassung werden Rechte und Freiheiten der Menschen und Bürger in Übereinstimmung mit den allgemein anerkannten Prinzipien und Normen des Völkerrechts sowie in Übereinstimmung mit der Verfassung anerkannt und garantiert. Die wohl überwiegende Auffassung sieht einen Vorrang entsprechender völkerrechtlicher Normen vor der Verfassung und versteht Art 17 Abs 1 als *lex specialis* im Verhältnis zu Art 15 Abs 4. Nach anderen handelt es sich lediglich um eine allgemeine politische Deklaration.[104]

Die *chinesische* Verfassung von 1982 regelt lediglich das innerstaatliche Zustimmungs- und Ratifizierungsverfahren völkerrechtlicher *Verträge*, trifft aber keine Aussage bezüglich der Bedeutung des Völkerrechts für das innerstaatliche Recht.[105] Das Verhältnis zwischen Völkerrecht und Landesrecht ist theoretisch umstritten[106] und wird als weder monistisch noch dualistisch beschrieben.[107] In der Praxis bestehen unterschiedliche Weisen der Umsetzung von Vertragsrecht, etwa durch hierauf bezogene inkorporierende Gesetzgebung[108] oder durch sog Verweisungsnormen, die die Anwendung von Verträgen in bestimmten Rechtsbereichen anordnen.[109] Neben dem relativ unbestrittenen Vorrang der chinesischen Verfassung gegenüber dem Völkervertragsrecht[110] ist ein genereller Vorrang des Völkerrechts vor anderem nationalen Recht im chinesischen Rechtssystem nicht gegeben. Allerdings wird im Fall eines Normenkonflikts die Aufrechterhaltung völkerrechtlicher Verpflichtungen, die China eingegangen ist, teilweise angesichts der genannten Verweisungsnormen,[111] teils auch im Blick auf Interpretationen des Obersten Volksgerichts[112] postuliert. Die Frage der Anwendbarkeit von Völker*gewohnheitsrecht* in China erscheint unklar, teilweise ist von seiner Anwendbarkeit die Rede, solange eine Materie nicht anderweitig geregelt sei.[113]

---

104 Dazu *Mälksoo*, Russian Approaches to International Law, 2015; *Nußberger/Safoklov*, in Wieser (Hrsg), Handbuch der russischen Verfassung, 2014, Art 15 Rn 20 ff; *Abashidze*, The Relationship between International Law and Municipal Law: Significance of Monism and Dualism Concepts, in Nováković (Fn 75) 23 ff; *Tikhomirov*, in Shelton (Fn 79) 517 ff. Vgl zu früheren Einschätzungen *Danilenko*, The New Russian Constitution and International Law, AJIL 88 (1994) 451 ff; *Beknazar*, Das neue Recht der völkerrechtlichen Verträge in Russland, ZaöRV 56 (1996) 406 ff; *Lukaschtuk*, Treaties in the Legal System of Russia, GYIL 40 (1997) 141 ff.
105 S *Ahl*, Die Anwendung völkerrechtlicher Verträge in China, 2009, 185 ff.
106 Im Fachschrifttum werden unmittelbare Geltung und Anwendbarkeit völkerrechtlicher Verträge sowohl vertreten (*Ahl* [Fn 105] 279; *Li/Guo*, in Shelton [Fn 79] 158 [169 f]) wie auch abgelehnt (*Clarke*, China's Legal System and the WTO: Prospects for Compliance, GWUGSLR 97 [2003] 97 [102 f]).
107 *Li/Guo* (Fn 106) 170; *Xue/Jin*, International Treaties in the Chinese Legal System, Chinese JIL 8 (2009) 299 (305).
108 *Xue/Jin* (Fn 107) 306 ff.
109 Manche Autoren sehen in der durch solche Normen bewirkten Anwendbarkeit von Verträgen einen im Wesentlichen der Adoption statt der Transformation angenäherten Akt und bezeichnen sie als direkte Anwendbarkeit der Verträge, s *Xue/Jin* (Fn 107) 310.
110 *Ahl* (Fn 105) 288 ff.
111 Wie etwa in zivilrechtlichen Fällen durch den genannten § 142 der Allgemeinen Zivilrechtsgrundsätze sowie § 236 des Zivilprozessgesetzes. S *Li/Guo* (Fn 107) 175 ff.
112 Wie etwa in Fällen des geistigen Eigentums durch eine Interpretation des Obersten Volksgerichts v 24.12.1993; vgl *Xue/Jin* (Fn 107) 315. Nach Chinas WTO-Beitritt hat das Gericht auch eine Interpretation verkündet, die in Fällen des internationalen Handelsrechts eine völkervertragsrechtskonforme Auslegung verlangt; vgl *Zou*, International Law in the Chinese Domestic Context, VULR 44 (2010) 935 (941 f).
113 *Zou* (Fn 112) 939; *Li/Guo* (Fn 107) 183 ff.

58 Die Verfassung *Taiwans*, Teil Chinas, aber außerhalb der auf dem Festland gewählten Rechtstradition stehend („Verfassung der Republik China von 1947"), spricht von der „Achtung völkerrechtlicher Verträge und der Charta der Vereinten Nationen" (Art 141), sagt aber nichts zur Aufnahme von Völker*vertragsrecht* in innerstaatliches Recht und dessen Rang in der Normenhierarchie, oder zum Völker*gewohnheitsrecht*. Durch das Höchste Gericht[114] wurde insoweit Klarheit geschaffen, als völkerrechtliche Verträge dann den Rang innerstaatlicher Gesetze[115] erlangen, wenn das Parlament ihrem Abschluss zugestimmt hat und sie durch den Staatspräsidenten unterzeichnet worden sind. So wird der betroffene Vertrag automatisch zum Teil des innerstaatlichen Rechts, ein Umsetzungsakt in Gesetzesform ist nicht generell erforderlich.[116] In der Praxis werden auch völkerrechtliche Verträge, an denen Taiwan nicht beteiligt ist, sowie allgemeine Rechtsgrundsätze des Völkerrechts durch die Verfassungs- und die ordentliche Gerichtsbarkeit vereinzelt zur Entscheidungsbegründung herangezogen, was eine unmittelbare Anwendbarkeit auch des Völkergewohnheitsrechts nahelegen könnte.

59 Die nachfolgende Darstellung ist der aktuellen Rechtslage in *Deutschland* gewidmet, erörtert also nicht die historische Entwicklung des Verhältnisses von Völkerrecht und deutschem Recht. Die Rechtsordnung des deutschen *Kaiserreichs* war einem strikten Dualismus verpflichtet gewesen. Völkerrechtliche Verträge bedurften der Transformation in Reichsrecht, Völkergewohnheitsrecht galt innerstaatlich nur, wenn und soweit ein Reichsgesetz seine Inhalte ausformte. Reichsgesetze hatten Vorrang vor Vertrags- oder Gewohnheitsrecht, was in der Rechtsprechung des Reichsgerichts mehrfach deutlich wurde.[117] Die *Weimarer Reichsverfassung* hingegen erklärte in Art 4 „die allgemein anerkannten Regeln des Völkerrechts" zu „Bestandteilen" des Reichsrechts. Sie meinte damit nur Regeln, die auch von Deutschland anerkannt waren. Die Nichtanerkennung einer Regel durch ein deutsches Gesetz, auch die Entziehung vorher verliehener Anerkennung, schlugen Art 4 WRV aus dem Felde.[118] Verträge bedurften der Transformation, die innerstaatliche Geltung umgesetzten Rechts konnte jederzeit wieder beseitigt werden. Die Verfassungen der DDR standen der Weimarer Konzeption insoweit nahe.[119]

60 Die *nachfolgende Darstellung* orientiert sich *an den verschiedenen Rechtsquellen*, wie sie sich – aus dem Blickwinkel des Völkerrechts – etwa in Art 38 IGH-Statut abgebildet finden und wie sie im 1. Abschn dieses Buches, ebenfalls jener Vorgabe folgend, systematisch entfaltet worden sind. Doch bedarf es in unserem Zusammen-

---

114 Auslegung Nr 329 v 24.12.1993.
115 S die Studie „Praxis der Aufnahme völkerrechtlicher Verträge im innerstaatlichen Recht", beauftragt vom Ministry of Justice Taiwans und durchgeführt von der Taiwanese Society of International Law, <http://www.moj.gov.tw/public/Attachment/912310451980.pdf>, 29 f.
116 S die MOJ-Studie (Fn 115) 28 f; *Chang*, The Convergence of Constitutions and International Human Rights: Taiwan and South Korea in Comparison, NCJILCR 36 (2011) 600 f.
117 Vgl beispielhaft RGSt 4, 271, 274; RGZ 85, 374.
118 Dazu *Anschütz*, Die Verfassung des deutschen Reiches, 14. Aufl 1933, Art 4 Rn 4; *Fleischmann*, in Anschütz/Thoma (Hrsg), HdbStR I, 1930, 209 (220).
119 Vgl im Einzelnen die auch wegen ihrer theoretischen Fundierung ergiebige Schrift von *Seidel*, Verhältnis von Völkerrecht und innerstaatlichem Recht, 1985; vgl ferner *Becker*, Die Umsetzung von Völkerrecht in innerstaatliches Recht, NJ 1985, 392 ff; *de Fiumel* (Fn 102) 69 ff; im Blick auch auf die Sowjetunion *Uibopuu*, International Law and Municipal Law in Soviet Doctrine and Practice, FS Verdross, 1980, 661 ff.

hang – aus der Perspektive nunmehr des deutschen Rechts – einer Erweiterung des Blickfelds. Hinzuzudenken ist, angesichts der praktischen Bedeutung und des aktuellen Entwicklungsstandes der internationalen Ordnung unabdingbar, das *durch die EU gesetzte Recht*. Seine Relevanz für den deutschen Rechtsraum hat zwar völkerrechtliche Grundlagen, kann aber in Kategorien der völkerrechtlichen Rechtsquellenlehre nicht (mehr) erklärt werden (s aber Rn 173f).

Internationale Gerichte und Streit schlichtende Instanzen können herkömmlich nur Entscheidungen treffen, welche auf völkerrechtlicher Ebene zu binden vermögen. Soweit die Rechtskraft inter partes reicht, können völkerrechtliche Befolgungspflichten entstehen (vgl Art 59 IGH-Statut). „Rechtsquelle" ist die *internationale Spruchpraxis* also nicht, wohl aber Hilfsmittel für die Feststellung von – einer anderen Völkerrechtsquelle zuzuordnenden – Rechtsnormen des Völkerrechts. Der Ausspruch eines internationalen Gerichts als solcher entfaltet daher für das deutsche Recht grundsätzlich keine Wirkung. Anderes gilt freilich nicht nur für den insoweit einzigartigen Europäischen Gerichtshof, sondern auch für den Europäischen Gerichtshof für Menschenrechte (u Rn 186) oder für Haftbefehle des Internationalen Strafgerichtshofs.[120] Konstruktiv erschiene es durchaus nicht ausgeschlossen, Regierung, Verwaltung, auch Gerichte auf Entscheidungen weiterer internationaler Gerichte zu verpflichten. Nicht zuletzt lassen Rolle und Stand der internationalen Spruchpraxis davon Abstand nehmen, dieses Problem hier zu erörtern. 61

2. Die völkerrechtlichen Verträge
a) Überblick zu den grundgesetzlichen Vorgaben

Völkerrechtliche Verträge sind Regelungsgegenstand des Grundgesetzes namentlich in Art 59, Art 32, Art 24 und Art 23 GG. Diese Vorschriften verteilen und begründen Zuständigkeiten, regeln das Verfahren des Vertragsabschlusses und beinhalten auch programmatische Vorgaben. Für die innerstaatliche Bedeutung völkerrechtlicher Verträge, die nicht im Zuge der Beteiligung an Integrationsgemeinschaften abgeschlossen werden oder im übrigen Hoheitsrechte übertragen, ist Art 59 Abs 2 GG allein maßgeblich. 62

Der *Begriff des „völkerrechtlichen Vertrags"* ist als Verfassungsbegriff identisch mit demjenigen des völkerrechtlichen Rechtsquellenbestands, also nicht etwa beschränkt auf denjenigen des Wiener Übereinkommens über das Recht der Verträge v 1969 (welches sich nur auf schriftlich fixierte Verträge bezieht).[121] Zwischenstaatliche Absprachen ohne Vertragscharakter interessieren Art 59 Abs 2 GG nicht.[122] Er entscheidet über die Voraussetzungen für die innerstaatliche Geltung völkerrechtlicher Verträge (nicht über ihre Anwendbarkeit) und über ihren Rang in der innerstaatlichen Rechtsordnung. 63

---

120 Dazu mit Blick auf das dem IStGH vorausgehende Jugoslawientribunal *Schmalenbach*, Die Auslieferung mutmaßlicher deutscher Kriegsverbrecher an das Jugoslawientribunal in Den Haag, AVR 36 (1998) 285ff; eingehend *Schröder*, 7. Abschn Rn 38ff, speziell zur Auslieferung Rn 58.
121 Näher *Graf Vitzthum*, 1. Abschn Rn 114.
122 Dazu *Wengler*, „Nichtrechtliche" Staatenverträge in der Sicht des Völkerrechts und des Verfassungsrechts, JZ 1995, 21ff.

64   Art 59 GG und Art 32 GG haben formelle Inhalte, Art 23 und 24 GG treffen auch materielle Aussagen. Ob und inwieweit Art 24 Abs 1 GG (und spezieller Art 23 GG) über die Ermächtigung hinaus, Hoheitsrechte auf zwischenstaatliche Einrichtungen zu übertragen, den Bund auch anhält, (außen-)politische Voraussetzungen zu schaffen, unter denen der Sinn dieser Ermächtigung – ihre Inanspruchnahme zur Herausbildung supranationaler Strukturen – erfüllt werden kann, ist bereits angesprochen worden (o Rn 21 ff).

65   *Art 24 Abs 2 GG* scheint betreffend die Wahrung des Friedens in einem System kollektiver Sicherheit zu einem Vertragsschluss – bestimmten Inhalts – zu verpflichten. Der Wortlaut seines 2. Teilsatzes deutet darauf, dass der Bund zur Beschränkung gewisser Hoheitsrechte verpflichtet sei, wenn die Entscheidung über die Einordnung in ein solches System einmal gefallen bzw diese Einordnung vollzogen worden ist.[123] Doch stünde eine solche Interpretation in Widerspruch zum Beitrittsermessen nach Teilsatz 1. Man wird von einer schlichten Deklaration ausgehen dürfen.

66   Lediglich *Art 24 Abs 3 GG* verpflichtet zu einem Vertragsschluss bestimmten Inhalts, nämlich zum Beitritt zu Vereinbarungen über eine (allgemeine, nicht lediglich regionale), alle Sachgebiete einschließende, obligatorische internationale Schiedsgerichtsbarkeit. Das hindert nicht den Beitritt zu Streitschlichtungssystemen, die die genannten Voraussetzungen nicht erfüllen. Bisher bestehen keine Vereinbarungen über eine internationale Schiedsgerichtsbarkeit, die die Anforderungen des Art 24 Abs 3 GG erfüllen. Auch der IGH bietet eine solche Gerichtsbarkeit nicht. Sie ist zwar „allgemein" und „umfassend", aber nicht „obligatorisch". Demzufolge war die BR Deutschland auch nicht verfassungsrechtlich verpflichtet, eine Unterwerfungserklärung nach Art 36 Abs 2 IGH-Statut abzugeben,[124] wie sie im Jahr 2008 erfolgt ist.[125]

b) Bund und Länder als Parteien völkerrechtlicher Verträge und als Mitwirkende beim Vertragsschluss

67   Staaten sind fähig, völkerrechtliche Verträge abzuschließen. Auch Gliedstaaten weisen die Elemente der Staatlichkeit auf – unabhängig davon, dass es ihnen an äußerer Souveränität gebricht. Die Verfassungsordnung jedes Bundesstaats bemisst die Handlungsfähigkeit der Gliedstaaten nach außen. Das Grundgesetz belässt den deutschen *Ländern* eine *partikulare Vertragsschlussfähigkeit*.[126] Es erklärt zwar die „Pflege der Beziehungen zu auswärtigen Staaten" (gemeint ist: zu allen anderen Völkerrechtssubjekten, also insbesondere auch zu I.O. oder auch völkerrechtsfähigen Gliedstaaten ausländischer Bundesstaaten)[127] zur „Sache des Bundes" (Art 32 Abs 1 GG; wobei vor dem Abschluss eines Vertrages, der die „besonderen Verhältnisse" eines Landes berührt, dieses rechtzeitig anzuhören ist, Art 32 Abs 2 GG). Das

---

123 *Rojahn* (Fn 27) Rn 103 mN zum Streitstand.
124 Ebenso *Randelzhofer*, in Maunz/Dürig (Hrsg), Grundgesetz, Art 24 III Rn 18; *Wolfrum*, in HdbStR XI, 3. Aufl 2013, § 242 Rn 7; weitergehend zB *Mosler*, in HdbStR VII, 2. Aufl 1992, § 179 Rn 36.
125 Dazu *Schröder*, 7. Abschn Rn 92.
126 Hierzu ausführlich mit rechtsvergleichenden und historischen Bezügen *Fassbender*, Der offene Bundesstaat, 2007.
127 Vgl dazu BVerfGE 1, 351, 366; 2, 347, 374; *Mosler*, Die Auswärtige Gewalt im Verfassungssystem der Bundesrepublik Deutschland, FS Bilfinger, 1954, 261; *Calliess*, in HdbStR IV, 3. Aufl 2006, § 83 Rn 54; zur Ausklammerung des Heiligen Stuhls BVerfGE 6, 309, 362.

Grundgesetz ermöglicht aber den Ländern[128] den völkerrechtlichen Vertragsschluss in denjenigen Bereichen, für die ihnen die Gesetzgebungszuständigkeit überlassen bleibt (vgl Art 32 Abs 3 GG), also im Ausgangspunkt überall dort, wo das Grundgesetz – gesetzestechnisch: ausnahmsweise, quantitativ und qualitativ dennoch iSe Regel, die nur Ausnahmen zulässt – dem Bund diese Zuständigkeit nicht zuweist, Art 70 GG.[129] Dabei geht es nicht (nur) um Verträge, welche unmittelbar die Gesetzgebung betreffen, also Verpflichtungen zum Erlass oder zur Änderung von Gesetzen beinhalten (vgl dazu Art 59 Abs 2 2. Alt GG und u Rn 99ff), sondern um eine *Anknüpfung an Sachbereiche*. Demzufolge können die Länder Verträge mit anderen Völkerrechtssubjekten abschließen, wenn deren Gegenstand nicht der ausschließlichen Gesetzgebungsbefugnis des Bundes nach Art 73 GG, einer expliziten Kompetenzzuweisung an anderer Stelle des Grundgesetzes oder einer ungeschriebenen Zuweisung an den Bund unterliegt oder aber den Bereichen der konkurrierenden Gesetzgebungsbefugnis (Art 74 GG) zugehört und die Länder durch Art 72 Abs 1 GG nicht an der Gesetzgebung gehindert sind. Daran wird zugleich deutlich, dass das Grundgesetz die Vertragsschlussfähigkeit der Länder nicht ein für allemal festlegt, sondern, soweit es um den Bereich des Art 74 GG geht, in Abhängigkeit von der Aktivität des Bundes belässt. Wenn dieser also durch Gesetzgebung (oder im Bereich paralleler Vertragsschlusszuständigkeit, s u Rn 68) die von ihm abgeleitete Vertragsschlussfähigkeit der Länder nachträglich beseitigt, soll dies zuvor abgeschlossenen Verträgen der Länder die völkerrechtliche Gültigkeit ex nunc nehmen.[130]

Im Ergebnis bleiben den Ländern für den Vertragsschluss vor allem die Bereiche **68** der Kulturpolitik,[131] kommunale Angelegenheiten, Sport, Polizei. Die Vertragsschlusskompetenz der Länder steht – wie sich an der auf „Gesetzgebung" bezogenen Ausnahme zu Art 32 Abs 1 GG in dessen Abs 3 erweist – unter dem Vorbehalt, dass es sich nicht um (auf Vollzug durch Gesetzgebung angelegte) Verträge über ihre „politischen Beziehungen" (vgl Art 59 Abs 2 Satz 1 GG u dazu u Rn 95ff) handelt. Ob der Bund in Bereichen, die ausschließlich der Gesetzgebung der Länder unterliegen, neben den Ländern über eine Vertragsschlusskompetenz verfügt, ist seit jeher umstritten und Gegenstand der sog Lindauer Absprache,[132] deren Rechtsnatur und Verfassungsmäßigkeit ebenfalls umstritten sind.[133] Soweit der Bund in Kulturab-

---

128 Nicht den Gemeinden; sie können öffentlich-rechtliche Verträge mit ausländischen Pendants schließen, wenn Rechtsvorschriften gleich welcher Quelle nicht entgegenstehen, s § 54 VwVfG und für den vorliegenden Zusammenhang *Beyerlin*, Rechtsprobleme der lokalen grenzüberschreitenden Zusammenarbeit, 1988 sowie grundlegend *Aust*, Das Recht der globalen Stadt, 2017, 70 ff.
129 Anders jedoch *Fassbender*, „Staatliche Befugnisse und Aufgaben" im Sinne von Art. 30 GG als innere und auswärtige Kompetenzen des Bundes und der Länder, DÖV 2011, 714 ff, der den Ländern eine auswärtige Kompetenz direkt aus Art 30 GG zusprechen will.
130 Ebenso *Rojahn* (Fn 27) Art 32 Rn 33; aA *Maunz*, in Maunz/Dürig (Fn 124) Art 32 (Erstbearbeitung) Rn 51 f; *Magiera*, Außenkompetenzen der deutschen Länder, in Lüder (Hrsg), Staat und Verwaltung, 1997, 97 (101).
131 Soweit sie nicht „auswärtige" Kulturpolitik ist, s dazu *Köstlin*, Die Kulturhoheit des Bundes, 1989, 62 ff.
132 Verständigung zwischen Bundesregierung und den Staatskanzleien der Länder über das Vertragsschließungsrecht des Bundes v 14.11.1957, ZaöRV 20 (1959/60) 116 ff.
133 Zum Ganzen eingehend *Rojahn* (Fn 130) Rn 49 ff mwN; s a *Papier*, Abschluss völkerrechtlicher Verträge und Föderalismus – Lindauer Abkommen, DÖV 2003, 265 ff; *Bücker/Köster*, Die ständige Vertragskommission der Länder, JuS 2005, 976 ff. Zum Problem der Behandlung völkerrechtlicher

kommen mit auswärtigen Staaten Vereinbarungen trifft, die sich auf den Bereich der Länderzuständigkeit erstrecken, pflegt er „Rücksicht" zu nehmen durch Klauseln, die die völkerrechtliche Verpflichtung der BR Deutschland begrenzen auf dasjenige, was innerstaatlich kompetenziell erreichbar ist.[134] Die Länder ihrerseits gelten hinsichtlich der Ausführung solcher Verträge als durch den allgemeinen Grundsatz der „Bundestreue" in die Pflicht genommen.[135]

69 Für jeden danach materiell zulässigen Vertragsschluss bedürfen die Länder der Zustimmung der Bundesregierung; erst diese Zustimmung bringt die völkerrechtliche Vertragsschlussfähigkeit hervor. Ein Rechtsanspruch auf Erteilung der Zustimmung mag ihnen theoretisch unter dem Gesichtspunkt vom Prinzip der Bundesstaatlichkeit allgemein gebotener Verhaltenspflichten des Bundes erwachsen, wenn die Weigerung gleichsam willkürlich wäre; praktische Bedeutung hat das nicht.

70 Dass (auch, so Rn 67) Art 32 Abs 3 GG ausdrücklich nur von auswärtigen Staaten spricht, ermächtigt die Länder nicht etwa, mit anderen Völkerrechtssubjekten über außerhalb der Landesgesetzgebungsbefugnis angesiedelte Materien zu kontrahieren. Eine etwaige Zustimmung der Bundesregierung zum Vertragsschluss der Länder über Materien, die der Bundesgesetzgebung unterliegen, würde daran nichts ändern. Das Zustimmungserfordernis besteht insofern unabhängig von der Vertragsschlussbefugnis; sie kann nicht durch eine Disposition der Bundesregierung hervorgebracht werden – auf Kompetenzen kann nicht „verzichtet" werden.

71 Sind die Länder zum Vertragsschluss befugt und stimmt die Bundesregierung dem zu, so richten sich die weiteren Verfahrens- sowie Sachanforderungen an die Gültigkeit und Wirkung solcher Verträge für den Rechtsraum des jeweiligen Landes nach dessen Verfassungsrecht. Ausdrückliche Regelungen zur Umsetzung von Völkervertragsrecht finden sich dort allerdings nirgends.

72 Die Präponderanz des Bundes bei dem Abschluss völkerrechtlicher Verträge wird verfahrensrechtlich abgefedert durch Art 32 Abs 2 GG. Danach ist vor dem Abschluss eines völkerrechtlichen Vertrags (durch den Bund), der die besonderen Verhältnisse eines Landes berührt, das Land „rechtzeitig zu hören". Die Vorschrift ist recht strikt. Sie stellt auf den „Abschluss" des Vertrags ab und meint damit den zeitlich letzten Akt der Bundesgewalt, der zum völkerrechtlichen Inkrafttreten des Vertrags vorausgesetzt ist, regelmäßig also die Ratifikation als Erklärung gegenüber dem Vertragspartner, die innerstaatlichen Voraussetzungen des Vertragsschlusses seien erfüllt. Es kommt also nicht etwa auf den (vorherigen) Erlass eines ggf gebotenen Zustimmungsgesetzes (s u Rn 104 ff) an. Im bundesstaatlichen Kontext kann und wird regelmäßig eine frühe Gewähr der Anhörungschance geboten sein. Sie darf –

Verträge im Bereich der EU s *Clostermeyer/Lehr*, Ländermitwirkung bei völkervertraglichem Handeln auf EU-Ebene, DÖV 1998, 148 ff; *Melin*, Die Rolle der Bundesländer im Europäischen Rechtsetzungsverfahren nach Lissabon, EuR 2011, 655 ff.
134 „Bemühensklauseln", s beispielhaft im mit Vietnam abgeschlossenem Abkommen über kulturelle Zusammenarbeit v 6.3.1991, BGBl 1991 II, 1050.
135 Vgl *Mosler*, Kulturabkommen des Bundesstaats, ZaöRV 16 (1955/56) 33 f. Soweit der Bund jedoch kompetenzwidrig in den Bereich der Länderzuständigkeit eingegriffen hat, kann auch das Zustimmungsgesetz gemäß Art 59 Abs 2 Satz 1 GG nicht nachträglich diesen Fehler beseitigen, selbst wenn die Länder nach der erwähnten Lindauer Absprache zugestimmt haben. Vgl dazu BVerwG, NVwZ 2011, 752.

das belegt die Wendung „rechtzeitig" – nicht zur bloßen Förmlichkeit entarten; das betroffene Land muss Gelegenheit erhalten, seine Interessen hinreichend substantiell zur Geltung zu bringen.

Die „besondere" Berührung kann, der Wortlaut des Art 32 Abs 2 GG lässt das etwas offen, durchaus auch mehrere Bundesländer zugleich betreffen (Bsp: diejenigen der nordostdeutschen Küstenregion). Keine besondere Berührung liegt aber vor, wenn alle Bundesländer gleichermaßen betroffen sind; ihre Belange werden dann allein vom Bundesrat wahrgenommen, wenn und soweit Art 59 Abs 2 GG dessen Beteiligung gebietet. 73

Soweit ein Vertragsschluss eines Landes den Beitritt zu einer I.O. betrifft, ist zu unterscheiden – dies schon deshalb, weil der Begriff der I.O. unterschiedliche Strukturen erfasst.[136] Die Übertragung von Hoheitsbefugnissen auf I.O. ist in Art 24 Abs 1 GG dem Bund ermöglicht und den Ländern damit verschlossen, wobei ihnen aber Art 24 Abs 1a GG seit 1992 eine Ausnahme für „grenznachbarschaftliche Einrichtungen" eröffnet. Dieser Begriff hat erkennbar einen regional-lokalen Bezug.[137] Völkerrechtlich wie innerstaatlich ist die Zustimmung der Bundesregierung Wirksamkeitsvoraussetzung. 74

Misst Art 32 GG die Vertragsschlusskompetenzen von Bund und Ländern in einer Weise zu, die iE die Formulierung erlaubt, die Auswärtige Gewalt[138] liege im Schwerpunkt beim Bund (woran Art 24 Abs 1a GG Wesentliches nicht ändert), so versucht *Art 23 GG* seit 1992 für den Fortgang der europäischen Integration, die nach außen hin den Bund, nicht die Länder betrifft, dem inneren Zusammenspiel von Bund und Ländern einen neuen Rahmen zu geben. Hier geht es um die Willensbildung im Bund, nach außen nicht allein und nicht im Schwerpunkt um Vertragsschlüsse (s aber Art 23 Abs 1 Satz 3: „Änderungen [der] vertraglichen Grundlagen und vergleichbare Regelungen"), sondern um die deutsche „Mitwirkung" bei der Verwirklichung der Integration (s schon o Rn 21 ff).[139] Der vielfach diagnostizierten Erosion der vom Grundgesetz vorgesehenen Rolle der Länder in ihrem Verhältnis zum Bund sollte verfassungspolitisch dadurch begegnet werden, dass der *Bundesrat* in Art 23 Abs 2, 4 bis 6 GG[140] je nach der Intensität einer Berührung von Länderinteressen stärkere Einwirkungschancen auf die Willensbildung des Bundes bei der Mitwirkung seiner Organe an der weiteren Integration erhielt. Der Verfassungsgesetzgeber hat dabei ein wenig übersichtliches, von unbestimmten Begriffen geprägtes Regelwerk vorgelegt. Versucht man, Art 23 GG mit seinen weit reichenden Mitwirkungsbefugnissen beim Wort zu nehmen, ergibt sich ein erhebliches Konfliktpotenzial bis hin zur Gefahr, dass Deutschland eine flexible Verhandlungsfüh- 75

---

136 S *Schmahl*, 4. Abschn Rn 12 ff.
137 Eingehend *Schwarze*, Die Übertragung von Hoheitsrechten auf grenznachbarschaftliche Einrichtungen im Sinne des Art 24 Abs 1a GG, FS Benda, 1995, 311 ff; *Grotefels*, Die Novellierung des Art 24 GG, DVBl 1994, 785 ff.
138 Zum Begriff s sogleich in Rn 76 Fn 143.
139 Zu diesem Aspekt ferner *Melin* (Fn 133) 655 ff.
140 Vgl auch den Regelungsauftrag in Abs 7 und das G über die Zusammenarbeit von Bund und Ländern in Angelegenheiten der EU v 12.3.1993 (BGBl 1993 I, 313), zuletzt geänd durch G v 22.9.2009 (BGBl 2009 I, 3031) sowie das G über die Wahrnehmung der Integrationsverantwortung des Bundestages und des Bundesrates in Angelegenheiten der Europäischen Union v 22.9.2009 (BGBl 2009 I, 3022), mit welchen der Gesetzgeber auf die *Lissabon*-Entscheidung BVerfGE 123, 267 reagierte.

rung und das Schnüren von Kompromissen auf europäischer Ebene unmöglich gemacht wird.[141]

c) Repräsentation nach außen: Die Befugnisse des Bundespräsidenten

76 Diejenige Bestimmung des Grundgesetzes, die die Voraussetzungen für eine innerstaatliche Bedeutung völkerrechtlicher Verträge regelt und für das Maß dieser Bedeutung die Weiche stellt, nämlich Art 59 Abs 2 GG, ist systematisch im Abschnitt über den Bundespräsidenten angesiedelt. Verständlich wird dies vor dem Hintergrund der Verfassungsgeschichte: Im monarchischen System war auch in Deutschland das Staatsoberhaupt der „eigentliche"[142] Träger der Auswärtigen Gewalt,[143] was sich fortgeführt sah in der Weimarer Verfassung, deren Art 45 wiederum das Vorbild abgab für Art 59 GG. Dass die Rolle des Bundespräsidenten unter dem Grundgesetz völlig anders umrissen ist als diejenige des Reichspräsidenten (was mit zu den gewichtigsten, bewusst gesetzten Unterschieden zwischen beiden Verfassungen gehört),[144] gilt auch für den vorliegenden Zusammenhang. Die Vorschrift räumt – zunächst – dem Bundespräsidenten die Befugnis ein, den Bund völkerrechtlich zu „vertreten", in seinem Namen die Verträge des Bundes mit auswärtigen Staaten abzuschließen, schließlich „die Gesandten" zu „beglaubigen" und zu „empfangen" (Art 59 Abs 1 Sätze 1 bis 3 GG). Dem angeschlossen ist in Abs 2 das Mitwirkungserfordernis betreffend die gesetzgebenden Körperschaften (des Bundes) für gewisse Verträge, das man sich besser an anderer Stelle im Grundgesetz geregelt denken möchte, denn es geht um das Verhältnis der Bundesregierung zu den gesetzgebenden Körperschaften. Dieses Mitwirkungserfordernis ist demzufolge hier gesondert zu behandeln (s u Rn 86 ff), ebenso die mit ihm notwendigerweise verbundenen Rechtsfolgen (s u Rn 115 ff).

77 Völkerrechtliche Vertretungsbefugnis bedeutet die Zuständigkeit zur Abgabe und Entgegennahme von staatlichen Erklärungen im Außenverhältnis, also gegenüber anderen Subjekten des Völkerrechts (erneut auch hier, wie bei Art 32 GG:[145] nicht nur gegenüber Staaten). Gemessen an der Begrifflichkeit des Zivilrechts ist der Terminus „Vertretung" missverständlich, sofern er an „Bevollmächtigung" zur Abgabe von Erklärungen in fremdem Namen (vgl §§ 164 ff BGB) denken lässt. Der Bundespräsident handelt vielmehr als Organ des sich erklärenden und Erklärungen entgegennehmenden Bundes. Die völkerrechtliche Vertretungsbefugnis des Bundespräsidenten um-

---

141 *Baier*, Bundesstaat und Europäische Integration, 2006, 114 ff; *Huber*, Der Beitrag der Föderalismusreform zur Europatauglichkeit des Grundgesetzes, ZG 21 (2006) 354 (359, 373); *Uerpmann-Wittzack* (Fn 32) Rn 119; zur Kritik auch schon *Kunig*, Mitwirkung der Länder bei der europäischen Integration, FS C. Heymanns Verlag, 1995, 591 ff.
142 So *Grewe*, Auswärtige Gewalt, in HdbStR III, 2. Aufl 1996, § 77 Rn 40.
143 Zum Begriff *Calliess* (Fn 127) Rn 1 ff; krit zu der Begriffsprägung etwa *Tomuschat*, Der Verfassungsstaat im Geflecht der internationalen Beziehungen, VVDStRL 36 (1978) 23; *Pernice*, Aussprache und Schlussworte zum ersten Beratungsgegenstand: Kontrolle der auswärtigen Gewalt, VVDStRL 56 (1996) 117: „eigentlich überholt"; einführend *Kunig*, Auswärtige Gewalt, Jura 1993, 554 ff; umfassend die Berichte zum ersten Beratungsgegenstand („Kontrolle der auswärtigen Gewalt") von *Hailbronner* u *Wolfrum*, VVDStRL 56 (1996) 7 ff u 38 ff.
144 Dazu *Kunig*, Der Bundespräsident, Jura 1994, 217 ff.
145 Vgl o Rn 67, 70.

greift alle unmittelbar rechtserheblichen Erklärungen (nicht also zB: Reden)[146] in den internationalen Beziehungen, von denen aber Art 59 Abs 1 Satz 2, 3 GG nur einen Ausschnitt anspricht, nämlich Erklärungen im Zusammenhang mit dem Vertragsschluss und solche, welche diplomatisches Personal betreffen. Damit wird Art 59 Abs 1 Satz 1 GG nicht etwa eingeschränkt, vielmehr handelt es sich um eine beispielhafte Hervorhebung der wichtigsten Anwendungsfälle.[147]

Jede völkerrechtliche Vertretung der BR Deutschland muss auf den Bundespräsidenten wenigstens rückführbar sein – was andererseits nicht bedeutet, dass er solche Erklärungen in Person abgeben müsste. Vielmehr besteht die *Befugnis zur Delegation*, die der Bundespräsident – verbreiteter Ansicht nach[148] – auch stillschweigend und (nicht unbedenklich) iSe Generalvollmacht vornehmen kann. So werden auch wichtige Verträge von Mitgliedern der Bundesregierung unterzeichnet; nur die Ratifikation nach parlamentarischer Zustimmung bleibt dem Bundespräsidenten persönlich vorbehalten. Die Staatspraxis ist etwas unübersichtlich; etwa die Aussprache der Anerkennung eines Staates[149] haben Bundespräsidenten selbst vorgenommen oder die Bundesregierung dazu für den Einzelfall ermächtigt. Es ist durchaus zweifelhaft, ob es der Konstruktion einer stillschweigenden Ermächtigung überhaupt bedarf, noch zweifelhafter, ob in diesem Zusammenhang die problematische Kategorie des Verfassungsgewohnheitsrechts bemüht werden sollte. Andererseits sind in der Praxis des auswärtigen Verkehrs eine Vielzahl von rechtserheblichen Erklärungen nach außen abzugeben, so dass es verständlich erscheint, Recht und Tatsachen durch derartige dogmatische Erklärungsversuche in Übereinstimmung bringen zu wollen.[150] **78**

Eine Befugnis zur politischen (Mit-)Gestaltung von Außenpolitik gibt Art 59 Abs 1 GG dem – parlamentarisch nicht verantwortlichen – Bundespräsidenten nicht. Insofern beschneiden die allgemeinen Grundsätze (Art 65 Satz 1, 2, Art 58 Satz 1 GG – Erfordernis der *Gegenzeichnung*) staatsrechtlich seinen Handlungsspielraum erheblich. „Materielle auswärtige Gewalt" steht dem Bundespräsidenten nicht zu.[151] Er hat im Anwendungsfeld des Art 59 Abs 1 GG *kein „politisches Vetorecht",*[152] ein Prüfungsrecht besitzt er im Übrigen nur insoweit, als er nicht verpflichtet ist, evidenten Verfassungs-[153] und Völkerrechtsverstößen die Hand zu reichen.[154] **79**

---

146 Dazu zB *Fastenrath*, Kompetenzverteilung im Bereich der Auswärtigen Gewalt, 1986, 202 ff; aA *Maunz* (Fn 130) Art 59 (Erstbearbeitung) Rn 5.
147 Vgl nur *Seidel*, Der Bundespräsident als Träger der auswärtigen Gewalt, 1972, 63.
148 Vgl etwa BVerfGE 68, 1, 82.
149 Zur Anerkennung von Staaten vgl *Kau*, 3. Abschn Rn 178 ff.
150 Dazu auch *Kimminich*, Das Staatsoberhaupt im Völkerrecht, AVR 26 (1988) 153 ff, der im Übrigen (ebd 157) zu Recht darauf hinweist, dass Art 59 Abs 1 GG insoweit im Zusammenhang mit Art 7 Nr 2 a, Art 46 WVK zu sehen ist.
151 Vgl dazu *Mosler* (Fn 124) 250; *Grewe* (Fn 142) Rn 40 mit Fn 37.
152 *Schlaich*, in HdbStR II, 2. Aufl 1998, § 49 Rn 49; anders früher etwa *Mosler* (Fn 124) 281 f.
153 Dazu mwN zum Streitstand *Kunig* (Fn 144) 219 ff.
154 Weitergehend *Nettesheim*, in HdbStR III, 3. Aufl 2005, § 62 Rn 44 f; restriktiver *Calliess* (Fn 127) Rn 16 f.

d) Die Rolle der Bundesregierung

80 Das Grundgesetz umschreibt den Aufgabenbereich der Bundesregierung nicht, er kann (unvollständig) nur aus organisatorischen Vorschriften erschlossen werden. Obwohl die Bundesregierung in dem auswärtige Angelegenheiten betreffenden Organisationsrecht kaum erwähnt wird (abgesehen von Art 23 GG), scheint weitgehende Übereinstimmung zu bestehen, dass das *„Schwergewicht" der Auswärtigen Gewalt bei der Bundesregierung* liegt.[155] Uneinigkeit herrscht aber darüber, ob gleichsam eine nur im Einzelfall anhand positiven Verfassungsrechts widerlegbare Vermutung für die Ausschließlichkeit der in Art 65 GG angesprochenen Befugnisse von Bundeskanzler bzw Bundesregierung streite.[156]

81 Diese über einen längeren Zeitraum eher theoretisch diskutierte Frage[157] hat im Zusammenhang mit den politischen Auseinandersetzungen um *Auslandseinsätze der Bundeswehr*[158] ab 1993 an Aktualität gewonnen und war in diesem Zusammenhang Gegenstand des solche Einsätze im Rahmen von NATO-, WEU- und UN-Militäraktionen betreffenden Urteils des Bundesverfassungsgerichts v 12.7.1994.[159] Zu Recht hielt das Gericht daran fest, dass Akte der Auswärtigen Gewalt nach dem von Art 20 Abs 2 GG umrissenen Modell grundsätzlich dem Kompetenzbereich der Regierung zugeordnet sind, wenn und soweit nicht andere Vorschriften etwas anderes bestimmen, wie für „politische Verträge" in Art 59 Abs 2 Satz 1 GG geschehen. Andere völkerrechtliche Verträge und nichtvertragliche Akte der Außenpolitik (auch solche, die „politische" Beziehungen regeln) unterliegen allein der Kompetenz der Bundesregierung.[160] Art 59 Abs 2 Satz 1 GG beinhaltet auch *kein Vertragsformgebot*.

---

155 So *Fastenrath* (Fn 146) 215 f, der im Übrigen von einer „Querschnittsfunktion" spricht; vgl auch *Menzel*, Die auswärtige Gewalt der Bundesrepublik in der Deutung des Bundesverfassungsgerichts, AöR 79 (1953/54) 349 f: „kombinierte" Gewalt; den seither eingetretenen „Trend zur Parlamentarisierung der auswärtigen Gewalt" zeichnet *Wolfrum* (Fn 143) 62 f nach.
156 So die Rspr seit BVerfGE 1, 372, 394; s ferner E 68, 1, 87; zu in den 1950er Jahren begonnenen Auseinandersetzungen in der Lehre darüber, ob dies dem grundgesetzlichen Demokratieprinzip entspreche, gibt *Calliess* (Fn 127) Rn 35 ff einen – kritischen – Überblick.
157 Für einen verfassungsvergleichenden Eindruck s die Beiträge in Chicago-Kent LR 67 (1991) 293 ff (Symposium on Parliamentary Participation in the Making and Operation of Treaties).
158 Vgl zur Bundespolizei die Regelung in § 8 BPolG, BGBl 1994 I, 2978, zuletzt geänd durch Art 4 des G v 20.6.2013, BGBl I, 1602. S ferner *Pudlas*, Der Schutz deutscher Staatsbürger im Ausland als verfassungsrechtliche Aufgabe der Streitkräfte im Rahmen der Personalverteidigung, Jura 2012, 426 ff.
159 BVerfGE 90, 286 ff; dazu eingehend zB *Stein/Kröninger*, Bundeswehreinsatz im Rahmen von NATO-, WEU- bzw UN-Militäraktionen, Jura 1995, 254 ff; *Riedel*, Die Entscheidung des Bundesverfassungsgerichts zum Bundeswehreinsatz im Rahmen von NATO-, WEU- bzw UN-Militäraktionen, DÖV 1995, 135 ff; *Depenheuer*, Der verfassungsrechtliche Verteidigungsauftrag der Bundeswehr, DVBl 1997, 685 ff; *Limpert*, Auslandseinsatz der Bundeswehr, 2002, 20 ff, 45 ff. – Zuvor (Eilverfahren): BVerfGE 88, 173; 89, 38. Später: BVerfGE 100, 266 *(Kosovo-Einsätze)*; BVerfGE 108, 34 *(AWACS – Irak-Krieg)*; dazu *Krajewski*, Das „Parlamentsheer" als Kollateralschaden des Irak-Krieges, AVR 41 (2003) 419 ff; neben den verfassungsrechtlichen auch völkerrechtliche Aspekte beleuchtend *Dreist*, AWACS-Einsatz ohne Parlamentsbeschluss? Aktuelle Fragestellungen zur Zulässigkeit von Einsätzen bewaffneter Streitkräfte unter besonderer Berücksichtigung der NATO-AWACS-Einsätze in den USA 2001 und der Türkei 2003, ZaöRV 64 (2004) 1001 ff; BVerfGE 121, 135 *(AWACS – Türkei)*; dazu *Sachs*, Auslandseinsätze der Bundeswehr und Parlamentsvorbehalt, JuS 2008, 829 ff; BVerfGE 124, 267 *(NATO – Kosovo)*. Ferner *Fischbach*, Die verfassungsgerichtliche Kontrolle der Bundesregierung bei der Ausübung der Auswärtigen Gewalt, 2011.
160 Vgl BVerfGE 90, 286, 358.

Er bezieht sich allein auf neue vertragliche Regelungen bzw auf Änderungen bestehender Verträge, dies auch in der Form konkludenter Änderung, soweit das Völkervertragsrecht dafür Raum gibt. Parlamentarische Zustimmungsbedürftigkeit kann sich nicht aus den das Verhältnis des Völkerrechts zum deutschen Recht allgemein betreffenden Vorschriften, wohl aber aus solchen ergeben, die hiervon unabhängig einen Parlamentsvorbehalt beinhalten, wie bei Grundrechten, im Haushaltsrecht, aber auch bei der Übertragung von Hoheitsrechten nach Art 24 Abs 1 GG. Im Übrigen ist das Parlament auf politische Kontrolle beschränkt.

Unpraktikabel und mit den Methoden der Verfassungsinterpretation nicht begründbar ist demgegenüber die Auffassung, auf „fließende" Übergänge zwischen der inhaltlichen Umbildung von Völkervertragsrecht durch Staatenpraxis, insbes auch das als „authentische" Auslegung bezeichnete Phänomen[161] einerseits, der förmlichen Vertragsänderung andererseits, müsse durch eine Erstreckung parlamentarischer Zustimmungsbedürftigkeit auch auf den erstgenannten Bereich reagiert werden.[162] Die parlamentarische Zustimmung umgreift nicht die „Vertragsfortentwicklung" unterhalb der Schwelle förmlicher Änderung. Nur so ist eine trennscharfe Abgrenzung möglich. Sollte sich herausstellen, dass die Völkerrechtsentwicklung in einem Maße zu materieller Änderung von Verhaltenspflichten „innerhalb" bestehender völkerrechtlicher Verträge gelangt, die zu einem bestimmten, in der Vergangenheit liegenden Zeitpunkt erteilte Zustimmungsakte partiell ins Leere laufen ließe, so wäre dies zunächst ein rechtspolitischer Befund. Art 59 Abs 2 GG in gegenwärtiger Gestalt schützt das Parlament davor nicht.[163] 82

Der Tatbestand des Art 59 Abs 2 GG erfasst im Übrigen auch die mit dem Beitritt zu Systemen kollektiver Sicherheit nach *Art 24 Abs 2 GG* verbundenen „Beschränkungen" von Hoheitsrechten (die von deren „Übertragung" nach Art 24 Abs 1, Art 23 GG, vgl schon o Rn 25 ff sowie weiterhin u Rn 129, zu unterscheiden sind). Zu solchen Systemen gehören auch Bündnisse kollektiver Selbstverteidigung und also nicht nur Systeme zur Friedenswahrung unter den jeweiligen Mitgliedern, mithin trotz aller Unterschiede in Zielrichtung und Struktur etwa NATO und UNO gleichermaßen. Aus der Ermächtigung des Art 24 Abs 2 GG, die zugleich als Grundlage für die Übernahme der mit der Systemzugehörigkeit typischerweise verbundenen Aufgaben zu verstehen ist, ergibt sich auch die verfassungsrechtliche Zulässigkeit von Auslandseinsätzen der Bundeswehr in dem jeweils systembestimmten 83

---

161 Vgl zur Auslegung völkerrechtlicher Verträge *Graf Vitzthum*, 1. Abschn Rn 123 f.
162 So vier Richter in BVerfGE 90, 286, 372 ff, die aufgrund dieser Sichtweise das Verhalten der Bundesregierung im Bosnien-Konflikt für verfassungswidrig hielten. Vorsichtig zust *Rojahn* (Fn 27) Art 59 Rn 65 f; zust und generell gegen eine restriktive Auslegung von Art 59 Abs 2 Satz 1 GG *Zivier*, Demontage einer Verfassungsvorschrift? Art 59 Abs 2 S 1 GG in der Rechtsprechung des Bundesverfassungsgerichts, RuP 2003, 20 ff. Vgl auch *Baumbach*, Vertragswandel und demokratische Legitimation, 2008.
163 BVerfGE 104, 151, 206 ff *(Strategisches Konzept der NATO)*; dazu einführend *Rux*, Zur Beteiligung des Bundestages bei der Fortentwicklung eines Systems gegenseitiger kollektiver Sicherheit, JA 2002, 461 ff; s ferner *Sauer*, Die NATO und das Verfassungsrecht, ZaöRV 62 (2002) 317 ff. Angesichts ihrer Unbestimmtheit ist die als differenzierend gedachte Formel *Wolfrums* (Fn 143) 55, wonach es darauf ankomme, ob beim Vertragsschluss sich die generelle Linie der weiteren Entwicklung habe erkennen lassen, wohl nicht weiterführend; zutreffend krit etwa *Tomuschat*, ebd 114 f. S auch BVerfGE 117, 359 u 118, 244 *(Tornado-Einsatz I u II)* sowie 124, 267 ff *(NATO – Kosovo)*.

Rahmen.[164] Art 87a GG steht dem zutreffender Ansicht nach nicht entgegen[165] – übrigens auch nicht anderweitigen Auslandseinsätzen.[166]

84 Das Bundesverfassungsgericht sah darüber hinaus bereits 1994 auf der Grundlage einer Zusammenschau verschiedener, teils aufgehobener (Art 59a GG),[167] teils ersichtlich im vorliegenden Zusammenhang unergiebiger (Art 45b GG über die Bestellung eines Wehrbeauftragten) Vorschriften, Prinzipien und Postulate einen wehrverfassungsrechtlichen *Parlamentsvorbehalt* betreffend die Entscheidung über Auslandseinsätze im Einzelfall in Geltung.[168] Daraus folgerte es, grundsätzlich (Ausnahmen bei Gefahr im Verzug) sei bei jedem Einsatz bewaffneter Streitkräfte (einschließlich jeder Form von UN-Friedenstruppen)[169] die vorherige Zustimmung (nicht durch Gesetz, sondern durch sog schlichten Parlamentsbeschluss)[170] erforderlich (allerdings keine entsprechende Initiativbefugnis eingeräumt).[171] Genehmigungswirkung kommt der parlamentarischen Entscheidung jedoch nicht zu: Zwar hat die Bundesregierung, sofern sie qua Eilzuständigkeit zur alleinigen Entscheidung berechtigt ist, die nachträgliche Parlamentsbefassung frühestmöglich nachzuholen; ist der Einsatz aber, wie im Fall der Evakuierung deutscher Staatsangehöriger aus Libyen, bereits beendet, so hat es mit der Pflicht zur (unverzüglichen und qualifizierten) Unterrichtung des Bundestags, der dadurch in die Lage versetzt wird, von seinen allgemeinen Kontrollinstrumenten gegenüber der Bundesregierung Gebrauch zu machen, sein Bewenden.[172]

85 Wie auch für die Maastricht-Entscheidung[173] lässt sich erkennen, dass das Bundesverfassungsgericht hier – teilweise in Strapazierung der ihm durch das Prozessrecht gesetzlich überantworteten, dadurch aber auch begrenzten Entscheidungszuständigkeit – auf dogmatisch schwierigen Wegen nach einem Ausgleich

---

164 Dazu unter Würdigung des Streitstandes BVerfGE 90, 286, 345 ff; ferner etwa *Randelzhofer* (Fn 124) Art 24 II Rn 11.
165 BVerfGE 90, 286, 355 ff.
166 Zum Streitstand *Randelzhofer* (Fn 164) Rn 43 ff mwN zur Gegenauffassung; ausführlich auch *Fassbender*, in HdbStR XI, 3. Aufl 2013, § 244 Rn 60 ff. Der Bundeswehreinsatz in Syrien, mit dem Deutschland Frankreich nach den Anschlägen von Paris im Kampf gegen die Terrororganisation „Islamischer Staat" unterstützen will, ließe sich allenfalls mit einem weitverstandenen völkerrechtlichen Begriff der Selbstverteidigung rechtfertigen; dagegen *Kremser*, Der bewaffnete Einsatz der Bundeswehr gegen die Terrororganisation „Islamischer Staat" im Lichte des Staats-, Europa- und Völkerrechts, DVBl 2016, 881 ff; *Payandeh/Sauer*, Die Beteiligung der Bundeswehr am Antiterroreinsatz in Syrien, ZRP 2016, 34 ff; mit völkerrechtlichem Schwerpunkt *Finke*, Selbstverteidigungsrecht gegen nichtstaatliche Akteure, AVR 55 (2017) 1 ff. Der Bundeswehreinsatz im Nordirak zur Unterstützung irakischer Sicherheitskräfte im Kampf gegen den „Islamischen Staat", der völkerrechtlich von der Zustimmung des Irak gedeckt ist, lässt sich hingegen weder völker- noch verfassungsrechtlich als Selbstverteidigung einordnen; der unverbindliche und außerhalb von Kapitel VII UN-Charta ergangene Aufruf des UN-Sicherheitsrats S/PRST/2014/20, auf den sich die Bundesregierung beruft (vgl BT-Drs 18/3561, 4), dürfte nicht ausreichen, um den Einsatz auf Art 24 Abs 2 GG zu stützen. Allg auch *Ladiges*, Verfassungsrechtliche Grundlagen für den Einsatz der Streitkräfte, JuS 2015, 598 (602).
167 S die Fassung v 19.3.1956, BGBl I, 111, aufgehoben durch G v 24.6.1968, BGBl I, 709.
168 BVerfGE 90, 286, 381 ff.
169 *Schmahl*, 4. Abschn Rn 205.
170 Dazu *v. Münch/Mager*, Staatsrecht I, 7. Aufl 2009, 144 f.
171 Vgl auch BVerfGE 121, 135 ff; BVerfGE 124, 267 ff.; BVerfGE 140, 160, Rn 66 ff. S zum Ganzen ferner *Fischbach* (Fn 159).
172 BVerfGE 140, 160, 195 u 199 ff mit Anm von *Sauer*, JZ 2016, 46 ff.
173 Vgl o Rn 26.

zwischen außenpolitischen Erwartungen an die BR Deutschland im Zuschnitt nach der Wiedervereinigung und innenpolitischen Bestrebungen in Skepsis gegenüber (hier: militärischer) Integration gesucht hat. Man mag das für iE „ausnahmsweise gerechtfertigt"[174] halten. Doch überforderte das Gericht hier das Verfassungsrecht. Wurde in diesem Unterabschnitt eingangs die im Bereich der Auswärtigen Gewalt leitende Rolle der Bundesregierung gegenüber der Legislative betont, so ist dies auch für ihren verfassungsrechtlich gewollten Vorrang vor dem Bundesverfassungsgericht zu unterstreichen.[175] Mit dem am 24.3.2005 in Kraft getretenen Gesetz über die parlamentarische Beteiligung bei der Entscheidung über den Einsatz bewaffneter Streitkräfte im Ausland (Parlamentsbeteiligungsgesetz)[176] hat der Gesetzgeber allerdings dem Hinweis des Gerichts, jenseits der in seinem Urteil dargelegten Mindestanforderungen und Grenzen des Parlamentsvorbehalts für den Einsatz bewaffneter Streitkräfte sei es Aufgabe des Gesetzgebers, Form und Ausmaß der parlamentarischen Mitwirkung näher auszugestalten,[177] entsprochen und für diese Rechtsprechung eine gesetzliche Grundlage geschaffen.[178] Deren Bedeutung relativiert sich allerdings insofern, als das Bundesverfassungsgericht die genuin verfassungsrechtliche Qualität des Gebots parlamentarischer Beteiligung betont.[179] Nicht geklärt ist weiterhin, welche Spielräume dem Bundestag bleiben, wenn sich die BR Deutschland entschlösse, mit der UNO einen Vertrag gemäß Art 43 UN-Charta[180] abzuschließen. Richtiger Ansicht nach wäre dann für eine Ablehnung des Einsatzes in concreto kein Raum.[181]

e) Das Erfordernis der Mitwirkung von Bundestag und Bundesrat

Der Bundespräsident und die Bundesregierung können im – völkerrechtlichen – Außenverhältnis auch dann vertragliche Bindungen der BR Deutschland herbeiführen, wenn der Wille des Parlaments dem entgegensteht, und ungeachtet der Frage, ob innerstaatliches Recht, selbst Verfassungsrecht, der Einhaltung des Vertrags entgegensteht: Nach allgemeinem Völkerrecht kann innerstaatliches Recht dem Anspruch auf Erfüllung eines Vertrags oder aus einer Vertragsverletzung resultierender sekundärer Folgen nicht entgegengehalten werden (vgl Art 27 WVK). Verletzungen innerstaatlicher Zuständigkeitsregelungen berechtigen dazu nur bei „Offenkundig-

86

---

174 So *Nolte*, Bundeswehreinsätze in kollektiven Sicherheitssystemen, ZaöRV 54 (1994) 652 (683 f.).
175 Vgl in diesem Zusammenhang – als Beispiel für (verfassungs-)gerichtliche Zurückhaltung – für die USA *Franck/Glennon*, Foreign Relations and National Security Law, 4. Aufl 2011.
176 BGBl 2005 I, 775 f.
177 BVerfGE 90, 286, 381 ff.
178 S dazu *Rau*, Auslandseinsatz der Bundeswehr: Was bringt das Parlamentsbeteiligungsgesetz?, AVR 44 (2006) 93 ff; *Schröder*, Das neue Parlamentsbeteiligungsgesetz, NJW 2005, 1401 ff; zu Hintergründen und Gesetzgebungsverfahren: *Burkiczak*, Ein Entsendegesetz für die Bundeswehr?, ZRP 2003, 82 ff.
179 BVerfGE 140, 160, 190.
180 Zum Kontext *Kunig*, Völkerrecht als Öffentliches Recht, GS Grabitz, 1995, 325 ff.
181 Ähnliche Wertung wie hier bei *Hailbronner* (Fn 143) 33 f. Vgl in diesem Zusammenhang die knappe Bemerkung in BVerfGE 90, 286, 388: „Freilich ist der Bundestag bei seiner Beschlussfassung an die mit seiner Zustimmung zustande gekommenen Festlegungen über den Einsatz bewaffneter Streitkräfte gebunden."

keit" und auch nur dann, wenn es sich um eine Vorschrift von „grundlegender Bedeutung" handelt (vgl Art 46 WVK).[182]

87 Auch vor diesem Hintergrund ist *Art 59 Abs 2 GG* zu sehen. Er verlangt die Beteiligung von Verfassungsorganen, insbes und zunächst des Bundestags als Parlament, ggf des Bundesrats als des die Länderinteressen wahrnehmenden Bundesorgans. Diese Beteiligung erfolgt nicht bereits bei dem Abschluss des Vertrags (wie in einigen anderen Staaten), ist aber Voraussetzung des Inkrafttretens des Vertragsgesetzes – und damit der innerstaatlichen Geltung des umgesetzten Vertragsinhalts. Das veranlasst die Bundesregierung zur Suche nach dem Konsens mit dem Parlament und beugt der Entstehung von innerstaatlichen Normkonflikten vor, kann freilich die Möglichkeit eines Auseinanderklaffens zwischen völkerrechtlich Geschuldetem und innerstaatlich Zulässigem nicht verhindern, ja leistet ihm geradezu Vorschub, sofern nämlich bei dem Vertragsschluss nicht Vorkehrungen dagegen getroffen werden, dass der Vertrag ohne die Erfüllung der Voraussetzungen des Art 59 Abs 2 GG in Kraft tritt. Solche Vorkehrungen, nämlich die Vereinbarung des Erfordernisses der Ratifikation, werden deshalb für Verträge, die dem Anwendungsbereich des Art 59 Abs 2 GG unterfallen, regelmäßig getroffen. Ratifikation bedeutet dabei die nach außen hin abgegebene Erklärung, dass die innerstaatlichen Voraussetzungen an die Beteiligung erfüllt sind, um damit die Zustimmung zur Vertragsbindung zu bekunden. Diese Erklärung hat gemäß Art 59 Abs 1 Satz 1, 2 GG regelmäßig der Bundespräsident abzugeben. Nicht der Bundestag ratifiziert also, vielmehr schafft er die (ggf: eine) Voraussetzung für die Ratifikation. In der Staatspraxis wird dennoch – unscharf – nicht selten vom „Ratifikationsgesetz" gesprochen. Da viele Staaten, im Grunde alle, die sich infolge ihres Demokratieverständnisses oder auch aus föderalen Gründen hierzu veranlasst sehen, innerstaatliche Mitwirkungsrechte im Vertragsabschlussverfahren vorsehen, werden völkerrechtliche Verträge von Belang regelmäßig und unproblematisch unter das *Ratifikationserfordernis* gestellt. Auch das allgemeine Völkerrecht, wie es die *Wiener Vertragsrechtskonvention* niederlegt, trägt dem Rechnung (vgl Art 14 WVK).[183]

88 Art 59 Abs 2 GG spricht von „Verträgen" und bezieht sich damit, wie die systematische Zusammenschau mit Art 59 Abs 1 Satz 2 GG erweist, auf „Verträge mit auswärtigen Staaten", was aber heißt: solche mit anderen Völkerrechtssubjekten, wenn diese Verträge nicht ausnahmsweise privatrechtlich zu qualifizieren sind. Es befremdet etwas, die systematisch veranlasste Einschränkung auf Verträge mit *„auswärtigen Staaten"* – unter Dehnung des Wortlauts – auf *„alle Völkerrechtssubjekte"* erweitert zu sehen; dies ist indes teleologisch zwingend geboten. Zur Zeit der Verfassungsgebung kannte die Völkerrechtsordnung im Wesentlichen nur Staaten als ihre Berechtigten und Verpflichteten, mithin als vorstellbare Vertragsparteien. Die seither eingetretene Erweiterung des Kreises der Völkerrechtssubjekte (insbes auf I.O., jedoch auch etwa auf sog Befreiungsbewegungen) gebietet es aus innerstaatlicher Sicht zwingend, auch den völkerrechtlichen Vertragsschluss mit solchen Subjekten dem Art 59 Abs 2 GG zu unterwerfen.[184]

---

182 Vgl *Graf Vitzthum*, 1. Abschn Rn 126.
183 *Dahm/Delbrück/Wolfrum* (Fn 49) 123 sprechen in diesem Zusammenhang von einer „Rezeption" des Verfassungsrechts durch Völkerrecht.
184 Vgl schon o Rn 67 im Zusammenhang mit Art 32 Abs 1 GG.

Nur der Vertragsschluss bedarf der Beteiligung, damit nach dem eindeutigen 89
Wortlaut also nicht die eine rechtliche Verpflichtung herbeiführende einseitige Erklärung (wie zB ein völkerrechtliches Versprechen). *Einseitige Erklärungen* können sich allerdings auf den Beitritt zu einem (multilateralen) Vertrag, insbes auch den Beitritt zu I.O. richten. Es muss dann kein (neuerlicher) Vertragsschluss der Mitglieder dieser Organisation mit dem aufzunehmenden Staat erfolgen, vielmehr kann eine Organisation die Aufnahme durch Beschluss vorsehen. Ein Bsp bietet Art 4 Abs 2 UN-Charta, wonach die Beschlüsse von Generalversammlung und Sicherheitsrat iVm dem Ansuchen um Mitgliedschaft die vertraglichen Bindungen unter den Mitgliedern, nicht nur solche im Verhältnis der Organisation zum neuen Mitglied, herbeiführen. Die Beitrittserklärung substituiert hier die völkerrechtliche Handlung „Ratifikation"; verfassungsrechtlich steht sie dem Vertragsschluss iSv Art 59 Abs 2 GG gleich.[185]

Die Erklärung von *Vorbehalten* zu einem Vertrag bedarf hingegen der Mitwirkung nicht, ebenso wenig die *Kündigung* oder etwa die einseitige Übernahme besonderer Pflichten im Rahmen eines Vertragsverhältnisses (wie die Unterwerfung unter die Gerichtsbarkeit eines vertraglich errichteten streitentscheidenden Organs). Hier bewendet es bei der Zustimmung zum zugrunde liegenden Vertrag. Sieht ein in Kraft befindlicher Vertrag den Abschluss weiterer Verträge vor, so kommen sie hingegen für eine Mitwirkung der gesetzgebenden Körperschaften in Betracht. Insbes hinsichtlich der Vorbehalte und der Kündigung, die in ihren Auswirkungen der Neubegründung einer Rechtslage durch Vertragsschluss nahe kommen können, ist die fehlende Mitwirkungsbedürftigkeit rechtspolitisch kritisierbar,[186] dennoch angesichts des Wortlauts von Art 59 Abs 2 GG eindeutig nicht eingeführt. Hier wurden Linien der deutschen Verfassungstradition fortgeführt, die von der Rechtslage in einigen anderen Staaten durchaus abweichen. Die darin liegende Eröffnung außenpolitischen Handlungsspielraums für die Bundesregierung kann mit Mitteln der Verfassungsinterpretation nicht beseitigt werden.[187] 90

Wie der Abschluss, so bedarf die förmliche *Änderung* mitwirkungsbedürftiger 91
Verträge ihrerseits der Mitwirkung.[188] Für mitwirkungsbedürftige vertragliche Änderungsbestimmungen ist das selbstverständlich, gilt jedoch grundsätzlich auch für Änderungen, die ihrem Inhalt nach nicht mitwirkungsbedürftig sind oder vertragli-

---

185 Ebenso iE etwa *Bernhardt*, Bundesverfassungsgericht und völkerrechtliche Verträge, in Bundesverfassungsgericht und Grundgesetz, FG BVerfG, Bd II, 1976, 154 (163); ausdrücklich für analoge Anwendung des Art 59 Abs 2 GG *Zuleeg*, in Wassermann (Fn 22) Art 59 Rn 45.
186 Vgl dazu *Kokott*, Art 59 Abs 2 GG und einseitige völkerrechtliche Akte, FS Doehring, 1989, 512 ff; *Schweisfurth*, Vorbehalte und Erklärungen beim Abschluss völkerrechtlicher Verträge, in Geiger (Hrsg), Völkerrechtlicher Vertrag und staatliches Recht vor dem Hintergrund zunehmender Verdichtung der internationalen Beziehungen, 2000, 71 ff. Zur Abgrenzung bloßer „Vertragsentwicklung" s bereits o Rn 82.
187 AA *Wolfrum* (Fn 143) 50; zT anders nun auch unter Rückgriff auf verschiedene Verfassungsprinzipien *Hettche*, Die Beteiligung der Legislative bei Vorbehalten zu und Kündigung von völkerrechtlichen Verträgen, 2018, insbes 271 ff; für eine Parlamentarisierung der Kündigung auch *Lange*, Art. 59 Abs. 2 S. 1 GG im Lichte von Brexit und IStGH-Austritt: Zur Parlamentarisierung der Kündigung völkerrechtlicher Verträge, AöR 142 (2017) 442 ff; s zudem u Rn. 109 zur Zustimmung unter dem Vorbehalt einer Vorbehaltserklärung sowie Rn 183 zu Erklärungen betreffend die unmittelbare Anwendbarkeit.
188 BVerfGE 90, 286, 361; *Rudolf* (Fn 48) 211.

che Bestimmungen ändern, für die eine Mitwirkungsbedürftigkeit nicht anzunehmen war. Diese Konstellation lässt an die Rechtslage bei der Änderung von Bundesgesetzen denken, welche der Zustimmung des Bundesrates bedürfen.[189] Dort wird nach unterschiedlichen Kriterien differenziert, was vorliegend eine Parallele findet. So soll es darauf ankommen, ob die nicht ausdrücklich geänderten Bestimmungen eine „wesentlich andere Bedeutung und Tragweite" erhalten.[190] Derartige Formeln sind allerdings recht unscharf und im Einzelfall nur schwer in einer den Anforderungen der Rechtssicherheit genügenden Weise zu handhaben. Die Kontrollfunktion des Vertragsgesetzes kann am besten erfüllt werden, wenn die gesetzgebenden Körperschaften selbst die Möglichkeit der Entscheidung darüber erhalten, ob die beabsichtigte Änderung den Vertrag in einer Weise umformt, die eine frühere Billigung in Frage stellt. Andererseits ist zu bedenken (aber hinzunehmen), dass dann ein ursprünglich gebilligter Vertrag iE durchaus häufig (nämlich bei jeder noch so geringfügigen Änderung, die die Vertragsparteien für geboten halten) auf den parlamentarischen Prüfstand geraten kann. Das mag die Bundesregierung (bzw die Vertragspartner) dazu anhalten können, bei politisch umstrittenen Verträgen sich auch gegen unproblematische Änderungen zu sperren bzw aus „taktischen" Gründen auf das Zustimmungserfordernis zu verweisen.

92   Nicht alle völkerrechtlichen Verträge der Bundesrepublik mit Völkerrechtssubjekten bedürfen parlamentarischer Mitwirkung. Die *Einschränkung* ergibt sich aus Art 59 Abs 2 Satz 1 GG selbst: Nur Verträge, „welche die politischen Beziehungen des Bundes regeln oder sich auf Gegenstände der Bundesgesetzgebung beziehen", sind erfasst. Damit sind zwei Gruppen völkerrechtlicher Verträge besonders angesprochen. Die Abgrenzung dieser beiden Gruppen unterliegt den unterschiedlichen Sichtweisen im Ausgangspunkt, wie sie schon oben (Rn 76) betreffend das Grundverständnis von der Auswärtigen Gewalt angesprochen wurden. Die Unterwerfung völkerrechtlicher Verträge unter eine parlamentarische Mitwirkung erschien nämlich der früher allgemeinen Meinung nach als die Ausnahme von einer Regel. Gemäß dem gern verwendeten, in seiner Allgemeinheit aber oft zu kurz greifenden Argument, „Ausnahmen" seien „eng" auszulegen, deutete dies auf eine eher restriktive Abgrenzung – was dann die parlamentarische Mitwirkung als den besondere Anforderungen an die Begründung stellenden Ausnahmefall erscheinen ließe. Den Hintergrund dieser Auffassung bildet ein Verständnis von der Auswärtigen Gewalt als zwar von anderen exekutiven Aufgaben unterscheidbare, aber dennoch primär von der exekutiven Gewalt wahrzunehmende Funktion des Staats: Gesetzgebung erschiene dann als genuine Aufgabe der ersten Gewalt, Verwaltung als solche der zweiten – und Außenpolitik im Ausgangspunkt als Verwaltungstätigkeit. Art 59 Abs 2 GG stellt sich dieser Sicht als „Durchbrechung" des Systems der geteilten und getrennten Gewalten[191] dar.

93   Zutreffend ist, dass die Vorstellung, ein Vorrang der Exekutive bei der Wahrnehmung Auswärtiger Gewalt sei geboten, sich aus dem Konstitutionalismus herleitet, aus Verfassungslagen also, die einen Monarchen an der Staatsspitze kann-

---

189 Dazu BVerfGE 37, 363, 382.
190 *Fastenrath* (Fn 146) 236 f; einschränkend *Bleckmann*, Grundgesetz und Völkerrecht, 1975, 225.
191 BVerfGE 1, 351, 369: „Art 59 II GG durchbricht das Gewaltenteilungssystem insofern, als hier die Legislative in den Bereich der Exekutive übergreift"; zust zitiert in BVerfGE 90, 286, 357.

ten, welcher prärogativ die Außenpolitik einschließlich der Gestaltung der auswärtigen Beziehungen durch das Instrument des völkerrechtlichen Vertrags bestimmte. Dass das Grundgesetz solche Linien nicht bruchlos fortführt, hat sich schon im Zusammenhang mit der Rolle des Bundespräsidenten bzw der Bundesregierung in auswärtigen Angelegenheiten gezeigt (so Rn 76, 80). Betrachtet man es systematisch, so finden sich parlamentarische Mitwirkungen bei der Gestaltung des Auswärtigen nicht nur in Art 59 Abs 2 GG, sondern auch in Art 24 Abs 1 GG, ferner – seit Einführung der „Notstandsverfassung" – in Art 115a ff GG. Selbst wenn man angesichts dieses Gesamtbilds die rechtliche Gestaltung der Außenpolitik dem Bereich der „Staatsleitung" zuordnet, die sowohl der Regierung wie dem Parlament anvertraut ist, lässt sich aus dieser Erkenntnis noch nichts gewinnen für eine auf „Regelmäßigkeit" abstellende Interpretation der konkreten Vorschrift des Art 59 Abs 2 GG. Vielmehr muss bei dem Verständnis beider Umschreibungen, die die Vorschrift den der parlamentarischen Mitwirkung unterfallenden Vertragsgruppen gibt, dem Gedanken demokratischer Legitimation und parlamentarischer Kontrolle Rechnung getragen werden, *ohne* dass dabei die Regierung auf die Funktion einer Erfüllungsgehilfin des Parlaments reduziert werden darf.

Alle völkerrechtlichen Verträge der BR Deutschland *außerhalb* des Anwendungsfeldes von Art 59 Abs 2 Satz 1 GG werden nach den Vorschriften über die Bundesverwaltung vereinbart und ausgeführt – dies ist die Aussage des missverständlich formulierten Art 59 Abs 2 Satz 2 GG. Er präsentiert – neben den „politischen" und den auf Gegenstände der Gesetzgebung bezogenen Verträgen – als dritte Kategorie die *Verwaltungsabkommen* und drängt damit den Schluss auf, es gebe noch eine weitere (vierte) Kategorie völkerrechtlicher Verträge. Dieses Ergebnis wäre aber sinnwidrig, weil es hinsichtlich solcher Verträge zu einer Umsetzungslücke führte.[192] Erfasst sind also alle Verträge, die nicht dem Art 59 Abs 2 Satz 1 GG unterfallen. **94**

Die Kategorie des *Vertrags, der „die politischen Beziehungen" regelt*, findet keinen Vorläufer im deutschen Verfassungsrecht. Der Begriff hat auch auf völkerrechtlicher Ebene keine Entsprechung, die für sein Verständnis hilfreich sein könnte. Es reicht nicht aus, so hat das Bundesverfassungsgericht schon früh ausgesprochen, dass sich ein Vertrag „mit öffentlichen Angelegenheiten, dem Gemeinwohl oder den Staatsgeschäften"[193] beschäftige. Der allgemeine Begriff des „Politischen" ist wenig trennscharf. Art 59 Abs 2 GG will gewiss nicht erreichen, dass praktisch jeder völkerrechtliche Vertrag der parlamentarischen Mitwirkung unterliegt; bei zu enger Begriffsbildung – man denke an die Wendung vom „hochpolitischen" Charakter bestimmter Akte[194] – droht andererseits eine unsachgemäße Ausblendung des Parlaments. Angesichts dessen kann eine subsumtionsfähige Definition des politischen Vertrags, die ein für allemal Gültigkeit beanspruchen könnte, kaum gefunden werden. Vielmehr bedarf es der Entscheidung **95**

---

192 Vgl dazu *Härle*, Die völkerrechtlichen Verwaltungsabkommen der Bundesrepublik, JIR 12 (1965) 63 (95). Aktuell zur Problematik der Verwaltungsabkommen *Fastenrath*, Zur Abgrenzung des Gesetzgebungsvertrags vom Verwaltungsabkommen iSd Art 59 Abs 2 GG am Beispiel der UNESCO-Welterbekonvention, DÖV 2008, 697 ff.
193 BVerfGE 1, 372, 381.
194 Vgl BVerfGE 40, 141, 164 bezogen auf die sog Ostverträge v 1970 mit der Sowjetunion und mit Polen.

im Einzelfall und unter Berücksichtigung aller Umstände. Maßgeblich sind dabei die *objektiven Interessen der BR Deutschland* (nicht ihrer Vertragspartner), denn das Erfordernis parlamentarischer Mitwirkung ist seinerseits im innerstaatlichen Interesse eingerichtet, dient nicht übernationalen Interessen – dies ungeachtet der Tatsache, dass sich das deutsche Verfassungsrecht allgemein auch auf solche Interessen ausrichtet (so Rn 12ff). Als derartige Interessen hat das Bundesverfassungsgericht „die Existenz des Staates, seine territoriale Integrität, seine Unabhängigkeit, seine Stellung", auch „sein maßgebliches Gewicht" genannt[195] und – in vielleicht heute nicht recht zeitgerecht erscheinendem Vokabular – davon gesprochen, dass ein Vertrag „politischen" Charakter aufweise, wenn er darauf gerichtet sei, „die Machtstellung der Bundesrepublik Deutschland anderen Staaten gegenüber zu behaupten, zu befestigen oder zu erweitern".[196] Hieran wird immerhin deutlich, dass auch das Tatbestandsmerkmal „regeln" in Art 59 Abs 2 GG der Interpretation einen Hinweis bietet: Der Vertrag muss eine Gestaltung bezwecken, die die genannten Interessen unmittelbar betrifft, sie also nicht lediglich iSe Nebenfolge berührt oder berühren kann. Letzteres nämlich würde sich wiederum von wohl jedem mit einem anderen Völkerrechtssubjekt abgeschlossenen völkerrechtlichen Vertrag sagen lassen.

96   Im Sinne einer Fallgruppenbildung wird oft gesagt, dass jedenfalls Friedensverträge, solche militärischen Charakters und solche über (wesentliche) Änderungen des Staatsgebiets gleichsam unbesehen politischen Charakters seien.[197] Derartige Verträge hat die BR Deutschland nur wenige abgeschlossen. Auch Verträge über die Bestätigung von Grenzen, über den Gewaltverzicht und über friedlich-kooperative Beziehungen, wie sie zunächst im Zuge der Ostpolitik der frühen 1970er Jahre, später dann erneut und mit teils anderen Staaten nach der Herstellung der deutschen Einheit zu Beginn der 1990er Jahre abgeschlossen wurden, sind gewiss „politischer" Natur. Sie haben die Rechtsverhältnisse zwischen Deutschland und den Vertragspartnern im Grundsätzlichen gestaltet – ungeachtet des Umstandes, dass sie in größeren Teilen auch rein deklaratorischen Inhalts waren; denn insbes die Pflicht, Gewalt nicht gegenüber anderen Staaten einzusetzen, ergibt sich schon aus allgemeinem Völkerrecht, gilt vertraglich auch bei Mitgliedschaft in den Vereinten Nationen und unabhängig hiervon kraft universellen Völkergewohnheitsrechts.[198]

97   Abkommen über die Lieferung von Waffen werden – vom allgemeinen Sprachgebrauch her paradox – regelmäßig keinen „politischen" Charakter tragen, weil es ihnen an Relevanz für die Interessen der BR Deutschland mangelt. Allerdings haben Entwicklungen gezeigt, dass ein Auftreten des Staats als Waffenexporteur über die Berührung zunächst fremder Interessen unmittelbar zurückwirkt auf die eigene politische Stellung, sofern nämlich diese Waffen für den Einsatz gegenüber dritten Völkerrechtssubjekten (also in zwischenstaatlichen Konflikten oder im Einsatz gegenüber einem de

---

195 BVerfGE 1, 372, 380.
196 BVerfGE 1, 372, 380 f; etwas relativierend zitiert in BVerfGE 90, 286, 359.
197 Vgl zB *Maunz* (Fn 146) Rn 15; *Geck*, Die völkerrechtlichen Wirkungen verfassungswidriger Verträge, 1963, 122 ff. – Zum „Friedensschluss" s Art 115 l Abs 3 GG. – Als Beispiel für einen als „politisch" behandelten Grenzberichtigungsvertrag s etwa den deutsch-niederländischen Vertrag v 20.10.1992, BTDrs 13/1936, 7 ff.
198 Vgl *Bothe*, 8. Abschn Rn 3 ff.

facto-Regime im Bürgerkrieg) bestimmt sind. Erhebliche politische Bedeutung kommt entsprechenden Verträgen so gesehen zu, es fehlt ihnen andererseits an dem Element einer Gestaltung („Regelung") der Beziehungen Deutschlands im internationalen Verkehr. Verpflichtet ein Vertrag den Staat allerdings, die Geschäfte privater Waffenhersteller zu reglementieren, wie es etwa beim Vertrag über den Waffenhandel v 2013 der Fall ist, löst der Bezug zur Bundesgesetzgebung den Zustimmungsvorbehalt aus (u Rn 101f).

Im Bereich wirtschafts- und entwicklungspolitischer Verträge können sich Verträge auf Maßgaben etwa für den Warenaustausch beschränken, können einen rein verwaltungstechnischen Inhalt haben; regelmäßig gestalten sie das Rechtsverhältnis zum Vertragspartner aber umfassender und gewinnen damit eine Bedeutung, die das Attest politischer Natur iSv Art 59 Abs 2 GG rechtfertigen kann. Gleiches gilt auch für Verträge im Menschenrechtsbereich und zum Minderheitenschutz, schließlich auch für die Gründung von und den Beitritt zu I. O., sofern diese nicht wiederum nur eine begrenzte, als technisch zu umschreibende Zielstellung verfolgen. Das Bundesverfassungsgericht hat bisher erst in drei Fällen einem völkerrechtlichen Vertrag die politische Natur abgesprochen, dies durchweg zu Beginn der 1950er Jahre.[199] **98**

Als weitere Vertragsgruppe, für die eine Mitwirkung der gesetzgebenden Körperschaften erforderlich ist, benennt Art 59 Abs 2 GG solche *Verträge, die „sich auf Gegenstände der Bundesgesetzgebung beziehen"*. Beide Gruppen können dabei Teilmengen aufweisen, die sich beiden Kriterien für die Mitwirkungsbedürftigkeit gleichermaßen zurechnen lassen, wie es zB bei dem Maastricht-Vertrag offenkundig der Fall ist (für den allerdings spezieller Art 23 Abs 1 Satz 3 GG einschlägig war). Für die 2. Alternative des Art 59 Abs 2 Satz 1 GG ist die Reichweite des allgemeinen Parlamentsvorbehalts maßgeblich.[200] Der Sinn dieser Regelung liegt darin, der Begründung völkerrechtlicher Verpflichtungen gegenüber anderen Völkerrechtssubjekten die Kontrolle durch die gesetzgebenden Körperschaften vorzuschalten, wenn die Vertragserfüllung ein Tätigwerden dieser Körperschaften voraussetzt. Bundespräsident und Bundesregierung werden also gehindert, rechtsverbindliche Verpflichtungen einzugehen, die sie aufgrund ihrer organschaftlichen Stellung nicht von sich aus einlösen können. Den *Gegenbegriff* zur „Bundesgesetzgebung" bildet demzufolge die *„Bundesverwaltung"*, nicht etwa die „Landesgesetzgebung". **99**

Für Verträge, die sich auf Gegenstände der Landesgesetzgebung beziehen, verlangt Art 59 Abs 2 GG die Mitwirkung der gesetzgebenden Körperschaften des Bundes nur, wenn sich diese Verträge – zugleich – als „politische" Verträge darstellen. Die Zuständigkeit des Bundes für den Abschluss solcher Verträge setzt im Übrigen Art 32 Abs 3 GG voraus; Art 32 Abs 2 GG kann insoweit ein Anhörungsrecht einzelner Länder begründen. Die Aufteilung der Zuständigkeiten nach Art 70ff GG und weite- **100**

---

199 BVerfGE 1, 351 *(Petersberger Abkommen);* BVerfGE 1, 372 *(deutsch-französisches Wirtschaftsabkommen);* BVerfGE 2, 347 *(Kehler Hafenabkommen).*
200 Ebenso *Geiger* (Fn 66) 123f; Probleme völkerrechtlicher Verträge, welche eine Verfassungsänderung erfordern, erörtert *Vogel,* Gesetzesvorbehalt, Parlamentsvorbehalt und völkerrechtliche Verträge, FS Lerche, 1993, 95ff. Bsp dafür: Art 16 Abs 2 Satz 2 GG als Reaktion insbes auf das Statut zur Errichtung eines Internationalen Strafgerichtshofes.

ren Bestimmungen des Grundgesetzes ist für die 2. Alternative des Art 59 Abs 2 GG ohne Interesse.

101 Das Musterbeispiel für Verträge, welche sich „auf die Gesetzgebung" beziehen, sind solche, welche die BR Deutschland sektoral zu einer bestimmten Gesetzgebung verpflichten bzw als Vertragsziel eine faktische Lage oder eine Rechtslage anstreben, deren Herbeiführung den Erlass von Gesetzen bzw Gesetzesänderungen voraussetzt. Das gilt gleichermaßen für Verträge, die – Spielräume belassend – noch nicht hinreichend konkret für die innerstaatliche Anwendung sind (wie regelmäßig etwa solche mit Zielvorgaben für Umweltpolitik und -recht), also ohnehin einen konkretisierenden Gesetzgebungsakt verlangen, wie auch für solche Verträge, deren Normenmaterial – wie im Bereich des Menschenrechtsschutzes – sich für die innerstaatliche Anwendung unmittelbar eignet.[201]

102 Für das Mitwirkungserfordernis ist unerheblich, ob sich der Vertrag auf Pflichten richtet, die bereits zum Zeitpunkt des Vertragsabschlusses durch eine entsprechende Gestaltung der innerstaatlichen Rechtslage „erfüllt" sind. Die Wendung des Bundesverfassungsgerichts, es komme darauf an, ob „im konkreten Fall ein Vollzugsakt" erforderlich sei,[202] ist insofern missverständlich. Zum einen mag im Einzelfall nicht sogleich sicher sein, dass das jeweils aktuelle Recht dem fraglichen Vertrage vollen Umfangs entspricht. Zum anderen verlangt die mit der völkerrechtlichen Festlegung verbundene Eingrenzung des Handlungsspielraums (für zukünftige Rechtsgestaltung) eine *Präventivkontrolle durch die gesetzgebenden Körperschaften*. Sie sähen sich sonst bei erwogener Änderungsgesetzgebung vor Grenzen gestellt, welche sie zwar mit innerstaatlicher Wirkung überwinden könnten, dies aber nur um den Preis völkerrechtswidrigen Verhaltens der BR Deutschland. Schließlich ist zu bedenken, dass die Entwicklung paralleler Normenbestände im Völkerrecht und im innerstaatlichen Recht durchaus unterschiedliche Wege gehen kann, etwa veranlasst durch – eventuell sogar iS authentischer Interpretation verbindliche – Normanwendung durch hierfür eingerichtete Organe. Ein Bsp bietet die Interpretation dem Wortlaut nach gleicher Individualrechte. Sie kann sich in der innerstaatlichen richterlichen Anwendung anderen Inhalts verfestigen als etwa im Rahmen eines von der universellen Völkerrechtsgemeinschaft installierten Organs. Auch dieses Kollisionspotential spricht für die Einschaltung der gesetzgebenden Körperschaften beim Vertragsschluss.[203]

103 Sofern Verträge dem Mitwirkungserfordernis unterfallen, verbietet Art 59 Abs 2 GG ihren Abschluss im Geheimen. Unabhängig von Art 102 UN-Charta errichtet Art 59 Abs 2 Satz 1 GG ein verfassungsrechtliches *Verbot* für den Abschluss *von Geheimverträgen*, während Verwaltungsabkommen in der Staatspraxis vielfach nicht veröffentlicht werden.

---

201 Vgl zur Anwendung der UN-Kinderrechtskonvention im deutschen Recht zB OLG Karlsruhe, NJW-RR 2012, 705 ff; *Cremer*, Die UN-Kinderrechtskonvention: Geltung und Anwendbarkeit in Deutschland nach der Rücknahme der Vorbehalte, 2011; *Schmahl*, Auswirkungen der UN-Kinderrechtskonvention auf die deutsche Rechtsordnung, RdJB 2015, 125 ff; zur UN-Behindertenrechtskonvention *Uerpmann-Wittzack*, Völker- und verfassungsrechtliche Vorgaben für die Gleichstellung und Teilhabe von Menschen mit Behinderungen, in 50 Jahre Deutscher Sozialrechtsverband, 2016, 29 (63 ff).
202 BVerfGE 1, 372, 388.
203 IE ebenso zB *Rudolf* (Fn 48) 218; *Fastenrath* (Fn 146) 222 f; aA *Maunz* (Fn 146) Rn 44.

f) Die Form des Bundesgesetzes

Das Erfordernis eines Vertragsgesetzes hat den Zweck, eine *parlamentarische Kontrolle des Vertragsabschlusses* zu ermöglichen. Die Kontrolle des Parlaments bezieht sich auf die Bundesregierung, nicht auf den verfassungsrechtlich mit der völkerrechtlichen Vertretungsbefugnis ausgestatteten Bundespräsidenten (vgl o Rn 76 ff), auch wenn ihn das Vertragsgesetz zum (endgültigen) Abschluss des Vertragsschlussverfahrens ermächtigt. Weist man die „Auswärtige Gewalt" (o Rn 76) der Exekutive zu, ließe sich sogar überlegen, ob die Initiative zum Erlass eines Zustimmungsgesetzes abweichend von Art 76 Abs 1 GG allein der Bundesregierung vorbehalten ist. Allerdings erscheint es in der parlamentarischen Demokratie selbstverständlich, dass das Parlament die Exekutive auffordern kann, einen völkerrechtlichen Vertrag zu ratifizieren.[204] Ob dies nach Erlass des Zustimmungsgesetzes tatsächlich geschieht, steht gemäß Art 59 Abs 1 Satz 1 iVm Art 58 GG weiterhin im politischen Ermessen der Bundesregierung. **104**

Die parlamentarische Kontrolle dient zwei Zwecken. Soweit es um Verträge über Materien der Gesetzgebung geht, *wahrt sie das Gesetzgebungsmonopol des Parlaments,* ohne insoweit bei rein formaler Betrachtung zwingend gefordert zu sein. Denn würden die gesetzgebenden Körperschaften mit einem bereits völkerrechtlich in Kraft befindlichen Vertrag konfrontiert, so begrenzte das innerstaatlich nicht den Spielraum gesetzlicher Gestaltung. Bei abweichender Gesetzgebung müsste andererseits eine völkerrechtliche Rechtsfolgen auslösende Vertragsverletzung in Kauf genommen werden (vgl o Rn 44 f), was jedenfalls faktisch das Gesetzgebungsmonopol erheblich beeinträchtigen würde. Verträge mit Inhalten, deren Regelungen eines innerstaatlichen Vollzugs durch Gesetzgebung nicht bedürfen oder ihm gar nicht zugänglich sind, unterliegen der *präventiven Regierungskontrolle.* In diesem Zusammenhang wird mitunter gesagt, dass die Regierung für die Gestaltung der auswärtigen Beziehungen (auch) durch Vertrag über einen erheblichen Ermessensspielraum verfüge. Die Verwendung dieser Rechtsfigur ist aber missverständlich. Die Vorstellung vom Ermessen impliziert einen Spielraum desjenigen, der das Ermessen betätigt; eine Ermessensentscheidung darf nicht durch eine andere „ersetzt" werden, sie erscheint nur bei Vorliegen besonderer Mängel als „fehlerhaft". Demgegenüber steht den gesetzgebenden Körperschaften der Umgang mit dem von der Bundesregierung präsentierten Vertragswerk frei. Sie können sich durchaus dafür entscheiden, Bewertungen in Abweichung von der Regierung vorzunehmen. Selbst wenn es ihnen – vielleicht – an Sachkunde und Erfahrungshintergründen fehlt, kann hiergegen verfassungsrechtlich nichts erinnert werden. Es liegt an der Regierung, durch überzeugende Erfüllung ihrer Darlegungslast die Zustimmung der gesetzgebenden Körperschaften herbeizuführen. Außenpolitisches „Ermessen" begrenzt nur die gerichtliche, nicht die parlamentarische Kontrolldichte. **105**

Die dem Art 59 Abs 2 GG unterfallenden Verträge bedürfen „der Zustimmung oder der Mitwirkung der jeweils für die Bundesgesetzgebung zuständigen Körperschaften in der Form eines Bundesgesetzes". Die *Beteiligung* erfolgt also nach den Vorschriften über das Gesetzgebungsverfahren, Art 76 ff GG. So erklären sich auch **106**

---

204 Ein seltenes Bsp parlamentarischer Initiative zum Erlass eines Zustimmungsgesetzes findet sich in BT-Drs 12/556 im Hinblick auf das Fakultativprotokoll zum Pakt über bürgerliche und politische Rechte.

die Begriffe „Zustimmung" und „Mitwirkung". Diese Begriffswahl war nötig, weil im Gesetzgebungsverfahren die Zustimmung des Bundesrats nur teilweise (nach der Gesetzessystematik nur ausnahmsweise, in der Praxis seit der Föderalismusreform in weniger als 40% der Fälle)[205] erforderlich ist, nämlich nicht bei den Einspruchsgesetzen. Auf sie bezieht sich der Terminus „Mitwirkung". Ohne die „Zustimmung" des Bundestags kann ein Gesetz ohnehin niemals zustande kommen.

107   Die genannte Alternativität der Beteiligungsformen macht selbstverständlichen Sinn für Verträge, die sich auf Gegenstände der Bundesgesetzgebung beziehen. Zweifelhaft ist, ob sie darüber hinaus auch für Verträge Bedeutung hat, welche die politischen Beziehungen des Bundes regeln. Hierüber besteht etwas Streit. Während teilweise angenommen wird, bei derartigen Verträgen könne der Bundesrat lediglich Einspruch erheben (der dann in jedem Fall nach dem Verfahren des Art 77 Abs 2 bis 4 GG vom Bundestag zurückgewiesen werden könnte),[206] verlangen andere bei politischen Verträgen stets die Zustimmung des Bundesrats,[207] um auf diese Weise ein Gegengewicht zu der vom Grundgesetz im Übrigen bewirkten Reduktion des außenpolitischen Handlungsspielraums der Länder (dazu o Rn 67 ff) zu schaffen. Der Wortlaut des Art 59 Abs 2 GG spricht für die erstgenannte Auffassung, ebenso die Systematik des Grundgesetzes, das die Zustimmung des Bundesrats stets nur erfordert, wenn es dies ausdrücklich verlangt.

108   Das Beteiligungsrecht von Bundestag und Bundesrat bezieht sich jeweils auf einen bereits fixierten Text in seiner Gesamtheit. Die innerstaatlichen Organe können ihn billigen oder verwerfen. Seine Änderung in einem bestimmten Sinne können sie nicht durchsetzen. Abänderungsanträge zu einem ausgehandelten Vertragstext gehen insoweit ins Leere; sie sind nach § 82 Abs 2 GeschO BT sogar unzulässig. Bundestag und Bundesrat sind allerdings nicht gehindert, etwa die Nichtzustimmung zu einem Vertrag in der je vorliegenden Form zu erklären und sodann im Beschlusswege auszusprechen, mit welchem Inhalt der Vertrag ihre Zustimmung erhielte.[208] Insbes der Bundestag hat dazu nicht selten für das Feld der Außenpolitik Anlass gesehen, übrigens auch zum Inhalt von ihm gebilligter Verträge Stellung genommen. Völkerrechtlich erheblich ist das nicht, denn einseitig kann die Auslegung eines Vertrags nicht verbindlich festgelegt werden.[209]

109   Zu einer differenzierten Willensbekundung gegenüber einem von der Bundesregierung vorgelegten Aushandlungsergebnis sind Bundestag und Bundesrat allerdings in der Lage, soweit es um die Erklärung von *Vorbehalten* zu völkerrechtlichen Verträgen geht. Vorbehalte sind einseitige Willenserklärungen, mit denen ein Vertragspartner seine vertragliche Verpflichtung modifiziert, konkretisiert, regelmäßig reduziert.[210] Ob hiervon Gebrauch gemacht wird, entscheiden die Vertragspartner also – und im Gegensatz zur Festlegung des Vertragsinhalts als solchem – nicht ein-

---

205 Vgl <http://www.bundesrat.de/SharedDocs/downloads/DE/statistik/gesamtstatistik.pdf?__blob =publicationFile&v=3>.
206 Vgl etwa *Kewenig*, Bundesrat und Auswärtige Gewalt, ZRP 1971, 238.
207 Etwa *Maunz* (Fn 146) Rn 20.
208 Vgl eingehend *Grupp*, Die parlamentarische Kontrolle der auswärtigen Gewalt in Form von Entschließungen, 1975.
209 Vgl *Fastenrath* (Fn 146) 237 f. – Zum Streit um eine – ebenfalls abzulehnende – innerstaatliche Verbindlichkeit s die Hinweise bei *Rojahn* (Fn 162) Rn 77.
210 Vgl *Graf Vitzthum*, 1. Abschn Rn 121 f.

vernehmlich. Sie können allerdings einvernehmlich festlegen, ob und mit welchem Umfang und Inhalt Vorbehalte zu einem konkreten Vertrag erklärt werden dürfen. Unterlassen sie eine solche Festlegung, befinden Regeln des allgemeinen Völkerrechts (vgl die Kodifizierung in Art 19 WVK) über die – völkerrechtliche – Zulässigkeit von Vorbehalten. Vor diesem Bild kann das Beteiligungsrecht nach Art 59 Abs 2 Satz 1 GG idS ausgeübt werden, dass einer Ratifikation unter der Bedingung zugestimmt werde, die BR Deutschland bringe einen bestimmten Vorbehalt an.[211] Unterlässt dies die Bundesregierung in der Folge und wird der Vertrag ratifiziert, so steht dies seinem völkerrechtlichen Inkrafttreten nicht entgegen, wenn nicht der in Art 46 WVK niedergelegte allgemeine Grundsatz eine Ausnahme gebietet; innerstaatlich ist die Umsetzung dann aber unvollkommen. Nicht anders liegt es, wenn das Völkerrecht die Erklärung des Vorbehalts gar nicht zulässt, mag das bei der bedingten Zustimmung erkannt worden sein oder nicht.

Gesetze im materiellen Sinne sind auch Rechtsverordnungen, welche aufgrund parlamentsgesetzlicher, den Anforderungen des Art 80 GG genügender Weise von der Regierung oder einer von ihr hierzu im Wege der Subdelegation ermächtigten Stelle erlassen werden. Das wirft die Frage auf, ob die gesetzgebenden Körperschaften die Regierung (oder einen Minister) ermächtigen können, einen völkerrechtlichen Vertrag abzuschließen und durch Rechtsverordnung in Geltung zu bringen bzw zu vollziehen. Die Kontrollfunktion des Art 59 Abs 2 GG lässt eine derartige Verfahrensweise jedoch grundsätzlich nicht zu; sie verlangt die Kontrolle im Einzelfall, die Art 80 Abs 1 Satz 2 GG hier nicht hinreichend gewährleistet. Insofern liegt es anders als bei sonstiger Gesetzgebung. Die Beteiligung nach Art 59 Abs 2 GG hat nicht nur den Erlass eines Gesetzes zur Konsequenz, sondern ist bezogen auf einen Regierungsakt. Delegation würde die Kontrolle in die Hand des zu Kontrollierenden legen.[212] Freilich erscheint es statthaft, die Exekutive im Einzelfall zum vorläufigen Inkraftsetzen eines völkerrechtlichen Vertrags aufgrund Rechtsverordnung zu ermächtigen, wenn der Vertragsinhalt bereits weitgehend feststeht.[213]

Politisch können auch lediglich unterzeichnete oder paraphierte Vertragstexte, wie die Erfahrung lehrt, erheblichen faktischen Zustimmungsdruck auf die gesetzgebenden Körperschaften ausüben. Hiervor kann das Verfassungsrecht nicht schützen. Die Körperschaften müssen sich die Kraft nehmen, die Entscheidungen im Mitwirkungsverfahren auch in solchen Situationen sachgerecht zu treffen.

Völkerrechtliche Verträge, die nicht Art 59 Abs 2 Satz 1 GG unterfallen, sind gemäß Satz 2 der Bestimmung nach den Vorschriften über die *Bundesverwaltung* zu behandeln (vgl o Rn 94). Sie gelten im innerstaatlichen Recht ohne Vollzugsakt, sind dort anwendbar, wenn sie dafür geeignet sind, gewinnen diese Fähigkeit im Übrigen durch (Verwaltungs-)Vollzugsakt, sei es durch Rechtsverordnung, Verwaltungsvor-

---

211 Vgl *Le Boeuf* (Fn 84) 624 ff.
212 Vgl BVerfGE 1, 372, 395.
213 S Art 2 des Gesetzes über die Inkraftsetzung von Vereinbarungen betreffend den befristeten Aufenthalt von Streitkräften bestimmter Staaten, mit dem die Bundesregierung in der Eilsituation wenige Tage vor dem Beitritt der DDR ermächtigt wurde, im Zeitpunkt des Gesetzeserlasses noch nicht fertig ausgehandelte Abkommen über den Aufenthalt fremder Truppen vorläufig in Kraft zu setzen; ferner *Treviranus*, Inkraftsetzen völkerrechtlicher Vereinbarungen durch Rechtsverordnungen, NJW 1983, 1948 f; zur „Vorwegnahme" einer Zustimmung durch ein ermächtigendes Gesetz *Geiger* (Fn 66) 122.

schrift oder Einzelakt. Grundsätzlich gilt die Verwaltung zu entsprechendem Vertragsabschluss als durch den Bundespräsidenten generell ermächtigt.[214] Innerstaatlich bedarf es weiterer Kontrollen bzw der Schaffung von Geltungsvoraussetzungen nicht, wenn und soweit die Verwaltung den ihr zur eigenverantwortlichen Gestaltung überwiesenen Raum nicht verlässt. Dass sie für die BR Deutschland Bindungen gegenüber fremden Exekutiven eingeht, berührt das innerstaatliche Recht für sich genommen noch nicht mit Außenwirkung.

113 Über die Qualifizierung entscheidet nicht die dem Vertrag gegebene Bezeichnung oder gar die Einschätzung der vertragsschließenden Stelle. Das einer parlamentarischen Mitwirkung nicht zugeführte *Transitabkommen* zwischen der Bundesrepublik Deutschland und der Deutschen Demokratischen Republik v 17.12.1971 – von höchst „politischer" Natur trotz des für sich genommen technischen Regelungsgegenstandes – war daher innerstaatlich in der BR Deutschland in Wahrheit ohne Geltung; seiner völkerrechtlichen Verbindlichkeit stand das nicht entgegen.[215]

114 Verwaltungsabkommen (des Bundes) sind entweder Regierungsabkommen oder solche einzelner Ressorts (soweit der Gegenstand iSd Art 65 Satz 2 GG in eine Ressortzuständigkeit fällt). Auch wenn ein derartiges Abkommen als Vertragspartei ein Staatsorgan aufführt, bleibt es dabei, dass der Staat Vertragspartner ist.

g) Der Rang und die Wirkung völkerrechtlicher Verträge im deutschen Recht

115 Vertragsgesetze nach Art 59 Abs 2 GG sind das Resultat eines Kontrollakts. Sie haben eine Doppelfunktion. Zunächst ermächtigen sie den Bundespräsidenten – vorbehaltlich der Gegenzeichnung durch Mitglieder der Bundesregierung – zur Ratifikation des völkerrechtlichen Vertrags, ohne dass die Exekutive nun zur Ratifikation verpflichtet wäre. Damit sind Vertragsgesetze die Voraussetzung für die Auslösung der völkerrechtlichen Rechtsfolge des Inkrafttretens des Vertrags (vgl o Rn 87), welche dessen Bindungswirkung nach außen hervorbringt. Für Verträge über Materien der Bundesgesetzgebung haben sie zugleich die innerstaatliche normative Wirkung der Geltungsbegründung. Diese Geltung wird unmittelbar durch Art 59 Abs 2 GG veranlasst, nicht durch Art 77 ff GG. Freilich versagt die Geltungsbegründung im Bereich der ausschließlichen Gesetzgebungsbefugnisse der Länder:[216] Anderenfalls würde Art 59 Abs 2 Satz 1 GG die Rechtsetzungskompetenzen des Bundes zu Lasten der Länder erweitern, was weder in seinem Wortlaut noch in seiner systematischen Stellung angelegt ist. Zur dogmatischen Erklärung der Geltung konkurrieren unterschiedliche Lehren.

116 In den Theorienstreit zum Verhältnis des Völkerrechts zum innerstaatlichen Recht wurde o (Rn 28 ff) allgemein eingeführt. Dieser Streit setzte sich auch unter dem Grundgesetz fort. Der von ihm vorgesehene Mechanismus für die Vertragsum-

---

[214] Dazu *Magis*, Die Mitwirkungsrechte des Bundespräsidenten im Bereich der auswärtigen Gewalt, 1978, 160 ff; *Rojahn* (Fn 162) Rn 80; zu den völkerrechtlichen Voraussetzungen einer stillschweigenden Ermächtigung *Hoffmeister*, in Dörr/Schmalenbach (Hrsg), Vienna Convention on the Law of Treaties, 2. Aufl 2018, Art 7 Rn 16 ff; vgl im Übrigen o Rn 78.
[215] Dazu *Regehr*, Die völkerrechtliche Vertragspraxis in der BR Deutschland, 1974, 217.
[216] Zutreffend BVerwG, BeckRS 2010, 47291, Rn 4; anders ohne Problembewusstsein BVerfGE 138, 296, 355 f (Kopftuchverbot); zum Ganzen auch *Uerpmann-Wittzack* (Fn 201) 60 ff.

setzung folgt ersichtlich nicht einem monistischen Modell, sondern der dualistischen Vorstellung von der Notwendigkeit eines innerstaatlichen Akts, welcher dem einzelnen Vertrag die innerstaatliche Geltung verschafft. Vielfach wird gemeint, dieser Akt – als Vertragsgesetz – erfolge transformatorisch,[217] verwandele also das Vertragswerk in eine innerstaatliche Rechtsquelle, besser: verschaffe ihm so eine zweite Natur, die neben der Eigenschaft als Völkerrechtsquelle besteht. Es wird aber auch gesagt, das Vertragsgesetz bewirke (man mag sagen: lediglich) den „Vollzug" des Vertrags,[218] verschaffe also der völkerrechtlichen Norm innerstaatliche Geltung, *ohne* dass „zugleich" eine innerstaatliche Rechtsquelle entsteht. Schon oben (Rn 41f) wurde begründet, warum jedenfalls die Eigenschaft unmittelbarer Anwendbarkeit eines Vertrags oder Vertragsteils für die Geltungsfrage nicht entscheidend ist. Beide Erklärungen der Art und Weise, wie Art 59 Abs 2 GG die innerstaatliche Geltung eines völkerrechtlichen Vertrages herbeiführt, sowohl die Transformationsthese wie die Vollzugslehre, sind mit dem Wortlaut der Vorschrift vereinbar. Es bedarf einer Besinnung auf sie nur, soweit sie für Einzelfragen unterschiedliche rechtliche Beurteilungen gebieten. Das ist teilweise der Fall.

Nach der Vollzugslehre beginnt die innerstaatliche Geltung des Vertragsinhalts mit dem Eintritt der völkerrechtlichen Wirksamkeit des Vertrags, denn diese Geltung ist unabhängig von der Rechtsnatur der in den innerstaatlichen Rechtsraum hinein geführten Norm. Die Transformationslehre müsste in das Transformationsgesetz streng genommen eine aufschiebende Bedingung des völkerrechtlichen Inkrafttretens und eine auflösende Bedingung des völkerrechtlichen Außerkrafttretens hinein interpretieren, um zu demselben, allein sachgerechten[219] Ergebnis zu gelangen. 117

Zu unterschiedlichen Sichtweisen führen die beiden Theorien jedenfalls potentiell, soweit es um den innerstaatlichen Rang der im Vertrag niedergelegten Normen geht. Nach der Transformationslehre ist eindeutig, dass der Rang des transformierten Rechts denjenigen des Transformators teilt. Demzufolge gelten für das Verhältnis zu anderen Normen auf gleicher oder anderen Ebenen der Normenhierarchie die allgemeinen Regeln der innerstaatlichen Rechtsquellenlehre, bei Verträgen insbes diejenige des Vorrangs der spezielleren vor der allgemeinen, der jüngeren vor der älteren Vorschrift.[220] Die Vollzugslehre muss demgegenüber – eine Norm des innerstaatlichen Rechts sieht sie ja nicht als entstanden an – das Verhältnis des durch das Vertragsgesetz (oder den anderweitigen Zustimmungsakt) für den innerstaatlichen Vollzug freigegebenen Völkerrechts gesondert bestimmen. Das eröffnet die Möglichkeit inhaltlicher Qualifizierung, könnte zB völkerrechtlich vereinbarten Menschenrechten höheren Rang beimessen als einfachem Gesetzesrecht oder selbst als Verfassungsrecht (dem dürfte systematisch freilich Art 79 Abs 3 GG zwingend 118

---

217 Vgl *Rudolf* (Fn 48) 205ff; idS früher durchweg die Rspr, s BVerfGE 1, 396, 410; 29, 348, 360; BVerwGE 35, 262, 265; 87, 11ff; BVerwG, BeckRS 2010, 47291, Rn 4; vom „Rechtsanwendungsbefehl" spricht – neutral gegenüber Theorienstreit – BVerfGE 90, 286, 364; außerdem BVerfGE 118, 244, 259; BVerfGE 128, 326, 367; vgl dazu auch *Geiger* (Fn 66) 157ff; *Schmahl*, Das Verhältnis der deutsche Rechtsordnung zu Regeln des Völkerrechts, JuS 2013, 961ff. Ohne begriffliche Festlegung ferner BVerwGE 134, 1, 46.
218 Vgl *Partsch* (Fn 65) 19ff.
219 S schon RG, JW 1932, 582f; anders *Burghart*, Wann treten unmittelbar anwendbare völkerrechtliche Vertragsregeln innerstaatlich in Kraft?, DÖV 1993, 1038ff.
220 Zustimmend BVerfGE 141, 1, 21 *(Treaty Override)*.

entgegenstehen). Die inhaltliche Qualifizierung könnte auch die Kollisionsregeln modifizieren, etwa dem für das innerstaatliche Recht freigegebenen Vertrag im Falle seiner unmittelbaren Anwendbarkeit den Vorrang auch vor später erlassenem, widersprechenden Gesetzesrecht verschaffen – was es vermiede, in solchen Fällen einen völkerrechtswidrigen Normverstoß anzunehmen.[221] Da das Grundgesetz nichts dergleichen regelt, liegt es freilich auch unter der Vollzugslehre, die das Zustimmungsgesetz als Anwendungsbefehl versteht, nahe, dem völkerrechtlichen Vertrag innerstaatlich den Rang dieses einfachen Bundesgesetzes zuzuordnen. Unbenommen bliebe dem Gesetzgeber in jedem Fall, die Gültigkeit des Vertrags im innerstaatlichen Raum durch actus contrarius ausdrücklich aufzuheben.

119   Bei der Zuweisung eines Rangs ist demnach die Transformationslehre in ihrer Klarheit überlegen. Demgegenüber vermag die Vollzugslehre einfacher zu begründen, warum der völkerrechtliche Vertrag auch innerstaatliche von seiner völkerrechtlichen Geltung abhängig und nach völkerrechtlichen Grundsätzen auszulegen ist, wobei deutsche Instanzen insbes die Regeln der Art 31 ff WVK[222] heranzuziehen haben.[223] Nach beiden Theorien unterliegen der inkorporierte Vertrag und seine innerstaatliche Anwendung zudem der verfassungsrechtlichen Kontrolle durch das BVerfG, wobei sich diese Kontrolle nach der Transformationslehre auf den transformierten Vertrag selbst bezieht, während sie nach der Vollzugslehre am innerstaatlichen und somit verfassungsgebundenen Anwendungsbefehl anknüpft.[224]

h) Die europäischen Gründungsverträge im deutschen Recht

120 Europäisches Unionsrecht ist ein Recht völkerrechtlichen Ursprungs. Sowohl die ursprünglichen Gemeinschaftsverträge wie auch der die Gemeinschaften in eine Europäische Union (EU) umbildende sog Maastricht-Vertrag v 1992 und die diese fortentwickelnden Verträge von Amsterdam v 1997, von Nizza v 2001 und von Lissabon v 2007 sind *völkerrechtliche Verträge,* nicht anders als der nach seinem Scheitern durch den Vertrag von Lissabon ersetzte Vertrag über eine Verfassung für Europa. Die Union schließt überdies ihrerseits im Rahmen ihrer Außenkompetenz (vgl Art 218 AEUV) Verträge mit anderen Völkerrechtssubjekten ab, oft als sog gemischte Abkommen unter Beteiligung auch der Mitgliedstaaten, was komplexe Fragen hinsichtlich der Wirkung und des Rangs solcher Verträge im Unionsrecht und im mit-

---

221 Vgl zu Versuchen, immerhin den Vorrang der in der EMRK enthaltenen Menschenrechte vor einfachem Gesetzesrecht zu begründen, *Kleeberger,* Die Stellung der Rechte der Europäischen Menschenrechtskonvention in der Rechtsordnung der Bundesrepublik Deutschland, 1992; *Bleckmann,* Verfassungsrang der Europäischen Menschenrechtskonvention?, EuGRZ 1994, 149 ff; dagegen BVerfGE 74, 358, 370; 138, 296, 355 f *(Kopftuchverbot);* zum Ganzen *Uerpmann,* Die Europäische Menschenrechtskonvention und die deutsche Rechtsprechung, 1993, 71 ff; zur Berücksichtigung der EGMR-Rechtsprechung noch u Rn 186.
222 Vgl *Graf Vitzthum,* 1. Abschn Rn 123 f.
223 Aus der Rechtsprechung etwa BVerwGE 88, 254 ff; 110, 203 ff; BSGE 66, 28 f, BGHZ 134, 67, 70 ff eine instruktive Analyse bietet *Rojahn,* Die Auslegung völkerrechtlicher Verträge in der Entscheidungspraxis des Bundesverwaltungsgerichts, in: Geiger (Fn 186) 123 ff; zu den diesbezüglichen Problemen der Transformationslehre schon o Rn 38 sowie *von Arnauld* (Fn 68) Rn 503.
224 Als Bsp s BVerfGE 91, 335, 338 ff zum Übereinkommen über die Zustellung gerichtlicher und außergerichtlicher Schriftstücke im Ausland in Zivil- oder Handelssachen v 15.11.1965, BGBl 1977 II, 1452; s ferner zB BVerfGE 99, 145, 158.

gliedstaatlichen Recht aufwirft (vgl u Rn 130). Das Unionsrecht besteht aus „primärem" Recht (gemeint: die Unionsverträge sowie ungeschriebenes Primärrecht, zu dem Unionsgewohnheitsrecht und allgemeine Rechtsgrundsätze gezählt werden) und „sekundärem" Recht (in verschiedenen Formen, insbes Verordnungen und Richtlinien). Es unterscheidet sich so grundlegend von allem bisher bekannten Völkerrecht, dass man das Unionsrecht durchaus als weitere Rechtsordnung neben Völkerrecht und staatlichem Recht ansehen kann. Die Unterschiede machen es notwendig, das Verhältnis von Unionsrecht und deutschem Recht gesondert zu betrachten. Das kann in einem Lehrbuch, das dem „Völkerrecht" gewidmet ist, nicht eingehend geschehen, sondern nur iSd Hinweises auf die bestehenden Unterschiede und unter Betonung verbliebener Gemeinsamkeiten.

Dabei ist auch zu bedenken, dass systematisch das frühere Gemeinschaftsrecht, seiner Genese entsprechend, zunächst von der Völkerrechtswissenschaft (mit-)betrachtet wurde, es sich schon bald aber zum eigenen „Rechtsgebiet" auswuchs. Seit es als heutiges Unionsrecht auch quantitativ nachhaltig die Rechtslage in nahezu allen herkömmlichen Bereichen des innerstaatlichen Rechts mitgestaltet, steht der Sinn solcher Abscheidung aus einem anderen Grund in Frage. Völkerrecht und Unionsrecht haben aus dem Blickwinkel des innerstaatlichen Rechts gemeinsam, dass sie diesem – in teils verschiedenen Techniken – rechtsverbindlich Wege weisen können. Für die innerstaatliche Anwendung geeignetes Völkerrecht und Unionsrecht stehen sich aus diesem Blickwinkel näher als allein die Beziehungen von Staaten zueinander betreffendes Völkerrecht und anderes Recht. Die Lage wird komplexer dadurch, dass auch Unionsrecht zT rein zwischenstaatliche Belange regelt. Es mag angesichts dessen dahin kommen, dass künftig Teile des Unionsrechts, aber auch des Völkerrechts, systematisch (und also auch in Lehrdarstellungen) im Zusammenhang – „in Integration" – mit Sachbereichen des Rechts zu behandeln sind, die Grundlagen und Wirkungsweisen des Unionsrechts als Aspekte allgemeiner Lehren von den Rechtsquellen und der Rechtsanwendung darstellen[225] – und weiteres, dann Völkerrecht und Unionsrecht

121

---

[225] Vgl instruktiv *Schmidt-Aßmann*, Verwaltungsrechtliche Dogmatik, 2013, 42 ff. Zur Europäisierung des Verwaltungsrechts *Schoch*, Die Europäisierung des Allgemeinen Verwaltungsrechts, JZ 1995, 109 ff; *Kahl*, Hat die EG die Kompetenz zur Regelung des Allgemeinen Verwaltungsrechts?, NVwZ 1996, 865 ff; s ferner *von Danwitz*, Die Eigenverantwortung der Mitgliedstaaten für die Durchführung von Gemeinschaftsrecht, DVBl 1998, 421 ff; *Sommermann*, Gemeineuropäische Verwaltungskultur als Gelingensbedingung europäischer Integration?, DÖV 2015, 449 ff; *Schwarze*, Europäisches Verwaltungsrecht, 2. Aufl. 2005; *von Danwitz*, Europäisches Verwaltungsrecht, 2008; vgl auch *Schwarze*, Die Entwicklung der französischen Verwaltungsgerichtsbarkeit aus deutscher Sicht, DVBl 1999, 261 ff. Grundsätzliche und bereichsspezifische Beiträge finden sich in Schmidt-Aßmann/Hoffmann-Riem (Hrsg), Strukturen des Europäischen Verwaltungsrechts, 1999. – Als Bsp nachhaltig europäisch durchdrungener Rechtsgebiete seien hier genannt das Umwelt(verwaltungs-)recht, dazu etwa *Scherer*, Grenzen und Schwächen der legislatorischen Rechtsvereinheitlichung im europäischen Umweltrecht, KritV 78 (1995) 187 ff; zum Kommunalrecht *Schmahl*, Europäisierung der kommunalen Selbstverwaltung, DÖV 1999, 852 ff; zum Verwaltungsprozessrecht *Dünchheim*, Verwaltungsprozessrecht unter europäischem Einfluss, 2003; *Gärditz*, Europäisches Verwaltungsprozessrecht, JuS 2009, 385 ff. Zum Strafrecht *Beukelmann*, Europäisierung des Strafrechts – Die neue strafrechtliche Ordnung nach dem Vertrag von Lissabon, NJW 2010, 2081 ff; *Landau*, Strafrecht in seinen europäischen Bezügen – Gemeinsamkeiten, Diskrepanzen, Entscheidungen und Impulse, NStZ 2013, 194 ff; *Calliess*, Auf dem Weg zu einem einheitlichen europäischen Strafrecht, ZEuS 2008, 3 ff; *Frau*, Völkerrechtlich determiniertes deutsches Strafrecht, Der Staat 53 (2014) 533 ff. Zum „internationalen" (zur Begrifflichkeit o Rn 1) Privatrecht s *Brödermann/Iversen*, Europäisches Gemeinschaftsrecht und Internationales

vereinend, als ieS zwischenstaatliches Recht (oder dereinst sogar Verfassungsrecht, vgl schon o Rn 27).

122 Die Eigenartigkeit des Unionsrechts im Vergleich mit dem herkömmlichen Völkerrecht, aus dem es aber herrührt, hat naturgemäß Anlass zu verschiedenen Begriffsprägungen gegeben. So wurde das frühere Gemeinschaftsrecht alsbald als „supra"-nationales Recht bezeichnet, auch als „wesensmäßig nationalem Recht an[ge]näher[t]",[226] in Fortführung dieses Gedankens dann das Primärrecht als „Verfassungsrecht", das Sekundärrecht als „Gesetzesrecht". So anschaulich solche Vergleiche sind: wie auch aus der begrifflichen Neuschöpfung vom „Staatenverbund"[227] lässt sich aus ihnen konkreter Aufschluss über die Rechtslage nicht gewinnen. Das zeigt sich auch daran, dass dem innerstaatlichen Recht entstammende Denkmuster oder Mechanismen – etwa zum Verhältnis des Bundes und der Länder im deutschen Verfassungsrecht – sich für eine Übertragung auf das nichtstaatliche Integrationsgebilde nicht ohne weiteres eignen.[228] Die Besonderheiten des Unionsrechts – angesichts seiner ihm von den Mitgliedstaaten beigegebenen und von den Organen der EU beförderten Integrationsdynamik: im je aktuellen Zustand – können nur aus sich heraus bestimmt werden. Es ist „autonome" Rechtsordnung[229] auch idS, dass es autonome Strukturen aufweist.

123 Aus dem hier eingenommenen völkerrechtlichen – und also diesbezüglich die Unterschiede markierenden – Blickwinkel ist zunächst festzuhalten, dass das Primärrecht und das Sekundärrecht unterschiedlicher Einordnung bedürfen, dies ungeachtet des Umstands, dass sie beide den Vorrang vor dem mitgliedstaatlich gesetzten Recht beanspruchen. Sekundärrecht ist abgeleitetes, von den Organen der Union gesetztes Recht, Primärrecht hingegen unmittelbar von den Mitgliedstaaten geschaffen, nämlich durch die Verträge kreiert bzw – das ungeschriebene Primärrecht – wegen dieser Vertragsschlüsse auf die Unionsebene gelangt. Aus diesem Grund wird hier auf das Sekundärrecht erst zurückgekommen, wenn die völkerrechtliche Bedeutung der Entscheidungen (herkömmlicher) I.O. für das deutsche Recht angesprochen worden sein wird (vgl u Rn 166 ff). Das Primärrecht gehört hingegen in den Zusammenhang des Vertragsrechts.

124 Wie gesagt, sind die (früheren) Gemeinschaften und die heutige Union durch völkerrechtliche Verträge (und durch deren Änderung) begründet und fortentwickelt worden. Soweit solche Fortentwicklung durch Organe, insbes den Europäischen Gerichtshof, erfolgte,[230] geschah dies im Rahmen dieser Verträge, dies ungeachtet des Umstands, dass hier nicht allein Vertragsauslegung im hergebrachten, einem aufgrund Völkerrechts judizierenden internationalen Gericht eröffneten Sinne betrieben wurde. Die Ermächtigung dazu, seinerseits eigenständig die Integration voranzutreiben, hat der Gerichtshof den vertraglichen Grundlagen entnommen.[231]

Privatrecht, 1994; *Martens*, Ein Europa, ein Privatrecht – Die Bestrebungen zur Vereinheitlichung des Europäischen Privatrechts, EuZW 2010, 527 ff.
226 Vgl *Oppermann*, Europarecht, 3. Aufl 2005, § 6 Rn 5.
227 Vgl o Rn 26.
228 Vgl in diesem Zusammenhang *Grabitz* (Fn 55); s aber *Edenharter*, Grundrechtsschutz in föderalen Mehrebenensystemen, 2018, 63 ff zu Parallelen im Grundrechtsföderalismus.
229 Vgl EuGHE 1964, 1251, 1269.
230 Dazu etwa *Zuleeg*, Die Europäische Gemeinschaft als Rechtsgemeinschaft, NJW 1994, 545 ff.
231 Dies aus verfassungsrechtlicher Sicht billigend BVerfGE 126, 286, 305 f *(Honeywell)*.

Hinsichtlich der innerstaatlichen Anforderungen an den Abschluss von Gemeinschafts- und Unionsverträgen sind Besonderheiten schon im Zusammenhang mit dem Prototyp des völkerrechtlichen Vertrags bezeichnet worden (vgl o Rn 74f). Sie erklären sich im Blick auf die besonderen Konsequenzen solchen Vertragsschlusses für das innerstaatliche Recht. Abgesehen davon, dass sie die Grundlage für das Phänomen des Sekundärrechts schaffen (vgl u Rn 173f), verändern die Verträge aber auch die Handlungsspielräume der Mitgliedstaaten in ihrem Verhältnis zueinander sowie zu anderen Völkerrechtssubjekten, und sie nehmen selbst eine besondere Rolle im innerstaatlichen Recht ein bzw verändern dieses. 125

Das Unionsrecht nimmt einen (nicht: „den") Vorrang vor mitgliedstaatlichem Recht in Anspruch. Das deutsche Recht nimmt ihn weitgehend hin.[232] Dabei konkurrieren Begründungen und auch unterschiedliche Vorstellungen über die Rechtsfolgen.[233] Problematisch ist hierbei, dass der Begriff des „Vorrangs" Vereinfachungen Vorschub leistet: Über einen Vorrang zu befinden, hat nur Sinn bei einander widersprechenden normativen Befehlen, im Fall der Normenkollision. Ob es überhaupt zu einer Kollision kommt, ist immer dann zweifelhaft, wenn allgemeine, prinziphafte Bestimmungen miteinander in (Anwendungs-)Konkurrenz treten. Wichtiger als die Frage „was gilt", kann dann die Frage werden „wer entscheidet". 126

Aus der völkerrechtlichen Entstehung der früheren Gemeinschaften und der Union folgt jedenfalls, dass der Anspruch des Unionsrechts auf seinen Vorrang in Widerspruch geraten kann zu dem, was innerstaatlich verfassungsrechtlich zulässig ist, also die Satisfaktionsfähigkeit des Verfassungsrechts gegenüber dem (insoweit) unionsrechtlich Geschuldeten überfordert. Andererseits kann das Unionsrecht nur fordern, nicht selbst bewirken, was es fordert; es richtet die Mitgliedstaaten nicht verfassungsrechtlich ein, kann daher insbes einen Geltungsvorrang (mit der Folge der Nichtigkeit widerspenstigen staatlichen Rechts) nicht herbeiführen. Aus Dogmen über angeblich eingeschränkte mitgliedstaatliche Souveränität oder eine „dingliche" Deutung des Hoheitsrechte betreffenden Übertragungsakts bei Gründung oder Beitritt kann derartiges nicht hergeleitet werden. Vielmehr handelt es sich um autonome Rechtsordnungen, deren Regelungsmechanismen ineinandergreifen müssen, damit die Integration gelingt. 127

Die Verwirklichung des unionsrechtlichen Vorranganspruchs ist im Übrigen zutreffender Ansicht nach von vornherein nicht auf Geltungsvorrang gerichtet, sondern auf Anwendungsvorrang im Einzelfall – dies schon deshalb, weil der tragende Grund für den Vorrang, die Sicherstellung effektiver und umfassender Verwirklichung der Integrationsziele, die Nichtigkeit kollidierenden innerstaatlichen Rechts vernünftigerweise nicht umfassen kann, wenn es am Unionsbezug fehlt – was etwa bei der Maßstäblichkeit solchen Rechts im Verhältnis zu Drittstaaten der Fall sein kann. Um diesen Anwendungsvorrang zu erreichen, bedarf das Unionsrecht der Hilfe des innerstaatlichen Rechts. Unterlässt dieses die Hilfeleistung, so liegt hierin rechtswidriges Ungenügen im Blick auf die aus der Mitgliedschaft erwachsenen Verpflichtungen. Das deutsche Recht genügt der Verpflichtung (auch) für das Pri- 128

---

232 Dazu *Jarass/Beljin*, Die Bedeutung von Vorrang und Durchführung des EG-Rechts für die nationale Rechtsetzung und Rechtsanwendung, NVwZ 2004, 1 ff; zur Rechtslage in anderen Mitgliedstaaten *Oppermann/Classen/Nettesheim*, Europarecht, 8. Aufl 2018, § 10 Rn 28 ff.
233 Einführend *Streinz* (Fn 47) Rn 203 ff; s auch *Proelß* (Fn 27) 58 ff.

märrecht noch nicht allein über die von Art 59 Abs 2 GG dem Zustimmungsgesetz (und den Änderungsgesetzen) verschaffte Qualität, weil sich hieraus kein Vorrang gegenüber dem Grundgesetz ergibt und das Zustimmungsgesetz sich insoweit – und ohnehin nur hinsichtlich der inhaltlich für eine Anwendung geeigneten Bestimmungen der Verträge – in die einfachgesetzliche Gesamtrechtsordnung eingeordnet findet (vgl o Rn 115 ff).

129 Hinzu treten allerdings *Art 24 Abs 1, Art 23 GG*. Sie ermächtigen zur Übertragung von Hoheitsrechten auf die bzw zur Mitwirkung in der Union. Jedenfalls die Schaffung des Art 23 GG – mag das iE bedacht worden sein oder nicht – lässt objektiv eine verfassungsrechtliche Ermächtigung erkennen, den Anwendungsvorrang des Unionsrechts in dem Umfang gegenüber der gesamten innerstaatlichen Rechtsordnung hinzunehmen, wie er aus den Verträgen im Zeitpunkt der – zuletzt nach Art 23 Abs 1 GG iVm Art 59 Abs 2 GG erfolgten – Zustimmung hervorgeht. Diese Zustimmung war verfassungsgemäß, wie auch das Bundesverfassungsgericht befunden hat.[234] Sie kann nicht nachträglich verfassungswidrig werden, etwa für den Fall, dass das Unionsrecht ohne Vertragsänderung künftig eine Wendung nimmt, die aus deutscher Sicht den in Art 23 Abs 1 GG genannten Strukturprinzipien widerspricht. Davon zu unterscheiden ist die Möglichkeit, dass die Unionsorgane ihrerseits vertragswidrig handeln. Rechtsschutz dagegen eröffnet die Union selbst. Notfalls bleibt der Austritt.[235] Die vom Bundesverfassungsgericht für sich reservierte Rolle eines Wächters über das mit Anwendungsvorrang ausgestaltete *künftige* Unionsrecht anhand des Grundgesetzes ist prekär, wie bereits argumentiert (o Rn 26). Auf sie wird noch einmal zurückzukommen sein, wenn es um das Zusammenspiel dieses Gerichts mit internationalen Gerichten bei der Gewährleistung des Individualrechtsschutzes geht (u Rn 186 f).

130 Die Unionsverträge begründen auch Befugnisse zur Teilnahme der Union am Völkerrechtsverkehr, einschließlich einer Kompetenz zum Abschluss völkerrechtlicher Verträge.[236] Angesichts der besonderen Vernetzung von europäischer und mitgliedstaatlicher Rechtsordnung stellt sich die Frage nach Rang und Wirkung dieser Verträge im innerstaatlichen Rechtsraum, aber auch nach ihrem Verhältnis zu von einem Mitgliedstaat mit dritten Völkerrechtssubjekten geschlossenen Verträgen.[237] Soweit diese vor dem ursprünglichen gemeinschaftlichen Gründungsvertrag in Kraft getreten sind, bleiben sie im Außenverhältnis unberührt (vgl Art 26, Art 30 Abs 4 lit b WVK; s auch Art 351 Abs 1 AEUV). Unionsrechtlich besteht dann die Verpflichtung des Mitgliedstaats, eventuelle Unvereinbarkeiten des Vertrags mit dem Unionsrecht zu beheben (Art 351 Abs 2 AEUV). Schließt die Union völkerrechtliche Verträge

---

234 Vgl BVerfGE 89, 155 ff; 123, 267 ff und die in Rn 26 f gegebenen Hinweise.
235 Vgl BVerfGE 89, 155, 190, 205; der Austritt ist nunmehr in Art 50 EUV ausdrücklich geregelt, das Vereinigte Königreich hat diese Option mittlerweile gewählt; dazu *Michl*, Die formellen Voraussetzungen für den Austritt des Vereinigten Königreichs aus der Europäischen Union, NVwZ 2016, 1365 ff; *Skouris*, Brexit: Rechtliche Vorgaben für den Austritt aus der EU, EuZW 2016, 806 ff; *Thiele*, Der Austritt aus der EU – Hintergründe und rechtliche Rahmenbedingungen eines „Brexit", EuR 2016, 281 ff.
236 Dem in Art 6 Abs 2 EUV des Vertrags von Lissabon avisierten Beitritt der EU zur EMRK hat der EuGH Grenzen gezogen, vgl Gutachten C-2/94 v 18.12.2014. Dazu *Wendel*, Der EMRK-Beitritt als Unionsrechtsverstoß, NJW 2015, 921 ff; *Thym*, Das EMRK-Gutachten des EuGH, EuZW 2015, 180 ff; *Streinz*, Europarecht: EuGH blockiert den Beitritt der EU zur EMRK, JuS 2015, 567 ff.
237 *Thym*, Die völkerrechtlichen Verträge der Europäischen Union, ZaöRV 66 (2006) 863 (900 ff).

mit Nichtmitgliedstaaten (Unionsabkommen), so sind diese auch für die Mitgliedstaaten verbindlich (Art 216 Abs 2 AEUV), was sich aber allein als eine unionsrechtliche Verbindlichkeit darstellt, nicht als eine solche gegenüber dem Drittstaat. Diesem erwächst also kein (weiterer) völkerrechtlicher Anspruch gegenüber dem Mitgliedstaat auf Einhaltung des mit der Union abgeschlossenen Vertrags. Hinsichtlich einer etwaigen unmittelbaren Berechtigung von Individuen aus solchen Verträgen gelten im Ausgangspunkt die allgemeinen Regeln.[238] Als Bestandteil der Unionsrechtsordnung stehen solche Verträge im Rang zwischen primärem und sekundärem (abgeleitetem) Unionsrecht.[239] Fragen stellen sich bei den sog gemischten Verträgen als solchen, welche neben der Union auch Mitgliedstaaten zu Vertragspartnern haben (diese also, anders als bei den Unionsabkommen, auch völkerrechtlich, nicht nur unionsrechtlich, binden).[240] Hier lässt sich unterschiedlich sehen, ob sich Art 216 Abs 2 AEUV auch auf solche Teile des Vertrags erstreckt, welche nach der unionsinternen Kompetenzverteilung der mitgliedstaatlichen Zuständigkeit unterliegen. Zutreffend dürfte es demgegenüber sein, die innerstaatliche Bedeutung solcher Vertragsteile allein nach innerstaatlichem (Verfassungs-)Recht, hier also nach Art 59 Abs 2 GG, zu bestimmen.

i) Die Übertragung von Hoheitsrechten im Übrigen

131 Es wurde schon deutlich gemacht, dass Art 24 Abs 1 GG, welcher die bundesgesetzliche Übertragung von Hoheitsrechten auf zwischenstaatliche Einrichtungen ermöglicht, einerseits allgemein Aufschluss über die Grundkonzeption des Grundgesetzes hinsichtlich der Stellung Deutschlands in der internationalen Ordnung vermittelt (o Rn 21 ff), andererseits speziell der ursprünglichen deutschen Mitwirkung an der europäischen Integration die verfassungsrechtliche Grundlage gegeben hat. Im Zuge der Konstruktion der EU hat dies nun in Art 23 GG eine eigene Grundlage gefunden. Damit ist die praktische Bedeutung des Art 24 Abs 1 GG geringer geworden. Sie dauert aber fort für das deutsche Verhältnis zu anderen zwischenstaatlichen Einrichtungen.[241]

132 Der *Begriff der zwischenstaatlichen Einrichtung* bezieht sich auf I.O.,[242] darüber hinaus auf völkerrechtliche Organe,[243] wobei die BR Deutschland jeweils Mitglied

---

238 Vgl o Rn 41 f, s auch Rn 152 ff sowie Rn 174; vgl ferner *von Bogdandy*, Rechtsgleichheit, Rechtssicherheit und Subsidiarität im transnationalen Wirtschaftsrecht, EuZW 2001, 357 ff; *Uerpmann-Wittzack*, Völkerrechtliche Nebenverfassungen, in von Bogdandy (Hrsg), Europäisches Verfassungsrecht, 2. Aufl 2009, 177 ff.
239 St Rspr seit EuGH, Slg 1972, 1219, 1227 *(International Fruit Company);* s *Krajewski*, Verfassungsperspektiven und Legitimation des Rechts der Welthandelsorganisation (WTO), 2001, 71.
240 Vgl dazu EuGH, Slg 2000, I-11307, Rn 35, 37 f *(Christian Dior);* Slg 1998, I-3603, Rn 32 *(Hèrmes International).* Umfassend *Wünschmann*, Geltung und gerichtliche Geltendmachung völkerrechtlicher Verträge im Europäischen Gemeinschaftsrecht, 2003, 80 ff. Überblick bei *Oppermann/Classen/Nettesheim* (Fn 232) § 38 Rn 26 f.
241 S etwa BVerfG, NVwZ 2018, 1549 im Hinblick auf Europäische Schulen.
242 Zum Begriff *Schmahl*, 4. Abschn Rn 12 ff.
243 Wie die Europäische Kernenergie-Agentur, die nach Art 3 ff des Übereinkommens über die Errichtung einer Sicherheitskontrolle auf dem Gebiet der Kernenergie v 20.12.1957 (BGBl 1959 II, 586) zu Kontrollen gegenüber Unternehmen und Einrichtungen berechtigt ist, die spaltbares Material ver-

sein muss. Die Gründung kann durch Staaten, aber auch durch I.O. erfolgt sein.[244] Nicht möglich ist die Übertragung auf nichtstaatliche (non-governmental) I.O.[245] oder auf Staaten.

133 Für „Hoheitsrechte" ist im vorliegenden Zusammenhang kennzeichnend, dass sie den Übertragungsempfängern einen „Durchgriff in den staatlichen Herrschaftsbereich" ermöglichen, dies unmittelbar und also an die innerstaatlichen Rechtssubjekte bzw die dortigen rechtsanwendenden Organe gerichtet.[246] Solche Rechte können einzeln, nicht in ihrer Summe als „Staatsgewalt", übertragen werden. Der „Einrichtung" ist die Wahrnehmung von Hoheitsbefugnissen eröffnet, wenn zu einem entsprechenden völkerrechtlichen Vertrag innerstaatlich das Zustimmungsgesetz tritt.[247]

134 Derzeit sind iSd Art 24 Abs 1 GG Hoheitsrechte übertragen etwa auf Eurocontrol[248], die Europäische Patentorganisation[249] sowie die Europäischen Schulen,[250] *nicht* aber auf die Vereinten Nationen, soweit es um deren Befugnisse nach Art 25, Art 41 UN-Charta geht;[251] iE streitig ist insoweit das Rechtsverhältnis zur NATO.[252]

3. Das Völkergewohnheitsrecht

135 Das Völkergewohnheitsrecht steht als Rechtsquelle gleichrangig neben dem Völkervertragsrecht. Das deutsche Recht behandelt beide höchst unterschiedlich. Das Völkergewohnheitsrecht besteht aus ungeschriebenen Normen, die sich in den internationalen Beziehungen durch eine bestimmten Anforderungen genügende Interaktion der Völkerrechtssubjekte (die „Staatenpraxis") herausgebildet haben.[253] Das Grundgesetz erklärt das Völkergewohnheitsrecht, soweit es sich um „allgemeine Regeln des Völkerrechts" handelt, durch *Art 25 Satz 1 GG* zum „Bestandteil des Bundesrechts", wählt aber eine erkennbar andere Regelungstechnik als in Art 59 Abs 2 GG hinsichtlich der Verträge. Diese allgemeinen Regeln „gehen den Gesetzen vor", und sie „erzeugen Rechte und Pflichten unmittelbar für die Bewohner des Bundesgebietes" (Art 25 Satz 2 GG). Es ist dies nicht etwa eine Bezugnahme auf einen im Zeitpunkt der Verfassungsgebung vorhandenen Bestand an völkerrechtlichen Normen. Art 25 GG aktualisiert sich fortdauernd als ein Scharnier: Er verweist auf das je

---

wenden; die Zentralkommission für die Rheinschifffahrt aufgrund der revidierten Rheinschifffahrtsakte v 17.10.1869 (sog Mannheimer Akte), s jetzt BGBl 1969 II, 597.

244 *Randelzhofer* (Fn 124) Art 24 Abs I Rn 44.
245 Vgl *Müller-Terpitz*, Beteiligungs- und Handlungsmöglichkeiten nichtstaatlicher Organisationen im aktuellen Völker- und Gemeinschaftsrecht, AVR 43 (2005) 466 ff.
246 S BVerfGE 37, 271, 280; *Mosler*, in HdbStR VII, 2. Aufl 1992 § 175 Rn 19 ff; s aber auch – möglicherweise erweiternd – BVerfGE 68, 1, 84; dazu *Bryde*, Sicherheitspolitik zwischen Regierung und Parlament, Jura 1986, 368 ff. Zu Grenzen der Übertragung von Hoheitsrechten BVerfGE 123, 267, 349 f *(Lissabon)*.
247 Vgl nur *H.P. Ipsen*, Europäisches Gemeinschaftsrecht, 1972, 60.
248 Eingehend und mit Hinweisen auf zahlreiche Streitfragen dazu *Rojahn* (Fn 27) Rn 43.
249 Dazu BGHZ 102, 118, 122.
250 Dazu BVerfG, NVwZ 2018, 1549.
251 Dazu noch u Rn 169; zu den „supranationalen" Befugnissen der Meeresbodenbehörde *Proelß*, 5. Abschn Rn 69 f.
252 Vgl BVerfGE 68, 1, 93 ff; 77, 170, 232; Überblick bei *Rojahn* (Fn 27) Rn 53.
253 Vgl BVerfGE 46, 342, 367; BVerfG, NJW 1995, 651 u näher *Graf Vitzthum*, 1. Abschn Rn 131 ff.

aktuelle Recht, so dass das Erlöschen, die Modifizierung bestehenden Rechts wie auch die Herausbildung neuer Normen zu berücksichtigen sind.[254]

Art 25 GG ist sowohl für die dualistischen wie für die monistischen Lehren[255] zum Verhältnis von Völkerrecht und staatlichem Recht erklärbar, trifft also zwischen ihnen keine „Entscheidung"; dem Monismus erscheint er als deklaratorisch. Wie Art 59 Abs 2 GG lässt sich auch Art 25 GG seinem Wortlaut nach iSd Transformationslehre deuten (die erfassten allgemeinen Regeln des Völkerrechts erscheinen dann innerstaatlich in Gestalt paralleler – ungeschriebener – Normen des nationalen Rechts), aber auch iSd Vollzugslehre (sie sind dann Normen des Völkerrechts mit innerstaatlicher Geltung).

a) Völkergewohnheitsrecht und „allgemeine Regeln des Völkerrechts"

Der Begriff „allgemeine Regeln des Völkerrechts" liegt etwas verschoben zu den Quellen des Völkerrechts. Sicherlich erfasst er völkerrechtliche Verträge als solche nicht. Bei zweiseitigen, aber auch bei der Mehrzahl der mehrseitigen Verträge versteht sich dies von selbst, weil sie die in ihnen enthaltenen Regeln nicht zu „allgemeinen" erheben können. Selbst ein Vertrag, dem alle oder die weit überwiegende Mehrzahl der Staaten sich angeschlossen haben, entfaltet im deutschen Recht seine Wirkung nicht über Art 25 GG, weil insoweit Art 59 Abs 2 GG eine Spezialregelung darstellt.[256] Zu beachten ist aber, dass das Völkervertragsrecht und das Völkergewohnheitsrecht in Überschneidungsverhältnissen und im Verhältnis gegenseitiger Beeinflussung stehen. Eine vertragliche Vorschrift, die eine geltende allgemeine Regel wiedergibt, entzieht Letztere nicht etwa dem Anwendungsbereich des Art 25 GG. Der materielle Inhalt des Vertrags ist (bereits) „Bestandteil des Bundesrechts", für seine Geltung bedarf es des Vertragsgesetzes nicht. Dessen Erlass erbringt der Norm einen weiteren Geltungsgrund, der Wirkung nach verschafft es ihr Gesetzesrang (vgl o Rn 110 ff), damit einen Rang „unterhalb" dessen, was Art 25 GG für allgemeine Regeln des Völkerrechts vorsieht. Wenn aus völkerrechtlicher Vertragsschlusspraxis Völkergewohnheitsrecht iS allgemeiner Regeln entsteht,[257] hat das innerstaatlich – soweit solchen Verträgen durch Vertragsgesetze Geltung verschafft worden ist – ebenfalls die Entstehung eines weiteren Geltungsgrunds zur Folge, hier aber mit qualitativer Aufwertung: Was zuvor mit Gesetzesrang galt, geht nun den Gesetzen vor.

Nicht selten vereinbaren die Staaten vertraglich, dass zwischen ihnen eine Norm des Völkergewohnheitsrechts nicht oder nur mit modifiziertem Inhalt zur Anwendung kommen soll.[258] Sie können damit an der gewohnheitsrechtlichen (Weiter-) Geltung der Norm nicht rühren, schieben sie nur beiseite für ein konkretes Rechtsverhältnis – was das Völkergewohnheitsrecht (mit der im grundsätzlichen und iE

---

254 Dazu BVerfGE 18, 441, 448; *Mosler*, Das Völkerrecht in der Praxis der deutschen Gerichte, 1957, 40.
255 Vgl o Rn 37 ff.
256 Vgl dazu *Papadimitriu*, Die Stellung der allgemeinen Regeln des Völkerrechts im innerstaatlichen Recht, 1972, 79 ff.
257 Vgl *Graf Vitzthum*, 1. Abschn Rn 136 ff.
258 Vgl dazu BVerfGE 18, 441, 448.

strittigen Ausnahme zwingenden Rechts; u Rn 157) durchaus erträgt. Nach Erlass des Vertragsgesetzes scheint dann Art 59 Abs 2 GG die Geltung und Anwendung des Vertrags zu gebieten, während Art 25 GG weiterhin (denn der Bestand des Gewohnheitsrechts hat sich nicht geändert) bestimmt, dass die betreffende Regel „den Gesetzen", also auch dem Vertragsgesetz, vorgeht – und also dem Vertrag die Anwendbarkeit genommen wäre. Dieses offenbar widersinnige Ergebnis kann durch das Nebeneinander von Art 25 GG und Art 59 Abs 2 GG nicht bezweckt sein. Nach der Vollzugslehre ergibt sich das zwanglos: Wird die Geltung von Völkergewohnheitsrecht völkerrechtlich durch einen Vertrag eingeschränkt, kann es insoweit auch innerstaatlich keine Geltung mehr beanspruchen.

139 Ist eine Norm materiell im Völkergewohnheitsrecht enthalten und zusätzlich als allgemeiner Rechtsgrundsatz iSv Art 38 Abs 1 c IGH-Statut in Geltung oder gar darüber hinaus noch völkervertraglich vereinbart – wie es für den Grundsatz gilt, dass Verträge nach Treu und Glauben auszulegen sind, vgl Art 31 Abs 1 WVK –, so steht auch das ihrer Einbeziehung in Art 25 GG nicht entgegen. Allgemeine Rechtsgrundsätze sind nach der hier befolgten Systematik, die von den völkerrechtlichen Quellen her die Reaktion des innerstaatlichen Rechts zeigen möchte, noch gesondert anzusprechen (vgl u Rn 163 ff).

140 Nicht alles Völkergewohnheitsrecht ist nach Art 25 GG Bestandteil des Bundesrechts, sondern – lediglich – seine „allgemeinen Regeln". Die Interpretation dieser Einschränkung hat Schwierigkeiten bereitet. Nicht vertretbar ist die Auffassung, die Prädizierung „allgemein" sei auf den Inhalt einer in Betracht kommenden Norm zu beziehen. Angesprochen ist vielmehr die Gegenüberstellung des „allgemeinen" im Verhältnis zum partikularen Völkergewohnheitsrecht, also die Problematik des Kreises der einer Norm verpflichteten Völkerrechtssubjekte. Nicht alles Völkergewohnheitsrecht, wenn auch der weit überwiegende Teil seines Normenbestands, gilt für alle Staaten.

141 Wohl unstrittig ist heute, dass einzelne Staaten, insbes eine regional definierbare Staatengruppe, für ihre Rechtsverhältnisse partikulares (regionales) Gewohnheitsrecht hervorbringen können.[259] Solches Recht hat nicht „territoriale" Geltung in dem Sinne, dass die territoriale Zugehörigkeit eines Staats zu einem Raum (etwa: zu einem Kontinent; gemeinsame Anrainerschaft an einem Meer) den Verpflichtungsgrund böte. Vielmehr kommt es auf die Beteiligung an entsprechender Staatenpraxis an – für die eine regionale Zusammengehörigkeit aber den Anlass oder Bezugspunkt geben kann. Mindestens theoretisch ist auch denkbar, dass sich die Gewohnheiten nur zweier Staaten, etwa bei der Nutzung eines beiderseitiger territorialer Souveränität teils unterliegenden Gewässers oder bei der Zugangsgewähr zu einem Gebiet, zu ungeschriebenem Recht verfestigen, ohne dass dem eine vergleichbare allgemeine Norm für entsprechende Interessengeflechte anderer Staaten korrespondierte.

---

[259] Dazu *Schindler*, Regional International Law, EPIL IV (2000) 161 ff. Man könnte versucht sein, auch das europäische Unionsgewohnheitsrecht als regionales Völkergewohnheitsrecht kategorial zu erfassen. Solches Recht ist jedoch primäres Unionsrecht. Seine Herausbildung hat völkerrechtliche Hintergründe; seine Qualität übersteigt indes diejenige des Völkerrechts. Seine innerstaatliche Bedeutung richtet sich daher nach den Regeln für das Verhältnis von Unionsrecht und mitgliedsstaatlichem Recht, dazu o Rn 120 ff.

Die Feststellung allgemeinen Völkergewohnheitsrechts bereitet Schwierigkeiten, die auch für das Verständnis des Art 25 GG berücksichtigt werden müssen. Ihre Ursache ist zum einen, dass regelmäßig nicht alle Staaten an einer Gewohnheitsrecht bildenden Praxis beteiligt waren. Nicht alle Staaten haben Veranlassung zu entscheiden, ob sie einer Praxis folgen wollen oder nicht, dies iS tatsächlichen Handelns oder Unterlassens oder entsprechender rechtserheblicher Argumentation: Nur eine Minderzahl von Staaten trieb Schifffahrt, als das gewohnheitsrechtliche Seevölkerrecht entstand, nicht alle Staaten treiben heute Weltraumfahrt oder bemühen sich um die Ausbeutung des Meeresgrunds. Einzelne Staaten haben sich überdies der Entstehung von anderen praktizierter gewohnheitsrechtlicher Regeln beharrlich widersetzt. In einigen Bereichen stehen sich verschiedene Gruppen von Staaten mit fundamentalem Dissens gegenüber, wie lange Zeit zu Fragen des Ausmaßes der für eine Enteignung ausländischen Eigentums zu gewährenden Entschädigung. Die Beurteilung solcher Lagen führt zu Grundfragen der Entstehungs- und Geltungsgründe des Völkergewohnheitsrechts, wobei die Entstehung neuer Staaten im Zuge der Entkolonisierung vor allem in den 1960er Jahren das Problem des Eintritts in eine schon bestehende, von anderen Staaten gestaltete Völkerrechtsordnung besonders augenfällig machte;[260] für die Phase der Entstehung neuer Staaten in Europa und Asien zu Beginn der 1990er Jahre hat dies hingegen nicht in vergleichbarer Weise zu einer Infragestellung des Überkommenen geführt. Im Ausgangspunkt entscheidet – zutreffender Auffassung nach – jeder Staat (insofern der Lage beim Vertragsschluss vergleichbar) „frei" darüber, ob ihn eine Norm des Völkergewohnheitsrechts bindet. Für seine Bindung ist andererseits die – positive – Beteiligung bereits an der Normentstehung nicht vorausgesetzt. Sie kann durch Stillschweigen ebenso eintreten wie durch pauschale Akzeptanz eines vorgefundenen Normenbestands. Widersetzlichkeit muss rechtserheblich und gegebenenfalls beharrlich dokumentiert werden. Dass die Staaten gegen bestimmte Regeln des allgemeinen Völkerrechts verstoßen, lässt dabei noch nicht an der Geltung der betroffenen Regel zweifeln. Hinzukommen muss prinzipiell der subjektive Faktor. Wenn die Staaten „lediglich" bestreiten, einen Tatbestand verwirklicht zu haben oder auch – bei dem genannten Bsp freilich nicht denkbar – rechtfertigende Ausnahmebestimmungen ins Feld führen, dann kann dies gerade für eine normstützende Rechtsüberzeugung sprechen.

So „entscheidet" der Staat zwar über seine potentielle Bindung, doch trifft ihn die Obliegenheit, sein Fernbleiben von vorhandenem oder sich abzeichnendem Konsens außer Zweifel zu stellen. Das gilt grundsätzlich auch für den „neuen" Staat, wobei Bekenntnisse zu den Normen des Völkerrechts anlässlich der Erlangung der Unabhängigkeit, auch der Beitritt zu den Vereinten Nationen, schon darauf deuten können, dass die weit überwiegende Normenmasse des allgemeinen Völkerrechts als akzeptiert zu gelten hat. Solche Akzeptanz kann dann nicht nachträglich oder gar erst im Streit um den Einzelfall wieder beseitigt werden. Es kann also universales Völkergewohnheitsrecht geben, ebenso solches, das nur für einen Teil, also auch

---

260 Dazu *Kunig* (Fn 9) 209 ff mwN; *Schweitzer*, Das Völkergewohnheitsrecht und seine Geltung für neu entstehende Staaten, 1969; *Bokor-Szegö*, New States and International Law, 1970; *Kunig*, Völkerrecht und Übersee, VRÜ 30 (1997) 465 (468 ff).

einen erheblichen, die Universalität „knapp" verfehlenden Teil der Völkerrechtsgemeinschaft verbindlich ist.

144 Für die Geltung als Bestandteil des Völkergewohnheitsrechts verlangt Art 25 Satz 1 GG ersichtlich nicht die *Universalität*, lässt aber *Regionalität* oder gar *Bilateralität* nicht genügen.[261] Naheliegt ferner, dass als „allgemein" nur eine Regel zu erachten ist, auf die jedenfalls auch die BR Deutschland selbst verpflichtet ist. In Rechtsprechung und Lehre wird betont, dass die BR eine Norm jedenfalls nicht ausdrücklich im Völkerrechtsverkehr anerkannt haben müsse, ihre Behörden und Gerichte sie nicht angewandt haben müssen, ehe sie als *allgemein* über Art 25 GG in das Bundesrecht gelangt.[262] Das wird aus einem Vergleich mit Art 4 WRV, der von „allgemein anerkannten Regeln des Völkerrechts" gesprochen hatte, hergeleitet und durch die Entstehungsgeschichte gestützt.[263]

145 Die innerstaatliche Rechtsordnung rezipiert in dieser Sicht Völkergewohnheitsrecht, ohne vorauszusetzen, dass deutsche Organe zu seiner Geltung beigetragen haben. Diese Sichtweise war ursprünglich sicher auch getragen von dem die Ausgestaltung des Grundgesetzes in weiten Bereichen prägenden Bemühen, Deutschland nach der Phase der Unrechtsordnung erkennbar in die Rechtsgemeinschaft zurückzuführen, hier: durch eine im Vergleich zur Ersten Republik weitere Öffnung gegenüber dem internationalen Rechtsraum (vgl o Rn 10 f). Art 25 GG wurde allerdings zu einer Zeit konzipiert, die für die Bindung an Völkergewohnheitsrecht überwiegend nicht den Konsens verlangte, sondern stärker von Repräsentationsvorstellungen geprägt war. Für die Verpflichtung eines Staats auf Völkergewohnheitsrecht wurde nicht nur seine individuelle Beteiligung an der die Norm hervorbringenden Staatenpraxis nicht vorausgesetzt; auch die Erforderlichkeit einer entsprechenden Konsensbekundung – und sei es iS qualifizierten Unterlassens – wurde allgemein verneint. Das wird auch heute noch weithin so gesehen und prägt konsequent dann auch den Umgang mit Art 25 GG.[264]

146 Zutreffend ist auch nach der hier vertretenen Auffassung, dass es der ausdrücklichen „Anerkennung" einer Norm durch die BR Deutschland oder gar vorgängiger innerstaatlicher Anwendung nicht bedarf, um die völkerrechtliche Verpflichtung auf die Einhaltung der Norm zu begründen. Andererseits muss feststehen, dass die Bundesrepublik die Verbindlichkeit einer neu entstehenden oder nur von einigen, vielen oder nahezu allen Staaten praktizierten Norm für sich selbst nicht in völkerrechtlich zulässiger Weise verhindert hat. Art 25 GG gebietet nicht, eine solche Norm innerstaatlich gleichwohl anzuwenden. IdS sind allgemeine Regeln des Völkerrechts nur solche, die auch die BR Deutschland im Völkerrechtsverhältnis verpflichten.

---

[261] Vgl BVerfGE 75, 1, 26: „erforderliche weltweite Breite"; BVerfGE 118, 124, 134: „von der überwiegenden Mehrheit der Staaten anerkannt"; vgl ferner *Rojahn* (Fn 27) Art 25 Rn 15-17; *Geck*, Das Bundesverfassungsgericht und die allgemeinen Regeln des Völkerrechts, FG BVerfG II, 1976, 126 (128); *Rudolf* (Fn 48) 240; *Pernice*, in Dreier (Hrsg), GG, Bd 2, 3. Aufl 2006, Art 25 Rn 20; *Streinz*, in Sachs (Hrsg), GG, 8. Aufl 2018, Art 25 Rn 26, die mit verschiedenen Gründen regionales Recht in Art 25 GG einbeziehen wollen.
[262] Vgl zB BVerfGE 15, 24 f; *Herdegen*, in Maunz/Dürig (Fn 124) Art 25 Rn 24; *Papadimitriu* (Fn 256) 79 ff.
[263] Vgl den Bericht in JöR nF 1 (1951) 232 ff.
[264] Vgl etwa *Dahm/Delbrück/Wolfrum* (Fn 49) 118; s auch *Dörr*, in Ipsen (Hrsg), Völkerrecht, 7. Aufl 2018, § 19 Rn 11.

Dass damit bestimmte Regeln des aktuellen Völkerrechts, von deren allgemeiner, zwischenstaatlicher Geltung ernsthaft die Rede sein kann, aus dem Anwendungsfeld des Art 25 GG ausgeschlossen wären, ist nicht ersichtlich. Wichtig ist dennoch, dass *Art 25 GG keinen Automatismus* bewirkt, wonach künftig entstehendes, aber von der Bundesrepublik nicht konsentiertes Recht, so sich eine über eine Region hinausreichende Mehrzahl der Staaten zu seiner Etablierung durch Staatenpraxis verstehen sollte, unbesehen in das innerstaatliche Recht – und dies mit Vorrang vor den Gesetzen – hineindrängen würde. Dieser „Vorbehalt" mag theoretisch bleiben, bewirkt auch nicht die Abschottung deutschen Rechts von der Völkerrechtsentwicklung; vielmehr zieht er die Konsequenz aus der Struktur des Völkergewohnheitsrechts und hält das Außen- und das Innenverhältnis in Übereinstimmung.

Partikulares Völkergewohnheitsrecht im eigentlichen Sinne, also regionales oder bilaterales Völkergewohnheitsrecht, wird von Art 25 Satz 1 GG von vornherein nicht erfasst. Die Vorschrift kann insofern auch nicht analog angewendet werden.[265] Auch der These vom ungeschriebenen verfassungsrechtlichen Normanwendungsbefehl, reichsgerichtlich in vorkonstitutioneller Zeit anerkannt und dann trotz des begrenzenden Art 4 WRV bzw Art 25 GG weiterhin und also auch unter dem Grundgesetz noch in Geltung gesehen,[266] kann nicht überzeugen. Art 25 GG regelt das Verhältnis des deutschen Rechts zum Völkergewohnheitsrecht abschließend. Sähen die Gesetzgeber Regelungsbedarf, um die innerstaatliche Rechtslage in Konformität zu nicht allgemeinem Gewohnheitsrecht zu bringen, wären sie am Erlass entsprechender Gesetze nicht gehindert; des vorgängigen Abschlusses entsprechender Verträge bedürfte es dafür nicht.

b) Der Rang und die Wirkung gewohnheitsrechtlich geltender allgemeiner Regeln des Völkerrechts im deutschen Recht

Art 25 GG legt in zwei Aussagen die Bedeutung der allgemeinen Regeln des Völkerrechts für das Bundesrecht fest. Sie sollen dessen „Bestandteil" sein (Satz 1), und ferner: „Sie gehen den Gesetzen vor und erzeugen Rechte und Pflichten unmittelbar für die Bewohner des Bundesgebietes" (Satz 2). Art 25 Satz 1 GG trifft die allgemeinere Aussage, er bewirkt die innerstaatliche Geltung des erfassten Völkerrechts. Die erste Teilaussage des Satz 2 bestimmt den (Vor-)Rang *„vor den Gesetzen"*, die zweite stellt klar, dass innerstaatliche Rechtssubjekte durch allgemeine Regeln des Völkerrechts berechtigt und verpflichtet sein können.

Der Begriff *„Bewohner des Bundesgebiets"* ist etwas ungenau. Er soll verdeutlichen, dass es auf das Band der Staatszugehörigkeit (vgl Art 116 GG) nicht ankommt, sondern auf die territoriale Reichweite des deutschen Rechts. Nicht entscheidend ist die Erfüllung von Erfordernissen des Melderechts. „Bewohner" sind deshalb auch „Durchreisende" (und Asylsuchende), auch juristische Personen, soweit sie deutschem Recht unterworfen sind, also nicht nur natürliche Personen. Art 25 Satz 2 GG (wie im Übrigen auch Satz 1) entfaltet sich im Übrigen nicht nur für Sachverhalte,

---

265 Vgl dazu *Rudolf* (Fn 48) 276 f mN abweichender Stimmen.
266 Vgl *Rudolf* (Fn 48) 277 ff.

die sich auf dem deutschen Staatsgebiet ereignen; entscheidend ist, ob auf einen Sachverhalt überhaupt deutsches Recht Anwendung findet.[267]

150 Das Völkerrecht ist im Ausgangspunkt eine zwischenstaatliche Ordnung. Es enthält demgemäß weit überwiegend Rechtssätze, die nur die herkömmlichen Völkerrechtssubjekte erfüllen und in Anspruch nehmen können, nämlich die Staaten, darüber hinaus teilweise die I.O., jedenfalls also Rechtspersonen, die entweder selbst völkerrechtlich die Zuständigkeit für ein Territorium innehaben oder die sich als körperschaftliche Zusammenfassung solcher Personen darstellen. Völkerrechtsnormen, die sich inhaltlich nicht an Einzelne (die „Bewohner des Bundesgebiets", Art 25 Satz 2 GG) richten, sondern „staatsgerichtet" sind (zB solche über die Vornahme hoheitlicher Akte im Ausland), vermögen keine Rechte und Pflichten für Einzelne zu erzeugen. Für solche Normen hat also nur Art 25 Satz 1 GG Bedeutung: Weil sie Bestandteil des Bundesrechts sind, müssen sie von den Organen eingehalten werden, die innerstaatlich für den betreffenden Sachbereich zuständig sind (etwa ein Gericht für die Beachtung der allgemeinen Regeln über die Immunität). Staatsgerichtetes allgemeines Völkerrecht kann aber auch als Vorfrage zu beachten sein und somit mittelbar Bedeutung für den Einzelnen gewinnen (etwa wenn für einen vermögensrechtlichen Anspruch bedeutsam ist, ob eine Enteignung in mit allgemeinem Völkerrecht vereinbarer Weise erfolgt ist). Insofern sind auch *staats*gerichtete Normen des Völkerrechts innerstaatlich berufbar, auch wenn sie *subjektive Rechte nicht* hervorzubringen vermögen.[268]

151 Lässt sich sagen, dass Art 25 Satz 2 2. Halbs GG für staatsgerichtete allgemeine Regeln des Völkerrechts keine Bedeutung hat, weil sie der von der verfassungsrechtlichen Normaussage vorgesehenen Rechtsfolge nicht zugänglich sind, so ist er für eine andere Gruppe der allgemeinen Regeln deshalb gegenstandslos (man mag auch sagen: deklaratorisch), weil diese bereits aufgrund der Geltungsanordnung in Art 25 Satz 1 GG den Einzelnen unmittelbar berechtigen bzw verpflichten. Es sind dies die Regeln des Völkerrechts, welche bereits auf *völker*rechtlicher Ebene das *Individuum* zum *Rechtsträger* erklären oder es als solches in die Pflicht nehmen. Hierher gehören einerseits die gewohnheitsrechtlich anerkannten allgemeinen Menschenrechte, was innerstaatlich angesichts des Ausbaus des Individualrechtsschutzes durch das Grundgesetz allerdings wenig Bedeutung hat. Auch ist zu beachten, dass die Verbürgung der vertraglichen Menschenrechtsschutzinstrumente, die für die BR Deutschland verbindlich sind, kraft Vertragsgesetzes innerstaatlich gelten (wenn auch nur mit dem Rang eines einfachen Gesetzes, vgl o Rn 115 ff), ebenso den Tatbeständen individuellen Unrechts, die das allgemeine Völkerrecht herausgebildet hat (zB Piraterieverbot, Verbot des Menschenhandels, vielleicht auch das Verbot der Flugzeugentführung) strafgesetzlich entsprochen ist. Für die letzteren Normen ist zu beachten, dass die spezifische Unrechtsfolge „Bestrafung" dabei völkerrechtlich nicht in einer Weise determiniert ist, die eine Bestrafung allein aufgrund der Verwirklichung des völkerrechtlich vorgegebenen, durch Art 25 Satz 1 GG innerstaatlich

---

[267] Worüber das „Kollisionsrecht" befindet, vgl begrifflich o Rn 1.
[268] Vgl BVerfGE 46, 342, 363: „Der private Einzelne – wie der fremde Staat – kann sich im Hoheitsbereich der Bundesrepublik Deutschland im Rahmen des jeweiligen Verfahrensrechts auch auf (die) allgemeinen Regeln des Völkerrechts ebenso berufen wie auf sonstiges objektives Recht, wiewohl sie in diesem Rahmen auch ohne solche Berufung von Amts wegen zu beachten sind."

für gültig erklärten Tatbestands zuließe. Das Ausmaß des Strafens ist völkerrechtlich der Entscheidung des nationalen Gesetzgebers überlassen, wie es innerstaatlich auch Art 103 Abs 2 GG fordert.[269] Dass legislatives Unterlassen in diesen Bereichen völkerrechtswidrig sein kann, steht auf einem anderen Blatt. Das Völkerrecht allein verlangt oder gestattet nicht die innerstaatliche Bestrafung.

Bedeutung hat die „Erzeugungsregel" des Art 25 Satz 2 2. Halbs GG für staatsgerichtete Normen, die ihrem Inhalt nach für eine individuelle Inanspruchnahme geeignet sind, *ohne* dass sie bereits völkerrechtlich den Individuen eine Rechtsposition zuerkennen, etwa: das Recht, ein fremdes Küstenmeer „friedlich" oder „unschädlich" zu durchfahren. Es ist str, ob auch in Ansehung derartiger Rechte Art 25 Satz 2 2. Halbs GG im Blick auf Art 25 Satz 1 GG lediglich deklaratorische Bedeutung zukomme.[270] Bejaht man dies, dann entscheidet sich jedenfalls nicht nach Art 25 Satz 2 2. Halbs GG, ob einem Teil – nämlich den hierzu inhaltlich geeigneten Normen – der staatsgerichteten allgemeinen Regeln des Völkerrechts innerstaatlich die Bedeutung eines Individualrechts zukommt.[271] **152**

Die Annahme, der 2. Halbs des Art 25 Satz 2 GG bringe auch im vorliegenden Zusammenhang lediglich eine Klarstellung zum Ausdruck, nähme dieser Normaussage allerdings jedes eigenständige Gewicht. Auch wenn das Grundgesetz durchaus einige bloße Deklarationen enthalten mag, so dürfte es die Norminterpretation bei einem derartigen Ergebnis nur bewenden lassen, wenn zwingende (insbes teleologische und systematische) Gründe jeder anderen, mit dem Wortlaut zu vereinbarenden Auslegung zuwiderliefen. Das ist hier nicht der Fall: Zutreffender Ansicht nach veranlasst Art 25 Satz 2 2. Halbs GG für alle die allgemeinen Regeln des Völkerrechts einen (in seiner Wirkung auf das deutsche Recht beschränkten) *Adressaten- und inhaltlichen Wechsel*, welche dies nach ihrer völkerrechtlichen Zweckbestimmung ertragen, ohne also sich völkerrechtlich schon selbst an den Einzelnen zu wenden; Art 25 Satz 1 GG verschafft ihnen objektive Geltung, erst Art 25 Satz 2 2. Halbs GG dann subjektive Wirkung.[272] Diese Sichtweise hat den Vorzug, den beiden Aussagen des Art 25 GG einen je eigenen Sinn zu geben. Sie kann wohl nicht noch zusätzlich durch das Argument gestützt werden, eine „völkerrechtsfreundliche" Auslegung des Rechts verdiene den Vorrang vor anderen Auslegungsergebnissen. Der Grad an Völkerrechtsfreundlichkeit, den das Grundgesetz erreicht, hängt von seinen Einzelaussagen im Zusammenspiel ab; er ist nicht allgemein vorgeordnet. **153**

Gefragt werden muss danach, welche Kriterien eine völkerrechtliche Norm zu erfüllen hat, um von Art 25 Satz 2 GG zum *subjektiven Recht* (oder zur Pflicht) des Einzelnen umgemünzt zu werden. Es könnte auf das Regelungsinteresse ankommen, also darauf, ob eine allgemeine Regel gerade auch den Interessen Einzelner zu dienen bestimmt sei. Eine derartige Feststellung ist schwierig: Staatsgerichtete, also nicht von vornherein auf die Rechtsstellung der Individuen zielende, Normen des **154**

---

[269] Zum Einfluss des Völkerrechts auf das deutsche Strafrecht *Frau* (Fn 225) 533 ff; *Talmon*, Die Grenzen der Anwendung des Völkerrechts im deutschen Recht, JZ 2013, 12 (18).
[270] So BVerfGE 15, 25, 33 f; s auch BVerwGE 37, 116, 126; sa *Hillgruber*, in HdbStR II, 3. Aufl 2004, § 32 Rn 119.
[271] Konsequent – und die Frage ausdrücklich offenlassend – BVerfGE 46, 342, 362 f.
[272] IdS grundlegend *Doehring*, Die allgemeinen Regeln des völkerrechtlichen Fremdenrechts, 1963, 54 ff; ebenso u mit ausf Nachw zum Streitstand *Rojahn* (Fn 261) Rn 31 ff.

Völkergewohnheitsrechts entstehen aus staatlicher Interaktion im Abgleich der jeweiligen Interessen. Sie haben keinen „Wortlaut" und kaum eine für die Ermittlung einer „Schutzrichtung" ergiebige Entstehungsgeschichte (um die Kriterien zu nennen, die im innerstaatlichen Recht für die Lösung vergleichbarer Problemstellungen herangezogen werden). Die abstrakte Eignung einer allgemeinen Regel muss daher prinzipiell ausreichen, um Art 25 Satz 2 2. Halbs GG einen Sinn zu bewahren, wenn nicht umgekehrt aus dem Völkerrecht selbst zu entnehmen ist, dass die in Rede stehende allgemeine Regel ausschließlich von Staaten in Anspruch genommen werden soll. In diesem letzteren Fall bewirkt – teleologisch zwingend – Art 25 Satz 2 GG die Umprägung nicht; sein Regelungsziel ist es, dem Völkerrecht Raum zu verschaffen, nicht – umgekehrt – seinen Intentionen widersprechende innerstaatliche Rechtslagen herbeizuführen. Das als Bsp verwendete Recht der Staaten, fremde Küstenmeere friedlich zu passieren, erscheint demzufolge im deutschen Recht als Recht des Einzelnen. Die Berechtigung zur Repressalie hingegen kann in der Sache zwar – etwa von einem Handelsunternehmen – durchaus effektiv von Einzelnen wahrgenommen werden, doch ist dies ein Recht, das die Staaten sich exklusiv „als Staaten" eingeräumt haben. Der Umstand, dass Spionage nach allgemeinem Völkerrecht als „erlaubt" gilt (was besagt: regelmäßig können an sie keine Unrechtsfolgen im zwischenstaatlichen Verhältnis geknüpft werden), bedeutet nicht, dass ein Spion sich auf einen entsprechenden (dem Völkerrecht entstammenden) Rechtfertigungsgrund berufen könnte.[273]

155 Geltung und Wirkung allgemeiner Regeln des Völkerrechts nach Art 25 Satz 1 GG bzw Art 25 Satz 2 2. Halbs GG besagen – das sei in Erinnerung gerufen (vgl o Rn 41f) – noch nichts für die Anwendbarkeit im innerstaatlichen Rechtsraum. Über sie entscheiden Erfordernisse, die sich wesentlich nach der Rolle des in Betracht kommenden Rechtsanwenders im innerstaatlichen System der Gewalten bemessen. Trotz durch Art 25 GG herbeigeführter Wirkung und ggf innerstaatlicher Umformung einer Regel zum Recht (oder zur Pflicht) eines Einzelnen kann es zu unmittelbarer Anwendung nicht kommen, wenn dem sonstiges Verfassungsrecht entgegensteht. Art 25 GG überspielt solches Recht nicht, sondern findet sich in seinen Zusammenhang eingebunden. Dabei ist wichtig, in welcher Weise sich Art 25 Satz 2 1. Halbs GG zur innerstaatlichen Normenhierarchie erklärt. Als Verfassungsrecht nimmt das GG für seinen Normenbestand den Vorrang vor allem sonstigen Recht ein, wie es in Art 20 Abs 3 GG zum Ausdruck kommt. An der Spitze der unterverfassungsrechtlichen Normenhierarchie stehen die Gesetze im förmlichen Sinne. Art 25 Satz 2 GG ordnet von ihm erfasstes Völkerrecht aber noch oberhalb der Gesetze ein. Sie erhalten damit freilich nicht selbst verfassungsrechtlichen Rang.

156 Dass allgemeine Regeln des Völkerrechts *rangmäßig „zwischen" dem Verfassungs- und dem Gesetzesrecht angesiedelt* sind, stellt allerdings der Wortlaut des Art 25 Satz 2 GG nicht vollkommen klar, denn mit „den Gesetzen" könnten alle Gesetze, also einschließlich des Grundgesetzes als Verfassungsgesetz gemeint sein. Es gibt jedoch keinen Anhaltspunkt dafür, dass das Grundgesetz sich selbst unter den Vorbehalt seiner Nichtkollision mit allgemeinem Völkerrecht stellen würde. Auch

---

[273] Dazu BVerfGE 92, 277, 328 ff; *Doehring*, Zur Ratio der Spionenbestrafung – Völkerrecht und nationales Recht, ZRP 1995, 293 ff; *Aust*, Spionage im Zeitalter von Big Data, AVR 52 (2014) 375 ff.

wenn eine solche Möglichkeit theoretisch erschiene (bisher ist nicht zu erkennen, dass einzelne Bestimmungen des Grundgesetzes im Widerspruch zum Völkerrecht stünden)[274] – die Völkerrechtsentwicklung ist nicht absehbar, vor allem aber die Normfeststellung bzgl des ungeschriebenen Völkerrechts mit Unsicherheiten befrachtet. Es kann nicht davon ausgegangen werden, dass das Grundgesetz seine eigene Abänderung einer solchen Entwicklung überantwortet, zumal es in Art 79 Abs 1 GG für Verfassungsänderungen auch Textänderungen im Grundgesetz selbst verlangt. Ob sich Art 25 GG selbst gänzlich oder in Teilen einer Änderung entzieht, also von Art 79 Abs 3 GG erfasst ist, ist eine andere (zu verneinende) Frage.

157 Innerhalb der allgemeinen Regeln des Völkerrechts kann in Bezug auf die Rangfrage nicht differenziert werden. Traditionell hatten alle Normen des Völkerrechts – auf völkerrechtlicher Ebene – gleichen Rang. Nach heute verbreiteter, etwa in Art 53 WVK auch kodifikatorisch zum Ausdruck gebrachter Auffassung kennt das Völkerrecht auch die Sonderkategorie des sog *zwingenden Rechts* (ius cogens).[275] Wenn solches Recht sich im Kollisionsfall anderem Völkerrecht gegenüber durchsetzt bzw die Entstehung kollidierenden Völkerrechts verhindert, so könnte dem auch innerstaatlich durch eine differenzierte Rangzuweisung Rechnung zu tragen sein. Das würde bedeuten, dass zwingenden Völkerrechtssätzen auch innerstaatlich Verfassungsrang einzuräumen wäre. Dagegen richten sich Bedenken, denn eine kategoriale und materielle Verfeinerung auf völkerrechtlicher Ebene allein vermag nicht unmittelbar eine innerstaatliche Entsprechung herbeizuführen. Art 25 Satz 2 GG pauschaliert. Nicht interpretatorisch, nur durch ausdrückliche Änderung könnte zwingenden Normen des Völkerrechts innerstaatlich verfassungsgleiche Kraft gegeben werden.

158 Der übergesetzliche Rang durch Art 25 Satz 2 GG erzeugter individueller Rechte kann niemals unmittelbar – und also auch unabhängig von der gegebenenfalls „zwingenden" Natur der völkerrechtlichen Vorgabe – mit der Verfassungsbeschwerde geltend gemacht werden: Es handelt sich weder um „Grundrechte" noch um grundrechtsgleiche Rechte iSd Art 93 Abs 1 Nr 4a GG. Davon unabhängig bleibt die Möglichkeit, hinsichtlich grundrechtsbeschränkender Normen des innerstaatlichen Rechts ihre Vereinbarkeit mit dem von Art 25 GG in Bezug genommenen Völkerrecht zu überprüfen.[276]

---

274 Für die Präambel aF war dies freilich im Blick auf das in ihr enthaltene Verfassungsgebot, das Ziel der Wiedervereinigung Deutschlands nicht aus den Augen zu verlieren, früher teilweise behauptet worden, ebenso für Art 116 GG, soweit er auf Bürger der DDR erstreckt worden war.
275 Dazu *Kadelbach*, Zwingendes Völkerrecht, 1992; Tomuschat/Thouvenin (Hrsg), The Fundamental Rules of the International Order: Jus Cogens and Obligations Erga Omnes, 2005.
276 Vgl etwa BVerfGE 23, 288, 300; 31, 145, 177; für den Fall grundrechtseinschränkender Urteile BVerfGE 112, 1: „Eine den Einzelnen belastende gerichtliche Entscheidung, die auf einer den allgemeinen Regeln des Völkerrechts widersprechenden Vorschrift des innerstaatlichen Rechts oder auch einer mit dem allgemeinen Völkerrecht unvereinbaren Auslegung und Anwendung einer Vorschrift innerstaatlichen Rechts beruht, kann gegen das durch Art 2 Abs 1 GG geschützte Recht der freien Entfaltung der Persönlichkeit verstoßen." Dazu *Schweisfurth*, Die verfassungsrechtlich eingetrübte Völkerrechtsfreundlichkeit des Grundgesetzes, NVwZ 2005, 1261 ff.

c) Die Normverifikation durch das Bundesverfassungsgericht

159 Die Art und Weise, in der Art 25 GG die deutsche Rechtsordnung dem Völkergewohnheitsrecht „öffnet", ist als Ausdruck von „Vertrauen"[277] beschrieben worden. Dazu schafft Art 100 Abs 2 GG ein dem Bundesverfassungsgericht Kontrolle ermöglichendes Gegengewicht, indem er die Entscheidung darüber, ob eine Regel des Völkerrechts Bestandteil des Bundesrechts ist und ob sie unmittelbar Rechte und Pflichten für den Einzelnen erzeugt, dem Bundesverfassungsgericht überantwortet, dies für den Fall, dass die Frage „in einem Rechtsstreite zweifelhaft" ist. Damit entsteht ein Entscheidungsmonopol in Ansehung von Art 25 GG veranlasster „Zweifel" in einem fachgerichtlichen Prozess. Eine Nichtvorlage kann das grundrechtsgleiche Recht auf den gesetzlichen Richter verletzen, Art 101 Abs 1 Satz 2 GG, und demzufolge mit der Verfassungsbeschwerde gerügt werden. Das Bundesverfassungsgericht prüft dann ggf im Verfahren nach §§ 90 ff BVerfGG, ob eine allgemeine Regel des Völkerrechts besteht, um zu klären, ob angesichts der Nichtvorlage die angegriffene Entscheidung auf einem Verstoß gegen Art 101 Abs 1 Satz 2 GG beruht.[278] Die Anforderungen an die Zulässigkeit der Vorlage ergeben sich aus Art 100 Abs 2 GG, §§ 83, 84 BVerfGG. Es geht hierbei nicht um eine Normenkontrolle, sondern um die Feststellung der Existenz und des Inhalts von Normen. „Rechtsstreit" iSd Art 100 Abs 2 GG ist jedes gerichtliche Verfahren.[279] Zu klären sind der Inhalt und der Bestand sowie die Allgemeinheit der Regel, was sich regelmäßig nicht trennen lassen wird. Denkbar ist aber auch, dass zweifelhaft allein der Inhalt im Einzelnen ist.

160 „Zweifel" sind im vorliegenden Zusammenhang „objektive" Zweifel.[280] Nach der Rechtsprechung müssen es „ernsthafte" Zweifel in dem Sinne sein, dass „das Gericht abweichen würde von der Meinung eines Verfassungsorgans oder von den Entscheidungen ausländischer oder internationaler Gerichte oder von den Lehren anerkannter Autoren der Völkerrechtswissenschaft".[281] Es kommt danach nicht darauf an, dass das Gericht des Ausgangsverfahrens selbst Zweifel hegt, ob die in Rede stehende Norm von Art 25 GG erfasst wird, was sich zwanglos aus einem Vergleich des Art 100 Abs 2 GG mit Art 100 Abs 1 GG (konkrete Normenkontrolle) erschließt sowie dem Sinn des Normverifikationsverfahrens, eine einheitliche Rechtspraxis zu erreichen, entspricht. „Zweifelt" allerdings – umgekehrt – allein das Fachgericht, so hat es ebenfalls vorzulegen.[282]

161 Die Vorlage ist nur zulässig, wenn die Zweifel entscheidungserheblich sind, die Entscheidung des Fachgerichts also wirklich von der Klärung der Vorlagefrage abhängt. Diese Entscheidungserheblichkeit ist vom Fachgericht darzulegen (vgl § 84 BVerfGG iVm § 80 Abs 2 BVerfGG). Das Bundesverfassungsgericht prüft in diesem

---

277 Vgl *Pestalozza*, Verfassungsprozessrecht, 3. Aufl 1991, § 14 Rn 1; vgl dazu ferner *Geck* (Fn 261) 142 ff; *Ruffert*, Der Entscheidungsmaßstab im Normenverifikationsverfahren nach Art 100 II GG, JZ 2001, 633 ff.
278 So die Konstellation in BVerfGE 109, 13; zu dieser Entscheidung *Dickersbach*, Auslieferung eines durch List aus seinem Heimatstaat Gelockten, StV 2004, 435.
279 Vgl BVerfGE 75, 1, 11.
280 Vgl BVerfGE 15, 25, 33.
281 So BVerfGE 23, 288, 319.
282 So auch *Pestalozza* (Fn 277) § 14 Rn 11.

Zusammenhang nach, ob die Entscheidungserheblichkeit nachvollziehbar dargetan ist.[283]

Der Entscheidungsinhalt ergibt sich aus § 83 Abs 1 BVerfGG. Die Entscheidung 162 ist verbindlich und gesetzeskräftig und demzufolge im Bundesgesetzblatt zu veröffentlichen, § 31 Abs 1, Abs 2 Satz 1, 4 BVerfGG. Ein im Eilverfahren (§ 32 BVerfGG) gestellter Antrag, ein Fachgericht im Blick auf ein anhängiges Verfahren zur Vorlage zum Zweck der Normenverifikation „anzuhalten", ist unstatthaft.[284]

4. Allgemeine Rechtsgrundsätze

Die völkerrechtliche Rechtsquellenlehre kennt – neben dem Vertragsrecht und dem 163 Völkergewohnheitsrecht – „allgemeine Rechtsgrundsätze". Diese unterfallen ebenfalls dem Begriff der „allgemeinen Regeln" iSd Art 25 GG (und des Art 100 Abs 2 GG), auch wenn sie der deutschen Rechtsordnung ohnehin immanent sein dürften.[285] Immerhin erhalten sie so einen erhöhten Rang (vgl o Rn 155 ff). Art 38 Abs 1 lit c IGH-Statut bezeichnet sie als *„von den Kulturvölkern anerkannt"* – was eine zeitgebunden-unglückliche Differenzierung (nämlich zwischen Kulturvölkern und „anderen" Völkern), aber auch eine dogmatisch missverständliche Wendung darstellt: „Anerkennung" kann hier nicht ein einseitiges völkerrechtliches Rechtsgeschäft iSd Abgabe einer Erklärung im Außenverhältnis meinen, sondern bezieht sich auf den Umstand, dass ein Rechtssatz in innerstaatlichen Rechtsordnungen nachweisbar ist. Regelmäßig wird die Feststellung eines allgemeinen Rechtsgrundsatzes – nimmt man das Erfordernis des Nachweises in den einzelstaatlichen Rechtsordnungen ernst – deshalb erheblichen Aufwand bedeuten, sofern der gesuchte Satz hinreichend konkret und subsumtionsfähig sein soll. Das muss hier auf sich beruhen.

Als allgemeine Rechtsgrundsätze kommen darüber hinaus auch solche in Be- 164 tracht, die der durch Verträge und Gewohnheitsrecht konstituierten Ordnung unausgesprochen zugrunde liegen. Es gibt einige solcher Rechtssätze.[286] Auch wenn ihnen oft zugleich durch entsprechende Staatenpraxis Geltung als Völkergewohnheitsrecht verschafft sein wird (was sie sogleich als „allgemeine Regeln" iSv Art 25 Satz 1 GG erscheinen ließe), mag ihre Identifizierung als allgemeiner Rechtsgrundsatz im Einzelfall sogar leichter sein als die Auswertung der Staatenpraxis.

Kaum noch der Erwähnung bedarf, dass allgemeine Rechtsgrundsätze des eu- 165 ropäischen (Integrations-)Rechts hierher nicht gehören. Da sie dem primären Unionsrecht zuzuordnen sind, richtet sich ihre innerstaatliche Bedeutung nach den oben (Rn 126 ff) beschriebenen Grundsätzen.

---

283 Vgl etwa BVerfGE 16, 27, 32; 75, 1, 12 ff; 100, 209 ff. – Die Notwendigkeit einer Auslegung und Präzisierung der Vorlagefrage aus der Begründung des Vorlagebeschlusses heraus steht der Zulässigkeit des Vorlageverfahrens nicht entgegen; vgl BVerfGE 117, 141 *(Argentinische Staatsanleihen/Immunität)*.
284 Vgl BVerfG, DVBl 2003, 661 (662) *(Staatsnotstand Argentinien)*.
285 Vgl BVerfGE 96, 68, 86; s auch *Rojahn* (Fn 261) Rn 23; *Doehring* (Fn 59) Rn 739 f; *Weiß*, Allgemeine Rechtsgrundsätze des Völkerrechts, AVR 39 (2001) 394 ff.
286 Vgl *Graf Vitzthum*, 1. Abschn Rn 142; näher *Weiß* (Fn 285) 394 ff.

5. Recht Internationaler Organisationen

166 I.O. können mit der Fähigkeit ausgestattet sein, gegenüber ihren Mitgliedstaaten rechtsverbindliche Entscheidungen zu treffen. Es kann dies die Regelung von Einzelfällen betreffen oder sich als „abstrakt-generelle" Normsetzung darstellen. Aus völkerrechtlicher Warte kann prinzipiell unterschieden werden zwischen I.O. des klassischen Typs (als Rechtspersönlichkeiten, denen die Fähigkeit zukommen kann, völkerrechtliche Verpflichtungen der Mitgliedstaaten zu begründen) und solchen Organisationen, die befugt sind, Rechtsakte zu erlassen, welche ohne Zutun der Mitgliedstaaten innerhalb von deren Rechtsräumen Wirkungen entfalten. Das deutsche Recht überweist beide dem Mechanismus des Art 59 Abs 2 GG, weil die Entstehung einer Verpflichtung der BR Deutschland gegenüber einer I.O. die vertraglich begründete Mitgliedschaft oder – bei Nichtmitgliedschaft – gleichfalls einen Vertragsschluss voraussetzt. Die zweitgenannten Einrichtungen sind hingegen – darüber hinaus – ein Thema von Art 23, Art 24 Abs 1 GG.

167 Für „klassische" I.O. ist die *Schaffung bindenden Rechts* nicht typisch. Ihre Organe können allerdings gemäß der jeweiligen Satzung befugt sein, über die Veränderung von Vertragsinhalten zu beschließen. Ein dermaßen veränderter Vertragsinhalt war dann nicht Gegenstand des für den Beitritt zu der Organisation erforderlichen Vertragsgesetzes: Dieses beinhaltet nicht etwa eine dynamische Verweisung auf den jeweiligen Vertrag mit je aktuellem Inhalt (vgl o Rn 91). Auch wenn die völkerrechtliche Beseitigung einer vertraglichen Verpflichtung ihr zugleich die durch Art 59 Abs 2 GG zunächst herbeigeführte innerstaatliche Geltung nimmt, bedarf daher die durch die Organisation nunmehr beschlossene Änderung erneut des Zustimmungsakts. Anders als bei der Änderung von völkerrechtlichen Verträgen im Allgemeinen handelt die Bundesregierung hier allerdings nicht verfassungswidrig, wenn sie vor einer solchen Zustimmung die Veränderung der völkerrechtlichen Rechtslage hinnimmt. Die Zuständigkeiten der gesetzgebenden Körperschaft sind durch die (ursprüngliche) Mitwirkung bei dem Vertrag, sofern er eine organschaftlich beschlossene Änderung ermöglicht, gewahrt; ihre (erneute) Mitwirkung ist nur relevant für die innerstaatliche Geltung der Änderung.

168 Sind Organe einer I.O. ermächtigt, durch Beschluss Satzungsbestimmungen zu konkretisieren, indem sie derartige *Konkretisierungen* einseitig aussprechen oder sie denjenigen Mitgliedstaaten auferlegen, die dem nicht widersprechen, bedarf es der neuerlichen Zustimmung bzw Mitwirkung der für die Gesetzgebung zuständigen Körperschaften nicht, sofern die Konkretisierung den Rahmen der ohnehin begründeten völkerrechtlichen Verpflichtung nicht verlässt (so Rn 82). Derartige Vorgaben erlangen daher ohne weiteres innerstaatliche Geltung. Eignen sie sich für die unmittelbare Anwendbarkeit, sind die Rechtsanwender dazu verpflichtet, derartige Norminhalte im Rahmen des innerstaatlichen Rechts zur Anwendung zu bringen, soweit dieses sich nicht (etwa durch speziellere Vorschriften gleichen Rangs) hiergegen sperrt.

169 *Entscheidungen* einer I.O. sind einer innerstaatlichen Umsetzung oft bereits aus inhaltlichen Gründen von vornherein nicht zugänglich, können ihrer dann auch nicht bedürfen. Rechte und Pflichten Einzelner können sie außerhalb von Art 23 u 24 Abs 1 GG niemals unmittelbar begründen. Ist ihre Befolgung völkerrechtlich vorgegeben – wie vor allem denkbar für bindende (auch iS abstrakt-genereller Regelung erfolgende) Beschlüsse des Sicherheitsrats der Vereinten Nationen auf dem Gebiet der Friedenssicherung[287] –, so erfolgt die Umsetzung (etwa: Sicherstellung der Einhaltung eines Boykotts) im Rahmen der Anwendung vorhandener, ggf zu ändernder Gesetze. Ob diese die Umsetzung ermöglichen, ob sie etwa auch auf verfassungsrechtliche Grenzen stößt, ist unabhängig von der völkerrechtlichen Rechtslage zu entscheiden. Anders als bei sekundärer (durch Organe verbindlich vorgenommener) Normkonkretisierung durch Normsetzung finden die Entscheidungen der Organe einer I.O. – auch wenn sie ebenfalls auf Vertragsauslegung beruhen – *als solche keinen Eingang in das innerstaatliche Recht*. Sie kann lediglich Ursache für innerstaatliche Normsetzung sein; für die Auslegung so gesetzter Normen mag dann die international gesetzte Ursache Bedeutung gewinnen.

Die *Trennlinie zwischen Recht und Nichtrecht* verläuft auch im Völkerrecht definitorisch scharf. Ein Reden vom „weichen Recht"[288] – so interessant diesbezüglich die Anlässe und Inhalte teilweise sind – ändert daran nichts. Skepsis gegenüber dem Begriff des „soft law" bedeutet nicht ein Leugnen oder Ablehnen des Phänomens, dass die Völkerrechtssubjekte die Existenz gewisser Normen offenbar unterstellen, auf deren Einhaltung regelmäßig dringen, ohne aber die Nichteinhaltung als Bruch des Völker*rechts* zu behandeln. Nicht zu verkennen ist auch, dass die Grenzen zwischen einem den Rechtscharakter einer Norm indizierenden Staatenverhalten und einem solchen, das auf die Annahme einer nichtrechtlichen Norm schließen lässt, manchmal flüssig sind. Zur Verflüssigung auch der dogmatischen Erfassung darf das kein Anlass sein. **170**

Internationale Verhaltensnormen ohne Rechtscharakter können gleichsam umstandslos aus tatsächlichem Verhalten entstehen, auf Zustimmung oder jedenfalls Beachtung findende Proklamationen einzelner Akteure zurückzuführen sein (wie es etwa für die sog Doktrinen – überwiegend – des 19. Jh typisch war)[289] oder aus dem internationalen Konferenzgeschehen hervorgehen. Zunehmend drücken sie sich in *„Empfehlungen" Internationaler Organisationen* (auch Konferenzen) aus. Gegenstand rechtlichen Interesses sind sie zunächst durchaus auch aus völkerrechtlicher Sicht, dies ungeachtet ihres unverbindlichen Charakters. Dabei ist an dieser Stelle nicht zu erörtern, unter welchen Voraussetzungen Empfehlungen in Rechtsverbindlichkeit erwachsen, insbes die Herausbildung von Völkergewohnheitsrecht inspirieren und stärken können; es ist dies eine Schlüsselfrage der Rechtsquellenlehre.[290] Gegenstand des Rechts der I.O. – genauer: des jeweils einschlägigen Satzungsrechts – ist, zu welchen Gegenständen und in welcher Form sich welches Or- **171**

---

287 Vgl dazu – resolutionskonforme Auslegung des deutschen Außenwirtschaftsrechts – BayObLG, RIW 1998, 322ff; s ferner *Biehler*, Individuelle Sanktionen der Vereinten Nationen und Grundrechte, AVR 41 (2003) 1ff.
288 Vgl dazu *Graf Vitzthum*, 1. Abschn Rn 14, 68, 152; anschaulich *Hilgenberg*, Soft Law im Völkerrecht, ZEuS 1998, 81ff; zu sog Restatements, mit denen in den letzten Jahren namentlich die ILC das Völkerrecht geprägt hat, *Kriebaum*, Restatements, BDGIR 47 (2016) 295ff; sie sind keine Rechtsquelle, können aber wertvolle Rechtserkenntnisquelle sein.
289 Vgl dazu etwa *Krakau*, Lateinamerikanische Doktrinen zur Realisierung staatlicher Unabhängigkeit und Integrität, VRÜ 8 (1975) 17ff.
290 Vgl dazu *Graf Vitzthum*, 1. Abschn Rn 146 im Zusammenhang mit allgemeinen Rechtsgrundsätzen; s ferner *Wehser*, Die Bindungswirkung der Empfehlungen der Vollversammlung der Vereinten Nationen, Thesaurus Acroasium 2 (1976) 69ff; *v. Grüningen*, Die Resolutionen der Generalversammlung der Vereinten Nationen und ihr Einfluss auf die Fortbildung des Völkerrechts, FS Bindschedler, 1980, 187ff.

gan einer I.O. im Wege der Empfehlung äußern darf. Die Überschreitung dieser Befugnis, insbes auch der Verstoß gegen eine kollidierende Vorschrift des Satzungsrechts (etwa eines Verbots, sich mit den inneren Angelegenheiten eines Mitgliedstaats zu befassen, Art 2 Nr 7 der UN-Charta), oder ein Eingriff in Rechte unbeteiligter Völkerrechtssubjekte können sich durchaus als Völkerrechtsverstoß darstellen.

172 Für das innerstaatliche Recht sind unverbindliche Empfehlungen normativen oder einzelfallbezogenen Inhalts unter anderen Gesichtspunkten von Interesse. Das deutsche Verfassungsrecht nimmt von ihnen nicht ausdrücklich Kenntnis, das Gesetzesrecht nur höchst vereinzelt (vgl § 15 II LFGB). Von innerstaatlicher Geltung unverbindlicher Empfehlungen kann nicht die Rede sein. Eine *innerstaatliche Bedeutung* kann ihnen dennoch zukommen, dies hier – und anders als bei völkerrechtlichen Verträgen, Völkergewohnheitsrecht, allgemeinen Rechtsgrundsätzen und verbindlichen normativen Entscheidungen I.O. – aber nicht iSe innerstaatlichen Berücksichtigungsverpflichtung (wenn dies nicht, wie im genannten Bsp, ausdrücklich vorgesehen ist), sondern iSd Berücksichtigungsfähigkeit, also einer Eignung, der deutschen Staatsgewalt als Maßstab für Entscheidungen zu dienen (u Rn 184).[291]

173 Gänzlich anders liegen die Dinge bezüglich des *sekundären Unionsrechts*. Es wurde o Rn 120 ff geschildert, wie das Grundgesetz den Anwendungsvorrang des unionsrechtlichen Primärrechts hinnimmt und die innerstaatliche Rechtsordnung die Voraussetzungen dafür geschaffen hat. Hieraus ergibt sich auch die Weichenstellung für den Anwendungsvorrang des sekundären Unionrechts.[292] Diesen beanspruchen Verordnungen des Rates (ggf gemeinsam mit dem Europäischen Parlament) und der Kommission iSv Art 288 Abs 2 AEUV, welche entgegenstehendes deutsches Recht verdrängen und sich auch von später erlassenem solchen Recht nicht ihrerseits verdrängen lassen.[293]

174 Richtlinien des Parlaments, des Rates und der Kommission (Art 288 Abs 3 AEUV) sind an alle (oder einzelne) Mitgliedstaaten adressiert, diesen ist aber die

---

[291] Dazu *Kunig*, Deutsches Verwaltungshandeln und Empfehlungen internationaler Organisationen, FS Doehring, 1989, 529 ff; *Dieckert*, Die Bedeutung unverbindlicher Entschließungen internationaler Organisationen für das innerstaatliche Recht der Bundesrepublik Deutschland, Diss Hamburg, 1993; *Uerpmann-Wittzack*, Rechtsfortbildung durch Europaratsrecht, in FS E. Klein, 2013, 939 ff; vgl auch *Doehring* (Fn 59) Rn 744. Zum Einfluss transnationaler Behördennetzwerke auf das innerstaatliche Verwaltungsrecht *Ladeur*, Globales Verwaltungsrecht und seine Verknüpfung mit innerstaatlichem Recht, DÖV 2012, 369 ff.

[292] Dazu BVerfGE 89, 155, 175; *Hirsch*, Europäischer Gerichtshof und Bundesverfassungsgericht – Kooperation oder Konfrontation?, NJW 1996, 2457 (2458 ff); *Kirchhof*, Nationale Grundrechte und Unionsgrundrechte, NVwZ 2014, 1537 ff; zum Verhältnis des Unionsrechts zum nationalen Recht s *Haratsch/Koenig/Pechstein*, Europarecht, 9. Aufl 2014, Rn 179 ff; speziell zur Wirkung europäischer Rahmenbeschlüsse im nationalen Recht EuGH, EuZW 2005, 433 ff mit Anm *Herrmann*, ebd 436 ff; s ferner *Gärditz/Gusy*, Zur Wirkung europäischer Rahmenbeschlüsse im innerstaatlichen Recht. Zugleich Besprechung von EuGH, Urteil vom 16.6.2005, GA 153 (2006) 193 ff; *Fetzer/Groß*, Die Pupino-Entscheidung des EuGH – Abkehr vom intergouvernementalen Charakter der EU? – Erwiderung auf Herrmann, EuZW 2005, 550; *Adam*, Die Wirkung von EU-Rahmenbeschlüssen in mitgliedstaatlichen Recht, ebd 558 ff; *Egger*, Die Bindung der Mitgliedstaaten an die Grundrechte in der III. Säule, ebd 652. Zur Wirkung der Rahmenbeschlüsse nach dem Vertrag von Lissabon *Wohlfahrt*, Veränderungen des Lissabon-Vertrages im Hinblick auf die Doktrin der unmittelbaren Wirkung, ZaöRV 70 (2010) 523 (527 f).

[293] Vgl nur *Oppermann/Classen/Nettesheim* (Fn 232) § 9 Rn 80; für Frankreich vgl Conseil d'Etat, DVBl 1991, 324 mit Anm *Streinz*, 325 ff.

Wahl der Form und der Mittel zur Erreichung des verbindlich vorgegebenen Regelungsziels überlassen. Die Rechtsprechung des EuGH hat allerdings Fälle „*unmittelbarer*" Richtlinienwirkung umrissen,[294] was iE zur Berechtigung, nicht aber der Inpflichtnahme einzelner Rechtssubjekte durch eine Richtlinie führen kann.[295] Ist die Richtlinie angemessen umgesetzt, entfaltet sie weiterhin sperrende Wirkung gegenüber dem Erlass entgegenstehenden deutschen Rechts. Dieser stellt sich als Vertragsverletzung dar.

V. Bilanz: Völkerrecht als Maßstab deutscher Staatsgewalt

Wurde bis hierher aus dem Blickwinkel völkerrechtlicher Normkategorien erwogen, in welchem Verhältnis sich das Völkerrecht und das deutsche Recht zueinander befinden, und dabei dargestellt, in welcher Weise völkerrechtliche Vorgaben (und auch unverbindliche Normen internationalen Ursprungs) sich in der staatlichen Normenordnung Raum verschaffen, geht es nunmehr – bilanzierend – aus der Perspektive der dem Recht unterworfenen Staatsgewalten um jenes Verhältnis. 175

1. Gesetzgebung

Die (Parlaments-)Gesetzgebung ist dem Verfassungsrecht unterworfen, ihre Gestaltungsfreiheit im Übrigen nicht eingeschränkt. Das Grundgesetz setzt für die innerstaatliche Geltung von Völkerrecht den ausdrücklichen Akt des Vertragsgesetzes voraus bzw lässt über den Mechanismus des Art 25 GG Gewohnheitsrecht und allgemeine Rechtsgrundsätze einfließen, über Art 23, 24 Abs 1 GG iVm den einschlägigen Vertragsgesetzen das Unionsrecht bzw weiteres Recht aufgrund übertragener Befugnis. Verfassungsrang kommt dem so einfließenden Recht in keinem Fall zu, dem erfassten Völkergewohnheitsrecht (bzw allgemeinen Rechtsgrundsätzen) aber ein höherer Rang als Gesetzesrang und dem auf übertragener Befugnis beruhenden Recht ggf ein Anwendungsvorrang. Daraus ergibt sich: Ungeachtet des Völkerrechts und unberührt von ihm für den Fall des Rechtsverstoßes vorgesehener Rechtsfolgen ist der (Bundes-)Gesetzgeber verfassungsrechtlich nicht gehindert, Bundesgesetze zu erlassen, die in Widerspruch zu völkerrechtlichen Verträgen stehen (soweit diese 176

---

294 S früh EuGH, Slg 1970, 1213 ff; später zB EuGH, Slg 1982, 53 ff; zur Frage einer „Horizontalwirkung" (Berechtigung eines Privaten bei gleichzeitiger Belastung/Verpflichtung eines anderen) s zunächst EuGH, Slg 1986, 732; später dann EuGH, Slg 1994, I-3325, 3355; s ferner etwa *Gundel*, Neue Grenzlinien für die Direktwirkung nicht umgesetzter EG-Richtlinien unter Privaten, EuZW 2001, 143 ff; *Steinbarth*, Unmittelbare Wirkung von EG-Richtlinien und richtlinienkonforme Auslegung des innerstaatlichen Rechts in der Rechtsprechung des EuGH, Jura 2005, 607 ff. Zum Ganzen Überblick bei *Oppermann/Classen/Nettesheim* (Fn 232) § 9 Rn 100 ff; *Streinz* (Fn 47) Rn 488 ff; s zudem *Säcker*, Die Einwirkungen europäischen Rechts auf das nationale Privatrecht – Methode und Prinzipien, FS Scholz, 2007, 150 ff. Insbes die „Überschneidungszone" (*Wahl*, Materiell-integrative Anforderungen an die Vorhabenzulassung – Anwendung und Umsetzung der IVU-Richtlinie, NVwZ 2000, 502 [508]) von begünstigenden und belastenden Richtlinienbestimmungen ist str.
295 Grundsätzlich akzeptiert durch BVerfGE 75, 223 ff; bestätigt in BVerfGE 126, 286 ff (*Honeywell*); ablehnend noch BFHE 143, 383 ff; zum Rechtsschutz: *Heck*, Rechtsschutz gegen durch EG-Richtlinien determiniertes Gesetzesrecht, NVwZ 2008, 523 ff.

nicht zugleich Völkergewohnheitsrecht wiedergeben).[296] Die Landesgesetzgeber vermögen dies nicht, soweit Vertragsrecht – wie regelmäßig – durch Bundesvertragsgesetz im Rahmen der Gesetzgebungskompetenzen des Bundes inkorporiert ist (o Rn 115); derartige Gesetze wären nichtig, Art 31 GG. Von allgemeinen Regeln des Völkerrechts abzuweichen, befugt das deutsche Recht die innerstaatlichen Gesetzgeber nicht. Art 25 Satz 2 1. Halbs GG selbst bewirkt dann die Verfassungswidrigkeit. Unionsrechtswidriges innerstaatliches Recht ist nicht nichtig, bleibt aber ggf außer Anwendung.

2. Regierung und Verwaltung

177 Die Regierung (im organisatorischen Sinne) bildet die Spitze der Verwaltung, ist im System der Gewaltenteilung von ihr nicht horizontal getrennt, sondern ihr vertikal vorgeordnet. Die Verwaltung vollzieht Gesetze und konkretisiert von Gesetzen belassene Handlungsspielräume nach den Vorgaben der Regierung. Für die Frage nach der Maßstäblichkeit des Völkerrechts bzgl des Handelns der Gewalten bedürfen Regierung und Verwaltung daher keiner Trennung. Zu unterscheiden ist aber das nach außen gerichtete Handeln – als Handeln insbes gegenüber einem anderen Staat – vom Verwaltungsvollzug im Innern. Eine gewisse Zwischenstellung kommt dabei dem Handeln der diplomatischen und konsularischen Vertretungen im Ausland zu. Es kann außenpolitisch gestaltenden, aber auch – hier liegt jedenfalls heute wohl der Schwerpunkt – rein administrativen Charakter tragen.

178 In diesem Zusammenhang ist daran zu erinnern, dass die Auswärtige Gewalt nicht eine „vierte" Gewalt darstellt, sondern die Zuständigkeiten meint, über die auswärtigen Angelegenheiten zu entscheiden. Sie wird von Exekutive *und* Legislative im Zusammenspiel wahrgenommen, wie es sich auch bei der Untersuchung des Verhältnisses von Vertragsvölkerrecht und deutschem Recht gezeigt hat (o Rn 76, 80ff). Vorliegend geht es jedoch nicht um Normkreation, sondern um die Beachtlichkeit vorhandener Normen. IdS ist die Wahrnehmung, jedenfalls Anleitung, der Auswärtigen Gewalt durch die Regierung angesprochen. Regierungstätigkeit kann andererseits auch einen nach innen gerichteten „Verwaltungsvollzug" bedeuten – wenn etwa nach Außenwirtschaftsrecht oder Kriegswaffenkontrollrecht eine ministerielle Entscheidung für ein innerstaatliches Verwaltungsrechtsverhältnis ergeht.

---

[296] So die hM, vgl etwa *Nettesheim*, in Maunz/Dürig (Fn 124) Art 59 Rn 181ff sowie *Rojahn* (Fn 162) Rn 44; dies bestätigend BVerfGE 141, 1, Rn 50 sowie Rn 79 (zum nicht überzeugenden Rekurs auf allgemein-rechtsstaatliche Überlegungen in diesem Zusammenhang), s aber das Sondervotum *König* und BFHE 236, 304 sowie *Becker*, Völkerrechtliche Verträge und parlamentarische Gesetzgebungskompetenz, NVwZ 2005, 289ff; wohl differenzierend *Lehner*, Treaty Override im Anwendungsbereich des § 50d EStG, IStR 2012, 389 (402); *ders*, Keine Verfügung des Parlaments über seine Normsetzungsautorität, IStR 2014, 189ff. Das BVerwG forderte den Gesetzgeber auf, dass er „für die Beamten außerhalb der genuin hoheitlichen Verwaltung nach dem Grundsatz der praktischen Konkordanz einen Ausgleich der sich gegenseitig ausschließenden Rechtspositionen aus Art 33 Abs 5 GG und Art 11 EMRK herbeiführen" müsse, BVerwGE 149, 117ff. Hierzu kritisch: *Kees*, Bricht Völkerrecht Landesrecht?, Der Staat 54 (2015) 63ff; *Krumm*, Legislativer Völkervertragsbruch im demokratischen Rechtsstaat, AöR 138 (2013) 364ff. Im Gegensatz zum BVerwG hat BVerfGE 148, 296ff Art 11 EMRK mittlerweile so ausgelegt, dass kein Konflikt mit deutschem Recht eintritt; ob der EGMR dieses Verständnis von Art 11 EMRK akzeptieren wird, bleibt abzuwarten.

Auch in auswärtigen Angelegenheiten handeln Regierung und Verwaltung verfassungs- und gesetzesgebunden. Von kompetenziellen Fragen abgesehen betrifft dies materiell-rechtlich auch die Grundrechtsordnung. Art 1 Abs 3 GG verpflichtet die Auswärtige Gewalt auf die Grundrechte. Diese können auch die Berücksichtigung von auf fremdem Staatsgebiet eintretenden Folgen des Handelns oder Unterlassens deutscher Staatsgewalt verlangen (vgl o Rn 1).[297] **179**

Das Völkerrecht ist adressiert an seine Subjekte, also auch an die BR Deutschland. Eine Beachtung durch einzelne Organe setzt es voraus, spricht diese aber nicht unmittelbar an. Deshalb muss das innerstaatliche Recht die Voraussetzungen dafür schaffen, dass die – hier: exekutiven – Organe zur Wahrnehmung der auswärtigen Beziehungen auf das Völkerrecht verpflichtet werden. Art 25 GG bewirkt dies pauschal für die allgemeinen Regeln des Völkerrechts. Art 59 Abs 2 GG sieht die Möglichkeit einer solchen Verpflichtung durch ein Vertragsgesetz vor. Auch aus innerstaatlicher Sicht handelt ein Organ daher rechtswidrig, wenn es so erfassten völkerrechtlichen Verpflichtungen zuwider handelt. Hält es indessen weiteres Völkerrecht (etwa: regionales Völkergewohnheitsrecht; nicht ratifizierte Verträge, deren vorläufige Anwendbarkeit ohne parlamentarische Zustimmung völkerrechtlich vereinbart ist)[298] nicht ein, so ist hiergegen aus innerstaatlicher Sicht rechtlich nichts zu erinnern. Das staatliche Recht hindert allerdings auch nicht, derartiges Völkerrecht zu beachten, solange sich nicht etwa deutsche Normen dem in den Weg stellen. Gleiches gilt für die Befolgung völkerrechtlich verbindlicher, aber innerstaatlich nicht umgesetzter oder unmittelbar wirkender bzw völkerrechtlich unverbindlicher Entscheidungen einer I.O. außerhalb des Integrationsrechts oder des von Art 24 Abs 1 GG erfassten Bereichs. **180**

Die Frage der Anwendungsfähigkeit (vgl o Rn 41 f) einer völkerrechtlichen Norm ist, was den auswärtigen Vollzug anlangt, ohne Brisanz. Sie kann Bedeutung nur im staatlichen Innenverhältnis haben, denn nur dort können die Rechtsbereiche des Völkerrechts einerseits, des staatlichen Rechts andererseits kollidierend aneinander stoßen. Fehlen der völkerrechtlichen Norm die Voraussetzungen der Anwendbarkeit, so fehlt es ihr zugleich an verhaltensdirigierender Kraft, was ggf dazu führt, dass ihre Nichtbeachtung Rechtsfolgen nicht auslösen kann. **181**

Im nach innen gerichteten Vollzug, also bei Verwaltungshandeln, das auf die Begründung rechtlicher oder auch nur tatsächlicher Folgen im innerstaatlichen Rechtsraum bzw auf dem eigenen Staatsgebiet gerichtet ist (sich aber nicht notwendigerweise an einen dort befindlichen Adressaten richten muss), gelten allgemeine Regeln des Völkerrechts nach Maßgabe des Art 25 GG mit Vorrang vor dem Gesetzesrecht bzw gilt Völkervertragsrecht mit Gesetzesrang. Hier stellt sich die *Frage der Anwendbarkeit* nachhaltig. Ist die Anwendbarkeit zu bejahen, besteht Anwendungspflicht. Diese Folge hat die deutsche Exekutive bspw bei der Konvention über die Rechte des Kindes über einen entsprechenden völkerrechtlichen Vorbehalt bei der Ratifikation zu vermeiden gesucht.[299] Damit hat sie ihre Kompetenz überschritten. Zwar steht es der Exekutive bei der Ratifikation verfassungsrechtlich grundsätz- **182**

---

[297] Zur Geltung von Grundrechten bei Auslandseinsätzen *Zimmermann*, Grundrechtseingriffe durch deutsche Streitkräfte im Ausland und das Grundgesetz, ZRP 2012, 116 ff.
[298] Vgl Art 25 WVK; dazu *Montag*, Völkerrechtliche Verträge mit vorläufigen Wirkungen, 1986.
[299] BGBl 1992 II, 990; 2010 wurde die Erklärung zurückgenommen: BGBl 2011 II, 600.

lich frei, einen Vorbehalt anzubringen (o Rn 90, 109). Die unmittelbare Anwendbarkeit ist aber keine Frage des völkerrechtlichen Geltungsumfangs, sondern eine der innerstaatlichen Umsetzung, die sich mangels Vorgaben im Vertrag letztlich allein nach nationalem Recht bestimmt (o Rn 7). Eine Erklärung, wonach Vertragsbestimmungen nicht unmittelbar anwendbar seien, schränkt also die völkerrechtliche Geltung nicht ein und ist nicht als Vorbehalt zu werten.[300] Damit könnte der Bundesgesetzgeber die unmittelbare Anwendung durch eine Klausel im Zustimmungsgesetz ausschließen, nicht aber die Exekutive in einer völkerrechtlichen Erklärung.[301] Erweisen sich Vertragsbestimmungen freilich als nicht unmittelbar anwendbar, kommt eine Anwendung nicht in Betracht – was die Geltung (und den Rang) unberührt lässt und nicht etwa der innerstaatlichen Umsetzung eines Vertrags den Sinn nimmt, denn die Beachtung bleibt möglich (o Rn 180). Auch kann der Gesetzgeber derartige Normen konkretisieren und damit völkerrechtlich veranlasstes anwendbares Recht schaffen.

183   Über die Anwendbarkeit einer umgesetzten völkerrechtlichen Norm durch die Verwaltung ist in Betrachtung zunächst der Norm selbst zu befinden, also die Frage aufzuwerfen, ob sie die unmittelbare Anwendung erheischt. Ihrer Eignung dazu ziehen sodann die verfassungsrechtlichen Anforderungen an das Verwaltungshandeln, die sich insbes aus dem Grundsatz des Vorbehalts des Gesetzes ergeben, Grenzen. Dieser Grundsatz erstreckt sich allerdings nicht auf sämtliches Verwaltungshandeln, wobei die Unterscheidung zwischen der gewährenden (Leistungs-)Verwaltung und der Eingriffsverwaltung einen ersten Ordnungsgesichtspunkt bietet. Jede Belastung, die als Eingriff jedenfalls in die von Art 2 Abs 1 GG verbürgte – umfassend verstandene – allgemeine Handlungsfreiheit zu qualifizieren ist, bedarf eines ermächtigenden Rechtssatzes.[302] Für die Leistungsgewähr gilt dies nicht kategorisch, doch kann auch hier eine normative Ermächtigung gefordert sein. Die Bedeutung einer Verwaltungsentscheidung für die Grundrechtsausübung kann darüber hinaus Anforderungen an die formale Qualität der ermächtigenden Norm stellen (Parlamentsvorbehalt). Die Grundrechte befinden schließlich auch über die von einem derartigen Rechtssatz zu fordernde inhaltliche Bestimmtheit. Diese verfassungsrechtlichen Anforderungen filtern das in das deutsche Recht übernommene Völkerrecht. Da sie sämtlich auf Verfassungsrecht gründen, übernommenes Völkerrecht jedoch niemals den Verfassungsrang erreicht, kann an diesem Ergebnis nicht gezweifelt werden.

184   Für *unverbindliche Entscheidungen I.O.* stellt sich die Frage ihrer Anwendungstauglichkeit anders. Geht es bei der Anwendung transformierten Völkerrechts darum, ob Verfassungsrecht trotz innerstaatlicher Geltung des transformierten Rechts dessen Anwendbarkeit dennoch hindert, so stellt sich bei unverbindlichen Entscheidungen die Frage, ob trotz fehlender innerstaatlicher Geltung die Anwendung möglich ist. Das Fehlen eines Geltungsbefehls steht dem noch nicht entgegen. Zwar wendet die Verwaltung Recht an und nicht außerrechtliche Normen. Sie berücksichtigt bei der Rechtsanwendung aber auch Fakten. Die Empfehlung einer I.O. ist jedenfalls ein solches Fak-

---

300 UN Doc A/66/10, ILC Guide to Practice on Reservations to Treaties, 26 ff, Leitlinie 1.5.2.
301 *Tomuschat*, Verwirrung über die Kinderrechts-Konvention der Vereinten Nationen, in FS Zacher, 1998, 1143 (1153 f); *Uerpmann*, Implementation of United Nations Human Rights Law by German Courts, GYIL 46 (2003) 87 (104 ff).
302 Vgl *Kunig* (Fn 4) Art 2 Rn 9 ff, 22 ff.

tum. Eine solche Empfehlung ist also grundsätzlich geeignet, eine Berücksichtigung zu finden, die sich iE durchaus als Normbefolgung darstellen kann – wenn und soweit entgegenstehendes Recht das nicht verbietet, wobei Recht jeglicher Qualität in Betracht kommt. Für eine solche Berücksichtigung öffnen sich daher vor allem die Bereiche gesetzesfreier Verwaltung, ferner die gesetzlich programmierte Verwaltung dort, wo unbestimmte Rechtsbegriffe zu konkretisieren oder Ermessensnormen in Anspruch zu nehmen sind.[303] Derartiges kommt auch in Betracht, wenn etwa ein völkerrechtlicher Vertrag noch nicht in Kraft getreten oder umgesetzt ist oder er lediglich Staatenverpflichtungen, nicht aber Individualrechte beinhaltet.[304]

3. Gerichte

Deutsche Gerichte, wie die vollziehende Gewalt an „Gesetz und Recht" gebunden (Art 20 Abs 3 GG), sind zur Anwendung von Völkerrecht berechtigt und verpflichtet, soweit dieses innerstaatlich gilt und anwendungsgeeignet ist (vgl o Rn 41f, 115ff, 150ff). Während der Inhalt von Vertragsvölkerrecht der eigenständigen Klärung der Fachgerichtsbarkeit überwiesen ist, muss die Feststellung der Geltung und Gerichtetheit allgemeiner Regeln des Völkerrechts bereits bei „Zweifeln" durch Vorlage an das Bundesverfassungsgericht geklärt werden (vgl o Rn 159ff). Unmittelbare Anwendbarkeit kommt für Menschenrechte ebenso in Betracht wie für solches Völkerrecht, das nicht die Rechtsstellung des Einzelnen als solche betrifft, sondern allein im staatlichen Interesse gründet (wie im Diplomatenrecht) oder etwa den Status (zB die Staatsqualität) eines Völkerrechtssubjekts betrifft. Soweit es um die gerichtliche Klärung völkerrechtlicher Fragen geht, kommen dabei – selbstverständlich – auch hier die Auslegungsregeln des Völkerrechts zur Anwendung. Internationale Normativakte unterhalb der Schwelle rechtlicher Verbindlichkeit kann ein Gericht nur in dem Rahmen berücksichtigen, der oben insoweit für die Verwaltung geschildert wurde (Rn 177ff).[305] **185**

Besondere Probleme wirft das Nebeneinander von innerstaatlicher, europäisch zwischenstaatlicher und supranationaler Rechtsprechung im Grund- und Menschenrechtsbereich auf, wo mit dem Bundesverfassungsgericht, dem Europäischen Gerichtshof für Menschenrechte und dem Gerichtshof der Europäischen Union drei Höchstgerichte auf der Grundlage jeweils eigener Grundrechtstexte (GG, EMRK, Grundrechtecharta) miteinander konkurrieren.[306] Mag die Rechtsprechung des Europäischen Gerichtshofs für Menschenrechte auch nationale Gerichte innerhalb **186**

---

303 Näher *Kunig* (Fn 302); *Reiling*, Die Anwendung des Grundsatzes der Völkerrechtsfreundlichkeit auf rechtsunverbindliche internationale Standards, ZaöRV 78 (2018) 311ff. – Bsp aus der Rspr: BVerfGE 116, 69, 90f; BGHZ 59, 82, 85ff.
304 Beispielhaft VG Frankfurt, NVwZ 1994, 1137f, wo dem Übereinkommen über die Rechte des Kindes v 20.11.1989 (BGBl 1992 II, 121) Gesichtspunkte für die Auslegung der §§ 30, 53 AuslG entnommen werden; VG Frankfurt, NJW 1993, 2067ff zu § 8 PostG im Blick auf das Übereinkommen v 7.3.1966 zur Beseitigung jeder Form von Rassendiskriminierung (BGBl 1969 II, 961).
305 Vgl beispielhaft erneut BGHZ 59, 82ff u dazu *Bleckmann*, Sittenwidrigkeit wegen Verstoßes gegen den ordre public international, ZaöRV 34 (1974) 112ff.
306 Grundlegend dazu *Edenharter* (Fn 228) 676ff; s auch *Masing*, Einheit und Vielfalt des Europäischen Grundrechtsschutzes, JZ 2015, 477ff; *Voßkuhle*, Menschenrechtsschutz durch die Europäischen Verfassungsgerichte, RdA 2015, 336ff.

Deutschlands nicht förmlich binden,[307] so hat das Bundesverfassungsgericht doch ihre maßstabgebende Wirkung für die deutsche Rechts- und insbesondere Grundrechtsauslegung anerkannt. Nach dem Bundesverfassungsgericht dürfen sich deutsche Gerichte nicht unter Berufung auf eine Entscheidung des EGMR von der rechtsstaatlichen Kompetenzordnung und der Bindung an Gesetz und Recht (Art 20 Abs 3 GG) lösen. Zur Bindung an Gesetz und Recht gehöre allerdings auch die Berücksichtigung der Gewährleistungen der EMRK sowie der Entscheidungen des Gerichtshofs im Rahmen methodisch vertretbarer Gesetzesauslegung. Entscheidungen des EGMR seien danach „zu berücksichtigen, dh die [...] Gerichte müssen sich mit der Entscheidung erkennbar auseinandersetzen und gegebenenfalls nachvollziehbar begründen, warum sie der völkerrechtlichen Rechtsauffassung gleichwohl nicht folgen".[308] Während im Görgülü-Beschluss 2004 die Möglichkeit der Abweichungen für den Fall im Vordergrund stand, dass dies verfassungsrechtlich geboten erscheinen sollte,[309] betonte der Gerichtshof im Falle der nachträglichen Sicherungsverwahrung 2011 das Ziel der Ergebniskonformität: Aussagen des EGMR zur EMRK müssen demnach nicht eins zu eins in die Auslegung deutscher Grundrechte übernommen werden, solange sich das gefundene Ergebnis als konventionskonform erweist.[310] Diese Rechtsprechung eröffnet dogmatische Spielräume bei der sachgerechten Einpassung der europäischen Rechtsprechung in die deutsche Rechtsordnung, ohne die Autorität des Straßburger Gerichtshofs in Frage zu stellen.[311] Im Urteil zur verfassungsrechtlichen Unvereinbarkeit eines Streikrechts mit den hergebrachten Grundsätzen des Berufsbeamtentums iSv Art 33 Abs 5 GG tritt der Vorbehalt gegenüber einer bedingungslosen Übernahme konventionsrechtlicher Anforderungen wieder stärker hervor,[312] ohne dass das Bundesverfassungsgericht einen aktuellen Konflikt zwischen der streikrechtlichen Rechtsprechung des Europäischen Gerichtshofs für Menschenrechte und dem deutschen Verfassungsrecht erkennen würde.[313]

187 Im Verhältnis zum EuGH hat sich das Bundesverfassungsgericht zunächst in einer Reserverolle für den Fall gesehen, dass das Gemeinschafts- bzw. nun Unionsrecht mit dem EuGH den einzelnen keinen Grundrechtsschutz bieten sollte, der dem deutschen materiell und prozessual im Wesentlichen gleichwertig sei.[314] Während diese Reservefunktion grundsätzlich fortbesteht, tritt spätestens seit dem EuGH-

---

307 Dazu schon *Uerpmann* (Fn 221) 173 ff.
308 BVerfGE 111, 307, 324; zum Ganzen *Proelß* (Fn 27) 107 ff. Für die Berücksichtigung von Entscheidungen des IGH BVerfG, NJW 2007, 499 ff *(Konsularrechtsübereinkommen)*; s dazu *Payandeh*, Die verfassungsrechtliche Stärkung der internationalen Gerichtsbarkeit: Zur Bindung deutscher Gerichte an Entscheidungen des Internationalen Gerichtshofs, AVR 45 (2007) 244 ff; *Proelß* (Fn 27) 120 ff.
309 BVerfGE 111, 307, 329: „[...], wenn die Beachtung der Entscheidung des Gerichtshofs etwa wegen einer geänderten Tatsachenbasis gegen eindeutig entgegenstehendes Gesetzesrecht oder deutsche Verfassungsbestimmungen, namentlich gegen Grundrechte Dritter verstößt."
310 BVerfGE 128, 326, 370.
311 *Uerpmann-Wittzack*, Die Bedeutung der EMRK für den deutschen und den unionalen Grundrechtsschutz, Jura 2014, 916 (922 f).
312 BVerfGE 148, 296 (Rn 133 f).
313 Ebd, Rn 163 ff.
314 Zusammenfassend BVerfGE 89, 155, 175 u 188; 123, 267, 399 ff; *Uerpmann-Wittzack* (Fn 32) Rn 27 ff.

Urteil in der Sache Åkerberg Fransson[315] die Möglichkeit in den Vordergrund, dass der unionale Grundrechtsschutz den deutschen Grundrechtsschutz überlagert oder sogar verdrängt.[316] Verfestigt sich die Föderalisierung des Grundrechtsschutzes in der EU, könnte das Bundesverfassungsgericht im Verhältnis zum EuGH langfristig in eine ähnliche Nebenrolle gedrängt werden wie innerhalb Deutschlands die Landesverfassungsgerichte im Verhältnis zum Bundesverfassungsgericht.[317] Wie weit fortgeschritten die Entwicklung ist, zeigt der Sampling-Streit, in dem wohl der EuGH das letzte Wort haben wird,[318] nachdem sich das Bundesverfassungsgericht zuvor auf der Grundlage von Art 14 GG eingeschaltet hatte.[319] Hier wird deutlich, wie wenig sich die Wirkung des Unionsrechts noch mit den traditionellen Kategorien des Verhältnisses von Völkerrecht und staatlichem Recht fassen lässt.

---

315 ECLI:EU:C:2013:105.
316 Dazu *Franzius*, Grundrechtsschutz in Europa, ZaöRV 75 (2015) 383 ff; *Kingreen*, Die Grundrechte des Grundgesetzes im europäischen Grundrechtsföderalismus, JZ 2013, 801 ff; *ders*, Die Unionsgrundrechte, Jura 2014, 295 (300 ff); *Mager*, Geltung der Charta der Grundrechte der Europäischen Union nach Maßgabe des Vorrangprinzips, FS Müller Graff, 2015, 1358 ff.
317 Dazu – dies vergleichend – *Kunig*, Verfassungsrecht und einfaches Recht. Verfassungsgerichtsbarkeit und Fachgerichtsbarkeit, VVDStRL 61 (2002) 34 (56 ff); zum Verhältnis der Verfassungsgerichtsbarkeiten in Bund und Ländern zueinander vgl *Kunig*, Die rechtsprechende Gewalt in den Ländern und die Grundrechte des Landesverfassungsrechts, NJW 1994, 687 ff; *Jaeger/Broß*, Die Beziehungen zwischen dem Bundesverfassungsgericht und den übrigen einzelstaatlichen Rechtsprechungsorganen – einschließlich der diesbezüglichen Interferenz des Handelns der europäischen Rechtsprechungsorgane, EuGRZ 2004, 1 ff.
318 S den Vorlagebeschluss des BGH, GRUR 2017, 895; dazu *Rossa*, Kunstfreiheit und Eigentumsschutz im Lichte des Europarechts, MMR 2017, 665 ff.
319 BVerfGE 142, 74.

Dritter Abschnitt

Marcel Kau
Der Staat und der Einzelne als Völkerrechtssubjekte

Gliederung

I. Die Rechtsträger im Völkerrecht, ihre Organe und die Regeln des zwischenstaatlichen Verkehrs —— 1–75
  1. Rechtsträger und Handelnde im Völkerrecht —— 1–42
     a) Entwicklung —— 4
     b) Einteilung der Völkerrechtssubjekte —— 7
     c) Internationale Organisationen —— 12
     d) Der Einzelne —— 14
     e) Völker —— 32
     f) Minderheiten —— 34
     g) Sonstige —— 37
  2. Organe der Völkerrechtssubjekte und Regeln des zwischenstaatlichen Verkehrs —— 43–75
     a) Zentrale Organe —— 44
     b) Diplomatische Missionen —— 51
     c) Konsulate —— 65
     d) Sonderbotschafter —— 70
     e) Vertretung bei Internationalen Organisationen —— 73
     f) Diplomatisches Asyl —— 74

II. Der Staat als primäres Völkerrechtssubjekt —— 76–228
  1. Der Staat —— 76–99
     a) Die Elemente des Staates —— 76
     b) Die staatliche Souveränität —— 83
     c) Die Gleichheit der Staaten —— 87
  2. Das Staatsvolk —— 100–130
     a) Die Staatsangehörigkeit —— 101
     b) Diplomatischer Schutz —— 117
     c) Das Selbstbestimmungsrecht der Völker —— 125
  3. Das Staatsgebiet —— 131–153
     a) Territoriale Souveränität und Gebietshoheit —— 131
     b) Erwerb und Verlust von Staatsgebiet —— 136
     c) Umfang des Staatsgebiets —— 146
  4. Die Staatsgewalt —— 154–170
     a) Umfang der Staatsgewalt und Neutralität —— 154
     b) Staatsähnliche Völkerrechtssubjekte —— 160
  5. Entstehung und Untergang von Staaten —— 171–187
     a) Grundlagen —— 171
     b) Die völkerrechtliche Anerkennung —— 178
     c) Die neuen Staaten in Mittel- und Osteuropa —— 183
  6. Die Staatensukzession —— 188–206
     a) Begriff und Rechtsgrundlage —— 188
     b) Die Nachfolge in völkerrechtliche Verträge —— 191
     c) Die Nachfolge in Staatsvermögen, Staatsarchive, Staatsschulden und Haftungsansprüche —— 196
     d) Staatennachfolge und Staatsangehörigkeit —— 204
  7. Die Rechtslage Deutschlands in Geschichte und Gegenwart —— 207–228
     a) Die Teilung Deutschlands —— 208
     b) Die Vereinigung Deutschlands —— 216
     c) Die Regelungen über die Staatennachfolge —— 223

III. Der Einzelne im Völkerrecht —— 229–341
  1. Der Menschenrechtsschutz auf universeller Ebene —— 229–247
     a) Einführung —— 229
     b) Die Allgemeine Erklärung der Menschenrechte —— 234
     c) Die Menschenrechtspakte v 19.12.1966 —— 236

- d) Spezielle Konventionen zum Schutz der Menschenrechte —— 242
2. Der Menschenrechtsschutz auf regionaler Ebene —— 248–279
   - a) Der Europarat —— 248
   - b) Die Europäische Konvention zum Schutze der Menschenrechte und Grundfreiheiten —— 250
   - c) Die Europäische Sozialcharta —— 267
   - d) Die Menschenrechte im Rahmen der KSZE/OSZE —— 270
   - e) Der Menschenrechtsschutz in Amerika —— 273
   - f) Die Menschenrechte in Afrika —— 277
   - g) Die Menschenrechte in der Arabischen Liga —— 279
3. Das völkerrechtliche Fremdenrecht —— 280–296
   - a) Einführung —— 280
   - b) Die Einreise von Ausländern —— 284
   - c) Die Rechtsstellung von Ausländern —— 287
   - d) Die Ausweisung von Ausländern —— 291
4. Das Recht auf Asyl —— 297–317
   - a) Der Begriff des Flüchtlings —— 298
   - b) Das Recht auf Asyl —— 301
   - c) Der Grundsatz des Non-Refoulement —— 304
   - d) Maßnahmen im Rahmen des Europarats —— 307
   - e) Flüchtlinge in den EU-Mitgliedstaaten —— 309
5. Die Auslieferung —— 318–329
   - a) Einführung —— 318
   - b) Grundzüge der Auslieferungsverträge —— 321
   - c) Die political offence exception —— 325
   - d) Auslieferung und EMRK —— 326
   - e) Gewaltsames Verbringen in den Gerichtsstaat —— 327
6. Der völkerrechtliche Minderheitenschutz —— 328–333
   - a) Einführung —— 328
   - b) Der Minderheitenschutz auf universeller Ebene —— 332
   - c) Regionaler Minderheitenschutz —— 333

Literatur

Ambos, Kai, Internationales Strafrecht, 5. Aufl 2018 [*Ambos,* Internationales Strafrecht]
Arden, Mary, Human Rights and European Law. Building New Legal Orders, 2015
Behrens, Paul, Diplomatic Law in a New Millenium, 2017
Cassese, Antonio (Hrsg), Realizing Utopia – The Future of International Law, 2012
Crawford, James, The Creation of States in International Law, 2. Aufl 2006
Cruft, Rowan/Liao, S. Matthew/Renzo, Massimo (Hrsg), Philosophical Foundations of Human Rights, 2015
Doehring, Karl, Völkerrecht, 2. Aufl 2004
Fox, Hazel/Webb, Philippa, The Law of State Immunity, 3. Aufl 2013 [*Fox/Webb,* State Immunity]
Frowein, Jochen Abr./Hofmann, Rainer/Oeter, Stefan, Das Minderheitenrecht europäischer Staaten, Teil I, 1993; Teil II, 1994
Geimer, Reinhold, Vertragsbruch durch Hoheitsakt: „Once a trader, not always a trader?" – Immunitätsrechtlicher Manövrierspielraum für Schuldnerstaaten, IPRax 2017, 344 ff
Goodwin-Gill, Guy, The Refugee in International Law, 3. Aufl 2007
Grzeszick, Bernd, Rechte des Einzelnen im Völkerrecht, AVR 43 (2005) 312 ff
Hailbronner, Kay, Asylrecht und Völkerrecht, in Beitz, Wolfgang G./Wollenschläger, Michael (Hrsg), Handbuch des Asylrechts, Bd I, 1980, 69 ff [*Hailbronner,* Asylrecht]
ders, Der Schutz der Minderheiten im Völkerrecht, FS Schindler, 1989, 75 ff [*Hailbronner,* Minderheiten]
ders, Refoulement-Verbote und Drittstaatenregelung (Art 33 GK und Art 3 EMRK), FS Bernhardt, 1995, 365 ff [*Hailbronner,* Refoulement]

ders (Hrsg), Die allgemeinen Regeln des völkerrechtlichen Fremdenrechts, Bilanz und Ausblick an der Jahrtausendwende, 2000 [*Hailbronner*, Fremdenrecht]

ders/*Maaßen, Hans-Georg/Hecker, Jan/Kau, Marcel,* Staatsangehörigkeitsrecht, 6. Aufl 2017 [*Hailbronner/Maaßen/Hecker/Kau*]

Hansen, Randall/Weil, Patrick (Hrsg), Towards a European Nationality – Citizenship, Immigration and Nationality Law in the European Union, 2001 [*Hansen/Weil*, European Nationality]

dies (Hrsg), Dual Nationality, Social Rights and Federal Citizenship, 2002 [*Hansen/Weil*, Dual Nationality]

Herdegen, Matthias, The Abuse of Diplomatic Privileges and Countermeasures not Covered by the Vienna Convention on Diplomatic Relations, ZaöRV 46 (1986) 734 ff

Hess, Burkhard, Abgrenzung der acta iure gestionis und acta iure imperii: Der BGH verfehlt die völkerrechtliche Dimension der Staatenimmunität, IPRax 2018, 351 ff

Hofmann, Rainer, Die Ausreisefreiheit nach Völkerrecht und staatlichem Recht, 1988

Institut de Droit International (Hrsg), La succession d'Etats en matière de biens et de dettes, Septième Commission, Rapporteur: *Georg Ress*, Résolution adoptée lors de la Session de Vancouver, Août 2001, AVR 40 (2002) 355 ff

Kau, Marcel, Ein Recht auf Migration? – Die Migrationskrise aus der Perspektive des Völkerrechts, in Arnd Uhle (Hrsg), Migration und Integration, 2017, 19 ff

Kimminich, Otto, Der Aufenthalt von Ausländern in der Bundesrepublik Deutschland, 1980 [*Kimminich*, Aufenthalt]

Klein, Eckart, Überlegungen zum Schutz von Minderheiten und Volksgruppen im Rahmen der Europäischen Union, FS Bernhardt, 1995, 1211 ff

ders, Menschenrechte und ius cogens, FS Ress, 2005, 151 ff

Kokott, Juliane, Das interamerikanische System zum Schutz der Menschenrechte, 1986

Kugelmann, Dieter, Minderheitenschutz und Menschenrechtsschutz, AVR 39 (2001) 233 ff

Nußberger, Angelika, Menschenrechtsschutz im Ausländerrecht, NVwZ 2013, 1305 ff

Martin, David A./*Hailbronner, Kay* (Hrsg), Rights and Duties of Dual Nationals – Evolution and Prospects, 2003 [*Martin/Hailbronner*, Dual Nationals]

Morano-Foadi, Sonia/Vickers, Lucy (Hrsg), Fundamental Rights in the EU – A Matter of Two Courts, 2015

Nolte, Georg (Hrsg), Der Mensch und seine Rechte, 2004

Oeter, Stefan, Selbstbestimmungsrecht im Wandel, ZaöRV 52 (1992) 741 ff

O'Keefe, Roger/Tams, Christian (Hrsg), The United Nations Convention on Jurisdictional Immunities of States and their Property – A Commentary, 2013 [*O'Keefe/Tams* (Hrsg), Jurisdictional Immunities]

Paulus, Andreas/Dethloff, Nina/Giegerich, Thomas/Schwenzer, Ingeborg/Krieger, Heike/Ziegler, Andreas R./ Talmon, Stefan/Schack, Haimo, Internationales, nationales und privates Rechts: Hybridisierung der Rechtsordnung?, 2014

Payandeh, Mehrdad, Staatenimmunität und Menschenrechte, JZ 2012, 949 ff

Peters, Anne, Jenseits der Menschenrechte. Die Rechtsstellung des Individuums im Völkerrecht, 2014

Roberts, Ivor, Satow's Diplomatic Practice, 7. Aufl 2017 [Satow's Diplomatic Practice]

Ress, Georg, Supranationaler Menschenrechtsschutz und der Wandel der Staatlichkeit, ZaöRV 64 (2004) 621 ff

ders/*Stein, Torsten* (Hrsg), Der diplomatische Schutz im Völker- und Europarecht, 1996

Richter, Dagmar, Dynamik und Potential der Menschenrechte, GS Brugger, 2013, 693 ff

Rudolf, Walter, Der Staat als Völkerrechtssubjekt zwischen Globalisierung und Partikularismus, Staatsrecht und Politik, 2009, 407 ff

Sandrock, Otto, Schuldenschnitte in Argentinien und Griechenland, RIW 2016, 93 ff

Schweisfurth, Theodor, Ausgewählte Fragen der Staatensukzession im Kontext der Auflösung der UdSSR, AVR 32 (1994) 99 ff

Schweitzer, Michael/Weber, Albrecht, Handbuch der Völkerrechtspraxis der Bundesrepublik Deutschland, 2004

Simma, Bruno (Hrsg), Charta der Vereinten Nationen, Kommentar, 1991 [Charta VN]; engl Ausg 2012 (3. Aufl, hrsgg v Simma, Bruno/Khan, Daniel-Erasmus/Nolte, Georg/Paulus, Andreas)

Talmon, Stefan, Jus Cogens after Germany v Italy: Substantive and Procedural Rules Distinguished, LJIL 25 (2012) 979 ff

Thürer, Daniel, Grundrechtsschutz in Europa – Globale Perspektive, ZSchwR 124 (2005) 51 ff

Tomuschat, Christian, Jurisdictional Immunities of States and their Property, FS Seidl-Hohenveldern, 1988, 603 ff

ders (Hrsg), Modern Law of Self-Determination, 1993

Uerpmann-Wittzak, Robert, Immunität vor internationalen Strafgerichten, AVR 44 (2006) 33 ff

Wolfrum, Rüdiger, Das Verbot der Diskriminierung gemäß den internationalen Menschenrechtsabkommen, FS Zuleeg, 2005, 385 ff

ders (Hrsg), Max Planck Encyclopedia of Public International Law, 10 Bde, 2012 [MPEPIL]

Zimmermann, Andreas, Staatennachfolge in völkerrechtlichen Verträgen; zugleich ein Beitrag zu den Möglichkeiten und Grenzen völkerrechtlicher Kodifikation, 2000 [*Zimmermann,* Staatennachfolge]

Verträge und Resolutionen

Haager Übereinkommen über gewisse Fragen der Kollision von Staatsangehörigkeitsgesetzen v 12.4.1930 (179 LNTS 89) —— 102, 109, 113

Montevideo Convention on Rights and Duties of States v 26.12.1933 (165 LNTS 19) —— 76

Allgemeine Erklärung der Menschenrechte v 10.12.1948 (GAOR, 3rd Sess, 1st Part [Doc A/810] 71) —— 234, 235, 259, 285, 301

Satzung des Europarates v 5.5.1949 (87 UNTS 103; BGBl 1950, 263; 1953 II, 558; 1968 II, 1926) —— 248

I. Genfer Abkommen zur Verbesserung des Loses der Verwundeten und Kranken der Streitkräfte im Felde v 12.8.1949 (BGBl 1954 II, 783) —— 14

II. Genfer Abkommen zur Verbesserung des Loses der Verwundeten, Kranken und Schiffbrüchigen der Streitkräfte zur See v 12.8.1949 (BGBl 1954 II, 813) —— 14

III. Genfer Abkommen über die Behandlung der Kriegsgefangenen v 12.8.1949 (BGBl 1954 II, 838) —— 14

IV. Genfer Abkommen zum Schutz von Zivilpersonen in Kriegszeiten v 12.8.1949 (BGBl 1954 II, 917) [I–IV: Genfer Rotkreuzabkommen] —— 14

Konvention zum Schutze der Menschenrechte und Grundfreiheiten v 4.11.1950 (213 UNTS 221; BGBl 1952 II, 685, 953) [EMRK] —— 17, 19, 20, 233, 235, 243, 250 ff

Abkommen über die Rechtsstellung der Flüchtlinge v 28.7.1951 (BGBl 1953 II, 560) [Genfer Flüchtlingskonvention] und Protokoll über die Rechtsstellung der Flüchtlinge v 31.1.1967 (BGBl 1969 II, 1294) —— 18, 74, 298

Vertrag über die Beziehungen zwischen der DDR und der Union der Sozialistischen Sowjetrepubliken v 20.9.1955 (GBl DDR 1955 II, 918) —— 211

Europäisches Niederlassungsabkommen v 13.12.1955 (BGBl 1959 II, 998) —— 282

Übereinkommen über die Staatsangehörigkeit verheirateter Frauen v 20.2.1957 (BGBl 1973 II, 1249) —— 109

Vertrag zur Gründung der Europäischen Gemeinschaft v 25.3.1957 (BGBl 1957 II, 766), nach Inkrafttreten des Vertrags von Lissabon v 13.12.2007 (BGBl 2008 II, 1038) nunmehr gültig als Vertrag über die Arbeitsweise der Europäischen Union (konsolidierte Fassung: ABl EU 2010, Nr C 83/47) [AEUV] —— 11, 103 ff, 122, 155, 268, 282, 288, 309

Europäisches Auslieferungsübereinkommen v 13.12.1957 (BGBl 1964 II, 1369) und Zweites Zusatzprotokoll v 17.3.1978 (BGBl 1990 II, 118) —— 318, 319, 321, 323, 324

Declaration on the Granting of Independence to Colonial Countries and Peoples v 14.12.1960 (A/RES/1514 [XV]; UNYB 1960, 49) —— 125

Wiener Übereinkommen über diplomatische Beziehungen v 18.4.1961 (BGBl 1964 II, 959) [WÜD] und Fakultativ-Protokoll über die obligatorische Beilegung von Streitigkeiten v 18.4.1961 (BGBl 1964 II, 1019) [FProt WÜD] —— 50b, 51 ff, 56a, 64 f, 67 f, 70, 75a, 117

Europäische Sozialcharta v 18.10.1961 (BGBl 1964 II, 1262) —— 267 ff
Wiener Übereinkommen über konsularische Beziehungen v 24.4.1963 (BGBl 1969 II, 1585) [WÜK] —— 65 ff, 117
Vertrag über Freundschaft, gegenseitigen Beistand und Zusammenarbeit zwischen der DDR und der Union der Sozialistischen Sowjetrepubliken v 12.6.1964 (GBl DDR 1964 II, 132) —— 211
Internationaler Pakt über bürgerliche und politische Rechte v 19.12.1966 (BGBl 1973 II, 1534) [IPBPR bzw IPBürgR] und Erstes Fakultativprotokoll v 19.12.1966 (BGBl 1992 II, 1247) —— 35, 236 ff, 289, 332
Internationaler Pakt über wirtschaftliche, soziale und kulturelle Rechte v 19.12.1966 (BGBl 1973 II, 1570) [IPwirtR] —— 236, 238, 239
Wiener Übereinkommen über das Recht der Verträge v 23.5.1969 (1155 UNTS 331; BGBl 1985 II, 927) [WVK] —— 44
Amerikanische Menschenrechtskonvention v 22.11.1969 (ILM 9 [1970] 99) —— 20
Erklärung über völkerrechtliche Grundsätze für freundschaftliche Beziehungen und Zusammenarbeit zwischen den Staaten im Sinne der Charta der Vereinten Nationen v 24.10.1970 (GA Res 2625 [XXV]) [Friendly Relations Declaration] —— 125, 127
Europäisches Übereinkommen über Staatenimmunität v 16.5.1972 (BGBl 1990 II, 34 ff) —— 92, 94, 95a
Vertrag über Freundschaft, Zusammenarbeit und gegenseitigen Beistand zwischen der DDR und der Union der Sozialistischen Sowjetrepubliken v 7.10.1975 (GBl DDR 1975 II, 238) —— 211
Wiener Übereinkommen über die Staatennachfolge in Verträge v 22.8.1978 (ILM 17 [1978] 1488) [WKSV] —— 188 ff
Seerechtsübereinkommen der Vereinten Nationen v 10.12.1982 (BGBl 1994 II, 1799) [SRÜ] —— 150 ff
Wiener Übereinkommen über die Staatennachfolge in Staatsvermögen, Staatsschulden und Staatsarchive v 8.4.1983 (ILM 22 [1983] 306) —— 188 ff, 196 ff
Übereinkommen gegen Folter und andere grausame, unmenschliche oder erniedrigende Behandlung oder Strafe v 10.12.1984 (BGBl 1990 II, 246) [UN-Folterkonvention] —— 243
Europäisches Übereinkommen zur Verhütung von Folter und unmenschlicher oder erniedrigender Behandlung oder Strafe v 26.11.1987 (BGBl 1989 II, 946) —— 255
Übereinkommen über die Rechte des Kindes v 20.11.1989 (BGBl 1992 II, 122) [UN-Kinderkonvention] —— 245
Vertrag zwischen der Bundesrepublik Deutschland und der Deutschen Demokratischen Republik über die Herstellung der Einheit Deutschlands v 31.8.1990 (BGBl 1990 II, 889) [Einigungsvertrag bzw EV] —— 207, 217, 224, 225, 227, 228
Vertrag über die abschließende Regelung in bezug auf Deutschland v 12.9.1990 (BGBl 1990 II, 1318) [Zwei-plus-Vier-Vertrag] —— 145, 218
Vertrag über die Europäische Union v 7.2.1992 (BGBl 1992 II, 1253) idF des Vertrags von Lissabon v 13.12.2007 (BGBl 2008 II, 1038) (konsolidierte Fassung: ABl EU 2010, Nr C 83/13) [EU-Vertrag] —— 170, 252, 319
Rahmenübereinkommen zum Schutz nationaler Minderheiten v 10.11.1994 (EuGRZ 1995, 269) —— 36, 333, 335
United Nations Convention on Jurisdictional Immunity of States and their Property v 17.1.2005 <https://treaties.un.org/doc/source/recenttexts/english_3_13.pdf> —— 92

Judikatur
Ständiger Internationaler Gerichtshof
Nationality Decrees Issued in Tunis and Morocco (French Zone) on November 8th, 1921, Gutachten v 7.2.1923, PCIJ, Ser B, No 4, 7 *[Nationality Decrees]* —— 102
Case of the S.S. "Wimbledon" (United Kingdom, France, Italiy & Japan v Germany), Urteil v 17.8.1923, PCIJ, Ser A, No 1, 15 *[Wimbledon Case]* —— 83a

Mavrommatis Palestine Concessions (Greece v United Kingdom), Urteil v 30.8.1924, PCIJ, Ser A, No 2, 12 *[Mavrommatis-Konzessionen]* —— 117, 118
Factory at Chorzów (Germany v Poland), Urteil v 25.5.1926, PCIJ, Ser A, No 7 *[Chorzów]* —— 142
Lotus (France v Turkey), Urteil v 7.9.1927, PCIJ, Ser A, No 10 *[Lotus]* —— 4
Legal Status of Eastern Greenland (Denmark v Norway), Urteil v 5.4.1933, PCIJ, Ser A/B, No 53 *[Ostgrönland]* —— 139
Panevezys-Saldutiskis Railway (Estonia v Lithuania), Urteil v 28.2.1939, PCIJ, Ser A/B, No 76 *[Panevezys-Saldutiskis Eisenbahn]* —— 117

Internationaler Gerichtshof
Reparations for Injuries Suffered in the Service of the United Nations, Gutachten v 11.4.1949, ICJ Rep 1949, 174 *[Bernadotte]* —— 9, 12, 120
Asylum (Columbia v Peru), Urteil v 20.11.1950, ICJ Rep 1950, 266 *[Asyl]* —— 74
Nottebohm (Liechtenstein v Guatemala), Urteil v 6.4.1955, ICJ Rep 1955, 4 *[Nottebohm]* —— 101, 102, 107, 117, 119
North Sea Continental Shelf (Germany v Denmark; Germany v Netherlands), Urteil v 20.2.1969, ICJ Rep 1969, 3 *[Nordsee-Festlandsockel]* —— 79, 153
Barcelona Traction, Light and Power Co, Ltd (Second Phase) (Belgium v Spain), Urteil v 5.2.1970, ICJ Rep 1970, 3 *[Barcelona Traction]* —— 49, 116, 123, 124
Legal Consequences for States of the Continued Presence of South Africa in Namibia (South West Africa) Notwithstanding Security Council Resolution 276 (1970), Gutachten v 21.6.1971, ICJ Rep 1971, 16 *[Namibia]* —— 125
Western Sahara, Gutachten v 16.10.1975, ICJ Rep 1975, 12 *[Western Sahara]* —— 125
United States Diplomatic and Consular Staff in Tehran (USA v Iran), Urteil v 24.5.1980, ICJ Rep 1980, 2 *[Teheraner Geiseln]* —— 53, 56
Interpretation of the Agreement of 25 March 1951 between the WHO and Egypt, Gutachten v 20.12.1980, ICJ Rep 1980, 73 *[Übereinkommen WHO-Ägypten]* —— 12
Military and Paramilitary Activities in and against Nicaragua (Merits) (Nicaragua v USA), Urteil v 27.6.1986, ICJ Rep 1986, 14 *[Nicaragua (Merits)]* —— 125
Elettronica Sicual S.p.A (USA v Italy), Urteil v 20.7.1989, ICJ Rep 1989, 15 *[ELSI]* —— 124
Application of the Convention on the Prevention and Punishment of the Crime of Genocide (Provisional Measures) (Bosnia and Herzegovina v Serbia and Montenegro), Verfügung v 8.4.1993, ICJ Rep 1993, 3 *[Völkermordkonvention I]* —— 184
East Timor (Portugal v Australia), Urteil v 30.6.1995, ICJ Rep 1995, 89 *[East Timor]* —— 125
LaGrand (Germany v USA), Urteil v 27.6.2001, ICJ Rep 2001, 466 *[LaGrand]* —— 16
Arrest Warrant of 11 April 2000 (Congo v Belgium), Urteil v 14.2.2002, ICJ Rep 2002, 11 *[Arrest Warrant]* —— 48, 50a, 50b, 63
Armed Activities on the Territory of the Congo (Congo v Uganda), Urteil v 19.12.2005, ICJ Rep 2005, 168 *[Armed Activities]* —— 56
Application of the Convention on the Prevention and Punishment of the Crime of Genocide (Merits) (Bosnia and Herzegovina v Serbia and Montenegro), Urteil v 26.2.2007, ICJ Rep 2007, 43 *[Völkermordkonvention II]* —— 184
Ahmadou Sadio Diallo (Preliminary Objections) (Guinea v Congo), Urteil v 24.5.2007, ICJ Rep 2007, 582 *[Diallo]* —— 124
Jurisdictional Immunities (Germany v Italy), Urteil v 3.2.2012, ICJ Rep 2012, 99 *[Jurisdictional Immunities]* —— 98, 99
Obligation to Prosecute or Extradite (Belgium v Senegal), Urteil v 20.7.2012, ICJ Rep 2012, 422 *[Belgium v Senegal]* —— 50a
Immunities and Criminal Proceedings (Preliminary Objections) (Equatorial Guinea v France), Urteil v 6.6.2018, <https://www.icj-cij.org/files/case-related/163/163-20180606-JUD-01-00-EN.pdf> *[Equatorial Guinea v France]* —— 50b, 56a

Certain Iranian Assets (Preliminary Objections) (Iran v USA), Urteil v 13.2.2019, <https://www.icj-cij.org/files/case-related/164/164-20190213-JUD-01-00-EN.pdf> *[Iran v United States]* —— 121a

Ständiger Schiedshof
Island of Palmas Arbitration (Netherlands v USA), Schiedsspruch v 4.4.1928, RIAA II, 829 *[Palmas]* —— 131, 138

Internationale Schiedsgerichte
Britisch-Mexikanische Claims Commission, Schiedsspruch v 8.11.1929, RIAA V, 17 *[Lynch v United Mexican States]* —— 101
Robert E. Brown (United States) v Great Britain, British-US Claims Commission, Urteil v 23.11.1923, RIAA VI, 120 —— 203
F. H. Redward and Others (Great Britain) v United States, British-US Claims Commission, Urteil v 10.11.1925, RIAA VI, 157 *[Hawaiian Claims]* —— 203

Europäischer Gerichtshof für Menschenrechte
Urteil v 26.4.1979, Nr 6538/74, [1979] ECHR 1; EuGRZ 1979, 386 *[Sunday Times v United Kingdom]* —— 259
Urteil v 1.7.1985, Nr 11278/84, DR 43 (1985) 216 *[K and W v Netherlands]* —— 260
Urteil v 7.7.1989, Nr 1/1989/161/217, Ser A, Nr 161; EuGRZ 1989, 314; NJW 1990, 2183 *[Soering v United Kingdom]* —— 326
Urteil v 18.2.1991, Nr 12313/86, EHRR 13 (1991) 802; EuGRZ 1991, 149 *[Moustaquim v Belgium]* —— 294, 295
Urteil v 20.3.1991, Nr 46/1990/237/307, Ser A, Nr 201 *[Cruz Varas v Sweden]* —— 326
Urteil v 30.10.1991, Nr 13163/87, Ser A, Nr 215; NVwZ 1992, 869 *[Vilvarajah and others v United Kingdom]* —— 306
Urteil v 26.11.1991, Nr 13585/88, [1991] ECHR 49 *[Observer and others v United Kingdom]* —— 259
Urteil v 22.9.1994, Nr 23/1993/418/497, Ser A, Nr 296; EuGRZ 1996, 593 *[Hentrich v France]* —— 258
Urteil v 27.4.1995, Nr 5/1994/452/531-532, Ser A, Nr 314; InfAuslR 1996, 45 *[Piermont v France]* —— 290
Urteil v 8.2.1996, Nr 60/1995/566/652, ECHR 1996-I; EuGRZ 1996, 692 *[A. and others v Denmark]* —— 257
Urteil v 19.2.1996, Nr 23218/94, ECHR 1996-I, 160 *[Gül v Switzerland]* —— 286
Urteil v 25.6.1996, Nr 19776/92, ECHR 1996-III *[Amuur v France]* —— 256
Urteil v 16.9.1996, Nr 57/1995/563/649, ECHR 1996-IV; EuGRZ 1996, 514 *[Süßmann v Germany]* —— 257
Urteil v 15.11.1996, Nr 45/1995/551/637, ECHR 1996-V; EuGRZ 1999, 193 *[Cantoni v France]* —— 252
Urteil v 15.11.1996, Nr 22414/93, ECHR 1996-V; NVwZ 1997, 1093 *[Chahal v United Kingdom]* —— 255
Urteil v 18.12.1996, Nr 15318/89, EuGRZ 1997, 555 *[Loizidou v Türkei]* —— 252a
Urteil v 9.6.1998, Nr 44/1997/828/1034, ECHR 1998-IV *[Teixeira de Castro v Portugal]* —— 257
Urteil v 12.1.1999, Nr 31314/96, ECHR 1999-II; InfAuslR 1999, 321 *[Karassev v Finland]* —— 260
Urteil v 19.1.1999, Nr 44911/98, EuGRZ 2002, 144 *[Allaoui and others v Germany]* —— 262
Urteil v 18.2.1999, Nr 33158/96, ECHR 1999-I; EuGRZ 1999, 215 *[Laino v Italy]* —— 257
Urteil v 18.2.1999, Nr 24833/94, EuGRZ 1999, 200 *[Matthews v United Kingdom]* —— 252
Urteil v 25.3.1999, Nr 25444/94, ECHR 1999-II *[Pélissier and Sassi v France]* —— 257
Urteil v 25.3.1999, Nr 31107/96, ECHR 2000-XI *[Iatridis v Greece]* —— 258
Urteil v 28.7.1999, Nr 25803/94, NJW 2001, 56 *[Selmouni v France]* —— 243
Urteil v 28.10.1999, Nr 28396/95, ECHR 1999-VII; EuGRZ 2001, 475 *[Wille v Liechtenstein]* —— 258
Urteil v 20.1.2000, Nr 44770/98 *[Mekjah Shkelzen v Germany]* —— 326
Urteil v 5.4.2000, Nr 34382/97, EuGRZ 2000, 619 *[Denmark v Turkey]* —— 262
Urteil v 27.6.2000, Nr 22277/93, ECHR 2000-VII *[Ilhan v Turkey]* —— 243
Urteil v 11.7.2000, Nr 29192/95, ECHR 2000-VIII; InfAuslR 2000, 473 *[Ciliz v Netherlands]* —— 258
Urteil v 15.2.2001, Nr 42393/98, ECHR 2001-V; EuGRZ 2003, 595 *[Dahlab v Switzerland]* —— 258
Urteil v 31.5.2001, Nr 37591/97, ECHR 2001; EuGRZ 2001, 299 *[Metzger v Germany]* —— 257
Urteil v 13.9.2001, Nr 48967/99, EuGRZ 2001, 580 *[Güler v Germany]* —— 255
Urteil v 4.10.2001, Nr 43359/98, NJW 2003, 2595 *[Adam v Germany]* —— 255, 258

Urteil v 11.10.2001, Nr 51342/99, ECHR 2001-X; EuGRZ 2001, 576 *[Kalantari v Germany]* —— 255
Urteil v 11.10.2001, Nr 30943/96, EuGRZ 2002, 25 *[Sahin v Germany]* —— 258
Urteil v 11.10.2001, Nr 31871/96, EuGRZ 2001, 588 *[Sommerfeld v Germany]* —— 258
Urteil v 21.11.2001, Nr 35763/97, HRLJ 23 (2002) 39; AVR 40 (2002) 365 *[Al-Adsani v United Kingdom]* —— 96
Urteil v 12.12.2001, Nr 52207/99, NJW 2003, 413; EuGRZ 2002, 133 *[Banković]* —— 252a
Urteil v 21.12.2001, Nr 31465/96, EHRR 36 (2003) 7; InfAuslR 2002, 334 *[Sen v Netherlands]* —— 258, 286
Urteil v 5.2.2002, Nr 51564/99, ECHR 2002-I *[Conka v Belgium]* —— 292
Urteil v 26.2.2002, Nr 46544/99, ECHR 2001-I; EuGRZ 2002, 244 *[Kutzner v Germany]* —— 258
Urteil v 26.2.2004, Nr 74969/01, ECHR 2004-VI; EuGRZ 2004, 700 *[Görgülü v Germany]* —— 266
Urteil v 7.10.2004, Nr 33743/03, NVwZ 2005, 1043 *[Dragan v Germany]* —— 295
Urteil v 12.5.2005, Nr 46221/99, EuGRZ 2005, 463 *[Öcalan v Turkey]* —— 252a, 257
Urteil v 16.6.2005, Nr 60654/00, InfAuslR 2005, 349 *[Sisojeva v Latvia]* —— 295
Urteil v 30.6.2005, Nr 45036/98, NJW 2006, 197 *[Bosphorus v Ireland]* —— 252
Urteil v 17.1.2006, Nr 51431/99, InfAuslR 2006, 29 *[Aristimuno Mendizabal v France]* —— 295
Urteil v 2.3.2010, Nr 61498/08 *[Al Saadoon and Mufdhi v United Kingdom]* —— 252a, 306
Urteil v 21.1.2011, Nr 30696/09, NVwZ 201, 413 *[M.S.S. v Greece and Belgium]* —— 266a
Urteil v 7.7.2011, Nr 55721/07, NJW 2012, 283 *[Al-Skeini u a v United Kingdom]* —— 252a
Urteil v 7.7.2011, Nr 27021/08 – juris *[Al-Jedda v United Kingdom]* —— 252a
Urteil v 23.2.2012, Nr 27765/09, NVwZ 2012, 809 *[Hirsi Jamaa u a v Italy]* —— 252a, 266a, 284, 301, 317
Urteil v 13.12.2012, Nr 39630/09, NVwZ 2013, 613 *[El Masri v Macedonia]* —— 252c
Urteil v 19.3.2013, Nr 45971/08, FamRZ 2014, 367 *[Savasci v Germany]* —— 286
Urteil v 24.7.2012, Nr 28761/11, NVwZ 2015, 955 *[Al-Nashiri v Poland]* —— 252c
Urteil v 4.11.2014, Nr 29217/21, NVwZ 2015, 127 *[Tarakhel v Switzerland]* —— 252, 266a, 295a, 310b
Urteil v 26.1.2016, Nr 11916/15, OstEuR 2016, 392 *[R. v Russia]* —— 306a
Urteil v 23.2.2016, Nr 44883/09, NVwZ 2015, 955 *[Nasr u Ghali v Italy]* —— 252c
Urteil v 12.7.2016, Nr 11593/12, NLMR 2016, 328 *[A.B. u a v France]* —— 252, 295a
Urteil v 4.10.2016, Nr 32275/15 *[M.A.-M. u a v Finnland]* —— 295a, 310a, 310b,
Urteil v 13.12.2016, Nr 41738/10, NVwZ 2017, 1187 *[Paposhvili v Belgium]* —— 306c
Urteil v 15.12.2016, Nr 16483/12, NLMR 2016, 511 *[Khlaifa u a v Italy]* —— 292
Urteil v 30.5.2017, Nr 79480/13 *[E.T. u N.T. v Switzerland u Italy]* —— 295a, 310b
Urteil v 3.10.2017, Nr 8675/15 u 8697/15, juris *[N.D. u N.T. v Spain]* —— 317
Urteil v 30.11.2017, Nr 54646, juris *[X. v Germany]* —— 306a
Urteil v 8.5.2018 u 27.9.2018, Nr 17675/18, <http://hudoc.echr.coe.int/eng?i=001-186666> *[Saidani v Germany]* —— 306a
Urteil v 8.10.2018, Nr 46454/11, <http://hudoc.echr.coe.int/eng?i=001-183687> *[Abu Zubaydah v Lithuania]* —— 252c
Urteil v 28.2.2019, Nr 12267/16 *[Khan v France]* —— 252, 295a

Gerichtshof der Europäischen Gemeinschaften bzw Europäischen Union
Urteil v 19.1.1988, Rs 292/86, Slg 1988, 111 *[Gullung]* —— 103
Urteil v 7.7.1992, Rs 369/90, Slg 1992, I-4239 *[Micheletti]* —— 103
Gutachten v 28.3.1996, Slg 1996, I-1759 *[Gutachten 2/94]* —— 252
Urteil v 9.3.1999, Rs C-212/97, Slg 1999, I-1484 *[Centros]* —— 116
Urteil v 20.9.2001, Rs C-184/99, Slg 2001, I-6193 *[Grzelczyk]* —— 103
Urteil v 11.7.2002, Rs C-60/00, Slg 2002, I-6279 *[Carpenter]* —— 252
Urteil v 17.9.2002, Rs C-413/99, Slg 2002, I-07091 *[Baumbast]* —— 103
Urteil v 5.11.2002, Rs C-208/00, Slg 2002, I-9919 *[Überseering]* —— 116
Urteil v 26.11.2002, Rs C-100/01, Slg 2002, I-10981 *[Olazabal]* —— 284
Urteil v 12.6.2003, Rs C-112/00, Slg 2003, I-5659 *[Schmidberger/Brenner-Blockade]* —— 252
Urteil v 30.9.2003, Rs C-167/01, Slg 2003, I-10155 *[Inspire Art]* —— 116
Urteil v 13.12.2005, Rs C-411/03, Slg. 2005, I-10805 *[SEVIC]* —— 116

Urteil v 15.2.2007, Rs C-292/05, Slg 2007, I-1519 [Lechouritou u a] —— 96
Urteil v 16.12.2008, Rs C-210/06, Slg 2008, I-9641 [Cartesio] —— 116
Urteil v 2.3.2010, Rs C-135/08, Slg 2010, I-1449 [Rottmann] —— 105, 106
Urteil v 8.3.2011, Rs C-34/09, Slg. 2011, I-1177 [Ruiz Zambrano] —— 103a
Urteil v 5.5.2011, Rs C-434/09, Slg. 2011, I- 3375 [McCarthy] —— 103a
Urteil v 15.11.2011, Rs C-256/11, EU:C:2011:626 [Dereci] —— 103a
Urteil v 21.12.2011, Rs C-411/10 u C-493/10, NVwZ 2012, 417 [N.S.] —— 310
Urteil v 6.12.2012, Rs C-356/11, EU:C:2012:776 [O.S.] —— 103b
Urteil v 11.11.2014, Rs C-333/13, NJW 2015, 31 [Dano] —— 103, 103b
Gutachten v 18.12.2014, juris [Gutachten 2/2013] —— 252
Urteil v 15.9.2015, Rs C-67/14, NVwZ 2015, 1517 [Alimanovic] —— 103b
Urteil v 1.3.2016, Rs C-443/14 u a, NJW 2016, 1077 [Alo] —— 310a
Urteil v 7.3.2017, Rs C-638/16 PPU, juris [X. u X.] —— 303a
Urteil v 26.7.2017, Rs C-490/16, ZAR 2018, 213 [A.S.] —— 310a
Urteil v 26.7.2017, Rs C-646/16, NVwZ 2017, 1357 [Jafari] —— 310a
Urteil v 26.7.2017, Rs C-670/16, NVwZ 2017, 413 [Mengensteab] —— 310a
Urteil v 25.10.2017, Rs C-210/16, NVwZ 2018, 43 [Shiri] —— 310a
Urteil v 17.4.2018, Rs C-316/16 u a, EuGRZ 2018, 281 [Vomero] —— 310a
Urteil v 2.5.2018, Rs C 331/16, EuGRZ 2018, 255 [K.] —— 284
Urteil v 8.5.2018, Rs C-82/16, juris [K.A. u a] —— 310a
Urteil v 31.5.2018, C-647/16, NJW 2018, 2855 [Hassan] —— 310a
Urteil v 19.6.2018, C-181/16, NVwZ 2018, 1625 [Gnandi]—— 292, 310a
Urteil v 5.7.2018, C-213/17, NVwZ 2018, 1385 [X.] —— 310a
Urteil v 25.7.2018, Rs C-585/16, juris [Alheto] —— 310a
Urteil v 13.9.2018, Rs C-369/17, NVwZ-RR 2019, 119 [Ahmed] —— 284
Urteil v 4.10.2018, Rs C-56/17, BeckRS 2018, 23563 [Fathi] —— 306b
Urteil v 13.11.2018, Rs C-47/17, juris [X. u X.] —— 310a
Urteil v 23.1.2019, Rs C-661/17, juris [M.A. u a] —— 310a
Urteil v 12.3.2019, Rs C-221/17, juris [Tjebbes u a] —— 106

Deutsche Gerichte
BGH, Urteil v 4.10.1951, BGHZ 3, 178 [Deutsche Staatsangehörigkeit/Sonderfall Österreich] —— 204
BVerfG, Beschluss v 28.5.1952, BVerfGE 1, 322 [Zwangsverleihungen deutscher Staatsangehörigkeit] —— 102
BVerwG, Urteil v 30.10.1954, BVerwGE 1, 206 [deutsche Staatsangehörigkeit gebürtiger Österreicher] —— 204
BGH, Beschluss v 18.1.1956, BGHSt 9, 53 [Kohlhauser] —— 204
BGH, Urteil v 11.7.1957, BGHZ 25, 134 [Enteignung sudetendeutscher juristischer Person] —— 116
BayVGH, Beschluss v 20.2.1963, AVR 12 (1964/65) 218 [acta iure gestionis] —— 148
BVerfG, Beschluss v 30.4.1963, BVerfGE 16, 27 [Iranische Botschaft] —— 91
BGH, Urteil v 30.1.1970, BGHZ 53, 181 [Liechtensteiner Anstalt] —— 116
BVerfG, Urteil v 31.7.1973, BVerfGE 36, 1 [Grundlagenvertrag] —— 10, 178, 215
BVerfG, Beschluss v 21.5.1974, BVerfGE 37, 217 [Staatsangehörigkeit ehelicher Kinder] —— 101, 113
BVerfG, Beschluss v 13.12.1977, BVerfGE 46, 342 [Philippinisches Botschaftskonto] —— 93
BVerfG, Beschluss v 12.4.1983, BVerfGE 64, 1 [National Iranian Oil Company] —— 95
BGH, Urteil v 27.2.1984, BGHSt 32, 275 [Tabatabai] —— 72
BVerfG, Beschluss v 21.10.1987, BVerfGE 77, 137 [Teso] —— 215
BVerfG, Urteil v 31.10.1990, BVerfGE 83, 37 [Wahlrecht für Ausländer] —— 101
BVerfG, Urteil v 12.10.1993, BVerfGE 89, 155 [Maastricht] —— 103
BVerfG, Beschluss v 10.6.1997, BVerfGE 96, 68 [Immunität von Botschaftern] —— 60, 61, 64, 94
BVerwG, Urteil v 3.6.2003, BVerwGE 118, 216 [Vermeidung von Staatenlosigkeit] —— 114
BGH, Urteil v 26.6.2003, BGHZ 155, 279 [Distomo] —— 91, 96

BVerfG, Urteil v 14.10.2004, BVerfGE 111, 307 *[Gorgülü]* —— 266
BVerfG, Urteil v 18.7.2005, BVerfGE 113, 273 *[Europäischer Haftbefehl]* —— 103, 319
BGH, Beschluss v 5.10.2005, NJW-RR 2006, 198 *[Staatenimmunität bei Zwangsvollstreckung]* —— 93
BVerfG, Beschluss v 15.2.2006, BVerfGK 7, 303 *[Distomo]* —— 96
BVerfG, Beschluss v 24.5.2006, NVwZ 2006, 807 *[Rücknahme einer erschlichenen Einbürgerung]* ——110, 114
BVerfG, Beschluss v 19.9.2006, BVerfGK 9, 174 *[Konsularrechtsübereinkommen]* —— 16, 66
BVerfG, Beschluss v 6.12.2006, BVerfGE 117, 141 *[Immunität von Botschaftskonten]* —— 94
BGH, Beschluss v 6.11.2008, WM 2008, 2302 *[Vollstreckung in ein Grundstück]* —— 95
BVerfG, Beschluss v 15.12.2008, 2 BvR 2495/08, juris —— 95
BVerfG, Urteil v 30.6.2009, BVerfGE 123, 267 *[Vertrag von Lissabon]* —— 170, 84
BGH, Beschluss v 9.7.2009, BGHZ 182, 10 *[Europäische Schulen]* —— 94
BVerfG, Beschluss v 13.10.2009, BVerfGE 124, 267 *[Kosovo Einsatz der Bundeswehr]* —— 80
BGH, Beschluss v 25.11.2010, NJW-RR 2011, 647 —— 93
BGH, Beschluss v 30.1.2013, NJW 2013, 3184 *[Vollstreckbarerklärung ausl Schiedsspruchs]* —— 92b, 94
BGH, Beschluss v 4.7.2013, BeckRS 2013, 12429 *[Währungsreserven ausl Staates]* —— 95, 95b
BVerfG, Beschluss v 17.3.2014, 2 BvR 736/13, juris *[Griechische Quellensteuer]* —— 91, 94
OLG Schleswig, Urteil v 4.12.2014, BeckRS 2015, 08584 *[Griechische Staatsanleihen]* —— 91, 94
BGH, Urteil v 24.2.2015, NJW 2015, 2328 *[Argentinische Inhaberschuldverschreibungen]* —— 92a
OLG Köln, Urteil v 10.6.2015, BeckRS 2015, 12442 *[Staatenimmunität]* —— 91
BVerfG, Urteil v 15.12.2015, BVerfGE 141, 1 *[Treaty Override]* —— 99a
BGH, Urteil v 8.3.2016, BGHZ 209, 191 *[Griechische Staatsanleihen I]* —— 91, 94a, 94b
BGH, Urteil v 24.3.2016, BGHZ 209, 290 *[Staatenimmunität]* —— 91a, 95d
BVerwG, Urteil v 5.4.2016, BVerwGE 154 *[US-Drohneneinsätze]* —— 252c
BGH, Urteil v 22.9.2016, WM 2016, 2357 *[Botschaftsaußenstelle]* —— 54, 56a, 95c
BGH, Urteil v 25.10.2016, BGHZ 212, 318 *[Persönlichkeitsrecht u Staatenimmunität]* —— 91, 95a
BGH, Urteil v 19.12.2017, WM 2018, 223 *[Griechische Staatsanleihen II]* —— 92, 94a
BGH, Urteil v 19.12.2017, XI ZR 217/16, juris *[Griechische Staatsanleihen III]* —— 92, 94a
BGH, Urteil v 19.12.2017, XI ZR 247/16, juris *[Griechische Staatsanleihen IV]* —— 92, 94a
BGH, Urteil v 5.10.2018, NStZ-RR 2018, 386 *[Diplomatische Immunität bei Durchreise]* —— 64
BVerfG, Beschluss v 7.12.2018, 2 BvQ 105/18 u a, juris *[UN-Migrationspakt]* —— 283a

Britische Gerichte
Alcom v Republic of Colombia, House of Lords, Urteil v 12.4.1984, [1984] 2 All ER 6 —— 91
Al-Adsani v Government of Kuwait and Others, Court of Appeal, Urteil 12.3.1996, ILR 107, 536 *[Al-Adsani]* —— 96
Regina v Bow Street Metropolitan Stipendiary Magistrate, ex parte Pinochet Ugarte, House of Lords, Urteile v 25.11.1998 bzw v 24.3.1999, [1998] 3 WLR 1456 bzw [1999] 2 WLR 827 *[Pinochet]* —— 50
Jones v Ministry of the Interior of the Kingdom of Saudi Arabia, House of Lords, Urteil v 14.6.2006, [2006] 2 WLR 1424 *[Jones]* —— 96

Italienische Gerichte
Luigi Ferrini v BR Deutschland, Corte Suprema di Cassazione, Urteil v 6.11.2003, RivDI 87 (2004) 539 *[Ferrini]* —— 97
Luigi Ferrini v BR Deutschland, Corte Suprema di Cassazione, Beschlüsse v 6.5.2008 —— 97
Corte Suprema di Cassazione, Urteil v 29.5.2008, NVwZ 2008, 1100 *[Distomo]* —— 97
Corte Suprema di Cassazione, Urteil v 21.10.2008, RivDI 92 (2009) 618 *[Milde]* —— 97
Corte d'Apello di Firenze, Urteil v 21.10.2008 —— 97
Corte Constituzionale, Urteil v 22.10.2014, abrufbar unter <http://www.cortecostituzionale.it/action SchedaPronuncia.do?anno= 2014&numero=238> —— 99a

US-amerikanische und kanadische Gerichte
Alfred Dunhill of London, Inc. v Republic of Cuba, Supreme Court, Urteil v 19.1.1976, US 425 (1976) 682 —— 91
United States v Noriega, US District Court, Southern District of Florida, Urteil v 8.6.1990, 746 F.Supp. 1506 *[US v Noriega]* —— 45
Republic of Argentina v Weltover Inc, US Supreme Court, Urteil v 12.6.1992, 504 US 607 (1992) —— 91
Bouzari v Islamic Republic of Iran, Court of Appeal for Ontario, Urteil v 30.6.2004, Docket C38295 *[Bouzari]* —— 96
Bank Markazi v Peterson u a, US Supreme Court, Urteil v 20.4.2016, S Ct Rep 136 (2016), 1310 ff *[Bank Markazi v Peterson]* —— 21a

I. Die Rechtsträger im Völkerrecht, ihre Organe und die Regeln des zwischenstaatlichen Verkehrs

1. Rechtsträger und Handelnde im Völkerrecht

1 Der in anderen Rechtsordnungen geltende Begriff *droit international public* oder *public international law* erscheint im Hinblick auf die Entwicklung der vergangenen Jahrzehnte sachgerechter als der im deutschen Recht gebräuchliche Begriff *Völkerrecht*. Dies liegt insbes daran, dass sich das Völkerrecht tatsächlich nicht ausschließlich mit Völkern oder Staaten beschäftigt. Dennoch hat sich im dt Sprach- und Rechtsraum seit langem der Begriff „Völkerrecht" durchgesetzt und wird nicht allein aus Gründen der Traditionswahrung beibehalten. Zutreffend an den bisherigen Einwänden ist jedoch, dass neben Völkern und Staaten zunehmend auch andere Wirkungseinheiten und Akteure wie I.O., transnationale Wirtschaftsunternehmen, private Sicherheitsunternehmen, nationale Befreiungsbewegungen und der einzelne Mensch als Individuum in den Blickpunkt völkerrechtlicher Fragestellungen rücken. Allerdings reichen internationale Tätigkeiten allein idR nicht aus, um den Status eines Völkerrechtssubjekts zu erreichen.

2 *Völkerrechtssubjekt* ist grundsätzlich nur, wer *Träger völkerrechtlicher Rechte und/oder Pflichten* ist, und wessen *Verhalten unmittelbar durch das Völkerrecht geregelt* wird.[1] Art und Umfang der Völkerrechtssubjektivität richten sich nach der Natur des einzelnen Rechtsträgers und seiner Stellung in der Völkerrechtsordnung. So bestimmt sich der Umfang völkerrechtlicher Rechte und Pflichten der I.O. nach der Aufgabenstellung und ihren Funktionen nach Maßgabe der Gründungsverträge.

3 Kennzeichnend für Völkerrechtssubjektivität sind bspw die Aufnahme diplomatischer Beziehungen, der Abschluss völkerrechtlicher Verträge oder die Möglichkeit, eigene Interessen durch Beschwerde oder Klage bei einem internationalen Ausschuss oder Gerichtshof durchzusetzen.[2] Diese Möglichkeit haben Individuen – von wichtigen Ausnahmen wie dem Europäischen Gerichtshof für Menschenrechte (EGMR) abgesehen – im Völkerrecht typischerweise nicht.

a) Entwicklung

4 Bis zum Beginn des 20. Jh wurde Völkerrecht im Wesentlichen als zwischenstaatliches Recht verstanden, obgleich bereits damals in geringem Umfang nichtstaatliche Völkerrechtssubjekte wie der Heilige Stuhl existierten.[3] Mit Gründung des Völkerbundes (1919) und der UNO (1945) mit ihren Spezialorganisationen (ILO, UNESCO, WHO, IMF u a) erlangten die I.O. zunehmend völkerrechtliche Bedeutung.[4] Dennoch führte dies zunächst nicht dazu, dass ihnen in der internationalen Rechtsprechung Völkerrechtssubjektivität zuerkannt wurde. Noch 1927 stellte der Ständige Internationale Gerichtshof (StIGH) im *Lotus*-Fall fest, dass das Völkerrecht seiner Natur nach das *zwischen Staaten geltende Recht* sei.[5]

---

1 *Verdross/Simma*, Universelles Völkerrecht, 3. Aufl 1984, 22.
2 *Crawford*, Brownlie's Principles of Public International Law, 8. Aufl 2012, 126; *Starke*, Introduction to International Law, 10. Aufl 1989, 58 mwN.
3 Zur Entwicklung des Völkerrechts *Graf Vitzthum*, 1. Abschn Rn 88 ff.
4 *Schmahl*, 4. Abschn Rn 1 ff, 8 ff.
5 PCIJ, Ser A, No 10, 18.

Im Völkerrecht setzte sich mit der Zeit dennoch eine funktionale Betrachtungsweise durch, welche zunehmend auch I. O., Individuen und Gruppen in unterschiedlichem Umfang einbezog. Aus dem Völkerrecht entwickelte sich das *Recht der internationalen Beziehungen*.[6] Richtungweisend für diese Entwicklung war die allmähliche Übertragung von Aufgaben auf I. O. und die bewusste und letztlich auch selbstgewählte Einschränkung staatlicher Souveränität durch die Menschenrechte. Damit war zugleich die Idee einer internationalen Ordnung geboren, die nicht mehr ausschließlich auf der Leistung der einzelnen Staaten beruhte, sondern ihren Geltungsgrund aus der Wohlfahrt der gesamten Menschheit und den unveräußerlichen Menschenrechten ableitete.[7]

Die *Erweiterung des Kreises der Völkerrechtssubjekte* im Verlauf des 20. Jh veränderte das überkommene Gefüge des Völkerrechts. Davon unberührt sind jedoch Staaten auch weiterhin die wichtigsten Akteure der Völkerrechtsordnung (vgl u Rn 76 ff), und das Völkerrecht ist unverändert stark von einem zwischenstaatlichen Charakter geprägt.[8] Die Forderung, auch andere Wirkungseinheiten, insbes den Einzelnen (vgl u Rn 229 ff), in größerem Umfang zu internationalen Beteiligten zu machen und sie so den Staaten allmählich gleichzustellen, verkennt, dass die Stabilität der Völkerrechtsordnung im Wesentlichen auf der staatlichen Souveränität beruht. Nicht zuletzt deswegen war den Versuchen, Minderheiten einen völkerrechtlichen Status einzuräumen, bisher kein Erfolg beschieden. Allerdings ist dabei auch zu berücksichtigen, dass die Staaten als Hauptakteure des Völkerrechts unverändert über die Einräumung von Völkerrechtssubjektivität wachen und grundsätzlich zurückhaltend sind, diese mit anderen internationalen Akteuren zu teilen.

b) Einteilung der Völkerrechtssubjekte

Nach Art und Umfang völkerrechtlicher Rechte und Pflichten unterscheidet man zwischen den unbeschränkten und den beschränkten oder partiellen Völkerrechtssubjekten.

Unbeschränkte Völkerrechtssubjektivität kommt lediglich den *Staaten* zu, weil nur sie Träger sämtlicher völkerrechtlicher Rechte und Pflichten sind. Sie werden auch als *originäre* oder geborene Völkerrechtssubjekte bezeichnet, da sie aufgrund ihrer Eigenschaft als politisch organisierter Personenverband Beteiligte völkerrechtlicher Beziehungen sind.[9]

Im Gegensatz hierzu stehen die *derivativen* oder *abgeleiteten* Völkerrechtssubjekte, deren Rechtssubjektivität auf einer Ermächtigung durch die Staaten zumeist in Form eines Gründungsvertrags beruht. Diese Akteure werden auch als *partielle* oder *beschränkte* Völkerrechtssubjekte bezeichnet, da ihnen nur bestimmte Rechte und

---

6 Vgl *Graf Vitzthum*, 1. Abschn Rn 18 f, 30 f.
7 Vgl *Mosler*, Die Erweiterung des Kreises der Völkerrechtssubjekte, ZaöRV 22 (1962) 1 ff; eingehend dazu *Graf Vitzthum*, Der Staat der Staatengemeinschaft, 2006.
8 Vgl *Rudolf*, Der Staat als Völkerrechtssubjekt zwischen Globalisierung und Partikularismus, Staatsrecht und Politik, 2009, 407 ff; *Hillgruber*, Der Staat im Völkerrecht, ZRph 5 (2007) 9 ff; *Reinhard*, Aufstieg und Niedergang des modernen Staates, Zeitschr f Staats- u Europawissenschaften 5 (2007) 8 ff.
9 *Epping*, in Ipsen (Hrsg), Völkerrecht, 7. Aufl 2018, § 5 Rn 1 ff: Staat als „Normalperson" des Völkerrechts.

Pflichten zukommen.¹⁰ Je nach Aufgabenbereich und Art der übertragenen Befugnisse unterscheidet sich die Rechtsstellung beschränkt völkerrechtsfähiger Rechtssubjekte. Dies wird deutlich, wenn man so unterschiedliche Akteure wie etwa die als kriegführende Partei anerkannten Aufständischen, die Gliedstaaten von Bundesstaaten oder den Weltpostverein betrachtet.

10 Von der völkerrechtlichen Rechtspersönlichkeit ist die *rechtliche Handlungsfähigkeit* zu trennen, auch wenn beide Elemente idR zusammenfallen. So war etwa das Deutsche Reich nicht dadurch untergegangen, dass die Alliierten mit Erklärung v 5.6.1945 die oberste Regierungsgewalt übernahmen.¹¹ Der Umfang der Handlungsfähigkeit entspricht der Rechtsfähigkeit. Ein Handeln außerhalb dieser Grenzen *(ultra vires)* kann keine völkerrechtliche Bindung herbeiführen.

11 Im Übrigen ist die Rechts- und Handlungsfähigkeit nach Völkerrecht von der nach innerstaatlichem Recht zu trennen. So genießt die UNO nach Art 104 UN-Charta im Hoheitsgebiet jedes Mitgliedstaates die Rechts- und Geschäftsfähigkeit, die zur Wahrnehmung ihrer Aufgaben und Ziele erforderlich ist. In ähnlicher Weise sieht Art 335 AEUV vor, dass die EU „[...] in jedem Mitgliedstaat die weitestgehende Rechts- und Geschäftsfähigkeit [besitzt], die juristischen Personen nach dessen Rechtsvorschriften zuerkannt ist; sie kann insbesondere bewegliches und unbewegliches Vermögen erwerben und veräußern sowie vor Gericht stehen."

c) Internationale Organisationen

12 Den üblicherweise von Staaten gegründeten I.O.¹² kommt unter den beschränkten Völkerrechtssubjekten eine besondere Bedeutung zu. Ihre Völkerrechtssubjektivität wurde vom IGH im *Bernadotte*-Gutachten v 1949 schließlich anerkannt.¹³ Eine I.O. liegt vor, wenn sich Staaten auf der Grundlage eines völkerrechtlichen Vertrages auf Dauer oder für eine bestimmte Zeit¹⁴ zu einem gemeinsamen Zweck in der Form zusammenschließen, dass sie Organe selbständig mit der Wahrnehmung der vertraglich vereinbarten Aufgaben betrauen.¹⁵ Das Tätigkeitsfeld kann sich wandeln und über das ursprünglich in den Gründungsverträgen festgelegte hinausgehen, wenn sich dies durch dynamische Auslegung von Sinn und Zweck des jeweiligen Vertrags ergibt *(effet utile)*. Damit einher geht eine Kompetenzerweiterung der zuständigen Organe *(implied powers)*. In der Regel haben I.O. drei Organe: eine Versammlung, ein Organ, das sich aus Delegierten der einzelnen Staaten zusammensetzt und mit Exekutivbefugnissen ausgestattet ist, sowie ein Sekretariat, das Verwaltungsaufgaben wahrnimmt (vgl u Rn 160 ff).

---

10 Vgl zur beschränkten Völkerrechtssubjektivität der I. O., insbes der UNO, das IGH-Gutachten im *Bernadotte*-Fall, ICJ Rep 1949, 174, 180.
11 BVerfGE 36, 1; hierzu auch *Gornig*, Der völkerrechtliche Status Deutschlands zwischen 1945 und 1990, 2007, 19 ff.
12 *Schmahl*, 4. Abschn Rn 32 ff.
13 ICJ Rep 1949, 174, 178 *[Bernadotte]*. Vgl auch ICJ Rep 1980, 73, 89 *[Übereinkommen WHO-Ägypten]*. Vgl auch *Schmalenbach*, International Organizations, General Aspects, MPEPIL V, 1126 ff; *Breuer*, Die Völkerrechtspersönlichkeit Internationaler Organisationen, AVR 49 (2011) 4 ff.
14 Vgl Art 97 EGKSV.
15 Vgl *Epping*, in Ipsen (Fn 9) § 6 Rn 7 ff.

Eine Sonderstellung unter den I.O. nimmt die UNO ein. Ihr Hauptaugenmerk ist 13 auf die Aufrechterhaltung von internationaler Sicherheit und Frieden sowie den Schutz der Menschenrechte gerichtet. Zu diesem Zweck hat die UNO Abkommen in den verschiedensten Bereichen geschlossen, welche von *peace-keeping operations,* speziellen Konferenzen bis hin zu den Abkommen über die Sitze in Genf und New York reichen. Mit dem *Headquarters Agreement* zwischen der UNO und den USA v 26.6.1947[16] wurden der UNO Vorrechte und Immunitäten wie im Gesandtschaftswesen gewährt.

d) Der Einzelne

Neben den I.O. werden auch dem Einzelnen, insbes durch die *Menschenrechtskon-* 14 *ventionen,* in zunehmendem Umfang Rechte eingeräumt. Eine Rechtsträgerschaft des Einzelnen wurde früher auf Grund der klassischen, durch die Objekttheorie geprägten Lehre abgelehnt.[17] Grundsätzlich sollte ihn der jeweilige Heimatstaat auf internationaler Ebene vertreten *(Mediatisierung).* Die Einbindung des Einzelnen erfolgte zunächst in völkerrechtlichen Verträgen, die vorrangig die besonderen Situationen von Einzelnen im Blick hatten und deren Schutz dienen sollten, so etwa das III. Genfer Abkommen über die Behandlung von Kriegsgefangenen und das IV. Genfer Abkommen zum Schutze von Zivilpersonen in Kriegszeiten v 1949. Hierbei wurden bestimmte Rechte für Einzelpersonen vorgesehen.

Die traditionelle völkerrechtliche *Mediatisierung des Einzelnen* findet sich unge- 15 achtet jüngerer Entwicklungen gegenwärtig unverändert im Bereich des *diplomatischen Schutzes.*[18] Eine Verletzung der völkerrechtlichen Regeln des fremdenrechtlichen Mindeststandards durch den Gaststaat, in welchem sich der Ausländer aufhält, *berechtigt den Heimatstaat* im Wege des diplomatischen Schutzes zur Geltendmachung eigener (zwischenstaatlicher) Rechte *gegenüber dem Gaststaat.* Der zwischenstaatliche Charakter der sich hieraus ergebenden Rechte und Pflichten zeigt sich daran, dass ein Verzicht auf den diplomatischen Schutz durch den Fremden oder in den Bestimmungen des Gaststaats, wie er zB in den so genannten *Calvo*-Klauseln vorgesehen war, rechtlich nicht anerkannt wurde und daher als unbeachtlich angesehen wird. Unabhängig davon ist der Heimatstaat berechtigt, zum Nachteil seines eigenen Staatsangehörigen ohne dessen Zustimmung auf diplomatische Schutzrechte zu verzichten.[19]

Dem Schutz von Staatsangehörigen in einem Empfangsstaat sollen auch die Be- 16 stimmungen von Art 36 und 37 der *Wiener Konsularrechtskonvention* dienen. Hier sind namentlich Rechte enthalten, die den Kontakt der Konsularbeamten mit den eigenen Staatsangehörigen ermöglichen sollen; im Falle von Freiheitsentziehungen kann der Betroffene verlangen, dass die konsularische Vertretung seines Landes informiert wird. Dies wird ergänzt durch eine Pflicht des Empfangsstaats, den Be-

---

16 11 UNTS 11.
17 Vgl *Mosler* (Fn 7) 30; *Grzeszick,* Rechte des Einzelnen im Völkerrecht, AVR 43 (2005) 312 ff.
18 Zum diplomatischen Schutz *Dugard,* Diplomatic Protection, MPEPIL III, 114 ff; *Doehring,* Völkerrecht, 2. Aufl 2004, Rn 868 ff.
19 *Orrego Vicuña,* ILA, London Conference 2000, Interim Report on „The Changing Law of Nationality of Claims", Committee on Diplomatic Protection of Persons and Property, 30 f.

troffenen über seine Rechte aus der letztgenannten Verpflichtung zu unterrichten. Der Staat, dessen Staatsangehörigen die Verletzung eines solchen Rechts widerfahren ist, kann die Rechte gegen den verletzenden Staat geltend machen.[20]

17   Die Natur des Schutzes des Einzelnen ändert sich allerdings, sobald es sich um eigene, völkerrechtliche Rechte des Einzelnen handelt, insbes um *Menschenrechte*. Dann ist *der Einzelne materiell Rechtsinhaber* und hat die Möglichkeit, seine Rechte selbständig in einem völkerrechtlichen Verfahren, wie zB der Individualbeschwerde nach der EMRK, geltend zu machen (vgl u Rn 250 ff). Aber auch in den Fällen, in denen er keinen direkten Zugang zu internationalen Instanzen hat, geht die Entwicklung dahin, dass sein Heimatstaat in zunehmendem Maße nicht mehr nur seine eigenen Rechte, sondern in Vertretung seiner Staatsangehörigen zu deren Gunsten Rechte geltend macht. Noch weitergehend wird heute von der *Nationality Rule*, wonach der Staat nur seine eigenen Staatsangehörigen zu schützen befugt ist, eine Ausnahme gemacht, wenn Rechte aus der Verletzung elementarer Menschenrechte, die *erga omnes* verpflichtend sind, geltend gemacht werden. Zudem sind mittlerweile auch zahlreiche subjektive Rechtspositionen von Individuen außerhalb des traditionellen Kanons der Menschenrechte festzustellen.[21]

18   Ein anderes Beispiel für die Weiterentwicklung der Rechtsstellung des Einzelnen findet sich im *Flüchtlingsrecht* (vgl u Rn 297 ff). Menschen, die ihren Heimatstaat verlassen hatten, standen einst weder unter dem Schutz ihres ursprünglichen Heimatstaats noch eines anderen Völkerrechtssubjekts. Sie besaßen auch keinen eigenen völkerrechtlichen Status. Zu ihrem Schutz wurde zunächst das Amt des Hochkommissars für Flüchtlinge eingerichtet. Zugleich wurde die Internationale Flüchtlingsorganisation (IRO) gegründet. Beide wurden 1951 durch den Hohen Flüchtlingskommissar der UNO (UNHCR) abgelöst. Die *Genfer Flüchtlingskonvention v 1951*, die zunächst räumlich auf Europa und zeitlich auf die Folgen des Zweiten Weltkriegs beschränkt war, gilt aufgrund des New Yorker Zusatzprotokolls v 31.1.1967 für alle Flüchtlinge in allen Vertragsstaaten.[22] Auch wenn den Flüchtlingen durch die Konvention gewisse Rechte gewährt werden, ergibt sich hieraus keine Anerkennung als Völkerrechtssubjekte.

19   Die *Europäische Menschenrechtskonvention* (EMRK) v 4.11.1950 erkennt auf regionaler Ebene eine partielle Völkerrechtssubjektivität des Einzelnen an, da es diesem erstmals in der Geschichte des Völkerrechts ermöglicht wurde, nach Art 34 EMRK eigene Rechte in einem völkerrechtlichen Verfahren gegen einen Vertragsstaat der EMRK bei der damaligen Menschenrechtskommission durchzusetzen. Die früher bestehende Zweiteilung zwischen Gerichtshof und Kommission ist durch das 11. Zusatzprotokoll zur EMRK aufgehoben worden.[23]

20   Die nach dem Vorbild der EMRK erarbeitete *Amerikanische Menschenrechtskonvention* v 22.11.1969 sieht in Art 44 ebenfalls eine Individualbeschwerde vor und erwei-

---

20 Vgl das Urteil des IGH im *LaGrand*-Fall, ICJ Rep 2001, 466 ff. S auch BVerfGK 9, 174 *[Konsularrechtsübereinkommen]*.
21 Eingehend *Peters*, Jenseits der Menschenrechte, 2014, 153 ff, 257 ff, 307 ff u 343 ff.
22 *Kimminich*, Der Internationale Rechtsstatus des Flüchtlings, 285 ff; Zimmermann (Hrsg), The 1951 Convention Relating to the Status of Refugees and its 1967 Protocol, 2011.
23 Eingehend aus jüngster Zeit Karpenstein/Mayer (Hrsg), EMRK, 2. Aufl 2015; *Meyer-Ladewig/Nettesheim/von Raumer*, EMRK, 4. Aufl 2017.

tert diese auf Personengruppen und private Organisationen, sofern ihre Heimatstaaten den Gerichtshof anerkannt haben.

Auf universaler Ebene bestehen deutlich geringere Durchsetzungsmöglichkeiten als auf der Ebene der regionalen Menschenrechtskonventionen. In der Allgemeinen Erklärung der Menschenrechte der UN-Generalversammlung v 10.12.1948 ist kein Durchsetzungsmechanismus vorgesehen; der *Internationale Pakt über bürgerliche und politische Rechte* v 19.12.1966 sieht in einem Zusatzprotokoll eine Individualbeschwerde zum Menschenrechtsausschuss vor, sofern sich der Heimatstaat diesem Verfahren unterworfen hat. Der Ausschuss kann den betreffenden Staat zu einer Stellungnahme auffordern, jedoch kein bindendes Urteil erlassen. Ungeachtet dessen hat die im Anschluss an die Prüfung der von der Einzelperson und dem betroffenen Vertragsstaat unterbreiteten schriftlichen Angaben erarbeitete Stellungnahme eine erhebliche politische Bedeutung, indem sie einen Vertragsstaat, bei dem der Ausschuss eine Vertragsverletzung festgestellt hat, zwingt, sich international und ggf innerstaatlich zu rechtfertigen. 21

Völkerrechtliche *Pflichten des Einzelnen* sind bisher nur in bestimmten Fällen nachweisbar. Grundsätzlich werden Handlungen, die auf Grund internationalen Rechts strafbar sind,[24] von *innerstaatlichen* Gerichten verfolgt. Der Grund für diese Zurückhaltung liegt darin, dass die staatliche Souveränität durch einen unmittelbaren Zugriff des Völkerrechts auf Handlungen staatlicher Amtsträger, um die es bei der internationalen Strafgerichtsbarkeit regelmäßig geht, durchbrochen würde. Eine völkerrechtliche Inpflichtnahme des Einzelnen erfolgte erstmalig durch die Schaffung des Interalliierten Militärgerichtshofs (des späteren Nürnberger Gerichtshofs) auf der Grundlage des Londoner Viermächteabkommens.[25] Im *Nürnberger Kriegsverbrecherprozess* wurden Verbrechen gegen die Menschlichkeit und Verbrechen gegen den Frieden, wie die Führung eines Angriffskriegs oder die Beteiligung an einem solchen, als völkerrechtliche Delikte von Einzelpersonen verfolgt. Während Verbrechen gegen die Menschlichkeit nach den innerstaatlichen Gesetzen bereits zuvor mit Strafe bedroht waren, stellte die Verfolgung wegen der Verbrechen gegen den Frieden eine Neuerung dar.[26] Versuche, die hier und in den Tokioter Prozessen[27] aufgestellten Grundsätze zu kodifizieren, scheiterten zunächst. 22

Erst nach dem Bürgerkrieg im ehemaligen Jugoslawien errichtete der Sicherheitsrat auf der Grundlage von Kap VII der UN-Charta einen Gerichtshof,[28] dessen Aufgabe darin besteht, schwere Menschenrechtsverletzungen, die seit 1991 auf dem Gebiet des ehemaligen Jugoslawien begangen wurden, zu verfolgen.[29] Ein weiteres 23

---

24 *Schröder*, 7. Abschn Rn 38 ff.
25 AJIL Suppl 39 (1945) 357; dazu *Jescheck*, Nuremberg Trials, EPIL III, 1997, 747 f.
26 Vgl das Urteil des IMT, AJIL 41 (1947) 172.
27 AJIL 39 (1945), Suppl, 264.
28 S/RES/808 (1993), VN 41 (1993) 71 ff.
29 Vgl zu den Kriegsverbrechen und dem IStGH *Meron*, War Crimes in Yugoslavia and the Development of International Law, AJIL 88 (1994) 78 ff; *Oellers-Frahm*, Das Statut des Internationalen Strafgerichtshofs zur Verfolgung von Kriegsverbrechern im ehemaligen Jugoslawien, ZaöRV 54 (1994) 416 ff; *Shraga/Zacklin*, The International Criminal Tribunal for the Former Yugoslavia, EJIL 5 (1994) 360 ff; *Thürer*, Vom Nürnberger Tribunal zum Jugoslawien-Tribunal und weiter zu einem Weltstrafgerichtshof?, SZIER 3 (1993) 491 ff; *Tomuschat*, Ein Internationaler Strafgerichtshof als Element einer Weltfriedensordnung, EA 1994, 61 ff. Zur Rechtsprechung des Jugolawien-Tribunals *Rakate*, The Char-

internationales Tribunal wurde auf Grund einer Resolution des Sicherheitsrats für Ruanda errichtet.[30]

24 Das Jugoslawien- und das Ruanda-Tribunal waren internationale Strafgerichtshöfe mit begrenzter sachlicher Kompetenz und als solche nicht auf Dauer eingerichtet. Dennoch war die Einsetzung dieser Tribunale ein Meilenstein auf dem Weg zur Errichtung einer permanenten internationalen Strafgerichtsbarkeit. Bereits die am 9.12.1948 von der UN-Generalversammlung verabschiedete Völkermordkonvention hatte in Art VI vorgesehen, dass wegen Völkermord angeklagte Personen sich entweder vor einem Gericht des Staates, oder Mitgliedstaats des Begehungsorts oder vor einem internationalen Gericht verantworten sollten. 1994 legte die ILC den Entwurf für das *Statut des Internationalen Strafgerichtshofs* vor, das am 17.7.1998 in Rom angenommen wurde.[31] Das Statut ist am 1.7.2002 in Kraft getreten.[32]

25 Die Jurisdiktion des Internationalen Strafgerichtshofs (IStGH) erstreckt sich auf vier Arten von Verbrechen gegen das Völkerrecht, namentlich Völkermord, Verbrechen gegen die Menschlichkeit, Kriegsverbrechen und Aggression (Art 5 des Statuts des Internationalen Strafgerichtshofs – SIStGH), wobei zunächst nur die drei erstgenannten Verbrechen tatbestandlich definiert wurden (Art 6 bis 9 SIStGH). Nachdem sich auf der ersten Überprüfungskonferenz in Kampala die Vertragsstaaten einstimmig auf eine Definition des Verbrechens der Aggression[33] in Art 8bis geeinigt hatten, wurde sie mit Wirkung vom 1.7.2017 durch Änderung von § 13 VStGB in dt Recht umgesetzt.[34] Im Übrigen trat die Änderung des SIStGH nach dem Beschluss der Versammlung der Vertragsparteien im Juli 2018 in Kraft.[35] Grundsätzlich schließen Art 11 und 24 des Statuts eine Rückwirkung aus. Die Grundsätze *nullum crimen sine lege* (Art 22 SIStGH) und *nulla poena sine lege* (Art 23 SIStGH) finden ebenso Anwendung wie die Unschuldsvermutung (Art 66 SIStGH).

---

acterisation of Conflicts in International Law, Stellenbosch LR 11 (2000) 277 ff. Zum Konflikt zwischen staatlicher Souveränität und internationaler Strafgerichtsbarkeit *Cryer*, International Criminal Law vs State Sovereignity, EJIL 16 (2005) 979; *Nagan/Hammer*, The Changing Character of Sovereignty in International Law and International Relations, Colum J Transnat'l L 43 (2004) 141 ff; *Akande*, International Law Immunities and the International Criminal Court, AJIL 98 (2004) 407 ff; *Uerpmann-Wittzak*, Immunität vor internationalen Strafgerichten, AVR 44 (2006) 33 ff.

30 Vgl zur Schaffung des Internationalen Strafgerichtshofs für Ruanda die Res des Sicherheitsrats 955 (1994) v 8.11.1994, VN 43 (1995) 39 ff.

31 Römisches Statut des Internationalen Strafgerichtshofes (BGBl 2000 II, 1394; zur Anpassung des dt Rechts und zur Änderung des Art 16 Abs 2 GG vgl das Einführungsgesetz zum Römischen Statut v 21.6.2002 [BGBl 2002 I, 2254]); vgl auch *Kinkel*, Der Internationale Strafgerichtshof, NJW 1998, 2650 ff; *Roggemann*, Die Internationalen Strafgerichtshöfe, Ergänzungsband, 2. Aufl 1998; *Benzing*, Sovereignty and the Responsibility to Protect International Criminal Law, FS Wolfrum, 2008, 17 ff; *Malone*, International Criminal Justice on the Move, J Int'l Inst 50 (2008) 569 ff; eingehend Triffterer/Ambos (Hrsg), Commentary on the Rome Statute of the International Criminal Court, 3. Aufl 2016; *Schabas*, The International Criminal Court: Struggling to Find its Way, in Cassese (Hrsg), Realizing Utopia, 250 ff.

32 Vgl *Werle*, Völkerstrafrecht und deutsches Völkerstrafgesetzbuch, JZ 2012, 373 ff; *Meyer*, Der Internationale Strafgerichtshof und das deutsche Völkerstrafrecht, DRiZ 2011, 19 ff.

33 Vgl Kreß/Barriga (Hrsg), The Crime of Aggression, 2017.

34 BGBl I 2016, 3150 (in Kraft 1.1.2017); dazu *Kreß*, Die Aktivierung der Zuständigkeit des IStGH für das Verbrechen der Aggression, AVR 56 (2018) 269 ff.

35 *Kreß*, Durchbruch in New York, GA 2018, 274 ff; eingehend *Ambos*, Internationales Strafrecht, 138 ff.

Art 12 Abs 1 SIStGH bindet die Gerichtsbarkeit des IStGH grundsätzlich an den **26** Beitritt der Staaten zum Statut. Die Gerichtsbarkeit erstreckt sich nur auf Verbrechen, die nach In-Kraft-Treten des Statuts begangen wurden. Zuständig ist der Gerichtshof für Taten, die entweder im Hoheitsgebiet eines Vertragsstaats oder durch Staatsangehörige eines Vertragsstaats begangen wurden (Art 12 Abs 2 SIStGH). Art 12 Abs 2 u 3 iVm Art 13 SIStGH ermöglichen ferner die Unterwerfung von Nichtsignataren unter die Gerichtsbarkeit des IStGH für den Einzelfall. Der Sicherheitsrat kann dem Gerichtshof die Durchführung eines Verfahrens untersagen (Art 16 SIStGH). Die Gerichtsbarkeit des Strafgerichtshofs erstreckt sich auf natürliche Personen (Art 25 SIStGH) über 18 Jahren, wobei auf die Tatzeit abgestellt wird (Art 26 SIStGH).

Das anwendbare Recht ergibt sich nicht allein aus dem Statut, den Verbrechens- **27** elementen und den Verfahrensregeln (Art 21 Abs 1 lit a SIStGH). Neben diesen können völkerrechtliche Verträge, Rechtsprinzipien und Regeln einschließlich der anerkannten Grundsätze des Kriegsvölkerrechts Anwendung finden (Art 21 Abs 1 lit a SIStGH). Soweit diese Rechtsquellen nicht zur Sachentscheidung ausreichen, kommt die Anwendung allgemeiner Rechtsprinzipien in Betracht, die der Gerichtshof auf rechtsvergleichender Basis feststellt und die im Einklang mit dem Statut und internationalem Recht stehen müssen (Art 21 Abs1 lit c SIStGH).

Das Verfahren besteht aus dem Vorverfahren über die Eröffnung des Ermitt- **28** lungsverfahrens, dem Hauptverfahren und einem Rechtsmittelverfahren (Art 81 SIStGH). Das Hauptverfahren findet in Anwesenheit des Angeklagten statt (Art 63 Abs 1 SIStGH). Im Falle der Verurteilung kommt ein Strafmaß von bis zu 30 Jahren oder lebenslange Freiheitsstrafe in Betracht. Daneben können Geldstrafen und Verfall der aus dem Verbrechen gewonnenen Gegenstände angeordnet werden (Art 77 SIStGH).

Die Signatarstaaten des SIStGH verpflichten sich zur umfassenden Zusammen- **29** arbeit mit dem Gerichtshof (Art 86).[36] Der Neunte Teil des Statuts enthält ferner Regeln dafür, wie in Fällen mehrfacher Verfolgung – durch den IStGH und durch nationale Strafverfolgungsbehörden – zu verfahren ist. Die Gerichtsbarkeit des Gerichtshofs ergänzt lediglich die nationale Gerichtsbarkeit. Besonders hervorzuheben ist, dass der IStGH nur subsidiär zuständig ist. Wird ein Verfahren von einer nationalen Behörde anhängig gemacht, kann dies grundsätzlich nicht auch gleichzeitig vor dem IStGH geschehen. Zur internationalen Strafverfolgung kommt es daher vor allem dann, wenn ein Vertragsstaat nicht willens oder in der Lage ist, nationale Strafverfolgungsmaßnahmen ernsthaft durchzuführen (Art 17 SIStGH). Damit liegt es weitgehend in den Händen der Vertragsstaaten darüber zu entscheiden, ob der IStGH überhaupt zuständig wird.

Art 27 SIStGH sieht ausdrücklich vor, dass die Berufung auf die Begehung einer **30** Tat in amtlicher Eigenschaft weder eine Freistellung von der Gerichtsbarkeit bewirkt, noch einen Strafmilderungsgrund darstellt. Dies gilt auch für Taten von Staats- oder Regierungschefs oder Regierungs- oder Parlamentsmitgliedern.

Auf den Einzelnen bezogene völkerrechtliche Bestrafungspflichten werden für **31** bestimmte *schwerwiegende Menschenrechtsverletzungen* erörtert, besonders in Be-

---

36 *With/Harder*, Die Anpassung des deutschen Rechts an das Römische Statut des Internationalen Strafgerichtshofs aus Sicht deutscher Nichtregierungsorganisationen, ZRP 2000, 144 ff.

zug auf Folter, Verschwindenlassen von Personen und extralegale Hinrichtungen, die in vielen diktatorischen Systemen an der Tagesordnung sind.[37] Völkervertraglich vereinbarte Bestrafungspflichten gibt es insbes für den Völkermord[38] und die Folter.[39] Andere Bestrafungspflichten betreffen entweder spezifisch das Kriegsrecht[40] oder sind nicht eigens auf Regierungskriminalität beschränkt (zB Piraterie).[41] Von diesen Regelungen abgesehen kann von der Existenz einer völkerrechtlichen Bestrafungspflicht für schwerwiegende Menschenrechtsverletzungen nicht ausgegangen werden.

31a In jüngerer Zeit wurde die Tätigkeit des Anklägers beim IStGH verschiedentlich unter dem Gesichtspunkt kritisiert, dass sie sich allzu einseitig gegen Staaten und Vertreter des afrikanischen Kontinents richte.[42] Zudem wirkte sich die gescheiterte Vollziehung des Haftbefehls gegen den sudanesischen Präsidenten Al-Bashir zusätzlich schwächend auf das Ansehen des IStGH aus.[43] Letztlich halten die gegen den IStGH und seinen Ankläger erhobenen Vorwürfe einer krit Überprüfung jedoch nicht stand. Aufgrund der Subsidiarität der internationalen Strafgerichtsbarkeit bestünde für entsprechende Maßnahmen überhaupt keine Notwendigkeit, wenn die betroffenen Staaten gleichwertige innerstaatliche Strafverfolgungsmaßnahmen einleiten und zur Anklage führen würden. Zudem spielt es eine erhebliche Rolle, dass viele der infrage stehenden Fälle im Zusammenhang mit Wahlauseinandersetzungen stehen. Letztlich ergeben sich die zugrundeliegenden Konflikte vielfach aus dem Fehlen stabiler demokratischer Strukturen. Ermittlungen, die zu Verfahren vor dem IStGH führen, sind somit vor allem eine Folge dieses unzureichend gelösten Problemkreises in den betreffenden Staaten. Dessen ungeachtet sollte der IStGH mit gleichem Elan und Nachdruck auch in anderen Weltregionen nach Vorgängen Ausschau halten, die sein Eingreifen erfordern.[44]

---

37 Vgl *Ambos*, Völkerrechtliche Bestrafungspflichten bei schweren Menschenrechtsverletzungen, AVR 37 (1999) 318.
38 In Art IV der Konvention zur Verhütung und Bestrafung des Völkermordes (78 UNTS 277; BGBl 1954 II, 730) ist die Strafbarkeit von Personen festgeschrieben worden, die Völkermordhandlungen begehen, „gleichviel ob sie regierende Personen [...] sind".
39 Art 4 des Übereinkommens gegen Folter und andere grausame, unmenschliche oder erniedrigende Behandlung v 10.12.1984 (BGBl II 1990, 246).
40 Art 49 GK I, Art 50 GK II, Art 129 GK III u Art 146 GK IV (BGBl 1954 II, 783, 813, 838, 917; BGBl 1956 II, 1586).
41 *Schmahl*, Die Bekämpfung der Seepiraterie im Spiegel des Völkerrechts, des Europarechts und der deutschen Rechtsordnung, AöR 136 (2011) 44 ff; *Neuhold*, The Return of Piracy, FS Wolfrum, Bd 2, 2011, 1239 ff; *Khan*, Sailing in the Wine-Dark Sea, FS Simma, 2011, 1207 ff.
42 Vgl zur Kontroverse zwischen IStGH und Afrikanischer Union *Ambos*, Internationales Strafrecht, 137 f, *Werle/Vormbaum*, Afrika und der Internationale Strafgerichtshof, JZ 2015, 581 ff; *Dürr*, Internationaler Strafgerichtshof: In der Realität angekommen, DRiZ 2017, 224 ff; *Fuchs*, Der Internationale Strafgerichtshof in der Krise, RuP 2017, 400 ff; *Stefanopoulou*, Legitimationsprobleme internationaler Strafjustiz zwischen Weltrechtsprinzip und postkolonialer Skepsis, ZIS 2018, 103 ff; eingehend Jalloh/Bantekas (Hrsg), The International Criminal Court and Africa, 2017; siehe auch *Lange*, Art. 59 Abs. 2 S. 1 GG im Lichte von Brexit und IStGH-Austritt, AöR 142 (2017) 442 ff zu den Anforderungen des südafrikanischen High Court für einen Austritt aus dem IStGH; *Prütting*, Gerechtigkeit durch Verfahren, jM 2016, 354.
43 *Du Plessis*, The Omar Al-Bashir Case, in Maluwa/Du Plessis/Tladi (Hrsg), The Pursuit of a Brave New World in International Law, 2017, 431 ff.
44 *Ambos*, Internationales Strafrecht, 137.

e) Völker

Obwohl gerade die Bestrafung der Verbrechen gegen die Menschlichkeit sowie das 32
Verbot des Völkermords Anlass geben könnten, Völkern eigene Rechte einzuräumen, steht ihnen *grundsätzlich keine Völkerrechtssubjektivität* zu. Das Selbstbestimmungsrecht der Völker fand nach dem Zweiten Weltkrieg Eingang in die UN-Charta. Es wurde in den Menschenrechtspakten v 19.12.1966 genannt und von der Generalversammlung in Resolutionen anerkannt.

In der völkerrechtlichen Literatur ist umstritten, ob das *Selbstbestimmungsrecht* 33 wegen seiner nicht hinreichend juristisch überprüfbaren Konturen nur als politische Leitlinie zu verstehen ist, oder ob es sich ungeachtet seiner Unschärfe zumindest teilweise zu einem völkerrechtlichen Rechtsanspruch etwa auf Autonomie oder Sezession entwickelt hat, der von den Völkern gegenüber den Staaten eingefordert und ggf auch in hierfür vorgesehenen Verfahren durchgesetzt werden kann.[45] Eine eigene völkerrechtliche Rechtsfähigkeit steht den Völkern damit allerdings nicht notwendig zu.[46] Es spricht Vieles dafür, das Selbstbestimmungsrecht als eine, nach deutscher Terminologie, *Rechtsstellung ohne subjektive Rechte* anzusehen. Als maßgeblich hierfür kann die UN-Praxis angesehen werden, die unter bestimmten Voraussetzungen Organisationen das Recht eingeräumt hat, als Befreiungsbewegung bereits vor der Unabhängigkeit Rechte im Rahmen der Vollversammlung und in den UN-Gremien geltend zu machen und an internationalen Vertragsverhandlungen teilzunehmen, so zB an den Verhandlungen zur Weiterentwicklung des humanitären Kriegsrechts in Genf 1977.

f) Minderheiten

Während das Selbstbestimmungsrecht nur Völkern zusteht, erwies es sich bald als 34 notwendig, einzelnen Gruppen, die sich wegen ihrer geringen Zahl auf dieses Recht nicht stützen konnten, Rechte einzuräumen. Allerdings hat dies nicht dazu geführt, dass Minderheiten die Eigenschaft eines Völkerrechtssubjekts zugesprochen worden wären.[47]

Nach der in Europa verbreiteten Auffassung setzt der Begriff der Minderheit 35 voraus, dass es sich um Staatsangehörige des jeweiligen Staates handelt. Bei unklarem Wortlaut von Art 27 IPBPR werden Ausländer in der zwischenstaatlichen Praxis nicht in den Schutz miteinbezogen (vgl u Rn 331f). Eine andere Haltung nimmt der UN-Menschenrechtsausschuss ein und fordert, Minderheitenrechte allen im jeweiligen Staatsgebiet lebenden Minderheiten, unabhängig von der Staatsangehörigkeit, einzuräumen.[48]

Das Europäische Rahmenübereinkommen zum Schutze nationaler Minderheiten 36 v 1.2.1995[49] gewährt eine Reihe von Rechten und Schutzpflichten, wie zB das Recht

---

45 *Crawford* (Fn 2) 646 f.
46 *Kimminich*, Aufenthalt, 139.
47 Vgl *Brühl-Moser*, Die Entwicklung des Selbstbestimmungsrechts der Völker unter Berücksichtigung seines innerstaatlich-demokratischen Aspekts und seiner Bedeutung für den Minderheitenschutz, 1994; *Haedrich*, Integration durch völkerrechtlichen Minderheitenschutz?, ZAR 2012, 225 ff.
48 Observations Générales 23 (Article 27), HRI/GEN/1/Rev1 v 29.7.1994.
49 BGBl 1997 II, 1408; vgl dazu *R. Hofmann*, Menschenrechte und der Schutz nationaler Minderheiten, ZaöRV 65 (2005) 587 ff.

von Angehörigen einer ethnischen, religiösen oder sprachlichen Minderheit, gemeinsam mit anderen Angehörigen ihrer Gruppe ihr eigenes kulturelles Leben zu pflegen, ihre eigene Religion zu bekennen und auszuüben, oder sich ihrer eigenen Sprache zu bedienen. Unklar ist die Definition der geschützten Minderheit. Die Konvention hat im Hinblick auf die unterschiedlichen Auffassungen der Vertragsstaaten bewusst auf eine Definition verzichtet. Daher haben die meisten Vertragsstaaten in einer eigenen Erklärung dargelegt, welche Gruppen nach ihrem Verständnis in den Anwendungsbereich der Konvention fallen. Die Bundesregierung hat in einer Erklärung als nationale Minderheiten die *Dänen* deutscher Staatsangehörigkeit und die Angehörigen des *sorbischen* Volkes mit deutscher Staatsangehörigkeit bezeichnet. Als nationale Minderheit werden hingegen nicht die Friesen und die Sinti und Roma deutscher Staatsangehörigkeit verstanden; dennoch soll nach der Erklärung der BR Deutschland das Europäische Rahmenübereinkommen auf sie angewendet werden.[50] Nicht als Minderheiten iSd Konvention anerkannt werden in der Staatenpraxis zumeist eingewanderte Bevölkerungsgruppen, die als eingebürgerte Personen „mit Migrationshintergrund" durch besondere ethnische oder religiöse Merkmale verbunden sind. Für sie gelten im Allgemeinen besondere Integrationserfordernisse. Ein Minderheitenstatus wird hierfür als eher kontraproduktiv angesehen. Anerkannt als Minderheit iSd internationalen Rechts sind daher lediglich „angestammte" Minderheiten.

g) Sonstige

37 Die übrigen Akteure, die als Völkerrechtssubjekte in Betracht kommen, sind unterschiedlicher Natur. *Aufständischen*[51] kommt zunächst keine völkerrechtliche Stellung zu. Erst wenn sich ihre Position derart verfestigt hat, so dass sie auf einem Teil des Staatsgebiets die effektive Herrschaft ausüben, erlangen sie eine völkerrechtliche Position. Dritte Staaten können die sich in diesem Teil befindlichen eigenen Staatsangehörigen nur schützen, wenn sie zu den Aufständischen Verbindung aufnehmen und sie als kriegführende Partei anerkennen. Das hat zur Folge, dass auf den Konflikt die völkerrechtlichen Gesetze des bewaffneten Konflikts und des humanitären Völkerrechts zu Gunsten von Verwundeten und Kriegsgefangenen angewendet werden.[52] Dritte Staaten, die zuvor die legale Regierung unterstützten, erlangen die Stellung von Neutralen und dürfen nur noch humanitäre Hilfe gewähren.

38 Die Gründung eines eigenen Staats wird idR auch von *Befreiungsbewegungen* angestrebt. Die UN-Generalversammlung gewährt ihnen Beobachter-Status, sofern sie einen Mindeststandard an Effektivität und Organisation aufweisen und von den Regionalorganisationen ihrer Völker oder der UNO als legitime Vertreter eines Volkes anerkannt sind. Sie können dann ohne Stimmrecht an UN-Konferenzen teilnehmen oder in UN-Gremien mitwirken.

---

50 BGBl 1997 II, 1408 (1418).
51 Vgl zu den Aufständischen auch *Stein/von Buttlar/Kotzur*, Völkerrecht, 14. Aufl 2017, Rn 488 ff; *La Rosa/Wuerzner*, Armed Groups, Sanctions and the Implementations of International Humanitarian Law, Int Committee of the Red Cross 90 (2008) 327 ff.
52 Vgl *Bothe*, 8. Abschn Rn 66 ff, 77 ff.

Seit seinem Auftreten wirft der sog Islamische Staat (IS) viele rechtliche Fragen **38a** auf,[53] die auch seine Völkerrechtssubjektivität mit einschließen. Insbes für die Anerkennung völkerrechtlicher Mindeststandards wäre diese Einbindung nicht folgenlos. Unabhängig davon, ob der IS selbst die Absicht hat bzw hatte, Völkerrechtssubjektivität zu beanspruchen oder die damit verbundenen Rechte auszuüben, lassen sich Ansätze für die Annahme von Völkerrechtssubjektivität unter dem Gesichtspunkt territorial verfestigter Aufständischer feststellen. Auch die Einordnung als Staat im klassischen Sinne ist nicht nur vor dem Hintergrund der Selbstbezeichnung, sondern vor allem im Hinblick auf die Erfüllung der Voraussetzungen der Drei-Elemente-Lehre nicht vollständig von der Hand zu weisen.[54]

Zu den traditionellen Völkerrechtssubjekten zählt der *Heilige Stuhl*,[55] dessen **39** Völkerrechtssubjektivität bereits seit dem Mittelalter anerkannt ist. Darunter ist die Position innerhalb der Katholischen Kirche in der Nachfolge Petri zu verstehen, unabhängig von ihrem jeweiligen Inhaber. Nach der Annexion des Kirchenstaats durch Italien 1870 blieb die Völkerrechtssubjektivität des Heiligen Stuhls daher trotz des fast vollständigen Verlusts der Gebietshoheit bestehen. Sie wurde durch den Lateranvertrag zwischen Italien und dem Heiligen Stuhl v 1929 bestätigt. Dieser sicherte dem Vatikanstaat mit dem Papst als Staatsoberhaupt eine territoriale Grundlage.[56] Im Vatikanstaat, dessen Fläche 0,44 km² umfasst, existiert eine eigene Verfassung und eine eigene Staatsangehörigkeit, die allerdings an den Zweck des Staats, die Sicherung der Unabhängigkeit der Katholischen Kirche, gebunden ist, und mit Amtsverlust und Verlassen des Vatikanstaats endet.[57] Der Heilige Stuhl, dessen Völkerrechtssubjektivität unabhängig vom Vatikanstaat und der konkreten Person des Papstes besteht, nimmt im Völkerrecht vor allem humanitäre Aufgaben wahr und unterhält mit den meisten Staaten über Botschafter (Nuntien) diplomatische Beziehungen. Mit zahlreichen Staaten ist der Heilige Stuhl über staatskirchenrechtliche Bestimmungen (Konkordate) verbunden.

---

53 Vgl *Neubert*, Dilemmata der Völkerrechtsordnung, RuP 2016, 100 ff; *Neumann*, Kriegsverbrechen im IStGH-Statut und die neue Realität – Erfassung bewaffneter Konflikte mit nicht-staatlichen transnationalen Akteuren wie dem Islamischen Staat?, ZStW 128 (2016) 998 ff; *Jensen*, Die Besinnung auf die Tradition der „Lehre vom gerechten Krieg" anlässlich des Einsatzes der Bundeswehr gegen den IS, NZWehrr 2016, 233 ff; mit einschränkendem Ansatz *Payandeh/Sauer*, Die Beteiligung der Bundeswehr am Antiterroreinsatz in Syrien, ZRP 2016, 34 ff; *Kremser*, Der bewaffnete Einsatz der Bundeswehr gegen die Terrororganisation „Islamischer Staat" im Lichte des Staats-, Europa- und Völkerrechts, DVBl 2016, 881 ff.
54 Vgl Erklärung der Bundesregierung v 13.10.2016, BT-Drs 18/9960, BT-Plenarprot 18/199, 19854 D; Antrag der Bundesregierung v 6.1.2016 für eine Ausbildungsmission in Kurdistan/Irak, BT-Drs 18/7207, BT-Plenarprot 18/152, 14947 C; Überblick hierzu bei *Hartwig*, Bericht zur völkerrechtlichen Praxis der Bundesrepublik Deutschland im Jahr 2016, ZaöRV 78 (2018) 717 ff; so auch *Walt*, ISIS as Revolutionary State, Foreign Affairs, Nov/Dez 2015.
55 *Dahm/Delbrück/Wolfrum*, Völkerrecht Bd I/2, 2. Aufl 2002, § 113; *Germelmann*, Heiliger Stuhl und Vatikanstaat in der internationalen Gemeinschaft, AVR 47 (2009) 147 ff; *Martinez Junior*, Sovereign Impunity, Texas ILJ 44 (2008) 123 ff; *Candrian*, Quelques réflexions sur les relations diplomatiques de la Suisse avec le Saint-Siège, FS Caflisch, 2007, 1057 ff.
56 Vgl *Köck*, ÖHVR, Bd I, 2. Aufl 1991, 403.
57 Zur Frage des Verlusts der deutschen Staatsangehörigkeit als Folge des Erwerbs der vatikanischen Staatsangehörigkeit durch Papst Benedikt XVI vgl *Renner*, Ist Papst Benedikt XVI. Deutscher geblieben?, ZAR 2005, 282 ff.

40 Beim *Souveränen Malteserorden*[58] handelt es sich um ein historisch gewachsenes Völkerrechtssubjekt,[59] dessen Gründung im Heiligen Land erfolgte, und der sich nach verschiedenen Stationen schließlich 1834 in Rom niederließ. Der Malteserorden zog sich dabei endgültig auf seine karitativen Aufgaben zurück, unterhält jedoch auch heute noch diplomatische Beziehungen zu einigen Staaten.

41 Ein Völkerrechtssubjekt eigener Art ist das *Internationale Komitee vom Roten Kreuz* (IKRK).[60] Es nimmt insbes Aufgaben nach den Genfer Rotkreuzabkommen v 1949 wahr, wie die Durchführung von Rotkreuztransporten, den Besuch von Kriegsgefangenen und humanitäre Hilfeleistungen in Kriegen, Bürgerkriegen und bei Naturkatastrophen. Vom IKRK zu trennen ist sowohl der Zusammenschluss der nationalen Rotkreuzgesellschaften zur Liga der Gesellschaften des Roten Kreuzes und des Roten Halbmonds als auch die Internationale Konferenz vom Roten Kreuz. Die Liga hat die Tätigkeiten der nationalen Rotkreuzverbände zu koordinieren, während sich die Internationale Konferenz als höchstes beratendes Organ aus Vertretern der nationalen Rotkreuzgesellschaften, des IKRK, der Liga und der Mitgliedstaaten der Genfer Abkommen zusammensetzt. Die Internationale Konferenz fasst Beschlüsse in Form von Resolutionen, die nicht bindend sind.

42 *Transnationale Unternehmen*,[61] dh Unternehmen mit Hauptsitz in einem Staat und mehreren betrieblichen Einheiten in anderen Staaten unter zentraler, einheitlicher Leitung, Kontrolle und Strategie, gewinnen mit dem Fortschreiten der Globalisierung zunehmend an Bedeutung. Obwohl sie den Staaten beim Abschluss von Konzessions- oder Investitionsverträgen oder in Schiedsverfahren oftmals faktisch als gleichberechtigte Partner gegenüber stehen, genießen sie *keine Völkerrechtssubjektivität*. Multi- oder transnationale Unternehmen werfen dadurch Fragen auf, dass sie sich Zugriffen leichter als Unternehmen unter rein nationaler Kontrolle entziehen können und oft aufgrund ihrer Wirtschaftsmacht und ihrer internationalen Handlungsformen agieren. Die Anerkennung eines allgemein gültigen Verhaltenskodex[62] für derartige Unternehmen hat bisher keine Unterstützung in der Staatenpraxis gefunden. Die völkerrechtlichen Aspekte der Globalisierung im Wirtschaftsbereich werden derzeit noch nicht umfassend gewürdigt.[63]

42a Es wurden jedoch bereits seit den späten 1970er Jahren Versuche unternommen, durch verschiedene Soft Law-Instrumente (sog Codes of Conduct) Grundsätze einer

---

58 Offizieller Name: Souveräner Malteser-Ritter-Orden: Hospital-Orden vom Hl Johannes von Jerusalem genannt von Rhodos genannt von Malta.
59 *Dahm/Delbrück/Wolfrum* (Fn 55) § 114.
60 *Dahm/Delbrück/Wolfrum* (Fn 55) § 115.
61 Vgl *Herdegen*, Völkerrecht, 17. Aufl 2018, § 13.
62 ILM 22 (1983) 177 ff; ILM 23 (1984) 627 ff; ILM 31 (1992) 1366; vgl auch *Hailbronner*, Völkerrechtliche und staatsrechtliche Überlegungen zu Verhaltenskodizes für transnationale Unternehmen, FS Schlochauer, 1981, 329 ff; *Shaw*, International Law, 8. Aufl 2017, 197 f.
63 Vgl *Walzer*, Toward a Global Civil Society, 1995, 23 ff; *Thürer*, The Emergence of Non-governmental Organizations and Transnational Enterprises in International Law and the Changing Role of the State, in Hofmann (Hrsg), Non-state Actors as New Subjects of International Law, 1999, 37 u 53 f; vgl ferner *Mosler*, The International Society as a Legal Community, RdC 140 (1974-IV) 17 ff; *Tomuschat*, Obligations Arising for States Without or Against Their Will, RdC 241 (1993-IV) 216 ff; *Frowein*, Reactions by Not Directly Affected States to Breaches of Public International Law, RdC 248 (1994-IV) 355 ff; *Simma*, From Bilateralism to Community Interest in International Law, RdC 250 (1994-VI) 217 (256).

"corporate social responsibility" zu schaffen, an die sich Transnationale Unternehmen im Rahmen von Selbstverpflichtungen binden sollen.[64] Auch wenn diese Instrumente, die ua im Rahmen von UNO, OECD und ILO erarbeitet wurden, bis in die Gegenwart hinein nicht unmittelbar rechtsverbindlich geworden sind, können sie doch durch vertragliche Einbeziehungen oder Verweise verbindliche Rechtswirkungen entfalten und internationale Schutzstandards begründen helfen (zB für die Bereiche Umweltschutz, Arbeitnehmerrechte und Arbeitsschutz). Daneben zeigen die vor allem für international agierende börsennotierte Unternehmen bestehenden Compliance-Regelungen, dass auch ohne völkerrechtliche Abkommen oder andere förmliche Vereinbarungen der internationalen Staatengemeinschaft zusehens rechtlich relevante Standards in den Bereichen Korruptionsbekämpfung und unternehmerische Transparenz etabliert werden können.

2. Organe der Völkerrechtssubjekte und Regeln des zwischenstaatlichen Verkehrs

Juristische Personen handeln auch auf internationaler Ebene durch Organe. Man unterscheidet zentrale und dezentrale Organe. 43

a) Zentrale Organe

Zu den zentralen Organen des zwischenstaatlichen Verkehrs zählen das *Staatsoberhaupt,* der *Regierungschef* und der *Außenminister* (sog Troika). Sie gelten im Gegensatz zu den einzelnen Ressortministern nach Art 7 Abs 2 lit a des Wiener Vertragsrechtsübereinkommens v 23.5.1969 als grundsätzlich zur Vertretung von Staaten befugt. Das Staatsoberhaupt repräsentiert den Staat und kann für Handlungen, die während der Amtsausübung begangen wurden, grundsätzlich nicht der Gerichtsbarkeit oder Zwangsgewalt eines anderen Staats unterstellt werden.[65] 44

Anders war die Lage im Fall *Noriega,* als dieser nach seiner Verbringung von Panama in die USA wegen Rauschgifthandels, Erpressung sowie Beteiligung an der Verschleppung und Ermordung panamaischer Oppositioneller angeklagt wurde. General *Noriega* wurde durch Entscheidung v 8.6.1990 die Immunität als Staatsoberhaupt unter Hinweis darauf versagt, dass ein Staatsoberhaupt auch als solches anerkannt sein müsse. *Noriega* hingegen sei weder nach der Verfassung Panamas Staatsoberhaupt, noch sei seine Stellung durch Präsidentschaftswahlen bestätigt worden oder eine Anerkennung als Staatsoberhaupt durch die USA erfolgt (vgl zur Anerkennung Rn 178 ff).[66] Allerdings ist der völkerrechtliche Durchgriff auf Fragen 45

---

64 ZB OECD-Guidelines for Multinational Enterprises (2011); Draft UN Code of Conduct on Transnational Corporations (1984/1989); ILO-Tripartite Declaration of Principles Concerning Multinational Enterprises and Social Policy (MNE Declaration, zuerst 1977, 4. Aufl 2014); Norms on the Responsibility of Transnational Corporations and Other Business Enterprises with Regard to Human Rights (2003), verabschiedet von der UN-Unterkommission für die Förderung und den Schutz der Menschenrechte (UN Doc 3/CN.4/Sub.2/2003/12/Rev.2).
65 Diese Immunität kann er jedoch nicht auf die von ihm oder ihr selbst geführte Unternehmen übertragen, vgl *Quinn,* "Head-of-State-owned enterprise"-immunity, Vanderbilt J Transnat'l L 50 (2017) 1065 ff.
66 *US v Noriega,* 746 F.Supp. 1506, 1519. Dazu *Talmon,* Recognition of Governments in International Law, 1998, 259.

der verfassungsrechtlichen Legitimität generell zweifelhaft. Zu groß ist die Gefahr, dass unter dem Vorwand tatsächlicher oder vermeindlicher innerstaatlicher Rechtsverstöße völkerrechtlich gebotene Behandlung versagt wird. Im Grundsatz gilt, dass völkerrechtliche Vorrechte und Immunitäten nicht zwingend akzessorisch zu den Verfassungsvorgaben einzelner Staaten sind.

46 Für den Immunitätsschutz ist zwischen *amtierenden* und *ehemaligen Staatsoberhäuptern* zu differenzieren. Auszugehen ist dabei davon, dass es souveräne Angelegenheit eines jeden Staates ist, seine Organwalter zu bestimmen. Diese Organwalter genießen nach den einschlägigen Regeln des Völkerrechts Immunität.[67] Der Umfang der Immunität ehemaliger Staatsoberhäupter war schon mehrfach Gegenstand gerichtlicher Entscheidungen. 1995 hat das Appellationsgericht von Amsterdam eine Entscheidung der Staatsanwaltschaft bestätigt, die unter Hinweis auf fortwirkende Immunität eine Strafverfolgung des früheren chilenischen Staatspräsidenten und späteren Senators auf Lebenszeit *Pinochet* abgelehnt hatte.[68] Das *House of Lords* hat hingegen in einem von Spanien angestrengten Auslieferungsverfahren den Immunitätseinwand teilweise zurückgewiesen.

47 Anders als die Immunität der Diplomaten ist diejenige von Staatsoberhäuptern, Regierungschefs und Außenministern nicht ausdrücklich geregelt, sondern beruht auf Völkergewohnheitsrecht.[69] Nach dem auf das spanische Auslieferungsbegehren anwendbaren englischen Recht (Art 20 Abs 1 des *State Immunity Act* v 1978 iVm dem *Diplomatic Privileges Act* v 1964) genießen Staatsoberhäupter dieselbe Immunität, die Chefs diplomatischer Missionen nach der Wiener Diplomatenrechtskonvention genießen. Diese Regelung kann man als Ausdruck universellen Völkergewohnheitsrechts ansehen. Ein sich im Ausland aufhaltendes amtierendes Staatsoberhaupt hat nach Völkergewohnheitsrecht an der Immunität des Staates teil, den es repräsentiert.[70] Die Immunität schützt hierbei die Person des Staatsoberhaupts als diejenige eines Teilnehmers am internationalen Rechtsverkehr. Sie wird als Immunität *ratione personae* iS persönlicher Immunität bezeichnet.

48 Herkömmlich galt die Immunität *ratione personae* ausnahmslos.[71] Rechtssatzförmige Ausnahmen von diesem Grundsatz sind neueren Datums. Sie konnten daher auf den Fall *Pinochet* keine Anwendung finden. Zwar schließt Art 27 SIStGH den Immunitätseinwand gegenüber den im Römischen Statut genannten Verbrechen aus. Daraus lassen sich aber noch keine Aussagen für die gewohnheitsrechtliche Geltung eines entsprechenden Ausschlusses für die über die Strafgerichtsbarkeit des IStGH hinausreichende Gerichtsbarkeit nationaler Strafgerichte ableiten. Der Internationale Gerichtshof (IGH) hat im *Arrest Warrant*-Fall den Erlass eines internationalen Haftbefehls durch die belgischen Behörden wegen Verbrechens gegen die Menschlichkeit gegen den amtierenden kongolesischen Außenminister als völkerrechtswidrig qualifiziert und festgestellt, dass derzeit im völkerrechtlichen Gewohn-

---

67 *Van Alebeek*, The Immunity of States and their Officials in International Criminal Law and International Human Rights Law, 2008, 103 ff; *Fox*, in Satow's Diplomatic Practice, Rn 12.23 ff.
68 NYIL 28 (1997) 363 ff; *Sears*, Confronting the „Culture of Impunity", GYIL 42 (1999) 125 ff.
69 *Fox*, in Satow's Diplomatic Practice, Rn 12.23.
70 Vgl zum Verhältnis von Staatenimmunität und Immunität von Staatsoberhäuptern *Bröhmer*, State Immunity and the Violation of Human Rights, 1997, 29 ff.
71 *Doehring* (Fn 18) Rn 671; *Krieger*, Immunität: Entwicklung und Aktualität als Rechtsinstitut, BerDGIR 46 (2014) 231 (238).

heitsrecht keine Ausnahme vom Grundsatz der absoluten Immunität für amtierende Regierungsmitglieder anerkannt sei.[72] Nach Auffassung des Gerichts gilt dies auch für schwerste Kriegsverbrechen oder Verbrechen gegen die Menschlichkeit. Nicht präjudiziert ist damit die Strafgerichtsbarkeit internationaler Gerichte.[73] Für bestimmte Sondersituationen sind jedoch Ausnahmen von der Immunität von Staatsbediensteten anerkannt.[74] Auch die ILC befasst sich seit 2006 mit der Frage der Immunität von Staatsbediensteten vor ausländischer Strafverfolgung.[75] Dabei ist hervorzuheben, dass die ILC ausschließlich Strafverfolgungsmaßnahmen von Staaten, nicht aber von Seiten des IStGH untersucht.[76]

In diesem Zusammenhang wird vor allem die Frage erörtert, ob nur die sog *Troika* aus Staatspräsident, Regierungschef und Außenminister in den Genuss der Immunität von Staatsbediensteten kommt, oder ob ggf auch andere Kabinettsmitglieder Immunität *ratione materiae* iSe Immunität für Amtshandlungen erhalten.[77] Im Zeichen verstärkter Internationalisierung und umfassender Supranationalität in Europa erscheint eine Unterteilung in außen- und innenpolitische Positionen staatlicher Führung gekünstelt und nicht mehr sachgerecht. Anders als früher nehmen heute auch Innen-, Justiz- und Finanzminister ebenso wie sonstige Ressortminister der einzelnen Staaten in wesentlich größerem Umfang an internationalen Konferenzen bzw sonstigen Treffen teil und tragen dadurch substantiell zur diplomatischen Kooperationen bei. Ausgehend von der Funktion der Immunität von Staatsbediensteten liegt deren Sinn darin, den internationalen Austausch zu erleichtern und nicht durch Strafverfolgungsmaßnahmen oder vergleichbare Beeinträchtigungen zu behindern. Die Immunität von Staatsbediensteten erstreckt sich daher angesichts durchgreifend geänderter Umstände grundsätzlich auf alle Kabinettsmitglieder und ist nicht länger auf Staatspräsident, Regierungschef und Außenminister beschränkt.[78]

48a

---

72 ICJ Rep 2002, 11; dazu *Summers*, Diplomatic Immunity Ratione Personae, JIL 16 (2007) 459 ff; *Morris*, Constitutional Solutions to the Problem of Diplomatic Crime and Immunity, Hofstra LRev 36 (2007) 601 ff; *Gaeta*, Immunity of States and State Officials: A Major Stumbling Block to Judicial Scrutiny?, in Cassese (Hrsg), Realizing Utopia, 227 (233 ff); *Kolodkin*, Immunity of the State and Officials thereof in Judgments of the International Court of Justice, FS Butler, 2014; *Fox*, in Satow's Diplomatic Practice, Rn 12.26 u 12.28.
73 Vgl auch die Entscheidung der französischen Cour de Cassation im Fall *Ghaddafi* wegen der Verwicklung in den Terroranschlag auf ein Flugzeug einer französischen Fluggesellschaft im Jahr 1989; vgl hierzu auch *Zappalà*, Do Heads of State in Office Enjoy Immunity from Jurisdiction for International Crimes?, EJIL 12 (2001) 595 ff.
74 ZB schwere Verletzungen der Territorialhoheit, Spionageakte, politischen Mordtaten und terroristische bzw subversive Unternehmungen, hierzu *Krieger*, Between Evolution and Stagnation – Immunities in a Globlized World, GoJIL 6 (2014) 177 (187); *Kreicker*, Völkerrechtliche Immunitäten und die Ahndung von Menschenrechtsverletzungen, JR 2015, 298 (299).
75 <http://legal.un.org/docs/?path=../ilc/documentation/english/statements/2015_dc_chairman_statement_immunity.pdf&lang=EF>.
76 Vgl UN Doc A/CN.4/661, §§ 43 ff.
77 *Kolb*, Jurisdictional Immunities of Ministers of Defense, SZIER 24 (2014) 179 (182 ff); *Pedretti*, Die völkerrechtlichen Immunitäten von Staatsoberhäuptern und anderen Staatsvertretern, Recht 31 (2013) 182 ff; *Murphy*, Immunity ratione personae of Foreign Government Officials and Other Topics, AJIL 108 (2014) 41 ff.
78 *Fox/Webb*, State Immunity, 560; *Kolb* (Fn 77) 184 ff; *Kreicker* (Fn 74) 302 f; einschränkend auf den Abschluss von entsprechende Übereinkommen dringend: *Fox*, in Satow's Diplomatic Practice, Rn 12.47.

48b Wie der zwischenzeitlich ergangene Haftbefehl des IStGH gegen den sudanesischen Präsidenten *Al-Baschir* (2008) sowie die Anklage und Vorladung des amtierenden kenianischen Präsidenten *Kenyatta* (2010/2014) zeigen, wird die Immunität von Staatsoberhäuptern angesichts *internationaler Strafverfolgungsmaßnahmen* stark eingeschränkt.[79] Hiergegen spricht aus völkerrechtlicher Sicht nicht, dass einzelne Staaten eine Auslieferung *Al-Baschirs* an den IStGH offenbar bewusst unterliefen (zB VR China, Iran, Äthiopien) und die Afrikanische Union (AU) im Jahr 2009 sogar eine Resolution gegen den Haftbefehl beschloss. Anders als die fortbestehende Immunität von Staatsoberhäuptern gegen *staatliche* Strafverfolgungsmaßnahmen deutet sich im Hinblick auf Strafverfolgungsmaßnahmen *durch den IStGH* eine substantielle Einschränkung der Immunität amtierender Staatsoberhäupter an.

49 Nach Beendigung des Amtes besteht die völkerrechtliche Immunität für amtliches Handeln fort. Sie gilt *ratione materiae*.[80] Das frühere Staatsoberhaupt als solches genießt nachfolgend jedoch keinen Immunitätsschutz mehr: Es nimmt nicht mehr als Repräsentant seines Staats am internationalen Rechtsverkehr teil und ist insoweit nicht mehr schutzbedürftig.[81] Die Immunität *ratione materiae* erfasst alle in Ausübung der dienstlichen Tätigkeit vorgenommenen Handlungen. Welche Handlungen eines Staatsoberhaupts so qualifiziert werden können, bestimmt die Verfassung seines Staats. Handelt es sich um hoheitliche Akte, so besteht hierfür Immunität. Von ihr ausgenommen sind kriminelle Handlungen, die lediglich dem Vergnügen bzw Nutzen des früheren Staatsoberhaupts dienten. Neuerdings ist umstritten, ob auch Handlungen, die als Täterschaft oder Teilnahme an einem Verbrechen gegen die Menschlichkeit bzw das Völkerrecht[82] anzusehen sind, Immunität *ratione materiae* genießen.[83] Grundlegende Menschenrechte sind durch das völkerrechtliche *ius cogens* geschützt.[84] Auch das Verbot der Folter ist zwingendes Völkerrecht.[85]

50 In seinen *Pinochet*-Entscheidungen hatte das *House of Lords* zu der Frage Stellung zu nehmen, in welchem Umfang ein früheres Staatsoberhaupt sich gegen Vorwürfe schwerer Menschenrechtsverletzungen mit dem Einwand, es genieße auf seiner früheren Position beruhende, fortwirkende Immunität, erfolgreich zur Wehr setzen kann. In dem ersten, wegen Befangenheit eines der beteiligten Lordrichter aufgehobenen Urteil[86] war der Immunitätseinwand umfassend zurückgewiesen worden. In der zweiten Entscheidung stellten die Lordrichter darauf ab, dass Signatarstaaten der UN-Folterkonvention sich nicht darauf berufen können, dass nach dem Inkrafttreten der Konvention von ihren Staatsoberhäuptern begangene, angeordnete

---

[79] Vgl *Huang*, On Immunity of State Officials from Foreign Criminal Jurisdiction, Chinese JIL 13 (2014) 1 ff; *Kreicker* (Fn 74) 303.
[80] Vgl *Talmon*, Immunität von Staatsbediensteten, BerDGIR 46 (2014) 313 ff.
[81] *Fox*, in Satow's Diplomatic Practice, Rn 12.23: "Immunity *ratione personae* is lost but immunity *ratione materiae* continues."
[82] Zur Terminologie *Schröder*, 7. Abschn Rn 38 ff.
[83] Vgl *Doehring* (Fn 18) Rn 672; *Van Alebeek* (Fn 67) 301 ff; historische Bsp: *Dahm/Delbrück/Wolfrum* (Fn 55), Bd I/1, 2. Aufl 1989, 255 f.
[84] IGH-Urteil im *Barcelona Traction*-Fall, ICJ Rep 1970, 4, 32.
[85] Vgl nur *Bröhmer* (Fn 70) 147.
[86] House of Lords, Urteil v 25.11.1998, aufgehoben durch Entscheidung v 17.12.1998 (ILM 37 [1998] 1302).

oder gebilligte Folterungen auch nach dem Ausscheiden dieser Staatsoberhäupter aus ihrem Amt den Schutz völkerrechtlich anerkannter Immunität genießen.[87] Die Mehrheit der Lordrichter hat daher entschieden, dass Senator *Pinochet* wegen der nach dem Inkrafttreten der UN-Folterkonvention für England, Spanien und Chile am 8.12.1988 vorgenommenen Folterhandlungen an Spanien ausgeliefert werden könne. Die Auslieferung ist zwar wegen Prozessunfähigkeit *Pinochets* unterblieben, allerdings haben die zuständigen chilenischen Behörden Strafverfolgungsmaßnahmen eingeleitet. Im Verfahren gegen den ehemaligen liberianischen Staatspräsidenten *Taylor* hat der auf der Grundlage eines Sicherheitsratsbeschlusses eingerichtete Sondergerichtshof für Sierra Leone *Taylor* die Immunität für die während seines Aufenthalts begangenen Kriegsverbrechen und Verbrechen gegen die Menschlichkeit versagt.[88]

Von einer stark eingeschränkten Immunität *ratione materiae* eines ehemaligen Staatsoberhaupts ging auch der IGH in seiner Entscheidung im Fall *Belgien v Senegal* aus.[89] Nach Auffassung des Gerichtshofs war Senegal als Vertragsstaat der UN-Folterkonvention seit seinem Beitritt im Jahr 1987 grundsätzlich verpflichtet, entweder selbst Strafverfolgungsmaßnahmen gegen den früheren Präsidenten des Tschad, *Hissène Habré*, einzuleiten oder ihn auszuliefern *(aut dedere aut judicare)*. Darüber hinaus sei es den senegalesischen Behörden freigestellt, auch frühere Vorgänge zu untersuchen und ggf zur Anklage zu bringen. Damit entkräftete der IGH etwaige Bedenken wegen der Rückwirkung von Sanktionsnormen unter Bezugnahme auf Völkergewohnheitsrecht und den dies zulassenden Wortlaut der UN-Folterkonvention.[90] Insgesamt bestätigte er mit seiner Entscheidung die sich schon früher abzeichnende Linie, dass zwar amtierende Staatsoberhäupter unverändert in den Genuss absoluter Immunität vor staatlichen Gerichten kommen,[91] von einer Immunität *ratione materiae* für *ehemalige* Staatsoberhäupter bei Verstößen gegen die UN-Folterkonvention und vergleichbare grundlegende Abkommen (zB UN-Völkermordkonvention) fortan jedoch nicht mehr auszugehen ist.[92]

50a

Auch im IGH-Beschluss im Verfahren zwischen Äquatorialguinea und Frankreich spielt der Schutz von Personen mit Regierungsverantwortung eine wesentliche Rolle.[93] Denn nach der Eröffnung strafrechtlicher Ermittlungen gegen den Sohn des Präsidenten von Äquatorialguinea wurde dieser zum Zweiten Vizepräsidenten mit Zuständigkeiten für Fragen der Verteidigung und Staatssicherheit ernannt. Dessen ungeachtet wurde er von einem franz Gericht in Abwesenheit u a wegen Geldwäsche

50b

---

87 House of Lords, Urteil v 24.2.1999 (ILM 38 [1999] 581). Ausf Ahlbrecht u a (Hrsg), Der Fall Pinochet(s), 1999; Woodhouse (Hrsg), The Pinochet Case, 2000; *Handl*, The Pinochet Case, Foreign State Immunity and the Changing Constitution of the International Community, FS Ginther, 1999, 59 ff; *Paulus*, Triumph und Tragik des Völkerstrafrechts, NJW 1999, 2644 ff.
88 Vgl dazu *Jalloh*, Immunity from Prosecution for International Crimes, ASIL Insights, October 2004; *Stein/von Buttlar/Kotzur* (Fn 51) Rn 1187 ff. Zu Fragen der Immunität: *Singerman*, It's Still Good to be the King, Emory ILRev 21 (2007) 413 ff; *Alderton*, Immunity for Heads of State Acting in their Private Capacity, ICLQ 58 (2009) 702 ff; ILC Rep 2008, Chapter X („Immunity of State Officials from Foreign Criminal Justice"); ILC Rep 2006, Annex A (Preliminary Report of Roman A. Kolodkin).
89 *Obligation to Prosecute or Extradite (Belgium v Senegal)*, ICJ Rep 2012, 422
90 Ebd Rn 99 f.
91 Vgl das Urteil im *Arrest Warrant*-Fall, ICJ Rep 2002, 11.
92 Urteil im Fall *Belgien v Senegal*, Rn 122.
93 Urteil im Fall *Equatorial Guinea v France*.

zu einer dreijährigen Bewährungsstrafe sowie zu einer Geldstrafe in Höhe von 30 Mio Euro verurteilt.[94] Da der IGH seine Zuständigkeit nach dem Fakultativ-Protokoll zum WÜD v 1961 als begründet ansieht, ist damit zu rechnen, dass er in der Sache noch eingehende Ausführungen hierzu machen wird. Im Mittelpunkt steht die Frage, inwieweit diplomatische bzw hoheitliche Immunität gezielt eingesetzt werden kann, um strafrechtliche Verfolgungsmaßnahmen bzw ihre Vollstreckung abzuwenden oder zu vereiteln. Dies erscheint problematisch, weil die Umstände des konkreten Falls einerseits rechtsmissbräuchliches Verhalten von Seiten Äquatorialguineas nahelegen. Andererseits ist im Hinblick auf die im *Arrest Warrent*-Fall getroffenen Aussagen zu untersuchen, inwiefern die Motive und Gründe für die Übertragung von Regierungsverantwortung von anderen Staaten und ggf vom IGH mit Blick auf die damit verbundenen Immunitätsrechte hinterfragt und sogar überprüft werden können.

b) Diplomatische Missionen

51 Bis zum Wiener Übereinkommen über die diplomatischen Beziehungen v 18.4.1961 (WÜD)[95] beruhten die diplomatischen Beziehungen auf Völkergewohnheitsrecht, welches nach der Präambel des WÜD auch weiterhin subsidiär Gültigkeit behält.[96] In Art 14 Abs 1 WÜD findet sich die traditionelle Einteilung der Missionschefs in drei Klassen. Man unterscheidet Botschafter oder Nuntien und sonstige in gleichem Rang stehende Missionschefs, Art 14 Abs 1 lit a WÜD, die zweite Klasse der Gesandten, Minister und Internuntien, Art 14 Abs 1 lit b WÜD, und die dritte der Geschäftsträger *(chargés d'affaires)*, Art 14 Abs 1 lit c WÜD. Die beiden ersten Klassen sind beim Staatsoberhaupt und die dritte ist beim Außenminister des Empfangsstaats beglaubigt. Geschäftsträger nehmen vorübergehend die Funktionen eines Missionschefs wahr, Art 19 WÜD.

52 Grundsätzlich werden die Missionschefs und die Mitglieder der Mission vom Entsendestaat frei bestimmt. Allerdings muss dieser nach Art 4 WÜD für den Missionschef das *Agrément* einholen, das vom Empfangsstaat nach Art 4 Abs 2 WÜD auch ohne Angabe von Gründen verweigert werden kann.[97] In der Vergangenheit konnte schon die verzögerte Erteilung des Agréments als sicheres Zeichen für diplomatische Spannungen oder Verstimmungen zwischen den beteiligten Staaten angesehen werden.[98] Im Jahre 2015 verweigerte etwa der Vatikan dem entsandten franz Botschafter das Agrément, weil damit aus offenbar innenpolitischen Gründen Kritik an gesellschaftspolitischen Positionen des Papstes geübt werden sollte.[99] Wie dieser Fall allerdings zeigt, kann die Entsendung eines Botschafters gegen den Willen des

---

94 Ebd, Rn 23-40.
95 BGBl 1964 II, 958.
96 Vgl zum Diplomatenrecht *Blum*, Diplomatic Agents and Missions, EPIL I, 1992, 1034; *Dembinski*, The Modern Law of Diplomacy, 1988; *Denza*, Diplomatic Agents and Missions, Privileges and Immunities, EPIL I, 1992, 1040; *Jara Roncati*, Diplomacy, MPEPIL III, 97 ff; Ress/Stein (Hrsg), Der diplomatische Schutz im Völker- und Europarecht, 1996.
97 *Roberts*, in Satow's Diplomatic Practice, Rn 7.28 ff.
98 Mit Bsp *Roberts*, in Satow's Diplomatic Practice, Rn 7.30.
99 Vgl <www.faz.net/aktuell/politik/der-vatikan-schweigt-sich-ueber-den-schwulen-botschafter-aus-13537756.html>.

Empfangsstaats keinen Erfolg haben. Da das Agrément ein aktives Tun erfordert, führt die Untätigkeit des Empfangsstaats dazu, dass er seinen Willen durchsetzt. Es ist zudem zweifelhaft, ob der diplomatische Austausch von Botschaftern mit ausländischen Mächten der richtige Ansatz ist, um seinen Standpunkt zu einer in erster Linie innenpolitischen Frage deutlich zu machen. Für die Mitglieder der Mission gelten die Einschränkungen der Art 5, 7, 8, 9 u 11 WÜD. Bei Militär-, Marine- und Luftwaffenattachés hat der Empfangsstaat die weitestgehenden Rechte. So kann bereits deren Ernennung von seiner Zustimmung abhängig gemacht werden, Art 7 Satz 2 WÜD.

Auf die Mitglieder der Mission kann der Empfangsstaat auch nach der Entsendung Einfluss nehmen. Nach Art 43 WÜD endet die Tätigkeit eines Diplomaten nicht nur, wenn er abberufen wird oder der Entsendestaat untergeht, sondern auch, wenn der Empfangsstaat das Missionsmitglied ablehnt, indem er es zur *persona non grata* erklärt, Art 9 Abs 1 WÜD.[100] Einer Begründung bedarf diese Erklärung nicht. Weitere Sanktionsmöglichkeiten im Diplomatenrecht stehen dem Empfangsstaat nicht zur Verfügung. Es handelt sich um ein *geschlossenes System,* das nicht nur die Verpflichtungen des Empfangsstaats bezüglich der Vorrechte und Immunitäten diplomatischer Missionen regelt, sondern zugleich Maßnahmen vorsieht, mit denen der Empfangsstaat einem möglichen Missbrauch dieser Privilegien begegnen kann.[101] Daraus ergeben sich Folgerungen für die Befugnis der Staaten, auf Völkerrechtsverletzungen anderer Staaten zu reagieren. Zulässig sind danach nur die im Diplomatenrecht selbst vorgesehenen Sanktionen. 53

Die Größe der Mission bleibt dem Entsendestaat überlassen. Ist keine ausdrückliche Vereinbarung über den Personalbestand der Mission getroffen worden, kann der Empfangsstaat verlangen, dass dieser in Grenzen gehalten wird, die er in Anbetracht der bei ihm vorliegenden Umstände und Verhältnisse sowie der Bedürfnisse der betreffenden Mission für angemessen und normal hält, Art 11 Abs 1 WÜD. Der Missionssitz ist idR am Regierungssitz des Empfangsstaats. Da Missionen, die sich nicht in der Hauptstadt befinden oder gar aus mehreren Büros bestehen, die Kontrolle durch den Empfangsstaat erschweren, hat der Empfangsstaat diesen zuzustimmen, Art 12 WÜD.[102] 54

Die *Aufgaben der diplomatischen Mission* nennt Art 3 WÜD. Hiernach soll sie den Entsendestaat im Empfangsstaat vertreten, die Interessen des Entsendestaats und seiner Angehörigen dort innerhalb der völkerrechtlich zulässigen Grenzen schützen, mit der Regierung des Empfangsstaats verhandeln, sich mit allen rechtmäßigen Mitteln über Verhältnisse im Empfangsstaat unterrichten und darüber dem Entsendestaat berichten, aber auch die freundschaftlichen Beziehungen zwischen Entsendestaat und Empfangsstaat fördern und ihre wirtschaftlichen, kulturellen und wissenschaftlichen Beziehungen anbahnen bzw ausbauen.[103] 55

Zur ungestörten Wahrnehmung dieser Aufgaben ist es notwendig, dass die Diplomaten frei und unbeeinflusst im Empfangsstaat arbeiten und frei mit dem Entsen- 56

---

100 *Foakes/Denza,* in Satow's Diplomatic Practice, Rn 10.18 ff.
101 Vgl IGH im *Teheraner Geisel*-Fall, ICJ Rep 1980, 3, 40.
102 ZB zur Eröffnung einer „Botschaftsaußenstelle" und der dafür erforderlichen Erlaubnis des Auswärtigen Amtes, vgl BGH WM 2016, 2357 ff.
103 Zu den Einzelheiten *Denza,* Diplomatic Law, 4. Aufl 2016, 29 ff; *Roberts,* in Satow's Diplomatic Practice, Rn 5.19 ff.

destaat kommunizieren können. Zu diesem Zweck haben sich bereits im 16. und 17. Jh *Vorrechte und Immunitäten* der diplomatischen Missionen herausgebildet. Zu ihnen gehört die Unverletzlichkeit der Mission, Art 22 WÜD. Sie bedeutet zunächst, dass Vertreter des Empfangsstaats die Räume der Mission nur mit Zustimmung des Missionschefs betreten dürfen. Dies gilt auch im bewaffneten Konflikt oder bei Abbruch der diplomatischen Beziehungen, sofern der Eingriff nicht zur Gefahrenabwehr erfolgt[104] Unverletzlichkeit bedeutet nach Art 22 Abs 2 WÜD auch, dass der Empfangsstaat verpflichtet ist, alle geeigneten Maßnahmen zu treffen, um die Räumlichkeiten der Mission vor jedem Eindringen und jeder Beschädigung zu schützen, damit nicht der Friede der Mission gestört oder ihre Würde beeinträchtigt wird. Der Umfang dieses Schutzes richtet sich nach dem Einzelfall.[105] Angesichts dessen ist der Empfangsstaat völkerrechtlich verpflichtet, notfalls auch durch den Einsatz von Polizei- oder Militärkräften für die Sicherheit ausländischer Missionen zu sorgen.[106] Gewalttätige Übergriffe auf ausländische Botschaften wie 1979 im Iran oder 2012 im Sudan, Jemen, Ägypten sowie in Libyen (insbes Benghasi) müssen durch den Einsatz örtlicher Sicherheitskräfte verhindert werden. Nach dem Ende der Mission entfällt dieser umfassende Schutz nach einer angemessenen Zeit und reduziert sich auf die Pflicht des Empfangsstaats, die Räume, das Vermögen und die Archive der Mission zu achten und zu schützen, Art 45 lit a WÜD.

56a Jüngst stellte der IGH in einem Beschluss v 6.6.2018 seine Zuständigkeit für das Verfahren zwischen Äquatorialguiena und Frankreich über den Umfang des Schutzes der Mission nach Art 22 WÜD auf der Grundlage des Fakultativ-Protokolls zum WÜD fest. In einem Verfahren, das auf Initiative von Transparency International wegen Veruntreuung von Staatsgeldern und Korruption eingeleitet wurde, ging es insbes um den Erwerb eines Gebäudes in Paris durch den Sohn des Präsidenten von Äquatorialguinea. Im Anschluss an Strafermittlungsmaßnahmen gegen diesen gab Äquatorialguniea dem franz Außenministerium in einer Verbalnote zur Kenntnis, dass das fragliche Gebäude als diplomatische Mission genutzt werde. In seiner Antwort lehnte das franz Außenministerium diese Auffassung ab und bekräftigte, dass das fragliche Gebäude grundsätzlich den franz Gesetzen unterfalle und in Bezug hierauf keine Immunitäten oder Vorrechte in Anspruch genommen werden könnten.[107] Den in diesem Fall aufgetretenen Fragen wird sich der IGH in nächster Zeit noch eingehender widmen, wenn die Entscheidung in der Sache ansteht. Dabei ist mit näheren Ausführungen zum Bestimmungsrecht des Entsendestaats bei der Auswahl verschiedener Missionsgebäude sowie zur Kontrollmöglichkeit des Empfangs-

---

104 *Armed Activities*-Fall, ICJ Rep 2005, 168; vgl *Herdegen*, The Abuse of Diplomatic Privileges and Countermeasures not Covered by the Vienna Convention on Diplomatic Relations, ZaöRV 46 (1986) 734 ff; *Mann*, Inviolability and other Problems of the Vienna Convention on Diplomatic Relations, FS Doehring, 1984, 553 ff; zum Fall der libyschen Botschaft in London 1984 vgl *Foakes/Denza*, in Satow's Diplomatic Practice, Rn 13.10; *Behrens*, in Behrens (Hrsg), Diplomatic Law in a New Millennium, 2017, 75; *Higgins*, The Abuse of Diplomatic Privileges and Immunities, AJIL 79 (1985) 641 ff.
105 So wurde bspw beim Bau einer Untergrundlinie in London, die unter mehreren Botschaften hinwegführen sollte, die Zustimmung der davon betroffenen Auslandsvertretung eingeholt, vgl *Foakes/Denza*, in Satow's Diplomatic Practice, Rn 13.11. Zur diplomatischen Immunität von Botschaftskonten vgl BVerfG, DVBl 2007, 242.
106 *Teheraner Geiseln*-Fall, ICJ Rep 1980, 2, 86 ff; vgl *Fox/Webb*, State Immunity, 584.
107 *Equatorial Guinea v France*, Rn 23 ff.

staats in dieser Frage zu rechnen. Es spricht einiges dafür, dass der IGH die nachträgliche und einseitige Festlegung durch den Entsendestaat – ohne Zustimmung der für auswärtige Beziehungen zuständigen Regierungsstellen nach Art 12 WÜD – als nicht im Einklang mit dem WÜD stehend betrachten wird. Auch nach den in einer BGH-Entscheidung aus dem Jahre 2016[108] vertretenen Grundsätzen wäre eine Aufteilung der Mission auf mehrere, über die ganze Hauptstadt oder sogar auf verschiedene Orte im Empfangsstaat verteilte Standorte *ohne Zustimmung* des Auswärtigen Amtes wohl nicht zulässig gewesen.

Art 27 WÜD gewährleistet das *Recht des freien Verkehrs* zu amtlichen Zwecken. **57** Hiernach können Missionen in jeder Form Kontakt zu anderen Missionen oder Konsulaten des Entsendestaats oder der Regierung im Entsendestaat aufnehmen. Lediglich das Betreiben einer Funksendeanlage bedarf der Zustimmung des Empfangsstaats (Art 27 Abs 1 WÜD). Neben der Unverletzlichkeit der amtlichen Korrespondenz bestimmt Art 27 Abs 3 WÜD, dass diplomatisches Kuriergepäck weder geöffnet noch zurückgehalten werden darf. Obwohl das Durchleuchten nicht unmittelbar vom Wortlaut des Art 27 Abs 3 WÜD erfasst wird, sehen viele Staaten davon ab, da sie es mit dem Sinn und Zweck der Vorschrift nicht vereinbar halten.[109] Eine praktische Ausnahme wird hingegen für den Fall angenommen, dass das Kuriergepäck von einer Fluglinie befördert werden soll, die eine Durchleuchtung aus Sicherheitsgründen anordnet. Der 1989 verabschiedete Entwurf der ILC über den Status des diplomatischen Kuriers und des nicht von einem diplomatischen Kurier begleiteten Gepäcks hält in Art 28 grundsätzlich an der Unverletzlichkeit fest.[110] Während nach der Diplomatenrechtskonvention keine Ausnahmen vom Grundsatz gelten, dass das diplomatische Kuriergepäck nicht geöffnet oder zurückgehalten werden darf (vgl Art 27 Abs 3), ist für das konsularische Kuriergepäck eine Ausnahme bei Verdacht auf Missbrauch (Art 35 Abs 3) vorgesehen. Ungeachtet des anders lautenden ILC-Vorschlags hat damals bereits die Schweizer Regierung darauf verwiesen, dass es wohl illusorisch sei anzunehmen, ein Gepäckstück könne ohne eine vorherige Sicherheitskontrolle in ein Flugzeug geladen werden.[111] Unter den seit damals deutlich verstärkten Sicherheitskontrollen im Luftverkehr der Gegenwart dürfte dies erst recht gelten.

Der Diplomat ist nach Art 23 WÜD von Abgaben im Empfangsstaat befreit, so- **58** fern diese nicht als Vergütung für bestimmte Dienstleistungen erhoben werden. Nach Art 34 WÜD ist er bis auf die in dieser Vorschrift genannten Ausnahmen von Steuern befreit.[112] Er genießt im Empfangsstaat nach Art 26 WÜD Freizügigkeit und die in Art 33 ff WÜD genannten Vorrechte. Die Person des Diplomaten ist unverletzlich, Art 29 WÜD.

Nach Art 31 Abs 1 WÜD genießt der Diplomat *Immunität* von der Strafgerichts- **59** barkeit des Empfangsstaats. Die Immunität erstreckt sich grundsätzlich auch auf die

---

108 BGH WM 2016, 2357 ff.
109 Zum Meinungsstand *Denza* (Fn 103) 200 ff.
110 UN Doc A/44/10 (1989). Hierzu auch *D'Aspremont*, Diplomatic Courier and Bag, MPEPIL III, 110 (113).
111 YBILC 1988-II, 162; hierzu auch *Denza* (Fn 103) 202.
112 Vgl *Heintzen*, Die Befreiung ausländischer Diplomaten von deutscher Besteuerung, AVR 45 (2007) 455 ff; *Trimble*, Permanent Mission of India to the United Nations v City of New York, TJICL 16 (2007/2008) 543 ff; *Foakes/Denza*, in Satow's Diplomatic Practice, Rn 14.35 ff.

Zivil- und Verwaltungsgerichtsbarkeit, sofern nicht ein Fall des Art 31 Abs 1 lit a–c WÜD vorliegt.[113] Soll dennoch ein Verfahren eingeleitet werden, so ist nach Art 32 WÜD ein ausdrücklicher Verzicht des Entsendestaats notwendig, der auch durch den Missionschef erklärt werden kann, wenn diese Entscheidung auf ihn delegiert wurde oder er die vom jeweiligen Staat gefällte Entscheidung lediglich verkündet.[114] Ein Diplomat kann hingegen grundsätzlich nicht selbst auf seine Immunität verzichten. Dies ist nur für den Fall möglich, dass er den diplomatischen Dienst endgültig verlässt, was zur Folge hat, dass das schützende Band der Art 29 ff WÜD keine Wirkung mehr entfaltet.[115] Die Immunität beginnt nach Art 39 WÜD, sobald der Diplomat sich in das Hoheitsgebiet des Empfangsstaats begibt, um dort seinen Posten anzutreten oder, wenn er sich bereits im Gebiet befindet, in dem Zeitpunkt, in dem seine Ernennung dem zuständigen Ministerium notifiziert wurde. Sie endet nach einer angemessenen Zeit nach dem Verlassen des Landes, Art 39 Abs 2 WÜD. Dies gilt grundsätzlich auch für Diplomaten, die das Land verlassen müssen, weil sie zur *persona non grata* erklärt worden sind.[116]

60   Eine dienstliche Handlung liegt vor, wenn der Diplomat für seinen Entsendestaat als dessen ausführendes Organ und somit diesem zurechenbar handelt. Unerheblich ist, ob die Handlung gegen das nationale Recht des Empfangsstaats oder sonstige Strafbestimmungen verstößt.[117] Dies folgt aus dem Sinn der diplomatischen Immunität, die nur eingreift, wenn der Diplomat angeblich oder tatsächlich gegen das Recht des Empfangsstaats verstößt. Nach Auffassung des BVerfG[118] bestehen auch für schwerwiegende Straftaten, wie zB die Förderung terroristischer Anschläge, *keine Ausnahmen von der diplomatischen Immunität*. Ein Diplomat kann daher in diesen Fällen lediglich zur *persona non grata* erklärt und zum baldigen Verlassen des Landes aufgefordert werden.[119] Dies wird damit begründet, dass anderenfalls die Grundlagen der diplomatischen Beziehungen erschüttert würden.[120] Allerdings bleibt ein Diplomat, auch nachdem er das Land verlassen hat, für seine im Rahmen seiner dienstlichen Aufgaben ausgeführten Handlungen im Empfangsstaat unverändert immun.[121]

60a   Nach Art 37 WÜD können sich nicht nur Diplomaten umfassend auf ihre Immunität berufen, sondern ihre Familienmitglieder können dies unter den dort genannten Voraussetzungen – zB Zugehörigkeit zum Haushalt[122] – ebenfalls. Ebenso wie die eigene Immunität soll die Immunität von Familienmitgliedern ein reibungsloses und

---

113   Zu den Einzelheiten *Denza* (Fn 103) 238 ff, inbes 247 („private involvement in succession") u 248 („private, professional, or commercial activity").
114   Vgl *Fox/Webb*, State Immunity, 587 f; *Foakes/Denza*, in Satow's Diplomatic Practice, Rn 14.25.
115   *Denza* (Fn 103) 274.
116   *Foakes/Denza*, in Satow's Diplomatic Practice, Rn 14.28 u 14.30.
117   BVerfGE 96, 68, 80 unter Hinweis auf *Salmon*, Manuel de droit diplomatique, 1994, 466; BGHSt 36, 396, 401; vgl ferner *Folz/Soppe*, Zur Frage der Völkerrechtsmäßigkeit von Haftbefehlen gegen Regierungsmitglieder anderer Staaten, NStZ 1996, 576 (578).
118   Ebd.
119   Vgl *Denza* (Fn 103) 1043.
120   Vgl *Higgins* (Fn 104) 641 ff; *Fox/Webb*, State Immunity, 585 („immunity *ratione personae* and *materiae*").
121   *Foakes/Denza*, in Satow's Diplomatic Practice, Rn 14.31.
122   Zum ursprünglich engen Familienbegriff des WÜD vgl *O'Keefe*, Privileges and Immunities of the Diplomatic Family, ICLQ 25 (1976) 329 (233); *Stirling-Zanda*, in Behrens (Fn 104) 98 (101 ff).

möglichst ablenkungsfreies Tätigwerden für den Entsendestaat sicherstellen.[123] Dies gilt in zunehmenden Umfang auch für gleichgeschlechtliche Partner (same-sex partners), zT sogar dann, wenn die hierzu erforderlichen rechtlichen Institute nicht in allen Empfangsstaaten anerkannt sind.[124]

Die Regeln des Diplomatenrechts stellen eine in sich geschlossene Ordnung, ein *self-contained regime* dar, das die möglichen Reaktionen auf Missbräuche der diplomatischen Vorrechte und Immunitäten *abschließend* umschreibt.[125] Nur für Präventivmaßnahmen wird in der Rechtsprechung und Literatur angenommen, dass der Empfangsstaat sich gegen gröbsten Missbrauch des diplomatischen Status zur Wehr setzen kann.[126] Ein offensichtlicher Missbrauch muss allerdings durch den Gaststaat dann nicht hingenommen zu werden, wenn durch die Inanspruchnahme diplomatischer Vorrechte eine unmittelbare Gefährdung der öffentlichen Sicherheit oder grundlegender Rechtsgüter (Leben, körperliche Integrität) droht.[127] Im Fall *Dikko* wurde ein ehemaliger nigerianischer Minister in London entführt. Er sollte mittels einer Kiste nach Nigeria verbracht werden. Diese wurde trotz Inanspruchnahme diplomatischer Vorrechte durch einen begleitenden Diplomaten auf dem Flughafen Stansted geöffnet.[128] Das Britische Außenministerium vertrat den Standpunkt, dass „the overriding duty to preserve and protect human life" Vorrang vor dem Prinzip der Unverletzlichkeit diplomatischen Gepäcks zukomme.[129] Hinzu kam, dass die Kiste kein offizielles Siegel trug und somit ungeachtet sonstiger Beteuerungen nicht ohne Weiteres dem diplomatischen Gepäck zugeordnet werden konnte. **61**

Zusätzliche Herausforderungen an den diplomatischen Schutz von Gepäckstücken stellen in jüngerer Zeit *neuartige elektronische Durchleuchtungstechniken*, die auch bei geschlossenen Behältnissen detaillierten Aufschluss über den Inhalt geben können. Wenn es auch Hinweise dafür gibt, dass einzelne Staaten die Verwendung solcher Techniken für grundsätzlich zulässig erachten (zB das Vereinigte Königreich), sprechen neben den Vorbehalten zahlreicher Staaten vor allem Schutzgüterwägungen gegen eine Vereinbarkeit von Durchleuchtungen mit dem generell dem Diplomatengepäck zukommenden Schutz.[130] **62**

Umstritten ist allerdings, ob die in der neueren Staatenpraxis[131] vorgesehenen Ausnahmen von der Immunität für bestimmte Fälle von Kriegsverbrechen und Verbrechen gegen die Menschlichkeit auch auf Diplomaten übertragen werden können. Nach Auffassung des BVerfG steht einem Schluss von der Staatenimmunität auf die **63**

---

123 *Stirling-Zanda* (Fn 122) 98 ff.
124 Mit Verweis auf die in dieser Hinsicht restriktive Praxis der Türkei vgl *Stirling-Zanda* (Fn 123) 107 f.
125 BVerfGE 96, 68, 110; aus jüngerer Zeit *Barker*, in Behrens (Fn 104), 23 ff.
126 *Kokott*, Missbrauch und Verwirkung von Souveränitätsrechten bei gravierenden Völkerrechtsverstößen, FS Bernhardt, 1995, 136; *Higgins* (Fn 104) 646 f.
127 *Herdegen* (Fn 104) 734 f, 752 f; *Kokott* (Fn 126) 135 f.
128 Vgl *Shaw* (Fn 62) 574 f.
129 Vgl *Shaw* aaO; zu ggf unmittelbar erforderlichen Maßnahmen der Sicherheit und Ordnung *Tölle/Pallek*, Polizeiliche Gefahrenabwehr im Bereich diplomatischer oder konsularischer Vorrechte, DÖV 2001, 547 f.
130 Legal Adviser, FCO, Foreign Affairs Committee, Report, 23; *Shaw* (Fn 62) 575; *Denza* (Fn 103) 238 ff.
131 Vgl Art 7 Abs 2 des Statuts des Internationalen Gerichtshofs für Jugoslawien; Art 6 Abs 2 des Statuts des Internationalen Gerichtshofs für Ruanda.

diplomatische Immunität das personale Element jeder diplomatischen Immunität entgegen, das nicht den Entsendestaat, sondern den Diplomaten als handelndes Organ persönlich schütze. Auch von anderer Seite ist auf die Unterschiedlichkeit des diplomatischen Schutzes und der Staatenimmunität hingewiesen worden.[132] Die Ausnahmen gelten daher nur für die Staatenimmunität und die unmittelbar aus ihr fließende Immunität von staatlichen Organen, insbes von Regierungsmitgliedern, nicht aber für die diplomatische Immunität.[133]

64 Die diplomatische Immunität wirkt allein im Empfangsstaat. Eine Ausnahme gilt lediglich für Diplomaten auf der Durchreise, Art 40 WÜD. Nach der Entscheidung des BGH ist eine Durchreise bei einem privaten Familienurlaub in einem Drittstaat nicht anzunehmen, so dass hierbei keine diplomatische Immunität beansprucht werden kann.[134] Das Diplomatenrecht ist mit seinen Schutz- und Reaktionsmöglichkeiten grundsätzlich nicht auf das Verhältnis von Diplomaten zu Drittstaaten zugeschnitten: Die diplomatische Immunität hat *keine erga omnes Wirkung* gegenüber Drittstaaten.[135] Es besteht daher keine allgemeine Regel des Völkerrechts, nach der die BR Deutschland verpflichtet wäre, die fortwirkende Immunität eines ehemals in der DDR akkreditierten ausländischen Botschafters vor strafrechtlicher Verfolgung zu beachten.[136]

c) Konsulate

65 Rechtsgrundlage der konsularischen Beziehungen ist das Wiener Übereinkommen über konsularische Beziehungen v 1963 (WÜK), das 1967 in Kraft getreten ist.[137] Es entspricht in Aufbau und Inhalt im Wesentlichen dem WÜD.

66 Nach Art 5 WÜK sollen Konsulate vor allem die Interessen des Entsendestaats und seiner Staatsangehörigen schützen, Art 5 lit a WÜK, sowie die kommerziellen, wirtschaftlichen, kulturellen und wissenschaftlichen Beziehungen zwischen den Staaten fördern, Art 5 lit b WÜK.[138] Hinzu kommen notarielle, standesamtliche und bestimmte Verwaltungsfunktionen wie das Ausstellen von Pässen, Reiseausweisen und Sichtvermerken, Art 5 lit f und g WÜK. Da die Funktionen aber nicht in allen Einzelheiten fest umrissen sind, schließen einige Staaten ergänzende bilaterale Abkommen. Eine Vereinbarung auf multinationaler Ebene wurde bislang nicht getroffen. Die Verletzung der Pflicht des Empfangsstaats, im Falle einer Inhaftnahme eines Staatsangehörigen den Entsendestaat zu informieren (Art 36 WÜK), war Gegenstand des Verfahrens vor dem IGH im Fall der Brüder (und deutschen Staatsangehörigen) *LaGrand*. Trotz (im Falle von *Walter LaGrand* ergangener) einstweiliger

---

132 *Fox/Webb*, State Immunity, 582 f.
133 Vgl auch IGH, ICJ Rep 2002, 11.
134 BGH, NStZ-RR 2018, 386 (Rn 18 f).
135 BVerfGE 96, 68, 114; *Denza* (Fn 103) 369.
136 BVerfGE 96, 68; *Denza* (Fn 103) 369 f; aA *Doehring/Ress*, Diplomatische Immunität und Drittstaaten, AVR 37 (1999) 68 ff; *Bardo*, Zum Umfang diplomatischer Immunität in Drittstaaten, NStZ 1998, 144 ff.
137 Vgl *Economidès*, Consular Relations, EPIL I (1992) 765 f; *Lee*, Consular Law and Practice, 3. Aufl 2008; *Perruchoud*, Consular Protection and Assistance, in Cholewinski/Macdonald/Perruchoud (Hrsg), International Migration Law, 2007, 71 ff.
138 *Foakes/Denza*, in Satow's Diplomatic Practice, Rn 9.1..

Anordnung durch den IGH vollstreckten die amerikanischen Behörden die Todesurteile gegen *Karl* und *Walter LaGrand* unter Hinweis auf die innerstaatliche Kompetenzverteilung. Der IGH verurteilte die USA wegen Verletzung des Art 36 Abs 1 WÜK.[139] Allerdings war der *LaGrand*-Fall nur einer von mehreren internationalen und nationalen Fällen, in denen deutlich wurde, dass die USA in dieser Zeit die konsularischen Rechte ausländischer Strafgefangener aus dem WÜK vielfach missachteten.[140] Sowohl der US-Senat als auch der US-Präsident reagierten mit verschiedenen Maßnahmen hierauf, die sicherstellen sollten, dass die einschlägigen Vorschriften nicht nur eingehalten und die relevanten Fälle besser erkannt bzw überprüft werden können, sondern dass die Strafverfolgungsbehörden auf die Wahrnehmung dieser Aufgaben auch entsprechend vorbereitet werden. Im Fall *Avena*[141] festigte der IGH seine Grundsätze zur Belehrungspflicht aus Art 36 WÜK, überließ es aber im Übrigen den nationalen Gerichten, die aus einer Verletzung resultierenden Nachteile zu untersuchen und eine angemessene Rechtsfolge für den Gesetzesverstoß vorzusehen.[142]

Wie Art 14 WÜD nimmt auch Art 9 WÜK eine Einteilung in drei Klassen vor: Generalkonsuln, Vizekonsuln und Konsularagenten. Vor der Ernennung ist die Zustimmung des Empfangsstaats, das *Exequatur,* einzuholen, das wie das *Agrément* ohne Angabe von Gründen verweigert werden kann.[143] Nach Art 23 WÜK besteht die Möglichkeit, einen Konsularbeamten zur *persona non grata* zu erklären. Räume des Konsulats sind unverletzlich, Art 31 WÜK, gleiches gilt für konsularische Archive und Schriftstücke, Art 33 WÜK. Kuriergepäck darf im Gegensatz zum Diplomatengepäck nach Art 35 Abs 3 WÜK bei Vorliegen triftiger Gründe geöffnet und bei Weigerung seitens des Konsularbeamten an den Ursprungsort zurückbefördert werden. 67

Die Stellung des Konsularbeamten ist im Gegensatz zu der des Personals der diplomatischen Mission abgeschwächt. So kann er *keine absolute Immunität* geltend machen. Ein Gerichtsverfahren scheidet nach Art 43 Abs 1 WÜK nur wegen der Handlungen aus, die er in Wahrnehmung konsularischer Aufgaben vorgenommen hat. Anders als ein Diplomat kann ein Konsularbeamter etwa auch als Zeuge geladen werden, Art 44 WÜK. Wie das BVerfG bestätigte, erstreckt sich der personelle Anwendungsbereich von Art 43 WÜK – abweichend von den Regelungen des WÜD – nicht auf Familienmitglieder von Konsularbeamten.[144] 68

Neben den hauptberuflichen Konsuln gibt es auch Wahl- oder Honorarkonsuln. Diese sind nicht Beamte des Entsendestaats, sondern Staatsangehörige des Emp- 69

---

139 S das Urteil des IGH im *LaGrand*-Fall, ICJ Rep 2001, 466. Vgl dazu *Oellers-Frahm,* Die Entscheidung des IGH im Fall LaGrand, EuGRZ 2001, 265 f; *Karl,* Das Besuchsrecht des Konsuls nach Art 36 des Wiener Konsularrechtsübereinkommens, FG Machacek/Matscher, 2008, 565 ff. Zu den verfassungsrechtlichen Auswirkungen eines Verstoßes gegen Art 36 WÜK s BVerfGK 9, 174 ff *[Konsularrechtsübereinkommen];* vgl auch BGHSt 52, 48 ff; *Weigend,* Festgenommene Ausländer haben ein Recht auf Benachrichtigung ihres Konsulats, StV 2008, 39 ff; *Walter,* Der deutsche Strafprozess und das Völkerrecht, JR 2007, 99 ff.
140 Übersicht bei *Foakes/Denza,* in Satow's Diplomatic Practice, Rn 9.9
141 ICJ Rep 2004, 12 *[Avena].*
142 *Esser,* Rechtsfolgen eines Verstoßes gegen die Belehrungspflicht aus Artikel 36 WÜK, JR 2008, 271 ff; *Hoppe,* The Implementation of Consular Rights a Decade After *LaGrand,* FS Simma, 2011, 944 ff; *Sepúlveda-Amor,* Diplomatic and Consular Protection, FS Simma, 2011, 1097 ff.
143 *Foakes/Denza,* in Satow's Diplomatic Practice, Rn 8.9 ff.
144 BVerfGK 10, 195 ff.

fangsstaats oder eines dritten Staats, die konsularische Aufgaben ehrenamtlich wahrnehmen.[145] Regelungen für Wahlkonsularbeamte finden sich in Kap III des WÜK.

d) Sonderbotschafter

70 Rechtsgrundlage für die Entsendung von *Ad-hoc*-Gesandten oder Sonderbotschaftern ist die Konvention über Sondermissionen v 1969,[146] die 1985 in Kraft getreten ist, von Deutschland jedoch bislang nicht ratifiziert wurde. Sie lehnt sich inhaltlich an das WÜD an und sieht bei Streitigkeiten über Auslegung und Anwendung der Konvention nach Art 1 des Fakultativprotokolls über die obligatorische Streiterledigung die Zuständigkeit des IGH vor. Art 1 lit a der Konvention definiert die Sondermission als „a temporary mission, representing the State, which is sent by one State to another with the consent of the latter for the purpose of dealing with it on specific questions or performing in relation to it a specific task."

71 In den Anwendungsbereich der Konvention fällt insbes die Entsendung von Diplomaten zu Verhandlungen, Konferenzen und Kongressen. Vor der Entsendung soll der Empfangsstaat über Dauer und Umfang der Mission informiert und um sein Einvernehmen ersucht werden, Art 2.

72 Für Staaten, die die Konvention nicht ratifiziert haben, richtet sich die Rechtstellung von Sondermissionen nach völkerrechtlichem Gewohnheitsrecht. Der BGH[147] musste sich im *Tabatabai*-Fall mit der Frage auseinandersetzen, ob die Rechte eines Sonderbevollmächtigten auch auf Grund nachträglicher Vereinbarung erlangt werden können. Der Iraner *Tabatabai* berief sich in einem deutschen Ermittlungsverfahren wegen unerlaubter Einfuhr von Betäubungsmitteln auf seine Immunität als Sonderbotschafter, die aber zunächst weder das deutsche Auswärtige Amt noch der Entsendestaat Iran bestätigte. Nach Anklageerhebung teilte der Iran nachträglich die Sondermission mit. Der BGH entschied, dass eine völkergewohnheitsrechtliche Regelung bestehe, wonach der Entsendestaat nach Einzelabsprache mit dem Empfangsstaat einem mit politischen Aufgaben betrauten *Ad-hoc*-Botschafter über diese Mission Immunität verleihen könne. Botschafter in Sondermissionen seien hierin den ständigen Vertretern eines Staates gleichgestellt und könnten sich daher auf ihre Immunität berufen.[148] Der *Tabatabai*-Fall war in rechtlicher Hinsicht vor allem deshalb bemerkenswert, weil sich an ihm zeigte, dass, obwohl die Konvention über Sondermissionen v 1969 – wie auch gegenwärtig – über eine überschaubare Anzahl von Vertragsstaaten verfügt, ihre Grundprinzipien völkergewohnheitsrechtlich weithin anerkannt sind.[149]

---

145 *Bolewski/Pierlings*, Honorarkonsul – Beruf oder Berufung?, AVR 44 (2006) 429 ff.
146 UN Convention on Special Missions v 8.12.1969; vgl zu den Sonderbotschaftern *Przetacznik*, Diplomacy by Special Missions, 1981; *Fox/Foakes*, in Satow's Diplomatic Practice, Rn 15.2 ff.
147 BGH, NJW 1984, 2048.
148 Ebd 2049 f; mit strengeren Anforderungen *Kreicker* (Fn 74) 304.
149 *Fox/Foakes*, in Satow's Diplomatic Practice, Rn 15.5.

e) Vertretung bei Internationalen Organisationen

Die Vertretung bei I.O. regelt die Konvention über die Vertretung von Staaten in Beziehungen mit I.O. v 1975.[150] Ihr Anwendungsbereich erstreckt sich nach ihrem Art 2 Abs 1 auf die Vertretung bei I.O. und bei Konferenzen unter deren Leitung und Schirmherrschaft. Erfasst werden daneben auch die ständigen Beobachter. Für Meinungsverschiedenheiten von zwei oder mehr Staaten sieht Art 84 ein besonderes Streiterledigungsverfahren vor. Die Konvention ist bislang *nicht in Kraft* getreten. Vor allem die Staaten, in denen I.O. ihren Sitz haben, verweigerten eine Ratifikation, da die Notifizierung der Staatenvertreter bei der Organisation erfolgt und dann dem Empfangsstaat lediglich mitgeteilt wird, Art 15 Abs 1 und 3.

f) Diplomatisches Asyl

Personen, die in ihrem Heimatstaat strafrechtlich oder politisch verfolgt wurden und/oder eine Ausreise erzwingen wollten, haben verschiedentlich um Schutz in diplomatischen Vertretungen ersucht.[151] Heute ist anerkannt, dass die diplomatischen Vertretungen nicht exterritorial sind, sondern ein Teil des Staatsgebiets des Empfangsstaats sind. Während lateinamerikanische Staaten diplomatisches Asyl idR gewähren, wird ein entsprechender Rechtssatz des Völkergewohnheitsrechts verneint. Eine Kodifizierung dieses Völkergewohnheitsrechts findet sich allerdings im OAS-Übereinkommen über das diplomatische Asyl v 1954 (s auch Rn 298). Anlass für eine entsprechende Entscheidung des IGH war das Ersuchen von *Haya de la Torre* am 3.1.1949 um diplomatisches Asyl in der kolumbianischen Botschaft in Lima, nachdem der Militäraufstand in Peru niedergeschlagen worden war, und er als Anführer versuchte, sich so der Verfolgung zu entziehen.[152] Obwohl der IGH entschieden hat, dass *kein gewohnheitsrechtlicher Anspruch* auf Gewährung diplomatischen Asyls besteht, hat er allerdings zugleich festgestellt, dass die Unverletzlichkeit des Botschaftsgebäudes auch dann gilt, wenn unter Verletzung der Souveränitätsrechte des Gaststaats diplomatisches Asyl gewährt worden sei. Darüber hinaus stellt sich die Frage, ob die *Haya de la Torre*-Entscheidung angesichts einer neueren Staatenpraxis noch in vollem Umfang als maßgeblicher Präzedenzfall für die Feststellung völkerrechtlichen Gewohnheitsrechts angesehen werden kann. In zahlreichen Fällen haben Staaten in einer Situation unmittelbar bevorstehender Gefahr politischer Verfolgung oder unmenschlicher Behandlung Verfolgten Zuflucht im Botschaftsgebäude gewährt, ohne dass diese Befugnis prinzipiell in Frage gestellt worden wäre.[153] Wenn auch das *Refoulement*-Verbot der Genfer Flüchtlingskonvention und der UN-Folterkonvention auf diese Fälle nicht anwendbar ist, da es sich auf territoriales Asyl beschränkt, lassen sich doch aus der Staatenpraxis Anhaltspunkte für die

---

150 AJIL 69 (1975) 730.
151 Vgl *Hofmann*, Völkerrechtliche Aspekte der Übersiedlung von Bürgern der Deutschen Demokratischen Republik über Drittländer in die Bundesrepublik Deutschland, ZaöRV 50 (1990) 1 ff; eingehend hierzu *Klepper*, Diplomatisches Asyl – Zulässigkeit und Grenzen, 2009; *Clooney*, in Satow's Diplomatic Practice, Rn 17.103; *Capone*, Diplomatic Asylum: A New Path Forward, North Carolina J Int'l L 41 (2016) 221 ff.
152 Vgl ICJ Rep 1950, 266 u *Hailbronner/Pohlmann*, Haya de la Torre Cases, MPEPIL IV, 725.
153 Mit weiteren Bsp *Clooney*, in Satow's Diplomatic Practice, Rn 17.105; *Kovács/Ádány*, in Behrens (Fn 104) 179 (180 ff).

Entstehung einer gewohnheitsrechtlichen Befugnis gewinnen, dass zumindest in extremen Notsituationen vorübergehender Schutz vor Verfolgung in Botschaftsgebäuden gewährt werden kann.[154]

75 Diplomatisches Asyl kann nach der einschlägigen Vereinbarung lateinamerikanischer Staaten im Übrigen nur gewährt werden, wenn es sich um eine Verfolgung aus *politischen* Motiven handelt. Der Entsendestaat hat kein Recht, über die Gewährung diplomatischen Asyls in die innerstaatliche Strafverfolgung einzugreifen und den wegen eines unpolitischen Verbrechens Verfolgten dem Zugriff seines Heimatstaats zu entziehen.[155]

75a Die im Hinblick auf Bürgerkriegs- oder vergleichbare Notstandsgebiete teilweise geforderte generelle Asylgewährung durch Auslandsbotschaften (sog Botschaftsasyl) erscheint unter zwei Gesichtspunkten völkerrechtlich problematisch: Zunächst werden hierdurch – ungeachtet des Schutzes der Mission (Art 22 WÜD) – hoheitliche Handlungen auf fremdem Territorium durchgeführt, die anders als etwa die Visa-Erteilung durch Botschaften und Konsulate nicht bloß eine diplomatische Dienstleistung darstellen. Stattdessen berührt die Gewährung von Botschaftsasyl die Souveränität des Empfangsstaats substantiell und steht zudem auch im Widerspruch zu den diplomatischen Gepflogenheiten, da damit zugleich ein (negatives) Werturteil über den inneren Zustand des Empfangsstaats verbunden ist. Schließlich wird Asyl idR nur bei politischer Verfolgung gewährt, die damit dem Empfangsstaat unmittelbar attestiert wird. Die Gewährung von Botschaftsasyl hat im Weiteren zur Folge, dass darin eine Einmischung in die inneren Angelegenheiten des Empfangsstaats liegt, womit sich der Entsendestaat in Widerspruch zu Art 41 Abs 1 Satz 2 WÜD setzt.[156] Zudem erfordern alle Amtsgeschäfte einer Mission das Einvernehmen des Empfangsstaats (Art 41 Abs 2 WÜD), was bei der generellen Asylgewährung durch Auslandsbotschaften kaum zu erwarten ist. Etwas anderes kann allenfalls dann gelten, wenn einzelnen Schutzsuchenden aus konkreten Situationen heraus eine unmittelbare Gefahr für Leib oder Leben droht.[157] Die Beurteilung der Notlage des Verfolgten sowie die Qualifikation des Verfolgungsgrunds als politisch oder unpolitisch obliegen dem asylgewährenden Staat. Folgt der Territorialstaat dieser Auffassung nicht, kann er dem Asylsuchenden die Ausreise und die Zusicherung des freien Geleits verweigern, was dazu führt, dass dieser für längere Zeit in der diplomatischen Vertretung verbleibt. Versuche, den diplomatischen Schutz von Geflüchteten zu kodifizieren, waren bisher auch wegen der damit zusammenhängenden Souveränitätsaspekte nicht erfolgreich.[158] Der Fall des zwischen Juni 2012 und April 2019 in der ecuadorianischen Botschaft in London befindlichen *Julian Assange* fällt auf den ersten Blick nicht unter die Kategorien des diploma-

---

154 Bsp bei *Dahm/Delbrück/Wolfrum* (Fn 55) § 38 III.3; *Noll*, Seeking Asylum at Embassies, IJRL 17 (2005) 542 ff; *Said*, Political Asylum and Torture, in Falk/Rajagopal/Stevens (Hrsg), International Law and the Third World, 2008, 167 ff; zur Praxis englischer Gerichte *Clooney*, in Satow's Diplomatic Practice, Rn 17.107.
155 Vgl *Barberis*, Diplomatic Asylum, EPIL I, 1992, 282.
156 *Duquet/Wouters*, in Behrens (Fn 104) 247 (252 ff); eingehend zu diesen Fragen *Behrens*, Diplomatic Interference and the Law, 2016.
157 Vgl Res des Institut de Droit International v 11.9.1950, AnnIDI 43-II (1950) 388; vgl auch den *LaHood*-Fall in der amerikanischen Botschaft in Kairo oder der *Huseynov*-Fall in der Schweizer Botschaft in Aserbaidschan, *Clooney*, in Satow's Diplomatic Practice, Rn 17.105.
158 Vgl ILA (Hrsg), Report of the 55th Conference, 1972, 199.

tischen Asyls.¹⁵⁹ Denn obwohl zunächst nur eine Auslieferung nach Schweden in Rede stand, weil dort ein strafrechtliches Ermittlungsverfahren herkömmlicher Art eingeleitet worden war, drohte doch immer auch eine Auslieferung an die Vereinigten Staaten. Eine zum Asyl berechtigende politische Verfolgung im Vereinigten Königreich lag hingegen nicht vor. Soweit jedoch nach Abschluss des schwedischen Verfahrens eine Auslieferung an die USA nicht ausgeschlossen werden konnte und es belastbare Hinweise auf eine politisch motivierte Verfolgung *Assanges* mit Gefahren für Leib und Leben gab, konnte – wenn auch über diesen Umweg – vom Vorliegen dieser Voraussetzungen für die Gewährung diplomatischen Asyls ausgegangen werden. Bei der Beurteilung dieser Fragen kam Ecuador als asylgewährendem Staat, wie auch jedem anderen Staat in vergleichbarer Lage, ein Einschätzungsvorrang zu, zumal lange Zeit unklar war, inwieweit US-amerikanische Strafverfolgungsbehörden entsprechende Verfahren bereits eingeleitet hatten, und welche Straftaten *Assange* dabei zur Last gelegt wurden. Unabhängig davon, wie die Frage des diplomatischen Asyls letztlich beurteilt wurde, war von der Unverletzlichkeit der ecuadorianischen Mission in London auszugehen (vgl Art 22 WÜD). Soweit im Voraus absehbar ist, dass der Missionschef seine Zustimmung zum Betreten der Mission nicht geben wird, ist auch die Einschließung oder „Belagerung" der Mission durch Sicherheitskräfte zur Einschüchterung mit den völkerrechtlichen Bestimmungen über die diplomatische Mission nicht vereinbar.

II. Der Staat als primäres Völkerrechtssubjekt

1. Der Staat
a) Die Elemente des Staates

Ein Staat liegt nach der herrschenden Drei-Elemente-Lehre von *Georg Jellinek* vor, wenn sich auf einem bestimmten *Staatsgebiet* ein *Staatsvolk* unter effektiver *Staatsgewalt* organisiert hat.¹⁶⁰ 76

Das *Staatsvolk* bestimmt sich über das formale Bindeglied der *Staatsangehörigkeit*. Es muss nicht einer einzigen Nation angehören, sondern kann aus verschiedenen ethnischen, sprachlichen oder religiösen Gruppen bestehen, wobei es dem Staat freisteht, die Bedingungen für Erwerb und Verlust der Staatsangehörigkeit im Rahmen des völkerrechtlich Zulässigen nach eigenem Ermessen zu regeln. Die Staaten stützen sich hierbei entweder auf das *Personalitätsprinzip*, nach dem die Abstammung über die Staatsangehörigkeit entscheidet, oder auf das *Territorialitätsprinzip*, wonach die auf ihrem Staatsgebiet geborenen Personen automatisch ihre Staatsangehörigkeit erwerben, oder auf eine Verbindung beider Prinzipien, wonach die Staatsangehörigkeit entweder kraft Abstammung oder kraft Geburt auf dem Territorium, sofern weitere Voraussetzungen erfüllt sind, erworben wird. Eine Mindestgröße ist für das Vorliegen eines Staatsvolks nicht erforderlich, wie das Beispiel Naurus mit weniger als 10.000 Einwohnern zeigt.¹⁶¹ 77

---

159 *Kovács/Ádány* (Fn 153) 195 ff; *Arredondo*, WikiLeaks, Assange y el future del asilo diplomatic, REDI 69 (2017) 119 ff.
160 *G. Jellinek*, Allgemeine Staatslehre, 3. Aufl 1914, 396. Vgl auch Art 1 der Montevideo Convention on Rights and Duties of States v 26.12.1933 (165 LNTS 19). S auch *Proelß*, 5. Abschn Rn 14 ff.
161 *Kempen/Hillgruber*, Völkerrecht, 2. Aufl 2012, § 5 Rn 4.

78 Notwendig ist ferner ein *Gebiet,* in dem das Staatsvolk seine Herrschaft ausübt. Hier kann ein Staat in Ausübung seiner Gebietsherrschaft alle rechtlichen und tatsächlichen Maßnahmen treffen, während Hoheitsakte auf dem Gebiet anderer Staaten grundsätzlich nicht erlaubt sind und abgewehrt werden dürfen. Hoheitsakte fremder Staaten können anerkannt werden, wenn sie nicht gegen die innere öffentliche Ordnung verstoßen (*ordre public*-Vorbehalt). Eine völkerrechtliche Pflicht zur Anerkennung der Hoheitsakte fremder Staaten mit Wirkung für das Territorium fremder Staaten (zB Enteignung) besteht aber nicht. Fremde und Staatenlose unterliegen der Rechtsordnung des Aufenthaltsstaats. Das Staatsgebiet erfasst nicht nur einen Ausschnitt der Erdoberfläche, sondern erstreckt sich auch auf das darunter liegende Erdreich sowie den darüber befindlichen Luftraum. Dem „Fürstentum Sealand", das acht Meilen vor der britischen Küste auf einer ehemaligen Flakstellung gegründet wurde, sprach das VG Köln die Staatsqualität u a mit Hinweis darauf ab, dass die 1.300 m² große Fläche nicht natürlich gewachsen und nur durch Pfeiler mit dem Meeresgrund verbunden sei.[162]

79 Getrennt werden die Gebiete der Staaten durch *Grenzen*. Diese können vertraglich vereinbart werden, auf der geschichtlichen Entwicklung, der Anerkennung durch andere Staaten oder Völkergewohnheitsrecht beruhen. Eine exakte Grenzziehung ist zur Konfliktvermeidung zwar wünschenswert, jedoch nach Völkerrecht nicht Voraussetzung zur Entstehung eines Staats. Es reicht aus, dass die Grenzen des Staatsgebiets im Wesentlichen feststehen.[163] Bei der Frage einer möglichen Völkerrechtssubjektivität des IS genügte es in Zeiten des Syrischen Bürgerkriegs ungeachtet der im Einzelnen umkämpften und umstrittenen territorialen Grenzen seiner Herrschaft im Hinblick auf das Staatsgebiet, wenn ein über längere Zeit unbestrittener Kernherrschaftsbereich bestand. Die Voraussetzung von „im Wesentlichen" feststehenden Grenzen eines Staatsgebiets war hingegen nicht erfüllt, als am 15.11.1988 ein Palästinenser-Staat mit der Hauptstadt Ost-Jerusalem ausgerufen wurde, obwohl der Gaza-Streifen und die Westbank damals noch vollständig unter israelischer Besatzung standen und somit weder ein klar umgrenztes Staatsgebiet noch ausreichende hoheitliche Befugnisse seitens der Palästinenser ausgeübt werden konnten.[164]

80 Drittes Element des Staates ist die *Staatsgewalt*. Sie muss effektiv ausgeübt werden, dh innerstaatlich muss der Staat sein Recht notfalls auch mit Macht durchsetzen können, und auf internationaler Ebene muss er in der Lage sein, seinen völkerrechtlichen Verpflichtungen nachzukommen (Effektivitätsprinzip), da nur eine dauernde Ordnung die Gewähr für die Erfüllung völkerrechtlicher Pflichten bietet.[165] Staaten müssen im Übrigen eine gewisse Stabilität und Aussicht auf Dauer aufweisen, wobei die Beurteilung *ex ante* erfolgt. Von nur kurzer Dauer waren etwa die „Federation of Mali" und „British Somaliland", die beide nur für fünf Tage existier-

---

[162] DVBl 1978, 510 (511).
[163] Vgl Entscheidung des deutsch-polnischen Schiedsgerichts, ZaöRV 2 (1930–32) 23; ICJ Rep 1969, 3, 32 *[Nordsee-Festlandsockel]*.
[164] Für einen Staat *Boyle,* The Creation of the State of Palestine, EJIL 1 (1990) 301 ff; anders *Crawford,* The Creation of the State of Palestine, EJIL 1 (1990) 307 ff; aus jüngerer Zeit *Eden*, Palestinian Statehood, ICLQ 62 (2013) 225 ff; *Ash*, Is Palestine a "State"?, Is There a Court for Gaza?, 2012, 441 ff.
[165] *Dahm/Delbrück/Wolfrum* (Fn 83) 129; *Aust*, Handbook of International Law, 2005, 136 f.

ten. Ungeachtet zahlreicher Anerkennung durch dritte Staaten scheitert zB zurzeit auch die Einstufung des Kosovo als Staat am Fehlen einer effektiven Staatsgewalt. Auf Grundlage der Resolution Nr 1244 übte seit 1999 zunächst die UNO durch die UNMIK-Übergangsverwaltung unter der Führung eines Sonderbeauftragten des Generalsekretärs die Staatsgewalt aus, während in Anlehnung an den *Ahtisaari*-Plan[166] seit längerem zusätzlich die von der EU eingesetzte Rechtsstaatlichkeitskommission (EULEX Kosovo) mit exekutiven Befugnissen bei der Strafverfolgung und bei der Aufrechterhaltung der öffentlichen Sicherheit und Ordnung betraut worden ist.[167] Auch das BVerfG geht in seinem Beschluss v 13.10.2009 davon aus, dass die auf der Grundlage der Resolution 1244 (1999) eingesetzte zivile Verwaltung der UNMIK unverändert fortbesteht.[168] Indessen ist nicht auszuschließen, dass zu einem späteren Zeitpunkt beim Übergang substantieller Regierungs- und Verwaltungsbefugnisse auf kosovarische Hoheitsträger die bestehenden Defizite ausgeglichen werden und damit auch effektive Staatsgewalt angenommen werden kann.[169]

Von der Anerkennung von Staaten ist die *Anerkennung von Regierungen* sorgsam zu unterscheiden.[170] Versuche, das Effektivitätsprinzip durch den Grundsatz der Legitimität (*Tobar*-Doktrin) zu ersetzen, konnten sich nicht durchsetzen. Auf Vorschlag des damaligen Außenministers von Ecuador, *Tobar*, verpflichteten sich die mittelamerikanischen Staaten im Washingtoner Vertrag v 1907, eine durch Staatsstreich oder Revolution zur Macht gelangte Regierung solange nicht anzuerkennen, bis eine demokratische Bestätigung erfolgt sei. Der mexikanische Außenminister *Estrada* sah in dieser Haltung schließlich eine Einmischung in innere Angelegenheiten und erklärte 1930, Mexiko werde sich künftig jeder Anerkennung von Regierungen enthalten, da eine solche Anerkennungspraxis beleidigend sei (vgl u Rn 178 ff). **81**

Über die in der Drei-Elemente-Lehre vorgesehenen Merkmale hinaus wurden in jüngerer Zeit von verschiedener Seite *zusätzliche Staats-Merkmale* vorgeschlagen, die sich jedoch bislang nicht durchsetzen konnten (zB demokratische Verfassungsordnung mit Partizipationsmöglichkeiten aller Bevölkerungsteile, keine Diskriminierungen von Minderheiten, keine illegalen Gewaltmaßnahmen des Staats).[171] Den- **82**

---

166 UN Doc S/2007/168/Add 1, Report of the Special Envoy of the Secretary-General on Kosovo's Future Status; hierzu *Woodward*, Does Kosovo's Status Matter?, Südosteuropa 55 (2007) 1 ff.
167 Eingehend hierzu: *de Wet*, The Governance of Kosovo, AJIL 103 (2009) 83 ff; *Vidmar*, International Legal Responses to Kosovo's Declaration of Independence, Vand J Trans'l L 42 (2009) 779 (820 f); *Schaller*, Die Sezession des Kosovo und der völkerrechtliche Status der internationalen Präsenz, AVR 46 (2008) 131 ff; *Parameswaran*, Der Rechtsstatus des Kosovo im Lichte der aktuellen Entwicklung, AVR 46 (2008) 172 (192 ff); *Warbrick*, Kosovo, ICLQ 57 (2008) 675 ff; *Jia*, The Independence of Kosovo, Chinese JIL 8 (2009) 27 ff; *Fleiner*, Prosperous and Vital Autonomy for Kosovo-Metohija or Empty Sovereignity for Kosova?, Rev Int Affairs 58 (2007) 5 ff; *Dukanovic/Gajic*, Determining the Status of Kosovo Within the Post Yugoslav Context, Rev Int Affairs 58 (2007) 21 ff; *Weller*, Kosovo's Final Status, Int Affairs 84 (2008) 1223 ff; *Fierstein*, Kosovo's Declaration of Independence, BUILJ 26 (2008) 417 ff.
168 BVerfG, NVwZ-RR 2010, 41; hierzu *Frowein*, Kosovo and Lotus, FS Simma, 2011, 923 ff.
169 Vgl zu jüngsten Entwicklung *Oeter*, The Kosovo Case, ZaöRV 75 (2015) 51 ff; *Dugard*, The Secession of States and their Recognition in the Wake of Kosovo, RdC 357 (2011) 9 ff; Hilpold (Hrsg), Das Kosovo-Gutachten des IGH vom 22.7.2010, 2012.
170 Dazu *Talmon* (Fn 66).
171 Vgl *Crawford*, Creation of States in International Law, 2. Aufl 2006, 107 ff; *Crawford* (Fn 2) 134 ff („degree of permanence", „willingness to observe international law", „a certain degree of civiliza-

noch zeichnet sich hierin eine Entwicklung ab, wonach die Staats-Qualität auf Dauer nicht mehr nur allein von den drei Elementen Staatsgebiet, Staatsvolk und Staatsgewalt abhängig gemacht werden soll, sondern – jedenfalls im Hinblick auf neu entstehende Staaten – auch bestimmte innerstaatliche Anforderungen aufgestellt werden. Inwieweit sich diese gestiegenen Ansprüche in größeren Umbruchsphasen tatsächlich aufrechterhalten lassen, bleibt jedoch abzuwarten.

b) Die staatliche Souveränität

83   Grundlage für die zwischenstaatlichen Beziehungen ist die Souveränität der Staaten. Souveränität bedeutet zunächst, dass *Staaten* nur dem Völkerrecht untergeordnet, dh *völkerrechtsunmittelbar* sind. Außerdem besteht die Verpflichtung, die Hoheitsgewalt und Unabhängigkeit anderer Staaten zu achten. Es gilt das *Verbot der Intervention*, die Pflicht zur Achtung der Gebietshoheit sowie zur Friedenswahrung. Die völkerrechtliche Souveränität wird üblicherweise durch völkerrechtliche Verträge beschränkt, etwa wenn Hoheitsrechte auf eine Supranationale Organisation oder eine I.O. übertragen werden.

83a Die gerade in den letzten Jahren in vielen Staaten geführten Debatten über die Wiedergewinnung oder Verteidigung einer vollkommen uneingeschränkten Souveränität verkennen, dass eine vollständige Souveränität unter den gegenwärtigen Bedingungen der internationalen Beziehungen und rechtlichen Verflechtungen ein weithin theoretisches Konzept, vielleicht sogar eine wenig erstrebenswerte Fiktion darstellt. Wie der StIGH schon im *Wimbledon*-Fall (1923) feststellte, führt der Abschluss *jedes* völkerrechtlichen Vertrags zu einer – wenn auch vielfach nur graduellen – Einschränkung der Souveränität, während es gleichzeit gerade einen Ausdruck der staatlichen Souveränität darstellt, internationale Verpflichtungen eingehen zu können.[172] Die auch in den Debatten um den „Brexit" und vergleichbare Vorgänge wirkmächtige Vorstellung von vollständiger und uneingeschränkter Souveränität führt daher typischerweise an den gegenwärtigen Realitäten internationaler Beziehungen und Verflechtungen vorbei. Worauf es im Hinblick auf den gegenwärtigen Souveränitätsbegriff indessen ankommt, sind Grad und Intensität der zu vollziehenden Souveränitätsübertragung.[173]

84   Die zunehmende Kooperation auf internationaler Ebene, die angesichts globaler Probleme wie etwa der Umweltverschmutzung oder der Erderwärmung immer notwendiger wird, könnte Anlass dazu geben, die Souveränität der Staaten insgesamt als überholt anzusehen. Allein aus der Notwendigkeit einer Kooperation und verstärkten Zusammenarbeit kann ein Funktionsverlust jedoch nicht gefolgert werden, da substanzielle souveräne Rechte weiterhin auf staatlicher Ebene angesiedelt sind.[174] Diese mögen zwar im Vergleich zu früheren Zeiten – man denke an die Über-

---

tion"); *Franck*, The Emerging Right to Democratic Government, AJIL 86 (1992) 212 ff; *Vidmar* (Fn 167) 822 f.
172   PCIJ, Ser A, No 1 (1923), 15, 25.
173   *Herdegen* (Fn 61) § 28, Rn 5 ff, insbes 7; *ders*, Souveränität heute, FS Herzog, 2009, 117 (125 ff); *Oeter*, Souveränität – ein überholtes Konzept?, FS Steinberger, 2002, 259 ff.
174   Vgl zur Bedeutung der staatlichen Souveränität auch die Unabhängigkeits- und Souveränitätserklärungen der neuen osteuropäischen Staaten; s auch Hensel (Hrsg), Sovereignty of the Global Community, 2004; *Sassen*, The State and Globalization, Michigan JIL 25 (2004) 1141 ff.

tragung der Migrations- und Währungspolitik im Rahmen der EU[175] – schwächer ausgeprägt sein, die Sorge vor einem vollständigen oder weitgehenden Funktionsverlust der Staaten[176] ist jedoch nach gegenwärtigem Stand nicht begründet.

Probleme treten auf, wenn souveräne Staaten nicht mehr oder vorübergehend nicht in der Lage sind, ihren völkerrechtlichen Rechten und Pflichten nachzukommen (sog *failed* oder *failing states*).[177] Für einen solchen Zusammenbruch kann es unterschiedliche Ursachen geben, wie die Ereignisse in Somalia, Bosnien oder Liberia zeigen oder gezeigt haben.[178] Die Handlungsunfähigkeit und der Zusammenbruch einer Regierung können auf Naturkatastrophen, Armut oder Bürgerkrieg beruhen. Die UNO versucht in diesen Fällen, Stabilität durch das Konzept des *post-conflict peace-building*, wie es in der „Agenda für den Frieden" umschrieben wird, zu erreichen. Dies bedeutet, dass die UNO – wie zB in Kambodscha – Unterstützung vor allem beim Aufbau einer zivilen Verwaltung oder durch Beobachtung und Überwachung von Wahlen gewährt, aber auch die Rückführung von Flüchtlingen unterstützt oder Finanzierungsmöglichkeiten und Hilfsprogramme für den Wiederaufbau anbietet. Weitere Fragen staatlichen (Wieder-)Aufbaus werden im Schrifttum unter dem Begriff des *nation-building* behandelt.[179] 85

Problematisch ist die Vereinbarkeit derartiger Maßnahmen mit Art 2 Nr 7 UN-Charta. Art 2 Nr 7 UN-Charta beruht auf dem Grundsatz der Souveränität der Staaten und stellt ausdrücklich fest, dass die UNO – mit Ausnahme der Zuständigkeit aufgrund von Kap VII UN-Charta – keine Befugnis hat, in „Angelegenheiten, die ihrem Wesen nach zur inneren Zuständigkeit eines Staates gehören", einzugreifen.[180] Der Staatenpraxis ist außerdem nicht zu entnehmen, dass das traditionelle System der zwischenstaatlichen Beziehungen und insbes die hervorragende Bedeutung des Staats als Bauelement der internationalen Ordnung überholt seien.[181] 86

---

175 *Herdegen* (Fn 61) § 28 Rn 7.
176 BVerfGE 123, 267, 416 zu einem aus verfassungsrechtlicher Sicht „unantastbaren Kerngehalt der Verfassungsidentität".
177 Hierzu u a *Barkin/Cronin*, The State and the Nation, I O 48 (1994) 107 ff; *Helman/Ratner*, Saving Failed States, ForPol 1993, 3 ff; *Herdegen*, Der Wegfall der effektiven Staatsgewalt im Völkerrecht, BerDGVR 34 (1996) 49 ff; *Geiß*, Failed States, GYIL 47 (2004) 457 ff; *Krasner/Pascual*, Addressing State Failure, Foreign Affairs 84 (2005) 153; *Risse*, Governance in Räumen begrenzter Staatlichkeit, Int Pol 60 (2005) 6; *Zürcher*, Gewollte Schwäche, Int Pol 60 (2005) 13; *Herdegen*, Souveränität heute, FS Herzog, 2009, 117 (125 ff).
178 Vgl *Poore*, Somaliland – Shackled to a Failed State, Stanford JIL 45 (2009) 117 ff; *Eggers*, When is a State a State?, BCICLR 30 (2007) 211 ff.
179 ZB *Berman*, Volunteer Lawyers and Nation-Building, Maine LRev 60 (2008) 533 ff; *Buchheit/Gulati*, Odious Debts and Nation-Building, ebd 477 ff; *Norchi*, The Legal Architecture of Nation-Building, ebd, 281 ff; *Reisman*, Development and Nation-Building, ebd 309 ff; *Wallace/Quiroz*, Refugees and Internally Displaced, ebd 409 ff.
180 Die Frage nach der Bedeutung der Souveränität in der heutigen Zeit wird u a auch gestellt von *Herdegen* (Fn 177) 117 ff; *Boehme-Neßler*, Das Ende des Staates, ZöR 64 (2009) 145 ff; *Harrington*, Policing against the State, San Diego ILJ 10 (2008/2009) 155 ff; *Lienau*, Who is the „Sovereign" in Sovereign Debt?, Yale JIL 33 (2008) 63 ff; *Howse/Nicolaidis*, Democracy without Sovereignty, in Broude/Shany (Hrsg), The Shifting Allocation of Authority in International Law, 2008, 163 ff; *Bartelson*, The Concept of Sovereignty Revisited, EJIL 17 (2006) 463 ff; *Steinberg*, Who is Sovereign?, Stanford JIL 40 (2004) 329 ff; *Kahn*, The Question of Sovereignty, Stanford JIL 40 (2004) 259 ff; *Kuhn Bleimaier*, The Future of Sovereignty in the 21st Century, HYBIL 6 (1993) 17 ff; *Schreuer*, The Waning of the Sovereign State, EJIL 4 (1993) 447 ff.
181 Vgl hierzu *Schreuer* (Fn 180) 447 ff.

Auch bei *failed states* sind staatliche Grenzen und die Rechtspersönlichkeit als Staaten im Grundsatz nicht in Frage gestellt worden (zB Somalia, Timor-Leste). Weder wurde die Mitgliedschaft in I.O. beendet noch die Fortgeltung völkerrechtlicher Verträge in Frage gestellt.[182] Ungeachtet dessen sind Elemente einer dynamischen Fortentwicklung dahingehend zu beobachten, dass die internationale Gemeinschaft eine stärkere Verantwortung durch Errichtung transitorischer Verwaltungsregime übernimmt, und dass die Eingriffsschwelle von Art 39 u Art 2 Nr 7 UN-Charta idS gesenkt worden ist, dass ein *Einschreiten des Sicherheitsrats* in die innerstaatlichen Verhältnisse nunmehr nach dem Konsens der Völkerrechtsgemeinschaft dann gerechtfertigt zu sein scheint, wenn gravierende systematische Verletzungen der Menschenrechte oder eine schwerwiegende Missachtung des Gebots der demokratischen Regierungsform vorliegen.[183]

c) Die Gleichheit der Staaten

87 Der Grundsatz der souveränen Gleichheit aller Staaten findet sich in Art 2 Nr 1 UN-Charta, wonach die Organisation auf der souveränen Gleichheit aller ihrer Mitglieder beruht. Er sichert allen Mitgliedern der Staatengemeinschaft zunächst *Rechtsgleichheit* zu. Dies schließt eine ungleiche Behandlung bei sich nicht unmittelbar aus der Souveränität ergebenden Rechten nicht aus. Die Unterscheidung zwischen der Gleichheit im Recht und der tatsächlichen Gleichbehandlung von Staaten erweist sich in der Praxis jedoch als schwierig.[184]

88 Gleichheit der Staaten bedeutet zunächst eine *formell* gleiche Rechtsposition. In I.O. stehen jedem Staat grundsätzlich dieselben Stimm- und Beteiligungsrechte zu. Ausnahmsweise erfolgt eine Stimmengewichtung aber bei einigen Finanzinstitutionen (zB IWF) sowie bei S.O. wie zB der EU. Aus dem Prinzip der Gleichheit der Staaten folgt ferner, dass Entscheidungen grundsätzlich einstimmig zu fällen sind, sofern keine anders lautende Vereinbarung getroffen wird. Einen Sonderfall stellen die Entscheidungen des Sicherheitsrats aufgrund der Regelung in Art 27 Abs 3 UN-Charta dar, wonach die nicht verfahrensrechtlichen Entscheidungen die Zustimmung aller fünf ständigen Sicherheitsratsmitglieder erfordern (sog Veto-Recht).

89 Die Gleichheit der Staaten führt dazu, dass kein Staat über einen anderen zu Gericht sitzen darf *(par in parem non habet iurisdictionem).* Er ist vor den Gerichten anderer Staaten in einer Vielzahl von Fällen immun.[185] Der Grundsatz der *Immunität,* der ein nationales Gerichtsverfahren gegen einen anderen Staat als Beklagten verbietet, ist von der im US-amerikanischen Raum entwickelten *Act-of-State*-Doktrin zu unterscheiden. Danach sind Regierungsakte eines Staates durch die Organe eines anderen Staates einschließlich der Gerichte nicht zu überprüfen, sondern als wirksam hinzu-

---

182 *Thürer,* Der „zerfallene Staat" und das Völkerrecht, Friedenswarte 74 (1999) 275 (298).
183 So *Thürer* (Fn 182) 298 f; *Cotton,* Timor-Leste and the Discourse of State Failure, AJIA 61 (2007) 455 ff; *Kaye,* Australia and East Timor During the Howard Years, Aus YBIL 27 (2008) 69 ff.
184 Vgl hierzu StIGH, PCIJ, Ser A/B, No 64, 19; *Kokott,* Souveräne Gleichheit und Demokratie im Völkerrecht, ZaöRV 64 (2004) 517 ff.
185 Vgl auch *v. Schönfeld,* Staatenimmunität im amerikanischen und englischen Recht, 1983; *Schreuer,* State Immunity, Some Recent Developments, 1988; *Van Alebeek* (Fn 67) 10 ff.

nehmen. Diese Doktrin ist im Gegensatz zur Immunität der Staaten kein Bestandteil des Völkergewohnheitsrechts.[186]

Bis zum Ende des 19. Jh galt der Grundsatz der absoluten Staatenimmunität, dh gerichtliche Verfahren gegen fremde Staaten waren grundsätzlich unzulässig, da die gesamte Staatstätigkeit eng mit den hoheitlichen Aufgaben des Staates verbunden war. Als die Staaten jedoch zunehmend im Bereich privater Wirtschaftsverwaltung tätig wurden, wollte man wirtschaftliches Handeln nicht in der gleichen Weise privilegieren. Denn die Staaten traten hierbei ebenso auf wie private Akteure. Die Beibehaltung einer absoluten Staatenimmunität hätte jedoch nicht nur zu einer schwer zu rechtfertigenden Ungleichbehandlung geführt, sondern wegen der damit verbundenen Risiken bei der Rechtsverfolgung und -durchsetzung für Private letztlich sogar eine Benachteiligung staatlicher Wirtschaftsteilnehmer zur Folge gehabt. Schließlich würde sich niemand mehr zu privatrechtlich begründeten Transaktionen mit Staaten bereitfinden, wenn durch den Grundsatz der Staatenimmunität die Gegenleistung vor Gericht praktisch nicht erbringlich wäre. Daher entwickelte sich im kontinentaleuropäischen und nachfolgend im anglo-amerikanischen Raum die *restriktive Immunitätstheorie*, die von den USA schließlich im *Foreign Sovereign Immunities Act (FSIA)* v 1976[187] und von Großbritannien im *State Immunity Act* v 1978[188] rezipiert wurde.[189] Die restriktive Immunitätstheorie unterscheidet zwischen den Hoheitsakten eines Staats *(acta iure imperii)*, die aus sich heraus der Immunität unterfallen, und dem nicht-hoheitlichen Handeln *(acta iure gestionis)*.[190] Trotz mancher Zweifel an der völkerrechtlichen Zulässigkeit der Qualifikation der staatlichen Handlung nach dem Recht des Gerichtsstaats *(lex fori)* wird die Unterscheidung zwischen beiden Bereichen mangels völkerrechtlicher Regeln von dem jeweils erkennenden nationalen Gericht vorgenommen. Es ist hierbei jedoch nicht vollkommen frei, sondern insbes an die völkergewohnheitsrechtlichen Grundsätze gebunden.

90

Das BVerfG wertet nur diejenigen Akte eines Staates als hoheitlich, die ein öffentlich-rechtliches Rechtsverhältnis zum Gegenstand haben. Dabei kommt es insbes darauf an, welcher Natur die in Frage stehende Maßnahme war. Nicht ausreichend ist hingegen, dass die staatliche Betätigung in einem engen Zusammenhang mit hoheitlichen Aufgaben steht.[191] Weitgehende Übereinstimmung besteht darüber, dass es für die Abgrenzung nicht auf die Auffassung des beklagten Staats ankom-

91

---

[186] *Kimminich*, Aufenthalt, 317; *Pearsall*, Means/Ends Reciprocity in the Act of State Doctrine, Colum J Transnat'l L 43 (2005) 999; *Stern*, Immunités et doctrine de l'Act of State, JDI 133 (2006) 63.
[187] ILM 15 (1976) 1388 ff; *Lang/Bales*, Immunity of Foreign Subsidiaries under the Foreign Sovereign Immunity Act, MJGT 13 (2004) 353.
[188] ILM 17 (1978) 1123 ff; hierzu *Delaume*, The State Immunity Act of the United Kingdom, AJIL 73 (1979) 185 ff; *Mann*, The State Immunity Act 1978, BYBIL 50 (1979) 43 ff.
[189] Vgl zur historischen und inhaltlichen Genese *Shaw* (Fn 62) 529 ff.
[190] *Van Alebeek* (Fn 67) 12 ff; *Sarzo*, The Dark Side of Immunity, LJIL 26 (2013) 105 ff.
[191] BVerfGE 16, 27, 61 ff: „Maßgebend für die Unterscheidung zwischen Akten iure imperii und iure gestionis kann nur die Natur der staatlichen Handlung oder des entstandenen Rechtsverhältnisses sein, nicht aber Motiv oder Zweck der staatlichen Tätigkeit. Es kommt also darauf an, ob der ausländische Staat in Ausübung der ihm zustehenden Hoheitsgewalt, also öffentlich-rechtlich, oder wie eine Privatperson, also privatrechtlich, tätig geworden ist."; so jüngst auch OLG Köln, BeckRS 2015, 12442, Rn 23. Zweifel an der *lex fori*-Qualifikation äußern *Schauman*, Die Immunität ausländischer Staaten nach Völkerrecht, BerDGVR 8 (1968) 5 (21 ff) u *Ress*, Entwicklungstendenzen der Immunität ausländischer Staaten, ZaöRV 40 (1980) 217 (258 ff).

men kann. Die Gerichte stellen im Allgemeinen auf die Auffassung des Gerichtsstaats ab, die sich allerdings im Einklang mit den gewohnheitsrechtlich anerkannten Regeln über die Reichweite der Staatenimmunität halten muss. So hat bspw der BGH in jüngerer Zeit mehrfach hervorgehoben, dass die Abgrenzung zwischen hoheitlichen und nicht-hoheitlichen Akten zwar grundsätzlich den Gerichten des Forumstaats überlassen ist.[192] Aus dem Völkergewohnheitsrecht ergebe sich jedoch ein immunitätsrechtlicher Mindeststandard, nach dem Tätigkeiten im Bereich der auswärtigen und militärischen Gewalt, der Gesetzgebung, der Ausübung von Polizeigewalt und der Rechtspflege grundsätzlich als hoheitlich einzustufen seien und daher Staatsimmunität nach sich zögen.[193] Ausnahmsweise könne sich die Staatenimmunität sogar auch auf an sich privatrechtlich einzuordnende Tätigkeiten eines ausländischen Staates erstrecken, wenn sie „zum Kernbereich völkerrechtlich anerkannter Staatsgewalt" zählten.[194] In der angelsächsischen Staatspraxis wird sowohl bei kommerziellen Akten *(commercial transaction/commercial activity)*[195] als auch bei solchen Akten, die mit einer kommerziellen Aktivität in Zusammenhang stehen, keine Immunität gewährt.[196] Insbes wird dadurch keine Immunität erlangt, dass ein Staat mit hoheitlichen Maßnahmen in den Ablauf eines „gewöhnlichen" kommerziellen Geschäfts eingreift, oder dass Güter, Leistungen oder Geldmittel für öffentliche Zwecke verwendet werden.[197]

91a Das BVerfG entschied hingegen, dass etwa die Erhebung und Einbehaltung von Quellensteuer von einem in Deutschland bei einer Auslandsschule des griechischen Staats Beschäftigten zum Kernbereich völkerrechtlich anerkannter Staatsgewalt zu rechnen ist.[198] Aufgrund dieser Zuordnung als Hoheitsakt stand die Staatenimmunität der Zuständigkeit der deutschen Gerichtsbarkeit entgegen. Soweit eine Privatperson einen Staat wegen einer gesetzgeberischen Maßnahme – zB einem griechischen Gesetz zur Einziehung von Staatsanleihen – im Ausland verklagen möchte, hindert die Einordnung als *actus iure imperii* und die daraus resultierende Staatenimmunität bereits die Zulässigkeit der Klage aufgrund fehlender Gerichtszuständigkeit.[199] In mehreren Entscheidungen zur Umwandlung griechischer Staatsanleihen mittels eines Gesetzes sowie eines Beschlusses des Ministerats stellte der BGH darauf ab, dass es für die Einordnung nicht auf die Rechtsnatur des Grundverhältnisses – hier der privatrechtlichen Emission von Staatsanleihen ankam –, sondern auf die durch

---

192 Krit hierzu *Hess*, Abgrenzung der acta iure gestionis und acta iure imperii: Der BGH verfehlt die völkerrechtliche Dimension der Staatenimmunität, IPRax 2018, 351 (352) unter Verweis auf den österreichischen OGH.
193 BGHZ 209, 191 (Rn 15); BGHZ 212, 318 (Rn 11).
194 BGHZ 212, 318 (Rn 11).
195 Zu den Begrifflichkeiten und ihrer Verbreitung vgl *Crawford* (Fn 2) 495.
196 ZB US Supreme Court in Republic of Argentina v Weltover Inc, 504 US 607 (1992); zuvor schon Alfred Dunhill of London Inc. v Republic of Cuba, US 425 (1976) 682; aus der engl Gerichtspraxis des House of Lords Alcom v Republic of Colombia (1984), 2 All ER 6, 9; hierzu *Shaw* (Fn 62) 540 ff; *Crawford* (Fn 2) 495 f.
197 Vgl American Law Institute, Third Restatement of the Law, Bd I, 1987, § 453.
198 BVerfG, NJW 2014, 1723, 1724, Rn 21 ff.
199 OLG Schleswig, BeckRS 2015, 08584, Rn 49 f; zuvor bereits OLG Frankfurt/M, 16 U 32/14, juris, u 16 U 41/14; anders für die Erstellung einer städtebaulichen „Road Map" und eines „Masterplans" OLG Köln, IPRspr 2016, Nr 236, 531 ff., mittlerweile aufgehoben durch BGHZ 209, 290 ff.

Gesetz und exekutiven Beschluss nachträglich herbeigeführte Änderung der Positionen der Anleihegläubiger.[200]

Obwohl die restriktive Theorie der Immunität im Zusammenhang mit kommerziellen Aktivitäten von Staaten entwickelt worden ist, ist sie nicht auf Ansprüche im Zusammenhang mit vertraglichen Beziehungen beschränkt. Nach Art 11 des Europäischen Übereinkommens über Staatenimmunität v 1972 kann ein Vertragsstaat vor einem Gericht eines anderen Vertragsstaats Immunität nicht beanspruchen, wenn das Verfahren den Ersatz eines Personen- oder Sachschadens betrifft, das schädigende Ereignis im Gerichtsstaat eingetreten ist und der Schädiger sich bei Eintritt des Ereignisses in diesem Staat aufgehalten hat. Daraus wird man aber – entgegen dem Wortlaut – nicht ableiten können, dass generell schadensstiftende Handlungen im Gerichtsstaat von der Immunität ausgeschlossen sind, gleichgültig, ob es sich um *acta iure imperii* oder *acta iure gestionis* handelt. Zu denken ist eher an schadensstiftende Ereignisse bei Gelegenheit amtlicher Tätigkeit, wie zB Verkehrsunfälle.[201] Jedenfalls dürfte es sich insoweit nicht um Völkergewohnheitsrecht handeln. **91b**

Eine Vereinheitlichung der Grundsätze der Staatenimmunität wird sowohl auf europäischer Ebene als auch im Rahmen der ILC angestrebt. Im Europarat wurde am 16.5.1972 ein der restriktiven Immunitätstheorie folgendes Europäisches Übereinkommen über Staatenimmunität ausgearbeitet.[202] Der restriktiven Immunitätstheorie folgt auch der Entwurf der ILC über die gerichtliche Immunität von Staaten und ihrem Eigentum, der nach langwieriger Erarbeitungszeit und zahlreichen Modifikationen am 2.12.2004 von der UN-Generalversammlung angenommen wurde *(United Nations Convention on Jurisdictional Immunities of States and their Property).*[203] Der Grundsatz der Staatenimmunität findet sich hier in Art 5.[204] Keine Immunität wird nach Art 10 ff insbesondere für *commercial transactions, contracts of employment* und für *personal injuries and damage to property* gewährt.[205] Die Konvention soll in Kraft treten, sobald der 30. Signatarstaat die Ratifikationsurkunde hinterlegt hat. Da insgesamt nur 28 Staaten die Möglichkeit zur Unterzeichnung wahrgenommen haben und bislang lediglich 22 Ratifikationen erfolgt sind, erscheint die Zukunft der Konvention ungewiss. Die BR Deutschland ist weder Signatarstaat, noch hat sie die Konvention bislang ratifiziert.[206] Dennoch wird die *UN Convention on Jurisdictional* **92**

---

200 BGHZ 209, 191 (Rn 17).
201 Vgl BGHZ 155, 279 (280 f).
202 BGBl 1990 II, 34 ff.
203 ILM 44 (2005) 801 ff; YBILC 1986-II, 8 ff bzw ILM 30 (1991) 1563 ff; vgl hierzu *Hafner*, in O'Keefe/Tams (Hrsg), Jurisdictional Immunities, Historical Background of the Convention, 1 ff; aus früherer Zeit: *Greig*, Forum State Jurisdiction and Sovereign Immunity under the International Law Commission's Draft Articles, ICLQ 38 (1989) 243 (260 ff); *Hess*, The International Law Commission's Draft Convention on the Jurisdictional Immunities of States and Their Property, EJIL 4 (1993) 269 ff; *Tomuschat*, Jurisdictional Immunities of States and Their Property, FS Seidl-Hohenveldern, 1988, 603 ff; zu einer möglichen Folgewirkung der bislang nicht in Kraft getretenen Konvention vgl *Webb*, Should the 2004 UN State Immunity Convention Serve as a Model/Starting Point for a Future UN Convention on the Immunity of International Organizations?, IOLR 10 (2014) 319 ff.
204 *Grant*, in O'Keefe/Tams (Hrsg), Jurisdictional Immunities, Art 5 (99 ff) ("Article 5 is the lynchpin of the Convention's provisions on immunity from jurisdiction").
205 Hierzu zB *Wittich*, in O'Keefe/Tams (Hrsg.), Jurisdictional Immunities, Art 10 (167 ff).
206 Zum Ganzen *Stewart*, The UN Convention on Jurisdictional Immunities of States and Their Property, AJIL 99 (2005) 194; *Hall*, UN Convention on State Immunity, ICLQ 55 (2006) 411 ff; *Gardiner*, UN

Immunities, bei der keineswegs geklärt ist, inwieweit sie ihrerseits ganz oder teilweise als Völkergewohnheitsrecht angesehen werden kann, aus dem Blickwinkel nationaler Gerichte vielfach als Orientierungspunkt für die gegenwärtige Reichweite der Staatenimmunität herangezogen.[207]

92a Mit Fragen der Staatenimmunität war der BGH etwa in seinem Urteil v 24.2.2015 befasst, als er über das Bestehen eines Erfüllungsverweigerungsrechts bei argentinischen Schuldverschreibungen entscheiden musste.[208] Hierzu führte der Gerichtshof aus, dass es keine allgemeine Regel des Völkerrechts (Art 25 GG) gebe, die einen Staat gegenüber einer Privatperson berechtige, die Erfüllung bei rechtlich missbilligtem Verhalten des Gläubigers zu verweigern, um dadurch eine Beteiligung an einer ansonsten mehrheitlich zustande gekommenen Umschuldung herbeizuführen. In Ermangelung eines völkerrechtlich anerkannten Insolvenzrechts von Staaten könnten daher private Gläubiger auch im Falle von wirtschaftlichem oder finanziellem Staatsnotstand nicht durch Grundsätze der Staatenimmunität oder des Völkerrechts insgesamt dazu gezwungen werden, sich an einer Umstrukturierung der Schulden zu beteiligen und dem notleidend gewordenen Staat ein Leistungsverweigerungsrecht einzuräumen.[209] Aus der BGH-Entscheidung lassen sich somit Hinweise ableiten, dass die Staatenimmunität keine allgemeine Freistellung von Staaten im zivilrechtlichen Rechtsverkehr vorsieht und immunitätsbezogene Sonderrechte von Staaten sich ausdrücklich aus Völkervertrags- oder Völkergewohnheitsrecht ergeben müssen. Der Grundsatz der Staatenimmunität unterliegt damit insbes bei privatrechtlichen Aktivitäten von Staaten einem Konkretisierungserfordnis und kann nicht allgemein zur Herleitung von Sonderrechten verwendet werden.

92b Der Umgang mit der Immunität eines Staats und einem etwaigen Verzicht darauf spielte auch in der BGH-Entscheidung v 30.1.2013 eine wichtige Rolle, die die Vollstreckbarkeitserklärung eines ausländischen Schiedsspruchs gegen einen fremden Staat zum Gegenstand hatte. Nachdem der BGH zunächst klargestellt hatte, dass diese Frage nicht dem Vollstreckungs-, sondern dem Erkenntnisverfahren unterliege, stellte er weiter fest, dass der Abschluss eines Schiedsvertrags – mit der möglichen Folge einer ausländischen Vollstreckbarkeitserklärung – nicht automatisch als Immunitätsverzicht für das im Zusammenhang mit der Vollstreckbarkeitserklärung erforderliche Erkenntnisverfahren anzusehen sei.[210] Etwas anderes gelte beschränkt auf das konkrete Vertragsverhältnis jedoch, wenn zusätzlich dazu eine Verzichtserklärung für eine „nach innerstaatlichem Recht" erfolgende Vollstreckung abgegeben werde, die so zu verstehen sei, dass das nach deutschem Recht einer Zwangsvollstre-

---

Convention on State Immunity, ICLQ 55 (2006) 407 ff; *Denza*, The 2005 UN Convention on State Immunity in Perspective, ICLQ 55 (2006) 395 ff; *Dickinson*, Status of Forces under the UN Convention on State Immunity, ICLQ 55 (2006) 427 ff.
207 ZB BGH, XI ZR 217/16, juris, Rn 32; BGH, XI ZR 247/16, juris, Rn 32, BGH, WM 2018, 223, Rn 31; hierzu auch *Herdegen* (Fn 61) § 37 Rn 2 („Von großer Bedeutung ist die UN-Konvention zur Immunität von Staaten); *Hess* (Fn 192) 352 f: „Denn diese UNCSI gehört zu den sog. kodifikatorischen Konventionen des Völkerrechts, welche den Stand des Gewohnheitsrechts zusammenfassen und zugleich einen Modernisierungsschritt enthalten [...]".
208 BGH, NJW 2015, 2328.
209 Ebd 2330; zur völkerrechtlichen Situation *Müller*, Staatsbankrott und private Gläubiger, 2015, 121 ff u 154 ff.
210 BGH, NJW 2013, 3184 (3185).

ckung vorhergehende Erkenntnisverfahren über die Vollstreckbarkeitserklärung mitumfasst sei.[211] Im Ergebnis geht mit dieser Entscheidung eine Einschränkung der Staatenimmunität einher, da bei Verzichtserklärungen die in den jeweiligen nationalen Bestimmungen bestehenden Besonderheiten des Erkenntnis- und Vollstreckungsverfahrens nicht zu unnötigen, allzu formalistischen Hindernissen führen sollen.

Aus dem Prinzip der Immunität des fremden Staats vor nationalen Gerichten im Erkenntnisverfahren folgt das *Verbot der Zwangsvollstreckung* in die Güter des fremden Staats, soweit sie *hoheitlichen* Zwecken dienen. Das BVerfG hat hierzu schon vor vielen Jahren im *Philippinischen Botschaftskonto*-Fall Stellung genommen,[212] als die Vermieterin des Botschaftsbüros der Republik der Philippinen auf Ersatz von Mietzinsen und Instandsetzungskosten klagte. Das Gericht hat zwar angenommen, dass die Immunität der Verurteilung der Philippinen auf Zahlung nicht entgegenstand, da es sich insoweit um ein privatrechtliches Geschäft gehandelt habe, es erachtete aber die Zwangsvollstreckung in das Konto der Botschaft für unzulässig. Es existiere zwar keine allgemeine Regel des Völkerrechts, nach der eine Zwangsvollstreckung gegen einen fremden Staat schlichtweg unzulässig sei. Der Gegenstand der Vollstreckung habe hier jedoch zumindest auch hoheitlichen Aufgaben gedient. Diesen aus dem Prinzip der Staatenimmunität folgenden Grundsatz hat der BGH in seinem Beschluss vom 5.10.2005 bei der Vollstreckung in öffentliche Luftverkehrsrechte eines ausländischen Staates erneut bestätigt.[213]

93

Wie das BVerfG im Fall der *argentinischen Botschafskonten* feststellte, genügt ein lediglich pauschaler Immunitätsverzicht grundsätzlich nicht, um auch den Schutz der Immunität für Vollstreckungsmaßnahmen in solches Vermögen aufzuheben, das zur Aufrechterhaltung der Funktionsfähigkeit einer diplomatischen Mission dient. Insbes ist keine allgemeine Regel des Völkerrechts (Art 25 GG) erkennbar, die das im Völkerrechtsverkehr anerkannte hohe Schutzniveau diplomatischer Belange einschränkt.[214] Damit zeigt das BVerfG erneut, dass Staatenimmunität und diplomatische Immunität unterschiedliche völkerrechtliche Institute sind, die nach jeweils gesonderten Grundsätzen zu behandeln sind.[215] Allerdings hat es hiermit auch sehr hohe Anforderungen für einen wirksamen Immunitätsverzicht aufgestellt, da summarische oder pauschale Erklärungen den Anforderungen offenbar nicht genügen, während spezifische, die genaue Reichweite erfassende Erklärungen nach den Vorgaben der höchstrichterlichen Rechtsprechung aufgrund ihres Detailreichtums besonders fehleranfällig sind. In der Tendenz folgte der BGH diesem Ansatz wenige Jahre später, indem er aus dem Umstand, dass eine Partei kein Rechtsmittel

94

---

211 BGH, NJW 2013, 3184 (3185).
212 BVerfGE 46, 342 ff; hierzu *Schreuer*, Zur Zulässigkeit von Vollstreckungsmaßnahmen in Bankkonten ausländischer Staaten, FS Neumayer, 1985, 521 ff; *Steinberger*, Immunity Case, EPIL II, 1995, 943 ff; *Ostrander*, The Last Bastion of Sovereign Immunity, BJIL 22 (2004) 541 ff.
213 NJW-RR 2006, 198 ff. Vgl auch BGH, NJW-RR 2003, 1218 f; *Hobe/Griebel*, Zur Pfändung von Gebührenforderungen der Russischen Föderation aus der Gewährung öffentlicher Luftrechte, ZLR 55 (2006) 225 ff; *Hailbronner*, WuB VI D. § 828 ZPO 1.06, 677 ff (Anm); zuletzt zur Vollstreckung in ausländische Steuer- und Zollforderungen BGH, NJW-RR 2011, 647.
214 BVerfGE 117, 141 ff.
215 BVerfGE 117, 141 (152); BVerfGE 96, 68 (85); hierzu auch *Kleinlein*, Anforderungen an den Verzicht auf diplomatische Immunität, NJW 2007, 2591 (2593).

gegen eine zivilgerichtliche Zwischenentscheidung eingelegt und sich im Weiteren auf eine Klage eingelassen hat, nicht auf das Vorliegen eines Immunitätsverzichts im Hinblick auf das Vollstreckungsverfahren schloss. Generell würden für einen Immunitätsverzicht in der vollstreckungsrechtlichen Praxis strenge Anforderungen gelten, da eine „so weitgehende Selbstentäußerung" des ausländischen Staats im Zweifel nicht anzunehmen sei.[216] Wenn auch konkludente Verzichtserklärungen bei deutlichem Hervortreten des Unterwerfungswillens nicht schlechthin ausgeschlossen werden könnten, bedürfe ein Immunitätsverzicht grundsätzlich einer ausdrücklichen und unzweideutigen Erklärung.[217] Soweit unter Verweis auf Art 3 Abs 1 Satz 1 des Europäischen Übereinkommens über Staatenimmunität[218] die Auffassung vertreten wird, auch in rügelosen Einlassungen eines ausländischen Staats ohne vorherige Beanspruchung der Immunität könne ein konkludenter Immunitätsverzicht gesehen werden,[219] ist dies grundsätzlich restriktiv zu verstehen. Tatsächlich hat das Europäische Übereinkommen v 1972 bis heute lediglich acht Vertragsstaaten zu seiner Ratifikation veranlassen können, so dass außerhalb der Bindung der Vertragsstaaten kaum vom Entstehen eines entsprechenden Völkergewohnheitsrechts ausgegangen werden kann. Zudem bezieht sich die genanten Vorschrift auf das rügelose Einlassen „zur Hauptsache", so dass darin kein konkludenter Immunitätsverzicht im Hinblick *auf das Vollstreckungsverfahren* gesehen werden kann.

94a   In einer Entscheidung v 8.3.2016[220] sowie drei parallelen Entscheidungen v 17.12. 2017[221] kam der BGH zu der Auffassung, dass Klagen wegen der „Restrukturierung des griechischen Staatshaushalts" durch eine nachträgliche Änderung der Bedingungen von Staatsanleihen im Hinblick auf den Grundsatz der Staatenimmunität nicht zulässig seien. Dabei hob er hervor, dass es nicht auf die privatrechtliche Natur des Grundverhältnisses ankomme, sondern darauf, dass der griechische Staat durch Erlass eines Gesetzes und den Beschluss des Ministerrates die Ausbuchung von Schuldverschreibungen aus den fraglichen Wertpapierdepots unmittelbar verursacht habe.[222] Damit wendet sich der BGH – im Gegensatz zur angelsächsischen Praxis – gegen eine Unterordnung der im Hinblick auf privatrechtliche Rechtsverhältnisse getroffenen hoheitlichen Maßnahmen. Stattdessen sind nach dieser Rspr alle ergriffenen Maßnahmen eigenständig zu würdigen und im Hinblick auf die geltend gemachten Ansprüche zu beurteilen. Im Weiteren stellte der BGH auch darauf ab, dass es in dieser Hinsicht nicht entscheidend darauf ankomme, ob hierdurch Schadensersatzansprüche oder vertragliche Erfüllungsansprüche verhindert würden.[223] Obwohl mehrere unterinstanzliche Gerichte in dieser Hinsicht zu Differenzierungen

---

[216] BGH, NJW 2013, 3184 (3186).
[217] BGHZ 182, 10.
[218] Vgl Art 3 Abs 1 Satz 1: „Ein Vertragsstaat kann vor einem Gericht eines anderen Vertragsstaats Immunität von der Gerichtsbarkeit nicht beanspruchen, wenn er sich vor Geltendmachung der Immunität zur Hauptsache einlässt."
[219] BVerfG, 2 BvR 736/13, juris, Rn 24 (mit der Einschränkung „allenfalls"); OLG Schleswig, BeckRS 2015, 08584, Rn 73; *Dahm/Delbrück/Wolfrum* (Fn 83) 470.
[220] BGHZ 209, 191 ff.
[221] BGH, XI ZR 217/16, juris; BGH, XI ZR 247/16, juris; BGH, WM 2018, 223.
[222] BGHZ 209, 191 (Rn 17); noch von einem anderen Ansatz ausgehend: *Müller* (Fn 209), 190 ff („Vertragsbruch durch Hoheitsakt").
[223] BGH WM 2018, 223 (Rn 24 ff).

bereit gewesen waren,²²⁴ betonte der BGH die denknotwendige Abhängigkeit der vertraglichen und deliktischen Ansprüche von den diese entscheidend verändernden Hoheitsakten. IE zeigt sich damit, dass der BGH, wenn hoheitliche Akte für das Schicksal privatrechtlicher Ansprüche eine (mit)entscheidende Rolle spielen, die Staatenimmunität vor dem Hintergrund ihrer historischen Genese und ihres völkergewohnheitsrechtlichen Geltungsgrunds extensiv anzuwenden bereit ist. Diese Tendenz zugunsten eines weiten Verständnisses von Staatenimunität steht im Einklang mit der nicht nur im Völkerrecht zu beobachtenden Renaissance des Staates als Rechtssubjekt. Dieser dringt zwar – wie vielfach zu beobachten ist – in die wirtschaftliche oder kommerzielle Sphäre privater Akteure vor, kann sich aber hierbei vielfach auf den besonderen Schutz von Vorrechten und Immunitäten berufen. Bei diesem Verständnis der Staatenimmunität brauchen die betroffenen Staaten sich jedoch nicht zu wundern, wenn die Kreditaufnahme durch Staatsanleihen in wachsendem Umfang erschwert wird und die Bereitschaft privater Wirtschaftsteilnehmer schwindet, mit Staaten privatrechtliche Verträge zu schließen. BVerfG und BGH betonen zwar regelmäßig den „Wandel zu einem nur mehr relativen Recht" der Staatenimmunität. Angesichts ihrer praktischen Ausdehnung nähert sich diese jedoch allmählich wieder absoluten Formen an.²²⁵

Diese Tendenz bestätigt der BGH auch bei der immunitätsrechtlichen Bewertung von sog *Allgemeinverbindlichkeitserklärungen* – wie sie ähnlich im deutschen TVG vorgesehen sind –, die als Hoheitsakte ebenfalls Staatsimmunität nach sich ziehen.²²⁶ Umgekehrt führen *Collective Action Clauses,* bei denen vor Umschuldungsmaßnahmen Mehrheitsentscheidungen der Gläubiger eingeholt werden müssen, nicht zu einer privatrechtlichen und damit nicht-hoheitlichen Einschätzung des Vorgangs.²²⁷ Insbes legt der BGH Wert darauf, dass die von hoheitlichen Akten beeinflussten Vorgänge keinesfalls als „rein fiskalisches Handeln" eingestuft werden. Im Ganzen scheint der Gerichtshof der Vorstellung anzuhängen, dass bereits geringe Beeinflussungen durch Hoheitsträger und ihre Handlungen den konkreten Vorgang immunitätsrechtlich „kontaminieren", unabhängig davon, welche privatrechtliche Ausgestaltung ursprünglich vorgesehen war. Zutreffend ist darauf verwiesen worden, dass die – vom BGH angenommene – Möglichkeit zum hoheitlichen Eingriff in Privatrechtsverhältnisse durchaus auch völkergewohnheits- und menschenrechtliche Fragen unter dem Gesichtspunkt einer entschädigungslosen Enteignung aufwirft.²²⁸ Diese werden in der Immunitätsrechtsprechung bislang jedoch nicht berücksichtigt.

94b

Die *Stellung fremder Staatsunternehmen* war Gegenstand des Verfahrens der *National Iranian Oil Company.* Das BVerfG hatte bei der Pfändbarkeit deutscher Konten dieses Unternehmens zu prüfen, ob der Heimatstaat eines Unternehmens als Inhaber der Forderungen aus Konten anzusehen sei. Das Gericht verneinte diese Frage:

95

---

224 ZB OLG Köln, WM 2016, 1590; OLG Oldenburg, WM 2016, 1878; zuvor schon wie der BGH: OLG Schleswig, WM 2017, 285, 289; OLG München, MDR 2017, 169.
225 Krit *Herdegen* (Fn 61) § 37 Rn 7; *Geimer,* Vertragsbruch durch Hoheitsakt, IPRax 2017, 344; *Hess* (Fn 192) 352 ff; zur internationalen Rechtslage *Sandrock,* Schuldenschnitte in Argentinien und Griechenland, RIW 2016, 93 ff.
226 BGHZ 209, 191 (Rn 21).
227 BGHZ 209, 191 (Rn 22).
228 Vgl *Geimer* (Fn 225) 347.

„Der Gerichtsstaat ist nicht gehindert, das betreffende Unternehmen als Forderungsberechtigten anzusehen und aufgrund eines gegen dieses Unternehmen gerichteten Vollstreckungstitels, der in einem vorläufigen Rechtsschutzverfahren über ein nicht-hoheitliches Verhalten des Unternehmens ergangen ist, zur Sicherung des titulierten Anspruchs die betreffenden Forderungen zu pfänden."[229] Diese Grundsätze hat das BVerfG später bestätigt, als es die Zwangsvollstreckung in ein Grundstück der Russischen Föderation nicht beanstandete, da der Grundsatz der Staatenimmunität sich nicht auch auf Vermögensgegenstände erstrecke, mit denen keine hoheitlichen Aufgaben erfüllt würden.[230] Dabei wurde es für eine mögliche Erstreckung der Staatenimmunität auch nicht als ausreichend angesehen, wenn ein nicht-hoheitlichen Zwecken dienender Vermögensgegenstand einer nach Maßgabe des innerstaatlichen Rechts hoheitlich organisierten Verwaltung unterstellt wird. Andernfalls hätte es jeder Staat durch innerstaatliche Organisationsakte selbst in der Hand, sein gesamtes Vermögen dem Vollstreckungszugriff zu entziehen.[231]

95a In ähnlicher Weise lehnte der BGH in einer Entscheidung v 25.10.2016 das Bestehen von Staatenimmunität zugunsten einer öffentlich-rechtlich konstitutierten ausländischen Rundfunkanstalt und ihrer Internet-Bildberichterstattung ab.[232] Obwohl wegen der beteiligten Staaten sogar das Europäische Übereinkommen über Staatenimmunität v 16.6.1972 zur Anwendung kam, durfte nach Auffassung des BGH die Rundfunkanstalt nicht mit dem Vertragsstaat „in eins" gesetzt werden. Zudem hob der Gerichtshof hervor, dass bei der Internet-Bildberichterstattung einer öffentlich-rechtlichen Rundfunkanstalt der „völkerrechtlich anerkannte Kernbereich der hoheitlichen Tätigkeit ersichtlich nicht berührt" sei.[233] Grundsätzlich sei das Verhältnis von Bürger und Rundfunkanstalt privatrechtlich zu qualifizieren. Ungeachtet der Organisationsform einer Anstalt des öffentlichen Rechts wird eine Rundfunkanstalt nach der Ausführung des BGH nicht in Ausübung von Hoheitsgewalt des sie beauftragenden Staates tätig.[234]

95b Anders entschied der BGH bei Vollstreckungsmaßnahmen in Konten, die der Zentralbank der Mongolei zuzurechnen waren und als deren Währungsreserven eingestuft wurden. Wie der Gerichtshof im Anschluss an die einschlägige Rspr des BVerfG ausführte, war auf den Zweck des Vermögensgegenstands abzustellen, um die Frage der Immunität vor Zwangsvollstreckung feststellen zu können. Da auf ausländischen Konten von der Zentralbank gehaltene Währungsreserven eines Staats dazu dienen, die internationale Handlungsfähigkeit eines Staats als Hoheitsträger zu gewährleisten, ist in solchen Konstellation typischerweise von hoheitlichen Zwecken auszugehen.[235] Auch in diesem Zusammenhang hob der BGH hervor, dass an

---

229 BVerfGE 64, 1, 22. Hierzu *Stein*, Zur Immunität fremder Staaten und ihrer im Ausland unterhaltenen Bankkonten, IPrax 1984, 179 ff; *Fischer/v. Hofmann*, Staatsunternehmen im Völkerrecht und im Internationalen Privatrecht, BerDGVR 25 (1984) 1 ff.
230 BVerfG, 2 BvR 2495/08 – juris, Rn 17; vorhergehend BGH, WM 2008, 2302.
231 BVerfG, 2 BvR 2495/08 – juris, Rn 19; BGH, BeckRS 2013, 12429, Rn 17; hierzu *Bungenberg*, Vollstreckungsimmunität für ausländische Staatsunternehmen?, IPRax 2011, 356 ff.
232 BGHZ 212, 318 (Rn 7 ff).
233 Ebd Rn 13.
234 Ebd.
235 BGH, BeckRS 2013, 12429, Rn 12 f unter Bezug auf BVerfGE 62, 1 (45 f); eingehend *von Lewinski*, Öffentliche Insolvenz und Staatsbankrott, 2011, 525.

den Immunitätsverzicht eines Staats hohe Anforderungen zu stellen seien und allein eine Unterwerfung unter die Gerichtsbarkeit oder selbst der Immunitätsverzicht im Hinblick auf das Erkenntnisverfahren nicht zugleich auf einen Immunitätsverzicht im Zwangsvollstreckungsverfahren schließen lasse. Angesichts eines intensiven Eingriffs in die Souveränität eines fremden Staats müsse der Wille zum Verzicht auf die Vollstreckungsimmunität deutlich zutage treten.[236] Insgesamt zeigen die verschiedenen Entscheidungen von BVerfG und BGH zu Fragen des Immunitätsverzichts, dass die Anforderungen hoch sind und grundsätzlich ausdrückliche Verzichtserklärungen gefordert werden. Selbst wenn entsprechende Erkärungen vorliegen, ist damit noch nicht klar, wie weit diese reichen, und ob sie neben dem Erkenntnis- auch das Vollstreckungsverfahren umfassen. Lediglich bei spezifischen Sonderbestimmungen der Vollstreckung aus ausländischen Schiedssprüchen, die aufgrund einer Eigenart des dt Verfahrensrechts zum Erkenntnisverfahren gezählt wird, lässt der BGH ausnahmsweise eine Vollstreckungsunterwerfung als ebenfalls hierauf gerichtete Immunitätsverzicht genügen.

Ein besonders weitreichendes Bestimmungsrecht des Entsendestaats nahm der BGH in einer Entscheidung v 22.9.2016[237] angesichts drohender Zwangsvollstreckung in das Grundstück eines ausländischen Staates an. In diesem Fall war bereits seit über zehn Jahren eine Zwangssicherungshypothek eingetragen, ehe der Entsendestaat, nachdem er eine Verbalnote an das Auswärtigen Amt gerichtet hatte, die Erlaubnis erhielt, auf dem fraglichen Grundstück eine „Botschaftsaußenstelle" zu errichten. Nach Auffassung des BGH führte die hiermit „erstrebte Nutzung zu hoheitlichen (diplomatischen) Zwecken" dazu, dass Vollstreckungsimmunität gegen die unmittelbar anstehende Zwangsvollstreckung eintrat. Diese war nach Auffassung des BGH nicht nur „zugunsten des fremden Staates sehr weit" zu verstehen, sondern stellte zudem auf die „typische, abstrakte Gefahr" ab, nicht aber auf die konkrete Gefährdung der Funktionsfähigkeit der diplomatischen Vertretung im Empfangsstaat. IE erlaubte der BGH dem Entsendestaat durch die eilends herbeigeführte und möglicherweise vor allem der Abwendung der Zwangsvollstreckung dienende Schaffung einer „Botschaftsaußenstelle" durch einseitige Zweckbestimmung seine vollstreckungsrechtliche Situation nicht nur mit *ex nunc-*, sondern im Hinblick auf bis dahin entstandene Gerichts- und Vollstreckungskosten sogar mit *ex tunc-*Wirkung zu ändern. Damit ermöglichte es der BGH, dass der ausländische Staat durch einen diplomatischen Organisationsakt ein konkretes Grundstück dem Vollstreckungszugriff entzog. Die Entscheidung ist im Hinblick auf die mit dem Regierungsumzug von Bonn nach Berlin verfolgte liberale Handhabung von Immunitätsfragen bei der Botschaftsverlegung durchaus konsequent, da die BR Deutschland – anders als etwa Brasilien in den 1970er Jahren – es weithin den Entsendestaaten überlassen hat, wo sie eine Botschaft unterhalten wollen und in welcher Form sie diplomatisch vertreten sind.[238] Allerdings zeigt der BGH in den Entscheidungsgründen ein bemerkenswertes Verständnis von der Reichweite seiner gerichtlichen Kontrolle und von der Gewaltenteilung, indem er erklärt, es sei Sache der zuständigen Organe der BR Deutschland, „einen funktionswidrigen Gebrauch der Immunität

95c

---

236 BGH, BeckRS 2013, 12429, Rn 24 f.
237 BGH WM 2016, 2357 ff.
238 *Denza* (Fn 103) 86.

diplomatischer Vertretungen mit diplomatischen und sonstigen, völkerrechtlich zulässigen Mitteln zu begegnen".[239] Dieser Hinweis deutet zumindest darauf hin, dass der BGH offenbar wenig Neigung verspürt, sich in einer vollstreckungsrechtlichen Frage in Widerspruch zu den immunitätsrechtlichen Einschätzungen der Bundesregierung zu stellen. Möglicherweise läuft dies sogar darauf hinaus, dass der BGH dem Auswärtigen Amt in diesen Fragen zukünftig ein von der Gerichtsbarkeit nur eingeschränkt überprüfbares Einschätzungsrecht einräumt.

95d Diese großzügige Handhabung der Vollstreckungsimmunität hatte sich zuvor schon in der BGH-Entscheidung v 24.3.2016[240] gezeigt, mit der der anhängige Streitfall an die Berufungsinstanz zurückverwiesen wurde. Bzgl Vollstreckung in ein Grundstück, das an eine von einem ausländischen Staat betriebene Schule angrenzte, stellte der BGH auf die hiermit verfolgte kulturelle Zweckbestimmung ab und ging von einer hoheitliche Einrichtung im Hinblick auf die Repräsentation von Kultur und Wissenschaft im Ausland aus. Der Berufungsinstanz wurde aufgegeben, zu prüfen, ob im Hinblick auf das angrenzende Grundstück eine hoheitliche Zweckbestimmung vorliege, etwa für eine spätere Erweiterung der Auslandsschule. Dabei hob der BGH hervor, dass „aufgrund der Gefahr des Eindringens in interne Angelegenheiten" des ausländischen Staates lediglich eine Glaubhaftmachung „durch eine gehörige Versicherung" verlangt werden dürfe.[241] Eine diesbezügliche Erklärung des ausländischen Staates dürfte nach den Ausführungen des BGH eine kaum widerlegliche Vermutung darstellen. Angesichts dieser Vorgaben ist die Streitigkeit dem Grunde nach bereits durch den BGH entschieden, so dass eine Rückverweisung an die Berufungsinstanz in erster Linie wohl aus formalen Gründen erfolgt ist. Mit dem Hinweis auf die etwaige Erweiterungsfunktion des fraglichen Grundstücks hat der BGH dem ausländischen Staat bereits den Weg gewiesen, was er unternehmen muss, um vollends der Vollstreckungsimmunität zu unterfallen.

96 Bestrebungen in jüngerer Zeit, den Grundsatz der Staatenimmunität einzuschränken und bei Verstößen gegen zwingende Normen des Völkerrechts nicht anzuwenden,[242] haben sich bisher in der Staatenpraxis unter Mitwirkung dt Gerichte nicht durchzusetzen vermocht.[243] Zwar haben griechische Gerichte die BR Deutschland we-

---

239 BGH, WM 2016, 2357 (Rn 29); zu den vollstreckungsrechtlichen Fragen auch *Lorz*, Ausländische Staaten vor deutschen Zivilgerichten, 2017 sowie *Walter/Monnheimer*, Herausgabeansprüche aus dinglichen Rechten an Grundstücken und der Grundsatz der Staatenimmunität im zivilrechtlichen Erkenntnis- und Vollstreckungsverfahren, AVR 55 (2017) 444 ff.
240 BGHZ 209, 290 ff.
241 BGHZ 209, 290 (Rn 39, insbes 41).
242 Vgl dazu *Wirth*, Staatenimmunität und völkerrechtliche Verbrechen, Jura 2000, 70; *Ambos*, Der Fall Pinochet und das anwendbare Recht, JZ 1999, 16 (21 ff); *Fox*, State Immunity and the International Crime of Torture, HRLR 6 (2006) 142 ff; *MacGregor*, State Immunity and Jus Cogens, ICLQ 55 (2006) 437 ff; *Gattini*, War Crimes and State Immunity in the Ferrini Decision, JICJ 3 (2005) 224 ff; *De Sena/De Vittor*, State Immunity and Human Rights, EJIL 16 (2005) 89 ff; *Parlett*, Immunity in Civil Proceedings for Torture, HRLR 6 (2006) 49 ff.
243 Court of Appeal for Ontario, *Bouzari v Islamic Republic of Iran*, 30 June 2004, Docket C38295; House of Lords, *Jones v Ministry of the Interior of the Kingdom of Saudi Arabia*, 14 June 2006, UKHL 26 (2006) 2 WLR, 1424; hierzu *Humes-Schulz*, Limiting Sovereign Immunity in the Age of Human Rights, Harvard HRJ 21 (2008), 105 ff; BGHZ 155, 279 ff; vgl *Kämmerer*, Kriegsrepressalie oder Kriegsverbrechen?, AVR 37 (1999) 283 (307); *Epping*, in Ipsen (Fn 9) § 5 Rn 273 ff, insbes 276; *Rensmann*, Staatenimmunität und völkerrechtswidrige Hoheitsakte, IPrax 1998, 44 (47); *Hess*, Staatenimmunität bei Menschenrechtsverletzungen, FS Schütze, 1999, 269 (280); *Appelbaum*, Einschränkungen der Staa-

gen Kriegsverbrechen deutscher Streitkräfte im Zweiten Weltkrieg zur Zahlung von Schadenersatz an verschiedene griechische Staatsangehörige verurteilt. Der BGH hat jedoch in Übereinstimmung mit einem Urteil des Obersten Bundesgerichts Griechenlands die Anerkennung derartiger Urteile als völkerrechtswidrig angesehen.[244] Auch das BVerfG sah in seiner Nichtannahmeentscheidung keine sich aus dem GG ergebende Schadensersatz- oder Entschädigungspflicht der BR Deutschland,[245] da es davon ausging, dass ein Staat nach geltendem Völkerrecht Befreiung von der Gerichtsbarkeit eines anderen Staats beanspruchen kann, wenn und soweit es um die Beurteilung seines hoheitlichen Verhaltens geht *(acta iure imperii)*.[246] In der Folge haben sowohl der EuGH[247] als auch der EGMR[248] diese Entscheidungen bestätigt. Dabei haben sie Beschwerden, die gegen die Ablehnung der Zwangsvollstreckung gerichtet waren, mit der Begründung zurückgewiesen, es sei nicht erwiesen, dass zum jetzigen Zeitpunkt im Völkerrecht akzeptiert sei, dass Staaten in Bezug auf Schadenersatzklagen wegen Verbrechen gegen die Menschlichkeit nicht mehr zur Immunität berechtigt seien.

Einen neuen Anstoß erhielt die Debatte über die Reichweite der Staatenimmunität durch verschiedene Entscheidungen italienischer Gerichte. Zunächst entschied der Oberste Kassationshof Italiens *(Corte Suprema di Cassazione)* im Verfahren des früheren italienischen Zwangsarbeiters *Luigi Ferrini,* dass sich die BR Deutschland nicht auf ihre Staatenimmunität berufen könne, wenn Ansprüche wegen schwerwiegender Kriegsverbrechen in Rede stünden.[249] Zudem haben der Oberste Kassationsgerichtshof und das Oberlandesgericht Florenz *(Corte d'Appello di Firenze)* die Vollstreckungsanerkennung der erstinstanzlichen griechischen Gerichtsentscheidungen im Fall *Distomo* anerkannt, so dass Vollstreckungsmaßnahmen gegen deutsches Eigentum in Italien erfolgt sind.[250] Diese Rechtsprechungspraxis italienischer

97

---

tenimmunität in Fällen schwerer Menschenrechtsverletzung, 2007, 92 ff; vgl aber *Kokott* (Fn 127) 148 f; *Paech,* Staatenimmunität und Kriegsverbrechen, AVR 47 (2009) 36 ff.
244 BGHZ 155, 279. Vgl zum Urteil des Areopag *Dolzer,* Der Areopag im Abseits, NJW 2001, 3525 ff; *Hobe,* Durchbrechung der Staatenimmunität bei schweren Menschenrechtsverletzungen, IPRax 2001, 368 ff; *Schminck-Gustavus,* Nemesis, KJ 2001, 111 ff; *Appelbaum,* Der Fall Distomo, HV-I 17 (2004) 190 ff; *Beys,* Die Zwangsvollstreckung gegen einen ausländischen Staat im hellenischen Recht, FS Schlosser, 2005, 37 ff.
245 BVerfGK 7, 303 ff *[Distomo].*
246 BVerfGK 7, 303, 307 *[Distomo]* mit Verweis auf BVerfGE 16, 27 (36 ff) u EGMR, Nr 35763/97, AVR 40 (2002) 365 ff *[Al-Adsani v United Kingdom].*
247 EuGH, Rs C-292/05, Slg 2007, I-1519 *[Lechouritou u a].*
248 EGMR, Reports of Judgements and Decisions 2002-X, 41, 428 ff *[Kalogeropoulou];* vgl *Maierhöfer,* Der EGMR als „Modernisierer" des Völkerrechts?, EuGRZ 2002, 391 ff; *Tams,* Schwierigkeiten mit dem Jus Cogens, AVR 40 (2002) 331 ff; *Cremer,* Entschädigungsklagen wegen schwerer Menschenrechtsverletzungen und Staatenimmunität vor nationaler Zivilgerichtsbarkeit, AVR 41 (2003) 137 ff.
249 Oberster Kassationshof, *Luigi Ferrini v BR Deutschland,* Urteil Nr 5055-04 v 6.11.2003, veröffentlicht 30.5.2004, Az 11130/02; bestätigt in den Beschlüssen Nr 14200 bis 14208 v 6.5.2008 sowie im Urteil Nr 1072/2008 v 13.1.2009 *[Milde];* vgl *Orakhelashvili,* State Immunity and International Public Order Revisited, GYIL 49 (2006) 327 (331); *De Sena/De Vittor,* State Immunity and Human Rights, EJIL 16 (2005) 89 ff; *Biachi,* Case-note on *Ferrini,* AJIL 99 (2005) 242 ff; *Stürner,* Staatenimmunität und Brüssel I-Verordnung, IPRax 2008, 197 (201 f); *Cannizzaro/Bonafé,* Of Rights and Remedies, FS Simma, 2011, 825 ff; *Oellers-Frahm,* Judicial Redress of War-related Claims by Individuals, ebd, 1055 ff; vgl auch Überblick bei *Payandeh,* Staatenimmunität und Menschenrechte, JZ 2012, 949 (950).
250 Oberster Kassationshof, Urteil Nr 14199-08 v 29.5.2008, Az 24290/07; OLG Florenz, Urteil Nr 1696/2008 v 21.10.2008. Vollstreckungsmaßnahmen sind bereits erfolgt im Hinblick auf die Villa Vigoni am Comer See, vgl *Focarelli,* AJIL 103 (2009) 122 (123); *Stürner* (Fn 249) 197 ff.

Gerichte führte dazu, dass die BR Deutschland Klage vor dem IGH gegen Italien einreichte, mit der u a die Verletzung der Staatenimmunität und das (Nicht-)Bestehen einer hinreichenden Anspruchsgrundlage gerügt wurden.[251]

98 In seiner Entscheidung v 3.2.2012 stellte der IGH fest, dass Italien durch die Entscheidungen seiner Gerichte gegen den völkergewohnheitsrechtlichen Grundsatz der Staatenimmunität verstoßen habe.[252] Dabei erkannte der Gerichtshof zwar im Grundsatz an, dass die Staatenimmunität Ausnahmen unterliege; die im konkreten Verfahren in Anspruch genommenen Ausnahmen konnten in Ermangelung völkerrechtlicher Anerkennung jedoch nicht durchgreifen. So wies der IGH sowohl den Hinweis darauf ab, dass die fraglichen Handlungen auf dem Territorium des Gerichtsstaats erfolgt seien („Inlandsdelikte" bzw „foreign tort exception"), als auch, dass die in Frage stehenden Rechtsverletzungen deutscher Streitkräfte von besonderer Schwere gekennzeichnet gewesen seien und somit einen *ius cogens*-Verstoß darstellten.[253] Ungeachtet der von Teilen des völkerrechtlichen Schrifttums über Jahre befürworteten Einschränkung der Staatenimmunität durch *ius cogens*[254] verwies der IGH darauf, dass Bedenken auf der Grundlage von *ius cogens* die Begründetheit einer Klage beträfen, während die Staatenimmunität sich bereits auf ihre Zulässigkeit beziehe.[255] Folglich könnten Staaten sich auch bei schwerwiegenden Verletzungen des humanitären Völkerrechts auf die Staatenimmunität berufen.[256] Soweit der Einwand vorgebracht wurde, die streitgegenständlichen Klagen seien die letzte Möglichkeit für die Kläger, Entschädigungen für erlittene Schäden zu erlangen, sah der Gerichtshof hierin ebenfalls keine Ausnahme vom Grundsatz der Staatenimmunität. Allerdings verwies er darauf, dass die (prozedurale) Zuerkennung von Immunität die völkerrechtliche Verantwortlichkeit des beklagten Staats grundsätzlich unberührt lasse. Im Ergebnis ist damit eine Beilegung der unverändert bestehenden Situation durch zwischenstaatliche Reparationsregelungen nicht ausgeschlossen.[257]

99 Der Grundsatz der Staatenimmunität geht aus dem Verfahren vor dem IGH gefestigt und eingehend begründet hervor.[258] Sofern insbes vom IGH und nationalen

---

251 IGH, Pressemitteilung Nr 2008/44 v 23.12.2008.
252 *Jurisdictional Immunities* (Germany v Italy), ICJ Rep 2012, 99.
253 *Cannizzaro*, Is There an Individual Right to Reparation?, FS P-M Dupuy, 2014, 495 ff.
254 Übersicht bei *Payandeh* (Fn 249) 952; zuletzt auch *Gaeta*, Immunity of States and State Officials: A Major Stumbling Block to Judicial Scrutiny?, in Cassese (Hrsg), Realizing Utopia, 227 (230 f); *Fischer-Lescano/Gericke*, Der IGH und das transnationale Recht, KJ 2010, 78 ff; *Thiele*, Das Verhältnis zwischen Staatenverantwortlichkeit und Menschenrechten, AVR 49 (2011) 343 ff.
255 Vgl auch *Kreicker*, Die Entscheidung des IGH zur Staatenimmunität, ZIS 2012, 107 (113); *Hess*, Staatenimmunität und ius cogens im geltenden Völkerrecht, IPRax 2012, 201 (204).
256 Vgl *Stürner*, Staatenimmunität bei Entschädigungsklagen wegen Kriegsverbrechen, IPRax 2011, 600 ff.
257 Vgl *Hess* (Fn 255) 204; *Oellers-Frahm*, State Immunity vs. Human Rights: Observations Concerning the Judgment of the ICJ in the Jurisdictional Immunities of States Case (Germany v. Italy), FS Riedel 2013, 389 ff; *van Alebeek*, Jurisdictional Immunities of the State (Germany v. Italy), GYIL 55 (2013) 281 f; *Calisto*, Jurisdictional Immunities of the State, GYIL 55 (2013) 319 ff; vgl im Einzelnen *Otz*, Intertemporalität im Spannungsverhältnis von Staatenimmunität und Menschenrechtsverletzungen, 2019; *Höfelmeier*, Die Vollstreckungsimmunität der Staaten im Wandel des Völkerrechts, 2018, 231 ff.
258 *Payandeh* (Fn 249) 958; *Nesi*, The Quest for a „Full" Execution of the ICJ judgment in Germany v. Italy, JICrimJ 11 (2013) 185 ff; *McMenamin*, State Immunity Before the International Court of Justice, Victoria ULRev 44 (2013) 189 ff; *Keitner*, Germany v. Italy and the Limits of Horizontal Enforcement,

Gerichten gegenwärtig eine restriktive Theorie der Staatenimmunität vertreten wird, knüpft diese vor allem an die Unterscheidung zwischen Hoheitsakten *(acta iuris imperii)* und nicht-hoheitliche Akten *(acta iure gestionis)* an. Aufgrund des prozeduralen Charakters der Staatenimmunität haben materiell-rechtlich begründete Ausnahmen auch zukünftig nur wenig Aussicht auf Anerkennung, es sei denn, die Staaten einigen sich auf entsprechende internationale Abkommen.

In nicht erwarteter Weise hatte der Rechtsstreit zwischen der BR Deutschland **99a** und Italien vor dem IGH noch ein Nachspiel, indem das vom italienischen Gesetzgeber erlassene Gesetz zur Vollstreckung des IGH-Urteils v 3.2.2012 vom italienischen Verfassungsgericht *(Corte Constituzionale)* am 22.10.2014 für verfassungswidrig erklärt wurde.[259] Diese Entscheidung begegnete vor allem deshalb rechtlicher Kritik, weil die italienische Verfassungsordnung nach Art 10 vorsieht, dass Völkergewohnheitsrecht – also auch die gewohnheitsrechtlichen Bestimmungen über die Staatenimmunität – ohne Umsetzungsakt automatisch zum Teil der italienischen Rechts- und Verfassungsordnung wird. Zudem hob das Gericht hervor, dass sich seine Ausführungen lediglich auf das Erkenntnisverfahren bezögen, nicht aber auf das Vollstreckungsverfahren. IE spricht manches dafür, dass das italienische Verfassungsgericht mit seinem Urteil paradoxerweise sowohl gegen Völkerrecht als auch gegen das eigene Verfassungsrecht verstoßen haben könnte.[260] Allerdings gibt es auch keinen generellen Vorrang des Völkerrechts vor dem nationalen Verfassungsrecht, so dass das Urteil des italienischen Verfassungsgerichts auf einem Konflik beruht, der nicht gänzlich ausgeschlossen ist und sich nicht zuletzt auch bei der Überprüfung von Unionsrecht oder Völkerrecht am Maßstab des GG durch das BVerfG schon gezeigt hat.[261] IdR bemühen sich die Beteiligten jedoch, den Konflikt zwischen Völker- und Verfassungsrecht zu vermeiden und iE nicht eintreten zu lassen.

Für die Rechtspraxis hat das italienische Verfassungsgericht die örtlichen Tat- **99b** sacheninstanzen mit der schwierigen Aufgabe betraut, sich gleichermaßen an die gegensätzlichen Vorgaben des nationalen Verfassungsrechts und des Völkerrechts zu halten.[262] Die entwickelten Lösungsansätze sehen Verweise auf Schlichtungslösungen im Rahmen eines „alternative dispute settlement" der jeweiligen Streitparteien (Tribunale di Firenze v 23.3.2015) bzw von Deutschland und Italien als Völkerrechtssubjekte vor (Tribunale di Piancenza v 25.9.2015).[263] Vereinzelt sind auch symbolische Kompensationsansprüche zugestanden worden, deren vollstreckungs-

---

JICJ 11 (2013) 167 ff; *Katz*, Jurisdictionial Immunities of the State, TJICL 21 (2013) 579 ff; *Dickinson*, Germany v. Italy and the Territorial Tort Exception, JICJJ 11 (2013) 147 ff.
259 *Oellers-Frahm*, Das italienische Verfassungsgericht und das Völkerrecht – eine unerfreuliche Beziehung, EuGRZ 2015, 8 ff; *dies*, A Never-Ending Story: The International Court of Justice – The Italian Constitutional Court – Italian Tribunals and the Question of Immunity, ZaöRV 76 (2016) 193 ff; *Boggero*, The Legal Implications of Sentenza No. 238/2014 by Italy's Constitutional Court for Italian Municipal Judges, ZaöRV 76 (2016) 203 ff; *Tsiliotis*, The Dialogue between the International Court of Justice, the Italien Court of Cassation and the Italien Constitutional Court on the Jurisdictional Immunity of States, AIDH 9 (2015/2016) 261 ff; vgl auch die Beiträge von *Mazzeschi*, *Bothe*, *Gataldi* und *Palchetti* in IYIL 24 (2014).
260 *Oellers-Frahm* (Fn 259 [EuGRZ]) 10 ff.
261 Z B BVerfGE 141, 1 ff *(Treaty Override)*.
262 *Raffeiner*, Jenseits der Staatenimmunität im deutsch-italienischen Staatenimmunitäten-Fall, ZaöRV 76 (2016) 451 ff.
263 *Oellers-Frahm* (Fn 259 [ZaöRV]) 198 ff: "concrete proposal of conciliation".

rechtliche Durchsetzung jedoch unsicher bleibt (Tribunale di Firenze v 28.9.2015). Nicht der Sicherstellung konkreter Entschädigungsansprüche, sondern der Entwicklung einer gemeinsamen Erinnerungskultur ist der 2014 eingerichtete Deutsch-Italienische Zukunftsfonds gewidmet.[264]

2. Das Staatsvolk

100 Die Abgrenzung der Personalhoheit der Staaten untereinander erfolgt über die Staatsangehörigkeit.[265] In Deutschland ist der Begriff des „Deutschen" in Art 116 GG enthalten; Regeln über Erwerb und Verlust der Staatsangehörigkeit finden sich im *Staatsangehörigkeitsgesetz* (StAG).[266] Danach gelten seit dem 1.1.2000 neue Regeln über den Erwerb der deutschen Staatsangehörigkeit durch Geburt und für die Einbürgerung. So können seither auch in Deutschland geborene Kinder ausländischer Eltern durch Geburt die deutsche Staatsangehörigkeit erwerben, wenn wenigstens ein Elternteil am Tag der Geburt des Kindes sich seit acht Jahren rechtmäßig und gewöhnlich in Deutschland aufhält und eine Niederlassungserlaubnis oder eine EU-Aufenthaltserlaubnis besitzt. Kinder ausländischer Eltern unter 10 Jahren konnten einen auf das Jahr 2000 befristeten Anspruch auf Einbürgerung geltend machen, wenn sie in Deutschland geboren waren. Einen Anspruch auf Einbürgerung besitzen ferner Ausländer, wenn sie sich seit mindestens acht Jahren rechtmäßig und dauernd in Deutschland aufhalten und bestimmte weitere Voraussetzungen erfüllen.[267]

a) Die Staatsangehörigkeit

101 Völkerrechtlich umschreibt die Staatsangehörigkeit die rechtliche Beziehung einer Person zu ihrem Heimatstaat. Zu *Begriff und Rechtsnatur* der Staatsangehörigkeit

---

264 Vgl <https://www.auswaertiges-amt.de/de/aussenpolitik/laender/italien-node/140317-regierungskonsultationen-weltkriegsvergangenheit/260800>; zum Stand im Jahr 2018: BT-Drs 19/3557, 18 ff.
265 Vgl zum Staatsangehörigkeitsrecht und zur Personalhoheit: *Dörr*, Nationality, MPEPIL VII, 496 ff; *Bleckmann*, Die Personalhoheit im Völkerrecht, GS Geck, 1989, 79 ff; *Henkin*, „Nationality" at the Turn of the Century, FS Bernhardt, 1995, 89 ff; zum dt Staatsangehörigkeitsrecht: *Hailbronner/Maaßen/Hecker/Kau*, Staatsangehörigkeitsrecht, 6. Aufl 2017; *Makarov/v. Mangoldt*, Deutsches Staatsangehörigkeitsrecht, Loseblatt; *Weidelener/Ehmann/Stark*, Deutsches Staatsangehörigkeitsrecht, 7. Aufl 2005; *Aláez Corral*, Staatsangehörigkeit und Staatsbürgerschaft vor den Herausforderungen des demokratischen Verfassungsstaates, Der Staat 46 (2007) 349 ff; *Appiah*, Global Citizenship, Fordham LRev 75 (2007) 2375 ff.
266 Vgl Gesetz zur Reform des Staatsangehörigkeitsrechts v 15.7.1999 (StAG, BGBl 1999 I, 1618), zuletzt geänd durch Gesetz v 30.2.2009 (BGBl 2009 I, 158).
267 Vgl hierzu *Hailbronner/Maaßen/Hecker/Kau* (Fn 265) Grundlagen A Rn 38; *Göbel-Zimmermann/Masuch*, Die Neuregelung des Staatsangehörigkeitsrechts, DÖV 2000, 95 ff; *Hailbronner*, Die Reform des deutschen Staatsangehörigkeitsrechts, NVwZ 1999, 1273 ff; *Zimmermann*, Staats- und völkerrechtliche Fragen der Reform des deutschen Staatsangehörigkeitsrechts, IPrax 2000, 180 ff; zu den Auswirkungen der Reform *Hailbronner/Maaßen/Hecker/Kau* (Fn 265) Grundlagen A Rn 38 ff; *Göbel-Zimmermann*, Erfahrungen mit dem neuen Staatsangehörigkeitsrecht, ZAR 2003, 65 ff; *Hailbronner*, Das neue deutsche Staatsangehörigkeitsrecht, NVwZ 2001, 1329 ff; *Renner*, Erfahrungen mit dem neuen deutschen Staatsangehörigkeitsrecht, ZAR 2002, 265 ff; aus jüngerer Zeit *Berlit*, Rottmann und die Option – schleichende Europäisierung des Staatsangehörigkeitsrechts?, FS Hailbronner, 2013, 283 ff.

werden unterschiedliche Auffassungen vertreten.[268] Zum einen wird in der Staatsangehörigkeit ein Rechtsverhältnis mit gegenseitigen Rechten und Pflichten gesehen, also ein Verhältnis öffentlich-rechtlicher Natur zwischen dem Einzelnen und dem Staat.[269] Die Auffassung, es handele sich um ein *rechtliches Band,* findet sich auch in der Entscheidung des IGH im *Nottebohm*-Fall: „[...] nationality is a legal bond having at its basis a social fact of attachment, a genuine connection of existence, interests and sentiments, together with the existence of reciprocal rights and duties. It may be said to constitute the juridical expression of the fact that the individual upon whom it is conferred, either directly by the law or as a result of an act of the authorities, is in fact more closely connected with the population of the State conferring nationality than with that of any other State."[270] Andere Autoren vertreten die Auffassung, die Staatsangehörigkeit stelle ein rechtlich relevantes, zumeist auch rechtlich geregeltes *Realverhältnis*[271] dar. Die überwiegende Meinung sieht in der Staatsangehörigkeit eine Eigenschaft, Mitglied einer Gebietskörperschaft zu sein (sog Statustheorie).[272] Das BVerfG ging in seiner Entscheidung v 1974[273] ebenfalls von einem *Status* aus, eine Auffassung, die sich auch in der Entscheidung zum Kommunalwahlrecht für Ausländer wiederfindet.[274] Nach einer vermittelnden Position stellt die Staatsangehörigkeit ein *Rechtsverhältnis* zwischen dem Staat und seinen Angehörigen dar, bei dessen Regelung die Eigenschaft der Person als Subjekt eines Rechtsverhältnisses einen rechtlichen Status dieser Person bildet.[275]

Rechte und Pflichten aus diesem gegenseitigen Treueverhältnis können entweder unmittelbar entstehen *(diplomatischer Schutz)* oder sich erst aus innerstaatlichem Recht ergeben (zB Wehrpflicht, Teilnahme an Wahlen und Abstimmungen). Jeder Staat kann die Voraussetzungen der Verleihung und des Verlusts seiner Staatsangehörigkeit *nach eigenem Ermessen regeln,* wobei er jedoch die sich aus Völkerver-

---

268 *Hailbronner/Maaßen/Hecker/Kau* (Fn 265) Grundlagen B Rn 1 ff.
269 *Berber,* Lehrbuch des Völkerrechts, Bd I, 2. Aufl 1975, 374; *Hatschek,* Das Preußische Staatsrecht, 2. Aufl 1930, 194; *Isay,* Die Staatsangehörigkeit der juristischen Personen, 1907, 30; ähnlich *Kokott,* in Sachs (Hrsg), Grundgesetz, 8. Aufl 2018, Art 16 Rn 10.
270 ICJ Rep 1955, 4, 23. Diese Definition findet sich auch in Art 2 lit a des Europäischen Staatsangehörigkeitsübereinkommens. Vgl ferner die Entscheidung der Britisch-Mexikanischen Claims Commission v 8.11.1929 im Fall *Robert John Lynch v United Mexican States:* „A man's nationality is a continuing legal relationship between the sovereign state on the one hand and the citizen on the other." (RIAA V, 17, 18).
271 *Riege,* Die Staatsbürgerschaft der DDR, 2. Aufl 1986, 18.
272 Vgl hierzu *Badura,* Staatsrecht, 7. Aufl 2018, 1102; *Hailbronner,* Deutsche Staatsangehörigkeit und DDR Staatsbürgerschaft, JuS 1981, 712; *G. Jellinek,* System der subjektiven öffentlichen Rechte, 2. Aufl 1919, 117 f; *von Keller/Trautmann,* Kommentar zum RuStAG, 1914, 32; *Kämmerer,* in Bonner Kommentar, Loseblatt, Art 16 Rn 3; *Laband,* Das Staatsrecht des Deutschen Reichs, 5. Aufl 1911, 140; *Makarov/v. Mangoldt* (Fn 265) Einl I Rn 2.
273 BVerfGE 37, 217, 239.
274 BVerfGE 83, 37, 51: „Die Zugehörigkeit zum Staatsvolk wird also grundsätzlich durch die Staatsangehörigkeit vermittelt. Die Staatsangehörigkeit ist die rechtliche Voraussetzung für den gleichen staatsbürgerlichen Status, der einerseits gleiche Pflichten, zum anderen und insbesondere aber auch die Rechte begründet, durch deren Ausübung die Staatsgewalt in der Demokratie ihre Legitimation erfährt [...]".
275 *de Groot,* Staatsangehörigkeitsrecht im Wandel, 1989, 12; *Randelzhofer,* in Maunz/Dürig (Hrsg), GG-Kommentar, Loseblatt, Art 16 Rn 8; Nachw auch bei *Hailbronner/Maaßen/Hecker/Kau* (Fn 265) Grundlagen B Rn 2.

trags- und Völkergewohnheitsrecht sowie in zunehmendem Maß aus dem Unionsrecht ergebenden Grenzen zu beachten hat.[276] Auch das Europäische Übereinkommen über die Staatsangehörigkeit v 6.11.1997, das am 1.3.2000 in Kraft getreten ist, gibt unverändert jedem Staat das Recht, die Staatsangehörigkeit grundsätzlich nach seinen eigenen Gesetzen festzulegen.[277] Jedoch sollen die Regeln über Staatsangehörigkeit der Vertragsparteien auf folgende *Grundsätze* gestützt sein: Jedermann hat ein Recht auf Staatsangehörigkeit, Staatenlosigkeit ist zu vermeiden; niemand darf willkürlich seiner Staatsangehörigkeit beraubt werden; weder Heirat noch die Auflösung der Ehe zwischen einem Staatsangehörigen einer Vertragspartei und einem Ausländer, noch der Wechsel der Staatsangehörigkeit eines Ehegatten während der Ehe berührt automatisch die Staatsangehörigkeit des anderen Ehegatten.

103 Mit der Einführung einer *Unionsbürgerschaft* in Art 20 bis 25 AEUV wurde keine eigene Staatsangehörigkeit im völkerrechtlichen und staatsrechtlichen Sinn geschaffen.[278] Weitergehende Vorschläge dahingehend, die Unionsbürgerschaft auf autonome Weise und so zu bestimmen, dass sie in Verknüpfung mit der uneingeschränkten Anerkennung und Gewährleistung der in der EMRK verankerten Menschenrechte und Grundfreiheiten einen eigenständigen Status schafft, wurden bislang nicht verwirklicht.[279] Die Unionsbürgerschaft knüpft an das Bestehen der Staatsangehörigkeit ei-

---

276 Art 1 des Haager Übereinkommens über gewisse Fragen der Kollision von Staatsangehörigkeitsgesetzen v 12.4.1930 (179 LNTS 89); Art 3 des Europäischen Übereinkommens über die Staatsangehörigkeit (ETS Nr 166). Vgl auch das Gutachten des StIGH zu den Staatsangehörigkeitsdekreten in Tunesien und Marokko, PCIJ, Ser B, No 4, 24 ff sowie ICJ Rep 1955, 4, 20 *[Nottebohm]* u BVerfGE 1, 322, 328. Übersicht über die Verträge bei *Boll*, Nationality and Obligations of Loyalty in International and Municipal Law, AYBIL 24 (2005) 37 ff; Tan (Hrsg), Challenging Citizenship, 2005; *Hailbronner/Maaßen/Hecker/Kau* (Fn 265) Grundlagen D Rn 6 ff sowie H Rn 10 ff.

277 ETS Nr 166; dt Fassung bei *Hailbronner/Maaßen/Hecker/Kau* (Fn 265) Anh A II.7. Das Übereinkommen ist am 1.3.2000 für Österreich, Moldawien und die Slowakische Republik in Kraft getreten, des Weiteren für die Niederlande (1.7.2001), Schweden (1.10.2001), Portugal (1.2.2002), Ungarn (1.3.2002), Dänemark (1.11.2002), Island (1.7.2003), Nordmazedonien (1.10.2003), Albanien (1.6.2004), Tschechische Republik (1.7.2004), Rumänien (1.5.2005), Bulgarien (1.6.2006), Ukraine (1.4.2007), Finnland (1.12.2008), Bosnien und Herzegowina (1.2.2009), Norwegen (1.10.2009), Montenegro (1.10.2010), Luxemburg (1.1.2018). Es wurde zudem gezeichnet von Frankreich, Griechenland, Italien, Kroatien, Lettland, Malta, Polen, Russland, sowie am 4.2.2002 von der BR Deutschland; das dt Zustimmungsgesetz zum Abkommen ist am 19.5.2004 in Kraft getreten: BGBl 2004 II, 578. Vgl zum Übereinkommen *Kreuzer*, Der Entwurf eines Übereinkommens des Europarats zu Fragen der Staatsangehörigkeit, StAZ 1997, 126 ff; zum Recht auf Staatsangehörigkeit ferner *Chan*, The Right to a Nationality as a Human Right, HRLJ 12 (1991) 1 ff.

278 Vgl zum Unions-Vertrag BVerfGE 89, 155, 188; eingehend *Hailbronner/Maaßen/Hecker/Kau* (Fn 265) Grundlagen H Rn 10 ff; vgl auch *Jiménez Lobeira*, EU Citizenship and Political Identiy: The Demos and the Telos, ELJ 18 (2012) 504 ff; *Schoch*, Europäisierung des Staatsangehörigkeits- und Aufenthaltsrechts, FS Hailbronner, 2013, 355 (362 ff); *Wollenschläger*, Keine Sozialleistungen für nichterwerbstätige Unionsbürger?, NVwZ 2014, 1628 ff; *Hilpold*, Die verkaufte Unionsbürgerschaft, NJW 2014, 1071 ff; *Nazik/Ulber*, Die „aufenthaltsrechtliche" Lösung des EuGH in der Rechtssache Dano, NZW 2015, 369 ff; *Thym*, Die Rückkehr des „Marktbürgers" – Zum Ausschluss nichterwerbstätiger EU-Bürger von Hartz IV-Leistungen, NJW 2015, 130 ff.

279 Vgl zu den Harmonisierungsvorschlägen *Evans*, in Rosas/Antola (Hrsg), A Citizens' Europe, 1995, 85 (102 f); *Hilf*, in Grabitz/Hilf/Nettesheim (Hrsg), Kommentar zur Europäischen Union, Loseblatt, Art 8 EG Rn 68 mwN; *Castro Oliveira*, in La Torre (Hrsg), European Citizenship, 1998, 185 ff; zur längerfristigen Entwicklung eines Konzepts der „Zivilbürgerschaft" für Drittstaatsangehörige vgl KOM (2000) 757 endg v 22.11.2000, Mitteilung der Kommission an den Rat und das Europäische Parlament über eine Migrationspolitik der Gemeinschaft, 21 f.

nes Mitgliedstaats an. Durch die Unionsbürgerschaft wird „zwischen den Staatsangehörigen der Mitgliedstaaten ein auf Dauer angelegtes rechtliches Band geknüpft, das zwar nicht eine der gemeinsamen Zugehörigkeit zu einem Staat vergleichbare Dichte besitzt, dem bestehenden Maß existentieller Gemeinsamkeit jedoch einen rechtlichen Ausdruck verleiht."[280] Auch Art 20 Abs 1 Satz 2 AEUV stellt ausdrücklich fest, dass die Unionsbürgerschaft die nationale Staatsangehörigkeit ergänzt, nicht aber ersetzt. Eine Beschränkung nationaler Befugnisse zur Regelung der Staatsangehörigkeit kann der Rechtsprechung des EuGH nur insoweit entnommen werden, als er sich zumindest ausbedingt, dass die nationale Staatsangehörigkeit sich nicht zum Schaden unionsrechtlicher Rechtspositionen auswirken darf. Im Fall *Gullung* entschied der EuGH, dass die Mitgliedstaaten zwar die generelle Befugnis zur Regelung ihrer eigenen staatsangehörigkeitsrechtlicher Angelegenheiten hätten, dass sie aber von dieser Befugnis nicht in einer Weise Gebrauch machen dürften, die die im Vertrag verankerten Freiheiten zunichte macht.[281] In der Rechtssache *Micheletti* führte der EuGH weiterhin aus, dass ein Mitgliedstaat über die Staatsangehörigkeit eines Mitgliedstaats hinaus keine zusätzlichen Anforderungen an die Geltendmachung der Rechte eines Unionsbürgers stellen dürfe: „Die Festlegung der Voraussetzungen für den Erwerb und Verlust der Staatsangehörigkeit unterliegt nach dem internationalen Recht der Zuständigkeit der einzelnen Mitgliedstaaten; von dieser Zuständigkeit ist unter Beachtung des Gemeinschaftsrechts Gebrauch zu machen [...]."[282] In seiner Entscheidung zum europäischen Haftbefehl[283] hat das BVerfG betont, dass die Unionsbürgerschaft ein abgeleiteter und die mitgliedstaatliche Staatsangehörigkeit ergänzender Status (Art 20 Abs 1 Satz 2 u 3 AEUV) sei. Der Gesetzgeber durfte danach zwar vom Verbot der Auslieferung Deutscher entsprechend Art 16 Abs 2 Satz 2 GG im Rahmen einer europäischen Zusammenarbeit im Bereich des Strafrechts abweichen; er muss aber das sich aus der deutschen Staatsangehörigkeit ergebende grundsätzliche Vertrauen in die eigene Rechtsordnung dann respektieren, wenn die dem Auslieferungsersuchen zu Grunde liegende Handlung einen maßgebenden Inlandsbezug aufweist.

In der Rechtssache *Ruiz Zambrano* vertrat der EuGH dann den Grundsatz, dass die **103a** Unionsbürgerschaft einen statusbezogenen Kernbereich vorsehe, woraus sich etwa im Verhältnis von minderjährigen Unionsbürgern zu ihren Eltern *auch ohne Ausübung der Freizügigkeit* ein Aufenthaltsrecht ergebe.[284] Damit fand die Unionsbürgerschaft erst-

---

280 BVerfGE 89, 155, 184; aA *Bleckmann*, Der Vertrag über die Europäische Union, DVBl 1992, 335 (336).
281 EuGH, Rs 292/86, Slg 1988, 111 *[Gullung]*; *Schmahl*, Auf dem Weg zu einer genuinen europäischen Personalhoheit, FS Hailbronner, 2013, 339 (342 f).
282 EuGH, Rs C-369/90, Slg 1992, I-4239 ff *[Micheletti]*. Vgl zur Diskussion gerade dieser letzten Passage in der Literatur *de Groot*, Auf dem Weg zu einer europäischen Staatsangehörigkeit, FS Bleckmann, 1993, 87 (100 ff); *Castro Oliveira*, in La Torre (Fn 279) 115 (126 f); zu Fragen der Entziehung insbes *Hall*, The European Convention on Nationality and the Right to Have Rights, ELR 24 (1999) 586 (589). Vgl zu den Rechten aus dem Unionsbürgerschaftsstatus EuGH, Rs C-184/99 *[Grzelczyk]*, Rs C-413/99 *[Baumbast]* u Rs C-333/13, NJW 2015, 31 *[Dano]*.
283 BVerGE 113, 273 ff.
284 EuGH, Rs C-34/2009, Slg 2011, I-1177; *Hailbronner/Thym*, Ruiz Zambrano – Die Entwicklung des Kernbereichs der Unionsbürgerschaft, NJW 2011, 2008 ff; *Nettesheim*, Der „Kernbereich" der Unionsbürgerschaft – vom Schutz der Mobilität zur Gewährleistung eines Lebensumfelds, JZ 2011, 1030 ff; *Schmahl* (Fn 279) 339 (346 ff).

malig – wenn auch in einer besonderen Konstellation – Anwendung auf einen rein innerstaatlichen Sachverhalt. Allerdings begrenzte der EuGH die Auswirkungen dieser Grundsätze in der Rechtssache *McCarthy*, indem er eine vergleichbare Erstreckungswirkung der Unionsbürgerschaft ohne Freizügigkeitsausübung bei Ehegatten ablehnte.[285] Ähnlich restriktiv entschied der Gerichtshof zudem in der Rechtssache *Dereci*, bei der es um Fragen des Familiennachzugs Erwachsener ging. Wenn der EuGH auch im Nachgang der Entscheidungen in der Rechtssache *Ruiz Zambrano* bemüht war, die Konsequenzen der statusrechtlichen Erstarkung der Unionsbürgerschaft nicht ausufern zu lassen, ist doch unverkennbar, dass er mit dieser Entscheidung zumindest angedeutet hat, dass die Rechtswirkung der Unionsbürgerschaft über das bislang bekannte Maß ausgedehnt werden kann und – abhängig vom Entwicklungsstand der europäischen Integration – auch mit großer Wahrscheinlichkeit ausgedehnt werden wird. Insgesamt zeigen sich in den bisherigen Entscheidungen die vertrauten Kennzeichen der *effet utile*-Rechtsprechung. Angesichts verschiedener Krisen ist der EuGH in den Folgejahren dazu übergegangen, den Integrationsprozess etwas behutsamer voranzubringen. Dies spiegelt sich auch in der Rspr zur Unionsbürgerschaft und deren Einwirkung auf das nationale Staatsangehörigkeitsrecht wider. Vor diesem Hintergrund bleibt abzuwarten, auf welche Weise der EuGH in den nächsten Jahren die Unionsbürgerschaft auslegen wird, ohne dabei allzu stark auf die mitgliedstaatlichen Regelungekompetenzen einzuwirken.[286]

103b Nach der auf das Primärrecht der Art 20 ff AEUV gerichteten bisherigen Rechtsprechung ergab sich im weiteren Verlauf der Entwicklung, dass der EuGH die Unionsbürgerschaft und die sich daraus ableitenden Rechtspositionen insbes im Hinblick auf die Unionsbürger-RL 2004/38 sowie die sozialrechtliche VO (EG) Nr 883/2004 und die VO (EU) Nr 492/2011 weiterentwickelte.[287] Dabei resultierte aus der Rechtssache *Dano* das weithin sichtbare Signal, dass sich allein aus dem Status als Unionsbürger – ohne Wahrnehmung der Arbeitnehmerfreizügigkeit – kein unmittelbarer Zugang zu einem mitgliedstaatlichen Sozialsystem ableiten lässt (hier: Hartz-IV).[288] Unabhängig vom vorherigen primärrechtlichen Ausgreifen in die Kompetenzen der Mitgliedstaaten wurden hiermit in erster Linie restriktive Ansätze für die Ausgestaltung einer europäischen Sozialstaatlichkeit im Rahmen der Unionsbürgerschaft erkennbar. Gleichzeitig rückte die ökonomisch orientierte Integration in Form der Arbeitnehmerfreizügigkeit wieder stärker in den Fokus des EuGH.[289]

104 Nach Auffassung des BVerwG sind unionsrechtliche Schranken im Hinblick auf staatsangehörigkeitsrechtliche Folgen des Verlusts der Unionsbürgerschaft möglich, sofern eine nach dt Recht an sich rechtmäßige Rücknahme einer durch arglistige Täuschung erschlichenen Einbürgerung dazu führt, dass im Zusammenwirken mit dem nationalen Staatsangehörigkeitsrecht eines anderen Mitgliedstaats Staatenlo-

---

285 EuGH, Rs C-256/11, EU:C:211:626.
286 Mit diesem Ansatz auch *Schmahl* (Fn 279) 351 f: „Tendenzen einer originären europäischen Personalhoheit"; *Schoch*, Europäisierung des Staatsangehörigkeits- und Aufenthaltsrechts, FS Hailbronner, 2013, 355 (367): „Unionsbürgerstatus als Türöffner für die unionsrechtliche Erschließung weiterer Rechtsgebiete".
287 ZB EuGH, Rs C-356/11, EU:C:2012:776 *[O.S.]*; EuGH, Rs C-67/14, NVwZ 2015, 1517 *[Alimanovic]*.
288 EuGH, Rs C-333/13, NJW 2015, 31 *[Dano]*; vgl *Nazik/Ulber* (Fn 278) 369 ff; *Thym* (Fn 278) 130 ff.
289 Vgl *Epiney*, Die Rechtsprechung des EuGH im Jahr 2017, NVwZ 2018, 1172 ff.

sigkeit eintritt.²⁹⁰ Dabei hält es das BVerwG für fraglich, ob von dem Vorbehalt, den der EuGH im Hinblick auf eine Beschränkung des nationalen Staatsangehörigkeitsrechts durch das frühere Gemeinschafts- bzw Unionsrecht angedeutet hat, auch Fälle erfasst sind, in denen ein Mitgliedstaat eine von der Intention her ausschließlich die eigene Staatsangehörigkeit betreffende Regelung getroffen hat oder anwendet, die im Ergebnis aber automatisch zum Verlust einer über die frühere Staatsangehörigkeit eines anderen Mitgliedstaats vermittelten unionsrechtlichen Rechtsposition führt.

In der Rechtssache *Rottmann* kam der EuGH zu dem Schluss, dass das Unionsrecht dem Verlust der Unionsbürgerschaft auch dann nicht entgegenstehe, wenn die Rücknahme einer durch Täuschung erschlichenen Einbürgerung eines Mitgliedstaats dazu führt, dass infolge des Nichtauflebens der ursprünglichen Staatsangehörigkeit eines anderen Mitgliedstaats Staatenlosigkeit eintrete. Dabei ist hervorzuheben, dass der EuGH seine Entscheidung in der Rechtssache *Rottmann* in den völkerrechtlichen Kontext einschlägiger Bestimmungen des Übereinkommens zur Verminderung der Staatenlosigkeit (Art 8 Abs 2) sowie des Europäischen Übereinkommens über die Staatsangehörigkeit (Art 7 Abs 1 u 3) stellte.²⁹¹ Der EuGH betonte hierbei, dass die Festlegung der Voraussetzungen für den Erwerb und den Verlust der Staatsangehörigkeit in die Zuständigkeit der einzelnen Mitgliedstaaten falle.²⁹² Voraussetzung hierfür sei es, dass die Rücknahme der Einbürgerung weder durch die Ausübung der aus dem Vertrag fließenden Rechte und Freiheiten begründet sei, noch auf einen vom Unionsrecht verbotenen Grund gestützt werde. Insbes müsse aber der Grundsatz der Verhältnismäßigkeit berücksichtigt werden.²⁹³ **105**

Der Grundsatz der Verhältnismäßigkeit spielt gegenwärtig auch in der Rs *Tjebbes* u a (C-221/17) wieder eine Rolle, in dem es um den Verlust der niederländischen Staatsangehörigkeit und damit ebenfalls der Unionsbürgerschaft geht. Der Verlust der Staatsangehörigkeit ist in verschiedenen Fällen dadurch eingetreten, dass die Betroffenen innerhalb von 10 Jahren außerhalb der EU gelebt haben und währenddessen nicht mindestens für ein Jahr in die Niederlande zurückgekehrt sind, sich nicht ihre niederländische Staatsangehörigkeit haben bestätigen lassen oder sich auch nicht einen neuen Pass haben ausstellen lassen. Diese (zu) schwache Bindung zu den Niederlanden führte schließlich zum Verlust der Staatsangehörigkeit. Nach dem Urteil des EuGH v 12.3.2019 ist es in erster Linie „Sache der zuständigen Behörden und der nationalen Gerichte" der Mitgliedstaaten zu prüfen, ob der durch den Verlust der Staatsangehörigkeit gleichzeitig eingetretene Verlust der Unionsbürgerschaft mit dem Grundsatz der Verhältnismäßigkeit vereinbar ist.²⁹⁴ Allerdings hebt **106**

---

290 Vorlagebeschluss des BVerwG, NVwZ 2008, 686; eingehend *Hailbronner/Maaßen/Hecker/Kau* (Fn 267) Art 16 Rn 32 ff; hierzu auch *Schoch* (Fn 286) 355 ff; *Häußler*, Neuere Rechtsprechung des Bundesverwaltungsgerichts zum Staatsangehörigkeitsrecht, DVBl 2013, 1228 ff.
291 *Hailbronner/Maaßen/Hecker/Kau* (Fn 265) Art 16 Rn 52; vgl *Berlit* (Fn 267) 283 ff.
292 Schon früher EuGH, Rs C-369/90, Slg 1992, I-4239 ff *[Micheletti]*; EuGH, Rs C-179/98, Slg 1999, I-7955 *[Meshab]*; EuGH, Rs C-200/02, Slg 2004, I-9925 *[Zhu u Chen]*; vgl auch das Gutachten des StIGH zu den Staatsangehörigkeitsdekreten in Tunesien und Marokko, PCIJ, Ser B, No 4, 24 ff; Art 3 Abs 1 Europ Übereinkommen über Staatsangehörigkeit.
293 EuGH, Rs C-135/08, Slg 2010, I-1449, Rn 44 ff u 55 ff *[Rottmann]*.
294 EuGH, Rs. 221/17, ECLI:EU:C:2019:189; hierzu auch *Weber*, Freundliche Übernahme? Die Einhegung des Staatsangehörigkeitsrechts durch den Gerichtshof der Europäischen Union, JZ 2019, 449 ff.

der Gerichtshof in diesem Zusammenhang hervor, dass von einem Verstoß gegen den Verhältnismäßigkeitsgrundsatz dann auszugehen sei, wenn bei einem Verlust der nationalen Staatsangehörigkeit kraft Gesetz „zu keinem Zeitpunkt eine Einzelfallprüfung" im Hinblick auf die Folgen dieses Verlustes stattfinden würde.[295] Es muss daher nach den Ausführungen des EuGH sichergestellt sein, dass die zuständigen nationalen Behörden und Gerichte zumindest inzident die Folgen des Verlusts anhand der individuellen Situation der betroffenen Person prüfen und ggf die Staatsangehörigkeit rückwirkend wiederherstellen können. Demgegenüber hatte der GA *Mengozzi* in seinem Schlussantrag v 12.7.2018 individuelle Prüfungen nicht für erforderlich gehalten. Nach Darlegung des EuGH soll die Verhältnismäßigkeitsprüfung insbes im Hinblick auf das Recht auf Familienleben (Art 7 EU-GRC) in Zusammenschau mit der Berücksichtigung des anerkannten Kindeswohls (Art 24 Abs 2 EU-GRC) erfolgen. Relevante Umstände für die Verhältnismäßigkeitsprüfung liegen insbes in der daraus resultierenden Beschränkung von Freizügigkeits- und Aufenthaltsrechten innerhalb der EU-Mitgliedstaaten zur Aufrechterhaltung familiärer oder beruflicher Bindungen. Ferner muss nach Ausführung des EuGH berücksichtigt werden, ob ein Verzicht auf die Staatsangehörigkeit des Drittstaats überhaupt möglich war, und ob ggf durch die Verminderung des konsularischen Schutzes eine Verschlechterung der Sicherheit und individuellen Freiheit der Betroffenen eintreten würde.[296] Für minderjährige Personen hob der Gerichtshof hervor, dass im Rahmen einer individuellen Prüfung vor allem Aspekte des anerkannten Kindeswohls (Art 24 EU-GRC) berücksichtigt werden müssten. Im Ergebnis hat der EuGH seine bisherige *Rottmann*-Rechtsprechung weiterentwickelt. Der darin ausgewiesene Wertungsspielraum der EU-Mitgliedstaaten für den Entzug der Staatsangehörigkeit wurde in der Rs *Tjebbes* zwar im Grundsatz bestätigt. Der Gerichtshof lies jedoch wenig Zweifel daran, das insbes freizügigkeits- und aufenthaltsrechtliche Folgen für die Betroffenen eintreten können, die unter Berücksichtigung der einschlägigen Gewährleistungen der Grundrechte-Charta die Ausübung der nationalen Verhältnismäßigkeitsprüfung substanziell einschränken. Ebenso wie Generalanwalt *Mengozzi* in seinem Schlussantrag stellte auch der EuGH seine Begründung in den völkerrechtlichen Kontext einschlägiger Bestimmungen des Übereinkommens zur Verminderung der Staatenlosigkeit (Art 7 Abs 3 bis Abs 6) sowie des Europäischen Übereinkommens über die Staatsangehörigkeit (Art 7 Abs 1).

107 Nach Völkergewohnheitsrecht ist bei der Ausübung diplomatischen Schutzes eine fremde Staatsangehörigkeit nur beachtlich, wenn die betreffende Person zum Heimatstaat eine *bestimmte Anknüpfung* (genuine link, genuine connection) aufweist.[297]

108 Die Staatenpraxis knüpft beim originären gesetzlichen *Erwerb* idR an die Abstammung *(ius sanguinis)*, die Geburt im Inland *(ius soli)* oder eine Kombination beider Prinzipien an. Nach dem *Ius sanguinis*-Prinzip erwirbt das Kind die Staatsangehörigkeit seiner Eltern; der Geburtsort ist unbeachtlich. Das *Ius soli*-Prinzip gilt typischerweise in klassischen Einwanderungsländern wie den USA oder Kanada.

---

295 EuGH, Rs. 221/17, ECLI:EU:C:2019:189, Rn 41.
296 EuGH, Rs. 221/17, ECLI:EU:C:2019:189, Rn 46.
297 Vgl ICJ Rep 1955, 423 ff *[Nottebohm]* mit Anm *Makarov*, ZaöRV 16 (1955/56) 407 ff; aus jüngerer Zeit *Sloane*, Breaking the Genuine Link, Harvard ILJ 50 (2009) 1 ff.

Hier erwirbt das Kind ohne Rücksicht auf die Nationalität der Eltern die Staatsangehörigkeit des Geburtslands. Allerdings wird in den angelsächsischen Staaten die Staatsangehörigkeit darüber hinaus auch kraft Abstammung erworben. Eine Kombination beider Prinzipien wird in den letzten Jahren im Hinblick auf die Integration von sich länger im Inland aufhaltenden Ausländern auch in den klassischen *Ius sanguinis*-Staaten praktiziert. So wurden etwa in das deutsche StAG durch das Gesetz zur Reform des Staatsangehörigkeitsrechts v 15.7.1999 in § 4 zwei Absätze hinzugefügt, wonach ein Kind ausländischer Eltern durch die Geburt im Inland die deutsche Staatsangehörigkeit erwirbt, wenn ein Elternteil seit acht Jahren rechtmäßig seinen gewöhnlichen Aufenthalt im Inland hat und ein gesichertes Aufenthaltsrechts (nunmehr v a Niederlassungserlaubnis) besitzt.[298] Zugleich wurde in § 29 Abs 1 eine Optionspflicht bei Erreichen der Volljährigkeit eingeführt.[299]

Der nachträgliche Erwerb der Staatsangehörigkeit erfolgt durch Einbürgerung, Annahme als Kind oder Legitimation. Ein automatischer Wechsel der Staatsangehörigkeit bei Heirat findet heute nicht mehr statt.[300] Im Vordergrund steht jedoch der Erwerb durch *Einbürgerung auf Antrag,* der von verschiedenen Kriterien wie Sprachkenntnissen oder einem längeren Inlandsaufenthalt abhängig gemacht werden kann. Grundbesitz im Inland oder ein nur kurzer Inlandsaufenthalt werden im Allgemeinen nicht als ausreichend angesehen.[301] Die Staatenpraxis lässt jedoch bei Vorliegen besonderer öffentlicher Interessen Einbürgerungserleichterungen zu. So kann bei Einbürgerungen etwa nach § 8 StAG nach Nr 8.1.3.5 Abs 2 der vorläufigen Anwendungshinweise zum Staatsangehörigkeitsgesetz[302] ein besonderes öffentliches Interesse an der Einbürgerung vorliegen, wenn der Einbürgerungsbewerber durch die Einbürgerung für eine Tätigkeit im deutschen Interesse, insbes im Bereich der Wissenschaft, Forschung, Wirtschaft, Kunst, Kultur, Medien, des Sports[303] oder des öffentlichen Diensts gewonnen oder erhalten werden soll.

109

Anknüpfungspunkte für den *Verlust* der Staatsangehörigkeit aus völkerrechtlicher Sicht sind der Antrag des Einzelnen auf Entlassung, der Erwerb einer fremden Staatsangehörigkeit, das Ableisten des Staats- oder Wehrdiensts in einem fremden Staat, die Heirat mit einem Ausländer, die Legitimation eines nichtehelichen Kindes

110

---

298 Vgl zum Geburtserwerb gemäß § 4 Abs 3 StAG *Hailbronner/Maaßen/Hecker/Kau* (Fn 265) § 4 StAG Rn 73 ff; *Krömer,* Der Ius-Soli-Erwerb der deutschen Staatsangehörigkeit und die Aufgaben des Standesbeamten, StAZ 2000, 363.
299 Vgl zur Optionspflicht die Kommentierung zu § 29 StAG bei *Hailbronner/Maaßen/Hecker/Kau* (Fn 265); *Dornis,* Ungelöste Probleme des Staatsangehörigkeitsrechts, ZRP 2001, 547 ff; *Martenczuk,* Das Territorialitätsprinzip, die Mehrstaatigkeit und der Gleichheitssatz, KritV 2000, 194 ff.
300 Vgl hierzu Art 10 des Haager Abkommens v 12.4.1930 (179 LNTS 89) u Art 1 der Konvention betreffend die Staatsangehörigkeit verheirateter Frauen v 20.2.1957 (BGBl 1973 II, 1249 ff); vgl ferner Art 4 lit d des Europäischen Staatsangehörigkeitsübereinkommens v 1997, wonach weder die Schließung noch die Auflösung einer Ehe zwischen einem Staatsangehörigen eines Vertragsstaats und einem Fremden, noch die Änderung der Staatsangehörigkeit eines Ehegatten während der Ehe automatisch die Staatsangehörigkeit des anderen Ehegatten berührt.
301 Vgl hierzu Art 2 der Draft Convention on Nationality der Harvard Law School v 1.4.1929 (AJIL 23 [1929], Spec Suppl, 13).
302 Vorläufige Anwendungshinweise des Bundesministeriums des Innern zum Staatsangehörigkeitsgesetz v 17.4.2009 idF des Gesetzes zur Änderung des Staatsangehörigkeitsgesetzes v 5.2.2009 (BGBl 2009 I, 158).
303 *de Groot,* Sports and Unfair Competition via Nationality Law, MJECL 13 (2006) 161 ff.

durch einen Ausländer oder das Ausbleiben einer Registrierung bei längerem Auslandsaufenthalt.³⁰⁴

111 Der *Zwangsausbürgerung* stehen heute verschiedene Konventionen und Menschenrechtsinstrumente entgegen. So hat sich die UN-Generalversammlung in Art 15 Abs 2 der Allgemeinen Erklärung der Menschenrechte v 10.12.1948 gegen eine willkürliche Entziehung der Staatsangehörigkeit ausgesprochen, und Art 5 lit d des Übereinkommens zur Beseitigung jeder Form der Rassendiskriminierung v 7.3.1966 garantiert u a das Recht jedes Einzelnen auf Staatsangehörigkeit. Schließlich untersagt Art 9 der Konvention über die Verminderung der Staatenlosigkeit v 30.8.1961 den Vertragsstaaten den Entzug der Staatsangehörigkeit aus rassischen, ethnischen, religiösen oder politischen Gründen.³⁰⁵ Man wird daraus ein gewohnheitsrechtliches Verbot willkürlicher Entziehung der Staatsangehörigkeit ableiten können.

112 Das *Recht des Einzelnen auf Staatsangehörigkeit,* das sich auch in Art 7 des Übereinkommens über die Rechte des Kindes v 20.11.1989 und Art 4 lit a des Europäischen Übereinkommens über die Staatsangehörigkeit (EuStAngÜbk) findet, könnte aufgrund des Wortlauts dazu verleiten, auf ein subjektives Recht des Einzelnen auf Verleihung der Staatsangehörigkeit gegenüber dem Staat des ständigen Aufenthalts zu schließen. Doch sind die Äußerungen hierzu noch sehr vorsichtig und stellen vor allem auf den *zwischenstaatlichen Aspekt* und die Pflicht zur Vermeidung von Staatenlosigkeit ab, zumal es in der Praxis – vom Fall der Staatensukzession abgesehen – schwierig sein dürfte festzulegen, gegen wen sich ein solcher Anspruch auf Staatsangehörigkeit richten soll.³⁰⁶

113 Die gleichzeitige Anwendung des *Ius sanguinis*- und des *Ius soli*-Prinzips kann zu Staatenlosigkeit oder Mehrstaatigkeit führen. *Mehrstaatigkeit* kommt u a in Betracht, wenn ein Kind von Eltern abstammt, deren Heimatstaat dem *Ius sanguinis*-Prinzip folgt, der Geburtsort des Kindes aber im Staatsgebiet eines *Ius soli*-Landes liegt. Im umgekehrten Fall kann *Staatenlosigkeit* die Folge sein. Mehrstaatigkeit wird im Völkerrecht traditioneller Weise als unerwünscht angesehen,³⁰⁷ da sie zu einer Kollision von Rechten und Pflichten führen kann (Wehrpflicht, diplomatischer Schutz). Regelungen dieser Fragen finden sich in der Haager Konvention v 12.4.1930³⁰⁸ und dem Protokoll über den Militärdienst,³⁰⁹ aber auch im – von der BR Deutschland am 20.12.2001 gekündigten³¹⁰ – Übereinkommen über die Verringerung der Mehrstaatigkeit und über die Wehrpflicht von Mehrstaatern des Europara-

---

304 BVerfG, NVwZ 2006, 807 ff; *Becker,* Rückwirkender Wegfall der deutschen Staatsangehörigkeit, NVwZ 2006, 304 ff; *Nettesheim,* Rücknahme und Widerruf von Einbürgerungen, DVBl 2004, 1144 ff; *Ronner,* Denaturalization and Death, Geo ILJ 20 (2005) 101 ff.
305 *Gelazis,* An Evaluation of International Instruments that Address the Condition of Statelessness in International Migration Law, 2007, 291 ff.
306 Vgl UN Doc A/CN.4/474, 28 f; vgl auch Ziff 23 u 32 des Explanatory Report zum Entwurf des Übereinkommens des Europarats über die Staatsangehörigkeit.
307 BVerfGE 37, 217, 254; hierzu *Boll,* Multiple Nationality, 2003.
308 179 LNTS 89.
309 Haager Prot v 12.4.1930 über den Militärdienst in gewissen Fällen doppelter Staatsangehörigkeit (LoN Doc C.25.M.14.1931.V).
310 Für die BR Deutschland am 21.12.2002 außer Kraft getreten, vgl BGBl 2002 II, 171; *de Groot/Schneider,* Die zunehmende Akzeptanz von Fällen mehrfacher Staatsangehörigkeit in Westeuropa, FS Yamauchi, 2006, 65 ff.

tes v 6.5.1963,[311] das durch ein Zweites Zusatzprotokoll, das bislang nur Frankreich, Italien und die Niederlande ratifiziert haben, ergänzt wurde.[312] Ziel dieser Bestimmungen ist es, den im Inland geborenen Ausländern den Erwerb der Staatsangehörigkeit des Aufenthaltsstaats unter bestimmten Voraussetzungen zu ermöglichen. Das EuStAngÜbk sieht mehrfache Staatsangehörigkeit in den Fällen vor, dass Kinder verschiedene Staatsangehörigkeiten von Geburt an erwerben, weil jeder Elternteil eine andere Staatsangehörigkeit besitzt. Darüber hinaus soll ein Ehegatte, der automatisch die Staatsangehörigkeit eines anderen Ehegatten mit der Ehe erwirbt, seine frühere Staatsangehörigkeit beibehalten dürfen. Im Übrigen wird den Vertragsstaaten weitgehend freigestellt, ob sie am Grundsatz der Vermeidung der Mehrstaatigkeit in den Fällen des Erwerbs einer ausländischen Staatsangehörigkeit oder im Falle des Erwerbs der eigenen Staatsangehörigkeit festhalten wollen.[313] Ungeachtet des Prinzips der Vermeidung doppelter Staatsangehörigkeit, das sich in der Staatsangehörigkeitsgesetzgebung zahlreicher Staaten findet, nimmt die *Tendenz zur Akzeptanz doppelter Staatsangehörigkeit* zu. So haben mittlerweile verschiedene Staaten – zumindest im Hinblick auf die Mehrstaatigkeit aufgrund mehrerer EU-Staatsangehörigkeiten – vom grundsätzlchen Ausschluss doppelter Staatsangehörigkeiten Abstand genommen (vgl § 12 Abs 2 StAG).[314] Daraus ergeben sich erwartungsgemäß Auslegungsprobleme bei den Fragen der Wehrpflicht, der mehrfachen Wahlrechte und des anwendbaren Rechts in familienrechtlichen Angelegenheiten.[315]

Unverändert entstehen Probleme durch *Staatenlosigkeit,* da Staatenlose im Aufenthaltsstaat allen öffentlich-rechtlichen Pflichten unterliegen, aber weder den Staatsangehörigen noch den Ausländern gleichgestellt sind. Daher ist sie generell unerwünscht und es wurden verschiedene völkerrechtliche Maßnahmen ergriffen, um ihr Entstehen zu verhindern oder – im Falle des Bestehens – den Erwerb einer Staatsangehörigkeit zu erleichtern. Man unterscheidet zwischen der *De facto*-Staatenlosigkeit, bei welcher der Heimatstaat nicht willens oder nicht in der Lage ist, diplomatischen Schutz auszuüben, und der *De iure*-Staatenlosigkeit, die dann vorliegt, wenn der Einzelne keinem Staat als Staatsangehöriger zugerechnet werden kann. Das BVerwG entnimmt Art 16 Abs 1 Satz 2 GG die verfassungsrechtliche Wertentscheidung, den Eintritt von Staatenlosigkeit nach Möglichkeit zu verhindern. Diese Wertentscheidung, die sich zugleich in der Ratifikation des Übereinkommens zur Verminderung der Staatenlosigkeit v 30.8.1961 dokumentiert, ist bei

114

---

311 BGBl 1969 II, 1953.
312 Second Protocol amending the Convention on the Reduction of Cases of Multiple Nationality and Military Obligations in Cases of Multiple Nationality v 2.11.1993 (ETS Nr 149); *Donner,* Dual Nationality in International Law, Acta Juridica Hungarica 47 (2006) 15 ff.
313 ETS Nr 166; vgl zur Konvention *Kreuzer* (Fn 277) 126 ff. Die BR Deutschland hat das Übereinkommen am 4.2.2002 gezeichnet; das Zustimmungsgesetz ist am 19.5.2004 in Kraft getreten, BGBl 2004 III, 578.
314 Z B *Hailbronner/Maaßen/Hecker/Kau* (Fn 265) § 12 StAG Rn 48 ff.
315 Umfassend zur Mehrstaatigkeit Martin/Hailbronner (Hrsg), Rights and Duties of Dual Nationals, 2003; Hansen/Weil (Hrsg), Dual Nationality, 2002; *Mole/Fransman,* Multiple Nationality and the European Convention on Human Rights, in Second European Conference on Nationality, Report Nr 6; *Rudko,* Regulation of Multiple Citizenship by Bilateral and Multilateral Agreements, in ebd, Report Nr 5; aus jüngerer Zeit *Kochenov,* Double Nationality in the EU, ELJ 17 (2011) 323 ff.

Ermessensentscheidungen über die Rücknahme einer Einbürgerung zu berücksichtigen.[316]

115 Daher sind viele Staaten bestrebt, *durch internationale Verträge* Staatenlosigkeit zu vermeiden und die *Rechtsstellung Staatenloser zu verbessern*. Art 15 Abs 2 der Allgemeinen Erklärung der Menschenrechte wendet sich gegen die willkürliche Entziehung der Staatsangehörigkeit; das Übereinkommen zur Verminderung der Staatenlosigkeit v 30.8.1961[317] sieht vor, dass Personen, die andernfalls staatenlos wären, die Staatsangehörigkeit des Aufenthaltsstaats entweder durch Geburt oder durch Einbürgerung erwerben. Ein Recht des Kindes auf Staatsangehörigkeit enthält Art 7 Abs 1 des Übereinkommens über die Rechte des Kindes v 20.11.1989. Die Rechtsstellung der Staatenlosen regelt Art 7 Abs 1 des Übereinkommens v 28.9.1954,[318] das diese den Ausländern insbes bei der Aufnahme einer Erwerbstätigkeit und bei privaten und öffentlichen Rechten gleichstellt. Mit Resolution 3174 (XXIX) v 10.12.1974 hat die UN-Generalversammlung aufgrund Art 11 der Konvention über die Verminderung der Staatenlosigkeit den Hohen Flüchtlingskommissar der UN als die Stelle bestimmt, an welche sich Personen wenden können, die Ansprüche aus der Konvention geltend machen, um einen besseren Schutz Staatenloser zu gewährleisten.

116 Die Staatszugehörigkeit *juristischer Personen* bestimmt sich ebenfalls nach innerstaatlichem Recht. In angelsächsischen Staaten ist die *Gründungstheorie* für die Zuordnung juristischer Personen maßgebend, dh eine juristische Person wird dem Staat zugerechnet, nach dessen Recht sie gegründet wurde. Demgegenüber knüpfen die kontinentaleuropäischen Staaten regelmäßig an den *tatsächlichen Sitz (siège social)* des Unternehmens an.[319] Auch in Deutschland ist für das Personalstatut dasjenige Recht ausschlaggebend, das am Ort des Sitzes der Gesellschaft gilt, wobei als Sitz derjenige Ort gilt, an dem grundlegende Entscheidungen der Unternehmensleitung über die laufenden Geschäftsführungsakte umgesetzt werden.[320] Eine Koppelung von Sitz- und Gründungstheorie findet sich in Art 54 Abs 1 AEUV.[321] Die *Kontrolltheorie*, die auf die Staatsangehörigkeit des Leitungspersonals und/oder der Kapitaleigner der Gesellschaft abstellt, findet im Europarecht keine Anwendung. Der IGH äußerte sich zur Kontrolltheorie in der Entscheidung v 5.2.1970 *(Barcelona Traction)* dahingehend, dass die Kontrolltheorie *keine allgemeine Regel des Völkerrechts* sei.[322]

---

316 BVerfG, NVwZ 2006, 807 ff; BVerwGE 118, 216 ff; hierzu auch *Weissbrodt/Collins*, The Human Rights of Stateless Persons, HRQ 28 (2006) 245 ff.
317 BGBl 1977 II, 597.
318 BGBl 1976 II, 473.
319 Vgl zur Sitztheorie *Ferid*, Internationales Privatrecht, 3. Aufl 1986, 181 mwN.
320 BGHZ 25, 134, 144; BGHZ 53, 181, 183; BGHZ 97, 269, 271 mwN. Gegen die Vereinbarkeit der Sitztheorie mit europäischem Recht spricht sich *Schümann*, Die Vereinbarkeit der Sitztheorie mit dem europäischen Recht, EuZW 1994, 269 ff aus.
321 Vgl *Hailbronner*, in Hailbronner/Wilms (Hrsg), Recht der Europäischen Union, Loseblatt, Art 43 EG Rn 61 u *Hailbronner/Kau*, in ebd, Art 48 Rn 32 ff; EuGH, Rs C-212/97, Slg 1999, I-1459 *[Centros]*; EuGH, Rs C-208/00, Slg 2002, I-9919 *[Überseering]*; EuGH, Rs C-167/01, Slg 2003, I-10155 *[Inspire Art]*; EuGH, Rs C-411/03, Slg 2005, I-10805 *[SEVIC]*; EuGH, Rs C-210/06, Slg 2008, I-9641 *[Cartesio]*.
322 ICJ Rep 1970, 4 ff *[Barcelona Traction]* mit billigenden Sondervoten von *Bustamante y Rivero* (55 ff), *Fitzmaurice* (64 ff), *Tanaka* (114 ff), *Jessup* (161 ff), *Morelli* (222 ff), *Padilla Nervo* (243 ff), *Gros* (267 ff), *Ammuun* (286 ff); abw Meinung von *Riphagen* (334 ff).

b) Diplomatischer Schutz

Der diplomatische Schutz umfasst zum einen die Möglichkeit, dem Staatsangehörigen im Ausland durch diplomatische und konsularische Organe zu helfen (Art 3 I lit b WÜD, Art 5 lit a und e WÜK), zum anderen das *Recht eines Staates,* zugunsten eines Staatsangehörigen gegenüber fremden Staaten Ansprüche aus der Verletzung völkerrechtlicher Regeln über die Be-handlung fremder Staatsangehöriger geltend zu machen. Der Heimatstaat handelt hierbei nach herkömmlicher Theorie nicht als Sachwalter für den Einzelnen, sondern ist selbst Anspruchsträger.[323]

117

Der Einzelne kann daher nicht rechtswirksam auf diplomatischen Schutz verzichten. Die von den lateinamerikanischen Staaten in früheren Zeiten mit Ausländern vereinbarten *Calvo-Klauseln,* durch welche diese auf den diplomatischen Schutz verzichten sollten, um im Vergleich zu Inländern nicht besser gestellt zu sein, waren daher völkerrechtlich unbeachtlich.[324] Denkbar ist allenfalls, dass der Einzelne auf ein Recht verzichtet, das andernfalls zu einer Verletzung von Völkerrecht geführt hätte. Bevor der Heimatstaat über den diplomatischen Schutz eingreifen kann, muss der Einzelne den innerstaatlichen Rechtsweg erschöpft sowie alle ihm zur Verfügung stehenden Rechtsbehelfe ausgeschöpft haben *(local remedies rule).*[325]

118

Ein dritter Staat hat die Ausübung diplomatischen Schutzes nur zu dulden, wenn der Einzelne zu dem ausübenden Staat über eine effektive Staatsangehörigkeit *(genuine link)* verbunden ist. Dieser völkergewohnheitsrechtliche Grundsatz, zunächst in Art 5 der Haager Konvention v 12.4.1930 enthalten, wurde durch die Entscheidung des IGH im Fall *Nottebohm*[326] bestätigt. Der IGH wies die Klage Liechtensteins gegen Guatemala auf Schadensersatz ab, da der Geschädigte zum einbürgernden Staat keine hinreichend enge Beziehung aufgewiesen habe. Er sei unter Verzicht auf das dreijährige Aufenthaltserfordernis und gegen Zahlung einer Geldsumme eingebürgert worden. Abgesehen von Kurzbesuchen bei seinem Bruder in Vaduz seien weitere Beziehungen nicht erkennbar. Demgegenüber habe er 34 Jahre in Guatemala gelebt, entfalte dort wirtschaftliche Aktivitäten und sei nach der Einbürgerung in Liechtenstein auch dorthin zurückgekehrt.[327] Zweifelhaft ist, ob diese Auslegung des *genuine link* durch den IGH von der Staatenpraxis gedeckt ist. Diese geht davon aus, dass ein Staat auch befugt ist, seine Staatsangehörigkeit an Personen zu verleihen, zu denen eine lockere Anknüpfung besteht. Die Auffassung des IGH, die von einer Trennung zwischen der Verleihung der Staatsangehörigkeit und der sich daraus ergebenden Befugnis zur Ausübung diplomatischen Schutzes ausgeht, führt zu einer völkerrechtlich unerwünschten „hinkenden" Staatsangehörigkeit, die völkerrechtlich durch den Heimatstaat nicht in derselben Weise geschützt werden kann wie bei „echten" Staatsangehörigen.

119

---

323 StIGH, PCIJ, Ser A, No 2, 12 *[Mavrommatis-Konzessionen].* Ebenso PCIJ, Ser A/B, No 76, 16 *[Panevezys-Saldutiskis Eisenbahn];* ICJ Rep 1955, 4, 24 *[Nottebohm];* aus jüngerer Zeit zur *parens patriae-*Stellung für die eigenen Staatsangehörigen *Breuer,* Das Rechtsfolgenregime des diplomatischen Schutzes unter dem Einfluss der Menschenrechte, AVR 55 (2017) 324 (328 ff).
324 Vgl *Juillard,* Calvo Doctrine/Calvo Clause, MPEPIL I, 1086 ff.
325 Vgl statt aller PCIJ, Ser A, No 2, 12 *[Mavrommatis-Konzessionen].*
326 ICJ Rep 1955, 4, 23 *[Nottebohm].*
327 Ebd 25.

120 Die herkömmlichen Regeln über den diplomatischen Schutz von *doppelten Staatsangehörigen* sind in Art 4 u 5 der Haager Konvention über gewisse Fragen beim Konflikt von Staatsangehörigkeitsgesetzen v 12.4.1930[328] niedergelegt. Danach darf ein Staat keinen diplomatischen Schutzanspruch zugunsten eines Staatsangehörigen erheben, wenn diese Person zugleich die Staatsangehörigkeit des Staats, gegen den sich der Anspruch richtet, besitzt. Wird ein Anspruch zugunsten eines eigenen Staatsangehörigen geltend gemacht, der zugleich die Staatsangehörigkeit eines Drittstaats besitzt, so ist nur der Drittstaat zuständig, einen Schutzanspruch zu erheben, wenn er in einer engeren Beziehung zu dem Staatsangehörigen steht. Obwohl diese Regeln weitgehende Anerkennung in der Staatenpraxis gefunden haben,[329] gibt es im Hinblick auf die Entwicklung der neueren Staatenpraxis Anhaltspunkte für eine *größere Flexibilität* und Abweichungen von den erwähnten Grundsätzen.[330] Im Hinblick darauf, dass die Staatsangehörigkeit als Anknüpfungspunkt generell an Bedeutung verloren hat, sind in der Staatenpraxis in verschiedenen Fällen diplomatische Schutzansprüche auch für Doppelstaater und fremde Staatsangehörige, deren gewöhnlicher Aufenthalt sich auf dem Gebiet des anspruchserhebenden Staats befindet, geltend gemacht worden.[331] Nach den Regeln der United Nations Compensation Commission ist eine Regierung auch befugt, neben Ansprüchen zugunsten ihrer Staatsangehörigen Ansprüche zugunsten solcher Personen zu erheben, die auf ihrem Staatsgebiet wohnhaft sind.[332] Auch die Regel, dass diplomatischer Schutz nicht gegenüber einem Heimatstaat eines Doppelstaaters ausgeübt werden kann, wird in der Staatenpraxis nicht durchgehend angewendet. Im *Canevaro*-Fall[333] und später im Fall *Mergé*[334] wurde durch ein Schiedsgericht der Grundsatz bestätigt, dass ein Heimatstaat diplomatischen Schutz gegenüber einem anderen Staat ausüben kann, der diesen Staatsangehörigen ebenfalls als seinen Staatsangehörigen ansieht, sofern die staatsangehörigkeitsrechtliche Verbindung mit dem schutzausübenden Staat als die effektivere angesehen werden kann. Das *Canevaro*-Prinzip[335] hat in die Staatenpraxis als Bestätigung des Prinzips der effektiven Staatsangehörigkeit Eingang gefunden. So sieht zwar auch der ILC Draft über den diplomatischen Schutz im Grundsatz vor, dass Staaten zugunsten von Doppelstaatern keinen diplomatischen Schutz gegen den anderen Heimatstaat ausüben können (Art 7 ILC Draft). Etwas anderes soll jedoch dann gelten, wenn die Staatsangehörigkeit eines Staates deutlich überwiegt.[336] Bei Doppelstaatern

---

328 Hague Convention Governing Certain Questions Relating to the Conflict of Nationalities v 1930, dt Text bei *Hecker*, Mehrseitige völkerrechtliche Verträge zum Staatsangehörigkeitsrecht, 13 ff; dazu *Dugard* (Fn 18) 120.
329 Vgl die Aussage des IGH, wonach es sich um „ordinary practice" handele (vgl ICJ Rep 1949, 174, 186 *[Bernadotte]*); ILC Report 2006, 43 f, Commentary on Art 7 of the ILC Draft on Diplomatic Protection u a mit Hinweisen auf Art 23 Abs 5 der Harvard Draft Convention v 1960, AJIL 55 (1961) 548 ff.
330 Vgl *Orrego Vicuña* (Fn 19) 28, 38 f; *Forcese*, The Capacity to Protect, EJIL 17 (2006) 369 ff.
331 Vgl zB die Entscheidung der Chile-United States-Kommission im Hinblick auf die Verantwortlichkeit von Chile für den Tod von chilenischen Staatsangehörigen bzw US-chilenischen Doppelstaatern; *Orrego Vicuña* (Fn 19) 33 u ILM 31 (1992) 17 f.
332 United Nations Compensation Commission, Provisional Rules for Claims Procedure, 1992, Art 5, 1.a, zitiert nach *Orrego Vicuña* (Fn 19) 34.
333 RIAA XI, 405; vgl auch *Benedek*, Canevaro Claim Arbitration, MPEPIL I, 1113 ff.
334 RIAA XIV, 236.
335 Vgl *O'Connell*, International Law, 2. Aufl 1970, 685.
336 ILC Rep 2006, 43 ff (Commentary on Art 7 of the ILC Draft on Diplomatic Protection).

ist daher zu prüfen, zu welchem Staat sie unter Berücksichtigung des gewöhnlichen Aufenthalts, des Mittelpunkts der Lebensführung und der privaten, wirtschaftlichen und politischen Interessen *die engere Beziehung* aufweisen.[337]

Als eine *zweite gewohnheitsrechtliche Regel* des diplomatischen Schutzrechts **121** wird im traditionellen Völkerrecht angesehen, dass ein Einzelner nur dann diplomatisch geschützt werden kann, wenn er die Staatsangehörigkeit des einen Anspruch geltend machenden Staats sowohl zur Zeit der Verletzung als auch zur Zeit der Geltendmachung eines Anspruchs besitzt *(nationality rule)*. Die Staatsangehörigkeit muss daher auch noch im Zeitpunkt der Entscheidung über den geltend gemachten Anspruch bestehen. Im Hinblick auf die Entwicklung des Völkerrechts und insbes die *Anerkennung eines eigenen Rechts des Geschädigten auf Wiedergutmachung* wird allerdings zunehmend auch diese Regel in Frage gestellt. Stellt man entscheidend darauf ab, dass es sich im Kern um eine Verletzung eigener Rechte des Geschädigten handelt, die mit der diplomatischen Schutzausübung geltend gemacht werden, könnte argumentiert werden, dass die Situation sich nicht deshalb verändert, wenn im Anschluss an die Verletzung die Staatsangehörigkeit des Betroffenen gewechselt hat.[338] Hiergegen lässt sich einwenden, dass aus Gründen der Rechtssicherheit einiges für die Beibehaltung der traditionellen Regel spricht. *De lege ferenda* könnte eine Lösung darin liegen, dass der betroffene Einzelne ein Wahlrecht hat, ob sein früherer oder sein jetziger Heimatstaat diplomatischen Schutz ausüben soll. Ein neuerer Konventionsentwurf amerikanischer Völkerrechtler sieht vor, dass ein Staat diplomatischen Schutz auch zugunsten seiner unlängst eingebürgerten Staatsangehörigen ausüben kann, ohne Rücksicht darauf, ob diese möglicherweise zur Zeit der Verletzung noch nicht die amerikanische Staatsangehörigkeit besessen hatten. Dementsprechend sieht der *Helms-Burton-Act* v 1996 vor, dass die USA zugunsten von ihren Staatsangehörigen, die in Kuba enteignet wurden, diplomatischen Schutz auch dann ausüben können, wenn es sich um Staatsangehörige handelt, die zum Zeitpunkt der Enteignung noch kubanische Staatsangehörige waren.[339] Möglicherweise ist es aber auch nicht ratsam, den darin zum Ausdruck kommenden Rechtsgedanken völkerrechtlich zu verallgemeinern, da er an die spezifischen politischen und rechtlichen Gegebenheiten in der Auseinandersetzung zwischen den USA und Kuba anknüpft.

Allerdings wurden ebenfalls 1996 im *Foreign Sovereign Immunities Act (FSIA)* **121a** generelle Ausnahmen von der Staatenimmunität für Fälle von Folter, rechtswidrige Tötungen, Anschläge auf Flugzeuge, Geiselnahmen oder die Unterstützung dieser Taten eingefügt. Zusätzlich haben die USA im Jahr 2002 den *Terrorism Risk Insurance Act* erlassen, der es bei erfolgreichen Klagen ermöglicht, in zuvor von der US-Regierung beschlagnahmte und eingefrorene Guthaben zu vollstrecken. Dies geschah etwa, als US-Präsident *Obama* im Jahre 2012 durch Executive Order 13599 die Guthaben der Iranischen Zentralbank (Bank Markazi) blockieren ließ und der Kongress im *Iran Threat Reduction and Syria Human Rights Act* die Vollstreckung in die Guthaben infolge von Klagen wegen Terrorismus ausdrücklich zuließ. Nachdem der

---

337 Vgl hierzu *Hailbronner*, Diplomatischer Schutz bei mehrfacher Staatsangehörigkeit, in Ress/Stein (Fn 96) 27 (32f).
338 Vgl *Orrego Vicuña* (Fn 19) 36.
339 Vgl *Orrego Vicuña* (Fn 19) 36.

US Supreme Court die Verfassungskonformität dieser Maßnahmen in *Bank Markazi v Peterson ua* 2016 festgestellt hat,[340] stehen sich die USA und Iran derzeit im Verfahren vor dem IGH gegenüber.[341] In einem Beschluss v 13.2.2019 kam der IGH in Auseinandersetzung mit den Preliminary Objections zu dem Ergebnis, dass seine Zuständigkeit für die anhängige Streitigkeit jedenfalls teilweise eröffnet sei. Allerdings bleibt bis zur endgültigen Entscheidung in der Sache offen, ob der Iran aus dem – zwischenzeitlich von den USA aufgekündigten – Vertrag über Freundschaft, Wirtschaftsbeziehungen und konsularischen Schutz v 1955 tatsächlich immunitätsrechtlichen Schutz gegen Vollstreckungsmaßnahmen ableiten kann.

121b Nach dem ILC-Entwurf gilt grundsätzlich, dass der Geschädigte zwischen dem Zeitpunkt der Schädigung und der Geltendmachung eine bestimmte Staatsangehörigkeit dauerhaft besessen haben muss (Art 5 Nr 1). Nur ausnahmsweise soll es auch genügen, wenn er die Staatsangehörigkeit lediglich im Zeitpunkt der Geldendmachung inne hatte (Art 5 Nr 2). Letztere Ausnahme greift jedoch wiederum nicht, wenn Ansprüche gegen den früheren Heimatstaat des Geschädigten geltend gemacht werden sollen (Art 5 Nr 3), oder der Geschädigte nachträglich die Staatsangehörigkeit des schädigenden Staats angenommen hat (Art 5 Nr 4).[342] Auch zugunsten solcher Personen, die niemals die Staatsangehörigkeit des den Schutz ausübenden Staats besessen haben, wird in bestimmten Ausnahmefällen die Ausübung des diplomatischen Schutzes befürwortet, etwa dann, wenn es sich um die Verletzung fundamentaler Menschenrechte handelt.[343] Auch zu Gunsten von Flüchtlingen oder staatenlosen Personen wird in dem ILC-Entwurf über diplomatischen Schutz eine Ausnahme vom Erfordernis der Staatsangehörigkeit zu Gunsten eines ständigen Wohnsitzes gemacht.[344] Die Erosion der herkömmlichen Kriterien wird in der Literatur teilweise als Zeichen dafür gewertet, dass das Rechtsinstitut des diplomatischen Schutzes in der modernen Völkerrechtsordnung zunehmend obsolet geworden ist.[345] Die Völkerrechtspraxis stützt diesen Befund jedoch nicht, auch wenn durch die Veränderung der internationalen Schutzmechanismen im Bereich der Menschenrechte zum Teil eine gewisse Abschwächung des herkömmlichen diplomatischen Schutzrechts zu beobachten ist.

122 Darüber hinaus enthält Art 23 AEUV eine Abweichung von der *nationality rule*[346] für diejenigen Unionsbürger, die sich in einem Drittstaat aufhalten, in dem der Heimatstaat keine diplomatische Vertretung unterhält: Sie haben das Recht, den Schutz unter denselben Bedingungen in Anspruch zu nehmen wie ein Staatsangehöriger

---

340 US Supreme Court v 20.4.2016, S Ct Rep 136 (2016), 1310 ff.
341 IGH in *Iran v United States*.
342 ILC Rep 2006, 17 (Art 5 Nr 1 bis 4 des ILC Draft on Diplomatic Protection).
343 Hierzu etwa *Kokott*, Zum Spannungsverhältnis zwischen nationality rule und Menschenrechtsschutz bei der Ausübung diplomatischer Protektion, in Ress/Stein (Fn 96) 45 ff; *Thierry*, L'evolution du droit international public, RdC 222 (1990-III) 9 (105 ff).
344 ILC Rep 2006, 17 f (Art 3 Nr 2 u Art 8 des ILC Draft on Diplomatic Protection); vgl *Künzli*, Exercising Diplomatic Protection, ZaöRV 66 (2006) 321 (342 f). Nach der Entscheidung des High Court von England und Wales in *Al Rawi & Others v Secretary of State for Foreign Affairs*, [2006] EWHC 972 (Admin) 63 stellt die Regelung des Art 8 ILC-Entwurfs lediglich „lex ferenda" dar.
345 Vgl *Pergantis*, Towards a „Humanization" of Diplomatic Protection?, ZaöRV 66 (2006) 351 f.
346 Hierzu *Doehring*, Staat und Verfassung in einem zusammenwachsenden Europa, ZRP 1993, 98 (101); *Stein*, Die Regelung des diplomatischen Schutzes im Vertrag über die Europäische Union, in Ress/Stein (Fn 96) 97 (103 f); *Cot*, La protection consulaire européenne, FS Charpentier, 2008, 281 ff.

des ersuchten Staats, sofern der Drittstaat dies anerkennt. In der Praxis erfolgte die Zusammenarbeit lange Jahre auf der Grundlage des Beschlusses 95/553/EG der im Rat vereinigten Vertreter der Mitgliedstaaten v 19.12.1995 über den Schutz der Bürger der Europäischen Union durch die diplomatischen und konsularischen Vertretungen[347] und den Beschluss über die von Konsularbeamten zu ergreifenden praktischen Maßnahmen.[348] Beide Beschlüsse sind rechtsverbindlich, nachdem sie von allen Mitgliedstaaten übernommen worden sind.[349] Allerdings ist der Beschluss 95/553/EG zum 1.5.2018 ausgelaufen und wurde dann endgültig durch die bereits in Kraft getretene RL 2015/637 v 20.4.2015 über Koordinierungs- und Kooperationsmaßnahmen zur Erleichterung des konsularischen Schutzes von nicht vertretenen Unionsbürgern in Drittländern abgelöst.[350]

Im Hinblick auf den *diplomatischen Schutz von Unternehmen* besteht im Schrifttum noch keine Einigkeit darüber, welche Voraussetzungen für die Annahme einer effektiven Verbindung zwischen Unternehmen und demjenigen Staat erforderlich sind, der diplomatischen Schutz gewähren kann.[351] Der IGH hatte im Fall *Barcelona Traction* eine *„permanent and close connection"* zwischen Unternehmen und dem jeweiligen Staat für erforderlich gehalten, wobei im Grundsatz davon auszugehen ist, dass der Gründungsstaat diese Voraussetzung idR erfüllen wird.[352] Auf dieser Linie liegt auch der ILC-Entwurf, wonach grundsätzlich der Staat, nach dessen Rechtsvorschriften die Gründung des Unternehmens erfolgte, für den diplomatischen Schutz verantwortlich ist.[353] Etwas anderes soll hingegen gelten, wenn ein Unternehmen von Staatsangehörigen eines anderen Staats kontrolliert wird, ohne dass es über substantielle Aktivitäten im Gründungsstaat verfügt, und außerdem die Geschäftsleitung und Anteilseigentümerschaft beide in einem anderen Staat gelegen sind. Sofern diese Voraussetzungen kumulativ erfüllt sind, soll der Staat, in dem sich die Geschäftsleitung und Anteilseigentümerschaft befinden, für die Zugehörigkeit entscheidend sein.[354] Fehlt es an einer der im ILC-Entwurf genannten Bedingungen, bleibt es bei der Zuständigkeit des Gründungsstaats. Ähnlich wie bei natürlichen Personen ist der ursprüngliche Zuordnungsstaat eines Unternehmens zur Geltendmachung von Ansprüchen nicht mehr befugt, wenn – nach einem Wechsel der Zuordnung – der Staat, gegen den Ansprüche geltend gemacht werden, sein neuer Zuordnungsstaat ist (Art 10 Nr 2 ILC-Entwurf). Hierdurch wurden die im Fall *Loewen Group Inc v USA* von einem Schiedsgericht des ICSID entwickelten Grundsätze in eine allgemeine Bestimmung überführt.[355] Keine Auswirkung auf die Geltendmachung von Ansprüchen hat hingegen der Umstand, dass ein Unternehmen nach dem Recht des Gründungsstaats zwischenzeitlich aufgehört hat zu bestehen, wenn

---

347 ABl EG 1995, Nr L 314/73.
348 KOM(1997) 230. Vgl zum Rückkehrausweis (ETD/Emergency Travel Document) auch Beschluss 96/409/GASP, ABl EG 1996, Nr L 168.
349 KOM(2004) 695 endg v 26.10.2004, Vierter Bericht der Kommission über die Unionsbürgerschaft.
350 ABl EU 2015, Nr L 106/1.
351 *Crawford* (Fn 2) 527 ff.
352 ICJ Rep 1970, 4 ff *[Barcelona Traction]*, 42 (para 71); *Shaw* (Fn 62) 617 („meaningful link").
353 ICJ Rep 1970, 4 ff *[Barcelona Traction]*, 42 (para 70).
354 ILC Rep 2006, 54 (Commentary on Art 9 ILC Draft on Diplomatic Protection, para 5).
355 ICSID Rep 7 (2005) 442 (para 220); ILC Rep 2006, 57 (Commentary on Art 10 ILC Draft on Diplomatic Protection, para 5).

Ansprüche wegen der Rechtsverletzung geltend gemacht werden sollen, die letztlich zum Untergang des Unternehmens geführt hat (Art 10 Nr 3 ILC-Entwurf). Obwohl diese Frage in den bisherigen Entscheidungen nicht akut geworden war, gab es Bedenken, welche Folge der durch staatliche Maßnahmen herbeigeführte Untergang eines Unternehmens im Hinblick auf seinen diplomatischen Schutz haben soll.[356] Die in Art 10 des ILC-Entwurfs gefundene Lösung gilt als pragmatisch und auf sehr spezielle Gegebenheiten hin konzipiert, kann aber noch nicht den Anspruch erheben, bereits Bestandteil des Völkergewohnheitsrechts zu sein.

124 Zusätzlich zum Schutz von Unternehmen bestehen Fragen im Hinblick auf den *diplomatischen Schutz von Anteilseignern*. Hierbei herrscht nach den vom IGH im Fall *Barcelona Traction* aufgestellten Grundsätzen die Auffassung vor, dass der Staat, dessen Staatsangehörigkeit die Anteilseigner besitzen, generell nicht befugt ist, diplomatischen Schutz zu gewähren, da es auf den Gründungsstaat des Unternehmens ankommt.[357] Somit sind Anteilseigner grundsätzlich auf den diplomatischen Schutz verwiesen, den das jeweilige Unternehmen genießt.[358] Nach den Bestimmungen des ILC-Entwurfs soll nur dann etwas anderes gelten, wenn (a) das Unternehmen nach dem Recht des Gründungsstaats aufgehört hat zu bestehen, oder (b) das Unternehmen im Zeitpunkt der Schädigung als notwendige Voraussetzung für dortige geschäftliche Tätigkeiten über die Staatszugehörigkeit desjenigen Staats verfügen musste, von dem angenommen wird, dass er für die schädigende Handlung zuständig war (Art 11 ILC-Entwurf). Diese Ausnahmen können dazu führen, dass mehrere Staaten, deren Staatsangehörigkeit Anteilseigner innehaben, sich dazu aufgerufen sehen, diplomatischen Schutz auszuüben. Allerdings sollen nach den Vorstellungen der ILC in diesen Fällen die berechtigten Staaten ihre Aktivitäten koordinieren und darauf achten, dass diejenigen Staaten, in denen sich die Mehrheit oder jedenfalls ein Großteil der Anteile befindet, an der Geltendmachung beteiligt sind.[359] Darüber hinaus ist der Staat, dessen Staatsangehörigkeit die Anteilseigner besitzen, zu diplomatischem Schutz befugt, wenn eine unerlaubte Handlung sich als direkte Verletzung der den Anteilseignern als solchen zustehenden Rechte darstellt, die sich von denen des Unternehmens unterscheiden.[360] Wie der IGH entschied, handelt es bei diesen den Anteilseignern unmittelbar zustehenden Rechten um Befugnisse im Zusammenhang mit der Organisationsgewalt sowie der Aufsicht und Geschäftsleitung des Unternehmens, um Teilnahme- und Stimmrechte in Unternehmensgremien und individuelle Ansprüche auf Auszahlung angemessener Anteile im Falle der Liquidation.[361] Obwohl die Aufzählung nicht abschließend ist, weist der Wortlaut des Art 12 des ILC-Entwurfs darauf hin, dass es vor allem darauf ankommt, dass diese Befugnisse unabhängig von den dem jeweiligen Unternehmen zustehenden Rechtspositionen existieren müssen. Mithin wird eine tendenziell restriktive Auslegung durch

---

356 ILC Rep 2006, 57 (Commentary on Art 10 ILC Draft on Diplomatic Protection, para 6).
357 ICJ Rep 1970, 4 ff *[Barcelona Traction]*, 34 (para 40); *Epping*, in Ipsen (Fn 9) Rn 126 f.
358 *Crawford* (Fn 2) 707 f.
359 ILC Rep 2006, 59 f (Commentary on Art 11 ILC Draft on Diplomatic Protection, para 3).
360 ILC Rep 2006, 59 (Commentary on Art 11 ILC Draft on Diplomatic Protection, para 2); so auch schon ICJ Rep 1970, 4, 36 *[Barcelona Traction]*.
361 ICJ Rep 1989, 15 *[ELSI]*; hierzu auch *Kubiatowski*, The Case of Elettronica Sicula SpA, Colum J Transnat'l L 29 (1991) 215 ff; *Murphy*, The ELSI Case, Yale JIL 16 (1991) 391 ff.

die Gerichte vorzunehmen sein.[362] Dies zeigte sich zuletzt in der IGH-Entscheidung im *Diallo*-Fall, mit welcher der Gerichtshof die in *Barcelona Traction* und *ELSI* aufgestellten Grundsätze bestätigte, dabei jedoch betonte, dass der diplomatische Schutz für Anteilseigner nicht als Ausnahme vom allgemeinen Rechtsregime zu betrachten sei, wenn es denn um Rechtspositionen ginge, die diesem unmittelbar selbst und unabhängig vom jeweiligen Unternehmen zustünden.[363]

c) Das Selbstbestimmungsrecht der Völker

Das Selbstbestimmungsrecht der Völker[364] ist heute grundsätzlich als Teil des geltenden Gewohnheitsrechts anerkannt.[365] Es ist in Art 1 Nr 2 und Art 55 UN-Charta genannt und diente vor allem aufgrund der Resolution 1514 (XV) der UN-Generalversammlung v 14.12.1960 als *Grundlage für den Dekolonisierungsprozess*. 1966 wurde das Selbstbestimmungsrecht der Völker den *Menschenrechten* in den gleichlautenden Art 1 der beiden Menschenrechtspakte vorangestellt. Den Inhalt des Selbstbestimmungsrechts umschreibt die *Friendly Relations Declaration* der UN-Generalversammlung v 14.10.1970 (Res 2625 [XXV]).[366]

125

Außerhalb des Dekolonisierungsprozesses unterscheidet man zwischen innerem und äußerem (offensivem) Selbstbestimmungsrecht. Kraft des *inneren Selbstbestimmungsrechts* kann ein Staatsvolk frei und ohne Einmischung von außen über seinen politischen Status entscheiden und seine wirtschaftliche, soziale und kulturelle Entwicklung frei gestalten. Zusätzlich enthält dieses Recht eine demokratische Komponente dergestalt, dass hierunter auch das Recht eines Volks fällt, seine Eigenarten zu bewahren und zu pflegen. Diese Rechte gleichen denen der Angehörigen von Minderheiten (vgl u Rn 324 ff). Eine Minderheit kann dann als Volk angesehen werden, wenn sie auf einem geschlossenen Territorium lebt, eine zur Staatenbildung geeignete Größe aufweist, auf diesem Territorium die ausschließliche oder doch deutliche Mehrheitsbevölkerung darstellt, und es sich um ein traditionelles Siedlungsgebiet handelt.[367]

126

---

362 ILC Rep 2006, 67 (Commentary on Art 12 ILC Draft on Diplomatic Protection, para 3).
363 ICJ Rep 2007, para 64; hierzu auch *Knight/O'Brien*, Ahmadou Sadio Diallo Repulic of Guinea v Democratic Republic of the Congo, Melb JIL 9 (2008) 151 ff.
364 Vgl Tomuschat (Hrsg), Modern Law of Self-Determination, 1993.
365 ICJ Rep 1975, 12, 31 ff *[Western Sahara]*; ICJ Rep 1971, 16, 31 *[Namibia]*; ICJ Rep 1986, 14, 100 f *[Nicaragua (Merits)]*; ICJ Rep 1995, 89, 102 *[East Timor]*; *Shaw*, Self-Determination, Human Rights, and the Attribution Territory, FS Simma, 2011, 590 ff; *Clark*, Taking Self-Determination Seriously, Chinese JIL 5 (2005) 737 ff; *Mett*, Das Konzept des Selbstbestimmungsrechts der Völker, 2004; *Franz*, Osttimor und das Recht auf Selbstbestimmung, 2005; *Lagerspetz*, National Self-Determination and Ethnic Minorities, Michigan JIL 25 (2005) 1299 ff; *Summers*, The Status of Self-Determination in International Law, FYIL 14 (2003) 271 ff.
366 *von Arnauld*, Souveränität und responsibility to protect, Friedens-Warte 84 (2009) 11 ff.
367 *Murswiek*, Die Problematik eines Rechts auf Sezession, AVR 31 (1993) 307 (328). Auf dem UNESCO-Expertentreffen v 1989 wurde für den Begriff des „Volkes" folgende Definition vorgeschlagen: „[...] a group of individual human beings who enjoy some or all of the following common features: (a) a common historical tradition, (b) racial or ethnic identity, (c) cultural homogeneity, (d) linguistic unity, (e) religious or ideological affinity, (f) territorial connection, (g) common economic life" (SHS-89/CONF.602.7, para 23); hierzu *Alvstad*, The Quebec Secession Issue, Temple ICLJ 18 (2004) 89 ff; *Malloy*, National Minority Rights in Europe, 2005; *Clark* (Fn 365) 737 ff; *Klabbers*, The

127 Während des Dekolonisierungsprozesses war das Selbstbestimmungsrecht gleichbedeutend mit dem Recht auf einen eigenen politischen Status, dh mit einem Recht auf Loslösung aus dem bisherigen Kolonialstaat. Das *äußere* Selbstbestimmungsrecht der Kolonialvölker wurde in erheblichem Maße durch die Verpflichtung zur Respektierung der bestehenden Grenzen (*uti possidetis*-Prinzip) eingeschränkt.[368] Als der Anwendungsbereich des Selbstbestimmungsrechts auf alle Völker ausgedehnt wurde, stellte sich die Frage, ob damit allen Völkern ein Recht auf Sezession zusteht.[369] Zunächst könnte man meinen, ein solches Sezessionsrecht ließe sich aus der *Friendly Relations Declaration* ableiten. Doch wird das *Recht auf Sezession abgelehnt* und nur in Ausnahmefällen zugelassen, wenn zB die Existenz eines Volkes durch ein Verbleiben im Staatsverband bedroht ist.[370]

128 Auch aus der jüngeren Staatenpraxis in Mittel- und Osteuropa lässt sich kein generelles Sezessionsrecht ableiten. Dies mag darauf zurückzuführen sein, dass auch die dadurch selbständig gewordenen Staaten mit Problemen der Desintegration durch Sezessionsbestrebungen von Minoritäten zu kämpfen hatten und haben.[371] Diesen Eindruck unterstreicht der Umgang mit der Unabhängigkeitserklärung des Kosovo vom 17.2.2008.[372] Zwar wurde der Kosovo mittlerweile von mehr als 110 Staaten anerkannt, dabei wurde jedoch sorgsam vermieden, sich ausdrücklich auf die Grundlage dieser Unabhängigkeit – ein mögliches Recht zur Sezession – zu beziehen.[373]

Right to be Taken Seriously, HRQ 28 (2006) 186 ff; *Park,* Integration of Peoples and Minorities, IJMGR 13 (2006) 69 ff; *Moore,* Sub-state Nationalism and International Law, Michigan JIL 25 (2004) 1319 ff.

368 GA Res 390 V, UN Doc 1 A/1775 (1950); vgl ICJ Rep 1986, 554, 566; *Luker,* On the Borders of Justice, in Miller/Bratspies (Hrsg), Progress in International Law, 2008, 151 ff; *Abi-Saab,* Le principe de l'uti possidetis, FS Caflisch, 2007, 657 ff; *Abraham,* Lines upon Maps, Afr J Int'l & Comp L 15 (2007) 61 ff; *Ditchev,* Grenzfälle, Osteuropa 59 (2009) 291 ff.

369 Vgl hierzu: *v. Münch,* Das Recht auf Sezession, in Furkes/Schlarp (Hrsg), Jugoslawien: Ein Staat zerfällt, 1991, 133; *Murswiek* (Fn 367) 307 ff; *Fleiner,* The Unilateral Secession of Kosovo as a Precedent in International Law, FS Simma, 2011, 877 ff; *Dietz/Stark,* Der Kosovo im Spannungsfeld zwischen Sezessionsrecht und internationaler Stabilität, Jura 2012, 282 ff; *Sterio,* Self-determination and Secession unter International Law, ILSA JICL 21 (2015) 293 ff; *Griffith,* Secession and the Invisible Hand of the International System, Rev Int Studies 40 (2014) 559 ff.

370 *Groarke,* Dividing the State, 2004; *Thürer/Burri,* Secession, MPEPIL IX, 53 (55, 57); *Schaller* (Fn 167) 131 (139); *Mancini,* Rethinking the Boundaries of Democratic Secession, IJCL 6 (2008) 553 ff; *Conti,* The Referendum for Self-Determination, African J Int & Comp L 16 (2008) 178 ff. Aus der Praxis des UN-Sicherheitsrates: SR-Res 169 v 24.11.1961 (Ablehnung der Sezession von Katanga); SR-Res 215 v 12.11.1965 (Ablehnung der Sezession von Südrhodesien); SR-Res 541 v 18.11.1983 (Ablehnung der Sezession von Nordzypern); SR-Res 402 v 22.12.1976 (Ablehnung der Sezession von Transkei/Südafrika).

371 *Murswiek* (Fn 367) 323; *Fleiner* (Fn 369) 877 ff.

372 Hierzu eingehend: *Vidmar* (Fn 167) 779 ff; *Schaller* (Fn 167) 131 ff; *Wirth,* Kosovo am Vorabend der Statusentscheidung, ZaöRV 67 (2007) 1065 ff; *Warbrick* (Fn 167) 675 ff; *de Wet,* The Governance of Kosovo, AJIL 103 (2009) 83 ff; *Jia* (Fn 167) 27 ff; *Orakhelashvili,* Statehood, Recognition and the United Nations System, MPYUNL 12 (2008) 1 ff; *ders,* The Kosovo UDI between Agreed Law and Subjektive Perception, Chinese JIL (2009) 285 ff; *Hilpold,* The Kosovo Case and International Law, Chinese JIL (2009) 27 ff; *Müllerson,* Precedents in the Mountains, Chinese JIL (2009) 2 ff; *Dalahunty/Perez,* The Kosovo Crisis, Vanderbilt J Transnat'l L 42 (2009) 15 ff.

373 *Warbrick* (Fn 169) 679; *Jia* (Fn 167) 35 f; *Schaller* (Fn 167) 139; *Watson,* When in the Course of Human Events, TJICL 17 (2008/2009) 267 ff; hierzu auch *Müller,* Steuerung durch Erlaubnisnormen am Beispiel von Sezession und Selbstbestimmungsrecht, ZaöRV 76 (2016) 475 ff.

Ein Auseinanderbrechen von Staaten durch Dismembration oder Sezession (s u Rn 176 ff) wird aber jedenfalls dann anerkannt, wenn dies wie bei der Auflösung der CSFR zum 1.10.1993 friedlich erfolgt. Schwieriger ist die Lage dann, wenn die Unabhängigkeit aufgrund des Selbstbestimmungsrechts wie in Berg-Karabach, in Abchasien oder Tschetschenien gewaltsam durchgesetzt werden soll.[374] Dies gilt in ähnlichem Umfang auch für die Ereignisse des Jahres 2018 in Katalonien. Um solche Konflikte zu vermeiden, muss ein Ausgleich zwischen der territorialen Integrität bestehender Staaten und dem Selbstbestimmungsrecht der Völker gefunden werden. Durch rechtzeitig gewährte Autonomie können Sezessionsbestrebungen vermieden werden.[375] Allerdings zeigte jüngst das Bsp Kataloniens, dass selbst weitgehende Autonomiestatuten nicht in jedem Fall dazu ausreichen, separatistische Bewegungen zu beruhigen. Aufgrund des einheitlichen Menschenrechtsstandards und des Ausbaus des Minderheitenschutzes bieten sich im europäischen Raum grundsätzlich flexible Lösungen an. Nur im Ausnahmefall schwerer Diskriminierungen und Menschenrechtsverletzungen würde nach einer im völkerrechtlichen Schrifttum vertretenen Auffassung das innere Selbstbestimmungsrecht im Notfall auch zu einem *äußeren Selbstbestimmungsrecht* erstarken.[376] Und selbst dann ist davon auszugehen, dass eine *Sezession* nur als *ultima ratio* zulässig ist, wenn alle anderen Lösungsmöglichkeiten gescheitert sind oder keine Aussicht auf Erfolg haben.[377] Allerdings lässt die Völkerrechtspraxis bislang kein Gewohnheitsrecht dieses Inhalts erkennen, da eine Vielzahl der Staaten, schon um Abspaltungstendenzen innerhalb der eigenen Grenzen entgegenzuwirken, sich ganz grundsätzlich gegen jede Form der Sezession als Folge des Selbstbestimmungsrechts wendet. Obwohl das Selbstbestimmungsrecht in verschiedenen völkerrechtlichen Verträgen genannt wird, geht hieraus nicht hervor, dass damit ein Sezessionsrecht verbunden ist. Insofern steht das Selbstbestimmungsrecht vor dem Dilemma, dass es zwar zugestanden wird, hieraus aber keine unmittelbare Befugnis zu Abspaltung abgeleitet werden kann. Daraus ergibt sich die eingangs schon erwähnte Einstufung als *Rechtsstellung*

129

---

374 Vgl zum georgisch-abchasischen Konflikt und zum Fall Tschetschenien: Osteuropa-Archiv 1993, A 316 ff mit Einleitung von *Gerber* zu Berg-Karabach; *Asenbauer,* Zum Selbstbestimmungsrecht des armenischen Volkes von Berg-Karabach, 1992; *Hasani,* Self-Determination under the Terms of the 2002 Union Agreement between Serbia and Montenegro, Chicago-Kent LR 80 (2005) 305 ff; *Sauer/Wagner,* Der Tschetschenien-Konflikt und das Völkerrecht, AVR 45 (2007) 53 ff.
375 Vgl *Murswiek* (Fn 367) 330 ff; *ders,* The Issue of a Right of Secession, in Tomuschat (Fn 364) 21 (38 f); *Epps,* Resolution of Claims to Self-Determination, ILSA JICL 10 (2004) 377 ff.
376 *Oeter,* Selbstbestimmungsrecht im Wandel, ZaöRV 52 (1992) 741 (772 f); *Doehring,* Self-Determination, in Simma (Hrsg), The Charter of the United Nations, Bd 1, 2. Aufl 2002, Rn 37 ff; *Dahm/Delbrück/Wolfrum* (Fn 55) § 83; *Murswiek* (Fn 367) 307 (328); *Herdegen* (Fn 61) § 36 Rn 6; *Heintze,* Selbstbestimmungsrecht und Minderheiten im Völkerrecht, 1994, 87 ff; *Brandt Ahrens,* Chechnya and the Right of Self-Determination, Colum J Transnat'l L 42 (2004) 575 (584 ff); Supreme Court of Canada, Secession of Quebec [1998] 2 SCR 217, 126 (Can) ("a right to external self-determination [...] arises in only the most extreme cases and even then, under carefully defined circumstances."), krit hierzu *Del Mar,* in French (Hrsg), Statehood and Self-Determination, 2013, 79 ff: "Remedial secession is a legal myth: secession is not a remedy recognized in international law for violations committed by a State."
377 Vgl die 2. Kommission der Berichterstatter im *Aaland Insel-*Fall, Report of the International Committee of Jurists entrusted by the Council of the League of Nations with the Task of Giving an Advisory Opinion upon the Legal Aspects of the Aaland Islands Question, League of Nations, OJ, Spec Supp No 3 at 21 (1920); *Sauer/Wagner* (Fn 374) 59.

ohne subjektive Rechte. Der Generalsekretär der UNO hat dem Sicherheitsrat am 17.6.1992 eine *Agenda for Peace* unterbreitet, die zur Konfliktvermeidung das Mittel der vorbeugenden Diplomatie nennt.[378] Trotz der noch durch die Kolonialerfahrung geprägten Aggressionsdefinition, die es nahe legt, den Kampf eines Volkes um das Selbstbestimmungsrecht als Ausnahme vom Gewaltverbot zu deuten, wird in der Staatenpraxis jedenfalls ein Eingreifen von Drittstaaten in nationale Befreiungskriege, die mit dem Anspruch eines Volkes auf Selbstbestimmung geführt werden, als Verstoß gegen das Gewaltverbot angesehen.[379]

130   Wie das Bsp des Kosovo zeigt, sind mit der im Schrifttum vertretenen Begründung eines *äußeren Selbstbestimmungsrechts* durch schwere Diskriminierungen oder gravierende Menschenrechtsverletzungen ohnehin weitere Fragen verbunden. So bestehen Zweifel, ob die Unabhängigkeitserklärung des Kosovo v 17.2.2008 noch auf die von serbischer Seite im Jahr 1999 und davor begangenen Menschenrechtsverletzungen gestützt werden konnte.[380] Andere Stimmen im Schrifttum gehen auch bei erheblicher zeitlicher Distanz von einem Fortwirken früherer Gewaltmaßnahmen einerseits bzw einer Verwirkung infolge Souveränitätsmissbrauchs andererseits aus, die einen Verbleib im Staatsverband dauerhaft unzumutbar machen können.[381] Allerdings tritt die einseitige Ausübung des äußeren Selbstbestimmungsrechts hinter Maßnahmen des UN-Sicherheitsrats zurück, wie sie im Fall des Kosovo mit der Resolution 1244 und der Einsetzung eines internationalen Verwaltungsregimes (UNMIK) erfolgt sind.[382]

130a   Ein weiteres Bsp für eine völkerrechtlich unzulässige Verknüpfung von Selbstbestimmungs- und Sezessionsrecht haben die Vorgänge auf der ukrainischen Halbinsel Krim im Jahr 2014 geboten.[383] Abgesehen davon, dass schwere Diskriminierungen oder gravierende Menschenrechtsverletzungen auf der Krim vor Beginn der russischen Intervention nicht zu erkennen waren und auch nicht von neutraler Stelle nachgewiesen wurden, führt das russische Eingreifen zu einem schwerwiegenden Verstoß gegen das Gewaltverbot und macht darüber hinaus eine effektive Ausübung

---

378 UN Doc A/47/277-S/24111 (1992).
379 Vgl *Stein/von Buttlar/Kotzur* (Fn 51) Rn 687 f.
380 *Schaller* (Fn 167) 139; *Vidmar* (Fn 167) 817 f; früher zu diesen Fragen: *Weber*, Das Sezessionsrecht der Kosovo-Albaner und seine Durchsetzbarkeit, AVR 43 (2005) 494 ff.
381 *Wirth* (Fn 372) 1072 ff; *Vidmar* (Fn 167) 815 ff; ein äußeres Selbstbestimmungsrecht auf das Jahr 1998/1999 beschränkend: *Schaller* (Fn 167) 139; *Almqvist*, in French (Fn 376) 165 (172 ff).
382 *von Carlowitz*, UNMIK Lawmaking Between Effective Peace Support and International Self-Determination, AVR 41 (2003) 336 (365 f); *Wirth* (Fn 372) 1074.
383 Vgl *Luchterhandt*, Die Krim-Krise von 2014, Osteuropa 64 (2014) 61 ff; *ders*, Der Anschluss der Krim an Russland aus völkerrechtlicher Sicht, AVR 52 (2014) 137 ff; *Czerwonnaja*, Die Krim im „schwarzen Frühling" 2014, EJM 7 (2014) 255 ff; *Hilpold*, Ukraine, Crimea and New International Law, Chinese JIL 14 (2015) 237 ff; *ders*, Die Ukraine-Krise aus völkerrechtlicher Sicht, SZIER 25 (2015) 171 ff; *Marxsen*, The Crimea Crisis, ZaöRV 74 (2014) 267 ff; *ders*, Territorial Integrity in International Law, ZaöRV 75 (2015) 7 ff; *Kranz*, Imperialism, the Highest Stage of Sovereign Democracy, AVR 52 (2014) 205 ff; *Heintze*, Der völkerrechtliche Status der Krim und ihrer Bewohner, FW 89 (2014) 153 ff; *Geistlinger*, Der Beitritt der Republik Krim zur Russländischen Föderation aus der Warte des Selbstbestimmungsrechts der Völker, AVR 52 (2014) 175 ff; *Wildhaber*, Krim, Ostukraine und Völkerrecht, SZIER 25 (2015) 159 ff; *Tolstykh*, Three Ideas of Self-determination in International Law and the Reunification of Crimea with Russia, ZaöRV 75 (2015) 119 ff; *Salenko*, Legal Aspects of the Dissolution of the Soviet Union in 1991 and its Implication for the Reunification of Crimea with Russia in 2014, ZaöRV 75 (2015) 141 ff; *Merezhko*, Crimea's annexation by Russia, ZaöRV 75 (2015) 167 ff.

des Selbstbestimmungsrechts unmöglich.[384] Und selbst wenn eine freie und unbeeinflusste Volksabstimmung auf der Krim stattgefunden hätte, in der sich eine Mehrheit der Stimmberechtigten für eine Abspaltung von der Ukraine ausgesprochen hätte, wäre hieraus in Ermangelung weiterer Voraussetzungen kein Sezessionsrecht resultiert. Durch die Anwesenheit russischer Streitkräfte auf der Krim vor und während der Volksabstimmung wurde deren Ergebnis jedoch von vornherein entwertet und war daher außerstande, einen völkerrechtlich belastbaren Abtrennungsbeschluss zu rechtfertigen.[385]

Zur Beanspruchung des Selbstbestimmungsrechts und eines daraus abgeleiteten **130b** Sezessionsrechts im Falle Kataloniens lässt sich feststellen, dass im seit 2018 andauernden Konflikt mit der spanischen Zentralregierung schwere Diskriminierungen oder gravierende Menschenrechtsverletzungen ebensowenig zu erkennen sind wie ein Ausschluss der katalanischen Bevölkerung von der demokratischen Willensbildung und Repräsentation. Angesichts der spanischen Verfassungslage, die auf den Erhalt der „unauflöslichen Einheit der spanischen Nation" gerichtet ist, sowie einschlägiger Entscheidungen des spanischen Verfassungsgerichts[386] ist auch nicht ohne Weiteres ersichtlich, dass den Vertretern des spanischen Zentralstaates überhaupt verfassungskonforme Möglichkeiten eröffnet gewesen wären, sich der separatistischen Bewegung gegenüber nachgiebig zu zeigen. Katalonien und das von Seiten der separatistischen Bewegung beanspruchte Selbstbestimmungs- und Sezessionsrecht sind Ausdruck von vor allem subjektiv empfundenen Benachteiligungen und Zumutungen, die angesichts des bestehenden weitreichenden Autonomiestatus in der Realität keine unmittelbare objektive Bestätigung finden. Sie können für Außenstehende möglicherweise auch nur begrenzt nachvollziehbar sein, da es sich um subjektive Befindlichkeiten vor einem komplexen historischen und kulturellen Hintergrund handelt. Auf der Grundlage der im geltenden Völkerrecht und im völkerrechtlichen Schrifttum anerkannten Schutzkonzepte lässt sich bislang daher keine Grundlage erkennen, die eine Berufung auf ein völkerrechtlich begründetes Selbstbestimmungs- und Sezessionsrecht in Katalonien erlauben oder gebieten würde.[387]

3. Das Staatsgebiet
a) Territoriale Souveränität und Gebietshoheit
Entgegen der früher vertretenen Ansicht wird das Staatsgebiet[388] nicht als Eigentum **131** des Staats betrachtet. Es stellt vielmehr den Bereich dar, in dem ein Staat aus-

---

384 *Peters*, Das Völkerrecht der Gebietsreferenden, Osteuropa 64 (2014) 101 ff; *Geistlinger* (Fn 383) 175 ff.
385 ZB *Bílková*, The Use of Force by the Russian Federation in Crimea, ZaöRV 75 (2015) 27 (30 ff).
386 Vgl *García Morales*, Bundeszwang und Sezession in Spanien: Der Fall Katalonien, DÖV 2019, 1 (13); *Toda Castán*, Grenzen verfassungsgerichtlicher Wirkungsmacht in existenziellen politischen Konflikten, EuGRZ 2018, 513 ff; hierzu eingehend auch *Grimmeiß*, Sezession und Reaktion, 2018.
387 Hierzu auch *Ragone*, Das Unabhängigkeitsreferendum in Katalonien, DÖV 2018, 341 ff; *García Morales*, Bundeszwang und Sezession in Spanien: Der Fall Katalonien, DÖV 2019, 1 ff; früher schon *González Pascual/Toda Castán*, Katalonien und Spanien: Bruch oder Verfassungsreform?, DÖV 2016, 269 ff; im Transfer: *Bergwanger*, Katalanische Umtriebe in Bayern – Länderabspaltung unter dem Grundgesetz?, NVwZ 2018, 620 ff; hierzu auch *Doerfert*, Sezession im Bundesstaat – Neun Fragen an das Grundgesetz, ZJS 2017, 711 ff
388 Vgl *Proelß*, 5. Abschn Rn 14 ff.

schließlich räumlich zuständig ist (Kompetenztheorie).[389] Der Schweizer Völkerrechtler und Schiedsrichter *Max Huber* umschrieb die territoriale Souveränität im Fall *Island of Palmas* als „the exclusive competence of the state in regard to its own territory in such a way as to make it the point of departure in settling most questions that concern international relations."[390]

132   In Anlehnung an das Bürgerliche Recht und die dort getroffene Unterscheidung zwischen Eigentum und Besitz wird zwischen der territorialen Souveränität und der Gebietshoheit unterschieden.[391] Unter der Gebietshoheit eines Staates versteht man die tatsächliche Herrschaft, während die territoriale Souveränität über die Gebietshoheit hinaus das Recht des Staats auf das von ihm beherrschte Gebiet erfasst.

133   Territoriale Souveränität und Gebietshoheit können auseinander fallen, wenn ein Staat einem anderen Rechte über sein Gebiet oder einen Teil des Gebiets einräumt, ohne dadurch seine endgültige Verfügungsbefugnis aufzugeben. Hier werden Servituten und Verwaltungszessionen unterschieden. Durch eine *Servitut* erhält ein anderer Staat einzelne Rechte über ein fremdes Staatsgebiet. Sie hat dinglichen Charakter, ist an das jeweilige Gebiet geknüpft und wirkt auch gegenüber dritten Staaten.[392] Zu den Servituten zählen vor allem Grenzzollämter und Grenzbahnhöfe. Aufgrund einer *Verwaltungszession* kann ein Staat ein Gebiet insgesamt regieren und verwalten, ohne dass der die Rechte einräumende Staat dadurch seine territoriale Souveränität verliert.

134   Ein Bsp für eine Verwaltungszession ist der zwischen den USA und Panama am 18.11.1903 geschlossene, die Herrschaft über den Panama-Kanal betreffende *Hay-Varilla-Vertrag*. Trotz dieser Verwaltungszession blieb Panama territorialer Souverän, was in einem neuen Vertrag v 1974 bestätigt wurde.[393] Am 7.9.1977 wurde die Vereinbarung v 1903 dahingehend geändert, dass den USA bis zum 31.12.1999 nur noch einzelne Rechte zustanden.

135   Üben mehrere Staaten die territoriale Souveränität gemeinsam aus, spricht man von einem *Kondominium*. Ein solches existierte etwa zwischen Österreich und Preußen v 1864 bis 1866 über Schleswig-Holstein. Ein gemeinschaftliches Hoheitsgebiet wurde im Vertrag v 19.12.1984 zwischen der BR Deutschland und dem Großherzogtum Luxemburg über den Verlauf der gemeinsamen Grenze für Mosel, Sauer und Our vereinbart.[394] Als *Koimperium* bezeichnet man die gleichzeitige Ausübung der Gebietshoheit.

b) Erwerb und Verlust von Staatsgebiet

136   Beim Erwerb und Verlust von Staatsgebiet durch bestehende Staaten orientiert sich das Völkerrecht ebenfalls an zivilrechtlichen Kategorien. Unterschieden wird zwischen der Okkupation, der Eroberung, der Zession, der Ersitzung oder Anschwem-

---

[389] Vgl zu den verschiedenen Theorien *Dahm/Delbrück/Wolfrum* (Fn 83) 317.
[390] RIAA II, 829, 838; 4 ILR 103, 104.
[391] Vgl *Crawford* (Fn 2) 203 f; *Verdross/Simma* (Fn 1) 655; aus jüngerer Zeit *Vidmar*, Teritorial Integrity and the Law of Statehood, GWILR 44 (2012) 697 ff; *D'Aspremont*, The International Law of Statehood, Connecticut JIL 29 (2014) 201 ff.
[392] *Marchisio*, Servitudes, MPEPIL IX, 158 ff.
[393] AJIL 68 (1974) 516 ff.
[394] BGBl 1988 II, 414 ff

mung und der Adjudikation, wobei diese Tatbestände wiederum zwei Gruppen, nämlich dem *originären* und dem *derivativen Erwerb* zugeordnet werden können. Eine eindeutige Zuordnung eines Erwerbs auf völkerrechtlicher Ebene zu einer der Kategorien kann im Einzelfall jedoch schwierig sein, da zB ein Gebietserwerb aufgrund eines Friedensvertrags gleichzeitig auch Elemente einer Eroberung oder Zession aufweisen kann. Die Versuche, neue Kategorien zu bilden, haben sich bislang nicht durchsetzen können.[395]

137 Ist unklar, wer territorialer Souverän eines bestimmten Gebiets ist, wird in der Staatenpraxis darauf abgestellt, welcher Staat nach einem eventuellen Erwerb die Herrschaft in diesem Gebiet *effektiv* ausübt (Grundsatz der Effektivität). Die Regelungsdichte, die vorliegen muss, richtet sich nach dem Einzelfall. So kann berücksichtigt werden, ob es sich um leicht zugängliches und bewohntes Gebiet oder aber um unzugängliches Gebiet handelt.

138 Der Grundsatz der Effektivität war auch Gegenstand des Rechtsstreits *Island of Palmas*, als sich die USA und die Niederlande über die Zugehörigkeit einer Insel im philippinischen Archipel stritten. Die USA stützten ihren Anspruch darauf, dass die Insel von Spanien entdeckt worden sei und die Philippinen 1898 von Spanien an die USA abgetreten worden seien. Von dieser Abtretung sei auch die Insel „Island of Palmas" wegen ihrer Nähe zum philippinischen Archipel umfasst gewesen. Die Niederlande verwiesen darauf, dass sie und nicht die USA über einen langen Zeitraum die tatsächliche Herrschaft ausgeübt hätten. Der Schiedsrichter *Max Huber* stellte hier fest, „that the continuous and peaceful display of territorial sovereignty (peaceful in relations to other States) is as good as title."[396]

139 Der Erwerb von Staatsgebiet durch *Okkupation* setzt die Inbesitznahme eines Gebiets sowie den Willen des okkupierenden Staats zur effektiven Ausübung der Herrschaft voraus („the intention and will to act as sovereign, and some actual exercise or display of such authority").[397] Ein Gebietserwerb kommt nur in Betracht, wenn das betreffende Gebiet vom Gebietsvorgänger aufgegeben wurde, oder es sich um ein solches handelt, das zuvor noch keiner territorialen Souveränität unterstand *(terra nullius)*. Ein Gebietserwerb durch Okkupation ist nicht möglich, wenn das Gebiet wie der Weltraum oder die Hohe See als *res communis* von vornherein keiner Aneignung zugänglich ist.

140 Neben der Okkupation führte früher auch die *Annexion* eines Staats zum Gebietserwerb. Unter Annexion versteht man den einseitigen Akt eines Staats, durch den dieser fremdes Staatsgebiet gegen den Willen des betroffenen Staats zu seinem eigenen macht. Annexionen verstoßen heute gegen das Gewaltverbot in Art 2 Nr 4 UN-Charta.[398] Daher wurde zB die Invasion des Irak in Kuwait verurteilt.[399] Der UN-Sicherheitsrat forderte den Irak zunächst auf, seine Truppen aus Kuwait zurückzu-

---

395 Überblick über die Ansätze von *Dupuy, Reuter* und *Rousseau* bei *Torres Bernandez*, Territory, Aquisition, EPIL 10, 1987, 496 (497).
396 RIAA II, 829, 839.
397 PCIJ, Ser A/B, No 53, 45f *[Ostgrönland]*.
398 Vgl *Graf Vitzthum*, 1. Abschn Rn 52ff, 75.
399 Vgl zum irakisch-kuwaitischen Konflikt *Fink*, Der Konflikt zwischen dem Irak und Kuwait und die internationale Friedensordnung, AVR 29 (1991) 452ff; *Heintze*, Die vorherige Nichtbefolgung des Völkerrechts als förderndes Moment für die irakische Aggression gegen Kuwait am 2.8.1990, AVR 29 (1991) 436ff; *Klein*, Völkerrechtliche Aspekte des Golfkonfliktes 1990/91, AVR 29 (1991) 421ff.

ziehen und erklärte die Annexion im August 1990 für null und nichtig.[400] Zugleich wurden die Staaten aufgefordert, die Annexion nicht anzuerkennen und von Handlungen Abstand zu nehmen, die als Anerkennung derselben verstanden werden könnten. In ähnlicher Weise spricht vieles dafür, dass auch die im Jahre 2014 vollzogene Annexion der Krim durch Russland gegen das Gewaltverbot verstößt und damit völkerrechtswidrig ist. Einer Verurteilung durch den UN-Sicherheitsrat steht jedoch die ständige Mitgliedschaft Russlands entgegen.

141 Darüber hinaus kann eine *Ersitzung* (Preskription, engl usucaption) oder *Anschwemmung* zu Gebietserwerb führen. Erstere erfordert den Willen zum Gebietserwerb sowie die tatsächliche Ausübung der Gebietshoheit über längere Zeit.[401] Voraussetzung ist weiter, dass der erwerbende Staat gutgläubig ist und der Gebietsvorgänger nicht protestiert. Auf Ersitzung stützte Großbritannien auch seinen Gebietsanspruch im Falkland-Konflikt, obwohl Argentinien seine Gebietsansprüche formell nicht aufgegeben hatte.[402]

142 Staatsgebiet kann auch durch *Zession* erworben werden. Diese kann auf einem Kaufvertrag, einem Gebietstausch oder einer Schenkung beruhen. Oftmals dienen Zessionen dazu, Grenzen zu bereinigen. Der Erwerb Alaskas durch die USA im Jahr 1867 stellte eine solche Zession vom Russischen Zarenreich dar. Str ist, zu welchem Zeitpunkt das Gebiet auf den Gebietsnachfolger übergeht. In Betracht kommt ein Übergang mit Ratifikation des der Zession zugrunde liegenden Vertrags oder mit tatsächlicher Inbesitznahme durch den Nachfolgestaat.[403]

143 Gebietserwerb ist schließlich durch *Adjudikation* möglich, dh durch die Entscheidung eines internationalen Gerichtshofs, Schiedsgerichts oder einer Staatenkonferenz.[404]

144 Der *Verlust* von Staatsgebiet kann durch *Dereliktion*, also durch Aufgabe der territorialen Souveränität, erfolgen. Das in Frage stehende Gebiet kann anschließend als *terra nullius* von anderen Staaten besetzt und durch Okkupation erworben werden. Dingliche Belastungen wie Servitute bleiben jedoch bestehen und gehen auf den Gebietsnachfolger über. Gebietsübergang kann auch durch Verzicht erfolgen. So hat zB der philippinische Präsident *Marcos* 1977 während einer ASEAN-Sitzung auf die Republik von Sabah verzichtet (heute Gliedstaat von Malaysia).

145 Keine Gebietsaufgabe wurde im Warschauer Vertrag v 7.12.1970 zwischen der BR Deutschland und Polen vorgenommen. Zwar wird in Art 1 die Oder-Neiße-Linie als Grenze zwischen den Vertragsstaaten festgelegt, ein dauerhafter und rechtswirksamer Verzicht konnte aber nur von einem Vereinten Deutschland erklärt werden.[405] Eine endgültige Regelung der Grenzen wurde nach der Wiedervereinigung aufgrund des Zwei-plus-Vier-Vertrags v 12.9.1990, dem Zustimmungsgesetz zum Zwei-plus-Vier-

---

400 S/RES/662 (1990) v 9.8.1990. Die Resolutionen des Sicherheitsrats zur Kuwait-Frage v 2.8.1990 bis zum 2.3.1991 finden sich in AVR 28 (1990) 503 ff.
401 *Lesaffer*, Argument from Roman Law in Current International Law, EJIL 16 (2005) 25 ff.
402 Dokumente zum Falkland-Konflikt finden sich in EA 1982, D 473; vgl auch *Dolzer*, Der völkerrechtliche Status der Falkland-Inseln (Malvinas) im Wandel der Zeit, 1986.
403 Vgl hierzu PCIJ, Ser A, No 7, 29, 37 *[Chorzów]*.
404 *Summer*, Territorial Disputes at the International Court of Justice, Duke LJ 53 (2004) 1779 ff.
405 Vgl aber Vertrag zwischen der BR Deutschland und der Republik Polen über die Bestätigung der zwischen ihnen herrschenden Grenze, BGBl 1991 II, 1329 ff.

Vertrag v 11.10.1990 sowie den deutsch-sowjetischen und deutsch-polnischen Vereinbarungen erreicht.[406]

c) Umfang des Staatsgebiets

Das Staatsgebiet[407] umfasst ein bestimmtes Gebiet auf der Erdoberfläche, sowie Binnengewässer wie Flüsse und Seen. Es erstreckt sich darüber hinaus auf den unter der Erdoberfläche befindlichen Raum bis zum Erdmittelpunkt und den sich über dem Staatsgebiet befindlichen Luftraum. Die Gebiete der verschiedenen Staaten werden durch Grenzen getrennt. Mit Ausnahme der seewärtigen Grenzen ist kein Staat berechtigt, ohne Anerkennung des Nachbarstaats Grenzen einseitig festzulegen.

Die meisten *Staatsgrenzen* auf der Erdoberfläche beruhen auf Grenzverträgen, können aber auch durch ein widerspruchsloses Dulden während eines längeren Zeitraums entstehen. Liegt weder eine ausdrückliche noch eine stillschweigende *Vereinbarung* über die Grenzen vor, ist nach dem Effektivitätsprinzip zu prüfen, ob ein Staat aufgrund einer längeren tatsächlichen unbestrittenen Herrschaftsgewalt Grenzen durch unbestrittenen Besitzstand festlegen konnte. Karten sind als Beweismaterial für die Grenzziehung dann erheblich, wenn sie von beiden Staaten zugrunde gelegt werden und etwa zum Bestandteil eines völkerrechtlichen Vertrags gemacht werden. In Zweifelsfällen ist auf völkergewohnheitsrechtliche Regeln über den üblichen Grenzverlauf, dh auf natürliche Grenzen wie Gebirge und Wasserscheiden, zurückzugreifen. Bei nicht-schiffbaren Flüssen verläuft die Grenze entlang der Mittellinie. Ist der Fluss schiffbar, bildet der Talweg, dh die gedachte Linie entlang der Hauptschifffahrtsrinne, die Grenze. Bei Grenzseen findet idR eine Realteilung der Uferstaaten längs der Mittellinie bzw des Talwegs statt.[408]

Einen Sonderfall stellen die Rechtsverhältnisse auf dem *Bodensee* dar.[409] Der Überlinger See ist deutsches Staatsgebiet. Für den Konstanzer Trichter wurde zwischen Deutschland und der Schweiz die Mittellinie vertraglich als Grenze festgelegt. Für den Untersee wurde 1854 ebenfalls eine vertragliche Regelung getroffen. Problematisch sind die Rechtsverhältnisse auf dem *Obersee*. Die Schweiz hält an einer Realteilung entlang der Mittellinie fest und lehnt die von Österreich vertretene Kondominiumstheorie ab,[410] wonach nur die Halde bis zur 25-Meter-Tiefen-Linie Staatsgebiet der Anrainer sei und im Übrigen zwischen Deutschland und Österreich ein Kondominium vorliege. Deutschland hat seine Position nicht festgelegt.[411] Vertragliche Vereinbarungen wurden – wie etwa durch das Übereinkommen über die Schifffahrt im Bodensee v 1.6.1973[412] – nur über einzelne Nutzungen geschlossen. Ein ähn-

---

406 Vgl hierzu Stern/Schmidt-Bleibtreu (Hrsg), Zwei-plus-Vier-Vertrag, 1991.
407 Vgl *Proelß*, 5. Abschn Rn 14 ff.
408 Eine solche Realteilung wurde beim Genfer See vorgenommen. Vgl die Convention sur la détermination de la frontière dans le lac Léman v 25.2.1953 (RGDIP 64 [1960] 442 ff); dazu *Pondaven*, Le statut international du Lac Léman, RGDIP 78 (1974) 60 ff.
409 Zum Bodensee *Schweiger*, Staatsgrenzen im Bodensee und IGH-Statut, BayVBl 1995, 65 ff; *Strätz*, Der Bodensee als Rechtsobjekt, DRiZ 1981, 54 ff; *ders*, Bodensee und Juristen, JuS 1991, 900 ff; *Veiter*, Die Rechtsverhältnisse auf dem Bodensee, AVR 28 (1990) 458 ff.
410 Schweizerisches Bundesgericht, Urt v 17.6.1975, BGE 101 I a, 269.
411 Vgl aber BayVGH, AVR 12 (1964/65) 218 ff.
412 BGBl 1975 II, 405 ff.

licher territorialer Streit hat sich über die Rechtsverhältnisse am *Kaspischen Meer* entzündet, der zusätzliche Brisanz dadurch gewinnt, dass dort erhebliche Gas- und Erdölvorkommen bestehen.[413]

149 Neben den sog *Eigengewässern* wie Binnenseen, Flüssen und Kanälen gehören auch die *inneren Gewässer* zum Staatsgebiet des Küstenstaats. Innere Gewässer sind sämtliche Meeresgebiete zwischen der Küste und der Basislinie wie Einbuchtungen und Einschnitte in der Küste oder auch Flussmündungen und Deltas.[414]

150 Die Souveränität erstreckt sich ferner auf das an die Küste angrenzende *Küstenmeer*.[415] Gewohnheitsrechtlich hat sich im Küstenmeer zugunsten dritter Staaten das Recht der friedlichen Durchfahrt entwickelt *(innocent passage)*.[416] Hiernach dürfen Schiffe, die auf der Reise zwischen zwei Ländern Küstengewässer eines dritten Landes durchfahren, ohne dort in den Hafen einzulaufen, die Küstengewässer ohne besondere Genehmigung benutzen. Das Recht der friedlichen Durchfahrt erstreckt sich nicht auf den Luftraum über den Küstengewässern. Traditionell umfasst das Küstenmeer eine Zone von drei Seemeilen (sm). Nach Art 3 SRÜ ist jedoch eine Ausdehnung bis zu 12 sm möglich.

151 Küstenstaaten können ferner eine *Anschlusszone* bis zu 24 sm beanspruchen, die von den Basislinien aus berechnet wird. In dieser an das Küstenmeer angrenzenden Zone, die nicht zum Staatsgebiet gehört, kann der Küstenstaat nach Art 33 SRÜ Kontrollen ausüben, um Verstöße gegen seine Zoll- und Finanzgesetzgebung, Einreise- oder Gesundheitsgesetze und sonstige Vorschriften in seinem Hoheitsgebiet oder seinem Küstenmeer zu verhindern bzw Verstöße gegen diese Gesetze zu ahnden. Schließlich stehen Küstenstaaten zur Wahrnehmung besonderer Interessen an der Erforschung, Ausbeutung, Erhaltung und Bewirtschaftung der lebenden und nicht lebenden Naturschätze des Meeresbodens und Meeresuntergrunds sowie der darüber liegenden Gewässer Hoheitsrechte innerhalb einer *ausschließlichen Wirtschaftszone (exclusive economic zone)* zu, die sich auf eine max Breite von 200 sm von der Basislinie aus erstreckt.[417]

152 Für die Küstenstaaten kann auch der *Festlandsockel* von Interesse sein, um Vorkommen von Erdöl, Erdgas und Kohle im Meeresuntergrund, der an die Küste angrenzt, ausschließlich ausbeuten zu können. Die Regelungen über den Festlandsockel finden sich in Teil VI SRÜ. Art 76 Abs 1 SRÜ definiert den Festlandsockel. Dieser gehört nicht zum Staatsgebiet, der Küstenstaat darf aber „souveräne Rechte" zum Zwecke der Erforschung und der Ausbeutung der natürlichen Ressourcen ausüben.

---

413 ZB *Kembayev*, Die Rechtslage des Kaspischen Meeres, ZaöRV 68 (2008) 1027 ff; *Hobér*, Ownership of Oil and Gas Resources in the Caspian Sea, JEL 1 (2008) 67 ff; *Kvitsinskaia*, Tehran Convention, EPL 37 (2007) 494 ff; *Klein*, The Law of the Lakes, Mich SLR 5 (2006) 1259 ff; *Gramola*, State Succession and the Delimination of the Caspian Sea, ItYIL 14 (2004) 237 ff; *Dash*, Caspian Debate and Route Options for Energy Transportation, Ind Q 59 (2003) 73 ff; *De Lucca*, Vers la definition du statute juridique de la Mer Caspienne, in Koufa (Hrsg), Protection of the Environment for the New Millennium, 2002, 437 ff; *Cherniavskii*, Azerbaijan: The Caspian Sea Negotiations, Int Affairs 47 (2001) 129 ff.
414 *Degan*, Consolidation of Legal Principles on Maritime Delimitation, Chinese JIL 6 (2007) 601 ff; *Paik*, The Roles of Proportionality in Maritime Delimitation, FS Wolfrum, 2011, Bd 1, 199 ff; *Pawlak*, Some Reflections on Factors Exerting Influence on Maritime Boundary Delimitations, ebd, 223 ff.
415 Vgl zur Definition Art 2 Abs 1 SRÜ. Eingehend *Proelß*, 5. Abschn Rn 43 ff.
416 Vgl auch Art 17 SRÜ; Nordquist (Hrsg), Freedom of Seas, Passage Rights and the 1982 Law of the Sea Convention, 2009.
417 Vgl Art 56 SRÜ.

Die Abgrenzung des Festlandsockels zwischen Staaten mit gegenüberliegenden oder aneinander angrenzenden Küsten hat in der Vergangenheit zu einer Reihe von Streitigkeiten geführt. Das SRÜ sieht in Art 83 vor, dass die Abgrenzung durch Übereinkunft auf der Grundlage des Völkerrechts iSd Art 38 IGH-Statut zu erfolgen hat, um eine der Billigkeit entsprechende Lösung zu erzielen.

Als problematisch erwies sich insbesondere die Abgrenzung des Festlandsockels in der *Nordsee*, da sich hier das Meer fast vollständig über dem europäischen Festlandsockel befindet.[418] Streit entstand bei der Frage, ob bei der Aufteilung das in Art 6 der Festlandsockel-Konvention v 1958 genannte Äquidistanzprinzip als Teil des Völkergewohnheitsrechts anzuwenden sei. Für Deutschland hätte dies aufgrund der nach innen gewölbten Küste im Vergleich zu den anderen Uferstaaten eine Benachteiligung bedeutet. Der IGH entschied,[419] dass die Anwendung des Äquidistanzprinzips nicht zwingend vorgeschrieben sei. Er wies die Parteien an, die Abgrenzung in Übereinstimmung mit den Prinzipien der Billigkeit durchzuführen, wobei alle wesentlichen Umstände in der Weise zu berücksichtigen seien, dass jeder Partei soweit wie möglich alle Teile des Festlandsockels überlassen werden sollten, die die *natürliche Verlängerung ihres Landgebiets in oder unter der See* darstellten, soweit dies ohne Beeinträchtigung der natürlichen Fortsetzung des Landgebiets einer anderen Partei möglich sei. Die BR Deutschland schloss schließlich ein Abkommen mit Dänemark, Großbritannien und den Niederlanden über die Abgrenzung des Anteils am Festlandsockel.[420]

4. Die Staatsgewalt
a) Umfang der Staatsgewalt und Neutralität

Die Staatsgewalt umfasst die *Gebiets- und die Personalhoheit*. Auf dem Hoheitsgebiet eines fremden Staats dürfen ohne dessen Zustimmung keine Hoheitsakte gesetzt werden. Selbst wenn der Heimatstaat aufgrund seiner Personalhoheit Sachverhalte außerhalb des Staatsgebiets zum Gegenstand gesetzlicher Regelungen macht, kann er eine Beachtung seiner Vorschriften nicht erzwingen. Weist ein Sachverhalt Auslandsbezug auf, kann der Staat diesen nur dann zum Gegenstand innerstaatlicher Gesetzgebung machen, wenn eine vernünftige nahe Beziehung zum Inland gegeben ist. Der Widerstreit zweier Rechtsordnungen aufgrund gleichzeitiger Anwendung von Personalitäts- und Territorialitätsprinzip wird durch das Internationale Strafrecht, das Internationale Privatrecht und das Internationale Verwaltungsrecht, hier insbes das Internationale Steuerrecht, etwa durch den Abschluss von Doppelbesteuerungsabkommen, geregelt.

Grundlagen des *Internationalen Strafrechts* sind die Territorialhoheit, die aktive und passive Personalhoheit, der Schutz wichtiger Staatsinteressen sowie das Universalitätsprinzip. Die aktive Personalhoheit berechtigt Staaten, Regelungen für Staatsangehörige im Ausland zu treffen. Aufgrund der passiven Personalhoheit ist es einem Staat möglich, das Verhalten von Ausländern seiner Regelungsgewalt *(jurisdiction)* zu unterstellen, wenn durch jenes Verhalten einer seiner Staatsbürger im

---
418 Hierzu *Wilke*, Abgrenzung des Festlandsockels in der Nordsee, 1980.
419 ICJ Rep 1969, 39 *[Nordsee-Festlandsockel]*.
420 BGBl 1972 II, 881 ff.

Ausland zu Schaden kam (so etwa § 7 Satz 1 lit d StGB). Das Territorialitätsprinzip als Ausfluss der Gebietshoheit ermöglicht es, Inlandstaten und solche, welche sich im Inland auswirken, unter Strafe zu stellen.[421] Nach dem Schutzprinzip darf ein Staat im Ausland von Ausländern begangene Taten unter Strafe stellen, wenn diese innerstaatliche Rechtsgüter betreffen. Eine Erweiterung des Schutzprinzips findet sich vor allem im Wettbewerbsrecht. Hier wird eine Jurisdiktion oftmals bereits dann in Anspruch genommen, wenn eine Kartellabrede zwischen Ausländern im Ausland den Wettbewerb auf dem inländischen Markt beeinflusst.[422] Staaten stellen außerdem vielfach gewisse allgemein für strafwürdig angesehene Delikte unter Strafe *(delicta iuris gentium)*. Hierunter fallen etwa die Fälschung ausländischer Währung und der Rauschgift- und Menschenhandel (vgl § 6 StGB), sowie Verbrechen gegen die Menschlichkeit und schwere Verstöße gegen die Regeln des humanitären Kriegsrechts (vgl zB Zusatzprotokoll zu dem Genfer Abkommen v 8.6.1977). Das Weltstrafrechtsprinzip ermöglicht es, Straftaten, die ein Ausländer im Ausland begangen hat, zu verfolgen, wenn der Täter im Inland verhaftet wird, und der Gewahrsamsstaat nicht bereit ist, einem Auslieferungsbegehren des Staates nachzukommen, in welchem die Tat begangen worden ist.[423]

156 Aufgrund des völkergewohnheitsrechtlichen Instituts der *Neutralität*[424] können sich Staaten, die nicht in einen Krieg verwickelt werden wollen, für neutral erklären.[425] Bei der Neutralität kann zwischen drei Gruppen unterschieden werden. Mit „gewöhnlicher Neutralität" bezeichnet man den Rechtsstatus eines Staats, der sich an einem bestimmten Krieg zwischen anderen Staaten nicht beteiligt. Handelt es sich um eine „dauernde" oder „immerwährende" Neutralität, ist ein Staat auch in allen künftigen Kriegen zur Neutralität verpflichtet. Demgegenüber ist die „faktisch dauernde" Neutralität eine Maxime der Außenpolitik ohne völkerrechtliche Bindung.

157 Bestimmungen über die Neutralität finden sich im V. und XIII. Haager Übereinkommen v 1907 über die Neutralität im Land- bzw Seekrieg und für die amerikanischen Staaten in der Konvention von Havanna über die Seeneutralität v 1928.

158 Ein neutraler Staat ist verpflichtet, sich jeglichen Eingreifens in das Kriegsgeschehen zu enthalten und die Parteien nicht militärisch zu unterstützen. Das Handeln Privater ist hiervon ausgenommen. Militärische Handlungen von Kriegsparteien dürfen auf dem Staatsgebiet des neutralen Staats nicht stattfinden.

159 Zu den neutralen Staaten zählen u a der Vatikanstaat, Malta, die Schweiz und Laos. Die *Neutralität Österreichs* beruht auf dem Bundesverfassungsgesetz des österreichischen Nationalrats v 26.10.1955[426] und wurde von den Staaten, mit denen Österreich diplomatische Beziehungen unterhält, anerkannt.[427] Das österreichische Neutralitätsverständnis erfuhr im Laufe der Zeit einen Wandel. Während Österreich sich anfangs eher passiv verhielt, wandelte sich die Außenpolitik während der

---

421 Vgl zum Ubiquitätsprinzip auch § 9 Abs 1 StGB.
422 Vgl zB Art 101 AEUV.
423 Vgl § 7 Abs 2 Nr 2 StGB.
424 Vgl *Bothe*, 8. Abschn Rn 104 ff.
425 Vgl zur Neutralität Neuhold (Hrsg), The European Neutrals in the 1990s: New Challenges and Opportunities, 1991; *Rotter*, Die dauernde Neutralität, 1981.
426 ÖBGBl 1955, 211 ff.
427 Die BR Deutschland gab am 7.12.1955 eine entsprechende Erklärung ab.

1970er Jahre. So war Österreich 1973/74, 1991/1992 und 2009/2010 jeweils Mitglied des UN-Sicherheitsrates und ist seit 1995 EU-Mitglied. Insgesamt lässt sich die Absicht erkennen, eine eigenständige österreichische „Neutralitätsvariante" zu vertreten.

b) Staatsähnliche Völkerrechtssubjekte
Zu den staatsähnlichen Völkerrechtssubjekten gehören *Staatenverbindungen*[428] unterschiedlicher Art wie Protektorate[429] oder die ehemaligen Treuhands- und Mandatsgebiete.[430] Definiert wird die Staatenverbindung als ein auf eine gewisse Dauer angelegtes Rechtsverhältnis zwischen zwei oder mehreren Staaten, wobei idR ein gewisser Grad an Organisation und eine gewisse institutionelle Verfestigung – wie bei einem Bundesstaat oder einem Staatenbund zu finden – vorausgesetzt wird. 160

Ein *Bundesstaat*[431] ist eine *staats*rechtliche Staatenverbindung, bei der der Bund als Völkerrechtssubjekt am völkerrechtlichen Verkehr teilnimmt. Die Gliedstaaten, in den USA *States,* in der Schweiz Kantone, in Deutschland Länder genannt, besitzen nicht die *völker*rechtliche Rechtsstellung von Staaten; ihnen kommt allenfalls eine potentielle partielle Völkerrechtssubjektivität zu. Dies hängt davon ab, inwieweit ihnen die gesamtstaatliche Verfassung ein unabhängiges Handeln auf völkerrechtlicher Ebene gestattet. 161

Ein einheitliches oder gar allgemeingültiges Modell des Bundesstaats existiert nicht. So können die Funktionen von Gesamtstaat und Gliedstaaten klar voneinander getrennt sein, wie dies in den USA der Fall ist. Es ist aber auch möglich, dass sich die Funktionen wie etwa in Deutschland überschneiden, wo die Länder nach Art 83 GG Gesetze des Bundes im Regelfall als eigene Angelegenheiten ausführen, und Gerichte der Länder auch für die Anwendung von Bundesrecht zuständig sind. 162

Die bundesstaatliche Ordnung Deutschlands ist in Art 20 Abs 1 GG verankert. Art 32 Abs 1 GG bestimmt, dass die Pflege der Beziehungen zu ausländischen Staaten dem Bund obliegt. Die Länder können nach Art 32 Abs 3 GG mit Zustimmung der Bundesregierung Verträge mit auswärtigen Staaten auf Gebieten schließen, auf denen sie gesetzgebungsbefugt sind. Ein Bsp für einen solchen Vertrag ist das Abkommen v 27.10.1969 über den Schutz des Bodensees gegen Verunreinigung, bei dem sowohl Baden-Württemberg als auch Bayern Vertragspartner sind. 163

Beabsichtigt der Bund, sich völkerrechtlich in Bereichen der Länderkompetenzen zu verpflichten, muss er zuvor entsprechend der im sog *Lindauer Abkommen* v 14.11.1957 getroffenen Durchführungsregelung die Zustimmung der Länder einholen.[432] 164

---

428 Vgl zu den Staatenverbindungen *Morrison*, Confederations of States, MPEPIL II, 601ff; *von der Heydte*, Großmächte und Staatenverbindungen in dem sich wandelnden Völkerrecht unserer Zeit, FS Verdross, 1980, 445 ff.
429 Ein solches besteht heute noch für das Fürstentum Monaco, das aufgrund des Vertrags v 17.7.1918 ohne vorherige Zustimmung Frankreichs („entente préalable") keine völkerrechtlichen Verträge schließen darf (RGDIP 27 [1920] 217 ff). Vgl hierzu auch *Gallois*, Le régime de Monaco, 1964.
430 Diese sind mittlerweile alle in die Unabhängigkeit entlassen worden.
431 Vgl *Rudolf*, Bundesstaat und Völkerrecht, AVR 27 (1989) 1 ff.
432 ZaöRV 20 (1959) 116 ff; vgl *Stern*, Auswärtige Gewalt und Lindauer Abkommen, FS Heymanns Verlag, 1995, 251 ff. Eine ähnliche Regelung existiert seit der Novelle des Bundesverfassungsgesetzes

165   Ein *Staatenbund* ist eine Staatenverbindung auf der Grundlage eines *völkerrechtlichen Vertrags*. Die Mitglieder behalten ihre Völkerrechtssubjektivität bei; ihre Beziehungen sind durch Völkerrecht geregelt.[433] Im Gegensatz zum Bundesstaat existiert keine Zentralregierung, doch verfügt der Staatenbund, der selbst Völkerrechtssubjekt ist, über eigene, von den Mitgliedstaaten getrennte Organe zur Erfüllung der gemeinsamen im Bundesvertrag umschriebenen Aufgaben. Ein Bsp für einen Staatenbund ist der Deutsche Bund (1815–1866). Kein Staatenbund ist hingegen der *Commonwealth of Nations*.[434]

166   Eine *zwischenstaatliche I. O.*[435] beruht auf einer Vereinigung von zwei oder mehr Staaten durch einen völkerrechtlichen Gründungsvertrag. Die I. O. wird in diesem Vertrag mit der selbständigen Wahrnehmung von Aufgaben betraut. Neben diesen ausdrücklich genannten Aufgaben kommen der Organisation diejenigen Kompetenzen zu, die zur Erfüllung der vertraglich festgelegten Aufgaben notwendig und mit eingeschlossen sind *(implied powers)*. Außerdem muss die I. O. zumindest ein handlungsbefugtes Organ haben.

167   Die Völkerrechtssubjektivität der Mitgliedstaaten bleibt erhalten; allerdings kann die völkerrechtliche Handlungsfähigkeit eingeschränkt werden, sofern Aufgaben und Funktionen, die herkömmlicherweise von den Mitgliedstaaten wahrgenommen werden, nunmehr durch die I. O. erfüllt werden. Das Prinzip der Staatengleichheit führt im Allgemeinen zu einer Stimmengleichheit innerhalb der I. O. Eine Sonderstellung unter den I. O. nimmt wegen ihrer umfangreichen Aufgaben die UNO ein.[436]

168   Nicht in die Gruppe der I. O. gehören die *multilateralen diplomatischen Konferenzen*. Sie können sich jedoch allmählich zu einer Organisation weiterentwickeln, wie das Bsp der OSZE zeigt. Die Schaffung einer Organisation ist im Budapester Dokument v 5./6.12.1994[437] enthalten, das der KSZE neue Dynamik verleihen sollte.[438] Die seit 1.1.1995 bestehende OSZE[439] ist ein Hauptinstrument zur Frühwarnung, Konfliktverhütung sowie Krisenbewältigung in der Region. Daneben wurde zusätzlich zu den bereits bestehenden Einrichtungen wie dem Sekretariat in Prag[440] und dem Hohen Kommissar für Minderheiten ein Vergleichs- und Schiedsgerichtshof in Genf beschlossen, dessen konstituierende Sitzung am 29.5.1995 stattfand.[441]

169   S. O. wie die EU weisen einen höheren Grad an Integration auf als die übrigen I. O. Sie verfügen über weitergehende Kompetenzen als I. O. wie etwa die Befugnis,

---

v 1988 auch für die österreichischen Bundesländer, die nun in Angelegenheiten, die in ihren Wirkungsbereich fallen, Staatsverträge mit an Österreich angrenzenden Staaten oder deren Teilstaaten abschließen können (ÖBGBl 1990, 445); vgl hierzu *Hammer*, Länderstaatsverträge, 1992; *Rack*, Österreichs Länder und das Völkerrecht, AVR 27 (1989) 31 ff.
433 Vgl zum Staatenbund auch *Hobe*, Einführung in das Völkerrecht, 10. Aufl 2014, 121 f.
434 Vgl *Green*, British Commonwealth, EPIL II, 1992, 495 (498).
435 Vgl *Schmahl*, 4. Abschn Rn 12 ff.
436 Vgl *Hüfner*, Die Vereinten Nationen und ihre Sonderorganisationen, 1986.
437 Int Pol 1995, 73 ff.
438 Vgl zum Übergang der KSZE zur OSZE *Schweifurth*, Die juristische Mutation der KSZE, FS Bernhardt, 1995, 213 ff; *Tretter*, Von der KSZE zur OSZE, EuGRZ 1995, 296 ff.
439 Nach Kap 1 Nr 2 sollen alle Bezugnahmen auf die KSZE künftig als Bezugnahme auf die OSZE betrachtet werden.
440 Zusätzlich wurden bestehende Organe umbenannt.
441 EuGRZ 1995, 345 ff.

für die Mitgliedstaaten bindende Beschlüsse – auch gegen den Willen einzelner Mitglieder – zu fassen. Beschlüsse gelten in den Mitgliedstaaten unmittelbar ohne staatliche Durchführungsmaßnahmen, und es besteht eine effektive Möglichkeit der Durchsetzung dieser Beschlüsse (zB durch innerstaatliche Gerichte oder Klagen vor einem Gericht der S.O.). Inbes ist die Möglichkeit hervorzuheben, dass S.O. eigene Rechtsvorschriften hervorbringen können, auf deren Geltung die Mitgliedstaaten nach wirksamer Verabschiedung nur noch durch gerichtliche Überprüfung, in erster Linie auf supranationaler Ebene (Art 259 AEUV), Einfluss nehmen können. Daneben existieren weisungsunabhängige (quasi-)parlamentarische Organe und gerichtliche Organe mit obligatorischer Gerichtsbarkeit.

In Europa wurde im Anschluss an die Einheitliche Europäische Akte v 1.7.1987[442] **170** am 7.2.1992 in Maastricht der Vertrag über die *Europäische Union* unterzeichnet, der durch den Amsterdamer Vertrag v 2.10.1997[443] und den Vertrag von Nizza v 26.2. 2001[444] modifiziert wurde. Hinsichtlich der Rechtsqualität der EU stellte das BVerfG fest, dass durch den Unionsvertrag ein Staatenverbund zur Verwirklichung einer immer engeren Union der – staatlich organisierten – Völker Europas (vgl Art 1 Abs 2 EU aF) begründet werde, jedoch kein sich auf ein europäisches Staatsvolk stützender Staat.[445] Nach dem Scheitern des Europäischen Verfassungsvertrags (2004) wurde am 13.12.2007 der *Vertrag von Lissabon* unterzeichnet, der sich seit dem 1.12.2009 in Kraft befindet.[446] Ungeachtet der zwischenzeitlichen Entwicklungen stellt die EU nach Auffassung des BVerfG weiterhin lediglich einen Staatenverbund dar, dessen Befugnisse auf einer Vereinbarung der Mitgliedstaaten und der von diesen enumerativ übertragenen „Zuständigkeiten zur Verwirklichung ihrer gemeinsamen Ziele" beruhen (Art 1 Abs 1 EUV).[447]

---

442 BGBl 1986 II, 1102 ff.
443 Vgl *Karpenstein*, Der Vertrag von Amsterdam im Lichte der Maastricht-Entscheidung des BVerfG, DVBl 1998, 942 ff; Kluth (Hrsg), Die Europäische Union nach dem Amsterdamer Vertrag, 2000; *Rossi*, Entwicklung der europäischen Verfassung, DVBl 1999, 529 ff.
444 Vgl *Borchmann*, Der Vertrag von Nizza, EuZW 2001, 170 ff; *Epiney/Freimuth/Mosters*, Der Vertrag von Nizza, DVBl 2001, 941 ff; *Fischer*, Der Vertrag von Nizza, 2001; *Hatje*, Reform der Europäischen Union, EuR 2001, 143 ff; *Oppermann*, Vom Nizza-Vertrag 2001 zum Europäischen Verfassungskonvent 2002/2003, DVBl 2003, 1 ff; *Pache/Schorkopf*, Der Vertrag von Nizza, NJW 2001, 1377 ff; *Wiedmann*, Der Vertrag von Nizza, EuR 2001, 185 ff.
445 Unionsvertrag: BGBl 1992 II, 1251 ff. Vgl zu ihm bzw zur Maastricht-Entscheidung des BVerfG *Oppermann/Classen*, Die EG vor der Europäischen Union, NJW 1993, 5 ff; *Ress*, Die Europäische Union und die neue juristische Qualität der Beziehungen zu den Europäischen Gemeinschaften, JuS 1992, 985 ff; *Steinberger*, Die Europäische Union im Lichte der Entscheidung des Bundesverfassungsgerichts vom 12. Oktober 1993, FS Bernhardt, 1995, 1313 ff.
446 BGBl 2008 II, 1038; *Oppermann*, Die Europäische Union von Lissabon, DVBl 2008, 473 ff; *Murswiek*, Die heimliche Entwicklung des Unionsvertrages zur europäischen Oberverfassung, NVwZ 2009, 481 ff; *Weber*, Vom Verfassungsvertrag zum Vertrag von Lissabon, EuZW 2008, 7 ff; *Steiner*, Deutschland und der Reformvertrag von Lissabon, DVP 2008, 485 ff; *Streinz*, Die „Verfassung" der Europäischen Union nach dem Scheitern des Verfassungsvertrags und dem Vertrag von Lissabon, ZG 2008, 105 ff; *Hatje/Kindt*, Der Vertrag von Lissabon, NJW 2008, 1761 ff; *Pache/Rösch*, Der Vertrag von Lissabon, NVwZ 2008, 473 ff; *Bergmann*, Bericht aus Europa, DÖV 2008, 305 ff.
447 BVerfGE 123, 267, 1. Leitsatz, 348 u 379 *[Vertrag von Lissabon]*.

5. Entstehung und Untergang von Staaten
a) Grundlagen

171 Staaten wurden früher auf unbesiedeltem Gebiet bzw in Gebieten gegründet, die nach damaliger Vorstellung von nichtzivilisierten Völkern besiedelt waren.[448] Heute entstehen Staaten durch Veränderungen des bisherigen Staatengefüges. Diese können entweder gegen den Willen eines Staates erfolgen oder mit dessen Zustimmung, wie der Beitritt der ehemaligen DDR zur Bundesrepublik Deutschland zeigt (vgl u Rn 216 ff).

172 An Entstehung und Untergang von Staaten werden *hohe Anforderungen* gestellt, um eine größtmögliche Stabilität auf völkerrechtlicher Ebene zu gewährleisten. Territoriale Veränderungen allein haben auf den Bestand eines Staats keinen Einfluss, wie der Grundsatz der beweglichen Vertragsgrenzen zeigt (vgl u Rn 191 ff). Ebenso wirken sich Verfassungsänderungen, Revolutionen oder Regierungswechsel auf Bestand oder Identität eines Staats nicht aus. Notwendig für einen Untergang ist vielmehr, dass das Staatsgebiet oder das Staatsvolk auf Dauer und gänzlich verloren geht.[449]

173 Einen Sonderfall stellen Staaten dar, die gewaltsam einem anderen durch Annexion einverleibt wurden. Erlangen solche Staaten nach einigen Jahren wieder ihre Unabhängigkeit und Souveränität, werden diese *wiederhergestellten Staaten*[450] im Wege der juristischen Fiktion als mit dem früheren Staat identisch angesehen. Zu den wiederhergestellten Staaten zählen Österreich nach 1945 und die baltischen Staaten nach 1991. Die Annahme, dass die Unabhängigkeit nicht kraft Sezession von der früheren UdSSR erfolgt sei, sondern dass es sich um die Wiederherstellung des früheren annektierten Staates gehandelt habe, wird bei der Staatsangehörigkeitsgesetzgebung deutlich.

174 Bei der Entstehung und dem Untergang von Staaten können Prozesse der *Integration* und der *Desintegration* unterschieden werden.

175 Eine Integration kann durch Fusion oder Inkorporation erfolgen. Eine *Fusion* liegt vor, wenn sich zwei oder mehrere bisher unabhängige Staaten zu einem neuen Bundes- oder Einheitsstaat auf der Ebene der Gleichberechtigung zusammenschließen. Auf diese Weise sind der Norddeutsche Bund und 1870 das Deutsche Reich entstanden. Bei einer *Inkorporation* tritt ein Staat in einen bestehenden Staatsverband ein. Um Aufnahme in den US-amerikanischen Staatsverband ersuchten Texas und Hawaii 1845 bzw 1898.

176 Ein Auseinanderbrechen bestehender Staaten ist durch Sezession oder durch Dismembration möglich (zu den neuen mittel- und osteuropäischen Staaten Rn 183 ff). *Dismembration* liegt vor, wenn ein Staat in zwei oder mehrere Nachfolgestaaten zerfällt und der Vorgängerstaat vollständig untergeht.[451] In der Geschichte fand eine Dismembration beim Auseinanderfall des Heiligen Römischen Reichs Deutscher Nation 1806 – sofern man dieses als Staat bezeichnet – oder 1832 im Fall von Großkolumbien statt, das in die drei Staaten Neugranada, Venezuela und Ecuador zerfiel. Bei einer *Sezession* löst sich ein Teilgebiet aus einem bestehenden Staatsverband,

---

448 So etwa die Gründung der Buren-Staaten, des Kongostaats und Liberias. Allgemein zur Staatenentstehung *Crawford* (Fn 171).
449 *Schiedermair*, Der Untergang von Staaten und das Problem der Staatennachfolge, ZöR 59 (2004) 135 ff
450 Vgl zu ihnen *Dahm/Delbrück/Wolfrum* (Fn 83) 138 und 144 mwN.
451 Vgl zur Dismembration *Tancredi*, Dismemberment of States, MEPIL III, 2012, 159 ff.

um sich einem anderen Staat anzuschließen oder um einen eigenen unabhängigen und souveränen Staat zu gründen.[452]

Bei einer Sezession besteht der Vorgängerstaat auf einem verkleinerten Gebiet im neuen Rechtsstatus unverändert weiter. Auch wenn die Sezession in Art 72 der Verfassung der Sowjetunion v 7.10.1977 und in der Präambel der Verfassung Jugoslawiens v 21.2.1974 enthalten war,[453] gibt es dennoch kein allgemeines, aus dem Selbstbestimmungsrecht der Völker resultierendes Recht auf Sezession (so Rn 125 ff). Die Bsp für Sezessionen sind zahlreich, betrachtet man die Staatenentstehung in Asien und Afrika. Voraussetzung dafür, dass die neue Einheit einen Staat bildet, ist eine tatsächliche Unabhängigkeit. Dies bedeutet, dass die *Herrschaftsgewalt* eine *ausreichende Stabilität und Effektivität* aufweisen muss.

177

b) Die völkerrechtliche Anerkennung

Die Bedeutung der Anerkennung für die Entstehung neuer Staaten hat im Laufe der Geschichte einen Bedeutungswandel erfahren. Während man früher annahm, dass sie notwendig sei, damit ein Gebilde als Staat betrachtet werden könne (*konstitutive Theorie*), ist nach heute hM die Existenz eines Staats hiervon unabhängig (*deklaratorische Theorie*).[454] Diese Auffassung vertrat auch das BVerfG, als es feststellte, dass die DDR ein Staat iSd Völkerrechts und als solcher Völkerrechtssubjekt sei. Diese Feststellung sei unabhängig von ihrer völkerrechtlichen Anerkennung durch die BR Deutschland.[455] Autoritativer und zugleich konstitutiver Charakter für die staatliche Anerkennung kommt regelmäßig der Aufnahme als Mitglied in die Vereinten Nationen zu, da Art 4 UN-Charta voraussetzt, dass es sich beim neuen Mitglied um einen Staat handelt.

178

Unter Anerkennung versteht man die Willensäußerung eines Staats dahingehend, dass er einen bestimmten Tatbestand, eine bestimmte Rechtslage oder einen bestimmten Anspruch als bestehend oder rechtmäßig anerkennt.[456] Bei der Anerkennung handelt es sich um eine einseitige, empfangsbedürftige Willenserklärung, die entweder ausdrücklich oder stillschweigend durch konkludentes Handeln wie die Aufnahme diplomatischer Beziehungen oder den Abschluss eines völkerrechtlichen Vertrags erfolgen kann.

179

Nach Inhalt und Rechtswirkung der Anerkennungen unterscheidet man *de iure-* und *de facto*-Anerkennungen. Während Erstere endgültig und vollständig erfolgt, kommt Letzterer vorläufiger Charakter zu; es ist daher möglich, sie bei einer späteren Änderung der politischen Verhältnisse zurückzunehmen.[457] Im anglo-amerikanischen

180

---

452 Vgl zur Sezession *Thürer/Burri*, Secession, MPEPIL IX, 53 ff.
453 Die Verfassungen finden sich bei *Brunner/Meissner*, Verfassungen der kommunistischen Staaten, 1980, 374 ff u 398 ff.
454 Vgl *Hillgenberg*, Zur völkerrechtlichen Anerkennung von Staaten, FS Tomuschat, 2006, 947 ff; *Frowein*, Recognition, MPEPIL VIII, 656 ff; für eine konstitutive Wirkung *Hillgruber*, Die Aufnahme neuer Staaten in die Völkerrechtsgemeinschaft, 1998, 743 ff; mit vermittelnder Position *Shaw* (Fn 62) 329 ff.
455 BVerfGE 36, 1, 22. Zur Anerkennung allgemein *Talmon* (Fn 66).
456 Vgl zur Definition *Bindschedler*, Die Anerkennung im Völkerrecht, BerDGVR 4 (1961) 1 ff sowie die Resolution des Institut de Droit International v 1936, AJIL 30 (1936), Suppl, 185.
457 Vgl zur Anerkennung auch *Hobe* (Fn 433) 71 ff; *Talmon* (Fn 66) 21 ff.

Rechtskreis existiert daneben die *Anerkennung von Regierungen*. Diese bedeutet die förmliche Feststellung, dass ein bestimmtes Regime die effektive Regierung eines Staats ist, und beinhaltet eine Verpflichtung, dieses Regime als die Regierung des betreffenden Staats zu behandeln. Die Anerkennung als Regierung beinhaltet zwangsläufig die Anerkennung der Staatseigenschaft derjenigen Einheit, die von der Regierung vertreten wird. Im Völkerrecht besteht keine Verpflichtung, ein Regime als die Regierung anzuerkennen, wenn die Herrschaft durch völkerrechtswidrige Anwendung von Gewalt erlangt worden ist. Darüber hinaus wird zwischen der Anerkennung von Regierungen und der Begründung diplomatischer Beziehungen unterschieden.[458]

181　　Eine Änderung der bisherigen Anerkennungspraxis kann seit der *Entstehung der südosteuropäischen Staaten* in Europa festgestellt werden. Als sich hier die einzelnen Teilrepubliken des früheren Jugoslawiens nach und nach für unabhängig und souverän erklärten,[459] legte der EG-Ministerrat am 16.12.1991 diejenigen Bedingungen fest, die die neu entstandenen Staaten für ihre Anerkennung zu erfüllen hatten.[460] Inhaltlich gehen die hier beschlossenen Anerkennungsrichtlinien über die bisherige völkerrechtliche Praxis hinaus. So hängt die Anerkennung als Staat davon ab, ob Bestimmungen der UN-Charta sowie der Schlussakte von Helsinki und der Charta von Paris, insbes die Verpflichtungen hinsichtlich Rechtsstaatlichkeit, Demokratie und Menschenrechte, eingehalten wurden. Ferner wurden die Achtung der Unverletzlichkeit territorialer Grenzen sowie die Verpflichtung zur Bedingung gemacht, alle Fragen im Zusammenhang mit der Staatennachfolge einvernehmlich, insbes durch ein Schlichtungsverfahren, zu regeln. Bei diesem umfangreichen Katalog lag die Annahme nahe, es handle sich nicht um Kriterien für eine Anerkennung, sondern um politische Voraussetzungen für die Aufnahme diplomatischer Beziehungen.[461]

182　　Die Entscheidung darüber, ob die neuen Staaten diese Kriterien erfüllten, wurde von einer Schiedskommission (der sog *Badinter*-Kommission) getroffen, die im Rahmen der Haager Jugoslawienkonferenz durch die EPZ errichtet wurde,. Während die Anerkennung Sloweniens uneingeschränkt befürwortet wurde,[462] stand die Kommission der Anerkennung Kroatiens zunächst skeptisch gegenüber, da sie der Auffassung war, der Schutz der serbischen Minderheit in der Krajina sei nicht ausreichend gewährleistet. Zweifel konnten durch eine Erklärung des damaligen kroatischen Präsidenten *Tudjman* beigelegt werden. Bosnien-Herzegowina wurde trotz der 1992 beginnenden Kämpfe und trotz Zweifeln der Kommission[463] anerkannt und am 22.5.1992 in

---

458 Hierzu American Law Institute (Fn 197) § 203; vgl auch *Talmon*, Luftverkehr mit nicht anerkannten Staaten – Der Fall Nordzypern, AVR 43 (2005) 1 ff.
459 Als erste erklärten Slowenien und Kroatien am 25.6.1991 den Austritt aus der SFRJ und am 10.10.1991 ihre Unabhängigkeit (EA 46 [1991] D 528 ff).
460 EA 1992, D 120 ff = ILM 31 (1992) 1486 ff. Vgl zur neuen Anerkennungspraxis auch *Rich*, Recognition of States, EJIL 4 (1993) 36 ff; *Türk*, Recognition of States, EJIL 4 (1993) 66 (68 f).
461 *Hummer*, Probleme der Staatennachfolge am Beispiel Jugoslawien, SZIER 3 (1993) 425 (440). Vgl auch *Weller*, The International Response to the Dissolution of the Socialist Federal Republic of Yugoslavia, AJIL 86 (1992) 569 (588): „This exclusive catalogue of criteria, far in excess of traditional standards for recognition of statehood, confirms that the community was not applying general international law in the determination of its position."
462 ILM 31 (1992) 1512.
463 Die *Badinter*-Kommission stellte fest, „[...] that the will of the people of Bosnia-Herzegovina to constitute the Socialist Republic of Bosnia-Herzegovina (SRBH) as a sovereign and independent State cannot be held to have been fully established."

die UNO aufgenommen. Eine Anerkennung Mazedoniens wurde zunächst trotz Befürwortung durch die Kommission nicht vorgenommen, da Griechenland Gebietsansprüche auf den griechischen Teil Mazedoniens befürchtete. Mazedonien ergänzte daraufhin seine Verfassung dahingehend, dass es keine Territorialforderungen gegen Nachbarstaaten erheben und sich weder in deren souveräne Rechte noch in ihre inneren Angelegenheiten einmischen werde. Mazedonien wurde schließlich am 8.4.1993 als „Frühere/Ehemalige Jugoslawische Republik Mazedonien" in die UNO aufgenommen.[464] Allerdings führte dies immer noch nicht dazu, dass der Konflikt mit Griechenland ausgeräumt war. Erst die auf der Grundlage einer Einigung mit Griechenland verbundene Umbenennung in Republik Nordmazedonien seit dem 12.2.2019 soll zu einer Entspannung führen. Hiermit verbunden ist die Bereitschaft Griechenlands, einen künftigen Beitritt Nordmazedoniens zu EU und NATO nicht mehr zu blockieren. Wie die vergleichsweise knappe Abstimmung über das Abkommen im griechischen Parlament (153 von 300 Abgeordneten) jedoch gezeigt hat, bleibt abzuwarten, ob der langjährige Konflikt damit auch dauerhaft beigelegt ist.

Ein weiterer offener Konflikt in der Staatengemeinschaft entstand nach der Unabhängigkeitserklärung des Kosovo v 17.2.2008. Während mittlerweile mehr als 110 Staaten einschließlich der USA, Großbritanniens, Frankreichs und Deutschlands das Kosovo anerkannt haben, äußerten sich die VR China, Indonesien und Vietnam kritisch. Serbien und Russland verurteilten die Unabhängigkeitserklärung und vertreten unverändert die Auffassung, dass es sich dabei um einen Bruch des geltenden Völkerrechts handele.[465] Der Kosovo ist ein Bsp dafür, dass die Ansammlung von Anerkennungserklärungen allein nicht ausreicht, einen Konflikt im Hinblick auf die Staatlichkeit beizulegen oder auch nur die damit zusammenhängenden Rechtsfragen zu klären, zumal ein Blick auf die geografische Verteilung der Anerkennungen zeigt, dass weite Teile Asiens (zB China, Indien, Indonesien, Iran), Südamerikas (zB Brasilien, Argentinien, Venezuela, Chile, Bolivien) und Afrikas (zB Algerien, Kongo, Südafrika) bislang hierzu nicht bereit waren. **182a**

c) Die neuen Staaten in Mittel- und Osteuropa

Bei der Entwicklung in Mittel- und Osteuropa stellte sich vor allem die Frage, wie das Auseinanderbrechen der Bundesstaaten rechtlich qualifiziert werden sollte. Während die Teilung der *Tschechoslowakei* zum 1.1.1993 dazu führte, dass die alte CSFR untergegangen war,[466] musste im Hinblick auf die Ereignisse im ehemaligen Jugoslawien und in der ehemaligen UdSSR entschieden werden, ob die neuen Staaten aufgrund einer Reihe von Sezessionen oder aber durch Dismembration entstanden waren. **183**

Im ehemaligen *Jugoslawien* schien zunächst alles dafür zu sprechen, dass aufgrund der nacheinander erfolgten Unabhängigkeitserklärungen Sezessionen der Teilrepubliken vorlagen. Diese These wurde insbes von Rest-Jugoslawien, der Föderati- **184**

---

464 Die BR Jugoslawien ist nach acht Jahren ohne Stimm- und Rederecht seit November 2000 wieder vollberechtigtes UN-Mitglied (Beschluss der UN-Generalversammlung v 1.11.2000, Res A/RES/55/12); am 4.2.2003 Namensänderung in „Serbien und Montenegro". Nachdem sich Montenegro für unabhängig erklärt hat, lautet der Name nunmehr „Republik Serbien".
465 *Schaller* (Fn 167) 131 ff.
466 Vgl *Hosková*, Die Selbstauflösung der CSFR, ZaöRV 53 (1993) 689 ff.

ven Republik Jugoslawien, vertreten, die nach ihrer Umgründung in Anspruch nahm, für ganz Jugoslawien zu handeln und gegenüber dem UN-Generalsekretär die Bereitschaft erklärte, alle Rechte und Verpflichtungen Jugoslawiens wahrzunehmen und zu erfüllen.[467] Die *Badinter*-Kommission hingegen entschied sich für eine Auflösung Jugoslawiens durch *Dismembration*, was von der Staatengemeinschaft im Wesentlichen übernommen wurde. So verwendete der UN-Sicherheitsrat am 15.5.1992 erstmals den Ausdruck „ehemalige Sozialistische Föderative Republik Jugoslawien" und wies den Anspruch des Reststaats, die Mitgliedschaft in der Organisation automatisch fortzusetzen, zurück.[468] In der Resolution 777 (1992) stellte der UN-Sicherheitsrat schließlich fest, „that the state formerly known as the Socialist Federal Republic of Yugoslavia has ceased to exist."[469] Der IGH nahm zu dieser Frage im Verfahren Bosnien-Herzegowinas gegen Jugoslawien keine Stellung.[470] Im Falle des Kosovo wurde eine offizielle Festlegung hierüber sorgsam vermieden, wenn auch im Schrifttum meist ohne größerer Erörterung von einer Sezession des Kosovo von Serbien ausgegangen wird.[471]

185 Bei den Ereignissen in der ehemaligen *UdSSR* sprachen sowohl Gründe für die Annahme, die Russische Föderation setze den Sowjetstaat fort, als auch für einen Untergang der UdSSR durch Dismembration.[472]

186 Nachdem die baltischen Staaten im Februar und März 1990 die Wiederherstellung ihrer Unabhängigkeit und Souveränität erklärt hatten, unterzeichneten die drei slawischen Staaten Russland, Weißrussland und die Ukraine in Minsk am 8.12.1991 ein Übereinkommen, dessen Präambel feststellt, dass die UdSSR als geopolitische Realität ihre Existenz beendet habe. Eine Auflösung zum damaligen Zeitpunkt fand jedoch nicht statt, da es an der Mitwirkung der anderen Unionsrepubliken fehlte.[473] Art 13 Abs 2 des Minsker Abkommens eröffnete daher den anderen Republiken den Beitritt, der mit der Vereinbarung von Alma-Ata am 21.12.1991 vollzogen wurde. Erst jetzt konnte der Unionsvertrag v 30.12.1922 wirksam durch actus contrarius aufgehoben werden.[474]

187 Obgleich diese Dismembration zu einer gleichberechtigten Nachfolge aller neuen Staaten hätte führen müssen, übernahm die *Russische Föderation als Fortsetzer-*

---

467 Kontinuität seitens der FRJ wird insbes von *Blum*, UN Membership of the „New" Yugoslavia, AJIL 86 (1992) 830 (833) befürwortet. Ähnlich *Hummer*, Probleme der Staatennachfolge am Beispiel Jugoslawien, SZIER 3 (1993) 425 (436).
468 S/RES/752 (1992), VN 40 (1992) 109; ebenso auch S/RES/757, VN 40 (1992) 110.
469 Für Untergang spricht sich auch aus: *Kristan*, Verfassungsentwicklung und Verfassungsordnung Sloweniens, ZaöRV 53 (1992) 322 (329).
470 ICJ Rep 1993, 3, 12 *[Völkermordkonvention I]* mit Anm *Oellers-Frahm*, ZaöRV 53 (1993) 638 ff; vgl nunmehr das Urteil in der Hauptsache *[Völkermordkonvention II]*, ICJ Rep 2007, 43 ff.
471 ZB *Schaller* (Fn 167) 131 ff; *Warbrick* (Fn 167) 675 ff.
472 Für Untergang *Blum*, Russia Takes over the Soviet Union's Seat at the United Nations, EJIL 3 (1992) 354 (359); *Schweisfurth*, Ausgewählte Fragen der Staatensukzession im Kontext der Auflösung der UdSSR, AVR 32 (1994) 99 (102 f); *Seiffert*, Von der Sowjetunion (UdSSR) zur Gemeinschaft Unabhängiger Staaten (GUS), Osteuroparecht 38 (1992) 79 (87 f). Vgl aber *Bothe/Schmidt*, Sur quelques questions de succession posées par la dissolution de l'URSS et celle de la Yougoslavie, RGDIP 96 (1992) 811 (824); *Weyer*, Die Mitgliedschaftsrechte der ehemaligen Sowjetunion in den Vereinten Nationen, ROW 36 (1992) 167 (177).
473 So auch *Schweisfurth*, Vom Einheitsstaat (UdSSR) zum Staatenbund (GUS), ZaöRV 52 (1992) 541 (637); *Weyer* (Fn 472) 169.
474 So auch die Vereinbarung von Alma-Ata: „With the establishment of the Commonwealth of Independent States, the Union of Soviet Socialist Republics ceases to exist" (ILM 31 [1992] 149).

staat Rechte und Pflichten der ehemaligen UdSSR auf völkerrechtlicher Ebene. Deutlich wird dies insbes an Russlands Fortsetzung der Mitgliedschaft der früheren UdSSR im UN-Sicherheitsrat.[475] Dieses Einrücken der Russischen Föderation an die Stelle der ehemaligen UdSSR fand seine Grundlage darin, dass Russland insoweit als „Fortsetzer" der ehemaligen UdSSR *akzeptiert* wurde,[476] was auch in einer entsprechenden Erklärung der GUS-Staaten seinen Niederschlag fand.[477]

6. Die Staatensukzession
a) Begriff und Rechtsgrundlage

Bei der Entstehung neuer Staaten oder dem Untergang eines Staats stellt sich u a die Frage, an welche völkerrechtlichen Verträge der Nachfolgestaat gebunden sein soll, bzw in welche vermögenswerten Rechte er eintreten kann. Allgemeine Regeln des Völkerrechts haben sich in diesem Bereich nur zT entwickelt. Eine erste Kodifikation wurde mit der *Wiener Konvention über die Staatennachfolge in Verträge* v 23.8.1978 (in Kraft seit 1996) und der *Wiener Konvention über die Staatennachfolge in Staatsvermögen, Staatsschulden und Staatsarchive* v 8.4.1983 (noch nicht in Kraft) versucht. Parteien der erstgenannten Konvention sind zahlreiche Staaten aus Mittel- und Osteuropa, die zum Teil selbst an Staatensukzessionen beteiligt waren (zB Tschechische Republik, Slowakei, Slowenien, Kroatien, Serbien, Montenegro, Bosnien-Herzegowina, Moldowia).

188

Eine *Definition* der Staatensukzession ist in beiden Wiener Konventionen enthalten: „,Succession of States' means the replacement of one state by another in the responsibility for the international relations of territory."[478]

189

Die Frage nach dem Übergang von Rechten und Pflichten stellt sich also nur, wenn ein tatsächlicher Wechsel stattgefunden hat, und es sich nicht nur um rein staatsinterne Vorgänge wie etwa einen Regierungswechsel handelt. Im Gegensatz zum Zivilrecht geht man nicht davon aus, dass der Nachfolgestaat in die Gesamtheit der Rechte und Pflichten des Vorgängerstaats eintritt (zB §§ 1922, 1967 BGB), sondern es gilt der Grundsatz der *Spezialsukzession*.

190

---

475 Vgl die Erklärung des damaligen russischen Außenministers v 26.12.1991: „[...] the participation of the Union of the Soviet Socialist Republics [...] in all conventions, agreements and other legal instruments, concluded in the framework of the United Nations shall be continued by the Russian Federation and in this connection the name Russian Federation shall be used instead of the name Union of the Soviet Socialist Republics in the United Nations."
476 Eine Feststellung dahingehend, dass alle Teilnehmerstaaten der GUS Rechtsnachfolger bzgl der ehemaligen UdSSR sind, wurde vom Rat der Staatschefs bei seinem Treffen in Kiew am 20.3.1992 nach Prüfung von Fragen der Rechtsnachfolge in Verträge von gegenseitigem Interesse und im Hinblick auf Staatseigentum, Aktiva und Schulden der ehemaligen UdSSR getroffen.
477 „The States of the Commonwealth support Russia's continuance of the membership of the Union of Soviet Socialist Republics in the United Nations, including permanent membership of the Security Council, and other international organizations." (ILM 31 [1992] 151).
478 Vgl Art 2 Abs 1 der Wiener Konvention v 1978 sowie die entsprechende Vorschrift in der Konvention v 1983. Hierzu *Richardson,* Breaking Up Doesn't Have to Be So Hard, Chicago JIL 9 (2009) 685ff; *Pippan/Karl,* Selbstbestimmungsrecht, Sezession und Anerkennung, EJM 1 (2008) 211ff; *Craven,* The Decolonisation of International Law, 2007; *Dumberry,* State Succession to International Responsibility, 2007.

b) Die Nachfolge in völkerrechtliche Verträge

191 Die Konvention über die Nachfolge in völkerrechtliche Verträge[479] geht vom Grundsatz der *Kontinuität vertraglicher Pflichten* aus. Hiervon ausgenommen sind die *newly independent states*, die unabhängig von den durch den Kolonialstaat geschlossenen Verträgen *with a clean slate (tabula rasa)* ihre Existenz beginnen sollten. Art 17 räumt ihnen jedoch die Möglichkeit ein, multilateralen Verträgen beizutreten *(free choice doctrine).*[480]

192 Für den Fall einer Zession enthält Art 15 in Übereinstimmung mit dem allgemeinen Völkerrecht den *Grundsatz der beweglichen Vertragsgrenzen (moving treaty frontiers).* Hiernach erstrecken sich Verträge des Gebietserwerbers automatisch auf das neue Gebiet, und Verträge des Vorgängerstaats sind nicht mehr anwendbar. Unberührt von der Staatensukzession bleiben Grenzverträge, Verträge, die ein Grenzregime betreffen, sowie die sog *radizierten Verträge* wie etwa solche über Transitrechte.[481]

193 Der Grundsatz der Kontinuität vertraglicher Pflichten fand Eingang in Art 153 des Verfassungsgesetzes Nr 4 des tschechischen Nationalrats über die Maßnahmen im Zusammenhang mit dem Untergang der *CSFR* und in entsprechenden Bestimmungen der slowakischen Verfassung.

194 Die Nachfolgestaaten der ehemaligen *Sowjetunion* garantierten in Art 12 des Minsker GUS-Gründungsabkommens die Erfüllung internationaler Verpflichtungen. Dies wurde in der Erklärung von Alma-Ata mit dem Zusatz „entsprechend ihrer Verfassungsprozeduren" übernommen. Am 6.7.1992 einigten sich die GUS-Staaten darauf, dass bei multilateralen Verträgen von allgemeinem Interesse keine gemeinsamen Beschlüsse gefasst werden sollten, sondern dass jeder GUS-Staat selbständig über die Fortgeltung entscheiden könne. Bei bilateralen Verträgen, die für mindestens zwei Staaten von Interesse sind, sollte eine zwischenstaatliche Einigung gesucht werden. Sondervereinbarungen wurden für Rüstungskontroll- und Abrüstungsverträge getroffen.

195 Bei der *Nachfolge in Mitgliedschaftsrechte in I.O.* findet keine automatische Nachfolge statt. Neue Staaten müssen vielmehr um Aufnahme ersuchen.[482] So behielt etwa nach der Sezession Pakistans von Indien 1947 und der Loslösung Bangladeschs von Pakistan 1971 der ursprüngliche Staat seine mitgliedschaftlichen Rechte bei, während die sezessionierten Staaten um Aufnahme ersuchen mussten. Nach dem Zerfall der UdSSR setzte die Russische Föderation die Mitgliedschaft der UdSSR in den UN-Organen fort,[483] während die neuen GUS-Staaten, mit Ausnahme der bis-

---

479 Vgl zur Wiener Konvention *Menon*, Vienna Convention of 1978 on Sucession of States in Respect of Treaties, RDI 59 (1981) 1 ff; *Treviranus*, Die Konvention der Vereinten Nationen über Staatensukzession bei Verträgen, ZaöRV 39 (1979) 259 ff; *Zemanek*, Die Wiener Konvention über die Staatennachfolge in Verträge, FS Verdross, 1980, 719 ff; aus jüngerer Zeit *Dumberry/Turp*, State Succession with Respect to Multilateral Treaties in the Context of Secession, Baltic YIL 13 (2014) 27 ff.
480 Hierzu ausf *Zimmermann*, Staatennachfolge.
481 *Zimmermann*, Staatennachfolge; *ders*, Europäischer Gerichtshof und Staatennachfolge in völkerrechtliche Verträge, FS Ress, 2005, 357 ff; *Alimi*, Die Staatensukzession in völkerrechtlichen Verträgen und die Einigung Deutschlands, 2004.
482 Vgl hierzu UN Doc A/CN.4/140, 8; im Übrigen vgl *Schmahl*, 4. Abschn Rn 71.
483 *Schweisfurth* (Fn 473) 119 sieht hier eine „neuere spätere Übung" für den Fall der Dismembration eines ständigen Mitglieds des Sicherheitsrats.

herigen UN-Mitglieder Ukraine und Weißrussland, als neue Mitglieder aufgenommen wurden.

c) Die Nachfolge in Staatsvermögen, Staatsarchive, Staatsschulden und Haftungsansprüche

Die Nachfolge in Staatsvermögen, Staatsarchive und Staatsschulden ist Gegenstand der Wiener Konvention v 8.3.1983.[484] Der Aufbau entspricht der Konvention v 1978. Zusätzlich wird zwischen dem Vermögen, den Archiven und den Schulden getrennt. **196**

Das *Staatsvermögen* des Vorgängerstaats wird in Art 8 als Vermögen, Rechte und Interessen definiert, die im Zeitpunkt der Staatennachfolge gemäß innerstaatlichem Recht des Vorgängerstaats diesem gehörten. Eine Unterscheidung zwischen dem Verwaltungsvermögen und dem nicht unmittelbar zur Aufgabenerfüllung benötigten Finanzvermögen trifft die Konvention nicht. **197**

Grundsätzlich geht das gesamte Vermögen auf den Nachfolgestaat über, sofern keine anderslautende Vereinbarung getroffen wurde. Liegt eine Zession oder Separation vor, geht das gesamte auf dem betreffenden Gebiet belegene unbewegliche Vermögen auf den Gebietsnachfolger über. Dasselbe gilt für das bewegliche Vermögen, das mit einer Aktivität des Vorgängerstaats in Bezug auf das abgetretene oder abgetrennte Territorium in Zusammenhang steht. **198**

Staatsarchive, die für die Verwaltung des betreffenden Gebiets notwendig sind, gehen unabhängig von der Art und Weise des Gebietswechsels auf den Nachfolgestaat über (sog Betreffprinzip). Dies gilt auch für den Teil der Staatsarchive, der ausschließlich oder hauptsächlich das Staatennachfolgegebiet betrifft.[485] **199**

Zu den *Staatsschulden* gehören nach Art 33 die in Übereinstimmung mit dem Völkerrecht entstandenen finanziellen Verpflichtungen. Grundsätzlich führt ein Übergang von Staatsschulden dazu, dass Verpflichtungen des Vorgängerstaats erlöschen und Verpflichtungen des Nachfolgestaats entstehen.[486] Hinsichtlich des Umfangs bestimmt Art 37 für die Zession und Art 40 für die Dismembration, dass ein Übergang der zwischenstaatlichen Schulden in einem angemessenen Verhältnis stattfindet. **200**

Bei der Auflösung der *Tschechoslowakei* wurde bereits am 13.11.1992, dh noch vor dem Auflösungsgesetz, ein Verfassungsgesetz über die Aufteilung des Vermögens zwischen der Tschechischen Republik und der Slowakischen Republik verabschiedet. Nach diesem Gesetz gingen das unbewegliche Vermögen sowie das bewegliche Vermögen, das in Zusammenhang mit der Zweckbestimmung des unbeweglichen Vermögens stand, auf die Teilrepublik über, in der es sich befand. Eine Aufteilung nach dem Anteil an der Gesamtbevölkerung fand in allen übrigen Fällen statt. **201**

---

[484] Vgl Institut de Droit International, La succession d'Etats en matière de biens et de dettes, Septième Commission, Rapporteur: *M. Georg Ress*, Résolution adoptée lors de la Session de Vancouver, Août 2001, AVR 40 (2002) 355; hierzu *Ruffert*, Probleme der Staatensukzession im Hinblick auf Vermögen und Schulden, NJW 2001, 2235.
[485] *Fitschen*, Das rechtliche Schicksal von staatlichen Akten und Archiven bei einem Wechsel der Herrschaft über das Staatsgebiet, 2004.
[486] *Reina*, Iraq's Delictual and Contractual Liabilities, BJIL 22 (2004) 583 ff; *Anderson*, International Law and State Succession, Utah LRev 2005, 401 ff.

202 Ausgenommen vom Übergang sind Schulden, deren Übernahme dem Nachfolgestaat nicht zugemutet werden kann, weil sie in Widerspruch zu dessen wesentlichen Interessen stehen, etwa Kriegsanleihen zur Niederschlagung eines Aufstands (sog *dettes odieuses* oder *odious debts*).[487] Als Merkmale solcher nicht im Einklang mit dem Völkerrecht stehender Schulden werden genannt, dass sie von einem diktatorischen Regime (1) zu Zwecken aufgenommen wurden, die dem Gemeinwohl und den Interessen der Bevölkerung zuwiderlaufen (2). Schließlich müssen diese Umstände dem Kreditgeber bewusst gewesen sein (3).[488] Bspw hat die US-Regierung nach der Besetzung des Iraks die Auffassung vertreten, dass der neu konstituierte irakische Staat nach den Grundsätzen der „*odious debts*-Doktrin" nicht für die Schulden haftbar sein soll, die in der Herrschaftszeit Saddam Husseins (1979–2003) aufgenommen wurden.[489] Allerdings werfen die genannten Merkmale auch Fragen auf. So hängt es von wertenden Einschätzungen ab, ob zugewendete Finanzmittel tatsächlich „interessenwidrig" verwendet wurden. Ferner ist ungeklärt, welche Beweisanforderungen an Kenntnisse des Kreditgebers um belastende Umstände und interessenwidrige Verwendung im Schuldnerstaat anzulegen sind. Beides zeigt, dass die *odious debts*-Doktrin in der praktischen Anwendung großen Schwierigkeiten begegnet, die dazu geführt haben, dass sich noch kein Staat in einem Gerichtsverfahren erfolgreich hierauf berufen konnte.[490]

203 Besonders schwierige Rechtsfragen ergeben sich bei der Staatensukzession im Hinblick auf *Haftungsansprüche* aus deliktischem Handeln (obligations arising from an internationally wrongful act), die Drittstaaten gegenüber dem ursprünglichen Staat innehaben. Nach dem Bericht der ILC besteht in dieser Frage bislang noch keine hinreichende Klarheit, was auch durch die jüngere Staatenpraxis bestätigt wird.[491] Dabei sind grundsätzlich drei Möglichkeiten für eine rechtliche Behandlung denkbar: (1) Die Haftungsansprüche gehen mit dem ursprünglichen Staat unter, so dass der nachfolgende Staat hierfür nicht haftet (*clean slate-/tabula rasa*-Theorie). (2) Nach einer anderen Auffassung gehen etwaige deliktische Ansprüche vollständig auf den fortbestehenden (Rest-)Staat über *(universal succession)* und können ihm gegenüber geltend gemacht werden. (3) Schließlich werden Haftungsansprüche nach einer weiteren Theorie nur teilweise auf den durch Sukzession entstandenen

---

487 *Verdross/Simma* (Fn 1) 629 f; *Reinisch*, A History of the Doctrine of Odious Debts: Serving Individual/Bilateral or Community Interest, FS Simma, 2011, 1225 ff; *Müller* (Fn 209) 119 ff.
488 *Adams*, Odious Debts, 1991; *Buchheit/Gulati/Thompson*, The Dilemma of Odious Debts, Duke LJ 56 (2007) 1201 ff; *Stephan*, The Institutionalist Implications of an Odious Debt Doctrine, Law & Contemp Probs 70 (2007) 213 ff; *Dickerson*, Insolvency Principles and the Odious Debt Doctrine, Law & Contemp Probs 70 (2007) 53 ff; *Feinerman*, Odious Debt, Old and New, ebd 193 ff. Krit *Choi/Posner*, A Critique of the Odious Debt Doctrine, ebd, 33 ff; *Kleinlein*, Rechtsfragen staatlicher Auslandsanleihen, AVR 44 (2006) 405 (406 ff).
489 *Cheng*, Renegotiating the Odious Debt Doctrine, Law & Contemp Probs 70 (2007) 7 ff; hierzu auch der nicht in Kraft getretene Iraqi Freedom from Debt Act, HR 2482, 108th Cong, § 3 (2003).
490 ZB *Jackson v People's Republic of China*, 794 F2d 1490, 1495; *Gelpern*, Odious, Not Debt, Law & Contemp Probs 70 (2007) 81 ff; *Reinisch* (Fn 487). Zu Bsp von Staaten, die sich möglicherweise nach einem Regimewechsel künftig hierauf berufen könnten: *Cheng* (Fn 489) 9; zu früheren Bsp: *Ginsburg/Ulen*, Odious Debt, Odious Credit, Economic Development, and Democratization, Law & Contemp Probs 70 (2007) 115 ff.
491 ILC Draft Articles on the Responsibility of States for Internationally Wrongful Acts, GAOR, 56th Sess, Suppl 10, 59 (119 Ziff 3), Stellungnahme des Special Rapporteur *James Crawford*.

Staat übertragen *(partial succession)*.⁴⁹² Während in Anschluss an einschlägiges Case Law des frühen 20. Jhs und den Grundgedanken persönlicher Verantwortung in der Völkerrechtswissenschaft lange Zeit vor allem die *clean slate-* oder *tabula rasa*-Theorie vertreten wurde,⁴⁹³ führte das Auseinanderbrechen der Sowjetunion, Jugoslawiens und der Tschechoslowakei in jüngerer Zeit zu differenzierteren Ansätzen.⁴⁹⁴ Dabei spielen die Natur der infrage stehenden Ansprüche, der Verlauf der Staatensukzession sowie seine Begleitumstände eine entscheidende Rolle. Im Hinblick auf die „Nachfolge" der früheren Sozialistischen BR Jugoslawien wurden Fragen der Staatensukzession zwischen den selbständig gewordenen Republiken Serbien und Montenegro (bis 2006), Kroatien, Slowenien und Bosnien-Herzegowina zB im Rahmen einer umfassenden völkerrechtlichen Vereinbarung (2001) geregelt.⁴⁹⁵ Zur Frage von Haftungsansprüchen Dritter hieß es darin, ein Gemeinsames Komitee der beteiligten Vertragsparteien werde solche Ansprüche „berücksichtigen". Wenn damit auch das Schicksal der einzelnen Ansprüche nicht geklärt ist, zeigt sich hierin eine zumindest ansatzweise Abkehr von der *clean slate*-Theorie.⁴⁹⁶

d) Staatennachfolge und Staatsangehörigkeit

Die Frage, ob und ggf welche Regeln des allgemeinen Völkerrechts über den *Wechsel der Staatsangehörigkeit bei einem Gebietsübergang* bestehen, ist *umstritten*. Nach einer vor allem nach dem Zweiten Weltkrieg verbreiteten Auffassung folgt die Staatsangehörigkeit der Bevölkerung dem Wechsel der territorialen Souveränität, dh die Bevölkerung eines Gebiets, das von der Herrschaft eines Staats in die eines anderen übergeht, verliert automatisch ihre bisherige Staatsangehörigkeit und erwirbt die des neuen Staats.⁴⁹⁷ Die hM in Literatur und Rechtsprechung lehnt diese Auffassung zu Recht ab.⁴⁹⁸ Die Staatenpraxis zeigt bis in die neueste Zeit zu starke Schwankungen und Ungleichmäßigkeiten, um als Basis für eine entsprechende Regel des Völkergewohnheitsrechts herangezogen werden zu können.⁴⁹⁹ Der Praxis der Staaten der ehemaligen Sowjetunion, der Tschechoslowakei und der beimAusein-

204

---

492 Carter/ Weiner/Hollis, International Law, 7. Aufl 20187, 478; *Shaw* (Fn 62) 747f; *Crawford* (Fn 2) 442; *Schachter*, State Succession, VJIL 33 (1993) 253ff.
493 ZB *Verdross/Simma* (Fn 1) 633 (Wiedergutmachungsansprüche); *Hurst*, State Succession in Matters of Torts, BYBIL 5 (1924) 163ff; British-US Claims Commission, *R.E. Brown* case (US v Great Britain) (1923), RIAA VI, 120 (129); *F.H. Redward and Others* case (Great Britain v US) (1925), RIAA VI, 157 (Hawaiin Claims).
494 ZB *Dumberry*, State Succession to Rights and Obligations Arising from the Commission of Internationally Wrongful Acts in International Law, 2007; *Dumbury*, The Controversial Issue of State Succession to International Responsibility Revisited in Light of Recent State Practice, GYIL 49 (2006) 413ff; *Vokovitsch*, Righting Wrongs, CLRev 92 (1992) 2162ff; früher hierzu *Monnier*, La succession d'Etats en matière de responsabilité internationale, AFDI 8 (1962) 65ff.
495 Vereinbarung über Fragen der Staatensukzession v 29.6.2001; vgl *Stahn*, The Agreement on Succession Issues of the Former Socialist Federal Republik of Yugoslavia, AJIL 29 (2002) 379ff; *Piotrowicz*, Status of Yugoslavia: Agreement at Last, ALJ 77 (2001) 95ff. Zu den Hintergründen *Oeter*, The Dismemberment of Yugoslavia, GYIL 50 (2007) 457ff.
496 *Dumbury* (Fn 494) 431.
497 *v. Münch*, Staatsangehörigkeit und Gebietswechsel, FS Scupin, 1983, 441 (447ff).
498 BVerwGE 1, 206; BGHZ 3, 178, 186; BGHSt 9, 53, 57; *Weis*, Nationality and Statelessness in International Law, 1979, 135, 137ff; *Randelzhofer*, in Maunz/Dürig (Fn 275) Art 16 Abs 1 GG Rn 29 mwN.
499 Hierzu ausf *Hailbronner/Maaßen/Hecker/Kau* (Fn 265) Grundlagen D Rn 43ff.

anderbrechen Jugoslawiens lässt sich entnehmen, dass die meisten Staaten dem Grundsatz folgen, dass der Wechsel der Souveränität über ein Gebiet auch den Wechsel der Staatsangehörigkeit der dort lebenden Personen zur Folge hat, wobei allerdings in einigen Staaten die Staatsangehörigkeit des Vorgängerstaats oder eine bestimmte Aufenthaltsdauer im Staatsgebiet Voraussetzung waren. Bei Vorliegen bestimmter Voraussetzungen wurden vom Erwerb auch sich im Ausland befindliche Personen erfasst, sofern sie eine bestimmte Beziehung zum Inland, zB die Geburt eines Elternteils im Hoheitsgebiet des neuen Staats, vorweisen konnten, oder eine Zwangsausbürgerung vorausgegangen war. Der Wille des Einzelnen wurde in vielen der neuen Staaten berücksichtigt, jedoch lässt sich eine einheitliche Praxis hinsichtlich Einräumung eines Optionsrechts nicht nachweisen.

205   Sowohl der Vorschlag der ILC[500] als auch die *Draft Declaration on the Consequences of State Succession for the Nationality of Natural Persons* v 14.9.1996[501] der European Commission for Democracy Through Law des Europarats bestätigen diese Staatenpraxis im Wesentlichen.[502] Art 1 des Entwurfs enthält ein *Recht des Einzelnen auf Staatsangehörigkeit*.[503] In Art 5 ist die Vermutung enthalten, dass die Personen, die ihren gewöhnlichen Aufenthalt in dem von der Staatensukzession betroffenen Gebiet haben, mit dem Übergang die Staatsangehörigkeit des Nachfolgestaats erwerben. Der Wille des Einzelnen findet in Art 11 Berücksichtigung. Weitere Bestimmungen betreffen u a die Einheit der Familie und die Staatsangehörigkeit von Kindern. Art 15 enthält den Grundsatz der Nichtdiskriminierung; Art 16 verbietet willkürliche Entscheidungen, Art 17 enthält verfahrensrechtliche Vorgaben. Im Rahmen seines zweiten Teils orientiert sich der Entwurf der ILC an den Wiener Konventionen v 1978 und 1983 und unterscheidet zwischen verschiedenen Tatbeständen der Staatennachfolge.[504]

206   In Art 18 Abs 1 EuStAngÜbk findet sich die Verpflichtung der Staaten, in Staatsangehörigkeitsangelegenheiten in Fällen der Staatennachfolge, insbes um Staatenlosigkeit zu vermeiden, die Grundsätze der Rechtsstaatlichkeit, die Vorschriften der Menschenrechte und die in Art 4 u 5 des Übereinkommens und in Art 18 Abs 2 enthaltenen Grundsätze, zu denen die echte und tatsächliche Beziehung des Betroffenen zum Staat, der gewöhnliche Aufenthalt des Betroffenen zur Zeit der Staatennachfolge, der Wille des Betroffenen und die territoriale Herkunft des Betroffenen gehören, zu beachten.

7. Die Rechtslage Deutschlands in Geschichte und Gegenwart

207 Mit dem Vertrag der BR Deutschland und der DDR über die Herstellung der Einheit Deutschlands (Einigungsvertrag – EV) und den damit in Zusammenhang stehenden völkerrechtlichen Verträgen änderte sich die Rechtslage Deutschlands.[505]

---

500 UN Doc A/CN.4/4/474: „Draft Articles on Nationality of Natural Persons in Relation to the Succession of States".
501 CDL-NAT (96) 7; vgl ferner den Report der Venice Commission, Consequences of State Succession for Nationality, 1998; Citizenship and State Succession, Proceedings, 1998.
502 Hierzu ausf *Hailbronner/Maaßen/Hecker/Kau* (Fn 265) Grundlagen D Rn 59 ff.
503 Vgl auch *Zimmermann*, State Succession and the Nationality of Natural Persons, in Eisemann/Koskenniemi (Hrsg), State Succession, 2000, 611 (643 ff).
504 Vgl wiederum *Hailbronner/Maaßen/Hecker/Kau* (Fn 265) Grundlagen D Rn 64 ff.
505 Zum größeren historischen Hintergrund vgl *Graf Vitzthum*, 1. Abschn Rn 95 ff.

a) Die Teilung Deutschlands

Nach der Kapitulation durch das Oberkommando der deutschen Wehrmacht am 8./9.5.1945 und der Auflösung der letzten deutschen Regierung beschlossen die vier Siegermächte am 5.6.1945 in der Berliner Erklärung die *Übernahme der Regierungsgewalt in Deutschland* einschließlich aller Befugnisse der deutschen Regierung, des Oberkommandos der Wehrmacht und der Regierungen, Verwaltungen und Behörden der Länder, Städte und Gemeinden.[506] Deutschland wurde in vier Besatzungszonen aufgeteilt, während Groß-Berlin einer Alliierten Kommandantur der vier Siegermächte unterstellt wurde, und die deutschen Ostgebiete unter russische bzw polnische Verwaltung kamen. Als Völkerrechtssubjekt wurde Deutschland zu diesem Zeitpunkt durch den Kontrollrat vertreten, während die höchste Regierungsgewalt in der jeweiligen Besatzungszone von den Oberbefehlshabern der Streitkräfte ausgeübt wurde.[507] Im Potsdamer Abkommen v 2.8.1945 wurde beschlossen, einen Rat der Außenminister einzurichten, um eine Friedensregelung vorzubereiten.

Nachdem bis Juli 1947 alle Länder der Besatzungszone der Westmächte Regierungen aufwiesen und auf der Londoner Konferenz v 1947 keine Einigung der Siegermächte über die Zukunft Deutschlands erzielt werden konnte, beschlossen die Westmächte die Errichtung eines westdeutschen Teilstaats. Der Parlamentarische Rat nahm am 8.5.1949 das *Grundgesetz* an, das nach der Genehmigung durch die Besatzungsmächte zum 24.5.1949 in Kraft trat. Das Besatzungsregime der Westalliierten auf dem Gebiet der BR Deutschland wurde durch die Pariser Verträge v 23.10.1954 beendet.[508]

Im *Deutschland- oder Grundlagenvertrag*[509] wurde der BR Deutschland zwar in Art 1 Abs 2 die Vollmacht eines souveränen Staates über die inneren und äußeren Angelegenheiten eingeräumt, zugleich enthielt der Vertrag aber Vorbehalte der Alliierten im Hinblick auf Berlin und *Deutschland als Ganzes*. Die Alliierten behielten sich die Mitbestimmung in Fragen der Wiedervereinigung und territorialer Grenzen vor und vereinbarten ein Zusammenwirken im Hinblick auf ein freiheitlich-demokratisches Deutschland und eine abschließende friedensvertragliche Regelung. Auch für die Ausübung von Notstandsrechten blieben bis zur Ergänzung des Grundgesetzes im Jahre 1968/1969 alliierte Vorbehaltsrechte bestehen.

Die Entwicklung im Gebiet der ehemaligen *DDR* verlief formal betrachtet ähnlich. Nachdem 1945 eine deutsche Zentralverwaltung eingesetzt worden war, trat im Dezember 1947 der *Deutsche Volkskongress für Einheit und gerechten Frieden* zusammen. Dieser wählte den Volksrat, der am 19.3.1949 die Verfassung der DDR verabschiedete. Am 25.3.1954 gab die Sowjetunion eine Erklärung über die Herstellung der Souveränität der DDR ab.[510] Hiernach besaß die DDR die Freiheit, nach eigenem Ermessen über ihre inneren und äußeren Angelegenheiten einschließlich der Frage der Beziehungen zu Westdeutschland zu entscheiden. In Nr 2 wurde jedoch festgestellt, dass die UdSSR in der DDR die Funktionen, die mit der Gewährleistung der

---
506 ABl des Kontrollrats, Ergänzungsblatt Nr 1, 7.
507 Proklamation Nr 2 des Kontrollrats v 20.9.1945, ABl des Kontrollrats Nr 1, 180 f.
508 BGBl 1955 II, 215; 1955 II, 253; 1955 II, 305; 1955 II, 321; 1955 II, 381; 1955 II, 405; 1955 II, 469.
509 BGBl 1955 II, 305.
510 Dokumente zur Außenpolitik der Regierung der Deutschen Demokratischen Republik, Bd I, 1954, 303 ff.

Sicherheit in Zusammenhang stehen, und die sich aus den Verpflichtungen ergeben, die der UdSSR aus dem Viermächte-Abkommen erwachsen, behält. Das Verhältnis der DDR zur Sowjetunion wurde im Übrigen durch drei weitere Verträge geregelt.[511]

212 Angesichts dieser Entwicklung stellte sich die Frage, ob das Deutsche Reich durch die Kapitulation oder die Entstehung zweier deutscher Staaten untergegangen war.[512] Es wurden sowohl Untergangs- als auch Fortbestandstheorien vertreten.

213 Die These vom *Untergang des Deutschen Reichs* vertrat zum einen die *Debellationstheorie,* nach der dieses nach der Kapitulation am 8.5.1945, spätestens jedoch mit der Berliner Erklärung v 5.6.1945, untergegangen sei. Nach der *Dismembrationslehre* ging das Deutsche Reich durch Zerfall in zwei deutsche Staaten unter.

214 Diesen Untergangstheorien standen die *Fortbestandstheorien* gegenüber, wonach Deutschland weder mit der Kapitulation noch zu einem späteren Zeitpunkt untergegangen sei, sondern als handlungsunfähiges Völkerrechtssubjekt weiter existierte. Nach der *Staatskerntheorie* war die BR Deutschland mit dem Deutschen Reich identisch, nicht jedoch das Verfassungsgebiet des Grundgesetzes und das Staatsgebiet in den Grenzen v 31.12.1937. Die DDR wurde als lokales *De facto*-Regime oder als ein Gebiet betrachtet, das unter militärischer Fremdbesetzung stand. Demgegenüber waren die Vertreter der *Schrumpfstaats- oder Kernstaatstheorie* der Ansicht, dass das Staatsgebiet Deutschlands auf das Bundesgebiet geschrumpft und auf dem Gebiet der DDR ein neuer Staat durch Sezession entstanden sei. Die *Dachstaatstheorie* oder *Teilordnungslehre* sah das Deutsche Reich als handlungsunfähig an, akzeptierte jedoch die BR Deutschland und die DDR als Teilordnungen unter einem gemeinsamen Dach.

215 In der DDR ging man zunächst vom Fortbestand des Deutschen Reichs aus,[513] neigte jedoch später zur Debellationstheorie.[514] Die BR Deutschland ging zunächst davon aus, dass sie *Alleinvertreterin* ganz Deutschlands sei (Kernstaatstheorie). Im *Urteil zum Grundlagenvertrag* v 21.12.1976[515] bezog das BVerfG Aspekte der Dachstaatstheorie mit ein, was im sog *Teso*-Beschluss bestätigt wurde.[516]

b) Die Vereinigung Deutschlands

216 Die Friedliche Revolution v 1989 führte zur Wiedervereinigung am 3.10.1990. Man entschied sich bei der Vereinigung für einen Beitritt der DDR zur BR Deutschland nach Art 23 Satz 2 (aF) GG. Der Vorbereitung des Beitritts diente der *Vertrag über die Schaffung einer Währungs-, Wirtschafts- und Sozialunion* v 18.5.1990,[517] der am 1.7.1990 in Kraft trat.

---

511 Vertrag über die Beziehungen zwischen der DDR und der Union der Sozialistischen Sowjetrepubliken v 20.9.1955, GBl DDR 1955 II, 918; Vertrag über Freundschaft, gegenseitigen Beistand und Zusammenarbeit zwischen der DDR und der Union der Sozialistischen Sowjetrepubliken v 12.6.1964, GBl DDR 1964 II, 132; Vertrag über Freundschaft, Zusammenarbeit und gegenseitigen Beistand zwischen der DDR und der Union der Sozialistischen Sowjetrepubliken v 7.10.1975, GBl DDR 1975 II, 238.
512 Vgl zur Rechtslage *Blumenwitz,* Was ist Deutschland?, 1982; ders/Meissner (Hrsg), Die deutsche Frage, 1984; *v. Münch,* Deutschland: gestern – heute – morgen, NJW 1991, 865 ff.
513 Vgl die erste Verfassung v 7.10.1949.
514 Vgl *Hecker,* Der Rechtsstatus Deutschlands aus der Sicht der DDR, 1974, 137, 154.
515 BVerfGE 36, 1 ff.
516 BVerfGE 77, 137, 155, 160.
517 BGBl 1990 II, 537.

Nach dem Beschluss der Volkskammer der DDR v 23.8.1990 über den Beitritt der DDR zum Geltungsbereich des Grundgesetzes der BR Deutschland wurde kurz darauf, am 31.8.1990, der *Einigungsvertrag* (EV) unterzeichnet, der am 29.9.1990 in Kraft trat.[518] **217**

Es galt aber, bei dem Beitritt der ehemaligen DDR die Verantwortung der Vier Mächte für Deutschland als Ganzes zu berücksichtigen. Nachdem zunächst in Ottawa die sog „Zwei-plus-vier-Formel" am 13.2.1990 verabschiedet worden war, wurde am 12.9.1990 der *Vertrag über die abschließende Regelung in bezug auf Deutschland* (sog Zwei-plus-Vier-Vertrag) geschlossen.[519] Vertragspartner waren die vier Siegermächte sowie die beiden deutschen Staaten. **218**

Art 1 Abs 1 Satz 1 des Vertrags hat die Vereinigung der beiden deutschen Staaten in den Gebieten der BR Deutschland, der DDR und ganz Berlin zum Gegenstand. Art 1 Abs 2 u Abs 3 sieht die *Verbindlichkeit der Grenze zu Polen* und den *Verzicht Deutschlands auf Gebietsansprüche gegenüber anderen Staaten* vor. In Art 7 Abs 1 erklären die Siegermächte, dass ihre Verantwortlichkeiten in Bezug auf Berlin und Deutschland als Ganzes beendet seien. Dem vereinten Deutschland komme daher volle Souveränität über seine inneren und äußeren Angelegenheiten zu (Art 7 Abs 2). Regelungen über den Truppenabzug sind in Art 4 enthalten. **219**

Zwischen Deutschland und Polen wurde am 14.11.1990 der *Vertrag über die Bestätigung der zwischen ihnen bestehenden Grenzen* geschlossen, der die Oder-Neiße-Linie als endgültige Grenze festlegt.[520] Damit verzichtete Deutschland endgültig auf die territoriale Souveränität über diese Gebiete. Neben diesem Grenzvertrag wurde am 17.6.1991 ein Nachbarschaftsvertrag mit Polen geschlossen, der in den Art 20ff Minderheitenrechte der deutschsprachigen Bevölkerung Polens enthält.[521] **220**

Der *Abzug der sowjetischen Truppen* ist Gegenstand des Abkommens v 12.10.1990 zwischen der BR Deutschland und der Sowjetunion über die Bedingungen des befristeten Aufenthalts und die Modalitäten des planmäßigen Abzugs der sowjetischen Truppen aus dem Gebiet der BR Deutschland.[522] Dieser erfolgte fristgerecht bis Ende 1994. **221**

Dem EV und den nachfolgenden völkerrechtlichen Verträgen liegt die Auffassung zugrunde, dass die DDR mit dem Beitritt zur BR Deutschland als Völkerrechtssubjekt untergegangen ist und die BR Deutschland auf erweitertem Territorium fortbesteht.[523] **222**

---

518 Ergänzt wird der EV durch die Vereinbarung v 18.9.1990 zur Durchführung und Auslegung des EV am 31.8.1990, BGBl 1990 II, 1239.
519 BGBl 1990 II, 1318. Vgl *Albrecht*, Die Abwicklung der DDR: Die Zwei-plus-Vier-Verhandlungen, 1992; *Blumenwitz*, Der Vertrag vom 12.9.1990 über die abschließende Regelung in bezug auf Deutschland, NJW 1990, 3041ff; *Fiedler*, Die Wiedererlangung der Souveränität Deutschlands und die Einigung Europas, JZ 1991, 685ff; *Rauschning*, Die Beendigung der Nachkriegszeit mit dem Vertrag über die abschließende Regelung in bezug auf Deutschland, DVBl 1990, 1275 (1280ff); *Stern*, Der Zwei-plus-Vier-Vertrag, BayVBl 1991, 523ff.
520 Vgl *Czaplinski*, The New Polish-German Treaties and the Changing Political Structure of Europe, AJIL 86 (1992) 163ff; *Zuck*, Die polnische Westgrenze, MDR 1990, 406ff.
521 BGBl 1991 II, 1315.
522 BGBl 1991 II, 256.
523 Vgl *Degenhart*, Verfassungsfragen der Deutschen Einheit, DVBl 1990, 973 (981); *Frowein*, Die Verfassungslage Deutschlands im Rahmen des Völkerrechts, VVDStRL 49 (1990) 8 (25); *Isensee*, Ver-

c) Die Regelungen über die Staatennachfolge

223 Bei der Vereinigung stellte sich zunächst die Frage, welche Nachfolgeregelungen für die völkerrechtlichen *Verträge* gelten sollten.[524] Da die Inkorporation in der Wiener Konvention über die Nachfolge in Verträge v 1978 nicht erwähnt wird, kam sowohl Art 15, der den Übergang eines Teils des Territoriums regelt, als auch Art 31, der im Fall einer Fusion die Weitergeltung der völkerrechtlichen Verträge für das jeweilige Gebiet vorsieht, in Betracht.

224 Praktisch gelöst wurde diese Frage in Art 11 u Art 12 EV. Diese Bestimmungen sehen vor, dass das vereinte Deutschland seine Haltung über die Fortgeltung völkerrechtlicher Verträge festlegt. Das Einverständnis der Vertragspartner wurde dadurch herbeigeführt, dass die Bestimmungen des EV allen Staaten, mit denen Deutschland diplomatische Beziehungen unterhält, sowie allen I.O., in denen Deutschland Mitglied ist, notifiziert wurden, und diese gegen eine solche Vorgehensweise nicht protestierten.[525]

225 Die von der *BR Deutschland* abgeschlossenen Verträge gelten nach Art 11 EV mit Ausnahme des Abkommens im Zusammenhang mit Stationierung und Aufenthalt ausländischer Truppen auf deutschem Boden grundsätzlich für das gesamte Staatsgebiet des vereinten Deutschlands fort.[526] Gleiches gilt nach dem Grundsatz der beweglichen Vertragsgrenzen auch für das europäische Gemeinschaftsrecht, wobei hier jedoch Ausnahmen und Übergangsfristen für nicht mit dem Gemeinschaftsrecht vereinbares Recht im Beitrittsgebiet vorgesehen sind.[527]

226 Verpflichtungen aus mehrseitigen Verträgen, bei denen nur die *DDR*, nicht aber die BR Deutschland Vertragspartner war, erlöschen nach Art 12 Abs 3 EV. Ein Eintritt auf Initiative der deutschen Regierung im Einvernehmen mit den jeweiligen Vertragspartnern und der EG war jedoch, in Abweichung zum allgemeinen Völkerrecht, das nur die Fortgeltung oder das Erlöschen kennt, möglich. Grenzverträge waren von einem Vorgehen nach Art 12 EV ausgenommen.

227 Die Regelungen des EV über das *Staatsvermögen* und die Nachfolge in *Verbindlichkeiten* entsprechen im Wesentlichen Völkergewohnheitsrecht, gehen aber in einigen Punkten darüber hinaus (zB bei Schulden inländischer Gläubiger: kein Ausschluss des Übergangs der *odious debts*).

---

fassungsrechtliche Wege zur Deutschen Einheit, ZParl 1990, 309 ff; *Streinz*, Die völkerrechtliche Situation der DDR vor und nach der Wiedervereinigung, EWS 1990, 171 (174).
524 Vgl *Blumenwitz*, Staatennachfolge und die Einigung Deutschlands, 1992; *Fastenrath*, Der deutsche Einigungsvertrag im Lichte des Rechts der Staatensukzession, ÖZöRV 44 (1993) 1 ff; *Gornig*, Staatennachfolge und Einigung Deutschlands, Teil II, 1992; *Grabitz/v. Bogdandy*, Deutsche Einheit und europäische Integration, NJW 1990, 1073 ff; *Hailbronner*, Legal Aspects of the Unification of the Two German States, EJIL 2 (1991) 18 ff; *ders*, Das Vereinte Deutschland in der Europäischen Gemeinschaft, DtZ 1991, 321 ff; *Randelzhofer*, Deutsche Einheit und Europäische Integration, VVDStRL 49 (1990) 102 ff; *Tomuschat*, A United Germany within the European Community, CMLR 27 (1990) 415 ff; *Wittkowski*, Die Staatensukzession in völkerrechtliche Verträge unter besonderer Berücksichtigung der Herstellung der staatlichen Einheit Deutschlands, 1992.
525 *Fastenrath*, Die Regelungen über die Staatennachfolge bei der Vereinigung der beiden deutschen Staaten, VRÜ 25 (1992) 72 ff.
526 Vgl zu den Ausnahmen Anlage I zum EV.
527 Vgl Beschluss des Rates v 4.12.1990 (ABl EG 1990, Nr L 353) und die EG-Rechtsüberleitungsverordnung v 28.9.1990 (BGBl 1990 I, 2117).

Der Übergang des *DDR-Vermögens,* auch des Finanzvermögens, auf Bund, Län- 228
der und Kommunen oder sonstige Träger öffentlicher Verwaltung ist Gegenstand
von Art 21f EV. Die Durchführung der Privatisierung oblag der Treuhandanstalt (Art 25 Abs 1 EV).[528] Die *Verwaltungs- und Finanzschulden* der DDR wurden gemäß Art 23 EV von einem nicht rechtsfähigen Sondervermögen des Bundes übernommen.

III. Der Einzelne im Völkerrecht

1. Der Menschenrechtsschutz auf universeller Ebene
a) Einführung

Die historische Grundlegung universeller Menschenrechte im Völkerrecht[529] ist un- 229
trennbar mit dem Vordringen von Grund- und Menschenrechten auf staatlicher Ebene verbunden. Gemeinsam ist dem völkerrechtlichen und dem staatsrechtlichen
Konzept die Idee, dass jedem Individuum allein kraft seines Menschseins Würde
zukommt, die sich in zahlreichen weiteren und unveräußerlichen Rechten konkretisiert.[530] Ihrem naturrechtlichen Ursprung nach vor allem der Philosophie der Aufklärung verbunden, liegt die Idee der Menschenrechte allen positiv-rechtlichen Verbürgungen voraus. Sie ist aber zu ihrem tatsächlichen Durchbruch und Erfolg auf
Positivierung angewiesen – sei es in nationalstaatlichen Verfassungsordnungen (im
18. Jh in den Vereinigten Staaten und in Frankreich),[531] sei es in spezifischen Völkerrechtsverträgen.

Dass das Individuum anfangs überhaupt in den Kreis der Völkerrechtssubjekte 229a
vordringen konnte, hing im frühen 20. Jh auch mit den Gewährleistungen des damaligen Kriegsvölkerrechts zusammen.[532] Obwohl Staaten kaum je so unmittelbar aus
ihrer eigenen Souveränität schöpfen wie in bewaffneten Konflikten, führten der völkervertragliche Umgang mit Verwundeten, Kriegsgefangenen und der Zivilbevölkerung sowie die vorgesehene, letztlich aber nicht realisierte Einrichtung eines Prisenhofs in den Haager Konventionen v 1907 zu ersten individualisierten Rechtspositionen

---

528 Nach Beendigung ihrer Tätigkeit wurden noch übrige Aufgaben durch die BVS (Bundesanstalt
für vereinigungsbedingte Sonderaufgaben) wahrgenommen.
529 Vgl *Graf Vitzthum,* 1. Abschn Rn 16f; *Peters* (Fn 21) 7ff; Cruft/Liao/Renzo (Hrsg), Philosophical
Foundations of Human Rights, 2015; *Kanstantsin,* European Consensus and the Legitimacy of the
European Court of Human Rights, 2015; *Arden,* Human Rights and European law: Building New Legal
Orders, 2015; *Fastenrath,* Vom Rechte, das mit uns geboren ..., FS Riedel 2013, 17ff; *Cremer,* Fünf Thesen zur subjektiven Rechtsqualität völkerrechtlich gewährleisteter Menschenrechte, FS Riedel 2013,
33ff; hierzu auch <www.geschichte-menschenrechte.de>.
530 Vgl *Klein,* Universeller Menschenrechtsschutz – Utopie oder Realität, EuGRZ 1999, 109ff; *ders,*
Universalität der Menschenrechte, FS Kirchhof, Bd 1, 2013, 475 (477ff); *Isensee,* Die heikle Weltherrschaft der Menschenrechte, FS Klein, 2013, 1085ff; *Sandkühler,* Menschewürde und Menschenrechte:
Über die Verletzbarkeit und den Schutz der Menschen, 2014.
531 Vgl *Kriele,* Einführung in die Staatslehre, 6. Aufl 2003, § 33 („Menschenrechte: angelsächsisches Recht oder naturrechtliche Aufklärung?"); *Richter,* Dynamik und Potential der Menschenrechte, GS Brugger, 693f.
532 Vgl eingehend *Oesterreich,* Geschichte der Menschenrechte und Grundfreiheiten im Umriss,
2. Aufl 1978; *Haratsch,* Die Geschichte der Menschenrechte, 4. Aufl 2010; aus früherer Zeit: *Verdross,*
Völkerrecht, 1937, 236f; *von der Heydte,* Völkerrecht, Bd 1, 1958, 268ff (Abkommen gegen Sklavenhandel u gegen Frauen- und Kinderhandel im 19. und frühen 20. Jh).

im Völkerrecht moderner Prägung.[533] Hinzu kamen die als Folge der territorialen Neuordnung Europas nach dem Ersten Weltkrieg verabschiedeten Vorschriften über den Minderheitenschutz.[534] Der letztlich entscheidende Grund für die bis in die Gegenwart reichende völkerrechtliche Verankerung von Menschenrechten hängt mit den bitteren Lektionen der verschiedenen europäischen Totalitarismen des 20. Jh zusammen.[535] Dabei zeigte sich, dass der Schutz von Menschenrechten nicht allein den Nationalstaaten anvertraut und überlassen werden konnte, da innerstaatliche Rechts- und Verfassungsordnungen nicht nur leicht geändert, sondern auch geflissentlich außer Acht gelassen und sogar in ihr Gegenteil verkehrt werden konnten. Nicht zuletzt die Gewalt- und Gräueltaten des Nationalsozialismus zunächst in Deutschland, später in vielen Teilen Europas offenbarten die Notwendigkeit einer *internationalen Gewährleistung* von Menschenrechten, die der Verfügbarkeit einzelner Staaten entzogen ist.[536] Bisweilen sind die Menschenrechte als „neue Ersatzreligion" bezeichnet worden.[537] Wenn damit gemeint ist, dass sie aus bewusster demokratischer Entscheidung zu einem einigenden Band und zu einer festen ethisch-normativen Grundlage geworden sind, dann trifft diese Einschätzung zu. Ein wesentliches Merkmal der nach 1945 auf völkerrechtlicher Grundlage verankerten Menschenrechte ist ihre Universalität und die damit verbundene Nichtrelativierbarkeit, die heute insbes in globaler Auseinandersetzung mit anderen Rechts- und Wertordnungen zu zahlreichen Konflikten führen können.[538] Letztlich mag eine Verabsolutierung von Rechtspositionen – insbes in außen- und sicherheitspolitischen Zusammenhängen – zu Schwierigkeiten und bisweilen sogar zu Einschränkungen führen. Bedeutung und Rang der Menschenrechte als elementare Bestandteile der internationalen Rechtsordnung lassen jedoch weder argumentatives Zurückweichen noch Nachlässigkeit im Umgang mit Rechtsverstößen zu.[539]

229b Seitdem sich die Staatengemeinschaft im Jahre 1948 in einer Deklaration der UN-Generalversammlung feierlich zur Achtung der Menschenrechte bekannt hat, bilden diese einen wesentlichen Bestandteil der Völkerrechtsordnung. Seither sind in zahlreichen Deklarationen, Resolutionen, Verträgen und Erklärungen die Rechte des Individuums in vielen Bereichen bestätigt worden. Allerdings wird in diesem Zusammenhang häufig zu recht bemängelt, dass es immer noch nicht gelungen ist, eine umfassende rechtsverbindliche Charta der Menschenrechte zu verabschieden, deren Gewährleistungen durch ein universell geltendes und effektives internationales System zu ihrer Überwachung und Durchsetzung sichergestellt ist. Zu unter-

---

533 Vgl *Berber* (Fn 269) 172; *Peters* (Fn 21) 13 unter Verweis auf Walther Schücking.
534 *Mandelstam,* Der internationale Schutz der Menschenrechte und die New Yorker Erklärung des Instituts für Völkerrecht, ZaöRV 2 (1931) 335 ff.
535 *Isensee* (Fn 530) 1091 f.
536 *Lauterpacht,* An International Bill of Rights of Man, 1945; *Crawford* (Fn 2) 634; *Mandelstam* (Fn 534) 346 ff zu den Minderheitenverträgen von 1919 und 1920.
537 Vgl *Tomuschat,* Menschenrechte und kulturelle Traditionen, EuGRZ 2016, 6.
538 Vgl *Hitchcock,* The Rise and Fall of Human Rights? HRQ 37 (2015) 80 ff.
539 *Simma,* Human Rights in the International Court of Justice – Are We Witnessing a Sea Change?, FS P-M Dupuy, 2014, 711 ff; *E. Klein,* Universalität der Menschenrechte, FS Kirchhof, Bd 1, 2013, 475 (480 f); *Thiele,* Der Schutz der Menschenrechte durch den IGH, AVR 51 (2013) 1 ff; *Richter* (Fn 531) 709 ff; *Simmons,* The Future of the Human Rights Movement, Ethics & International Affairs 28 (2014) 183 ff; mit Blick in die nahe Zukunft: *Cassese,* A Plea for a Global Community Grounded in a Core of Human Rights, in ders (Hrsg), Realizing Utopia, 136 ff (insbes 143).

schiedlich war bislang nicht nur das Verständnis der Menschenrechte in den verschiedenen Rechtskreisen. Nicht selten verhindern in jüngerer Zeit erstarkte *Souveränitätsvorstellungen* die Konkretisierung und Verwirklichung menschenrechtlicher Prinzipien im innerstaatlichen Recht. Der Universalitätsanspruch der Menschenrechte kann auf diese Weise nicht vollständig eingelöst werden. So fällt die Bilanz etwa im Hinblick auf die Beachtung des Folterverbots in weiten Teilen der Welt nicht so positiv aus, wie es angesichts langjähriger Geltung entsprechender völkerrechtlicher Vorschriften eigentlich hätte erwartet werden können. Obwohl in den letzten Jahrzehnten unverkennbar wesentliche Fortschritte bei der rechtlichen Verankerung der Menschenrechte in der Völkerrechtsordnung zu verzeichnen waren,[540] ist der Schutz der Menschenrechte in besonderem Umfang von den mit dem „Krieg gegen den Terror"[541] verbundenen Herausforderungen beeinflusst. Dies gilt etwa für die teilweise zu beobachtende Relativierung des Folterverbots[542] und die eingeschränkte Geltung der Menschenrechte durch Berücksichtigung unterschiedlicher religiöser bzw kultureller Auffassungen der Betroffenen.[543] Auch der sich in jüngerer Zeit verstärkt zeigende Antagonismus zwischen einem vor allem in Europa und Nordamerika geprägten Menschenrechtsverständnis und eher relativistischen Vorstellungen in China, Russland, der islamischen Welt sowie neuerdings in Ansätzen auch in Japan stellen unter Beweis, dass der überbordene menschenrechtliche Optimismus der 1990er Jahre in den letzten Jahren einige Dämpfer hat hinnehmen müssen.

Im Grundsatz besteht jedoch kein Zweifel, dass der internationale Menschenrechtsschutz die Entwicklung des Völkerrechts tiefgreifend beeinflusst hat. Während nach herkömmlichem Völkerrechtsverständnis ausschließlich die Staaten und gegebenenfalls I.O. eigene Rechte geltend machen konnten, wird hierdurch auch Individuen das Recht zuerkannt, vor völkerrechtlichen Instanzen und Gerichten

---

540 Vgl *Klein*, Menschenrechte, Stille Revolution des Völkerrechts und Auswirkungen auf die innerstaatliche Rechtsanwendung, 1997; *ders*, Menschenrechte im Spiegel der Globalisierung, MRM 10 (2005) 125 ff; Nolte (Hrsg), Der Mensch und seine Rechte, 2004; *Freeman/Ert*, International Human Rights Law, 2004; *Delbrück*, Safeguarding Internationally Protected Human Rights in National Emergencies, FS Ress, 2005, 35 ff; *Bernhardt*, Der völkerrechtliche Schutz der Menschenrechte, FS Delbrück, 2005, 37 ff; *Brems*, Reconciling Universality and Diversity in International Human Rights, HRR 5 (2004) 5 ff; *Evans*, International Human Rights Law as Power/Knowledge, HRQ 27 (2005) 1046 ff.
541 Vgl *Stein*, European and German Security Policy, IYHR 35 (2005) 231 ff; *Arnold*, Human Rights in the Times of Terror, ZaöRV 66 (2006) 297 ff; *Hoffman*, Human Rights and Terrorism, HRQ 26 (2004) 932 ff; *Gearty*, Human Rights in an Age of Counter-Terrorism, Current Legal Problems 58 (2005) 25 ff; *Olivier*, Human Rights Law and the International Fight against Terrorism, NordJIL 73 (2004) 399 ff; *Roth*, Human Rights as a Response to Terrorism, ORIL 6 (2004) 37 ff; *Stewart*, Human Rights, Terrorism and International Law, Villanova LR 50 (2005) 685 ff.
542 *Thienel*, The Admissibility of Evidence Obtained by Torture und International Law, EJIL 17 (2006) 349 ff; *Assheha*, Islamic Concepts of Human Rights, 2004; *Baderin*, Human Rights and Islamic Law, EHRLR 2005, 165 ff; *Baehr/Castermans-Holleman*, The Role of Human Rights in Foreign Policy, 2004; *Carle*, Revealing and Concealing, HRR 6 (2005) 122 ff.
543 *Gebauer*, Zur Grundlage des absoluten Folterverbots, NVwZ 2004, 1405 ff; *Schmahl/Steiger*, Völkerrechtliche Implikationen des Falls Daschner, AVR 43 (2005) 358 ff; *Bielefeldt*, Die Absolutheit des Folterverbots, Jahrbuch Menschenrechte 2006, 49 ff; *Jahn*, Gute Folter – schlechte Folter, KritV 87 (2004) 24 ff; *Ramsay*, Can the Torture of Terrorist Suspects Be Justified?, IJHR 10 (2006) 103 ff; *Rodley/Pollard*, Criminalisation of Torture, EHRLR 2006, 115 ff; *Decker*, Is the United States Bound by the Customary International Law of Torture?, Chinese JIL 6 (2006) 803 ff; *Cassese*, Are International Human Rights Treaties and Customary Rules on Torture Binding upon US Troops in Iraq?, JICJ 2 (2004) 872 ff.

die Verletzung ihrer Rechte, ggf auch *gegen ihren eigenen oder einen fremden Staat*, geltend zu machen.[544] Darin kommen sie ihrer traditionellen Aufgabe nach und bilden normative Schutzzonen gegen einen als übermächtig empfundenen Staat.[545] Damit wurde gleichzeitig die Theorie der Mediatisierung des Einzelnen durch den Staat, wonach der Einzelne nur mittels seines Heimatstaats Gegenstand völkerrechtlicher Rechte und Pflichten sein kann, nachdrücklich relativiert. Ein Staat kann sich auch in Bezug auf die Behandlung seiner eigenen Staatsangehörigen nicht mehr auf den Grundsatz der Nichteinmischung in innere Angelegenheiten berufen, wenn er deren Menschenrechte verletzt. Die internationale Gemeinschaft, verkörpert durch die UNO oder regionale Organisationen, hat in der Vergangenheit ein *Recht auf humanitäre Intervention* in Anspruch genommen, um massiven Menschenrechtsverletzungen eines Staats in seinem eigenen Hoheitsgebiet zu begegnen. Allerdings muss auch im Zeichen des Menschenrechtsschutzes hierbei Vorsicht walten, damit nicht gleichzeitig andere Fundamentalprinzipien des Völkerrechts, namentlich des Gewalt- und Interventionsverbots, ausgehebelt oder ihrerseits mit nur schwer absehbaren Folgen relativiert werden.[546] Diese Konfliktlage zeigt anschaulich, dass die Menschenrechte zwar eine starke völkerrechtliche Position vermitteln, die auch von staatlichen oder internationalen Instanzen zu berücksichtigen ist. Dies führt jedoch nicht dazu, dass den Menschenrechten in jedem Fall auch Vorrang gegenüber anderen völkerrechtlichen Verbürgungen einzuräumen ist.

231   Staatliche Befugnisse, herkömmlich als typischer Ausfluss staatlicher Souveränität verstanden, wie zB das Recht, über die Einreise und den Aufenthalt von Ausländern und deren Aufnahme in den eigenen Staatsverband zu entscheiden, werden in zunehmendem Maße menschenrechtlich beeinflusst. Die diplomatische Schutzausübung, ursprünglich als bloße Geltendmachung eigener staatlicher Ansprüche verstanden, löst sich partiell von ihrem Ursprung einer geordneten Bereinigung zwischenstaatlicher Konflikte und wird zum Instrument der stellvertretenden Ausübung individueller Rechte zu Gunsten der eigenen Staatsangehörigen und der auf dem eigenen Staatsgebiet lebenden Bevölkerung. *Der Einzelne*, in Weiterentwicklung seiner völkerrechtlichen Individualrechte, tritt nun auch als *unmittelbares Pflichtensubjekt auf der Ebene des Völkerrechts* in Erscheinung, das für gravierende Menschenrechtsverletzungen vor internationalen Strafgerichten auf der Grundlage völkerrechtlicher Strafrechtsnormen haftbar gemacht werden kann.[547] Die Ermittlungsverfahren gegen die Präsidenten des Sudans und Kenias durch den Ankläger beim IStGH unterstreichen dies eindrucksvoll.[548]

232   Der Schutz der Menschenrechte dokumentiert sich heute im Wesentlichen in einer Vielzahl völkerrechtlicher Verträge, Deklarationen und Resolutionen der UN-Generalversammlung und ihrer Sonderorganisationen. Die *Menschenrechtsverträge* weisen ungeachtet einer häufig einheitlichen Grundstruktur, soweit sie im Rahmen

---

544 Vgl den Hinweis auf „völkerrechtliche Individualrechte außerhalb des Rechtsrahmens der Menschenrechte" bei *Peters* (Fn 21) 2.
545 Tomuschat (Fn 541) 7.
546 Krit *Epping*, in Ipsen (Fn 9) Rn 143
547 *Tomuschat*, Human Rights – Tensions between Negative and Positive Duties of States, Austr Rev Int'l Europ Law 14 (2013) 19 ff
548 Vgl oben Rn 48.

der Vereinten Nationen entstanden sind, Unterschiede bzgl des materiellen Schutzgehalts und ihrer Durchsetzungsmechanismen auf.

Zwischen den Verträgen zum Schutz der Menschenrechte kann in die universellen Menschenrechtsverträge wie den beiden Menschenrechtspakten v 1966 und in regionale Verträge wie die Europäische Menschenrechtskonvention (EMRK) unterschieden werden. Weiter ist darauf hinzuweisen, dass einige Verträge einen ausführlichen Katalog von Menschenrechten enthalten, während sich andere auf einzelne Gegenstände wie das Verbot des Völkermords, der Folter oder Formen der Diskriminierung beschränken. Eine Differenzierung ist ferner im Hinblick auf den Charakter und die Zielrichtung der einzelnen Rechte festzustellen. Hier können die *Freiheits- und Abwehrrechte* wie das Recht auf Leben oder auf persönliche Freiheit in einer Gruppe zusammengefasst werden. In einer zweiten Gruppe finden sich *wirtschaftliche, soziale und kulturelle Rechte* wie das Recht auf Arbeit. In einer dritten Gruppe werden Rechte zusammengefasst wie das *Recht auf Entwicklung, auf lebenswerte Umwelt, auf Frieden, Solidarität und Abrüstung, auf Teilhabe am gemeinsamen Erbe der Menschheit, sowie das Recht, über natürliche Ressourcen zu verfügen*.[549] Unterschiede bestehen schließlich bei den verschiedenen Durchsetzungs- und Überwachungsmöglichkeiten. Zumeist sind Staatenberichtsverfahren vorgesehen, bei denen unabhängige Expertengremien periodisch Länderberichte prüfen. Darüber hinaus gibt es Staaten- und Individualbeschwerdeverfahren, die mit einem unverbindlichen Bericht oder durch eine gerichtliche Entscheidung abgeschlossen werden können.

b) Die Allgemeine Erklärung der Menschenrechte

Die Allgemeine Erklärung der Menschenrechte (AEMR) der UN-Generalversammlung v 10.12.1948 enthält einen *Katalog von bürgerlichen und politischen Rechten* wie das Recht auf Leben, die Freiheit von Sklaverei und Folter, den Anspruch auf gleichen Schutz durch das Gesetz, auf Rechtsschutz und ein ordentliches Verfahren, die Meinungs- und Versammlungsfreiheit, das Recht auf Eigentum sowie wirtschaftliche und kulturelle Rechte. Sie enthält auch Schranken, wonach jeder Mensch in Ausübung seiner Rechte und Freiheiten nur den Beschränkungen unterworfen ist, die das Gesetz ausschließlich zu dem Zwecke vorsieht, die Anerkennung der Rechte und Freiheiten anderer zu gewährleisten und den gerechten Anforderungen der Moral, der öffentlichen Ordnung und der allgemeinen Wohlfahrt in einer demokratischen Gesellschaft zu genügen.[550]

Die politisch-moralische Autorität der AEMR steht außer Frage.[551] Einigkeit besteht jedoch nicht hinsichtlich der rechtlichen Bindungswirkung. Hier reicht das Mei-

---

549 Vgl hierzu *Riedel*, Menschenrechte der dritten Dimension, EuGRZ 1989, 9 ff; vgl auch *Proelß*, 5. Abschn Rn 118 ff.
550 Vgl Alfredsson/Eide (Hrsg), The Universal Declaration of Human Rights, 1999; *Kotzur*, 60 Jahre Allgemeine Erklärung der Menschenrechte, MRM 13 (2008) 184 ff; *von Bernstorff*, The Changing Fortunes of the Universal Declaration of Human Rights, EJIL 19 (2008) 903 ff; *Cheng*, The Universal Declaration of Human Rights at Sixty, Cornell Int'l LJ 41 (2008) 251 ff; *Rinceanu*, Norm- und Systementwicklung zum Schutz der Menschenrechte, Humanitäres Völkerrecht 21 (2008) 220 ff; *Weckel*, La justice internationale et le soixantième anniversaire de la Déclaration universelle des droits de l'homme, RGDIP 113 (2009) 5 ff.
551 *Crawford* (Fn 2) 636 („notably influental").

nungsspektrum von völkerrechtlicher Unverbindlichkeit über Völkergewohnheitsrecht bis hin zur Annahme von *ius cogens*.[552] Zunächst kam der Erklärung keine völkerrechtliche Verbindlichkeit zu, da sie in Form einer Resolution erging, die nicht bindend war. Später wurde die AEMR als Definition und Auslegung der Rechte anerkannt, die die UN und deren Mitgliedstaaten nach Art 55 und 56 UN-Charta fördern wollten.[553] In zahlreichen Erklärungen und Entscheidungen wurde auf die AEMR Bezug genommen. Sie wird etwa in der Präambel der EMRK und in der Interamerikanischen Deklaration v 7.4.1951 genannt und findet sich ausdrücklich oder mittelbar in Formulierungen nationaler Verfassungen.[554] Hieraus kann jedoch nicht auf eine völkerrechtliche Bindungswirkung der gesamten Erklärung geschlossen werden. Allerdings können *einige Bestimmungen* der AEMR wie das Verbot der Sklaverei *völkergewohnheitsrechtliche Geltung* beanspruchen.[555] Die AEMR stellt einen Standard dar, an dem Fortschritte im Bereich des Menschenrechtsschutzes gemessen werden können.[556] Das Verfahren vor der bereits seit 1946 bestehenden Menschenrechtskommission richtete sich wesentlich nach der vom Wirtschafts- und Sozialausschuss der UNO erlassenen Resolution 1503 (1970). Schließlich wurde die Menschenrechtskommission durch Resolution der Generalversammlung v 15.3.2006 durch einen Menschenrechtsrat abgelöst. Die Menschenrechtskommission sollte im Fall von Hinweisen auf systematische und schwerwiegende Menschenrechtsverletzungen Untersuchungen gegen Staaten durchführen und dem Wirtschafts- und Sozialrat darüber Bericht erstatten sowie Empfehlungen geben. Da sie aber zu einem nicht unerheblichen Teil aus Staaten bestand, in denen systematisch Menschenrechtsverletzungen begangen wurden, wurde sie als weitgehend ineffektiv von einem Teil der Staaten abgelehnt. Der nunmehr eingerichtete Menschenrechtsrat besteht aus 47 Mitgliedern, die von der Generalversammlung mit absoluter Mehrheit aller Mitgliedstaaten gewählt werden müssen. Der Menschenrechtsrat tagt mehrmals jährlich und soll nunmehr auch im Vorfeld von Menschenrechtsverletzungen präventiv tätig werden. Die Effektivität des Menschenrechtsrats wird jedoch ebenfalls bezweifelt, weil wiederum Staaten, denen systematische Menschenrechtsverletzungen vorgeworfen werden, in den Rat gewählt worden sind. Nicht zuletzt unter Hinweis hierauf haben sich bspw die USA im Juni 2018 aus dem Menschenrechtsrat zurückgezogen. Allerdings ist dieses Vorgehen bei genauer Betrachtung nicht überzeugend. Zum einen ist es Ausdruck des Universalitätsanspruchs der UNO, dass Vertreter aus allen Erdteilen im Menschenrechtsrat repräsentiert sind. Damit ist aber beinahe zwangsläufig verbunden, dass sich darunter auch Vertreter von Staaten finden, die – gelinde gesagt – über eine nicht zufriedenstellende Menschenrechtsbilanz verfügen. Es würde den Menschenrechtsrat im Übrigen keineswegs stärken, wenn sich darin ausschließlich Vertreter westlich-liberaler Demokratien mit starkem Menschenrechtsschutz befänden, denn deren

---

552 Gegen rechtliche Bindungswirkung: *Epping*, in Ipsen (Fn 9) § 7 Rn 11; *Humphrey*, The Universal Declaration of Human Rights, in Ramcharan (Hrsg), Human Rights, 1979, 29 ff; *Isensee* (Fn 530) 1085 (1100) „bloße Empfehlung"; aA *Gros Espiell*, The Envolving Concept of Human Rights, in ebd 46 ff; für gewohnheitsrechtliche Geltung etlicher der in der AEMR enthaltenen Rechte *Hobe* (Fn 433) 424 f.
553 *Kokott/Doehring/Buergenthal*, Grundzüge des Völkerrechts, 3. Aufl 2003, Rn 251.
554 *Wilms*, Ausländische Einwirkungen auf die Entstehung des Grundgesetzes, 1999, 133 ff, insbes 135 f.
555 *Crawford* (Fn 2) 636.
556 *Partsch*, in Charta VN, Art 55 Rn 33; vgl zur Bedeutung der AEMR auch *Klein* (Fn 530) 109 ff.

Einschätzungen könnten allzu leicht als postkoloniale Überheblichkeit diskreditiert werden. Zum anderen kann es gerade für Staaten mit problematischer Menschenrechtssituation hilfreich sein, sich mit den Menschenrechtsverletzungen Dritter zu befassen, da dies möglicherweise auch zu Reflexion und Überprüfung der eigenen Staatspraxis führt.

c) Die Menschenrechtspakte v 19.12.1966

Die Generalversammlung der UNO nahm 1966 den Internationalen Pakt über bürgerliche und politische Rechte (IPbürgR)[557] sowie den Internationalen Pakt über wirtschaftliche, soziale und kulturelle Rechte (IPwirtR)[558] an. Diese völkerrechtlichen Verträge traten 1976 nach den erforderlichen Ratifikationen in Kraft. Deutschland hat beide Pakte ratifiziert.[559] **236**

Der *IPbürgR* enthält in Art 1 das Recht der Völker auf Selbstbestimmung. Grundlegende Rechte und Freiheiten finden sich in Teil III des Pakts. Hier werden u a das Recht auf Leben, die Freiheit von Folter und Sklaverei, das Recht auf persönliche Freiheit und Sicherheit und auf ein faires Gerichtsverfahren sowie das Verbot rückwirkender Gesetze und Strafen genannt. Ferner werden das Recht auf Heirat und Familie, die Rechte des Kindes und das Recht auf Beteiligung an der Staatswillensbildung garantiert, nicht hingegen das Recht auf Eigentum. Erweitert wurde der Schutz des IPbürgR durch das Zweite Fakultativprotokoll zur Abschaffung der Todesstrafe v 15.12.1989, für Deutschland seit 1992 in Kraft.[560] Die genannten Rechte können, sofern nicht notstandsfest, unter den Voraussetzungen des Art 4 Abs 2 suspendiert werden. **237**

In Zusammenhang mit dem *IPwirtR* wurde im Jahr 2008 ein Fakultativprotokoll verabschiedet, das sich stark am Fakultativprotokoll zum IPbürgR orientiert und 2014 in Kraft getreten ist. Da der *IPwirtR* keine unmittelbar anwendbaren Rechtspflichten enthält, sondern bei den wirtschaftlichen, sozialen und kulturellen Rechten an die Verfügbarkeit der Ressourcen anknüpft, wird vielfach in Zweifel gezogen, dass von den darin niedergelegten Rechten eine unmittelbare Rechtswirkung ausgeht.[561] Deutlich wird dies in Art 2 Abs 1, wo sich die Vertragsstaaten verpflichten, einzeln und durch internationale Hilfe und Zusammenarbeit, Maßnahmen zu tref- **238**

---

557 BGBl 1973 II, 1534.
558 BGBl 1973 II, 1570.
559 Vgl *Wagner*, 50 Jahre UN-Menschenrechtspakte, Parl Beilage 2016, Nr 10-11, 17 ff; *Sun*, The Understanding and Interpretation of the ICCPR in the Context of China's possible Ratification, Chinese JIL 6 (2007) 17 ff; *Jihong*, Two Approaches towards the Ratification of the International Covenant on Civil and Political Rights, Chinese YHR 4 (2006) 103 ff; *Ando*, The Development of the Human Rights Committee's Procedure to Consider States Parties' Reports under Article 40 of the ICCPR, FS Caflisch, 2007, 17 ff; *Simmons*, Civil Rights in International Law, Indiana JGLS 16 (2009) 437 ff; *Ghandhi*, The Human Rights Committee of the ICCPR, IJIL 48 (2008) 208 ff.
560 BGBl 1992 II, 391; *Crawford* (Fn 2) 638 f.
561 ZB *Kirchhof*, Verfassungsrechtlicher Schutz und internationaler Schutz der Menschenrechte: Konkurrenz oder Ergänzung?, EuGRZ 1994, 16 (18); Denkschrift der BReg zum IPwirtR v 19.12.1966, BT-Drs 7/658, 18; zurückhaltend auch *Tomuschat*, Die Bundesrepublik Deutschland und die Menschenrechtspakte der Vereinten Nationen, Vereinte Nationen 1978, 1 (2 f); *Simma/Benningsen*, Wirtschaftliche, soziale und kulturelle Rechte im Völkerrecht, FS Steinhoff, 1990, 1477 (1488).

fen, um nach und nach mit allen geeigneten Mitteln die volle Verwirklichung der in diesem Pakt anerkannten Rechte zu erreichen.⁵⁶²

239 Der *Durchsetzung* der Rechte dient zum einen ein periodisches, obligatorisches Berichtssystem (Artikel 40 Abs 1 IPbürgR u Art 16 Abs 1 IPwirtR). Geprüft werden die Berichte des IPwirtR durch einen aus achtzehn unabhängigen Experten bestehenden Ausschuss für wirtschaftliche und kulturelle Rechte, der als Hilfsorgan des Wirtschafts- und Sozialrats nach Art 68 UN-Charta durch den Sicherheitsrat 1985 errichtet wurde. Berichte auf Grund des IPbürgR werden vom UN-Menschenrechtsausschuss geprüft. Er besteht ebenfalls aus achtzehn unabhängigen Mitgliedern und gibt nach Beendigung der Prüfung *general comments* zu einzelnen Bestimmungen ab, um eine einheitliche Anwendung des Pakts sicherzustellen.⁵⁶³

240 Daneben sieht Art 41 IPbürgR eine *Staatenbeschwerde* für diejenigen Staaten vor, die erklärt haben, dass sie die Zuständigkeit des Menschenrechtsausschusses zur Entgegennahme und Prüfung von Mitteilungen anerkennen, mit denen ein Vertragsstaat geltend macht, ein anderer Vertragsstaat komme seinen Verpflichtungen aus dem Pakt nicht nach. Nach einer nichtöffentlichen Beratung erstellt der Menschenrechtsausschuss innerhalb einer Frist von zwölf Monaten einen Bericht, der den Beteiligten übermittelt wird. Der Bericht enthält eine Darstellung des Sachverhalts, eine schriftliche Stellungnahme sowie ein Protokoll über die mündlichen Stellungnahmen der beteiligten Vertragsparteien. Ob eine Vertragsverletzung vorliegt, wird nicht entschieden. Deutschland erkannte die Staatenbeschwerde am 22.10.1997 für einen weiteren Zeitraum von fünf Jahren an.⁵⁶⁴

241 Eine *Individualbeschwerde* enthält das Fakultativprotokoll zum IPbürgR v 19.12.1966,⁵⁶⁵ das gesonderter Unterzeichnung und Ratifikation bedarf. Das Protokoll gibt Einzelpersonen das Recht, bzgl Verletzungen ihrer Rechte aus dem IPbürgR eine Mitteilung an einen Ausschuss zur Prüfung einzureichen (vgl Art 2). Wie bei der Staatenbeschwerde berät auch hier der Menschenrechtsausschuss in einer nichtöffentlichen Sitzung ohne Zuziehung einer Partei. Das Ergebnis wird dem betroffenen Vertragsstaat und dem Einzelnen mitgeteilt.

d) Spezielle Konventionen zum Schutz der Menschenrechte

242 Spezielle Konventionen auf universeller Ebene betreffen insbesondere das Verbot von Folter, Sklaverei und Zwangsarbeit, die Verhütung und Bestrafung von Völkermord, den Frauen- und Kinderhandel, das Verbot von Rassendiskriminierung und Apartheid sowie die Diskriminierung von Frauen.⁵⁶⁶

---

562 Vgl zur Umsetzung der Rechte *Türk*, The United Nations and the Realization of Economic, Social and Cultural Rights, in Matscher (Hrsg), Die Durchsetzung wirtschaftlicher und sozialer Grundrechte, 1991, 95 ff.
563 Vgl *Wense*, Der UN-Menschenrechtsausschuß und sein Beitrag zum universellen Schutz der Menschenrechte, 1999; Klein (Hrsg), The Monitoring System of Human Rights Treaty Obligations, 1998.
564 BGBl 1997 II, 1355.
565 BGBl 1992 II, 1247.
566 Ein Überblick über die verschiedenen Übereinkommen findet sich bei *Ipsen*, in ders (Fn 9) § 36 Rn 1 ff sowie in VN 42 (1994) 118 ff.

Die *UN-Konvention gegen Folter* und andere grausame und unmenschliche **243**
oder erniedrigende Behandlung oder Strafe v 10.12.1984[567] ist 1987 in Kraft getreten.[568] Art 1 Abs 1 enthält die Definition des Begriffs „Folter". Art 2 verpflichtet die Vertragsstaaten, wirksame Maßnahmen zu treffen, um Folterungen in allen ihrer Hoheitsgewalt unterstehenden Gebieten zu verhindern. Diese Definition dient auch anderen Menschenrechtsinstrumenten, namentlich der EMRK, als Anknüpfungspunkt.[569] Außergewöhnliche Umstände wie Krieg, Kriegsgefahr, innenpolitische Instabilität oder ein öffentlicher Notstand können nicht als Rechtfertigungsgründe geltend gemacht werden. Darüber hinaus verpflichten sich die Vertragsstaaten, mutmaßliche Folterer strafrechtlich zu verfolgen. Die Konvention enthält ferner das Verbot der Abschiebung bei drohender Folter und Bestimmungen über zwischenstaatliche Rechtshilfe und Auslieferung.

Der Durchsetzung dient eine allgemeine Berichtspflicht, ein vertrauliches Prü- **244**
fungsverfahren, eine fakultative Staatenbeschwerde sowie eine fakultative Individualbeschwerde, die von einem aus zehn unabhängigen Experten bestehenden „Ausschuss gegen Folter" geprüft werden. Eine Konventionsverletzung kann der Ausschuss nicht feststellen. Seine Kompetenz ist darauf beschränkt, dem betreffenden Staat seine Auffassung mitzuteilen. Allerdings haben verschiedene Vertragsstaaten die Zuständigkeit des Ausschusses nicht anerkannt.[570] Geplant ist zudem die Einführung eines generellen präventiven Besuchersystems, wie es in einzelnen Konventionsstaaten bereits geschehen ist.

Das *Übereinkommen über die Rechte des Kindes* v 20.11.1989, 1990 in Kraft getre- **245**
ten, gilt für Deutschland seit 1992.[571] Anzuwenden ist es auf jeden Menschen, der das 18. Lebensjahr noch nicht vollendet hat, soweit die Volljährigkeit nach dem auf das Kind anzuwendenden Recht nicht früher eintritt. Das Übereinkommen verpflichtet die Vertragsstaaten u a, die Konventionsrechte diskriminierungsfrei zu gewährleisten. Den Interessen des Kindes und dem Kindeswohl ist bei allem staatlichen Handeln Vorrang einzuräumen. Rechte und Pflichten von Eltern und anderen Personen mit rechtlicher Verantwortung für das Kind sind zu respektieren. Ferner wurden spezifische Rechte wie das Recht auf Leben, auf Namen oder auf Staatsangehörigkeit, auf Schutz vor körperlicher und geistiger Schädigung, vor sexuellem Missbrauch und vor Ausbeutung in die Konvention aufgenommen.

Deutschland gab bei der Ratifizierung Erklärungen zur Auslegung mehrerer **246**
Konventionsbestimmungen ab und bekräftigte u a die Auffassung, dass die Konven-

---

567 BGBl 1990 II, 247.
568 Vgl *Kau*, in Pabel/Schmahl (Hrsg), EMRK, 2014, Art 3 Rn 97 ff; *Hailbronner/Randelzhofer*, Zur Zeichnung der UN-Folterkonvention durch die Bundesrepublik Deutschland, EuGRZ 1986, 641; *Edwards*, The Optional Protocol to the Convention against Torture and the Detention of Refugees, ICLQ 57 (2008) 789 ff; *Nowak/McArthur*, The United Nations Convention against Torture, 2008.
569 EGMR, NJW 2001, 56 ff *[Selmouni v France]*; EGMR, ECHR 2000-VII, *[Ilhan v Turkey]*; zum Ganzen *Kau* (Fn 568) Rn 16 ff.
570 *Kau* (Fn 568) Rn 99.
571 Vgl *Alen*, The UN Children's Rights Convention, 2007; *Shmueli*, The Influence of the United Nations Convention on the Rights of the Child on Corporal Punishment, ORIL 10 (2008) 189 ff; *Baer*, Übereinkommen der Vereinten Nationen über die Rechte des Kindes, NJW 1993, 2209 ff; *Dorsch*, Konvention über die Rechte des Kindes, 1994; *Finger*, Das Übereinkommen über die Rechte des Kindes und sein Einfluß auf das deutsche Kindschafts- und Familienrecht, JR 1992, 177 ff; eingehende Kommentierung bei *Schmahl*, Kinderrechtskonvention mit Zusatzprotokollen, 2013.

tion völkerrechtliche Pflichten zur Rechtsanpassung begründe, aber Bestimmungen wie die zur elterlichen Sorge innerstaatlich nicht unmittelbar anwendbar seien. Außerdem dürfe keine Bestimmung der Konvention so ausgelegt werden, dass sie die illegale Einreise oder den illegalen Aufenthalt eines Ausländers gestatte.[572] Im Jahre 2010 wurde die Vorbehaltserklärung zu Art 3 der UN-Kinderrechtskonvention von der Bundesregierung zurückgenommen, sodass nun auch im Flüchtlings- und Asylrecht – etwa bei der Verhängung von Abschiebehaft – das Wohl des Kindes vorrangig zu berücksichtigen ist.[573]

247 Der Durchsetzung dient ein *Berichtsverfahren* (Art 44). Zuständig für die Prüfung der Fortschritte, die die Vertragsstaaten bei der Erfüllung der im Übereinkommen eingegangenen Verpflichtungen gemacht haben, ist ein aus zehn Sachverständigen bestehender Ausschuss für die Rechte des Kindes.[574]

247a Das *Übereinkommen über die Rechte von Menschen mit Behinderung* v 13.12.2006 ist im Jahr 2008 in Kraft getreten und gilt seitdem auch für Deutschland.[575] Nach dem Übereinkommen werden die Vertragsstaaten verpflichtet, für Menschen mit Behinderung den vollständigen und gleichberechtigten Genuss aller Menschenrechte und Grundfreiheiten zu gewährleisten. Diese schließen neben der Achtung der Menschenwürde insbes die Rechte auf Nichtdiskriminierung (Art 5, 12), wirksame gesellschaftliche Teilhabe (Art 19, 29, 30), Chancengleichheit (Art 24, 27) und Barrierefreiheit (Art 9, 20) ein. Im Rahmen eines Fakultativprotokolls aus dem Jahr 2007 besteht die Möglichkeit, dem Ausschuss für die Rechte von Menschen mit Behinderung wegen einer Verletzung des Übereinkommens eine Individualbeschwerde vorzulegen. Ferner kann der Ausschuss im Rahmen des Untersuchungsverfahrens bei zuverlässigen Hinweisen auf schwerwiegende oder systematische Verstöße gegen das Übereinkommen auch auf eigene Veranlassung tätig werden. Durch die Ratifikation sind die Bestimmungen der Behindertenrechtskonvention nicht nur Bestandteil der innerstaatlichen Rechtsordnung geworden,[576] die Vertragsstaaten sind vielmehr zu entsprechenden gesetzgeberischen Umsetzungen und konventionskonformen Interpretationen bestehender Rechtsvorschriften verpflichtet.

2. Der Menschenrechtsschutz auf regionaler Ebene
a) Der Europarat

248 Die Satzung des Europarats wurde am 5.5.1949 von zehn westeuropäischen Staaten unterzeichnet. Deutschland wurde am 13.7.1950 assoziiertes Mitglied und am 2.5.1951

---

572 Vgl jedoch VG Frankfurt, NVwZ 1994, 1137 ff; vgl auch *Tomuschat*, Verwirrung über die Kinderrechte-Konvention der Vereinten Nationen, FS Zacher, 1998, 1143 ff.
573 Vgl hierzu *Krieger*, Die UN-Kinderrechtskonvention und die Handlungsfähigkeit unbegleiteter Minderjähriger im deutschen Asyl- und Ausländerrecht, RdJB 2012, 206 ff; *Löhr*, Kinderrechtskonvention, RdJB 2012, 191 ff.
574 Vgl zur 6. und 7. Tagung des Ausschusses *Rudolf*, VN 43 (1995) 72 ff.
575 BGBl 2008 II, 1419; vgl *Kreutz/Lachwitz/Trenk-Hinterberger*, Die UN-Behindertenrechtskonvention in der Praxis, 2013; *Rothfritz*, Die Konvention der Vereinten Nationen zum Schutz der Rechte von Menschen mit Behinderung, 2010; *Engels*, Herausforderungen an schulische Inklusion, ZG 2015, 128 ff; *Welti*, Reformbedarf zur Gleichstellung und Barrierefreiheit, ZRP 2015, 184 ff.
576 *Engels* (Fn 575) 128 f.

Vollmitglied. Zwischenzeitlich sind auch die Staaten Mittel- und Osteuropas dem Europarat beigetreten.

Der Europarat hat die Aufgabe, zwischen seinen Mitgliedern zum Schutz und zur Förderung der idealen Grundsätze eine engere Verbindung herzustellen und ihren wirtschaftlichen und sozialen Fortschritt zu fördern. Fragen der nationalen Verteidigung sind ausgenommen. Das wirksamste Instrument im Rahmen des Europarats ist die Ausarbeitung völkerrechtlicher Verträge, die für die Mitglieder der I.O. und bei manchen Verträgen auch für Nicht-Mitglieder zur Unterzeichnung ausgelegt werden.[577]

249

b) Die Europäische Konvention zum Schutze der Menschenrechte und Grundfreiheiten

Das zentrale völkerrechtliche Übereinkommen im Rahmen des Europarats, welches dem Einzelnen durch die Verbürgung von Menschenrechten und die Einrichtung entsprechender Durchsetzungsmöglichkeiten Rechte gewährleistet, ist die Konvention zum Schutze der Menschenrechte und Grundfreiheiten (EMRK) mit ihren Zusatzprotokollen. Die EMRK wurde am 4.11.1950 in Rom unterzeichnet und trat am 3.9.1953 in Kraft.[578] Deutschland ratifizierte sie am 5.12.1952. Die EMRK war die erste regionale und rechtsverbindliche Menschenrechtskodifikation. Die Beachtung der Rechte des Einzelnen aus dem EMRK-Vertragswerk wird durch den *Europäischen Gerichtshof für Menschenrechte* (EGMR) mit Sitz in Straßburg gewährleistet, an den sich betroffene Einzelne oder auch Staaten wenden können (s u Rn 261 ff).

250

Die EMRK hat in den Mitgliedstaaten einen spezifischen rechtlichen Rang.[579] Für Deutschland ist sie durch das Zustimmungsgesetz als einfaches Gesetz in das nationale Recht überführt worden. Bei möglicherweise entgegenstehenden nationalen Bestimmungen, die später als das Zustimmungsgesetz erlassen wurden, sind diese Bestimmungen EMRK-konform auszulegen, da davon auszugehen ist, dass sich der deutsche Gesetzgeber in Übereinstimmung mit dem Völkerrecht verhalten will.[580]

251

---

577 Holtz (Hrsg), 50 Jahre Europarat, 2000; *Uerpmann-Wittzack*, Europarat, in Hatje/Müller-Graff (Hrsg.), Europäisches Organisations- und Verfassungsrecht, Bd 1, 2016, § 25 Rn 1 ff; *Klein*, 50 Jahre Europarat, AVR 39 (2001) 121 ff; *Kau*, Rechtsharmonisierung, 2016, 128 ff; aus der Anfangsphase *Carstens*, Das Recht des Europarates, 1956.
578 Vgl *Frowein/Peukert*, EMRK, 2. Aufl 2009; Karpenstein/Mayer (Fn 23); *Meyer-Ladewig/Nettesheim/von Raumer* (Fn 23); Karl (Hrsg), Internationaler Kommentar zur EMRK, Loseblatt; *Jacobs/White/Ovey*, The European Convention on Human Rights, 5. Aufl 2010; *Peters/Altwicker*, Einführung in die Europäische Menschenrechtskonvention, 2. Aufl 2012; *Ehlers*, Europäische Grundrechte und Grundfreiheiten, 3. Aufl 2009; *Grabenwarter/Pabel*, Europäische Menschenrechtskonvention, 6. Aufl 2015; *Wolfrum*, Aspekte des Schutzes von Minderheiten unter dem Europäischen Menschenrechtsschutzsystem, FS Ress, 2005, 1109 ff; *Thürer*, Grundrechtsschutz in Europa – Globale Perspektive, ZSchR 124 (2005) 51 ff; *Ress*, Menschenbild – Staatsbild: Gedanken zur Konzeption des Staates und zur Stellung des Menschen in der Europäischen Menschenrechtskonvention, GS Burmeister, 2004, 309 ff; *Bothe*, Die Anwendung der Europäischen Menschenrechtskonvention in bewaffneten Konflikten, ZaöRV 65 (2005) 615 ff; *Kau* (Fn 577) 133 ff; *Partsch*, Die Entstehung der Europäischen Menschenrechtskonvention, ZaöRV 15 (1953/1954), 631 ff.
579 Vgl *Peters/Altwicker* (Fn 578) § 1 II.
580 BVerfGE 111, 307 ff mit Anm von *Klein*, JZ 2004, 1176 ff; *Tettinger*, Steine aus dem Glashaus, JZ 2004, 1144 ff; *Papier*, Koordination des Grundrechtsschutzes in Europa, ZSchR 2005, 113 ff; *Ruffert*, Die Europäische Menschenrechtskonvention und innerstaatliches Recht, EuGRZ 2007, 245 ff.

252 Die EMRK hat darüber hinaus Ausstrahlungswirkung auf das EU-Recht. Zum einen verweist Art 6 Abs 2 EUV auf die Grundrechte der EMRK, zum anderen achtet der Gerichtshof der Europäischen Gemeinschaften (EuGH) in seiner Rechtsprechung gemeinschafts-europäische Grundrechte, die er u a aus den Rechten der EMRK zieht.[581] Darüber hinaus lässt die Grundrechte-Charta der Europäischen Union,[582] die durch den Vertrag von Lissabon unmittelbar verbindlich geworden ist,[583] einen starken Bezug zu den Rechten der EMRK erkennen. Der nach Art 6 Abs 2 EUV vorgesehen Beitritt der Europäischen Union zur EMRK wird sich nach einem ablehnenden Gutachten des EuGH v 18.12.2014[584] jedoch nicht so schnell realisieren lassen, wie es ursprünglich geplant war.[585] Im Ganzen ist gegenwärtig weitgehend offen, inwieweit ein konsolidierter „europäischer Grundrechtsraum", bestehend aus EU-Grundrechtecharta und EMKR, überhaupt möglich ist.[586] Der Gerichtsbarkeit des EGMR unterliegen allerdings nur Handlungen der Mitgliedstaaten, nicht dagegen Handlungen der EU-Organe.[587] Jedoch sind die Mitgliedstaaten auch beim Vollzug des Unionsrechts an die EMRK gebunden.[588] Dies gilt auch dann, wenn das Verhalten eines Mitgliedstaats der Erfüllung internationaler Verpflichtungen aus einer UN-Sicherheitsratsresolution dient. In diesem Fall gilt jedoch eine Vermutung, dass ein Konventionsstaat bei der Erfüllung seiner internationalen Verpflichtungen die EMRK nicht verletzt hat, wenn das jeweilige, internationale System einen der EMRK vergleichbaren, nicht identischen Grundrechtsschutz sicherstellt.[589] Krit hat sich der EGMR jedoch im Fall *Tarakhel* zu der

---

581 ZB EuGH, Rs C-112/00, Slg 2003, I-5659, Rn 71 ff *[Schmidberger]*; Rs C-60/00, Slg 2002, I-6279 *[Carpenter]*; Gutachten 2/94, EuGRZ 1996, 197 (206, Rn 33).
582 Vom Europäischen Rat am 7.12.2000 in Nizza feierlich proklamiert (ABl EG 2000, Nr C 364/1).
583 *Klein*, Dogmatische und methodische Überlegungen zur Einordnung der Europäischen Menschenrechtskonvention in den Grundrechtsfundus der Europäischen Union, GS Bleckmann, 2007, 257 ff; *Pache/Rösch*, Europäischer Grundrechtsschutz nach Lissabon, EuZW 2008, 519 ff; *Lindner*, Grundrechtsschutz im europäischen Mehrebenensystem, Jura 2008, 401 ff; *Brummer*, Konkurrenz um Menschenrechte in Europa, Integration 31 (2008) 65 ff; *Britz*, Europäisierung des grundrechtlichen Datenschutzes?, EuGRZ 2009, 1 ff.
584 Vgl EuGH, Gutachten 2/2013.
585 Vgl *Grabenwarter*, Das EMRK-Gutachten des EuGH, EuZW 2015, 180 ff; *Tomuschat*, Der Streit um die Auslegungshoheit: Die Autonomie der EU als Heiliger Gral, EuGRZ 2015, 133 ff; *Wendel*, Der EMRK-Beitritt als Unionsrechtsverstoß, NJW 2015, 921 ff.
586 Vgl *Arden*, Human Rights and European Law: Building New Legal Orders, 2015; Morano-Foadi/Vickers (Hrsg), Fundamental Rights in the EU: A Matter of Two Courts, 2015.
587 EGMR, EuGRZ 1999, 2000 *[Matthews v United Kingdom]*; vgl dazu *Jochum*, Europarecht, 2. Aufl 2012, Rn 62f; *Ress*, Konkordanz in der Interpretation von Kompetenzbegriffen durch EuGH und EGMR, FS Hirsch, 2008, 155 ff; *Petersmann*, Human Rights, International Economic Law and „Constitutional Justice", EJIL 19 (2008) 769 ff; *Berka*, Europäischer Grundrechtsschutz zwischen Konflikt, Kooperation und Koordination, FG Machacek/Matscher, 2008, 505 ff; *De Schutter*, The Two Europes of Human Rights, Colum JEL 14 (2008) 509 ff; *Baier*, Der Schutz der Menschenrechte durch Strafpflichten auf der Basis der Europäischen Menschenrechtskonvention, Iustitia et pax, 2008, 293 ff; *Daiber*, Durchsetzung des Gemeinschaftsrechts durch den EGMR?, EuR 2007, 406 ff; *Greer/Williams*, Human Rights in the Council of Europe and the EU, ELJ 15 (2009) 462 ff; *Karl*, Die Rolle des Staatsverhaltens bei der Auslegung und Anwendung der Europäischen Menschenrechtskonvention, FS Wildhaber, 2007, 379 ff.
588 EuGH, Rs C-583/13 P, EuZW 2015, 718 ff [Art 8 EMRK]; Rs C-243/12 P, NZKart 2014, 321 ff [Art 6 Abs 2 EMRK]; EGMR, EuGRZ 1999, 193 *[Cantoni v France]*; *Jochum* (Fn 587) Rn 62.
589 Vgl EGMR, NJW 2006, 197 *[Bosphorus]*; dazu *Hailbronner*, Immunity of International Organizations from National Jurisdiction with Particular Reference to Germany, in de Cooker (Hrsg), International Administration, 2005, III.3.

Frage geäußert, inwieweit sich ein Konventionsstaat bei der Durchführung von Rückführungsentscheidungen im Rahmen des Dublin-Systems auf die Erfüllung flüchtlingsrechtlicher Verpflichtungen durch einen anderen Konventionsstaat verlassen darf.[590] In Fortführung der in *Tarakhel* entwickelten Grundsätze zur Unterbringung von Kindern hat der EGMR im Fall *A.B.* entschieden, dass die Abschiebehaft für ein vierjähriges Kind auch zusammen mit seinen Eltern nur in Betracht komme, wenn alle anderen, weniger eingreifenden Mittel geprüft worden seien und nicht in Betracht kämen (Art 5 Abs 1 u Abs 4 EMRK).[591] Auch in seinem Urteil im Fall *Khan* stellte der Gerichtshof fest, dass die franz Behörden Schutzmaßnahmen für einen afghanischen Minderjährigen hätten ergreifen müssen, der sich im sog „Dschungel von Calais" aufgehalten hat.[592] Selbst wenn der Minderjährige die verfügbaren Hilfsangebot nicht von sich aus in Anspruch genommen habe, seien die Behörden verpflichtet gewesen, ihn im Flüchtlingslager zu schützen. Dass sie das nicht taten, führte zu einer Verletzung von Art 3 EMRK.

Die Hoheitsgewalt der Mitgliedstaaten iSv Art 1 EMRK wird vom EGMR grundsätzlich als *territorial, auf das Hoheitsgebiet der Vertragsstaaten begrenzt*, verstanden.[593] Eine Beschwerde, die sich zB gegen die Durchführung von Luftangriffen von Vertragsstaaten im Jugoslawien-Krieg richtete, war daher unzulässig. Nur ausnahmsweise kann eine *extraterritoriale Handlung* eines Vertragsstaats die Zuständigkeit des EGMR begründen, wenn bspw die Kontrolle über ein außerhalb seiner Grenzen gelegenes Gebiet durch militärische Besetzung oder kraft Zustimmung, Aufforderung oder Einwilligung der Regierung des Gebiets ausübt wird. Nach Auffassung des Gerichtshofs hatte die Luftherrschaft der NATO über Jugoslawien eine derartige Hoheitsgewalt nicht begründet.[594] Von einer tatsächlichen Kontrolle über ein Gebiet außerhalb des eigenen Staatsgebiets ging der EGMR indessen bei der Besetzung des Iraks durch Streitkräfte des Vereinigten Königreichs aus.[595] In den Fällen *Al-Skeini u a v Vereinigtes Königreich* und *Al-Jedda v Vereinigtes Königreich* entschied der Gerichtshof, dass die EMRK auch auf die Tötung von Zivilpersonen im Irak bzw die Internierung von irakischen Staatsangehörigen aufgrund der dort im fraglichen Zeitraum vom Vereinigten Königreich ausgeübten Gebietskontrolle anwendbar sei.[596] Soweit sich das Vereinigte Königreich im *Al-Jedda*-Fall darauf berief, die tatsächliche Kontrolle über den Irak habe nach einem Beschluss des UN-Sicherheitsrats im fraglichen Zeitraum bei der UNO gelegen, wurde dieses Vorbringen vom EGMR unter Hinweis auf die fehlende Effektivität der Kontrolle durch den Sicherheitsrat zurückgewiesen. Angesichts dieser Entscheidungen wurden Überlegungen angestellt, ob damit der mit dem *Banković*-Urteil verbundene Grundsatz territorialer Begrenzung vertrags- **252a**

---
590 EGMR, NVwZ 2015, 127 (128 f) *[Tarakhel v Switzerland]*; hierzu *Kau*, in Uhle (Hrsg), Migration und Integration, 2017, 19 (50 ff).
591 EGMR, NLMR 4/2016, 1 (3 f) *[A.B. u a v France]*.
592 EGMR v 28.2.2019, Nr. 12267/16, Beck-aktuell.
593 Vgl *Johann*, in Karpenstein/Mayer (Fn 23) Art 1 Rn 20 („Vermutung gegen extraterritoriale Geltung").
594 EGMR, NJW 2003, 413 *[Banković]*; hierzu auch *O'Boyle*, The European Convention on Human Rights and Extraterritorial Jurisdiction, in Coomans/Kamminga (Hrsg), Extraterritorial Application of Human Rights Treaties, 2004, 130 ff; *Miller*, Revisting Extraterritorial Jurisdiction, EJIL 20 (2010) 1226 ff.
595 EGMR v 2.3.2010, Nr 61498/08 *[Al Saadoon u Mufdhi]*.
596 EGMR, NJW 2012, 283 *[Al-Skeini u a v United Kingdom]*; juris *[Al-Jedda v United Kingdom]*.

staatlicher Hoheitsgewalt eingeschränkt wurde.[597] Zudem wurde kritisiert, dass der EGMR menschenrechtliche Gewährleistungen mit territorialen Gegebenheiten verknüpfe.[598] Indes hatte der EGMR eine extraterritoriale Anwendung der EMRK auch schon früher nicht ausgeschlossen, diese aber von unterschiedlichen Formen hoheitlicher Kontrolle abhängig gemacht. Im Grundsatz ist deshalb auch nach der jüngeren Rspr des EGMR davon auszugehen, dass die Vertragsstaaten der EMRK ihre menschenrechtlichen Verpflichtungen bei der Ausübung effektiver Staatsgewalt nicht abstreifen können. Unabhängig davon, ob es zu hoheitlichen Handlungen auf ihrem Botschaftsgelände,[599] zur Ergreifung von Personen durch eigene Hoheitsträger im Ausland,[600] zur Besetzung fremden Staatsgebiets[601] oder zur Kontrolle internationaler Gewässer durch eigene Hoheitsträger[602] kommt – die Gewährleistungen der EMRK bleiben anwendbar. Allerdings darf die Ausübung hoheitlicher Gewalt in diesen Fällen nicht bloß punktueller, temporärer oder akzidentieller Natur sein.

252b   Soweit der EGMR in der *Al-Skeini*-Entscheidung andeutete, dass der Umfang menschenrechtlicher Gewährleistungen abhängig von Umfang und Effektivität der jeweiligen hoheitlichen Kontrolle auch abgestuft gewährleistet werden könne,[603] ist darin jedoch ein problematischer Ansatz zu sehen. Denn mit einer solchen Anwendung der EMRK ginge eine Relativierung der bisherigen Standards einher, die der EGMR im *Banković*-Urteil noch absichtsvoll ausgeschlossen hatte. Aber auch wenn sich der EGMR in der *Al-Skeini*-Entscheidung an den tatsächlichen Gegebenheiten orientierte und infolgedessen eine abgestufte Anwendung der EMRK im Grundsatz ermöglichte, blieben die an das Verhalten des Vereinigte Königreichs gestellten Anforderungen im Hinblick auf die Gewährleistung von Art 2 EMRK ungemindert. Im Ergebnis schloss der Gerichtshof eine Abstufung der menschenrechtlichen Anforderung damit zwar nicht grundsätzlich aus, machte davon jedoch im Hinblick auf die Besatzungsherrschaft des Vereinigten Königreichs keinen Gebrauch. Langfristig erscheint es zur Sicherstellung einheitlicher Schutzstandards allerdings nicht sinnvoll, bei formaler Anwendung der EMRK nur einen abgestuften und damit geringeren Menschenrechtsschutz zu gewährleisten.[604] Vorzugswürdig erscheint es, in diesen Konstellationen die Anforderungen an das Vorliegen der effektiven Personen- oder Gebietskontrolle eines Vertragsstaats zu lockern.[605]

252c   Darüber hinaus folgt aus Art 1 EMRK auch eine Verantwortlichkeit für Menschenrechtsverletzungen, die auf dem Territorium eines Konventionsstaats durch Amtsträger eines Drittstaats begangen werden, während der Konventionsstaat darum weiß

---

597 Vgl *Jankowska-Gilberg*, Das Al-Skeini-Urteil des Europäischen Gerichtshofs für Menschenrechte, AVR 50 (2012) 61 ff; *Johann* (Fn 593) Rn 30.
598 S etwa *von Arnauld*, Völkerrecht, 3. Aufl 2016, Rn 634.
599 EKMR, Beschluss v 14.10.1992 *[W.M. v Dänemark]*.
600 EGMR, EuGRZ 2005, 463 *[Öcalan v Turkey]*; EKMR, Beschluss v 24.6.1996, DR 86, 162 *[Ilich Ramirez Sanchez v Frankreich]*.
601 EGMR, EuGRZ 1997, 555 *[Loizidou v Turkey]*; EGMR, NJW 2012, 283 *[Al-Skeini u a v United Kingdom]*; EGMR, juris *[Al-Jedda v United Kingdom]*.
602 EGMR, NVwZ 2012, 809 ff *[Hirsi Jamaa et al v Italy]*.
603 EGMR, NJW 2012, 283 (Rn 137).
604 AA *Jankowska-Gilberg* (Fn 597) 64 f u 67.
605 Vgl *Johann* (Fn 593) Rn 30 f; zum Kriterium der „effektiven Kontrolle" *Jankowska-Gilberg* (Fn 597) 68 ff.

und dabei ggf auch noch unterstützend tätig wird. Dies war etwa in *El-Masri v Macedonia*[606] der Fall, in dem ausländische Geheimagenten auf mazedonischem Territorium – dem Flughafen Skopje – in Gegenwart und unter Billigung mazedonischer Amtsträger Folterungen vornahmen. In ähnlicher Weise war auch Polen im Fall *Al-Nashiri*[607] dafür verantwortlich, dass ausländische Staatsangehörige von Amtsträgern aus Drittstaaten gefoltert wurden und in von diesen unterhaltenen Einrichtungen inhaftiert waren. Dies führte sich insbes darauf zurück, dass polnische Amtsträger Art und Ziel der geheimdienstlichen Aktivitäten auf polnischem Territorium kannten und bei Vorbereitung bzw Durchführung kooperierten. Zuletzt hat der EGMR diese Rspr in den Entscheidung *Nasr*[608] und *Abu Zubaydah*[609] bestätigt. Ersterem lag die Entführung eines ägyptischen Staatsangehörigen von Geheimdienstmitarbeitern eines Drittstaates in Italien mit Wissen italienischer Amtsträger nach Ägypten zugrunde. Im Fall *Abu Zubayda* kam es schließlich zu einer Inhaftierung in einem sog CTC (Counterterrorism Center) eines Drittstaates in Litauen, angesichts dessen die litauischen Behörden nicht im erforderlichen Umfang wegen der gerügten Menschenrechtsverletzungen ermittelten.[610] IE zeigt sich, dass auch das wissentliche Gewährenlassen von Amtsträgern dritter Staaten auf dem eigenen Territorium die Konventionsstaaten in Widerspruch mit der EMRK setzen kann. Selbst wenn der organisatorische Anteil gering ist, führt bereits das Wissen um die Handlungen Dritter und ihre damit verbundene ausdrückliche oder auch stillschweigende Billigung ihrerseits zu Verletzungen der EMRK. Der EGMR ist vor diesem Hintergrund bemüht, die Konventionsstaaten auch für mittelbare oder untergeordnete Beiträge bei konventionswidrigen Handlungen Dritter unter dem Gesichtspunkt der Territorialgewalt haftbar zu machen.[611]

Die EMRK enthält einen Katalog bürgerlicher und politischer Rechte, der durch **253** verschiedene Zusatzprotokolle erweitert und ergänzt wurde.[612] Der EGMR hat diesen Rechten und deren Beschränkungsmöglichkeiten in dynamischer Auslegung feste Konturen gegeben.[613]

In Abschnitt I der EMRK finden sich grundlegende Rechte und Freiheiten wie **254** das Recht auf Leben oder das Verbot der Folter (s u Rn 328 zur Anwendung bei der Auslieferung). Die gesetzlich geregelte und von einem Gericht ausgesprochene Todesstrafe wird vom Anwendungsbereich ausgeschlossen. Diese Lücke wurde durch das 6. Zusatzprotokoll[614] geschlossen.

---

606 EGMR, NVwZ 2013, 613 ff *[El Masri v Macedonia]*.
607 EGMR, NVwZ 2015, 955 *[Al-Nashiri v Poland]*.
608 EGMR v 23.2.2016, Nr 44883/09 *[Nasr u Ghali v Italy]*; vgl *Staffler*, Geheimdienstliches Verschwindenlassen von Terrorverdächtigen im Lichte der EGMR-Judikatur, EuGRZ 2016, 344 ff.
609 EGMR v 8.10.2018, Nr 46454/11 *[Abu Zubaydah v Lithuania]*.
610 Ebd Rn 672 ff
611 Bei der Beurteilung von möglicherweise von US-Militärflughäfen auf dt Territorium erfolgende Drohneneinsätze hieran anknüpfend: BVerwGE 154, Rn 26 f.
612 Vgl *Ehlers*, Die Europäische Menschenrechtskonvention, Jura 2000, 372 ff.
613 Vgl *Herdegen* (Fn 61) § 49 Rn 7; *Hoppe*, Neuere Tendenzen in der Rechtsprechung zur Aufenthaltsbeendigung, ZAR 2008, 251 ff; *Deibel*, Die Ausweisung von Ausländern unter Berücksichtigung der Rechtsprechung des Europäischen Gerichtshofs für Menschenrechte, ZAR 2009, 121 ff; *Caroni*, Die Praxis des Europäischen Gerichtshofes für Menschenrechte im Bereich des Ausländer- und Asylrechts, JMR 2007/2008, 265 ff.
614 Prot Nr 6 zur Konvention zum Schutze der Menschenrechte und Grundfreiheiten über die Abschaffung der Todesstrafe v 28.4.1983.

255 Das notstandsfeste Verbot der Folter und der unmenschlichen oder erniedrigenden Strafe oder Behandlung in Art 3 EMRK[615] wird durch die Europäische Konvention zur Verhütung der Folter und unmenschlicher oder erniedrigender Behandlung oder Strafe v 26.11.1987[616] ergänzt. Im Gegensatz zur einschlägigen UN-Konvention v 10.12.1984[617] sieht sie zur Durchsetzung ein *präventives Besuchssystem* vor. Ein unabhängiger Ausschuss[618] prüft, inwieweit die Insassen von Gefängnissen und anderen Anstalten der Mitgliedstaaten vor unmenschlicher Behandlung sicher sind. Das am 4.11.1993 zur Unterzeichnung ausgelegte Protokoll[619] sieht vor, dass nicht mehr nur Mitgliedstaaten des Europarats, sondern auch andere Staaten zur Ratifikation eingeladen werden können.

256 Die Art 4 und 5 EMRK enthalten das Verbot der Zwangsarbeit und Sklaverei sowie das Recht auf Freiheit und Sicherheit.[620] Der Schutz der Freizügigkeit findet sich in Art 2 des 4. Zusatzprotokolls.[621]

257 Am häufigsten wird die Verletzung des in Art 6 EMRK genannten *Rechts auf ein faires Gerichtsverfahren* gerügt. Art 6 garantiert dem Einzelnen als institutionelle Garantie eine ganze Reihe von Verfahrensrechten,[622] so etwa eine Entscheidung durch ein auf einem Gesetz beruhendes, unabhängiges und unbefangenes Gericht und den Zugang zum Gericht. Das Verfahren soll öffentlich und innerhalb angemessener Frist durchgeführt werden. Eine Regierung kann sich bei einer zu langen Verfahrensdauer nicht darauf berufen, dass sie nicht in der Lage gewesen sei, Einfluss auf unabhängige Gerichte zu nehmen, da ihr die Möglichkeit offen steht, u a durch die Einstellung von zusätzlichem Personal Abhilfe zu schaffen.[623] Art 7 EMRK enthält das Verbot der Bestrafung ohne ein die Strafbarkeit bestimmendes Gesetz: *nulla poena sine lege*.

258 Die Art 8 bis 12 EMRK enthalten weiter *spezielle Freiheitsgrundrechte*. Erfasst werden das Gebot der Achtung der privaten Sphäre, das Recht auf Achtung des Familienlebens,[624] die Gedanken-, Gewissens- und Religionsfreiheit,[625] das Recht auf freie Meinungsäußerung[626] sowie die Versammlungs- und Vereinigungsfreiheit. Das

---

615 EGMR, EuGRZ 2001, 576 ff *[Kalantari v Germany]*; EGMR, EuGRZ 2001, 580 ff *[Güler v Germany]*; EGMR, EuGRZ 2001, 582 ff *[Adam v Germany]*; EGMR, NVwZ 1997, 1093 *[Chahal v United Kingdom]*; vgl auch *Hailbronner*, Art 3 EMRK, DÖV 1999, 617 ff; eingehend *Kau* (Fn 568) Rn 1 ff.
616 BGBl 1989 II, 946.
617 BGBl 1990 II, 247.
618 Vgl Rules of Procedure of the European Committee for Preventing of Torture and Inhuman or Degrading Treatment or Punishment v 16.11.1989.
619 ETS Nr 151; das Prot Nr 2 (ETS Nr 152) ist technischer Natur.
620 EGMR, ECHR 1996-III *[Amuur v France]*.
621 Prot Nr 4 zur Konvention zum Schutze der Menschenrechte und Grundfreiheiten, durch das gewisse Rechte und Freiheiten gewährleistet werden, die nicht bereits in der Konvention oder im ersten ZusatzProt enthalten sind, v 16.9.1963.
622 Vgl EGMR, EuGRZ 2005, 463 ff *[Öcalan v Turkey]*; EGMR, EuGRZ 1999, 323 *[Pélissier and Sassi v France]*; EGMR, EuGRZ 1999, 660 *[Teixeira de Castro v Portugal]*.
623 Vgl EGMR, EuGRZ 2001, 299 ff *[Metzger v Germany]*; EGMR, EuGRZ 1999, 323 *[Pélissier and Sassi v France]*; EGMR, EuGRZ 1999, 215 *[Laino v Italy]*; EGMR, EuGRZ 1996, 192 *[A. and others v Denmark]*; EGMR, EuGRZ 1996, 514 *[Süßmann v Germany]*.
624 EGMR, EuGRZ 2002, 244 ff *[Kutzner v Germany]*; EGMR, InfAuslR 2002, 334 *[Sen v Netherlands]*; EGMR, EuGRZ 2002, 25 ff *[Sahin v Germany]*; EGMR, EuGRZ 2001, 588 ff *[Sommerfeld v Germany]*; EGMR, NJW 2003, 2595 f *[Adam v Germany]*; EGMR, InfAuslR 2000, 474 ff *[Ciliz v Netherlands]*.
625 EGMR, EuGRZ 2003, 595 ff *[Dahlab v Switzerland]*.
626 EGMR, EuGRZ 2001, 475 ff *[Wille v Liechtenstein]*.

Recht der Eltern, ihre Kinder entsprechend ihrer religiösen und weltanschaulichen Überzeugung zu erziehen, findet sich in Art 2 des 1. Zusatzprotokolls.[627] Das Eigentumsrecht ist mit Art 1 des 1. Zusatzprotokolls[628] garantiert.

Der auf Art 2 Abs 1 AEMR zurückgehende Art 14 EMRK enthält ein *Diskriminierungsverbot*. Aufgrund seines Wortlauts war zunächst davon ausgegangen worden, dass eine Verletzung von Art 14 nur iVm anderen materiellen Konventionsrechten in Frage kommt. Der EGMR bestätigte, dass Art 14 keine selbständige, von den übrigen normativen Vorschriften der EMRK losgelöste Bedeutung habe, doch mache dies seine Anwendung nicht von der Verletzung einer entsprechenden Konventionsgarantie abhängig. Eine Maßnahme, die für sich betrachtet den Erfordernissen einer bestimmten Konventionsnorm entspreche, könne dennoch gegen dieses Konventionsrecht iVm Art 14 verstoßen, weil sie im Ganzen gesehen diskriminierend sei.[629] Art 14 sei in der Praxis gleichsam als integraler Bestandteil aller anderen Konventionsrechte und Freiheiten zu verstehen.[630] Ein allgemeines Diskriminierungsverbot hinsichtlich jedes Rechts *set forth by law* ist nunmehr im 12. Zusatzprotokoll[631] enthalten. **259**

Das Recht auf Staatsangehörigkeit ist in der EMRK nicht enthalten.[632] Der EGMR[633] ist jedoch der Ansicht, dass ein willkürliches Vorenthalten der Staatsangehörigkeit wegen der Auswirkungen auf das Privatleben des Einzelnen unter bestimmten Umständen eine Frage unter Art 8 EMRK aufwerfen kann, wobei sich hier allerdings die Frage nach der Reichweite einer solchen Überprüfungsbefugnis stellt.[634] **260**

Die *Durchsetzung der EMRK-Rechte* wird aufgrund des 11. Zusatzprotokolls[635] dem *EGMR* übertragen.[636] Dieser löste die Zweiteilung der Organe in Kommission und Gerichtshof ab. Die Ausführung der Urteile wird weiterhin vom Ministerkomitee überwacht. Eine Reform war vor allem deswegen notwendig geworden, weil sich die **261**

---

627 ZusatzProt zur Konvention zum Schutze der Menschenrechte und Grundfreiheiten v 20.3.1952.
628 Vgl EGMR, EuGRZ 1999, 316 *[Iatridis v Greece]*; EGMR, EuGRZ 1996, 593 *[Hentrich v France]*; *Fiedler*, Die Europäische Menschenkonvention und der Schutz des Eigentums, EuGRZ 1996, 354 ff.
629 EGMR, HRLJ 1992, 7 *[Observer and others v United Kingdom]*; EGMR, EuGRZ 1979, 386 *[Sunday Times v United Kingdom]*.
630 *Frowein/Peukert* (Fn 578) Art 14 Rn 2.
631 Prot Nr 12 zur Konvention zum Schutze von Menschenrechten und Grundfreiheiten v 4.11.2000 (ETS Nr 177); vgl *Wolfrum*, Das Verbot der Diskriminierung gemäß den internationalen Menschenrechtsabkommen, FS Zuleeg, 2005, 385 ff.
632 Vgl EGMR, DR 43 (1985) 216 *[K. and W. v Netherlands]*.
633 EGMR, NVwZ 2000, 301 *[Karassev v Finland]*.
634 Vgl *Ress*, Die Rechtsstellung des Fremden im Rahmen der Europäischen Konvention zum Schutz der Menschenrechte und Grundfreiheiten, in Hailbronner (Hrsg), Die allgemeinen Regeln des völkerrechtlichen Fremdenrechts, 2000, 105 (113 ff).
635 Prot Nr 11 zur Konvention zum Schutze der Menschenrechte und Grundfreiheiten, die Einrichtung der Umgestaltung des Kontrollmechanismus betreffend v 11.5.1994 (ETS Nr 155).
636 Vgl *Tomuschat*, Individueller Rechtsschutz, EuGRZ 2003, 95 ff; *Siess-Scherz*, Der EGMR nach der Erweiterung des Europarates, EuGRZ 2003, 100 ff; *Engel*, Status, Ausstattung und Personalhoheit des Inter-Amerikanischen Gerichtshofs und des EGMR, EuGRZ 2003, 122 ff; *Schokkenbroeck*, Die Arbeit des Europarates betreffend die Reform des Gerichtshofes, EuGRZ 2003, 134 ff; *Stoltenberg*, Neuere Vorschläge zur Reform des EGMR aus dem Kreise der Mitgliedstaaten, EuGRZ 2003, 139 ff; *Ohms*, Bewertung des Diskussionsstandes über die Entlastung des EGMR, EuGRZ 2003, 141 ff; *Peukert*, Zur Reform des Europäischen Systems des Menschenrechtsschutzes, NJW 2000, 49 ff; *Wildhaber*, Der vollamtliche Europäische Gerichtshof für Menschenrechte nach seinem ersten Jahr, ZSR 119 (2000) 123 ff.

Zahl der Vertragsstaaten seit dem Inkrafttreten der Konvention verdreifacht hatte. Zudem sind weitere mittel- und osteuropäische Staaten dem Europarat beigetreten und nunmehr Vertragsstaat der EMRK.

262 Die Verfahrensarten sind auch nach der Schaffung eines einheitlichen EGMR beibehalten worden. So kann nach Art 34 EMRK jede natürliche Person, nichtstaatliche Organisation oder Personengruppe eine Individualbeschwerde[637] mit der Behauptung erheben, durch eine Vertragspartei in einem ihrer in der EMRK oder in den Zusatzprotokollen anerkannten Rechte verletzt zu sein. Eine besondere Unterwerfungserklärung des Vertragsstaats ist nicht erforderlich. Zur Zulässigkeit einer Individualbeschwerde ist insbesondere gemäß Art 35 EMRK notwendig, dass alle innerstaatlichen Rechtsbehelfe erschöpft sind.[638] Staatenbeschwerden[639] sind nach Art 33 EMRK möglich.[640]

263 Der EGMR entscheidet entweder als Ausschuss mit drei Richtern, als Kammer mit sieben Richtern oder als Große Kammer mit siebzehn Richtern. Die Filterfunktion, die früher von der Kommission übernommen wurde, obliegt jetzt den Ausschüssen, die Individualbeschwerden für unzulässig erklären oder im Register streichen können.

264 Einstweilige Anordnungen können nach Regel 39 der Verfahrensordnung des EGMR erlassen werden. Der Erlass einer einstweiligen Anordnung kommt insbesondere bei der drohenden Verletzung von Art 3 EMRK in Betracht.[641]

265 Für den Fall, dass die bei einer Kammer anhängige Rechtssache schwerwiegende, die Auslegung der Konvention oder der Zusatzprotokolle berührende Fragen aufwirft oder die Kammerentscheidung möglicherweise zu einer Abweichung von früherer Rechtsprechung führt, kann die Rechtssache jederzeit von der Kammer an die *Große Kammer* verwiesen werden, sofern nicht eine der Vertragsparteien widerspricht. Eine zweite Instanz gibt es nicht. In Ausnahmefällen ist es einer Partei möglich, innerhalb von drei Monaten nach Bekanntgabe des Urteils der Kammer die Verweisung der Sache nach Art 43 EMRK an die Große Kammer zu beantragen. Dies setzt aber voraus, dass der Fall eine schwerwiegende, die Auslegung oder Anwendung der Konvention oder der Protokolle berührende Frage oder aber eine Frage von allgemeiner Bedeutung aufwirft. Nach Annahme der Sache entscheidet die Große Kammer. Bei dieser Kontrolle handelt es sich jedoch nicht um ein echtes Rechtsmittel, da die Richter der großen Kammer teilweise identisch sind mit denen, die in der zuvor entscheidenden Kammer sind.[642]

266 Artikel 46 Abs 1 EMRK verpflichtet die Vertragsparteien, im Falle einer Beteiligung am Rechtsstreit das endgültige Urteil des Gerichtshofs anzuerkennen. Dieser ist befugt, im Verletzungsfall einen *Entschädigungsanspruch* zuzusprechen. Die Durchführung der Entscheidung überwacht das Ministerkomitee, Art 46 Abs 2 EMRK.[643] Nach Art 47 bis 49 EMRK kann der Gerichtshof Gutachten erstellen. Das

---

637 Vgl *Peters/Altwicker* (Fn 578) § 35.
638 EGMR, EuGRZ 2002, 144 ff *[Allaoui and others v Germany]*.
639 Vgl *Peters/Altwicker* (Fn 578) § 36.
640 Vgl zB EGMR, EuGRZ 2000, 619 *[Denmark v Turkey]*.
641 Vgl *Nußberger*, Menschenrechtsschutz im Ausländerrecht, NVwZ 2013, 1305 (1306) mit Hinweis auf „Rule 39"; *Peters/Altwicker* (Fn 578) § 35 II. 2. lit a.
642 Vgl *Peters/Altwicker* (Fn 578) § 35 II. 2. lit b.
643 Vgl *Okresek*, Die Umsetzung der EGMR-Urteile und ihre Überwachung, EuGRZ 2003, 168 ff.

BVerfG hat im *Görgülü*-Beschluss[644] aus Art 41 EMRK die Verpflichtung der Vertragspartei, gegen die ein bindendes Urteil ergangen ist, abgeleitet, in Bezug auf den Streitgegenstand den ohne die festgestellte Konventionsverletzung bestehenden Zustand nach Möglichkeit wiederherzustellen. Jedoch könne aus der völkerrechtlichen Verpflichtung zur Beachtung eines Urteils des EGMR keine absolute Bindungswirkung der Gerichte und Behörden ohne Rücksicht auf die rechtsstaatliche Kompetenzordnung und die Bindung an Gesetz und Recht abgeleitet werden. Zwar gehöre zur Bindung an Gesetz und Recht auch die Berücksichtigung der EMRK-Gewährleistungen und der bindenden Entscheidungen des EGMR im Rahmen methodisch vertretbarer Gesetzesauslegung. Daraus könne jedoch keine schematische Vollstreckung einer Entscheidung des EGMR abgeleitet werden. Vielmehr seien insoweit auch verfassungsrechtliche Aspekte abzuwägen. Das Gericht hat sich daher mit dem vom EGMR gefällten Urteil in einem Abwägungsprozess auseinanderzusetzen, wenn die Umsetzung des Urteils verfassungsrechtliche Fragen aufwirft. Die Abwägung kann auch dazu führen, dass aus verfassungsrechtlichen Gründen der Entscheidung des EGMR nicht Folge geleistet werden kann. Das BVerfG hält insbesondere bei „mehrpoligen" Grundrechtsverhältnissen eine Grundrechtsbeeinträchtigung für möglich. So hatte der EGMR im zu Grunde liegenden Fall die Vorenthaltung eines Umgangsrechts für den Vater eines Kindes als Verletzung des Art 8 EMRK qualifiziert, ohne auch nur die Mutter im Verfahren anzuhören.[645] Ungeachtet dessen muss das nationale Gericht bei der Berücksichtigung nationalen Verfassungsrechts auch der völkerrechtlichen Verpflichtung Rechnung tragen, die Entscheidung des EGMR zu beachten. Die Entscheidung des OLG, das sich bei der Versagung des Umgangsrechts nicht an das Urteil des EGMR für gebunden hielt, wurde daher aufgehoben, da das Gericht seine Pflicht verletzt habe, sich mit der Entscheidung des EGMR und dem auf Grund des Art 8 EMRK zugestandenen Umgangsrechts hinreichend auseinanderzusetzen. Die Entscheidung hat zu einer kontroversen Diskussion über die bindende Wirkung von EGMR-Entscheidungen geführt.[646]

Zudem gibt es einerseits Hinweise auf eine Verknüpfung der Gewährleistungen **266a** von EMRK und EU-Recht, indem der EGMR bei der Auslegung und Anwendung der EMRK bspw aus den Vorschriften einzelner EU-Richtlinien sowie der EU-Grundrechtecharta rechtliche Schutzstandards ableitet.[647] Hierin können Ansätze für einen aus einer Kombination von EMRK und EU-Recht entstehenden „europäischen

---

644 BVerfGE 111, 307 *[Görgülü]*.
645 Vgl EGMR, EuGRZ 2004, 700 *[Görgülü]*.
646 Vgl *Bergmann*, Diener dreier Herren?, EuR 2006, 101f; *Mückel*, Kooperation oder Konfrontation, Der Staat 44 (2005) 403ff; *Buschle*, Ein neues Solange?, VBlBW 2005, 293f; *Papier*, Umsetzung und Wirkung der Entscheidungen des Europäischen Gerichtshofs für Menschenrechte aus der Perspektive der nationalen deutschen Gerichte, EuGRZ 2006, 1f; *Alber/Widmaier*, Mögliche Konflikte und Divergenzen im europäischen Grundrechtsschutz, EuGRZ 2006, 113ff; *Sauer*, Die neue Schlagkraft der gemeineuropäischen Grundrechtsjudikatur, ZaöRV 65 (2005) 35ff; *Frowein*, Die traurigen Missverständnisse, FS Delbrück, 2005, 279ff; *Meyer-Ladewig/Petzold*, Die Bindung deutscher Gerichte an Urteile des EGMR, NJW 2005, 15ff; *Schaffarzik*, Europäische Menschenrechte unter der Ägide des BVerfG, DÖV 2005, 860ff; *Pache/Bielitz*, Verwaltungsprozessuale Wiederaufnahmepflicht kraft Völker- und Gemeinschaftsrecht?, DVBl 2006, 325ff.
647 ZB Verweis in EGMR, NVwZ 2015, 127 (129) *[Tarakhel v Switzerland]* u in EGMR, NVwZ 2011, 413, 4. Leitsatz *[M.S.S. v Greece and Belgium]* auf RL 2003/09/EG sowie in EGMR, NVwZ 2012, 809 (813) *[Hirsi Jamaa et al]* auf Art 19 EU-GRC.

Rechtsraum" gesehen werden. Demgegenüber zeichnet sich bspw in der EGMR-Entscheidung *Tarakhel* im Hinblick auf die Voraussetzungen des Dublin-Systems ein Gewährleistungskonflikt zwischen EuGH und EGMR jedenfalls in den Fällen ab, in denen der EuGH aus strukturellen, judikativen Gründen keine Gelegenheit hatte, vorher über einen Fall zu entscheiden, der das auf sekundärrechtlicher Grundlage errichtete Zuordnungs- und Rückführungssystem betraf.[648]

c) Die Europäische Sozialcharta

267 Die EMRK wird durch die am 18.10.1961 unterzeichnete Europäische Sozialcharta (ESC)[649] ergänzt, die 1965 in Kraft trat.[650] Das Zusatzprotokoll zur ESC v 5.5.1988[651] garantiert vier weitere wirtschaftliche und soziale Rechte. Ein weiteres Protokoll v 21.10.1991[652] dient der Verbesserung der Kontrollmechanismen. Nach dem Zusatzprotokoll v 1995[653] können auch internationale Arbeitnehmerorganisationen und Gewerkschaften wie auch andere internationale Nicht-Regierungsorganisationen und auch repräsentative nationale Organisationen von Arbeitgebern und Gewerkschaften eine Beschwerde erheben. Die *revidierte ESC*[654] v 3.5.1996 ist am 1.7.1999 in Kraft getreten.[655] Sie enthält nicht nur die bisherigen Rechte der ESC und des genannten Zusatzprotokolls, sondern nimmt darüber hinaus auch neue Rechte wie das Recht auf Schutz gegen Armut und soziale Ausgrenzung, das Recht auf Unterbringung, auf Schutz bei Beendigung des Arbeitsverhältnisses, ferner das Recht auf Schutz gegenüber sexueller und anderer Formen der Belästigung am Arbeitsplatz, das Recht auf gleiche Möglichkeiten und Gleichbehandlung von Arbeitnehmern mit Verantwortung für die Familie wie auch Rechte von Arbeitnehmervertretern in Unternehmen auf. Daneben wurden Veränderungen im Bereich bestehender Rechte wie eine Verstärkung des Grundsatzes der Nichtdiskriminierung, der Gleichstellung der Geschlechter, ein besserer Mutterschutz sowie Verbesserungen für beschäftigte Kinder und Behinderte

---

648 EGMR, NVwZ 2015, 127 (128) *[Tarakhel v Switzerland]*.
649 ETS Nr 35.
650 Vgl *Eichenhofer*, Menschenrechte auf soziale Sicherheit, Vjschr f SozR 2007, 87 ff; *Fortunato*, Internationaler Schutz der Familie am Beispiel der Europäischen Sozialcharta, EuR 2008, 27 ff; *Akandji-Kombé*, Actualité de la Charte sociale européenne, RTDH 19 (2008) 507 ff; *Öhlinger*, Die Europäische Sozialcharta, FS Ermacora, 1988, 213 ff; *Becker*, European Social Charter, MPEPIL III, 969 ff; *Samuel*, Fundamental Social Rights, 1997.
651 ETS Nr 128.
652 ETS Nr 142.
653 Additional Protocol to the European Social Charter Providing for a System of Collective Complaints v 9.11.1995 (ETS Nr 158).
654 ETS Nr 163.
655 Während die ESC v 1961 von Belgien, Dänemark, Deutschland, Finnland, Frankreich, Griechenland, Irland, Island, Italien, Kroatien, Lettland, Luxemburg, Malta, Mazedonien, den Niederlanden, Norwegen, Österreich, Polen, Portugal, Schweden, der Slowakei, Spanien, Tschechien, der Türkei, Ungarn, dem Vereinigten Königreich und Zypern ratifiziert wurde, gilt die revidierte ESC v 3.5.1996 für Albanien, Andorra, Armenien, Aserbaidschan, Belgien, Bosnien und Herzegowina, Bulgarien, Estland, Finnland, Frankreich, Georgien, Griechenland, Irland, Italien, Lettland, Litauen, Malta, Montenegro, Moldawien, die Niederlande, Nordmazedonien, Norwegen, Österreich, Portugal, Rumänien, Russland, Schweden, Serbien, Slowakei, Slowenien, Türkei, Ukraine, Ungarn und Zypern; gezeichnet wurde sie allerdings von Dänemark, Deutschland, Island, Kroatien, Luxemburg, Monaco, Polen, San Marino, Spanien, Tschechien und dem Vereinigten Königreich.

aufgenommen. Deutschland ist nicht Vertragspartei der *revidierten ESC;* es hat sie jedoch am 29.6.2007 unterzeichnet.

In Teil I der ESC v 1961, auf die auch in Art 151 Abs 1 AEUV Bezug genommen wird,[656] bekunden die Vertragsparteien ihren Willen, mit allen zweckdienlichen Mitteln staatlicher und zwischenstaatlicher Art geeignete Voraussetzungen zu schaffen, um die tatsächliche Ausübung der in Teil II ausformulierten neunzehn Rechte und Ziele zu gewährleisten. Nicht alle der genannten Rechte sind verbindlich. Dies gilt nur für die sieben grundlegenden Art 1, 5, 6, 12, 13, 16 u 19. Daneben muss jeder Vertragsstaat nach Art 20 Abs 1 lit c so viele weitere Artikel oder Absätze als für sich verbindlich anerkennen, dass eine Gesamtzahl von zehn Artikeln oder 45 Absätzen erreicht ist. Deutschland erkannte die Art 2, 3, 4 (ohne Abs 4), 7 (ohne Abs 1), 8 (ohne Abs 2 und 4), 10 (ohne Abs 4), 11, 14, 15, 17 u 18 an.[657] Ein ähnliches Verfahren sieht das Zusatzprotokoll v 1988 vor, das vier weitere Rechte wie das Recht auf Information und Anhörung im Betrieb und Rechte älterer Menschen enthält.

Zur Kontrolle sieht die Sozialcharta ein *Berichtsverfahren* vor. Art 21 ESC bestimmt, dass die Vertragsparteien alle zwei Jahre einen Bericht über die Anwendung der in Teil II der Charta angenommenen Bestimmungen erstellen. In bestimmten Zeitabständen sind Berichte zu den in Teil II nicht angenommenen Bestimmungen vorzulegen. Beide Berichte werden den nationalen Arbeitgeber- und Arbeitnehmerorganisationen zugeleitet, die hierzu Stellung nehmen können. Berichte und Stellungnahmen werden einem Sachverständigenausschuss zugeleitet, an dessen Sitzungen auch ein Vertreter der ILO mit beratender Stimme teilnimmt. Anschließend werden die Beratungsergebnisse zusammen mit den Berichten der Vertragsparteien dem Unterausschuss des Regierungssozialausschusses des Europarats vorgelegt. Dieser erstellt wiederum einen Bericht und legt diesen zusammen mit dem des Sachverständigenausschusses dem Ministerkomitee vor. Die Ergebnisse des Sachverständigenausschusses werden an die Beratende Versammlung übermittelt, die dem Ministerkomitee ihre Stellungnahme mitteilt. In einem letzten Schritt kann sich das Ministerkomitee mit Zweidrittelmehrheit entschließen, notwendige Empfehlungen an eine Vertragspartei zu richten. Einen weiteren Kontrollmechanismus sieht das Zusatzprotokoll zur ESC über das *kollektive Beschwerdeverfahren* vor. Nach dessen Art 1 können internationale Arbeitgeber- und Arbeitnehmerorganisationen Beschwerde wegen unzureichender Anwendung der ESC erheben. Mit der Beschwerde befasst sich zunächst ein Ausschuss unabhängiger Sachverständiger (Art 5 ff). Aufgrund seines Berichts entscheidet das Ministerkomitee, indem es eine Empfehlung an den betroffenen Vertragsstaat ausspricht (Art 8 ff).

d) Die Menschenrechte im Rahmen der KSZE/OSZE

Auch die Konferenz bzw Organisation für Sicherheit und Zusammenarbeit in Europa (KSZE bzw OSZE) hat sich des Schutzes der Menschenrechte angenommen. Bereits in der *Schlussakte von Helsinki* v 1.8.1975 wurde die Achtung der Menschenrechte als selbständiger Grundsatz verankert, und Korb III enthielt Vereinbarungen

---

656 Vgl *Steinmeyer*, Der Vertrag von Amsterdam und seine Bedeutung für das Arbeits- und Sozialrecht, RdA 2001, 10 (12).
657 BGBl 1965 II, 1122.

über den Bereich „Menschliche Kontakte".[658] In das Abschlussdokument des Wiener KSZE-Folgetreffens[659] wurden etwa der Grundsatz der Gleichberechtigung von Mann und Frau, der Ausbau der Religionsfreiheit und der Minderheitenschutz aufgenommen sowie die Frage der Flüchtlinge, der Todesstrafe und der Folter angesprochen.

271 Besondere Beachtung fanden die Grundsätze von Demokratie und Rechtsstaatlichkeit sowie die Menschenrechte und Grundfreiheiten in dem am 29.6.1990 in Kopenhagen angenommenen Dokument.[660] In Teil I finden sich Prinzipien der Rechtsstaatlichkeit und Demokratie wie auch der Grundsatz der freien Wahlen, die Trennung von Staat und Partei, oder das Legalitätsprinzip. Daneben wurden justizielle Grundsätze wie die richterliche Unabhängigkeit, der wirksame Rechtsschutz gegen Entscheidungen der Verwaltung und die Garantie eines fairen Verfahrens genannt. In Teil II fanden Menschenrechte wie die Meinungsfreiheit, die Versammlungs- und Vereinigungsfreiheit einschließlich des Streikrechts, die Gedanken-, Gewissens- und Religionsfreiheit und das Recht auf Freizügigkeit Eingang. Wirtschaftliche, soziale und kulturelle Rechte sind nicht erwähnt. Dieses Bekenntnis zu den Menschenrechten bekräftigt die *Charta von Paris*.[661]

272 Daneben wurden insbes im Dokument über die weitere Entwicklung der OSZE-Institutionen und -Strukturen v 30.1.1992 in Prag[662] Maßnahmen beschlossen, um die bislang schwach ausgebildeten *Kontrollmechanismen* zu stärken. Neben einer Erweiterung der Zusammenarbeit zwischen den Teilnehmerstaaten im Bereich der menschlichen Dimension wurden insbes dem Büro für demokratische Institutionen und Menschenrechte zusätzliche Funktionen übertragen. In Fällen von eindeutigen groben Verletzungen der OSZE-Verpflichtungen ist es dem Ausschuss Hoher Beamter bzw dem Rat möglich, Maßnahmen notfalls auch ohne Zustimmung des betroffenen Staats zu treffen. Im Budapester Dokument[663] wird festgestellt, dass trotz „beträchtlicher Fortschritte" eine „ernste Verschlechterung" in bestimmten Gebieten eingetreten sei. Mit dem Beginn des Konflikts um die Krim-Annexion und die militärische Auseinandersetzung in der Ost-Ukraine im Jahre 2014 hat die OSZE wieder eine aktivere Rolle übernommen.

e) Der Menschenrechtsschutz in Amerika

273 Der Schutz der Menschenrechte innerhalb der Organisation Amerikanischer Staaten (OAS), die 35 amerikanische Staaten umfasst, hat zwei Grundlagen.[664] Zum einen

---

658 Vgl *Morgan*, The Final Act: The Helsinki Accords and the Transformation of the Cold War, 2018.
659 EuGRZ 1989, 85.
660 Dokument des Kopenhagener Treffens der Konferenz über die menschliche Dimension der KSZE, EuGRZ 1990, 239 ff.
661 Erklärung des Pariser KSZE-Treffens der Staats- und Regierungschefs v 21.11.1990 („Charta von Paris für ein neues Europa").
662 EuGRZ 1992, 124 ff.
663 Beschlüsse des Gipfeltreffens der KSZE in Budapest v 6.12.1994, IPol 1995, D 73.
664 Vgl *Glendon*, The Forgotten Crucible, HarvHRJ 16 (2006) 27 ff; *Buergenthal*, Menschenrechtsschutz im inter-amerikanischen System, EuGRZ 1984, 169 ff; *Neuman*, American Convention on Human Rights (1969), MPEPIL I, 327; *Kokott*, Das interamerikanische System zum Schutz der Menschen-

stützt er sich auf die *Charta der OAS* v 30.4.1948[665] und zum anderen auf die *Amerikanische Konvention der Menschenrechte* v 22.11.1969 (AMRK).[666] Die Charta enthält einige allgemein gehaltene Bestimmungen zum Schutze der Menschenrechte. Auf Grundlage dieser Bestimmungen wurde 1960 die *Interamerikanische Menschenrechtskommission*[667] errichtet. Sie wurde mit der Förderung der in der Amerikanischen Erklärung über die Rechte und Pflichten des Menschen[668] verkündeten Menschenrechte beauftragt.[669] Diese Erklärung wurde 1948 als nicht bindender Konferenzbeschluss der OAS angenommen. Mit der Änderung der Charta der OAS 1970 wurde die Kommission zum Organ der OAS[670] und mit der Wahrnehmung von Befugnissen aus der Charta betraut.[671] Die mit dieser Änderung verstärkte Stellung und Erweiterung der Befugnisse führte dazu, dass auch Mitgliedstaaten der OAS, die nicht durch die AMRK gebunden sind, jedenfalls den aus der Charta der OAS resultierenden Verpflichtungen unterliegen. Hierzu zählen auch die in der Amerikanischen Erklärung über die Rechte und Pflichten des Menschen proklamierten Menschenrechte.[672] Die Kommission hat sowohl Aufgaben als Konventionsorgan als auch Aufgaben als Charta-Organ.[673]

Die *AMRK*[674] trat 1978 in Kraft. Sie wurde bislang von 25 amerikanischen Staaten ratifiziert. Zu den größeren Staaten Amerikas, für die die AMRK keine Anwendung findet, gehören auch die USA, die nicht ratifiziert haben, und Kanada, das die Konvention nicht unterzeichnet hat. Die AMRK sieht die Einrichtung der Inter-Amerikanischen Menschenrechtskonvention und des Inter-Amerikanischen Gerichtshofs für Menschenrechte vor.[675] Beide setzen sich aus jeweils sieben Mitgliedern zusammen. Die Mitglieder der Kommission werden von der Generalversammlung der OAS (Art 36 AMRK), die des Gerichtshofs von den Mitgliedstaaten (Art 53 AMRK) gewählt.

Die AMRK enthält bürgerliche und politische Rechte. Zudem werden soziale, wirtschaftliche und kulturelle Rechte in einem Zusatzprotokoll v 1988[676] erfasst, das in Art 19 zur Durchsetzung auf eine periodische Berichterstattung an den Generalsekretär der OAS verweist.

---

rechte, 1986; *Farer*, The Rise of the Inter-American Human Rights Regime, HRQ 19 (1997) 510 ff; Harris/Livingstone (Hrsg), The Inter-American System of Human Rights, 1998.
665 OAS Treaty Series Nr 1-C und 61.
666 OAS Treaty Series Nr 36.
667 *Buergenthal* (Fn 664) 174 ff, 182; *Gravdal*, The Inter-American Commission on Human Rights' Quixotic and Unjustified Expansion of its Authority, Southwestern JLTA 11 (2005) 257 ff.
668 Gebilligt durch die 9. Internationale Konferenz der Amerikanischen Staaten, Bogota, 1948.
669 *Kokott/Doehring/Buergenthal* (Fn 553) Rn 270.
670 *Buergenthal* (Fn 664) 183.
671 Vgl Statute of the Inter-American Commission on Human Rights, gebilligt durch Res Nr 447 der Generalversammlung der OAS in La Paz, Bolivien, Oktober 1979.
672 *Kokott/Doehring/Buergenthal* (Fn 553) Rn 271 f.
673 *Buergenthal* (Fn 664) 184.
674 EuGRZ 1980, 435; zur Anwendung der AMRK auf international agierende Unternehmen vgl *Krajewski/Bozorgzad/Hess*, Menschenrechtliche Pflichten multinationaler Unternehmen in den OECD-Leitsätzen, ZaöRV 76 (2016) 309 ff.
675 *Stirling-Zanda*, Obtaining Judicial Enforcement of Individual Convention Rights, AVR 42 (2004) 184 ff; *Alam*, Enforcement of International Human Rights Law by Domestic Courts of the US, ASICL 10 (2004) 27 ff; *Lyon*, The Inter-Amercan Court of Human Rights Defines Unauthorized Migrant Workers' Rights for the Hemisphere, NYURev LSC 28 (2004) 547 ff
676 ILM 28 (1989) 156 ff.

276 Der *Durchsetzung* dient eine fakultative Staatenbeschwerde sowie eine obligatorische Individualbeschwerde, die auch von Personengruppen oder Personen, die nicht selbst Opfer der Konventionsverletzung sind, erhoben werden kann. Zuständig sind die Interamerikanische Kommission für Menschenrechte und der Interamerikanische Gerichtshof für Menschenrechte in San José (Costa Rica), wobei eine Fusion beider Organe diskutiert wird.[677]

f) Die Menschenrechte in Afrika

277 In Afrika nahmen die Mitgliedstaaten der Organisation der Afrikanischen Einheit (OAU) 1981 die *Afrikanische Charta der Menschen- und Völkerrechte (AfrMVRK)* an, die 1986 in Kraft trat.[678] Alle Mitgliedstaaten der AU haben die Charta ratifiziert. In Teil I, den materiellen Rechten gewidmet, finden sich das Recht auf Freizügigkeit, auf Asyl und der Schutz vor Ausweisung. Ferner werden das Recht auf Gesundheit, Familie und Gleichheit der Menschen genannt. Neben diesen individuellen Rechten wurden auch kollektive Rechte wie das Selbstbestimmungsrecht der Völker, die Souveränität über natürliche Reichtümer, das Recht der Völker auf eine eigene Entwicklung, das Recht auf Frieden und das auf eine zufriedenstellende Umwelt aufgenommen.[679]

278 Die Durchsetzung obliegt einer aus elf Mitgliedern bestehenden *Afrikanischen Kommission der Menschenrechte und Rechte der Völker*[680] mit Sitz in Banjul (Gambia). Die Kommission nimmt Mitteilungen von Staaten, Einzelnen und öffentlichen oder privaten Einrichtungen zur Prüfung entgegen. Die Veröffentlichung der Berichte ist von der Zustimmung der Versammlung der Staats- und Regierungschefs abhängig. Überdies darf die Kommission die Generalversammlung der OAU nur auf häufig auftretende schwer wiegende oder massive Verletzungen der Menschenrechte und der Rechte der Völker aufmerksam machen, Art 58 Abs 1 AfrMRK. Die Kommission hat jedoch die Möglichkeit, auf Anforderung eines Mitgliedstaats Gutachten zu allen Bestimmungen der AfrMRK zu erstellen, Art 45 Nr 3 AfrMRK. Der *Afrikanische Gerichtshof für die Rechte der Menschen und Völker* wurde im Juni 2004 auf der Grundlage eines Zusatzprotokolls zur AfrMRK gegründet und trat erstmals im Juli 2006 an seinem Sitz in Arusha (Tansania) zusammen.[681] Er besteht wie die Kommission aus elf Mitgliedern.[682]

---

677 *Medina,* The Inter-American Commission on Human Rights and the Inter-American Court of Human Rights: Reflections on a Joint Venture, HRQ 12 (1990) 439 ff.
678 Vgl *Udombana,* Between Promise und Performance, Stanford JIL 40 (2004) 105 ff; *Stefiszyn,* The African Union, AHRLJ 5 (2005) 358 ff; *Nmehielle,* The African Human Rights System, 2001; *Benedek,* Durchsetzung von Rechten des Menschen und der Völker in Afrika auf regionaler und nationaler Ebene, ZaöRV 54 (1994) 150 ff; *Nguéma,* Perspektiven der Menschenrechte in Afrika, EuGRZ 1990, 301 ff; *Tonndorf,* Menschenrechte in Afrika, 1997.
679 Vgl *Wittinger,* Die drei regionalen Menschenrechtssysteme, Jura 1999, 405.
680 Vgl *Odinkalu/Christensen,* The African Commission on Human and Peoples' Rights, HRQ 20 (1998) 235 ff.
681 Vgl *Magliveras/Naldi,* The African Court of Justice, ZaöRV 66 (2006) 187 ff; *Viljoen,* A Human Rights Court for Africa and Africans, Brooklyn JIL 30 (2004) 1 ff; zu den Vorarbeiten *Krisch,* The Establishment of an African Court on Human and Peoples' Rights, ZaöRV 58 (1998) 713 ff.
682 *Löffelmann,* Neuere Rechtsprechung des Afrikanischen Gerichtshofs für die Rechte der Menschen und Völker, EuGRZ 2016, 229 ff.

g) Die Menschenrechte in der Arabischen Liga
Im Rahmen der Arabischen Liga gab es zunächst seit 1994 eine Arabische Charta der Menschenrechte,[683] die als Resolution des Rates der Arabischen Liga angenommen wurde. Diese Charta wurde 2004 nach Vorgaben der Vereinten Nationen überarbeitet und befindet sich seit 2008 in Kraft.

3. Das völkerrechtliche Fremdenrecht
a) Einführung
Unter völkerrechtlichem Fremdenrecht[684] versteht man Regelungen über die *Rechtsstellung von Ausländern*, dh denjenigen Personen, die nicht die Staatsangehörigkeit des Aufenthaltsstaats besitzen. Die Staaten sind bei der Ausgestaltung der innerstaatlichen Rechtslage grundsätzlich frei. Allerdings müssen sie die Grenzen beachten, die sich aus zwischenstaatlichen Verträgen wie etwa Freundschafts-, Handels- oder Schifffahrtsverträgen oder aus Völkergewohnheitsrecht ergeben, wonach dem Ausländer ein *Mindeststandard an Rechten* zu gewähren ist.[685]

Sonderregelungen gelten auf zwischenstaatlicher Ebene für *Wanderarbeitnehmer*.[686] Neben Empfehlungen der ILC wurde hier im Rahmen der UNO die Internationale Konvention zum Schutz der Rechte aller Wanderarbeitnehmer v 18.12.1990[687] erarbeitet, die ua menschliche Arbeitsbedingungen und einen arbeitsrechtlichen Mindeststandard fordert. Seit dem 1.7.2003 ist die UN-Wanderarbeitnehmer-Konvention in Kraft getreten; sie verfügt über 54 Vertragsparteien, vorzugsweise Entsendestaaten, jedoch nur wenige Empfangsstaaten. Die BR Deutschland ist bislang weder Signatar- noch Vertragsstaat der UN-Wanderarbeitnehmer-Konvention geworden. Von den europäischen Staaten ist lediglich Bosnien und Herzegowina Vertragsstaat.

Im europäischen Raum sind das Europäische Niederlassungsabkommen v 1955,[688] die EMRK und die ESC zu beachten. Ein weitergehender Schutz der Wanderarbeitnehmer wurde 1977 mit der 1983 in Kraft getretenen Europäischen Konvention über die Rechtsstellung der Wanderarbeitnehmer[689] ausgearbeitet. Ferner finden sich Vorschriften über die Freizügigkeit und die Niederlassungsfreiheit in Art 45 ff und 49 ff AEUV.[690]

---

683 Engl Übersetzung abgedruckt in HRLJ 18 (1997) 151.
684 Vgl *Dahm/Delbrück/Wolfrum* (Fn 55) §§ 95 ff; *Kotzur*, „Fremd bin ich eingezogen" – Überlegungen zu den Wurzeln unversellen Menschenrechtsschutzes im völkerrechtlichen Fremdenrecht, FS Hailbronner, 2013, 585 ff.
685 Historisch *Kauth*, Fremdenrecht und Völkerbund – Das Scheitern der International Conference on the Treatment of Foreigner, AVR 56 (2018) 202 ff.
686 Die wichtigsten Dokumente finden sich bei *Plender*, Basic Documents on International Migration, 1988. Vgl auch *Sohn/Buergenthal*, The Movement of Persons Across Borders, 1992; *Cholewinski*, Migrant Workers, MPEPIL VII, 139 ff; *Trebilcock*, Migrant Workers, in Frowein/Stein (Hrsg), Rechtsstellung von Ausländern, Bd II, 1987, 1827 ff.
687 VN 1991, 175; vgl *Hildner*, Die Vereinten Nationen und die Rechte der Ausländer, VN 38 (1990) 47 ff; *ders*, Sozialfragen und Menschenrechte, VN 39 (1991) 173 ff.
688 BGBl 1959 II, 997.
689 ETS Nr 93.
690 *Moranchek Hussain*, Enforcing the Treaty Rights of Aliens, Yale LJ 117 (2008) 681 ff.

283 Die Rechtsstellung der *Staatenlosen* ist Gegenstand des Übereinkommens v 28.9.1954, das Deutschland 1976 ratifizierte. Art 7 verpflichtet jeden Vertragsstaat, den Staatenlosen die gleiche Behandlung zukommen zu lassen, wie er sie Ausländern allgemein gewährt. Art 31 schränkt die Befugnis des Aufenthaltsstaats bei Ausweisungen ein.

283a Zudem wurden 2018 bzw 2019 der Globale Pakt für eine sichere, geordnete und reguläre Migration (UN-Migrationspakt oder Global Compact for Migration)[691] und der Globale Pakt für Flüchtlinge (UN-Flüchtlingspakt oder Global Compact on Refugees)[692] von der UN-Generalversammlung beschlossen. Fraglich ist jedoch die von den beiden Pakten ausgehende rechtliche Wirkung. Einerseits führt die Bezeichnung als „Globale Pakte" dazu, dass der Eindruck entsteht, es handele sich dabei möglicherweise um Völkervertragsrecht. Auch die zur Annahme des UN-Migrationspaktes abgehaltene „Zwischenstaatliche Konferenz" mit der Leistung von Unterschriften unter dem Dokument sowie Beschlüssen nationaler Parlamente – wie zB des Dt Bundestags am 29.11.2018 zum UN-Migrationspakt[693] – sind dazu geeignet, diesen Eindruck zu unterstützen. Gleichermaßen ist von einer „formellen Annahme des Pakts" die Rede. Andererseits ist weder in Deutschland (Art 59 Abs 2 GG) noch, soweit ersichtlich, in einem anderen Staat eine formale Ratifikation der beiden „Pakte" erfolgt. Zudem wurde, nicht zuletzt von der Bundesregierung selbst, wiederholt darauf hingewiesen, dass etwa der UN-Migrationspakt „rechtlich nicht bindend" und auch kein völkerrechtlicher Vertrag sein soll.[694] Dies hat das BVerfG in seinem Beschluss v 7.12.2018 bestätigt.[695] Danach handelt es sich bei dem UN-Migrationspakt um Verhalten auf völkerrechtlicher Ebene, das aber „keine innerstaatlichen Rechtswirkungen" auszulösen vermag. Aus diesem Grund kommt eine Betroffenheit grundrechtlich geschützter Interessen nicht in Betracht; die Inanspruchnahme von Art 20 Abs 4 GG wurde sogar als fernliegend eingestuft.[696]

283b Insgesamt werden von den die beiden Pakte begleitenden Ereignissen durchaus uneinheitliche und divergierende Signale ausgesandt. Vor diesem Hintergrund kommt als rechtliche Einordnung am ehesten in Betracht, dass die beiden „Globalen Pakte" auf lange Sicht zum Entstehen von Völkergewohnheitsrecht auf der Grundlage von Beschlüssen der UN-Generalversammlung führen sollen; möglicherweise ist auch beabsichtigt, dass sie eine spätere Verabschiedung verbindlicher völkerrechtlicher Instrumente vorbereiten sollen. Allerdings bleibt auch in dieser Hinsicht abzuwarten, welche Bestimmungen der Pakte zukünftig in der Staatenpraxis ihren Niederschlag finden und insbes in der Rspr internationaler und nationaler Gerichte beachtet werden. In der Zwischenzeit liegt es nahe, dass die Pakte einstweilen als *soft law*-Instrumente jedenfalls zur Interpretation bestehender völkerrechtlicher Verträge – zB der Genfer Flüchtlingskonvention oder der EMRK – herangezogen werden können.

---

[691] <www.un.org/depts/german/migration/A.CONF.231.3.pdf>; UN-GA Res 72/244 v 24.12.2018; BT-Drs 19/2945.
[692] <www.unhcr.org/gcr/GCR_English.pdf>.
[693] Antrag v CDU/CSU u SPD, BT-Drs 19/6056; BT-Prot 19/68, 7733 D.
[694] BT-Drs 19/1751 v 19.4.2018, Antwort der Bundesregierung auf Kleine Anfrage BT-Drs 19/1499.
[695] BVerfG v 7.12.2018, juris, Rn 15 f.
[696] Ebd Rn 18

b) Die Einreise von Ausländern

284 Es besteht keine völkergewohnheitsrechtliche Pflicht, Ausländern die Einreise in das eigene Hoheitsgebiet zu gestatten. Dies gilt unabhängig davon, ob es sich um einen befristeten oder unbefristeten Aufenthalt im Hoheitsgebiet handelt, oder ob lediglich eine Durchreise beabsichtigt ist.[697] Noch nicht hinreichend geklärt ist die Frage, inwieweit nach der Einreise das Recht eines Aufenthaltsstaats zur Beschränkung oder Beendigung des Aufenthalts völkerrechtlichen Schranken unterliegt.[698] Aus der Rspr des EGMR ergeben sich jedoch Hinweise darauf, dass diese souveränen Rechte der Staaten Einschränkungen etwa durch die EMRK unterliegen. Denn je nachdrücklicher in der Entscheidungspraxis des EGMR auf „allgemein anerkannte Grundsätze des Völkerrechts" verwiesen wird, wonach die Konventionsstaaten weiterhin „das Recht haben, Einreise, Aufenthalt und Ausweisung von Ausländern zu regeln", desto stärker fallen die insbes aus Art 3 EMRK abgeleiteten, zT bereits sehr konkreten Vorgaben und Bedingungen für Rückführungs- oder Abschiebungsentscheidungen ins Auge.[699] Tatsächlich ist davon auszugehen, dass die völker- und unionsrechtliche Regulierung sowie die seit dem *Soering*-Urteil des Jahres 1989 immer weiter entwickelte Rechtsprechungspraxis des EGMR diesen gedanklichen Ausgangspunkt staatlicher Souveränitätsrechte bereits stärker eingeschränkt hat, als es die formelhaft wiederholten Feststellungen vermuten lassen.[700] Die Befugnis, den Aufenthalt eines Ausländers räumlich zu beschränken, hat der EuGH selbst im Falle von Unionsbürgern aus Gründen der öffentlichen Sicherheit und Ordnung anerkannt, wenn anderenfalls eine Ausweisung zur Gefahrenabwehr zulässig wäre.[701] Anerkannt ist, dass aus Gründen der öffentlichen Ordnung, der nationalen Sicherheit, der öffentlichen Gesundheit und Moral der weitere Aufenthalt eines Ausländers eingeschränkt werden kann. Allerdings hat der EuGH jüngst darauf hingewiesen, dass im Bosnien-Konflikt der 1990er Jahre begangene Kriegsverbrechen unabhängig vom Vorliegen einer Wiederholungsgefahr iSd öffentlichen Sicherheit und Ordnung nicht automatisch eine tatsächliche, gegenwärtige und erhebliche Gefahr darstellten, die ein Grundinteresse der Gesellschaft berühre.[702] In ähnlicher Weise entschied der Gerichtshof im Fall *Ahmed*, dass bei der „Schwere der Tat" nicht allein auf ein bestimmtes Strafmaß abzustellen sei, sondern dass die Behörden „sämtliche besondere Umstände des Einzelfalls vollständig zu prüfen" hätten.[703]

285 Im Völkerrecht nachweisbar ist das korrelierende *Recht* eines Staatsangehörigen, *sein Heimatland verlassen zu dürfen.*[704] Es findet sich in Art 13 der AEMR v 1948, in Art 2 Abs 2 des 4. Zusatzprotokolls zur EMRK, in Art 18 Nr 4 der ESC, in der Straß-

---

697 Vgl *Higgins*, Open Borders and the Right to Immigration, HRRev 9 (2008) 525 ff.
698 Hierzu zB *Sutter*, Mixed-Status Families and Broken Homes, TLCP 15 (2006) 783 ff; *Miluso*, Family „De-Unification" in the United States, GWILR 36 (2004) 915 ff; *Trinh*, The Impact of New Policies adopted after September 11 on Lawful Permanent Residents Facing Deportation under the AEDOA and IIRIRA, Georgia JICL 33 (2005) 543 ff.
699 ZB EGMR, NVwZ 2008, 1330 (1331) *[Saadi v Italy]*; EGMR, NVwZ 2012, 809 (812) *[Hirsi Jamaa et al]*.
700 *Kau* (Fn 568) Rn 91: „Art 3 als quasi-universelles Abwehrrecht".
701 EuGH, Rs C-100/01, Slg 2002, I-10981 *[Olazabal]*.
702 EuGH, EuGRZ 2018, 255 *[K.]*.
703 EuGH, NVwZ-RR 2019, 119 *[Ahmed]*.
704 Vgl *Hofmann*, Die Ausreisefreiheit nach Völkerrecht und staatlichem Recht, 1980, 80.

burger Erklärung über das Recht auf freie Ausreise und Rückkehr v 26.11.1986[705] sowie in Art 4 Abs 1 des Europäischen Abkommens über die Rechtsstellung der Wanderarbeitnehmer. Nr 9.5 des Kopenhagener Abschlussdokuments des OSZE-Folgetreffens v 29.6.1990 bestimmt ebenfalls, dass Beschränkungen der Ausreise den Charakter von seltenen Ausnahmen haben müssen und nur dann als notwendig angesehen werden können, wenn sie einem öffentlichen Bedürfnis und der Erreichung eines legitimen Ziels dienen.

286 Der in zahlreichen Verträgen niedergelegte *Familienschutz* gewährt kein allgemeines Zuzugsrecht für Ehegatten oder andere Familienmitglieder. Beim Familiennachzug ist der EGMR bislang davon ausgegangen, dass Art 8 EMRK keinen Anspruch enthält, im Ausland lebende Ehegatten und minderjährige Kinder nachzuholen, wenn die Möglichkeit besteht, die Familieneinheit in einem anderen Staat herzustellen.[706] Er hat jedoch unter bestimmten Voraussetzungen auch ein Nachzugsrecht minderjähriger Kinder bejaht, wenn eine Rückkehr der Familie als unzumutbar anzusehen ist und der Nachzug eines im Herkunftsstaat zurückgelassenen minderjährigen Kindes zur Integration in die Familieneinheit erforderlich erscheint.[707]

c) Die Rechtsstellung von Ausländern

287 Fremde, die sich auf dem Hoheitsgebiet eines Staats aufhalten, unterliegen grundsätzlich in vollem Umfang der dort geltenden Rechtsordnung, sofern es sich nicht um Diplomaten, Staatsoberhäupter oder Angehörige der Streitkräfte fremder Staaten handelt (so Rn 43 ff).

288 Das Völkergewohnheitsrecht gebietet, Ausländern einen Mindeststandard zu gewähren, sofern sich aus Vertragsrecht wie etwa Art 18 AEUV keine darüber hinausgehenden Rechte ergeben. Die Theorie der Inländergleichbehandlung, wie sie sich im lateinamerikanischen Bereich mit dem Mittel der *Calvo*-Klausel entwickelte, um eine bevorzugte Behandlung fremder Staatsangehöriger zu vermeiden, konnte im allgemeinen Völkerrecht nicht Fuß fassen.

---

705 EuGRZ 1987, 64 ff.
706 Vgl EGMR, ECHR 1996-I, 160 *[Gül v Switzerland]*; *Hoppe*, Verwurzelungen von Ausländern ohne Aufenthaltstiteln, ZAR 2006, 125 ff aus jüngerer Zeit EGMR, juris, Rn 51 *[Savasci v Germany]*.
707 EGMR, ECHR 36 (2003) 7 *[Sen v Netherlands]*. Vgl *Hailbronner*, Asyl- und Ausländerrecht, 4. Aufl 2016, Rn 640 ff (Aufenthalt aus familiären Gründen); *ders*, Die Richtlinie zur Familienzusammenführung, FamRZ 2005, 1 ff; *Herzog-Schmidt*, Zuwanderung Hochqualifizierter, 2014, 230 ff; *Walter*, Die ungeliebte Einwanderungsquote – Neue Fronten im Kampf um den Familiennachzug?, ZAR 2014, 52 ff; *Welte*, Die neue Kindernachzugsregelung, ZAR 2014, 19 ff; *ders*, Der Familienschutz im Spektrum des Ausländerrechts, 2012; *Thym*, Sprachkenntnisse und Ehegattennachzug: Bewegung beim Stillstand für türkische Staatsangehörige, ZAR 2014, 301 ff; *Langenfeld/Mohsen*, Die neue EG-Richtlinie zum Familiennachzug und ihre Einordnung in das Völkerrecht, ZAR 2003, 398 ff; *Hillgruber*, Mindestalter und Integrationsvorleistungen, ZAR 2006, 304 ff; *Markard/Truchseß*, Neuregelung des Ehegattennachzug im Aufenthaltsgesetz, NVwZ 2007, 1025 ff; *Kingreen*, Verfassungsfragen des Ehegatten- und Familiennachzugs im Aufenthaltsrecht, ZAR 2007, 13 ff; *Thiele*, Das Integrationserfordernis für Drittstaatenangehörige nach dem Zuwanderungsgesetz, DÖV 2007, 58 ff; *Epiney*, Von Akrich über Jia bis Metock, EuR 2008, 840 ff; *Hailbronner*, Die Neuregelung des Ehegattennachzugs im Kreuzfeuer des Verfassungs- und Europarechts, FamRZ 2008, 1583 ff; *Weber/Walter*, Der gemeinschaftsrechtliche Schutz der Familie für Flüchtlinge, WAR Bull 45 (2007) 196 ff.

Der *völkerrechtliche Mindeststandard* umfasst einen Grundbestand an Rechten, **289** den jeder zivilisierte Staat dem Einzelnen zuerkennen muss. Hierzu gehört das Recht auf Rechtsfähigkeit und Rechtssubjektivität, das Recht auf Teilnahme am Wirtschaftsleben, das Recht auf Leben, körperliche Unversehrtheit und Sicherheit der Person, auf Gleichheit vor dem Gesetz und vor Gericht, sowie das Recht auf ein geordnetes Verfahren.[708] Ein Recht auf Freizügigkeit ist auch nach rechtmäßiger Einreise in das Hoheitsgebiet des Aufenthaltsstaats nicht nachweisbar, auch wenn es in einigen Verträgen wie Art 12 IPbürgR oder Art 20 EMRK enthalten ist. Zwar besteht noch weitgehende Unklarheit über den tatsächlichen Umfang von Rechten, die unrechtmäßig aufhältigen Ausländern eingeräumt werden müssen. Unbestritten ist jedoch, dass auch diese ungeachtet ihres rechtswidrigen Aufenthaltsstatus über ein Mindestmaß individueller Rechte verfügen.[709]

Grundsätzlich ist auch Ausländern ein Recht auf Meinungsfreiheit, Versammlungs- und Vereinigungsfreiheit zuzugestehen. Allerdings kann die *politische Betätigung* von Ausländern auch bei der Ausübung dieser Rechte *eingeschränkt* werden (vgl Art 16 EMRK). Ausländer haben auf Grund ihrer Nichtzugehörigkeit zum politischen Staatsverband kein Recht, sich an der politischen Willensbildung in gleicher Weise zu beteiligen wie Inländer. In der Praxis spielen die in nationalen Rechtsvorschriften niedergelegten besonderen Schranken für die politische Betätigung von Ausländern nur eine relativ geringe Rolle. Für Staatsangehörige der EU entfallen derartige Beschränkungen auf Grund ihrer unionsrechtlich gewährleisteten Unionsbürgerschaft jedenfalls in dem Bereich, in dem es sich nicht um den nur Inländern vorbehaltenen Bereich der internen politischen Willensbildung handelt.[710] **290**

d) Die Ausweisung von Ausländern

Es steht den Staaten frei, den Aufenthalt von Ausländern auf ihrem Hoheitsgebiet zu **291** beenden. Die Aufforderung zum Verlassen kann mit der Androhung verbunden werden, die Ausweisung notfalls zwangsweise durch Abschiebung vorzunehmen.[711]

Völkergewohnheitsrechtliche *Beschränkungen der Ausweisung* sind nicht nach- **292** weisbar, insbes gibt es kein Verbot der Ausweisung, sofern es sich nicht um Kollektivausweisungen handelt (vgl zB Art 4 des 4. Zusatzprotokolls zur EMRK).[712] Der EGMR definiert die Kollektivausweisung als Maßnahme einer Behörde, durch die Ausländer als Gruppe zur Ausreise gezwungen werden, außer wenn eine solche Maßnahme nach und nach auf der Grundlage einer angemessenen und objektiven

---

708 Vgl *Motomura*, The Rule of Law in Immigration Law, Tulsa J Comp & Int'l L 15 (2007/2008) 139 ff; *Davy*, Aufenthaltssicherheit, ZAR 2007, 169 ff u 233 ff.
709 ZB *Langenfeld*, Menschenrecht auf Aufenthalt?, FS Herzog, 2009, 247 ff; *Ivakhnyuk*, New Answers to Irregular Migration Challenges in Russia, ZAR 2008, 12 ff; *Bergmann*, Aufenthaltserlaubnis auf Grund von Verwurzelung, ZAR 2007, 128 ff.
710 Vgl zur Beteiligung einer Abgeordneten des Europäischen Parlaments EGMR, Ser A, 314, 24 *[Piermont v France]*.
711 Vgl *Palmer*, AIDS, Expulsion and Article 3 of the European Convention on Human Rights, EHRLR 2005, 533 ff; *Czapla*, Removal of Judicial Review under the Illegal Immigration Reform and Immigration Responsibility Act, Suff ULR 38 (2005) 603 ff; *Homicz*, Private Enforcement of Immigration Law, Suff ULR 38 (2005) 621 ff.
712 Vgl *Geiger*, Grundgesetz und Völkerrecht, 5. Aufl 2010, 343 f.

Prüfung des Einzelfalls erfolgt. Im Fall der gleichzeitigen Ausweisung zahlreicher Angehöriger der Volksgruppe der Roma durch die belgischen Ausländerbehörden hat der EGMR trotz individueller Ausweisungsentscheidungen eine Verletzung von Art 4 des 4. Zusatzprotokolls mit dem Argument angenommen, es habe sich um ein gleichartiges Verfahren auf Grund der Gruppenzugehörigkeit gehandelt.[713] Demgegenüber hat der EGMR vor Kurzem im Fall *Khlaifa* entschieden, dass der Umstand, dass gegen mehrere Ausländer im Hinblick auf Ausweisungen ähnliche Entscheidungen getroffen worden seien, nicht zwingend auf das Vorliegen einer Kollektivausweisung geschlossen werden könne. Dies gelte jedenfalls dann, wenn jeder Betroffene Argumente gegen seine Ausweisung vorbingen könne und diese von den Behörden angemessen berücksichtigt würden.[714] Der EuGH hat zudem im Fall *Gnandi* entschieden, dass alle Rechtswirkungen der Rückkehrentscheidung jedenfalls solange ausgesetzt seien, bis eine Entscheidung über den Rechtsbehelf gegen die Ablehnung ergangen sei. Dies leitet der Gerichtshof aus dem Grundsatz der Nichtzurückweisen und dem Recht auf einen wirksamen Rechtsbehelf iSd RL 2008/115 ab.[715]

293 In formeller Hinsicht fordert etwa die UN-*Wanderarbeitnehmer*-Konvention v 1990 das Vorliegen einer Ausweisungsentscheidung in Übereinstimmung mit der Rechtslage. Die Entscheidung müsse in einer dem Betroffenen verständlichen Sprache und auf Verlangen schriftlich ergehen und mit einer Begründung versehen werden. Es müsse danach eine Möglichkeit zur Überprüfung bestehen, während der die Aufschiebung der Ausweisungsvollstreckung beantragt werden könne. Allerdings bindet die Konvention nur die begrenzte Anzahl von 56 Vertragsstaaten und kann – in Anbetracht von annähernd 150 Nicht-Konventionsstaaten – darüber hinaus nicht als Indiz für entsprechendes Völkergewohnheitsrecht angesehen werden.

294 Im europäischen Raum bestimmen Art 1 u 2 des Europäischen Abkommens über die Befreiung vom Visumszwang v 13.12.1957, dass Staatsangehörige der Vertragsstaaten in einen anderen Staat einreisen und in diesem bis zu einer Dauer von sechs Monaten verbleiben können, ohne dass sie einen Reisepass oder ein Visum benötigen. Diese Bestimmung ist nach Art 1 Abs 3 auch anwendbar bei Personen, die einer Erwerbstätigkeit unter drei Monaten nachgehen wollen. In der Konvention über die Rechtsstellung der Wanderarbeitnehmer ist darüber hinaus vorgesehen, dass die Aufenthaltserlaubnis für die Dauer der gültigen Arbeitserlaubnis, bei unbefristeter Arbeitserlaubnis um mindestens ein Jahr, verlängert werden soll. Beschränkungen der Möglichkeit zur Ausweisung wurden ferner vom EGMR anhand von Art 3 u 8 EMRK entwickelt. Er entschied,[716] dass ein Vertragsstaat einen jungen Ausländer, der zusammen mit seiner Familie im Aufenthaltsstaat lebt und den größten Teil seiner Jugend im Aufenthaltsstaat verbracht hat, selbst bei Begehung zahlreicher Straftaten nicht ausweisen dürfe.

295 Der in Art 8 EMRK garantierte Schutz des Privatlebens und der Familie gewährleistet nach der Rechtsprechung des EGMR *kein allgemeines Recht auf Nachzug von*

---

713 EGMR, ECHR 2002-I *[Conka v Belgium];* Hoppe (Fn 613) 251 ff; *Deibel* (Fn 613) 121 ff; *Caroni* (Fn 613) 265 ff.
714 EGMR, NLMR 2016, 511 *[Khlaifa u a v Italy];* vgl Kau (Fn 590) 19, 50 ff.
715 EuGH, NVwZ 2018, 1625 *[Gnandi];* hierzu auch *Wittkopp,* Abschiebung abgelehnter Asylbewerber im Einklang mit dem Unionsrecht, ZAR 2018, 324; *Gutmann,* Anmerkung, NVwZ 2018, 1629.
716 EGMR, EuGRZ 1991, 149 *[Moustaquim v Belgium].*

Familienangehörigen eines in einem fremden Staat wohnhaften ausländischen Staatsangehörigen. Art 8 EMRK gewährt weder ein Recht darauf, den Ort zu wählen, der am Besten geeignet ist, ein Familienleben aufzubauen, noch verpflichtet er einen Vertragsstaat dazu, die von einem Ehegatten getroffene Wahl des gemeinsamen Wohnsitzes zu achten und den Aufenthalt von ausländischen Paaren zu dulden. Der Vorschrift kann auch nicht ein allgemeines Verbot entnommen werden, einen ausländischen Staatsangehörigen abzuschieben, weil er sich seit einer geraumen Zeit im Hoheitsgebiet des Vertragsstaats aufhält.[717] Nur ausnahmsweise kann ein sehr langer geduldeter Aufenthalt, ohne dass ein gesichertes Aufenthaltsrecht ausgestellt worden wäre, dazu führen, dass die Vorenthaltung eines Aufenthaltstitels Art 8 verletzt.[718] Art 8 EMRK kann aber durch aufenthaltsbeendende Maßnahmen, die eine bestehende Familieneinheit zerstören (Auslieferung, Ausweisung, Abschiebung, Nichtverlängerung des Aufenthaltsrechts), verletzt sein. Auch das Recht des Staats, über Einreise und Aufenthalt von Ausländern zu entscheiden, wird deshalb durch das Gebot, die Familie zu schützen, eingeschränkt. Aufenthaltsbeendende Maßnahmen müssen daher auf einer gerechten Abwägung der öffentlichen Interessen an der Aufenthaltsbeendigung (zB Verhinderung von Straftaten) und den privaten Interessen an der Führung eines Familienlebens beruhen. Der EGMR geht in st Rspr davon aus, dass die Abschiebung, Auslieferung oder Ausweisung von Ausländern, die im Gaststaat aufgewachsen oder dort geboren sind, und die keine Verbindungen mehr zu ihrem Herkunftsstaat haben, nur unter engen Voraussetzungen zulässig ist.[719] Danach kann Art 8 EMRK sogar in Fällen einer Ausweisung wegen zahlreicher gravierender Straftaten verletzt sein, wenn ein Ausländer der zweiten oder dritten Generation die Sprache seines Herkunftsstaats nicht mehr spricht und dort keine Verwandten mehr hat.[720]

Sofern zu der Familie, die von aufenthaltsbeendenden Maßnahmen betroffen ist, auch Minderjährige oder sogar Kleinkinder gehören, hat der EGMR im Hinblick auf Art 8 und Art 3 EMRK besonders hohe Anforderungen aufgestellt. In der Rs *Tarakhel* war eine Abschiebung von der Schweiz nach Italien in Einrichtungen des Europäischen Flüchtlingsfonds nicht ausreichend, um den besonderen Bedürfnisse der betroffenen Kinder zu entsprechen.[721] Auch im Fall *A.B.* nahm der EGMR an, dass die zusammen mit den Eltern erfolgte Inhaftnahme eines Kleinkindes *ultima ratio* sei und der betroffene Konventionsstaat nachzuweisen habe, dass keine mildere Alternative hierzu bestanden habe.[722] IE zeichnet sich damit ab, dass Familien mit Kleinkindern oder besonders verletzlichen Minderjährigen nach der Rspr des EGMR nur in besonderen Fallkonstellationen in Abschiebehaft genommen werden können. Auch in der jüngst ergangenen Entscheidung im Fall *Khan* wird erkennbar, dass die

---

717 EGMR, NVwZ 2005, 1043 *[Dragan v Germany]*.
718 Vgl EGMR, InfAuslR 2006, 29 *[Aristimuno Mendizabal v France]*; **Bergmann** (Fn 646) 128 ff; eingehend *Sander*, Der Schutz des Aufenthalts durch Artikel 8 der Europäischen Menschenrechtskonvention, 2008.
719 Vgl *Frowein*, Der Europäische Grundrechtsschutz und die deutsche Rechtsprechung, NVwZ 2002, 29 ff.
720 Vgl zB EGMR, EuGRZ 1991, 149 *[Moustaquim v Belgium]*; EGMR, InfAuslR 2005, 349 *[Sisojeva v Latvia]*.
721 EGMR, NVwZ 2015, 127 (128 f) *[Tarakhel v Switzerland]*.
722 EGMR, NLMR 4/2016, 1 (3 f) *[A.B u a v France]*.

Behörden der Konventionsstaaten gegenüber Minderjährigen hohen Schutzpflichten nachkommen müssen.[723] Allerdings hat sich bspw im Fall *E.T. u N.T. v Switzerland u Italy*[724] gezeigt, dass der EGMR die Betroffenheit Minderjähriger oder von Kleinkindern nicht in jedem Fall als Abschiebungshindernis betrachtet. Ebenso lehnte der EGMR im Fall *M.A.-M. u a v Finnland*[725] ein Abschiebungshindernis unter Verweis auf eine Unterbringungszusicherung italienischer Behörden ab. Hintergrund dieser Entscheidungen dürfte sein, dass in diesen Fällen der Eindruck entstanden war, als wollten bereits anerkannte Flüchtlinge sich ihre Schutzstaaten nach eigenen Präferenzen aussuchen, was jedoch mit dem auf Art 3 EMRK abgestützten Flüchtlingsschutz kaum vereinbar ist. Dennoch lässt sich an den Fällen *Tarakhel, E.T. u N.T.* sowie *M.A.-M. u a* ablesen, dass die Qualität der Flüchtlingsunterbringung und -behandlung in den Konventionsstaaten der EMRK durchaus unterschiedlich ist. Eine effektive Schutzgewährleistung nach Art 3 EMRK setzt jedoch in dieser Hinsicht zumindest vergleichbare Schutzstandards der Konventionsstaaten voraus.[726]

296 Die ILC hat im Jahre 2012 die erste Lesung eines Konventionsentwurfs über die Ausweisung von Ausländern behandelt, der einen generellen Rechtsrahmen für diese Fragen vorsieht.[727] So wird in Art 3 des Entwurfs zwar das grundsätzliche Recht von Staaten zur Ausweisung anerkannt, gleichzeitig werden jedoch Konstellationen genannt, in denen eine Ausweisung verboten ist. Dies gilt etwa für Ausweisungen aus Gründen der nationalen Sicherheit (Art 6 No 1 ILC-Entwurf) oder für den Zeitraum nach Beantragung einer Anerkennung als Flüchtling (Art 6 No 2 ILC-Entwurf). Außerdem wird ein umfangreiches Refoulement-Verbot statuiert, sofern im Falle einer Ausweisung Gefahren für Leben und Freiheit der betroffenen Person wegen ihrer Rasse, Religion, Staatsangehörigkeit, Zugehörigkeit zu einer bestimmten gesellschaftlichen oder sozialen Gruppe oder wegen ihrer politischen Anschauungen bestehen (Art 6 No 3 ILC-Entwurf). Diese Einschränkungen gelten allerdings dann nicht, wenn die betreffende Person eine Gefahr für die Sicherheit des jeweiligen Staats darstellt, oder wenn sie infolge einer rechtskräftigen Verurteilung für ein besonders schweres Verbrechen eine Gefahr für die jeweilige Gesellschaft darstellt. Staatenlose sollen grundsätzlich nicht aus Gründen der nationalen Sicherheit oder im Hinblick auf die öffentliche Ordnung ausgewiesen werden (Art 7 ILC-Entwurf). Ferner sind auch Kollektivausweisungen, mittelbare Ausweisungen und Ausweisungen zur Beschlagnahmung von Vermögenswerten untersagt (Art 10 ff ILC-Entwurf). Im Weiteren werden umfangreiche Rechtspositionen der betroffenen Personen (Art 14 bis 16 ILC-Entwurf) wie auch Rechtspflichten der ausweisenden und aufnehmenden Staaten (Art 17-20 sowie Art 21-25 ILC-Entwurf) statuiert. Hervorzuheben sind ausführliche Bestimmungen über die Unterbringung von Ausländern, die ausgewiesen werden sollen (Art 19 ILC-Entwurf), in denen der nicht-strafende Charakter der Ausweisungshaft hervorhoben wird. Abgeschlossen wird der ILC-

---

[723] EGMR v 28.2.2019, Nr 12267/16.
[724] EGMR Nr 79480/13 *[E.T u N.T. v Switzerland u Italy]*.
[725] EGMR Nr 32275/15 *[M.A.-M u a v Finnland]*.
[726] Krit *Lehnert*, Menschenrechtliche Vorgaben an das Aufenthaltsrecht in der jüngeren Rechtsprechung des EGMR, NVwZ 2018, 1359 (1363).
[727] UN Doc A/67/10, Text of the Draft Articles on the Expulsion of Aliens Adopted by the Commission on First Reading, ILC Rep 2012, 11.

Entwurf durch prozessuale Gewährleistungen bis hin zum Suspensiveffekt von Rechtsmitteln (Art 27 ILC-Entwurf). In unverkennbarer Anlehnung etwa an Rechtsakte der EU (zB RL 2008/115) hat die ILC damit zahlreiche flüchtlingsrechtliche Desiderate der Gegenwart zusammengefasst. Offen bleibt indessen, ob die Staaten sich bereit finden werden, diese über die bisherigen völkerrechtlichen Verpflichtungen hinausgehenden Bestimmungen im Rahmen einer Konvention verbindlich zu machen.

4. Das Recht auf Asyl
Die Rechtsstellung des Einzelnen kommt insbes im *Flüchtlingsrecht* zum Ausdruck. 297
Durch neuere Entwicklungen in diesem Bereich haben die Rechte der Flüchtlinge eine Stärkung und zunehmende institutionelle Ausgestaltung erfahren. Diese Feststellungen gelten auch angesichts der sog *Flüchtlingskrise* des Jahres 2015. Allerdings birgt allein der zahlenmäßige Umfang von Flüchtlingsströmen die Gefahr, dass die bestehenden Bestimmungen nicht oder zumindest nicht vollständig angewendet (zB die Dublin III-VO). Zudem ergeben sich auch Probleme, wenn die bisherigen Bestimmungen große Schwierigkeiten bei der Anwendung bereiten, gleichzeitig aber eine Einigung auf neue, ggf praktikablere Regelungen nicht gelingt. Wenn iSe europäischen „rule of law" die Absenkung verfahrensrechtlicher Schutzstandards bei gleichzeitiger Anhebung inhaltlicher Anforderung für die Gewährung von Aufenthaltstiteln auch als Rückschritt zu bewerten wäre, muss doch in Anbetracht einer effektiven europäischen Integration darauf geachtet werden, dass zwischen den Mitgliedstaaten ein Konsens notwendig ist. Die Kommission hat bereits 2016 verschiedene Entwürfe für eine dritte Generation asylrechtsbezogener Sekundärrechtsakte vorgelegt, deren Inkraftsetzen den EU-Mitgliedstaaten jedoch gegenwärtig noch nicht möglich war.[728]

a) Der Begriff des Flüchtlings
Der Begriff des Flüchtlings ist für die Anwendung von Flüchtlingskonventionen de- 298
finiert.[729] Bedeutende völkervertragliche Übereinkommen über Flüchtlingsfragen sind etwa die Genfer Flüchtlingskonvention (GFK),[730] die Afrikanische Flüchtlings-

---

[728] Vgl KOM (2016) 271 endg (EASO); KOM (2016) 270 endg (Dublin-IV-VO); KOM (2016) 465 endg (neue Aufnahme-VO); KOM (2016) 466 endg (Qualifikations-VO od Anerkennungs-VO); KOM (2016) 467 endg (Asylverfahrensverordnung) u KOM (2016) 486 endg (Neuansiedlungsrahmen-Verordnung).
[729] *Hathaway*, The Law of Refugee Status, 1991, 19; *ders*, Why Refugee Law Still Matters, Mebourne JIL 8 (2007) 89 ff; *Goodwin-Gill*, Non-Refoulement and the New Asylum Seekers, VJIL 26 (1985/86) 897 ff; Handbuch des UNHCR über Verfahren und Kriterien der Flüchtlingseigenschaft gemäß dem Abkommen von 1951 und dem Protokoll von 1967 über die Rechtsstellung der Flüchtlinge, 1979; *Hailbronner*, Der Flüchtlingsbegriff der Genfer Flüchtlingskonvention und die Rechtsstellung von De-Facto-Flüchtlingen, ZAR 1993, 3 ff; *Kälin*, Refugees and Civil War, IJRL 3 (1991) 445 ff; *Martin*, Asylum Seekers in the Western Democracies, in Kälin (Hrsg), Droit des réfugiés, 1991, 11 (13 ff).
[730] Abkommen über die Rechtsstellung der Flüchtlinge v 28.7.1951 (189 UNTS 150) und Prot über die Rechtsstellung der Flüchtlinge v 31.1.1967 (606 UNTS 267); *Dem*, The Coming of a „Blank Cheque", IJRL 16 (2004) 609 ff; *Hathaway/Hicks*, Is there a Subjective Element in the Refugee Convention's Requirement of „Well-Founded Fear"?, Michigan JIL 26 (2005) 505 ff.

konvention,⁷³¹ die Konventionen im Rahmen der Organisation der amerikanischen Staaten über das diplomatische⁷³² und das territoriale Asyl,⁷³³ beide v 23.3.1954, und die Vereinbarung über Flüchtlingsseeleute.⁷³⁴ Diese Konventionen enthalten zT unterschiedlich weite Bestimmungen dieses Begriffs. Grundsätzlich bestimmt die GFK den Begriff des Flüchtlings in Art 1 Abschn A Nr 2 als jede Person, die „aus begründeter Furcht vor Verfolgung wegen ihrer Rasse, Religion, Nationalität, Zugehörigkeit zu einer bestimmten sozialen Gruppe oder wegen ihrer politischen Überzeugung sich außerhalb des Landes befindet, dessen Staatsangehörigkeit sie besitzt, und den Schutz dieses Landes nicht in Anspruch nehmen kann oder wegen dieser Befürchtungen nicht in Anspruch nehmen will [...]." In den Anwendungsbereich der GFK fallen daher *alle politischen Flüchtlinge,* nicht hingegen Personen, die allein vor Bürgerkriegen, Naturkatastrophen und wirtschaftlichen Krisen fliehen.⁷³⁵ Die Afrikanische Flüchtlingskonvention wiederholt in Art 1 Nr 1 die Definition der GFK, erweitert den Flüchtlingsbegriff jedoch in Art 1 Nr 2 auf eine Person, welche „owing to external aggression, occupation, foreign domination or events seriously disturbing public order in either part or the whole of his country of origin or nationality, is compelled to leave his place of habitual residence [...]." Auf den Grund der Verfolgung kommt es durch diese Erweiterung nicht in erster Linie an.

299   In der Staatenpraxis wird über die GFK hinaus auch *De-facto*-Flüchtlingen häufig ein gewisser Schutz gewährt.⁷³⁶ Das sind insbes sog Gewaltflüchtlinge oder auch subsidiär Schutzbedürftige, dh Personen, die vor Krieg oder Kriegsfolgen wie Hungersnot und ethnischer Gewalt fliehen.⁷³⁷ Mit Zustimmung der Vertragsstaaten ist das Mandat des UNHCR auf sonstige als schutzbedürftig angesehene Personen erweitert worden. So fällt nunmehr jede geflohene Person in die Zuständigkeit des UNHCR, die ihr Heimatland als Folge von Unruhen, bewaffneten Konflikten oder schweren systematischen Menschenrechtsverletzungen verlassen hat *(displaced persons in a refugee-like situation).* Erfasst werden seit 1985 auch „persons who are

---

731 Convention Governing the Specific Aspects of Refugee Problems in Africa v 10.9.1969 (1001 UNTS 45).
732 Convention on Diplomatic Asylum (OAS Treaty Series No 18).
733 Convention on Territorial Asylum (OAS Treaty Series No 19).
734 Vereinbarung über Flüchtlingsseeleute v 23.11.1957 (BGBl 1961 II, 828, in der Bek v 28.10.1982 [BGBl 1982 II, 975], abgedr in *Hailbronner,* Ausländerrecht, B 6).
735 Vgl *Boswell/Crisp,* Poverty, International Migration and Asylum, 2004; *Benhabib,* The Law of Peoples, Distributive Justice, and Migrations, Fordham LR 72 (2004) 1761 ff; *Gabor/Rosenquest,* The Unsettled Status of Economic Refugees from the American and International Legal Perspectives, Texas ILJ 41 (2006) 275 ff.
736 Vgl zB Gesetz über Maßnahmen für im Rahmen humanitärer Hilfsaktionen aufgenommene Flüchtlinge v 22.7.1980 (BGBl 1980 I, 1057), zuletzt geänd durch Gesetz v 29.10.1997 (BGBl 1997 I, 2584); zum Aufenthaltsgesetz *Göbel-Zimmermann,* Die Erteilung eines Aufenthaltstitels aus humanitären Gründen nach § 25 IV und V AufenthG, ZAR 2005, 275 ff.
737 Vgl *Hailbronner,* Rechtsfragen der Aufnahme von „Gewaltflüchtlingen" in Westeuropa, SZIER 3 (1993) 517 ff; *Bugnion,* Refugees, Internally Displaced Persons, and International Humanitarian Law, Fordham ILJ 28 (2005) 1397 ff; *Hulme,* Armed Conflict and the Displaced, IJRL 17 (2005) 91 ff. Die Definition des UNHCR für Gewaltflüchtlinge lautet: „Persons who have fled from areas affected by conflicts and violence; persons who have been or would be exposed to human rights abuses, including persons belonging to groups compelled to leave their homes by campaigns of ethnic or religious persecution; and persons who owing to their specific situation have felt compelled to flee as a result of conflict" (background note des UNHCR v 25.3.1992).

compelled to leave their homeland because of man-created disasters, e.g. armed conflict or other political and social upheavels."

Die Erweiterung der Zuständigkeit des UNHCR führte jedoch *nicht* zu einer völkergewohnheitsrechtlichen *Pflicht zur Aufnahme*.[738] Vielmehr ergeben sich aus der Staatenpraxis eher Anhaltspunkte dafür, dass es sich um eine Hilfeleistung handelt, die ein Staat nach seinen Erfordernissen einschränken oder von Bedingungen wie finanzieller Unterstützung durch dritte Staaten oder Übernahmeerklärungen abhängig machen kann. Gleiches gilt für das Konzept der vorübergehenden Aufnahme *(temporary protection)* zum Schutz von Gewaltflüchtlingen.

b) Das Recht auf Asyl

Obgleich Art 14 Nr 1 AEMR bestimmt, dass jeder Mensch das Recht habe, in anderen Ländern vor Verfolgung Asyl zu suchen und zu genießen, gibt es im Völkerrecht weder ein Recht des Einzelnen auf Asyl noch eine Pflicht der Staaten, Flüchtlinge aufzunehmen. Dies hat auch der EGMR in seiner Rspr immer wieder bestätigt.[739] Es handelt sich hier vielmehr um ein *zwischenstaatliches Recht zur Asylgewährung*, das seinen Grund in Völkervertrags-[740] oder Völkergewohnheitsrecht haben kann.[741] Die Gewährung von Asyl stellt weder einen feindlichen Akt gegenüber dem Heimatstaat noch eine unzulässige Einmischung in dessen innere Angelegenheiten dar.[742]

Bei Gewährung und Ausgestaltung des Asyls ist der gewährende Staat frei, sofern er völkerrechtliche Mindestanforderungen wie die Gewährung von Menschenrechten, den in der GFK enthaltenen Mindeststandard für Flüchtlinge und das Verbot der Rückschiebung in den Verfolgerstaat (Prinzip des *Non-Refoulement*) beachtet.

Asylverweigerungsgründe können sich aus Auslieferungsverträgen oder aus Verträgen zur Bekämpfung terroristischer Straftaten ergeben, deren Bekämpfung im Interesse der internationalen oder regionalen Gemeinschaft liegt.[743] Nach Art 1 Nr 2 der Erklärung über das territoriale Asyl der UN-Generalversammlung[744] kann sich derjenige nicht auf das Recht auf Asyl berufen, bei dem schwerwiegende Gründe dafür vorliegen, dass er ein Verbrechen gegen den Frieden, ein Kriegsverbrechen oder ein Verbrechen gegen die Menschlichkeit begangen hat. Oftmals wird von der

---

[738] Vgl *Hailbronner*, Das Refoulement-Verbot und die humanitären Flüchtlinge im Völkerrecht, ZAR 1987, 3 (7); *Kagan*, The Beleaguered Gatekeeper, IJRL 18 (2006) 1 ff.
[739] ZB EGMR, NVwZ 2012, 809 (812) *[Hirsi Jamaa et al v Italy]*.
[740] Art II Nr 2 der Afrikanischen Flüchtlingskonvention v 10.9.1969; Art 1 der Konvention von Caracas über territoriales Asyl v 28.3.1954; hierzu auch *Emmert*, Die Bedeutung menschenrechtlicher Verträge für den Flüchtlingsschutz, AWR Bull 52 (2005) 121 ff.
[741] Vgl *Hailbronner*, Asylrecht und Völkerrecht, in Beitz/Wollenschläger (Hrsg), Handbuch des Asylrechts, Bd I, 1980, 75 ff.
[742] Vgl aber abweichende Einschätzung beim sog „Botschaftsasyl", s o Rn 75a.
[743] Vgl etwa Europäisches Übereinkommen zur Bekämpfung des Terrorismus v 27.1.1977; Übereinkommen zur Bekämpfung der widerrechtlichen Inbesitznahme von Luftfahrzeugen v 16.12.1970; Montrealer Übereinkommen zur Bekämpfung widerrechtlicher Handlungen gegen die Sicherheit der Zivilluftfahrt v 23.9.1971; Übereinkommen über die Verhütung, Verfolgung und Bestrafung von Straftaten gegen völkerrechtlich geschützte Personen, einschließlich Diplomaten v 14.12.1973.
[744] Res der UN-Generalversammlung 2312 (XXII) v 14.12.1967. Dazu vgl auch *Weis*, The United Nations' Declaration of Territorial Asylum, CYIL 7 (1969) 143 ff.

Asylgewährung auch dann abgesehen, wenn der Bewerber über ein Drittland einreist, in dem er bereits vor Verfolgung sicher war.[745]

303a   So hat auch der EuGH in der Rs *X. u X.* entschieden, dass das Unionsrecht Asylbewerbern kein Recht auf legale Einreise und auch keinen Rechtsanspruch auf Erteilung eines humanitären Visums für Bürgerkriegsflüchtlinge gibt.[746] Wie der Gerichtshof weiterhin hervorhob, ist für die Ausstellung von Visa allein nationales Recht maßgeblich.

c) Der Grundsatz des *Non-Refoulement*

304   Der Grundsatz des *Non-Refoulement* in Art 33 GFK, der sowohl auf die Auslieferung und Abschiebung als auch – nach überwiegender Auffassung – auf die Zurückweisung an der Grenze angewendet wird, verpflichtet die Staaten zur Zufluchtgewährung vor dem unmittelbaren Zugriff des Verfolgerstaats, enthält aber weder einen subjektiven Asylanspruch noch eine zwischenstaatlich verbindliche Aufnahmepflicht.[747] Diese Auslegung findet sich auch in Empfehlungen des Europarats und der UN-Generalversammlung. So empfiehlt eine Resolution des Europarats,[748] den Vertragsstaaten „zu gewährleisten, dass niemand an der Grenze abgewiesen, zurückgeschickt, abgeschoben oder in anderer Weise so behandelt wird, dass er gezwungen wäre, in das Staatsgebiet zurückzukehren oder dort zu verbleiben, wo er aufgrund seiner Rasse, seiner Religion, seiner Staatszugehörigkeit oder seiner Zugehörigkeit zu einer bestimmten sozialen Gruppe oder wegen seiner politischen Meinung von Verfolgung bedroht ist." Ebenso bestimmt Art 3 der Erklärung der UN-Generalversammlung über das territoriale Asyl, dass niemand „Maßnahmen wie einer Zurückweisung an der Grenze oder, wenn er das Gebiet, in dem er Asyl sucht, bereits betreten hat, der Ausweisung oder einer zwangsweisen Rückstellung in einen Staat, in dem er einer Verfolgung ausgesetzt sein könnte, unterworfen werden soll."

305   Das *Refoulement*-Verbot steht daher einer Zurückweisung oder Abschiebung von Schutzsuchenden in sichere Drittstaaten nicht entgegen. In diesem Fall muss allerdings gewährleistet sein, dass der Schutzsuchende nicht in den Verfolgerstaat

---

745 Vgl *Hailbronner*, The Right to Asylum and the Future of Asylum Procedures in the European Community, IJRL 5 (1993) 31 ff; *ders*, Refoulement-Verbote und Drittstaatenregelung (Art 33 GFK und Art 3 EMRK), FS Bernhardt, 1995, 365 ff; *Kjaerum*, The Concept of Country of First Asylum, IJRL 4 (1992) 514 ff.
746 EuGH, Rs C-638/16 PPU, juris *[X. u X.]*; im Anschluss hieran BVerfG, NVwZ 2017, 1699; BVerfG, BeckRS 2017, 138223.
747 Vgl *Hailbronner* (Fn 745) 5; *Kälin* (Fn 729) 445 ff; vgl auch *Goodwin-Gill*, The Refugee in International Law, 3. Aufl 2007, 149 ff; *Gornig*, Das „non-refoulement"-Prinzip, EuGRZ 1986, 521 ff; *Freshwater*, The Obligation of Non-Refoulement under the Convention Against Torture, Geo ILJ 19 (2005) 585 ff; *D'Angelo*, Non-Refoulement, Vanderbilt J Transnat'l L 42 (2009) 279 ff; *Duffy*, Expulsion to Face Torture?, IJRL 20 (2008) 373 ff; *Dröge*, Tranfer of Detainees, ICRC 90 (2008) 669 ff; *Zimmermann*, Bedeutung und Wirkung der Ausschlusstatbestände der Artikel 1 F und 33 Abs 2 der Genfer Flüchtlingskonvention für das deutsche Ausländerrecht, DVBl 2006, 1478 ff; *Hailbronner/Thym*, Grenzenloses Asylrecht? Die Flüchtlingskrise als Problem der europäischen Rechtsintegration, JZ 2016, 753 ff.
748 Asyl für Personen, denen Verfolgung droht (Res [67] 14 des Ministerkomitees des Europarats v 29.6.1967).

weiter geschoben wird. Ein Anspruch darauf, nur in einen Staat zurückgewiesen oder zurückgeschoben zu werden, in dem ein Recht auf Zugang zum Asylverfahren besteht, existiert hingegen nicht. Art 33 GFK gewährleistet lediglich einen Mindestschutz vor Verfolgung, aber *kein Recht auf Asyl* oder andere Vergünstigungen.

Nach Art 3 EMRK gilt bei drohender Foltergefahr oder bei Gefahr unmenschlicher oder entwürdigender Behandlung oder Strafe ein ähnliches Verbot der Aus- oder Zurückweisung wie bei Art 33 Abs 1 GFK.[749] Eine Zurückweisung oder *Zurückschiebung in Folterstaaten* ist daher *unzulässig*. Erforderlich ist jedoch eine latente Gefahr durch Folter oder unmenschliche Behandlung. Solange Ausländer, die vor einem Bürgerkrieg, schweren inneren Unruhen oder einem Klima allgemeiner Gewalt fliehen, jedoch nicht Opfer einer persönlich gegen sie gerichteten Gewalt sind, können sie sich nicht auf Art 3 EMRK berufen.[750] Anders als bei Art 33 Abs 2 GFK sieht Art 3 EMRK keinen *ordre public*-Vorbehalt für den Fall vor, dass ein Flüchtling aus schwerwiegenden Gründen als „Gefahr für die Sicherheit des Landes anzusehen ist, in dem er sich befindet", oder eine „Gefahr für die Allgemeinheit dieses Staates" darstellt. Aus diesem Grund konnte ein Terrorverdächtiger, dem in seinem Herkunftsstaat die Todesstrafe bzw Folter und unmenschliche Behandlung drohten, im Hinblick auf Art 3 EMRK nicht abgeschoben werden.[751]

306

In jüngerer Zeit deutete sich beim EGMR eine etwas großzügigere Linie im Hinblick auf Abschiebungen islamistischer Gefährder ab, soweit etwa in verschiedenen Regionen des Zielstaats unterschiedliche Situationen bestehen. So entschied der Gerichtshof im Fall *X v Germany*, dass die Abschiebung eines islamistischen Gefährders nach Russland keine erheblichen Gründe für die Annahme erkennen ließ, der Betreffende liefe dort Gefahr, Folter oder unmenschlicher Behandlung ausgesetzt zu sein.[752] Im Anschluss an die Feststellungen des BVerwG ging auch der EGMR davon aus, dass der betroffene Islamist nur in der Region Dagestan konventionserheblichen Risiken ausgesetzt sei, während dies in anderen Regionen Russlands nicht der Fall sei. Da kein Hinweis bestand, dass der Betroffene gegen seinen Willen nach Dagestan gebracht würde, und er zudem, bevor er Russland im Alter von 3 Jahren verließ, naheliegender Weise in keiner Beziehung zu den Konflikten im Nordkaukasus stand, ging der Gerichtshof davon aus, dass seine Überstellung nach Russland kein Risiko einer Verletzung von Art 3 EMRK mit sich bringe. Auch im Fall *Saidani v Germany*, in dem ein Terrorverdächtiger nach Tunesien abgeschoben werden sollte, sah der EGMR im Anschluss an die vorherigen Entscheidungen von BVerwG und BVerfG keinen Hinweis für eine Verletzung von Art 3 EMRK.[753] Zwar bestehe die Gefahr, dass bei einer Verurteilung die Todesstrafe verhängt werde, da jedoch jede dieser Verurteilungen früher oder später durch eine Begnadigung des tunesischen Präsidenten in eine lebenslange Freiheitsstrafe umgewandelt werde, könne *Saidani* sich nicht auf eine begründete Angst berufen, hingerichtet zu werden („no real risk"). Ange-

306a

---

[749] *Battjes*, In Search of a Fair Balance, Leiden JIL 22 (2009) 583 ff; *Evans Cameron*, Risk Theory and „Subjective Fear", IJRL 20 (2008) 567 ff.
[750] EGMR, NVwZ 1992, 869 *[Vilvarajah and others v United Kingdom]*.
[751] EGMR, Nr 61498/08 *[Al Saadoon u Mufdhi]*; dazu *Kau* (Fn 568) Rn 53 u 79; *Hailbronner/Thym* (Fn 747) 753 (755 f).
[752] EGMR, Nr 54646, Rn 30 ff *[X. v Germany]*.
[753] EGMR, Nr 17675/18, Rn 36 ff *[Saidani v Germany]*; vorher schon im einstweiligen Rechtsschutz EGMR v 8.5.2018

sichts des tunesischen Moratoriums bei der Vollziehung der Todesstrafe und diplomatischer Zusicherungen im Hinblick auf eine Umwandlung in eine zeitige Haftstrafe („de facto [...] life sentence") ging der EGMR davon aus, dass außerdem eine realistische Aussicht bestehe, dass auch die lebenslange Strafe verkürzt werde.[754] Insgesamt hob der Gerichtshof in beiden Entscheidungen hervor, dass das BVerwG mit großer Sorgfalt und unter Heranziehung verschiedener Berichte von Regierungsstellen (zB des Auswärtigen Amtes) und NGOs vorgegangen sei und sich dadurch einen verlässlichen Eindruck von der Lage in den betreffenden Staaten verschafft habe. Obwohl er die vorliegenden NGO-Berichte über mögliche Verletzungen von Art 3 EMRK als gleichermaßen glaubhaft einstufte („equally credible"), merkte der EGMR doch an, dass keine früheren Abschiebungsfälle genannt werden konnten, in denen es zu Folter oder unmenschlicher Behandlung gekommen oder in denen die Todesstrafe nicht durch Begnadigung in lebenslange Freiheitsstrafe umgewandelt worden war.[755] Anders hatte der EGMR im Fall *R. v Russia* angesichts der Abschiebung eines Flüchtlings usbekischer Herkunft von Russland nach Kirgistan geurteilt.[756] Kirgistan ist kein Konventionsstaat der EMRK, und die den Betroffenen dort erwartenden Bedingungen wiesen darauf, dass Art 3 EMRK verletzt wird. Außerdem führte die fehlende Möglichkeit einer gerichtlichen Überprüfung der Abschiebehaft in Russland zu einem Verstoß gegen Art 5 Abs 4 EMRK.

306b   Darüber hinaus hat sich eine umfangreiche Rspr des EGMR zu Fragen eines religiös fundierten Abschiebungsschutzes bei zum Christentum konvertierten Muslimen entwickelt. Allerdings stellte der EGMR etwa im Fall *A. v Switzerland* bei konvertierten Muslimen strenge Anforderungen im Hinblick auf die inhaltliche Qualität des religiösen Übertritts und die Übernahme der christlichen Religion bzw ihrer Glaubensregeln auf. Im Weiteren verlangte er, dass bereits absehbar sei, dass die Religionsausübung im Herkunftsland deutlich nach außen zutage trete, etwa in Form von missionarischen Aktivitäten („certain level of public exposure").[757] Diese Anforderungen führen in der Praxis vielfach dazu, dass die Konversion entweder nicht glaubhaft gemacht werden kann, oder das nicht erkennbar wird, inwiefern eine tatsächliche Gefahr einer mit Art 3 EMRK nicht vereinbaren Behandlung im Herkunftsland entstehen wird. Wenn die Beweisanforderungen auch insgesamt schwächer ausgeprägt sind, verlangt auch der EuGH in Auslegung der RL 2011/95, dass ein Schutzsuchender seinen Übertritt zum Christentum glaubhaft substantiieren muss, indem er Anhaltspunkte darlegt, die der zuständigen Behörde eine Überprüfung des Wahrheitsgehaltes ermöglichen.[758] Im jüngst entschiedenen Fall *Fathi* betonte der EuGH allerdings, dass der Betroffene grundsätzlich keine Erklärungen abgeben oder Dokumente vorlegen müsse, um seine religiösen Überzeugung im Hinblick auf *alle* Komponenten des Religionsbegriffs nach der RL 2011/95 nachzuweisen.

---

754 EGMR, Nr 17675/18, Rn 38 *[Saidani v. Germany].*
755 ZB EGMR, Nr 54646, Rn 33 *[X. v Germany];* EGMR, Nr 17675/18, Rn 35 *[Saidani v Germany].*
756 EGMR, Nr 11916/15 *[R. v Russia].*
757 EGMR v 19.12.2017, Nr 60342/16 *[A. v Switzerland];* EGMR v 5.7.2016, Nr 209/16 *[T.M. u Y.A. v Netherlands];* hierzu auch *Lehnert* (Fn 726) 1359 ff.
758 EuGH, BeckRS 2018, 23563 *[Fathi]* im Anschluss an EuGH, NVwZ 2012, 1612 *[Y u Z].*

Außerdem hat sich der EGMR in einer Vielzahl von Fällen mit Abschiebungs- **306c** verboten nach Art 3 EMRK aus gesundheitlichen Gründen befasst.[759] In der Entscheidung *Paposhvili v Belgium* beanstandete der EGMR bspw, dass die Ausgangsinstanzen sich nicht näher mit den im Herkunftsland des Betroffenen bestehenden Möglichkeiten medizinisch-gesundheitlicher Versorgung befasst hätten. Insbes benötigt es nach der Entscheidung des EGMR im Hinblick auf Art 3 EMRK nicht zwingend eines personellen oder institutionellen Verfolgers; vielmehr genüg es stattdessen auch, wenn sich die unmenschliche oder erniedrigende Behandlung aus den mangelhaften Lebensbedingungen – in diesem Fall aus der mangelhaften Gesundheitsvorsorge – ergebe.[760]

d) Maßnahmen im Rahmen des Europarats

Im Rahmen des Europarats wurden zahlreiche Übereinkommen oder Erklärungen **307** und Empfehlungen zum Schutz oder zur Verbesserung der Stellung von Flüchtlingen getroffen. Hierzu zählen das Europäische Übereinkommen über die Aufhebung des Sichtvermerkszwangs für Flüchtlinge v 20.4.1959,[761] die Resolution des Ministerkomitees über Asyl für Personen, denen Verfolgung droht,[762] die Erklärung über das territoriale Asyl,[763] das Europäische Übereinkommen über den Übergang der Verantwortung für Flüchtlinge v 16.10.1980,[764] die Empfehlung des Ministerkomitees des Europarats an die Mitgliedstaaten über die Angleichung von staatlichen Asylverfahren,[765] die Empfehlung zur Rechtsstellung der De-facto-Flüchtlinge,[766] die Empfehlung des Ministerkomitees über die Familienzusammenführung von Flüchtlingen und anderen Personen, die des internationalen Schutzes bedürfen,[767] sowie die Empfehlung über die vorübergehende Schutzgewährung.[768] 2018 ist noch eine Handreichung des Europarats zur Sprachunterstützung für erwachsene Flüchtlinge hinzugekommen.[769]

Das Übereinkommen über den Übergang der Verantwortung für Flüchtlinge soll **308** Regelungslücken bei der Zuständigkeit der GFK beseitigen. Die unterschiedliche Übernahmepraxis der einzelnen Staaten führte häufig dazu, dass Flüchtlinge nach der GFK von dem Staat, in dem sie anerkannt wurden, nicht wieder zugelassen, andererseits aber von dem Staat, in den sie eingereist waren, nicht aufgenommen wurden. Bzgl der Angleichung der staatlichen Asylverfahren ist u a die Durchführung eines formalisierten Verfahrens vor einer zentralen Behörde mit verfahrensrechtli-

---

759 Z B *Hinterberger/Klammer*, Abschiebeverbote aus gesundheitlichen Gründen, NVwZ 2017, 1180 ff.
760 EGMR, Nr 41738/10, NVwZ 2017, 1187 *[Paposhvili v Belgium]*.
761 376 UNTS 85; BGBl 1961 II, 1097.
762 Res (67) 14 des Ministerkomitees des Europarates v 29.6.1967.
763 Erklärung des Ministerkomitees des Europarates v 18.11.1977.
764 BGBl 1994 II, 2646; hierzu *Clark/Crépeau*, Human Rights in Asylum Sharing and other Human Transfer Agreements, NQHR 22 (2004) 217 ff.
765 Empf Nr R (81) 16 v 5.11.1981.
766 Empf (1976) 773.
767 Empf Nr R (99) 23.
768 Empf Nr R (2000) 9 v 3.5.2000.
769 Vgl <https://www.coe.int/de/web/language-support-for-adult-refugees/the-council-of-europe-and-language-policy-for-migrants/refugees>.

chen Garantien für den Asylbewerber vorgesehen sowie die Bereitstellung eines effektiven Beschwerdeverfahrens und eines vorläufigen Aufenthaltsrechts für die gesamte Verfahrensdauer, sofern die zentrale Überprüfungsbehörde nicht festgestellt hat, dass ein Asylantrag offensichtlich nicht auf die Verfolgungsgründe der GFK gestützt werden kann oder aus sonstigen Gründen missbräuchlich ist.

e) Flüchtlinge in den EU-Mitgliedstaaten

309 Seit der Einfügung der Art 67 bis 89 AEUV (früher: Art 61 bis 69 EG), vor allem Art 78 AEUV, in das europäische Vertragswerk gibt es europarechtliche Kompetenztitel für eine gemeinsame Asylpolitik.[770] Zudem nimmt Art 18 der EU-Grundrechtecharta Bezug auf das Asylrecht. Ziel des Unionshandelns ist die *Schaffung einer europaeinheitlichen Asylkonzeption*. Geplant ist eine schrittweise Einführung und Erweiterung eines gemeinsamen Europäischen Asylsystems, das zu einem gemeinsamen Asylverfahren und einem unionsweit geltenden einheitlichen Status für die Personen führen soll, denen nach der GFK Asyl zu gewähren ist. Beabsichtigt ist das Erreichen dieses Ziels in zwei Harmonisierungsschritten.[771]

310 Ein wichtiger Anfangsbaustein der ersten Harmonisierungsstufe war die Überführung der *Dublin-Regelungen* in das Unionsrecht. Hierunter sind Bestimmungen zu verstehen, die es ermöglichen, einen Mitgliedstaat zu ermitteln, der für die Prüfung eines Asylantrags zuständig ist. Das Konzept ist getragen von dem Gedanken, dass jedenfalls *ein* Mitgliedstaat der EU für die Prüfung eines Asylantrags zuständig ist, und gleichzeitig von der Erwägung, dass ein Asylbegehren innerhalb der EU nur einmal geprüft wird. Hierbei soll über die Zuständigkeit des Asylprüfungsstaats zügig Gewissheit geschaffen werden. Die Dublin-Regeln gehen zurück auf Art 28 bis 38 des Schengener Durchführungsübereinkommens (SDÜ).[772] Im Rahmen dieses Abkommens, das bis 31.8.1997 anzuwenden war,[773] existierten auf völkerrechtlicher Basis zum ersten Mal derartige Zuständigkeitsregeln.[774] Diese wurden

---

[770] Vgl zur europäischen Asylpolitik nach Amsterdam: *Guild*, Seeking Asylum, ELR 29 (2004) 198 ff; *Klug*, Harmonization of Asylum in the European Union, GYIL 47 (2004) 594 ff; *Wollenschläger*, Das Asyl- und Einwanderungsrecht der EU, EuGRZ 2001, 354 ff; *Weber*, Ansätze zu einem gemeineuropäischen Asylrecht, EuGRZ 1999, 301 ff; *Hailbronner*, The Treaty of Amsterdam and Migration Law, EJML 1999, 9 ff; *Zimmermann*, Der Vertrag von Amsterdam und das deutsche Asylrecht, NVwZ 1998, 450 ff.

[771] Nr 14 und 15 der Schlussfolgerungen des Vorsitzes des Europäischen Rates von Tampere v 15./16.10.1999; vgl Abs 5 der Erwägungsgründe der VO (EG) Nr 343/2003 des Rates v 18.2.2003 zur Festlegung der Kriterien und Verfahren zur Bestimmung des Mitgliedstaats, der für die Prüfung eines von einem Drittstaatsangehörigen in einem Mitgliedstaat gestellten Asylantrags zuständig ist, ABl EG 2003, Nr L 50/1.

[772] Übereinkommen zur Durchführung des Übereinkommens von Schengen vom 14. Juni 1985 zwischen den Regierungen der Staaten der Benelux-Wirtschaftsunion, der BR Deutschland und der Französischen Republik betreffend den schrittweisen Abbau der Kontrollen an den gemeinsamen Grenzen v 19.6.1990 (BGBl 1993 II, 1010, auch abgedr bei *Hailbronner*, Ausländerrecht, Bd 5, D 8).

[773] Vgl Prot v 26.4.1994 zu den Konsequenzen des Inkrafttretens des Dubliner Übereinkommens für einige Bestimmungen des Durchführungsübereinkommens zum Schengener Übereinkommen (Bonner Prot) und Gesetz zum Bonner Prot v 11.9.1995 (BGBl 1995 II, 738, auch abgedr bei *Hailbronner*, Ausländerrecht, Bd 5, D 8.1).

[774] Vgl zur Bedeutung des SDÜ für das Asylrecht *Hailbronner*, Die europäische Asylrechtsharmonisierung nach dem Vertrag von Maastricht, ZAR 1995, 3 ff; *Weber*, Einwanderungs- und Asylpolitik nach Maastricht, ZAR 1993, 11 ff.

vom Dubliner Übereinkommen (DÜ),[775] das für den Zeitraum v 1.9.1997 bis 1.9.2003 anzuwenden war, abgelöst,[776] daher auch die Bezeichnung „Dublin-Regeln". Dem DÜ als völkervertraglicher Regelung gehörten alle Mitgliedstaaten der EU sowie Norwegen und Island[777] an. Im September 2003 wurde das DÜ von der Dublin-II-VO[778] verdrängt, die für längere Zeit das maßgebliche Regelungswerk für Asylzuständigkeitsfragen innerhalb der EU-Staaten bildete. Zudem wurden Dublin-Assoziationsverträge mit Norwegen, Island und der Schweiz geschlossen. Die Zuständigkeit für das Asylverfahren bestimmt sich nach einem Katalog von Kriterien, die entsprechend ihrer Reihenfolge die Zuständigkeit eines Staats für die Durchführung der inhaltlichen Prüfung eines Asylbegehrens festlegen. Im Jahr 2013 wurde die Dublin-III-VO[779] verabschiedet, die die Bestimmungen des Dublin-Systems an die veränderten Anforderungen anpassen sollte, nachdem teilweise gravierende Vollzugsprobleme sichtbar geworden waren. Auslöser war hierfür u a die krisenhaften Situation in Griechenland, wie sie in Entscheidungen des EGMR[780] und des EuGH[781] dokumentiert worden war.

Allerdings sind im Verlauf der europäischen Flüchtlingskrise (2015) verschiedene Schwierigkeiten aufgetreten, die den Fortbestand der gegenwärtigen normativen Grundlagen ebenso in Zweifel gezogen haben, wie sie das auch im Hinblick auf notwendige zukünftige Entwicklungsschritte tun: Zunächst erwiesen sich die verfahrensrechtlichen Anforderungen des Dublin-Systems für einen so großen Flüchtlingsstrom als weitgehend ungeeignet, was sich – gemessen an der Zahl der Asylbewerber – in zu langen Verfahren niederschlug. Zudem setzten einzelne EU-Mitgliedstaaten, darunter die BR Deutschland, die Dublin-Regeln aus humanitären Gründen zeitweilig außer Kraft. Der EuGH geht jedoch in mehreren Entscheidungen zur Dublin III-VO aus dem Jahre 2017 davon aus, dass diese – anders als zwischenzeitlich von manchen angenommen – unverändert und vollständig anwendbar

---

775 Übereinkommen über die Bestimmung des zuständigen Staates für die Prüfung eines in einem Mitgliedstaat der Europäischen Gemeinschaften gestellten Asylantrages v 15.6.1990 (abgedr bei *Hailbronner*, Ausländerrecht, Bd 4, B 11).
776 *Schmid/Bartels*, Handbuch zum Dubliner Übereinkommen, 2001; *Löper*, Das Dubliner Übereinkommen über die Zuständigkeit für Asylverfahren, ZAR 2000, 16 ff; *Hurwitz*, The 1990 Dublin Convention, IJRL 11 (1999) 646 ff; *Huber*, Das Dubliner Übereinkommen, NVwZ 1998, 150 f; *Hailbronner/Thiery*, Schengen II und Dublin, ZAR 1997, 55 ff.
777 Übereinkommen zwischen der Europäischen Gemeinschaft und der Republik Island und dem Königreich Norwegen über die Kriterien und Regelungen zur Bestimmung des zuständigen Staates für die Prüfung eines in einem Mitgliedstaat oder in Island oder Norwegen gestellten Asylantrags, ABl EG 2001, Nr L 93/38.
778 VO (EG) Nr 343/2003 des Rates v 18.2.2003 zur Festlegung der Kriterien und Verfahren zur Bestimmung des Mitgliedstaats, der für die Prüfung eines von einem Drittstaatsangehörigen in einem Mitgliedstaat gestellten Asylantrags zuständig ist, ABl EG 2003, Nr L 50/1; *Piotrowicz*, Dublin II und zukünftige Perspektiven eines gemeinsamen europäischen Asylsystems, ZAR 2003, 383 ff; *Schröder*, Die EU-Verordnung zur Bestimmung des zuständigen Asylstaates, ZAR 2003, 126 ff; *Schmid/Filzwieser*, Dublin II-Verordnung, 2004; *Hermann*, Das Dublin-System, 2008; *Hruschka/Maiani*, in Hailbronner/Thym (Hrsg), EU Immigration and Asylum Law, 2. Aufl 2016, Council Regulation (EU) No 604/2013.
779 VO (EU) Nr 604/2013 (Dublin-III-VO), ABl EU 2013, Nr L 180/31.
780 EGMR, NVwZ 2011, 413 *[MSS v Greece and Belgium]*.
781 EuGH, Rs. C-411/10 u C-493/10, juris *[N.S. et al v United Kingdom]*.

sei.[782] Ohnehin ist der EuGH bemüht, durch seine Rspr-Praxis den Eindruck zu unterstreichen, das EU-Recht in den Bereichen Migration, Asyl und Grenzschutz sei unverändert funktional und effektiv.[783] Dies steht im Widerspruch zu einigen Stimmen im Schrifttum, die eine Dysfunktionalität der bestehenden Vorschriften konstatieren.[784] Letztlich bleibt abzuwarten, ob der europäische Gesetzgeber – namentlich die Mitgliedstaaten im Rat – sich auf neue Vorschriften einigen können, die die aufgetretenen Fragen lösen helfen und dem EU-Recht in diesem Bereich größere Effektivität verleihen.[785] Bis dahin, so legt zumindest die Rspr des EuGH nahe, müssen die rechtswirksamen Vorschriften der EU ohne Abstriche oder Relativierungen angewendet werden.

310b Zu berücksichtigen ist dabei auch, dass gleichzeitig der EGMR etwa im Fall *Tarakhel*[786] menschenrechtliche Hinweise gegeben hat, wie Unterbringungen und Überstellungen im Rahmen des Dublin-Systems zu erfolgen haben. Allerdings hat sich zwischenzeitlich herausgestellt, dass weder die Entscheidung in *Tarakhel* noch die in *MSS*[787] als als „Sargnägel" des Dublin-Systems taugen, auch wenn das manche Stimmen im Schrifttum gehofft haben mögen. Wie die Fälle *E.T. u N.T. v Switzerland u Italy*[788] sowie *M.A.-M. u a v. Finnland*[789] gezeigt haben, sind die Feststellungen des EGMR zu den Dublin-Überstellungen mit denen des EuGH durchaus vereinbar.

311 Zur Durchsetzung der Ziele einer unionsweiten Asylpolitik dient im Weiteren auch die EURODAC-Verordnung aus dem Jahr 2013.[790] Sie hat die Aufgabe, der Dublin III-VO zur besseren Durchsetzung zu verhelfen. Auf diese Weise wird die Effektivität der Dublin-Regeln durch Gewinnung von Beweismitteln zur Feststellung der Zuständigkeit eines Staates gestärkt. Das EURODAC-System[791] arbeitet bereits seit Januar 2003. Dabei werden Fingerabdrücke von allen Asylantragstellern und von

---

782 ZB EuGH, ZAR 2018 *[A.S.]*; EuGH, NVwZ 2017, 1357 *[Jafari]*; EuGH, NVwZ 2017, 413 *[Mengensteab]*; EuGH, NVwZ 2018, 43 *[Shiri]*; EuGH, NVwZ 2018, 1385 *[X.]*; EuGH, NJW 2018, 2855 *[Hassan]*; hierzu *Farahat/Markard*, Recht an der Grenze, JZ 2017, 1088 ff; *Koehler*, Dublin III-VO, InfAuslR 2017, 369 ff; *Thym*, Die Flüchtlingskrise vor Gericht, DVBl 2018, 276 ff.
783 ZB EuGH, NJW 2016, 1077 *[Alo]*; EuGH, EuGRZ 2016, 551 *[C.S]*; EuGH, NVwZ 2018, 643 *[F.]*; EuGH, EuGRZ 2018, 281 *[Vomero]*; EuGH v 8.5.2018, Rs C-82/16, juris *[K.A. u a]*; EuGH, Rs C-585/16, juris *[Alheto]*; EuGH, Rs C-181/16, juris *[Gnandi]*; EuGH, Rs C-47/17, juris *[X. u X.]*; EuGH, Rs C-661/17, juris *[M.A. u a]*; mit positiver Beurteilung *Thym* (Fn 782) 284.
784 Etwa *Schorkopf*, Die Dublin III-Verordnung als Sinnbild dysfunktionaler EU-Gesetzgebung, ZG 2019, 1 ff; *Möstl*, Verfassungsfragen der Flüchtlingskrise 2015/16, AöR 142 (2017) 175 (192 ff); s *Thym* (Fn 782) 278 mwN.
785 Hierzu auch *Berlit*, Rspr zum Flüchtlingsrecht 2017/2018, NVwZ-Extra 5/2019, 25 f: „Prophetische Gaben erforderte eine valide Einschätzung, ob es im Jahr 2019 [...] zu einer politischen Einigung [...] kommen wird."
786 EGMR, NVwZ 2015, 127 (128 f) *[Tarakhel v Switzerland]*.
787 EGMR, NVwZ 2011, 413 *[MSS v Greece and Belgium]*.
788 EGMR Nr 79480/13 *[E.T u N.T. v Switzerland u Italy]*.
789 EGMR Nr 32275/15 *[M.A.-M u a v Finnland]*.
790 VO (EU) Nr 603/2013 des Rates und des Europäischen Parlaments v 26.6.2013 über die Einrichtung von Eurodac für den Abgleich von Fingerabdruckdaten, ABl EU 2013, Nr L 180/1; zuvor VO (EG) Nr 2725/2000 des Rates v 11.12.2000 über die Einrichtung von „Eurodac" für den Vergleich von Fingerabdrücken zum Zwecke der effektiven Anwendung des Dubliner Übereinkommens, ABl EG 2000, Nr L 316/1.
791 *Schröder*, Das Fingerabdruckvergleichssystem EURODAC, ZAR 2001, 71 ff; *Brouwer*, Eurodac: Its Limitations and Temptations, EJML 2002, 231 ff.

allen bei einem illegalen Grenzübertritt festgestellten Personen aufgenommen und in eine zentrale Datenbank eingespeist.

Durch die RL 2013/33 zur Festlegung von Normen für die Aufnahme von Personen, die internationalen Schutz beantragen („Aufnahme-RL")[792] wurde die bisherige RL 2003/9[793] abgelöst. Während mit der Vorgänger-RL der Standard der Aufnahmebedingungen während des Asylverfahrens angeglichen werden sollte, wurde die gemeinsamen Standards mit der RL 2013/33 weiterentwickelt und der betroffene Personenkreis ausgeweitet. Im Ergebnis soll es nicht darauf ankommen, in welchem EU-Staat ein Antragsteller um Aufnahme ersucht. Es soll aber auch ein Ausgleich dafür erreicht werden, dass sich Asylantragsteller nach den Dublin-Regeln nicht aussuchen können, in welchem Staat ihr Antrag geprüft wird. Der von der Kommission vorgelegte Vorschlag zur Ablösung der RL 2013/33 wird seit längerem erörtert, wobei nicht klar ist, ob diese Bemühungen erfolgreich sein werden.[794] **312**

Ein weiterer Bestandteil des europäischen Regelwerks im Bereich des Flüchtlingsschutzes ist bis auf weiteres die RL 2001/55 über Mindestnormen für die Gewährung vorübergehenden Schutzes im Falle eines Massenzustroms.[795] **313**

Danach wurden weitere wichtige Richtlinien verabschiedet, um die erste Harmonisierungsstufe im Bereich des Asyls im Wesentlichen abzuschließen. Diese wurde mittlerweile durch überarbeitete und erweiterte Richtlinien abgelöst. So trat die RL 2011/95 über Normen für die Anerkennung von Drittstaatsangehörigen oder Staatenlosen als Personen mit Anspruch auf internationalen Schutz („Qualifikations-RL")[796] an die Stelle der „alten" Qualifikationsrichtlinie 2004/83.[797] Auch zu deren Ablösung durch eine „Asylverfahrensverordnung" liegt ein Entwurf vor, der jedoch noch nicht verabschiedet wurde.[798] Außerdem wurde die frühere RL 2005/85 über Mindestnormen für das Asylverfahren (Verfahrens-RL)[799] durch die RL 2013/32 zu gemeinsamen Verfahren für die Zuerkennung und Aberkennung internationalen **314**

---

792 ABl EU 2013, Nr L 180/96.
793 Richtlinie 2003/9/EG des Rates v 27.1.2003 zur Festlegung von Mindestnormen für die Aufnahme von Asylbewerbern in den Mitgliedstaaten, ABl EG 2003, L 31/18; *Peek/Tsourdi*, in Hailbronner/Thym (Fn 778) Council Directive 2013/33.
794 KOM (2016) 465 endg.
795 Richtlinie 2001/55/EG des Rates v 20.7.2001 über Mindestnormen für die Gewährung vorübergehenden Schutzes im Falle eines Massenzustroms von Vertriebenen und Maßnahmen zur Förderung einer ausgewogenen Verteilung der Belastungen, die mit der Aufnahme dieser Personen und den Folgen dieser Aufnahme verbunden sind, auf die Mitgliedstaaten, ABl EG 2001, Nr L 212/12; vgl auch *Durieux/Hurwitz*, How Many is Too Many?, GYIL 47 (2004) 104 ff; *Skordas*, in Hailbronner/Thym (Fn 778) Council Directive 2001/55.
796 ABl EU 2011, Nr L 337/9.
797 Richtlinie 2004/83/EG des Rates v 29.4.2004 über Mindestnormen für die Anerkennung und den Status von Drittstaatsangehörigen oder Staatenlosen als Flüchtlinge oder als Personen, die anderweitig internationalen Schutz benötigen, und über den Inhalt des zu gewährenden Schutzes, ABl EU 2004, Nr L 304/12; hierzu *Dörig/Kraft/Stofey/Battjes*, in Hailbronner/Thym (Fn 778) Council Directive 2011/95.
798 KOM (2016) 467 endg; hierzu eingehend *Kau*, Die vorgeschlagene „Asylverfahrensverordnung" auf dem Prüfstand des Unionsrechts und des deutschen Verfassungsrechts, BayVBl 2019 (im Erscheinen).
799 Richtlinie 2005/85/EG des Rates v 1.12.2005 über Mindestnormen für Verfahren in den Mitgliedstaaten zur Zuerkennung und Aberkennung der Flüchtlingseigenschaft, ABl EU 2005, Nr L 326/13.

Schutzes („Verfahrens-RL")[800] abgelöst. Auch diese soll – zusammen mit den anderen Kommissionsvorschlägen – in absehbarer Zeit überarbeitet werden.[801]

315   Die in der RL 2011/95 enthaltene Definition des Flüchtlings ist weitgehend identisch mit Art 1 Abschn A GFK. Die RL enthält darüber hinaus Auslegungsregeln zu einzelnen Elementen des Flüchtlingsbegriffs, etwa zu den Akteuren der Verfolgung, den Verfolgungshandlungen, den Verfolgungsgründen, dem Konzept der inländischen Fluchtalternative und den Nachfluchtgründen. Ferner werden statusrechtliche Folgen der Flüchtlingsanerkennung und des subsidiären Schutzes festgelegt.

316   Die GFK enthält als das wesentliche Instrument des völkerrechtlichen Flüchtlingsschutzes keine ausdrücklichen verfahrensrechtlichen Regelungen. Solche sind nur aus dem Ziel und Zweck der GFK zu ziehen und Resultat der Bestimmungen der GFK. Hierbei spielen die völkerrechtlichen Auslegungsmethoden und die Staatenpraxis eine entscheidende Rolle. Der generelle Standard der Verfahrensregeln wird in der überarbeiteten *Verfahrensrichtlinie* RL 2013/32 vorgesehen.[802] Hierbei handelt es sich insbes um Fragen des Zugangs des einzelnen Asylantragstellers zum Asylverfahren, eines Bleiberechts bis zum Abschluss des Verfahrens, der Rechte des Einzelnen im Verfahren und der Anwendung der Prinzipien der sicheren Dritt- oder Herkunftsstaaten. Die RL sieht besondere Bestimmungen für ein Folgeverfahren, das Verfahren an der Grenze und das der Rücknahme des Flüchtlingsstatus vor.[803] Auch in der RL 2013/32 wurde noch keine abschließende Regelung für den Umgang mit Flüchtlingen gefunden, die sich den Mitgliedstaaten der EU auf dem Seeweg nähern.[804]

317   Die Frage von geflohenen Personen, die auf dem Seeweg in die EU kommen wollen, wurde vom EGMR im *Hirsi*-Urteil behandelt. Darin stellte der EGMR fest, dass Italien gegen Art 3 EMRK verstoßen habe, indem es im Jahr 2009 Schiffe mit Flüchtlingen aufgebracht und nach Libyen zurückgeschoben hat.[805] Zwar erkannte der Gerichtshof zunächst an, dass auch Konventionsstaaten der EMRK wie Italien „vorbehaltlich ihrer Verpflichtungen aus dem Völkerrecht" unverändert das Recht hätten, den Aufenthalt und die Ausweisung von Personen zu regeln, die nicht ihre Staatsangehörigkeit besäßen. Dies hinderte ihn jedoch nicht daran, das Verhalten der italienischen Staatsorgane als konventionswidrig einzustufen. Unabhängig von der konkreten Situation steht nach dem *Hirsi*-Urteil fest, dass ein Flüchtlinge zurückschiebender Staat sich aufgrund der Gewährleistungen der EMKR vergewissern muss, dass es in einem Durchgangsstaat ausreichende Garantien gegen eine Rückführung in das Herkunftsland ohne Prüfung der damit verbundenen Gefahren gibt. Im Hinblick auf das Aufbringen von Schiffen auf Hoher See entschied der EGMR weiterhin, dass auch die extraterritoriale Ausübung von Staatsgewalt durch die Zurückschiebung als Kollektivausweisung gewertet werden kann. Dies

---

800 ABlEU 2013, Nr L 180/60.
801 KOM (2016) 466 endg.
802 Ebd.
803 Vgl *Selm*, Return seen from the European Perspective, Fordham ILJ 28 (2005) 1504 ff; *Grimm*, Rückführung von Flüchtlingen, AWR Bull 52 (2005) 258 ff.
804 Zu den völkerrechtlichen Fragen: *Jaguttis*, Freier Hafenzugang für Flüchtlingsschiffe?, AVR 43 (2005) 90 ff; *Rah*, Kein Flüchtlingsschutz auf See?, HR-I 18 (2005) 276 ff; *Barnes*, Refugee Law at Sea, ICLQ 53 (2004) 47 ff; *Kapur*, Travel Plans, HHRJ 18 (2005) 107 ff.
805 EGMR, Nr 27765/09, NVwZ 2012, 809 ff *[Hirsi Jamaa et al v Italy]*; hierzu *Lehnert/Markard*, Mittelmeerroulette, ZAR 2012, 194 ff.

gilt für Schiffe unter der Hoheitsgewalt des betreffenden Staats ebenso wie für dort registrierte Flugzeuge. In diesen Fällen gilt Art 4 Prot Nr 4 zur EMRK mit dem Verbot dieser Praxis auch dann, wenn die Betroffenen die Grenzen des Staats tatsächlich gar nicht erreicht haben. Tatsächlich hätte eine restriktive Interpretation auf das Staatsgebiet zu einer in dieser Hinsicht empfindlichen Verkürzung der EMRK-Gewährleistungen führen können. Im Anschluss an die Hirsi-Rspr des EGMR hat der Gerichtshof im Fall *N.D. und N.T. v Spain* einstweilen entschieden, dass auch die Rückschiebepraxis spanischer Behörden an der spanisch-marokkanischen Grenze in Melilla gegen Art 3 EMRK und gegen Art 4 Prot Nr 4 zur EMRK verstößt.[806] Allerdings ist diese Entscheidung noch nicht rechtskräftig, da sich noch die Große Kammer des EGMR hiermit beschäftigen wird.

5. Die Auslieferung
a) Einführung

Die Auslieferung[807] ist die *amtliche Überstellung* einer im Verdacht einer strafbaren Handlung stehenden oder ihrer überführten und verurteilten Person durch den Aufenthaltsstaat an einen anderen Staat ohne deren Zustimmung.[808] Die Auslieferung ist ein Mittel der Rechtshilfe. Eine gewohnheitsrechtliche Pflicht zur Auslieferung besteht nicht, vielmehr werden Fragen der Auslieferung vor allem durch völkerrechtliche Verträge wie das Europäische Auslieferungsabkommen v 13.12.1957, die Interamerikanische Konvention von 1981,[809] das Auslieferungsabkommen der Arabischen Liga v 1952 oder durch bilaterale Verträge geregelt. Das Europäische Auslieferungsabkommen wurde 1978 durch ein 2. Zusatzprotokoll ergänzt, das 1985 in Kraft getreten ist und vor allem den Geschäftsweg für die Übermittlung von Auslieferungsersuchen vereinfachen soll.[810]

318

Der Wegfall der Binnengrenzen innerhalb der EU führte im Rahmen der Zusammenarbeit in den Bereichen Justiz und Inneres dazu, ein Übereinkommen auf Grund des damaligen Art K EUV über das *vereinfachte Auslieferungsverfahren zwischen den Mitgliedstaaten der EU* am 10.3.1995 zu unterzeichnen.[811] Die Anwendung des Verfahrens war jedoch an die Zustimmung der betroffenen Person gebunden. Am 27.9.1996 wurde das Übereinkommen aufgrund von Art K.3 des Vertrags über die Europäische Union über die Auslieferung zwischen den Mitgliedstaaten der Europäischen Union gezeichnet. Es sah eine Auslieferung auch bei bestimmten Steuerstraftaten und politischen Handlungen vor. Zudem sollten auch eigene Staatsangehörige ausgeliefert werden können. Die Einführung eines *Europäischen Haftbefehls*[812] zieht

319

---

806 EGMR, Nr 8675/15 u 8697/15 *[N.D. u N.T. v Spain]*.
807 *Dahm/Delbrück/Wolfrum* (Fn 55) §§ 100 ff; vgl *Gilbert*, Aspects of Extradition Law, 1991, 9; *Shearer*, Extradition in International Law, 1971; *Stein*, Extradition, MPEPIL III, 1057 ff; *Weigend*, Grundsätze und Probleme des deutschen Auslieferungsrechts, JuS 2000, 105 ff.
808 *Dahm/Delbrück/Wolfrum* (Fn 55) § 100 I.1.
809 ILM 20 (1981) 723.
810 BGBl 1990 II, 117.
811 ABl EG 1995, Nr C 78.
812 Rahmenbeschluss des Rates v 13.6.2002 über den Europäischen Haftbefehl und die Übergabeverfahren zwischen den Mitgliedstaaten – Stellungnahmen bestimmter Mitgliedstaaten zur Annahme des Rahmenbeschlusses, ABl EG 2002, Nr L 190/1.

weitreichende Auswirkungen auf das Auslieferungsrecht in den Mitgliedstaaten der Europäischen Union nach sich. Nachdem das BVerfG das Gesetz zur Umsetzung des Rahmenbeschlusses über den Europäischen Haftbefehl für verfassungswidrig erklärt hat,[813] hat der Bundesgesetzgeber den Rahmenbeschluss durch ein modifiziertes Gesetz v 20.7.2006[814] umgesetzt.

320 Im Auslieferungsrecht werden nicht nur völkerrechtliche Vereinbarungen durchgeführt. Es werden darüber hinaus auch *Individualrechte des Auszuliefernden* berücksichtigt. Derartige Individualrechte stellen vor allem die grundlegenden Menschenrechte dar. Zunehmend wird daher vertreten, dass die Stellung des Einzelnen nicht nur als Reflex einer völkerrechtlich verbindlichen Bestimmung geschützt wird. Der Auszuliefernde soll vielmehr als Rechtssubjekt eigene Rechte geltend machen können, da in dem Zugriff des ersuchten Staates auf den Auszuliefernden stets ein Grundrechtseingriff zu erblicken ist, der einer Rechtfertigung bedarf.[815]

b) Grundzüge der Auslieferungsverträge

321 Die Auslieferung wird oftmals wie in Art 2 Abs 7 des Europäischen Auslieferungsabkommens vom *Erfordernis der Gegenseitigkeit* abhängig gemacht. Die für eine Auslieferung relevanten Straftatbestände sind entweder im Vertrag ausdrücklich genannt oder können sich nach dem Umfang der Strafandrohung richten (so Art 2 Abs 1 Europäisches Auslieferungsabkommen). Des Weiteren müssen die Handlungen sowohl im ersuchenden als auch im ausliefernden Staat strafbar sein (Artikel 2 Abs 1 Europäisches Auslieferungsabkommen).

322 Auf Grund des neu angefügten Art 16 Abs 2 Satz 2 GG[816] können auch Deutsche an einen Mitgliedstaat der EU oder an einen internationalen Gerichtshof ausgeliefert werden, soweit rechtsstaatliche Grundsätze gewahrt sind.

323 Für den Fall, dass eigene Staatsangehörige nicht ausgeliefert werden, wurde der Grundsatz des *aut dedere aut iudicare* entwickelt, wonach bei Verweigerung der Auslieferung die Strafverfolgung im Heimatstaat stattfinden soll. Von Auslieferung kann abgesehen werden, wenn dem Beschuldigten die Todesstrafe droht (Art 11 Europäisches Auslieferungsübereinkommen), es sich um Militärstraftaten handelt oder Immunität vorliegt.

324 Zu beachten ist der Grundsatz der Spezialität,[817] wonach eine Person nur wegen derjenigen Verbrechen verurteilt werden darf, wegen derer die Auslieferung erfolgte, Art 14 Europäisches Auslieferungsübereinkommen. Ein Verzicht hierauf steht nicht dem Einzelnen, sondern dem ersuchten Staat zu.

---

813 BVerfGE 113, 273; hierzu *Klink/Proelß*, Zur verfassungsgerichtlichen Kontrolldichte bei der Umsetzung von Rahmenbeschlüssen der Europäischen Union, DÖV 2006, 469 ff; *Schünemann*, Die Entscheidung des BVerfG zum europäischen Haftbefehl, StV 2005, 681 ff.
814 Europäisches Haftbefehlsgesetz, BGBl 2006 I, 1721.
815 Vgl *Weigend* (Fn 807) 110 ff.
816 Gesetz v 29.11.2000 (BGBl 2000 I, 1633).
817 Vgl *Stein*, Die Auslieferungsausnahme bei politischen Delikten, 1983.

c) Die political offence exception

Ein Auslieferungsverlangen kann auf Grund entsprechender Klauseln in Auslieferungsverträgen dann abgelehnt werden, wenn es sich um politische Verbrechen handelt *(political offenders)*.[818] Diese Ausnahme kommt nicht zum Tragen, wenn es sich um Straftaten handelt, die dem Drogenhandel, dem Terrorismus oder den Kriegsverbrechen zuzuordnen sind.[819]

325

d) Auslieferung und EMRK

Die Freiheit des einzelnen Staats, Personen an andere Staaten zum Zwecke der Strafverfolgung oder Strafvollstreckung zu überstellen, wird durch Bindungen in menschenrechtlichen Verträgen begrenzt.[820] Der EGMR nahm zur Anwendbarkeit von Art 3 EMRK im Fall *Soering* Stellung, als der Beschwerdeführer, der in Großbritannien festgenommen worden war, wegen Mords an die USA ausgeliefert werden sollte.[821] Das Gericht folgte in seiner Entscheidung nicht der Auffassung, dass die Verhängung der *Todesstrafe* in jedem Fall auf Grund der in Westeuropa entwickelten Standards als ein unmenschliches und erniedrigendes Strafmittel angesehen werden müsse, sondern stellte darauf ab, dass die *death-row*-Situation einen Verstoß gegen Art 3 EMRK darstelle. Großbritannien gab dem Auslieferungsersuchen daher erst statt, nachdem die USA zugesichert hatten, von der Verhängung der Todesstrafe abzusehen. In der unterschiedlichen Behandlung von eigenen und fremden Staatsangehörigen im Bereich der Auslieferung sah der EGMR[822] keinen Verstoß gegen das Diskriminierungsverbot.

326

e) Gewaltsames Verbringen in den Gerichtsstaat

Gelegentlich wird nicht der Weg über ein Auslieferungsersuchen an den Aufenthaltsstaat gewählt, sondern nationale Behörden versuchen, des mutmaßlichen Täters selbst im Ausland habhaft zu werden, um ihn vor ein nationales Gericht stellen zu können. Die rechtswidrige Ergreifung hat nach überwiegender Auffassung nicht die Unzulässigkeit eines innerstaatlichen Verfahrens zur Folge *(male captus, bene detentus)*. So stellte das BVerfG etwa fest, dass keine allgemeine Regel des Völkerrechts dahingehend bestehe, „dass die Durchführung eines Strafverfahrens gegen eine Person, die unter Verletzung der Gebietshoheit eines fremden Staates in den Gerichtsstaat verbracht worden sei, ausgeschlossen sei, weil der völkerrechtliche

327

---

[818] Ebd.
[819] Vgl etwa das Europäische Übereinkommen zur Bekämpfung des Terrorismus v 27.1.1977 (BGBl 1978 II, 321).
[820] Vgl *Breitenmoser/Wilms*, Human Rights v Extradition, Michigan JIL 11 (1989/1990) 845 ff; *Vogler*, The Scope of Extradition in the Light of the European Convention of Human Rights, FS Wiarda, 1988, 663 ff; *van den Wyngaert*, Applying the European Convention of Human Rights to Extradition, ICLQ 39 (1990) 757 ff.
[821] EGMR, NJW 1990, 2183 *[Soering v United Kingdom]* mit Anm *Lagodny*, ebd 2189 ff; *Lillich*, The Soering Case, AJIL 85 (1991) 128 ff; *Quigley/Shank*, Death Row as a Violation of Human Rights, VJIL 30 (1990) 241 ff; *Shea*, Expanding Judicial Scrutiny of Human Rights in Extradition Cases after Soering, VJIL 17 (1992) 85 ff; vgl auch EGMR, NJW 1991, 3079 *[Cruz Varas v Sweden]*; *Gilbert* (Fn 807) 136, 231.
[822] EGMR, Nr 44770/98 *[Mehkaj Shkelzen v Germany]*.

Anspruch des verletzten Staates auf ihre unverzügliche Übergabe bereits entstanden oder schon durch die Verbringung als solche ein völkerrechtlicher Unrechtstatbestand verwirklicht worden sei."[823]

6. Der völkerrechtliche Minderheitenschutz
a) Einführung

328 Nachdem das öffentliche Interesse sich nach dem Zweiten Weltkrieg schwerpunktmäßig auf den Schutz der Menschenrechte verlagert hatte, da man damals davon ausging, durch einen wirksamen Menschenrechtsschutz würden die Belange von Minderheiten ausreichend geschützt,[824] erfolgten Mitte der 1970er Jahre die ersten ausführlichen Arbeiten zum Minderheitenschutz, die sich nach dem Zusammenbruch des Ostblocks und dem Aufbrechen ethnischer Konflikte in den postkommunistischen Ländern vor allem Südosteuropas intensivierten.[825] Die blutigen Konflikte ua in Bosnien-Herzegowina, im Kosovo, in Tschetschenien und gegenwärtig in der Ukraine und auf der Krim zeigen, dass der Minderheitenschutz bis heute von hoher Relevanz ist,[826] wobei Einigkeit besteht, dass trotz verschiedener einschlägiger Übereinkommen Minderheitengruppen noch nicht ausreichend bzw effektiv geschützt sind.[827]

329 Als problematisch bei der Verrechtlichung des Minderheitenschutzes erweist sich die Definition des Begriffs „Minderheit".[828] Mangels eines allseits akzeptierten

---

823 BVerfG, NJW 1986, 3021 ff; vgl auch *Herdegen*, Die völkerrechtswidrige Entführung eines Beschuldigten als Strafverfolgungshindernis, EuGRZ 1986, 1 ff; *Mann*, Strafverfahren gegen einen völkerrechtswidrig Entführten, NJW 1986, 2167 ff; *Trechsel*, Grundrechtsschutz bei der internationalen Zusammenarbeit in Strafsachen, EuGRZ 1987, 69 ff; *Vogler*, Strafprozessuale Wirkungen völkerrechtswidriger Entführungen von Straftätern aus dem Ausland, FS Oechsler, 1985, 379 ff.

824 Vgl *Kimminich*, Towards a European Charter for the Protection of Ethnic Groups, in Alfredsson/Macalister-Smith (Hrsg), The Living Law of Nations, 1996, 249 (252 f); *Blumenwitz*, Internationale Schutzmechanismen zur Durchsetzung von Minderheiten- und Volksgruppenrechten, 1997, 80; *Liebich*, Minority as Inferiority, Rev Int Studies 34 (2008) 243 ff.

825 Vgl *Brunner*, Nationalitätenprobleme und Minderheitenkonflikte in Osteuropa, 1996; Frowein/Hofmann/Oeter (Hrsg), Das Minderheitenrecht europäischer Staaten (2 Bde), 1993 u 1994; *Hailbronner*, Der Schutz der Minderheiten im Völkerrecht, FS Schindler, 1989; *Klein*, Überlegungen zum Schutz von Minderheiten und Volksgruppen im Rahmen der Europäischen Union, FS Bernhardt, 1995, 1211 ff; *Marko*, Minderheitenschutz im östlichen Europa, 1992; *Partsch*, Minderheitenschutz, FS Bernhardt, 1995, 537 ff; *Thürer*, Region und Minderheitenschutz, ebd, 1995, 1337 ff; *Hofmann*, Political Participation of Minorities, EYMI 6 (2006/2007) 5 ff; *Kugelmann*, The Protection of Minorities and Indigenous Peoples Respecting Cultural Diversity, MPYUNL 11 (2007) 233 ff; *Grote*, The Struggle for Minority Rights and Human Rights, FS Wolfrum, 2008, 221 ff; *Halbach*, Eingefrorene Konflikte im Südkaukasus, Osteuropa 57 (2007) 83 ff; *Hofmann*, Minderheitenschutz in Europa – Entwicklung und aktueller Stand, Parl Beilage, Nr 11-12, 9 ff.

826 Vgl *Niewerth*, Der kollektive und der positive Schutz von Minderheiten und ihre Durchsetzung im Völkerrecht, 1996, 179 ff; vgl auch *Thürer*, Minorities, in Durham (Hrsg), The Changing Face of Conflict and the Efficacy of International Humanitarian Law, 1999, 45 (51); *Coppieters*, Gerechte Separation?, Osteuropa 57 (2007) 121 ff; *Wolfrum*, Kosovo, FS McWhinney, 2009, 561 ff.

827 Vgl *Hofmann*, Menschenrechte und der Schutz nationaler Minderheiten, ZaöRV 65 (2005) 587 f; *Rauert*, Das Kosovo, 1999, 118; *Malenovski*, Vers un régime cohérent de protection des minorités nationales en droit international?, in Decaux/Pellet (Hrsg), Nationalité, minorités et succession d'états en europe de l'est, 1996, 87 (90); *Kopal*, Quelques remarques sur l'évolution du droit international vers un système général de protection des minorités, ebd, 107 ff.

828 Vgl *Barsh*, Minorities, in Alfredsson/Macalister-Smith (Fn 824) 143 ff.

Minderheitenbegriffs orientiert man sich auf universeller Ebene an einer von *Capotorti* 1979 entwickelten *Definition*: „A minority is a group which is numerically inferior to the rest of the population of a State and in a non-dominant position, whose members possess ethnic, religious or linguistic characteristics which differ from those of the rest of the population and who, if only implicitly, maintain a sense of solidarity directed towards preserving their culture, traditions, religion or language."[829]

Bedingt durch die großen Migrationsbewegungen unserer Zeit tauchte die Frage auf, ob auch die sog neuen Minderheiten unter den Minderheitenbegriff fallen.[830] Diese Frage wird regelmäßig mit der Frage verknüpft, ob Minderheiten die Staatsangehörigkeit des Landes besitzen müssen, in dem sie leben, um dort als Minderheit anerkannt zu werden.[831] Dass letzteres Erfordernis für sich allein bedenklich ist, zeigt das Bsp Estlands, wo Angehörige von Minderheiten um ihre Minderheitenschutzrechte gebracht wurden, indem ihnen die Staatsangehörigkeit vorenthalten wurde.[832] Besser sollte in diesem Zusammenhang unterschieden werden, welche *Schutzrechte* welcher Personengruppe zukommen sollen: Menschen, die seit vielen Generationen in einem bestimmten Gebiet wohnen und zu diesem eine lang dauernde Bindung haben, sollen Minderheitenrechte gewährt werden,[833] da sie andernfalls Gefahr laufen, von der Mehrheit im Staat assimiliert zu werden. Wanderarbeitnehmer werden dagegen in der Staatenpraxis auch dann keine Minderheitenrechte zuerkannt, wenn es sich um die zweite oder dritte Generation handelt, die die Staatsangehörigkeit des Aufenthaltsstaats erworben haben. Einwanderungsländer sind bestrebt, neue Immigranten so schnell wie möglich zu integrieren.[834] Asylsuchende, Flüchtlinge und Wanderarbeitnehmer können sich daher nur auf die ihnen zustehenden Schutzrechte berufen und bedürfen eines Schutzes als Minderheit idS nicht.[835] Die völkerrechtliche Literatur ist allerdings nicht einheitlich. Teilweise werden auch die „neuen Minderheiten" in den Anwendungsbereich der Konvention als „nationale Minderheiten" einbezogen.[836] Der EGMR hat sich bislang im Wesentlichen im Zusammenhang mit der Versammlungs- und Vereinigungsfreiheit (Art 8 EMR) mit Rechten von Minderheitsangehörigen auf Registrierung beschäftigt.[837]

---

829 Vgl *Capotorti*, Minorities, EPIL III, 1997, 410 ff; vgl auch *Packer*, On the Definition of Minorities, in ders/Myntti (Hrsg), The Protection of Ethnic and Linguistic Minorities in Europe, 1993, 23 ff.
830 Vgl *Murray*, Should Immigrants or Roma and Sinti be Regarded as Minorities?, in Matscher (Hrsg), Wiener Internationale Begegnung zu aktuellen Fragen nationaler Minderheiten, 1997, 219 ff; *Oeter*, Überlegungen zum Minderheitenbegriff und zur Frage der „neuen Minderheiten", ebd 229 ff.
831 Vgl *Ranke/Hofmann*, Nationale Minderheiten, EuGRZ 1992, 401 (402) mwN.
832 Vgl *Rauert* (Fn 827) 88; *Geistlinger/Kirch*, Estonia, 1995.
833 Vgl auch *Klein* (Fn 825) 1216.
834 *Murray* (Fn 830) 228.
835 Vgl *Oeter* (Fn 830) 255 ff; *Murray* (Fn 830) 228.
836 Für einen differenzierenden „right-by-right"-Ansatz vgl *Langenfeld*, Der staatliche Schutz kultureller Besonderheiten von zugewanderten (neuen) Minderheiten und die Freiheit der Minderheitsangehörigen, 2008, 451 ff.
837 Vgl *Hofmann*, Nationale Minderheiten und der Europäische Gerichtshof für Menschenrechte, FS Ress, 2005, 1011 f; *Van Bussuyt*, Is there an Effective European Legal Framework for the Protection of Minority Languages?, ELR 32 (2007) 860 ff; *Stix-Hackl/Moser*, Minderheitenschutz in der Rechtsprechung des Gerichtshofs der Europäischen Gemeinschaften, FG Machacek/Matscher, 2008, 685 ff; *von Bogdandy*, Die Minderheitenpolitik der Europäischen Union, KJ 40 (2007) 224 ff; *Burri*, Breaking the Taboo, YEL 27 (2009) 321 ff.

331 Die Entwicklung des Minderheitenschutzes in den letzten Jahrzehnten zeigt verschiedene Dimensionen auf. Auf der einen Seite hat sich das Verständnis des Minderheitenschutzes als reines *Diskriminierungsverbot* – parallel zur Einsicht, dass die Menschenrechte allein den Schutz von Minderheiten nicht bewirken[838] – dahingehend entwickelt, dass *Minderheiten speziellen Schutz und besondere Förderung* brauchen.[839] Dieses Ergebnis wird ebenfalls aus dem Diskriminierungsverbot hergeleitet: Eine rein formelle Gleichheit vor dem Gesetz zB beim Wahlrecht kann gerade in den Fällen von (zerstreut lebenden) Minderheiten dazu führen, dass sie in den gesetzgebenden Körperschaften unterrepräsentiert sind.[840] Daher wird eine materielle Gleichbehandlungspolitik gefordert, die eine spezielle Förderung von Minderheiten beinhaltet, um bestehende Ungerechtigkeiten zu beseitigen[841] und ihnen eine gleichberechtigte Teilhabe an der Macht zu ermöglichen. Auf der anderen Seite verschiebt sich die Diskussion über die Schutzrichtung internationaler Übereinkommen *vom individuellen zum kollektiven Schutz der Minderheiten*, dh nicht nur dem einzelnen Angehörigen einer Minderheit werden eigene Rechte zugestanden, sondern auch der Minderheit als solcher kollektive Rechte.[842] Der Grund für diesen Wandel ist darin zu sehen, dass ein individueller Schutz ohne kollektive Flanke oft als ungenügend angesehen wird, da der Minderheitenstatus notwendigerweise die Zugehörigkeit zu einer Gruppe impliziert und es einem einzelnen Angehörigen einer Minderheit als Einzelperson schwer fällt, sich dem Assimilierungsdruck zu widersetzen.[843] Des Weiteren macht es bei manchen Rechten, die zum Schutz von Minderheiten erforderlich sind, keinen Sinn, sie individualrechtlich zu gewähren, da sie typische Gruppenrechte sind wie zB das Recht auf Anbringung von Orts- und Hinweisschildern oder das Recht auf eigene Verwaltungseinheiten.[844]

b) Der Minderheitenschutz auf universeller Ebene

332 Auf universeller Ebene gewährt Art 27 IPbürgR Schutz für die Angehörigen von Minderheiten. Er garantiert ein Recht auf kulturelles Leben, Religionsausübung und die

---

838 Vgl *Pernthaler*, Der Schutz der ethnischen Gemeinschaften durch individuelle Rechte, 1964; *Heun*, Minderheitenschutz der Roma in der EU, 2011.
839 Vgl *Eide*, Equality, Nationalism and the Protection of Minorities, in Alfredsson/Macalister-Smith (Fn 824) 157 (164f); *Eddison*, The Protection of Minorities at the Conference on Security and Cooperation in Europe, 1993, 10 f.
840 Vgl *Eddison* (Fn 839) 11; *Barsh* (Fn 828) 145; *Eide* (Fn 839) 165; *Niewerth* (Fn 826) 180 f.
841 *Barsh* (Fn 828) 145 stellt fest: „Formal equality does not necessarily result in an equal distribution of power in actual fact [...]"; *Eide* (Fn 839) 158 spricht sich für positive Diskriminierung von Minderheiten aus, um frühere Ungleichbehandlungen rückgängig zu machen. Für beide Autoren hängt diese materielle Gleichheit eng mit dem Demokratieprinzip zusammen. Solche Förderungsmaßnahmen können u a in der Gewährung regionaler Autonomie, einer föderalistischen Staatsverfassung, verwaltungstechnischen Dezentralisierung und besonderen Vorschriften zur Sicherstellung der Repräsentation von Splittergruppen bei Wahlen der Legislativkörperschaft liegen, vgl *Barsh* (Fn 698) 165.
842 Vgl *Kimminich* (Fn 824) 253 f; zu den Berichtsentwürfen im EP 1992/93 für eine Charta der Volksgruppenrechte *Klein* (Fn 827) 1219 ff; zur Entwicklung bei der KSZE (heute OSZE) *Eddison* (Fn 839) 15 ff; zu kollektiven und individuellen Rechten: *Despeux*, Die Anwendung des völkerrechtlichen Minderheitenrechts in Frankreich, 1999, 102 ff, 124 ff; gegen eine Entwicklung hin zum kollektiven Schutz: *Malenovski* (Fn 827) 105.
843 So *Klein* (Fn 827) 1217 f.
844 So der Entwurf von *Alber* für eine Charta der Volksgruppenrechte in Art 9 u 20, Doc PE 204.838.

eigene Sprache. Strittig ist nicht nur, ob Art 27 IPbürgR auch ein kollektivrechtliches Element innewohnt,[845] sondern auch – aufgrund der negatorischen Formulierung[846] – die Frage, ob die Staaten zu einer positiven Förderung der Minderheiten verpflichtet sind.[847] An *Durchsetzungsmechanismen*[848] muss gemäß Art 2 Abs 3 IPbürgR ein innerstaatliches Überprüfungsverfahren zur effektiven Behandlung von Beschwerden mit der Behauptung, in den Rechten aus Art 27 verletzt zu sein, im Unterzeichnerstaat zur Verfügung stehen. Des Weiteren ist ein Staatenberichtsverfahren nach Art 40 IPbürgR und ein Staatenbeschwerdeverfahren nach Art 41 IPbürgR vorgesehen. Letzteres setzt voraus, dass beide Staaten die Zuständigkeit des Ausschusses für Staatenbeschwerden anerkannt haben, was bisher nur wenige Staaten getan haben.[849] Daran krankt auch das Individualbeschwerdeverfahren gemäß Art 1 des 1. Fakultativprotokolls zum IPbürgR. Darüber hinaus wurden die Rechte der Angehörigen von Minderheiten in einer aus neun Artikeln bestehenden Deklaration zum Schutz der Minderheiten und einer allgemeinen Erklärung über die Rechte der autochthonen Völker zusammengefasst.[850] Zudem besteht im Rahmen der OSZE seit 1992 ein Hoher Kommissar für Nationale Minderheiten sowie innerhalb der UNO eine Unabhängige Expertengruppe für Minderheitenfragen, die für eine zusätzliche institutionelle Absicherung des Minderheitenschutzes sorgen sollen.[851]

c) Regionaler Minderheitenschutz

Zum Schutz der Rechte von Angehörigen der Minderheiten wurden im Rahmen des Europarats zwei Dokumente ausgearbeitet. Zum einen legte der Europarat am 5.11.1992 eine *Charta der Regional- und Minderheitensprachen* zur Unterzeichnung

333

---

845 Für eine kollektivrechtliche Komponente: *Rauert* (Fn 827) 90; zur Diskussion: *Akermark*, Justifications of Minority Protection in International Law, 1997, 46 f.
846 „[...] darf [...] nicht das Recht vorenthalten werden, [...]."
847 Vgl *Akermark* (Fn 845) 127 ff; *Rauert* (Fn 827) 92; *Henrard*, The Protection of Minorities Through the Equality Provisions in the UN Human Rights Treaties, IJMGR 14 (2007) 141 ff; *Hilpold*, UN Standard-Setting in the Field of Minority Rights, IJMGR 14 (2007) 181 ff; *Pentassuglia*, Reforming the UN Human Rights Machinery, IJMGR 14 (2007) 127 ff.
848 Zu den einzelnen Durchsetzungsmechanismen: *Niewerth* (Fn 826) 193 ff; zu den Rechtsschutzmechanismen der UNO: *Blumenwitz*, Internationale Schutzmechanismen zur Durchsetzung von Minderheiten- und Volksgruppenrechten, 1997, 81 ff.
849 Vgl *Niewerth* (Fn 826) 197.
850 Declaration on the Rights of Persons Belonging to National or Ethnic, Religious and Linguistic Minorities 46/135, ILM 32 (1993) 912 ff; vgl hierzu *Ermacora*, Späte Einsichten, VN 1992, 149 ff; *Thornberry*, The UN Declaration on the Right of Persons Belonging to National or Ethnic, Religious and Linguistic Minorities, in Phillips/Rosas (Hrsg), The UN Minority Rights Declaration, 1993, 11 ff; zum Schutz autochthoner Völker vgl *Alfredsson*, Zwischen Unterdrückung, Selbstverwaltung und Unabhängigkeit, VN 41 (1993) 17 ff.
851 Vgl *Vollebaek*, Fifteen Years of Conflict Prevention by the High Commissioner on National Minorities, OSCE Yearbook 14 (2008) 325 ff; *Ghebali*, The High Commissioner on National Minorities after 15 Years, Security and Human Rights 20 (2009) 111 ff; *Aurescu*, The 2006 Venice Commission Report on Non-Citizens and Minority Rights, Helsinki Monitor 18 (2007) 150 ff; zur Rolle der UNO *Friberg/Fox*, The Activities of the United Nations Independent Expert on Minority Issues, EYMI 6 (2007) 461 ff; *Hadden*, The United Nations Working Group on Minorities, IJMGR 14 (2007) 285 ff; *Jurado/Korkeakivi*, Completing the First Decade of Monitoring, EYMI 6 (2006/2007) 373 ff; krit *Riedel*, Ambivalenzen des Minderheitenschutzes, Osteuropa 57 (2007) 47 ff.

auf,[852] zum anderen wurde ein *Rahmenübereinkommen zum Schutz nationaler Minderheiten*[853] (statt eines Zusatzprotokolls zur EMRK)[854] ausgearbeitet[855] und am 1.2. 1995 zur Zeichnung aufgelegt.[856] Im Gegensatz zu anderen Abkommen des Europarates handelt es sich bei ihm um ein offenes Abkommen, dem Nichtmitgliedstaaten des Europarates beitreten können, sollte eine entsprechende Einladung durch das Ministerkomitee erfolgt sein.

334   Über eine Definition des Begriffs Minderheit konnte bei Erarbeitung des Rahmenübereinkommens keine Einigung erzielt werden. Abs 12 des Erläuternden Berichts betont daher, dass hier eine pragmatische Lösung gewählt wurde, „die auf der Erkenntnis beruht, dass es gegenwärtig unmöglich ist, zu einer Definition zu gelangen, die die voll umfängliche Unterstützung aller Mitgliedstaaten des Europarats genießt."[857] Das Übereinkommen enthält darüber hinaus Grundsätze und Individualrechte, die nur schwach formuliert sind und zT Einschränkungen unterliegen.

335   Neben Feststellungen grundsätzlicher Bedeutung hält Art 3 fest, dass jeder Angehörige einer nationalen Minderheit das Recht hat, frei zu entscheiden, ob er als solcher behandelt werden möchte oder nicht. Art 4 enthält das Recht auf Gleichheit vor dem Gesetz und auf gleichen Schutz durch das Gesetz. Art 7 garantiert die Versammlungs- und Vereinigungsfreiheit, jedoch nicht das Recht, eigene Parteien zu gründen. Art 8 schützt die Freiheit der Religion und Weltanschauung, Art 9 hat die freie Meinungsäußerung zum Gegenstand, Art 10 das Recht auf Benutzung der Minderheitensprache in einer abgeschwächten Form.

336   Das Übereinkommen enthält ferner Bestimmungen über die Benutzung von Familiennamen, über Orts- und Straßennamen sowie die Errichtung und den Unterhalt von Bildungs- und Ausbildungseinrichtungen. Das *Recht auf Unterricht in der Minderheitensprache* ist nach Art 14 Abs 2 davon abhängig, ob es sich um Gebiete handelt, die von Angehörigen nationaler Minderheiten traditionell oder in beträchtlicher Zahl bewohnt werden, und ob ausreichende Nachfrage besteht.

337   Zur Kontrolle sieht das Rahmenübereinkommen in Art 24 ff ein Berichtsverfahren mit der Möglichkeit vor, Empfehlungen an die betreffenden Staaten auszusprechen. Eine gerichtliche Überprüfung findet nicht statt.

338   Prinzipien und Grundsätze zum Schutz von Minderheitsangehörigen sind auch in den *Abschlussdokumenten der OSZE* enthalten.[858] So enthält das Kopenhagener Abschlussdokument v 29.6.1990 u a das Recht der Angehörigen von nationalen Minderheiten, ihre Menschenrechte und Grundfreiheiten in voller Gleichheit vor dem

---

852   European Charter for Regional or Minority Languages v 5.11.1992, nach fünf Ratifikationen am 1.3.1998 in Kraft getreten, ETS Nr 148.
853   Framework Convention for the Protection of National Minorities v 1.2.1995, nach 12 Ratifikationen am 1.2.1998 in Kraft getreten, ETS Nr 157.
854   Die Staatschefs entschieden sich auf dem Wiener Gipfel gegen ein ZP zur EMRK und einigten sich als Kompromiss darauf, dass eine Rahmenkonvention und ein ZP über individuelle kulturelle Rechte zur EMRK entworfen werden sollte, vgl *Akermark* (Fn 845) 224 ff.
855   Vgl hierzu *Klebes*, Rahmenübereinkommen des Europarats zum Schutz nationaler Minderheiten, EuGRZ 1995, 262 ff; *Rosskopf*, Europäische Regelungen des Minderheitenschutzes, AWR Bull 54 (2007) 3, 174 ff.
856   Es ist mittlerweile für 39 Staaten, darunter die BR Deutschland, in Kraft getreten (Stand 1.10. 2012).
857   EuGRZ 1995, 272.
858   Vgl *Tretter* (Fn 438) 296 ff; *Eddison* (Fn 839) 15 ff; *Akermark* (Fn 845) 259 ff.

Gesetz auszuüben. Jedermann habe das Recht, über seine Zugehörigkeit zu einer nationalen Minderheit selbst zu entscheiden. Nachteile dürften ihm hieraus nicht erwachsen (Nr 32). Des Weiteren werden das Recht auf Gebrauch der Minderheitensprache, das Recht auf Unterricht in der Muttersprache sowie das Recht auf angemessene Teilnahme am politischen Prozess genannt.[859] Im Moskauer Abschlussdokument v 3.10.1992[860] wird zur Umsetzung dieser Ziele aufgefordert.

Auf der Nachfolgekonferenz von Helsinki wurde am 10.7.1992[861] das *Amt des Hohen Kommissars* für nationale Minderheiten eingerichtet, der nicht nur einschlägige Informationen zusammenstellt, sondern auch durch Frühwarnung präventiv tätig werden kann.[862] Der Hohe Kommissar ist zur Beschaffung von Informationen befugt, sich sämtlicher verfügbarer Quellen wie Mitteilungen der Regierungen der Teilnehmerstaaten, Nicht-Regierungsorganisationen und der direkt betroffenen nationalen Minderheiten zu bedienen.

339

---

859 EuGRZ 1990, 239 ff.
860 EuGRZ 1991, 495.
861 EuGRZ 1992, 372 u 376.
862 Zur Tätigkeit des Hohen Kommissars zu nationalen Minderheiten: *Blumenwitz* (Fn 824) 137 ff; *Akermark* (Fn 845) 285 ff.

Vierter Abschnitt

Stefanie Schmahl
Die Internationalen und die Supranationalen Organisationen

Gliederung

I. Geschichte und Bedeutung der Internationalen Organisationen —— 1–31
  1. Die Internationalen Organisationen als unverzichtbare Elemente der internationalen Zusammenarbeit —— 1–2
  2. Die Wurzeln: Von den Friedenskongressen und Verwaltungsunionen zum Völkerbund —— 3–7
  3. Die Entwicklung nach 1945 —— 8–11
  4. Definitionen und Abgrenzungen —— 12–18
  5. Der Einfluss der Internationalen Organisationen auf das Völkerrecht —— 19–31
II. Das Recht der Internationalen Organisationen —— 32–224
  1. Entstehung und Untergang Internationaler Organisationen —— 32–60
    a) Der völkerrechtliche Gründungsakt —— 32
    b) Der Gründungsvertrag als „Verfassung" der Internationalen Organisationen —— 37
    c) Auslegung und Änderung des Gründungsvertrags —— 39
    d) Untergang von Internationalen Organisationen —— 51
    e) Sukzessionsfragen —— 57
  2. Die Mitgliedschaft in Internationalen Organisationen —— 61–92
    a) Erwerb der Mitgliedschaft —— 61
    b) Mitgliedschaftsrechte und -pflichten —— 74
    c) Beendigung der Mitgliedschaft —— 76
    d) Beeinträchtigungen der Mitgliedschaftsrechte —— 84
    e) Abgestufte Formen der Mitgliedschaft —— 88
    f) Nichtmitglieder —— 91
  3. Die Rechtsstellung Internationaler Organisationen —— 93–117
    a) Völkerrechtsfähigkeit —— 93
    b) Völkerrechtliche Handlungsfähigkeit —— 97
    c) Immunitäten, Privilegien, Verhältnis zum Sitzstaat —— 106
    d) Innerstaatliche Rechts- und Geschäftsfähigkeit —— 112
    e) Qualifikation des internen Organisationsrechts —— 114
  4. Die Organe und ihre Willensbildung —— 118–187
    a) Allgemeine Strukturen —— 118
    b) Die Hauptorgane von UN, Europarat und EG/EU im Vergleich —— 124
    c) Die Hauptorgane der UN —— 126–181
    aa) Die Generalversammlung der UN —— 127
    bb) Der Sicherheitsrat der UN —— 140
    cc) Der Wirtschafts- und Sozialrat der UN —— 155
    dd) Der Treuhandrat der UN —— 163
    ee) Das Sekretariat der UN —— 165
    ff) Der Internationale Gerichtshof —— 177
    d) Wandlungen der Organstrukturen und Zwischen-Organ-Verhältnis —— 182
  5. Aufgaben und Befugnisse Internationaler Organisationen —— 188–211
    a) Allgemeines —— 188
    b) Festlegung der Kompetenzausstattung, Prinzip der begrenzten Ermächtigung, ultra vires-Handeln —— 189
    c) Respektierung der inneren Zuständigkeit der Mitgliedstaaten —— 195

- d) Bindung an menschenrechtliche Mindeststandards —— 197
- e) Handlungsinstrumentarium —— 200
- f) Die wichtigsten Aufgabenfelder der UN —— 204
6. Die Finanzierung Internationaler Organisationen —— 212–224
  - a) Einnahmen —— 213
  - b) Ausgaben und Budgetierung —— 220
  - c) Rechnungskontrolle und Sanktionen —— 223
III. Die UN-Familie —— 225–237
  1. Allgemeines —— 225, 226
  2. UN mit Haupt- und Nebenorganen —— 227, 228
  3. Sonderorganisationen —— 229–237
IV. Europarat —— 238–248
  1. Allgemeines und Entstehung —— 238, 239
  2. Organe —— 240–243
  3. Aufgaben, Grundsätze, Aktivitäten —— 244–248
V. Europäische Union —— 249–256
  1. Supranationale Organisation —— 249–251
  2. Völkerrechtssubjektivität und völkerrechtliche Handlungsfähigkeit —— 252
  3. Unionszuständigkeiten und Grundrechtsschutz —— 253–254
  4. Entwicklungsperspektiven —— 255–256

Literatur

Abbott, Kenneth W. (Hrsg), The Law and Politics of International Organizations, Volume I: Institutional Law of International Organizations, 2015

Amerasinghe, Chittarian Felix, Principles of the Institutional Law of International Organizations, 2. Aufl 2005

Bennett, Alvin LeRoy/Oliver, James K., International Organizations, Principles and Issues, 7. Aufl 2002 [Bennett/Oliver, International Organisations]

Chesterman, Simon/Johnstone, Ian/Malone, David M., Law and Practice of the United Nations, 2. Aufl 2016 [Chesterman/Johnstone/Malone, United Nations]

Cogan, Jakob Katz/Hurd, Ian/Johnstone, Ian (Hrsg), The Oxford Handbook of International Organizations, 2016 [Oxford Handbook]

Dupuy, René Jean (Hrsg), Manuel sur les organisations internationales. A Handbook on International Organizations, 2. Aufl 1998 [Dupuy (Hrsg), Handbook]

Gareis, Sven Bernhard/Varwick, Johannes, Die Vereinten Nationen. Aufgaben, Instrumente und Reformen, 5. Aufl 2014 [Gareis/Varwick, Vereinte Nationen]

Hatje, Armin/Müller-Graff, Peter, Enzyklopädie Europarecht, 10 Bde, 2016 [EnzEuR]

Hurd, Ian, International Organizations. Politics, Law, Practice, 3. Aufl 2018

Jordan, Robert S., International Organizations, 4. Aufl 2001 [Jordan, International Organizations]

Kirgis, Frederic L., International Organizations in their Legal Setting, 2. Aufl 1993 [Kirgis, International Organizations]

Klabbers, Jan, Advanced Introduction to the Law of International Organizations, 2015 [Klabbers, Advanced Introduction]

Klabbers, Jan/Wallendahl, Åsa (Hrsg), Research Handbook on the Law of International Organizations, 2011 [Klabbers/Wallendahl (Hrsg), Research Handbook]

Knipping, Franz/von Mangoldt, Hans/Rittberger, Volker (Hrsg), Das System der Vereinten Nationen und seine Vorläufer Band I/1: Vereinte Nationen, 1995; Band I/2: Sonderorganisationen und andere Institutionen, 1995; Band II: 19. Jahrhundert und Völkerbundszeit, 1996

Köck, Heribert Franz/Fischer, Peter, Das Recht der Internationalen Organisationen, 3. Aufl 1997 [Köck/Fischer, Internationale Organisationen]

Lagrange, Evelyne/Sorel, Jean-Marc, Droit des organisations internationales, 2013

Opitz, Peter J. (Hrsg), Die Vereinten Nationen: Geschichte, Struktur, Perspektiven, 5. Aufl 2007 [Opitz (Hrsg), Vereinte Nationen]

Ruffert, Matthias/Walter, Christian, Institutionalisiertes Völkerrecht, 2. Aufl 2015 [*Ruffert/Walter*, Institutionalisiertes Völkerrecht]
Ryngaert, Cedric/Dekker, Ige/Wessel, Ramses/Wouters, Jan (Hrsg), Judicial Decisions on the Law of International Organizations, 2016 [Ryngaert u a (Hrsg), Judicial Decisions]
Sands, Philippe/Klein, Pierre, Bowett's Law of International Institutions, 9. Aufl 2009 [*Sands/Klein*, Bowett's Law of International Institutions]
Schachter, Oscar/Joyner, Christopher C. (Hrsg), United Nations Legal Order, 2 Bde, 1995
Schermers, Henry G./Blokker, Niels M., International Institutional Law, 6. Aufl 2018 [*Schermers/Blokker*, International Institutional Law]
Schmahl, Stefanie/Breuer, Marten (Hrsg), The Council of Europe: Its Law and Policies, 2017 [Schmahl/Breuer (Hrsg), Council of Europe]
von Schorlemer, Sabine (Hrsg), Praxishandbuch UNO, 2003 [Praxishandbuch UNO]
Seidl-Hohenveldern, Ignaz/Loibl, Gerhard, Das Recht der Internationalen Organisationen einschließlich der Supranationalen Gemeinschaften, 7. Aufl 2000 [*Seidl-Hohenveldern/Loibl*, Internationale Organisationen]
Simma, Bruno (Hrsg), Charta der Vereinten Nationen, Kommentar, 1991 [Charta VN]
ders (Hrsg), The Charter of the United Nations: A Commentary, 2. Aufl 2002 [Charter UN²]
ders/Khan, Daniel-Erasmus/Nolte, Georg/Paulus, Andreas (Hrsg), The Charter of the United Nations: A Commentary, 3. Aufl 2012 [Charter UN³]
Volger, Helmut (Hrsg), A Concise Encyclopedia of the United Nations, 2. Aufl 2009
ders (Hrsg), Grundlagen und Strukturen der Vereinten Nationen, 2007 [Volger (Hrsg), Grundlagen]
Weiss, Thomas G./Daws, Sam (Hrsg), The Oxford Handbook on the United Nations, 2007 [Handbook UN]
Weiß, Norman, Kompetenzlehre Internationaler Organisationen, 2009 [*Weiß*, Kompetenzlehre]
White, Nigel D., The Law of International Organisations, 3. Aufl 2017 [*White*, International Organisations]
Wolfrum, Rüdiger (Hrsg), Handbuch Vereinte Nationen, 2. Aufl 1991 [Handbuch VN]
ders (Hrsg), United Nations: Law, Policies and Practice, 1995
ders (Hrsg), Max Planck Encyclopedia of Public International Law, 10 Bde, 2012 [MPEPIL]

Verträge
Satzung des Völkerbundes [Völkerbundsatzung] v 28.6.1919 (RGBl 1919, 717) —— 6, 30, 59, 82, 92, 163, 231
Abkommen über die Internationale Zivilluftfahrt (ICAO) v 7.12.1944 (15 UNTS 295; BGBl 1956 II, 411) —— 46, 201
Charta der Vereinten Nationen [UN-Charta] v 26.6.1945 (UNCIO Documents, Bd XV [1945] 335 ff; 557 UNTS 143; BGBl 1973 II, 431) —— 8, 9, 16, 18, 27, 30, 34, 40, 41, 42, 44, 49, 59, 62–64, 68, 74, 75, 79, 82, 85, 88, 90, 92, 98, 106, 107, 112, 121, 124, 126–135, 137, 138, 140–144, 146, 148, 150–152, 155–161, 163–167, 169, 172, 174–179, 184, 185, 187, 188, 195, 196, 199, 200, 204–209, 211, 215, 216, 221, 224, 227, 229, 230, 232–237
Statut des Internationalen Gerichtshofs [IGH-Statut] v 26.6.1945 (UNCIO Documents, Bd XV [1945] 335 ff; 557 UNTS 143; BGBl 1973 II, 431) —— 90, 105, 116, 127, 134, 146, 152, 177, 178, 179, 180, 210
Satzung der Ernährungs- und Landwirtschafts-Organisation der Vereinten Nationen v 16.10.1945 (UNYB 1946–1947, 693; BGBl 1971 II, 1033) [FAO-Satzung] —— 9, 18, 65, 88, 110, 208, 224
Satzung der Organisation der Vereinten Nationen für Erziehung, Wissenschaft und Kultur v 16.11.1945 (4 UNTS 275; BGBl 1971 II, 471) [UNESCO-Satzung] —— 18, 63, 81, 88, 202, 208, 224, 237, 239
Abkommen über den Internationalen Währungsfonds v 27.12.1945 (2 UNTS 39, 134; 606 UNTS 295; 726 UNTS 266; BGBl 1952 II, 638; 1978 II, 13) [IWF-Abkommen] —— 123, 137
Übereinkommen über die Vorrechte und Immunitäten der Vereinten Nationen v 13.2.1946 (1 UNTS 15; BGBl 1980 II, 941) —— 107, 176

Satzung der Weltgesundheits-Organisation v 22.7.1946 (14 UNTS 186; BGBl 1974 II, 43) [WHO-Satzung] —— 88, 110, 201, 208, 229, 233
Verfassung der Internationalen Arbeitsorganisation v 9.10.1946 (15 UNTS 40; BGBl 1957 II, 317) [ILO-Verfassung] —— 5, 12, 203, 208, 224, 229, 231
Headquarters of the United Nations, Agreement between the United States of America and the United Nations v 26.6.1947 (11 UNTS 11) —— 110
Übereinkommen über die Weltorganisation für Meteorologie v 11.10.1947 (77 UNTS 143; BAnz Nr 82/56; 104/56; BGBl 1990 II, 171) [WMO-Übereinkommen] —— 201, 214, 229
Allgemeines Zoll- und Handelsabkommen v 30.10.1947 (UNTS Bde 55–64; Bde 142–147; BGBl 1951 II, 173) —— 230
Abkommen über die Vorrechte und Befreiungen der Sonderorganisationen der Vereinten Nationen v 21.11.1947 (33 UNTS 261; BGBl 1954 II, 639) —— 107
Übereinkommen über die Internationale Seeschifffahrts-Organisation v 6.3.1948 (289 UNTS 3; BGBl 1965 II, 313; 1986 II, 423) [IMCO/IMO-Übereinkommen] —— 34, 81, 214, 224, 229
Treaty of Economic, Social and Cultural Collaboration and Collective Self-Defence v 17.3.1948 (19 UNTS 51); Änd v 23.10.1954 (BGBl 1955 II, 256) [Brüsseler Pakt; seit 1954 WEU-Vertrag] —— 9, 214, 241, 244
Charter of the Organization of American States v 30.4.1948 (119 UNTS 48) [OAS-Charter] —— 9, 63, 67, 72, 77, 83, 89, 107, 181, 239
Allgemeine Erklärung der Menschenrechte v 10.12.1948 (GAOR, 3rd Sess, 1st Part [Doc A/810] 71) —— 206
Nordatlantikvertrag v 4.4.1949 (34 UNTS 243; BGBl 1955 II, 256, 289) [NATO-Vertrag] —— 9, 145, 205, 228, 244
Satzung des Europarats v 5.5.1949 (87 UNTS 103; BGBl 1950, 263; 1953 II, 558; 1968 II, 1926) —— 34, 44, 45, 61, 63, 67, 70, 77, 82, 85, 88, 110, 124, 188, 239–241, 243, 244, 247, 248
Allgemeines Abkommen über die Vorrechte und Befreiungen des Europarates v 2.9.1949 (CETS No 2, BGBl 1954 II, 493) —— 112
Konvention zum Schutze der Menschenrechte und Grundfreiheiten v 4.11.1950 (213 UNTS 221; BGBl 1952 II, 685, 953, idF des Prot Nr 11, BGBl 2002 II, 1954) [EMRK] —— 47, 65, 181, 198, 202, 203, 245–247
Vertrag über die Gründung der Europäischen Gemeinschaft für Kohle und Stahl v 18.4.1951 (261 UNTS 140; BGBl 1952 II, 445, 978) [EGKS-Vertrag] —— 47, 51, 59, 62, 191, 249
Abkommen über die Internationale Finanz-Corporation v 11.4.1955 (264 UNTS 117; BGBl 1956 II, 747, 901) [IFC-Abkommen] —— 30, 108, 137, 229
Satzung der Internationalen Atomenergie-Organisation v 26.10.1956 (276 UNTS 3; BGBl 1957 II, 1357; 1958 II, 2) [IAEO-Satzung] —— 230
Vertrag zur Gründung der Europäischen Wirtschaftsgemeinschaft v 25.3.1957 (298 UNTS 11; BGBl 1957 II, 753, 1678; 1958 II, 64) [EWG-Vertrag; seit Änd mit Vertrag von Amsterdam: EG-Vertrag/EG] —— 37, 48, 96, 188, 250, 253
Vertrag zur Gründung der Europäischen Atomgemeinschaft v 25.3.1957 (298 UNTS 167; BGBl 1957 II, 753, 1014, 1678) [Euratom-Vertrag] —— 59, 62, 191, 249, 253
Übereinkommen zur Errichtung der Europäischen Freihandelsassoziation v 4.1.1960 (370 UNTS 3) [EFTA-Übereinkommen] —— 9, 45
Abkommen über die Internationale Entwicklungsorganisation v 26.1.1960 (439 UNTS 249; BGBl 1960 II, 2137) [IDA-Übereinkommen] —— 30, 108, 137, 229
Übereinkommen über die Organisation für Wirtschaftliche Zusammenarbeit und Entwicklung v 14.12.1960 (BGBl 1961 II, 1150) [OECD-Übereinkommen] —— 50, 56, 58, 100, 208
Charta der Organisation der Afrikanischen Einheit v 25.5.1963 (AJIL 58 [1964] 873; EA 18 [1963] D 314) [OAU-Charta] —— 9, 89, 94, 239
Satzung des Weltpostvereins v 10.7.1964 (UNTS Bde 611–613; Bde 809, 810; BGBl 1965 II, 1633; BGBl 1998 II, 2085) [UPU-Satzung] —— 229, 231, 237

Protokoll über die Vorrechte und Befreiungen der EG v 8.4.1965 (ABl EG 1967, Nr L 152/13) —— 100, 107

Vertrag über die Grundsätze zur Regelung der Tätigkeiten von Staaten bei der Erforschung und Nutzung des Weltraums einschließlich des Mondes und anderer Himmelskörper v 27.1.1967 (610 UNTS 205; BGBl 1969 II, 1969) [Weltraumvertrag] —— 102

Übereinkommen zur Errichtung der Weltorganisation für geistiges Eigentum v 14.7.1967 (828 UNTS 3; BGBl 1970 II, 293, 1070) [WIPO-Übereinkommen] —— 214, 229

Wiener Übereinkommen über das Recht der Verträge v 23.5.1969 (1155 UNTS 331; BGBl 1985 II, 927) [WVK] —— 25, 34, 39, 41, 46, 47, 52, 63, 78, 80, 83, 87, 91, 98, 109, 116, 190, 211

Satzung der Weltorganisation für Tourismus v 27.9.1970 (BGBl 1976 II, 23) [UNWTO-Satzung] —— 225, 229, 233

Wiener Konvention über die Vertretung der Staaten in ihren Beziehungen zu Internationalen Organisationen universellen Charakters v 14.3.1975 (AJIL 69 [1975] 52) —— 90, 100, 107, 209

Übereinkommen zur Errichtung des Internationalen Fonds für landwirtschaftliche Entwicklung v 13.6.1976 (BGBl 1978 II, 1405) [IFAD-Übereinkommen] —— 137, 229

Wiener Übereinkommen über die Staatennachfolge in Verträge v 23.8.1978 (1946 UNTS 3) —— 25, 71

Satzung der Organisation der Vereinten Nationen für industrielle Entwicklung v 8.4.1979 (BGBl 1985 II, 1215; 1987 II, 290) [UNIDO-Satzung] —— 16, 208, 229, 236

Einheitliche Europäische Akte v 28.2.1986 (BGBl 1986 II, 1102) [EEA] —— 50, 122

Wiener Übereinkommen über das Recht der Verträge zwischen Staaten und internationalen Organisationen oder zwischen internationalen Organisationen v 21.3.1986 (BGBl 1990 II, 1414) [WVKIO] —— 193, 211

Vertrag über die Europäische Union v 7.2.1992 (BGBl 1992 II, 1253) [EU-Vertrag/EU] —— 34, 44, 47, 48, 50, 53, 63, 64, 67, 70, 80, 85, 117, 122, 153, 188, 190, 223, 246, 250

Abkommen über den Europäischen Wirtschaftsraum v 2.5.1992 (BGBl 1993 II, 267) [EWR-Abkommen] —— 48, 74, 94

Übereinkommen zur Errichtung der Welthandelsorganisation v 15.4.1994 (BGBl 1994 II, 1625) [WTO-Übereinkommen] —— 65, 230

Convention on the Safety of UN and Associated Personel v 9.12.1994 (2051 UNTS 363) —— 106

Vertrag von Amsterdam zur Änderung des Vertrags über die Europäische Union, der Verträge zur Gründung der Europäischen Gemeinschaften sowie einiger damit zusammenhängender Rechtsakte v 2.10.1997 (BGBl 1998 II, 387) —— 15, 35, 50, 85, 87

Statut des Internationalen Strafgerichtshofs zur Ahndung von Völkermord, von Verbrechen gegen die Menschlichkeit und Kriegsverbrechen v 17.7.1998 (BGBl 2000 II, 1393) —— 21

Gründungsakte der Afrikanischen Union v 11.7.2000 (OAU Doc CAB/LEG/23.15; AYIL 8 [2000] 479) —— 9, 63, 67, 77, 83, 89, 181, 239

Vertrag von Nizza zur Änderung des Vertrags über die Europäische Union, der Verträge zur Gründung der Euro-päischen Gemeinschaften sowie einiger damit zusammenhängender Rechtsakte v 26.2.2001 (BGBl 2001 II, 1667) —— 15, 50, 59, 107, 182

Übereinkommen zwischen dem UN und der sierra-leonischen Regierung v 16.1.2002 über die Errichtung eines Spezialgerichtshofs für Sierra Leone (UN Doc S/2000/915, Annex) —— 21

Beziehungsabkommen zwischen den Vereinten Nationen und der Welttourismusorganisation v 23.12.2003 (UN Doc A/RES/58/232, Annex) —— 233

Protokoll Nr 14 zur Konvention zum Schutze der Menschenrechte und Grundfreiheiten über die Ergänzung des durch die Konvention eingeführten Kontrollmechanismus v 13.5.2004 (CETS No 194, BGBl 2006 II, 138) —— 65, 245, 246, 253

Vertrag über eine Verfassung für Europa in der am 29.10.2004 unterzeichneten Fassung (ABl EU 2004, Nr C 310/1) [VVE] —— 78, 80

Vertrag über die Europäische Union v 7.2.1992 (BGBl 1992 II, 1253) nach der Änderung durch den Vertrag von Lissabon v 13.12.2007 (ABl EU 2007, Nr C 306/1) [EUV] —— 15, 29, 34, 44, 48–50, 53, 59, 64, 65, 70, 74, 78, 80, 85, 94, 117, 118, 121, 122, 124, 125, 137, 153, 188, 205, 223, 246, 249-256

Vertrag über die Arbeitsweise der Europäischen Union idF des Vertrags über die Europäische Union v 7.2.1992 (BGBl 1992 II, 1253) nach der Änderung durch den Vertrag von Lissabon v 13.12.2007 (ABl EU 2007, Nr C 306/1) [AEUV] —— 15, 34, 44, 47, 48, 50, 53, 75, 80, 85, 88, 94, 98, 103, 108, 112, 117, 125, 137, 144, 151, 181, 185, 188, 190, 191, 194, 201–203, 218, 219, 222–224, 245, 249-256

Protokoll über die Anwendung der Grundsätze der Subsidiarität und der Verhältnismäßigkeit v 13.12.2007 (ABl EU 2007, Nr C 306/150) —— 253

Protokoll Nr 14 *bis* zur Konvention zum Schutze der Menschenrechte und Grundfreiheiten v 27.5.2009 (CETS No 204) —— 245

Vertrag zur Errichtung des Europäischen Stabilitätsmechanismus (ESM) v 2.2.2012 (BGBl. 2012 II, 983) —— 117, 256

Vertrag über die Stabilität, Koordinierung und Steuerung in der Wirtschafts- und Währungsunion (Fiskalpakt) v 2.3.2012 (BGBl. 2012 II, 1008) —— 117, 256

Judikatur
Ständiger Internationaler Gerichtshof

Status of Eastern Carelia, Gutachten v 23.7.1923, PCIJ, Ser B, No 5, 27 *[Ostkarelien]* —— 92

Factory at Chorzów (Germany v Poland), Urteil v 13.9.1928, PCIJ, Ser A, Nos 17, 29 (Interpretation of Judgements No 7 and 8) *[Chorzów]* —— 101

Free City of Danzig and International Labour Organization, Gutachten v 26.8.1930, PCIJ, Ser B, No 18.4 *[ILO-Beitritt]* —— 66

Internationaler Gerichtshof

Admission of a State to Membership in the United Nations, Gutachten v 28.5.1948, ICJ Rep 1948, 57 *[Mitgliedschaft in den UN]* —— 68

Reparations for Injuries Suffered in the Service of the United Nations, Gutachten v 11.4.1949, ICJ Rep 1949, 174 *[Bernadotte]* —— 39, 94, 96, 97, 98, 104, 105, 191, 225

Competence of Assembly Regarding Admission to the United Nations, Gutachten v 3.3.1950, ICJ Rep 1950, 4 *[Mitgliedschaft in den UN II]* —— 64

International Status of South-West Africa, Gutachten v 11.7.1950, ICJ Rep 1950, 128 *[Südwestafrika-Gutachten]* —— 59, 163

Effect of Awards of Compensation Made by the UN Administrative Tribunal, Gutachten v 13.7.1954, ICJ Rep 1954, 47 *[Administrative Tribunal Compensation Awards]* —— 191

Case Concerning the Aerial Incident of July 27th, 1955 (Israel v Bulgaria), Urteil v 26.5.1959, ICJ Rep 1959, 127 *[Aerial Incident]* —— 40

Certain Expenses of the United Nations (Article 17, paragraph 2, of the Charter), Gutachten v 20.7.1962, ICJ Rep 1962, 151 *[Certain Expenses]* —— 42, 129, 170, 194, 215

South West Africa (Second Phase) (Ethiopia v South Africa; Liberia v South Africa), Urteil v 18.7.1966, ICJ Rep 1966, 6 *[Südwestafrika]* —— 138

Legal Consequences for States of the Continued Presence of South Africa in Namibia (South West Africa) notwithstanding Security Council Resolution 276 (1970), Gutachten v 21.6.1971, ICJ Rep 1971, 16 *[Namibia-Gutachten]* —— 41, 144, 150

Appeal Relating to the Jurisdiction of the ICAO Council (India v Pakistan), Urteil v 18.8.1972, ICJ Rep 1972, 46 *[ICAO Council]* —— 194

Interpretation of the Agreement of 25 March 1951 between the WHO and Egypt, Anordnung v 6.6.1980, ICJ Rep 1980, 67 *[Übereinkommen WHO-Ägypten]* —— 74, 111, 194, 235

Military and Paramilitary Activities in and against Nicaragua (Jurisdiction of the Court and Admissibility of the Application) (Nicaragua v USA), Urteil v 26.11.1984, ICJ Rep 1984, 392 *[Nicaragua]* —— 179, 211

Military and Paramilitary Activities in and against Nicaragua (Merits) (Nicaragua v USA), Urteil v 27.6.1986, ICJ Rep 1986, 14 *[Nicaragua (Merits)]* —— 9, 22, 205

Application for Review of Judgment No 333 of the United Nations Administrative Tribunal, Gutachten v 25.7.1987, ICJ Rep 1987, 18 *[Adminstrative Tribunal Judgment No 333]* —— 175

Application of the Obligation to Arbitrate under Section 21 of the United Nations Headquarters Agreement of 26 June 1947, Gutachten v 26.4.1988, ICJ Rep 1988, 12 *[Headquarters Agreement-Gutachten]* —— 90, 111

Applicability of Article VI, Section 22, of the Convention on the Privileges and Immunities of the United Nations, Gutachten v 15.12.1989, ICJ Rep 1989, 177 *[Mazilu-Gutachten]* —— 106, 108, 235

Questions of Interpretation and Application of the 1971 Montreal Convention arising from the Aerial Incident at Lockerbie (Libyan Arab Jamahiriya v United Kingdom and USA), Anordnung v 14.4.1992, ICJ Rep 1992, 3, 114 *[Lockerbie]* —— 152, 194

Legality of the Use by a State of Nuclear Weapons in Armed Conflict, Gutachten v 8.7.1996, ICJ Rep 1996, 66 *[WHO-Nuklearwaffen-Gutachten]* —— 39, 189

Application of the Convention on the Prevention and Punishment of the Crime of Genocide (Preliminary Objections) (Bosnia and Herzegovina v Yugoslavia), Urteil v 11.7.1996, ICJ Rep 1996, 595 *[Völkermordkonvention I]* —— 71

Difference Relating to Immunity from Legal Process of a Special Rapporteur of the Commission on Human Rights, Gutachten v 29.4.1999, ICJ Rep 1999, 62 *[Immunitäts-Gutachten]* —— 106, 108

Case concerning Armed Activities on the Territory of the Congo (Request for the Indication of Provisional Measures) (Democratic Republic of the Congo v Uganda), Anordnung v 1.7.2000, ICJ Rep 2000, 111 *[Kongo/Uganda]* —— 179

Application for Revision of the Judgment of 11 July 1996 in the Case Concerning *Application of the Convention on the Prevention and Punishment of the Crime of Genocide (Bosnia and Herzegovina v Yugoslavia)* (Preliminary Objections) (Yugoslavia v Bosnia and Herzegovina), Urteil v 3.2.2003, ICJ Rep 2003, 7 *[Völkermordkonvention II]* —— 71

Legal Consequences of the Construction of a Wall in the Occupied Palestinian Territory, Gutachten v 9.7.2004, ILM 43 (2004) 1009 *[Mauer-Gutachten]* —— 22, 129

Legality of Use of Force (Preliminary Objections) (Serbia and Montenegro v Belgium), Urteil v 15.12.2004, ICJ Rep 2004, 279 *[Kosovo-Einsatz]* —— 71

Status vis-a-vis the Host State of a Diplomatic Envoy to the United Nations (Commonwealth of Dominica v Switzerland), Anordnung v 9.6.2006, <https://www.icj-cij.org/files/case-related/134/134-20060609-ORD-01-00-EN.pdf> —— 110

Application of the Convention on the Prevention and Punishment of the Crime of Genocide (Preliminary Objections) (Croatia v Serbia), Urteil v 18.11.2008, ICJ Rep 2008, 412 *[Kroatien/Serbien]* —— 71

Accordance with International Law of the Unilateral Declaration of Independence in Respect of Kosovo, Gutachten v 22.7.2010, ICJ Rep 2010, 403 *[Kosovo-Gutachten]* —— 184

Jurisdictional Immunities of the State (Germany v Italy), Urteil v 3.2.2012, ICJ Rep 2012, 99 *[Jurisdictional Immunities of the State]* —— 106, 196

Verwaltungsgericht (heute: Dienstgericht) der Vereinten Nationen
Urteil v 8.6.1984, AT/DEC/333 *[Yakimetz v SG]* —— 175
Urteil v 11.11.2011, UNDT/2011/193 *[Payman v SG]* —— 175

Internationaler Seegerichtshof
Request for an Advisory Opinion Submitted by the Sub-Regional Fisheries Commission, Gutachten v 2.4.2015, Case No 21, ITLOS Rep 2015, 4 —— 102, 103

Internationales Kriegsverbrechertribunal für das ehemalige Jugoslawien
Entscheidung v 6.5.2003, IT-99-37-PT *[Prosecutor v Milutinovic et al]* —— 71

Europäischer Gerichtshof für Menschenrechte
Urteil v 18.2.1999, Nr 26083/94, ECHR Reports 1999-I *[Waite u Kennedy]* —— 103, 108
Urteil v 18.2.1999, Nr 28934/95 *[Beer u Regan]* —— 108

Urteil v 16.4.2002, Nr 36677/97, ECHR Reports 2002-III *[Dangeville]* —— 254
Urteil v 12.3.2003, Nr 46221/99, EuGRZ 2003, 472 *[Öcalan I]* —— 47
Urteil v 12.5.2005, Nr 46221/99, ECHR Reports 2005-IV; EuGRZ 2005, 463 *[Öcalan II]* —— 47
Urteil v 30.6.2005, Nr 45036/98, ECHR Reports 2005-VI *[Bosphorus]* —— 103, 198
Entsch v 2.5.2007, Nr. 71412/01, EuGRZ 2007, 522 *[Behrami/Saramati]* —— 102, 199
Entsch v 16.10.2007, Nr 36357/04 *[Beric u a]* —— 199
Urteil v 12.9.2012, Nr 10593/08 *[Nada]* —— 152
Entsch v 11.6.2013, Nr 65542/12 *[Mothers of Srebrenica]* —— 108, 211
Entsch v 6.1.2015, Nr 415/07, NVwZ-RR 2016, 644 *[Klausecker]* —— 198
Urteil v 21.6.2016, Nr 5809/08 *[Al-Dulimi]* —— 152

Gerichtshof der Europäischen Union
Urteil v 29.11.1956, Rs 8/55, Slg 1955/56, 297 *[Fédération Charbonnière de Belgique/Hohe Behörde]* —— 191
Urteil v 16.12.1960, Rs 44/59, Slg 1960, 1115 *[Fieddelaar]* —— 112
Urteil v 5.2.1963, Rs 26/62, Slg 1963, 1 *[Van Gend & Loos]* —— 14, 38, 117, 197, 250
Urteil v 15.7.1964, Rs 6/64, Slg 1964, 1251 *[Costa/ENEL]* —— 38, 117, 197
Urteil v 12.11.1969, Rs 29/69, Slg 1969, 419 *[Stauder]* —— 198
Urteil v 6.10.1970, Rs 9/70, Slg 1970, 825 *[Leberpfennig]* —— 40
Urteil v 17.12.1970, Rs 25/70, Slg 1970, 1161 *[Einfuhr- und Vorratsstelle Getreide/Köster]* —— 183
Urteil v 31.3.1971, Rs 22/70, Slg 1971, 263 *[AETR]* —— 98
Urteil v 8.4.1976, Rs 43/75, Slg 1976, 455 *[Defrenne II]* —— 47
Urteil v 5.4.1979, Rs 148/78, Slg 1979, 1629 *[Ratti]* —— 40, 250
Urteil v 19.1.1982, Rs 8/81, Slg 1982, 53 *[Becker/Finanzamt Münster-Innenstadt]* —— 197, 250
Gutachten v 14.12.1991, Slg 1991, I-6079 *[1. Gutachten zum EWR-Vertrag]* —— 37, 48
Urteil v 19.3.1996, Rs C-25/94, Slg 1996, I-1469 *[Kommission/Rat]* —— 65
Urteil v 23.11.1999, Rs C-149/96, Slg 1999, I-8395 *[Portugal/Rat]* —— 74
Urteil v 5.10.2000, Rs C-376/98, Slg 2000, I-8419 *[Tabakwerbung]* —— 253
Urteil v 5.11.2002, Rs C-476/98, Slg 2002, I-9855 *[Kommission/Deutschland]* —— 98
Urteil v 21.9.2005, Rs T-306/01, Slg 2005, II-3533 *[Yusuf]* —— 152, 211
Urteil v 21.9.2005, Rs T-315/01, Slg 2005, II-3549 *[Kadi]* —— 152, 211
Urteil v 3.9.2008, verb Rs C-402/05 P u C-415/05 P, Slg 2008, I-271 *[Kadi und Al Barakaat]* —— 152, 211
Urteil v 10.2.2009, Rs C-301/06, Slg 2009, I-593 *[Vorratsdatenspeicherung]* —— 253
Urteil v 30.9.2010, Rs T-85/09, Slg 2010, II-5177 *[Kadi II]* —— 152, 211
Urteil v 27.11.2012, Rs C-370/12, ECLI:EU:C:2012:756 *[Pringle]* —— 47
Urteil v 18.7.2013, Rs C-584/10 P u a, ECLI:EU:C:2013:518 *[Kadi II P]* —— 152, 211
Gutachten v 18.12.2014, Gutachten 2/13, ECLI:EU:C:2014:2454 *[Beitrittsabkommen EU-EMRK]* —— 65, 250, 254
Urteil v 16.6.2015, Rs C-62/14, ECLI:EU:C:2015:400 *[Gauweiler u a]* —— 194
Urteil v 10.12.2018, Rs C-621/18, ECLI:EU:C:2018:999 *[Wightman]* —— 78

Deutsche Gerichte
BVerfG, Beschluss v 18.10.1967, BVerfGE 22, 293 *[Verfassungsbeschwerde gegen EG-Verordnung]* —— 117
BVerfG, Beschluss v 9.6.1971, BVerfGE 31, 145 *[Anwendungsvorrang des Gemeinschaftsrechts]* —— 117
BVerfG, Beschluss v 23.6.1981, BVerfGE 58, 1 *[Eurocontrol]* —— 108
BVerfG, Beschluss v 22.10.1986, BVerfGE 73, 339 *[Solange II]* —— 254
BVerfG, Beschluss v 26.3.1987, BVerfGE 74, 358 *[Unschuldsvermutung]* —— 246
BVerfG, Beschluss v 8.4.1987, BVerfGE 75, 223 *[Vorabentscheidungen des EuGH]* —— 15, 27
BVerfG, Urteil v 12.10.1993, BVerfGE 89, 155 *[Maastricht]* —— 40, 53, 117, 190, 194, 252, 253
BVerfG, Beschluss v 7.6.2000, BVerfGE 102, 147 *[Bananenmarktordnung]* —— 198, 254
BVerfG, Beschluss v 14.10.2004, BVerfGE 111, 307 *[Görgülü]* —— 246
BVerfG, Beschluss v 26.2.2008, BVerfGE 120, 180 *[Caroline IV]* —— 246
BVerfG, Urteil v 30.6.2009, BVerfGE 123, 267 *[Vertrag von Lissabon]* —— 53, 117, 190, 194, 252, 256

Schmahl

BVerfG, Beschluss v 6.7.2010, BVerfGE 126, 286 *[Honeywell]* —— 194
BVerfG, Urteil v 4.5.2011, BVerfGE 128, 326 *[Sicherungsverwahrung]* —— 246
BVerfG, Urteil v 7.9.2011, BVerfGE 129, 124 *[EFS]* —— 256
BVerfG, Urteil v 12.9.2012, BVerfGE 132, 195 *[ESM]* —— 256
BVerfG, Beschluss v 14.1.2014, BVerfGE 134, 366 *[OMT]* —— 194
BFH, Urteil v 25.5.2016, BFHE 254, 33 *[OSZE-Einsatz]* —— 16
BVerfG, Urteil v 21.6.2016, BVerfGE 142, 123 *[OMT-Programm]* —— 194
BVerfG, Beschluss v 24.7.2018, NVwZ 2018, 1549 *[Europaschule]* —— 108
BVerfG, Beschluss v 7.12.2018, 2 BvQ 105/18 *[UN-Migrationspakt]* —— 23

Italienische Gerichte
Corte Costituzionale, Urteil v 22.10.2014, No 238, G.U. 1, Serie Speciale 2014, Anno 155, No 45 —— 196

Niederländische Gerichte
District Court of The Hague (Rechtbank Den Haag), Urteil v 10.7.2008, Case No 295247/HA ZA 07-2973, NILR 2008, 428 *[Mothers of Screbrenica v State of the Netherlands and the UN I]* —— 108
Supreme Court (Hoge Raad), Urteil v 13.4.2012, Case No 10/04437 *[Mothers of Srebrenica v State of the Netherlands and the UN II]* —— 108, 211
Supreme Court (Hoge Raad), Urteil v 6.9.2013, Case No 12/03324, ILM 53 (2014), 516 ff *[Nuhanović]* —— 102
Supreme Court (Hoge Raad), Urteil v 6.9.2013, Case No 12/03329, ILM 53 (2014), 527 ff *[Mustafić-Mujić u a]* —— 102
District Court of The Hague (Rechtbank Den Haag), Urteil v 16.7.2014, ECLI:NL:RBDHA:2014:8748 *[Mothers of Srebrenica v State of the Netherlands III]* —— 102

US-amerikanische Gerichte
United States v Palestine Liberation Organization, US District Court, Southern District of New York, Urteil v 29.6.1988, AJIL 82 (1988) 833 *[US v PLO]* —— 111
Delama Georges et al v United Nations, US District Court, Southern District of New York, Urteil v 9.1.2015, 13-CV-7146 *[Delama Georges et al v United Nations]* —— 108

I. Geschichte und Bedeutung der Internationalen Organisationen*

1. Die Internationalen Organisationen als unverzichtbare Elemente der internationalen Zusammenarbeit

1   Auf der internationalen Szene agieren heute längst nicht mehr allein die Staaten und – historisch bedingt – einige andere Völkerrechtssubjekte wie der Heilige Stuhl oder der Souveräne Malteser Ritterorden.[1] An ihre Seite sind seit Beginn des 20. Jh in ständig wachsender Zahl die *Internationalen Organisationen* (I.O.) getreten, die nicht nur den Kreis der Völkerrechtssubjekte erheblich erweitern,[2] sondern die auch auf die Entwicklung des materiellen Völkerrechts in fast allen Bereichen maßgeblichen Einfluss genommen haben (vgl u Rn 19 ff). Es ist durchaus zutreffend, wenn der bekannte italienische Völkerrechtler *Roberto Ago* meint, dass die I.O. das wohl bedeutsamste Phänomen in der modernen Völkerrechtsentwicklung darstellen.[3]

2   Der Grund für den kometenhaften *Aufstieg der I.O.* liegt darin, dass der internationale Verkehr ohne institutionalisierte Formen der Zusammenarbeit immer weniger vorstellbar ist.[4] Die I.O. sind deshalb die entscheidenden Elemente dieser Institutionalisierung, weil sie von ihren sie tragenden Mitgliedern zu nahezu beliebigen Zwecken geschaffen und mit funktionsadäquaten Kompetenzen ausgestattet werden können. Angesichts einer verfestigten inneren Struktur und eigenen Willensbildung kann eine kontinuierliche Aufgabenerledigung weitgehend gesichert werden. Das Ausmaß der Effizienz hängt freilich auch, wie noch zu zeigen ist, vom Umfang der übertragenen Aufgaben und davon ab, ob diese Aufgaben mehr spezieller oder eher allgemeinpolitischer Natur sind.

2. Die Wurzeln: Von den Friedenskongressen und Verwaltungsunionen zum Völkerbund

3   Die Wurzeln der I.O. reichen tief in das 19. Jh zurück.[5] Sie gründen einmal in den von den führenden europäischen Staaten *(Europäisches Konzert)* dominierten Friedenskongressen, deren Ziel es war, durch die Erhaltung oder Festlegung des Gleichgewichts und den Ausschluss hegemonialer Bestrebungen den Frieden in Europa zu sichern.[6] Dadurch erhielt auch der schon in vielen philosophischen Entwürfen ausgebreitete Gemeinschaftsgedanke[7] politische Aktualität. 1867 soll der Begriff „Inter-

---

* Der Beitrag ist von *Eckart Klein* (Universität Potsdam) konzipiert und von ihm gemeinsam mit der Verf in den Vorauflagen aktualisiert worden. Die Verf dankt *Eckart Klein* für das Vertrauen, seine Überlegungen fortführen zu dürfen.
1   Zu diesen Völkerrechtssubjekten vgl *Kau*, 3. Abschn Rn 39 ff.
2   *Mosler*, Die Erweiterung des Kreises der Völkerrechtssubjekte, ZaöRV 22 (1962) 1 ff.
3   *Ago*, International Law in a Changing World, 1965, 20.
4   *Mosler*, The International Society as a Legal Community, 1980, 175 ff.
5   Dazu mwN *Seidl-Hohenveldern/Loibl*, Internationale Organisationen, Rn 207 ff; *Kirgis*, International Organizations, 1 ff; *Wehberg*, Entwicklungsstufen der internationalen Organisationen, Friedens-Warte 52 (1954) 193 ff; *Klabbers*, The Life and Times of the Law of International Organizations, NJIL 70 (2001) 287 ff; *Herren*, International Organizations, 1965-1945, in Oxford Handbook, 91 ff.
6   Vgl *Baumgart*, Vom Europäischen Konzert zum Völkerbund, 2. Aufl 1987, der für die Zeit von 1814/15 bis 1914 immerhin drei Kongresse und 24 Konferenzen aufführt.
7   Zu denken ist dabei vor allem an die Konzeptionen des Naturrechts *(Pufendorf)* und der Aufklärung *(Kant)*. Von großer Bedeutung *Kant*, Zum ewigen Frieden, 1795.

national Organization" von *Lorimer* erstmals auf die europäische Staatengemeinschaft angewandt worden sein.[8] Neben diese prinzipielle Vision einer organisierten europäischen Staatengemeinschaft schob sich ein zweiter Wurzelstrang, aus dem die heutige Form der I.O. erwachsen ist. Es handelt sich dabei um die sog *Verwaltungsunionen*,[9] mit denen auf den gewaltigen technischen Fortschritt in der zweiten Hälfte des 19. Jh reagiert wurde. Erste Bsp sind die Internationale Fernmeldeunion (1865), der Weltpostverein (1874) und der Pariser Verband zum Schutz des gewerblichen Eigentums (1883).[10] Im Gegensatz zu den sich ad hoc zusammenfindenden Friedenskongressen beruhten diese Verwaltungsunionen auf einem zwischenstaatlichen Vertrag, waren also normativ verfestigt. Sie waren auf Dauer angelegt und konnten die laufenden Geschäfte durch ein ständiges Büro erledigen, ohne dass es der dauernden Präsenz von Vertretern der Mitglieder bedurfte. Die Aufgaben waren strikt zweckgebunden. Die Idee des *Funktionalismus* erlaubte es, einzelne Sachbereiche aus der allgemeinen Politik und ihren gegenläufigen nationalen Interessen herauszunehmen und sie einer adäquaten Lösung im allgemeinen Interesse zuzuführen.[11]

Eine rechtliche Verselbstständigung dieser Verwaltungsunionen oder Büros von ihren Mitgliedern erfolgte in diesem Stadium noch nicht. Zu stark war die Vorstellung prägend, die die Völkerrechtsfähigkeit an das Element gebietlich umgrenzter Herrschaft band. Immerhin zeigten bereits die verschiedenen *Flusskommissionen* (Rhein, Donau) an, deren Befugnisse freilich territorial gebunden waren, dass der Gedanke einer funktional-beschränkten Rechtsfähigkeit – im Unterschied zu der umfassenden Rechtsfähigkeit der Staaten – durchaus möglich war.[12] Damit bestand für die Entwicklung der I.O. ein weiterer Anknüpfungspunkt. 4

Der entscheidende Durchbruch für eine von den Mitgliedstaaten getrennte, rechtlich selbstständig handlungsfähige I.O. wurde mit dem Völkerbund (League of Nations, Société des Nations) und der gleichzeitig ins Leben gerufenen Internationalen Arbeitsorganisation (ILO) erzielt.[13] Hier wurden auch die bis heute geltenden *Grundstrukturen* (Organe, Willensbildung, Mitgliedschaft) festgelegt. Beide Institutionen zeigen auch, dass einerseits die Idee der Organisation der Staatengemeinschaft mit allgemeinem politischen Aufgabenbereich (internationale Zusammenarbeit und Friedenswahrung) aufgenommen und andererseits die am Funktionalismus orientierte Aufgabenzuteilung (Herstellung sozialer Gerechtigkeit durch Gestaltung entsprechender Arbeitsbedingungen) weiter praktiziert wurde. 5

---

8 Nach *Potter*, Origin of the Term International Organization, AJIL 39 (1945) 803 ff soll der Ausdruck am 18.5.1867 in einem Vortrag vor der kgl Akademie in Edinburgh gebraucht worden sein.
9 *Reinsch*, Public International Unions, 1911; *Rapisardi-Mirabelli*, Théorie générale des unions internationales, RdC 7 (1925-II) 344 ff; *Wolfrum*, International Administrative Unions, MPEPIL V, 335 ff.
10 Näher *Bülck*, Strukturwandel der internationalen Verwaltung, 1962, 4 ff.
11 Dazu *Ballreich*, Die Interdependenz Internationaler Organisationen, AVR 19 (1981) 121 (124 ff). Insgesamt können für den Beginn des 20. Jh 30 „Organisationen" gezählt werden; *Wallace/Singer*, Intergovernmental Organization in a Global System, 1815–1964: A Quantitative Description, International Organization 24 (1970) 239 ff.
12 Vgl *Mosler* (Fn 2) 9 f; *Tomuschat*, Die Internationale Gemeinschaft, AVR 33 (1995) 1 (13 f); *Weiß*, Kompetenzlehre, 70 ff.
13 Zur Entwicklung dieser Jahre *ter Meulen*, Der Gedanke der Internationalen Organisation in seiner Entwicklung, 3 Bde, 1917/1929/1940.

6 Der *Völkerbund*[14] ging auf eine Anregung des amerikanischen Präsidenten *Woodrow Wilson* zurück und fand angesichts der Erschütterung, die der Erste Weltkrieg dem bestehenden Staatensystem und den klassischen Vorstellungen von Krieg und Frieden zugefügt hatte, breite Zustimmung. Freilich erwies es sich als politischer Geburtsfehler, die Völkerbundsatzung den Pariser Vorortfriedensverträgen v 1919/20 einzugliedern und damit zumindest den Anschein zu erwecken, man wolle sie als Instrument zur Disziplinierung der besiegten Mittelmächte benutzen. Der Eindruck von einer Siegerorganisation wurde zumindest hierzulande auch dadurch gefördert, dass Deutschland erst 1926 in die I.O. aufgenommen wurde.[15] Zum politischen Misserfolg des Völkerbundes trug aber vor allem seine fehlende Universalität bei. Die USA ratifizierten trotz der maßgeblichen Rolle, die ihr Präsident bei der Ausarbeitung der Völkerbundsatzung gespielt hatte, die Friedensverträge nicht und traten der Satzung auch später nicht bei. Die Sowjetunion wurde erst 1934 aufgenommen, aber bereits fünf Jahre später nach dem Überfall auf Finnland wieder ausgeschlossen. Zu diesem Zeitpunkt hatten die Achsenmächte (Deutschland 1933, Japan 1935, Italien 1939) den Völkerbund bereits freiwillig wieder verlassen.[16] Dem Völkerbund fehlte damit die politische Kraft, die vorgesehenen Sanktionen gegen Friedensbrecher durchzuführen oder auch nur zu verhängen (Abessinien-Konflikt 1935/36).

7 Gleichwohl wäre es unrichtig, dem Völkerbund ein völliges Versagen zu bescheinigen. Im sozialen und menschenrechtlichen Bereich gelangen ihm *wichtige Anfangserfolge*, ohne die die spätere Entwicklung im Rahmen der UN nicht denkbar gewesen wäre; dazu gehören auch, trotz aller Mängel und Zeitgebundenheiten im Einzelnen, das Mandats- und das Minderheitenschutzsystem. Das Wichtigste aber war wohl, dass mit dem Völkerbund zum ersten Mal der Schritt von philosophischen Weltbundentwürfen zu einer vertraglich begründeten Institution praktisch vollzogen und wichtige Erfahrungen für ihre interne Organisation (Mitgliederversammlung/Bundesversammlung, kleineres Lenkungsgremium/Völkerbundsrat und ein ständiges Sekretariat) gesammelt wurden.[17] Besonders wichtig wurde auch die im Rahmen dieser I.O. erstmals verwirklichte Idee einer institutionalisierten Gerichtsbarkeit (Ständiger Internationaler Gerichtshof), die ergänzend neben die traditionelle Schiedsgerichtsbarkeit trat.[18] Insgesamt jedenfalls hatte sich ungeachtet aller offenbar gewordenen Schwächen die Idee einer Weltorganisation so durchgesetzt, dass an einen Neuanfang nach dem Zweiten Weltkrieg ohne eine entsprechende Organisation nicht zu denken war. Die Mission des Völkerbundes war erst erfüllt (1946), nachdem die UN ihre Arbeit aufgenommen hatten (1945).

---

14 Ausführlich *Walters*, A History of a League of Nations, 2 Bde, 1952; *Schücking/Wehberg*, Die Satzung des Völkerbundes, Kommentar, 3. Aufl 1931; *Tams*, League of Nations, MPEPIL VI, 760 ff.
15 Eingehend *Wintzer*, Deutschland und der Völkerbund 1918–1926, 2006.
16 Insgesamt sind 16 Staaten aus dem Völkerbund ausgetreten.
17 Näher *Weiß*, Kompetenzlehre, 96 ff.
18 Vgl *Schröder*, 7. Abschn Rn 77 ff, 87 ff.

3. Die Entwicklung nach 1945

Auch die UN[19] gingen aus der Siegerkoalition des Zweiten Weltkriegs hervor; noch heute weist der Wortlaut der UN-Charta (inzwischen freilich obsolet gewordene)[20] Spuren dieser Herkunft auf (Art 53, 107; sog Feindstaatenklauseln). Entscheidend geworden sind jedoch einerseits der bis an die Schwelle der 1990er Jahre die weltpolitische Lage prägende Ost-West-Konflikt, der die Rehabilitierung der besiegten Staaten erheblich beschleunigte, andererseits der Prozess der Dekolonisierung und die damit verbundene Akzentuierung eines Nord-Süd-Gegensatzes, dessen zwingender Ausgleich je länger er andauert, umso mehr Energie und Kosten in Anspruch nehmen wird.[21]

So viele Schwächen die UN immer aufweisen mögen, mit ihnen hat sich die Vorstellung einer die ganze Erde umspannenden *organisierten Staatengemeinschaft* endgültig durchgesetzt. Dies kommt auch in der ihre universelle Aufgabe spiegelnden Mitgliederzahl zum Ausdruck (2018: 193).[22] Die UN gelten als der *Prototyp der I.O.* schlechthin. In ihrem Umfeld, aber auch außerhalb haben sich die I.O. geradezu explosionsartig vermehrt. Dabei handelt es sich einmal um – regionale – Organisationen, die der allgemeinen politischen Zusammenarbeit gewidmet sind (zB Europarat, Organisation Amerikanischer Staaten/OAS, Afrikanische Union/AU als Nachfolgerin der Organisation Afrikanische Einheit/OAU). Daneben gibt es *universelle* oder jedenfalls interkontinentale Organisationen, die einen begrenzten Zweck verfolgen und in der Tradition der Idee des Funktionalismus stehen, der – zumindest prinzipiell – die Entpolitisierung einzelner Sachbereiche erlaubt.[23] An diese Erfahrung hatte man bereits in den letzten Kriegsjahren mit der Gründung der Welternährungsorganisation/FAO, des Internationalen Währungsfonds/IMF und der Weltbank/IBRD sowie der Zivilluftfahrtorganisation/ICAO angeknüpft; diese Entwicklung wurde mit weiteren Schöpfungen später fortgeführt, deren wichtigste heute Sonderorganisationen der UN sind und damit zur UN-Familie gehören (vgl u Rn 229 ff). Der (neo-)funktionalistische Ansatz erwies sich aber auch auf regionaler Ebene als äußerst fruchtbar. Es entstanden eine Vielzahl *regionaler Organisationen* mit beschränkten, meist technisch oder wirtschaftlich determinierten Zwecken (zB Gemeinsamer Markt Südamerikas/Mercosur, Europäische Freihandelszone/EFTA, Europäische Wirtschaftsgemeinschaft/EWG), aber auch Verteidigungsorganisationen (Nordatlantikpakt/NATO, Warschauer Pakt), die trotz des generellen Gewaltver-

8

9

---

19 *Russell/Muther*, A History of the United Nations, 1958; Roberts/Kingsbury (Hrsg), United Nations, Divided World, 2. Aufl 1994; *Bertrand*, UNO. Geschichte und Bilanz, 1995; DGVN (Hrsg), Die Vereinten Nationen in ihren nächsten 50 Jahren – Ein Bericht der unabhängigen Arbeitsgruppe über die Zukunft der Vereinten Nationen, 1995; *Schlesinger*, Act of Creation: The Founding of the United Nations, 2003; *Ziring/Riggs/Plano*, The United Nations: International Organization and World Politics, 4. Aufl 2005; *Gareis/Varwick*, Vereinte Nationen; *Volger*, Geschichte der Vereinten Nationen, 2. Aufl 2008; *Chesterman/Johnstone/Malone*, United Nations.
20 Der Vorschlag *Kofi Annans* aus dem Jahr 2005, die Feindstaatenklausel auch formal zu streichen (vgl UN Doc A/59/2005 v 21.3.2005, § 217), ist – wie die meisten seiner Reformvorschläge – nicht in die Tat umgesetzt worden, vgl World Summit Outcome, A/RES/60/1 v 16.9.2005, § 177.
21 *Schrijver*, The Future of the Charter of the United Nations, MPYUNL 20 (2006) 1 (8 ff).
22 Eine aktuelle Auflistung der Mitgliedstaaten der UN – sowohl nach alphabetischer Ordnung als auch nach Regionalgruppen, Gebietsgröße, Bevölkerungszahl und Wirtschaftsleistung – findet sich in VN 2018, 44 ff.
23 *Mitrany*, A Working Peace-System, 1943.

bots angesichts des von der UN-Charta und dem allgemeinen Völkerrecht unangetastet gebliebenen Rechts zur individuellen und kollektiven Selbstverteidigung gegen bewaffnete Angriffe zulässig bleiben.[24]

10 Es ist nicht verwunderlich, dass der Organisationsgrad, dh die Intensität der Institutionalisierung, der Integration, auf regionaler Ebene wegen der dort häufig vorhandenen stärkeren Homogenität der Interessen und Rechtsvorstellungen höher ist als auf der globalen Ebene. Vor allem im *europäischen* Bereich sind Verfestigungen erreicht worden, die es notwendig machen, die EU als *Integrationsgemeinschaft* als besondere Kategorie der I.O. zu verstehen (sog Supranationale Organisationen). Vom Aufgabenumfang und von der Kompetenzausstattung her nähern sich diese Organisationen (vgl u Rn 249 ff), vor allem aus der Sicht von Drittstaaten, staatlichen Formen an.[25]

11 Die *Zahl* der I.O. liegt erheblich höher als die der Staaten. Eine Übersicht der Union of International Associations[26] weist 276 (auf vertraglicher Absprache beruhende) I.O. für das Jahr 2016 (1960: 154) aus (vgl Übersicht 1); die BR Deutschland ist danach Mitglied in 93 völkervertraglich begründeten I.O.[27] Aufgeführt werden weitere ebenfalls von Staaten getragene internationale Einheiten *(international bodies),* deren Zahl mit 1.882 angegeben wird; dabei ist nicht alles völlig transparent. Dennoch geben diese Zahlen einen eindrucksvollen Hinweis auf die zunehmende institutionelle Vernetzung der Staaten.

Übersicht 1

Conventional international bodies		
A	Federations of international organizations	1
B	Universal membership organizations	37
C	Intercontinental membership organizations	35
D	Regionally orientated membership organizations	203
		276
Other international bodies		
E	Organizations emanating from places, persons or other bodies	901
F	Organizations of special form	715
G	Internationally oriented national organizations	266
		1.882

Quelle: YIO 54 (2017/18), Vol 5, 27.

---

24 ICJ Rep 1986, 14, 45 *(Nicaragua [Merits]).*
25 Vgl *Tomuschat,* Völkerrechtliche Grundlagen der Drittlandsbeziehungen der EG, in Hilf/Tomuschat (Hrsg), EG und Drittstaatsbeziehungen nach 1992, 1991, 141.
26 YIO 54 (2017/18), Vol 5, 27.
27 Ebd 51.

4. Definitionen und Abgrenzungen

Trotz unterschiedlicher Umschreibungen in der Literatur gibt es einen weitgehenden Konsens über die Voraussetzungen, die gegeben sein müssen, will man von einer I.O. sprechen. Dabei orientiert man sich weitgehend an den den wichtigsten oben erwähnten Institutionen (zB Völkerbund, UN, ILO, Europarat) gemeinsamen Merkmalen. Danach kann eine *I.O. definiert* werden als ein auf völkerrechtlichem Vertrag beruhender mitgliedschaftlich strukturierter Zusammenschluss von zwei oder mehreren Völkerrechtssubjekten (meist Staaten), der mit eigenen Organen Angelegenheiten von gemeinsamem Interesse besorgt.[28] Die I.O. ist somit eine Rechtsfigur des Völkerrechts.

Gründer und Mitglieder von I.O. werden idR *Staaten* sein, doch ist die Beteiligung anderer Völkerrechtssubjekte nicht grundsätzlich ausgeschlossen.[29] I.O. können Mitglieder anderer I.O. sein, sofern sie nach ihrem Gründungsvertrag diese Mitgliedsfähigkeit haben, die ihrerseits Völkerrechtssubjektivität voraussetzt. Aus dem Begriff der I.O. allein lässt sich allerdings auf die Völkerrechtspersönlichkeit nicht schließen; der I.O. muss vielmehr diese Eigenschaft von ihren Mitgliedern verliehen werden (s u Rn 93f).

Supranationale Organisationen (S.O.) unterscheiden sich von I.O. dadurch, dass sie unmittelbare rechtliche Wirkungen nicht nur zwischen ihren Mitgliedern entfalten können, sondern auch innerhalb der Mitgliedstaaten, dh also, dass ihre Rechtsakte ohne irgendwie geartete Umsetzung direkt im Rechtsraum der Mitglieder angewendet werden können.[30] Rechtsakte der S.O. (etwa die Verordnungen der früheren EG und heutigen EU) sind somit fähig, den „Souveränitätspanzer" *(Bleckmann)* der Mitgliedstaaten zu durchschlagen, während die Rechtsakte (normaler) I.O. nur die Staaten verpflichten können, die diese Verpflichtung ihrerseits innerstaatlich an die ihrer Hoheitsgewalt unterliegenden Personen weitergeben müssen (zB Umsetzung von Embargobeschlüssen des UN-Sicherheitsrats durch innerstaatliches Recht). Damit erscheint die Souveränität der Mitgliedstaaten einer S.O. in einem neuen Licht;[31] das Problem verschärft sich noch beträchtlich, wenn diese die Souveränitätssperre durchstoßenden Rechtsakte auch ohne oder gegen den ausdrücklichen Willen des Mitglieds beschlossen werden können (Mehrheitsbeschlüsse). Dies bedingt aber wieder einen für S.O. charakteristischen (hohen) Rechtsschutzstandard. Überhaupt kommt dem Recht als Integrationsinstrument eine besondere Bedeutung zu.

---

28 Vgl zB *Schermers/Blokker*, International Institutional Law, §§ 33ff; *Charpentier*, Institutions internationales, 17. Aufl 2009, 49f; *Epping*, in Ipsen (Hrsg), Völkerrecht, 7. Aufl 2018, § 8 Rn 2; *Doehring*, Völkerrecht, 2. Aufl 2004, Rn 202. Vgl auch The American Law Institute, Restatement of the Law, The Foreign Relations Law of the United States, Bd I, 1987, 221.
29 Zutr *Köck/Fischer*, Internationale Organisationen, 3. Aufl. 1997, 57f.
30 Dies ist das entscheidende Kriterium der Supranationalität, das die Angehörigen der Mitgliedstaaten neben diesen zu Rechtssubjekten dieser Ordnung macht, vgl EuGH, Slg 1963, 1, 24f *[van Gend & Loos]*; auf die Weisungsunabhängigkeit der Mitglieder des rechtsetzenden Organs von den Mitgliedstaaten kommt es dabei nicht an. Näher *H.P. Ipsen*, Über Supranationalität, FS Scheuner, 1973, 211ff; *Capotorti*, Supranational Organizations, EPIL IV (2000) 737ff; *von Bogdandy*, Supranationale Union als neuer Herrschaftstypus, Integration 1993, 210ff; *Lindseth*, Supranational Organizations, in Oxford Handbook, 152ff; s u Rn 250.
31 *Mosler*, Der Vertrag über die Europäische Gemeinschaft für Kohle und Stahl, ZaöRV 14 (1951) 1 (27).

15 Für I. O. wie für S. O. gilt gleichermaßen, dass ihnen nur die von dem sie tragenden Gründungsstatut zugewiesenen Aufgaben zur Erledigung übertragen sind, wie breit dieser Funktionsbereich auch immer definiert sein mag. Beide haben *keine Aufgabenerfindungszuständigkeit;* ihnen fehlt die souveränen Staaten zukommende Fülle der Hoheitsgewalt und die darin mitumschlossene Kompetenz-Kompetenz.[32] Auch S. O. fehlt daher das entscheidende Merkmal der Staatlichkeit. Hieran halten auch der Maastrichter Vertrag über die Europäische Union (1992) und die Verträge von Amsterdam (1997), Nizza (2001) und Lissabon (2007) ausdrücklich fest.[33]

16 Die gegebenen Definitionen erlauben *Abgrenzungen* in verschiedenen Richtungen. So unterscheiden sich I. O. von anderen Formen vertraglicher Zusammenarbeit zwischen Völkerrechtssubjekten durch den höheren Grad an institutioneller Verfestigung und die grundsätzliche Verselbständigung (Differenzierung) des Willens der Organisation, ohne dass dies notwendig (freilich meistens) zu einer eigenen Völkerrechtssubjektivität führt.[34] Ein interessantes Bsp für einen sich beschleunigenden Institutionalisierungsprozess bietet die Konferenz für Sicherheit und Zusammenarbeit in Europa (KSZE), die allmählich aus dem Bereich bloß politischer Absprache in eine vertraglich verfestigte regionale Abmachung *(regional arrangement)* iSv Kap VIII UN-Charta und in eine einer veritablen I. O. jedenfalls sehr nahe kommende Struktur überführt wurde (OSZE).[35]

17 Ähnlichkeiten weisen I. O. zweifellos mit *Staatenbünden* auf, deren Mitglieder auch souveräne Staaten sind; wörtlich genommen kann man die meisten I. O. durchaus als „Staatenbünde" bezeichnen. Der Begriff ist heute jedoch in den Hintergrund getreten.[36] Auch der Sache nach hat die I. O. den Staatenbund weitgehend verdrängt. Ein Unterschied zu den klassischen Staatenbünden besteht wohl darin, dass diese ihre Zwecke nicht definieren mussten, während dies für die I. O. wesentlich ist.[37]

18 Eine Abgrenzung ist auch gegenüber den *nichtstaatlichen* I. O. vorzunehmen (Non-Governmental Organizations/NGOs bzw Nichtregierungsorganisationen/NROs).[38] Sie

---

32 Vgl BVerfGE 75, 223, 242.
33 Vgl Art 5 Abs 1 Satz 1, Abs 2 EUV; s auch u Rn 250.
34 Vgl auch *Klabbers,* Formal Intergovernmental Organizations, in Oxford Handbook, 133 (140 ff). Keine Verselbständigung haben Unter- oder Hilfsorgane von Organen I. O. erreicht (zB UNCTAD als Organ der UN-GV). Einen interessanten Wandel vom UN-Organ zur eigenständigen Organisation hat die UNIDO durchlaufen; vgl *Szasz,* United Nations Industrial Development Organization, EPIL IV (2000) 1132 ff.
35 Vgl Helsinki-Dokument 1992, Nr 25, Bull BReg 1992, 777 ff. Zur Umbenennung durch die Gipfelerklärung in Budapest vgl Bull BReg 1994, 1097; *Schweisfurth,* Völkerrecht, 2006, 390 f.; zur Institutionalisierung vgl *Fastenrath/Weigelt,* OSCE, MPEPIL VII, 1041 (Rn 5). Als bloß verstetigte Staatenkonferenz ohne eigene Völkerrechtssubjektivität qualifiziert indes der Bundesfinanzhof die OSZE, vgl BFHE 254, 33, Rn 12.
36 Ein neueres Bsp dürfte jedoch die 1991 gegründete „Gemeinschaft Unabhängiger Staaten" sein, in der sich derzeit 11 Republiken der ehemaligen Sowjetunion zusammengefunden haben; Gründungsdokumente in ILM 31 (1992) 142 ff; ferner EA 1992, D 302 ff.
37 So *Doehring,* Allgemeine Staatslehre, 3. Aufl 2004, Rn 174. Nach *Hobe,* Einführung in das Völkerrecht, 10. Aufl 2014, 123 ff ist der Zweck I. O. weniger umfassend als der von Staatenverbindungen herkömmlicher Art. Zur Abgrenzung von internationalen Regimen *Wesel,* Internationale Regime und Organisationen, 2012, 76 ff.
38 *Lador-Lederer,* Nichtstaatliche Organisationen und die Frage der Erweiterung des Kreises der Völkerrechtssubjekte, ZaöRV 23 (1963) 657 ff; *Rechenberg,* Non-Governmental Organizations, EPIL III (1997) 612 ff; *Otto,* Nongovernmental Organizations in the United Nations System, HRQ 18 (1996)

sind errichtet von Individuen oder privaten Verbänden, die sich mit gleich gesinnten Gruppen oder Verbänden aus anderen Staaten zusammenschließen. Entscheidend ist jedoch nicht die Mitgliedschaft, sondern die Funktion.[39] Die *NGOs* üben keine Hoheitsgewalt aus; sie unterstehen auch nicht dem Völkerrecht,[40] sondern sie *unterliegen einer staatlichen Rechtsordnung*. Dies bedeutet keineswegs, dass sie auf die internationalen Beziehungen ohne Einfluss sind.[41] Die in ihnen gebündelten Interessen und der dort vorhandene Sachverstand machen sie oft zu gesuchten Gesprächspartnern. So ist der UN-Wirtschafts- und Sozialrat (ECOSOC) ermächtigt, NGOs zu konsultieren, die sich mit Angelegenheiten seiner Zuständigkeit befassen (Art 71 UN-Charta). Auch Satzungen von anderen I. O. kennen entsprechende Vorschriften.[42] NGOs gibt es in fast allen Bereichen (Politik: Interparlamentarische Union; Recht: Internationale Juristenkommission, International Law Association/ILA, Institut de Droit International/IDI; Arbeitsrecht: Internationale Föderation der Gewerkschaften bzw der Arbeitgeber; Kirche: Lutherischer Weltbund, Innere Mission; humanitär: Amnesty International; Literatur: Internationaler PEN-Club; Sport: Internationales Olympisches Komitee/IOC; Umwelt: Greenpeace). Für das Jahr 2016 wurden allein unter der Rubrik „Conventional international bodies" 9.176 NGOs gezählt (1960: 1255).[43] So sind auch die NGOs ein wichtiger Beleg für die Zunahme internationaler Aktivitäten. Sie sind aber keine I. O. im hier behandelten Sinn.

5. Der Einfluss der Internationalen Organisationen auf das Völkerrecht

Erscheinung und Tätigkeit der I. O. sind über die Erweiterung des Kreises der Völkerrechtssubjekte hinaus für die *Weiterentwicklung des Völkerrechts* von maßgeblicher Bedeutung geworden.[44] Dies kann hier nicht umfassend und im Detail dargestellt

19

---

107 ff; *Hofmann* (Hrsg), Non-State Actors as New Subjects of International Law, 1999; *Hummer*, Internationale nichtstaatliche Organisationen im Zeitalter der Globalisierung, BDGVR 39 (2000) 45 ff; *Müller-Terpitz*, Beteiligungs- und Handlungsmöglichkeiten nichtstaatlicher Organisationen im aktuellen Völker- und Gemeinschaftsrecht, AVR 43 (2004) 466 ff; *Fitschen*, Vereinte Nationen und nichtstaatliche Organisationen, in Volger (Hrsg), Grundlagen, 309 ff; *Rossi*, Legal Status of NGOs in International Law, 2010.
39 *Schermers/Blokker*, International Institutional Law, § 47.
40 Für eine partielle Völkerrechtssubjektivität von NGOs allerdings *Hobe*, Der Rechtsstatus der Nichtregierungsorganisationen, AVR 37 (1999) 152 (171 f); *Epping*, in Ipsen (Fn 28) § 8 Rn 19; *Krajewski*, Völkerrecht, 2017, Rn 89, 143 ff.
41 Vgl A/58/817 v 11.6.2004 (Cardoso Report); ferner *Seidl-Hohenveldern/Loibl*, Internationale Organisationen, Rn 103; s auch u Rn 160.
42 Vgl etwa Art 12 UNESCO; Art 12 ILO; Art 13 FAO. – Auf der Grundlage von Beschlüssen des Ministerkomitees des Europarats ist eine Kooperation mit NGOs aufgenommen worden, vgl *Krieger*, The Conference of International Non-Governmental Organisations of the Council of Europe, in Schmahl/Breuer (Hrsg), Council of Europe, 314 (319 ff). Auch der UN-Sicherheitsrat nimmt seit dem Jahre 2006 verstärkt (informellen) Kontakt mit NGOs im Rahmen der sog „Arria-Formula" auf, vgl UN Doc S/2006/507.
43 YIO 54 (2017/18), Vol 5, 27. – Zum Teil entstehen I. O. aus NGOs; Bsp: World Tourism Organization (1970/75); näher dazu u Rn 233.
44 Das Lehrbuch von *Verdross/Simma*, Universelles Völkerrecht, 3. Aufl 1984 legt sogar der allgemeinen Darstellung des Völkerrechts die „Verfassung der Vereinten Nationen" zugrunde und unterstreicht so den Aspekt der sich verfassenden Staatengemeinschaft. Vgl auch *Schreuer*, The Waning of the Sovereign State: Towards a New Paradigm for International Law, EJIL 4 (1993) 447 ff und *Alvarez*, The Impact of International Organizations on International Law, 2017, 345 ff, die beide auch einen Einfluss der I. O. auf die Rechtsquellenlehre konstatieren. S u Rn 209.

werden; zu vielfältig und zu funktionsspezifisch sind die Beiträge der einzelnen I. O. So sollen nur die wichtigsten generellen Einflüsse angesprochen werden.[45]

20 (1) Mit den I. O. haben sich die Möglichkeiten der internationalen *Kooperation* erheblich erweitert und intensiviert, was sich pazifizierend auf das Verhalten der Staaten auswirkt. Die mit der rechtlichen Verselbständigung der I. O. einhergehende Distanzierung vom (einzel-)mitgliedstaatlichen Willen gibt der Zusammenarbeit einen neuen Charakter und stärkt ihre Effektivität. Freilich haben die I. O. die zwischenstaatliche Kooperation nicht monopolisiert; sie vollzieht sich daneben in zahlreichen anderen Formen.[46] Die wachsende Zahl der I. O. weist jedoch auf das Bedürfnis nach gerade dieser besonders verfestigten Kooperationsform hin. Diese institutionalisierte Kooperation wird folgerichtig zunehmend an die aus dem internationalen (Finanz-)Verwaltungsrecht stammenden Prinzipien der „good governance" gebunden, die die I. O. sowohl im „Binnenraum" als auch gegenüber ihren Mitgliedern rechenschaftspflichtig („accountable") werden lässt.[47] I. O. müssen demnach demokratisch organisiert und transparent sein, den Grundsätzen der Gewaltenteilung entsprechen, fachlich korrekte, korruptionsfreie Entscheidungen treffen und in der Lage sein, die Satzungsziele umzusetzen.

21 (2) Von nicht zu überschätzender Bedeutung ist der Beitrag, den I. O. speziell zur Ausprägung der *Menschenrechte* und des Selbstbestimmungsrechts geleistet haben.[48] Es kann ohne weiteres das Urteil gewagt werden, dass diese das „klassische" Völkerrecht revolutionierenden Entwicklungen ohne das – gewiss nicht immer konzise – Drängen der UN kaum das Stadium politischer Maximen verlassen hätten und zu bindenden, den Handlungsspielraum der Staaten einschränkenden Völkerrechtsnormen erstarkt wären. Eine insoweit wichtige neuere Entwicklung ist die Etablierung der Strafgerichtshöfe zur Ahndung von Kriegsverbrechen und Verbrechen gegen die Menschlichkeit im ehemaligen Jugoslawien (1993) und in Ruanda (1994) durch den UN-Sicherheitsrat[49] und die Verabschiedung des Statuts eines Internationalen Strafgerichtshofs in Rom (1998).[50] Hybride Tribunale, die – wie etwa der Spezialgerichtshof für Sierra Leone – eine gemeinsame Unternehmung der be-

---

45 Vgl *Frowein*, Der Beitrag der Internationalen Organisationen zur Entwicklung des Völkerrechts, ZaöRV 36 (1976) 147 ff; *Schreuer*, Die Bedeutung Internationaler Organisationen im heutigen Völkerrecht, AVR 22 (1984) 363 ff. Vgl schon *Jenks*, The Common Law of Mankind, 1958, 190 ff; *Bennett/Oliver*, International Organizations, 2 ff.
46 Für die Etablierung grenzüberschreitend zusammenarbeitender Regionen empfiehlt *Lang*, Die normative Qualität grenzüberschreitender Regionen, AVR 27 (1989) 253 ff den Begriff der *soft institution*.
47 Vgl *Esty*, Good Governance at the International Scale: Globalizing Administrative Law, Yale LJ 115 (2005/06) 1490 ff; *Brown Weiss/Sornarajah*, Good Governance, MPEPIL, online (2013), Rn 63 ff. Auch die Reputation einer I. O. mag disziplinierend auf ihre Tätigkeiten wirken, vgl *Daugirdas*, Reputation as a Disciplinarian of International Organizations, AJIL 113 (2019) 221 ff.
48 Vgl *Kau*, 3. Abschn Rn 125 ff, 229 ff. – Ferner *O'Flaherty*, Human Rights and the UN, 2. Aufl 2002; *Gareis/Varwick*, Vereinte Nationen, 177 ff; *Shelton*, Human Rights, in Oxford Handbook, 249 ff; *Klein*, Vereinte Nationen und Selbstbestimmungsrecht, in Blumenwitz/Meissner (Hrsg), Das Selbstbestimmungsrecht der Völker und die deutsche Frage, 1984, 107 ff.; *Hilpold*, Von der Utopie zur Realität – das Selbstbestimmungsrecht der Völker in Europa, JZ 2013, 1061 (1063 ff).
49 Vgl S/RES/827 v 25.5.1993 u S/RES/1166 v 13.5.1998 (Jugoslawien); S/RES/955 v 8.11.1994 (Ruanda).
50 Statut des Internationalen Strafgerichtshofs zur Ahndung von Völkermord, von Verbrechen gegen die Menschlichkeit und Kriegsverbrechen v 17.7.1998 (Text: BGBl 2000 II, 1393); vgl *Macke*, UN-Sicherheitsrat und Strafrecht, 2010 sowie *Schröder*, 7. Abschn Rn 46 f, 52.

troffenen Staaten mit den UN zur institutionalisierten Strafverfolgung darstellen,[51] stehen ebenfalls in dieser Linie.[52]

(3) Ganz unübersehbar ist die Leistung, wieder vor allem der UN, im Hinblick auf die Etablierung des *Gewaltverbots*, das heute unbestritten nicht nur als vertragliche Satzungspflicht, sondern als zwingende Norm des allgemeinen Völkerrechts gilt.[53] Militärische Gewaltanwendung ist kein zulässiges Mittel mehr zur Lösung internationaler Konflikte. Ungeachtet der offenkundigen Schwierigkeiten, diesen Völkerrechtssatz tatbestandlich zu konturieren und überall durchzusetzen, ist das der klassischen Souveränitätsvorstellung immanente *ius ad bellum* aus dem Völkerrecht eliminiert. Die klare Verurteilung des Angriffskriegs wirkt sich zunehmend auch auf das völkerrechtliche Institut der Neutralität aus, da aus dieser Perspektive eine Äquidistanz zu Angreifer und Angriffsopfer kaum mehr vertretbar erscheint.[54] Hinzuweisen ist jedoch auf die freilich nicht unbestrittene Konsequenz, dass die verstärkte Bedeutung der Menschenrechte unter bestimmten Voraussetzungen den Einsatz auch militärischer Mittel zu ihrem Schutz zu rechtfertigen vermag.[55] Eine damit zusammenhängende (subsidiäre) Schutzverantwortung der Staatengemeinschaft verfolgt auch das Konzept der „Responsibility to Protect" (R2P).[56] Danach soll der Einsatz militärischer Gewalt als *ultimum remedium* zum Schutz elementarer Menschenrechte zulässig sein, wenn der Staat nicht fähig oder willens ist, deren Einhaltung zu garantieren. Die R2P ist allerdings noch kein völkerrechtlich verbindliches Prinzip; insbes der SR hat das Konzept in der Resolution 1973 (2011) zum Einsatz in Libyen nur implizit angesprochen und ihm etwa im Rahmen des Syrien-Konflikts seit 2012 keine Beachtung geschenkt.[57]

(4) Maßgeblichen Einfluss haben I. O. auf das Recht der *wirtschaftlichen und sozialen Entwicklung und Zusammenarbeit* genommen. Insoweit ist stichwortartig auf Begriffe und Konzepte wie Freihandelszone, Zollunion, multilaterale Entwicklungshilfe, Solidaritätsrechte und Schutz arbeitender Personen vor Ausbeutung hinzu-

---

51 Der Spezialgerichtshof für Sierra Leone beruht auf einem völkerrechtlichen Übereinkommen zwischen den UN und der sierra-leonischen Regierung v 16.1.2002 (wiedergegeben im Anhang zum Bericht des GS über die Errichtung dieses Spezialgerichtshofs v 4.10.2000: UN Doc S/2000/915).
52 Näher *Goldstone*, International Criminal Court and Ad Hoc Tribunals, in Handbook UN, 463 (470 ff); *Scheffer*, Criminal Justice, in Oxford Handbook, 282 ff.
53 Vgl *Bothe*, 8. Abschn Rn 3 ff. – Vgl ICJ Rep 1986, 14, 99 *[Nicaragua (Merits)]*, wo das satzungsrechtliche mit dem gewohnheitsrechtlichen Gewaltverbot gleichgesetzt wird; vgl auch das *Mauer*-Gutachten des IGH, ILM 43 (2004) 1009 mit § 87.
54 Vgl *Hobe* (Fn 37) 579; vgl *Bothe*, 8. Abschn Rn 104 ff.
55 Zur sog humanitären Intervention vgl *Doehring* (Fn 28) Rn 1010 ff, 1048 mwN; krit *Bothe*, 8. Abschn Rn 22.
56 Vgl A/RES/60/1 v 16.5.2005, Ziff 138 f. Umfassend *Verlage*, Responsibility to Protect, 2009; *Rausch*, Responsibility to Protect, 2011; *Thakur*, The United Nations, Peace and Security: From Collective Security to the Responsibility to Protect, 2017; vgl auch die Beiträge im Themenheft 1-2 der Friedenswarte 88 (2013).
57 Vgl *Schmahl*, Responsibility to Protect, humanitäres Völkerrecht und internationale Strafgerichtsbarkeit, in Hilpold (Hrsg), Die Schutzverantwortung (R2P), 2013, 245 (254 ff); aA *Geiß/Kashgar*, UN-Maßnahmen gegen Libyen, VN 2011, 99 (100); wohl auch *Verlage*, Die Sicherheitsratsresolution 1973 zum Fall Libyen, Die Friedenswarte 88 (2013) 63 (73 ff).

weisen.[58] Aus rechtspolitischer Perspektive gehören auch die Entwicklungsziele der UN (Millennium Development Goals, Sustainable Development Goals, UN-Migrationspakt, UN-Flüchtlingspakt)[59] als soft law in diese Reihe, wiewohl sie rechtlich unverbindlich sind.[60]

24 (5) Eine entscheidende Errungenschaft der I.O. ist die damit möglich gewordene institutionalisierte *Durchsetzung völkerrechtlicher Verpflichtungen*, mit der gegen Völkerrechtsverstöße konzentriert vorgegangen, die Durchsetzungschance also erhöht werden kann. Fast noch wichtiger aber ist, dass damit die Möglichkeit gegeben ist, die Bejahung des Unrechtscharakters der zu bekämpfenden Maßnahme auf eine breit konsentierte Grundlage zu stellen und die Durchsetzung von der Beurteilung einzelner Staaten unabhängig und dadurch glaubwürdiger zu machen, als es den traditionellen völkerrechtlichen Durchsetzungsmechanismen entspricht, bei denen der sich verletzt fühlende Staat zwangsläufig mit dem Ergreifen von Repressalien zum „Richter in eigener Sache" wird.[61]

25 (6) Weite Bereiche der zuvor auf ungeschriebenen Völkerrechtsnormen beruhenden Rechtsgebiete sind auf Initiative von Organen oder Hilfsorganen I.O. schriftlich fixiert worden. Die mit der *Kodifikation*[62] einhergehende Präzisierung des Normbestands erleichtert seine Anwendung und Auslegung. Der allmähliche Wandel des Völkerrechts zu einem immer mehr geschriebenen Recht führt zu einer stärkeren Juridifizierung des Völkerrechts und macht es damit der richterlichen Anwendung leichter zugänglich.[63]

26 (7) Es ist kein Zufall, dass die Diskussion über internationalen *ordre public* und *ius cogens* erst nach 1945 in Gang gekommen ist. Die *Identifizierung von Allgemeininteressen* hat eine institutionell verfestigte, auf Dauer angelegte Zusammenarbeit zur Voraussetzung, wird jedenfalls von ihr in erheblichem Maße begünstigt.[64] Dabei bedarf es freilich stets der weiteren Prüfung, auf welchem Wege und unter welchen Umständen die Gemeinwohldefinition normative Bedeutung erlangt; als Weltlegislative ist die UN-Generalversammlung keinesfalls zu qualifizieren. Aber es kann doch

---

58 Vgl *Bennett/Oliver*, International Organizations, 297 ff, 358 ff; *Wolfrum*, Ursprüngliche Aufgabenzuweisung und jetzige Aktivitäten der Vereinten Nationen, in ders (Hrsg), Die Reform der Vereinten Nationen, 1989, 129 (141 ff); vgl *Kreuter-Kirchhof*, 6. Abschn Rn 106 ff.
59 Vgl UN Doc A/RES/55/2 v 16.9.2000; A/RES/69/313 v 27.7.2015; A/RES/70/1 v 25.9.2015; A/RES/71/280 v 6.4.2017; A/RES/72/244 v 24.12.2017; A/73/12 v 26.6.2018; A/CONF.231/3 v 13.7.2018.
60 Zu Recht hat das BVerfG daher die Anträge auf Erlass einer einstweiligen Anordnung gegen die Unterzeichnung des UN-Migrationspakts und des UN-Flüchtlingspakts durch die Bundesregierung abgelehnt, vgl BVerfG, Beschl v 7.12.2018, 2 BvQ 105/18, Rn 16 ff.
61 Näher *Klein*, Sanctions by International Organizations and Economic Communities, AVR 30 (1992) 101 ff; s *Schröder*, 7. Abschn Rn 108 ff.
62 Als Bsp solcher auf die Arbeit der ILC, eines UN-Hilfsorgans, zurückgehender Kodifikationen seien nur genannt: die Wiener Übereinkommen über diplomatische und konsularische Beziehungen (1961/1963), die Wiener Konvention über das Vertragsrecht (1969) und die Wiener Konvention über die Staatennachfolge in Verträge (1978). Vgl näher *Geck*, Völkerrechtliche Verträge und Kodifikation, ZaöRV 36 (1976) 96 ff. S auch u Rn 209.
63 Vgl *Graf Vitzthum*, 1. Abschn Rn 147.
64 *Klein*, Statusverträge im Völkerrecht, 1980, 52 ff; *ders* (Fn 61) 102; *Frowein*, Das Staatengemeinschaftsinteresse, FS Doehring, 1989, 219 (222 f); *Brunnée*, Entwicklungen im Umweltvölkerrecht am Beispiel des sauren Regens und der Ozonschichtzerstörung, 1989, 125 ff; *Tomuschat*, International Law: Ensuring the Survival of Mankind in the Eve of a New Century, 2001, 78 ff; *Paulus*, Die internationale Gemeinschaft im Völkerrecht, 2001, 250 ff.

Konsens über Rechtswerte erzielt werden, deren Infragestellung nach einmal erfolgter Zustimmung schwierig ist und zumindest in Argumentationsnot führt. Die zunehmende Werthaftigkeit des Völkerrechts gibt Hinweise auf eine neue – nicht nur unproblematische – Entwicklungsstufe des Völkerrechts.[65]

(8) Eine charakteristische, mit den erwähnten Entwicklungen zusammenhängende Erscheinung des modernen Völkerrechts ist die (quantitative) Einschränkung des interventionsfreien Raumes *(domaine réservé)*. Die vielfache – gewiss zunächst freiwillig eingegangene – Bindung gewinnt mit der Einordnung in eine verfestigte, sich bei ihrer Willensbildung vom Willen des einzelnen Mitgliedstaats lösenden Institution aber auch eine andere Qualität. Dies wird bei S.O., bei denen man schon offen die *Souveränitätsfrage* stellt,[66] besonders deutlich, ist aber auch im Hinblick auf die UN immer klarer erkennbar. Belege dafür sind nicht nur die Zwangsmaßnahmen des Sicherheitsrats zur Abwehr von Aggressionen, sondern die weitergehenden Resolutionen des Sicherheitsrats bzgl der Einrichtung von Schutzzonen für die Kurden im Norden des Irak und das an Libyen gerichtete Verlangen, eigene, des Terrorismus beschuldigte Staatsangehörige zur strafrechtlichen Aburteilung an andere UN-Mitglieder auszuliefern.[67] Noch weiter gehen Sicherheitsratsresolutionen, die zur Abwehr terroristischer Aktivitäten die Beschränkung der Freiheitsrechte und das Einfrieren des Vermögens namentlich aufgeführter Individuen verlangen (sog *targeted sanctions*; vgl u Rn 152). Auch das Konzept der Schutzverantwortung (R2P) zielt auf eine Einschränkung des interventionsfreien Raumes (vgl o Rn 22). Ungeachtet dieses Qualitätswandels der staatlichen Souveränität beruhen die UN ausdrücklich auf dem Prinzip der souveränen Gleichheit der Staaten (Art 2 Nr 1 UN-Charta), und die Staaten pflegen nach Erlangung ihrer Unabhängigkeit als Erstes den Antrag auf Aufnahme in die UN zu stellen, um damit „Brief und Siegel" auf ihre Souveränität zu erhalten.

Dies zeigt, dass es nicht um Entgegensetzung von Bindung und Souveränität, **28** sondern um eine Synthese gehen muss. Ihr Gelingen, und das ist vielleicht das Wichtigste, was mit der Idee der I.O. erreicht wurde, setzt eine Rationalisierung, eine *„Versachlichung" des Staates*[68] voraus, keineswegs aber seine Auflösung und Verabschiedung.[69] Wo die Entmythologisierung des Staats hingegen nicht gelingt, scheitert die (internationale) Gemeinschaftsidee oder muss zwangsweise durchgesetzt werden. I.O. und Staaten sind daher sich wechselseitig beeinflussende Größen.

(9) Die hier sichtbare, zunehmende Verdichtung des Gesamtsystems (ergänzt **29** durch viele Subsysteme), der Wandel von einer Staatengesellschaft zu einer Staatengemeinschaft[70] hat die UN – die als einzige Organisation dafür in Betracht käme

---

65 Vgl demgegenüber *Hobe* (Fn 37) 42 zur „Wertneutralität" des „klassischen" Völkerrechts.
66 Vgl Ress (Hrsg), Souveränitätsverständnis in den Europäischen Gemeinschaften, 1980; *Randelzhofer*, Staatsgewalt und Souveränität, in Isensee/Kirchhof (Hrsg), HdbStR II, 3. Aufl 2004, 143 (157 f).
67 Dazu mN *K. Ipsen*, Auf dem Weg zur Relativierung der inneren Souveränität bei Friedensbedrohung, VN 1992, 41 ff; *T. Stein*, International Measures against Terrorism as Sanctions by and against Third States, AVR 30 (1992) 38 ff; *ders*, Das Attentat von Lockerbie vor dem Sicherheitsrat der Vereinten Nationen und dem Internationalen Gerichtshof, AVR 31 (1993) 206 ff.
68 *Doehring*, Internationale Organisationen und staatliche Souveränität, FS Forsthoff, 1967, 105 (131).
69 *Klein*, Taking Sovereignty Seriously, Kutafin ULR 4 (2017) 292 ff.
70 *Mosler* (Fn 4) 11 ff; *Tomuschat* (Fn 64) 88 ff. Ausführlich *Paulus* (Fn 64).

– gleichwohl nicht zur *civitas maxima* werden lassen. Nach wie vor sind es die Staaten, die über Fortbestand oder Untergang der I.O. entscheiden. Ein *Weltstaat* ist mit den UN *nicht* errichtet worden,[71] und seine Errichtung wäre auch schwerlich wünschenswert. Selbst in S.O. bleiben die Mitgliedstaaten jedenfalls gemeinsam die „Herren der Verträge", und solange der einzelne Mitgliedstaat faktisch (und auch rechtlich wirksam) eine solche Gemeinschaft verlassen kann, dürfte dies als Probe auf seine ihm Völkerrechtsunmittelbarkeit garantierende Souveränität immer noch genügen.[72]

30 Eine *Hierarchisierung* der Staatengemeinschaft hat durch die UN daher *nicht* stattgefunden; die Staaten nutzen dieses Forum zwar, sind aber die wesentlichen Akteure geblieben.[73] Es ist auch zu keiner Hierarchisierung der I.O. durch die UN gekommen; der misslungene Ein- und Untergliederungsversuch des Völkerbundes ist nicht wiederholt worden.[74] Allerdings können sich Einwirkungsmöglichkeiten der UN auf der Grundlage besonderer Abkommen ergeben, mit denen diese Partnerorganisationen den Status von „Sonderorganisationen" der UN erhalten (Art 57, 63). Ausübung und Abwehr solcher Einflussnahmen sind ein wichtiges Thema innerhalb der sog UN-Familie.[75] Wegen der Universalität der Mitgliedschaft in den UN kommt auch im Blick auf weitere I.O. der Wille der UN in den Fällen zum Tragen, in denen für die Mitglieder verbindliche Entscheidungen getroffen werden. Nach Art 103 UN-Charta gehen die aus ihr folgenden Verpflichtungen anderen übernommenen Vertragspflichten vor. Da die Mitgliedstaaten anderer I.O. in aller Regel auch UN-Mitglieder sind, müssen sie dafür Sorge tragen, dass diese (anderen) Organisationen keine Beschlüsse fassen, welche die ihre Mitglieder bindenden (Sicherheitsrats-) Entscheidungen konterkarieren. Die Organisationen ihrerseits werden auf diese für ihre Mitglieder verbindlichen Entscheidungen Rücksicht nehmen müssen.[76]

31 Angesichts der großen Anzahl I.O. kommt eine auch nur den Versuch einer umfassenden Bestandsaufnahme unternehmende Darstellung nicht in Betracht. Im Folgenden werden daher zwar die allgemeinen, für alle I.O. wesentlichen Grundfragen erörtert; ihre systematische Diskussion orientiert sich hierbei jedoch überwiegend an den *UN* als der wichtigsten I.O. auf globaler Ebene und dem *Europarat* als der für Gesamteuropa wichtigsten I.O. mit generellem Aufgabenbereich. Auch das Bsp der *EU* als Prototyp einer S.O. ist stets präsent. Dies schließt die Heranziehung interessanter anderer Bsp nicht aus, wo dies zum besseren Verständnis des Prob-

---

71 Insgesamt ist nach Wegfall des Ost-West-Konflikts die Rolle des UN-Sicherheitsrats zumindest prinzipiell gestärkt. Insoweit ist das – freilich einmalige – Treffen der Staats- und Regierungschefs der Sicherheitsratsmitglieder vom 31.12.1992 bezeichnend; vgl UN Doc S/23500.
72 *Randelzhofer* (Fn 66) 158. In Art 50 EUV ist das Austrittsrecht jetzt ausdrücklich garantiert; vgl dazu näher u Rn 80.
73 *Schreuer* (Fn 45) 403. Allerdings gibt es I.O., die durchaus Einfluss auf die Politik von Staaten ausüben, wozu vor allem die Weltbankgruppe (IFC, IBRD, IDA, MIGA und ICSID; die beiden letztgenannten Organisationen werden zT nicht zur Weltbankgruppe gezählt) und der IMF gehören; *Fatouros*, On the Hegemonic Role of International Functional Organization, GYIL 23 (1980) 9 ff; *Suchsland-Maser*, Menschenrechte und die Politik multilateraler Finanzinstitute, 1999.
74 Grundlage hierfür bot Art 24 der Völkerbundsatzung.
75 Vgl u Rn 237.
76 *Klein* (Fn 61) 109; *Winkler*, Die Vereinten Nationen im Gefüge der internationalen Organisationen: Eine rechtsdogmatische Untersuchung, 2019. Zum Problem des Grundrechtsschutzes gegenüber Sanktionsmaßnahmen aufgrund bindender SR-Res u Rn 152.

lems angezeigt erscheint. In ergänzenden Abschnitten (Rn 225 ff) wird dann nochmals unter verschiedenen Aspekten über die UN-Familie, den Europarat und die EU informiert.

II. Das Recht der Internationalen Organisationen

1. Entstehung und Untergang Internationaler Organisationen
a) Der völkerrechtliche Gründungsakt

Die Grundlage einer I.O. ist immer ein *völkerrechtlicher Vertrag*, durch den sich die Vertragspartner verpflichten, eine Organisation zu schaffen, die gemäß den weiteren Vertragsbestimmungen funktionieren soll.[77] Die Zuständigkeit der Staaten, solche Institutionen zu errichten, folgt aus dem allgemeinen Völkerrecht; die Zuständigkeit bereits bestehender, am Gründungsvorgang beteiligter I.O. muss sich hingegen aus deren eigenem Gründungsvertrag ergeben. Die Entstehung der Organisation wird im gemeinsamen Zusammenwirken der beteiligten Völkerrechtssubjekte bewirkt (sog Gesamtakt).[78] 32

Die Motivationen, die zur Gründung einer I.O. führen, sind so vielfältig wie die Aufgaben, die I.O. wahrnehmen können.[79] Ein *Gleichklang der Interessen* muss allerdings vorhanden sein, der die Identifizierung eines entsprechenden Gemeinschaftszwecks voraussetzt. Je umfassendere Kompetenzen der I.O. eingeräumt werden sollen, desto höhere Anforderungen sind an die Homogenität der Interessen zu richten.[80] 33

Der *Abschluss* des Gründungsvertrags richtet sich nach dem allgemeinen Völkervertragsrecht; die Regeln der WVK finden Anwendung (Art 5).[81] Die gewählte Bezeichnung (zB Satzung, Charta, Konvention) ist ohne rechtliche Bedeutung (vgl Art 2 Nr 1 lit a WVK). Der Wille zur völkerrechtlichen Bindung wird regelmäßig durch Ratifikation zum Ausdruck gebracht werden. Im Einzelnen wird dies im Vertrag selbst festgelegt, wo auch der Depositar, bei dem die Ratifikationsurkunden zu hinterlegen sind, benannt wird.[82] Auch die Regelung des *Inkrafttretens* erfolgt durch den Vertrag selbst. Hierbei sind verschiedene Varianten denkbar. Voraussetzung kann die Ratifikation durch alle Gründungsmitglieder sein; dies ist vor allem dort der Fall, wo eine enge Integrationsgemeinschaft angestrebt wird und der anvisierte Gemeinschaftszweck nur durch die Mitwirkung aller Beteiligten erreicht werden kann (zB Art 357 AEUV; Art 54 EUV). Der Vertrag kann sich aber auch mit der Ratifikation durch eine geringere Anzahl von (Gründungs-)Staaten begnügen (Art 42 lit b Euro- 34

---

77 Allg Ansicht; statt aller *Bindschedler*, International Organizations, General Aspects, EPIL II (1995) 1289; *P. Klein*, International Organizations or Institutions, Internal Law and Rules, MPEPIL VI, 27 (Rn 1f).
78 *Mosler*, Die Aufnahme in internationale Organisationen, ZaöRV 19 (1958) 275 (305).
79 *Jordan*, International Organizations, 45 ff.
80 *Schermers/Blokker*, International Institutional Law, § 1617.
81 Verträge zur Gründung I.O. werden regelmäßig in intensiven diplomatischen Gesprächen und Staatenkonferenzen ausgehandelt. Zur Gründungsgeschichte der UN vgl etwa *Khan*, Drafting History, in Charter UN³, Rn 1 ff; *Weber*, Entstehungsgeschichte der UN, in Handbuch VN, 110 ff.
82 ZB Art 110 UN-Charta: Regierung der USA; Art 42 lit a Europaratssatzung: Regierung des Vereinigten Königreichs; Art 54 Abs 1 EUV, Art 357 Abs 1 AEUV: Regierung Italiens.

paratssatzung: 7 Staaten). ZT gibt es qualifizierte Anforderungen, wenn die Teilnahme einzelner Staaten als unabdingbar betrachtet wird. So mussten zum Inkrafttreten der UN-Charta die fünf ständigen Sicherheitsratsmächte (China, Frankreich, Sowjetunion, Vereinigtes Königreich und USA) neben der Mehrheit der übrigen Unterzeichnerstaaten ihre Ratifikationsurkunden hinterlegt haben (Art 110 Abs 3). Bei finanzaufwendigen Institutionen wird das Inkrafttreten meist zusätzlich vom Vorliegen einer ausreichenden Finanzausstattung abhängig gemacht.[83] Der Eintritt solcher Voraussetzungen kann lange Zeit in Anspruch nehmen.[84]

35 Vom Inkrafttreten des Vertrags streng zu unterscheiden ist das erst allmähliche, stufenweise Wirksamwerden einzelner Vertragsvorschriften.[85] Die damit eingeräumte *Übergangszeit* dient den Mitgliedstaaten und der I.O. dazu, sich auf die neuen Verhältnisse einzustellen; idS war etwa die in Art 7 EGV aF (aufgehoben durch den Vertrag von Amsterdam) angesprochene Übergangszeit von 12 Jahren (ab 1958) konzipiert.

36 Mit dem Inkrafttreten des Gründungsvertrags ist die rechtliche Grundlage dafür gegeben, dass ein gemeinsamer rechtserheblicher, der Gemeinschaft zurechenbarer Wille gebildet werden kann. Es ist die *Geburtsstunde* der I.O. Die tatsächliche Aufnahme der Organisationstätigkeit setzt aber noch die Konstituierung der Organe, die Rekrutierung des Personals etc voraus. In diesem Stadium werden häufig Vorbereitungskommissionen tätig, um diese vorrangigen Aufbauarbeiten durchzuführen.[86]

b) Der Gründungsvertrag als „Verfassung" der Internationalen Organisationen

37 Freilich wäre es zu kurz gegriffen, allein den vertraglichen Charakter des Gründungsstatuts hervorzuheben. Es enthält neben der gegenseitigen Verpflichtung der Vertragsparteien, eine I.O. zu schaffen, vor allem Regelungen über das Verbandsleben selbst, über die Rechtsbeziehungen in der I.O., also zwischen Organisation und Mitgliedstaaten, zwischen den Mitgliedstaaten als solchen und zwischen den Organen. Nach der Entstehung tritt naturgemäß gerade dieser Gesichtspunkt in den Vordergrund und bleibt bis zur Auflösung dominant. Die vertraglichen-rechtsgeschäftlichen Aspekte sind daher von den satzungsrechtlichen-normativen zu trennen. Die *satzungsrechtlichen Vorschriften* bilden die „Verfassung" der I.O.[87] Sie

---

[83] Vgl Art 13 Abschn 3 IFAD. In Art 74 des Gründungsvertrags der IMO (früher IMCO) wird etwa zusätzlich auf die Schiffstonnagekapazität abgestellt.
[84] Im Fall der IMCO dauerte dies 10 Jahre (1948–1958).
[85] Nicht klar getrennt bei *Seidl-Hohenveldern/Loibl*, Internationale Organisationen, Rn 409.
[86] *Schermers/Blokker*, International Institutional Law, § 1620.
[87] Vgl *Rosenne*, Is the Constitution of an International Organization an International Treaty?, Communicazioni e Studi 12 (1966) 21 ff; *Monaco*, Le caractère constitutionnel des actes institutifs d'organisations internationales, Mélanges Rousseau, 1974, 153 ff; *Fassbender*, The United Nations Charter as Constitution of the International Community, Colum J Transnat'l L 36 (1998) 529 ff; *Dupuy*, The Constitutional Dimension of the Charter of the United Nations Revisited, MPYUNL 1 (1997) 1 ff; *Franck*, Is the U. N. Charter a Constitution?, FS Eitel, 2003, 95 ff; *Peters*, Das Gründungsdokument internationaler Organisationen als Verfassungsvertrag, ZÖR 68 (2013) 1 ff. Vgl auch EuGH, Gutachten 1/91: „Dagegen stellt der EWG-Vertrag, obwohl er in der Form einer völkerrechtlichen Übereinkunft geschlossen wurde, nichtsdestoweniger die grundlegende Verfassungsurkunde einer Rechtsgemeinschaft dar" (Slg 1991, I-6079, 6102 *[1. Gutachten zum EWR-Vertrag]*).

stellen innerhalb der Rechtsordnung der I.O. die oberste Normstufe dar (Primärrecht).

So anerkannt die Differenzierung zwischen vertrags- und verfassungsrechtlichen Elementen auch ist, besteht doch keine völlige Einigkeit über die daraus zu ziehenden rechtlichen *Konsequenzen*. Zu weit geht es, den „verfassungsrechtlichen" Teil dem Völkerrecht zu entziehen und einer davon vollständig emanzipierten Rechtsordnung zuzuordnen.[88] Diese Auffassung übersieht, dass letztlich auch das Organisationsverfassungsrecht auf der völkerrechtlichen Vereinbarung beruht, die die Existenz der I.O. von dem gemeinsamen Willen der Mitgliedstaaten abhängig macht.[89] Wichtige Auswirkungen kann die Unterscheidung aber für die *Auslegung* der verschiedenen Teile des Gründungsvertrags haben.

c) Auslegung und Änderung des Gründungsvertrags

Als völkerrechtliche Verträge unterliegen die Gründungsverträge zwar in allen ihren Teilen den *Interpretationsregeln*, wie sie gewohnheitsrechtlich gelten und in Art 31ff WVK kodifiziert sind. Die Regeln sind jedoch sehr abstrakt gefasst und lassen Raum für ganz unterschiedliche Akzentuierung. Vor allem gilt, dass ein Vertrag auch im Lichte seines Gegenstands und Zwecks *(object and purpose)* auszulegen ist; hieraus ergibt sich geradezu das Gebot, die Auslegung am Vertragsgegenstand und Vertragstyp zu orientieren.[90] Die satzungsrechtlichen und die rechtsgeschäftlichen Vertragsteile des Gründungsvertrags dürfen daher ihrer Natur entsprechend nicht über einen Interpretationsleisten geschlagen werden. Bei den „verfassungsrechtlichen" Bestimmungen des Gründungsvertrags, in denen das Gemeinschaftsinteresse, der Verbandszweck, im Vordergrund steht, kommt die teleologisch-funktionale Auslegung verstärkt zur Anwendung.[91] Dabei ist, bieten sich mehrere Möglichkeiten an, eine Interpretation zu wählen, die dem Vertragszweck am besten gerecht wird. Vor allem ist eine Auslegung zu wählen, die einer Vorschrift praktische Wirkung gibt *(effet utile-Regel)*.[92] Auf derselben Ebene liegt die Heranziehung der *implied powers*-Regel; danach werden der Organisation diejenigen Befugnisse zuerkannt, die sie zur Erfüllung ihrer Aufgaben benötigt.[93]

---

88 So aber *Miehsler*, Qualifikation und Anwendungsbereich des internen Rechts internationaler Organisationen, BDGVR 12 (1973) 47 (65); anders *Bernhardt*, ebd 7ff; *Skubiszewski*, Remarks on the Interpretation of the United Nations Charter, FS Mosler, 1983, 891ff. – Der EuGH (Slg 1963, 1, 25 *[van Gend & Loos]*) hat die Gemeinschaft (heute: Union) als „eine neue Rechtsordnung des *Völkerrechts*" bezeichnet hat (Hervorhebung nur hier); vgl aber auch EuGH, Slg 1964, 1251, 1269 *[Costa/ENEL]*. Vgl u Rn 114ff.
89 *Mosler* (Fn 78) 306: „Die Basis für die Existenz der Organisation bleibt der Vertrag"; *Klein*, Der Verfassungsstaat als Glied einer europäischen Gemeinschaft, VVDStRL 50 (1991) 56 (70, 165).
90 Vgl *Ress*, Wechselwirkung zwischen Völkerrecht und Verfassung bei der Auslegung völkerrechtlicher Verträge, BDGVR 23 (1982) 7 (13f).
91 *Skubiszewski* (Fn 88) 893f; *Ress*, The Interpretation of the Charter, in Charter UN², Rn 34. Dazu auch ICJ Rep 1996, 66, 74f. *[WHO-Nuklearwaffen-Gutachten]*; näher *Burci/Quirin*, in Ryngaert ua (Hrsg), Judicial Decisions, 102 (108f).
92 Vgl abw Meinung des Richters *de Visscher*, ICJ Rep 1950, 187.
93 Vgl ICJ Rep 1949, 174, 182 *[Bernadotte]*; 1954, 46, 56. – Enthält der Gründungsvertrag eine Regelung wie Art 352 AEUV, nach der in weitem Umfang Ersatzzuständigkeiten zur Bewältigung der Aufgaben bei Bedarf zur Verfügung gestellt werden, bedarf es des Rückgriffs auf die *implied powers*-

40   Im Rahmen einer besonders stark integrierten Gemeinschaft (zB EU) schlagen diese Auslegungsprinzipien besonders deutlich zu Buche. Der EuGH hat den teleologischen *(effet utile)* Ansatz daher noch deutlicher als der IGH (bezogen auf die UN) akzentuiert.[94] Das wird auch in der ohnehin stark an den Rand gerückten Berücksichtigung der *travaux préparatoires* deutlich; während der IGH diesen Rückgriff jedoch bei der Auslegung der UN-Charta keineswegs völlig verschmäht,[95] haben die Mitgliedstaaten die Vorarbeiten der Römischen Verträge unter Verschluss genommen und so bewusst einer dynamisch-evolutiven Interpretation den Weg geebnet.[96]

41   Schwierige Fragen treten bzgl der *Interpretationskompetenz von Organen* der I.O. auf.[97] ZT ist eine solche Kompetenz einzelnen Organen ausdrücklich im Vertrag zugewiesen. Dies gilt für die im Rahmen der Organisation etablierten richterlichen Organe, wobei über die Verbindlichkeit des Richterspruchs damit noch nicht gleichzeitig entschieden ist; IGH und EuGH unterscheiden sich insofern beträchtlich.[98] Bekannt sind auch die im IMF-Vertrag enthaltenen bindenden Interpretationskompetenzen für das Board of Governors.[99] Aber auch ohne derartige vertragliche Verankerung ist zu berücksichtigen, dass es gerade die Organe der I.O. sind, die die Bestimmungen des Vertrags anzuwenden haben; die tägliche Arbeit unter dem Vertrag führt zwangsläufig dazu, dass sie ihre eigenen Kompetenzen zu definieren und damit Auslegungsarbeit zu leisten haben.[100] Mit der Anerkennung dieser faktischen Einwirkung der Organpraxis auf den Gründungsvertrag ist allerdings ihre rechtliche Beachtlichkeit noch nicht gesichert. Hier kann Art 31 Abs 3 lit b WVK eine wichtige Brückenfunktion übernehmen. Um von der Organpraxis auf den – nach dieser Vorschrift notwendigen – Konsens der Vertragsstaaten schließen zu können, bedarf die Praxis der Konsistenz und Dauer und darf nicht auf den ausdrücklichen oder schlüssigen Widerstand eines der Mitgliedstaaten gestoßen sein.[101] Die die Organpraxis einerseits, das Verhalten der Mitgliedstaaten andererseits in Rechnung stellende Auslegung des Art 27 Abs 3 UN-Charta durch den IGH bietet hierfür ein Bsp.[102]

Lehre praktisch nicht; vgl *Oppermann/Classen/Nettesheim*, Europarecht, 8. Aufl 2018, § 11 Rn 11; *Haratsch/Koenig/Pechstein*, Europarecht, 11. Aufl 2018, Rn 207. – Vgl u Rn 190 f.
94 EuGH, Slg 1970, 825, 838 *[Leberpfennig]*; Slg 1979, 1629, 1642 *[Ratti]* – stRspr. Vgl *Oppermann/Classen/Nettesheim* (Fn 93) § 9 Rn 176 ff. Krit BVerfGE 89, 155, 210.
95 Vgl ICJ Rep 1959, 127, 140 f; dazu *Ress* (Fn 91) Rn 24 f.
96 Vgl *Bleckmann*, Europarecht, 6. Aufl 1997, Rn 554. – Von besonderer Bedeutung ist bei I.O. die rechtsvergleichende Auslegung, die vor allem das öffentliche Recht der Mitgliedstaaten einbezieht; ausf *Ress*, Die Bedeutung der Rechtsvergleichung für das Recht Internationaler Organisationen, ZaöRV 36 (1976) 227 ff; *Sommermann*, Die Bedeutung der Rechtsvergleichung für die Fortentwicklung des Staats- und Verwaltungsrechts in Europa, DÖV 1999, 1017 ff.
97 Allg dazu *Schermers/Blokker*, International Institutional Law, §§ 1355 ff; *Sato*, Evolving Constitutions of International Organizations, 1996, 232 ff.
98 Während die Entscheidungen des EuGH grundsätzlich verbindlich sind, sind gerade die im internen Organisationsverhältnis dem IGH allein möglichen Gutachten unverbindlich.
99 Dazu *Simon*, L'interprétation judiciaire des traités d'organisations internationales, 1981, 33 ff.
100 *Miehsler* (Fn 88) 69; *Peters* (Fn 87) 16.
101 *Klein*, Vertragsauslegung und „spätere Praxis" Internationaler Organisationen, in Bieber/Ress (Hrsg), Die Dynamik des Europäischen Gemeinschaftsrechts, 1987, 101 (104 f); *Ress* (Fn 91) Rn 27 ff; *Karl*, Vertrag und spätere Praxis im Völkerrecht, 1983, 190 ff; *Fassbender* (Fn 87) 598. Vgl jüngst auch ILC, UN Doc A/CN.4/683, Third Report on Subsequent Agreements and Subsequent Practice in Relation to the Interpretation of Treaties (Special Rapporteur Georg Nolte) v 7.4.2015, Rn 96-98.
102 ICJ Rep 1971, 16, 22 *[Namibia-Gutachten]*.

Aber auch dann, wenn der *Organpraxis* nicht über ein Auslegungs-*Agreement* **42** der Mitgliedstaaten Einfluss auf die Interpretation des Gründungsvertrags verschafft werden kann, darf die Organpraxis bei der Auslegung nicht völlig unberücksichtigt bleiben.[103] Insoweit kann sie als ein ergänzendes Interpretationsmittel zur funktionalen Zweckbestimmung der I.O. iSv Art 31 Abs 1 und Art 32 WVK angesehen werden.[104] Sie gibt zumindest einen wichtigen Hinweis auf die Vertragsrealität, die der Interpret zur Kenntnis zu nehmen hat. Handelt es sich um die Auslegung einer „offenen" Vertragsnorm und bleibt die (ständige) Organpraxis im Rahmen des Wortlauts, so kommt ihr eine eigene Bedeutung zu. IdS hat der IGH zu Recht die seit Anfang an stets geübte Praxis der Generalversammlung berücksichtigt, im „Budget" gemäß Art 17 Abs 1 UN-Charta sowohl die administrativen als auch operationellen Aufgaben gemeinsam auszuweisen.[105]

Die *Änderung der Gründungsverträge* erfolgt nach den dort jeweils festgelegten **43** Vorschriften. Dabei gibt es eine beträchtlich variierende Vielfalt der im Einzelfall zu erfüllenden verfahrensmäßigen Voraussetzungen.[106] Im Wesentlichen kann man unterscheiden zwischen Änderungen, die von Organen der I.O. zusammen mit den Mitgliedstaaten durchgeführt werden müssen, und Änderungen, die allein den Organen der I.O. obliegen.

Zur *ersten* Gruppe gehört Art 108 UN-Charta. Eine Änderung muss von 2/3 der **44** Mitglieder der Generalversammlung[107] akzeptiert und von 2/3 der Mitgliedstaaten, darunter den fünf ständigen Mitgliedern des Sicherheitsrats, ratifiziert worden sein, um für alle Mitgliedstaaten in Kraft treten zu können. Vorgeschlagene Änderungen von Vorschriften der Europaratssatzung müssen zunächst vom Ministerkomitee akzeptiert und in ein Änderungsprotokoll aufgenommen werden, wobei je nachdem, um welche Vorschriften es sich handelt, das Komitee einstimmig oder mit 2/3-Mehrheit entscheidet (Art 20). Das Inkrafttreten (für alle Mitgliedstaaten) bedarf auch hier der Ratifikation durch 2/3 der Mitglieder.[108] Auch Art 48 EUV sieht ein Verfahren vor, das die politischen Organe der Union und die Mitgliedstaaten einbezieht.[109] Entscheidend ist zunächst, dass nach Anhörung des Europäischen Parlaments und der Kommission zu den vorgeschlagenen Änderungen der Europäische Rat (mit einfacher Mehrheit) über den Zusammentritt eines Konvents von Vertretern der nationalen Parlamente, der Staats- und Regierungschefs der Mitgliedstaa-

---

103 *Karl* (Fn 101) 169. – Dh nicht, dass sie nicht rechts*widrige* Praxis sein kann; so etwa ist die jahrzehntelange Verweigerung der Teilnahme südafrikanischer Regierungsvertreter an den Sitzungen der GV zu werten, vgl *Klein*, Zur Beschränkung von Mitgliedschaftsrechten in den Vereinten Nationen, VN 1975, 51 ff.
104 ILC, Third Report (Fn 101), Rn 98-102.
105 ICJ Rep 1962, 151 f *[Certain Expenses]*; *Ress* (Fn 91) Rn 31; *Skubiszewski* (Fn 88) 896 ff.
106 Ausf *Schermers/Blokker*, International Institutional Law, §§ 1159 ff; *Zacklin*, The Amendment of the Constitutive Instruments of the United Nations and Specialized Agencies, 1968 (Wiederveröffentlichung 2005).
107 Abzustellen ist auf den aktuellen Stand; *Witschel*, in Charter UN³, Art 108 Rn 32; *Schrijver*, The Future of the Charter of the United Nations, MPYUNL 10 (2006) 1 ff.
108 *Walter*, Interpretation of the Statute, in Schmahl/Breuer (Hrsg), Council of Europe, 23 (32).
109 Art 48 EUV sieht drei verschiedene Verfahren vor, wobei das Konventsverfahren nach Art 48 Abs 2 bis 5 EUV als ordentliches Änderungsverfahren gilt, während Art 48 Abs 6 bis 7 EUV zwei Varianten eines vereinfachten Änderungsverfahrens vorsieht, vgl *Oppermann/Classen/Nettesheim* (Fn 93) § 9 Rn 53 ff.

ten, des Europäischen Parlaments und der Kommission (vgl Art 48 Abs 3 UAbs 1 EUV) oder nach Maßgabe des Art 48 Abs 3 UA 2 EUV über den Zusammentritt einer Konferenz der Mitgliedstaaten zu beschließen hat. Die Vereinbarung der Vertragsänderung ist dann ausschließlich Sache der Konferenz der Mitgliedstaaten (Art 48 Abs 4 UAbs 1 EUV). Jede Vertragsänderung bedarf zu ihrem Inkrafttreten der Ratifikation durch alle Mitgliedstaaten.[110]

45   In der *zweiten* Gruppe führt die Entscheidung des die Mitgliedstaaten umfassenden Organs der I. O. unmittelbar zur Vertragsänderung. Wir finden Bsp etwa bei Sonderorganisationen der UN, aber auch bzgl bestimmter Vertragsvorschriften beim Europarat und der EFTA.[111] Werden allerdings Vorschriften geändert, die die Stellung der Mitgliedstaaten betreffen, kommt hier das normale, auch die Mitgliedstaaten einbeziehende Änderungsverfahren zum Zuge.[112]

46   Treten Änderungen des Gründungsvertrags für alle Mitgliedstaaten in Kraft, obgleich hierzu nur die Ratifikation einer Mehrheit erforderlich war, stellt sich die Frage nach der *Position der in Ablehnung verharrenden Mitglieder*. Die zugrunde liegende Überlegung in solchen Fällen ist offenbar die, dass die Fortentwicklung der I. O. nicht an die Zustimmung aller Mitglieder gebunden sein soll;[113] zu leicht könnte es andernfalls zu einer Zementierung des bestehenden Zustands kommen.[114] Auf der anderen Seite ist nicht davon auszugehen, dass die Staaten bei der Gründung oder bei einem späteren Beitritt ihre Bereitschaft zum Ausdruck bringen wollen, der Organisation auf Dauer anzugehören, ganz unabhängig davon, welchen Weg sie nimmt. Nicht akzeptierten Vertragsänderungen können sich die einzelnen Staaten daher durch *Austritt* entziehen. Für die UN ist dies in einer interpretativen Erklärung ausdrücklich festgehalten.[115] Jedenfalls insoweit ist es nicht notwendig, von unabänderbaren Inhalten eines Gründungsvertrags auszugehen, um die einer Vertragsänderung widersprechende Mitgliedstaatenminderheit vor ungewollten und beim Beitritt unvorhergesehenen grundlegenden Veränderungen zu schützen.[116]

47   Eine schwierige Frage ist, ob sich die *Mitgliedstaaten gemeinsam über* die im Gründungsvertrag vorgesehenen *Änderungsregeln hinwegsetzen* können. Dafür spricht die allgemeine, in Art 39 WVK enthaltene Regel, wonach die Vertragsstaaten durch völker-

---

110 Vgl Art 48 Abs 4 UAbs 2 EUV. Auch Art 54 EUV geht von der Ratifikation durch alle Mitgliedstaaten aus.
111 ZB Art 7 lit a IMF; Art 41 lit d Europarat; Art 3 Abs 5, Art 4 Abs 5, Art 5 Abs 7 EFTA.
112 Vgl *Klein*, United Nations, Specialized Agencies, MPEPIL X, 489 (Rn 15 f).
113 Vgl *Fassbender* (Fn 87) 578 f.
114 Es bliebe dann nur die Gründung einer neuen I. O. durch einige der Mitgliedstaaten mit allen schwierigen rechtlichen und faktischen Folgen des Nebeneinanderbestehens beider Organisationen, vgl Art 30 WVK.
115 Vgl Committee I/2: UNCIO VII, 267: Keinem Mitgliedstaat werde der Austritt verwehrt, „if its rights or obligations [...] were changed by Charter amendment in which it has not concurred and which it finds itself unable to accept"; näher *Witschel*, in Charter UN³, Art 108 Rn 41 f. – In einzelnen Sonderorganisationen (ICAO, Art 94) kann das Plenarorgan festlegen, dass Mitgliedstaaten, die innerhalb einer bestimmten Frist nicht ratifizieren, aus der I. O. ausscheiden. Eine Sonderregelung trifft Art 48 Abs 5 EUV.
116 So aber *Frowein*, Are there Limits to the Amendment Procedures in Treaties Constituting International Organisations?, FS Seidl-Hohenveldern, 1998, 201 (215 ff); ihm folgend *Ruffert/Walter*, Institutionalisiertes Völkerrecht, Rn 134.

rechtliche (auch nichtförmliche!)[117] Übereinkunft einen Vertrag ändern können, sowie das in Art 54 WVK verbürgte Kündigungsrecht.[118] Demgegenüber wird für das Europäische Unionsrecht überwiegend die Einhaltung der Vertragsvorschriften (Art 48 EUV) als zwingende Voraussetzung einer Änderung gefordert.[119] Dieser Auffassung dürfte auch der EuGH sein,[120] der im Verfahren der Aufsichtsklage (Art 258 AEUV) oder der Vorabentscheidung (Art 267 AEUV) Gelegenheit haben könnte, die (Unions-) Rechtmäßigkeit der von den Mitgliedstaaten beschlossenen Änderung zu überprüfen. Das Grundproblem ist jedoch, ob die EU eine solche Gemeinschaft bildet, in der ihre Mitglieder (bereits) die völkerrechtliche Dispositionsbefugnis über ihre Schöpfung verloren haben.[121] Dies dürfte so lange zu verneinen sein, als die Europäische Union kein Staat ist.[122] Die verbliebene Handlungsfähigkeit der Mitgliedstaaten müsste daher auch der EuGH in Rechnung stellen. Hinzuzufügen ist allerdings, dass für die Mitgliedstaaten die hier erörterte Frage wenig praktisch ist, da sie auch in dem von Art 48 EUV vorgesehenen Verfahren eindeutig dominieren und der Unterschied zum freien „völkerrechtlichen" Verfahren gemäß Art 39 WVK gering ist. Immerhin ist der EGKS-Vertrag zweimal (1956 u 1957) unter Verstoß gegen seine Vorschriften (Art 96) geändert worden, wenngleich unter besonderen Umständen. Man hat dies, was problematisch ist, mit der Akquieszenz der beteiligten Gemeinschaftsorgane rechtfertigen wollen.[123]

Inhaltliche Grenzen der Vertragsänderung haben Gründungsverträge bislang **48** nicht aufgestellt; differenziert wird zuweilen nur, wie erwähnt, zwischen einzelnen Vertragsbestimmungen im Hinblick auf das Änderungsverfahren.[124] Der EuGH hat aber in Rn 69–72 seines Gutachtens 1/91 zur Vereinbarkeit des EWR-Vertrags mit dem EWG-Vertrag ausgeführt, dass die Mitgliedstaaten auch durch eine Art 236 EWGV (Art 48 EUV) berücksichtigende Vertragsänderung (hier des Art 238 EWGV; Art 217 AEUV) die Reichweite des Art 164 EWGV (Art 19 Abs 1 EUV), die dem EuGH die Wahrung des Rechts der Gemeinschaft überträgt, nicht beeinträchtigen könn-

---

117 Vgl das (Kammer-)Urteil des EGMR im Fall *Öcalan* v 12.3.2003 (EuGRZ 2003, 472 ff), wo der EGMR davon ausging, dass die Praxis der Konventionsstaaten im Bereich der Todesstrafe zu einer Übereinkunft führen könne, durch welche die Todesstrafe – entgegen den ausdrücklichen Bestimmungen der EMRK (vgl Art 2 Abs 1 Satz) – als abgeschafft zu betrachten sei (§ 191); hierzu *Breuer*, Völkerrechtliche Implikationen des Falles Öcalan, EuGRZ 2003, 449 (453); die Große Kammer hat die diesbezüglichen Ausführungen der Kammer gebilligt, vgl Urteil v 12.5.2005, § 163 (EuGRZ 2005, 463).
118 *Seidl-Hohenveldern/Loibl*, Internationale Organisationen, Rn 1538 ff; zurückhaltender *Schermers/Blokker*, International Institutional Law, § 1163; *Ruffert/Walter*, Institutionalisiertes Völkerrecht, Rn 133.
119 Vgl mN *Meng*, in von der Groeben/Schwarze (Hrsg), Europäisches Unionsrecht, 7. Aufl 2015, Art 48 EU Rn 4; *Vedder/Folz*, in Grabitz/Hilf (Hrsg), Das Recht der Europäischen Union, 40. Lfg 2009, Art 48 EUV Rn 47 f; *Oppermann/Classen/Nettesheim* (Fn 93) § 9 Rn 58. Vgl bereits *Everling*, Sind die Mitgliedstaaten der EG noch Herren der Verträge?, FS Mosler, 1983, 173 (183); *Bernhardt*, Europäisches Gemeinschaftsrecht und das Recht Internationaler Organisationen, FS Seidl-Hohenveldern, 1998, 25 (33 f).
120 Vgl EuGH, Slg 1976, 455, 478 *[Defrenne II]*; vgl auch EuGH, ECLI:EU:C:2012:756, Rn 46 ff *[Pringle]*.
121 Vgl auch mN *Vedder/Folz* (Fn 119) Rn 49 f.
122 Allg dazu *Meng*, Das Recht der Internationale Organisationen – Eine Entwicklungsstufe des Völkerrechts, 1979.
123 *Karl* (Fn 101) 349; einschränkend *Oppermann/Classen/Nettesheim* (Fn 93) § 9 Rn 59.
124 Vgl Rn 43 ff.

ten.¹²⁵ Dieser Hinweis schränkt die Vertragsänderungskapazität der Mitgliedstaaten in einer nicht mehr begründbaren Weise ein.¹²⁶

49 Nur kurz hinzuweisen ist darauf, dass verschiedentlich neben dem eigentlichen Vertragsänderungsverfahren die Durchführung von *Revisionskonferenzen* vorgesehen ist. Sie sollen eine umfassende Überprüfung der Funktionsbedingungen der I.O. ermöglichen.¹²⁷

50 Im Hinblick auf die meisten I.O. sind durch Vertragsänderungen keine wesentlichen *Innovationsschübe* erfolgt.¹²⁸ Neuorientierungen sind eher durch die Gründung neuer I.O. als durch Vertragsänderung der alten Organisationen vorgenommen worden.¹²⁹ Eine Ausnahme bietet die Europäische Union. Hier ist durch die EEA, den Maastrichter und den Amsterdamer Vertrag sowie durch die Verträge von Nizza und Lissabon erheblichen Weiterentwicklungen der schon bestehenden Europäischen Gemeinschaften der Weg geebnet worden.¹³⁰ – Neue Wege der Vertragsänderung beschritt zunächst der durch die Erklärung von Laeken¹³¹ eingesetzte „Konvent für die Zukunft Europas" (Europäischer Konvent); die Konventsmethode ist aufgrund des Vertrags von Lissabon nunmehr primärrechtlich in Art 48 EUV verankert.¹³² Ziel der *Konventsmethode*¹³³ ist es, durch die Einbeziehung der nationalen Parlamente und des EP (neben Vertretern der Kommission sowie der nationalen Regierungen) der Vertragsänderung eine breitere demokratische Legitimation zu verleihen;¹³⁴ die Verhandlungen sind zudem öffentlich, was zu einem höheren Maß an Transparenz führen soll.

d) Untergang von Internationalen Organisationen

51 Der Untergang I.O. kann *vertraglich geregelt* sein. Dies gilt vor allem da, wo der Gründungsvertrag eine zeitliche Begrenzung enthält (Art 97 EGKSV: 50 Jahre).¹³⁵ Andere Verträge verknüpfen den Fortbestand der I.O. mit einer Mindestzahl von Mitgliedern (zB Art 25 Europäische Weltraumorganisation/ESA); zT wird dem Hauptorgan die freie Entscheidung über die Auflösung eingeräumt, wobei bestimmte Mehrheitserfordernisse zu beachten sind (zB Art 27 IMF).¹³⁶

---

125 EuGH, Slg 1991, I-6079, 6111f.
126 Vgl *Brandtner*, The „Drama" of the EEA, EJIL 3 (1992) 300 (315); *da Cruz Vilaça*, Are There Material Limits to the Revision of the Treaties on the European Union?, 1995; vgl auch *Haratsch/Koenig/Pechstein* (Fn 93) Rn 98; *Ruffert/Walter*, Institutionalisiertes Völkerrecht, Rn 126.
127 Vgl Art 109 UN-Charta.
128 *Schreuer* (Fn 45) 363ff; *Phillips*, Constitutional Revision in the Specialized Agencies, AJIL 62 (1968) 654ff.
129 ZB Gründung der OECD (statt Änderung des OEEC-Vertrages).
130 Sowohl die EEA und der Maastrichter Vertrag als auch der Vertrag von Lissabon enthalten allerdings über die Änderung der Gemeinschafts- und Unionsverträge hinausgehende Vorschriften.
131 EU-Ratsdokument SN 273/01 v 15.12.2001.
132 Vgl Fn 109.
133 Sie fand erstmalig beim sog Grundrechte-Konvent Anwendung, der die Grundrechte-Charta (su Rn 254) erarbeitete. Näher *Meyer/Hartlief*, Die Konventsidee, ZParl 2002, 368ff; *Göler/Marhold*, Die Konventsmethode, integration 2003, 317ff.
134 Hierzu *Fischer*, Die Legitimation von supranationalen Organisationen, ZÖR 62 (2007) 323 (343f).
135 *Obwexer*, Das Ende der Europäischen Gemeinschaft für Kohle und Stahl, EuZW 2002, 517ff; *Grunwald*, Das Ende einer Epoche – das Erbe der EGKS, EuZW 2003, 193.
136 *Schermers/Blokker*, International Institutional Law, § 1629.

Meistens sehen jedoch die Gründungsverträge *Bestimmungen für ihre Auflösung* 52
nicht vor; grundsätzlich werden I.O. ja auch zur dauerhaften Aufgabenerledigung
errichtet. In diesen Fällen können die Mitgliedstaaten unter Rückgriff auf die Regeln
des allgemeinen Vertragsrechts gemeinsam den Vertrag beenden und damit der I.O.
ihre Basis entziehen (Art 54 lit b WVK). Die Vorschriften eines Vertrags über seine
Änderung sind dabei nicht einzuhalten.[137] Bsp für die Auflösung I.O. bieten die IRO
(1952), der Warschauer Pakt (1991) und der Rat für gegenseitige Wirtschaftshilfe/COMECON (1991) sowie die WEU (2011). Die Auflösung des Völkerbunds am
19.4.1946 erfolgte hingegen durch Beschluss der Versammlung (Mitgliederorgan), an
dem sogar nicht einmal alle Mitglieder mitwirkten. Da kein Staat protestierte, kann
man gleichwohl von einem Konsens ausgehen.[138] Nach diesen Grundsätzen könnten
die Mitgliedstaaten auch die UN und den Europarat auflösen. Die zwingende Notwendigkeit eines Forums wie der UN für die Staatengemeinschaft führt freilich dazu,
dass politisch eine Auflösung nur bei gleichzeitiger oder vorangegangener Gründung einer Ersatzorganisation denkbar ist – so wie die UN (seit 1945) bereits existierten, als der Völkerbund aufgelöst wurde.

Es ist eine viel diskutierte Streitfrage, ob die Mitgliedstaaten auch die *europäi-* 53
schen Integrationsverträge einvernehmlich beenden können. Schon von Anbeginn
an galten EG-Vertrag (Art 312), EAG-Vertrag (Art 208) und der Vertrag über die Europäische Union (Art 51 EU) „auf unbegrenzte Zeit". Dasselbe gilt auch für die Union
nach Lissabon (Art 53 EUV, Art 356 AEUV). Verschiedentlich wurde daraus die rechtliche Unauflöslichkeit der supranationalen europäischen Organisation abgeleitet.[139]
Dieser Auffassung stand und steht jedoch entgegen, dass die Mitgliedstaaten nach
wie vor die tragenden Kräfte der Organisation und deshalb jedenfalls gemeinsam die
„Herren der Verträge" geblieben sind.[140] Auch die EU ist nicht als Verband konzipiert, der eine neue verfassunggebende Gewalt geschaffen hätte, deren Inhaber nur
– in Ablösung der Völker der Mitgliedstaaten – das europäische Volk sein könnte;
denn dieses gibt es nicht.[141] Im Übrigen ist jetzt ein Austrittsrecht in Art 50 EUV garantiert.[142]

Der *vollständige Wegfall des Mitgliederbestands*[143] führt ebenfalls zum Unter- 54
gang der I.O. Anders als im innerstaatlichen Recht, wo die rechtliche Beendigung
einer juristischen Person des öffentlichen Rechts stets des gesetzlichen *actus contra-*

---

137 *Seidl-Hohenveldern*, Der Rückgriff auf Mitgliedstaaten in Internationalen Organisationen, FS Mosler, 1983, 881 (884 f); *Köck/Fischer*, Internationale Organisationen, 3. Aufl 1997, 602.
138 *Kelsen*, The Law of the United Nations, 1951, 595.
139 Etwa *H.P. Ipsen*, Europäisches Gemeinschaftsrecht, 1972, 211; *Oppermann/Classen/Nettesheim*, 4. Aufl 2009, § 6 Rn 40 ff.
140 *Dagtoglou*, Recht auf Rücktritt von den Europäischen Verträgen?, FS Forsthoff, 1972, 77 ff; *Hofstötter*, in von der Groeben/Schwarze (Fn 119), Art 53 EUV Rn 4; *Schmalenbach*, in Calliess/Ruffert (Hrsg), EUV/AEUV, 5. Aufl 2016, Art 356 AEUV Rn 2.
141 Vgl dazu BVerfGE 89, 155, 188 sowie erneut BVerfGE 123, 267, 404. S auch – mit anderem Akzent – *Everling* (Fn 119) 188 ff.
142 Hierzu BVerfGE 123, 267, 400 ff; *Ludewig*, Beendigungstatbestände als notwendige und dynamische Elemente der Mitgliedschaft in internationalen Organisationen unter besonderer Berücksichtigung von Art. 50 EUV, 2015, 184 ff.
143 Durch Ausschluss, Austritt (dazu u Rn 77 ff) oder Untergang der Mitglieder. Entsprechendes gilt, wenn die Organisation nur noch ein einziges Mitglied hat, vgl *Ruffert/Walter*, Institutionalisiertes Völkerrecht, Rn 143.

rius bedarf, ist die Existenz einer I.O. ohne Mitglieder nicht denkbar. Dies ist die Folge der Ableitung des Existenzrechts der I.O. aus dem Willen der Mitgliedstaaten. Hingegen führt die Inaktivität einer I.O. auch über längere Zeit nicht zu ihrem Untergang; die seit 1921 inaktive Europäische Donaukommission wurde zB erst 1948 in Folge der dann in Kraft getretenen Belgrader Donaukonvention von ihren Mitgliedern konkludent aufgelöst.[144]

55 Der *finanzielle Zusammenbruch* einer I.O., wie er etwa den Internationalen Zinnrat im Jahr 1985 betraf,[145] wirft wichtige Fragen der Haftung der Organisation und des Haftungsdurchgriffs auf die Mitgliedstaaten auf.[146] Eine Zwangsauflösung der I.O. erfolgt damit aber nicht; ihre Existenz ist allein vom Willen ihrer Mitglieder abhängig.[147]

56 Da sich die sachlichen Aufgaben mit dem Untergang einer I.O. nicht erledigen, werden oft *neue, aus der Sicht der Gründer verbesserte Organisationen* gegründet, die diese Aufgaben mitübernehmen (Völkerbund/UN; OEEC/OECD),[148] oder es werden sonstige Einrichtungen oder (Hilfs-)Organe mit entsprechender Zweckbestimmung geschaffen (an die Stelle der IRO trat der UN Hochkommissar für Flüchtlinge).[149] In allen Fällen der Auflösung stellt sich die Frage nach dem Schicksal der mit der Organisation verbundenen Rechte und Pflichten.

e) Sukzessionsfragen

57 Die *Rechtsfolgen der Auflösung* einer I.O. werden in den Gründungsverträgen selten behandelt. Eine Ausnahme bilden finanzwirksame Institutionen wie die Weltbank (IBRD), die Vorkehrungen für die Vermögensliquidierung bei Auflösung treffen.[150] Bei Nichtregelung ergibt sich aus allgemeinen Rechtsgrundsätzen, dass nach Abzug der Verbindlichkeiten das Restvermögen an die Mitgliedstaaten entsprechend ihren Beteiligungen zu verteilen ist. Die Rechte der I.O. und ihre Rechtsakte erlöschen bei Auflösung,[151] es sei denn, eine andere Institution rückt in die bisherige Rechtsstellung ein.

58 Dies war etwa der Fall im Verhältnis von *OEEC und OECD.* Art 15 OECD-Vertrag sieht die Kontinuität der Rechtspersönlichkeit der OEEC vor. Eine Rechtsidentität

---

144 Anders *Seidl-Hohenveldern,* Die Belgrader Donaukonvention von 1948, AVR 7 (1958) 253 (258f); *Epping,* in Ipsen (Fn 28) § 8 Rn 28.
145 Vgl *Eisemann,* Crise du conseil international de l'etain et insolvabilité d'une organisation intergouvernementale, AFDI 31 (1985) 730ff; *McFadden,* The Collapse of Tin, AJIL 80 (1986) 81ff; *Kullmann,* Collapse of the 6th International Tin Agreement, GYIL 30 (1987) 205ff.
146 Dazu u Rn 101ff.
147 Die Auflösung des Internationalen Zinnrats erfolgte erst im Sommer 1990 (FAZ v 2.8.1990, 9).
148 Vgl *Sands/Klein,* Bowett's Law of International Institutions, 532ff.
149 *Melander,* International Refugee Organization, MPEPIL VI, 125ff; *Feller/Klug,* Refugees, United Nations High Commissioner (UNHCR), MPEPIL VIII, 720ff; *Schmahl,* in Zimmermann (Hrsg), The 1951 Convention Relating to the Status of Refugees and its 1967 Protocol, 2011, Art 1A Rn 72.
150 Art 6 Abs 5 IBRD. Bei CERN finden sich Regelungen über Pensionszahlungen im Fall der Auflösung der Organisation in den Statuts et règlements de la caisse de pensions de l'Organisation européenne pour la recherche nucléaire (Art I 3.03 Abs 3), hierzu *Conforti/Dominicé/Ress,* Les obligations des Etats membres d'une organisation internationale à l'égard du système de pensions du personnel notamment en cas de dissolution de l'organisation ou de retrait d'un Etat membre – le cas du CERN, RGDIP 107 (2003) 801ff.
151 Vgl *Schmalenbach,* International Organizations or Institutions, Succession, MPEPIL VI, 89ff.

besteht jedoch nicht. Die OECD behielt sich vor, die Rechtsakte der OEEC im Einzelnen auf ihre Übernahme zu prüfen, und auch die Verträge mit den Bediensteten der alten Organisation wurden als aufgelöst betrachtet, konnten jedoch neu abgeschlossen werden.[152]

Im Verhältnis zwischen *Völkerbund und UN* kam es zu keiner derartigen Regelung. Allgemein politisch gesehen sind die UN zwar an die Stelle des Völkerbunds getreten. Die Charta knüpft jedoch an keiner Stelle an die Völkerbundsatzung an, und die Generalversammlung hat es auch ausdrücklich abgelehnt, die politischen Funktionen des Völkerbunds zu übernehmen.[153] Nur im Einzelfall sind die UN in die Rechtsstellung des Völkerbunds eingerückt (partielle Funktionsnachfolge). Wichtig wurde insoweit zB die Fortführung des Mandatsvertrags, den Südafrika mit dem Völkerbund über Südwestafrika (Namibia) abgeschlossen hatte. Ausschlaggebend für die maßgebliche Entscheidung des IGH war, dass nach Art 80 UN-Charta die Generalversammlung die Aufgabe der Mandatsüberwachung wahrnehmen konnte und dazu offenbar gewillt war; eine wichtige Rolle spielte auch das statusrechtliche Element des Mandatsvertrags.[154] Im Übrigen führten die UN weder die Arbeitsverträge mit den Bediensteten des Völkerbunds fort, noch übernahmen sie die Verbindlichkeiten. Der Vermögensübergang (insbes Immobilien) des Völkerbunds wurde durch Abkommen zwischen beiden Organisationen geregelt.[155] – Für die am 23.7.2002 durch Zeitablauf untergegangene EGKS[156] wurde in einem Protokoll zum Vertrag von Nizza der Übergang des gesamten Vermögens sowie aller Verbindlichkeiten auf die EG vorgesehen.[157] Da der Vertrag von Nizza jedoch erst am 1.2.2003 in Kraft trat, wurde für die Übergangszeit durch Beschluss v 27.2.2002[158] eine Regelung getroffen, nach der das ehemalige Vermögen der EGKS, das mit Ablauf des EGKS-Vertrags an die Mitgliedstaaten zurückgefallen war, einstweilen von der Kommission verwaltet wurde. Mit Inkrafttreten des Vertrags von Lissabon am 1.12.2009 ging die EG unter, die EU trat ihre Rechtsnachfolge an (Art 1 Abs 3 Satz 3 EUV).[159]

Aus den bisherigen Vorgängen sind *nur recht grobe gewohnheitsrechtliche Vorgaben* zu gewinnen.[160] Wie die Staatensukzession bleibt auch das Sukzessionsrecht I.O. ein weithin ungeklärtes Kapitel. Die recht verschiedenartigen Verhältnisse verlangen auf den Einzelfall abgestellte Regelungen. Je stärker diese aber dem Prinzip der Kontinuität Rechnung tragen, desto eher wird dem allgemeinen Gerechtigkeitsgedanken genügt.[161]

---

[152] *Hahn*, Die Organisation für Wirtschaftliche Zusammenarbeit und Entwicklung (OECD), ZaöRV 22 (1962) 49 (53 ff); *Sands/Klein*, Bowett's Law of International Institutions, 534 f.
[153] A/RES/24 (I) v 12.2.1946.
[154] ICJ Rep, 1950, 128 ff *[Südwestafrika-Gutachten]*; vgl auch *Klein* (Fn 64 [Statusverträge]) 33 ff.
[155] *Schermers/Blokker*, International Institutional Law, § 1673.
[156] Vgl o Rn 51.
[157] ABl EG 2001, Nr C 80/67.
[158] ABl EG 2002, Nr L 79/42; berichtigt ABl EG 2002, Nr L 196/64.
[159] Die EAG bleibt indes bestehen, vgl Protokoll zur Änderung des Euratom-Vertrags (ABl EU 2007, Nr C 306/197), dort auch zum Fortbestand der Rechtsakte.
[160] *Sands/Klein*, Bowett's Law of International Institutions, 535 f.
[161] Vgl *Lauterpacht*, The Development of International Law by the International Court, 1958, 293.

Schmahl

2. Die Mitgliedschaft in Internationalen Organisationen
a) Erwerb der Mitgliedschaft

61　Art 2 Europaratssatzung drückt aus, was für alle I.O. gilt: Wer Mitglied sein will, muss zugleich *Vertragspartner des Gründungsvertrags* sein.[162] Diese Rechtsstellung kann von Anfang an gegeben sein oder später erworben werden.

62　*Gründungsmitglieder* sind diejenigen Vertragsparteien, die bei den Gründungsverhandlungen mitgewirkt haben, so zB für EGKS, E(W)G und EAG Deutschland, Frankreich, Italien und die drei Benelux-Staaten. In Übernahme der Begrifflichkeit des Völkerbunds (Art 1) bezeichnet Art 3 UN-Charta einen etwas weiteren Kreis von Staaten als „ursprüngliche Mitglieder".[163] Eine rechtlich hervorgehobene Position ist damit nicht verbunden. Freilich können die Staaten, die an den Vertragsverhandlungen teilnehmen, ihre Vorstellungen unmittelbar einbringen, während spätere Mitglieder auf das meist schwierige Änderungsverfahren verwiesen sind.

63　Der *spätere Erwerb der Mitgliedschaft* wird nach Maßgabe des Gründungsvertrags ermöglicht. Es gibt nur wenige I.O., deren Satzungen eine „geschlossene Gesellschaft" vorsehen.[164] IdR enthalten die Verträge eine *Beitritts- oder Aufnahmeklausel*, da der Organisationszweck meist besser mit einem größeren als kleineren Mitgliederkreis zu erreichen ist. Je nach Aufgabenstellung ist die Organisation global oder regional ausgerichtet. Zu den ganz offenen Organisationen gehören vor allem die UN und ihre Sonderorganisationen, zu den regional (beschränkt) offenen etwa der Europarat, die EU, Arabische Liga, OAS und AU. In beiden Fällen ist damit noch nicht gesagt, dass ein mitgliedswilliger Staat ohne Weiteres auch Mitglied wird. Die Organisation und ihre bisherigen Mitglieder möchten nämlich regelmäßig die *Kontrolle über den Mitgliederkreis* behalten. Die Aufnahme hängt daher von der Entscheidung über das Beitrittsgesuch ab, wobei bestimmte verfahrens- und meist auch materiellrechtliche Voraussetzungen aufgestellt werden (Art 4 Abs 2 UN-Charta, Art 49 EUV). Die Beitrittsklauseln sind also nicht iSe echten Vertrags zugunsten Dritter (vgl Art 36 WVK) gefasst.[165] Dies gilt auch im Fall des Europarats, wo erst die Einladung des Ministerkomitees ein vom beitrittswilligen Staat aktualisierbares Recht begründet (Art 4). Verschiedentlich ergibt sich allerdings aus der Mitgliedschaft in den UN ein Recht auf Mitgliedschaft in Sonderorganisationen (zB Art II.1 UNESCO).

64　Die *Aufnahmeprozedur in die UN*[166] wird eingeleitet durch ein Schreiben des Staatsoberhaupts oder Regierungschefs an den Generalsekretär, dem die Erklärung beigefügt ist, dass der Staat seine Pflichten aus der Charta erfüllen wird.[167] Die Aufnahme setzt voraus (Art 4 Abs 2), dass sowohl der Sicherheitsrat, wobei das Veto-

---

162　*Ginther*, Grundfragen der Mitgliedschaft in Internationalen Organisationen, BDGVR 17 (1975) 7 ff.
163　Zu den Gründen *Fastenrath*, in Charter UN³, Art 3 Rn 2 ff.
164　So zB der Vertrag zur Gründung der Benelux-Wirtschaftsunion v 1958 (Text in Berber [Hrsg], Dokumente I, 1967, 591). Hieran ändert auch der am 17.6.2008 unterzeichnete neue Benelux-Vertrag nichts.
165　Dies ergibt sich auch da, wo zunächst „das Tor geöffnet" wird, aus den weiteren Vorschriften, vgl zB Art 1 Abs 2 Arabische Liga (Text in Berber [Fn 164] 816). Zum Ganzen *Mosler* (Fn 78) 275 ff. – Zum „Universalitätsprinzip" als Grundlage eines Beitrittsrechts s u Rn 68.
166　Grundsätzlich *Jaenicke*, Die Aufnahme neuer Mitglieder in die Organisation der Vereinten Nationen, ZaöRV 13 (1950) 291 ff; *Fastenrath*, in Charter UN³, Art 4.
167　Vgl das Aufnahmegesuch der BR Deutschland v 15.6.1973, in Bull BReg 1973, 738.

Recht Anwendung findet (Art 27 Abs 3), als auch die Generalversammlung (2/3-Mehrheit, Art 18 Abs 2) zustimmen müssen. Kommt die zustimmende Empfehlung des Sicherheitsrats nicht zustande, kann die Generalversammlung nicht darüber hinweggehen und gleichwohl die Aufnahme beschließen; dh der vorgängige positive Beschluss des Sicherheitsrats ist unabdingbar.[168] Im Fall des *EU-Vertrags* (Art 49 EUV) sind in die Entscheidung über das Aufnahmegesuch alle drei politischen Unionsorgane eingebunden: nach Anhörung der Kommission und Zustimmung des Europäischen Parlaments entscheidet der Rat (Art 49 Abs 1 EUV). Zusätzlich bedarf es noch eines Vertragsabschlusses des Bewerberstaats mit den bisherigen Mitgliedern (Art 49 Abs 2 EUV). In allen Fällen behalten daher die Mitgliedstaaten unmittelbar oder durch das Mitgliederorgan der Organisation das entscheidende Wort.

Neben den verfahrensrechtlichen werden regelmäßig auch *materielle Voraussetzungen* der Aufnahme aufgestellt. So können häufig nur *Staaten* aufgenommen werden (UN, Europarat, EU). Ein allgemeiner Grundsatz, dass nur Staaten Mitglieder I.O. sein können, ergibt sich daraus aber nicht.[169] Es gibt durchaus Fälle, in denen *I.O.* Mitglieder anderer I.O. sind, so zB die EU im Internationalen Weizenrat, in der Nordwestatlantischen Fischereiorganisation, in der FAO und in der Welthandelsorganisation (WTO).[170] Mitglied des Europarats oder der UN kann die EU, da sie kein Staat ist, hingegen nicht sein.[171] Der Beitritt der EU zur EMRK wurde aber im Jahr 2010 durch Ergänzung des Art 59 EMRK ermöglicht,[172] und mit dem Vertrag von Lissabon hat die EU auch die verpflichtende Kompetenz zum Beitritt zur EMRK erhalten (Art 6 Abs 2 EUV). Der Entwurf eines Beitrittsabkommens ist vom EuGH allerdings im Dezember 2014 für unionsrechtswidrig erklärt worden.[173]

65

Ist die Staatsqualität Voraussetzung der Mitgliedschaft, so muss es sich dabei um einen *unabhängigen, souveränen Staat* handeln.[174] Vorstufen der Staatlichkeit (Stadien vor der Unabhängigkeit) werden nicht akzeptiert; Befreiungsbewegungen, die verschiedentlich als Repräsentanten des Territoriums angesehen werden, können jedoch bestimmte Mitwirkungsrechte eingeräumt werden, die in manchen Unterorganen sogar zu voller Teilnahme berechtigen.[175] Prinzipiell nicht aufnahmefähig ist auch ein *Staatsteil* (Gliedstaat eines Bundesstaats). Es war ein politischer Kompro-

66

---

168 ICJ Rep 1950, 4, 8 ff.
169 *Schermers*, International Organizations as Members of Other International Organizations, FS Mosler, 1983, 823 ff. Vgl auch *Klabbers*, Advanced Introduction, 43 f.
170 *Wolfrum*, Internationale Organisationen, in Seidl-Hohenveldern (Hrsg), Lexikon des Rechts/Völkerrecht, 3. Aufl 2001, 189 (192); *Oppermann*, Die Europäische Gemeinschaft und Union in der Welthandelsorganisation (WTO), RIW 1995, 919 (922); *Mathias/Trengove*, Membership and Representation, in Oxford Handbook, 962 (967 f). Neben der I. O. sind zugleich oft auch deren Mitgliedstaaten selbst Mitglieder der anderen I. O., woraus sich zahlreiche Probleme der Mitwirkung ergeben können; vgl EuGH, Slg 1996, I-1469, 1497 ff.
171 Zum Problem *Pernice*, Die EG als Mitglied der Organisationen im System der Vereinten Nationen, EuR 1991, 273 ff. Vgl auch o Rn 13 sowie u Rn 250.
172 Vgl Art 17 des Protokolls Nr 14 v 14.5.2004, das nach langjährigem Widerstand Russlands am 1.6.2010 in Kraft trat.
173 EuGH, Gutachten 2/13, ECLI:EU:C:2014:2454; dazu vgl u Rn 254 mit Fn 876.
174 Vgl dazu auch das Gutachten des StIGH, Ser B, No 18 (1930) zum gewollten Beitritt Danzigs zur ILO. Mit der Begründung fehlender Unabhängigkeit (wegen der Anwesenheit kubanischer Truppen) verhinderten die USA 1976 den ersten UN-Aufnahmeversuch Angolas.
175 Dazu u Rn 89 f.

Schmahl

miss, der bei der Gründung der UN dazu führte, Weißrussland und die Ukraine neben der Sowjetunion als Gründungsmitglieder zu akzeptieren;[176] ein späterer Beitritt wäre schwerlich in Betracht gekommen. Das Auseinanderbrechen der Sowjetunion hat den Mitgliedstatus dieser beiden jetzt unabhängigen Staaten unberührt gelassen.

67 Während die UN auf Universalität angelegt sind, beschränken Europarat (Art 4) und EU (Art 49 EUV) die Aufnahme neuer Mitglieder auf „europäische Staaten". Beide Organisationen verstehen diesen Begriff nicht nur geographisch, sondern auch unter historischem und kulturellem Aspekt.[177] Ein Beitrittsantrag Marokkos wurde von der EG unter Hinweis auf diese Sachlage abgelehnt.[178] Die Türkei wird als europäischer Staat angesehen. In den Europarat sind mittlerweile neben Russland und der Ukraine auch Armenien und Aserbaidschan als Mitgliedstaaten aufgenommen worden, deren Eigenschaft als „europäische Staaten" bisweilen angezweifelt wurde; klare Ablehnung besteht jedoch im Hinblick auf die fünf asiatischen Nachfolgerepubliken der Sowjetunion.[179] In ähnlicher Weise stellt die OAS (Art 2) auf amerikanische, die AU (Art 29 Abs 1) auf afrikanische, die Arabische Liga (Art 1) auf arabische Staaten ab.

68 Verschiedentlich werden *weitere materielle Voraussetzungen* der Aufnahme gefordert. Nach Art 4 UN-Charta können nur *friedliebende* Staaten UN-Mitglieder werden. Die damit verbundene Einschätzung obliegt den zuständigen Gremien (Sicherheitsrat, Generalversammlung) bzw den darin vertretenen Mitgliedern. In der Phase des Ost-West-Konflikts kam es mit dieser Begründung mehrfach zu entsprechenden Aufnahmeblockaden.[180] Zwar hat der IGH in einem Gutachten klargestellt, dass die Aufnahme von keinen anderen als von den in der UN-Charta selbst aufgeführten Voraussetzungen abhängig gemacht werden darf, also zB nicht von der gleichzeitigen Aufnahme eines weiteren Staates,[181] aber die Einschätzung, ob ein Staat in concreto friedliebend und die Pflichten aus der Charta zu erfüllen bereit ist, entzieht sich seiner Beurteilung. Die Ablehnung der Aufnahme wegen des Vetos eines ständigen Sicherheitsratsmitglieds oder fehlender Mehrheit ist daher rechtlich nicht zu überwinden. Dazu kann auch nicht auf das Universalitätsprinzip zurückgegriffen werden. Die grundsätzliche, von den Organisationszielen her anzustrebende Mitgliedschaft aller Staaten gibt kein Recht zum Beitritt.[182] Richtig bleibt freilich die Erkenntnis, dass die

---

176 *Hazard*, Soviet Republics in International Law, EPIL IV (2000) 525 (527).
177 Vgl dazu Beschluss der Parlamentarischen Versammlung Europarat v 22.4.1992, HRLJ 1992, 230 u Bull EG, Beilage 3/92, 11.
178 EA 1987, Z 207.
179 Kasachstan, Kirgisistan, Tadschikistan, Turkmenistan, Usbekistan.
180 Zur Blockade in den Jahren 1946–1955, die einerseits damalige Ostblockstaaten wie Albanien, Bulgarien, Rumänien und Ungarn, andererseits etwa Irland, Portugal und Spanien betraf und erst 1955 durch eine en bloc-Lösung (16 Aufnahmen) beendet wurde, vgl *Jaenicke* (Fn 166) 352 ff; *Magliveras*, Membership in International Organizations, in Klabbers/Wallendahl (Hrsg), Research Handbook, 84 (87 f). Zur zunächst durch die Aufnahmeanträge Vietnams und Südkoreas ausgelösten Blockade *Kirgis*, International Organizations, 140 ff; *Klein*, Tätigkeit der Vereinten Nationen in völkerrechtlichen Fragen, AVR 17 (1978) 371 (376 f); ders, Tätigkeit der Vereinten Nationen in völkerrechtlichen Fragen, AVR 18 (1979) 182 (187).
181 ICJ Rep 1948, 57 [*Mitgliedschaft in den UN*]. Dazu näher *Fry/Chong*, in Ryngaert u a (Hrsg), Judicial Decisions, 138 (152 ff).
182 Anders *Czerwinski*, Das Universalitätsprinzip und die Mitgliedschaft in internationalen universalen Verträgen und Organisationen, 1974, 140 ff. Die These wurde vor allem von DDR-Völkerrechtlern vertreten, etwa *Graefrath*, Das Recht der DDR auf Mitgliedschaft in der UNO, Deutsche Außenpolitik

Aufgaben einer Organisation wie der UN nur bei einer mindestens quasi-universellen Mitgliedschaft realisiert werden können. Im Gegensatz zum Völkerbund erfüllen die UN mit derzeit 193 Mitgliedern jedenfalls diese Voraussetzung.[183]

Ganz allgemein gilt, dass die beitrittswilligen Staaten bereit und in der Lage sein müssen, die *Satzungspflichten* zu übernehmen. Da die USA die entsprechende Bereitschaft des wieder vereinigten Vietnams nicht erkennen konnten, verhinderten sie zunächst die Aufnahme.[184] Die Fähigkeit zur Erfüllung der Mitgliedspflichten könnte bei sehr kleinen und wirtschaftlich sehr schwachen Staaten in Frage stehen. So hat der Völkerbund zB 1920 die Aufnahme Liechtensteins mit ebendieser Begründung abgelehnt. Die UN sind in dieser Hinsicht sehr viel großzügiger verfahren. Insbes die Dekolonisierung hat zur Entstehung zahlreicher *Mikrostaaten* geführt, die, soweit beantragt, Mitglieder der UN geworden sind.[185] Auch Liechtenstein gehört seit 1990 den UN an.[186] **69**

Bemerkenswert ist, dass verschiedentlich Satzungen regionaler Organisationen über die vom allgemeinen Völkerrecht ohnehin geforderte Friedensbereitschaft hinaus weitere Bedingungen aufstellen, die das *innerstaatliche System* betreffen.[187] Die regionalen Verbindungen sind meist integrationspolitisch stärker entwickelt; dies erfordert zumindest einen bestimmten Grad an übereinstimmenden Rechtsvorstellungen. So muss nach Art 3 Europaratssatzung jedes Mitglied den Grundsatz der Vorherrschaft des Rechts anerkennen und die Menschenrechte und Grundfreiheiten sichern.[188] Für die EU gelten diese Voraussetzungen in erhöhtem Maß (Art 2 u 7 EUV).[189] Ein Staat, der keine pluralistische rechtsstaatliche Demokratie ist, ist als Mitglied nicht denkbar.[190] **70**

Ein Erwerb der Mitgliedschaft in einer I.O. durch *Staatennachfolge* findet idR nicht statt, da es sich bei der Mitgliedschaft um ein „höchstpersönliches" Recht handelt, in das andere Staaten nicht automatisch sukzedieren können.[191] Bricht ein **71**

1966, 664 ff. *Oppermann*, Grundfragen der Mitgliedschaft in Internationalen Organisation, BDGVR 17 (1975) 53 (71 f) spricht immerhin von „wohl fundierten Anrechten" auf Beitritt.
183 Zuletzt trat der Südsudan nach seiner Sezession vom Sudan am 14.7.2011 den UN bei. Taiwan definiert sich (noch) selbst als Teil Chinas.
184 *Kirgis*, International Organizations, 146.
185 Vgl *Ginther* (Fn 162) 25 ff; *Kokott*, Micro-States, EPIL III (1997) 362 ff. Kleinster Mitgliedstaat ist seit 1993 Monaco (1 qkm).
186 Eine Übersicht über den Mitgliederstand der UN findet sich u a jeweils im ersten Heft eines neuen Jahrgangs der Zeitschrift Vereinte Nationen. Zum Stand 2018 vgl Fn 22.
187 Eingehend *Duxbury*, The Participation of States in International Organisations, 2011.
188 Zu den Beitrittskriterien vgl auch die Wiener Erklärung der Staats- und Regierungschefs v 9.10.1993, EuGRZ 1993, 484 ff.
189 Sie finden eine Konkretisierung in den sog Kopenhagener Kriterien, Bull BReg 1993, 629, 632. Auf diese Kriterien wird in Art 49 Abs 1 Satz 4 EUV Bezug genommen.
190 Vgl *H.P. Ipsen*, Über Verfassungs-Homogenität in der EG, FS Dürig, 1990, 159 ff; *Frowein*, Die rechtliche Bedeutung des Verfassungsprinzips der parlamentarischen Demokratie für den europäischen Integrationsprozeß, EuR 1983, 301 ff. Zu den gegenwärtigen rechtsstaatlichen Defiziten mancher Unionsstaaten vgl u Rn 85.
191 Allgemein *Zimmermann*, Staatennachfolge in völkerrechtliche Verträge, 2000, 589 ff; *Dahm/Delbrück/Wolfrum*, Völkerrecht, Bd I/1, 2. Aufl 1989, 168; *Schermers*, Succession of States and International Organizations, NYIL 6 (1975) 103 ff. Die am 6.11.1996 in Kraft getretene, in vielen Teilen problematische Wiener Konvention über Staatensukzession bei Verträgen v 1978 (Text: ZaöRV 39 [1979] 259 ff) bezieht sich auch auf Gründungsverträge (Art 4).

Staat auseinander und wird seine Rechtspersönlichkeit nicht fortgeführt *(Dismembration),* so können auch seine Mitgliedschaften von den Nachfolgestaaten nicht weitergeführt werden; diese müssen vielmehr neu aufgenommen werden. Dies gilt etwa für den Fall der ehemaligen *Tschechoslowakei;* die am 1.1.1993 neu entstandenen Staaten Tschechien und Slowakei mussten das Aufnahmeverfahren in UN und Europarat neu durchlaufen.[192] Entsprechendes gilt für das ehemalige *Jugoslawien.* Die UN haben sich zu Recht auf den Standpunkt gestellt, dass der Staat Jugoslawien untergegangen ist und alle neu entstandenen (Nachfolge-) Staaten die Aufnahme in die Organisation beantragen müssen; demgemäß wurde es der BR Jugoslawien (Serbien und Montenegro) verwehrt, weiter den Sitz Jugoslawiens einzunehmen.[193] Serbien/Montenegro ist aufgrund eines Gesuchs vom 27.10.2000 in die UN im regulären Verfahren aufgenommen worden.[194] Nach seiner Unabhängigkeitserklärung von Serbien ist Montenegro den UN am 28.6.2006 als eigenständiger Staat beigetreten. Schwieriger ist die Situation im Hinblick auf die ehemalige *Sowjetunion* zu beurteilen. Die verschiedenen unabhängig gewordenen Republiken (zB Armenien und Georgien) sind – mit Ausnahme Weißrusslands und der Ukraine, die Gründungsmitglieder der UN sind – als neue Mitglieder in die UN aufgenommen worden. Nicht war dies jedoch der Fall für die Russische Föderation, deren Präsident dem UN-Generalsekretär mit Schreiben vom 24.12.1991 mitteilte, dass Russland die Mitgliedschaft der Sowjetunion im Sicherheitsrat und allen anderen Organen der UN mit Unterstützung der 11 Mitgliedstaaten der GUS aufrechterhalte und alle Rechte und Pflichten der Sowjetunion gemäß der UN-Charta beibehalte. Die UN und ihre Mitgliedstaaten haben dagegen nicht protestiert.[195] Man kann dies als (problematischen) Verzicht der Organisation und ihrer Mitglieder auf das Aufnahmeverfahren sehen, der politisch freilich wegen der prekären Vakanz eines ständigen Sicherheitsratssitzes sinnvoll war.[196] Einfacher, aber rechtlich nicht überzeugend ist die Annahme einer rechtlichen Identität zwischen Sowjetunion und Russischer Födera-

---

192 Vgl die Res der GV v 19.1.1993, A/RES/47/221 u A/RES/47/222.
193 A/RES/47/1 v 22.9.1992; dazu *Partsch,* Belgrads leerer Stuhl im Glaspalast, VN 1992, 181 ff; *Hummer/Mayr-Singer,* Die Bundesrepublik Jugoslawien, AVR 38 (2000) 298 ff; *Wood,* Participation of Former Yugoslav States in the United Nations and in Multilateral Treaties, MPYUNL 1 (1997) 231 ff. Ein weiteres Bsp ist der Zerfall der Mali-Föderation 1960.
194 S/RES/1326 (2000); A/RES/55/12. Die Rechtsauffassung der UN-Organe ist widersprüchlich. Der IGH (ICJ Rep 1996, 595, 610 u ICJ Rep 2003, 7, 31) ging von einer *sui generis*-Situation in der Zeit zwischen 1992 und 2000 aus; idS auch das Jugoslawien-Kriegsverbrecher-Tribunal im Fall *Milutinovic* (Az IT-99-37-PT), Entscheidung v 6.5.2003, § 44. Später stellte der IGH allerdings klar, dass die Charakterisierung als *sui generis*-Situation in einem rein deskriptiven Sinne gemeint gewesen sei, und entschied, dass der Staat Serbien und Montenegro im Jahre 1999 nicht Mitglied der Vereinten Nationen gewesen sei, vgl ILM 44 (2005) 299 ff *[Kosovo-Einsatz].* In seiner Entscheidung zum kroatischen Völkermord-Verfahren judizierte der IGH indes, dass die Klage Kroatiens zwar zum Zeitpunkt der Klageerhebung im Jahre 1999 wegen der fehlenden UN-Mitgliedschaft Serbiens unzulässig gewesen sei, der serbische UN-Beitritt am 1.11.2000 dieses Problem jedoch nachträglich und rückwirkend geheilt habe; vgl Urteil v 18.11.2008, Preliminary Objections *[Kroatien/Serbien].*
195 Die BR Deutschland hat das Schreiben *Jelzins* sogar ausdrücklich zur Kenntnis genommen; Antwort der Bundesregierung v 30.1.1992 auf eine schriftliche Parlamentarierfrage, BT-Drucks 12/2052, Frage 15.
196 Da nach Art 23 Abs 1 UN-Charta die Sowjetunion als eines der ständigen Sicherheitsratsmitglieder ausdrücklich benannt ist, hätte die Ersetzung durch einen anderen Staat einer Satzungsänderung gemäß Art 108 bedurft.

tion; die Fortführung der Mitgliedschaft wäre dann selbstverständlich.[197] Insoweit wäre der Zerfall der Sowjetunion nicht iSe Dismembration, sondern iS verschiedener Sezessionen zu erklären, wobei der Kernstaat (bei gleichzeitiger Namensänderung) erhalten blieb. Entsprechend führte die Sezession Pakistans von Indien (1947), Bangladeshs von Pakistan (1974) und die des Südsudans vom Sudan (2011) jeweils nur zur Aufnahme des abgespaltenen Neustaats, während die Mitgliedschaft des Altstaats unberührt blieb.[198]

Vereinigen sich Staaten, die den UN angehören, zu einem gemeinsamen Staat, so setzt dieser ohne Neuaufnahme die Mitgliedschaft fort.[199] Bsp sind die Vereinigung Ägyptens und Syriens zur Vereinigten Arabischen Republik (1958–1961), die Tanganjikas und Sansibars zu Tansania (1964) und die der beiden Jemen zur Republik Jemen (1990). Entsteht durch die Vereinigung ein neues Rechtssubjekt, das nicht identisch mit einem der Vorgängerstaaten ist, ist das Unterbleiben der (Neu-)Aufnahme nicht logisch, in einer auf Universalität angelegten Organisation allerdings verständlich. In Regionalorganisationen könnte sich jedoch durch die Vereinigung von Mitgliedstaaten zu einem neuen Staat eine für die übrigen Mitglieder nicht ohne Weiteres akzeptable Gewichtsverschiebung ergeben. Art 3 OAS verlangt immerhin die erneute Ratifikation des Gründungsvertrags durch den neu entstandenen Staat, lässt ihn dann aber automatisch zum Mitglied werden. 72

Die *Wiedervereinigung Deutschlands* vollzog sich 1990 als Beitritt der DDR zum Grundgesetz der BR Deutschland (Art 23 GG aF). Damit ging die DDR als Staat unter; die (vergrößerte) BR Deutschland setzte ihre Mitgliedschaft in den UN (seit 1973) und in allen anderen I.O., denen sie angehörte, ununterbrochen fort. Hingegen rückte sie in die Mitgliedschaften der DDR nicht ein, da diese mit deren Untergang erloschen sind.[200] 73

b) Mitgliedschaftsrechte und -pflichten
Mit dem Wirksamwerden der Mitgliedschaft tritt das Mitglied, sind keine besonderen Vereinbarungen getroffen, in vollem Umfang in den vom jeweiligen Gründungsvertrag vorgesehenen *Rechten- und Pflichtenkreis* ein. Dazu gehört auch die von den Organen der I.O. bereits gestaltete Ordnung, soweit sie für die Mitglieder verbindlich ist. Bindende Sicherheitsratsresolutionen (Art 25 UN-Charta) müssen neue UN-Mitglieder daher ebenso beachten wie neue EU-Mitglieder die bislang ergangenen 74

---

197 So *Weyer*, Die Mitgliedschaftsrechte der ehemaligen Sowjetunion in den Vereinten Nationen, ROW 1992, 166 ff; vgl *Zimmermann* (Fn 191) 594 ff.
198 Problematischer ist die 1961 erfolgte Abspaltung Syriens von der erst drei Jahre zuvor zusammen mit Ägypten gegründeten Vereinigten Arabischen Republik. Syrien, Gründungsmitglied der UN, setzte seine Einzelmitgliedschaft ohne Neuaufnahme fort; die UN gingen pragmatisch, aber dogmatisch kaum vertretbar von einem „Ruhen" der Mitgliedschaft Syriens während der Zeit der Vereinigung aus; andere erklären den Vorgang als „formlose Aufnahme", was ebensowenig überzeugt; vgl *Dahm/Delbrück/Wolfrum* (Fn 191).
199 *Fastenrath,* in Charter UN³, Art 4 Rn 37.
200 Zum Problem *Blumenwitz,* Staatennachfolge und die Einigung Deutschlands, 1992; *Fastenrath,* Der deutsche Einigungsvertrag im Lichte des Rechts der Staatennachfolge, AustrJIL 44 (1992) 1 ff. Vgl auch Art 10–12 Einigungsvertrag (BGBl 1990 II, 889).

Rechtsakte der Union *(acquis communautaire)*.[201] Außer diesen speziellen Pflichten erzeugt die Mitgliedschaft weitere gegenseitige Verpflichtungen der vertrauensvollen Zusammenarbeit.[202] Ohne *Loyalität* der I.O. zu ihren Mitgliedern und der Mitglieder untereinander ist jeder organisatorische Zusammenschluss gefährdet.[203] Dies gilt in besonderem Maß für sich entwickelnde Integrationsgemeinschaften; Art 4 Abs 3 EUV hebt diesen Gedanken zutreffend hervor.[204] Mit der gemeinsamen Mitgliedschaft in einer Organisation ist allerdings weder die Pflicht zur völkerrechtlichen Anerkennung noch die Pflicht zur Aufnahme diplomatischer Beziehungen verbunden.[205] Verpflichtet sind die Mitgliedstaaten aber zur Einhaltung aller Pflichten aus der Satzung; soweit diese die gegenseitige Behandlung als Staat voraussetzen, muss dem ungeachtet fehlender Anerkennung entsprochen werden.

75 Für die Mitglieder gilt der *Grundsatz der Gleichheit*, unabhängig davon, ob sie ursprüngliche oder spätere Mitglieder sind.[206] Anderes gilt nur, soweit die Satzung eine unterschiedliche Behandlung der Mitglieder vorschreibt oder zulässt, etwa bei der Stimmabgabe oder bzgl der Beitragspflichten.[207] So privilegiert die UN-Charta die fünf ständigen Sicherheitsratsmitglieder (Art 23 Abs 1 iVm Art 27 Abs 3, Art 108, Art 109 Abs 2, Art 110 Abs 3). In verschiedenen Organisationen, auch in der EU gemäß Art 238 Abs 2 und 3 AEUV, wird das Stimmpotential der Mitglieder „gewogen" und damit vom Prinzip des *one state, one vote* abgegangen.[208]

c) Beendigung der Mitgliedschaft

76 Die Mitgliedschaft endet sowohl bei *Auflösung der Organisation* (vgl o Rn 51ff) als auch bei *Untergang des Mitgliedstaats*.[209] So wurde 1938, nach dem Anschluss Österreichs an das Deutsche Reich, Österreich aus der Liste der Völkerbundmitglieder gestrichen. Die Mitgliedschaft der DDR in I.O. endete mit ihrem Beitritt zur BR Deutschland am 3.10.1990.[210] Entsprechendes gilt für die Tschechoslowakei[211] und Jugoslawien. Wird ein Staat hingegen durch Aggression und Annexion faktisch be-

---

201 Zur Übernahme des *acquis communautaire* eingehend *Herrnfeld*, in Schwarze (Hrsg), EU-Kommentar, 3. Aufl 2012, Art 49 EUV Rn 11 ff; *Ohler*, in Grabitz/Hilf/Nettesheim (Hrsg), Das Recht der EU, Bd 1, 63. Lfg 2017, Art 49 EUV Rn 44 ff.
202 ICJ Rep 1980, 67, 93 ff.
203 Hervorgehoben von *Ginther* (Fn 162) 18 ff, 40.
204 Dazu EuGH, Slg 1999, I-8395, 8442 ff; näher *Bieber/Epiney/Haag/Kotzur*, Die Europäische Union, 12. Aufl 2018, § 2 Rn 62 ff.
205 Das Problem besteht noch heute im Verhältnis zahlreicher arabischer Staaten zu Israel. Es stellte sich längere Zeit auch mit dem EU-Beitritt Tschechiens und der Slowakei, da die Länder gemeinsam mit Liechtenstein Mitglieder des EWR waren und bis Ende 2009 untereinander keine diplomatischen Beziehungen unterhielten.
206 *Mosler* (Fn 78) 307; *Oppermann* (Fn 182) 75 ff; näher *Fassbender*, Die souveräne Gleichheit der Staaten, APZ 43/2004, 7 ff.
207 Vgl *Seidl-Hohenveldern/Loibl*, Internationale Organisationen, Rn 1146 ff. Zu Entstehungsgründen und Modi der unterschiedlichen Behandlung von Mitgliedern vgl *Cogan*, Representation and Power in International Organization, AJIL 103 (2009) 209 ff.
208 Vgl dazu u Rn 132.
209 *Schermers/Blokker*, International Institutional Law, §§ 149–154.
210 Vgl die Briefe der letzten Regierung der DDR und der Bundesregierung v 3.10.1990 an den UN-Generalsekretär (Text: VN 1990, 157).
211 Dismembration am 1.1.1993.

seitigt, wirken sich die Stimson-Doktrin und aus heutiger Sicht das Selbstbestimmungsrecht der Völker staatserhaltend aus.[212] Demgemäß wurden weder Äthiopien noch die Tschechoslowakei noch die baltischen Staaten aus der Liste der Völkerbundmitglieder gestrichen;[213] Erstere nahmen am Auflösungsbeschluss des Völkerbunds teil. Durch seine völkerrechtswidrige Eingliederung in den Irak (1990/91) verlor Kuwait ebenfalls nicht seine Mitgliedschaft in I.O.

Die Mitgliedschaft endet durch wirksamen *Austritt* aus der I.O.[214] Vertragsrechtlich bedeutet Austritt die einseitige Beendigung der Vertragsparteistellung durch Kündigung des Gründungsvertrags. In vielen Organisationen ist dieser Weg ausdrücklich vorgesehen. Die einschlägigen Bestimmungen verlangen idR die Einhaltung einer Kündigungsfrist und die volle Erfüllung der bereits entstandenen Vertragspflichten (zB Beitragszahlung). Ein wichtiges Bsp einer Organisation mit Austrittsklausel (Art 1 Abs 3, Art 26 Abs 2) war der Völkerbund; in der Tat haben zahlreiche wichtige Staaten davon Gebrauch gemacht (insgesamt 16 Staaten; auch o Rn 6).[215] Den Austritt regeln auch Europarat (Art 7), OAS (Art 112) und AU (Art 31). Alle Sonderorganisationen außer der WHO lassen heute den Austritt ausdrücklich zu.[216]

77

Schwierige Probleme treten bei *Fehlen einer Austrittsklausel* auf.[217] Dies gilt insbes für die UN. Hier wollte man angesichts erhoffter Universalität durch Bereitstellung einer entsprechenden Klausel nicht zum Austritt ermutigen. Vergleichbares galt über lange Zeit für die EU, bei der man annahm, dass ein möglicher Austritt nicht in das Konzept einer sich verfestigenden Integrationsgemeinschaft passt. Gleichwohl war fraglich, ob nicht die allgemeinen völkerrechtlichen Regeln (Art 56, 60 WVK) hätten zum Zuge kommen können. Seit Inkrafttreten des Vertrags von Lissabon sieht *Art 50 EUV* die Möglichkeit eines einseitigen, materiell voraussetzungslosen Austrittsrechts vor, welches das außerordentliche Beendigungsrecht nach völkerrechtlichen Grundsätzen praktisch bedeutungslos macht.[218] Nach mehr als 40-jähriger Unionszugehörigkeit hat die britische Regierung infolge des Referendums

78

---

212 Zur daraus folgenden Pflicht der Nichtanerkennung *Klein*, Die Nichtanerkennungspolitik der Vereinten Nationen gegenüber den in die Unabhängigkeit entlassenen südafrikanischen Homelands, ZaöRV 39 (1979) 469 (485ff); ferner *Hillgruber*, Die Aufnahme neuer Staaten in die Völkerrechtsgemeinschaft, 1998, 733ff.
213 Hintergründe waren: Besetzung (1935 bis 1936) und Annexion (1936 bis 1941) Äthiopiens durch das Königreich Italien; Besetzung der Tschechoslowakei durch das Deutsche Reich von 1939 bis 1945 („Protektorat Böhmen und Mähren"); Annexion der baltischen Staaten durch die Sowjetunion im Jahre 1940.
214 Dazu allg *Singh*, Termination of Membership of International Organizations, 1958, 14ff; *Feinberg*, Unilateral Withdrawal from an International Organization, BYBIL 39 (1963) 189ff; *Oppermann* (Fn 182) 83ff; *Schwerdtfeger*, Austritt und Ausschluss aus Internationalen Organisationen, AVR 56 (2018) 96ff.
215 *Noël-Baker*, Termination of Membership of the League of Nations, BYBIL 16 (1935) 153ff.
216 Ausf dazu *Zeidler*, Der Austritt und Ausschluss von Mitgliedern aus den Sonderorganisationen der Vereinten Nationen, 1990, 17, 48ff; ebd 107ff zu den Austritten aus der WHO. In jüngster Zeit sind zB Austritte der USA und Israels aus der UNESCO zu verzeichnen, die beide Ende des Jahres 2018 wirksam werden, vgl *Bernecker*, Der Nahost-Konflikt in der UNESCO, VN 2018, 117ff; *Busse/Stetter*, Israels Skepsis gegenüber den UN, VN 2018, 99 (102f).
217 Vgl allg *Schermers/Blokker*, International Institutional Law, §§ 123ff; *Ludewig* (Fn 142) 41ff.
218 Vgl *Streinz/Ohler/Herrmann*, Der Vertrag von Lissabon zur Reform der EU, 3. Aufl 2010, 38ff sowie u Rn 80. Auch im Verfassungsvertrag war bereits ein Austrittsrecht in Art I-60 VVE festgeschrieben.

vom 23.6.2016 den Austritt des Vereinigten Königreichs aus der EU am 29.3.2017 erklärt;[219] damit war nach der von Art 50 EUV vorgesehenen zweijährigen Verhandlungsperiode mit dem Vollzug des Austritts („Brexit") am 29.3.2019 zu rechnen; allerdings ist auf Ersuchen des Vereinigten Königreichs eine Fristverlängerung bis zum 31.10.2019 erfolgt.[220]

79 Was die *UN* angeht,[221] ist der Universalitätsgedanke zur Abwehr des Austritts nicht ausreichend. Dies ergibt sich schon daraus, dass auch keine Beitrittspflicht besteht, vor allem aber aus dem Bestehen eines Ausschlussrechts (Art 6). Wesentlich ist ferner, dass Änderungen der UN-Charta auch gegen den Willen eines Mitglieds für dieses verbindlich werden können (Art 108, 109). Schließlich gibt es keinen effektiven Rechtsschutz von Mitgliedern gegen Kompetenzüberschreitungen der Organe.[222] Sollen die Staaten der Organisation bzw den dort herrschenden Mehrheiten nicht hilflos ausgeliefert sein, muss ihnen der Austritt möglich sein. Dieser Erkenntnis konnte sich auch die Gründungskonferenz letztlich nicht entziehen; sie hat daher in einer Interpretationserklärung den Austritt zugelassen, wenn ein Mitglied sich „in außergewöhnlichen Umständen" *(exceptional circumstances)* dazu gezwungen fühlt. Ausdrücklich wurde dabei der Fall der nicht konsentierten Charta-Änderung einbezogen.[223] Eine angemessene Kündigungsfrist wird man aus Loyalitätsgründen aber auch hier verlangen müssen.[224] In der Praxis hat bisher nur ein Staat, Indonesien, seinen Austritt erklärt (1965). Die Umstände waren freilich keineswegs „außergewöhnlich" (Wahl Malaysias zum Sicherheitsratsmitglied). Ein Jahr später erklärte Indonesien sich zur „Wiederaufnahme der Zusammenarbeit" bereit. Ex post wurde die Angelegenheit – rechtlich zweifelhaft – nicht als Austritt, sondern als ruhende Mitgliedschaft gewertet, für die Indonesien nur ein Zehntel seines Finanzbeitrags zu zahlen hatte. Ein förmliches Wiederaufnahmeverfahren entfiel damit.[225]

80 Bei der *EU* liegt der Fall anders. Eine Vertragsänderung, Erweiterung oder Reduzierung des Mitgliederkreises kann gegen den Willen der Mitgliedstaaten prinzipiell nicht erfolgen (Art 48, 49 EUV). Die Unionsverträge sehen eine Vielzahl von Regelungsvorbehalten und Schutzklauseln vor, mit deren Hilfe eine Überforderung der Mitglieder vermieden wird (zB Art 347, 348, Art 36, Art 39 Abs 4, Art 52 AEUV). Vor allem aber wird den Mitgliedstaaten gegen Rechtsverletzungen der Unionsorgane und der anderen Mitglieder umfassender Rechtsschutz durch den EuGH gewährt (Art 259, 263, 268 AEUV). Nur bei ständiger Missachtung der Entscheidungen des EuGH durch die Verpflichteten könnte die Aufrechterhaltung der Mitgliedschaft un-

---

219 Näher *Michl*, Die formellen Voraussetzungen für den Austritt des Vereinigten Königreichs aus der Europäischen Union, NVwZ 2016, 1365 ff; *Skouris*, Brexit: Rechtliche Vorgaben für den Austritt der EU, EuZW 2016, 806 ff; *Thiele*, Der Austritt aus der EU – Hintergründe und rechtliche Rahmenbedingungen eines „Brexit", EuR 2016, 281 ff.
220 Zum aktuellen Stand der Austrittsverhandlungen *Dougan*, EU-UK Negiations for a Post-Withdrawal „Status Quo" Transitional Regime under Article 50 TEU, CMLRev 55 (2018) 57 ff. Vgl aber auch EuGH, ECLI:EU:C:2018:999 *[Wightman]*, zur Zulässigkeit der einseitigen Rücknahme des Austrittsantrags.
221 *Ohse*, Der Austritt aus den Vereinten Nationen, VN 1972, 16 ff, 59 ff.
222 Dazu u Rn 179.
223 Text der am 17.6.1945 beschlossenen Erklärung bei *Kirgis*, International Organizations, 240.
224 Anders *Witschel*, in Charter UN³, Art 108 Rn 41.
225 Insgesamt zum indonesischen Rückzug *Schwelb*, Withdrawal from the UN, AJIL 61 (1967) 661 ff; *Blum*, Indonesia's Return to the UN, ICLQ 16 (1967) 522 ff; *Kirgis*, International Organizations, 241 ff.

zumutbar werden (vgl Art 60 Abs 2 lit b WVK, sowie Rn 81). Diese Möglichkeit berührt allerdings nicht das mit dem Vertrag von Lissabon in Art 50 EUV ausdrücklich garantierte Austrittsrecht aus der EU; im Übrigen wurde ein solches Austrittsrecht zT bereits für die frühere Rechtslage angenommen.[226]

Der *Ausschluss* aus der I. O. ist in vielen Fällen als Mittel gegen ein seine Vertragspflichten grob verletzendes Mitglied vorgesehen.[227] Im Rahmen der EU ist die Möglichkeit eines Ausschlusses gegen den Willen des betreffenden Mitgliedstaats umstritten; einig ist man sich aber darin, dass ein Ausschluss die erfolglose Durchführung des in Art 7 EUV vorgesehenen Sanktionsverfahrens zwingend voraussetzt.[228] Obgleich ohnehin nur als *ultima ratio* in Betracht gezogen, ist der Ausschluss aus einer I.O. nicht unproblematisch, da er das Mitglied gerade von seinen Satzungspflichten, gegen die es verstoßen hat, freistellt; er verträgt sich auch schlecht mit dem Grundgedanken der Universalität, der vielen I. O. zugrunde liegt.[229] Gleichwohl kann ein Punkt erreicht sein, an dem die Trennung von einem Mitglied die Organisation weniger belastet als seine weitere Zugehörigkeit. Andernfalls würde man uU den Austritt anderer, vertragstreuer Mitglieder in Kauf nehmen müssen, die eine weitere eigene Mitwirkung unter diesen Umständen als nicht mehr zumutbar ansehen. Die bestehenden Regelungen zeigen, dass – wie die Aufnahme neuer Mitglieder – auch der Ausschlusstatbestand letztlich von einer dem jeweiligen Organ obliegenden Einschätzung abhängt, die grundsätzlich nicht justitiabel ist.[230] Nur in seltenen Fällen ist der Ausschluss zwingende Folge eines bestimmten Ereignisses.[231] **81**

Wie der Völkerbund (Art 16 Abs 4), aus dem nur die Sowjetunion wegen ihres Überfalls auf Finnland ausgeschlossen wurde (1940),[232] ermöglicht auch die UN-Charta (Art 6) einen Ausschluss.[233] Notwendig ist, dass das Mitglied beharrlich die der Charta zugrunde liegenden Prinzipien verletzt hat.[234] Die Entscheidung hierüber obliegt – analog der Aufnahme – der Generalversammlung (2/3-Mehrheit), die aber nur auf eine den Ausschluss befürwortende Empfehlung des Sicherheitsrats handeln kann. Alle bisherigen Versuche, einen Staat (Israel, Südafrika) auszuschließen, sind bereits am Veto eines ständigen Ratsmitglieds gescheitert. Im Fall Taiwan **82**

---

226 Zur Rechtslage nach dem Vertrag von Nizza *Klein*, in Hailbronner/Klein/Magiera/Müller-Graff (Hrsg), Handkommentar zum Vertrag über die Europäische Union (EUV/EGV), 3. Lfg 1994, Art 240 EG Rn 27 ff. ZT anders *Dagtoglou* (Fn 140) 77 ff. Zum Austrittsrecht bei *ultra vires*-Handeln *Doehring*, Einseitiger Austritt aus der Europäischen Gemeinschaft, FS Schiedermair, 2001, 695 ff. Zu Art I-60 VVE *Bruha/Nowak*, Recht auf Austritt aus der Europäischen Union?, AVR 42 (2004) 1 ff; *Friel*, Providing a Constitutional Framework for Withdrawal from the EU, ICLQ 53 (2004) 407 ff.
227 Vgl *Makarczyk*, Legal Basis for Suspension and Expulsion of a State from an International Organization, GYIL 25 (1982) 476 ff. Allgemein vgl *Magliveras*, Exclusion from Participation in International Organisations, 1999.
228 *Becker*, in Schwarze (Fn 201), Art 7 EUV Rn 3; *Ruffert*, in Calliess/Ruffert (Fn 140) Art 7 EUV Rn 31; *Pechstein*, in Streinz (Hrsg), EUV/AEUV, 3. Aufl 2018, Art 7 EUV Rn 23; *Schmahl*, Die Reaktionen auf den Einzug der Freiheitlichen Partei Österreichs in das österreichische Regierungskabinett, EuR 2000, 819 (829 ff); vgl auch u Rn 85.
229 Vgl *Oppermann* (Fn 182) 86 ff.
230 Anders Art 258, 259 AEUV; im Übrigen s o Rn 68.
231 Der Verlust der Mitgliedschaft in den UN zieht automatisch den Verlust der Mitgliedschaft in manchen Sonderorganisationen nach sich (Art 10 IMO; Art II UNESCO).
232 Dazu *Feinberg*, Studies in International Law, 1979, 3 ff.
233 *Ohse*, Ausschluß und Suspension der Mitgliedschaftsrechte in der UNO, VN 1971, 103 ff.
234 Näher *Tams*, in Charter UN[3], Art 6 Rn 10 f.

(1971) handelte es sich nicht um Ausschluss, vielmehr setzte sich die Auffassung durch, das Gründungsmitglied China werde durch die Regierung in Peking, nicht (mehr) durch die in Taipeh vertreten.[235] Auch im Fall Jugoslawien lag kein Ausschluss von Serbien/Montenegro vor, da vom Untergang Jugoslawiens auszugehen war.[236] Anders als in den UN selbst kam es in den Sonderorganisationen zu zahlreichen Ausschlüssen, von denen vor allem Südafrika seiner Apartheidpolitik wegen betroffen war.[237] Auch der *Europarat* (Art 8) und die *Arabische Liga* (Art 18 Abs 2, Einstimmigkeitserfordernis ohne betroffenen Staat) sehen den Ausschluss vor.[238]

83   *Keine Ausschlussregelung* enthalten die Verträge zur Gründung der AU, OAS und EU. Ob die Feststellung der Außenminister der *OAS-Staaten* aus dem Jahr 1962, die Unvereinbarkeit des marxistisch-leninistischen Systems in Kuba mit den Prinzipien der OAS schließe eine Teilnahme der gegenwärtigen Regierung an dem Interamerikanischen System aus, als Ausschluss aus der Organisation zu beurteilen ist, ist zweifelhaft.[239] Mehr spricht für eine Suspension, für die allerdings keine ausdrückliche Rechtsgrundlage vorhanden ist. Denkbar ist freilich auch hier der Rückgriff auf das allgemeine Völkervertragsrecht (Art 60 WVK). Auf dieser Argumentationsebene dürfte auch der *Ausschluss eines EU-Mitglieds* in Betracht kommen; dies setzt allerdings voraus, dass alle Möglichkeiten des Unionsrechts, das Mitglied zu unionstreuem Verhalten zu bewegen, einschließlich des Sanktionsverfahrens nach Art 7 EUV, erfolglos geblieben sind.[240]

d) Beeinträchtigungen der Mitgliedschaftsrechte

84   Zahlreiche Satzungen I.O. sehen Maßnahmen unterhalb der Schwelle des Ausschlusses vor, um Druck auf Mitglieder ausüben zu können, die ihre Verpflichtungen verletzen. Es handelt sich dabei um eine Art organisationsrechtlicher Repressalie (Sanktion), die das Mitglied auf den Pfad der Organisationstreue zurückzwingen möchte. Die Maßnahmen haben daher vorläufigen Charakter.[241]

85   Die *UN-Charta* regelt die *Suspension von Mitgliedsrechten* in zweifacher Weise. Nach Art 19 tritt der Verlust des Stimmrechts in der Generalversammlung automatisch ein, wenn ein Mitgliedstaat mit seinen finanziellen Verpflichtungen mehr als zwei Jahresbeiträge im Rückstand ist.[242] Abgesehen davon, dass die Generalver-

---

235   A/RES/2758 (XXVI).
236   So Rn 71.
237   Übersicht bei *Zeidler* (Fn 216) 142 ff, 180 ff.
238   Zum Ausschluss aus dem Europarat näher *Klein*, Membership and Observer Status, in Schmahl/Breuer (Hrsg), Council of Europe, 40 (67 ff); *Magliveras* (Fn 180), 99 f.
239   So aber *Kutzner*, Die Organisation der Amerikanischen Staaten (OAS), 1970, 175; wie hier *Schermers/Blokker*, International Institutional Law, § 147; *White*, International Organisations, 61.
240   Vgl *Zuleeg*, Der Bestand der EG, GS Sasse, Bd I, 1981, 55 (63) sowie die Nachw in Fn 228; zurückhaltend jedoch *Weber*, in von der Groeben/Schwarze, Kommentar zu EUV und EGV, Bd 4, 6. Aufl 2003, Art 312 EG Rn 11.
241   Vgl *Schermers/Blokker*, International Institutional Law, §§ 1455 ff; *Magliveras* (Fn 227) 103 ff.
242   *Ohse*, Die Suspension des Stimmrechts in der Generalversammlung der UNO, VN 1973, 155 ff. – Derzeit (Stand Dezember 2018, vgl UN Doc A/73/367/Rev.1 v 14.9.2018) erfüllen drei Staaten (die Komoren, São Tomé und Príncipe sowie Somalia) die Tatbestandsvoraussetzungen des Art 19; keiner hiervon ist aber tatsächlich vom Stimmrecht ausgeschlossen.

sammlung hiervon Ausnahmen zulassen kann,²⁴³ hat sie darüber hinaus zahlreiche Wege entwickelt (zB Verzicht auf Abstimmung), um Art 19 leerlaufen zu lassen, da davon auch ständige Sicherheitsratsmächte betroffen wären.²⁴⁴ Art 5 sieht vor, dass in Fällen, in denen der Sicherheitsrat gegen ein Mitglied vorläufige Maßnahmen (Art 40) oder Zwangsmaßnahmen (Art 41, 42, 94 Abs 2) erlassen hat, diesem Rechte aus der Mitgliedschaft von der Generalversammlung auf Empfehlung des Sicherheitsrats zeitweilig entzogen werden können. Ein Anwendungsfall hätte der Irak nach dem Überfall auf Kuwait sein können; tatsächlich ist Art 5 aber noch nie angewendet worden. Auch *das Unionsrecht* sieht die Möglichkeit vor, die Stimmrechte im Rat sowie weitere Mitgliedschaftsrechte eines Mitgliedstaats zu suspendieren (Art 7 EUV, Art 354 AEUV), sofern dieser beharrlich und schwerwiegend die Grundsätze der Freiheit, der Demokratie, der Rechtsstaatlichkeit sowie die Grund- und Menschenrechte (Art 2 EUV) verletzt.²⁴⁵ Die Suspension betrifft sowohl im Rahmen der UN als auch im Rahmen der EU nur die Rechte, nicht die Pflichten.²⁴⁶ Im Jahr 2017 hat die EU-Kommission – unionsweit erstmals – das Sanktionsverfahren nach Art 7 EUV gegen Polen in Gang gesetzt,²⁴⁷ nachdem der vorgeschaltete Rechtsstaatsdialog auf der Grundlage des seit 2014 eingerichteten Monitoring-Verfahrens²⁴⁸ wirkungslos geblieben war.²⁴⁹ Entsprechende Suspendierungsmöglichkeiten sehen Sonderorganisationen der UN und der Europarat (Art 8) vor. In der AU können die Mitgliedschaftsrechte suspendiert werden, wenn eine Regierung auf nicht verfassungsmäßige Weise an die Macht gekommen ist (Art 30).

Man wird nicht davon ausgehen können, dass neben den vorgesehenen Maßnahmen *weitere Suspendierungen* zulässig sind. Ganz überwiegend wird es deshalb für rechtswidrig gehalten, dass die Generalversammlung – nach entsprechendem

---

243 Vgl zB Res v 11.10.2004 (A/RES/59/1A), v 23.12.2005 (A/RES/60/237), v 12.10.2006 (A/RES/61/2); s auch u Rn 224.
244 Vgl *Tomuschat*, in Charter UN³, Art 19 Rn 23 ff.
245 Dies galt bereits seit dem Inkrafttreten des Vertrags von Amsterdam. Vgl *Ruffert*, in Calliess/Ruffert (Fn 140) Art 7 EUV und Art 354 AEUV; *Stein*, Die rechtlichen Reaktionsmöglichkeiten der Europäischen Union bei schwerwiegender und anhaltender Verletzung der demokratischen und rechtsstaatlichen Grundsätze in einem Mitgliedstaat, FS Jaenicke, 1998, 871 ff; *Schorkopf*, Homogenität in der Europäischen Union – Ausgestaltung und Gewährleistung durch Art 6 Abs 1 und Art 7 EUV, 2000; *ders*, Die Maßnahmen der 14 EU-Mitgliedstaaten gegen Österreich, 2002; *Hummer/Obwexer*, Die Wahrung der „Verfassungsgrundsätze" der EU, EuZW 2000, 485 ff; *Schmahl* (Fn 228) 819 ff.
246 *Tams*, in Charter UN³, Art 5 Rn 20; vgl Art 7 Abs 3 UAbs 2 EUV, Art 354 AEUV.
247 Vgl den begründeten Vorschlag der Kommission v 20.12.2017 nach Art 7 Abs 1 EUV zur Rechtsstaatlichkeit in Polen, KOM (2017)835 endg; dazu *Huber*, Europäische Verfassungs- und Rechtsstaatlichkeit in Bedrängnis, Der Staat 56 (2017) 389 (394).
248 Um die Aussetzung von Stimmrechten nach Möglichkeit zu vermeiden, hat die EU-Kommission am 11.3.2014 den „EU-Rahmen zur Stärkung des Rechtsstaatsprinzips" erlassen, mit dem sie ein Kontrollverfahren zum Umgang mit rechtsstaatlichen Defiziten einführt, das als dialogische Vorfeldmaßnahme dem Sanktionsmechanismus des Art 7 EUV vorgeschaltet ist, dazu *Schmahl*, Filling a Legal Gap?: Das neue EU-Monitoring-Verfahren bei Rechtsstaatsdefiziten, FS Stein, 2015, 834 ff.
249 Vgl Kommission, Empfehlungen (EU) 2016/1374 v 27.7.2016 und 2017/146 v 21.12.2016 zur Rechtsstaatlichkeit in Polen; ferner *Franzius*, Der Kampf um Demokratie in Polen und Ungarn, DÖV 2018, 381 (382 f). Zu den Problemen weiterer Mitgliedstaaten im Bereich der rechtsstaatlichen Unionsgrundwerte vgl *Holterhus/Kornack*, Die materielle Struktur der Unionsgrundwerte, EuGRZ 2014, 389 ff; *Nickel*, Integrationspolitische Herausforderungen an den Europäischen Rechtsstaat, EuR 2017, 663 (676 f).

Beschluss des Beglaubigungsausschusses – zwischen 1974 und 1994 die Beglaubigungsschreiben der Regierung Südafrikas für ihre Vertretung in der Generalversammlung nicht anerkannt und damit eine Mitarbeit (einschließlich Stimmrechtsausübung) dieses Staats verhindert hat.[250] Da Südafrika gegen diesen Schritt keinen Rechtsschutz erhalten konnte, blieb ihm – außer dem Austritt – nur die Beitragsverweigerung.[251]

87 Enthält die Satzung *keine Suspensionsvorschrift*, stellt sich erneut die Frage, ob nicht unter Rückgriff auf die allgemeinen Vertragsregeln (Art 60 WVK) eine verhältnismäßige Suspendierung von Mitgliedsrechten zulässig ist, die einerseits effektiven Druck auf das Mitglied ausübt, andererseits dessen Entfernung aus der Organisation vermeidet.[252] Eine Einzelfallbetrachtung ist insofern unvermeidlich.[253]

e) Abgestufte Formen der Mitgliedschaft

88 Neben die Vollmitgliedschaft können in vielen I. O. dahinter zurückbleibende Beteiligungsformen treten. Wichtig sind vor allem der Status des assoziierten Mitglieds und des Beobachters, wobei die Unterschiede in der Praxis oft nur graduell sind.[254] Deutlich ausgeprägt ist die *assoziierte Mitgliedschaft* im Europarat (Art 5). Sie setzt die Annahme der Satzung durch den Staat voraus und gibt ihm weitgehend die gleiche Rechtsstellung wie den Vollmitgliedern, berechtigt allerdings nicht zur Mitwirkung im maßgeblichen politischen Organ, dem Ministerkomitee. Sie dient der Vorbereitung der Vollmitgliedschaft.[255] In den *UN* (wie schon im Völkerbund) hat sich ein förmlicher assoziierter Mitgliedschaftsstatus nicht entwickelt; Überlegungen im Hinblick auf Mikrostaaten waren aus Gründen der gleichen Souveränität der Staaten (Art 2 Nr 1 UN-Charta) nicht realisierbar. Verschiedene *Sonderorganisationen* kennen diese Form der Mitgliedschaft jedoch (zB WHO, FAO, UNESCO).[256] Die Assoziationsverträge (Art 217 AEUV), die die *EU* mit Drittstaaten abschließt, liegen auf anderer Ebene. Sie dienen entweder der Entwicklungshilfe (zB die Abkommen von Lomé und Cotonou mit den AKP-Staaten), sollen einen Beitritt vorbereiten (so das Abkommen mit der Türkei) oder liegen dazwischen (so die sog Europaabkommen mit mittel- und osteuropäischen Staaten nach 1990). Sie berechtigen die Vertragspartner nicht zur Mitarbeit in der EU.[257] Mittelbar wirkt sich das Gewicht der Partner, insbes bei Bei-

---

250 *Klein* (Fn 103) 51 ff; *Suttner*, Has South Africa Been Illegally Excluded from the United Nations General Assembly?, CILSA 17 (1984) 279 ff. – Erfolglos ist die Ausgrenzung von Israel und Chile versucht worden; vgl *Halberstam*, Excluding Israel from the General Assembly by a Rejection of its Credentials, AJIL 78 (1984) 179 ff.
251 Vgl *Tomuschat*, Die Beitragsverweigerung in Internationalen Organisationen, FS Mann, 1977, 439 ff; *Klein*, Beitragspflichten und Stimmrecht, in Wolfrum (Fn 58) 69 (76 f). Vgl auch u Rn 216.
252 Vgl dazu die Überlegungen zur „inaktiven Mitgliedschaft" von *Ginther* (Fn 162) 14 ff.
253 Zur Rechtslage in der EU vor Inkrafttreten des Amsterdamer Vertrags (1.5.1999) vgl *Frowein* (Fn 190) 312 ff; *Klein* (Fn 89) 77.
254 *Schermers*, International Organizations, Membership, EPIL II (1995) 1320 (1326).
255 So wurde die BR Deutschland vor ihrer Vollmitgliedschaft, die sie am 2.5.1951 erlangte, am 13.7.1950 assoziiertes Mitglied des Europarats (BGBl 1953 II, 558).
256 Näher *Schermers/Blokker*, International Institutional Law, §§ 166 ff. Eine besondere Form der *affiliate membership* findet sich bei der UNWTO (Art 7).
257 *Weber* (Fn 240) Art 310 EG Rn 1; *Bleckmann* (Fn 96) Rn 1365 ff.

trittsassoziationen, auf die Politik der Union hingegen gewiss aus.[258] Der Russland und anderen osteuropäischen Staaten eingeräumte Status einer „Partnerschaft für den Frieden" im Verhältnis zur NATO ist keine Vorstufe einer Mitgliedschaft, sondern räumt besondere Informationsrechte zum Zwecke des Abbaus von Misstrauen ein.[259]

Die *Rechtsstellung des Beobachters* hat sich aus dem vernünftigen Bestreben entwickelt, auch Nichtmitglieder in die Kooperation mit der Organisation einzubeziehen.[260] Satzungsrechtliche Grundlagen gibt es kaum; die einschlägigen Regeln haben sich organisationsintern entwickelt und sind zT in den Geschäftsordnungen der jeweiligen Organe festgehalten. In den *UN*[261] bot die Beobachterstellung geteilten Staaten (Deutschland, Korea) längere Zeit eine Möglichkeit, die politisch nicht mögliche Mitgliedschaft in gewissem Rahmen zu kompensieren.[262] Auch der Heilige Stuhl (nicht der Staat der Vatikanstadt) hat einen Beobachterstatus.[263] Diese Rechtsstellung war als Möglichkeit der politischen Darstellung besonders für *nationale Befreiungsbewegungen* von großer Bedeutung. Im Vorgriff auf einen werdenden (Namibia/SWAPO) oder einen stark zu verändernden Staat (Südafrika/ANC und PAC) wurde den jeweiligen nationalen Befreiungsbewegungen, vor allem wenn sie von der OAU anerkannt waren, als „authentischen Vertretern" ihrer Völker über die Beobachterstellung eine politisch höchst wirksame Artikulationsmöglichkeit eingeräumt.[264] Der PLO wurde 1974 ebenfalls ein Beobachterstatus zugestanden.[265] „Palästina", bereits 1988 Beobachter,[266] wurde 2012 der Status eines „staatlichen Beobachters" gewährt.[267] Aber auch I.O. können Beobachter-

89

---

258 Vgl etwa *Hummer*, Der EWR und seine Auswirkungen auf Österreich, EuZW 1992, 361 (368); *Epiney*, Der Stellenwert des europäischen Gemeinschaftsrechts in Integrationsverträgen, 1992, 88 ff. – Art 198 ff AEUV behandeln unter dem Begriff Assoziierung wieder einen ganz anderen Fall, der die außereuropäischen Länder und Hoheitsgebiete der Mitgliedstaaten betrifft.
259 Bull BReg 1994, 20 ff, 23 f; *Wenger/Breitenmoser/Lehmann*, Die NATO-Partnerschaft für den Frieden im Wandel, 1998; North Atlantic Treaty Organisation (NATO)-Russian Federation: Declaration by Heads of State and Government of NATO Member States and the Russian Federation, ILM 41 (2002) 773 ff. Vgl auch den Gäststatus im Europarat (u Rn 239).
260 *Suy*, The Status of Observers in International Organizations, RdC 160 (1978-II) 74 ff; *Schermers*, International Organizations, Observer Status, EPIL II (1995) 1320 (1324 f); vgl auch *Rensmann*, International Organizations and Institutions, Observer Status, MPEPIL VI, 43 ff.
261 *Sybesma-Khol*, The Status of Observers in the United Nations, 1981; *Fastenrath*, in Charter UN³, Art 4 Rn 42 ff.
262 Zum Beobachterstatus, den die beiden deutschen Staaten bis 1973 in den UN innehatten, vgl *Schmahl*, Deutschland und die Vereinten Nationen: Zwischen staatlicher Souveränität und multilateraler Kooperation, FS E. Klein, 2013, 861 (863 f).
263 Vgl *Germelmann*, Heiliger Stuhl und Vatikanstaat in der internationalen Gemeinschaft, AVR 47 (2009) 147 (177 f). Mit A/RES/58/314 v 1.7.2004 hat die GV diese Rechtsposition noch einmal gestärkt, indem sie dem Heiligen Stuhl besondere Rede- und Teilnahmerechte an ihren Sitzungen einräumt, die über die Rechte der anderen ständigen Beobachter hinausgehen; näher *Kalbusch*, Die römisch-katholische Kirche im System der Vereinten Nationen, 2012, 255 ff.
264 Dazu *Klein*, Nationale Befreiungskämpfe und Dekolonisierungspolitik der Vereinten Nationen, ZaöRV 36 (1976) 618 ff.
265 UN Doc A/RES/3210 (XXIX) v 14.10.1974.
266 UN Doc A/RES/43/177 v 15.12.1988.
267 UN Doc A/RES/67/19 v 29.11.2012: "non-member observer State status". Näher zum Status Palästinas in den VN *Mißling*, Der Status Palästinas in internationalen Organisationen, VN 2012, 147

status haben; dies gilt bezogen auf die UN etwa für EU, OAS, AU und Arabische Liga.[268]

90 Der Beobachter verfügt nur über *beschränkte Mitwirkungsrechte*, auch wenn die Ausgestaltung unterschiedlich ist. Häufig hat er Rederecht und – in der UN-Generalversammlung – sogar das Recht auf Erwiderung. Antrags- und Stimmrecht stehen ihm jedoch nicht zu. Eine nähere Ausgestaltung von Funktion und Status des Beobachters enthält die Wiener Konvention über die Vertretung von Staaten in ihren Beziehungen zu I. O. universellen Charakters v 1975.[269] Da die Konvention vor allem von den westlichen Sitzstaaten strikt abgelehnt wird, wird sie schwerlich in Kraft treten. Jedenfalls in dem hier interessierenden Bereich hat sie auch keine Sätze des allgemeinen Völkerrechts zum Inhalt.[270] Die Stellung als Beobachter schließt die gleichzeitige volle Mitarbeit in einzelnen Organen oder Unterorganen der UN nicht aus. So war die Schweiz trotz ihres früheren Beobachterstatus Mitglied des IGH-Statuts (Art 93 Abs 2 UN-Charta) und ist Palästina heute Mitglied der Wirtschafts- und Sozialkommission für Westasien (ESCWA), der UNESCO sowie darüber hinaus Vertragspartei des Römischen Statuts zum Internationalen Strafgerichtshof.[271]

f) Nichtmitglieder

91 Grundsätzlich ist unbestritten, dass ein Nichtmitglied an den Rechten und Pflichten eines Mitglieds, wird es nicht in besonderer Weise in die Organisation einbezogen (zB als Beobachter), keinen Anteil hat; vertragsrechtlich ist das Nichtmitglied *Dritter* iSd Satzes *pacta tertiis nec nocent nec prosunt* (Art 34 WVK). Als außerrechtliches Phänomen ist allerdings einzukalkulieren, dass eine mächtige Organisation zweifel-

---

(148 ff); *Breuer*, Von der UNESCO in die Generalversammlung: Palästina und die Vereinten Nationen, 2013; vgl auch u Fn 271.
268 A/RES/65/276 v 3.5.2011 wertet den bisherigen Beobachterstatus der EU bei der Generalversammlung deutlich auf und orientiert sich nunmehr an den entsprechenden Beteiligungsrechten des Heiligen Stuhls und Palästinas; näher *Mayr-Singer/Villotti*, Die Europäische Union als neuer „Big Player" in den Vereinten Nationen?, VN 2012, 154 (156 f). Allgemein zum Verhältnis EU/UN *Scheffler*, Die Europäische Union als rechtlich-institutioneller Akteur im System der Vereinten Nationen, 2010, 373 ff.
269 AVR 16 (1974/75) 410 ff; AJIL 69 (1975) 52 ff; vgl *Fennessy*, The 1975 Vienna Convention on the Representation of States in their Relations with International Organizations of a Universal Character, AJIL 70 (1976) 62 ff; *Lang*, Das Wiener Übereinkommen über die Vertretung von Staaten in ihren Beziehungen zu internationalen Organisationen universellen Charakters, ZaöRV 37 (1977) 43 ff; *El-Erian/Lentz*, Vienna Convention on the Representation of States in their Relations with International Organizations of a Universal Character, EPIL IV (2000) 1317 ff.
270 Streitigkeiten über Rechte und Privilegien des Beobachters müssen daher nach den konkreten Bestimmungen für die Organisation (Sitzabkommen) beigelegt werden; zum Streit zwischen UN und USA über die Rechte der PLO am Sitz der UN *Fitschen*, Closing the PLO Observer Mission to the United Nations in New York, GYIL 31 (1988) 595 ff; ICJ Rep 1988, 12 ff.
271 Dazu allgem *Kirgis*, International Organizations, 143 ff u 175. – Der Aufnahmeantrag Palästinas bei den UN (UN Doc A/66/371-S/2011/592 v 23.9.2011) blieb erfolglos; in die UNESCO wurde Palästina aber am 31.10.2011 aufgenommen, vgl UNESCO Records of the General Conference, 36th Sess, Vol 1, 79, para 76. Am 31.12.2014 hat der „Staat Palästina" das IStGH-Statut ratifiziert, wirksam wurde die Aufnahme am 1.4.2015; dazu *Zimmermann*, Palestine and the International Criminal Court: Quo Vadis?, JICJ 11 (2013) 303 ff. Mittlerweile ist Palästina auch Mitglied des Ständigen Schiedshofs im Haag (seit 2016) und Vollmitglied von Interpol (seit 2017), vgl *Asseburg*, Palästinas verbauter Weg zur Eigenstaatlichkeit, VN 2018, 105 (106).

los faktisch auf das Verhalten Dritter einwirken wird. So richten zahlreiche Drittstaaten ihre rechtlichen Bestimmungen freiwillig nach EU-Vorschriften aus, um auf diese Weise die Voraussetzungen für die Aufnahme oder Erweiterung des Handelsverkehrs oder gar eines späteren Beitritts zu schaffen.[272]

Darüber hinaus ist aber nicht zu übersehen, dass die UN-Charta Nichtmitgliedstaaten insoweit adressiert, als es um die Wahrung des Weltfriedens und der internationalen Sicherheit geht (Art 2 Nr 6). Schon der *Völkerbund* (Art 17) enthielt die Aufforderung an Nichtmitglieder, sich seinen Streitbeilegungsregeln zu unterwerfen. Allerdings hat der StIGH daraus nicht den Schluss einer rechtlichen Verpflichtung gezogen.[273] Auch Art 2 Nr 6 UN-Charta enthält zwar eine über die Grenzen der Organisation hinausreichende Ordnungsbehauptung, begründet aber nicht als solche Rechtspflichten Dritter.[274] Gehen die *UN* gegen einen Friedensbrecher-Drittstaat selbst mit Sanktionen (Art 41, 42) vor, sind sie dazu auf der Grundlage des von diesem Staat verletzten, *erga omnes* wirkenden Völkerrechtssatzes (Gewaltverbot) ermächtigt,[275] auf die Inpflichtnahme Dritter durch die Charta kommt es gar nicht an.[276] Was die Frage einer Verpflichtung Dritter betrifft, sich an den vom Sicherheitsrat verhängten Sanktionen gegen einen Friedensbrecher zu beteiligen, so besteht weitgehende Einigkeit darüber, dass die Frage zu verneinen ist. Jedenfalls haben Drittstaaten immer, auch wenn sie sich den Maßnahmen angeschlossen haben, die *Freiwilligkeit* dieser Teilnahme aufgrund eigener Entscheidung betont.[277] In Art 2 Nr 6 UN-Charta kann man zwar eine „aspiration vers un ordre juridique général" sehen.[278] Die UN-Charta ist aber nach wie vor keine für alle Mitglieder der Völkerrechtsgemeinschaft *ipso iure* bindende „Verfassung"; daran ist ungeachtet ihrer Quasi-Universalität und der damit verbundenen vertraglichen Inpflichtnahme fast aller Staaten festzuhalten.[279]

92

---

272 Zu diesen Wirkungen *Hummer/Schweitzer*, Österreich und die EWG, 1987, 262.
273 PCIJ, Ser B, No 5, 27 *[Ostkarelien]*: „[...] States not members of the League [...] are not bound by the Covenant."
274 Anders *Kelsen*, The Law of the United Nations, 1951, 107 ff. Wie hier *Scheuner*, Die Vereinten Nationen und die Stellung der Nichtmitglieder, FS Bilfinger, 1954, 371 ff; *Soder*, Die Vereinten Nationen und die Nichtmitglieder, 1956; *Falk*, The Authority of the United Nations to Control Non-Members, 1965; *Frowein*, Die Vereinten Nationen und die Nichtmitgliedstaaten, EA 1970, 256 ff.
275 Krit *Fink*, Kollektive Friedenssicherung, 1999, 905 ff.
276 Entsprechendes gilt für die völkerrechtliche Befugnis der EU, sich als solche an Sanktionen der UN zu beteiligen; *Klein* (Fn 61) 107 ff; *Brandl*, Die Umsetzung der Sanktionsresolutionen des Sicherheitsrates in der EU, AVR 38 (2000) 376 ff; s auch *H.-K. Ress*, Das Handelsembargo, 2000, 72 ff.
277 *Bindschedler*, Das Problem der Beteiligung der Schweiz an Sanktionen der Vereinigten Nationen, ZaöRV 28 (1968) 1 (5 ff); *v. Schenck*, Das Problem der Beteiligung der Bundesrepublik Deutschland an Sanktionen der Vereinten Nationen, ZaöRV 29 (1969) 257 ff. Zu neueren Entwicklungen in der Staatenpraxis vgl *Talmon*, in Charter UN³, Art 2(6) Rn 55-67.
278 *Cahier*, Le problème des effets des traités à l'égard des Etats tiers, RdC 143 (1974-III) 589 (707).
279 Vgl insgesamt dazu *Klein* (Fn 64 [Statusverträge]) 198 ff.

3. Die Rechtsstellung Internationaler Organisationen
a) Völkerrechtsfähigkeit

93 I. O. sind mitgliedschaftlich strukturierte Verbände, die weder im Völkerrecht noch im internen Recht der Staaten automatisch *Rechtssubjektivität* besitzen.[280] Die Fähigkeit, Zuordnungsadressat von Rechten, Pflichten oder Zuständigkeiten der jeweiligen Rechtsordnung zu sein, ist den I. O. *nicht angeboren*. Dem Völkerrecht sind nur die Staaten vorgegeben. Sie sind daher originäre Völkerrechtssubjekte,[281] so wie im staatlichen Recht die Menschen die Gestalter der Rechtsordnung sind. Dies schließt nicht aus, dass die originären Rechtsträger weitere, von ihnen *abgeleitete* Rechtssubjekte schaffen.[282]

94 Ob eine I. O. Völkerrechtssubjekt ist, hängt also vom *Willen ihrer Mitglieder* ab, wie er sich normativ im Gründungsvertrag niedergeschlagen hat. Dies ergibt sich zT recht eindeutig aus seinem Wortlaut (zB Art 47 EUV),[283] zT kann diese Erkenntnis nur durch Interpretation des Vertrags unter Einbeziehung von Zweck und Aufgaben der Organisation gewonnen werden.[284] IdS hat der IGH den UN Völkerrechtsfähigkeit zuerkannt, da sie anders ihre Funktionen nicht erfüllen könnten; die UN-Charta enthält keine ausdrückliche Regelung dieser Frage.[285] Für die Sonderorganisationen und den Europarat gilt Entsprechendes. In anderen Fällen ergibt die Auslegung indes ein negatives Ergebnis. So geht man etwa übereinstimmend davon aus, dass die Benelux-Wirtschaftsunion keine eigene Völkerrechtssubjektivität hat;[286] auch für die OAU wurde diese Eigenschaft überwiegend verneint.[287] Die Organisation des EWR ist ebenfalls nicht als Völkerrechtsperson geschaffen worden.[288]

95 Mit der *Verleihung der Rechtsfähigkeit* an I. O. entstehen neue, „künstliche" Völkerrechtssubjekte, gewissermaßen juristische Personen des Völkerrechts.[289] Von den juristischen Personen des innerstaatlichen Rechts unterscheiden sie sich allerdings durch ihre vom Organisationszweck her definierte Rechtsfähigkeit; diese ist also nicht umfassend, sondern stets – funktionsadäquat – *partiell*.[290]

96 Begaben die Mitglieder ihre I. O. mit Völkerrechtssubjektivität, so wirkt sich das zunächst nur im internen Verhältnis aus. Da der *Gründungsvertrag für Dritte* eine *res inter alios acta* (vgl Art 34 WVK) ist, brauchen diese sich die Völkerrechtspersönlich-

---

280 Ablehnend *Pechstein/Koenig*, Die Europäische Union, 3. Aufl 2000, Rn 62 f, für die eine I. O. stets Völkerrechtsfähigkeit hat oder eben keine I. O. ist.
281 Zur Rolle des Individuums *Mosler*, Völkerrecht als Rechtsordnung, ZaöRV 36 (1976) 6 (30 f) sowie *Kau*, 3. Abschn Rn 14 ff.
282 *Mosler* (Fn 2) 25 f; *Stein/von Buttlar/Kotzur*, Völkerrecht, 14. Aufl 2017, § 23 Rn 383.
283 Das folgt vor allem aus einem Vergleich mit Art 282 EG/Art 335 AEUV; vgl ferner *Tomuschat*, in von der Groeben/Schwarze (Fn 240) Art 282 Rn 1. – Näher zur EU vgl u Rn 252 ff.
284 Zur Auslegung o Rn 39 f.
285 ICJ Rep 1949, 174, 179 *[Bernadotte]: implied-powers*-Lehre.
286 *Bleckmann*, Die Benelux-Wirtschaftsunion, ZaöRV 22 (1962) 239 (293 f). Hieran ändert auch der am 17.6.2008 unterzeichnete neue Benelux-Vertrag nichts, mit dem die beteiligten Staaten den im Jahre 1960 erarbeiteten Benelux-Vertrag ersetzt haben.
287 Vgl *Kunig*, Die Organisation der afrikanischen Einheit und die Fortentwicklung des Völkerrechts, JAR 4 (1983) 81 ff mwN.
288 *Krenzler*, Der Europäische Wirtschaftsraum als Teil einer gesamteuropäischen Architektur, Integration 2/92, 61 ff.
289 Vgl *Seidl-Hohenveldern/Loibl*, Internationale Organisationen, Rn 309.
290 *Mosler* (Fn 281) 23 f.

keit nicht entgegenhalten zu lassen. Sie wird ihnen gegenüber nur durch ausdrückliche oder implizite Anerkennung relevant. Im Hinblick auf die *UN* hat der IGH allerdings in seinem berühmten *Bernadotte*-Gutachten festgestellt, dass die Gründungsstaaten, die die überwiegende Mehrheit der internationalen Gemeinschaft repräsentierten, die Rechtsmacht besessen hätten, eine Einheit mit *objektiver Völkerrechtspersönlichkeit* zu schaffen, die also auch gegenüber Dritten ohne deren Anerkennung wirke.[291] Diese speziell auf die UN ausgerichtete Argumentation ist jedoch auf andere I.O., auch UN-Sonderorganisationen, nicht übertragbar.[292] Die früheren Ostblockstaaten handelten daher nicht rechtswidrig, wenn sie über Jahrzehnte hinweg die EWG/EG ignorierten und auf direktem Verkehr mit den Mitgliedstaaten bestanden. Auf der anderen Seite hat die Gründung einer völkerrechtsfähigen I.O. immer eine objektive Rechtsfolge, da sie einen jederzeit aktualisierbaren Anknüpfungspunkt für Dritte darstellt. Erkennen diese die Organisation als Völkerrechtssubjekt an, erweitern sie nur deren Wirkungskreis und gründen sie nicht etwa im Verhältnis zu sich neu.[293]

b) Völkerrechtliche Handlungsfähigkeit

Da die Völkerrechtssubjektivität Voraussetzung der *völkerrechtlichen Handlungsfähigkeit* ist, musste sich der IGH im *Bernadotte*-Fall erst der Völkerrechtsfähigkeit der UN vergewissern, bevor er in einem zweiten Schritt die Fähigkeit der UN, völkerrechtliche Ersatzansprüche wegen eines in ihrem Dienst ermordeten Diplomaten geltend zu machen, prüfen konnte.[294] Man kann die Handlungsfähigkeit, vor allem die Fähigkeit zum Vertragsabschluss und diplomatischen Verkehr sowie die aktive und passive Deliktsfähigkeit, einer I.O. aber nicht pauschal ihrer Rechtsfähigkeit entnehmen.[295] Dies bedarf vielmehr der Begründung aus dem jeweiligen Organisationsrecht.[296]

97

Demgemäß beantwortet sich die Frage nach der Grundlage der *Vertragsabschlussfähigkeit* I.O. aus den Bestimmungen des Gründungsvertrags, soweit sie konkrete Hinweise hierauf enthalten (zB Art 207, 216ff AEUV), oder aus seiner auf den Gesichtspunkt der Funktionsfähigkeit der Organisation gestützten Interpretation; so

98

---

291 ICJ Rep 1949, 174, 185 [*Bernadotte*]; *Weissberg*, The International Status of the United Nations, 1961, 170 ff.
292 Ebenso *Tomuschat* (Fn 25) 140; *Seidl-Hohenveldern*, The Legal Personality of International and Supranational Organizations, in ders, Collected Essays on International Investments and on International Organizations, 1998, 3 (18f); anders *Ruffert/Walter*, Institutionalisiertes Völkerrecht, Rn 161; *Breuer*, Die Völkerrechtspersönlichkeit Internationaler Organisationen, AVR 49 (2011) 4 (28ff).
293 *Mosler* (Fn 2) 32.
294 ICJ Rep 1949, 174, 179f [*Bernadotte*].
295 So aber der Ansatz von *Seyersted*, Objective International Personality of International Organizations, 1963; *Doehring* (Fn 28) Rn 215. Wie hier *Zemanek*, International Organizations, Treaty-Making Power, EPIL II (1995) 1343ff; *Tomuschat* (Fn 25) 142f.
296 So die ganz hL, vgl *Verdross/Simma* (Fn 44) 438. – Art 6 des noch nicht in Kraft getretenen Wiener Übereinkommens über das Recht der Verträge zwischen Staaten und Internationalen Organisationen oder zwischen Internationalen Organisationen v 21.3.1986 (BGBl 1990 II, 1414) bringt keine Aufklärung, da er offen lässt, ob die Vertragsschlussfähigkeit I.O. aus dem Völkergewohnheitsrecht oder dem Gründungsvertrag abzuleiten ist; vgl *Klein/Pechstein*, Das Vertragsrecht internationaler Organisationen, 1985, 23ff.

Schmahl

hat der IGH den *implied powers*-Gedanken auf die UN-Charta angewendet,[297] der EuGH im *AETR*-Urteil, über die genannten Bestimmungen des EG-Vertrags hinaus, vom Vorliegen von Innenkompetenzen auf parallele Außenkompetenzen geschlossen.[298] Das Rechtsregime, dem die Verträge unterliegen, an denen I.O. beteiligt sind, ist heute in der II. Wiener Vertragsrechtskonvention v 1986 kodifiziert,[299] die sich stark, häufig sogar wörtlich, an der Wiener Vertragsrechtskonvention v 1969 orientiert. Eine nähere Darstellung muss hier unterbleiben.[300] Interessant ist jedoch, dass diese Konvention (Art 46 Abs 2) eine Abkehr von der traditionellen Lehre vornimmt, wonach Rechtsakte von I.O., wozu auch Vertragsabschlüsse zählen, bei Überschreitung des Zuständigkeitskreises *(ultra vires)* null und nichtig sind.[301] Die Konvention stärkt mit ihrer Konzeption nicht nur die Rechtsstellung der Vertragspartner, deren Vertrauen sie schützt, sondern gleicht die Rechtsstellung I.O. der Sache nach der für Staaten geltenden an. Hier spiegelt sich die gewachsene Bedeutung I.O. als Akteure auf der völkerrechtlichen Ebene und gerade als Vertragspartner wider.[302] Völkerrechtsdogmatisch ist diese Konzeption freilich nicht unproblematisch, und sie wird auch von der Konvention an wichtigen Punkten nicht durchgehalten.[303]

99 Soweit die I.O. für einzelne Bereiche nicht zuständig ist, ist an den Abschluss eines *gemischten Vertrags* zu denken, an dem neben dem Vertragspartner und der I.O. auch deren Mitglieder beteiligt sind. Sie spielen vor allem für die EU eine wichtige Rolle.[304] Diese Verträge sind in ihrer Struktur kompliziert und werfen schwierige Haftungsfragen auf. Politisch sind sie aber hilfreich, weil so Fragen geregelt werden können, die bei unklarer Kompetenzlage andernfalls unerledigt blieben.

100 Auch für die Frage, ob den I.O. *aktives und passives Gesandtschaftsrecht* zukommt, ist ihre Völkerrechtsfähigkeit notwendige, aber keine ausreichende Bedingung. Die konkrete Ermächtigung gründet letztlich auf dem Willen der Mitgliedstaaten.[305] Die Akkreditierung ständiger diplomatischer Vertretungen von *Mitgliedern* am Sitz ihrer I.O. begann schon zu Zeiten des Völkerbunds. Heute ist sie bei allen wichtigen Organisationen eine gängige Erscheinung.[306] Aber auch *Nichtmitglieder* halten

---

297 ICJ Rep 1949, 174, 180 *[Bernadotte]*. S u Rn 191.
298 EuGH, Slg 1971, 263, 275 *[AETR]*; vgl auch EuGH, Slg 2002, I-9855 *[Kommission/Deutschland]*. Die AETR-Rspr ist nunmehr in Art 3 Abs 2, Art 216 Abs 1 AEUV kodifiziert.
299 So Fn 296.
300 Näher *Klein/Pechstein* (Fn 296) *passim*; *Schröder*, Die Kodifikation des Vertragsrechts internationaler Organisationen, AVR 23 (1985) 385ff; *Nascimento e Silva*, The 1986 Vienna Convention and the Treaty-Making Power of International Organizations, GYIL 29 (1986) 68ff; *Bothe*, Die Wiener Konvention über das Recht der Verträge zwischen Staaten und internationalen Organisationen und zwischen internationalen Organisationen, NJW 1991, 2169ff.
301 *Tomuschat* (Fn 25) 144f; *Klein/Pechstein* (Fn 296) 25f. – Dies entspricht auch einer zunehmenden Ansicht in der Literatur. S u Rn 192ff.
302 Schon 1970 wurden fast 2.000 Verträge unter Beteiligung von I.O. gezählt.
303 *Klein/Pechstein* (Fn 296) 64f.
304 *K.D. Stein*, Der gemischte Vertrag im Recht der Außenbeziehungen der Europäischen Wirtschaftsgemeinschaft, 1986; *Eeckhout*, EU External Relations Law, 2. Aufl 2011, 213ff; *Kumin/Bittner*, Die „gemischten" Abkommen zwischen der Europäischen Union und ihren Mitgliedstaaten einerseits und dritten Völkerrechtssubjekten andererseits, EuR 2012, Beih 2, 75ff; *Haratsch/Koenig/Pechstein* (Fn 93) Rn 462.
305 Vgl etwa zu den Rechtsgrundlagen der EU-Außenkompetenz *Oppermann/Classen/Nettesheim* (Fn 93) § 38.
306 *Schermers/Blokker*, International Institutional Law, § 1804.

auf diese Weise Kontakt mit einer I.O. So sind bei den UN die Beobachter durch ständige Missionen vertreten.³⁰⁷ Bei der EU haben derzeit rd 170 Nichtmitglieder ihre Vertretungen akkreditiert; mit der Aufnahme diplomatischer Beziehungen wird zugleich die Anerkennung der Union als Völkerrechtssubjekt zum Ausdruck gebracht.³⁰⁸ In Ausübung ihres aktiven Gesandtschaftsrechts unterhalten I.O. ihrerseits Vertretungen bei anderen I.O. (zB EU bei UN oder OECD) oder entsenden auch Spezialmissionen zu Mitgliedern oder Nichtmitgliedern. Ungeachtet verschiedentlicher Aufforderung durch das Europäische Parlament (EP) unterhält freilich die Union selbst keine Ständigen Vertretungen bei Staaten; die bestehenden Delegationen (zB in Südamerika) fungieren vielmehr als Vertretungen der Kommission, die derzeit mit über 140 Staaten und I.O. diplomatische Beziehungen unterhält.³⁰⁹

101 Mit der starken Ausweitung der Tätigkeiten I.O. gewinnt auch die Frage ihrer *Deliktsfähigkeit* – als Täter oder Opfer – an Bedeutung.³¹⁰ Dies veranlasste die ILC im Jahr 2000 dazu, das Thema *Responsibility of International Organizations* auf ihre Agenda zu setzen,³¹¹ und führte 2009 schließlich zur Verabschiedung der (Draft) Articles on Responsibility of International Organisations (DARIO), die von der GV 2011 zustimmend zur Kenntnis genommen wurden.³¹² Soweit eine I.O. völkerrechtlich handeln kann, vermag sie auch völkerrechtswidrig zu handeln, dh die ihr obliegenden Pflichten gegenüber einem anderen Völkerrechtssubjekt zu verletzen.³¹³ Gemeint ist damit primär die Deliktsfähigkeit der I.O. gegenüber Dritten, die von der Rechenschaftspflicht *(accountability)* der I.O. abzugrenzen ist, die sich in Form eines „globalen Verwaltungsrechts" vornehmlich auf die Anforderungen einer „good

---

307 Hierzu wichtig Art 5 u 7 der Wiener Konvention über die Vertretung von Staaten in ihren Beziehungen zu Internationalen Organisationen universellen Charakters v 1975 (so Fn 269).
308 Bedeutsam insoweit Art 16 des Protokolls (Nr. 7) über die Vorrechte und Befreiungen der Europäischen Union (ABl EU 2012, Nr C 326/266), wonach der Sitzstaat (Belgien) entsprechende Verpflichtungen gegenüber diesen Drittstaatmissionen übernimmt (Zahlen nach: Europäische Kommission [Hrsg], Corps diplomatique accrédité auprès de l'UE et auprès de la CEEA, 2018).
309 Vgl *Karalus*, Die diplomatische Vertretung der EU, 2009, 184 ff; *Ruffert*, in Calliess/Ruffert (Fn 140), Art 47 EUV Rn 13. Gemäß Art 27 Abs 3 EUV wird ein (eigenständiger) Europäischer Auswärtiger Dienst errichtet, der dem Hohen Vertreter der Union für die Außen- und Sicherheitspolitik nach Art 221 AEUV unterstellt ist, näher *Sydow*, Der Europäische Auswärtige Dienst, JZ 2011, 6 ff; *Martenczuk*, Der Europäische Auswärtige Dienst, EuR 2012, Beih 2, 189 ff; *Giegerich*, in Pechstein/Nowak/Häde (Hrsg), Frankfurter Kommentar zu EUV, GRC und AEUV, 2017, Art 221 Rn 22 ff.
310 Vgl *Ginther*, International Organizations, Responsibility, EPIL II (1995) 1336 ff; *Meng*, Internationale Organisationen im völkerrechtlichen Deliktsrecht, ZaöRV 45 (1985) 324 ff; *Conze*, Die völkerrechtliche Haftung der EG, 1987; *Giegerich*, Verantwortlichkeit und Haftung für Akte internationaler und supranationaler Organisationen, ZVglRWiss 104 (2005) 163 ff; *Breuer* (Fn 292) 16 ff; *P. Klein*, Responsibility, in Oxford Handbook, 1026 ff.
311 Hierzu mN ILC Rep 2002, §§ 458 ff.
312 Vgl A/RES/66/100 v 9.11.2011. Vgl auch ILC Rep 2009, UN Doc A/64/10, §§ 13-178. Hierzu *Hoffmeister*, Litigating against the European Union and its Member States, EJIL 21 (2010) 723 ff; *Schermers/Blokker*, International Institutional Law, §§ 1590A ff. Krit *Hafner*, Is the Topic of Responsibility of I.O. Ripe for Codification?, FS Simma, 2011, 695 ff. Zu Entwicklung und Auswirkung der DARIO vgl auch die Beiträge in Ragazzi (Hrsg), Responsibility of International Organizations: Essays in Memory of Sir Ian Brownlie, 2013.
313 So bereits PCIJ, Ser A, No 17, 29 *[Chorzów]*. – Zur Frage, ob sich die Deliktsfähigkeit auch auf (qualifiziertes) Unterlassen einer I.O. beziehen kann, vgl *Klabbers*, Reflections on Role Responsibility: The Responsibility of International Organizations for Failing to Act, EJIL 28 (2017) 1133 ff.

governance" gegenüber ihren Mitgliedern erstreckt (vgl Rn 20).[314] Die beschränkte Rechtsfähigkeit der I.O. zeigt indes, dass der deliktsrechtlich relevante Bereich grundsätzlich variiert; allerdings entfällt bei *ultra vires*-Handeln keineswegs automatisch die Verantwortlichkeit. Die entscheidende Frage hier und allgemein ist daher, welches Subjekt für die Rechtsverletzungen der I.O. haftet: diese selbst, ihre Mitglieder oder beide.[315] Grundlage der Antwort ist die rechtliche Selbständigkeit der I.O. einerseits, das Problem einer Haftungsbegrenzung der Mitgliedstaaten durch bloße Errichtung einer möglicherweise zur Wiedergutmachung nicht fähigen Institution andererseits. Zu bedenken ist ferner die Rechtsstellung Dritter, die die I.O. nicht anerkannt haben.

102 Aus der Völkerrechtspraxis ergeben sich nicht allzu viele Fixpunkte. Als allgemein anerkannt und akzeptiert erscheint die *exklusive Haftung* der UN, soweit es um das rechtswidrige Verhalten von Friedenstruppen geht, für das die UN die alleinige Verantwortung übernommen haben.[316] Der Internationale Seegerichtshof nimmt ebenfalls eine exklusive Haftung der EU in Fischereiangelegenheiten an, soweit diese in die alleinige Vertragsschlusskompetenz der Union fallen.[317] Vertragliche Regelungen bei gefahrgeneigten Tätigkeiten enthalten etwa der Weltraumvertrag v 1967 (Art VI) und das Übereinkommen über die völkerrechtliche Haftung für Schäden durch Weltraumgegenstände v 1972 (Art XXII).[318] Nach der dort gefundenen Lösung besteht eine *gemeinsame Verantwortlichkeit* der I.O. und ihrer Mitglieder, wobei der Weltraumhaftungsvertrag dies in Richtung auf eine subsidiäre Haftung der Mitglieder konkretisiert – unter der Voraussetzung allerdings, dass die Organisation die Pflichten aus dem Vertrag überhaupt übernommen hat;[319] andernfalls haften die Mitglieder allein. In den Verfahren zur Verantwortlichkeit der niederländischen Blauhelmtruppen („Dutchbat") im Rahmen von UNPROFOR erkannten die angerufenen niederländische Gerichte im Grundsatz ebenfalls auf eine gemeinsame Haftung der UN und der Niederlande wegen der Massaker in Srebrenica (1995).[320]

---

314 Zum Konzept der „accountability" vgl den Bericht über Accountability of International Organizations, in ILA, Report of the 71st Conference in Berlin, 2004, 164 ff; dazu *Hafner*, Accountability of International Organizations, in Macdonald/Johnston (Hrsg), Towards World Constitutionalism, 2005, 585 ff.; *Klabbers*, Advanced Introduction, 92 ff; *White*, International Organisations, 251 ff.
315 Hierzu im Allgemeinen: Bericht der ILC, UN Doc A/66/10, 83; vgl auch *Hofmann*, Die Rechtskontrolle von Organen der Staatengemeinschaft, BDGVR 42 (2007), 1 (27 f.); *White*, International Organisations, 239 ff.
316 *Schermers/Blokker*, International Institutional Law, §§ 1584A, 1858; differenzierend *Kranz*, Die völkerrechtliche Verantwortlichkeit für die Anwendung militärischer Gewalt, AVR 38 (2010) 281 (331f); grundlegend *Schmalenbach*, Die Haftung Internationaler Organisationen im Rahmen von Militäreinsätzen und Territorialverwaltungen, 2004; *Lüder*, Völkerrechtliche Verantwortlichkeit bei Teilnahme an „Peace-keeping"-Missionen der Vereinten Nationen, 2004; *Krumrey*, Die Immunität der Vereinten Nationen – Verantwortlichkeit für Friedensmissionen, 2018, 67 ff. Zwischen Peacekeeping-Operationen und Einsätzen mit einem sog robusten Mandat unterscheidend EGMR, EuGRZ 2007, 522 Rn 128 ff *[Behrami/Saramati]*; s u Fn 652; krit *Schmalenbach*, Der Schutz der Zivilbevölkerung durch UN-Friedensmissionen und die Rechtsfolgen bei Mandatsversagen, AVR 51 (2013) 170 (195ff).
317 ISGH, *Request for an Advisory Opinion Submitted by the Sub-regional Fisheries Commission (SRFC)*, Case No 21, Gutachten v 2.4.2015, § 172 f; dazu auch *Becker*, AJIL 109 (2015) 851 (854 ff).
318 BGBl 1969 II, 1969; BGBl 1975 II, 1210.
319 Dies ist – soweit ersichtlich – bisher nur durch die ESA geschehen.
320 Vgl Supreme Court of the Netherlands, Urt v 6.9.2013 *(Nuhanović)*, ILM 53 (2014), 516 ff u Urt v 6.9.2013, Case No 12/03329 *(Mustafić-Mujić ua)*, ILM 53 (2014), 527 ff; District Court of the Hague

Ob diese für besonders risikoträchtiges Handeln entwickelten Grundsätze generalisierbar sind, ob es also allgemeine Völkerrechtsregeln dieses Inhalts gibt, ist wenig klar. Richtig dürfte sein, dass geschädigte Dritte, die die Organisation anerkennen, diese primär als Haftungssubjekt in Anspruch zu nehmen haben.[321] Eine subsidiäre, den „Schleier der Organisation" lüftende *Durchgriffshaftung der Mitgliedstaaten* wird man aber *nicht grundsätzlich ausschließen* können.[322] Es wäre sehr zweifelhaft, wenn Dritte sich auf die möglicherweise beschränkten Ressourcen der I.O. verweisen lassen müssten, die Mitglieder ihre Haftung entsprechend begrenzen könnten. Gewiss kann die Haftung der Mitglieder gegenüber Dritten aus Vertragsverletzung nicht aus einer Vorschrift wie Art 216 Abs 2 AEUV entnommen werden, da dieser eine rein unionsinterne Bedeutung hat.[323] Andererseits dürfte es zu weit gehen, allein in der vereinbarten Zuerkennung der Vertragsschlussfähigkeit der I.O. bereits den konkludenten Haftungsausschluss der Mitglieder zu sehen.[324] Dritten als Vertragsparteien allein das Risiko mangelnder Wiedergutmachungsfähigkeit der Organisation aufzubürden, ist wenig überzeugend. Die Durchgriffshaftung kommt also durchaus in Betracht, wenn – etwa bei Unterkapitalisierung – die Organisation selbst zur Wiedergutmachung des Schadens außerstande ist. Eine ganz andere Frage ist, ob das schädigende Ereignis nicht auf einer (auch) den Mitgliedstaaten unmittelbar zurechenbaren Verhaltensweise beruht *(Direkthaftung).* Insofern ist an die Verletzung von Kontroll- und Aufsichtspflichten zu denken, etwa im Fall eines *ultra vires*-Handelns der I.O.[325] Die Verantwortlichkeit von Organisation und Mitgliedern steht

103

(Rechtbank Den Haag), Urt v 16.7.2014, *Mothers of Srebrenica,* ECLI:NL:RBDHA:2014:8748. Dazu von *Arnauld/Buszewski,* Modes of Legal Accountability: The Srebrenica Example, Friedenswarte 88 (2013) 15 (27 ff); *Condorelli,* De la responsabilité internationale de l'ONU et/ou l'Etat d'envoi lors d'actions de Forces de Maintien de la Paix: l'écheveau de l'attribution (double?) devant le juge néerlandais, Questions of International Law 1 (2014), 3 ff; *Palchetti,* Attributing the Conduct of Dutchbat in Srebrenica: The 2014 Judgment of the District Court in the Mothers of Srebrenica Case, NILR 62 (2015) 279 (289 ff); vgl auch *Krumrey* (Fn 316) 178 ff. Zur Immunität der VN (auch) in diesen Verfahren s u Rn 108 mit Fn 343.
321 *Meng* (Fn 310) 338; *Hartwig,* International Organizations or Institutions, Responsibility and Liability, MPEPIL VI, 64 (Rn 13 ff); *Epping,* in Ipsen (Fn 28) § 8 Rn 90.
322 *Seidl-Hohenveldern,* Responsibility of Member States of an International Organization for Acts of that Organization, in ders (Fn 292) 63 ff; *Geslin,* Réflexions sur la répartition de la responsabilité entre l'organisation internationale et ses Etats membres, RGDIP 109 (2005) 539 ff; *Ahlborn,* To Share or Not to Share?, The Allocation of Responsibility between International Organizations and their Member States, Die Friedenswarte 88 (2013) 45 (61 ff). Siehe aber Art 6 des Übereinkommens zur Gründung des Gemeinsamen Fonds für Rohstoffe (BGBl 1985 II, 714), wonach ein Mitglied nicht allein aufgrund seiner Mitgliedschaft für Handlungen oder Verbindlichkeiten des Fonds haftet.
323 Vgl bereits *Klein/Pechstein* (Fn 296) 39.
324 So aber *Herdegen,* Bemerkungen zur Zwangsliquidation und zum Haftungsdurchgriff bei internationalen Organisationen, ZaöRV 47 (1987) 537 (549), der bereits mit dieser Überlegung die Haftung der Mitglieder des zahlungsunfähig gewordenen Internationalen Zinnrats verneint. Im konkreten Fall haben die Mitgliedstaaten im Vergleichsweg einen Teil des Schadens ohne Anerkennung einer Rechtspflicht ersetzt. Vgl auch *Seidl-Hohenveldern,* Piercing the Corporate Veil of International Organizations, GYIL 32 (1989) 43 ff. Nach ISGH, Gutachten v 2.4.2015 (Fn 317), Rn 156 ff haftet die EU aufgrund ihrer exklusiven Kompetenz zum Vertragsabschluss (Fischereiabkommen) allein für Verletzungen des Vertrags durch die Flagge von Mitgliedstaaten tragende Schiffe. Zum Immunitätsproblem s u Rn 106 ff.
325 *Meng* (Fn 310) 342; *Stumer,* Liability of Member States for Acts of International Organizations, HarvILJ 48 (2007) 553 ff.

Schmahl

dann iSe Gesamtschuldnerschaft nebeneinander. Art 62 DARIO möchte die subsidiäre Haftung der Mitglieder für einen völkerrechtswidrigen Akt der I. O. grundsätzlich auf den Fall reduzieren, dass das Mitglied seine Verantwortlichkeit akzeptiert oder bei der verletzten Seite eine entsprechende Erwartung geweckt hat.[326]

104 Soweit Dritte geschädigt sind, die die I. O. nicht anerkennen, brauchen sie sich nicht an die Organisation verweisen zu lassen.[327] Hiervon gibt es nur eine Ausnahme: Aufgrund der allgemein akzeptierten Aussage des IGH im *Bernadotte*-Gutachten haben die UN eine objektive Völkerrechtspersönlichkeit, die ungeachtet einer Anerkennung für alle anderen Völkerrechtssubjekte verbindlich ist.[328] Im Übrigen aber ist die Errichtung einer I. O. für Dritte eine *res inter alios acta,* die sie nicht zur Kenntnis nehmen müssen. Sie sind daher berechtigt, sich an die Mitglieder zu halten, die hinter der für sie unbeachtlichen Organisation stehen. Eine gegenüber den anderen Mitgliedstaaten hervorgehobene Verantwortlichkeit des Sitzstaates wird sich normalerweise nicht begründen lassen.[329] Der Dritte kann daher frei entscheiden, von welchem Mitglied er Wiedergutmachung verlangt. Auf der anderen Seite kann der geschädigte Dritte jederzeit von der I. O. selbst die Wiedergutmachung verlangen, weil er an ihre vorhandene Existenz anknüpfen kann.[330]

105 I. O. können auch *Opfer* völkerrechtswidriger Handlungen nach Maßgabe der ihnen gegenüber bestehenden Rechtspflichten sein. Sie sind dann berechtigt, ihrerseits *Wiedergutmachung* zu verlangen, und können die Durchsetzungsmöglichkeiten des allgemeinen Völkerrechts in Anwendung bringen. Allerdings scheidet eine Klage vor dem IGH aus.[331] Auch hier gilt aber, dass grundsätzlich nur Dritte, die die Organisation anerkannt haben, von deren Ansprüchen Kenntnis nehmen müssen. Allein die UN sind in der Lage, unabhängig von jeder Anerkennung, völkerrechtliche Wiedergutmachungsansprüche gegen Dritte zu erheben oder diesen gegenüber für ihre Bediensteten ein funktionelles Schutzrecht auszuüben.[332] Eine Übertragung dieses Ergebnisses auf andere I. O. ist nicht möglich.

c) Immunitäten, Privilegien, Verhältnis zum Sitzstaat

106 Während die Immunität von Staaten auf ihrer souveränen Gleichheit beruht *(par in parem non habet iurisdictionem),*[333] kann eine Immunität für I. O. nur aus der Not-

---

326 Art 58–61 DARIO sehen weitere Haftungsgründe für die Mitgliedstaaten vor. Von besonderer Bedeutung ist Art 61, wonach die Mitgliedstaaten für Akte der I. O. haften, wenn sie durch Kompetenzverlagerung auf die I. O. ihre eigenen völkerrechtlichen Pflichten umgehen und die Handlung der I. O., wäre sie vom Staat begangen, eine Verletzung von dessen Pflichten wäre; nicht erforderlich ist dabei, dass die Handlung für die I. O. selbst ein völkerrechtswidriger Akt ist. Die ILC verweist zur Unterstützung ihrer Ansicht auf die EGMR-Urteile in den Fällen *Waite u Kennedy* (1999) und *Bosphorus* (2005).
327 Anders *Köck/Fischer,* Internationale Organisationen, 592; *Ginther* (Fn 310) 1340. – Wer mit der Organisation Verträge schließt, erkennt sie jedenfalls implizit an.
328 ICJ Rep 1949, 174 ff [*Bernadotte*].
329 Vgl auch Art 13 ILC-Entwurf zur Staatenverantwortlichkeit v 1980 (Text: ZaöRV 45 [1985] 357 ff).
330 *Mosler,* Subjects of International Law, EPIL IV (2000) 710 (714); *Tomuschat* (Fn 283) Rn 30.
331 Vgl Art 34 Abs 1 IGH-Statut („Staatenklausel"). Der Streit kann jedoch vor ein Schiedsgericht gebracht werden.
332 ICJ Rep 1949, 174, 184 [*Bernadotte*].
333 Dazu etwa IGH, Urt v 3.2.2012 [*Jurisdictional Immunities of the State*], Rn 57.

wendigkeit effektiver Erfüllung der ihr übertragenen Aufgaben hergeleitet werden.[334] Dieser *funktionelle Ansatz* kommt etwa in Art 105 UN-Charta zum Ausdruck. Wegen der erheblichen Ausweitung des Aufgabenbereichs I.O. spielen auch Fragen ihrer Immunitäten und Privilegien eine zunehmende Rolle;[335] dies gilt auch für die Bediensteten der Organisation.[336]

Die Grundlagen finden sich häufig schon im Gründungsvertrag selbst,[337] wenngleich nur sehr prinzipiell. Sie sind durch nähere Regelungen zu ergänzen. Die bereits 1946 von der Generalversammlung vorgeschlagene (Art 105 Abs 3 UN-Charta) *Konvention über die Privilegien und Immunitäten der UN*[338] ist zum Prototyp entsprechender Übereinkünfte für andere I.O. geworden, zunächst für die Konvention über die Privilegien und Immunitäten der Sonderorganisationen der UN v 1947,[339] dann für zahlreiche regionale Organisationen.[340] Als Verträge binden sie freilich nur die Vertragsparteien, die idR die Mitglieder der Organisation sind. Zusätzliche Regelungen sind in den Abkommen mit den Sitzstaaten (u Rn 110f) und mit solchen Staaten enthalten, in denen die I.O. eine besondere Tätigkeit entfaltet, etwa Staaten, in denen friedenserhaltende Streitkräfte der UN („Blauhelme") stationiert werden.[341] Der Versuch einer allgemeinen (lückenfüllenden) Regelung wurde mit der Wiener Konvention über die Vertretung von Staaten in ihren Beziehungen zu I.O. universellen Charakters v 1975 unternommen, die aber aller Voraussicht nach wegen der Opposition der meisten Sitzstaaten nicht in Kraft treten wird.[342]

---

334 ICJ Rep 1989, 177, 192 ff *[Mazilu-Gutachten]*; ICJ Rep 1999, 62, 83 *[Immunitäts-Gutachten]*; dazu *Wickremasinghe*, Difference Relating to Immunity from Legal Process of a Special Rapporteur of the Commission on Human Rights, ICLQ 49 [2000] 724 ff. Vgl ferner *Szasz*, International Organizations, Privileges and Immunities, EPIL II (1995) 1325 ff; *Gaillard/Pingel-Lenuzza*, International Organisations and Immunity from Jurisdiction, ICLQ 51 (2002) 1 ff; *Hailbronner*, Immunity of International Organizations from German National Jurisdiction, AVR 42 (2004) 329 ff; *Sato*, Immunität internationaler Organisationen, 2004; *Tauchmann*, Die Immunität internationaler Organisationen gegenüber Zwangsvollstreckungsmaßnahmen, 2005; *Wickremasinghe*, Immunities Enjoyed by Officials of States and International Organizations, in Evans (Hrsg), International Law, 4. Aufl 2014, 399 ff; *Kunz-Hallstein*, Die Gerichtsbefreiung Internationaler Organisationen in der deutschen Praxis, FS Hailbronner, 2013, 597 (600 f); Reinisch (Hrsg), The Privileges and Immunities of International Organizations in Domestic Courts, 2013.
335 *Reinisch*, Privileges and Immunities, in Oxford Handbook, 1048 ff.
336 Vgl etwa Convention on the Safety of UN and Associated Personel v 9.12.1994. Zu Privilegien und Immunitäten für UN-Bedienstete näher *Miller*, Privileges and Immunities of United Nations Officials, IOLR 4 (2008) 169 ff.
337 Vgl UN: Art 105; OAS: Art 103, 104.
338 1 UNTS 15; BGBl 1980 II, 941. – Dazu Reinisch (Hrsg), The Conventions on the Privileges and Immunities of the United Nations and its Specialized Agencies: A Commentary, 2016.
339 33 UNTS 261; BGBl 1954 II, 639; 1964 II, 187. – Dazu *Ahluwalia*, The Legal Status, Privileges and Immunities of the Specialized Agencies of the United Nations and Certain Other International Organizations, 1964; Reinisch (Fn 338).
340 Vgl zB Protokoll über die Vorrechte und Befreiungen der EG v 8.4.1965 (ABl EG 1967, Nr L 152/13); seit dem Vertrag von Lissabon nunmehr Protokoll (Nr 7) über die Vorrechte und Befreiungen der Europäischen Union (ABl EU 2012, Nr C 326/266); dazu auch *Petersen*, Europäisierung der Diplomatie, 2011, 59 ff.
341 Vgl *Bothe*, Streitkräfte internationaler Organisationen, 1968, 143 ff; *Krumrey* (Fn 316) 153 ff. S auch *Bothe*, 8. Abschn Rn 34 ff.
342 Vgl o Fn 269 sowie *Klabbers*, An Introduction to International Institutional Law, 2. Aufl 2009, 149 ff.

108 Zu den wichtigsten Vorschriften der geltenden Verträge gehört die *Befreiung der I.O. von allen nationalen Gerichtsverfahren*,[343] es sei denn, die I.O. verzichtet auf ihre Immunität, die ein von Amts wegen zu beachtendes Verfahrenshindernis darstellt.[344] Daher sind auch Klagen von Beamten/Funktionären gegen ihre I.O. vor nationalen Gerichten grundsätzlich nicht zulässig.[345] Die funktionelle Begründung der Immunität I.O. lässt – anders als bei Staaten – eine Trennung zwischen *acta iure imperii* und *acta iure gestionis* nicht zu, da auch Letztere zu den Aufgaben der Organisation zählen können.[346] Als etwa die Immunität eines Special Rapporteur der ehemaligen UN-Menschenrechtskommission in Streit stand, war es nach Auffassung des IGH Aufgabe des Generalsekretärs, nicht der Organe des Mitgliedstaats, die Reichweite der für die Erfüllung der Mission erforderlichen Immunität zu bestimmen.[347] Weil sich die *Mitgliedstaaten* ihrer Haftung aber nicht auf diese Weise entziehen können, bleibt

---

[343] *Möldner*, International Organisations or Institutions, Privileges and Immunities, MPEPIL VI, 47 (Rn 16); *Reinisch*, Privileges and Immunities, in Klabbers/Wallendahl (Hrsg), Research Handbook, 132 ff. – Deshalb scheiterte auch die Schadensersatzklage der „Mütter von Srebrenica" vor niederländischen Gerichten gegen die UN (vgl Fn 320), mit der geltend gemacht wurde, dass die (holländischen) UN-Blauhelme die muslimische männliche Bevölkerung in Srebrenica im Juli 1995 nicht ausreichend vor dem Völkermord durch serbische Truppen geschützt hätten; vgl Entscheid des District Court of The Hague (Rechtbank Den Haag) v 10.7.2008, Case No 295247/HA ZA 07-2973, NILR 2008, 428 ff; bestätigt vom Obersten Gerichtshof (Hoge Raad), Urt v 13.4.2012, 10/04437; dazu auch EGMR, Entscheidung v 11.6.2013, Nr 65542/12 [*Mothers of Srebrenica*]. In diesen Entscheidungen wird verdeutlicht, dass sogar die Geltendmachung der Verletzung einer zwingenden Norm des Völkerrechts (Genozidverbot) die Immunität der UN nicht verdrängt, dazu krit *Schmalenbach*, Preserving the Gordian Knot: UN Legal Accountability in the Aftermath of Srebrenica, NILR 62 (2015) 313 ff; *Momirov*, in Ryngaert u a (Hrsg), Judicial Decisions, 439 (444, 449). – Auch die Klage einer NGO gegen die UN, wonach UN-Soldaten für den Ausbruch einer Cholera-Epidemie in Haiti verantwortlich seien, hatte vor dem District Court for the Southern District of New York (Urt v 9.1.2015, *Delama Georges et al v United Nations*, 13-CV-7146) aufgrund des Immunitätsvorbehalts keinen Erfolg; näher *Lundahl*, The United Nations and the Remedy Gap: The Haiti Cholera Dispute, Friedenswarte 88 (2013) 77 ff; *Freedman/Lemay-Hebert*, UN Immunity and the Haiti Cholera Case, QIL Zoom-in 19 (2015) 5 ff; *Garcin*, The Haitian Cholera Victims' Complaints Against the United Nations, ZaöRV 75 (2015) 671 (679 ff, insbes 685 ff).
[344] Zu den verfassungsrechtlichen Grenzen vgl BVerfGE 58, 1 ff. Der Immunitätsschutz der IO wird nicht dadurch obsolet, dass *ius cogens* verletzt ist, s o Fn 343.
[345] *Seidl-Hohenveldern*, Die Immunität internationaler Organisationen in Dienstrechtsstreitfällen, 1981; vgl auch *Bleckmann*, Internationale Beamtenstreitigkeiten vor nationalen Gerichten, 1981; *Bernhardt* (Fn 88) 37 ff; *Ullrich*, Die Immunität internationaler Organisationen vor der einzelstaatlichen Gerichtsbarkeit, ZaöRV 71 (2011) 157 ff. – Zum innerorganisatorischen Rechtsschutz der Beamten s *Möldner* (Fn 343) sowie u Rn 174 f. Vgl auch die Urteile des EGMR v 18.2.1999, Nr 26083/94, ECHR Reports 1999-I, 393 [*Waite u Kennedy*] u Nr 28934/95 [*Beer u Regan*]. Zum sonstigen innerorganisatorischen Rechtsschutz, der den Zugang zu nationalen Gerichten grundsätzlich ausschließt, vgl *Kunz-Hallstein*, Menschenrechtsverletzungen durch Internationale Organisationen – Zuständigkeit nationaler Gerichte? ZIAS 2016, 406 ff, sowie jüngst BVerfG, NVwZ 2018, 1549, Rn 41 ff [*Europaschule*].
[346] So zutr der Schiedsspruch über die Auslegung des Sitzabkommens über das Europäische Laboratorium für Molekularbiologie v 29.6.1960; dazu *Kunz-Hallstein*, Privilegien und Immunitäten internationaler Organisationen im Bereich nicht hoheitlicher Privatrechtsgeschäfte, NJW 1992, 3069 (3072 f); ebenso *Seidl-Hohenveldern/Loibl*, Internationale Organisationen, Rn 1907 f; krit *Rensmann*, Internationale Organisationen im Privatrechtsverkehr, AVR 36 (1998) 305 (316 ff); *Habscheid*, Die Immunität internationaler Organisationen im Zivilprozess, ZZP 110 (1997) 269 ff.
[347] ICJ Rep 1999, 62, 84 ff [*Immunitäts-Gutachten*]; auch bereits ICJ Rep 1989, 177, 197 f [*Mazilu-Gutachten*]; vgl *Blokker/Schermers*, Mission Impossible?, FS Seidl-Hohenveldern, 1998, 37 ff.

ihre ggf bestehende eigene Verantwortung unberührt.³⁴⁸ Verschiedentlich wird die Immunität bereits durch den Gründungsvertrag eingeschränkt (Klagemöglichkeit Privater gegenüber IBRD, IFC und IDA) oder gar nicht gewährt; so hat die EU keine Immunität vor den Gerichten ihrer Mitgliedstaaten,³⁴⁹ wobei freilich deren Zuständigkeit durch die weitreichende Kompetenz des EuGH begrenzt ist. Art 1 des Protokolls über Vorrechte und Befreiungen der EU gewährt jedoch umfassende, nur vom EuGH zu beseitigende Vollstreckungsimmunität. Andere wichtige Vorschriften der einschlägigen Verträge befassen sich mit fiskalischen (steuerrechtlichen) Privilegien der Organisation, der Rechtsstellung ihrer Bediensteten, denen zT diplomatischer Status zuerkannt wird, der Stellung der Vertreter von Mitgliedern und Nichtmitgliedern (Beobachtern) und anderem mehr.³⁵⁰

Dritte – weder am Gründungsvertrag noch an den betreffenden Konventionen beteiligte – Staaten könnten nur aufgrund *allgemeinen Völkerrechts* zur Respektierung der Immunität einer I.O. verpflichtet sein. Solche Regeln sind indes nicht festzustellen.³⁵¹ Der Versuch der ILC, eine entsprechende Regel zu kodifizieren, ist bisher nicht in eine von den Staaten akzeptierte Konvention eingegangen, aus der sich – möglicherweise – Gewohnheitsrecht entwickeln könnte (Art 38 WVK).³⁵² Ob für die EU im Ergebnis etwas anderes gilt, ist zweifelhaft.

109

Eine besonders enge Beziehung besteht im Verhältnis zu dem Staat, in dem die I.O. ihren Sitz (Sekretariat) hat;³⁵³ zT unterhält die Organisation zusätzlich Regionalbüros (FAO, WHO). In der Auswahl ist die I.O. frei, soweit die Sitzfrage nicht im Gründungsvertrag geregelt ist (zB Art 11 Europaratssatzung: Straßburg). Die nähere Ausgestaltung muss in dem *Sitzabkommen (headquarters agreement)* erfolgen, das zwischen I.O. und Sitzstaat geschlossen wird.³⁵⁴ Seine Bestimmungen betreffen die Sicherung der Arbeit der I.O., was den Schutz ihrer Anlagen und Bediensteten ebenso umfasst wie das Anreise- und Abreiserecht der Vertretungen der Mitglieder und zur Mitarbeit eingeladenen Nichtmitglieder (Beobachter), die Anwendbarkeit des

110

---

348 Die Mitglieder des Internationalen Zinnrats konnten sich daher nicht auf dessen Immunität berufen; dazu o Fn 324. Vgl auch *Heller*, Der Haftungsdurchgriff im Völkerrecht, 1993.
349 Vgl Art 274 AEUV.
350 Ein Überblick bei *Ziegler*, in Charter UN³, Art 105 Rn 16 ff. Vgl *Nascimento e Silva*, Privileges and Immunities of Permanent Missions to International Organizations, GYIL 21 (1978) 9 ff; *Ingadóttir*, The UN and the ICC, LJIL 14 (2001) 867 ff.
351 *Seidl-Hohenveldern/Loibl*, Internationale Organisationen, Rn 1905 ff; *Tomuschat* (Fn 283) Rn 27; anders etwa *Bothe*, Die Stellung der Europäischen Gemeinschaften im Völkerrecht, ZaöRV 37 (1977) 122 ff; *Schermers/Blokker*, International Institutional Law, § 1611; The American Law Institute, Restatement of the Law Third, 1987, § 467.
352 Vgl Art 7 des ILC-Entwurfs v 1989, UN Doc A/CN. 4/424 („Beziehungen zwischen Staaten und Internationalen Organisationen"). – Die ILC hat 1992 beschlossen, die Thematik nicht weiter zu bearbeiten.
353 Vgl *Jenks*, The Headquarters of International Institutions, 1945; *Wolfrum*, International Organizations, Headquarters, EPIL II (1995) 1309 ff; *Muller*, International Organizations and Their Host States, 1995. Mit A/RES/100 (I) v 1946 hat die GV New York als ständigen Amtssitz bestimmt. Zum Sitz der EU-Organe vgl das Protokoll über die Festlegung der Sitze der Organe v 1997, ABl EG 1997, Nr C 340/112, geänd mWv 1.12.2009 durch Prot v 13.12.2007, ABl EU Nr C 306/163.
354 UN Headquarters Agreement v 26.6.1947 (11 UNTS 11) zwischen UN und USA. Zu den Abkommen mit der Schweiz und Österreich *Ziegler*, in Charter UN³, Art 105 Rn 14 f. S auch den (2006 erledigten) IGH-Fall *Status vis-à-vis the Host State of a Diplomatic Envoy to the United Nations* (Commonwealth of Dominica v Switzerland), Verfügung v 9.6.2006.

nationalen Rechts und die Zuständigkeit von Behörden und Gerichten des Sitzstaats. Die Abkommen müssen eine prekäre Balance halten zwischen den Anforderungen, die die I.O. stellen muss, und dem, was dem Gastgeberland noch zumutbar ist.[355] Dieser Interessenausgleich ist in der Wiener Konvention v 1975, die freilich die speziellen Regelungen unberührt lässt, offenbar nicht gelungen.[356]

111 Die Sitzabkommen sind von den gleichberechtigten Vertragsparteien im guten Glauben und bei gegenseitiger Verpflichtung zur Zusammenarbeit zu handhaben. Eine überstürzte Verlegung des Sitzes wäre also unzulässig.[357] Die Sitzabkommen pflegen sinnvollerweise *Streitbeilegungsvorschriften* zu enthalten, die im Einzelnen recht verschiedene Verfahren vorsehen, aber doch zuletzt meist in eine *schiedsgerichtliche* Erledigung münden. Dass diesen sich die Parteien nicht entziehen dürfen, hat der IGH in einem Gutachten v 1988 festgestellt: Aufgrund des vom amerikanischen Kongress erlassenen *Anti-Terrorism-Act* wurde von den US-Behörden die Schließung der PLO-Mission am Sitz der UN verfügt, was nach zutreffender Ansicht der UN gegen das Sitzabkommen verstieß. Der IGH war der Ansicht, dass offenbar über die Anwendung des Abkommens Streit bestehe und die USA deshalb nach Ausschöpfung aller anderen Verständigungsmöglichkeiten sich dem vorgesehenen Schiedsverfahren zu unterwerfen hätten.[358] Bevor es aber dazu kam, gab der zuständige US District Court in völkerrechtskonformer Auslegung dem nationalen Gesetz einen Inhalt dahin, dass es die UN-Mission der PLO nicht erfasse.[359] In bemerkenswerter Weise sind die Pflichten des Sitzstaats auch durch den Schiedsspruch v 1990 über die Reichweite der Steuerbefreiung des Europäischen Laboratoriums für Molekularbiologie ausgelegt worden, wie sie im Sitzabkommen zwischen dieser Organisation und Deutschland vereinbart ist.[360]

d) Innerstaatliche Rechts- und Geschäftsfähigkeit

112 Häufiger als die Völkerrechtsfähigkeit gewähren die Gründungsverträge oder zusätzliche Abkommen ausdrücklich den I.O. *Rechts- und Geschäftsfähigkeit im Recht der Mitglieder.*[361] Motiv ist auch hier die möglichst effektive Durchführung der Aufgaben.[362] Man kann mit guten Gründen bereits eine gewohnheitsrechtliche Verpflichtung der Mitgliedstaaten annehmen, ihrer Organisation Rechtsfähigkeit einzuräu-

---

355 Die Sitzstaaten profitieren zT aber auch erheblich von ihren I.O. So beschäftigen die in Genf lokalisierten I.O. 11% der Erwerbstätigen; vgl NZZ v 8.9.1992, 37.
356 Vgl o Fn 269.
357 ICJ Rep 1980, 67, 93 ff *[Übereinkommen WHO-Ägypten].*
358 ICJ Rep 1988, 12, 30 ff *[Headquarters Agreement-Gutachten].*
359 *United States v Palestine Liberation Organization,* No 88 Civ 1962 (ELP), US District Court, SDNY, June 29, 1988, AJIL 82 (1988) 833 ff; vgl auch o Fn 265. Ferner *Reisman,* The Arafat Visa Affair: Exceeding the Bounds of Host State Discretion, AJIL 83 (1989) 519 ff.
360 Sitzabkommen v 10.12.1974 (BGBl 1975 II, 933). So Fn 346 sowie *Hailbronner,* Völkerrechtliche und staatsrechtliche Aspekte fiskalischer Immunität in Sitzstaatsabkommen des Europäischen Laboratoriums für Molekularbiologie, GYIL 22 (1979) 313 ff.
361 ZB Art 104 UN-Charta, Art 335 AEUV einerseits, Art 1 des Allgemeinen Abkommens über die Vorrechte und Befreiungen des Europarats v 1949 (BGBl 1954 II, 493) andererseits. Näher *Schlüter,* Die innerstaatliche Rechtsstellung Internationaler Organisationen, 1972; *Rensmann* (Fn 346) 305 ff.
362 *Ziegler,* in Charter UN³, Art 104 Rn 18.

men, allerdings nur beschränkt auf die Erledigung ihrer Aufgaben.[363] Vertraglich kann hingegen selbst für die Durchführung von *ultra vires*-Akten Rechts- und Geschäftsfähigkeit zugestanden sein; dies dürfte sich zB aus Art 335 AEUV ergeben, wenn er für die Union die „weitestgehende" Rechts- und Geschäftsfähigkeit anordnet, die nach den Rechtsvorschriften des Mitglieds juristischen Personen zuerkannt ist.[364] Aufgrund der innerstaatlichen Rechtsfähigkeit kann die I.O. Trägerin privat- und öffentlich-rechtlicher Rechte und Pflichten sein. Sie hat den Status einer juristischen Person des öffentlichen Rechts.[365] Sie kann in vollem Umfang am Rechtsverkehr teilnehmen, private und öffentlich-rechtliche Verträge abschließen, Eigentum erwerben und veräußern, Klägerin und Beklagte sein. Auf die von ihr vorgenommenen Rechtsgeschäfte findet das nationale Recht des Mitgliedstaats Anwendung, unter Berücksichtigung freilich der der I.O. eingeräumten Immunitäten und Privilegien.[366] Die Mitglieder setzen die vertragliche Verpflichtung zur Einräumung der innerstaatlichen Rechts- und Geschäftsfähigkeit rechtstechnisch unterschiedlich um. IdR wird der Erlass einer gesetzlichen Norm notwendig sein.[367]

Auch wenn die genannten vertraglichen Vorschriften nur die Mitglieder der Organisation verpflichten, ergibt sich daraus nicht, dass nicht auch *Drittstaaten* einer „fremden" I.O. Rechtsfähigkeit einräumen können. Eine Verpflichtung dazu besteht aber auch aus Völkergewohnheitsrecht nicht. Drittstaaten können jedoch selbst entsprechende vertragliche Verpflichtungen eingehen oder autonom durch eigenen Rechtsakt der I.O. diese Rechtsstellung einräumen.[368] IdR ergibt sich bereits aus dem IPR eines Staats, dass bzgl der Frage der Rechtspersönlichkeit auf das eigene Recht der Institution verwiesen wird; soweit danach das Recht der I.O. dieser Völkerrechtsfähigkeit verleiht, kann hieran das nationale Recht anknüpfen, weil zur sinnvollen Aufgabenerfüllung die innerstaatliche Rechtsfähigkeit intendiert sein wird.[369] **113**

e) Qualifikation des internen Organisationsrechts

Es ist eine sehr umstrittene Frage, ob das innere Recht einer I.O. *als Völkerrecht* qualifiziert werden kann.[370] Das Problem rührt daher, dass das interne Organisationsrecht nicht zwischen Völkerrechtssubjekten gilt, sondern in seiner Geltung nach innen gerichtet ist. Die Schwierigkeiten beginnen bereits mit der Definition der dem internen Recht zuzuordnenden Regeln. Nicht hilfreich wäre eine Trennung zwischen **114**

---

363 *Seidl-Hohenveldern/Loibl*, Internationale Organisationen, Rn 327.
364 *Becker*, in Schwarze (Fn 201) Art 335 AEUV Rn 7.
365 Für die EU: EuGH, Slg 1960, 1115, 1133 *[Fieddelaar]*; *Ipsen* (Fn 139) 204; *Grunwald*, Die nichtvölkerrechtlichen Verträge der EG, EuR 1984, 227 ff. In Bezug auf andere I.O. differenzierend *Epping*, in Ipsen (Fn 28) § 8 Rn 71.
366 *Schermers/Blokker*, International Institutional Law, §§ 1606 ff; vgl auch *Seyersted*, Applicable Law in Relations between Intergovernmental Organizations and Private Parties, RdC (1967-III) 433 ff.
367 *Ziegler*, in Charter UN³, Art 104 Rn 6.
368 So haben vor ihrem Beitritt die Schweiz durch Abschluss des Sitzabkommens mit den UN v 1946 (1 UNTS 164) und die BR Deutschland durch Verordnung v 16.6.1970 (BGBl 1970 II, 669) den UN Rechtspersönlichkeit in ihrem Recht eingeräumt.
369 Vgl *Ziegler*, in Charter UN³, Art 104 Rn 41 ff; *Herdegen* (Fn 324) 543 f; *Rensmann* (Fn 346) 308 ff.
370 *Miehsler* (Fn 88) 47 ff; *Meng* (Fn 122) 149 ff; *Bernhardt*, International Organizations, Internal Law and Rules, EPIL II (1995) 1314 ff; *Odermatt*, The Development of Customary International Law by International Organizations, ICLQ 66 (2017) 491 (499).

Gründungsvertrag (Primärrecht) einerseits und den von den Organen aufgrund des Gründungsvertrags erlassenen Akten andererseits (Sekundärrecht), da zahlreiche Bestimmungen des Gründungsvertrags selbst „Verfassungs"-Charakter haben (zB Vorschriften über die Organe und ihre Willensbildung, Kompetenzverteilung, Finanzierung), also intern wirken, hingegen manche Maßnahmen der Organisation über den inneren Bereich hinausreichen und sich (auch) an Dritte wenden.[371] Abzustellen ist daher konkret auf die der jeweiligen Regel oder Maßnahme zukommende Wirkung.[372]

115 Eine gewichtige Ansicht *bestreitet* die Völkerrechtsqualität des internen Organisationsrechts und definiert es als eigenes Rechtssystem (Recht *sui generis*).[373] Dieses Recht, so wird gesagt, unterscheide sich strukturell so erheblich vom Völkerrecht, dass es diesem nicht mehr zugeordnet werden könne. Das interne Recht einer I.O. sei überwiegend nicht koordinierender, sondern organisatorischer Natur; es habe seine eigenen Rechtserzeugungsmechanismen, eine größere inhaltliche Bestimmtheit der Rechtsakte, es gebe nicht nur eine Teilung, sondern eine Hierarchie der Gewalten; damit sei eine starke Ähnlichkeit zum öffentlichen Recht eines Staates gegeben. Trotz zutreffender Erkenntnisse spricht gegen diese Ansicht, dass sie nicht klar zu machen weiß, an welcher Stelle die Verbindungslinie zum Gründungsvertrag, der zunächst ja ein völkerrechtlicher Vertrag ist, durchtrennt ist. Es ist nicht zu bestreiten, dass das Organisationsrecht vertragsabhängig, dh eben völkerrechtsabhängig ist.[374] Warum und wie sich trotz dieser Abhängigkeit das interne Organisationsrecht aus dem Völkerrecht emanzipiert haben soll, ist nicht verständlich. Es ist deshalb davon auszugehen, dass *das interne Organisationsrecht zum Völkerrecht gehört*.[375] Es weist zwar Besonderheiten auf, die aber seine Ausgliederung nicht rechtfertigen. Seine Autonomie bedeutet nicht Unabhängigkeit vom Völkerrecht, sondern relative Selbstständigkeit. Dies steht mit dem Wesen des modernen Völkerrechts nicht in Widerspruch. Das Völkerrecht hat sich von einer bloßen Koordinationsordnung der Staaten zu einer Ordnung institutioneller Kooperation gewandelt, in der die I.O. und ihr Recht wesentliche Faktoren sind.[376] Wie im innerstaatlichen Bereich das interne Gesellschafts- oder Verbandsrecht dem nationalen Recht zugeordnet bleibt, so ist auch das Recht der I.O. einschließlich ihrer internen Rechtsordnung dem Völkerrecht zuzurechnen.

116 Die Qualifikationsfrage ist kein bloßes formales Definitionsproblem, das nur systematische Bedeutung hätte.[377] Handelt es sich nämlich beim internen Organisationsrecht nicht um Völkerrecht, könnte der IGH es gar nicht anwenden; denn wenn Art 38 IGH-Statut auch keinen abschließenden Völkerrechtsquellenkanon bereitstellt, so umschreibt er doch das für den IGH anwendbare Recht. Die Zuordnung

---

371 So zutr *Schermers/Blokker*, International Institutional Law, § 1200.
372 Vgl *Bernhardt* (Fn 88) 9 ff; *Miehsler* (Fn 88) 68 ff.
373 So *Miehsler* (Fn 88) 70 ff; *Schermers/Blokker*, International Institutional Law, § 1196: „separate legal order", „independent of any other legal order"; *Rudolf*, Völkerrecht und deutsches Recht, 1967, 43 f.
374 Vgl *Mosler*, Diskussionsbeitrag, BDGVR 12 (1973) 103 f; *ders* (Fn 2) 21 ff.
375 *Bernhardt* (Fn 88) 21 ff; *P. Klein*, International Organizations, Internal Law and Rules, MPEPIL VI, 27 (Rn 4); *Odermatt* (Fn 370) 500 ff.
376 *Bernhardt* (Fn 88) 39 ff; *Meng* (Fn 122) 180 ff; *Epping*, in Ipsen (Fn 28) § 8 Rn 53.
377 Zutr *Jaenicke*, Diskussionsbeitrag, BDGVR 12 (1973) 98 f.

zum Völkerrecht bringt auch die völkerrechtlichen Auslegungsregeln (Art 31 WVK) ins Spiel, die freilich nicht so eng sind, dass man nicht der Besonderheit des Gründungsvertrags und des internen Organisationsrechts in adäquater Weise gerecht werden könnte *(effet utile, implied powers).*

Das Qualifikationsproblem spitzt sich beim *EU-Recht* zu. Es ist nicht zu übersehen, dass seine Besonderheiten oft nur noch schwer mit den Kategorien des allgemeinen Völkerrechts zu erfassen sind. Nachdem der EuGH zunächst noch die Rechtsordnung der (damaligen) EG als „eine neue Rechtsordnung des Völkerrechts" charakterisiert hatte,[378] hob er später die Eigenständigkeit des Gemeinschaftsrechts („eigene Rechtsordnung") hervor.[379] Dennoch ist daran festzuhalten, dass auch beim heutigen EU-Recht die Nabelschnur zu seinen völkerrechtlichen Ursprüngen nicht durchschnitten ist; es ist *kein self-contained regime.*[380] Die rechtliche Verselbständigung würde den Umschlag in staatsrechtliche Kategorien voraussetzen. Davon gehen aber die ehemaligen Gemeinschaftsverträge ebenso wenig aus wie der Vertrag von Lissabon; auch dort bleiben die Mitgliedstaaten die maßgeblichen, die Union letztlich tragenden Machtfaktoren.[381] Trotz aller Eigenarten des Unionsrechts ist als *ultima ratio* der Rückgriff auf die allgemeinen Regeln des Völkerrechts daher nicht gänzlich verschlossen, etwa bei der Durchsetzung von Vertragspflichten, dem Ausschluss eines Mitglieds oder der Auflösung der Organisation.[382] Auch die zur sog „Euro-Rettung" vereinbarten völkerrechtlichen Nebenverträge (ESM; Fiskalpakt) belegen, dass die EU ihre völkerrechtliche Einbettung nicht verloren hat.[383]

4. Die Organe und ihre Willensbildung
a) Allgemeine Strukturen

Ungeachtet der Vielfalt bestehender I.O. und ihrer Organe hat sich ein *organisatorisches Grundmuster* herausgebildet, das dem Aufbau fast aller I.O. zugrunde liegt. Festzustellen ist jedenfalls, dass regelmäßig *mindestens zwei Organe* vorgesehen sind: das Organ, in dem sämtliche Mitglieder vertreten sind (Versammlung), und das, das die laufende Verwaltungsarbeit erledigt (Sekretariat). Häufig wird die Organstruktur erweitert durch ein Organ, dem ein kleinerer Kreis von Mitgliedern angehört und dem besonders wichtige Aufgaben anvertraut sind (Rat). Daneben können parlamentarische Gremien (Vertretungen der Bevölkerungen der Mitgliedstaaten)[384] und richterliche Organe treten. Es gibt auch Organe, aus denen bewusst

---

378 EuGH, Slg 1963, 1, 24 *[van Gend & Loos].*
379 EuGH, Slg 1964, 1251, 1256 *[Costa/ENEL].* Vgl auch BVerfGE 22, 293, 296; 31, 145, 174. Aus der Lit insbes *Ipsen* (Fn 139) 6 ff; *Nicolaysen,* Europarecht, 2. Aufl 2002, 72 ff; *Everling* (Fn 119) 173 ff (s aber 180: von der völkerrechtlichen Grundlage „in einem erheblichen Ausmaß" gelöst).
380 Vgl *Simma,* Self-contained Regimes, NYIL 16 (1985) 111 (123 ff); *Marschick,* Subsysteme im Völkerrecht, 1997; *Conway,* Breaches of EC Law and the International Responsibility of Member States, EJIL 13 (2002) 679 ff; *Klein,* Self-Contained Regime, MPEPIL IX, 97 ff; iE auch *Meng* (Fn 122) 167 f.
381 Vgl etwa Art 5 EUV; der später im Wortlaut abgemilderte Art 3 Abs 6 EUV gibt der Union keine Kompetenz-Kompetenz; dazu BVerfGE 89, 155, 192 ff; 123, 267, 348 f. Andere Akzentuierung bei *Ruffert/Walter,* Institutionalisiertes Völkerrecht, Rn 99.
382 Vgl o Rn 77 ff.
383 Näher u Rn 256.
384 Damit wird das wichtige Problem der demokratischen Kontrolle von I.O. angesprochen; hierzu etwa *Kissling,* Die Interparlamentarische Union im Wandel, 2006, 341 ff.

das mitgliedstaatliche Element ausgeschaltet ist, um eine allein am Organisationswohl ausgerichtete Entscheidung zu ermöglichen.[385]

119 Die wichtigste Aufgabe der Organe ist es, die I. O. handlungsfähig zu machen. In welche Richtung das Handeln der Organisation aber geht, hängt entscheidend von den Interessen ab, die in ihrem Rahmen verfolgt und durchgesetzt werden können. Obwohl der *Organisationszweck* die gemeinsame Basis der Mitgliedschaft ist, können die Vorstellungen der Mitglieder über die sinnvolle und bestmögliche Erreichung des Organisationszwecks im Einzelfall divergieren. Es ist daher von wesentlicher Bedeutung, wie es gelingt, trotz dieser Divergenzen zu einem umsetzbaren, Handlungsfähigkeit gewährleistenden Ergebnis zu kommen. Die Zusammensetzung der Organe, die (fehlende) Weisungsabhängigkeit der Organmitglieder (Organwalter) von den Regierungen der Mitgliedstaaten, die (fehlende) Bindung der Organwalter an die Rechtsordnung ihrer Staaten, der Willensbildungs- und Entscheidungsprozess sind daher maßgebliche Faktoren. Mitgliedstaatlicher Wille setzt sich am intensivsten dort durch, wo das Organ mit weisungsgebundenen Regierungsvertretern besetzt ist und nur einstimmig handeln kann. Sind die Organwalter aber unabhängig oder wird in den Organen nach Mehrheiten abgestimmt, treten Wille und Interesse des einzelnen Mitglieds zwangsläufig zurück.[386]

120 Auch in den dem Universalitätsprinzip verpflichteten I.O. zeigt sich, dass geographische Nähe oder politisch-ideologische Übereinstimmung zu einer *gruppenmäßigen Gliederung* der Mitgliedstaaten führen kann, der sich das Organisationsrecht zur besseren Strukturierung des Entscheidungsprozesses häufig bedient. Das wirkt sich zT bei der Zusammensetzung solcher Organe aus, in denen nicht alle Mitglieder vertreten sind (zB UN-Sicherheitsrat), zT aber auch bei der Stimmabgabe innerhalb eines Organs (Fall der Stimmwägung). Die Bsp weisen auf die Bedeutung des *Regionalismus* für den Organisationsprozess der Völkerrechtsgemeinschaft hin.[387]

121 Organisationsrechtlich kann zwischen *Organen dreier verschiedener Stufen* differenziert werden:[388] Auf der Primärstufe stehen die im Gründungsvertrag benannten Haupt- oder Nebenorgane (zB Art 7 UN-Charta, Art 13 EUV); auf der Sekundärstufe sind die Hilfsorgane angesiedelt, die aufgrund einer Ermächtigung im Gründungsvertrag von einem Primärorgan, soz als dessen Verwaltungsunterbau, geschaffen werden können (vgl Art 7 Abs 2 UN-Charta); auf der dritten Stufe stehen

---

385 Bsp: EU-Kommission (Art 17 EUV/Art 244 f AEUV).
386 Zum Problem *Jaenicke*, Die Sicherung des übernationalen Charakters der Organe internationaler Organisationen, ZaöRV 14 (1951) 46 ff; *Mosler*, National- und Gemeinschaftsinteressen im Verfahren des EWG-Ministerrats, ZaöRV 26 (1966) 1 ff.
387 Vgl *Lang*, Der internationale Regionalismus, 1982, 44 ff; *Bennett/Oliver*, International Organisations, 236 ff. – Die in den UN maßgebliche, durch die Entwicklung seit 1989 ins Wanken geratene Einteilung kennt fünf Gruppen: afrikanische, asiatische, osteuropäische, lateinamerikanische und karibische sowie westeuropäische und andere Staaten (*von Schorlemer*, „Gemeinsam stärker?", in Dicke/Fröhlich [Hrsg], Wege multilateraler Diplomatie, 2005, 26 ff). Trotz der geänderten weltpolitischen Situation und der die Regionalgruppen überschreitenden EU-Erweiterung besteht in den UN kein Interesse an einer die Einteilung tangierenden Reform.
388 *Hilf*, Die Organisationsstruktur der Europäischen Gemeinschaften, 1982, 229 ff; *Uerpmann*, Mittelbare Gemeinschaftsverwaltung durch gemeinschaftsgeschaffene juristische Personen des öffentlichen Rechts, AöR 125 (2000) 552 ff. Vgl allg *Torres Bernárdez*, Subsidiary Organs, in Dupuy (Hrsg), Handbook, 109 ff.

die gleichfalls aufgrund einer satzungsrechtlichen Ermächtigung geschaffenen Einrichtungen, bei denen es zu einer mehr oder weniger starken rechtlichen Verselbstständigung gegenüber dem kreierenden Organ kommt. Die Stufung führt zu einer organisationsrechtlichen Hierarchisierung, die jedoch nicht überschätzt werden darf. Für das Verhältnis zwischen den Organen bleibt letztlich der ihre Existenz und Funktion regelnde Rechtssatz bestimmend.

Einen Anhaltspunkt für einen *hierarchisch* gegliederten Aufbau bildet es stets, wenn als Organ der I.O. neben einem Gremium, in dem weisungsabhängige Regierungsvertreter zusammentreten, ein *Rat der Staats- und Regierungschefs* vorgesehen wird. Ein solches „Spitzenorgan" findet sich häufig in Organisationen, die der Ausübung der mitgliedstaatlichen Kompetenzen nur schwache Grenzen ziehen.[389] Insoweit war das Fehlen eines solchen Organs im Bereich der ehemaligen EG nicht überraschend. Es zeigte sich jedoch, dass die Intensivierung der Integration auf die Impulse eines die oberste politische Ebene der Mitgliedstaaten repräsentierenden Gremiums nicht verzichten konnte. Der „Europäische Rat", zunächst informell geschaffen, 1986 durch die EEA in Gemeinschaftskontext gestellt[390] und in Art 15 EUV/Art 235f AEUV zu einem Organ der EU bestimmt, ist dafür ein wichtiger Beleg. Auch die Zusammenkunft der Staats- und Regierungschefs der Mitglieder des Sicherheitsrats Anfang 1992 weist für die UN-Ebene auf ein ähnliches, einstweilen aber wohl gescheitertes Bemühen hin.[391]

122

Die wichtigste *Rechtsquelle* für die Zusammensetzung und Willensbildung der Organe ist der Gründungsvertrag/die Satzung der I.O.; daneben wirken sich auch die Geschäftsordnungen der Organe erheblich aus.[392] Nicht zu vergessen ist in diesem Zusammenhang die Organpraxis, die etwa zur Konkretisierung „offener" Abstimmungsregeln beizutragen vermag.[393] Darüber hinaus entfaltet die I.O. durch die Anstöße, die ihre Organe geben, ein Eigenleben,[394] das in einem dynamischen Prozess über den Ausgangspunkt der Gründung weit hinausführen kann. Je nach Organisationsziel und Einstellung der Mitglieder ist dies entweder Bestätigung des Erfolgs der I.O. oder Ausdruck einer krisenhaften Entwicklung. Davon unabhängig werden I.O. in ihren Verwaltungsstrukturen zunehmend auf die Prinzipien der „good governance" verpflichtet;[395] zumindest wird von ihnen Rechenschaft *(accountability)* im Blick auf die Achtung von demokratischen und rechtsstaatlichen Prinzi-

123

---

389 ZB Art 6–9 AU; Art 7–10 Afrikanische Wirtschaftsgemeinschaft (Text: ILM 30 [1991] 1245); Art 5 ECOWAS (Text: ILM 14 [1975] 1200); Art 9 Southern Africa Development Community (Text: ILM 32 [1993] 126).
390 Vgl *Oppermann/Classen/Nettesheim* (Fn 93) § 5 Rn 57 ff; *Geiger/Khan/Kotzur*, EUV/AEUV, 6. Aufl 2017, Art 15 EUV Rn 1.
391 Dokument des Gipfels: ILM 31 (1992) 759.
392 Vgl *Conforti*, The Legal Effect of Non-compliance with Rules of Procedure in the UN General Assembly and Security Council, AJIL 63 (1969) 479 f.
393 Vgl o Rn 41. Im Internationalen Währungsfonds finden einige zuvor von der Organpraxis geprägte Abstimmungsregelungen nunmehr ihren schriftlichen Niederschlag, vgl die Änderung des Übereinkommens über den IWF zur Stärkung der Mitspracherechte und der Beteiligung am Internationalen Währungsfonds, BGBl 2009 II, 206; zur jüngsten Änderung des IWF-Übereinkommens vgl BGBl 2012 II, 522.
394 *Mosler* (Fn 281) 28.
395 Vgl UN Doc A/RES/67/1 v 30.11.2012, Declaration on the Rule of Law at the National and International Levels, Rn 35 f.

pien in ihrer Binnenorganisation sowie hinsichtlich einer regelhaften, transparenten Aufgabenerfüllung eingefordert.[396]

b) Die Hauptorgane von UN, Europarat und EU im Vergleich

124 Die *Hauptorgane* von UN (Art 7), Europarat (Art 10) und EU (Art 13 EUV) sind im Gründungsvertrag ausdrücklich aufgeführt. Eine an den aufgeführten Strukturelementen orientierte synoptische Darstellung bietet das folgende Bild:

Übersicht 2

Charakterisierung	UN	Europarat	EU
Mitgliederorgan (MO)	Generalversammlung	Ministerkomitee	Europäischer Rat und Rat
Beschränktes MO	Sicherheitsrat	–	–
Beschränktes MO	Wirtschafts- u. Sozialrat	–	–
Beschränktes MO	Treuhandrat	–	–
Ständiges Verwaltungsorgan	Sekretariat	Sekretariat	Europäische Kommission
Parlamentarisches Organ	–	Parlamentarische Versammlung	Europäisches Parlament
Richterliches Organ	IGH	–	Gerichtshof der EU
Rechnungskontrolle	–	–	Rechnungshof
Zentralbank	–	–	Europäische Zentralbank

125 Diese Übersicht ist nicht dahin misszuverstehen, dass die Funktionen prinzipiell gleichstrukturierter Organe gleicher Art wären. Insoweit unterscheiden sich etwa UN-Generalversammlung und EU-Rat oder IGH und EuGH fundamental. Zu beachten ist auch, dass von Hauptorganen einer I.O. wahrgenommene Aufgaben bei einer anderen I.O. von Neben- oder Hilfsorganen ausgeübt werden können. So steht zB dem – nach Inkrafttreten des Maastricher Vertrags (1993) – in den Rang eines Hauptorgans erhobenen Rechnungshof ein von der Generalversammlung (GV) geschaffenes Hilfsorgan zur Rechnungskontrolle gegenüber.[397] Die Dienstgerichte der UN[398] nehmen Aufgaben wahr, die zunächst im Rahmen der EG der EuGH durchführ-

---

396 Vgl die Nachw in Fn 314 sowie *Brown Weiss/Sornarajah* (Fn 47) Rn 64 f; *Peters*, International Organizations and International Law, in Oxford Handbook, 33 (41 ff). Vgl auch o Rn 20, 101.
397 Näher *Wolfrum*, Haushalt, in Handbuch VN, 268 ff; s auch u Rn 223. – Art 13 EUV ordnet die Unionsorgane neu; hinzu kommt die Europäische Zentralbank.
398 Die UN-Dienstgerichte (United Nations Dispute Tribunal; United Nations Appeals Tribunal) sind durch A/RES/62/228 v 22.12.2007 gegründet worden und haben zum 1.1.2009 ihre Arbeit aufgenommen. Sie lösen das im Jahre 1949 (vgl A/RES/251/IV v 24.11.1949) errichtete Verwaltungsgericht der UN (UNAT) ab. Dazu näher *Fitschen/Münch*, Besserer Rechtsschutz für UN-Bedienstete, VN 2010,

te und die heute von dem auf der Grundlage der Art 257, 281 AEUV errichteten[399] Gericht für den öffentlichen Dienst der EU erfüllt werden.

c) Die Hauptorgane der UN
Die *UN* haben relativ viele Hauptorgane (Art 7); dabei fallen die drei Organe auf, in denen nur ein kleinerer Mitgliederkreis vertreten ist (Sicherheitsrat/SR; Wirtschafts- und Sozialrat/WSR; Treuhandrat/TR), und das richterliche Organ (IGH). Alle Hauptorgane können Neben- oder Hilfsorgane einsetzen.[400] Davon wird in vielfältiger Weise von GV, SR, WSR Gebrauch gemacht; zT werden die vorhandenen Ermächtigungen aber auch nicht wahrgenommen.[401] Die nachfolgende Skizze (Übersicht 3) gibt einen Überblick über die Haupt- und Nebenorgane der UN und die zwischen ihnen bestehenden Rechtsbeziehungen.[402] Die Sonderorganisationen und autonomen Organisationen innerhalb des UN-Verbands sind trotz zahlreicher Verbindungen verselbständigt und werden weiter unten behandelt.[403]

126

---

69 ff; *Gulati*, The International Dispute Resolution Regime of the United Nations, MPYUNL 15 (2011) 489 ff.
399 Die ursprüngliche Errichtung erfolgte auf der Grundlage von Art 225a EGV durch Beschl des Rates v 2.11.2004, ABl EU 2004, Nr L 333/7.
400 Vgl Art 7 Abs 2, Art 22, Art 29, Art 68 UN-Charta.
401 Vgl Art 47 UN-Charta (Generalstabsausschuss).
402 Vgl auch die Skizze in VN 1991, 37; ferner *Hüfner*, Die Vereinten Nationen und ihre Sonderorganisationen, Teil 1: Die Haupt- und Spezialorgane, 2. Aufl 1995 sowie den Organization Chart unter <http://www.un.org/en/aboutun/structure/pdfs/UN%20System%20Chart_ENG_FINAL_MARCH13_20 17.pdf>.
403 S u Rn 225 ff.

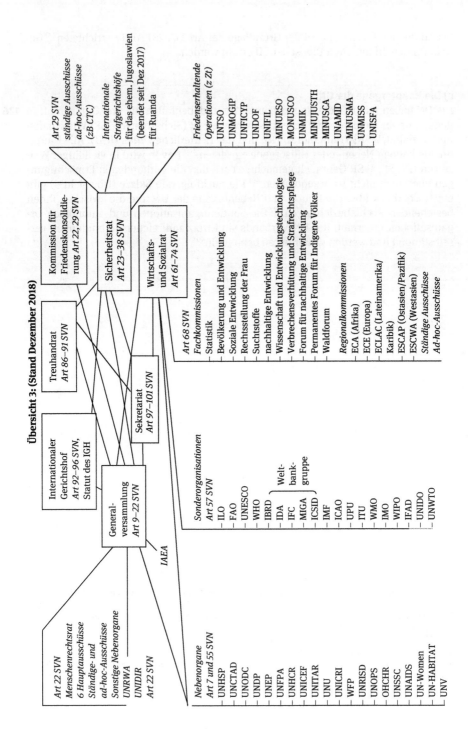

aa) Die Generalversammlung der UN. Die Generalversammlung (GV)[404] ist das einzige Organ, in dem *alle Mitgliedstaaten vertreten* sind (Art 9). Dies sichert ihr eine besondere Stellung, ohne ihr jedoch generell eine den anderen Organen hierarchisch übergeordnete Position zu geben, wenn dies nicht in der UN-Charta ausdrücklich vorgesehen ist; so stehen WSR und TR „unter der Autorität" der GV (Art 60, 87). Immerhin ist die GV Adressat der Jahresberichte der anderen Organe (Art 15), zu denen sie Stellung nehmen kann. Sie ist nicht nur zusammen mit dem SR für die Aufnahme, den Ausschluss von Mitgliedern und die Suspension ihrer Rechte zuständig (Art 4–6), sondern wählt auch dessen nichtständige Mitglieder (Art 23 Abs 1), die Mitglieder des WSR (Art 61 Abs 1) und einen Teil der Mitglieder des TR (Art 86 Abs 1) sowie – gemeinsam mit dem SR – die Mitglieder des IGH (Art 8, 10 IGH-Statut). Vor allem beschließt die GV den Haushalt und ermöglicht oder begrenzt damit auch die Aktivitäten der anderen Organe. Ein Weisungsrecht folgt daraus aber nicht.[405]

127

Neben diesen organisationsrechtlichen Funktionen ist die GV durch Art 10 mit einer *allgemeinen Diskussions- und Empfehlungsbefugnis* ausgestattet, die sich auf „alle Fragen und Angelegenheiten", mit denen sich die UN befassen können, bezieht. Insoweit hat man die GV zu Recht als *townmeeting of the world* bezeichnet.[406] Die allgemeine Vorschrift des Art 10 wird für den Bereich internationale Sicherheit, Friedenswahrung und Abrüstung durch Art 11 und 14 konkretisiert;[407] Art 13 hebt die Funktion der GV hervor, zur Entwicklung des Völkerrechts und seiner Kodifikation beizutragen und insbes auch den Schutz der Menschenrechte zu fördern.[408] Zur Durchführung dieser Aufgaben ist der GV die Befugnis zur Befassung, Diskussion und Empfehlung eingeräumt. Davon macht die GV, wie der Umfang ihrer jährlichen Sitzungsordnung verdeutlicht, einen sehr weitgehenden Gebrauch. Sie hat dabei zwar wegen Art 2 Nr 7 UN-Charta den *domaine réservé* der Staaten zu beachten, doch ist insbes wegen der Bedeutung der Menschenrechte der interventionsfreie Raum erheblich geschrumpft.[409]

128

Die sachlich nahezu unbegrenzte, auch Nichtmitglieder und andere I.O. betreffende Befassungs- und Empfehlungsbefugnis der GV ist idR unproblematisch, weil die GV grundsätzlich *keine verbindlichen Beschlüsse* fassen kann. Soweit sie Angelegenheiten der internationalen Sicherheit und des Weltfriedens aufgreift, hat sie darüber hinaus die primäre – nicht ausschließliche[410] – Zuständigkeit des SR (Art 24) zu

129

---

[404] Zur unterschiedlichen Terminologie zwischen BR Deutschland („Generalversammlung") und ehemaliger DDR („Vollversammlung") krit *Jaschek*, VN 1978, 68. Zur Generalversammlung näher *Bailey*, The General Assembly of the United Nations, 2. Aufl 1978; *Vallat*, United Nations General Assembly, EPIL IV (2000) 1119 ff; *Peterson*, The UN General Assembly, 2006. Zu rechtspraktischen Fragen vgl Permanent Mission of Switzerland to the United Nations, The GA Handbook: A Practical Guide to the United Nations General Assembly, 2. Aufl 2017.
[405] *Jaenicke*, in Charter UN², Art 7 Rn 3; *Ruffert/Walter*, Institutionalisiertes Völkerrecht, Rn 297.
[406] *Vallat* (Fn 404) 1120.
[407] Näher zum Verhältnis dieser Bestimmungen zueinander *Zöckler/Riznik*, in Charter UN³, Art 14 Rn 7, 9. – Ein bedeutendes Bsp für die Anwendung von Art 11 und 14 UN-Charta bildet der von der GV am 7.7.2017 angenommene Vertragstext zu einem Atomwaffenverbotsvertrag (UN Doc A/CONF.229/2017/8), wenngleich alle Atommächte der Abstimmung ferngeblieben sind.
[408] Dazu u Rn 206.
[409] Näher *Klein/Schmahl*, in Charter UN³, Art 10 Rn 11 ff.
[410] ICJ Rep 1962, 151, 163 *[Certain Expenses]*. Krit in Bezug auf die Ukraine-Krise 2014/15: *Douhan*, International Organizations and Settlement of the Conflict in Ukraine, ZaöRV 75 (2015) 195 (201 f).

beachten; damit wird aber nur ihre Empfehlungs-, nicht ihre Erörterungsbefugnis beschränkt. Aus den beiden maßgeblichen Vorschriften ergeben sich keine materiellen Schranken. Art 11 Abs 2 Satz 2 UN-Charta schließt eine Empfehlung der GV, Zwangsmaßnahmen (einschließlich militärischen Vorgehens) gegen einen Staat zu verhängen, nicht aus.[411] Die GV ist nur gehalten, die Frage an den SR zu verweisen, wenn sie der Auffassung ist, dass die Staaten verbindlich aufgefordert werden sollen, solche Zwangsmaßnahmen durchzuführen; denn dazu ist allein der SR in der Lage (Art 25, 48). Art 12 Abs 1 UN-Charta seinerseits entfaltet eine prozedurale Sperrwirkung, solange der SR, uU aufgrund einer vorangegangenen Verweisung der GV, mit der Streitigkeit befasst ist.[412] Damit sollen divergierende Äußerungen der beiden wichtigsten politischen Organe vermieden werden.

130   Die unmittelbar aus Art 10 u 11 UN-Charta gewonnene Interpretation, dass auch die GV Zwangsmaßnahmen empfehlen kann, spiegelt sich in der *Uniting for Peace*-Resolution v 3.11.1950 wider.[413] Die GV fasste diese Resolution im Zusammenhang mit dem Ausbruch des Koreakriegs. Es sollte der Gefahr einer Lähmung des SR durch das Veto eines ständigen Ratsmitglieds trotz Vorliegens einer Angriffshandlung, eines Friedensbruchs oder einer Friedensbedrohung begegnet werden. Die rechtliche Bedeutung der Resolution liegt nun nicht, wie gezeigt, in der Erschließung der Möglichkeit, Zwangsmaßnahmen zu empfehlen, sondern darin, dass die GV sich von der Pflicht, den SR mit der Frage zu befassen, dispensiert, wenn wegen dessen Lähmung eine Entscheidung dieses Organs nicht erfolgen kann. Unter diesen Umständen wird auch die Empfehlungssperre des Art 12 Abs 1 UN-Charta von der GV negiert; die GV versteht die Veto-Einlegung als Nichtausübung der dem SR übertragenen Funktionen, was nicht unproblematisch ist, weil das Veto ja auch von sachlichen Überlegungen, etwa von der Überzeugung getragen sein kann, dass eine Friedensgefährdung (noch) nicht vorliegt oder andere Streitbeilegungsmechanismen vorzuziehen sind.[414] Unabhängig davon hat sich das dieser Resolution zugrunde liegende Sicherheitskonzept in der Praxis nicht durchgesetzt.[415] Wichtig ist die Resolution aber als Grundlage der Einberufung von Notstandssondertagungen der GV geworden, mit denen ein durchaus nicht gering zu schätzendes Instrument geschaffen ist, um die Handlungsfähigkeit der GV in Krisenzeiten zu erhöhen.

131   Die GV tritt jährlich zu ihrer *ordentlichen Jahrestagung* (Art 20 UN-Charta) in New York zusammen, die sich von September bis in das neue Jahr, heute idR bis zum Beginn der nächsten Session, hinzieht. Außerhalb dieser ordentlichen Sitzungen kann die GV auf Antrag des Sicherheitsrats oder der Mehrheit der UN-Mitglieder zu außerordentlichen Tagungen zusammenkommen. Die *Uniting for Peace*-Resolution hat die zusätzliche Form der *Notstandssondertagung* geschaffen.[416] Die

---

411 Näher *Klein/Schmahl*, in Charter UN³, Art 10 Rn 31 ff, Art 11 Rn 35.
412 Gleichwohl ist es wiederholt zu parallelen Befassungen von SR und GV gekommen; der IGH hat diese Praxis in seinem *Mauer*-Gutachten (ILM 43 [2004] 1009, Rn 27 f) gebilligt.
413 A/RES/377 (V) v 3.11.1950. Dazu *Binder*, Uniting for Peace Resolution (1950), MPEPIL X, 559 ff.
414 *Klein/Schmahl*, in Charter UN³, Art 12 Rn 12 f.
415 Auch im Zusammenhang mit dem Irak-Krieg 2003, dem Syrien-Konflikt (seit 2012) und dem Ukraine-Konflikt (seit 2014) ist keine Reaktivierung der *Uniting for Peace*-Resolution erfolgt.
416 *Schäfer*, Notstandssondertagungen der Generalversammlung, VN 1983, 78 ff. Bisher haben 10 Notstandssondertagungen stattgefunden, die sich mit politischen Fragen wie Naher Osten, Ungarn,

GV prozediert nach einer von ihr beschlossenen Geschäftsordnung (GeschO);[417] ihre Sitzung leitet der Präsident (Art 21), der jährlich von den Delegierten gewählt wird, seit längerer Zeit per Akklamation.[418] Unter Verzicht der ständigen Ratsmächte werden prominente Politiker oder Diplomaten der Mitgliedstaaten auf Vorschlag ihrer Regionalgruppen (o Rn 120) zur Wahl gestellt.[419] Bedeutsam für die Vorbereitung der vom Plenum zu fassenden Beschlüsse sind die *Ausschüsse*.[420] Eine besondere Rolle spielen dabei die 6 Hauptausschüsse, in denen alle Mitglieder vertreten sein können: der Ausschuss für Abrüstung und internationale Sicherheit (1.); der Wirtschafts- und Finanzausschuss (2.); der Ausschuss für soziale, humanitäre und kulturelle Angelegenheiten (3.); der besondere politische und Dekolonialisierungsausschuss (4.); der Verwaltungs- und Budgetausschuss (5.); der Rechtsausschuss (6.). Es gibt ferner zwei Ständige Ausschüsse, die sich mit Haushaltsfragen bzw der Verteilung der Beitragsquoten befassen, sowie zwei Verfahrensausschüsse: den Präsidialausschuss, bestehend aus dem Präsidenten, 21 Vizepräsidenten und den Vorsitzenden der Hauptausschüsse, und den Beglaubigungsausschuss *(credentials committee)*. Dieser prüft die Beglaubigungsschreiben der Staatenvertreter und bereitet die Entscheidung der GV vor, wenn die Vertretungsberechtigung bestritten wird. Diese Funktion ist dann unverzichtbar, wenn rivalisierende Regierungen eines Staats Vertreter entsenden (Fall: Kambodscha)[421] oder ein Neustaat zu Unrecht die Fortsetzung der Mitgliedschaft eines untergegangenen Staats beansprucht und sich damit der Aufnahmeprozedur entziehen möchte (Fall: Serbien/Montenegro).[422] Missbräuchlich ist die Beglaubigungsprüfung hingegen, wenn sie dazu benutzt wird, einen Mitgliedstaat von der Arbeit der GV fern zu halten (Fall: Südafrika).[423] Zu erwähnen ist ferner eine große Zahl *sonstiger Nebenorgane*,[424] die meist als ständige Einrichtungen konzipiert sind; hierzu gehören zB die Völkerrechtskommission (ILC), die Kommission für Internationales Handelsrecht (UNCITRAL) und die UN-Dienstgerichte (United Nations Dispute Tribunal [UNDT]; United Nations Appeals Tribunal [UNAT]).[425] Schließlich existieren derzeit etwa 20 teilautonome *Sonderorgane,* wie zB das UN-Kinderhilfswerk (UNICEF), das UN-Umweltprogramm (UNEP) oder die UN-Universität (UNU). Es ist schwer, sich einen genauen Überblick zu verschaffen, was zugleich ein bedenkliches Licht auf die sich ausbreitende Bürokratie und zuneh-

---

Kongo, Afghanistan und Namibia befassten; vgl <https://www.un.org/ga/sessions/emergency.shtml>.
417 Rules of Procedure of the General Assembly, UN Doc A/520/Rev 17. Näher *Fitschen*, in Charter UN³, Art 21 Rn 2 ff. Zur jüngsten Reform der Arbeitsmethoden vgl UN Doc A/RES/69/321 v 11.9.2015.
418 Näher zu Rolle und wachsendem politischen Gewicht des Präsidenten der GV im Gefüge der UN *Cavazzini*, Wandel im UN-Institutionengefüge, VN 2016, 264 ff.
419 Bisher haben zwei Deutsche (1980/81: BR Deutschland, 1987/88: DDR) dieses Amt bekleidet.
420 Näher *Khan*, in Charter UN³, Art 22 Rn 8 ff.
421 Dazu *Magiera*, in Charter UN³, Art 9 Rn 25 ff, 28.
422 Vgl o Rn 71.
423 Vgl o Rn 86.
424 Näher *Khan*, in Charter UN³, Art 22 Rn 19 ff. Eine Kategorisierung nach „Umlaufbahnen" nimmt vor *Göthel*, Die Vereinten Nationen – Eine Innenansicht, 2. Aufl 2002, 10 ff.
425 Die UN-Dienstgerichte (vgl Fn 398) haben seit dem 1.1.2009 das ehemalige UN-Verwaltungsgericht (UNAT) abgelöst. Hierzu *Reinisch/Knahr*, From the United Nations Administrative Tribunal to the United Nations Appeals Tribunal, MPYUNL 12 (2008) 447 ff. Vgl allgemein auch *Villalpando*, International Administrative Tribunals, in Oxford Handbook, 1085 ff.

mende Aufgabenüberschneidung wirft, die im Zentrum der Kritik und der Reformbemühungen steht.[426] Anstelle der dem WSR zugeordneten Menschenrechtskommission ist 2006 der Menschenrechtsrat als Hilfsorgan der GV (Art 22) geschaffen worden.[427]

132   Die *Abstimmung in der GV* erfolgt auf der Basis der Gleichheit aller Mitglieder; jeder Staat hat eine Stimme (Art 18 Abs 1 UN-Charta: *one state, one vote*).[428] Vom Stimmrecht kann freilich kein Gebrauch gemacht werden, wo es wegen Zahlungsverzugs (Art 19) oder aus den in Art 5 genannten Gründen suspendiert ist; faktisch gilt dies auch, wenn einem Mitgliedstaat der Zugang zur GV verweigert wird.[429]

133   Ausschlaggebend ist grundsätzlich die *Mehrheit der anwesenden und abstimmenden Mitglieder* (Art 18 Abs 3);[430] Enthaltungen werden nicht gezählt (Regel 86 GeschO). Diese auch in den Hauptausschüssen geltende Mehrheitsregel gibt den zahlenmäßig weit überlegenen Staaten der sog Dritten Welt eine erhebliche politische Macht, die häufig in umgekehrtem Verhältnis zu ihren Möglichkeiten effektiver Verantwortungsübernahme, nicht zuletzt im finanziellen Bereich, steht.[431] Daher wird verständlich, dass die großen Staaten, die auch die maßgeblichen Beitragszahler sind,[432] immer wieder Kritik an der „Abstimmungswalze" der Mehrheit üben. Interessant ist immerhin die langfristige Beobachtung, dass die Staaten der Dritten Welt in der Zeit des Ost-West-Konflikts keineswegs stets ihr Stimmgewicht auf die eine oder andere Seite legten, sondern zT erstaunlich differenziert reagierten und damit insgesamt auf beide Seiten mäßigend einwirkten.

134   In „wichtigen Fragen" bedarf es allerdings einer *2/3-Mehrheit*, die aber von den Staaten der Dritten Welt ebenfalls erreicht wird.[433] Diese Fragen sind in Art 18 Abs 2 UN-Charta benannt. Dazu gehören Aufnahme und Ausschluss von Mitgliedern (Art 4, 6), Suspension von Mitgliedschaftsrechten (Art 5), die Wahl der nicht ständigen SR-Mitglieder, die Wahl der WSR- und TR-Mitglieder,[434] Haushaltsfragen und Empfehlungen zur Wahrung des Weltfriedens und der internationalen Sicherheit. Mit einfacher Mehrheit kann die GV weitere Fragen der 2/3-Mehrheit unterstellen (Art 18 Abs 3), ohne dass diese damit zu wichtigen Fragen iSd Abs 2 würden; die Ent-

---

426 Einzubeziehen sind natürlich noch der Unterbau der anderen UN-Organe sowie die Sonderorganisationen. Vgl dazu den sog Bertrand-Bericht, UN Doc A/40/988 v 6.12.1985.
427 Dazu *B. Rudolf*, United Nations Commission on Human Rights/United Nations Human Rights Council, MPEPIL X, 281 ff; *Karpenstein*, Der Menschenrechtsrat der Vereinten Nationen, 2011; *Osthoff*, Weiterentwicklung des internationalen Menschenrechtsschutzes unter dem UN-Menschenrechtsrat?, 2012; *Geiß*, Der Menschenrechtsrat der Vereinten Nationen, FS E. Klein, 2013, 783 ff; *Heinz*, Zehn Jahre UN-Menschenrechtsrat, VN 2016, 116 ff. S auch u Rn 206. – Im Juni 2018 haben die USA ihre Mitgliedschaft im Menschenrechtsrat mit dem Vorwurf gekündigt, dass sich dieser anti-israelisch verhalte.
428 Zu Reformüberlegungen *Bienen/Rittberger/Wagner*, Democracy in the United Nations System, in Archibugi/Held/Köhler (Hrsg), Re-imaging Political Community, 1998, 287 ff. Zum Phänomen des zunehmenden „Stimmenhandels" in der GV *Eldar*, Vote-trading in International Institutions, EJIL 19 (2008) 3 (22 ff).
429 Vgl o Rn 86.
430 Vgl *Brinkmann*, Majoritätsprinzip und Einstimmigkeit in den Vereinten Nationen, 1978; Kritik an der demokratischen Konzeption der Mehrheitsregel in I. O. bei *Klein* (Fn 251) 82 ff.
431 Zu dieser Disparität von Stimmrecht und Verantwortung *Klein* (Fn 251) 80 ff.
432 Näher u Rn 216.
433 Die 2/3-Mehrheit wird von Staaten erreicht, die zusammen kaum 2% der Ausgaben tragen.
434 Die IGH-Richter werden hingegen mit absoluter Mehrheit gewählt, vgl Art 10 IGH-Statut.

scheidung gilt nur für die jeweilige Session. Ferner nennt die GeschO der GV noch einige prozedurale Fragen, die mit 2/3-Mehrheit zu entscheiden sind.[435]

In vielen Fällen werden formelle Abstimmungen aber überhaupt vermieden und Beschlüsse im sog *consensus*-Verfahren herbeigeführt.[436] Dieses ist zu einem allgemein etablierten Instrument im internationalen Verhandlungsprozess geworden. Es verlegt den Akzent von der Sachabstimmung auf die Prozedur, mit der versucht wird, alle erheblichen Einwände im Voraus auszuräumen,[437] so dass die Staaten den Beschluss passieren lassen, auch wenn er ihrer Auffassung nicht vollständig entspricht. Der Präsident, dem dieses Verfahren besondere Einflussmöglichkeiten gibt, stellt schließlich das Vorliegen der Übereinstimmung der teilnehmenden Staaten fest, womit der Beschluss als zustande gekommen gilt *(non-voting consensus)*.[438] In der GV wurde dieses Verfahren erstmals im Verlauf der 19. GV (1964/65) praktiziert. Wegen der Verweigerung ihrer finanziellen Beiträge waren mehrere Staaten, darunter die Sowjetunion und Frankreich, unter die ihr Stimmrecht tangierende Grenze des Art 19 UN-Charta geraten. Da die USA drohten, hieraus die Konsequenzen zu ziehen, wurde der Eklat dadurch vermieden, dass man in diesem Jahr auf formelle Abstimmungen völlig verzichtete und die anstehenden Beschlüsse im consensus-Verfahren gefasst wurden. Die so zustande gekommenen Entschließungen (heute ca 60% der GV-Resolutionen) können freilich oft nur den kleinsten gemeinsamen Nenner zum Ausdruck bringen, da sie weglassen müssen, was auf erklärten Widerstand stößt. Eine Bereinigung der Situation findet daher häufig nicht statt. Das Verfahren wird im Übrigen gerade von den Staaten der zahlenmäßigen Mehrheit kritisiert, gewinnt jedoch durch seinen Zwang zum Kompromiss an Realitätsnähe.[439] Das macht es zu einem recht flexiblen Instrument, das die eigentliche Entscheidung in die Zukunft – nämlich auf die praktische Umsetzung – verlagert.

135

Wegen der erwähnten Kritik am consensus-Verfahren wird verschiedentlich noch ein anderer Weg praktiziert, der nicht nur auf die förmliche Abstimmung, son-

136

---

435 *Wolfrum*, in Charter UN³, Art 18 Rn 14.
436 Vgl *Suy*, Consensus, EPIL I (1992) 759 ff; *ders*, Rôle et signification du consensus dans l'élaboration du droit international, FS Ago I, 1987, 521 ff; *Wolfrum*, Konsens, in Handbuch VN, 529 ff; *Zemanek*, Majority Rule and Consensus Technique in Law-Making Diplomacy, in Macdonald/Johnston (Hrsg), The Structure and Process of International Law, 1983, 857 ff; *Schermers/Blokker*, International Organizations or Institutions, Voting Rules and Procedures, MPEPIL VI, 103 ff.
437 Vgl *Ballreich*, Wesen und Wirkung des „Konsens" im Völkerrecht, FS Mosler, 1983, 1 (8 f).
438 *Schaefer*, in Charta VN, Art 21 Rn 77. – Das US-Department of State gab 1978 folgende Definition: „In practice, consensus means that the decision is substantially acceptable to delegations and that those which have difficulties with certain aspects of the resolution are willing to state their reservations for the record rather than vote against it or record a formal abstention. Consensus must be distinguished from unanimity, which requires the affirmative support of all participants. Essentially, consensus is a way of proceeding without formal objection. Yet the result is virtually the same: A resolution is adopted with the support of all states present, albeit frequently with recorded statements of reservation or interpretation"; zit nach *Schwebel*, The Effect of the UN General Assembly on Customary International Law, ASIL Proc 1979, 301 (308).
439 Zu seiner Bedeutung im Haushaltsverfahren der UN vgl *Klein* (Fn 251) 87 ff. – Die Auswirkung des consensus auf die politische Bindungswirkung der Resolution wird verschieden gedeutet; vgl *Wolfrum*, in Charter UN³, Art 18 Rn 31 ff; *ders/Pichon*, Consensus, MPEPIL II, 673 (Rn 22 ff) einerseits, *Schaefer*, in Charta VN, Art 21 Rn 77 anderseits. Insgesamt krit *Goldmann*, Internationale öffentliche Gewalt, 2015, 507 f.

dern sogar auf die ausdrückliche Feststellung des erzielten Konsenses verzichtet, gleichwohl aber zur Annahme einer Entschließung führt. Diese *Annahme ohne Abstimmung (adoption without a vote)* hat sich zB im 6. Hauptausschuss (Recht) vollständig durchgesetzt; sie findet aber auch in der GV Anwendung.[440]

137 Angesichts der klaren Aussage des Art 18 Abs 1 UN-Charta bedürfte die Einführung gestaffelter Stimmgewichte einer politisch kaum vorstellbaren Charta-Änderung (Art 108), obwohl die Vorstellung nicht abwegig ist, dass im Wege der *Stimmwägung (weighted voting)*[441] etwa bei der Haushaltsaufstellung den Hauptbeitragszahlern ein größeres Stimmgewicht eingeräumt wird.[442] In verschiedenen Sonderorganisationen, in denen ohne eine klare Zuordnung von Stimmrecht und Verantwortung Erfolge von Anfang an nicht zu erzielen waren, hat sich diese Konzeption auch durchgesetzt, ohne am Prinzip der Staatengleichheit zu scheitern.[443] Insoweit ist auch auf das unterschiedliche Stimmgewicht der Mitgliedstaaten der EU im Rat gemäß Art 16 Abs 4 EUV, Art 238 Abs 2 u 3 AEUV aufmerksam zu machen.[444] Richtig ist jedoch, dass die Stimmwägung als Abstimmungsmodus in funktional-begrenzten Organisationen eher denkbar erscheint als in solchen mit umfassenden politischen Zuständigkeiten wie den UN.

138 Die *Entschließungen (Resolutionen)* der GV haben idR *empfehlenden Charakter*, sind also rechtlich nicht bindend; dies gilt auch, wenn die GV in der feierlichen Form der Deklaration einen Beschluss fasst.[445] Man muss allerdings sehen, dass in einer Reihe von Fällen der GV von der UN-Charta selbst rechtsverbindliche Entscheidungsbefugnis zuerkannt ist; sie beziehen sich allerdings sämtlich auf den organisationsinternen Bereich (Art 4–6, 17, 23, 61, 97, 108, 109).[446] Ist die GV organisationsintern für die UN handlungsbefugt, kann sie auch einen Vertrag rechtswirksam kündigen.[447] Im Übrigen verbleibt es aber, auch gegen den Widerspruch

---

440 Vgl *Fitschen*, in Charter UN³, Art 21 Rn 76 f; *Peterson*, General Assembly, in Handbook UN, 97 (102).
441 Dazu *Schermers*, Weighted Voting, EPIL IV (2000) 1446 f; *Gold*, Weighted Voting Power, AJIL 68 (1974) 687 ff; *Strand/Rapkin*, Weighted Voting in the UNSC: A Simulation, SAGE 41 (2010) 1 ff.
442 Dazu *Klein* (Fn 251) 84 f. – Vgl aber den Präsidenten der 28. GV *Benites* (Ecuador): „The idea of weighted voting would spell the final overthrow of the organization"; zit nach *Scheuner*, Aufgaben und Strukturwandlungen im Aufbau der Vereinten Nationen, in Kewenig (Hrsg), Die Vereinten Nationen im Wandel, 1975, 189 (227).
443 Vgl die Weltbankgruppe (IFC, IBRD, IDA, MIGA, ICSID), den Internationalen Währungsfonds (dazu die Tabelle in ILM 31 [1992] 1311) und den Fonds für landwirtschaftliche Entwicklung (IFAD); vgl *Wolfrum*, Neue Elemente im Willensbildungsprozess internationaler Wirtschaftsorganisationen, VN 1981, 50 ff. *Bülck*, Der Strukturwandel der internationalen Verwaltung, 1962, 29 spricht von der Reduktion der Staaten „auf ihren sozial-ökonomischen Funktionswert"; vgl auch *Bernhardt*, Betrachtungen zur Stimmverteilung und Stimmwägung in internationalen Organisationen, FS Hahn, 1997, 531 ff.
444 Näher *Oppermann/Classen/Nettesheim* (Fn 93) § 5 Rn 75 ff, auch zum sog Luxemburger Kompromiss, der über lange Zeit in der EU Anwendung fand, nach den neueren Regelungen in Art 16 Abs 4 EUV aber hinfällig geworden ist (ebd Rn 78 f). Wo mit einfacher Mehrheit abgestimmt werden kann (Ausnahme!), führt jeder Staat eine Stimme.
445 ICJ Rep 1966, 6, 50: „Resolutions of the United Nations General Assembly are not binding, but only recommendatory in character"; ebenso *Tomuschat*, Die Charta der wirtschaftlichen Rechte und Pflichten der Staaten, ZaöRV 36 (1976) 444 ff.
446 *Verdross/Simma* (Fn 44) 404 f, 407 f.
447 ICJ Rep 1971, 50 zu A/RES/2145 (XXI), mit der die GV den Mandatsvertrag mit Südafrika für beendet erklärt hat.

renommierter Autoren vor allem der Entwicklungsländer,[448] bei dem Empfehlungscharakter der Entschließungen. Der GV ist auf der Gründungskonferenz in San Francisco eine Rechtsetzungsbefugnis eindeutig verweigert worden; diese Ablehnung war umgekehrt Voraussetzung ihrer umfassenden Diskussions- und Empfehlungsbefugnis. Entsprechend fehlt ihr das Recht zur verbindlichen Interpretation der UN-Charta.[449] Auch das Stimmverhalten der Mitglieder kann automatisch weder als Staatenpraxis noch als Ausdruck der Rechtsüberzeugung verstanden werden, so dass die *Resolutionen* der GV jedenfalls *nicht unmittelbar* als *Ausdruck von Völkergewohnheitsrecht* Verbindlichkeit haben können.[450] Allenfalls lässt sich sagen, dass in Einzelfällen bei einstimmig (dh auch unter Beteiligung der besonders betroffenen Staaten) gefassten Entschließungen ein formloser zwischenstaatlicher Konsens entsteht, der freilich noch durch das nachfolgende Verhalten der Staaten zu bestätigen wäre, bevor er selbst Rechtsquelle würde.[451]

Aber auch unabhängig hiervon sind Resolutionen der GV *nicht rechtlich bedeutungslos*,[452] da sie Hinweise auf rechtliche Entwicklungen, Trends geben können, jedenfalls Auffassungen postulieren, die zur rechtlichen Erörterung Anlass geben können.[453] Auch wenn wegen der grundsätzlich fehlenden Rechtsverbindlichkeit die Resolutionen keine Rechtsgrundlage geben, mit der die Staaten ihr Verhalten rechtfertigen können,[454] ist doch nicht zu übersehen, dass diejenigen, die im Einklang mit der Resolution handeln, einen besseren Ausgangspunkt in der juristischen Auseinandersetzung haben. Man mag durchaus sagen, dass die Argumentationslast auf denjenigen übergeht, der die Rechtmäßigkeit der in der Resolution zum Ausdruck gekommenen Auffassung bestreitet. Die Mitgliedstaaten tun jedenfalls gut daran, die auf längere Frist angelegte Wirkung von GV-Resolutionen nicht zu unterschätzen. Andererseits ist ein allgemeiner Bedeutungsverlust der GV erkennbar. Der Versuch einer Restrukturierung und Revitalisierung der GV ist daher im Gange,[455] ohne dass nennenswerte Erfolge bereits sichtbar sind. Immerhin wurde im Jahr 2006 beschlossen, dass die GV die Möglichkeit erhält, informelle Debatten über aktuelle Fragen durchzuführen; hiervon wird in der Praxis durchaus Gebrauch gemacht.[456]

---

448 *Elias*, The International Court of Justice and some Contemporary Problems, 1983, 214 f; *Asamoah*, The Legal Significance of the Declarations of the General Assembly of the United Nations, 1966, 35; *Castañeda*, Legal Effects of United Nations Resolutions, 1969, 123.
449 *Klein/Schmahl*, in Charter UN³, Art 10 Rn 50.
450 Verkörpern sie jedoch Völkergewohnheitsrecht, so folgt die Rechtsverbindlichkeit aus dieser Rechtsqualität. – Vgl auch *Skubiszewski*, Resolutions of the UN General Assembly and Evidence of Custom, FS Ago I, 1987, 503 ff.
451 Vgl *Simma*, Zur völkerrechtlichen Bedeutung von Resolutionen der UN-Generalversammlung, in Bernhardt/Delbrück/v. Münch/Rudolf (Hrsg), Fünftes Deutsch-Polnisches Juristen-Kolloquium, Bd II, 1981, 45 ff. Zu denken ist etwa an die Weltraumdeklaration v 13.12.1963, A/RES/1962 (XVIII).
452 Näher *Skubiszewski*, The Elaboration of General Multilateral Conventions and of Non-Contractual Instruments Having a Normative Function or Objective, AIDI 61 (1985) 305 ff; *Klein/Schmahl*, in Charter UN³, Art 10 Rn 51 ff.
453 Vgl das Diktum von Richter *Lauterpacht*, ICJ Rep 1955, 90, 119, wonach die Staaten verpflichtet seien, den GV-Resolutionen „due consideration in good faith" zu geben.
454 So aber *Brownlie*, Principles of Public International Law, 7. Aufl 2008, 691 ff.
455 Vgl exemplarisch A/RES/56/509 v 8.7.2002; A/RES/59/313 v 12.9.2005; A/RES/61/292 v 2.8.2007; A/RES/65/315 v 12.9.2011 sowie A/RES/69/321 v 11.9.2015.
456 Vgl zB A/RES/60/286 v 8.9.2006. Eine Übersicht zu jüngeren Debatten findet sich unter <http://www.un.org/en/ga/about/revitalization.shtml>.

140 bb) Der Sicherheitsrat der UN. Der SR ist das politisch herausragende Organ der UN.[457] Ihm ist die *vorrangige Verantwortung für die Wahrung des Weltfriedens* und der internationalen Sicherheit übertragen (Art 24 Abs 1 UN-Charta). Besondere Befugnisse zur Durchführung dieser Aufgaben ergeben sich aus den Kap VI–VIII u XII sowie aus weiteren speziellen Befugnisnormen (zB Art 94 Abs 2). Art 12 dient der prozeduralen Absicherung des materiellen Vorrangs des SR bei dieser Aufgabenerledigung gegenüber der GV. Art 26 gibt dem SR auch ein Mandat zu Fragen der Rüstungsregelung, das jedoch bislang nicht wahrgenommen wurde. Man wird aber auch in Art 24 Abs 1 iVm Abs 2 Satz 1 selbst eine eigene allgemeine Befugnisnorm sehen können, die den SR zur Durchführung der dort vorgesehenen Aufgaben ermächtigt.[458] Die zentrale Rolle, die dem SR bei der Friedenswahrung zugewiesen ist, setzt die Gewährleistung einer schnellen und effektiven Reaktion voraus. Hiervon geht auch die UN-Charta aus, wie sich aus den Vorschriften über die Mitgliedschaft und Arbeitsweise ergibt (Art 23, 28, 29). Gleichwohl haben die geltenden Abstimmungsregeln, aber auch die in der Substanz unterschiedlichen Beurteilungen politischer Lagen durch die Mitglieder dazu geführt, dass der SR seiner Aufgabe in vielen Fällen nicht gerecht wurde.[459]

141 Der SR besteht aus *15 UN-Mitgliedern*, die je einen Vertreter entsenden (Art 23). *Fünf* ausdrücklich benannte Mitgliedstaaten gehören kraft Satzungsrecht diesem Gremium auf Dauer an *(ständige Mitglieder)*, wobei allerdings vorausgesetzt ist, dass sie auch Mitglieder der UN bleiben. Dabei handelt es sich um China,[460] Frankreich, Russland,[461] das Vereinigte Königreich und die USA. Die *zehn nichtständigen Mitglieder* werden für einen Zeitraum von zwei Jahren von der GV gewählt; dabei sollen sowohl die Verdienste um die Aufrechterhaltung des Friedens als auch das Prinzip

---

457 *Wood*, United Nations Security Council, MPEPIL X, 475ff; *Bailey/Daws*, The Procedure of the UN Security Council, 3. Aufl 1998; *Bedjaoui*, Nouvel ordre mondial et contrôle de la légalité des actes du Conseil de Sécurité, 1994; *Kirgis*, The Security Council's First Fifty Years, AJIL 89 (1995) 506ff; Malone (Hrsg), The UN Security Council, 2004; *Luck*, The UN Security Council, 2006; *Abi-Saab*, The Security Council legibus solutus?, in Gowlland-Debbas (Hrsg), International Law and the Quest for its Implementation, 2010, 20ff.
458 *Delbrück*, in Charter UN², Art 24 Rn 10; *Lailach*, Die Wahrung des Weltfriedens und der internationalen Sicherheit als Aufgabe des Sicherheitsrates der Vereinten Nationen, 1998, 37ff; krit *Martenczuk*, Rechtsbindung und Rechtskontrolle des Weltsicherheitsrats, 1996, 37ff; *Troost*, Die Autorisierung von UN-Mitgliedstaaten zur Durchführung militärischer Zwangsmaßnahmen des Sicherheitsrates in Recht und Praxis der Vereinten Nationen, 1997, 115ff.
459 Dies führte in den 1950er Jahren zu einem etwa durch die *Uniting for Peace*-Resolution (o Rn 130) und die Einsetzung von UNEF I illustrierten politischen Handlungsvorrang der GV, der aber später wieder zurückgenommen wurde. Auch heute ist der im Text konstatierte Befund wieder zu vermerken (zB Kosovo 1999, Irak-Krieg 2003, Syrien-Konflikt 2012; Ukraine-Konflikt seit 2014). Allg zu der Thematik *Freuding*, Entscheidungsfindung im UN-Sicherheitsrat, in Dicke/Fröhlich (Fn 387) 64ff; vgl auch *Kotzur*, Die Rolle des UN-Sicherheitsrates in aktuellen Krisenszenarien, FS Stein, 2015, 196ff.
460 Bis 1971 war China durch die nationalchinesische Regierung (Taiwan) repräsentiert. Erst der Kurswechsel der USA machte den Weg frei für die Anerkennung der Regierung der Volksrepublik China als Repräsentantin Chinas; vgl A/RES/2758 (XXVI) v 25.10.1971; näher *Neukirchen*, Die Vertretung Chinas und der Status Taiwans im Völkerrecht, 2004, 212ff; *Gareis*, Taiwans UN-Mitgliedschaft: richtiges Ziel, falscher Weg, VN 2008, 59ff; *Burnay/Wouters*, China in the UN Security Council, BRIL 2013/4, 343ff.
461 Zum Auftreten der Russischen Föderation anstelle der Sowjetunion vgl o Rn 71.

der gleichmäßigen geographischen Verteilung Berücksichtigung finden.[462] Zur Sicherung der Kontinuität ist die Wahlzeit versetzt, so dass jedes Jahr fünf neue Mitglieder in den SR einziehen. Die in der GV notwendige ²/₃ Mehrheit (Art 18 Abs 2) kann dazu führen, dass die Wahlen nicht termingerecht durchgeführt werden. Solange durch die damit eintretenden Vakanzen die Grenze zur Beschlussunfähigkeit nicht überschritten wird (9 Mitglieder: Art 27 Abs 2), bleibt die Handlungsfähigkeit des SR gleichwohl gewahrt.[463] Durchaus überlegenswert wäre freilich eine Chartaänderung dahin, dass sich in diesen Fällen die Wahldauer der alten Mitglieder so lange verlängert, bis die Neuwahl stattgefunden hat.

142 Die Unterscheidung zwischen ständigen und nichtständigen Mitgliedern wird vor allem bei den *Abstimmungen im SR* bedeutsam. Zwar verfügt jeder Staat nur über eine Stimme, und für alle Entscheidungen sind neun Ja-Stimmen erforderlich (Art 27 Abs 1 u 2). Handelt es sich aber um Entscheidungen über nicht-prozedurale Angelegenheiten, bedarf es auch der Zustimmung der fünf ständigen Mitglieder. Oder anders: bei materiellen Fragen können die fünf ständigen Mitglieder durch Ablehnung *(Veto)* das Zustandekommen einer Entscheidung verhindern (Art 27 Abs 3). Die Entstehungsgeschichte macht deutlich, dass ohne diese Privilegierung der fünf Staaten, auf die sich die USA, Großbritannien und die Sowjetunion auf der Konferenz von Jalta (Februar 1945) geeinigt hatten, die UN-Charta nicht zustande gekommen wäre.[464] Die Großmächte waren unter keinen Umständen bereit, das Instrument bindender Sicherheitsratsbeschlüsse gegen ihren Willen und gegen sich selbst in Stellung bringen zu lassen.

143 Bzgl der *Unterscheidung zwischen Verfahrensfragen und sonstigen Fragen* hat sich in gewissem Umfang eine Praxis des SR etabliert. Danach werden Beschlüsse über die Anwendung der Art 28–32 UN-Charta, über Tagesordnung und Sitzungsablauf, Einladung zur Sitzungsteilnahme, die Einberufung zu Sonder- oder Notstandssondertagungen der GV als Verfahrensfragen behandelt. Entsprechendes gilt aufgrund ausdrücklicher Vorschrift für die Einberufung einer Revisionskonferenz nach Art 109 Abs 1 UN-Charta.[465] Für Fälle, deren Einordnung bestritten wird, sah bereits die Erklärung von San Francisco v 7.6.1945 vor, dass diese Vorfrage nach Maßgabe von Art 27 Abs 3 UN-Charta entschieden werden muss.[466] Das damit etablierte „Doppelveto" darf allerdings nicht missbraucht werden, indem der prozedurale Charakter eindeutiger Verfahrensfragen geleugnet wird. Verschiedentlich hat sich denn auch

---

462 Die BR Deutschland war bereits mehrfach nichtständiges Mitglied: 1977/78, 1987/88, 1995/96, 2003/2004, 2011/2012 (DDR: 1980/81); hierzu *Wittig*, Deutschland im UN-Sicherheitsrat, VN 2011, 3 ff. Auch für 2019/2020 hat die BR Deutschland wieder einen nichtständigen Sitz erhalten, dazu *Papenfuß*, Profil zeigen: Deutschlands Kandidatur für den Sicherheitsrat, VN 2018, 51 ff.
463 Dazu *Suy*, Some Legal Questions Concerning the Security Council, FS Schlochauer, 1981, 677 ff; *Schweisfurth*, in Charter UN², Art 28 Rn 9.
464 Zur sog Jalta-Formel *Russell/Muther*, A History of the United Nations Charter, 1958, 457 ff, 531 ff; *Khan*, Drafting History, in Charter UN³, Rn 42 ff. Das bestehende Einzelvetorecht weist den SR als Relikt der Nachkriegszeit aus; dies macht ihn unter heutigen Bedingungen sehr problematisch, vgl hierzu *Köchler*, The United Nations Organization and Global Power Politics, Chinese JIL 5 (2006) 323 ff; *Binder/Heupel*, Das Legitimitätsdefizit des UN-Sicherheitsrats, VN 2014, 202 ff.
465 Vgl *Zimmermann*, in Charter UN³, Art 27 Rn 49 f.
466 Text der Erklärung in Charter UN³, Art 27 Annex, Rn 1 ff. Mittlerweile sind die Dokumente der Gründungskonferenz in San Francisco vollständig digitalisiert, vgl <https://digitallibrary.un.org/record/1300969>.

der SR solchem Ansinnen entzogen. In der Praxis kommt dabei viel auf die Persönlichkeit des jeweiligen Präsidenten des SR an. Das Doppelveto-Verfahren ist denn auch seit langem nicht mehr zur Anwendung gekommen; man einigt sich im Vorfeld.[467]

144   Das in Art 27 Abs 3 UN-Charta vorgesehene *Vetorecht* in allen *materiellen* Fragen räumt jedem ständigen Mitglied die Möglichkeit ein, das Zustandekommen eines Ratsbeschlusses zu verhindern.[468] Hierzu gehören vor allem alle Entschließungen im Bereich der Friedenswahrung oder -wiederherstellung, aber auch die Aufnahme neuer Mitglieder. Problematisch ist der Fall des sog *reverse veto,* durch das die Beendigung von Zwangsmaßnahmen, die nicht für eine bestimmte Frist terminiert waren, verhindert wird.[469] Für die Ausübung des Vetorechts ist es unerheblich, ob der verhinderte Beschluss rechtlich verbindlich wäre oder nur empfehlenden Charakter hätte. Dabei ist es jedoch erforderlich, dass *ausdrücklich* gegen die Annahme des Beschlusses gestimmt wird. Die bloße (freiwillige) Nichtteilnahme an der Sitzung oder Abstimmung oder auch die Enthaltung reichen hierzu nicht aus. Dies ist ungeachtet des nicht eindeutigen Wortlauts von Art 27 Abs 3 UN-Charta heute in der Praxis des SR geklärt und durch die Rechtsprechung des IGH bestätigt.[470]

145   In der Vergangenheit ist von dem Vetorecht *häufig Gebrauch* gemacht worden, insbes – in den Zeiten des Ost-West-Konflikts – von der Sowjetunion, seit den 1970er Jahren aber auch zunehmend von den USA. Nach dem Zusammenbruch der Sowjetunion konnte stärker als früher auf Verständigung gesetzt werden; es kam daher nur noch vereinzelt zur Vetoausübung (Übersicht 4).[471] Eine sich weiter verschärfende Situation in der Entwicklung Russlands (insbes seit dem Ukraine-Konflikt 2014/15) oder zunehmende Aggressivität Chinas könnte diese Zurückhaltung aber sehr schnell wieder Geschichte werden lassen. Mehrere Syrien-Resolutionen scheiterten im SR am Veto eben dieser Staaten. Manches Mal mag es sogar vorzugswürdig sein, wenn mit der Vetoausübung auch die öffentliche Verantwortung für das Nichtzustandekommen eines SR-Beschlusses zu übernehmen ist. Möglicherweise ist der Versuch, eher eine Konfrontation zu vermeiden, indem gar kein Beschluss zur Ab-

---

467 *Zimmermann,* in Charter UN³, Art 27 Rn 159f; zur Entwicklung des Doppelvetos eingehend *Sievers/Daws,* The Procedure of the UN Security Council, 4. Aufl 2014, 318ff; s a *Demme,* Hegemonialstellung im Völkerrrecht: Der ständige Sitz im Sicherheitsrat der Vereinten Nationen, 2006, 72ff.
468 Es handelt sich um ein Vetorecht iwS, während das Vetorecht ieS die Möglichkeit eines Organs beschreibt, das Wirksamwerden des Beschlusses eines anderen Organs zu verhindern; vgl *Münch,* Veto, EPIL IV (2000) 1283ff.
469 Dazu *Caron,* The Legitimacy of the Collective Authority of the Security Council, AJIL 87 (1994) 552 (577ff).
470 ICJ Rep 1971, 16, 22 *[Namibia-Gutachten].* Dogmatisch ist nicht geklärt, ob dieses Ergebnis durch einfache Interpretation gewonnen ist oder eine rechtsfortbildende, von den Mitgliedern akzeptierte Organpraxis (Art 31 Abs 3 lit b WVK) oder eine gemeinsam konsentierte Vertragsänderung darstellt; ausf *Zimmermann,* in Charter UN³, Art 27 Rn 175ff. Eine sog „konstruktive Stimmenthaltung", wie sie Art 235 Abs 1 UAbs 3 AEUV vorsieht, kennt die UN-Charta nicht; allerdings gibt es inzwischen entsprechende (informelle) Reforminitiativen, vgl *Eisentraut,* Stillstand und Dynamik – Realitäten der Sicherheitsratsreform, VN 2017, 99 (102f).
471 Zu vorsichtiger Interpretation solcher Statistiken raten zu Recht *Simma/Brunner/Kaul,* in Charter UN², Art 27 Rn 125; gleichwohl sind die Zahlen in ihrer allgemeinen Tendenz aufschlussreich. Weitere statistische Informationen bei Foreign and Commonwealth Office (Hrsg), Tables of Vetoed Draft Resolutions in the United Nations Security Council 1946–1998, 1999; *Patil,* The Veto: A Historical Necessity, 2001; *Höne,* Die Vetos im Sicherheitsrat der Vereinten Nationen 1991-2010, VN 2011, 72ff.

stimmung gestellt wird, als eine offene Ablehnung zu riskieren, der Autorität des SR abträglicher.[472] Ein insoweit alarmierender Vorgang war die relative Untätigkeit der UN im Hinblick auf den Konflikt im früheren Jugoslawien,[473] die zum verspäteten Eingreifen der UN in Bosnien-Herzegowina (1996) und zur militärischen Intervention der NATO-Staaten im Kosovo (1999) ohne Mandat des SR führte.[474] Ein ähnliches Bild der Zerrissenheit bot der SR im Irak-Konflikt 2003: Die USA intervenierten militärisch, ohne dass der SR in der Lage gewesen wäre, einen befürwortenden (Vetodrohung Chinas, Frankreichs, Russlands) oder ablehnenden (Vetodrohung der USA und des Vereinigten Königreichs) Beschluss zu fassen.[475] Schwächen zeigte der SR auch in Bezug auf den konfliktbehafteten „Arabischen Frühling": Während im Libyen-Konflikt die Res 1970 (2011) noch einstimmig verabschiedet wurde, verbuchte die wesentlich weiterreichende Res 1973 (2011) fünf Enthaltungen, darunter auch von Deutschland.[476] SR-Sanktionen betreffend den seit 2011 andauernden Syrien-Konflikt scheitern bis heute am Veto von China und Russland.[477] Ist eine Vetomacht selbst betroffen, wie dies bei Russland im Ukraine-Konflikt 2014/15 der Fall ist, bleiben die Entscheidungsmechanismen des SR ohnehin strukturell defizitär.[478] Die fehlende Einigkeit der „Permanent Five" zeigt sich auch an der jüngsten Nutzung des Vetorechts durch die USA im Streit um die Anerkennung Jerusalems als Hauptstadt Israels.[479]

---

472 *Eitel*, Bewährungsproben für den Sicherheitsrat der Vereinten Nationen, Friedens-Warte 74 (1999) 126 (135 f) spricht von einem „latenten" Veto.
473 Zu den insgesamt hilflosen Versuchen der UN in diesem Bereich vgl *Weller*, The International Response to the Dissolution of the Socialist Federal Republic of Yugoslavia, AJIL 86 (1992) 596 ff; *Trautmann*, Das hilflose Europa, in Furkes/Schlarp (Hrsg), Jugoslawien, 1991, 177 ff.
474 Vgl *Wilms*, Der Kosovo-Einsatz und das Völkerrecht, ZRP 1999, 227 ff; *Lange*, Zu Fragen der Rechtmäßigkeit des NATO-Einsatzes im Kosovo, EuGRZ 1999, 313 ff; *K. Ipsen*, Der Kosovo-Einsatz, Friedens-Warte 74 (1999) 19 ff; *Kreß*, Staat und Individuum in Krieg und Bürgerkrieg, NJW 1999, 3077 ff. Ablehnend *Simma*, NATO, the UN and the Use of Force, EJIL 10 (1999) 1 ff; *Deiseroth*, „Humanitäre Intervention" und Völkerrecht, NJW 1999, 3084 ff. Krit auch *Cassese*, Ex iniuria ius oritur, EJIL 10 (1999) 23 ff.
475 Die deutsche Bundesregierung hat sich frühzeitig (September 2002) gegen eine militärische Aktion und eine diese legitimierende SR-Resolution festgelegt.
476 Hierzu *Geiß/Kashgar* (Fn 57) 99 ff; zu den Konsequenzen von Enthaltungen nichtständiger SR-Mitglieder *Fröhlich/Langehenke*, Enthaltsamkeit bei Enthaltungen, VN 2011, 159 (164 ff).
477 *Payandeh*, Einführung in das Recht der Vereinten Nationen, JuS 2012, 506 (508); *Epping*, in Ipsen (Fn 28) § 8 Rn 154; vgl auch *Vashakmadze*, Responsibility to Protect, Charter UN³, Rn 47 f.
478 Vgl *Milano*, Russia's Veto in the Security Council: Whither the Duty to Abstain under Art. 27(3) of the UN Charter?, ZaöRV 75 (2015) 215 ff; *Kotzur* (Fn 459) 207.
479 UN Doc S/2017/1060 v 18.12.2017. Vgl auch *Crossette*, Trump und die Vereinten Nationen, VN 2018, 3 (7).

Übersicht 4

Vetos ständiger Mitglieder des Sicherheitsrats

Zeitraum	China	Frankreich	Großbritannien	Sowjetunion/ Russland	USA
1946–70	1	4	4	105	1
1970–82	1	11	16	8	34
1983–90	0	3	10	2	34
1991–2010	4	0	0	6	14
2011–2018	6	0	0	15	2
insges	12	18	30	136	85

Quellen: *Löwe*, Die Vetos im Sicherheitsrat der Vereinten Nationen (1983–1990), VN 1991, 11; *Höne*, Die Vetos im Sicherheitsrat der Vereinten Nationen (1991–2010), VN 2011, 72; <https://de.statista.com/statistik/daten/studie/322711/umfrage/vetos-der-staendigen-mitglieder-des-sicherheitsrates-der-vereinten-nationen/>.

Zeitraum	China	Frankreich	Großbritannien	Russland	USA
1991	–	–	–	–	–
1992	–	–	–	–	–
1993	–	–	–	1[1]	–
1994	–	–	–	1[2]	–
1995	–	–	–	–	1[3]
1996	–	–	–	–	1[4]
1997	1[5]	–	–	–	2[6]
1998	–	–	–	–	–
1999	1[7]	–	–	–	–
2000	–	–	–	–	–
2001	–	–	–	–	2[8]
2002	–	–	–	–	2[9]
2003	–	–	–	–	2[10]
2004	–	–	–	1[11]	2[12]
2005	–	–	–	–	–
2006	–	–	–	–	2[13]
2007	1[14]	–	–	1[14]	–
2008	1[15]	–	–	1[15]	–
2009	–	–	–	1[16]	–
2010	–	–	–	–	–
2011	1[18]	–	–	1[18]	1[17]
2012	2[19]	–	–	2[19]	–
2013	–	–	–	–	–
2014	1[20]	–	–	2[21]	–
2015	–	–	–	2[22]	–
2016	1[23]	–	–	2[24]	–

Schmahl

Zeitraum	China	Frankreich	Großbritannien	Russland	USA
2017	1[25]	–	–	5[26]	1[27]
2018	–	–	–	2[28]	1[29]
insges	10	0	0	22	17

Quelle: VN 1996, 108 (für 1993–1995); VN 1999, 112 (für 1996–1998); <http://research.un.org/en/docs/sc/quick> (für 1994-2018).

1 betr Finanzierung UNFICYP, bzgl derer aber kurze Zeit später eine Einigung erzielt wurde (S/25693)
2 betr Durchsetzung bestehender Beschränkungen des Güterverkehrs zwischen der Bundesrepublik Jugoslawien (Serbien und Montenegro) und serbisch kontrollierten Gebieten in Bosnien-Herzegowina und Kroatien (S/1994/1358)
3 betr Enteignungsmaßnahmen in Ost-Jerusalem (S/1995/394)
4 betr Ernennung des Generalsekretärs der Vereinten Nationen (S/1996/952)
5 betr Zuteilung von Militärbeobachtern zu MINUGUA (S/1997/18)
6 betr israelische Siedlungstätigkeit in Ost-Jerusalem (S/1997/199 u S/1997/241)
7 betr Verlängerung des Mandats von UNPREDEP (S/1999/201)
8 betr Lage in den von Israel besetzten Gebieten (S/2001/270 u S/2001/1199)
9 betr UNMIBH/SFOR in Bosnien-Herzegowina und Lage in den von Israel besetzten Gebieten (S/2002/712 u S/2002/1385)
10 betr Lage in den von Israel besetzten Gebieten (S/2003/891 u S/2003/980)
11 betr Beendigung von UNFICYP und Mandatierung von UNSIMIC (S/2004/313)
12 betr Lage in den von Israel besetzten Gebieten (S/2004/240 u S/2004/783)
13 betr Lage in den von Israel besetzten Gebieten (S/2006/508 u S/2006/878)
14 betr das Militärregime in Birma (S/2007/14)
15 betr Sanktionen gegen Simbabwe (S/2008/447)
16 betr Verlängerung des Mandats von UNOMIG (Georgien) (S/2009/310)
17 betr Situation im Nahen Osten, einschließlich der Palästina-Frage (S/2011/24)
18 betr Verurteilung der Repressionsmaßnahmen Syriens (S/2011/612)
19 betr Unterstützung des Friedensplans für Syrien (S/2012/77 u S/2012/538)
20 betr Brief des Ständigen Vertreters der Ukraine bei den Vereinten Nationen v 28.2.2014, adressiert an den Präsidenten des Sicherheitsrats (S/2014/136)
21 betr Brief des Ständigen Vertreters der Ukraine bei den Vereinten Nationen v 28.2.2014, adressiert an den Präsidenten des Sicherheitsrats (S/2014/136) und betr Friedensplan für Syrien (S/2014/348)
22 betr Situation in Bosnien Herzegowina (S/2015/562) u betr Brief des Ständigen Vertreters der Ukraine bei den Vereinten Nationen v 28.2.2014, adressiert an den Präsidenten des Sicherheitsrats (S/2014/136)
23 betr Situation im Nahen Osten (S/2016/1026)
24 betr Situation im Nahen Osten (S/2016/846 u S/2016/1026)
25 betr Situation in Syrien (S/2017/172)
26 betr Situation in Syrien (S/2017/172, S/2017/315, S/2017/884, S/2017/962 u S/2017/970)
27 betr Status von Jerusalem (S/2017/1060)
28 betr Sanktionen gegen Jemen (S/2018/156) u betr Situation im Nahen Osten (S/2018/32)
29 betr Situation im Nahen Osten (S/2018/516)

In einem wichtigen Fall ist das Vetorecht, obgleich es sich um die Entscheidung einer substantiellen Frage handelt, ausdrücklich ausgeschlossen. Dabei handelt es sich um die *Wahl der Richter des IGH*,[480] die in GV und SR jeweils eine absolute

---

[480] Vgl hierzu *Amerasinghe*, Judges of the International Court of Justice – Election and Qualifications, LJIL 14 (2001) 335 ff.

Mehrheit erfordert (Art 10 IGH-Statut). Daraus ergibt sich übrigens auch eine Abweichung von der üblichen Regel, dass neun Ratsmitglieder zustimmen müssen (Art 27 Abs 2); denn die absolute Mehrheit bei 15 Mitgliedern beträgt acht. Einen anderen Weg geht Art 27 Abs 3 Halbs 2 UN-Charta für den Fall, dass ein ständiges Ratsmitglied Partei eines Streits[481] ist, mit dem der Rat nach Kap VI oder Art 52 Abs 3 befasst ist. Die hier dem involvierten ständigen Mitglied auferlegte Enthaltungspflicht soll den Grundsatz, dass niemand Richter in eigenen Angelegenheiten sein soll, verwirklichen. Ist dieser Grundsatz aus politischen Gründen, nämlich im Bereich des Kap VII, nicht realisierbar, sollte er doch so weit wie möglich auf die friedliche Beilegung von Streitigkeiten Anwendung finden.

147 Im Übrigen ist darauf hinzuweisen, dass auch Entschließungen des SR *ohne förmliche Abstimmung* angenommen werden können,[482] wenn sich ein Konsens abzeichnet und auf einer Abstimmung von keiner Seite bestanden wird. Meinungsäußerungen des SR, die zT Erläuterungen zu Beschlussfassungen sind, zT aber auch Mahnungen und Appelle enthalten, finden sich ferner in Erklärungen seines Präsidenten. Die (nicht-rechtliche) Beachtlichkeit solcher Erklärungen[483] hängt von der Autorität des Rats ab, die desto geringer ist, je eher eine solche Erklärung nur die Uneinigkeit seiner Mitglieder verdecken soll.

148 Die wichtigen Aufgaben des SR machen die *ständige Präsenz* der Vertretungen der Ratsmitglieder in New York notwendig (Art 28 Abs 1), so dass sie jederzeit zu Sitzungen zusammentreten können. Die *Sitzungen* werden vom Präsidenten des SR einberufen. Grundsätzlich schreibt Regel 1 der auf Art 30 UN-Charta beruhenden (noch immer) vorläufigen Geschäftsordnung (GeschO)[484] vor, dass spätestens alle 14 Tage eine Sitzung stattzufinden hat; idR tritt er aber häufiger zusammen (2018: 283).[485] Im Übrigen setzt der Präsident die Sitzungen nach Konsultationen mit den Mitgliedern nach Ermessen fest. Verpflichtet zur Einberufung ist er, wenn ein Mitglied des SR dies wünscht (Regel 2), auf Ersuchen des Generalsekretärs gemäß Art 99 UN-Charta oder der GV gemäß Art 11 Abs 2 u 3, oder wenn der SR gemäß Art 35 mit einem Streit oder einer friedensgefährdenden Situation befasst wird (Regel 3). Die Sitzungen sind öffentlich, können aber auch unter Ausschluss der Öffentlichkeit stattfinden (Regel 48). Nach Art 31 u 32 UN-Charta können an den Sitzungen auch *Nichtmitglieder* des SR und sogar Nichtmitglieder der UN teilnehmen, wenn sie Partei eines Streits sind, der vom SR behandelt wird. Einen Rechtsanspruch auf Teilnahme haben insoweit aber nur die UN-Mitglieder, die nicht im SR vertreten sind.[486] Für die Nichtmitglieder der UN legt der SR die Bedingungen fest; letztlich handelt es

---

481 Hierzu eingehend *Zimmermann*, in Charter UN³, Art 27 Rn 203 ff. Anders wieder, wo der SR nicht mit einem „Streit", sondern mit einer „Situation" oder einer „Frage" befasst ist; zur Definition vgl *Klein/Schmahl*, in Charter UN³, Art 12 Rn 6 f.
482 Näher *Simma/Brunner/Kaul*, in Charter UN², Rn 111 ff; *Sievers/Daws* (Fn 467) 335 ff.
483 Ebenso *Talmon*, The Statements by the President of the Security Council, Chinese JIL 2 (2003) 419 (452).
484 UN Doc S/96/Rev 7 (1983). Vgl auch *Sievers/Daws* (Fn 467) 9 ff.
485 In seinen Arbeitsmethoden bemüht sich der SR um größere Transparenz. Ihrer Förderung dient seit 2013 auch die Accountability, Coherence and Transparency Group (ACT), die aus 27 kleineren und mittelgroßen Staaten unter der Führung der Schweiz besteht.
486 Zutr sprechen *Dolzer/Kreuter-Kirchhof*, in Charter UN³, Art 31 Rn 17 insoweit von einer „Kompensationsnorm" *(compensatory rule)*.

sich also um eine Ermessensentscheidung des Rats. Entsprechendes gilt für die Teilnahme von Mitgliedern der UN, die nicht im SR vertreten sind, wenn Fragen behandelt werden, von denen der Rat meint, dass sie deren Interessen besonders berühren (Art 31).

Die *Präsidentschaft* des SR wechselt monatlich in der durch das englische Alphabet bestimmten Reihenfolge der 15 Mitglieder (Regel 18 GeschO). Jeder Mitgliedstaat übernimmt daher in dem Zweijahres-Wahlzeitraum der nichtständigen Mitglieder mindestens einmal die Präsidentschaft. Der Präsident leitet die Sitzungen (Regel 19) und bereitet zusammen mit dem Generalsekretär die vorläufige Tagesordnung vor (Regel 7). Bei der Durchführung seiner Tätigkeit wird der SR durch ständige Ausschüsse (vor allem den Ausschuss für die Aufnahme neuer Mitglieder) und durch ad hoc-Ausschüsse unterstützt.[487] Der SR kann solche Hilfsorgane nach Bedarf einrichten (Art 29). Hierzu gehört u a die von SR und GV (Art 22) 2005/2006 gemeinsam geschaffene Kommission für Friedenskonsolidierung (Peacebuilding Commission)[488] oder das durch SR-Res 1904 (2009) gegründete und 2011 erweiterte Büro der Ombudsperson (Office of the Ombudsperson).

149

Die zentrale Rolle des SR wird vor allem durch *Art 25* UN-Charta unterstrichen, der die Mitgliedstaaten verpflichtet, die *Entscheidungen (decisions)* des SR „anzunehmen und durchzuführen". Die Reichweite dieser Bestimmung ist nicht völlig geklärt.[489] Zum richtigen Verständnis ist zunächst einmal darauf hinzuweisen, dass zahlreiche Entschließungen des SR lediglich *Empfehlungen (recommendations)* enthalten, die als solche nicht bindend sind; dies gilt auch im Bereich von Kap VII und VIII. Wenn freilich in diesem Bereich *Beschlüsse* gefasst werden, die keine bloßen Empfehlungen darstellen, ist von ihrer *Verbindlichkeit* auszugehen.[490] Entschließungen auf der Grundlage von Kap VI werden hingegen keine Verbindlichkeit beanspruchen können;[491] dies ergibt sich auch aus Art 27 Abs 3 Halbs 2 UN-Charta, der den ständigen Ratsmächten in diesem Bereich (o Rn 146) die Enthaltung bei der Abstimmung, also den Verzicht auf das Veto auferlegt. Andererseits kann der SR die Durchsetzung von Urteilen des IGH mit bindenden Entscheidungen (aber auch nur mit Empfehlungen) unterstützen (Art 94 Abs 2 UN-Charta). Im *Namibia*-Gutachten hat der IGH die Auffassung bekräftigt, dass die Verbindlichkeit von Ratsbeschlüssen nicht notwendig auf Fälle des Kap VII beschränkt sein muss,[492] doch ist diese Ansicht zweifelhaft.

150

Die sich aus Art 25 UN-Charta ergebende Verbindlichkeit von SR-Entscheidungen richtet sich an die Mitgliedstaaten als solche, hat also *keine unmittelbare Wirkung innerhalb der staatlichen Rechtsordnung*.[493] Die UN sind keine Supranatio-

151

---

[487] Ausf *Sievers/Daws* (Fn 467) 460 ff.
[488] S u Rn 205.
[489] *Krökel*, Die Bindungswirkung von Resolutionen des Sicherheitsrats der Vereinten Nationen gegenüber Mitgliedstaaten, 1977; *de Wet*, The Chapter VII Powers of the United Nations Security Council, 2004; *von Arnauld*, Völkerrecht, 3. Aufl 2016, Rn 154.
[490] *Peters*, in Charter UN³, Art 25 Rn 11. Vgl auch Art 48 UN-Charta.
[491] Anders *Peters*, ebd Rn 13 f.
[492] ICJ Rep 1971, 16, 53 *[Namibia-Gutachten]*. Näher *Higgins*, The Advisory Opinion on Namibia: Which Resolutions are Binding under Article 25 of the Charter, ICLQ 21 (1972) 270 ff.
[493] Zum Problem *Frowein*, United Nations, EPIL IV (2000) 1029 (1036); *Denis*, Le pouvoir normatif du Conseil de sécurité des Nations unies, 2004; *Zimmermann/Elberling*, Grenzen der Legislativbe-

nale Organisation, deren Rechtsakte von den staatlichen Rechtsanwendungsorganen ohne Weiteres anzuwenden wäre.[494] Die Mitgliedstaaten sind vielmehr verpflichtet, diese Anwendung – idR durch die Schaffung einschlägiger Rechtsgrundlagen – zu gewährleisten. So legt etwa ein verbindlicher Beschluss des SR, gegen einen Staat ein Wirtschaftsembargo zu verhängen (Art 41), den Bürgern der Mitgliedstaaten keine eigene Verpflichtung auf; sie handeln nicht rechtswidrig, wenn sie gleichwohl Handel treiben. Eine entsprechende intern wirkende Rechtsnorm muss erst von dem Mitgliedstaat geschaffen werden,[495] der seinerseits bei Unterlassen völkerrechtlich verantwortlich wird.

152 Gerade die weitreichende Verbindlichkeit von Entscheidungen des SR – zusammen mit der in Art 103 UN-Charta enthaltenen Pflicht der Mitglieder, den Verpflichtungen aus der Charta Vorrang vor kollidierenden anderen völkerrechtlichen Verträgen einzuräumen – wirft notwendig die Frage nach ihren *normativen Grenzen* und ihrer *Kontrolle* auf.[496] Dies gilt insbes dann, wenn – wie es vor allem bei der Bekämpfung des internationalen Terrorismus der Fall ist – die Entscheidungen des SR von den Mitgliedstaaten ein unmittelbares Vorgehen gegen Verdächtige verlangen (zB Freizügigkeitsbeschränkungen, Vermögensbeschlagnahme).[497] Soweit sich Handlungsbefugnisse des SR aus bestimmten Rechtsnormen ergeben, sind deren Voraussetzungen zu beachten, also zB Art 39 für Maßnahmen im Bereich von Kap VII. Auch das Gebrauchmachen von der allgemeinen Handlungsnorm des Art 24

---

fugnisse des Sicherheitsrats, VN 2004, 71 ff; *Akram/Shah*, The Legislative Powers of the United Nations Security Council, in Macdonald/Johnston (Fn 314) 431 ff; *Alvarez*, International Organizations as Law-Makers, 2005, insbes 184 ff; *Elberling*, The *Ultra Vires* Character of Legislative Action by the Security Council, IOLR 2 (2005) 337 ff; *Marschik*, Legislative Powers of the Security Council, in Macdonald/Johnston (Fn 314) 457 ff; *Talmon*, The Security Council as World Legislature, AJIL 99 (2005) 175 ff; *Mebiama*, Le pouvoir normatif du Conseil de sécurité de l'Organisation des Nations Unies, RIDA 2010, 29 ff.
494 Vgl hingegen die EU-Verordnungen gemäß Art 288 AEUV.
495 ZB § 7 AWG (BGBl 1961 I, 481); dazu *Brandl* (Fn 276). Zu (auf SR-Resolutionen basierenden) Handelsembargos der EU vgl Art 215 AEUV und *Streinz*, Europarecht, 10. Aufl 2016, Rn 1299 ff.
496 Dieses Problem wird nach dem Ende des Ost-West-Konflikts und anhand der Aktionen des SR gegen den Irak zugunsten der Kurden und gegen Libyen wegen der Auslieferung von Staatsangehörigen (Fall Lockerbie) und im Zusammenhang mit dem Vorgehen des SR gegen Personen, die des internationalen Terrorismus verdächtigt werden *(targeted sanctions)*, zunehmend artikuliert: vgl etwa *Franck*, „The Power of Appreciation", AJIL 86 (1992) 519 ff u 638 ff; *Reisman*, The Constitutional Crisis in the United Nations, AJIL 87 (1993) 83 ff; *Reinisch*, Developing Human Rights and Humanitarian Law Accountability of the Security Council for the Imposition of Economic Sanctions, AJIL 95 (2001) 851 ff; *Schilling*, Der Schutz der Menschenrechte gegen Beschlüsse des Sicherheitsrats, ZaöRV 64 (2004) 343 ff; *Orakhelashvili*, The Impact of Peremptory Norms on the Interpretation and Application of United Nations Security Council Resolutions, EJIL 16 (2005) 59 ff; *Giegerich*, Verantwortlichkeit und Haftung für Akte internationaler und supranationaler Organisationen, ZvglRWiss 104 (2005) 163 (178 ff); *Payandeh*, Rechtskontrolle des UN-Sicherheitsrates durch staatliche und überstaatliche Gerichte, ZaöRV 66 (2006) 41 ff; *Willis*, Security Council Targeted Sanctions, Due Process and the 1267 Ombudsperson, GJIL 42 (2011) 675 ff; *Witte*, Gewaltenteilung im Völkerrecht?, AöR 137 (2012) 223 ff; Biersteker/Eckert/Tourinho (Hrsg), Targeted Sanctions: The Impacts and Effectiveness of United Nations Action, 2016; *Hovell*, The Power of Process: The Value of Due Process in Security Council Decision-Making, 2016. Allgemein zum Problem der Legitimität I. O. vgl Coicaud/Heiskanen (Hrsg), The Legitimacy of International Organizations, 2001; *Janik*, Die Bindung internationaler Organisationen an internationale Menschenrechtsstandards, 2012; vgl auch u Rn 197.
497 Vgl zB S/RES/1267 v 15.10.1999; S/RES/1521 v 22.12.2003; S/RES/1636 v 31.10.2005; S/RES/1988 v 17.6.2011. Jüngst etwa S/RES/2195 v 19.12.2014; S/RES/2199 v 12.2.2015; S/RES/2368 v 20.7.2017.

Abs 1 steht, wie Abs 2 ausdrücklich bestimmt, selbstverständlich unter dem Vorbehalt der Ziele und Grundsätze der UN (Art 1 und 2 UN-Charta). Der SR verfügt auch im Bereich der Friedenswahrung und -wiederherstellung nicht über unumschränkte Gewalt.[498] Diese Feststellung wird in der Praxis allerdings dadurch relativiert, dass eine Rechtskontrolle der Maßnahmen des SR nur unvollkommen vorgesehen ist. Organisationsintern können Akte der Organe, also auch des SR, von den Mitgliedstaaten (oder anderen Staaten) nicht gerichtlich angefochten werden.[499] Nur auf Umwegen kann eine verbindliche Nachprüfung durch den IGH dadurch erfolgen, dass der von einer Entscheidung des SR belastete Staat eine Rechtsverletzung gegen einen anderen Staat geltend macht, der sein Verhalten auf die SR-Entscheidung gestützt hat. In diesem Fall kann der IGH inzident und für die Streitparteien verbindlich die Rechtmäßigkeit der Maßnahme des SR nachprüfen – vorausgesetzt, die Streitparteien haben sich seiner Gerichtsbarkeit unterworfen.[500] Auch das Gutachtenverfahren gewährleistet eine gewisse rechtliche Kontrolle. Doch kann der IGH insoweit nur von anderen UN-Organen (oder Sonderorganisationen) angerufen werden; außerdem ist das Gutachtenergebnis nicht verbindlich.[501] Damit wird die Frage der (indirekten) Rechtskontrolle der SR-Entscheidungen auf die Ebene der Mitgliedstaaten oder ihrer für die Umsetzung dieser Entscheidungen zuständigen I.O. (zB EU) verlagert, was wieder schwierige Fragen im Verhältnis zu den UN aufwerfen kann.[502] Diese Erkenntnis lässt das Vetorecht in einem anderen Licht erscheinen. Es

---

498 So darf der SR sich nicht über das Selbstbestimmungsrecht der Völker hinwegsetzen. Zweifelhaft ist es, gegen ein Angriffsopfer ein Waffenembargo (Fall: Bosnien-Herzegowina) zu verhängen, ohne selbst ausreichend Schutz zu gewähren (vgl Art 51 UN-Charta). Der SR verfügt auch über keine Zuständigkeit zu definitiver territorialer Ordnung und Zuordnung, um einen gewaltsamen Konflikt auf Dauer zu beenden; ebenso *Virally*, L'organisation mondiale, 1972, 418; *Bernstein*, The Limitation of International Boundaries, 1974, 111; *Krökel* (Fn 489) 76 ff. Offenbar anders *Delbrück*, in Charter UN², Art 24 Rn 9.
499 Es fehlt an einer entsprechenden Zuständigkeit des IGH; vgl u Rn 179 f. Zur Frage der Überprüfbarkeit bindender Res des SR durch innerstaatliche Gerichte vgl allgemein *de Wet/Nollkaemper*, Review of Security Council Decisions by National Courts, GYIL 45 (2002) 166 (184 ff). Zur Rechtsprechung der Unionsgerichtsbarkeit u Fn 502.
500 Dies war die Situation des Streitverfahrens im *Lockerbie*-Fall zwischen Libyen gegen USA und Großbritannien. Die Hauptsache hat sich durch Rücknahme der Anträge erledigt (2003), den Antrag Libyens auf Erlass einer einstweiligen Anordnung hat der IGH abgelehnt, ICJ Rep 1992, 3; dazu *T. Stein*, Das Attentat von Lockerbie vor dem Sicherheitsrat der Vereinten Nationen und dem Internationalen Gerichtshof, AVR 31 (1993) 206 ff; *Gowlland-Debbas*, The Relationship between the International Court of Justice and the Security Council in the Light of the Lockerbie Case, AJIL 88 (1994) 643 ff; *Martenczuk*, The Security Council, the International Court and Judicial Review: What Lessons from Lockerbie?, EJIL 10 (1999) 517 ff; *Plachta*, The Lockerbie Case: The Role of the Security Council in Enforcing the Principle Aut Dedere Aut Judicare, EJIL 12 (2001) 125 ff; *Schmahl*, Die „Rule of Law" in den Vereinten Nationen, RuP 2001, 219 ff; *Farrall*, United Nations Sanctions and the Rule of Law, 2009.
501 Art 96 UN-Charta, Art 65 ff IGH-Statut; vgl auch *Thirlway*, Advisory Opinions, MPEPIL I, 97 (Rn 26 ff). Keineswegs ist der SR prinzipiell der Rechtskontrolle durch den IGH entzogen. Zum Verhältnis beider Organe vgl u Rn 184.
502 *Tzanakopoulos*, Disobeying the Security Council, 2011, 112 ff, 154 ff. – Der EuGH hat europäischen Rechtsschutz gegen völkerrechtsdeterminiertes Gemeinschaftsrecht bejaht, nachdem auf der Ebene der UN das derzeitige Überprüfungsverfahren „offenkundig nicht die Garantien eines gerichtlichen Rechtsschutzes" biete, vgl EuGH, Slg 2008, I-271 *[Kadi u Al Barakaat]*. Das EuG als Vorinstanz verneinte eine Überprüfbarkeit UN-determinierten Gemeinschaftsrechts mit Gemeinschaftsgrundrechten aufgrund der vorrangigen innergemeinschaftlichen Bindung an Resolutionen des Sicherheitsrats (Art 103 UN-Charta). Es überprüfte die betreffende Gemeinschaftsverordnung aber am Maßstab zwingender Völkerrechtsnormen *(ius cogens)*, an die auch der SR gebunden sei, vgl EuG, Slg 2005, II-3533 u

ist eben nicht nur Privileg bestimmter Mächte, sondern kann auch die Funktion einer Intraorgankontrolle haben, auch wenn dabei weniger rechtliche als politische Erwägungen maßgeblich sein werden.

153 Gleichwohl und zu Recht ist das Vetorecht seit langem Gegenstand der *Reformdiskussion*, ohne dass konkret absehbar wäre, dass die fünf ständigen Ratsmitglieder insoweit zu einer Chartaänderung bereit wären.[503] Gerade die Erweiterung der Zahl der SR-Mitglieder wird immer wieder erörtert, wobei vor allem die ständige Ratsmitgliedschaft interessant ist. Insbes Deutschland und Japan haben ihr Interesse bekundet, aber auch Brasilien/Argentinien, Nigeria/Südafrika/Ägypten und Indien/Pakistan streben eine solche Stellung an.[504] Obgleich die Reaktion der Staatengemeinschaft nicht grundsätzlich ablehnend ist, dürfte eine schnelle Änderung der Charta nicht zu erwarten sein. Ganz offen ist dabei auch noch, ob neue ständige Mitglieder ebenfalls über das Vetorecht verfügen sollen oder eine *eigene Kategorie* zwischen den alten ständigen und den nichtständigen Mitgliedern bilden werden. Es ist anzunehmen, dass jedenfalls die Ausweitung der Vetoberechtigung keine Realisierungschance hat; sie ist auch nicht wünschbar.[505] Für die nächste Zukunft ist eine Änderung ohnedies nicht zu erwarten.[506]

II-3549 *[Yusuf u Kadi]*. Auf das Rechtsschutzersuchen gegen die neuerliche Listung des Klägers *Kadi* erkannten sowohl das EuG als auch der EuGH auf eine Verletzung der (europäischen) Verteidigungsrechte und des Grundsatzes des effektiven gerichtlichen Rechtsschutzes, vgl EuG, Slg 2010, II-5177 *[Kadi II]*; EuGH, ECLI:EU:C:2013:518, Rn 119 ff *[Kadi II P]*. Auch der EGMR schließt sich dieser Sichtweise im Blick auf Art 6 EMRK grds an, vgl EGMR, Urt v 12.9.2012, Nr 10593/08, Rn 172 ff *[Nada]*; Urt v 21.6.2016 (GK), Nr 5809/08, Rn 137 ff *[Al-Dulimi]*. Zur Thematik vgl etwa *Schmahl*, Effektiver Rechtsschutz gegen „targeted sanctions" des UN-Sicherheitsrats?, EuR 2006, 566 ff; *Kämmerer*, Das Urteil des Europäischen Gerichtshofs im Fall „Kadi", EuR 2009, 114 ff; *Schmalenbach*, Bedingt kooperationsbereit: Der Kontrollanspruch des EuGH bei gezielten Sanktionen der Vereinten Nationen, JZ 2009, 35 ff; *von Arnauld*, Der Weg zu einem „Solange 1½", EuR 2013, 236 ff; *Weiß*, Praktische Konsequenzen der Kadi-Rechtsprechung, EuR 2014, 231 ff; *Buszewski/Gött*, Avoiding Kadi – 'Pre-emptive Compliance' with Human Rights When Imposing Targeted Sanctions, GYIL 57 (2014) 507 (513 ff); *Hovell*, Due Process in the United Nations, AJIL 110 (2016) 1 (15 ff); *Kadelbach*, Introductory Note to Al-Dulimi and Montana Management Inc. v. Switzerland, ILM 55 (2016) 1023 (1024 f).

503 *Klein/Breuer*, (Un-)Vollendete Reformschritte in den Vereinten Nationen: die Beispiele Sicherheitsrat und Menschenrechtsrat, in Münk (Hrsg), Die Vereinten Nationen sechs Jahrzehnte nach ihrer Gründung, 2008, 75 (92 ff). Allgem *Fassbender*, UN Security Council Reform and the Right to Veto, 1998.

504 *Sucharipa-Behrmann*, The Enlargement of the Security Council, AustrJIL 47 (1994) 1 ff; *Knapp*, Die gewachsene Rolle Deutschlands und Japans in den Vereinten Nationen, Friedens-Warte 73 (1998) 465 (477 ff).

505 Zum Stand der Reformdiskussion vgl *Fassbender*, On the Boulevard of Broken Dreams, IOLR 2 (2005) 391 ff; *Giegerich*, „A Fork in the Road" – Constitutional Challenges, Chances and *Lacunae* of UN Reform, GYIL 47 (2005) 29 ff; *Blum*, Proposals for UN Security Council Reform, AJIL 99 (2006) 632 ff; *Hofstötter*, Einige Anmerkungen zur Reform des Sicherheitsrates der Vereinten Nationen, ZaöRV 66 (2006) 143 ff; Varwick/Zimmermann (Hrsg), Die Reform der Vereinten Nationen, 2006; *Volger*, Die Reform der Vereinten Nationen, in ders (Hrsg), Grundlagen, 487 ff; *Fréchette*, Die Reform der Vereinten Nationen: eine Innenansicht, VN 2007, 1 ff; *Bullmann*, Der VN Sicherheitsrat und seine Reform: Zum Scheitern verurteilt?, 2014, 58 ff; *Greubel*, Die unendliche Geschichte um den Sicherheitsrat: Das UN-Hauptorgan zwischen Reform und Stillstand, 2015, 26 ff; *Eisentraut*, Stillstand und Dynamik – Realitäten der Sicherheitsratsreform, VN 2017, 99 ff.

506 Da Frankreich und Großbritannien auf ihr Vetorecht nicht verzichten werden, ist auch der Gedanke an eine treuhänderische Wahrnehmung für die EU-Staaten nicht realistisch. Dies gilt umso mehr, als Großbritannien die EU voraussichtlich im Jahr 2019 verlassen wird. Vgl aber Art 34 EUV.

Soweit *Nichtmitglieder* von Entscheidungen des SR betroffen sind, entfällt eine **154** rechtliche Bindungswirkung. Daraus folgt aber weder ein Verbot für den SR, sich an diese zu wenden, noch das Fehlen jeder politischen Konsequenz (näher Rn 91f).

cc) Der Wirtschafts- und Sozialrat der UN. Ein wichtiger Tätigkeitsbereich der UN **155** ist im Kap IX UN-Charta mit der Überschrift „Internationale wirtschaftliche und soziale Zusammenarbeit" versehen.[507] Art 55 zählt die Aufgaben im Einzelnen auf; dazu gehören etwa die Förderung höherer Lebensstandards und des wirtschaftlichen und sozialen Fortschritts; die Lösung internationaler wirtschaftlicher und sozialer Probleme; die Zusammenarbeit in Fragen der Gesundheit und Kultur sowie die Sicherung der Achtung für die Menschenrechte ohne Diskriminierung. Art 60 überträgt die Durchführung dieser Aufgaben neben der GV dem WSR.[508]

Der WSR ist, wie der SR, ein *beschränktes Mitgliederorgan,* in dem 54 Staaten **156** vertreten sind (Art 61 Abs 1 UN-Charta).[509] Sie werden von der GV mit 2/3-Mehrheit (Art 18 Abs 2) auf drei Jahre gewählt, wobei jedes Jahr 18 Mitglieder neu bestimmt werden (Art 61 Abs 2). In der Praxis werden die ständigen Mitglieder des SR stets (wieder-)gewählt, auch zahlreiche andere wichtige Staaten sind häufig vertreten.[510] Im Übrigen wird auch hier vom Grundsatz der gleichmäßigen geographischen Vertretung ausgegangen.

Die *Aufgaben und Befugnisse* des WSR sind sowohl selbstgestaltender als auch **157** koordinierender Art. Was die erstgenannten betrifft, so weist Art 62 Abs 1 u 2 UN-Charta dem WSR die *Befassungs- und Empfehlungskompetenz* für den gesamten in Art 55 aufgeführten Bereich der internationalen wirtschaftlichen und sozialen Zusammenarbeit zu; verbindliche Beschlüsse für andere Organe, Organisationen oder Mitgliedstaaten kann er aber nicht fassen. Art 62 Abs 3 u 4 erteilen dem WSR die Befugnis zur Ausarbeitung einschlägiger Konventionsentwürfe und zur Einberufung internationaler Konferenzen (zB Weltbevölkerungskonferenz).[511] Im Bereich seines Aktionsfelds bestehen ferner Kooperationspflichten mit dem SR (Art 65) und der GV (Art 66). Während die Beziehungen zum SR nicht sehr ausgeprägt sind,[512] ist das Verhältnis zur *GV* nicht spannungsfrei.[513] Das rührt einmal von dem sowohl in Art 60 („unter der Autorität der Generalversammlung") als auch in Art 66 deutlich zum Ausdruck kommenden Vorrang der GV, zum anderen aber vor allem aus den zahlreichen Überschneidungen bei der praktischen Arbeit, aus denen sich erhebliche Reibungsverluste und auch gegenläufige Ansätze ergeben. Zu berücksichtigen ist

---

507 Näher zu diesem Tätigkeitsbereich vgl u Rn 208.
508 *Sharp,* The United Nations Economic and Social Council, 1969; *Kirgis,* United Nations Economic and Social Council, EPIL IV (2000) 1089 ff; *Breen,* The Necessity of a Role for the ECOSOC in the Maintenance of International Peace and Security, JCSL 12 (2007) 261 ff.
509 Bis 1965 bestand der WSR aus 18, dann bis 1973 aus 24 Mitgliedern. Die Erweiterung wurde mit dem starken Anwachsen der Mitgliederzahl in den UN gerechtfertigt. Die Entwicklungsländer fordern weitere Vergrößerung.
510 Die BR Deutschland ist seit 1973 fast immer – mit Ausnahme der Jahre 2008 und 2013 – Mitglied des WSR gewesen; die derzeitige Mitgliedschaft endet am 31.12.2020.
511 Allg *Schechter,* United Nations Global Conferences, 2005. Zunehmend befasst sich der WSR auch mit *post conflict issues,* vor allem in Afrika (zB Guinea-Bissau).
512 Vgl *Kunig/Tietje,* in Charter UN³, Art 65 Rn 7 ff.
513 *Kirgis* (Fn 508) 1092; *Rosenthal,* Economic and Social Council, in Handbook UN, 136 (138 f).

Schmahl

dabei auch, dass es vor allem Aufgabe des WSR ist, die Arbeit der Sonderorganisationen zu koordinieren (Art 63 Abs 2), die ihrerseits eine eigenständige Politik verfolgen, die nicht stets mit der politischen Programmatik der GV übereinstimmt. Zudem sind die Sonderorganisationen dem WSR in ihrer Verwaltungskapazität weit überlegen. In dieser Situation ist der WSR oft überfordert; man hat ihn als den „ewigen Kranken" der UN apostrophiert.[514] All dies hat zu einem hohen Grad an Undurchsichtigkeit, Ressourcenvergeudung und *Ineffizienz* geführt und hat Anlass zur Forderung nach einschneidenden Reformen des WSR und des Gesamtsystems gegeben.[515] In der Tat stellt sich die Frage, ob der WSR bei einer fälligen grundlegenden Strukturreform der UN nicht völlig anders geformt oder gar ganz entfallen sollte. Seine Aufgaben und Befugnisse könnten von der GV und ihren eigenen Nebenorganen übernommen werden.[516]

158 Wie bereits erwähnt, ist dem WSR die Koordinierung der Tätigkeiten der (derzeit 15) *Sonderorganisationen* übertragen.[517] Er stellt das Verbindungsglied zwischen den UN und diesen rechtlich selbständigen Organisationen her, deren Besonderheit darin besteht, dass sie in eine vertragliche Beziehung zu den UN gebracht werden (Art 57) und daher mit dieser zusammen die „UN-Familie" bilden.[518] Die Verträge werden vom WSR für die UN abgeschlossen, bedürfen aber der Zustimmung der GV (Art 63). Die Sonderorganisationen legen ihre Berichte dem WSR vor (Art 64).

159 Im WSR verfügen die 54 Mitglieder über je einen (weisungsgebundenen) Vertreter; alle haben eine Stimme. Eine Differenzierung des Stimmgewichts gibt es nicht (Art 61 Abs 4, Art 67 Abs 1). Die *Arbeitsweise und der Willensbildungsprozess* werden von der GeschO geregelt (vgl Art 72).[519] Die wichtigsten Fragen sind aber auch in der Charta angesprochen. So fasst der WSR nach Art 67 Abs 2 seine Beschlüsse mit der Mehrheit der anwesenden und abstimmenden Mitglieder, wobei Enthaltungen nicht mitgerechnet werden (Regel 60 Abs 2 GeschO). Das Quorum für die Beschlussfähigkeit liegt bei der Mehrheit der Mitglieder, dh 28 (Regel 41). Der *Präsident* wird von den Mitgliedern des WSR zu Beginn der jeweiligen ersten Jahressitzung gewählt; das Amt rotiert unter den fünf regionalen Gruppen der UN.[520]

160 An den Sitzungen können auch *Nichtmitglieder* des WSR ohne Stimmrecht teilnehmen. Dazu zählen neben den Einheiten, denen offizieller Beobachterstatus verliehen ist,[521] UN-Mitglieder, wenn Angelegenheiten ihres besonderen Interesses erörtert werden (Art 69), und Vertreter von Sonderorganisationen, die mit den entsprechenden Fragen befasst sind (Art 70). Um den Sachverstand der in weiten Tätigkeitsge-

---

514 *Lagoni*, ECOSOC – Wirtschafts- und Sozialrat, in Handbuch VN, 90, Rn 19.
515 Sog Bertrand-Bericht: vgl UN Doc A/40/988, Some Reflections on Reform of the United Nations; *Bertrand*, Für eine Weltorganisation der Dritten Generation, 1988. Ferner die Beiträge in Wolfrum (Fn 58).
516 Vgl auch *Lagoni* (Fn 514) Rn 20; zurückhaltend *Röben*, in Charter UN³, Art 61 Rn 5. Umgekehrt will *Suy*, Strukturwandel der Vereinten Nationen, in Wolfrum (Fn 58) 189 (193 f) den WSR auf Kosten der GV gestärkt sehen. S auch Reformbericht des ehemaligen GS *Kofi Annan* (Fn 20) §§ 171 ff.
517 Vgl Übersicht bei Rn 126.
518 Näher u Rn 225 ff.
519 UN Doc E/5715/Rev 2. Vgl auch *Kaufmann*, United Nations Decision Making, 3. Aufl 1980, 53 ff.
520 *Chaitidou*, in Charter UN³, Art 72 Rn 16 u o Rn 120. Seit dem 26.7.2018 ist *Inga Rhonda King* (St. Vincent und die Grenadinen) Präsidentin des WSR.
521 ZB anerkannte Befreiungsbewegungen; vgl auch o Rn 89.

bieten des WSR aktiven *NGOs* nutzen zu können, sieht Art 71 die Möglichkeit vor, dass der WSR Vereinbarungen über einen Konsultativstatus treffen kann. In der Praxis haben sich dabei drei Formen entwickelt;[522] die Mitwirkungsrechte bei den Beratungen des WSR sind entsprechend dieser Kategorisierung abgestuft. *Kategorie I* besteht aus relativ wenigen NGOs; sie müssen sich mit den meisten Tätigkeiten des Rats befassen, eine große Mitgliederzahl in vielen UN-Mitgliedstaaten haben und zur Arbeit des WSR erheblich beitragen können (genereller Konsultativstatus). Hierzu zählen etwa: International Council on Social Welfare, International Confederation of Free Trade Unions, International Organization of Employers, International Council of Women, Greenpeace International, Muslim World League, Hope International u a. Zur *Kategorie II* gehören solche NGOs, die besondere Sachkunde in einzelnen Tätigkeitsgebieten des WSR haben (spezieller Konsultativstatus). Hierunter fallen zB so bekannte Organisationen wie Amnesty International, Human Rights Watch, International Federation of Journalists, International Law Association und Minority Rights Group. In die *Kategorie III* werden solche NGOs aufgenommen, die zur Arbeit des WSR gelegentlich nützliche Beiträge leisten können; sie werden in einem vom GS geführten Register *(Roster)* auf Benennung durch den WSR, den GS oder aufgrund ihres Konsultativstatus bei anderen Organen der UN oder bei Sonderorganisationen eingetragen. Als Bsp seien genannt: Deutscher Naturschutzring, Friedrich-Ebert-Stiftung, Friedrich-Naumann-Stiftung, Heinrich-Böll-Stiftung uva. Obgleich mit der Einbeziehung der NGOs in die Arbeit der UN zT weitergehende Hoffnungen verbunden wurden und manche Kritik an der Auswahl der mit einem Konsultativstatus versehenen NGOs geübt wurde, hat sich doch gezeigt, dass aus ihren Reihen Anstöße für die Tätigkeit des WSR gekommen sind. Dies gilt vor allem für die Bereiche Menschenrechte und Umweltschutz.[523]

Zur Vorbereitung und Durchführung seiner Aufgaben ist der WSR nicht nur **161** nach der allgemeinen Vorschrift des Art 7 Abs 2 UN-Charta berechtigt, sondern sogar nach Art 68 verpflichtet, für wirtschaftliche und soziale Fragen und für die Förderung der Menschenrechte die notwendigen *Unterorgane* einzusetzen.[524] Insgesamt sind dabei sechs Kategorien zu unterscheiden:[525] (1) Fachkommissionen, zB für Bevölkerungsfragen und die Rechtsstellung der Frau;[526] (2) Regionale Wirtschaftskommissionen für Europa, West- und Ostasien/Pazifik, Lateinamerika und Afrika; (3) Ständige Ausschüsse, etwa für NGOs, natürliche Ressourcen und transnationale

---

522 UN Doc E/RES/1996/31 hat die bisherige Res 1296 (XLIV) v 1968 ersetzt und dabei die Einbeziehung nationaler und regionaler NGOs erleichtert. Im Jahre 2016 hatten 4.513 NGOs Konsultativstatus, vgl UN Doc E/2016/INF/5 v 29.12.2016.
523 Ebenso *Lagoni* (Fn 514) Rn 18 f; *Pleuger/Fitschen*, „Giving greater opportunities to civil society to contribute to the goals and programmes of the United Nations", FS Eitel, 2003, 193 ff; *Nuscheler*, Die Rolle von Nichtregierungsorganisationen für den internationalen Schutz der Umwelt und der Global Common Goods, in von Schorlemer (Hrsg), „Wir, die Völker (…)", 2005, 45 ff; *Varella*, Le rôle des organisations non-gouvernementales dans le développement du droit international de l'environnement, JDI 132 (2005) 41 ff. Vgl auch o Rn 20 ff. Zum Ganzen *Bayko*, Die Rolle der Nichtregierungsorganisationen (NGOs) im internationalen Minderheitenschutz, 2011; *Dany*, Global Governance and NGO Participation: Shaping the Information Society in the United Nations, 2012.
524 Vgl dazu *Riedel/Giacca*, in Charter UN³, Art 68 Rn 8 f.
525 Guter Überblick bei *Riedel/Giacca*, in Charter UN³, Art 68 Rn 14 f.
526 Die früher dem WSR unterstellte Menschenrechtskommission ist mittlerweile aufgelöst und durch den Menschenrechtsrat ersetzt worden, der der GV untersteht, hierzu u Rn 206.

Unternehmen; (4) Ad hoc-Ausschüsse, etwa zu Fragen der Informationstechnologie oder zur Entwicklung des ländlichen Raums; (5) Sachverständigengremien, zB für neue und erneuerbare Energiequellen und für wirtschaftliche, soziale und kulturelle Rechte;[527] (6) Berichtsorgane betr Sonderorganisationen und andere Einheiten/Fonds, deren Kontrolle dem WSR obliegt.

162 Jenseits dieses Unterbaus gibt es eine große Anzahl weiterer (rechtlich nicht selbständiger) *Einheiten,* mit denen der WSR in Kontakt tritt und seine Arbeiten zu koordinieren und durchzuführen sucht. Hierzu gehören ua UNDP, UNHCR, UNCTAD, WFC, aber auch UNRWA und UNU (vgl Übersicht 3).[528] Insgesamt besteht ein kaum durchschaubares Geflecht von Haupt-, Neben- und Hilfsorganen, Fonds und Programmen,[529] deren Restrukturierung zwar dringend erforderlich ist, aber trotz punktueller Verbesserungen immer wieder an den unterschiedlichen Interessen der Entwicklungs- und Industrieländer, aber auch an mangelndem Reformwillen scheitert.

163 dd) Der Treuhandrat der UN. Im Rahmen der Verantwortung, die die UN für alle Hoheitsgebiete, „deren Völker noch nicht die volle Selbstregierung erreicht haben" (Art 73), übernommen haben, wurde dem TR als einem der Hauptorgane der UN eine besondere Aufgabe zugeteilt.[530] Ihm wurde, freilich zusammen mit der GV (vgl Art 85 u 87) und dem SR (Art 83), die *Durchführung des Treuhandsystems* (Art 75 bis 85) übertragen. Diesem System unterstanden die Gebiete, die durch ein (Treuhand-)Abkommen zwischen dem völkerrechtlich verantwortlichen Staat und den UN in dieses System einbezogen wurden.[531] Dabei handelte es sich ganz überwiegend um ehemalige Mandatsgebiete nach dem Recht des Völkerbunds. Allerdings begründeten die Art 75ff keine Verpflichtung für die Mandatsmächte, ein Treuhandabkommen mit den UN abzuschließen. So konnte die entsprechende Weigerung Südafrikas in Bezug auf Südwestafrika/Namibia nicht überwunden werden.[532] Insoweit ging man von der Fortdauer der Mandatsverpflichtung Südafrikas aus, bis die GV unter Zustimmung des SR den Mandatsvertrag wegen permanenter Verletzung der Mandatarpflichten kündigte.[533] Einziges dem Treuhandsystem unterstelltes Gebiet, das nicht früheres Mandatgebiet war, war (die italienische Kolonie) Somalia.[534]

---

527 Daher ressortiert der Ausschuss für wirtschaftliche, soziale und kulturelle Rechte beim WSR, die – unabhängigen – Mitglieder werden von ihm gewählt.
528 Näher *Köck/Fischer*, Internationale Organisationen, 249 f.
529 *Szasz*, The Complexification of the United Nations System, MPYUNL 3 (1999) 1 ff. Ein Organigramm zum System des WSR findet sich unter <http://www.un.org/en/ecosoc/about/pdf/ecosoc_chart.pdf>.
530 Vgl *Soelling*, Der Treuhandrat und die Funktionsfähigkeit des Treuhandsystems, VN 1968, 11 ff; *Rauschning*, United Nations Trusteeship System, EPIL IV (2000) 1193 ff; *Ermacora*, Treuhandsystem/Treuhandrat, in Handbuch VN, 862 ff.
531 Auf Seiten der UN ist grds die GV (Art 85), im Fall sog „strategischer Gebiete" (Art 82) der SR zum Abschluss des Abkommens zuständig (Art 83).
532 ICJ Rep 1950, 128 ff *[Südwestafrika-Gutachten]*.
533 Vgl näher *Klein*, Namibia, EPIL III (1997) 485 ff; *Wilde*, Trusteeship Council, in Handbook UN, 149 (153 f).
534 Gesamtübersicht bei *Rauschning*, in Charter UN³, Art 75, Appendix.

Die *Zusammensetzung* des TR ist in Art 86 UN-Charta geregelt. Sie folgt dem Prinzip 164
des Gleichgewichts von Verwaltungs- und Nichtverwaltungsmächten.⁵³⁵ Nachdem seit
1975 nur noch die USA Verwaltungsmacht für die Pazifischen Inseln waren, bestand der
TR nur noch aus den ständigen Mitgliedern des SR, wobei China an der Arbeit grundsätzlich nicht teilnahm. Mit SR Res 683 (1990) wurde zunächst der Treuhandstatus für
die Pazifischen Inseln mit Ausnahme Palaus, schließlich mit SR Res 956 (1994) auch für
Palau aufgehoben.⁵³⁶ Daraufhin hat der TR seine Tätigkeit am 1.11.1994 eingestellt und
durch Abänderung seiner GeschO (vgl Art 90) von weiteren Zusammenkünften abgesehen.⁵³⁷ Obsolet ist die Institution gleichwohl nicht geworden: Rechtlich nicht, weil
der TR nicht selbst über seine Existenz, die von der UN-Charta vorgegeben ist, verfügen
kann; faktisch nicht, weil es denkbar, wenngleich unwahrscheinlich ist, dass noch
bestehende Gebiete ohne Selbstregierung⁵³⁸ dem Treuhandsystem unterstellt werden.
Der TR kann daher, wenn nötig, stets wieder zusammentreten.⁵³⁹

ee) Das Sekretariat der UN. Das Sekretariat gehört als *ständiges Verwaltungsorgan* zu 165
den notwendigen Organen einer I. O.⁵⁴⁰ Durch die mit ihm gewährleistete dauernde
Präsenz und Verfügbarkeit von Personal und Information ist es in der Lage, neben der
laufenden Verwaltungsarbeit die Sachaufgaben der Organisation vorbereitend und
inhaltlich Einfluss nehmend zu begleiten und die Durchführung der Organbeschlüsse
zu übernehmen. Dies kommt u a darin zum Ausdruck, dass es dem GS obliegt, den jährlichen Gesamtbericht über die Tätigkeit der Organisation zu erstatten (Art 98 Satz 2).

Das Sekretariat besteht aus dem GS⁵⁴¹ und den sonstigen von der Organisation 166
benötigten Bediensteten (Art 97 Satz 1). Der *GS* ist Teil des Hauptorgans und zugleich
der höchste Verwaltungsbeamte der Organisation. Hieraus ergibt sich auch die Einteilung seiner Aufgaben in zwei Gruppen.⁵⁴² Es handelt sich zunächst um *Aufgaben*

---

535 *Meron*, The Question of the Composition of the Trusteeship Council, BYBIL 36 (1960) 250 ff.
536 Die Zuständigkeit des SR ergibt sich aus Art 83 („strategische Zone").
537 Res des SR v 10.11.1994 (S/RES/956); dazu auch Res des TR v 25.5.1994 (T/RES/2200 [LXI]).
538 ZB Falkland Inseln, Gibraltar, St. Helena, Amerikanisch-Samoa, Neukaledonien, Westsahara. S auch u Rn 207. Denkbar ist auch, einem reformierten TR mit der Verantwortung für den Wiederaufbau von *failed States* zu betrauen oder als Übergangsregierung einzusetzen. Allgemein zur Rolle der UN in derartigen Fällen vgl *Frowein*, Die Notstandsverwaltung von Gebieten durch die Vereinten Nationen, FS Rudolf, 2001, 43 ff; *Wilde*, From Danzig to East Timor and Beyond, AJIL 95 (2001) 583 ff; *de Wet*, The Direct Administration of Territories by the United Nations and its Member States in the Post Cold War Era, MPYUNL 8 (2004) 291 ff.
539 Die von *Kofi Annan* während seiner Amtszeit als GS vorgeschlagene (Fn 20) Abschaffung des TR ist bislang nicht erfolgt, vgl World Summit Outcome, A/RES/60/1 v 16.9.2005, § 176.
540 *Meron*, International Secretariat, EPIL II (1995) 1376 ff; *Gordenker*, The UN Secretary-General and Secretariat, 2. Aufl 2010; *Piiparinen*, Secretariats, in Oxford Handbook, 839 ff. Krit zur Organstellung des Sekretariats *Conrady*, Wandel der Funktionen des UN-Generalsekretärs, 2009, 26 ff.
541 *U Thant*, Die Rolle des Generalsekretärs der Vereinten Nationen, VN 1971, 154 ff; *Schwebel*, United Nations Secretary-General, EPIL IV (2000) 1164 ff; *Pérez de Cuéllar*, The Role of the UN Secretary-General, in Roberts/Kingsbury (Fn 19) 125 ff; *Franck*, The Secretary-General's Role in Conflict Resolution, EJIL 6 (1995) 360 ff; *Kanninen*, Leadership and Reform, 1995; *Burgess*, The Maintenance of International Peace and Security by the UN and the Role of the Secretary General, International Peacekeeping 12 (2008) 39 ff; *Crawford*, The Term of Office of the United Nations Secretary-General, in Bastid-Burdeau (Hrsg), Le 90e anniversaire de Boutros Boutros-Ghali, 2012, 59 ff.
542 Näher dazu *Chesterman*, in Charter UN³, Art 97 Rn 32 ff u Art 98 Rn 12 ff; *Conrady* (Fn 540); *Fröhlich*, Zwischen Verwaltung und Politik: Die Arbeit des UN-Sekretariats, in Dicke/Fröhlich (Fn 387) 41 ff.

administrativer Art. Dazu gehören vor allem die verwaltungsmäßige Betreuung und Einberufung der anderen Hauptorgane[543] (außer IGH) und zahlreicher anderer Gremien, die Vorbereitung des Haushaltsplans und die Finanzverwaltung sowie die rechtliche Vertretung der UN nach außen. Der GS ist Vorsitzender des UN Chief Executives Board for Coordination (CEB)[544] und hat damit wesentlichen Einfluss auf die Entwicklung und Koordination des gesamten UN-Systems, einschließlich Sonderorganisationen, Fonds, Programmen. Er trägt damit auch die Hauptlast für die Reform. Befähigt wird er zu diesen umfangreichen Aufgaben durch seine Stellung als Chef der Administration. Das Sekretariat ist eine hierarchisch gegliederte, auf den GS ausgerichtete Behörde. Seit Beginn des Jahres 1998 existiert zur Unterstützung des GS das Amt des Stellvertretenden GS (Deputy Secretary-General).[545]

167 Die *politischen Funktionen* des GS ergeben sich aus Art 98 Satz 1 u Art 99 UN-Charta. Ihm können von den vier anderen politischen Organen Aufgaben aus deren Tätigkeitsfeld zur Vorbereitung und Durchführung übertragen werden. Da hiervon umfassend Gebrauch gemacht wird, ist der GS in fast alle Organaktivitäten mit eingebunden und kontrolliert damit weitgehend deren Durchführung. Dies sichert ihm vor allem eine wesentliche Mitwirkung an den Maßnahmen zur Sicherung und Wiederherstellung des Weltfriedens und der internationalen Sicherheit.[546] So kann der GS etwa beauftragt werden, seine „guten Dienste" zum Zweck der friedlichen Erledigung einer Streitfrage einzusetzen,[547] er kann aber auch beauftragt werden, unter der Autorität des SR die beschlossene Aufstellung von friedenserhaltenden Streitkräften zu organisieren, den Verlauf der Aktion zu kontrollieren und Vorschläge für die weitere Durchführung zu machen.[548] Ein politisches Initiativrecht ergibt sich ausdrücklich aus Art 99. Danach kann der GS jede Angelegenheit, die die internationale Sicherheit und den Frieden gefährden kann, dem SR vorlegen, der nach Regel 3 seiner GeschO daraufhin einzuberufen ist.[549] Die GS haben von dieser Möglichkeit mehrfach ausdrücklich oder implizit Gebrauch gemacht, und sie haben dabei zugleich von sich aus Vorschläge zur Problemlösung unterbreitet. Die sinnvolle Durchführung dieser Kompetenz setzt ein umfassendes Informationsrecht voraus, das den GS im Verhältnis zu den anderen Organen zur Aufnahme einschlägiger Un-

---

[543] Damit wird der GS aber nicht zum „Hilfsorgan" dieser Organe, sondern er wird tätig in der ihm nach Art 97 zustehenden Eigenschaft (*in that capacity*, Art 98 Satz 1); anders *Verdross/Simma* (Fn 44) § 211.
[544] Seit 2000 an die Stelle des Administrative Committee on Co-ordination (ACC) getreten.
[545] Vgl A/RES/52/12B v 19.12.1997. – Derzeitige Amtsinhaberin ist die Nigerianerin *Amina J. Mohammed*. Hinzuweisen ist auch auf das seit 1994 bestehende Amt für interne Aufsichtsdienste (OIOS), vgl A/RES/48/218B v 29.7.1994, und das 2005 beschlossene Ethik-Büro im Sekretariat (vgl World Summit Outcome, A/RES/60/1 v 16.9.2005, §§ 161 ff).
[546] *Gordenker*, The UN Secretary-General and the Maintenance of Peace, 1967; *Conrady* (Fn 540) 68 ff; *Ramcharan*, The Human Rights Diplomacy of the UN Secretary General, in O'Flaherty u a (Hrsg), Human Rights Diplomacy, 2011, 173 ff.
[547] *Franck*, The Good Offices of the UN Secretary-General, in Roberts/Kingsbury (Fn 19) 143 ff; *Fröhlich/Melber*, Die Hammarskjöld-Tradition in der internationalen Politik, VN 2011, 262 ff. Bsp bei *Chesterman*, in Charter UN³, Art 99 Rn 13 u 20 ff.
[548] Bsp ist die Res des SR zum UNMIK-Einsatz im Kosovo v 10.6.1999 (S/RES/1244).
[549] S auch die Res des SR v 14.9.2005 (S/RES/1625), Ziff 2 lit a. Vgl auch Regel 7 GeschO SR u Regel 12 GeschO GV zur Aufgabe des GS, die provisorische Tagesordnung beider Organe festzulegen. Entsprechendes gilt für andere Gremien.

tersuchungen und Nachforschungen berechtigt.⁵⁵⁰ Da der GS das einzige Organ ist, das jeweils bei den Beratungen auch der anderen politischen Organe präsent ist, kommt ihm auch eine wichtige Verklammerungs- oder Scharnierfunktion *(vital link)*⁵⁵¹ zu, die nicht nur administrative Aspekte hat, sondern politisch nutzbar ist.

Offenkundig hängt die Ausgestaltung dieser Funktion auch von der *Persönlichkeit* des jeweiligen GS ab.⁵⁵² Die bisherigen GS haben in sehr unterschiedlicher Weise ihr Amt geprägt, zT mehr politisch-aktiv, zT mehr hintergründig-diplomatisch. Dabei ist natürlich stets das politische Gesamtklima, insbes zwischen den ständigen Ratsmächten, zu berücksichtigen. Auch die finanzielle, meist prekäre Lage⁵⁵³ nimmt notwendig Einfluss auf die Reichweite und Intensität der dem GS möglichen Aktionen. Amtsinhaber waren bisher *Trygve Lie* (1946–53/Norwegen), *Dag Hammarskjöld* (1953–61/Schweden), *U Thant* (1961–71/Burma), *Kurt Waldheim* (1972–81/Österreich), *Javier Pérez de Cuéllar* (1982–91/Peru), *Boutros Boutros Ghali* (1992–96/Ägypten), *Kofi A. Annan* (1997–2006/Ghana), *Ban Ki-moon* (2007-16/Südkorea) und *António Guterres* (2017-21/Portugal).⁵⁵⁴

168

Die *Bestellung des GS* erfolgt auf „Empfehlung" des SR durch die GV. Beide Organe müssen zu einer übereinstimmenden Lösung kommen; die GV kann ohne Empfehlung des SR keine Ernennung aussprechen, der SR kann einen von ihm vorgeschlagenen Kandidaten gegen den Willen der GV nicht durchsetzen. Das Zustandekommen der Empfehlung des SR unterliegt als nichtprozedurale Frage dem Vetorecht (Art 27 Abs 3). Der Beschluss der GV kommt nach Art 18 Abs 3 zustande. In beiden Gremien wird bzw wurde geheim abgestimmt; Wiederwahl ist möglich.⁵⁵⁵ Nachdem das Verfahren von Wahl und Ernennung des GS über Jahre hinweg wegen mangelnder Transparenz kritisiert worden war,⁵⁵⁶ sind im Wahlverfahren bzgl der Nachfolge *Ban Ki-Moons* im Jahr 2015 verschiedene Reformen durchgeführt worden, die sich zB auf die Veröffentlichung einer Kandidatenliste und öffentliche Anhörungen erstrecken.⁵⁵⁷ Darüber hinaus hat die GV Kriterien für das Amt des GS formuliert und hierfür ein Höchstmaß an Leistungsfähigkeit, fachlicher Eignung und Integrität sowie ausgewiesene Führungs- und Managementfähigkeiten, umfassende Erfahrung

169

---

550 ZB Reisen in Krisengebiete, Durchführung von Gesprächen und Entsendung von *fact finding missions* (vor allem im menschenrechtlichen Bereich).
551 Vgl *Fiedler*, in Charter UN², Art 99 Rn 11.
552 Vgl *Haack*, Der UN-Generalsekretär im Wandel der Zeit, VN 2017, 3 ff. Dies gilt auch für die Verwaltungschefs anderer I. O., etwa den Kommissionspräsidenten der EU oder die Generaldirektoren der Sonderorganisationen.
553 Näher u Rn 212 ff.
554 *António Guterres* wurde am 13.10.2016 durch die GV per Akklamation in das Amt des GS gewählt, vgl *Richter/Samarasinghe/Müller/Sauvant*, Stimmen zum neuen UN-Generalsekretär, VN 2017, 8 f. Zur Amtszeit seines Vorgängers vgl *Fröhlich*, Eiserne Faust im Samthandschuh? Ban Ki-moon und das Amt des UN-Generalsekretärs, VN 2006, 244 ff; *Haack*, Zwischen Visionen, Stabilität und Krisenmanagement: Ban Ki-moons erste Amtszeit als UN-Generalsekretär, VN 2012, 165 ff; *Fröhlich/Tröller*, Ban Ki-moons Dekade als Generalsekretär, VN 2017, 17 ff.
555 Vgl A/RES/11 (I) v 24.1.1946. Zur erstmaligen Akklamation bei der Wahl von *Guterres* in der GV vgl Fn 554 u 557.
556 Dazu etwa *Volger*, Wahl des UN-Generalsekretärs, VN 2016, 9 (10 ff).
557 Mit A/RES/69/321 v 11.9.2015 verabschiedete die GV im Konsens eine Reformresolution zu Wahl und Ernennung des GS.

in internationalen Beziehungen, ausgeprägte diplomatische und kommunikative Fähigkeiten und Sprachkenntnisse gefordert.[558]

170 Die *Dauer der Amtszeit* ist in der Charta nicht geregelt. Obwohl die GV schon früh (1946) die Amtszeit auf fünf Jahre festgelegt hatte,[559] enthielt die Empfehlung des SR für die Ernennung des ersten GS keine zeitliche Begrenzung. Als nach Ablauf von fünf Jahren wegen der durch den Korea-Krieg entstandenen politischen Spannungen eine Einigung und Empfehlung des SR auf eine neue Amtszeit oder einen neuen Kandidaten nicht möglich war, verlängerte die GV von sich aus die Amtsdauer *Lies* bis zum 1.2.1953.[560] Stillschweigend erfolgte eine weitere Amtsverlängerung bis zum 7.4.1953, als der Nachfolger, *Hammarskjöld*, ernannt wurde. Die rechtliche Beurteilung dieser Vorgehensweise war naturgemäß umstritten. Vor allem die Sowjetunion hielt ihr entgegen, dass die GV ohne Empfehlung des SR nicht hätte handeln dürfen.[561] Demgegenüber ist darauf aufmerksam zu machen, dass die Empfehlung des SR keinen zeitlichen Rahmen enthielt, so dass die GV sich nicht außerhalb der Empfehlung bewegte. Da jedoch seit 1962 in der Empfehlung des SR die Fünfjahresfrist ausdrücklich genannt wird, wäre heute eine entsprechende Argumentation nicht mehr zulässig. Es müsste bei Blockade des SR vielmehr auf das noch wenig bearbeitete Gebiet des *Notstandsrechts* I. O. zurückgegriffen werden,[562] mit dem Ziel, die Funktionsfähigkeit der UN aufrechtzuerhalten. Eine Ersatzfunktion der GV gegenüber dem SR kann insoweit durchaus in Betracht gezogen werden. Hinzuweisen ist auf Überlegungen zu Organloyalität und *implied powers*.[563] Die *Uniting for Peace-Resolution* der GV steht in einem entsprechenden Kontext.[564] Das Gutachten des IGH im *Certain Expenses*-Fall gibt ebenfalls Hinweise.[565]

171 In seine *schwerste Krise* geriet das Amt des GS 1960 während der Kongo-Krise, als die Sowjetunion dem GS *Hammarskjöld* parteiische Amtsführung vorwarf und ultimativ forderte, das Amt des GS durch eine sog Troika-Lösung (Dreiergremium), bestehend aus Personen aus dem westlichen, östlichen und blockfreien Lager, zu ersetzen.[566] Dieses Ansinnen, das auf den Verlust jeder politischen Eigendynamik dieser Position abzielte, fand jedoch keine Unterstützung. Die Krise konnte nach dem tödlichen Flugzeugabsturz *Hammarskjölds*[567] durch die Bestellung *U Thants* zunächst zum amtierenden, dann zum ordentlichen GS (1962) beigelegt werden. Es

---

558 Vgl A/RES/69/321 v 11.9.2015, 7.
559 A/RES/11 (I) v 24.1.1946.
560 A/RES/492 (V) v 1.11.1950. Näher dargestellt bei *Chesterman*, in Charter UN³, Art 97 Rn 15 ff.
561 Krit auch *Köck/Fischer*, Internationale Organisationen, 260.
562 Für den Bereich der EU vgl *Pechstein*, Die Mitgliedstaaten der EG als „Sachwalter des gemeinsamen Interesses", 1987, 152 ff.
563 *Skubiszewski*, Implied Powers of the International Organization, in Dinstein (Hrsg), International Law at a Time of Perplexity, 1989. Näher zur Organtreue u Rn 186.
564 Dazu o Rn 130.
565 ICJ Rep 1962, 151 [*Certain Expenses*].
566 *Schwebel* (Fn 438) 344; *von Morr*, Generalsekretär, in Handbuch VN, 220 (223 f); *Newman*, Secretary-General, in Handbook UN, 175 (180 f). Zum politischen Vermächtnis Hammarskjölds vgl *Fröhlich/Melber* (Fn 547) 262 ff.
567 Seit September 2013 untersucht eine vom GS bestellte unabhängige Expertenkommission den Absturzvorgang, vgl *Melber*, Neue Untersuchung zum Tod von Dag Hammarskjöld, VN 2014, 28 ff; *ders*, Weitere Untersuchungen zum Tod von Dag Hammarskjöld, VN 2015, 179; *ders*, Fortsetzung der Untersuchungen zum Tod von Dag Hammarskjöld, VN 2018, 31.

ist allerdings nicht zu übersehen, dass die Angriffe auf den GS nachgewirkt und die Nachfolger *Hammarskjölds* zur Zurücknahme ihrer politischen Dynamik und zur Bereitschaft geführt haben, ihre politischen Schritte mit den ständigen Ratsmächten stärker zu koordinieren; dies gilt insbes im Bereich friedenserhaltender Maßnahmen.

Das zweite Element des Sekretariats (neben dem GS) sind die „sonstigen von der Organisation benötigten *Bediensteten*" (Art 97).[568] Eine bestimmte Personalausstattung wird damit nicht vorgeschrieben, sondern ist entsprechend den sachlichen Notwendigkeiten vorzunehmen. Von daher kam es zwischen 1946 und 1992 zu einer erheblichen Personalvermehrung (1.546/11.423). Unbestritten aber ist, dass dabei auch das „Parkinson'sche Gesetz" der sich ständig selbst vermehrenden Bürokratie eine erhebliche Rolle spielt; man versucht immer wieder, diesen Entwicklungen entgegenzuwirken. Die finanziellen Probleme der UN haben diese Einsicht gefördert und zeitweise zu einem Abbau der Beschäftigtenzahl geführt. Allerdings sind wegen zahlreicher friedenserhaltender Missionen die Zahlen zunächst gestiegen, doch ist die Tendenz in den letzten Jahren wieder leicht rückläufig. Ende 2017 beschäftigte das Sekretariat 38.105 Personen (2010: 44.100 Personen, 2014: 41.426 Personen).[569] *Kofi Annan* hatte sich seit Beginn seiner Amtszeit als GS um eine Verschlankung und Effektuierung des Sekretariats bemüht, ist dabei aber weitgehend gescheitert.[570] Entsprechend besteht Skepsis, ob die von GS *Guterres* jüngst vorgeschlagene Verwaltungsreform, die im Wesentlichen auf eine stärkere Kohärenz der Arbeitseinheiten zielt,[571] erfolgreich sein wird.

172

Die *Arbeitsebenen* unter dem GS[572] bestehen aus ihrerseits in Büros und Abteilungen gegliederte Büros und Hauptabteilungen, die von Untergeneralsekretären, Generaldirektoren und Beigeordneten Generalsekretären geleitet werden. Die Verwaltung hat ihren Sitz in New York, weitere Sitze gibt es in Genf, Wien und Nairobi.

173

Die *Bediensteten* werden vom GS aufgrund der von der GV beschlossenen Statuten *(staff regulations)* ernannt (Art 101 Abs 1).[573] Wichtige Grundsätze enthält jedoch die Charta selbst, so das Prinzip der Gleichberechtigung von Mann und Frau (Art 8), das Erfordernis von Effizienz, Leistung und Integrität; ferner ist auf das Prinzip möglichst breiter geographischer Herkunft zu achten (Art 101 Abs 3). Diesen Anforderungen wird in der Praxis allerdings nicht hinreichend Rechnung getragen.[574] Viel-

174

---

568 Dazu allg *Beigbeder*, Civil Service, International, MPEPIL II, 167 ff; *Pellet/Ruzié*, Les fonctionnaires internationaux, 1993; *Paschke*, UNO von innen, in Praxishandbuch UNO, 553 ff; *Göthel*, Personal, in Volger (Hrsg), Grundlagen, 439 ff; *Ullrich*, Das Dienstrecht der Internationalen Organisationen, 2009; *Fitschen/Münch* (Fn 398) 69 ff; *Jonah,* Secretariat, in Handbook UN, 160 (163 ff).
569 UN Doc A/73/79 v 12.4.2018.
570 S den Bericht „Investing in People", A/61/255 (samt Add 1 u Add 1/Corr 1); zur Reformperspektive vgl Bericht GS „Investing in the United Nations: For a Stronger Organization Worldwide" (A/60/692).
571 UN Doc A/72/492 v 27.9.2017. Näher *Wagner*, António Guterres – Ein Jahr im Amt, VN 2018, 26 (29 f).
572 Zum Stellvertretenden GS vgl o Rn 166.
573 Übersicht zu den *staff regulations* in UN Doc ST/SGB/2018/1 v 1.1.2018.
574 Eine Benachteiligung von Frauen bei der Besetzung hochrangiger Posten innerhalb des UN-Sytems konstatiert etwa *Kane*, Die Frauenfrage bei den Vereinten Nationen, VN 2016, 99 (102 f). Eine personale Unterrepräsentation Deutschlands bei strategischen Führungspositionen im Sekretariat beklagt *Volger*, Angemessen vertreten? Der deutsche Anteil am UN-Personal, VN 2018, 124 (127 ff).

mehr haben sich über die Jahrzehnte hinweg „Erbhöfe" gebildet, auf deren (Wieder-) Besetzung durch eigene Staatsangehörige gerade die ständigen Mitglieder des SR beharren. Die nähere Ausgestaltung des Dienstverhältnisses erfolgt auf der Grundlage von Regelungen *(staff rules)*, zu deren Erlass der GS durch die *staff regulations* ermächtigt ist. In den vergangenen Jahren ist das Sekretariat verstärkt dazu übergegangen, Dienstverträge auf temporärer Basis zu schließen; so betrug der Prozentsatz der fest Angestellten Ende 2017 bloß ca 25,5% (2004: rund 37%).[575] Rechtsschutz wird durch die *Dienstgerichte der UN* gewährt.[576]

175 Ein wesentliches Erfordernis für die Arbeit eines internationalen Sekretariats, das in den Dienst der gemeinsamen Sache gestellt ist, ist seine *Unabhängigkeit* von nationalen Interessen und der Verzicht auf Einflussnahmen durch die Mitgliedstaaten, denen die Bediensteten angehören. Dieser Grundsatz der *Unparteilichkeit* und Unabhängigkeit ist in Art 100 Abs 1 verankert; Abs 2 statuiert eine entsprechende Verpflichtung der Mitgliedstaaten. Die Bediensteten sollen in ungeteilter Loyalität zur Organisation ihre Aufgaben verrichten. Gleichwohl sind sie in der Praxis häufig erheblichem Druck ausgesetzt,[577] entweder um durch ungesetzliche Maßnahmen ihre Stellung auszunutzen, zB durch Spionage zugunsten ihres Heimatstaats, oder in anderer Weise bei der Amtsausübung die Interessen ihres Staats zu vertreten. Erleichtert wird diese Beeinflussung durch die weitgehend geübte Praxis, dass Personen aus dem öffentlichen Dienst der Mitgliedstaaten vorübergehend in den Dienst der UN abgeordnet und die Bedingungen hierfür zwischen Sekretariat und Heimatstaat abgesprochen werden (sog *secondment*).[578] In diesen Fällen verliert der GS nicht nur die freie Entscheidung über die Einstellung, es ist ihm sogar auch nicht möglich, den Bediensteten gegen den Willen des Heimatstaats weiterzubeschäftigen, sei es nach Ablauf der vereinbarten Zeit, sei es schon früher, etwa weil sich der Betroffene von seinem Staat abgewandt und im Sitzstaat um Asyl nachgesucht hat. Obgleich der Verstoß gegen Art 100 Abs 2 offenkundig ist, hat in einer solchen Konstellation das (ehemalige) UN-Verwaltungsgericht (UNAT) die Handlungsweise des dem Verlangen des Heimatstaats (Sowjetunion) Rechnung tragenden GS gerechtfertigt.[579] Der gleichfalls befasste IGH ging auf die Kernfrage nicht ein, wohl aber bejahten mehrere abweichende Meinungen zu Recht eine Verletzung von Art 100 Abs 2.[580]

176 Die Bediensteten der UN genießen *Immunität* nach Maßgabe des Art 105 Abs 2 UN-Charta und des Übereinkommens v 13.2.1946 über die Vorrechte und Immunitä-

---

575 UN Doc A/73/79 v 12.4.2018, 25, Fig 3.
576 Vgl o Rn 125. Zum aktuellen Rechtsschutz *Reinisch/Knahr* (Fn 425) 447 ff; *Ullrich* (Fn 568) 385 ff. Zum Vorgängergericht UNAT *Bastid*, United Nations Administrative Tribunal, EPIL IV (2000) 1043 ff; *Amerasinghe*, Problems Relating to Promotion in the Law of the International Civil Service, ZaöRV 51 (1991) 923 ff. Eine Überprüfungskompetenz durch den IGH ist bereits mit A/RES/50/54 beseitigt worden.
577 Beklagt etwa in A/RES/35/210. Vgl auch *Meron*, Status and Independence of the International Civil Servant, RdC 167 (1980-II) 285 ff; *Williams*, Ethik, Rechenschaft und Transparenz, VN 2016, 110 ff; *Chesterman/Johnstone/Malone*, United Nations, 180 ff.
578 Ausf *Ebner*, in Charter UN³, Art 100 Rn 36 ff; *Miron*, Tenure, Fixed-Term Appointments and Secondment in the United Nations, JILP 14 (1982) 783 ff; *Schreuer*, Secondment of United Nations Officials from National Civil Service, GYIL 34 (1991) 307 ff.
579 UNAT-Urt Nr 333 (AT/DEC/333 v 8.6.1984) *[Yakimetz v SG]*. Zum Thema auch UNDT-Urt Nr 193 (UNDT/2011/193 v 11.11.2011) *[Payman v SG]*.
580 ICJ Rep 1987, 18 ff.

ten der UN (Art V/17–21), dh für in amtlicher Funktion vorgenommene Handlungen und Äußerungen. Der GS und ein bestimmter Kreis höherer Beamter genießen darüber hinausgehend diplomatische Immunität (Art V/19). Die UN kann zugunsten ihrer Bediensteten ein funktionelles Schutzrecht ausüben.[581]

ff) Der Internationale Gerichtshof. Der IGH[582] in Den Haag ist nicht nur Hauptorgan (Art 7), sondern wird ausdrücklich als das *Hauptrechtsprechungsorgan (principal judicial organ)* der UN bezeichnet (Art 92 Satz 1 UN-Charta). Damit wird einmal auf den besonderen richterlichen Charakter dieses Organs mit allen Folgen für seinen Status und sein Verfahren, zum anderen auf die zentrale Rolle des IGH, die er im Bereich der friedlichen Streitbeilegung zwischen den Staaten einnehmen soll, hingewiesen.[583] Hervorgehoben wird mit dieser Bezeichnung ferner seine Geeignetheit, seiner breiten Entscheidungsgrundlagen wegen (Art 38 Abs 1 IGH-Statut) auf die Feststellung, Konkretisierung und Fortbildung des Völkerrechts Einfluss zu nehmen.[584] Schließlich enthält dieses Attribut auch den Hinweis darauf, dass der IGH gegenüber anderen richterlichen Instanzen im UN-Bereich entsprechend seinen Zuständigkeiten Vorrang genießt.[585]

177

Die *Grundlagen* für Organisation, Status, Zuständigkeit und Verfahren des IGH finden sich in der UN-Charta (Art 92–96) und im *Statut des IGH,* das ein integraler Bestandteil der Charta und in diesem Zusammenhang zu interpretieren ist.[586]

178

Mangels Zuständigkeit blieb es dem IGH bisher *versagt,* die Rolle einer effektiven *Rechtsschutzinstanz innerhalb der UN* zu übernehmen. Als verbindliche Streitschlichtungsinstanz steht der Gerichtshof nur bei Streitigkeiten zwischen Staaten zur Verfügung (Art 34 Abs 1 IGH-Statut); er kann von den Mitgliedstaaten *nicht gegen* aus ihrer Sicht *rechtswidrige Maßnahmen der Organisation angerufen* werden. Zwar verfügen GV und SR selbst über die Möglichkeit, den IGH um ein (nicht rechtsverbindliches) Gutachten über die Streitfrage zu ersuchen (Art 96 UN-Charta, Art 65 IGH-Statut); sie werden hiervon aber keinen Gebrauch machen, wenn sie von der Rechtmäßigkeit ihrer Handlungsweise nicht überzeugt sind. Auf diese Weise konnte der (rechtswidrige) Ausschluss Südafrikas aus der GV nie einer rechtlichen Klärung zugeführt werden.[587] Die notwendige Folge hiervon ist, dass dem Mitgliedstaat einseitige Konsequenzen (zB Beitragsverweigerung, Austritt) eröffnet werden müssen,

179

---

581 Vgl o Rn 105 u 107.
582 Vgl *Rosenne,* International Court of Justice (ICJ), MPEPIL V, 459 ff; *Elias,* The ICJ and the UN, 1984; *Frowein,* The International Court of Justice, in Dupuy (Hrsg), Handbook, 153 ff; *Gill,* Rosenne's The World Court, 6. Aufl 2003; *Eyffinger,* The International Court of Justice, 1996; *Jennings,* The Role of the International Court of Justice, BYBIL 68 (1997) 1 ff; *Fleischhauer,* Der Internationale Gerichtshof und die Staatengemeinschaft am Ende des Jahrhunderts, Friedens-Warte 74 (1999) 113 ff; *Crawford/Grant,* International Court of Justice, Handbook UN, 193 ff.
583 Vgl auch die Manila-Erklärung zur friedlichen Streitbeilegung, A/RES/37/10, Annex.
584 *Oellers-Frahm,* in Charter UN³, Art 92 Rn 31. Krit *Weisburd,* Failings of the International Court of Justice, 2016.
585 Etwa gegenüber den UN-Dienstgerichten (o Rn 125); zum Internationalen Seegerichtshof vgl Art 287 SRÜ.
586 Näher Zimmermann/Tomuschat/Oellers-Frahm/Tams (Hrsg), The Statute of the International Court of Justice, 2. Aufl 2012. Ergänzend hinzuweisen ist auf die Tatsache, dass Deutschland bisher drei IGH-Richter gestellt hat: *Mosler* (1976–85), *Fleischhauer* (1994–2003), *Simma* (2003-2012).
587 Vgl o Rn 86.

soll er nicht schutzlos der immerhin denkbaren Willkür eines Organs ausgeliefert sein.[588] Das Problem stellt sich massiv natürlich vor allem im Hinblick auf für die Mitglieder verbindliche Entscheidungen des SR, insbes wenn die Entscheidungen Individuen betreffen.[589] Es kann zwar keineswegs davon ausgegangen werden, dass die Tätigkeit des SR den IGH in seiner Zuständigkeit einschränkt;[590] eine direkte „Anfechtung" der Maßnahmen des SR vor dem IGH durch die Staaten ist indes nicht möglich. Diese *faktische Rechtsschutzlosstellung der Mitgliedstaaten*, die nur unvollkommen und mittelbar im Rahmen zwischenstaatlicher Streitigkeiten aufgefangen werden kann, ist höchst unbefriedigend und stellt einen wesentlichen Mangel in der Verfasstheit der Staatengemeinschaft dar.[591]

180   Entsprechendes gilt für das Fehlen der prozessualen Möglichkeit, eine verbindliche Entscheidung bei rechtlichen *Auseinandersetzungen zwischen Organen* über die Abgrenzung und die sonstige Rechtmäßigkeit ihres Handelns herbeizuführen. Auf die Möglichkeit, den IGH um ein *Rechtsgutachten* zu ersuchen, wurde bereits hingewiesen,[592] doch ist die fehlende Verbindlichkeit der Gutachtenaussage in Rechnung zu stellen.

181   In stärker integrierten Gemeinschaften ist ein ausgebauter Rechtsschutz im horizontalen und vertikalen Bereich unabdingbar. Hinzuweisen ist hier auf die EU und die Rolle des *EuGH*, der kraft seiner Zuständigkeit die Einhaltung des Rechts im Verhältnis Union/Mitgliedstaaten, im Verhältnis der Mitglieder untereinander und im Verhältnis der Organe untereinander umfassend überprüfen kann.[593] Im System des Europarats haben sich gerichtliche Instanzen nur im Hinblick auf die Gewährleistung von Menschenrechten (EMRK) gebildet; Entsprechendes gilt für den Bereich der OAS und AU.

d) Wandlungen der Organstrukturen und Zwischen-Organ-Verhältnis

182   Neue Aufgaben und steigende Erwartungen, der Zuwachs an Neben- und Hilfsorganen, Fonds und Programmen, die Vergrößerung der Mitgliederzahl: all dies bringt nahezu zwangsläufig die Notwendigkeit *organisatorischer Anpassungen* mit sich. Bei den *UN* führt dies in erster Linie zu der Forderung nach Reduzierung und besserer

---

588 Vgl o Rn 79.
589 Vgl o Rn 152; vgl dazu auch *Doehring*, Unlawful Resolutions of the Security Council and their Legal Consequences, MPYUNL 1 (1997) 91 ff; *Wellens*, Remedies Against International Organizations, 2002.
590 Vgl ICJ Rep 1984, 392, 434 *[Nicaragua]*; bestätigt in ICJ Rep 2000, 111, 126 *[Kongo/Uganda]*.
591 Vgl auch *Sohn*, Broadening the Advisory Jurisdiction of the International Court of Justice, AJIL 77 (1983) 124 ff; *de Wet*, Judicial Review as an Emerging General Principle of Law and its Implications for the International Court of Justice, NILR 47 (2000) 181 ff; *dies*, Judicial Review of the United Nations Security Council and General Assembly through Advisory Opinions to the International Court of Justice, SZIER 10 (2000) 237 ff; *Cançado Trindade*, The Relevance of International Adjudication Revisited, in Macdonald/Johnston (Fn 314) 515 ff.
592 Vgl o Rn 179. Vgl auch Art 34 Abs 2 u 3 IGH-Statut.
593 Vgl etwa *Oppermann/Classen/Nettesheim* (Fn 93) § 13 Rn 29 ff, 41 ff. – Hier wird in bestimmtem Umfang, entsprechend den Befugnissen der EU, auch Rechtsschutz für Individuen gewährt (Art 263 Abs 4 AEUV). Auch in anderen I. O. gibt es Ansätze für einen individuellen Rechtsschutz, so etwa das Inspection Panel der Weltbank; vgl *Schlemmer-Schulte*, The World Bank's Experience With Its Inspection Panel, ZaöRV 58 (1998) 353 ff.

Koordinierung des aufgeblähten Systems an Unter- und Sonderorganisationen;[594] auch auf die Debatte um eine Reform des SR ist hier zu verweisen.[595] Für die *EU* ergeben sich aus der Verbreiterung und der Vertiefung der Integration sowie der Erweiterung des Mitgliederbestands institutionelle Herausforderungen. Die Aufgabe, Organstrukturen und Willensbildungsprozesse in Rat, Kommission und EP den neuen Lagen anzupassen, um die EU weiter funktionsfähig zu erhalten, ist vom Vertrag von Nizza (in Kraft seit 1.2.2003) nur ansatzweise gelöst worden. Nachdem die Annahme des Verfassungsvertrags v 2004 durch die negativen Referenden in Frankreich und in den Niederlanden gescheitert ist, ist die dringend erforderliche institutionelle Reform nunmehr durch den Vertrag von Lissabon (2009) erfolgt.

Die Gründungsverträge ordnen die Aufgaben und Befugnisse ihrer Organisationen meist sehr bewusst den verschiedenen Organen zu. Die *Kompetenzverteilung zwischen den Organen* ist maßgeblich von der Überlegung beeinflusst, wie intensiv jeweils die mitgliedstaatliche Mitwirkung bei der Aufgabenerledigung sein soll. Es ist offenkundig, dass in SR oder GV, Europäischem Rat, EU-Rat, Kommission oder Parlament, Parlamentarischer Versammlung oder Ministerkomitee des Europarats unterschiedliche Interessen dominieren. Dazu kommt das unterschiedliche Verfahren der Beschlussfassung. Es macht einen erheblichen Unterschied, ob einstimmig oder mit (welcher?) Mehrheit zu entscheiden ist, ob einzelne Staaten ein stärkeres Stimmgewicht als andere haben *(weighted voting),* ob einzelne Staaten auch bei Mehrheitsentscheidungen unentbehrlich sind, ob die Entscheidungsgremien mit weisungsgebundenen Regierungsvertretern oder nur dem Gesamtwohl verpflichteten Personen besetzt sind. Jedenfalls müssen die Organe untereinander eine vom jeweiligen speziellen Organisationszweck her zu definierende Ausgewogenheit haben, um die gemeinsame Zielsetzung möglichst reibungsfrei erfüllen zu können.[596] Der für das Unionsrecht geprägte Begriff des „institutionellen Gleichgewichts" bezeichnet diesen wichtigen Sachverhalt für alle I.O. zutreffend.[597]

183

Wo Kompetenzen nicht ausschließlich einem Organ zugeteilt sind, sind *Vorkehrungen für Kompetenzüberschneidungen* zu treffen. Solche *Kollisionsregeln* ergeben sich etwa im Verhältnis von SR und GV aus Art 24, woraus Art 10 bis 12 u 14 UN-Charta Konsequenzen ziehen.[598] Kein solcher Vorrang ist hingegen im Verhältnis von SR und IGH angeordnet. Beide Organe können daher gleichzeitig mit einem Streitfall befasst sein.[599] Allerdings gebietet es der Grundsatz der Organtreue (s u

184

---

594 Vgl o Rn 157.
595 Vgl o Rn 153. Vgl hierzu auch UN Doc A/59/565 v 2004 („A More Secure World: Our Shared Responsibility") und den Bericht des GS „In Larger Freedom" (Fn 20); *Schmitt*, Neuere Entwicklungen bei der Reform des UN-Sicherheitsrats, VN 2013, 202 ff.
596 Dazu *Chaumont*, L'équilibre des organes politiques des Nations Unies et la crise de l'organisation, AFDI 1 (1955) 428 ff; *Seidl-Hohenveldern/Loibl*, Internationale Organisationen, Rn 1401 ff. Zu den intra-organisatorischen Bindungen der UN-Organe untereinander jüngst auch von Einsiedel/Malone/Ugarte (Hrsg), The UN Security Council in the 21st Century, 2016, 442 ff (Part 4).
597 Vgl EuGH, Slg 1970, 1161, 1173.
598 Zur Konkretisierung dieses Verhältnisses IGH, Gutachten v 22.7.2010 *[Kosovo-Gutachten],* Rn 24; dazu *Klein/Schmahl*, in Charter UN³, Art 10 Rn 33.
599 *Klein*, Paralleles Tätigwerden von Sicherheitsrat und Internationalem Gerichtshof bei friedensbedrohenden Streitigkeiten, FS Mosler, 1983, 467 ff; *Gowlland-Debbas*, The Relationship between the International Court of Justice and the Security Council in the Light of the Lockerbie Case, AJIL 88 (1994) 643 ff; *Gunawardana*, The Security Council and the International Court of Justice, Thesaurus

Rn 186), dass die Entscheidungen des einen Organs von dem anderen zu berücksichtigen sind – im Rahmen ihrer allgemeinen Aufgabenstellung und konkreten Zuständigkeiten.[600] Es darf nicht ausgeschlossen sein, dass der IGH eine staatliche Maßnahme oder auch eine Maßnahme des SR einer anderen rechtlichen Bewertung als der SR selbst unterzieht, so wie umgekehrt der SR frei sein muss, von der Tatsache einer fehlenden pazifizierenden Wirkung von IGH-Entscheidungen bei seinem Friedenssicherungsauftrag auszugehen.

185 Die Kompetenzverteilung zwischen den Organen ist nicht immer fixiert, vielmehr ist häufig die Möglichkeit der *Kompetenzübertragung* zugelassen. So können nach der UN-Charta etwa dem WSR und dem GS Aufgaben zu eigenverantwortlicher Durchführung übertragen werden (Art 66, 98). Eine solche Delegationsbefugnis sieht auch der AEU-Vertrag im Verhältnis von Rat und Kommission vor (Art 291 AEUV). Dabei kann der Rat bestimmte Modalitäten bei der Ausübung dieser übertragenen Befugnisse vorsehen, die ihm (bzw den Mitgliedstaaten) einen fortdauernden Einfluss sichern.[601]

186 Ein wesentliches Prinzip jeder (nationalen, internationalen oder supranationalen) Organisation ist die wechselseitige, auf das Ganze bezogene Loyalitätspflicht der Gesamtorganisation und ihrer Glieder („Unionstreue", „Bundestreue"), aber auch die Loyalität, die sich die Organe wechselseitig schulden. Diese *Organtreue* bedeutet eine am Organisationszweck und -gefüge orientierte gegenseitige Rücksichtnahme bei der Ausübung der Organkompetenzen.[602] Hieraus ergeben sich nicht nur Anforderungen an den Stil im gegenseitigen Umgang, sondern auch die Verpflichtung, die Handlungen der anderen Organe bei der eigenen Entscheidungsfindung zu berücksichtigen, Funktionsunfähigkeit der Organisation zu vermeiden und Rechtssicherheit zu gewährleisten.

187 Es hängt mit dieser Organisations- und Organverantwortung zusammen, dass bei *Wegfall der Funktionsfähigkeit* eines Organs (sei es wegen defizitärer Zusammensetzung, sei es wegen Blockade im Entscheidungsprozess) über innerorganisatorische Ersatzzuständigkeiten nachzudenken ist. Hier handelt es sich freilich um ein höchst problematisches Gebiet,[603] da – wie erwähnt – die Kompetenzverteilung bewusst an bestimmte Organe bestimmter Struktur anknüpft. In der Tat würde ein Ausfall des IGH nicht durch ein anderes Organ substituierbar sein. Im Verhältnis der politischen Organe hingegen wird man durchaus, allgemein wegen ihres Status als Mitgliederorgan, speziell wegen der umfassenden Aufgabenzuweisung durch Art 10 UN-Charta, eine allgemeine Behandlungs- und Empfehlungsbefugnis der GV an-

---

Acroasium 26 (1997) 153 ff; *Fraas*, Sicherheitsrat der Vereinten Nationen und Internationaler Gerichtshof, 1998, 139.
600 *Delbrück*, in Charter UN², Art 24 Rn 8 f; *Mosler/Oellers-Frahm*, ebd Art 92 Rn 88. Bsp bei *Peters*, in Charter UN³, Art 24 Rn 25 ff.
601 Vgl *Streinz* (Fn 495) Rn 562 ff; *Haratsch/Koenig/Pechstein* (Fn 93) Rn 357 ff (sog Komitologie-Beschluss, ABl EU 2011, Nr L 55/13). Vgl in diesem Zusammenhang auch Art 290 AEUV, der die Möglichkeit sog delegierter Rechtsakte vorsieht; dazu *Daiber*, EU-Durchführungsrechtsetzung nach Inkrafttreten der neuen Komitologie-Verordnung, EuR 2012, 240 ff; *Fabricius*, Das Kontrollrecht von Rat und Parlament nach der Komitologie-Durchführungsverordnung, EuZW 2014, 453 ff.
602 *Klein* (Fn 599) 482.
603 Analoge Sachverhalte bezeichnet das innerstaatliche Recht als „Verfassungsstörung" oder „Verfassungsnotstand"; vgl *Klein*, Funktionsstörungen in der Staatsorganisation, in Isensee/Kirchhof (Hrsg), HdbStR XII, 3. Aufl 2014, § 279. Die dort angestellten Erwägungen zu Ersatzkompetenzen sind zweifellos nicht unbesehen auf I. O. übertragbar, doch bleibt ein Erkenntnisgewinn im Einzelnen zu prüfen.

nehmen können, mit der allerdings nicht die Verbindlichkeit von Entscheidungen des SR usurpiert werden könnte.[604]

5. Aufgaben und Befugnisse Internationaler Organisationen
a) Allgemeines

Die *Aufgaben* I.O. und die ihnen zu deren Bewältigung eingeräumten Befugnisse sind *außerordentlich vielgestaltig*. Einen numerus clausus solcher Aufgaben gibt es ebenso wenig wie für I.O. selbst. Es kann sich um politisch-umfassende Beauftragung handeln, es können einer I.O. aber auch sehr spezielle Aufgaben übertragen sein. Alles hängt vom Gründungsvertrag (und seiner Auslegung) ab. Die wohl umfassendste Aufgabenumschreibung einer I.O. enthält Art 1 UN-Charta. In der Tat ist wohl kaum ein Handlungsbereich vorstellbar, der diesem Zielkatalog nicht subsumierbar wäre. Entsprechend weit gespannt sind auch die Agenden der UN-Organe. Ähnliches gilt für den Europarat, aus dessen Zuständigkeit allerdings ausdrücklich „Fragen der nationalen Verteidigung" herausgenommen sind (Art 1 Satzung). Für die UN gilt dieser Vorbehalt dagegen nicht, wie der Wortlaut von Art 51 UN-Charta belegt.[605] Viel spezieller sind die zahlreichen auf eine stärkere wirtschaftliche Kooperation oder sogar Integration angelegten Organisationen, die es heute auf allen Kontinenten gibt,[606] da bei dem internationalen Wirtschaftswettbewerb die Sicherung eines möglichst großen Markts von entscheidender Bedeutung ist. Je stärker aber die wirtschaftliche Verflechtung ist, desto stärker wird auch der Drang zu einer Intensivierung der Kooperation auf den übrigen Politikfeldern sein, da die Wirtschaft alle diese Bereiche einerseits mitbeeinflusst, andererseits von ihnen abhängt und stabile Rahmenbedingungen benötigt. Die Entwicklung der EWG zur EG, die damit verbundene Erweiterung der Gemeinschaftskompetenzen weit über den wirtschaftlichen Sektor hinaus, sowie die Einbeziehung der ehemals drei, dann zwei Europäischen Gemeinschaften unter das Dach der EU, unter das auch die beiden neuen Kooperationsfelder „Gemeinsame Außen- und Sicherheitspolitik" (Art 23 ff EUV) und „Polizeiliche und justitielle Zusammenarbeit in Strafsachen" (Art 82 ff AEUV) gestellt wurden, sowie schließlich das Aufgehen der EG in der EU zeigen diesen Vorgang recht anschaulich. Zahlreiche I.O. bleiben jedoch ihren ursprünglichen, eng definierten und zT ganz technischen Zwecken verhaftet. Bsp bieten die UN-Sonderorganisationen,[607] Eurocontrol mit Aufgaben für die Flugsicherung,[608] die Organisation Erdölexportierender Staaten (OPEC)[609] uva. Vielfältig wie die Aufgaben

188

---

604 Vgl hierzu die die schon mehrfach erwähnte *Uniting for Peace*-Resolution v 1950, vgl o Rn 130 u 170.
605 Eine ganz andere Frage ist, unter welchen Umständen der SR das „naturgegebene Recht auf individuelle und kollektive Selbstverteidigung" eines Aggressionsopfers ausschließen darf; dazu *Klein*, Völkerrechtliche Aspekte des Golfkonflikts 1990/91, AVR 29 (1991) 421 (425).
606 Einen Überblick über die zahlreichen Wirtschaftsorganisationen bietet *Fabbricotti*, Economic Organizations and Groups, International, MPEPIL III, 310 ff; vgl auch *Herdegen*, Internationales Wirtschaftsrecht, 11. Aufl 2017; *Krajewski*, Wirtschaftsvölkerrecht, 4. Aufl 2017; Tietje (Hrsg), Internationales Wirtschaftsrecht, 2. Aufl 2015.
607 Näher u Rn 225 ff.
608 *Seidl-Hohenveldern/Loibl*, Internationale Organisationen, Rn 3902.
609 *Shihata*, Organization of the Petroleum Exporting Countries, EPIL III (1997) 828 ff. Vgl auch *Terhechte*, OPEC und europäisches Wettbewerbsrecht, 2008.

Schmahl

sind auch die zur Verfügung gestellten Handlungsinstrumente, abgestuft nach Organisationszweck und Integrationsbereitschaft der Mitgliedstaaten.

b) Festlegung der Kompetenzausstattung, Prinzip der begrenzten Ermächtigung, ultra vires-Handeln

189 Während es einen umgrenzten Aufgabenkatalog für Staaten nicht gibt, diese vielmehr grundsätzlich in der Lage sind, sich die von ihnen für notwendig erachteten Aufgaben kraft ihrer Souveränität selbst zu stellen, sind I.O. einem *bestimmten Organisationszweck* gewidmet; auf diesen ausgerichtet werden ihnen Kompetenzen (Aufgaben und Handlungsbefugnisse) vom Gründungsvertrag eingeräumt. Anders als Staaten verfügen I.O. über *keine Kompetenz-Kompetenz*.[610] Das hier maßgebliche Prinzip ist vielmehr das der *begrenzten Ermächtigung*.[611] Nur für ihren Organisationszweck ist die I.O. geschaffen. Sie darf ihren Aufgabenbereich und die Befugnisse nicht selbst (zu Lasten ihrer Mitglieder) erweitern. Dies erklärt auch ihre nur partielle Rechtssubjektivität (vgl o Rn 95).

190 Das Prinzip der begrenzten Ermächtigung schließt eine an Gegenstand und Ziel orientierte *Auslegung* der Kompetenzvorschriften nicht aus (vgl o Rn 39). Gerade bei I.O. ist die *teleologische Auslegung* verständlich,[612] da es sich bei ihnen um einen lebenden, sich durch die Organtätigkeit entwickelnden Organismus handelt, der auf effektive Aufgabenbewältigung ausgerichtet ist.[613] In diesen Zusammenhang gehört das Interpretationsprinzip des *effet utile,* wonach den Vertragsbestimmungen die Auslegung zu geben ist, mit der der Vertragszweck tatsächlich erreicht werden kann.[614] Dies gilt umso mehr, je stärker zukunftsorientiert eine I.O. ist.[615] Von daher ist die Ablehnung des BVerfG[616] einer den *effet utile* berücksichtigenden Auslegung des europäischen Primärrechts nicht berechtigt. Zutreffend ist freilich, dass mit diesem Auslegungsprinzip der Unterschied zur Vertragsänderung nicht überspielt werden darf.

191 Auch die dem amerikanischen Verfassungsrecht entstammende Theorie der *implied powers*[617] ist im Recht der I.O. heimisch geworden. Sie besagt, dass die Orga-

---

610 Sie ist mit der Souveränität verknüpft und steht daher nicht einmal S.O. zu; vgl o Rn 15.
611 Speziell herausgearbeitet für die EU (vgl *Oppermann/Classen/Nettesheim* [Fn 93] § 11 Rn 3), gilt das Prinzip doch für alle I.O.; vgl ICJ Rep 1996, 66, 74 ff [*WHO-Nuklearwaffen-Gutachten*]. Vgl auch *Ruffert,* Zuständigkeitsgrenzen internationaler Organisationen im institutionellen Rahmen der internationalen Gemeinschaft, AVR 38 (2000) 129 ff.
612 Vgl Art 31 iVm Art 5 WVK. Vgl auch *Bindschedler,* La délimitation des compétences des Nations Unies, RdC 108 (1963-I) 307 ff; *Weiß,* Kompetenzlehre, 359 ff.
613 Ein sehr weites Verständnis praktiziert zB der Europarat, vgl *Arnold,* Europarat, in Staatslexikon, 7. Aufl 1986, 470 sowie die Beiträge in Kleinsorge (Hrsg), Council of Europe, 2010.
614 Zum *effet utile* im Unionsrecht vgl *Oppermann/Classen/Nettesheim* (Fn 93) § 12 Rn 36; *Seyr,* Der effet utile in der Rechtsprechung des EuGH, 2008; *Tomasic,* Effet utile: Die Relativität teleologischer Argumente im Unionsrecht, 2013; *Mayer,* in Grabitz/Hilf/Nettesheim (Hrsg), Das Recht der EU, Bd 1 (Stand 2017), Art 19 EUV Rn 57 f. Die Argumente sind auf andere I.O. übertragbar, vgl zB *Walter* (Fn 108) 38.
615 Vgl Präambel und Art 1 EUV.
616 BVerfGE 89, 155, 210 *[Maastricht]* u BVerfGE 123, 267, 344 ff *[Vertrag von Lissabon].*
617 „Wherever a general power to do a thing is given, every particular power necessary for doing it is included", so *Madison* im „Federalist", zitiert nach *Zuleeg,* International Organizations, Implied Powers, EPIL II (1995) 1312 ff. Vgl ferner *Schermers/Blokker,* International Institutional Law, §§ 232 ff;

nisation die Rechte und Befugnisse haben muss, die sie zur Erfüllung ihrer Aufgaben benötigt. So hat der IGH im *Bernadotte*-Gutachten von den umfassenden Aufgaben der UN auf ihre Völkerrechtspersönlichkeit geschlossen und daraus weiter ihre völkerrechtliche Handlungsfähigkeit abgeleitet.[618] Auch die Errichtung des (ehemaligen) UN-Verwaltungsgerichts (UNAT) durch die GV ist mit dieser Begründung gebilligt worden.[619] Der EuGH hat für den EGKS-Vertrag ähnlich argumentiert.[620] Hingegen hat der weite Wortlaut der in den beiden anderen Gemeinschaftsverträgen enthaltenen „Vertragsabrundungsklauseln" (Art 352 AEUV, Art 203 EAG) den Rückgriff auf die *implied powers* in diesen Bereichen weitgehend unnötig gemacht.[621] Jedenfalls von ihrem Ansatz her bedeutet die *implied powers*-Theorie keine Vertragsänderung, da sie nur die dem Vertrag inhärenten oder impliziten Rechte und Befugnisse ans Licht bringt. Freilich sind die Grenzen nicht immer ganz klar zu ziehen. Vor allem muss berücksichtigt werden, dass die *implied powers* nicht dazu dienen können, der I.O. neue Aufgaben zuzuordnen; es kann sich vielmehr nur um die Ergänzung der Befugnisse hinsichtlich der vertraglich übertragenen Aufgaben handeln. Das eigentliche Problem besteht oft darin, dass unklar ist, welches Organ diese Rechte auszuüben hat.[622] Hier spricht einiges für das kompetenznächste Organ; subsidiär dürfte das Mitgliederorgan zuständig sein. Insgesamt empfiehlt sich Zurückhaltung, um nicht das innerorganisatorische Kräftegleichgewicht zu gefährden.

Schwierige Probleme ergeben sich, wenn die Organe jenseits ihrer Befugnisse handeln, sei es, dass sie damit in den Kompetenzbereich eines anderen Organs eingreifen, sei es, dass sie dabei den Aufgabenbereich der I.O. insgesamt (auch unter Berücksichtigung der eben erörterten Auslegungsmöglichkeiten) überschreiten. Die verschiedenen Fälle des *Handelns ultra vires* können nicht alle über einen Kamm geschoren werden.[623] Vielmehr muss differenziert werden. **192**

Im *Verhältnis zu Drittstaaten* oder anderen I.O. ist vor allem der Vertrauensschutz in Betracht zu ziehen. Dieser Gesichtspunkt kommt deutlich in Art 46 Abs 2 WVKIO zum Ausdruck, der es I.O. verwehrt, sich auf die Ungültigkeit eines Vertrags wegen Unzuständigkeit zum Vertragsabschluss zu berufen, „sofern nicht die Verlet- **193**

Köck, Die „implied powers" der Europäischen Gemeinschaften als Anwendungsfall der „implied powers" internationaler Organisationen überhaupt, FS Seidl-Hohenveldern, 1988, 279 ff. Vgl o Rn 98.
618 ICJ Rep 1949, 174, 182: „[...] the Organization must be deemed to have those powers which, though not expressly provided in the Charter, are conferred upon it by necessary implication as being essential to the performance of its duties."
619 ICJ Rep 1954, 47, 56 f. Das UNAT wurde am 31.12.2009 von einem zweistufigen Gerichtssystem, bestehend aus UN Dispute Tribunal und UN Appeals Tribunal, abgelöst, vgl o Rn 125.
620 ZB EuGH, Slg 1955/56, 297, 312.
621 Näher zu diesem Verhältnis *Hilf* (Fn 388) 301; *Stadlmeier*, Implied Powers der Europäischen Gemeinschaften im Lichte der jüngeren EuGH-Judikatur, ZöR 52 (1997) 353 ff.
622 *Schermers/Blokker*, International Institutional Law, §§ 232 ff; Lösungsmodelle bei *Weiß*, Kompetenzlehre, 391 ff.
623 Näher *Osieke*, The Legal Validity of Ultra Vires Decisions of International Organizations, AJIL 77 (1983) 239 ff; *Bernhardt*, Ultra Vires Activities of International Organizations, in Makarczyk (Hrsg), Theory of International Law at the Threshold of the 21st Century, 1996, 599 ff; *Annacker*, Der fehlerhafte Rechtsakt im Gemeinschafts- und Unionsrecht, 1998, 79 ff, 239 ff; *Schroeder*, Zu eingebildeten und realen Gefahren durch kompetenzüberschreitende Rechtsakte der Europäischen Gemeinschaft, EuR 1999, 452 ff; *Cannizzaro/Palchetti*, Ultra Vires Acts of International Organizations, in Klabbers/Wallendahl (Hrsg), Research Handbook, 365 (375 ff). Vgl o Rn 98.

Schmahl

zung offenkundig war und eine Vorschrift von grundlegender Bedeutung betraf". Je festgefügter und kompetenzstärker eine I. O. ist (wie etwa die EU), desto weniger ist dem Vertragspartner das Durchschauen der oft schwierigen Kompetenzverteilung im Hinblick auf den Vertragsabschluss zuzumuten.[624]

194 Schwieriger sind die Rechtsfolgen eines ultra vires-Handelns im *Verhältnis zu den Mitgliedstaaten* zu fassen. Der Theorie der begrenzten Ermächtigung entspräche die rechtliche Unwirksamkeit eines *ultra vires*-Akts durchaus. Das ist aber ein sehr theoretischer Ansatz, da es idR Streit über diesen Tatbestand geben wird. Das Problem ist lösbar, wo eine Instanz zur Entscheidung solcher Fragen vorgesehen ist, wie es etwa im Unionsrecht der Fall ist; rechtswidrige Akte der Union bzw ihrer Organe werden vom EuGH auf Klage für nichtig erklärt (Art 263f AEUV). Wo dies nicht geschieht, müssen die Mitgliedstaaten von der Rechtmäßigkeit des Akts ausgehen, auch wenn der EuGH dieses Ergebnis fehlerhaft erzielt hat.[625] Notwendig wurde eine Anrufung des EuGH aus Sicht des BVerfG erstmals bezüglich des OMT-Beschlusses der EZB (2014).[626] Der EuGH hat dem OMT-Beschluss freilich die Unionsrechtskonformität bescheinigt;[627] dieser Ansicht hat sich das BVerfG sodann angeschlossen.[628] Im Rahmen der UN fehlt allerdings eine solche Instanz. In einem berühmten Gutachten vertrat der IGH die Auffassung, dass, solange die beschlossene Maßnahme insgesamt in den Aufgabenbereich der Organisation falle, die bloße Überschreitung der speziellen Organzuständigkeit nicht zur Unbeachtlichkeit der Maßnahme führe.[629] Entsprechendes soll gelten, wenn zwar Verfahrensfehler gemacht wurden, das Ergebnis als solches aber rechtmäßig ist.[630] Problematischer ist es noch, wenn str ist, ob ein Rechtsakt sich insgesamt außerhalb des Aufgabenbereichs der I. O. bewegt. Insoweit stehen sich zwei völlig kontroverse, nicht vereinbare Positionen gegenüber. Die einen vertreten die Ansicht, dass es bei Fehlen einer autoritativen Instanz jedem Staat selbst obliege, die Rechtmäßigkeit des umstrittenen Akts zu beurteilen.[631] Diesem *Prinzip der Selbstbeurteilung* wird von anderen entgegengehalten, dass es auf diese Weise möglich sei, sich den Organisationspflichten jederzeit durch einseitige Behauptung eines *ultra vires*-Handelns zu entziehen.[632] Daher sei *von der rechtlichen*

---

624 Vgl *Tomuschat* (Fn 25) 144 f; *Klein/Pechstein* (Fn 296) 24 ff.
625 *Klein* (Fn 89) 66 f. Vgl aber BVerfGE 89, 155, 188; 123, 267, 352 f, 398 ff. BVerfGE 126, 286, 307 gesteht dem EuGH einen „Anspruch auf Fehlertoleranz" zu; zusammenfassend BVerfGE 134, 366, 382 ff. Krit *Frowein*, Das Maastricht-Urteil und die Grenzen der Verfassungsgerichtsbarkeit, ZaöRV 54 (1994) 1 ff; *Tomuschat*, Die Europäische Union unter der Aufsicht des Bundesverfassungsgerichts, EuGRZ 1993, 489 ff; *Ruffert/Walter*, Institutionalisiertes Völkerrecht, Rn 207; *Mayer*, Kompetenzüberschreitung und Letztentscheidung, 2000; *Proelß*, Bundesverfassungsgericht und überstaatliche Gerichtsbarkeit, 2014.
626 Vgl BVerfGE 134, 366, 392 ff.
627 EuGH, ECLI:EU:C:2015:400, Rn 66 ff., 102 ff.
628 BVerfGE 142, 123, Rn 152 u 199 ff. Näher *Schmahl*, in Sodan (Hrsg), Grundgesetz, 4. Aufl 2018, Art 23 Rn 20.
629 ICJ Rep 1962, 151, 168 *[Certain Expenses]*; im Fall ging es um die Rechtmäßigkeit der Aufstellung von friedenserhaltenden Streitkräften durch die GV statt durch den SR.
630 ICJ Rep 1972, 46, 69 f *[ICAO Council]*.
631 Vgl Richter *Winiarski* (diss op) ICJ Rep 1962, 227, 232; Richter *Gros* (sep op) ICJ Rep 1980, 99, 104 *[Übereinkommen WHO-Ägypten]*: „Numbers cannot cure a lack of constitutional competence."
632 Das würde vor allem bei verbindlichen Maßnahmen des SR zu Buche schlagen. Vgl auch ICJ Rep 1992, 3, 17 ff *[Lockerbie]*, Declaration of Acting President *Oda*.

Wirksamkeit solcher Akte (ungeachtet möglicher Fehler) *auszugehen.*[633] Der Versuch, die Evidenz der Zuständigkeitsüberschreitung zum maßgeblichen Kriterium zu machen, führt schwerlich weiter, da hierüber ebenso wenig Einigung zu erzielen sein wird.[634] An dieser Stelle wird die Unvollkommenheit der völkerrechtlichen Ordnung, speziell auch der UN, einmal mehr sichtbar. Einerseits werden den Mitgliedern gegenüber verbindliche Organmaßnahmen zugelassen, andererseits ist die rechtliche Kontrolle der Organe nicht vorgesehen. Bevor diese Haltung nicht revidiert wird, ist das Dilemma der *ultra vires*-Akte nicht wirklich lösbar.[635]

c) Respektierung der inneren Zuständigkeit der Mitgliedstaaten

Die Übertragung von Aufgaben und Befugnissen an I.O. durch den Gründungsvertrag geht von dem Fortbestand wesentlicher den Mitgliedstaaten verbliebener Kompetenzen aus, die der I.O. bzw ihren Organen vorenthalten sind. Die Absicherung eines solchen *Interventionsverbots* erfolgt am besten durch klar gezogene Ermächtigungen für die I.O., doch ist dies nicht immer möglich. Es bietet sich daher die Formulierung eines ausdrücklichen Interventionsverbots „in Angelegenheiten, die ihrem Wesen nach zur inneren Zuständigkeit eines Staates gehören" *(domestic jurisdiction, domaine réservé)* an, wie in Art 2 Nr 7 UN-Charta geschehen.[636] Bedeutsam wird eine solche Klausel vor allem dann, wenn die I.O. verbindliche Beschlüsse fassen kann; aber auch durch Empfehlungen darf sie in diesen inneren Zuständigkeitsbereich der Staaten nicht intervenieren.[637] **195**

Ob eine Angelegenheit in den *domaine réservé* eines Staats fällt, ergibt sich aus völkerrechtlicher Beurteilung.[638] Insgesamt verkleinert sich der interventionsfreie Raum zunehmend. Dies hängt einmal mit der sehr extensiven Vertragstätigkeit der Staaten zusammen; was die Staaten zum Gegenstand vertraglicher Absprache gemacht haben, ist ihrem einseitigen Bestimmungsrecht (im Verhältnis zu den Vertragspartnern) entzogen.[639] Ein gewichtiges Bsp für eine solche freiwillige Einschränkung enthält Art 2 Nr 7 UN-Charta selbst, wenn dort bestimmt wird, dass die Anwendung von Zwangsmaßnahmen nach Kap VII durch das allgemeine Interven- **196**

---

633 Vgl Richter *Morelli* (sep op) ICJ Rep 1962, 216, 224: „It must, on the contrary, be supposed that the Charter confers finality on the Assembly's resolution irrespective of the reasons, whether they are correct or not, on which the resolution is based [...]". S auch *Ziemele*, International Courts and Ultra Vires Acts, in Caflisch u a (Hrsg), Human Rights – Strasbourg Views, FS Wildhaber, 2007, 537 (540 ff).
634 Positiv: *Bernhardt* (Fn 88) 33 f; *Fraas* (Fn 599) 92 f; wohl auch *Cannizzaro/Palchetti* (Fn 623) 387; negativ: *Frowein*, The Internal and External Effects of Resolutions by International Organizations, ZaöRV 49 (1989) 778 ff.
635 Zwischen normativem Anspruch und Durchsetzungsfähigkeit klafft beim Völkerrecht ein besonders breiter Spalt; die *rule of law* ist prozedural noch nicht komplettiert. Vgl auch *Bernhardt* (Fn 370) 1316 f; *Schmahl* (Fn 500) 223 ff.
636 Vgl auch schon Art 15 Abs 8 VBS. – Allg *Cançado Trindade*, The Domestic Jurisdiction of States in the Practice of the United Nations and Regional Organizations, ICLQ 25 (1976) 715 ff; *Nolte*, in Charter UN³, Art 2(7) Rn 23 ff; *von Arnauld* (Fn 489) Rn 353 ff.
637 *Seidl-Hohenveldern/Loibl*, Internationale Organisationen, Rn 1507 ff; *Heintschel von Heinegg*, in Ipsen (Fn 28) § 55 Rn 41 ff. – Auch hier stellt sich das Problem der Rechtsfolge eines Verstoßes gegen das Interventionsverbot vor allem unter dem Aspekt, dass die Frage unterschiedlich beurteilt werden wird; dazu o Rn 194.
638 Vgl PCIJ, Ser B, No 4 (1923) 24 *[Staatsangehörigkeitsdekrete in Tunis und Marokko].*
639 Vgl *Hobe* (Fn 37) 291 f.

tionsverbot nicht berührt wird.⁶⁴⁰ Darüber hinaus hat die Entwicklung des allgemeinen Völkerrechts – hinzuweisen ist hier auf das zwingende Völkerrecht und den internationalen *ordre public* – die Berufung auf das Verbot der Intervention in eigene Angelegenheiten erheblich eingeschränkt.⁶⁴¹ Vor allem gehören heute schwere und systematische Menschenrechtsverletzungen (gerade auch gegenüber eigenen Staatsangehörigen), Genozid, Rassendiskriminierung, Missachtung des Selbstbestimmungsrechts der Völker und intensive Umweltschädigungen zu den Handlungen, die die Völkerrechtsgemeinschaft insgesamt betreffen, auf die daher von außen reagiert werden kann, ohne dass dem der *Einwand der Intervention in den domaine réservé* entgegengehalten werden darf.⁶⁴² Entsprechendes gilt ungeachtet des Gewaltverbots für die Möglichkeit von Drittstaaten oder nach Maßgabe ihrer Satzung von I.O., dem Opfer eines bewaffneten Angriffs durch (nichtmilitärische) Repressalien (zB Embargo, Wirtschaftsboykott) beizustehen oder ihm gar militärische Hilfe zu leisten (kollektive Selbstverteidigung, Art 51 UN-Charta).⁶⁴³

d) Bindung an menschenrechtliche Mindeststandards

197 Die zunehmende Beschränkung des *domaine réservé* der Staaten bewirkt zugleich, dass I.O. immer stärker *staatsähnliche Hoheitsfunktionen* innerhalb ihrer Mitgliedstaaten ausüben. Sehr deutlich wird dies in Bezug auf die EU, deren Primär- und Sekundärrecht vom EuGH vielfach für in den Mitgliedstaaten unmittelbar anwendbar erklärt⁶⁴⁴ und generell mit einem Anwendungsvorrang vor dem nationalen Recht versehen wird.⁶⁴⁵ Aber nicht nur S.O. wie die EU, sondern auch die UN üben mittlerweile verstärkt Hoheitsfunktionen aus, indem sie friedenserhaltende und friedens-

---

640 Die genannte Einschränkung wird mit der Ausweitung der Begriffe „Bedrohung oder Bruch des Friedens" gemäß Art 39 UN-Charta immer brisanter. Vgl etwa die Maßnahmen des SR in Bezug auf Irak (Schutz der Kurden), Libyen (Lockerbie), Haiti (Sturz der gewählten Regierung), Afghanistan *(Bin Laden)* und Libyen *(Gaddafi);* dazu *Kirgis,* The Degrees of Self-Determination in the United Nations Era, AJIL 88 (1994) 304 ff; *Ipsen* (Fn 67) 41 ff; *Harfensteller,* Der Wandel der UN im Spiegel eines neuen Friedensverständnisses, VN 2012, 71 (73); *Oeter,* Zwangsmaßnahmen nach Kapitel VII UN-Charta, VN 2016, 164 ff.
641 Zu den *erga omnes* bestehenden Völkerrechtspflichten vgl *Klein* (Fn 64 [Statusverträge]) 55 ff; *Frowein* (Fn 64) 241 ff; und die Beiträge in Tomuschat/Thouvenin (Hrsg), The Fundamental Rules of the International Legal Order. Jus Cogens and Obligations Erga Omnes, 2006.
642 Vgl *Nolte,* in Charter UN³, Art 2(7) Rn 38 ff; *Klein,* Menschenrechte, 1997, 23. Allerdings hat die Anerkennung der *erga omnes* wirkenden menschenrechtlichen Mindeststandards keine Auswirkungen auf das Prinzip der Staatenimmunität. Nach Ansicht des IGH gibt es keine Regel, wonach der Anspruch eines Staats auf Immunität vor fremder staatlicher Gerichtsbarkeit von der Schwere des begangenen Unrechts abhängt, vgl IGH, Urt. v 3.2.2012, *Jurisdictional Immunities of the State,* Rn 85, 92 ff.; ebenso *Tomuschat,* The International Law of State Immunity and Its Development by National Institutions, Vanderbilt J Transnat'l L 44 (2011) 1105 (1119 ff); differenzierend *Payandeh,* Staatenimmunität und Menschenrechte, JZ 2012, 949 (957 ff); zweifelhaft Corte Costituzionale, Urt v 22.10.2014, No 238, G.U. 1, Serie Speciale 2014, Anno 155, No 45. S auch o Rn 108.
643 *Klein* (Fn 61) 101 ff. S dazu *Schröder,* 7. Abschn Rn 29 ff, 115. Zur humanitären Intervention vgl die Nachw in Fn 55.
644 Zum Unionsprimärrecht vgl EuGH, Slg 1963, 1, 25 *[Van Gend & Loos];* zur unmittelbaren Anwendbarkeit von inhaltlich unbedingten und hinreichend genauen Richtlinien vgl EuGH, Slg 1982, 53, Rn 17 ff *[Becker].* S auch o Rn 14 sowie u Rn 250.
645 EuGH, Slg 1964, 1251, 1269 f *[Costa/ENEL].*

schaffende Blauhelmtruppen in verschiedene Krisengebiete der Welt entsenden.[646] Die sog targeted sanctions, die der SR seit einigen Jahren gegen mutmaßliche Terroristen verhängt,[647] zielen sogar unmittelbar auf die Beschränkung von Freizügigkeits- und Eigentumsrechten von Privatpersonen.

Als Korrelat zu dieser rechtlichen wie faktischen Vermehrung der von I.O. ausgehenden Hoheitsgewalt muss auch die *Bindung an Menschenrechte* Kontur gewinnen. Der *EuGH* hat früh erkannt, dass der von ihm geforderte Vorrang des Unionsrechts vor dem mitgliedstaatlichen Recht nur haltbar ist, wenn das Unionsrecht trotz des Fehlens von Grundrechtsnormierungen im Vertragsrecht seinerseits als grundrechtsunterworfen und grundrechtsschützend zu verstehen ist.[648] Seit den Fällen „Stauder" (1969) und „Nold" (1974)[649] hat der EuGH deshalb in st Rspr einen gemeinschaftlichen Grundrechtsstandard entwickelt, der dem nationalen Grundrechtsschutz und den Standards der EMRK im Wesentlichen gleichzuachten ist.[650]

198

Eine Bindung von Organhandeln an eigenständige und ausdifferenzierte Menschenrechtsstandards ist freilich für andere („normale") I.O. – wie die *UN* – in absehbarer Zeit nicht zu erwarten. Wiewohl die Beschlüsse des UN-Sicherheitsrats weitreichende Verpflichtungen auferlegen und an dem in Art 103 UN-Charta normierten Vorrang teilhaben, bleiben die UN auf die Umsetzung und Durchführung ihrer Beschlüsse durch die Mitgliedstaaten angewiesen;[651] dies gilt auch, wenn sie auf der Grundlage des Kap VII UN-Charta Friedenstruppen entsenden oder nichtmilitärische Sanktionen gegen Einzelne verhängen. Deshalb ist es konsequent, wenn der *nationale Grundrechtsschutz* gegen solche mitgliedstaatlichen Akte, die Recht von I.O. vollziehen, nach wie vor prinzipiell im Vordergrund steht. Problematisch wird dies aber etwa dann, wenn Schäden, die Zivilpersonen im Rahmen einer UN-Friedensmission erleiden, nicht dem mit der Durchführung der SR-Resolution betrauten Staat, sondern ausschließlich den UN zugerechnet werden, für die die Truppen auf der Grundlage des Kap VII UN-Charta tätig waren.[652] In diesen Fällen bedarf

199

---

646 Vgl etwa die Stationierung von UNMIK- und KFOR-Truppen im Kosovo. Näher *Ratner*, Foreign Occupation and International Territorial Administration, EJIL 16 (2005) 695 (696 ff); *Wilde*, International Territorial Administration, 2008; *Tielsch*, UN-Verwaltung und Menschenrechte, 2006. S auch u Rn 205.
647 So Rn 152.
648 Hierzu *Weiler*, The Constitution of Europe, 1999, 107 f; *Scheuing*, Zur Grundrechtsbindung der EU-Mitgliedstaaten, EuR 2005, 162 (163); *Jarass*, Die Bindung der Mitgliedstaaten an die EU-Grundrechte, NVwZ 2012, 457 ff.
649 EuGH, Slg 1969, 419 *[Stauder]*; Slg 1974, 491 *[Nold]*.
650 Vgl nur BVerfGE 102, 147, 165 f sowie EGMR, ECHR Rep 2005-VI, Rn 55 *[Bosphorus]*; bestätigt von EGMR, NVwZ-RR 2016, 644, Rn 93 ff *[Klausecker]*. Hierzu eingehend *Haratsch*, Die Solange-Rechtsprechung des Europäischen Gerichtshofs für Menschenrechte, ZaöRV 66 (2006) 945 ff; *Schmahl*, Grundrechtsschutz im Dreieck von EU, EMRK und nationalem Verfassungsrecht, EuR 2008, Beiheft 1, 7 (26 ff). Näher u Rn 254.
651 So Rn 151 f.
652 Zur exklusiven Haftung der UN s o Rn 102. Im Fall *Behrami/Saramati* hat der EGMR (EuGRZ 2007, 522, Rn 133 ff) genau diese Erwägung herangezogen, um die Unzulässigkeit *ratione personae* der erhobenen Individualbeschwerde von Zivilpersonen aus dem Kosovo zu begründen. Krit *Sari*, Jurisdiction and International Responsibility in Peace Support Operations, HRLR 8 (2008) 151 ff; *Bodeau-Livinex/Buzzini/Villalpando*, International Decisions: Agim Behrami & Bekir Behrami v France; Ruzhdi Saramati v France, Germany & Norway, AJIL 102 (2008) 323 ff; *Janik*, Die EMRK und internationale Organisationen, ZaöRV 70 (2010) 127 ff; *Schütze*, Die Zurechenbarkeit von Völkerrechtsverstößen im Rahmen mandatierter Friedensmissionen der Vereinten Nationen, 2011. Aus entsprechenden Grün-

es dringend einer Klärung, ob und in welchem Umfang die UN auf die Achtung von Menschenrechten materiell und prozessual verpflichtet sind. Eine gewisse materiellrechtliche Bindung lässt sich über *Art 1 Nr 3, Art 24 Abs 2 u Art 55 lit c UN-Charta* vergleichsweise unproblematisch annehmen,[653] wobei man insoweit, als der UN-Sicherheitsrat im Rahmen von Kap VII handelt, wohl nur den *menschenrechtlichen Mindeststandard* wird in Bezug nehmen können.[654] Schwieriger zu beantworten ist hingegen die Frage, wie das Fehlen unmittelbarer Rechtsschutzmechanismen gegen Beschlüsse des UN-Sicherheitsrats aufgefangen werden kann.[655] Die derzeitige Rechtslage, wo weder auf der Ebene der UN noch auf der mitgliedstaatlichen Ebene entsprechender Rechtsschutz gewährt wird,[656] ist im Blick auf die „Rule of Law" äußerst unbefriedigend.

e) Handlungsinstrumentarium

200 I.O. können über ein weites Spektrum tatsächlicher und rechtlicher Handlungsmöglichkeiten verfügen.[657] Die *UN* und ihre Sonderorganisationen handeln regelmäßig durch die Verabschiedung von *Entschließungen* (Resolutionen, Deklarationen), die meist (im Verhältnis zu den Mitgliedern oder Drittstaaten) als unverbindliche Empfehlungen, zT aber auch als verbindliche Entscheidungen gegenüber den Mitgliedstaaten ergehen (vgl Art 25, Art 48 Abs 2 UN-Charta).[658] Die politische Wirkungskraft einstimmig verabschiedeter Empfehlungen steht trotz ihrer rechtlichen Unverbindlichkeit mittlerweile freilich außer Zweifel.[659]

201 *Rechtsetzungsbefugnis* im eigentlichen Sinn haben nur wenige I.O. Über eine schon recht weitreichende Legislativkompetenz verfügen einzelne Sonderorganisationen dadurch, dass die von ihnen erarbeiteten Konventionen nicht der Ratifikation durch die Mitgliedstaaten bedürfen, sondern für diese verbindlich werden, wenn die Staaten die Bindung nicht durch Widerspruch verhindern (*opting out-/contracting out*-Verfahren).[660] Diese Verfahren markieren den Übergang von vertraglicher zu einseitiger Gesetzgebung. Viel intensiver und direkter geschieht Rechtsetzung in der

---

den soll auch die Überprüfung von Maßnahmen des Hohen Repräsentanten für Bosnien-Herzegowina ausgeschlossen sein, vgl EGMR Entsch v 16.10.2007, Nr 36357/04 *[Beric u a]*.
653 S auch u Rn 206.
654 Hierzu *Halberstam/E. Stein*, The United Nations, The European Union, and the King of Sweden, CMLRev 46 (2009) 13 (16 ff). Weitergehend *Bothe*, Security Council's Targeted Sanctions against Presumed Terrorists, JICJ 6 (2008) 541 ff.
655 Krit auch *Nolte*, Zusammenarbeit der Staaten bei der Friedenssicherung, in Breuer u a (Hrsg), Im Dienste des Menschen: Recht, Staat und Staatengemeinschaft, 2009, 21 (27 ff); *Ruffert/Walter*, Institutionalisiertes Völkerrecht, Rn 226 ff, 439. Vorsichtige Lösungsvorschläge bei *Hovell* (Fn 496) 57 ff.
656 Vgl Rn 152. Dies gilt unbeschadet der Existenz verschiedener UN-eigener Streibeilegungsverfahren für konkrete Peacekeeping-Operationen. Gegen Klagen von Individuen und deren Heimatstaaten vor nationalen Gerichten sind die UN immun, s o Rn 108.
657 *Bindschedler*, Rechtsakte der Internationalen Organisationen, Berner FG zum Schweizerischen Juristentag 1979, 361 ff; *White*, Lawmaking, in Oxford Handbook, 559 (567 ff).
658 Vgl o Rn 138, 151.
659 *White* (Fn 657) 573 ff. Vgl auch o Rn 138 f.
660 Betroffen sind ICAO, WHO, WMO und IMO; näher *Alexandrowicz*, The Law-Making Functions of the Specialized Agencies of the United Nations, 1973; *Brunnée*, International Legislation, MPEPIL V, 986 (Rn 20 ff); *Anderson*, Law Making Processes in the UN System, MPYUNL 2 (1998) 23 ff; *Frenzel*, Sekundärrechtsetzungsakte internationaler Organisationen, 2011, 39 ff.

EU. Art 288 AEUV stellt insofern als Rechtsformen die unmittelbar im innerstaatlichen Rechtsraum wirksame *Verordnung,* die der Umsetzung bedürftige *Richtlinie* und den *Beschluss* als individuell-konkrete Anordnung zur Verfügung. Als nicht verbindliche Handlungsformen werden dort Empfehlungen und Stellungnahmen genannt.[661]

Entsprechend der im Gründungsvertrag eingeräumten Vertragsabschlussbefugnis[662] können I.O. durch den Abschluss von *Verträgen* Recht für sich und ihre Vertragspartner (Staaten oder andere I.O.) setzen. Ob die von der Organisation geschlossenen Verträge auch für ihre Mitglieder verbindlich sind, hängt gleichfalls von einer entsprechenden Regel des Gründungsvertrags ab. Ein Bsp bietet Art 216 Abs 2 AEUV. Allerdings hat diese Vorschrift nur Bedeutung für das interne Verhältnis EU/Mitgliedstaaten. Der Rechtsgrund für das Entstehen völkerrechtlicher Verpflichtungen zwischen den Mitgliedstaaten und dem Vertragspartner der EU liegt in ihrer (im Gründungsvertrag antizipierten) Zustimmung.[663] Von diesem Verfahren vertraglicher Rechtsetzung zu unterscheiden sind die Fälle, in denen im Schoße I.O. völkerrechtliche *Verträge vorbereitet* und den Staaten zur Beschlussfassung auf einer internationalen diplomatischen Konferenz unterbreitet werden. Auf diesem Wege sind zahlreiche wichtige Konventionen entstanden. So wurden etwa die Wiener Konventionen über diplomatische und konsularische Beziehungen und die beiden Wiener Konventionen über das Vertragsrecht von der ILC in Rückkopplung mit den UN-Mitgliedern entworfen, vom Rechtsausschuss der GV gebilligt, auf einer Staatenkonferenz in der endgültigen Fassung beschlossen und der Ratifizierung bzw dem Beitritt der interessierten Staaten zugänglich gemacht.[664] Die Genozidkonvention, die beiden Menschenrechtspakte und die anderen universellen Menschenrechtsverträge wurden von der GV selbst beschlossen, bevor sie den Staaten zur Unterzeichnung und Ratifizierung freigegeben wurden. Im Rahmen des *Europarats* sind über 220 Übereinkommen ausgearbeitet worden, darunter so bedeutsame wie die EMRK samt Zusatzprotokollen, die Europäische Sozialcharta, die Europäische Konvention zu Bekämpfung des Terrorismus, die Europäische Anti-Folterkonvention und das Europäische Auslieferungsabkommen.

Rechtlich erhebliches Handeln kann auch durch *judizielle Akte* erfolgen. Verschiedentlich bestehen innerhalb einer I.O. Gerichte mit Zuständigkeiten für verbindliche Streitentscheidung (Urteil, Beschluss) oder für Rechtsgutachten.[665] Im Rahmen der UN ist auf den IGH und die UN-Dienstgerichte hinzuweisen.[666] Die ILO,

---

661 Überblick bei *Oppermann/Classen/Nettesheim* (Fn 93) § 9 Rn 123 ff. – Für den Bereich der GASP und PJZS sind eigene Handlungsformen aus Vereinfachungs- und Vereinheitlichungsgründen nach dem Vertrag von Lissabon entfallen. Die in Art 288 AEUV aufgeführten Handlungsformen gelten einheitlich für alle Politikbereiche, vgl *Streinz/Ohler/Herrmann* (Fn 218) 77 ff. Diese Rechtsakte können entweder als Gesetzgebungsakte im ordentlichen Gesetzgebungsverfahren (Art 289 AEUV) oder als Akte ohne Gesetzescharakter mit allgemeiner Geltung (Art 290 AEUV) erlassen werden.
662 Vgl Rn 98.
663 Näher *Klein/Pechstein* (Fn 296) 39 ff.
664 Vgl auch u Rn 209. ZT enthalten die Gründungsverträge auch die Verpflichtung, diese innerhalb einer bestimmten Frist den zuständigen staatlichen Organen zur Billigung vorzulegen; vgl zB Art 19 Nr 5 b ILO, Art 4 Abs 4 UNESCO; dazu *Seidl-Hohenveldern/Loibl*, Internationale Organisationen, Rn 1552.
665 Eine Übersicht bei *Schermers/Blokker*, International Institutional Law, §§ 605 ff.
666 Vgl o Rn 174 u 177.

eine Sonderorganisation, verfügt ebenfalls über ein Verwaltungsgericht, das den Rechtsschutz der Bediensteten wahrnimmt.[667] Im System des Europarats ist der auf die rechtliche Gewährleistung der EMRK spezialisierte Europäische Gerichtshof für Menschenrechte (EGMR) in Straßburg zu nennen.[668] Entsprechende Institutionen anderer Regionalorganisationen sind der Amerikanische Menschenrechtsgerichtshof und der Afrikanische Gerichtshof für Menschenrechte und Rechte der Völker.[669] In der EU ist, der weit fortgeschrittenen Integration entsprechend, die Gerichtsbarkeit stark ausgebaut; sie wird vom Gerichtshof (EuGH), dem Gericht (EuG) und (bis Ende 2016) vom Gericht für den öffentlichen Dienst der EU (Luxemburg) wahrgenommen.[670] Letzteres wurde zugunsten einer verstärkten Kohärenz des Unionsrechts allerdings am 1.9.2016 aufgelöst und seine Aufgabe in das EuG integriert; gleichzeitig soll die Zahl der Richter des Gerichts bis zum 1.9.2019 auf 56 erhöht werden.[671]

f) Die wichtigsten Aufgabenfelder der UN

204 Die Aufgaben der UN werden in Art 1 iVm der Präambel der UN-Charta genannt. Im Zentrum stehen die Erhaltung und Wiederherstellung des Weltfriedens und der internationalen Sicherheit. In engem Zusammenhang mit dieser Zielbestimmung stehen auch die anderen Hauptaufgabenfelder:[672] Schutz der Menschenrechte, Entkolonisierung, wirtschaftliche und soziale Entwicklung, Entwicklung des Völkerrechts. Diese Entwicklungsziele werden unter anderem von den Millenium Development Goals und den Sustainable Development Goals der Agenda 2030 konkretisiert.[673]

205 **(1) Erhaltung und Wiederherstellung des Weltfriedens und der internationalen Sicherheit.** Die *raison d'être* der UN besteht in der Wahrung des Friedens und der internationalen Sicherheit oder, wo diese Rechtsgüter verletzt sind, in ihrer Wiederherstellung (Art 1 Nr 1 UN-Charta).[674] Im Vergleich mit dem Völkerbund sind die

---

667 *Knapp*, International Labour Organisation Administrative Tribunal, EPIL II (1995) 1156 ff.
668 Klein/Stender/Petzold/Liddell (Hrsg), The European Court of Human Rights, 1997; *Grabenwarter/Pabel*, Europäische Menschenrechtskonvention, 6. Aufl 2016, 41 ff; *Lambert Abdelgawad*, European Court of Human Rights, in Schmahl/Breuer (Hrsg), Council of Europe, 228 ff.
669 *Kokott*, Das interamerikanische System zum Schutz der Menschenrechte, 1986; *Krisch*, The Establishment of an African Court on Human and Peoples' Rights, ZaöRV 58 (1998) 713 ff; *van der Mei*, The New African Court on Human and Peoples' Rights, LJIL 18 (2005) 113 ff.
670 *Arnull*, The European Union and its Court of Justice, 2. Aufl 2006; *Everling*, Rechtsschutz in der Europäischen Union nach dem Vertrag von Lissabon, EuR 2009, Beiheft 1, 71 ff. Art 257 AEUV ermöglicht für Entscheidungen im ersten Rechtszug die Bildung weiterer Fachgerichte.
671 Vgl VO (EU, Euratom) 2016/1192, ABl EU 2016, Nr L 200, 137 ff.
672 Vgl *Seidl-Hohenveldern/Loibl*, Internationale Organisationen, Rn 2101 ff; *Pallek*, Die Aufgaben der Vereinten Nationen nach der Charta, in Volger (Hrsg), Grundlagen, 67 ff; *Wolfrum* (Fn 58) 129 ff; *Zemanek*, Basic Principles of the UN Charter Law, in Macdonald/Johnston (Fn 314) 401 ff.
673 UN Doc A/RES/55/2 v 18.9.2000; A/RES/70/1 v 25.9.2015.
674 *Gareis/Varwick*, Vereinte Nationen, 79 ff; *Slaughter*, Security, Solidarity, and Sovereignty, AJIL 99 (2005) 619 ff; *Eisele*, Friedenssicherung, in Volger (Hrsg), Grundlagen, 131 ff; *Lowe/Roberts/Welsh/Zaum*, The United Nations Security Council and War, 2008; *Weller*, Use of Force, in Oxford Handbook, 622 (629 ff). Vgl auch die vom GS 1992 vorgelegte „Agenda für den Frieden", UN Doc S/24728 sowie die in Fn 595 genannten Berichte. Näher Bothe, 8. Abschn Rn 31 ff. Umfassend zu den Aufgabenfeldern Schachter/Joyner (Hrsg), United Nations Legal Order, 2 Bde, 1995; Blokker/Schrijver (Hrsg), The Security Council and the Use of Force, 2005.

Handlungsmöglichkeiten der UN erweitert. Normativ gestützt wird diese zentrale Aufgabe durch das *Gewaltverbot* (Art 2 Nr 4 UN-Charta), das über die vertragliche, nur die Mitgliedstaaten betreffende Verpflichtung hinaus als Norm des allgemeinen (zwingenden) Völkerrechts alle Staaten bindet.[675] Obgleich gegen bewaffnete Angriffe (individuelle und kollektive) Selbstverteidigung zulässig ist (Art 51), legt die UN-Charta doch ersichtlich den Schwerpunkt auf eine von der Organisation selbst getragene Aktion. Hierbei stehen den maßgeblichen Organen, primär dem SR (Art 24), eine Fülle von Handlungsmöglichkeiten zur Verfügung, die von unverbindlicher Empfehlung, die Waffen ruhen zu lassen und den ausgebrochenen Streit friedlich beizulegen, bis zur verbindlichen Anordnung des Rückzugs und deren zwangsweiser Durchsetzung mit außermilitärischen oder auch militärischen Mitteln reichen. Während das von der Konzeption der UN-Charta her zentrale Kap VII im Zeichen des Ost-West-Konflikts selten zur Anwendung kam, vielmehr sich der Ersatzmechanismus der friedenserhaltenden Streitkräfte (*peace keeping forces,* „Blauhelme") etablierte,[676] wurden nach der weltpolitischen Wende 1989/90 nicht nur die herkömmlichen friedenswahrenden Aktionen erheblich, quantitativ und qualitativ, ausgeweitet,[677] sondern auch Kap VII wurde zunehmend in Anspruch genommen, wobei durch eine weite Interpretation des Friedens- und Sicherheitsbegriffs in Art 39 UN-Charta[678] der Handlungsspielraum des SR erweitert und zugleich der denkbare Einwand einer unzulässigen Intervention in eigene Angelegenheiten abgeschnitten wird (Art 2 Nr 7).[679] Nach den Terrorangriffen des 11.9.2001 gelang der Staatengemeinschaft zunächst eine Antwort im Rahmen und unter Einbeziehung der UN.[680] Die Ereignisse des Irak-Kriegs 2003, der bewaffneten Auseinandersetzungen in Georgien 2008, in Syrien seit 2012, auf der Krim und in der Ostukraine seit 2014/15 lassen jedoch Zweifel an der Leistungsfähigkeit des UN-Systems aufkommen.[681] Es droht die „Nationa-

---

675 ICJ Rep 1986, 14, 99 *[Nicaragua (Merits)]*.
676 Dazu *McCoubrey/White,* The Blue Helmets: Legal Regulations of United Nations Military Operations, 1996; *Hillen,* Blue Helmets, 2. Aufl 2000.
677 Zu den Problemen der zunehmenden Aufgaben- und Funktionserweiterung der Peacekeeping-Missionen insbes in Afrika vgl *P. Rudolf,* VN-Friedensmissionen und der Einsatz militärischer Gewalt, SWP-Studie 2017, 1 (7 ff).
678 *Österdahl,* Threat to the Peace: The Interpretation by the Security Council of Article 39 of the UN Charter, 1998; *Stein* (Fn 500) 209 ff; *Witte* (Fn 496) 225.
679 Vgl Dupuy (Hrsg), Le développement du rôle du Conseil de Sécurité, 1993. *Randelzhofer,* Neue Weltordnung durch Intervention?, FS Lerche, 1993, 51 ff macht darauf aufmerksam, dass es der Idee einer „neuen Weltordnung" nicht bedürfe, um die Konzeption der UN-Charta zu realisieren; entscheidend sei der politische Wille. Vgl ferner *van Well,* Die Vereinten Nationen als Friedensstifter, EA 1992, 703 ff; *Freudenschuß,* Between Unilateralism and Collective Security, EJIL 5 (1994) 492 ff; *Zemanek,* Peace-keeping or Peace-making?, in Blokker/Muller (Hrsg), Towards More Effective Supervision by International Organizations, Bd I, 1994, 29 ff; *Fink* (Fn 275) 875 ff. – Auf der Grundlage des Kap VII hat der SR das Internationale Kriegsverbrechertribunal für das ehemalige Jugoslawien, S/RES/827 (1993), sowie dasjenige für Ruanda, S/RES/955 (1994), errichtet; s *Schröder,* 7. Abschn Rn 44, 47.
680 Vgl die Res des SR v 12.9.2001 (S/RES/1368) u v 28.9.2001 (S/RES/1373). Mit Letzterer hat der SR u a die Einrichtung des Counter-Terrorism Committee (CTC) beschlossen; hierzu *Happold,* Security Council Resolution 1373 and the Constitution of the United Nations, LJIL 16 (2003) 593 ff; *Rosand,* Security Council Resolution 1373, the Counter-Terrorism Committee, and the Fight Against Terrorism, AJIL 97 (2003) 333 ff; *ders,* The Security Council's Efforts to Monitor the Implementation of Al Quaeda/Taliban Sanctions, AJIL 98 (2004) 745 ff; *Boulden,* Terrorism, in Handbook UN, 427 (430 f).
681 Vgl *Luchterhandt,* Völkerrechtliche Aspekte des Georgienkrieges, AVR 46 (2008) 453 ff; *König,* Gescheiterte Vermittlungsbemühungen in Georgien, VN 2009, 154 ff; *Griep,* Syrien, Annan und ein

lisierung" der kollektiven Sicherheitsidee – und damit deren Scheitern. Die sich abzeichnende Überforderung des SR dürfte in Zukunft die „Regionalen Abmachungen" iSd Kap VIII UN-Charta[682] in den Vordergrund rücken und ungeachtet der auch in diesem Rahmen bestehenden Verantwortung des SR eine gewisse Dezentralisierung des Systems der Friedenswahrung und -wiederherstellung zur Folge haben. So hat im Kosovo-Konflikt (1999) die Handlungsunfähigkeit des SR[683] dazu geführt, dass die NATO eine humanitäre Intervention ohne vorherige ausdrückliche Ermächtigung durch den SR durchgeführt hat.[684] Einer Forderung des Weltgipfels 2005 entsprechend haben GV und SR gemeinsam die Kommission für Friedenskonsolidierung (Peacebuilding Commission) errichtet, die im Juni 2006 zu ihrer ersten Sitzung zusammengetreten ist. Aufgabe dieser Kommission ist es, Staaten in einer *post-conflict*-Situation zu unterstützen. Dies geschieht durch Maßnahmen der Friedenskonsolidierung oder durch Koordinierung der internationalen Akteure bei der Entwicklung von Wiederaufbaustrategien.[685]

206 (2) Schutz der Menschenrechte. Obwohl eingebunden in die allgemeinere Aufgabe, die internationale wirtschaftliche und soziale Zusammenarbeit zu fördern (Art 1 Nr 3, Art 55 lit c UN-Charta), ist der Schutz der Menschenrechte zu einem eigenständigen und profilierten, zugleich – alles in allem – relativ erfolgreichen Tätigkeitsfeld der UN geworden.[686] Die beispiellose Herabwürdigung von Menschen durch das NS-Regime hatte das Bewusstsein für die Notwendigkeit internationaler Schutzmaßnahmen geweckt. Bereits am 9.12.1948 wurde die im Rahmen des WSR erarbeitete Konvention über die Verhütung und Bestrafung des Völkermordes von der GV ein-

---

Optionen-Mix, VN 2012, 59; *Luchterhandt,* Der Anschluss der Krim an Russland aus völkerrechtlicher Sicht, AVR 52 (2014) 137 ff; *Benner,* Hilflos und irrelevant? Die Krisendiplomatie der Vereinten Nationen, VN 2015, 10 (11); *Grant,* Annexation of Crimea, AJIL 109 (2015) 68 ff; *Michel,* Die Einverleibung der Krim durch Russland: Eine völkerrechtliche Würdigung, in Gornig/Michel/Bohle (Hrsg), Territioriale Souveränität und Gebietshoheit, 2015, 111 ff.
682 *Wolfrum,* Der Beitrag regionaler Abmachungen zur Friedenssicherung, ZaöRV 53 (1993) 576 ff; *Walter,* Vereinte Nationen und Regionalorganisationen, 1996.
683 Vgl die Res betr die massiven Menschenrechtsverletzungen im Kosovo: des SR v 31.3.1998 (S/RES/1160), v 23.9.1998 (S/RES/1199), v 24.10.1998 (S/RES/1203), v 14.5.1999 (S/RES/1239), v 10.6.1999 (S/RES/1244) sowie der GV v 5.3.1997 (A/RES/51/111) u v 12.12.1997 (A/RES/52/139). Dazu *Tomuschat,* Kosovo under Scrutiny by the United Nations, Friedens-Warte 73 (1998) 512 ff.
684 Vgl *Delbrück,* Effektivität des UN-Gewaltverbots, Friedens-Warte 74 (1999) 139 (148 ff). *Debiel,* Handlungsfähige Weltautorität oder Legitimationsbeschaffer à la carte?, Friedens-Warte 73 (1998) 443 (459 f) geht von einem „Gewaltlegitimationsmonopol" der UN aus; s auch o Fn 474. Auch die EU positioniert sich zusehends iSd sog „Petersberg-Aufgaben", vgl Art 42 f EUV.
685 Vgl World Summit Outcome (Fn 20) §§ 97 ff; Gründungsdokumente: A/RES/60/180 v 20.12.2005; S/RES/1645 (2005) v 20.12.2005; hierzu *Gareis,* Neue Perspektiven in der Friedenssicherung?, in Varwick/Zimmermann (Fn 505) 187 ff; *Franke/Heinze,* Aus Fehlern lernen? Fazit nach 18 Monaten Peacebuilding Commission der Vereinten Nationen, Friedens-Warte 23 (2008) 97 ff. Derzeit gibt es 11 UN Political and Peacebuilding Missions (Südamerika, Afrika, Naher Osten, Asien).
686 Vgl etwa *Kirgis,* International Organizations, 892 ff; *Klein,* Human Rights, Activities of International Organizations, MPEPIL IV, 1031 ff; *Baum/Riedel/Schaefer* (Hrsg), Menschenrechtsschutz in der Praxis der Vereinten Nationen, 1998; *Mertus,* United Nations and Human Rights, 2. Aufl 2009; *Weiß,* Menschenrechtsschutz, in Volger (Hrsg), Grundlagen, 163 ff; *Buergenthal/Thürer,* Menschenrechte, 2010, 23 ff; Fassbender (Hrsg), Securing Human Rights?, 2011; *Verdirame,* The UN and Human Rights, 2011; *Schrijver,* 50 Jahre UN-Menschenrechtspakte, VN 2016, 121 ff. Zum Ganzen *Kau,* 3. Abschn Rn 229 ff.

stimmig angenommen;[687] am Tage darauf verabschiedete die GV die *Allgemeine Erklärung der Menschenrechte*.[688] Die normativ-vertragliche Umsetzung des in der Erklärung enthaltenen Programms erwies sich allerdings als langwierig und schwierig; erst im Dezember 1966 nahm die GV die beiden Internationalen Pakte für bürgerliche und politische Rechte und für wirtschaftliche, soziale und kulturelle Rechte an, die 1976 in Kraft traten.[689] Zusätzlich sind eine Fülle weiterer Konventionen (zB das Übereinkommen über die politischen Rechte der Frau v 1953, das Übereinkommen zur Beseitigung jeder Form der Rassendiskriminierung v 1966, das Übereinkommen zur Beseitigung jeder Form von Diskriminierung der Frau v 1979, die Charta zum Schutz der Rechte des Kindes v 1989, die 2003 in Kraft getretene Internationale Konvention zum Schutz der Rechte aller Wanderarbeitnehmer und ihrer Familienangehörigen v 1990 sowie die 2008 in Kraft getretene Konvention über die Rechte von Menschen mit Behinderungen)[690] erarbeitet worden. Neben der GV und ihrem Hilfsorgan, dem Menschenrechtsrat, der 2006 die Menschenrechtskommission ablöste,[691] ist auch der WSR zuständig. Seit Anfang 1994 existiert zudem der Posten eines UN-Hochkommissars für Menschenrechte im Range eines Unter-Generalsekretärs.[692] Die zahlreichen, von Vertrag zu Vertrag stark variierenden Überwachungsmechanismen (Ausschüsse, treaty bodies) haben schwerwiegende systematische Verletzungen nicht verhindern können, aber doch insgesamt – insbes durch den Erlass diverser „General Comments" – zu einem erheblich gesteigerten menschenrechtlichen Bewusstsein der Staaten beigetragen und damit auch die Entstehung eines vertragsunabhängigen, alle Völkerrechtssubjekte verpflichtenden harten Kerns menschenrechtlicher Garantien ermöglicht.[693]

(3) Entkolonisierung. Wohl entgegen den Erwartungen der Kolonialmächte erhielt die in Kap XI UN-Charta enthaltene Erklärung über Hoheitsgebiete ohne Selbstregierung bald große praktische Bedeutung. Aus dem Jahr 1960 datiert die von der GV beschlossene „Deklaration über die Gewährung der Unabhängigkeit an koloniale Länder und Völker",[694] ein Jahr später wurde der Dekolonisierungs-Ausschuss von

---

687 In Kraft seit 1951; BGBl 1954 II, 730.
688 A/RES/217 (III).
689 BGBl 1973 II, 1534 und 1570; dazu *Cohen Jonathan*, Human Rights Covenants, EPIL II (1995) 915 ff; *Buergenthal*, Human Rights, MPEPIL IV, 1021 (Rn 9).
690 Übereinkommen über die politischen Rechte der Frau v 1953 (BGBl 1969 II, 1929; 1970 II, 46); Übereinkommen zur Beseitigung jeder Form der Rassendiskriminierung v 1966 (BGBl 1969 II, 2211); Übereinkommen zur Beseitigung jeder Form von Diskriminierung der Frau v 1979 (BGBl 1985 II, 647); Konvention über die Rechte des Kindes v 1989 (BGBl 1992 II, 122); Internationale Konvention zum Schutz der Rechte aller Wanderarbeitnehmer und ihrer Familienangehörigen (A/RES/45/158, Annex); Konvention über die Rechte von Menschen mit Behinderungen v 2006 (BGBl 2008 II, 1419).
691 A/RES/60/251 v 15.3.2006; hierzu zB *Ghanea*, From UN Commission on Human Rights to UN Human Rights Council, ICLQ 55 (2006) 695 ff; *Rahmani-Ocora*, Giving the Emperor Real Clothes: The UN Human Rights Council, Global Governance 12 (2006) 15 ff; *Klein/Breuer* (Fn 503) 95 ff. Vgl auch die Nachw in Fn 427.
692 Vgl A/RES/48/141 v 20.12.1993. Derzeitige Amtsinhaberin ist die Chilenin *Michelle Bachelet* (seit 1.9.2018).
693 Vgl *Klein* (Fn 686) Rn 16, 27; *Tomuschat*, Human Rights. Between Idealism and Realism, 3. Aufl 2014, 42 ff; *von Schorlemer*, The United Nations, in Klabbers/Wallendahl (Hrsg), Research Handbook, 466 (493 f).
694 A/RES/1514 (XV) v 14.12.1960.

der GV als Hilfsorgan geschaffen,[695] der eine politisch sehr aktive Entkolonisierungspolitik betrieb. In ihrem Gefolge stieg die Mitgliederzahl in den UN in den 1960er und 1970er, aber auch noch in den 1980er Jahren stark an.[696] Juristische Grundlage der Dekolonisierungsforderung war das Prinzip der *Selbstbestimmung der Völker* (Art 1 Nr 2, Art 55 UN-Charta), das in diesen Jahren von einem bloß politischen Prinzip zu einem zwingenden Völkerrechtssatz wurde.[697] Vieles freilich ist in diesem Zusammenhang umstritten, insbes die Frage, wie sich das Selbstbestimmungsrecht zur staatlichen Souveränität verhält.[698] Weitgehend übereinstimmende Ansicht heute ist jedenfalls, dass das Selbstbestimmungsrecht nicht auf den Dekolonisierungsvorgang beschränkt ist.[699] Die Verurteilung des fortgesetzten vietnamesischen Eingreifens in Kambodscha und der Intervention der Sowjetunion in Afghanistan erwiesen seine darüber hinausgehende Bedeutung.[700] Die Wiedervereinigung Deutschlands ist ein weiterer Anwendungsfall.[701] Entsprechendes gilt für den Zerfall des sowjetischen Imperiums, der Tschechoslowakei und Jugoslawiens.[702] Die hiermit verbundene Entstehung zahlreicher neuer Staaten hat zu einem weiteren starken Anstieg der Zahl der Mitgliedstaaten der UN geführt. Aber auch heute noch werden zahlreiche Territorien als Gebiete ohne volle Selbstverwaltung geführt und bleiben in der Diskussion der UN-Gremien.[703]

208 (4) Wirtschaftliche und soziale Zusammenarbeit und Entwicklung, Umweltfragen. Die wachsende wirtschaftliche Interdependenz der Staaten, die globalen Probleme der Armut, des Bevölkerungswachstums und der Umwelt sowie der nicht zu leugnende Zusammenhang dieser Fragen mit der Hauptaufgabe der Friedenswahrung haben dazu geführt, dass die UN einen deutlichen Schwerpunkt ihrer Tätigkeit in diesen Bereichen gesetzt haben.[704] Die zentrale Norm hierfür ist Art 55 UN-Charta.

---

695 Mit der Res A/RES/47/233 v 17.8.1993 hat die GV den Dekolonisierungsausschuss mit dem besonderen politischen Ausschuss fusioniert.
696 Einer der wichtigsten Erfolge war nach jahrzehntelangen Bemühungen die Unabhängigkeit und UN-Mitgliedschaft Namibias 1990; vgl *Vergau*, Verhandeln um die Freiheit Namibias, 2006.
697 Dies gilt unabhängig von der vertragsrechtlichen Verbürgung in den jeweiligen Art 1 der Internationalen Menschenrechtspakte; vgl *Doehring*, Self-Determination, in Charter UN², Appendix Art 1 Rn 1, 57 ff. Zum Entkolonialisierungsprozess näher *Pabst*, Die UN und die Entkolonisierung, VN 2015, 207 ff u VN 2016, 14 ff.
698 Der springende Punkt dabei ist das Sezessionsrecht; vgl *Oeter*, Self-Determination, in Charter UN³, Rn 35 ff; *Murswiek*, The Issue of the Right of Secession – Reconsidered, in Tomuschat (Hrsg), Modern Law of Self-Determination, 1993, 21 ff; *Ott*, Das Recht auf Sezession als Ausfluss des Selbstbestimmungsrechts der Völker, 2008; *Gornig*, Territoriale Souveränität und Gebietshoheit und das Selbstbestimmungsrecht der Völker, in Gornig/Michel/Bohle (Fn 681) 11 ff.
699 *Tomuschat*, Self-Determination in a Post-Colonial World, in ders (Fn 698) 1 ff.
700 *Klein* (Fn 48) 109.
701 *Klein*, Das Selbstbestimmungsrecht der Völker und die deutsche Frage, 1990, 64 ff.
702 *Klein*, Völker und Grenzen im 20. Jahrhundert, Der Staat 32 (1993) 357 ff.
703 *Fastenrath*, in Charter UN³, Art 73 Rn 17 ff. Derzeit existieren noch 17 non-self-governing territories; aktuelle Übersicht unter <http://www.un.org/en/decolonization/nonselfgovterritories.shtml>; s auch o Rn 164.
704 *Meng*, Wirtschaftliche Zusammenarbeit unter dem UN-System, in Handbuch VN, 1133 ff; *Seidl-Hohenveldern/Loibl*, Internationale Organisationen, Rn 2104 ff; *Haquani*, L'action des Nations Unies dans la promotion du développement économique et social, in Dupuy (Hrsg), Handbook, 705 ff; *Zamora*, Economic Relations and Development, in Joyner (Hrsg), The United Nations and International Law, 1997, 232 ff; *Nanda*, Environment, ebd 287 ff; *Gareis/Varwick*, Vereinte Nationen, 217 ff; *Maier*,

In ihrer Umsetzung sind zahlreiche Nebenorgane geschaffen, eine Fülle von Empfehlungen ergangen, Konferenzen einberufen sowie Prinzipien, Programme und Vertragstexte formuliert und Institutionen zur technischen Hilfeleistung[705] aufgebaut worden. Hinzuweisen ist vor allem auf UNCITRAL, UNCTAD, UNDP und UNEP sowie die vom WSR geschaffenen regionalen Wirtschaftskommissionen. Bekannt sind das UN-Kinderhilfswerk (UNICEF) und der UN-Hochkommissar für Flüchtlinge (UNHCR). Eine besondere Rolle spielen die Sonderorganisationen (zB ILO, FAO, UNESCO, WHO, UNIDO).[706] Das bei dieser Vielzahl von Einheiten fast zwangsläufig auftretende Problem der Koordinierung und des effizienten Einsatzes der zur Verfügung stehenden Ressourcen ist bislang nicht zufriedenstellend gelöst worden.[707] Gleichwohl ist festzuhalten, dass es den UN im Verbund mit anderen I.O. (zB OECD, Europarat, EU) gelungen ist, Akzente zu setzen und *Problembewusstsein* zu schaffen oder ihm Ausdruck zu verleihen. Dies ist deshalb bemerkenswert, weil sich auf diesen Feldern der Nord-Süd-Gegensatz zwischen den Mitgliedstaaten mit besonderer Deutlichkeit, zT mit Heftigkeit artikuliert.[708] Als Bsp solcher Akzentsetzung seien – bei aller kontroversen Einschätzung – die Stockholmer Konferenz über menschliche Umwelt v 1972,[709] die Charta der wirtschaftlichen Rechte und Pflichten der Staaten v 1974[710] sowie die Konferenz über soziale Entwicklung in Kopenhagen v 1995[711] genannt. Der GS hat 1999/2000 den Global Compact ins Leben gerufen. Mit dieser Initiative soll auf die Globalisierung der Wirtschaft und die gestiegene Verantwortung der großen Privatunternehmen reagiert werden.[712] Derzeit engagieren sich über 9.819 Unternehmen in 164 Ländern auf freiwilliger Basis für mehr Nachhaltigkeit durch Einhaltung sozialer und ökologischer Mindeststandards. Die Bedeutung des *sustainable development* fand nicht zuletzt seinen Ausdruck auf der Rio+20-Konferenz der Staats- und Regierungschefs im Juni 2012[713] und der Bildung des High-Level Political Forum on Sustainable Development im Jahr 2013.[714]

Umweltschutz, in Volger (Hrsg), Grundlagen, 189 ff; *Fues/Klingebiel,* Multilaterale Entwicklungspolitik: die Rolle der Vereinten Nationen, ebd 291 ff. – S auch *Kreuter-Kirchhof,* 6. Abschn Rn 106 ff.
705 *Gündling,* Economic and Technical Aid, EPIL II (1995) 9 ff.
706 Zu Nebenorganen und Sonderorganisationen vgl u Rn 225 ff.
707 Vgl o bei Rn 157.
708 *Petersmann,* Die Dritte Welt und das Wirtschaftsvölkerrecht, ZaöRV 36 (1976) 492 ff; *Betz,* Nord-Süd-Beziehungen, in Handbuch VN, 631 ff; *von Schorlemer,* Die Vereinten Nationen und die wirtschaftliche Entwicklung der Länder des „Südens", in Opitz (Hrsg), Vereinte Nationen, 209 ff. Unter dem Vorsitz des UNDP hat sich eine Gruppe der UN für Entwicklung gebildet, der auch mehrere Sonderorganisationen angehören; vgl Bericht des GS für 2001, UN Doc A/56/1, § 131.
709 UN Doc A/Conf.48/14.
710 A/RES/3281 (XXIX) v 12.12.1974.
711 UN Doc A/Conf.166/9; dazu *Charvin,* La déclaration de Copenhague sur le développement social, RGDIP 101 (1997) 635 ff. Vgl auch An Agenda for Development (hrsgv Boutros Boutros Ghali), 1995 u A/RES/47/181 v 22.11.1992; A/RES/48/166 v 21.12.1993; A/RES/49/126 v 19.12.1994.
712 *Annan,* Ein menschliches Antlitz für den globalen Markt der Zukunft, in Jahrbuch Menschenrechte 2000, 1999, 148 ff; nähere Informationen unter <http://www.unglobalcompact.org>. Vgl auch den GS-Bericht „In Larger Freedom" (Fn 20) §§ 25 ff. Ferner *Ruggie,* Report of the Special Representative of the Secretary-General on the Issue of Human Rights and Transnational Corporations and Other Business Enterprises, UN Doc A/HRC/17/31 v 21.3.2011.
713 *Unmüßig,* Grüne Ökonomie – die neue Zauberformel?, VN 2012, 3 ff; *Bauer,* Welche Zukunft wollen wir?, VN 2012, 10 ff.
714 Vgl A/RES/67/290 v 23.8.2013.

Schmahl

209 (5) Entwicklung des Völkerrechts. Art 13 Abs 1 lit a UN-Charta weist der GV die Zuständigkeit zu, Untersuchungen zu veranlassen oder Empfehlungen abzugeben, um „die fortschreitende Entwicklung des Völkerrechts sowie seine Kodifizierung zu begünstigen".[715] Die GV erfüllt diese Aufgabe in differenzierter Weise. So wurde bereits 1947 die *Völkerrechtskommission (ILC)* geschaffen,[716] die derzeit aus 34 Mitgliedern, zT sehr bekannten Völkerrechtlern, besteht, die als weisungsfreie Experten von der GV auf fünf Jahre gewählt werden; Wiederwahl ist möglich. In intensiven Beratungen, vorbereitet durch von der Kommission selbst bestimmte Berichterstatter, werden Entwürfe erstellt, sei es, um weitgehend ungeklärte Rechtsgebiete fortschreitend zu entwickeln, sei es, um im allgemeinen Völkerrecht bereits geklärte Rechtsgebiete schriftlich zu fixieren (Kodifikation).[717] Diese Arbeiten erstrecken sich meist über viele Jahre, sogar Jahrzehnte und erfolgen in ständiger Rückkoppelung mit dem Rechtsausschuss der GV und den Mitgliedstaaten. Erfährt die endgültige Vorlage der ILC die Billigung des Rechtsausschusses, so beruft die GV in der Regel eine Staatenkonferenz ein, auf der der Entwurf seine endgültige (Vertrags-) Fassung erhält, unterzeichnet und zur Ratifikation aufgelegt wird.[718] Auf diese Weise sind zahlreiche Konventionen entstanden, mit denen wichtige Gebiete des Völkerrechts kodifiziert wurden, zB die Genfer Seerechtsabkommen v 1958, die Wiener Übereinkünfte über diplomatische (1961) und konsularische Beziehungen (1963), die Wiener Übereinkommen über das Recht der Verträge v 1969 und über das Recht der Verträge zwischen Staaten und I.O. bzw zwischen I.O. v 1986, das Wiener Übereinkommen über die Vertretung von Staaten in ihren Beziehungen mit I.O. universellen Charakters v 1975 und die Wiener Übereinkommen über die Staatennachfolge v 1978 u 1983. Für den Bereich des Internationalen Handelsrechts hat die GV 1966 die *UNCITRAL* geschaffen,[719] die sich aus 60 weisungsgebundenen Regierungsvertretern zusammensetzt. Sie ist insbes erfolgreich bei der Erarbeitung von Modellregelungen für die Handelsschiedsgerichtsbarkeit gewesen; sie hat auch die UN-Konvention über Verträge über den internationalen Warenkauf (1980) vorbereitet.[720] In einem Fall hat der *Rechtsausschuss der GV* selbst eine wichtige Konvention ausgearbeitet (Genozid-Konvention 1948); verschiedentlich hat er Sonderausschüsse mit einer entsprechenden Aufgabe betraut, bevor die GV den Entwurf gebilligt hat.[721] Entspre-

---

715 Vgl den Überblick von *Schröder*, Völkerrechtsentwicklung im Rahmen der UN, in Handbuch VN, 1020 ff; *Hafner*, Kodifikation und Weiterentwicklung des Völkerrechts, in Cede/Sucharipa-Behrmann (Hrsg), Die Vereinten Nationen, 1999, 131 ff; *von Schorlemer*, Die Vereinten Nationen und die Entwicklung des Völkerrechts, in Opitz (Hrsg), Vereinte Nationen, 261 ff; *Klein*, Die Vereinten Nationen und die Entwicklung des Völkerrechts, in Volger (Hrsg), Grundlagen, 21 ff; s auch o Rn 19.
716 A/RES/174 (II) v 1947; ebd auch das Statut der ILC. Näher *Rao*, International Law Commission (ILC), MPEPIL V, 875 ff; United Nations (Hrsg), Making better International Law: The International Law Commission at 50, 1998; *McRae*, The Work of the International Law Commission 2007–2011, AJIL 106 (2012) 322 ff; *Ahlborn*, Frieden durch Recht – 70 Jahre Völkerrechtskommission, VN 2018, 173 ff.
717 *Geck* (Fn 62) 96 ff; *Ahlborn* (Fn 716) 176 f.
718 Nicht stets ist das Ergebnis ein Vertragsentwurf, wie etwa die von der ILC verabschiedeten Artikel zur Staatenverantwortlichkeit (Responsibility of States for Internationally Wrongful Acts) zeigen, die von der GV „zur Kenntnis" genommen wurden, vgl UN Doc A/RES/56/83 v 2001. Vgl auch *Schröder*, 7. Abschn Rn 6 ff.
719 A/RES/2205 (XXI) v 1966.
720 *Käde*, UNCITRAL, in Handbuch VN, 881 ff.
721 *Fleischhauer/Simma*, in Charter UN³, Art 13 Rn 51 ff.

Schmahl

chend sind die Menschenrechtspakte v 1966 vom 3. Ausschuss formuliert und von der GV angenommen worden. In dem von der GV eingesetzten *Weltraumausschuss*[722] bzw dessen Rechtsunterausschuss sind wichtige weltraumrechtliche Konventionen ausgearbeitet worden und haben die Billigung der GV gefunden, bevor sie den Staaten (ohne Kodifikationskonferenz) zu Unterzeichnung und Ratifikation vorgelegt wurden. Bei der Vorbereitung der Dritten UN-Seerechtskonferenz spielte ein von der GV eingesetzter ad hoc-Ausschuss (Meeresbodenausschuss) eine wichtige Rolle. All dies belegt die starke Einbeziehung der GV in die Kodifikationstätigkeit iSv Art 13 Abs 1 lit a UN-Charta. Als Gesetzgeber tritt die GV dabei jedoch nicht auf, da die Staaten frei bleiben, eine entsprechende vertragliche Bindung (uU mit Vorbehalten) einzugehen. Dies ist auch dann nicht anders, wenn die GV den fertigen Vertragstext annimmt und den Staaten unterbreitet. Gleichwohl wird ein institutionelles Element bei der Völkerrechtsentstehung erkennbar.

210 Von dieser eben erörterten, auf unmittelbare Normproduktion abzielenden Tätigkeit sind die Handlungsweisen von UN-Organen zu unterscheiden, die eher mittelbar und auf längere Sicht zur Völkerrechtsbildung beitragen. Was die *politischen Organe* betrifft, so gestalten sie nicht nur durch ihre Praxis das UN-Recht mit, sondern nehmen auch Einfluss auf die Entwicklung des allgemeinen Völkerrechts.[723] Dies gilt in erster Linie – aber keineswegs ausschließlich – für die *GV*, deren Entschließungen häufig einen völkerrechtlichen Argumentationsrahmen abstecken, in dem sich Rechtsbildung vollzieht. So gibt es keinen Zweifel, dass das heutige Verständnis vom Selbstbestimmungsrecht, von den Menschenrechten, dem Gewaltverbot und der Rechtsfigur eines *common heritage of mankind* maßgeblich von den ständig wiederholten Rechtsauffassungen der UN-Organe, insbes der GV, geprägt ist. Die *Friendly Relations*-Deklaration der GV v 1970, die eine Summe aus den bisherigen Tätigkeiten zu ziehen sucht,[724] hat zB, ohne dass die GV die Befugnis zur authentischen Interpretation der UN-Charta hätte,[725] viel zur Klärung von Rechtsbegriffen beigetragen, die sich in der UN-Charta finden; sie hat damit zugleich einen Beitrag für die Auslegung dieser Begriffe im allgemeinen Völkerrecht geleistet. Es wäre heute jedenfalls ein Kunstfehler, über Gewalt- und Interventionsverbot, souveräne Gleichheit der Staaten, Menschenrechte und Selbstbestimmungsrecht zu handeln, ohne dabei die Aussagen der Deklaration argumentativ zu berücksichtigen.[726] Entsprechendes mag für die abstrakt-generellen „Legislativresolutionen" des *SR* gelten, die er im Nachgang zu den Anschlägen vom 11.9.2001 erlassen hat und die einen allgemeinverbindlichen Maßnahmenkatalog zur Bekämpfung des internatio-

---

722 A/RES/1472 A (XIV) v 1959.
723 Vgl *Higgins*, The Development of International Law Through the Political Organs of the United Nations, 1963; *Simma*, Methodik und Bedeutung der Arbeit der Vereinten Nationen für die Fortentwicklung des Völkerrechts, in Kewenig (Fn 442) 79 ff; *Frowein* (Fn 45) 147 ff; *Singh*, The United Nations and the Development of International Law, in Roberts/Kingsbury (Fn 19) 384 ff.
724 A/RES/2625 (XXV); dazu *Arangio Ruiz*, Friendly Relations Resolution, EPIL II (1995) 485 ff; *Graf zu Dohna*, Die Grundprinzipien des Völkerrechts über die freundschaftlichen Beziehungen und die Zusammenarbeit zwischen den Staaten, 1973.
725 Zum Problem *Scheuner*, Zur Auslegung der Charta durch die Generalversammlung, VN 1978, 111 ff. Vgl bereits o Rn 41 f.
726 Vgl o Rn 138 f.

nalen Terrorismus aufstellen.⁷²⁷ Wiewohl ihre Vereinbarkeit mit der UN-Charta nicht über jeden Zweifel erhaben ist,⁷²⁸ prägen sie seither doch das rechtspolitische Argumentationsfeld.⁷²⁹ Auf anderer Linie liegt der Beitrag des richterlichen Hauptorgans der UN, des *IGH*. Er interpretiert bestehendes Völkerrecht iSd Art 38 IGH-Statut, wobei, wie heute allgemein anerkannt ist, auch der internationale Richter nicht bloß Recht erkennt; vielmehr steckt in jeder Rechtserkenntnis auch ein Stück Rechtsschöpfung.⁷³⁰ Ob sich die seinen Gutachten und Urteilen zugrunde liegende Rechtsauffassung über die Bindung der Streitparteien (Staaten) hinaus auswirken kann,⁷³¹ hängt von der Überzeugungskraft seiner Rechtsfindung, seiner *persuasive authority* ab. Auch hier wäre allerdings die Außerachtlassung einschlägiger IGH-Entscheidungen bei der völkerrechtlichen Diskussion mehr als ein Schönheitsfehler.

211   Einen wichtigen Beitrag leisten die UN (wie bereits der Völkerbund) für das Völkerrecht auch durch die *Registrierung und Veröffentlichung* der internationalen Verträge, da hierdurch Sicherheit und Klarheit des internationalen Rechtsverkehrs gestärkt werden. Soweit an den Verträgen Mitgliedstaaten beteiligt sind, unterliegen sie einer Registrierpflicht (Art 102 UN-Charta); Nichtmitglieder können ihre Verträge registrieren lassen. Bei Verletzung der Registrierpflicht entfällt die Fähigkeit, sich vor den UN-Organen, insbes dem IGH, auf den Vertrag zu berufen.⁷³² Publiziert werden die Verträge in einer eigenen UN-Vertragssammlung (UNTS), die vom Sekretariat betreut wird. Die Verträge werden in den Originalsprachen sowie in englischer und französischer Übersetzung veröffentlicht und überwiegend auch digital bereitgehalten (derzeitiger Stand 2018). Art 103 stellt als vertragliche Kollisionsnorm klar, dass die *Charta Vorrang* vor den anderen vertraglichen Verpflichtungen der Mitgliedstaaten beansprucht.⁷³³

6. Die Finanzierung Internationaler Organisationen

212   Zur Wahrnehmung der ihnen obliegenden Aufgaben bedürfen die I.O. einer *finanziellen Ausstattung*. Hierzu stehen je nach Organisation unterschiedliche Einnahmequellen zur Verfügung. Einnahmen und Ausgaben werden in einem Haushalt (Budget) veranschlagt, der in einem bestimmten Verfahren von den zuständigen Organen beschlossen und dessen Durchführung regelmäßiger Prüfung unterzogen wird.

---

727   Vgl Res des SR v 28.9.2001 (S/RES/1373) sowie v 28.4.2004 (SR/RES/1540). Aus jüngster Zeit vgl auch Res des SR v 24.5.2017 (S/RES/2354) on a Comprehensive International Framework to Counter Terrorist Narratives.
728   Eingehende Erörterung bei *Kloke*, Der Sicherheitsrat der Vereinten Nationen als Weltgesetzgeber – eine kritische Betrachtung aus völkerrechtlicher Sicht, 2016, 108 ff.
729   Vgl *Schmahl*, Maßnahmen der UNO zur Bekämpfung des internationalen Terrorismus: Die Rolle des Sicherheitsrats und der Generalversammlung, in Odendahl (Hrsg), Die Bekämpfung des Terrorismus mit Mitteln des Völker- und Europarechts, 2017, 109 (128 ff); *Cockayne*, Counterterrorism and Transnational Crime, in Oxford Handbook, 211 (218 ff).
730   *Kriele*, Theorie der Rechtsgewinnung, 2. Aufl 1976.
731   Vgl Art 94 Abs 1 UN-Charta; Art 59 IGH-Statut.
732   Näher *Martens*, in Charter UN³, Art 102 Rn 43 ff.
733   Vgl dazu Art 30 Abs 1 WVK u Art 30 Abs 6 WVKIO; ferner ICJ Rep 1984, 392, 440 *[Nicaragua]*; EuG, Slg 2005, II-3533, Rn 233 *[Yusuf]* u Slg 2005, II-3533, Rn 183 *[Kadi]*; EGMR, Entsch v 11.6.2013, Nr 65542/12, Rn 145 *[Mothers of Srebrenica]*. Aber vgl auch EuG, Slg 2010, II-5177 *[Kadi II]*; EuGH, ECLI:EU:C:2013:518 *[Kadi II P]*. Zur „Kadi"-Rspr näher o Fn 502.

a) Einnahmen

Im Wesentlichen können *drei Einnahmearten* unterschieden werden: die Finanzierung durch Beiträge, durch Kreditaufnahme und durch Eigenmittel.[734]

Die meisten I.O. finanzieren sich durch obligatorische und freiwillige Beiträge ihrer Mitglieder. Soweit es sich um *obligatorische Beiträge* handelt, stellt sich die Frage nach der Verteilung der Beitragslast. Die einfachste, aber nicht weit verbreitete Methode besteht darin, allen Mitgliedern den gleichen Beitragssatz aufzuerlegen. So wird etwa bei der OPEC und wurde bis 1990 bei der WEU verfahren.[735] In diesen Fällen wird mit dem Grundsatz der souveränen Gleichheit Ernst gemacht, doch schränkt die I.O. damit ihre finanziellen Möglichkeiten, die sie am finanzschwächsten Mitglied ausrichten muss, stark ein. Überwiegend sind die Mitglieder daher in Beitragsklassen eingestuft oder stufen sich – wie im Fall der ITU und WIPO – selbst ein. Entscheidend sind die Kriterien dieser Einordnung. In seltenen Fällen wird an die bloße Bevölkerungszahl angeknüpft, wie etwa bei der International Organization of Legal Metrology (OIML). Neben der Einwohnerzahl wird als Kalkulationsgrundlage für die Beiträge zum Europarat auch das BIP herangezogen. ZT richten sich die Beiträge nach dem Interesse, das die einzelnen Staaten an der Tätigkeit der I.O. haben. So bestimmt sich die Beitragshöhe für die Mitglieder in I.O. auf dem Gebiet des Eisenbahnverkehrs u a nach der Länge der jeweiligen Bahnstrecken. Die Finanzierung der Interamerikanischen Thunfisch-Organisation orientiert sich an den Fangmengen, die der IMO an der registrierten Schiffstonnage, was zu einer relativ hohen Beitragsquote der Billigflaggenstaaten (zB Liberia, Panama) führt. Bei WMO und ICAO wird das Kriterium des Interesses des Mitglieds an der Arbeit der Organisation mit seiner Leistungsfähigkeit kombiniert.[736]

In den *UN* setzt die GV gemäß Art 17 Abs 2 UN-Charta die Beitragshöhe verbindlich fest.[737] Maßgeblich für den Verteilungsschlüssel ist seit 1997 nicht mehr das Volkseinkommen, sondern das Bruttonationaleinkommen (BNE) der Mitgliedstaaten.[738] Korrekturen erfolgen u a durch die Bestimmung von Höchst- und Mindestgrenzen. Aufgrund der zunächst nur verfügbaren Vorkriegsstatistiken hätten die USA zu Beginn 49,89% der Ausgaben zu tragen gehabt.[739] Das Argument der USA, eine solche Beitragshöhe mache die Organisation zu stark von einem Mitglied abhängig, ist durchaus plausibel. Der Beitragssatz wurde daher auf 39,89% herabgesetzt und später weiter ermäßigt. 1972/73 (zeitgleich mit dem finanzielle Entlastung bedeutenden Beitritt der beiden deutschen Staaten) wurde der Höchstsatz auf 25% festgelegt. Bei den Haushaltsverhandlungen im Jahr 2000 ist es den USA gelungen,

---

734 Umfassend dazu *Meermagen*, Beitrags- und Eigenmittelsystem, 2002; vgl auch *Cogan*, Financing and Budgets, in Oxford Handbook, 903 ff.
735 *Schermers/Blokker*, International Institutional Law, § 967.
736 Zu Vorstehendem *Schermers/Blokker*, International Institutional Law, §§ 980 ff. Zur Entwicklung der WMO vgl *Jarraud/Müller*, Errungenschaften und Herausforderungen der WMO, VN 2017, 267 ff.
737 ICJ Rep 1962, 151, 164 *[Certain Expenses]*. Näher *Chesterman/Johnstone/Malone*, United Nations, 233 ff; *White*, International Organisations, 70 ff.
738 Näher *Hüfner*, Die Finanzierung des VN-Systems 1971–2003/2005, 2005; *ders*, Finanzierung, in Volger (Hrsg), Grundlagen, 417 ff. – Bis 1999 wurde das BNE als Bruttosozialprodukt (BSP) bezeichnet.
739 *Koschorreck*, Beitragssystem, in Handbuch VN, 49.

Schmahl

eine weitere Absenkung auf 22% zu erreichen.[740] Auch der Mindestsatz wurde im Lauf der Zeit von zunächst 0,04% auf derzeit 0,001% abgesenkt. Derzeit zahlen 32 Mitglieder diesen niedrigsten Beitragssatz.[741] Die BR Deutschland war für die Jahre vor der Wiedervereinigung auf einen Satz von 8,08% (DDR: 1,28%), von 1992–94 auf 8,93% festgesetzt. Bis 2000 ist der Beitrag auf 9,857% gestiegen und ab 2004 wieder leicht gesunken (8,62%).[742] Seither fällt die Beitragslast Deutschlands kontinuierlich; so beliefen sich die Beitragssätze der Bundesrepublik für den Haushalt der UN von 2007 bis 2009 auf 8,577% und von 2010 bis 2012 auf 8,018%, während die Beitragssätze für den Haushalt von 2013 bis 2015 und von 2016 bis 2018 nur noch 7,141% bzw 6,389% betrugen.[743] Nachdem Deutschland lange Zeit der drittgrößte Beitragszahler nach den USA und Japan war, nimmt es heute nur noch die Position des viertgrößten Beitragszahlers nach den USA (22%), Japan (9,680%) und China (7,921%), aber noch deutlich vor Frankreich (4,859%) ein.[744] Die 28 EU-Staaten tragen 30,384% der gesamten Beitragslast, zusammen mit den USA also 52,384%. Insgesamt zahlen nur 18 von 193 Staaten jeweils mehr als 1%; gemeinsam bringen sie knapp 82% des Budgets auf.[745] Der reguläre Zweijahreshaushalt 2016/17 erteilte eine Ausgabenermächtigung von 5,402 Mrd US $;[746] der Programmhaushaltsplan für die Jahre 2018/2019 beläuft sich auf die Summe von ca 5,397 Mrd US $.[747] Beginnend mit dem Jahr 2020 soll der seit 1974 existierende Zweijahreshaushalt (wieder) durch ein jährliches Budget ersetzt werden.[748]

216   Auch wenn nicht zu bestreiten ist, dass die reicheren Staaten aufgrund der in der UN-Charta angestrebten Gemeinwohlzwecke zu Recht finanziell stärker als die ärmeren Staaten belastet werden, fällt doch die *Disparität von Stimmrecht und finanzieller Verantwortung* ins Auge.[749] Die Ausgaben werden von der GV mit 2/3-Mehrheit festgelegt (Art 17 Abs 1, Art 18 Abs 2 UN-Charta). Die weitgehende finanzielle Folgenlosigkeit der Ausgabenentscheidungen für die ganz überwiegende Mitgliederzahl führte in der Vergangenheit zu einer oft nicht mehr zu rechtfertigenden Aufblähung von Institutionen, Programmen und Aktionen, gegen die die eigentlichen Zahler sich nicht durchsetzen konnten. Auch aus diesem Grunde sind manche Staaten die

---

740 UN Doc A/RES/55/5 B-F v 2000; hierzu *Hüfner*, in Praxishandbuch UNO, 624 f.
741 UN Doc A/RES/70/245 v 2015. Die in UN Doc A/RES/55/5 B-F v 2000 festgelegte Methode zur Bestimmung des Beitragsschlüssels soll demnächst einer Überprüfung unterzogen werden, vgl *Lehmann*, Beitragsschlüssel für den Haushalt der Vereinten Nationen 2016 bis 2018, VN 2016, 135 (136).
742 Vgl UN Doc A/RES/43/223 v 1988; A/RES/46/221 v 1991.
743 Überblick bei *Hüfner*, Deutsche Leistungen an den Verband der Vereinten Nationen 2010–2013, VN 2014, 86 ff; *ders*, Deutsche Leistungen an den Verband der Vereinten Nationen 2014–2017, VN 2017, 74 ff.
744 In den vergangenen Jahren sind alle Beitragssätze der traditionellen Geber – mit Ausnahme der USA – gesunken, während die Beiträge der großen Schwellenländer Brasilien (2016–2018: 3,823%), Russland (2016–2018: 3,088%), Indien (2016–2018: 0,737%), Saudi-Arabien (2016–2018: 1,146%) und China (2016–2018: 7,921%) gestiegen sind, vgl *Lehmann* (Fn 741) 136.
745 Vgl UN Doc A/RES/70/245 v 2015. S auch *Lehmann* (Fn 741), 135 f.
746 Vgl UN Doc A/RES/70/249 A-C v 2015; näher *Spahl*, Verwaltung und Haushalt, VN 2016, 133 f.
747 Vgl UN Doc A/RES/72/263 A-C v 2017; näher *Mangelsdorf*, Verwaltung und Haushalt, VN 2018, 34 f.
748 Vgl UN Dok A/RES/72/266A v 15.1.2018; vgl auch *Mangelsdorf*, Die Managementreform der Vereinten Nationen 2017 und 2018, VN 2018, 220 (224).
749 Dazu *Klein* (Fn 251) 80 ff; *Ingadóttir*, Financing International Institutions, in Klabbers/Wallendahl (Hrsg), Research Handbook, 108 (114 ff).

Entrichtung ihrer Beiträge über Jahre, manchmal sogar Jahrzehnte partiell schuldig geblieben. Vor allem die USA haben ihr Missbehagen mehrfach deutlich artikuliert und durch die *Zurückbehaltung ihrer Beiträge* die UN immer wieder in Finanzkrisen gestürzt.[750] Hinzu treten zahlreiche Vorwürfe an die Organisation, rechtswidrige Aktionen durchzuführen. Insoweit stehen die USA keineswegs allein. So haben sich etwa die Sowjetunion und Frankreich in den 1960er Jahren geweigert, die anteilsmäßigen Kosten für die Nahost (UNEF-) und Kongo (ONUC-) Friedensmissionen zu tragen, die die GV als „Kosten der Organisation" iSv Art 17 Abs 2 UN-Charta veranschlagt und auf die Mitglieder umgelegt hatte. Ein von der GV erbetenes Gutachten des IGH stellte fest, dass die bloße Organkompetenzüberschreitung nicht notwendig dazu führen müsse, dass die damit verbundenen Kosten nicht solche der Organisation seien; es komme vielmehr auf den Aufgabenbereich der Organisation insgesamt an. Im Übrigen müsse jedes Organ seine eigene Zuständigkeit zunächst selbst bestimmen. Wenn es sich um Organisationszwecke (wie Friedenswahrung) handle, bestehe eine Vermutung, dass es sich auch um Ausgaben der Organisation handele.[751] Trotz dieses (nicht verbindlichen) Gutachtens, das die Schwierigkeiten der *ultra vires*-Problematik widerspiegelt,[752] blieben Frankreich und die Sowjetunion bei ihrer Verweigerungshaltung. Ende 2008 betrug die Schuldenlast gegenüber den UN ca 3,33 Mrd US $.[753] Inzwischen sind nicht zuletzt durch den Druck der USA einige wichtige Rationalisierungen, die zu Einsparungen geführt haben, vorgenommen worden. Außerdem sind ausgehend von der GV-Res 41/213 Verbesserungen im Budgetprozess vorgenommen worden, die mehr auf Verständigung als auf Mehrheitsentscheidung setzen.[754] Die Beendigung der finanziellen Dauerkrise ist damit aber nicht erreicht worden.[755] Darunter leiden vor allem die Möglichkeiten der UN, an den Krisenherden der Welt effektiv präsent zu sein.

Verschiedene Organisationen und zahlreiche Einzelaktivitäten werden durch freiwillige *Beiträge/Spenden* finanziert. Hierzu gehören etwa das UN-Entwicklungsprogramm (UNDP), das Kinderhilfswerk (UNICEF), der Hohe Kommissar für Flücht- **217**

---

750 Vgl *Woeste/Thomma*, in Charter UN³, Art 17 Rn 140; *Zoller*, The „Corporate Will" of the United Nations and the Rights of the Minority, AJIL 81 (1987) 610 ff; *Münch*, Beitragszahlungsmoral der Mitgliedstaaten internationaler Organisationen im UNO-System, FS Jaenicke, 1998, 239 ff; *Seidl-Hohenveldern*, Die missliche Finanzlage der Vereinten Nationen, FS Hahn, 1997, 555 ff; *Hüfner*, Die Finanzierung des UN-Systems in der Dauerkrise, in Praxishandbuch UNO, 615 ff; *ders*, Financing the United Nations, in Dijkzeul/Bigbeder (Hrsg), Rethinking International Organizations, 2002, 29 ff.
751 ICJ Rep 1962, 150, 178 f.
752 So Rn 192 ff.
753 Davon waren 417 Mio US $ Schulden an das reguläre Budget, 2,88 Mrd US $ fehlten an Beiträgen für friedenserhaltende Maßnahmen und 26 Mio US $ an Beiträgen für internationale Tribunale (Zahlen nach Press Release GA/AB/3904 v 15.5.2008).
754 Vgl u Rn 221.
755 Im November 2010 beglichen die USA rund ⅓ ihrer Schulden gegenüber den UN; dennoch fehlten dem regulären UN-Budget Ende 2011 erneut insgesamt ca 454 Mio US $, vgl Press Release GA/AB/4030 v 14.5.2012. Entsprechende Defizite sind in den vergangenen drei Jahren zu verzeichnen: 2017 fehlten dem regulären Budget ca 531 Mio US $, da 48 Mitgliedstaaten ihren Beitragspflichten nicht nachgekommen waren, vgl Bericht des GS, UN Doc A/75/522/Add.1 v 16.5.2018. Auch Ende 2015 und Ende 2016 fehlten ca 533 Mio US $ bzw ca 409 Mio US $, vgl Berichte des GS, UN Doc A/70/433/Add.1 v 6.5.2016 und UN Doc A/71/440/Add.1 v 8.5.2017.

lingsfragen (UNHCR) und die UN-Universität (UNU).[756] Die meisten friedenswahrenden Aktivitäten werden zwar als „Ausgaben der Organisation" behandelt, doch gibt es Ausnahmen. So wurde die Friedensmission auf Zypern (UNFICYP) seit 1964 auf freiwilliger Grundlage finanziert. Da die Spenden nicht ausreichten, blieben die Kosten weitgehend an den die Truppenkontingente stellenden Mitgliedstaaten hängen. Bis 1993 hatte sich ein Defizit allein bei dieser Mission von 200 Mio US $ angesammelt. Nach Überwindung russischer Bedenken, die zunächst zu einem Veto geführt hatten, hat der SR beschlossen, die nicht durch freiwillige Beiträge gedeckten zukünftigen Kosten der Aktion als „Ausgaben der Organisation" zu behandeln.[757] Mit der Anzahl der Friedensoperationen *(peacekeeping operations)* ist in den letzten Jahren auch der Finanzbedarf für deren Durchführung gestiegen; so beläuft sich das genehmigte Budget für den Zeitraum vom 1.7.2018 bis 30.6.2019 auf ca 6,7 Mrd US $.[758] Die Finanzierung erfolgt über eigens eingerichtete Sonderkonten, in welche die Beiträge der Mitgliedstaaten *(Pflichtbeitragsumlagen)* nach einem bestimmten Beitragsschlüssel (10-Stufen-Modell) einfließen.[759] Eine Übertragung dieses Beitragssystems oder zumindest eine Reform des Systems freiwilliger Zuwendungen wird bspw im Bereich humanitärer UN-Organisationen diskutiert.[760]

218 Bei den meisten I.O. spielen *eigene Einkünfte* (Eigenmittel) keine entscheidende Rolle, wenn man von der Weltbankgruppe und den regionalen Entwicklungsbanken absieht, die sich vor allem aus den Erträgen zu finanzieren haben. Die Erträge werden zum einen aus den beim Beitritt der Mitglieder zu erbringenden Einzahlungen erwirtschaftet, zum anderen resultieren sie daraus, dass finanzielle Leistungen gegen Entgelt (Zinsen) zur Verfügung gestellt werden. In geringerem Umfang werden durch Publikationen, die Vermietung von Räumen und den Verkauf von Briefmarken, Grußkarten und Souvenirs ebenfalls Einnahmen erzielt.[761] Nach Art 311 AEUV wird heute der *EU-Haushalt* unbeschadet sonstiger Einnahmen[762] vollständig aus Eigenmitteln finanziert. Hierzu gehören 1. Abschöpfungen, Prämien, Zusatz- oder Ausgleichsbeträge; 2. Zölle, die im Außenhandel aufgrund des Gemeinsamen Zolltarifs erhoben werden; 3. Einnahmen, die sich aus der Anwendung eines für alle Mitgliedstaaten einheitlichen Satzes auf die nach Unionsvorschriften bestimmte einheitliche Mehrwertsteuer-Eigenmittelbemessungsgrundlage jedes Mitgliedstaats ergeben; 4. Abführungssätze der Mitgliedstaaten auf ihr BNE (früher: BSP), die im

---

756 Weitere Bsp bei *Hüfner*, Die freiwilligen Finanzleistungen an das UN-System, GYIL 26 (1983) 299 ff.
757 S/RES/831 (1993); UN Chronicle 1993/3, 46 f.
758 Vgl UN Doc A/C.5/72/25 v 5.7.2018.
759 Die Beitragssätze wurden zuletzt im Jahr 2015 angepasst, vgl UN Doc A/RES/70/246 v 8.2.2016. Zur Finanzierung vgl *Hüfner*, Alternative Mechanismen zur Finanzierung von Friedensoperationen der VN, in DGVN (Hrsg), Blaue Reihe Nr 100, 2007, 5 ff; *Griep*, Neue Entwicklungen in der UN-Friedenssicherung, in Volger/Weiß (Hrsg), Die VN vor globalen Herausforderungen, 2011, 213 (217); *Lachenmann/Wolfrum*, United Nations Budget, MPEPIL online (2013), Rn 25 ff. Ende Januar 2015 schuldeten die Mitgliedstaaten ca 2,17 Mrd US $ für friedenserhaltende Maßnahmen, vgl <http://www.un.org/en/peacekeeping/resources/statistics/factsheet.shtml>.
760 Vgl *Reinhardt*, Pflichtbeiträge statt Freiwilligkeit?, VN 2017, 116 (119 f).
761 *Seidl-Hohenveldern/Loibl*, Internationale Organisationen, Rn 1807.
762 Dazu zählen nicht unter die Eigenmittel fallende Abgaben und Gebühren, Einnahmen aus laufender Verwaltungstätigkeit, Beiträge zu Gemeinschaftsprogrammen, Verzugszinsen und Geldbußen, Anleihen und Darlehen, näher *Oppermann/Classen/Nettesheim* (Fn 93) § 8 Rn 49 ff.

Haushaltsverfahren festgelegt werden.[763] Dabei ist eine Gesamtobergrenze der Eigenmittel festgelegt, die derzeit 1,23% der Summe der BNE der Mitgliedstaaten beträgt. Die Einziehung der Mittel erfolgt durch die Behörden der Mitgliedstaaten; sie werden direkt an die Gemeinschaft weitergeleitet. Die verfügbaren Eigenmittel der EU waren im Gesamthaushaltsplan 2018 mit ca 142,8 Mrd Euro veranschlagt.[764]

Eine weitere Form der Finanzierung besteht in der *Geldaufnahme am Kapitalmarkt* durch die I. O.[765] Die Kompetenzgrundlage wird entweder in besonderen Ermächtigungen der Gründungsverträge gefunden (zB Art 352 AEUV)[766] oder in der Pflicht zur Aufgabenerfüllung impliziert gesehen *(implied powers)*. Wohl nur auf dieser Basis lassen sich die verschiedentlichen Kreditaufnahmen der UN (zB zum Bau des Hauptgebäudes in New York oder zur Überwindung der durch Beitragsverweigerung entstandenen finanziellen Krisensituation) erklären.[767] Der Gesamthaushaltsplan der EU für 2018 sah Einnahmen iHv 6,186 Mio Euro durch Anleihen und Darlehen vor.[768]

b) Ausgaben und Budgetierung

Die Ausgaben der Organisationen ergeben sich aus ihren Aufgaben und können administrativer und operationeller Art sein.[769] Sie werden im Rahmen des Haushaltsverfahrens beschlossen. Regelmäßig wird das *Budget* vom Sekretariat vorbereitet und an andere ggf beteiligte Organe zur Stellungnahme weitergeleitet. Abschließend wird der ein- oder zweijährige Haushalt vom Plenarorgan der I. O. beschlossen.

Nach Art 17 Abs 1 u Art 18 Abs 2 UN-Charta beschließt die GV mit 2/3-Mehrheit den Haushalt.[770] Um den großen Beitragszahlern, insbes den USA, die in der GV ja über kein herausgehobenes Stimmrecht verfügen, entgegenzukommen, wurde 1986 ein zweistufiges Haushaltsverfahren eingeführt.[771] Vor dem Jahr der Beschlussfassung über den *Doppelhaushalt* legt der GS einen ersten Überblick über diesen Haushalt vor, der insbes eine vorläufige Schätzung der zu veranschlagenden Mittel und

---

763 Ausführlich *Meermagen* (Fn 734) 141 ff. Derzeitige Grundlage: Beschluss 2007/436/EG, Euratom des Rates v 7.6.2007 über das System der Eigenmittel der Europäischen Gemeinschaften, Euratom, ABl EU 2007, Nr L 163/17 sowie VO 1150/2000 des Rates v 22.5.2000 zur Durchführung des Eigenmittelbeschlusses, ABl EU 2004, Nr L 130/1 (zuletzt geänd durch VO 105/2009 v 26.1.2009, ABl EU 2009, Nr L 36/1).
764 ABl EU 2018, Nr L 57/22 v 28.2.2018. Die Eigenmittel für 2017 betrugen rund 131,7 Mrd Euro (ABl EU 2017, Nr L 51/22 v 28.2.2017).
765 Vgl *Schermers/Blokker*, International Institutional Law, § 1064 f.
766 Näher zur Verschuldungskompetenz der EU *Oppermann/Classen/Nettesheim* (Fn 93) § 8 Rn 53 ff; krit *Häde*, Das Finanzsystem der Europäischen Union, in Härtel (Hrsg), Handbuch Föderalismus, Bd IV, 2012, § 190 Rn 24 ff.
767 Vgl UN Doc A/RES/1739 (XVI); A/32/6, Vol II, 457 (Doppelhaushalt 1978/79).
768 ABl EU 2018, Nr L 57/22 v 28.2.2018. Für 2017 betrugen die Anleihen 6,928 Mio Euro (ABl EU 2017, Nr 51/22 v 28.2.2017).
769 Im ordentlichen Haushalt der UN werden nur ca 40% der Gesamtausgaben der Organisationen erfasst (meist Verwaltungskosten), während die Kosten der Sachaufgaben überwiegend in besonderen Fonds verwaltet werden; vgl hierzu o Rn 215.
770 Dazu *Dicke*, Deciding upon the Budget of the United Nations, in Wolfrum (Hrsg), Law of the Sea at the Crossroads, 1991, 189 ff. – Art 17 Abs 3 UN-Charta räumt der GV auch maßgeblichen Einfluss auf die Haushalte der Sonderorganisationen ein.
771 Vgl A/RES/41/213 v 1986; näher *Woeste/Thomma*, in Charter UN³, Art 17 Rn 163 ff.

eine Prioritätenfestlegung enthalten soll. Der Programm- und Koordinierungsausschuss (CPC), ein Nebenorgan der GV, behandelt diesen Überblick und legt der GV über den Finanzausschuss (5. Ausschuss) seine Schlussfolgerungen und Empfehlungen vor. Auf der Grundlage des danach gefassten GV-Beschlusses stellt der GS nun den eigentlichen Haushaltsentwurf auf und legt ihn dem CPC und dem Beratenden Ausschuss für Verwaltungs- und Haushaltsfragen (ACABQ) vor, die ihre Empfehlungen der GV zuleiten, die endgültig zu entscheiden hat.[772]

222 Erhebliche Besonderheiten weist das Haushaltsverfahren der *EU* auf. Art 314 AEUV versucht, die hinter den beteiligten Organen (Rat, Parlament, Kommission) stehenden Interessen in ein ausbalanciertes Verhältnis zu bringen und führt dadurch zu einem sehr komplizierten Procedere, das hier nicht näher dargestellt werden kann.[773]

c) Rechnungskontrolle und Sanktionen

223 Meistens wird die Durchführung des Haushalts organisationsintern durch bestimmte Kontrollinstanzen geprüft, die nicht immer sehr effektiv sind. In den *UN* ist es Aufgabe einer vom GS eingesetzten internen *Rechnungskontrolle*, die Übereinstimmung der finanziellen Transaktionen mit den Resolutionen zu überprüfen. Ein dreiköpfiger Rechnungsprüfungsausschuss *(board of auditors)* prüft die Jahresabschlüsse.[774] Die Joint Inspection Unit (JIU) hilft bei der Überprüfung von Wirtschaftlichkeit und Effizienz der Aufgabenerledigung.[775] In der *EU* wird die Aufgabe der Rechnungsprüfung seit 1975 durch einen *Rechnungshof* wahrgenommen, der mit Inkrafttreten des EU-Vertrags (1.11.1993) Hauptorganqualität erhalten hat (Art 13 EUV). Aufgaben und Rechtsstellung sind in Art 285 bis 287 AEUV geregelt.

224 Zahlreiche Gründungsverträge sehen für die Verletzung der Zahlungsverpflichtungen der Mitgliedstaaten besondere *Sanktionen* vor. Sie bestehen ab einem bestimmten Rückstand im Verlust des Stimmrechts in einzelnen (zB FAO, ICAO) oder allen Organen (zB ILO, Europarat); diese Rechtsfolge kann automatisch (zB UNESCO, IMO) oder aufgrund einer Ermessensentscheidung des zuständigen Organs (zB Europarat) eintreten.[776] In den *UN* entfällt das Stimmrecht in der GV (Plenum und Ausschüsse)[777] ipso iure, wenn der Beitragsrückstand die Summe der Verpflichtungen der letzten beiden vorausgegangenen Jahre erreicht oder übersteigt (Art 19 UN-

---

[772] Trotz dieser formalen Entscheidungsbefugnis der GV besteht in den maßgeblichen Gremien ein gentlemen's agreement dahingehend, dass budgetäre Entscheidungen nicht gegen den Willen der Hauptbeitragszahler gefasst werden, vgl *Klein* (Fn 251) 78f. Krit wegen der Kompetenz der GV *Zoller* (Fn 750) 633f.
[773] Vgl das Schaubild bei *Streinz* (Fn 495) Rn 744.
[774] *Paschke*, Externe und interne Kontrolle, in Volger (Hrsg), Grundlagen, 467ff. Aktuelle Mitglieder sind der Chilene *Jorge Bermúdez Soto*, der Inder *Rajiv Mehrishi* (Vorsitzender) und der Deutsche *Kay Scheller*.
[775] *Schermers/Blokker*, International Institutional Law, § 1126; *Münch*, The Joint Inspection Unit of the United Nations and the Specialized Agencies, MPYUNL 2 (1998) 287ff. Eine interne Kontrollfunktion nimmt auch das OIOS (Fn 545) wahr, an dessen Spitze der Generalinspektor im Rang eines Unter-GS steht. Seit 2015 bekleidet die Philippinerin *Heidi Mendoza* dieses Amt.
[776] Vgl *Schermers/Blokker*, International Institutional Law, §§ 1455ff.
[777] Nicht darunter fallen die gemäß Art 22 UN-Charta geschaffenen Nebenorgane oder die anderen UN-Organe; *Tomuschat*, in Charter UN³, Art 19 Rn 32f.

Charta). Allerdings kann die GV die Ausübung zulassen, wenn die Nichterfüllung auf von Mitgliedstaaten nicht zu kontrollierende Umstände zurückzuführen ist.[778] Mit dieser Begründung wurde in den vergangenen Jahren einigen Mitgliedstaaten trotz Beitragsrückstands das Stimmrecht vorübergehend zugestanden.[779] Seit September 2018 sind Somalia, São Tomé und Príncipe sowie die Komoren nach Maßgabe des Art 19 UN-Charta im Rückstand mit ihren Zahlungsverpflichtungen.[780] Faktisch ist die Sanktion des Art 19 UN-Charta bislang nahezu völlig leer gelaufen,[781] da entweder geringe Zahlungen akzeptiert werden, mit denen die kritische Grenze unterschritten wird, oder man von Abstimmungen ieS absieht und die notwendigen Entscheidungen im Konsens-, *non objection*- oder Akklamationsverfahren vornimmt.[782] Gegen die Verweigerung der Mitarbeit eines *EU*-Staats bei der Einziehung der Eigenmittel der Union kann die Kommission beim EuGH ein Vertragsverletzungsverfahren (Art 258, 260 AEUV) einleiten.

III. Die UN-Familie

1. Allgemeines

Mit dem Begriff der „UN-Familie" wird die *Gesamtheit der Organisation der UN,* dh sowohl die Hauptorganisation selbst mit ihren Organen, Unter- und Nebengliederungen als auch die Sonderorganisationen erfasst.[783] Das weitverzweigte Netz, von dem Übersicht 3 einen guten, aber keineswegs vollständigen Eindruck vermittelt,[784] stellt so etwas wie das Gerüst der Staatengemeinschaft dar, das den institutionellen Rahmen für Koordination und Kooperation auf der universellen Ebene bereitstellt. Natürlich darf man die Vielzahl anderer Organisationseinheiten, vor allem auf regionaler Ebene, nicht vergessen, in denen sich die immer dichter werdende Zusammenarbeit zwischen den Staaten vollzieht. Vom globalen Anspruch der UN her gesehen,[785] ist der Organisationsverbund UN-Familie aber besonders wichtig. 225

Stärker noch als „UN-Familie" weist der für diesen Zusammenhang gleichfalls gebräuchliche Begriff *UN-System*[786] auf die Institutionalisierung der Beziehungen zwischen den dort angesiedelten verschiedenen Organisationseinheiten hin. Dies ist vor allem im Hinblick auf die Sonderorganisationen bedeutsam, die gerade dadurch charakterisiert sind, dass sie trotz rechtlicher Selbständigkeit in enge Verbindung mit den 226

---

778 Vgl zB A/RES/66/4 v 11.11.2011.
779 Vgl zB UN Doc A/Res/64/2 v 14.10.2009; ferner siehe <http://www.un.org/ga/art19.shtml>, auch zur entsprechenden Praxis vorangegangener Jahre.
780 Vgl UN Doc A/73/367/Rev.1 v 14.9.2018, dazu auch o Rn 85 mit Fn 242. Der lange Zeit ebenfalls säumige Mitgliedstaat Guinea-Bissau hat die notwendigen Zahlungen inzwischen geleistet, seine Rückstände liegen unter den Grenzen des Art 19 UN-Charta, vgl UN Doc A/73/367/Add.1 v 26.9.2018.
781 Zur vereinzelten Anwendung gegen kleine Staaten vgl *Tomuschat*, in Charter UN³, Art 19 Rn 25.
782 Vgl o Rn 85, 135f.
783 Vgl *Schermers/Blokker*, International Institutional Law, §§ 1692ff. – ZT werden auch solche Organisationen hinzugezählt, die, ohne Sonderorganisation geworden zu sein, in enger Kooperation mit den UN stehen, wie zB bis Ende 2003 die UNWTO; vgl *Vrancken*, Tourism, MPEPIL IX, 964 (Rn 1, 6ff); *Seidl-Hohenveldern/Loibl*, Internationale Organisationen, Rn 813ff.
784 Einen wohl weitgehend vollständigen Überblick für das Jahr 2005 gibt das UNYB 59 (2005).
785 Vgl *Bernadotte*-Gutachten, ICJ Rep 1949, 174ff.
786 *Hüfner*, UN-System, in Handbuch VN, 966ff.

UN gebracht sind. Die sich aus dieser Situation ergebende Spannungslage ebenso wie die Schwierigkeit, die im Lauf der Zeit erheblich gewachsene Zahl organisatorischer Einheiten zu koordinieren, markieren die eigentlichen Problempunkte des Systems.

2. UN mit Haupt- und Nebenorganen

227 Der zentrale Teil des UN-Systems sind die UN selbst als die *Hauptorganisation*. Ihre Struktur und ihre Organe (Art 7 UN-Charta) sind bereits ausführlich behandelt worden.[787] Im Kontext des Gesamtsystems ist vor allem die Rolle von *GV* und *WSR* hervorzuheben, da aus diesen Organen heraus die Verbindung zu den Sonderorganisationen gestaltet wird. Die GV hat darüber hinaus *Nebenorgane* geschaffen, die Übersicht 3 aufweist. Das älteste dieser ständigen Nebenorgane ist das Kinderhilfswerk (United Nations International Children's Emergency Fund/UNICEF) v 1946. Die Infrastruktur ist unterschiedlich geregelt, aber meist gibt es einen Exekutivrat, an dessen Spitze ein Exekutivdirektor steht, der die laufenden Verwaltungsgeschäfte führt. Die Finanzierung erfolgt überwiegend auf freiwilliger Basis. Mit Ausnahme von UNRWA (United Nations Relief and Works Agency for Palestine Refugees in the Near East), UNIDIR (United Nations Institute for Disarmament Research) und UNICRI (United Nations Interregional Crime and Justice Research Institute),[788] die direkt an die GV berichten, legen die Nebenorgane ihre Jahresberichte über den WSR der GV vor. Auf die Fülle der Ausschüsse (ständige und ad hoc) und Arbeitsgruppen, die GV und WSR geschaffen haben, kann nur pauschal hingewiesen werden.

228 Im Rahmen seiner primären Verantwortung für die Wahrung des Weltfriedens hat der *SR* eine große Anzahl *friedenssichernder Operationen* ins Leben gerufen, die seiner direkten Verantwortung unterstanden oder unterstehen.[789] In neuerer Zeit zeichnet sich jedoch eine Tendenz zur Dezentralisierung ab; während der SR die grundlegende Ermächtigung erteilt, übernehmen Mitgliedstaaten selbst oder andere Organisationen (zB NATO, EU, AU) die Durchführung der Aktion.[790] Auch derartige Aktionseinheiten können dem UN-System zugeordnet werden.

3. Sonderorganisationen

229 Sonderorganisationen *(specialized agencies)*[791] sind solche I.O., die nach ihrem Gründungsinstrument Aufgaben in dem weiten von Art 1 Nr 3 u Art 55 UN-Charta

---

787 Vgl o Rn 124 ff.
788 Näher *Schmahl*, United Nations, Autonomous Research Institutes, MPEPIL X, 229 (Rn 20 ff).
789 Ein Überblick über die gegenwärtigen 15 Friedensmissionen der VN findet sich in Übersicht 3. Eine Auflistung aller friedenssichernden Missionen von 1948 bis 2018 ist abrufbar unter <https://peacekeeping.un.org/sites/default/files/180413_unpeacekeeping-operationlist_2.pdf>.
790 Näher *Bothe*, 8. Abschn Rn 35, 49 f. Ferner *Deen-Racsmány*, A Redistribution of Authority Between the UN and Regional Organizations in the Field of Maintenance of Peace and Security, LJIL 13 (2000) 297 ff; *de Wet*, The Relationship of the Security Council and Regional Organizations during Enforcement Action under Chapter VII of the United Nations Charter, NJIL 71 (2002) 1 ff; *Villani*, The Security Council's Authorization of Enforcement Action by Regional Organizations, MPYUNL 6 (2002) 535 ff. Vgl auch o Fn 474.
791 Eingehende Darstellung bei *Klein*, United Nations, Specialized Agencies, MPEPIL X, 489 ff; *Williams*, The Specialized Agencies and the United Nations, 1987; *Meng*, in Charter UN³, Art 57.

definierten Sinn erfüllen und durch Vertrag in Verbindung mit den UN gebracht worden sind (Art 57, 63 UN-Charta). Derzeit bestehen *15 Sonderorganisationen:*[792] ILO (International Labour Organization, 1946); FAO (Food and Agriculture Organization, 1946); UNESCO (UN Educational, Scientific and Cultural Organization, 1946); ICAO (International Civil Aviation Organization, 1947); Weltbankgruppe (World Bank Group, 1947);[793] IMF (International Monetary Fund, 1947); UPU (Universal Postal Union, 1947); WHO (World Health Organization, 1948); ITU (International Telecommunication Union, 1949; 1992/1994); WMO (World Metereological Organization, 1951); IMO (International Maritime Organization, 1948); WIPO (World Intellectual Property Organization, 1967); IFAD (International Fund for Agricultural Development, 1977); UNIDO (UN Industrial Development Organization, 1986); UNWTO (World Tourism Organization, 2003).

Die IAEO (Internationale Atomenergie-Organisation) hat de facto den Status einer Sonderorganisation, formal rechnet sie nicht zu dieser Kategorie, da das Abkommen mit den UN nicht nach Maßgabe der Art 57 u 63 UN-Charta abgeschlossen wurde. Entsprechendes gilt für den ICC.[794] Auch das GATT (Allgemeines Zoll- und Handelsabkommen) war und die in seiner Nachfolge 1995 ins Leben getretene Welthandelsorganisation (World Trade Organization/WTO) ist ungeachtet aller UN-Nähe keine Sonderorganisation.[795] Die 1951 gegründete und später fortentwickelte IOM (International Organization for Migration) trat den UN im Jahr 2016 zwar als „verwandte Organisation" bei, ist aber von einer Rechenschaftspflicht nach Art 57 und 63 UN-Charta gegenüber GV und WSR ausgenommen.[796] Die bisher einzige Sonderorganisation, die erloschen ist (1952), war die Internationale Flüchtlingsorganisation (IRO); sie war von Anfang an zeitlich limitiert. Ihre Aufgaben werden vom UNHCR fortgeführt. **230**

Während die Gründungsverträge der meisten Sonderorganisationen später als die UN-Charta abgeschlossen wurden, sind einige Organisationen, nämlich vor allem ILO (1919), FAO (1943), IBRD (1944) und IMF (1944) schon vor den UN geschaffen und erst später mit diesen gemäß Art 63 UN-Charta in Beziehung gebracht worden. Andere (zB ITU, UPU, WIPO) haben Vorgängerorganisationen, die sogar noch in die Vor-Völkerbundzeit zurückreichen („Verwaltungsunionen").[797] Zur Zeit der Gründung des Völkerbunds gab es bereits mehr als 20 derartige Einheiten. Art 24 VBS unternahm den Versuch, diese internationalen Büros der Leitung des Völkerbunds zu unterstellen. Der Versuch scheiterte vor allem an dem Autonomiestreben dieser Einheiten und der Tatsache, dass die USA einem wesentlichen Einfluss des **231**

---

792 Die im Folgenden angegebenen Daten beziehen sich auf das Inkrafttreten der Abkommen iSv Art 63 UN-Charta. Vgl o Übersicht 3 sowie den inhaltlichen Überblick bei *Meng*, in Charter UN³, Art 57 Rn 48 ff.
793 Die Weltbankgruppe umfasst fünf Organisationen mit jeweils eigener Rechtspersönlichkeit: IBRD (International Bank for Reconstruction and Development, 1944/1947); IDA (International Development Association, 1960); IFC (International Finance Corporation, 1955); MIGA (Multilateral Investment Guarantee Agency, 1988); ICSID (International Centre for Settlement of Investment Disputes, 1966).
794 Das Beziehungsabkommen (Art 2 ICC-Statut) datiert v 7.6.2004, ICC-ASP/3/Res 1.
795 Vgl *von Schorlemer*, Zwischen Abgrenzung und Kooperation. Die Rechtsnatur der WTO und ihr Verhältnis zum UN-System, VN 2001, 101 ff; *Krajewski* (Fn 606) § 13 Rn 19. Zurzeit zählt die WTO 164 Mitglieder.
796 Näher *Geiger*, Die Rolle der IOM im UN-System, VN 2017, 201 ff.
797 Dazu o Rn 3.

Völkerbunds, dem sie nicht angehörten, auf die anderen Organisationen, in denen sie Mitglied waren, ablehnend gegenüberstanden. Untermauert wurde diese Entwicklung durch die Theorie des *Funktionalismus,* nach der einzelne geeignete Politikbereiche in internationalen Zweckverbänden im Interesse aller beteiligten Mitglieder gestaltet werden können;[798] dies setzt zugleich die Notwendigkeit voraus, die einbezogenen Sachbereiche zu entpolitisieren, sie also auch dem Einfluss der politischen Organisationen zu entziehen. Eine Ausnahme machte allein die *ILO,* aber nur deshalb, weil sie durch die Art 387 bis 427 des Versailler Friedensvertrages (1919) ganz „als Teil der Völkerbundorganisation" (Art 392) integriert und auch in ihrer Finanzausstattung vom Völkerbund abhängig war. Freilich gelang es ihr, sich dem Niedergang des Völkerbunds zu entziehen und sich als eigenständige Organisation zu etablieren. Den neu gegründeten Vereinten Nationen traten daher selbstbewusste Organisationen, zu denen neben der ILO vor allem auch die FAO zählte, gegenüber.

232   Andererseits war es angesichts der gesteigerten Bedeutung der sozialen und ökonomischen Fragen von Anfang an klar, dass die neue Weltorganisation über Handlungsmöglichkeiten verfügen sollte, diese Probleme anzugehen. *Kap IX u X UN-Charta* eröffnen den UN daher die entsprechenden Spielräume. Im Verhältnis zu den Organisationen, die sich mit wirtschaftlichen, sozialen und verwandten Angelegenheiten befassen, verfolgt die UN-Charta ein Dezentralisierungskonzept, das es der freien Entscheidung der jeweiligen Organisation überlässt, ein ihren Status als Sonderorganisation begründendes Abkommen mit den UN abzuschließen, um auf diese Weise Kooperation und Koordination zu sichern. Nach Art 59 können die UN aber auch selbst Verhandlungen zur Gründung einer neuen Sonderorganisation initiieren.[799]

233   Alle Sonderorganisationen ruhen auf einer *doppelten Rechtsgrundlage:* ihrem Gründungsvertrag (Statut/„Verfassung") und dem Abkommen, das aus der I.O. eine Sonderorganisation der UN macht. Häufig sieht der *Gründungsvertrag* bereits den Status als Sonderorganisation vor (zB Art 69 WHO), der dann durch Abschluss des entsprechenden Abkommens auch schnell geschaffen wird. Verschiedentlich verläuft die Entwicklung aber sehr viel komplizierter. Das Hauptbsp bietet die jüngste Sonderorganisation, die World Tourism Organization (UNWTO): 1925 als „International Congress of Official Tourist Traffic Associations" gegründet, erfolgte nach dem Zweiten Weltkrieg ihre Umbenennung in „International Union of Official Travel Organisations" (IUOTO). Nach einer Empfehlung durch die UN-GV wurden dann 1970 die Gründungsstatuten der WTO von einer Außerordentlichen GV der IUOTO verabschiedet, welches am 2.1.1975 in Kraft trat. Der Abschluss des Abkommens mit den UN gemäß Art 57 u 63 UN-Charta erfolgte dagegen erst im Jahr 2003.[800]

234   Der Abschluss dieser *Beziehungsabkommen (relationship agreements)* folgt einem in der Praxis erprobten Muster. Der WSR, das von Seiten der UN zum Vertragsschluss ermächtigte Organ, beauftragt mit einer Resolution seinen Verhandlungsausschuss, Gespräche mit der jeweiligen Organisation aufzunehmen. Der Abkommensentwurf wird zunächst dem WSR, dann der UN-GV und dem Plenarorgan der Organisation vorgelegt; er tritt mit Billigung der beiden zuletzt genannten Orga-

---

798 Vgl *Mitrany* (Fn 23); *Rittberger,* Internationale Organisationen, Theorie der, in Handbuch VN, 363 (367).
799 Die Initiative kann sowohl vom WSR als auch von der GV ausgehen, Art 60 UN-Charta.
800 A/RES/58/232; der Annex enthält das Abkommen.

ne oder zu einem festgesetzten Zeitpunkt in Kraft. Es handelt sich bei dem Abkommen um einen Vertrag zwischen zwei I.O.,[801] der analog Art 102 UN-Charta beim UN-Sekretariat registriert und veröffentlicht wird.

Der *Inhalt der Abkommen* entspricht formal einem allgemeinen Muster. Im ersten Artikel ist die Anerkennung der I.O. als Sonderorganisation durch die UN festgehalten, in den nachfolgenden Artikeln wird dann jedoch in einer den individuellen Gegebenheiten Rechnung tragenden Weise geregelt, wie sich die Zusammenarbeit vollziehen soll. Zu diesem Zweck werden Fragen wie die gegenseitige Repräsentation in den Organen, der Informationsaustausch, statistische Dienste, budgetäre Fragen und solche des öffentlichen Dienstes ebenso wie Jurisdiktionsmöglichkeiten des IGH geregelt. Während die Gründungsverträge der Sonderorganisationen häufig die Mitglieder der Organisation berechtigen, den IGH bei Streitigkeiten über Auslegung und Anwendung des Statuts anzurufen, erlauben die Beziehungsabkommen den Sonderorganisationen gemäß Art 96 Abs 2 UN-Charta, Gutachten des IGH zu Rechtsfragen anzufordern, die sich in ihrem Tätigkeitsbereich stellen;[802] ausgeschlossen ist allerdings die Anrufung des IGH in Fragen, die die Beziehungen zwischen UN und Sonderorganisationen oder zwischen Sonderorganisationen betreffen. Antragsberechtigt sind außer SR und GV insoweit aber aufgrund genereller Ermächtigung auch der WSR.[803]

235

Das entscheidende Problem angesichts der großen Zahl der zur UN-Familie gehörenden Einheiten ist die *Koordination* der vielfältigen und sich häufig überlappenden Aktivitäten. Dem WSR kommt dabei eine zentrale Rolle zu, der er jedoch bislang nicht ausreichend nachgekommen ist.[804] Dies liegt auch an seinen beschränkten, freilich der rechtlichen Selbständigkeit der Sonderorganisationen entsprechenden Kompetenzen diesen Organisationen gegenüber. Ein wichtiger Ansatz zur Koordinierung hätte Art 17 Abs 3 UN-Charta werden können, auch wenn sein Ziel keineswegs war, der GV eine Finanzkontrolle über die Sonderorganisationen einzuräumen. In der Praxis beschränkt sich die GV jedoch darauf, die Prüfungsberichte des ACABQ anzunehmen, die von den Sonderorganisationen freilich kaum beachtet werden.[805] Nicht viel erfolgreicher in dieser Hinsicht ist iE bislang auch das vom WSR 1962 geschaffene, derzeit 32 Mitglieder umfassende CPC (Committee for Programme and Coordination)[806] und der UN Chief Executives Board (CEB) gewesen, in dem sich zwei- oder dreimal pro Jahr die Leiter (Generaldirektoren) der Sonderorganisationen mit dem GS der UN treffen.[807] Eine Lösung dieser Fragen ist nicht in Sicht, was die Erbitterung vor allem der USA als des größten Geldgebers für die UN ebenso wie für die Sonderorganisationen steigert. So sind sie aus der UNIDO ausgetreten;[808] auch andere Sonderorganisationen haben sie verlassen.[809]

236

---

801 Vgl o Rn 98.
802 ZB ICJ Rep 1980, 73 *[Übereinkommen WHO-Ägypten]*.
803 Vgl ICJ Rep 1989, 177 *[Mazilu-Gutachten]*.
804 S auch o Rn 157.
805 Dazu *Woeste/Thomma*, in Charter UN³, Art 17 Rn 158.
806 Vgl UN Doc E/AC.51/2012/INF/1 v 2012.
807 S auch o Rn 166.
808 FAZ v 5.12.1995, 2.
809 UNESCO (1984) und ILO (1977); in letztere Organisation sind sie aber wieder 1980, in erstere 2003 zurückgekehrt; vgl auch o Rn 77. Nach Aufnahme Palästinas in die UNESCO (vgl Fn 271) haben

237 Das der Schaffung der Sonderorganisationen zugrundeliegende Konzept des Funktionalismus geht von der Überlegung aus, für bestimmte Politikbereiche deshalb gemeinsame Lösungen finden zu können, weil hieran alle Staaten, unabhängig von ihrem politischen System, ihrer Entwicklungsstufe und ihren gegenseitigen Beziehungen Interesse haben. Nähere Betrachtung zeigt indes, dass *Entpolitisierung* allenfalls bei den technischen Organisationen gelingen kann (zB ITU, UPU).[810] Bereiche der Erziehung und Wissenschaft, der Menschenrechte und der finanziellen Hilfe sind hingegen erheblich ideologie- und politikanfällig. Hinzu tritt die Frage, inwieweit die Sonderorganisationen verpflichtet werden können, die allgemeine Politik der UN mitzutragen. Relativ eindeutig, wenn auch im Einzelnen abgestuft, enthalten die Beziehungsabkommen die Verpflichtung der Sonderorganisationen, dem SR Informationen zu geben und ihn bei seiner Aufgabe, den Weltfrieden und die internationale Sicherheit zu wahren oder wiederherzustellen, zu unterstützen. Dies reicht weiter als die indirekte Verpflichtung der Organisationen aus Art 48 Abs 2 UN-Charta.[811] Weniger eindeutig ist, ob eine solche Verpflichtung auch gegenüber den von der GV verfolgten Politiken besteht. Insoweit ist darauf hinzuweisen, dass die meisten Beziehungsabkommen die Sonderorganisationen verpflichten, die Empfehlungen von GV und WSR zu prüfen und nach Möglichkeit zu beachten.[812] Darüber hinausgehende Rechtspflichten können aber nicht aus dem allgemeinen Verhältnis von UN und Sonderorganisationen hergeleitet werden, da eine *Hierarchisierung des Gesamtsystems* gerade *nicht* vollzogen wurde, die UN also nicht das „Oberhaupt" der UN-Familie sind. Gleichwohl waren Sonderorganisationen verschiedentlich starkem politischen Druck ausgesetzt und haben ihm auch zT nachgegeben; die Pressionen betrafen vor allem die Dekolonisierung, Apartheid und die israelisch besetzten Gebiete. Viele Sonderorganisationen haben allerdings Verfahrenstechniken entwickelt, um ihre Arbeit in der Substanz unbeeinträchtigt durchführen zu können, ohne sich dabei von der allgemeinen politischen Mehrheitshaltung der GV distanzieren zu müssen.[813]

IV. Europarat

1. Allgemeines und Entstehung

238 Die Gründung des Europarats[814] ist die Frucht einer spezifisch europäischen und einer universellen Entwicklung. Die *politische Idee Europa*, die sich ungeachtet aller

---

die USA allerdings ihre Beitragszahlungen zu dieser Organisation umgehend ausgesetzt; im Oktober 2017 haben sie schließlich erneut ihren Austritt aus der UNESCO zum Ende des Jahres 2018 erklärt, vgl *Bernecker* (Fn 216) 117 ff.

810 Daher übernehmen ITU und UPU – anders als die UN – eine wesentliche Rolle im Bereich der technischen Internetregulierung, vgl *Schmahl*, The UN Facing the Challenges of the „Information Society", MPYUNL 11 (2007) 197 (206 ff).

811 Näher *Reinisch/Novak*, in Charter UN³, Art 48 Rn 9 ff.

812 Vgl *Meng*, in Charter UN³, Art 63 Rn 18 f, dort auch zur gewissen Sonderrolle der Weltbankgruppe.

813 Vgl *Ballreich*, Die Interdependenz internationaler Organisationen, AVR 19 (1981) 121 ff; *v. Hanstein*, Der Einfluss der Vereinten Nationen auf die Sonderorganisationen, 1988.

814 *Sørensen*, Le Conseil de l'Europe, RdC 81 (1952-II) 120 ff; *Carstens*, Das Recht des Europarats, 1956; *Robertson*, Council of Europe, EPIL I (1992) 843 ff; *Klein*, 50 Jahre Europarat, AVR 39 (2001) 121 ff; *Wittinger*, Der Europarat, 2005; *Benoît-Rohmer/Klebes* (Hrsg), Das Recht des Europarats, 2006; *Brummer*, Der Europarat, 2008; *Kleinsorge* (Fn 613); *Schmahl/Breuer* (Hrsg), Council of Europe.

politischen und kulturellen Vielgestaltigkeit der neuzeitlichen europäischen Staatenwelt herausgebildet hat, brachte im Lauf der Zeiten eine Fülle von Entwürfen und Konzeptionen zur politischen Einigung Europas hervor.[815] Mit dem Ende des vor allem für Europa desaströsen Ersten Weltkriegs erhielten diese Pläne neuen Auftrieb. 1923 setzte sich *Graf Coudenhove-Kalergi* in seiner Schrift „Paneuropa" für die Schaffung der „Vereinigten Staaten von Europa" ein. In seiner berühmten Züricher Rede v 19.9.1946 nahm *Winston S. Churchill* das Wort auf: „We must build a kind of United States of Europe".[816]

Der zweite Entwicklungsstrang wurzelt in der in den letzten Jahren des Zweiten Weltkriegs sich abzeichnenden Gründung einer neuen Weltorganisation (UN) und der heute wieder sehr aktuellen Einsicht, dass es sinnvoll sei, die Hauptorganisation zu entlasten und ihr regionale allgemein-politische Organisationen zur Seite zu stellen. IdS plädierte *Churchill* bereits 1943 in einer Rundfunkansprache: „One can imagine that under a world institution embodying or representing the United Nations there should come into being a Council of Europe".[817] Ähnlich[818] wie die Organisation Amerikanischer Staaten (*OAS*/1948)[819] und die Afrikanische Union (*AU*, hervorgegangen aus der 1963 gegründeten Organisation Afrikanische Einheit – *OAU*)[820] ist der Europarat eine mit weiten Kompetenzen ausgestattete geographisch beschränkte *Regionalorganisation*,[821] die ausdrücklich den Vorrang der Verpflichtungen aus der UN-Charta respektiert (Art 1 lit c Europaratssatzung). Der Europarat ist die aktivste und effektivste dieser Regionalorganisationen. Der Gründungsvertrag (Satzung) wurde am 5.5.1949 in London von 10 Staaten unterzeichnet;[822] die BR Deutschland trat 1950 bei. Heute hat der Europarat 47 *Mitglieder* (einschließlich Russland) und repräsentiert eine Bevölkerung von mehr als 820 Mio Europäern. Beobachterstatus bei der Organisation und im Ministerkomitee haben Japan, Kanada, Mexiko, die USA sowie der Heilige Stuhl; Beobachter in der Parlamentarischen Versammlung (parliamentary observers) sind Vertreter der Parlamente von Israel, Kanada und Mexiko. Nach dem Zusammenbruch der kommunistischen Regime 1989/90 ist ein besonderer Gästestatus geschaffen worden, der eine Vorstufe zum Beitritt darstellt, aufgrund des enormen Zuwachses an Mitgliedern heute aber fast

---

815 *Foerster*, Europa, Geschichte einer politischen Idee, 1967, 325 ff mit einer Bibliographie von 182 Einigungsplänen aus den Jahren 1306 bis 1945.
816 *Churchill*, The Times of Peace, Post-War Speeches, 1948, 198 ff. Schon zuvor hatte *Konrad Adenauer* am 24.3.1946 in der Universität zu Köln die „Vereinigten Staaten von Europa unter Einschluss Deutschlands" gefordert, in *ders*, Reden 1917-1967, 1975, 82 (105).
817 Zit nach Council of Europe (Hrsg), Manual of the Council of Europe, 1980, 3.
818 Beim Europarat handelt es sich allerdings nicht um ein Regionalsystem kollektiver Sicherheit.
819 *Sheinin*, The Organization of American States, 1996; *Arrighi*, Organization of American States (OAS), MPEPIL VII, 1059 ff; *Thomas*, The Organization of American States in its 50th Year, 1998; *Epping*, in Ipsen (Fn 28) § 8 Rn 233 ff.
820 *Cisse*, Naissance de l'Union africaine, International Forum 3 (2001) 151; *Packer/Rukare*, The New African Union and Its Constitutive Act, AJIL 96 (2002) 365 ff; *Magliveras/Naldi*, The African Union, ICLQ 51 (2002) 415 ff; *Heyns/Baimu/Killander*, The African Union, GYIL 46 (2003) 252 ff; *Maluwa*, The Constitutive Act of the African Union and Institution-Building in Postcolonial Africa, LJIL 16 (2003) 157 ff.
821 Nach Art 4 kann „jeder europäische Staat" zum Beitritt eingeladen werden.
822 87 UNTS 103; BGBl 1950 II, 263.

keine Rolle mehr spielt. Weißrussland ist neben dem Kosovo, dessen rechtlicher Status umstritten ist, der einzige europäische Staat, der dem Europarat derzeit nicht angehört,[823] nachdem 2004 Monaco und 2007 Montenegro[824] aufgenommen wurden.[825] Sitz der Organisation ist Straßburg.

2. Organe

240 Da die Struktur des Europarats weitgehend der anderer I.O. entspricht, ist hier nur auf Besonderheiten einzugehen. Art 10 Europaratsatzung benennt die Parlamentarische Versammlung (bis 1974: Beratende Versammlung) und das Ministerkomitee als Organe, die von einem Sekretariat unterstützt werden. Im *Ministerkomitee* (Art 13 ff) sind die Außenminister vertreten, die außerhalb ihrer Zusammenkünfte von Ständigen Vertretern repräsentiert werden; dies sichert die Arbeitskontinuität. Zusätzlich kommen, dem breiten Aktionsfeld des Europarats entsprechend, zahlreiche weitere Fachminister oder Regierungsbeamte und Experten zu Konferenzen zusammen, die Übereinkommen und gemeinsame Politiken vorbereiten sowie Empfehlungen verabschieden; auf diese Weise hat sich ein weitreichendes europäisches soft law etabliert.[826] Die Stimmerfordernisse sind je nach Materie von einfacher Mehrheit bis zur Einstimmigkeit abgestuft (Art 20).

241 Die *Parlamentarische Versammlung* (Art 22 ff) ist deshalb hervorzuheben, weil mit ihr erstmals das parlamentarische Prinzip in eine I.O. eingeführt wurde. Damit tritt neben die Versammlung der Mitgliedstaaten (Regierungsvertreter) eine Repräsentation der Völker der Mitgliedstaaten. Die derzeit 324 Mitglieder der Versammlung, denen eine ebensolche Anzahl von Vertretern zur Seite stehen, werden von den nationalen Parlamenten aus ihren Reihen gewählt; je nach Größe des Mitgliedstaats schwankt die Zahl der Vertreter zwischen zwei (Liechtenstein, San Marino, Andorra, Monaco) und achtzehn (Deutschland, Frankreich, Großbritannien, Italien, Russland, Türkei).[827] Die Abgeordneten haben sich politisch, nicht nach Ländern, gruppiert; derzeit gibt es sechs Fraktionen und einige fraktionslose Abgeordnete. Dieser parlamentarische Ansatz ist später von anderen Organisationen übernommen

---

823 Der Gästestatus von Belarus (Weißrussland) wurde 1997 aufgrund demokratischer Defizite des Landes suspendiert, vgl die Res der Parlamentarischen Versammlung 1441 (2000) v 26.1.2000 u 1306 (2002) v 27.9.2002. Auf der Plenarsitzung am 26.6.2009 hat die Parlamentarische Versammlung beschlossen, Weißrussland den ausgesetzten Sondergaststatus wieder einzuräumen. Die Gewährung dieses Status ist gekoppelt an den Erlass eines Moratoriums für die Anwendung der Todesstrafe, vgl Res 1671 (2009) der Parlamentarischen Versammlung v 23.6.2009. Bis heute fehlt es freilich an einem solchen Moratorium.
824 Nach seiner Abspaltung von Serbien-Montenegro 2006.
825 Zum Vorstehenden näher *Klein* (Fn 238), 40 ff.
826 Vgl *Polakiewicz*, Finalités et fonctions de la soft law européenne: L'expérience du Conseil de l'Europe, in Iliopoulos-Strangas/Flauss (Hrsg), Das soft law der europäischen Organisationen, 2012, 167 ff.
827 Allerdings ist das Stimmrecht Russlands in der Parlamentarischen Versammlung wegen Verstoßes gegen die Satzung des Europarats durch die Annexion der Krim suspendiert worden, vgl Res 1990 (2014), Ziff 15. Als Reaktion hierauf hat Russland bis zur Wiederherstellung der entzogenen Mitgliedschaftsrechte seit dem 30.6.2017 seine Beitragszahlungen eingestellt, vgl *Engel*, Russland testet das Rückgrat des Europarates, EuGRZ 2017, 720 ff.

worden, vor allem von der Europäischen Union, der WEU[828] und dem Nordischen Rat.[829] Die der Versammlung eigene Zusammensetzung aus unabhängigen Abgeordneten hat sicher ihre Bereitschaft gefördert, sich aller möglichen (auch außereuropäischen) Themen anzunehmen;[830] auch dies ist eine Parallele zum Europäischen Parlament (EU).

Auf Initiative der Parlamentarischen Versammlung ist 1994 vom Ministerkomitee ein zusätzliches beratendes (Sekundär-)Organ geschaffen worden, der *Kongress der Gemeinden und Regionen Europas* (KGRE); er ersetzt die 1961 gegründete „Ständige Konferenz der Gemeinden und Regionen Europas". Die Hauptaufgabe des aus zwei Kammern (Gemeinden und Regionen) bestehenden Kongresses besteht darin, die Teilhabe der Gemeinden und Regionen am europäischen Einigungsprozess und an den Aktivitäten des Europarats zu garantieren. Hierzu gehören die Förderung der Demokratie auf regionaler und kommunaler Ebene und die Stärkung der grenzüberschreitenden und überregionalen Zusammenarbeit in Europa.[831] Seit 1999 existiert zudem das Amt eines *Kommissars für Menschenrechte*. Seine Aufgaben bestehen in der Stärkung des öffentlichen Bewusstseins für Menschenrechte, der Aufdeckung möglicher menschenrechtlicher Defizite in den nationalen Rechtsordnungen der Mitgliedstaaten sowie allgemein in der Förderung effektiver Einhaltung der Menschenrechte. Er ist kein justizielles Organ und kann daher keine Individualbeschwerden entgegennehmen. Vielmehr arbeitet er mit den nationalen wie internationalen Menschenrechts-Institutionen zusammen.[832]

Die laufenden Verwaltungsgeschäfte werden vom *Sekretariat* (Art 36, 37) wahrgenommen, an dessen Spitze der auf fünf Jahre von der Parlamentarischen Versammlung auf Empfehlung des Ministerkomitees ernannte Generalsekretär steht. Er nimmt mit beratender Stimme an den Sitzungen des Ministerkomitees, der Parlamentarischen Versammlung und ihrer Ausschüsse teil. Derzeitiger Amtsinhaber (seit 1.10.2009, wiedergewählt im Juni 2014) ist der Norweger *Thorbjørn Jagland*. Im Sekretariat sind derzeit ca 2.200 Personen beschäftigt. Der ordentliche Haushalt des Europarats beläuft sich für die Jahre 2018 und 2019 jeweils auf ca 245 Mio Euro.[833]

3. Aufgaben, Grundsätze, Aktivitäten

Nach Art 1 lit a seiner Satzung hat der Europarat die Aufgabe, „eine engere Verbindung zwischen seinen Mitgliedern zum Schutze und zur Förderung der Ideale und

---

828 19 UNTS 51; *Macallister-Smith*, Western European Union, EPIL IV (2000) 1450 ff. Am 30.6.2011 wurde die WEU aufgelöst; sie ist in der Gemeinsamen Sicherheits- und Verteidigungspolitik der EU aufgegangen.
829 *Berg*, Nordic Council and Nordic Council of Ministers, EPIL III (1997) 639 ff; *Nergelius/Jarass*, Der Nordische Rat und der Nordische Ministerrat, EnzEuR I, § 28.
830 Der Zuständigkeitsbereich ist in Art 23 ohnedies weit gefasst.
831 *Rabe/Semmelrogge*, Der Kongress der Gemeinden und Regionen des Europarates und seine „Europäische Charta der regionalen Selbstverwaltung", NdsVBl 1998, 105 ff; *Schaffarzik*, Congress of Local and Regional Authorities, in Schmahl/Breuer (Hrsg), Council of Europe, 269 ff.
832 Vgl Res 99 (50) des Ministerkomitees v 7.5.1999. Weitere Informationen bei *Dörr*, Commissioner for Human Rights, in Schmahl/Breuer (Hrsg), Council of Europe, 296 ff. Derzeitige Kommissarin ist (seit 1.4.2018) die Bosnierin *Dunja Mijatović*.
833 Vgl CM(2018)1-rev v 29.6.2018.

Grundsätze, die ihr gemeinsames Erbe bilden, herzustellen und ihren wirtschaftlichen und sozialen Fortschritt zu fördern"; lit b benennt als Tätigkeitsfelder ausdrücklich den wirtschaftlichen, sozialen, kulturellen und wissenschaftlichen Bereich, die Gebiete des Rechts und der Verwaltung sowie den Schutz und die Fortentwicklung der Menschenrechte und Grundfreiheiten. Damit ist ein *politisch umfassender Aufgabenbereich* beschrieben, aus dem nach Maßgabe von lit d nur „Fragen der nationalen Verteidigung" herausfallen. Dies ist verständlich, da dieses Gebiet bereits durch den Brüsseler Pakt (ehemalige WEU) v 1948 und den gerade einen Monat früher (4.4.1949) unterzeichneten Nordatlantikpakt (NATO)[834] abgedeckt war.[835]

245 Während der Anfangsjahre stand das Bestreben nach politischer und wirtschaftlicher Einigung Europas im Vordergrund der Tätigkeit des Europarats. Doch zeigte sich bald, dass nur ein kleiner Teil der beteiligten Staaten zur Übertragung von Hoheitsrechten auf zwischenstaatliche Einrichtungen bereit war. Mit der Gründung der drei Europäischen Gemeinschaften (u Rn 249) verlagerte sich der Integrationsprozess stärker auf diese Institutionen. Der Europarat hat aber diese Entwicklung nicht behindert, und auch von Seiten der Gemeinschaften/Union ist die Zusammenarbeit mit dem Europarat immer gesucht und aufrechterhalten worden (vgl Art 220 AEUV).[836] Der Europarat verlagerte den Schwerpunkt seiner Tätigkeit auf vielfältige *Förderung der Zusammenarbeit* seiner Mitglieder. Initiativen hierzu kommen von einzelnen Mitgliedstaaten, vom Ministerkomitee oder von der Parlamentarischen Versammlung. Die Ergebnisse dieser Arbeit sind außerordentlich reichhaltig. Von erheblicher praktischer Bedeutung sind vor allem die mehr als *220 Konventionen,* die in der Organisation erarbeitet und vom Ministerkomitee beschlossen wurden sowie, sollen sie verbindlich werden, von den Mitgliedstaaten ratifiziert werden müssen.[837] Als besonders wichtige Bsp können hier nur genannt werden die Europäische Menschenrechtskonvention *(EMRK)* mit ihren 16 Zusatzprotokollen,[838] die Europäische Sozialcharta, die Konvention zum Schutz des Wildlebens und der natürlichen Lebensräume, die Konvention zum Schutz vor Folter, die Konvention zur Terrorismusbekämpfung, die Europäische Charta der kommunalen Selbstverwaltung, die Konvention zum Datenschutz, die Europäische Charta für Regional- und Minderhei-

---

834 34 UNTS 243; *Ignarski,* North Atlantic Treaty Organization, EPIL III (1997) 646 ff; *Marauhn,* North Atlantic Treaty Organization, MPEPIL online (2011); *Klein/Schmahl,* Die neue NATO-Strategie und ihre völkerrechtlichen und verfassungsrechtlichen Implikationen, RuP 1999, 198 ff.
835 Eingehend zu Aufgaben, Handlungsformen und Tätigkeitsbereichen des Europarats *Uerpmann-Wittzack,* Europarat, EnzEuR I, § 25 Rn 38 ff und die Beiträge in Schmahl/Breuer (Hrsg), Council of Europe.
836 Zu früheren Rechtslage *Karasek,* Der Europarat, die Europäischen Gemeinschaften und die gesamteuropäische Zusammenarbeit, EA 1980, 1 ff. Zur gegenwärtigen Rechtslage *Grabenwarter,* Rechtliche Rahmenbedingungen des Verhältnisses zwischen EU und Europarat aus Perspektive des Europarates und die Rolle der Mitgliedstaaten, ZaöRV 74 (2014) 419 ff; *Schmahl,* The Council of Europe within the System of International Organisations, in dies/Breuer (Hrsg), Council of Europe, 874 (890 ff).
837 *Jaah/Schaerer,* Die Konventionen des Europarates, SZIER 12 (2002) 103 ff.
838 Zu erwähnen ist auch das Zusatzprotokoll 14*bis* v 27.5.2009, das am 1.10.2009 in Kraft trat. Dieses Protokoll sollte den EGMR bis zum mittlerweile (1.6.2010) erfolgten Inkrafttreten des 14. Zusatzprotokolls entlasten. Das 16. Zusatzprotokoll betreffend ein Gutachtenverfahren zum EGMR ist seit dem 1.8.2018 in Kraft; das 15. Zusatzprotokoll ist noch nicht in Kraft getreten.

tensprachen und die Rahmenkonvention zum Minderheitenschutz sowie die Konvention gegen Menschenhandel, die Konvention über die Vermeidung der Staatenlosigkeit bei Staatennachfolge und die Konvention über den Zugang zu amtlichen Dokumenten.

Unbestrittene Spitzenleistung des Europarats ist der ausgefeilte Schutz gegenüber Verletzungen der *Menschenrechte* und Grundfreiheiten durch die Hoheitsgewalt der 47 Vertragsstaaten[839] der EMRK. Der Schutz wird durch die Verfahren der Staaten- und Individualbeschwerde realisiert und vom Europäischen Gerichtshof für Menschenrechte (EGMR) wahrgenommen.[840] Im Rahmen von Reformbestrebungen wurde im April 2018 die Erklärung von Kopenhagen angenommen, die u a eine Verbesserung der Effizienz des EMRK-Kontrollmechanismus sowie eine Stärkung des Grundsatzes der Subsidiarität verfolgt.[841] Die materiellen Rechtsgarantien und die inzwischen sehr umfangreiche Spruchpraxis haben nicht nur Einfluss auf die nationale Grundrechtsauslegung gehabt,[842] sondern haben sich in dieser Verbindung und in ihrer Einwirkung auf das Recht der Europäischen Union (vgl Art 6 Abs 3 EUV) als über allgemeine Prinzipien hinausreichende europäische „Verfassungssätze" etabliert.[843] Art 6 Abs 2 EUV verpflichtet die EU seit 2009 sogar, der EMRK beizutreten. Von Seiten der EMRK wird diese Entwicklung durch das 14. Zusatzprotokoll eröffnet (vgl auch o Rn 65 sowie u Rn 254).

246

Auf diesen Standard verpflichtet die Mitgliedstaaten auch *Art 3* der Satzung. Die Herrschaft des Rechts (Rechtsstaatsprinzip) und die Anerkennung der Menschenrechte und Grundfreiheiten sind Voraussetzungen der Mitgliedschaft im Europarat.[844] Schon darum konnten vor den politischen Umwälzungen 1989/90 die *osteu-*

247

---

839 Montenegro hat eine Sukzessionserklärung hinsichtlich der von Serbien-Montenegro geschlossenen Europaratsabkommen abgegeben. Das Ministerkomitee hat diese Erklärung zunächst nur hinsichtlich „offener" Konventionen – dh von Konventionen, die auch Nichtmitgliedern des Europarates offenstehen – akzeptiert (vgl CM/Del/Dec (2006) 967/2.3 bE), später auch hinsichtlich „geschlossener" Konventionen, darunter die EMRK und ihre Zusatzprotokolle (vgl CM/Del/Dec (2007) 994 bis/2.1 aE).
840 Näher vgl *Kau*, 3. Abschn Rn 250 ff. – Bis zum 1.11.1999 ist neben dem EGMR auch die Europäische Menschenrechtskommission tätig gewesen (vgl Art 5 Abs 2 Protokoll Nr 11; BGBl 1995 II, 578).
841 Einzelheiten bei *Polakiewicz/Suominen-Picht*, Aktuelle Herausforderungen für Europarat und EMRK, EuGRZ 2018, 383 ff.
842 Vgl etwa BVerfGE 74, 358, 370; 111, 307, 329; 120, 180, 200; 128, 326, 366 ff; zuletzt BVerfG, NVwZ 2018, 1121 ff; außerdem *Frowein*, Das Bundesverfassungsgericht und die Europäische Menschenrechtskonvention, FS Zeidler, Bd II, 1987, 1763 ff; *Uerpmann*, Die Europäische Menschenrechtskonvention und die deutsche Rechtsprechung, 1993; *Schmahl*, Die Verzahnung der deutschen, europäischen und internationalen Rechtsebenen bei der Gewährleistung von Grund- und Menschenrechten, in Bauschke u a (Hrsg), Pluralität des Rechts, 2003, 163 (181 ff); *Ruffert*, Die Europäische Menschenrechtskonvention und innerstaatliches Recht, EuGRZ 2007, 245 ff; *Benda/Klein/Klein*, Verfassungsprozessrecht, 3. Aufl 2012, Rn 79 ff; *Hwang*, Die EMRK im Lichte der Rechtsprechung des BVerfG, EuR 2017, 512 ff.
843 *Frowein*, Die Herausbildung europäischer Verfassungsprinzipien, FS Maihofer, 1988, 149 ff; *Klein* (Fn 89) 76 f. – Die Grundrechtecharta, die nach Art 6 Abs 1 EUV rechtliche Verbindlichkeit erlangt hat, erkennt ebenfalls den Grundrechtsschutz der EMRK als „Mindeststandard" an, vgl Art 52 Abs 3, Art 53 GrCh. Zur Beziehung EGMR und EuGH *Klein*, Das Verhältnis des Gerichtshofs der Europäischen Gemeinschaften zum Europäischen Gerichtshof für Menschenrechte, in Merten/Papier (Hrsg), Handbuch der Grundrechte in Deutschland und Europa, Bd VI/1, 2010, § 167.
844 Vgl Art 4 (Beitritt) u Art 8 (Ausschluss). – Hierauf drängt vor allem auch die Parlamentarische Versammlung, deren Wort bei der Einladung zum Beitritt heute nicht mehr überhört wird.

ropäischen Staaten nicht Mitglieder werden. Inzwischen sind fast alle Staaten dieser Region Mitglieder geworden.[845] Der Beitritt zum Europarat gilt auch als Vorbereitungshandlung des Beitritts zur EU. Das *Dilemma*, in das der Europarat durch diese Entwicklung geraten ist, ist allerdings unübersehbar. Einerseits ist evident, dass viele dieser Staaten bisher dem entwickelten rechtsstaatlichen, menschenrechtlichen Standard nicht entsprechen;[846] ihre Aufnahme birgt die Gefahr, dass der Standard abgesenkt oder ein „gespaltenes" Recht geschaffen wird.[847] Die Schaffung eines differenzierten Beratungs- und Überwachungsmechanismus (Monitoring) auch für die Zeit nach dem Beitritt durch Parlamentarische Versammlung und Ministerkomitee hat diese Entwicklung nicht verhindern können.[848] Auf der anderen Seite gibt ihr Beitritt, der nach neuerer Praxis mit der Zusage der möglichst schnellen Inkraftsetzung der EMRK gekoppelt ist, die Chance, politisch intensiver auf diese Staaten in der Menschenrechtsfrage einzuwirken und einem denkbaren Rückfall in totalitäre Verhaltensweisen entgegenzuwirken. Zugleich kann der Europarat zu einer gesamteuropäischen Organisation ausgebaut werden. Der politische Druck zugunsten der Aufnahme dieser Staaten, insbes Russlands,[849] ist jedenfalls groß gewesen, nicht nur von Seiten der Beitrittskandidaten, sondern auch von Seiten etablierter Mitgliedstaaten wie vor allem der BR Deutschland, die dadurch einen Stabilisierungseffekt in Europa herbeiführen wollten. Ob sich diese Erwartung realisieren wird, ist offen. Einen herben Dämpfer hat sie jedenfalls durch den andauernden Ukraine-Konflikt erfahren, in dessen Folge Russland auch vom Europarat sanktioniert worden ist (vgl o Rn 241).

248 Der Europarat erfüllt seine Aufgaben durch Beratung von Fragen gemeinsamen Interesses, durch den Abschluss von Abkommen und gemeinschaftliches Vorgehen (Art 1 lit b). Das *Handlungsinstrumentarium* ist *intergouvernemental;* es geht über die klassischen Verfahren der internationalen Kooperation nicht hinaus. Gemessen an den ursprünglichen weitreichenden Vorstellungen der Gründergeneration hat der Europarat seine Ziele daher bislang nicht erreicht. Aber er hat einen rechtlich fest gegründeten, verlässlichen Rahmen vielfältiger praktischer Zusammenarbeit zwischen den europäischen Staaten geschaffen, der seit nunmehr 70 Jahren einen wesentlichen Beitrag zu Frieden und Stabilität in dieser Region leistet.

---

845 *Flauss*, Les conditions d'admission des pays d'Europe centrale et orientale au sein du Conseil de l'Europe, EJIL 5 (1994) 401 ff; *Djerić*, Admission to Membership of the Council of Europe and Legal Significance of Commitments Entered into by New Member States, ZaöRV 60 (2000) 605 ff.
846 Vgl etwa die Berichte von *Bernhardt/Ermacora/Weitzel/Trechsel* zur „Europaratsreife" Rußlands, HRLJ 1994, 250 ff. Das Vorgehen Russlands im Tschetschenienkonflikt (1999/2000) ist ein weiterer Beleg. Aus diesem Grund suspendierte die Parlamentarische Versammlung das Teilnahmerecht Russlands im April 2000, stellte es aber im Januar 2001 wieder her. Der Georgienkonflikt im August 2008 zog dagegen keine Suspendierung der Mitwirkungsrechte der russischen Delegation in der Parlamentarischen Versammlung nach sich. Eine dahingehende Abgeordneteninitiative konnte sich nicht durchsetzen, vgl EuGRZ 2008, 556; vgl auch Res 1631 (2008) der Parlamentarischen Versammlung v 1.10.2008. Seit der Krim-Krise 2014 sind die Stimmrechte der russischen Vertreter in der Parlamentarischen Versammlung allerdings wieder suspendiert, vgl o Fn 827.
847 Vgl *Hagedorn*, Gleiche Maßstäbe für Ost und West? Die Staaten Ost- und Mitteleuropas vor dem EGMR unter besonderer Berücksichtigung des Art 5 EMRK, 2004, die allerdings iE eine unterschiedliche Maßstabsbildung verneint.
848 Näher *Wittinger* (Fn 814) 463 ff; *Klein* (Fn 238).
849 Russland wurde im Februar 1996 als 39. Mitglied aufgenommen.

V. Europäische Union

1. Supranationale Organisation

Die Europäische Union (EU) und die beiden (zT früheren) Gemeinschaften[850] – Europäische Gemeinschaft (EG) und Europäische Atomgemeinschaft (EAG) – bedürfen in einem den I.O. gewidmeten Kapitel ungeachtet ihrer schon bislang erfolgten Berücksichtigung besonderer Hervorhebung. Der Grund hierfür ist, dass sie mit dem Begriff der I.O. nicht (mehr) vollständig zu erfassen sind. Ihre Besonderheiten erlauben es nicht, sie kommentarlos in die Kategorie der I.O. einzuordnen.

249

Von anderen I.O. unterscheidet die EU nicht ihre völkerrechtliche Grundlegung (Gründungsvertrag/Satzung).[851] Aber es ist nicht zu bestreiten, dass bereits die *Fülle der Hoheitsrechte*, die die Mitgliedstaaten auf die Union übertragen haben, in der Geschichte der I.O. keine Parallele hat. Noch entscheidender jedoch ist die *Intensität der Unionsrechtsetzung*.[852] Die Verträge verleihen den Unionsorganen die Befugnis, nicht nur *gegenüber* den Mitgliedstaaten, sondern auch *in* den mitgliedstaatlichen Rechtsordnungen eigenes Recht zu setzen, das für die nationalen Rechtsanwendungsorgane (Behörden, Gerichte) verbindlich ist, und auf das sich die Individuen ggf unmittelbar berufen können.[853] Der Europäische Gerichtshof (EuGH) konnte daher schon in einer frühen grundlegenden Entscheidung sagen, dass die frühere Gemeinschaft „eine neue Rechtsordnung des Völkerrechts" darstelle, „eine Rechtsordnung, deren Rechtssubjekte nicht nur die Mitgliedstaaten, sondern auch die einzelnen sind".[854] Hinzu kommt, dass bei Kollisionen zwischen Unionsrecht und nationalem Recht Ersteres Anwendungsvorrang genießt und sich also gegenüber Letzterem im konkret zu entscheidenden Fall durchsetzt, ohne es generell seiner Geltungskraft zu berauben.[855] Auch die Eigenständigkeit der freilich unterschiedlich stark auf das Gemeinschaftsinteresse ausgerichteten Unionsorgane (Art 13 EUV) ist einzubeziehen. Alles dies, also der Verzicht auf das nationale Rechtsetzungsmonopol verbunden mit dem Umfang der den Unionsorganen übertragenen Regelungskompetenzen und dem Anwendungsvorrang des Unionsrechts, haben einen bislang präzedenzlosen „Staatenverbund" geschaffen, der selbst kein Staat ist,[856] aber zahlreiche staatsähnliche Züge nach innen und außen aufweist. Gewöhnlich werden

250

---

850 Die EGKS ist nach Ablauf des auf 50 Jahre begrenzten Vertrags untergegangen; vgl o Rn 51. Der Vertrag von Lissabon sieht nur noch eine einheitliche EU als Rechtsnachfolgerin der EG und daneben das Fortbestehen der EAG vor (vgl Art 1 Abs 3 Satz 3 EUV). Hierzu u Rn 252.
851 Vertrag zur Gründung der Europäischen Wirtschaftsgemeinschaft v 25.3.1957: BGBl 1957 II, 766; Vertrag zur Gründung der Europäischen Atomgemeinschaft v 25.3.1957: BGBl 1957 II, 1014; Vertrag über die Europäische Union v 7.2.1992: BGBl 1992 II, 1253; zuletzt idF des Vertrags von Lissabon v 13.12.2007: BGBl 2008 II, 1038 (Bek des Inkrafttretens zum 1.12.2009 v 13.11.2009: BGBl 2009 II, 1223).
852 Etwa *Oppermann/Classen/Nettesheim* (Fn 93) §§ 9 ff.
853 Vgl Art 288 AEUV. Der EuGH hat in ständiger Rechtsprechung ausgeführt, dass nicht nur die VO und die an Individuen gerichteten Entscheidungen für diese Rechte und Pflichten begründen, sondern dass unter bestimmten Voraussetzungen auch aus nicht oder fehlerhaft umgesetzten Richtlinien individuelle Rechtsansprüche entstehen können; EuGH, Slg 1979, 1629 [*Ratti*]; 1982, 53 [*Becker*].
854 EuGH, Slg 1963, 1, 24 f [*van Gend & Loos*].
855 Zum Vorrang des Unionsrechts *Oppermann/Classen/Nettesheim* (Fn 93) § 10 Rn 4 ff; *Burchardt*, Die Rangfrage im europäischen Normenverbund, 2015; *Hwang*, Anwendungsvorrang statt Geltungsvorrang?, EuR 2016, 355 ff; vgl auch *Kunig/Uerpmann-Wittzack*, 2. Abschn Rn 122 ff.
856 Sehr deutlich hervorgehoben von EuGH, *Gutachten 2/13*, ECLI:EU:C:2014:2454, Rn 156 u 193.

diese Besonderheiten aus juristischer Perspektive mit dem Begriff der *Supranationalität* erfasst;[857] andere Fachdisziplinen sprechen (zu weitgehend) gar von „postsouveräner Territorialität" der EU.[858]

251 Es wäre nicht sinnvoll, das Recht der EU an dieser Stelle auch nur überblicksweise darzustellen. Es hat sich zu einer das nationale Recht in fast allen Bereichen durchdringenden Spezialmaterie entwickelt. Auf die zahlreichen Lehrbücher und Kommentare, die weiterführende Hinweise enthalten, muss daher verwiesen werden.[859] Zu behandeln sind im Folgenden nur wenige grundsätzliche Fragen, vor allem solche, die die völkerrechtliche Handlungsfähigkeit, den Grundrechtsschutz und die Entwicklungsperspektive der EU berühren.

2. Völkerrechtssubjektivität und völkerrechtliche Handlungsfähigkeit

252 Nach gängiger Ansicht handelt es sich bei der EU um einen *„Staatenverbund",*[860] der mit Inkrafttreten des Lissabon-Vertrags am 1.12.2009 als Rechtsnachfolger der bisherigen EG (Art 1 EUV) eigene Völkerrechtssubjektivität erhalten hat (Art 47 EUV), wobei freilich die Zusammenarbeit im Bereich der GASP nach wie vor intergouvernemental und nicht supranational strukturiert ist. Ob die bis zum Inkrafttreten des Lissabon-Vertrags auf vier „Säulen" – den zwei Gemeinschaften (EG, EAG) und den beiden Bereichen intergouvernementaler Zusammenarbeit (Gemeinsame Außen- und Sicherheitspolitik/GASP; Polizeiliche und justitielle Zusammenarbeit in Strafsachen/PJZS) – beruhende EU neben der unbestrittenen Völkerrechtspersönlichkeit der beiden Gemeinschaften selbst Völkerrechtssubjektivität hatte, blieb str, wurde aber wohl überwiegend verneint.[861] Die heute geltende Regelung hat nicht nur diese Streitfrage obsolet werden lassen, sondern klar gestellt, dass die jetzige EU weder mit der durch den Vertrag von Maastricht geschaffenen EU noch mit der EG, deren Rechtsnachfolgerin sie ja ist, identisch sein kann. Wir haben es also seit Lissabon

---

857 Vgl *Ipsen* (Fn 139) 67 ff; *ders,* Über Supranationalität, in Europäisches Gemeinschaftsrecht in Einzelstudien, 1984, 97 ff; *Zuleeg,* Wandlungen des Begriffs der Supranationalität, Integration 1988, 103 ff.

858 Vgl die Beiträge in Jureit/Tietze (Hrsg), Postsouveräne Territorialität. Die Europäische Union und ihr Raum, 2015.

859 Aus der deutschsprachigen Lit etwa: *Bieber/Epiney/Haag/Kotzur* (Fn 204); *Bleckmann* (Fn 96); Calliess/Ruffert (Fn 140); *Geiger/Khan/Kotzur* (Fn 390); Grabitz/Hilf/Nettesheim (Fn 201); von der Groeben/Schwarze (Fn 119); *Haratsch/Koenig/Pechstein* (Fn 93); Hatje/Müller-Graff (Hrsg), EnzEuR, 10 Bde, 2014; *Herdegen,* Europarecht, 20. Aufl 2018; Lenz/Borchardt (Hrsg), EU-Verträge, 6. Aufl 2012; *Oppermann/Classen/Nettesheim* (Fn 93); Pechstein/Nowak/Häde (Fn 309); Schwarze (Fn 201); Schulze/Zuleeg/Kadelbach (Hrsg), Handbuch Europarecht, 4. Aufl 2019; *Streinz* (Fn 495); ders (Hrsg), EUV/AEUV, 3. Aufl 2018.

860 BVerfGE 89, 155, 184; 123, 267, 348; s hierzu *Kirchhof,* Die rechtliche Struktur der Europäischen Union als Staatenverbund, in von Bogdandy/Bast (Hrsg), Europäisches Verfassungsrecht, 2. Aufl 2009, 1009 ff; ferner *Oeter,* Bundesstaat, Föderation, Staatenverbund – Trennlinien und Gemeinsamkeiten föderaler Systeme, ZaöRV 75 (2015) 733 (736 ff).

861 BVerfGE 89, 155, 195. Ferner *Streinz* (Fn 495) Rn 134; *Breitenmoser,* Die Europäische Union zwischen Völkerrecht und Staatsrecht, ZaöRV 55 (1995) 951 ff; *Schroeder,* Die Europäische Union als Völkerrechtssubjekt, EuR 2012, Beiheft 2, 9 (16 f). Anders etwa *Ress,* Ist die Europäische Union eine juristische Person?, EuR 1995, Beiheft 2, 27 ff; *von Bogdandy/Nettesheim,* Die Verschmelzung der Europäischen Gemeinschaften in der Europäischen Union, NJW 1995, 2324 ff; *Ruffert/Walter,* Institutionalisiertes Völkerrecht, Rn 158 f.

mit einer *neuen EU* zu tun, die allerdings die Tätigkeit der früheren EU und ihrer Gemeinschaften fortführt.[862]

3. Unionszuständigkeiten und Grundrechtsschutz

Die der EU bzw früher den Gemeinschaften von den Mitgliedstaaten übertragenen Zuständigkeiten[863] erfassen einen Großteil der normalerweise von Staaten ausgeübten hoheitlichen Aufgaben. Während die frühere EGKS und die EAG ihren ursprünglichen Zuständigkeitsbereich beibehielten, ist der zunächst rein wirtschaftsbezogene Zweckverband „Europäische Wirtschaftsgemeinschaft" (EWG) nachträglich mit vielen weiteren Aufgaben bedacht worden, die schließlich korrekterweise durch den Maastrichter Vertrag zu einer Namensänderung („EG") führte. Dieser Vertrag hat aber – wie nicht anders der von Lissabon – an der für I.O. und eben auch S.O. typischen prinzipiellen vertraglichen Aufgabenbeschränkung nichts geändert. Deutlich wird vielmehr auch für die heutige EU das *Prinzip der begrenzten Ermächtigung* hervorgehoben (Art 5 EUV, Art 7 AEUV):[864] Es erlaubt ihr nur, Zuständigkeiten im Verhältnis zu den Mitgliedstaaten in Anspruch zu nehmen, die ihr übertragen sind (Verbandskompetenz);[865] es lässt ferner, was unter dem Gesichtspunkt des institutionellen Gleichgewichts wichtig ist, nur das nach Maßgabe des Vertrags zuständige Organ tätig werden (Organkompetenz); es ermöglicht schließlich nur ein Vorgehen des zuständigen Organs im Wege des vertraglich für diesen Fall vorgesehenen Handlungsinstruments (Wahl des Rechtsakts). Ausdrücklich wurde ferner der *Subsidiaritätsgrundsatz* verankert (Art 5 Abs 3 EUV), der für alle nicht in die ausschließliche Zuständigkeit der Gemeinschaft bzw Union fallenden Bereiche die Überprüfung verlangt, ob die in Aussicht genommene Maßnahme auf der Ebene der Mitgliedstaaten nicht ausreichend und daher wegen ihres Umfangs oder ihrer Wirkungen besser auf Unionsebene erreicht werden kann.[866] Die Regelung wirkt sich durchaus dämpfend auf den Regelungseifer der Organisation aus.[867] Auch die Rechtsprechung des EuGH zeigt Wirkung. Im hier interessierenden Zusammenhang betrifft dies vor allem die Korrektur, die der Gerichtshof im Hinblick auf die Binnenmarktkompetenz (Art 114 AEUV) vorgenommen hat.[868] Der Vertrag von Lissabon versucht, zu einer Stärkung

---

862 Klar hierzu *Haratsch/Koenig/Pechstein* (Fn 93) Rn 54 ff.
863 *Jarass*, Die Kompetenzverteilung zwischen der Europäischen Gemeinschaft und den Mitgliedstaaten, AöR 121 (1996) 173 ff; *von Bogdandy/Bast*, Die vertikale Kompetenzordnung der Europäischen Union, EuGRZ 2001, 441 ff; *Mayer*, Die drei Dimensionen der Europäischen Kompetenzdebatte, ZaöRV 61 (2001) 577 ff; *ter Steeg*, Eine neue Kompetenzordnung für die EU, EuZW 2003, 325 ff; *Streinz* (Fn 495) Rn 146 ff.
864 *Kraußer*, Das Prinzip begrenzter Ermächtigung im Gemeinschaftsrecht als Strukturprinzip des EWG-Vertrages, 1991; *Haratsch/Koenig/Pechstein* (Fn 93) Rn 172 ff.
865 Zum Problem der Kompetenzüberschreitung *(ultra vires)* vgl o Rn 194.
866 *Lecheler*, Das Subsidiaritätsprinzip. Strukturprinzip der Europäischen Union, 1993; *Moersch*, Leistungsfähigkeit und Grenzen des Subsidiaritätsprinzips, 2001; *Böttcher/Krawczynski*, Subsidiarität für Europa, 2002; *Skouris*, Das Subsidiaritätsprinzip und seine Bedeutung in der Rechtsprechung des Gerichtshofs der Europäischen Gemeinschaften, FS Wildhaber, 2007, 1547 ff; *Bickenbach*, Das Subsidiaritätsprinzip in Art 5 EUV und seine Kontrolle, EuR 2013, 523 ff.
867 Vgl auch die – freilich etwas überzogene – Mahnung in BVerfGE 89, 155, 210.
868 EuGH, Slg 2000, I-8419 *[Tabakwerbung]*; hierzu statt vieler *Calliess*, Nach dem „Tabakwerbung-Urteil" des EuGH, Jura 2001, 311 ff; *Stein*, Keine Europäische „Verbots"-Gemeinschaft, EWS 2001, 12 ff.

des Subsidiaritätsprinzips zu gelangen, insbes durch die frühzeitige Befassung der nationalen Parlamente mit Rechtsakten der EU sowie die Einräumung eines Klagerechts vor dem EuGH.[869]

254 Die Fülle hoheitlicher Befugnisse, über die die Union verfügt und die ihr mittelbar (durch generelle Rechtsetzung) oder unmittelbar (durch Entscheidung/Beschluss oder Vollzug) Eingriffe in die Individualsphäre ermöglichen (Supranationalität), machen einen materiellen Grundrechtsschutz und verfahrensrechtliche Vorkehrungen erforderlich, für die gegenüber („normalen") I.O. keine vergleichbare Notwendigkeit besteht.[870] Da schon wegen des Vorranganspruchs des Unionsrechts, aber auch wegen der im Einzelnen recht unterschiedlichen Ausgestaltung auf die nationalen Grundrechtsgewährleistungen nicht zurückgegriffen werden kann und die (früheren) Gemeinschaftsverträge keinen eigenen Grundrechtskatalog enthielten,[871] musste auf Unionsebene ein adäquater *Grundrechtsschutz* etabliert werden. Diese Aufgabe hat der EuGH in langjähriger Falljurisprudenz in grundsätzlich zufriedenstellender Weise gelöst.[872] Methodisch ist ihm dies durch die Entwicklung allgemeiner Rechtsgrundsätze aus den gemeinsamen Verfassungsüberlieferungen der Mitgliedstaaten und den für alle Mitgliedstaaten verbindlichen völkerrechtlichen Menschenrechtsverträgen, insbes der EMRK, gelungen.[873] Diese gemeinsamen Grundrechtssätze bilden unmittelbar anwendbare Maßstäbe, denen Unionsakte, aber auch nationale Vollzugsakte zu entsprechen haben. Prozessual können Einzelpersonen Rechtsschutz gegen sie unmittelbar und individuell betreffende europäische Rechtsakte vor dem EuGH oder dem Gericht (Art 263 Abs 4 AEUV), im Übrigen vor nationalen Gerichten gegen nationale Vollzugsakte erlangen. Nationale und europäische Gerichtsbarkeit stehen in einem *kooperativen Rechtsschutzverbund,* dessen wichtigstes Scharnier das Vorabentscheidungsverfahren gemäß Art 267

Eine andere Akzentuierung findet sich in der jüngeren Judikatur, vgl EuGH, Slg 2006, I-11573 *[Tabakwerbung II];* EuGH, Slg 2009, I-593 *[Vorratsdatenspeicherung].*
869 Vgl Art 12 lit b EUV u Art 8 des Protokolls über die Anwendung der Grundsätze der Subsidiarität und der Verhältnismäßigkeit, ABl EU 2007, Nr C 306/150 sowie *Hailbronner,* Die Justiziabilität des Subsidiaritätsprinzips im Lichte der Subsidiaritätskontrolle, in Pernice (Hrsg), Der Vertrag von Lissabon, 2008, 135 ff; *Uerpmann-Wittzack,* Frühwarnsystem und Subsidiaritätsklage im deutschen Verfassungssystem, EuGRZ 2009, 461 ff; *Calliess,* Nach dem Lissabon-Urteil des Bundesverfassungsgerichts: Parlamentarische Integrationsverantwortung auf europäischer und nationaler Ebene, ZG 2010, 1 ff; *Gstrein/Harvey,* The Role of National Parliaments in the European Union, ZEuS 2014, 335 ff.
870 Hierzu o Rn 197 ff. Eine Ausnahme insoweit bietet der Rechtsschutz für den öffentlichen Dienst einer I. O., vgl o Rn 174.
871 Allerdings haben sich die Grundfreiheiten des AEU-Vertrags (Freiheit des Waren-, Personen-, Dienstleistungs-, Zahlungs- und Kapitalverkehrs) und das Diskriminierungsverbot durch die Rechtsprechung des EuGH zu grundrechtsgleichen subjektiv-öffentlichen Rechten entwickelt, auf die sich Einzelne gegenüber der Union und den Mitgliedstaaten berufen können; *Frenz,* Grundfreiheiten und Grundrechte, EuR 2002, 603 ff; *ders,* Annäherung von europäischen Grundrechten und Grundfreiheiten, NVwZ 2011, 961 ff.
872 Statt vieler *Schmahl,* Grundrechtsschutz im föderalen Europa, in Härtel (Fn 766) § 88 Rn 3 ff; Ehlers (Hrsg), Europäische Grundrechte und Grundfreiheiten, 4. Aufl 2015; *Franzius,* Grundrechtsschutz in Europa, ZaöRV 37 (2015) 383 ff; vgl auch BVerfGE 73, 339, 378 ff; 102, 147, 165 f; 118, 79, 95.
873 Vgl Art 6 Abs 3 EUV; *Klein,* Dogmatische und methodische Überlegungen zur Einordnung der Europäischen Menschenrechtskonvention in den Grundrechtsfundus der Europäischen Union, GS Bleckmann 2007, 257 ff.

AEUV ist.[874] Es führt zu einer gemeinsamen Verantwortung in der Durchsetzung des Unionsrechts, belässt aber dem EuGH die Kompetenz zu dessen verbindlicher Auslegung, ohne welche die für die Integration essentielle Rechtseinheit nicht zu wahren ist. Die im Jahr 2000 zunächst als unverbindliche Deklaration feierlich verkündete *Grundrechtecharta*[875] hat mit dem Inkrafttreten des Lissabonner Vertrags über den Verweis in Art 6 Abs 1 EUV Rechtsverbindlichkeit erlangt; damit ist eine seit langem gestellte Forderung erfüllt. Zugleich gebietet Art 6 Abs 2 EUV der EU, der EMRK beizutreten.[876]

4. Entwicklungsperspektiven
Die EU steht vor großen *Herausforderungen*. Sie muss trotz (und auch wegen) des bevorstehenden Austritts des Vereinigten Königreichs[877] für weitere Integrationsschritte gewappnet sein. Bereits am 1.5.2004 sind 10 mittel- und osteuropäische Staaten der EU beigetreten, mit Rumänien und Bulgarien (am 1.1.2007) und mit Kroatien (am 1.7.2013) sind drei neue Staaten hinzugekommen; mit weiteren Staaten werden Beitrittsverhandlungen geführt oder vorbereitet.[878] Die Vertragswerke müssen mit jedem Beitritt vor allem im Blick auf die Zusammensetzung der Organe und die Entscheidungsfindung an die neue Situation angepasst werden; entsprechende Modifikationen sind bei einem Austritt durchzuführen. Nach dem Scheitern des Verfassungsvertrags v 2004 soll der 2009 in Kraft getretene Vertrag von Lissabon die Handlungsfähigkeit der EU sichern und zugleich zu einer erhöhten Transparenz, Effizienz und demokratischen Legitimation führen. Bedingt durch verschiedene nationale Interessen, konnten diese Ziele allerdings nicht vollständig verwirklicht werden.[879] 255

Überdies offenbart die seit 2008 anhaltende *Finanz- und Staatsschuldenkrise* zunehmend Konstruktionsfehler der Wirtschafts- und Währungsunion (Art 119 ff 256

---

874 Probleme können hier immer dann auftreten, wenn letztinstanzliche Gerichte ihrer Vorlageverpflichtung nicht nachkommen. In diesen Fällen kann ggf der EGMR die entstandene Rechtsschutzlücke schließen, vgl dazu EGMR, Urt v 16.4.2002, Nr 36677/97 *[Dangeville]* mit Bespr *Breuer*, Der Europäische Gerichtshof für Menschenrechte als Wächter des europäischen Gemeinschaftsrechts, JZ 2003, 433 ff. Allgemein vgl *Mayer*, Europäische Verfassungsgerichtsbarkeit, in von Bogdandy/Bast (Fn 860) 559 ff und *Benda/Klein/Klein* (Fn 842) Rn 92 ff.
875 Charta der Grundrechte der Europäischen Union v 7.12.2000, ABl EG 2000, Nr C 364/1. Hierzu statt vieler Meyer (Hrsg), Charta der Grundrechte der Europäischen Union, 4. Aufl 2014; Stern/Sachs (Hrsg), Europäische Grundrechte-Charta, 2016.
876 Der über mehrere Jahre erarbeitete Entwurf eines Beitrittsabkommens (dazu etwa *Polakiewicz*, EuGRZ 2013, 472 ff) ist vom EuGH für unionsrechtswidrig erklärt worden (vgl EuGH, *Gutachten 2/13*, ECLI:EU:C:2014:2454, Rn 179 ff). Diese EuGH-Entscheidung dürfte den Beitrittsprozess bis auf weiteres nachhaltig hemmen, vgl *Tomuschat*, Der Streit um die Auslegungshoheit: Die Autonomie der EU als Heiliger Gral, EuGRZ 2015, 133 ff; *Breuer*, „Wasch mir den Pelz, aber mach mich nicht nass!", EuR 2015, 330 ff; *Callewaert*, Do we still need Article 6(2) TEU? CMLRev. 55 (2018) 1685 ff; vgl aber auch *Schmahl*, Der Beitritt der EU zur Europäischen Menschenrechtskonvention: Wo liegt das Problem? JZ 2016, 921 ff. Vgl auch o Rn 65.
877 Dazu o Fn 220.
878 Aktuelle Beitrittskandidaten sind Mazedonien, Serbien, Montenegro, Albanien und die Türkei. Die Verhandlungen mit Island wurden 2015 auf dessen Wunsch eingestellt. Potentielle Kandidatenländer sind ferner Bosnien und Herzegowina sowie das Kosovo.
879 *Oppermann/Classen/Nettesheim*, Europarecht, 7. Aufl 2016, § 3 Rn 14 f.

AEUV) und wirft einmal mehr die grundsätzliche Frage nach der Intensität der angestrebten politischen Integration auf.[880] Die Errichtung von intergouvernementalen, völkervertraglichen Rettungsschirmen, die rechtsdogmatisch neben der Unionsrechtsordnung stehen, kann keine dauerhafte Lösung für strukturelle Defizite der Währungsunion darstellen.[881] Daneben bringen die anhaltenden *Migrationsströme* zusätzliche Belastungen mit sich und zeigen die Grenzen nicht nur der Leistungsfähigkeit der Union, sondern vor allem der Leistungswilligkeit einiger Mitgliedstaaten auf.[882] Letztlich wird es darauf ankommen, welche Gestalt die EU schließlich annehmen soll und welche Rolle die Mitgliedstaaten in ihr spielen werden. Zwar wird von der EU schon seit dem Maastrichter, dem Amsterdamer und dem Vertrag von Nizza beständig als einer „neuen Stufe bei der Verwirklichung einer immer engeren Union der Völker Europas" gesprochen (Art 1 EU), und es wird die europäische Identität (Art 2) beschworen. Auch der Vertrag von Lissabon greift diese Tradition auf (Art 1 Abs 1, Art 3 EUV). Doch die *politische Finalität der EU* ist nach wie vor offen, was wiederum die Akzeptanz weiteren Fortschritts – wohin? – beschränkt.[883] Dringend zu entwickelnde und zu präzisierende Konzeptionen sollten sich freilich nicht an herkömmlich-etatistischen Denkmustern orientieren (zB „Bundesstaat Europa").[884] Die Ersetzung der Mitgliedstaaten durch einen auch föderalistisch aufgelockerten europäischen Staat würde nur die nationalstaatlichen Probleme auf höherer Ebene reproduzieren.[885] Was Not tut, ist ein *flexibles Gerüst* unterschiedlich strukturierter Politikbereiche, die von mitgliedstaatlicher Alleinverantwortung über geteilte Verantwortung zu fester, demokratisch legitimierter und rechtsstaatlich kontrollierter Vergemeinschaftung reichen und damit Frieden und Sicherheit nach außen garantieren und zugleich Mitgliedstaaten und Union in eine die individuelle Freiheit,

---

880 Dazu *Klein*, Integrationsgedanken, FS Müller-Graff, 2015, 991 ff.
881 Vgl jüngst BVerfGE 129, 124, 177; 132, 195, 239 f. Ferner vgl *Kube/Reimer*, Grenzen des Europäischen Stabilisierungsmechanismus, NJW 2010, 1911 ff; *Lorz/Sauer*, Ersatzunionsrecht und Grundgesetz, DÖV 2012, 573 ff; *Calliess*, Der Kampf um den Euro, NVwZ 2012, 1 ff; *ders*, Der ESM zwischen Luxemburg und Karlsruhe, NVwZ 2013, 97 ff; *Forsthoff*, Fünf Jahre ESM – Entwicklungsperspektiven, EuZW 2018, 108 ff. Die Defizite in der Währungsunion und die neuen hybriden Rechtsaktformen zur „Euro-Rettung" (ESM, Fiskalpakt) beeinträchtigen auch die Rechtsstaatlichkeit der Union, vgl *Schmahl*, Rechtsstaatlichkeit, in Schulze/Zuleeg/Kadelbach (Fn 859) § 6 Rn 7, 16.
882 Vgl *Schmahl*, Reformoptionen und Zielkonflikte in der Asyl- und Flüchtlingspolitik der Europäischen Union, integration 2018, 293 ff; *Schwerdtfeger*, Der Grundsatz der Solidarität im europäischen Asylrecht, DÖV 2018, 725 ff.
883 Vgl hierzu *Haltern*, Gestalt und Finalität, in von Bogdandy/Bast (Fn 860) 279 ff. Ob die Zuflucht zu einem Europa der verschiedenen Geschwindigkeiten ein sinnvoller Weg ist, erscheint eher fraglich, weil dadurch Gräben zwischen den Mitgliedstaaten aufgerissen werden; vgl hierzu *Grieser*, Flexible Integration in der Europäischen Union: Neue Dynamik oder Gefährdung der Rechtseinheit?, 2003. Zu möglichen Entwicklungsperspektiven der EU *Calliess*, Bausteine einer erneuerten Europäischen Union, NVwZ 2018, 1 ff; *Hatje/Schwarze*, Der Zusammenhalt der Europäischen Union, EuR 2019, 153 ff.
884 Vgl hierzu *Oeter*, Föderalismus und Demokratie, in von Bogdandy/Bast (Fn 860) 73 ff. Das BVerfG schließt eine Beteiligung der BR Deutschland an einem „europäischen Bundesstaat" nicht kategorisch aus, verlangt aber im Blick auf das Selbstbestimmungsrecht des Deutschen Volkes eine Volksabstimmung, vgl BVerfGE 123, 267, 350. Ob hierin eine Verfügung über die nichtdisponible Verfassungsidentität iSd Art 79 Abs 3 GG zu sehen wäre (so *Hillgruber/Gärditz*, Volkssouveränität und Demokratie ernst genommen, JZ 2009, 872 [875]), ist damit aber nicht geklärt.
885 *Müller-Graff*, Verfassungsziele der EG/EU, in Handbuch des EU-Wirtschaftsrechts, Loseblatt (Stand 2018), A I Rn 66 ff; vgl auch Graf Vitzthum (Hrsg), Europäischer Föderalismus, 2000.

die wirtschaftliche Leistungskraft und die soziale Sicherheit garantierende Balance bringen. Die aktuelle Herausforderung der EU durch den Flüchtlingsansturm aus Bürgerkriegsgebieten im Nahen Osten, aus Afghanistan und afrikanischen Staaten zwingt zu verstärkter koordinierter Zusammenarbeit der Mitgliedstaaten und unionsinterner Solidarität. Der Vertrag von Lissabon hält nicht für alle diese Fragen – zumal im Bereich der Wirtschafts- und Währungsunion – befriedigende Antworten bereit. Die präzedenzlose Erscheinung der EU hat noch kein überzeugendes juristisches Gewand erhalten. Im Buch der Staatenverbindungen ist ein neues Kapitel aufzuschlagen.[886]

---

[886] Dazu Überlegungen bei *Wahl*, Erklären staatstheoretische Leitbegriffe die Europäische Union?, in H. Dreier (Hrsg), Rechts- und staatstheoretische Schlüsselbegriffe: Legitimität – Repräsentation – Freiheit, 2005, 113 ff.

Schmahl

Fünfter Abschnitt

Alexander Proelß
Raum und Umwelt im Völkerrecht

Gliederung

Vorbemerkung —— 1
I. Der Raum im Völkerrecht —— 2–87
 1. Die Raumordnung des Völkerrechts im Überblick —— 2–13
  a) Territoriale Souveränität und Gebietshoheit —— 2–6
  b) Staatsgebiet und Nichtstaatsgebiet als Grundkategorien —— 7–9
  c) Nichtstaatsgebiet: Funktionshoheits- und Staatengemeinschaftsräume —— 10–13
 2. Staatsgebiet: Raum territorial radizierter, umfassender Hoheitsgewalt —— 14–48
  a) Wesen und Grenzen: Gebietshoheit im Rahmen des Völkerrechts —— 14–21
  b) Erwerb und Verlust von Staatsgebiet —— 22–27
  c) Luftraum: Lufthoheit und Luftfreiheiten —— 28–35
  d) Maritimes Aquitorium: Innere Gewässer, Archipelgewässer, Küstenmeer —— 36–48
 3. Nichtstaatsgebiet (1): Küstenstaatliche Funktionshoheitsräume —— 49–60
  a) Wesen und Grenzen: Räume begrenzter Hoheitsbefugnisse —— 49
  b) Anschlusszone: Raum polizeilicher Kontrollrechte —— 50
  c) Ausschließliche Wirtschaftszone: Ressourcenorientierter Raum sui generis —— 51–54
  d) Festlandsockel: Erforschungs- und Ausbeutungsmonopol aus Küstenlage —— 55–60
 4. Nichtstaatsgebiet (2) Globale Staatengemeinschaftsräume —— 61–87
  a) Wesen und Grenzen: Gemeinschaftsbezogene Forschungs- und Nutzungsfreiheit —— 61–63
  b) Hohe See: Raum rechtlich geordneter Freiheit —— 64–67
  c) Tiefseeboden („Gebiet"): Internationalisiertes Menschheitserbe —— 68–73
  d) Weltraum: Kooperationsverpflichtete Freiheit und Gleichheit —— 74–82
  e) Antarktis: Eher „Weltpark" als Clubraum" —— 83–87
II. Die Umwelt im Völkerrecht —— 88–166
 1. Das Völkerrecht des Umweltschutzes im Überblick —— 88–90
 2. Die Entwicklung des Umweltvölkerrechts —— 91–104
  a) Die Ausgangspunkte: Nachbarrecht und Artenschutzabkommen —— 92–95
  b) Die großen Umweltkonferenzen —— 96–104
 3. Allgemeine Prinzipien des Umweltvölkerrechts —— 105–117
  a) Das Trail Smelter-Prinzip und der Präventionsgrundsatz —— 106–110
  b) Das Gebot der ausgewogenen Mitnutzung grenzübergreifender Ressourcen —— 111
  c) Das Vorsorge- und das Verursacherprinzip —— 112–113
  d) Das Leitbild der nachhaltigen Entwicklung —— 114–117
 4. Umweltschutz und Individualrechte —— 118–123

5. Bereichsspezifische Instrumente des Umweltvölkerrechts —— 124–166
a) Schutz der Binnengewässer —— 125–135
b) Schutz des Meeres —— 136–144
c) Schutz der Luft und Bekämpfung des Klimawandels —— 145–158
d) Arten- und Biodiversitätsschutz —— 159–164
e) Schutz vor Abfällen und Schadstoffen —— 165–166

Literatur
Beaucamp, Guy, Das Konzept der zukunftsfähigen Entwicklung im Recht, 2002
Beyerlin, Ulrich/Marauhn, Thilo, International Environmental Law, 2012 [*Beyerlin/Marauhn,* International Environmental Law]
Birnie, Patricia/Boyle, Alan E./Redgwell, C., International Law and the Environment, 3. Aufl 2009 [*Birnie/Boyle/Redgwell,* International Law and the Environment]
Bodansky, Daniel/Brunnée, Jutta/Hey, Ellen (Hrsg), Oxford Handbook of International Environmental Law, 2007 [International Environmental Law Handbook]
Böckstiegel, Karl-Heinz (Hrsg), Handbuch des Weltraumrechts, 1991 [Weltraumrecht]
Bowman, Michael/Davies, Peter G./Redgwell, Catherine, Lyster's International Wildlife Law, 2. Aufl 2010 [*Bowman/Davies/Redgwell,* Wildlife Law]
Dahm, Georg/Delbrück, Jost/Wolfrum, Rüdiger, Völkerrecht, Bde I/1, I/2 u I/3, 2. Aufl 1989/2002/2002 [*Dahm/Delbrück/Wolfrum,* Völkerrecht I/1, I/2, I/3]
Dupuy, Pierre-Marie/Viñuales, Jorge E., International Environmental Law, 2. Aufl 2018
Giegerich, Thomas/Proelß, Alexander (Hrsg), Bewahrung des ökologischen Gleichgewichts durch Völker- und Europarecht, 2010 [Bewahrung]
Hafner, Gerhard, Die seerechtliche Verteilung von Nutzungsrechten, 1987 [*Hafner,* Verteilung]
Hobe, Stephan/Schmidt-Tedd, Bernhard/Schrogl, Kai-Uwe (Hrsg), Cologne Commentary on Space Law, Bd 1, 2009 [CoCoSL]
Khan, Daniel-Erasmus, Die deutschen Staatsgrenzen, 2004 [*Khan,* Staatsgrenzen]
Kreuter-Kirchhof, Charlotte, Neue Kooperationsformen im Umweltvölkerrecht, 2004 [*Kreuter-Kirchhof,* Kooperationsformen]
Odendahl, Kerstin, Die Umweltpflichtigkeit der Souveränität, 1998 [*Odendahl,* Umweltpflichtigkeit]
Ott, Hermann, Umweltregime im Völkerrecht, 1998 [*Ott,* Umweltregime]
Proelß, Alexander, Meeresschutz im Völker- und Europarecht, 2004 [*Proelß,* Meeresschutz]
ders (Hrsg), United Nations Convention on the Law of the Sea – A Commentary, 2017 [UNCLOS Commentary]
ders (Hrsg), Internationales Umweltrecht, 2017 [Internationales Umweltrecht]
Reichert, Götz, Der nachhaltige Schutz grenzübergreifender Gewässer in Europa, 2004 [*Reichert,* Gewässerschutz]
Rothwell, Donald R./Oude Elferink, Alex G./Scott, Karen N./Stephens, Tim (Hrsg), Oxford Handbook of the Law of the Sea, 2015
Sands, Philippe/Peel, Jacqueline, Principles of International Environmental Law, 4. Aufl 2018 [*Sands/Peel,* Principles]
Schladebach, Marcus, Luftrecht, 2007 [*Schladebach,* Luftrecht]
Schröter, Jessica, Strukturprinzipien des Umweltvölkerrechts und ihr Beitrag zur Eindämmung des Klimawandels, 2015 [*Schröter,* Strukturprinzipien]
Schult, Henning, Das völkerrechtliche Schiffssicherheitsregime, 2005 [*Schult,* Schiffssicherheit]
Tanaka, Yoshifumi, International Law of the Sea, 2. Aufl 2015 [*Tanaka,* Law of the Sea]
Verschuuren, Jonathan, Principles of Environmental Law, 2003 [*Verschuuren,* Principles]
Graf Vitzthum, Wolfgang (Hrsg), Handbuch des Seerechts, 2006 [Seerecht]
Wolfrum, Rüdiger, Die Internationalisierung staatsfreier Räume, 1982 [*Wolfrum,* Internationalisierung]
ders (Hrsg), Max Planck Encyclopedia of Public International Law, 10 Bde, 2012 [MPEPIL]

Verträge

Grenzvertrag zwischen Österreich und Venedig v 17.8.1754 (40 CTS 215) —— 91
Freundschafts-, Handels- und Schifffahrtsvertrag zwischen Großbritannien und den Vereinigten Staaten von Amerika v 19.11.1794 (Martens [2. Serie], Bd V, 640) [Jay-Vertrag] —— 91, 127
Schlussakte des Wiener Kongresses v 9.6.1815 (Hauff [Hrsg], Die Verträge von 1815 und die Grundlagen der Verfassung Deutschlands, 1864, 4) —— 127
Rheinschifffahrtsakte (Mainzer Akte) v 31.3.1831 —— 127
Vertrag von Den Haag zwischen den Niederlanden und Belgien zur Regelung der Ableitung von Wasser aus der Maas v 12.5.1863 (Robb [Hrsg], International Environmental Law Rep, Bd I, 1999, 572) —— 129
Vertrag von Bayonne zwischen Frankreich und Spanien v 26.5.1866 (132 CTS 359) —— 129
Revidierte Rheinschifffahrtsakte (Mannheimer Akte) v 17.10.1868 idF v 11.3.1969 (BGBl 1969 II, 597), zuletzt geänd durch Zusatzprotokolle Nr 2 u 3 v 17.10.1979 (BGBl 1980 II, 870, 875) [Mannheimer Akte] —— 18, 127, 132
Vertrag betreffend die Regelung der Lachsfischerei im Stromgebiet des Rheins v 30.6.1885 (RGBl 1886, 192) —— 94
Convention Designed to Ensure the Conservation of Various Species of Wild Animals in Africa which are Useful to Man or Inoffensive v 19.5.1900 (188 CTS 418) —— 94
Vertrag über den Schutz der für die Landwirtschaft nützlichen Vögel v 19.3.1902 (RGBl 1906, 89) —— 94
Treaty between the United States and Great Britain Respecting Boundary Waters between the United States and Canada v 11.1.1909 (AJIL 4 [1910], Suppl, 239) —— 129
Versailler Vertrag v 28.6.1919 (RGBl 1919, 687) —— 11, 18, 127
Pariser Luftfahrtkonvention v 13.10.1919 (Hudson [Hrsg], International Legislation, Bd I, 1931, 359) —— 29
Vertrag über Spitzbergen v 9.2.1920 (RGBl 1925 II, 763; Bekanntgabe über Wiederanwendung in BGBl 1953 II, 117) [Spitzbergen-Vertrag] —— 19
Convention for the Regulation of Whaling v 24.9.1931 (155 LNTS 349) —— 94
Convention Relative to the Preservation of Flora and Fauna in their Natural State v 8.11.1933 (172 LNTS 241) —— 94
International Agreement for the Regulation of Whaling v 8.6.1937 (190 LNTS 79) —— 94
Convention on Nature Protection and Wild-Life Preservation in the Western Hemisphere v 12.10.1940 (161 UNTS 193) —— 94
(Chicagoer) Abkommen über die Internationale Zivilluftfahrt v 7.12.1944 (BGBl 1956 II, 411) —— 29, 31, 32
Vereinbarung über den Durchflug im Internationalen Fluglinienverkehr v 7.12.1944 (BGBl 1956 II, 442) —— 29
Charta der Vereinten Nationen v 26.6.1945 (BGBl 1973 II, 431), zuletzt geänd durch Bek v 28.8.1980 (BGBl 1980 II, 1252) [UN-Charta] —— 51, 65, 66
Statut des Internationalen Gerichtshofs v 26.6.1945 (BGBl 1973 II, 505) [IGH-Statut] —— 17, 106
Potsdamer Abkommen v 2.8.1945 (Huber [Hrsg], Quellen zum Staatsrecht der Neuzeit, Bd II, 1951, 197) —— 20, 21
Konvention über die Regelung der Maschen der Fischnetze und der Größenbegrenzungen der Fische v 5.4.1946 (BGBl 1959 II, 1513) —— 94
Internationales Übereinkommen zur Regelung des Walfangs v 2.12.1946 (BGBl 1982 II, 559) —— 53, 94
Internationales Übereinkommen über die Fischerei auf Hoher See im Nordpazifik v 9.5.1952 (205 UNTS 65) —— 94
Internationales Übereinkommen zur Verhütung der Verschmutzung der See durch Öl v 12.5.1954 (BGBl 1956 II, 379; außer Kraft mit BGBl 1989 II, 74) [OILPOL] —— 137
Vertrag zur Gründung der Europäischen Gemeinschaft v 25.3.1957 (BGBl 1957 II, 766), nach Inkrafttreten des Vertrags von Lissabon v 13.12.2007 (BGBl 2008 II, 1038) nunmehr gültig als Vertrag über

Proelß

die Arbeitsweise der Europäischen Union (konsolidierte Fassung: ABl EU 2010, Nr C 83/47) [AEUV] —— 18, 19, 31, 32, 38, 52, 86, 112, 114, 155

(Genfer) Übereinkommen über die Hohe See v 29.4.1958 (BGBl 1972 II, 1089) —— 9, 37, 65

(Genfer) Übereinkommen über das Küstenmeer und die Anschlusszone v 29.4.1958 (516 UNTS 205) —— 37, 45, 46, 50

(Genfer) Übereinkommen über den Festlandsockel v 29.4.1958 (499 UNTS 311) —— 37, 55, 57

(Genfer) Übereinkommen über die Fischerei und die Erhaltung der biologischen Reichtümer der Hohen See v 29.4.1958 (559 UNTS 285) —— 37, 65

Antarktis-Vertrag v 1.12.1959 (BGBl 1978 II, 1517) [AV] —— 75, 83–87

Übereinkommen über den Schutz des Bodensees gegen Verunreinigungen v 27.10.1960 (BayGVBl 1961, 237) —— 17, 132

Protokoll zwischen den Regierungen der BR Deutschland, der Französischen Republik und des Großherzogtums Luxemburg über die Errichtung einer Internationalen Kommission zum Schutz der Mosel gegen Verunreinigung v 20.12.1961 (BGBl 1962 II, 1103) —— 131

Protokoll zwischen den Regierungen der BR Deutschland und der Französischen Republik über die Errichtung einer Internationalen Kommission zum Schutz der Saar gegen Verunreinigung v 20.12.1961 (BGBl 1962 II, 1106) —— 131

(Osteuropäische) Vereinbarung über die Zusammenarbeit auf dem Gebiet der Meeresfischerei v 28.7.1962 (460 UNTS 220) —— 94

(Berner) Vereinbarung über die Internationale Kommission zum Schutz des Rheins gegen Verunreinigung v 29.4.1963 mit Unterzeichnungsprotokoll (BGBl 1965 II, 1433); Zusatzvereinbarung v 3.12.1976 (BGBl 1979 II, 87) —— 130

Treaty Banning Nuclear Weapons Tests in the Atmosphere, in Outer Space and Under Water v 5.8.1963 (480 UNTS 43) —— 79

(Europäisches) Fischerei-Übereinkommen v 9.3.1964 (BGBl 1969 II, 1898) —— 94

Deutsch-schweizerischer Vertrag über die Einbeziehung der Gemeinde Büsingen am Hochrhein in das schweizerische Zollgebiet v 23.11.1964 (BGBl 1967 II, 2029) —— 20

Übereinkommen über Wasserentnahmen aus dem Bodensee nebst Schlussprotokoll v 30.4.1966 (BGBl 1967 II, 2314) —— 132

Internationaler Pakt über bürgerliche und politische Rechte v 19.12.1966 (BGBl 1973 II, 1534) [IPBPR] —— 119

Internationaler Pakt über wirtschaftliche, soziale und kulturelle Rechte v 19.12.1966 (BGBl 1973 II, 1570) [IPWSKR] —— 119

Vertrag über die Grundsätze zur Regelung der Tätigkeiten von Staaten bei der Erforschung und Nutzung des Weltraums einschließlich des Mondes und anderer Himmelskörper v 27.1.1967 (BGBl 1969 II, 1969) [Weltraumvertrag] —— 28, 74, 75, 77–80, 165

Wiener Übereinkommen über das Recht der Verträge v 23.5.1969 (BGBl 1985 II, 927) [WVK] —— 18, 26, 90, 151

Übereinkommen zur Zusammenarbeit bei der Bekämpfung von Ölverschmutzungen der Nordsee v 9.6.1969 (BGBl 1969 II, 2066) —— 143

Übereinkommen zur Erhaltung der lebenden Schätze des Südostatlantiks v 23.10.1969 (BGBl 1976 II, 1545) —— 94

Amerikanische Menschenrechtskonvention v 22.11.1969 (1144 UNTS 123); Zusatzprotokoll im Bereich der wirtschaftlichen, sozialen und kulturellen Reche (Protokoll von San Salvador) v 17.11.1988 (OAS Doc OAS/Ser.L/V/I.4/rev.13)) —— 120

Internationales Übereinkommen über Maßnahmen auf Hoher See bei Ölverschmutzungs-Unfällen v 29.11.1969 (BGBl 1975 II, 137); Protokoll v 2.11.1973 (BGBl 1985 II, 593) —— 137

Internationales Übereinkommen über die zivilrechtliche Haftung für Ölverschmutzungsschäden v 29.11.1969 (BGBl 1975 II, 305; Neufassung: BGBl 1996 II, 670); Protokoll v 25.5.1984 (BGBl 1988 II, 705, 824); Protokoll v 27.11.1992 (BGBl 1994 II, 1152) —— 137

Übereinkommen über Feuchtgebiete, insbesondere als Lebensraum für Wasser- und Wattvögel, von internationaler Bedeutung v 2.2.1971 (BGBl 1976 II, 1265) [Ramsar Übereinkommen] —— 95, 160

Übereinkommen und Betriebsübereinkommen über die Internationale Fernmeldesatellitenorganisation „INTELSAT" v 20.8.1971 (BGBl 1973 II, 249, 308) —— 81

Internationales Übereinkommen über die Errichtung eines Internationalen Fonds zur Entschädigung für Ölverschmutzungsschäden v 18.12.1971 (BGBl 1975 II, 320; Neufassung: BGBl 1996 II, 685) —— 137

Übereinkommen über die Haftung für Schäden durch Weltraumgegenstände v 29.3.1972 (BGBl 1975 II, 1209) [Weltraumhaftungsübereinkommen] —— 80

Übereinkommen zum Schutze der antarktischen Robben v 1.6.1972 (BGBl 1987 II, 90) —— 86

Übereinkommen zum Schutz des Kultur- und Naturerbes der Welt v 26.11.1972 (BGBl 1977 II, 215; ILM 11 [1972] 1358) [UNESCO Kulturschutz-Übereinkommen] —— 15

Übereinkommen über die Verhütung der Meeresverschmutzung durch das Einbringen von Abfällen und anderen Stoffen v 29.12.1972 mit Änd v 12.10.1978 (BGBl 1977 II, 180 und 1987 II, 118) [London Convention bzw LC] —— 141

Übereinkommen über den internationalen Handel mit gefährdeten Arten freilebender Tiere und Pflanzen v 3.3.1973 (BGBl 1975 II, 773) [Washingtoner Artenschutzübereinkommen] —— 95, 124, 159, 164

Übereinkommen über die Schifffahrt auf dem Bodensee (Obersee einschließlich Überlinger See) zwischen Deutschland, Österreich und der Schweiz nebst Zusatzprotokoll v 1.6.1973 (BGBl 1975 II, 1406, 1411) —— 132

Internationales Übereinkommen zur Verhütung der Meeresverschmutzung durch Schiffe v 2.11.1973 mit Prot v 17.2.1978 (BGBl 1982 II, 4; 1984 II, 230) [MARPOL] —— 51, 137, 139, 140, 165

Internationales Übereinkommen zum Schutz des menschlichen Lebens auf See v 1.11.1974 (BGBl 1979 II, 141) [SOLAS] —— 51

Übereinkommen zur Gründung einer Europäischen Weltraumorganisation v 30.5.1975 (BGBl 1976 II, 1861) [ESA-Übereinkommen] —— 81

Übereinkommen zum Schutz des Rheins gegen chemische Verunreinigung v 3.12.1976 (BGBl 1978 II, 1054) —— 130

Übereinkommen zum Schutz des Rheins gegen Verunreinigung durch Chloride v 3.12.1976 (BGBl 1978 II, 1065); Zusatzprotokoll v 25.9.1991 (BGBl 1994 II, 1303) —— 130

Übereinkommen über das Verbot der militärischen oder einer sonstigen feindseligen Nutzung umweltverändernder Techniken v 18.5.1977 (BGBl 1983 II, 125) [ENMOD-Übereinkommen] —— 79, 89

Zusatzprotokoll zu den Genfer Abkommen v 12.8.1949 über den Schutz der Opfer internationaler bewaffneter Konflikte (Protokoll I) v 8.6.1977 (BGBl 1990 II, 1550) [ZP I] —— 89

Panama-Kanal-Verträge v 7.9.1977 (ILM 16 [1977] 1022) —— 18

Vertrag über die Zusammenarbeit am Amazonas v 3.7.1978 (ILM 17 [1978] 1045) —— 129

Great Lakes Water Quality Agreement v 22.11.1978 (1153 UNTS 187) —— 129

Bonner Übereinkommen zur Erhaltung der wandernden wildlebenden Tierarten v 23.6.1979 (BGBl 1984 II, 569; ILM 19 [1980] 15) —— 95, 124, 159

Übereinkommen über die Erhaltung der europäischen wildlebenden Pflanzen und Tiere und ihrer natürlichen Lebensräume v 19.9.1979 (BGBl 1984 II, 618) —— 95, 160

Regierungsabkommen über den Bau gemeinsamer Wasserkraftwerke am Paraná v 19.10.1979 (ILM 19 [1980] 615) —— 129

Genfer Übereinkommen über weiträumige grenzüberschreitende Luftverunreinigung v 13.11.1979 (BGBl 1982 II, 373; ILM 18 [1979] 1442) [CLRTAP]; Protokoll v 24.6.1998 betreffend persistente organische Schadstoffe (ILM 37 [1998] 505) —— 148

Übereinkommen zur Regelung der Tätigkeiten von Staaten auf dem Mond und anderen Himmelskörpern des Sonnensystems v 5.12.1979 (ILM 18 [1979] 1434) [Mondvertrag] —— 74, 82

Übereinkommen über die Erhaltung der lebenden Meeresschätze der Antarktis v 20.5.1980 (BGBl 1982 II, 420) —— 86

African Charter on Human and Peoples' Rights v 27.6.1981 (1520 UNTS 217) —— 118

Internationaler Fernmeldevertrag v 6.11.1982 (BGBl 1985 II, 425) —— 34

Seerechtsübereinkommen der Vereinten Nationen v 10.12.1982 (BGBl 1994 II, 1799) [SRÜ] —— 3, 6, 9–13, 16, 19, 27, 29, 36–47, 49–61, 63, 65–73, 75, 111, 112, 136, 138–143

Übereinkommen über die Zusammenarbeit bei der Bekämpfung der Verschmutzung der Nordsee durch Öl und andere Schadstoffe v 13.9.1983 (BGBl 1990 II, 71; Änd in BGBl 1990 II, 71 u 1995 II, 179) —— 143

Wiener Übereinkommen zum Schutz der Ozonschicht v 22.3.1985 (BGBl 1988 II, 901; ILM 26 [1987] 1516) [Ozonschicht-Übereinkommen] —— 149, 150

Schengener Abkommen über den schrittweisen Abbau der Kontrollen an den gemeinsamen Grenzen v 14.6.1985 (GMBl 1986, 79) [Schengener Abkommen] —— 15

Übereinkommen der Vereinten Nationen über Bedingungen für die Registrierung von Schiffen v 7.2.1986 (ILM 26 [1987] 1236) —— 66

Agreement on the Action Plan for the Environmentally Sound Management of the Common Zambezi River System v 28.5.1987 (ILM 27 [1988] 1109) —— 129

Montrealer Protokoll über Stoffe, die zu einem Abbau der Ozonschicht führen, v 16.9.1987 (BGBl 1988 II, 1014; letzte Änd in BGBl 2002 II, 921) [Montrealer Protokoll] —— 124, 150, 151

Übereinkommen zur Bekämpfung widerrechtlicher Handlungen gegen die Sicherheit der Seeschifffahrt v 10.3.1988 (BGBl 1990 II, 496) [SUA-Konvention]; Protokoll v 10.3.1988 (ebd); Protokolle v 14.10.2005 (IMO Doc LEG/CONF.15/21 u 22) —— 66

Convention on the Regulation of Antarctic Mineral Resource Activities v 2.6.1988 (ILM 27 [1988] 868) —— 84

Basler Übereinkommen über die Kontrolle der grenzüberschreitenden Verbringung gefährlicher Abfälle und ihrer Entsorgung v 22.3.1989 (BGBl 1994 II, 2703) —— 166

Konstitution und Konvention der Internationalen Fernmeldeunion v 30.6.1989 (BGBl 1994 II, 147) —— 34, 35, 76

Vertrag zwischen der Bundesrepublik Deutschland und der Deutschen Demokratischen Republik über die Herstellung der Einheit Deutschlands v 31.8.1990 (BGBl 1990 II, 889) [Einigungsvertrag] —— 24

Vertrag über die abschließende Regelung in Bezug auf Deutschland v 12.9.1990 (BGBl 1990 II, 1318) [Zwei-plus-Vier-Vertrag] —— 5

Vereinbarung über die Internationale Kommission zum Schutz der Elbe v 8.10.1990 (BGBl 1992 II, 943) [Elbe-Übereinkommen] —— 133

Vertrag zwischen der Bundesrepublik Deutschland und der Republik Polen über die Bestätigung der zwischen ihnen bestehenden Grenze v 14.11.1990 (BGBl 1991 II, 1329) —— 21

Übereinkommen über die Umweltverträglichkeitsprüfung im grenzüberschreitenden Zusammenhang v 25.2.1991 (BGBl 2002 II, 1406; ILM 30 [1991] 802) [Espoo Übereinkommen] —— 90, 109

Umweltschutzprotokoll zum Antarktis-Vertrag v 4.10.1991 (BGBl 1994 II, 2478) [USP] —— 83

Vertrag über die Europäische Union v 7.2.1992 (BGBl 1992 II, 1253) idF des Vertrags von Lissabon v 13.12.2007 (BGBl 2008 II, 1038) (konsolidierte Fassung: ABl EU 2010, Nr C 83/13) [EUV] —— 114

Übereinkommen über Schutz und zur Nutzung grenzüberschreitender Wasserläufe und internationaler Seen v 17.3.1992 (BGBl 1994 II, 2333; ILM 31 [1992] 1392) [UN/ECE-Gewässerübereinkommen]; Protokoll v 17.6.1999 (<http://www.unece.org/env/documents/2000/wat/mp.wat.2000.1.e.pdf>) —— 97, 112, 113, 133–135

Übereinkommen über den Schutz der Meeresumwelt des Ostseegebiets v 9.4.1992 (BGBl 1994 II, 1397) [Helsinki Übereinkommen] —— 144

Convention on the Protection of the Black Sea Against Pollution v 21.4.1992 (ILM 32 [1993] 1110) —— 135

Rahmenübereinkommen der Vereinten Nationen über Klimaänderungen v 9.5.1992 (BGBl 1993 II, 1783) [Klimarahmenkonvention] —— 105, 112, 121, 154–156

Vertrag zwischen der BR Deutschland und der Republik Polen über die Zusammenarbeit auf dem Gebiet der Wasserwirtschaft an den Grenzgewässern v 19.5.1992 (BGBl 1994 II, 60) —— 133

Übereinkommen über die biologische Vielfalt v 5.6.1992 (BGBl 1993 II, 1742) [CBD] —— 158, 160–163
Übereinkommen zum Schutz der Meeresumwelt des Nordostatlantik v 22.9.1992 (BGBl 1994 II, 1360) [OSPAR-Übereinkommen] —— 112, 113, 144
Agreement on the Protection of the River Meuse v 26.4.1994 (ILM 34 [1995] 851), außer Kraft mit Inkrafttreten des Internationalen Maas-Übereinkommens v 3.12.2002 —— 133
Agreement on the Protection of the River Scheldt v 26.4.1994 (ILM 34 [1995] 859) —— 133
Übereinkommen über die Zusammenarbeit zum Schutz und zur verträglichen Nutzung der Donau v 29.6.1994 (BGBl 1996 II, 874) [Donauschutzübereinkommen] —— 133, 135
Übereinkommen zur Durchführung des Teiles XI des Seerechtsübereinkommens der Vereinten Nationen vom 10. Dezember 1982 v 28.7.1994 (BGBl 1994 II, 2566) [DÜ] —— 72
Vertrag zwischen der BR Deutschland und der Tschechischen Republik über die gemeinsame Staatsgrenze v 3.11.1994 (BGBl 1997 II, 566) —— 21
Agreement on the Cooperation for the Sustainable Development of the Mekong River Basin (with Protocol) v 5.4.1995 (2069 UNTS 35844) —— 129
Übereinkommen zur Durchführung der Bestimmungen des Seerechtsübereinkommens der Vereinten Nationen v 10.12.1982 über die Erhaltung und Bewirtschaftung von gebietsübergreifenden Fischbeständen und weit wandernden Fischbeständen v 4.12.1995 (BGBl 2000 II, 1023) [Fish Stocks Agreement–FSA] —— 53, 63, 67
Vertrag zwischen der BR Deutschland und der Tschechischen Republik über die Zusammenarbeit auf dem Gebiet der Wasserwirtschaft an den Grenzgewässern v 12.12.1995 (BGBl 1997 II, 925) —— 133
Vertrag über die Internationale Kommission zum Schutz der Oder gegen Verunreinigung v 11.4.1996 (BGBl 1997 II, 1708) [Oder-Übereinkommen] —— 133
Internationales Übereinkommen über die Haftung und Entschädigung für Schäden bei der Beförderung gefährlicher und schädlicher Stoffe auf See v 3.5.1996 (ABl EG 2002, Nr L 337/57) [HNS-Übereinkommen] —— 137
Ergänzendes Protokoll v 22.8.1996 zu dem am 8.4.1960 unterzeichneten Vertrag zwischen der BR Deutschland und dem Königreich der Niederlande über die Regelung der Zusammenarbeit in der Emsmündung (Ems-Dollart-Vertrag) zur Regelung der Zusammenarbeit zum Gewässer- und Naturschutz in der Emsmündung (BGBl 1997 II, 1703) [Ems-Dollart-Umweltprotokoll] —— 133
Comprehensive Nuclear Test Ban Treaty v 24.9.1996 (ILM 34 [1997] 1439) —— 79
Protokoll zur Londoner Dumping-Konvention v 7.11.1996 (ILM 36 [1997] 4) [London Protocol bzw LP] —— 141
Treaty on Sharing of the Ganges Waters at Farakka v 2.12.1996 (ILM 36 [1997] 519) —— 129
United Nations Convention on the Non-Navigational Uses of International Watercourses v 21.5.1997 (ILM 36 [1997] 700) —— 111, 126, 128
Kyoto Protokoll zum Rahmenübereinkommen der Vereinten Nationen über Klimaänderungen v 11.12.1997 (BGBl 2002 II, 967) —— 105, 153–157
Aarhus Convention on Access to Information, Public Participation in Decision-Making and Access to Justice in Environmental Matters v 25.6.1998 (ILM 38 [1999] 517) [Aarhus Übereinkommen] —— 90, 122, 123, 157
Rotterdamer Übereinkommen über das Verfahren der vorherigen Zustimmung nach Inkenntnissetzung für bestimmte gefährliche Chemikalien sowie Pflanzenschutz- und Schädlingsbekämpfungsmittel im internationalen Handel v 11.9.1998 (ILM 38 [1999] 1) —— 165
Convention on Cooperation for the Protection and Sustainable Use of the Waters of the Luso-Spanish River Basins v 30.11.1998 (Luso-American Foundation [Hrsg], Shared Watersystems and Transboundary Issues, 2000, 429) —— 133
Übereinkommen zum Schutz des Rheins v 12.4.1999 (BGBl 2001 II, 850) [Rhein-Übereinkommen] —— 133–135
Vertrag zwischen der BR Deutschland und der Tschechischen Republik über das Grenzurkundenwerk der gemeinsamen Staatsgrenze v 3.6.1999 (BGBl 2001 II, 558) —— 21

Cartagena Protokoll über biologische Sicherheit zum Übereinkommen der Vereinten Nationen über die biologische Vielfalt v 29.1.2000 (ILM 39 [2002] 1027) —— 162

Internationales Übereinkommen über die zivilrechtliche Haftung für Schäden durch Bunkerölverschmutzung v 23.3.2001 (BGBl 2006 II, 579) —— 137

Stockholm Convention on Persistent Organic Pollutants v 23.5.2001 (ILM 40 [2001] 532) [Stockholm Übereinkommen] —— 165

Convention on Cybercrime v 23.11.2001 (<http://conventions.coe.int/Treaty/en/Treaties/Html/185.htm>); Additional Protocol, Concerning the Criminalisation of Acts of a Racist and Xenophobic Nature Committed through Computer Systems v 28.1.2003 (<http://conventions.coe.int/Treaty/EN/Treaties/HTML/189.htm>) —— 35

Internationales Maasübereinkommen v 3.12.2002 (<http://www.cipm-icbm.be/files/files/FR1.pdf>) —— 133

Luftverkehrsabkommen zwischen den USA einerseits und den EU-Mitgliedstaaten sowie der EU andererseits v 30.4.2007 (ABl EU 2007, Nr L 134/4); Zusatzabkommen v 16.6.2011(ABl EU 2011, Nr L 283/16) —— 31

Nagoya Protocol on Access to Genetic Resources and the Fair and Equitable Sharing of Benefits Arising From their Utilization v 29.10.2010 (UNEP/CBD/COP/DEC/X/1) —— 15, 95, 112, 160–163

Deutsch-niederländischer Vertrag über die Nutzung und Verwaltung des Küstenmeers zwischen 3 und 12 Seemeilen v 24.10.2014 (BGBl 2016 II, 602) —— 21

Übereinkommen von Paris v 12.12.2015 (BGBl 2016 II, 1083) —— 157, 157a, 157b, 158

Agreement on Enhancing International Arctic Scientific Cooperation v 11.5.2017 (<https://www.state.gov/documents/organization/271057.pdf>) —— 58

Agreement to Prevent Unregulated High Seas Fisheries in the Central Arctic Ocean v 3.10.2018 (COM(2018) 454 final v 16.6.2018, Annex) —— 58

Judikatur
Ständiger Internationaler Gerichtshof

The Lotus (France v Turkey), Urteil v 7.9.1927, PCIJ, Ser A, No 10 *[Lotus]* —— 3, 8, 66

Territorial Jurisdiction of the International Commission of the River Oder (Czechoslovakia, Denmark, France, Germany, Great Britain, Sveden v Poland), Urteil v 10.9.1929, PCIJ, Ser A, No 23 *[Oder-Kommission]* —— 127

Legal Status of Eastern Greenland (Denmark v Norway), Urteil v 5.4.1933, PCIJ, Ser A/B, No 53 *[Ostgrönland]* —— 19

Diversion of Water from the Meuse (Netherlands v Belgium), Urteil v 28.6.1937, PCIJ, Ser A/B, No 70 *[Diversion of Water]* —— 128

Internationaler Gerichtshof

Corfu Channel (United Kingdom v Albania), Urteil v 9.4.1949, ICJ Rep 1949, 4 *[Korfu Kanal]* —— 46, 93

Anglo-Norwegian Fisheries (United Kingdom v Norway), Urteil v 18.12.1951, ICJ Rep 1951, 116 *[Britisch-norwegischer Fischereistreit]* —— 40

North Sea Continental Shelf (Federal Republic of Germany v Denmark; Federal Republic of Germany v Netherlands), Urteil v 20.2.1969, ICJ Rep 1969, 3 *[Nordsee-Festlandsockel]* —— 55, 57, 60

Barcelona Traction, Light and Power Co, Ltd (Second Phase) (Belgium v Spain), Urteil v 5.2.1970, ICJ Rep 1970, 3 *[Barcelona Traction]* —— 118

Aegean Sea Continental Shelf (Greece v Turkey), Urteil v 19.12.1978, ICJ Rep 1978, 5 *[Festlandsockel in der Ägäis]* —— 55, 60

Continental Shelf (Tunisia v Libyan Arab Jamahiriya), Urteil v 24.2.1982, ICJ Rep 1982, 18 *[Tunesisch-Libyscher Festlandsockel]* —— 57

Military and Paramilitary Activities in and against Nicaragua (Nicaragua v USA) (Merits), Urteil v 27.6.1986, ICJ Rep 1986, 14 *[Nicaragua]* —— 38

Land, Island and Maritime Frontier Dispute (El Salvador v Honduras; Nicaragua intervening), Urteil v 11.9. 1992, ICJ Rep 1992, 351 *[Maritime Frontier]* —— 12
Request for an Examination of the Situation in Accordance with Paragraph 63 of the Court's Judgment of 20 December 1974 in the Nuclear Tests (New Zealand v France) Case, Verfügung v 22.9.1995, ICJ Rep 1995, 287 *[Request for Examination]* —— 112
Legality of the Threat or Use of Nuclear Weapons, Gutachten v 8.7.1996, ICJ Rep 1996, 226 *[Nuklearwaffen]* —— 106
Gabčíkovo-Nagymaros Project (Hungary v Slovakia), Urteil v 25.9.1997, ICJ Rep 1997, 92 *[Gabčíkovo-Nagymaros]* —— 111, 117, 119, 128
Territorial and Maritime Dispute between Nicaragua and Honduras in the Caribbean Sea (Nicaragua v Honduras), Urteil v 8.10.2007, ICJ Rep 2007, 659 *[Nicaragua/Honduras]* —— 39
Pulp Mills on the River Uruguay (Argentina v Uruguay), Urteil v 20.4.2010, ICJ Rep 2010, 14 *[Pulp Mills]* —— 106, 108–112, 116
Accordance with International Law of the Unilateral Declaration of Independence in Respect of Kosovo, Gutachten v 22.7.2010, ICJ Rep 2010, 403 *[Kosovo]* —— 3, 26
Questions Relating to the Obligation to Prosecute or Extradite (Belgium v Senegal), Urteil v 20.7.2012, ICJ Rep 2012, 422 *[Prosecute or Extradite]* —— 53
Whaling in the Antarctic (Australia v Japan: New Zealand intervening), Urteil v 31.3.2014, ICJ Rep 2014, 226 *[Antarctic Whaling]* —— 53, 94
Construction of a Road in Costa Rica along the San Juan River (Nicaragua v Costa Rica), Urteil v 16.12.2015, ICJ Rep 2015, 665 *[Construction of a Road]* —— 108

Internationaler Seegerichtshof
The M/V "Saiga" (St. Vincent and the Grenadines v Guinea), Urteil v 4.12.1997, ITLOS Rep 1997, 16 *[M/V Saiga 1]* —— 53
The M/V "Saiga" (St. Vincent and the Grenadines v Guinea), Urteil v 1.7.1999, ITLOS Rep 1999, 10 *[M/V Saiga 2]* —— 66
Southern Bluefin Tuna (New Zealand v Japan; Australia v Japan), Einstweilige Anordnung v 27.8.1999, ITLOS Rep 1999, 280 *[Blauflossen-Thunfisch]* —— 65, 136
The "Camouco" (Panama v France), Urteil v 7.2.2000, ITLOS Rep 2000, 10 *[Camouco]* —— 53
The "Monte Confurco" (Seychelles v France), Urteil v 18.12.2000, ITLOS Rep 2000, 86 *[Monte Confurco]* —— 53
The "Grand Prince" (Belize v France), Urteil v 20.4.2001, ITLOS Rep 2001, 17 *[Grand Prince]* —— 53
The "Volga" (Russian Federation v Australia), Urteil v 23.12.2002, ITLOS Rep 2002, 10 *[Volga]* —— 53
Land Reclamation by Singapore in and around the Straits of Johor (Malaysia v Singapore), Einstweilige Anordnung v 8.10.2003, ITLOS Rep 2003, 10 *[Land Reclamation]* —— 136
The "Juno Trader" (St. Vincent and the Grenadines v Guinea-Bissau), Urteil v 18.12.2004, ITLOS Rep 2004, 17 *[Juno Trader]* —— 53
The "Hoshinmaru" (Japan v Russia), Urteil v 6.8.2007, ITLOS Rep 2005-2007, 18 *[Hoshinmaru]* —— 53
The "Tomimaru" (Japan v Russia), Urteil v 6.8.2007, ITLOS Rep 2005-2007, 74 *[Tomimaru]* —— 53
Responsibilities and Obligations of States Sponsoring Persons and Entities with Respect to Activities in the Area, Gutachten der Kammer für Meeresbodenstreitigkeiten v 1.2.2011, ITLOS Rep 2011, 10 —— 37, 70, 109, 112
Delimitation of the Maritime Boundary between Bangladesh and Myanmar in the Bay of Bengal (Bangladesh v Myanmar), Urteil v 14.3.2012, ITLOS Rep 2012, 4 —— 37 *[Maritime Boundary]*
The "ARA Libertad" (Argentina v Ghana), Beschluss v 15.12.2012, ITLOS Rep 2012, 332 *[ARA Libertad]* —— 38, 45
The M/V "Virginia G" (Panama v Guinea-Bissau), Urteil v 14.4.2014, ITLOS Rep 2014, 4 *[Virginia G]* —— 52
Request for Advisory Opinion Submitted by the Sub-Regional Fisheries Commission (SRFC), Gutachten v 2.4.2015, ITLOS Rep 2015 *[SRFC-Gutachten]* —— 37, 53, 66, 136

The M/V "Norstar" (Panama v Italy), Urteil v 10.4.2019, <https://www.itlos.org/fileadmin/itlos/documents/cases/case_no.25/Judgment/C25_Judgment_10.04.pdf> *[Norstar]* —— 65, 66

Detention of Three Ukrainian Naval Vessels (Ukraine v Russia), Antrag v 16.4.2019, <https://www.itlos.org/fileadmin/itlos/documents/cases/case_no_26/01_Request_of_Ukraine_for_Provisional_Measures.pdf> —— 45

Ständiger Schiedshof

Island of Palmas Arbitration (Netherlands v USA), Schiedsspruch v 4.4.1928, RIAA II, 829 *[Palmas]* —— 2

Rhine Chlorides Arbitration concerning the Auditing of Accounts (Netherlands v France), Schiedsspruch v 12.3.2004, RIAA XXV, 267 *[Rhine Chlorides]* —— 113

Iron Rhine Arbitration (Belgium v Netherlands), Schiedsspruch v 24.5.2005, RIAA XXVII, 35 *[Iron Rhine]* —— 88, 108

Indus Waters Kishenganga Arbitration (Pakistan v India), Schiedsspruch v 20.12.2013, RIAA XXXI, 1 *[Indus Waters]* —— 106, 109, 111, 112, 117, 128

Chagos Marine Protected Area Arbitration (Mauritius v United Kingdom), Schiedsspruch v 18.3.2015, RIAA XXXI, 359 *[Chagos]* —— 37, 136

South China Sea Arbitration (Philippines v China) (Jurisdiction and Admissibility), Schiedsspruch v 29.10.2015, <https://pcacases.com/web/sendAttach/2579> *[South China Sea (Jurisdiction)]* —— 37

South China Sea Arbitration (Philippines v China) (Merits), Schiedsspruch v 12.7.2016, <https://pcacases.com/web/sendAttach/2086> *[South China Sea (Merits)]* —— 12, 19, 41, 136

Maritime Boundary between Timor-Leste and Australia (Timor Sea Conciliation) (Timor-Leste and Australia), Bericht und Empfehlungen v 9.5.2018, <https://pcacases.com/web/sendAttach/2327> *[Timor Sea Conciliation]* —— 57

Internationale Schiedsgerichte

Trail Smelter Arbitration (USA v Canada), Schiedssprüche v 16.4.1938 bzw 11.3.1941, RIAA III, 1905, 1938 *[Trail Smelter]* —— 93, 106-108

Abu Dhabi Arbitration, Schiedsspruch v 28.8.1951, ICLQ 1 (1952) 247 *[Abu Dhabi]* —— 55

Lac Lanoux Arbitration (Spain v France), Schiedsspruch v 16.11.1957, RIAA XII, 281 *[Lac Lanoux]* —— 107, 128

Europäischer Gerichtshof für Menschenrechte

Urteil v 9.12.1994, Nr 16798/90, Ser A, Nr 303-C; EuGRZ 1995, 530 *[López Ostra v Spain]* —— 120

Urteil v 22.5.2003, Nr 41666/98 *[Kyrtatos v Greece]* —— 119

Interamerikanischer Gerichtshof für Menschenrechte

Gutachten v 15.11.2017, OC-23/17, Ser A No 23, <http://www.corteidh.or.cr/docs/opiniones/seriea_23_esp.pdf> —— 120

Gerichtshof der Europäischen Union

Urteil v 14.7.1976, Verb Rsen 3, 4, 6/76, Slg 1976, 1279 *[Kramer]* —— 3

Urteile v 5.11.2002, Rsen C-466-472, 475-476/98, Slg 2002, I-9427, 9519, 9575, 9627, 9681, 9741, 9797, 9855 *[Open Skies]* —— 31

Urteil v 3.2.2012, Rs C-366/10 *[Handel mit Treibhausgasemissionszertifikaten]* —— 155

Urteil v 20.11.2018, Verb Rs C-626/15 u C-659/16, ECLI:EU:C:2018:925 *[Meeresschutzgebiete in der Antarktis]* —— 86

Deutsche Gerichte

Staatsgerichtshof, Urteil (Zwischen-E) v 17./18.6.1927, RGZ 116, Anh 18 —— 93, 128

Proelß

VGH Baden-Württemberg, Urteil v 24.1.2003, VBlBW 2003, 389 *[Flughafen]* —— 29
BGH, Beschluss v 7.4.2009, NJW 2009, 3735 *[Gerichtsstand]* —— 66
BVerfG, Urteil v 30.6.2009, BVerfGE 123, 267 *[Lissabon]* —— 66

Schweizerische Gerichte (Bundesgericht)
Urteil v 12.1.1878 *[Zürich gegen Aargau]* —— 128
Urteil v 9.12.1892 *[Aargau gegen Solothurn]* —— 128

US-amerikanische Gerichte (US Supreme Court)
Kansas v Colorado, 206 US 46 (1907) —— 128
Mali v Keeper of the Common Jail (Wildenhus's Case), 120 US 1 (1887) —— 38
Spector v Norwegian Cruise Line Ltd, 545 US 119 (2005) —— 38

Vorbemerkung

1 Die Themenkreise Raum und Umwelt gehören nicht von Natur aus zusammen. Während die Frage nach der staatlichen Herrschaft über den *Raum* und in ihm mit der Entstehung und Entwicklung des Völkerrechts Hand in Hand ging,[1] weckte die *Umwelt* als solche erst seit Beginn der 1970er Jahre ein intensiveres Interesse der völkerrechtlichen Wissenschaft und Praxis.[2] Heute sind der Schutz und die Bewahrung der Umwelt so zentrale Gegenstände des Völkerrechts, dass dieses vergleichsweise junge Teilgebiet allgemein als „Umweltvölkerrecht" bezeichnet wird. Die Breite und Intensität der völkerrechtlichen *Wechselbeziehungen* zwischen Raum und Umwelt legen es nahe, den Themenbereichen einen *gemeinsamen* Abschnitt zu widmen. Nach einem Überblick über die völkerrechtliche Raumordnung (Rn 2 ff) wird vor diesem Hintergrund die Umwelt im Völkerrecht (Rn 88 ff) behandelt. Besonders interessieren die Interdependenzen der beiden Teilordnungen sowie ihre Bedeutung für die Gesamtordnung des Völkerrechts und ihre Entwicklung. Technizität und Dichte der Regelungen nehmen gerade im Umweltvölkerrecht, nicht zuletzt angesichts der epochalen Herausforderung des Klimawandels, rasch zu. Dies hilft, „das Klischee des rudimentären, aus eher allgemeinen Normen bestehenden Völkerrechts zu widerlegen".[3]

I. Der Raum im Völkerrecht

1. Die Raumordnung des Völkerrechts im Überblick
a) Territoriale Souveränität und Gebietshoheit

2 Die Raumordnung des Völkerrechts regelt die Zuordnung der Gebiete der Erde, des Weltraums und der Himmelskörper zu Hoheitsträgern. Letztere sind Einzelstaaten, mehrere Staaten gemeinsam („Kondominien", „Koimperien") oder sonstige Völkerrechtssubjekte. Erstere sind die Land- und die Meeresgebiete einschließlich der Polargebiete sowie der Luft- und der Weltraum mit dem Mond und den anderen Himmelskörpern. Diese Objekte können jenen Subjekten in unterschiedlicher Intensität positiv zugeordnet oder, wie etwa der Weltraum einschließlich des Monds und der Himmelskörper, von der Zuordnung (negativ) ausgenommen sein. Die höchste Intensität der Zuordnung liegt im Unterstellen eines Raumes unter die *territoriale Souveränität*[4] eines oder mehrerer Staaten. Dem Inhaber dieses dem *Eigentum* ver-

---

1 *Grewe*, Epochen der Völkerrechtsgeschichte, 2. Aufl 1988, verfolgt ua die „Rechtsformen der Raumordnung" (148 ff) und die „Rechtsordnung der Meere" (157 ff) durch zwei Jahrtausende (269 ff etc), um an ihnen „den Geist, die Baugesetze und das Werden der völkerrechtlichen Ordnung sichtbar zu machen" (15).
2 Initialzündung: Stockholmer UN-Konferenz über die Umwelt des Menschen v 5.–16.6.1972, besonders ihre Abschlussdeklaration (UN Doc A/CONF. 48/14). Vgl u Rn 96.
3 Vorbemerkung der Hrsg in ÖHVR, 4. Aufl 2004, Bd I, Rn 2091.
4 Im *Innen*verhältnis bedeutet Souveränität Ausschließlichkeit der Staatsgewalt: Monopol der legitimen Gewaltanwendung und der Entscheidung in politischen Existenzfragen. Im *Außen*verhältnis ist Souveränität zu verstehen als Zuhöchstsein im Rahmen des völkerrechtlich Zulässigen. Ob Souveränität konzeptionell der Abstufung fähig ist, etwa durch freiwillige Übertragung einzelner souveräner

gleichbaren Vollrechts ist die Ausübung umfassender Rechte in Bezug auf diesen Raum erlaubt, zB auch seine Abtretung.[5] Die territoriale Souveränität findet ihren Ausdruck u a im Grundsatz der dauerhaften Souveränität über natürliche Ressourcen *(permanent sovereignty over natural resources)*, dessen Relevanz sich insbes auf dem Gebiet des Umweltvölkerrechts manifestiert.[6]

Ist ein Gebiet einem Staat, etwa als Besatzungsmacht[7] oder im Wege einer **3** Pachtvereinbarung, insoweit zugeordnet, dass dieser in ihm *de facto*-Hoheitsgewalt ausübt, ohne aber Inhaber der territorialen Souveränität zu sein, hat er die *Gebietshoheit* inne. Diese staatliche Herrschaft *im* Raum ohne Verfügungsbefugnis *über* den Raum ist dem Rechtsinstitut *Besitz* vergleichbar. Anders als der Inhaber der territorialen Souveränität („Eigentümer") kann der Inhaber der Gebietshoheit („Besitzer") das Gebiet zB nicht zedieren. Regelmäßig sind beide Rechtspositionen in einer Hand vereinigt. Der Inhaber der Gebietshoheit ist im betroffenen Gebiet zur unabhängigen, umfassenden Hoheitsentfaltung befugt. Seine *Alleinzuständigkeit* erstreckt sich im Prinzip auf sämtliche Personen[8] und Sachen, die sich dort befinden. In einem fremder Gebietshoheit unterstehenden Raum dürfen andere Staaten prinzipiell keine Hoheitsrechte wahrnehmen. Über sein Staatsgebiet hinaus kann ein Staat nur insoweit Hoheitsgewalt *(jurisdiction)* ausüben, als nicht die ausschließliche Zuständigkeit eines anderen Hoheitsträgers begründet ist oder eine andere völkerrechtliche Norm die Jurisdiktionserstreckung verbietet.[9] Soweit ein Raum der Gebietshoheit untersteht, ist das staatliche Zuordnungssubjekt, im Rahmen des Völkerrechts, zur Rechtsetzung befugt, etwa bzgl der Ausbeutung der dort lagernden Ressourcen und des Schutzes der Umwelt.

Die *territoriale Souveränität* über ein Gebiet kann *mehreren Staaten gemeinsam* **4** zustehen: *Kondominium*. Im Kolonialzeitalter nicht unüblich, sind Kondominien

---

Rechte auf eine Supranationale Organisationen (S. O.), ist str; bejahend *Dahm/Delbrück/Wolfrum*, Völkerrecht I/1, 223 f.
5 Vgl Richter *Max Huber* im *Palmas*-Schiedsspruch v 4.4.1928, RIAA II, 829, 838: "Sovereignty in the relations between States signifies independence. Independence in regard to a portion of the globe is the right to exercise therein, to the exclusion of any other State, the functions of a State. The development of the national organization of States during the last few centuries and, as a corollary, the development of international law, have established this principle of the exclusive competence of the State in regard to its own territory in such a way as to make it the point of departure in settling most questions that concern international relations."
6 S u Rn 159. Vgl UN Doc A Res 1803 (XVII) v 14.12.1962, Permanent Sovereignty over Natural Resources. Dazu *Schrijver*, Natural Resources, Permanent Sovereignty over, MPEPIL VII, 535 ff mwN.
7 Zur kriegerischen Besetzung *Bothe*, 8. Abschn, Rn 82.
8 Die Wirkung der Gebietshoheit eines Staats auf Angehörige eines anderen Staats, die sich in seinem Gebiet aufhalten, wird durch die Personalhoheit dieses Heimat- oder Herkunftsstaats beschränkt. Vgl *Kau*, 3. Abschn Rn 100 ff, 154 f.
9 Vgl das *Kosovo*-Gutachten des IGH, § 84. Anders noch der StIGH im *Lotus*-Fall, PCIJ, Ser A, No 10, 1927, 4, 19 f. Eingehend zum Ganzen *Epping*, in Ipsen (Hrsg), Völkerrecht, 7. Aufl 2018, § 7 Rn 69 ff. – Eine Grenze der zulässigen Ausübung extraterritorialer Jurisdiktion folgt aus dem Grundsatz der Flaggenhoheit, s u Rn 66. Das UN-Seerechtsübereinkommen (SRÜ) v 10.12.1982 (BGBl 1994 II, 1799) überträgt den Küstenstaaten bzgl diverser Meereszonen außerhalb ihrer Staatsgebiete Hoheitsbefugnisse; vgl u Rn 51 ff. Auch die EU kann außerhalb der mitgliedstaatlichen Staatsgebiete Hoheitsbefugnisse beanspruchen, wenn und soweit die Mitgliedstaaten diese Befugnisse vor deren Übertragung auf die EU in völkerrechtlich zulässiger Weise ausüben durften, vgl EuGH, Verb Rsen 3, 4, 6/76, Slg 1976, 1279 Rn 30/33 *[Kramer]*.

äußerst selten geworden. Ein Bsp waren die nordöstlich von Australien gelegenen Neuen Hebriden, über die Frankreich und Großbritannien seit 1909 gemeinsam die Souveränität ausübten; 1980 wurde die Inselgruppe als „Vanuatu" ein souveräner Staat. Ein anderes Bsp ist nach Auffassung Österreichs das Gros des Bodensees (Obersee ohne Überlinger See), eines ausgedehnten Binnengewässers mit mehreren Anrainerstaaten („Grenzsee").[10]

5   Ein Bsp für die *gemeinsame Wahrnehmung der Gebietshoheit (Koimperium)* war die gemeinschaftliche Herrschaft u a von Spanien, Großbritannien und Frankreich über das Gebiet von Tanger zwischen 1923 und 1956. Das Paradigma dieser Zuordnung war die Vier-Mächte-Verwaltung über Nachkriegs-Deutschland.[11] Zur Wahrnehmung gemeinsamer Interessen bedient sich das moderne Völkerrecht anderer Instrumente, etwa der Einräumung von Kontrollrechten oder, zugunsten von Internationalen Organisationen (I.O.), der Übertragung von Hoheitsrechten.

6   Ein Kondominium oder Koimperium über *Nichtstaatsgebiet*, eine staatliche Hoheitsgemeinschaft also über einen Raum, der keinem Staat zugeordnet ist, ist bereits begrifflich undenkbar; wird Nichtstaatsgebiet in völkerrechtlich zulässiger Weise okkupiert, wird es zu einem Gebiet, das der territorialen Souveränität eines Staats oder mehrerer Staaten (dann Kondominium) unterliegt. Möglich ist zwar die Unterstellung von „Niemandsland" bzw staatenlosem Gebiet unter internationale Verwaltung (etwa mittels einer I.O.), dh seine *Internationalisierung;*[12] sie erfasst aber lediglich die *Nutzung* des betroffenen Gebiets, lässt seinen territorialen Status also unberührt.

b) Staatsgebiet und Nichtstaatsgebiet als Grundkategorien

7   Das *Staatsgebiet* ist der Raum, in dessen Grenzen der Staat seine territoriale Souveränität ausübt, über den er frei verfügt, dessen Entwicklung er organisiert und in dem er vorrangig seine Rechtsordnung geltend macht. Das Vorhandensein eines Gebiets ist notwendiges Staatselement: ohne Gebiet kein Staat. Das Gebiet ist Kompetenzbereich, Gegenstand und Grundlage staatlicher Herrschaft. Beim Staatsgebiet handelt es sich um einen Teil der Erdoberfläche, des Grunds darunter und des Luftraums darüber, also um einen *Raum*. Wegen dieser Dreidimensionalität wäre „*Staatsraum*" treffender als der eingeführte, nachfolgend beibehaltene Begriff „Staats*gebiet*".

8   Gebiete, die nicht unter der territorialen Souveränität eines Staats (oder, als Kondominium, mehrerer Staaten gemeinsam) stehen, sind *Nichtstaatsgebiete*. Ihre

---

10 Auch der zwischen Bolivien und Peru gelegene Titicacasee ist durch eine Vereinbarung aus dem Jahre 1956 zwischen den beiden Anrainerstaaten ein Kondominium; vgl *Ranjbar,* Das Rechtsregime des Kaspischen Meeres und die Praxis der Anrainerstaaten, 2004, 69. Zum Rechtsstatus des Bodensees noch u Rn 17.
11 Nach der bedingungslosen Kapitulation der Wehrmacht übernahmen die alliierten Militärgouverneure am 6.6.1945 die „oberste Regierungsgewalt hinsichtlich Deutschlands". Das Dt Reich war als Völkerrechtssubjekt nicht untergegangen; vgl *Kau,* 3. Abschn Rn 207 ff. Spätestens im Zwei-plus-Vier-Vertrag v 12.9.1990 (BGBl 1990 II, 1318) gaben die Vier Mächte ihre letzten Rechte und Verantwortlichkeiten auf.
12 Ein Bsp ist die Internationale Meeresbodenbehörde (IMBB). Sie handelt im Namen „der gesamten Menschheit", der „alle Rechte" an den Ressourcen des „Gebiets" zustehen, Art 137 Abs 2 Satz 1 SRÜ. Vgl u Rn 68 ff.

Erforschung und Nutzung, die Ausbeutung und Bewahrung ihrer Ressourcen, der Schutz der Umwelt, die Nutzung zu Kommunikations- oder zu Verteidigungszwecken usw – das alles kann nicht auf *gebiets*rechtlicher Basis durch einen dafür allein zuständigen Hoheitsträger geordnet werden. Die Ordnung der Nichtstaatsgebiete erfolgt vielmehr unmittelbar durch das Völkerrecht, etwa durch multilaterale Fischereiverträge bzgl der Nutzung von natürlichen Ressourcen der Hohen See,[13] sowie, auf der Grundlage der Personal- und – als dritter Form originärer Hoheitsgewalt[14] – der Flaggenhoheit, durch Regelungen der einzelnen Staaten (nur) für ihre jeweiligen Angehörigen (zB nationale Schifffahrtsgesetze).

Die *Transformation* von *Nichtstaatsgebiet in Staatsgebiet*, etwa durch Okkupation von „Niemandsland", ist prinzipiell möglich. Ebenso könnte – theoretisch – Staatsgebiet aufgegeben („derelinquiert") werden und damit aneignungsfähiges Nichtstaatsgebiet entstehen. Die Völkerrechtsgemeinschaft hat alle verbliebenen Nichtstaatsgebiete – mit Ausnahme aufgrund vulkanischer Aktivitäten neu entstehender Inseln – staatlicher Aneignung *entzogen*. So bestimmt etwa Art 89 SRÜ für das traditionsreichste Nichtstaatsgebiet Hohe See: „Kein Staat darf den Anspruch erheben, irgendeinen Teil der Hohen See seiner Souveränität zu unterstellen".[15] Die aneignungsunfähigen Teile des Meeres (etwa die Hohe See und das „Gebiet"), die Antarktis (str) und der Weltraum weisen als Nichtstaatsgebiete allesamt den gleichen *gebiets*rechtlichen Status auf. In *nutzungs*rechtlicher Hinsicht zerfallen die (maritimen) Nichtstaatsgebiete dagegen in zwei Gruppen: in „Funktionshoheitszonen" und in „Staatengemeinschaftsräume",[16] und so unterscheidet sich etwa die Nutzungsordnung der Ausschließlichen Wirtschaftszone (AWZ) deutlich von der der Hohen See[17] oder der des Weltraums.

9

c) Nichtstaatsgebiet: Funktionshoheits- und Staatengemeinschaftsräume

In den *Funktionshoheitsräumen* sind einzelnen Staaten „souveräne Rechte", „Hoheitsbefugnisse" oder sonstige hoheitliche Rechte zugeordnet. Trotz ihres zT beträchtlichen normativen Umfangs bleiben diese Zuordnungen jeweils unterhalb der

10

---

[13] Insofern ist die Hohe See (vgl u Rn 64 ff) zwar ein zwingend souveränitäts- und gebietshoheitsfreier, nicht aber ein rechtsfreier Raum.
[14] Insoweit noch aA StIGH im *Lotus*-Fall, PCIJ, Ser A, No 10, 1927, 4, 25: Schiff als schwimmendes Staatsgebiet.
[15] Parallele Regelung existieren für den küstenfernen Tiefseeboden (das „Gebiet") und den Weltraum. S u Rn 70 u 75.
[16] Die Terminologie wurde von *Graf Vitzthum* in der 1. Aufl dieses Lehrbuchs entwickelt. Sie wird, schon ihrer Anschaulichkeit wegen, im Folgenden beibehalten, vgl u Rn 10 ff, 49 ff, 61 ff.
[17] Sieht man, wie nachfolgend, die *gebiets*rechtliche Zuordnung als das dominierende Ordnungsprinzip an, sind letztlich alle maritimen Nichtstaatsgebiete (von der Anschlusszone bis zum „Gebiet") Hohe See; für die AWZ vgl *Proelß*, in Seerecht, Kap 3 Rn 216 ff; *ders*, The Law on the Exclusive Economic Zone in Perspective, Ocean Yearbook 26 (2012) 87 (88 ff). Wegen der unterschiedlichen *nutzungs*rechtlichen Zuordnung ist dann zwischen „Hoher See im weiteren Sinne" (den küstenstaatlichen Funktionshoheitsräumen, der Hohen See und dem internationalisierten „Gebiet") und „Hohe See im engeren Sinne" (der von nationalen Hoheitsbefugnissen freien Hohen See) zu differenzieren. Wenn nachfolgend von „Hoher See" die Rede ist, ist Letztere gemeint, also der in Teil VII SRÜ geregelte Raum.

Schwelle der Zuweisung von Souveränität.[18] So übt zwar der Küstenstaat über den Festlandsockel „souveräne Rechte zum Zweck seiner Erforschung und der Ausbeutung seiner natürlichen Ressourcen aus"; sie „sind insoweit ausschließlich, als niemand ohne ausdrückliche Zustimmung des Küstenstaats den Festlandsockel erforschen oder seine natürlichen Ressourcen ausbeuten darf" (Art 77 Abs 1 u 2 SRÜ). Dies ist freilich, da der Rechtsstatus der epikontinentalen Gewässer und des Luftraums darüber von den Festlandsockel-Rechten des Küstenstaats nicht „berührt" wird (Art 79 Abs 1 SRÜ), *weniger* als Souveränität und Gebietshoheit. Es handelt sich um ausschließliche *Nutzungs*hoheit. Die Rechtsstellung der begünstigten Staaten ist nicht territorial, sondern *funktional* begründet und entsprechend *beschränkt;* der Küstenstaat hat kein umfassendes, sondern nur ein *partielles* Nutzungsmonopol – beschränkt auf einige (wenn auch ökonomisch wichtige) Nutzungsarten. Am Verbot der Gebietshoheitsausübung ändert die Einräumung der (partiellen) Funktionshoheit nichts.[19]

11   Die übrigen Nichtstaatsgebiete sind, was ihre Nutzung anbelangt, der Staatengemeinschaft insgesamt zugeordnet: *Staatengemeinschaftsräume (global commons).* Ihre Erforschung und Nutzung sowie die Ausbeutung ihrer Ressourcen „steht" (bezogen auf die Hohe See) „allen Staaten [...] offen" (Art 87 Abs 1 Satz 1 SRÜ). Einer dieser globalen Staatengemeinschaftsräume, der Meeresboden und der Meeresuntergrund „jenseits der Grenzen des Bereichs nationaler Hoheitsbefugnisse" (Art 1 Abs 1 Nr 1 SRÜ) – „das Gebiet" (Teil XI SRÜ) –, wurde hinsichtlich der Ressourcengewinnung einer I.O., der Internationalen Meeresbodenbehörde, zur Verwaltung unterstellt (Art 156 ff SRÜ). Insoweit wurde dieser küstenferne Meeresboden *internationalisiert.*[20] In den anderen Staatengemeinschaftsräumen finden sich zwar entsprechende Ansätze; sie bleiben freilich unterhalb der Schwelle einer internationalen Verwaltung.[21] In ähnlicher Weise zielen einzelne völkerrechtliche Verträge auf eine „sektorale Internationalisierung" ab; bei ihr steht – anders als in vorliegendem Zusammenhang – nicht die Kategorie des Raums im Vordergrund, sondern die gemeinsame raumübergreifende Bewirtschaftung bestimmter Ressourcen.[22]

12   Zur Verdeutlichung der Unterschiede zwischen diesen beiden Typen von Nichtstaatsgebieten sei der funktional „internationalisierte" Meeresboden (Teil XI SRÜ) mit dem funktional „nationalisierten" Festlandsockel (Teil VI SRÜ) verglichen. Die

---

18 Schon die Truman-Proklamation v 1945 bzgl des Festlandsockels wies dieses Doppelziel auf: Ressourcen*nutzungs*monopol (des Küstenstaats) ohne Änderung des (von Hoheitsbefugnissen freien) *Gebiets*status.
19 „Funktionelle *Souveränität*" (*Riphagen,* Some Reflections on „Functional Sovereignty", NYIL 6 [1975] 121 ff) führt deshalb begrifflich in die Irre.
20 Zum Terminus *Beck,* Die Internationalisierung von Territorien, 1962; *Hennes,* Externe Hoheitsgewalt in Krisengebieten, 2006, 64 ff.
21 Den Umfang der Unterstellung eines Raums unter internationale Verwaltung regelt der jeweilige Vertrag. Es geht dabei nur um *funktionale* Internationalisierung. Unter Aufrechterhaltung der bis dahin bestehenden *gebiets*rechtlichen Zuordnung (Staatsgebiet des Staates A; Kondominium der Staaten B und C; Nichtstaatsgebiet) wird ein Gebiet zur Sicherung einer bestimmten Ordnung der Kontrolle einer I.O. unterworfen. Ein Bsp war der Völkerbund bzgl des Saargebiets (1920–1935) gemäß Versailler Vertrag v 1919. Frühe UN-Versuche, den drei betroffenen Weltreligionen den gleichberechtigten Zugang zu den heiligen Stätten Jerusalems zu sichern, diese Stadt insofern also partiell zu „internationalisieren", scheiterten.
22 Bsp *Straddling Stocks,* vgl u Rn 53, 67.

exklusive Zuständigkeit des Küstenstaats für die Regelung der Erforschung des Festlandsockels und der Ausbeutung seiner natürlichen Ressourcen gründet weder auf seiner Personalhoheit noch auf seiner funktionellen Hoheit über die Schiffe (bzw Flugzeuge und Förderplattformen) unter seiner Flagge. Sie basiert vielmehr auf der Zuordnung einer – letztlich *räumlich*-politisch legitimierten – Hoheit über die Erforschung und Ausbeutung selbst. Die entsprechende Zuordnungsentscheidung ist das Resultat einer nach 1945 umgesetzten Entwicklung des Völkerrechts. In den Vordergrund des Zugriffsinteresses und damit der Wahl von Anknüpfungspunkten für meeresvölkerrechtliche Regelungen traten zunehmend Ressourcen- und Raumfragen.[23] Die Institute der Personal- und Flaggenhoheit sowie die Prinzipien des Wettbewerbs und der Priorität (also des Vorrangs des „Erstkommenden") wurden als nicht mehr ausreichend angesehen, um die sich intensivierenden Ressourcen- und Raumkonflikte, die häufig auch sicherheitspolitische Dimensionen aufwiesen, zu entschärfen. Es kam zur Etablierung von geographisch und funktional determinierten Hoheitsrechten, mit den Küstenstaaten als Zuordnungssubjekten. Insofern ersetzte ein „System der sachlichen Kompetenzzuweisung für bestimmte *Nutzungen* ein durch die Verteilung der *Gebietshoheit* geschaffenes System."[24]

Aus der Perspektive der Raumordnung des Völkerrechts zeichnet sich hier, *zu-* 13 *sammenfassend* betrachtet, ein Strukturwandel ab. Das traditionelle Staatensystem war hinsichtlich seiner territorialen Dimension ursprünglich *„vertikal"* ausgerichtet; im Vordergrund stand die Aufteilung der Erde zwischen den einzelnen Staaten durch Ziehung von auch in die Höhe und Tiefe reichenden Grenzen. Akzeptanz und Ausgestaltung der küstenstaatlichen Funktionshoheitszonen und der globalen Staatengemeinschaftsräume drücken demgegenüber eine alternative Rechtsentwicklung aus; sie läuft auf komplexe *„horizontale"*, d h primär nicht territorial, sondern *funktional* geprägte Regime hinaus.[25] Die mit den Stichworten „funktionelle Hoheit" und „horizontale Regime" bezeichneten Entwicklungen sind indes keineswegs abgeschlossen. Bislang haben sie an den traditionellen Grundkategorien der Raumordnung des Völkerrechts – Staatsgebiet/Nichtstaatsgebiet – auch nichts zu ändern vermocht. Mögen in verschiedenen Zonen etwa des Meeresraums auch verschiedene Nutzungsregime nebeneinander (oder „in-" bzw „übereinander") bestehen, mag etwa bei der Pluralität der im Regime der AWZ zusammengeführten Teilordnungen der sachlich-funktionale Regelungsansatz den gebietsbezogenen relativieren,[26] mö-

---

23 Diese Entwicklung zeichnete sich bereits vor den 1940er Jahren ab, zB an bestimmten „historischen" Rechten für die Fischerei jenseits des Küstenmeeres. Dergleichen Rechte, die noch immer (wenn auch in erheblich geringerem Ausmaß) relevant sei können, sind spezielles Gewohnheitsrecht; sie müssen für jeden einzelnen Komplex selbständig ermittelt werden; vgl die IGH-Fälle *Continental Shelf* (1982), 17, 74; *Maritime Frontier* (1992), 351, 589. In der *South China Sea Arbitration (Merits)* erachtete das Schiedsgericht Wortlaut und Kontext des UN-Seerechtsübereinkommens indes "to be clear in superseding any historic rights that a State may once have had in the areas that now form part of the exclusive economic zone and continental shelf of another State" (§ 247). Nach dieser Logik bleibt für historische Rechte nur in Bereichen Raum, bzgl derer das einschlägige Völkervertragsrecht keine abweichenden Vorgaben statuiert.
24 *Hafner*, Verteilung, 166 f.
25 Zu den dargestellten Entwicklungen treten funktionale Entgrenzungen, etwa solche durch „globale" kommunikations- und verkehrstechnische Entwicklungen.
26 Hinsichtlich der *nicht* ressourcenorientierten Nutzungsarten ist es eher umgekehrt: Hier hat sich das Hohe See-Gefüge weitgehend erhalten.

gen die Zuordnungs- und Nutzungsfragen je nach Raum, Ressource, Nutzungsart und Interessenkonstellation also differieren – letztlich dominiert zumeist nach wie vor der Raumbezug, der territoriale Reflex. Auch bei final begrenzten funktionalen Hoheitsbefugnissen (etwa bzgl des Festlandsockels) droht der Umschlag in territorial bestimmte, funktionell entgrenzte Hoheitsbefugnisse und -zonen *(creeping jurisdiction)*.[27] Bereits in den 1970er Jahren standen hinter der – letztlich erfolgreichen – Forderung nach Einschränkung (zugunsten der Küstenstaaten) der Freiheit der Fischerei im größeren Küstenvorfeld weniger Zwecke des Bestands- und Artenschutzes als kaum kaschiertes wirtschafts- und gebietspolitisches Monopolisierungsdenken der Küstenstaaten bzgl eines bisherigen Gemeinguts. So orientiert sich die AWZ in ihrer räumlichen Ausdehnung nicht an den in ihr ausübbaren *Funktionen* (insbes bzgl der Bewirtschaftung der lebenden Ressourcen), sondern an der insoweit überwiegend dysfunktionalen Breitenbestimmung „200 Seemeilen von den Basislinien" (Art 57 SRÜ). Das räumlich starre AWZ-Institut hat fischereibiologisch und -wirtschaftlich eigentlich gebotene flexible Lösungen daher keineswegs entbehrlich gemacht.[28] Insofern ist bei der nachfolgenden Darstellung der Details der völkerrechtlichen Raum- und Nutzungsordnung primär – gerade bei der jeweils möglichen Hervorhebung der „raum*über*greifenden", insofern „horizontalen" Rechtsregime – an den Kategorien des Raums anzusetzen.

Übersicht: Raum im Völkerrecht

---

27 Dies verdeutlicht etwa der in seiner Symbolik am Vorgang einer Okkupation anknüpfende Akt des „Flagge-Hissens" auf dem Meeresboden des geographischen Nordpols, mit dem Russland im August 2007 seinen Anspruch auf einen äußeren, dh über 200 sm hinausgehenden Festlandsockel bekräftigte.
28 Gerade mit Blick auf den Schutz wandernder Tierarten *(migratory species)* erschiene die Ausweisung „mobiler" Schutzgebiete, die sich mit den zu schützenden Spezies fortbewegen, sinnvoll – ein theoretischer Ansatz, dessen völkerrechtliche Umsetzung sich angesichts des dominierenden territorialen Reflexes der Raumordnung als problematisch erweist.

2. Staatsgebiet: Raum territorial radizierter, umfassender Hoheitsgewalt
a) Wesen und Grenzen: Gebietshoheit im Rahmen des Völkerrechts

Die Dimensionen des Staatsgebiets sind das Landgebiet (*terra firma*, daraus abgeleitet: „Territorium"), das Wassergebiet (Binnengewässer; innere Gewässer, Archipelgewässer und Küstenmeer: „maritimes Aquitorium"[29]) sowie die Luftsäule über diesen Gebieten.[30] Der Raum unter ihnen ist ebenfalls Teil des Staatsgebiets. Eine generelle Tiefenbegrenzung existiert nicht. Potentiell reicht das Staatsgebiet daher bis zum Erdmittelpunkt, real bis zur Grenze der effektiven Beherrschbarkeit. Staatsgebiet ist zunächst vor allem *Landgebiet*. Bei diesem handelt es sich um jenen Teil der Erdoberfläche, der von den Landgrenzen (Binnenstaat), von seinen Land- und Seegrenzen (Küstenstaat) oder allein von Seegrenzen (Insel- und Archipelstaat) umschlossen wird. Jeder souveräne Staat ist mit einem Staatsgebiet verbunden. Unpräzise ist es, zu sagen, der Staat *habe* ein Staatsgebiet. Das Staatsgebiet *ist* vielmehr, zusammen mit Staatsvolk und Staatsgewalt, der Staat. Mit dem effektiven, dauerhaften Verlust seines Gebiets geht ein Staat unter.[31]

14

Der Inhaber der territorialen Souveränität oder der Gebietshoheit hat grundsätzlich die ausschließliche Befugnis, in seinem Gebiet Hoheitsakte zu setzen. Allerdings kann die Nutzung des Staatsgebiets auf der Grundlage entsprechender Vereinbarungen auch im Interesse anderer oder im gemeinsamen Interesse mit ihnen erfolgen.[32] Staaten, selbst Großmächte, standen stets in einem gewissen Abhängigkeitsverhältnis zueinander und willigten zwecks Interessenausgleichs daher in Beschränkungen ihrer Staatsmacht ein. Diese völkerrechtlich begründeten und damit gerade in Ausübung der staatlichen Souveränität herbeigeführten Beschränkungen bereiteten zugleich den Boden für eine *Relativierung der Souveränität*, einschließlich einer partiellen *Funktionalisierung* des Staatsgebiets, ggf einschließlich seiner Ressourcen.[33] Ein Bsp für eine über einzelstaatliche Partikularinteressen hinausgehende freiwillige Selbstverpflichtung ist das UNESCO-Kulturschutzübereinkommen v 16.11.1972.[34] Bestimmten Objekten spricht es einen so hohen Wert zu, dass ihre Bewahrung im Interesse der gesamten Menschheit zu erfolgen hat. Schutzpflichtig ist

15

---

29 Begriff von *Graf Vitzthum*, an dem hier festgehalten wird, vgl u Rn 36 ff. Nicht zum *maritimen* Aquitorium gehören Binnenmeere oder -seen, also Wasserflächen ohne Zugang zum Meer (Genfer See, Bodensee, wohl auch Kaspisches Meer). Auf diese nichtmaritimen Aquitorien ist deshalb das Seerecht grundsätzlich nicht anwendbar. Vgl *Ranjbar* (Fn 10) 61 ff.
30 *Graf Vitzthum*, Staatsgebiet, in Isensee/Kirchhof (Hrsg), HbdStR II, 3. Aufl 2004, § 16 Rn 7 ff.
31 Ob dies auch dann gilt (bzw gelten sollte), wenn das Gebiet eines Inselstaats infolge des klimawandelbedingten Meeresspiegelanstiegs vollständig „untergeht", wird nicht einheitlich beurteilt; dazu etwa *Grote Stoutenburg*, When Do States Disappear? Thresholds of Effective Statehood and the Continued Recognition of 'Deterritorialized' Island States, in Gerrard/Wannier (Hrsg), Threatened Island Nations: Legal Implications of Rising Seas and a Changing Climate, 2013, 57 ff; *Rayfuse/ E. Crawford*, Climate Change and Statehood, in Rayfuse/Scott (Hrsg), International Law in the Era of Climate Change, 2012, 243 ff.
32 Ein Bsp ist der 1985 zwischen den ursprünglichen Parteien des *Schengener Abkommens* v 1985 (GMBl 1986, 79) vereinbarte wechselseitige Verzicht auf die Ausübung des aus der Souveränität bzw Gebietshoheit fließenden Rechts auf Durchführung von Grenzkontrollen. Zum heutigen *Schengen-Acquis* vgl *Kau*, 3. Abschn Rn 310 ff.
33 Vgl *Schwarze/von Simson*, Völkerrechtliche Verfügungsbeschränkungen gegen Missbrauch von Rohstoffen, AVR 30 (1992) 153 (166).
34 BGBl 1977 II, 215.

der Staat, auf dessen Gebiet sich die Objekte befinden. Das Übereinkommen über die biologische Vielfalt v 15.6.1992 (CBD)[35] geht über diesen *public interest*-Ansatz noch hinaus. Es weist auch den übrigen Staaten Schutzpflichten zu,[36] unterstreicht freilich in Art 3 zugleich „das souveräne Recht" der Staaten, „ihre eigenen Ressourcen gemäß ihrer eigenen Umweltpolitik zu nutzen".

16 Das Staatsgebiet weist *Grenzen* (gegenüber anderen Staatsgebieten) und *Begrenzungen* (gegenüber Nichtstaatsgebieten) auf.[37] Wegen seiner Raumnatur sind diese genau genommen nicht Linien, sondern Flächen. *Völker*rechtlich relevant sind die Grenzen zwischen souveränen Staaten, nicht die zwischen innerstaatlichen Gebietskörperschaften. Grenzen werden idR vertraglich festgelegt *(Delimitation)*,[38] im Gelände markiert *(Demarkation)* und durch Grenzzeichen verdeutlicht. Viele Grenzziehungen orientieren sich an topographischen Gegebenheiten: an Gebirgskämmen, Wasserscheiden, Gewässern („natürliche Grenzen"). Neuere Grenzen, zumal in Afrika und den beiden Amerika, sind vielfach, insbes wenn sie aus der Kolonialzeit stammen, „künstlich". Sie verlaufen entlang gedachter Linien (etwa Breiten- und Längengraden). Die Grenze zwischen Kanada und den USA zB wurde überwiegend entlang dem 49. Grad nördlicher Breite gezogen, ohne dass diese Linie besonderen Gegebenheiten in der Natur korrespondierte. Denkbar sind auch funktionell bestimmte Grenzen, etwa – soweit auf die Tragfähigkeit der Luft abgestellt wird (s u Rn 28) – die zwischen Luft- und Weltraum.

17 Soweit nicht vertraglich anders geregelt werden *Grenzflüsse* zwischen den durch sie getrennten Uferstaaten mittels der geographischen Mittellinie des Wasserlaufs geteilt; sind sie schiffbar und fehlt eine abweichende Vereinbarung, erfolgt die Teilung durch die Hauptfahrrinne, den T(h)alweg. Für *Binnenseen,* die vom Landgebiet mehrerer Staaten umschlossen sind (sog „Grenzseen"), existieren keine allgemein anerkannten völkerrechtlichen Regeln. Gewöhnlich werden die Grenzseen zwischen den Anliegern vertraglich aufgeteilt, wobei dann die Mittellinie als übliche Methode der Teilung angewandt wird. Für den *Bodensee* zB sind Status und Grenzverlauf bis heute str. Während die Schweiz bzgl des Obersees die Grenze in der Mitte zwischen den jeweiligen Ufern zieht (im Bereich des Konstanzer Trichters ist dies die Praxis seit 1878, während der „Überlinger See" genannte Teil der territorialen Souveränität Deutschlands unterliegt), hält Österreich den Obersee für ein Gemeinschaftsgebiet

---

35 BGBl 1993 II, 1742. S u Rn 160 ff.
36 Die Anerkennung einer *common responsibility* unterstreicht die Verpflichtung *aller* Staaten, dem gemeinsamen Betroffensein Rechnung zu tragen. „Gemeinsame Verantwortung" bedeutet zwar nicht, dass Staaten auf ihren Gebieten bestimmte Nutzungen im Interesse der Völkerrechtsgemeinschaft ausüben (etwa ein ökologisch wertvolles Gebiet zu schützen) oder unterlassen (etwa die Abholzung von tropischem Regenwald) müssen. Gleichwohl verdankt das Umweltvölkerrecht der Idee, dass ein Staat mit den auf seinem Gebiet belegenen Ressourcen nicht nach Belieben verfahren darf, wichtige Anstöße.
37 Zur Bestimmung der Staatsgrenzen *Epping* (Fn 9), § 7 Rn 8 ff.
38 Nach Art 15, 74 u 83 SRÜ erfolgt die Abgrenzung von Küstenmeer, AWZ und Festlandsockel von Staaten mit gegenüberliegenden (Bsp Frankreich/Großbritannien) oder aneinander angrenzenden Küsten (Bsp Deutschland/Niederlande) prinzipiell durch völkerrechtlichen Vertrag. Der Begriff „Delimitation" ist von der einseitigen Festlegung der Außengrenzen der dem Küstenstaat als Staatsgebiet oder als Funktionshoheitsraum zugeordneten Meereszonen („Delineation") zu unterscheiden; zum Festlandsockel s u Rn 58.

(Kondominium) der Anrainerstaaten; Deutschland hat sich nicht festgelegt. In der Praxis hat der Streit zwischen jener Totteilungs- und dieser Kondominiums-These kaum Bedeutung; Vereinbarungen der Anliegerstaaten[39] haben die praktisch wichtigen Nutzungsfragen, ohne damit den Verlauf der Staatsgrenzen zu berühren, detailliert geregelt.[40] Auch hier ist das vertragliche Regime der Nutzung also deutlich von dem der räumlichen Zuordnung unterschieden. Soweit Grenzseen *Kondominien* sind (neben dem Titicacasee nach Ansicht des Iran auch das Kaspische „Meer"), müssen sich die Anrainer erst recht auf ein Nutzungsregime einigen.

Für einzelne Flüsse und Kanäle existieren völkerrechtliche *Schifffahrtsregime*.[41] **18**
Rhein und Mosel sind, obschon territorialer Souveränität unterliegend, „internationalisiert" bzw „Schifffahrtswege von internationaler Bedeutung", dh sie sind für die Handelsschiffe aller Staaten geöffnet. Einige Flüsse werden teilweise seit nahezu zwei Jh von internationalen Kommissionen verwaltet (Europäische Donaukommission [seit 1856]; Mannheimer revidierte Rheinschifffahrtsakte 1868 usw). Gemäß Art 1 der Mannheimer Akte[42] steht die Schifffahrt von Basel bis zur Mündung allen Staaten offen (freie Schifffahrt). Demgegenüber sollte nach Art 4 der Transport von Waren und Personen den Uferstaaten vorbehalten bleiben (Kabotagevorbehalt), was u a vor dem Hintergrund des sich aus den primärvertraglichen Grundfreiheiten bzw Art 18 AEUV ergebenden Diskriminierungsverbots problematisch war. Diese Bedenken sind zwischenzeitlich hinfällig: Mit Zusatzprotokoll Nr 2 v 17.10.1979 wurde der Kabotagevorbehalt auf alle Schiffe ausgedehnt, welche die Flagge eines EU-Mitgliedstaats führen; Drittstaatsschiffen kann per Beschluss der Zentralkommission für die Rheinschifffahrt (ZKR) dieselbe Behandlung eingeräumt werden.[43] Im dt Donau-Bereich[44] und auf dem 1895 eröffneten Nord-Ostsee-Kanal wird die Schifffahrtsfreiheit aufgrund dt Normen gewährt.[45] Der Suez- und der Panama-Kanal, 1869 bzw 1914 eröffnet, unterliegen der Souveränität Ägyptens bzw Panamas. Ein zwischen den USA und Panama, als dem *territorial sovereign*, geschlossenes Vertragswerk v 7.9.1977[46] sieht vor, dass der Kanal „dauernd neutral" sein soll; die seit dem 11. Sep-

---

39 Vgl etwa das Übereinkommen über den Schutz des Bodensees gegen Verunreinigungen v 27.10.1960, abgeschlossen von den (Bundes-) Ländern Baden-Württemberg und Bayern mit der Republik Österreich und der Schweizerischen Eidgenossenschaft, BayGVBl 1961, 237. Auch Schifffahrts- und Fischereifragen wurden vertraglich geregelt.
40 Vgl *Veiter*, Die Rechtsverhältnisse auf dem Bodensee, AVR 28 (1990) 458 ff; *Schweiger*, Staatsgrenzen im Bodensee und IGH-Statut, BayVBl 1995, 65 ff; *Khan*, Staatsgrenzen, 233 ff.
41 Dazu auch *Epping* (Fn 9) § 7 Rn 16 ff.
42 BGBl 1969 II, 597; zuletzt geänd durch Zusatzprot Nr 7 v 27.11.2002 (BGBl 2003 II, 1912).
43 Vgl § 3 des Zeichnungsprotokolls zum Zusatzprotokoll Nr 2 v 17.10.1979 (BGBl 1980 II, 870).
44 Vgl *Schlochauer*, Rechtsfragen grenzüberschreitender Wasserstraßen, am Beispiel des Rhein-Main-Donau-Schifffahrtsweges, FS Mosler, 1983, 839 ff.
45 Für den Nord-Ostsee-Kanal ist dies str. Nach aA gilt die mit Art 380 des Versailler Vertrags begründete Internationalisierung des Kanals fort. Dazu *Lagoni*, Kiel Canal, MPEPIL VI, 584 ff.
46 ILM 16 (1977) 1022. In Art I Abs 2 des Panama Canal Treaty räumt der Kanalstaat den USA „the rights necessary to regulate the transit of ships through the Panama Canal, and to manage, operate, maintain, improve, protect and defend the Canal" ein. Gleichzeitig wurde der Treaty Concerning the Permanent Neutrality and Operation of the Panama Canal (Neutrality Treaty) geschlossen. Die Verwaltung des Kanals übernahm die US-Regierungsagentur *Panama Canal Commission*. Dazu *Arcari*, Panama Canal, MPEPIL VIII, 36 ff.

tember 2001 bzgl ihrer Friedlichkeit (von den USA, mit Billigung Panamas) überwachte Durchfahrt wird allen Staaten gewährt.[47]

19 Das Staatsgebiet braucht *nicht* ein *zusammenhängender* Raum zu sein. Dies belegen die Bsp West- und Ost-Pakistans (Letzteres seit 1971 als „Bangladesh" ein souveräner Staat), die kurzzeitige Verschmelzung Ägyptens und Syriens zur Vereinigten Arabischen Republik (1958–1961), aber auch die Existenz von Archipelstaaten wie Indonesien, den Philippinen oder Malaysia.[48] Zum Staatsgebiet gehörende *Inseln* liegen, wie die überseeischen Gebiete Frankreichs und Großbritanniens belegen, bisweilen weit vom Mutterland entfernt. Nach Art 121 Abs 2 SRÜ verfügen Inseln unabhängig davon, ob sie einen unabhängigen Staat konstituieren oder Teil des Gebiets eines anderen Staats sind, über ein Küstenmeer, eine Anschlusszone, eine AWZ (falls beansprucht) und einen Festlandsockel.[49] Die Zuordnung einer oder mehrerer Insel(n) zum Territorium eines Staats entscheidet demnach mittelbar über den Zugriff auf die in den umliegenden Meeresgebieten vorhandenen (lebenden und nichtlebenden) Ressourcen. Hierin liegt eine der normativen Ursachen für die sich zunehmend verschärfenden Spannungen im südchinesischen Meer hinsichtlich des territorialen Status der Spratly- und Paracel-Inseln sowie weiterer Strukturen, deren Status als Inseln iSd Seevölkerrechts str ist. Die *arktischen Inseln* sind sämtlich den jeweiligen Anrainerstaaten zugeordnet. So gehört etwa Spitzbergen (Svalbard), mit erheblichen Einschränkungen der Souveränität,[50] seit dem Pariser Vertrag v 9.2.1920 ebenso wie die Insel Jan Mayen zu Norwegen. Der Archipel Nowaja Semlja, die Neusibirischen Inseln sowie die Inselgruppen Sewernaja Semlja und Franz-Joseph-Land gehören zu Russland. Bzgl Grönland bejahte der StIGH im Jahr 1933 ungeachtet der weitgehenden faktischen Vergleichbarkeit der Insel mit der Antarktis das Bestehen

---

[47] Beim Neutrality Treaty handelt es sich um einen Vertrag zugunsten Dritter iSv Art 36 der Wiener Vertragsrechtskonvention (WVK); vgl *Proelss*, in Dörr/Schmalenbach (Hrsg), Commentary on the VCLT, 2. Aufl 2018 Art 34 Rn 48.
[48] Dazu s u Rn 41 f.
[49] Demgegenüber haben nach Art 121 Abs 3 SRÜ „Felsen, die für die menschliche Besiedlung nicht geeignet sind oder ein wirtschaftliches Eigenleben nicht zulassen, […] keine ausschließliche Wirtschaftszone und keinen Festlandsockel." Zur höchst str Frage, wann eine Insel als Felsen idS einzuordnen ist, s die Entscheidung des Schiedsgerichts in der *South China Sea Arbitration (Merits)*, §§ 385 ff; krit *Talmon*, in UNCLOS Commentary, Art 121 Rn 27 ff. Die Lit zum South China Sea-Schiedsspruch ist mittlerweile Legion. Zu Hintergründen etwa *Van Dyke*, Disputes Over Islands and Maritime Boundaries in East Asia, in Hong/Van Dyke (Hrsg), Maritime Boundary Disputes, Settlement Processes, and the Law of the Sea, 2009, 39 (46 ff); zur chin Position vgl die Beiträge in Talmon/Jia (Hrsg), The South China Sea Arbitration: A Chinese Perspective, 2014.
[50] Vgl *Kempen*, Der völkerrechtliche Status der Inselgruppe Spitzbergen, 1995. Nach Art 3 des Spitzbergen-Vertrags v 9.2.1920 (RGBl 1925 II, 763) stehen Gründung und Betrieb von Schifffahrts-, Industrie-, Bergwerks- und Handelsunternehmen prinzipiell den Angehörigen aller Vertragsparteien frei, und zwar sowohl zu Lande als auch in den (freilich nicht näher definierten) Küstengewässern. Gemäß Art 8 des Vertrags ist Norwegen verpflichtet, die Vertragsparteien bzw deren Angehörige im Hinblick auf bergbaubezogene Steuern, Gebühren und Abgaben gleich zu behandeln; die betreffenden Leistungen müssen der Inselgruppe Spitsbergen zugute kommen. Die Anwendbarkeit des Vertrags auf eine AWZ um diese Inselgruppe sowie auf den Festlandsockel ist str. Auch deshalb ist zwischen Norwegen und der EU ein Streit um Zugang und Management bzgl der auf den Festlandsockel von Svalbard migrierten Schneekrabbe entbrannt; vgl *Steenkamp*, Svalbard's 'Snow Crab Row' as a Challenge to the Common Fisheries Policy of the European Union, IJMCL 34 (2019), im Erscheinen.

der dänischen Souveränität, wies also norwegische Souveränitätsbehauptungen hinsichtlich Ostgrönlands zurück.[51]

Enklaven sind Einsprengsel eines Staats in fremdem Staatsgebiet. Aus der Sicht des sie umgebenden Staats handelt es sich um *Exklaven*. Ein Bsp ist die vom schweizerischen Grenzkanton Schaffhausen eingeschlossene deutsche Gemeinde *Büsingen* am Hochrhein.[52] Das vom russischen Territorium nach der Auflösung der Sowjetunion abgeschnittene *Gebiet Kaliningrad* (Königsberg), im Norden Ostpreußens mit Zugang zur Ostsee gelegen, ist eine von polnischem und litauischem Gebiet umgebene Exklave Russlands. Seit der Aufnahme Polens und Litauens in die EU am 1.5.2004 ist sie eine EU-Enklave.[53]

Die meisten *Grenzen Deutschlands* beruhen auf *Vereinbarungen* – getroffen häufig nach kriegerischen Auseinandersetzungen, insbes im 18./19. Jh sowie nach den beiden Weltkriegen.[54] Teilweise beruhen die Grenzen auch, etwa im dt-niederländischen Raum, auf Verträgen aus noch älteren Zeiten. Die Anforderungen an grenzüberschreitende Kommunikations- und Verkehrswege sowie der Wunsch nach Arrondierung des Staatsgebiets im Detail veranlassten die BR Deutschland in den 1950er und 1960er Jahren zum Abschluss von Verträgen mit ihren westlichen und südlichen Nachbarn über den Verlauf von Grenzen, einschließlich des Austauschs kleinerer Gebiete, sowie über die Einrichtung von Grenzkommissionen. Das seit 1990 durch Beitritt der östlichen (Bundes-) Länder wiedervereinigte Deutschland „bestätigte" die im Potsdamer Abkommen (1945) vorläufig bestimmte *Oder-Neiße-Linie,* die das Gebiet der SBZ/DDR von den unter polnischer Verwaltung stehenden Gebieten (Hinterpommern, Westpreußen sowie die größten Teile Ostpreußens und Schlesiens) trennte, als die endgültige Ostgrenze Deutschlands im Vertrag zwischen der BR Deutschland und der Republik Polen über die Bestätigung der zwischen ihnen bestehenden Grenze v 14.11.1990.[55] Die Grenze zwischen Deutschland und Tschechien wurde durch den Vertrag zwischen der BR Deutschland und der Tschechischen Republik über die gemeinsame Staatsgrenze v 3.11.1994,[56] bestätigt durch Vertrag v 3.6.1999 zwischen Berlin und Prag über das Grenzurkundenwerk der gemeinsamen Staatsgrenze,[57] festgelegt. Anlässlich der Erteilung einer Anlagenge-

---

51 PCIJ, Ser A/B, No 53, 4, 62. – Mit dem EWG-Beitritt Dänemarks im Jahr 1973 vom Geltungsbereich des Gemeinschafts- bzw (heute) Unionsrechts erfasst, schied Grönland zum 1.2.1985 aus dem EU-Verbund aus, vgl Art 204 AEUV iVm Protokoll über die Sonderregelung für Grönland v 1.2.1985. Die Insel besitzt seit 1979 im dänischen Staatsverband umfassende Autonomie.
52 Verwaltungstechnisch gehört die Gemeinde zum Landkreis Konstanz. Zahlungsmittel ist der Schweizer Franken. Das etwa sieben km² große Gebiet ist dem schweizerischen Zollgebiet angeschlossen. Vgl deutsch-schweizerischer Vertrag v 23.11.1964 (BGBl 1967 II, 2029).
53 Zum Status dieses Gebiets *Frowein*, Deutschlands aktuelle Verfassungslage, VVDStRL 49 (1990) 19 ff. Im Potsdamer Abkommen v 2.8.1945 hatte die Sowjetunion „die Stadt Königsberg und das anliegende Gebiet" endgültig in Anspruch genommen.
54 Eingehend *Khan*, Staatsgrenzen, 55 ff.
55 BGBl 1991 II, 1329. Kernpunkt des Vertrags über die abschließende Regelung in Bezug auf Deutschland v 12.9.1990 (BGBl 1990 II, 1318) war die Festlegung der Grenzen des vereinten Deutschlands gegenüber der Sowjetunion und Polen. Nach Auffassung der BR Deutschland war vor 1990 die *endgültige* territoriale Regelung nicht erfolgt. Der *Zeitpunkt* des Gebietsübergangs sowie die Wahrung des Selbstbestimmungsrechts der in den Ostgebieten verbliebenen Deutschen bleiben str. Vgl *Khan*, Staatsgrenzen, 309 ff.
56 BGBl 1997 II, 566.
57 BGBl 2001 II, 558. Eingehend *Khan*, Staatsgrenzen, 269 ff.

nehmigung für das Offshore-Windenergieprojekt „Riffgat"[58] durch das zuständige staatliche Gewerbeaufsichtsamt Oldenburg im September 2010 gelangte der seit Jh str Grenzverlauf der Küstenmeere der BR Deutschland und der Niederlande wieder auf die Tagesordnung.[59] Nach längeren Verhandlungen schlossen Deutschland und die Niederlande am 24.10.2014 einen Vertrag über die Nutzung und Verwaltung des Küstenmeers zwischen drei und 12 Seemeilen.[60] Seinen Bestimmungen zufolge halten beide Staaten an ihren divergierenden Rechtsstandpunkten, den Verlauf der Staatsgrenze im Küstenmeer zwischen drei und 12 sm vor der Küste betreffend, fest (Art 4), einigen sich aber auf ein gemeinsames Verkehrsmanagementsystem für den Schiffsverkehr im Fahrwasser von und zu Häfen beider Staaten entlang der Ems (Art 7). Ferner wurde mit dem Vertrag eine Ständige Kommission für Schifffahrtsangelegenheiten im Fahrwasser (sog Westeremskommission) eingerichtet, die ua Beschlüsse über den genauen Verlauf des Fahrwassers trifft (Art 19 f). Mit Bezug auf Anlagen (ua zur Gewinnung erneuerbarer Energien), Kabel und Rohrleitungen sowie nichtlebende natürliche Ressourcen verständigten sich die Vertragsparteien auf eine Linie, mittels derer festgelegt wurde, welche nationale Rechtsordnung wo anwendbar ist. Der Windenergiepark „Riffgat" ging im Februar 2014 in Betrieb.

b) Erwerb und Verlust von Staatsgebiet

22 Das Völkerrecht kennt eine Reihe von *Gründen* für den Erwerb und den Verlust von Staatsgebiet.[61] Die *Annexion* ist die gegen den Willen des Inhabers der territorialen Souveränität vollzogene Einverleibung des fremden Staatsgebiets (Vollannexion) oder von Teilen desselben (Teilannexion) in den Herrschaftsbereich des annektierenden Staats. Angesichts des *ius cogens*-Charakters des Gewaltverbots[62] sind Annexionen rechtlich unwirksam, führen also nicht zum Souveränitätsübergang.[63] So berief sich *Österreich* nach dem Zweiten Weltkrieg auf die Ungültigkeit des „Anschlusses" an Deutschland im Jahr 1938.[64] Wiens staatliche Existenz habe fortbestanden. Dieser Auffassung folgt der Österreichische Staatsvertrag v 15.5.1955: als „Annexion" sei der „Anschluss" „null und nichtig" (Präambel).[65] Die *baltischen Republiken* wurden im Jahre 1940 gewaltsam der Sowjetunion einverleibt; die Wie-

---

58 Der Park wurde in einer Entfernung von ca 15 km nordwestlich der Insel Borkum (d h in einer Entfernung von weniger als 12 sm von der deutsch-niederländischen Küste) im sog Ems-Dollart-Gebiet errichtet.
59 Dazu *Hertel*, Vergessene Grenzen in der Nordsee, in Talmon (Hrsg), Über Grenzen, 2012, 117 ff.
60 Der Vertrag wurde von der BR Deutschland am 3.6.2016 ratifiziert (BGBl 2016 II, 602) und trat am 1.7.2018 in Kraft (BGBl 2018 II, 357).
61 Der „Klassiker" zum Gebietserwerb ist *Jennings*, The Acquisition of Territory in International Law, Neuaufl (mit Einführung von Kohen) 2017; Überblicke aus der dt Lehrbuchliteratur etwa bei *Stein/von Buttlar/Kotzur*, Völkerrecht, 14. Aufl 2017, Rn 549 ff; *von Arnauld*, Völkerrecht, 3. Aufl 2016, Rn 77 ff; umfangreiche Darstellung bei *Epping* (Fn 9) § 7 Rn 26 ff.
62 *Hofmann*, Annexation, MPEPIL I, 408 (Rn 21).
63 *Dahm/Delbrück/Wolfrum*, Völkerrecht I/1, 359 f. Zum Gewaltverbot s u *Bothe*, 8. Abschn Rn 9 ff. Zur völkerrechtswidrigen Annexion der Krim s o *Kau*, 3. Abschn Rn 130a.
64 Vgl Reichsgesetz über die Wiedervereinigung Österreichs mit dem Deutschen Reich v 31.3.1938 (RGBl 1938 I, 982); *Hummer*, in ÖHVR, 4. Aufl 2004, Bd I, Rn 3052 ff, 3071 ff.
65 ÖBGBl 1955, 725; dazu *Hummer*, in ÖHVR, 4. Aufl 2004, Bd I, Rn 3119 ff; vgl bereits *Verosta*, Die internationale Stellung Österreichs 1938-1947, 1947.

dererlangung ihrer staatlichen Funktionen im Jahr 1989 ging nicht mit einer Neugründung, sondern mit der Wiederbelebung der Staatswesen einher.[66] Schon wegen des Annexionsverbots konnten der Irak im Golfkrieg v 1991 *Kuwait* sowie Russland im März 2014 die *Krim* ihren Staatsgebieten nicht rechtswirksam einverleiben.[67]

Dismembration ist der Zerfall eines Staates *(in toto)* in mehrere Staatswesen. Dieser Vorgang wirkt konstitutiv sowohl gegenüber dem zerfallenen Staat, weil er ihm die Staatsqualität nimmt, als auch bzgl der neu entstehenden Staaten, welche damit Staatsqualität erlangen. Aktuelle Bsp sind nach hL das Auseinanderbrechen *Jugoslawiens* in den Jahren 1991/92[68] sowie die vertragliche Zweiteilung der *Tschechoslowakei* unter Entstehung der Tschechischen und der Slowakischen Republik. 23

Vereinigen sich mehrere Staaten unter Aufgabe ihrer jeweiligen souveränen Staatlichkeit zu einem neuen Staat, liegt eine Verschmelzung *(Fusion)* vor, das Gegenstück zur Dismembration. Klassische Bsp sind die *Einigungen Italiens* und *Deutschlands* im 19. Jh. Die Verschmelzung kann auch in der Weise erfolgen, dass nicht alle beteiligten Staaten ihre Staatlichkeit aufgeben, sondern der eine Staat sich mit dem anderen vereinigt *(Inkorporation)*. Dies tat die DDR im Jahr 1990, indem sie (genauer: die Gruppe der „neuen" Länder) der BR Deutschland beitrat. Die Einigung Deutschlands war zugleich der Untergang der DDR.[69] 24

Das Unabhängigwerden einer Kolonie, die *Dekolonisation,* war in den 1950er und 1960er Jahren die häufigste Form der Entstehung von Staaten. Mittlerweile ist die Entkolonisierung, einschließlich des Selbständigwerdens der Mandats- und Treuhandgebiete, nahezu abgeschlossen. 25

Bzgl des Erwerbs und Verlusts von Staatsgebiet *in parte* ist zunächst die *Sezession* zu nennen, die Abspaltung eines bloßen Teils. Im Gegensatz zur Dismembration lässt diese Veränderung die Existenz des „abgebenden" Staates unberührt. Das abgespaltene Gebiet kann sich als neuer Staat konstituieren (zB Bangladesh; Südsudan) oder sich einem anderen Staat anschließen (ihm beitreten). Bestand und Reichweite eines Sezessionsrechts der Völker sind im Einzelnen str.[70] Die *Abtretung* unterscheidet sich von der Sezession dadurch, dass sie vom zedierenden Staat gewollt ist (zB der Verkauf Alaskas an die USA seitens Russlands im Jahre 1867). Oft erfolgt eine Gebietsabtretung unter militärischem Druck (etwa seitens der USA gegenüber Mexiko im Hinblick auf Gebiete im heutigen Südwesten der USA); der Übergang zur Annexion wird dann fließend. Im Extremfall können Abtretungsverträge wegen Drohung bzw als „ungleiche Verträge" nichtig sein (Art 51f WVK). 26

---

66 *Hofmann* (Fn 62) Rn 32 ff.
67 Dazu *Kau*, 3. Abschn Rn 130a mwN.
68 „Serbien und Montenegro" (d h Restjugoslawien) behauptete demgegenüber seine Kontinuität mit dem Jugoslawien von vor 1990; Slowenien, Kroatien, Bosnien-Herzegowina und Mazedonien seien aus Sezessionen hervorgegangen. 2006 wurde auch Montenegro unabhängig. Dazu *Kau*, 3. Abschn Rn 184.
69 Der Einigungsvertrag v 31.8.1990 (BGBl 1990 II, 889) erwähnt dies nicht ausdrücklich. Die vertragsschließenden Parteien waren sich jedoch darüber einig, dass die Wiedervereinigung Deutschlands durch Beitritt der durch das Ländereinführungsgesetz v 22.6.1990 gebildeten ostdeutschen Länder zur BR Deutschland (gemäß dem früheren Art 23 Satz 2 GG) vollzogen werden sollte; dieser wurde am 3.10.1990 wirksam.
70 Dazu *Kau*, 3. Abschn Rn 127 ff. Im *Kosovo*-Gutachten ließ der IGH die Frage, ob das äußere Selbstbestimmungsrecht ein Recht auf Sezession beinhalten könne, unter formeller Bezugnahme auf die ihm unterbreitete (begrenzte) Auslegungsfrage unbeantwortet, vgl ICJ Rep 2010, 403, 438 (§ 82f).

27   Der nicht vermittelte Erwerb von Gebieten, die *Okkupation,* ist nur bei staatenlosem Gebiet („Niemandsland") zulässig. Mittlerweile gibt es auf der Erde wohl kein Gebiet mehr, das insofern noch als okkupationsfähig angesehen werden kann.[71] Mit der Bildung von Inseln durch vulkanische Aktivität im Untergrund von Ozeanen mag sich dies ausnahmsweise ändern. Wo Konflikte um die territoriale Souveränität bestehen (zB im Südchinesischen Meer), ist die Frage des *ursprünglichen* Erwerbs noch heute – als Vorfrage zum gegenwärtigen Status – bedeutsam. Originärer Erwerb von Gebiet kann auch durch *Anschwemmung* eines Flusses oder Landgewinn an der Küste (durch Eindeichung und Trockenlegen) erfolgen. Ersitzung als Gebietserwerbstitel ist heute praktisch bedeutungslos. *Abtragung,* Gegenbegriff zur Anschwemmung, führt zu (originärem) Gebietsverlust (etwa durch starke Meeresströmung oder klimawandelinduzierten Meeresspiegelanstieg). Einen rechtlich begründeten Sonderfall bildet der „aquitoriale" Gebietserwerb. So wuchsen den Küstenstaaten mit der – mittlerweile vertraglich (SRÜ v 1982) sanktionierten – Erweiterung des *Küstenmeers* auf max 12 Seemeilen (sm) Räume zu, die bis dahin Nichtstaatsgebiet, Hohe See, gewesen waren.[72] Anders als bei Okkupation und Anschwemmung erfolgte dieser Gebietszuwachs durch den vertraglich konsentierten Wandel der Umfangs-Definition eines traditionsreichen Rechtsinstituts, des Küstenmeers.

c) Luftraum: Lufthoheit und Luftfreiheiten

28   Die weltraumwärtige *Begrenzung* des Staatsgebiets, die „Linie" also zwischen Luft- und Weltraum, ist vertraglich nicht geregelt.[73] Einzelne Begrenzungstheorien setzen an physikalischen Gegebenheiten bzw funktionalen Gesichtspunkten an.[74] Die nach flugdynamischen Kriterien entwickelte *von Kármán*-Linie zB liegt bei 83 km Höhe. Oberhalb dieser Höhe müsste ein Flugzeug, um genügend Auftrieb zu erhalten, so schnell fliegen, dass die Reibungshitze es schmelzen ließe. Zieht man die Grenze aus physikalischer Sicht „von oben" her, verläuft sie entlang der untersten möglichen Satellitenumlaufbahn, etwa bei 120–100 km Höhe; unterhalb dieser Linie ließe die Erdanziehungskraft die Satelliten abstürzen.[75] Diese letztgenannte Grenze soll nach einer Meinung bereits völkergewohnheitsrechtlich gelten. Für diese These könnte die bisherige Duldung der Satellitenüberflüge sprechen.[76] Anders als im Luftraum

---

71 Der „pazifische Sektor" der Antarktis, das einzige unbestritten staatsfreie *Land*gebiet der Erde, bildet, jedenfalls aus der Sicht der Parteien des Antarktisvertrags, keine Ausnahme, s u Rn 84.
72 Dieser Umstand legt es nahe, im Hinblick auf das Küstenmeer von „aquitorialer", d h abgeleiteter und räumlich dispositiver Souveränität zu sprechen; vgl *Graf Vitzthum,* Aquitoriale Souveränität, FS Tomuschat, 2006, 1078 ff. An den dt Küsten erfolgte die Ausweitung des Küstenmeeres auf 12 sm, soweit dies nicht schon zuvor geschehen war, am 19.10.1994 (BGBl 1994 I, 3444).
73 Im Jahre 1983 schlug die UdSSR eine vertragliche Begrenzung bei max 110 km vor, was mangels Zustimmung allerdings nicht weiterverfolgt wurde. Eingehend zum Ganzen *Schladebach,* Lufthoheit, 2014, 169 ff.
74 Zusammenstellung der Abgrenzungstheorien bei *Vitt,* in Weltraumrecht, 37 ff.
75 Dazu *Bueckling,* Der Weltraumvertrag, 1980, 32 ff; *Diederiks-Verschoor,* An Introduction into Space Law, 1993, 18. Die US-Weltraumbehörde NASA hat die 100-km-Grenze als Beginn des Weltraums festgelegt.
76 Nachw bei *Wins,* Weltraumhaftung im Völkerrecht, 2000, 35 f. Davon zu unterscheiden ist die Frage nach der völkergewohnheitsrechtlichen Zulässigkeit des Durchflugs von Weltraumgegenständen durch fremden Luftraum.

über dem Staatsgebiet herrscht im gebietshoheitsfreien Weltraum (s u Rn 74 ff) „Überflugfreiheit". In dieser Tolerierung liegt allerdings noch nicht der zweifelsfreie Nachweis einer gewohnheits*rechtlichen* Gültigkeit dieser oder jener Begrenzung. Mangels Festlegung auf eine bestimmte Linie entscheidet die funktionelle Theorie je nach Wesen des zu beurteilenden Sachverhalts über die Anwendung des Luft- oder des Weltraumregimes und verlagert damit das Problem der Definition der Begrenzung auf das der Bestimmung des Wesens der Regime. Die Staatenpraxis kommt bislang ohne eindeutige Klärung aus. Dass nach allen wichtigen Theorien oberhalb von 120 km der Weltraum und unterhalb von 80 km Höhe der Luftraum liegt, war bisher ausreichende Orientierung. Neue Entwicklungen wie der einsetzende Weltraumtourismus werden indes das Bedürfnis nach einer eindeutigen Festlegung der Grenze steigen lassen.

Das *Überfliegen fremden Staatsgebiets* durch Staatsluftfahrzeuge sowie durch Zivilflugzeuge der meisten Beförderungsarten[77] bedarf der *Erlaubnis* des jeweiligen überflogenen Staats.[78] Unerlaubtes Eindringen in fremden Luftraum kann letztlich, bei Wahrung der Verhältnismäßigkeit der Mittel, sogar gewaltsam unterbunden werden. Die zu Beginn des Zeitalters der Luftfahrt kurzzeitig vertretene Auffassung von einer umfassenden, erlaubnisfreien „Freiheit der Luft" – analog zur Freiheit der Meere – setzte sich schon vor dem Ersten Weltkrieg nicht durch.[79] Es siegte das Konzept der *Lufthoheit,* der staatlichen Hoheit über den Luftraum als Derivat der territorialen Souveränität.[80] Mit dem *Chicagoer Abkommen über die Internationale Zivilluftfahrt* v 7.12.1944,[81] „Magna Charta des internationalen Luftrechts",[82] und der gleichzeitig abgeschlossenen Vereinbarung über den Durchflug im Internationalen Fluglinienverkehr[83] einigte sich die Staatengemeinschaft immerhin auf einen Katalog der *Luftfreiheiten.* Sie sind Rechte der Staaten, nicht der Bürger.[84] Für Geltungsbereich und Tragweite der jeweiligen Freiheit ist zwischen planmäßigem Linienverkehr einerseits und sonstiger Zivilluftfahrt andererseits zu unterscheiden, innerhalb Letzterer wiederum zwischen entgeltlicher und unentgeltlicher Luftfahrt. Militär-, Zoll- und Polizeiflugzeuge sind vom Geltungsbereich der Abkommen ausgeschlos- 29

---

77 Näheres bei *Schladebach,* Luftrecht, 26 ff; zum dt Recht *Schwenk,* Handbuch des Luftverkehrsrechts, 2. Aufl 1995. Nicht genehmigungsbedürftig ist das Überfliegen von *Nicht*staatsgebieten, etwa der Hohen See, vgl Art 87 SRÜ. Dazu *Hobe,* in Ipsen (Fn 9) § 46 Rn 9 ff.
78 Dies gilt auch für den Überflug durch sog Drohnen *(Unmanned Aircraft Systems);* s *Hobe* (Fn 77) § 46 Rn 23.
79 Bereits die Pariser Luftschifffahrt-Konferenz v 1910 forderte, den Luftraum der Souveränität und Gebietshoheit des darunterliegenden Staats zu unterstellen.
80 Vgl *Khan,* Staatsgrenzen, 618 ff. Die Erstreckung der staatlichen Souveränität auf den Luftraum wurde in der Pariser Luftfahrtkonvention v 13.10.1919 fixiert. Sie schränkte die Lufthoheit nur durch ein dem Seerecht nachgebildetes Recht des friedlichen Durchflugs ein. Dieses galt allerdings nicht für den gewerblichen Lufttransport. Art 1 Chicagoer Abkommen v 7.12.1944 betonte dann, „dass jeder Staat über seinem Hoheitsgebiet volle und ausschließliche Lufthoheit besitzt." Anderes gilt für den nichtgewerblichen privaten Luftverkehr: er ist nach Art 5 Chicagoer Abkommen grundsätzlich nicht erlaubnispflichtig.
81 BGBl 1956 II, 412.
82 *Schladebach,* Luftrecht, 25.
83 BGBl 1956 II, 442.
84 Vgl VGH Baden-Württemberg, VBlBW 2003, 389 (392): Es gebe keinen Anhaltspunkt dafür, „dass einzelne Flughafen- [und Luftverkehrs-] Gesellschaften sich auf diese Freiheiten als eigene (von ihnen selbst ohne Vermittlung durch ihren Heimatstaat [...] durchsetzbare) Rechte berufen könnten".

sen; die entsprechenden Regelungen sind damit einzelstaatlicher Natur. Relevant wurde die Unterscheidung zwischen Privat- und Staatsluftfahrzeugen zB im Jahre 2005 im Zusammenhang mit der Affäre um sog Gefangenenflüge des US-Geheimdienstes CIA, die als private Flüge angemeldet worden waren.

30   Folgende *fünf Freiheiten* haben sich im Kontext des gewerblichen internationalen Fluglinienverkehrs herausgebildet:[85]
 – das Recht zum Überflug ohne Landung,
 – das Recht zur Landung zu nicht-gewerblichen Zwecken,
 – das Recht, Fluggäste, Gepäck, Fracht und Post mit einem Reiseziel im Heimatstaat des Luftfahrzeuges abzusetzen,
 – das Recht, Fluggäste, Gepäck, Fracht und Post mit einem Reiseziel im Heimatstaat des Luftfahrzeugs an Bord zu nehmen, sowie
 – das Recht, Fluggäste, Gepäck, Fracht und Post aus einem Drittstaat in den Vertragspartnerstaat oder aus dem Vertragspartnerstaat in einen Drittstaat zu transportieren.

31   Gemäß Art 6 Chicagoer Abkommen darf der planmäßige Linienverkehr *nur mit Erlaubnis* der über- oder angeflogenen Staaten betrieben werden. Diese restriktive Ausprägung der Lufthoheit – trotz der Luftfreiheiten behalten die Staaten zudem das Recht, Routen vorzuschreiben oder zu sperren – hat die Bedeutung des Abkommens erheblich verringert. Erforderlich wurden *bilaterale* Abkommen zur Gewährleistung der Luftfreiheiten, idR auf der Basis der Gegenseitigkeit.[86] Modellcharakter hatte das zwischen Großbritannien und den USA geschlossene Bermuda-Abkommen I v 1946,[87] das im Bermuda-Abkommen II v 1977 deregulierend weiterentwickelt wurde. Nachdem sich die Parteien bereits auf eine Änderung des Bermuda-Abkommens II verständigt hatten, stellte der EuGH im Jahr 2002 einen Verstoß Großbritanniens gegen Art 43 EG (Art 49 AEUV) wegen Abschlusses des Bermuda-Abkommens II fest.[88] Nach zähen Verhandlungen schlossen die EU und ihre Mitgliedstaaten einerseits und die USA andererseits am 30.4.2007 ein Luftverkehrsabkommen,[89] das seit dem 30.3.2008 mehr Wettbewerb auf dem transatlantischen Luftverkehrsmarkt sichert. Europäische Fluggesellschaften können seither aus jedem EU-Mitgliedstaat in die USA fliegen und Weiterflüge in andere Länder, etwa nach Kanada oder Südamerika, anbieten. Im Gegenzug können US-Fluglinien ihre Zielflughäfen in Europa frei wählen. Die früheren bilateralen Vereinbarungen der europäischen Staaten mit den USA für Start- und Landerechte *(slots)* wurden damit hinfällig.

---

85 Zum europäischen Recht *Schladebach*, Luftrecht, 67 ff; *Baumann*, Die Luftverkehrspolitik der Europäischen Union, 1995; *Balfour*, European Community Air Law, 1995.
86 Vor diesem Hintergrund kann von einer umfassenden gewohnheitsrechtlichen Geltung der Luftfreiheiten keine Rede sein, vgl *Schladebach*, Luftrecht, 42 ff. – Auch Staatsluftfahrzeuge dürfen das Hoheitsgebiet eines anderen Staats nur überfliegen oder dort landen, wenn sie eine Bewilligung erhalten haben (vgl Art 3 lit c Chicagoer Abkommen).
87 3 UNTS 253.
88 Vgl EuGH, Rs C-466/98, Slg 2002, I-9427 Rn 52 *[Open Skies]*. Der EuGH nahm u a Stellung zur („vertikalen") Verteilung der Außenkompetenzen zwischen Union und Mitgliedstaaten auf dem Gebiet des Luftverkehrsrechts. Neben Großbritannien verurteilte der EuGH sieben weitere Mitgliedstaaten im Zusammenhang mit dem Abschluss ähnlicher bilateraler Abkommen (vgl Rsen C-467–469, 471, 472, 475, 476/98).
89 ABl EU 2007, Nr L 134/4. Zusatzabkommen v 16.6.2011: ABl EU 2011, Nr L 283/16.

Art 7 Chicagoer Abkommen behält den Staaten das Recht zur *Kabotage* vor, also **32** das Recht zur entgeltlichen Beförderung von Fluggästen, Gepäck, Fracht und Post zwischen Orten innerhalb des eigenen Staatsgebiets.[90] Die wichtigste Bedeutung des Chicagoer Abkommens liegt heute in seiner politischen Signalwirkung; es relativiert letztlich die einzelstaatliche Lufthoheit im Interesse internationaler Kommunikation und Kooperation. Teil II des Abkommens ist zudem das Gründungsinstrument der *ICAO (International Civil Aviation Organization).*[91] Dieser UN-Sonderorganisation mit Sitz in Montreal wurden wichtige Überwachungsrechte übertragen. Außerdem hilft die ICAO mit, das Luftrecht dem wissenschaftlich-technischen Fortschritt und den sicherheits- und verkehrspolitischen Vorgaben der Vertragsparteien anzupassen, in Zusammenarbeit mit dem Dachverband der Fluggesellschaften, der International Air Transport Association (IATA).

Dass die Luftsäule zum Staatsgebiet gehört, ist ohne Bedeutung sowohl für den **33** *Ätherraum,* dh für die Gesamtheit des elektromagnetischen Wellenspektrums, als auch für den internationalen Fernmeldeverkehr. Jeder Staat darf grenzüberschreitende Funkwellen ausstrahlen. Es herrscht *Ätherfreiheit,* auch in menschenrechtlicher Hinsicht: Jedermann darf, ohne Rücksicht auf Staatsgrenzen, Informationen austauschen. Der „angefunkte" Staat braucht auf solche ggf „intervenierende" Nutzung „seines" Ätherraumes keine Rücksicht zu nehmen. Er darf den Empfang ausländischer Sendungen, etwa durch Störsender, unterbinden *(jamming).*[92] Die Kehrseite dieser Freiheit ist die prinzipiell gegebene Völkerrechtmäßigkeit von Spionagetätigkeiten unter Einsatz von Mitteln der Fernmeldeaufklärung.[93] Das Spannungsverhältnis zwischen der Meinungsfreiheit einschließlich aktiver und passiver Informationsfreiheit einerseits und dem Einmischungsverbot *(domaine réservé)* andererseits versuchten die sozialistischen Staaten und viele Länder der Dritten Welt in den 1970er Jahren – letztlich vergeblich – zu Lasten der Freiheit aufzulösen.[94]

Der *Internationale Fernmeldevertrag* v 6.11.1982 regelt den grenzüberschreiten- **34** den Fernmeldeverkehr.[95] Der 1992 grundsätzlich überarbeitete und 1994 in Kyoto

---

90 Innerhalb der EU ist dieses Kabotagerecht vor dem Hintergrund der Dienstleistungsfreiheit (Art 56 AEUV) problematisch. Der Konflikt zwischen völker- und unionsrechtlichen Verpflichtungen bildet den Gegenstand von Art 351 AEUV, wonach die Rechte und Pflichten der Mitgliedstaaten aus völkerrechtlichen Verträgen durch den AEUV grundsätzlich „nicht berührt" werden (Abs 1). Da Abs 2 jedoch verlangt, dass die Mitgliedstaaten die „festgestellten Unvereinbarkeiten" beheben müssen, ist innerhalb der EU von einem Verzicht auf das Kabotagerecht auszugehen. Vgl Art 3f der VO (EG) Nr 1008/2008 über gemeinsame Vorschriften für die Durchführung von Luftverkehrsdiensten in der Gemeinschaft (ABl EU 2008, Nr L 293/3). Zum Ganzen *Proelß,* Grenzen der Zuständigkeit der Unionsorgane am Beispiel von „Erika III", in Talmon (Fn 59) 135 (154 ff).
91 Zu ihr *Hobe* (Fn 77) § 46 Rn 28 ff.
92 Einzelheiten bei *Frowein,* Das Problem des grenzüberschreitenden Informationsflusses und des domaine réservé, BerDGVR 19 (1979) 1 ff u *Simma,* Grenzüberschreitender Informationsfluss und domaine réservé der Staaten, ebd 39 ff.
93 Dazu etwa *Talmon,* Sachverständigengutachten gemäß Beweisbeschluss SV-4 des ersten Untersuchungsausschusses des Deutschen Bundestages der 18. Wahlperiode v 2.6.2014, abrufbar unter <https://www.bundestag.de/blob/282872/2b7b605da4c13cc2bc512c9c899953c1/mat_a_sv-4-2_talmon-pdf-data.pdf>.
94 Vgl die Mediendeklaration der UNESCO v 1978, die den Eckstein einer restriktiven „neuen Weltinformationsordnung" bilden sollte.
95 BGBl 1985 II, 425.

abgeänderte Vertrag umfasst auch Vollzugsordnungen für die einzelnen Materien: Telegrafen-, Telefon- und Funkdienst samt Zusatz-Vollzugsordnungen.[96] Institutionelles Zentrum ist die mit Übereinkommen v 1989 gegründete *Internationale Fernmeldeunion* (ITU), eine Genfer UN-Sonderorganisation.[97] Ihr *Frequenzregistrierungsausschuss* „verwaltet" die Zuteilung und Benutzung von Frequenzen, entscheidet also über die Verteilung einer begrenzten natürlichen Ressource (Art 12ff ITU-Konstitution v 1989). Lange Zeit herrschte hier ein letztlich auf das Recht des Erstkommenden zugeschnittenes System.[98]

35   Neuerdings fragt sich, ob und inwieweit das Völkerrecht den Gefahren wirtschaftlich-technischer sowie macht- und sicherheitspolitischer (Zugangs-, Verteilungs- und Nutzungs-) Konflikte im *„Cyberspace"* angemessen Rechnung zu tragen vermag.[99] Nicht zu bestreiten ist, *dass* das Völkerrecht, insbes im Wege der in den anerkannten Jurisdiktionsprinzipien verkörperten Anknüpfungspunkte für die Ausübung von Hoheitsgewalt, grundsätzlich auch auf Sachverhalte im Cyberspace anwendbar ist.[100] IdS sind etwa Staaten zurechenbare Cyber-Angriffe an den Vorgaben des *ius contra bellum* und des *ius in bello* zu messen.[101] Im vorliegend relevanten Zusammenhang harrt freilich vor allem die Einordnung in die völkerrechtliche Raumordnung der Klärung. Da der Cyberspace selbst kein physikalischer, sondern ein virtueller (Kommunikations-)Raum ist (anderes gilt für die regelmäßig auf staatlichem Territorium befindliche und also räumlich gebundene Cyberinfrastruktur),[102] dürfte die Forderung nach Schaffung eines spezifischen, an den tradierten Kategorien der völkerrechtlichen Raumordnung anknüpfenden Regelungsrahmens ebensowenig zielführend sein wie die Qualifizierung des Cyberspace als gemeinsames Menschheitserbe *(common heritage of mankind)*.[103] In erster Linie hat vielmehr im Vordergrund zu stehen, den Cyberspace in den Rahmen des bestehenden Völkerrechts der Information und Sicherheit einzupassen.[104] Eine etwaige künftige internationale Regulierung könnte Spannungen mit menschenrechtlichen Gewährleistun-

---

96 Die Vertragsparteien erkennen jedermann das Recht zu, ihre Einrichtungen zum internationalen Nachrichtenaustausch zu benutzen. Sie verpflichten sich zu Errichtung, Betrieb und Schutz der Übertragungswege und -einrichtungen.
97 Konstitution und Konvention der Internationalen Fernmeldeunion v 30.6.1989 (BGBl 1994 II, 147).
98 Mittlerweile weist die ITU „die Frequenzbereiche des Funkfrequenzspektrums zu, verteilt die Frequenzen und registriert die Frequenzzuteilungen und alle zugehörigen Orbitalpositionen in der Umlaufbahn der geostationären Satelliten" (Art 1 Nr 2a ITU-Konstitution).
99 Vgl *Kaiser*, Das Recht im Cyberspace, FS Winkler, 1997, 397 (399ff); *von Arnauld* (Fn 61) Rn 853ff.
100 *Wilske/Schiller*, International Jurisdiction in Cyberspace, FCommLJ 50 (1997) 117ff; *Schmahl*, Zwischenstaatliche Kompetenzabgrenzung im Cyberspace, AVR 47 (2009) 284ff. – Näher zu den Jurisdiktionsgrundsätzen *Crawford*, Brownlie's Principles of Public International Law, 8. Aufl 2013, 456ff.
101 Dazu s u *Bothe*, 8. Abschn Rn 10f, 76 mwN. Eingehend M. Schmitt (Hrsg), Talinn Manual on the International Law Applicable to Cyber Warfare, 2013; *Schulze*, Cyber „War" – Testfall der Staatenverantwortlichkeit, 2015.
102 Vgl *Grewlich*, Konstitutionalisierung des „Cyberspace", 2001, 15: Cyberspace als „eine unseren Planeten umschließende, fortlaufend an ‚Dichte' gewinnende ‚elektronisch-ätherische Hülle'". Der Cyberspace erweitert den Ätherraum um die digitalen Signale.
103 So auch *von Arnauld* (Fn 61) Rn 857. S aber die Position der BR Deutschland in UN Doc A/68/156/Add.1 v 9.9.2013: "Cyberspace is a public good and a public space." Dem liegt letztlich das Verständnis des Cyberspace als eines Staatengemeinschaftsraums zugrunde.
104 *Grewlich* (Fn 102) 47f.

gen hervorrufen.[105] Die Diskussion der Probleme, die mit der Entgrenzung des Staats infolge globaler kommunikationstechnischer Entwicklungen einhergehen, hat auch aus sicherheits- und kriminalpolitischer Perspektive erst begonnen.[106] Derzeit harmonisiert und koordiniert ICANN, die Internet Corporation for the Assigned Numbers and Names, eine nach kalifornischem Recht gebildete Gesellschaft, das Internet.[107] *Datenhighways, Social Media* und *Web 2.0* werfen zB Fragen des anwendbaren Rechts, der Beschränkungen im öffentlichen Interesse, der Urheberrechte und des Patentschutzes auf – Rechtsfragen eines sich entwickelnden internationalen (derzeit überwiegend privaten) Medien- bzw. Internetrechts.[108]

d) Maritimes Aquitorium: Innere Gewässer, Archipelgewässer, Küstenmeer

Innere Gewässer, Archipelgewässer und Küstenmeer[109] bilden die *maritimen Teile des Staatsgebiets*. An diese hier unter dem Begriff „maritimes Aquitorium" *(Wolfgang Graf Vitzthum)* zusammengefassten Teile des Staatsgebiets schließen sich seewärts Nichtstaatsgebiets-Zonen (Anschlusszone, AWZ, Festlandsockel) an, bzgl derer der Küstenstaat *funktional begrenzte* Hoheitsbefugnisse innehat. Im Unterschied zu jener Zonen-Trias sind diese nur der Nutzungs-, nicht aber der Gebietshoheit des Küstenstaats unterworfen, und die Nutzungshoheit ist ihrerseits inhaltlich detailliert bestimmt und damit beschränkt. Auf diese Funktionshoheitsräume folgen seewärts die (Nichtstaats-) Gebiete, die von küstenstaatlichen Hoheitsbefugnissen gänzlich frei sind: die Hohe See sowie der Meeresboden und -untergrund „jenseits der Grenzen des Bereichs nationaler Hoheitsbefugnisse" (Art 1 Abs 1 Nr 1 SRÜ). Die beiden letztgenannten Nichtstaatsgebiete sind, wie auch der Weltraum und die Antarktis,[110]

36

---

105 Versuche der Internationalen Fernmeldeunion (ITU), unter Hinweis auf den Kampf gegen die Kriminalität „im Netz" die Regulierung des Internet an sich zu ziehen, schlugen bislang fehl. Kritiker befürchten, dass im Falle einer Übertragung der Regulierungsaufgabe auf diese traditionelle I.O. deren Mitgliedstaaten dominierenden Einfluss auf die Verwaltung des Internets erlangen und infolgedessen Zensur und staatliche Formen der Einflussnahme zunehmen könnten.
106 Vgl nur die am 1.7.2004 in Kraft getretene Convention on Cybercrime v 23.11.2001 (mit Additional Protocol v 2003), gemäß ihrer Präambel geschlossen im Bewusstsein der „profound changes brought about by the digitalisation, convergence and continuing globalisation of computer networks". Sie verpflichtet die Vertragsparteien, bestimmte Computerdelikte innerstaatlich unter Strafe zu stellen.
107 *Kleinwächter*, ICANN als United Nations der Informationsgesellschaft?, MuR 2 (1999) 452ff.
108 Vgl *Uerpmann-Wittzack*, Internetvölkerrecht, AVR 47 (2009) 261 (263); zum Ganzen auch *von Arnauld* (Fn 61) Rn 853ff; *Schaller*, Internationale Sicherheit und Völkerrecht im Cyberspace, SWP-Studie 2014.
109 Die Meerengen iSv Teil III SRÜ haben *gebiets*rechtlich keinen eigenständigen Status (vgl Art 34 Abs 1 SRÜ); *nutzungs*rechtlich werden sie einem eigenen Regime unterstellt: einer besonderen Durchfahrtsordnung („Recht der Transitdurchfahrt", Art 38 SRÜ). Vgl u Rn 47f.
110 Im Unterschied zur Antarktis (s u Rn 83ff) unterliegt der *Arktische Ozean,* einschließlich seiner eisbedeckten Teile, für das Meer geltenden Regeln. Der Versuch Kanadas im Jahr 1925, durch Festlegung eines „arktischen Sektors" weite Teile des Polarmeers unter seine Kontrolle zu bringen, wurde von den übrigen Anrainerstaaten nicht aufgegriffen und später auch von Kanada selbst nicht mehr weiterverfolgt (trotz gewisser sowjetischer bzw russischer Sympathien für den Sektorenansatz). Kontiguität als solche, also räumliche Nachbarschaft und Nähe, begründet für sich betrachtet keine Hoheitsbefugnisse, erst recht nicht die Inanspruchnahme riesiger „Sektoren". Grundlegend *Schenk,* Kontiguität als Erwerbstitel im Völkerrecht, 1978.

Staatengemeinschaftsräume, mag die jeweilige materiell- und organisationsrechtliche Ausgestaltung auch große Unterschiede aufweisen.

37 Die wichtigsten *Grundlagen für die Rechtsordnung des maritimen Aquitoriums* finden sich in den (Genfer) Seerechtsübereinkommen v 1958[111] und vor allem im *UN-Seerechtsübereinkommen* v 1982 (SRÜ). Jene Genfer Übereinkommen schreiben Gebiets- und Nutzungsordnungen fest, die seinerzeit überwiegend bereits gewohnheitsrechtlich galten. Das SRÜ v 1982, in Montego Bay (Jamaica) von 117 Staaten unterzeichnet und 1994 in Kraft getreten, inkorporierte wesentliche Teile der vier Übereinkommen v 1958. Insofern ist auf die Genfer Übereinkommen, die zwischen 1962 und 1966 in Kraft getreten sind und fortgelten (vgl Art 311 Abs 1 SRÜ), nur noch in Ausnahmefällen zurückzugreifen, etwa zur Erläuterung der Genese einer Norm oder zur Bekräftigung ihrer etwaigen auch gewohnheitsrechtlichen Geltung gegenüber Staaten, die nicht Parteien des SRÜ sind.[112] Art 311 SRÜ regelt das Verhältnis dieser „Verfassung der Meere" *(T. Koh)* zu „anderen Übereinkommen und internationalen Übereinkünften". Sie galt am 1.5.2019 für 167 Staaten (und die EU), unter ihnen seit dem 14.10.1994 die BR Deutschland.[113] An ihrer Begrifflichkeit hat sich jede Seerechtsdarstellung zu orientieren.[114] Weitere Anstöße enthält das Seevölkerrecht durch die *Judikate des Internationalen Seegerichtshofs* (ISGH) in Hamburg,[115] dessen Errichtung auf den Vorschriften von Teil XV SRÜ iVm Anlage VI SRÜ beruht.[116] Nach Art 288 Abs 1 SRÜ ist seine Zuständigkeit ebenso wie diejenige der anderen in Art 287 Abs 1 SRÜ genannten Gerichte prinzipiell auf Streitigkeiten über die Auslegung und Anwendung des SRÜ begrenzt.[117] Nachdem sich der ISGH zunächst

---

111 Hierbei handelt es sich um einen aus vier Übereinkommen v 29.4.1958 bestehenden Komplex, betr: das Küstenmeer und die Anschlusszone (516 UNTS 205); die Hohe See (BGBl 1972 II, 1089); die Fischerei und die Erhaltung der biologischen Reichtümer der Hohen See (59 UNTS 285); den Festlandsockel (499 UNTS 311). Dokumentation bei *Hoog*, Die Genfer Seerechtskonferenzen von 1958 und 1960, 1961.
112 Die Fortentwicklung der Übereinkommen v 1958 betraf vor allem Küstenmeer, Meerengen, Hohe See und Festlandsockel. In wichtigen Bereichen schuf das SRÜ gänzlich neues Recht, zB hinsichtlich der Transitdurchfahrt durch internationale Meerengen, der Archipelgewässer, der AWZ, der Außengrenze des Festlandsockels sowie der Regelung bzgl der Ausbeutung des Festlandsockels jenseits der 200-sm-Zone. Neuerungen beziehen sich auch auf das Recht des Tiefseebergbaus, die obligatorischen Streitbeilegungsverfahren sowie die Teilnahme I. O. am SRÜ.
113 Keine Vertragsparteien sind bisher u a Iran, Israel, Libyen, Türkei, USA, Venezuela.
114 Zu dem Normenkomplex gehört das Durchführungs-Übereinkommen (DÜ) v 29.7.1994 (BGBl 1994 II, 2566). Es passt zentrale Bestimmungen des str Tiefseebergbauregimes teils durch Änderung, teils durch einvernehmliche Interpretation den Neubewertungen an, die seit Abschluss des SRÜ eingetreten sind. SRÜ und DÜ bilden ein einheitliches Instrument. Am 1.5.2019 galt das DÜ für 149 Staaten (und die EU). Vgl u Rn 72 ff.
115 Geschäftsordnung des Gerichtshofs abgedr in ITLOS (Hrsg), Basic Texts, 1998, 15 ff.
116 Teil XV SRÜ errichtet ein System der obligatorischen gerichtlichen Streitbeilegung. Nach Art 287 Abs 1 SRÜ können die Vertragsparteien des SRÜ hinsichtlich künftiger Streitigkeiten über die Auslegung und Anwendung des Übereinkommens eines von mehreren Streitbeilegungsorganen benennen. Zur Auswahl stehen der IGH, der ISGH oder ein im Einklang mit Anlage VII SRÜ gebildetes Schiedsgericht. Hat ein Staat keine entsprechende Erklärung abgegeben, oder haben die streitenden Parteien für unterschiedliche Organe optiert, ist die Gerichtsbarkeit des Anlage VII-Schiedsgerichts eröffnet (vgl Art 287 Abs 3 u 5 SRÜ). Dazu *Tanaka*, The Peaceful Settlement of International Disputes, 2018, 229 ff; aus der Lehrbuchliteratur *von Arnauld* (Fn 61) Rn 838 f; *Krajewski*, Völkerrecht, 2017, § 14 Rn 52 ff.
117 Die Frage der gerichtlichen Zuständigkeit wirft Probleme auf, wenn eine Streitigkeit sowohl die Auslegung und Anwendung des SRÜ als auch andere, nicht vom SRÜ geregelte Fragen betrifft; vgl

überwiegend mit Schiffsfreigabeverfahren gemäß Art 292 SRÜ zu befassen hatte, die durch ihren auf die Frage der Freigabe begrenzten Verfahrensgegenstand geprägt sind, sind zwischenzeitlich auch Verfahren mit erheblicher materiell-rechtlicher Tragweite (etwa zu Gebietsstreitigkeiten, Haftungsfragen und zum Umfang der flaggen- und küstenstaatlichen Pflichten in der AWZ) anhängig gemacht worden[118] – Beleg für die zunehmende Akzeptanz des ISGH als eigenständiges, spezialisiertes Streitbeilegungsorgan und für seine Daseinsberechtigung neben dem auch weiterhin für Fragen des Seevölkerrechts sachlich zuständigen IGH.

Innere Gewässer

Die inneren Gewässer sind die *Meeresgebiete zwischen dem trockenen Land und der Basislinie* eines Küstenstaats (vgl Art 8 Abs 1 SRÜ). Der früher im dt Schrifttum häufig verwendete Begriff der Eigengewässer,[119] mit dem sowohl die (salinen) inneren Gewässer als auch die aus Süßwasser bestehenden Binnengewässer umfasst sein sollen,[120] ist seevölkerrechtlich nicht anerkannt. Eine Gleichsetzung von inneren Gewässern und Binnengewässern unter dem Begriff „Eigengewässer" missachtet, dass das Seevölkerrecht – wenn auch nur in eingeschränktem Umfang – auf die inneren Gewässer, nicht aber auf die Binnengewässer anwendbar ist.[121] Die Einbeziehung der inneren Gewässer in das Regime des SRÜ ist jüngst im Anschluss an die Entscheidung des ISGH im *ARA Libertad*-Fall[122] zwar str geworden. Da das SRÜ indes an verschiedenen Stellen auf die inneren Gewässer Bezug nimmt,[123] ist an der Unterscheidung von inneren Gewässern und Binnengewässern festzuhalten.[124] Dies ändert nichts daran, dass die inneren Gewässer, einschließlich des dazugehörenden Bodens, Untergrunds und Luftraums, ebenso wie die Binnengewässer Bestandteile des Staatsgebiets sind. Insoweit unterstehen sie, ebenso wie das Landgebiet, der *vollen territorialen Souveränität des Küstenstaats*[125] – ein Umstand, der sie nutzungs-

38

---

die schiedsgerichtlichen Entscheidungen in den Fällen *Chagos*, §§ 211 ff u *South China Sea (Jurisdiction)*, § 153; aus der Lit etwa *Proelss*, The Limits of Jurisdiction Ratione Materiae of UNCLOS Tribunals, HJLP 46 (2018) 47 ff.
118 Vgl nur die Entscheidung im Fall *Maritime Boundary*, das Gutachten der Kammer für Meeresbodenstreitigkeiten (vgl Art 186 ff SRÜ) zu Art 139 SRÜ sowie das im Auftrag der Sub-Regional Fisheries Commission erstattete Gutachten zu den flaggenstaatlichen Pflichten hinsichtlich der Bekämpfung der illegalen, ungemeldeten und ungeregelten Fischerei *(illegal, unreported, and unregulated [IUU] fishing)* in der AWZ.
119 Etwa *Wengler*, Völkerrecht, 1964, 1078 ff.
120 Aus heutiger Zeit noch *von Arnauld* (Fn 61) Rn 802 f.
121 So auch *Tanaka*, International Law of the Sea, 2. Aufl 2015, 5, 78.
122 So die Rechtsauffassung von Ghana im Fall *ARA Libertad*, ITLOS Rep 2012, 332, § 55. Der ISGH bezog zu dieser Frage keine Position; vgl ebd § 95.
123 S die abw Meinung der Richter *Wolfrum* und *Cot* im Fall *ARA Libertad*, ITLOS Rep 2012, 363, § 23, die freilich im Grundsatz davon ausgehen, dass die inneren Gewässer nicht vom Regime des SRÜ umfasst sind (ebd §§ 23-26). Für die Einbeziehung der inneren Gewässer hingegen das Sondervotum des Richters *Lucky*, ITLOS Rep 2012, 363, § 38.
124 Eingehend *Cohen*, Is the Internal Waters Regime Excluded from the United Nations Convention on the Law of the Sea?, FS Caminos, 2015, 110 ff.
125 Die landwärtige Grenze ergibt sich aus dem Verlauf der Küstenlinie, bei der es sich in Deutschland aufgrund der unterschiedlichen Gegebenheiten von Nord- und Ostsee um die Linie des mittleren Wasserstandes (Ostsee) bzw des mittleren Tidehochwasserstandes (Nordsee) handelt. Vgl *Petersen*,

rechtlich vom Küstenmeer unterscheidet.[126] So gibt es in den inneren Gewässern grundsätzlich *kein Recht der friedlichen Durchfahrt* (s u Rn 45).[127] Vorbehaltlich anderweitiger vertraglicher Verpflichtungen ist der Küstenstaat nicht verpflichtet, Schiffen anderer Staaten Einfahrt in seine inneren Gewässer zu gestatten.[128] Ein gewohnheitsrechtliches Nothafenrecht von havarierten Schiffen dürfte *allgemein* nur insoweit anerkannt sein, als Seenot bzw höhere Gewalt eine Gefährdung von Leib und Leben der sich an Bord befindlichen Menschen nach sich ziehen.[129] Deshalb begegnet es rechtlichen Bedenken, wenn einige Staaten fremden Schiffen, auf denen sich aus Seenot gerettete Menschen befinden, auch dann die Einfahrt in ihre Häfen verweigern, wenn die Lage an Bord der Schiffe aufgrund von Nahrungsmittelknappheit oder medizinischer Unterversorgung außer Kontrolle zu geraten droht. Etwas anderes gilt in dergleichen Situationen wiederum dann, wenn die Gewährung des Nothafenrechts die territoriale Integrität des Küstenstaats bedrohen würde. Ein Schiff, das sich in fremden inneren Gewässern aufhält, untersteht – im Prinzip auch bzgl schiffsinterner Angelegenheiten[130] – der Jurisdiktion des Küsten- bzw Hafenstaats. Zahlreiche bilaterale Verträge konkretisieren, unter welchen Umständen der Küstenstaat Hoheitsgewalt über fremde Schiffe, die sich in seinen Häfen befinden, zwecks Strafverfolgung ausüben darf. Bzgl seiner inneren Gewässer darf ein Staat Fischerei und Kabotage (Personen- und Güterverkehr zwischen Inlandshäfen) seinen Angehörigen vorbehalten; für EU-Staaten untereinander sind insoweit die Grundfreiheiten des AEU-Vertrags und, subsidiär, das Verbot der Diskriminierung nach Art 18 AEUV zu beachten.[131]

39 Die *Basislinie (baseline)* bildet die äußere Grenze der inneren Gewässer. Von ihr aus wird die Breite sämtlicher sich seewärts an die inneren Gewässer anschließenden Meereszonen (Küstenmeer, Anschlusszone, AWZ, Festlandsockel) gemessen. Dies erklärt ihre enorme praktische Relevanz. Normalerweise fungiert die in den vom Küstenstaat amtlich anerkannten Seekarten eingetragene *Niedrigwasserlinie* als Basislinie, vgl Art 5 SRÜ. Problematisch ist, dass auf internationaler Ebene weder ein

---

Deutsches Küstenrecht, 1989, 32f, 39ff. Ihren Namen verdanken die inneren Gewässer dem Umstand, dass sie *landeinwärts* der Basislinie liegen. Von den Binnengewässern unterscheiden sie sich durch ihren salinen Charakter sowie dadurch, dass sie zum Meer hin offen, idS also maritim sind.
126 Vgl *Graf Vitzthum*, in Seerecht, Kap 2 Rn 42, 102ff; s a *Trümpler*, in UNCLOS Commentary, Art 8 Rn 14: "[...] the sovereignty over the territorial sea is in its nature and spatial extent derived from the coast – it is derivative in nature – while the sovereignty over the internal waters is original."
127 Soweit innere Gewässer durch Ziehung gerader Basislinien nach Art 7 SRÜ *erstmals* entstehen, werden sie hinsichtlich des Rechts auf friedliche Durchfahrt jedoch wie ein Teil des Küstenmeers angesehen, Art 8 Abs 2 SRÜ.
128 S IGH im *Nicaragua*-Urteil, § 213: "It is also by virtue of its sovereignty that the coastal State may regulate access to its ports."
129 Vgl *Graf Vitzthum*, in Seerecht, Kap 2 Rn 49; *Churchill/Lowe*, The Law of the Sea, 3. Aufl 1999, 62f; *Schult*, Schiffssicherheit, 220ff zu Notliegeplatzrichtlinien der IMO.
130 *Mali v Keeper of the Common Jail (Wildenhus's Case)*, 120 US 1 (1887); vgl aber *Spector v Norwegian Cruise Line Ltd*, 545 US 119 (2005). Zum Ganzen *Yang*, Jurisdiction of the Coastal State over Foreign Merchant Ships in Internal Waters and the Territorial Sea, 2015, 90ff; *Tanaka* (Fn 121) 79ff.
131 Dazu *Milbradt*, Liberalisierung der Seekabotage unter völkerrechtlichen und europarechtlichen Aspekten, 1999, 107.

einheitliches Seekartennull[132] noch eein allgemein anerkanntes vertikales Datum als geodätische Grundlage für die Festlegung der Niedrigwasserlinie existiert; die von den Küstenstaaten insoweit zugrunde gelegten Daten variieren zT erheblich. Darüber hinaus stellt sich die Frage, ob im Falle eines Abweichens des tatsächlichen Verlaufs der Niedrigwasserlinie von der in den offiziell anerkannten Seekarten vermerkten Linie, bedingt etwa durch Sedimentabtragungen oder den Meeresspiegelanstieg, die tatsächliche oder die in der Karte vermerkte Linie entscheidet.[133] Im Fall *Nicaragua/Honduras* sprach sich der IGH für den Vorrang der tatsächlichen Niedrigwasserlinie aus.[134] Auch wenn die Basislinie für die Bemessung der sich seewärts an die inneren Gewässer anschließenden Meereszonen (und indirekt damit auch für die Ausdehnung der Staatengemeinschaftsräume Hohe See und „Gebiet", vgl Art 1 Abs 1 Nr 1 bzw Art 86 SRÜ) maßgeblich ist, hat jene (wohl noch nicht allgemein akzeptierte) Vorrangregel zugunsten der tatsächlichen Zustände nicht automatisch zur Folge, dass sich mit den sich infolge natürlicher Gegebenheiten verschiebenden Basislinien auch die dem Küstenstaat als maritimes Aquitorium (Küstenmeer, Archipelgewässer) bzw Funktionshoheitszonen (Anschlusszone, AWZ, Festlandsockel) zugeordneten Räume verlagern. Würden die vom *klimawandelinduzierten Meeresspiegelanstieg* besonders betroffenen Entwicklungsländer infolge der landwärtigen Verlagerung der Basislinien Teile der ihnen von Völkerrechts wegen zugeordneten Meereszonen (einschließlich der dort vorhandenen Ressourcen) verlieren, hätte dies letztlich eine mehrfache Benachteiligung der betreffenden Staaten zur Folge.[135] Vor dem Hintergrund des Umstands, dass die Erderwärmung vor allem von den Industriestaaten hervorgerufen wurde, wird zT vorgeschlagen, dass die küstenstaatlichen Meereszonen in ihrer heutigen Ausdehnung „eingefroren" werden sollten.[136] Dieses wichtige Problem harrt bis auf weiteres einer Lösung.

Ausnahmsweise dürfen gemäß Art 7 u 9 SRÜ über Flussmündungen und bei vorgelagerten Inseln (Bsp: ostfriesische Inseln), bei zerklüfteten Küsten (zB West- **40**

---

[132] Astronomische und meteorologische Gegebenheiten beeinflussen die Tidenhöhe. Seit 2005 wird das Seekartennull in Europa zunehmend unter Bezugnahme auf das Kriterium des tiefsten Wasserstands unter astronomischen Gegebenheiten *(lowest astronomical tide – LAT)* definiert.
[133] Eingehend dazu ILA (Hrsg), Baselines under the International Law of the Sea, 2012, abrufbar unter <http://www.ila-hq.org/en/committees/index.cfm/cid/1028>.
[134] ICJ Rep 2007, 659, 743.
[135] Eingehend zum Ganzen nunmehr *Blitza*, Auswirkungen des Meeresspiegelanstiegs auf maritime Grenzen, 2019. – Anders herum wird diskutiert, ob Küstenstaaten durch Landgewinnungsmaßnahmen oder die Errichtung von Molen und anderen künstlichen Strukturen (wie etwa die „The World"- und „Jumeirah Palm"-Projekte vor der Küste Dubais) die Basispunkte ihrer Basislinien seewärts verschieben und infolgedessen „ihre" Meereszonen ausdehnen können sollen. Art 11 SRÜ und die Staatenpraxis legen nahe, dass von einer solchen Verlagerung der Basislinien nur im Falle von ständigen (und hinreichend *bes*tändigen), unmittelbar mit dem Festland verbundenen Strukturen ausgegangen werden kann; vgl *Carleton*, Problems Relating to Man-made Basepoints under UNCLOS, in Symmons (Hrsg), Selected Contemporary Issues in the Law of the Sea, 2011, 32 ff.
[136] Vgl etwa *Jesus*, Rocks, New-born Islands, Sea Level Rise and Maritime Space, FS Eitel, 2003, 599 (601); *Soons*, The Effects of a Rising Sea Level on Maritime Limits and Boundaries, NILR 37 (1990) 207 (231); *Caron*, Climate Change, Sea Level Rise and the Coming Uncertainty in Oceanic Boundaries, in Hong/Van Dyke (Fn 49) 1 (14); *Grote Stoutenburg*, Implementing a New Regime of Stable Maritime Zones to Ensure the (Economic) Survival of Small Island States Threatened by Sea-Level Rise, IJMCL 23 (2011) 263 ff.

küste Chiles, Westküste Norwegens) oder veränderlicher Küstenlinie *gerade Basislinien* über die äußersten natürlichen Punkte (Landzungen bzw Inselketten, Leuchttürme, Riffe u a) gezogen werden, bei Häfen entlang der äußersten Punkte ihrer Anlagen (Art 11 SRÜ).[137] Auslegung und Anwendung der in Art 7 SRÜ genannten Voraussetzungen, unter denen ein Küstenstaat gerade Basislinien ziehen darf, sind im Einzelnen str.[138] In jedem Fall dürfen gerade Basislinien vom generellen Küstenverlauf nicht erheblich abweichen (Art 7 Abs 3 SRÜ). Sieht man von Besonderheiten (wie Flüssen, historischen Buchten) ab, entstehen innere Gewässer eigentlich erst durch das Ziehen solcher – gerader – Basislinien, da ansonsten, wie gesagt, die Niedrigwasserlinie als Basislinie fungiert. Der Küstenstaat kann sein Staatsgebiet auf diese Weise signifikant vergrößern. Von einem Staat allein umschlossene *Buchten*, deren Eingang (Öffnungsbreite) nicht breiter als 24 sm ist, zählen ebenfalls zu den inneren Gewässern (Art 10 SRÜ). Bei ihnen dürfen Abschlusslinien gezogen werden.[139]

Archipelgewässer

41 Anders als die inneren Gewässer sind die Archipelgewässer ein *neues Institut des Seerechts*.[140] Mehrere im 20. Jh neu entstandene Staaten sind Archipelstaaten bzw beanspruchen diesen Status (zB die Philippinen, Indonesien, Fiji und die Seychellen). Sie bestehen „vollständig aus einem oder mehreren Archipelen und gegebenenfalls anderen Inseln" (Art 46 lit a SRÜ). Ein Archipel ist eine *Gruppe von Inseln* (einschließlich dazwischenliegender Gewässer), die „eine wirkliche geographische, wirtschaftliche und politische *Einheit* bilden, oder die von alters her als solche angesehen worden sind" (Art 46 lit b SRÜ). Gemäß Art 47 Abs 1 SRÜ kann der Archipelstaat durch das Ziehen gerader Archipelbasislinien, deren Länge 100 sm generell nicht überschreiten darf (Art 47 Abs 2, 3 SRÜ), größere Seebereiche seiner Hoheitsgewalt unterstellen. Die so umgrenzten interinsularen Gewässer sind gemäß Art 49 Abs 1 SRÜ „Archipelgewässer". Keine geraden Basislinien dürfen nach hM hingegen um Inselgruppen gezogen werden, die zu einem Festlandküstenstaat gehören (sog

---

137 Die Anerkennung des Prinzips gerader Basislinien erfolgte im *britisch-norwegischen Fischereistreit*-Fall, ICJ Rep 1951, 116.
138 Einzelheiten bei Einzelheiten bei ILA (Hrsg), Baselines under the International Law of the Sea: Final Report, 2018, Rn 6 ff, abrufbar unter <http://http://www.ila-hq.org/images/ILA/DraftReports/DraftReport_Baselines.pdf>. Zum Ganzen auch *Trümpler*, in UNCLOS Commentary, Art 7; *ders*, Grenzen und Abgrenzungen des Küstenmeeres, 2007, 112 ff; *Graf Vitzthum*, in Seerecht, Kap 2 Rn 16 ff; *Scovazzi*, The Establishment of Straight Baselines Systems, in Vidas/Østreng (Hrsg), Order for the Oceans at the Turn of the Century, 1999, 445 ff.
139 Zum Regime der Einzelstaatenbucht *Allmendinger*, Buchten im Völkerrecht, 2006, 30 ff. Eine Abschlusslinie darf eine Länge von 24 sm nicht überschreiten. Andernfalls kann eine solche Linie nur *innerhalb* der Bucht gezogen werden, und zwar nur dort, wo die max Entfernung von 24 sm zwischen zwei Uferpunkten dies ermöglicht. Diese Begrenzung entfällt, wenn es sich um Buchten handelt, die in ständiger Praxis als innere Gewässer anerkannt werden, Art 10 Abs 6 SRÜ. Solche „historischen" Buchten sind etwa (in Australien) die Sharks Bay bzw (in den USA) die Hudson und die Delaware Bay. Zum Ganzen s *Heintschel von Heinegg*, in Ipsen (Fn 9) § 39 Rn 8 ff.
140 Eingehend *Markus*, in UNCLOS Commentary, Art 46; *Graf Vitzthum*, in Seerecht, Kap 2 Rn 133 ff; *Rajan*, The Legal Regime of Archipelagos, GYIL 29 (1986) 13 ff. Das Archipelstaatenregime des SRÜ, einer der Streitpunkte auf der Dritten UN-Seerechtskonferenz (1973–1982) und Bestandteil des abschließenden *package deal*, ist bisher nur in seinem Kern zu Völkergewohnheitsrecht erstarkt.

dependent bzw *offshore archipelagos*), soweit nicht die Voraussetzungen des Art 7 SRÜ erfüllt sind.[141] Im *South China Sea*-Fall erteilte das Schiedsgericht der gegenteiligen Ansicht Chinas eine Absage und entschied, dass "the grant of permission in Article 7 concerning straight baselines generally, together with the conditional permission in Articles 46 and 47 for certain States to draw archipelagic baselines, excludes the possibility of employing straight baselines in other circumstances, in particular with respect to offshore archipelagos not meeting the criteria for archipelagic baselines."[142]

Die Archipelgewässer werden der *Souveränität des Archipelstaats* zugerechnet.[143] Nach dem Grundsatz der vertikalen Rechtseinheit im Raum erstreckt sich diese Souveränität „sowohl auf den Luftraum über den Archipelgewässern als auch auf deren Meeresboden und Meeresuntergrund und die darin enthaltenen Ressourcen" (Art 49 Abs 2 SRÜ). Im Unterschied zu den inneren Gewässern besteht in den Archipelgewässern ein Recht der friedlichen Durchfahrt (Art 52 SRÜ) bzw, wenn der Archipelstaat sog Archipelschifffahrtswege und darüber liegende Flugstrecken festgelegt hat, ein *Recht der ununterbrochenen und zügigen Durchfahrt* sowie ein entsprechendes Überflugrecht (Art 53 SRÜ).[144] Aus drittstaatlicher Perspektive stellen die Archipelgewässer ein die Meeresfreiheit beschränkendes Negativum dar; weite Meeresräume fallen nun unter nationale Hoheit.

42

Küstenmeer

Gemäß Art 2 Abs 1 u 2 SRÜ erstreckt sich die *„Souveränität* eines Küstenstaats" jenseits seines Landgebiets und seiner inneren Gewässer „auf einen angrenzenden Meeresstreifen. [Sie] erstreckt sich sowohl auf den Luftraum über dem Küstenmeer als auch auf den Meeresboden und Meeresuntergrund des Küstenmeers": *vertikale Rechtseinheit*.[145] Landseitig wird das Küstenmeer durch die Basislinien (Art 3, 5 ff SRÜ) begrenzt. Zum offenen Meer hin bilden die Anschlusszone, soweit erklärt, sowie die AWZ bzw der Festlandsockel die Begrenzung. Wurden Anschlusszone und AWZ proklamiert, gibt es jenseits des max 12 sm breiten Küstenmeers somit einen 12 sm breiten Bereich, in dem sich die Rechtsordnungen von Anschlusszone, AWZ und Festlandsockel überlagern. Die küstenstaatlichen Hoheitsbefugnisse sind im Hinblick auf das Küstenmeer stärker eingeschränkt als hinsichtlich der archipelagischen und erst recht der inneren Gewässer: Mit zunehmender Entfernung von der Küste nehmen also die Befugnisse des Küstenstaats ab.

43

Die *Breite* des Küstenmeers bildete bis zur Mitte der 1970er Jahre eine seerechtsdogmatische und -politische Hauptfrage. Die Theorien und Lösungen reichten ursprünglich von der *tatsächlichen* Herrschaftsausübung („Kanonenschussweite") über die Sichtweiten-Regel bis zur 3-sm-Begrenzung. Ab Mitte des 18. Jh fand Letzte-

44

---

141 Dazu ILA (Fn 138) Rn 89 ff; umfassende Analyse bei *Kopela*, Dependent Archipelagos in the Law of the Sea, 2013.
142 *South China Sea (Merits)*, § 575.
143 Zum Status der Archipelgewässer *Graf Vitzthum* (Fn 72) 1083 ff.
144 Das „Recht der Durchfahrt auf Archipelschifffahrtswegen" (Art 53 Abs 2, 3 SRÜ) korrespondiert dem Transitrecht in internationalen Meerengen (vgl Art 38 Abs 2 SRÜ). Vgl u Rn 47.
145 Zu diesem Konzept *Kehden*, Die Vereinten Nationen und die Nutzung des Bodens und Untergrundes des Hohen Meeres, VRÜ 2 (1969) 131 ff.

re weitestgehende Anerkennung. Das SRÜ v 1982 legt nun, nachdem sich die Staatenpraxis im Anschluss an die Genfer Seerechtskonferenzen v 1958 und 1960 mehrheitlich bereits in diese Richtung bewegt hatte, *12 sm* als *max Breite* fest.[146] Diese Ausweitung hat in engen Gewässern zur Folge, dass zahlreiche wichtige Schiffahrtswege (zB der Ärmelkanal und die Straße von Gibraltar) erstmals in den Bereich von Küstenmeeren einbezogen werden. Es entstanden mehr als 120 derartige neue *Meerengen;* Art 34–45 SRÜ unterstellen sie einem nutzungs-, nicht aber einem gebietsrechtlichen Sonderregime.[147]

45 Der Küstenstaat hat seine Souveränität in Übereinstimmung mit dem Völkerrecht auszuüben (Art 2 Abs 3, Art 17 ff SRÜ), insbes die Rechte anderer Staaten zu achten. Hierzu gehört vor allem deren *Recht der friedlichen Durchfahrt* (Art 17 SRÜ).[148] Dieses Durchfahrtsrecht besitzen neben Handelsschiffen und Fischereifahrzeugen auch Kriegsschiffe, solange ihre Durchfahrt nicht kriegerischen Zwecken dient, sowie Schiffe, die mit Kernenergie angetrieben werden oder Gefahrstoffe befördern (vgl Art 23 SRÜ). Erlaubnisvorbehalte oder Benachrichtigungspflichten für die unschädliche Durchfahrt sind hiernach selbst bei diesen Kategorien fremder Schiffe nicht begründet – ein bei den Beratungen der Dritten UN-Seerechtskonferenz und bis heute str, letztlich aber immer wieder (auch bei der Zeichnung des SRÜ im Rahmen von rechtswahrenden Erklärungen) bekräftigter Rechtsstandpunkt. Art 32 SRÜ unterstreicht die Immunität der Staatsschiffe.[149] U-Boote müssen im Küstenmeer über Wasser fahren und ihre Flagge zeigen (Art 20 SRÜ).[150] Zugunsten aller fremden Schiffe wird vermutet, dass ihre Durchfahrt friedlich ist, „solange sie nicht den Frieden, die Ordnung oder die Sicherheit des Küstenstaats beeinträchtigt" (Art 19 Abs 1 SRÜ). Wann Letzteres der Fall ist, definiert wiederum Art 19 Abs 2 SRÜ.[151] Da die Begriffe „Schiff" sowie „Unterseeboote und andere Unterwasserfahr-

---

146 Zur Ausdehnung des dt Küstenmeers s o Fn 69; weitere Nachw bei *Schweitzer/Weber,* Handbuch der Völkerrechtspraxis der Bundesrepublik Deutschland, 2004, Rn 527 ff; *Khan,* Staatsgrenzen, 603 ff. Einige Staaten beanspruchen breitere Küstenmeere, zB Ecuador, El Salvador, Liberia, Peru, Somalia (je 200 sm, zT eingeschränkt oder begrifflich unklar), Togo (30 sm). Diverse Staaten sind bisher bei 3 sm geblieben, andere bei 6 sm. Nachw unter <www.un.org/Depts/los/LEGISLATIONANDTREATIES/PDFFILES/table_summary_of_claims.pdf>.
147 Vgl u Rn 47.
148 Dieses Recht war bereits in Art 14–20 des (Genfer) Übereinkommens über das Küstenmeer und die Anschlusszone v 29.4.1958 kodifiziert worden. Es wird nun ausgestaltet (Art 17 f, 20, 24–28 SRÜ). Einzelheiten bei *Graf Vitzthum,* in Seerecht, Kap 2 Rn 119 ff.
149 Dazu ISGH im Fall *ARA Libertad,* ITLOS Rep 2012, 363, §§ 62 ff. Wegen des Aufbringens und Festsetzens von drei ukrainischen Staatsschiffen sowie der Festnahme der an Bord befindlichen Soldaten durch russische Kräfte am 25.11.2018 hat die Ukraine mit dem Argument, die betreffenden Maßnahmen verstießen gegen den Grundsatz der Immunität, ein Verfahren vor einem Schiedsgericht angestrengt und den Erlass einer einstweiligen Anordnung durch den ISGH beantragt; s *Case concerning Detention of three Ukrainian Naval Vessels,* Antrag v 16.4.2019, abrufbar unter <https://www.itlos.org/fileadmin/itlos/documents/cases/case_no_26/01_Request_of_Ukraine_for_Provisional_Measures.pdf>.
150 Meerengen gemäß Teil III SRÜ dürfen, strategisch bedeutsam, in *getauchtem* Zustand durchquert werden. Für U-Boote ist die Unterwasserfahrt „normaler" Transit iSv Art 39 Abs 1 lit c SRÜ.
151 Art 19 Abs 2 SRÜ legt die Begriffe Frieden, Ordnung, Sicherheit verbindlich aus. So sind „unfriedlich", über das bisherige Recht hinaus, etwa auch vorsätzliche schwere Meeresverschmutzungen, Fischereitätigkeiten und Forschungs- und Vermessungsarbeiten. Eingehend *Barnes,* in UNCLOS Commentary, Art 19 Rn 7 ff.

zeuge" (Art 20) im SRÜ nicht legaldefiniert werden, ist, zumal in Anbetracht der bislang nur in Ansätzen erkennbaren Entwicklung der Staatenpraxis, nicht abschließend geklärt, ob und ggf inwieweit die Regelungen zur friedlichen Durchfahrt auch auf unbemannte maritime Systeme (*Unmanned Maritime Systems* bzw *Autonomous Unterwater Vehicles*) anwendbar sind.[152] Soweit diese Systeme selbst manövrierfähig und nicht unmittelbar durch Kabel oä mit Schiffen verbunden sind, ist, insbes vor dem Hintergrund der vergleichbaren Betroffenheit der Interessen des Küstenstaats, kein Grund ersichtlich, warum die Regelungen der Art 17ff SRÜ unbeachtet bleiben sollten.[153]

Dem Recht der friedlichen Durchfahrt, traditioneller Ausdruck der (insofern gegenüber der *territorialen* Souveränität über die inneren Gewässer eingeschränkteren) *aquitorialen* Souveränität über das Küstenmeer, steht ein *abschließender* Katalog der küstenstaatlichen Regelungsbefugnisse bzgl der friedlichen Durchfahrt gegenüber. So darf der Küstenstaat ua Umweltschutzbestimmungen erlassen.[154] Ein Verstoß gegen die in Art 21 Abs 1 SRÜ genannten Maßnahmen macht die Durchfahrt des fremden Schiffes nicht unfriedlich, sondern berechtigt den Küstenstaat lediglich zur Verfolgung nach innerstaatlichem Recht. Ferner gelten zB alle allgemein anerkannten internationalen Vorschriften über die Verhütung von Zusammenstößen auf See, Art 21 Abs 4 SRÜ.[155] Gemäß Art 22 SRÜ kann der Küstenstaat, soweit die Sicherheit der Schifffahrt es erfordert,[156] auch fremde Schiffe auf bestimmte *Schifffahrtswege* und Verkehrstrennungsgebiete verweisen. Art 24 Abs 1 SRÜ verbietet küstenstaatliche Behinderungen, die im SRÜ nicht ausdrücklich vorgesehen sind. Aber auch in Übereinstimmung mit dem Übereinkommen erlassene küstenstaatliche Vorschriften werden nach der Ratio der Bestimmung einer *Vernünftigkeits- bzw Angemessenheitskontrolle* unterworfen, die in jedem Einzelfall eine Abwägung zwischen Schifffahrtsfreiheit, Schiffssicherheit und Umweltschutz erforderlich macht.[157] Art 25 SRÜ erkennt dem Küstenstaat gegenüber fremden Schiffen bestimmte *Eingriffsrechte* zu, insbes um eine nichtfriedliche Durchfahrt zu verhindern. So kann er die „erforderlichen Maßnahmen" ergreifen, um die Einhaltung der von ihm aufgestellten Bedingungen für das

---

152 Offengelassen von *Schmitt/Goddard*, International Law and the Military Use of Unmanned Maritime Systems, IRRC 98 (2016) 567 (575 ff).
153 So bzgl Art 20 SRÜ auch *Barnes*, in UNCLOS Commentary, Art 20 Rn 6.
154 Fremde Schiffe darf er nur bei Verdacht eines Zuwiderhandelns gegen seine Umweltschutzbestimmungen inspizieren. Erst bei Bestätigung des Verdachts dürfen weitere Verfahren eingeleitet werden.
155 Mit Wirkung für fremde Schiffe darf der Küstenstaat nur solche Regelungen über Konstruktion, Bemannung oder Ausrüstung erlassen, die allgemein anerkannten internationalen Regeln Wirksamkeit verleihen, Art 21 Abs 2 SRÜ.
156 In Art 22 SRÜ ist nur von der Sicherheit der Schifffahrt die Rede. Schiffssicherheit und Umweltschutz sind freilich untrennbar miteinander verbunden, was sich schon daran zeigt, dass Art 22 Abs 2 SRÜ explizit auf bestimmte, für die Umwelt besonders risikoreiche Schiffe Bezug nimmt. Auch die IMO setzt seit einiger Zeit Schiffswegeführungen ein, die *mittelbar* dem Schutz der Umwelt in ökologisch sensiblen Gebieten dienen. Keinesfalls kann der Küstenstaat aber Meeresschutzgebiete einrichten, durch welche die Durchfahrt durch sein Küstenmeer *insgesamt* ausgeschlossen wird. Unter ökologischen Gesichtspunkten ist er nur ausnahmsweise zur Unterbindung der Durchfahrt berechtigt, Art 220 Abs 2 bzw Art 19 Abs 2 lit h SRÜ.
157 Eingehend *Schult*, Schiffssicherheit, 114 ff. Nach Art 24 Abs 2 SRÜ hat der Küstenstaat vor Gefahren für die Schifffahrt zu warnen. Im *Korfu Kanal*-Fall, ICJ Rep 1949, 4, 22 leitete der IGH aus dem Umstand, dass der Kanal zum Hoheitsgebiet Albaniens gehört, dessen Warnverpflichtung ab.

Einlaufen in seine inneren Gewässer zu gewährleisten. Demgegenüber erscheint vor dem Hintergrund von Art 26 Abs 2 SRÜ zweifelhaft, ob der Küstenstaat Entgelte für die bloße Nutzung der Meeresumwelt des Küstenmeers durch Schiffe von Drittstaaten erheben kann, soweit es sich nicht um Gebühren „als Vergütung für bestimmte, dem Schiff geleistete Dienste" (etwa Schleppdienste) handelt. Art 27 SRÜ beschränkt die küstenstaatliche Ausübung der *Strafgerichtsbarkeit*.[158]

Meerengen

47 Für die *von der internationalen Schifffahrt benutzten Meerengen* (Art 37 SRÜ) schafft Teil III SRÜ eine *besondere Durchfahrt- und Überflugsordnung*.[159] Den *gebiets*rechtlichen Status der solche Meerengen bildenden Gewässer sowie die Ausübung der nicht durchfahrts- und überflugbezogenen Hoheitsbefugnisse durch die Anliegerstaaten berührt dieses Sonderregime, wie Art 34 SRÜ klarstellt, nicht.[160] Das *Recht der unbehinderten Transitdurchfahrt* für zivile und militärische Schiffe und Luftfahrzeuge, eine Neuerung des SRÜ, bildet den in Art 38 SRÜ geregelten Kern dieses speziellen *Nutzungs*regimes. Verhandlungspolitisch war das Transitrecht mit dem Recht auf Ausdehnung des Küstenmeers verschränkt: ohne Meerengen-Transitdurchfahrt (und Transitüberflug) kein 12 sm-Küstenmeer. Das Recht der Transitdurchfahrt (und des Transitüberflugs) lässt den Zusammenhang mit der Freiheit der Hohen See (Art 87 SRÜ) erkennen. Räumlich greift es weiter als das bisherige Recht. Grundsätzlich wird nun auch das Küstenmeer in das Meerengenregime einbezogen – eine (vor allem militärstrategisch motivierte) Abweichung vom verbreiteten (primär ressourcenwirtschaftlich motivierten) Verzonungs- bzw Territorialisierungstrend der neueren Seerechtsentwicklung. Transitdurchfahrt wird in Art 38 Abs 2 SRÜ definiert als „Ausübung der Freiheit der Schifffahrt und des Überflugs lediglich zum Zwecke des

---

158 Für Schiffe, die lediglich das Küstenmeer durchfahren, ohne einen Hafen des Küstenstaats anzulaufen bzw aus dessen inneren Gewässern auszulaufen, ist die Reichweite der küstenstaatlichen Jurisdiktion zur Bekämpfung von Straftaten str. Dies gilt insbes für die Frage, ob der Küstenstaat generell berechtigt ist, verdächtige fremde Schiffe in seinem Küstenmeer aufzubringen. Verneinend *Wolfrum*, Freedom of Navigation: New Challenges, in Nordquist/Koh/Moore (Hrsg), Freedoms of the Sea, Passage Rights and the 1982 Law of the Sea Convention, 2008, 79 (91); *Klein*, Maritime Security and the Law of the Sea, 2011, 75; dagegen *Guilfoyle*, Shipping Interdiction and the Law of the Sea, 2009, 12; *Proelß/Hofmann*, Law of the Sea and Transnational Organized Crime, in Hauck/Peterke (Hrsg), International Law and Transnational Organized Crime, 2016, 422 (430 f).
159 Nach Art 16 Abs 4 des Küstenmeer-Übereinkommens v 1958 durfte die friedliche Meerengen-Durchfahrt nicht ausgesetzt werden. Das SRÜ geht – transitfreundlich – über jenes bloße Verbot der *Suspendierung* des Durchfahrtsrechts hinaus. Zum Begriff der Meerenge, die der internationalen Schifffahrt dient, vgl den *Korfu Kanal*-Fall, ICJ Rep 1949, 4, 29; *Jia*, in UNCLOS Commentary, Art 37 Rn 10 ff; *Graf Vitzthum*, in Seerecht, Kap 2 Rn 158 ff. – Die arktischen Meerengen (NW- und NO-Passage) unterstehen nicht dem SRÜ-Meerengenregime (str), weil sie (noch) nicht von der internationalen Schifffahrt benutzt werden. Zur NW-Passage *Pharand*, The Arctic Waters and the Northwest Passage, ODIL 38 (2007) 3 ff; *Byers/Lalonde*, Who Controls the Northwest Passage?, Vanderbilt J Transnat'l L 42 (2009) 1133 ff.
160 Unberührt bleibt gemäß Art 35 lit c SRÜ die Rechtsordnung in den Meerengen, für die die Durchfahrt bereits durch ein international vereinbartes, allgemein angewendetes Regime geregelt ist (zB das Meerengenabkommen von Montreux v 1936 für Bosporus und Dardanellen; der Vertrag von Kopenhagen v 1857 über die Abschaffung der Sund- und Beltzölle [str]; die Regelungen für die Straßen von Gibraltar und Malakka).

ununterbrochenen und zügigen Transits", Tauchfahrten eingeschlossen. Unzulässig wäre ua die Erhebung von Transitgebühren. Art 39 SRÜ konkretisiert die Pflichten während der Durchfahrt. Bei der Bestimmung der Wegeführung ist – wie bei der Festlegung der Archipelschifffahrtswege, Art 53 Abs 9 SRÜ – mit der Internationalen Seeschifffahrtsorganisation (IMO) zusammenzuarbeiten, vgl Art 41 SRÜ.[161] Der Küstenstaat kann über den Erlass von Regelungen, die für *alle* Schiffe verbindlich sind, daher nicht nach freiem Ermessen entscheiden.[162] Insgesamt sind die küstenstaatlichen Rechte[163] bzgl der „unbehinderten Transitdurchfahrt"[164] deutlich stärker eingeschränkt als bzgl der „friedlichen Durchfahrt".

Wissenschaftliche, technische, infrastrukturelle und wirtschaftliche Notwendigkeiten gebieten, *zusammenfassend* betrachtet, auch meeresbezogen eine immer *engere internationale Zusammenarbeit*. Dem steht das Streben vieler Küstenstaaten entgegen, sich so viele Nutzungen wie möglich vorzubehalten, dh die Nutzungschancen zu Gunsten der eigenen Staatsangehörigen zu monopolisieren, und sich die küstennahen Meeresräume auch gebietsrechtlich zuzuordnen. Dieses Verlangen hat bisher die Ansätze überschattet, die grenzüberschreitende Kommunikation und Kooperation auf völkervertraglicher Basis effektiver und verteilungsgerechter zu gestalten. U a der Versuch, ein ordnungspolitisch problematisches internationales Regime für den küstenfernen Meeresboden bzw seine ressourcenwirtschaftliche Nutzung zu errichten, führte seit Ende der 1960er Jahre zu einer erheblichen Ausweitung der Zonen küstenstaatlicher Hoheitsbefugnisse. **48**

3. Nichtstaatsgebiet (1): Küstenstaatliche Funktionshoheitsräume
a) Wesen und Grenzen: Räume begrenzter Hoheitsbefugnisse

Nicht zum *Staatsgebiet* gehören die Anschlusszone, die AWZ sowie der Festlandsockel. Im SRÜ werden dem Küstenstaat bzgl dieser *gebiets*hoheitsfreien Räume Befugnisse für „die erforderliche Kontrolle" (Art 33), „souveräne Rechte", „Hoheitsbefugnisse" sowie „andere [...] Rechte" (Art 56 Abs 1 lit a, b, c; Art 77 Abs 1; Art 246), „ausschließliche Rechte" und „ausschließliche Hoheitsbefugnisse" (Art 60 Abs 1, 2) bzw „Rechte und Hoheitsbefugnisse" (Art 55) zuerkannt. So unterschiedlich die Begriffe und so differenziert die Regelungen im Einzelnen sind – stets geht es um die ausschließlich küstenstaatliche Ausübung einzelner Rechte und Befugnisse für bestimmte Zwecke (vgl Art 56 SRÜ). Diese Rechte und Befugnisse sind *final begründet und begrenzt,* also keineswegs umfassend. Dem Küstenstaat ist eine Kontroll-, Vorrang- oder Monopolstellung gegenüber anderen Staaten und deren Angehörigen **49**

---

161 Diese traditionsreiche I.O., „zuständig" iSv Art 211 ff SRÜ, befasst sich vor allem mit Maßnahmen der Schiffssicherheit. Diese Form der Zusammenarbeit – Vorschlag entsprechender Regelungen durch die Küstenstaaten, Annahme duch die IMO – bezeichnet *Oxman,* Environmental Protection in Archipelagic Seas and International Straits, Law of the Sea Institute Proceedings 29 (1997) 281 ff als *kooperative Rechtssetzungskompetenz.*
162 Der abschließende Katalog zulässiger Bestimmungen in Art 42 SRÜ umfasst die Sicherheit der Schifffahrt, die internationalen Einleitensvorschriften, Fischereiverbote usw.
163 Vgl Art 44 SRÜ einerseits, Art 24 f SRÜ andererseits.
164 Zur Frage der gewohnheitsrechtlichen Anerkennung des Rechts der Transitdurchfahrt *Jia,* The Regime of Straits in International Law, 1997, 168 ff; *López Martín,* International Straits, 2010, 192 ff; differenzierend *Graf Vitzthum,* in Seerecht, Kap 2 Rn 179.

jeweils nur für ein bestimmtes Zuständigkeitssegment eingeräumt. Schon deshalb unterscheidet sich diese Zuordnung qualitativ von der Zuweisung der prinzipiell umfassenden, zudem territorial bzw aquitorial radizierten Souveränität.[165] Daher werden die gebietshoheitsfreien Räume mit begrenzten funktionellen Rechten und Befugnissen hier mit „küstenstaatliche Funktionshoheitsräume" auf den Begriff gebracht.

b) Anschlusszone: Raum polizeilicher Kontrollrechte

50 Die Anschlusszone gehört zu den überkommenen Instituten des Seerechts.[166] Diese an das Küstenmeer angrenzende Meereszone, in Art 24 der (Genfer) Küstenmeer-Konvention v 1958 noch ausdrücklich als „Teil der Hohen See" bezeichnet, können die Küstenstaaten proklamieren. In diesem Küstenvorfeld sind ihnen die *Kontrollrechte* zugestanden, die zur Verhinderung und Ahndung von Verstößen gegen ihre Finanz-, Einreise- oder Gesundheitsvorschriften auf dem Staatsgebiet (einschließlich innere Gewässer und Küstenmeer) notwendig sind (Art 33f SRÜ).[167] Es handelt sich der Sache nach um *polizeiliche* Rechte, um die Zuordnung räumlich und inhaltlich begrenzter Polizeigewalt.[168] Über Regelungsjurisdiktion, dh die Befugnis zum Regelungserlass, verfügen die Küstenstaaten in der Anschlusszone hingegen nicht.[169] Die *Außengrenze* der Anschlusszone darf nicht weiter als 24 sm von der Basislinie entfernt sein. Die Zone selbst kann also höchstens *12 sm breit* sein, es sei denn, der Küstenstaat nimmt, was die Ausnahme geblieben ist, ein Küstenmeer von weniger als 12 sm in Anspruch.[170] Vor dem Hintergrund des Umstands, dass Teil II Abschn 4 SRÜ über die Anschlusszone keine Art 15 SRÜ (Abgrenzung des Küstenmeers zwischen Staaten ua mit aneinander angrenzenden Küsten) entsprechende Norm enthält, ist str, ob ein Küstenstaat dann, wenn sein Nachbarstaat keine Anschlusszone, sondern nur eine AWZ jenseits seines Küstenmeers beansprucht, seine eigene Anschlusszone auf die seewärts des Küstenmeers des Nachbarstaats gelegenen Gebiete ausdehnen und dort die von Art 33 SRÜ umfassten Kontrollbefugnisse ausüben darf.[171] Dies erscheint *prima facie* nicht ausgeschlossen, weil auch diese Gebiete iSv Art 33 Abs 1 SRÜ an sein Küstenmeer angrenzen. Das Fehlen einer entsprechenden Staatenpraxis legt indes zumindest nahe, dass die Wahrnehmung von Kontrollrechten auf den von

---

165 Die Ordnungen in diesen Nichtstaatsgebieten (wie auch in den Staatengemeinschaftsräumen, vgl u Rn 61ff) können deshalb nicht auf Grundlage des Territorialitätsprinzips erlassen werden.
166 Vgl *Graf Vitzthum*, in Seerecht, Kap 2 Rn 181ff. Fast jeder dritte Küstenstaat (ua Deutschland) bedient sich nicht des Instituts „Anschlusszone".
167 Nach Art 303 SRÜ kann dort auch der Verkehr von historischen und archäologischen Gegenständen kontrolliert werden. Dazu *Graf Vitzthum/Talmon*, Alles fließt, 1998, 23ff, 33ff.
168 Auch die einzelstaatliche Sicherheit oder die Erhaltung der Fischbestände unter die erlaubten Kontrollzwecke aufzunehmen, hatten bereits die ILC 1956 und die Seerechtskonferenz v 1958 abgelehnt, vgl *Hoog* (Fn 111) 30.
169 Freilich ist die Staatenpraxis insoweit nicht einheitlich; s *Khan*, in UNCLOS Commentary, Art 33 Rn 23ff.
170 Im (Genfer) Küstenmeer-Übereinkommen v 1958 war die max Breite der Zone, einschließlich Küstenmeer, auf 12 sm festgesetzt worden; insoweit kam es seither also zu einer horizontalen *creeping jurisdiction*.
171 Dazu *Khan*, in UNCLOS Commentary, Art 33 Rn 20 mwN.

Art 33 Abs 1 SRÜ genannten Gebieten in einer fremden AWZ nicht als akzeptables Vorgehen wahrgenommen wird.

c) Ausschließliche Wirtschaftszone: Ressourcenorientierter Raum sui generis

In der an das Küstenmeer angrenzenden AWZ, ein Institut der neueren Seerechtsentwicklung,[172] übt der Küstenstaat *einzelne Rechte und Hoheitsbefugnisse ausschließlich* aus. Diese Zone, deren *Breite* auf max 200 sm (gemessen ab der Basislinie) festgelegt ist (vgl Art 57 SRÜ),[173] und die sich wie Anschlusszone und Festlandsockel nicht auch auf den Luftraum erstreckt (er bleibt frei wie der Raum über der Hohen See), gehört weder zum Gebiet des Küstenstaats noch zur Hohen See ieS. Wie in dieser gelten dort wichtige *Rechte dritter Staaten:* Freiheit der Schifffahrt, des Überflugs und der Verlegung unterseeischer Kabel und Rohrleitungen sowie „andere völkerrechtlich zulässige, mit diesen Freiheiten zusammenhängende Nutzungen des Meeres" (Art 58 Abs 1 SRÜ).[174] Demgegenüber hat der Küstenstaat „souveräne Rechte zum Zwecke der Erforschung und Ausbeutung, Erhaltung und Bewirtschaftung der lebenden und nicht lebenden natürlichen Ressourcen [...] sowie hinsichtlich anderer Tätigkeiten zur wirtschaftlichen Erforschung und Ausbeutung der Zone wie der Energieerzeugung" (Art 56 Abs 1 lit a SRÜ).[175] Allgemeine, umfassende Rechte aus Gebietshoheit oder gar aquitorialer Souveränität stehen ihm in der AWZ nicht zu. Die Rechtsstellung des Küstenstaats schließt etwa nicht die Befugnis ein, militärische Aktivitäten anderer Staaten einem Genehmigungsvorbehalt zu unterwerfen (str). Auch bei der Ausübung seiner souveränen Rechte und Hoheitsbefugnisse muss er stets *gebührende Rücksicht (due regard)* auf die in der AWZ fortgeltenden Kom-

---

172 Die primär in Teil V SRÜ enthaltene Ordnung ist ein Kompromiss zwischen den Staaten, die ein 200-sm-Küstenmeer befürworteten, und denen, die weiterhin ein schmales Küstenmeer (mit allenfalls einer anschließenden Fischereizone) bevorzugten; vgl *Proelß*, in Seerecht, Kap 3 Rn 203 ff. Mittlerweile haben mehr als 120 Staaten eine AWZ in Anspruch genommen. Insofern ist die AWZ das Paradigma eines schnell wachsenden Völkergewohnheitsrechts.
173 Die Breite der AWZ erreicht die zulässigen 200 sm insbes dann nicht, wenn das zwischen zwei einander gegenüberliegenden Staaten befindliche Meeresgebiet, wie etwa in der Ostsee, weniger als 400 sm breit ist. Die Abgrenzung soll dann gemäß Art 74 SRÜ vertraglich vereinbart werden, vgl *Lagoni*, in Seerecht, Kap 3 Rn 280 ff sowie u Rn 57.
174 Sog *Kommunikationsfreiheiten*. Diese Nutzungen müssen mit anderen SRÜ-Bestimmungen wie dem Vorbehalt der Friedlichkeit vereinbar sein, vgl Art 88, 301 SRÜ. Von der UN-Charta gedeckte militärische Handlungen sind nicht „unfriedlich"; dazu *Proelss*, Peaceful Purposes, MPEPIL VIII, 193 (Rn 12 ff).
175 Art 56 SRÜ differenziert zwischen „souveränen Rechten" und „Hoheitsbefugnissen". Der Begriff der Hoheitsbefugnisse ist, wie Art 56 Abs 1 lit b SRÜ („wie in den diesbezüglichen Bestimmungen dieses Übereinkommens vorgesehen") verdeutlicht, lediglich ein Platzhalter für die Konkretisierung der jeweiligen Materie durch andere Bestimmungen des SRÜ. IdS wird Art 56 Abs 1 lit b (i) SRÜ (bzgl der Errichtung von Anlagen etc) durch Art 60 SRÜ konkretisiert, während die Hoheitsbefugnisse des Küstenstaats bzgl der wissenschaftlichen Meeresforschung in Übereinstimmung mit Art 246 SRÜ (grundsätzlich Zustimmungsbedürftigkeit von Forschungsaktivitäten anderer Staaten) ausgeübt werden müssen; die Hoheitsbefugnisse in Bezug auf den Schutz und die Bewahrung der Meeresumwelt schließlich sind in Übereinstimmung mit Teil XII SRÜ auszuüben. Zur Staatenpraxis Franckx/ Gautier (Hrsg), The Exclusive Economic Zone and the United Nations Convention on the Law of the Sea, 2003; dort (31 ff) Hinweise auf die Schifffahrtsfreiheit gefährdende Tendenzen, die Rechte der Küstenstaaten (Art 56, 62 SRÜ) auch auf Hilfsschiffe und -tätigkeiten (Versorgungsfahrzeuge etc) zu erstrecken, einschließlich Tankschiffe für die Fischereifahrzeuge.

munikationsfreiheiten anderer Staaten nehmen.[176] Will der Küstenstaat für seine AWZ Vorschriften zur Verhütung, Verringerung und Überwachung der Umweltverschmutzung durch Handelsschiffe erlassen, müssen diese Bestimmungen den internationalen Regeln und Normen entsprechen, vgl Art 56 Abs 1 lit b iii) iVm Art 211 Abs 5 SRÜ. Verstöße gegen solche Vorschriften können idR lediglich im Hafen durchgesetzt werden. Nur im Fall *erheblicher Einleitungen* besteht nach Art 220 Abs 5 u 6 SRÜ eine eingeschränkte küstenstaatliche Durchsetzungsbefugnis in der AWZ. Eine Einschränkung der Meeresfreiheit anderer Staaten folgt aus Art 234 SRÜ. Danach dürfen Küstenstaaten für ihre AWZ „Vorschriften zur Verhütung, Verringerung und Überwachung der Meeresverschmutzung durch Schiffe *in eisbedeckten Gebieten*" erlassen und durchsetzen. Diese Norm spricht den Anrainerstaaten des Nordpolarmeers als den „Interessiertesten" eine Art Treuhänderstellung für die Erhaltung der dortigen Meeresumwelt zu; für eisbedeckte AWZ-Gebiete treten sie hinsichtlich der Verschmutzung durch Schiffe gleichsam an die Stelle der IMO.[177]

52   Legitimationspolitisch im Vordergrund steht auch bei der AWZ der *Raum*bezug. Die „souveränen Rechte" hinsichtlich der nicht ressourcenwirtschaftlichen Tätigkeiten (zB Gezeiten- und Windenergiegewinnung usw, Art 56 Abs 1 lit a SRÜ) illustrieren den raumbezogenen Ansatz. Letztlich werden nahezu *alle wirtschaftlich relevanten Nutzungen* dieses Küstenvorfelds dem Küstenstaat[178] vorbehalten.[179] Dies umfasst die Möglichkeit, in der AWZ das ua der Vermeidung von Nutzungskonflikten dienende Konzept der maritimen Raumordnung *(marine spatial planning)* zur Anwendung zu bringen, freilich nur insoweit, als die funktionale Begrenztheit (s o Rn 51)

---

176 Zur Lösung von Nutzungskonflikten *Proelss* (Fn 17 [Law of the EEZ]) 91 ff, der sich im Anschluss an *Attard* (The Exclusive Economic Zone in International Law, 1987, 75) für eine widerlegbare Vermutung zugunsten der küstenstaatlichen Rechtsposition ausspricht. Zur Bedeutung der *due regard*-Klausel etwa die einschlägigen Beiträge in Heft 1 des IJMCL 39 (2019).
177 Die USA schickten 1968 den Öltanker *Manhattan* von Alaska aus probeweise durch die NW-Passage, die von zahlreichen kanadischen Inseln gesäumt ist. Die Proteste und unilateralen rechtspolitischen Schritte Kanadas trugen zu Art 234 SRÜ bei. Wegen der großen Umweltrisiken arbeiten die Polarstaaten seit 1989 zum Schutz dieses Gebiets zusammen, derzeit auf der Basis des *Arctic Monitoring and Assessment Program*. Im Jahre 2014 verabschiedete die IMO den International Code for Ships Operating in Polar Waters *(Polar Code)*, der mittels Änderung des Internationalen Übereinkommens zur Verhütung der Meeresverschmutzung durch Schiffe (MARPOL) v 2.11.1973 (BGBl 1982 II, 2 [mit Prot v 17.2.1978, BGBl 1984 II, 230]) und des Internationalen Übereinkommens zum Schutz des menschlichen Lebens auf See (SOLAS) v 1.11.1974 (BGBl 1979 II, 141) im Jahre 2017 verbindlich wurde. Dazu *Sun/Beckman*, The Development of the Polar Code and Challenges to its Implementaion, in Zou (Hrsg), Global Commons and the Law of the Sea, 2018, 303 ff.
178 Auch die EU ist dem SRÜ, gemäß Art 305 Abs 1 lit f SRÜ, beigetreten. Soweit die betreffende Materie (etwa die Erhaltung der biologischen Meeresschätze, vgl Art 3 Abs. 1 lit d AEUV) in die Zuständigkeit der Union fällt, werden die Rechte und Hoheitsbefugnisse in der AWZ daher von „Brüssel" wahrgenommen. Zur Gemeinsamen Fischereipolitik (GFP) der EU *Churchill/Owen*, The EU Common Fisheries Policy, 2009; *Markus*, European Fisheries Law, 2009; *Wolff*, Fisheries and the Environment, 2002, 144 ff.
179 Indes kann die Zuordnung einer Tätigkeit zu den souveränen Rechten und Hoheitsbefugnissen des Küstenstaats (Art 56 Abs 1 SRÜ) oder den Freiheiten der anderen Staaten (Art 58 Abs 1 SRÜ) im Einzelfall durchaus Schwierigkeiten bereiten. Zum Offshore-Bunkering vgl ISGH im Fall *Virginia G*, §§ 208 ff; zum Betrieb sog Errichterschiffe *Proelß*, Die Reichweite küstenstaatlicher Befugnisse und Voraussetzungen der Anwendung des deutschen Rechts in der Ausschließlichen Wirtschaftszone, EurUP 2018, 392 (395 ff).

der dem Küstenstaat zugeordneten Rechte und Hoheitsbefugnisse beachtet wird.[180] Sieht man von der Offshore-Windenergiegewinnung (vgl Art 60 SRÜ) ab,[181] sind die souveränen Rechte des Küstenstaats zum Zweck der *Bewirtschaftung der lebenden natürlichen Ressourcen* – auch entstehungsgeschichtlich – besonders bedeutsam.[182] Die küstenstaatlichen Maßnahmen müssen auf die optimale Nutzung der in der AWZ vorkommenden Fischbestände abzielen (Art 62 SRÜ). Dazu legt der Küstenstaat die zulässige Fangmenge *(total allowable catch – TAC)* fest (Art 61 Abs 1 SRÜ) und gewährt Drittstaaten zum etwaigen Überschuss *(surplus/excédent)*, also zu der nicht vom Küstenstaat selbst ausgeschöpften Fangmenge, in einer bestimmten Reihenfolge Zugang, Art 62 Abs 2 SRÜ. Die AWZ ist damit vor allem eine küstenstaatliche Fischereimonopolzone. Konsequenterweise verpflichtet Art 61 SRÜ zur Erhaltung der lebenden Ressourcen; die vom Küstenstaat zu treffenden Bestandserhaltungsmaßnahmen müssen gemäß Art 61 Abs 3 SRÜ insbes darauf gerichtet sein, die Bestände auf einem Stand zu erhalten oder auf diesen zurückzuführen, der den *größtmöglich erreichbaren Dauerertrag (maximum sustainable yield – MSY)* sichert. Mit welchen Mitteln der Küstenstaat die Umsetzung dieser Pflicht gewährleistet, steht in seinem Ermessen (vgl die beispielhafte Auflistung in Art 62 Abs 4 SRÜ). In der BR Deutschland werden im Rahmen der von der (für die Bestandserhaltung ausschließlich zuständigen, vgl Art 3 Abs. 1 lit d AEUV) EU für jeden europäischen Bestand festgelegten TAC einzelnen Fischern oder Fischereigenossenschaften Fangquoten durch auf Grundlage des Seefischereigesetzes (SeeFischG)[183] bewilligte Fangerlaubnisse zugeteilt; völkerrechtlich wäre auch die Einführung eines nationalen Systems des Handels mit Fangquoten zulässig.[184] Überschreiten die TACs dauerhaft und signifikant die Fangmengen, die im Lichte der jeweils vorhandenen Biomasse den MSY gewährleisten würden, verstößt dies gegen das SRÜ und das europäische Primärrecht.[185]

Bei der generellen Erhaltungspflicht könnte es sich um eine *erga omnes*-Verpflichtung handeln, mit dem Küstenstaat als Treuhänder eines allgemeinen Erhaltungsinteresses.[186] Allerdings steht die Vorstellung einer Sachwalterschaft des Küs-

---

180 Dazu *Proelß*, Der Beitrag des Völkerrechts zu einem maritimen Infrastrukturrecht, in Ehlers/Erbguth (Hrsg), Infrastrukturrecht zur See, 2009, 13ff. Vgl auch § 1 Abs 4 u § 17 Abs 3 des Raumordnungsgesetzes v 22.12.2008 (BGBl 2008 I, 2986 – ROG).
181 Seit November 2001 hat das für die AWZ zuständige Bundesamt für Seeschifffahrt und Hydrographie, zunächst auf Grundlage der Seeanlagenverordnung (BGBl 1997 I, 57; letzte Änd BGBl 2008 I, 1296 – SeeAnlV), nach deren Außerkrafttreten dann auf Grundlage des Windenergie-auf-See-Gesetzes (BGBl 1998 I, 2258, 2310), eine Vielzahl von Genehmigungen zur Errichtung und zum Betrieb von Offshore-Windparks erteilt. Zu völkerrechtlichen Rahmenbedingungen *Keller*, Das Planungs- und Zulassungsverfahren für Offshore-Windenergieanlagen in der deutschen Ausschließlichen Wirtschaftszone (AWZ), 2006, 37ff; *Pestke*, Offshore-Windfarmen in der Ausschließlichen Wirtschaftszone, 2008, 55ff.
182 Dazu *Markowski*, The International Law of EEZ Fisheries, 2010; *de Yturriaga*, The International Regime of Fisheries, 1997; *Burke*, The New International Law of Fisheries, 1994.
183 BGBl 1998 I, 1791 (letzte Änd: BGBl 2016 I, 3188).
184 Vgl *Serdy*, Trading of Fishery Commission Quota under International Law, Ocean Yearbook 21 (2007) 265ff.
185 Vgl *Proelss/Houghton*, The EU Common Fisheries Policy in Light of the Precautionary Principle, OCMA 70 (2012) 22ff; *Markus* (Fn 178) 74f, 78f.
186 Vgl *König*, Durchsetzung internationaler Bestands- und Umweltschutzvorschriften auf Hoher See im Interesse der Staatengemeinschaft, 1990, 237f; *Ziemer*, Das gemeinsame Interesse an einer

tenstaats für die Erhaltung der in der AWZ lebenden Fischbestände[187] nicht mit der Genesis der Regelung in Einklang, dies unabhängig davon, dass ein derartiges *public interest-* oder *custodianship*-Konzept völkerrechtlich bisher weder ausgereift noch gar allgemein akzeptiert ist.[188] Entstehungsgeschichtlich beruht die Akzeptanz des Regimes der AWZ auf eigennützigen Interessen der Küstenstaaten, mögen die relevanten Vorschriften auch den Anschein treuhänderischer Motive erwecken. Das SRÜ enthält denn auch kein Instrument, mittels dessen ein Staatengemeinschaftsinteresse gegenüber einem seine Pflichten ignorierenden Küstenstaat durchgesetzt werden könnte.[189] Dies gilt gerade auch für die kommerziell besonders bedeutsamen *gebietsübergreifenden Fischbestände* (zB Kabeljau), dh für Bestände, die zwischen der AWZ und dem angrenzenden Hohe See-Gebiet migrieren. Der diesbezüglich einschlägige, normativ schwache („bemühen sich") Art 63 Abs 2 SRÜ konnte die Überfischung dieser Bestände nicht beenden. Nutzungs- und „hegepolitisch" ist deshalb das 2001 in Kraft getretene, dem Schutz und der nachhaltigen Bewirtschaftung der gebietsübergreifenden Bestände und der weit wandernden Arten gewidmete *Fish Stocks Agreement (FSA),* das der Konkretisierung der Art 63 Abs. 2 und Art 64 SRÜ dient, ein Fortschritt.[190] Art 65–68 SRÜ enthalten Sonderregeln zum Schutz der Meeressäugetiere sowie für besondere Fischarten.[191] Gemäß Art 73 SRÜ dürfen die Küstenstaaten in der AWZ ihre „souveränen Rechte" bzgl der lebenden Ressourcen auch gegenüber Drittstaaten *durchsetzen* und etwa fremde Schiffe festhalten.[192] Der ISGH weitete diese Befugnis durch Annahme einer *Verantwortlichkeit der Küstenstaaten* aus, die letztlich in einer Pflicht zur Bekämpfung der sog IUU-Fischerei resultiert.[193]

Regelung der Hochseefischerei, 2000, 215 ff; *Wolfrum,* Internationalisierung, 646. Zum Konzept der *erga omnes*-Pflichten *Graf Vitzthum,* 1. Absch Rn 120, 133.
187 Vgl *Hafner,* Verteilung, 89 ff („Repräsentationstheorie").
188 Krit bereits *Proelß,* Meeresschutz, 158 ff.
189 Freilich akzeptierte der IGH im Fall *Antarctic Whaling* (ICJ Rep 2014, 226) eine Klagebefugnis *(ius standi)* von Australien, obwohl sich die japanischen Walfangaktivitäten nicht auf die australische AWZ erstreckten und damit eine hinreichend spezifische Verletzung Australiens in eigenen Rechten zumindest nicht ohne weiteres erkennbar war. Dies legt den Schluss nahe, dass der Gerichtshof in den zur Anwendung gebrachten Normen des Internationalen Übereinkommens zur Regelung des Walfangs (ICRW) v 2.12.1946 (BGBl 1982 II, 559) Verpflichtungen *erga omnes partes* iS seiner Entscheidung im Fall *Prosecute or Extradite* (ICJ Rep 2012, 422, § 69) erblickte. Vgl die Urteilskritik bei *Hofmann,* Walfang in der Antarktis, EurUP 2014, 325 (326 f).
190 Näher zum Übereinkommen s u Rn 67.
191 Überblick bei *Proelß,* in Seerecht, Kap 3, Rn 232 ff, 243 ff; siehe auch *ders,* Marine Mammals, MPEPIL VI, 1036 (Rn 12 ff).
192 Zu den küstenstaatlichen Rechten und Pflichten nach Art 73 u 292 SRÜ vgl den ISGH in *M/V Saiga 1,* ITLOS Rep 1997, 16, 28 ff; hier war zu entscheiden, ob die Freigabeverpflichtung des Art 73 Abs 2 u Art 292 SRÜ anwendbar war, obwohl zu den in Abs 1 genannten „souveränen Rechten" kein unmittelbarer Bezug bestand. Um Art 73 Abs 2 u Art 292 SRÜ ging es dann ebenfalls u a in den Fällen *Camouco* (ITLOS Rep 2000, 10), *Monte Confurco* (ITLOS Rep 2000, 86), *Grand Prince* (ITLOS Rep 2001, 17), *Volga* (ITLOS Rep 2002, 10), *Juno Trader* (ITLOS Rep 2004, 17), *Hoshinmaru* (ITLOS Rep 2005-2007, 18) und *Tomimaru* (ITLOS Rep 2005-2007, 74). Den Fällen lagen jeweils Schiffsfreigabeverfahren gemäß Art 292 SRÜ zugrunde, wobei in erster Linie über die Angemessenheit von Kautionen und küstenstaatlichen Strafen gestritten wurde.
193 *SRFC-Gutachten,* ITLOS Rep 2015, § 106. Die primäre Verantwortlichkeit der Küstenstaaten wird nach Ansicht des ISGH ergänzt von flaggenstaatlichen Gewährleistungspflichten *(duty to ensure),* die Überwachung und Durchsetzung der Befolgung der küstenstaatlichen Bestandserhaltungsmaßnahmen durch die unter eigener Flagge fahrenden Schiffe betreffend; vgl ebd §§ 127, 134 ff.

Im Einklang mit der jüngeren Rechtsprechung des IGH[194] relativierte der Gerichtshof damit in erheblichem Maße den dem Regime der AWZ zumindest ursprünglich zugrunde liegenden *special interest*-Ansatz zugunsten eines *treuhänderischen Gemeinwohlverständnisses*. Insofern lässt sich nicht von der Hand weisen, dass die Rechtsentwicklung in Richtung einer Sachwalterschaft des Küstenstaats für die Erhaltung der in der AWZ lebenden Fischbestände deutet.

Die Rechte der Küstenstaaten in Bezug auf den *Grund und Untergrund der AWZ* sind gemäß Teil VI des SRÜ (Festlandsockel) auszuüben, Art 56 Abs 3 SRÜ. Hat der Küstenstaat über seinem Festlandsockel eine AWZ errichtet (wozu er nicht verpflichtet, sondern nur berechtigt ist), ist dieser ein integraler Teil der AWZ-Rechtsordnung (vgl Art 56 Abs 1, 3 SRÜ); andernfalls bleiben die epikontinentalen Gewässer (die Luftsäule ohnehin) Teil der Hohen See.

54

d) Festlandsockel: Erforschungs- und Ausbeutungsmonopol aus Küstenlage

„Souveräne Rechte" des Küstenstaats zum Zwecke der Erforschung des Festlandsockels *(continental shelf/plateau continental)* und der Ausbeutung seiner natürlichen Ressourcen haben sich erst nach dem Zweiten Weltkrieg herausgebildet. So betrachteten die USA gemäß Truman-Proklamation v 28.9.1945 die natürlichen Schätze des Grunds und Untergrunds des Festlandsockels als zu den USA gehörig, ihrer „jurisdiction and control" unterworfen.[195] Während noch 1951, obwohl zwischenzeitlich weitere Proklamationen erfolgt waren, der Abu Dhabi-Schiedsspruch ein besonderes (Monopol-) Recht der Küstenstaaten auf den Festlandsockel nicht als allgemein gesichert ansah,[196] konsolidierten die folgende Staatenpraxis, Judikatur und Lehre sowie das Genfer Übereinkommen über den Festlandsockel v 1958 dieses Rechtsinstitut. Als solches (Konzept, Status, küstenstaatliche Rechte und Hoheitsbefugnisse) gilt es seit Mitte der 1950er Jahre auch gewohnheitsrechtlich.[197] Von Anfang an ging es um den Wunsch der Küstenstaaten, die Erforschung „ihres" jeweiligen Festlandsockels und die Ausbeutung seiner natürlichen Schätze ausschließlich ihnen vorzubehalten (Erforschungs- und Ausbeutungsmonopol). In den Nordsee Festlandsockel-Fällen v 1969 qualifizierte der IGH den Festlandsockel als „natural prolongation of the land territory"; die einschlägigen „souveränen Rechte" stünden den jeweiligen Küstenstaaten *ipso iure* zu.[198] Das SRÜ klärt die wesentlichen räumlichen (Art 76) und nutzungsrechtlichen Aspekte des Regimes (Art 77 ff SRÜ).

55

Art 76 SRÜ definiert den Festlandsockel iSd SRÜ. Der Festlandsockel ist hiernach der Meeresboden, der sich über die gesamte natürliche Verlängerung des Landgebiets bis zur äußeren Kante des Festlandrands *(continental margin)* erstreckt.

56

---

194 S wiederum das *Antarctic Whaling*-Urteil (Fn 189).
195 ST/LEG/SER.B/1, 38. Zur Konfiguration *Graf Vitzthum*, Der Rechtsstatus des Meeresbodens, 1972, 54 ff; zur Rechtsentwicklung *Lagoni*, in Seerecht, Kap 3 Rn 29 ff.
196 Spruch des Einzelschiedsrichters abgedr in ICLQ 1 (1952) 247.
197 Schon 1953 einigte sich die ILC darauf, dass die Festlandsockelrechte nicht nur Ordnungszwecken dienten, sondern auch „the right to *reserve* exploitation and exploration *for the coastal State or its nationals*" einschlössen (YBILC 1953/I, 91 ff).
198 ICJ Rep 1969, 4 (§§ 19, 39, 43). Diese Grundaussagen wurden 1978 bekräftigt im IGH-Urteil *Festlandsockel in der Ägäis*, ICJ Rep 1978, 5 (§ 86). Sie stärkten den Trend, die Küstenlage bzw die Kontiguität als legitimierende Begründung anzusehen.

Der Festlandrand besteht wiederum aus Sockel *(shelf)*, Abhang *(slope)* und Anstieg *(rise)*, Art 76 Abs 3 SRÜ.[199] Hinsichtlich der Festlegung der Außengrenze *(delineation)* durch den Küstenstaat erstreckt er sich – entsprechend dem Regime der AWZ – zunächst bis zu einer Entfernung von 200 sm ab der Basislinie („innerer Festlandsockel"). Darüber hinaus *kann* der Festlandsockel unter gewissen Voraussetzungen bis *max 350 sm von der Basislinie* oder alternativ *bis 100 sm jenseits der 2.500-m-Tiefenlinie* reichen (Art 76 Abs 5 SRÜ),[200] wobei der Küstenstaat beide Methoden für die Bemessung der max Ausdehnung kombinieren darf.[201] Dass die in Art 76 Abs 4 SRÜ genannten (geologischen) Voraussetzungen im Einzelfall erfüllt sind, hat der Küstenstaat gegenüber der *United Nations Commission on the Limits of the Continental Shelf (CLCS)* nachzuweisen, vgl Art 76 Abs 8 iVm Anlage II SRÜ. Die Befugnisse dieses wissenschaftlich besetzten Beratungsgremiums sind im Einzelnen str, ebenso wie die Rechtswirkungen der von ihm getroffenen Empfehlungen *(recommendations)*.[202] In mehr als nur symbolischer Annäherung an das Prinzip des gemeinsamen Erbes der Menschheit (Art 136 SRÜ), das für den seewärts von AWZ und Festlandsockel gelegenen Meeresboden und Meeresuntergrund (das „Gebiet") und ihre Ressourcen gilt (s u Rn 68 ff), und als Ausgleich für die von Art 76 SRÜ sanktionierte enorme räumliche Ausweitung des Festlandsockel-Regimes[203] sind die Küstenstaaten gemäß Art 82 SRÜ zu Leistungen aus der Ausbeutung des („äußeren") *Festlandsockels jenseits von 200 sm* verpflichtet (soweit sie als Entwicklungsstaaten nicht Nettoimporteure der dort gewonnenen Ressourcen sind), und zwar über die Internationale Meeresbodenbehörde (Art 82 Abs 4 SRÜ); auch ist das küstenstaatliche Ermessen bzgl der Untersagung von Meeresforschung jenseits der 200 sm eingeschränkt (Art 246 Abs 6 SRÜ).

57   Die *Abgrenzung (delimitation) des Festlandsockels zwischen Staaten mit gegenüberliegenden oder aneinander angrenzenden Küsten* sollte nach Art 6 des (Genfer) Festlandsockelübereinkommens v 1958 durch besondere Abkommen oder die *Äqui-*

---

[199] Weniger ausgreifend noch die Definition in Art 1 des Festlandsockel-Übereinkommens v 1958. Zu ihr *Hoog* (Fn 111) 42 ff; *Smith/Taft*, Legal Aspects of the Continental Shelf, in Cook/Carleton (Hrsg), Continental Shelf Limits, 2000, 17 ff.
[200] Anders als vielfach behauptet gibt es daher keine allgemeine Regel, wonach sich der Festlandsockel um max 350 sm, gemessen von den Basislinien, ausdehnen darf. Nur bei unterseeischen Bergrücken kommt *ausschließlich* die 350 sm-Außengrenze zur Anwendung (vgl Art 76 Abs 6 SRÜ). Dazu s noch u Rn 58.
[201] Die (expansionistischen) Neuerungen des Art 76 Abs 4 u 5 SRÜ spiegeln wohl noch kein Völkergewohnheitsrecht wider. Eingehend *Lagoni*, in Seerecht, Kap 3 Rn 74 ff.
[202] *Lagoni*, in Seerecht, Kap 3 Rn 100 ff; *Suarez*, The Outer Limits of the Continental Shelf, 2008, 75 ff. –Staaten, die dem SRÜ vor dem 13.5.1999 beigetreten sind, mussten der CLCS ihren äußeren Festlandsockel bis zum 13.5.2009 notifizieren. Für Staaten, die erst danach Vertragspartei geworden sind oder noch werden, läuft die Notifizierungsfrist zehn Jahre nach dem Beitritt ab. Im Rahmen des 18. Vertragsstaatentreffens stellten die Vertragsparteien des SRÜ klar, dass „the time period [...] may be satisfied by submitting to the Secretary-General preliminary information indicative of the outer limits of the continental shelf beyond 200 nautical miles and a description of the status of preparation and intended date of making a submission in accordance with the requirements of article 76 of the Convention [...]" (SPLOS/183 v 20.6.2008, § 1a).
[203] Die seit den 1950er Jahren erfolgte massive „Landnahme unter Wasser" basiert auf dem Legitimations- und Definitionselement „natürliche Verlängerung" des küstenstaatlichen „Landgebiets" (Art 76 Abs 1 SRÜ), auf Kosten des Rechtsinstituts des „gemeinsamen Erbes der Menschheit" (Art 136 SRÜ).

distanzlinie (Mittellinie)[204] bestimmt werden. Ebenso wie Art 74 Abs 1 SRÜ bzgl der AWZ verpflichtet Art 83 Abs 1 SRÜ nun dazu, zur Abgrenzung von Festlandsockel wie AWZ Übereinkommen mit dem Ziel einer der Billigkeit entsprechenden Lösung abzuschließen. Art 74 Abs 2 u Art 83 Abs 2 SRÜ sehen vor, dass dann, wenn innerhalb einer angemessenen Frist keine Übereinkunft über die Abgrenzung zwischen den gegenüberliegenden oder aneinander angrenzenden Küstenstaaten zustande kommt, die in Teil XV SRÜ vorgesehenen Mechanismen der friedlichen Streitbeilegung in Anspruch genommen werden sollen. Dies erklärt die vergleichsweise hohe Relevanz von *delimitation disputes* in der Praxis insbes des IGH. Diesbezüglich hat die jüngere Judikatur einen *corrective-equity approach* entwickelt, nach dem zunächst die für die Abgrenzungsfrage relevanten Küstenabschnitte und Basispunkte identifiziert werden müssen (Schritt 1), bevor auf dieser Grundlage eine vorläufige Equidistanzlinie gezogen wird (Schritt 2); diese vorläufige Linie wird sodann unter Berücksichtigung der im konkreten Fall relevanten Umstände und der Billigkeit angepasst (Schritt 3).[205] Zu diesen Umständen gehören etwa der Küstenverlauf, das Land/Küste-Verhältnis der Küstenstaaten, die Existenz von Inseln und von dritten Staaten, der Bestand historischer Rechte sowie Sicherheitsinteressen. Art 74 Abs 3, Art 83 Abs 3 SRÜ sehen vor, dass sich die betroffenen Staaten bis zum Abschluss von Abgrenzungsübereinkommen bemühen, „vorläufige Vereinbarungen praktischer Art zu treffen und während dieser Übergangszeit die Erzielung der endgültigen Übereinkunft nicht zu gefährden oder zu verhindern." Denkbar ist etwa, wie früh vom IGH (ohne größeren Erfolg) vorgezeichnet,[206] eine *gemeinsame Ressourcenbewirtschaftung* im umstrittenen Gebiet, wie sie ua im Timor Gap-Vertrag v 11.12.1989 zwischen Australien und Indonesien – freilich zunächst ohne Erfolg – vereinbart wurde.[207]

Praktisch relevant wird die Abgrenzung des Festlandsockels zwischen Staaten **58** mit gegenüberliegenden oder aneinander angrenzenden Küsten, hinsichtlich derer es der CLCS an einer Zuständigkeit gebricht (vgl Art 76 Abs 10 SRÜ), künftig ua im Hinblick auf den *Arktischen Ozean* werden.[208] In Nordpolarmeer werden wertvolle Bodenschätze vermutet, die vor dem Hintergrund der klimawandelbedingten Eis-

---

204 Die Mittellinienabgrenzung sah der IGH in den *Nordsee Festlandsockel*-Fällen nicht als allgemeines Völkerrecht an, ICJ Rep 1969, 3 (§ 69). Auf Billigkeit und Proportionalität verwies er sodann ua im *Tunesisch-Libyschen Festlandsockel*-Fall, ICJ Rep 1982, 18 (§§ 44, 109 ff). Weitere Nachw bei *Lagoni*, in Seerecht, Kap 3 Rn 294 ff.
205 Eingehend *Tanaka* (Fn 121) 201 ff mwN zur Rechtsprechung.
206 Vgl *Nordsee Festlandsockel*-Fälle, ICJ Rep 1969, 3, 53.
207 Während im nördlichen Abschnitt des vom Timor Gap-Vertrag erfassten Gebiets Indonesien zuständig war, im südlichen, weitaus größeren Australien, erfolgte im zentralen, besonders ressourcenreichen Abschnitt eine gemeinsame Bewirtschaftung. Der neue *Timor Sea*-Vertrag v 20.5.2002 (United Nations [Hrsg], Law of the Sea Bulletin No 51, 96 ff), unmittelbar nach der Unabhängigkeit Osttimors geschlossen, nimmt ebenfalls keine abschließende Grenzziehung vor. Mittlerweile konnte der seit langem andauernde Streit zwischen Australien und Osttimor im Wege eines erfolgreichen Vermittlungsverfahrens auf Grundlage von Anlage V SRÜ beigelegt werden *(Timor Sea Conciliation)*. Zum Problem allgemein *Lagoni*, Oil and Gas Deposits Across National Frontiers, AJIL 73 (1979) 215 ff; *ders*, in Seerecht, Kap 3 Rn 309 ff.
208 Vgl *Golitsyn*, Continental Shelf Claims in the Arctic Ocean, IJMCL 24 (2009) 401 ff; *Matz-Lück*, Planting the Flag in Arctic Waters, GoJIL 1 (2009) 235 (243 ff); *Weber*, Defining the Outer Limits of the Continental Shelf Across the Arctic Basin, IJMCL 24 (2009) 653 ff; *Colsen*, The Delimitation of the Outer Continental Shelf Between Neighboring States, AJIL 92 (2003) 91 (97 ff).

schmelze zunehmend erreichbar erscheinen. Der arktische Festlandsockel, vor allem an Russlands Nordküste, ist ungewöhnlich flach und breit. Es gibt markante, für den Verlauf der Außengrenze des Festlandsockels uU relevante unterseeische Gebirge, deren Einordnung als „ozeanische Bergrücken" (Art 76 Abs. 3 SRÜ), „unterseeische Bergrücken" (Art 76 Abs 6 SRÜ) oder „unterseeische Erhebungen" (Art 76 Abs 6 SRÜ) jeweils str ist: das von Kanada ausgehende Alpha-Mendeleev Ridge und das von Russland bis Kanada reichende Lomonosov Ridge.[209] Der CLCS übermittelte (überzogene) Angaben Russlands vom Dezember 2001 bzgl der Außengrenze seines Festlandsockels im Nordpolarmeer und in der Beringstraße riefen scharf ablehnende Stellungnahmen Dänemarks, Norwegens, Kanadas, Japans und der USA hervor. Derzeit berät die Festlandsockelkommission über revidierte russ Angaben, die im März 2015 bei der Kommission eingereicht wurden. In der *Ilulissat-Erklärung* v 28.5.2008 bekannten sich die fünf zentralen Anrainerstaaten Kanada, Dänemark (für Grönland), Norwegen, Russland und USA dazu, alle etwaigen künftigen gebiets- und nutzungspolitischen Konflikte friedlich und auf der Grundlage des internationalen Seerechts zu lösen.[210] Nachdem die Anrainerstaaten bereits seit einigen Jahren mit Umweltschutzkonferenzen und -programmen, vor allem im Rahmen des *Arktischen Rats*, versuchen, einzelne Probleme gemeinsam zu lösen,[211] ist es mit dem Abschluss zweier – freilich nicht auf die küstenstaatlichen Festlandsockel, sondern auf andere Meeresnutzungen (Meeresforschung bzw Fischerei) bezogener – Übereinkommen zuletzt erstmals zur gemeinsamen Entwicklung *spezifisch arktisbezogener* Rechtsnormen gekommen.[212] Gravierende zonenübergreifende Probleme (atomare Verseuchung, Erdölverschmutzung, Klimawandel) machen weitere Kooperation unerlässlich.

59 Die *Gewässer über dem Festlandsockel* bleiben Hohe See, oder sie sind nun, soweit vom Küstenstaat erklärt,[213] bis max zur 200-sm-Breitenlinie AWZ mit entsprechenden Rechten und Pflichten des Küstenstaats. Auch den Rechtsstatus des *Luftraums* über diesen „epikontinentalen" Gewässern berühren die küstenstaatlichen Rechte nicht. Art 78 SRÜ stellt zudem sicher, dass die in den Gewässern über dem Festlandsockel geltenden Rechte und Freiheiten anderer Staaten, insbes bzgl der *Schifffahrt* (vgl Art 58, 87 SRÜ), nicht unter Berufung auf Rechte am Festlandsockel beeinträchtigt werden dürfen. Alle Staaten behalten auch, eingeschränkt, das Recht,

---

209 Dazu *Proelss/Müller*, The Legal Regime of the Arctic Ocean, ZaöRV 68 (2008) 651 (664 ff).
210 ILM 48 (2009) 382. Für eine Bezugnahme auf die Sektorentheorie (so Fn 105) bleibt schon deshalb kein Raum mehr.
211 Zum Schutz der arktischen Umwelt *Stokke*, Protecting the Arctic Environment, YPL 1 (2009) 349 ff; *Rothwell*, International Law and the Protection of the Arctic Environment, ICLQ 44 (1995) 280 ff. Insbes für die Klimabildung und -forschung ist der Arktische Ozean von hohem Interesse. Für eine ganzheitliche Betrachtungsweise daher *de La Fayette*, Oceans Governance in the Arctic, IJMCL 23 (2008) 531 ff.
212 Agreement on Enhancing International Arctic Scientific Cooperation v 11.5.2017 (in Kraft 23.5.2018); Agreement to Prevent Unregulated High Seas Fisheries in the Central Arctic Ocean v 3.10.2018 (noch nicht in Kraft); zu Letzterem *Schatz/Proelss/Liu*, The 2018 Agreement to Prevent Unregulated High Seas Fisheries in the Central Arctic Ocean: A Critical Analysis, IJMCL 34 (2019) 195 ff.
213 Die Rechte am *Festlandsockel* bestehen demgegenüber unabhängig von küstenstaatlicher Besitzergreifung oder Proklamation, vgl Art 77 Abs 3 SRÜ.

unterseeische Kabel und Rohrleitungen auf fremdem Festlandsockel zu legen, Art 79 SRÜ.[214] Demgegenüber hat der Küstenstaat nach Art 81 SRÜ „das ausschließliche Recht, Bohrarbeiten auf dem Festlandsockel für alle Zwecke zu genehmigen und zu regeln". Die Anerkennung der ausschließlichen Hoheitsbefugnisse des Küstenstaates zur Errichtung und Nutzung künstlicher Inseln, Anlagen und Bauwerke auf dem Festlandsockel (Art 80, 60 SRÜ) macht aus der küstenstaatlichen „Ressourcennahme" ansatzweise bereits eine „Raumnahme".

Zusammenfassend: Mit *Terraneisierung der Meere* wurde frühzeitig eine Tendenz 60 beschrieben, nach der bei den küstenstaatlichen Funktionshoheitsräumen die gebietsbezogenen Aspekte die nutzungsorientierten dominieren.[215] Die Räume küstenstaatlicher Nutzungshoheit nahmen an Zahl, Umfang und Bedeutung zu – auf Kosten seeorientierter Nutzungs- und Zuordnungskonzepte. Das Resultat, fixiert im SRÜ, besteht zwar nicht in der Transformation jener (Funktionshoheits-) Räume in solche der Gebietshoheit; die Gefahr eines derartigen Umschlagens von Quantität in Qualität ist aber nicht auf Dauer gebannt. Insbes das *Festlandsockelregime* des SRÜ ist Ausweis dieses Territorialisierungstrends. Belege sind Art 80 iVm Art 60 SRÜ (künstliche Inseln, Anlagen und Bauwerke) sowie Art 81 (Bohrarbeiten auf dem Festlandsockel) und Art 85 SRÜ (Recht des Küstenstaats, auf dem Festlandsockel Tunnel anzulegen). Die Rechtsordnungen des Festlandsockels und der AWZ wandeln sich strukturell von Zonen für die monopolisierte Ausbeutung spezieller Ressourcen zu Räumen, die dem Küstenstaat für zahlreiche weitere Zwecke ausschließlich zugeordnet sind, zB für die großflächige Errichtung von Windparks. Diese Zuordnung fließt letztlich – Konsequenz des Kontiguitätsgedankens („the land dominates the sea")[216] – aus der Souveränität des Staats über seine Küste. In der *200-sm-Zone* überlagern und verdichten sich zudem die Regime des Festlandsockels und der AWZ (sowie der Anschlusszone, soweit sie bzw die AWZ proklamiert wurden) zu einem Bündel von ausschließlichen Befugnissen. In der Summe liegt darin eine tendenzielle Annäherung an den Status des Küstenmeers. Solange die Völkerrechtsentwicklung im Küstenvorfeld dergestalt letztlich vom Denken in den Kategorien der Raum-, nicht der Funktionshoheit bestimmt ist, bewegt sie sich in der Tendenz hin zu einer *räumlich* legitimierten Hoheitsgewalt. Am Ende dieses Trends, begünstigt womöglich auch durch den technischen Fortschritt und die Erderwärmung, wäre die Raumordnung des Völkerrechts um eine Unterkategorie der Grundkategorie „Nichtstaatsgebiet" verkürzt: um die der küstenstaatlichen *Funktions*hoheitsräume. Abzuwarten bleibt, ob nach dem Territorialisierungs- und Verzonungsschub in der 2. Hälfte des 20. Jh rechtspolitisch nun, im 21. Jh, eine stärker funktionsbezogene Gegenentwicklung zur Wirkung kommt. Eine derartige Bewegung, die bereits erste Anstöße erfahren hat durch die jüngste Rechtsprechung von IGH und ISGH,[217] könnte ihren Ausgangspunkt im Regime der globalen Staatengemeinschaftsräume nehmen.

---

214 Dazu *Wolf*, Unterseeische Rohrleitungen und Meeresumweltschutz, 2011, 98ff, 187ff; zur Reichweite naturschutzrechtlicher Befugnisse des Küstenstaats *Proelß*, Völkerrechtliche Rahmenbedingungen der Anwendung naturschutzrechtlicher Instrumente in der AWZ, ZUR 2010, 359 (361ff).
215 *Graf Vitzthum*, Terraneisierung des Meeres, EA 31 (1976) 129ff.
216 IGH in *Nordsee Festlandsockel*, ICJ Rep 1969, 3, 51 u in *Festlandsockel in der Ägäis*, ICJ Rep 1978, 4, 36.
217 Nachw in Fn 189 u 193.

4. Nichtstaatsgebiet (2): Globale Staatengemeinschaftsräume
a) Wesen und Grenzen: Gemeinschaftsbezogene Forschungs- und Nutzungsfreiheit

61   Nichtstaatsgebiete, die funktionell nicht einem einzelnen Staat, sondern *der Staatengemeinschaft insgesamt zugeordnet* sind, werden als Staatengemeinschaftsräume bezeichnet. Bsp sind die Hohe See, der Meeresboden seewärts von AWZ und Festlandsockel, der Weltraum sowie, trotz ihres Sonderstatus, die Antarktis. Für diese riesigen Räume – allein der küstenferne Meeresboden („das Gebiet" iSd SRÜ) umfasst nahezu 50% der Erdoberfläche – empfiehlt sich, auch im Kontrast zu den „küstenstaatlichen" Hoheitszonen, der Begriff *globale* Staatengemeinschaftsräume. Soweit sie der Verwaltung der Staatengemeinschaft, konkret: der einer I.O., unterstellt sind, bedeutet das ihre *Internationalisierung*. Bei den nachfolgend behandelten Räumen geht es um eine lediglich *funktionale* Internationalisierung: Unter Beibehaltung der gebietsrechtlichen Zuordnung (Nichtstaatsgebiet)[218] wird ein Raum zur Gewährleistung einer bestimmten *Nutzungs*ordnung[219] einer I.O. unterstellt.[220]

62   Die Qualifizierung eines Raumes als *globales Staatengemeinschaftsgebiet* hat als solche keine bestimmte Verteilungswirkung. Als Kriterien der Verteilung für die Rechtsordnung dieser Räume kommen in Frage: Verteilung nach Solidaritäts- oder Billigkeitsgesichtspunkten *(equitable principles)*, angewandt primär bei internationalisierten Räumen;[221] Verteilung nach geographischer Lage (räumliche Nähe), dh zu Gunsten des „nächstgelegenen" Küstenstaats; Verteilung nach zeitlicher Priorität bzw nach dem Wettbewerbsprinzip, das traditionelle Schema etwa im Recht der Hochseefischerei.

63   Für Letzteres ist die *Freiheit der Meere* das Schlüsselbeispiel. Das an jeden Staat gerichtete Verbot, „irgendeinen Teil der Hohen See seiner Souveränität zu unterstellen" (Art 89 SRÜ), bedeutet: „Die Hohe See steht allen Staaten [...] offen" (Art 87 Abs 1 Satz 1 SRÜ). Es herrschen *keine* Forschungs- oder Nutzungs*monopole,* keine sonstigen, das freie Zutrittsrecht verdrängenden Regeln, sondern Forschungs- und Nutzungsfreiheit, gleichberechtigt für jeden Interessenten, „unter gebührender Berücksichtigung der Interessen anderer Staaten" (Art 87 Abs 2 SRÜ). Konkret bedeutet das, bezogen etwa auf die Freiheit der Fischerei (Art 87 Abs 1 Satz 3 lit e SRÜ): Alle Staaten und alle Fischer dürfen, soweit nicht besondere (etwa im Rahmen regionaler Fischereiorganisationen für ihre Mitgliedstaaten angenommene) Regeln vorliegen, auf gleicher Basis überall auf Hoher See Fischfang treiben – erlaubnis- und genehmigungsfrei.[222] Bei Konkurrenz ist der Erstkommende geschützt: *Priorität* als Regel

---

218 Insofern handelt es sich bei den Staatengemeinschaftsräumen nicht um Kondominien (so Rn 4).
219 „Nutzung" dient hier als übergeordneter Begriff für wissenschaftliche Forschung, Schutz, Erschließung der Ressourcen (Prospektion) sowie deren Erforschung (bzw Exploration) und Ausbeutung (Exploitation).
220 Undeutlich *Dahm/Delbrück/Wolfrum*, Völkerrecht I/1, 346, die mit Blick auf die Internationale Meeresbodenbehörde von der Übertragung „eine[r] Art von Gebietshoheit" sprechen. Art 137 Abs 2 SRÜ ordnet dieser I.O. keine territorialen, sondern nur *ressourcen*bezogene Hoheitsbefugnisse zu; an ihnen hat das DÜ v 1994 zudem drastische Abstriche gemacht. I.O. „als Inhaber territorialer Souveränität" verwirft zu Recht auch *Beck* (Fn 20) 87 ff.
221 Eine Internationalisierung wurde früher vor allem für Teile von *Staatsgebieten* (zB bestimmte Flüsse, das Saargebiet, Danzig, Tanger, Triest, Jerusalem) erwogen, zT auch kurzzeitig realisiert. Sie eignet sich prinzipiell auch für *Nicht*staatsgebiete. Zu frühen Vorschlägen *Beck* (Fn 20) 53 ff.
222 Vgl aber die Modifikationen durch das Fish Stocks Agreement (s u Rn 67).

der Konfliktentscheidung. In der zweiten Hälfte des 20. Jh geriet diese liberale Distributionsregel aus der Epoche des Ressourcenreichtums unter Rechtfertigungsdruck. Freies, gleichberechtigtes Zutrittsrecht für alle führt bei technisch und finanziell besonders aufwändigen Nutzungsarten und begrenzten Ressourcen zur faktischen Monopolisierung durch wenige sowie zum zum Raubbau an Natur und auf Kosten künftiger Generationen. Daher die bereits vor Annahme des SRÜ erhobene Forderung, derartige Räume und Ressourcen *internationalen*, „positiv diskriminierenden" und Nachhaltigkeit sichernden *Regimen* zu unterwerfen. Nicht mehr das Wettbewerbs- bzw Leistungsprinzip sollte vorherrschen, sondern eine Verteilung, die „vor allem die besonderen Interessen und Bedürfnisse der Entwicklungsländer berücksichtigt" (Präambel SRÜ).[223]

b) Hohe See: Raum rechtlich geordneter Freiheit

Ob Ozeane und Meere angesichts ihrer natürlichen Beschaffenheit *überhaupt* staatlicher Herrschaft zugerechnet, insbes okkupiert werden können, war lange str. Bejaht wurde die Beherrschbarkeit im 15. Jh von den damaligen maritimen Großmächten Spanien und Portugal. Päpstlicherseits dazu legitimiert, teilten sie die Neue Welt (Entdeckung Amerikas durch Kolumbus 1492) einschließlich der Ozeane entlang einer von Pol zu Pol verlaufenden Linie unter sich auf (Vertrag von Tordesillas, 1494).[224] Die Möglichkeit der staatlichen Kontrolle des Meeres, zumindest seines küstennahen Bereichs, bejahte der Engländer *John Selden* in seiner Schrift „Mare clausum" (1635). Bereits 1609 hatte der Niederländer *Hugo Grotius* die Gegenthese von der Freiheit des – küstenfernen, nicht okkupierbaren – Meeres *(Mare liberum)* begründet.[225] Die von diesem humanistischen Juristen ausgebreiteten theologischen, naturrechtlichen, moralphilosophischen und faktischen Argumente für die Souveränitätsfreiheit der Meere bzw für das Recht, sich erlaubnisfrei am weltweiten Seehandel zu beteiligen, lassen sich heute nicht mehr anführen.[226] Der Status der Hohen See als Staatengemeinschaftsraum, allen Staaten zur gleichberechtigten Nutzung offenstehend und schon deshalb aneignungsunfähig, folgt nicht vorgeblichen „Vorgaben der Natur". Er ist das Ergebnis interessengeleiteter normativer Entscheidung – Folge der über einen langen Zeitraum entstandenen Erwartung, dass das Frei-

---

223 Auch beim Umweltvölkerrecht spielt dieses Element einer gegenleistungsfreien Bevorzugung der Entwicklungsländer eine Rolle. S u Rn 96, 155.
224 Vgl *Graf Vitzthum*, 1. Abschn Rn 99; *Grewe* (Fn 1) 175, 273 ff, 293.
225 Nachw bei *Ziegler*, Völkerrechtsgeschichte, 1995, 129, 153 f, 168 f; *Fahl*, Der Grundsatz der Freiheit der Meere in der Staatenpraxis von 1493–1648, 1967; *Straumann*, Hugo Grotius und die Antike, 2007, 47 ff, 55 ff. Das Ergebnis der zunächst anonym publizierten Studie deckte sich mit dem Interesse der niederländischen Ost-Indischen Handelskompanie. *Grotius* bekämpfte, im Kern säkularisiert-naturrechtlich argumentierend, den Versuch Portugals, die Niederlande vom lukrativen Gewürzhandel mit Indien und Südostasien auszuschließen.
226 Nicht weiterführend sind letztlich auch die römisch- und sachenrechtlichen Termini *res nullius* bzw *res communis omnium*. Dass die Hohe See staatsfrei ist und der Grundsatz des *laissez-faire* gilt – diese Elemente einer liberalen materiell-rechtlichen Ordnung lassen sich freilich unter dem Begriff einer *res communis omnium* zusammenfassen; vgl *Wolfrum*, in Seerecht, Kap 4 Rn 5 ff. Näher dazu *Proelß/Haake*, Gemeinschaftsräume in der Entwicklung: Von der *res communis omnium* zum „common heritage of mankind", in von Arnauld (Hrsg), Völkerrechtsgeschichte(n): Historische Narrative und Konzepte im Wandel, 2017, 171 ff.

heitsprinzip, wie es sich dann normativ im 19. Jh durchsetzte, dem langfristigen Interesse aller Staaten am Ehesten entspricht. Heute steht die Tragfähigkeit dieser Erwartung nicht zuletzt im Hinblick auf den Schutz der Meeresumwelt in Gebieten jenseits staatlicher Hoheitsgewalt zur Disposition. In der Erkenntnis, dass das Prinzip der Freiheit der Hohen See nicht zu gewährleisten vermochte, dass die die Meeresumwelt nutzenden Staaten zugleich Verantwortung für ihren Schutz und ihre Erhaltung übernehmen, beschloss die GV im Jahre 2015 "to develop an international legally binding instrument under the United Nations Convention on the Law of the Sea on the conservation and sustainable use of marine biological diversity of areas beyond national jurisdiction".[227] Zu diesem Zweck erarbeitete in den Jahren 2016-2017 ein Preparatory Committee zunächst Bausteine und erste Strukturen des künftigen Vertragstexts. Auf dieser Grundlage berief die GV im Dezember 2017 eine Regierungskonferenz ein,[228] die erstmals im September 2018 tagte. Die Beratungen sollen im Rahmen einer vierten Session in der ersten Hälfte des Jahres 2020 abgeschlossen werden; angesichts erheblicher Meinungsunterschiede, insbes den Umgang mit den marinen genetischen Ressourcen des Tiefseebodens und die gerechte Verteilung der aus ihnen gezogenen Vorteile betreffend, ist aber offen, ob eine Einigung bis zu diesem Zeitpunkt erreicht werden kann.

65   Art 86 Satz 1 SRÜ beschränkt den räumlichen *Anwendungsbereich* des Regimes der Hohen See auf diejenigen „Teile des Meeres, die nicht zur ausschließlichen Wirtschaftszone, zum Küstenmeer oder zu den inneren Gewässern eines Staates oder zu den Archipelgewässern eines Archipelstaats gehören". Den Staaten ist es verwehrt, die Hohe See oder Teile von ihr ihrer „Souveränität zu unterstellen" (Art 89 SRÜ). Gemäß Art 87 SRÜ steht sie „allen Staaten", also auch den Binnenstaaten, „offen": *Freiheit der Hohen See*. In diesem Kontext sind neben den traditionellen Freiheiten der Schifffahrt (Art 87 Abs 1 lit a, Art 90 SRÜ)[229] und der Fischerei (vgl Art 87 Abs 1 lit e, Art 116 SRÜ) auch die neueren des Überflugs und des Verlegens von Kabeln und Rohrleitungen (Art 112ff SRÜ)[230] gewährleistet sowie das Errichten künstlicher Inseln etc und die wissenschaftliche Forschung (Art 87 Abs 1 SRÜ).[231] Bei der Ausübung dieser nicht abschließend aufgezählten Rechte ist Rücksicht zu nehmen auf die „Interessen anderer Staaten" sowie „auf die Tätigkeiten im Gebiet", also auf den küstenfernen Meeresbodenbergbau (Art 87 Abs 2 SRÜ): Gebot der Rücksichtnahme (*due regard*). Die Staaten haben „zur Erhaltung der lebenden Ressourcen der Hohen

---

227 UN Doc A/Res/69/292 v 6.7.2015, § 1. Diese Entscheidung geht auf eine Empfehlung der 2005 ins Leben gerufenen Ad hoc Open-ended Informal Working Group to Study Issues Related to the Conservation and Sustainable Use of Marine Biodiversity Beyond Areas of National Jurisdiction (sog BBNJ Working Group) zurück.
228 UN Doc A/Res/72/249 v 24.12.2017.
229 Zur Reichweite der Schifffahrtsfreiheit jüngst der ISGH im Fall der *M/V Norstar*, §§ 212ff.
230 Diese vier Freiheiten korrespondieren denen des (Genfer) Hohe See-Übereinkommens v 1958. Auch damals ging es um eine nur beispielhafte Aufzählung. Vgl *Wolfrum*, in Seerecht, Kap 4 Rn 25ff (Schifffahrt), 94ff (Überflug, Verlegung von Rohrleitungen etc), 100ff (Fischerei), 126ff (Meeresforschung).
231 Allerdings werden mit Ausnahme der Freiheiten der Schifffahrt und des Überflugs die anderen genannten Freiheiten bereits durch einzelne Bestimmungen des SRÜ eingeschränkt (Teile VI u XIII, Art 116–120). Für die Fischerei wird auf die Bedingungen des Abschnitts 2 (Art 116ff) verwiesen.

See" beizutragen (Art 117 ff SRÜ).[232] Wie auch AWZ und „Gebiet" ist die Hohe See für *„friedliche Zwecke"* reserviert (Art 88 SRÜ). Da bereits das allgemeine Völkerrecht die Androhung und Anwendung von Gewalt verbietet, liegt die Bedeutung des Art 88 SRÜ in einer Verdeutlichung der Zielsetzung des SRÜ, „world peace through world law" zu induzieren; eine darüber hinausgehende normative Verpflichtung enthält Art 88 SRÜ nach hM nicht.[233]

Die staatliche Souveränität erscheint auf Hoher See im Gewande der *Flaggenhoheit*. Schiffe, welche die Flagge eines Staates führen, unterstehen dessen „Staatszugehörigkeit" (Art 91 SRÜ), auf Hoher See grundsätzlich seiner ausschließlichen Hoheitsgewalt (Art 92 SRÜ).[234] In seinem Urteil im Fall *M/V Norstar* interpretierte der ISGH die ausschließliche Hoheitsgewalt des Flaggenstaats denkbar weit: Diese sei nicht nur verletzt, wenn ein anderer Staat Durchsetzungsmaßnahmen gegenüber dem Schiff ergreife; vielmehr verkörpere "*any* act which subjects activities of a foreign ship on the high seas to the jurisdiction of States other than the flag State [...] a breach of the freedom of navigation, save in exceptional cases expressly provided for in the Convention or in other international treaties."[235] Hiervon sei bereits auszugehen, wenn innerstaatliche Vorschriften auf das Schiff zur Anwendung gebracht würden. Andererseits resultieren aus der Flaggenhoheit auch Pflichten des Flaggenstaats zur Registrierung und Kontrolle sowie zu Sicherheitsmaßnahmen (Art 94 SRÜ).[236] Einige „Billigflaggen"- oder „Offene Register"-Staaten werben mit günstigen Bedingungen und niedrigen Standards. Das Übereinkommen über Bedingungen für die Registrierung von Schiffen v 1986[237] schreibt vor, dass dafür nationales Eigentum, eine überwiegend nationale Mannschaft oder ein sonstiger *genuine link* zum Registerstaat erforderlich ist. Auch Art 91 Abs 1 Satz 3 SRÜ hält daran fest, dass zwischen Flaggenstaat und Schiff eine „echte Verbindung" bestehen muss; Satz 1 betont indes Recht und Pflicht eines Staats, die Bedingungen festzulegen, „zu denen er Schiffen seine Staatszugehörigkeit gewährt".[238] Die Flaggenhoheit erschwert die *internationale* Verfolgung von Rechtsverstößen auf Hoher See, etwa solchen gegen Sicherheits-, Umweltschutz- oder Fischereischutzbestimmungen. Andererseits darf

66

---

232 Vgl ISGH im *Blauflossen-Thunfisch*-Fall, ITLOS Rep 1999, 280, 295 ff. Die ökonomisch wertvollsten lebenden Schätze sind die „Straddling Stocks" und weit wandernden Arten. Neuerdings interessieren auch die sog genetischen Ressourcen der Tiefsee. Ob sie dem Regime der Hohen See oder dem des Tiefseebodens unterfallen, ist str; vgl *Proelss*, Marine Genetic Resources under UNCLOS and the CBD, GYIL 51 (2008) 417 ff; *König*, Genetic Resources of the Deep Sea, FS Wolfrum, 2008, 141 ff. Die Frage, welchem Regime diese Ressourcen unterworfen werden, und wie die gerechte Verteilung der sich aus ihnen ergebenden Vorteile gewährleistet werden kann, ist derzeit Bestandteil der Bemühungen, ein Übereinkommen zum Schutz der Biodiversität in Räumen jenseits staatlicher Hoheitsgewalt auszuhandeln (s o Rn 64).
233 Verboten ist (nur) jede gemäß UN-Charta unzulässige Androhung oder Anwendung von Gewalt (Art 301 SRÜ), nicht dagegen zB die Waffenerprobung.
234 S bereits den *Lotus*-Fall, vgl *Graf Vitzthum*, 1. Abschn Rn 49 f.
235 *M/V Norstar*, § 224 (Hervorhebung hinzugefügt).
236 Dazu vgl das *SRFC-Gutachten* des ISGH, §§ 111, 116 ff, 137 ff.
237 ILM 26 (1987) 1236 ff. Zum Erfordernis eines *genuine link* im Hinblick auf Art 91 Abs 1 SRÜ vgl den ISGH im Fall *M/V Saiga 2*, ITLOS Rep 1999, 10, 39 ff; *Graf Vitzthum*, Die Organisation der Welt, in Ruffert (Hrsg), Recht und Organisation, 2003, 135 (149 ff).
238 Die UN-Generalversammlung hat die IMO wiederholt aufgefordert, die Rolle des *genuine link*-Erfordernisses im Zusammenhang mit der Pflicht der Flaggenstaaten, die unter ihrer Flagge fahrenden Schiffe effektiv zu beaufsichtigen, zu untersuchen. Vgl nur UN Doc A/RES/59/24 v 4.2.2005, § 41.

jeder Staat auf Hoher See (ebenso wie in fremder AWZ, vgl Art 58 Abs 2 SRÜ)[239] Maßnahmen gegen Schiffe ergreifen, die Seeräuberei oder Sklaverei betreiben oder ihre Flagge missbrauchen, Art 110 SRÜ. Art 100 SRÜ verpflichtet alle Staaten dazu, in größtmöglichem Maße bei der *Bekämpfung der Seeräuberei* – diese erfasst keine politisch motivierte Gewalt, sondern Gewalttaten, Freiheitsberaubungen und Plünderungen zu *privaten* Zwecken (vgl Art 101 lit a SRÜ)[240] – in Meeresgebieten außerhalb der Zonen unter staatlicher Hoheitsgewalt zusammenzuarbeiten. Eine Pflicht zur aktiven Beteiligung an Anti-Piraterie-Operationen ist damit nicht verbunden.[241] Seeräuberschiffe und -luftfahrzeuge dürfen gemäß Art 105 SRÜ aufgebracht werden *(Interdiktionsrecht).*[242] Mangels Vorliegens eines bewaffneten Konflikts sind im Rahmen der Bekämpfung der Seeräuberei zwar nicht die Regeln des humanitären Völkerrechts,[243] wohl aber die allgemeinen menschenrechtlichen Gewährleistungen zu beachten.[244] Ob jenseits des Anwendungsbereichs des Rechts auf Selbstverteidigung und Nothilfe die Anwendung von Waffengewalt gegenüber Piraten zulässig sein kann, ist vor diesem Hintergrund str.[245] Keinesfalls darf ein – vermeintliches – Piratenschiff auf bloßen Verdacht hin versenkt werden. Den vorbezeichneten Anforderungen müssen auch Anti-Piraterie-Operationen genügen, die im Rahmen von regionalen Systemen gegenseitiger kollektiver Sicherheit durchgeführt werden.[246] Art 108f SRÜ enthalten Vorschriften zur Verhinderung und Verfolgung von Drogenhandel und Piratensendern. Gegen alle übrigen Schiffe darf, außer in vertraglich begründeten (vgl Art 110 Abs 1 SRÜ) Sonderfällen, außerhalb des maritimen Aquitoriums nur der Flaggenstaat Maßnahmen ergreifen.[247] Nichts anderes ergibt sich aus dem Übereinkommen zur Bekämpfung widerrechtlicher Handlungen gegen die Sicherheit der Seeschifffahrt v 10.3.1988 (SUA-Konvention),[248] das neben der Piraterie

---

239 Nicht aber in fremdem Küstenmeer oder fremden inneren Gewässern: Diesbezüglich ist stets das Einverständnis des Küstenstaats oder eine Ermächtigung des UN-Sicherheitsrats auf der Grundlage von Kapitel VII UN-Charta erforderlich. Zum Fall Somalia *Proelss,* Piracy and the Use of Force, in Koutrakos/Skordas (Hrsg), The Law and Practice of Piracy at Sea, 2014, 53 ff.
240 Dazu *Trésoret,* Seepiraterie, 2011, 196 ff; *Guilfoyle* (Fn 158) 29 ff.
241 *Wolfrum,* in Seerecht, Kap 4 Rn 47; *Allmendinger/Kees,* „Störtebekers Erben", NZWehrr 2008, 60 (62 f).
242 Zur Lage nach dt Recht *Braun/Plate,* Rechtsfragen der Bekämpfung der Piraterie im Golf von Aden durch die Bundesmarine, DÖV 2010, 203 ff; *Jenisch,* Pirateriebekämpfung vor Somalia auf dem Prüfstand, NordÖR 2009, 385 ff. Zum Gerichtsstand bei Piraterliedelikten gegen deutsche Schiffe BGH, NJW 2009, 3735 f.
243 Dazu *König,* Der Einsatz von Seestreitkräften zur Verhinderung von Terrorismus und Verbreitung von Massenvernichtungswaffen sowie zur Bekämpfung der Piraterie, BerDGVR 44 (2010) 203 ff; *Marauhn,* Streitkräfte zur Friedenssicherung im Ausland, ebd 249 ff.
244 *Fischer-Lescano/Kreck,* Piraterie und Menschenrechte, AVR 47 (2009) 481 ff; *von Arnauld,* Die moderne Piraterie und das Völkerrecht, AVR 47 (2009) 454 (471 ff).
245 Bejahend *Treves,* Piracy, Law of the Sea, and Use of Force, EJIL 20 (2009) 399 (412 ff); *von Arnauld* (Fn 244) 466 ff; *Proelss* (Fn 239) 63 ff.
246 Zur EU-Operation „Atalanta" vor der Küste Somalias vgl die Gemeinsame Aktion 2008/851/GASP des Rates v 10.11.2008 (ABl EU 2008, Nr L 301/33). – Das BVerfG hat in seiner *Lissabon*-Entscheidung deutlich gemacht, dass es die EU noch nicht als regionales System gegenseitiger kollektiver Sicherheit iSv Art 24 Abs 2 GG betrachtet; vgl BVerfGE 123, 267, 361 u 425.
247 Zum Ganzen vgl *Heintschel von Heinegg,* in Ipsen (Fn 9) § 45 Rn 11 ff; *Proelss/Hofmann* (Fn 158) 434 ff.
248 BGBl 1990 II, 469.

auch politisch motivierte Gewalt – sog *maritimen Terrorismus* – erfasst.²⁴⁹ Das Legal Committee der IMO erarbeitete zwei Protokolle zu diesem Übereinkommen,²⁵⁰ die am 28.7.2010 in Kraft getreten sind und die SUA-Konvention den neuen Bedrohungen der Schifffahrt anpassen. Gemäß Art 8bis SUA-Konvention können verdächtige fremde Schiffe auf Hoher See angehalten und inspiziert werden, allerdings grundsätzlich nur mit Einverständnis des Flaggenstaats.

Die traditionelle *Freiheit der Fischerei* auf Hoher See wurde durch eine Vielzahl völkerrechtlicher Verträge für zahlreiche Meeresregionen rechtlich geordnet. Die ansatzweise Entwicklung in Richtung auf eine gewisse gemeinsame „Verwaltung" besonders wichtiger Fischereiressourcen der Hohen See und der Antarktis – unter Einbindung der Flaggen- wie der Küstenstaaten, unter Berücksichtigung des Vorsorgeansatzes und unter Stärkung der regionalen Fischereibewirtschaftungsorganisationen *(Regional Fisheries Management Organizations – RFMOs)* – intensivierte das *Fish Stocks Agreement* v 1995 (FSA).²⁵¹ Es schränkt für die Vertragsparteien die Fischereifreiheit bzgl weit wandernder Fischarten und solcher, die sowohl innerhalb als auch außerhalb der AWZ vorkommen (sog Straddling Stocks), ein. Im Mittelpunkt des Übereinkommens steht die konkretisierte Zusammenarbeitspflicht der Küstenstaaten und der Staaten, deren Angehörige diese Ressourcen auf Hoher See befischen.²⁵² Die von diesen Staaten getroffenen Maßnahmen „müssen miteinander vereinbar sein, um die Erhaltung und Bewirtschaftung [dieser] Fischbestände in ihrer Gesamtheit sicherzustellen" (Art 7 Abs 2); sie sollen im Rahmen der einschlägigen Verträge und I.O. getroffen werden. Der Zugang zu den RFMOs wird beschränkt auf Staaten, die ein „tatsächliches Interesse" *(real interest)* an der einschlägigen Fischerei haben, Art 8 Abs 3. Die mit dem FSA erzielten Fortschritte werden zT durch den strukturellen Widerspruch relativiert, dass es einerseits als Durchführungsübereinkommen *(implementation agreement)* die allzu „weichen" Art 63 Abs 2, Art 64 SRÜ konkretisieren soll, andererseits aber gemäß Art 4 Satz 2 FSA „im Zusammenhang und in Übereinstimmung mit" dem SRÜ auszulegen und anzuwenden ist.²⁵³

c) Tiefseeboden („Gebiet"): Internationalisiertes Menschheitserbe

Während sich für die Hohe See frühzeitig die Rechtsüberzeugung durchgesetzt hatte, dass Wassersäule, im Unterschied zu den natürlichen Ressourcen, und Luftraum aneignungsunfähig sind, verhalf das Ziel, die seewärts der Grenzen des Festlandso-

---

249 Dazu *Wolfrum*, in Seerecht, Kap 4 Rn 58 ff. Zur von den USA initiierten Proliferation Security Initiative (PSI) vgl *Malirsch/Prill*, The Proliferation Security Initiative and the 2005 Protocol to the SUA Convention, ZaöRV 67 (2007) 229 ff.
250 IMO Doc LEG/CONF.15/21 u 22 v 1.11.2005.
251 BGBl 2000 II, 1023. Dazu *Davies/Redgwell*, The International Legal Regulation of Straddling Fish Stocks, BYBIL 67 (1996) 199 ff; *Ziemer* (Fn 186) 84 ff, 187 ff; *Proelß*, Meeresschutz, 149 ff. – Das Übereinkommen ist von 59 Staaten unterzeichnet (BR Deutschland: 28.8.1996) und von 89 ratifiziert worden (Stand 1.5.2019); es ist am 11.12.2001 in Kraft getreten. Eingedenk der ausschließlichen Unionskompetenz für die Erhaltung der lebenden Ressourcen des Meeres werden in Europa die meisten Vorgaben des FSA auf supranationaler Ebene implementiert.
252 Zur Durchsetzung durch Küsten- und Hafenstaaten *Rayfuse*, Non-Flag State Enforcement in High Seas Fisheries, 2004, 327 ff.
253 *Proelß*, Meeresschutz, 154 ff.

ckels gelegenen Manganknollenvorkommen des Meeresbodens effektiv zu bewirtschaften und gerecht zu verteilen, in den 1970er Jahren einem ehrgeizigen Internationalisierungsansatz zum Durchbruch. Sowohl der Grund und Untergrund des Meeres jenseits der Grenzen des Bereichs nationaler Hoheitsbefugnisse (also das „Gebiet") als auch seine Naturvorkommen wurden als *gemeinsames Erbe der Menschheit* (Art 136 SRÜ) qualifiziert.[254] Dies war eine Konsequenz des Ansatzes, wonach Erforschung, Nutzung und Ausbeutung dieses Nichtstaatsgebiets und seiner Ressourcen *allen* dienen sollen, auch den nichtindustrialisierten Staaten, auch den künftigen Generationen, und dass Tätigkeiten im „Gebiet" deshalb umwelt-, ressourcen- und marktschonend erfolgen sollen. Auf dem Ansatz, die einschlägigen Erlöse der gesamten Menschheit zuzuordnen, beharrten besonders die Staaten, die nicht über die technischen Mittel verfügten, um in absehbarer Zeit selbst Tiefseebergbau betreiben zu können.[255] Dabei kam ihnen verhandlungspolitisch zugute, dass für das „Gebiet", anders als für die Wassersäule (Fischerei, Schifffahrt) und den Luftraum darüber (Luftfahrt), noch keine nennenswerte Nutzungspraxis und dementsprechend weder bevorrechtigte Staaten noch eine implementierte Nutzungsordnung bestanden.

69 Zur Konkretisierung und praktischen Verwirklichung des neuartigen Menschheitserbe-Konzepts wurden die *Internationale Meeresbodenbehörde (IMBB)*, Art 156 ff SRÜ, und ihr operativer Arm, „das *Unternehmen" (Enterprise)*, Art 170 SRÜ, geschaffen.[256] „Die Behörde ist die Organisation, durch welche die Vertragsstaaten [...] die Tätigkeiten im Gebiet organisieren und überwachen, insbes im Hinblick auf die Verwaltung der Ressourcen des Gebiets" (Art 157 Abs 1 SRÜ), „im Namen der gesamten Menschheit" (Art 153 Abs 1 SRÜ), der auch die Rechte an den Ressourcen zustehen (Art 137 Abs 2 SRÜ). Entscheidender Baustein des Menschheitserbe-Konzepts ist hiernach, dass die aus Tätigkeiten im Gebiet stammenden finanziellen und sonstigen wirtschaftlichen Vorteile gerecht verteilt werden müssen (sog *benefit sharing*); auch hierfür ist die IMBB zuständig (vgl Art 140 Abs 2 SRÜ).

70 Teil XI des SRÜ errichtet ein *internationales Regime* für das „Gebiet", dessen räumliche Ausdehnung durch die Außengrenzen der Festlandsockelgebiete definiert wird (Art 1 Abs 1 Nr 1 SRÜ). Kein Staat darf diesbezüglich „Souveränität oder [anders als bzgl des Festlandsockels] souveräne Rechte beanspruchen oder ausüben" (Art 137 Abs 1 SRÜ). Über dieses Aneignungsverbot hinaus ist das „Gebiet" ausschließlich „friedlichen Zwecken" vorbehalten (Art 141 SRÜ). Anders als hinsichtlich der Hohen See gibt es bzgl des „Gebiets" und seiner *mineralischen* Ressourcen (vgl

---

254 Zu Hintergründen, Zielen und Zielverfehlungen *Graf Vitzthum*, Die Bemühungen um ein Regime des Tiefseebodens, ZaöRV 38 (1978) 745 ff. Zum Entstehungshintergrund des Menschheitserbe-Konzepts *Proelß/Haake* (Fn 226).
255 Die Meeresbodengrundsätze-Deklaration der UN-Generalversammlung (Res 2749 [XXV]) hatte bereits 1970 festgelegt, dass alle Aktivitäten im „Gebiet" zum Nutzen der Menschheit durchgeführt werden sollen, unter besonderer Berücksichtigung der Bedürfnisse der Entwicklungsländer. Dabei ging es auch um die Interessen der unterindustrialisierten Staaten, die gleiche Mineralien (Mangan, Eisen, Kupfer, Zink, Kobalt und Nickel) an Land fördern und wegen der von einem künftigen Meeresbodenbergbau erwarteten Konkurrenz Einkommensverluste befürchteten.
256 Nach Art 153 Abs 2 lit a u Art 170 SRÜ soll das Unternehmen als Organ der Behörde selbst unmittelbar (und vor allem zugunsten der Entwicklungsstaaten) Tiefseebodenbergbau betreiben.

Art 133 lit a SRÜ)[257] *keine erlaubnisfreie Nutzung*.[258] Grundlage des Regimes des Tiefseebodenbergbaus ist vielmehr die Genehmigungspflichtigkeit aller Tätigkeiten im Gebiet, dh der Erforschung und Ausbeutung der nichtlebenden Ressourcen. Als Vorstufe der Erforschung *(exploration)* ist allein die allgemeine Suche nach mineralischen Ressourcen *(prospecting)* nicht genehmigungsbedürftig; sie ist gemäß Art 2 Anlage III SRÜ gegenüber der IMBB lediglich anzuzeigen. Die Genehmigungen für Erforschungs- und Ausbeutungsvorhaben werden im Wege des Abschlusses von Verträgen auf der Grundlage von Arbeitsplänen erteilt, die von den Antragstellern vorzulegen sind. Die IMBB[259] regelt auch die Durchführung des Meeresbodenbergbaus durch die Staaten oder das Behördenunternehmen. So dürfen die Ressourcen „nur in Übereinstimmung mit [...] den Regeln, Vorschriften und Verfahren der Internationalen Meeresbodenbehörde veräußert werden" (Art 137 Abs 2 Satz 3 SRÜ). Auf der Grundlage von Art 162 Abs 2 lit o (ii) SRÜ nahm ihr Rat im Juli 2000 mit den Regulations on Prospecting and Exploration for Polymetallic Nodules in the Area den ersten (ausschließlich erforschungsbezogenen) Teil des sog *Mining Codes* an, der als Sammlung sämtlicher von der IMBB verabschiedeten Verordnungen, Empfehlungen und Beschlüsse bzgl der Prospektion, Exploration und Ausbeutung der mineralischen Ressourcen des Gebiets die allgemeinen Vorgaben des SRÜ konkretisiert.[260] Das zweite und dritte Regelungspaket, ebenfalls den Phasen der Aufsuchung und Erforschung gewidmet, folgte 2010 bzw 2012.[261] Derzeit wird der erstmals 2016 vorgelegte Entwurf einer Verordnung für die dritte Phase des Meeresbodenbergbaus, des Abbaus *(exploitation)*, in seiner überarbeiteten Form verhandelt.[262] Einzelstaatliche Befugnisse bleiben auf wissenschaftliche Meeresforschung (Art 143 SRÜ) und den Schutz der Meeresumwelt (Art 145 SRÜ) beschränkt, unterliegen dem Wortlaut der betreffenden Normen nach aber ebenfalls einem – hinsichtlich seiner Reichweite im Einzelnen str – Gemeinwohlvorbehalt.

Der im Detail zT planwirtschaftlich ausgerichtete Teil XI des SRÜ[263] und seinetwegen das SRÜ insgesamt wurden jahrelang von großen Industrieländern abgelehnt. Schon infolge des Widerstands der USA, Großbritanniens und der BR

---

257 Ob auch die *lebenden* Ressourcen des Tiefseebodens erfasst sind, ist str (Nachw in Fn 232).
258 Näheres bei *Wolfrum*, in Seerecht, Kap 4 Rn 155 ff; *Graf Vitzthum*, International Seabed Area, MPEPIL VI, 137 ff.
259 Alle Vertragsstaaten des SRÜ sind gemäß Art 156 Abs 2 SRÜ *ipso facto* Mitglieder. Zur IMBB *Nandan*, Legislative and Executive Powers of the International Seabed Authority for the Implementation of the Law of the Sea Convention, in Vidas/Østreng (Fn 138) 73 ff. Die bzgl des „Gebiets" anfallenden Streitigkeiten unterliegen der obligatorischen Gerichtsbarkeit der „Kammer für Meeresbodenstreitigkeiten" des ISGH (Art 187 SRÜ). Am 1.2.2011 erstattete sie ihr erstes Gutachten (bzgl Verantwortlichkeits- und Haftungsfragen). Streitigkeiten über Ausbeutungsverträge sind einem bindenden (Handels-) Schiedsverfahren unterworfen.
260 ISBA/6/A/18 v 13.7.2000.
261 Das zweite Regelungspaket des Mining Code sind die Regulations on Prospecting and Exploration for Polymetallic Sulphides, das dritte die Regulations on Prospecting and Exploration for Cobalt-Rich Crusts. Die einzelnen Bestandteile des Mining Code sind abrufbar unter <https://www.isa.org.jm/mining-code>.
262 ISBA/24/LTC/WP.1/Rev.1 v 9.7.2018, Draft Regulations on Exploitation of Mineral Resources in the Area (abrufbar unter <https://www.isa.org.jm/document/isba24ltcwp1rev1>).
263 Vgl die Bestimmungen bzgl Technologietransfer, Abgaben, Überprüfungskonferenz, Produktionsplanung. Letztere erlauben etwa zu Gunsten der terrestrischen Produzenten (vgl o Fn 255) eine Beschränkung des Meeresbodenbergbaus.

Deutschland konnte von einem gewohnheitsrechtlichen Inkrafttreten der Vorschriften des Teils XI des SRÜ keine Rede sein. Zahlreiche *Meeresbodenbergbaugesetze*[264] sahen als Ausdruck eines strikt *unilateralen* Ansatzes eine rein nationale Lizenzvergabe vor; sie verletzten insoweit das Völkerrecht nicht (str).[265] Die Ansprüche Frankreichs, Indiens, Japans und der UdSSR („Pionierstaaten" aufgrund frühzeitiger Investitionen) auf bestimmte Felder wurden bei der UNO registriert. Die Staaten, die bereits Gesetze zur Ausbeutung des „Gebiets" erlassen hatten, regelten Überlappungskonflikte.

72   Das *Übereinkommen zur Durchführung des Teiles XI des Seerechtsübereinkommens der Vereinten Nationen* v 1994 (DÜ) räumte viele ordnungspolitische Bedenken gegen das Meeresbergbauregime des SRÜ aus.[266] Es trat am 28.7.1996 in Kraft,[267] nachdem 67 Staaten (darunter sieben Pionierinvestoren, einschließlich der BR Deutschland) ihre Zustimmung bekundet hatten, an das DÜ gebunden zu sein. Auch wenn im DÜ von einer „Änderung" des internationalen Regimes nicht die Rede ist, greift es doch deregulierend in dessen Substanz ein. Die zentrale und ursprünglich nach Art 144 iVm Art 5 Anlage III SRÜ bestehende Pflicht der Antragsteller, der IMBB und den Entwicklungsstaaten die für den Tiefseebodenbergbau erforderliche Technologie verfügbar zu machen, wurde mit Abschn 5 Anlage DÜ außer Kraft gesetzt bzw durch eine weiche Bemühenszusage ersetzt. Gleiches gilt für das ursprünglich von Art 151 Abs 10 u Art 164 Abs 2 lit d SRÜ vorgesehene System der Ausgleichszahlungen für Exporteure von terrestrischen Ressourcen (insbes Entwicklungsländer), vgl Abschnitt 7 Anlage DÜ.[268] Im Fall eines Widerspruchs zwischen DÜ und Teil XI SRÜ ist Ersteres maßgebend (Art 2 Abs 1 DÜ). Dies eröffnete u a der BR Deutschland im Jahre 1994 den Weg zur Vertragsmitgliedschaft.[269]

73   Zweifel an der praktischen Bedeutung des so modifizierten Meeresbodenregimes und Bedenken bzgl seiner partiell nach wie vor dirigistischen Tönung sowie seiner verteilungspolitischen Konsequenzen ändern nichts an der *zusammenfassenden* Feststellung: Die auf dem normativen Prinzip des Menschheitserbes aufbauende, die Staaten zur Kooperation verpflichtende Ordnung für das „Gebiet", die bisher nur in ihren Grundzügen zu allgemeinem Völkerrecht erstarkt ist,[270] kann uU Präzedenzwirkung für andere Staatengemeinschaftsräume entfalten.[271] Das internationale

---

264 Vgl etwa United States Deep Seabed Hard Mineral Resources Act v 1980; Gesetz zur vorläufigen Regelung des Tiefseebergbaus v 16.8.1980 (BGBl 1980 I, 1457; geänd durch Ges v 10.2.1982, BGBl 1982 I, 136).
265 Dazu *Churchill/Lowe* (Fn 129) 232 ff.
266 *Jaenicke*, The United Nations Convention on the Law of the Sea and the Agreement Relating to the Implementation of the Convention, FS Bernhardt, 1995, 121 ff; *Oxman*, The 1994 Agreement Relating to the Implementation of Part XI of the UN Convention on the Law of the Sea, in Vidas/Østreng (Fn 138) 15 ff.
267 BGBl 1996 II, 2511. – Staaten, die bereits vor Abschluss des DÜ das SRÜ ratifiziert hatten (und das waren mehr als fünf Dutzend, so dass das SRÜ mit dem 60. Vertragsstaat im Jahr 1993 in Kraft trat), können, soweit sie das DÜ nicht akzeptieren, durch dieses nicht gebunden werden.
268 Das DÜ sieht ferner – jeweils zu Lasten der Entwicklungsstaaten – Veränderungen bei den Mehrheiten für Sachentscheidungen des Rats sowie im Verhältnis zwischen Versammlung und Rat vor.
269 Zustimmungsgesetz v 2.9.1994 (BGBl 1994 II, 1798).
270 *Wolfrum*, in Seerecht, Kap 4 Rn 172 ff.
271 Weltraum und Antarktis, vgl u Rn 74 ff u Rn 83 ff.

Regime für den Meeresboden seewärts von Festlandsockel und AWZ mag dereinst sogar die Rechtsordnung der küstenstaatlichen Funktionshoheitsräume beeinflussen. Die Zahl der Regelungsalternativen für die globalen Staatengemeinschaftsräume wurde durch das Menschheitserbe-Regime für das „Gebiet" vergrößert, ein Regime, das gemäß Art 138 SRÜ *erga omnes*-Wirkung beansprucht und durch die Bezugnahme auf die Interessen und Rechte zukünftiger Generationen bereits das Leitbild der nachhaltigen Entwicklung (vgl u Rn 114) widerspiegelt.

d) Weltraum: Kooperationsverpflichtete Freiheit und Gleichheit

Der Weltraum ist der Bereich, der jenseits des Luftraums liegt. Der die Rechtsverhältnisse an diesem Nichtstaatsgebiet (Universum nebst Himmelskörpern) abstrakt regelnde *Weltraumvertrag* (WRV) v 27.1.1967[272] lässt die Abgrenzung zum staatlicher Hoheitsgewalt unterliegenden Luftraum offen.[273] Konsens herrscht dahingehend, dass jedenfalls der Raum oberhalb von 120 km zum Weltraum zählt; die Wissenschaftler haben sich auf die Abgrenzung „100 km über der Erdoberfläche" geeinigt. 74

Gemäß der *Kommunklausel* des Art I WRV wird die Erforschung und Nutzung des Weltraums „im Interesse aller Länder ohne Ansehen ihres wirtschaftlichen und wissenschaftlichen Entwicklungsstandes durchgeführt", als „Sache der gesamten Menschheit". Letztere, auf Vorteilsteilhabe zugunsten der Nicht-Weltraummächte abzielende Formulierung *(province of all mankind)*, ist ein Vorläufer der späteren „Menschheitserbe"-Formel für den küstenfernen Meeresboden.[274] „Nutzung" iSd WRV umfasst nach zutreffender Ansicht die ökonomische als auch die nichtökonomische Nutzung des Weltalls.[275] Art II WRV ergänzt den nutzungsrechtlichen Gemeinwohlbezug um ein *umfassendes Aneignungsverbot*, dessen auch gewohnheitsrechtliche Geltung seit GA Res 1348 (XIII) v 13.12.1958 sowie der zentralen Res 1962 (XVIII) v 1963[276] außer Streit steht.[277] Es untersagt indes nur die Unterwerfung von Teilen des Weltraums und seiner Himmelskörper unter nationale Hoheitsge- 75

---

272 BGBl 1969 II, 1969. – Das Übereinkommen zur Regelung der Tätigkeiten von Staaten auf dem Mond und anderen Himmelskörpern des Sonnensystems v 5.12.1979 (ILM 18 [1979] 1434 [Mondvertrag]) blieb angesichts der geringen Zahl der Vertragsparteien (18 Staaten, per 1.5.2019, darunter keine Weltraummacht) bislang ohne Bedeutung. Sein Art XI Abs 1 erklärt den Erdtrabanten und seine Naturschätze zum „gemeinsamen Erbe der Menschheit", keiner nationalen Aneignung unterliegend. Der Mondvertrag enthält zudem bzgl der Himmelskörper ein vollständiges Waffenverbot.
273 Sie bleibt, da der Übergang von der Erdatmosphäre in den Weltraum fließend ist, str. Diese Streitfrage ist bis auf weiteres von geringer praktischer Bedeutung, so Rn 28.
274 So Rn 68 ff. Der Weltraumvertrag war zT vom Antarktis-Vertrag v 1.12.1959 (BGBl 1978 II, 1517) inspiriert worden und beeinflusste seinerseits wiederum die Meeresbodengrundsätze-Deklaration der UN-Generalversammlung v 17.12.1970 (Res 2749 [XXV]), die sich ihrerseits in Teil XI des SRÜ v 1982 niederschlug. Vgl dazu *Proelß/Haake* (Fn 226); zur str Bedeutung der *province of all mankind*-Formel *Wolfrum*, Internationalisierung, 284.
275 Vgl *Hobe*, in CoCoSL, Art I Rn 36.
276 Declaration on the Legal Principles Governing the Activities of States in the Exploration and Use of Outer Space v 13.10.1963 (A/RES 1962 [XVIII]).
277 Die Nutzung des Weltraums selbst ist keine Okkupation. Jede punktuelle Nutzung von Nichtstaatsgebiet (etwa auch Schifffahrt oder Fischfang auf Hoher See) schließt zwar eine gleichzeitige konkurrierende Nutzung Anderer aus; selbst wenn jene „verdrängende Nutzung" über einen längeren Zeitraum hinweg erfolgt, wird aus ihr indes keine Aneignung.

walt,[278] nicht aber die Aneignung natürlicher Ressourcen zu wissenschaftlichen oder kommerziellen (str) Zwecken. Insoweit steht der WRV einer künftigen ökonomischen Nutzung der Himmelskörper, etwa in Gestalt des *lunaren Bergbaus* oder des *asteroid mining*, nicht grundsätzlich entgegen.[279] Der Weltraum ist damit ein Bsp für einen *hoheitsfreien Staatengemeinschaftsraum*.

76 Völkerrechtlich besteht kein Unterschied zwischen dem Erdorbit (als dem relativ erdnahen Raum des Sonnensystems) und dem tieferen Weltraum. In den 1970er Jahren versuchten einige äquatornahe Entwicklungsländer, ein Sonderregime für den *Geostationären Orbit* (GSO) durchzusetzen, also für die Satelliten-Umlaufbahn in 35.787 km Höhe über dem Äquator. Nach allen Theorien der Abgrenzung zwischen Luft- und Weltraum liegt der GSO tief im Inneren des Weltraums. Im GSO positionierte Satelliten bewegen sich synchron mit der Erddrehung, eine zumal für Kommunikationssatelliten günstige Lage. In der *Erklärung von Bogotá* v 1976[280] statuierte die Gruppe der Äquatorialstaaten, der GSO sei „part of the territory over which Equatorial States exercise their national sovereignty"; die Stationierung von Satelliten im GSO sowie der Erwerb von Rechten zur Nutzung solcher Orbitalsegmente sollte deshalb ihrer (gebührenpflichtigen) Zustimmung bedürfen. Die Äquatorialstaaten suchten diese Behauptung ua auf die These zu stützen, die Position der geosynchronen Satelliten werde durch die Anziehungskraft der darunterliegenden Landfläche bestimmt. Auch mit dieser (pseudo-) „naturrechtlich-geopolitischen" Begründung lässt sich eine entsprechende „Orbitnahme" nicht rechtfertigen. Nicht das Staatsgebiet der Äquatorialstaaten, sondern die Anziehungskraft der *gesamten* Erde wirkt auf den GSO ein. Das in diesem Bereich schnell wachsende Gewohnheitsrecht hatte den GSO denn auch von Anfang an dem staatsfreien Weltraum zugeordnet; Sonderregime für irgendwelche Zonen, Umlaufbahnen, Weltraumkörper wurden nie ernsthaft ins Auge gefasst. Insofern drangen die Äquatorialstaaten mit ihrer raumpolitischen Forderung nicht durch. Mit dem Hinweis, die Segmente des GSO seien eine „scarce natural resource", die Zahl der verfügbaren, ökonomisch nutzbaren Positionen sei also begrenzt (vgl Punkt 1 der Bogotá-Erklärung), hatten sie allerdings recht. Der GSO, einschließlich des Spektrums der Frequenzen, wirft in der Tat Probleme der *Verteilung* der Nutzungschancen auf.[281] Die Vereinbarung eines internationalen GSO-Regimes, das bzgl der Nutzung dieser Ressourcen Billigkeitsgesichtspunkte berücksichtigt,[282] hat

---

278 Nach ganz hM gilt das Aneignungsverbot des Art II WRV auch für natürliche und juristische Personen des Privatrechts; vgl *Freeland/Jakhu*, in CoCoSL, Art II Rn 32 u *Tronchetti*, The Exploitation of Natural Resources of the Moon and Other Celestial Bodies, 2009, 204 ff, jeweils mN zur Unzulässigkeit der Geltendmachung privater Eigentumsrechte am Mond und anderen Himmelskörpern.
279 Dazu jüngst *Wick*, Ein internationales Übereinkommen zur Regelung des Abbaus der natürlichen Ressourcen des Mondes und anderer Himmelskörper, 2016, 29 ff. Freilich sind die sich ua aus den Vorgaben der Umweltverträglichkeitsklausel des Art IX Satz 2 WRV ergebenden Schranken zu berücksichtigen (ebd 49 ff).
280 Abgedr in v. Welck/Platzöder (Hrsg), Weltraumrecht, 1987, 731.
281 Das in Nichtstaatsgebieten übliche Vorrecht des Erstnutzers („first come, first served") würde hier zu einer unfairen Verteilung führen: Die Satellitenplätze wären von den Weltraummächten besetzt, bevor weitere Länder ihrerseits zur Nutzung wissenschaftlich-technisch befähigt wären.
282 Vgl etwa Art 12 Abs 5 der ITU-Konstitution: „die *gerechte*, wirksame und wirtschaftliche Nutzung der Umlaufbahn der geostationären Satelliten"; Art 33 Abs 2 verpflichtet die Vertragsstaaten, diese Ressourcen so zu nutzen, dass damit der Zugang zu dieser Umlaufbahn und zu diesen Frequenzen

mittlerweile die Gefahr weltraum- bzw industriestaatlicher Monopolisierung gebannt.[283]

In der Erforschung und Nutzung des Weltraums und der Himmelskörper sowie im Zugang zu allen Teilen des Weltraums und der Himmelskörper sind die Staaten nach alledem gleichberechtigt und frei (Art I Abs 2, 3 WRV). Es herrscht *Weltraumfreiheit* und damit – normativ – *Weltraumgleichheit*. Bei ihren Weltraumaktivitäten lassen sich die Staaten vom „Grundsatz der Zusammenarbeit und gegenseitigen Hilfe leiten", Art IX Abs 1 WRV. Insbes bzgl der wissenschaftlichen Forschung im Weltraum „erleichtern und fördern [sie] die internationale Zusammenarbeit", Art I Abs 3 WRV.[284] Die Weltraumfreiheit wird begrenzt durch Art IV Abs 2 WRV, wonach der Mond und die anderen Himmelskörper *ausschließlich zu friedlichen Zwecken* genutzt werden dürfen; Abs 1 der Norm verbietet die Stationierung von Massenvernichtungswaffen auf Himmelskörpern und im Weltraum. Reichweite und Bedeutung dieser Nutzungsschranke sind im Detail str.[285] Die satellitengestützte Fernerkundung der Erde *(remote sensing)*[286] kann als systematische Ausforschung uU die Souveränität des erkundeten Staates beeinträchtigen. Der Streit um die Zulässigkeit der „Erdbeobachtung" wurde mit den relativ pragmatischen *Fernerkundungsprinzipien* der UN-Generalversammlung v 1986[287] entschärft: Konsultationen sind ausreichend. Die Nutzung von Satelliten für nichtaggressive Zwecke bleibt erlaubt.

Obwohl im *Weltraum* keine Ökosysteme vorhanden sind, ist auch diese Raumkategorie schutzbedürftig.[288] Zum einen werden durch den Menschen die natürlichen Konstellationen verändert, was möglicherweise weitere Aktivitäten behindert. Zum anderen können Weltraumaktivitäten auch die Umwelt der Erde gefährden. *Space debris* stellt die größte Belastung dar, Weltraumschrott also, der aus ausgebrannten Raketenstufen oder inaktiven Satelliten besteht, vor allem aber aus von diesen Objekten herrührenden Klein- und Kleinstteilen, die sich aufgrund von Kollisionen untereinander noch vermehren.[289] Es gibt kein Abkommen, das umfassend

---

den einzelnen Ländern oder Ländergruppen in *gerechter* Weise möglich ist; dabei werden die *besonderen* Bedürfnisse der *Entwicklungsländer* und die *geographische Lage* bestimmter Länder berücksichtigt." Vgl auch *Will,* Solar Power Satellites und Völkerrecht, 2000, 160 ff.

283 Vgl Res 41/65 v 3.12.1986 („Principles Relating to Remote Sensing of the Earth from Space").
284 Versuche im UN-Weltraumausschuss, die Kooperationspflichten iSe Hilfe für Entwicklungsländer zu effektivieren, drangen nicht durch. Nur bzgl des GSO ist die generelle Nutzungsfreiheit durch die spezielle, auf materielle Gleichberechtigung abzielende Zugangsregelung eingeschränkt. Die Rechtsverhältnisse von Raumfahrern und Raumobjekten sind gemäß dem Flaggenstaatsprinzip geregelt (Art V, VIII WRV).
285 *Proelss* (Fn 174) Rn 5 ff; *Wolter,* Grundlagen „Gemeinsamer Sicherheit" im Weltraum nach universellem Völkerrecht, 2003; *Grossmann,* Weapons in Space, 2001; zum GSO vgl *Petersmann/Coenen/Grünwald,* Aufrüstung im All, 2003, 145 f.
286 Vgl etwa *Klinner,* Satellitenfernerkundung in Völkerrecht, 1989; *Classen,* Fernerkundung und Völkerrecht, 1987; *de Graaff/Reijnen,* Remote Sensing by Satellites, in Benkö/de Graaff/Reijnen (Hrsg), Space Law in the United Nations, 1985, 1 ff; *Hobe* (Fn 77) § 47 Rn 34 ff
287 Res 41/65 v 3.12.1986. Dazu *Christol,* Space Law, 1991, 469 ff; *Gorove,* Developments in Space Law, 1991, 294 ff, 311.
288 Allgemein Böckstiegel (Hrsg), Environmental Aspects of Activities in Outer Space, 1990; *Hintz,* Weltraumrechtlicher Umweltschutz im völkerrechtlichen Regelungszusammenhang, 1995; *Proelß,* in Internationales Umweltrecht, 11. Abschn Rn 33 ff; *Hobe* (Fn 77) § 47 Rn 43 ff.
289 Mitunter könnten durch kettenartige Kollisionen ganze Umlaufbahnen für eine Nutzung unbrauchbar werden. Die Zunahme des Weltraumschrotts erhöht die Gefahr der Kollision mit aktiv

die Fragen des „kosmischen Umweltschutzes" beantwortet. Einzelregelungen finden sich in verschiedenen Verträgen. Das *Grundprinzip* formuliert Art I WRV: Jede Weltraumtätigkeit muss „zum Vorteil und im Interesse aller Staaten durchgeführt" werden. Eine mittelbare Schutzpflicht bzgl des Weltraums ergibt sich aus der gemäß Art IX bestehenden Pflicht jedes Staates, auf die Aktivitäten der anderen Staaten Rücksicht zu nehmen.[290]

79 Jenes in Art I WRV niedergelegte Grundprinzip wird durch Art IX WRV konkretisiert. Der Weltraum, der Mond und die anderen Himmelskörper (sowie die einschlägigen Aktivitäten) sollen nach Art IX Satz 2 Halbsatz 1 WRV *vor Kontamination geschützt* werden. Eine erweiternde Auslegung unter Berücksichtigung von Art IX Satz 1 WRV ergibt, dass jede Art von Veränderung des Weltraums zu vermeiden ist.[291] Nur dann kann das Ziel, den Freiheit und Chancengleichheit sichernden Status quo zu erhalten, erreicht werden. Allerdings ist nur die *schädliche* Kontamination verboten. Die irdische Umwelt wird durch Art IX Satz 2 Halbsatz 2 WRV vor jeder „ungünstigen" Veränderung durch das Einbringen extraterrestrischer Stoffe *(back contamination)* geschützt. Im Übrigen verpflichtet Art IX WRV zur Konsultation bei möglicherweise umweltgefährdenden Aktivitäten. Mittelbar umweltschützenden Charakter haben auch die Vorschriften über das Verbot militärischer Nutzung des Weltraums.[292] Nicht nur ist jede nukleare Versuchsexplosion im Weltraum verboten (Art I PTBT), sondern auch der Einsatz umweltverändernder Techniken zu militärischen Zwecken (Art II ENMOD). Den nicht verbindlichen UN-Prinzipien v 1992 über nuklear betriebene Satelliten kommt keine bedeutende Schutzwirkung zu. Verbesserungsvorschläge für den weltraumbezogenen Umweltschutz konzentrieren sich derzeit auf die Vermeidung und Beseitigung von Weltraummüll.[293] Die Unvollkommenheit des weltraumbezogenen Umweltschutzes beruht darauf, dass wichtige Staaten weiterhin vorrangig an der *Nutzung* des Weltraums, auch zu Kommunikationszwecken sowie zur Raketenabwehr, interessiert sind.

---

genutzten Weltraumgegenständen. Daneben behindert solcher *space debris* auch die Astronomie. Die durch Weltraumaktivitäten wohl größte Gefahr für die Erde hat sich bereits einmal realisiert: durch den Absturz des nuklear betriebenen sowjetischen Satelliten Kosmos-954. Dazu *Hurwitz*, State Liability for Outer Space Activities, 1992, 113 ff.

290 Zutreffend erkennt *Marchisio*, in CoCoSL, Art IX Rn 25 im *due regard*-Gebot eine Pflicht zur Einhaltung gewisser Sorgfalts- und Beobachtungsstandards bei der Ausführung von Weltraumaktivitäten. Der Staat müsse beweisen, dass er alles getan habe, um eine Beeinträchtigung der Interessen der anderen Vertragsstaaten zu verhindern. Die Verwandtschaft dieses Verständnisses mit dem gewohnheitsrechtlichen Präventionsprinzip ist unverkennbar. Dazu s u Rn 108 ff.

291 Vgl *Marchisio*, in CoCoSL, Art IX Rn 29. Bsp sind die Einbringen nuklearer, biologischer oder chemischer Substanzen. Kontrovers diskutiert werden Vorschläge zur Reduktion der Sonneneinstrahlung durch das Einbringen von Reflektoren, Spiegeln oder Staubpartikeln als Reaktion auf die Erderwärmung *(solar radiation management)*. Vgl u Rn 158.

292 Vgl die Konvention über ein Verbot von militärischer oder anderweitig feindseliger Anwendung von Techniken zur Veränderung der Umwelt (ENMOD) v 18.5.1977 (BGBl 1983 II, 125), die auch bzgl des Weltraums gilt. Älter noch ist der Vertrag über das Verbot von Kernwaffenversuchen in der Atmosphäre, im Weltraum und unter Wasser v 1963, das sog begrenzte Teststopp-Abkommen für Nuklearwaffen (PTBT, Partial Test Ban Treaty). Der Vertrag über das umfassende Verbot von Nuklearwaffen (CTBT, Comprehensive Test Ban Treaty) v 1996 scheiterte 1999.

293 Vgl den ILA-Entwurf „Buenos Aires International Instrument on the Protection of the Environment from Damage Caused by Space Debris", ILA Report of the Sixty-sixth Conference, 1994, 7, 9 ff. Umfassend *Wins* (Fn 76) 255 ff.

Die Staaten sind für ihre und ihrer Staatsangehörigen Tätigkeiten im Weltraum **80** verantwortlich (Art VI WRV). Sie haften für Schäden, die durch in den Weltraum entsandte Gegenstände zugefügt werden (Art VII WRV). Die Haftungsfrage, durch Probleme bei der Definition von „Startstaaten" bzw „Haftungsstaaten" *(launching States)* kompliziert, gewinnt mit der Anhäufung von *space debris* in der Erdumlaufbahn und dem Absturz ausgebrannter Satelliten an Bedeutung. In Ausführung des Art VII WRV wurde am 29.3.1972 das *Übereinkommen über die völkerrechtliche Haftung für Schäden durch Weltraumgegenstände (Weltraumhaftungsübereinkommen)*[294] geschlossen. Es stipuliert eine unbedingte Schadensersatzpflicht des „Startstaats"[295] bzw des Besitzers von Weltraumobjekten für durch sie auf der Erdoberfläche oder an Luftfahrzeugen verursachte Schäden. Schäden an Nichtstaatsgebieten und an der Umwelt als solcher erfasst das Übereinkommen nicht.[296] Selbst wenn man mit der hL annimmt, dass sich das Übereinkommen auch auf *space debris* erstreckt, löst das nicht bereits das Schutzproblem: Bei „kosmischen Kollisionen" müsste, um die Haftung zu begründen, ein Verschulden des Startstaats hinsichtlich des Belassens des Mülls im Weltraum festgestellt werden (Art III Weltraumhaftungsübereinkommen). Den Nachweis zu erbringen, von welchem Staat ein ggf schadensverursachendes Partikel herrührt (Kausalität), wird idR äußerst schwierig sein.

Wichtigste *institutionelle Einrichtung* bzgl der Entwicklung des Weltraumrechts **81** ist seit den 1960er Jahren das *UN Committee on the Peaceful Uses of Outer Space* (UNCOPUOS). Sein juristischer Unterausschuss hat alle bisherigen universellen Weltraumverträge ausgearbeitet. Ferner behandeln diverse I.O. weltraumbezogene Fragen unter ihren jeweiligen speziellen Aufgabenstellungen. Dabei kommt der ITU eine besondere Rolle zu.[297] Eine Institution für die Nachrichtenübermittlung durch Satellit ist INTELSAT (International Telecommunication Satellite Union).[298] Sie stellt ihr „Weltraumsegment" (Fernmeldesatellit plus zugehörige Einrichtungen) auf kommerzieller Basis zur Verfügung. Hinsichtlich der mobilen Kommunikation gilt Vergleichbares von INMARSAT, die seit 1983 eigene Satelliten betreibt und 1999 privatisiert wurde.[299] Als regionaler Organisation obliegt der European Space Agency (ESA) die Doppelaufgabe,[300] eine europäische Weltraumpolitik (politischer Auftrag)

---

294 BGBl 1975 II, 1209. Dazu *Schmalenbach*, in Internationales Umweltrecht, 7. Abschn Rn 52; *Hobe* (Fn 77) § 47 Rn 28 f.
295 Die Haftung des Startstaats wurde ua deshalb vereinbart, weil die damalige UdSSR aufgrund ihres staatskonzentrierten Völkerrechtsverständnisses die Haftung von I.O., die Satelliten ins All bringen ließen, ablehnte. Hierzu und zum Folgenden *Wins* (Fn 76); *Pedrazzi*, Outer Space, Liability for Damage, MPEPIL VII, 1109 (Rn 5 ff). Für bestimmte Schäden begründet das Übereinkommen eine Gefährdungshaftung.
296 Das Übereinkommen bot eine Grundlage für die gegenüber Kanada (schließlich *ex gratia*) erfolgte Leistung von Schadensersatz für die durch den sowjetischen Satelliten Kosmos-954 verursachten Schäden.
297 S bereits Rn 34 f. Zum Direktfernsehen via Satellit *Fisher*, Prior Consent to International Direct Satellite Broadcasting, 1990; *Achilleas*, La télévision par satellite, 1995.
298 Übereinkommen über INTELSAT und Betriebsübereinkommen (BGBl 1973 II, 249, 308). Benutzer des INTELSAT-Weltraumsegments zahlen Gebühren.
299 Dazu *Kanz*, Inmarsat, 2008.
300 Art II lit a und b ESA-Übereinkommen (BGBl 1976 II, 1861). Während die EU 28 Mitglieder hat, hat die ESA 22, davon zwei Nicht-EU-Mitglieder. Es bedarf schon insofern klarer Rollenverteilung EU-ESA. Vgl KOM (2003) 673 v 11.11.2003 (Weißbuch).

auszuarbeiten sowie Weltraumtätigkeiten und -programme (Managementaufgabe) durchzuführen.[301] Die Ariane-Trägerrakete gewährleistet seit längerem autonomen europäischen Zugang zum All. Die institutionelle Vielzahl darf nicht darüber hinwegtäuschen, dass die Weltraumfreiheit und die einschlägigen Kooperationspflichten letztlich *ohne institutionellen Vogt* sind: Eine Internationale Weltraumbehörde gibt es nicht.

82   Im Lichte der zunehmenden Verknappung der terrestrischen Ressourcen und des technologischen Fortschritts sind die rechtlichen Rahmenbedingungen der Nutzung des Weltraums, vor allem hinsichtlich des *Abbaus der Bodenschätze* des Monds und anderer Himmelskörper, wieder in den Vordergrund des Interesses gerückt. Neben die in den vergangenen Jahren von verschiedenen Raumfahrtnationen formulierten Pläne, permanent bemannte Stationen auf Mond und Mars zu gründen und zu unterhalten, treten zu Beginn des 21. Jh die Aktivitäten *privater* Raumfahrtunternehmen wie SpaceX, Blue Origin und Virgin Galactic.[302] Diese Entwicklungen stellen das internationale Weltraumrecht vor neue Herausforderungen: Solange es an rechtlichen Regelungen über die Exploration und den Abbau natürlicher Ressourcen auf dem Mond und anderer Himmelskörper fehlt, besteht insbes im Hinblick auf die Frage nach der Aneignungsfähigkeit der Bodenschätze und die nach der Art und Weise eines künftigen Ressourcenabbaus unter dem derzeitigen Weltraumrecht Rechtsunsicherheit. Auch zwecks Gewährleistung von Verteilungsgerechtigkeit sprechen gewichtige Gründe für eine baldige Weiterentwicklung des Weltraumrechts durch Ergänzung der bestehenden Verträge um ein zeitgemäßes, den Anforderungen nachhaltigen Ressourcenabbaus im All ebenso wie den Interessen sämtlicher Staatengruppen Rechnung tragendes Normengerüst.[303]

e) Antarktis: Eher „Weltpark" als „Klubraum

83 Die faktische Nichtbeherrschbarkeit spielt in der Antarktis,[304] anders als mittlerweile beim Meer, normativ nach wie vor eine Rolle. So ist str, ob die extreme Kälte und die lebensabweisende Eisbedeckung – vielerorts ist der Eispanzer bis zu 4 km dick – die effektive Beherrschung des antarktischen Kontinents und somit auch den potentiellen Erwerb von Gebietshoheit bisher auszuschließen vermochten. Sieben Staaten

---

301 Erfindungen und technische Daten werden Eigentum der anwendungsorientierten ESA und kommen ihren Mitgliedstaaten zugute (Art III ESA-Übereinkommen). Mittlerweile erfasst Europa auch die militärische Dimension der Raumfahrt: ohne Kommunikationssatelliten keine vernetzte Operationsführung. Die meisten Raumfahrtanwendungen sind sowohl zivil als auch militärisch einsetzbar *(dual use).*
302 So hatten Budgetkürzungen bei der US-Raumfahrbehörde NASA zur Folge, dass verschiedene Projekte an Privatunternehmen vergeben wurden. Derzeit arbeitet die Behörde gemeinsam mit drei Privatfirmen an der Entwicklung vollautomatisierter Roboter zur Erforschung des Monds, um genauere Kenntnisse über die dort lagernden Ressourcenvorkommen zu gewinnen.
303 Nach Art 11 Abs 5 des Mondvertrags sollen sich die Vertragsparteien um Schaffung eines internationalen Regimes „to govern the exploitation of the natural resources of the moon" bemühen, sobald ein Ressourcenabbau möglich erscheint. Einen umfassenden Vorschlag für ein internationales Übereinkommen zur Regelung des Abbaus der natürlichen Ressourcen des Mondes und anderer Himmelskörper entwirft *Wick* (Fn 279) 147 ff.
304 Grundlegend *Auburn,* Antarctic Law and Politics, 1982; *Bush,* Antarctica and International Law, Bde I–III, 1982-1988, u Loseblattslg; *Orrego Vicuña,* Antarctic Mineral Exploitation, 1988.

(die *claimants:* Argentinien, Australien, Chile, Frankreich, Großbritannien, Neuseeland und Norwegen) beanspruchen, ohne effektive Kontrolle auszuüben, Souveränität in Bezug auf große Teile des Kontinents. Sie haben *Sektoren* definiert, deren Spitze der Südpol und deren Basis der 60. Breitengrad ist. Teilweise überschneiden sich die Sektoren. Die anderen ebenfalls an den *Antarktis-Vertrag* v 1959 (AV)[305] gebundenen Staaten (die USA, Russland, Deutschland, Italien, Spanien und fast drei Dutzend weitere Staaten, die *non-claimants*) lehnen diese Hoheitsbehauptungen ab. Sie qualifizieren den Kontinent als *dauerhaft aneignungsunfähiges Nichtstaatsgebiet.* Art IV AV legt diese Streitfrage „auf Eis". Er hält den Status quo in Bezug auf die gebietsrechtlichen Positionen der *claimants* einerseits und ihre Negierung durch die *non-claimants* andererseits aufrecht und untersagt zugleich das Erheben neuer oder erweiterter Gebietsansprüche.[306] Antarktisbezogene Rechtsnormen werden dementsprechend so gestaltet, dass ihnen die Richtigkeit jeder der beiden entgegengesetzten Thesen (Vorliegen oder Nichtvorliegen von wirksamen Gebietsansprüchen) gleichermaßen zugrunde gelegt werden kann (sog *Bifokalismus*).[307] Gänzlich frei von Hoheitsbehauptungen ist nur der Sektor zwischen 90° und 150° westlicher Breite. Das in Art 7 des mit breiter Zustimmung angenommenen (Madrider) *Umweltschutzprotokolls zum Antarktis-Vertrag v 4.10.1991* (USP) vereinbarte Bergbauverbot[308] verringert den Anreiz, die bisherigen hoheitlichen Positionen zu aktivieren oder neue aufzubauen.

Unter „Antarktis" sind im Einklang mit Art VI AV alles Land und Meer sowie alle Eisschelfe südlich von 60° südlicher Breite zu verstehen. Dieser Raum (Art I AV) ist „im Interesse der gesamten Menschheit" vorwiegend der *wissenschaftlichen Forschung* vorbehalten (Art II, III AV). Konsequenterweise bilden reale Forschungsaktivitäten, also die Manifestation substantiellen Interesses, das Kriterium für die Aufnahme in den (bevorrechtigten) Kreis der *Konsultativstaaten* (Art IX Abs 2 AV). Derzeit (Stand 1.5.2019) verfügen von den 53 Vertragsparteien des AV 29 Staaten über Konsultativstatus (darunter die BR Deutschland). Am Entscheidungsmechanismus nehmen nur sie teil. Maßnahmen militärischer Art wie die Einrichtung militärischer Stützpunkte (Art I Abs 1 AV) sind in der Antarktis ebenso verboten wie „Kernexplosionen und die Beseitigung radioaktiven Abfalls" (Art V Abs 1 AV).[309] Der Versuch einer Rohstoffnutzungsregelung scheiterte: Australien und Frankreich lehnten die Unterzeichnung der Convention on the Regulation of Antarctic Mineral Resource Activities v 2.6.1988 (CRAMRA)[310] im Jahr 1989 ab; insofern bleibt die Bergbaukonvention eine Konventionsruine (17 Staaten hatten die CRAMRA bereits unterzeichnet).

---

305 BGBl 1978 II, 1517.
306 Vgl Art IV Abs 2 Satz 2 AV. Diese Norm steht der Ausweisung einer AWZ durch einen *claimant* hinsichtlich des von ihm beanspruchten Sektors angesichts des funktionalen, nicht mit Gebietshoheit verbundenen Charakters der AWZ (s o Rn 51, 53) nicht zwangsläufig entgegen.
307 Vgl *Kämmerer*, Die Antarktis in der Raum- und Umweltschutzordnung des Völkerrechts, 1994, 86 ff.
308 BGBl 1994 II, 2478. Dazu *Podehl*, Das Umweltschutzprotokoll zum Antarktisvertrag als Ergebnis der Verhandlungen über die Rohstoffnutzung in der Antarktis, 1993; *Pannatier*, L'Antarctique et la protection de l'environnement, 1994.
309 Zur Reichweite dieser Vorgaben *Proelss* (Fn 174) Rn 3 f.
310 ILM 27 (1988) 868. Zu ihr *Wolfrum*, The Convention on the Regulation of Antarctic Mineral Ressource Activities, 1991.

85   Als Kältekammer der Erde ist die Antarktis für das Weltklima von großer Bedeutung.[311] Der sich zumal in den Empfehlungen der Konsultativtagungen zunehmend ausdrückende Wandel des Systems in Richtung auf ein *sowohl der Forschung als auch dem Umweltschutz gewidmetes Regime* schlug sich 1991 im *USP* nieder, zu dem bislang sechs Anlagen existieren.[312] Mit seinem Inkrafttreten am 14.1.1998 wurde die Forderung von NGOs, die Antarktis zum „Weltpark" zu erklären,[313] teilweise erfüllt. Die Vorgaben des USP stellen sich insgesamt als vergleichsweise fortschrittlich dar. Sie sind, auch wenn es an einer expliziten Bezugnahme auf das Vorsorgeprinzip fehlt,[314] von einem „*Geist der Vorsorge*" geprägt. Nach Art 3 Abs 2 USP müssen Tätigkeiten auf der Grundlage von Informationen, die vorherige Prüfungen im Hinblick auf ihre Auswirkungen ermöglichen, und in einer Weise geplant und durchgeführt werden, dass nachteilige Auswirkungen auf die antarktische Umwelt begrenzt werden. Dies entspricht dem in Prinzip 15 der Rio-Deklaration v 1992 zum Ausdruck kommenden Kerngehalt des Vorsorgeprinzips.[315] In der dt Rechtsordnung wurden die Vorgaben des USP mit Ausführungsgesetz v 22.9.1994 (AUG)[316] konkretisiert und anwendbar gemacht. Mit Ausnahme von Forschungstätigkeiten, die weniger als geringfügige oder vorübergehende Auswirkungen auf die Umwelt haben (bloße Anzeigepflicht, vgl § 6 Abs 1 AUG), sieht dieses Gesetz ein Genehmigungserfordernis für alle von deutschen Staatsangehörigen bzw unter deutscher Hoheitsgewalt durchgeführten Aktivitäten in der Antarktis vor (vgl § 3 Abs 1 AUG). Wird das Umweltbundesamt als in Deutschland zuständige Genehmigungsbehörde mit einem Vorhaben konfrontiert, dessen Auswirkungen auf die Umwelt wissenschaftlich unklar sind, darf es weder die Erteilung der Genehmigung umstandslos ablehnen noch – unter Hinweis auf die infolge Unkenntnis vermeintlich fehlende Besorgnis einer Umweltschädigung – erteilen. Vielmehr muss im Einzelfall geprüft werden, was angesichts des konkreten Unwissens zu veranlassen ist, um sowohl den Anforderungen des Vorsorgeprinzips als auch denen der Forschungsfreiheit angemessen Rechnung zu tragen. Im Detail stellt sich das Regime des AUG als überkomplex und zT in sich widersprüchlich dar.[317]

---

311 Temperaturerhöhungen werden die Mächtigkeit des antarktischen Eises verringern und den Meeresspiegel weltweit ansteigen lassen.
312 Sie orientieren sich an zuvor erlassenen Empfehlungen oder passen internationale Schutzvereinbarungen den besonderen Verhältnissen der Antarktis an. Zum USP *Vöneky/Beck*, in Internationales Umweltrecht, 14. Abschn Rn 21 ff; zum Haftungsannex (= Anlage VI USP) *Vöneky*, The Liability Annex to the Protocol on Environmental Protection to the Antarctic Treaty, FS Wolfrum, 2008, 165 ff.
313 Vgl *Barnes*, Legal Approach of Environmental Protection in Antarctica, in Joyner/Chopra (Hrsg), The Antarctic Legal Regime, 1988, 241 ff.
314 Im Schrifttum wird die Frage, ob das Vorsorgeprinzip im USP enthalten ist, mitunter umstandslos bejaht, vgl etwa *Podehl* (Fn 308) 56; *Krüger*, Anwendbarkeit von Umweltschutzverträgen in der Antarktis, 2000, 22. Mit *Bastmeijer*, The Antarctic Environmental Protocol and its Domestic Legal Implementation, 2003, 293 f ist demgegenüber darauf zu bestehen, dass die fehlende explizite Normierung des Vorsorgeprinzips zumindest eine genauere Auseinandersetzung mit jener Frage erfordert. Die CRAMRA, deren Scheitern als Geburtsstunde des USP verstanden wird, hatte in Art 4 Abs 1 noch explizit auf das Vorsorgeprinzip abgestellt.
315 Dazu s u Rn 112.
316 BGBl 1994 I, 2593.
317 Eingehend *Proelß/Blitza/Oliva*, Die Genehmigung wissenschaftlicher Forschung in der Antarktis im Lichte von Umweltschutz und Forschungsfreiheit, 2013, 27 ff.

Die auf AV und USP fußende, mittlerweile relativ detailliert ausgestaltete **86** Rechtsordnung wird *Antarktisches System* genannt.[318] Mit ihm wurde im Ansatz eine *gemeinschaftliche Verwaltung* durch die Vertragsstaaten geschaffen. Sie schließt den Erlass von Empfehlungen (Art IX Abs 1 AV) und normkonkretisierenden Anlagen zum USP im Rahmen der alljährlichen Konsultativtagungen ein. Daneben bestehen rechtlich selbständige, mit den übrigen antarktisbezogenen Normen freilich vielfach verschränkte multilaterale Verträge, insbes das Übereinkommen zum Schutz der antarktischen Robben v 1.6.1972 (CCAS)[319] und das zur Erhaltung der lebenden Meeresschätze der Antarktis v 20.5.1980 (CCAMLR).[320] Gemäß Art 4 Abs 2 USP sollen die in den beiden genannten Verträgen sowie die in der ICRW[321] enthaltenen Rechte und Pflichten vom USP unberührt bleiben. Diese Klausel wurde in der BR Deutschland mit § 17 Abs 7 u 8 AUG umgesetzt, der darauf abzielt, eine „Verdoppelung" des Genehmigungsverfahrens zu vermeiden. Die Gefahr einer solchen Verdoppelung besteht freilich nur insoweit, als sich der Regelungsbereich des AUG mit denen der in innerstaatliches Recht umgesetzten CCAS, CCAMLR und ICRW überlagert. Deshalb bleibt das Regime des § 17 AUG (und damit das USP) anwendbar, soweit die Spezialverträge keine abschließende Regelung treffen.

Nimmt man die Zahl der am Antarktischen System beteiligten Staaten als Maß- **87** stab, ist die Qualifizierung der Antarktis als *globaler* Staatengemeinschaftsraum nicht unproblematisch. Die „gemeinschaftliche Verwaltung" ist, anders als etwa beim Meeresbodenregime,[322] weder universell noch institutionell näher ausgeformt. Der Umstand, dass die Parteien des AV rund 80% der Weltbevölkerung repräsentieren, verleiht dieser Staatengruppe und ihrem „System" ungeachtet der *pacta tertiis*-Regel freilich „repräsentatives" Gewicht.[323] Auch wenn nicht von einem objektiven, Drittstaaten aufgrund einer wie auch immer gearteten besonderen Rechtsnatur des AV bindenden Regime ausgegangen werden kann,[324] wird sich die Legitimität des „Klubs" mit der weiteren Optimierung der Wahrnehmung wissenschaftlicher und ökologischer Verantwortung für die Antarktis und einer Vergrößerung des Kreises der systembeteiligten Staaten iSe Art *Treuhänderschaft für die „commons"* und die

---

318 Vgl *Kämmerer* (Fn 307) 75 ff.
319 BGBl 1987 II, 90.
320 BGBl 1982 II, 420. Die EU ist der CCAMLR im Jahre 1981 beigetreten (vgl Beschluss 81/691/EWG v 4.9.1981, ABl EG 1981, Nr L 252/26). Angesichts der Parallelität von Innen- und Außenkompetenzen sowie vor dem Hintergrund der Ausschließlichkeit der Unionszuständigkeit auf dem Gebiet der Erhaltung der lebenden Meeresressourcen (vgl Art 3 Abs 1 lit d, Abs 2 iVm Art 216 AEUV) sind die EU-Mitgliedstaaten von Unionsrechts wegen verpflichtet, sich bei der Beschlussfassung im Rahmen der mit der CCAMLR gegründeten Fischereikommission der Position der EU anzuschließen. Nach Ansicht des EuGH gilt dies freilich nur insoweit, als die hauptsächliche Zielsetzung und die hauptsächliche Komponente der in Aussicht genommenen Maßnahme nicht der Umweltschutz ist, für den nach Art 4 Abs 2 lit e AEUV eine geteilte Zuständigkeit der EU und der Mitgliedstaaten besteht; vgl EuGH, Verb Rs C-626/15 u C- 659/16, Rn 100. Die Unionsorgane haben mit VO (EG) Nr 601/2004 v 22.3.2004 (ABl EG 2004, Nr L 97/16) allgemeine Grundsätze für die Umsetzung der CCAMLR auf Unionsebene etabliert.
321 Vgl Art 7 Anlage II USP. Nachw in Fn 169, 330.
322 Vgl o Rn 68 ff.
323 Dazu *Klein*, Statusverträge im Völkerrecht, 1980, 250 f.
324 *Proelss* (Fn 46) Rn 54.

Legitimität des Antarktischen Systems insgesamt iSe allgemein respektierten, gültigen Regimes erhöhen.

II. Die Umwelt im Völkerrecht

1. Das Völkerrecht des Umweltschutzes im Überblick

88 Zu Beginn des 21. Jh steht die Menschheit besonderen Gefährdungen ihrer natürlichen Lebensgrundlagen gegenüber. Angesichts der Verschmutzung von Luft, Wasser und Boden, der Schwächung der biologischen Artenvielfalt sowie der epochalen Herausforderung des Klimawandels gewinnt das internationale Umweltrecht in erheblichem Umfang an Bedeutung. Eine allgemein anerkannte rechtliche *Definition* des Konzepts der Umwelt existiert nicht.[325] Für unseren Überblick lässt sich „Umwelt" verstehen als die vom Menschen beeinflussbaren Räume der Erde und des Weltraums, die in ihrer Gesamtheit ein komplexes Gefüge interdependenter Wirkungsbereiche bilden, bestehend aus Geosphäre, Hydrosphäre, Biosphäre und Atmosphäre einschließlich ihrer Ökosysteme. Es geht dabei um unterschiedliche Größen: um einzelne Raumkategorien (Land, Meer, Atmosphäre, Weltraum), um die Umweltmedien und -güter sowie um deren Beziehungen zueinander und zum Menschen. Das Gesamtgefüge erfüllt vielfältige Funktionen. Aufgrund ihrer Regenerationsfähigkeit kann die Umwelt Belastungen bis zu einem gewissen Grad bewältigen und ihr ökologisches Gleichgewicht wiederherstellen. Bei Überschreitung kritischer Schwellen wird diese Balance jedoch zerstört, zT irreversibel. Nachdem *Thomas Robert Malthus* (1766–1834) bereits Grenzen des Bevölkerungswachstums thematisiert hatte,[326] schärfte im Jahre 1972 der Club of Rome[327] das Bewusstsein für die *Endlichkeit der ökologischen Tragfähigkeit der Erde*. Da viele, ja die meisten Umweltprobleme *grenzüberschreitender* Natur sind, erfordern sie entsprechend *kooperative*, internationale Lösungen. Diese bilden den Gegenstand des Völkerrechts des Umweltschutzes.

89 Umweltvölkerrecht umfasst hiernach die Normen des Völkerrechts, die den Umgang der Völkerrechtssubjekte mit der Umwelt betreffen. Gespeist wird es zwar primär aus den Quellen des allgemeinen Völkerrechts.[328] Rechtlich nicht verbindliche Instrumente des *soft law*,[329] etwa Codes, Standards, Leitlinien, verfügen in seinem Rahmen aber über besondere Bedeutung. „Umweltvölkerrecht" signalisiert eine Geschlossenheit der Materie, die in Wirklichkeit nicht besteht.[330] Der internationale Umweltschutz lässt sich nicht isoliert von den einschlägigen ökonomischen (Verkehr, Handel, Roh-

---

325 S aber den Schiedsspruch im Fall *Iron Rhine*, RIAA XXVII, 35, 66 (§ 58): "the Tribunal notes that in all of these categories 'environment' is broadly referred to as including air, water, land, flora and fauna, natural ecosystems and sites, human health and safety, and climate."
326 *Malthus*, Das Bevölkerungsgesetz (nach der 1. Aufl v 1798 hrsgg und übers v Barth), 1977.
327 Meadows (Hrsg), Die Grenzen des Wachstums, 1972.
328 Zu den Rechtsquellen und Akteuren im Einzelnen *Epiney*, in Internationales Umweltrecht, 1. Abschn Rn 46 ff; zu potentiellen Rückwirkungen auf das allgemeine Völkerrecht *Dolzer/Kreuter-Kirchhof*, in Bewahrung, 91 ff.
329 Vgl *Graf Vitzthum*, 1. Abschn Rn 152. Zur Bedeutung *Epiney*, in Internationales Umweltrecht, 1. Abschn Rn 69 ff.
330 Vgl *Proelß*, in Bewahrung, 7 (9): das internationale Umweltrecht zeige „prototypische Symptome der [...] Fragmentierung des Völkerrechts".

stoff- und Energiegewinnung, Tourismus) und sozialen (Armut, Hunger, Migration, indigene Völker, Religion) Fragen betrachten. Querverbindungen bestehen auch zu den Menschenrechten (der „3. Generation"). Ein „Recht auf Umwelt" bzw eines „auf Gesundheit" oder „auf Wasser" ist nur dort gewährleistbar, wo sich ohne gesundheitliche Schädigung die Luft atmen und das Wasser trinken lässt.[331] Umweltschutz spielt ferner im Recht der bewaffneten Konflikte und des Kulturgüterschutzes eine Rolle,[332] vom Spannungsverhältnis zum internationalen Handels- und Verkehrsrecht ganz zu schweigen.[333] So erweist sich das Umweltvölkerrecht mit seiner Vielzahl an Akteuren, Normen und Regelungsbereichen, zumal im Hinblick auf Fragen der Haftung für Umweltschäden,[334] als *systematisierungsbedürftige Querschnittmaterie*.[335]

Regelungen zum Schutz der Umwelt setzen häufig auf globaler Ebene an. Die zunächst eher abstrakten Konzepte (etwa die Belange der Staatengemeinschaft insgesamt), Standards und Prinzipien (zB das Gebot der Rücksichtnahme oder das Vorsorgeprinzip) erfahren idR durch regionale, subregionale oder bilaterale Vereinbarungen eine erste Konkretisierung; die weitere Detaillierung erfolgt dann ggf im supranationalen und nationalen Recht. In der Bedeutung der *allgemeinen Prinzipien* des Umweltvölkerrechts (s u Rn 105 ff) und der hohen (und weiter steigenden) Relevanz des *soft law* offenbart sich eine *strukturelle Besonderheit* gegenüber dem allgemeinen Völkerrecht. Neue Formen einer institutionalisierten *Umwelt-Governance* (Weltklimarat, Weltrat für biologische Vielfalt, Technology Facilitation Mechanism) spielen eine immer größere Rolle. Mit anderen Gebieten des Völkerrechts teilt das Umweltrecht zwar die *Schwäche der Implementierungs- und Kontrollmechanismen*;[336] Relevanz und Modellcharakter neuartiger Befolgungsorgane (*compliance* und *implementation committees*), wie sie etwa im Rahmen der Espoo und Aarhus Konventionen eingerichtet wurden,[337] wurden im wissenschaftlichen Schrifttum bislang 90

---

331 Zum Ganzen s u Rn 118 ff.
332 Vgl zum einen das ENMOD-Übereinkommen, zum anderen, bzgl umweltschädigender Nebenwirkungen, Art 35 Abs 3 u Art 55 Abs 1 ZP I v 1977 (BGBl 1990 II, 1550). Zum Schutz der Umwelt im Krieg *Bothe*, 8. Abschn Rn 70 sowie *Vöneky*, Die Fortgeltung des Umweltvölkerrechts in internationalen bewaffneten Konflikten, 2001. S a den von der ILC im Zusammenhang mit dem Thema „Protection of the Environment in Relation to Armed Conflict" seit 2014 diskutierten Katalog von Draft Principles: UN Doc A/CN.4/L.937 v 6.6.2019.
333 *Krajewski*, Wirtschaftsvölkerrecht, 3. Aufl 2012, Rn 352 ff; *Herdegen*, Internationales Wirtschaftsrecht, 11. Aufl 2017, 90 ff; *Stoll/Jürging*, in Internationales Umweltrecht, 6. Abschn. Zum Ganzen auch *Kreuter-Kirchhof*, 6. Abschn Rn 30 ff u 87 ff.
334 Insoweit finden prinzipiell die allgemeinen Grundsätze Anwendung, vgl *Schröder*, 7. Abschn Rn 4 ff. Konkret zur Haftung für Umweltschäden *Dederer*, Staatenverantwortlichkeit („State responsibility") und Haftung („liability") im Bereich der „ultrahazardous activities", in Hecker/Hendler/Proelß/Reiff (Hrsg), Verantwortlichkeit und Haftung für Umweltschäden, 2013, 13 ff; *Douhan*, Liability for Environmental Damage, MPEPIL VI, 830 ff; *de La Fayette*, International Liability for Damage to the Environment, in Fitzmaurice/Ong/Merkouris (Hrsg), Research Handbook on International Environmental Law, 2010, 320 ff; ausführlich *Schmalenbach*, in Internationales Umweltrecht, 7. Abschn.
335 S a *von Arnauld* (Fn 61) Rn 903 f; *Epiney*, in Internationales Umweltrecht, 1. Abschn Rn 42 ff.
336 Vgl *Ehrmann*, Erfüllungskontrolle im Umweltvölkerrecht, 2000; *Fitzmaurice*, Compliance with Multilateral Environmental Agreements, HYBIL 20 (2007) 19 ff; zur Rolle internationaler Gerichte *Stephens*, International Courts and Environmental Protection, 2009.
337 S u Rn 109, 122 f. Auf Grundlage von Art 15 Aarhus Konvention wurde mit Beschluss des ersten Vertragsstaatentreffens 2002 (Decision I/7) das Aarhus Compliance Committee geschaffen. Ihm wurden bereits mehr als 130 Mitteilungen über behauptete Verstöße gegen die Vorgaben der Aarhus Konvention vorgelegt. Vgl etwa *Koester*, The Aarhus Convention Compliance Mechanism and Procee-

indes nicht hinreichend untersucht. *Akteurs*bezogene Besonderheiten ergeben sich ferner daraus, dass eine große Zahl von national und international agierenden Nichtregierungsorganisationen (NGOs), etwa Greenpeace, die World Conservation Union (IUCN) oder der World Wide Fund for Nature (WWF), an der Entwicklung umweltrechtlicher Instrumente und der Kontrolle ihrer Wirksamkeit beteiligt sind.[338] Nicht zuletzt zeichnet sich das internationale Umweltrecht dadurch aus, dass sich an seinem Beispiel Entwicklung, Ausprägungen und Folgen von Mehr-Ebenen-Modellen musterhaft aufzeigen lassen: Rechtsprinzipien und -institute, im nationalen Recht entwickelt, befruchten ihrerseits die völkerrechtliche Entwicklung, und vom EU-Recht gehen starke Impulse aus, auf das internationale wie auf das nationale Umweltrecht.[339]

2. Die Entwicklung des Umweltvölkerrechts

91 Steigende Produktion und zunehmender Pro-Kopf-Verbrauch in den meisten Industriestaaten sowie Bevölkerungsexplosion und Industrialisierungsfortschritte in vielen Entwicklungsländern tragen zur Intensivierung der Umweltbelastungen bei. Dies spiegelt sich in der *Geschichte* des Umweltvölkerrechts wider.[340] In seiner heutigen Gestalt ist es das Ergebnis einer relativ kurzen, heterogenen, dynamischen Entwicklung. Erste Regelungen, die Elemente der Umwelt zum Gegenstand hatten, reichen zwar bis ins 18. Jh zurück; sie betrafen vor allem die Nutzung und den Schutz grenzübergreifender Gewässer.[341] Die entscheidenden rechtspolitischen Anstöße gaben aber erst die UN-Konferenzen in Stockholm (1972) und Rio de Janeiro (1992). Mittlerweile weist insbes der *vertragliche* Umweltschutz eine erhebliche Regelungsdichte auf; im Vergleich zum gewohnheitsrechtlichen Nachbarrecht ist er konkreter und differenzierter.[342]

---

dings Before its Compliance Committee, in Banner (Hrsg), The Aarhus Convention, 2015, 199 (201 ff); *Zeitner*, Das Non-Compliance-Verfahren der Aarhus-Konvention, EurUP 2019, 159 ff. Bzgl seiner Erkenntnisse *(findings)* und Empfehlungen *(recommendations)* stellt sich u a die Frage, ob diese – ggf vorbehaltlich ihrer idR einstimmig erfolgenden Annahme durch das Vertragsstaatentreffen (Meeting of the Parties – MOP) – trotz der an sich nicht gegebenen Bindungswirkung als *subsequent legal practice* iSv Art. 31 Abs 3 lit b WVK herangezogen werden können. Dazu *Tanzi/Pitea*, The Interplay Between EU Law and International Law Procedures in Controlling Compliance with the Aarhus Conventon by the EU Member States, in Pallemaerts (Hrsg), The Aarhus Convention at Ten, 2011, 367 (380).
338 Zu den NGOs eingeräumten Beteiligungsmöglichkeiten (als Beobachter bei Vertragsverhandlungen, im Rahmen von Kontroll- und Beratungsgremien etc) *Oberthür*, Participation of Non-Governmental Organisations in International Environmental Co-operation, 2002.
339 Das *europäische* Umweltrecht bleibt in vorliegender Darstellung ausgeklammert. Dazu *Messerschmidt*, Europäisches Umweltrecht, 2011; *Epiney*, Umweltrecht in der Europäischen Union, 3. Aufl 2013; *Krämer*, EU Environmental Law, 8. Aufl 2016; *van Calster/Reins*, EU Environmental Law, 2017; *Kingston/Heyvaert/Cavoski*, European Environmental Law, 2017.
340 Zur Entwicklung *Epiney*, in Internationales Umweltrecht, 1. Abschn Rn 15 ff.
341 Vgl zB Grenzvertrag v 17.8.1754 zwischen Österreich und Venedig, 40 CTS 215; Treaty of Amity, Commerce and Navigation v 19.11.1794 zwischen Großbritannien und den USA (sog Jay-Vertrag), 52 CTS 243.
342 Zum Problem *Ong*, International Environmental Law's 'Customary' Dilemma: Betwixt General Principles and Treaty Rules, IYIL 1 (2006) 3 ff.

a) Die Ausgangspunkte: Nachbarrecht und Artenschutzabkommen

Das Bedürfnis nach Lösung *zwischenstaatlicher, dh grenznachbarschaftlicher Interessenkonflikte* bildet den *ersten* Ausgangspunkt für die Entstehung des Umweltvölkerrechts. Dergleichen Konflikte entstehen, wenn Aktivitäten auf dem Hoheitsgebiet eines Staats („Ursprungsstaat") schädliche Auswirkungen auf die Umwelt eines anderen Staats („Opferstaat")[343] haben. In solchen Situationen widerstreitet die territoriale Souveränität des Ursprungsstaats dem nicht weniger souveränitätsfundierten Integritätsinteresse des betroffenen Staats. Aus Anlass eines Streits mit Mexiko um die Wasserentnahme US-amerikanischer Farmer aus dem Grenzfluss Rio Grande vertrat US Attorney General *Harmon* ausgangs des 19. Jh die Auffassung, die Souveränität verleihe einem Staat das Recht, sein Staatsgebiet nach Belieben zu nutzen.[344] Diese *Harmon-Doktrin* fußte auf der schon damals kaum vertretbaren Prämisse, Souveränität könne unilateral, ohne Rücksichtnahme, definiert und durchgesetzt werden. Die Gegenposition der absoluten territorialen Integrität (des Opferstaats) nahm im Jahr 1907 mit Blick auf einen interkontinentalen Wassernutzungskonflikt *Max Huber* ein.[345] Beide Auffassungen sind mit der Existenz einer Vielzahl gleichermaßen souveräner Staaten nicht vereinbar.[346] So rückten auch die USA bald von der Harmon-Doktrin ab.[347] Das sich nun herausbildende völkerrechtliche Nachbarrecht zielte darauf ab, eine möglichst konfliktfreie Koexistenz der Staaten zu ermöglichen. Dazu entwickelten sich gewohnheitsrechtlich zwei bis heute höchst bedeutsame Prinzipien: das Verbot erheblicher grenzüberschreitender Umweltbelastungen und das Gebot ausgewogener Mitnutzung grenzübergreifender Ressourcen. 92

Das *Verbot erheblicher grenzüberschreitender Umweltbelastungen* findet sich bereits in den zivilrechtlichen Kodifikationen des 19. Jh.[348] Wegweisend für seine internationale Anerkennung war der *Trail Smelter-Schiedsspruch* v 1938. Schadstoffemissionen einer im kanadischen Ort Trail ansässigen Zinnschmelze hatten im benachbarten US-Bundesstaat Washington Schäden verursacht. Nach Völkerrecht, befand das Schiedsgericht, habe kein Staat das Recht, „to use or permit the use of its territory in such a manner as to cause injury by fumes in or to the territory of another [...], when the case is of serious consequence [...]."[349] Wenig später (1949) unterstrich der IGH, ein Staat sei ganz allgemein verpflichtet, „not to allow knowingly its territory to be used for acts contrary to the rights of other States".[350] Der zweite Grundsatz, das *Gebot ausgewogener Mitnutzung grenzübergreifender Ressourcen,* erfuhr seine wesentliche Ausprägung im internationalen Wasserrecht.[351] Bereits im sog Do- 93

---

343 Terminologie nach *Beyerlin,* Umweltvölkerrecht, 2000, Rn 116.
344 Official Opinions of the Attorney-General of the United States, Bd XXI, 1898, 281.
345 Vgl *Berber,* Die Rechtsquellen des internationalen Wassernutzungsrechts, 1955, 19.
346 *Fröhler/Zehetner,* Rechtsschutzprobleme bei grenzüberschreitenden Umweltbeeinträchtigungen, Bd I, 1979, 70. Konkurrierende Absolutheitsansprüche reduzieren einander notwendigerweise auf ein Verhältnis der Relativität.
347 *McCaffrey,* The Harmon Doctrine One Hundred Years Later, NRJ 36 (1996) 965 (997).
348 §§ 906, 823, 1004 BGB gegen § 903 BGB.
349 *Trail Smelter Arbitration,* RIAA III, 1938, 1965, gestützt ua auf *Eagleton,* Responsibility of States in International Law, 1928, 80: "A State owes at all times the duty to protect other States against injurious acts by individuals from within its jurisdiction."
350 *Korfu Kanal*-Fall, ICJ Rep 1949, 4, 22.
351 Hierzu *Reichert,* Gewässerschutz, 119 ff.

nauversinkungs-Streit v 1927 zwischen den Ländern Württemberg und Preußen einerseits und Baden andererseits urteilte der dt Staatsgerichtshof unter Bezugnahme auf das Völkerrecht, „die berechtigten Interessen der beteiligten Staaten [müssen] in billiger Weise gegeneinander abgewogen werden."[352]

94 Neben jenem gewohnheitsrechtlichen Nachbarrecht bildet die seit Beginn des 20. Jh wachsende Zahl von *Artenschutzabkommen* den *zweiten* Ausgangspunkt der Entwicklungen des völkerrechtlichen Umweltschutzes. Frühe Bsp sind die mehrheitlich auf einem rein anthropozentrischen Ansatz (Reduzierung der Bestandszahlen bestimmter Tierarten als „effective preservation measure") basierenden Übereinkommen über die Lachsfischerei im Rhein v 1885,[353] die Erhaltung wildlebender Tiere in Afrika v 1900,[354] den Schutz der für die Landwirtschaft nützlichen Vögel v 1902,[355] die Erhaltung von Fauna und Flora v 1933[356] sowie die Erhaltung von wildlebenden Tieren in der westlichen Hemisphäre v 1940.[357] Die auch ökonomisch negativen Folgen der weitgehenden Vernichtung der Walbestände Spitzbergens und des Südatlantiks führte 1931 zum Abschluss einer ersten *Walfangkonvention*,[358] die zunächst 1937 durch ein zweites[359] und 1946 schließlich durch ein noch heute in Kraft befindliches, erfolgreicheres Übereinkommen ersetzt wurde.[360] Analog dazu entstanden zahlreiche spezielle Fischereiabkommen.[361]

95 Die Vielfalt dieser Artenschutzabkommen berücksichtigte bereits den Umstand, dass das Erhalten von Tier- oder Pflanzenarten, die in einer bestimmten Region unter ganz bestimmten Bedingungen leben, entsprechend abgestimmte Instrumente

---

352 RGZ 116, Anhang, 18 (31 f).
353 Vertrag betreffend die Regelung der Lachsfischerei im Stromgebiet des Rheins v 30.6.1885 (RGBl 1886, 192).
354 Convention Designed to Ensure the Conservation of Various Species of Wild Animals in Africa which are Useful to Man or Inoffensive v 19.5.1900 (188 CTS 418).
355 RGBl 1906, 89.
356 Convention Relative to the Preservation of Flora and Fauna in their Natural State v 8.11.1933 (172 LNTS 241).
357 Convention on Nature Protection and Wild-Life Preservation in the Western Hemisphere v 12.10.1940 (161 UNTS 193).
358 Convention for the Regulation of Whaling v 24.9.1931 (155 LNTS 349).
359 International Agreement for the Regulation of Whaling v 8.6.1937 (190 LNTS 79). Das Übereinkommen scheiterte am Fernbleiben wichtiger Walfangnationen. Dazu *Birnie*, International Regulation of Whaling: From Conservation of Whaling to Conservation of Whales and Regulation of Whale-Watching, Vol I, 1985, 128 ff.
360 ICRW v 1946. Zur Arbeit der mit dem Übereinkommen gegründeten Internationalen Walfangkommission *Bowman/Davies/Redgwell*, Wildlife Law, 157 ff; *Proelß*, Meeresschutz, 177 ff. Die Kommission beschloss 1982 ein Moratorium bzgl kommerzieller Fangaktivitäten, das sämtliche Großwalbestände erfasst und noch heute in Kraft ist. Zur str Frage, wie die in der ICRW enthaltene Ausnahmevorschrift zugunsten des wissenschaftlichen Walfangs *(scientific whaling)* auszulegen ist, vgl (bzgl japanischer Walfangaktivitäten im südpazifischen Ozean) das Urteil des IGH im Fall *Antarctic Whaling*, ICJ Rep 2014, 226, §§ 51 ff. Umfassender und aktueller Überblick bei *Fitzmaurice*, Whaling and International Law, 2015.
361 Unter den frühen Versuchen, eine Übernutzung von Fischbeständen abzuwenden, sind beispielhaft zu nennen: Konvention über die Regelung der Maschen der Fischnetze und der Größenbegrenzungen der Fische v 5.4.1946 (BGBl 1959 II, 1513); Internationales Übereinkommen über die Fischerei auf Hoher See im Nordpazifik v 9.5.1952 (205 UNTS 65); (Osteuropäische) Vereinbarung über die Zusammenarbeit auf dem Gebiet der Meeresfischerei v 28.7.1962 (460 UNTS 220); (Europäisches) Fischerei-Übereinkommen v 9.3.1964 (BGBl 1969 II, 1898); Übereinkommen zur Erhaltung der lebenden Schätze des Südostatlantiks v 23.10.1969 (BGBl 1976 II, 1545).

erfordert; die wenigen, eher formelhaften Prinzipien des Gewohnheitsrechts waren (und sind auch heute) nicht ausreichend passgenau. Zudem bot das Gewohnheitsrecht bzgl Nichtstaatsgebieten keine sichere Rechtsgrundlage. Die Artenschutzabkommen zielten auf dauerhafte Sicherstellung der Nutzbarkeit von Tier- und Pflanzenarten. Diesen vom nationalen Jagd-, Fischerei- und Wasserrecht her vertrauten Hegeansatz greift das seit den 1990er Jahren vordringende, mittlerweile ubiquitär anzutreffende Konzept der *nachhaltigen Entwicklung* auf. Wie das Ramsar Übereinkommen v 1971,[362] das Washingtoner Artenschutzabkommen v 1973,[363] das Bonner Übereinkommen zur Erhaltung wandernder Arten wildlebender Tiere v 1979[364] sowie das Berner Übereinkommen über die Erhaltung der europäischen wildlebenden Pflanzen und Tiere und ihrer natürlichen Lebensräume v 19.9.1979[365] zeigen, begann sich das Bewusstsein für die Bedeutung der ökologischen Rahmenbedingungen des Artenschutzes in den 1970er Jahren auszubilden. Jüngstes, wichtigstes Glied dieser Kette ist die Biodiversitätskonvention v 1992 (CBD).[366]

b) Die großen Umweltkonferenzen

Trotz der vorstehend erwähnten Verträge und Judikate gewann die Umwelt als Gegenstand des Völkerrechts erst ab den 1960er Jahren *allgemeinpolitische Bedeutung*. Eine 1962 erschienene Studie zu den schädlichen Wirkungen von Pestiziden[367] löste ebenso Befürchtungen aus wie 1967 die durch die Havarie der „Torrey Canyon" verursachte Ölpest an westeuropäischen Küsten.[368] Die Folgen des „sauren Regens" für Wälder und Seen in Skandinavien verstärkten den Ruf nach effektiver Abhilfe. So berief die UN-Generalversammlung die *UN Conference on the Human Environment* für den 5.–16.6.1972 nach Stockholm ein.[369] Die Konferenz verabschiedete die *Stockholm Declaration*,[370] deren rechtlich unverbindlicher Prinzipienkatalog wichtige rechtspolitische Impulse setzte. Prinzip 21 weitete das Verbot grenzüberschreitender Umweltbelastungen auf Nichtstaatsgebiete aus. Dieses Schädigungsverbot wurde durch die Betonung des souveränitätsgestützten Rechts auf Ressourcennutzung – ein Ausdruck des Nord-Süd-Gefälles[371] – freilich wieder relativiert. Die unterindustrialisierten Länder fürchteten, der von den Industriestaaten forcierte Umweltschutz könnte sie an der Verwirklichung ihrer eigenen sozioökonomischen Entwicklungs-

96

---

362 Convention on Wetlands of International Importance Especially as Waterfowl Habitat v 2.2.1971 (996 UNTS 245; BGBl 1976 II, 1265). S u Rn 160.
363 Convention on International Trade in Endangered Species of Wild Fauna and Flora (CITES) v 3.3.1973 (993 UNTS 243; BGBl 1975 II, 773). S u Rn 159.
364 Convention on the Conservation of Migratory Species of Wild Animals (CMS) v 23.6.1979 (ILM 19 [1980] 15). S u Rn 159.
365 BGBl 1984 II, 618.
366 BGBl 1993 II, 1742. S u Rn 160 ff.
367 *Carson*, Silent Spring, 1962.
368 Vgl *Pfeil*, Torrey Canyon, MPEPIL IX, 948 ff.
369 Dazu *Dupuy/Viñuales*, International Environmental Law, 2. Aufl 2018, 8 ff; allg zu den Umweltkonferenzen auch *Birkner*, in Ipsen (Fn 9) § 53 Rn 15 ff.
370 Declaration of the UN Conference on the Human Environment (ILM 11 [1972] 1416).
371 Zum Nord-Süd-Gefälle und -konflikt vgl *Kreuter-Kirchhof*, 6. Abschn Rn 110 ff; *Bartenstein*, in Internationales Umweltrecht, 2. Abschn Rn 4 ff.

projekte hindern.³⁷² Folgerichtig fordert Prinzip 11: "The environmental policies of all States should enhance and not adversely affect the present or future potential of developing countries, nor should they hamper the attainment of better living conditions for all". Indem die Stockholm Deklaration damit den Umweltschutz in enge Beziehung zur Entwicklung setzt,³⁷³ wurde eine Grundlage für das zwei Jahrzehnte später in den Vordergrund tretende Konzept der nachhaltigen Entwicklung gelegt.³⁷⁴ Eine weitere Folge von „Stockholm" war die Gründung des *United Nations Environment Programme (UNEP)*, mit Sitz in Nairobi.³⁷⁵ UNEP bildet den institutionellen Rahmen für die Koordination der Umweltaktivitäten im UN-System und darüber hinaus³⁷⁶ den Mentor und Motor für die Entwicklung des Umweltvölkerrechts.

97   In den nachfolgenden Jahrzehnten erfuhr das Umweltvölkerrecht eine deutliche Belebung. Zahlreiche bilaterale, regionale und globale Abkommen wurden abgeschlossen. Sie verfolgten überwiegend einen *sektoralen* Ansatz, indem sie dem Schutz spezifischer Umweltbereiche (Meer, Luft, Binnengewässer, bestimmte Tier- und Pflanzenarten) dienten. Neben diesen Instrumenten trug eine Vielzahl nicht rechtsverbindlicher Erklärungen staatlicher wie nichtstaatlicher Akteure zur Weiterentwicklung des Rechts bei. Zu nennen sind hier vor allem die Arbeiten von UNEP,³⁷⁷ der Wirtschaftskommission der Vereinten Nationen für Europa (UN/ECE),³⁷⁸ der OECD, der International Law Association (ILA) und des Institut de Droit International (IDI) sowie von IUCN und WWF.³⁷⁹ Zehn Jahre nach der Stockholmer UN-Umweltschutzkonferenz verabschiedete die UN-Generalversammlung die *World Charter for Nature*.³⁸⁰ Sie stipulierte, rechtlich unverbindlich, den Schutz der Natur als solcher, in ihrer Gesamtheit – ein ökozentrischer, integraler Ansatz. Im Verlauf der 1980er Jahre zeigte sich immer deutlicher die Lückenhaftigkeit des bestehenden Instrumentariums. Die Um- und Durchsetzung diverser Abkommen blieb defizitär. Darüber hinaus erwies sich jener sektorale Ansatz zT als zu eng, gemessen an dem übergreifenden Wesen vieler Probleme. Zudem traten neue Herausforderungen auf,

---

372 Bereits im Vorfeld von „Stockholm" hatten die Entwicklungsländer in der UN-Generalversammlung eine Erklärung durchgesetzt, die den Industriestaaten die Hauptverantwortung für die Umweltprobleme und deren Lösung zuwies, vgl Res 2849 (XXVI) v 17.1.1972.
373 *Hunter/Salzman/Zaelke*, International Environmental Law and Policy, 1998, 286f.
374 S u Rn 114ff. Da zugleich die besonderen wirtschaftlichen und sozialen Entwicklungsrechte der unterindustrialisierten Länder angesprochen werden, klingt überdies der Leitgedanke der gemeinsamen, aber unterschiedlichen Verantwortungen an.
375 UN-Generalversammlung, Res 2997 (XXVIII) v 15.12.1972.
376 Zu Status, Aufbau und Agenda von UNEP, das nicht über Völkerrechtspersönlichkeit verfügt, *Kiss/Shelton*, International Environmental Law, 2000, 86ff; *Epiney*, in Internationales Umweltrecht, 1. Absch Rn 88f; *Sands/Peel*, Principles, 63ff.
377 Vgl insbes UNEP Draft Principles of Conduct in the Field of the Environment for the Guidance of States in the Conservation and Harmonious Utilization of Natural Resources Shared by Two or More States v 19.5.1978 (ILM 17 [1978] 1091).
378 Vgl Erklärungen und Empfehlungen der UN/ECE bzgl Gewässerschutz, Abfallvermeidung und Artenschutz. Die ECE war federführend bei der Erarbeitung der Übereinkommen über weiträumige grenzüberschreitende Luftverunreinigung (s u Rn 148), über die Umweltverträglichkeitsprüfung im grenzüberschreitenden Rahmen (s u Rn 109) sowie über den Schutz und die Nutzung grenzüberschreitender Wasserläufe und internationaler Seen (s u Rn 133f).
379 Vgl etwa die 1980 von UNEP, IUCN und WWF gemeinsam erarbeitete World Conservation Strategy.
380 Res 37/7 v 28.10.1982 (ILM 22 [1983] 455); dazu *Kiss/Shelton* (Fn 376) 64f.

die – wie Ozonloch und Erderwärmung – aufgrund ihrer unbestreitbar globalen Dimension mehr universelle Kooperation sowie eine umfassender angelegte Herangehensweise erforderlich machten.

Vor diesem Horizont kreierte die UN-Generalversammlung 1983 die World Commission on Environment and Development, die 1987 mit ihrem Abschlussbericht („Brundtland-Report")[381] das *Konzept der nachhaltigen Entwicklung* auf die internationale Agenda setzte. Bald darauf wurde die *UN Conference on Environment and Development (UNCED)* mit dem Auftrag einberufen, „[t]o promote the further development of international environmental law, taking into account [...] the special needs and concerns of the developing countries".[382] Nach intensiver Vorbereitung[383] fand vom 3.–14.6.1992 in *Rio de Janeiro* der *Erd-Gipfel* statt.[384] Die Interessengegensätze, insbes im Nord-Süd-Dauerkonflikt, waren groß.[385] Die Industriestaaten waren an der Lösung globaler Umweltprobleme unter Einbindung der Entwicklungsländer interessiert, überwiegend jedoch selbst zu einer entscheidenden Senkung ihres hohen Produktions- und Konsumniveaus nicht bereit. Die unterindustrialisierten Länder ihrerseits befürchteten einmal mehr, sich durch verbindliche Verpflichtungen zum Umweltschutz in ihrer Entwicklungsfähigkeit zu sehr einzuschränken. So forderten sie, der „Norden" solle dem „Süden" dessen etwaige Kooperationsbereitschaft mit Schuldenerlass und Finanz- und Technologietransfers honorieren. Die auf dem Rio-Gipfel verabschiedeten Dokumente spiegeln diesen letztlich nicht gelösten Konflikt zwischen Umweltschutz und Entwicklung wider.[386] Neben den Übereinkommen zum Klimaschutz (s u Rn 153 ff) und zum Schutz der Biodiversität (s u Rn 160 ff) sowie einer rechtlich unverbindlichen Erklärung zum Schutz der Wälder[387] sind die Rio Deklaration und die „Agenda 21" hervorzuheben.

Die *Rio Deklaration*,[388] „the most significant universally endorsed statement of general rights and obligations of states affecting the environment",[389] besteht aus 27 (für sich betrachtet) unverbindlichen[390] Prinzipien, die das Leitbild des *sustainable development* konkretisieren. Gemäß dessen anthropozentrischem Ansatz, verdeutlicht in Prinzip 1, ist das „Recht auf Entwicklung" so zu verwirklichen, dass auch künftige Generationen ihre Bedürfnisse befriedigen können (Prinzip 3). Nachhaltige

---

381 World Commission on Environment and Development (Hrsg), Our Common Future, 1987.
382 UN-Generalversammlung, Res 228 (XLIV) v 22.12.1989 (Conference on Environment and Development).
383 Zur Arbeit des Preparatory Committee *Johnson,* The Earth Summit, 1993, 19 ff.
384 Dazu *Malanczuk,* Die Konferenz der Vereinten Nationen über Umwelt und Entwicklung (UNCED) und das internationale Umweltrecht, FS Bernhardt, 1996, 985 ff; *Dupuy/Viñuales* (Fn 369) 13 ff.
385 Dazu auch *Beyerlin,* in Bewahrung, 213 ff.
386 Dokumentation bei Robinson (Hrsg), Agenda 21 and the UNCED Proceedings, 6 Bde, 1992.
387 Statement of Principles for a Global Consensus on the Management, Conservation and Sustainable Development of all Types of Forests v 13.6.1992 (ILM 31 [1992] 881). Dazu *Schulte zu Sodingen,* Der völkerrechtliche Schutz der Wälder, 2002, 185 ff; *Krohn,* Die Bewahrung tropischer Regenwälder durch völkerrechtliche Kooperationsmechanismen, 2002, 168 ff.
388 Declaration on Environment and Development v 13.6.1992 (ILM 31 [1992] 876). Zu ihren Bestimmungen im Einzelnen Viñuales (Hrsg), The Rio Declaration on Environment and Development: A Commentary, 2015.
389 *Birnie/Boyle/Redgwell,* International Law and the Environment, 112.
390 Dies gilt unabhängig davon, dass die meisten Prinzipien in einer Rechtsverbindlichkeit nahelegenden Weise („States shall") formuliert sind.

Entwicklung erfordert, Umweltschutz als integralen Bestandteil des Entwicklungsprozesses zu verstehen (Prinzip 4). Der nationalen Umweltgesetzgebung dienen Zugang der Öffentlichkeit zu umweltrelevanten Informationen und Beteiligung der Bürger an einschlägigen Verwaltungs- und Gerichtsverfahren (Prinzip 10), darüber hinaus das Vorsorge- und das Verursacherprinzip[391] sowie die Umweltverträglichkeitsprüfung (Prinzipien 15–17). Angesichts ihrer unterschiedlichen Beiträge zu den Umweltproblemen und ihrer Lösung tragen die Staaten *common but differentiated responsibilities* (Prinzip 7): Jedenfalls im Klimaschutz bricht dieses „normdirigierende Prinzip" letztlich „mit dem klassischen völkerrechtlichen Prinzip der Gleichheit der Staaten und begründet eine neue Offenheit zur internationalen Zusammenarbeit."[392]

100 Die *Agenda 21*,[393] ein voluminöses Aktionsprogramm, enthält zur Realisierung der Nachhaltigkeits-Zielbestimmung detaillierte umwelt- und entwicklungspolitische Handlungsanweisungen. Die Umsetzung der Agenda, in erster Linie Aufgabe der Staaten und der I.O., soll durch Beteiligung von NGOs sowie der Öffentlichkeit gefördert werden. Von spezifisch entwicklungspolitischen Aufgaben über die verschiedensten Aspekte des Umweltschutzes reicht der Katalog bis zur Stärkung der Rechte der Frau und der indigenen Völker sowie zu Fragen der finanziellen, technischen, institutionellen und rechtlichen Umsetzung der Vorhaben.

101 Die Aufbruchstimmung, die vom Rio-Gipfel ausgegangen war, wich im Laufe der 1990er Jahre der Ernüchterung, nicht nur beim Klimaschutz. Um den Rio-Folgeprozess insgesamt zu begleiten, wurde die – dem Wirtschafts- und Sozialrat der UNO (ECOSOC) zugeordnete – *Commission on Sustainable Development* (CSD) gegründet.[394] Auf der Grundlage von Berichten dieser Kommission konstatierte die UN-Generalversammlung im Juni 1997 („Rio+5"), dass sich der Zustand der Umwelt insgesamt verschlechtert und der Handlungsbedarf in vielen Bereichen erhöht habe. U a wurde, einmal mehr, eine verbesserte Koordination im zerklüfteten UN-System gefordert.[395]

102 Im CSD-Rahmen wurde der *World Summit on Sustainable Development* vorbereitet, der im Jahr 2002 in *Johannesburg* mit dem Ziel abgehalten wurde, zehn Jahre nach „Rio" dem Gesamtprozess neuen Elan und dem offenen Begriff der Nachhaltigkeit schärfere Konturen zu geben.[396] Bereits im Vorfeld des Gipfels hatte die UN-Milleniums-Deklaration v 2000 zur Ratifikation bzw Umsetzung diverser Übereinkommen aufgerufen und die Grundlage gelegt für die Formulierung von acht Entwicklungszielen für das Jahr 2015 (sog *Millenium Development Goals – MDGs*).[397] Der

---

391 Dazu s u Rn 112 f.
392 *Kreuter-Kirchhof*, Kooperationsformen, 557. Vgl auch *Kellersmann*, Die gemeinsame, aber differenzierte Verantwortlichkeit von Industriestaaten und Entwicklungsländern für den Schutz der globalen Umwelt, 2000, 35 ff; *Stone*, Common But Differentiated Responsibilities in International Law, AJIL 98 (2004) 276 ff; *Bartenstein*, in Internationales Umweltrecht, 2. Abschn Rn 17 ff, 43 ff.
393 UN Doc A/CONF.151/26/Rev.1 (1992), abgedr in Robinson (Fn 386), Vol IV, 1 ff.
394 UN Doc A/RES/47/191 v 22.12.1992.
395 UN-Generalversammlung, Res S/19-2 (Programme for the Further Implementation of Agenda 21) v 28.6.1997.
396 UN Doc A/RES/55/199 v 20.12.2000. Dazu *Dupuy/Viñuales* (Fn 369) 17 ff.
397 UN Doc A/RES/55/2 (United Nations Millenium Declaration) v 8.9.2000. Im Hinblick auf den Umweltschutz war vor allem das 7. MDG, der umweltspezifischen Nachhaltigkeit gewidmet, bedeut-

Gipfel, wieder ein weltweit beachtetes Großereignis,[398] verabschiedete die *Johannesburg Declaration* und einen umfangreichen *Plan of Implementation*[399] – beide als politische Absichtserklärungen rechtlich unverbindlich. Die Deklaration begnügt sich im Wesentlichen mit einem allgemein gehaltenen Bekenntnis zum Nachhaltigkeits-Leitbild und zur zwischenstaatlichen Solidarität; über die Rio Deklaration geht sie in der Sache nicht hinaus. Der Implementierungsplan, der Umsetzung der Deklaration dienend, enthält neben Kapiteln u a zur Armutsbekämpfung, zur nachhaltigen Bewirtschaftung natürlicher Ressourcen, zum Verhältnis Gesundheit/nachhaltige Entwicklung, zu regionalen Ansätzen und institutionellen Rahmenbedingungen nachhaltiger Entwicklung die Initiative, den Privatsektor stärker einzubinden, durch Bildung von Public-Private-Partnerships zwischen I.O., staatlichen Stellen, NGOs, Wirtschaftsunternehmen und Individuen.

Die Bilanz der *UN Conference on Sustainable Development (UNCSD)*, zwanzig **103** Jahre nach dem Erd-Gipfel von Rio im Juni 2012 erneut in Rio de Janeiro veranstaltet („Rio+20"), ist str.[400] Auch das Abschlussdokument („The Future We Want")[401] dieser vorerst letzten „großen" Umweltkonferenz ist nicht rechtsverbindlich. Gegenüber den im Rahmen der Vorgängerveranstaltungen verabschiedeten Dokumenten enthält es in der Sache keine wesentlichen Neuerungen, sieht man von einigen vorsichtig optimistisch stimmenden Erwägungen bzgl des Themenkomplexes „Ozeane und Meere" (etwa die fischereipolitische Zielvorgabe des größtmöglich erreichbaren Dauerertrags und die Erhaltung der biologischen Vielfalt der Staatengemeinschaftsräume Hohe See und Tiefseeboden betreffend) ab. Vor allem konnten angesichts der wirtschafts- und entwicklungspolitischen Interessen der sog *BRICS-Staaten* (Brasilien, Russland, Indien, China, Südafrika) kaum Fortschritte hinsichtlich des klimapolitisch erforderlichen Rückbaus von Subventionen für fossile Brennstoffe und der Förderung erneuerbarer Energien erzielt werden. Auch die ursprünglich geplante institutionelle Aufwertung des UNEP scheiterte; anstelle dessen wurde vereinbart, die CSD, deren Einrichtung 1992 noch von großen Hoffnungen begleitet worden war, aufzulösen und durch ein zunächst nicht näher spezifiziertes „universal, intergovernmental high-level political forum" zu ersetzen.[402] Nicht zuletzt stand offenbar die Weltfinanzkrise der Annahme ehrgeizigerer Vereinbarungen entgegen.

Als für die künftige Entwicklung des Umweltvölkerrechts nicht zu unterschät- **104** zender Faktor könnte sich hingegen die mit dem Abschlussdokument des Rio+20-

---

sam. Nach ihm sollten (1) die Grundsätze der nachhaltigen Entwicklung in der Politik und den Programmen einzelner Staaten verankert und die Vernichtung von Umweltressourcen eingedämmt, (2) der Verlust der Biodiversität reduziert und bis 2010 eine erhebliche Reduzierung der Verlustrate erreicht, (3) bis 2015 der Anteil der Weltbevölkerung ohne dauerhaften Zugang zu hygienisch einwandfreiem Trinkwasser und grundlegender sanitärer Versorgung halbiert, und (4) bis 2020 eine erhebliche Verbesserung der Lebensbedingungen von mindestens 100 Mio Slumbewohnern erzielt werden. – Die Überprüfung der Ziel*erreichung* bereitet bei solchermaßen allgemeinen Vorgaben naturgemäß Probleme.
398 Vgl *Beyerlin/Reichard*, The Johannesburg Summit, ZaöRV 63 (2003) 213 ff.
399 UN Doc A/CONF.199/20, Report of the World Summit on Sustainable Development, 1 ff, 6 ff.
400 Dazu *Dupuy/Viñuales* (Fn 369) 19 f, die die Bemühungen um Initierung von Verfahren der *Fortschrittsmessung*, wie sie heute u a das internationale Klimaschutzrecht kennzeichnen (s u Rn 157), als zentralen Erfolg des Gipfels identifizieren; krit hingegen *Sands/Peel*, Principles, 49.
401 UN Doc A/RES/66/288 v 11.9.2012, Annex.
402 Ebd § 84.

Gipfels erfolgte Einigung der UN-Mitgliedstaaten, *Ziele nachhaltiger Entwicklung* zu entwerfen, erweisen. Sie sollen nach dem Auslaufen der von der UN-Milleniums-Deklaration v 2000 angestoßenen MDGs (so Rn 102) Ende 2015 verfolgt werden, um die drei Dimensionen des Nachhaltigkeitskonzepts und deren Wechselbezüge weiter zu konkretisieren.[403] Zu diesem Zweck wurde von der UN-Generalversammlung eine offene Arbeitsgruppe ins Leben gerufen,[404] die im Anschluss an einen sämtliche interessierte Gruppen (Staaten, UN-Institutionen, NGOs, Wissenschaftsorganisationen, private Unternehmen etc) einbeziehenden Konsultationsprozess am 19.7.2014 einen Entwurf von 17 Oberzielen vorlegte.[405] Diese sog *Sustainable Development Goals (SDGs)* wurden auf dem Weltgipfel für nachhaltige Entwicklung im September 2015 einstimmig von der UN-Generalversammlung verabschiedet.[406] Sie traten am 1.1.2016 mit einer Laufzeit von 30 Jahren „in Kraft" und wurden zwecks Operationalisierung durch einen Katalog von 169 Unterzielen ergänzt. Als mit Blick auf das Thema vorliegenden Abschnitts besonders relevant stellen sich die Ziele 6 (bzgl nachhaltiger Wasserbewirtschaftung), 7 (bzgl nachhaltiger Energieversorgung), 13 (mit der Aufforderung „to take urgent action to combat climate change and its impacts"), 14 (bzgl Erhaltung und nachhaltiger Nutzung der Ozeane und ihrer Ressourcen) u 15 (bzgl Schutz, Wiederherstellung und nachhaltiger Nutzung terrestrischer Ökosysteme, nachhaltiger Waldbewirtschaftung, Bekämpfung der Wüstenausbreitung sowie Beendigung von Devastierung und Biodiversitätsverlust) dar. Inwieweit die SDGs imstande sind, einen Paradigmenwechsel in der internationalen Umweltpolitik herbeizuführen oder zumindest der Kontroll- und Implementierungsschwäche des Umweltvölkerrechts wirksam zu begegnen, bleibt abzuwarten.[407] Manche Ziele wirken überambitioniert, andere sind, trotz des Versuchs ihrer Konkretisierung mittels Verabschiedung von Unterzielen, allzu vage und abstrakt formuliert; das gilt nicht zuletzt für die politisch heikle Frage nach dem Umfang der Verantwortung der industrialisierten Staaten für die Bereitstellung von Mitteln zwecks Umsetzung der SDGs in den Entwicklungsstaaten.[408] Hinzu tritt, dass die SDGs völkerrechtlich nicht verbindlich sind und ihre Missachtung damit nicht einklagbar ist (sie gründen freilich ganz überwiegend auf bestehenden völkervertraglichen Pflich-

---

403 Ebd § 246. S auch ebd § 247: "[...] SDGs should be action-oriented, concise and easy to communicate, limited in number, aspirational, global in nature and universally applicable to all countries while taking into account different national realities, capacities and levels of development and respecting national policies and priorities."
404 UN Doc A/67/L.48/Rev.1 v 15.1.2013, Open Working Group of the General Assembly on Sustainable Development Goals.
405 UN Doc A/RES/68/970 v 12.8.2014, Report of the Open Working Group of the General Assembly on Sustainable Development Goals.
406 UN Doc A/RES/70/1 v 21.10.2015, Transforming Our World: The 2013 Agenda for Sustainable Development, §§ 54 ff.
407 Vgl die zurückhaltende Bewertung bei *Dupuy/Viñuales* (Fn 369) 22: "Governments, international organisations, the private sector and civil society are indeed integrating the SDGs in their activities, although it is unclear whether such buy-in entails genuine substantive change or merely changes in formulation. Moreover, despite the emphasis on the integrated nature of all the SDGs and the lack of any hierarchy, one cannot fail to notice the fact that the gravity centre of the first ten (perhaps of the first twelve) SDGs is on socioeconomic development, with climate change, the marine environment, and biodiversity coming later in the list."
408 Vgl etwa Unterziel 17.3: "Mobilize additional financial resources for developing countries from multiple sources".

ten). Auch die von der UN-Generalversammlung vorgesehene Überwachung beruht letztlich auf freiwilligen, zumal von den Staaten selbst anzustoßenden Initiativen; die für die Durchführung von Monitoring und die Überprüfung erforderlichen Indikatoren müssen erst noch verabschiedet werden, und zwar jeweils für die globale, regionale und nationale Ebene.[409] Von diesen künftigen Herausforderungen abgesehen, lässt sich der SDG-Prozess, zumal unter Berücksichtigung der offen-partizipativen, netzwerkartigen Struktur des von der UN-Generalversammlung zwecks Unterstützung der Implementierung der Nachhaltigkeitsziele neu geschaffenen *Technology Facilitation Mechanism*,[410] als weiterer Beleg für die in den vergangenen Jahren zu beobachtende Tendenz einer Entformalisierung des Umweltvölkerrechts begreifen.

3. Allgemeine Prinzipien des Umweltvölkerrechts

Wie die Deklarationen von Stockholm und Rio, wie zahlreiche Umweltschutzübereinkommen, Verlautbarungen zB von CSD und UNEP[411] sowie wissenschaftliche Veröffentlichungen[412] erkennen lassen, geht es im Völkerrecht in den letzten Jahrzehnten u a um die Formulierung allgemeiner Prinzipien für den Umgang mit der Umwelt. Neben den überkommenen, praktisch noch immer besonders relevanten Grundsätzen des gewohnheitsrechtlichen Nachbarrechts (Präventionsprinzip) sowie neueren, normativ noch ungefestigten Konzeptionen – *common heritage of mankind*,[413] *common concern of mankind*,[414] *common but differentiated responsibilities*[415] – konzentriert man sich auf das Leitbild der nachhaltigen Entwicklung sowie – vor allem – auf das Vorsorge- und das Verursacherprinzip. Obgleich ihre rechtliche Einordnung im Einzelnen str und jeweils gesondert vorzunehmen ist, werden sie nachfolgend allesamt unter dem Begriff *Prinzipien* behandelt. Als Optimierungsgebote fordern sie die möglichst weitgehende Verwirklichung eines bestimmten „idealen

105

---

409 UN Doc A/RES/70/1 (Fn 406) §§ 74 ff.
410 Vgl ebd § 70: "The Technology Facilitation Mechanism will be based on a multi-stakeholder collaboration between Member States, civil society, the private sector, the scientific community, United Nations entities and other stakeholders and will be composed of a United Nations interagency task team on science, technology and innovation for the Sustainable Development Goals, a collaborative multi-stakeholder forum on science, technology and innovation for the Sustainable Development Goals and an online platform." Mit den Begriffen und Kategorien der tradierten Lehre von den I. O. lassen sich Grundlagen und Struktur dieses neuen Mechanismus nicht erfassen.
411 Vgl etwa die UN Docs E/CN.17/1996/17/Add 1 v 1.3.1996 u UNEP/IEL/WS/3/2 v 4.10.1996.
412 Vgl *Epiney/Scheyli*, Strukturprinzipien; *Sands/Peel*, Principles; *Verschuuren*, Principles; *Proelß*, in Internationales Umweltrecht, 3. Abschn; Krämer/Orlando (Hrsg), Principles of Environmental Law, 2018. Krit *Beyerlin*, „Prinzipien" im Umweltvölkerrecht, FS Steinberger, 2002, 31 ff. Überblick bei *Epiney*, Zur Einführung – Umweltvölkerrecht, JuS 2003, 1066 (1067 f).
413 Vgl *Wolfrum*, The Principle of the Common Heritage of Mankind, ZaöRV 43 (1983) 312 ff.
414 Vgl *Hunter/Salzman/Zaelke* (Fn 373) 343 ff; Abgrenzung der verschiedenen Konzepte bei *Proelß/Haake* (Fn 226) 187 ff. In der Klimarahmenkonvention v 1992 und im Kyoto Protokoll v 1997 ist der Schutz der Erdatmosphäre als „gemeinsames Anliegen der Menschheit" Sorge und Aufgabe aller Staaten.
415 Vgl *Hey*, Common But Differentiated Responsibilities, MPEPIL II, 444 ff. Die besondere Verantwortlichkeit der Industriestaaten folgt aus ihrer größeren Schutzfähigkeit und Schadensverantwortlichkeit; vgl *Kreuter-Kirchhof*, Kooperationsformen, 515 ff.

Sollens".[416] Demnach ist zwischen den sich aus ihnen ergebenden materiellen oder prozeduralen Rechts*wirkungen* einerseits und der formellen *(soft* oder *hard law)* Rechts*natur* der Prinzipien andererseits zu differenzieren: Unabhängig von der formellen Frage ihrer allgemeinen Bindungswirkung entfalten sie in der Sache erheblichen Einfluss auf die Rechtswirklichkeit, mag die Anwendung der in den Prinzipien enthaltenen abstrakten Aussagen auf den konkreten Einzelfall auch oft Probleme bereiten. Dies und die immer weiter wachsende Bedeutung des *soft law* stellen die überkommene Rechtsquellenlehre im Kontext der internationalen Bemühungen zum Schutz der Umwelt vor neue Herausforderungen.[417] – Große Aufmerksamkeit hat zuletzt eine franz Initiative erregt, einen *Globalen Pakt für die Umwelt* auszuhandeln und in Kraft zu setzen. Nachdem ein Expertengremium bereits im Jahre 2017 einen ersten Textentwurf erarbeitet hatte,[418] beschloss die GV der UN im Mai 2018, eine offene Ad-hoc-Arbeitsgruppe einzusetzen. Diese soll ua Umfang, Parameter und Durchführbarkeit eines „internationalen Instruments" erörtern, um Empfehlungen, zu denen auch die Einberufung einer regierungsübergreifenden Konferenz zur Annahme eines solchen Instruments gehören kann, für die GV in der ersten Jahreshälfte 2019 abzugeben.[419] Bei dem geplanten Pakt soll es sich um einen rechtsverbindlichen Vertrag handeln, der als „Dach" der zahlreichen bestehenden multilaterale Umweltabkommen (MEAs) fungieren soll. Seine Vorschriften statuieren überwiegend bereits anerkannte umweltvölkerrechtliche Prinzipien, Rechte und Pflichten, gehen zT aber auch über den Stand des Anerkannten hinaus bzw ergänzen diesen um Klarstellungen und Konkretisierungen.[420] Die Sinnhaftigkeit des geplanten Pakts, der von den Staaten ratifiziert werden müsste, um in Kraft zu treten, wird unterschiedlich beurteilt.[421] Gewiss würden mittels vertraglicher Kodifikation eines allgemeinen Teils des internationalen Umweltrechts Rechtsklarheit geschaffen und Lücken im bestehenden Normensystem geschlossen; andererseits besteht zumindest in dem Fall, dass der Pakt mangels hinreichender Ratifikationen nicht in Kraft tritt, die Gefahr, dass das Umweltvölkerrecht hinter den bereits erreichten Entwicklungsstand zurückfällt. Auch strukturell stellt sich die Frage, ob der Versuch, einen „Dachvertrag" mit globalem Geltungsanspruch über das bestehende Umweltrecht zu stülpen, im Lichte seiner fortschreitenden Transnationalisierung infolge der Ein-

---

416 Vgl *Alexy*, Recht, Vernunft, Diskurs, 1995, 177 ff. Rechtstheoretisch handelt es sich bei den Prinzipien des Umweltvölkerrechts daher genau genommen um Regeln (und gerade nicht um Prinzipien ieS). Sie sind selbst nicht abwägungsfähig, sondern strukturieren den Abwägungsprozess. Eingehend dazu *Schröter*, Strukturprinzipien, 250 ff.
417 Dazu *Proelß*, in Internationales Umweltrecht, 3. Abschn Rn 2 ff.
418 Der Text des Preliminary Draft Pact for the Environment ist abrufbar unter <https://www.iucn.org/sites/dev/files/content/documents/draft-project-of-the-global-pact-for-the-environment.pdf>.
419 UN Doc A/RES/72/277 v 14.5.2018, Towards a Global Pact for the Environment, § 2.
420 S dazu die jeweils einer Vorschrift des Pakts gewidmeten Beiträge in Aquila/Viñuales (Hrsg), A Global Pact for the Environment: Legal Foundations, 2018, <https://www.ceenrg.landecon.cam.ac.uk/report-files/AguilaVinualesAGlobalPactfortheEnvironmentCambridgeReportMarch2019.pdf>.
421 Vgl etwa *Kotzé/French*, A Critique of the Global Pact for the Environment: A Stillborn Initiative or the Foundation for *Lex Anthropocenae*?, International Environmental Agreements: Politics, Law and Economics 18 (2018) 811 ff; *Raith*, The 'Global Pact for the Environment' – A New Instrument to Protect the Planet?, JEEPL 15 (2018) 3 ff; *Young*, Global Pact for the Environment: Defragging International Law?, EJIL: Talk!, <https://www.ejiltalk.org/global-pact-for-the-environment-defragging-international-law/>.

beziehung privater Akteure und der Entwicklung neuer Formen der Umwelt-Governance (zB durch soft law-Instrumente, Beschlüsse von Vertragsstaatenkonferenzen[422] und von Mechanismen der Erfüllungskontrolle bestehender MEAs) noch zeitgemäß ist, von den derzeit die internationalen Beziehungen prägenden Schwierigkeiten, eine Verständigung auf einen „kleinsten gemeinsamen Nenner" zu erzielen, ganz zu schweigen.

a) Das Trail Smelter-Prinzip und der Präventionsgrundsatz
Auszugehen ist zunächst von der gewohnheitsrechtlichen Geltung des Verbots erheblicher grenzüberschreitender Umweltbelastungen (obligation not to cause significant harm),[423] das in in die Worte *sic utere tuo ut alienam non laedas* gefasst wird: „Gehe mit deinen Dingen so um, dass du einen anderen nicht schädigst."[424] Bis heute bereitet indes die Feststellung Schwierigkeiten, wann der Anwendungsbereich dieses sog Trail Smelter-Grundsatzes im Einzelfall wegen Vorliegens einer erheblichen grenzüberschreitenden Umweltschädigung betroffen ist.[425] Die 1974 von der OECD erarbeitete, allgemein akzeptierte Definition des Begriffs „Umweltverschmutzung"[426] stellt ab auf „the introduction by man [...] of substances or energy into the environment resulting in deleterious effects of such a nature as to endanger human health, harm living resources and ecosystems, and impair or interfere with amenities and other legitimate uses of the environment."[427] Ob die Umwelt belastet ist, bleibt freilich oftmals eine Wertungsfrage.[428] Grenzüberschreitend sind Belastungen zunächst dann, wenn ihre Auswirkungen das Hoheitsgebiet eines anderen Staats betreffen. Für den Begriff des Nachbarn folgt daraus: Nicht geographische Nähe oder gar eine gemeinsame Grenze sind maßgeblich, sondern der Kausalzusammenhang zwischen schädlicher Tätigkeit und Umweltbelastung.[429] Der IGH geht

106

---

422 Dazu *Epiney*, in Internationales Umweltrecht, 1. Abschn Rn 101 f.
423 *Epiney*, Das „Verbot erheblicher grenzüberschreitender Umweltbeeinträchtigungen", AVR 33 (1995) 309 (318). S den endg Schiedsspruch im Fall *Indus Waters*, § 110 (mit Verweis auf Teilschiedsspruch v 18.2.2013): "There is no doubt that States are required under contemporary customary international law to take environmental protection into consideration when planning and developing projects that may cause injury to a bordering State."
424 Abgrenzungen bei *Hinds*, Das Prinzip „sic utere tu out alienam non laedas" und seine Bedeutung im internationalen Umweltrecht, AVR 30 (1992) 298 (301 ff).
425 Zu dieser und weiteren Fragen bzgl Relevanz, Reichweite und Rechtsfolgen der *Trail Smelter*-Entscheidung vgl Bratspies/Miller (Hrsg), Transboundary Harm in International Law, 2006.
426 Vgl *Kiss*, The International Protection of the Environment, in Macdonald/Johnston (Hrsg), The Structure and Process of International Law, 1983, 1069 (1072); *ders/Shelton* (Fn 376) 268 ff.
427 OECD, Recommendation C(74)224 of the Council on Principles Concerning Transfrontier Pollution v 14.11.1974, Teil A (Introduction).
428 Vgl IGH im *Pulp Mills*-Fall, ICJ Rep 2010, 14, 92 (§ 236): "[...] the Court will principally weigh and evaluate the data". Der Gerichtshof verzichtete auf die gemäß Art 50 IGH-Statut bestehende Möglichkeit, wissenschaftliche Gutachten zu den potentiell umweltschädlichen Wirkungen der durch den Betrieb eines Zellstoffwerks freigesetzten Stoffe einzuholen. Insoweit krit die abw Meinung der Richter *Al-Khasawneh* u *Simma*, ebd 108, 109 ff (§§ 2 ff).
429 *Kunig*, Nachbarschaftliche Staatsverpflichtungen bei Gefährdungen und Schädigungen der Umwelt, BerDGVR 32 (1992) 9 (12 f). *Schröder*, Waldschäden als Problem des internationalen und des europäischen Rechts, DVBl 1986, 1173 (1176 f) bezweifelt die Einbeziehung *weit*räumiger Schädigungen in den *sic utere tuo*-Grundsatz. Das Gewohnheitsrecht hält auch noch keinen effizienten Mecha-

mittlerweile von der allgemeinen, auch räumlich unbeschränkten Geltung des Verbots erheblicher grenzüberschreitender Umweltbelastungen aus. So heißt es in seinem Nuklearwaffen-Gutachten v 1996: "The existence of the general obligation of States to ensure that activities within their jurisdiction and control respect the environment of other States or of areas beyond the national control is now part of the corpus of international law relating to the environment."[430]

107 Das Verbot grenzüberschreitender Umweltbelastungen gilt nicht absolut. Bereits der *Trail Smelter*-Schiedsspruch enthielt das einschränkende Kriterium der *Erheblichkeit* der Belastung, auf das sich 1957 dann auch der *Lac Lanoux*-Schiedsspruch bezog. Ohne das Verbot grenzüberschreitender Umweltbelastungen explizit zu erwähnen, billigte das Gericht hier das Vorhaben Frankreichs, Wasser des Flusses Font-Vive, der den französischen Pyrenäensee Lanoux mit dem französisch-spanischen Grenzfluss Carol verbindet, zur Elektrizitätsgewinnung umzuleiten. Nicht nur werde das zunächst entzogene Wasser später wieder dem Grenzfluss zugeführt; es gehe vielmehr auch nicht um eine *erhebliche* Veränderung der Wassereigenschaften.[431] Unwesentliche Einwirkungen seien aber als gewohnheitsrechtliche Ausnahme vom Schädigungsverbot hinzunehmen, wobei die Wesentlichkeit vom Opferstaat aus zu beurteilen ist.[432]

108 Die Entwicklung des Verbots der grenzüberschreitenden erheblichen Umweltbeeinträchtigung zu einem *allgemeinen Präventionsgrundsatz* und dessen Bestätigung als bindendes Gewohnheitsrecht durch den IGH[433] werfen die Frage auf nach der fortbestehenden Relevanz des erstgenannten Grundsatzes. Diesbezügliche Zweifel ergeben sich aus der Zielrichtung des jüngeren Präventionsgrundsatzes. Dieser statuiert eine bloße Verhaltenspflicht *(obligation of conduct)* des Staats, unter Berücksichtigung der gebührenden Sorgfalt *(due diligence)* zu handeln, indem im Vorhinein alle möglichen und zumutbaren Maßnahmen zur Vermeidung wahrscheinlicher grenzüberschreitender Umweltschäden getroffen werden.[434] Die Einhaltung technischer Standards wie der „besten verfügbaren Technologien" oder der „besten Umweltpraxis" ist hierfür ein relevanter Faktor. Kann aber ein Staat unter Bezugnahme auf den prohibitiven („erfolgsbezogenen") *Trail Smelter*-Grundsatz (Verbot der erheblichen grenzüberschreitenden Umweltbeeinträchtigung als *obligation of result)*[435] auch dann noch zur Verantwortung für eingetretene grenzüberschreitende Umweltschäden zur Verantwortung gezogen werden, wenn er zuvor im Lichte des Maßstabs der gebotenen Sorgfalt alle Maßnahmen getroffen hat, um jene Schäden

---

nismus für den Umgang mit den Folgen *kumulierter* Immissionen bereit, also bzgl Einwirkungen, die ihren Ursprung in mehreren Staaten haben und jede für sich betrachtet unerheblich sind. Dazu vgl auch das *Pulp Mills*-Urteil des IGH, ICJ Rep 2010, 14, 94 ff.

430 ICJ Rep 1996, 226 ff (§ 29); s auch das Urteil im *Pulp Mills*-Fall, ICJ Rep 2010, 14, 55 f.
431 *Lac Lanoux Arbitration*, RIAA XII, 281, 303.
432 So *Sachariew*, The Definition of Thresholds of Tolerance for Transboundary Environmental Injury under International Law, NILR 37 (1990) 193 ff.
433 *Pulp Mills*, § 101; s auch den Schiedsspruch im *Iron Rhine*-Fall, § 59.
434 Eingehend dazu *Proelß*, in Internationales Umweltrecht, 3. Abschn Rn 10 ff; vgl auch den Kommentar der ILC zu Art 3 der Draft Articles on Prevention of Transboundary Harm from Hazardous Activities (YBILC 2001/II-2, 154).
435 Vgl RIAA III, 1905 bzw 1938, 1965

zu verhindern? Diese Frage harrt einer umfassenden Klärung.[436] Soweit erkennbar bietet die Staatenpraxis für eine bejahende Antwort keine tragfähige Grundlage; IGH und Rio Deklaration[437] verhalten sich zum Verbot der erheblichen grenzüberschreitenden Umweltbeeinträchtigung nicht. Dies legt es nahe, von der Fortgeltung dieses Verbots (und damit der parallelen Anwendbarkeit *neben* dem Präventionsgrundsatz) allenfalls in Fällen auszugehen, in denen ein Staat eine *in höchstem Maße risikogeneigte Technologie* zugelassen hat.[438]

Um die Einhaltung des Präventionsgrundsatzes zu gewährleisten, bedarf es jeweils intensiver Kommunikation. Aus den *materiellen* Regeln werden deshalb, gleichsam als ihr Annex, *prozedurale* Pflichten abgeleitet.[439] Im Vordergrund steht die Verpflichtung, potentielle Opferstaaten über die Vorfälle bzw die Vorhaben frühzeitig zu *informieren*, die erhebliche grenzüberschreitende Umweltbelastungen mit sich bringen können, und insoweit in Konsultationen einzutreten. Unter Bezugnahme auf Prinzip 19 der Rio Deklaration, zahlreiche einschlägige Normen im Rahmen diverser multilateraler Umweltschutzabkommen sowie Art 8 u 9 des Artikelentwurfs der ILC zu Prevention of Transboundary Harm from Hazardous Activities[440] wird heute überwiegend und zutreffend von der gewohnheitsrechtlichen Geltung dieser prozeduralen Pflichten ausgegangen.[441] Gleiches gilt für die Pflicht zur Durchführung einer *Umweltverträglichkeitsprüfung (UVP)* vor Initiierung eines potentiell umweltgefährdenden Projekts. Für Projekte, deren Umweltauswirkungen grenzüberschreitender Natur sind (Bsp: grenzüberschreitende Pipelines), regelt das Verfahren das Übereinkommen über Umweltverträglichkeitsprüfungen im grenzübergreifenden Kontext v 1991 (Espoo Übereinkommen). Im *Pulp Mills*-Fall stellte der IGH fest: "[I]t may now be considered a requirement under general international law to undertake an environmental impact assessment where there is a risk that the proposed industrial activity may have a significant adverse impact in a transboundary context, in particular, on a shared resource."[442] Die genauen Anforderungen, die im Einzelfall an eine UVP zu stellen sind, lassen sich dem allgemeinen Völkerrecht freilich

109

---

[436] *Beyerlin/Marauhn*, International Environmental Law, 40 f gehen von zwei Dimensionen eines allgemeinen Nichtschädigungsgebots *(no harm rule)* aus: "In its prohibitive function, it [das Nichtschädigungsgebot] forbids any state from causing significant transboundary environmental harm. In its preventive function, 'no harm' obliges every state of origin 'to take adequate measures to control and regulate in advance sources of potential significant transboundary harm'." Insoweit krit *Proelß*, in Internationales Umweltrecht, 3. Abschn Rn 14, 22. S aber das Urteil des IGH im Fall *Construction of a Road*, §§ 119 f, 177 ff.
[437] Die Rio Deklaration spricht in Prinzip 2 lediglich davon, dass "States have [...] the responsibility to ensure that activities within their jurisdiction or control do not cause damage to the environment of other States or of areas beyond the limits of national jurisdiction."
[438] *Proelß*, Das Urteil des IGH im Pulp Mills-Fall und seine Bedeutung für die Entwicklung des Umweltvölkerrechts, FS Schröder, 2012, 611 (620 ff); vgl auch *Birnie/Boyle/Redgwell*, International Law and the Environment, 147 ff, insbes 150 f.
[439] Vgl *Birnie/Boyle/Redgwell*, International Law and the Environment, 177 ff.
[440] Nachw in Fn 434.
[441] Vgl nur *Odendahl*, Umweltpflichtigkeit, 139 ff; *Beyerlin/Marauhn*, International Environmental Law, 227 ff. Im *Pulp Mills*-Fall betonte der IGH den engen Zusammenhang zwischen Informationspflichten und Präventionsprinzip, ICJ Rep 2010, 14, 56 (§ 102).
[442] *Pulp Mills*, ICJ Rep 2010, 14 (§ 204). S auch das Gutachten der Kammer für Meeresbodenstreitigkeiten des ISGH, ITLOS Rep 2011, 10 (§§ 145 ff). Zu den prozeduralen Verpflichtungen im Einzelnen *Epiney*, in Internationales Umweltrecht, 4. Abschn Rn 4 ff, 19 ff.

nicht entnehmen.⁴⁴³ Sie ergeben sich aus dem Völkervertragsrecht, europäischen Unionsrecht und/oder nationalen Recht.

110 Probleme wirft das *Verhältnis der materiellen Grundsätze und der prozeduralen Pflichten* auf.⁴⁴⁴ In seinem *Pulp Mills*-Urteil betonte der IGH zwar den zwischen den beiden Kategorien bestehenden „functional link", lehnte es aber ab, aus der Verletzung der prozeduralen Informationspflicht automatisch eine Verletzung der in casu einschlägigen materiell-rechtlichen Grundsätze, insbes des Präventionsprinzips, abzuleiten.⁴⁴⁵ Überdies erblickte er in der bloßen gerichtlichen Feststellung eines Verstoßes Uruguays gegen die Informationspflicht eine ausreichende Wiedergutmachung.⁴⁴⁶ Die hierin zum Ausdruck kommende Relativierung der prozeduralen umweltrechtlichen Anforderungen begegnet Bedenken;⁴⁴⁷ Informations- und Konsultationspflichten leisten einen wesentlichen Beitrag zur Implementierung und Operationalisierung des materiellen Rechts (Umweltschutz durch Verfahren), ja gewährleisten überhaupt erst dessen Wirkmächtigkeit.

b) Das Gebot der ausgewogenen Mitnutzung grenzübergreifender Ressourcen

111 Kern des Grundsatzes *ausgewogener Mitnutzung grenzübergreifender Ressourcen* ist die staatliche Verpflichtung, bei der Ressourcennutzung auch die Interessen anderer Staaten, auf deren Hoheitsgebiet sich die Ressourcen ebenfalls erstrecken, zu berücksichtigen.⁴⁴⁸ Obgleich seine Anwendbarkeit seit den 1970er Jahren im Zusammenhang mit den UNEP-Leitlinien für den Umgang mit den unterschiedlichsten *shared natural resources* (Mineralien, Erdöl- und Erdgasvorkommen, Wälder, Gebirge, Luft) diskutiert wurde,⁴⁴⁹ erfuhr es seine wesentliche Ausprägung im internationalen Wasserrecht.⁴⁵⁰ Ziel des *Equitable Utilization*-Prinzips ist nicht die schematische Gleichbehandlung aller Betroffenen, sondern der differenzierte, dem konkreten Einzelfall gerecht werdende, insofern „billige" Interessenausgleich zwischen wirtschaftlichen und ökologischen Belangen.⁴⁵¹ Kriterien hierfür hat die ILA im Rahmen ihrer – rechtlich unverbindlichen – *Berlin Rules on Water Resources* entwickelt, die

---

443 *Pulp Mills*, § 205. S aber den endg Schiedsspruch im Fall *Indus Waters*, mit der Klarstellung, dass die UVP von Völkerrechts wegen aufgrund aktueller wissenschaftlicher Erkenntnisse und in Anbetracht der spezifischen Besonderheiten des betreffenden Projekts durchgeführt werden müsse (§ 101).
444 Dazu näher *Proelß*, in Internationales Umweltrecht, 3. Abschn Rn 18 ff.
445 *Pulp Mills*, §§ 71 ff.
446 Ebd §§ 269, 272 ff. Zur Genugtuung als Rechtsfolge der Staatenverantwortlichkeit *Schröder*, 7. Abschn Rn 32.
447 Zu Recht krit die abw Meinung der Richter *Al-Khasawneh* u *Simma*, § 26 f. Diskussion bei *Proelß*, in Internationales Umweltrecht, 3. Abschn Rn 21.
448 Terminologisch findet es sich in verschiedenen, inhaltlich aber gleichbedeutende Varianten: angemessene/ausgewogene/faire/billige/gerechte/gleichmäßige (Mit-)Nutzung grenzübergreifender/ geteilter/gemeinsamer Ressourcen.
449 Hierzu *Odendahl*, Umweltpflichtigkeit, 163 ff; *Durner*, Common Goods, 2001, 74 ff. Zum Hintergrund *Reinicke*, Die angemessene Nutzung gemeinsamer Naturgüter, 1991, 8 ff.
450 Hierzu und zum Folgenden *Reichert*, Gewässerschutz, 119 ff; *ders*, in Internationales Umweltrecht, 13. Abschn Rn 26 ff.
451 Vgl auch *Pulp Mills*, §§ 175, 177.

an die Stelle eines früheren Entwurfs getreten sind.⁴⁵² Danach sind u a die Bevölkerungsgröße der Anrainerstaaten, ihre sozioökonomischen Bedürfnisse sowie die Verfügbarkeit zusätzlicher Wasserressourcen zu berücksichtigen. In der Praxis ist das Gebot der ausgewogenen Mitnutzung zwischenzeitlich in zahlreichen bi- und multilateralen Verträgen zu spezifischen Gewässern⁴⁵³ sowie in Art 5 Abs 1 Satz 1 des *UN-Übereinkommens über das Recht der nicht-navigatorischen Nutzungen internationaler Wasserläufe* v 21.3.1997⁴⁵⁴ kodifiziert. Der IGH hat die Geltung dieses Gebots, zumindest in Bezug auf Binnengewässer, bestätigt.⁴⁵⁵ Trotz dieser rechtlichen Anerkennung ist es wegen seiner Unbestimmtheit wenig effektiv. Letztlich dürften, wie im *Gabcíkovo-Nagymaros*-Fall, nur grobe Verletzungen des Gebots eindeutig feststellbar sein. Insofern spricht vieles dafür, das Mitnutzungsgebot primär als eine staatengerichtete Anweisung zu verstehen, einen fairen Interessenausgleich zu suchen. Auch im Seevölkerrecht ist in speziellen Abgrenzungsfragen „eine der Billigkeit entsprechende Lösung" *(equitable solution)* anzustreben.⁴⁵⁶

c) Das Vorsorge- und das Verursacherprinzip

Kern des aus dem dt Umweltrecht stammenden, mittlerweile auch im EU-Recht verankerten⁴⁵⁷ *Vorsorgeprinzips (precautionary principle)* ist der Gedanke, dass die Umwelt am effektivsten geschützt wird, wenn bereits die Entstehung von Belastungen vermieden wird. Nachdem der Vorsorgegedanke international im Rahmen der Konferenzen zum Nordseeschutz in den 1980er Jahren erstmals größere Beachtung fand, ist er mittlerweile in Abkommen zum Schutz des Meeres,⁴⁵⁸ der Binnengewässer,⁴⁵⁹ der Arten⁴⁶⁰ sowie des Klimas⁴⁶¹ aufgegriffen und in seiner Bedeutung durch Prinzip 15 der Rio Deklaration anerkannt worden.⁴⁶² Gleichwohl herrscht noch immer Streit

112

---

452 Abrufbar unter <http://www.cawater-info.net/library/eng/l/berlin_rules.pdf>; die früheren Helsinki Rules sind abgedr in ILA (Hrsg), Report of the Fifty-second Conference Held at Helsinki, 1966-7, 484 ff.
453 Nachweise bei *Reinicke* (Fn 449) 37 ff; *Ule*, Das Recht am Wasser, 1998, 165 f. Im Fall *Indus Waters* schloss sich das Schiedsgericht der str Ansicht an, dass die Normen der einschlägigen bilateralen Vertrags im Lichte des Völkergewohnheitsrechts auszulegen seien, und zwar selbst dann, wenn die betreffenden gewohnheitsrechtlichen Normen erst *nach* Abschluss des Vertrags entstanden seien. Vgl endg Schiedsspruch, § 111 (mit Verweis auf Teilschiedsspruch v 18.2.2013).
454 Convention on the Law of the Non-navigational Uses of International Watercourses, ILM 36 (1997) 700.
455 *Gabcíkovo-Nagymaros*, § 85.
456 Vgl Art 74 Abs 1 u Art 83 Abs 1 SRÜ; vgl o Rn 57.
457 Vgl Art 191 Abs 2 AEUV.
458 Vgl Art 2 Abs 2 lit a des Übereinkommens zum Schutz der Meeresumwelt des Nordostatlantiks (OSPAR-Übereinkommen) v 22.9.1992 (BGBl 1994 II, 1360); vgl auch die Definition von „Verschmutzung" in Art 1 Abs 1 Nr 4 SRÜ („abträgliche Wirkungen [...] ergeben oder ergeben *können*").
459 Vgl Art 2 Abs 5 lit a des Übereinkommens zum Schutz und zur Nutzung grenzüberschreitender Wasserläufe und internationaler Seen v 17.3.1992 (BGBl 1994 II, 2334).
460 Vgl 9. Erwägungsgrund der Präambel des Übereinkommens über die biologische Vielfalt (CBD) v 22.6.1992 (BGBl 1993 II, 1742).
461 Vgl Art 3 Abs 3 des Rahmenübereinkommens der Vereinten Nationen über Klimaveränderung (UNFCCC) v 29.5.1992 (BGBl 1993 II, 1784).
462 Prinzip 15 lautet: "In order to protect the environment, the precautionary approach shall be widely applied by all States according to their capabilities. Where there are threats of serious or irre-

darüber, ob das Vorsorgeprinzip bereits zu Völkergewohnheitsrecht erstarkt ist.[463] Der Ertrag dieser Kontroverse war und ist begrenzt; sie sollte von Überlegungen flankiert bzw ersetzt werden, auf welche Weise der Vorsorgegedanke in der Rechtspraxis *effektiv operationalisiert* werden kann.[464] Das Quellenproblem steht in engem Zusammenhang mit dem Umstand, dass das Vorsorgeprinzip je nach betroffenem Vertrag unterschiedlich ausgestaltet ist.[465] Stets geht es zwar im Kern um die Handhabung von Umweltrisiken, hinsichtlich deren Eintrittswahrscheinlichkeit wissenschaftliche Unsicherheit besteht: Vorsorge als *Risikomanagement* und *-abwägung*.[466] Welche Rechtsfolgen sich aus der Anwendung des Prinzips ergeben – zu denken ist etwa an eine Beweislastumkehr zulasten des Staats, der sich auf die Harmlosigkeit eines potentiell umweltschädlichen Verhaltens beruft,[467] oder an eine staatliche Pflicht zum Handeln, sobald die Möglichkeit einer Umweltgefährdung besteht[468] –, kann aber nicht allgemein beantwortet werden.[469] Nicht bestreiten lässt sich freilich, *dass* das Vorsorgeprinzip seit Mitte der 1980er Jahre Widerhall in der Staatenpraxis und Erwähnung in einer Vielzahl umweltvölkerrechtlicher, sich teilweise überlagernder Verträge gefunden hat. Verbunden mit seiner Ausgestaltung als Optimierungsverbot sowie der in dem Element des Verzichts auf wissenschaftliche Gewissheit zum Ausdruck kommenden Bedeutung als Grundsatz des Risikomanagements legt dies nahe, das Vorsorgeprinzip, zumal eingedenk der Herausforderung des Kli-

---

versible damage, lack of full scientific certainty shall not be used as a reason for postponing cost-effective measures to prevent environmental degradations."
463 Zu Recht differenzierend *Birnie/Boyle/Redgwell*, International Law and the Environment, 159 ff; *Beyerlin/Marauhn*, International Environmental Law, 55 f; *Proelß*, in Internationales Umweltrecht, 3. Abschn Rn 30 f. Zum Ganzen auch *Trouwborst*, Evolution and Status of the Precautionary Principle in International Law, 2002. Vorsichtig bejahend die Kammer für Meeresbodenstreitigkeiten des ISGH, §§ 131, 135.
464 Eingehend dazu *Schröter*, Strukturprinzipien, 321 ff u *Proelß*, in Internationales Umweltrecht, 3. Abschn Rn 34 ff.
465 Vgl auch *Böckenförde*, The Operationalization of the Precautionary Approach in International Environmental Law Treaties, ZaöRV 63 (2003) 313 (314); *Epiney/Scheyli*, Strukturprinzipien, 45: „Zur Frage, ob ein Prinzip/eine Verhaltensregel Völkergewohnheitsrecht darstellt, gesellt sich daher immer diejenige nach dem normativen Gehalt dieser Regel."
466 *Epiney/Scheyli*, Strukturprinzipien, 91 f; *Beyerlin/Marauhn*, International Environmental Law, 55. – Der Unterschied zum Präventionsprinzip liegt darin, dass der Kausalzusammenhang zwischen Verhalten und Umweltbelastung nicht feststehen muss; vgl *Cameron/Abouchar*, The Status of the Precautionary Principle in International Law, in Freestone/Hey (Hrsg), The Precautionary Principle and International Law, 1996, 29 (45). Im Kontext des Vorsorgeprinzips sind die Anforderungen an die Wahrscheinlichkeit eines Schadenseintrittes umso niedriger, je höher die potentiellen Schadensfolgen sind.
467 Allgemein bejahend *Request for Examination*, Diss Op *Weeramantry*, ICJ Rep 317, 343; ähnlich *Verschuuren*, Principles, 87; ablehnend der IGH im *Pulp Mills*-Fall, § 164; *Birnie/Boyle/Redgwell*, International Law and the Environment, 158 f. Explizit ergibt sich eine Beweislastumkehr lediglich aus Art 3 Abs 3 lit c Anlage II OSPAR-Übereinkommen; für Art 2 Abs 2 lit a OSPAR-Übereinkommen nimmt Entsprechendes an *Proelß*, Meeresschutz, 203 f.
468 Vgl etwa Art 2 Abs 2 lit a OSPAR-Übereinkommen.
469 Deutlich *Birnie/Boyle/Redgwell*, International Law and the Environment, 160 ff. Zu den verschiedenen „Versionen" des Vorsorgeprinzips auch *Wiener*, Sustainable Development, in International Environmental Law Handbook, 597 (602 ff). Dies erklärt auch die unterschiedliche Terminologie: In manchen Verträgen wird vom Vorsorgeansatz *(precautionary approach)*, in anderen vom Vorsorgeprinzip *(precautionary principle)* gesprochen.

mawandels, künftig iSe *prozeduralen Abwägungsmechanismus* zu operationalisieren, mittels dessen Zielkonflikte zwischen verschiedenen Schutzgütern des Umweltvölkerrechts (etwa Biodiversitätsschutz einerseits, Bekämpfung des Klimawandels andererseits)[470] bewältigt werden können.[471]

Nach ersten Definitionen zu Beginn der 1970er Jahre durch OECD[472] und EG[473] wurde das *Verursacherprinzip (polluter pays principle)* auf universeller Ebene in Prinzip 16 der Rio Deklaration verankert: "National authorities should endeavour to promote the internalization of environmental costs [...] taking into account the approach that the polluter should, in principle, bear the cost of pollution, with due regard to the public interest and without distorting international trade and investment." Als (auch) *Kostenverteilungsprinzip* ordnet das Verursacherprinzip dem Urheber einer Belastung die Verantwortung für die Kosten ihrer Vermeidung oder Beseitigung zu. Dies beruht auf der Vorstellung, dass Verursachern dann der wirtschaftliche Anreiz zu verträglichem Verhalten fehlt, wenn sie die Umweltkosten auf Dritte abwälzen, die Kosten somit aus ihrer Kalkulation heraushalten können. Der Zwang zur „internalisierenden" Einbeziehung der „externen Effekte" soll zur umweltschonenden Verhaltensänderung führen.[474] Insgesamt ist bzgl des Verursacherprinzips im Einzelnen noch vieles str.[475] Von seiner universellen völkergewohnheitsrechtlichen Geltung kann bislang nicht ausgegangen werden,[476] ungeachtet seiner Rezeption in verschiedenen umweltvölkerrechtlichen Verträgen.[477]

113

---

470 *Wolfrum/Matz*, Conflicts in International Environmental Law, 2003, 78 ff.
471 *Proelß*, in Internationales Umweltrecht, 3. Abschn Rn 37 ff; *Wiener*, Sustainable Development, in International Environmental Law Handbook, 597 (609 f); zum Bsp Klimaschutz *Güssow*, Sekundärer maritimer Klimaschutz, 2012, 227 ff; die rechtstheoretischen Grundlagen dieser Sichtweise erarbeitet *Schröter*, Strukturprinzipien, 250 ff (ebd 321 ff mit Anwendungsbeispielen). Aus unionsrechtlicher Perspektive KOM(2000) 1 endg v 2.2.2000, 3 ff, 9; vgl auch *Arndt*, Das Risikoverständnis der Europäischen Union unter besonderer Berücksichtigung des Vorsorgeprinzips, in Jaeckel/Janssen (Hrsg), Risikodogmatik im Umwelt- und Technikrecht, 2012, 35 (45 ff); Darstellung der einschlägigen EuGH-Judikatur bei *Proelss*, Principles of EU Environmental Law: An Appraisal, in Nakanishi (Hrsg), Contemporary Issues in Environmental Law, 2016, 29 ff. S a die Entscheidung des Schiedsgerichts im Fall *Indus Waters*, wonach die Bezugnahme auf das Vorsorgeprinzip zur Folge habe, „to [...] assume the role of policymaker in determining the balance between acceptable environmental change and other priorities, or to permit environmental considerations to override the balance of other rights and obligations expressly identified in the Treaty [...]" (§ 112).
472 Guiding Principles Concerning International Economic Aspects of Environmental Policies (ILM 11 [1972] 1172 f). Zur Rolle der OECD *Brown Weiss et al*, International Environmental Law and Policy, 1998, 523 ff.
473 Erklärung des Rates der Europäischen Gemeinschaften und der im Rat vereinigten Vertreter der Regierungen der Mitgliedstaaten v 22.11.1973 über ein Aktionsprogramm der Europäischen Gemeinschaften für den Umweltschutz (ABl EG 1973, Nr C 112/1).
474 *Feess*, Umweltökonomie und Umweltpolitik, 1995, 18 f.
475 Vgl *Proelss*, Polluter-Pays, in Aquila/Viñuales (Fn 420) Kap 10.
476 So auch das Schiedsgericht im *Rhine Chlorides*-Fall, § 103. Aus der Lit *Birnie/Boyle/Redgwell*, International Law and the Environment, 322 f; *Sands/Peel*, Principles, 240; *Beyerlin/Marauhn*, International Environmental Law, 59; *Proelß*, in Internationales Umweltrecht, 3. Abschn Rn 49; *Epiney/Scheyli*, Strukturprinzipien, 154 ff.
477 Vgl etwa Art 2 Abs 5 lit b des UN/ECE-Gewässerübereinkommens; Art 2 Abs 2 lit b des OSPAR-Übereinkommens.

d) Das Leitbild der nachhaltigen Entwicklung

114 Seit dem Rio-Gipfel v 1992 dominiert das Konzept der „nachhaltigen Entwicklung" *(sustainable development)* auf nationaler,[478] supranationaler[479] und internationaler Ebene.[480] Obgleich mittlerweile alle Gebiete des Umweltrechts durchziehend, sind Inhalt wie Status dieser Zielbestimmung bis heute str. Ein Symptom ist die terminologische Blässe des dt Begriffs; er wird daher zuweilen auch, kaum weniger konturenlos, durch „Bestandsfähigkeit", „Dauerhaftigkeit" oder „Zukunftsfähigkeit" ersetzt. Mit Blick auf seine Ausbreitung in diverse andere Politikbereiche hinein ist der Vorwurf, es handele sich – überspitzt formuliert – um eine „Zauberformel",[481] kaum von der Hand zu weisen.

115 „Nachhaltigkeit" lässt sich im dt Forstrecht bis ins 18. Jh zurückverfolgen – als Bezeichnung für den Grundsatz, dass Wäldern im Interesse stetiger Erträge nicht mehr Holz entnommen werden darf als nachwachsen kann. Dieser *Hege*ansatz, der Nutzung und Bewahrung miteinander verbindet, ist nicht neu, sondern fand sich ansatzweise schon in den ersten Artenschutzverträgen wieder.[482] In den frühen 1970er Jahren war das Verhältnis zwischen sozioökonomischer Entwicklung einerseits und steigender Umweltbelastung andererseits zunächst als unauflösbarer Konflikt wahrgenommen worden. Diesen Antagonismus suchte der Brundtland-Bericht v 1987 zu überwinden.[483] Nachhaltigkeit sei ein Konzept, „that meets the needs of the present without compromising the ability of future generations to meet their own needs. [Es handele sich um] a type of development that integrates production with resource conservation and enhancement, and that links both to the provision for all of an adequate livelihood base and equitable access to resources."[484] Bald darauf wurde das Konzept als zentrales Leitbild in Prinzip 4 der Rio Deklaration anerkannt.

116 Nachhaltige bzw umweltverträgliche Entwicklung ist grundsätzlich *anthropozentrisch ausgerichtet*. Sie zielt auf die dauerhafte Befriedigung der sozioökonomischen Bedürfnisse aller Menschen, auf menschengerechte Lebensbedingungen für die gesamte derzeitige Weltbevölkerung *(intragenerational equity)*, und dies keineswegs auf Kosten künftiger Generationen *(intergenerational equity)*.[485] Zentral ist der Ansatz, dass die einschlägigen *ökologischen*, *ökonomischen* und *sozialen* Ziele wegen ihrer engen wechselseitigen Verknüpfung nur durch eine *ganzheitliche Herange-*

---

478 Zur Umsetzung in Deutschland *Rehbinder*, Das deutsche Umweltrecht auf dem Weg zur Nachhaltigkeit, NVwZ 2002, 657 ff.
479 Vgl die Präambel u Art 3 Abs 3 EUV, Art 11 AEUV sowie Art 37 der Charta der Grundrechte. Hierzu *Epiney*, Zum Konzept der Nachhaltigen Entwicklung in der EU, in Lang/Hohmann/Epiney (Hrsg), Das Konzept der Nachhaltigen Entwicklung, 1999, 43 (47 ff); *Frenz/Unnerstall*, Nachhaltige Entwicklung im Europarecht, 1999.
480 Vgl *Rest*, Die rechtliche Umsetzung der Rio-Vorgaben in der Staatenpraxis, AVR 34 (1996) 145 (151 ff); *Bartholomäi*, Sustainable Development und Völkerrecht, 1997.
481 *Kahl*, Der Nachhaltigkeitsgrundsatz im System der Prinzipien des Umweltrechts, FS Schmidt, 2002, 111 (113 f).
482 Vgl o Rn 95.
483 Zur Entstehungsgeschichte *Schröder*, Sustainable Development, AVR 34 (1996) 251 ff; *Beaucamp*, Das Konzept der zukunftsfähigen Entwicklung im Recht, 2002, 15 ff.
484 WCED (Fn 381) 39 f; ebd 43 der voranstehende Satz.
485 Hierzu *Brown Weiss*, Our Rights and Obligations to Future Generations for the Environment, AJIL 84 (1990) 198 ff.

hensweise dauerhaft verwirklicht werden können.[486] Damit sind wirtschaftliche Entwicklung und Armutsbekämpfung zentrale Themen der internationalen Bemühungen zum Schutz der Umwelt geworden. Mit diesem *integrativen* Ansatz unvereinbar sind Forderungen, den Nachhaltigkeitsbegriff auf seinen umweltschützenden Aspekt zu reduzieren.[487] Das Nachhaltigkeitskonzept postuliert nicht den Vorrang des einen oder anderen Guts, sondern gebietet in Abhängigkeit von Risikograden und konkreten Umständen differenzierte Lösungen. Integration von Umwelt und Wirtschaft, zumal unter Einbeziehung der Interessen künftiger Generationen, impliziert daher nicht, dass in jedem Einzelfall sowohl der Umweltschutz als auch die Wirtschaft im bestmöglichen Umfang realisiert werden können. Entscheidend ist vielmehr, dass den kollidierenden und im Ausgangspunkt gleichrangigen Gütern gleichermaßen zur Geltung verholfen wird, indem die nachteiligen Wirkungen auf das im Rahmen einer einzelfallbezogenen Abwägung „unterlegene" Gut minimiert werden. Das Nachhaltigkeitskonzept gebietet also eine *mittels Güterabwägung zu vollziehende Integration* der in ihm zusammengefassten Schutzgüter,[488] gibt aber die für die Abwägung maßgeblichen Kriterien nicht allgemein vor. Wie das Vorsorgeprinzip ist *sustainable development* im rechtstheoretischen Sinne mithin als Regel zu qualifizieren (womit indes noch nichts über die Frage seiner gewohnheitsrechtlichen Geltung gesagt ist).[489]

Ungeachtet seiner Konkretisierungsbedürftigkeit dürfte das den Kern des Nachhaltigkeitsgrundsatzes bildende Gebot, Umwelt und Wirtschaft überhaupt in einen angemessen Ausgleich zu bringen, mittlerweile zu Gewohnheitsrecht erstarkt sein.[490] Darüber hinaus lassen sich aus seiner Erwähnung in nahezu allen seit 1992 abgeschlossenen umweltvölkerrechtlichen Verträgen freilich keine einklagbaren Pflichten ableiten: Eine Durchsetzung angeblicher Rechtsverletzungen wird regelmäßig an dem den Staaten hinsichtlich der Durchführung der Güterabwägung zustehenden weiten Beurteilungsspielraum scheitern.[491] Im *Gabcíkovo-Nagymaros*-Urteil bezeichnete der IGH „nachhaltige Entwicklung" als „Konzept": "[The] need to reconcile economic development with protection of the environment is aptly expressed in the concept of sustainable development".[492] Unstr ist indes die Strahlkraft des Nachhaltigkeitsgrundsatzes in der Rechtswirklichkeit und Rechtspolitik. Wie im

117

---

486 World Bank (Hrsg), World Development Report 2003, 14; vgl auch IGH im *Pulp Mills*-Fall, § 177. Fallstudien in Schrijver/Weiss (Hrsg), International Law and Sustainable Development, 2004.
487 So aber *Kahl* (Fn 481) 126 ff; *Epiney*, Sustainable Use of Freshwater Resources, ZaöRV 63 (2003) 377 (379).
488 *Proelß*, in Internationales Umweltrecht, 3. Abschn Rn 54. Im Schrifttum wird insoweit von einem *principle of integration* gesprochen; vgl *Magraw/Hawke*, Sustainable Development, in International Environmental Law Handbook, 613 (628 ff); *Tladi*, Sustainable Development and International Law, 2007, 74 ff; *Voigt*, Sustainable Development as a Principle of International Law, 2009, 35 ff.
489 Zur Begründung *Rauber*, Strukturwandel als Prinzipienwandel, 2018, 480 ff; *Proelß*, in Internationales Umweltrecht, 3. Abschn Rn 53 ff.
490 Dazu *Proelß*, in Internationales Umweltrecht, 3. Abschn Rn 56; *Sands/Peel*, Principles, 219 f. Anders noch die Vorauflage; verneinend auch *Beyerlin/Marauhn*, International Environmental Law, 79 ff; *Birnie/Boyle/Redgwell*, International Law and the Environment, 125 ff; *Beaucamp* (Fn 483) 79 ff; *Birkner* (Fn 369) § 53 Rn 41.
491 Vgl insoweit auch die vom Schiedsgericht im Fall *Indus Waters* gegen die Anwendung des Vorsorgeprinzips in Stellung gebrachte Argumentation (so Fn 471).
492 ICJ Rep 1997, 7 (§ 140).

Falle des Vorsorgeprinzips sollte das Augenmerk künftig daher auf Wege der Operationalisierung des Nachhaltigkeitskonzepts gerichtet werden. Diese Operationalisierung soll nun mittels der 2015 auf dem Weltgipfel für nachhaltige Entwicklung angenommenen *Sustainable Development Goals (SDGs)* erfolgen.[493]

4. Umweltschutz und Individualrechte

118 Mit der Ausbildung eines ausdifferenzierten umweltvölkerrechtlichen Systems seit den 1970er Jahren rücken auch die *Querverbindungen zu anderen Teilbereichen* des Völkerrechts in den Vordergrund des Interesses. Die zunehmende Relevanz der individualrechtlichen Perspektive, die Frage also nach dem Verhältnis von Umweltschutz und Menschenrechten,[494] bringt den auch allgemein zu konstatierenden Wandel des Völkerrechts von einem formellen Zwischenstaatenrecht zu einer wertbestimmten Ordnung zum Ausdruck. Wie die Anerkennung des *erga omnes*-Charakters der zentralen menschenrechtlichen Gewährleistungen unterstreicht,[495] wird die Legitimation dieser Ordnung gerade auch über die Rechte des Einzelnen vermittelt.[496] Wird nach der Existenz eines speziellen *Menschenrechts auf eine saubere Umwelt* gefragt,[497] ist freilich festzustellen, dass es auf universeller Ebene bislang an einer entsprechenden Gewährleistung fehlt. Obwohl bereits Prinzip 1 der Stockholm Declaration darauf abhebt, dass "[m]an has the fundamental right to freedom, equality and adequate conditions of life, in an environment of a quality that permits a life of dignity and well-being, and he bears a solemn responsibility to protect and improve the environment for present and future generations", ist hieraus noch kein allgemeines (Umwelt-) Menschenrecht hervorgegangen.[498] Eine entsprechende Gewährleistung findet sich lediglich auf regionaler Ebene in Art 24 der African Charter on Human and Peoples' Rights.[499]

119 *Mittelbar* wird die individualrechtliche Dimension des Umweltschutzes von den Menschenrechten der ersten und zweiten Generation, wie sie in den Internationalen Pakten v 1966 über bürgerliche und politische Rechte (IPBPR)[500] und über wirt-

---

493 Dazu so Rn 104.
494 Allgemein *Boyle*, Environment and Human Rights, MPEPIL III, 446 ff; *ders*, Human Rights and the Environment: Where Next?, EJIL 23 (2012) 613 ff; *Merrills*, Environmental Rights, in International Environmental Law Handbook, 663 ff; *Beyerlin/Marauhn*, International Environmental Law, 391 ff; *Birnie/Boyle/Redgwell*, International Law and the Environment, 268 ff; *Vöneky/Beck*, in Internationales Umweltrecht, 5. Abschn.
495 Vgl nur IGH in *Barcelona Traction*, ICJ Rep 1970, 3, 32.
496 Dazu *Graf Vitzthum*, 1. Absch Rn 8, 71; *Kau*, 3. Abschn Rn 14 ff, 229 ff.
497 Etwa *Riedel*, Menschenrechte der dritten Dimension, EuGRZ 1989, 9 ff; *Fitzmaurice*, The Human Right to Water, Fordham ELR 18 (2007) 537 ff
498 Vgl auch Prinzip 2 der „UN Declaration of Principles on Human Rights and the Environment" (<http://fletcher.tufts.edu/multi/www/1994-decl.html>): "All persons have the right to a secure, healthy and ecologically sound environment." Der Vorschlag stieß auf den Widerstand zahlreicher Staaten und wurde nicht weiterverfolgt, vgl *Birnie/Boyle/Redgwell*, International Law and the Environment, 278 ff.
499 African Charter on Human and Peoples' Rights v 27.6.1981 (1520 UNTS 217). Zur Auslegung von Art 24 vgl Bericht der Afrikanischen Menschenrechtskommission v 27.10.2001, Application No 155/96, *SERAC v Nigeria*, § 52, abrufbar unter <http://www.achpr.org/files/sessions/30th/comunications/155.96/achpr30_155_96_eng.pdf>.
500 BGBl 1973 II, 1534.

schaftliche, soziale und kulturelle Rechte (IPWSKR)[501] kodifiziert wurden, erfasst. Dies gilt vor allem für das Recht auf Leben (Art 6 IPBPR), aber auch für das Recht, sich in seinem Heimatstaat frei zu bewegen und seinen Wohnsitz frei zu wählen (Art 12 IPBPR), das Recht auf Gesundheit (Art 12 IPWSKR) sowie das Recht auf einen angemessenen Lebensstandard (Art 11 IPWSKR).[502] In einem Sondervotum zum *Gabčíkovo-Nagymaros*-Urteil des IGH wurde der Schutz der Umwelt gar als „*sine qua non* for numerous human rights" bezeichnet.[503] Auch wenn die Menschenrechte der ersten und zweiten Generation nicht „specifically designed to provide general protection of the environment as such"[504] sind, herrscht an tatsächlich oder potentiell betroffenen Schutznormen demnach kein Mangel.

Weitaus problematischer ist die *effektive Durchsetzung* der Menschenrechte.[505] Die internationale Spruchpraxis ist bislang zurückhaltend. So ging die *Interamerikanischen Menschenrechtskommission (IACHR)* bislang lediglich in Situationen von einer Verletzung des Rechts auf Leben aus, in denen Staaten durch individuell zurechenbares Handeln (etwa die Erteilung von Konzessionen für den Ressourcenabbau) oder durch völlige Untätigkeit zu einer *erheblichen Verschlechterung des Zustands der Umwelt* beigetragen hatten. Als in ihren Menschenrechten betroffen wurden dabei nur die auf dem Staatsgebiet lebenden Staatsangehörigen, vor allem Mitglieder indigener Gemeinschaften, qualifiziert.[506] Ein im Jahre 2005 von den Inuit Alaskas und Kanadas gestellter Antrag, die IACHR möge feststellen, dass die Inuit durch die Erderwärmung infolge US-amerikanischer Treibhausgasemissionen in ihren Menschenrechten verletzt würden, wurde von der Kommission unter Hinweis auf Beweisschwierigkeiten abgelehnt.[507] Vor allem aufgrund des Kausalitätsproblems betrifft die allgemeine Durchsetzungsschwäche der Menschenrechte den Bereich des Schutzes der Umwelt in besonderem Maße. Als umso bemerkenswerter erweist sich das Gutachten des Interamerikanischen Gerichtshofs für Menschenrechte (IAGMR) v 15.11.2017, in dem er einerseits das in Art 11 des Protokolls von San Salvador kodifizierte Recht auf eine gesunde Umwelt durch einen Kunstgriff für justiziabel erklärte und andererseits die Menschenrechte auf Leben und körperliche Unversehrtheit in ihrer Ausprägung als staatliche Schutzpflichten unter Bezugnahme auf die allgemeinen Grundsätze des Umweltvölkerrechts konkretisierte.[508] Ob und inwieweit das

---

501 BGBl 1973 II, 1570.
502 Zum Klimawandel vgl die rechtlich unverbindliche „Male Declaration on the Human Dimension of Global Climate Change" v 14.11.2007 (<http://www.ciel.org/Publications/Male_Declaration_Nov07.pdf>).
503 Sondervotum *Weeramantry* in *Gabčíkovo-Nagymaros*, ICJ Rep 1997, 7, 88, 91.
504 EGMR in *Kyrtatos v Greece*, § 52.
505 Zur Verletzung von Art 8 EMRK durch Umweltverschmutzung vgl EGMR, EuGRZ 1995, 530 ff (*López Ostra v Spain*).
506 Vgl Bericht zur Menschenrechtslage in Ecuador v 1997, OEA/Ser.L/V/II.96, doc 10, rev 1, chap VIII, abrufbar unter <http://www.cidh.oas.org/countryrep/ecuador-eng/chaper-8.htm>.
507 Schreiben des stellv Geschäftsführers der IACHR v 16 November 2006, abrufbar unter <http://graphics8.nytimes.com/packages/pdf/science/16commissionletter.pdf>.
508 Eingehende Darstellung und Würdigung bei *Kahl*, Ökologische Revolution am Interamerikanischen Gerichtshof für Menschenrechte, EurUP 2019, 110 ff. Das vollständige Gutachten des IAGMR liegt bislang nur auf Spanisch vor (<http://www.corteidh.or.cr/docs/opiniones/seriea_23_esp.pdf>); eine englischsprachige Zusammenfassung ist abrufbar unter <http://www.corteidh.or.cr/docs/opiniones/resumen_seriea_23_eng.pdf>.

ungewöhnlich „aktivistische" bzw „quasi-legatorische"[509] (und unter dem Gesichtspunkt der gerichtlichen Zuständigkeit daher nicht unproblematische) Vorgehen des IAGMR die weitere Rechtsentwicklung beeinflusst, bleibt abzuwarten.

121   Die Rolle der Menschenrechte bleibt im Kontext des Umweltvölkerrechts nach alledem bislang begrenzt. Künftig könnte, zumal mit Blick auf den Klimawandel,[510] eine *menschenrechtliche Aufladung* der vorstehend dargestellten *umweltvölkerrechtlichen Grundsätze* erwogen werden.[511] Die in diesen Grundsätzen verankerten Billigkeits- und Fairnessaspekte stehen der Einbeziehung individualrechtlicher Standards theoretisch offen. Ob und ggf inwieweit die internationale Gemeinschaft deren Berücksichtigung als legitim, ggf sogar als geboten betrachtet wird (allgemein akzeptiert ist dies bislang nur in grenznachbarschaftlichen Verhältnissen), wird freilich erst die Zukunft erweisen.

122   Einen *unabhängigen* individualrechtlichen Ansatz verkörpert das Übereinkommen über den Zugang zu Informationen, die Öffentlichkeitsbeteiligung an Entscheidungsverfahren und den Zugang zu Gerichten in Umweltangelegenheiten v 25.6. 1998 (sog *Aarhus Konvention*).[512] Durch die Fixierung allgemeiner weitgehender Ingerenzrechte der Öffentlichkeit und Mitwirkungsrechte bei bestimmten Entscheidungsprozessen befördert sie indirekt den Zusammenhang zwischen Umweltschutz und Menschenrechten. Nach Art 6 der Konvention sind die in der Vorschrift näher konkretisierten Vorgaben zur *Öffentlichkeitsbeteiligung* prinzipiell für alle Tätigkeiten iSv Anhang I anzuwenden.[513] Das Übereinkommen sieht eine umfassende, frühzeitige, effektive und gebührenfreie Öffentlichkeitsbeteiligung vor. Die zuständigen Behörden der Vertragsparteien sind an das Ergebnis dieser Beteiligung zwar nicht gebunden, müssen es aber bei der Entscheidungsfindung „angemessen berücksichtigen" (Art 6 Abs 8 Aarhus Konvention), dh zur Kenntnis nehmen und sich damit auseinandersetzen. Die Behörde muss ferner die Gründe für ein etwaiges Abweichen vom Ergebnis der Öffentlichkeitsbeteiligung angeben (vgl Art 6 Abs 9 Aarhus-Konvention). Für umweltbezogene Pläne und Programme verlangt Art 7 Aarhus Konvention überdies, dass „angemessene praktische und/oder sonstige Vorkehrungen da-

---

509 *Markus/Silva-Sànchez*, Zum Schutz der Umwelt durch die Amerikanische Menschenrechtskonvention: Das Gutachten des IAGMR OC-23/2017, ZUR 2019, S. 150 (156 ff).
510 Insbes das Problem der sog *Klimaflüchtlinge* harrt einer internationalen Lösung. Diesbezüglich ließe sich an die Aushandlung eines konkret dem Umgang mit Klimaflüchtlingen gewidmeten Zusatzprotokolls zur UN-Klimarahmenkonvention denken, vgl *Biermann/Boas*, Für ein Protokoll zum Schutz von Klimaflüchtlingen, VN 1/2008, 10 ff. Die 1998 von der früheren UN-Menschenrechtskommission und der Generalversammlung zur Kenntnis genommenen Guiding Principles on Internal Displacement (<http://www.unhcr.org/protect/PROTECTION/43ce1cff2.pdf>) könnten insoweit als Ausgangspunkt dienen. Zum Vorschlag des WBGU, einen „Klimapass" einzuführen, *Frank*, Klimabedingte Migration, NVwZ 2019, 529 ff.
511 *Birnie/Boyle/Redgwell*, International Law and the Environment, 299 f; *Shelton*, Equitable Utilization of the Atmosphere, in Humphreys (Hrsg), Human Rights and Climate Change, 2010, 91 ff.
512 ILM 38 (1999) 517. Dazu etwa *Beyerlin/Marauhn*, International Environmental Law, 234 ff; *Ebbesson*, Environmental Rights, in International Environmental Law Handbook, 681 ff; *Epiney*, in Internationales Umweltrecht, 4. Abschn Rn 45 ff, jeweils mwN.
513 Zahlreiche der dort genannten Tätigkeiten werden auf Grundlage nationalen Rechts nur vorbehaltlich der im Vorhinein erfolgten Durchführung einer UVP erfolgen können. Bei Vorliegen einer Gefahr grenzüberschreitender Auswirkungen resultiert die Pflicht zur Durchführung unmittelbar aus dem Völkerrecht (so Rn 109). Aus dieser Verknüpfung kann die Pflicht zur Durchführung einer UVP im Einzelfall den Charakter einer *prozeduralen individualrechtlichen Gewährleistung* annehmen.

für [getroffen werden], dass die Öffentlichkeit, nachdem ihr zuvor die erforderlichen Informationen zur Verfügung gestellt worden sind, in einem transparenten und fairen Rahmen während der Vorbereitung" solcher Maßnahmen beteiligt wird. Zu diesem Zweck muss die zuständige Behörde die Öffentlichkeit ermitteln, die sich beteiligen kann, wobei die Ziele der Aarhus Konvention zu berücksichtigen sind.

Hinsichtlich des *Zugangs zu den Gerichten* fordert Art 9 Abs 2 Aarhus Konvention, dass die Vertragsparteien im Rahmen des nationalen Rechts sicherstellen, dass „Mitglieder der betroffenen Öffentlichkeit, a) die ein ausreichendes Interesse haben oder alternativ b) eine Rechtsverletzung geltend machen, sofern das Verwaltungsprozessrecht einer Vertragspartei dies als Voraussetzung erfordert, Zugang zu einem Überprüfungsverfahren vor einem Gericht (...) haben, um die materiell-rechtliche und verfahrensrechtliche Rechtmäßigkeit von Entscheidungen, Handlungen oder Unterlassungen anzufechten (...)." Aus der zweitgenannten Alternative ergibt sich, dass die Vertragsparteien völkerrechtlich nicht zur Einführung einer allgemeinen Umweltverbandsklage verpflichtet sind, sondern an der Sachentscheidungsvoraussetzung der Klagebefugnis (Möglichkeit der Betroffenheit in *eigenen* Rechten) festhalten können. Dies wird indes dadurch wieder relativiert, dass nach Art 9 Abs 2 UAbs 3 Satz 2 Aarhus Konvention das Interesse jeder nichtstaatlichen Organisation, die die in Art 2 Nr 5 Aarhus Konvention genannten Voraussetzungen erfüllt, automatisch als ausreichend gilt; überdies gelten die betreffenden Organisationen als Träger von Rechten, die iSv Art 9 Abs 2 UAbs 1 Aarhus Konvention verletzt werden können. Als Sachwalter eines öffentlichen Interesses verfügen Umweltverbände insofern über eine gegenüber Individuen privilegierte Stellung.[514] **123**

5. Bereichsspezifische Instrumente des Umweltvölkerrechts

Die auf der Grundlage der allgemeinen Prinzipien nachfolgend darzustellenden bereichsspezifischen Instrumente des Umweltvölkerrechts[515] beruhen im Wesentlichen auf zwei unterschiedlichen Regelungsstrategien: dem *piecemeal approach* einerseits und dem *framework convention and protocol approach* andererseits.[516] Nach Ersterem werden einzelne Umweltaspekte aus einem größeren Problemkomplex herausgelöst und isoliert geregelt. Der Vorteil dieser Methode liegt darin, dass ein spezifisches Umweltproblem idR rasch und effektiv einer rechtlichen Regelung zugeführt werden kann. Die hierzu erforderliche Interessenübereinstimmung der betroffenen Staaten ist am ehesten im regionalen Rahmen zu erreichen. Allerdings besteht die Gefahr, dass die so geschaffenen Instrumente die komplexen faktischen Wechselwirkungen missachten. Dem trägt der *framework convention and protocol approach* Rechnung, der insbes im Zusammenhang mit globalen Umweltproblemen (Klima, Ozonschicht, Artenschutz) zur Anwendung gelangt. Sein Kennzeichen ist, dass ein bestimmter Problemkomplex umfassend geregelt werden soll, und zwar in einem mehrstufigen **124**

---

514 Dazu *Epiney*, in Internationales Umweltrecht, 4. Abschn Rn 51 ff mit Nachw zur einschlägigen Rechtspr des EuGH.
515 Ausführliche Übersicht bei *Birkner* (Fn 369) § 54.
516 Zum Folgenden *Beyerlin/Marauhn*, International Environmental Law, 269 ff; zur Rechtsetzung im Umweltvölkerrecht auch *Birkner* (Fn 369) § 53 Rn 26 ff.

Verfahren: Während das Rahmenübereinkommen allgemeine Prinzipien und Grundsätze zur friedlichen Streitbeilegung usw enthält, werden die konkreten Rechte und Pflichten erst in später angenommenen Protokollen normiert. Dies ermöglicht es, die einschlägigen Vertragswerke, ggf auch im Wege eines vereinfachten Vertragsänderungsverfahrens *(tacit acceptance)*,[517] hinsichtlich neuer Herausforderungen und Erkenntnisse anzupassen. Im Bereich des Artenschutzes, teilweise auch auf dem Gebiet des Schutzes bestimmter Umweltmedien vor stofflicher Verschmutzung, wird vielfach ein damit verwandter Ansatz, der *convention and annexes approach,* verfolgt, bei dem die zu schützenden Tierarten (bzw die zu vermeidenden gefährlichen Stoffe) je nach Bestandsgefährdung (bzw Schädlichkeit der Stoffe) in verschiedenen Anhängen zur Konvention aufgeführt sind, sog *listing*.[518] Je nach betroffenem Anhang gelangt dann ein unterschiedlich strenges Regime zur Anwendung. Für Änderungen der Anhänge (sog Listenüberführungen) gilt vielfach ein vereinfachtes Vertragsänderungsverfahren.[519]

a) Schutz der Binnengewässer

125 Zu Beginn des 21. Jh nehmen Gewässerverschmutzung, Überschwemmungen und Wassermangel in vielen Regionen dramatisch zu. Ein Sechstel der Weltbevölkerung – über eine Mrd Menschen – hat keinen Zugang zu sauberem Wasser. Auseinandersetzungen um Wasserressourcen spielen bei vielen internationalen Konflikten eine Rolle.[520] Völkerrechtliche Regelungen bzgl der mehr als 500 weltweit existierenden *grenzüberschreitenden* Binnengewässer spiegeln die vielfältigen Funktionen, die Wasser und Süßwasserökosysteme erfüllen, wider.[521] Zugleich verdeutlichen sie die Belastungen, denen diese Systeme ausgesetzt sind.

126 Das Binnengewässerrecht gehört zu den ältesten, am dichtesten geregelten Bereichen des internationalen Umweltrechts. Die Entstehung der ersten Hochkulturen war eng mit den großen Strömen (Indus, Ganges, Nil, Euphrat und Tigris) verbunden; insofern sind Konflikte um die Nutzung knapper Wasserressourcen bereits aus dem Altertum überliefert.[522] Als in Europa und Nordamerika ab dem 18. Jh Wirtschaft und Handel aufblühten, führte dies auch zur intensivierten Gewässer-

---

517 Am weitesten geht insoweit das Montrealer Protokoll über Stoffe, die zu einem Abbau der Ozonschicht führen (s u Rn 150 ff): Änderungen der Anhänge sollen gemäß Art 2 Abs 9 lit c zwar „möglichst" im Konsens, jedenfalls aber mit 2/3-Mehrheit getroffen werden. Zudem muss die Entscheidung jeweils von der Mehrheit der Industriestaaten und Entwicklungsländern befürwortet werden. Es besteht aber keine *opting out*-Möglichkeit, durch welche die Bindung an die angenommenen Regelungen verhindert werden könnte (vgl Art 2 Abs 9 lit d).
518 Bsp CITES und CMS (s u Rn 159).
519 In den meisten Fällen müssen Listenüberführungen im Rahmen einer Konferenz der Vertragsstaaten (Conference of the Parties – COP) von einer 2/3-Mehrheit der Vertragsparteien befürwortet werden. Dergleichen Beschlüsse binden dann diejenigen Vertragsparteien, die nicht innerhalb einer bestimmten Frist widersprochen haben.
520 Zum Zusammenhang Umweltvölkerrecht/internationale Sicherheit *Matz-Lück,* The Benefits of Positivism, in Nolte (Hrsg), Peace through International Law, 2009, 125 (126 ff).
521 Vgl *Reimann,* Die nicht-navigatorische Nutzung internationaler Süßwasserressourcen im Umweltvölkerrecht, 1999, 312 ff.
522 *Bruhác,* The Law of Non-navigational Uses of International Watercourses, 1993, 9.

nutzung. Auf den großen Flüssen nahm die Schifffahrt zu. Mit fortschreitender Industrialisierung und wachsender Bevölkerung kam es ab Mitte des 19. Jh zu weiteren Formen der Wassernutzung. Für die industrielle Massenproduktion wie für die Energieerzeugung wurde die Möglichkeit des Zugriffs auf Wasser wesentlich. Die infolgedessen ausgelösten zwischenstaatlichen Konflikte bildeten den Gegenstand zahlreicher völkerrechtlicher Verträge und (schieds-)gerichtlicher Entscheidungen.[523]

Im Bereich der *navigatorischen* Nutzung war es bereits 1794 zwischen Großbritannien und den USA zu einem ersten Vertrag über Schifffahrtsfragen, den *Jay-Vertrag*, gekommen.[524] Das gemeinsame Interesse der Staaten an ungehindertem Handel führte ab dem frühen 19. Jh zur Durchsetzung der Schifffahrtsfreiheit auf den wichtigsten europäischen Flüssen, zu deren funktional begrenzter Internationalisierung – im Anschluss an die Schlussakte des Wiener Kongresses v 1815[525] für Elbe,[526] Rhein[527] und Donau,[528] dann erneut durch den Vertrag von Versailles v 1919.[529] Im Jahr 1929 erklärte der StIGH in seinem *Oder-Kommissions*-Urteil das gemeinsame Schifffahrtsinteresse der Anrainerstaaten eines grenzübergreifenden Binnengewässers zur "basis of a common legal right, the essential features of which are the perfect equality of all riparian States in the use of the whole course of the river and the exclusion of any preferential privilege of any one riparian State in relation to the others."[530] Heute ist die Freiheit der Schifffahrt auf allen großen europäischen Flüssen völkervertraglich gewährleistet. **127**

Im Gegensatz dazu bergen *nicht-navigatorische* Nutzungen grenzüberschreitender Binnengewässer großes Konfliktpotential. Je nach den klimatischen Gegebenheiten und sozioökonomischen Lagen einer Region stehen dabei entweder *quantitative* (Wasserentnahme) oder *qualitative* (Wasserverschmutzung) Fragen im Vordergrund. Zu den anwendbaren allgemeinen Prinzipien,[531] die auf einen Ausgleich divergierender Nutzungs- und Schutzinteressen zielen, gehören vor allem das Verbot erheblicher grenzüberschreitender Belastungen, Gegenstand des *Maas*-Urteils des StIGH v 1937,[532] des *Lac Lanoux*-Schiedsspruchs v 1957[533] und des *Indus Waters*-Schiedsspruchs v 2013, sowie das Gebot ausgewogener Mitnutzung grenzübergreifender Ressourcen, dessen Wurzeln sich auch in Gerichtsurteilen zu Konflikten in föderal **128**

---

523 Zusammenstellung bei *Sohnle*, Le droit international des ressources en eau douce, 2002, 469 ff.
524 Treaty of Amity, Commerce and Navigation v 19.11.1794 (52 CTS 243).
525 Teil VII (Schifffahrt auf den Strömen) der Schlussakte v 9.6.1815 (Hauff [Hrsg], Die Verträge von 1815 und die Grundlagen der Verfassung Deutschlands, 1864, 4 ff).
526 Elbschifffahrtsakte v 23.6.1821 und Additional-Akte v 13.4.1844. Vgl *Hannsmann*, Elbe, in Kimminich/von Lersner/Storm (Hrsg), Handbuch des Umweltrechts, Bd I, 1994, Sp 476 ff mwN.
527 Mainzer Rheinschifffahrtsakte v 31.3.1831 u Mannheimer Akte v 17.10.1868 (s o Rn 18).
528 Vgl *Beyerlin*, Donau, in Kimminich/von Lersner/Storm (Fn 526) Sp 401 f mwN.
529 Teil XII (Häfen, Wasserstraßen und Eisenbahnen) des Versailler Vertrages v 28.6.1919 (Sonderdruck der Nr 140 des RGBl v 1919, 687).
530 PCIJ, Ser A, No 23, 5, 27.
531 *Brown Weiss*, The Evolution of International Water Law, RdC 331 (2007-VI) 163 (184 ff); zu neueren Ansätzen („Gemeinschaft an Gewässern") vgl *Lorenzmeier*, Wasser als Ware, 2008, 73 ff.
532 PCIJ, Ser A/B, No 70, 1937, 4, 26.
533 Vgl o Rn 107.

verfassten Staaten wie der Schweiz,[534] den USA[535] und Deutschland[536] finden. Die völkerrechtliche Anerkennung dieses Gebots beförderte die Verankerung in den nicht rechtsverbindlichen *Helsinki Rules on the Uses of the Waters of International Rivers* der ILA v 1966.[537] Jenes Belastungsverbot und dieses Mitbenutzungsgebot wurden im *UN-Übereinkommen über das Recht der nicht-navigatorischen Nutzungen internationaler Wasserläufe*[538] kodifiziert und im *Gabcíkovo-Nagymaros*-Fall vom IGH bestätigt.[539] Das Übereinkommen, nach jahrzehntelangen Verhandlungen im Rahmen der ILC[540] am 21.5.1997 angenommen, ist erst am 17.8.2014 in Kraft getreten. Es bleibt einem eher kompetenzwahrenden Schema verhaftet, erfasst aber – eine signifikante Neuerung – iSd Konzepts der hydrographischen Einheit auch das Grundwasser. Das Hauptinteresse gilt dem Verhältnis zwischen dem Mitnutzungsgebot einerseits und dem nachbarrechtlichen Schädigungsverbot andererseits. Am 21.2.2008 nahm die ILC die *Draft Articles on the Law of Transboundary Aquifers* an.[541] Deren normativer (primär prozeduraler) Gehalt entspricht überwiegend den Regelungen des Übereinkommens v 1997, ist aber unabhängig davon anwendbar, ob grenzüberschreitende Grundwasserschichten *(transboundary aquifers)* mit Oberflächengewässern verbunden sind oder nicht.[542] Am allgemeinen Grundsatz der territorialen Souveränität über die auf dem Staatsgebiet gelegenen natürlichen Ressourcen, seien sie auch grenzüberschreitender Natur, halten die *Draft Articles* fest. Bislang haben sie keinen Eingang in ein rechtsverbindliches Instrument gefunden.

129   Insgesamt haben sich die überkommenen gewohnheitsrechtlichen Prinzipien des Nachbarrechts im Vergleich zu den vertraglichen Regelungen als zu wenig konkret erwiesen. Im Vordergrund stand daher zunehmend die Schaffung *bilateraler und regionaler Gewässerschutzregime*.[543] Nachdem bereits im 19. Jh einzelne zwischenstaatliche Vereinbarungen hinsichtlich quantitativer[544] und qualitativer[545] Schutzaspekte getroffen worden waren, war seit dem frühen 20. Jh eine Zunahme völkerrechtlicher Verträge festzustellen. In Nordamerika schuf der Boundary Waters

---

534 Zu den Urteilen des Bundesgerichts v 1878 bzw 1892 *Schindler*, The Administration of Justice in the Swiss Federal Court in Intercantonal Disputes, AJIL 23 (1929) 149 (169ff).
535 206 US 46 (1907) 100 *(Kansas v Colorado)*.
536 *Donauversinkungs*-Urteil des Staatsgerichtshofs v 1927, RGZ 116, Anhang, 18 (31f).
537 ILA (Hrsg), Report of the Fifty-second Conference Held at Helsinki, 1966, 484 ff.
538 Convention on the Law of the Non-navigational Uses of International Watercourses v 21.5.1997 (ILM 36 [1997] 700). Dazu *McCaffrey*, The UN Convention on the Law of the Non-Navigatioal Uses of International Watercourses, in Salman/Boisson de Chazournes (Hrsg), International Watercourses, 1998, 17 ff; *Tanzi/Arcari*, The United Nations Convention on the Law of International Watercourses, 2001; *Reichert*, in Internationales Umweltrecht, 13. Abschn Rn 72 ff.
539 ICJ Rep 1997, 7 (§§ 53, 85).
540 Vgl *McCaffrey/Rosenstock*, The International Law Commissions Draft Articles on International Watercourses, RECIEL 5 (1996) 89 ff.
541 UN Doc A/CN.4/591.
542 Dazu *Matz-Lück* (Fn 520) 133; ebd 141 ff zu Hintergründen des von der ILC gewählten Ansatzes.
543 Detaillierte Darstellung bei *Reichert*, in Internationales Umweltrecht, 13. Abschn Rn 82 ff.
544 Vgl den Vertrag von Den Haag zwischen den Niederlanden und Belgien zur Regelung der Ableitung von Wasser aus der Maas v 12.5.1863 (Robb [Hrsg], International Environmental Law Rep, Bd I, 1999, 572 ff).
545 Vgl Grenzvertrag von Bayonne zwischen Frankreich und Spanien v 26.5.1866 (132 CTS 359).

Treaty v 11.1.1909[546] mit der Errichtung der International Joint Commission einen institutionellen Rahmen für die Zusammenarbeit USA/Kanada bzgl der Grenzgewässer.[547]

Innerhalb *Europas* gingen die wichtigsten Impulse von der Kooperation der Anrainerstaaten des *Rheins* aus, jedenfalls seit Ende des Zweiten Weltkriegs. Um der starken Schadstoffbelastung Mitte des 20. Jh entgegenzuwirken, wurde im Jahr 1950 die *Internationale Kommission zum Schutz des Rheins gegen Verunreinigung* gebildet. Dieses zunächst informelle Gremium der Anliegerstaaten Schweiz, Frankreich, Deutschland, Luxemburg und Niederlande erhielt 1963 eine verbindliche Grundlage.[548] Das 1979 in Kraft getretene *Übereinkommen zum Schutz des Rheins gegen chemische Verunreinigung*[549] bezweckte die Verbesserung der Wasserqualität durch Verminderung der Ableitung bestimmter Schadstoffe. Als problematisch erwies sich vor allem die Festsetzung von Grenzwerten für Schadstoffe, die als besonders schädigend (und deshalb als, schrittweise, vollständig zu beseitigen) eingestuft wurden.[550] Die Versuche, die ua durch elsässische Kaligruben verursachte Salzbelastung des Rheins einzudämmen, mündeten 1976 in das *Übereinkommen zum Schutz des Rheins gegen Verunreinigung durch Chloride,*[551] das 1985 in Kraft trat. Das Übereinkommen zielte ursprünglich darauf ab, die Güte des Wassers stufenweise so zu verbessern, dass an der dt-niederländischen Grenze ein bestimmter Grenzwert bzgl Chlorid-Ionen nicht überschritten wird. Im Rahmen eines Zusatzprotokolls einigten sich die Parteien 1991 schließlich auf eine veränderte Konzeption.[552] Zuvor, am 1.11.1986, war es in der Nähe von Basel zu einem Brand in einem Chemikalienlager gekommen. Mit dem Löschwasser gelangten tonnenweise toxische Stoffe in den Rhein; das Ökosystem des Flusses wurde auf einer Länge von über 200 km zerstört. Das im Anschluss an diesen Unfall entwickelte, am 1.10.1987 verabschiedete *Aktionsprogramm Rhein*[553]

---

546 Treaty between the United States and Great Britain Respecting Boundary Waters between the United States and Canada v 11.1.1909 (AJIL 4 [1910], Suppl, 239).
547 Vgl *Huber*, Internationales Wasserrecht, 1911, 6 ff; *Utton*, Canadian International Waters, in Beck (Hrsg), Waters and Water Rights, Vol V, 1991, 51 ff. – Außerhalb Europas sind daneben u a zu erwähnen: Great Lakes Water Quality Agreement v 22.11.1978 zwischen den USA und Kanada (1153 UNTS 187); Vertrag über die Zusammenarbeit am Amazonas v 3.7.1978 zwischen Bolivien, Brasilien, Kolumbien, Ekuador, Guyana, Peru, Surinam und Venezuela (ILM 17 [1978] 1045); Regierungsabkommen über den Bau gemeinsamer Wasserkraftwerke am Paraná v 19.10.1979 zwischen Argentinien, Paraguay und Brasilien (ILM 19 [1980] 615); Agreement on the Action Plan for the Environmentally Sound Management of the Common Zambezi River System v 28.5.1987 zwischen Botswana, Mozambique, Sambia, Tansania und Zimbabwe (ILM 27 [1988] 1109); Treaty on Sharing of the Ganges Waters at Farakka v 2.12.1996 zwischen Bangladesh und Indien (ILM 36 [1997] 519); Vereinbarung über die Zusammenarbeit bei der nachhaltigen Entwicklung des Mekong-Beckens v 5.4.1995 (mit Prot) zwischen Kambodscha, Laos, Thailand und Vietnam (2069 UNTS 35844).
548 (Berner) Vereinbarung über die Internationale Kommission zum Schutz des Rheins gegen Verunreinigung v 29.4.1963 mit Unterzeichnungsprotokoll (BGBl 1965 II, 1433). Später trat aufgrund einer am 1.2.1979 in Kraft getretenen Zusatzvereinbarung (BGBl 1979 II, 87) die EWG als weitere Vertragspartei hinzu. Die Kommission ist für Untersuchungen zur Ermittlung der Verunreinigung des Flusses, die Ausarbeitung von Schutzvorschlägen sowie die Vorbereitung völkerrechtlicher Vereinbarungen zuständig. Bindende Maßnahmen kann sie nicht erlassen.
549 Übereinkommen v 3.12.1976 (BGBl 1978 II, 1054).
550 *Nollkaemper*, The River Rhine, RECIEL 5 (1996) 152 (155).
551 Übereinkommen v 3.12.1976 (BGBl 1978 II, 1065).
552 Zusatzprotokoll v 25.9.1991 (BGBl 1994 II, 1303).
553 Internationale Kommission zum Schutz des Rheins (Hrsg), Das Aktionsprogramm Rhein, 1987.

setzte den Anliegerstaaten konkrete Ziele. So sollte das Ökosystem in einen Zustand versetzt werden, der es früher vorhandenen Arten wie dem Lachs ermöglichen sollte, dort wieder heimisch zu werden. Darüber hinaus sollte der Fluss künftig auch der Trinkwasserversorgung dienen. Außerdem wurde die Verringerung der Schadstoffbelastung der Sedimente angestrebt. Der Konkretisierung diente u a das Programm *Lachs 2000*.[554] Die Aktionsprogramme haben die angestrebten Ziele erreicht, ja zT übertroffen. Von ihnen ging ein so starker politischer Druck aus, dass er den Mangel an Verbindlichkeit kompensieren und eine Neuorientierung der internationalen Gewässer-Kooperation einleiten konnte.[555]

131 Die Zusammenarbeit im Einzugsgebiet des Rheins beschränkt sich nicht auf seinen Hauptwasserlauf. Vielmehr wurden bereits in den frühen 1960er Jahren auch für den *Bodensee* sowie für *Mosel* und *Saar* internationale *Kommissionen* gebildet. In ihrem Rahmen wird seither der Gewässerschutz sowohl zwischen den jeweiligen Anrainerstaaten als auch mit den anderen Schutzkommissionen des Rhein-Einzugsgebiets koordiniert. Deutschland, Frankreich und Luxemburg gründeten als Anrainerstaaten 1961 die *Internationale Kommission zum Schutz der Mosel gegen Verunreinigung*.[556] Gleichzeitig unterzeichneten Deutschland und Frankreich das nahezu identische *Saar-Protokoll*[557] zur Gründung der korrespondierenden Kommission. Um ihre Aktivitäten, auch mit anderen Gewässerschutzeinrichtungen, besser zu koordinieren, verfügen die beiden Kommissionen seit Januar 1991 über ein gemeinsames Sekretariat in Trier.[558]

132 Ungeachtet seiner bislang fehlenden umfassenden gebietsrechtlichen Zuordnung[559] haben die Anrainerstaaten des *Bodensees* mittels einer Kaskade von Übereinkommen ein umfangreiches Nutzungsregime geschaffen, das auch den Gewässerschutz umfasst. Die 1959 gegründete *Internationale Gewässerschutzkommission für den Bodensee* wurde durch das *Übereinkommen zum Schutz des Bodensees gegen Verunreinigung*, das 1961 in Kraft trat,[560] auf eine völkerrechtliche Grundlage gestellt. 1967 verabschiedete die Kommission rechtlich unverbindliche „Richtlinien für die Reinhaltung des Bodensees", die wiederholt aktualisiert wurden.[561] Quantitative Aspekte regelten Deutschland, Österreich und die Schweiz 1966 im *Übereinkommen über Wasserentnahmen aus dem Bodensee*.[562] Einer zusätzlichen Belastungsquelle widmen sich das *Übereinkommen über die Schifffahrt auf dem Bodensee* (Obersee einschließlich Überlinger See) zwischen Deutschland, Österreich und der Schweiz v 1973,[563] mit dem die Internationale Schifffahrtskommission für den Bo-

---

554 Internationale Kommission zum Schutz des Rheins (Hrsg), Ökologisches Gesamtkonzept für den Rhein „Lachs 2000", 1991; dies (Hrsg), Programm für die Rückkehr von Langdistanz-Wanderfischen in den Rhein (Lachs 2000), 1994; dies (Hrsg), Hochwasservorsorge, 2002.
555 *Reichert*, Gewässerschutz, 156 ff.
556 Protokoll v 20.12.1961 (BGBl 1962 II, 1103).
557 Protokoll v 20.12.1961 (BGBl 1962 II, 1106).
558 Vgl *Beyerlin*, Mosel, in Kimminich/von Lersner/Storm (Fn 526), Bd II, 1994, Sp 1408 (1409 ff).
559 Vgl o Rn 17.
560 Übereinkommen v 27.10.1960 (GBl BW 1962, 1).
561 Vgl Internationale Gewässerschutzkommission für den Bodensee (Hrsg), Richtlinien für die Reinhaltung des Bodensees, 2001.
562 Übereinkommen nebst Schlussprotokoll v 30.4.1966 (BGBl 1967 II, 2314).
563 Übereinkommen nebst Zusatzprotokoll v 1.6.1973 (BGBl 1975 II, 1406, 1411).

densee gegründet wurde, sowie der gleichzeitig abgeschlossene dt-schweizerische *Vertrag über die Schifffahrt auf dem Untersee und dem Rhein zwischen Konstanz und Schaffhausen.*[564]

Nachdem die Defizite jener lediglich *partiellen* Regelungsansätzen folgenden Gewässerschutzpolitik deutlich geworden waren, wandte man sich auf UN-Ebene umfassenderen Konzeptionen zu. So entstand unter der Ägide der UN/ECE das *Übereinkommen zum Schutz und zur Nutzung grenzüberschreitender Wasserläufe und internationaler Seen* v 1992 *(UN/ECE-Gewässerübereinkommen).*[565] Diese regionale Rahmenkonvention verpflichtet die Vertragsparteien, im Umgang mit grenzübergreifenden Gewässern (einschließlich Grundwasser) bestimmte Prinzipien und Maßnahmen zu verwirklichen, welche allesamt dem *Leitbild nachhaltigen Gewässerschutzes* folgen. Auf dieser Grundlage wurden auf subregionaler Ebene innerhalb eines Jahrzehnts Übereinkommen u a bzgl Maas (1994 bzw 2002),[566] Schelde (1994),[567] Donau (1994),[568] Oder (1996),[569] der portugiesisch-spanischen Grenzgewässer (1998)[570] und des Rheins (1999)[571] abgeschlossen. In diesen Zusammenhang gehören ferner die Vereinbarung über die Internationale Kommission zum Schutz der Elbe[572] sowie die von der BR Deutschland mit den Niederlanden,[573] Polen[574] und Tschechien[575] abgeschlossenen Grenzgewässerübereinkommen.

133

Das UN/ECE-Gewässerübereinkommen differenziert zwischen Verpflichtungen, die *jede* Vertragspartei beim Umgang mit grenzüberschreitenden Gewässern zu beachten hat (Art 2–8), und solchen, die von Vertragsparteien einzuhalten sind, die *gemeinsame Anrainerstaaten* eines grenzüberschreitenden Gewässers sind (Art 9–16).[576] Bereits die Agenda 21 forderte angesichts der anthropogenen Belastungen der

134

---

564 Vertrag v 1.6.1973 (BGBl 1975 II, 1412).
565 Übereinkommen v 17.3.1992 (BGBl 1994 II, 2334), in Kraft 6.10.1996; dazu *Reichert,* in Internationales Umweltrecht, 13. Abschn Rn 75 ff.
566 Agreement on the Protection of the River Meuse v 26.4.1994 (ILM 34 [1995] 851), in Kraft 1.1.1998, abgelöst durch das Internationale Maas-Übereinkommen v 3.12.2002, am 1.1.2006 in Kraft getreten.
567 Agreement on the Protection of the River Scheldt v 26.4.1994 (ILM 34 [1995] 859), in Kraft 1.1.1998.
568 Übereinkommen über die Zusammenarbeit zum Schutz und zur verträglichen Nutzung der Donau (Donauschutzübereinkommen) v 29.6.1994 (BGBl 1996 II, 874), in Kraft 22.10.1998.
569 Vertrag über die Internationale Kommission zum Schutz der Oder gegen Verunreinigung (Oder-Übereinkommen) v 11.4.1996 (BGBl 1997 II, 1708), in Kraft 28.4.1999.
570 Convention on Cooperation for the Protection and Sustainable Use of the Waters of the Luso-Spanish River Basins v 30.11.1998 (Luso-American Foundation [Hrsg], Shared Watersystems and Transboundary Issues, 2000, 429 ff).
571 Übereinkommen zum Schutz des Rheins (Rhein-Übereinkommen) v 12.4.1999 (BGBl 2001 II, 850), in Kraft 1.1.2003.
572 Vereinbarung über die Internationale Kommission zum Schutz der Elbe (Elbe-Übereinkommen) v 8.10.1990 (BGBl 1992 II, 943), in Kraft 30.10.1993.
573 Ergänzendes Protokoll v 22.8.1996 zur Regelung der Zusammenarbeit zum Gewässer- und Naturschutz in der Emsmündung (Ems-Dollart-Umweltprotokoll): BGBl 1997 II, 1703, in Kraft 24.9.1997.
574 Vertrag zwischen der BR Deutschland und der Republik Polen über die Zusammenarbeit auf dem Gebiet der Wasserwirtschaft an den Grenzgewässern v 19.5.1992 (BGBl 1994 II, 60), in Kraft 26.9.1996.
575 Vertrag zwischen der BR Deutschland und der Tschechischen Republik über die Zusammenarbeit auf dem Gebiet der Wasserwirtschaft an den Grenzgewässern v 12.12.1995 (BGBl 1997 II, 925).
576 Vgl die Legaldefinitionen in Art 1 Abs 3 u 4 des UN/ECE-Gewässerübereinkommens. Anrainerstaaten haben bi- oder multilaterale Übereinkommen bzgl spezifischer Gewässer dahingehend abzu-

Binnengewässer eine ganzheitliche, ökosystemorientierte Bewirtschaftung. „Integrated water ressources management" soll bezogen auf das gesamte Einzugsgebiet eines Gewässers erfolgen.[577] Dieser ganzheitliche Ansatz verlangt in räumlicher Hinsicht die Anwendung des *Drainage Basin*-Konzepts, das die ILA bereits in ihren Resolutionen von Dubrovnik 1956 und New York 1958[578] formuliert und das Institut de droit international in seiner Salzburger Resolution v 1961[579] aufgegriffen hatte. Die ILA Helsinki Rules v 1966 definierten „international drainage basin" als „geographical area extending over two or more States determined by the watershed limits of the system of waters including surface and underground waters, flowing into a common terminus". Seit den *Seoul Rules on International Groundwaters* v 1986 bezieht die ILA in das „relevante Einzugsgebiet" auch Grundwasservorkommen mit ein, die in keiner hydrologischen Verbindung zu Oberflächengewässern stehen.[580] Insgesamt dehnte die ILA den Anwendungsbereich des zunächst rein nutzungsorientierten Drainage Basin-Konzepts auf den ökologischen Schutz aus. Die ILC ist diesem Ansatz mit den Draft Articles on the Law of Transboundary Aquifers gefolgt.[581]

135   Dem ganzheitlichen Ansatz entsprechend zielen das UN/ECE-Rahmenabkommen und die auf ihm beruhenden spezifischen Schutzabkommen auf die Regelung *verschiedener anthropogener Gewässerbelastungen*. Durch die Verbesserung der Wasserqualität sollen auch die Meeresumwelt und insbes die Küstengebiete, in die die Binnengewässer münden, vor der Verschmutzung vom Land aus geschützt werden.[582] So nehmen das Donauschutz- und das Rhein-Übereinkommen auf die Abkommen zum Schutz des Schwarzen Meeres[583] bzw der Meeresumwelt des Nordostatlantiks Bezug.[584] Sie behandeln auch *quantitative Aspekte,* indem sie zur rationellen Wassernutzung sowie zum Erhalt der Wasservorkommen verpflichten.[585]

b) Schutz des Meeres

136 Die Mehrzahl der einschlägigen umweltvölkerrechtlichen Verträge bezieht sich auf Einzelaspekte des Schutzes der Meere. *Umfassend* ist hingegen Art 192 SRÜ: „Die Staaten sind verpflichtet, die Meeresumwelt zu schützen und zu bewahren." Diese auch gewohnheitsrechtlich geltende Grundverpflichtung, der zT erga omnes-Quali-

---

schließen bzw bereits bestehende Verträge so anzupassen, dass sie nicht im Widerspruch zum UN/ECE-Gewässerübereinkommen stehen.
577 Diesen ökosystemaren Ansatz betont das Rhein-Übereinkommen v 1999 (vgl Art 3 Abs 1).
578 ILA (Hrsg), Report of the Forty-seventh Conference, 1957, 241 ff; dies (Hrsg), Report of the Forty-eight Conference, 1959, VIII ff.
579 IDI (Hrsg), Tableau des Résolutions adoptées (1957–1991), 28 ff.
580 ILA (Hrsg), Report of the Sixty-second Conference held at Seoul, 1986, 251 ff.
581 S o Rn 128.
582 Vgl den 3. Erwägungsgrund der Präambel des UN/ECE-Gewässerübereinkommens.
583 Convention on the Protection of the Black Sea Against Pollution v 21.4.1992 (ILM 32 [1993] 1110).
584 Zu Wechselwirkungen zwischen der Arbeit der Gewässerschutzkommissionen und der EU-Wasserrahmenrichtlinie (ABl EG 2000, Nr L 327/1) *Reichert*, Gewässerschutz, 327 ff.
585 Vgl Art 2 Abs 2 lit b UN/ECE-Gewässerübereinkommen; Art 2 Abs 1 Satz 1 Donauschutzübereinkommen; Art 3 Abs 1 lit e Rhein-Übereinkommen.

tät zuerkannt wird,[586] bezweckt den Schutz der Meere an sich. Sie ändert freilich nichts am Fortbestand des „souveränen Rechts" der Staaten, „ihre" natürlichen Ressourcen „im Rahmen ihrer Umweltpolitik und in Übereinstimmung mit ihrer Pflicht zum Schutz und zur Bewahrung der Meeresumwelt auszubeuten" (Art 193 SRÜ). Eingedenk der Ausweitung der küstenstaatlichen Rechte zeichnet sich damit eine *Zweiteilung des Meeresschutzes* ab:[587] Zum einen unterliegen innere Gewässer, Archipelgewässer und Küstenmeer als (maritime) Teile des Staatsgebiets dem Nachbarrecht; auch die sich seewärts anschließenden Funktionshoheitsräume (Anschlusszone, AWZ, Festlandsockel) stehen in vielfältiger Weise unter der Kontrolle der Küstenstaaten, die insoweit Sonderrechte, aber auch spezielle Schutzpflichten haben. So sind Erhaltung und Bewirtschaftung der lebenden natürlichen Ressourcen in der AWZ Sache des Küstenstaats. Ihm stehen entsprechende „souveräne Rechte" zu, Art 56 Abs 1 lit a SRÜ.[588] Dabei sind freilich die im *zonenübergreifenden* Teil XII SRÜ enthaltenen Prinzipien des Meeresschutzes, insbes das Vorsorgeprinzip,[589] zu berücksichtigen.[590] Zum anderen bestehen Regeln zum Schutz der Hohen See, des Meeresbodens seewärts von AWZ und Festlandsockel sowie der Ressourcen dieser globalen Staatengemeinschaftsräume.[591] Ihre Konkretisierung und Durchführung bilden den Gegenstand der derzeit stattfindenden Bemühungen um Aushandlung eines Übereinkommens über den Schutz und die nachhaltige Nutzung der marinen Biodiversität in Gebieten jenseits staatlicher Hoheistgewalt (BBNJ-Prozess, s o Rn 64). Die Spannungslage zwischen Nutzung und Schutz des Meeres in seiner Eigenschaft als Träger von Nahrungs-, Energie- und Rohstoffreserven wird in Teil XII SRÜ letztlich nicht zu Gunsten des einen oder des anderen Zielwerts aufgelöst.

Bis in die 1960er Jahre hinein dominierten im Seerecht Fischereiabkommen sowie Vereinbarungen zur Zuordnung und Abgrenzung von Hoheitsbereichen. Der Schutz des Meeres und die Bewahrung der Meeresumwelt wurden erst zum Objekt des Vertragsrechts, als sich im Zuge der Verwendung von Supertankern, aber auch mit der zunehmenden Umweltschädlichkeit der im Meer „verklappten" Stoffe (ra- **137**

---

586 Tendenziell für *erga omnes*-Qualität *Ragazzi*, The Concept of International Obligations *Erga Omnes*, 1997, 158 ff; *Lagoni*, Die Abwehr von Gefahren für die marine Umwelt, BerDGVR 32 (1991) 87 (147 f); *Proelß*, Meeresschutz, 77 ff; differenzierend *Hafner*, in Seerecht, Kap 5 Rn 39 ff.
587 Vgl *Tanaka*, A Dual Approach to Ocean Governance, 2008, 21 ff.
588 S o Rn 52 f.
589 Der ISGH betonte im *Southern Bluefin Tuna*-Fall den Zusammenhang zwischen Meeresschutz und Vorsorgeprinzip und konkretisierte insoweit das SRÜ, vgl ITLOS Rep 1999, 280 (§§ 70, 77); vgl auch den *Land Reclamation*-Fall, ITLOS Rep 2003, 10, 26 (§ 99). In seinem *SRFC-Gutachten* verknüpfte der ISGH die der Erhaltung und Nutzung der lebenden Ressourcen in der AWZ gewidmeten Art 61 u 62 SRÜ unmittelbar und ausdrücklich mit dem Vorsorgeprinzip; vgl ITLOS Reports 2015, § 206. Aus der Lit *Marr*, The Precautionary Principle in the Law of the Sea, 2003, 52; *Sage-Fuller*, The Precautionary Principle in Marine Environmental Law, 2013, 68; zum Beitrag des ISGH s *Proelss*, Environmental Principles and ITLOS, in Krämer/Orlando (Fn 412) 568 ff.
590 Grundlage der Anwendbarkeit der Prinzipien in Räumen unter staatlicher Hoheitsgewalt ist Art 194 Abs 5 SRÜ (str); vgl nunmehr die Entscheidungen der Schiedsgerichte in *Chagos*, §§ 320, 538 u *South China Sea (Merits)*, § 945. Allgemein zum Zusammenhang Fischerei und Umwelt *Wolff* (Fn 178) 48 ff, 93 ff, 117 ff; *Proelss/Houghton*, Protecting Marine Species, in Rayfuse (Hrsg), Research Handbook on International Marine Environmental Law, 2015, 229 ff.
591 Zum Schutz der Meeresumwelt in Gebieten jenseits der Grenzen des Bereichs nationaler Hoheitsbefugnisse (Hohe See und Tiefseeboden) *Warner*, Protecting the Oceans Beyond National Jurisdiction, 2009, 27 ff, 67 ff. S a Rn 64.

dioaktiver Abfall, Plastikmüll, Chemikalien) die Gefahr von Unfällen und weiträumigen, lang anhaltenden Verschmutzungen, verbunden auch mit Gesundheitsgefahren für die Menschen, häufte. Schlüsselereignisse waren die Havarien der Öltanker *Torrey Canyon* (1967) und *Amoco Cádiz* (1978). Auf die *Torrey Canyon*-Katastrophe reagierte die Staatengemeinschaft mit dem Abschluss mehrerer Übereinkommen zur Bekämpfung von Ölverschmutzungsschäden.[592] So sieht das *Internationalen Übereinkommen über die zivilrechtliche Haftung für Ölverschmutzungsschäden* v 29.11.1969[593] eine Haftung des Schiffseigentümers für Ölverschmutzungsschäden in Küstenmeer und AWZ vor, hält aber die Möglichkeit einer Haftungsbegrenzung durch Sicherheitsleistung des Eigentümers offen (Ausnahme: Vorsatz oder grobe Fahrlässigkeit).[594] Zur Entschädigung für Ölverschmutzungsschäden wurde mit dem *Internationalen Übereinkommen über die Errichtung eines Internationalen Fonds zur Entschädigung für Ölverschmutzungsschäden* v 18.12.1971[595] ein internationaler Fonds eingerichtet. Beiträge zu diesem Fonds, der im Falle der nicht ausreichenden Entschädigung der von einer Verschmutzung Betroffenen einspringt, werden für jeden Vertragsstaat von allen Personen geleistet, die pro Jahr insgesamt mehr als 150.000 t beitragspflichtiges Öl, das auf dem Seeweg befördert worden ist, erhalten haben (Art 10); die Vertragsparteien können die Beitragszahlungen für ihre Staatsangehörigen übernehmen (Art 14). Materiell-rechtliche Ansätze zu einem Schutzkonzept für die Meere, das stets die Flaggenstaaten im Zentrum sah, fanden sich bereits in früheren Konventionen. Zu erwähnen ist besonders das *Internationale Übereinkommen zur Verhütung der Verschmutzung der See durch Öl* v 12.5.1954 (OILPOL),[596] das später vom *Internationalen Übereinkommen zur Verhütung der Meeresverschmutzung durch Schiffe v 1973 (MARPOL)* ersetzt wurde.[597]

138 Heute bildet *Teil XII SRÜ* das Herzstück des *globalen maritimen Umweltschutzes*. Auch über Art 192f SRÜ hinaus enthält er hauptsächlich Rahmenbestimmungen. Sie sind entweder ausfüllungsbedürftig oder greifen bereits bestehende Regeln auf und schreiben sie fort, ohne sie zu derogieren (vgl Art 237 SRÜ). In welcher Weise die Staaten zu Schutz und Bewahrung der Meeresumwelt beitragen, wird in Art 194ff SRÜ zunächst allgemein ausgeführt[598] und anschließend für die verschiedenen Ar-

---

[592] Grundlegend das Internationale Übereinkommen über Maßnahmen auf Hoher See bei Ölverschmutzungs-Unfällen v 29.11.1969 (BGBl 1975 II, 137). Zum Ganzen Tomuschat (Hrsg), Schutz der Weltmeere gegen Öltankerunfälle, 2005; Schmalenbach, in Internationales Umweltrecht, 7. Abschn Rn 62 ff.
[593] BGBl 1975 II, 305; Neufassung: BGBl 1996 II, 670.
[594] Aus jüngerer Zeit treten hinzu: Internationales Übereinkommen über die Haftung und Entschädigung für Schäden bei der Beförderung gefährlicher und schädlicher Stoffe auf See v 3.5.1996 (ABl EG 2002, Nr L 337/57); Internationales Übereinkommen über die zivilrechtliche Haftung für Schäden durch Bunkerölverschmutzung v 23.3.2001 (BGBl 2006 II, 579).
[595] BGBl 1975 II, 320; Neufassung: BGBl 1996 II, 685.
[596] BGBl 1956 II, 379.
[597] So Fn 156.
[598] Gemäß Art 194 Abs 1 SRÜ ergreifen die Staaten die notwendigen Maßnahmen, „um die Verschmutzung der Meeresumwelt ungeachtet ihrer Ursache zu verhüten, zu verringern und zu überwachen"; dabei bemühen sie sich, „ihre diesbezügliche Politik aufeinander abzustimmen". Art 194 Abs 2 SRÜ reflektiert den heute gewohnheitsrechtlich geltenden Präventionsgrundsatz.

ten der Meeresverschmutzung präzisiert.⁵⁹⁹ Die insoweit einschlägigen Bestimmungen betreffen neben der Verschmutzung vom Lande aus (Art 207 SRÜ) die Verschmutzung durch Einbringen (Art 210 SRÜ), durch Schiffe (Art 211 SRÜ), durch Tätigkeiten auf dem Meeresboden (Art 208 SRÜ) und im „Gebiet" (Art 209 SRÜ) sowie die Verschmutzung aus der oder durch die Luft (Art 212 SRÜ). Sie alle sind konkretisierungsbedürftig.⁶⁰⁰

Das im SRÜ angelegte „Mehr-Ebenen-Modell" kann exemplarisch am Bsp der Verschmutzung durch Schiffe verdeutlicht werden.⁶⁰¹ Auch der diesbezüglich einschlägige Art 211 SRÜ setzt eine weitere Konkretisierung voraus; in Abs 1 verweist er konkret auf die IMO („im Rahmen der zuständigen internationalen Organisation").⁶⁰² Die Vertragsparteien haben also *im Rahmen der IMO* Schutzmaßnahmen zu erlassen. Sind diese allgemein anerkannt – Abs 5 spricht von *generally accepted international rules and standards (GAIRS)* –,⁶⁰³ können die Küstenstaaten diese Vorschriften nach Art 211 Abs 5 SRÜ sogar für Schiffe unter Drittflagge in ihrer AWZ verbindlich machen, ungeachtet der dort grundsätzlich bestehenden Schifffahrtsfreiheit (vgl Art 58 Abs 1 SRÜ). Relevant sind insoweit vor allem die Vorgaben des *MARPOL-Übereinkommens*, das bereits in den 1970er Jahren zu einer Intensivierung des Schutzes vor schiffsverursachter Verschmutzung beigetragen hat. Es handelt sich um ein seit 1.1.1983 in Kraft befindliches Rahmenabkommen, dessen Bedeutung sich nur in Zusammenschau mit seinen sechs Anlagen erfassen lässt.⁶⁰⁴ Ziel ist es, die Verschmutzung des Meeres durch „betriebsbedingte" Einleitungen zu verhindern.⁶⁰⁵

Art 211 Abs 6 SRÜ eröffnet den Küstenstaaten darüber hinaus die Möglichkeit, unter bestimmten Bedingungen in „genau bezeichneten" Gebieten ihrer AWZ „besonde-

---

599 Zu diesem Regelungsansatz *Matz-Lück*, in Internationales Umweltrecht, 12. Abschn Rn 41 f, 54 ff; zu aktuellen Herausforderungen *Hakapää*, in Bewahrung, 237 (242 ff).
600 „Die Staaten ergreifen andere Maßnahmen, die zur Verhütung, Verringerung und Überwachung einer solchen Verschmutzung *notwendig* sein können" (Art 207 Abs 2; Art 208 Abs 2; Art 210 Abs 2; Art 212 Abs 2 SRÜ). Zum Ganzen *Hafner*, in Seerecht, Kap 5 Rn 103 ff.
601 Zur Entwicklung *Tan*, Vessel-Source Marine Pollution, 2006, 107 ff.
602 Vgl UN Doc A/52/491 v 20.10.1997, § 9.
603 Zu den Voraussetzungen *Schult*, Schiffssicherheit, 72 ff; *Molenaar*, Coastal State Jurisdiction over Vessel-Source Pollution, 1998, 140 ff.
604 Außer auf Öl (Anlage I) findet MARPOL auch Anwendung auf schädliche flüssige Massengut-Substanzen, Schadstoffe in verpackter Form, Schiffsabwässer sowie Schiffsmüll (Anlagen II–V). Anlagen III-VI sind fakultativ (vgl Art 14 MARPOL). Anlage VI (Luftverschmutzung), in Kraft seit 19.5.2005, wurde mit Blick auf die darin enthaltenen Grenzwerte für Schadstoffemissionen (CO_2 ist bislang nicht erfasst) im Oktober 2008 verschärft; die verschärften Normen traten für die Vertragsparteien der Anlage VI zum 1.7.2010 in Kraft. Dazu *Proelß/O'Brien*, Völker- und europarechtliche Anforderungen an Abgasemissionen von Seeschiffen, NordÖR 2011, 97 ff; zu den abfallbezogenen Vorschriften nunmehr *Stoefen-O'Brien*, The International and European Legal Regime Regulating Marine Litter in the EU, 2015, 124 ff. Anlage VI MARPOL erfasst auch das Einleiten von Schiffsabwasser aus Abgasreinigungsanlagen (sog Scrubber-Abwasser); dazu *Proelß/Schatz*, Rechtliche Vorgaben zum Umgang mit Schiffsabwasser, UBA-Texte 09/2019, 43 ff.
605 Der Flaggenstaat hat gegen Verletzungen von MARPOL-Bestimmungen vorzugehen und dies der IMO mitzuteilen (vgl Art 8). Ausgenommen sind „Staatsschiffe" (Art 3). Die Nichtbegünstigungsklausel (Art 5 Abs 4) führt nicht zur automatischen Drittwirkung, sondern dürfte vor dem Hintergrund der *pacta tertiis*-Regel einschränkend auszulegen sein (str). Dazu vgl *Wolfrum*, Recht der Flagge und „Billige Flaggen", BerDGVR 31 (1990) 121 (139 f); *Nuñez-Müller*, Die Staatszugehörigkeit von Handelsschiffen im Völkerrecht, 1994, 261; *Proelß*, Meeresschutz, 129 ff; *Thienel*, Drittstaaten und die Jurisdiktion des Internationalen Gerichtshofs, 2016, 162 f, 185 ff.

re obligatorische Maßnahmen zur Verhütung der Verschmutzung durch Schiffe" zu ergreifen. Voraussetzung ist die Anerkennung des Sondergebietscharakters durch die *IMO*. Auch müssen die Maßnahmen entweder mit den von der IMO für Sondergebiete zugelassenen internationalen Regeln und Normen oder Schifffahrtsgebräuchen übereinstimmen oder von ihr gesondert angenommen werden. Bislang ist die IMO allerdings nicht auf Grundlage von Art 211 Abs 6 SRÜ tätig geworden.[606] In der AWZ können mithin nur solche *Meeresschutzgebiete* mit Wirkung *erga omnes partes* ausgewiesen werden, die der funktionalen Begrenztheit der dem Küstenstaat zugewiesenen Rechte und Hoheitsbefugnisse Rechnung tragen.[607] Gleichwohl wurden die Hafen- und Küstenstaaten in diesem Funktionshoheitsraum auch zu „Herren des Umweltschutzes": Art 218 u 220 SRÜ begründen zum *Schutz der Meeresumwelt* raumübergreifend besondere Durchsetzungsrechte des Hafen- und des Küstenstaats. Während Art 220 SRÜ die seewärts abnehmenden Durchsetzungsbefugnisse des Küstenstaats innerhalb der Meereszonen regelt, gestattet die umweltschutzrechtliche Neuregelung des Art 218 Abs 1 SRÜ, deren *gewohnheits*rechtliche Geltung noch nicht anerkannt sein dürfte,[608] dem Hafenstaat, wegen unerlaubter Einleitungen aus einem Schiff Untersuchungen durchzuführen und, falls die Beweislage es rechtfertigt, ein Verfahren zu eröffnen, wenn das betreffende Schiff die Meeresumwelt *außerhalb* des küstenstaatlichen maritimen Aquitoriums oder seiner AWZ durch Einleitungen verschmutzt hat. Das den anderen meeresschutzbezogenen SRÜ-Bestimmungen zugrunde liegende Konzept des Einsatzes des „Interessiertesten" erfährt hier insoweit eine Modifikation, als der Hafenstaat zum Sachwalter des umweltpolitischen Allgemeininteresses wird.[609] Treuhandkonzepte, aber auch *dédoublement fonctionnel*-Vorstellungen finden hier einen Ansatzpunkt.[610] Dies ändert nichts an der sowohl nach IMO-Konventionen als auch gemäß SRÜ (Art 211 Abs 2, Art 217 SRÜ) bestehenden primären *Verantwortung der Flaggenstaaten* für den Schutz der Meeresumwelt.

141   Schlüsselinstrument zur Ausgestaltung von Art 210 SRÜ bzgl der Verschmutzung durch Einbringen ist das *Übereinkommen über die Verhütung der Meeresverschmutzung durch das Einbringen von Abfällen und anderen Stoffen* v 29.12.1972 (London Convention [LC]).[611] Art III Abs 1 lit b LC klammert betriebsbedingte Einleitungen aus; Gleiches gilt gemäß lit c für die Beseitigung von Abfällen aus dem Meeresbergbau (vgl Art 145, 209 SRÜ). Die in Anlage I aufgeführten Stoffe (u a bestimmte

---

606 Die mit IMO Doc A 22/Res 927 v 15.1.2002 ("Guidelines for the Designation of Special Areas under MARPOL 73/78 and Guidelines for the Identification and Designation of Particularly Sensitive Sea Areas") festgelegten Kriterien beziehen sich nicht auf „Sondergebiete" iSv Art 211 Abs 6 lit a SRÜ, sondern auf die *Special Areas* und *Particularly Sensitive Sea Areas*. Zu Unterschieden *Kachel*, Particularly Sensitive Sea Areas, 2008, 250 ff.
607 Vgl *Lagoni*, Die Errichtung von Schutzgebieten in der ausschließlichen Wirtschaftszone aus völkerrechtlicher Sicht, NuR 24 (2002) 121 (127); *Jarass*, Naturschutz in der Ausschließlichen Wirtschaftszone, 2002, 29 ff, 35; *Proelß*, in Seerecht, Kap 3 Rn 266 ff.
608 Vgl *Lagoni* (Fn 607); *Graf Vitzthum/Talmon* (Fn 167) 137; aA *Hafner*, in Seerecht, Kap 5 Rn 185 f.
609 *König* (Fn 186) 227 ff; *Molenaar* (Fn 603) 135 ff.
610 Der Begriff geht zurück auf *Scelle* (Le phénomène du dédoublement fonctionnel, FS Wehberg, 1956, 324 ff). Nach ihm handeln die staatlichen Organe bei Wahrnehmung der jeweiligen Zuständigkeiten funktional gleichsam als Sachwalter der – nicht über eigene Völkerrechtspersönlichkeit verfügenden – internationalen Gemeinschaft.
611 BGBl 1977 II, 180 (mit Änd v 11.10.1978 [BGBl 1987 II, 118]); dazu *Matz-Lück*, in Internationales Umweltrecht, 12. Abschn Rn 75 ff.

Schwermetalle und radioaktive Substanzen) dürfen gar nicht, die in Anlage II genannten (bestimmte andere Schwer-, Edel- und Buntmetalle sowie sperrige Gegenstände) nur mit Sondererlaubnis versenkt werden. Das Einbringen aller sonstigen Abfälle ist nur mit allgemeiner Genehmigung erlaubt: Verbot mit Erlaubnisvorbehalt als traditionelles technik- und umweltrechtliches Regelungsschema. Die LC wird ergänzt bzw (für die Vertragsparteien beider Instrumente) ersetzt durch das *London Protocol (LP) v 7.11.1996*,[612] das jenes Modell eines Erlaubnisvorbehalts zugunsten eines grundsätzlichen Dumpingverbots mit der Möglichkeit von Ausnahmebewilligungen hinsichtlich der in Anlage 1 genannten Stoffe aufgibt (*reverse listing*-Ansatz).[613] Daneben beinhaltet „Einbringen" nun auch die Lagerung von Abfällen bzw Stoffen auf dem Meeresboden und im Meeresuntergrund sowie die Versenkung und Aufgabe ausgedienter Ölbohrplattformen (Art 1 Abs 4).

Die Bekämpfung der *vom Land ausgehenden Meeresverschmutzung* weist weiterhin erhebliche Defizite auf. Dies ist auch darauf zurückzuführen, dass die erforderlichen Maßnahmen mit Kosten-, Standort-, Beschäftigungs- und Infrastrukturaspekten zusammenhängen. Auf universeller Ebene existiert bislang kein Übereinkommen, das sich ausschließlich mit dieser größten Verschmutzungsquelle beschäftigt. Das SRÜ begnügt sich mit Bemühensklauseln (vgl Art 207).

Regionalkonzepte verkörpern nach dem SRÜ und dem konkretisierenden universellen Völkerrecht die *dritte* Ebene des internationalen Meeresumweltschutzrechts. Die Existenz umschlossener und halbumschlossener Meere mit einer Mehrzahl industriell und umweltpolitisch annähernd homogener Anrainerstaaten fördert den Abschluss regionaler Abkommen, die ihrerseits für spätere weltweite Übereinkommen Modellcharakter gewinnen können. Ein frühes Bsp ist das *Übereinkommen zur Zusammenarbeit bei der Bekämpfung von Ölverschmutzungen der Nordsee* v 9.6.1969.[614] Andere Übereinkommen beschränken sich nicht auf bestimmte Substanzen. Solche umfassendere Konventionen wurden für den Nordostatlantik und die europäischen Randmeere, für den Persischen Golf, die Karibik, die zentral- und westafrikanischen Küstengewässer sowie den Süd- und Südostpazifik geschlossen.[615] Diese strukturverwandten Abkommen sind größtenteils Frucht des *UNEP-Regionalmeerprogramms*.[616]

---

612 ILM 36 (1997) 4.
613 Seit November 2006 (vgl Res LP.1(1) v 2.11.2006) sind in Anlage 1 auch "carbon dioxide streams derived from carbon dioxide capture processes for sequestration" genannt. Die Deponierung von sequestriertem CO_2 im Meeresboden kann völkerrechtlich daher zulässig sein; vgl dazu *Friedrich*, Carbon Capture and Storage, ZaöRV 67 (2007) 211 ff; *Proelss/Güssow*, Carbon Capture and Storage from the Perspective of International Law, EYIEL 2 (2011) 151 ff.
614 BGBl 1969 II, 2066. Weitergehend das Übereinkommen zu Zusammenarbeit bei der Bekämpfung der Verschmutzung der Nordsee durch Öl und andere Schadstoffe v 13.9.1983 (BGBl 1990 II, 70; 1995 II, 179).
615 Nachw für das Mittelmeer: *Zoller*, Völker- und europarechtliche Aspekte des Mittelmeerumweltschutzes, 1996. Ostsee: *Dieter*, Das Umweltregime der Ostsee, 1993. Nordsee: *Kersandt*, Rechtliche Vorgaben und Defizite bei Schutz und Nutzung der Nordsee, Diss 2013; *Cron*, Das Umweltregime der Nordsee, 1995. Nordostatlantik: *Lagoni*, Regional Protection of the Marine Environment in the Northeast Atlantic under the OSPAR Convention of 1992, in Nordquist/Moore/Mahmoudi (Hrsg), The Stockholm Declaration and Law of the Marine Environment, 2003, 183 ff; *Proelß*, Meeresschutz, 191 ff.
616 Das Programm deckt insgesamt 18 Meeresregionen ab. Für einige hat UNEP Aktionspläne erarbeitet, die überwiegend in regionale Meeresschutzübereinkommen mündeten. Überblick *Hafner*, in Seerecht, Kap 5 Rn 213 ff; *Matz-Lück*, in Internationales Umweltrecht, 12. Abschn Rn 43 ff.

144 Von den bestehenden Regionalmeerabkommen seien das *Übereinkommen zum Schutz der Meeresumwelt des Nordostatlantiks* v 22.9.1992 (OSPAR-Übereinkommen)[617] und das *Übereinkommen über den Schutz der Meeresumwelt des Ostseegebiets* v 9.4. 1992 (Helsinki Übereinkommen) hervorgehoben.[618] Wegen ihrer dynamisch-vorsorgeorientierten Ansätze und ihrer verschärften Mechanismen bzgl institutioneller Zusammenarbeit, Streitbeilegung und Anpassungsfähigkeit sind sie fortschrittlich.[619] Mit beiden Übereinkommen wurde jeweils eine I.O. eingerichtet.[620] Die beiden Übereinkommen zielen nicht mehr allein auf die Verringerung bzw Verhütung der Meeresverschmutzung (Gefahrenabwehr), sondern auf „Meeresschutz": auf ein aktives, *ganzheitliches* Eintreten zum Schutz der Meeresumwelt, auch gegenüber der Verschmutzung vom Lande, unter Berücksichtigung der Zusammenhänge mit dem Natur- und dem Bestandsschutz.

c) Schutz der Luft und Bekämpfung des Klimawandels

145 Die Regelungsdichte zum Schutz der Erdatmosphäre (inkl des durch die unteren und mittleren Schichten der Erdatmosphäre gebildeten Luftraums) ist geringer als die bzgl anderer Umweltgüter. Jenes Medium trat erst in neuerer Zeit, vermittelt über die Bemühungen der Staatengemeinschaft zur Bekämpfung des Klimawandels (die freilich nicht, ja nicht einmal primär auf den Schutz der Atmosphäre gerichtet sind), in den Vordergrund. Anders als das Wasser, das, auch als Quelle wichtiger Nahrungsressourcen, für die Welternährung unentbehrlich ist, stellt die Luft keinen wesentlichen Träger solcher Güter dar. Zur ökonomischen Nutzung ist die Luft, sieht man von Transportzwecken ab, nur begrenzt geeignet. Anderseits ist die Luft ein *grenzüberschreitendes Medium par excellence*,[621] auch bzgl des Transports schädigender Wirkungen.[622] Heute steht funktional der Schutz des Klimas, wissenschaftlich fundiert durch die Berichte des *Intergovernmental Panel on Climate Change (IPCC)*,[623] im Vordergrund der internationalen Umweltpolitik. Es geht um die epochale Aufgabe, die Erderwärmung auf einem für Mensch und Umwelt gleichermaßen erträglichen Niveau zu stabilisieren.[624]

---

617 So Fn 420.
618 BGBl 1994 II, 1397.
619 Vgl *Proelß*, Meeresschutz, 201 ff; *Lagoni* (Fn 615) 184 für OSPAR. Zum Helsinki-Übereinkommen etwa *Ehlers*, Der Schutz der Ostsee, NuR 23 (2001) 661 ff.
620 Anders als im Falle des Helsinki-Übereinkommens sind die von der OSPAR-Kommission erlassenen Beschlüsse für die Mitgliedstaaten verbindlich; sie müssen deshalb innerstaatlich umgesetzt werden, vgl Art 10 Abs 3, Art 13 Abs 5 OSPAR-Übereinkommen.
621 *Barberis*, Los recursos naturales compartidos entre estados y el derecho internacional, 1979 zählt deshalb die Atmosphäre zu den „gemeinsamen Ressourcen". Zum Rechtsbegriff „Atmosphäre" *Wustlich*, Die Atmosphäre als globales Umweltgut, 2003, 59 ff; ebd 79 ff zu Fragen der terminologischen Abgrenzung. S a *Proelß*, in Internationales Umweltrecht, 11. Abschn Rn 5.
622 Vgl bereits *Brunnée*, Entwicklungen im Umweltvölkerrecht am Beispiel des sauren Regens und der Ozonschichtzerstörung, 1988.
623 Das IPCC beruht nicht auf einem völkerrechtlichen Vertrag, sondern auf einer Vereinbarung zwischen der World Meteorological Organization und dem UNEP. Eine Einordnung dieses hybriden Gebildes in das Recht der I.O. und eine erste Analyse der Wirkungen seiner Publikationen unternimmt *Bolle*, Das Intergovernmental Panel on Climate Change (IPCC), 2011, 25 ff, 108 ff.
624 Wissenschaftliche Erkenntnisse belegen, dass bis zum Ende des Jh bei Zugrundelegung der optimistischsten Szenarien ein Anstieg der globalen Oberflächentemperatur der Erde um mehr als

Schutz der Luft

Der Luftraum mit den darin befindlichen Luftpartikeln zählt, soweit über einem 146
Staat befindlich, zum *Staatsgebiet*.[625] Er unterliegt in geringerem Ausmaß als andere
Umweltmedien den expansiven Ambitionen der Staaten. An die Stelle bloß nachbarrechtlicher Konzepte können deshalb Schutzvereinbarungen mit zT weitreichenden Wirkbereichen treten, in die der Luftraum über Nichtstaatsgebieten häufig eingeschlossen wird. Im Vordergrund stehen nicht raum-, sondern *funktions*bezogene Konzepte. Sie setzen an den komplexen Wirkungszusammenhängen an: an Emission, Transport, Kumulation und Distribution von Partikeln. Diese Vereinbarungen sind relativ fortschrittliche Instrumente.

Die meisten luftschützenden Vereinbarungen zeichnen sich durch ihren *regio-* 147
nalen Charakter aus. Angesichts des unterschiedlichen Industrialisierungsstands, Problemdrucks und Umweltbewusstseins vieler Staaten und Regionen ist dieser Regionalansatz folgerichtig. Häufig ist ein weltweiter Konsens nicht erreichbar. Die Entwicklungsländer emittieren insgesamt weit weniger Schadstoffe als die Industriestaaten. An *globalen* Instrumenten bestand insofern lange Zeit wenig Interesse – es sei denn, sie enthielten Ausnahmeregelungen für die Entwicklungsländer. Industriestaaten hingegen befürchteten, Wettbewerbsnachteile zu erleiden, wenn sie sich vertraglich zur Reduktion von Schadstoffemissionen in Bereichen verpflichten, die für ihre Wirtschaftstätigkeit, weniger aber für die ihrer Konkurrenten, zentral sind.

Das im Rahmen der UNECE ausgehandelte *Übereinkommen über weiträumige* 148
grenzüberschreitende Luftverunreinigung v 1979 (CLRTAP), in Kraft seit 1983, ist der wichtigste einschlägige Regionalvertrag.[626] Diese Rahmenvereinbarung, die Bestimmungen besonders zur Forschungs- und Entwicklungskooperation und zum Informationsaustausch aufweist, zeichnet weitgehend den Stand des Völkergewohnheitsrechts nach. Sie beruft sich in ihrer Präambel auf das (über den Stand des damaligen Gewohnheitsrechts hinausgehende) Prinzip 21 der Stockholmer Deklaration v 1972. Danach haben Staaten zwar auch dafür zu sorgen, dass die Umwelt in Gebieten außerhalb nationaler Hoheitsbereiche nicht geschädigt wird; eine „weiträumige grenzüberschreitende Luftverunreinigung" (Art 1 lit b) ist jedoch nur eine solche, die sich *kausal* auf den Hoheitsbereich eines *Staats* auswirkt. Damit bleibt das Übereinkommen dem überkommenen, letztlich nachbarrechtlichen Ansatz verhaftet. Es ist bzgl des Kreises seiner Vertragsparteien europa- und atlantikzentriert. Orientierungsgrundlage ist das Programm über die Zusammenarbeit bei der Messung und Bewertung der weiträumigen Übertragung von luftverunreinigenden Stoffen in Europa.[627]

Auch die in der Stratosphäre gelegene *Ozonschicht* zählt zur Erdatmosphäre. Sie 149
absorbiert Wellenlängen der ultravioletten Strahlung der Sonne (UV-B-Strahlung). Halogenierte Kohlenwasserstoffe bzw Halone zerstören diesen Schutzschild, so dass

---

1,5°C, verglichen mit der Periode 1850-1900, wahrscheinlich ist; vgl IPCC, Climate Change 2014: Synthesis Report, 58 ff.
625 Vgl o Rn 28 ff.
626 BGBl 1982 II, 373; dazu *Proelß*, in Internationales Umweltrecht, 11. Abschn Rn 10 ff.
627 Vgl dazu Prot v 28.9.1984 (Burhenne, 979:84/A). Krit *Beurier/Kiss*, Droit international de l'environnement, 2004, 206 ff.

die Strahlung vermehrt und potentiell gesundheitsschädigend auf die Erdoberfläche trifft.[628] Im Mittelpunkt des Schutzes des Gemeinguts Ozonschicht stehen die *Ozonverträge*. Ihr Regelungsumfang hat sich schrittweise vergrößert, parallel zur Zunahme der Erkenntnis über Ursache, Ausmaß und Wirkung der Schädigung. Das *Wiener Übereinkommen zum Schutz der Ozonschicht* v 1985[629] lässt noch die Ungewissheit erkennen, die seinerzeit bzgl der faktischen Zusammenhänge herrschte. Dieser Rahmenvertrag begründet die abstrakte Verpflichtung, vor Gefahren durch die Veränderung der Ozonschicht zu schützen. Darüber hinaus verpflichtet es zur weiteren Erforschung der Ozonzerstörung (Art 3) sowie zu Zusammenarbeit und Informationsaustausch. Auch in seiner organisatorischen Ausgestaltung ist es darauf angelegt, später präzisere Normen hervorzubringen.

150 Während das Wiener Übereinkommen primär verfahrensrechtliche Bestimmungen enthält, trifft das auf seiner Grundlage beschlossene *Protokoll von Montreal* v 16.9.1987,[630] in Kraft seit 1989, Regelungen für eine stufenweise Reduzierung des Ausstoßes von Stoffen, die für die Zerstörung der atmosphärischen Ozonschicht verantwortlich gemacht werden. Das Protokoll, ein selbständiges Übereinkommen, ist ein detaillierter vertraglicher Abbaukalender für Halogenkohlenwasserstoffe. Erstmals konnte so auf weltweiter Ebene ein Übereinkommen geschlossen werden, das für umweltschädliche Substanzen qualifizierte Abbauziele mit exakten Terminen vorgibt. Allerdings sind für unterindustrialisierte Länder Ausnahmen vorgesehen.[631] Für die EU gilt ein Sonderregime.[632] Gemäß der Dynamisierungsklausel des Art 2 Abs 9 lit c können die Vertragsstaaten mit 2/3-Mehrheit Anpassungen des Abbaukalenders beschließen, die dann unmittelbar, ohne Ratifizierung, in allen Vertragsstaaten wirksam werden. Das *Meeting of the Parties* verfügt insofern über Legislativbefugnisse.[633]

151 Da die Reduzierung von FCKW und anderen Halonen durch das Montrealer Protokoll noch nicht als ausreichend erachtet wurde, kam es zu *Anpassungen und Änderungen*.[634] „Anpassungen" *(adjustments)* straffen den Abbaukalender, „Änderungen" *(amendments)* novellieren das Protokoll nach dem traditionellen völker-

---

628 Die durch verstärkte UV-Strahlung ausgelösten Schadenswirkungen sind vor allem in Australien, aber auch in Neuseeland, in der Antarktis und im südlichen Chile spürbar.
629 BGBl 1988 II, 901. Diskussion bei *Ott*, Umweltregime, 47 ff, 111 ff; *Proelß*, in Internationales Umweltrecht, 11. Abschn Rn 20 ff.
630 BGBl 1988 II, 1014 (per 1.5.2019: 197 Vertragsparteien). Es handelt sich um den ersten Vertrag in der Geschichte der UN, der universelle Geltung erlangt hat. Zu den *Non-Compliance*-Mechanismen des Montrealer Protokolls *Ohlhoff*, Methoden der Konfliktbewältigung bei grenzüberschreitenden Umweltproblemen im Wandel, 2003, 309 ff. Insgesamt zum Montrealer Protokoll und seinen Besonderheiten *Proelß*, in Internationales Umweltrecht, 11. Abschn Rn 25 ff mwN.
631 Unter bestimmten Umständen können Entwicklungsstaaten alle Maßnahmen um bis zu 10 Jahre aufschieben (Art 5 Abs 1 Montrealer Protokoll). Zu den Differenzierungen der Rechtspflichten *Bloch*, Technologietransfer zum internationalen Umweltschutz, 2007, 134 ff, 149 ff.
632 Die EU wird als Gesamtheit angesehen. Einzelne Mitgliedstaaten erhalten so die Möglichkeit, Stoffe langsamer abzubauen, soweit andere den verlangten Standard bereits früher erreicht haben.
633 Vgl auch *Schuppert*, Neue Steuerungsinstrumente im Umweltvölkerrecht am Beispiel des Montrealer Protokolls und des Klimaschutzrahmenübereinkommens, 1998.
634 BGBl 1991 II, 1332 (= Londoner Revision v 29.6.1990), in Kraft 10.8.1992; BGBl 1993 II, 2183 (= Kopenhagener Revision v 25.11.1992), in Kraft 14.6.1994; BGBl 1998 II, 2690 (= Montrealer Revision v 17.9.1997), in Kraft 10.11.1999; BGBl 2002 II, 921 (= Pekinger Revision v 3.12.1999), in Kraft 25.2.2002; BGBl 2017 II, 1138 (= Kigali Revision v 15.10.2016), in Kraft 1.1.2019.

rechtlichen Verfahren.[635] In institutioneller Hinsicht führte die *Londoner Revision 1990* einen *Ozonfonds* ein, aus dem Entwicklungsländern Mittel zur Umstellung zur Verfügung gestellt werden können. Des Weiteren wurde das Protokoll um ein Streitbeilegungsverfahren ergänzt, das durch die *Kopenhager Revision 1992* konkretisiert wurde. Weitere Revisionen erfolgten im Zweijahres-Rhythmus. Mit Ausnahme der erst im Oktober 2016 beschlossenen Kigali Revision[636] verfügen sämtliche Revisionen seit dem 16.9.2009 über 197 Vertragsparteien und gelten damit universell.

In ihrer Gesamtheit markieren die Ozonverträge eine *sukzessive Verbesserung* des Umweltschutzes. Die Dynamik, die einem internationalen Vertragswerk innewohnen kann, fällt hier ebenso auf wie die (vorsichtige) Relativierung des Prinzips der Staatengleichheit. Den Entwicklungsländern werden Begünstigungen eingeräumt; aber auch die EU als Staatenverbund wird gesondert behandelt. Langfristig könnten diese taktischen Relativierungen der Strategie der Universalität und damit der Effektivität des völkerrechtlichen Umweltschutzes förderlich sein.

152

Bekämpfung des Klimawandels

Das auf dem Erdgipfel in Rio angenommene *Rahmenübereinkommen der Vereinten Nationen über Klimaänderungen (UNFCCC)* v 15.5.1992,[637] in Kraft seit 1994, ist auch heute noch das für die Bekämpfung des Klimawandels grundlegende völkerrechtliche Instrument.[638] Angesichts von Unsicherheiten über Diagnose und Therapie der „Klimakrankheit" sowie wegen politischer Differenzen wurde es nur als Rahmenübereinkommen ausgestaltet; materielle Durchschlagskraft kann die UN-Klimakonvention daher nur mittels detaillierter Zusatzregelungen entwickeln. Theoretisch erlaubt dies, mit zunehmendem Problemwissen das Instrumentarium anzupassen. Maßgeblich für die Entscheidung zugunsten eines schrittweisen Ansatzes war dabei die – positive – Erfahrung im Bereich „Ozonschicht" (so Rn 149 ff). Die ersten beiden Konferenzen der Vertragsparteien blieben indes ohne substantielle Ergebnisse, zumal ohne quantifizierte Emissionsreduktionsverpflichtungen. In Kyoto 1997 wurde jedoch, zweiter Schritt dieses mehrstufigen Klimaschutzverfahrens, ein Protokoll ausgearbeitet, wonach der Ausstoß von sechs klimaschädlichen Gasen im Durchschnitt der Jahre 2008 bis 2012 gegenüber dem Referenzjahr 1990 um durchschnittlich 5,2% verringert werden soll. Damit dieses *Kyoto Protokoll* v

153

---

635 Vgl dazu Art 39 ff WVK.
636 Mit der Kigali Revision wurden 17 teilfluorierte Kohlenwasserstoffe (HFKW) in den Regelungsbereich des Montrealer Protokolls aufgenommen und Verpflichtungen für Industrieländer begründet, von 2019 bis 2036 Herstellung und Verwendung von HFKW schrittweise zu begrenzen. Für Entwicklungsländer gelten differenzierte längere Zeitpläne für die Erreichung der Minderungsziele.
637 BGBl 1993 II, 1784. Das Übereinkommen beruht auf dem Leitbild der nachhaltigen Entwicklung (Art 3 Abs 1 u 4 UNFCCC), auf dem Vorsorgeprinzip (Art 3 Abs 2 UNFCCC) und auf dem Gedanken der *common but differentiated responsibilities* (Art 3 Abs 1 UNFCCC). Zu regelungstechnischen Details *Stoll/Krüger*, in Internationales Umweltrecht, 9. Abschn Rn 8 ff. Als neue Institution hat die UNFCCC das Klimasekretariat mit Sitz in Bonn geschaffen.
638 Vgl nur die Ziel 13 der mit UN Doc A/RES/70/1 im September 2015 angenommenen SDGs angefügte Fußnote: "Acknowledging that the United Nations Framework Convention on Climate Change is the primary international, intergovernmental forum for negotiating the global response to climate change." Insgesamt zum internationalen Klimaschutzrecht *Bodansky/Brunnée/Rajamani*, International Climate Change Law, 2017.

10.12.1997[639] mit seinen konkreten Pflichten am 16.2.2005 in Kraft treten konnte, musste es von mindestens 55 Staaten ratifiziert werden, darunter von Industrieländern, auf die mindestens 55% der im Jahr 1990 verursachten Kohlendioxidemissionen entfielen. Die EU und Deutschland ratifizierten das Protokoll am 31.5.2002, nachdem die siebte Vertragsstaatenkonferenz des Klimarahmenübereinkommens ein Paket von 15 Entscheidungen zur Ausgestaltung und Umsetzung der Kyoto-Mechanismen verabschiedet hatte *(Marrakesh Accords)*.[640] Sie bejahte ua die zuvor str und im Kyoto Protokoll nicht abschließend geregelte Frage, ob die Bindung von Kohlendioxid durch Wälder und Böden auf die Reduktionsverpflichtung der Vertragsparteien angerechnet werden kann: *Einbezug von Speichern und Senken*.[641] Auch Russland, ein Industriestaat im Übergang zur Marktwirtschaft, trat nach längerem Zögern am 18.11.2004 dem Protokoll bei. Die USA, *per capita* weltweit größter Verursacher von Treibhausgasemissionen, ratifizierten das Protokoll nicht; allerdings haben mehr als 400 US-amerikanische Großstädte sowie mehrere US-Bundesstaaten regionale Initiativen ergriffen und sich freiwillig den Kyoto-Vorgaben unterworfen.

154 Klimarahmenkonvention und Kyoto Protokoll beruhen in exemplarischer Weise auf dem Grundsatz der *common but differentiated responsibilities*. So sind nach Art 4 Abs 2 UNFCCC nur die Industriestaaten (sog Anlage I-Staaten) zur Festlegung nationaler Politiken und Maßnahmen zum Klimaschutz verpflichtet, um durch eine Begrenzung der anthropogenen Treibhausgasemissionen sowie durch den Schutz und die Erweiterung der Treibhausgassenken und -speicher eine Abschwächung der Klimaänderung zu erreichen. Anlage B des Kyoto Protokolls legt *nur* für diese Staaten (und damit zB nicht für China und Indien) individuelle Reduktionspflichten fest; für Staaten im Übergang zur Marktwirtschaft (Bsp Russland) kann ein anderes Basisjahr als 1990 oder ein anderer Basiszeitraum gelten (vgl Art 3 Abs 5 Kyoto Protokoll). Bzgl der Erfüllung der *individuellen Reduktionsverpflichtungen* sind gemäß Art 3 Abs 3 Kyoto Protokoll die *Netto-Änderungen der Treibhausgasemissionen,* dh die Quellen unter Abzug der durch Senken gebundenen Emissionen, zu Grunde zu legen.

155 Die unterschiedlichen Interessen von Industriestaaten und Entwicklungsländern sollen im Rahmen des Kyoto Protokolls mittels *flexibler ökonomischer Instrumente* harmonisiert und befördert werden.[642] Nach dem in Art 12 Kyoto Protokoll vorgesehenen *clean development mechanism* können die Industriestaaten mit der Durchführung emissionsmindernder Projekte in Entwicklungsländern einen Teil

---

639 BGBl 2002 II, 967. Vgl *Bail,* Das Klimaschutzregime nach Kyoto, EuZW 1998, 457 ff; *Oberthur/Ott,* Das Kyoto-Protokoll, 2000; *Brunnée,* The Kyoto Protocol, ZaöRV 63 (2003) 255 ff; *Stoll/Krüger,* in Internationales Umweltrecht, 9. Abschn Rn 54 ff.
640 Vgl UN Doc FCCC/CP/2001/13/Add.1–3 v 21.1.2002.
641 Dazu *Kreuter-Kirchhof,* Kooperationsformen, 54 ff; *Wustlich* (Fn 621) 279 ff. Sonstige Maßnahmen in den Bereichen Forst-, Land- und Weidewirtschaft können als Senken in Ansatz gebracht werden, soweit nicht die bloße Existenz von Kohlenstoffbeständen (Biomasse) zur Anrechnung führen soll. Darüber hinaus muss die erneute Freisetzung von CO_2 aus der Biomasse zeitnah berücksichtigt werden. Schließlich müssen die Aktivitäten zur Förderung der Biodiversität und nachhaltigen Nutzung der natürlichen Ressourcen beitragen. – Str ist, ob die Abscheidung und Deponierung *(carbon capture and storage)* von CO_2 in geologischen Formationen als Emissionsreduktion an der Quelle oder als Senke zu betrachten ist.
642 Krit *Winter,* in Bewahrung, 49 ff.

ihrer Reduktionspflichten erfüllen. Auch der inner- oder zwischenstaatliche Handel mit Emissionszertifikaten *(emissions trading)* stellt ein Instrument dar;[643] er darf die nationalen Reduktionsaktionen jedoch nur ergänzen. Am 25.10.2003 trat die Richtlinie 2003/87/EG über ein System für den *Handel mit Treibhausgasemissionszertifikaten in der EG* in Kraft. Mit ihr wurde zum 1.1.2005 ein EU-weites Emissionshandelssystem eingeführt. Umsetzungs- und Durchführungsprobleme resultieren aus den mit der Einführung einhergehenden enormen legislatorischen und administrativen Anstrengungen und hohen Umstellungskosten.[644] Seit 2012 ist dem Grunde nach auch der (europäische und außereuropäische) *Luftverkehr* in den Emissionshandel einbezogen.[645] Nachdem die betroffenen außereuropäischen Fluglinien, unterstützt von ihren Heimatstaaten, damit gedroht hatten, künftig keine europäischen Flughäfen mehr anzufliegen,[646] beschloss die EU indes „to stop the clock". Den Ausschlag hatte diesbezüglich die Ankündigung der global zuständigen ICAO gegeben,[647] Verhandlungen über eine global gültige marktbasierte Maßnahme für die Regulierung der internationalen Luftverkehremissionen zu eröffnen. Die Entscheidung, die Einbeziehung der außereuropäischen Fluglinien in das europäische System auszusetzen, wurde zunächst bis zum 1.1.2017 verlängert, nachdem die Mitgliedstaaten der ICAO 2013 übereingekommen waren, bis zum Herbst 2016 ein globales marktbasiertes Klimaschutzinstrument zu entwickeln, das ab 2020 weltweit ein CO_2-neutrales Wachstum im internationalen Luftverkehr ermöglichen soll. Im Herbst 2016 einigten sich die ICAO-Mitgliedsstaaten sodann darauf, das Klimaschutzinstrument CORSIA *(Carbon Offsetting and Reduction Scheme for International Aviation)* ab 2020 weltweit einzuführen. Im Lichte dieser Verständigung beschloss die EU, das EU-Emissionshandelssystem bis 2023 auf den innereuropäischen Flugverkehr zu begrenzen; ob anschließend dennoch eine Ausdehnung auf außereuropäische Fluglinien erfolgt, soll von der Effektivität von CORSIA abhängig gemacht werden.

Die im Vergleich zu anderen Stoffen ungleich größeren ökonomischen Auswirkungen der Reduktion von CO_2-Emissionen ließen die *Bemühungen um Aushandlung eines Kyoto-Nachfolgevertrags*, mit dem strengere Emissionsreduktionspflichten für den Zeitraum ab 2013 vereinbart werden sollten, zunächst scheitern. Zwar bestand

---

643 Dazu etwa *Jochem*, Rahmenbedingungen für ein internationales System handelbarer Emissionsrechte im Kyoto-Protokoll, ZfU 1999, 349 ff; *Giesberts/Hilf*, Handel mit Emissionszertifikaten, 2002, 57 ff. Das Protokoll selbst etabliert kein globales System des Handels mit Emissionszertifikaten.
644 Zentrales Element ist die Einführung eines *Cap-and-trade*-Mechanismus. Das Gesamtvolumen der CO_2-Emissionen wird zwar absolut begrenzt; die Adressaten der Bestimmungen können aber durch Zukauf von Emissionszertifikaten ihren Verpflichtungen entsprechen. Der Handel findet nicht zwischen Staaten, sondern zwischen Anlagebetreibern statt. Sie haben die Wahl, entweder im Bereich ihrer Anlage Emissionen zu reduzieren oder aber Berechtigungen zuzukaufen. In Deutschland wurde die Richtlinie durch das Treibhausgas-Emissionshandelsgesetz (BGBl 2004 I, 1578) umgesetzt. Vgl *Kobes*, Grundzüge des Emissionshandels in Deutschland, NVwZ 2004, 513 ff.
645 Vgl Richtlinie 2008/101/EG v 19.11.2008 über die Einbeziehung des Luftverkehrs in das System für den Handel mit Treibhausgasemissionszertifikaten in der Gemeinschaft (ABl EU 2009, Nr L 8/3).
646 Zuvor hatte der EuGH in der Einbeziehung der *außer*europäischen Streckenanteile für die Berechnung der jeweils für Flüge von bzw nach Europa einzustellenden Emissionszertifikate weder einen Verstoß gegen das die Union bindende Völkerrecht noch eine Verletzung der Pflicht zur Respektierung der Bindungen der Mitgliedstaaten gemäß Art 351 Abs 1 AEUV erkannt, vgl EuGH, Rs C-366/10, Rn 49 ff *[Handel mit Treibhausgasemissionszertifikaten]*.
647 So Rn 32.

zwischen den Anlage I-Staaten alsbald Einigkeit hinsichtlich der Erforderlichkeit strengerer verbindlicher Zielvorgaben, um eine Erderwärmung von mehr als 2°C zu verhindern. Insbes vor dem Hintergrund des Widerstands von Schwellenländern wie China[648] und Indien, die sich auf die primäre Verantwortlichkeit der westlichen Industriestaaten beriefen, konnte auf den Vertragsstaatenkonferenzen der Klimarahmenkonvention jedoch kein Konsens hinsichtlich konkreter Emissionsreduktionspflichten erreicht werden. So spricht etwa das Abschlussdokument der Kopenhagen Konferenz v 2009 *(Copenhagen Accord)* lediglich in allgemeiner Form davon, dass Maßnahmen getroffen werden sollen, um die Erderwärmung auf weniger als 2°C zu begrenzen.[649] Hinsichtlich der Mechanismen zur Erreichung dieses Ziels tritt seit Kopenhagen zunehmend das in seiner Effektivität fragwürdige *pledge and review*-Verfahren an die Stelle des in Europa mit dem Emissionshandel implementierten *cap-and-trade*-Mechanismus. Nach jenem Ansatz teilen die einzelnen Staaten der zuständigen Stelle (dem UN-Klimasekretariat) mit, in welcher Höhe sie ihre Emissionen senken wollen *(pledge)*;[650] anschließend wird im Rahmen der Klimakonferenzen geprüft, ob diese freiwilligen Emissionsreduktionen reichen, um das Zwei-Grad-Ziel zu erreichen *(review)*. Da bis zum Ende der ersten Kyoto-Verpflichtungsperiode (31.12.2012) keine Verständigung auf einen neuen Klimavertrag gelang, wurde auf der Klimakonferenz in Doha (2012) schließlich beschlossen, das Kyoto Protokoll bis 2020 zu verlängern. Dieses „Kyoto II"-Protokoll ist freilich nie in Kraft getreten.[651]

157 Ungeachtet der kaum Anlass zu Optimismus gebenden negativen Bilanz der internationalen Klimapolitik seit Kopenhagen gelang im Rahmen der 21. Vertragsstaatenkonferenz der UNFCCC in Paris im Dezember 2015 zur Überraschung vieler eine Einigung auf einen neuen Weltklimavertrag (sog *Übereinkommen von Paris*).[652] Sein Art 2 Abs 1 lit a formuliert das ehrgeizige, über den Copenhagen Accord hinausgehende Ziel, die globale Durchschnittstemperatur auf deutlich unter 2°C gegenüber den vorindustriellen Werten zu begrenzen; ferner sollen die Vertragsparteien weitere Anstrengungen zu einer Begrenzung der globalen Durchschnittstemperatur auf unter 1,5°C unternehmen. Den zentralen Mechanismus zur Erreichung dieses Ziels bilden gemäß Art 4 die *National Determined Contributions (NDCs)*. Die Vertragsparteien sind hiernach verpflichtet, in regelmäßigen Abständen (mindestens alle 5 Jahre) die im Rahmen ihrer jeweiligen Möglichkeiten höchsterreichbaren Reduktionsziele zu melden. Ggf können die NDCs im Verbund mit anderen Staaten (etwa im EU-Rahmen) verfolgt werden, wobei jeweils auch die in diesem Rahmen individuell zugeteilten NDCs zu berichten sind (Art 4 Nr 16-18). Die Ergebnisse der nach Art 14 regelmäßig durchzuführenden globalen Bestandsaufnahmen *(global stocktake)* sollen

---

648 In absoluten Zahlen (nicht aber *per capita*) hat China mittlerweile die USA als weltweit größter CO_2-Emittent abgelöst.
649 Vgl FCCC/CP/2009/L.7 v 18.12.2009, § 1.
650 Vgl nur ebd § 4. Der Ansatz stößt auch deshalb auf Bedenken, weil die Benennung des für die Einsparungen maßgeblichen Referenzjahrs im Ermessen der Einzelstaaten steht.
651 Mehrere Staaten, darunter Russland, Kanada, Japan und Neuseeland, hatten sich vehement gegen „Kyoto II" ausgesprochen.
652 FCCC/CP/2015/L.9/Rev.1 v 12. Dezember 2015, Adoption of the Paris Agreement, Annex. In dem Beschluss der Vertragsstaatenkonferenz über die Annahme des Übereinkommens wird der Klimawandel ausdrücklich als „common concern of humankind" anerkannt.

den Vertragsparteien helfen, ihre Pflicht zu erfüllen, die nationalen Zielvorgaben kontinuierlich zu aktualisieren und zu steigern.

Zu beachten ist, dass sich die Ziele des Übereinkommens von Paris auf die *globale* Durchschnittstemperatur beziehen und daher nicht iSe einzelstaatlichen Erfolgspflicht auf die Vertragsparteien umgelegt werden können. Das Übereinkommen statuiert im Unterschied zum Kyoto Protokoll gerade *keine* einzelstaatlichen quantifizierten Emissionsreduktionspflichten, sondern nur eine allgemeine Temperaturzielvorgabe, hinsichtlich derer jede Vertragsparteien die bestmöglichen Bemühungen unternehmen und geeignete Maßnahmen treffen muss, um dieses kollektive Ziel zu erreichen.[653] Eine solche *due diligence*-Pflicht ist qualitativ etwas anderes als eine Erfolgspflicht (wenn auch dieser gegenüber keineswegs immer ein Minus),[654] wie sie überwiegend in den quantifizierten Emissionsreduktionspflichten des Kyoto Protokolls gesehen wurde.[655] Dass eine „Umrechnung" des globalen Temperaturziels auf die einzelnen Vertragsparteien nicht in Betracht kommen kann, folgt auch aus Art 4 Abs 2 Satz 2 des Übereinkommens, wonach „[d]ie Vertragsparteien [...] innerstaatliche Minderungsmaßnahmen [ergreifen], um die Ziele dieser Beiträge zu verwirklichen." Die Vertragsparteien unterliegen hiernach gerade keiner Erfolgspflicht, die von ihnen notifizierten NDCs auch zu erreichen.[656] Sie müssen insoweit aber, im Rahmen ihrer jeweiligen Möglichkeiten, die erforderlichen und effektiven Maßnahmen treffen, um damit zur Erreichung des *globalen* Temperaturziels beizutragen. IdS spricht Art 4 Abs 3 des Übereinkommens von Paris davon, dass die jeweiligen NDCs „[die] größtmögliche Ambition [der Vertragsparteien] unter Berücksichtigung ihrer gemeinsamen, aber unterschiedlichen Verantwortlichkeiten und ihrer jeweiligen Fähigkeiten angesichts der unterschiedlichen nationalen Gegebenheiten ausdrücken."[657]

Dass das Übereinkommen von Paris am *pledge and review*-Verfahren festhält, ja dieses sogar noch fortentwickelt, liegt einerseits in der Konsequenz der zuvor gescheiterten Bemühungen um Aushandlung strenger Emissionsreduktionsverpflichtungen, dürfte andererseits aber eine zurückhaltende Würdigung des mit dem Übereinkommen (vermeintlich) erreichten Durchbruchs in der internationalen Klimapolitik nahelegen.[658] Weitere, zT in zahlreiche Einzelheiten gehende, überwiegend aber nur vage Vorgaben[659] stipulierende Vorschriften des Übereinkommens

---

653 So zutreffend *Voigt*, The Paris Agreement: What is the Standard of Conduct for Parties?, QIL 26 (2016) 17 (27).
654 *Mayer*, Obligations of Conduct in the International Law on Climate Change: A Defence, RECIEL 27 (2018) 130 (135 ff).
655 Dazu *Mayer* (Fn 654) 134.
656 Ebd 135 mwN. Anderes gilt für Satz 1 der Norm, der eine Erfolgspflicht zur Erarbeitung, Übermittlung und Aufrechterhaltung der angestrebten NDCs statuiert. AA insoweit offenbar *Bodansky/Brunnée/Rajamani* (Fn 638) 231: „binding obligations of conduct".
657 Dergleichen Handlungs- und Gewährleistungspflichten setzen Güterabwägungen am Maßstab der Verhältnismäßigkeit voraus; s *Voigt* (Fn 653) 27 f.
658 Positiver die Einschätzung von *Franzius*, Das Paris-Abkommen zum Klimaschutz, ZUR 2017, 515 (520 ff): In dem Maße, wie das Übereinkommen von Paris auf materielle Pflichten der Staaten verzichte, eröffne sich ein Raum, der nicht nur von den Staaten ausgefüllt werde. Durch die Verknüpfung hierarchischer und partizipatorischer Elemente emanzipiere es sich von der staatenzentrierten top down-Strategie des Kyoto Protokolls und bereite einem transnationalen Klimaschutzrecht den Weg.
659 Bspw Art 5 bzgl Speichern und Senken: "Parties should take action to conserve and enhance, as appropriate, sinks and reservoirs of greenhouse gases [...]."

sind der Anpassung an den Klimawandel (Art 7), der finanziellen Unterstützung der Entwicklungsstaaten (Art 9), der Technologieentwicklung und dem Technologietransfer (Art 10), dem Kapazitätsaufbau (Art 11) sowie der Einrichtung eines Compliance Committee nach dem Vorbild der Aarhus Konvention (Art 15) gewidmet. Diese Vorgaben belegen, dass sich das Übereinkommen von Paris, obschon unzweifelhaft ein rechtsverbindlicher Vertrag, „aus Bausteinen verschiedener Verbindlichkeitsgrade" zusammensetzt und insofern durch eine „hybride Verbindlichkeitsstruktur" gekennzeichnet ist.[660] Womöglich auch aus diesem Grund konnte es bereits am 4.11.2016 in Kraft treten und verfügt heute über 185 Vertragsparteien.[661]

158 Auf die Frage, wie man Staaten einschlägig motivieren kann, effektive Klimaschutzmaßnahmen zu treffen, gibt es nach wie vor keine einheitliche Antwort. Gleiches gilt für die Frage nach der Überwachung der Einhaltung der Reduktionsverpflichtungen *(compliance)*.[662] Auch die etwaige Ahndung der Verletzung diesbezüglicher völkerrechtlicher Verpflichtungen *(enforcement)* sowie die Verantwortlichkeit und Haftung für klimawandelbedingte Schäden sind – nicht zuletzt aufgrund schwieriger Beweisfragen[663] – noch weitgehend ungeklärt.[664] So stellt sich der Klimaschutz insgesamt und auch auf EU-Ebene nach wie vor als ein *zentrales Experimentierfeld* dar, das die Dynamik und Reformbedürftigkeit des Umweltvölkerrechts ebenso veranschaulicht wie – illustriert etwa am Prinzip der gemeinsamen, aber unterschiedlichen Verantwortlichkeiten von Industriestaaten und Entwicklungsländern (Art 3 Abs 1 Klimarahmenkonvention) – seine hochpolitische, wahrhaft globale Natur. Die jüngsten Entwicklungen ändern nichts daran, dass es großer Anstrengungen bedarf, um das verbindliche Ziel des Übereinkommens von Paris, die globale Durchschnittstemperatur auf deutlich unter 2°C gegenüber vorindustriellen Werten zu begrenzen, zu erreichen. Implementierungsschwierigkeiten und sonstige etwaige Rückschläge könnten zur Folge haben, dass parallel zu den im Vordergrund stehenden Bemühungen um signifikante Emissionsreduktionen *(Mitigation)* einerseits und Maßnahmen der Anpassung (durch Anlage von Über-

---

660 *Saurer*, Klimaschutz global, europäisch, national – Was ist rechtlich verbindlich?, NVwZ 2017, 1574 (1575). Zumindest auf dem Gebiet des Umweltvölkerrechts ist dies freilich keine neue Entwicklung. Für die Frage der Verbindlichkeit ist generell nicht der Vertrag an sich, sondern der jeweilige Gehalt der in ihm kodifizierten Normen entscheidend; s bereits *Proelß*, Klimaschutz im Völkerrecht nach dem Paris Agreement: Durchbruch oder Stillstand?, ZfU 2016, 62 (64); *Stoll/Krüger*, in Internationales Umweltrecht, 9. Abschn Rn 82.
661 Die USA waren dem Übereinkommen zunächst beigetreten, erklärten am 1.7.2017 aber, von der Mitgliedschaft wieder zurückzutreten. Vor dem Hintergrund von Art 28 des Übereinkommens tritt der Rücktritt erst am 4.11.2020 in Kraft.
662 Vgl *Holtwisch*, Das Nichteinhaltungsverfahren des Kyoto-Protokolls, 2006.
663 Dazu etwa *Pfrommer et al*, Establishing Causation in Climate Litigation: Admissibility and Reliability, Climatic Change 152 (2019) 67 ff.
664 Dazu *Verheyen*, Climate Change Damage and International Law, 2005; *Kehrer*, Staatenverantwortlichkeit und Meeresspiegelanstieg, 2009; Faure/Peeters (Hrsg), Climate Change Liability, 2011; Überblick bei *Frank* (Fn 510) 530 ff; zur Haftung für Schäden infolge des Einsatzes von Climate Engineering-Maßnahmen s *Saxler/Siegfried/Proelss*, International Liability for Transboundary Damage Arising from Stratospheric Aerosol Injections, LIT 7 (2015) 112 ff. Von der zwischenstaatlichen Haftung abzugrenzen sind die zunehmend von NGOs und Einzelnen gegen Unternehmen oder ihre Heimatstaaten angestrengten Verfahren (sog *climate litigation*); dazu etwa *Chatzinerantzis/Appel*, Haftung für den Klimawandel, NJW 2019, 881 ff; *Rumpf*, Der Klimawandel als zunehmendes Haftungsrisiko für „Carbon Majors", EurUP 2019, 145 ff, jeweils mwN.

schwemmungsgebieten, Deichen usw) an den Klimawandel *(Adaptation)* andererseits Anstrengungen unternommen werden müssen, bereits in die Atmosphäre gelangtes CO_2 wieder einzufangen und zu deponieren (Bsp: CCS) oder gar in natürliche Prozesse einzugreifen, um die CO_2-Speicherkapazität der Ökosysteme zu erhöhen *(Carbon Dioxide Removal – CDR)* bzw durch Veränderung der Strahlungsbilanz der Erde zu einer Verlangsamung des Treibhausprozesses in der Atmosphäre zu gelangen *(Solar Radiation Management – SRM)*.[665] Dies gilt zumal vor dem Hintergrund des Umstands, dass nach Art 4 Abs 1 des Übereinkommens von Paris ein „Gleichgewicht zwischen den anthropogenen Emissionen von Treibhausgasen aus Quellen und dem Abbau solcher Gase durch Senken" – mit anderen Worten: globale Netto-Null CO_2-Emissionen – in der zweiten Hälfte des Jahrhunderts erreicht werden soll. Die Diskussion über die Zulässigkeit und völkerrechtlichen Rahmenbedingungen dieser mit den Schlagwörtern *Climate Engineering* und *negative Emissionstechnologien (NETs)* auf den Begriff gebrachten Maßnahmen ist in vollem Gang.[666] Erstes Ergebnis ist eine im Oktober 2013 verabschiedete (freilich noch nicht in Kraft getretene) Änderung des London Protocols,[667] mit der Climate Engineering erstmals einer rechtsverbindlichen Regelung unterworfen wurde.[668] Die Anwendbarkeit der neu eingefügten Vorschriften, die ua ein ausdifferenziertes, das Vorsorgeprinzip umsetzendes Verfahren für die Bewertung und (von den auf nationaler Ebene zuständigen Behörden vorzunehmende) Bewilligung von Forschungsexperimenten sowie ein Verbot kommerzieller Aktivitäten vorsehen, wird nach Inkrafttreten davon abhängen, ob die jeweils betroffene Methode des *marine geoengineering* per Beschluss der Vertragsstaaten in den neuen Anhang 4 des Protokolls aufgenommen wurde.[669]

d) Arten- und Biodiversitätsschutz
Während sich der Schutz von Binnengewässern, Meer und Erdatmosphäre jeweils auf eine bestimmte Raumkategorie bezieht, geht es bei dem der Pflanzen- und Tier-

---

[665] Grundlegende Berichte: The Royal Society, Geoengineering the Climate (RS Policy Document 10/09), 2009; *Rickels et al*, Gezielte Eingriffe in das Klima?, 2011; *Schäfer et al*, The European Transdisciplinary Assessment of Climate Engineering (EuTRACE): Removing Greenhouse Gases from the Atmosphere and Reflecting Sunlight Away from Earth, 2015; *Bodle et al*, The Regulatory Framework for Climate-Related Geoengineering Relevant to the Convention on Biological Diversity (CBD Technical Series No 66), 2012.
[666] S etwa *Rayfuse/Laurence/Gjerde*, Ocean Fertilisation and Climate Change, IJMCL 23 (2008) 297 ff; *Bodansky*, May We Engineer the Climate?, Climatic Change 33 (1996) 309 ff; *Bodle*, Climate Law and Geoengineering, in Hollo et al (Hrsg), Climate Change and the Law, 2013, 447 ff; *Kuokkanen/Yamineva*, Regulating Geoengineering in International Law, CCLR 2013, 161 ff; *Lin*, International Legal Regimes and Principles Relevant to Geoengineering, in Burns/Strauss (Hrsg), Climate Change Geoengineering, 2013, 182 ff; *Proelss*, Geoengineering and International Law, Security and Peace 30 (2012) 205 ff; *Redgwell*, Geoengineering the Climate: Technological Solutions to Mitigation, CCLR 2011, 178 ff; *Reynolds*, The Regulation of Climate Engineering, LIT 3 (2011) 113 ff; *Du*, An International Legal Framework for Geoengineering, 2018.
[667] So Rn 141.
[668] Vgl Resolution LP.4(8) v 18.10.2013. Mit Gesetz zur Beschränkung des marinen Geo-Engineerings v 4.12.2018 (BGBl 2018 I, 2254) wurden die Vorgaben des Hohe-See-Einbringungsgesetzes (BGBl 1998 I, 2455) an die Änderungen des London Protocol angepasst.
[669] Bislang ist nur die Eisendüngung des Meeres erfasst.

welt zunächst um *spezielle Schutzobjekte*.[670] Gleichwohl lassen sich Flora und Fauna dem Kreis der Welt- oder Gemeingüter insofern zurechnen, als sie nur partiell ortsgebunden sind. Auf *wandernde* wildlebende Tierarten – Schutzobjekte der Übereinkommen v 1979 (CMS bzw Bonner Übereinkommen)[671] und v 1995 (FSA)[672] – können einzelne Staaten naturgemäß nur begrenzt zugreifen. Der Entschluss, bestimmte Tierarten zu schützen, gründet auf der Einsicht, dass das einzelstaatliche Nutzungshinter dem gemeinsamen Schutzinteresse zurückzutreten hat. Soweit Naturgüter dauerhaft einem einzigen Staat zugeordnet sind (zB ein Wald), unterliegen sie seiner territorialen Souveränität. Bzgl solcher Güter kommt die völkerrechtliche (Schutz-) Regelung bis heute kaum voran. Konventionen wie das *Washingtoner Artenschutzübereinkommen v 1973 (CITES)*[673] bilden nur teilweise eine Ausnahme. Der internationale Schutz der Arten dient hier zugleich dem wirtschaftlichen Interesse einzelner Staaten; für sie sind Tiere auch Kapital, das über Tourismus und Handel Zinsen bringt. Im Hinblick auf die Erhaltung einzelner Tierarten (afrikanischer Elefant, Leopard etc) hat sich CITES überwiegend bewährt. In den Anlagen zum Übereinkommen, in welche die zu schützenden Tier- und Pflanzenarten je nach Status aufgenommen werden, sind mittlerweile rd 8.000 Tier- und 40.000 Pflanzenarten aufgelistet.[674]

160   Zu den Artenschutzabkommen, denen eine stärker ökologische Betrachtung zugrunde liegt, zählen das *(Ramsar-) Übereinkommen über Feuchtgebiete* v 1971 sowie das *(Berner) Übereinkommen über die Erhaltung der europäischen wildlebenden Pflanzen und Tiere* v 1979.[675] Stellvertretend für einen neuen Typus völkerrechtlicher Abkommen, die im Hinblick auf den Eigenwert der biologischen Vielfalt (*intrinsic value*-Konzept) auf den Schutz der Biodiversität insgesamt abzielen (und deshalb keinem Listenansatz folgen), verdient das *Übereinkommen über die biologische Vielfalt (CBD)* v 5.6.1992[676] besondere Beachtung. Räumlich ist es auf Bestandteile der biologischen Vielfalt in Gebieten anwendbar, die innerhalb der nationalen Hoheitsbereiche der Vertragsparteien liegen, und auf Verfahren und Tätigkeiten, die unter der Hoheitsgewalt oder Kontrolle der Vertragsparteien entweder innerhalb ihres nationalen Hoheitsbereichs oder außerhalb der nationalen Hoheitsbereiche durchgeführt werden (Art 3). Damit sind grundsätzlich auch die staatsfreien Räume Hohe

---

670 Vgl dazu *Bowman/Davies/Redgwell*, Wildlife Law; *Markus*, in Internationales Umweltrecht, 10. Abschn. Zu den nachfolgend in Bezug genommenen Verträgen s a die Beiträge in AVR 54 (2016), Heft 4 (Schwerpunkt internationales Naturschutzrecht).
671 Übereinkommen zur Erhaltung der wandernden wildlebenden Tierarten v 23.6.1979 (BGBl 1984 II, 569); vgl *Proelss*, Migratory Species, International Protection, MPEPIL VII 160 (Rn 9 ff). Zur Umsetzung in Deutschland *ders*, Internationaler Arten- und Naturschutz im nationalen Recht, EurUP 2015, 314 ff.
672 Vgl o Rn 67.
673 BGBl 1975 II, 773. Vgl *Sand*, Endangered Species, International Protection, MPEPIL III, 423 (Rn 6 ff).
674 Anlage I listet die von der Ausrottung bedrohten Arten auf; mit ihnen darf Handel nur in Ausnahmefällen betrieben werden. Anlage II enthält die Arten, die bedroht sein können, wenn der Handel nicht streng reglementiert wird. Anlage III führt alle Arten auf, die innerstaatlichen Handelsbeschränkungen unterliegen.
675 BGBl 1976 II, 1265 (Feuchtgebiete); BGBl 1984 II, 618 (wildlebende Pflanzen und Tiere).
676 BGBl 1993 II, 1742; eingehend dazu *Markus*, in Internationales Umweltrecht, 10. Abschn Rn 21 ff.

See und Gebiet erfasst.[677] In sachlicher Hinsicht schützt das Übereinkommen Arten in ihrer natürlichen Umgebung *(in situ)* ebenso wie *ex situ*, also außerhalb dieses Bereichs (d h in Zoologischen Gärten, mittels Gen-Datenbanken usw). Es erkennt an, dass genetische Ressourcen, Gegenstände nationaler Souveränität, als common concern of humankind[678] bzgl des Erhalts ihrer Vielfalt alle Staaten verbindet. Allen Staaten werden diesbezügliche, wenngleich nach Sachnähe und Entwicklungsstand differenzierte Pflichten auferlegt. Neben dem Biotopschutz geht es der Konvention um die nachhaltige Nutzung der Arten (vgl Art 3) und die faire Aufteilung der Gewinne aus der Nutzung genetischer Ressourcen.

Diesbezüglich zentral ist das mit Art 15 f CBD für die Erhaltung und Nutzung der genetischen Ressourcen eingeführte, partiell nach dem Vorbild des Regimes des internationalisierten Tiefseebodens modellierte Zugangs- und Verteilungsregime *(access and benefit sharing)*.[679] Hiernach sollen diejenigen Vertragsparteien, auf deren Territorien sich der Großteil der weltweit vorhandenen genetischen Ressourcen befindet (in erster Linie sind dies die biodiversitätsreichen Entwicklungsländer),[680] anderen Staaten nach Maßgabe des nationalen Rechts (vgl Art 15 Abs 1 CBD) den Zugang zu diesen Ressourcen *(access)* eröffnen; im Gegenzug sollen sie von den aus der Ressourcenbewirtschaftung resultierenden Vorteilen profitieren *(benefit sharing)*. Dergleichen Vorteile können in der Beteiligung an wissenschaftlicher Forschung und deren Ergebnissen, aber auch in Technologie- und Finanztransfers liegen (vgl Art 15 Abs 6 u 7, Art 16 CBD). Entscheidend ist, dass der Zugang zu Bedingungen erfolgt, die zwischen dem ressourcenreichen Staat (Ursprungsstaat) und dem Staat, der die betreffenden Ressourcen nutzen will (Nutzerstaat), einvernehmlich (d h in Form eines Vertrags) festzulegen sind, vgl Art 15 Abs 4 CBD. Den *Grundsatz der dauerhaften Souveränität* über die auf dem Territorium gelegenen Ressourcen lässt das ABS-Regime der CBD mithin unberührt.

Die vage Formulierung der Art 15 f CBD, die maßgeblich auf Initiativen der Entwicklungsstaaten zurückgeht, hat dazu geführt, dass bislang nur wenige Vertragsparteien die erforderlichen einschlägigen Normen erlassen haben; zu Verträgen zwischen Ursprungs- und Nutzerstaaten ist es nur selten gekommen. Die zum Zwecke der Implementierung des ABS-Regimes im Rahmen der 6. Vertragsstaatenkonferenz (COP 6) im Jahre 2002 verabschiedeten *Bonn Guidelines on Access to Genetic Resources and Fair and Equitable Sharing of the Benefits Arising out of their Utilization* sind rechtlich unverbindlich und konnten keine Zugangsverbesserung schaffen. Nach schwierigen Verhandlungen gelang im Rahmen von COP 10 (2010) die Annahme des der Konkretisierung von Art 15 f u Art 8 lit j (bzgl traditionellem Wissen indigener Gemeinschaften) dienenden *Nagoya Protocol*.[681] Es statuiert verfahrensrechtliche Anforderungen hinsichtlich der Durchführung des Vorteilsausgleichs und enthält im Anhang eine ausführliche Liste von „monetary and non-monetary benefits" (u a ist die „joint owners-

---

677 S *Wolfrum/Matz* (Fn 470) 125; *Proelss* (Fn 232) 420 f.
678 Dazu *Krohn* (Fn 387) 277.
679 Vgl die Darstellung bei *Stoll*, in Bewahrung, 159 ff.
680 Art 2 CBD definiert „genetische Ressourcen" als „genetisches Material von tatsächlichem oder potentiellem Wert".
681 UNEP/CBD/COP/DEC/X/1 v 29.10.2010, Protocol on Access to Genetic Resources and the Fair and Equitable Sharing of Benefits Arising From their Utilization. Das Protokoll ist am 12.10.2014 in Kraft getreten. Zu ihm etwa *Markus*, in Internationales Umweltrecht, 10. Abschn Rn 43 f.

hip of relevant intellectual property rights" als möglicher Vorteil aufgeführt). Darüber hinaus sieht es die Einrichtung nationaler Kontaktstellen *(focal points)* und einer internationalen Sammelstelle *(access and benefit-sharing clearing-house)* vor, die vor allem der Informationsvermittlung und Transparenz dienen sollen. Derzeit verhandeln die Vertragsparteien über die von Art 10 des Protokolls in den Blick genommene Schaffung eines globalen multilateralen *benefit sharing*-Mechanismus. – Das *Cartagena Protokoll über biologische Sicherheit* v 29.1.2000[682] bietet weiteren Zündstoff. Dieser Vertrag wurde zB von den USA, dem wichtigsten Exporteur gentechnisch veränderter Erzeugnisse, nicht unterzeichnet. Außerdem versuchen die USA, ihn über den Umweg internationaler Handelsvereinbarungen zu unterlaufen.

163   *Zusammenfassend* ist zu konstatieren: Naturgüter, deren Bedeutung für das weltumspannende Ökosystem erwiesen ist, die jedoch in enger Verbindung mit territorialer Souveränität und Gebietshoheit stehen – wie etwa die tropischen Regenwälder –, avancierten trotz ihrer Gefährdung noch nicht zum Kerngegenstand verbindlicher Schutzvereinbarungen.[683] Der Weg von globaler Umweltrelevanz zu effektiver und nachhaltiger Umsetzung der konkretisierungsbedürftigen universellen Schutzregelungen ist noch weit. Der *Strategic Plan for Biodiversity for the Period 2011-2020*, angenommen im Rahmen der 10. Vertragsstaatenkonferenz der CBD in Nagoya (2010), stellt ernüchtert fest, dass „[t]he 2010 biodiversity target has not been achieved, at least not at the global level".[684] Zu diesem Zweck statuiert er zwanzig bis zum Jahre 2020 zu erreichende, rechtlich allerdings unverbindliche Zielvorgaben *(Aichi Biodiversity Targets)*. Gemäß *Target 11* sollen mindestens 17% der Landökosysteme der Erde und 10% der Küsten- und Meeresgebiete unter Schutz gestellt werden, laut *Target 12* muss bis 2020 der Artenschwund gestoppt und der Status der gefährdeten Arten verbessert werden. *Target 14,* der nachhaltigen Nutzung der Biodiversität gewidmet, unterstreicht die zentrale Bedeutung der sog *ecosystem services* als Mechanismus zur Abschätzung der Vorteilhaftigkeit von Bestandteilen der Biodiversität für den Menschen.[685] Über die jeweils erzielten Fortschritte müssen die Vertragsparteien regelmäßig berichten. Konzeptionell stehen die Aichi Targets in engem Zusammenhang mit den allgemeineren NDGs bzw SDGs (s o Rn 102, 104).

---

682 ILM 39 (2002) 1027; seit 11.9.2003 in Kraft. Dazu *Markus*, in Internationales Umweltrecht, 10. Abschn Rn 45 ff.
683 Zum UN-Übereinkommen zur Bekämpfung der Wüstenbildung *Kellersmann* (Fn 392) 253 ff.
684 Vgl CBD Decision X/2, Strategic Plan for Biodiversity 2011-2020, § 7, <http://www.cbd.int/decision/cop/?id=12268>.
685 Das Konzept der *ecosystem services* bildet mittlerweile ein eigenständiges interdisziplinäres Forschungsfeld; zur Einführung vgl die Beiträge in Grunewald/Bastian (Hrsg), Ecosystem Services, 2015; aus rechtswissenschaftlicher Perspektive *Ruhl/Kraft/Lant*, The Law and Policy of Ecosystem Services, 2007. Die 2010 verabschiedete EU-Biodiversitätsstrategie für 2020 setzte erstmals nicht nur die Eindämmung des Biodiversitätsverlusts, sondern auch den Wert der Ökosystemleistungen auf die politische Agenda, und wies auf die Notwendigkeit hin, diese zum Wohle der Natur und der Gesellschaft zu bewahren und wiederherzustellen. Maßnahme 5 des zweiten Ziels dieser Strategie rief die Mitgliedsstaaten bis zum Jahr 2020 dazu auf, den Zustand ihrer Ökosysteme und deren Leistungen zu kartieren und zu bewerten. Bis heute fehlt es indes an einem grundlegenden, wissenschaftlich fundierten konzeptionellen Rahmen zur Umsetzung dieser Maßnahmen. Eine erste Kategorisierung der Ökosystemdienstleistungen wurde im Rahmen des von den UN im Jahre 2000 in Auftrag gegebenen *Millenium Ecosystem Assessment* vorgenommen; vgl Millennium Ecosystem Assessment, Ecosystems and Human Well-being: Synthesis, 2005, 40 ff.

Die in den Aichi Targets verkörperte Entscheidung der Staatengemeinschaft, in **164** der internationalen Umweltpolitik künftig eher auf politische Zielvorgaben zu setzen, ist wesentliche Ausprägung der bereits angesprochenen Entformalisierung des Umweltvölkerrechts.[686] Sie ist u a der verbreiteten Frustration über den mangelnden Willen vieler Staaten, sich verbindlichen und ggf durchsetzbaren Pflichten zu unterwerfen, sowie der unterschiedlichen Leistungsfähigkeit der Staaten geschuldet. Als erfolgreich wird sich dieser Weg wohl nur dann erweisen, wenn die allgemeinen Zielvorgaben mittels einer im Rahmen der jeweils zuständigen Vertragsorgane sowie auf nationaler und regionaler Ebene erfolgenden Konkretisierung operationalisiert und die mit den politischen Zielen einhergehenden Berichtspflichten ordnungsgemäß befolgt werden. Zu diesem Zweck soll auf dem Gebiet des Schutzes und der nachhaltigen Nutzung der Biodiversität der im Jahre 2012 eingerichtete Weltbiodiversitätsrat *(Intergovernmental Science-Policy Platform on Biodiversity and Ecosystem Services – IPBES)*, eine neuartige und dem IPCC ähnliche institutionelle Ausprägung der *environmental governance*, den Stand der Wissenschaft zusammenfassen und die Politik beraten. Andererseits verfügt der Ansatz, auf die drängendsten globalen Umweltprobleme mittels soft law und politischer Zielvorgaben zu reagieren, über den Vorteil der diese Maßnahmen charakterisierenden Flexibilität. Nicht zu Unrecht wird im Schrifttum darauf hingewiesen, dass es nicht möglich sei, die Entwicklung der Ökosysteme und die Folgen schutzbezogener Interventionen mit Sicherheit vorherzusehen; dem werde der starre Charakter des auf den traditionellen Rechtsquellen beruhenden umweltrechtlichen Instrumentariums nicht gerecht. Um künftig *resiliente Ökosysteme* zu gewährleisten, Ökosysteme also, die in der Lage sind, internem oder externem Änderungsdruck (etwa durch veränderte Landnutzungsanforderungen) ohne Änderung des zugrundeliegenden Managementregimes zu widerstehen,[687] sei daher die Anpassungsfähigkeit des Umweltrechts insgesamt, insbes durch Stärkung der grundlegenden, flexible politische Entscheidungen ermöglichenden Prinzipien, zu verbessern.[688] Die wissenschaftliche Diskussion um Etablierung und konzeptionelle Ausgestaltung eines künftigen *adaptive environmental law* hat so ihren Ausgangspunkt in der Schnittmenge von Klimaschutz und Schutz sowie nachhaltiger Nutzung der Biodiversität, steckt aber noch in den Anfängen.

e) Schutz vor Abfällen und Schadstoffen

Funktionale Ansätze ergänzen die skizzierten raum- bzw objektbezogenen Umwelt- **165** schutzregeln. Als neutrale Informations- und Schaltstellen dienen häufig I.O., etwa die Internationale Seeschifffahrtsorganisation (IMO) bzgl des MARPOL-Abkommens. Zwischen den Vertragsparteien besteht ein vertragliches Netz von Kooperations- und Informationspflichten, die über die prozeduralen Vorgaben des Gewohnheitsrechts (so Rn 109f) hinausgehen. Neuerdings räumen Vertragsparteien einander auch die Befugnis zum Überwachen *(monitoring)* ein, vergleichbar den Visitationsrechten im Antarktis- und im Weltraumvertrag. Bemerkenswert sind insoweit Entwicklungen im spezifischen Bereich der *Gefahrstoffe*. Kernstück des *Rotterdamer Übereinkommens*

---

686 So Rn 89f, 104, 112.
687 Grundlegend *Holling*, Resilience and Stability of Ecological Systems, ARES 4 (1973) 1ff.
688 Vgl dazu die Beiträge in Garmestani/Allen (Hrsg), Social-Ecological Resilience and Law, 2014.

über das Verfahren der vorherigen Zustimmung nach Inkenntnissetzung für bestimmte gefährliche Chemikalien sowie Pflanzenschutz- und Schädlingsbekämpfungsmittel im internationalen Handel v 11.9.1998[689] ist etwa ein *prior consent*-Schema. Im Jahr 2001 wurde in Stockholm ferner die globale, auf dem Vorsorgeprinzip beruhende *Convention on Persistent Organic Pollutants* angenommen. Sie zielt auf ein weltweites Verbot bestimmter besonders gesundheitsschädlicher Stoffe *(persistent organic pollutants)*.[690]

166   Angesichts des dringenden Problems der *Abfallentsorgung* ist schließlich auf Vereinbarungen hinzuweisen, die den grenzüberschreitenden Verkehr mit Abfällen zum Gegenstand haben. Der „Müllnotstand" in Industriestaaten hat zum Ansteigen der Abfallexporte in Entwicklungsländer („Mülltourismus") geführt.[691] Um den einschlägigen Gefahren zu begegnen, formuliert das unter der Schirmherrschaft des UNEP ausgehandelte *Basler Übereinkommen über die Kontrolle der grenzüberschreitenden Verbringung gefährlicher Abfälle und ihrer Entsorgung* v 22.5.1989[692] eine Reihe prozeduraler Voraussetzungen; ihre Erfüllung steht freilich überwiegend im Ermessen der Parteien. Auch hier ist das *prior consent*-Schema gewählt worden: Jeder Export wird von der Zustimmung des potentiellen Importstaats abhängig gemacht. Das Verbringen in Nichtstaatsgebiete unterfällt dem Übereinkommen dann, wenn an dem Vorgang mindestens zwei Staaten beteiligt sind. Ferner werden mehrere absolute Exportverbote statuiert. Angesichts der zahlreichen Ausnahmen konnte das Übereinkommen die geweckten Erwartungen bisher nicht erfüllen.[693]

---

689 ILM 38 (1999) 1; dazu *Durner*, in Internationales Umweltrecht, 15. Abschn Rn 51 ff.
690 ILM 40 (2001) 532 (v 22.5.2001). Ähnlich wie bei CITES listen die Anlagen dieses am 17.5.2004 in Kraft getretenen Übereinkommens Stoffgruppen auf, deren Produktion und/oder Handel zu verbieten oder zu beschränken ist. Einmal freigesetzt, bauen sich diese Stoffe nur äußerst schwer wieder ab.
691 Zum Problem bereits *Rublack*, Der grenzüberscheitende Transfer von Umweltrisiken im Völkerrecht, 1993, 28 ff.
692 BGBl 1994 II, 2703. Dazu *Ott*, Umweltregime, 71 ff, 122 ff; *Ehrmann* (Fn 336) 357 ff; *Durner*, in Internationales Umweltrecht, 15. Abschn Rn 25 ff.
693 Differenzierend *Durner*, in Internationales Umweltrecht, 15. Abschn Rn 33 ff. Am 12.12.1999 wurde ein Zusatzprotokoll vereinbart, das bei grenzüberschreitenden Transporten von gefährlichem Abfall eine finanzielle Entschädigung regelt, sofern Personen zu Schaden kommen oder Boden und Wasser verseucht werden.

Sechster Abschnitt

Charlotte Kreuter-Kirchhof
Wirtschaft und Kultur

Gliederung

I. Die Wirtschaft im Völkerrecht —— 1–125
  1. Das Völkerrecht der wirtschaftlichen Zusammenarbeit im Überblick —— 1–14
     a) Internationales Wirtschaftsrecht —— 10
     b) Weltwirtschaftsordnung —— 12
  2. Standards des internationalen Wirtschaftsrechts —— 15–43
     a) Grundsatz der Nichtdiskriminierung —— 16
     b) Meistbegünstigungsgrundsatz —— 19
     c) Grundsatz der Inländergleichbehandlung —— 23
     d) Reziprozität, Fairness —— 26
     e) Recht auf Entwicklung, Nachhaltigkeit —— 30
     f) Rationalität, Transparenz, Good Governance —— 39
  3. Schutz fremden Eigentums und Status transnationaler Unternehmen —— 44–65
     a) Schutz von Auslandsinvestitionen —— 44
     b) Transnationale Unternehmen —— 56
  4. Welthandelsordnung —— 66–103
     a) Instrumente des freien Welthandels: GATT und WTO —— 66
     b) Handelsbezogene Investitionsmaßnahmen —— 94
     c) Instrumente regionaler wirtschaftlicher Integration —— 97
     d) Weitere handelsbezogene Instrumente —— 102
  5. Internationales Steuerrecht —— 104–109
  6. Das Völkerrecht der wirtschaftlichen Entwicklung —— 110–125
     a) Grundlagen und Entwicklung —— 110
     b) Internationaler Währungsfonds und Weltbankgruppe —— 114
     c) Rohstoffabkommen und Cotonou-Abkommen —— 120

II. Die Kultur im Völkerrecht —— 126–172
  1. Kulturgüterrecht im Überblick —— 126–128
  2. Informationsfreiheit und Kulturordnung —— 129–131
  3. Kulturelle Belange als Schranke der Waren- und Dienstleistungsfreiheiten —— 132–135
  4. Recht auf Sprache —— 136, 137
  5. Kulturgüter und ihr Schutz —— 138–172
     a) Definition des Kulturguts —— 144
     b) Rechtsträger von Kulturgütern —— 148
     c) Kulturgüter in bewaffneten Konflikten —— 153
     d) Regelung für Friedenszeiten —— 158
     e) Rückführung von Kulturgut —— 165
     f) Kulturgüterschutz im Meer —— 168
     g) Archivgut, Archäologie, Architektur —— 170

Literatur

Bishop, R. Doak/Crawford, James/Reisman, W. Michael, Foreign Investment Disputes, Cases Materials and Commentary, 2. Aufl 2014

Bungenberg, Marc/Griebel, Jörn/Hobe, Stephan/Reinisch, August (Hrsg), International Investment Law, 2015

Carreau, Dominique/Juillard, Patrick/Bismuth, Régis/Hamann, Andrea, Droit international économique, 6. Aufl 2017

Dolzer, Rudolf, New Foundations of the Law of Expropriation of Alien Property, AJIL 75 (1981) 553 ff

ders, Eigentum, Enteignung und Entschädigung im geltenden Völkerrecht, 1985

ders, Formen der Streitbeilegung im multilateralen Wirtschaftsrecht, FS Doehring, 1989, 143 ff

ders/Jayme, Erik/Mußgnug, Reinhard (Hrsg), Rechtsfragen des internationalen Kulturgüterschutzes, 1994

ders/Stevens, Margrete, Bilateral Investment Treaties, 1995

ders, The Notion of Investment in Recent Practice, FS Feliciano, 2005, 261 ff

ders, Meistbegünstigungsklauseln in Investitionsschutzverträgen, FS Ress, 2005, 47 ff

ders, Fair and Equitable Treatment: A Key Standard in Investment Treaties, The International Lawyer 39 (2005) 87 ff

ders, Schirmklauseln in Investitionsschutzverträgen, FS Tomuschat, 2006, 281 ff

ders, Neuverhandlungsklauseln im aktuellen Recht der Auslandsinvestitionen, FS Bothe, 2008, 595 ff

ders, Fair and Equitable Treatment: Judicially Manageable Criteria, FS Carreau/Juillard, 2009, 83 ff

ders/Schreuer, Christoph, Principles of International Investment Law, 2. Aufl 2012 [Dolzer/Schreuer, Principles]

Eitel, Tono, Beutekunst – Die letzten deutschen Kriegsgefangenen, FS Delbrück, 2005, 192 ff

Fechner, Frank/Oppermann, Thomas/Prott, Lyndel V. (Hrsg), Prinzipien des Kulturgüterschutzes, 1996

Francioni, Francesco, Beyond State Sovereignty: The Protection of Cultural Heritage as a Shared Interest of Humanity, Michigan JIL 25 (2004) 1209 ff

Hahn, Michael, Die einseitige Aussetzung von GATT-Verpflichtungen als Repressalie, 1996

Hauser, Heinz/Schanz, Kai-Uwe, Das neue GATT: Die Welthandelsorganisation nach Abschluss der Uruguay-Runde, 1995

Herdegen, Matthias, Internationales Wirtschaftsrecht, 11. Aufl 2017 [Herdegen, Internationales Wirtschaftsrecht]

ders, Principles of International Economic Law, 2. Aufl 2016

Herrmann, Christoph/Weiß, Wolfgang/Ohler, Christoph, Welthandelsrecht, 2. Aufl 2007 [Herrmann/Weiß/Ohler, Welthandelsrecht]

Hilf, Meinhard/Oeter, Stefan (Hrsg), WTO-Recht, 2. Aufl 2010 [Hilf/Oeter (Hrsg), WTO-Recht]

Kowalski, Wojciech W., Restitution of Works of Art Pursuant to Private and Public International Law, RdC 288 (2001) 19 ff

Krajewski, Markus, Wirtschaftsvölkerrecht, 4. Aufl 2017 [Krajewski, Wirtschaftsvölkerrecht]

Langer, Stefan, Grundlagen einer internationalen Wirtschaftsverfassung, 1995

Matsushita, Mitsuo/Schoenbaum, Thomas J./Mavroidis, Petros C., The World Trade Organization, Law, Practice and Policy, 3. Aufl 2015

Meng, Werner, Gedanken zur Frage der unmittelbaren Anwendung von WTO-Recht in der EG, FS Bernhardt, 1995, 1063 ff

Pallas, Nadine, Maritimer Kulturgüterschutz, 2004

Permanent Court of Arbitration (Hrsg), Resolution of Cultural Property Disputes, 2004

Petersmann, Ernst-Ulrich, International Trade Law and the GATT/WTO Dispute Settlement System, 1997

Prieß, Hans-Joachim/Berrisch, Georg M. (Hrsg), WTO-Handbuch, 2003

Reichelt, Gerte (Hrsg), Neues Recht zum Schutz von Kulturgut, 1997

Scott, Hal S., International Finance: Law and Regulation, 3. Aufl 2012

Seidl-Hohenveldern, Ignaz, International Economic Law, 3. Aufl 1999

Senti, Richard/Hilpold, Peter, WTO, 2. Aufl 2017
ders, Welthandelsorganisation (WTO) in a Nutshell, 2009
Shihata, Ibrahim, The World Bank in a Changing World: Selected Essays and Lectures, Bd I (1991), Bd II (1995)
Siehr, Kurt, International Art Trade and the Law, RdC 243 (1993-VI) 13 ff
Stoll, Peter-Tobias/Schorkopf, Frank, WTO – Welthandelsordnung und Welthandelsrecht, 2002
dies, WTO – World Economic Order, World Trade Law, 2006
Streinz, Rudolf, Internationaler Schutz von Museumsgut, 1998
Tietje, Christian, Normative Grundstrukturen der Behandlung nichttarifärer Handelshemmnisse in der WTO/GATT-Rechtsordnung, 1998
ders (Hrsg), Internationales Wirtschaftsrecht, 2. Aufl 2015 [Tietje (Hrsg), Internationales Wirtschaftsrecht]
Vogel, Klaus/Lehner, Moris, Doppelbesteuerungsabkommen der Bundesrepublik Deutschland auf dem Gebiet der Steuern vom Einkommen und Vermögen: Kommentar auf der Grundlage der Musterabkommen, 6. Aufl 2015 [Doppelbesteuerungsabkommen]
Wolfrum, Rüdiger (Hrsg), Max Planck Encyclopedia of Public International Law, 10 Bde, 2012 [MPEPIL]
Wyss, Martin Philipp, Kultur als eine Dimension der Völkerrechtsordnung, 1992

Verträge und Resolutionen
Vertrag über den Allgemeinen Postverein v 9.10.1874 idF v 10.9.1981 (BGBl 1981 II, 675) —— 102
Abkommen betreffend die Gesetze und Gebräuche des Landkriegs, IV. Haager Abkommen v 18.10. 1907 (RGBl 1910, 124) [Haager Landkriegsordnung als Anhang] —— 145, 154
Treaty on the Protection of Artistic and Scientific Institutions and Historic Monuments v 15.4.1935 (167 LNTS 289) [Roerich-Pakt] —— 128, 155
Abkommen über die Internationale Zivilluftfahrt v 7.12.1944 (BGBl 1956 II, 412; letzte Änd in BGBl 1999 II, 307) —— 102
Übereinkommen über den Internationalen Währungsfonds v 1./22.7.1944 (BGBl 1952 II, 638), Neufassung 1976 (BGBl 1978 II, 13; letzte Änd in BGBl 2012 II, 522) [IWF-Übereinkommen] —— 41, 114
Abkommen über die Internationale Bank für Wiederaufbau und Entwicklung v 1./22.7.1944 (BGBl 1952 II, 664; letzte Änd in BGBl 1965 II, 1089) [IBRD-Abkommen] —— 117
Allgemeines Zoll- und Handelsabkommen v 30.10.1947 (BGBl 1951 II, 173; Anlage I, 4) [GATT 1947] —— 6 f, 14, 16, 20 f, 23 f, 27, 29 f, 66 ff, 120, 132
Konvention zum Schutze der Menschenrechte und Grundfreiheiten v 4.11.1950 (BGBl 1952 II, 685, 953) [EMRK]; 1. Zusatzprotokoll v 20.3.1952 (BGBl 1956 II, 1879); 12. Zusatzprotokoll v 4.11.2000 (<http://conventions.coe.int/Treaty/GER/Treaties/Html/177.htm>) —— 45, 150 f
Konvention zum Schutz von Kulturgut bei bewaffneten Konflikten v 14.5.1954 (BGBl 1967 II, 1235) —— 145, 152, 155 f
Europäisches Kulturabkommen v 19.12.1954 (BGBl 1955 II, 1128) —— 164, 171
Abkommen über die Internationale Finanz-Corporation v 12.7.1956 (BGBl 1956 II, 749; letzte Änd in BGBl 2013 II, 1122) [IFC] —— 118
Vertrag zur Gründung der Europäischen Gemeinschaft v 25.3.1957 (BGBl 1957 II, 766), nach Inkrafttreten des Vertrags von Lissabon v 13.12.2007 (BGBl 2008 II, 1039) nunmehr gültig als Vertrag über die Arbeitsweise der Europäischen Union (konsolidierte Fassung: ABl EU 2016, Nr C 202/47, ber ABl EU 2016, Nr C 400/1) [AEUV] —— 92, 99, 120, 124, 135, 137, 147
Abkommen über die Internationale Entwicklungsorganisation v 26.1.1960 (BGBl 1960 II, 2138) [IDA] —— 118
Declaration on the Permanent Sovereignty over Natural Resources v 14.12.1962 (A/RES/1803 [XVII]; ILM 1/2 [1962/1963] 223) —— 110
Übereinkommen zur Beilegung von Investitionsstreitigkeiten zwischen Staaten und Angehörigen anderer Staaten v 18.3.1965 (BGBl 1969 II, 371) [ICSID-Abkommen] —— 53

Internationales Übereinkommen zur Beseitigung jeder Form der Rassendiskriminierung v 7.3.1966 (BGBl 1969 II, 962) —— 150

Internationaler Pakt über bürgerliche und politische Rechte v 19.12.1966 (BGBl 1973 II, 1534) [IPBPR] —— 130, 136, 150f

Internationaler Pakt über wirtschaftliche, soziale und kulturelle Rechte v 19.12.1966 (BGBl 1973 II, 1570) [IPWSKR] —— 151

Übereinkommen von Cartagena v 26.5.1969 (ILM 8 [1969] 910) [Andenpakt] —— 99

Europäisches Übereinkommen zum Schutz archäologischen Kulturguts v 6.5.1969 (BGBl 1974 II, 1286) —— 171

Treaty of Cooperation between the United States of America and the United Mexican States Providing for the Recovery and Return of Stolen Archeological, Historical and Cultural Properties v 17.7.1970 (ILM 9 [1970] 1028) —— 164

Übereinkommen über Maßnahmen zum Verbot und zur Verhütung der unzulässigen Einfuhr, Ausfuhr und Übereignung von Kulturgut v 14.11.1970 (ILM 10 [1971] 289) [UNESCO Convention on the Illicit Movement of Art Treasures] —— 146, 152, 158f

Übereinkunft zum Schutze von Werken der Literatur und Kunst v 24.7.1971 (BGBl 1973 II, 1071; letzte Änd in BGBl 1985 II, 81) [Berner Übereinkunft] —— 28, 93

Übereinkommen zum Schutz des Kultur- und Naturerbes der Welt v 16.11.1972 (BGBl 1977 II, 215) [Welterbekonvention] —— 152, 159

Declaration on the Permanent Sovereignty over Natural Resources v 17.12.1973 (A/RES/3171 [XXVIII]; AJIL 68 [1974] 381) —— 46

Übereinkommen über Textilwaren und Bekleidung v 20.12.1973 (ABl EG 1974, Nr L 118/1) —— 86

Declaration on the Establishment of a New International Economic World Order v 1.5.1974 (A/RES/3201 [S-XV]; ILM 13 [1974] 715) —— 111

Charter of the Economic Rights and Duties of States v 12.12.1974 (A/RES/3281 [XXIX]; ILM 14 [1975] 251) —— 30, 46, 111

Übereinkommen zur Errichtung des Internationalen Fonds für landwirtschaftliche Entwicklung v 13.6.1976 (BGBl 1978 II, 1408) —— 118

Convention on the Protection of the Archaeological, Historical and Artistic Heritage of the American Nations v 16.6.1976 (ILM 15 [1976] 1350) —— 164

OECD-Declaration on International Investment and Multinational Enterprises v 21.6.1976 (ILM 15 [1976] 967; letzte Änd unter <http://www.oecd.org/investment/investment-policy/oecddeclarationoninternationalinvestmentandmultinationalenterprises.htm>) —— 51

(Wiener) UN-Übereinkommen über den internationalen Warenkauf v 11.4.1980 (BGBl 1989 II, 588, Berichtigung in BGBl 1990 II, 1699) —— 102

EWG-Übereinkommen über das auf vertragliche Schuldverhältnisse anzuwendende Recht v 19.6.1980 (BGBl 1986 II, 810) —— 102

Übereinkommen zur Gründung des Gemeinsamen Fonds für Rohstoffe v 27.6.1980 (BGBl 1985 II, 715, letzte Änd in BGBl 2016 II, 91) —— 123

Banjul Charta der Menschenrechte und Rechte der Völker v 27.6.1981 (ILM 21 [1982] 58) —— 150

Seerechtsübereinkommen der Vereinten Nationen v 10.12.1982 (BGBl 1994 II, 1799) [SRÜ] —— 168f

Wiener Übereinkommen zum Schutz der Ozonschicht v 22.3.1985 (BGBl 1988 II, 901) [Wiener Übereinkommen] —— 37

Übereinkommen zum Schutz des architektonischen Erbes Europas v 3.10.1985 (BGBl 1987 II, 624) —— 172

Übereinkommen zur Errichtung der Multilateralen Investitions-Garantie-Agentur v 11.10.1985 (BGBl 1987 II, 455; letzte Änd in BGBl 2011 II, 1263) [MIGA-Übereinkommen] —— 52

Montrealer Protokoll über Stoffe, die zu einem Abbau der Ozonschicht führen v 16.9.1987 (BGBl 1988 II, 1014) [Montrealer Protokoll] —— 37

Europäisches Übereinkommen über das grenzüberschreitende Fernsehen v 5.5.1989 (BGBl 1994 II, 639; letzte Änd in BGBl 2000 II, 1091) —— 133

Konstitution und Konvention der Internationalen Fernmeldeunion v 30.6.1989 (BGBl 1994 II, 147; letzte Änd in BGBl 2010 II, 399) —— 102

Treaty Establishing a Common Market Between the Argentine Republic, the Federative Republic of Brazil, the Republic of Paraguay and the Eastern Republic of Uruguay v 26.3.1991 (ILM 30 [1991] 1041) [Mercosur-Vertrag] —— 99

Europäischen Übereinkommen zum Schutz des archäologischen Erbes v 16.1.1992 (BGBl 2002 II, 2710) [Malta-Konvention] —— 171

Übereinkommen über die biologische Vielfalt v 5.6.1992 (BGBl 1993 II, 1741) [Biodiversitätskonvention] —— 37

Europäische Charta der Regional- oder Minderheitensprachen v 5.11.1992 (BGBl 1998 II, 1315) —— 136

Nordamerikanisches Freihandelsabkommen v 17.12.1992 (ILM 32 [1993] 296) [NAFTA-Agreement] —— 100

Übereinkommen zur Errichtung der Welthandelsorganisation v 15.4.1994 (BGBl 1994 II, 1443, 1625) [WTO-Übereinkommen] —— 20, 27, 74

Allgemeines Übereinkommen über den Handel mit Dienstleistungen v 15.4.1994 (BGBl 1994 II, 1473, 1643) [GATS] —— 92, 133

Übereinkommen über handelsbezogene Aspekte der Rechte des geistigen Eigentums v 15.4.1994 (BGBl 1994 II, 1565, 1730; letzte Änd in ABl EU 2007, Nr L 311/35) [TRIPS] —— 20, 93

Übereinkommen über Subventionen und Ausgleichsmaßnahmen v 15.4.1994 (ABl EG 1994, Nr L 336/156) —— 81

Übereinkommen über handelsbezogene Investitionsmaßnahmen v 15.4.1994 (ABl EG 1994, Nr L 336/100) [TRIMS] —— 96

Übereinkommen zur Durchführung des Art VI GATT aus dem Jahre 1994 v 15.4.1994 (ABl EG 1994, Nr L 336/103) [Antidumping-Übereinkommen] —— 76 f

Übereinkommen über Textilwaren und Bekleidung v 15.4.1994 (ABl EG 1994, Nr L 336/50) —— 86

Übereinkommen über die Landwirtschaft v 15.4.1994 (ABl EG 1994, Nr L 336/22) —— 86

Vertrag über die Energiecharta und Energiechartaprotokoll v 17.12.1994 (BGBl 1997 II, 4, 102) —— 57, 98

Additional Protocol to the Treaty of Asunción on the Institutional Structure of Mercosur v 17.12.1994 (ILM 34 [1995] 1244) —— 102

Rahmenübereinkommen zum Schutz nationaler Minderheiten v 1.2.1995 (BGBl 1997 II, 1408) —— 136

Internationales Naturkautschuk-Übereinkommen v 17.2.1995 (BGBl 1997 II, 576) —— 122

UNIDROIT-Konvention über gestohlene oder illegal exportierte Kulturgüter v 24.6.1995 (ILM 34 [1995] 1326) —— 161, 163, 170

Römisches Statut des Internationalen Strafgerichtshofs v 17.7.1998 (BGBl 2000 II, 1394; letzte Änd in BGBl 2013 II, 139, 1042) —— 156

Second Protocol to the Hague Convention of 1954 for the Protection of Cultural Property in the Event of Armed Conflict v 26.3.1999 (ILM 38 [1999] 769) —— 156

Partnerschaftsabkommen zwischen den Mitgliedern der Gruppe der Staaten in Afrika, im Karibischen Raum und im Pazifischen Ozean einerseits und der Europäischen Gemeinschaft und ihren Mitgliedstaaten andererseits v 23.6.2000 (BGBl 2002 II, 327; letzte Änd in ABl EU 2010, Nr L 287/3) [Cotonou-Abkommen] —— 30, 44, 90, 124 f

UNESCO-Übereinkommen zum Schutz des Unterwasserkulturerbes v 2.11.2001 (ILM 41 [2002] 40) —— 169

Allgemeine Erklärung der UNESCO zur kulturellen Vielfalt v 2.11.2001 (ILM 41 [2002] 57) [UNESCO Diversity Declaration] —— 128

Übereinkommen zum Schutz des immateriellen Kulturerbes v 17.10.2003 (2368 UNTS 3) —— 128

UNESCO-Übereinkommen über Schutz und Förderung der Vielfalt kultureller Ausdrucksformen v 20.10.2005 (BGBl 2007 II, 234) [UNESCO Diversity Convention] —— 128, 134, 142

Rahmenkonvention des Europarats über den Wert des Kulturerbes für die Gesellschaft v 27.10.2005 (CETS Nr 199) [Council of Europe Framework Convention on Cultural Heritage] —— 164

Kreuter-Kirchhof

Internationales Tropenholzübereinkommen v 1.2.2006 (ABl EG 2007, Nr L 262/6) —— 102
United Nations General Assembly Declaration on the Rights of Indigenous Peoples (ILM 46 [2007] 1013) —— 150
Internationales Kaffee-Übereinkommen v 2007 (ABl EU 2008, Nr L 186/13) —— 122
Genfer Übereinkommen über den Bananenhandel v 15.12.2009 (ABl EU 2010, Nr L 141/3) —— 17
WTO-Übereinkommen über Handelserleichterungen v 27.11.2014 (WT/L/940 v 28.11.2014, 3) —— 73
Übereinkommen von Paris v 12.12.2015 (BGBl 2016 II, 1082) [Pariser Klimaschutzabkommen] —— 37
Umfassendes Wirtschafts- und Handelsabkommen (CETA) zwischen Kanada einerseits und der Europäischen Union und ihren Mitgliedstaaten andererseits v 30.10.2016 (ABl EU 2017, Nr L 11/23) —— 55, 101
Abkommen zur Gründung der transpazifischen Partnerschaft (Trans-Pacific Partnership – TPP) v 4.2.2016 (<https://ustr.gov/trade-agreements/free-trade-agreements/trans-pacific-partnership/tpp-full-text>) —— 101
United States-Mexico-Canada Agreement v 30.11.2018 (<https://ustr.gov/trade-agreements/free-trade-agreements/united-states-mexico-canada-agreement/agreement-between>) —— 101
EU-Japan Economic Partnership Agreement v 17.7.2018 (ABl EU 2018, Nr L 330/3) —— 101

Judikatur
Ständiger Internationaler Gerichtshof
Serbian Loans, Urteil v 12.7.1929, PCIJ, Ser A, No 20 *[Serbische Anleihen]* —— 58

Internationaler Gerichtshof
North Sea Continental Shelf (Germany v Denmark; Germany v Netherlands), Urteil v 20.2.1969, ICJ Rep 1969, 3 *[North Sea Continental Shelf]* —— 29
Barcelona Traction, Light and Power Co, Ltd (Second Phase) (Belgium v Spain), Urteil v 5.2.1970, ICJ Rep 1970, 3 *[Barcelona Traction]* —— 57
Military and Paramilitary Activities in and against Nicaragua (Merits) (Nicaragua v USA), Urteil v 27.6.1986, ICJ Rep 1986, 14 *[Nicaragua]* —— 3, 32
Gabcikovo-Nagymaros Project (Hungary v Slovakia), Urteil v 25.9.1997, ICJ Rep 1997, 7 *[Gabcikovo-Nagymaros]* —— 36
Request for Interpretation of the Judgment of 15 June 1962 in the Case concerning the Temple of Preah Vihear (Cambodia v Thailand), Anordnung v 18.7.2011, ICJ Rep 2011, 537 *[Preah Vihear]* —— 159

Internationale Schiedsgerichte
Texas Overseas Petroleum Co & California Asiatic Oil Co v Libyan Arab Republic, Schiedsspruch v 19.1.1977, ILM 17 (1978) 1 *[Libyscher Erdölstreit]* —— 61
The Government of the State of Kuwait v American Independent Oil Company, Schiedsspruch v 24.3.1982, ILM 21 (1982) 976 *[Aminoil]* —— 62
Técnicas Medioambientales SA v United Mexican States, Schiedsspruch v 29.5.2003, ICSID Case No ARB (AF)/00/2, ILM 43 (2004) 133 *[Tecmed]* —— 22
Siemens v Argentina, Schiedsspruch v 3.8.2004, ICSID Case No ARB 02/8 *[Siemens]* —— 22
Plama Consortium Limited v Bulgaria, Schiedsspruch v 8.2.2005, ICSID Case No ARB/03/24, ILM 44 (2005) 721 *[Plama]* —— 22
Suez, Sociedad General de Aguas de Barcelona S.A., and Vivendi Universal S.A. v Argentina, Beschluss v 3.8.2006, ICSID Case No ARB/03/19 *[Suez/Vivendi]* —— 22
Sempra Energy International v Argentine Republic, Schiedsspruch v 29.6.2010, ICSID Case No ARB/02/16 *[Sempra]* —— 29
İçkale v Turkmenistan, Schiedsspruch v 8.3.2016, ICSID Case No ARB/10/24 *[İçkale]* —— 22

Kreuter-Kirchhof

GATT-Panels und WTO Appellate Body
Canada – Administration of the Foreign Investment Review Act, Bericht des GATT-Panel v 7.2.1984, GATT BISD 30th Suppl (1984) 140 *[FIRA]* —— 95
United States – Restrictions on Imports of Tuna, Bericht des GATT-Panel v 16.8.1991, ILM 30 (1991) 1598 *[1. Thunfischfall]* —— 88
United States – Restrictions on Imports of Tuna, Bericht des GATT-Panel v 16.6.1994, ILM 33 (1994) 839 *[2. Thunfischfall]* —— 88
EC – Measures Concerning Meat and Meat Products (Hormones), Bericht des WTO Appellate Body v 16.1.1998, WT/DS 26/AB/R u WT/DS 48/AB/R, angenommen am 13.2.1998, EuZW 1998, 157 (Auszug) *[Hormonstreit]* —— 39
United States – Import Prohibition of Certain Shrimp and Shrimp Products, Bericht des WTO-Panel v 15.5.1998, WT/DS 58/R, ILM 37 (1998) 834; Bericht des WTO Appellate Body v 12.10.1998, WT/DS 58/AB/R, ILM 38 (1999) 118 *[Garnelen-Schildkrötenfall]* —— 88
EC – Regime for Importation, Sale, and Distribution of Bananas – Recourse to Article 21.5 by Ecuador v 12.4.1999, WT/DS 27/RW/ECU, EuZW 1999, 431 (Auszug) *[Bananenmarktordnung]* —— 17
EC – Measures Affecting Asbestos and Asbestos-Containing Products, Bericht des WTO Appellate Body v 12.3.2001, WT/DS 135/AB/R, ILM 40 (2001) 1193 *[Asbestfall]* —— 88
United States – Tax Treatment For „Foreign Sales Corporations", Bericht des WTO Appellate Body v 30.8.2002, WT/DS 108/ARB *[Foreign Sales Corporations]* —— 81
China – Publications and Audiovisual Products, Bericht des WTO Panel v 12.8.2009, WT/DS363/R; Bericht des WTO Appellate Body v 21.12.2009, WT/DS363/AB/R *[China – Audiovisuals]* —— 85, 132
European Communities and Certain Member States Measures Affecting Trade in Large Civil Aircraft, Bericht des WTO Panel v 30.6.2010, WT/DS316/R; Bericht des WTO Appellate Body v 18.5.2011, WT/DS316/AB/R *[EC and Certain Member States – Large Civil Aircraft]* —— 79
Philippines – Taxes on Distilled Spirits, Bericht des WTO Appellate Body v 21.12.2011, WT/DS396/AB/R, WT/DS403/AB/R *[Philippines – Distilled Spirits]* —— 24
United States – Measures Affecting Trade in Large Civil Aircraft (Second Complaint), Bericht des WTO Panel v 31.3.2011, WT/DS353/R; Bericht des WTO Appellate Body v 12.3.2012, WT/DS353/AB/R *[US – Large Civil Aircraft (2nd complaint)]* —— 79
China – Measures Related to the Exportation of Various Raw Materials, Bericht des WTO Panel v 5.7.2011, WT/DS394/R, WT/DS395/R, WT/DS398/R; Bericht des Appellate Body v 30.1.2012, WT/DS394/AB/R, WT/DS395/AB/R, WT/DS398/AB/R *[China – Raw Materials]* —— 88
European Union – Anti-Dumping Measures on Certain Footwear from China, Bericht des WTO Panel v 28.10.2011, WT/DS405/R —— 78
China – Measures Related to the Exportation of Rare Earth, Tungsten and Molybdenum, Bericht des WTO Appellate Body v 7.8.2014, WT/DS431/AB/R, WT/DS432/AB/R, WT/DS433/AB/R —— 88
United States – Measures Affecting Trade in Large Civil Aircraft – Second Complaint, Bericht des WTO Panel v 9.6.2017, WT/DS353/RW —— 79
United States – Conditional Tax Incentives for Large Civil Aircraft, Bericht des WTO Appellate Body v 4.9.2017, WT/DS487/AB/R —— 79
European Communities and Certain Member States – Measures Affecting Trade in Large Civil Aircraft, Bericht des WTO Appellate Body v 15.5.2018, WT/DS316/AB/RW —— 79

Europäischer Gerichtshof für Menschenrechte
Urteil v 5.1.2000, Nr 33202/96 *[Beyeler v Italy]*, Reports of Judgments and Decisions 2000-I —— 146

Gerichtshof der Europäischen Union
EuGH, Urteil v 9.3.1999, Rs C-212/97, Slg 1999, I-1459 *[Centros]* —— 57
EuGH, Urteil v 23.11.1999, Rs C-149/96, Slg 1999, I-8395 *[Portugal v Rat]* —— 27, 70
EuGH, Beschluss v 2.5.2001, Rs C-307/99, Slg 2001, I-3159 *[Fruchthandelsgesellschaft]* —— 69
EuG, Urteil v 2.5.2001, Rs T-174/00, Slg 2002, II-17 *[Biret]* —— 69

EuGH, Urteil v 5.11.2002, Rs C-208/00, Slg 2002, I-9919 *[Überseering]* —— 57
EuGH, Urteil v 30.9.2003, Rs C-93/02 P, Slg 2003, I-10497 *[Biret II]* —— 69
EuG, Urteil v 3.2.2005, Rs T-19/01, Slg 2005, II-315 *[Chiquita]* —— 69
EuGH, Urteil v 1.3.2005, Rs C-377/02, Slg 2005, I-1465 *[Van Parys]* —— 69
EuG, Urteil v 14.12.2005, Rs T-69/00, ABl EU 2006, Nr C 48/22 *[FIAMM]* —— 69
EuGH, Urteil v 30.4.2009, Rs C-531/07, ABl EU 2009, Nr C 153/9 *[LIBRO]* —— 135
EuGH, Gutachten 2/15 v 16.5.2017, ECLI:EU:C:2017:376 *[Freihandelsabkommen EU-Singapur]* —— 50
EuGH, Urteil v 6.3.2018, Rs C-284/16, ECLI:EU:C:2018:158 *[Achmea]]* —— 53

Deutsche Gerichte
BGH (Großer Senat für Zivilsachen), Beschluss v 21.5.1974, BGHZ 62, 340 *[Spalt-Gesellschaft]* —— 48
BGH, Urteil v 21.3.1986, BGHZ 97, 269 *[Sitztheorie]* —— 57
BVerfG, Beschluss v 28.1.1998, IPrax 1998, 482 *[Gemälde des Fürsten von Liechtenstein]* —— 141
BGH, Urteil v 13.3.2003, BGHZ 154, 185 —— 57

Britische Gerichte
Kingdom of Spain v Christie, Manson & Woods Ltd (1986) 1 WLR 1120 (ChD) *[La Marquesa de Santa Cruz]* —— 141

Italienische Gerichte
Republica dell' Ecuador v Danusso, Tribunale di Torino, RivDirProc 1982, 625 *[Präkolumbianische Artefakte]* —— 141

Neuseeländische Gerichte
Attorney General of New Zealand v Ortiz and Others, 78 ILR 591 *[Holztür von einem Schatzhaus des Volks der Maori]* —— 141

US-amerikanische Gerichte
Kunstsammlungen zu Weimar v Elicofon, 678 F2 d 1150 (2 d Cir 1982) *[Dürer-Porträts]* —— 141
Autocephalous-Greek Orthodox Church v Goldberg, 717 F.Supp. 1374 (SD Ind 1989); bestätigt: 917 F2 d 278 (7th Cir 1990) *[Vier byzantinische Mosaike aus dem 16. Jh]* —— 141

I. Die Wirtschaft im Völkerrecht*

1. Das Völkerrecht der wirtschaftlichen Zusammenarbeit im Überblick

Auf globalisierten Märkten verstärkt sich die internationale wirtschaftliche Zusammenarbeit. Staaten kooperieren, multinationale Unternehmen tragen zu dieser Entwicklung der Verflechtung der Wirtschaftsräume und Wirtschaftsbeziehungen maßgeblich bei. Beschleunigt wird diese Entwicklung durch moderne Informations- und Kommunikationstechnologien. Die Digitalisierung verändert den Welthandel. Der elektronische Handel (E-Commerce) nimmt zu. Digitale Technologien wie die künstliche Intelligenz, das Internet der Dinge, 3D-Drucker und die Blockchain senken Kosten und eröffnen Märkte, werfen aber auch Fragen der Datensicherheit, des Datenschutzes und des Schutzes von Urheberrechten auf; sie können zu einer Marktkonzentration führen.[1] Nachdem die Zusammenarbeit der Staaten zur Regelung der internationalen Wirtschaftsbeziehungen viele Jahre vertieft und ausgebaut wurde, wird die so entstandene multilaterale Ordnung gegenwärtig nicht mehr von allen politischen Kräften in gleicher Weise wie zuvor getragen. Um die Weiterentwicklung des internationalen Wirtschaftsrechts, das die rechtliche Ordnung der Wirtschaftsbeziehungen der Staaten und der I.O., den internationalen Austausch von Waren und Dienstleistungen, die grenzüberschreitende Niederlassung von Unternehmen, die grenzüberschreitende Wanderung von Arbeitskräften sowie den internationalen Kapitalverkehr zum Gegenstand hat,[2] muss neu gerungen werden. 1

Nachdem der Welthandel viele Jahre wuchs, brach er infolge der Weltwirtschaftskrise im Jahr 2008 ein, stieg dann in der Folgezeit wieder deutlich an.[3] Auch die internationalen Kapitalströme expandierten. Pro Tag erreichen die Umsätze auf den Devisenmärkten Volumina zwischen 1 und 5 Bio US-Dollar.[4] Noch stärker als der Handel entwickelten sich zunächst die Auslandsinvestitionen. Im Jahr 2007 beliefen sich diese weltweit auf etwa 1,979 Bio US-Dollar, fielen dann aber infolge der Weltwirtschaftskrise um 14% auf 1,697 Bio US-Dollar. Im Jahr 2017 betrugen die ausländischen Direktinvestitionen nur noch 1,43 Bio US-Dollar; sie sanken damit um 23% gegenüber dem Jahr 2016.[5] Nachdem im Jahr 2009 zum ersten Mal die Investitionen in Schwellenländer diejenigen in Industriestaaten überstiegen,[6] gibt der derzeitige Rückgang ausländischer Direktinvestitionen insbes in wenig entwickelten Ländern Anlass zu der Sorge, welche Auswirkungen dies auf eine nachhaltige Entwicklung in diesen Staaten haben wird. 2

Die völkerrechtliche Ordnung der zwischenstaatlichen Wirtschaftsbeziehungen befindet sich im Spannungsfeld zwischen der herkömmlichen nationalen Ordnung 3

---

* Nachfolgende Ausführungen beruhen in Aufbau und Inhalt auf der Ausarbeitung von *Rudolf Dolzer* in den Vorauflagen. Für eine umfassende Neukonzeption bestand kein Anlass.
1 Hierzu WTO (Hrsg), World Trade Report 2018, 5 ff.
2 Vgl *Herdegen*, Internationales Wirtschaftsrecht, § 1 Rn 12; *Krajewski*, Wirtschaftsvölkerrecht, § 1 Rn 2; zu diesem Begriff vgl Rn 10.
3 WTO (Hrsg), Word Trade Statistical Review 2017, 10.
4 Das Bruttoinlandsprodukt Deutschlands lag im Jahre 2017 bei 3,3 Bio Euro.
5 UNCTAD (Hrsg), World Investment Report 2018, 2 ff.
6 *Kekic*, The Global Economic Crisis and FDI Flows to Emerging Markets, Columbia FDI Perspectives, 2009.

der Wirtschaft („*Volks*wirtschaft") und der faktischen internationalen Verflechtung der Wirtschaftsbeziehungen („*Welt*wirtschaft"). Der wirtschaftlichen Globalisierung, dh der zunehmenden grenz- und regionenübergreifenden Integration und Interdependenz, steht völkerrechtlich die staatliche Souveränität gegenüber.[7] Das *Souveränitätsprinzip*, verstanden als die rechtliche Unabhängigkeit der einzelnen Staaten nach innen wie nach außen, und das *Territorialitätsprinzip*, demzufolge alle im Gebiet eines Staates befindlichen Personen und Sachen seiner Herrschaft unterworfen sind, berechtigen jeden Staat dazu, seine Handels- und Wirtschaftsbeziehungen frei zu regeln.[8] Grundsätzlich besteht keine Verpflichtung, mit anderen Staaten Handel zu treiben.[9] Exportbeschränkungen sind im Grundsatz zulässig.[10] Das allgemeine Völkerrecht kennt auch kein Rechtsprinzip der „offenen Tür": die *open door policy* ist eine Maxime der Handelspolitik und des Handelsrechts.[11] Territoriale Souveränität und Gebietshoheit grenzen die Wirtschaftsräume gegeneinander ab. Zugleich ermöglichen sie das Überwinden der Grenzen, wie das Beispiel der Europäischen Union (EU) zeigt. Klare, unbestrittene Grenzen sind eine Bedingung grenzüberschreitender Wirtschaftsbeziehungen. Unschärfen bei der territorialen Reichweite und insbes die Überdehnung des Anwendungsbereichs nationaler Gesetze führen gerade in einer Welt immer dichterer internationaler Wirtschaftsbeziehungen zu potentiell scharfen Spannungen zwischen den betroffenen Staaten; der Streit um die Anwendbarkeit des 1996 verabschiedeten *Cuban Liberty and Democratic Solidarity Act* der USA auf europäische Firmen und ihre Repräsentanten illustriert das entstehende Konfliktpotential.[12] Die extraterritoriale Anwendung nationalen Rechts stellt gerade für das internationale Wirtschaftsrecht ein heikles Problemfeld dar.[13]

4   Prinzipiell dürfen die Staaten den zwischenstaatlichen Handels- und Wirtschaftsverkehr durch Schutz- und Ausfuhrzölle oder durch Warenkontingentierung erschweren. Nicht nur exportorientierte und rohstoffabhängige Staaten wie die BR Deutschland streben demgegenüber eine Liberalisierung des Handels an, um weltweite Kooperationen durch Vorzugszölle und Meistbegünstigungsregeln[14] mit dem Ziel der Wohlfahrtssteigerung zu intensivieren. Die Welthandelsorganisation (WTO)[15]

---

7 Dazu *Dolzer*, Wirtschaftliche Souveränität im Zeitalter der Globalisierung, FS Steinberger, 2002, 137 ff; *Jackson*, Sovereignty-Modern: A New Approach to an Outdated Concept, AJIL 97 (2003) 782 ff.
8 Vgl *Proelß*, 5. Abschn Rn 2.
9 Vgl die Ausführungen des IGH im *Nicaragua*-Fall, ICJ Rep 1986, 14, 138: "A State is not bound to continue particular trade relations longer than it sees fit to do so, in the absence of a treaty commitment or other specific legal obligation [...]"; vgl auch *Mosler*, The International Society as a Legal Community, 1980, 151.
10 Vgl *Puttler*, Völkerrechtliche Grenzen von Export- und Reexportverboten, 1989.
11 Aber vgl auch die Friendly Relations-Deklaration (1970). Erläuterungen in *Graf zu Dohna*, Die Grundprinzipien des Völkerrechts über die freundschaftlichen Beziehungen und die Zusammenarbeit zwischen den Staaten, 1973 (Text: 267 ff).
12 Vgl zum WTO-Verfahren *Harck-Oluff*, Der Helms-Burton Act vor der WTO, RIW 1999, 350 ff; ferner hierzu die Beiträge von *Lowenfeld* u *Clagett* in AJIL 90 (1996) 419 ff bzw 434 ff.
13 Vgl *Dolzer*, Extraterritoriale Anwendung von nationalem Recht aus der Sicht des Völkerrechts, in Globale Wirtschaft – nationales Recht, 41. Bitburger Gespräche, 2003, 71 ff. Zur Frage der extraterritorialen Wirkung von Enteignungen vgl u Rn 48.
14 Zur Meistbegünstigungsklausel vgl Rn 19 ff u 71 f.
15 Vgl u Rn 67 ff.

mit ihrem ständigen Streitbeilegungsorgan (Dispute Settlement Body – DSB) bildet den institutionellen Rahmen für eine Reihe bedeutender multilateraler Handelsabkommen. Sie zielt auf eine Liberalisierung des weltweiten grenzüberschreitenden Handels durch den Abbau von Zöllen und sonstigen („nichttarifären") Handelshemmnissen. Dieser Entwicklung treten heute in einigen Staaten Tendenzen zur „Renationalisierung" des Außenhandelsrechts entgegen.[16] Protektionistische Maßnahmen führen zu Spannungen im Welthandelssystem.

Die Rechtsordnung der wirtschaftlichen Zusammenarbeit weist u a eine *entwicklungs-*, eine *menschenrechts-* und eine *umweltpolitische* Dimension auf. Das internationale Wirtschaftsrecht ist eng verbunden mit den Zielen des Entwicklungs- und Umweltvölkerrechts. Die Liberalisierung des internationalen Handels kann an Fortschritte beim Umweltschutz oder im Menschenrechtsbereich geknüpft werden. Auch bei der *Entwicklungshilfe* kommt es zu derartigen Verschränkungen.[17] Bspw können im Gegenzug für den Erlass von Schulden umweltbezogene Maßnahmen des Schuldnerstaats vereinbart werden *(debt for nature)*. Das moderne Umwelt- und Entwicklungsvölkerrecht fordert eine gemeinsame Verantwortlichkeit aller Staaten für den Schutz globaler Umweltgüter und anerkennt die Notwendigkeit einer nachhaltigen Entwicklung weltweit. So betont das bei der Konferenz über Umwelt und Entwicklung in Rio de Janeiro (1992) entwickelte Prinzip der *common but differentiated responsibilities* in einem ersten Schritt die gemeinsame Verantwortung aller Staaten für den Schutz der globalen Umwelt, beansprucht sodann auf einer zweiten Stufe eine unterschiedliche Verantwortlichkeit der Staaten entsprechend ihrer Schutzverantwortlichkeit und ihrer Schutzfähigkeit für den Erhalt der Umwelt.[18] Die Weltentwicklungsziele *(Sustainable Development Goals – SDGs)* verfolgen einen umfassenden Ansatz wirtschaftlicher, ökologischer und sozialer Entwicklung. Sie formen ein Gesamtkonzept nachhaltiger Entwicklung für alle Staaten der Welt.

Ein Stützpfeiler der bestehenden Weltwirtschaftsordnung ist vor allem die WTO. Hinzu kommen spezielle Verträge und weitere I.O., insbes die UN und ihre Sonderorganisationen. Die WTO mit dem GATT-System dient dem Abbau von Handelshemmnissen insbes durch die Welthandelsprinzipien der Meistbegünstigung und Reziprozität.[19] Die internationale Zusammenarbeit auf dem Gebiet des Güteraustausches und der Währung dient der weltweiten Liberalisierung der Märkte. Insbes für die am wenigsten entwickelten Länder bestehen Sonderregime, die das Prinzip der Reziprozität modifizieren.

Für den Bereich der Auslandsinvestitionen trifft das allgemeine Völkerrecht nur wenige Regelungen.[20] Immer mehr Staaten schlossen bilaterale Vereinbarungen. Vor dem Zweiten Weltkrieg waren diese eingebunden in sog Freundschafts-, Handels-

---

16 Vgl *Herrmann/Glöckle*, Der drohende transatlantische „Handelskrieg" um Stahlerzeugnisse und das handelspolitische „Waffenarsenal" der EU, EuZW 2018, 477.
17 *Vonessen*, Europäische Entwicklungshilfe und Umweltschutz, 1996, 31 ff.
18 Vgl *Proelß*, 5. Abschn Rn 99, 105, 148. Dazu *Kellersmann*, Die gemeinsame, aber differenzierte Verantwortlichkeit von Industriestaaten und Entwicklungsländern für den Schutz der globalen Umwelt, 2000.
19 Vgl u Rn 19 ff, 26 ff.
20 Hierzu *Dolzer/Schreuer*, Principles, 17 ff.

und Schifffahrtsverträge, seither immer mehr in spezifisch auf Investitionsfragen zugeschnittene *bilaterale Investitionsschutzverträge*. Der Erfolg dieses letzteren Vertragstypus – die Zahl der Verträge ist 2017 weltweit auf über 3.300 gestiegen[21] – warf die Frage nach einem multilateralen Investitionsschutzabkommen auf, welches neben dem GATT als zweiter großer Pfeiler einer Ordnung eines globalen freiheitlichen Markts stehen könnte.[22] Der ehrgeizige Versuch der OECD, einen solchen einheitlichen internationalen Investitionsschutzvertrag auszuhandeln, scheiterte 1998. Im Gegensatz zum weltweiten Handel bleibt es für den Bereich der Investitionen bis auf Weiteres bei einer Vielzahl bilateraler Abkommen der Staaten.

8   Von den Begriffen des Welthandels und der internationalen Investitionen unterscheidet sich derjenige der *Weltwirtschaft*. Er bezieht über den Austausch von Gütern, kommerziellen Dienstleistungen und geistigem Eigentum auch die Währungs- und die Sozialpolitik ein. Diese Bereiche sind wirtschaftlich und zunehmend auch rechtlich miteinander verflochten. Die Zahl der Staaten, die in den Kreislauf der Weltwirtschaft eingebunden sind, steigt. Dies hat Auswirkungen auf die internationalen Beziehungen. International sind das wirtschaftliche Geschehen, Fragen der Menschenrechte, des Umwelt- und Kulturgüterschutzes sowie der Medien-, Informations-, Bevölkerungs- und Migrationspolitik der Staaten zunehmend miteinander verknüpft. Dies stellt den völkerrechtlichen Grundsatz der Freiheit zur wirtschaftlichen Abschottung der Staaten in Frage. Solidarität und Interdependenz der Menschen, Gruppen und Völker rücken in den Vordergrund. Die staatliche Souveränität stößt faktisch an ihre Grenzen – etwa bei Fragen des globalen Umweltschutzes, der Migration und der weltweiten Kommunikation. Die überkommenen Prinzipien der Abgrenzung, der nur formalen Kooperation der Staaten werden relativiert. Der *one world*-Gedanke, der sich schon 1944 in Bretton Woods bei der Beratung und Beschlussfassung über IWF, IBRD und einer zu gründenden Internationalen Handelsorganisation (ITO) äußerte, schlug sich in den 1960er und 1970er Jahren in Forderungen nach einer entwicklungsländerorientierten *neuen internationalen Wirtschaftsordnung* nieder. Letztere hat sich nicht durchgesetzt.[23] Die Idee der „einen Welt" steht aber auf Agenda des 21. Jh. Gleichzeitig treten dieser Entwicklung weltweiter Kooperationen zur nachhaltigen ökonomischen, ökologischen und sozialen Entwicklung derzeit Strömungen entgegen, die einer Renationalisierung und stärkeren Abschottung zumindest einzelner Staaten das Wort reden.

9   Die Internationalisierung des Rechts entspricht bisher nicht dem Grad der weltwirtschaftlichen Integration. Dies zeigten nicht zuletzt die Auswirkungen der schweren internationalen Finanzkrise 2007 und 2008. Bislang kam es nicht zu einer tiefgreifenden Reform der Regeln der Weltwirtschaft, um neue Krisen zu verhindern. Verschiedene Instrumente und Formen begründen Kooperationen, die eine rechtliche Antwort auf die wirtschaftliche Globalisierung zu geben suchen. Als umfassendes universal-sektorales Regelwerk findet sich bisher nur das Recht der WTO. Im Finanzsektor sind eine Fülle unverbindlicher Kodizes vereinbart worden, während

---

21 UNCTAD (Hrsg), World Investment Report 2018, 88.
22 Vgl u Rn 51 f. S auch UNCTAD (Hrsg), World Investment Report 2010, 83 ff, 100.
23 Vgl u Rn 111.

der Investitionsbereich durch bilaterale Abkommen geprägt ist. Teilweise finden sich unilaterale Ansätze – iS verstärkt extraterritorialer Anwendung nationalen Rechts – zur Steuerung globalen Wirtschaftens. Im Übrigen ergibt sich ein vielschichtiges, wenig geordnetes Bild, in dem verstärkt informelle Kooperationen, Verhaltenskodizes (anders als in den 1970er Jahren oft von der Wirtschaft selbst gewünscht und verabschiedet), neue I. O., die Vereinheitlichung und Harmonisierung nationalen Rechts, eine verstärkte Privatisierung iSd Selbstregulierung der Wirtschaft sowie auch eine gewisse Regionalisierung nebeneinander wirksam sind. Manches spricht dafür, dass die Logik der wirtschaftlichen Globalisierung mittelfristig verstärkte global verbindliche Regeln erfordert, welche die Vorteile wirtschaftlicher Globalisierung nutzen, sie gleichzeitig kanalisieren und einbetten in international akzeptierte Ziele nachhaltiger Entwicklung. Die zunehmende (wirtschaftliche) Bedeutung der Schwellenländer verändert das weltwirtschaftliche Gefüge. So wuchs der Einfluss der G20-Staaten gegenüber dem (ursprünglichen) Gremium der G8-Staaten. Auf Drängen Chinas wurde im Jahre 2015 die Asiatische Infrastrukturinvestmentbank *(Asian Infrastructure Investment Bank)* als Entwicklungsbank gegründet, welche neben den bisherigen Institutionen (Weltbank, IWF, Asiatische Entwicklungsbank) steht, aber durch neue Entscheidungsmechanismen iSd Schwellenländer geprägt ist.

a) Internationales Wirtschaftsrecht

Rechtsregeln für die wirtschaftliche Zusammenarbeit finden sich vor allem im internationalen Wirtschaftsrecht. Das nationale Wirtschaftsrecht unterscheidet zwischen dem „öffentlichen Wirtschaftsrecht" (Verfassungs- und Verwaltungsrecht, zB Erlaubnisse und Zulassungen, Lenkungsauflagen, Missbrauchsaufsicht) und dem „privaten Wirtschaftsrecht" (zB Handelsrecht, Gesellschaftsrecht). Im „internationalen Wirtschaftsrecht" stellt sich die Frage, ob es sich nur um *Völkerrecht* (dh internationales öffentliches Recht der Regelung der internationalen Wirtschaft) oder *auch* um *staatliches Recht* (einzelstaatliches Recht zur Regelung der internationalen Wirtschaft) handelt. Von Ersterem geht die anglo-amerikanische Lehre aus, die allein die durch völkerrechtliche Verfahren erzeugten Normen – einschließlich des Sekundärrechts I.O. – diesem Rechtsgebiet zuordnet *(international economic law)*. Letzteres ist überwiegend die kontinentaleuropäische Auffassung. Nach ihr regelt das internationale Wirtschaftsrecht das Verhalten der am grenzüberschreitenden Wirtschaftsverkehr beteiligten Rechtssubjekte.[24]

In wichtigen Sektoren, etwa bei Investitionen von Bergbauunternehmen in nicht industrialisierten Ländern, kann jene auf das Völkerrecht beschränkte Betrachtungsweise Schlüsselprobleme nicht erfassen. Hier wie vielerorts im wirtschaftlichen Bereich wird das Verhalten der Beteiligten, etwa das multinationaler Unter-

---

24 So auch der Ansatz von *Herdegen*, Internationales Wirtschaftsrecht, § 1 Rn 10 ff. – Insoweit wird auch die *lex mercatoria* umfasst, ein Bestand an oft nicht näher definierten Regeln, die sich die Wirtschaft selbst gegeben hat. Dazu *Fortier*, New Trends in Governing Law: The New, New Lex Mercatoria, or, Back to the Future, ICSID R-FILJ 16 (2001) 10 ff; s auch *Charnovitz*, What is International Economic Law?, JIEL 14 (2011) 3 ff; *ders*, The Field of International Economic Law, JIEL 17 (2014) 607 ff.

nehmen,[25] nicht primär durch das Völkerrecht bestimmt. Entscheidend sind vielfach einzelstaatliche Regeln und Praktiken, vor allem das staatliche Außenwirtschaftsrecht im weitesten Sinne sowie das Konzessions- und das Gesellschaftsrecht; hierher gehört zudem das Steuerrecht, das freilich auch Gegenstand einer Fülle bilateraler Vereinbarungen ist.[26] Beide Normengruppen sind schon aus praktischer Sicht eng miteinander verzahnt; sie bilden einen materiell und funktionell nicht ohne Weiteres teilbaren Zusammenhang der normativen Bewältigung eines *einheitlichen Lebensvorgangs*.[27] Insofern gehören zum internationalen Wirtschaftsrecht auch die einzelstaatlichen Regelungen, die sich auf das grenzüberschreitende Wirtschaftsleben beziehen. Quelle dieses Rechtsgebiets ist daher auch das staatliche Recht. Diesen Regeln[28] und auch dem Recht der EU[29] wird nachfolgend gleichwohl nicht nachgegangen. Im Vordergrund steht vielmehr die Perspektive des Völkerrechts, mithin derjenige Anteil des internationalen Wirtschaftsrechts, der von Normen des Völkerrechts geprägt wird. Behandelt wird mithin *nur ein Ausschnitt*, ja nur der kleinere Teil des Rechts der internationalen Handels- und Wirtschaftsbeziehungen.

b) Weltwirtschaftsordnung

12 Die internationale Wirtschaft wird heute durch das System eines in weiten Teilen *freien* Wirtschaftsverkehrs bestimmt. Diese in wesentlichen Bereichen offene Ordnung bildete sich mehr nach Gesichtspunkten der Praktikabilität als der inneren Geschlossenheit heraus. Das System ist nach wie vor durch eine größere Zahl interventionistischer Eingriffe, historischer Zufälligkeiten und unterlassener Reformen gekennzeichnet. Der UN-Charta, die unter maßgeblichem Einfluss der westlichen Industriestaaten entstanden ist, liegt das Konzept eines freien Wirtschaftsverkehrs zugrunde. Allerdings kam es zunächst nicht zur Errichtung einer International Trade Organization (ITO), die nach dem Zweiten Weltkrieg den institutionellen Rahmen für die Liberalisierung des Welthandels bilden sollte. Die USA ratifizierten die *Havanna Charta* v 1948 nicht.[30] Erst die Gründung der WTO im Jahre 1994 holte dieses Versäumnis zT nach.[31] Dennoch gelang es, den *Internationalen Währungsfonds* und die *Weltbankgruppe* zu gründen,[32] und damit einen anderen wesentlichen Teil des materiell- und verfahrensrechtlichen Ordnungsrahmens der internationalen Wirtschaft institutionell abzustützen. Während der Internationale Währungsfonds die Währungen stabilisieren soll, dient die Weltbankgruppe der Förderung der wirtschaftlichen Entwicklung. Daneben entwickelten sich regionale (wirtschaftliche) Zusammenschlüsse. Hierzu gehört insbes die EU als Staatenverbund. Die Mitgliedstaaten übertrugen der EU immer mehr Aufgaben und Befugnisse, die zunehmend über den

---

25 Vgl u Rn 56 ff.
26 Vgl u Rn 104 ff.
27 Vgl *Herdegen*, International Economic Law, MPEPIL V, 777 (778).
28 Grundlegend etwa *Schmidt*, Öffentliches Wirtschaftsrecht, Allgemeiner Teil, 2013.
29 Zum Europarecht s *Herdegen*, Europarecht, 20. Aufl 2018; *Oppermann/Classen/Nettesheim*, Europarecht, 8. Aufl 2018.
30 Die Charta scheiterte u a an ihrem eigenen Perfektionismus. Zu ihr vgl u Rn 66; vgl *Wilcox*, A Charter for World Trade, 1949.
31 Vgl u Rn 69.
32 Vgl u Rn 114 ff.

wirtschaftsrechtlichen Bereich hinausreichen. Die EU erreichte so ein hohes Maß an Integration in Europa. Sie gründet auf den Grundsätzen der Achtung der Menschenwürde, auf Freiheit, Demokratie, Gleichheit, Rechtsstaatlichkeit und der Wahrung der Menschenrechte.[33] Daneben stimmen sich hoch entwickelte Wirtschaftsnationen und einige Schwellenländer im Rahmen der OECD ab.[34]

Die nach dem Zweiten Weltkrieg rekonstruierte internationale Wirtschaftsordnung baut auf verschiedenen *Grundlagen* auf. Außer der generellen Übereinstimmung von ökonomischer und völkerrechtlicher Ordnung und der prinzipiell privatrechtlichen – also nicht staatsmonopolistischen – Steuerung zwischenstaatlicher Handelsströme gehören zu dieser Basis vor allem 13

- ein geregeltes internationales Währungssystem einschließlich der Konvertibilität der Währungen,
- die freiwillige internationale Kooperation auf offenen Märkten,
- die Selbstregulierung durch Angebot und Nachfrage (dh weitgehende Lenkung des Handelsaustausches durch den Preismechanismus),
- die Meistbegünstigung und die Nichtdiskriminierung im Zusammenhang mit der Ein- oder Ausfuhr von Gütern (Freihandelszonen und Zollunionen werden bedingt gebilligt) sowie
- eine zunehmende Verrechtlichung, wobei allerdings die Mechanismen der Streitbeilegung sektorspezifisch für die Sachbereiche der Auslandsinvestitionen, des internationalen Handels und für die I.O. wie Weltbank oder IWF ganz unterschiedlich ausgestaltet sind.[35] Im privatrechtlichen Bereich sind die Schiedsverfahren der Internationalen Handelskammer (ICC) oder Verfahren nach den Regeln der Kommission für Internationales Handelsrecht der Vereinten Nationen (UNCITRAL) von besonderer Bedeutung.[36]

Dieses System wurde wesentlich von den Ordnungsformeln, Wertvorstellungen und Bedürfnissen der industriellen Demokratien des Westens geprägt, was auch die frühere Opposition Moskaus gegen das Bretton Woods-System erklärt. Von Anfang an war klar, dass die internationalen Handelsregeln des GATT Freihandel anstrebten, sich dieses Ziel jedoch nicht *uno actu* erreichen ließ. Vielmehr entwickelte sich die Welthandelsordnung mit der Zeit in aufeinander folgenden mehrjährigen Verhandlungsrunden. Diese Handelsrunden kulminierten in der Uruguay-Runde (1986–93), die mit dem GATT 1994 und der Gründung der WTO der internationalen Handelsordnung einen aktualisierten, verdichteten, organisatorisch abgestützten Rahmen gab. Ein neuer Akzent zugunsten der Entwicklungsländer[37] sollte mit der Doha- 14

---

33 S Art 2 EUV. Vgl u Rn 99 f.
34 *Trüe*, Organization for Economic Co-operation and Development, International Energy Agency (IEA), MPEPIL VII, 1028 ff.
35 Hierzu *Dolzer*, Formen der Streitbeilegung im multilateralen Wirtschaftsrecht, FS Doehring, 1989, 143 (157 ff). S auch *Dolzer/Schreuer*, Principles, 204 ff mwN.
36 *Herdegen*, Internationales Wirtschaftsrecht, § 9 Rn 7 ff.
37 Der Begriff des Entwicklungslandes ist nicht einheitlich definiert, sondern str. Mit den Zielen für eine nachhaltige Entwicklung *(Sustainable Development Goals)* folgt die Staatengemeinschaft einem umfassenden Verständnis nachhaltiger Entwicklung, das alle Staaten der Welt einschließt (vgl u Rn 32). Der Entwicklungsausschuss der OECD *(Development Assistance Committee – DAC)* unterteilt die Länder weiterhin nach ihrem Pro-Kopf-Einkommen in die vier Kategorien der am wenigsten entwickelten Länder, der anderen Länder mit geringem Einkommen, der Länder und Gebiete mit niedri-

Runde ab dem Jahr 2001 gesetzt werden. Nachdem diese Verhandlungen zunächst als gescheitert galten, wurden sie im Jahr 2013 in Bali wieder aufgenommen. Die konkreten Ergebnisse der langjährigen Verhandlungen bleiben bis heute hinter den ursprünglichen Erwartungen zurück.[38] Gleichzeitig treten neben die multilaterale Welthandelsordnung zunehmend bilaterale und regionale Handelsabkommen. Hinter dem Freihandelskonzept stand die Überzeugung, ökonomische Freiheit am Markt fördere die Entwicklungsmöglichkeiten aller Handelsteilnehmer.[39] Eine liberalisierte Welthandelsordnung ermögliche durch komparative Kostenvorteile Wohlfahrtsgewinne für alle. Diese Grundauffassung geht zurück auf die Arbeiten von *Adam Smith* und *David Ricardo*.[40] Die Staaten mit hohem Industrie- und Konkurrenzpotenzial sahen in dem weltweiten *free trade for all* Entwicklungschancen gerade auch für weniger entwickelte Staaten *(aid by trade)*. Gleichwohl handelte es sich bei der Liberalisierung des Welthandels nicht primär um ein entwicklungspolitisches Instrument. Dies gilt auch für die heutige WTO.[41] Die Entwicklung eines liberalisierten Welthandels wird nicht von allen Staaten der Welt – auch nicht von allen industrialisierten Staaten – in gleicher Weise voran getrieben.

2. Standards des internationalen Wirtschaftsrechts

15 Innerhalb des internationalen Wirtschaftsrechts haben sich in unterschiedlicher Weise Prinzipien herausgebildet, die nicht nur in einzelnen Teilbereichen von Bedeutung sind, sondern für mehrere oder alle Sektoren gelten und teils sogar prägend sind; ihre konkrete Bedeutung ist stets im Einzelfall der jeweiligen Norm zu entnehmen. Diese Leitbilder werden hier als *Standards* bezeichnet.[42] Als eine Art allgemeiner Teil stehen sie im Folgenden vor der Erörterung des Rechts der Investitionen und des Handels.

a) Grundsatz der Nichtdiskriminierung

16 Diskriminierung ist allgemein zu definieren als die ungleiche Behandlung vergleichbarer Sachverhalte und ein hieraus folgender Nachteil für den Betroffenen.[43]

---

gerem mittlerem Einkommen und der Länder und Gebiete mit höherem mittlerem Einkommen. Leistungen von Geberländern an diese Länder auf der DAC-Liste werden als offizielle Entwicklungshilfe (ODA) bezeichnet und auf die entsprechenden Quoten angerechnet. Diese Einteilung verdeutlicht, dass es sich bei diesen in der Entwicklung befindenen Ländern um eine inhomogene Gruppe von Staaten mit unterschiedlichen Voraussetzungen handelt. Entwicklungsländer idS sind Partnerländer der internationalen Entwicklungszusammenarbeit. Dieses Verständnis wird im Folgenden dem Begriff des Entwicklungslandes zu Grunde gelegt.
38 S u Rn 67 f.
39 Ein ähnlich „liberalistischer" Ansatz liegt dem Prinzip der Freiheit der Meere zugrunde, vgl *Proelß*, 5. Abschn Rn 64 ff.
40 *Smith*, An Inquiry into the Nature and Causes of the Wealth of Nations, 1776; *Ricardo*, On the Principles of Political Economy and Taxation, 1817.
41 Vgl u Rn 67 f.
42 Dazu *Schwarzenberger*, The Standards of International Economic Law, RdC 117 (1966-I) 66 ff; s auch *Herdegen*, Principles of International Economic Law, 2016, 65 ff.
43 *Kewenig*, Der Grundsatz der Nichtdiskriminierung im Völkerrecht der internationalen Handelsbeziehungen, Bd 1, 1972, 196.

Im Einzelnen bestehen bei der Anwendung und Auslegung dieses Standards auch heute erhebliche Unsicherheiten.[44] Das allgemeine Völkerrecht kennt gerade kein grundsätzliches Gebot, wonach die Staaten einander gleich zu behandeln haben. Speziell im internationalen Wirtschaftsrecht zählt aber das Diskriminierungsverbot zu den wesentlichen Elementen multilateraler und bilateraler Verträge.[45] Aus völkerrechtlicher Sicht weist es eine zwischen- und eine innerstaatliche Wirkungsebene auf. Das *zwischenstaatliche* Diskriminierungsverbot verlangt im materiellen Sinne eine „Gleichheit im Recht". So verpflichtet sich ein Staat bspw dazu, einen anderen Staat nicht gegenüber Drittstaaten zu benachteiligen, ihm zu gleichen Bedingungen Zugang zum Markt zu gewähren. Dieses zwischenstaatliche Diskriminierungsverbot ist nicht zu verwechseln mit dem Prinzip der souveränen Gleichheit der Staaten, das sich nur auf eine Gleichheit „vor dem Völkerrecht" bezieht. Neben dieser äußeren Komponente kann der Grundsatz der Nichtdiskriminierung auch ein nach *innen* wirkendes Diskriminierungsverbot begründen, sowohl auf dem Feld der Wirtschaftsbeziehungen als auch auf anderen Gebieten. Bsp für ein nach innen gerichtetes Gleichbehandlungsgebot sind neben dem völkerrechtlichen Verbot der Rassendiskriminierung, die fremdenrechtlichen Mindeststandards und die Inländergleichbehandlungsregel des GATT.[46]

Im internationalen Wirtschaftsrecht begründet das Diskriminierungsverbot eine 17 *freiheitsverbürgende Rechtsgarantie*, die den ökonomischen Wettbewerb ermöglicht. Unterschieden wird zwischen der *de jure* Diskriminierung, die offen an die Herkunft einer Person oder Ware anknüpft, und der *de facto* Diskriminierung, bei der eine formal unterschiedslose Regelung gleichwohl eine diskriminierende Wirkung entfaltet. Bereits die Präambel des GATT fordert eine Beseitigung der Diskriminierung in den internationalen Handelsbeziehungen. Zwischen den GATT-Mitgliedern ist grundsätzlich jede Diskriminierung untersagt. Konkretisiert wird dieses Diskriminierungsverbot durch die nach außen wirkende allgemeine *Meistbegünstigungsverpflichtung* (vgl Art I Abs 1 GATT) und durch den nach innen wirkenden *Inländergleichbehandlungsgrundsatz* (zB Art III Abs 4 GATT). Der Grundsatz der *Nichtdiskriminierung* stellt somit das *zentrale Strukturprinzip des GATT*[47] und anderer WTO-Verträge dar.[48] Fragen der Diskriminierung standen auch im Mittelpunkt des langjährigen Streits um die „Bananenmarktordnung" der EG/EU.[49] Nicht nur in der WTO/GATT-Rechts-

---

44 *Dolzer*, Generalklauseln in Investitionsschutzverträgen, FS Eitel, 2003, 291 ff. Dazu auch *Diebold*, Standards of Non-Discrimination in International Economic Law, ICLQ 60 (2011) 831 (832 ff); *Tietje*, in ders (Hrsg), Internationales Wirtschaftsrecht, § 1 Rn 89 ff.
45 Zum Ganzen *Cullet*, Differential Treatment in International Law, EJIL 10 (1999) 549 ff.
46 Vgl *Tietje*, Normative Grundstrukturen der Behandlung nichttarifärer Handelshemmnisse in der WTO/GATT-Rechtsordnung, 1998, 190 f; *ders* (Fn 44) Rn 94.
47 *Benedek*, Die Rechtsordnung des GATT aus völkerrechtlicher Sicht, 2011, 53. Vgl zu den Nichtdiskriminierungsgrundsätzen des GATT *Stoll/Schorkopf*, WTO, 2002, Rn 118 ff. S auch *DiMascio/Pauwelyn*, Nondiscrimination in Trade and Investment Treaties, AJIL 102 (2008) 48 ff; *Berrisch*, in Prieß/Berrisch (Hrsg), WTO Handbuch, 2003, Kap B.I.1 Rn 14.
48 S auch *Göttsche*, in Hilf/Oeter (Hrsg), WTO-Recht, § 5 Rn 40.
49 Vgl hierzu verschiedene Entscheidungen der WTO-Streitschlichtungsgremien, wonach die revidierte Bananenmarktordnung der EG wiederholt für unvereinbar mit WTO-Recht erklärt worden ist. Dazu *Cascante/Sander*, Der Streit um die EG-Bananenmarktordnung, 1999. Vgl die Einigung EG/USA, WT/DS27/58 v 2.7.2001. Die besondere Schwierigkeit besteht aus Sicht der EU darin, traditionelle Präferenzbeziehungen zu den AKP-Staaten in diesem Bereich und gleichzeitig die Interessen latein-

ordnung, sondern auch in zahlreichen anderen Gebieten des Völkerrechts und des supranationalen Rechts, wie etwa im Rahmen des EU-Rechts, des internationalen Menschenrechtsschutzes und des über das GATT hinausgehenden internationalen Wirtschaftsrechts, nimmt das Diskriminierungsverbot eine bedeutende Stellung ein.

18 Der Grundsatz der Nichtdiskriminierung findet seinen Ausdruck auch in Regelungen des *Investitionsschutzes*.[50] So enthält Art 2 Abs 3 des Mustervertrags (MV)[51] zu den Investitionsförderungsverträgen der BR Deutschland v 2008 das weitreichende Verbot der Diskriminierung der Kapitalanlage. In engem Bezug zu diesem Grundsatz stehen die nachfolgenden Artikel. In Art 3 Abs 1 MV ist die Inländergleichbehandlung verankert; Kapitalanlagen von Investoren des Vertragsstaats dürfen demnach nicht weniger günstig behandelt werden als Kapitalanlagen der eigenen Investoren. Art 3 Abs 1 MV normiert des Weiteren die Meistbegünstigungsklausel. Hiernach wird der Vertragsstaat verpflichtet, dieselben Vergünstigungen den Kapitalanlagen von Investoren des anderen Vertragsstaats zu gewähren, wie sie für Kapitalanlagen von Investoren dritter Staaten gelten. Art 3 Abs 2 MV erstreckt das Diskriminierungsverbot auf alle Betätigungen der Investoren, die im Zusammenhang mit Kapitalanlagen stehen. Ausgeschlossen bleiben davon allerdings die Vergünstigungen, die speziell für Mitglieder besonderer Wirtschaftsräume – wie zB der EU – gelten (Art 3 Abs 3 MV)[52] und ebenso Vergünstigungen aufgrund eines Doppelbesteuerungsabkommens oder sonstiger Vereinbarungen über Steuerfragen (Art 3 Abs 4 MV). Im Vergleich bilateraler Verträge finden sich Unterschiede bzgl der Geltung der Diskriminierungsgrundsätze in den verschiedenen Investitionsphasen. Die Vertragspraxis der Europäer und der USA unterscheidet sich bspw dahingehend, dass die US-Verträge die Grundsätze der Meistbegünstigung und der Inländergleichbehandlung bereits bei der Zulassung der Investition festlegen und damit ein Recht auf Zulassung etablieren, während europäische Verträge die Zulassung der Investition nur bei Vereinbarkeit mit dem innerstaatlichen Recht vorsehen.[53] In der Vertragspraxis bestehen auch hinsichtlich der zugelassenen Ausnahmen bei der Nichtdiskriminierung noch große Differenzen.[54]

b) Meistbegünstigungsgrundsatz

19 Eine wichtige Ausprägung des Diskriminierungsverbots stellt das Prinzip der Meistbegünstigung dar. Darunter wird allgemein verstanden, dass ein Staat einem ande-

---

amerikanischer Exporteure und der USA zu berücksichtigen. Vgl zuletzt Appellate Body, WT/DS27/AB/RW2/ECU u WT/DS27/AB/RW/US. Den Abschluss des Streits bildete schließlich das Genfer Übereinkommen über den Bananenhandel v 15.12.2009, WT/L/784.
50 Vgl *Dolzer* (Fn 44) 296 ff; *Dolzer/Schreuer*, Principles, 195 ff.
51 Nach dem Stand v 2008 abgedr bei *Dolzer/Schreuer*, Principles, 368 ff.
52 Vgl u Rn 99 f.
53 Auch das bis Ende 1998 im Rahmen der OECD erfolglos verhandelte MAI (Multilateral Agreement on Investment) sah die Grundsätze der Inländergleichbehandlung und der Meistbegünstigung bereits im Hinblick auf die Zulassung von Investoren vor. Zugleich räumte es ausländischen Investoren ein einklagbares Recht auf Nichtdiskriminierung bei der Investitionszulassung ein. Bisher sehen die meisten bilateralen Investitionsschutzverträge nur ein Klagerecht im Hinblick auf die Nachinvestitionsphase vor. Vgl u Rn 51.
54 *Canner*, The Multilateral Agreement on Investment, Cornell Int'l LJ 31 (1998) 657 (661).

ren Staat bei der Anwendung seiner Rechtsetzungs- oder Verwaltungsmaßnahmen diejenigen Vorteile gewährt, die er auch einem dritten Staat unter gleichen Bedingungen zukommen lässt. Maßstab ist also die günstigste Behandlung, die irgendeinem Staat gewährt wird.[55] Der englische Begriff der *most-favoured-nation clause* bringt dies treffend zum Ausdruck. Die Meistbegünstigung begründet Abwehransprüche gegenüber einer Behandlung, die schlechter ist als gegenüber dem Staat, dem die weitestreichende Vergünstigung eingeräumt wurde. Die Verpflichtung zur Meistbegünstigung legt insofern *lediglich Standards* fest für die zu gewährende Gleichbehandlung. Hierüber kann allenfalls mittelbar ein Anspruch auf Gleichbehandlung hergeleitet werden. Der sich auf das Meistbegünstigungsprinzip berufende Staat kann also nicht unmittelbar die einem Dritten zugestandenen (weiterreichenden) Vorteile einfordern; eine neue originäre Verpflichtung des gewährenden Staats entsteht nicht.[56] Meistbegünstigungsklauseln werden insbesondere in internationalen Handelsverträgen vereinbart, finden aber auch auf anderen Gebieten Anwendung, zB im Diplomaten- und Konsularrecht oder im Fremdenrecht. Regelmäßig wird die Meistbegünstigung heute gegenseitig und unbedingt gewährt.[57] Ausnahmen von der Verpflichtung zur Meistbegünstigung werden jedoch üblicherweise für die Bildung von Zollunionen und Freihandelszonen sowie zur Erleichterung des Grenzverkehrs gemacht. Zudem bestehen Präferenzsysteme auf der Basis einer engeren nationalen, kulturellen oder wirtschaftlichen Verbindung.[58]

Die wichtigste Verpflichtung zur Meistbegünstigung im internationalen Wirtschaftsrecht findet sich heute in *Art I Abs 1 GATT*.[59] Das Abkommen zur Errichtung der Welthandelsorganisation hat diesen Mechanismus 1994 auch in die neue Handelsordnung für Dienstleistungen (Art II Abs 1; XVI Abs 1 GATS) und das Übereinkommen über die handelsbezogenen Aspekte der Rechte des geistigen Eigentums (Art 4 Satz 1 TRIPS) übernommen. Der Grundsatz der Meistbegünstigung ist damit zum *Bestandteil des harten Kerns der Weltwirtschaftsordnung*[60] geworden. Er kann nur mit den Stimmen aller Mitgliedstaaten verändert werden (Art X Abs 2 WTO-Übereinkommen). Der Anwendungsbereich der Meistbegünstigungsklausel des GATT erstreckt sich auf sämtliche öffentlich-rechtliche Vorschriften für die Ein- und Ausfuhr von Waren und umfasst insbes fiskalische Belastungen (Steuern, Zölle, sonstige Abgaben). Inhaltlich bewirkt die Verpflichtung zur Meistbegünstigung, dass Handelsvergünstigungen, die einem Staat für bestimmte Produkte gewährt werden, auch allen anderen (nicht notwendigerweise Vertrags-)Staaten für gleichartige Produkte zugute kommen müssen; ausländische Waren sind also untereinander gleich zu behandeln. Insgesamt zeichnet sich der Meistbegünstigungsgrundsatz des Art I Abs 1 GATT durch seinen *umfassenden Anwendungsbereich* aus, der in der Pra-

---

55 Vgl *Hilf/Geiß*, Most-Favoured-Nation Clause, MPEPIL VII, 384 ff.
56 *Tietje* (Fn 46 [Grundstrukturen]) 194 f.
57 Zu den Erscheinungsformen der Meistbegünstigung näher *Kramer*, Die Meistbegünstigung, RIW 1989, 473 (474 f).
58 *Bathifort/Heath*, New Debate on the Interpretation of MFN Clauses in Investment Treaties, AJIL 111 (2017) 873 (880).
59 S für den Wortlaut der Vorschrift Fn 219.
60 Vgl *Langer*, Grundlagen einer internationalen Wirtschaftsverfassung, 1995, 108.

xis aber erhebliche Interpretationsprobleme aufwirft, da immer wieder Unklarheiten über die Tatbestandsmerkmale der Vorschrift bestehen.[61]

21   Auch im GATT/WTO-Vertragswerk wird die Pflicht zur unbedingten Meistbegünstigung durch zahlreiche *Ausnahmebestimmungen* unterbrochen. Die Abs 2 u 3 in Art I GATT sehen Ausnahmen im Zusammenhang mit historischen Präferenzabkommen vor, die zwischenzeitlich ihre handelspolitische Bedeutung freilich eingebüßt haben. Von größerer Bedeutung ist die Durchbrechung des Grundsatzes der Meistbegünstigung in Art XXIV Abs 4–10 GATT, wonach Ausnahmen zugunsten von Zollunionen und Freihandelszonen bzw zum Aufbau derartiger Unionen möglich sind. Die Begünstigungen werden nur den Mitgliedern dieser Unionen bzw Zonen, nicht aber dritten Staaten gewährt. Eine Ausnahmebestimmung ist auch in der Verzichtsklausel in Art XXV Abs 5 GATT *(waiver clause)* enthalten, wonach unter „außergewöhnlichen Umständen" die Einräumung allgemeiner Zollpräferenzen gegenüber bestimmten Ländern möglich ist. Hierauf stützt sich auch die im Jahre 1979 am Ende der Tokio-Runde vereinbarte *enabling clause* (Befähigungsklausel), welche die Vorzugsbehandlung von Waren aus Entwicklungsländern gegenüber Waren anderen Ursprungs zulässt.[62] Dahinter steht der Gedanke, dass wirtschaftlich benachteiligten Staaten, formal betrachtet, Wettbewerbsvorteile eingeräumt werden sollten, um ihnen überhaupt erst eine Basis zur Wahrnehmung von Marktchancen zu geben. Dieses entwicklungspolitische Konzept wurzelt in der Idee einer Gleichheitsförderung durch Ungleichbehandlung *(inégalité compensatrice).*[63]

22   Auch in bilateralen Investitionsschutzverträgen wird das Prinzip der Meistbegünstigung für den Investor vereinbart.[64] Die Vertragsparteien verpflichten sich, Investitionen von Angehörigen oder Gesellschaften des anderen Staats und die Investoren selbst nicht weniger günstig zu behandeln als solche dritter Staaten. Der Meistbegünstigungsgrundsatz wird in einigen Verträgen *ausgeschlossen* für Vergünstigungen, die aufgrund einer Mitgliedschaft in oder einer Assoziierung mit einer Zoll-, Wirtschafts- oder Finanzunion, einem Gemeinsamen Markt oder einer Freihandelszone gewährt werden. Eine wichtige Ausnahme vom Prinzip der Meistbegünstigung besteht nach vielen Vereinbarungen auch für bestimmte sensitive wirtschaftliche Sektoren des Gaststaats.[65]

---

61 S *Goco*, Non-Discrimination, „Likeness", and Market Definition in World Trade Organization Jurisprudence, JWT 40 (2006) 315 ff.
62 Abdruck in BISD 26 (1980), Suppl, 203 ff sowie bei *Hummer/Weiß*, Vom GATT 47 zur WTO 94, 1997, 259 ff; krit zum Erfolg der enabling clauses *Choi/Lee*, Facilitating Preferential Trade Agreements between Developed and Developing Countries: A Case for "Enabling" the Enabling Clause, Minnesota JIL 21 (2012) 1 ff.
63 Zum Komplex vgl *Häberli*, Das GATT und die Entwicklungsländer, in Cottier (Hrsg), GATT – Uruguay Round, 1995, 135 ff.
64 Hierzu *Dolzer*, Meistbegünstigungsklauseln in Investitionsschutzverträgen, FS Ress, 2005, 47 ff; *Dolzer/Schreuer*, Principles, 207.
65 *Dolzer/Schreuer*, Principles, 207 f. Nicht abschließend geklärt ist, inwieweit sich die Verpflichtung zur Meistbegünstigung auch auf Fragen der Streitbeilegung erstreckt (vgl etwa die Schiedssprüche *Maffezini v Spain*, ICSID Case No ARB 97/7, ICSID R-FILJ 16 (2001) 212; *Tecmed v Mexico*, ICSID Case No ARB [AF]/00/2, ILM 43 (2004) 133; *Plama v Bulgaria*, ICSID Case No ARB 03/24, ILM 44 (2005) 721; *Siemens v Argentina*, ICSID Case No ARB 02/8; *Suez/Vivendi v Argentina*, ICSID Case No ARB 03/19; auch im Übrigen bestehen Unsicherheiten bei der Auslegung des Grundsatzes. Ausgehend v Schiedsspruch *İçkale v Turkmenistan*, ICSID Case No ARB 10/24, ist eine neue Diskussion zur Interpretation

c) Grundsatz der Inländergleichbehandlung

Neben dem Prinzip der Meistbegünstigung begründet die Verpflichtung zur Inländergleichbehandlung den zweiten Pfeiler des Diskriminierungsverbots.[66] Nach diesem Prinzip muss ausländischen Staatsangehörigen die gleiche Behandlung zuteil werden wie den eigenen. Dieser Grundsatz war im „klassischen Völkerrecht" noch nicht anerkannt. Es bestand kein Verbot der Diskriminierung zwischen Ausländern und eigenen Staatsangehörigen. In Konkurrenz zum fremdenrechtlichen Mindeststandard war vor allem in Lateinamerika lange Zeit das Konzept der Inländergleichbehandlung verfochten worden, wonach Ausländer, die sich in einem Gastland niedergelassen haben, bestenfalls eine Gleichstellung mit dem Inländer, keinesfalls aber eine Besserstellung unter Berufung auf völkerrechtliche Mindeststandards verlangen können *(Calvo-Doktrin)*.[67] Als allgemeine Norm des Völkerrechts hat sich der Grundsatz der Inländergleichbehandlung im *Fremdenrecht* aber nicht durchsetzen können. Demgegenüber kommt dem Grundsatz der Inländergleichbehandlung in Art III GATT neben der Meistbegünstigungsverpflichtung aus Art I Abs 1 GATT entscheidende Bedeutung zu. Sie bilden die Grundlage des Nichtdiskriminierungsprinzips in der WTO/GATT-Rechtsordnung. Nach dem Grundsatz der Inländergleichbehandlung werden ausländische Produkte nicht nur untereinander, sondern auch gegenüber inländischen Produkten gleichgestellt.[68] Genauso wie Art I Abs 1 GATT schützt der Grundsatz der Inländergleichbehandlung des Art III GATT sowohl vor *de jure* als auch vor *de facto* Diskriminierungen. 23

Art III GATT verbietet die unterschiedliche Behandlung von eingeführten und inländischen Waren im Hinblick auf eine Reihe von in den einzelnen Absätzen der Vorschrift näher bezeichneten Maßnahmen. Während Art III Abs 1 als Generalklausel wirkt, begründet Art III Abs 2 u 3 GATT das Gebot der Nichtdiskriminierung importierter Waren für eine Belastung mit Steuern und Abgaben. Der Grundsatz der Inländergleichbehandlung gewährleistet somit die Nichtdiskriminierung ausländischer Waren durch staatliche Maßnahmen ab dem Zeitpunkt, zu dem die Waren die Grenze überschritten haben und Teil des inländischen Warenkreislaufs geworden sind.[69] Die zentrale einschlägige Bestimmung im GATT-Vertrag stellt freilich Art III Abs 4 dar. Danach dürfen staatliche Regeln und Maßnahmen für „den Verkauf, das Angebot, den Einkauf, die Beförderung, Verteilung oder Verwendung im Inland" ausländischen Produkten keine schlechtere Behandlung zuteil werden lassen als gleichartigen inländischen Produkten. Produkte sind (ebenso wie bei Art I Abs 1 GATT) vergleichbar, wenn es sich bei den inländischen und ausländischen Waren 24

---

von Meistbegünstigungsklauseln in bilateralen Investitionsschutzverträgen entstanden. Vgl *Batifort/Heath*, The New Debate on the Interpretation of MFN Clauses in Investment Treaties: Putting the Brakes of Multilateralization, AJIL 111 (2017) 873 ff; *Schill*, MFN Clauses as Bilateral Commitments to Multilateralism: A Reply to Simon Batifort and J. Benton Heath, AJIL 111 (2017) 914 ff.

66 Zur Inländergleichbehandlung vgl auch *Vinuesa*, National Treatment, Principle, MPEPIL VII, 486 ff.
67 Vgl *Herdegen*, Internationales Wirtschaftsrecht, § 7 Rn 24; s auch *Juillard*, Calvo Doctrine/Calvo Clause, MPEPIL I, 1086 ff. Vgl u Rn 45.
68 Der Inländergleichbehandlungsgrundsatz ist auch in Art XVII Abs 1 GATS u Art 3 TRIPS festgelegt.
69 *Tietje* (Fn 46 [Grundstrukturen]) 221 ff. Weitere Einzelheiten zum Inländergleichbehandlungsprinzip im GATT bei *Herrmann/Weiß/Ohler*, Welthandelsrecht, Rn 509 ff.

um „gleichartige Waren" *(like products)* handelt.⁷⁰ Im Jahr 2011 hatte der Appellate Body zu entscheiden, ob eine Steuer der Philippinen auf Importspirituosen eine Diskriminierung nach Art III Abs 2 GATT darstellt. Entscheidend war, ob die aus unterschiedlichen Rohstoffen hergestellten inländischen sowie im Ausland hergestellten Spirituosen als *like products* zu qualifizieren sind. Der Appellate Body sah in den verschiedenen Spirituosen vergleichbare Waren, da sie trotz unterschiedlicher Rohstoffbasis im Wettbewerb standen und auf dem relevanten Markt austauschbar waren.⁷¹

25   Im Bereich der *bilateralen* Investitionsschutzverträge ist die Inländergleichbehandlung in vielen Verträgen festgeschrieben. Danach dürfen die Vertragsparteien den Kapitalanlagen ausländischer Investoren keine weniger günstige Behandlung zukommen lassen, als sie den Anlagen ihrer eigenen Staatsangehörigen zubilligen. Gleiches gilt für die Behandlung von Staatsangehörigen und Unternehmen im Zusammenhang mit Investitionen im Gaststaat, insbes hinsichtlich der Verwaltung, des Gebrauchs und der Nutzung der Kapitalanlage. Das Gebot der Inländergleichbehandlung wird indes zumeist vom Vorliegen gleicher Umstände (*identical* oder *similar situations*) für den in- und ausländischen Investor abhängig gemacht.⁷² Problematisch ist, dass oftmals weder der Vertrag an sich noch seine Anhänge die für erforderlich gehaltenen „gleichen Umstände" definieren; diesbezüglich ist keine einheitliche Praxis erkennbar, und die im Rahmen des WTO-Rechts entwickelten Kriterien lassen sich nicht immer problemlos auf das Recht der Auslandsinvestitionen übertragen. Im Hinblick auf unterschiedliche nationale Standards für Investitionen besteht zudem die rechtspolitische Schwierigkeit, dass das Schutzgefälle zwischen einzelnen Staaten stark ist und die Gefahr von „Trittbrettfahrern" besteht, die für ihre eigenen Staatsangehörigen den hohen Schutz im Ausland beanspruchen, ohne aber ihrerseits den Bürgern des Schutzlandes entsprechende Gewährleistungen zu bieten.⁷³ Dieses Problem ist freilich dem Prinzip der Inländergleichbehandlung generell inhärent.

d) Reziprozität, Fairness

26   Der Grundsatz der *Gegenseitigkeit* (Reziprozität) stellt eine eigene Säule des Völkerrechts dar.⁷⁴ Reziprozität bezeichnet das Verhältnis von zwei oder mehr Staaten, die sich gegenseitig eine gleiche oder zumindest ähnliche Behandlung zukommen lassen. Er ordnet sich neben dem Prinzip der *bona fides* ein und steht inhaltlich in der Nähe des Verbots des Rechtsmissbrauchs. Als *allgemeiner Grundsatz des Völker-*

---

70 Zur Gleichartigkeit von Waren s insbes den Asbestfall (EC-Measures Affecting Asbestos and Asbestos-Containing Products, Panel-Bericht v 18.9.2000, WT/DS 135/R) sowie u Rn 88; s auch *Diebold*, Non-Discrimination in International Trade in Services: „Likeness" in WTO/GATS, 2010.
71 Philippines-Taxes on Distilled Spirits, Appellate Body-Bericht v 21.12.2011, WT/DS396/AB/R, WT/DS403/AB/R, Rn 125, 148 f; s dazu *Neven/Trachtmann*, Philippines – Taxes on Distilled Spirits: Like Products and Market Definition, WTR 12 (2013) 297 ff.
72 *Dolzer/Schreuer*, Principles, 198 ff.
73 Zur Auslegung des Standards durch die Schiedsgerichte: *Dolzer/Schreuer*, Principles, 199 ff.
74 Dazu sowie zum Folgenden *Simma*, Reciprocity, MPEPIL VIII, 651 ff; s auch *Paulus*, Reciprocity Revisited, in Fastenrath et al (Hrsg), From Bilateralism to Community Interest, 2011, 113 ff; *Stoll*, The World Trade Organization as a Club: Rethinking Reciprocity and Common Interest, in ebd 172 ff.

rechts ist der Grundsatz der Gegenseitigkeit strikt von soziologischen Kategorien, insbes von faktischen Erwartungen der Gegenseitigkeit, zu unterscheiden. Seine rechtliche Bedeutung ist angesichts begrenzter Durchsetzungsmechanismen im Völkerrecht[75] vor allem darin zu sehen, dass ein Staat, der einen Anspruch auf einer spezifischen Völkerrechtsnorm zu begründen sucht, diese Norm auch als bindend gegenüber sich selbst zu akzeptieren hat. Besonders im Recht des bewaffneten Konflikts, im Diplomaten- und Konsularrecht sowie im Fremdenrecht ist die Reziprozität geeignet, die Befolgung des Rechts zu sichern und zur Effektivität des Völkerrechts beizutragen. Der Gegenseitigkeitsgedanke liegt auch der Fakultativklausel des Art 36 Abs 2 IGH-Statut zugrunde. Schon beim Zustandekommen völkervertrags- und völkergewohnheitsrechtlicher Normen wirkt sich der Grundsatz der Reziprozität aus.[76] Er verleiht schließlich auch dem völkerrechtlichen Sanktionsrecht sein Gepräge.[77] Dort hat er sich in Form von Sanktionsmechanismen wie der Retorsion, der Repressalie und der Beendigung oder Suspendierung eines Vertrags bei Vertragsverletzung (vgl Art 60 WVK) niedergeschlagen.

Im Bereich des internationalen Handelsrechts fordert der Grundsatz der Gegenseitigkeit, dass die gewährten Handelsvorteile der Staaten untereinander im Gleichgewicht bleiben und den Zugeständnissen für einen Staat jeweils gleichwertige Handelsvorteile der anderen Staaten gegenüberstehen sollen.[78] Im WTO-Übereinkommen ist dieser Grundsatz nicht ausdrücklich und allgemeingültig festgeschrieben. Er ist aber in der Präambel verankert, liegt insoweit als ein tragendes Prinzip der Welthandelsordnung zugrunde. Auch Art XIX Abs 3 GATT beruht auf dem Gedanken der Gegenseitigkeit. Zur Anwendung kommt der Reziprozitätsgrundsatz indes weniger im geltenden Recht, sondern vor allem in Verhandlungen zur Absenkung von Zöllen (Art XXVIII*bis* GATT) sowie bei Neubeitritten (Art XII WTO-Abkommen). In den Rechtsbeziehungen zwischen den Vertragsparteien kommt ihm im Rahmen von einseitigen Gegenmaßnahmen nach Art XXIII GATT Bedeutung zu; dort war er bereits Gegenstand von Kontroversen.[79] Ausgenommen vom Grundsatz der Reziprozität sind im Rahmen des GATT die Entwicklungsländer, von denen nach Art XXXVI Abs 8 GATT keine Zugeständnisse erwartet werden, die mit ihren besonderen Bedürfnissen nicht vereinbar sind. 27

In eine *multilaterale Ordnung der Meistbegünstigung* fügt sich allerdings der Grundsatz der Reziprozität nicht nahtlos ein, erscheint vielmehr als ein *Fremdkörper*.[80] Nach der liberalen Wirtschaftstheorie dient jede Liberalisierungsmaßnahme 28

---

75 *Simma* (Fn 74) 651.
76 Dazu ausf *Simma*, Das Reziprozitätselement in der Entstehung des Völkergewohnheitsrechts, 1970.
77 Vgl *Schröder*, 7. Abschn Rn 108 ff.
78 Vgl ausf *Brösskamp*, Meistbegünstigung und Gegenseitigkeit im GATT, 1990; *Langer* (Fn 60) 85 ff. Vgl auch die Argumentation des EuGH im Fall *Portugal v Rat* bei der Frage der unmittelbaren Anwendbarkeit von WTO Recht im innerstaatlichen Recht, u Fn 217.
79 Vgl zB Withdrawal of Tariff Concessions under Article XXVIII:3 GATT 1947, L/4636, BISD 25 (1979), Suppl, 42 ff.
80 Vgl *Dolzer*, Reziprozität als Standard der EG-Drittlandsbeziehungen, in Hilf/Tomuschat (Hrsg), EG und Drittlandsbeziehungen nach 1992, 1991, 111 (116); *Wolfrum*, Das internationale Recht für den Austausch von Waren und Dienstleistungen, in Schmidt (Hrsg), Öffentliches Wirtschaftsrecht, Besonderer Teil 2, 1996, § 15 Rn 43.

gesamtwirtschaftlich betrachtet auch dem jeweiligen Land, das die Maßnahme ergreift. Zu bedenken ist zudem, dass sich das Ziel der Reziprozität in der Praxis der internationalen Wirtschaftsbeziehungen ohnehin nicht gänzlich verwirklichen lässt, streben die Handelspartner doch oft nach einseitigen Vorteilen. Insofern muss der Gegenseitigkeitsgrundsatz in diesem Bereich eher als „politische Vorgabe" für Verhandlungen verstanden werden.[81] Dabei fungiert er als Korrektiv, das letztlich auf dem Gedanken der *Fairness* in den internationalen Wirtschaftsbeziehungen beruht. Im internationalen Investitionsschutzrecht liegt die Hauptbedeutung des Grundsatzes der Reziprozität darin, einen Gegenpol zum Grundsatz der Inländergleichbehandlung[82] aufzustellen. Die in den meisten bilateralen Investitionsschutzverträgen vorgesehenen Klauseln zur Inländergleichbehandlung[83] würden bei strikter und isolierter Anwendung oftmals zu unangemessenen Ergebnissen in den Fällen führen, in denen der materielle Standard in den beiden betroffenen Staaten unterschiedlich hoch ist. Während nun einige dieser Verträge versuchen, solche Ungereimtheiten durch das Aufstellen materieller Standards zu beseitigen, wird etwa in den klassischen internationalen Urheberrechtsverträgen der Inländergleichbehandlungsgrundsatz durch Gegenseitigkeitsvorschriften durchbrochen.[84]

29 Wie auch die nationalen Rechtsordnungen greift auch das Völkerrecht immer wieder auf abstrakte Rechtsprinzipien und Generalklauseln zurück, um Lücken im Rechtssystem zu füllen und allgemeine Auslegungsgrundsätze zu entwickeln. Kennt das allgemeine Völkerrecht etwa das Prinzip des guten Glaubens und – laut einer Entscheidung des IGH – auch der Billigkeit *(equity)*,[85] so findet sich speziell bei wirtschaftsrechtlichen Bezügen häufig das *Prinzip der Fairness:* Investitionsschutzverträge etwa enthalten regelmäßig eine Fairnessklausel *(fair and equitable treatment),* deren Anwendung im Einzelfall freilich schwierig sein kann.[86] Das GATT spricht von der notwendigen Berücksichtigung eines fairen Anteils am Welthandel, der in der Praxis anhand der Entwicklung der zurückliegenden Jahre ermittelt wird (Präambel

---

81 So in Bezug auf Art XXVIII*bis* GATT *Wolfrum* (Fn 80), der darauf hinweist, dass bei den Verhandlungen letztlich jede Partei selber bestimmt, ob ein für sie ausgewogenes Ergebnis erreicht ist. Vgl auch *Beise/Oppermann/Sander,* Grauzonen im Welthandel, 1998, 39, nach denen dem Gegenseitigkeitsgrundsatz heute vor allem handelspolitische Bedeutung bei Absprachen zukommen soll, da er in einer Welt flexibler Wechselkurse ökonomisch nur noch von geringem Wert sei.
82 Vgl o Rn 23 ff.
83 Dazu *Dolzer/Schreuer,* Principles, 198 ff; *Dolzer/Stevens,* Bilateral Investment Treaties, 1995, 63 ff.
84 Vgl etwa Art 2 Abs 7, Art 7 Abs 8 der revidierten Berner Übereinkunft zum Schutze von Werken der Literatur und Kunst (BGBl 1973 II, 1071 ff, letzte Änd in BGBl 1985 II, 81). Dieser Ansatz ist bei den Verhandlungen zu einem Multilateralen Investitionsschutzabkommen (MAI) zumindest teilweise übernommen worden. So sollte die Inländergleichbehandlung etwa in Bezug auf den Bereich des Urheberrechts ieS durch das Gegenseitigkeitserfordernis eingeschränkt werden, indem die Ausnahmen der älteren urheberrechtlichen Abkommen unberührt bleiben sollten. Dazu *Haedicke,* Urheberrecht als Investitionsschutz?, GRUR Int 1998, 631 (634).
85 IGH, *North Sea Continental Shelf,* ICJ Rep 1969, 3, 50; vgl zum Prinzip der *equity Francioni,* Equity in International Law, MPEPIL III, 632 ff.
86 Hierzu *Dolzer/Schreuer,* Principles, 130 ff; *Dolzer,* Fair and Equitable Treatment, FS Carreau/Juillard, 2009, 83 ff; *ders,* Fair and Equitable Treatment: A Key Standard in Investment Treaties, The International Lawyer 39 (2005) 87 ff; *Kläger,* Fair and Equitable Treatment in International Investment Law, 2011; *Schreuer,* Fair and Equitable Treatment in Arbitral Practice, JWIT 2005, 357 ff; *Orakhelashvili,* The Normative Basis of "Fair and Equitable Treatment", AVR 46 (2008) 74 ff; *Tudor,* The Fair and Equitable Treatment Standard in the International Law of Foreign Investment, 2009.

Abs 2 WTO-Abkommen, Art XVIII GATT). Im TRIPS schließlich heißt es, dass die Durchsetzung der Rechte am geistigen Eigentum „gerecht und objektiv" (Art 41) zu geschehen hat. Die Frage nach dem rechtlichen Gehalt der Fairnessklausel wird im Einzelfall situationsbezogen beantwortet werden müssen.[87] Vieles spricht im Übrigen dafür, Fairness auch allgemein im Wirtschaftsrecht als *besondere Ausprägung der Prinzipien des guten Glaubens und der Billigkeit* anzuerkennen.[88] Der Grundsatz der gerechten und billigen Behandlung stand in jüngerer Zeit immer wieder im Mittelpunkt schiedsrichterlich entschiedener Investitionsfälle und schränkte dabei auch die Vorschriften über die indirekte Enteignung in ihrer Bedeutung ein. Oft wird der Grundsatz konkretisiert mittels des Topos der „legitimate expectations". Erhebliche Divergenzen ergeben sich in der Rechtsprechung zur Frage der Auslegung des Mindeststandards. Ein Vergleich etwa der Entscheidung im Fall *Glamis Gold v USA* (2009) mit dem Urteil im Fall *Merrill & Ring v Canada* (2010) macht dies deutlich: Während ersterer Schiedsspruch den heute geltenden Mindeststandard auf das Niveau der Neer-Entscheidung aus dem Jahr 1927 drücken will, geht letzterer davon aus, dass sich der Mindeststandard heute nicht wesentlich unterscheidet vom Grundsatz der fairen und gerechten Behandlung. Methodisch zu Recht verweist das Urteil im Falle Merrill & Ring auf die Bedeutung der allgemeinen Rechtsprinzipien und der schiedsrichterlichen Praxis spezifisch im Bereich der Auslandsinvestitionen.[89] Freilich mehren sich Stimmen, die das Prinzip der Fairness eng ausgestalten und auslegen wollen.

e) Recht auf Entwicklung, Nachhaltigkeit
So unbestritten die innere Souveränität eines jeden Staates ist, so unklar sind auch 30 heute noch die rechtlichen Konturen eines *Rechts auf Entwicklung*. Die bestehenden wirtschaftlichen Ungleichgewichte haben die Entwicklungsländer schon bald nach der Phase der Dekolonisierung veranlasst, ein Recht auf wirtschaftliche Entwicklung zu postulieren. Ihre politische Strategie bestand darin, solche Forderungen in den von Entwicklungsländern dominierten Gremien vorzutragen. Die UNCTAD formulierte immer wieder neue, oft auch radikale Konzepte. In der UN-Generalversammlung erreichte das Streben nach einer Veränderung der Weltwirtschaftsordnung in der rechtlich unverbindlichen *Charta der wirtschaftlichen Rechte und Pflichten der Staaten*[90] im Jahr 1974 ihren Höhepunkt. Sie wurde ohne Zustimmung der Industrieländer verabschiedet. Zuvor schon hatte die Generalversammlung in den Jahren 1961 und 1971 sog Entwicklungsdekaden ausgerufen. Erste rechtlich greifbare Erfolge waren zum einen im Bereich des Handelsrechts die Freistellung der Entwicklungsländer vom Grundsatz der Reziprozität im Rahmen des GATT (Art XXXVI Abs 8), die Gewährung von Zollpräferenzen gemäß Art XXV Abs 5 GATT, im Jahre 1979 dann auch eine allgemeinere Freistellung vom Gleichheitssatz *(differential and more favourable treatment)*. Die EG gewährte einer großen Zahl ehemaliger Kolonien Frankreichs und Großbritanniens – früher im Rahmen der Lomé-Abkommen, seit

---

87 Hierzu ausf *Franck*, Fairness in International Law and Institutions, 1995.
88 *Sempra Argentine Republic*, ICSID Case No ARB 02/16.
89 Hierzu *Dolzer/Schreuer*, Principles, 138 f.
90 Charter of the Economic Rights and Duties of States v 12.12.1974, UN Doc A/RES/3281 (XXIX), ILM 14 (1975) 251.

2000 im Cotonou-Abkommen – Sonderrechte insbes im Handel mit Agrarerzeugnissen und bei der Unterstützung von Bergbaubetrieben, wobei jeweils die Zustimmung des GATT erforderlich war.[91] Im November 2001 wurden zahlreiche entwicklungspolitische Anliegen auf die Agenda der *Doha-Verhandlungsrunde* gesetzt.[92] Diese Verhandlungsrunde konnte allerdings bisher nicht abgeschlossen werden; sie hat noch nicht zu den zunächst erhofften Erfolgen geführt.[93]

31   Einen neuen Akzent erhielt das Recht auf Entwicklung 1977, als es von der UN-Menschenrechts-Kommission als *„Menschenrecht"* bezeichnet wurde. 1981 sprach die UN-Generalversammlung sogar von einem „unveräußerlichen Menschenrecht", welches dann 1986 in einer weiteren Resolution *(Declaration on the Right to Development)* konkretisiert wurde.[94] Resolutionen der UN-Menschenrechtskommission sahen im Recht auf Entwicklung einen „integralen Bestandteil der fundamentalen Menschenrechte".[95] Auch der UN-Menschenrechtsrat befasste sich wiederholt mit dem Recht auf Entwicklung.[96] Die Rechtsfragen nach Träger, Adressat und Inhalt eines etwaigen Menschenrechts auf Entwicklung blieben allerdings von Anfang an offen.

32   Im Bereich des *Investitionsrechts* war das Anliegen der Entwicklungsländer lange Zeit auf wirtschaftliche Unabhängigkeit gerichtet. Betont wurde das Recht auf Enteignung einerseits und die Forderung nach speziellen Regeln für multinationale Unternehmen andererseits, freilich ohne dass diese Anliegen rechtlich verbindliche Gestalt angenommen hätten. Immer wieder verlangten die Entwicklungsländer von den Industriestaaten klare Zusagen für eine *technische und finanzielle Unterstützung*. Durch den *Transfer von Technologien* wollen sie am aktuellen technischen Know-how und an neuen technischen Produktionsverfahren teilhaben.[97] In verschiedenen nicht verbindlichen Erklärungen wurde das Ziel festgelegt, dass die öffentliche *Entwicklungshilfe* 0,7% des Bruttosozialprodukts des jeweiligen Industriestaats erreichen sollte.[98] Dieses Ziel wurde bislang weit verfehlt; die Zahl lag in den letzten Jahren insgesamt bei etwa 0,3%. Im Jahr 2016 erreichte die BR Deutschland erstmals den angestrebten Wert, wobei ein Teil der Mittel in die Hilfe für Flüchtlinge im eige-

---

91 Vgl u Rn 124.
92 Vgl Ministererklärung v 14.11.2001, WT/MIN(01)/DEC/1.
93 S u Rn 68.
94 Declaration on the Right to Development v 4.12.1986. Ausdrücklich bestätigt wurde dies 1993 in der Wiener Menschenrechtserklärung v 25.6.1993 (ILM 32 [1993] 1663). S auch UN Doc A/RES/63/178 v 18.12.2008; UN Doc A/RES/64/172 v 24.3.2010 u UN Doc A/RES/65/219 v 21.12.2010. Zu der Erklärung *Kunig/Uerpmann*, Die Wiener Menschenrechtserklärung von 1993, VRÜ 27 (1994) 32ff.
95 Vgl CHR RES 1998/72 v 22.4.1998; CHR RES 1999/79 v 28.4.1999; CHR RES 2000/5 v 13.4.2000; s auch Ziff 11 der „Millenium Declaration" der UN-Generalversammlung, UN Doc A/RES/55/2 v 18.9.2000.
96 S etwa A/HRC/RES/12/23 v 12.12.2009; A/HRC/12/L.6/Rev.1 v 30.9.2009; A/HRC/19/52 v 18.11.2011. Zum Ganzen *Scharpenack*, Das „Recht auf Entwicklung", 1996; *von Schorlemer*, Recht auf Entwicklung – Quo vadis?, Friedens-Warte 72 (1997) 121ff; *Tietje*, Internationales Wirtschaftsrecht und Recht auf Entwicklung als Elemente einer konstitutionalisierten globalen Friedensordnung, FS Delbrück, 2005, 783ff.
97 Vgl *Herdegen*, Internationales Wirtschaftsrecht, § 4 Rn 78ff.
98 Vgl Kap 33 Ziff 33.13 der Agenda 21 (1992); Ziff 79 des Berichts des Weltgipfels für Nachhaltige Entwicklung, Johannesburg v 4.9.2002 (A/CONF.199/20) und Monterrey Report of the International Conference on Financing for Development v 22.3.2002 (A/CONF.198/11). Jetzt Doha Declaration on Financing for Development v 2.12.2008 (A/CONF.212/7). S auch Brüsseler Erklärung der Third UN Conference on the Least Developed Countries v 2.7.2001 (A/CONF.191/12). S auch UN Doc A/RES/63/178 v 26.3.2009.

nen Land floss. Eine Pflicht zur Zahlung von Entwicklungshilfe lässt sich aus dem allgemeinen Völkerrecht nicht ableiten.[99] Ebensowenig besteht eine Pflicht, Schulden zu erlassen.[100] In einer globalen Welt aber liegt eine nachhaltige Entwicklung aller Staaten im Interesse der Staatengemeinschaft. Die Interdependenz der Staaten verlangt abgestimmte Handlungsstrategien. An die Stelle der Entwicklungshilfe tritt das Konzept der *Entwicklungszusammenarbeit,* die eine partnerschaftliche Zusammenarbeit von Geber- und Nehmerländern begründet.

Für I.O., die im Bereich der Entwicklungszusammenarbeit tätig sind, insbes die **33** Weltbank und den IWF, stellte sich die Frage, inwieweit Hilfen gewährt werden sollen, wenn die Regierung des Entwicklungslands selbst keine praktische Politik betreibt, die der Entwicklung des Landes nach allgemeinem Verständnis förderlich ist. Die Antwort bestand in der Formulierung von Mindestanforderungen an *Good Governance,* an die gute Führung der Regierungsgeschäfte. Einbezogen wird der Kampf gegen die Korruption.[101] Insoweit hat das Recht auf Entwicklung in Abgrenzung zum Verbot der Einmischung in innere Angelegenheiten einen inhaltlich spezifizierten Akzent gefunden.

Ein wichtiger Schritt auf dem Weg zu einer weltweiten *nachhaltigen Entwicklung* **34** war die Verabschiedung der Millenniums-Entwicklungsziele (Millennium Development Goals – MDGs), durch die UN-Generalversammlung im Jahr 2000.[102] Vereinbart wurden acht Entwicklungsziele, die bis zum Jahr 2015 erreicht werden sollten. Der Anteil der Weltbevölkerung, der unter extremer Armut und Hunger leidet, sollte halbiert werden. Allen Kindern sollte eine Grundschulausbildung ermöglicht werden. Die Gleichstellung der Geschlechter sollte gefördert, die Rechte der Frauen sollten gestärkt werden. Es wurde vereinbart, die Kindersterblichkeit zu verringern, die Müttersterblichkeit zu senken sowie HIV/Aids, Malaria und andere übertragbare Krankheiten zu bekämpfen. Der Schutz der Umwelt sollte verbessert und eine weltweite Entwicklungspartnerschaft aufgebaut werden. Diese Ziele sind völkerrechtlich nicht verbindlich, zeugen aber von einem weltweiten Konsens der Staatengemeinschaft. In der Folgezeit wurden die Millenniums-Entwicklungsziele zwar nicht vollständig erreicht; es konnten aber wesentliche Fortschritte erzielt werden.[103] Anknüpfend an die MDGs verabschiedete die UN-Generalversammlung im Jahre 2015 siebzehn Weltentwicklungsziele (Sustainable Development Goals – SDGs), die bis zum Jahr 2030 erreicht werden sollen.[104] Diese Ziele entwerfen ein integriertes, umfassendes Konzept nachhaltiger Entwicklung in ökonomischer, ökologischer und sozialer Hinsicht. Sie richten sich an alle Staaten der Welt, nicht mehr nur an die Entwicklungsländer. 169 Unterziele konkretisieren die siebzehn Hauptziele dieser Agenda 2030.

Der Grundsatz der *Nachhaltigkeit* ist heute ein Leitprinzip des Entwicklungs- **35** und Umweltvölkerrechts. Entwickelt wurde der Gedanke der Nachhaltigkeit von der deutschen Forstwirtschaft. Internationale Anerkennung fand das Prinzip bemerkenswerterweise auf Drängen von NGOs, wie der International Union for the Con-

---

99 Vgl auch IGH, *Nicaragua,* ICJ Rep 1986, 14, 138.
100 Hierzu *Dolzer,* Staatliche Zahlungsunfähigkeit: Zum Begriff und zu den Rechtsfolgen im Völkerrecht, FS Partsch, 1989, 531 ff; *Kämmerer,* State Bankruptcy, MPEPIL IX (2012) 489 (490).
101 Vgl u Rn 41 f.
102 UN Doc A/RES/55/2 v 8.9.2000; vgl Rn 113.
103 UN, Millenniums-Entwicklungsziele, Bericht 2015.
104 UN Doc A/RES/70/1 v 25.9.2015.

servation of Nature (IUCN) und dem WWF, deren Arbeit auf diesem Feld weniger kurzfristig am Alltag ausgerichtet war und ist als dies für Regierungen gilt. Im Kontext des Völkerrechts hat das Prinzip erstmals 1985 in einem Abkommen der ASEAN Ausdruck gefunden. Die *Brundtland*-Kommission bestimmte den Begriff der nachhaltigen Entwicklung in einer heute als klassisch geltenden Definition im Jahr 1987. Hiernach ist eine Entwicklung nachhaltig, „welche die Bedürfnisse der Gegenwart befriedigt, ohne damit die Möglichkeit künftiger Generationen zu beeinträchtigen, ihre eigenen Bedürfnisse zu befriedigen".[105] Die Erklärung von Rio aus dem Jahr 1992 basiert auf dem Leitprinzip nachhaltiger Entwicklung; sie intergriert Umwelt- und Entwicklungsbelange. Zu ihrer Umsetzung setzte der ECOSOC im Jahre 1993 die *Commission on Sustainable Development* ein, ohne ihr aber praktisch wirksame Befugnisse zuzuweisen. Sie wurde durch das Hochrangige Politische Forum zur Nachhaltigen Entwicklung *(High-level Political Forum on Sustainable Development – HLPF)* im Jahr 2013 abgelöst.

36　Keine Klarheit herrscht über den Status des Nachhaltigkeitsprinzips im allgemeinen Völkerrecht.[106] Während es teilweise als Leitlinie für künftige Umweltnormen, also als politisches Postulat, verstanden wird, geht die Gegenansicht davon aus, dass es sich bereits um einen völkergewohnheitsrechtlich verankerten Grundsatz handelt, aus dem konkrete normative Folgerungen abgeleitet werden können. Bedeutsam ist dies etwa für die Frage, ob die Weltbank, deren Gründungsübereinkommen sich nicht explizit auf die Umwelt bezieht, über den allgemeinen Entwicklungsbegriff in Art I des Statuts auch rechtlich ein Mandat zur Achtung der Nachhaltigkeit hat; iS einer evolutiven Interpretation ist dies zu bejahen.[107] Unabhängig davon erscheint eine nähere, *jeweils bereichsspezifische Konkretisierung des Prinzips* der nachhaltigen Entwicklung wie etwa in der Klimarahmenkonvention oder im Übereinkommen über die biologische Vielfalt sinnvoll.[108] Mittlerweile hat der Nachhaltigkeitsbegriff auch Eingang in die Rechtsprechung des *IGH* gefunden. Im *Gabcikovo-Nagymaros*-Fall befürwortete die Mehrheit der Richter mit dem *concept of sustainable development* einen recht zurückhaltenden Umgang mit dem Grundsatz.[109] Damit deutete der Gerichtshof an, dass er im Nachhaltigkeitsgrundsatz *lediglich ein politisches Postulat* sieht, nicht aber ein rechtlich fassbares Prinzip. In seinem Sondervotum kritisierte Richter *Weeramantry* die Haltung der Mehrheit und betonte den normativen Charakter des Prinzips, das schon jetzt Bestandteil des modernen Völkerrechts sei.[110] Der Mehrheit des Gerichts ist darin zu folgen, dass aus

---

105　Weltkommission für Umwelt und Entwicklung, Unsere gemeinsame Zukunft, 1987.
106　Dazu *Barral*, Sustainable Development in International Law: Nature and Operation of an Evolutive Legal Norm, EJIL 23 (2012) 377 ff; *Beyerlin*, Umweltvölkerrecht, 2000, Rn 37 mwN; *ders*, Sustainable Development, MPEPIL IX, 716 (719 f); *Gehne*, Nachhaltige Entwicklung als Rechtsprinzip, 2011; *Lang/Hohmann/Epiney*, Das Konzept der Nachhaltigen Entwicklung, 1999; *Schröder*, Sustainable Development, AVR 34 (1996) 251 (271 ff); *Kotzur*, Nachhaltigkeit im Völkerrecht, JöR (NF) 57 (2009) 503 ff; *Voigt*, Sustainable Development as a Principle of International Law, 2009; vgl *Proelß*, 5. Abschn Rn 114 ff.
107　Vgl dazu *Dolzer*, The World Bank and the Global Environment: Novel Frontiers?, FS Shihata, 2001, 141 ff.
108　Vgl *Schröder* (Fn 106) 273 f.
109　IGH, *Gabcikovo-Nagymaros*, ICJ Rep 1997, 7, 78.
110　Ebd, Sep Op *Weeramantry*, 95.

dem Prinzip *in vacuo* im internationalen Wirtschaftsrecht heute keine konkreten Folgerungen gezogen werden können. Dennoch erscheint die Auffassung der Mehrheit zu restriktiv. Rechtliche Bedeutung kommt dem Prinzip der Nachhaltigkeit insbes zu, wenn Lücken im Recht zu füllen und Normen auszulegen sind. Das moderne Entwicklungs- und Umweltvölkerrecht beruht auf diesem Leitprinzip. Die konkreten Ziele, die die Vertragsparteien in diesen Bereichen des Völkerrechts vereinbart haben, sind Ausdruck dieses Grundsatzes. Insofern ist die Bedeutung des Grundsatzes der Nachhaltigkeit für das moderne Wirtschafts-, Entwicklungs- und Umweltvölkerrecht nicht zu unterschätzen.

Zur Konkretisierung des Prinzips der Nachhaltigkeit vereinbaren die Staaten 37 zunehmend Ziele, die weltweite Geltung, aber keine völkerrechtliche Verbindlichkeit beanspruchen. Dies gilt insbesondere für die Weltentwicklungsziele. Dieses Regelungsmodell hat auch in das Umweltvölkerrecht Eingang gefunden. So gelten die im Rahmen der Biodiversitätskonvention vereinbarten Aichi-Ziele für alle Staaten weltweit, begründen aber keine quantifizierten Verpflichtungen der Staaten. Die Staaten wollen bis zum Jahr 2020 den Verlust der natürlichen Lebensräume halbieren, die Überfischung der Weltmeere stoppen und konkrete Flächenanteile zu Land und zu Wasser unter Schutz stellen.[111] Viele umweltvölkerrechtliche Vereinbarungen beruhen auf dem *Konzept der gemeinsamen, aber unterschiedlichen Verantwortlichkeiten (common but differentiated responsibilities).*[112] Dieses anerkennt eine gemeinsame Verantwortung aller Staaten für den Schutz der globalen Umwelt. In den konkreten Verpflichtungen wird dann aber aufgrund einer größeren Schutzverantwortung und Schutzfähigkeit zwischen Industriestaaten und Entwicklungsländern differenziert. Die Entwicklungsländer stellten klar, dass sie bei der Umsetzung der gemeinsamen Verantwortung auf finanzielle und technologische Unterstützung durch die Industrieländer angewiesen sind.[113] Während etwa das Wiener Übereinkommen und das Montrealer Protokoll ausgehend von unterschiedlichen Verpflichtungen der Industriestaaten und der Entwicklungsländer wirksam die Ozonschicht zu schützen vermochten, drohte das internationale Klimaschutzregime nicht zuletzt an den Gegensätzen zwischen den Ländern des Nordens und des Südens zu scheitern. Mit dem Pariser Klimaschutzabkommen schlug die Staatengemeinschaft ein neues Kapitel auf. Vereinbart wurde ein verbindliches weltweites Schutzziel, wonach der Anstieg der durchschnittlichen Erderwärmung auf deutlich unter 2°C, möglichst unter 1,5°C zu begrenzen ist. Dieses Ziel soll durch Selbstverpflichtungen der Staaten *(nationally determined contributions – NDCs)* umgesetzt werden, die im Rahmen eines Ambitionsmechanismuses auf der Grundlage einer globalen Bestandsaufnahme in regelmäßigen Abständen verschärft werden.[114]

---

111 Convention on Biological Diversity, UNEP/CBD/COP/DEC/X/2 v 29.10.2010.
112 Vgl *Kellersmann* (Fn 18); *Glass,* Die gemeinsame, aber unterschiedliche Verantwortlichkeit als Bestandteil eines umweltvölkerrechtlichen Prinzipiengefüges, 2008.
113 Dazu *Dolzer,* Technologische Zusammenarbeit zur Förderung nachhaltiger Entwicklung, FS Hahn, 1997, 353 ff; *Kellersmann* (Fn 18); *Timmermann,* Der Transfer von Umwelttechnologien in Entwicklungsländer, VRÜ 32 (1999) 314 ff; *Bloch,* Technologietransfer zum internationalen Umweltschutz, 2007.
114 Vgl *Kreuter-Kirchhof,* Das Pariser Klimaschutzübereinkommen und die Grenzen des Rechts, DVBl 2017, 97 ff; *Proelß,* Klimaschutz im Völkerrecht nach dem Paris Agreement: Durchbruch oder Stillstand?, ZfU 2016, 58 ff; *Dederer,* Ist Paris genug? Zu Stand und Perspektiven des internationalen

38 Globale Umweltgüter zeichnen sich dadurch aus, dass sie nur im Wege weltweiter Kooperationen wirksam geschützt werden können. Schädliche Einwirkungen auf die Umwelt entfalten sich graduell, prozessartig. Sie wirken langfristig und staatenübergreifend. Auf diese Herausforderungen muss die Staatengemeinschaft Antworten finden. Nicht erst das Konzept der Nachhaltigkeit anerkennt den engen Zusammenhang von wirtschaftlicher Entwicklung und Umweltschutz. Die internationalen Wirtschaftsbeziehungen sind deswegen so auszurichten, dass sie strukturell einen präventiven, dauerhaften Schutz der globalen Umwelt integrieren und eine nachhaltige Entwicklung fördern.

f) Rationalität, Transparenz, Good Governance

39 Der *Rationalität* kommt als einem Maßstab für Entscheidungen im internationalen Wirtschaftsrecht zunehmend Bedeutung zu.[115] Dieser Standard soll gewährleisten, dass sich international wirksame Maßnahmen an den Grundsätzen der wissenschaftlichen Erkenntnis und der Plausibilität orientieren. Insbes sollen keine protektionistischen Maßnahmen unter dem Vorwand an sich zulässiger Kriterien wie dem Schutz der Gesundheit oder der Abwehr von Gefahren den freien Wirtschaftsaustausch behindern. Mit der fortschreitenden Einwirkung wissenschaftlicher Erkenntnisse auf wirtschaftliche Produkte einerseits und einer ständigen Anfälligkeit nationaler Gruppen und Regierungen für nichttarifär-protektionistische Versuchungen andererseits tritt das Problem der Rationalität immer wieder in den Vordergrund. Der Einsatz hormoneller Stoffe bei der Rinderzucht verdeutlicht das allgemeine Problem.[116] Der Streit zwischen der EU und den USA (sowie Kanada) schwelt seit nunmehr drei Jahrzehnten. Auf Drängen der Verbraucher hatte die EWG im Jahre 1988 ein weitgehendes Importverbot für hormonbehandelte Fleischwaren eingeführt.[117] Gemäß einem Übereinkommen, welches im Rahmen der WTO über die Anwendung gesundheitspolizeilicher und pflanzenschutzrechtlicher Maßnahmen[118] abgeschlossen worden war, musste sich die europäische Maßnahme daran messen lassen, ob sie sich auf internationale Normen der FAO und der WHO *(Codex Alimentarius)* sowie auf „verfügbares wissenschaftliches Beweismaterial" stützen konnte. Das von den USA angerufene WTO-Panel stellte fest, dass das hormonbehandelte Fleisch aus den USA den Wertmaßstäben jenes Kodex entspreche.[119] Die Risikoschätzung sei wissenschaftlicher Art; für politisch gefasste sozio-ökonomische Erwägungen subjektiver Natur bestehe kein Raum. Diese Sichtweise warf unter den Gesichtspunkten nationaler Souveränität, der Verantwortung im demokratischen

---

Klimaschutzes nach dem Pariser Abkommen, in: Gundel/Lange (Hrsg), Energieversorgung zwischen Energiewende und Energieunion?, 2017, 1 ff.
115 S dazu *Herdegen*, Der Beitrag des Internationalen Wirtschaftsrechts zu Good Governance und Rationalität des Staatshandelns, in Giegerich (Hrsg), Internationales Wirtschafts- und Finanzrecht in der Krise, 2011, 229 ff.
116 Ein weiteres Problem stellen Maßnahmen der EU gegen die Einfuhr gentechnisch veränderter Agrarprodukte dar. S dazu das Verfahren EC–Measures affecting the Approval and Marketing of Biotech Products, WT/DS291, WT/DS292 u WT/DS293.
117 RL 88/146/EWG v 7.3.1988, ABl EG 1988, Nr L 70/16.
118 ABl EG 1994, Nr L 336/40.
119 Hierzu *Hilf/Eggers*, Der WTO-Panelbericht im EG/USA-Hormonstreit, EuZW 1997, 559 ff.

Rechtsstaat und der Bedeutung des Vorsorgeprinzips weitreichende Fragen auf. Die Entscheidung des *Appellate Body* im Berufungsverfahren hat dann die staatliche Entscheidungsbefugnis wieder erweitert. Zum einen wurde den Staaten grundsätzlich ein gewisser Bewertungsraum zugesprochen, zum anderen wurde die rechtliche Bedeutung von Minderheitsmeinungen anerkannt, soweit sie von qualifizierten und respektierten Wissenschaftlern geäußert werden.[120] Im Ganzen wurde damit die rechtliche Bedeutung rationaler Fundierung von Außenhandelsentscheidungen nicht aufgehoben, doch gründet der Rationalitätsstandard – abweichend vom Ideal einer einzigen richtigen wissenschaftlichen Position – hiernach auf einer Bandbreite vertretbarer Einschätzungen und Entscheidungen.

Basiert Rationalität auf nachvollziehbaren wissenschaftlichen Begründungen, so meint *Transparenz* die Nachvollziehbarkeit des Handelns und der rechtlichen Gebote.[121] Dieser Standard hat damit einen weiteren Anwendungsbereich als derjenige der Rationalität. Für die Gestaltung der internationalen Wirtschaftsbeziehungen kommt der Transparenz auf unterschiedlichen Ebenen wesentliche Bedeutung zu. So werden die Regeln des freien Wettbewerbs und des Freihandels außer Kraft gesetzt, wenn Transaktionen außerhalb der Regeln des Markts ohne Kenntnis der Öffentlichkeit vollzogen werden. Die Weltbank etwa und die OECD entwickelten aus diesem Grunde neue Konzepte im Kampf gegen die Korruption. Das Prinzip der Transparenz fordert auch, dass wirtschaftsrechtliche Regeln der Staaten und ihre Handhabung in der Praxis öffentlich ohne Weiteres zugänglich sind und Wissensvorsprünge einzelner Marktteilnehmer so verhindert werden. Schließlich kann das Transparenzgebot auch auf Entscheidungsprozesse auf internationaler Ebene bezogen werden. Gegen die Arbeitsweise der WTO etwa ist in der Vergangenheit immer wieder der Vorwurf erhoben worden, dass nach außen nicht klar erkennbar werde, welche Entscheidungen in welchen Gremien nach welchen Kriterien getroffen würden.[122] **40**

Der Begriff der *Good Governance* ist weder leicht zu übersetzen noch leicht zu definieren.[123] Dennoch gehört er heute zu den Standards des internationalen Wirt- **41**

---

120 EC-Measures Concerning Meat and Meat Products (Hormones), Rep of the Appellate Body v 16.1.1998, WT/DS 26/AB/R u WT/DS 48/AB/R. Dazu *Thomas*, Where's the Beef? Mad Cows and the Blight of the SPS Agreement, Vanderbilt J Transnat'l L 32 (1999) 487ff; *Walker*, Keeping the WTO from Becoming the „World Trans-Science Organization": Scientific Uncertainty, Science Policy, and Fact-finding in the Growth Hormones Dispute, Cornell Int'l LJ 31 (1998) 251ff. Nach 2003 wurde der Streit über die Frage geführt, ob die EU trotz zwischenzeitlicher Änderungen ihrer Regelungen (RL 2003/74/EG v 22.9.2003, ABl EG 2003, Nr L 262/17) weiterhin gegen die Bestimmungen des SPS Übereinkommens verstößt und inwieweit die USA gleichwohl ihre Vergeltungsmaßnahmen gegen europäische Produkte fortführen dürfen (dazu Panel und Appellate Body in US – Continued Suspension of Obligations, WT/DS 320/AB/R). Im Mai 2009 einigten sich die Parteien vorläufig, ließen dabei aber die Hauptstreitfrage offen. Danach reduzierten die USA die Höhe der Vergeltungsmaßnahmen und die EU erweiterte im Gegenzug den Marktzugang für hormon*freies* Rindfleisch. Offen ist, ob es sich bei dieser Einigung um eine „mutually agreed solution" iSd DSU handelt.
121 *Hilpold*, Das Transparenzprinzip im internationalen Wirtschaftsrecht, EuR 1999, 597ff.
122 Vgl dazu *Marceau/Pedersen*, Is the WTO Open and Transparent?, JWT 33 (1999) 5ff; *Weiss/Steiner*, Transparency as an Element of Good Governance in the Practice of the EU and the Overview and Comparison, FILJ 2006/2007, 1545ff; *Collins-Williams/Wolfe*, Transparency as a Trade Policy Tool: The WTO's Cloudy Windows, WTR 9 (2010) 551ff.
123 Vgl *Brown Weiss/Sornarajah*, Good Governance, MPEPIL IV, 516 (Rn 3); *Maldonado Pyschny*, Good Governance: Begriff, Inhalt und Stellung zwischen allgemeinem Völkerrecht und Souveränität,

schaftsrechts. Er steht im Zentrum des Nachdenkens über die Bekämpfung der Armut, hat so der Praxis der Entwicklungspolitik eine neue Ausrichtung verliehen. Übersetzen ließe sich der Ausdruck mit „guter Führung der Regierungsgeschäfte". Dabei meint *Good Governance* jene Festlegung und Durchführung staatlicher Aufgaben, welche in praktischer Weise die nachhaltige wirtschaftliche und soziale Entwicklung eines Landes fördert und daher allen Schichten des Volks in angemessener Weise zugutekommt.[124] Trotz der Offenheit dieses Verständnisses führte die Beschäftigung mit der praktisch-operationalisierten Bedeutung von *Good Governance* zu neuen Antworten auf die Kritik an ineffizienter Entwicklungspolitik. Lange Zeit war diese Politik punktuell auf einzelne Projekte (bei der Weltbank)[125] oder sektorell (wie etwa beim IWF für Währungsfragen) zugeschnitten. *Good Governance* steht nun zu Recht im Mittelpunkt der Überlegungen, welche über punktuelle oder sektorelle Aspekte hinaus den Blick auf die erforderlichen allgemeinen Rahmenbedingungen effizienter Entwicklungspolitik und -kooperation geöffnet haben.[126] Der Erfolg der Politik wird damit nicht mehr an den kurzfristigen Wirkungen eines einzelnen Projekts oder einer einzelnen Maßnahme, sondern an ihrem langfristigen Beitrag zur Entwicklung des Landes gemessen. Insbes Weltbank und Währungsfonds haben die damit verbundenen praktischen Forderungen aufgegriffen und versucht, sie in ihrer Arbeit vor Ort fruchtbar zu machen. Auch andere I.O. und die nationalen Entwicklungspolitiken sind in gewissem Umfang gefolgt. Für Weltbank und Währungsfonds stellten sich damit auch Rechtsfragen für die Bestimmung und Eingrenzung ihres Mandats und die völkerrechtliche Zulässigkeit der Neuausrichtung ihrer Arbeit im Lichte dieses Mandats.[127] Beiden Organisationen ist es nach ihren Satzungen ver-

---

2013. Zu *good governance* in der WTO vgl *Esty,* Good Governance at the World Trade Organization, JIEL 10 (2007) 509 ff.
124 Vgl *Dolzer/Herdegen/Vogel,* Good Governance, 2007. Eine Definition von *good governance* enthält das Cotonou-Abkommen zwischen der EU und den AKP-Staaten (vgl u Rn 124) in Art 9 Abs 3: „In einem politischen und institutionellen Umfeld, in dem die Menschenrechte, die demokratischen Grundsätze und das Rechtsstaatsprinzip geachtet werden, ist verantwortungsvolle Staatsführung die transparente und verantwortungsbewusste Verwaltung der menschlichen, natürlichen, wirtschaftlichen und finanziellen Ressourcen und ihr Einsatz für eine ausgewogene und nachhaltige Entwicklung. Sie beinhaltet klare Beschlussfassungsverfahren für Behörden, transparente und verantwortungsvolle Institutionen, den Vorrang des Gesetzes bei der Verwaltung und Verteilung der Ressourcen und Qualifizierung zur Ausarbeitung und Durchführung von Maßnahmen insbes zur Verhinderung und Bekämpfung der Korruption". Vgl auch Sano/Alfredsson/Clapp (Hrsg), Human Rights and Good Governance, 2002; *Brown Weiss/Sornarajah* (Fn 123) 516 ff. Die Charta der Grundrechte der EU gewährleistet in Art 41 das Recht auf eine gute Verwaltung.
125 Vgl *Theobald,* Die Weltbank: Good Governance und die Neue Institutionenökonomik, Verwaltungsarchiv 89 (1998) 467 ff. Vgl auch *Kingsbury,* Operational Policies of International Institutions as Part of the Law-Making Process: The World Bank and Indigenous Peoples, FS Brownlie, 1999, 323 ff.
126 Hierzu *Dolzer,* Die Relevanz rechtsstaatlicher Normen und Institutionen für den Aufbau und den Bestand von Demokratien, in Konrad-Adenauer-Stiftung (Hrsg), Demokratiereport – Demokratie und Rechtsstaat, 2006; *Maldonado Pyschny* (Fn 123).
127 Zur Bindung von Weltbank und IWF speziell an die Menschenrechte vgl *Suchsland-Maser,* Menschenrechte und die Politik multilateraler Finanzinstitute, 1999; zum Inspection Panel der Weltbank *Alfredsson,* The Inspection Panel of the World Bank, 2001; *Buß,* Zwischen Immunität und Rechtsschutz: Das Inspection Panel innerhalb der Weltbankgruppe, RIW 1998, 352; *Lin,* Implementing Environmental Treaty Obligations in Project Finance Activities through an Accountability Mechanism: An Analysis of the World Bank Inspection Panel, CILJ 5 (2016) 238 ff. Eine entsprechende Einrichtung des IWF gibt es bislang nicht.

wehrt, in die inneren politischen Angelegenheiten eines Empfängerlands einzugreifen; sie müssen sich auf die „Hebung der Produktivität, des Lebensstandards und der Arbeitsbedingungen" (Art 1 [iii] des Weltbank-Statuts) und die Förderung der „Stabilität der Währungen" bzw die Aufrechterhaltung „geordneter Währungsbeziehungen" (Art 1 [iii] des IWF-Übereinkommens) beschränken. Zu Recht haben die Organisationen dennoch den Begriff der *Good Governance* in ihre Leitlinien aufgenommen. Die Empirie hat gezeigt, dass die Durchführung ihres jeweils in der Satzung niedergelegten Auftrags die Beachtung von *Good Governance* nicht nur fördert, sondern auch fordert.

Die *Weltbank* bewertet seit 1998 im Rahmen von *Country Policy and Institutional Assessments* nicht nur ökonomische Zielsetzungen, sondern auch die Existenz und Effizienz staatlicher Institute, mittels derer diese Zielsetzungen umzusetzen sind.[128] In diesen Zusammenhang gehört auch, dass bei der Vergabe von IDA-Geldern berücksichtigt wird, wie effizient sich Projekte erwiesen haben. Staaten, in denen ernsthafte Probleme im Bereich der *Good Governance* diagnostiziert werden, erhalten weniger Hilfe. Nachhaltiges Wachstum und nachhaltige Entwicklungspolitik beziehen sich in der Arbeit der Bank also nicht mehr nur auf makroökonomische Elemente, auf Armutsbekämpfung und soziale Faktoren, sondern auch auf staatliche Institutionen. Damit ist der Kreis der einzubeziehenden Faktoren für die juristische Definition der effizienten Nutzung der Mittel der Bank deutlich erweitert worden. Zu diesem Zweck hat die Bank ein Raster von Kriterien entwickelt, die sich auf wirtschaftliches Management, strukturelle Politiken, die Einbeziehung sozialer Aspekte und die Effizienz staatlicher Institutionen beziehen. Die Bekämpfung der Korruption („Missbrauch eines öffentlichen Amts zum privaten Gewinn") gehört zu den wichtigsten Anliegen. Zu den Kernfragen der *Good Governance* gehören die nachprüfbare Verantwortlichkeit der Entscheidungsträger, die Transparenz des Entscheidungsprozesses, eine faire, vorhersehbare und stabile Rechtsordnung und die Möglichkeit der Partizipation jener Schichten der Bevölkerung, die von den jeweiligen Entscheidungen besonders betroffen sind. Unter dem Gesichtspunkt der ökonomisch sinnvollen Verwendung vorhandener Ressourcen und der Vermeidung unproduktiver staatlicher Aufgaben zieht die Bank auch Konsequenzen, wenn ein Staat einen außergewöhnlich hohen Anteil seines Budgets für militärische Zwecke verwendet. Umgekehrt hilft die Bank, wenn sich ein Staat zum Abbau militärischer Ausgaben entschließt. Das Exekutivdirektorium des Währungsfonds erließ 1997 Leitlinien zur Rolle des IWF bei Fragen der *Governance*.[129] Auch der Fonds stellt klar, dass ihm dabei nur Kompetenzen im Rahmen seines satzungsmäßigen Mandats zukommen und dass er keine Konditionen in Bezug auf politische Aspekte ohne Bezug zu seinem Mandat aufstellen darf. Zur *Good Governance* gehören danach auch für den Fonds allgemeine Prinzipien wie Transparenz, Rechtsstaatlichkeit und Fairness. Speziell zum währungsrechtlichen Bezug gehört der Aufbau effizienter Institutionen im Bereich der Finanzen, der Steuern, der Zentralbanken, der Rechnungshöfe und der Statistik; auf dem Feld der Gesetzgebung und der Verwaltung geht es in erster

---

128 World Bank (Hrsg), Country Assessments and IDA Allocations, 1999; dies, Governance – The World Bank's Experience, 1994; hierzu auch *Maldonado Pyschny* (Fn 123).
129 Vgl IMF (Hrsg), Good Governance – The IMF's Role, 1997. Das Exekutivdirektorium bestätigte die Leitlinien erneut im Februar 2001.

Linie um ein effizientes Steuerrecht und die Errichtung eines funktionsfähigen Bankensystems. Die so angestrebte effektive Nutzung öffentlicher Mittel und die Stärkung des Privatsektors sollen bei den regelmäßigen Konsultationen mit den Mitgliedstaaten und der Vergabe der Mittel ebenso wie bei der aktiven Beratung der Länder durch den Fonds ihren Ausdruck finden.

43 Im Ganzen können sich die sich fortentwickelnden Regeln zu *Good Governance* aus der Sicht der Empfängerstaaten als fühlbare Einschränkung ihrer Souveränität erweisen; es ist nicht verwunderlich, dass die Regeln deswegen auch als unangebracht ausgeweitete Konditionalität kritisiert werden. Letztlich erweisen sie sich im Kern aber als die Kehrseite eines ernstgenommenen Rechts auf Entwicklung, welches auf den langfristigen Wohlstand aller Schichten der Bevölkerung ausgerichtet ist. Die Regeln zu *Good Governance* reflektieren die Erkenntnis, dass die wichtigsten Voraussetzungen für eine nachhaltige Entwicklung von dem betroffenen Staat selbst zu schaffen sind, und dass er bei der ernsthaften Umsetzung dieser Aufgabe – und nur dabei – die Unterstützung der Staatengemeinschaft verdient.

3. Schutz fremden Eigentums und Status transnationaler Unternehmen
a) Schutz von Auslandsinvestitionen

44 Ohne Schutz fremden Eigentums und ausländischer Investitionen ist eine fruchtbare internationale wirtschaftliche Zusammenarbeit nicht möglich. Der Schutz von Auslandsinvestitionen und -eigentum spielt im Wirtschaftsvölkerrecht und damit im Völkerrecht allgemein seit jeher eine Schlüsselrolle. Traditionell wird er durch das gewohnheitsrechtliche *Fremdenrecht* gewährleistet, speziell durch die auf Enteignung anwendbaren Regeln.[130] Daneben schließen Staaten bilaterale und multilaterale Abkommen ab, um einen erhöhten Grad des Schutzes zu erreichen.[131] Auch regionale Abkommen wie NAFTA/USMCA, ASEAN und das Cotonou-Abkommen sowie der sektorspezifische Energiecharta-Vertrag v 1994 enthalten Vorschriften über Auslandsinvestitionen. Versicherungen (staatlicher oder privater, nationaler oder multinationaler Art) können ebenfalls die mit Auslandsinvestitionen verbundenen Risiken minimieren.[132] Multinationale Unternehmen versuchen auch, ihre Investitionen durch „internationalisierte Verträge" mit ihren Gaststaaten zu schützen.[133] Zu erwähnen ist zudem, dass vorübergehende Beschränkungen des Kapitaltransfers mit den Vorschriften des IWF vereinbar sein müssen.

---

130 Vgl insgesamt die Darstellungen bei *Dolzer/Schreuer*, Principles, 17 ff; *Dolzer*, Eigentum, Enteignung und Entschädigung im geltenden Völkerrecht, 1985; *Karl*, Internationaler Investitionsschutz – Quo vadis?, ZVglRWiss 99 (2000) 143 ff; *Seidl-Hohenveldern*, International Economic Law, 3. Aufl 1999, 133 ff; *Ohler*, Der Schutz privaten Eigentums als Grundlage der internationalen Wirtschaftsordnung, JZ 2006, 875 ff; *Kläger*, Einführung in das internationale Enteignungs- und Investitionsrecht, JuS 2008, 969 ff; *Reinisch*, in Tietje (Hrsg), Internationales Wirtschaftsrecht, § 8; Bungenberg/Griebel/Hobe/Reinisch (Hrsg), International Investment Law, 2015.
131 Dazu *Dolzer/Schreuer*, Principles, 13 f; *Dolzer/Stevens* (Fn 83).
132 Vgl etwa die Hermes-Versicherungsprogramme einerseits und die Arbeit der MIGA andererseits, s u Rn 52.
133 Vgl u Rn 56 ff.

Enteignung ist jede Entziehung von Vermögenswerten durch Hoheitsakt oder **45**
Gesetz.[134] Eine Enteignung kann auch in einer rechtlichen oder faktischen Beschränkung der Eigentumsnutzung liegen, die einer Entziehung gleichkommt (schleichende Enteignung).[135] Unter *Nationalisierung* versteht man die Enteignung der Vermögensobjekte einzelner oder aller Produktionszweige einer Volkswirtschaft. Die *Konfiskation* ist eine entschädigungslose Enteignung. Grundsätzlich ist die Enteignung im Völkerrecht (wie im Verfassungsrecht, vgl etwa Art 14 Abs 3 GG) zulässig. Sie ist Ausdruck der territorialen Souveränität und Gebietshoheit. Ein menschenrechtliches Enteignungsverbot gibt es nicht.[136] Allerdings ist die völkerrechtliche Zulässigkeit einer Enteignung konditioniert. Sie hängt vom Vorliegen bestimmter Voraussetzungen (sog Mindeststandards) ab, deren Umfang im Einzelnen umstritten ist. Die sog *Calvo*-Doktrin, wonach eine Enteignung nicht an Mindeststandards gebunden sein sollte und der Fremdenschutz darauf reduziert wurde, dass der Ausländer nur eine Inländergleichbehandlung verlangen könne,[137] konnte sich nicht durchsetzen.

Die anerkannten *Mindeststandards* einer zulässigen Enteignung stellen sich wie **46**
folgt dar: Die Enteignung muss überwiegend einem öffentlichen Zweck dienen; rein fiskalische Gründe reichen nicht aus. Die Enteignung darf nicht gegen vertragliche Verpflichtungen des enteignenden Staats verstoßen. Sie darf weder willkürlich noch diskriminierend sein. Zum Mindeststandard gehört auch die *staatliche Entschädigungspflicht*. Die im Zuge der Auseinandersetzung um eine „neue Weltwirtschaftsordnung" von Entwicklungsländern vertretene Auffassung, die Entschädigung sei nur „möglich" und damit keine Verpflichtung,[138] stieß auf nachdrückliche Ablehnung der Industrieländer;[139] sie wird erkennbar nicht mehr vertreten. Der Integration der Entwicklungsländer in die Weltwirtschaft ist sie abträglich. Über das „Wie" und „Wie viel" der Entschädigung wird freilich weiterhin gestritten. Die Auffassung westlicher Völkerrechtler findet in der *Hull*-Doktrin nach wie vor ihren am weitesten verbreiteten Ausdruck. Danach muss die Entschädigung *prompt, adequate, and effective* sein.[140] Die Entschädigung soll sofort geleistet werden, Hand in Hand mit der Enteignung. Sie hat grundsätzlich den *vollen Marktwert* des Unternehmens zu umfassen („Adäquanz"). Sie muss in einer *frei konvertierbaren Währung* gezahlt werden, idS also „effektiv" sein. Bzgl der Höhe der Entschädigung spricht ua die rechtlich nicht verbindliche Charta der wirtschaftlichen Rechte und Pflichten der Staaten v 12.12.1974 in Art 2 Nr 2 lit c nicht von einer adäquaten, sondern von einer „angemessenen" Entschädigung.[141] Auch die Rechtsprechung des iranisch-amerikani-

---

134 *Dolzer/Schreuer*, Principles, 101 ff.
135 Ebd, 101 ff.
136 Vgl Art 1 des Ersten Zusatzprotokolls zur Europäischen Menschenrechtskonvention (1952).
137 Vgl o Rn 23 ff.
138 UN GA Res 3171 (XXVIII) v 17.12.1973.
139 Vgl auch u Rn 110 f.
140 *Herdegen*, Internationales Wirtschaftsrecht, § 20 Rn 10.
141 "Each State has the right: (...) To nationalize, expropriate or transfer ownership of foreign property, in which case appropriate compensation should be paid by the State adopting such measures, taking into account its relevant laws and regulations and all circumstances that the State considers pertinent". Vgl Charter of the Economic Rights and Duties of States v 12.12.1974, UN Doc A/RES/3281 (XXIX), ILM 14 (1975) 251; dazu *Stemberg*, Die Charta der wirtschaftlichen Rechte und Pflichten der

schen Schiedsgerichts in Den Haag hat letztlich keine Klarheit darüber gebracht, ob das Völkergewohnheitsrecht vom Grundsatz der vollen Entschädigung ausgeht.[142] Die Globalentschädigungsabkommen *(lump sum agreements)*, die komplexe Entschädigungslagen, bei denen über das Bestehen einer völkerrechtlichen Entschädigungspflicht gestritten wird, abwickeln sollen, widersprechen dem Gebot voller Entschädigung nicht. Zwar werden mit derartigen Abkommen pauschal zahlreiche Enteignungen deutlich unter dem behaupteten Wert abgegolten. Diese Abkommen haben freilich den Charakter eines Vergleichs; regelmäßig sind sie zudem in einen größeren politischen Kontext eingebettet. Die Staatenpraxis kennt die Ratenzahlung. Neuerdings hat sich die Brisanz der Frage nach dem „Wie" bzw „Wie viel" der Entschädigung freilich verringert. Die Entwicklungsstaaten bemühen sich viel mehr als früher, das stets scheue, weltweit operierende Investivkapital zu gewinnen und im Lande zu halten. Schon deshalb gehen sie mit Enteignungen vorsichtiger um als in den 1950er und 1960er Jahren.[143] Dennoch bleiben Unsicherheiten im internationalen Enteignungsrecht.[144]

47 Nach überkommener Auffassung ist der *Entschädigungsanspruch* völkerrechtlicher Natur. Grundsätzlich kann er nur auf diplomatischem Wege durch den Heimatstaat des Betroffenen geltend gemacht werden.[145] Der Enteignete ist mithin abhängig vom diplomatischen Schutz. Dessen Effektivität wiederum hängt ua von dem allgemeinen Verhältnis seines Heimat- und Schutzstaats zu dem enteignenden Staat ab. Vom Schutzrecht des Staats für seine Staatsangehörigen zu unterscheiden ist ein mögliches, in der Praxis kaum anerkanntes innerstaatliches Recht des Einzelnen gegenüber seinem Heimatstaat, die Ausübung dieses Schutzrechts zu verlangen.[146]

48 *Die extraterritoriale Wirkung* von Enteignungen bildet ein auch gerichtlich wichtiges Sonderproblem des internationalen Enteignungsrechts.[147] Hat eine natürliche oder juristische Person, die in einem Staat enteignet wird, außerhalb dieses Staates weitere Vermögenswerte, stellt sich die Frage, ob der enteignende Staat auch auf diese ausländischen Vermögenswerte zugreifen kann. Wird die Enteignung von dem Staat, in dem das Vermögen gelegen ist, anerkannt, ist der Zugriff möglich. Wegen des Territorialitätsprinzips besteht freilich keine Pflicht zur Anerkennung der Ent-

---

Staaten, 1983, 74 ff. – Die Charta statuiert auch die „volle und ständige Souveränität jedes Staates über alle seine Reichtümer und Naturschätze" (Kap II, Art 2 Abs 1). Von einer bloßen „Angemessenheit" der Entschädigung war schon in früheren UN GA-Res die Rede, etwa bereits im Jahre 1962 (damals mit den Stimmen der Industriestaaten).

142 Vgl *Herdegen*, Internationales Wirtschaftsrecht, § 20 Rn 12.
143 Damals ließ sich ein „Standortwechsel" der Investitionen beobachten. Rohstofflieferländer wie Australien und Kanada erhielten Zulauf, während manche afrikanische und lateinamerikanische Länder von den Investoren zeitweise gemieden wurden.
144 Vgl etwa die im Sommer 2006 vorgenommenen bolivianischen Nationalisierungsmaßnahmen im Bereich der Erdgasförderung; seither haben auch Venezuela und Argentinien direkte Enteignungen vorgenommen.
145 Hierzu im Einzelnen *Dolzer/Schreuer*, Principles, 232.
146 Dazu grundlegend *Doehring*, Die Pflicht des Staates zur Gewährung diplomatischen Schutzes, 1959.
147 Vgl dazu *Herdegen*, Die extraterritoriale Wirkung der Enteignung von Mitgliedschaftsrechten an Gesellschaften in der Bundesrepublik Deutschland, ZGR 1991, 547 ff; *Lederer*, Die internationale Enteignung von Mitgliedschaftsrechten, 1989.

eignung.¹⁴⁸ Wird die Anerkennung versagt, hat der enteignende Staat keinen Erfolg. Bei Gesellschaften wird deshalb u a folgender Ausweg versucht: Enteignet wird nicht die Gesellschaft, enteignet werden „nur" die Mitgliedschaftsrechte der einzelnen Gesellschafter. Damit wird das Unternehmen vom enteignenden Staat kontrolliert, der nun über die fortbestehende juristische Person auf das ausländische Vermögen zugreift. Der BGH hält dies für eine unzulässige Umgehung („rechtskonstruktiver Kunstgriff") des Territorialitätsprinzips. Er ordnet das im Ausland belegene Vermögen einer „Spalt-Gesellschaft" zu, die von der weiterhin im enteignenden Staat bestehenden Gesellschaft abgespalten ist und aus den enteigneten ursprünglichen Mitgliedern besteht.¹⁴⁹

Die Enteignung von Vermögen, das sich auf dem Gebiet des enteignenden Staates befindet, bestimmt sich – im Rahmen des Völkerrechts – nach dessen nationaler Rechtsordnung.¹⁵⁰ Bestenfalls wird eine Wirksamkeitsprüfung anhand des *ordre public* (Art 6 EGBGB) durchgeführt, zumal wenn das enteignete Vermögen später ins Ausland gelangt.¹⁵¹ Nach der *Act of State*-Doktrin können ausländische Hoheitsakte nicht auf ihre Rechtmäßigkeit hin überprüft werden.¹⁵² Gerade Enteignungen, Konfiskationen und Nationalisierungen unterliegen freilich einer Ausnahme.¹⁵³ **49**

Zum Schutz von Auslandsinvestitionen werden bilaterale und multilaterale zwischenstaatliche Abkommen abgeschlossen. *Bilaterale* Investitionsschutzabkommen haben gegenüber den traditionellen Verträgen über Freundschaft, Handel und Schifffahrt den Vorteil größerer Detailschärfe. Die BR Deutschland verwendet einen Mustervertrag.¹⁵⁴ Der Typus des bilateralen Investitionsvertrags findet sich erstmals im Abkommen zwischen der BR Deutschland und Pakistan v 1959; seither hat die Bundesrepublik mehr als 135 solcher Verträge unterzeichnet.¹⁵⁵ Andere Industriestaaten sind dieser Praxis gefolgt. Seit Beginn der 1980er Jahre schlossen auch die USA solche Verträge allerdings mit einem breiteren Konzept ab. Diese regeln im Prinzip auch den Marktzugang für den US-Investor.¹⁵⁶ Seit Dezember 2009 liegt in der EU die Kompetenz zum Abschluss von Investitionsschutzverträgen nicht mehr bei den Mitgliedstaaten, sondern bei der Union.¹⁵⁷ Sog *gemischte Abkommen*, die etwa auch die Beilegung von Streitigkeiten zwischen Investoren und Staaten regeln, **50**

---

148 *Herdegen*, Internationales Wirtschaftsrecht, § 20 Rn 15 ff.
149 BGHZ 62, 340, 343. Die Spaltungstheorie missachtet die Gebietshoheit des enteignenden Staats über die Anteilsrechte, vgl *Herdegen*, Die extraterritoriale Wirkung der Enteignung von Mitgliedschaftsrechten an Gesellschaften in der Bundesrepublik Deutschland, ZGR 1991, 547 (551). Der BGH hat die Spaltungstheorie bisher nur bei Konfiskationen und der Enteignung von Anteilsrechten ausländischer Gesellschafter angewendet.
150 Davon unabhängig ist u a die vorstehend behandelte Frage nach einer völkerrechtlich gebotenen Entschädigung wegen der Enteignung von Ausländern.
151 Zum *Indonesischen Tabakstreit* und zum *Chilenischen Kupferstreit* s *Herdegen*, Internationales Wirtschaftsrecht, § 20 Rn 18.
152 Diese Doktrin ist völkerrechtlich nicht vorgeschrieben; sie wird aber insbes in den USA praktiziert; *Fonteyne*, Acts of State, EPIL I (1992) 17 ff.
153 American Law Institute, Restatement (Third) of the Foreign Relations Law of the United States, Bd 1, 1987, § 444; vgl *Herdegen*, Internationales Wirtschaftsrecht, § 20 Rn 20.
154 Nach dem Stand v 2008 abgedr bei: *Dolzer/Schreuer*, Principles, 363 ff.
155 S zur Auflistung der aktuellen Investitionsschutzverträge vieler Staaten die Homepage des International Investment Agreements Forum (<www.unctad.org>).
156 Zur Entwicklung der Praxis *Dolzer/Schreuer*, Principles, 17 ff.
157 Zu Übergangsregelungen s VO (EU) Nr 1219/2012 v 12.12.2012, ABl EU Nr L 351/40.

kann die EU allerdings nach wie vor nicht ohne Mitwirkung der Mitgliedstaaten abschließen.[158] Im Allgemeinen beruhen die Investitionsschutzverträge auf einem einheitlichen Regelungsmuster. Eingangs finden sich Bestimmungen über den Begriff der Investitionen,[159] den Kreis der Individuen und Gesellschaften, die sich auf das Abkommen berufen können, sowie über die zeitliche Anwendbarkeit. Ein weiterer Komplex enthält Vorschriften über die vereinbarte Behandlung der geschützten Investitionen; hier finden sich Vorschriften etwa über eine faire Behandlung, über vollen Schutz und volle Sicherheit sowie die Inländergleichbehandlung und die Meistbegünstigung.[160] Häufig wird festgelegt, dass ein Verstoß gegen eine Vereinbarung des Gastlands mit dem Investor zugleich als Verstoß gegen den bilateralen Investitionsschutzvertrag angesehen wird („Schirmklausel").[161] Der Zugang zu den nationalen Gerichten gehört ebenso wie etwa die Behandlung in Kriegszeiten zu diesem Abschnitt. Ausführlicher sind Fragen des Transfers von Zahlungen des Unternehmens vom Gastland in das Heimatland geregelt, einschließlich der Konvertierbarkeit der Währungen. Im Mittelpunkt stehen detaillierte Vorschriften über Begriff, Zulässigkeit und Rechtsfolgen der Enteignung; vereinbart wird generell die Pflicht zur Entschädigung des Marktwerts. Erhebliche Bedeutung – auch im präventiven Sinn – kommt den Vorschriften über die Streitschlichtung zu.[162] Insoweit werden sowohl Verfahren zwischen Investor und Gaststaat als auch solche zwischen dem Heimatstaat des Investors und dem Gaststaat vorgesehen.

51   Die Verhandlungen um ein *multilaterales* Investitionsschutzabkommen *(MAI)* wurden 1995 im Rahmen der OECD eingeleitet, um den bestehenden Flickenteppich bilateraler Abkommen durch ein einheitliches internationales Regelwerk zu ersetzen, welches Auslandsinvestitionen in umfassender Art schützt.[163] Geschützt werden sollten Vermögenswerte jeder Art (auch mittelbar kontrollierte), die als Investitionen angesehen werden können; die USA versuchten, auch geistiges Eigentum einzubeziehen. Das MAI sollte nicht nur die Behandlung bereits getätigter Investitionen (wie in den früheren Abkommen europäischer Staaten), sondern auch die Zulassung von Investitionen nach dem Vorbild US-amerikanischer Abkommen erfassen; auch dafür

---

158 EuGH, Gutachten 2/15 v 16.5.2017, ECLI:EU:C:2017:376 zum Freihandelsabkommen zwischen der EU und Singapur.
159 Hierzu *Dolzer*, The Notion of Investment in Recent Practice, FS Feliciano, 2005, 261 ff.
160 Zu diesen Komplexen so Rn 19 ff, 23 ff, 26 ff.
161 Hierzu *Dolzer*, Schirmklauseln in Investitionsschutzverträgen, FS Tomuschat, 2006, 281 ff; *v. Walter*, Die Reichweite von Schirmklauseln in Investitionsschutzabkommen nach der jüngsten ICSID-Spruchpraxis, RIW 2006, 815 ff; *Dolzer/Schreuer*, Principles, 153 ff.
162 Hierzu *Dolzer/Schreuer*, Principles, 232.
163 Vgl dazu *Karl*, Das Multilaterale Investitionsabkommen, RIW 1998, 432; *Malanczuk*, State-State and Investor-State Dispute Settlement in the OECD Draft Multilateral Investment Agreement, JIEL 3 (2000) 417 ff. – Die OECD konnte insoweit an ihre unverbindlichen Richtlinien aus dem Jahre 1961 (Codes of Liberalisation of Current Invisible Operations and of Capital Movements), aus dem Jahre 1976 (Declaration on International Investment and Multinational Enterprises, ILM 15 [1976] 967 ff; als Annex 1: Guidelines for Multinational Enterprises; eine Überarbeitung der Leitsätze erfolgte im Jahr 2000) sowie auch an die Guidelines on the Treatment of Foreign Direct Investment der Weltbank (ICSID R-FILJ 7 [1992] 297 ff) anknüpfen. Vgl hierzu *Tschofen*, Multilateral Approaches to the Treatment of Foreign Investment, ICSID R-FILJ 7 (1992) 384 ff; *Petersmann*, Codes of Conduct, EPIL I (1992) 627 ff; *Buxbaum/Riesenfeld*, Investment Codes, EPIL II (1995) 1439 ff; *Friedrich*, Codes of Conduct, MPEPIL I, 264 ff. Dokumente zu den Verhandlungen des MAI sind zu finden unter <www.oecd.org/daf/mai>.

sollten die Gebote der Meistbegünstigung und insbes der Inländergleichbehandlung gelten. Die Einführung neuer investitionshinderlicher Vorschriften sollte untersagt sein *(standstill)*. Für den Fall von Enteignungen war die Entschädigung nach der *Hull*-Formel vorgesehen. Umstritten blieb u a, in welcher Weise das MAI auf soziale und ökologische Belange eingehen sollte. Strittig war auch, ob ganze Sektoren ausgenommen werden konnten, wie dies etwa Frankreich und Kanada entsprechend dem Vorbild des GATT für die Kulturindustrie forderten. Im Ganzen erwies sich das MAI als ein allzu ehrgeiziger Versuch, eine globale Regelung zur Öffnung der Märkte für Auslandsinvestitionen analog den handelsbezogenen Regeln der WTO zu vereinbaren. Auch zwischen den Industriestaaten bestand in wesentlichen Fragen keine Einigkeit, sodass die Verhandlungen 1998 schließlich scheiterten.

Das wichtigste bestehende *multilaterale* Abkommen ist das über die Errichtung der *Multilateralen Investitions-Garantie-Agentur (MIGA)* v 11.10.1985.[164] Auf eine Initiative des Gouverneursrats der Weltbank zurückgehend versichert die MIGA nichtkommerzielle Investitionsrisiken in Entwicklungsländern und fördert den Kapitaltransfer in diese Staaten. Versicherungsfähig sind das Transferrisiko (Behinderungen beim Umtausch/Transfer einer Währung), das Enteignungsrisiko sowie das Risiko einer Vertragsverletzung und einer militärischen Auseinandersetzung. Praktische Bedeutung hat die Weltbanktochter vor allem bei schleichenden Enteignungen und bei Devisenbeschränkungen.[165] **52**

Das *ICSID-Abkommen*[166] führt im Streitfall – wenn sich die Parteien darauf einigen – ein Schiedsverfahren zwischen dem Gaststaat und dem Unternehmen durch, an dessen Ende eine völkerrechtlich bindende Entscheidung steht;[167] die Unwägbarkeiten eines rein (einzel-)staatlichen Verfahrens werden damit vermieden. Art 42 des ICSID-Abkommens legt fest, dass im Zweifel das Recht des Gastlands anwendbar ist und Völkerrecht insoweit zur Geltung kommt, als es einschlägig ist *(those rules of international law as may be applicable)*. In der Praxis haben mehrere Gerichte diese Norm in einer – den Anwendungsbereich nationalen Rechts erheblich einengenden Betrachtungsweise – so ausgelegt, dass völkerrechtliche Normen nicht nur Lücken des nationalen Rechts füllen, sondern auch iSe hierarchischen Ordnung im Falle eines inhaltlichen Konflikts Vorrang vor dem nationalen Recht haben.[168] Im Ganzen erweitert ICSID die Rechte der Unternehmen weit hinaus über deren Status im allgemeinen Völkerrecht. ICSID wird zunehmend in der Praxis akzeptiert und angerufen. 162 Staaten sind derzeit Mitglieder (Stand: 1.9.2018); im Juli 2018 waren 435 Fälle abgeschlossen; 254 weitere Fälle waren anhängig.[169] Internationale Streit- **53**

---

164 BGBl 1987 II, 455 ff, letzte Änd in BGBl 2011 II, 1261. Dazu *Ebenroth/Karl*, Die Multilaterale Investitions-Garantie-Agentur, 1989; *Rindler*, Der Schutz von Auslandsinvestitionen durch die MIGA, 1999; *Schaufelberger*, La protection juridique des investissements dans les pays en voie de développement, 1993; *Shihata*, MIGA and Foreign Investment, 1988; *Stern*, Die Multilaterale Investitions-Garantie-Agentur (MIGA), 1990.
165 Die MIGA verfügt über 181 Mitgliedsländer (Stand: 1.9.2018).
166 ICSID (International Centre for Settlement of Investment Disputes) wurde 1965 unter dem Dach der Weltbank errichtet; umfassend hierzu *Schreuer et al*, The ICSID Convention, 2009.
167 Vgl Art 53 des ICSID-Abkommens.
168 *Dolzer*, in Binder et al (Hrsg), International Investment Law for the 21st Century, 2009, 818 ff.
169 S die Homepage des ICSID (<http://icsid.worldbank.org>). Gestützt auf den Energiechartavertrag ist auf Antrag von Vattenfall ein Verfahren gegen die BR Deutschland zur Überprüfung der 13.

schlichtungsmechanismen erlangen somit im Bereich der Investitionen wie auch dem des Handels zunehmend praktische Bedeutung. Vorgeschlagen wurde, einen ständigen multilateralen Investitionsgerichtshof einzurichten, der an die Stelle bilateraler Investitionsgerichtssysteme treten soll. Der Rat der EU erteilte der Kommission im Jahre 2018 ein Mandat zur Aufnahme entsprechenden Verhandlungen, deren Ausgang freilich ungewiss ist.[170]

54 Außerhalb des Völkerrechts bestehen *staatliche* Investitionssicherungsprogramme.[171] Neben dem Schutz des Investors (durch Garantievertrag) können sie auch der Umwelt- und der Entwicklungshilfepolitik dienen. In Deutschland („Hermes-Versicherungen") finden sie ihre formelle Grundlage in den Haushaltsgesetzen des Bundes.[172] Für den *privaten* Versicherungsmarkt der Auslandsinvestitionen sei etwa an „Lloyds" (London) erinnert.

55 Derzeit spricht viel dafür, dass sich das künftige Regelwerk an wichtigen Punkten ändern wird. Abkommen der EU werden Schritt für Schritt an die Stelle der bestehenden Vereinbarungen der Mitgliedstaaten treten. Mehr als 1.400 Verträge könnten nach und nach außer Kraft gesetzt werden; damit geht auch die Ära erfolgreicher deutscher Vertragspolitik zu Ende. Auch inhaltlich zeichnen sich wichtige Änderungen ab, insbes bei der Streitbeilegung,[173] aber auch bei der Ausgestaltung des „fair and equitable treatment" oder der Meistbegünstigung. Anders als bei der Übernahme der Kompetenzen durch die EU 2009 angenommen, wird der Schutz der Investoren durch die neuen Verträge im Vergleich zur früheren deutschen Vertragspraxis eher geschwächt werden. Dem Unternehmen bleibt es unbenommen, in Investitionsverträge mit den Gaststaaten Garantien aufzunehmen, die über die neuen Verträge hinausgehen.

b) Transnationale Unternehmen

56 Träger des internationalen Waren-, Dienstleistungs- und Zahlungsverkehrs sind in erster Linie private Unternehmen. Eine entscheidende Rolle spielen dabei die mit beachtlicher Wirtschaftskraft ausgestatteten transnationalen (oder multinationalen) Unternehmen, auch solche aus Schwellenländern.[174] Bei diesen handelt es sich um

---

Novelle des Atomgesetzes („Atomausstieg") anhängig, vgl ICSID ARB/12/12. Nachdem der EuGH im *Achmea*-Urteil Regelungen über Schiedsgerichte in bilateralen Investitionsschutzabkommen zwischen EU-Mitgliedstaaten (Intra-EU-BITs) für mit dem EU-Recht unvereinbar erklärt hatte, bestätigte das ICSID-Schiedsgericht am 31.8.2018 seine Zuständigkeit für das Vattenfall-Verfahren insbesondere unter Verweis vom multilateralen Charakter des Energiechartavertrags.

170 Rat der Europäischen Union, 12981/17 ADD 1 DLC 1, Verhandlungsrichtlinien für ein Übereinkommen zur Errichtung eines multilateralen Gerichtshofs für die Beilegung von Investitionsstreitigkeiten v 1.3.2018.
171 Hierzu *Herdegen*, Internationales Wirtschaftsrecht, § 23 Rn 42 ff.
172 Offiziell werden „Hermes"-Bürgschaften als „Bundesgarantien für Kapitalanlagen im Ausland" bezeichnet. Zur Frage des Verwaltungsrechtsschutzes: *Sellner/Külpmann*, Rechtsschutz bei der Gewährung von Hermes-Bürgschaften, RIW 2003, 410 ff.
173 So enthält das Freihandelsabkommen CETA zwischen der EU und Kanada ein ständiges Investitionsschutzgericht (vgl Art 8.27).
174 Allgemein dazu *Wildhaber*, Internationalrechtliche Probleme multinationaler Korporationen, BDGVR 18 (1978) 7 ff; *Schwartmann*, Beteiligung privater Unternehmen im Wirtschaftsvölkerrecht, ZVglRWiss 102 (2003) 75 ff.

private oder öffentliche *Unternehmen, die mit ihren Einrichtungen* (bspw Zweigniederlassungen, Tochterunternehmen) *in mehreren Ländern operativ tätig sind, diese besitzen oder kontrollieren.*[175] Zu klären ist insbes, wer für diese Unternehmen diplomatischen Schutz ausübt, und wie die Verträge zu charakterisieren sind, die diese Unternehmen mit Staaten abschließen. Auch stellt sich die Frage, ob diese Unternehmen an international anerkannte menschenrechtliche, umweltrechtliche und sozialrechtliche Standards gebunden sind

Der diplomatische Schutz eines multinationalen Unternehmens bestimmt sich nach dessen Staatszugehörigkeit.[176] Das Völkerrecht verweist im Rahmen des *genuine link*-Erfordernisses[177] auf die staatlichen Rechtsordnungen. Diese halten jeweils eigene Anknüpfungskriterien bereit. Nach der auch „Inkorporationstheorie" genannten *Gründungstheorie,* die im angelsächsischen Raum vorherrscht, ist auf den Staat abzustellen, nach dessen Recht das Unternehmen gegründet worden ist. Dieser Ansatz hat den Vorteil eindeutiger Feststellbarkeit der Staatszugehörigkeit. Das Unternehmen kann sich qua Standortentscheidung den Staat des diplomatischen Schutzes selbst aussuchen. Darin kann gleichzeitig ein Nachteil liegen, wird doch vom Völkerrecht ein genuiner Bezug zum Schutzstaat verlangt. Diesem Problem entgeht die in der Vergangenheit in Kontinentaleuropa verbreitete *Sitztheorie.*[178] Für sie ist der tatsächliche Geschäftssitz entscheidend, also der Ort, an dem „die Geschäftsführungsakte umgesetzt werden".[179] Dieser Ansatz bereitet Schwierigkeiten etwa bei einer Verlegung des Sitzes. Die *Kontrolltheorie* schließlich löst sich von der Rechtspersönlichkeit des Unternehmens und fragt danach, welche Staatsangehörigkeit die Mehrheit der Kapitaleigner besitzt. Diese Theorie erweist sich meist als Korrektiv zum Nachteil des Unternehmens.[180] Sie wird insoweit noch u a in Kriegszeiten angewendet.[181]

Multinationale Unternehmen schließen oft selbst *mit Staaten Verträge* ab, um bestimmte Wirtschaftstätigkeiten nicht dem allgemeinen Recht des jeweiligen Gastlands unterwerfen zu müssen. Besonderheiten bestehen etwa bei langfristig ange-

---

175 *Herdegen,* Internationales Wirtschaftsrecht, § 4 Rn 62. Vgl *Epping,* in Ipsen (Hrsg), Völkerrecht, 7. Aufl 2018, § 11 Rn 16.
176 Ähnliche Fragen treten bei der Staatsangehörigkeit (natürlicher Personen) auf; dazu *Kau,* 3. Abschn Rn 101 ff.
177 Zum *genuine link*-Erfordernis im Völkerrecht ausf *Ziegenhain,* Extraterritoriale Rechtsanwendung und die Bedeutung des Genuine-Link-Erfordernisses, 1992; *Sloane,* Breaking the Genuine Link, Harvard ILJ 51 (2009) 1 ff; s *Kau,* 3. Abschn Rn 107, 119 ff.
178 Vgl zur Auseinandersetzung zwischen der Sitz- und der Gründungstheorie im Kontext der Niederlassungsfreiheit in der EU auch die *Centros-,* die *Überseering-* und die *Inspire Art*-Entscheidungen des EuGH (Slg 1999, I-1459; Slg 2002, I-9919; Slg 2003, I-10155) sowie BGHZ 154, 185; BGHZ 164, 148. Zum Diskussionsstand *Leible/Hoffmann,* „Überseering" und das (vermeintliche) Ende der Sitztheorie, RIW 2002, 925; *Roth,* Internationales Gesellschaftsrecht nach *Überseering,* IPRax 2003, 117.
179 BGHZ 97, 269, 272 unter Berufung auf *Sandrock* und *Großfeld.*
180 Im *Barcelona Traction*-Fall, ICJ Rep 1970, 3, 39 wurde sie vom IGH zu Lasten der Gesellschafter abgelehnt: Eine Klagebefugnis Belgiens wurde unter Hinweis auf die Eintragung der Gesellschaft in Kanada verneint, obwohl deren Anteile mehrheitlich in den Händen belgischer Staatsangehöriger lagen. IE anders indes IGH, *Elettronica Sicula (ELSI),* ICJ Rep 1989, 15. Vgl hierzu *Dolzer,* Zur Bedeutung der ELSI-Entscheidung des Internationalen Gerichtshofs, IPRax 3 (1992) 137 f.
181 Die dargestellten unterschiedlichen Anknüpfungspunkte der nationalen Rechtsordnungen können zu mehreren Staatszugehörigkeiten eines Unternehmens führen. In diesem Fall entscheidet das Völkerrecht nach der effektiven Staatszugehörigkeit.

legten Vorhaben, welche auf die gesamtwirtschaftliche Entwicklung des Gastlands Einfluss nehmen *(economic development agreements)*. Rechtlicher Ausgangspunkt der Ausgestaltung dieser Verträge ist der Grundsatz der territorialen Souveränität. Schon der StIGH hatte im Fall *Serbische Anleihen* klargestellt, dass bei Fehlen besonderer Absprachen zwischen dem Staat und dem ausländischen Unternehmen das Recht des Gastlands auf die gegenseitigen Rechtsbeziehungen Anwendung findet.[182] Ebenso hatte der Gerichtshof freilich festgestellt, dass die staatliche Souveränität auch die Befugnis umfasst, vertragliche Sonderregelungen zu schaffen, auch im Verhältnis zu ausländischen Unternehmen.

59   Dies öffnet rechtlich den Weg zu einer Vielzahl denkbarer Regelungsmuster: von der vollständigen Unterwerfung unter die allgemeine Gesetzgebung des Gastlands – wie in den Industriestaaten üblich – bis hin zur umfassenden Einigung auf die Anwendbarkeit völkerrechtlicher Normen.[183] In der internationalen *Rechtspraxis* der vergangenen Jahrzehnte hat sich vor diesem Hintergrund eine Metamorphose der Rechtsbeziehungen zwischen den Entwicklungsländern und den multinationalen Unternehmen vollzogen.[184] Die Schubkräfte dieses fortdauernden wandelhaften Prozesses hatten ihren Ausgangspunkt im Anliegen der multinationalen Unternehmen, möglichst große *Rechtssicherheit* für die gesamte Laufzeit ihres Vorhabens zu gewinnen; wechseln Regierungen und mit ihnen das Recht häufig, so wird damit auch die Kalkulierbarkeit des wirtschaftlichen Handelns in Frage gestellt. Bestimmte diese Sicht der ausländischen Unternehmen die Rechtspraxis weitgehend in den ersten Jahrzehnten nach 1945, so änderte sich die Lage mit der zunehmenden Betonung staatlicher Souveränität in den Entwicklungsländern. Deren *Forderung nach „permanenter Souveränität über Naturreichtümer"* fand ihren Ausdruck gerade auch in der Ausgestaltung der langfristigen Rechtsbeziehungen mit multinationalen Unternehmen. Speziell im Ölgeschäft verstärkte sich das Bewusstsein dieser Souveränität in den 1970er Jahren, nachdem es der OPEC gelungen war, den Ölpreis in kurzer Zeit massiv zu erhöhen. Infolgedessen wurde die staatliche Souveränität in vielen Verhandlungen besonders betont. Ab Beginn der 1980er Jahre hielten viele Staaten grundsätzlich an diesem Standpunkt fest, sahen aber stärker die *Notwendigkeit praktischer Kooperationen.* Anerkannt wurden legitime Interessen der transnationalen Unternehmen sowie die Notwendigkeit, gerade langfristige gegenseitige Beziehungen flexibel auszugestalten. Begleitet wurde dies von einer sich oft differenziert entfaltenden einschlägigen innerstaatlichen Gesetzgebung.

60   Diese unterschiedlichen Ansatzpunkte führten in der Vergangenheit zu einer Fülle verschiedener Vertragsmuster, die freilich strukturell einigen wenigen Grund-

---

[182] *Serbian Loans*-Fall, PCIJ, Ser A, No 20, 41: „Any contract which is not a contract between States in their capacity as subjects of international law is based on the municipal law of some country." Haftungsfragen hat das Gericht hier nicht angesprochen.
[183] Gerade auf diesem Feld zeigt sich also, dass eine strikte Abtrennung des Völkerrechts vom nationalen Recht für den Bereich des internationalen Wirtschaftsrechts aus der Sicht der Rechtspraxis als künstlich und unzulänglich erscheinen muss.
[184] Vgl hierzu näher *El-Kosheri,* The Particularity of the Conflict Avoidance Methods Pertaining to Petroleum Agreements, ICSID R-FILJ 11 (1996) 272 ff; *Delaume,* The Proper Law of State Contracts Revisited, ICSID R-FILJ 12 (1997) 1 ff; *Bernardini,* The Renegotiation of Investment Contracts, ICSID R-FILJ 13 (1998) 411 ff; *Leben,* La théorie du contrat d'Etat et l'évolution du droit des investissements, RdC 302 (2003) 197 ff; *Dolzer/Schreuer,* Principles, 72 ff.

typen zugeordnet werden können. Kennzeichnend war zunächst – auch angesichts des Fehlens sachbezogener Regelungen im innerstaatlichen Recht der Entwicklungsländer – oft eine Rechtswahlklausel. Diese unterwarf die Verträge den „allgemeinen Rechtsprinzipien", die freilich nicht näher definiert wurden. Schon frühzeitig äußerten Unternehmen den Wunsch nach einer expliziten Referenz auf das Völkerrecht: Mittels der Verweisung auf das Völkerrecht und der Einigung auf eine internationale Schiedsgerichtsbarkeit im Streitfall sollten die Abkommen den Unwägbarkeiten künftiger Entwicklungen des nationalen Rechts entzogen werden. Entsprechende Klauseln wurden teils für den gesamten Vertrag, teils für Einzelaspekte vereinbart, insbes für die Höhe der Entschädigung im Falle der Enteignung.

Die *dogmatische Einordnung solcher Verträge* ist immer schwergefallen. Sie als völkerrechtliche Verträge zu qualifizieren, wäre insoweit systemwidrig, als das Völkerrecht allgemein Private als Vertragspartner nicht kennt. Um dieses Problem zu umgehen, wurde versucht, eine begrenzte Völkerrechtsfähigkeit der Privaten, zugeschnitten auf diese Fälle, zu konstruieren.[185] Daran wird kritisiert, dass das Einverständnis eines einzelnen Staates nicht die (wenn auch nur partielle) Völkerrechtssubjektivität seines privaten Vertragspartners begründen kann;[186] immerhin lässt sich die analoge Anwendung der Regeln des Völkerrechts auf der Basis des Parteiwillens gut begründen.[187] Das Grundproblem ist damit allerdings nicht gelöst. Der *Verweis* auf das Völkerrecht unterliegt als Vertragsbestandteil nationalem Recht und ist so weiterhin der Gefahr einseitiger Änderung durch den Vertragsstaat unterworfen. Freilich bleibt insoweit der Grundsatz des guten Glaubens zu beachten. 61

Auf der Suche nach alternativen, funktional äquivalenten Regelungskonzepten griffen die Vertragspartner zunehmend auf *Stabilisierungsklauseln* zurück.[188] Im Grundsatz anerkennen diese die staatliche Hoheit des Gastlands; gleichzeitig wird aber durch ein „Einfrieren der Rechtsordnung" Rechtssicherheit für die Vertragspartner angestrebt. Vereinbart wird, dass das zum Zeitpunkt des Vertragsabschlusses geltende Recht für die gesamte Laufzeit des Vertrags Anwendung findet. In der Praxis wurden unterschiedliche Klauseln vereinbart. Teilweise erstrecken sie sich nur auf das Steuerrecht, seltener auf den Bereich des Arbeits- und des Sozialrechts. Sie unterscheiden sich in ihrem zeitlichen Geltungsbereich und der Frage des freien Währungstransfers für das Unternehmen und seine ausländischen Angestellten. Alle diese Ansätze werfen indes die Frage nach ihrer rechtlichen Effizienz auf: In- 62

---

185 *Böckstiegel*, Der Staat als Vertragspartner ausländischer Privatunternehmen, 1971; Schiedsrichter *Dupuy* im Libyschen Erdölstreit, Texas Overseas Petroleum Co. & California Asiatic Oil Co. v Libyan Arab Republic, ILM 17 (1978) 1 ff. Die eindeutige Anerkennung einer Internationalisierung iSe umfassenden Derogation der Hoheit des staatlichen Vertragspartners in dieser Entscheidung fand keine allseitige Zustimmung. Zu den Schiedssprüchen im Libyschen Erdölstreit auch *Greenwood*, State Contracts in International Law, BYBIL 53 (1982) 27 ff.
186 Zu verschiedenen Argumenten *Epping* (Fn 175) Rn 19 ff – Weniger stichhaltig sind Argumente, die auf die Gebietshoheit des Heimatstaats oder den Grundsatz *pacta sunt servanda* abstellen.
187 Vgl *Dolzer/Schreuer*, Principles, 74.
188 Hierzu *Weil*, Les clauses de stabilisation ou d'intangibilité insérées dans les accords de développement économique, FS Rousseau, 1974, 301 ff; *Paasivirta*, Internationalization and Stabilization of Contracts versus State Sovereignty, BYBIL (1989) 315 ff; *Faruque*, Validity and Efficacy of Stabilization Clauses, J Int Arbitrat 23 (2006) 317 ff.

wiefern hindern sie das Gastland an einer späteren Rechtsänderung?[189] Nach dem Grundsatz von Treu und Glauben kann sich ein Gastland nicht auf seine Souveränität berufen, wenn es eine Stabilisierungsklausel ignoriert oder gar außer Kraft setzt.

63   Eine stärkere gegenseitige Rücksichtnahme zwischen den Staaten und den Privaten einschließlich der damit verbundenen geringeren Betonung der staatlichen Souveränität kam in der Vertragspraxis darin zum Ausdruck, dass *völkerrechtliche Regeln* in verschiedenen Varianten *als Ergänzung* und Korrektiv des Grundsatzes der Anwendbarkeit des nationalen Rechts des Gastlands anerkannt wurden.[190] Ihren Grund finden diese Vereinbarungen in der innerstaatlichen Anwendbarkeit des Völkerrechts auf der Grundlage der Verfassung des Gastlands oder in dem Willen der Parteien. In der Praxis können sich die Parteien oft nicht entschließen, eine Regelung zur Hierarchie im Falle eines direkten Konflikts zwischen innerstaatlichem Recht und Völkerrecht ausdrücklich festzulegen. Trotz der damit verbundenen Unsicherheit scheint der praktische Umgang mit solchen Klauseln für beide Seiten akzeptabel zu sein, ohne dass bisher alle Facetten eines so ausgestalteten Kompromisses ausgeleuchtet worden sind.

64   Ein anderer Ansatz der neueren Praxis besteht in der Vereinbarung von *Neuverhandlungsklauseln (renegotiation clauses)*. Die Parteien vereinbaren bereits im Investitionsabkommen, bei einer späteren Änderung der Lage im wirtschaftlichen, finanziellen oder rechtlichen Bereich im guten Glauben Neuverhandlungen zu führen und den Vertrag der veränderten Lage anzupassen. Je nach dem Willen der Vertragsparteien werden die spezifischen Umstände festgelegt, die die Pflicht zur Neuverhandlung auslösen. Vereinbart wird, welche Zielsetzung diese Verhandlungen haben, und welche Rolle den Vertragsparteien in Abgrenzung von Gerichten oder Schlichtern bei der Anpassung zukommt. Eine feste Praxis ist noch nicht erkennbar. Oft legen die Verträge fest, dass das Ziel der Anpassung die Wahrung des „ökonomischen Equilibrium zwischen den Parteien" ist. Die damit geschaffene Flexibilität erkennt die Souveränität des Gastlands an, akzeptiert die Möglichkeit des Wandels im politischen, wirtschaftlichen und finanziellen Umfeld des Vertrags und anerkennt zugleich die legitimen Interessen des transnationalen Unternehmens bei der Durchführung des Vertrags im Falle eines solchen Wandels; das Konzept der legitimen Erwartungen *(legitimate expectations)*[191] vermittelt damit zwischen der einseitigen Betonung der Hoheit des Gastlands und der ausschließlichen Absolutierung der stabilitätsorientierten Interessen des Unternehmens, letztlich zwischen *Souveränität und Rechtssicherheit*. Die praktischen Erfahrungen mit solchen Klauseln werden in den kommenden Jahrzehnten zeigen, ob den Mindestanforderungen an die Rechtssicherheit Genüge getan und eine allseits tragfähige rechtliche Basis für langfristige Vertragsbeziehungen gefunden worden ist. Der Nutzen völkerrechtlicher Investitionsschutzverträge bleibt jedenfalls bestehen.

---

189 Vgl hierzu auch die *Aminoil*-Entscheidung, abgedr in ILM 21 (1982) 976 ff; dazu *Redfern*, The Arbitration between the Government of Kuwait and Aminoil, BYBIL 55 (1984) 65 ff.
190 Vgl o Rn 53.
191 *Dolzer*, New Foundations of the Law of Expropriation of Alien Property, AJIL 75 (1981) 553 (579 f); *Dolzer/Schreuer*, Principles, 133 ff.

Investitionen transnationaler Unternehmen können aus Sicht der Entwicklungsländer einen ambivalenten Charakter haben. Sie können die wirtschaftliche und technologische Entwicklung in dem Gaststaat auf unterschiedliche Weise fördern, indem sie bspw Arbeitsplätze schaffen, die Infrastruktur verbessern, Know-how transferieren, Konzessionsgebühren zahlen. Gleichzeitig aber lassen sich ihnen gegenüber angesichts ihres wirtschaftlichen und politischen Gewichts staatliche Regelungen und Politiken nicht immer ohne Weiteres durchsetzen. Mitunter versuchen multinationale Unternehmen, in die Innenpolitik ihres Gastlands einzugreifen.[192] Nicht zuletzt angesichts der Sorge, transnationale Unternehmen könnten ihre wirtschaftliche Macht und Flexibilität nutzen, um (einzelstaatliche) Regelungen zu umgehen, verstärkten sich die Forderungen nach *internationalen umweltrechtlichen, menschenrechtlichen und sozialrechtlichen Standards* für transnationale Unternehmen. So wurden verschiedene internationale Verhaltensregeln für transnationale Unternehmen mit dem Ziel aufgestellt, ein verantwortungsvolles wirtschaftliches Handeln der transnationalen Unternehmen *(corporate social reponsibility)* zu erreichen.[193] Hierzu zählen die Leitlinien der OECD für multinationale Unternehmen,[194] die von einer Arbeitsgruppe des Wirtschafts- und Sozialrats der UN erarbeiteten Verhaltensregeln für transnationale Unternehmen,[195] die Verhaltensregeln für transnationale Unternehmen eines Unterausschusses der UN-Menschenrechtskommission,[196] der Vorschlag des UN-Sonderberichterstatters für Menschenrechte und transnationale Unternehmen[197] und – auf Initiative des UN-Generalsekretärs – der Global Compact mit zehn universellen Prinzipien für verantwortungsvolle Unternehmensführung.[198] Diese Verhaltensregeln sind rechtlich nicht verbindlich. Viele Unternehmen sind aber zunehmend sensibel für diese Anliegen und akzeptieren bestimmte Standards. Bemerkenswert in diesem Kontext ist eine jüngere ICSID-Entscheidung, wonach angesichts der völkerrechtlichen Entwicklung multinationale Unternehmen nicht mehr als „immun" gegenüber völkerrechtlichen Verpflichtungen angesehen werden könnten, sondern an menschenrechtliche Standards (das Recht auf Wasser) gebunden seien.[199]

---

192 Ein bekanntes Bsp ist die Situation in Chile kurz vor dem Sturz von Staatschef *Allende*.
193 S etwa Tripartite Declaration of Principles Concerning Multinational Enterprises and Social Policy, ILM 17 (1978) 422.
194 Richtlinien abgedr in ILM 40 (2001) 237 ff; OECD (Hrsg), OECD Guidelines for Multinational Enterprises, 2011; s auch *Heinemann*, Business Enterprises in Public International Law, in Fastenrath et al (Fn 74) 718 ff; zur jüngeren Praxis *Krajewski/Bozorgzad/Heß*, Menschenrechtliche Pflichten von multinationalen Unternehmen in den OECD-Leitsätzen: Taking Human Rights More Seriously?, ZaöRV 76 (2016) 309 ff.
195 UN Doc E/1990/94, Draft Code of Conduct on Transnational Corporations.
196 UN Doc E/CN.4/Sub.2/2002/12/Rev.2 (2003), Norms on the Responsibilities of Transnational Corporations and Other Business Enterprises with Regard to Human Rights. Hierzu *Fastenrath*, Die Verantwortlichkeiten transnationaler Unternehmen und anderer Wirtschaftsunternehmen im Hinblick auf die Menschenrechte, in von Schorlemer (Hrsg), „Wir, die Völker (...)" – Strukturwandel in der Weltorganisation, 2006, 69 ff. 2011 hat der Sonderbeauftragte der UN einen Bericht zu *Guiding Principles on Business and Human Rights* vorgelegt.
197 UN Doc A/HRC/17/31 v 21.3.2011, Guiding Principles on Business and Human Rights: Implementing the United Nations „Protect, Respect and Remedy" Framework.
198 Abrufbar unter <www.unglobalcompact.org>.
199 ICSID, Urbaser S.A. v Argentine Republic, Case No ARB/07/26 v 8.12.2016, Rn 1195. Vgl Attanasio/Sainati, AJIL 111 (2017) 744 ff.

4. Welthandelsordnung
a) Instrumente des freien Welthandels: GATT und WTO

66 Das *Allgemeine Zoll- und Handelsabkommen* (General Agreement on Tariffs and Trade – GATT) war die Frucht einer Serie internationaler Konferenzen am Ende des Zweiten Weltkriegs, die die Welthandelsordnung und das internationale Währungssystem neu ordneten. Während die *Havanna Charta* v 1948[200] mit umfänglichen Regeln zu Handel, Wettbewerb, Entwicklungspolitik und Arbeitsmarkt u a am Widerstand des US-Kongresses scheiterte, konnte 1947 mit der Unterzeichnung des GATT zumindest ein materiellrechtlicher Teilaspekt geregelt werden. Die Vertragsstaaten trugen später der wachsenden Notwendigkeit einer Liberalisierung des Handels Rechnung, indem sie den vom GATT vorgegebenen Rahmen weitestgehend ausschöpften und durch zusätzliche Regelungen erweiterten. Das institutionell an sich höchst dürftig ausgestattete GATT wurde immer mehr einer I.O. angenähert. Internationale Handelsrunden trieben die Bemühungen um einen Abbau von Zöllen und später auch von Handelsbarrieren voran.

67 Zu den Erfahrungen mit dem GATT-Regime gehörte lange Zeit, dass seine Handelsregeln nur eingeschränkt beachtet und durchgesetzt wurden.[201] Im Jahre 1994 wurde im Zuge der Uruguay-Runde[202] das Welthandelssystem grundlegend reformiert. Errichtet wurde eine Welthandels*organisation*.[203] Umfanreiche Kodizes regeln nun den internationalen Handel in *allen* seinen Aspekten und unterwerfen ihn einem wirksamen Streitschlichtungssystem. In Marrakesch (Marokko) wurden das *Übereinkommen zur Errichtung der Welthandelsorganisation* (World Trade Organization – WTO) sowie zwanzig internationale Verträge verabschiedet, von denen sechzehn (GATT, GATS, TRIPS sowie Zusatzabkommen zu speziellen Sachfragen) für alle Mitglieder der WTO („multilateral") und vier nur für die jeweiligen Signatare („plurilateral") gelten. Von Letzteren sind heute noch das Abkommen über den Handel mit zivilen Luftfahrzeugen und das Abkommen über das öffentliche Beschaffungswesen in Kraft.[204] Das GATT wurde in revidierter Fassung („GATT 1994") in diesen Vertragskorpus integriert, der am 1.1.1995 in Kraft trat.[205] Im Unterschied zu GATT 1947

---

[200] Abdr in Deutsches Handels-Archiv 1949. Dazu *Wilcox*, A Charter for World Trade, 1949; v. *Mickwitz*, Die Welthandels-Charta, EA 1948, 1547 ff.

[201] Vgl *Kopke*, Rechtsbeachtung und -durchsetzung in GATT und WTO, 1997.

[202] So benannt nach dem Seebad Punta del Este in Uruguay, wo im Jahre 1986 mit einer Ministertagung die 8. GATT-Verhandlungsrunde eingeleitet worden war. Sie wurde 1993 abgeschlossen. Zum schwierigen Verlauf *May*, Die Uruguay-Runde, 1994, 16 ff.

[203] Vgl *Senti/Hilpold*, WTO, 2017, 15 ff; *Benedek* (Fn 47) 69 ff.

[204] Die überarbeitete Fassung des Abkommens über das öffentliche Beschaffungswesen trat im April 2014 in Kraft. S insbes zur Korruptionsbekämpfung im überarbeiteten GPA *Schefer/Woldesenbet*, The Revised Agreement on Government Procurement and Corruption, JWT 47 (2013) 1129 ff.

[205] BGBl 1994 II, 1438 (ZustimmungsG); WTO-Übereinkommen: BGBl 1994 II, 1625. Slg der wichtigsten Vorschriften bei *Tietje*, WTO, 2013. Einführend zur WTO: *Senti*, Welthandelsorganisation (WTO) in a Nutshell, 2009. Umfassender Überblick zum Welthandelsrecht: *Hilf/Oeter* (Hrsg), WTO-Recht; *Senti/Hilpold* (Fn 203); *Stoll/Schorkopf* (Fn 47); Bethlehem/McRae/Neufeld/v. Damme (Hrsg), International Trade Law, 2009; *Matsushita/Schoenbaum/Mavroidis*, The World Trade Organization, 3. Aufl 2015; *Herrmann/Weiß/Ohler*, Welthandelsrecht; *Krajewski*, Wirtschaftsvölkerrecht, 4. Aufl 2017, Rn 191; Narlikar/Daunton/Stern (Hrsg), The Oxford Handbook on the World Trade Organization, 2012; *Schöbener*, Völkerrecht, 2014, 569 ff. Zur Entstehung vgl *Hudec*, Enforcing International Trade Law, 1993. Vgl im Übrigen *Hauser/Schanz*, Das neue GATT, 1995; *Petersmann*, Towards the „Constitutionalization" of the Bretton Woods System Fifty Years after its Foundation, FS Bernhardt, 1995, 1087 (1107 ff); *Beise*, Vom

folgt der WTO-Komplex dem Ansatz des „Einheitsabkommens" *(single undertaking approach)*. Die Vertragsstaaten haben nur die Wahl, die grundlegenden Verträge *en bloc* anzunehmen oder der WTO fernzubleiben.[206]

Nach einer gescheiterten WTO-Ministertagung in Seattle (USA) im November 1999 wurde schließlich im Jahr 2001 in Doha (Katar) die Aufnahme von Verhandlungen zu einer weiteren umfassenden Handelsrunde vereinbart. Ziel der Doha-Runde ist es, die Märkte zu öffnen und die Entwicklungsländer besser in das Welthandelssystem einzubinden.[207] Nach lange schleppenden Verhandlungen konnten erst in Bali im Jahr 2014[208] und in Nairobi im Jahr 2015[209] kleinere Fortschritte erzielt werden. Das in Bali verhandelte Abkommen über Handelserleichterungen *(Trade Facilitation Agreement – TFA)* will in erster Linie Ein- und Ausfuhrverfahren, Zollformalitäten und Transitbestimmungen vereinfachen. Für den Bereich der Landwirtschaft wurden Sonderregeln über die Verwaltung von Zollkontingenten verabredet. Die Staaten verpflichteten sich zudem dazu, Exportsubventionen für landwirtschaftliche Produkte und ähnlich wirkende Maßnahmen abzuschaffen. Für die am wenigsten entwickelten Länder wurden Absprachen für einen verbesserten Marktzugang, für vereinfachte Ursprungsregeln, für Präferenzen im Dienstleistungsbereich sowie speziell für den Baumwollhandel Erleichterungen bei der Durchführung bestehender Regeln vereinbart. Dies trifft ein Kernanliegen der Doha-Runde. Gleichwohl haben sich die im Jahr 2002 vereinbarten Ziele als zu ambitioniert erwiesen. Dieses Konzept eines globalen Freihandels findet nur mehr eine begrenzte Unterstützung der Staaten. Vergleicht man die vielfältigen Absprachen zum bilateralen und multilateralen Freihandel außerhalb der WTO in den vergangenen Jahrzehnten mit dem bescheidenen Fortschritt in der Doha-Runde, so fällt das Ergebnis für den globalen Anspruch der WTO nicht günstig aus. Das Prinzip der Einstimmigkeit in der WTO hindert vielschichtige erfolgreiche Verhandlungen. Gleichzeitig ist eine Reform in Richtung auf Mehrheitsentscheidungen nicht in Sicht. Die Staaten stützen sich zunehmend auf bilaterale und multilaterale Vereinbarungen außerhalb der WTO. Große Handelsblöcke mit regionalen Absprachen treiben *de facto* eine Schwächung des GATT voran.[210] Die Vorteile eines weltweiten Freihandels für alle Staaten werden auch von früheren Verfechtern einer liberalen Welthandelsordnung in Frage gestellt.

GATT/WTO und die Welthandelsprinzipien

Der Umfang des Welthandels hat sich seit dem Zweiten Weltkrieg vervielfacht. Dies lässt sich schon an der Zahl der GATT-Vertragsstaaten ablesen. Zählte das Übereinkommen von Bretton Woods im Jahre 1948 nur 23 Parteien, waren es demgegenüber

---

alten zum neuen GATT, in Graf Vitzthum (Hrsg), Europäische und Internationale Wirtschaftsordnung aus der Sicht der Bundesrepublik Deutschland, 1994, 179 ff.
206 Vgl *Oppermann*, Die Europäische Gemeinschaft und Union in der Welthandelsorganisation (WTO), RIW 1995, 919 ff.
207 Doha Deklaration v 14.11.2001, WT/MIN(01)/DEC/1, Präambel.
208 WTO, Ministerial Declaration and Decisions, 3.-6.12.2013, WT/MIN(13)/DEC (Bali-Paket).
209 Nairobi Ministerial Declaration v 19.12.2015, WTO/MIN(15)/DEC.
210 S u Rn 100.

111 Staaten, die in Marrakesch den Signaturakt vollzogen.[211] Heute sind 164 Staaten Mitglied der WTO (Stand: 1.9.2018).[212] Die Welthandelsordnung ruht auf den drei Säulen GATT, GATS und TRIPS; sie wird ergänzt durch plurilaterale Verträge und wird verklammert durch die WTO. Ihr Kernstück ist der *GATT/WTO-Komplex*.[213] Dieser umfasst gemäß Anhang 1 A zum WTO-Vertrag außer dem Text des „GATT 1947" in der zuletzt geltenden Fassung[214] und hiermit verbundener internationaler Vereinbarungen eine Reihe von *Understandings* der Uruguay-Runde zur Interpretation verschiedener GATT-Normen sowie das Protokoll von Marrakesch. Der Welthandel wird so einer Reihe von Prinzipien unterworfen. Ihr Ziel ist es, zur Öffnung eines nach wie vor nicht gänzlich freien Welthandels und zur Gewährleistung von Chancengleichheit für die Handelspartner beizutragen. Die Prinzipien binden nur die Mitgliedstaaten; der Einzelne kann ihnen grundsätzlich keine Rechtsposition entnehmen.[215] Umstritten ist jedoch immer noch die *unmittelbare* Geltung der GATT-Prinzipien in der EU und in den Mitgliedstaaten.[216] Der EuGH lehnt eine unmittelbare Geltung der GATT-Prinzipien ab.[217]

70   Im Ganzen lassen sich in der Rechtsordnung des GATT sieben explizit oder implizit begründete *Prinzipien* unterscheiden: die Grundsätze der Meistbegünstigung und Nichtdiskriminierung, der Gegenseitigkeit (Reziprozität), der besonderen Be-

---

211 Vgl *Senti*, GATT-WTO. Die neue Welthandelsordnung nach der Uruguay-Runde, 1994, 21 ff.
212 Afghanistan als jüngstes Mitglied ist im Juli 2016 beigetreten. Vgl <https://www.wto.org/english/thewto_e/whatis_e/tif_e/org6_e.htm>.
213 Vgl o Fn 205.
214 Vgl *Moore*, The Decisions Bridging the GATT 1947 and the WTO Agreement, AJIL 90 (1996) 317 ff.
215 Allerdings sieht die *Trade Barriers Regulation* der EG ein Antragsverfahren bei der Kommission zur Überprüfung einer möglichen Verletzung internationaler Handelsregeln vor (VO [EG] Nr 3286/94 des Rates v 22.12.1994, ABl EG 1994, Nr L 349/71, zuletzt geänd durch VO [EU] Nr 654/2014 des EP u des Rates v 15.5.2014, ABl EU 2014, Nr L 189/50); vgl *Cascante*, Rechtsschutz von Privatrechtssubjekten gegen WTO-widrige Maßnahmen in den USA und in der EG, 2003.
216 Vgl zum Ganzen *Meng*, Gedanken zur Frage der unmittelbaren Anwendung von WTO-Recht in der EG, FS Bernhardt, 1995, 1063 ff; *Petersmann*, Darf die EG das Völkerrecht ignorieren?, EuZW 1997, 325 ff; *Cottier*, A Theory of Direct Effect in Global Law, FS Ehlermann, 2002, 99 ff; *Griller*, Europarechtliche Grundfragen der Mitgliedschaft in der WTO, FS Fischer, 2004, 53 ff; *Mögele*, Die Rechtswirkungen von WTO-Bestimmungen in der Gemeinschaftsrechtsordnung, FS Schmidt, 2006, 129 ff; *Antoniadis*, The European Union and WTO Law, WTR 2007, 45 ff; *Proelß*, WTO Regulations and European Community Law, in Chirathivat/Knipping/Ryan/Welfens (Hrsg), The EU and ASEAN Facing Economic Globalization, 2007, 193 ff; *Hilpold*, Die EU im GATT/WTO System, 2009; *Thies*, EU Membership of the WTO – International Trade Disputes and Judicial Protections of Individuals by EU Courts, Global Constitutionalism 2 (2013) 237 ff; *Ruiz Fabri*, Is There a Case – Legally and Politically – for Direct Effect of WTO Obligations?, EJIL 25 (2014) 151 ff; zur unmittelbaren Geltung von Entscheidungen des DSB in der europäischen Union s *Tancredi*, On the Absence of Direct Effect of the WTO Dispute Settlement Body's Decisions in the EU Legal Order, in Cannizzaro/Palchetti/Wessel (Hrsg), International Law as Law of the European Union, 2012, 249 ff; zur dezentralen Durchsetzung des WTO-Rechts in der EU s *Heidfeld*, Die dezentrale Durchsetzung des WTO-Rechts in der Europäischen Union, 2012.
217 Vgl zur direkten Wirkung des GATT EuGH, Urt v 23.11.1999, Rs C-149/96, *Portugal v Rat*; dazu Anm *Egli/Kokott*, AJIL 94 (2000) 740 ff; außerdem EuGH, Urt v 2.5.2001, Rs C-307/99, *Fruchthandelsgesellschaft* u EuGH, Urt v 1.3.2005, Rs C-377/02, *Van Parys*. Zur Frage der Haftung der EG damals noch EG für WTO-Rechtsverletzungen s die Urteile des Gerichts erster Instanz v 11.1.2002, Rs T-174/00, *Biret*, v 3.2.2005, Rs T-19/01, *Chiquita* und v 14.12.2005, Rs T-69/01, *FIAMM* sowie das Rechtsmittelurteil des EuGH v 30.9.2003, Rs C-93/02, *Biret II*; dazu s auch *Bronckers/Goelen*, Financial Liability of the EU for Violations of WTO Law, in Cremona/Hilpold/Lavranos/Schneider/Ziegler (Hrsg), Reflections on the Constitutionalisation of International Economic Law, 2014, 173 ff.

rücksichtigung der wirtschaftlichen Bedürfnisse der Entwicklungsländer (Solidarität), des Gleichgewichts der Rechte und Verpflichtungen, der staatlichen Verantwortlichkeit für Schäden aus rechtmäßigem wirtschaftlichen Handeln, des fairen Handels (*fair trade,* insbes gegen Dumping und Subventionen gerichtet) sowie der friedlichen Streitbeilegung.[218]

Zentrale Bedeutung hat das bereits erläuterte Prinzip der *Meistbegünstigung* **71** (Art I).[219] Räumt ein Staat einem anderen Staat – WTO-Mitgliedstaat oder nicht – Handelsvorteile ein, hat er diese grundsätzlich „sofort und bedingungslos" auch allen anderen Vertragsstaaten zu gewähren. Damit sollen für alle Staaten gleiche Wettbewerbsbedingungen auf den internationalen Märkten gewährleistet werden, wobei *Ausnahmen* für wirtschaftlich schwache Länder zulässig sind.[220] Eine andere, bedeutsamere Ausnahme bilden die *Zollunionen und Freihandelsabkommen* (Art XXIV Abs 5),[221] auf die sich die Meistbegünstigungsklausel gerade nicht bezieht. Mit den GATT/WTO-Zielen steht dieses Schema insoweit in einem Spannungsverhältnis, als Zollunionen und Freihandelszonen zwar den Wegfall von Handelshemmnissen im Inneren bewirken, zugleich aber zur Verfestigung von Handelsbarrieren „nach außen" beitragen; „Festung Europa" lautet das bekannteste Stichwort.[222] Die Zunahme neuer Abschlüsse von bilateralen und regionalen Handelsabkommen birgt eine Gefahr für die durch das GATT weltweit erreichte Liberalisierung[223] sowie einer weiteren Ausdifferenzierung handelsrechtlicher Regelungen *(spaghetti bowl effect).*[224] Dadurch droht eine Fragmentierung und Schwächung des internationalen Handelsrechts.[225] So können die Streitbeilegungsmechanismen der sog *Preferential Trade Agreements* (PTA) zu Entscheidungen führen, die denjenigen im Rahmen der WTO widersprechen.[226]

---

218 Vgl *Benedek* (Fn 47) 51 ff.
219 Art I Abs 1 GATT: „Bei Zöllen und Belastungen aller Art, die anlässlich oder im Zusammenhang mit der Einfuhr oder Ausfuhr oder bei der internationalen Überweisung von Zahlungen für Einfuhren oder Ausfuhren auferlegt werden, bei dem Erhebungsverfahren für solche Zölle und Belastungen, bei allen Vorschriften und Förmlichkeiten im Zusammenhang mit der Einfuhr oder Ausfuhr und bei allen in Art III Absätze 2 und 4 behandelten Angelegenheiten werden alle Vorteile, Vergünstigungen, Vorrechte oder Befreiungen, die eine Vertragspartei für eine Ware gewährt, welche aus einem anderen Land stammt oder für dieses bestimmt ist, unverzüglich und bedingungslos für alle gleichartigen Waren gewährt, die aus Gebieten der anderen Vertragsparteien stammen oder für diese bestimmt sind."
220 Vgl dazu bereits die Ausführungen in o Rn 20 f.
221 Vgl u Rn 97 ff.
222 *Senti*, Regional Trade Agreements: 'Stepping Stones' or 'Stumbling Blocks' of the WTO, in Cremona/Hilpold/Lavranos/Schneider/Ziegler (Fn 217) 441 ff.
223 Vgl *Meng*, Die Doha-Runde – eine unendliche Geschichte, in Giegerich (Fn 115) 165 f.
224 Vgl *Sutherland et al*, The Future of the WTO – Report to the Consultative Board to the Director-General Supachai Panitchpakdi, 2004, Rn 60; zum Begriff „spaghetti bowl effect" *Bhagwati*, US Trade Policy: The Infatuation with Free Trade Agreements, in ders/Krueger (Hrsg), The Dangerous Drift to Preferential Trade Agreements, 1995; zur Ausdifferenzierung handelsrechtlicher Regelungen *Leal-Arcas*, Proliferation of Regional Trade Agreements: Complementing or Supplanting Multilateralism?, Connecticut JIL 11 (2010-11) 597 ff.
225 Dazu *Delimatis*, The Fragmentation of International Trade Law, JWT 45 (2011) 87 ff. Hierzu näher u Rn 94 ff.
226 S dazu *Kwak/Marceau*, Overlaps and Conflicts of Jurisdiction between the World Trade Organization and Regional Trade Agreements, in Bartels/Ortino (Hrsg), Regional Trade Agreements and the WTO Legal System, 2006, 465 ff; *De Mestral*, Dispute Settlement under the WTO and RTAs: An Uneasy

72 Der Meistbegünstigungsgrundsatz wird durch den der *Inländergleichbehandlung* (Art III Abs 4) ergänzt.[227] Ausgestaltungen dieser Prinzipien finden sich neben den Art I Abs 1 u III GATT ua auch in Art XIII.[228] Danach sollen Import- oder Exportrestriktionen, etwa mengenmäßige Beschränkungen im Handelsverkehr (vgl Art XI), nur in dem Umfang zulässig sein, in dem sie gegenüber dritten Staaten gelten. Das in der GATT/WTO-Präambel ausdrücklich angesprochene Prinzip der *Gegenseitigkeit*[229] lässt sich in der Praxis kaum je wirklich erreichen, streben die Handelspartner doch gerade danach, Handels- und Wettbewerbsvorteile zu erlangen. Insofern kann man aus dem Reziprozitätsprinzip kaum mehr ableiten als ein Gebot zu *fair play* als einer Ausprägung des Grundsatzes von Treu und Glauben.

73 Die *Tariffs only-Maxime* hat die Beschränkung handelspolitischer Schutzmaßnahmen auf Zölle und den grundsätzlichen Ausschluss nichttarifärer Handelsbeschränkungen zum Gegenstand. Infolge der erreichten Zollsenkungen während der GATT-Runden haben nichttarifäre Handelshemmnisse im Welthandel an Bedeutung gewonnen. Aufgrund ihrer unterschiedlichen Erscheinungsformen sind sie schwer zu überwachen.[230] Sie können sich im Einzelfall als Schikanemaßnahmen erweisen; dies gilt besonders für Verfahrensregeln und technische Normen. Allerdings gilt der Ausschluss nichttarifärer Handelshemmnisse nicht unbegrenzt. So sind – grundsätzlich – nur mengenmäßige Beschränkungen der Ein- und Ausfuhr verboten (Art XI Abs 1). Der Grundsatz des *fair trade* richtet sich gegen Wettbewerbsverzerrungen aller Art, insbes gegen solche, die durch staatliche Subventionen oder Dumping – vornehmlich seitens privater Unternehmer – verursacht werden. Dies gilt auch in Bezug auf entsprechende Gegenmaßnahmen in Form von Antidumping- und Antisubventionsmaßnahmen.[231]

Der WTO-Vertragskomplex

74 Die *Welthandelsorganisation* (WTO) „bildet den gemeinsamen institutionellen Rahmen für die Wahrnehmung der Handelsbeziehungen zwischen ihren Mitgliedern in Angelegenheiten im Zusammenhang mit den in den Anlagen dieses [WTO-]Übereinkommens enthaltenen Übereinkommen und dazugehörigen Rechtsinstrumenten" (Art II Abs 1 WTO-Übereinkommen). Die WTO ist zugleich Handelsorganisation und internationales Verhandlungsforum. Anders als es das GATT 1947 war, ist die WTO eine *I.O.* mit eigener Rechtspersönlichkeit (Art VIII Abs 1).

Relationship, JIEL 16 (2013) 777 ff; *Apaza Lanyi/Steinbach*, Limiting Jurisdictional Fragmentation in International Trade Disputes, JIDS 2014, 372 ff. In jüngerer Zeit lässt sich auch das Phänomen beobachten, dass andere internationale Streitbeilegungsorgane auf Regeln des WTO-Vertragswerks oder aber die Rechtsprechung des WTO Dispute Settlement Body Bezug nehmen, s dazu ausf *Marceau/Izaguerri/Lanovoy*, The WTO's Influence on Other Dispute Settlement Mechanisms, JWT 47 (2013) 481 ff.
227 Dazu bereits o Rn 23 ff.
228 Ausf *Tietje* (Fn 46 [Grundstrukturen]) 263 ff.
229 Vgl bereits o Rn 26 ff.
230 Auflistung bei *Senti/Hilpold* (Fn 203) 236 ff. Vgl *Malacrida*, Towards Sounder and Fairer WTO Retaliation, JWT 42 (2008) 3 ff.
231 Näher hierzu *Stoll/Schorkopf* (Fn 47) Rn 220 ff; *Tietje* (Fn 46 [Grundstrukturen]) 287 ff; *Herrmann/Weiß/Ohler*, Welthandelsrecht, Rn 507 ff.

Mit dem Beitritt zur WTO akzeptieren die Mitgliedstaaten die unter ihrem Dach vereinigten Abkommen und Vereinbarungen, die als Annexe einen integralen Bestandteil des WTO-Übereinkommens darstellen. Damit ist die institutionelle Schwäche des GATT 1947 überwunden. Die Aufgaben der WTO liegen maßgeblich im Bereich der Durchführung und Weiterentwicklung des Vertragskomplexes (vgl Art III).[232]

Im Rahmen der WTO kommt der *Streitschlichtung* besondere Bedeutung zu. Das GATT 1947 enthielt insoweit nur rudimentäre Bestimmungen. Streitschlichtung war Sache der Vertragsparteien (Art XXIII), wobei in der Praxis zunächst die Stellungnahme eines Expertengremiums *(panel)* zu der Streitfrage eingeholt wurde. Vor 1994 war ein Panelbericht erst wirksam, wenn er durch beide Streitparteien angenommen worden war. Deshalb blieb das GATT-Streitschlichtungsverfahren ein stumpfes Schwert. Es kam wiederholt zu Vertragsbrüchen, -verletzungen und -umgehungen. Verfügbare Rechtsmittel wurden nicht in Anspruch genommen.[233] Nach dem Recht der WTO (Vereinbarungen über Regeln und Verfahren zur Beilegung von Streitigkeiten)[234] ist eine Annahme durch die Streitparteien nicht mehr erforderlich. Der Panelbericht entfaltet nunmehr nur dann keine Wirkung, wenn sich die Vertragsparteien des GATT im Konsens-Verfahren geschlossen gegen ihn aussprechen. Die Streitparteien haben nur noch das Recht, im Wege der *Berufung* gegen den Panelbericht vorzugehen (Art 16 Abs 4 der Vereinbarungen). Die Entscheidung durch ein Berufungsgremium *(Appellate Body,* Art 17) verleiht dem Verfahren bereits *schiedsgerichtlichen* Charakter. Auch Dienstleistungen und geistiges Eigentum sind nun in den Schutz des WTO-Streitschlichtungssystems einbezogen. Das WTO-Streitbeilegungssystem fand in kurzer Zeit eine hohe Akzeptanz und etablierte sich – trotz verbleibender Schwächen – als Konfliktlösungsforum.[235] Dabei wird eine Vielzahl von Streitigkeiten, die vor die WTO-Streitschlichtungsinstanzen gebracht werden, einvernehmlich gelöst *(mutually agreed solution).*[236] Gleichwohl wird dieses System gegenwärtig in Frage gestellt. So streben die USA eine eher rückwärtsgewandte Reform des WTO-

---

232 Strukturschema der WTO bei *Petersmann* (Fn 205) 1114; zur rechtlichen Einordnung *Stoll,* Die WTO: Neue Welthandelsorganisation, neue Welthandelsordnung, ZaöRV 54 (1994) 257 ff.
233 Vgl *Kopke,* Rechtsbeachtung und -durchsetzung in GATT und WTO, 1997, 243 ff.
234 BGBl 1994 II, 1598 f (engl) bzw 1749 (dt). Zu verfahrensrechtlichen Einzelheiten *Pescatore/Davey/Lowenfeld,* Handbook of GATT/WTO Dispute Settlement (2 Bde, Losebl attslg), 1995; *Petersmann,* International Trade Law and the GATT/WTO Dispute Settlement System, 1997; *Sittmann,* Das Streitbeilegungsverfahren der World Trade Organization, RIW 1997, 749 ff; *Schloemann/Ohlhoff,* „Constitutionalization" and Dispute Settlement in the WTO, AJIL 93 (1999) 424 ff; *Vermulst/Mavroidis/Waer,* The Functioning of the Appellate Body after Four Years, JWT 33 (1999) Nr 2, 1 ff; *Ruffert,* Der Entscheidungsmaßstab im WTO-Streitbeilegungsverfahren, ZVglRWiss 100 (2001) 304 ff; *Oesch,* Standards of Review in WTO Dispute Resolution, JIEL 6 (2003) 635 ff; *Schollendorf,* Die Auslegung völkerrechtlicher Verträge in der Spruchpraxis des Appellate Body der Welthandelsorganisation (WTO), 2005; *Herrmann/Weiß/Ohler,* Welthandelsrecht, § 10; Wolfrum/Stoll/Kaiser (Hrsg), WTO-Institutions and Dispute Settlement, 2006; *Distefano,* The WTO Dispute Settlement Understanding Review, in Boschiero/Treves (Hrsg), International Courts and the Development of International Law, 2013, 701 ff; *Davey,* The WTO and Rules-Based Dispute Settlement, JIEL 17 (2014) 679 ff; s zu aktuellen Fällen im WTO Streitbeilegungsverfahren *Krallmann,* WTO Dispute Settlement – Current Cases, EYIEL 3 (2012) 577 ff.
235 Zur verspäteten Umsetzung durch die Staaten *Davey* (Fn 234) 679 ff.
236 S dazu *Alschner,* Amicable Settlements of WTO Disputes, WTR 13 (2014) 65 ff.

Streitbeilegungssystems an; die Ernennung von Richtern für den Appellate Body wird verhindert.[237]

Dumping/Anti-Dumping

76 Die zentrale Bestimmung des GATT zu *Dumping*[238] ist Art VI Abs 1 GATT. Nach dieser Vorschrift liegt Dumping vor, wenn der Preis einer exportierten Ware unter demjenigen Preis liegt, der im normalen Handelsverkehr für eine gleichartige Ware auf dem Inlandsmarkt des Exporteurs berechnet wird, und dadurch eine bedeutende wirtschaftliche Schädigung eines Industriezwigs im Importland verursacht wird. Um Dumping festzustellen, ist mithin grundsätzlich ein Preisvergleich anzustellen. Es ist die Differenz aus dem Inlands- und dem Exportpreis einer Ware zu bilden. Nicht geregelt ist allerdings in Art VI GATT, wie die zu vergleichenden Preise zu berechnen und welche Waren konkret in den Vergleich mit einzubeziehen sind bzw mit einbezogen werden können.[239] Nähere Anhaltspunkte liefert hierzu das Übereinkommen zur Durchführung des Art VI GATT aus dem Jahre 1994,[240] das den Raum für Dumping-Maßnahmen deutlich einengt.

77 Das GATT schafft einen rechtlich verbindlichen Rahmen für die auf nationaler bzw supranationaler Ebene durchzuführenden *Antidumping*-Verfahren. Die einschlägigen Vorschriften regeln in erster Linie die Dumpingabwehr. Dies hat für den Welthandel erhebliche Bedeutung und kann in der Praxis ihrerseits stark protektionistische Züge aufweisen.

78 Nach dem GATT werden Dumpingmaßnahmen ebenso wenig wie Subventionen per se untersagt. Gemäß Art VI Abs 1 GATT kann Dumping als „unfairer Wettbewerb" abgewehrt werden.[241] Hierfür werden den Staaten Mechanismen zur Dumpingabwehr als Eingriffsmöglichkeiten zur Verfügung gestellt. Auf eventuelle Wettbewerbsverzerrungen durch Dumpingmaßnahmen reagiert das GATT mit der *Ermächtigung, Antidumpingzölle zu erheben*, welche bis zur Höhe der „Dumpingspanne" reichen können (Art VI Abs 2 GATT). Die Voraussetzungen für die Verhängung solcher Maßnahmen sind durch die Vereinbarungen in der Uruguay-Runde weiter konkretisiert und verschärft worden. Zusammengefasst besteht nach Art VI Abs 1 GATT keine Verpflichtung der Mitgliedstaaten, den Export von Waren unter-

---

237 Dazu United States Blocks Reappointment of WTO Appellate Body Members, AJIL 110 (2016) 573 ff.
238 Vgl einführend: *Nettesheim*, Ziele des Antidumping- und Antisubventionsrechts, 1994; *Hoekman/Mavroidis*, Dumping, Antidumping and Antitrust, JWT 30 (1996) 27 (31 ff); *Vermulst/Driessen*, New Battle Lines in the Anti-Dumping War, JWT 31 (1997) 135 ff; *Herrmann/Weiß/Ohler*, Welthandelsrecht, Rn 645 ff; zum Verhältnis zwischen Meistbegünstigungsgrundsatz und dem Anti-Dumpingrecht der WTO s *Mahncke*, Applying the MFN Principle to WTO Antidumping Law, LIEC 41 (2014) 169 ff.
239 *Schoch*, Unbestimmte Rechtsbegriffe im Rahmen des GATT, 1994, 114 f.
240 Übereinkommen zur Durchführung des Art VI GATT v 15.4.1994 (Antidumping-Übereinkommen), abgedr in ABl EG 1994, Nr L 336/100. Näher: *Palmeter*, A Commentary on the WTO-Anti-Dumping Code, JWT 30 (1996) 43 ff.
241 In Art VI Abs 1 heißt es, dass „Dumping [...] zu verurteilen ist, wenn es eine bedeutende Schädigung eines im Gebiet einer Vertragspartei bestehenden Wirtschaftszweiges verursacht oder zu verursachen droht oder wenn es die Errichtung eines inländischen Wirtschaftszweiges erheblich verzögert".

halb ihres Marktwerts zu verbieten; es ist aber mit Gegenmaßnahmen in Form von Antidumpingzöllen zu rechnen, wenn es zu einem Schaden auf dem ausländischen Markt kommt. Nicht abschließend geklärt ist das Verhältnis zwischen Antidumpingmaßnahmen und dem Meistbegünstigungsgrundsatz des GATT.[242] Auch wenn das WTO-Sekretariat ausdrücklich davon ausgeht, dass die Meistbegünstigung und Art VI GATT in einem strengen Regel-Ausnahme-Verhältnis zueinander stehen, gelang es China, sich in dem Rechtsstreit EU – Footwear vor dem Panel erfolgreich darauf zu berufen, dass eine EU-Antidumping Maßnahme das Meistbegünstigungsprinzip verletze.[243]

Subventionsproblem im GATT

Die Vergabe staatlicher Subventionen wirft im Hinblick auf ihre potentielle wettbewerbsverzerrende Wirkung Probleme auf.[244] Anders als das privatwirtschaftlich ausgestaltete Dumping stellen Subventionen *staatliche Zuwendungen* und damit *hoheitliche Eingriffe in den Wirtschaftsprozess* dar. Nach dem GATT sind sie grundsätzlich verboten. Dieses Verbot ist für Exportsubventionen in Art XVI Abs 4 festgelegt. Art VI Abs 3 GATT erlaubt als zulässige Abwehrmaßnahme gegen Subventionen die Erhebung von Ausgleichszöllen für die Dauer von max 5 Jahren. In der Praxis nehmen die staatlichen Ausfuhrunterstützungen ständig zu. In den 1990er Jahren wurde etwa der Schiffsbau weniger von normalen Marktkräften als durch miteinander konkurrierende Exportsubventionen verschiedener Staaten bestimmt.[245] Auch im Flugzeugbau spielen staatliche Fördergelder eine Rolle, deren WTO-Konformität auf dem Prüfstand steht. Seit Jahren streiten die EU und die USA über staatliche Subventionen für die Konkurrenzkonzerne Airbus und Boeing. Der Appellate Body entschied 2011, dass Airbus unzulässige staatliche Subventionen von der EU sowie von vier EU-Mitgliedstaaten erhalten habe.[246] 2018 hatte die EU diese Entscheidung noch nicht umgesetzt.[247] Im Jahr 2012 bestätigte der Appellate Body im Kern eine Panel-Entscheidung aus dem Jahr 2011, wonach Boeing unzulässig durch die US-Regierung staatlich subventioniert worden und dem Konkurrenten Airbus dadurch ein gravierender Nachteil entstanden war.[248] Im Juni 2017 stellte das Panel fest, dass dieser

---

242 S dazu *Mahncke* (Fn 238) 169 ff.
243 European Union – Anti-Dumping Measures on Certain Footwear from China, Panel-Bericht v 28.10.2011, WT/DS405/R, 7.105. Die EU legte keine Berufung zum Appellate Body ein.
244 Zur Subventionsproblematik im GATT s *Scheffler*, Juristische Aspekte der Subventionsproblematik im GATT, RIW 1993, 401 (402); *Stoler*, The Evolution of Subsidies Disciplines in GATT and the WTO, JWT 44 (2010) 797 ff.
245 Hierzu ausf *Bandtel*, Dumping in der Seeschiffahrt, 1999.
246 European Communities and Certain Member States – Measures Affecting Trade in Large Civil Aircraft, Appellate Body-Bericht v 18.5.2011, WT/DS316/AB/R; Panel-Bericht v 30.6.2010, WT/DS316/R; s zum Rechtsstreit *Chianale*, The WTO Airbus Dispute, ESALQ 12 (2013) 290 ff.
247 European Communities and Certain Member States – Measures Affecting Trade in Large Civil Aircraft, Appellate Body-Bericht v 15.5.2018, WT/DS316/AB/RW.
248 United States – Measures Affecting Trade in Large Civil Aircraft – Second Complaint, Panel-Bericht v 31.3.2011, WT/DS353/R; Appellate Body-Bericht v 12.3.2012, WT/DS353/AB/R; s zu dem Streit *Kendler*, Delayed Fight: The World Trade Organization Dispute Settlement Mechanism, Negotiation, and the Transatlantic Conflict over Commercial Aircraft, BCICLR 35 (2012) 253 ff; *Knorr/Bellmann/*

Verstoß andauert.[249] Steuererleichterungen der USA für Boeing hingegen verletzen nach einer Entscheidung des Appellate Body aus dem Jahr 2018 WTO-Recht nicht.[250] Offen ist gegenwärtig noch ein weiteres Verfahren gegen Boeing.[251]

80 Die für Subventionen maßgebliche Vorschrift des Art XVI GATT sieht für Grundstoffsubventionen im *Agrarbereich* eine *Sonderbehandlung* vor; nach Abs 3 soll die Subventionsgewährung bei der Ausfuhr von Grundstoffen (Erzeugnisse der Land- und Forstwirtschaft, der Fischerei sowie alle mineralischen Erzeugnisse) *lediglich vermieden* werden. Soweit Subventionen auf Grundstoffe gewährt werden, dürfen diese aber nicht dazu führen, dass die subventionierende Vertragspartei „mehr als einen angemessenen Anteil am Welthandel" erhält. Die WTO-Abkommen über Landwirtschaft und über Subventionen[252] enthalten insoweit spezifische Bestimmungen über Agrarsubventionen. Der Grund für diese Sonderregeln liegt in der intensiven Unterstützung einzelner Staaten für die Agrarwirtschaft ihres Landes. Der Agrarsektor zählt zu den am stärksten staatlich beeinflussten Märkten weltweit.[253]

81 Das *WTO-Subventionsübereinkommen*[254] konkretisiert, unter welchen Voraussetzungen Subventionen und die entsprechenden Gegenmaßnahmen zulässig sind. Bis zum Abschluss der Uruguay-Runde war der Begriff der Subvention international nicht verbindlich definiert. Nunmehr bestimmt Art 1 Abs 1 des Übereinkommens über Subventionen und Ausgleichsmaßnahmen den Subventionsbegriff.[255] Von einer Subvention kann danach gesprochen werden, wenn die öffentliche Hand eine finanzielle Zuwendung oder eine andere Form der Einkommens- oder Preisstützung leistet und hierdurch dem Begünstigten ein Vorteil gewährt wird. Das Subventionsübereinkommen unterscheidet generell zwischen verbotenen Subventionen und anfechtbaren Subventionen. Nach Art 3 sind Subventionen verboten, die sich auf die Exporttätigkeit auswirken[256] oder einheimische Güter gegenüber importierten Er-

---

Schomaker, Subsidies in Civil Aircraft Manufacturing: The World Trade Organization (WTO) and the Boeing-Airbus Dispute, ESALQ 11 (2012) 585 ff.
249 United States – Measures Affecting Trade in Large Civil Aircraft – Second Complaint, Panel-Bericht v 9.6.2017, WT/DS353/RW.
250 United States – Conditional Tax Incentives for Large Civil Aircraft, Appellate Body-Bericht v 4.9.2017, WT/DS487/AB/R.
251 United States – Measures Affecting Trade in Large Civil Aircraft, WT/DS317/1.
252 Abgedr in *Tietje*, WTO, 2013, 90; s ausf dazu *Herdegen* (Fn 42) 252 ff.
253 S zu EU-Zuckersubventionen *Reithmann*, Welthandelsrecht und europäische Agrarpolitik, ZEuS 2006, 99 ff. S auch *Ehlers/Wolffgang/Schröder*, Subventionen im WTO- und EG-Recht, 2007; s allg zum Agreement on Agriculture McMahon/Geboye Desta (Hrsg), Research Handbook on the WTO Agriculture Agreement, 2012.
254 Agreement on Subsidies and Countervailing Measures (SCM-Agreement), ABl EG 1994, Nr L 336/156; s ausf dazu *Herdegen* (Fn 42) 245 ff.
255 *Grave*, Der Begriff der Subvention im WTO-Übereinkommen über Subventionen und Ausgleichsmaßnahmen, 2002, 82 ff; *Herrmann/Weiß/Ohler*, Welthandelsrecht, Rn 683 ff.
256 Anh I des Übereinkommens über Subventionen und Ausgleichmaßnahmen enthält eine Beispielliste von verbotenen Ausfuhrsubventionen (zB Zuteilung direkter Beihilfen, Befreiung von Steuern und Sozialabgaben, Übernahme von Bürgschaften). Nachdem der DSB im Jahr 2000 durch WTO-Panel und Appellate Body Berichte angenommen hatte, nach denen US-amerikanische Steuervergünstigungen für bestimmte Unternehmen im Exportgeschäft als unzulässige Exportsubvention qualifiziert werden („Foreign Sales Corporations" – FSC), wurde die EG autorisiert, als Gegenmaßnahme – die bis dahin höchste – Handelskonzessionen iHv über 4 Mrd USD jährlich zu Lasten der USA zurückzunehmen (s WT/DS 108/ARB v 30.8.2002). Am 1.3.2004 verhängte die EG graduell ansteigende Strafzölle auf bestimmte Waren aus den USA (VO [EG] 2193/2003, ABl EU 2003, Nr L 328/3). Zu die-

zeugnissen bevorzugen. Ausgenommen von der Verbotsregelung sind ausdrücklich die im WTO-Übereinkommen über die Landwirtschaft vorgesehenen Subventionen.[257] Die zweite Kategorie der „anfechtbaren" und damit durch ein Streitbeilegungsverfahren überprüfbaren Subventionen (Art 5) knüpft an bestimmte nachteilige Auswirkungen *(adverse effects)* an, die vermieden werden sollen, wie etwa die Schädigung der Industrie eines Mitgliedstaats, die Gefährdung der aus dem GATT erwachsenen Vorteile oder die ernsthafte Schädigung der Interessen eines anderen Mitgliedstaats. Letzteres wird ua vermutet, wenn die Subvention 5% des Produktwerts übersteigt (Art 6 Abs 1 lit a).

Ausnahmeklauseln

Besondere Ausnahmebestimmungen für einzelne Regelungen sowie weitreichende allgemeine Ausnahmevorschriften stellten für die Vertragsstaaten eine wichtige Voraussetzung für die Akzeptanz der GATT-Verpflichtungen dar.[258] Nach der Verzichtsklausel des Art XXV Abs 5 GATT[259] können die Vertragsparteien mit ²/₃-Mehrheit „unter außergewöhnlichen Umständen" die Verpflichtungen aus dem Abkommen für einzelne Mitglieder aufheben *(waiver clause)* und sie zu einseitigen Schutzmaßnahmen ermächtigen.[260] Das GATT 1994 behielt diese Klausel bei, doch bedarf es nunmehr nach Art IX Abs 3 u 4 des WTO-Übereinkommens einer ³/₄-Mehrheit und einer besonderen Rechtfertigung. Alle bestehenden *waiver* mussten innerhalb von zwei Jahren erneuert werden.[261] Obwohl die Ausnahmegenehmigungen nach Art XXV Abs 5 GATT temporärer Natur sein sollen, wurde das Instrument des *waivers* in der GATT-Praxis auch dazu benutzt, eine grundsätzliche Ausnahmeregelung für Entwicklungsländer *(generalized system of preferences)* zu schaffen, denen Zollpräferenzen eingeräumt wurden.[262]

82

Eine weitere Ausnahme bildet die Schutzklausel *(escape clause)* nach Art XIX GATT. Sie berechtigt die Vertragsparteien *Maßnahmen zum Schutz heimischer Wirtschaftszweige* zu ergreifen, soweit diese ernsthaft gefährdet sind. Die Anwendung dieser Nostandsklausel ist an strenge Verfahrensvoraussetzungen nach der WTO-Schutzklauselverordnung[263] gebunden. In dem Streit, ob Schutzmaßnahmen allgemein oder auch selektiv gegen einzelne Exportländer ergriffen werden dürfen, gelangte man zu einer Kompromisslösung. Selektive Maßnahmen gegen einzelne

83

---

sem Komplex insgesamt *Carmichael,* Foreign Sales Corporations, Vanderbilt J Transnat'l L 35 (2002) 151 ff.
257   S hierzu bereits Rn 80.
258   Vgl *Benedek* (Fn 47) 160 ff; *Herrmann/Weiß/Ohler,* Welthandelsrecht, Rn 741 ff.
259   Vgl hierzu bereits Rn 21.
260   *Herdegen,* Internationales Wirtschaftsrecht, § 10 Rn 40 f.
261   Vgl hierzu die „Vereinbarung über Befreiungen von den Verpflichtungen nach dem Allgemeinen Zoll- und Handelsabkommen 1994", Nr 2 (Abdruck in *Hummer/Weiß* [Fn 62] 801). Der Antrag zur Gewährung einer Sondergenehmigung sieht strenge Verfahrensregeln vor; so müssen insbes die Gründe angegeben werden, die den Mitgliedstaat daran hindern, seine politischen Zielsetzungen mit GATT-konformen Mitteln zu erreichen.
262   Vgl dazu bereits o Rn 21.
263   Übereinkommen über Schutzmaßnahmen v 15.4.1994 (ABl EG 1994, Nr L 336/184).

Exportländer sind nunmehr grundsätzlich untersagt; nur unter strengen Voraussetzungen ist die Zuteilung von Quoten an andere Vertragsparteien zulässig.[264] Die Dauer der Schutzmaßnahmen ist auf 4 Jahre beschränkt. Durch die strengen Voraussetzungen sind die vom GATT nicht ausdrücklich erfassten „Grauzonenmaßnahmen" zurückgedrängt worden, deren Ansteigen zunehmend kritisch beurteilt worden war.[265]

84 Art XXI GATT erlaubt Ausnahmen zur Wahrung von wesentlichen *Sicherheitsinteressen (security exception).*[266] Maßnahmen können nur dann auf diese Bestimmung gestützt werden, wenn sie sich auf spaltbare Stoffe bzw deren Rohstoffe beziehen, den Handel mit Waffen, Munition und Kriegsmaterial betreffen sowie in Kriegszeiten oder bei sonstigen ernsten Krisen in den internationalen Beziehungen getroffen werden. Gerade der letzte Tatbestand bietet sehr weitreichende Anknüpfungs- und Interpretationsmöglichkeiten.

85 Neben den Ausnahmen zur Wahrung der Sicherheit kennt das GATT weitere *allgemeine Ausnahmen,* die in *Art XX a–j* aufgeführt sind und denen eine einleitende Bestimmung *(chapeau)* vorangestellt ist, die Ausdruck des Grundsatzes von Treu und Glauben ist.[267] Statistisch gesehen stellt Art XX die wichtigste Vorschrift dar, auf die Staaten zur Rechtfertigung des Einsatzes nichttarifärer Handelshemmnisse zurückgreifen. Diese Bestimmung enthält – anders etwa als Art XXV GATT – keine spezifischen Verfahrensvorschriften, die eine Kontrollmöglichkeit der ergriffenen Maßnahmen eröffnen könnten, sodass die Anwendung und Interpretation in erster Linie den GATT-Streitbeilegungspanels vorbehalten ist. Nach Art XX GATT können die Mitgliedstaaten handelsbeschränkende Maßnahmen trotz entgegenstehender vertraglicher Verpflichtungen unter bestimmten Voraussetzungen ergreifen. Hierzu zählen Maßnahmen zum Schutz des Lebens und der Gesundheit von Menschen, Tieren und Pflanzen, Maßnahmen zum Schutz nationalen Kulturguts oder zur Erhaltung erschöpfbarer Naturschätze sowie Maßnahmen zum Schutze der öffentlichen Sittlichkeit *(public morals).*[268] Handelsbeschränkungen, die auf Art XX GATT gestützt werden, dürfen nicht zu einer verschleierten Beschränkung des internationalen

---

264 *Heselhaus,* Die Welthandelsorganisation, JA 1999, 76 (78).
265 Vgl zu Rechtsfragen der Grauzonenmaßnahmen *Beise/Oppermann/Sander* (Fn 81) sowie *Benedek* (Fn 47) 181 ff; *Hilpold,* Die Neuregelung der Schutzmaßnahmen im GATT/WTO-Recht und ihr Einfluss auf „Grauzonenmaßnahmen", ZaöRV 55 (1995) 89 ff.
266 Dazu *Giardina,* The Economic Sanctions of the United States Against Iran and Libya and the GATT Security Exception, FS Seidl-Hohenveldern, 1998, 219 ff; *Hahn,* Vital Interests and the Law of GATT, Michigan JIL 12 (1991) 558 ff; *ders,* Die einseitige Aussetzung von GATT-Verpflichtungen als Repressalie, 1996, 285 ff; *Kuilwijk,* Castro's Cuba and the US Helms-Burton Act, JWT 31 (1997) 49 ff; vgl *Neuwirth/Svetlicinii,* The Economic Sanctions over the Ukraine Conflict and the WTO: 'Catch-XXI' and the Revival of the Debate on Security Exceptions, JWT 49 (2015) 891 ff.
267 S ausf zu den allgemeinen Ausnahmen des GATT sowie des GATS: *Ayres/Mitchell,* General and Security Exceptions under the GATT and the GATS, in Carr/Bhuiyan/Alam (Hrsg), International Trade Law and the WTO, 2013; *Herdegen* (Fn 42) 203 ff; *Bartels,* The Chapeau of the General Exceptions in the WTO GATT and GATS Agreements: A Reconstruction, AJIL 109 (2015) 95 ff.
268 Zur *ordre public*-Ausnahme des Art XX s *Feddersen,* Der ordre public in der WTO, 2002. Mit dem Beitritt Chinas zur WTO hat die Ausnahme der *public morals* an Bedeutung gewonnen, s dazu etwa China – Measures Affecting Trading Rights and Distribution Services for Certain Publications and Audiovisual Entertainment Products, Panel-Bericht v 12.8.2009, WT/DS363/R; Appellate Body-Bericht v 21.12.2009, WT/DS363/AB/R.

Handels oder zu einer willkürlichen oder ungerechtfertigten Diskriminierung zwischen Ländern führen, in denen gleiche Verhältnisse bestehen.

Neben den genannten Ausnahmevorschriften enthält das GATT/WTO-Vertragswerk auch *warenbezogene* Sonderregelungen. Der Textil- und Bekleidungshandel, der früher von der Geltung des GATT ausgenommen war, wird heute im Rahmen des GATT durch das *Übereinkommen über Textilwaren und Bekleidung* geregelt. Dieses baut Handelsrestriktionen schrittweise bis zum Jahr 2005 ab.[269] Durch das *Landwirtschaftsübereinkommen* wurden Zölle reduziert sowie zahlreiche nichttarifäre Handelsbeschränkungen im Bereich der Landwirtschaft in Zölle umgewandelt.[270]

86

GATT/WTO und Umweltschutz

Der „potentielle Widerspruch zwischen Handel und Umweltschutz"[271] bleibt auch nach der Uruguay-Runde bestehen. Forderungen nach einem „Öko-GATT"[272] haben sich nicht durchgesetzt. Der Begriff der „Umwelt" wird in Art XX GATT nicht explizit als Ausnahme genannt. Bedeutsam für den Umweltschutz sind jedoch Art XX (b) und (g) GATT.[273] Gemäß Art XX (b) sind staatliche Maßnahmen zugelassen, welche für den Schutz von Leben oder Gesundheit von Menschen, Tieren oder Pflanzen notwendig sind.[274] Art XX (g) GATT sieht allgemeine *Ausnahmen im Umweltinteresse* nur vor „zur Erhaltung erschöpflicher Naturschätze, sofern solche Maßnahmen im Zusammenhang mit Beschränkungen der inländischen Produktion oder des inländischen Verbrauchs angewendet werden". Entsprechende Maßnahmen müssen primär auf den Umweltschutz ausgerichtet bzw für ihn notwendig sein. Umstritten ist in all diesen Fällen, ob Importwaren „nur" deswegen im Inland benachteiligt werden dürfen, weil sie in ihrem Herkunftsstaat unter möglicherweise umweltgefährdenden Bedingungen produziert worden sind.[275] Umweltnützige Handelsbeschränkungen, die nicht der Volksgesundheit oder der Erhaltung knapper Ressourcen dienen – etwa die Erhebung von Steuern auf Importprodukte mit langem Transportweg, Einfuhrverbote für Tierprodukte, die unter Verletzung nationaler Schutz-

87

---

269 Vgl hierzu das Übereinkommen über Textilwaren und Bekleidung v 15.4.1994, abgedr in *Hummer/Weiß* (Fn 62) 907 ff; *Stoll/Schorkopf* (Fn 47) Rn 349 ff.
270 *Prieß/Pitschas*, in Prieß/Berrisch (Hrsg), WTO-Handbuch, 2003, Kap B.I.2; *Stoll/Schorkopf* (Fn 47) Rn 349 ff; O'Connor (Hrsg), Agriculture in WTO-Law, 2005.
271 Schon die Präambel des Übereinkommens zur Errichtung der Welthandelsorganisation stellt die handelsbezogenen Ziele und die Ziele der nachhaltigen Entwicklung sowie des Schutzes und der Erhaltung der Umwelt gegenüber.
272 Vgl *Esty*, Greening the GATT, 1994; näher zum Verhältnis von Handel und Umweltschutz *Beyerlin/Marauhn*, International Environmental Law, 2011, 423 ff; *Epiney*, Welthandel und Umwelt, DVBl 2000, 77 ff; *Puth*, WTO und Umwelt, 2003; *ders*, WTO und Umwelt, in Hilf/Oeter (Hrsg), WTO-Recht, 549 ff; *Trüeb*, Umweltrecht in der WTO, 2001.
273 Vgl näher zu den umweltspezifischen Ausnahmeklauseln in Art XX GATT *Diem*, Freihandel und Umweltschutz in GATT und WTO, 1996; *Schoenbaum*, International Trade and Protection of the Environment, AJIL 91 (1997) 268 (273 ff).
274 S dazu etwa *Sykes*, Economic "Necessity" in International Law, AJIL 109 (2015) 296 ff.
275 Auch die Rechtsprechung der WTO-Streitbeilegungsorgane ist in Bezug auf solche Maßnahmen aufgrund umweltunverträglicher Produktherstellungsprozesse nicht gefestigt. S dazu *Hunter/Salzman/Zaelke*, International Environmental Law and Policy, 5. Aufl 2015, 1266 ff.

standards gewonnen wurden, oder für Getränkedosen[276] –, lassen sich somit nur selten auf Art XX GATT stützen.

88 In einer ersten Phase legten GATT-Panel gerade die umweltspezifischen Tatbestände des Art XX (b) u (g) GATT restriktiv aus.[277] Dem Prinzip des Freihandels wurde gegenüber Umweltschutzbelangen stets der Vorrang eingeräumt. Ein Bsp hierfür sind die Thunfischfälle – dh US-amerikanische Importverbote für Thunfisch, der auf umweltschädliche Weise gefangen wurde.[278] Ähnliche Probleme warf auch ein seitens der USA verhängtes Importverbot für Garnelen auf, das zum Schutz bestimmter Schildkrötenarten erhoben worden war.[279] In einer zweiten Phase maßen GATT-Panel den Belangen des Umwelt- und Gesundheitsschutzes stärkeres Gewicht zu als in dieser ersten Phase. So beurteilte ein Panel im September 2000 eine französische Regelung, die die Verwendung bestimmter Asbestfasern verbot, als mit Art XX (b) vereinbar.[280] Der Appellate Body ging noch weiter und setzte bereits bei der Definition des *like product* bei Art III (4) GATT an: Bei der Frage, ob zwei Produkte „gleich" seien und daher eines nicht „weniger günstig" behandelt werden dürfe, seien auch Gesundheitsrisiken (hier: karzinogene Eigenschaften) als physische Eigenschaften eines Produkts einzubeziehen. IE lag damit schon kein Verstoß gegen Art III (4) GATT vor; gleichzeitig wurde allerdings auch die Feststellung des Panels zu Art XX (b) aufrechterhalten.[281] Die Auslegung von Art XX (g) GATT war auch in dem Streit zwischen den USA, Mexiko und der EU gegen China um verschiedene Exportzölle und Ausfuhrquoten für seltene Rohstoffe (darunter Zink, Magnesium, Koks und Bauxit) von Bedeutung. Die Kläger machten eine Verletzung des GATT durch die Exportrestriktionen Chinas geltend, doch China berief sich ua auf Gründe des Umwelt- und Gesundheitsschutzes zur Rechtfertigung seiner Maßnahmen. China verwies darauf, dass die umstrittenen Exportrestriktionen auf energie-, ressourcen-,

---

276 Beispiele bei *Diem* (Fn 273) 24 ff.
277 S zur Auslegung von Art XX durch den Appellate Body *Quick*, Do We Need Trade and Environment Negotiations or Has the Appellate Body Done the Job?, JWT 47 (2013) 957 ff.
278 Vgl zum US-amerikanischen Importverbot für Thunfisch gegenüber Mexiko: US – Restrictions on Imports of Tuna, Panel-Bericht v 16.8.1991, ILM 30 (1991) 1598 ff; zum diesbezüglichen Streit zwischen der EG und den USA: US – Restrictions on Imports of Tuna, Panel-Bericht v 16.6.1994, ILM 33 (1994) 842 ff. Ausf zu den „Thunfischfällen" *von Bogdandy*, Internationaler Handel und nationaler Umweltschutz, EuZW 1992, 243 ff; *Kingsbury*, The Tuna-Dolphin Controversy, YIEL 5 (1994) 1 (11 ff); *Diem* (Fn 273) 112 ff.
279 US – Import Prohibition of Certain Shrimp and Shrimp Products, Panel-Bericht v 15.5.1998, WT/DS 58/R; Appellate Body-Bericht v 12.10.1998, WT/DS 58/AB/R. Näher hierzu *Cone*, The Appellate Body, the Protection of Sea Turtles and the Technique of „Completing the Analysis", JWT 33 (1999) 51 ff; *Howse*, The Turtles Panel, JWT 32 (1998) 73 ff; *Hohmann*, Der Konflikt zwischen freiem Handel und Umweltschutz in WTO und EG, RIW 2000, 88 (93); *Mavroidis*, Trade and Environment after the Shrimps-Turtles Litigation, JWT 34 (2000) 73 ff.
280 EC – Measures Affecting Asbestos and Asbestos-Containing Products, Panel-Bericht v 18.9.2000, WT/DS 135/R.
281 EC – Measures Affecting Asbestos and Asbestos-Containing Products, Appellate Body-Bericht v 12.3.2001, WT/DS 135/AB/R. Dazu *Marceau/Trachtman*, The Technical Barriers to Trade Agreement, the Sanitary and Phytosanitary Measures Agreement, and the General Agreement on Tariffs and Trade, JWT 36 (2002) 811 ff; *Regan*, Regulatory Purpose and „Like Products" in Article III:4 of the GATT, JWT 36 (2002) 443 ff; *Sander*, The EC-Asbestos Case, MPEPIL online (abrufbar unter <http://opil.ouplaw.com/view/10.1093/law:epil/9780199231690/law-9780199231690-e2105?rskey=VORFlR&result=1&prd=EPIL>).

und verschmutzungsintensive Produkte angewendet würden, eine Ausfuhrbeschränkung die Produktion in China verringere und somit die Verschmutzung reduziere. Das Panel lehnte eine Rechtfertigung der Maßnahmen aus Art XX (b) u (g) sowie Art XI Abs 2 (a) GATT mit der Begründung ab, dass ein Staat sich nicht auf die Ausnahme des Umweltschutzes berufen könne, ohne wirkungsvolle Maßnahmen zur nachhaltigen und umweltschonenden Nutzung seiner natürlichen Ressourcen im eigenen Land zu ergreifen.[282] Der Appellate Body bestätigte zwar, dass Chinas Exportbeschränkungen nicht mit dem GATT vereinbar seien, revidierte indes die Auslegung von Art XX (g) durch das Panel. Die Formel „made effective in conjunction with" des Art XX (g) bedeute nicht, dass Handelsbeschränkungen die Effektivität nationaler Maßnahmen sicherstellen müssen.[283] Auch in einem weiteren Streitschlichtungsverfahren berief sich China erneut erfolglos auf eine Ausnahme nach Art XX (b) u Art XX (g) zur Rechtfertigung seiner Restriktionen zum Export verschiedener Rohstoffe (u a seltener Erden). Der Appellate Body entschied, dass umweltbezogene Exportbeschränkungen nicht damit gerechtfertigt werden können, knappe Ressourcen zu erhalten, wenn gleichzeitig die Gewinnung und Nutzung dieser Rohstoffe im Inland keinen Beschränkungen unterliegt.[284]

Probleme ergeben sich auch im Hinblick auf multilaterale Umweltschutzvereinbarungen. Soweit hier eigene Mechanismen zur Streitbeilegung geschaffen worden sind, können kollidierende Entscheidungen drohen.[285] So ist etwa zweifelhaft, ob die Beschränkung der Ein- und Ausfuhr halogenierter Kohlenwasserstoffe gemäß dem Montrealer Protokoll[286] mit den GATT-Bestimmungen vereinbar ist.[287] Diese Frage erhält zusätzliche Brisanz dadurch, dass das GATT 1994 (anders als das GATT 1947) gegenüber dem Montrealer Protokoll eine vorrangige *lex posterior* ist. Sollte sich die Unvereinbarkeit bestimmter Umweltschutzmaßnahmen mit dem GATT herausstellen, bestünde immer noch die, allerdings umständliche, Möglichkeit, einen *waiver* gemäß Art XXV Abs 5 zu beantragen. Sinnvoller erscheint eine Änderung des Art XX mit dem Ziel, die in der Uruguay-Runde verpasste Chance einer Annäherung handels- und umweltpolitischer Ziele nachzuholen.[288] Denkbar wäre auch eine Sonder- **89**

---

282 China – Measures Related to the Exportation of Various Raw Materials, Panel-Bericht v 5.7.2011, WT/DS394/R, WT/DS395/R, WT/DS398/R; s ausf *Franke*, WTO, China – Raw Materials: Ein Beitrag zu fairem Rohstoffhandel?, 2011; *Bronckers/Maskus*, China-Raw Materials, WTR 13 (2014) 393 ff; *Ying*, The Applicability of Environmental Protection Exceptions to WTO-Plus Obligations: In View of the *China-Raw Materials* and *China-Rare Earths* Cases, LJIL 27 (2014) 113 ff.
283 China – Measures Related to the Exportation of Various Raw Materials, Appellate Body-Bericht v 30.1.2012, WT/DS394/AB/R, WT/DS395/AB/R, WT/DS398/AB/R.
284 China – Measures Related to the Exportation of Rare Earth, Tungsten and Molybdenum, Appellate Body-Bericht v 7.8.2014, WT/DS431/AB/R, WT/DS432/AB/R, WT/DS433/AB/R.
285 Dazu *Marceau*, Conflicts of Norms and Conflicts of Jurisdictions, JWT 35 (2001) 1081 ff; *Neumann*, Die Koordination des WTO-Rechts mit anderen völkerrechtlichen Ordnungen, 2002.
286 Vgl *Proelß*, 5. Abschn Rn 150 ff.
287 Vgl OECD (Hrsg), Trade Measures in Multilateral Environmental Agreements, 1999.
288 Ein *WTO Committee on Trade and the Environment*, 1995 eingesetzt, hat das Verhältnis zwischen handels- und umweltbezogenen Maßnahmen im Lichte des Nachhaltigkeitskonzepts untersucht, ohne dass dabei wirkliche Fortschritte erzielt worden wären. Dabei hat sich – nicht überraschend – gezeigt, dass sich die WTO in erster Linie als Repräsentant des Freihandels (und nicht der Umwelt) versteht. In der Praxis entstehen Konflikte zwischen Handels- und Umweltnormen weitgehend dadurch, dass innerhalb der nationalen Regierung kein Konsens zwischen den zuständigen Ministerien hergestellt wird. Insgesamt wäre es wohl sachgerechter, das Themenfeld nicht nur der

vereinbarung zu Art XX (Kohärenzklausel), welche Kriterien und Prinzipien iSe schonenden gegenseitigen Ausgleichs kollidierender Normen erstellen könnte.

GATT/WTO und Menschenrechte

90 Zunehmend wird erörtert, ob und unter welchen Umständen es zulässig ist, die Erfüllung von Pflichten im Rahmen der WTO gegenüber einem Vertragspartner auszusetzen, der in schwerer Weise gegen die Menschenrechte verstößt.[289] In der Vergangenheit stand eher die Frage im Vordergrund, ob solche Maßnahmen das allgemeine Interventionsverbot verletzen.[290] Im innerstaatlichen Recht der USA etwa findet sich schon seit Jahren das Instrumentarium, welches handelsbezogene Maßnahmen zum Schutz der Menschenrechte erlaubt. Für das GATT ist unstreitig, dass jene Maßnahmen zum Schutz der Menschenrechte zulässig sind, welche lediglich solche Rechte beschränken, die im Einzelfall über die allgemeinen GATT-Pflichten hinaus Sonderrechte gewähren und somit nicht vom Meistbegünstigungsprinzip erfasst sind.[291] So sieht das Allgemeine Präferenzsystem (APS) der EU für Entwicklungsländer vor, dass im Falle von Sklaverei, Zwangsarbeit oder auch bei Verstößen gegen Vorschriften der ILO die eingeräumten Rechte einseitig zurückgenommen werden können;[292] eine vergleichbare Regelung findet sich im Cotonou-Abkommen v 2000 (Art 9).[293]

91 Soweit es um allgemeine Verpflichtungen aus dem GATT geht, stellt sich die Frage, ob ein Vertragsstaat im Falle von schweren Menschenrechtsverletzungen eines anderen Vertragsstaats aufgrund der *security exception* des Art XXI GATT[294] einseitig tätig werden darf. Im Lichte der herausragenden Bedeutung der Menschenrechte wird ein solches Handeln noch durch die Annahme einer „ernsten Krise in den internationalen Beziehungen" (Art XXI [b] [iii] GATT) gerechtfertigt werden können.[295] Dies lässt sich auch darauf stützen, dass nach allgemeinem Völkerrecht eine Drittstaatenrepressalie bei Verletzung von *erga omnes* wirkenden Menschenrechten mittlerweile

---

WTO, sondern auch UNEP – oder einer gestärkten internationalen Umweltorganisation – als dem primären Sachwalter der Umwelt auf internationaler Ebene zuzuordnen.

289 Zum Fragenkomplex *Petersmann*, Human Rights and the Law of the World Trade Organization, JWT 37 (2003) 241 ff; Cottier/Pauwelyn/Bürgi (Hrsg), Human Rights and International Trade, 2005; *Hilpold*, Human Rights and WTO Law, AVR 45 (2007) 484 ff; *Petersmann*, Human Rights, International Economic Law and Constitutional Justice, EJIL 19 (2008) 955 ff; *Konstantinov*, Human Rights and the WTO: Are They Really Oil and Water?, JWT 43 (2009) 317 ff; *Cottier*, Handel und Menschenrechte – Humanisierung des WTO-Rechts?, in Giegerich (Fn 115) 203 ff; *Hilpold*, WTO Law and Human Rights: Bringing Together Two Autopoietic Orders, Chinese JIL 10 (2011) 323 ff. Zur Frage der Integration von Arbeitsschutzvorschriften in die WTO *Wolffgang/Feuerhake*, Core Labour Standards in World Trade Law, JWT 36 (2002) 883 ff; *Razavi*, Labour Standards and WTO, JWIT 11 (2010) 879 ff; *Kagan*, Making Free Trade Fair: How the WTO Could Incorporate Labor Rights and Why It Should, Georgetown JIL 43 (2011) 195 ff.

290 Vgl *Graf Vitzthum*, 1. Abschn Rn 76 f.

291 Vgl zur Einräumung von Sonderrechten auf der Grundlage eines *waivers* Art XXV Abs 5 GATT. Vgl dazu o Rn 21, 82.

292 VO (EU) Nr 978/2012 v 25.10.2012 (ABl EU 2012, Nr L 303/1).

293 Zum Ganzen *Hoffmeister*, Menschenrechts- und Demokratieklauseln in den vertraglichen Außenbeziehungen der Europäischen Gemeinschaft, 1998.

294 Vgl dazu bereits o Rn 84.

295 So auch *Hahn* (Fn 266 [Aussetzung]) 360. Ähnlich *Kuilwijk*, Castro's Cuba and the US Helms-Burton Act, JWT 31 (1997) 49 (54).

vielfach für zulässig gehalten wird.[296] Dem steht dann auch nicht entgegen, dass Art XXI wohl als abschließende Regelung des Rechts zur Ausübung von Repressalien im Anwendungsbereich des GATT verstanden werden muss.[297] Die hier vertretene weite Auslegung der *security exception* eröffnet freilich die Möglichkeit des Missbrauchs. Daraus ergibt sich, dass im Falle eines Streits über das Vorliegen der Voraussetzungen des Art XXI die Plausibilität der Behauptung überprüfbar sein muss.[298]

GATS und TRIPS
Neben dem GATT 1994 besitzen die folgenden zum Vertragspaket von Marrakesch 92 gehörenden WTO-Übereinkommen besonderen Stellenwert:
- das *Allgemeine Übereinkommen über den Handel mit Dienstleistungen* (General Agreement on Trade in Services – GATS).[299] Das GATS erweitert die für das GATT 1947 allein für Waren geschaffenen Regeln auf eine Vielzahl von Dienstleistungen. So verpflichtet etwa Art II Abs 1 GATS die Vertragsparteien zur Beachtung des Meistbegünstigungsgrundsatzes auch im Hinblick auf Dienstleistungen und Dienstleistungserbringer.[300] Art III GATS verpflichtet zur Transparenz hinsichtlich rechtlicher Regelungen. Art V GATS erlaubt es den Vertragsparteien, eine Übereinkunft zu schließen, die den Handel mit Dienstleistungen liberalisiert. Im Binnenmarkt der EU gewähren Art 56 ff AEUV die Dienstleistungsfreiheit. Allgemeine Ausnahmen und solche zur Wahrung der Sicherheit sind gemäß Art IV und XIV*bis* GATS möglich. Unter den in Teil III genannten spezifischen Verpflichtungen der Mitgliedstaaten sind besonders diejenigen zur Gewährleistung des Marktzugangs (Art XVI GATS) und zur Inländerbehandlung von Dienstleistungen und Dienstleistungserbringern (Art XVII GATS) hervorzuheben.[301]
- das *Übereinkommen über die handelsbezogenen Aspekte der Rechte des geistigen* 93 *Eigentums* (Agreement on Trade-Related Aspects of Intellectual Property Rights

---

[296] Vgl dazu *Frowein*, Reactions by Not Directly Affected States to Breaches of Public International Law, RdC 248 (1994-IV) 345 (405 ff); *ders*, Obligations *erga omnes*, MPEPIL VII, 916 ff; *Herdegen* (Fn 42) 211 f.
[297] Vgl o Rn 84. Hierzu *Hahn* (Fn 266 [Aussetzung]) 365 ff. Anders aber offensichtlich die Auffassung der BR Deutschland, wie sie in der Stellungnahme im Streit mit Island im Jahre 1974 zum Ausdruck kam, vgl GATT Doc C/M/103, 15 f.
[298] In einer interpretativen Entscheidung aus dem Jahre 1982 haben die Vertragsparteien des (alten) GATT die grundsätzliche Anwendbarkeit des Streitbeilegungsmechanismus auf Art XXI GATT bestätigt, vgl GATT BISD 29 (1983), Suppl, 23.
[299] BGBl 1994 II, 1473 (engl) bzw 1643 (dt); ausf zum GATS *Berr*, L'accord général sur le commerce des services, AFDI 40 (1994) 748 ff; *Koehler*, Das Allgemeine Übereinkommen über den Handel mit Dienstleistungen (GATS), 1999; *Krancke*, Liberalisierung des internationalen Dienstleistungshandels, 1999; *Pitschas*, Die Liberalisierung des internationalen Dienstleistungshandels im Rahmen des GATS, RIW 2003, 676 ff; *Welf*, Das WTO-Finanzdienstleistungsabkommen, 1999; *Sapir*, The General Agreement on Trade in Services, JWT 33 (1999) 51 ff; *Footer/George*, The General Agreement on Trade in Service, in Macrory/Appleton/Plummer (Hrsg), The World Trade Organization: Legal, Economic and Political Analysis, Bd 1, 2005, 799 ff; Wolfrum/Stoll/Feinäugle (Hrsg), WTO – Trade in Services, 2008; *Munin*, Legal Guide to GATS, 2010.
[300] Die „unverzüglich und bedingungslos"-Formel (vgl o Rn 71) findet sich auch hier. Ausnahmen zu diesem Prinzip sind im Annex zu Art II aufgeführt.
[301] Die Verhandlungen über ein plurilaterales Abkommen über den Handel mit Dienstleistungen *(Trade in Services Agreement – TISA)* zwischen 23 Mitgliedstaaten der WTO sind derzeit ausgesetzt.

– TRIPS).³⁰² Schon heute nähert sich die Wertschöpfung über geistiges Eigentum derjenigen über herkömmliches produktives Eigentum. Die Auseinandersetzungen um die Rechte am geistigen Eigentum dürften in Zukunft noch stärkere Bedeutung erhalten. Das TRIPS trägt diesem wichtigen Aspekt des internationalen Handels Rechnung, indem es Mindeststandards für den Schutz geistiger Eigentumsrechte begründet. Damit soll der immer häufigeren Nichtanerkennung und Verletzung solcher Rechte auf internationaler Ebene entgegengewirkt werden, wenn auch unter Beschränkung auf handelspolitische Aspekte.³⁰³ Das TRIPS begründet die Prinzipien der Inländergleichbehandlung (Art 3) und der Meistbegünstigung (Art 4) auch für das geistige Eigentum. Wesentliche Teile der (revidierten) Berner Übereinkunft v 1971 zum Schutz der Werke der Literatur und Kunst werden für entsprechend anwendbar erklärt (Art 9).³⁰⁴ Die Teile III und IV enthalten Regeln für das innerstaatliche gerichtliche Verfahren zur Durchsetzung von Rechten des geistigen Eigentums bzw zur Ersatzleistung für den Fall ihrer Verletzung. Ebenso wie GATT ist TRIPS auf Angleichung der nationalen Schutzmechanismen gerichtet.

b) Handelsbezogene Investitionsmaßnahmen

94 Zwischen dem internationalen Handel und den internationalen Investitionen bestehen mehrschichtige *Wechselbeziehungen*.³⁰⁵ In gewissen Grenzen erscheinen die unternehmerischen Entscheidungen über Handel oder Investitionen als Alternativen, wobei nicht immer eindeutig ist, welche Entscheidung den Vorzug verdient. Je höher die rechtlichen oder tatsächlichen Barrieren für den jeweiligen internationalen Handel sind, desto eher wird die Entscheidung zugunsten einer Investition im Ausland fallen; auch umgekehrt gilt dies im Grundsatz. Im Einzelfall entscheiden oft pragmatische, auf die Einschätzung der konkreten Marktsituation bezogene Erwägungen.

95 Gegenseitige Auswirkungen können sich insoweit ergeben, als sich primär auf Investitionen bezogene Maßnahmen auch auf den Handel auswirken können. So sah in den 1980er Jahren in Kanada der *Foreign Investment Review Act* vor, dass aus-

---

302 BGBl 1994 II, 1565 (engl) bzw 1730 (dt). Dazu Beier (Hrsg), From GATT to TRIPs, 1996; *Staehelin*, Das TRIPs-Abkommen – Immaterialgüterrechte im Licht der globalisierten Handelspolitik, 1997; *Gervais*, The TRIPS Agreement, 1998; *Geisel*, Das TRIPS-Übereinkommen in der WTO-Rechtsordnung, 2003; *Herrmann/Weiß/Ohler*, Welthandelsrecht, Rn 906 ff; *Mitchell/Voon*, TRIPS, in Bethlehem et al (Hrsg), The Oxford Handbook of International Trade Law, 2009, 186 ff; *Dreyfuss/Frankel*, From Incentive to Commodity to Asset: How International Law is Reconceptualizing Intellectual Property, Michigan JIL 36 (2015) 557 ff; *Herdegen* (Fn 42) 232 ff.
303 Zum Schutz geistigen Eigentums im Völkerrecht auch jenseits handelsbezogener Aspekte vgl *Buck*, Geistiges Eigentum und Völkerrecht, 1994.
304 Berner Übereinkunft zum Schutz von Werken der Literatur und Kunst v 24.7.1971 (BGBl 1973 II, 1071, letzte Änd in BGBl 1985 II, 81). Besonderen Regelungen unterworfen sind ferner Marken (Art 15 ff), geographische Angaben (Art 22 ff), gewerbliche Muster und Modelle (Art 25 f) sowie Patente (Art 27 ff).
305 Hierzu etwa *Markusen*, FDI and Trade, in Bora (Hrsg), Foreign Direct Investment, 2002, 93 ff; s auch OECD (Hrsg), Foreign Direct Investment, Trade and Employment, 1995; United Nations Conference on Trade and Development (Hrsg), Assessing the Impact of the Current Financial and Economic Crisis on Global FDI Flows, 2009 (abrufbar unter <www.unctad.org>).

ländische Unternehmen nur dann Investitionen in Kanada tätigen durften, wenn sie bevorzugt kanadische Produkte kaufen. Ein GATT-Panel kam damals zu der Auffassung, dass diese Maßnahme gegen den Inländergleichbehandlungsgrundsatz aus Art III Abs 4 GATT verstoße.[306] Generell lassen sich in diesem Kontext sowohl für den Import als auch für den Export Investitionsregelungen denken, die den Handel behindern. Hierzu gehören für externe Bereiche etwa „Mindestinlandsanteilvorschriften", wonach ein Mindestvolumen der Vorprodukte oder ein Prozentsatz der lokalen Produktionen aus Ressourcen des Gastlands beschafft werden muss *(local content requirement)*, Produktionsbeschreibungsauflagen, Erfordernisse zum Technologietransfer, Handelsbilanz- oder Beteiligungsauflagen sowie Vorschriften über die Nationalität der Beschäftigten. Auf den Export können sich investitionsbezogene Maßnahmen etwa auswirken, wenn sie den Investor zwingen, einen gewissen Prozentsatz der Produktion im Ausland abzusetzen oder ihm vorschreiben, der Tochtergesellschaft eines multinationalen Unternehmens im Gastland gegenüber der Konzernzentrale ein exklusives Vertriebsrecht zukommen zu lassen. Ein anderes Bsp betrifft den Fall, dass ausländischen Angestellten des Investors vorgeschrieben wird, einen Teil ihres Einkommens im Inland zu konsumieren oder zu investieren.

Im GATT 1994 wurden mit dem *Übereinkommen über handelsbezogene Investi-* **96** *tionsmaßnahmen* (TRIMS) erstmals Regeln vereinbart,[307] welche sich im Lichte eines angestrebten Systems des Freihandels mit der Regelung von Investitionen befassen und den Protektionismus auch auf diesem Felde abbauen sollen. Keinen Erfolg hatte der Versuch der USA, allgemein das Prinzip des freien Marktzugangs einzuführen. Im Einzelnen wird festgelegt, dass Investitionsmaßnahmen, die sich auf den Handel mit Gütern auswirken, unzulässig sind, soweit sie das Gebot der Inländergleichbehandlung und das Verbot mengenmäßiger Beschränkungen verletzen. Im Anhang des Abkommens werden Typen unzulässiger Investitionsmaßnahmen beschrieben, so etwa die Auflagen bzgl der Verwendung lokaler Reserven, bestimmte Beschränkungen der Einfuhr von produktionsbestimmten Gütern, Exportbeschränkungen oder die Beschränkung des Zugangs zu ausländischen Devisen im Lichte von Deviseneinnahmen aus Exporten. Ein besonderer Ausschuss überwacht die Durchführung des Abkommens. Subventionen und Steuererleichterungen werden nicht erfasst, ebenso wenig Dienstleistungen und Finanztransaktionen.

c) Instrumente regionaler wirtschaftlicher Integration
Das GATT lässt gemäß Art XXIV Abs 5 bis 10 als Ausnahme zum Prinzip der Meistbe- **97** günstigung regionale wirtschaftliche Integration durch *Zollunionen und Freihandelszonen*[308] unter der Bedingung zu, dass sie eine dem gesamten Welthandel förderliche Funktion haben, sich nicht zum Nachteil der Nichtmitglieder der Präferenzabkommen auswirken und „im Wesentlichen den gesamten Handel" erfassen, also nicht

---

306 Canada – Administration of the Foreign Investment Review Act, Panel-Bericht v 7.2.1984, GATT BISD 30 (1984), Suppl, 140 ff. Vgl zum FIRA-Fall auch *Tietje* (Fn 46 [Grundstrukturen]) 227 f, 233.
307 Vgl *Brewer/Young*, Investment Issues at the WTO, JIEL 1 (1998) 457 ff; *Koulen*, Foreign Investment in the WTO, in Nieuwenhuys/Brus (Hrsg), Multilateral Regulation of Investment, 2001, 181 ff.
308 S allgemein zu Wirtschaftsräumen *Weiß*, Wirtschaftsräume, in Odendahl/Giegerich (Hrsg), Räume im Völker- und Europarecht, 2014, 145 ff.

sektoral begrenzt sind.³⁰⁹ Regionale Einrichtungen haben sich wie die WTO dem Ziel einer Liberalisierung der Handels- und Dienstleistungsbeziehungen verschrieben, versuchen dieses jedoch mit meist erheblich weitergehender Intensität zu verwirklichen.³¹⁰ Zunehmend ist zu beobachten, dass auch überregionale Handelsbündnisse geschlossen werden; ihre Zahl ist in den vergangenen Jahrzehnten erheblich gestiegen.³¹¹ Dass sich Zollunionen und Freihandelszonen im Zusammenwirken mit der WTO als Katalysatoren eines immer liberaleren Welthandels erweisen werden, erscheint angesichts einer sich möglicherweise abzeichnenden Ausbildung wirtschaftlicher Blöcke nicht gesichert. Nach dem Grad der Integrationstiefe kann wie folgt unterschieden werden:

98 – *Freihandelszonen* (Definition in Art XXIV Abs 8 lit b GATT) sind wirtschaftliche Verbindungen zwischen Staaten, welche die Beseitigung interner Handelsbarrieren zum Gegenstand haben;³¹² idR wird keine wirtschaftliche Integration angestrebt; meist steht der Abbau der Binnenzölle im Vordergrund;³¹³

99 – *Zollunionen* (definiert in Art XXIV Abs 8 lit a GATT) verfügen über einen gemeinsamen Außenzoll. Ihre Binnengrenzen sind keine Zollgrenzen mehr. Strukturell sind Zollunionen meistens, Freihandelszonen manchmal an eine I.O. angebunden. Die EU begründet eine Zollunion (Art 28 AEUV) mit einem hohen Grad an (wirtschaftlicher) Integration. Sie schafft einen *Binnenmarkt*, der den freien Verkehr nicht nur von Waren, sondern auch von Personen, Dienstleistungen und Kapital umfasst. Die *Wirtschafts- und Währungsunion* der EU (vgl etwa Art 120ff AEUV) geht darüber hinaus. Die beteiligten Staaten begründen eine gemeinsame Währung und koordinieren ihre Wirtschafts- und Währungspolitik insbes mit dem Ziel, eine hohe Preisstabilität sowie eine Stabilität der öffentlichen Haushalte zu erreichen. Die EU ist ihrerseits Mitglied der WTO.³¹⁴ Auch der *Andenpakt* (Übereinkommen von Cartagena v 1969)³¹⁵ sah den Abbau der Außenzölle bis 1975 vor; doch erst seit 1994 besteht zwischen den Mitgliedstaaten eine unvollkommene Zollunion. Durch das Protokoll von Trujillo wurde der Andenpakt im Jahre 1996 zur Andinischen Gemeinschaft u a mit dem Ziel weiterentwickelt, einen gemeinsamen Markt zu schaffen.³¹⁶ Der am 1.1.1995 in Kraft getretene *Mercosur*- (oder Mercosul-) Vertrag³¹⁷ ist eines der wichtigsten Vorhaben regionaler Integra-

---

309 In der Praxis hat das GATT jedoch keinen regionalen Zusammenschluss an diesen Voraussetzungen scheitern lassen. Vgl näher hierzu *Borrmann et al,* Regionalismustendenzen im Welthandel, 1995; *Benedek* (Fn 47) 63 ff; *Herrmann/Weiß/Ohler,* Welthandelsrecht, Rn 601 ff.
310 S hierzu o Rn 71.
311 S auch *Trebilcock/Howse/Eliason,* The Regulation of International Trade, 4. Aufl 2012, 86 f.
312 Vgl *Köbele,* Free Trade Areas, MPEPIL IV, 239 ff.
313 Die Anerkennung von Freihandelszonen als Regionaleinrichtung nach Art XXIV ist keineswegs selbstverständlich: Eine lockere Integration kann leicht zur Diskriminierung dritter Staaten führen und als Tarnung für die Nichtanwendung der Meistbegünstigungsklausel dienen.
314 Vgl *Oppermann* (Fn 206) 925 ff; *Hahn,* Die EU als WTO-Mitglied: Machtinteressen einer Rechtsgemeinschaft, in Giegerich (Fn 115) 173 (180 ff).
315 ILM 28 (1989) 1165.
316 *Porrata-Doria Jr,* Andean Community of Nations (CAN), MPEPIL I, 385 ff.
317 Vgl Treaty Establishing a Common Market Between the Argentine Republic, the Federative Republic of Brazil, the Republic of Paraguay and the Eastern Republic of Uruguay (Treaty of Asunción) v 26.3.1991, ILM 30 (1991) 1041, sowie das Additional Protocol to the Treaty of Asunción on the Institutional Structure of Mercosur v 17.12.1994, ILM 34 (1995) 1244; s zum Mercosur *Haller,* Mercosur, 2001;

tion in Lateinamerika.³¹⁸ Gegenwärtig wollen die EU und die Mercosur-Staaten gemeinsam die größte Freihandelszone der Welt aufbauen. Auf dem afrikanischen Kontinent waren die praktischen Erfolge der Wirtschaftsgemeinschaft westafrikanischer Staaten (ECOWAS) und der Westafrikanischen Wirtschafts- und Währungsunion (UEMOA) gering.³¹⁹ Daneben wurde im November 1999 die Ostafrikanische Gemeinschaft (EAC), sowie im März 2001 die *Afrikanische Union* (AU) gegründet.³²⁰ Dagegen handelt es sich bei der „Neuen Partnerschaft für Afrikas Entwicklung" (NePAD) um eine im Wesentlichen politische Initiative verschiedener afrikanischer Staaten mit dem Ziel, der wirtschaftlichen Marginalisierung entgegenzutreten und die Armutsbekämpfung auf dem Kontinent zu verstärken.³²¹ Im März 2018 wurde das Abkommen zur Errichtung einer panafrikanischen Freihandelszone *(African Continental Free Trade Area – AfCFTA)* von 49 der 55 Mitgliedstaaten der Afrikanischen Union unterzeichnet. Ziel des Abkommens ist unter anderem, Handelshemmnisse abzubauen und mittelfristig einen afrikanischen Binnenmarkt zu schaffen.

In den letzten Jahren sind zahlreiche regionale *Freihandelszonen* entstanden, von denen manche künftig zur Zollunion ausgebaut werden könnten. Nach Angaben der WTO bestehen heute 291 regionale Freihandelsabkommen.³²² Im Jahr 1992 wurde der Europäische Wirtschaftsraum (EWR)³²³ als eine Freihandelszone zwischen den nach der EU-Erweiterung im Jahr 1995 noch verbliebenen EFTA-Staaten („Rest-EFTA") und der EU gegründet. Nachdem zunächst die „Euro-Mediterranean Free-Trade Area" nach der Barcelona-Erklärung v 1995 zwischen der EG und südlichen Nachbarländern in Nordafrika und dem Nahen Osten bis 2010 entstehen sollte, wurde im Juli 2008 in Paris die *Union für das Mittelmeer* als eine Gemeinschaft der Mitgliedstaaten der EU sowie weiteren 15 Mittelmeeranrainerstaaten einschließlich Maureta-

100

Franca Filho (Hrsg), The Law of Mercosur, 2010. Der im Dezember 2005 ergangene erste Schiedsspruch des ständigen Revisionsgerichts des Mercosur orientiert sich stark an der Rechtsprechung des EuGH, s hierzu *Piscitello/Schmidt*, Der EuGH als Vorbild: erste Entscheidung des ständigen Mercosur-Gerichts, EuZW 2006, 301 ff.
318 Vgl *Gardini*, MERCOSUR: What You See Is Not (Always) What You Get, ELJ 17 (2011) 683 (684). Mitglieder des Mercosur sind Argentinien, Brasilien, Paraguay, Uruguay und seit 2012 auch Venezuela. Die Mitgliedschaft Venezuelas wurde im Jahre 2017 auf der Grundlage der sog Demokratieklausel suspendiert. Assoziierte Staaten des Mercosur sind Chile, Ecuador, Guyana, Kolumbien, Peru, Suriname und Bolivien. Bolivien befindet sich seit dem Jahr 2012 im offiziellen Aufnahmeprozess.
319 Vgl *van den Boom*, Regionale Kooperation in Westafrika: Politik und Probleme der ECOWAS, 1996; *Ng'ong'ola*, Regional Integration and Trade Liberalisation in Africa, JWT 33 (1999) 145 ff. S für einen Überblick über alle acht regionalen Handelsabkommen in Afrika *Gathii*, The Status of African Regional Trade Agreements, EYIEL 4 (2013) 287 ff; s allgemein zur ECOWAS *Berger/Hamady*, Economic Community of West African States (ECOWAS), MPEPIL online (abrufbar unter <http://opil.ouplaw.com/view/10.1093/law:epil/9780199231690/law-9780199231690-e610?rskey=dOa1YJ&result=1&prd=EPIL>).
320 Die AU ersetzt nunmehr die OAU, dazu *Packer/Rukare*, The New African Union and its Constitutive Act, AJIL 96 (2002) 365 ff. S allg zur Afrikanischen Union *Barthel*, Die neue Sicherheits- und Verteidigungsarchitektur der Afrikanischen Union, 2011; *Jeng*, Peacebuilding in the African Union, 2012; *Viljoen*, African Union (AU), MPEPIL I, 162 ff.
321 S allg zur NePAD *Marong*, New Partnership for Africa's Development (NEPAD), MPEPIL XI, 668 ff.
322 S <https://www.wto.org/english/tratop_e/region_e/region_e.htm>. Hierzu *Lo*, Coordinative Approach to Resolve Normative and Operational Conflicts between Inner and Outer-FTAs, JWT 50 (2016) 147 ff.
323 Dazu *Herdegen*, Internationales Wirtschaftsrecht, § 12 Rn 19 ff.

nien und Jordanien gegründet, die ihre Arbeit allerdings erst im März 2010 aufnehmen konnte. Die 1989 gegründete *Asia-Pacific Economic Cooperation (APEC)* sieht sich als Notar eines „offenen Regionalismus".[324] Im Januar 2004 hat auch die Südasiatische Vereinigung für regionale Zusammenarbeit (*SAARC*) die Schaffung einer regionalen Freihandelszone, der *South Asian Free Trade Area (SAFTA)* beschlossen. Mit dem im Jahr 2010 in Kraft getretenen Freihandelsabkommen zwischen der *ASEAN* (Association of Southeast Asian Nations) und China entstand die nach der Wirtschaftskraft drittgrößte Freihandelszone der Welt.[325] In den Mitgliedstaaten leben fast zwei Mrd Menschen. Etwa 90% der bisherigen (ohnehin geringen) Zölle wurden in dem Abkommen gestrichen; nicht berührt sind indes die beträchtlichen nichttarifären Hemmnisse.

101 Von großer Bedeutung ist das Freihandelsabkommen zwischen den USA, Kanada und Mexiko. Im Jahre 1992 vereinbarten diese Staaten das *Nordamerikanische Freihandelsabkommen (North American Free Trade Agreement – NAFTA)*,[326] das im Jahr 2018 durch das bislang noch nicht ratifizierte *United States – Mexico – Canada Agreement (USMCA)* abgelöst wurde. Derzeit nicht fortgesetzt werden die Verhandlungen der EU und der USA über den Abschluss einer *Transatlantischen Handels- und Investitionspartnerschaft (Transatlantic Trade and Investment Partnership – TTIP)*.[327] Im Februar 2016 wurde das Abkommen zur Gründung der transpazifischen Partnerschaft (*Trans-Pacific Partnership – TPP*) unterzeichnet; die USA erklärten 2017 ihren Ausstieg aus dem Abkommen. Die verbliebenen elf Vertragsstaaten vereinbarten daraufhin das *Comprehensive and Progressive Agreement for Trans-Pacific Partnership (CPTPP)*, das bislang von sechs Staaten ratifiziert wurde.[328] Die Verhandlungen zwischen der EU und Kanada zum Abschluss eines umfassenden Wirtschafts- und Handelsabkommens (*Comprehensive Economic and Trade Agreement –*

---

324 *Grote*, Asia-Pacific Economic Co-operation (APEC), MPEPIL I, 674 ff; *Garnaut*, Open Regionalism and Trade Liberalization: An Asia-Pacific Contribution to the World Trade System, 1996; *Dieter*, Asiatisch-Pazifische Wirtschaftsgemeinschaft und Welthandelsorganisation, Außenpolitik 1996, 275 ff; Aggarwal/Morrison (Hrsg), Asia-Pacific Crossroads: Regime Creation and the Future of APEC, 1998; *Fazzone*, The Trans-Pacific Partnership, Georgetown JIL 43 (2012) 695 ff; *Hsieh*, Reassessing APEC's Role as a Trans-regional Economic Architecture, JIEL 16 (2013) 119 ff.
325 Hierzu *Greenwald*, The Asean-China Free Trade Area (ACFTA): A Legal Response to China's Economic Rise?, DJCIL 16 (2006) 193 ff. Zur Regionalisierung im asiatischen Wirtschaftsraum *Sen*, „New Regionalism" in Asia, JWT 40 (2006) 553 ff; *Roberts*, ASEAN Regionalism, 2011. Zum Verhältnis der EU zur ASEAN s Chirathivat/Knipping/Ryan/Welfens (Hrsg), European Union and ASEAN, 2005.
326 Vgl *Herdegen*, Internationales Wirtschaftsrecht, § 12 Rn 27 ff; *Abbott*, North American Free Trade Agreement (1992), MPEPIL VII, 776 ff. Die USA haben zwischenzeitlich Freihandelsabkommen mit 20 Staaten, ua mit Chile (am 1.1.2004 in Kraft getreten), mit zentralamerikanischen Staaten und der Dominikanischen Republik (für El Salvador am 1.3.2006, für Honduras und Nicaragua am 1.4.2006, für Guatemala am 1.7.2006, für die Dominikanische Republik am 1.3.2007 und für Costa Rica am 1.1.2009 in Kraft getreten), mit Peru (am 1.1.2009 in Kraft getreten), mit Kolumbien (am 22.11.2006 unterzeichnet), mit Panama (am 11.7.2007 unterzeichnet) und mit Korea (am 15.3.2012 in Kraft getreten) abgeschlossen. S zum Verhältnis von WTO und NAFTA-Streitigkeiten *Mathieu*, Settling NAFTA and WTO Disputes, EYIEL 5 (2014) 235 ff.
327 Ausf zur Diskussion um TTIP *Treier/Wernicke*, Die Transatlantische Handels- und Investitionspartnerschaft (TTIP) – Trojanisches Pferd oder steiniger Weg zum Olymp?, EuZW 2015, 334 ff; *Godt*, Wirtschaft und Umwelt im Partnerschaftsabkommen der USA und Europa (TTIP), ZUR 2014, 403 ff.
328 Vgl <https://international.gc.ca/trade-commerce/trade-agreements-accords-commerciaux/agr-acc/tpp-ptp/text-texte/toc-tdm.aspx?lang=eng>.

CETA) wurden im September 2014 abgeschlossen,³²⁹ es trat am 21.9.2017 vorläufig in Kraft. Im Jahr 2018 unterzeichneten die EU und Japan ein Freihandelsabkommen *(EU – Japan Economic Partnership Agreement)*, das im Februar 2019 in Kraft trat. Im Juli 2006 wurden innerhalb der WTO neue Regeln zur Notifizierung von regionalen Handelsabsprachen und zur Überprüfung ihrer Vereinbarkeit mit der WTO ausgearbeitet. Im Ganzen bleibt offen, ob sich die Freihandelszonen und Zollunionen im Widerspruch zum GATT entwickeln und dieses letztlich sprengen könnten, oder ob sie sich im Zusammenspiel mit der WTO und ihren Bestandteilen als Katalysatoren eines immer liberaleren Welthandels erweisen werden.³³⁰

d) Weitere handelsbezogene Instrumente

Neben dem WTO-Komplex gibt es auf multilateraler Ebene eine Vielzahl von Verträgen, welche die internationalen Handelsbeziehungen betreffen, aber an unterschiedlichen Punkten anknüpfen. So zielen zahlreiche, institutionell verfestigte *Rohstoffabkommen* darauf ab, die Preisgestaltung für bestimmte Produkte zu beeinflussen. Mittelbar wirkt sich das auf Produktion, Angebot und Nachfrage aus – und damit auf den Umfang des entsprechenden Welthandels.³³¹ Die Vereinbarungen zum internationalen *Vertragsrecht* suchen den zwischenstaatlichen Handel durch Rechtsvereinheitlichung zu fördern. Besondere Erwähnung verdienen das (Wiener) UN-Übereinkommen über den internationalen Warenkauf v 11.4.1980³³² sowie – auf regionaler Ebene – die Rom I-VO v 17.6.2008,³³³ die (außer im Verhältnis zu Dänemark) das EWG-Übereinkommen über das auf vertragliche Schuldverhältnisse anzuwendende Recht v 19.6.1980³³⁴ ersetzt hat. Auf europäischer Ebene wird die Einführung eines europäischen Vertragsrechts für Verbraucher und Unternehmen diskutiert. Dieses soll auf freiwilliger Basis innerhalb des Binnenmarkts Vertragsabschlüsse nach Maßgabe von EU-weit gültigen Rechtsvorschriften ermöglichen.³³⁵ Zahlreiche Verträge regeln die

102

---

329 Insbes die Fragen der Vertragsschlusskompetenzen der EU und der Investitionsschutz sind str; s dazu *Mayer/Ermes*, Rechtsfragen zu den EU-Freihandelsabkommen CETA und TTIP, ZRP 2014, 237 ff.
330 Zu der Diskussion s *Bhagwati*, Termites in the Trading System, 2008, 49 ff; *Senti*, Regionale Freihandelsabkommen, 2013, 231 ff; *Stoll*, Mega-Regionals: Challenges, Opportunities and Research Questions, in Rensmann (Hrsg), Megal-Regional Trade Agreements, 2017, 3 ff; *Adlung/Mamdouh*, Plurilateral Trade Agreements: An Escape Route for the WTO?, JWT 52 (2018) 85 ff; *Basedow*, The WTO and the Rise of Plurilateralism, JIEL 21 (2018) 411 ff; *Voon*, Consolidating International Investment Law: The Mega-Regionals as a Pathway towards Multilateral Rules, WTR 17 (2018) 33 ff. Zur Reform der WTO *Bollyky/Mavroidis*, Trade, Social Preferences and Regulatory Cooperation – The New WTO-Think, JIEL 20 (2017) 1 ff. Zum Ganzen s o Rn 71.
331 Vgl dazu u Rn 122. Vgl etwa das Internationale Tropenholzübereinkommen v 2006 (ITTA, revidierte Fassung ABl EU 2007, Nr L 262/6).
332 BGBl 1989 II, 588; berichtigt BGBl 1990 II, 1699. Vgl zum UN-Kaufrecht etwa *Corvaglia*, Das einheitliche UN-Kaufrecht, 1998; Honsell (Hrsg), Kommentar zum UN-Kaufrecht, 2. Aufl 2010; *Knetsch*, Das UN-Kaufrecht in der Praxis der Schiedsgerichtsbarkeit, 2011; *Piltz*, Neue Entwicklungen im UN-Kaufrecht, NJW 2011, 2261 ff; Schlechtriem/Schwenzer (Hrsg), Kommentar zum Einheitlichen UN-Kaufrecht – CISG, 6. Aufl 2013.
333 VO (EG) Nr 593/2008 des Europäischen Parlaments und des Rates v 17.6.2008 über das auf vertragliche Schuldverhältnisse anzuwendende Recht (Rom I), ABl EU 2008, Nr L 177/6.
334 BGBl 1986 II, 810.
335 Vorschlag für eine VO des EP und des Rates über ein Gemeinsames Europäisches Kaufrecht v 11.10.2011, KOM(2011) 635 endg; s dazu *Grigoleit*, Die Europäische Kommission und ein Gemeinsames

einzelnen Bereiche des internationalen *Dienstleistungsverkehrs,* insbes das Transportwesen (Vereinheitlichung der Rechtsbestimmungen und Gebühren, Transport gefährlicher Güter etc)[336] unter Einschluss der internationalen Zivilluftfahrt,[337] das Bank- und Versicherungswesen,[338] den Postverkehr (mit dem Vertrag über den Allgemeinen Postverein „Weltpostverein" v 9.10.1874[339] als Grundlage), die Telekommunikation (Grundlage: Konstitution und Konvention der Internationalen Fernmeldeunion,[340] aber auch die Einbeziehung der Telekommunikation im Rahmen des GATS)[341] sowie den Energiesektor (Energiecharta Vertrag).[342]

103   Angesichts der zunehmenden Globalisierung der Wirtschaft gewinnt auch die Vereinheitlichung des Rechts der Unternehmensübernahmen an Bedeutung.[343] Im Rahmen der EU konnte nach langjährigen Verhandlungen im Dezember 2003 eine entsprechende Richtlinie verabschiedet werden.[344]

5. Internationales Steuerrecht

104 Steuerrecht ist primär nationales Recht. Der Staat bestimmt Steuerpflichtigkeit, Bemessungsgrundlagen und Steuerhöhe. Dennoch begründet auch das Völkerrecht steuerrechtliche Regeln insb zur *territorialen und personellen Reichweite der Besteuerungsgewalt.* Die Abgrenzung der Besteuerungsgewalt der Staaten ist angesichts der weltweit sehr unterschiedlichen Steuervorschriften und der hohen wirtschaftlichen internationalen Vernetzung insbes für multinational tätige Unternehmen von großer praktischer Bedeutung. Auf der Ebene des Vertragsrechts existieren insbes die *Doppelbesteuerungsabkommen.* Die BR Deutschland hat seit 1953 über 130 dieser Abkommen geschlossen.[345] Sie folgen weitgehend einem einheitlichen, von der OECD

Europäisches Kaufrecht, ZfSE 9 (2011) 560 ff; *Eidenmüller/Jansen/Kieninger/Wagner/Zimmermann,* Der Vorschlag für eine Verordnung über ein Gemeinsames Europäisches Kaufrecht, JZ 2012, 269 ff; *Ludwigs,* Verwirklichung des Binnenmarkts durch ein „Gemeinsames Europäisches Kaufrecht"? – Das optionale Modell im Kreuzfeuer der Kompetenzkritik, EuZW 2012, 608 ff; *Grigoleit,* Der Entwurf für ein Gemeinsames Europäisches Kaufrecht: Funktionsbedingungen, EU-Kompetenz und Perspektiven, in Remien/Herrler/Limmer (Hrsg), Gemeinsames Europäisches Kaufrecht für die EU, 2012, 67 ff; *Jaeger,* Inhaltliche und methodische Vollständigkeit des Vorschlags für ein gemeinsames Europäisches Kaufrecht, RabelsZ 77 (2013) 465 ff.

336 Einzelheiten bei *Herdegen,* Internationales Wirtschaftsrecht, § 14 Rn 4 ff.
337 ZB Abkommen über die Internationale Zivilluftfahrt v 7.12.1944 (BGBl 1956 II, 411), zuletzt geänd durch Prot v 10.5.1984 (BGBl 1996 II, 210; BGBl 1999 II, 307); s dazu *Herdegen,* Internationales Wirtschaftsrecht, § 14 Rn 13 ff; *Tomas,* Chicago Convention (1944), MPEPIL II, 117 ff.
338 *Herdegen,* Internationales Wirtschaftsrecht, § 14 Rn 18 ff, 24 ff.
339 IdF v 10.9.1981 (BGBl 1981 II, 674).
340 BGBl 1994 II, 147; Änd in BGBl 1996 II, 1306; Neufassung in BGBl 2001 II, 365.
341 Vgl o Rn 92; dazu *Mathew,* The WTO Agreements on Telecommunications, 2003.
342 Energiecharta v 17.12.1994, BGBl 1997 II, 4; BGBl 1998 II, 3009; vgl dazu *Waelde,* International Investment under the 1994 Energy Charter Treaty, JWT 29 (1995) 5 ff; *Parish/Rosenberg,* An Introduction to the Energy Charter Treaty, ARIA 20 (2009) 191 ff; *Roe/Happold,* Settlement of Investment Disputes under the Energy Charter Treaty, 2011; *Baltag,* The Energy Charter Treaty, 2012; *Dolzer,* International Co-Operation in Energy Affairs, RdC 372 (2014) 369 (436 ff).
343 Vgl *Zschocke/Schuster,* Handbuch zum Übernahmerecht, 2003.
344 Richtlinie 2004/25/EG des Europäischen Parlaments und des Rates v 21.4.2004 betreffend Übernahmeangebote (ABl EU 2004, Nr L 142/12).
345 Hierzu *Vogel/Lehner* (Hrsg), Doppelbesteuerungsabkommen. Vgl auch *Valta,* Das Internationale Steuerrecht zwischen Effizienz, Gerechtigkeit und Entwicklungshilfe, 2014.

erarbeiteten Muster, wobei im Verhältnis zu Entwicklungsländern aber auch ein *UN-Modellabkommen* Bedeutung erlangt hat.

Auf der Grundlage der territorialen Souveränität erlaubt das Völkerrecht, alle wirtschaftlichen Werte und Vorgänge innerhalb des eigenen Landes zu besteuern. Dies gilt auch für den Fall, dass die betroffenen Personen oder Unternehmen nicht die Staatsangehörigkeit bzw Staatszugehörigkeit des Hoheitsstaats haben. Nach diesem *Quellenprinzip* kommt es auch nicht auf die Ansässigkeit im Land an. Andererseits lässt es das *Welteinkommensprinzip* zu, dass ein Staat von seinen Angehörigen auch Steuern für Wirtschaftsvorgänge und Werte im Ausland erhebt. Die völkerrechtliche Zulässigkeit dieser beiden Prinzipien als Grundlage der Besteuerung führt zur Möglichkeit von Überschneidungen, dh dazu, dass der Einzelne uU gegenüber zwei oder gar mehr Staaten steuerpflichtig ist. Das allgemeine Völkerrecht lässt es zu, dass derselbe Vorgang von zwei Staaten besteuert wird. Die nachteiligen Folgen für das doppelt besteuerte Unternehmen können sich auch volkswirtschaftlich negativ auswirken, wenn dadurch Firmen Wettbewerbsnachteile erleiden und evtl sogar zum Wechsel des Standorts veranlasst werden. **105**

Gelegentlich werden zur Vermeidung hoher Steuern „Basisgesellschaften" errichtet, deren Gesellschafter in Drittstaaten tätig sind; auf diese Weise können durch Verlagerung von Gewinnen in Staaten mit niedrigen Steuern („Steueroasen") Nachteile für die Heimatstaaten der Gesellschafter entstehen. **106**

Doppelbesteuerung lässt sich entweder durch die unilaterale Rücknahme des Steueranspruchs oder durch entsprechende zwischenstaatliche Vereinbarungen vermeiden. Der Wohnsitzstaat kann, wenn die Steuer nicht auf Grund von Vorgängen und Werten auf seinem Territorium anfällt, die im Ausland erhobene Steuer bis zur Höhe seiner eigenen anrechnen.[346] Denkbar ist auch die Freistellung von der Steuerpflicht für Werte und Betriebsstätten im Ausland, wie dies etwa die Schweiz oder die Niederlande tun. **107**

Doppelbesteuerungsabkommen beruhen auf dem Grundsatz, dass zwar jeder Staat sein nationales Recht anwendet, dieses aber gemäß den Vertragsbestimmungen eingeschränkt wird. Weder wird also der Staat zu einer Besteuerung ermächtigt, noch wird eine Aufteilung des Steueraufkommens vereinbart. Sinn und Zweck ist vielmehr lediglich, für den Bereich der Überschneidung durch Doppelbesteuerung die Rücknahme des Steueranspruchs eines Staats zu vereinbaren; nur in diesem engen Sinn werden die Steuerquellen aufgeteilt.[347] Zu diesem Zweck können die Staaten auf die Anrechnungs- oder die Freistellungsmethode zurückgreifen. Für „verbundene Unternehmen" werden dabei Regeln vereinbart, welche Abweichungen von vergleichbaren unabhängigen Unternehmen bei der Gewinnsituation steuerrechtlich berichtigt (*arms-length*-Prinzip). Auch diese Klauseln ersetzen aber das einschlägige nationale Recht zu Transferregelungen nicht, sondern beschränken diese nur. Die Methoden des Vergleichs mit unabhängigen Unternehmen werfen dabei unverändert besondere Probleme auf.[348] **108**

Selbst wenn ein Staat seine Steuerregelungen auf Vorgänge im Ausland erstrecken darf, kann er sie im Ausland nur mit Zustimmung des territorial zuständigen **109**

---

346 Vgl etwa § 34 c EStG.
347 Hierzu *Vogel*, in Doppelbesteuerungsabkommen, Einl Rn 67 ff.
348 Vgl *Eigelshoven*, in Doppelbesteuerungsabkommen, Art 9 Rn 59 ff.

Staates *vollstrecken;* er ist also auf Amts- und Rechtshilfe angewiesen. Internationale Vereinbarungen regeln partiell auch diese Frage, so etwa Vereinbarungen im Rahmen der OECD oder des Europarats.[349]

6. Das Völkerrecht der wirtschaftlichen Entwicklung
a) Grundlagen und Entwicklung

110 Das *Entwicklungsvölkerrecht* hat sich im Prozess der Dekolonisierung herausgebildet. Die neu entstandenen wirtschaftlich schwächeren Staaten im afrikanischen und asiatischen Raum suchten nach Wegen, um ihre wirtschaftliche Entwicklung zu sichern, ohne ihre errungene nationale Selbstbestimmung aufgeben zu müssen. Als geeignete Plattform hierfür erwiesen sich die UN, die in den 1960er Jahren diverse Grundsätze für die wirtschaftliche Entwicklung der noch nicht industrialisierten Staaten aufstellten. Insbes die UNCTAD widmete sich diesem Anliegen. Die Entwicklungsländer befürchteten, in die Rolle der billigen Rohstofflieferanten gedrängt zu werden; sie beharrten auf der „permanenten nationalen Souveränität" über ihre Naturvorkommen.[350] Sie verwiesen außerdem auf liberalisierungsfeindliche Protektionismen im „Norden", etwa im Agrar-, Textil- und Bekleidungsbereich.

111 Die Forderung nach einer „neuen" Ordnung mündete schließlich in die Deklaration über die Errichtung einer neuen internationalen Wirtschaftsordnung und die Charta der wirtschaftlichen Rechte und Pflichten der Staaten v 1974.[351] Die *neue Weltwirtschaftsordnung* scheiterte jedoch an der Konturlosigkeit des Konzepts sowie am fortbestehenden Nord-Süd-Dualismus. Auch in den 1980er Jahren wurde kein Durchbruch zugunsten der Entwicklungsländer erzielt. Ehrgeizige Projekte wie das eines *Code of Conduct* für den Technologietransfer[352] kamen über das Entwurfstadium nicht hinaus.

112 Die Staatengemeinschaft suchte sodann neue Wege zur Überwindung des Nord-Süd-Konflikts. Gemäß dem in mehrere völkerrechtliche Vereinbarungen eingeflossenen *Konzept der gemeinsamen, aber unterschiedlichen Verantwortlichkeiten*[353] tragen die Entwicklungsländer in gleicher Weise wie die Industriestaaten die Verantwortung für bestimmte globale Gemeingüter. Gleichzeitig stehen die Industriestaaten aufgrund ihrer größeren Schutzfähigkeit und auch ihrer bisherigen Verursachungsbeiträge in einer besonderen Verantwortung, die Entwicklungsländer durch finanzielle Hilfe und den Transfer von Technologien bei der Wahrnehmung ihrer

---

349 Ausf zum Internationalen Steuerrecht *Margalioth,* Taxation, International, MPEPIL (IX, 769 ff.); *Valta,* Das Internationationale Steuerrecht zwischen Effizienz, Gerechtigkeit und Entwicklungshilfe, 2014.
350 Vgl etwa die Declaration on the Permanent Sovereignty over Natural Resources der UN-Generalversammlung, UN GA Res 1803 (XVII) v 14.12.1962. Zur Formel *Chimni,* The Principle of Permanent Sovereignty over Natural Resources, IJIL 38 (1998) 208 ff; *Schrijver,* Sovereignty over Natural Resources, 1995.
351 Declaration on the Establishment of a New International Economic World Order v 1.5.1974 (A/RES/3201 [S-XV]); Charter of the Economic Rights and Duties of States v 12.12.1974 (A/RES/3281 [XXIX]). Vgl hierzu *Herdegen,* Internationales Wirtschaftsrecht, § 4 Rn 76 ff; *Waelde,* A Requiem for the „New International Economic Order", FS Seidl-Hohenveldern, 1998, 771 ff.
352 Entwurftext und Kommentierung bei *Fikentscher,* The Draft International Code of Conduct on the Transfer of Technology, 1980.
353 Vgl dazu bereits o Rn 37.

Schutzverantwortung zu unterstützen. Dabei werden zunehmend Mindestanforderungen an die gute Führung der Regierungsgeschäfte *(good governance)*[354] in den Entwicklungsländern gestellt.

Als Ausdruck einer gemeinsamen Verantwortung der Staaten für globale Belange können die Weltentwicklungsziele *(Millennium Development Goals – MDGs)* gesehen werden.[355] Im Jahr 2000 einigte sich die Staatengemeinschaft auf acht konkrete, quantifizierbare Entwicklungsziele, die bis zum Jahr 2015 erreicht werden sollten. Die Bilanz dieser Ziele ist positiv, wenn auch nicht alle Ziele vollumfänglich erreicht wurden. So ging die Zahl der Menschen, die in extremer Armut leben, zwischen 1990 und 2015 um mehr als die Hälfte zurück. Die Zahl der Kinder im Grundschulalter, die keine Schule besuchen, sank zwischen 2000 und 2015 weltweit fast um die Hälfte. Mehr Mädchen besuchen eine Schule. Die Sterblichkeitsrate von Kindern unter fünf Jahren sank zwischen 1990 und 2015 um mehr als die Hälfte; die Müttersterblichkeit sank um 45%. Die Zahl der HIV-Neuinfektionen fiel zwischen 2000 und 2013 um rd 40%. Zwischen 2000 und 2015 wurden über 6,2 Mio Malariatodesfälle abgewendet. Mehr Menschen haben Zugang zu sauberem Trinkwasser und zu geeigneter Sanitärversorgung.[356] Anknüpfend an diese Weltentwicklungsziele vereinbarte die Staatengemeinschaft im Jahre 2015 die Ziele für nachhaltige Entwicklung *(Sustainable Development Goals – SDGs)* als Folgeziele. Ihnen liegt ein umfassenderes Verständnis nachhaltiger Entwicklung zu Grunde. Diese 17 Ziele sollen von allen Staaten – nicht nur von den Entwicklungsländern – bis zum Jahr 2030 erreicht werden. Sie entwerfen ein umfassendes, integriertes, ökonomisches, ökologisches und soziales Konzept nachhaltiger Entwicklung. Während die Weltentwicklungsziele klare Prioritäten für die Entwicklungszusammenarbeit für einen Zeitraum von 15 Jahren formulierten, beschreiben die Ziele nachhaltiger Entwicklung ein umfassendes Programm für nahezu alle Bereiche von Politik und Gesellschaft weltweit.

b) Internationaler Währungsfonds und Weltbankgruppe

Der Internationale Währungsfonds (IWF) – begründet durch das Abkommen von Bretton Woods v 22.7.1944 – ist kein spezifisch entwicklungspolitisches Instrument.[357] Seine Leistungen kommen indes in erheblichem Umfang den noch nicht industrialisierten Ländern zugute. Seine ursprüngliche Aufgabe war die Wiedererrichtung eines funktionsfähigen internationalen Zahlungssystems nach dem Zweiten Weltkrieg. Durch Bereitstellung von Devisen[358] sollte er seinen Mitgliedstaaten über zeitweilige Zahlungsbilanzdefizite hinweghelfen.[359] Der Fonds verfügt über

---

354 Dazu bereits ausf Rn 41 ff.
355 UN Doc A/Res/55/2 v 18.9.2000. Vgl dazu bereits o Rn 34.
356 VN (Hrsg), Millenniums-Entwicklungsziele, 2015.
357 S allg zum IWF *Schlemmer-Schulte*, International Monetary Fund (IMF), MPEPIL V, 1037 ff.
358 Formal gesehen handelt es sich hierbei um den Ankauf „harter" Währungen gegen die Währung des Empfängerstaats, gekoppelt an eine zeitlich bedingte Rückkaufverpflichtung. Aus wirtschaftlicher Perspektive stellt sich die Transaktion indes meist als Kredit dar. Vgl hierzu *Gold*, The Stand-By Arrangements of the International Monetary Fund, 1970.
359 Vgl *Lucke*, Internationaler Währungsfonds: Strukturen, Finanztransaktionen und Konditionalität aus völkerrechtlicher Sicht, 1997; *Tetzlaff*, Weltbank und Währungsfonds, 1996.

einen Gouverneursrat, in den jeder Mitgliedstaat je einen Gouverneur und einen Stellvertreter entsendet, und der die grundlegenden Beschlüsse trifft, während das Exekutivdirektorium für die Geschäftsführung verantwortlich ist (Art XII IWF-Abkommen). Für jeden IWF-Mitgliedstaat wird gemäß seinen wirtschaftlichen Ausgangsdaten eine Quote bestimmt. Nach dieser richtet sich seine Einlageverpflichtung sowie sein Stimmrecht in den IWF-Organen. Es gilt also *nicht* das Prinzip *one state, one vote;* die Stimmen werden vielmehr „*gewogen*".[360] Auch der Umfang der Ziehungsrechte eines Mitgliedstaats, also seine Möglichkeit, die Mittel des Fonds in Anspruch zu nehmen, richtet sich nach seiner Quote. Tritt eine Zahlungsbilanzkrise ein, kann der Mitgliedstaat Sonderziehungsrechte des IWF erwerben. Bei diesen handelt es sich um eine aus den führenden Weltwährungen zusammengesetzte Rechnungseinheit.[361] Die Sonderziehungsrechte ermöglichen es, Devisen vom IWF anzukaufen. Diese Möglichkeit nahmen oftmals Entwicklungsländer wahr, aber auch in Zahlungsschwierigkeiten geratene ehemals sozialistische Länder.[362] Der IWF gewährte auch in der europäischen Finanzkrise Unterstützung. Im Jahr 2010 beschlossen die Mitgliedsländer eine Quoten- und Strukturreform des IWF. Insbes wurden Stimmrechte zugunsten der Schwellenländer (insbes China, Indien und Russland) verschoben, so dass ihnen stärkeres Gewicht zukommt. Diese Reform trat erst im Jahr 2016 in Kraft.

115   Der IWF vergibt seine Mittel unter Bedingungen (Konditionalität), etwa derjenigen, bestimmte wirtschaftliche und institutionelle Reformen durchzuführen.[363] Der Empfängerstaat muss sie förmlich akzeptieren *(letter of intent).*[364] Mit Rücksicht auf die Souveränität der Staaten sind die Auflagen nicht so ausgestaltet, dass ihre Nichterfüllung unmittelbare Folgen zeitigt, doch stellt eine Nichterfüllung die Gewährung weiterer Kredite in Frage.[365] *Wolfgang Friedmanns*[366] These von der Existenz und Effizienz einer *sanction of non-participation* hat hier eine empirische Basis. Manche Entwicklungsländer betrachten den IWF als industriestaatliches Pressionsinstrument. Richtig an diesem Vorwurf ist, dass den Industrieländern wegen der Stimmengewichtung innerhalb des IWF – anders als in der UN-Generalversammlung

---

[360] Hier setzten Forderungen der Entwicklungsländer an, den Fonds (wie auch manche andere Einrichtungen und Verfahren im Bereich der „UN-Familie") zu „demokratisieren".

[361] Neben der Mittelvergabe befasst sich der Fonds auch mit der Überwachung der Wechselkurspolitik seiner Mitglieder (Art IV Abschn 3 IWF-Übereinkommen; letzte Änd BGBl 2012 II, 522). Die siebte Änderung des Übereinkommens wurde von der BR Deutschland am 24.5.2012 ratifiziert und ist am 26.1.2016 in Kraft getreten (BGBl 2016 II, 295).

[362] Zu den jüngsten Entwicklungen auch zur Krisenprävention IWF, Jahresbericht 2018, 44 ff.

[363] Im September 2002 wurden überarbeitete Konditionalitäts-Richtlinien verabschiedet. Diese sollen die Effektivität der durch den IWF unterstützten Programme verbessern und betonen mehr als bisher die wichtige Rolle der nationalen Regierungen bei den Wirtschafts- und Finanzreformprogrammen *(ownership).* Im März 2009 richtete der IWF auch angesichts der internationalen Finanzkrise im Rahmen einer grundlegenden Überprüfung seiner Konditionalitätsanforderungen eine neue Darlehensfazilität ein, die „flexible credit line". Diese legt zum ersten Mal in der Geschichte des IWF keine Programmkonditionen unter der Voraussetzung fest, dass ein Land zuvor strenge Qualifikationskriterien erfüllt hat („ex ante conditionality").

[364] Formal gesehen unterbreitet der Empfängerstaat im *letter of intent* die geplanten Reformen dem IWF, der auf dieser Grundlage über die Bereitstellung von finanzieller Hilfe entscheidet.

[365] Vgl auch *Herdegen*, Internationales Wirtschaftsrecht, § 26 Rn 8.

[366] *Friedmann*, The Changing Structure of International Law, 1964.

– eine starke Position zukommt. Andererseits darf nicht übersehen werden, dass die Mittelvergabe des IWF eine kurzfristige Zahlungsbilanzhilfe in einer Notsituation darstellt. Konsequenterweise hat die Hilfe auch die Ursachen der Entstehung solcher Notlagen in Betracht zu ziehen. Ein Schema, das den Geberländern eine stärkere Entscheidungsposition gibt als den Nehmerländern, kann daher nicht ohne Weiteres als „undemokratisch", unfair oder sachwidrig angesehen werden. Im Jahre 2006 verschärften sich frühere Diskussionen um eine Reform des IWF. Ein Grund dafür war, dass große Schuldner (wie Argentinien und Brasilien) bestehende Verbindlichkeiten vorzeitig beglichen und sich regionale Absprachen zur Vereinbarung von Finanzreserven in Asien und Lateinamerika zunehmend als Konkurrenz zum IWF auswirkten. Eine wichtige Reform des IWF wurde mit der Verabschiedung der sog *integrated surveillance decision* durch den IWF im Jahr 2012 begonnen. Damit etablierte der IWF einen bi- und multilateralen Überwachungsmechanismus, um das Verhalten aller Mitglieder (nicht nur der Schuldner) mit Blick auf Wechselkurse, Finanzmärkte und makroökonomische Risiken sowie Auswirkungen der Globalisierung zu überwachen.

Aufgrund der Finanzkrisen in Asien, Russland und Lateinamerika am Ende der 1990er Jahre stellten sich verstärkt Fragen nach den Ursachen und der Eindämmung von Währungsturbulenzen nicht zuletzt deshalb, weil derartige Wachstumseinbrüche auch erhebliche politische und soziale Spannungen erzeugen und ein Risiko für die gesamte Weltwirtschaft darstellen. Vor diesem Hintergrund wurde ein verlässliches Schema gefordert, das die Überwachung des internationalen Finanzsystems verstärkt und die Arbeit von Aufsichtsbehörden besser koordiniert. Die sieben führenden Industrieländer (G-7) riefen deshalb zur Vorbeugung von Krisen auf den internationalen Finanzmärkten Anfang 1999 das sog „Stabilitäts-Forum" ins Leben. Dieses *Financial Stability Forum* sollte Probleme und Schwachpunkte auf den Märkten rechtzeitig aufdecken, die Einhaltung von Transparenzregeln überwachen und Konzepte zur Krisenvermeidung unterbreiten.[367] Dabei sollten vor allem die nationalen und internationalen Aufsichtsbehörden zusammenarbeiten, um frühzeitig möglichen Fehlentwicklungen in den Bereichen Banken, Versicherungen und Wertpapierhandel entgegenzuwirken. Auch in Reaktion auf die internationale Finanzkrise, die im Jahr 2007 begann, wurde im April 2009 das *Financial Stability Forum* zum *Financial Stability Board* (Finanzstabilitätsrat – FSB) ausgebaut.[368] Als Teil der globalen Finanzmarktarchitektur erhielt das *Financial Stability Board* ein breiteres Mandat und wurde institutionell verstärkt. Zudem wurde der Kreis der Mitglieder erweitert: Mitglieder des FSB sind insbes Notenbanken, Aufsichtsbehörden und Finanzministerien der G-20 Länder und einiger anderer Staaten sowie der IWF, die Weltbank, die Bank für Internationalen Zahlungsausgleich, die OECD, die Europäische Zentralbank, die Europäische Kommission und internationale Standardorganisationen wie zB der Basler Ausschuss für Bankenaufsicht. Der Finanzstabilitätsrat analysiert Risiken im internationalen Finanzsystem, fördert den Informationsaustausch und die Kooperation zwischen den für die Finanzmarktaufsicht und -regu-

---

367 Vgl hierzu *Tietmeyer,* Evolving Cooperation and Coordination in Financial Market Surveillance, Finance & Development 36 (1999) No 3, Sept 1999, 20 ff.
368 Rechtsgrundlage ist die Financial Stability Board Charter v 2009, modifiziert durch die Charter of the Financial Stability Board v Juni 2012.

lierung zuständigen Behörden. Außerdem entwickelt er internationale Standards und fördert deren Umsetzung. So wurden schärfere Eigenkapital- und Liquiditätsvorschriften für Banken und andere Finanzinstitute (Basel III) erarbeitet. Die G-20 wurden zum „obersten Forum für internationale wirtschaftliche Zusammenarbeit" aufgewertet und lösen insoweit die G-8 ab, in der Schwellenländer und aufstrebende Wirtschaftsnationen keine Stimme hatten.[369]

117 Die *Internationale Bank für Wiederaufbau und Entwicklung* (Weltbank) war ebenfalls nicht primär als Organ der Entwicklungshilfe gedacht.[370] Wie der IWF ging auch die Weltbank aus dem Abkommen von Bretton Woods v 22.7.1944 hervor; die Mitglieder beider Organisationen sind identisch. Die Bank finanziert sich über Einlagen der Mitgliedstaaten und internationale Kapitalmärkte. Auch ihre Leistungen sollten zunächst dem Wiederaufbau nach dem Weltkrieg zugutekommen. Der Schwerpunkt ihrer Tätigkeit liegt in der Bereitstellung projektgebundener, fest verzinslicher, längerfristiger Kredite sowie in der Organisation von Darlehen oder Kreditbeteiligungen, die nicht projektgebunden sind, zugunsten von Entwicklungsländern, insbes von Schwellenländern. Ein völkerrechtlicher Anspruch auf Gewährung von Entwicklungsdarlehen bzw -krediten besteht nicht; ihre Vergabe ist in das Ermessen der Bank gestellt.[371] Die Institution förderte in der Vergangenheit besonders Projekte zur Verbesserung der Infrastruktur. Heute tritt die Beratung durch die Bank, insb die Bedeutung von Institutionen für die wirtschaftliche Entwicklung eines Landes stärker in den Vordergrund. Kritiker warfen der Bank vor, sich zu willfährig gegenüber nicht industrialisierten Ländern gezeigt zu haben, indem kostspielige, technologisch und ökologisch bedenkliche Prestigeobjekte (zB Staudämme) unterstützt wurden, anstatt stärker auf dezentrale, umweltverträgliche, sozial und kulturell „angepasste" Vorhaben mit dem Ziel der nachhaltigen Armutsbekämpfung zu setzen. Die Weltbank hat auf diese Kritik reagiert und neue Akzente gesetzt. Sie verfolgt einen holistischen entwicklungspolitischen Ansatz *(Comprehensive Development Framework)*. Durch dieses umfassende Konzept finden die Vorgaben des Empfängerlands heute stärkere Berücksichtigung als früher (gesprochen wird von *ownership* der Projekte). Umweltbelange werden stärker als früher beachtet. Gefördert werden soll ein nachhaltiger wirtschaftlicher und sozialer Fortschritt u a durch soziale und umweltbezogene Standards und die Unterstützung von *good governance*-Strukturen.

118 Die Weltbankgruppe umfasst auch die 1960 errichtete *Internationale Entwicklungsorganisation* (International Development Association – IDA) und die 1956 gegründete *Internationale Finanz-Corporation* (International Finance Corporation –

---

369 *Smith*, The G8 and the G20: What Relationship Now?, in Bradford/Lim (Hrsg), Global Leadership in Transition – Making the G-20 More Effective and Representative, 2011; *Wouters/Ramopoulos*, The G20 and Global Economic Governance, JIEL 15 (2012) 751 ff; *Buckley*, The G20's Performance in Global Financial Regulation, UNSWLJ 37 (2014) 63 ff.
370 *Shihata*, The World Bank in a Changing World, Bd I, 1991, 8; Kapur/Lewis/Webb (Hrsg), The World Bank, Bd I: History, 1997, 57 ff; *Schlemmer-Schulte*, International Bank for Reconstruction and Development (IBRD), MPEPIL V, 363 ff. Vgl auch das Abkommen über die Internationale Bank für Wiederaufbau und Entwicklung (BGBl 1952 II, 637, 664 ff) idF seiner Änd v 30.7.1965 (BGBl 1965 II, 1089 f).
371 Vgl nur *Schütz*, Solidarität im Wirtschaftsvölkerrecht, 1994, 172.

IFC).³⁷² Während die Kredite der Weltbank grundsätzlich eine Laufzeit von 15 (ausnahmsweise 25) Jahren haben und verzinst werden („harte Kredite"), vergibt die *IDA* an Entwicklungsländer zinslose oder niedrig verzinsliche Kredite mit einer Laufzeit zwischen 25 und 38 Jahren bei fünf bis zehn tilgungsfreien Jahren („weiche Kredite"). Die Errichtung der IDA wurde erforderlich, als sich zeigte, dass viele Entwicklungsländer mit der Rückzahlung der Weltbankkredite überfordert waren. IDA-Kredite können grundsätzlich nur die am wenigsten entwickelten Staaten erhalten, um die Lebensbedingungen der Menschen zu verbessern, Ungleichgewichte abzubauen und das wirtschaftliche Wachstum anzuregen. Die Mittel für ihre Kredite finanziert die IDA nicht über die Kapitalmärkte, sondern u a über Beiträge ihrer Mitgliedsländer und Zuschüsse aus der IBRD. Aufgabe der IFC ist die *Förderung von Privatinvestitionen in Entwicklungsländern*. Sie vergibt keine Kredite an Staaten. Ihre Einrichtung erwies sich als erforderlich, da die Vergabe von Krediten an private Investoren in den Statuten der Weltbank nicht vorgesehen ist.³⁷³ Die allgemeine Stärkung des Privatsektors hat in den vergangenen Jahren auch die Rolle der IFC innerhalb der Weltbankgruppe gestärkt.

119 Auf das Ausbleiben einer ernsthaften Reform der Weltbank zur Stärkung der Rolle der Entwicklungsländer antwortete China 2013 mit seiner Initiative zur Gründung der *Asiatischen Infrastruktur-Investitionsbank (Asian Infrastructure Investment Bank – AIIB)*. Anders als in den bestehenden Institutionen ist das Stimmengewicht in der neuen Bank am Bruttosozialprodukt der Mitgliedstaaten ausgerichtet mit einem entsprechend hohen Einfluss von China. Nach Unterzeichnung durch 57 Staaten im Jahr 2014 ist der Gründungsvertrag am 25.12.2015 in Kraft getreten, nachdem er von zehn Staaten mit einem festgelegten Anteil von 50% am Gesamtkapital von 100 Mrd US-Dollar ratifiziert worden war. Insbes die USA hatten sich gegen die Initiative Chinas ausgesprochen, konnten aber die europäischen Staaten nicht von ihrer Teilnahme abhalten. In ihren ersten beiden Geschäftsjahren hat die Bank Kredite für 23 Projekte mit einem Gesamtwert von 4,2 Mrd US-Dollar bewilligt.³⁷⁴

c) Rohstoffabkommen und Cotonou-Abkommen

120 Rohstoffabkommen³⁷⁵ wurden in der Vergangenheit in der Überzeugung abgeschlossen, dass der freie Handel eine weltweite Konkurrenz rohstoffliefernder Länder mit sich bringt, dass der Wettbewerb zu Preisverfall bei den angebotenen Rohstoffen

---

372 S die Gründungsverträge in BGBl 1956 II, 749 (IFC) u 1960 II, 2137 (IDA); neueste Fassung des IFC-Abkommens: BGBl 2013 II, 1122. Zur IFC *Woicke*, Geschäftszweck: Förderung des privaten Sektors, VN 1999, 157 ff.
373 Die Weltbankgruppe ist nicht die einzige internationale Instanz, die Entwicklungsländern Kredite vergibt. Entwicklungshilfe durch Kreditvergabe, teilweise auch durch Vergabe verlorener Zuschüsse, ist etwa auch die Aufgabe des am 13.6.1976 gegründeten Internationalen Fonds für landwirtschaftliche Entwicklung (IFAD), BGBl 1978 II, 1405. Ziel des Fonds und seiner Kreditvergabe ist die Verbesserung der Ernährungssituation in besonders armen Ländern. Hierzu *Talbot*, The Four World Food Agencies in Rome: FAO, WFP, WFC, IFAD, 1990.
374 Dazu Asian Infrastructure Investment Bank (Hrsg), Financing Asia's Future – 2017 AIIB Annual Report and Financials, 10, 27.
375 Dazu *Schraven*, Internationale und supranationale Rohstoffverwaltung, 1982; *Pelikahn*, Internationale Rohstoffabkommen, 1990; *Michaelowa/Naini*, Der gemeinsame Fonds und die speziellen Rohstoffabkommen, 1995.

führen wird und dass dies insbes bei (noch) nicht industrialisierten Lieferländern wirtschaftliche Krisen nach sich ziehen kann. UNCTAD hat deshalb auf den Abschluss einer Reihe internationaler Rohstoffabkommen zur *Stabilisierung der Marktpreise* (bzw der Exporterlöse) für solche Güter hingewirkt und damit den Kreis der bereits bestehenden Abkommen deutlich erweitert.[376] Rohstoffabkommen sind nach Art XXXVI Abs 4 u Art XXXVIII Abs 2 GATT als sektorale Sonderregime des Welthandels und als handelspolitische Instrumente des Art 207 AEUV anerkannt.

121   Unter den einschlägigen Verträgen, die institutionelle Verfestigung aufweisen, lassen sich verschiedene Typen unterscheiden. An Rohstoff*kartellen* sind nur Erzeugerländer beteiligt. Das bekannteste Bsp ist die 1960 gegründete, für die Ölländer erfolgreiche OPEC *(Organisation of Petroleum Exporting Countries).*[377] Produzentenkartelle streben idR danach, durch Kontingentierung von Produktion und Export der Rohstoffe sowie durch Preisabsprachen die Weltmarktpreise hoch zu halten und auf diese Weise den Gewinn zu maximieren. Die entwicklungspolitische Bedeutung solcher Kartelle ist nicht zu unterschätzen. Immerhin haben die Rohölpreise seit Beginn der 1970er Jahre zum wirtschaftlichen Aufstieg diverser OPEC-Staaten beigetragen. Auf der anderen Seite haben sie die Industrialisierungsperspektiven der energie- und rohstoffarmen Entwicklungsländer verschlechtert.

122   An Rohstoff*abkommen* sind sowohl Erzeuger- als auch Abnehmerstaaten beteiligt – meist paritätisch, bei Stimmenwägung innerhalb der Gruppen. Die Abkommen sollen den Interessen beider Seiten dienen. Es soll eine ausreichende Rohstoffversorgung zu erschwinglichen Preisen für die Abnehmerländer sowie ein Preisniveau für die Anbieterländer gewährleistet werden, das ihnen angemessene Gewinne ermöglicht. Die meisten derartigen Abkommen verpflichten die Parteien lediglich zur Weitergabe von Informationen und zu Konsultationen über die Marktlage. Manche sehen Maßnahmen zur Verbesserung von Marktstrukturen vor (etwa durch Marketing, Forschungs- und Projektförderung).[378] Marktregulierende Interventionsmechanismen (zB Quotensysteme), die noch in den 1970er und 1980er Jahren den Kern der traditionellen Rohstoffabkommen bildeten, finden sich in den neueren Abkommen nicht mehr.[379] Neuere Abkommen sind auf allgemeine oder administrative Kooperation ausgerichtet. Die Rohstoffabkommen können internationale Rohstofforganisationen wie etwa die *International Coffee Organisation (ICO),* die *International Sugar Organisation (ISO)* oder die *International Tropical Timber Organisation (ITTO)* begründen.[380]

---

376 Die Stabilisierung der Rohstoffexportpreise auf einem über dem Weltmarktpreis liegenden Niveau ist gleichbedeutend mit dem Gewähren von Hilfe an die Exportländer. *Direkte* Hilfen dürften vom entwicklungspolitischen Standpunkt aus betrachtet größere Vorteile bringen.
377 Auch gasproduzierende Staaten haben sich zusammengeschlossen. Vermittelnd zwischen Produzenten und Verbrauchern soll im Energiebereich das International Energy Forum wirken.
378 Vgl etwa das Internationale Kaffee-Übereinkommen v 2007 (ABl EU 2008, Nr L 186/13).
379 Das Internationale Naturkautschuk-Übereinkommen v 1995 (BGBl 1997 II, 576) welches bis 1999 noch eine Stabilisierung der Naturkautschukpreise mittels eines Ausgleichslagers vorsah (Art 26 ff), wurde im Oktober 1999 vorzeitig beendet; vgl Sechster Bericht der Bundesregierung über die Aktivitäten des Gemeinsamen Fonds für Rohstoffe und der einzelnen Rohstoffabkommen, BT-Drs 14/9875 v 21.8.2002.
380 Vgl *Krajewski* (Fn 205) Rn 917.

Der gemäß Übereinkommen v 27.6.1980[381] eingerichtete *Gemeinsame Fonds für* **123**
Rohstoffe finanziert Ausgleichslager *(Bufferstocks),* mit denen im Rahmen von Rohstoffabkommen Überschüsse eines Rohstoffs mit dem Ziel angekauft werden können, das Marktangebots zu beeinflussen („1. Schalter"). Diese Aufgabe lässt sich mit derjenigen von Notenbanken bei der Stützung von Wechselkursen vergleichen. Dieser vor allem von Industrieländern finanzierte Fonds ist Teil des von der UNCTAD initiierten *Integrierten Rohstoffprogramms.*[382] Die ursprünglich angestrebte, auf eine Vielzahl von Rohstoffen zugeschnittene „Paketlösung" beruht auf der Überlegung, dass Interventionen kaum je für eine Mehrzahl von Rohstoffen gleichzeitig erforderlich werden, dass also Kosten gespart werden, wenn finanzielle Mittel nur ein einziges Mal eingezahlt werden müssen und multifunktional eingesetzt werden können.[383] Allerdings bleiben die Aktionsmöglichkeiten des Fonds beschränkt. So ist es in der Praxis nicht zur Finanzierung von *Bufferstocks* und international koordinierter Lagerhaltung im Kontext von Rohstoffvereinbarungen gekommen. Im Vordergrund steht vielmehr bisher die dem Fonds weiter zugewiesene Aufgabe der Finanzierung von Projekten insbes durch die Vergabe von Krediten etwa zur Produktivitäts- und Qualitätsverbesserung, Diversifikation, Forschung und Entwicklung. Dies soll die Wettbewerbslage von Rohstoffen aus Entwicklungs- und Transformationsländern verbessern („2. Schalter").[384]

Das *Partnerschaftsabkommen von Cotonou*[385] begründet – ebenso wie die von 1975 **124**
an jeweils für die Dauer von fünf Jahren abgeschlossenen Lomé-Abkommen – eine Assoziierungsabkommen gemäß Art 217 AEUV zwischen EU und AKP-Staaten. Es wurde im März 2000 abgeschlossen[386] und im Juni 2005[387] und Mai 2010[388] revidiert. Im Vergleich zu den früheren Lomé-Abkommen setzt es andere Akzente. Das zentrale Ziel des Abkommens, das für eine Laufzeit von 20 Jahren bis zum Jahr 2020 vereinbart wor-

---

381 BGBl 1985 II, 715. Das Übereinkommen ist seit 1989 in Kraft.
382 Die USA sind nie beigetreten, Frankreich etwa ist 1998 wie andere Industriestaaten zuvor ausgeschieden.
383 Das Integrierte Rohstoffprogramm sieht auch Elemente eines dritten Typus von Rohstoffabkommen – Liefer- und Abnahmeverpflichtungen – vor, als flankierende Maßnahme. Anders als Quoten und Ausgleichslager zielen die Verpflichtungen nicht auf die Milderung nachteiliger Wirkungen von Extremsituationen, sondern auf das Etablieren „normaler" Mengen zu „normalen" Preisen, um Kontinuität herzustellen.
384 Vgl Sechster Bericht der Bundesregierung über die Aktivitäten des Gemeinsamen Fonds für Rohstoffe und der einzelnen Rohstoffabkommen, BT-Drs 14/9875. Die Projekte des „2. Schalters" wurden nur mit freiwilligen Beiträgen finanziert.
385 Dazu etwa *Arts,* ACP-EU Relations in a New Era: The Cotonou Agreement, CMLRev 40 (2003) 95 ff; *Feuer,* Un nouveau paradigme pour les relations entre l'Union européenne et les etats ACP, RGDIP 106 (2002) 269 ff; *Vincent,* L'entrée en vigueur de la convention de Cotonou, Cahiers de droit européen, 2003, 157 ff.
386 ABl EG 2000, Nr L 317/3.
387 Die revidierte Fassung ist am 1.7.2008 in Kraft getreten. Vgl Abkommen zur Änderung des Partnerschaftsabkommens zwischen den Mitgliedern der Gruppe der Staaten in Afrika, im karibischen Raum und im Pazifischen Ozean einerseits und der Europäischen Gemeinschaft und ihren Mitgliedstaaten andererseits v 23.6.2000 (ABl EG 2005, Nr L 209/27).
388 Abkommen zur zweiten Änderung des Partnerschaftsabkommens zwischen den Mitgliedern der Gruppe der Staaten in Afrika, im Karibischen Raum und im Pazifischen Ozean einerseits und der Europäischen Gemeinschaft und ihren Mitgliedstaaten andererseits, unterzeichnet in Cotonou am 23. Juni 2000 und erstmals geändert in Luxemburg am 25. Juni 2005 (ABl EU 2010, Nr L 287/3); s dazu *Bartelt,* ACP-EU Development Cooperation at a Crossroads?, EFAR 17 (2012) 1 ff.

den ist, stellt die *Armutsbekämpfung* dar, welche „in Einklang mit den Zielen der nachhaltigen Entwicklung und der schrittweisen Integration der AKP-Staaten in die Weltwirtschaft" erreicht werden soll. Das Abkommen begründet zugleich einen politischen Dialog über Fragen des Menschenrechtsschutzes, der *good governance*, der Konfliktprävention bis hin zu Migrationsfragen.[389] Das Abkommen sah vor, die bis dato bestehenden einseitigen Handelspräferenzen – die EU-Staaten garantierten praktisch allen Waren mit Ursprung in den inzwischen 79 AKP-Staaten zollfreien Zugang zum Binnenmarkt – bis Ende 2007 schrittweise durch eine „neue, WTO-konforme Handelsregelung" zu ersetzen.[390] Verhandlungen über diese regional ausgehandelten *Wirtschaftspartnerschaftsabkommen* (WPA), die den gegenseitigen Marktzugang vertraglich vereinbaren, begannen im Jahr 2002, konnten aber bis zum Jahr 2007 nicht wie geplant abgeschlossen werden. Als Zwischenlösung ermöglichte die Marktzugangsverordnung (MZV)[391] bis September 2014 den AKP-Staaten Zugang zum EU-Markt zu Präferenzbedingungen. Auch die Zusammenarbeit bei der Entwicklungsfinanzierung wird durch das Cotonou-Abkommen neu gestaltet. Die Unterstützung wird nunmehr über zwei Hauptinstrumente abgewickelt (Zuschuss- und Investitionsfazilität).[392] Die finanziellen Mittel werden aus dem Europäischen Entwicklungsfonds (EEF) bereitgestellt.[393] Weiterhin kann bei bestimmten Waren im Bereich der Landwirtschaft und des Bergbaus, deren Preise je nach Ertrag und Weltmarktlage stark schwanken können, zusätzliche „angemessene" finanzielle Unterstützung gewährt werden.

125 Derzeit wird über ein umfassendes Nachfolgeabkommen mit allen Vertragsparteien des Cotonou-Abkommens für die Zeit ab dem Jahr 2020 verhandelt. Dieses soll die gemeinsamen Werte, Ziele und Prinzipien der künftigen Zusammenarbeit regeln. Regionale Protokolle sollen mit den drei Regionen (Afrika, Karibik und Pazifik) vereinbart werden. Das Abkommen soll der Verwirklichung der Ziele nachhaltiger Entwicklung (SDGs) dienen, auch Fragen der Migration, von Frieden und Sicherheit sowie von Investitionen regeln.[394] Seit dem Abschluss des Cotonou-Abkommens im Jahr 2000 haben sich allerdings die Rahmenbedingungen wesentlich geändert. So wurde eine Vielzahl bilateraler und regionaler Wirtschaftspartnerschaftsabkommen geschlossen. China hat an Bedeutung auf dem afrikanischen Kontinent gewonnen.

---

389 S *Hilpold*, EU Development Cooperation at a Crossroad, EFAR 7 (2002) 53 ff; *Nwobike*, The Emerging Trade Regime Under the Cotonou Partnership Agreement: Its Human Rights Implications, JWT 40 (2006) 291 ff; krit zu den Wirtschaftspartnerschaftabkommen *Hallaert*, Economic Partnership Agreements: Tariff Cuts, Revenue Losses and Trade Diversion in Sub-Saharan Africa, JWT 44 (2010) 223 ff.
390 Bis dahin beschloss die Ministerkonferenz in Doha am 14.11.2001 einen *waiver*, der es der EG erlaubte, das System der einseitigen Handelspräferenzen bis Ende 2007 beizubehalten, s WT/MIN (01)/15.
391 VO (EG) Nr 1528/2007 des Rates v 20.12.2007 (ABl EU 2007, Nr L 348/1).
392 Im Gegensatz dazu gab es früher acht Finanzinstrumente: Strukturanpassung, STABEX, SYSMIN, Sofort- und Flüchtlingshilfe, regionale Zusammenarbeit, Zinsvergütungen, programmierbare Hilfe und Risikokapital.
393 Der 11. EEF sollte für den Zeitraum 2014–2020 gelten und sah eine Mittelausstattung in Höhe von 30,5 Mrd EUR vor. Zusätzlich sollten 2,6 Mrd EUR von der Europäischen Investitionsbank in Form von Darlehen aus ihren eigenen Mitteln bereitgestellt werden. Da sich die interne Ratifizierung verzögerte, wurden in dem Beschluss 2013/759/EU des Rates v 12.12.2013 (ABl EU 2013, Nr L 335/48) die Übergangsmaßnahmen für die Verwaltung des EEF bis zum Inkrafttreten des 11. EEF festgelegt.
394 Vgl COM(2017) 763 final v 12.12.2017.

Nicht zuletzt wurde im Jahr 2018 die *Afrikanische Freihandelszone* gegründet, die einen Binnenmarkt für Afrika schaffen soll.[395]

II. Die Kultur im Völkerrecht

1. Kulturgüterrecht im Überblick

Vom Gegenstand her unterscheidet sich die kulturelle Dimension des Völkerrechts im Grundsatz von dessen wirtschaftsrechtlichen Fragestellungen. Indes hat der Handel mit Gegenständen der Kultur erhebliche wirtschaftliche Bedeutung erlangt. Parallelitäten zeigen sich auch bei der Betrachtung der rechtlichen Strukturen. Die territoriale Souveränität ist für beide Bereiche der rechtliche Ausgangspunkt; auch das Selbstbestimmungsrecht der Völker strahlt in beide Richtungen aus. Kennzeichnend für den Aufbau sowohl der wirtschaftlichen als auch der kulturellen normativen Gebäude ist das *Ineinandergreifen verschiedener Rechtsbereiche*, insbes von materiellem nationalen Zivilrecht und öffentlichem Recht, internationalem Zivilrecht und Völkerrecht. 126

Der *Rechtsbegriff der Kultur* hat sich im Völkerrecht bereichsspezifisch mit unterschiedlichen Akzentuierungen in den einzelnen Verträgen entwickelt. Die Schwierigkeit, den Begriff der Kultur zu definieren, ergibt sich aus dem unterschiedlichen Verständnis in verschiedenen Kulturkreisen.[396] Grundsätzlich wird der Begriff der Kultur im Völkerrecht jedenfalls nicht anders verstanden als der europäische Kulturbegriff, dem insoweit ein universelles Verständnis zugrunde liegt. *Oppermann* versteht unter Kultur den besonderen Bereich, der über Bildung und Forschung hinaus durch die öffentlich-gesellschaftlichen Berührungen mit der Welt des Geistes gekennzeichnet ist (Literatur, Schöne Künste, Architektur, Massenmedien, Kulturaustausch, Erhaltung des kulturellen Erbes und der kulturellen Identität u a).[397] 127

Mit kulturellen Fragen waren bereits die „Väter" des modernen Völkerrechts befasst. Sowohl *Hugo Grotius* (1583–1645) als auch *Emeric de Vattel* (1714–1767) sprachen sich dafür aus, der barbarischen Kriegssitte der gezielten *Zerstörung kultureller* 128

---

395 Vgl Rn 99.
396 Die Brockhaus-Enzyklopädie (21. Aufl, Bd 16) bezeichnet als Kultur ieS „die Handlungsbereiche, in denen der Mensch auf Dauer angelegte, einen individuellen oder kollektiven Sinnzusammenhang gestaltende oder repräsentierende Produkte, Produktionsformen, Verhaltensweisen und Leitvorstellungen hervorzubringen vermag, die dann im Sinne einer Wertordnung oder eines Formenbestandes das weitere Handeln steuern und auch strukturieren können." Das Oxford English Dictionary versteht unter Kultur „the training and refinement of mind, tastes and manners; the condition of being thus trained and refined; the intellectual side of civilisation". Larousse definiert Kultur als „ensemble des connaissances acquises: ensemble des structures sociales, religieuses, des manifestations intellectuelles, artistiques qui caractérisent une société". Beides nach Lord *Slynn of Hadley*, Law and Culture – A European Setting, in Peterson (Hrsg), The Tanner Lectures on Human Values, 1995, 47 f.
397 *Oppermann*, Europarecht, 1991, § 29 Rn 1978; hierzu auch *Blanke*, Europa auf dem Weg zu einer Bildungs- und Kulturgemeinschaft, 1994, 6; zu unterschiedlichen Definitionsansätzen auf völkerrechtlicher Ebene *O'Keefe*, The „Right to take part in cultural life" under Article 15 of the ICESCR, ICLQ 47 (1998) 904 ff. Zum Begriff der kulturellen Vielfalt s Art 4 Nr 1 UNESCO Diversity Convention.

Güter des Feindes Einhalt zu gebieten;[398] auch im 19. Jh war dieser Fragenkreis Gegenstand von Auseinandersetzungen.[399] Der Roerich-Pakt (1935) dient dem Schutz von künstlerischen und wissenschaftlichen Einrichtungen und Denkmälern im Kriegsfall; der Pakt wurde allerdings nur von amerikanischen Staaten unterzeichnet. Deutlich umfassender ist das Haager Abkommen zum Schutz von Kulturgut in bewaffneten Konflikten aus dem Jahr 1954 mit seinen Zusatzprotokollen.[400] Erst nach dem Zweiten Weltkrieg traten neue Aspekte in den Vordergrund. Zum einen wurde nunmehr die Hege und Pflege von Kulturgut in Friedenszeiten erörtert; zum anderen ging es um die *Rückführung von Kulturgütern* in ihre Ursprungsländer.[401] Nach 1970 wurde schließlich die Eigenständigkeit nationaler Kultur im Kontext der wirtschaftlichen Globalisierung zum Thema. Zwischen dem Appell nach der Freiheit grenzüberschreitender Wirtschaft – einschließlich der Wahl der Sprache und ohne Rücksicht auf kulturelle Implikationen – einerseits und der Forderung nach dem fortbestehenden Recht auf *Wahrung kultureller Identität* andererseits kam es immer wieder zu Friktionen. In den 1990er Jahren betonte insbes Frankreich die Kultur als Teil der nationalen Identität, bestand deswegen auf kulturwahrenden internationalen Regelungen. Diese Fragen wurden auch im Rahmen der GATT-Verhandlungen und der Debatte um ein multilaterales Vertragswerk für ausländische Investitionen erörtert.[402] Die UNESCO verabschiedete 2001 eine Allgemeine Erklärung zur kulturellen Vielfalt[403] und im Oktober 2003 das Übereinkommen zur Erhaltung des immateriellen Kulturerbes.[404] 2005 folgte die UNESCO-Konvention über den Schutz und die Vielfalt kultureller Ausdrucksformen.[405] Die friedenspolitische Ambivalenz der Akzentuierung kultureller Eigenständigkeit konnte bislang nicht entschärft werden. Ging es einer Denkschule um „Frieden durch Kultur" *(Roerich)*,[406] hat die andere Sorge vor den Folgen des Zusammenstoßes unterschiedlicher kultureller Wege und

---

[398] *Grotius*, Vom Recht des Krieges und des Friedens, 1625, Ausg Tübingen 1950, 521; *de Vattel*, Le droit des gens ou principes de la loi naturelle, 1758, Ausg Tübingen 1959, 453; zur geschichtlichen Entwicklung *Wyss*, Kultur als eine Dimension der Völkerrechtsordnung, 1992, 86 ff.
[399] Hierzu *Fiedler*, Zur Entwicklung des Völkergewohnheitsrechts im Bereich des internationalen Kulturgüterschutzes, FS Doehring, 1989, 203 ff.
[400] BGBl 1967 II, 1235.
[401] Zu dieser Entwicklung vgl *Hammer*, Zur Geschichte des rechtlichen Kulturgüter- und Denkmalschutzes, in Fechner/Oppermann/Prott (Hrsg), Prinzipien des Kulturgüterschutzes, 1996, 63 ff.
[402] Hierzu *Hahn*, Eine kulturelle Bereichsausnahme im Recht der WTO?, ZaöRV 56 (1996) 315 ff; *Footer/Graber*, Trade Liberalization and Cultural Policy, JIEL 3 (2000) 115 ff; *Graber*, Trade and Culture, MPEPIL IX, 971 ff; dazu auch o Rn 51.
[403] ILM 41 (2002) 57 ff; dt Text des Übereinkommens abgedr in Deutsche UNESCO-Kommission (Hrsg), Übereinkommen über Schutz und Förderung der Vielfalt kultureller Ausdrucksformen, 2006, 103.
[404] Das Übereinkommen trat am 20.4.2006 in Kraft, derzeit hat sie 178 Vertragsstaaten (Stand: 16.7.2018). Das Übereinkommen trat für die BR Deutschland am 10.7.2013 in Kraft (BGBl 2013 II, 1009); vgl *Francioni*, Beyond State Sovereignty: The Protection of Cultural Heritage as a Shared Interest of Humanity, Michigan JIL 25 (2004) 1209 (1222 ff); *Odendahl*, Die Bewahrung des immateriellen Kulturerbes als neues Thema des Völkerrechts, SZIER 2005, 445 ff; *Lixinski*, Selecting Heritage: The Interplay of Art, Politics and Identiy, EJIL 22 (2011) 81 ff; *Lenzerini*, Intangible Cultural Heritage: The Living Culture of Peoples, EJIL 22 (2011) 101 ff; s zur Durchsetzung des internationalen Rechts des Kulturgüterschutzes Francioni/Gordley (Hrsg), Enforcing International Cultural Heritage Law, 2013.
[405] S u Rn 134.
[406] Hierzu *Boguslavsky*, Der Begriff des Kulturguts und seine rechtliche Relevanz, in Dolzer/Jayme/Mußgnug (Hrsg), Rechtsfragen des internationalen Kulturgüterschutzes, 1994, 3 ff.

Formen der Macht.[407] Zudem stellt sich die Frage, welche Regelungsmöglichkeiten die Staaten in weltweit vernetzten Kommunkationsstrukturen faktisch haben.

2. Informationsfreiheit und Kulturordnung

Die *UN-Charta* nennt die kulturelle Kooperation als ein Ziel der UN-Tätigkeit (Art 1 Abs 3, Art 55). Dass die Charta in Art 13 der Generalversammlung die Ausübung der Kompetenz für die internationale Zusammenarbeit im Bereich in der Kultur in einem Atemzug mit der Förderung der Menschenrechte überträgt, hat *Oppermann* zu Recht veranlasst, von einem Konzept einer „grundsätzlich freien und offenen Weltkulturordnung" zu sprechen, welches der Charta zugrunde liegt.[408] Dem Bild des friedlichen Austauschs zwischen vielfältigen Kulturen entsprechen auch *bilaterale* Kulturabkommen, welche dem Austausch im Bereich der Bildung, der Kunst und der Wissenschaft dienen; die BR Deutschland hat eine Vielzahl solcher Vereinbarungen getroffen.[409] 129

Die *UNESCO*, also die Sonderorganisation der UN für Bildung, Wissenschaft, Kultur und Kommunikation, wurde 1945 als I.O. zur Förderung des multilateralen Austauschs auf diesem Feld gegründet und hat gerade im Bereich des Kulturgüterschutzes auch Anstöße zum Abschluss weltweiter Absprachen iSd kulturellen Offenheit gegeben.[410] Sie sitzt in Paris und hat 193 Mitgliedstaaten. Im Zeichen der damaligen Mehrheit von Entwicklungsländern und sozialistischen Staaten kam es freilich nach 1970 zu einer gegenläufigen Akzentuierung: einerseits zur *Betonung der nationalen Kultur*, etwa im Bereich der Zuordnung der Kulturgüter zu den Ursprungsnationen, andererseits zur Forderung nach einer neuen globalen Informationsordnung, welche die Kontrolle des souveränen Staates über den Informationsfluss zu Lasten der Informations- und Meinungsfreiheit des Art 19 IPBPR stärken wollte und damit auf den Widerstand westlicher Staaten stieß. Der Streit um diese Frage kulminierte 1982 in einer Resolution der UN-Generalversammlung, mittels welcher gegen die Stimmen der westlichen Staaten für den Bereich des Satellitendirektfernsehens die Ausstrahlung vom *prior consent* des Empfängerstaats abhängig gemacht werden sollte.[411] IE hat sich das gewohnheitsrechtliche Prinzip der freien Ausstrahlung nicht verändert, auch wenn dem Empfangsstaat – soweit technisch möglich – das Recht auf Störung *(jamming)* bleibt.[412] 130

---

407 Vgl *Huntington*, The Clash of Civilizations and the Remaking of World Order, 1996; dt Übersetzung: Kampf der Kulturen, 1998. S zu Konflikten um Kulturräume *Richter*, Die neuen Konflikte um Kulturräume, in Odendahl/Giegerich (Fn 308) 71 ff.
408 *Oppermann*, Cultural and Intellectual Cooperation, EPIL I (1992) 886 (889).
409 Dazu *Schirmer*, Die klassischen Kulturabkommen der Bundesrepublik Deutschland mit auswärtigen Staaten, 1970.
410 Nach ihrem Austritt aus der UNESCO im Dezember 1984 traten die USA der Organisation zum 1.10.2003 wieder bei. Die USA und Israel erklärten ihren (erneuten) Austritt aus der UNESCO mit Wirkung zum 31.12.2018. Vgl AJIL 112 (2018) 107 ff mwN Zur UNESCO vgl *Hüfner*, Durch Bildung zum idealen Menschen, Vereinte Nationen 2006, 194 ff.
411 UN Doc A/RES/37/92 (1982).
412 *Malanczuk*, Das Satellitenfernsehen und die Vereinten Nationen, ZaöRV 44 (1984) 257 ff. Vgl *Froehlich*, Verletzung von Menschenrechten durch TV-Satellitenprogramme aufgrund unterschiedlicher kultureller Wertvorstellungen, ZLW 55 (2006) 541 ff.

131 Der Fortschritt der modernen Informationstechnologie erschwert den Staaten eine prinzipielle nationale Abschottung.[413] Dass nicht nur die repressive Kontrolle der Meinungsfreiheit, sondern auch das Ziel, die nationale kultureller Identität zu wahren, auf den internationalen Austausch kultureller Güter iwS Einfluss nehmen, zeigte sich in den 1990er Jahren nicht nur im Verhältnis zwischen Industriestaaten und Entwicklungsländern, sondern insbes auch zwischen den USA und Frankreich. Hinzu kommt das erhebliche wirtschaftliche Potenzial kultureller Güter im Rahmen einer immer enger werdenden Informationsgesellschaft. Die intensiven Diskussionen um ein multilaterales Abkommen gegen Produktpiraterie *(Anti-Counterfeiting Trade Agreement – ACTA)*, das zwischen 2008 und 2011 ausgehandelt wurde,[414] spiegeln auch diesen Konflikt wider. Im Jahr 2012 lehnte das Europäische Parlament ACTA ab, mit der Folge, dass weder die EU noch einzelne Mitgliedstaaten dem Abkommen beitreten können.[415]

3. Kulturelle Belange als Schranke der Waren- und Dienstleistungsfreiheiten

132 Im Rahmen des seit 1994 geltenden Rechts der WTO[416] ist der internationale Austausch kulturell definierter Waren und Dienstleistungen in einer komplexen Regelung dreifach gegliedert. Die *„Hochkultur"*, etwa die staatliche Förderung der Musik, der Malerei oder der Kunst im Allgemeinen, fällt nicht in den Bereich des GATT. Die Kämpfe um die *cultural exception* betrafen vielmehr die Unterhaltungsindustrie *(entertainment and showbusiness)*. IE hat der in der Uruguay-Runde erzielte Kompromiss dazu geführt, dass der *Spielfilm als solcher* (die gegenständlich fixierte Bild- und Tonfrequenz) als Ware angesehen und damit grundsätzlich den Regeln der Meistbegünstigung und der Inländergleichbehandlung unterworfen wird;[417] bei der Festsetzung von Quoten bestimmter Filme in Lichtspielhäusern *(screen quote)* wird aber ausdrücklich vom Gebot der Inländergleichbehandlung abgewichen (Art III Abs 10 u Art IV GATT). Einen präventiven Kulturgüterschutz[418] verfolgt die Ausnahmevorschrift[419] des Art XX (f), die den Staaten in Abweichung von den sonstigen Freihandelsregeln Maßnahmen zum *Schutz bestehender nationaler Kulturgüter* von künstlerischem, historischem oder archäologischem Wert erlaubt. Voraussetzung ist allerdings, dass die Maßnahmen nicht diskriminierend sind oder zu einer verschleierten Beschränkung des internationalen Handels führen.[420] Im Fall China – Audiovi-

---

413 Generell hierzu *Grewlich*, Access to Global Networks – European Telecommunications Law and Policy, GYIL 41 (1999) 9 ff.
414 Vgl hierzu *Uerpmann-Wittzack*, Das Anti-Counterfeiting Trade Agreement (ACTA) als Prüfstein für die Demokratie in Europa, AVR 49 (2011) 103 ff.
415 S zu ACTA *Weatherall*, Three Lessons from ACTA and its Political Aftermath, STLR 35 (2012) 575 ff; *Cremona*, International Regulatory Policy and Democratic Accountability, in dies/Hilpold/Lavranos/Schneider/Ziegler (Fn 217) 155 ff.
416 Auch bilaterale Freihandelsabkommen können natürlich Regelungen für den Austausch kultureller Waren und Dienstleistungen beinhalten; vgl *Mayer-Robitaille*, L'impact des accords de libre-échange américains sur le statut juridique des biens et services culturels, AFDI 50 (2004) 715 ff.
417 So *Hahn* (Fn 402) 315 ff, 328 ff; bestätigt in China – Measures Affecting Trading and Distribution Services for Certain Publications and Audiovisual Entertainment Products, Report of the Appellate Body v 21.12.2009, WT/DS363/AB/R, 74 ff.
418 *Streinz*, Internationaler Schutz von Museumsgut, 1998, 192 f.
419 *Hahn* (Fn 402) 315 ff, 341.
420 Hierzu *von Schorlemer*, Internationaler Kulturgüterschutz, 1992, 467 ff.

suals, in dem es um die Vereinbarkeit der chinesischen Zensurpraxis mit dem GATT und dem GATS ging, konnte China zudem im Prinzip erfolgreich den Schutz der öffentlichen Sittlichkeit nach Art XX (a) geltend machen, scheiterte mit dieser Verteidigung aber im Ergebnis, weil die Maßnahmen nach Ansicht des Appellate Body über das notwendige Maß hinausgingen und mildere Mittel zur Verfügung standen.[421]

Die *Vorführung* eines Films wird als Dienstleistung betrachtet und fällt damit unter das GATS, wobei die EU von ihrem Recht Gebrauch gemacht hat, bis auf weiteres die Meistbegünstigungsklausel nicht anzuwenden, sodass insoweit Regeln der WTO nicht gelten.[422] Der Europarat und die EU haben für das grenzüberschreitende Fernsehen Sonderregelungen geschaffen, wonach in den Mitgliedstaaten der Hauptanteil der Sendezeiten durch europäische Werke gestaltet werden soll.[423] Wäre das GATS anwendbar, könnten nationale Einschränkungen nur zum Schutz der öffentlichen Moral, nicht aber *zur Wahrung kultureller Identität* geltend gemacht werden. Dass kulturelle Vielfalt im Grundsatz Ziel einer globalen Informationsordnung sein sollte, ist nicht strittig zwischen den Industriestaaten.[424] Die EU ist gemäß Art 22 ihrer Grundrechte-Charta hierzu sogar verpflichtet.[425] Für den Bereich von Film- und Fernsehprogrammen dominieren weltweit US-amerikanische Produkte: Nach der Luftfahrtindustrie ist diese Industrie der größte Exportsektor der USA.[426]

Am 20.10.2005 verabschiedete die UNESCO das *Übereinkommen über den Schutz und die Förderung der Vielfalt kultureller Ausdrucksformen.*[427] Hierin wird die Dop-

---

421 China – Measures Affecting Trading Rights and Distribution Services for Certain Publications and Audiovisual Entertainment Products, Report of the Appelate Body, WT/DS363/AB/R, 91ff; vgl dazu *Pauwelyn*, Squaring Free Trade in Culture with Chinese Censorship: The WTO Appellate Body Report on China – Audiovisuals, Melb JIL 11 (2010) 1ff.
422 Vgl Dokument GATS/EL/31 v 15.4.1994; vgl auch *Pleitgen*, Von Uruguay über Paris nach Hongkong?, AfP 2005, 1ff; zur Vereinbarkeit der europäischen Quotenregelungen und finanziellen Fördermaßnahmen mit dem Welthandelsrecht *Döpkens*, Handelsliberalisierung im Bereich audiovisueller Medien, 2010.
423 Europäisches Übereinkommen über das grenzüberschreitende Fernsehen des Europarats, BGBl 1994 II, 639, geänd Fassung in BGBl 2000 II, 1091; RL 2007/65/EG v 11.12.2011 (ABl EU 2007, Nr L 332/27); Entwurf des Europarats zu einer Convention on Transfrontier Audiovisual Media Services; s dazu *Fink*, Medienregulierung im Europarat, ZaöRV 74 (2014) 505ff. Vgl auch *Keller*, European and International Media Law, 2011.
424 Vgl OECD (Hrsg), Global Information Infrastructure, 1997, 64ff.
425 Hierzu *Ennuschat*, in Stern/Sachs (Hrsg), Europäische Grundrechte-Charta, 2016, Art 22.
426 *Pleitgen* (Fn 422) 1ff; dazu auch *Graber*, Handel und Kultur im Audiovisionsrecht der WTO, 2003; *Grewlich*, Konflikt und Ordnung in der globalen Kommunikation, 1997; Wolfrum (Hrsg), Recht auf Information – Schutz vor Information, 1986.
427 148 von 154 Staaten stimmten dafür, nur die USA und Israel dagegen (Australien, Liberia, Nicaragua und Honduras enthielten sich). Die Konvention ist seit dem 18.3.2007 in Kraft und wurde von der BR Deutschland am 2.3.2007 ratifiziert (BGBl 2007 II, 234); hierzu *Froehlich*, Das Verhältnis von Kultur und WTO, in Hilf/Niebsch (Hrsg), Perspektiven des Internationalen Wirtschaftsrechts, 2006, 97ff; Steinkamp (Hrsg), Kulturelle Vielfalt – Unser gemeinsamer Reichtum, 2007; *Neuwirth*, United in Divergency, ZaöRV 66 (2006) 819ff; *Wouters/De Meester*, The UNESCO Convention on Cultural Diversity and WTO Law, JWT 42 (2008) 205ff; *von Schorlemer*, Cultural Diversity, MPEPIL II, 897ff; Ruiz Fabri (Hrsg), La Convention de l'UNESCO sur la protection et la promotion de la diversité des expressions culturelles, 2010; von Schorlemer/Stoll (Hrsg), The UNESCO Convention on the Protection and Promotion of the Diversity of Cultural Expressions: Explanatory Notes, 2012; *Burri*, The UNESCO Convention on Cultural Diversity, IJCP 20 (2013) 357ff; *El Zein*, The UNESCO Convention on the Protection and Promotion of the Diversity of Cultural Expressions and Its Operational Guidelines, in Maluwa/Asmal (Hrsg), Law, Politics and Rights, 2013, 340ff.

pelnatur kultureller Güter als Wirtschaftsgüter einerseits und Gegenstand der öffentlichen Förderung andererseits anerkannt. Staaten wird gestattet, in Ausübung ihrer Souveränität nationale Maßnahmen zum Schutz der eigenen kulturellen Vielfalt zu ergreifen (Art 6). Die Vereinbarkeit solcher Schutzmechanismen etwa mit WTO-Recht ist noch ungeklärt; Art 20 besagt in einer kompromisshaften Formulierung, dass Pflichten aus der Konvention gleichberechtigt neben solchen aus anderen Verträgen stehen sollen *(mutual supportiveness)*.[428] Während manche hier eine wenig versteckte Protektion insbes kanadischer und französischer Industrien durch eine faktische „kulturelle Ausnahme" zu Lasten amerikanischer Exporte sehen, betonen andere die Notwendigkeit des Schutzes der Kultur, insbes von indigenen Völkern und in Entwicklungsländern.[429]

135 Auf *europäischer* Ebene löst Art 36 AEUV das Spannungsverhältnis von Warenverkehrsfreiheit und Kulturgüterschutz[430] dahingehend, dass nicht-diskriminierende Ein- und Ausfuhrbeschränkungen zum Schutz des nationalen Kulturguts von künstlerischem, geschichtlichem oder archäologischem Wert zulässig sind, soweit sie keine verschleierte Beschränkung des Handels darstellen. Voraussetzung ist, dass es sich um eine Maßnahme nicht-wirtschaftlicher Art handelt, die nicht der Wirtschaftslenkung dient,[431] und dass außerdem keine abschließende Unionsregelung besteht.[432] Die VO über die Ausfuhr von Kulturgütern[433] in Drittländer sowie die Richtlinie über die Rückgabe von unrechtmäßig aus einem Hoheitsgebiet eines Mitgliedstaats verbrachten Kulturgütern[434] stellen keine abschließenden Regelungen dar, da sie nur bestimmte Kulturgüter betreffen.[435] Gerechtfertigt sind Maßnahmen zum Schutz nationalen Kulturguts nach Art 36 AEUV nur, wenn sie geeignet und notwendig sind, die Gefahr insbes der Abwanderung des nationalen Kulturguts abzuwenden und der erforderliche Schutz nicht mit Mitteln erreicht werden kann, die den freien Warenverkehr weniger beeinträchtigen.[436] Als idS *verhältnismäßige Maßnahmen* kommen insbes staatliche Vorkaufsrechte und Ausfuhrverbote mit Genehmigungsvorbehalten in Betracht.[437] Die Ausnahme des Art 36 AEUV zum Schutz des nationalen Kulturguts steht im Kontext von Art 167 Abs 4 AEUV, wonach die EU bei

---

428 Hierzu *Hahn*, A Clash of Cultures?, JIEL 9 (2006) 515 (540 ff); *Graber*, The New UNESCO Convention on Cultural Diversity, JIEL 9 (2006) 553 (566 ff); *Burri-Nenova*, Trade and Culture in International Law, JWT 44 (2010) 49 ff.
429 Vgl *von Schorlemer*, Kulturpolitik im Völkerrecht verankert, VN 2005, 217 ff.
430 Dazu *Seidl-Hohenveldern*, Kulturgüterschutz durch die Europäische Union versus Warenverkehrsfreiheit, in Fechner/Oppermann/Prott (Fn 401) 113 ff.
431 *Müller-Graff*, in v. d. Groeben/Schwarze/Hatje (Hrsg), Europäisches Unionsrecht, Bd 1, 7. Aufl 2015, Art 36 Rn 33 ff.
432 Hierzu *Müller-Graff* (Fn 431) Rn 14 ff mwN.
433 VO (EWG) Nr 3911/92 des Rates v 9.12.1992, ABl EG 1992, Nr L 395/1; abgelöst durch VO (EG) Nr 116/2009 des Rates v 18.12.2008, ABl EU 2009, Nr L 39/1.
434 Richtlinie 2014/60/EU v 14.5.2014, ABl EU 2014, Nr L 159/1; umgesetzt für die BR Deutschland durch das Gesetz zur Neuregelung des Kulturgutschutzrechts v 6.8.2016 (BGBl 2016 I, 1914, letzte Änd in BGBl 2017 I, 872 [890]).
435 Hierzu *Berndt*, Internationaler Kulturgüterschutz, 1998, 142 ff; *Müller-Graff* (Fn 431) Rn 63; s *Streinz* (Fn 418) 117 ff; vgl *Siehr*, Kulturgüterschutz innerhalb der Europäischen Union, ZVglRWiss 95 (1996) 170 ff.
436 Dazu *Berndt* (Fn 435) 140, 146 ff; *Leible/Streinz*, in Grabitz/Hilf/Nettesheim (Hrsg), Das Recht der Europäischen Union, Loseblattslg, 64. Ergänzungslieferung (2018), Art 36 AEUV Rn 31.
437 Vgl *Berndt* (Fn 435) 147.

ihrer Tätigkeit allgemein kulturellen Aspekten Rechnung zu tragen hat.[438] Die Preisbindung für Bücher im Recht der EU ist Ausdruck der kulturellen Bedeutung des Buchwesens.[439] Nach der Rechtsprechung des EuGH begründet der Schutz der Bücher als Kulturgut zwar keinen Rechtfertigungsgrund für einfuhrbeschränkende Maßnahmen iSv Art 36 AEUV, wohl aber ein zwingendes Erfordernis des Allgemeininteresses und damit einen ungeschriebenen Rechtfertigungsgrund.[440]

4. Recht auf Sprache

Insbes Angehörige nationaler *Minderheiten* beanspruchen für sich das Recht, als Ausdruck ihrer kulturellen Identität ihre Muttersprache zu pflegen.[441] Das Recht auf den Gebrauch der eigenen Sprache gehört zum Kern der völkerrechtlichen Minderheitenschutzrechte.[442] Grundlegend sichert Art 27 IPBPR Angehörigen ethnischer, religiöser oder sprachlicher Minderheiten das Recht zu, sich ihrer eigenen Sprache zu bedienen. Auch das Kopenhagener Schlussdokument der KSZE v 29.6.1990 will den Gebrauch von Minderheitensprachen schützen. Als Ausdruck ihrer Identität haben Angehörige nationaler Minderheiten u a das Recht, privat und öffentlich ihre Muttersprache zu sprechen und Informationen in ihrer Muttersprache zu verbreiten und auszutauschen. Ungeachtet der Notwendigkeit, die offiziellen Sprachen des jeweiligen Staates zu erlernen, soll Unterricht in der Muttersprache und – soweit notwendig und möglich – der Gebrauch der Muttersprache gegenüber Behörden ermöglicht werden.[443] Die *Europäische Charta der Regional- oder Minderheitensprachen* des Europarats v 1992[444] schafft keine individuellen Rechte für die Angehörigen von Minderheiten, betont aber die allgemeine kulturelle Bedeutung der Sprache.[445] Auch das Rahmenübereinkommen zum Schutz nationaler Minderheiten des Europarats v 1995 respektiert den freien Sprachgebrauch.[446] 136

In der *EU* sind die 24 Staatssprachen der derzeit (noch) 28 Mitgliedstaaten als Amtssprachen anerkannt.[447] Dementsprechend sind die Unionsbürger berechtigt, 137

---

[438] Dazu *Oppermann/Classen/Nettesheim* (Fn 29) § 22 Rn 39, § 34 Rn 44.
[439] Hierzu *Engelmann*, Die Zukunft der Buchpreisbindung im europäischen Binnenmarkt, 2002; *Everling*, Buchpreisbindung im deutschen Sprachraum und Europäisches Gemeinschaftsrecht, 1997.
[440] EuGH, Rs C-531/07, *LIBRO*, Rn 32 ff; vgl dazu *Leible/Streinz* (Fn 436) Rn 31.
[441] Hierzu *Klein*, Menschenwürde und Sprache, in Grözinger (Hrsg), Sprache und Identität im Judentum, 1998, 59 ff; *Varennes*, Sprachminderheiten, Völkerrecht und Nichtdiskriminierung, HuV-I 12 (1999) 241 ff.
[442] *Hobe*, Einführung in das Völkerrecht, 10. Aufl 2014, 445 ff; allg hierzu auch die Beiträge von *Schweizer* u *Kahl*, Sprache als Kultur- und Rechtsgut, VVDStRL 65 (2006) 347 ff bzw 386 ff; *Arzoz*, Language Rights as Legal Norms, European Public Law 15 (2009) 541 ff.
[443] Vgl IV Nr 30 ff des KSZE Schlussdokuments v 29.6.1990, Bull BReg 1990, 757 ff.
[444] Ratifiziert durch die BR Deutschland am 16.9.1998 (BGBl 1998 II, 1315 ff). S dazu *Boysen et al*, Europäische Charta der Regional- oder Minderheitensprachen, 2011.
[445] *Klein* (Fn 441) 66 f.
[446] Ratifiziert durch die BR Deutschland am 10.9.1997 (BGBl 1997 II, 1406 ff); vgl auch Thematic Commentary No 3 des Advisory Committee zum Rahmenübereinkommen v 5.7.2012, The Language Rights of Persons Belonging to National Minorities under the Framework Convention, ACFC/44 DOC(2012)001 rev.
[447] Art 342 AEUV verweist auf VO Nr 1 zur Regelung der Sprachenfrage, ABl 1958, L 17/385; zur Unterscheidung von Amts- und Arbeitssprachen *Bieber*, in v. d. Groeben/Schwarze/Hatje (Fn 431) Art 342 Rn 14 ff. Durch die VO (EG) Nr 920/2005 v 13.6.2005, ABl EU 2005, Nr L 156/3 zur Änderung der VO

sich im Verkehr mit den Unionseinrichtungen einer Amtssprache ihrer Wahl zu bedienen. Sie haben Anspruch auf Antwort in dieser Sprache.[448] Art 41 Abs 4 der EU-Grundrechte-Charta garantiert diesen Anspruch als Bestandteil eines „Rechts auf eine gute Verwaltung".[449] Während bei offiziellen Ministertreffen und bei den Treffen der Staats- und Regierungschefs der EU in alle Amtssprachen gedolmetscht wird, wird bei Arbeitstreffen unterhalb der Ministerebene aus Praktikabilitäts- und Kostengründen im Konsens aller Beteiligten oftmals von diesem Vollsprachenregime abgewichen.

5. Kulturgüter und ihr Schutz

138 Wie in anderen Bereichen des Völkerrechts entwickelte sich auch für den Schutz von Kulturgütern im 20. Jh ein Bestand völkerrechtlicher Normen.[450] Die Grundlagen dieser Entwicklung bilden völkerrechtliche Verträge; für einzelne Teilfragen bildete sich Völkergewohnheitsrecht. Verglichen etwa mit dem Seerecht oder auch dem Wirtschaftsrecht sind die Regeln betreffend Kulturgüter in ihrer Gesamtheit zwar bisher weniger dicht, doch erlauben sie es im Lichte ihrer kumulativen Wirkung schon heute, von einem *Völkerrecht der Kulturgüter* zu sprechen.[451] Dass die Entwicklungslinien auf diesem Feld nur graduell und zögerlich verlaufen sind, hängt nicht nur mit der Betonung nationaler Souveränität zusammen. Auch der fehlende Konsens über die Fundamente und die Ausrichtung einer internationalen Konzeption für den Bereich der Kulturgüter steht bisher einer breiter angelegten Ordnung im Wege.

139 Die Bemühungen und auch die Kämpfe – die Rede ist von *art wars* – um die rechtliche Behandlung und Zuordnung von Kulturgütern werden auch angesichts des zunehmenden Handels mit wertvoller Kunst eher zunehmen. Insbes bestehen Auseinandersetzungen um die *Rückführung von Kulturgütern in ihr Ursprungsland*. Dies gilt für Forderungen etwa Griechenlands oder von Entwicklungsländern bzgl während der Kolonialzeit ins Ausland verbrachter antiker Gegenstände; doch auch die Altlasten des Zweiten Weltkriegs auf diesem Felde sind immer noch nicht abgetragen.[452] Weiterhin können Projekte im Rahmen wirtschaftlicher Entwicklung nega-

---

v 1958 wurde mWv 1.1.2007 das Irische (= Gälische) den anderen nationalen Amtssprachen der EU gleichgestellt. Wegen Schwierigkeiten bei der Einstellung einer ausreichenden Zahl benötigter Dolmetscher und Übersetzer besteht seit 2012 befristet auf fünf Jahre noch ein Sonderstatus, vgl VO (EU) Nr 1257/2010 v 20.12.2010, ABl EU 2010, Nr L 343/5.

448 Vgl Art 24 AEUV. Dazu *Oppermann*, Reform der EU-Sprachenregelung?, NJW 2001, 2663 ff; *Hilpold*, Die europäische Sprachenpolitik – Babel nach Maß?, EuR 2010, 695 ff. Die gleichberechtigte Behandlung aller Unionssprachen dient der Bürgernähe und Transparenz. In der Praxis führt sie allerdings zu einem sehr erheblichen Übersetzungsaufwand, müssen doch alle allgemeingültigen Hoheitsakte und alle offiziellen Publikationen der EU in alle Amtssprachen übersetzt werden.

449 Hierzu *Galetta/Grzeszick*, in Stern/Sachs (Fn 425) Art 41 Rn 98 f.

450 S für einen Überblick *Lenski*, Öffentliches Kulturrecht, 2013, 169 ff; *Nafziger/Kirkwood Paterson*, Cultural Heritage Law, in dies (Hrsg), Handbook on the Law of Cultural Heritage and International Trade, 2014, 1 ff.

451 Dazu *Streinz* (Fn 418) 201; *O'Keefe*, Formulating General Principles by Reference to International Standards, in Fechner/Oppermann/Prott (Fn 401) 277 ff; sowie den Beitrag von *Prott*, The International Legal Protection of the Cultural Heritage, ebd 295 ff; vgl auch Nafziger/Paterson/Renteln (Hrsg), Cultural Law: International, Comparative, and Indigenous, 2014.

452 Vgl hierzu *Freytag*, „Cultural Heritage": Rückgabeansprüche von Ursprungsländern auf „ihr" Kulturgut?, in Fechner/Oppermann/Prott (Fn 401) 175 ff; s auch *Wyss*, Rückgabeansprüche für illegal

tive Auswirkungen auf das kulturelle Erbe des betroffenen Staates haben; die Weltbank schließt diesen Aspekt daher in ihre Projektevaluationen mit ein.[453] Schließlich steht allgemein zu vermuten, dass dem *Schutz kultureller nationaler Identität* gerade in einer Welt zunehmend globaler Wirtschaftsstrukturen in der Innen- und Außenpolitik vieler Staaten künftig mehr Bedeutung als bisher zugemessen werden wird.

Die Gesamtheit der bestehenden Kulturgüterordnung erschließt sich nur aus der gemeinsamen Betrachtung der *ineinandergreifenden Regeln* des Völkerrechts (und ggf des Europarechts) und der jeweiligen nationalen Rechtsordnungen.[454] Diese begründen regelmäßig keine in sich geschlossene Regelung; vielmehr ergibt sich das einschlägige Recht aus einer Vielzahl von Vorschriften über den gutgläubigen Erwerb von Kulturgut,[455] die Wahrung gesamtstaatlicher Belange durch Exportverbote, durch das Strafrecht[456] und das öffentliche Recht.[457] Eigene Maßstäbe begründet auch das Verfassungsrecht.[458] Für transnationale Vorgänge legaler oder illegaler Art kommt den Regeln des *Kollisionsrechts* wesentliche Bedeutung zu: Oft kommt es im Einzelfall entscheidend darauf an, welche Rechtsordnung nach dem Recht jenes Staats zur Anwendung kommen soll, in dem sich das Kulturgut gerade befindet.[459] Die nationalen Regelungen sind insoweit in weitem Umfang noch ungebunden von völkerrechtlichen Vorgaben. Hieraus ergeben sich Divergenzen und auch Inkonsistenzen der transnationalen Ordnung. Gelöst werden können die damit verbundenen Fragen nur durch eine völkerrechtliche Einigung der Staaten, sei es in einem multilateralen Vertragswerk oder in einem Geflecht bilateraler Verträge. **140**

Grundsätzlich stellt sich dabei die Frage nach einem *Sonderrecht für Kulturgüter* in Abgrenzung vom allgemeinen Recht, welches auf Sachen Anwendung findet.[460] **141**

---

ausgeführte Kulturgüter, ebd 201 ff; *von Schorlemer*, Stolen Art, GYIL 41 (1998) 317 ff; *Weber*, Wem gehört der Schatz des Priamos?, Praxis/Forum 1999, 36 ff; *Eitel*, Beutekunst – Die letzten deutschen Kriegsgefangenen, FS Delbrück, 2005, 192 ff; *Baufeld*, Beutekunst, Osteuropa 2005, 207 ff; vgl *Franz/Hartmann*, Raub- und Beutekunst, Osteuropa 2006, 401 ff.
453 Vgl *Francioni*, Thirty Years On: Is the World Heritage Convention Ready for the 21st Century?, ItYIL 12 (2002) 13 ff; s auch o Rn 117.
454 Zusammenfassende Darstellung in *Siehr*, Vereinheitlichung des Rechts der Kulturgüter in Europa?, in Basedow et al (Hrsg), Aufbruch nach Europa, 2001, 811 ff.
455 Vgl zur zivilrechtlichen Seite ausf *Anton*, Rechtshandbuch Kulturgüterschutz und Kunstrestitutionsrecht, Bde 1–3, 2010.
456 Zur strafrechtlichen Verfolgung des illegalen Handels mit Kulturgut in den USA *Petr*, Trading Places: Illicit Antiquities, Foreign Cultural Patrimony Laws, and the U. S. National Stolen Property Act after *United States v Schultz*, Hastings ICLR 28 (2005) 503 ff.
457 Hierzu *von Schorlemer* (Fn 420) 402 ff, 518 ff.
458 Hierzu rechtsvergleichend *Häberle*, National-verfassungsstaatlicher und universeller Kulturgüterschutz – ein Textstufenvergleich, in Fechner/Oppermann/Prott (Fn 401) 91 ff.
459 Hierzu *Armbrüster*, Privatrechtliche Ansprüche auf Rückführung von Kulturgütern ins Ausland, NJW 2001, 3581 ff; *Siehr*, The lex originis for Cultural Objects in European Private International Law, FS Fausto Pocar, Bd 2, 2009, 879 ff.
460 Vgl einzelne berühmte Fälle betreffend
– zwei Dürer-Porträts: Kunstsammlungen zu *Weimar v Elicofon*, 678 F. 2d 1150 (2 d Cir 1982);
– das Bild „La Marquesa de Santa Cruz" von Francisco de Goya: *Kingdom of Spain v Christie, Manson & Woods Ltd* (1986) Ser No 1308, 1 WLR 1120 (ChD);
– ein Gemälde des Fürsten von Liechtenstein: BVerfG, Beschluss v 28.1.1998, 2 BvR 1981/97, IPrax 1998, 482 ff;
– eine Holztüre von einem Schatzhaus des Volkes der Maori: *Attorney General of New Zealand v Ortiz and Others*, 18 ILR 591 ff;

Vielfach hat insoweit der Wandel in Richtung eines Sonderrechts bereits stattgefunden; eine umfassende Neuausrichtung jedoch steht noch aus. Eng verbunden damit sind die Schwierigkeiten einer allgemein akzeptierten Definition des „Kulturguts". Sollen die Bewahrung und der Schutz des Kulturguts rechtlich weiter ausgebaut werden, so bedarf es der Formulierung jener Sonderregelungen, welche der Eigenart dieser Güter gegenüber sonstigen Sachen gerecht wird. Dabei werden freilich auch noch zwischen den verschiedenen Formen der Kulturgüter weiter differenzierende Regelungen gefunden werden müssen.[461]

142 Die Spannungen und Inkonsistenzen zwischen den Normen des Kulturgüterschutzes erwachsen insbes aus der *Pluralität der Ziele,* welche diese Normen verfolgen; diese stehen zT im Widerstreit. Kommt es dem internationalen Kulturgüterschutz in erster Linie darauf an, dass Kulturgüter der Verfügungsgewalt jener Nation unterworfen werden, für welche das Gut im Lichte ihrer kulturellen, aber auch historischen oder politischen Identität von besonderer Bedeutung ist, wie es die *„nationale Denkschule"* will? Oder soll der Kulturgüterschutz in erster Linie dafür Sorge tragen, dass Kulturgüter – wo auch immer – möglichst gut erhalten werden und möglichst vielen Menschen zugänglich sind, wie es die *„Internationalisten"* anstreben?[462] So akzentuieren die Konventionen der vergangenen 50 Jahre teils diesen, teils jenen Ansatz. Eine Konzeption eher im Sinne ersterer Auffassung kann man uU der Konvention der UNESCO über den Schutz und die Förderung der Vielfalt kultureller Ausdrucksformen v 2005 entnehmen; in ihren konkreten Ausprägungen – insbes im Verhältnis zu den Grundsätzen des freien Wirtschaftens – ist auch dies jedoch keineswegs eindeutig.[463] Zu den globalen Interessen einer internationalen Gemeinschaft einerseits und den nationalen Interessen der jeweiligen Staaten andererseits treten die privaten Rechte der Urheber und der Eigentümer kultureller Güter, die Substanzerhaltung der Kunstwerke sowie Marktinteressen als mögliche Schutzzwecke hinzu.[464]

143 Konzeptionell betonen die „Internationalisten" die Idee des *Kulturguts als eines gemeinsamen Erbes der Menschheit,* was schon Richter *Sir Alexander Croke* im Jahre 1813 zum Ausdruck brachte.[465] Demgegenüber findet die „nationale Richtung" ihr

---

- präkolumbianische Artefakte: *Republica dell' Ecuador v Danusso,* Tribunale di Torino, RivDirProc 1982, 625;
- vier byzantinische Mosaike aus dem 16. Jh: *Autocephalous-Greek Orthodox Church v Goldberg,* 717 F.Supp. 1374 (SD Ind 1989); bestätigt: 917 F2 d 278 (7th Cir 1990).

Zum Ganzen auch *Siehr,* International Art Trade and the Law, RdC 243 (1993-VI) 13 ff; *Jayme,* Neue Anknüpfungsmaximen für den Kulturgüterschutz im internationalen Privatrecht, in Dolzer/Jayme/Mußgnug (Fn 406) 35 ff; *Mußgnug,* Museums- und Archivgut als „res extra commercium"?, ebd 199 ff; *Weber,* Unveräußerliches Kulturgut im nationalen und internationalen Rechtsverkehr, 2002; s auch *Freytag* (Fn 452) 186 ff.

461 Vgl *Merryman,* The Free International Movement of Cultural Property, NYJILP 31 (1998) 1 (14); *Wantuch-Thole,* Cultural Property in Cross-Border Litigation, 2015.

462 Vgl *Merryman,* The Public Interest in Cultural Property, Cal LR 77 (1989) 339 (361 ff); ähnlich *Siehr,* Die Schweiz und der Kulturgüterschutz in Europa, in Fechner/Oppermann/Prott (Fn 401) 145 ff; vgl auch *Fishman,* Locating the International Interest in Intranational Cultural Property Disputes, Yale JIL 35 (2010) 347 ff.

463 Vgl o Rn 134.

464 Vgl *Jayme,* Globalization in Art Law, Vanderbilt J Transnat'l L 38 (2005) 927 ff; *Fechner,* Wohin gehören Kulturgüter?, FS Mußgnug, 2005, 485 ff.

465 *Sir Alexander Croke,* Richter am Vice Admirality's Court in Halifax im Prisenverfahren um das franz Schiff *Marquis de Somerueles,* welches durch ein engl Schiff aufgebracht wurde und Gemälde

Fundament in der *kulturellen Dimension des Selbstbestimmungsrechts*. Letztere Position liegt auf der Linie historischer Argumentationsmuster, welche Kulturgüter mit der gegenseitigen Achtung der Souveränität des Herrschers oder auch mit dem engen Bezug zum Territorium schützen und an den jeweiligen Staat binden wollen.[466] Speziell für den Krieg wurde betont, dass es keinem erkennbaren Kriegszweck dient, wenn Kulturgüter zerstört werden. In der einen oder anderen Weise sind alle diese Ansätze eng verbunden mit dem moralischen Anspruch jeder zivilisierten Gesellschaft, die Kultur als Ausdruck der Menschlichkeit zu achten und zu pflegen. *Bluntschli* forderte 1878 die militärischen Führer auf, den Krieg „nicht als Barbaren, sondern als civilisierte Männer" zu leiten.[467]

a) Definition des Kulturguts

Soll Kultur rechtlich geschützt werden, muss der Begriff der *Kultur als Rechtsbegriff* **144** definiert werden. Der Schutz, aber auch die Pflege der „Kultur" kann rechtlich nur gewährleistet und überwacht werden, wenn man sich über deren Eingrenzung – zumindest im Groben – einig ist. Dies gilt unabhängig davon, dass schon im nationalen Recht etwa der Begriff der Kunst von seiner Natur her rechtlich nur sehr schwer zugänglich ist. Kein zwingendes Argument besteht dafür, den Kulturbegriff einheitlich für alle Normen des internationalen Rechts festzulegen. Dementsprechend entwickelte auch die vertragliche Praxis *bereichsspezifisch* je nach den besonderen Zielen des einzelnen Vertrags[468] unterschiedliche Ansätze.[469]

Wenig Aufmerksamkeit wurde der begrifflichen Frage noch etwa 1907 im Rah- **145** men der *Haager Landkriegsordnung* geschenkt, die sehr allgemein das Privateigentum – und damit auch in Privateigentum stehendes Kulturgut – und „das Eigentum der Gemeinden und dem Gottesdienste, der Wohltätigkeit, dem Unterricht, der Kunst und der Wissenschaft gewidmeten Anstalten" vor der absichtlichen Zerstörung oder Beschädigung schützt. Die *Haager Konvention zum Schutz von Kulturgut bei bewaffneten Konflikten* aus dem Jahre 1954[470] definiert den Begriff des Kulturguts dann in einem zweigliedrigen Ansatz. Zuerst wird festgestellt, dass dazu alles bewegliche oder unbewegliche Gut gehört, „das für das kulturelle Erbe aller Völker von großer Bedeutung ist"; in einem zweiten Schritt wird diese Formulierung in exemplarischer Weise erläutert: „wie zB Bau-, Kunst- oder geschichtliche Denkmale religiöser oder weltlicher Art, archäologische Stätten, Gebäude, die als ganzes von historischem oder künstlerischem Interesse sind, Kunstwerke, Manuskripte, Bücher und andere Gegenstände von künstlerischem, historischem oder archäologischem

---

von *Salvator Rosa* an Bord hatte, die für die Pennsylvania Academy of Fine Arts bestimmt waren, vgl *Fiedler* (Fn 399) 204 ff.
466 Vgl *Fiedler* (Fn 399) 211 f.
467 *Bluntschli*, Das moderne Völkerrecht, 3. Aufl 1878, 363.
468 Zum Folgenden *Fechner*, Prinzipien des Kulturgüterschutzes, in Fechner/Oppermann/Prott (Fn 401) 11 ff; vgl auch *Siehr*, Kulturgüter in Friedens- und Freundschaftsverträgen, FS Delbrück, 2005, 695 ff.
469 Zu unterschiedlichen Kulturkonzepten s *O'Keefe* (Fn 397) 905. Als Rechtsbegriff kann Kultur jedenfalls nicht im weitesten anthropologischen Sinne verstanden werden als alle einer Gesellschaft zugrunde liegenden Charakteristiken und Gedankenmuster.
470 BGBl 1967 II, 1235.

Interesse sowie wissenschaftliche Sammlungen von Büchern, Archivalien oder Reproduktionen des oben bezeichneten Kulturguts". Geschützt sind in gewissem Umfange auch die Orte, in denen das Kulturgut untergebracht ist (Art 1 [b] [c]). Die so allgemein umschriebenen Kulturgüter können unilateral vom jeweiligen Staat bezeichnet werden. Ein anderer Ansatz findet sich insoweit für Bergungsorte zur Sicherung von Kulturgut bei bewaffneten Konflikten sowie für Denkmalsorte und „andere unbewegliche Kulturgüter von sehr hoher Bedeutung". Diese werden bereits in Friedenszeiten in ein internationales Register eingetragen, wobei allerdings andere Staaten innerhalb des Verfahrens zur Eintragung geltend machen können, dass „das Gut kein Kulturgut ist".[471]

146 Dem Ansatz, Kulturgüter im Rahmen der von den Vertragsparteien festgelegten Vorgaben *unilateral* durch die Staaten zu bestimmen, folgt das *Übereinkommen über Maßnahmen zum Verbot und zur Verhütung der unzulässigen Einfuhr, Ausfuhr und Übereignung von Kulturgut* aus dem Jahre 1970.[472] Danach soll als „Kulturgut" all das gelten, was „von jedem Staat aus religiösen oder weltlichen Gründen als für Archäologie, Vorgeschichte, Geschichte, Literatur, Kunst oder Wissenschaft als besonders bedeutungsvoll" bezeichnet wird. Dabei wird dem kulturellen Erbe eines Staats insbes das zugeordnet, was die eigenen Staatsangehörigen oder Ausländer auf dem Hoheitsgebiet des Staats geschaffen haben und was im Staatsgebiet gefunden wurde.[473] Im Ganzen geht es dabei darum, zwischen Scylla und Charybdis die richtige Mitte zu finden: Ein allzu großer Spielraum zur Bezeichnung der Kultur durch jeden einzelnen Staat kann andere Staaten an der Akzeptanz der Entscheidung (und damit auch der Konvention) hindern; eine starke Einengung durch internationale Vorgaben setzt sich dem Vorwurf der Unzulänglichkeit des Schutzumfangs aus. Die zunächst geringe Zahl der Ratifikationen des Übereinkommens hing in der Tat auch mit der weiten Entscheidungsbefugnis der einzelnen Staaten nach diesem Abkommen zusammen. Inzwischen sind 140 Staaten Vertragsparteien des Abkommens (Stand: 15.7.2019).

147 Zu einer umfassenden inhaltlichen Einigung über die Definition von Kulturgut konnten sich im Übrigen selbst die Mitgliedstaaten der *EU* trotz des vergleichsweise regional homogenen Rahmens nicht durchringen. Im Kontext des Art 36 AEUV können die Staaten zur Einschränkung der Warenfreiheit zum Schutz von „Kulturgut" besondere Maßnahmen treffen; insoweit kommt den Staaten ein Beurteilungsspielraum zu, dessen Einhaltung von den Organen der EU überwacht wird.[474] Nach der Richtlinie über die Rückgabe von unrechtmäßig aus dem Hoheitsgebiets eines Mitgliedstaats verbrachte Kulturgüter handelt es sich bei einem Kulturgut um einen Gegenstand, „der von diesem Mitgliedstaat als „nationales Kulturgut von künstlerischem, geschichtlichen oder archäologischen Wert" eingestuft oder definiert wurde".[475]

---

471 Vgl im Einzelnen Art 12 der Ausführungsbestimmungen zur Konvention, BGBl 1967 II, 1271 (1279).
472 ILM 10 (1971) 289 ff. Deutschland ist 2007 beigetreten.
473 Vgl dazu im Einzelnen Art 4. In diesem Zusammenhang s auch EGMR v 5.1.2000, Beschwerde Nr 33202/96 *(Beyeler v Italien)*, dazu Anm *Rudolf*, AJIL 94 (2000) 736.
474 Vgl *Müller-Graff* (Fn 431) Art 36 Rn 66; *Ress*, Kultur und Europäischer Binnenmarkt, 1991.
475 Vgl Art 2 Nr 1 der RL 2014/60/EU v 15.5.2014 (ABl EU 2014, Nr L 159/1); zuvor RL 93/7/EWG v 15.3.1993 (ABl EG 1993, Nr L 74/74).

b) Rechtsträger von Kulturgütern

Die fortdauernde Pluralität rechtlicher Regelungsmuster auf internationaler Ebene spiegelt sich auch in Unterschieden der grundsätzlichen Zuordnung von Kulturgütern zu den völkerrechtlich anerkannten Rechtsträgern. Die internationale Gemeinschaft, der Staat, das Volk und das Individuum werden als Träger kultureller Rechte genannt, ohne dass die verschiedenen Ansätze heute im Einzelnen als bis zum Ende durchdacht und aufeinander abgestimmt gelten könnten. Im Grundsatz ist die *Hoheit des Staats über die Kulturgüter* gemäß den allgemeinen Regeln über die territoriale Souveränität unbestritten. Hierzu gehört das Recht des Staats, Vorschriften über den Verkauf und Erwerb zu erlassen, ebenso wie etwa seine Befugnis, den Export oder den Import von Kulturgütern zu regeln. Der Staat kann zur Hege und Pflege der Kulturgüter die Eigentümer verpflichten, er kann auch selbst Mittel dafür zur Verfügung stellen. Auch wird man dem Staat im Grundsatz das Recht auf Enteignung von Kulturgütern auf seinem Territorium zugestehen müssen, selbst im Falle ausländischer Eigentümer; viel weniger klar ist, ob ein solches Recht etwa auch dann besteht, wenn das jeweilige Gut nur für begrenzte Zeit zum Zwecke der Ausstellung eingeführt worden ist und kein Enteignungsverbot vereinbart wurde.[476] 148

Für all jene Regelungsansätze, welche das Kulturgut primär unter dem Gesichtspunkt der Zuordnung zur staatlichen Souveränität und Identität betrachten, ergeben sich Sonderfragen, nämlich insbes das Kriterium nach der Zuordnung eines Kulturguts zu einem Staat, sowie das Recht auf Rückführung im Falle der früheren illegalen oder auch legalen Ausfuhr. Bzgl der *Zuordnung eines Guts zur nationalen Kulturordnung* lassen sich unterschiedliche Ansätze denken. In erster Linie kann auf das staatliche Territorium abgestellt werden, auf dem das Gut hergestellt worden ist. Auch an die Staatsangehörigkeit des Urhebers kann angeknüpft werden. Schließlich ist denkbar, dass derjenige Staat ein Kunstwerk für sich in Anspruch nimmt, für dessen Identität es besondere Bedeutung erlangt hat, sogar unabhängig vom Ort der Herstellung oder der Nationalität des Urhebers. Je nach Lage kann es bei unterschiedlicher Anknüpfung zu kollidierenden staatlichen Ansprüchen kommen.[477] 149

Das Recht eines Volkes auf *Selbstbestimmung* ist der wichtigste Ausdruck der Rechtsfähigkeit des Volkes.[478] Obwohl etwa die UN-Charta der kulturellen Dimension des Selbstbestimmungsrechts nicht explizit Bedeutung zumisst, hat die UN-Generalversammlung klargestellt, dass es nicht nur eine politische und wirtschaftliche, sondern auch eine kulturelle Dimension des Selbstbestimmungsrechts gibt.[479] Danach ist es keinem Staat erlaubt, „Völker ihrer nationalen Identität und ihres kul- 150

---

476 Einen besonderen Schutz für den Bereich des Ausstellungswesens enthält das dt KulturgutschutzG v 6.8.2016 (Fn 434). Gemäß § 73 Abs 1 KSSG können dt Behörden dem ausländischen Verleiher die Rückgabe verbindlich zusagen mit der Folge, dass Ansprüche Dritter bis zur Rückgabe nicht geltend gemacht werden können. Hierzu *Elmenhorst/Heimann*, Die Neuregelung des Kulturgutschutzrechts, NJW 2016, 3398.
477 Hierzu *Jayme*, Rechtsbegriffe und Kunstgeschichte, in Reichelt (Hrsg), Neues Recht zum Schutz von Kulturgut, 1997, 11 (16 f); *Müller-Katzenburg*, Internationale Standards im Kulturgüterverkehr und ihre Bedeutung für das Sach- und Kollisionsrecht, 1996, 142 ff; *Hanisch*, Der Fall des Liotard und die nationale Zuordnung eines Kunstwerks, in Frank (Hrsg), Recht und Kunst, 1996, 19 ff; *Mußgnug*, Die Staatsangehörigkeit des Kulturguts, FS Ress, 2005, 1531 ff.
478 Vgl *Kau*, 3. Abschn Rn 125 ff.
479 UN GA Res 2131 (XX) v 21.12.1965.

turellen Erbes zu berauben". Dieser Schutz soll insbes auch indigenen Völkern zukommen.[480] Die afrikanische Menschenrechtscharta spricht vom Recht aller Völker auf „wirtschaftliche, soziale und kulturelle Entwicklung unter angemessener Berücksichtigung ihrer Freiheit und Individualität sowie auf gleichmäßige Beteiligung an dem gemeinsamen Erbe der Menschheit".[481] Konkrete Folgerungen aus der kulturellen Seite des Selbstbestimmungsrechts sind in der Staatenpraxis bislang nicht klar erkennbar; es ist aber daran festzuhalten, dass die verschiedenen Aspekte des Selbstbestimmungsrechts in der Praxis unteilbar miteinander verbunden sind. Die moderne Rechtsentwicklung verpflichtet die Staaten auch, die kulturellen Interessen ihrer *Minderheiten* zu schützen.[482] So bestimmt Art 27 IPBPR, dass der Staat den Minderheiten das Recht nicht vorenthalten darf, „gemeinsam mit anderen Angehörigen ihrer Gruppe ihr eigenes kulturelles Leben zu pflegen". Die EMRK begründet ein akzessorisches Schutzrecht gegen Diskriminierungen von Minderheiten (Art 14).[483] Der Umfang der Verpflichtung aus Art 27 IPBPR ist noch nicht abschließend geklärt, insbes im Hinblick auf mögliche positive Handlungspflichten besteht nach wie vor Unsicherheit. Das UN-Übereinkommen zur Beseitigung der Rassendiskriminierung v 1966[484] verpflichtet die Staaten in Art 2 Abs 2, „wenn es die Umstände rechtfertigen", auch auf kulturellem Gebiet Maßnahmen zum Schutz bestimmter Rassengruppen zu treffen.

151   Ob und in welcher Weise *Individuen* ein Recht auf Kultur *(a right to culture)* haben, kann nicht eindeutig beantwortet werden.[485] Im Anschluss an die Allgemeine Menschenrechtserklärung der UN (Art 22 u 27) bestimmt Art 19 IPBPR, dass jeder die Freiheit hat, ua Informationen und Gedankengut durch Kunstwerke zu beschaffen und weiterzugeben. Der Internationale Pakt über wirtschaftliche, soziale und kulturelle Rechte (IPWSKR) postuliert ein Individualrecht auf Teilnahme am kulturellen Leben (Art 15 Abs 1). Regionale Menschenrechtspakte enthalten ähnliche Formulierungen.[486] Die EMRK erwähnt den Schutz kultureller Rechte oder Güter nicht ausdrücklich; es ist jedoch anerkannt, dass entsprechende Sachverhalte unter die Schutzbereiche der Art 10 oder Art 8 EMRK bzw Art 1 Abs 1 des 1. Zusatzprotokolls

---

480 Vgl Art 3 der United Nations Declaration on the Rights of Indigenous Peoples, UN GA Res 61/295 v 13.9.2007; vgl dazu *Kuprecht*, Human Rights Aspects of Indigenous Cultural Property Repatriation, FS Siehr, 2010, 191 ff; *Wiessner*, The Cultural Rights of Indigenous Peoples: Achievements and Continuing Challenges, EJIL 22 (2011) 121 ff; *Engle*, On Fragile Architecture: The UN Declaration on the Rights of Indigenous Peoples in the Context of Human Rights, EJIL 22 (2011) 141 ff.
481 Art 22 der „Banjul Charta der Menschenrechte und Rechte der Völker" v 27.6.1981, dt Übersetzung in Simma/Fastenrath (Hrsg), Menschenrechte, 6. Aufl 2010, 707 ff. S auch UN GA Res 57/249 v 20.2.2003 zu „Culture and Development".
482 Vgl *Kau*, 3. Abschn Rn 330 ff.
483 Vgl *Kau*, 3. Abschn Rn 259. Am 1.4.2005 trat das 12. Zusatzprotokoll zur EMRK in Kraft, welches nun auch einen allgemeinen Schutz vor Diskriminierungen vorsieht. Die BR Deutschland hat das 12. Zusatzprotokoll zur EMRK bisher nicht ratifiziert.
484 BGBl 1969 II, 961.
485 Positiv *Prott*, Cultural Rights as Peoples' Rights in International Law, in Crawford (Hrsg), The Rights of Peoples, 1988, 93 ff; *Francioni* (Fn 404) 1212 ff; *ders*, The Human Dimension of International Cultural Heritage Law: An Introduction, EJIL 22 (2011) 9 ff; s auch *O'Keefe*, Cultural Life, Right to Participate in, International Protection, MPEPIL II, 916 ff.
486 Hierzu *Wyss* (Fn 398) 196 ff sowie *O'Keefe* (Fn 397).

fallen können.⁴⁸⁷ Die UNESCO versuchte in einer Reihe von Empfehlungen, dem Recht auf Kultur Gestalt zu verleihen.⁴⁸⁸

In mehreren rechtlichen Dokumenten werden Kulturgüter als *Erbe der Menschheit (common heritage of mankind)* bezeichnet.⁴⁸⁹ Bereits im Jahre 1813 heißt es in einer Entscheidung eines Richters in Halifax, die Kunst wie die Wissenschaft „are considered not as the peculium of this or of that nation, but as the property of mankind at large and as belonging to the common interests of the whole species".⁴⁹⁰ In der zweiten Hälfte des 20. Jh etwa findet sich dieses Konzept in der Haager Konvention v 1954 in der Feststellung, dass der Schaden für das Kulturgut eines Volks zugleich „ein Schaden für das Kulturgut der gesamten Menschheit darstellt, weil jedes Volk seinen Beitrag zur Kultur der Welt leistet". In der Präambel der UNESCO-Konvention v 1970⁴⁹¹ ist die Rede vom Kulturerbe eines jeden Volks „und dem aller Nationen", und in der Präambel der Welterbekonvention v 1972⁴⁹² wird festgestellt, dass „der Untergang jedes einzelnen Bestandteils des Kultur- oder Naturerbes eine beklagenswerte Schmälerung des Erbes aller Völker der Welt darstellt" und es „Aufgabe der internationalen Gemeinschaft als Gesamtheit ist, sich am Schutz des Kultur- und Naturerbes von außergewöhnlichem universellen Wert zu beteiligen". Formeln dieser Art in rechtlich verbindlichen Dokumenten werfen notwendig die Frage nach einem rechtlichen Gehalt des Konzepts des „gemeinsamen Erbes der Menschheit" auf. Wird die „Menschheit" hier – in Abgrenzung zum einzelnen Staat – als neues Subjekt des Völkerrechts verstanden? Für das Seerecht und für staatsfreie Räume im Allgemeinen hat das Konzept des gemeinsamen Erbes zunehmend einen rechtlich greifbaren Inhalt gewonnen: Die Aneignung dieser Räume ist untersagt, ihre Nutzung muss die Interessen der Menschheit unter besonderer Berücksichtigung der Entwicklungsländer einbeziehen.⁴⁹³ Bei Kulturgütern hingegen geht es weniger um ein Aneignungsverbot und um die Verteilung der Vorteile der Nutzung, mehr um eine gemeinsame Verantwortung für ihren Schutz und Erhalt.⁴⁹⁴

152

---

487 Hierzu *Ress*, Kulturgüterschutz und EMRK, FS Mußgnug, 2005, 499 ff.
488 Vgl *Wyss* (Fn 398) 199 ff.
489 Der Begriff des kulturellen „Erbes" ist rechtlich kaum greifbar. Er wird in der Praxis häufig bewusst in Abgrenzung vom Begriff des kulturellen „Eigentums" gewählt, weil Anliegen der Allgemeinheit leichter darunter zu fassen sind als unter den Begriff des kulturellen „Eigentums", welcher eher das individuelle Bestimmungs- und Ausschließungsrecht betont; vgl auch *Frigo*, Cultural Property v Cultural Heritage: A „Battle of Concepts" in International Law?, IRRC 86 (2004) 367 ff; *Francioni*, Cultural Heritage, MPEPIL II, 906 ff.
490 Vgl o Fn 477.
491 Vgl o Rn 146 und u Rn 159.
492 UNESCO Übereinkommen zum Schutz des Kultur- und Naturerbes der Welt v 1972, BGBl 1977 II, 215.
493 Vgl hierzu *Proelß*, 5. Abschn Rn 64 f, 70 ff.
494 Hierzu *Dolzer*, Die Deklaration des Kulturguts zum „common heritage of mankind", in Dolzer/Jayme/Mußgnug (Fn 406) 13 ff; *Francioni* (Fn 404) 1209 ff.; *Eichel*, Kulturgüterschutz und common-concern Konzept, ZaöRV 2016, 879 ff.

c) Kulturgüter in bewaffneten Konflikten

153 Der völkerrechtliche *Schutz der Kulturgüter im Krieg*[495] hat sich historisch vor der Einigung über die Regelungen für Friedenszeiten entwickelt. Der Grund dafür lag in der Gefährdung der Güter durch die Kriegshandlungen, aber auch im Zugriff des Kriegsgegners auf Kunstwerke als Ausdruck des lange Zeit noch anerkannten Rechts auf Kriegsbeute. Schon *Grotius* hatte darauf hingewiesen, dass die Mitnahme von Kunstschätzen durch den Eroberer beim Besiegten ein ständiges Gefühl der Erniedrigung und damit ein künftiges Konfliktpotential mit sich bringt.[496] In großem Stile hatte *Napoleon* bei seinen Eroberungszügen den Raub von Kunstwerken zielstrebig organisiert; in französischen Museen sollten diese „am Beispiel der vereinten Beutegüter die Einheit Europas unter der Vorherrschaft Frankreichs illustrieren".[497] Schon damals indes ließ sich ein solches Vorhaben gegen das Rechtsbewusstsein der europäischen Staatengemeinschaft nicht mehr durchsetzen und Frankreich musste den Restitutionsforderungen der betroffenen Staaten nachgeben.[498]

154 Am Beginn der modernen multilateralen Vertragswerke zum Schutz der Kulturgüter in bewaffneten Konflikten steht die *Haager Landkriegsordnung* (HLKO) aus dem Jahre 1907.[499] Auch ohne direkte Bezugnahme zum Kulturgut sind insoweit die Vorschriften über das Verbot der Wegnahme und der Zerstörung feindlichen Eigentums, den Angriff auf unverteidigte Städte oder Gebäude sowie insbes die Ächtung der Plünderung von Bedeutung (Art 22f). Eng gekoppelt ist der Kulturgüterschutz mit dem Gebot der Achtung privaten Eigentums und dem korrespondierenden Verbot seines Einzugs oder seiner Plünderung (Art 46); dem Privateigentum gleichgestellt werden dabei jene Anstalten, die dem Gottesdienst, der Wohltätigkeit, dem Unterricht, der Kunst und der Wissenschaft gewidmet sind (Art 56). Die HLKO ist heute noch in Kraft. Aus einer Reihe von Gründen hat sie in den beiden Weltkriegen ihre Ziele nur unzulänglich erreicht, auch wegen der fehlenden Konkretisierung der Schutzobjekte.[500] Während des Zweiten Weltkriegs betrieben deutsche NS-Führer gegen die Bestimmungen der HLKO systematisch den Raub fremden – insbes jüdischen – Kunstguts. Nach dem Zweiten Weltkrieg verbrachten sowjetische Militärs und Privatpersonen etwa 200.000 während Krieg und Besatzung erbeutete deutsche Stücke und Exponate in die Sowjetunion; deren Existenz wurde jahrzehntelang verleugnet. Im Jahre 1997 versuchte Russland, diese Güter auf gesetzlicher Grundlage

---

495 Zum humanitären Völkerrecht vgl *Bothe*, 8. Abschn Rn 56ff; *Wolfrum*, Cultural Property, Protection in Armed Conflict, MPEPIL II, 924ff; *Schreuer*, The Protection of Investments in Armed Conflicts, 1ff, <www.transnational-dispute-management.com/article.asp?key=1830>.
496 Vgl *Fiedler* (Fn 399) 212. Von demselben Gedanken haben sich nach dem in der Neuzeit einzigartigen NS-Kunstraub sog Kunstschutzoffiziere der alliierten Streitkräfte leiten lassen. Hierzu das Wiesbadener Manifest, zit bei *Wyss* (Fn 398) 88f; *Nicholas*, Der Raub der Europa, 1995. Vgl auch Der Prozess gegen die Hauptkriegsverbrecher vor dem Internationalen Militärgerichtshof, Bd I, 1947, 267ff.
497 *Wyss* (Fn 398) 3.
498 Hierzu *Fiedler* (Fn 399) 203ff; *Wescher*, Kunstraub unter Napoleon, 2. Aufl 1978.
499 RGBl 1910, 107; genau genommen ist dies die „Ordnung der Gesetze und Gebräuche des Landkrieges" als Anlage zum IV. Haager Abkommen. Zur Haager Konvention v 1899 und zur weiteren Entwicklung *Hönes*, Zum Kulturbegriff der Haager Konventionen von 1899 bis heute, DÖV 1998, 985ff; *Herdegen*, Der Kulturgüterschutz im Kriegsvölkerrecht, in Dolzer/Jayme/Mußgnug (Fn 406) 161ff; *Mußgnug*, Der kriegsrechtliche Kulturgüterschutz, FS Jeserich, 1994, 333ff; *Wolfrum*, Protection of Cultural Property in Armed Conflict, IYHR 32 (2002) 305ff.
500 Hierzu *Buhse*, Der Schutz von Kulturgut im Krieg, 1959.

zu konfiszieren. Das sowjetische Verfassungsgericht meinte 1999, diese Vorgänge trotz der HLKO und zwei einschlägiger deutsch-russischer Verträge in Missachtung des Völkerrechts mittels der Kategorie „kompensatorischer Restitution" rechtfertigen zu können.[501] Im diplomatischen Sprachgebrauch haben sich für den ersten Komplex der Begriff der „Raubkunst" und für den zweiten der der „Beutekunst" verfestigt.[502]

Trotz der Erfahrungen des Zweiten Weltkriegs gelang es in den *Genfer Konventionen* v 1949 nicht, spezielle Regelungen zum Schutz der Kulturgüter zu vereinbaren. Erst das *Haager Abkommen für den Schutz von Kulturgütern bei bewaffneten Konflikten* aus dem Jahr 1954 schließt diese Lücke.[503] Dabei konnte auch auf die Regelungsmechanismen des sog Washingtoner Vertrags zurückgegriffen werden, der von Staaten des amerikanischen Kontinents 1935 ausgearbeitet worden war.[504] In Fortentwicklung der Absprachen aus dem Jahre 1907 zeichnen sich die Haager Vereinbarungen aus dem Jahr 1954 zum einen durch die nähere Festlegung der Schutzgüter aus (Art 1). Weiter enthalten die Vorschriften über den „allgemeinen Schutz" (Art 2–7) eine Reihe von präventiven Maßnahmen, welche die Parteien bereits zu Friedenszeiten zum Schutz der Kulturgüter treffen, so etwa die sichtbare Kennzeichnung des Kulturguts und den Erlass von Anweisungen an die Mitglieder der Streitkräfte. Für die Zeit des Konflikts selbst schreibt Art 4 die Unterlassung der Nutzung des Kulturguts zu militärischen Zwecken (mit der Ausnahme zwingender Notwendigkeit), das Verbot von Diebstahl, Plünderung, widerrechtlicher Besitznahme oder sinnloser Zerstörung, das Verbot der Beschlagnahme und das Verbot von Repressalien gegen Kulturgut vor. Untersagt wird auch ausdrücklich die Beschlagnahme zu Reparationszwecken (Art 4 Abs 3). Besonderen Schutz genießen jene Kulturgüter, die in ein internationales Register eingetragen sind, welches der Generaldirektor der UNESCO führt (Art 8–12). Jede feindliche Handlung gegen und jede militärische Nutzung solchen Guts ist untersagt, soweit nicht der Kommandeur auf Divisionsebene entscheidet, dass eine „unausweichliche militärische Notwendigkeit" anzunehmen ist. Die Pflichten eines okkupierenden Staats sind in einem Protokoll[505] v 1954 nie-

155

---

501 Das Urteil ist in dt Übersetzung abgedr (mit Anm) bei *Schröder,* Wem gehört die Beutekunst? Zum zweiten Beutekunst-Urteil des russischen Verfassungsgerichts, Osteuropa-Recht 2000, 29 ff; hierzu auch *Dolzer,* „Kompensatorische Restitution"?, NJW 2000, 560 ff; *von Schorlemer* (Fn 452) 317 ff; *Stumpf,* Kulturgüterschutz im internationalen Recht unter besonderer Berücksichtigung der deutsch-russischen Beziehungen, 2003; *Schoen,* Der rechtliche Status von Beutekunst, 2004; *Baufeld,* Beutekunst – Versuch einer neuen juristischen Deutung, Osteuropa-Recht 2005, 207 ff; *Fiedler,* Kulturgüter als Kriegsbeute?, 1995; *ders,* Die Verhandlungen zwischen Deutschland und Rußland über die Rückführung der während und nach dem 2. Weltkrieg verlagerten Kulturgüter, JöR (NF) 56 (2008) 217 ff; *Jenschke,* Der völkerrechtliche Rückgabeanspruch auf in Kriegszeiten widerrechtlich verbrachte Kulturgüter, 2005; *ders,* In Kriegen erbeutet, Osteuropa 2006, 361 ff; allgemein zum Zweiten Weltkrieg *Kowalski,* Restitution of Works of Art Pursuant to Private and Public International Law, RdC 288 (2001) 154 ff.
502 *Eitel* (Fn 452) 191 f.
503 BGBl 1967 II, 1235; hierzu näher *Toman,* Protection of Cultural Property in the Event of Armed Conflict, 1996; *Desch,* Der Schutz von Kulturgut bei bewaffneten Konflikten nach der Konvention von 1954, HV-I 1999, 230 ff.
504 „Roerich-Pakt", ZaöRV 16 (1955/56) 78 f.
505 BGBl 1967 II, 1300.

dergelegt; danach ist insbes die Ausfuhr von Kulturgut aus den besetzten Gebieten zu verhindern. Die Haager Konvention v 1954 wurde weiter ergänzt durch Art 53 u 85 Abs 4 [d] des *ZP I* sowie Art 16 des *ZP II* v 1977 zu den Genfer Konventionen v 1949, welche feindselige Handlungen gegen Kulturgut und Kultstätten sowie ihre Verwendung zur Unterstützung des militärischen Einsatzes oder im Fall internationaler Konflikte als Gegenstand von Repressalien verbieten.[506] Diese Regeln sind eng auszulegen, da sie keine Möglichkeit der Rechtfertigung eines Verstoßes durch „unausweichliche militärische Notwendigkeiten" beinhalten.

156 Den Verstoß gegen die Vorschriften der Haager Konvention v 1954 ahndet jede Partei mit strafrechtlichen oder disziplinarischen Mitteln (Art 28). Die Haager Konvention selbst begründet unmittelbar keine Strafbarkeit.[507] Verstärkt wurden diese Mittel zur Durchsetzung der Konvention daher durch das Zweite Protokoll zur Haager Konvention, das 1999 angenommen wurde und 2004 in Kraft trat.[508] Das Zweite Protokoll wurde auch im Lichte der Kriege in Ex-Jugoslawien ausgehandelt. Der Beschuss der Altstadt von Dubrovnik, welche in der Liste des zu erhaltenden Weltkulturerbes aufgeführt ist, sowie die Zerstörungen in Mostar, Vukovar und Sarajevo sind auch vor dem Hintergrund des Versuchs der systematischen Zerstörung des kulturellen Erbes ethnischer Gruppen als Mittel der Kriegsführung zu sehen. Das Statut des Internationalen Strafgerichtshofs für Ex-Jugoslawien aus dem Jahre 1993 enthält unter dem Titel „Verletzung der Gesetze und der Gebräuche des Krieges" den Tatbestand der Verletzung von bestimmten Kulturgütern (Art 3 [d]).[509] Auch in Art 8 des Rom-Statuts des IStGH v 1998 ist die Verletzung von bestimmten Kulturgütern als Kriegsverbrechen aufgelistet.[510] Die „Außerordentlichen Kammern" für die Aburteilung von Verbrechen während der Herrschaft der Khmer-Rouge in Kambodscha 1975–1979 sind gemäß Art 7 ihres Gründungsgesetzes ausdrücklich für Verstöße gegen die Haager Konvention v 1954 zuständig.[511] Der Verbrechenstatbestand des „kulturellen Genozids" hat sich bisher jedoch nicht durchgesetzt.[512]

157 Dass die Normen zum Schutz von Kulturgütern im Krieg auch heute nicht an Bedeutung verloren haben, zeigen folgende Beispiele: 2001 löste die Zerstörung zweier großer Buddha-Statuen im afghanischen Bamiyan durch die Taliban weltweite Empörung aus; dies veranlasste die UNESCO 2003 zu einer Erklärung gegen die

---

506 BGBl 1990 II, 1551; BGBl 1990 II, 1637.
507 Vgl *Partsch*, in Fleck (Hrsg), Handbook of Humanitarian Law in Armed Conflicts, 1999, 377 (403).
508 ILM 38 (1999) 769; ratifiziert durch die BR Deutschland am 7.7.2009, BGBl 2009 II, 716; hierzu *Henckaerts*, New Rules for the Protection of Cultural Property in Armed Conflict, HV-I 1999, 147 ff; *Penkny*, Der Schutz von Kulturgütern bei bewaffneten Konflikten im Lichte jüngster völkerrechtlicher Entwicklungen, HV-I 2003, 27 ff; *Frulli*, The Criminalization of Offences against Cultural Heritage in Times of Armed Conflict: The Quest for Consistency, EJIL 22 (2011) 203 ff.
509 Vgl *Francioni* (Fn 404) 1215 ff.
510 Zum Völkerstrafrecht generell vgl *Schröder*, 7. Abschn Rn 38 ff.
511 Die Kammern gehen auf ein Abkommen zwischen den UN und Kambodscha zurück, dessen Text als Annex der UN GA 57/228 v 22.5.2003 angehängt ist; dt Übersetzung in HV-I 2005, 59.
512 Vgl *Cassese*, International Criminal Law, 2003, 96 f; *O'Keefe*, Protection of Cultural Property under International Criminal Law, Melb JIL 11 (2010) 339 ff; vgl in diesem Kontext auch *Vrdoljak*, Genocide and Restitution: Ensuring Each Group's Contribution to Humanity, EJIL 22 (2011) 17 ff; *Donders*, Old Cultures Never Die?, in Boerefijn/Gaay Fortman (Hrsg), Human Rights and Conflict, 2012, 287 ff.

absichtliche Zerstörung des kulturellen Erbes.[513] Auch im Irakkrieg 2003 wurden Kulturgüter gezielt zerstört.[514] Rebellen in Timbuktu (Mali) vernichteten im Jahre 2012 zum Weltkulturerbe zählende Heiligtümern. Im Jahr 2016 verhängte der IStGH im Fall des mutmaßlichen Terroristen *al Mahdi* deswegen erstmalig eine Haftstrafe wegen der Zerstörung von Weltkulturerbe.[515] Die Zerstörung einzigartiger Kulturgüter aus altorientalischer Zeit u a in der antiken Oasenstadt Palmyra, die zum UNESCO Weltkulturerbe zählt, im Museum der Stadt Mossul und der Grabungsstätte Ninive durch den sog Islamischen Staat (IS) wurde weltweit verurteilt. Der illegale Handel mit Kulturgütern dient zudem Terrorgruppen im Nahen Osten als Finanzquelle. Inwieweit die kriegsrechtlichen Kodifizierungen zum Schutz von Kulturgütern gewohnheitsrechtliche Geltung beanspruchen können, ist im Einzelfall zu klären. Mehr und mehr setzt sich indes die Auffassung durch, dass die zentralen Regelungen auch gewohnheitsrechtliche Geltung erlangt haben.[516]

d) Regelung für Friedenszeiten

Es dauerte bis zum Jahr 1970, bis mit dem *Übereinkommen über Maßnahmen zum* **158** *Verbot und zur Verhütung der unzulässigen Einfuhr, Ausfuhr und Übereignung von Kulturgut*[517] eine erste spezifische Vereinbarung über den Schutz von Kulturgütern in Friedenszeiten angenommen wurde. Insbes die Entwicklungsländer hatten auf Regelungen gedrängt, um der illegalen Abwanderung von Kulturgütern Herr werden zu können. Heute gilt der illegale Handel mit Kulturgütern als der drittgrößte Schwarzmarkt nach dem Handel mit Waffen und Drogen.[518] Die Konvention verpflichtet alle Mitgliedstaaten zum Verbot des Exports von solchen Kulturgütern, für die kein Exportzertifikat erteilt worden ist (Art 6). Freilich findet sich keine generelle korrespondierende Pflicht zum Importverbot für den Fall der illegalen Ausfuhr. Nur im Falle des Diebstahls aus einer staatlichen Einrichtung ist der Importstaat verpflichtet, auf Antrag Maßnahmen zur Wiedererlangung und Rückgabe des Kulturguts zu ergreifen. Dies gilt auch im Falle eines gutgläubigen Erwerbs, dann allerdings auf der Grundlage einer Pflicht zur angemessenen Entschädigung durch den

---

513 Vgl *Francioni/Lenzerini*, The Destruction of the Buddhas of Bamiyan and International Law, EJIL 14 (2003) 619 ff; *Goy*, La destruction intentionelle du patrimoine culturel en droit international, RGDIP 109 (2005) 273 ff.
514 Nach Plünderungen des irakischen Nationalmuseums, der Nationalbibliothek, archäologischer Stätten und anderer irakischer Einrichtungen nach dem Sturz des Regimes *Saddam Husseins* im April 2003 forderte der UN-Sicherheitsrat die Staaten auf, eine sichere Rückführung der Gegenstände zu veranlassen und den Handel mit verdächtigen Gegenständen zu unterbinden, vgl Ziff 7 der Res 1483 (2003) v 22.5.2003; hierzu *Phuong*, The Protection of Iraqi Cultural Property, ICLQ 53 (2004) 985 ff; *Sandholtz*, The Iraqi National Museum and International Law, Colum J Transnat'l L 44 (2005) 185 ff; *Gerstenblith*, From Bamiyan to Baghdad: Warfare and the Preservation of Cultural Heritage at the Beginning of the 21st Century, GJIL 37 (2006) 245 ff; *Weber*, Verbote des Handels mit irakischen Kulturgütern, SZIER 2006, 425 ff; *Patron*, The Looting of Iraqi Archaeological Sites, GWILR 40 (2008) 465 ff.
515 Az ICC-01/12-01/15. Vgl dazu etwa *Ellis*, The ICC's Role in Combatting the Destruction of Cultural Heritage, CWRJIL 49 (2017) 23 ff.
516 Hierzu *von Schorlemer* (Fn 420) 297 ff; *Henckearts/Doswald-Beck*, Customary International Humanitarian Law, Vol I, 2005, 127 ff; vgl auch *Francioni* (Fn 453) 14.
517 Vgl o Rn 146.
518 Vgl *Song*, International Legal Instruments and New Judicial Principles for Restitution of Illegally Exported Cultural Properties, Penn State JLIA 4 (2016) 718 (720) mwN.

Exportstaat (Art 7 [b] Abs 2). Liegt kein Diebstahl im Ursprungsland vor, begründet die Konvention selbst keine unbedingte Pflicht zur Rückgabe. Vielmehr verweist das Abkommen auf das nationale Recht des Importstaats, der insoweit auch die Anwendbarkeit der Vorschriften auf den Fall des Erwerbs durch staatliche Stellen im Importstaat begrenzen kann.[519] Gemäß Art 3 gelten Einfuhr, Ausfuhr und Übereignung von Kulturgut als rechtswidrig, wenn sie gegen solche nationalen Bestimmungen der Vertragsparteien verstoßen, die auf der Grundlage der Konventionen erlassen wurden. Str ist, ob Art 3 unmittelbar anwendbar ist, wie es sein Wortlaut nahe legt.[520] Deutschland stimmte der Konvention im Jahre 2007 zu. Der BGH konkretisierte bereits im Jahre 1972 den Begriff der guten Sitten in § 138 BGB auf der Grundlage dieser Vereinbarungen; die Entscheidung ist im Schrifttum auf Kritik gestoßen.[521] Seit dem Inkrafttreten des Kulturgüterrückgabegesetzes in Deutschland[522] führte bis zum Jahr 2013 keines der Rückgabeverlangen – vor allem von lateinamerikanischen Staaten – zu einer Rückgabe an den ersuchenden Staat.[523] Dieses Gesetz wurde im Jahr 2016 durch das Kulturgutschutzgesetz abgelöst.[524] Es soll durch verbesserte Ein- und Ausfuhrbestimmungen nationales Kulturgut vor Abwanderung ins Ausland schützen und es ermöglichen, unrechtmäßig verbrachtes Kulturgut anderer Staaten an diese zurückzugeben.

159 Anders als das Abkommen aus dem Jahre 1970 sucht das *UNESCO-Übereinkommen zum Schutz des Kultur- und Naturerbes der Welt* v 1972[525] nicht Rechtsfragen wie die illegale Abwanderung von Kulturgütern zu regeln,[526] sondern bestimmte Kulturgüter gegen herkömmliche Verfallsursachen, aber auch gegen sozial und wirtschaftlich begründete Einwirkungen zu schützen. Umwelteinflüsse gefährden Kulturgüter in zunehmenden Maße.[527] Es ist nicht überraschend, dass diese Konvention – anders als etwa die aus dem Jahre 1970 – von mehr als 190 Staaten ratifiziert worden ist. Zum Kulturerbe gehören danach Denkmäler, Ensembles und Stätten mit „außergewöhnlichem universellem Wert" (Art 1). Bemerkenswert ist, dass jeder

---

519 *Streinz* (Fn 418) 89 f.
520 Dagegen mit Hinweis auf die Entstehungsgeschichte *Streinz* (Fn 418) 88.
521 Vgl etwa *Siehr* Nationaler und internationaler Kulturgüterschutz, FS Lorenz, 1991, 525 ff.
522 BGBl 2007 I, 757, berichtigt BGBl 2007 I, 2547.
523 BT-Drs 17/13378 v 29.4.2013, 31.
524 Kulturgutschutzgesetz v 6.8.2016 (BGBl 2016 I, 1914, letzte Änd BGBl 2017 I, 872, 890). Vgl *Elmenhorst/Heimann,* Die Neuregelung des Kulturgutschutzrechts, NJW 2016, 3398 ff; *Winands/List,* Das neue Kulturgutschutzgesetz, KUR 2016, 198 ff. S a *Mahmoudi,* Erfahrungen mit dem Kulturgutschutzgesetz, FS Lynen, 2018, 293 ff.
525 BGBl 1977 II, 215. Dazu *Fitschen,* Internationaler Schutz des kulturellen Erbes der Welt, in Fiedler (Hrsg), Internationaler Kulturgüterschutz und deutsche Frage, 1991, 183 ff; *Francioni* (Fn 453) 13 ff; *ders,* The 1972 World Heritage Convention, 2008; *von Schorlemer,* Compliance with the UNESCO World Heritage Convention, GYIL 51 (2008) 321 ff; *Fastenrath,* Das UNESCO-Übereinkommen zum Schutz des Kultur- und Naturerbes der Welt und seine Wirkungen im deutschen Recht, AVR 54 (2016) 382 ff.
526 Der IGH hat in seiner Entscheidung aus dem Jahr 2011 über vorläufigen Rechtsschutz im neu aufgeflammten Streit zwischen Kambodscha und Thailand um den Tempel von Preah Vihear den durch die Auseinandersetzungen entstandenen Schaden am zwischenzeitlich in die Liste des Weltkulturerbes aufgenommenen Tempel aber mit berücksichtigt, vgl IGH, ICJ Rep 2011, 537; s zur Rolle des IGH im Kulturgüterschutz *Polymenopoulou,* Cultural Rights in the Case Law of the International Court of Justice, LJIL 27 (2014) 447 ff.
527 Vgl *von Schorlemer,* Der internationale Schutz von Kulturgütern gegen Umwelteinflüsse, in Fechner/Oppermann/Prott (Fn 401) 225 ff; *Gornig,* Schutz der Kulturgüter vor Umwelteinflüssen und natürlichen Gefahren im nationalen und internationalen Recht, FS Fiedler, 2011, 389 ff.

Staat als seine Aufgabe anerkennt, das Kultur- und Naturerbe auf seinem Gebiet zu erfassen, zu schützen und zu erhalten und dabei nach Möglichkeit erforderliche Maßnahmen zu treffen (Art 3 u 5). Einem von der UNESCO eingesetzten „Komitee für das Erbe der Welt" legen die Vertragsstaaten Vorschläge für die Aufnahme in die „Liste des Erbes der Welt" vor. Die Entscheidung fällt danach, ob das Objekt repräsentativ für einen bestimmten Typus kultureller Erscheinungsformen ist (Art 11 Abs 2).[528] Über Fördermaßnahmen entscheidet ebenfalls das Komitee, dem ein Fonds zur Verfügung steht, der sich allerdings in seinem Volumen sehr bescheiden ausnimmt (Art 13 Abs 6, Art 15). Die Liste umfasst heute 1.092 Objekte in 167 Vertragsstaaten (darunter 44 in Deutschland).[529] Die „Liste des gefährdeten Erbes der Welt" nennt 54 Natur- und Kulturerbestätten, die durch ernste und spezifische Gefahren bedroht sind. In Deutschland gab es zuletzt Konflikte bzgl lokaler Stadtentwicklungsmaßnahmen, die nach Ansicht des UNESCO-Komitees die Integrität der geschützten Denkmäler gefährden würden. Der Kölner Dom wurde im Juni 2006 wieder von der Liste der gefährdeten Güter gestrichen, nachdem die Planungen für Bauprojekte in der Umgebung angepasst worden waren.[530] 2009 wurde nach mehrjährigen Diskussionen das Dresdner Elbtal vom Komitee wegen einer neu geplanten Brücke von der Welterbeliste gestrichen.[531] Dabei ist festzuhalten, dass die Aufnahme eines Denkmals auf die Welterbeliste der UNESCO rechtlich keinen absoluten Hinderungsgrund für neue Infrastrukturprojekte darstellt. Die in Art 4, 5 niedergelegten Bemühungspflichten der Vertragsstaaten lassen die Eintragung lediglich als Abwägungsfaktor erscheinen. Art 6 kann max als eine Kooperationspflicht mit dem Komitee interpretiert werden.[532] Es ist freilich bemerkenswert, dass mit dem Dresdner Elbtal erst zum zweiten Mal ein einmal aufgenommenes Denkmal wieder permanent von der Liste gestrichen wurde.[533]

Auffällig ist, welch starkes Gewicht in der Konvention – trotz der Verpflichtung **160** zum Schutz des Kulturguts – der *staatlichen Souveränität* zugewiesen wird (vgl Art 6), obgleich die Präambel vom „Welterbe der gesamten Menschheit" spricht.[534] Ohne Zustimmung des Staats kann das Komitee auch bei unmittelbarer Bedrohung des Kulturguts nicht handeln. Der Staat ist nicht verpflichtet, einen Hilfsantrag zu stellen (vgl Art 19). Die Staaten leisten sich gegenseitig Hilfe auf das Ersuchen eines anderen Staats (Art 6). Im zwischenstaatlichen Verhältnis werden nur vorsätzliche Maßnahmen untersagt, welche den Schutzobjekten schaden könnten. Aus kultur-

---

528 Vgl *von Schorlemer* (Fn 420) 135 f; *Starck*, Architektorinisches und archäologisches Kulturerbe in europa- und völkerrechtlicher Sicht, FS Eibe, 2013, 181 (187 f).
529 Die deutschen Welterbestätten sind als Anhang abgedr in Sart II Nr 410.
530 Hierzu ausf *Zacharias*, Cologne Cathedral versus Skyscrapers, MPYUNL 10 (2006) 273 ff. Im Juni 2017 wurde das historische Zentrum von Wien wegen eines geplanten Hochhausbaus als gefährdetes Welterbe eingestuft.
531 UNESCO World Heritage Committee, 33rd session, WHC-09/33.COM/20 v 25.6.2009, Decision 26.
532 *Francioni* (Fn 453) 25 f; s auch *Kotzur*, Die Dresdner Waldschlösschenbrücke – rechtlich rundum beleuchtet, Deutscher Verwaltungsgerichtstag 16 (2010) 327 ff; vgl ferner OVG Berlin-Brandenburg, BauR 2010, 1809 zum Schutz von „Sichtbeziehungen" aus einer als Teil des Weltkulturerbes denkmalgeschützten historischen Parkanlage zur Umgebung als Belang der Bauleitplanung.
533 Im Jahr 2007 wurde das Wildschutzgebiet der Arabischen Oryxantilope in Oman von der Liste gestrichen, nachdem der Oryxbestand aufgrund einer signifikanten Reservatsverkleinerung zur Ölförderung erheblich zurückgegangen war.
534 Vgl *Francioni* (Fn 453) 18.

und umweltrechtlicher Sicht ist diese Rechtslage unbefriedigend. Klar ist, dass das Kulturerbe nicht etwa treuhänderisch einem Vermögen der Staatengemeinschaft zugewiesen wurde.[535] Ob man den Staat gemäß der Konvention als „Treuhänder gemeinsamer kultureller Werte" ansehen kann, muss im Lichte der Betonung starker Souveränität bezweifelt werden.[536] Das Bild vom Welterbe der gesamten Menschheit verspricht also rechtlich mehr, als es nach dem Inhalt der Konvention hält. Dies gilt im Übrigen auch für das „Gebiet" des Meeresbodens und seiner Naturvorkommen als gemeinsames Erbe der Menschheit.[537]

161   Im Lichte von evidenten, akzeptanzhindernden Defiziten der UNESCO-Konvention v 1970 wurde in den 1990er Jahren erneut der Versuch gemacht, die internationale Rechtsordnung stärker gegen die illegale Ausfuhr von Kulturgütern einzusetzen. Im Rahmen der UNIDROIT-*Konvention über gestohlene oder rechtswidrig ausgeführte Kulturgüter* v 1995[538] vereinbarten die Vertragsstaaten rechtliche Mindeststandards für Ersuchen zur Rückgabe von rechtswidrig entfernten Kulturgütern. Bisher erlauben die national anwendbaren Normen für den Erwerb von Kulturgütern in vielen Rechtsordnungen etwa den gutgläubigen Erwerb von gestohlenem Eigentum und behandeln auch widerrechtlich ausgeführte (nicht gestohlene) Güter durchaus unterschiedlich. Im Kern will die UNIDROIT-Konvention v 1995 ein Sonderrecht für den grenzüberschreitenden Verkehr von Kulturgütern schaffen; ihre Regeln differenzieren dabei zwischen gestohlenen und „nur" widerrechtlich ausgeführten Gütern (Art 1).

162   Für den Fall *gestohlener Güter* ist – wie im deutschen Recht – grundsätzlich kein gutgläubiger Erwerb möglich; der herausgabepflichtige Besitzer hat einen Anspruch auf Entschädigung, sofern er beim Erwerb mit der erforderlichen Sorgfalt vorgegangen ist (Art 4 Abs 1). Die damit geschaffene Umkehr der Beweislast kann den illegalen Handel durchaus erschweren. Drei Jahre ab Kenntnis von Aufenthaltsort und Besitzer verjährt der Rückgabeanspruch (Art 3 Abs 3). Im Falle *widerrechtlich ausgeführter Güter* – hierzu gehört auch vorübergehend ausgeführtes, aber nicht vereinbarungsgemäß zurückgeführtes Kulturgut – kann der Ursprungsstaat nur unter besonderen Voraussetzungen die Rückgabe verlangen. Dieser muss nachweisen, dass der illegale Zustand näher beschriebene Interessen wesentlich beeinträchtigt: die materielle Erhaltung des Guts, die Unversehrtheit eines komplexen Guts, die Erhaltung von Informationen oder den traditionellen oder rituellen Gebrauch durch Eingeborenen- oder Stammesgemeinschaften (Art 5 Abs 3).

163   Hinter diesem Kompromiss verbirgt sich die grundsätzliche, seit langem diskutierte Frage, ob und unter welchen Umständen ein Staat bei transnationalen Vorgängen das öffentliche Recht eines Drittstaats im Allgemeinen und den Export von

---

535 Hierzu *Streinz* (Fn 418) 79.
536 *Streinz* (Fn 418) 79 mwN. Zur Rechtslage in Deutschland *Fastenrath,* Der Schutz des Weltkulturerbes in Deutschland, DÖV 2006, 1017 ff; *v. Bogdandy/Zacharias,* Zum Status der Weltkulturerbekonvention im deutschen Rechtsraum, NVwZ 2007, 527 ff.
537 Vgl hierzu *Proelß,* 5. Abschn Rn 68 sowie o Rn 152.
538 Dt Übersetzung in ZVglRWiss 95 (1996) 214 ff. Die Konvention wurde von Deutschland bis heute nicht unterzeichnet. Zur Konvention s *Prott,* Kulturgüterschutz nach der UNIDROIT-Konvention und nach der UNESCO-Konvention, ZVglRWiss 95 (1996) 188 ff; *dies,* The UNIDROIT Convention on Stolen or Illegally Exported Cultural Objects, Unif L Rev 14 (2009) 215 ff.

Kulturgütern im Besonderen anerkennen und ihm in seiner internen Ordnung Geltung verschaffen sollte. Völkergewohnheitsrechtliche Vorgaben bestehen insoweit nicht. Die herkömmliche Praxis, dass es generell als unangemessen erscheint, speziell das öffentliche Recht eines Drittstaats der eigenen Rechtsordnung zu Grunde zu legen („wir sind kein Büttel eines fremden Staates"),[539] erscheint heute jedenfalls für das Recht der Kulturgüter als Leitlinie nicht mehr zeitgemäß. Andererseits wird ein Staat auch auf diesem Felde zögern, pauschal jedes fremde öffentliche Recht zu übernehmen. Der Mittelweg der UNIDROIT-Konvention spiegelt im Wesentlichen den heutigen internationalen Stand der allgemeinen Debatte wider.

Auf europäischer Ebene wurde 1954 vom Europarat ein *Europäisches Kulturabkommen* geschlossen.[540] Die Vereinbarung basiert auf der Idee „des gemeinsamen kulturellen Erbes Europas", welches sich nicht nur auf die Förderung des Studiums der Sprachen, der Geschichte und der Zivilisation der anderen Vertragsparteien, sondern auch auf die Erleichterung der Bewegungsfreiheit und des Austausches von Kulturgütern bezieht (Art 2 u 4). Aus heutiger Sicht erscheinen die damit verbundenen Zielsetzungen so aktuell wie 1954.[541] Der Europarat verabschiedete am 27.10. 2005 zusätzlich eine Rahmenkonvention zum Wert des Kulturerbes für die Gesellschaft.[542]

164

e) Rückführung von Kulturgut

Hinter dem generellen Topos der „Rückführung" von Kulturgut verbergen sich – je nach Verwendung des Begriffs – eine Vielzahl von rechtlichen Konstellationen, die letztlich in der einen oder der anderen Weise nach einem *Rückgaberecht* des Ursprungslands nach der unrechtmäßigen oder auch der rechtmäßigen Verbringung fragen.[543] Die Antwort darauf hängt im Einzelfall vom IPR des Staats ab, in dem sich der Gegenstand befindet oder, im Falle der Anwendbarkeit völkerrechtlicher Normen (wie etwa bei kriegsrechtlich gebundenen Vorgängen), vom maßgeblichen Völkervertrags- oder Gewohnheitsrecht.[544] Wurde das Kulturgut rechtmäßig – zu beurteilen nach dem Zeitpunkt der Verbringung aus dem Ursprungsland und dessen Recht – verbracht, so ist nach heutigem Völkerrecht kein Rückgabeanspruch des Ursprungslands gegeben. Dies gilt auch für den Fall, dass das Ursprungsland heute dartun kann, dass das betreffende Gut zum nationalen Kulturgut gehört. Nach diesem Grundsatz bestimmt sich etwa die viel diskutierte Rechtslage der „Elgin

165

---

539 Hierzu *Herdegen*, Internationales Wirtschaftsrecht, § 3 Rn 52, 73 ff.
540 BGBl 1955 II, 1128.
541 Für den amerikanischen Kontinent wurde 1976 in San Salvador – auch im Blick auf postkoloniale kulturstaatliche Forderungen zentral- und südamerikanischer Staaten – eine Konvention vereinbart, vgl ILM 15 (1976) 1350. Dazu *Müller-Katzenburg* (Fn 477) 95 f. Die USA haben bilaterale Verträge abgeschlossen, wobei als Muster der Vertrag mit Mexiko (1970) gegolten hat, vgl ILM 9 (1970) 1028 ff.
542 CETS Nr 199. Die Konvention, die am 1.6.2011 in Kraft getreten ist, wurde von der BR Deutschland bisher nicht unterzeichnet.
543 Hierzu *Greenfield*, The Return of Cultural Treasures, 3. Aufl 2007; vgl Palmer (Hrsg), The Recovery of Stolen Art, 1998; *Prott/O'Keefe*, Law and the Cultural Heritage, Bd II, 1989, 814 ff; *Freytag* (Fn 452) 175 ff; *Weber* (Fn 452) 357 ff; *Wyss* (Fn 398) 201 ff. Vgl auch *Hailbronner*, Frachtgut gesunkener Schiffe und Kulturgüterschutz vor deutschen Gerichten, JZ 2002, 957 ff.
544 Vgl *Siehr*, Internationaler Rechtsschutz von Kulturgütern, SZIER 2005, 53 ff.

Marbles" – so die englische Bezeichnung der Skulpturen des Parthenon-Tempels der Akropolis in Athen.[545]

166 Diese Fragen stellen sich auch im *Kontext früherer kolonialer Situationen* iwS. Das rechtspolitische Problem, dass mit diesen Grundsätzen auf Zufälligkeiten, auf verschiedene Formen des Drucks und auf historisch überwundene rechtliche Strukturen abgestellt wird, begründet nach den Grundsätzen des intertemporalen Völkerrechts heute keinen Rückgabeanspruch. Das kulturelle Selbstbestimmungsrecht gilt insoweit nicht rückwirkend, selbst wenn man ihm heute den Rang des *ius cogens* einräumt.[546] Daran hält im europäischen Kontext die Richtlinie 2014/60/EU v 15.5.2014 über die Rückgabe von unrechtmäßig aus dem Hoheitsgebiet eines Mitgliedstaats verbrachten Kulturgütern fest;[547] nur für die Zeit nach dem Inkrafttreten der Richtlinie gilt die Regelung des Art 3, wonach unrechtmäßig verbrachtes Kulturgut zurückgegeben werden muss.[548]

167 Unberührt von diesen rechtlichen Grundsätzen bleibt die Frage, ob und unter welchen Umständen eine *freiwillige Rückgabe* von einschlägigem Kulturgut im Lichte der nationalen Interessen des Ursprungsstaats stärker als in der bisherigen Praxis angezeigt erscheint. Dies gilt insbes auch für die Praxis öffentlicher Museen. Diese haben in jüngerer Zeit – allerdings meist nur für die Zukunft – eine Reihe von unterschiedlich ausgestalteten *Kodizes* ausgearbeitet, und dabei für Objekte ungeklärter Herkunft verschärfte Erkundigungspflichten und auch Erwerbsverbote statuiert.[549] Hierher gehört auch die Erstellung eines Registers für gestohlene Kulturgüter, einer Datenbank der *International Foundation for Art Research* in New York.[550] Problematisch ist oft, dass insbes die Opfer von Zwangsverkäufen oder Beschlagnahmen während des „Dritten Reichs" ihr früheres Eigentum bzw die jetzigen Eigentümer – also auch Museen – einen möglicherweise rechtmäßigen Erwerb nicht ausreichend nachweisen können. Hierfür wurde 1998 die *Washingtoner Erklärung* als Abschlussdokument einer Konferenz über Holocaust-Vermögenswerte mit Teilnehmern aus 44 Ländern, darunter die BR Deutschland, ausgearbeitet.[551] Die Erklärung ist zwar rechtlich nicht bindend; dennoch wurde sie durch Bund, Länder und Kommunen in einer Handreichung mit „Richtlinien zur Rückgabe NS-verfolgungsbedingt entzogenen Kulturguts" umgesetzt. Hiernach tragen im Zweifel die staatlichen Museen die Beweislast; sollten diese die Eigentumsverhältnisse eines Kulturguts nicht eindeutig klären können, muss gemäß der Vermutungsregeln zu Gunsten Verfolgter uU resti-

---

545 Hierzu *Frank*, Der Anspruch Griechenlands auf die „Elgin Marbles" im Britischen Museum in London, in ders (Fn 477) 1 ff; *Rudenstine*, Lord Elgin and the Ottomans: The Question of Permission, Cardozo LR 23 (2002) 449 ff. Im Mai 2015 gab die griechische Regierung bekannt, einen Anspruch auf die Skulpturen nicht gerichtlich geltend zu machen.
546 Vgl o Rn 150.
547 Vgl o Rn 147; zur Rechtslage unter der insofern identischen Vorgängerregelung im Einzelnen *Streinz* (Fn 418) 120 ff.
548 Zur Rechtslage unter der insofern identischen Vorgängerregelung im Einzelnen *Müller-Katzenburg* (Fn 477) 117 f.
549 Hierzu *Streinz* (Fn 418) 198 f.
550 <http://www.ifar.org/>. Dazu *Radcliffe*, The Work of the International Art and Antiques Loss Register, in Palmer (Fn 543) 189 ff.
551 Abgedr in Permanent Court of Arbitration (Hrsg), Resolution of Cultural Property Disputes, 2004, 431; zur Konferenz *Eitel*, „Nazi-Gold" und andere Holocaust-Vermögenswerte, FS Ipsen, 2000, 57 ff.

tuiert oder eine Entschädigungszahlung geleistet werden, deren Bemessung aber wiederum streitig ist.[552] Zur Schlichtung von Streitfällen gibt es eine beratende Kommission, die aus acht Wissenschaftlern und Politikern besteht. Für die in der Washingtoner Erklärung vereinbarte Provenienzforschung wurde ebenfalls eine Datenbank eingerichtet.[553] Die Washingtoner Prinzipien wurden in der *Theresienstädter Erklärung* von 2009 unter Beteiligung der BR Deutschland noch einmal bekräftigt.[554] Im Zusammenhang mit dem „Schwabinger Kunstfund" Anfang 2012 unterstrich die Bundesregierung ihr Anliegen, die Provenienzforschung zu NS-Raubkunst zu stärken und voranzutreiben, und gründete zu diesem Zweck im Jahre 2015 gemeinsam mit Ländern und Kommunen das Deutsche Zentrum Kulturgutverluste.[555]

f) Kulturgüterschutz im Meer

Angesichts neuartiger Techniken zum Bergen von Gegenständen hat die Unterwasser-Archäologie in den vergangenen Jahrzehnten zunehmend Beachtung gefunden. Vor diesem Hintergrund hat das *UN-Seerechtsübereinkommen* v 1982 (SRÜ) zonenspezifische Regelungen getroffen.[556] Allgemein verpflichtet die Konvention die Staaten, archäologische Objekte zu schützen und dabei zusammenzuarbeiten (Art 303). Während innere Gewässer und Küstenmeer der Hoheit des jeweiligen Staats unterstehen und für die Anschlusszone dem Küstenstaat weite Rechte für den Fall der Wegnahme archäologischer Gegenstände zugewiesen werden (vgl Art 303), werden archäologische Objekte auf dem Festlandsockel und der Hohen See zum Vorteil der ganzen Menschheit geschützt. Dem „Ursprungsstaat" oder dem „Staat des archäologischen Ursprungs" wird ein Vorzugsrecht eingeräumt (Art 149).[557] 168

Schwächen der Regelung des SRÜ, insbes im Hinblick auf das Fehlen erforderlicher Definitionen, führten im Jahre 2001 zur Verabschiedung des *UNESCO-Übereinkommens zum Schutz des Unterwasserkulturerbes*.[558] Es schützt alle Spuren menschlicher Existenz mit kulturellem, historischem oder archäologischem Charakter, die sich 169

---

552 Zum Streit über die Rückgabe der „Berliner Straßenszene" von Ernst Ludwig Kirchner s *Huttenlauch*, Street Scenes and Other Scenes from Berlin – Legal Issues in the Restitution of Art after the Third Reich, GLJ 7 (2006) 819 ff.
553 <http://www.lostart.de>.
554 Terezín Declaration v 30.6.2009, Prague Holocaust Era Assets Conference, in dt Übersetzung abrufbar unter <http://www.lostart.de>; vgl dazu insgesamt auch *Martinek*, Die Wiedergutmachung NS-bedingter Kulturgutverluste als Soft Law-Problem, FS Fiedler, 2011, 415 ff.
555 Ausf zum Schwabinger Kunstfund *Lange/Oehler*, „Schwabinger Kunstfund" – Erblast des NS-Regimes, ZRP 2014, 86 ff; *Lenski*, Vergangenheitsbewältigung durch Vertrag – die Verfahrensvereinbarung im Fall Gurlitt, JZ 2014, 888 ff.
556 Vgl zur Entwicklung des Rechts *Korthals Altes*, Submarine Antiquities, SJILC 4 (1976) 77 ff; *Prott/O'Keefe*, Maritime Archaeology, EPIL III (1997) 298 ff; vgl *Graf Vitzthum/Talmon*, Alles fließt, 1998; *Pallas*, Maritimer Kulturgüterschutz, 2004, 175 ff; *Lagoni*, Marine Archäologie und sonstige auf dem Meeresboden gefundene Gegenstände, AVR 44 (2006) 328 ff. Zu den Zonen gemäß SRÜ *Proelß*, 5. Abschn Rn 36 ff.
557 Hierzu *Caflisch*, Submarine Antiquities and the International Law of the Sea, NYIL 13 (1982) 3 ff; *Strati*, Deep Seabed Cultural Property and the Common Heritage of Mankind, ICLQ 40 (1991) 859 ff.
558 ILM 41 (2002) 40. Das Übereinkommen ist am 2.1.2009 in Kraft getreten. Deutschland hat bislang nicht ratifiziert. Hierzu *Rau*, Kulturgüterschutz im Meer, ZaöRV 61 (2001) 833 ff; *Pallas* (Fn 556) 360 ff; *Siehr*, Die UN-Konvention über den Schutz des kulturellen Erbes unter Wasser und das Internationale Sachenrecht, FS Fiedler, 2011, 447 ff.

mindestens 100 Jahre unter Wasser befinden (Art 1 u 2). Zentral ist wiederum eine Kompetenzverteilung anknüpfend an die seerechtlichen Zonen. Die Regelungen des SRÜ bleiben unberührt (Art 3). Kontrovers waren vor allem die Befugnisse des Küstenstaats in der ausschließlichen Wirtschaftszone und auf dem Festlandsockel. Nach Art 9 u 10 tragen alle Staaten Verantwortung für den Schutz des Kulturguts in diesen Zonen. Der Küstenstaat ergreift grundsätzlich Maßnahmen in Konsultation mit anderen interessierten Staaten. Nur unmittelbare Gefahren darf dieser unilateral abwehren.

g) Archivgut, Archäologie, Architektur

170 Je nach der Definition des Kulturguts werden auch *Archive* von besonderer Bedeutung als Kulturgüter geschützt. Die UNIDROIT-Konvention über gestohlene oder rechtswidrig ausgeführte Kulturgüter v 1995[559] etwa bezieht Archive einschließlich Phono-, Foto- und Filmarchive ausdrücklich in ihren Anwendungsbereich ein.[560] Hier stellt sich die Frage der territorialen Zuordnung. Einzelne Elemente eines größeren Archivs können nach dem speziellen Bezug des einzelnen Teils zu einem Gebiet („geographisches Betreffsprinzip") oder mit Blick auf den Archivkörper als einheitliche historische Größe („Provenienzprinzip") zugeordnet werden. In der Wiener Konvention über die Staatennachfolge in Staatsvermögen, Archive und Schulden wurde auf Drängen der Entwicklungsländer die geographische Komponente betont. Die Konvention hat sich aber als Ganzes nicht durchsetzen können.[561]

171   Im Anschluss an das eher allgemein gehaltene europäische Kulturabkommen v 1954[562] sollte eine europäische Vereinbarung v 1969 speziell den Schutz des *archäologischen* Kulturguts gewährleisten.[563] Dieses Übereinkommen ist mit dem Europäischen Übereinkommen v 1992 zum Schutz des archäologischen Erbes revidiert worden (Malta-Konvention).[564] Die Vereinbarung zielt auf die Erhaltung der Güter mittels eines speziellen Schutzes, besonderer Vorschriften für Ausgrabungen, der Integration archäologischer Erwägungen in die Raumordnungspolitik und Umweltverträglichkeitsprüfungen sowie der Veröffentlichung des Sachwissens. Zwischenstaatlich vereinbart sind der gegenseitige Informationsaustausch ebenso wie Vorkehrungen zur Bekämpfung des illegalen Handels. Bestimmungen zum Export und Import fehlen in diesen im Ganzen eher schwach ausgestalteten Regelungen.

172   Ein Übereinkommen speziell zum Schutz des *architektonischen* Erbes wurde im Rahmen des Europarats im Jahre 1985 vereinbart (Granada-Konvention).[565] Unter

---

559 Vgl o Rn 161 ff.
560 Vgl Anh zu Art 2 lit j.
561 Vgl dazu *von Schorlemer* (Fn 420) 325; vgl *Kau*, 3. Abschn Rn 196 ff.
562 Vgl o Rn 164.
563 BGBl 1974 II, 1285; dazu *von Schorlemer* (Fn 420) 454 ff; allgemein *Fechner*, Rechtlicher Schutz archäologischen Kulturguts, 1991; *Anton*, Neuer Schutz archäologischer Kulturgüter, FS Fiedler, 2011, 319 ff.
564 BGBl 2002 II, 2709; dazu *Hönes*, Das Europäische Übereinkommen zum Schutz des archäologischen Erbes vom 16.1.1992, NuR 2005, 751 ff.
565 BGBl 1987 II, 623; hierzu *Szabó*, The Council of Europe and Historical Preservation, European Integration Studies 4 (2005) 95 ff; vgl außerdem im Rahmen der UNESCO die von der Generalversammlung am 10.11.2011 verabschiedete Recommendation on the Historic Urban Landscape, Records of the General Conference, 36th Session 2011, Vol 1, 50 ff.

dieses Erbe fallen Denkmäler, Ensembles und Stätten von herausragender Bedeutung. Der Vertrag soll die Vielfalt des europäischen Kulturerbes iSe gemeinsamen Erbes aller Europäer schützen. Die Vertragsparteien führen entsprechende Inventare für ihre Gebiete; sie überwachen und fördern die geschützten Güter. Sorgt der private Eigentümer nicht für sein Gut, so kann er enteignet werden (Art 4). Auf zwischenstaatlicher Ebene sieht der Vertrag die gegenseitige Abstimmung, den gegenseitigen Austausch und die Einsetzung eines Sachverständigenausschusses vor (Art 17–20).

Siebenter Abschnitt

Meinhard Schröder
Verantwortlichkeit, Völkerstrafrecht, Streitbeilegung und Sanktionen

Gliederung

I. Völkerrechtsverletzungen als Hauptthema des Abschnitts —— 1–3
II. Internationale Verantwortlichkeit —— 4–37
   1. Begriff und Terminologie —— 4–5
   2. Grundlagen und Konzept der Staatenverantwortlichkeit —— 6–21
     a) Rechtliches Fundament —— 6
     b) Umriss —— 8
     c) Ansätze zur Ausweitung des Konzepts —— 15
   3. Einzelfragen —— 22–34
     a) Zurechnungsprobleme der Staatenverantwortlichkeit —— 22
     b) Ausschluss der Staatenverantwortlichkeit —— 28
     c) Rechtsfolgen der Staatenverantwortlichkeit —— 32
   4. Die Verantwortlichkeit Internationaler Organisationen —— 35–37
     a) Praktische Bedeutung —— 35
     b) Einschlägige Regeln —— 36
III. Völkerstrafrecht —— 38–59
   1. Das Konzept —— 38–47
     a) Begriff und Kriterien —— 38
     b) Inhaltlicher Bezug zu Frieden und Sicherheit der Menschheit —— 43–47
   2. Grundelemente der Normierung —— 48–58
     a) Abgrenzung in Bezug auf die staatliche Strafgewalt —— 48
     b) Ausgestaltung der Tatbestände und der Strafbarkeitsvoraussetzungen —— 51
     c) Allgemeine Strafrechtsprinzipien und Strafsanktionen —— 53
     d) Die Strafgewalt internationaler Gerichte, insbesondere des IStGH —— 54
     e) Strafverfahren —— 57
   3. Bilanz —— 59
IV. Streitbeilegung —— 60–107
   1. Die Pflicht zur friedlichen Streitbeilegung —— 60–67
     a) Rechtliches Fundament —— 60
     b) Rechtssystematischer Standort —— 63
     c) Gegenstand —— 65
     d) Inhalt und Grenzen —— 67
   2. Die Mittel der Streitbeilegung im Überblick —— 68–70
   3. Diplomatische Verfahren —— 71–76
     a) Verhandlungen und Konsultationen —— 71
     b) Verfahren mit Drittbeteiligung —— 73
   4. Schiedsgerichte —— 77–86
     a) Allgemeine Kennzeichnung —— 77
     b) Erscheinungsformen —— 80
     c) Einzelfragen des schiedsgerichtlichen Verfahrens —— 82
     d) Praktische Bedeutung —— 85
   5. Der Internationale Gerichtshof —— 87–107
     a) Grundlagen —— 87
     b) Zuständigkeit —— 90
     c) Ius standi —— 95
     d) Entscheidungsmaßstab —— 96
     e) Organisation —— 97
     f) Grundzüge des Streitverfahrens —— 101
     g) Praktische Bedeutung —— 107
V. Sanktionen —— 108–123
   1. Allgemeine Kennzeichnung —— 108–110
     a) Begriff und Abgrenzung —— 108

b) Beschränkung des Begriffs auf
   Maßnahmen Internationaler
   Organisationen und Wirtschaftssanktionen —— 110
2. Erscheinungsformen —— 111–115

3. Einzelprobleme —— 116–123
   a) Die Repressalie —— 116
   b) Wirtschafts-
      sanktionen —— 120

Literatur
Ambos, Kai, Internationales Strafrecht, 5. Aufl 2018 [*Ambos,* Internationales Strafrecht]
Arangio-Ruiz, Gaetano/Vereshchetin, Vladlen S./Bennouna, Mohammed/Crawford, James/Tomuschat, Christian/Bowett, Derek/Simma, Bruno/Condorelli, Luigi, Symposium: Countermeasures and Dispute Settlement: The Current Debate Within the ILC, EJIL 5 (1994) 20 ff
Broomhall, Bruce, International Justice and the International Criminal Court: Between Sovereignty and the Rule of Law, 2004
Cassese/Gaeta, Cassese's International Criminal Law, 3. Aufl 2013
Combacau, Jean, Sanctions, EPIL IV (2000) 311 ff
Crawford, James, State Responsibility, The General Part, 2013 [*Crawford,* State Responsibility]
Diaconou, Ion, Peaceful Settlement of Disputes Between States, in MacDonald/Johnston (Hrsg), The Structure and Process of International Law, 1983, 1095
Doehring, Karl, Die Selbstdurchsetzung völkerrechtlicher Verpflichtungen. Einige Einzelprobleme der Repressalie, ZaöRV 47 (1987) 44 ff
Fiedler, Wilfried, Gegenmaßnahmen, BDGVR 37 (1997) 9 ff [*Fiedler,* Gegenmaßnahmen]
Frowein, Jochen A., Obligations *erga omnes,* MPEPIL VII, 916 ff
Fukatsu, Eiichi, Coercion and the Theory of Sanctions in International Law, in MacDonald/Johnston (Hrsg), The Structure and Process of International Law, 1986, 1187 ff [*Fukatsu,* Theory of Sanctions]
Günther, Carsten, Die Klagebefugnis der Staaten in internationalen Streitbeilegungsverfahren, 1999
Harders, J. Enno, Responsibility and Liability of International Organisations, in Wolfrum (Hrsg), United Nations, Law, Policies and Practice, 1995, Vol 2, Sec 114, 1092 ff
Kewenig, Wilhelm A., Die Anwendung wirtschaftlicher Zwangsmaßnahmen im Völkerrecht, BDGVR 22 (1982) 7 ff [*Kewenig,* Zwangsmaßnahmen]
Klein, Eckart, Gegenmaßnahmen, BDGVR 37 (1997) 39 ff [*Klein,* Gegenmaßnahmen]
Kreß, Klaus, International Criminal Law, MPEPIL V, 717 ff
Merrills, John Graham, International Dispute Settlement, 6 Aufl 2017 [*Merrills,* International Dispute Settlement]
Pellet, Alain, Judicial Settlement of International Disputes, MPEPIL VI, 526 ff
Pellet, Alain/Miron, Alina, Sanctions, MPEPIL IX, 1 ff
Ragazzi, Maurizio, The Responsibility of International Organisations, Revue Belge de Droit International 47 (2013) Sonderheft
Randelzhofer, Albrecht, Probleme der völkerrechtlichen Gefährdungshaftung, BDGVR 24 (1984) 35 ff [*Randelzhofer,* Gefährdungshaftung]
Rauschning, Dietrich, Verantwortlichkeit der Staaten für völkerrechtswidriges Verhalten, BDGVR 24 (1984) 13 ff
Rosenne, Shabtai, International Court of Justice (ICJ), MPEPIL V, 459 ff
Schabas, William, The Cambridge Companion to International Criminal Law, 2016
Schmalenbach, Kirsten, Die Haftung Internationaler Organisationen im Rahmen von Militäreinsätzen und Territorialverwaltungen, 2004 [*Schmalenbach,* Haftung]
Simma, Bruno/Khan, Daniel-Erasmus/Nolte, Georg/Paulus, Andreas (Hrsg), The Charter of the United Nations: A Commentary, 3. Aufl 2012 [UN Charter]
Tanaka, Yoshifumi, The Peaceful Settlement of International Disputes, 2018 [*Tanaka,* Peaceful Settlement]

Schröder

Thirlway Hugh, The Law and Procedure of the International Court of Justice, 2 Vol, 2013 [International Court]
Tochilovsky, Vadlimir, The Law and Jurisprudence of the International Criminal Tribunals and Courts, Procedure and Human Rights Aspects, 2013
Triffterer, Otto/Ambos, Kai (Hrsg), The Rome Statute of the International Criminal Court: A Commentary, 3. Aufl 2016 [Commentary]
Werle, Gerhard/Jeßberger,Florian, Völkerstrafrecht, 4. Aufl 2016
Zimmermann, Andreas/Tomuschat, Christian/Oellers-Frahm, Karin/Tams, Christian (Hrsg), The Statute of the International Court of Justice, 2 Aufl 2012 [ICJ Statute]

Verträge und Resolutionen
Freundschafts-, Handels-, und Schifffahrtsvertrag zwischen Großbritannien und den Vereinigten Staaten von Amerika v 19.11.1794 (Martens [2. Serie], Bd V, 640) [Jay-Vertrag] —— 78
1. Haager Abkommen zur friedlichen Erledigung internationaler Streitfälle v 29.7.1899 (RGBl 1901, 392, 482) —— 63
2. Haager Abkommen zur friedlichen Erledigung internationaler Streitfälle v 18.10.1907 (RGBl 1910, 5, 375) —— 63, 74, 75, 77, 78, 82, 84
Vertrag über die Ächtung des Krieges v 27.8.1928 (RGBl 1929 II, 97) [Briand-Kellogg-Pakt] —— 63, 64
Generalakte über die friedliche Beilegung von Streitigkeiten v 26.9.1928 (93 LNTS 343) —— 78
Charta der Vereinten Nationen v 26.6.1945 (BGBl 1973 II, 431), zuletzt geänd durch Bek v 28.8.1980 (BGBl 1980 II, 1252) [UN-Charta] —— 21, 29, 34, 44, 47, 52, 58, 60, 61, 62, 64, 65, 66, 68, 70, 87, 88–90, 93, 94, 106, 114–116, 120
Statut des Internationalen Gerichtshofs v 26.6.1945 (BGBl 1973 II, 505) [IGH-Statut] —— 52, 88–94, 96–105
Amerikanischer Vertrag über friedliche Streitschlichtung v 30.4.1948 (55 UNTS 30) [Bogotá-Pakt] —— 60
Konvention über die Verhütung und Bestrafung des Völkermordes v 9.12.1948 (BGBl 1954 II, 730) [Völkermordkonvention] —— 52
Europäisches Übereinkommen zur friedlichen Beilegung von Streitigkeiten v 29.4.1957 (BGBl 1961 II, 82) —— 60, 70, 82
(Genfer) Übereinkommen über die Hohe See v 29.4.1958 (BGBl 1972 II, 1089) —— 19
Übereinkommen zur Beilegung von Investitionsstreitigkeiten zwischen Staaten und Angehörigen anderer Staaten v 18.3.1965 (BGBl 1969 II, 371) [ICSID-Abkommen] —— 77
Internationaler Pakt über bürgerliche und politische Rechte v 19.12.1966 (BGBl 1973 II, 1533) [IPBPR] —— 50
Vertrag über die Grundsätze zur Regelung der Tätigkeiten von Staaten bei der Erforschung und Nutzung des Weltraums einschließlich des Mondes und anderer Himmelskörper v 27.1.1967 (BGBl 1969 II, 1969) [Weltraumvertrag] —— 19, 35
Wiener Übereinkommen (Konvention) über das Recht der Verträge v 23.5.1969 (BGBl 1985 II, 927) [WVK] —— 24, 76, 113
Übereinkommen über die Haftung für Schäden durch Weltraumgegenstände v 29.3.1973 (BGBl 1975 II, 1209) [Weltraumhaftungsübereinkommen] —— 19, 35
Charta der wirtschaftlichen Rechte und Pflichten der Staaten v 12.12.1974 (GA Res 3281 [XXIX]) —— 121
Wiener Konvention über die Vertretung der Staaten in ihren Beziehungen zu Internationalen Organisationen mit universellem Charakter v 14.3.1975 (AJIL 69 [1975] 730) —— 76
Schlussakte der Konferenz über Sicherheit und Zusammenarbeit in Europa v 1.8.1975 (EA 1975, D 437) [KSZE-Schlussakte] —— 60
Konvention über die Staatennachfolge in Verträge v 23.8.1978 (ILM 17 [1978] 1488) —— 76
Manila-Erklärung über die friedliche Beilegung internationaler Streitigkeiten v 15.11.1982 (GA Res 37/10, Annex) —— 60, 67

Schröder

Seerechtsübereinkommen der Vereinten Nationen v 10.12.1982 (BGBl 1994 II, 1799) [SRÜ] —— 19, 34, 35, 44, 60, 76, 78, 81
Protokoll Nr 7 zur Konvention zum Schutze der Menschenrechte und Grundfreiheiten v 22.11.1984 (ÖBGBl 1988/628) [7. ZusProt zur EMRK] —— 50
Wiener Übereinkommen (Konvention) über das Recht der Verträge zwischen Staaten und Internationalen Organisationen oder zwischen Internationalen Organisationen v 21.3.1986 (BGBl 1990 II, 1414) [WVKIO] —— 24
Erklärung über die Verhütung und Beseitigung von Streitigkeiten und Situationen, die den Weltfrieden und die internationale Sicherheit bedrohen können, und die Rolle der Vereinten Nationen auf diesem Gebiet v 5.12.1988 (GA Res 43/51, Annex) —— 60
Umweltschutzprotokoll zum Antarktis-Vertrag v 4.10.1991 (BGBl 1994 II, 2478) 60
Vereinbarung über Regeln und Verfahren zur Beilegung von Streitigkeiten, Anlage 2 zum Übereinkommen zur Errichtung der Welthandelsorganisation (WTO) v 15.4.1994 (BGBl 1994 II, 1749) —— 34, 60
Statut des Internationalen Strafgerichtshofs v 17.7.1998 (BGBl 2000 II, 1394; 2187 UNTS 3) [IStGH-Statut] —— 38, 44, 46, 48, 49–58

Judikatur
Ständiger Internationaler Gerichtshof
Mavrommatis Palestine Concessions (Greece v United Kingdom), Urteil v 30.8.1924, PCIJ, Ser A, No 2, 12 *[Mavrommatis-Konzessionen]* —— 33, 65
Factory at Chorzów (Germany v Poland), Urteil v 13.9.1928, PCIJ, Ser A, No 17, 29 *[Chorzów]* —— 8, 32

Internationaler Gerichtshof
Admission of a State to Membership in the United Nations, Gutachten v 28.5.1948, ICJ Rep 1948, 57 *[Mitgliedschaft in den UN]* —— 107
Corfu Channel (United Kingdom v Albania), Urteil v 9.4.1949, ICJ Rep 1949, 4 *[Korfu-Kanal]* —— 11, 14, 32
Reparations for Injuries Suffered in the Service of the United Nations, Gutachten v 11.4.1949, ICJ Rep 1949, 174 *[Bernadotte]* —— 35, 36
Reservations to the Convention on the Prevention and Punishment of the Crime of Genocide, Gutachten v 28.5.1951, ICJ Rep 1951, 15 *[Vorbehalte zur Völkermordkonvention]* —— 46
Anglo-Iranian Oil Co. (UK v Iran), Urteil v 22.7.1952, ICJ Rep 1952, 93 *[Anglo-Iranian Oil]* —— 91
Nottebohm (Liechtenstein v Guatemala), Urteil v 6.4.1955, ICJ Rep 1955, 4 *[Nottebohm]* —— 107
Certain Norwegian Loans (France v Norway), Urteil v 6.7.1957, ICJ Rep 1957, 9 *[Norwegische Anleihen]* —— 92
Right of Passage over Indian Territory (Portugal v India), Urteil v 26.11.1957, ICJ Rep 1957, 146 *[Durchgangsrecht über indisches Gebiet]* —— 92
South West Africa (Second Phase) (Ethiopia v South Africa; Liberia v South Africa), Urteil v 18.7.1966, ICJ Rep 1966, 4 *[Südwestafrika]* —— 14
North Sea Continental Shelf (Germany v Denmark; Germany v Netherlands), Urteil v 20.2.1969, ICJ Rep 1969, 3 *[Nordsee-Festlandsockel]* —— 107
Barcelona Traction, Light and Power Co, Ltd (Second Phase) (Belgium v Spain), Urteil v 5.2.1970, ICJ Rep 1970, 3 *[Barcelona Traction]* —— 16, 33, 107
Nuclear Tests (Interim Protection) (Australia v France; New Zealand v France), Verfügungen v 22.6.1973, ICJ Rep 1973, 99 u 135 *[Französische Nukleartests]* —— 105
Fisheries Jurisdiction (Merits) (Germany v Iceland, United Kingdom v Iceland), Urteil v 25.7.1974, ICJ Rep 1974, 3 u 174 *[Isländischer Fischereistreit]* —— 67, 92
United States Diplomatic and Consular Staff in Tehran (United States v Iran), Urteil v 24.5.1980, ICJ Rep 1980, 3 *[Teheraner Geiseln]* —— 11, 16, 25, 31, 34, 92, 94, 105

Schröder

Continental Shelf (Tunisia v Libyan Arab Jamahiriya), Urteil v 24.2.1982, ICJ Rep 1982, 18 *[Tunesisch-libyscher Festlandsockel-Streit]* —— 96

Military and Paramilitary Activities in and against Nicaragua (Request for the Indication of Provisional Measures), (Nicaragua v USA), Anordnung v 1.5.1984, ICJ Rep 1984, 169 *[Nicaragua (Provisional Measures)]* —— 105

Military and Paramilitary Activities in and against Nicaragua (Jurisdiction of the Court and Admissibility of the Application) (Nicaragua v USA), Urteil v 26.11.1984, ICJ Reports 1984, 392 *[Nicaragua]* —— 92, 94

Military and Paramilitary Activities in and against Nicaragua (Merits) (Nicaragua v USA), Urteil v 27.6.1986, ICJ Rep 1986, 14 *[Nicaragua (Merits)]* —— 31, 61, 107, 117, 121

Land, Island and Maritime Frontier Dispute (El Salvador v Honduras), Verfügung v 29.5.1987, ICJ Rep 1987, 176 *[Grenzstreitigkeiten]* —— 91

Border and Transborder Armed Actions (Nicaragua v Honduras), Urteil v 31.3.1988, ICJ Rep 1988, 91 *[Bewaffnete Grenzzwischenfälle]* —— 92

Diplomatic Protection (USA v Italy), Urteil v 20.7.1989, ICJ Rep 1989, 15 *[ELSI]* —— 107

Passage Through the Great Belt (Provisional Measures) (Finland v Denmark), Verfügung v 29.7.1991, ICJ Rep 1991, 12 *[Großer Belt]* —— 105

Application of the Convention on the Prevention and Punishment of the Crime of Genocide (Provisional Measures) (Bosnia and Herzegovina v Serbia and Montenegro), Verfügung v 8.4.1993, ICJ Rep 1993, 3 *[Anwendung der Völkermordkonvention I]* —— 105

East Timor Case (Portugal v Australia), Urteil v 30.6.1995, ICJ Rep 1995, 90 *[Osttimor]* —— 107

Legality of the Threat or Use of Nuclear Weapons, Gutachten v 8.7.1996, ICJ Rep 1996, 226 *[GV-Nuklearwaffen-Gutachten]* —— 117

Legality of the Use by a State of Nuclear Weapons in Armed Conflict, Gutachten v 8.7.1996, ICJ Rep 1996, 226 *[WHO-Nuklearwaffen-Gutachten]* —— 93

Gabčíkovo-Nagymaros Project (Hungary v Slovakia), Urteil v 25.9.1997, ICJ Rep 1997, 7 *[Gabčíkovo-Nagymaros]* —— 7, 28, 107, 119

Questions of Interpretation and Application of the 1971 Montreal Convention arising from the Aerial Incident at Lockerbie (Preliminary Objections) (Libya v United Kingdom; Libya v USA), Urteil v 27.2.1998, ICJ Rep 1998, 9 u 115 *[Lockerbie]* —— 49, 93

Vienna Convention on Consular Relations (Provisional Measures) (Paraguay v USA), Verfügung v 9.4.1998, ICJ Rep 1998, 248 *[Breard]* —— 91, 105

Land and Maritime Boundary between Cameroon and Nigeria (Preliminary Objections) (Cameroon v Nigeria; Equatorial Guinea intervening), Urteil v 11.6.1998, ICJ Rep 1998, 275 *[Land- und Seegrenze zwischen Kamerun und Nigeria]* —— 92

Fisheries Jurisdiction (Jurisdiction) (Spain v Canada), Urteil v 4.12.1998, ICJ Rep 1998, 432 *[Estai]* —— 92

Vienna Convention on Consular Relations (Provisional Measures) (Germany v USA), Verfügung v 3.3.1999, ICJ Rep 1999-I, 9 *[La Grand I]* —— 91

Vienna Convention on Consular Relations (Germany v USA), Urteil v 27.6.2001, ICJ Rep 2001, 466 *[La Grand II]* —— 105

Legal Consequences of the Construction of a Wall in the Occupied Palestinian Territory, Gutachten v 9.7.2004, ICJ Rep 2004, 136 *[Mauer-Gutachten]* —— 16, 18

Certain Property (Preliminary Objections) (Lichtenstein v Germany), Urteil v 10.2.2005, ICJ Rep 2005, 10 *[Certain Property]* —— 65

Armed Activities on the Territory of the Congo (Congo v Uganda), Urteil v 19.12.2005, ICJ Rep 2005, 168 *[Armed Activities]* —— 107

Application of the Convention on the Prevention and Punishment of the Crime of Genocide (Bosnia and Herzegovina v Serbia and Montenegro), Urteil v 26.2.2007, ICJ Rep 2007, 43 *[Genocide]* —— 7, 25, 46

Questions of Mutual Assistance in Criminal Matters, Urteil v 4.6.2008, ICJ Rep 2008, 177 *[Assistance in Criminal Matters]* —— 91

Schröder

Accordance with International Law of the Unilateral Declaration of Independence in Respect of Kosovo, Gutachten v 22.7.2010, ICJ Rep 2010, 403 *[Kosovo-Gutachten]* —— 107
Pulp Mills on the River Uruguay (Argentina v Uruguay), Urteil v 20.4.2010, ICJ Rep 2010, 14 *[Pulp Mills]* —— 67, 107
Protection of Rights of an Individual (Merits) (Guinea v Congo), Urteil v 30.11.2010, ICJ Rep 2010, 639 *[Diallo]* —— 107
Application of the International Convention on the Elimination of all Forms of Racial Discrimination (Georgia v Russian Federation), Urteil v 1.4. 2011, ICJ Rep 2011, 70 *[Verbot der Rassendiskriminierung]* —— 65
Questions relating to the Obligation to Prosecute or Extradite (Belgium v Senegal), Urteil v 20.7.2012, ICJ Rep 2012, 422 *[Auslieferung]* —— 16, 95
Jurisdictional Immunities (Germany v Italy), Urteil v 3.12.2012, ICJ Rep 2012, 99 *[Ferrini]* —— 107
Whaling in the Antarctic (Australia v Japan), Urteil v 31.3.2014, ICJ Rep 2014, 226 *[Whaling]* —— 95, 107
Alleged Violations of the 1955 Treaty of Amity, Economic Relations and Consular Rights (Iran v USA), Verfügung v 3.10.2018, <ICJ-CIJ.org/files/case-related/175/175-20181003-ORD-01-00-En.pdf> *[Treaty of Amity]* —— 65, 105, 121

Ständiger Schiedshof
Island of Palmas Arbitration (Netherlands v USA), Schiedsspruch v 4.4.1928, RIAA II, 829 *[Palmas]* —— 86

Internationale Schiedsgerichte
The „Alabama", Schiedsspruch v 14.9.1872, Martens, NRG, Bd XX, 767 *[Alabama]* —— 78, 86
Thomas H. Youmans (USA) v United Mexican States, Schiedsspruch v 23.11.1926, RIAA IV, 110 *[Youmans]* —— 24, 86
Naulilaa Arbitration, Schiedsspruch v 31.7.1928, RIAA II, 1011 *[Naulilaa]* —— 86, 113, 119
Estate of Jean-Baptiste Caire (France) v United Mexican States, Schiedsspruch v 7.6.1929, RIAA V, 516 *[Caire]* —— 24, 86
The „I'm Alone", Bericht v 5.1.1935, RIAA III, 1616 *[I'm Alone]* —— 86
Trail Smelter Arbitration (USA v Canada), Schiedssprüche v 16.4.1938 u v 11.3.1941, RIAA III, 1903 *[Trail Smelter]* —— 86
Lac Lanoux Arbitration (Spain v France), Schiedsspruch v 16.11.1957, RIAA XII, 281 *[Lac Lanoux]* —— 88
Beagle Channel Arbitration (Argentina v Chile), Schiedsspruch v 18.2.1977, ILM 17 (1978) 623 *[Beagle Channel]* —— 86
Air Service Agreement of 27 March 1946 between the United States of America and France, Schiedsspruch v 9.12.1978, RIAA XVIII, 416 *[Air Service Agreement]* —— 31, 119
Rainbow Warrior (New Zealand v France), Schiedsspruch v 6.7.1986, ILM 26 (1987) 1346 *[Rainbow Warrior]* —— 86
South China Sea Arbitration (Philippines v China), Schiedsspruch v 12.7.2016, <https://pcacases.com/web/sendAttach/2086> *[South China Sea]* —— 86

Internationales Tribunal für die Ahndung von Kriegsverbrechen im ehemaligen Jugoslawien
Prosecutor v Dusko Tadić a/k/a „Dule" (Appeal on Jurisdiction), Entscheidung v 2.10.1995, IT-94-1-T, ILM 35 (1996) 35 *[Tadić]* —— 25, 47
Prosecutor v Drazen Erdemović (Sentencing Judgment), Urteil v 5.3.1998, IT-96-22-T*bis*, ILM 37 (1998) 1182 *[Erdemović]* —— 53
Prosecutor v Goran Jelisić, Trial Chamber, Entscheidung v 14.12.1999, IT-95-10-T, <http://www.un.org/icty/jelisic/trialc1/'judgement/jel-tj991214e.pdf> *[Jelisić]* —— 51

Internationales Tribunal für die Ahndung von Kriegsverbrechen in Ruanda
Prosecutor v Ignace Bagilishema, Trial Chamber, Entscheidung v 7.6.2001 ICTR-95-1-T, <http://www.ictr.org> *[Bagilishema]* —— 52

Special Court for Sierra Leone
Prosecutor v Charles Taylor, Urteil v 26.4.2012, SCSL-03-01-T, <http://www.sc-sl.org/Taylor_Trial_Chamber_Decisions.html> *[Charles Taylor]* —— 53

Internationaler Strafgerichtshof
Prosecutor v Thomas Lubanga Dyilo, Urteil v 14.3.2012, ICC-01/04-01/06-2842 *[Lubanga]* —— 59
Prosecutor v Germain Katanga, Urteil v 7.3.2014, ICC-01/04-01/07-3436 *[Katanga]* —— 59
Prosecutor v Jean-Pierre Bemba, Urteil v 21.6.2016 bzw 8.6.2018 (Appeal Judgement), ICC- 01/05-01/08 *[Bemba]* —— 65
Prosecutor v Ahmad al Faqi al Mahdi, Urteil v 27.9.2016, ICC-01/12-01/15 *[Al Mahdi]* —— 59

Internationaler Seegerichtshof
M/V „Saiga" (Saint Vincent and the Grenadines v Guinea), Urteil v 4.12.1997, ITLOS Rep 1997, 4 *[M/V-Saiga]* —— 33
Responsiblities and Obligations of States Sponsering Persons and Entities with Respect to Activities in the Aera, Gutachten der Kammer für Meeresbodenstreitigkeiten v1.2.2011, ITLOS Rep 2011, 10 *[Tiefseeboden-Gutachten]* —— 19

Europäischer Gerichtshof für Menschenrechte
Behrami u Saramati, Urteil v 2.5.2007, EuGRZ 2007, 522 —— 26

Gerichtshof der Europäischen Union
Rs C-72/15, Urteil v 28.3.2017, ECLI:EU:C:2017:236 *[Rosneft]* —— 123

Deutsche Gerichte
BVerfG, Beschluss v 31.3.1987, BVerfGE 75, 1 *[ne bis in idem]* —— 50
BVerfG, Beschluss v 8.5.2007, BVerfGE 118, 124 *[Argentinische Staatsanleihen]* —— 28

Britische Gerichte
Regina v Bow Street Metropolitan Stipendiary Magistrate, ex parte Pinochet Ugarte, House of Lords, Urteile v 25.11.1998 und 24.3.1999, [1998] 3 WLR 1456, [1999] 2 WLR 827 *[Pinochet]* —— 49

Schröder

I. Völkerrechtsverletzungen als Hauptthema des Abschnitts

1   Auf den ersten Blick erscheinen die Teilthemen des siebenten Abschnitts heterogen. Dringt man in die Materie tiefer ein, zeigt sich indessen, dass die Unterabschnitte in einem inneren, durch die *Verletzung von Völkerrecht* hergestellten Zusammenhang stehen. Bei den Regeln über die Verantwortlichkeit von Staaten und I.O. (Rn 4ff) ist dies evident. Da die Verantwortlichkeit letztlich durch ein Verhalten natürlicher Personen ausgelöst wird, stellt sich aus jüngerer Entwicklungsperspektive die Frage, welche Rechtsverletzungen das Völkerrecht infolge ihres schwerwiegenden Charakters auch als kriminelles Unrecht einstuft, für das natürliche Personen von der Völkergemeinschaft strafrechtlich zur Verantwortung gezogen werden können (Rn 38ff). Nicht selten bestreitet ein Staat seine nach Völkerrecht bestehende Verantwortlichkeit dem Grunde nach oder hinsichtlich der Rechtsfolgen. Unter diesem Blickwinkel erweisen sich die Grundsätze und Instrumente der Streitbeilegung als Subsystem der Völkerrechtsordnung, das die materiellen Regeln über die internationale Verantwortlichkeit vervollständigt und ergänzt.[1] Dies umso mehr, als heute bei Völkerrechtsverletzungen die Anwendung *einseitiger* Gegenmaßnahmen eingeschränkt wird. Spätestens dann, wenn der Konflikt nicht friedlich, insbes gerichtlich, zu klären ist oder der verantwortliche Staat ein Gerichtsurteil nicht respektiert, lebt die Frage nach völkerrechtsgemäßen Sanktionen[2] wieder auf.

2   Unbeschadet ihres inneren Zusammenhangs haben die Teilthemen des Abschnitts eigenständiges Gewicht: Völkerrechtsverletzungen berühren keineswegs immer alle behandelten Subsysteme der Völkerrechtsordnung. Die Institutionen und Instrumente der Streitbeilegung sind nicht nur im Kontext des Bruchs völkerrechtlicher Verpflichtungen zu sehen. Als Beleg genügt hier der Hinweis auf die weit darüber hinausgehende Umschreibung der Zuständigkeiten des IGH in Art 36 Abs 2 seines Statuts.

3   Der Abschnitt steht in mehrfacher Hinsicht *in Verbindung mit Grundfragen des Völkerrechts*. Das gilt etwa für die Existenz zwingender Völkerrechtsnormen *(ius cogens)*, die eine sich entwickelnde Staatenverantwortlichkeit „*erga omnes*" begünstigt.[3] Die Völkerrechtssubjektivität von Individuen ist Voraussetzung eines genuinen Völkerstrafrechts und dessen Abgrenzung zur Gebiets- und Personalhoheit der Staaten. Die friedliche Streitbeilegung gehört zu den Grundprinzipien, die die Staaten in den internationalen Beziehungen beachten müssen. Sanktionen haben das allgemeine Problem der Erzwingbarkeit des Völkerrechts als Hintergrund[4] und dürfen u a das Gewaltverbot nicht verletzen.

II. Internationale Verantwortlichkeit

1. Begriff und Terminologie

4   Das Völkerrecht begründet vielfältige Handlungs- und Unterlassungspflichten, die Völkerrechtssubjekte in ihren internationalen Beziehungen zu beachten haben. Die

---

1   Näher u Rn 60ff.
2   Näher u Rn 108ff.
3   Näher unten Rn 16ff.
4   *Combacau*, Sanctions, 311. Vgl *Graf Vitzthum*, 1. Abschn Rn 51.

völkerrechtlichen Regeln der internationalen Verantwortlichkeit setzen diese Pflichten als gegeben voraus. Darum werden sie (nicht unproblematisch) auch als sog „Sekundärnormen" charakterisiert,[5] die ausschließlich darüber Aufschluss geben sollen, unter welchen Voraussetzungen Staaten und I.O. für ihnen zurechenbare Völkerrechtsverletzungen einzustehen haben und welche Rechtsfolgen sich an die Verantwortlichkeit knüpfen. Üblicherweise werden diese Regeln heute unter dem *Begriff der Verantwortlichkeit* (Staatenverantwortlichkeit, Verantwortlichkeit I.O.) behandelt.

Im deutschsprachigen Schrifttum finden sich auch die Bezeichnungen völkerrechtliches Delikt[6] oder das *völkerrechtliche Unrecht* und seine Folgen bzw seine Wiedergutmachung.[7] Der zuerst genannte Begriff ist weniger glücklich. Er suggeriert Parallelen zwischen Völkerrecht und dem nationalen Recht der unerlaubten Handlungen, die es nicht gibt.[8]

2. Grundlagen und Konzept der Staatenverantwortlichkeit
a) Rechtliches Fundament

Für ihm zurechenbare Verletzungen völkerrechtlicher Pflichten ist der Staat nach internationalem Recht verantwortlich. Über diesen Grundsatz besteht seit langem Einigkeit. Bestrebungen, die Materie zu kodifizieren, bestehen schon seit den 1920er Jahren.[9] Bereits im Jahre 1953 ist die ILC mit der Ausarbeitung eines Kodifikationsentwurfes beauftragt worden.[10] Diese Arbeiten konnten erst im Jahr 2001 und nach schwierigen Verhandlungen mit einem 59 Artikel umfassenden Entwurf zur *Responsibility of States for Internationally Wrongful Acts* abgeschlossen werden.[11] Möglich wurde die Verabschiedung des Entwurfs, weil sehr umstrittene Bereiche ausgespart wurden. So verzichtet er vor allem auf die seit langem diskutierte Unterscheidung zwischen internationalem Delikt und internationalem Verbrechen. Auch

---

5 Krit *Simma*, Grundfragen der Staatenverantwortlichkeit in der Arbeit der International Law Commission, AVR 24 (1986) 357 (362), der hervorhebt, dass spätestens bei der Bestimmung der Rechtsfolgen die Besonderheit der jeweils verletzten Primärrechtsnormen durchschlägt; vgl auch *Rauschning*, Verantwortlichkeit der Staaten für völkerrechtswidriges Verhalten, BDGVR 24 (1984) 13 ff; *Dahm/Delbrück/Wolfrum*, Völkerrecht, Bd I/3, 2. Aufl 2002, § 173 II.1.
6 *v. Münch*, Das völkerrechtliche Delikt in der Entwicklung der modernen Völkerrechtsgemeinschaft, 1963; *Schlochauer*, Die Entwicklung des völkerrechtlichen Deliktsrechts, AVR 16 (1974/75) 239 ff; *Kunig*, Das völkerrechtliche Delikt, Jura 1986, 344 ff; *von Arnauld*, Völkerrecht, 3. Aufl 2016, Rn 382 ff.
7 Vgl *Guggenheim*, Lehrbuch des Völkerrechts, Bd I, 1951, 509 ff; *Wengler*, Völkerrecht, Bd I, 1964, 489 ff; *Verdross/Simma*, Universelles Völkerrecht, 3. Aufl 1984, §§ 1262 ff.
8 Dazu *Kunig* (Fn 6) und *Dörr*, in Ipsen (Hrsg) Völkerrecht, 7. Aufl 2018, § 29 Rn 1; s auch *Crawford*, Brownlie's Principles of Public International Law, 8. Aufl 2012, 541.
9 Conférence pour la codification du droit international, Bases de discussion, Bd III, 1929. Zur geschichtlichen Entwicklung der Staatenverantwortlichkeit *Nolte*, From Dionisio Anzilotti to Roberto Ago – The Classical Law of State Responsibility and the Traditional Primacy of a Bilateral Conception of Inter-State Relations, EJIL 13 (2002) 1083 ff; *Crawford*, State Responsibility, MPEPIL IX, 517 (518 ff).
10 GA Res 799 (VIII) v 7.12.1953.
11 Report of the International Law Commission of its Fifty-third Session, 2001, Kap IV. Der Kommentar der ILC zu den Artikeln ist im Internet abrufbar unter <http://untreaty.un/org/ilc/texts/instruments/commentaries/9_6_2001.pdf>; Printversion: *Crawford*, The International Law Commission's Articles on State Responsibility – Introduction, Text and Commentaries, 2002.

wurde die umstrittene Regelung zu einer obligatorischen Streitbeilegung beiseitegelassen.¹²

7 Schließlich wurde der Entwurf nicht, wie ursprünglich geplant, als multilaterale Konvention ausgestaltet, sondern zunächst nur als Anlage in eine *Resolution der Generalversammlung (Staatenverantwortlichkeitsresolution)* aufgenommen.¹³ Damit stellen die Regelungen nur insofern bindendes Völkerrecht dar, als sie Völkergewohnheitsrecht kodifizieren. In (freilich ungewisser) Zukunft soll eine Staatenkonferenz einberufen werden, die eine Konvention unter Einschluss der Regelungen über eine obligatorische Streitbeilegung berät und ggf beschließt.¹⁴ Bemerkenswert ist allerdings schon jetzt der Einfluss der ILC-Regeln auf die Rechtsprechung der internationalen Gerichte.¹⁵

b) Umriss

8 Ein Völkerrechtsverstoß eines Staates liegt dann vor, wenn ihm ein Handeln oder Unterlassen zuzurechnen ist und den Bruch einer völkerrechtlichen Verpflichtung darstellt. Dem Muster des traditionell bilateral ausgerichteten Völkerrechts¹⁶ entspricht, dass die Staatenverantwortlichkeit nur gegenüber dem oder den verletzten Völkerrechtssubjekt(en) entsteht. Im Verhältnis zu ihm (ihnen) begründet die zurechenbare Rechtsverletzung eine *besondere Rechtsbeziehung*. Sie soll das Interesse an Wiedergutmachung und Genugtuung, respektive an der Ergreifung einseitiger Maßnahmen, in rechtliche Ordnung bringen.¹⁷ Soweit dabei die Aufgabe dieser Rechtsbeziehungen in erster Linie in der Wiederherstellung der völkerrechtsgemäßen Lage gesehen wird,¹⁸ lässt sich dies mit dem das Völkerrecht prägenden Konsensprinzip und mit der Zurückdrängung einseitiger Aktionen durch das Gewaltverbot und die Grundpflicht zur friedlichen Streitbeilegung begründen.¹⁹

9 *Beteiligte der Rechtsbeziehung* sind Urheber und Betroffene einer Völkerrechtsverletzung. Der Urheber muss rechts- *und* handlungsfähig iSd Völkerrechts sein. Nur unter dieser Voraussetzung kann er Subjekt der verletzten Pflicht sein und für deren Beachtung im Völkerrecht einstehen. Daran fehlt es mangels Handlungsfähigkeit bei den sog failed states. Hingegen kommt es beim Betroffenen allein auf die Rechtsfähigkeit, nicht auf die Handlungsfähigkeit an. Im dt Schrifttum wird teilweise zusätzlich zur Rechts- bzw Handlungsfähigkeit die Deliktsfähigkeit der Beteiligten gefordert. Gemeint ist die spezifische Fähigkeit, Völkerrechtsverletzungen zu begehen

---

12 Kurze Darstellung der Entwicklung der Regeln bei *Crawford* (Fn 9) 517 ff.
13 GA Res 56/83 v 12. Dezember 2001, im Folgenden zit als ASR (Articles on State Responsibility), abgedr in Sart II Nr 6. Krit zu diesem Verfahren *Dahm/Delbrück/Wolfrum* (Fn 5) § 173 VII. 3.
14 Vgl ILC Rep (Fn 11) para 72 f.
15 IGH-Urteile *Gabčikovo-Nagymaros*, ICJ Rep 1997, 7, §§ 50 ff u *Genocide*, ICJ Rep 2007, 43, §§ 385 ff, 398 ff; dazu *Villalpando*, Le codificateur et le juge face à la responsabilité internationale de l'État, AFDI 55 (2009) 39 (50 ff).
16 Hierzu *Simma*, From Bilateralism to Community Interest in International Law, RdC 250 (1994-VI) 229 (230); *Cassese*, International Law, 2. Aufl 2005, 243.
17 Zusammenfassend *Ago*, YBILC 1971 II/1, 206.
18 StIGH, *Chorzów*-Fall, Ser A No 17, 29, 47; *Ago* (Fn 17) 210; *Riphagen*, YBILC 1980 II/1, 112 f.
19 Nicht unstr, eingehend *Ipsen*, in ders (Hrsg), Völkerrecht, 6. Aufl 2014, § 28 Rn 8 ff. Vgl auch *Graf Vitzthum*, 1. Abschn Rn 45 ff.

oder deren Opfer zu werden.[20] Doch ist fraglich, ob der Deliktsfähigkeit ein zusätzlicher Erkenntniswert zukommt. In den Beratungen der ILC ist dies verneint worden.[21]

Der Betroffene muss Träger eines im Völkerrecht begründeten und durch die Pflichtverletzung missachteten Rechts sein. Deshalb löst zB die Verletzung von Individualrechten die Staatenverantwortlichkeit aus, auch wenn das Individuum das verletzte Recht nicht selbst geltend machen kann.[22] Art 42 u 48 ASR definieren näher, wann ein Staat gegenüber einem anderen die völkerrechtliche Verantwortlichkeit geltend machen kann. Art 42 knüpft daran an, dass ein Staat selber verletzt wurde; Art 48 hingegen lässt das Geltendmachen der völkerrechtlichen Verantwortlichkeit auch dann zu, wenn der betreffende Staat selber nicht verletzt wurde. Dies ist vor allem dann der Fall, wenn die Verpflichtung, die verletzt wurde, gegenüber der gesamten internationalen Gemeinschaft besteht (Art 48 Abs 1 lit b ASR). In diesem Umfang entspricht die Regelung noch nicht dem Völkergewohnheitsrecht.

Die verletzte Pflicht kann ihren Ursprung in jeder Völkerrechtsnorm iSd Art 38 Abs 1 IGH-Statut haben, sofern die Norm zum Zeitpunkt des Handelns oder Unterlassens für den betreffenden Staat in Kraft gewesen ist (Art 3, 12f ASR). Aktivem Zuwiderhandeln steht das Unterlassen gleich, sofern eine (Rechts-)Pflicht zum Handeln bestand.[23] Der Pflichtverstoß indiziert stets den (unerlaubten) Eingriff in Rechte anderer Völkerrechtssubjekte.[24] Letzteres ist auf dem Hintergrund des Gegenseitigkeitsprinzips zu sehen, das die Entstehung und Beachtung völkerrechtlicher Normen maßgeblich prägt.[25]

Zu den seit langem diskutierten Streitpunkten der Staatenverantwortlichkeit gehört, ob sie eine reine *Erfolgshaftung oder Haftung für schuldhaft begangene Pflichtverletzungen* ist.[26] Die internationale Praxis ist weder in dem einen noch in dem anderen Sinne konsistent. Immerhin lässt sie den vorsichtigen Schluss zu, dass bei aktiven Zuwiderhandlungen gegen völkerrechtliche Pflichten, wenn keine besonderen Umstände vorliegen, idR auf den Schuldnachweis verzichtet wird.[27] Andererseits bedarf die am eingetretenen Erfolg ausgerichtete Rechtswidrigkeitshaftung in jedem Fall eines Korrektivs, wenn die Verletzung von Pflichten, deren Erfüllung im Ermessen des Staates liegt, oder Unterlassen geltend gemacht wird. Zur Vermeidung unangemessener Ergebnisse tritt die Staatenverantwortlichkeit hier nur ein, wenn der Staat bei Anwendung der gebotenen Sorgfalt *(due diligence)*[28] in der Lage gewesen wäre, den Völkerrechtsverstoß zu erkennen und zu vermeiden. Ob man

---

20 So etwa *Dahm/Delbrück/Wolfrum* (Fn 5) § 173 Vff; *Schlochauer* (Fn 6) 247f; *Kunig* (Fn 6) 346f; *von Arnauld* (Fn 6) Rn 382; *Dörr*, in Ipsen (Fn 8) § 29 Rn 22.
21 YBILC 1971 II/1, 224.
22 Vgl *La-Grand II*-Fall, ICJ Rep 2001, 466, 494 (§ 77).
23 Vgl Art 2 ASR. Dies entspricht auch der internationalen Spruchpraxis: IGH im *Korfu-Kanal*-Fall, ICJ Rep 1949, 22f u im *Teheraner Geisel*-Fall, ICJ Rep 1980, 30ff.
24 Vgl Berichterstatter *Ago*, YBILC 1971 II/1, 220.
25 Zum Gegenseitigkeitsprinzip *Simma*, Reciprocity, MPEPIL VII, 651ff; *Knauff*, Reziprozität, in Schöbener (Hrsg), Lexikon des Völkerrechts, 2014, 350ff.
26 *Brownlie*, System of the Law of Nations, Part 1 (State Responsibility), 1983, 40f; *Bedjaoui*, Responsibility of States: Fault and Strict Liability, EPIL IV (2000) 212ff; *Rousseau*, Droit international public, Bd V, 1983, Nr 13ff; *Dörr*, in Ipsen (Fn 8) § 29 Rn 25f; vgl auch *Dahm/Delbrück/Wolfrum* (Fn 5) § 183.
27 *Dahm/Delbrück/Wolfrum* (Fn 5) 945f; *Verdross/Simma* (Fn 7) § 1266; *Rousseau* (Fn 26) Nr 16ff.
28 Zu dieser *Koivorova*, Due Diligence, MPEPIL II, 236ff; *Horbach*, Liability versus Responsibility under International Law, 1996.

darin ein (objektiviertes) Verschuldenselement[29] oder einen Unrechtsausschließungsgrund sieht,[30] ist eher eine Konstruktionsfrage als von praktischer Bedeutung. Mit dieser Rechtslage stimmt iE auch die Staatenverantwortlichkeitsresolution überein. Sie verlangt zur Begründung völkerrechtlicher Verantwortlichkeit kein schuldhaftes Verhalten, erlaubt aber die Berufung auf höhere Gewalt.[31] Sie erreicht dadurch eine aus der Sicht des verletzten Völkerrechtssubjekts begrüßenswerte Umkehr der Beweislast.[32] Insgesamt wird man davon ausgehen können, dass der Nachweis der Schuld keine zwingende völkergewohnheitsrechtliche Voraussetzung für den Eintritt völkerrechtlicher Verantwortlichkeit ist.[33]

13   Die Staatenverantwortlichkeit lässt sich nicht schon damit begründen, dass die verletzte völkerrechtliche Pflicht den in Anspruch genommenen Staat trifft. Das der Verletzung zugrundeliegende tatsächliche Geschehen muss *dem Staat* auch als sein Verhalten *zurechenbar* sein.[34] Schon im Ansatz geht es dabei nicht um eine Kausalitätsfrage, sondern darum, die (rechtlichen) Beziehungen des Handelnden zum Staat zu klären.[35] Die Beziehung muss so beschaffen sein, dass das Verhalten des Handelnden – jedenfalls iE – als „act of state" erscheint und dementsprechend dem in Anspruch genommenen Staat angelastet werden kann. Unproblematisch ist diese nach völkerrechtlichen Maßstäben vorzunehmende[36] Qualifikation nur, wenn das tatsächliche Geschehen von Staatsorganen oder anderen öffentlichen Funktionsträgern im Rahmen ihrer Zuständigkeit ausgeht (näher u Rn 22ff).

14   Die im innerstaatlichen Recht geläufige haftungsbegrenzende Funktion des Schadens gibt es im Recht der Staatenverantwortlichkeit nicht. Als „Schaden" gilt schon die Verletzung einer Völkerrechtsposition als solche.[37] Deshalb kann, wenn sich nicht aus der verletzten Norm anderes ergibt, *auf das Kriterium des Schadens* als Voraussetzung des Eintritts der Staatenverantwortlichkeit *verzichtet* werden.[38] Bei der Bestimmung der Rechtsfolgen der Verantwortlichkeit (näher u Rn 32ff) wird es demgegenüber häufiger Bedeutung erlangen.[39]

c) Ansätze zur Ausweitung des Konzepts

15   In verschiedenen Richtungen zeichnen sich Ansätze zur Ausweitung des Grundkonzepts der Staatenverantwortlichkeit ab. Schon länger wird diskutiert, ob es Völkerrechtsnormen speziellen Charakters gibt, an deren Verletzung besondere Rechtsfol-

---

29 So bspw *Verdross/Simma* (Fn 7) § 1267.
30 So *Ipsen*, in ders (Fn 19) § 28 Rn 41ff, der deshalb auch das due diligence-Kriterium ablehnt.
31 Vgl Art 2 u Art 23 ASR und ergänzend den Kommentar der ILC zu Art 2 (Fn 11).
32 *Simma* (Fn 5) 340.
33 So auch *Dahm/Delbrück/Wolfrum* (Fn 5) § 183 I.4.
34 Vgl Art 2 ASR. Zum Zurechnungsprinzip auch *Rousseau* (Fn 26) Nr 3; *Christenson*, The Doctrine of Contribution in State Responsibility, in Lillich (Hrsg), The Current Status of the Law of State Responsibility for Injuries to Aliens, 1983, 321ff.
35 *Dörr*, in Ipsen (Fn 8) § 30 Rn 5: „Wertungsentscheidung".
36 Ebd; vgl auch *J. Wolf*, Zurechnungsfragen bei Handlungen von Privatpersonen, ZaöRV 45 (1985) 232 (249).
37 Dazu IGH im *Korfu-Kanal*-Fall, ICJ Rep 1949, 35 sowie im *Südwestafrika*-Fall, ICJ Rep 1966, 32; *Verdross/Simma* (Fn 7) § 1264.
38 Dazu *Simma* (Fn 5) 365; *Dörr*, in Ipsen (Fn 19) § 29 Rn 27.
39 Vgl *Kunig* (Fn 6) 350.

gen zu knüpfen sind. Tradition besitzt auch die Frage, ob und unter welchen Voraussetzungen die Staaten für erlaubtes, aber risikobehaftetes Verhalten haften. Demgegenüber wirft die Erstreckung der völkerrechtlichen Verantwortlichkeit auf Netzwerk-Attacken Probleme auf, die vorerst nur beschrieben werden können. Angemessene Lösungen zeichnen sich noch nicht ab.

Erga omnes-Pflichten

Im *Barcelona Traction*-Fall differenzierte der IGH zwischen völkerrechtlichen Pflichten, die gegenüber dem einzelnen Staat, und solchen, die gegenüber der internationalen Gemeinschaft als ganzer bestehen. Zu letzteren, den sog *erga omnes*-Verpflichtungen, rechnet der IGH das Verbot der Aggression, des Völkermords, der Sklaverei und Rassendiskriminierung sowie die Achtung fundamentaler Rechte des Menschen. An der Beachtung und Durchsetzung der *erga omnes-Pflichten* hätten alle Staaten ein rechtliches Interesse.[40] Ihre Existenz ist *heute grundsätzlich anerkannt*.[41]   **16**

Um das Gemeinschaftsinteresse aller Staaten an der Durchsetzung bestimmter Rechtsverstöße zur Geltung zu bringen, hatte die ILC die *erga omnes*-Pflichten im Gewand internationaler Verbrechen *(crimes)* in das Konzept der Staatenverantwortlichkeit einbauen wollen. Nach dem Entwurf in erster Lesung[42] sollten Verstöße gegen Völkerrechtsnormen, die für die Internationale Gemeinschaft von fundamentaler Bedeutung sind, als Verbrechen gelten und eine „Multilateralisierung" der Verletzten zur Folge haben.[43] Alle anderen (nur relativ wirkenden) Pflichtverletzungen wurden „Delikte" genannt. Die Kritik bemängelte eine systemwidrige Anlehnung an strafrechtliche Kategorien und Unklarheiten bei der tatbestandlichen Ausformung der Verbrechen[44] sowie das an die Unterscheidung Verbrechen/Delikte geknüpfte *Rechtsfolgensystem*.[45] In dritter Lesung hat die ILC deshalb auf die Unterscheidung verzichtet; in der Staatenverantwortlichkeitsresolution ist sie nicht mehr enthalten.   **17**

Die Resolution enthält allerdings in Art 40 u 41 zwei Bestimmungen mit einem ähnlichen, jedoch deutlich zurückhaltenderen Regelungsinhalt: bei schweren Ver-   **18**

---

40 ICJ Rep 1970, 3, 32; im gleichen Sinne für das Gesandtschafts- und Konsularrecht: *Teheraner Geisel*-Fall, ICJ Rep 1980, 2, 42; vgl auch *East-Timor*-Fall, ICJ Rep 1995, 90, 102; *Mauer*-Gutachten, ICJ Rep 2004, 136, 199; *Auslieferungs*-Fall, ICJ Rep 2012, 422, §§ 64 ff.
41 Vgl *Dahm/Delbrück/Wolfrum* (Fn 5) Bd I/1, 1989, § 8 II.1.c; *Frowein*, Obligations *erga omnes*, 919; *Simma*, Does the UN-Charter Provide an Adequate Legal Basis for Individual or Collective Responses to Violations *erga omnes?*, in Delbrück (Hrsg), The Future of International Law Enforcement, 1993, 125 (126 ff); *Ragazzi*, The Concept of International Obligations *Erga Omnes*, 2000; *Cassese* (Fn 16) 262 ff („aggravated state responsibility"); zusammenfassend *Dörr*, in Ipsen (Fn 8) § 29 Rn 15 ff. – Zum Verhältnis der *erga omnes*-Verpflichtungen zum *ius cogens* Schmalenbach, in Dörr/Schmalenbach (Hrsg), Vienna Convention on the Law of Treaties, 2. Aufl 2018, Art 53 Rn 82 ff.
42 Vgl Art 19 Abs 3 des ILC-Entwurfs v 1996 (ILM 37 [1998] 410, 440 ff).
43 Dazu *Simma* (Fn 16) 301 (318).
44 *Ipsen*, in ders (Fn 8) § 28 Rn 21 ff; *Herdegen*, Völkerrecht, 17. Aufl 2018, § 58 Rn. 9; Zur Unterscheidung von Verbrechen und Delikt im Bereich der Staatenverantwortlichkeit *Hofmann*, ZaöRV 45 (1985) 195 (220); zum Folgenden auch die Beiträge in Weiler/Cassese/Spinedi (Hrsg), International Crimes of State: A Critical Analysis of the ILC's Draft Article 19 on State Responsibility, 1988; *Rosenstock*, Crimes of States, FS Zemanek, 1994, 321 ff.
45 Dazu *Frowein*, Obligations *erga omnes*, 917; ferner *Hofmann* (Fn 44) 221 ff. Zum Ganzen auch *Starace*, La Responsabilité résultant de la violation des obligations à l'égard de la Communauté Internationale, RdC 153 (1976 V) 267 ff, insbes 289 ff.

stößen gegen zwingende Normen des Völkerrechts sollen die rechtstreuen Staaten *zusammenarbeiten*, um den Verstoß zu beenden und die aus dem Verstoß entstandene Situation *weder anerkennen noch* dabei helfen, sie *aufrechtzuerhalten*.[46] Art 40 Abs 2 ASR regelt hierbei näher, wann ein Verstoß gegen eine zwingende Norm als schwerwiegend anzusehen ist. Art 41 ASR bestimmt die besonderen Rechtsfolgen der schwerwiegenden Verletzung im Sinne von Art 40 ASR. Art 41 Abs 2 ASR enthält der Sache nach das Prinzip *ex iniuria ius non oritur*. Aufgrund des in Art 40 ASR enthaltenen Schwerekriteriums ist damit zu rechnen, dass einige der Probleme, die im Rahmen der Unterscheidung von „Verbrechen" und „Delikten" diskutiert wurden, im Rahmen der Art 40f ASR wieder auftauchen werden.[47]

Haftung für risikobehaftete Tätigkeiten

19 Seit Anfang des 20. Jh wird diskutiert, ob und unter welchen Voraussetzungen Staaten für ihnen zurechenbare *risikobehaftete* Tätigkeiten nach Völkerrecht verantwortlich sind. Den Ausgangspunkt bildeten auch hier zunächst fremdenrechtliche Vorgänge. Bei Schäden, die Ausländern infolge inneren Aufruhrs oder bürgerkriegsähnlicher Situationen entstanden, sollte eine absolute *verschuldensunabhängige Haftung* eintreten.[48] Heute geht es um hoch gefährliche Tätigkeiten (sog *ultra-hazardous activities*), die zu abnormen, unabsehbaren Schäden führen können. Darunter fallen insbes die friedliche Nutzung der Kernenergie und des Weltraums, der Transport von Rohöl oder der Umgang mit hoch toxischen Chemikalien. Soweit bei hoch gefährlichen Tätigkeiten Schäden entstehen, weil dem Staat ein schadensursächliches pflichtwidriges Verhalten bei der Genehmigung oder Überwachung der ultra-hazardous activities zugerechnet werden kann, bedarf es wie bei sonstigen Schäden an der Umwelt[49] keines besonderen Haftungsregimes. Der normale Begründungstatbestand der Staatenverantwortlichkeit reicht aus.[50] Fehlt es an einer Pflichtverletzung des Staats, könnte die Rechtsverletzung in den schädigenden Folgen eines an sich erlaubten Verhaltens gesehen werden.[51] Die Einbeziehung von erlaubten, aber mit besonderen Schadensrisiken behafteten Verhaltensweisen in das klassische Konzept der Staatenverantwortlichkeit steht indessen im Widerspruch zur Rechtsüberzeugung der Staaten, die derartige Verhaltensweisen gerade nicht der Unrechtshaftung, sondern dem besonderen Typus der Gefährdungshaf-

---

46 Krit *Cassese* (Fn 16) 269f: „minimalist approach". Vgl auch *Crawford* (Fn 8) 514 („a fairly cautious version"); *von Arnauld* (Fn 6) Rn 293 („vage"); positiver *Ipsen*, in ders (Fn 8) § 28 Rn 26. – Zur Reaktionsmöglichkeit im Klagewege s u Rn 95.
47 Vgl *Crawford* (Fn 8) 590ff.
48 Dazu *Fauchille*, Traité de droit international public, Bd I/1, 1921, 521f.
49 Zu ihnen *Schmalenbach*, Verantwortlichkeit und Haftung, in Proelß (Hrsg), Internationales Umweltrecht, 2017, 7. Abschn Rn 3ff.
50 Näher *Dederer*, Staatenverantwortlichkeit („State Responsibility") und Haftung („Liability") im Bereich der „ultrahazardous activities", in Hebeler/Hendler/Reiff/Proelß (Hrsg), Verantwortlichkeit und Haftung für Umweltschäden, 2013, 13 (18ff); siehe auch *Herdegen* (Fn 44) § 58 Rn 12.
51 So *Ipsen*, in ders (Fn 19) § 28 Rn 51ff; dazu auch *Proelß*, Das Urteil des Internationalen Gerichtshofs im Pulp Mills-Fall und seine Bedeutung für die Entwicklung des Umweltvölkerrechts, FS Schröder, 2012, 611 (620ff).

tung⁵² unterstellen wollen.⁵³ Damit wird die Frage nach der *Existenz besonderer Regeln für rechtmäßiges, risikobehaftetes Verhalten* unausweichlich. Das Gewohnheitsrecht liefert in Anbetracht der nicht aussagekräftigen Staatenpraxis und der kontroversen Haltung des Schrifttums keine Grundlage.⁵⁴ Gleiches gilt für das zur Begründung herangezogene Verbot missbräuchlicher Rechtsausübung, weil sein Bestand und Inhalt im Völkerrecht umstritten sind.⁵⁵

Der von der ILC 2001 verabschiedete Entwurf *Draft Articles on Prevention of Transboundary Harm from Hazardous Activities*⁵⁶ basiert auf den Pflichten zur Prävention⁵⁷ und Kooperation.⁵⁸ Bestimmte gefährliche Tätigkeiten müssen von den Staaten genehmigungspflichtig gemacht werden, die Gefahr grenzüberschreitender Schäden ist notifizierungs- und konsultationspflichtig.⁵⁹ Der Entwurf sieht auch ein Verfahren zur Streitschlichtung vor, in dessen Rahmen eine Tatsachenermittlungskommission eingesetzt werden kann. Verweigert ein Mitgliedstaat die Benennung von Mitgliedern der Kommission, erhält der UN-Generalsekretär auf Antrag ein Ernennungsrecht.⁶⁰ Die ILC empfahl der Generalversammlung, den Entwurf als Rahmenkonvention anzunehmen. Dieser Empfehlung ist die Generalversammlung nicht gefolgt. 2006 nahm sie die von der ILC vorgelegten *Draft Principles on the Allocation of Loss in the Case of Transboundary Harm Arising out of Hazardous Activities*⁶¹ an. Die sechs Prinzipien haben über Prävention und Kooperation hinaus Regelungen insbes zum Schadensausgleich zum Gegenstand, stellen aber keinen Entwurf eines Staatshaftungsregimes für risikobehaftetes, aber erlaubtes Verhalten dar, der als Vorlage für eine völkerrechtliche Konvention dienen könnte. 20

Cyber-Attacken

Die Abhängigkeit der Staaten von Informations- und Kommunikationstechnologien führt seit einiger Zeit dazu, dass auch Angriffe auf Computernetzwerke als Mittel der Kriegsführung genutzt werden. Angriffsziel ist die Funktionsfähigkeit des jeweiligen Systems, das lahm gelegt werden soll, um staatsbedeutsame Informationen und Daten auszuspähen, zu verfälschen oder den Zugriff des betroffenen Staats darauf 21

---

52 Dazu *Bedjaoui* (Fn 26) 360 f; aus der Vertragspraxis Art 22 Abs 3 Genfer Übereinkommen über die Hohe See v 29.4.1958, Art 110 Abs 1 SRÜ, Art VI Weltraumvertrag v 27.1.1967, Art II Weltraumhaftungsvertrag v 29.3.1972.
53 Vgl aber auch *Dederer* (Fn 50) unter III.1.a) u 2.a).
54 Dazu *Beyerlin/Marauhn*, International Environmental Law, 2011, 367; *Schmalenbach* (Fn 49) Rn 49; s a ISGH im *Tiefseeboden-Gutachten*, ITLOS Rep 2011, 10 § 209.
55 *Randelzhofer*, Gefährdungshaftung, 45; *Ipsen*, in ders (Fn 8) § 28 Rn 44 ff; allgemein *Kiss*, Abuse of Rights, MPEPIL I, 1 ff.
56 Report of the International Law Commission of its Fifty-third session, 2001, Kap V. Dazu *Dahm/Delbrück/Wolfrum* (Fn 5) § 175 V; *Dolzer*, Völkerrechtliche Verantwortlichkeit und Haftung für Umweltschäden, BDGVR 29 (1992) 195 (228 ff); *Erichsen*, Das Liability Project der ILC, ZaöRV 51 (1991) 94 ff; *Harndt*, Völkerrechtliche Haftung für die schädlichen Folgen nicht verbotenen Verhaltens, 1993, § 1.
57 Art 3 des Entwurfs (Fn 56). Vgl auch *Quentin-Baxter*, YBILC 1981 II/2, 146, 148 (para 177); *Barboza*, YBILC 1986 I, 196 (para 25); *Randelzhofer*, Gefährdungshaftung, 69 f.
58 Art 4 des Entwurfs (Fn 56).
59 Vgl die Art 6 bis 11 des Entwurfs (Fn 56).
60 Vgl Art 19 des Entwurfs (Fn 56).
61 GA/RES/61/36 Annex (nachfolgend zit als DAPTH); vgl auch YBILC 2006 II/1, 101 ff (Kommentar).

zu erschweren. Opfer solcher „Cyber War"-Attacken waren bislang Estland 2007, Georgien und Litauen 2008 sowie der Iran 2010.[62] Für die Einordnung in den Kontext der völkerrechtlichen Verantwortlichkeit ist wesentlich, ob solche Angriffe eine Völkerrechtsnorm verletzen. Das Gewaltverbot (Art 2 Nr 4 UN-Charta) ist nur ausnahmsweise bei netzexternen Auswirkungen berührt, die militärischer Gewalt gleichkommen. Eine Verletzung des Interventionsverbots ist nur gegeben, wenn die Angriffe Zwang auf die staatliche Souveränität über den virtuellen Raum ausüben.[63] Auch die für die Verantwortlichkeit notwendige Zurechnung der Angriffe an einen staatlichen Urheber bereitet erhebliche Schwierigkeiten.[64] Anregungen, die diesbezüglichen Anforderungen zu modifizieren – etwa im Sinne einer Umkehr der Beweislast – oder die Einbeziehung der Netzwerke in die Gefährdungshaftung sind nur *de lege ferenda* zu realisieren. Neue Regeln der Verantwortlichkeit sind nach alledem angebracht, aber nicht in Sicht.[65]

3. Einzelfragen
a) Zurechnungsprobleme der Staatenverantwortlichkeit

22 Gewohnheitsrechtlich gesichert erscheint, dass der Staat für alle Völkerrechtsverletzungen einzustehen hat, die durch seine *Organe,* gleich welcher Art und Stufe, entstehen (Art 4 ASR). Handelt es sich dabei um einen Bundesstaat, wird das Organverhalten der Gliedstaaten dem Gesamtstaat idR wie eigenes zugerechnet.[66] Der praktisch häufigste Fall der Organzurechnung betrifft Entscheidungen der Verwaltung unter der Voraussetzung, dass sie mit innerstaatlichen Rechtsmitteln nicht mehr angreifbar sind.[67] In Betracht kommen aber auch Gesetzgebungsakte (klassisch: Enteignungs- und Nationalisierungsgesetze), sofern der Völkerrechtsverstoß bereits in diesen Akten bzw ihrer Unterlassung liegt und nicht erst die Folge einer bestimmten Rechtsanwendung ist.[68] Schließlich besteht die Verantwortlichkeit für völkerrechtswidrige, letztinstanzliche Gerichtsurteile.[69] Besondere Bedeutung haben in der Vergangenheit gravierende Verstöße gegen die Grundsätze ordnungsgemäßer Rechtspflege zu Lasten von Ausländern und Angehörigen bestimmter Staaten *(sog déni de justice, denial of justice)*[70] erlangt.

---

62 Darstellung bei *Schulze,* Cyber-„War" – Testfall der Staatenverantwortlichkeit, 2015, Kap 1.
63 *von Arnauld* (Fn 6) Rn 1033 u 1078; siehe auch Schmitt (Hrsg), Tallinn Manual on the International Law Applicable to Cyber Warefare, 2013, 33 ff; *Hobe,* Einführung in das Völkerrecht, 10. Aufl 2014, 298 f.
64 Schmitt (Fn 63) 35 ff; *von Arnauld* (Fn 6) Rn 1081 mwN.
65 Zum Ganzen auch *Shackelford,* From Nuclear War to Net War: Analogizing Cyber Attacks in International Law, BJIL 27 (2009) 193 ff; *ders/Andres,* State Responsibility for Cyber Attacks: Competing Standards for a Growing Problem, GJIL 42 (2011) 971 ff; *Krieger,* Krieg gegen Anonymus: Völkerrechtliche Regelungsmöglichkeiten bei unsicherer Zurechnung im Cyberwar, AVR 50 (2012) 1 ff; *Heintschel von Heinegg,* Cyberspace – ein völkerrechtliches Niemandsland?, in Schmidt-Radefeldt/Meissler (Hrsg), Automatisierung und Digitalisierung des Krieges, 2012, 159 ff; monographisch *Schulze* (Fn 62).
66 *Dahm/Delbrück/Wolfrum* (Fn 5) § 176 II 4.
67 Bsp bei *Verdross/Simma* (Fn 7) § 1273.
68 *Verdross/Simma* (Fn 7) § 1271; *Dahm/Delbrück/Wolfrum* (Fn 5) § 176 V 1 f.
69 Instruktiv *Schlochauer* (Fn 6) 251 f.
70 Zu Begriff und Inhalt *Focarelli,* Denial of Justice, MPEPIL III, 36 ff.

Verantwortlich sind Staaten gleichermaßen für Entscheidungsträger, die au- 23
ßerhalb des Staatsapparats stehen, aber mit der Wahrnehmung öffentlicher Funktionen betraut sind. Dies trifft namentlich auf rechtlich selbständige Verwaltungsträger, wie Körperschaften, Anstalten, Stiftungen oder die „Beliehenen", zu (Art 5 ASR). Die Zurechnung einer bloß *faktischen Ausübung* öffentlicher Funktionen dürfte demgegenüber nur in Extremsituationen (Katastrophen, Krieg) relevant werden.[71] Abgesehen davon bereitet der Nachweis, dass die Ausübung staatlicherseits geduldet wurde, erhebliche Schwierigkeiten.

Das Handeln seiner Organe und sonstiger mit der Ausübung öffentlicher Funk- 24
tionen betrauter Entscheidungsträger wird dem Staat auch im Falle der Kompetenzüberschreitung oder des Verstoßes gegen Weisungen (sog *ultra vires-Handeln*) zugerechnet (vgl Art 7 ASR). Umstritten ist lediglich, ob dies selbst dann gilt, wenn derartige Verhaltensmängel für das geschädigte Völkerrechtssubjekt offenkundig waren.[72] Gegen die Existenz einer solchen Ausnahme werden einzelne internationale Schiedssprüche[73] sowie ua das Argument geltend gemacht, dass die Kenntnis der Kompetenzüberschreitung idR nicht geeignet sei, den „Schaden" abzuwehren.[74] Doch ist der Nachweis der gewohnheitsrechtlichen Zurechnung auch manifester Kompetenzüberschreitungen schwer zu führen.[75]

Rechtsverletzungen, die *Privatpersonen* begehen, liegen grundsätzlich außer- 25
halb der Staatenverantwortlichkeit. Die Staaten haben für sie nur einzustehen, wenn ihnen diesbezüglich eigenes Fehlverhalten vorgehalten werden kann.[76] Häufig wird es dabei um ein Unterlassen gehen: Der Staat hat nicht die den Umständen nach gebotene Sorgfalt *(due diligence)* aufgewendet, um private Übergriffe auf Rechte von Ausländern und fremden Staaten zu verhindern, oder er unterlässt es, die privaten Rechtsbrecher zu verfolgen und zu bestrafen.[77] Die Staatenpraxis kennt auch die positive Unterstützung und Förderung privater Unrechtstatbestände.[78] Art 8 ASR

---

71 Dazu Art 8 ASR. Aus der Lit *Dörr*, in Ipsen (Fn 8) § 30 Rn 11, 19ff mit Differenzierungen und Bsp; übereinstimmend *Dahm/Delbrück/Wolfrum* (Fn 5) § 177 II 2; vgl *David*, La responsabilité internationale de l'Etat après l'aff. Bosnie c/Serbie, FS Bothe, 2008, 865ff; *Epiney*, Zur Rechtsfigur des de facto-Organs im Recht der Staatenverantwortlichkeit, FS Bothe, 2008, 883ff.
72 Bejahend etwa *Dahm/Delbrück/Wolfrum* (Fn 5) § 176 II 2; *Verdross/Simma* (Fn 7) § 1274; *Crawford* (Fn 8) 549 verneinend *Dörr*, in Ipsen (Fn 8) § 30 Rn 9.
73 *Youmans*-Fall, RIAA IV, 110ff; *Caire*-Fall, RIAA V, 516ff.
74 Vgl *Verdross/Simma* (Fn 7) § 1274.
75 Dazu auch die Ausnahmen zugunsten manifester Rechtsverletzungen in Art 46 WVK u Art 46 WVKIO.
76 Zurechnung nur über Art 11 ASR. Dazu der IGH im *Teheraner Geiselnahme*-Fall, ICJ Rep 1980, 2, 30f. Vgl auch *David* (Fn 71); *Wolfrum*, State Responsibility for Private Actors, in Ragazzi (Hrsg), International Responsibility Today, 2005, 423ff; *Kees*, Responsibility for Private Actors, MPEPIL VIII, 959ff.
77 Grundlegend der Schiedsspruch von Max Huber betr britisches Eigentum in Spanisch-Marokko v 1.5.1925, RIAA II, 615, 636, 642, 645f; aus neuerer Zeit der IGH im Falle der Teheraner Geiselnahme, ICJ Rep 1980, 2, 31f. Im Schrifttum *Verdross/Simma* (Fn 7) § 1281; *Brownlie* (Fn 26) 159ff; *Rousseau* (Fn 26) Nr 68ff; *Sperduti*, Responsibility of States for Activities of Private Law Persons, EPIL IV (2000) 216ff; *Wolf* (Fn 36); differenzierend und auf Schutzpflichten abstellend neuerdings *Dörr*, in Ipsen (Fn 8) § 30 Rn 22, 24ff.
78 So bei der regierungsamtlichen Billigung der Besetzung der US-Botschaft in Teheran: IGH, ICJ Rep 1980, 2, 34. Das Urteil betrifft insofern auch die völkerrechtliche Verantwortlichkeit durch positives Tun.

erfasst diese Fallgruppe, indem er faktisches Handeln einer Person oder Personengruppe im Auftrag oder unter Leitung bzw Kontrolle eines Staates diesem zurechnet. Der IGH hat auch im *Genocide*-Fall für die Zurechnung – nicht unproblematisch – eine effektive Kontrolle verlangt.[79]

26 Beteiligt sich ein Staat bei multilateralen Einsätzen, etwa im Rahmen der UNO oder NATO, mit Waffen oder Verwaltungspersonal, stellt sich die Frage, inwieweit Völkerrechtsverletzungen diesem oder/und der I.O. zuzurechnen sind. Stellt man auf Art 7 der von der ILC erarbeiteten Draft Articles on the Responsibility of International Organizations ab,[80] kommt es für die Zurechnung auf die effektive Kontrolle über das konkrete Verhalten vor Ort an.[81] Für den EGMR reichte in der Rechtssache Behrami u a, die sich mit dem Verhalten französischer, deutscher und norwegischer Soldaten im Kosovo zu befassen hatte, die „ultimate authority and control" des Sicherheitsrats zur *Verneinung der Zurechnung an die Entsendestaaten* aus. Verantwortlich sei allein die UNO.[82] Die Entscheidung wird mit Recht abgelehnt. Sie bietet keine brauchbaren Kriterien für die Abgrenzung der Verantwortlichkeit der Staaten von der der I.O. und weicht ohne überzeugenden Grund vom Maßstab des Art 7 ASR ab.[83]

27 Schwierigkeiten bereitet die Beurteilung staatlicher Verhaltensweisen, die geeignet sind, Völkerrechtsverletzungen eines *anderen* Staates zu erleichtern oder zu fördern. Gewiss gibt es Konstellationen, in denen eine Verantwortlichkeit durch „*Beihilfe*"[84] bejaht werden kann. Die Umschreibung des Beihilfetatbestands (vgl Art 16 ASR) steckt noch in den Anfängen. Sie muss vor dem Hintergrund erfolgen, dass die Staaten nach geltendem Recht generell nicht verpflichtet sind, auf fremde Völkerrechtsverletzungen zu reagieren und deshalb ihr eigenes Verhalten nicht ohne weiteres auf mögliche Beihilfehandlungen überprüfen müssen.[85]

b) Ausschluss der Staatenverantwortlichkeit

28 Ein die Staatenverantwortlichkeit begründender völkerrechtswidriger Akt liegt ausnahmsweise dann nicht vor, wenn der betroffene Staat erkennbar mit ihm *einver-*

---

[79] ICJ Rep 2007, 43, 208 (§ 400); für eine *overall control* demgegenüber das *Tadic*-Urteil v 2.10.1995, ILM 35 (1996) 35 (§§ 120, 131, 137).
[80] Mit Kommentar der ILC abrufbar unter <http://untreaty.org/ilc/texts/inmstruments/english/commentaries/9_11_2011.pdf>.
[81] Eingehend zum Folgenden *von Arnauld* (Fn 6) Rn 403ff mwN; Kriterien bei *Peters*, Die Anwendbarkeit der EMRK in Zeiten komplexer Hoheitsgewalt und das Prinzip der Grundrechtstoleranz, AVR 48 (2010) 1 (37ff).
[82] EuGRZ 2007, 522 (Ziff 146ff).
[83] *P. Klein*, Responsabilité pour les faits commis dans le cadre d'opérations de paix et étendu du pouvoir de contrôle de la Cour Européenne de Droit de l'Homme: Quelques considérations critiques sur l'arret Behrami und Saramati, AFDI 53 (2007) 43 (52ff) mit Hinweisen auf die richterliche Selbstbeschränkung aus faktischen und politischen Gründen (vgl ebd 56ff); *Hafner*, The ECHR Torn between the United Nations and the States: The Behrami and Saramati Case, FS Bothe, 2008, 103ff.
[84] Nicht zu verwechseln mit der seltenen und hier nicht behandelten Verantwortlichkeit eines Staats für Völkerrechtsverletzungen von ihm rechtlich oder faktisch abhängiger anderer Staaten, dazu Art 17 ASR und *Verdross/Simma* (Fn 7) § 1286; *E. Klein*, Beihilfe zum Völkerrechtsdelikt, FS Schlochauer, 1981, 425 (427f).
[85] Eingehend *Klein* (Fn 84) 434, 436; monographisch *Aust*, Complicity and the Law of State Responsibility, 2011.

standen war (Art 20 ASR) und die Völkerrechtsverletzung sich nicht auf *ius cogens*- bzw *erga omnes*-Verpflichtungen bezog. Auch *höhere Gewalt*, die völkerrechtskonformes Verhalten unmöglich macht, desgleichen Zufallsereignisse können die Verantwortlichkeit im Einzelfall ausschließen, sofern sie unvorhersehbar, unüberwindbar und vom Staat nicht kontrollierbar sind. Eine Berufung auf höhere Gewalt ist ausgeschlossen, wenn der Staat das Ereignis selbst herbeigeführt oder doch das Risiko für dessen Eintritt erhöht hat (Art 23 ASR). Eine Berufung auf den sog *Staatsnotstand ist grundsätzlich ausgeschlossen*, es sei denn, der *Schutz lebenswichtiger Interessen des eingreifenden Staats* macht sie notwendig, wobei wesentliche Interessen anderer Staaten oder der Staatengemeinschaft nicht verletzt werden dürfen. Zudem darf die Berufung auf den Staatsnotstand nicht durch eine besondere völkerrechtliche Verpflichtung ausgeschlossen sein und der Staat nicht zur Entstehung der Notstandssituation beigetragen haben. Schließlich sind auch hier *Eingriffe in ius cogens ausgeschlossen* (vgl Art 25, 26 ASR). Die Staatenpraxis stützt die Regelung.[86] Erfasst ist auch der wirtschaftliche und finanzielle Notstand eines Staates.[87] Letzterer dürfte aber nicht zur Verweigerung der Erfüllung privatrechtlicher Zahlungsansprüche berechtigen, da es an einer völkerrechtlichen Rechtsbeziehung, die im Notstand suspendiert werden könnte, mangelt.[88]

Die Verantwortlichkeit kann schließlich entfallen, weil der Akt des Staats Reaktion auf einen vorausgegangenen Völkerrechtsbruch ist. In diesem Fall kann ein Staat sich an *kollektiven Zwangsmaßnahmen einer I.O.* (Rn 114f) beteiligen, zur *Selbstverteidigung* im Rahmen der UN-Charta befugt sein[89] oder *Gegenmaßnahmen* ergreifen.

Gegenmaßnahmen bezeichnen den Fall, dass ein Völkerrechtssubjekt auf die vorangegangene Verletzung seiner Rechte reagiert und deren Schutz und Durchsetzung selbst in die Hand nimmt. Der Begriff ist aus zwei Gründen enger als der der Sanktion (Rn 108): zum einen bezeichnet er nur die einseitige Antwort eines Völkerrechtssubjekts auf eine vorangegangene Völkerrechtsverletzung. Maßnahmen I.O., etwa der UN, sind nicht gemeint.[90] Zum anderen ist eine Gegenmaßnahme grundsätzlich selbst völkerrechtswidrig, aber als Mittel, einen völkerrechtswidrigen Zustand zu beenden, gerechtfertigt.[91]

Der Begriff der Gegenmaßnahme ist wesentlich durch die Arbeit der ILC in Anlehnung an die Friedensrepressalie geprägt worden,[92] hat aber auch Niederschlag in der internationalen Spruchpraxis gefunden.[93] Die Staatenverantwortlichkeitsresolu-

---

[86] IGH im *Gabcikovo-Nagymaros*-Fall, ICJ Rep 1997, 7, 39 f (§ 51 f); eingehend *Reinisch*, Sachverständigengutachten zur Frage des Bestehens und der Wirkung des völkerrechtlichen Rechtfertigungsgrundes „Staatsnotstand", ZaöRV 68 (2008) 4 ff.
[87] *Reinisch* (Fn 86) 10 ff.
[88] Dazu BVerfGE 118, 124, 135 u 139 f *[Argentinische Staatsanleihen]*; *Reinisch* (Fn 86) 27; *Hobe*, Völkerrechtlicher Notstand im internationalen Investitionsrecht, 2011, 121 ff; krit *Schill*, Der völkerrechtliche Staatsnotstand in der Entscheidung des BVerfG zu Argentinischen Staatsanleihen: Anachronismus oder Avantgarde? ZaöRV 68 (2008) 47 ff; *von Arnauld* (Fn 6) Rn 426.
[89] Vgl Art 21 u 22 ASR.
[90] *Fiedler*, Gegenmaßnahmen, 12 f.
[91] Vgl zu dieser Konstruktion Art 22 ASR.
[92] Vgl *von Arnauld* (Fn 6) Rn 417; *Stein/von Buttlar*, Völkerrecht, 14. Aufl 2017, Rn 1151.
[93] Schiedsspruch im *Air Service Agreement*-Fall, RIAA XVIII, 416 (§§ 81 ff); IGH im *Teheraner Geisel*-Fall, ICJ Rep 1980, 2, 28; *Nicaragua* (Merits), ICJ Rep 1986, 14, 110 (para 210).

tion beschränkt den Staat, der die Gegenmaßnahmen ergreift, sowohl bzgl der *Ziele*, die er verfolgen darf, als auch bezüglich der gewählten *Mittel*. So dürfen Gegenmaßnahmen nur ergriffen werden, um den rechtswidrig handelnden Staat zu einem rechtmäßigen Handeln zu bestimmen.[94] Dabei darf nicht von fundamentalen Menschenrechten, wie sie in den UN-Menschenrechtspakten enthalten sind, oder zwingendem Völkerrecht abgewichen werden.[95] Bevor Gegenmaßnahmen ergriffen werden, muss der rechtsbrechende Staat zu völkerrechtskonformem Verhalten aufgefordert werden; geplante Gegenmaßnahmen müssen zudem angekündigt werden.[96] Und schließlich müssen Gegenmaßnahmen *verhältnismäßig* sein und dürfen nur so lange ergriffen werden, bis die völkerrechtswidrige Handlung oder der völkerrechtswidrige Zustand beendet ist.[97] Diese Einschränkungen des Rechts auf Gegenmaßnahmen dürften völkergewohnheitsrechtlich abgesichert sein. Der Form nach wird eine Gegenmaßnahme nach wie vor meist eine Repressalie darstellen (zu den Einzelproblemen der Repressalie Rn 116 ff).

c) Rechtsfolgen der Staatenverantwortlichkeit

32 Die besondere Rechtsbeziehung, die durch Verletzung des Völkerrechts entsteht (Rn 8), löst – vorbehaltlich abweichender Vereinbarungen (Rn 34) – die Pflicht des verantwortlichen Staats, nicht der handelnden Organe oder Entscheidungsträger aus, weitere Verletzungen einzustellen und alle Folgen des rechtswidrigen Akts, soweit möglich, rückgängig zu machen *(Wiedergutmachung)*.[98] Je nach den Umständen des Einzelfalls kommt die tatsächliche bzw rechtliche *Wiederherstellung des früheren Zustands* (Art 35 ASR),[99] bei wertmäßig bestimmbaren Völkerrechtsverletzungen auch *Geldersatz* für solche Schäden in Betracht, die mit der Verletzung in einem adäquat-kausalen Zusammenhang stehen (Art 36 ASR).[100] Ob der betroffene Staat zwischen Naturalrestitution oder Schadenersatz wählen darf oder Schadensatz nur beansprucht werden kann, soweit eine *restitutio in integrum* nicht oder nicht vollständig möglich ist, wird, insbes im Fall der Verletzung des Fremdenrechts, nicht einheitlich beantwortet.[101] Bei wertmäßig nicht erfassbaren Völkerrechtsverstößen tritt an die Stelle des Schadenersatzes der *Anspruch auf Genugtuung* (Art 37 ASR). Ihm wird etwa durch ausdrückliche Übernme der Verantwortung für

---

94 Art 49 ASR.
95 Art 50 ASR. Vgl zum Ganzen *Dahm/Delbrück/Wolfrum* (Fn 5) § 188 VI 3.; *Crawford*, State Responsibility, 528 f.
96 Art 52 ASR.
97 Art 51 u 52 ASR.
98 Grundlegend StIGH im *Chorzów*-Fall. Zum Prinzip auch *Brownlie* (Fn 26) 199 f; *Crawford*, State Responsibility, 526 ff. Zur Kritik, dass es keine individuelle Verantwortlichkeit der Organe und Entscheidungsträger gibt, *Crawford*, International Responsibility, in Besson/Tasioulas (Hrsg), The Philosophy of International Law, 2010, 283 (289 ff, 293 ff)
99 Zum Unterschied zur Beendigung des völkerrechtswidrigen Zustandes *Dahm/Delbrück/Wolfrum* (Fn 5) § 185; Einzelheiten mit Bsp bei *Verdross/Simma* (Fn 7) § 1295; *Tanzi*, Restitution, MPEPIL VIII, 972 ff.
100 Eingehend dazu *Riedel*, Damages, EPIL I (1992) 929 ff. Zur Entschädigungspraxis („lump-sum-agreements") *Doehring*, Völkerrecht, 2. Aufl 2004, Rn 842.
101 Auch Art 36 ASR gewährt Kompensation nur, sofern der Schaden nicht durch Restitution behoben werden kann.

den Völkerrechtsverstoß, Entschuldigung, Bestrafung der Verursacher oder durch die Zuerkennung einer Geld-„Buße" entsprochen. Unter Umständen genügt schon die Feststellung der Völkerrechtswidrigkeit durch ein internationales (Schieds-)Gericht.[102]

Der Wiedergutmachungsanspruch ist, da er aus einer Rechtsbeziehung zwischen Staaten resultiert, ein *zwischenstaatlicher* Anspruch.[103] Das bedeutet, dass er auch bei Völkerrechtsverletzungen zu Lasten natürlicher oder juristischer Personen nur von Staaten geltend gemacht werden kann. Bei Verletzung natürlicher Personen[104] steht er gewohnheitsrechtlich nur dem Staat zu, dem die Person im Zeitpunkt der Verletzung und Geltendmachung des Anspruchs angehört.[105] Bei juristischen Personen (nicht deren Gesellschafter oder Aktionäre, die wie natürliche Personen behandelt werden)[106] richtet sich die Anspruchsberechtigung danach, ob sie dem Staat nach Maßgabe seiner Rechtsordnung, zB durch ihren Sitz oder ihr Geschäftszentrum, zugeordnet werden kann.[107] In jedem Fall kann der Anspruch erst erhoben werden, wenn die natürliche oder juristische Person alle innerstaatlichen Rechtsmittel gegen die Verletzung erfolglos erschöpft hat.[108] 33

Inwieweit die vorstehend beschriebenen Rechtsfolgen und ihre selbständige Durchsetzung unter Einschaltung internationaler Gerichte und der Anwendung völkerrechtlich zulässiger Sanktionen (insbes Repressalien)[109] gegenüber *spezielleren Regeln* zurücktreten, ist bislang kaum geklärt. So kann man zwar davon ausgehen, dass die Parteien, soweit sie dabei nicht gegen die UN-Charta oder ius cogens verstoßen, besondere Rechtsfolgen für völkerrechtswidrige Akte festlegen dürfen.[110] Entsprechende Regelungen enthalten bspw das *Übereinkommen über die völkerrechtliche Haftung für Schäden durch Weltraumgegenstände*,[111] die *Vereinbarung über Regeln und Verfahren zur Beilegung von Streitigkeiten* (Art 23)[112] und das *UN-Seerechtsübereinkommen*[113] in Art 139. Die Feststellung der grundsätzlichen Zulässigkeit spezieller Regelungen trägt aber wenig zu der viel schwierigeren Frage bei, in welchem Verhältnis die allgemeinen Regeln der Staatenverantwortlichkeit zu besonderen Rechtsschutz- und Sanktionssystemen stehen, wie sie etwa im Menschenrechtsschutz sowie im Diplomaten- und Konsularrecht[114] existieren. Sind diese abschließend („self-contained"), oder bleibt der Rückgriff auf die allgemeinen Re- 34

---

102 Vgl *Verdross/Simma* (Fn 7) § 1299; *Hoss,* Satisfaction, MPEPIL IX, 25 ff. Zur gerichtlichen Genugtuung IGH im *Korfu-Kanal*-Fall, ICJ Rep 1949, 35 f.
103 Vgl *Verdross/Simma* (Fn 7) § 1304.
104 Dazu *O. Dörr,* Völkerrechtliche Deliktsansprüche Privater, FS E. Klein, 2013, 765 ff.
105 Grundlegend StIGH im Fall der *Mavrommatis-Konzessionen,* Ser A, No 2, 12. Auf Schiffen ist der Anspruch des Flaggenstaats unabhängig von der Nationalität, vgl *M/V-Saiga*-Fall des ISGH, ITLOS Rep 2007, 4, § 105.
106 Grundlegend: IGH im *Barcelona-Traction*-Fall, ICJ Rep 1970, 3, 42.
107 Zu Ausnahmen *Verdross/Simma* (Fn 7) § 1304.
108 Vgl *Crawford/Grant,* Local Remedies, Exhaustion of, MPEPIL VII, 895 ff.
109 Dazu *Zemanek,* Responsibility of States: General Principles, EPIL IV (2000) 227 f.
110 Vgl *Verdross/Simma* (Fn 7) § 1309.
111 BGBl 1975 II, 1210; Sart II Nr 396.
112 BGBl 1994 II, 1749; Sart II Nr 515. Die Vereinbarung gilt für die in Anlage 1 der Vereinbarung genannten Handelsabkommen, vor allem das WTO-Übereinkommen.
113 BGBl 1994 II, 1799; Sart II Nr 350.
114 Für abschließenden Charakter IGH im *Teheraner Geisel*-Fall, ICJ Rep 1980, 2, 40.

geln unter bestimmten Voraussetzungen zulässig, bspw wenn das Sonderregime unvollständig oder ineffizient ist? Ob eine für den „Regelfall" durch Auslegung ermittelte Exklusivität des Sonderregimes in jeder zwischenstaatlichen Konstellation standhält, erscheint durchaus ungewiss.[115]

4. Die Verantwortlichkeit Internationaler Organisationen
a) Praktische Bedeutung

35 Anzahl und Gewicht I.O. nehmen seit 1945 ständig zu. Angesichts damit einhergehender Zuständigkeitsverlagerungen gewinnt die Frage wachsende Bedeutung, unter welchen Voraussetzungen I.O. für von ihnen begangene Völkerrechtsverletzungen einzustehen haben und welche Regeln für den Fall gelten, dass I.O. selbst Opfer solcher Verletzungen werden. Ihre Relevanz ist freilich im Vergleich zur Staatenverantwortlichkeit nach wie vor geringer. Der Grund liegt darin, dass der Aufgabenbereich I.O. erheblich enger ist als der der Staaten und nicht die gleiche „Verletzungsanfälligkeit" aufweist, weil gebiets- und personenbezogene Pflichten regelmäßig nicht zu ihm gehören.[116] Ausdrückliche Bestimmungen im Völkervertragsrecht sind selten,[117] die Präjudizien spärlich.[118] Im Dezember 2001 hat die Generalversammlung der ILC den Auftrag erteilt,[119] sich nach dem Abschluss der Arbeiten über die Staatenverantwortlichkeit mit dem Regime der Verantwortlichkeit I.O. zu beschäftigen. Ihren Abschlussbericht, der 67 Artikel umfasst,[120] legte die ILC der Generalversammlung 2011 vor. Er wurde am 9.12.2011 angenommen.[121]

b) Einschlägige Regeln

36 Im Grundsatz stimmt das rechtliche Konzept der Verantwortlichkeit I.O. mit dem bei Staaten überein. Dies zeigt auch die weitreichende Übereinstimmung der von der ILC angenommenen Regeln zu den I.O. mit den Bestimmungen in der Staatenverantwortlichkeitsresolution.[122] Doch gibt es *Besonderheiten*, die, weil verlässliche Anhaltspunkte der Praxis fehlen, im vergleichsweise spärlichen Schrifttum[123] umstritten sind. Eine der Kontroversen betrifft die Frage, ob die *Verantwortlichkeit für*

---

115 Dazu *E. Klein*, Self-Contained Regime, MPEPIL IX, 97; vgl auch die skeptischen Bemerkungen bei *von Arnauld* (Fn 6) Rn 419.
116 *Ipsen*, in ders (Fn 19) § 30 Rn 9.
117 Vgl Art VI Weltraumvertrag v 27.1.1967; Art XXII Abs 3 Weltraumhaftungsvertrag v 29.3.1972; Art 263 SRÜ.
118 Sie bezogen sich in der Vergangenheit nur auf die UN, vgl IGH im *Bernadotte*-Fall, ICJ Rep 1949, 174 bzw, bzgl der Wiedergutmachung von Friedenstruppen im Kongo verursachter Schäden, ICJ Rep 1963, 150. Dazu auch die Note des Generalsekretärs zum UN-Abkommen über die Entschädigung belgischer Staatsangehöriger im Kongo, abgedr bei *Meng*, Internationale Organisationen im völkerrechtlichen Deliktsrecht, ZaöRV 45 (1985) 324 (329). Zur Zurechnung von Völkerrechtsverletzungen, die von Friedenstruppen begangen werden, vgl *Ipsen*, in ders (Fn 19) § 29 Rn 21.
119 GA (Res) 56/82 v 12.12.2001.
120 Fundstelle: Fn 80.
121 UN Doc A/Res/66/100 (nachfolgend zit als ARIO).
122 Dazu ILC Kommentar (Fn 80) Ziff 3 f.
123 *Hartwig*, International Organisations, Responsibility and Liability, MPEPIL VI, 64 ff; *Ruffert/Walter*, Institutionalisiertes Völkerrecht, 2. Aufl 2015, § 7; weitere Nachw bei *Dörr*, in Ipsen (Fn 8) § 31.

Völkerrechtsverletzungen (über den Sonderfall der UN hinaus) bei allen I.O. ohne weiteres aus der völkerrechtlichen Rechts- und Handlungsfähigkeit abzuleiten ist oder von einer konstitutiven Anerkennung der Organisation abhängt. Für ersteres spricht, dass die Verantwortlichkeit die „Kehrseite" der Rechts- und Handlungsfähigkeit ist[124] und die Mitgliedstaaten mit der Konstituierung einer I.O. dieser idR auch die nach Völkerrecht übliche selbständige Rechtsstellung verschaffen wollen. Unter dem besonderen Blickwinkel der *Haftung* entsteht Drittstaaten daraus kein Nachteil, soweit die subsidiäre Verantwortlichkeit der Mitgliedstaaten (Rn 37) unberührt bleibt.[125] Freilich kann darin eine unerwünschte indirekte Anerkennung der Rechtsfähigkeit der I.O. liegen. Für diesen Fall bleibt nur die Inanspruchnahme der Mitgliedstaaten. Ist die I.O. *Opfer einer Völkerrechtsverletzung*, kann sie die Verantwortlichkeit selbst geltend machen.[126] Ein Klagerecht vor dem IGH steht ihr im Hinblick auf Art 34 IGH-Statut allerdings nicht zu. Doch kann sie den Anspruch mit Gegenmaßnahmen durchsetzen.[127] Weil die Rechtsfolgen bei Verletzung von *erga omnes*-Verpflichtungen im allgemeinen Völkerrecht noch strittig sind (Rn 16ff), bestehen demgegenüber Zweifel, ob I.O. – von Sonderfällen wie dem der UNO abgesehen – generell befugt sind, ihre Mitgliedstaaten ohne eigene Betroffenheit im Falle der Verletzung solcher Pflichten durch Drittstaaten zu unterstützen.[128] Nur organisationsspezifisch wird auch die Berechtigung einer I.O. zu bejahen sein, Völkerrechtsverletzungen zugunsten von Privatpersonen geltend zu machen. Vorstellbar ist dies etwa für den Fall, dass ein Drittstaat einen von ihm mit der I.O. abgeschlossenen Vertrag verletzt und dieser Vertrag subjektive private Rechte begründet.[129]

Zu den besonderen Problemfeldern der Verantwortlichkeit I.O. gehören die Voraussetzungen, unter denen die Mitgliedstaaten gegenüber Drittstaaten für Pflichtverletzungen einer I.O. einstehen müssen. Eine *generelle Komplementärhaftung neben der Organisation* lässt sich in der Rechtsüberzeugung der Staaten *nicht nachweisen*.[130] Subsidiär kann die Verantwortlichkeit lediglich für den Fall eintreten, dass die I.O. von den Mitgliedstaaten nicht mit ausreichenden Haftungsmitteln ausgestattet oder bei *ultra vires*-Handeln nicht genügend kontrolliert wurde. Insoweit liegen eigene Pflichtverletzungen der Mitgliedstaaten vor.[131] 37

---

124 *Ruffert/Walter* (Fn 123) Rn 215; s a Art 2 (a) ARIO mit Kommentar (Fn 80).
125 Übereinstimmend *Hoffmann*, Der Durchgriff auf die Mitgliedstaaten internationaler Organisationen für deren Schulden, NJW 1988, 585 (586); *Ruffert/Walter* (Fn 123) Rn 230.
126 IGH im *Bernadotte*-Fall, ICJ Rep 1949, 174, 184; verallgemeinernd *Ipsen*, in ders (Fn 19) § 30 Rn 6ff; *von Arnauld* (Fn 6) Rn 380; vgl auch Art 43 ARIO.
127 Dazu vgl Art 51ff ARIO.
128 Hierzu vgl Art 14 ARIO mit Kommentar.
129 Dazu *Groux/Manin*, Die Europäischen Gemeinschaften in der Völkerrechtsordnung, 1984, 151f.
130 Eingehende Diskussion zu Art 62 Draft Articles im Kommentar der ILC (Fn 80); ferner *Ruffert/Walter* (Fn 123) Rn 230; aA etwa *Hoffmann* (Fn 125).
131 Vgl *Wenckstern*, Die Haftung der Mitgliedstaaten für internationale Organisationen, RabelsZ 61 (1997) 93ff u *Schmahl*, 4. Abschn 4 Rn 103f; s a *Dörr*, in Ipsen (Fn 8) § 31 Rn 6.

III. Völkerstrafrecht

1. Das Konzept
a) Begriff und Kriterien

38 Das Völkerstrafrecht rechnet zu den Materien des Völkerrechts, deren Entwicklung sich in den letzten Jahrzehnten stark beschleunigt hat. Es erfasst *Verstöße von Individuen gegen das Völkerrecht,* die mit Strafsanktionen belegt werden sollen. Dieser Ausgangspunkt ermöglicht eine eindeutige Abgrenzung zur internationalen Verantwortlichkeit sowohl unter dem Gesichtspunkt des „haftenden" Subjekts wie der Rechtsfolgen. Andererseits ist dadurch nicht ausgeschlossen, dass Sachverhalte, die eine Verantwortlichkeit von Staaten oder I.O. auslösen, zugleich Gegenstand der individuellen strafrechtlichen Verantwortlichkeit der handelnden Personen werden, zumal die Tatbestände des Völkerstrafrechts Berührungspunkte mit den internationalen Delikten iSd Staatenverantwortlichkeit aufweisen.[132] Funktionell betrachtet vermag ein effizientes Völkerstrafrecht das Sanktionssystem für Völkerrechtsverletzungen zu verfeinern. Diese Aufgabe kommt ihm insbes dann zu, wenn die Inanspruchnahme eines Staates faktisch nicht durchsetzbar und/oder wenig adäquat wäre, weil letztlich nicht der Staat bzw sein Volk als Ganzes, sondern – spezifischer – die politische oder militärische Führung für schwere Völkerrechtsbrüche persönlich verantwortlich ist oder diese staatlich gefördert hat. Unter diesem Blickwinkel überwindet das Völkerstrafrecht die Mediatisierung des Individuums durch den Staat und kompensiert die im Kontext der Staatenverantwortlichkeit nicht mögliche individuelle Inanspruchnahme der Entscheidungsträger.[133]

39 Neben der Bezeichnung „Völkerstrafrecht" findet sich im Schrifttum und internationalen Sprachgebrauch der Begriff „internationales Strafrecht"[134] *(international criminal law; droit pénal international).* Zum Teil damit korrespondierend wird der Regelungsinhalt der Rechtsmaterie mit „Verbrechen gegen das Völkerrecht" *(crimes against the law of nations)* oder „international crimes"[135] beschrieben. Dabei zeigt sich ein weiteres oder engeres Begriffsverständnis.

40 Im *weiteren* Sinne umfasst das Völkerstrafrecht diejenigen Delikte, die „nach Herkommen und besonderen Abmachungen juristisch derart bestimmt sind, dass sie sich gegen Rechtsgüter richten, an deren Erhaltung die Menschheit ein allgemeines Interesse hat".[136] Die unter Schutz gestellten Rechtsgüter ergeben sich aus internationalen Instrumenten mit normativer Kraft.[137] Sie repräsentieren universelle, über-

---

132 Dazu Art 5ff des Statuts des IStGH (Sart II, Nr 35), das nach seinem Art 25 Abs 4 die Staatenverantwortlichkeit ausdrücklich unberührt lässt. S a IGH in *Anwendung der Völkermordkonvention,* ICJ Rep 2007, 43 (§ 170).
133 *Paulus,* International Adjudication, in Besson/Tasioulas (Fn 98) 207 (211) sowie o Rn 32; s a *Oeter,* Kriegsverbrechen in den Konflikten um das Erbe Jugoslawiens, ZaöRV 53 (1993) 1 (4); *Dupuy,* in Cassese/Gaeta/Jones (Hrsg), The Rome Statute of the International Criminal Court, 2002, 1085ff.
134 So zB *Oehler,* Internationales Strafrecht, 2. Aufl 1983, Rn 995ff; *Dahm/Delbrück/Wolfrum* (Fn 5) § 189.
135 *Schindler,* Crimes Against the Law of Nations, EPIL I (1992) 875ff.; *Jescheck,* International Crimes, EPIL II (1995) 1119f; *Schabas,* An Introduction to the International Criminal Court, 5. Aufl 2017, 74ff.
136 Vgl *Oehler* (Fn 13) Rn 3, 395 mit Aufzählung in Rn 1004.
137 *Cassese/Gaeta,* Cassese's International Criminal Law, 3. Aufl 2013, 23.

individuelle Wertvorstellungen der Staatengemeinschaft.[138] Unerheblich ist hierbei, ob die Strafbarkeit nur durch Vermittlung der staatlichen Gesetzgebung, also die Übernahme der Delikte in nationales Recht, oder bereits unmittelbar durch das Völkerrecht begründet wird. Deshalb gehören zum Völkerstrafrecht alle auf das Völkerrecht zurückführbaren Straftatbestände gegen internationale Interessen, sei es, dass sie nur verfolgt werden können, wenn zuvor entsprechende nationale Straftatbestände geschaffen worden sind – insbes Verträge können dazu verpflichten –, sei es, dass die Verfolgbarkeit unabhängig von staatlicher Gesetzgebung und Strafbereitschaft bereits *unmittelbar* durch Völkerrecht begründet wird.[139]

Nach dem hier favorisierten *engeren* Begriffsverständnis ist der unmittelbare strafrechtliche Durchgriff auf das Individuum mit Entscheidungszuständigkeit eines internationalen (Straf-)Gerichts ein konstitutives Merkmal des Völkerstrafrechts.[140] Es liegt deshalb nahe, als Träger des Strafanspruchs nicht mehr den Staat, sondern die internationale Gemeinschaft anzusehen.[141] Doch gilt dies nur mit Einschränkungen. Nach wie vor bestehen nämlich viele Staaten auch bei Straftaten gegen Rechtsgüter der internationalen Gemeinschaft grundsätzlich auf einer aus der Gebiets- und Personalhoheit abgeleiteten Primärzuständigkeit für die Verfolgung und Aburteilung und akzeptieren nur, dass diese Zuständigkeit unter genau geregelten Voraussetzungen auf eine internationale Gerichtsinstanz übergeht.[142] Beispielgebend in Anspruch genommen ist die Primärzuständigkeit im Völkerstrafgesetzbuch der BR Deutschland, das die Unrechtstatbestände des Völkerstrafrechts weitestgehend abbildet.[143] Soweit internationale Gerichte zuständig sind, muss die Zusammenarbeit mit ihnen geregelt werden.[144] **41**

Danach lassen sich die *wesentlichen Kriterien des Völkerstrafrechts* angeben:[145] **42**
1. Die Strafbarkeit muss ihre Grundlage in der Verletzung völkerrechtlich geschützter Rechtsgüter haben.
2. Aus der Sicht der Staaten wie betroffener Individuen bedarf es einer klaren Bestimmung und Abgrenzung der Verantwortlichkeit nach Völkerstrafrecht und der staatlichen Strafgewalt, die aus der Gebiets- und Personalhoheit resultiert

---

138 Ebd; s a *Ambos*, Internationales Strafrecht, § 5 Rn 3; Nachw aus Praxis und Schrifttum bei *Heller*, What is an International Crime?, HILJ 58 (2017) 353 (360 ff).
139 Näher zu dieser Systematisierung *Schindler* (Fn 135).
140 *Jescheck* (Fn 135) 1120; *Ambos*, Internationales Strafrecht § 5 Rn 1; *von Arnaud* (Fn 6) Rn 1304; die positivrechtliche Tragfähigkeit des Durchgriffsarguments bezweifelnd *Heller* (Fn 138) 362 ff.
141 IdS *von Arnauld* (Fn 6) Rn 1306.
142 *Kreß*, Vorbemerkungen zu dem Römischen Statut des Internationalen Strafgerichtshofs, in Grützner/Pötz/Kreß/Gazeas (Hrsg), Internationaler Rechtshilfeverkehr in Strafsachen, Bd 6, Rn 22 ff (Stand 2003); zutreffend insofern *Heller* (Fn 138) 390: keine automatische Zuständigkeit internationaler Strafgerichte.
143 VStGB v 21.6.2002 (BGBl 2002 I, 2254); vgl *Lüder/Vormbaum*, Materialien zum Völkerstrafgesetzbuch, 2002. Kommentierung in Münchener Kommentar zum StGB, Bd 8, 3. Aufl 2018.
144 Gesetz über die Zusammenarbeit mit dem Internationalen Strafgerichtshof (BGBl 2002 I, 2144); vgl auch *Kreß*, Römisches Statut des Internationalen Strafgerichtshofs, in Grützner/Pötz/Kreß/Gazeas (Fn 142) Rn 373; *Meißner*, Die Zusammenarbeit mit dem internationalen Strafgerichtshof nach dem Römischen Statut, 2003.
145 Ansätze zum Folgenden bei *Jescheck* (Fn 135); *Niehoff*, Die von internationalen Strafgerichtshöfen anwendbaren Normen des Völkerstrafrechts, 1999; s auch *Kreß*, International Criminal Law, MPEPIL V, 717 (721).

und mit der internationalen Verantwortlichkeit des Einzelnen konkurrieren oder womöglich von dieser überlagert werden kann (Rn 47 u 52).
3. Über die einzelnen Delikte bzw Verbrechen muss in der Staatengemeinschaft ein breiter Konsens bestehen, der seinen Ausdruck in gewohnheitsrechtlich oder vertraglich fixierten Straftatbeständen gefunden hat (Rn 51).
4. Da die Umschreibung strafwürdiger Tatbestände noch keine abschließende Beurteilung der Strafbarkeit in concreto ermöglicht, wird sich der Konsens auch auf die allgemeinen Voraussetzungen der Strafbarkeit, insbes auf die Geltung des Grundsatzes „nulla poena sine lege", die Kriterien der Rechtswidrigkeit und Schuld sowie die Beteiligungsformen zu beziehen haben (Rn 51/53).
5. Bei der Zuständigkeit eines internationalen Gerichts ist ein besonderes internationales Verfahrensrecht erforderlich (Rn 57).

b) Inhaltlicher Bezug zu Frieden und Sicherheit der Menschheit

43 Die Entwicklung des (materiellen) Völkerstrafrechts steht seit jeher in einem engen Bezug zu Frieden und Sicherheit der Menschheit. Hieran hat sich bis heute nichts Wesentliches geändert. Allenfalls lassen sich verstärkende Anstöße ausmachen. Sie liegen in der Ausbildung zwingender, jedenfalls *erga omnes* wirkender völkerrechtlicher Normen und im Menschenrechtsschutz.[146]

44 Schon die Ächtung der *Piraterie auf hoher See,* die lange über das vertragliche Seerecht (Art 100ff SRÜ) zurückreichende Wurzeln hat, lässt den Bezug zu einer völkerrechtswidrigen Gewaltanwendung erkennen. Die Staatengemeinschaft missbilligt eine irreguläre, kriegsähnliche Handlung, die die internationale Sicherheit (auf See) bedroht.[147] Vergleichbare Motive[148] liegen der *Verurteilung Napoleons durch die alliierten Mächte* auf dem Wiener Kongress im Jahre 1815 zugrunde. Napoleon hatte sich außerhalb der Gesetze gestellt und sich als Feind und Störer der Ruhe der Welt der öffentlichen Vergeltung ausgesetzt. Ein Jh später bestimmten die *Kriegsschuldfrage und die Verletzung elementarer Grundsätze humaner Kriegsführung* Aussagen zur individuellen Verantwortlichkeit vor der Staatengemeinschaft. Art 227 des Versailler Friedensvertrags sah vor, dass gegen Kaiser Wilhelm II Anklage vor einem internationalen Gericht wegen schwerwiegender Verletzungen der internationalen Moral und der Unverletzlichkeit der Verträge erhoben werden sollte und die Niederlande die Auslieferung bewilligen sollten. Dazu ist es allerdings ebenso wenig gekommen wie zur Aburteilung der für Kriegsgräuel an der armenischen Bevölkerung verantwortlichen Personen nach Art 230 des (nicht ratifizierten) Friedensvertrags von Sèvres mit der Türkei v 10.8.1920. Der eigentliche Aufschwung des Völkerstraf-

---

146 *Werle,* Menschenrechtsschutz durch Völkerstrafrecht, ZStW 109 (1997) 808 (821ff); *Sadat,* The International Criminal Court and the Transformation of International Law, 2002, 269ff; *Aquariva/Pocar,* Crimes against Humanity, MPEPIL IV, 855ff; siehe auch *Fastenrath,* Möglichkeiten und Grenzen repressiven Menschenrechtsschutzes der weltweiten Strafverfolgung, in Schorlemer (Hrsg), Praxishandbuch UNO, 2003, 369ff.
147 Dazu *Shearer,* Piracy, MPEPIL VIII, 320ff; zu den Problemen der Strafverfolgung auf der Grundlage des Weltrechtsprinzips vgl die Hinweise bei *von Arnauld* (Fn 6) Rn 819.
148 Zum Folgenden näher *Oehler* (Fn 13) Rn 1007ff; instruktiv auch *Baade,* Individual Responsibility, in: Black/Falk (Hrsg), The Future of the International Legal Order, Bd 4, 1972, 291 (295ff). Die im Text erwähnte Ächtung Napoleons ist abgedr in *Ploetz,* Konferenzen und Verträge, Teil II, 1958, 256f.

rechts begann nach dem Zweiten Weltkrieg mit der Verfolgung und Verurteilung der Hauptkriegsverbrecher durch die internationalen Militärtribunale von Nürnberg und Tokio 1945–1948. Grundlage waren Verbrechen gegen den Frieden (Planung, Vorbereitung, Einleitung oder Durchführung eines Angriffskriegs), Verletzungen der Kriegsgesetze und -gebräuche sowie Verbrechen gegen die Menschlichkeit (Mord, Ausrottung, Deportationen oder andere unmenschliche Handlungen, die während des Kriegs an der Zivilbevölkerung begangen wurden, sowie damit im Zusammenhang stehende rassische, politische oder religiöse Verfolgungen).[149] Vergleichbare Tatbestände finden sich in den Statuten des Internationalen Tribunals über Kriegsverbrechen im ehemaligen Jugoslawien und des Internationalen Tribunals für Ruanda (Rn 47) wieder, die 1993 bzw 1994 vom Sicherheitsrat auf der Grundlage von Kap VII der UN-Charta errichtet wurden. Sie bestätigen nicht nur den Zusammenhang des Völkerstrafrechts mit Frieden und internationaler Sicherheit, sondern auch, dass die Entwicklung dieser Materie entscheidend von den weltpolitischen Gegebenheiten bestimmt wird: Die Staatengemeinschaft muss prinzipiell bereit sein, für schwerwiegende Verletzungen des Völkerrechts Straftatbestände zu schaffen und einem internationalen Gericht zur Aburteilung zu übertragen. Diese Bereitschaft bestand zwischen den Siegermächten des Zweiten Weltkriegs; nach der weltpolitischen Wende 1989/90 hat sie sich erneut eingestellt und die erwähnten Maßnahmen des Sicherheitsrats ermöglicht. Jüngstes Ergebnis ist das von der strafrechtlichen Bewältigung konkreter Konfliktherde gelöste Statut (von Rom) des Internationalen Strafgerichtshofs (IStGH). Es greift erneut die in Nürnberg und Tokio angewandten Tatbestände auf und entwickelt sie weiter (Rn 51f). Noch darüber hinausgehende Bestrebungen, etwa der Kriminalisierung der Annexion und Interventionen, des Kolonialismus und der Apartheid oder erheblicher Umweltschäden,[150] unterstreichen neuere Erfahrungen, nach denen friedensbedrohende und unmenschliche Verhaltensweisen nicht an Krieg und Kriegshandeln gebunden sind.

Der spezifische Inhalt des (materiellen) Völkerstrafrechts lässt sich danach so **45** charakterisieren: Es geht um die Kriminalisierung gravierender Verstöße gegen das friedliche, insbes gewalt- und aggressionsfreie Zusammenleben der Staaten und Völker sowie gegen elementare Standards für eine menschenwürdige Behandlung und ein menschenwürdiges Dasein. Das ist kein Zufall. Strafwürdig erscheint der „Angriff" auf elementare Grundlagen des gegenwärtigen Völkerrechts.[151]

Völkerstrafrecht in dem hier zugrunde gelegten Sinne gibt es gewohnheitsrecht- **46** lich am ehesten für Verstöße gegen das Kriegsrecht,[152] obschon auch diesbezüglich

---

149 Vgl Art 6 des Statuts des IMT von Nürnberg; Text mit systematischer Aufbereitung der dreizehn Nürnberger Militärtribunale in *Heinze/Schilling*, Die Rechtsprechung der Nürnberger Urteile, 1952; s auch *Jescheck*, War Crimes, EPIL IV (2000) 1349 ff; *Ahlbrecht*, Geschichte der völkerrechtlichen Strafgerichtsbarkeit im 20. Jahrhundert, 1999.
150 Dazu die Aufzählung der Tatbestände in YBILC 1984 II/1, 100. Zu möglichen weiteren Straftatbeständen *Robinson*, in Cassese/Gaeta/Jones (Fn 133) 497 ff.
151 Dazu YBILC 1987 II/2, 13 (Kommentar zu Art 1 Draft Articles of the Draft Code of Crimes against the Peace and Security of Mankind): "It was generally agreed that crimes against the peace and security of mankind had certain specific characteristics. In particular, there seemed to be unanimity on the criterion of seriousness. These are crimes which affect the very foundations of the human society."
152 S a IGH in *Vorbehalte zur Völkermordkonvention*, ICJ Rep 1951, 15 (23), wieder aufgenommen im Urteil zur Anwendung der Völkermordkonvention (ICJ Rep 2007, § 161), wonach „the principles underlying the Convention are principles which are binding even without conventional obligation."

nach 1945 in der Staatspraxis dem nationalen Strafrecht der Vorzug gegeben wurde.[153] Bestrebungen für eine *umfassende* Kodifikation setzten frühzeitig ein, haben aber erst 1998 zu einem Vertragswerk geführt, dem *Statut (von Rom) des Internationalen Strafgerichtshofs*.[154] Zunächst hat die UN-Generalversammlung in zahlreichen Resolutionen unter Bezugnahme auf die Rechtsprechung des Nürnberger Militärgerichtshofs Prinzipien über die Bestrafung von Kriegsverbrechen und Verbrechen gegen die Menschlichkeit bekräftigt und zu ihrer Ausformulierung in einem Kodex aufgefordert. Im gleichen Zusammenhang ist wiederholt die Forderung nach einem internationalen Strafgerichtshof erhoben worden.[155] Die Arbeiten der ILC, die mit der Ausformulierung des Kodex betraut wurde, sind jedoch erst 1996 mit der Verabschiedung des „Draft Code of Crimes against the Peace and Security of Mankind" zu einem vorläufigen Abschluss gekommen.[156] Ergänzt wurden sie durch den seit 1992 im Auftrag der UN-Generalversammlung erstellten Vorschlag für einen internationalen Strafgerichtshof.[157] Beides mündete in den Entwurf des Statuts für einen Internationalen Strafgerichtshof *(International Criminal Court – ICC)*. Er geht auf einen Vorbereitungsausschuss zurück, den die UN-Generalversammlung Ende 1995 mit dem Ziel der Einberufung einer Staatenkonferenz eingesetzt hatte. Die Konferenz fand vom 15.6.–17.7.1998 in Rom statt.[158] Das Statut trat nach der Ratifikation durch 60 Unterzeichnerstaaten (Art 126 Abs 1) am 1.7.2002 in Kraft. Am 31.12.2017 hatten 123 Staaten das Statut ratifiziert, darunter alle Mitgliedstaaten der EU,[159] und mit Wirkung v 1.4.2015 als „beobachtender Nichtmitgliedstaat" Palästina.[160] Bemerkenswert für nach wie vor bestehende Vorbehalte gegen den IStGH ist die Tatsache, dass Staaten, deren Beitritt zum Statut die Akzeptanz der Strafgerichtsbarkeit erheb-

---

153 Vgl *Ipsen*, in ders (Fn 8) § 31 Rn 26; *Komarow*, Individual Responsibility and International Law: The Nuremberg Principles in Domestic Legal Systems, ICLQ 29 (1980) 26 ff; *Tomuschat*, YBILC 1988/I, 77 (para 5 f).
154 Zur Geschichte der Verhandlungen Cassese/Gaeta/Jones (Fn 133) 24 ff.
155 S insbes Res 95 (I) u 96 (I) v 11.12.1946; 177 (II) v 21.11.1947; 260 (III) v 9.12.1948; 488 (V) u 489 (V) v 12.12.1950; 687 (VII) v 5.12.1952; 897 u 898 (IX) v 4.12.1954; 1186 u 1187 (XII) v 11.12.1957; 2338 (XXII) v 18.12.1967; 2391 (XXIII) v 26.11.1968 u 2392 (XXIII) v 18.11.1968; 2583 (XXIV) v 15.12.1969; 2712 u 2713 (XXV) v 15.12.1970; 2840 (XXVI) v 18.12.1971; 3074 (XXVIII) v 3.12.1973.
156 Dazu *Bassiouni*, Commentaries on the International Law Commission's 1991 Draft Code of Crimes against the Peace and Security of Mankind, 1993; *Crawford*, in Cassese/Gaeta/Jones (Fn 133) 23 ff; *Schabas* (Fn 135) 8 ff.
157 ILM 33 (1994) 253 ff; dazu die Berichte der 1992 in der ILC eingerichteten Working Group on the Question of an International Criminal Jurisdiction, beginnend mit UN GAOR 47th Sess, Suppl No 10 (A/47/10); vgl auch *Ferencz*, An International Criminal Code and Court, Colum J Transnat'l L 30 (1992) 375 ff; *Simbeye*, Internationalised Criminal Court and Tribunals, Int'l L FORUM 4 (2002) 82 ff; *Schlunck* u *Kaul*, in Fischer/Lüder (Hrsg),Völkerrechtliche Verbrechen vor dem Jugoslawien-Tribunal, nationalen Gerichten und dem Internationalen Strafgerichtshof, 1999, 151 ff u 177 ff. Instruktiv zur verworrenen Entstehungsgeschichte *Cassese*, in Cassese/Gaeta/Jones (Fn 133) 3 ff; *Sadat* (Fn 146) 21; *Schabas* (Fn 135) 16 ff.
158 *Kaul*, Das Römische Statut des Internationalen Gerichtshofs, 1999; *Kirsch/Holmes*, The Rome Conference on an International Criminal Court, AJIL 93 (1999) 2 ff; *Zimmermann*, Strafgerichtshof. Zu den vorbereitenden Tagungen Bos, in Cassese/Gaeta/Jones (Fn 133) 35 ff.
159 <http://www.icc-cpi.int/Menus/ASP/states-and-parties/>.
160 Dazu A/Res/67/19 v 29.11.2012. Instruktiv zur unterschiedlichen Einschätzung der Zuständigkeit des ISGH im Hinblick auf die prekäre Staatlichkeit Palästinas *Bubrowski*, Ist Palästina ein Staat?, FAZ v 2.3.2015, 8; *Stegmüller*, Palästinas Aufnahme als „Mitgliedstaat" des Internationalen Strafgerichtshofs, ZaöVR 75 (2015) 435 ff.

lich stärken könnte, den Beitritt verweigern (USA, Russland, Israel, Türkei, Indien, China) und erste Austritte zu verzeichnen sind (Burundi, Gambia, Philippinen).[161]

Beschleunigt wurde der Weg zum Rom-Statut durch den zweimaligen *ad hoc-* **47** *Einsatz* des Völkerstrafrechts *im Rahmen friedenssichernder Maßnahmen* der UN. So verdankt das „International Tribunal for the Prosecution of Persons Responsible for Serious Violations of International Humanitarian Law Committed in the Territory of the Former Yugoslavia" (ICTY) Errichtung und Statut[162] den Resolutionen des Sicherheitsrats 808 u 827 (1993). Entsprechendes gilt für das Ende 1994 nach dem Vorbild des Jugoslawien-Tribunals und als dessen „Zwillingsgericht" durch Resolution 955 errichtete „International Tribunal for Rwanda" (ICTR).[163] Möglich waren diese Maßnahmen auf der Grundlage von Kap VII, insbes Art 41 der UN-Charta,[164] unter der Voraussetzung, dass ihre Friedenseignung in einem internationalen Konflikt bejaht und der Einwand zurückgewiesen wurde, die Strafgewalt dürfe den Staaten nicht ohne (vertraglichen) Konsens entzogen werden. Obschon nicht unstrittig, lässt sich zugunsten der Resolutionen anführen, dass die Bestrafung im genannten Umfang ein Beitrag zur Herstellung eines gerechten Friedens zwischen den Konfliktparteien ist und darüber hinaus abschreckend auf künftige Täter wirken kann. Souveränitätsbedenken können unter Hinweis darauf entkräftet werden, dass die abzuurteilenden Straftaten ohnehin infolge des sog Weltrechtsprinzips (§ 6 StGB) und ihres Charakters als *erga omnes*-Verpflichtungen (Rn 16, 95, 118) nicht mehr zum ausschließlichen Kernbereich staatlicher Zuständigkeit rechnen.[165] Die Berufungskammer des Jugoslawientribunals selbst hat die Kompetenz des Sicherheitsrats, durch Einrichtung eines völkerstrafrechtlichen Gerichts als Unterorgan friedenssichernd tätig zu werden, im Zwischenurteil zum Tadić-Verfahren bejaht.[166] Das ist insofern bemerkenswert, als die Beurteilung der Völkerrechtskonformität einer Maßnahme nach Kap VII nicht durch den IGH – schon dies ist problematisch –, sondern durch ein vom Sicherheitsrat selbst eingesetztes Organ erfolgte.[167]

---

161 S die Liste der Vertragsstaaten unter <bpd.de/nachschlagen/zahlen-und-fakten/globalisierung/52814/internationale-gerichtsbarkeit> sowie *A. Schwerdtfeger*, Austritt und Ausschluss aus Internationalen Organisationen, AVR 54 (2018) 96 (123 ff).
162 Dt Text des Statuts in VN 41 (1993) 156 ff; näher *Pocar*, International Criminal Tribunal for Former Yugoslavia, MPEPIL V, 746 ff.
163 Text des Statuts: ILM 33 (1994) 1598 ff; näher *Pocar*, International Criminal Tribunal for Rwanda, MPEPIL V, 732 ff.
164 UN Doc S 7/25704 v 3.5.1993; dt: EA 49 (1994) D 89. Vgl auch die am Veto Russlands gescheiterte Einsetzung eines Sondertribunals zur Aufklärung des Flugzeugabsturzes v 18.7.2014 in der Ostukraine (<https://www.zeit.de/politik/ausland/2015-07/mh17-un-tribunal-russland-veto>).
165 *Kaul*, in Cassese/Gaeta/Jones (Fn 133) 583, 584 ff; *Ambos*, Internationales Strafrecht, § 6 Rn 15 mit Fn 72.
166 *Tadić*-Urteil v 2.10.1995, abgedr in ILM 35 (1996) 35 ff. Dazu *Kreß*, Friedenssicherungs- und Konfliktvölkerrecht auf der Schwelle zur Postmoderne, EuGRZ 1996, 638 (640 ff); *Aldrich*, The Jurisdiction of the International Criminal Tribunal for the Former Yugoslavia, AJIL 90 (1996) 64 ff; *Lamb*, Tadic-Case, MPEPIL IX, 732 ff.
167 *Heintschel von Heinegg*, in Fischer/Lüder (Fn 157) 63 ff.

2. Grundelemente der Normierung
a) Abgrenzung in Bezug auf die staatliche Strafgewalt

48   Zu den Eckpfeilern eines wirksamen Völkerstrafrechts gehört dessen *Autonomie* gegenüber einschränkenden oder abweichenden Festlegungen des nationalen Rechts. Um ihr zu entsprechen, müssen die Tatbestände eigenständig umschrieben sein, und sie dürfen keinen staatlichen Verjährungsbestimmungen unterworfen sein.[168] Die *materielle Abgrenzung zum staatlichen Strafrecht* ist damit prinzipiell gesichert.

49   Solange die Verfolgung und Aburteilung der Straftatbestände allein in der Hand der Staaten liegt, wird die vom Rechtsgüterschutz her gesehen wünschenswerte Einheitlichkeit der Handhabung nur in begrenztem Ausmaß über die Präzision der völkerrechtlich verankerten Tatbestände und deren möglichst punktgenaue Inkorporation in nationales Recht gesteuert.[169] Durch den Erfahrungsaustausch der befassten (nationalen) Gerichte und den Dialog zwischen völkerrechtlichen und strafrechtlichen Sichtweisen kann die Einheitlichkeit damit weiter gefördert werden.[170] Mit durchaus erheblichen Hindernissen für die Anwendung und Durchsetzung des Völkerstrafrechts ist freilich auch dann noch zu rechnen. So ist die Anwendung und Durchsetzung von einem Regime, das für die Straftaten verantwortlich ist, kaum zu erwarten.[171] Es kann auch nach kriegerischen Auseinandersetzungen, die zu größeren politischen Umwälzungen geführt haben, (noch) an unabhängig und rechtsstaatlich arbeitenden Strafverfolgungsorganen fehlen.[172] Einen effektivitätssteigernden Fortschritt bedeutet unter den genannten Gesichtspunkten die Einschränkung der staatlichen Strafgewalt zu Gunsten einer internationalen Gerichtsbarkeit. Insoweit sind erst in jüngster Zeit bei der Einschränkung der staatlichen Strafgewalt, die als Kernbereich staatlicher Souveränität gilt, wie der Verlauf der Auseinandersetzung um die Ahndung der für das Luftverkehrsattentat von Lockerbie verantwortlichen Libyer erneut deutlich gemacht hat,[173] Fortschritte erzielt worden.[174] Sie stellen sich in den Statuten der Tribunale für Jugoslawien und Ruanda anders dar als im Statut des IStGH. Nach Art 9 Abs 2 seines Statuts hatte das Jugoslawien-Tribunal Vorrang vor der nationalen Gerichtsbarkeit und konnte Strafverfahren in jeder Ver-

---

168 Dazu Art 29 IStGH-Statut und *Ambos*, Internationales Strafrecht, § 7 Rn 79 mit Fn 391. S auch *Sadat* (Fn 146) 220.
169 Vgl Fn 143 bzgl des VStGB. S auch das Gesetz zur Ausführung des Statuts des IStGH (BGBl 2002 I, 2144 – RSAG). Dazu *Kreß* (Fn 142) Rn 366 ff; *Satzger*, Das neue Völkerstrafgesetzbuch, NStZ 2002, 125 ff; *Weigend*, Das Völkerstrafgesetzbuch, GS Vogel, 2004, 197 ff.
170 *Zimmermann*, Bestrafung völkerrechtlicher Verbrechen durch deutsche Gerichte nach Inkrafttreten des Völkerstrafgesetzbuchs, NJW 2002, 3068 (3070); *Werle/Jeßberger*, Das Völkerstrafgesetzbuch, JZ 2002, 725 (729 mit Fn 53).
171 *Oeter* (Fn 133) 29.
172 *Roggemann*, Der internationale Strafgerichtshof der Vereinten Nationen, 1994, 50.
173 Dazu näher *Stein*, Das Attentat von Lockerbie vor dem Sicherheitsrat der UN und dem Internationalen Gerichtshof, AVR 31 (1993) 206 ff sowie IGH in den *Lockerbie*-Fällen, ICJ Rep 1998, 9 bzw 115 ff. Die Angeklagten mussten sich später in Den Haag vor einem schottischen Gericht verantworten. Dazu *Mackarel*, The Lockerbie Trial – A Scottish Court in the Netherlands, RIDP 70 (1999) 777 ff.
174 Vgl in diesem Zusammenhang auch das Verfahren gegen den ehemaligen chilenischen Diktator Pinochet: *Regina v Bow Street Metropolitan Stipendiary Magistrate, ex parte Pinochet Ugarte*, House of Lords, [1998] 3 WLR 1456; [1999] 2 WLR 827; dazu *Rensmann*, Internationale Verbrechen und Befreiung von staatlicher Gerichtsbarkeit, IPRax 1999, 268 ff; *Warbrick*, Extradition Law Aspects of Pinochet 3, ICLQ 48 (1999) 958 ff. Zur Immunität vgl Art 27 IStGH-Statut.

fahrenslage an sich ziehen, doch blieb die *Zuständigkeit konkurrierend* (Art 9 Abs 1), so dass das Tribunal entscheiden konnte, ein bestimmtes Verfahren durch nationale Gerichte durchführen zu lassen.[175] Für den IStGH gilt hingegen der *Grundsatz der Komplementarität* (vgl Abs 10 der Präambel sowie Art 1 des Statuts): Gemäß Art 17 Abs 1 lit a und b des Statuts ist der IStGH unzuständig, wenn im gleichen Fall ein Verfahren vor einem zuständigen nationalen Gericht anhängig ist, rechtskräftig abgeschlossen oder eingestellt wurde, es sei denn der betreffende Staat hat sich zu einer effektiven Strafverfolgung weder willig noch fähig gezeigt. Mit der Unwilligkeit (Art 17 Abs 2) ist vor allem die Situation angesprochen, in der ein Regime Straftäter aus den eigenen Reihen deckt (Rechtsmissbrauch), während das Kriterium der Unfähigkeit (Art 17 Abs 3) den Zusammenbruch der Staatsgewalt („failed state") in den Blick nimmt.[176] Zur Komplementarität gehört auch, dass nur Verbrechen von erheblichem Gewicht in die Zuständigkeit des Gerichtshofs fallen, der sich nicht mit „gewöhnlicher" Kriminalität befassen soll (Art 17 Abs 1 lit d).[177]

Bei Übertragung der Verfolgung und Aburteilung auf die Staaten können sich 50 *konkurrierende staatliche Strafansprüche* ergeben, die sich zu Lasten der Straftäter auswirken. Das aus dem staatlichen Recht geläufige Verbot der Doppelbestrafung (ne bis in idem) hilft hier nicht weiter, weil es nur vor dem Mehrfachzugriff *eines* Staats schützt.[178] Es müssen vielmehr Strafanrechnungsregeln geschaffen werden.[179] Dies gilt auch bei Einrichtung einer internationalen Strafinstanz. In Anlehnung an Art 10 des Statuts des Jugoslawien-Tribunals errichtet daher Art 20 IStGH-Statut nicht nur ein Verfahrenshindernis bei vorheriger Entscheidung des IStGH in der gleichen Sache für den IStGH selbst (Abs 1) sowie für nationale Gerichte (Abs 2), sondern verhindert auch die erneute Befassung des IStGH, wenn auf nationaler Ebene ein ordnungsgemäßes Strafverfahren stattgefunden hat (Abs 3).[180]

b) Ausgestaltung der Tatbestände und der Strafbarkeitsvoraussetzungen

Die *Ausgestaltung der einzelnen Tatbestände* des Völkerstrafrechts erfordert zu- 51 nächst den Konsens der Staatengemeinschaft über die Strafbewehrung der einschlägigen internationalen Rechtsgüter. Schwer zu erreichen ist er bei „offenen" bewertungsabhängigen Tatbeständen wie Aggression, Intervention oder Umweltdelikten[181], aber auch bei Verbrechen gegen die Menschlichkeit, die – etwa im Gegensatz zu Verstößen gegen das humanitäre Völkerrecht – auf keine traditionelle ver-

---

175 *Murphy*, Progress and Jurisprudence of the International Criminal Tribunal for the Former Yugoslavia, AJIL 93 (1999) 57 (64 f); eine ähnliche Regelung trifft Art 8 des Statuts des Ruanda-Tribunals.
176 Eingehend *Schabas* (Fn 135) 170 ff; ferner *Holmes*, in Cassese/Gaeta/Jones (Fn 133) 674 ff.
177 *Sadat* (Fn 146) 132 ff; *Schabas* (Fn 135) 182 ff.
178 Vgl Art 14 VII IPBPR; Art 4 Nr 1 des 7. ZusProt zur EMRK; ausdrücklich § 168 Rules of Procedure and Evidence zum IStGH-Statut (zu diesen u Rn 52).
179 Vgl Art 7 Draft Code der ILC (Fn 157) sowie BVerfGE 75, 1, 15 f.
180 Dazu *Van den Wyngaert/Ongena*, in Cassese/Gaeta/Jones (Fn 133) 705 (707 ff).
181 So erfasst das Statut des IStGH weitreichende, langfristige und schwere Schäden an der natürlichen Umwelt nur im Kontext internationaler bewaffneter Konflikte (vgl Art 8 Abs 2 (b) (iv)); s dazu *Ambos*, Internationales Strafrecht, § 7 Rn 252; *Birnie/Boyle/Redgwell*, International Law and the Environment, 3. Aufl 2009, 332 f.

tragliche Fixierung bzw hinreichende Staatspraxis zurückblicken können.[182] Darüber hinaus ist das *Legalitätsprinzip* (nulla poena sine lege) zu beachten.[183] Auch wenn seine Anforderungen im internationalen Kontext nicht ohne weiteres mit bestehenden nationalrechtlichen Ausformungen gleichgesetzt werden sollten, ist doch ein Minimum an tatbestandlicher Bestimmtheit, an Festlegungen zur Rechtfertigung und zum Schuldausschluss, zu Täterschaft und Teilnahme sowie zum Strafmaß zu fordern. Soweit Festlegungen fehlen, muss auf Gewohnheitsrecht und/oder allgemeine Rechtsgrundsätze zurückgegriffen werden.[184]

52 Die in Nürnberg und Tokio formulierten Straftatbestände weiterentwickelnd benennen die Statute des Jugoslawien-Tribunals und des IStGH *vier Deliktstypen:*[185] (1) Völkermord (Art 4/Art 6), (2) Verbrechen gegen die Menschlichkeit (Art 5/Art 7), (3) Kriegsverbrechen (Art 2 u 3/Art 8) sowie (4) Aggression (Art 5 Abs 1 lit d IStGH-Statut). Das Statut des IStGH trägt durch detaillierte Deliktsbeschreibungen sowie durch die Formulierung eines „Allgemeinen Teils" dem Legalitätsprinzip in höherem Maße Rechnung als die Statuten der ad hoc-Tribunale. Die Definition des *Völkermords* ist identisch mit derjenigen in der Konvention v 1948.[186] *Verbrechen gegen die Menschlichkeit* sind Delikte wie Mord, Versklavung, Deportation, Sexualverbrechen und Verfolgung, soweit sie im Rahmen eines ausgedehnten oder systematischen Angriffs gegen die Zivilbevölkerung verübt werden,[187] aber auch – insofern unbestimmt – andere unmenschliche Handlungen, die vergleichbares körperliches oder seelisches Leid verursachen (Art 7 Abs 1 lit k).[188] Bei den *Kriegsverbrechen* wird zur Begriffsbestimmung unter anderem auf die Genfer Rotkreuzabkommen v 12.8.1949 zurückgegriffen und zwischen internationalen und internen Konflikten differenziert (Art 8 Abs 2 lit a einerseits, lit c andererseits). Diese Differenzierung gilt auch für Kriegsverbrechen jenseits dieser Abkommen (Art 8 Abs 2 lit b einerseits, lit d andererseits).[189] Weitere Präzisierung der Tatbestandsmerkmale des Völker-

---

182 Vgl *Jakovljevic*, International Tribunal for Violations of International Humanitarian Law in Former Yugoslavia: Applicable Law, Humanitäres Völkerrecht 6 (1993) 224 (227); Hankel/Stuby (Hrsg), Strafgerichte gegen Menschheitsverbrechen, 1995.
183 Ausdrücklich Art 22 f IStGH-Statut; vgl auch das Jugoslawien-Tribunal im Ausgangsurteil *Jelisić*, Rz 61.
184 *Ambos*, Internationales Strafrecht, § 5 Rn 6 f; *von Arnauld* (Fn 6) Rn 1314 f.
185 Der erste Klammerzusatz bezieht sich auf das Jugoslawien-Tribunal, der zweite auf den IStGH. Für das Ruanda-Tribunal vgl Art 2–4 des Statuts. Die Einbeziehung der vertragsgestützten Delikte, insbes des Terrorismus und des Drogenhandels, in das IStGH-Statut scheiterte, vgl *Robinson*, in Cassese/Gaeta/Jones (Fn 133) 497 ff; *Ambos*, Internationales Strafrecht § 7 Rn 275.
186 Vgl Art II der Völkermordkonvention (Sart II, Nr 18; BGBl 1954 II, 730 bzw 78 UNTS 277); hierzu und zu den einzelnen Tatbeständen die umfangreiche und detaillierte Darstellung bei *Ambos*, Internationales Strafrecht, § 7 Rn 122 ff sowie die Kommentierung der §§ 6 ff VStGB (Fn 143)
187 Vgl das Ruanda-Tribunal im *Bagilishema*-Fall, Rz 77 f; durch die Merkmale soll die Abgrenzung zu gewöhnlicher Kriminalität erreicht werden; so bei Rn 49 sowie die Nachweise in der folgenden Fn.
188 Näher *Cassese*, in Cassese/Gaeta/Jones (Fn 133) 353 ff; *Fenrick*, Should Crimes Against Humanity Replace War Crimes, Colum J Transnat'l L 37 (1999) 767 ff; *Chesterman*, An Altogether Different Order: Defining the Elements of Crimes Against Humanity, DJCIL 10 (2000) 307 ff; *Dinstein*, Crimes Against Humanity after Tadic, Leiden JIL 13 (2000) 373 ff; *Gilgil*, Die Tatbestände der Verbrechen gegen die Menschlichkeit und des Völkermordes im Römischen Statut des Internationalen Strafgerichtshofs, ZStW 112 (2000) 381 ff; *Sadat* (Fn 146) 148 ff; *Schabas* (Fn 135) 94 ff.
189 Ziel ist die Integration des Kriegsvölkerrechts (vgl u *Bothe*, 8. Abschn Rn 56 ff, 62 ff, 121 ff) in das Abkommen: *Bothe*, in Cassese/Gaeta/Jones (Fn 133) 379 ff; *Schabas* (Fn 135) 110 ff; *Lehmler*, Die Straf-

mords, der Verbrechen gegen die Menschlichkeit und der Kriegsverbrechen, die bei der Auslegung und Anwendung helfen sollen, enthalten die sog *elements of crimes* (Art 9)[190] als subsidiäre, dem Statut nachgeordnete Rechtsquelle.[191] Über den Tatbestand der *Aggression* schließlich konnte erst 2010 Einigung erzielt werden.[192] Der am 26.6.2016 nach Hinterlegung der 30. Ratifikationsurkunde in Kraft getretene Art 8bis[193] knüpft zur Bestimmung der Angriffshandlung an die Aggressionsresolution 3314 (XXIX) an und reichert sie durch die individuelle Verantwortlichkeit von Personen in Befehls- und Führungspositionen sowie eine Schwellenklausel an, nach der Charakter, Schwere und Umfang eine manifeste Verletzung der UN-Charta ergeben müssen. Zusätzliche Verbrechenselemente und drei Auslegungshilfen sollen einer zu weit gehenden Anwendung des Aggressionstatbestands vorbeugen.[194]

c) Allgemeine Strafrechtsprinzipien und Strafsanktionen

Unter der Überschrift *Allgemeine Prinzipien des Strafrechts* enthält das Statut Regelungen des „Allgemeinen Teils" (Art 22ff: Legalitätsprinzip, Rückwirkungsverbot, Teilnahme, Versuch, Strafmündigkeit, Strafbarkeit von Vorgesetzten, Ausschluss der Verjährung, subjektiver Tatbestand, Strafausschlussgründe, Irrtum, Befehlsnotstand),[195] wobei auf praktische Erfahrungen des Jugoslawien-Tribunals zurückgegriffen werden konnte, das diese Prinzipien mangels Festlegung im Statut richterrechtlich erarbeiten musste. Hervorzuheben ist die Überwindung des Verfahrenshindernisses der Staatenimmunität (Art 27).[196] Nach dem Statut des Jugoslawien-Tribunals ist die *Freiheitsstrafe* die einzig mögliche strafrechtliche Sanktion, wobei das Strafmaß an der Gerichtspraxis im ehemaligen Jugoslawien orientiert sein soll (Art 24 Abs 1). Auch das IStGH-Statut sieht die zeitige oder lebenslange Frei-

53

---

barkeit von Vertreibungen aus ethnischen Gründen im bewaffneten nicht-internationalen Konflikt, 1999. Einen kurzen Überblick gibt *Sadat* (Fn 146) 160 ff.
190 Die wesentlichen Elemente (abrufbar unter <icc-cpi.int/resource-library#coreICCtexts>) wurden am 30.6.2002 zusammen mit den Verfahrens- und Beweisregeln (Rules of Procedure and Evidence) noch vor Inkrafttreten des Statuts verabschiedet. Vgl Report of the Preparatory Commission for the International Criminal Court, Add, Finalized Draft Text of the Elements of Crimes, UN Doc PCNICC/2000/NF/3/Add 2. Zur Bewertung der Verbrechenselemente *Schabas* (Fn 135) 84 ff: wenig Bedeutung in der Praxis.
191 Allgemein zum anwendbaren Recht Art 21 (Art 38 des IGH-Statuts vergleichbar); dazu *Schabas* (Fn 135) 189 ff.
192 Dazu *Ambos*, Internationales Strafrecht, § 7 Rn 262 ff; *Zimmermann/Freiburg*, in Commentary, Art 8bis; *Kress/Holtzendorff*, The Kampala Compromise on the Crime of Agression, JICJ 8 (2010) 1179 ff; *Schmalenbach*, Das Verbrechen der Aggression vor dem Internationalen Strafgerichtshof, JZ 2010, 745 ff.
193 Text: Sart II Nr 35 mit Fn 2.
194 Text: RC/RES 6 Annex II und III.
195 Zurückgehend auf das *Erdemović*-Verfahren des Jugoslawien-Tribunals, ILM 37 (1998) 1182. Dazu *Kreß* (Fn 140) 38 ff; *Gaeta*, The Defence of Superior Orders: The Statute of International Criminal Court versus Customary International Law, EJIL 10 (1999) 172 ff; *Nowrot*, The Activities of the International Criminal Tribunal for the Former Yugoslavia in the Years 1997 and 1998, GYIL 41 (1998) 344 (369 ff); *Patel/King/La Rosa*, The Jurisprudence of the Yugoslavia Tribunal: 1994–1996, EJIL 8 (1997) 123 (172 ff). Grundlegend zum allgemeinen Teil *Ambos*, Internationales Strafrecht, § 7 Rn 1 ff.
196 Vgl in diesem Zusammenhang das Urteil des Special Court for Sierra Leone im Fall *Charles Taylor*, abrufbar unter <www.sc-sl.org/Taylor_Trial_Chamber_Decisions.html>; dazu *Trifterer*, in Commentary, Art 27 Rn 23 ff.

heitsstrafe vor (Art 77 Abs 1). Die Forderung nach Einführung der *Todesstrafe* hat sich *nicht durchsetzen* können; Strafrecht in Staaten, welche die Todesstrafe verhängen und vollstrecken, bleibt nach der Kompromissformel in Art 80 unberührt.[197] Bemerkenswert ist darüber hinaus, dass nach Art 75 durch den Gerichtshof Regeln für die *Opferentschädigung* iSe Adhäsionsverfahrens getroffen werden sollen, wobei bereits das Statut selbst zu diesem die Einrichtung eines Treuhandfonds vorsieht (Art 79), in den u a eingezogenes Vermögen der Verurteilten fließen soll.

d) Die Strafgewalt internationaler Gerichte, insbesondere des IStGH

54 Die Durchsetzung des Völkerstrafrechts bleibt ohne internationale Gerichte unvollkommen (Rn 49). Mit der Einsetzung stellt sich die Frage nach dem Umfang ihrer Strafgewalt. Die Strafgewalt beruht entweder auf einem friedenssichernden Mandat des Sicherheitsrats (Rn 47) oder auf vertraglicher Grundlage. Letzteres gilt für die sog Gemischten Tribunale, etwa für Sierra Leone, Kambodscha und Libanon, die auf Grund bilateraler Abkommen der UNO mit diesen Staaten errichtet wurden,[198] und den hier näher behandelten IStGH.

55 Die Strafgewalt des IStGH[199] ist immer durch den *Grundsatz der Komplementarität* limitiert (Art 17; siehe bereits o Rn 49). In diesem Rahmen erstreckt sie sich *ratione materiae* auf den Kern des Völkerstrafrechts, die in Art 5 des Statuts genannten Verbrechen, hinsichtlich des Aggressionstatbestands nur unter den einschränkenden Bedingungen der Art 15bis u Art 15ter ab dem 17.7.2018.[200] Der Gerichtshof kann über die Verbrechen *ratione temporis* nur entscheiden, wenn sie nach Inkrafttreten des Statuts begangen wurden. Für die Begehung ist grundsätzlich die Verbindung zu einem Vertragsstaat wesentlich: Sie wird durch den Tatort auf dem Hoheitsgebiet des Vertragsstaats (Territorialitätsprinzip), alternativ durch die Staatsangehörigkeit des Beschuldigten hergestellt (Art 12 Abs 2 lit a bzw b). Nicht-Vertragsstaaten können sich dem Statut ad hoc unterwerfen und dadurch die Zuständigkeit des Gerichtshofs erweitern (Art 12 Abs 3). Sie können von der Zuständigkeit auch dadurch erfasst werden, dass der Sicherheitsrat den Gerichtshof im Rahmen friedenssichernder Maßnahmen befasst (Art 13 lit b).

56 Die beschriebene Zuständigkeit des IStGH ermöglicht es, dass Staatsangehörige eines Staats, der dem Statut nicht beigetreten ist oder sich der Gerichtsbarkeit unterworfen hat, einer Strafverfolgung ausgesetzt sind. Rechtliche Bedenken lassen sich dagegen nicht erheben. Das Verfahren vor dem IStGH ist durch den Tatort (das Territorialitätsprinzip) hinreichend legitimiert. Auch kann der Heimatstaat des Beschuldigten das Verfahren im Hinblick auf den Grundsatz der Komplementarität durch eigene Ermittlungen abwenden.[201] Die USA, die dem Statut nach wie vor nicht beigetreten sind, haben für ihre Angehörigen, die an Friedensmissionen der UNO oder von diesen autorisierten Missionen mitwirken, zur Abwendung von Strafver-

---

[197] *Kirsch/Robinson*, in Cassese/Gaeta/Jones (Fn 133) 67 (86 f); *Sadat* (Fn 146) 168 f.
[198] Einzelheiten zu diesen Tribunalen bei *Ambos*, Internationales Strafrecht, § 6 Rn 41 ff.
[199] *Kaul*, International Criminal Court (ICC), MPEPIL V, 667 ff.
[200] Eingehend *Ambos*, Internationales Strafrecht, §7 Rn 268 ff; *Zimmermann/Freiburg*, in Commentary, Art 15bis und Art 15ter.
[201] Dazu *von Arnauld* (Fn 6) Rn 1352

fahren vor dem IStGH einen anderen – problematischen – Weg beschritten.²⁰² Sie vereinbarten auf der Basis von Art 98 Abs 2 des Statuts bilateral mit Vertragsstaaten und Nicht-Vertragsstaaten, dass keine Überstellung an den IStGH stattfinden darf.²⁰³

e) Strafverfahren
Internationale Strafgerichte, die über völkerrechtliche Delikte zu befinden haben, 57 sind auf ein eigenes Verfahrensrecht angewiesen. Bei dessen Ausgestaltung sind unterschiedliche Vorstellungen vom Strafverfahren (kontradiktorischer Prozess, anglo-amerikanischer und Inquisitionsprozess kontinentaleuropäischer Prägung) miteinander zu harmonisieren.²⁰⁴ Vor allem aber werden *Vorkehrungen für ein faires Verfahren*, in dem die Rechte des Angeklagten angemessen gesichert sind, und ausdrückliche Bestimmungen darüber notwendig, ob das Verfahren auch in Abwesenheit des Angeklagten durchgeführt und abgeschlossen werden kann.²⁰⁵ Das Statut des Jugoslawien-Tribunals beschränkte sich auf die Festschreibung unverzichtbarer Rechte des Angeklagten (Art 21) und überließ dem Tribunal selbst die Formulierung seiner Prozessordnung (Art 22).²⁰⁶ Demgegenüber enthält das Statut des IStGH – teils unter Rückgriff auf die Praxis jenes Tribunals – ausführliche prozessrechtliche Regelungen (Art 53ff), u a zum Ermittlungsverfahren (Art 53ff), zu den Angeklagtenrechten (Art 67), zum Zeugenschutz (Art 68), zur Beweiserhebung (Art 69), zum Schutz sensibler Informationen zugunsten nationaler Sicherheitsinteressen (Art 72) und zum Rechtsmittelverfahren (Art 81ff). Diese strafprozessualen Bestimmungen bilden zusammen mit den Rules of Procedure and Evidence²⁰⁷ ein umfassendes, sehr detailliertes Regelwerk. Beide Statuten verbieten Strafprozesse in Abwesenheit der Angeklagten (Art 20 Abs 2, 21 Abs 4 lit d bzw Art 67 Abs 1 lit d).

Die Durchführung des Strafverfahrens ist ohne *Kooperation der Staaten mit den* 58 *internationalen Strafgerichten*²⁰⁸ nicht gewährleistet, das Völkerstrafrecht „hinkendes" Recht. Darum verpflichtet Art 86 IStGH-Statut die Parteien des Statuts allgemein zur Zusammenarbeit mit dem Gerichtshof und listet in Art 93 Formen der Zusammenarbeit insbes bei der Beweiserhebung auf. Weil die Beschuldigten sich bei Einleitung des Strafverfahrens idR im staatlichen Zuständigkeitsbereich befinden, müssen die Staaten darüber hinaus auf Ersuchen zur *Auslieferung an das zuständige internationale Gericht* bereit sein. Diese gleichermaßen unverzichtbare Rechtshilfe fand ihren Niederschlag als Konkretisierung des Art 2 Nr 5 UN-Charta in Art 29 des Statuts des Jugoslawien-Tribunals.²⁰⁹ Im IStGH-Statut ist sie wie die allgemeine Ko-

---

202 *Ambos*, Internationales Strafrecht, § 8 Rn 80f.
203 Die wesentlichen Bestimmungen dieser Abkommen werden aus dem American Service Members Protection Act v 2002 erkennbar. Informativ dazu <http://www.iccnow.org>. Zur Vorgeschichte *Stein*, Die Bilateral Immunity Agreements der USA und Art 98 des Romstatuts, FS G. Ress, 2005, 295ff.
204 Dazu *Ambos*, Internationales Strafrecht, § 8 Rn 61.
205 *Schomburg/Nemitz*, International Criminal Courts and Tribunals, Procedure, MPEPIL V, 702ff.
206 Näher *Pocar* (Fn 162) 756.
207 Vgl dazu die am 30.6.2002 beschlossenen Beweis- und Verfahrensregeln des IStGH: UN Doc PCNICC/2000/NF/3/Add.3, Rules of Procedure and Evidence, Finalized Draft Text of the Rules of Procedure and Evidence (Fundstelle: Fn 190).
208 Zum Verhältnis IStGH und dt Recht vgl IStGHG v 21.6.2002, BGBl 2002 I, 2144.
209 Dazu *Ambos*, Internationales Strafrecht, § 8 Rn 64ff.

operationspflicht Bestandteil der vertraglichen Vereinbarung (Art 89 Abs 1 Satz 2). In der BR Deutschland bedurfte es dazu einer Änderung des Art 16 Abs 2 GG, der nach seiner früheren Fassung auch die Überstellung an Straforgane der Staatengemeinschaft verbot.

3. Bilanz

59 Die nicht zuletzt durch das Erfordernis eines wirksamen Schutzes der Menschenrechte legitimierte Entscheidung der Internationalen Gemeinschaft für die individuelle strafrechtliche Ahndung schwerer Verstöße und für den Weg institutionalisierter Verfolgung durch internationale Strafgerichte war zweifellos ein *bedeutender Schritt* der Rechtsentwicklung. Zu dieser Entwicklung haben zunächst die UN Ad hoc-Tribunale beigetragen[210] und die sog hybriden Tribunale, die auf gemischt national-internationaler Rechtsgrundlage beruhen und aus ihr entsprechenden Richtern und Staatsanwälten bestehen.[211] Zunehmend rückt inzwischen der IStGH ins Blickfeld, dessen Tätigkeit sich allerdings bisher ganz überwiegend auf Afrika beschränkt und erst vier Urteile hervorgebracht hat.[212] Entstanden ist so ein eigener Bereich des Völkerrechts mit hohem Spezialisierungsgrad. Er wird teils von völkerrechtlichen, teils von strafrechtlichen Erkenntnissen bestimmt.

IV. Streitbeilegung

1. Die Pflicht zur friedlichen Streitbeilegung
a) Rechtliches Fundament

60 Nach geltendem Völkerrecht dürfen internationale Streitigkeiten nur mit friedlichen Mitteln beigelegt werden. Für die Mitgliedstaaten der UN ergibt sich dies bereits aus Art 2 Nr 3 der Charta. Die in dieser Vorschrift kategorisch formulierte und deshalb auf Spezifizierung und Ergänzung angelegte Pflicht zur friedlichen Streitbeilegungist in Deklarationen der UN-Generalversammlung zu einem *Grundprinzip der zwischenstaatlichen Beziehungen* erhoben worden: so insbes in der Erklärung über die freundschaftlichen Beziehungen und die Zusammenarbeit zwischen den Staaten,[213] in der Manila-Erklärung über die friedliche Beilegung internationaler Streitigkeiten[214] und in der Erklärung über die Verhütung und Beseitigung von Streitigkeiten und Situationen, die den Weltfrieden und die internationale Sicherheit bedrohen können, und die Rolle der UN auf diesem Gebiet.[215] *Regionale* Adaptionen finden

---

210 Übersicht über die (auslaufende) Judikatur des ICTY und des Ruanda-Tribunals bei *Ambos*, Internationales Strafrecht, 706 ff, 709 ff.
211 Näher *Ambos*, Internationales Strafrecht, § 6 Rn 41 ff; zur Rechtsprechung ebd, 720 f.
212 S die Urteile *Lubanga, Katanga* u *Bemba* sowie das für den Kulturgüterschutz wegweisende *Al Mahdi*-Urteil. Allg dazu *R. Müller*, Gedämpfte Hoffnung, FAZ v 17.7.2018, 8.
213 Res 2625 (XXV) v 24.10.1970, Annex.
214 Res 37/10 v 15.11.1982, Annex. Zu ihr *Economidès*, La déclaration de Manille sur le règlement pacifique des différends internationaux, AFDI 28 (1982) 613 ff; *Broms*, The Declaration on the Peaceful Settlement of International Disputes (Manila), FS Lachs, 1984, 339 ff; *Sahovic*, La déclaration de Manille sur le règlement pacifique des différends internationaux, in ebd 449 ff.
215 Res 43/51 v 5.12.1988, Annex.

sich u a im Bogotá-Pakt der Amerikanischen Staaten v 30.4.1948,[216] im Europäischen Übereinkommen zur friedlichen Beilegung von Streitigkeiten v 29.4.1957[217] und in den KSZE/OSZE-Dokumenten.[218] Eine *materiespezifische* Ausprägung gibt es etwa im internationalen Seerecht (Art 279ff SRÜ)[219] sowie im Umwelt-[220] und Wirtschaftsrecht.[221] Die Staatenverantwortlichkeitsresolution sieht ein verpflichtendes Streitbeilegungsverfahren nicht vor (Rn 6).

Die erwähnten Rechtsakte haben zT als solche keine Bindungswirkung (Deklarationen/Helsinki-Dokumente), oder ihre Bindungswirkung ist wegen des beschränkten Kreises der Vertragspartner begrenzt. Gleichwohl liefern sie Anhaltspunkte für die Auffassung, dass die Pflicht zur friedlichen Streitbeilegung über ihre positiv-rechtliche Verankerung in der UN-Charta hinaus kraft *universellen Völkergewohnheitsrechts* besteht.[222] Hiervon ging auch der IGH im *Nicaragua*-Fall aus.[223] Dementsprechend bindet die Pflicht auch Nicht-Mitgliedstaaten der UN und in begrenztem Umfang die UNO selbst bei der Wahrnehmung ihrer friedenssichernden Maßnahmen.[224] 61

Nicht einheitlich beantwortet wird die Frage, ob die Pflicht zur friedlichen Streitbeilegung zum *ius cogens* gehört.[225] Ihre praktische Bedeutung wird mit Recht gering veranschlagt, weil Rechtsakte, die gegen das in Art 2 Nr 3 der UN-Charta formulierte Grundprinzip der friedlichen Streitbeilegung verstoßen, heute schwer vorstellbar sind.[226] Davon abgesehen bringt die Bejahung kaum etwas ein, weil Verletzungen der Pflicht im Hinblick auf deren Konkretisierungsbedürftigkeit (Rn 60) nicht leicht festzustellen sind.[227] 62

b) Rechtssystematischer Standort

Das Prinzip der friedlichen Streitbeilegung steht *in engstem Zusammenhang mit der Ächtung von Krieg und Gewalt* als Mittel zwischenstaatlicher Durchsetzung von 63

---

216 30 UNTS 55.
217 BGBl 1961 II, 82 = Sart II Nr 112.
218 Schlussakte Prinzip V (1975); Mechanismus zur friedlichen Beilegung von Streitigkeiten (1991); Stockholmer Beschluss über die friedliche Beilegung von Streitigkeiten mit Übereinkommen über Vergleich und Schiedsverfahren (1992), sämtlich abgedr in Fastenrath (Hrsg), KSZE/OSZE, 1993; hier auch einführende Bemerkungen und Literaturhinweise von *Oellers-Frahm*, LIIIff; vgl auch *Meyer*, Dispute Settlement Procedures and Crisis Management, in Bothe/Ronzitti/Rosas (Hrsg), The OSCE in the Maintenance of Peace and Security, 1997, 53ff.
219 *Chandrasekhara*, Law of the Sea, Settlement of Disputes, MPEPIL VI, 738ff; *Wolfrum*, Friedliche Streitbeilegung, in Graf Vitzthum (Hrsg), Handbuch des Seerechts, 2006, 461ff; *Tanaka*, Peaceful Settlement, 229ff.
220 Vgl Art 8ff Umweltschutzprotokoll zum Antarktisvertrag; dazu *Tanaka*, Peaceful Settlement, 316.
221 Vereinbarungen über Regeln und Verfahren zur Beilegung von Streitigkeiten im Rahmen der WTO und des GATT (BGBl 1994 II, 1749 = Sart II Nr 515); dazu *Hermann/Weiß/Ohler*, Welthandelsrecht, 2. Aufl 2007, § 10; *Cameron/Gray*, Principles of International Law in the WTO Dispute Settlement Body, ICLQ 50 (2001) 248ff; *Tanaka*, Peaceful Settlement, 275ff; vgl o *Kreuter-Kirchhof*, 6. Abschn Rn 75.
222 Vgl *Epping*, in Ipsen (Fn 8) § 59 Rn 2; *Tomuschat*, in UN Charter, Art 2 Nr 3 Rn 19.
223 ICJ Rep 1986, 14, 145.
224 Hierzu *Tomuschat*, in UN Charter, Art 2 Nr 3 Rn 19ff.
225 Bejahend etwa *Verdross/Simma* (Fn 7) §§ 94ff; *Frowein*, Ius cogens, MPEPIL VI, 443ff.
226 *Tomuschat*, in UN Charter, Art 2 Nr 3 Rn 26.
227 Dazu*Heintschel von Heinegg*, in Ipsen (Fn 8) § 18 Rn 60.

Rechten und Interessen. Entstehungsmotiv ist, die „Anrufung von Gewalt so weit wie möglich zu verhüten". Mit diesem Ziel erklärten sich die Vertragsmächte 1899/1907 in Art 1 des Haager Abkommens zur friedlichen Beilegung internationaler Streitfälle einverstanden, „alle ihre Bemühungen aufwenden zu wollen, um die friedliche Erledigung der internationalen Streitfälle zu sichern".[228] Die zunächst zurückhaltende Formulierung des Prinzips in einer „Bemühenszusage" ist darauf zurückzuführen, dass ein begleitendes Kriegs- oder Gewaltanwendungsverbot, das die Streitbeilegung mit friedlichen Mitteln erst zu einer stringenten Verpflichtung macht, nicht existierte. Mit dem Verzicht auf den Krieg als Mittel zur Lösung internationaler Streitfälle in Art 1 des Briand-Kellogg-Pakts v 1928 war diese Voraussetzung geschaffen, eine verbindlichere Festlegung des Prinzips der friedlichen Streitbeilegung die Konsequenz: „Die Regelung und Entstehung der Streitigkeiten und Konflikte, welcher Art und welchen Ursprungs auch immer, soll niemals anders als durch friedliche Mittel angestrebt werden" (Art 2).[229]

64   Der vorstehend beschriebene Zusammenhang ist auch für die *Entwicklung nach 1945* kennzeichnend und in der benachbarten Stellung des Prinzips der friedlichen Streitbeilegung und des Gewaltverbots in Art 2 UN-Charta augenfällig. Die auf den ersten Blick überraschende Umkehrung der Reihenfolge gegenüber den Fixierungen des Briand-Kellogg-Pakts und der UN-Resolutionen bringt zum Ausdruck, dass die Existenz eines funktionsfähigen Systems friedlicher Streitbeilegung eine „*wesentliche Vorbedingung" für die Beachtung des Gewaltverbots* in der Praxis ist.[230] Die zentrale Stellung, die ihr im geltenden Völkerrecht zukommt, zeigt sich auch daran, dass die friedliche Streitbeilegung nicht mehr bloß verpflichtende Alternative zum Krieg, sondern zu jeder Androhung oder Anwendung militärischer Gewalt iSv Art 2 Nr 4 der UN-Charta geworden ist.

c) Gegenstand

65 Die Pflicht zur friedlichen Streitbeilegung bezieht sich nach Art 2 Nr 3 UN-Charta und nach Gewohnheitsrecht auf *Streitigkeiten mit internationalem Charakter.* Dabei schafft der *Begriff* der Streitigkeit eine Relevanzschwelle, die sich an der Eskalationsgefahr orientiert: Eine Streitigkeit liegt vor, wenn in einer konkreten zwischenstaatlichen Auseinandersetzung die eine Seite Ansprüche oder Forderungen erhebt und die andere diese ernsthaft bestreitet oder zurückweist.[231] Die Rechtsprechung lässt – weitergehend – bloße Interessenkonflikte genügen.[232]

---

228 Die Fassung v 1899 (RGBl 1901, 393) stimmt mit der v 18.10.1907 (RGBl 1910, 5) überein. Zum Folgenden eingehend *Diaconou*, Peaceful Settlement of Disputes between States, in MacDonald/Johnston (Hrsg), The Structure and Process of International Law, 1983, 1095 ff.
229 RGBl 1929 II, 97.
230 Zum Gewaltverbot auch *Graf Vitzthum*, 1. Abschn Rn 75; *Bothe*, 8. Abschn Rn 9 ff.
231 Vgl *Diaconou* (Fn 228) 1100 f; *Tomuschat*, in UN Charter, Art 2 Nr 3 Rn 27; *Tanaka*, Peaceful Settlement, 9.
232 StIGH in *Mavrommatis-Konzessionen*, 11; IGH in Osttimor, ICJ Rep1995, 90 (§ 22); Certain Property, ICJ Rep 2005,15 (§ 24) u in *Verbot der Rassendiskriminierung*, ICJ Rep 2011, 70 (§ 30); krit *Tanaka*, Peaceful Settlement, 9; s aber die Verfügung des IGH im Treaty of Amity-Fall, § 28: "opposite views concerning the question of performance or non-performance of certain international obligations".

An derartigen Auseinandersetzungen sind idR nur Staaten beteiligt. Denkbar   66
sind sie aber auch zwischen Staaten und I.O.²³³ Bei Auseinandersetzungen eines
Staats mit einem de facto-Regime oder mit einer nationalen Befreiungsbewegung
bzw Volksgruppe, die sich auf das Selbstbestimmungsrecht berufen, gewinnt das
Erfordernis der Internationalität des Streits besondere Bedeutung. Es bezeichnet den
Gegensatz zu rein innerstaatlichen Konflikten, die zum Vorbehaltsbereich des Staats
(domestic jurisdiction, domaine réservé) gehören und deshalb nicht von der Pflicht
zur friedlichen Streitbeilegung erfasst sind.²³⁴ Der Kreis der danach ausgegrenzten,
weil internen Konflikte steht nicht absolut fest. Mit einiger Sicherheit lässt sich aber
sagen, dass jedenfalls dann keine innerstaatliche Angelegenheit mehr vorliegt,
wenn dem Staat als gegnerische Partei ein Völkerrechtssubjekt gegenübersteht. Bei
den erwähnten nicht-staatlichen Streitparteien kann dies, je nach Sachlage, angenommen werden, ist indessen nicht unstr. Auf keinen Fall kann die Pflicht zur friedlichen Streitbeilegung weiter greifen als das korrespondierende Gewaltverbot, das
gleichfalls nur „in den internationalen Beziehungen" gilt (Art 2 Nr 4 UN-Charta).

d) Inhalt und Grenzen
Friedliche Streitbeilegung bedeutet Verzicht der Parteien auf *gewaltsame* Mittel der   67
Konfliktlösung. Dementsprechend bleiben Gegenmaßnahmen, die der betroffene
Staat im Falle einer Völkerrechtsverletzung ergreift, zulässig, solange sie nicht die
Schwelle des Gewaltverbots überschreiten.²³⁵ Andererseits verlangt die Pflicht zur
friedlichen Streitbeilegung – und darin liegt der Unterschied zum Gewaltverbot –
den aktiven Einsatz, *das ernsthafte Bemühen der Parteien zur Beilegung des Konflikts*²³⁶ in „gutem Glauben" und „im Geist der Kooperation".²³⁷ Ein bestimmtes Ergebnis, das auf der Basis nicht nur des Rechts, sondern auch der Gerechtigkeit angestrebt werden soll,²³⁸ liegt allerdings außerhalb der Bindungswirkung der Pflicht.
Diese ist erst bei prinzipieller oder beharrlicher Verweigerung, an einem gemeinsamen Ergebnis zu arbeiten, verletzt.²³⁹

2. Die Mittel der Streitbeilegung im Überblick
In der internationalen Praxis haben sich seit langem *unterschiedliche Mittel* der   68
Streitbeilegung herausgebildet. Das Schrifttum bezeichnet sie – sachlich gleichbedeutend – auch als Methoden oder Verfahren,²⁴⁰ vermutlich um hervorzuheben,

---

233 *Tomuschat*, in UN Charter, Art 2 Nr 3 Rn 31ff. Speziell zur EU instruktiv *Hilf*, Europäische Gemeinschaften und internationale Streitbeilegung, FS Mosler, 1983, 387ff.
234 Dazu *Ziegler*, Domaine Réservé, MPEPIL III, 216ff.
235 Eingehend *Tomuschat*, in UN Charter, Art 2 Nr 3 Rn 36ff.
236 Dazu IGH im *Festlandsockel*-Fall, ICJ Rep 1969, 47f, im *Isländischen Fischereistreit*, ICJ Rep 1974, 32 u 201, sowie im *Pulp Mills*-Fall, ICJ Rep 2010, 67.
237 Diese treffende Hervorhebung in der Manila-Erklärung (Fn 214) I § 5.
238 Zu diesen in Art 1 Nr 1 u Art 2 Nr 3 UN-Charta genannten gewohnheitsrechtlich gleichermaßen relevanten Maßstäben *Randelzhofer*, Purposes and Principles of the United Nations, in Wolfrum (Hrsg), United Nations, 1995, Bd II, Sec 104 Rn 14; *Tomuschat*, in UN Charter, Art 2 Nr 3 Rn 45ff.
239 Vgl *Tomuschat*, in UN Charter, Art 2 Nr 3 Rn 25; *Diaconou* (Fn 228) 1102.
240 *Verdross/Simma* (Fn 7) § 1312; *Merrills*, International Dispute Settlement, 2.

dass es um Vorgehensweisen bei der Streitbeilegung geht, die jeweils einen bestimmten Typus verkörpern. An *traditionelle* Vorgehensweisen knüpft die Auflistung Verhandlung, Untersuchung, Vermittlung, Vergleich, Schiedsspruch, gerichtliche Entscheidung in Art 33 Abs 1 UN-Charta an. Gleiches gilt für die hier nicht erwähnten, im Umkreis der Vermittlung angesiedelten „Guten Dienste". Andererseits erfasst die in Art 33 Abs 1 UN-Charta gleichfalls genannte „Inanspruchnahme regionaler Einrichtungen oder Abmachungen" einen vergleichsweise *jüngeren Typ* institutionalisierter Streitbeilegung im Rahmen (regionaler) I.O., der erst nach 1945 größere Bedeutung erlangt hat.[241]

69   Die *Systematisierung* der einzelnen Streitbeilegungsmittel ist vielfach üblich und auch nützlich, soweit sie prinzipielle Gemeinsamkeiten und Unterschiede der Instrumente verdeutlicht.[242] So lassen sich Verhandlung, Untersuchung, Vermittlung (einschließlich „Guter Dienste") und Vergleich als sog *diplomatische Verfahren* kennzeichnen. Ihre Eigenart besteht darin, dass die Streitparteien die Kontrolle über den Konflikt behalten und deshalb vorgeschlagene Lösungen akzeptieren oder verwerfen können.[243] Obschon einigungsförderlich, sind diplomatische Verfahren der Streitbeilegung ergebnisoffen. Demgegenüber verbindet sich mit den gerichtlichen *Entscheidungsverfahren* (Schiedsspruch, Entscheidung eines internationalen Gerichts) die Erwartung, dass die Parteien bereit sind, das Ergebnis im Vorhinein als bindend zu akzeptieren. Die traditionelle Einordnung der gerichtlichen Entscheidung als Mittel der Streitbeilegung darf allerdings nicht den Blick dafür versperren, das die Gerichte neben der Streitentscheidung im Einzelfall weitere Leistungen erbringen: Sie bestätigen die Geltung und Normativität des internationalen Rechts und tragen zu dessen Entwicklung sowie zur Kontrolle staatlicher Macht bei.[244]

70   Einen *numerus clausus* der Streitbeilegungsmittel gibt es nicht. Wie Art 33 Abs 1 UN-Charta bestätigt, können die Parteien auch *andere als die erwähnten Mittel* einsetzen, sofern diese nicht mit der Anwendung von Gewalt verbunden sind. Praktische Bedeutung erlangt diese Offenheit vor allem bei evtl gewünschten Modifikationen oder Kombinationen der einzelnen Mittel.[245] Unbenommen ist es den Parteien auch, zwischen den einzelnen Streitbeilegungsmitteln frei zu wählen. Einen *rechtlichen Vorrang* irgendeines Mittels kennt das allgemeine Völkerrecht nicht. Er widerspräche dem Souveränitätsverständnis der Staaten.[246] Unbeschadet dieser Rechtslage kann es streitimmanente, *sachlogische Gründe* geben, die die Bevorzugung eines bestimmten Streitbeilegungsmittels nahe legen. So erklärt sich die Sonderstellung, die Verhandlungen mit der Begründung eingeräumt wird, dass sie die Chance zu

---

241 Mit Recht bes hervorgehoben von *Diaconou* (Fn 228) 1104; *Wolfrum*, Peaceful Settlement, in ders (Fn 238) Sec 103 Rn 5. Speziell zur UNO *Tanaka*, Peaceful Settlement, 73 ff; *Franck*, Fairness in International Law and Institutions, 1997, 175 ff.
242 Vgl die Einteilungen bei *Stone*, Legal Controls of International Conflict, 2. Aufl 1973, 67 f; *Neuhold*, Internationale Konflikte, 1977, 357 f; *von Arnauld* (Fn 6) Rn 439 ff; *Epping*, in Ipsen (Fn 8) § 59 Rn 5 ff.
243 *Merrills*, International Dispute Settlement, 88.
244 Eingehend *von Bogdandy/Venzke*, In Whose Name? A Public Law Theory of International Adjudication, 2014; weitere Nachw bei *von Arnauld* (Fn 6) Rn 449 mit Fn 12.
245 *Tomuschat*, in UN Charter, Art 33 Rn 34.
246 *Diaconou* (Fn 228) 1102; *Economidès* (Fn 214) 620; *Tomuschat*, Neuformulierung der Grundregeln des Völkerrechts durch die Vereinten Nationen, EA 38 (1983) 729 (734 f).

klärender, flexibler Diskussion böten und deshalb zur Streitbeilegung unverzichtbar oder doch besonders geeignet seien.[247] Entsprechendes gilt für die Einschaltung des IGH bei Rechtsstreitigkeiten.[248]

3. Diplomatische Verfahren
a) Verhandlungen und Konsultationen

Verhandlungen zwischen den Konfliktparteien gehören nach wie vor zu den in der Praxis am häufigsten angewandten „Methoden" der Streitbeilegung. Insofern ist es plausibel, ihnen den ersten Platz unter den diplomatischen Verfahren einzuräumen.[249] Der tiefere Grund für die Bevorzugung lässt sich aus der Manila-Deklaration über die friedliche Beilegung internationaler Streitigkeiten ablesen.[250] Der herausgehobene Platz, den Verhandlungen dort haben (Abschn I § 10), ist *Ausdruck eines besonders souveränitätsfreundlichen Konzepts der Streitbeilegung*.[251] Verhandlungen stellen die klassische Methode dar, mit der souveräne Konfliktparteien ihre Auseinandersetzungen frei von „Einmischungen" zu bewältigen versuchen, denn sie finden unter Ausschluss der Öffentlichkeit statt. Dritte, die auf Gang und Inhalt Einfluss nehmen könnten, sind nicht beteiligt. Es gibt auch keine Bindungen an bestimmte Formen und Verfahren. All dies kann das gemeinsame Bemühen um einen streitbeendenden Konsens fördern und macht die Stärke zwischenstaatlicher Streitbeilegung durch Verhandlungen aus. Je nach den Umständen liegt in den genannten Elementen aber auch die Schwäche: Die stärkere Konfliktpartei gerät leicht in Vorteil; bei Verhärtung der Fronten ist ein Ausweg schwer zu finden. Verhandlungen werden deshalb vielfach ein erster, allein nicht erfolgreicher Schritt der Beilegung des Konflikts sein.

71

Von Verhandlungen im eigentlichen Sinne sind *zwischenstaatliche Konsultationen* zu unterscheiden.[252] Gewiss weisen auch sie die in Rn 71 genannten Elemente der Verhandlung auf, weshalb sie zT auch mit letzteren identifiziert werden. Doch liegt der Akzent anders. Konsultationen dienen typischerweise dazu, das Entstehen eines Konflikts durch frühzeitigen direkten Kontakt und Information nach Möglichkeit zu verhindern. So gesehen bilden sie eine zweckmäßige, im Allgemeinen aber nicht obligatorische Vorstufe der eigentlichen Verhandlungen.

72

b) Verfahren mit Drittbeteiligung

Untersuchung, Vermittlung einschließlich „Guter Dienste" und *Vergleich* haben gemeinsam, dass es sich jeweils um ein Verfahren der Streitbeilegung unter *Mitwirkung Dritter,* nicht am Konflikt Beteiligter, handelt. Die damit einhergehende „Neut-

73

---

247 Dazu *Tomuschat* (Fn 26).
248 So bspw Art 1 des Europäischen Übereinkommens zur friedlichen Beilegung von Streitigkeiten (Fn 217); s auch Art 36 Abs 3 UN-Charta.
249 *Merrills*, International Dispute Settlement 1 ff; Diaconou (Fn 228) 1103; *Hakapää*, Negotiation, MPEPIL VII, 588 ff.
250 Fundstelle: Fn 215.
251 Hierzu *Tomuschat,* in UN Charter, Art 33 Rn 34.
252 Zum Folgenden *Dominick*, Consultation, EPIL I (1992) 776 ff; *Merrills*, International Dispute Settlement, 3 ff; *Diaconou* (Fn 228).

ralisierung" des Konflikts soll Bewegung in verhärtete Fronten bringen, den Konflikt entschärfen und womöglich lösen. Da die Konfliktparteien mit der Drittbeteiligung immer, wenn auch in dem von ihnen bestimmten Maße, auf eine alleinige Regelung des Konflikts verzichten, müssen sie mit ihr einverstanden sein.

74 Bemüht sich eine Drittpartei, die Konfliktparteien zu einer friedlichen Beilegung des Streits durch Herstellung von (unterbrochenen) Kontakten oder die (Wieder-)Anbahnung von Verhandlungen zu bewegen, spricht man von *„Guten Diensten"*. Dabei handelt es sich durchaus um eine Vermittlertätigkeit. Allerdings greift der Vermittler nicht in die Verhandlungen selbst ein.[253] Geschieht dies, etwa durch Beeinflussung von Gang und Inhalt oder die Unterbreitung von Lösungsvorschlägen, liegt eine Vermittlung im eigentlichen Sinne vor. In der Praxis sind die Grenzen zwischen „Guten Diensten" und der Vermittlung im eigentlichen Sinne oft fließend.[254] Beide Verfahren zeichnen sich im Übrigen dadurch aus, dass sie *verhandlungsbegleitend* sind.[255] Ihr Erfolg hängt wesentlich von Autorität und Ansehen der Drittpartei ab. In der Staatspraxis ist von ihnen immer wieder mit unterschiedlichen Ergebnissen Gebrauch gemacht worden.[256]

75 Nicht selten werden Beginn und Fortgang der Verhandlungen dadurch behindert, dass die dem Konflikt zugrunde liegenden Tatsachen umstritten sind. Hier soll die *Untersuchung* mittels ad hoc eingesetzter, gelegentlich auch ständiger Untersuchungskommissionen Abhilfe schaffen. Ihr ausschließlicher Zweck besteht in der unparteiischen *Klärung strittiger Tatsachen*.[257] In der Staatenpraxis ist von diesem Verfahren wenig Gebrauch gemacht worden.[258] Wenn überhaupt, bevorzugen die Staaten eine Verbindung von Tatsachenfeststellung und Vermittlungs- oder Vergleichsverfahren. Ein weiterer Grund für den Rückgang des Untersuchungsverfahrens liegt in der satzungsgemäß ausgeübten Untersuchungstätigkeit I.O., namentlich der UN (Art 34).[259]

76 Auch das *Vergleichsverfahren,* das Elemente der Vermittlung und Untersuchung miteinander verbindet,[260] hat keine besondere Attraktivität gewinnen können. Daran ändert seine Verankerung in jüngeren Kodifikationen nichts,[261] weil eine darauf aufbauende Praxis fehlt.[262] Die Ursachen liegen u a in dem erheblichen organisatorischen und finanziellen Aufwand, der mit Vergleichskommissionen verbunden ist,

---

253 Insofern ist die Streiteinmischung hier am geringsten: *Neuhold* (Fn 242) 360.
254 *Wehberg*, Kommentar zu dem Haager Abkommen betr die friedliche Erledigung internationaler Streitigkeiten v 18.10.1907, 1911, Art 2, 10; *Epping*, in Ipsen (Fn 8) § 59 Rn 9.
255 *Merrills*, International Dispute Settlement, 27.
256 Dazu die Darstellungen bei *Merrills*, International Dispute Settlement, 27–42; *Bindschedler*, Good Offices, EPIL II (1995) 601 ff; *Cot*, Conciliation, MPEPIL II, 576 ff.
257 Vgl Art 9 des Haager Abkommens (Fn 228).
258 Dazu *Merrills*, International Dispute Settlement, 43–61.
259 Vgl *Partsch*, Fact-Finding and Inquiry, EPIL II (1995) 343 ff; *Epping*, in Ipsen (Fn 8) § 59 Rn 13.
260 *Neuhold* (Fn 242) 362.
261 So in Art 66 WVK mit Anh; Art 85 der Konvention über die Vertretung der Staaten in ihren Beziehungen zu internationalen Organisationen mit universellem Charakter, AJIL 69 (1975) 730 ff; Art 42 der Konvention über die Staatennachfolge in Verträge mit Anhang, ILM 17 (1978) 1488; Art 284 SRÜ mit Anh V.
262 Vgl die Darstellungen bei *Merrills*, International Dispute Settlement, 62 ff; *Epping*, in Ipsen (Fn 8) § 55 Rn 16.

aber wohl auch in der *zT schiedsgerichtsähnlichen Vorgehensweise* der Kommissionen, die nicht erwünscht ist, je mehr der Konflikt politischen Charakter hat.[263]

4. Schiedsgerichte
a) Allgemeine Kennzeichnung

Den über den Staaten stehenden Richter mit der prinzipiellen Befugnis und Zuständigkeit, zwischenstaatliche Konflikte durch seinen Spruch abschließend zu entscheiden, gibt es im Völkerrecht nicht. Der Richter muss immer von den Konfliktparteien eingesetzt sein, sei es ad hoc für eine schon entstandene Streitigkeit, sei es im Vorhinein für eine bestimmte Materie oder, noch allgemeiner, durch Unterwerfung der Parteien unter die internationale Gerichtsbarkeit. Dementsprechend definiert Art 37 Satz 1 des Haager Abkommens zur friedlichen Streitbeilegung v 1907 die Tätigkeit internationaler Schiedsgerichte als „Erledigung von Streitigkeiten zwischen den Staaten durch Richter ihrer Wahl aufgrund der Achtung vor dem Rechte". In Anlehnung hieran ergeben sich die *typischen Merkmale* der Schiedsgerichtsbarkeit als Mittel zur Beilegung zwischenstaatlicher Streitigkeiten:[264] Schiedsgerichte treten aus Anlass eines konkreten Streitfalls zusammen; im Wesentlichen entscheiden die Parteien über ihre Zusammensetzung; sie bestimmen den Umfang der Zuständigkeit sowie darüber, auf welcher materiell-rechtlichen und verfahrensrechtlichen Grundlage der bindende Schiedsspruch gefällt werden soll.[265] 77

Als Typus zwischenstaatlicher Streitbeilegung durch eine richterliche Instanz hat die Schiedsgerichtsbarkeit eine *weit zurückreichende Tradition*.[266] Ihr heutiges Erscheinungsbild ist zunächst durch den Jay-Vertrag v 19.11.1794 geprägt worden, der ua Grenzfragen zwischen Großbritannien und den USA zum Gegenstand hatte. Eine weitere Etappe der Entwicklung markiert der *Alabama*-Spruch v 1872, der str neutralitätsrechtliche Fragen zwischen den USA und Großbritannien zu klären hatte.[267] Ua im Haager Abkommen v 1907 (Art 37 ff), in der Generalakte über die friedliche Beilegung von Streitigkeiten v 1928/rev 1949 (Art 21 ff)[268] bis hin zum SRÜ (Art 287) ist der besondere Wert des streitabschließenden Schiedsspruchs im System 78

---

263 Dazu *Bowett*, Contemporary Developments in Legal Techniques in the Settlement of Disputes, RdC 180 (1983-II) 169 (185 ff); vgl auch die von der GA der UN empfohlenen Draft Rules zum Vergleichsverfahren, ILM 30 (1991) 229 ff.
264 Als solche umfasst sie nicht die sog gemischten Schiedskommissionen bzw gemischten Schiedsgerichte, die auch Privatpersonen für Ansprüche gegen ausländische Staaten offenstehen (zu ihnen *Dolzer/Wühler*, Mixed Arbitral Tribunals, EPIL III [1997] 433 ff). Gleiches gilt für Schiedsinstanzen, die vermögensrechtliche Ansprüche von Privatpersonen gegen andere Staaten nach dem Muster des Iran-United States-Tribunal behandeln (dazu *Epping*, in Ipsen [Fn 8] § 59 Rn 29; *Pinto*, Iran-United States Claims Tribunal, MPEPIL VI, 345 ff); zum Ganzen auch *Kreuter-Kirchhof*, 6. Abschn Rn 53, 65 sowie das ICSID Übereinkommen.
265 Dazu die Darstellungen *Brower*, Arbitration, MPEPIL I, 531 ff; *Will*, in Schöbener (Fn 25) 357 ff.
266 Hierzu bes *Stone* (Fn 242) 75 ff; *Schwarzenberger*, International Law as Applied by International Courts and Tribunals, Bd IV, 1986, 21–94; *Grewe*, Epochen der Völkerrechtsgeschichte, 2. Aufl 1988, 606 ff.
267 Analyse des Jay-Vertrags bei *Ziegler*, Jay Treaty, MPEPIL VI, 449 ff u des *Alabama*-Falls bei *Seidel*, EPIL I (1992) 97 ff.
268 Analyse bei *von der Heydte*, General Act for the Peace Settlement of International Disputes (1928 u 1949), EPIL II (1995) 499 ff.

der friedlichen Streitbeilegungsmittel (Rn 65f) weiter bekräftigt, die Staatspraxis in Regeln aufgezeichnet und zugleich fortentwickelt worden.

79 *Unterschiede zwischen Schiedsgerichten im hier behandelten Sinne und internationalen Gerichten*, als deren Prototyp der IGH und sein Vorläufer, der StIGH, gelten können (Rn 87ff), werden vor allem darin gesehen, dass Letztere ständige Gerichtsinstanzen mit prinzipiell feststehender Zuständigkeit und Verfahrensordnung sind, und dass die Parteien auf ihre Zusammensetzung keinen wesentlichen Einfluss haben.[269] Indessen sollten diese Unterschiede nicht überbetont werden: Bei Vereinbarung eines ständigen Schiedsgerichts etwa mit im Voraus bestimmter Zuständigkeit und Verfahrensordnung, dessen Richter jeweils für eine bestimmte Amtsperiode eingesetzt sind, verwischen sich die Unterschiede.[270] Zutreffend werden daher *Schiedsgerichte und internationale Gerichte* als Basistypen richterlicher Streitbeilegung *mit fließenden Übergängen und Mischformen* bezeichnet.[271]

b) Erscheinungsformen

80 Schiedsgerichte können *ad hoc vereinbart und gebildet* werden. Sie entscheiden dann ausschließlich über einen zwischen den Parteien bereits entstandenen Konfliktfall. Ein meist schriftlich geschlossener *Schiedsvergleich (compromis)*[272] legt den Streitgegenstand, die Zusammensetzung des Schiedsgerichts, dessen Entscheidungsmaßstab (vielfach Völkerrecht) und das Verfahren fest. Sind Bestimmungen über das anwendbare Recht oder Verfahren im Schiedsvergleich zunächst nicht getroffen worden, ergibt sich aus diesem die Verpflichtung der Parteien, die offen gebliebenen Fragen in einer weiteren Vereinbarung zu klären.[273]

81 Von den ad hoc-Schiedsgerichten sind die sog *ständigen Schiedsgerichte* zu unterscheiden. Ihnen ist – darin liegt der Grund für die Bezeichnung „ständig" – die *Entscheidung künftiger Streitigkeiten zwischen den Parteien* übertragen. Mit diesem Ziel können *besondere bilaterale oder multilaterale Schiedsverträge* abgeschlossen werden, die Einzelheiten über die Errichtung des Schiedsgerichts, seine Zuständigkeit und Verfahrensweise enthalten.[274] Häufiger sind *Schiedsklauseln in Verträgen* zu beliebigen Sachmaterien, die eine schiedsgerichtliche Entscheidung in näher bestimmten, aus dem jeweiligen Vertrag entstehenden Streitigkeiten vorsehen – zT in Kombination mit anderen Streitbeilegungsmitteln.[275] Schiedsvereinbarungen und

---

269 *v. Mangoldt*, Tradition in der zwischenstaatlichen Streitbeilegung, FS Tübinger Juristische Fakultät, 1977, 435 (460).
270 *Tomuschat*, in UN Charter, Art 33 Rn 31; *Neuhold*, Die Grundregeln der zwischenstaatlichen Beziehungen, in ÖHVR I, 4. Aufl 2004, Rn 1798 ff.
271 Dazu *Steinberger*, Judicial Settlement of International Disputes, EPIL III (1997) 47 f. Zum Ganzen vgl auch die Übersicht über die richterlichen Streitentscheidungsinstanzen unter <www.elaw.org/content/project-international-courts-and-tribunals-international>.
272 Einzelheiten dazu bei *Thirlway*, Compromis, MPEPIL II, 564 ff.
273 Dazu Art 2 Model Rules on Arbitral Procedure v 27.6.1958 der ILC, ua abgedr bei Oellers-Frahm/Zimmermann (Hrsg), Dispute Settlement in Public International Law, 2. Aufl 2001, I 105; Commentaries in YBILC 1958-II.
274 Näher *Butler*, Arbitration and Conciliation Treaties, MPEPIL I, 549 ff.
275 Typische Anwendungsfälle früher vor allem in Handels-, Freundschafts- und Investitionsverträgen. Neuerdings auch im Seerecht (Art 287 SRÜ) oder im Umweltrecht. Zum ganzen *Wühler*, Arbitration Clause in Treaties, EPIL I (1992) 236 ff.

Schiedsklauseln können zum Inhalt haben, dass die Parteien die Schiedsgerichtsbarkeit bereits im Vorhinein für entstehende Konflikte akzeptieren *(obligatorische Schiedsgerichtsbarkeit)*. Dann ist jede Partei einseitig befugt, das ständige Schiedsgericht anzurufen. Vielfach bedarf es jedoch einer ergänzenden Vereinbarung, die die Entscheidungszuständigkeit des Gerichts und seine Zusammensetzung für die konkrete Streitigkeit festlegt.[276]

c) Einzelfragen des schiedsgerichtlichen Verfahrens

Schiedsgerichte können aus einem oder mehreren Schiedsrichtern bestehen. Drei bis fünf Mitglieder sind heute die Regel.[277] Bei kollegialer *Zusammensetzung* gehört der Vorsitzende keiner der beiden Streitparteien an. Seine Wahl obliegt, wenn sie nicht einvernehmlich vorgenommen wird, den übrigen (paritätisch benannten) Mitgliedern des Gerichts. In den Vereinbarungen über die Einsetzung und Bildung von Schiedsgerichten kann Vorsorge für den Fall getroffen sein, dass über die personelle Besetzung keine Einigkeit zu erzielen ist.[278] **82**

Die von den Streitparteien getroffenen *Festlegungen über die Zuständigkeit, die Entscheidungsgrundlagen und das Verfahren* binden das Schiedsgericht. In allgemeinen Schiedsabkommen oder Schiedsklauseln (Rn 80 f) fehlen sie häufig. Dann ist das Gericht befugt, seine Zuständigkeit für die unterbreitete Streitigkeit und das anwendbare Recht selbständig zu prüfen.[279] **83**

Der mit der Mehrheit der Stimmen gefällte und zu begründende *Schiedsspruch* ist für die Parteien bindend und macht den Streit zur „res iudicata", sofern nicht ausnahmsweise Rechtsmittel vereinbart sind.[280] Allerdings kann der Spruch nichtig sein, insbes weil das Gericht seine Zuständigkeit überschritten oder wesentliche Verfahrensgrundsätze missachtet hat.[281] **84**

d) Praktische Bedeutung

Als Instrument der Streitbeilegung besitzt die Schiedsgerichtsbarkeit eine *ungebrochene Attraktivität* für die Staaten, auch wenn die Häufigkeit der Inanspruchnahme in den letzten 150 Jahren geschwankt hat. Die Gründe liegen vor allem in den souveränitätsfreundlichen und zugleich flexiblen Möglichkeiten der Ausgestaltung. Die Konfliktparteien haben – im Unterschied zu internationalen Gerichten (Rn 87 ff) – **85**

---

[276] Kein unmittelbar entscheidungsbefugtes ständiges Schiedsgericht iSd Texts ist der Ständige Schiedshof in Den Haag. Seine missverständliche Bezeichnung verdeckt, dass er lediglich eine (administrative) Einrichtung ist, die dazu dienen soll, die schiedsgerichtliche Tätigkeit in Streitverfahren zu erleichtern, u a durch Vorhaltung einer Liste geeigneter Schiedsrichter. Näheres bei *Ando*, Permanent Court of Arbitration, MPEPIL VII, 251 ff.
[277] *Merrills*, International Dispute Settlement, 91 ff.
[278] ZB Art 55 mit 45 Abs 3–5 des Haager Abkommens zur friedlichen Beilegung von Streitigkeiten; Art 21 des Europäischen Übereinkommens zur friedlichen Beilegung von Streitigkeiten (Fn 228); vgl auch Art 3 der Model Rules (Fn 273).
[279] *Merrills*, International Dispute Settlement, 100; *Epping*, in Ipsen (Fn 8) § 59 Rn 25.
[280] Art 78 ff des Haager Abkommens zur friedlichen Beilegung von Streitigkeiten (Fn 228); Art 28 ff der Model Rules (Fn 273).
[281] Vgl *Oellers-Frahm*, Judicial and Arbitral Decisions: Validity and Nullity, MPEPIL VI, 520 ff; vgl auch Art 35 ff der Model Rules (Fn 273).

entscheidenden Einfluss auf die Besetzung der Richterbank, die gerichtliche Zuständigkeit und die Entscheidungsgrundlagen; sie können Schiedsgerichte auch anderen (Völker-)Rechtssubjekten, insbes Individuen, öffnen.

86 Was die *Bedeutung für die Entwicklung des Völkerrechts* anlangt, ist zunächst auf den nicht unerheblichen Einfluss zu verweisen, den die Schiedsgerichtsbarkeit als älterer Typ richterlicher Streiterledigung auf die Entstehung und den Ausbau internationaler Gerichte nach 1918, namentlich des StIGH und des IGH, gehabt hat.[282] In materieller Hinsicht verdankt das Völkerrecht der Schiedsgerichtspraxis zahlreiche wegweisende Entscheidungen. Sie betreffen u a das Neutralitätsrecht,[283] die territoriale Souveränität,[284] das Recht zur Ergreifung von Gegenmaßnahmen[285] und den Fragenkreis der Staatenverantwortlichkeit, des See- und Umweltrechts.[286]

5. Der Internationale Gerichtshof
a) Grundlagen

87 Im Kontext der friedlichen Streitbeilegung wie im Vergleich zu anderen internationalen Gerichten kommt dem IGH eine *besondere Stellung* zu. Ihm sollen prinzipiell die Rechtsstreitigkeiten zwischen Mitgliedstaaten der UN unterbreitet werden (Art 36 Abs 3 UN-Charta).[287] Zusammen mit seinem Vorläufer der Völkerbundzeit, dem StIGH, ist er der Prototyp der internationalen Gerichte[288] und das einzige Gericht, das im Rahmen seiner Zuständigkeit Völkerrecht ohne Beschränkung auf ein bestimmtes Vertragssystem oder auf Spezialmaterien anwendet.

88 Zum Verständnis der Rechtsstellung und Jurisdiktionsgewalt des IGH ist der *Rückblick auf seinen Vorläufer, den StIGH,* unentbehrlich (vgl auch Art 92 Satz 2 UN-Charta).[289] Der StIGH ist 1922 als permanentes, dh immer zugängliches und auf unbestimmte Zeit bestehendes Gericht[290] errichtet worden. Dem Einfluss der Parteien war er im Hinblick auf Zusammensetzung, anwendbares Recht und Verfahren – wie seither für internationale Gerichte typisch[291] – weitgehend entzogen. Hinzu kam die Erwartung, dass ein Gericht, dessen Zuständigkeit unabhängig von Schiedsverein-

---

282 Vgl dazu *Schwarzenberger* (Fn 266) 10 f.
283 *Alabama*-Fall (1872); dazu *Moore,* International Arbitrations, Bd I, 1898, 495 ff.
284 *Palmas*-Fall (1928), RIAA II, 829 ff; dazu *Häusler/Hofbauer,* Palmas Island Arbitration, MPEPIL VIII, 34 ff; *Beagle Kanal*-Fall (1977), ILM 17 (1978) 634, 738.
285 *Naulilaa*-Fall (1928), RIAA II, 1011; dazu *Pfeil,* Naulilaa Arbitration (Portugal v Germany), MPEPIL VII, 550 ff.
286 S bereits Rn 69. Aus der Rechtsprechungspraxis vgl *Caire* u *Youmans*-Fälle (Fn 73); *I'm Alone*-Fall (1935), RIAA III, 1609 ff (dazu *Caminos,* I'm Alone, MPEPIL V, 82 ff); *Trail Smelter*-Fall (1938/41), RIAA III, 1903 ff (dazu *Miller,* Trail Smelter Arbitration, MPEPIL IX, 937 ff); *Lac Lanoux*-Fall (1957), RIAA XII, 281 ff (dazu *Epiney,* Lac Lanoux Arbitration, MPEPIL VI, 626 ff); *Rainbow Warrior*-Fall (1986), ILM 1987, 1346 (dazu *Hoss/Morgan-Foster,* Rainbow Warrior MPEPIL VIII, 627 ff); *South China Sea.*
287 Dazu *Giegerich,* in UN Charter, Art 36 Rn 55 ff.
288 *Tomuschat,* in UN Charter, Art 33 Rn 32. Zum Folgenden auch *Bernhardt,* Die gerichtliche Durchsetzung völkerrechtlicher Verpflichtungen, ZaöRV 47 (1987) 17 ff.
289 Zum StIGH *Rosenne,* Permanent Court of International Justice, MPEPIL VIII, 259 ff; *Schwarzenberger* (Fn 266) 171 ff; *Spiermann,* in ICJ Statute, Historical Introduction, jeweils mwN.
290 *Schwarzenberger* (Fn 266) 229. Kriegsbedingt stellte der StIGH seine Tätigkeit 1940 ein und wurde 1946 formell aufgelöst.
291 Vgl *Tomuschat,* International Courts and Tribunals, MPEPIL V, 499 (500).

barungen allgemeiner oder spezieller Art ist, durch seine Rechtsprechung wesentlich zur Stabilisierung des Friedens in der Staatenwelt und zur Kontinuität der völkerrechtlichen Entwicklung über den Einzelfall hinaus beitragen werde.[292] Diese Erwartung musste allerdings von vornherein begrenzt bleiben, weil eine vom Willen der Parteien unabhängige Zuständigkeit des StIGH in zwischenstaatlichen Streitigkeiten nicht erreichbar war. Als Ersatzlösung wurde die Möglichkeit geschaffen, die Zuständigkeit freiwillig durch eine besondere Staatenerklärung in allen Rechtsstreitigkeiten gegenüber jedem anderen Staat als obligatorisch anzuerkennen, der dieselbe Erklärung abgegeben hat (Art 36 Abs 2 IGH-Statut). Mit dieser *Fakultativklausel* verband sich die später enttäuschte Hoffnung, dass die „Vervielfachung" staatlicher Unterwerfungserklärungen im Laufe der Zeit einen Zustand herbeiführen werde, der der obligatorischen Gerichtsbarkeit zumindest nahe kommen würde.[293]

Die Aufgaben und Zuständigkeiten des IGH – 1946 als eines der sechs Hauptorgane der UN (Art 7 UN-Charta) geschaffen – stimmen weitgehend mit denen des StIGH überein. Die *maßgeblichen Vorschriften* ergeben sich im Wesentlichen (1) aus der *UN-Charta*, (2) aus dem *Statut* des IGH und der es ergänzenden *Verfahrensordnung*. Bereits nach der Charta obliegt dem IGH die gerichtliche Streiterledigung (Art 92), soweit die Staaten diese Aufgabe nicht anderen internationalen Gerichten, etwa dem ISGH, dem IStGH oder dem EGMR, aber auch speziellen Justizinstanzen innerhalb des UN-Systems übertragen (haben) (Art 95). Des Weiteren enthält die Charta die grundlegenden Aussagen über den Zugang zum Gerichtshof (Art 93), über die rechtlichen Konsequenzen seiner Entscheidungen (Art 94) und die Antragsberechtigung der politischen Organe der UN zur Einholung von Rechtsgutachten (Art 96). Demgegenüber sind die Gerichtsverfassung sowie das Verfahren in Streitsachen und bei Gutachten im Statut und in der Verfahrensordnung v 14.4.1978[294] geregelt. Das Statut selbst ist integraler Bestandteil der Charta und unterliegt deshalb in Bezug auf Abänderungen und Rang den Regeln der Charta (Art 69 IGH-Statut; Art 103 UN-Charta). Die Verfahrensordnung wird vom Gerichtshof nach Art 30 des Statuts erlassen; sie ist diesem rangmäßig nachgeordnet. **89**

b) Zuständigkeit

Die *Zuständigkeit des IGH zur Entscheidung in Streitsachen* erstreckt sich nur auf solche *zwischen Staaten* (Art 34 Abs 1 IGH-Statut). Mitgliedstaaten der UN steht der IGH ohne weiteres offen (Art 93 Abs 1 UN-Charta, 35 Abs 1 IGH-Statut).[295] **90**

---

292 *Grewe* (Fn 266) 721; *Oellers-Frahm*, Probleme und Grenzen der obligatorischen Gerichtsbarkeit, AVR 27 (1989) 442 ff.
293 Vgl *Oellers-Frahm*, in UN Charter, Art 92 Rn 44; *Tomuschat*, in ICJ Statute, Art 36 Rn 61 ff.
294 Statut Sart II Nr 2; Verfahrensordnung zuletzt geänd mit Wirkung v 14.4.2005 Sart II Nr 3.
295 Gemäß Art 93 Abs 2 IGH-Statut werden Staaten, die nicht Mitglieder der UN sind, aber dem Statut des IGH beitreten, durch besondere Resolutionen der Generalversammlung zugelassen. Nach Art 35 Abs 2 des IGH-Statuts ist der Zugang zum Gericht auch den Staaten eröffnet, die weder Mitgliedstaaten der UN noch Vertragsparteien des Statuts sind, wenn sie die Zuständigkeit des IGH zu den vom Sicherheitsrat in der Resolution 9 (1946) festgelegten Bedingungen akzeptieren. Diese Regelungen sind jedoch kaum mehr von Bedeutung, weil inzwischen alle 192 Staaten Vertragsparteien des Statuts sind.

91 Aus der Berechtigung, den IGH in zwischenstaatlichen Streitsachen in Anspruch zu nehmen, folgt noch nicht, dass der Staat dessen Gerichtsbarkeit unterworfen ist. Hinzukommen muss ein *besonderer Einwilligungsakt* (vgl schon Rn 73). Er kann auf verschiedene Weise zustande kommen:[296]
(1) ad hoc durch einen *Schiedskompromiss* der Streitparteien, der die Zuständigkeit des IGH für den Einzelfall begründet,[297] oder durch *rügelose Einlassung* zur Sache in einem beim IGH anhängigen Prozess (sog „forum prorogatum");[298]
(2) durch *Unterwerfung* in bilateralen oder multilateralen Abkommen[299] sowie
(3) durch einseitige Staatenerklärung gemäß der sog Fakultativklausel des Art 36 Abs 2 IGH-Statut (vgl Rn 88).

92 Besonderer Betrachtung bedarf die *einseitige Staatenerklärung*. Sie bezieht sich nach Art 36 Abs 2 IGH-Statut auf dort näher bezeichnete Kategorien von Rechtsstreitigkeiten und begründet die Gerichtsbarkeit des IGH im Verhältnis zu jedem anderen Staat, der dieselbe Erklärung abgegeben hat. Dementsprechend überträgt sie dem IGH die Zuständigkeit nur in dem Maße, in dem sich die Erklärungen decken.[300] Maßgebend ist dabei der Zeitpunkt der Klageerhebung.[301] Die Unterwerfungserklärung wird beim Generalsekretär der UN hinterlegt, der die Parteien des IGH-Statuts und den IGH davon in Kenntnis setzt (Art 36 Abs 4 IGH-Statut). Ihre Kenntnisnahme durch den Prozessgegner ist keine Zulässigkeitsvoraussetzung.[302] Aus der Unterwerfungserklärung folgt keine Verpflichtung, den Gerichtshof bei Streitigkeiten iSd Art 36 Abs 2 IGH-Statut einzuschalten, sondern sich auf entsprechende Klagen einzulassen, wobei dem Beklagten alle Zuständigkeitseinwände offen stehen, die dem Kläger aus dessen Unterwerfungserklärung in einer etwaigen Verteidigungssituation (als Beklagtem) zustünden. Ende 2014 haben 74[303] der 192 Vertragsparteien des IGH-Statuts den IGH auf diese Weise als obligatorisch anerkannt, darunter auch die BR Deutschland. Diese bescheidene Bilanz wird noch ungünstiger, wenn man hinzunimmt, dass die Staatenerklärungen die Gerichtsbarkeit idR nur *befristet und/oder sachlich eingeschränkt* anerkennen. Derartige *Vorbehalte* sind grundsätzlich zulässig (Art 36 Abs 3 IGH-Statut).[304] In ihrer inhaltlichen Formulierung sind die Staaten weitgehend frei, und sie sind auch nicht restriktiv zu interpretieren.[305] Soweit danach die Reichweite der obligatorischen Zuständigkeit dem Ermessen der Staaten anheimgestellt wird, höhlen die Vorbehalte die Zuständigkeit des IGH zT in bedenk-

---

[296] Umfassend *Tomuschat*, in ICJ Statute, Art 36 Rn 33 ff.
[297] So das Verfahren zwischen El Salvador und Honduras über Grenzstreitigkeiten: ICJ Rep 1987, 176; dazu *Thirlway*, Compromis, MPEPIL II, 564 ff.
[298] Vgl IGH im *Anglo-Iranian Oil*-Fall, ICJ Rep 1952, 93, 113; *Certain Questions of Mutual Assistance in Criminal Matters*, ICJ Rep 2008, 177, 204 (§ 62); dazu vgl *Grote*, Case concerning Certain Questions of Mutual Assistance in Criminal Matters (Djibouti v France), MPEPIL II, 1 ff.
[299] Etwa Art I des Fakultativen Zusatzprotokolls zur Wiener Konsularrechtskonvention: IGH, ICJ Rep 1998, 248 *[Breard]*; ICJ Rep 1999, 9 *[La Grand I]*.
[300] Vgl IGH im Falle der *Norwegischen Anleihen*, ICJ Rep 1957, 9, 23 f.
[301] Dazu IGH in *Nicaragua*, ICJ Rep 1984, 392, 419 f.
[302] IGH, ICJ Rep 1998, 275 (§ 25 ff) *[Land- und Seegrenze zwischen Kamerun und Nigeria]* unter Bekräftigung von IGH, ICJ Rep 1957, 146 ff *[Durchgangsrecht über indisches Gebiet]*.
[303] Liste Sart II Nr 2 Anhang.
[304] Dazu *Tomuschat*, in ICJ Statute, Art 36 Rn 76 ff.
[305] Dazu IGH im *Estai*-Fall, ICJ Rep 1998, 432, 452 f (§§ 44 u 46).

licher Weise aus.[306] Das gilt vor allem für den auch von anderen Staaten übernommenen Vorbehalt der USA, wonach Streitigkeiten über innere Angelegenheiten der Entscheidung des IGH entzogen sind und der Umfang der inneren Angelegenheiten ausschließlich von den USA selbst bestimmt wird (sog *Connally-Vorbehalt*).[307] Seine Wirksamkeit ist umstritten, weil der Umfang staatsinterner Angelegenheiten (schon im Hinblick auf Art 36 Abs 6 IGH-Statut) nicht von den Staaten „authentisch" interpretiert werden kann. Einschränkende Auswirkungen auf die Zuständigkeit des IGH kann auch der ebenfalls auf die USA zurückgehende sog *Vandenberg-Vorbehalt* haben. Danach umfasst die Unterwerfung unter die Gerichtsbarkeit Streitigkeiten, die aus einem multilateralen Vertrag entstehen, nicht, es sei denn, „(1) all parties to the treaty affected by the decision are also parties to the case before the Court or (2) the United States of America specially agree to jurisdiction".[308] Aber auch jenseits der Vorbehaltspraxis sind die Erfahrungen mit der Unterwerfung durch einseitige Staatenerklärungen nicht sonderlich positiv. So haben beklagte Staaten immer wieder unter Berufung auf die angeblich „politische Qualität" des Streits[309] am Verfahren nicht teilgenommen und eine gegen sie ergangene Entscheidung nicht akzeptiert.[310] Manches spricht deshalb dafür, dass erst die Unterwerfung eines Staats im Einzelfall eine vollwirksame Mitwirkung am Verfahren vor dem IGH sicherstellt.

Ist die Zuständigkeit des IGH einmal gegeben, kann sich wie im *Lockerbie*-Fall **93** die Frage stellen, inwieweit sie auch die Prüfung der Konformität insbes von Beschlüssen des Sicherheitsrats umfasst. Das lässt sich – nicht unstreitig – für die Inzidentkontrolle bejahen, wenn deren Ergebnis die Entscheidung über den zwischenstaatlichen Streit beeinflusst.[311] Die an sich wünschenswerte, von einem solchen Streit unabhängige prinzipale Kontrolle ließe sich nur über die *Zuständigkeit des IGH zur Erstattung eines (unverbindlichen) Gutachtens*[312] erreichen. Diese Zuständigkeit ist in besonderer Weise Ausdruck der (Justiz-)Organstellung innerhalb der UN[313] und umfasst jede nach Völkerrecht zu beurteilende abstrakte oder *in concreto* strittige Rechtsfrage. Ihre Ausübung ist naturgemäß abhängig von der Bereitschaft, einen

---

[306] Zu Recht krit das Sondervotum des Vizepräsidenten *Weeraramantry* im *Estai*-Fall, ICJ Rep 1998, 496 ff.
[307] Zu ihm *Stahn*, Connally Reservation, MPEPIL II, 662 ff; *Oellers-Frahm* (Fn 292) 445 f; *Tomuschat*, in ICJ Statute, Art 36 Rn 88. Die USA haben ihre Unterwerfungserklärung sofort nach der Klage von Nicaragua zurückgezogen.
[308] Dazu IGH im *Nicaragua*-Fall, ICJ Rep 1986, 421 ff; vgl auch *Tomuschat*, in ICJ Statute, Art 36 Rn 89.
[309] Zu deren abweisender Behandlung vgl *Isländischer Fischerei*-Streit, ICJ Rep 1974, 34 u 205; *Teheraner Geisel*-Fall, ICJ Rep 1980, 44; *Nicaragua*-Fall (militärische und paramilitärische Aktionen), ICJ Rep 1984, 392; Fall der bewaffneten Grenzzwischenfälle, ICJ Rep 1988, 91; *Rosenne*, International Court of Justice (ICJ), MPEPIL V, 475 f.
[310] Dazu *Sinclair*, Some Procedural Aspects of Recent International Litigation, ICLQ 30 (1981) 338 ff; *Bowett* (Fn 26) 204 ff; *Oellers-Frahm*, in UN Charter, Art 92 Rn 97.
[311] Für eine solche Kontrolle etwa *Schmahl*, 4. Abschn Rn 152; *Malanczuk*, The Security Council, The International Court of Justice and Judicial Review: What Lessons from Lockerbie? EJIL 10 (1999) 517 (525 ff); ablehnend hingegen die Sondervoten von *Schwebel* und *Jennings* im *Lockerbie*-Fall, ICJ Rep 1998, 64 (76 ff), 99 (106 ff).
[312] *Thirlway*, Advisory Opinion, MPEPIL I, 97 ff. Als eine Art Amtshilfe qualifiziert *von Arnauld* (Fn 6) Rn 485 im Anschluss an *Crawford* (Fn 8) 730 das Gutachtenverfahren.
[313] *Oellers-Frahm*, in UN Charter, Art 96 Rn 4; eingehend *Amr,* The Role of the International Court of Justice as the Principal Organ of the United Nations, 2003, 110 ff.

entsprechenden Antrag zustellen. Die Antragsberechtigung besitzen Generalversammlung und Sicherheitsrat (Art 96 Abs 1 UN-Charta). Die Generalversammlung hat sie auf den WSR, den Treuhandrat und nahezu alle Sonderorganisationen, begrenzt auf den jeweiligen Tätigkeitsbereich, erweitert (Art 96 Abs 2 UN-Charta).[314] Der IGH ist nicht verpflichtet, das beantragte Gutachten zu erstatten (Art 96 IGH-Statut), hat sich jedoch auf den Standpunkt gestellt, dass er in Anbetracht seiner Kooperationsverpflichtung mit den Organen der UN einen Antrag nur aus zwingenden Gründen ablehnen könne.[315]

94 Ist die Zuständigkeit des IGH einmal begründet, wird sie durch die Anrufung des Sicherheitsrats in derselben Angelegenheit nicht beendet.[316] Grund hierfür sind die unterschiedlichen Zuständigkeitsbereiche von IGH und Sicherheitsrat. Zudem fehlt es an einer Bestimmung, die das parallele Tätigwerden ausdrücklich untersagt, wie dies Art 12 UN-Charta für das parallele Tätigwerden von Sicherheitsrat und Generalversammlung regelt.

c) Ius standi

95 In Streitsachen nimmt der klagende Staat die Zuständigkeit des IGH in der Regel in Anspruch, um die Verletzung eigener Rechtspositionen geltend zu machen. Seine Klagebefugnis, das *ius standi (standing)*, ist dann unproblematisch. Anders verhält es sich, wenn er sich nicht auf eigene Rechte, sondern, insbes als Vertragspartner eines multilateralen Vertrags, auf dessen Verletzung durch den beklagten Staat, der gleichfalls Vertragspartner ist, beruft. Der IGH hat das Interesse an der Einhaltung des Vertrages für Bestandteile mit *erga omnes*-Wirkung (vgl Rn 16) als *ius standi* akzeptiert, noch weitergehend und ohne Thematisierung der Klagebefugnis zuletzt auch bei Verletzung vertraglicher Schutznormen zugunsten internationaler Räume wie der Antarktis.[317]

d) Entscheidungsmaßstab

96 Nach Art 38 Abs 1 IGH-Statut entscheidet der IGH auf der Grundlage einschlägigen *Vertragsrechts*, sollte es hieran fehlen, auf der Grundlage des *Völkergewohnheitsrechts*. Zusätzlich – insbes zur Lückenfüllung – kann er die von den „zivilisierten Staaten anerkannten *allgemeinen Rechtsgrundsätze*" heranziehen, ferner als Hilfsmittel zur Feststellung des geltenden Völkerrechts völkerrechtliche *Gerichtsent-*

---

314 Zu den zur Beantragung befugten UN-Organen und Sonderorganisationen s <icj-cij.org/en/basis-of-jurisdiction>. Vgl dazu die Ablehnung des Gutachtensantrags der WHO durch den IGH in *Legality of the Threat or Use of Nucear Weapons*, ICJ Rep 1996,226 (§§ 18 ff).
315 IGH, *Legality of the Threat or Use of Nuclear Weapons*, ICJ Rep 1996, 226 (§ 14); *Lockerbie*, ICJ Rep 1998, 9 (§ 38).
316 IGH in den Fällen *Teheran* (§ 40) u *Nicaragua* (§§ 93 ff).
317 S die Urteile in den Fällen *Auslieferung* (ICJ Rep 2012, 422, §§ 66 ff) u *Whaling* (ICJ Rep 2014, 226, §§ 42 ff, 56 ff); aus dem Schrifttum *Green Martínez*, Locus Standi before the International Court of Justice for Violations of the World Heritage Convention, TDM 5 (2013); *Talmon*, Jus Cogens after Germany v Italy: Substantive and Procedural Rules Distinguished, LJIL 25 (2012) 979 (995 f); *Hernández*, A Reluctant Guardian: The International Court of Justice and the Concept of ‚International Community', BYBIL 83 (2013) 13 ff.

scheidungen und *Lehrmeinungen* anerkannter Völkerrechtsautoren. Bei der Auslegung und Anwendung des geltenden Völkerrechts sind auch Billigkeitsgesichtspunkte zu berücksichtigen.[318] Die Entscheidung ex aequo et bono, die Art 38 Abs 2 IGH-Statut vorsieht, geht noch darüber hinaus. Hier kann der IGH die Grenzen des positiven Völkerrechts beiseite schieben und die für den Streit „billigste" iSv gerechteste Lösung zugrunde legen.[319] Er wird als individueller Gesetzgeber für die Streitparteien tätig. Darin liegt wohl der Hauptgrund, weshalb das Verfahren nach Art 38 Abs 2 IGH-Statut bisher nicht angewandt worden ist.

e) Organisation

Der IGH besteht aus *fünfzehn Richtern verschiedener Staatsangehörigkeit* (Art 3 IGH-Statut). Sie werden von der Generalversammlung und dem Sicherheitsrat in getrennten Wahlen auf neun Jahre gewählt (Art 4, 8, 13 IGH-Statut). Alle drei Jahre wird ein Drittel der Richter neu gewählt. Wiederwahl ist zulässig (Art 13 IGH-Statut). Gewählt ist, wer in beiden Organen die absolute Mehrheit der Stimmen erhalten hat (Art 10 IGH-Statut). Die Grundlage der Wahl bilden zahlenmäßig begrenzte und alphabetisch geordnete Kandidatenvorschläge nationaler Gruppen iSd Art 44 Haager Abkommen zur friedlichen Beilegung von Streitigkeiten (Art 5 Abs 2, 7 IGH-Statut). Staaten, die an diesem Abkommen nicht beteiligt sind, bilden die nationalen Gruppen in Analogie zu Art 44 (Art 4 Abs 1 u 2 IGH-Statut). Bei der Auswahl der Richter ist auf höchste Qualifikation zu achten (Art 2 IGH-Statut). Außerdem müssen die Richter, um dem Gericht eine hinreichende Autorität und Legitimität zu verschaffen, die hauptsächlichen Kulturkreise und Rechtssysteme repräsentieren (Art 9 IGH-Statut). Das führt in der Praxis dazu, dass eine Verteilung der Richterstellen auf fünf geographische Regionen stattfindet: Afrika, Asien, Lateinamerika einschließlich der Karibischen Staaten, Westeuropa und andere Staaten, Osteuropa. Die fünf ständigen Mitglieder des Sicherheitsrats waren bisher immer vertreten[320]. 97

Die *Rechtsstellung der Richter* ist durch Unabhängigkeit und Unparteilichkeit, berufliche Inkompatibilitäten und streitbezogene Ausschließungsvorschriften gekennzeichnet (Art 2, 16–18, 24 IGH-Statut). Richter, die Staatsangehörige der im Streit befindlichen Staaten sind (sog nationale Richter), dürfen bei der Entscheidung des Streitfalls mitwirken (Art 31 Abs 1 IGH-Statut). In der Gerichtspraxis hat sich lediglich durchgesetzt, dass das Präsidentenamt nicht von einem nationalen Richter ausgeübt wird. Darin liegt keine Durchbrechung eines allgemeinen Befangenheitsverbots, sondern ein weiterer Einbruch nationalstaatlicher Interessen in die internationale Gerichtsbarkeit. Staaten unterwerfen sich dieser nur, wenn sie ihre Interessen bei den Entscheidungen des Gerichts angemessen berücksichtigt sehen. Dieses Zugeständnis ist auch Grundlage der Einrichtung der *ad hoc Richter* im Streitverfahren.[321] Ist in einem Streit nur eine Partei durch einen ständigen Richter ihrer Staats- 98

---

318 Dazu IGH im *Tunesisch-libyschen Festlandsockel*-Streit, ICJ Rep 1982, 18, 60.
319 Näher *Pellet*, in ICJ Statute, Art 38 Rn 152 ff.
320 *Walter*, Rechtsschutz durch den Internationalen Gerichtshof, in Ehlers/Schoch (Hrsg), Rechtsschutz im öffentlichen Recht, 2009, § 1 Rn 21 f.
321 In Gutachtenverfahren besteht das Recht, *ad hoc*-Richter zu benennen, nach Maßgabe von Art 102 Abs 3 Verfahrensordnung.

angehörigkeit vertreten, so kann die andere Partei einen Richter, der ihr Vertrauen genießt, für den Streit benennen. Dieser wirkt dann mit vollen richterlichen Rechten an der Rechtsfindung mit (Art 31 Abs 2 IGH-Statut). Ist keine der Parteien durch einen Richter ihrer Staatsangehörigkeit vertreten, besitzen beide das Benennungsrecht (Art 31 Abs 3 IGH-Statut). Die ad hoc-Richter sollen wie die ständigen Richter qualifiziert sein und dürfen an dem Streit nicht schon in anderer Eigenschaft beteiligt gewesen sein (Art 31 Abs 6 IGH-Statut). Da für sie die richterlichen Inkompatibilitäten nicht gelten und sie in der Praxis regelmäßig für ihr Land stimmen, ist die Verpflichtung zur unparteiischen Entscheidung problematisch. Ihre Unabhängigkeit ist faktisch geringer als die der nationalen Richter, die teilweise auch gegen ihr Land gestimmt haben. Am Benennungsmodus und der damit verbundenen ungenügenden Unabhängigkeit setzt deshalb die Kritik an der Einrichtung der ad hoc-Richter ein.[322]

99   Aus dem Kreise der fünfzehn Richter werden der *Präsident und Vizepräsident* gewählt (Art 21 IGH-Statut). Der Präsident leitet die gesamte Tätigkeit des Gerichts und ist für die Gerichtsverwaltung verantwortlich. Im Übrigen sind ihm im Einzelnen nichtrichterliche Funktionen übertragen. Dem vom Gerichtshof auf sieben Jahre gewählten *Kanzler* (Art 21 IGH-Statut) unterstehen die gesamten „Dienste" der Kanzlei, von denen hier nur die Geschäftsstellen und die Übersetzungsaufgaben sowie die Vorbereitung der Veröffentlichungen des Gerichts genannt seien (Art 26 Verfahrensordnung).

100   Seine richterliche Tätigkeit übt der Gerichtshof regelmäßig als *Plenum* aus, wobei neun Richter zur Beschlussfähigkeit genügen (Art 25 IGH-Statut). Für *Eilentscheidungen* besteht obligatorisch eine aus fünf Richtern gebildete Kammer, die auf Antrag der Parteien tätig wird (Art 29 IGH-Statut). Der Gerichtshof kann ferner fakultativ aus mindestens drei Richtern bestehende *Kammern* zur ständigen Erledigung bestimmter Angelegenheiten einsetzen (Art 26 Abs 1 IGH-Statut). Davon ist kaum Gebrauch gemacht worden. Schließlich kann er, was häufiger geschehen ist, Kammern mit Zuständigkeiten in einem konkreten Streit (ad hoc Kammern) bilden, wobei die Zahl der Richter vom Gerichtshof mit Zustimmung der Parteien festgesetzt (Art 26 Abs 2 IGH-Statut) und in der konkreten Zusammensetzung die Ansicht der Parteien berücksichtigt wird (Art 17 Verfahrensordnung).[323]

f) Grundzüge des Streitverfahrens

101   Das Streitverfahren[324] besteht aus einem *schriftlichen und mündlichen,* idR öffentlichen *Teil* (Art 43 Abs 1, 46 IGH-Statut). Es wird nach Vereinbarung der Parteien in Französisch oder Englisch durchgeführt, bei fehlender Einigung sind beide Sprachen zugelassen. Dann werden auch die Entscheidungen des IGH in beiden Spra-

---

322 Dazu *Walter* (Fn 320) Rn 46 u *Epping,* in Ipsen (Fn 8) § 59 Rn 49, jeweils mwN.
323 Dazu *Oellers-Frahm,* in UN Charter, Art 92 Rn 76 ff; *Mackenzie,* International Courts and Tribunals, Chambers, MPEPIL V, 537 ff.
324 Das Gutachtenverfahren stimmt im Wesentlichen mit dem des Streitverfahrens überein; allerdings ist das mündliche Verfahren nicht obligatorisch, und es fehlt die im Streitverfahren übliche Trennung in Prozess- und Sachfragen. Umfangreichere Darstellungen bei *Fitzmaurice,* The Law and Procedure of the International Court of Justice, 2 Bde, 1995; *Rosenne,* The Law and Practice of International Court, 4 Bde, 4. Aufl 2005; *Thirlway,* International Court.

chen erlassen, und der Gerichtshof bestimmt, welcher Text maßgebend ist. Ausnahmsweise kann auf Antrag einer Partei dieser die Benutzung einer anderen Sprache gestattet werden (Art 39 IGH-Statut). Die Parteien müssen sich im Verfahren durch einen staatlichen Repräsentanten vertreten lassen. In der Praxis werden vielfach Rechtsberater des Außenministeriums benannt. Zusätzlich können sich die Parteien der Hilfe von Rechtsbeiständen und Anwälten bedienen und setzen dazu meist Völkerrechtsexperten mit Erfahrung in Prozessen vor internationalen Gerichten ein (Art 42 IGH-Statut).

Das *schriftliche Verfahren* wird durch Einreichung des speziellen Abkommens, **102** das die Zuständigkeit des IGH begründet und definiert, oder durch eine Klageschrift eingeleitet. Streitgegenstand und Parteien müssen in beiden Fällen genau bezeichnet sein (Art 40 Abs 1 IGH-Statut). Staaten, die nicht Parteien des Streitverfahrens sind, können diesem beitreten, wenn ihre rechtlichen Interessen berührt (Art 62 IGH-Statut) oder sie Vertragsparteien eines im Verfahren umstrittenen internationalen Vertrags sind (Art 63 IGH-Statut). Nur im letzteren Falle besteht ein Rechtsanspruch auf Beitritt. An die Einleitung des Streitverfahrens schließt sich die erschöpfende schriftsätzliche Behandlung des Streitfalls an. Dabei müssen bereits sämtliche prozesshindernde Einwände, insbes gegen die Zuständigkeit des IGH, geltend gemacht werden. Über sie wird idR vorab entschieden (Art 67 Verfahrensordnung). Bei rügeloser Einlassung zur Sache ist die Zuständigkeit, auch wenn sie nicht bestanden haben sollte, „prorogiert" (Rn 92).

In der *mündlichen Verhandlung* werden – allerdings selten, weil Beweise meist **103** durch Dokumente geführt werden – Zeugen und Sachverständige gehört.[325] Die Parteien haben ihre „Schlussanträge" zu stellen, die eine Zusammenfassung des Streitgegenstands und des Begehrens darstellen (Art 48 IGH-Statut). Ersterer ist damit abschließend bestimmt, der IGH bei seiner Entscheidung an ihn gebunden.

Urteile werden bei geheimer Beratung mit Stimmenmehrheit der anwesenden **104** Richter gefällt. Bei Stimmengleichheit gibt die Stimme des Präsidenten den Ausschlag (Art 55 IGH-Statut). Teilen Richter die Mehrheitsentscheidung in Ergebnis oder Begründung nicht, sind sie berechtigt, dem Urteil ihre persönliche Ansicht schriftlich beizufügen (Art 57 IGH-Statut). Ansichten, die von der Mehrheit nur in der Begründung abweichen, werden „separate opinions", solche, die auch iE abweichen, „dissenting opinions" genannt. Die Einrichtung der persönlichen Ansicht dient institutionell der Stärkung der richterlichen Unabhängigkeit. Für die Tragweite und Überzeugungskraft der Urteile des IGH sind die persönlichen Ansichten der Richter unentbehrlich. Die Urteile sind nur für die Streitparteien bindend und erwachsen in *formelle Rechtskraft*, da es Rechtsmittel gegen sie nicht gibt (Art 59, 60 IGH-Statut). Die Befugnis der Urteilsparteien, den IGH zur streitig gewordenen Auslegung seines Urteils anzurufen (Art 60 IGH-Statut) – über den Antrag wird durch Feststellungsurteil entschieden –, lässt die formelle Rechtskraft des auszulegenden Urteils unberührt. Denn das Auslegungsurteil darf den Inhalt des auszulegenden Urteils in der Sache nicht verändern, sondern nur seine Tragweite bestimmen. Damit ist zugleich gesagt, dass Urteile des IGH auch *materiell rechtskräftig* idS werden,

---

[325] Auch Ortstermine sind möglich, aber äußerst selten: *Tomka/Wordsworth*, The First Site Visit of the ICJ in Fulfilment of its Judicial Function, AJIL 92 (1998) 133 ff.

dass der durch sie entschiedene Fall nicht mehr von den Parteien vor den IGH gebracht werden kann (Art 59 IGH-Statut). Die Bestimmung dessen, was in materielle Rechtskraft erwachsen ist, kann im Einzelfall schwierig sein. Ausschlaggebend ist jedenfalls der Urteilstenor, der durch die tragenden Entscheidungsgründe näher bestimmt wird. Nur im Wiederaufnahmeverfahren, das auf neue, im Zeitpunkt des Urteils unverschuldet unbekannt gebliebene Tatsachen gestützt werden muss (Art 61 IGH-Statut), kann die materielle Rechtskraft ausnahmsweise beseitigt und der Streitfall von neuem aufgerollt werden.

105 In jeder Lage des Verfahrens, aber begrenzt auf dessen Dauer, kann der IGH auf Antrag einer der Parteien oder ausnahmsweise von Amts wegen *vorsorgliche Maßnahmen* erlassen, die ihm notwendig erscheinen, um eine Vereitelung der Rechtsverwirklichung einer der Parteien zu verhindern (Art 41 IGH-Statut). Die Maßnahmen müssen von den Parteien befolgt werden und sind auch zulässig, wenn die Zuständigkeit des IGH noch bestritten, aber prima facie gegeben ist.[326]

106 Die *Durchführung der Entscheidungen*[327] ist nicht Aufgabe des Gerichts, sondern der Parteien. Diese sind nach Art 94 Abs 1 UN-Charta zur Befolgung verpflichtet. Dies gilt sowohl hinsichtlich der Urteile wie vorläufiger Maßnahmen (Rn 105). Bei *Nichtbefolgung* stehen dem aus der Entscheidung berechtigten Staat die im allgemeinen Völkerrecht zulässigen Sanktionen (Rn 108 ff) zur Verfügung. Zudem kann er nach Art 94 Abs 2 UN-Charta den Sicherheitsrat anrufen, der nach seinem Ermessen über die zur Durchsetzung von Urteilen und – zweifelhafter – vorsorglichen Maßnahmen[328] angemessenen Empfehlungen und Maßnahmen beschließt. Die Effektivität dieser bisher nicht angewandten Prozedur wird wesentlich beeinträchtigt, wenn ständige Mitglieder des Sicherheitsrats, die aus einer Entscheidung des IGH verpflichtet sind, über das Veto-Recht iSd Art 27 Abs 3 UN-Charta verfügen.[329]

g) Praktische Bedeutung

107 Um die Bedeutung des IGH als Streitbeilegungsinstanz einschätzen zu können, müssen die Bedingungen, unter denen das Gericht tätig wird, in den Blick genommen werden. Der IGH ist ein reines Staatengericht. In Anbetracht der Tatsache, dass die Gerichtsbarkeit nicht obligatorisch ist (Rn 77) und sich ihr nur etwa ein Drittel der Staaten unterworfen haben (Rn 92), kann er von vornherein nicht über alle zwischenstaatlichen Streitigkeiten befinden. Auch ist die Anrufung des IGH zur Beurteilung eines konkreten Sachverhalts immer auch eine rechtspolitische Entscheidung der beteiligten Staaten. So sind bedeutende politische Konflikte Gegenstand einer

---

326 Der IGH hat die Verbindlichkeit aller vorläufigen Maßnahmen besonders deutlich in seinem Urteil v 27.6.2001 im *La Grand II*-Fall betont. Aus der Rspr zu Interimsmaßnahmen im übrigen *Nukleartest*-Fälle, ICJ Rep 1973, 99, 135; *Teheraner Geisel*-Fall, ICJ Rep 1980, 2 ff; *Nicaragua*-Fall (Provisional Measures), ICJ Rep 1984, 169, 186; *Großer Belt*-Fall, ICJ Rep 1991, 12 ff; *Völkermordkonvention*-Fall, ICJ Rep 1993, 3 ff; *Breard*-Fall, ICJ Rep 1998, 248 ff; zuletzt mwN IGH in *Treaty of Amity*, §§ 24, 77. Detaillierte Analyse bei *Kempen/He*, The Practice of the International Court of Justice on Provisional Measures, ZaöVR 69 (2009) 919 ff; zum Ganzen auch *Oellers-Frahm*, in ICJ Statute, Art 41.
327 Zum Folgenden eingehend *Oellers-Frahm*, in UN Charter, Art 94 Rn 3 f; *Bernhardt*, in ICJ Statute, Art 59 Rn 52 ff.
328 *Oellers-Frahm*, in UN Charter, Art 94 Rn 20.
329 Str, vgl *Oellers-Frahm*, in UN Charter, Art 94 Rn 26 ff mwN.

gerichtlichen Entscheidung geworden (zB militärische Aktivitäten in Nicaragua 1984/86 und im Kongo 2005), andere ihr entzogen geblieben (zB im Nahen Osten). Hinzu kommt, dass die Staaten auch andere Gerichte mit der Streitentscheidung betrauen können (etwa im Seerecht und Völkerstrafrecht), um der zunehmenden Ausdifferenzierung und Spezifizierung der Völkerrechtsordnung Rechnung zu tragen.[330] Trotz der erwähnten Grenzen seiner Tätigkeit hat der IGH hat durch seine Judikatur maßgeblich zur Inhaltsbestimmung des geltenden Völkerrechts beigetragen und darüber hinaus Anstöße zur Fortentwicklung gegeben.[331]

V. Sanktionen

1. Allgemeine Kennzeichnung
a) Begriff und Abgrenzung

Der Begriff der Sanktionen hat keinen festgefügten oder unstr Inhalt.[332] Im Völkerrecht bezeichnet er herkömmlich Maßnahmen, die auf eine Völkerrechtsverletzung reagieren und darauf gerichtet sind, *den verantwortlichen Staat mittels Zufügung von (Rechts-)Nachteilen – etwa dem Entzug von Rechten oder Vergünstigungen oder deren Vorenthaltung – zur Einstellung seines völkerrechtswidrigen Verhaltens zu bewegen.*[333] Sanktionen sind demnach besondere Mittel zur Durchsetzung des Völkerrechts, aber mit diesen nicht identisch. Denn es kann materiespezifisch Mechanismen der Durchsetzung[334] geben, die nicht auf „Repression" des Verletzers gerichtet sind, sondern die Durchsetzung des Völkerrechts in erster Linie mit Mitteln kooperativer Art erreichen sollen. So gibt es im internationalen Umweltrecht, im Begriff „compliance control" zusammengefasst, vielfach ein Vertragsmanagement, dessen Instrumente institutioneller und prozeduraler Art auf partnerschaftliche Verwirklichung des Rechts zielen, etwa durch (konsentierte) Inspektion- und Überwachung oder Erfüllungshilfen.[335]

108

---

330 Dazu *von Arnauld* (Fn 6) Rn 452; *Pellet*, Judicial Settlement of International Disputes, MEPIL VI, 526 (549); krit *Walter* (Fn 320) Rn 64 ff; *Gaja*, in ICJ Statute, Vor Art 34.
331 Das gilt etwa für die Rechtsquellen (Gewohnheitsrecht: *Festlandsockel in der Nordsee*, ICJ Rep 1969, 3 ff; einseitige Akte: *Nukleartest*-Fall, ICJ Rep 1974, 253 u 457), die Wahrnehmung diplomatischer Schutzrechte einschließlich des Fremdenrechts (*Nottebohm*, ICJ Rep 1955, 4 ff; *Barcelona-Traction*, ICJ Rep 1970, 3 ff; *ELSI*, ICJ Rep 1989, 15), die Befugnis zur Anwendung von Gewalt (*Nicaragua*-Fall, ICJ Rep 1986, 14 ff; *Armed Activities*, ICJ Rep 2005, 168), das Selbstbestimmungsrecht der Völker (*Osttimor*, ICJ Rep 1995, 90; *Kosovo*-Gutachten, ICJ Rep 2010, 403), den Umweltschutz (*Gabčikovo-Nagymaros*, ICJ Rep 1997, 7; *Pulp Mills*, ICJ Rep 2010, 14; *Whaling*, ICJ Rep 2014, 107), die Menschenrechte (*Diallo*, ICJ Rep 2010, 639), die *Staatenimmunität* (*Ferrini*, ICJ Rep 2012, 99) u den Status I.O. (*Mitgliedschaft in den UN*, ICJ Rep 1948, 57 ff; Geltendmachung *von Ansprüchen*, ICJ Rep 1949, 174 ff). Zum Ganzen vgl die systematisch angelegten Analysen der Rechtsprechung bei *Thirlway*, International Court; *Tams/Sloan*, The Development of International Law by the International Court of Justice, 2013.
332 Vgl *Combacau* (Fn 4) 311; *Hafner*, Völkerrechtliche Grenzen und Wirksamkeit von Sanktionen gegen Völkerrechtssubjekte, ZaöRV 76 (2016) 391 (392 ff).
333 Das Merkmal der Zufügung von Rechtsnachteilen betont mit Recht *Combacau* (Fn 4) 313.
334 Übersicht bei *Dahm/Delbrück/Wolfrum* (Fn 5) 89 ff.
335 Instruktiv *Zimmermann*, Durchsetzung des Völkerrechts zwischen Fragmentierung, Multilateralisierung und Individualisierung FS Bothe, 2008, 1077 ff; *Beyerlin/Marauhn*, International Environmental Law, 2011, 315 ff; *Schmalenbach* (Fn 49) Rn 7 ff.

109 Ob von der nach Völkerrecht bestehenden Möglichkeit, Sanktionen zu verhängen, Gebrauch gemacht wird, entscheiden der oder die verletzten Staaten grundsätzlich nach freiem Ermessen. Deshalb kann von dem mit einer Sanktion belegten Staat nicht eingewandt werden, bei anderen vergleichbaren Sachverhalten seien Sanktionen unterblieben. Es gibt keine Gleichbehandlung in der Sanktionspraxis.

b) Beschränkung des Begriffs auf Maßnahmen Internationaler Organisationen

110 Vielfach wird der Sanktionsbegriff heute auf kollektive Maßnahmen I.O. und auf (einzelstaatliche) Wirtschaftssanktionen beschränkt[336] und für die einzelstaatliche Rechtsdurchsetzung der Begriff der *Gegenmaßnahme* verwendet. Letzterer gilt als neutraler. Er verdeutlicht, dass auf eine Rechtsverletzung (rechtlich angemessen) reagiert werden soll. Andererseits ändert er am prinzipiellen Sanktionscharakter einer Maßnahme nichts. Auch bei Gegenmaßnahmen bleibt es im Übrigen dabei, dass verletzte Staaten als judex in causa propria handeln. Zudem erfassen sie, an den Regeln der Staatenverantwortlichkeit ausgerichtet (Rn 31), den Variantenreichtum staatlicher Reaktionen nicht vollständig.

2. Erscheinungsformen

111 Die nähere Beschreibung der Sanktionen erfolgt typologisch und zielt darauf ab, sanktionsspezifische Merkmale herauszuarbeiten. Dies geschieht unter Gesichtspunkten, die bei Inkaufnahme partieller Überschneidungen ein Raster für die rechtliche Beurteilung bilden können.[337]

112 Von wesentlicher Bedeutung für ihre Einordnung und Beurteilung ist, ob eine Sanktion auf das völkerrechtswidrige Verhalten eines Staats mit völkerrechtlich erlaubten Maßnahmen reagiert oder ihrerseits in einem Völkerrechtsverstoß besteht, der seine Rechtfertigung aus dem vorangegangenen rechtswidrigen Verhalten beziehen soll. Die Beurteilung des völkerrechtswidrigen Verhaltens eines Staats ist häufig nicht einfach. Die „Beweislast" dafür obliegt dem reagierenden Staat.[338] Die Variante, in der die Sanktion als sog *Retorsion*[339] in Erscheinung tritt,[340] dürfte deshalb in der Staatenpraxis vorherrschen, zumal mit ihr im Allgemeinen *kein legitimationsbedürftiger Rechtseingriff* verbunden ist.[341] Hauptanwendungsgebiete sind neben dem Diplomatenrecht (Ausweisung von Diplomaten, Abbruch der diplomatischen Beziehungen) die internationalen Wirtschaftsbeziehungen. Im Zeitalter wirtschaftlicher Interdependenzen kann die Nachteilszufügung in diesem Bereich besonders empfindliche Auswirkungen haben – etwa das vollständige oder teilweise

---

336 S nur *Pellet/Miron*, Sanctions, MPEPIL IX, 1 ff; *Osteneck*, Die Umsetzung von UN-Wirtschaftssanktionen durch die Europäische Gemeinschaft, 2004, 9 ff.
337 Zum Folgenden *Hafner* (Fn 332) 397 ff.
338 *Klein*, Gegenmaßnahmen, 46 f.
339 Vgl allgem *Giegerich*, Retorsion, MPEPIL VIII, 976 ff.
340 Nicht unstr; zT wird die Retorsion auf Gegenmaßnahmen beschränkt, die auf lediglich unfreundliche (nicht rechtswidrige) Akte eines Staates reagieren, s *Malanczuk*, Zur Repressalie im Entwurf der International Law Commission zur Staatenverantwortlichkeit, ZaöRV 45 (1985) 293 (300 f) mwN.
341 Dazu *Klein*, Gegenmaßnahmen, 44; *Giegerich* (Fn 339) 978 f.

Verbot bestimmter Außenwirtschaftsgeschäfte mit fremden Wirtschaftsgebieten (Embargomaßnahmen),[342] Importbeschränkungen, Aussetzung oder Beendigung freiwilliger Entwicklungshilfe, Nichtabschluss oder Nichtverlängerung von wirtschaftlich bedeutsamen Verträgen.[343] Unter diesem Blickwinkel ist auch die Einschätzung der Retorsion als mildestes Mittel der Selbsthilfe problematisch.[344]

Reagiert der von einer Völkerrechtsverletzung betroffene Staat *mittels Eingriffs in Rechte des Verletzers*, wird die Sanktion zur Gegenmaßnahme in *Gestalt einer Repressalie*.[345] Ihr Anwendungsbereich hat sich durch rechtliche Bedingungen der Ausübung (Rn 116 ff) stark verengt. Der einzelstaatliche Einsatz ist überdies durch die Bevorzugung multilateralen Vorgehens, namentlich in I.O. rückläufig.[346] Eine Sonderform im Rahmen gegenseitiger Verträge stellt das Recht der vertragstreuen Partei dar, erhebliche Vertragsverletzungen der anderen Seite mit Erfüllungsverweigerung, Suspendierung oder Kündigung des Vertrags zu beantworten (Art 60 WVK).[347] 113

Sanktionen beruhen auf Maßnahmen des durch die vorausgegangene Völkerrechtsverletzung betroffenen Staats oder einer mit dem verletzten Staat „solidarischen" Staatengruppe.[348] Sie können aber auch auf Beschlüsse einer I.O. zurückgehen. Die *Typologie nach dem Urheber der Sanktion* hat Konsequenzen für die Sanktionsgrundlage und -berechtigung: Bei der einzelstaatlichen Sanktion ergeben sich das Recht dazu und die Schranken aus dem allgemeinen Völkerrecht und ggf vertraglichen Bindungen. Solidarisches Sanktionsverhalten einer Staatengruppe wirft zusätzlich die Frage auf, unter welchen Voraussetzungen unmittelbar nicht betroffene Staaten Sanktionen anwenden dürfen (Rn 118). Sanktionsbeschlüsse I.O. richten sich nach deren Satzungsrecht (zB Art 39 ff UN-Charta). Soweit sie sich gegen Drittstaaten wenden, kommt es außerdem auf die Einhaltung der Schranken an, die das Völkerrecht den Sanktionen zieht.[349] 114

Im Blick auf I.O. lassen sich weitere Gesichtspunkte nennen, die für die Beurteilung einer Sanktion von Bedeutung sein können. Hierher gehört zunächst der *psychologische Zwang*, der auf den Rechtsbrecher durch die internationale Missbilligung seines Verhaltens ausgeübt wird. Von einem legalistischen Standpunkt aus liegt hier keine Sanktion, sondern bloß eine moralische Verurteilung mit begrenzter Wirksamkeit vor. Über die öffentliche Kundmachung der Rechtsverletzung und deren eventuelle Rechtfertigung durch den Rechtsbrecher geht sie, für sich genom- 115

---

342 Dazu *Joyner*, Boycott, MPEPIL I, 77 ff; *Kausch*, Embargo, EPIL II (1995) 58 ff; *Petersmann*, Internationale Wirtschaftssanktionen als Problem des Völkerrechts und des Europarechts, ZVerglRW 80 (1981) 1 (10 f).
343 Vgl *Tomuschat*, Repressalie und Retorsion, zu einigen Aspekten ihrer innerstaatlichen Durchsetzung, ZaöRV 33 (1973) 179 (184 f); *Malanczuk* (Fn 340) 300.
344 Zutr *Malanczuk* (Fn 340) 301; *Klein*, Gegenmaßnahmen, 44.
345 Grundlegend der *Naulilaa*-Schiedsspruch; aus dem neueren Schrifttum *Ruffert*, Reprisals, MPEPIL VIII, 927 ff; *Schöbener*, Gegenmaßnahmen (Repressalien), in ders (Fn 25) 120 ff; *Zemanek*, The Unilateral Enforcement of International Obligations, ZaöRV 47 (1987) 32 ff; *Doehring*, Einzelprobleme, 44 ff.
346 *Fiedler*, Gegenmaßnahmen, 15.
347 Dazu *Tomuschat* (Fn 34) 188 f; vgl auch *Graf Vitzthum*, 1. Abschn Rn 129 f.
348 Zum Folgenden *Zimmermann* (Fn 335) 1083 ff.
349 So bei EU-Sanktionen gegen Drittstaaten gemäß Art 215 AEUV.

men, nicht hinaus.³⁵⁰ Indessen sollte die Isolierung innerhalb der internationalen Gemeinschaft, die durch eine Missbilligung des Rechtsbruchs in Organen I.O. erreicht wird, nicht von vornherein als „Banalität" gewertet werden. In einer Rechtsordnung, die mit unterschiedlichen (auch situationsbedingten) Interessen und Wertvorstellungen rechnen muss, ist der Konsens über den Rechtsbruch keineswegs selbstverständlich und darüber hinaus notwendiger Rahmen für rechtliche Sanktionen.³⁵¹ Unter dem Gesichtspunkt der Wirksamkeit wie der Verhältnismäßigkeit ist von Interesse, ob *Sanktionen selektiv oder umfassend* angelegt sind. Eine Rolle spielt dies vor allem bei Wirtschaftssanktionen unter Unterbrechung bzw Einschränkung von Kommunikations- und Verkehrsverbindungen (vgl Art 41 Satz 2 UN-Charta).³⁵² Unter Effizienzgesichtspunkten verdient schließlich hervorgehoben zu werden, dass die Staatengemeinschaft gegen Staaten, die in besonderer Weise auf Solidarität angewiesen sind (ua der Dritten Welt), Mittel in der Hand hat, die gerade diese Staaten empfindlich treffen können und deshalb sehr genau gegen das nationale Interesse an der Aufrechterhaltung des Rechtsbruchs abzuwägen sind: die Nichtbeteiligung an wirtschaftlichen oder finanziellen Vergünstigungen, sonstigen Hilfen oder die Verweigerung von Mitgliedschaftsrechten in I.O. und durch diese.³⁵³

3. Einzelprobleme
a) Die Repressalie

116 Repressalien haben eine weit zurückreichende Tradition.³⁵⁴ Neuerdings erscheint ihr Fortbestand durch das Konzept der Gegenmaßnahme (Rn 30) in Frage gestellt.³⁵⁵ Ihre *spezifische Problematik* als Form der Selbsthilfe liegt darin, dass das verletzte Völkerrechtssubjekt die Sanktion selbst in die Hand nehmen und somit ihre Anwendbarkeit und Durchführung selbst bestimmen darf (Rn 110). Dabei fällt besonders ins Gewicht, dass die „autonome" Sanktionsgewalt typischerweise den Stärkeren begünstigt und normative Aussagen, die die Völkerrechtsverletzung begründen sollen, nicht immer eindeutig sind und deshalb kontrovers beurteilt werden.³⁵⁶ Dennoch sollte die *Existenzberechtigung der Repressalie* beim derzeitigen Stand des Völkerrechts, das keine obligatorische Gerichtsbarkeit kennt (Rn 74, 88), nicht verneint werden. Allerdings muss sich das Augenmerk mehr denn je auf Differenzierungen und Einschränkungen richten, auch wenn diese im Einzelnen noch strittig sind. Bedeutsam ist die *Unterscheidung zwischen Friedens- und Kriegsrepressalien*. Sie reagiert auf das bestehende Verbot der Gewaltanwendung in Friedenszeiten (Art 2 Nr 4 UN-Charta) und die Besonderheiten des (humanitären) Kriegsvölkerrechts bei der Anwendung von Repressalien. Bei der im Folgenden ausschließlich behandelten

---

350 So beispielsweise *Kunz*, Sanctions in International Law, AJIL 54 (1960) 324.
351 Vgl *Fukatsu*, Theory of Sanctions, 1190f; s auch den Hinw bei *Seidl-Hohenveldern/Loibl*, Das Recht der Internationalen Organisationen einschließlich der Supranationalen Gemeinschaften, 7. Aufl 2000, Rn 2009.
352 Knapper Hinw bei *Petersmann* (Fn 342) 10.
353 Dazu *Friedmann*, The Changing Structure of International Law, 1964, 88ff.
354 Vgl *Grewe* (Fn 266) 429ff, 616ff, 733ff, 794ff; eingehend zum Folgenden *Dörr*, in Ipsen (Fn 8) § 30 Rn 49ff.
355 *Ruffert*, Reprisals, MPEPIL VIII, 927ff; *von Arnauld* (Fn 6) Rn 419.
356 *Malanczuk* (Fn 340) 296f.

Friedensrepressalie geht es darum, ihren Anwendungsbereich einzuschränken (Rn 117) und ihre Voraussetzungen genauer zu präzisieren (Rn 118f).

Nicht jede Norm des Völkerrechts darf in Ausübung des Repressalienrechts verletzt werden. Sog *Repressalienverbote* gelten für zwingende Normen (Art 50 Abs 1 lit d ASR) wie das Gewaltverbot (Art 50 Abs. 1 lit a ASR), Kerngehalte der Menschenrechte (Art 50 Abs 1 lit b ASR) sowie multilaterale Vertragswerke, die nach ihrer Zweckbestimmung oder ihren besonderen Sanktionssystemen den Rückgriff auf die Repressalie ausschließen („self-contained regimes").[357] Da ihre konkrete Reichweite umstritten ist, handelt es sich bisher allerdings eher um Postulate als um feststehende Grenzen des Repressalienrechts. So wird Gewaltanwendung ausnahmsweise dann für zulässig gehalten, wenn das „Delikt" des mit einer Repressalie zu belegenden Staats darin besteht, dass er selbst gewaltsam handelte.[358] Kontrovers geblieben ist das Verbot gewaltsamer Repressalien des Weiteren beim Schutz eigener Staatsangehöriger im Ausland und gegenüber Terror- oder Guerrilla-Akten.[359] Der IGH ist hier sehr zurückhaltend.[360] Auch der Menschenrechtsschutz wird nicht in jedem Falle als unübersteigbare Hürde der Repressalienanwendung angesehen.[361] Schließlich wird das Konzept des self-contained regime vielfach keine eindeutigen Schranken für Repressalien liefern.[362] **117**

Die Befugnis zur Ausübung des Repressalienrechts stand herkömmlich *nur dem unmittelbar in seinen Rechten verletzten Völkerrechtssubjekt* zu. Dies gilt im Grundsatz unverändert. Seit der Anerkennung völkerrechtlicher Verpflichtungen *erga omnes* (Rn 16) stellt sich bei deren Verletzung jedoch die str Frage nach einer *Erweiterung der Sanktionsberechtigung*[363] auf nicht direkt verletzte Drittstaaten.[364] Mit Hilfe der für die Staatenverantwortlichkeit getroffenen Regelungen – Art 48 u 41 ASR – lässt sie sich nicht beantworten, weil diese keine Gegenmaßnahmen in Gestalt einer Repressalie vorsehen. Man mag die Frage mit der Begründung bejahen, dass die erweiterte Sanktionsberechtigung die logische Konsequenz aus Pflichten ist, deren Einhaltung allen Staaten geschuldet wird.[365] Einwände, die nicht leichtgenommen werden sollten, betreffen um der Vermeidung von Rechtsunsicherheit und Überreaktionen willen die Eindeutigkeit der Verletzung einer *erga omnes* wirkenden Verpflichtung und den Vorrang kollektiv beschlossener Sanktionen vor Einzelreaktion. So wird im Schrifttum zu Recht hervorgehoben, dass eindeutige und schwerwiegende Verletzungen einer *erga omnes*-Verpflichtung, von der des Gewaltverbots abge- **118**

---

357 *Zemanek* (Fn 345) 38ff; *Verdross/Simma* (Fn 7) § 1343; *Klein*, Gegenmaßnahmen, 49f, 55.
358 *Doehring*, Einzelprobleme, 52ff, 54; *Klein*, Gegenmaßnahmen, 56f.
359 Eingehend *Malanczuk* (Fn 340) 293ff.
360 IGH, *Nicaragua* (Merits), ICJ Rep 1986, 14 (§ 210); GV-*Nuklearwaffen*-Gutachten, ICJ Rep 1996, 226 (§ 46).
361 *Doehring*, Einzelprobleme, 47ff; *Conlon*, The Humanitarian Mitigation of UN Sanctions, GYIL 36 (1996) 249ff.
362 Vgl Rn 34.
363 Bejahend etwa *Herdegen* (Fn 44) § 59 Rn 8; differenzierend *Hill*, in Tomuschat/Thevenet (Hrsg), The Fundamental Rules of the International Legal Order, 2006, 265ff; vgl *Brown Weiss*, State Responsibility in the Twenty-First Century, AJIL 96 (2002) 748ff.
364 Zur gerichtlichen Geltendmachung von *erga omnes*-Verpflichtungen durch nicht direkt betroffene Staaten vgl Rn 95.
365 *Verdross/Simma* (Fn 7) § 1343.

sehen, nur selten vorliegen werden und (deshalb) *kollektive Gegenmaßnahmen vorzuziehen* seien, die Einzelreaktion „ultima ratio" bleiben müsse.[366]

119 Aus den *Regeln über die Anwendung der Repressalie* ist hervorzuheben: Sie setzt eine mindestens begonnene Verletzung des Völkerrechts voraus und kann deshalb nach überwiegender Ansicht nicht „vorbeugend" gegen Verletzungen eingesetzt werden.[367] Darüber hinaus ist sie einzustellen, wenn ihr Zweck erreicht wurde (Art 52 u 53 ASR). Als Mittel steht neben Rechtseingriffen auch die Unterlassung rechtlich gebotener Handlungen zur Verfügung. Andere Rechte als die des mit der Repressalie belegten Völkerrechtssubjekts dürfen dabei nicht beeinträchtigt werden. Faktische negative Auswirkungen einer Repressalie müssen Drittstaaten allerdings hinnehmen.[368] Zulässig wird die Repressalie erst nach Erschöpfung des innerstaatlichen Rechtswegs und nachdem das für die Rechtsverletzung verantwortliche Völkerrechtssubjekt zur Einstellung bzw Beseitigung des völkerrechtswidrigen Verhaltens aufgefordert worden ist (Art 52 Abs 1 lit a ASR). Nach nicht unbestr Ansicht soll es der *Aufforderung* ausnahmsweise nicht bedürfen, wenn diese nach den Umständen des Einzelfalls unzumutbar wäre.[369] Um den Zugriff auf das Repressalienrecht nach Möglichkeit zu zügeln, wird man außerdem fordern müssen, dass vor Anwendung die Wiederherstellung des völkerrechtsgemäßen Zustands mit den Mitteln der friedlichen Streitbeilegung (Rn 60ff) versucht worden ist.[370] Im Grundsatz unstr ist schließlich, dass die Repressalie *verhältnismäßig* sein muss (Art 51 ASR).[371] Die Konkretisierung im Einzelfall kann allerdings Schwierigkeiten bereiten. Mit der Feststellung, dass eine Völkerrechtsverletzung nicht mit „spiegelgleichen" Maßnahmen beantwortet werden muss, ist es nicht getan.[372] Ausschlaggebend ist vielmehr der für die Bewertung der Verhältnismäßigkeit gewählte Bezugspunkt. Zunächst kommt es für den Umfang des Repressalienrechts auf das Ausmaß der zugefügten Rechtsbeeinträchtigung an, mit der Konsequenz, dass dieses über die Verhältnismäßigkeit der Gegenmaßnahmen entscheidet. Geringfügige Verletzungen dürfen nur mit geringfügigen Gegenmaßnahmen beantwortet werden, weil dem „Rechtsbrecher" nicht mehr Schaden zugefügt werden soll, als er selbst verursacht hat. Nicht ausgeschlossen ist dadurch, dass die Repressalie ihren Zweck (Beseitigung des Unrechts) verfehlt, weil der „Rechtsbrecher" sich von den geringfügigen Gegenmaßnahmen nicht beeindrucken lässt. Stärkere Maßnahmen wären in einem solchen Falle nur gestattet, wenn man sich auf den Standpunkt stellt, dass Unrecht nie hinzunehmen ist und das Repressalienrecht deshalb nicht allein am Ausmaß der Primärrechtsbeeinträchtigung, sondern auch *am Ziel, die Beseitigung des Unrechts zu erreichen, ausgerichtet* werden darf. Letzteres ist nicht unproblematisch, lässt sich aber damit

---

366 Vgl *Verdross/Simma* (Fn 7) § 1343; *Dahm/Delbrück/Wolfrum* (Fn 5) 92f.
367 IGH, *Gabčíkovo-Nagymaros*-Fall, ICJ Rep 1997, 7, 55f (§ 83); vgl auch *Ruffert* (Fn 345) 928f; weitergehend *Klein*, Gegenmaßnahmen, 47.
368 Dazu *Doehring*, Einzelprobleme, 49f; *Klein*, Gegenmaßnahmen, 52f.
369 Vgl *Doehring*, Einzelprobleme, 50f.
370 Nicht unstr: *Partsch*, Reprisals, EPIL IV (2000) 200 (201f); *Zemanek* (Fn 345) 37; *Fiedler*, Gegenmaßnahmen, 19ff; *Klein*, Gegenmaßnahmen, 59f. Vgl Art 48 Nr 1 und 2 des ILC-Entwurfs zur Staatenverantwortlichkeit in erster Lesung (Fn 43).
371 Vgl den *Naulilaa*-Schiedsspruch, 1019ff; Schiedsspruch im *Air Service Agreement*-Fall, § 83. Näher *Fiedler*, Gegenmaßnahmen, 26; *Klein*, Gegenmaßnahmen, 61ff.
372 Auch deshalb problematisch die bei *Partsch* (Fn 370) 202 wiedergegebene Ansicht.

rechtfertigen, dass damit in concreto einhergehende Verschärfungen des Sanktionsrechts ihren Grund ausschließlich im beharrlichen völkerrechtswidrigen Verhalten des für die Primärrechtsverletzung verantwortlichen Völkerrechtssubjekts haben.[373]

b) Wirtschaftssanktionen

120 Da internationale Konflikte nicht gewaltsam gelöst werden dürfen (Art 2 Nr 4 UN-Charta), andererseits die meisten Staaten auf einen funktionierenden Handels- und Wirtschaftsverkehr angewiesen sind, kann es nicht überraschen, dass die Staatengemeinschaft dazu neigt, auf *das rechtswidrige oder missbilligte Verhalten eines Völkerrechtssubjekts* durch Eingriffe in bestehende Handels- und Wirtschaftsbeziehungen zu reagieren (Rn 112). Der „Gegner" soll wirtschaftlich und sozial isoliert, an ökonomisch empfindlicher Stelle getroffen werden, in der Erwartung, dass er dies nicht lange durchhalten und deshalb sein Verhalten ändern werde. Mit diesem Ziel werden in der Praxis Export- und Importverbote oder Beschränkungen auf bestimmte Dienstleistungen verhängt, sei es als Kollektivmaßnahmen im Rahmen internationaler oder regionaler Organisationen, sei es einzelstaatlich. Sie werden als (Handels-)Embargo bezeichnet,[374] erschöpfen aber das Sanktionsarsenal nicht. Zu ihm gehören auch die Beschlagnahme ausländischen Staatsvermögens, Kreditsperren und die Verweigerung oder Unterbrechung finanzieller Hilfe.[375] Eine hier nicht weiter behandelte Sonderkategorie bilden *Wirtschaftssanktionen, die sich gegen Einzelpersonen oder Unternehmen richten* und deren wirtschaftliche Dispositionsfreiheit insbesondere durch Einfrieren von Bankguthaben aufheben sollen. Ihr Anwendungsfeld ist vor allem der durch Einzelpersonen international agierende Terrorismus.[376]

121 Die näheren *Voraussetzungen,* unter denen Wirtschaftssanktionen[377] ergriffen werden dürfen, variieren je nach ihrem Urheber. So ist für Sanktionen der UN die UN-Charta, für die der EU das Unionsrecht maßgebend. Für einzelstaatliche Maßnahmen ist hervorzuheben: Ein ius commercii, ein Anspruch auf Handels- oder Wirtschaftsbeziehungen, ist dem geltenden Völkerrecht unbekannt. Die *wirtschaftliche Diskriminierung,* die mit den Maßnahmen typischerweise einhergeht, ist prinzipiell nicht verboten.[378] Versuche, die zeitweise von den Staaten der Dritten Welt und sozialistischen Staaten unternommen wurden, Wirtschaftssanktionen als Ausübung „wirtschaftlichen Zwangs" dem *Gewaltverbot* des Art 2 Nr 4 UN Charta zu unterstel-

---

373 Vgl *Doehring,* Einzelprobleme, 45 f; *Klein,* Gegenmaßnahmen, 62.
374 Zu diesen *H.-K. Ress,* Handelsembargo, 2000, 6 f; *Joyner* (Fn 342); *Kausch* (Fn 342) jeweils mwN. Vgl auch *Meng,* Wirtschaftssanktionen und staatliche Jurisdiktion, ZaöRV 57 (1997) 269 ff.
375 Übersicht bei *H.C. Schneider,* Die VN, EG und Bundesrepublik Deutschland als konkurrierende Normgeber beim Erlasse paralleler Wirtschaftssanktionen, 1999, § 2 f; *Schöbener/Herbst/Perkams,* Internationales Wirtschaftsrecht, 2010, § 9 Rn 88 ff.
376 *Schöbener/Herbst/Perkams* (Fn 375) Rn 156 ff; *Tietje,* Außenwirtschaftsrecht, in ders (Hrsg), Internationales Wirtschaftsrecht, 2. Aufl 2015, § 15 Rn 150.
377 Aus dem Schrifttum *Kewenig,* Zwangsmaßnahmen, 7 ff; *Carter,* Economic Coercion, MPEPIL III, 291 ff; *ders,* Economic Sanctions, MPEPIL III, 323 ff; *Tietje* (Fn 376) Rn 144 ff.
378 *Tietje,* Begriff, Geschichte und Grundlagen des Internationalen Wirtschaftssystems und Wirtschaftsrechts, in ders (Fn 376) § 1 Rn 93; vgl auch *Kewenig,* Der Grundsatz der Nichtdiskriminierung im Völkerrecht der internationalen Handelsbeziehungen, 1972.

len, haben sich nicht durchsetzen können.[379] Resolutionen der UN, die den wirtschaftlichen Zwang als *Unterfall des Interventionsverbots* ächten,[380] haben mangels einer entsprechenden Rechtsüberzeugung der Staaten keine Bindungswirkung erlangt.[381] Bis heute ist es auch nicht gelungen, den Tatbestand der unerlaubten Intervention mit wirtschaftlichen Mitteln befriedigend zu präzisieren.[382] Folgt man dem IGH, verstößt ein Embargo grundsätzlich nicht gegen das Interventionsverbot,[383] wenn nicht besondere Umstände hinzutreten. Im kontroversen Schrifttum erscheinen als solche insbes die spürbare Beeinträchtigung der souveränen Entscheidungsfreiheit des mit einer Sanktion belegten Völkerrechtssubjekts, die (Un-)Verhältnismäßigkeit oder das Zwangsmoment. Eindeutige und handhabbare Maßstäbe liefern sie nicht.[384] *Vertragliche Sperren* gegen Wirtschaftssanktionen in multilateralen Verträgen (etwa des GATT) oder in bilateralen Abkommen lassen sich nur selten und nur punktuell ausmachen.[385] Man kann daher nicht davon ausgehen, dass Wirtschaftssanktionen zu den generell unerlaubten Sanktionstypen des geltenden Völkerrechts gehören.

122 Ein besonderes Problem der Wirtschaftssanktionen stellen deren negative Auswirkungen auf Unternehmen im sanktionsbelegten Staat dar. Staatliche Unternehmen oder staatlich beherrschte Unternehmen wird man als „Organe" des Staats behandeln und insofern die Schutzwürdigkeit verneinen können. Sofern Privatunternehmen im eigentlichen Sinn von den Wirtschaftssanktionen erfasst werden, kommt es darauf an, ob sie sich auf völkerrechtliche Schutzpositionen gegenüber dem sanktionierenden Staat berufen können. Dass sie in der Regel nicht an dem durch die Sanktionen missbilligten Verhalten ihres Staats beteiligt waren, reicht als solches nicht aus. Zu denken wäre an den völkerrechtlichen Eigentumsschutz, soweit daraus zumindest Entschädigungspflichten abgeleitet werden können. Vorausgesetzt (und str) ist dabei, ob überhaupt eine rechtlich erhebliche Beeinträchtigung einer Eigentumsposition angenommen werden kann, die überdies wohl auch unzumutbar sein müsste.[386]

123 Wirtschaftssanktionen liefern den Staaten nach wie vor Rechtfertigungsgründe im Rahmen des Selbstschutzes, als Retorsion oder Repressalie. Freilich werden, soweit möglich, kollektive Maßnahmen im Rahmen I.O bevorzugt, weil sie stärker

---

379 Dazu *Kewenig*, Zwangsmaßnahmen, 11 ff.
380 Vgl Grundsatz 3 der Deklaration über die Grundsätze des Völkerrechts betreffend die freundschaftlichen Beziehungen und die Zusammenarbeit der Staaten, GA Res 2625 (XXV) v 21.10.1970; Art 32 der Charta der wirtschaftlichen Rechte und Pflichten der Staaten, GA Res 3281 (XXIX) v 12.12.1974.
381 Vgl *Boon*, Charter of Economic Rights and Duties, MPEPIL II, 87 ff.
382 Dazu *Petersmann* (Fn 342) 8 f; *Kewenig*, Zwangsmaßnahmen, 14 ff; *Schröder*, Non-Intervention, Principle of, EPIL III (1997) 619 ff.
383 *Nicaragua* (Merits), ICJ Rep 1986, 14 § 245
384 Dazu die Monographie von *Dicke*, Die Intervention mit wirtschaftlichen Mitteln, 1978; *Schöbener/Herbst/Perkams* (Fn 37) Rn 111 ff.
385 Vgl etwa Art XXI GATT 94, wonach die vertraglichen Prinzipien der Meistbegünstigung und Nichtdiskriminierung Maßnahmen zum Schutz wesentlicher Sicherheitsinteressen nicht entgegenstehen. Dazu *van den Bosche*, The Law and Policy of the World Trade Organization, 2005, 628 ff. Einen Verstoß gegen einen bilateralen Vertrag behandelt der IGH im *Treaty of Amity*-Fall.
386 Näher dazu *Schöbener/Herbst/Perkams* (Fn 375) Rn 125 ff. Nach Unionsrecht verneint von EuGH in Rosneft, ECLI:EU:C:2017:236, Rn 143 ff.

wirken können als einzelstaatliche. Unabhängig davon bleibt die Frage, wie Wirtschaftssanktionen effektiv sind, also ihr Ziel, dem damit belegten Völkerrechtssubjekt einen empfindlichen Nachteil zuzufügen, erreichen. Eine einheitliche Antwort lässt sich nicht geben, weil die Wirksamkeit wesentlich von der eingesetzten Sanktion und der ökonomischen „Empfindlichkeit" des betroffenen Völkerrechtssubjekts abhängt. Zweifel bestehen vor allem bei Embargomaßnahmen. Nach aller Erfahrung können sie, vor allem bei mangelnder Solidarität in der Staatengemeinschaft, leicht unterlaufen werden.[387]

---

[387] Vgl *Kewenig,* Zwangsmaßnahmen, 26 ff; *Fukatsu,* Theory of Sanctions, 1198 f; *Hafner* (Fn 332) 410 ff.

Schröder

Achter Abschnitt

Michael Bothe
Friedenssicherung und Kriegsrecht

Gliederung

Vorbemerkung —— 1–2
I. Völkerrechtliche Verhinderung von Gewalt *(ius contra bellum)* —— 3–55
  1. Das rechtliche Verbot von Gewalt —— 3–30
    a) Entwicklung —— 3
    b) Verbotene Gewalt —— 9
    c) Rechtfertigungsgründe für Gewalt —— 18
    d) Rechtliche Konsequenzen einer Verletzung und Durchsetzung des Gewaltverbots —— 25
    e) Funktion und Bedeutung des Gewaltverbots —— 29
  2. Rahmenbedingungen des Gewaltverbots —— 31–55
    a) Friedliche Streitbeilegung und friedlicher Wandel —— 31
    b) Das System der kollektiven Sicherheit —— 32
    c) Rüstungskontrolle und Abrüstung —— 52
II. Völkerrechtliche Eingrenzung von Gewalt – Das Recht bewaffneter Konflikte *(ius in bello)* —— 56–128
  1. Grundlage und Entwicklung —— 56–61
  2. Die Beziehungen zwischen den Konfliktparteien —— 62–103
    a) Der Anwendungsbereich des völkerrechtlichen Kriegsrechts – der internationale bewaffnete Konflikt —— 62
    b) Allgemeine Grundsätze und Landkriegsrecht —— 64
    c) Seekrieg —— 84
    d) Luftkrieg und Militarisierung des Weltraums —— 89
    e) Wirtschaftskrieg —— 90
    f) Durchsetzung des *ius in bello* —— 91
  3. Konfliktparteien und dritte Staaten (Neutralitätsrecht) —— 104–120
    a) Grundlagen —— 104
    b) Unverletzlichkeit des neutralen Gebiets —— 110
    c) Neutralitätspflichten der Nichtteilnehmer —— 111
    d) Landkrieg —— 113
    e) Seekrieg —— 114
    f) Luftkrieg —— 119
  4. Der nichtinternationale bewaffnete Konflikt —— 121–126
  5. Die Internationalisierung nichtinternationaler Konflikte —— 127, 128
III. Rechtliche Steuerung des Wegs vom bewaffneten Konflikt zur friedlichen Normalität *(ius post bellum)* —— 129, 130

Literatur

Arnold, Roberta/Hildbrand, Pierre-Antoine (Hrsg), International Humanitarian Law and the 21st Century's Conflicts, 2005 [Arnold/Hildbrand (Hrsg), IHL]

Auswärtiges Amt/Deutsches Rotes Kreuz/Bundesministerium der Verteidigung (Hrsg), Dokumente zum humanitären Völkerrecht, 2. Aufl 2012 [DokHVR]

Bassiouni, M. Cherif (Hrsg), A Manual on International Humanitarian Law and Arms Control Agreements, 2000

Bellal, Annyssa (Hrsg), The War Report: Armed Conflicts in 2017, 2018

Boothby, William, Weapons and the Law of Amed Conflict, 2. Aufl 2016

Bothe, Michael/Partsch, Karl Josef/Solf, Waldemar A., New Rules for Victims of Armed Conflicts. Commentary on the Two 1977 Additional Protocols to the Geneva Conventions of 1949, 1982, 2. Aufl revised reprint 2013 [*Bothe/Partsch/Solf*, New Rules]

Bothe, Michael/Graf Vitzthum, Wolfgang, Rechtsfragen der Rüstungskontrolle im Vertragsvölkerrecht der Gegenwart, BerDGVR 30 (1989) [*Bothe/Graf Vitzthum*, Rechtsfragen]
Bothe, Michael/O'Connell, Mary Ellen/Ronzitti, Natalino (Hrsg), Redefining Sovereignty: The Use of Force After the Cold War, 2005 [Bothe et al (Hrsg), Redefining Sovereignty]
Brownlie, Ian, International Law and the Use of Force by States, 1963
Bundesministerium der Verteidigung (Hrsg), Humanitäres Völkerrecht in bewaffneten Konflikten – Handbuch, ZDv 15/2, 2013
Byers, Michael, War Law. Understanding International Law and Armed Conflict, 2005
Cassese, Antonio (Hrsg), The Current Regulation of the Use of Force, 1986 [Cassese (Hrsg), Current Regulation]
Clapham, Andrew/Gaeta, Paola (Hrsg), The Oxford Handbook of International Law in Armed Conflict, 2014 [Oxford Handbook]
Clapham, Andrew/Gaeta, Paola/Sassòli, Marco (Hrsg), The 1949 Geneva Conventions. A Commentary, 2015
Corten, Olivier, Le droit contre la guerre, 2. Aufl 2014 [*Corten*, Droit]
D'Aspremont, Jean/De Hemptienne, Jérôme, Droit international humanitaire, 2012 [*D'Asprement/De Hemptienne*, DIH]
David, Eric, Principes de droit des conflits armés, 6. Aufl 2019
Department of Defense (Hrsg), Law of War Manual, 2015 [US Manual]
Dinstein, Yoram, The International Law of Belligerent Occupation, 2009
Dinstein, Yoram, The Conduct of Hostilities under the Law of International Armed Conflict, 3. Aufl 2016 [*Dinstein*, Hostilities]
Dinstein, Yoram, War, Agression and Self-Defence, 6. Aufl 2017 [*Dinstein*, War]
Dinstein, Yoram, Non-International Armed Conflicts in International Law, 2014
Durham, Helen/McCormack, Timothy L.H. (Hrsg), The Changing Face of Conflict and the Efficacy of International Humanitarian Law, 1999
Federal Foreign Office/German Red Cross/Federal Ministry of Defense (Hrsg), Documents on International Humanitarian Law, 2. Aufl 2012 [DocIHL]
Fernández-Sanchez, Pablo Antonio (Hrsg), Peacekeeping. Global Perspective, Challenges and Impact, 2018
Fisler Damrosch, Lori/Scheffer, David J. (Hrsg), Law and Force in the New International Order, 1991 [Fisler Damrosch/Scheffer (Hrsg), Law and Force]
Fleck, Dieter (Hrsg), Handbuch des humanitären Völkerrechts in bewaffneten Konflikten, 1994 [Fleck (Hrsg), Handbuch]; engl Ausgabe 3. Aufl 2013 [Fleck (Hrsg), Handbook]
Fleck, Dieter (Hrsg), The Handbook of the Law of Visiting Forces, 2. Aufl 2018
Ford, Christopher M./Williams, Winston S. (Hrsg), Complex Battlespaces, 2019
Franck, Thomas M., Recourse to Force. State Action Against Threats and Armed Attacks, 2002
Gasser, Hans-Peter/Melzer, Nils, Humanitäres Völkerrecht, 2. Aufl 2012
Gill, Terry D./Fleck, Dieter (Hrsg), The Handbook of the International Law of Military Operations, 2010
Gill, Terry/Fleck, Dieter/Boothby, William H./Vanheusden, Alfons (Hrsg), Leuven Manual on the International Law Applicable to Peace Operations, 2017 [Leuven Manual]
Gray, Christine, International Law and the Use of Force, 4. Aufl 2018 [*Gray*, Use of Force]
Green, Leslie C., The Contemporary Law of Armed Conflict, 3. Aufl 2008
Hakimi, Monica, The Jus ad bellum's Regulatory Form (Symposium), AJIL Unbound 112 (2018) 94 ff
Heintschel von Heinegg, Wolff/Epping, Volker (Hrsg), International Humanitarian Law Facing New Challenges, Symposium in Honour of Knut Ipsen, 2007
Heintze, Hans-Joachim/Ipsen, Knut (Hrsg), Heutige bewaffnete Konflikte als Herausforderungen an das humanitäre Völkerrecht, 2011
Henckaerts, Jean-Marie/Doswald-Beck, Louise (Hrsg), Customary International Humanitarian Law, 2 Bde, 2005 [IKRK-Studie]

ICRC (Hrsg), International Humanitarian Law and the Challenges of Contemporary Armed Conflicts, Report, 32nd International Conference of the Red Cross and Red Crescent, Doc 32IC/15/11 [ICRC Challenges Report 15]
ICRC (Hrsg), Protocol Additional to the Geneva Conventions of 12 August 1949 and Relating to the Adoption of an Additional Distinctive Emblem (Protocol III), <https://ihl-databases.icrc.org/applic/ihl/ihlnsf/Comment.xsp?action=openDocument>
ICRC (Hrsg), Commentary on the First Geneva Convention, 2016
International Law Association (Hrsg), Use of Force, Committee Report 2018, <www.ila-hq.org/index.php/committees/Conference Report Sydney 2018.pdf> [ILA 2018]
Kalshoven, Frits/Zegveld, Liesbeth, Constraints on the Waging of War, 2010
Kelly, Michael J., Restoring and Maintaining Order in Complex Peace Operations. The Search for a Legal Framework, 1999
Kennedy, David, Of War and Law, 2006
Kolb, Robert, Ius in bello. Le droit international des conflits armés, 2. Aufl 2009 [*Kolb*, Ius in bello]
Kolb, Robert/Hyde, Richard, An Introduction into the International Law of Armed Conflicts, 2008
Krisch, Nico, Selbstverteidigung und kollektive Sicherheit, 2001
Neuhold, Hanspeter, Internationale Konflikte – verbotene und erlaubte Mittel ihrer Austragung, 1977
Pictet, Jean S., The Geneva Conventions of 12 August 1949, Bd I, 1952; Bd II, 1960; Bd III, 1960; Bd IV, 1958
Quénivet, Noëlle/Shah-Davis, Shilan (Hrsg), International Law and Armed Conflict – Challenges in the 21st Century, 2010
Rogers, A. P. V., Law on the Battlefield, 3. Aufl 2012
Ronzitti, Natalino, Diritto internazionale dei conflitti armati, 6. Aufl 2017
Sandoz, Yves/Swinarski, Christophe/Zimmermann, Bruno (Hrsg), Commentary on the Additional Protocols of 8 June 1977 to the Geneva Conventions of 12 August 1949, 1987 [Sandoz/Swinarski/Zimmermann (Hrsg), Additional Protocols]
Sassòli, Marco, International Humanitarian Law, 2019
Sassòli, Marco/Bouvier, Antoine/Quintin, Anne, How Does Law Protect in War? Cases, Documents and Teaching on Contemporary Practice in International Humanitarian Law, 3. Aufl 2011
Schaumann, Wilfried (Hrsg), Völkerrechtliches Gewaltverbot und Friedenssicherung, 1971 [Schaumann (Hrsg), Gewaltverbot]
Schindler, Dietrich/Hailbronner, Kay, Die Grenzen des völkerrechtlichen Gewaltverbots, BerDGVR 26 (1986) 49 ff [*Schindler/Hailbronner*, Grenzen]
Schindler, Dietrich/Toman, Jirí (Hrsg), The Laws of Armed Conflicts, 4. Aufl 2004 [Schindler/Toman, Armed Conflicts]
Schmitt, Michael (Hrsg), Talinn Manual 2.0 on the International Law Applicable to Cyber Operations, 2017
Sharp, Walter G. (Hrsg), Peace Operations. A Collection of Primary Documents and Readings Governing the Conduct of Multilateral Peace Operations, 1995
Sivakumaran, Sandesh, The Law of Non-international Armed Conflict, 2012
Solis, Gary D., The Law of Armed Conflict, 2010
UK Ministry of Defence (Hrsg), The Manual of the Law of Armed Conflict, 2004
Weller, Marc (Hrsg), The Oxford Handbook of the Use of Force in International Law, 2015
White, Nigel D./Henderson, Christian (Hrsg), Research Handbook on International Conflict and Security Law, 2012
Wolfrum, Rüdiger (Hrsg), Max Planck Encyclopedia of Public International Law, 10 Bde, 2012 [MPEPIL]
Zimmermann, Andreas/Hobe, Stephan/Odendahl, Kerstin/Kieninger, Eva-Maria/König, Doris/Marauhn, Thilo/Thorn, Karsten/Schmalenbach, Kirsten, Moderne Konfliktformen – Humanitäres Völkerrecht und privatrechtliche Folgen, BerDGVR 44 (2009) 7 ff [*Zimmermann u a*, Konfliktformen]

Verträge

Genfer Konvention betreffend die Linderung des Loses der im Felddienst verwundeten Militärpersonen v 22.8.1864 (DocIHL, 7) —— 56, 79

Konvention zur Verbesserung des Loses der Verwundeten und Kranken bei den im Felde stehenden Heeren v 6.7.1906 (Schindler/Toman [Hrsg], The Laws of Armed Conflicts, 4. Aufl 2004, 383) —— 56

Abkommen betreffend die Gesetze und Gebräuche des Landkriegs v 18.10.1907 (RGBl 1910, 107) [IV. Haager Abkommen; Haager Landkriegsordnung in der Anlage] —— 56, 64, 71, 78, 82

Abkommen betreffend die Rechte und Pflichten der neutralen Mächte und Personen im Falle eines Landkriegs v 18.10.1907 (RGBl 1910, 151) [V. Haager Abkommen] —— 105, 110, 112, 113

Abkommen betreffend die Rechte und Pflichten der Neutralen im Falle eines Seekriegs v 18.10.1907 (RGBl 1910, 343) [XIII. Haager Abkommen] —— 112, 114

Genfer Protokoll v 17.6.1925 über das Verbot der Verwendung von erstickenden, giftigen oder ähnlichen Gasen sowie von bakteriologischen Mitteln im Kriege (DokHVR 103) —— 56, 74, 76

Genfer Abkommen über die Behandlung der Kriegsgefangenen v 27.7.1929 (Schindler/Toman [Hrsg], The Laws of Armed Conflicts, 4. Aufl 2004, 404) —— 56

Genfer Abkommen zur Verbesserung des Loses der Verwundeten und Kranken im Feld v 27.7.1929 (Schindler/Toman [Hrsg], The Laws of Armed Conflicts, 4. Aufl 2004, 421) —— 56

Protokoll über die Regeln für den Unterseebootkrieg v 6.11.1936 (Schindler/Toman [Hrsg], The Laws of Armed Conflicts, 4. Aufl 2004, 1145) —— 116

I. Genfer Abkommen zur Verbesserung des Loses der Verwundeten und Kranken der Streitkräfte im Felde v 12.8.1949 (BGBl 1954 II, 783; 75 UNTS 31) —— 56, 57, 60, 62, 79, 89, 92, 96, 98, 101, 121, 122, 123, 124

II. Genfer Abkommen zur Verbesserung des Loses der Verwundeten, Kranken und Schiffbrüchigen der Streit-kräfte zur See v 12.8.1949 (BGBl 1954 II, 813; 75 UNTS 85) —— 56, 57, 60, 62, 87, 92, 96, 101, 121, 122, 123, 124

III. Genfer Abkommen über die Behandlung der Kriegsgefangenen v 12.8.1949 (BGBl 1954 II, 838; 75 UNTS 135) —— 56, 57, 60, 62, 77, 80, 81, 92, 96, 97, 101, 121, 122, 123, 124, 125

IV. Genfer Abkommen zum Schutz von Zivilpersonen in Kriegszeiten v 12.8.1949 (BGBl 1954 II, 917; 75 UNTS 287) —— 56, 57, 60, 62, 64, 66, 67, 81, 82, 92, 96, 101, 121, 122, 123, 124

Haager Konvention zum Schutz von Kulturgut bei bewaffneten Konflikten v 12.5.1954 (DokHVR, 375); (Zweites) Prot v 26.3.1999 (ILM 38 [1999] 769; BGBl 2009 II, 716) —— 56, 122, 124, 125

Vertrag über das Verbot von Kernwaffenversuchen in der Atmosphäre, im Weltraum und unter Wasser v 5.8.1963 (BGBl 1964 II, 907; 480 UNTS 43) —— 53

Internationaler Pakt über bürgerliche und politische Rechte v 19.12.1966 (BGBl 1973 II, 1533) —— 83, 122

Vertrag über die Grundsätze zur Regelung der Tätigkeiten von Staaten bei der Erforschung und Nutzung des Weltraums einschließlich des Mondes und anderer Himmelskörper v 27.1.1967 (BGBl 1969 II, 1968) [Weltraumvertrag] —— 53

Treaty for the Prohibition of Nuclear Weapons in Latin America v 14.2.1967 (634 UNTS 281) [Vertrag von Tlatelolco] —— 55

Vertrag über die Nichtverbreitung von Kernwaffen v 1.7.1968 (BGBl 1974 II, 786; ILM 7 [1968] 809 [NV-Vertrag]) und Entscheidung gemäß Art X Abs 2 über die Verlängerung des Vertrags auf unbegrenzte Zeit v 11.5.1995 (BGBl 1995 II, 984; ILM 34 [1995] 959) —— 54, 55

Übereinkommen über das Verbot der Entwicklung, Herstellung und Lagerung bakteriologischer (biologischer) Waffen und von Toxinwaffen sowie der Vernichtung solcher Waffen v 10.4.1972 (BGBl 1983 II, 133) —— 53, 54

Interim Agreement between the United States of America and the Union of Soviet Socialist Republics on Certain Measures with Respect to the Limitation of Strategic Offensive Arms v 26.5.1972 (ILM 11 [1972] 791) [SALT I-Vertrag] —— 53, 56

Zusatzprotokoll zu den Genfer Abkommen v 12.8.1949 über den Schutz der Opfer internationaler bewaffneter Konflikte (Protokoll I) v 8.6./12.12.1977 (BGBl 1990 II, 1551) [ZP I] —— 27, 56, 57, 60, 63,

64, 65, 66, 68, 69, 70, 71, 75, 76, 77, 78, 79, 80, 81, 82, 83, 84, 87, 89, 92, 93, 94, 100, 103, 106, 110, 112, 121

Zusatzprotokoll zu den Genfer Abkommen v 12.8.1949 über den Schutz der Opfer nicht internationaler bewaffneter Konflikte (Protokoll II) v 8.6./12.12.1977 (BGBl 1990 II, 1637) [ZP II] —— 56, 57, 63, 93, 122, 123, 124, 125

Treaty between the United States of America and the Union of Soviet Socialist Republics on the Limitation of Strategic Offensive Arms v 18.6.1979 (ILM 18 [1979] 1138) [SALT II-Vertrag] —— 53

Übereinkommen zur Regelung der Tätigkeiten von Staaten auf dem Mond und anderen Himmelskörpern des Sonnensystems v 5.12.1979 (ILM 18 [1979] 1434) [Mondvertrag] —— 53

Übereinkommen über das Verbot oder die Beschränkung des Einsatzes bestimmter konventioneller Waffen, die übermäßig Leiden verursachen oder unterschiedslos wirken können v 10.10.1980 (mit Prot) (ILM 19 [1980] 1524; BGBl II, 1992, 959); Änd u Zusatzprotokoll IV v 26.5.1996 (CCW/CONF. I/16 [Part I]); Zusatzprotokoll V on Explosive Remnants of War v 27.11.2003 (CCW/MSP/2003/2) [UN-Waffenkonvention] —— 55, 56, 73

South Pacific Nuclear Free Zone Treaty v 6.8.1985 (1445 UNTS 178) [Vertrag von Rarotonga] —— 55

Vertrag über konventionelle Streitkräfte in Europa v 19.11.1990 (BGBl. 1991 II, 1155) —— 55

Treaty between the United States of America and the Union of Soviet Socialist Republics on the Reduction and Limitation of Strategic Offensive Arms v 4.10.1991 (DSD 2 [1991], Suppl; ILM 31 [1992] 246) [START I-Vertrag] —— 53

Vertrag über den offenen Himmel v 24.3.1992 (BGBl 1993 II, 2046) —— 55

Treaty between the United States of America and the Russian Federation on Further Reduction and Limitation of Strategic Offensive Arms v 3.1.1993 (SIPRI Yb 1993, 576) [START II-Vertrag] —— 53

Übereinkommen über das Verbot der Entwicklung, Herstellung, Lagerung und des Einsatzes chemischer Waffen und über die Vernichtung solcher Waffen v 13.1.1993 (BGBl 1994 II, 807; ILM 29 [1990] 800) [C-Waffen-Übereinkommen] —— 54, 74

Treaty on the Southeast Asia Nuclear Weapon-Free Zone v 15.12.1995 <http://www.aseansec.org/2503.htm> [Vertrag von Bangkok] —— 55

African Nuclear-Weapon-Free Zone Treaty v 11.4.1996 (UN Doc A/50/426) [Treaty of Pelindaba] —— 55

Vertrag über das umfassende Verbot von Nuklearversuchen (Comprehensive Test Ban Treaty) v 24.9.1996 (BGBl 1998 II, 1210; ILM 35 [1996] 1439) —— 54

Übereinkommen über das Verbot des Einsatzes, der Lagerung, der Herstellung und der Weitergabe von Antipersonenminen und deren Vernichtung v 18.9.1997 (BGBl 1998 II, 778; ILM 36 [1997] 1503) [Ottawa-Abkommen] —— 55, 73, 124

Statut des Internationalen Strafgerichtshofs v 17.7.1998 (BGBl 2000 II, 1393) —— 10, 28, 36, 102

Übereinkommen über die Anpassung des Vertrags über konventionelle Streitkräfte in Europa v 19.11.1999 (CFE.DOC/1/99, auch abrufbar unter <http://auswaertiges-amt.de/cae/servlet/contentblob/349220/publicationFile/4112/KSE-UE-Anpassung.pdf>) —— 55

Protocol relatif au Conseil de Paix et de Sécurité de l'Afrique Central v 24.2.2002, <www.labceeac.com> —— 51

Vertrag über die Reduzierung der strategischen Offensivwaffen (Moskauer Vertrag) v 24.5.2002 (ILM 41 [2002] 799) —— 54, 55

Zusatzprotokoll v 8.12.2005 zu den Genfer Abkommen v 12.8.1949 über die Annahme eines neuen Schutzzeichens (Protokoll III) [ZP III] (BGBl 2009 II, 222) —— 56, 70, 79

Treaty on a Nuclear-Free-Zone in Central Asia v 8.9.2006, <http://cns.miis.edu/pubs/week/pdf_support/060905_canwfz.pdf> [Vertrag von Semipalatinsk] —— 55

Statute of the African Court of Justice and Human Rights v 1.7.2008 (<http://www.peaceau.org/ploads/protocol-of-statute-african-court-justice-and-human-rights-en.pdf>), ergänzt durch Protokoll v Malabo v 27.6.2014 (<https://au.int/sites/default/files/treaties>) —— 102

Convention on Cluster Munitions/Übereinkommen über Streumunition v 30.5/3.12.2008 (BGBl 2009 II, 502, 504) —— 68, 73

Treaty between the US and the Russian Federation on Measures for the Further Reduction and Limitation of Strategic Offensive Arms v 8.4.2010 (ILM 50 [2011] 340) —— 54
Arms Trade Treaty v 2.4.2013 (UN Doc A/CONF.217/2013/L.3; A/RES 67/234B; BGBl 2013 II, 1426) [ATT] —— 55
Treaty on the Prohibiion of Nuclear Weapons v 7.7.2017 (ILM 57 [2018] 347)

Judikatur
Internationaler Gerichtshof
Corfu Channel (United Kingdom v Albania), Urteil v 9.4.1949, ICJ Rep 1949, 4 *[Korfu Kanal]* —— 118
Reparations for Injuries Suffered in the Service of the United Nations, Gutachten v 11.4.1949, ICJ Rep 1949, 174 *[Bernadotte]* —— 50
Legal Consequences for States of the Continued Presence of South Africa in Namibia (South West Africa) notwithstanding Security Council Resolution 276 (1970), Gutachten v 21.6.1971, ICJ Rep 1971, 16 *[Namibia]* —— 40
Military and Paramilitary Activities in and against Nicaragua (Merits) (Nicaragua v USA), Urteil v 27.6.1986, ICJ Rep 1986, 14 *[Nicaragua]* —— 8, 10, 12, 17, 19, 27, 43, 99
Legality of the Use by a State of Nuclear Weapons in Armed Conflict, Gutachten v 8.7.1996, ICJ Rep 1996, 66 *[WHO-Nuklearwaffen-Gutachten]* —— 54
Legality of the Threat or Use of Nuclear Weapons, Gutachten v 8.7.1996, ICJ Rep 1996, 226 *[GV-Nuklearwaffen-Gutachten]* —— 10, 17, 18, 19, 54, 60, 76
Oil Platforms (Merits) (Iran v USA), Urteil v 6.11.2003, ICJ Rep 2003, 161 *[Oil Platforms]* —— 19, 27
Legal Consequences of the Construction of a Wall in the Occupied Palestinian Territory, Gutachten v 9.7.2004, ICJ Rep 2004, 136 *[Mauer-Gutachten]* —— 11, 26, 60, 81, 82
Armed Activities on the Territory of the Congo (Democratic Republic of Congo v Uganda), Urteil v 19.12.2005, ICJ Rep 2005, 168 *[Kongo/Uganda]* —— 11, 27, 82, 99
Application of the Convention on the Prevention and Punishment of the Crime of Genocide (Bosnia and Herzegovina v Serbia and Montenegro), Urteil v 26.2.2007, ICJ Rep 2007, 43 *[Genocide Convention 1]* —— 99
Application of the Convention on the Prevention and Punishment of the Crime of Genocide (Croatia v Serbia), Urteil v 3.2.2015, ICJ Rep 2015, 3 *[Genocide Convention 2]* —— 99
Obligations concerning Negotiations Relating to Cessation of the Nuclear Arms Race and to Nuclear Disarmament (Marshall Islands v India, Pakistan, United Kingdom), Urteil v 5.10.2016, ICJ Rep 2016, 255 *[Nuclear Disarmament]* —— 55

Ständiger Schiedshof
Eritrea-Ethiopia Claims Commission, Schiedssprüche v 1.7.2003, v 28.4.2004, v 17.12.2004 und v 29.12.2004 (Partial Awards) sowie v 29.12.2005 und v 27.8.2009 (Final Awards), <http://www.pca-cpa.org/showpage.asp?pag_id=1151> —— 27, 99

Internationales Tribunal für die Ahndung von Kriegsverbrechen im ehemaligen Jugoslawien
Prosecutor v Dusko Tadić a/k/a „Dúle" (Appeal on Jurisdiction), Entscheidung v 2.10.1995, ILM 35 (1996) 35 *[Tadić]* —— 39, 48, 125

Internationaler Strafgerichtshof
Prosecutor v Lubanga, Urteil der Trial Chamber v 14.3.2012, ICC-01/04-01/06, <www.icc-cpi.int/en_menus/icc/situations%20> *[Prosecutor v Lubanga]* —— 83
Prosecutor v Abu Garda, Urteil v 8.2.2010, ICC-02/05-02/07 *[Abu Garda]* —— 38

Special Court for Sierra Leone
Prosecutor v Sesy, Kallou, Gbao, Urteil v 2.5.2009, SCSL-04-15-T —— 38

Special Tribunal for Lebanon
The Prosecutor v Ayyash, Urteil v 24.10.2012, STL-11-01/PT/AC/AR90.1 —— 48

Europäischer Gerichtshof für Menschenrechte
Loizidou v Turkey, Urteil v 18.12.1996, Nr 15318/89 *[Loizidou]* —— 103.
Ergi v Turkey, Urteil v 28.7.1998, Nr 23818/94 *[Kurden-Fälle]* —— 103
Banković et al v Belgium et al, Urteil v 12.12.2001, Nr 52207/99 *[Banković]* —— 103
Orhan v Turkey, Urteil v 18.6.2002, Nr 25656/94 *[Kurden-Fälle]* —— 103
Ilascu et al v Moldova & RF, Urteil v 8.7.2004, Nr 48787/99 *[Ilascu]* —— 103
Issa et al v Turkey, Urteil v 16.11.2004, Nr 31821/96 *[Kurden-Fälle]* —— 103
Isayeva et al v RF, Urteil v 24.2.2005, Nr 57947/00, 57948/00, 57949/00 *[Tschetschenien-Fälle]* —— 103
Al Skeini et al v UK, Urteil v 7.7.2011, Nr 55721/07 *[Al Skeini]* —— 103
Al Jedda v UK, Urteil v 7.7.2011, Nr 270212/08 *[Al Jedda]* —— 103
Hassan v UK, Urteil v 16.9.2014, Nr 29750/09 *[Hassan]* —— 103

Interamerikanische Menschenrechtkommission
Aisalla (Ecuador v Columbia), Entscheidung v 21.10.2010, Report No 112/10 —— 60, 103

Deutsche Gerichte
BVerfG, Urteil v 12.7.1994, BVerfGE 90, 286 —— 5
BVerfG, Beschluss v 13.8.2013, DÖV 2013, 646 —— 103
BVerfG, Beschluss v 13.7.2018, NVwZ 2018, 1788 —— 81, 112

Israelische Gerichte
Adalah v Central Command IDF, Urteil v 6.10.2005, ILM 45 (2006) 491 —— 82
Public Committee against Torture in Israel et al v Government of Israel et al, Urteil v 11.12.2005, ILM 46 (2007), 375 <http://elyon1.court.gov.il/Files_ENG/02/ 690/007/a34/02007690.a34.pdf> *[Targeted Killing]* —— 11, 66

US-amerikanische Gerichte
Hamdan v Rumsfeld, Urteil v 29.6.2006, 126 S.Ct. 2749 (2006); ILM 45 (2006) 1130 —— 127

Vorbemerkung

1   Es ist eine Funktion jeder Rechtsordnung, das friedliche Zusammenleben der Rechtsgenossen zu ermöglichen. Entwickelte staatliche Rechtsordnungen sehen deswegen ein Gewaltmonopol des Staats vor. Ihm gegenüber ist dem einzelnen Rechtsgenossen eigenmächtiges gewaltsames Handeln nur in eng begrenzten, rechtlich genau umschriebenen Ausnahmen erlaubt.[1] Auch das moderne Völkerrecht sucht ein *friedliches Zusammenleben der Staaten* zu sichern und die Gewaltanwendung zwischen Staaten einzuschränken. Angesichts des dezentralisierten Charakters der internationalen Ordnung kann es dies aber jedenfalls faktisch nicht in gleicher Weise tun wie die staatliche Rechtsordnung. Es gibt *kein* dem staatlichen Gewaltmonopol vergleichbares *Gewaltmonopol der internationalen Gemeinschaft*. Dezentrale Gewaltausübung und ihre Rechtfertigung spielen deshalb in den internationalen Beziehungen eine ganz andere, ungleich größere Rolle als das individuelle Notwehrrecht im innerstaatlichen Recht.

2   Rechtliche Einschränkung von Gewalt erfolgt im Völkerrecht auf zwei unterschiedlichen Ebenen. Zum Ersten gibt es Normen, die militärische Gewalt überhaupt verbieten bzw nur in bestimmten Ausnahmefällen erlauben. Traditionell wird hier von *ius ad bellum* gesprochen, richtiger ist *ius contra bellum*.[2] Denn der wesentliche Zweck dieses Rechtsgebiets ist nicht, ein Recht zum Krieg zu gewähren, sondern den Krieg zu verhindern. Wenn und soweit aber die einschlägigen Regeln bewaffnete Konflikte nicht verhindern können, ist es die Funktion einer zweiten Ebene der rechtlichen Regelung, des *ius in bello*,[3] diese militärische Gewalt in einem gewissen rechtlichen Rahmen zu halten, um noch schlimmere Gewaltausübung zu verhindern. Wenn dann die Waffen wieder schweigen, wird es heute auch als Aufgabe der internationalen Ordnung angesehen, den Weg zurück in die friedliche Normalität rechtlich zu steuern. Dafür haben sich in den letzten Jahrzehnten gewisse Übungen entwickelt, die unter dem Begriff des *ius post bellum* zusammengefasst werden.[4]

I. Völkerrechtliche Verhinderung von Gewalt *(ius contra bellum)*

1. Das rechtliche Verbot von Gewalt
a) Entwicklung

3   Zu Beginn der Entwicklung des modernen Völkerrechts galt die aus der mittelalterlichen Theologie entwickelte und insbes von *Grotius* vertretene Lehre vom *bellum*

---

1   *Isensee*, Staat und Verfassung, in Isensee/Kirchhof (Hrsg), HdbStR II, 3. Aufl 2004, 3 ff.
2   Dieser hier seit der 1. Aufl gebrauchte Ausdruck setzt sich in der internationalen Debatte immer mehr durch, vgl *Kolb*, Ius contra bellum, 2. Aufl 2009; *van Steenberghe*, The Law against War or *Jus contra Bellum*: A New Terminology for a Conservative View on the Use of Force? Leiden JIL 24 (2011) 747; *Daulenov*, The Legal Nature of States: Obligations toward Ukraine in the Context of *jus contra bellum*, in Sayapain/Tsybulenko (Hrsg), The Use of Force against Ukraine and International Law, 2018, 4 ff.
3   *Schindler*, Abgrenzungsfragen zwischen *ius ad bellum* und *ius in bello*, FS Haug, 1986, 251 ff; zum Verhältnis beider Rechtsbereiche *Rosas*, Construing International Law and Order, Essays Koskenniemi, 2003, 89 ff; *Frostad*, Jus in bello after September 11, 2001, 2005, 107 ff; *Giladi*, The Jus ad Bellum/Jus in Bello Distinction and the Law of Occupation, Is LR 41 (2008) 246 ff.
4   *Stahn*, Jus Post Bellum: Mapping the Discipline(s), AMUILR 23 (2007/08) 311 ff; *Epping*, Ius post bellum, FS Bothe, 2008, 65 ff; *Fleck*, Jus post bellum: Eine neue Disziplin des Völkerrechts?, HVI 25 (2012) 176; s u Rn 129 f mwN.

iustum.[5] Ein Krieg mit gerechtem Grund, für eine gerechte Sache und mit gerechten Mitteln war rechtmäßig. Dabei waren sich die Theoretiker dieser Lehre durchaus der Tatsache bewusst, dass es schwer ist zu entscheiden, wessen Sache denn gerecht sei. Der Ausgang des Kriegs wirkte von daher wie ein Gottesurteil. Für das Völkerrecht der Epoche der Aufklärung war diese Lösung unakzeptabel. Deshalb entwickelte sich immer mehr die *Lehre von der Indifferenz des Völkerrechts hinsichtlich des Rechts zum Kriege.*[6] Man nahm zwar kein Recht zum Kriege an, der Krieg war aber auch nicht verboten. Dies führte zu einer merkwürdigen Inkonsistenz von Unrechtsfolgen. Während die Verletzung staatlicher Rechtspositionen im Übrigen einer besonderen Rechtfertigung bedurfte – nur gerechtfertigt war die Reaktion auf vorangegangenes Unrecht (Repressalie) –, galt dies für die stärkste Beeinträchtigung eines anderen Staats, den Krieg, nicht mehr. So war (und ist) ein Zugriff auf das Vermögen ausländischer Staatsbürger nur zulässig, wenn zuvor deren Heimatstaat ein entsprechend schwerwiegendes Unrecht begangen hatte (bzw hat). Ein Krieg bedurfte eines solchen rechtlichen Begründungsaufwands nicht. An die Stelle einer Hegung militärischer Gewalt durch eine wie auch immer geartete rechtliche Beschränkung der Freiheit der Staaten, den Krieg als Mittel der Politik[7] einzusetzen, traten zwei andere Regelungsansätze: das Recht der Kriegführung *(ius in bello)*[8] und das Recht der friedlichen Streitbeilegung.[9] Beide Bereiche entwickelten sich während des 19. Jh erheblich weiter. Dagegen war die Lehre von der Indifferenz des Völkerrechts hinsichtlich des Rechts zum Kriege bis zum Ersten Weltkrieg zweifelsohne positives Recht.

Die *Haager Friedenskonferenzen* v 1899 und 1907[10] stellen den Abschluss dieser 4 Entwicklung dar. Die auf ihnen erzielten Fortschritte betrafen einmal das *ius in bello*, zum anderen die Entwicklung von Verfahren der friedlichen Streitbeilegung. In einem ganz kleinen Bereich nur wurde ein Fortschritt in Richtung auf ein völkerrechtliches Gewaltverbot erzielt, nämlich mit dem Verbot, Vertragsschulden mit militärischer Gewalt einzutreiben (Drago-Porter-Konvention).[11] Erst die Skandalisierung, die Erschütterung über die durch den Ersten Weltkrieg verursachten menschlichen Lei-

---

5 Vgl *Beestermöller,* Thomas von Aquin, in Bruha/Heselhaus/Marauhn (Hrsg), Legalität, Legitimität und Moral, 2008, 25 ff; *Christopher,* Just War Theory, 1990; *Mantovani,* Bellum iustum, 1990; *Kunz,* Bellum iustum et bellum legale, AJIL 45 (1951) 528 ff; *Kolb* (Fn 2) 15 ff; *Shearer,* A Revival of the Just War Theory?, FS Dinstein, 2007, 1 ff; Starck (Hrsg), Kann es heute noch „gerechte Kriege" geben?, 2008; *Regan,* Just War, 1996; *Ziolkowski,* Gerechtigkeitspostulate als Rechtfertigung von Kriegen, 2007; *P. Schmidt,* Bellum iustum, 2009; *Dinstein,* War, 81 ff; zur Anwendung auf den Kosovo-Konflikt *Mayer,* War der Krieg der Nato gegen Jugoslawien moralisch gerechtfertigt?, ZIB 6 (1999) 287 ff; *Gruber,* Die Lehre vom gerechten Krieg, 2008; *May,* Just War Theory and the Crime of Aggression, in Kreß/Barriga (Hrsg), The Crime of Aggression, Bd 1, 2017, 273 ff. Die Diskussion um gerechte Kriege in der westlichen Welt hat auch zu einer anders ausgerichteten Diskussion um gerechte Kriege aus islamischer Sicht geführt: vgl *Kelsay,* Arguing the Just War in Islam, 2007, 198 ff; vgl auch *Ziolkowski,* aaO, 107 ff.
6 *Bilfinger,* Vollendete Tatsache und Völkerrecht, ZaöRV 15 (1953/54) 453 (463 ff); *Fassbender,* Die Gegenwartskrise des völkerrechtlichen Gewaltverbots vor dem Hintergrund der geschichtlichen Entwicklung, EuGRZ 31 (2004) 241 ff; *Kolb* (Fn 2) 19 ff.
7 *Clausewitz,* Vom Kriege, 1823, Neudruck 4. Aufl 2003, 44.
8 Dazu u Rn 56 ff; vgl *Neff,* War and the Law of Nations, 2005, 186 ff.
9 Vgl *Schröder,* 7. Abschn Rn 60 ff.
10 *Baker,* Hague Peace Conferences (1899 and 1907), MPEPIL IV, 689 ff.
11 *Benedek,* Drago-Porter Convention (1907), MPEPIL III, 234 ff.

den führte zu einer moralischen und gesellschaftlichen Umbewertung des Phänomens des Kriegs, die auch den Anstoß zu neuen Rechtsentwicklungen gab.

5 Eine solche neue Entwicklung ist der Versuch, Krieg durch das Schaffen ständiger Institutionen zu verhindern. Dies ist der Gedanke des *Systems der kollektiven Sicherheit*,[12] wie es im Völkerbund[13] geschaffen wurde. Der Krieg zwischen irgendwelchen Mitgliedern der Organisation wird als eine Angelegenheit aller Mitglieder angesehen. Friedenssicherung ist die Aufgabe der Organisation (Art 11 der Völkerbundsatzung [VBS]). Allerdings sieht die VBS noch kein allgemeines Kriegsverbot vor. Rechtlich gesehen wird die bisherige Indifferenz des Völkerrechts hinsichtlich des Rechts zum Kriege nur *verfahrensmäßig* eingeschränkt. Es ist verboten, „zum Krieg zu schreiten", während noch Verfahren der friedlichen Streitbeilegung laufen. Ebenso ist es verboten, gegen einen Staat zum Krieg zu schreiten, der sich dem Ergebnis eines Verfahrens der friedlichen Streitbeilegung unterwirft (Art 13 u 15 VBS). Gegen einen Staat, der unter Verletzung dieser Pflichten der Satzung einen Krieg beginnt, sind Zwangsmaßnahmen des Völkerbundes vorgesehen (Art 16 VBS).

6 Eine Fortentwicklung des völkerrechtlichen Gewaltverbots brachte der *Briand-Kellogg-Pakt* v 1928,[14] dem alsbald die meisten Staaten der Welt beitraten. Darin verurteilen die Vertragsparteien den Krieg als Mittel der Lösung internationaler Konflikte und verzichten auf ihn als ein Mittel der Politik. Damit war rechtlich gesehen ein weltweit geltendes *Kriegsverbot* erreicht.[15] Der Vertrag hatte jedoch zwei entscheidende *Schwächen*. Zum einen war diese Fortentwicklung des materiellen Gewaltverbots nicht begleitet von einer Entwicklung des Rechts bzgl der Folgen der Rechtsverletzung, mit anderen Worten des Rechts der Sanktionen. Zum anderen bezog sich das Verbot lediglich auf den „Krieg", was dazu führte, dass militärische Aktionen, die eigentlich eine Verletzung des Pakts darstellten, einfach nicht mehr als Kriege deklariert wurden. So geschah es vor allem bei den japanischen Übergriffen gegen China in den 1930er Jahren.[16] Dass im Übrigen der Krieg zur Selbstverteidigung zulässig blieb, war nicht bezweifelt.[17] Die Angriffshandlungen zu Beginn des Zweiten Weltkriegs stellten eine klare Verletzung des Briand-Kellogg-Pakts dar.

7 Nachdem das durch Völkerbund und Briand-Kellogg-Pakt errichtete System der kollektiven Sicherheit versagt hatte, wurde mit der Gründung der UNO nach dem Zweiten Weltkrieg ein neuer Anfang versucht, der die Fehler des alten Systems ver-

---

12 *De Wet/Wood*, Collective Security, MPEPIL II, 316 ff. Die Definition des Begriffs „System gegenseitiger kollektiver Sicherheit" in Art 24 GG, die das BVerfG in BVerfGE 90, 347 ff gibt, geht über die im Völkerrecht gebräuchliche Bergrifflichkeit hinaus, indem sie (unter bestimmten Bedingungen?) auch Verteidigungsbündnisse wie die NATO umfasst; idS etwa *Rojahn*, in v. Münch/Kunig (Hrsg), Grundgesetz-Kommentar, 5. Aufl 2001, Art 24 Rn 88 ff; *Tomuschat*, in Kahl/Waldhoff/Walter (Hrsg), Bonner Kommentar, Loseblattslg, Art 24 Rn 126 ff u 177 ff; *Calliess*, in Maunz/Dürig (Hrsg), Grundgesetz-Kommentar, Loseblattslg, Art 24 Abs 2, Rn 26 ff; krit und ausführlich dazu *Deiseroth*, in Umbach/Clemens (Hrsg), Grundgesetz, 2002, Art 24 Rn 176 ff; krit auch *Claassen*, in Starck (Hrsg), Das Bonner Grundgesetz, 4. Aufl 2000, Art 24 Rdn 80; *Frank*, in Wassermann (Hrsg), Alternativ-Kommentar zum GG, 3. Aufl 2001, Art 24 Abs 2 Rn 7.
13 *Tams*, League of Nations, MPEPIL VI, 760 ff; *Neff* (Fn 8) 290 ff.
14 *Lesaffer*, Kellogg-Briand Pact (1928), MPEPIL VI, 579 ff; *Fassbender* (Fn 6) 245 f.
15 *Dörr*, Use of Force, Prohibition of, MPEPIL X, 607 ff.
16 *Dörr* (Fn 15) Rn 7; *Koskenniemi*, History of International Law, World War I to World War II, MPEPIL IV 925 (Rn 23).
17 *Lesaffer* (Fn 14) Rn 11.

meiden sollte. Die UN-Charta ist von dem Bestreben geprägt, Kriege zu verhindern, „künftige Geschlechter vor der Geißel des Krieges" zu bewahren. Zu diesem Zweck errichtet sie ein System der kollektiven Sicherheit, dessen materieller Bestandteil ein *allgemeines Gewaltverbot* ist.[18] Viele völkerrechtliche Verträge und internationale Erklärungen nach dem Zweiten Weltkrieg bestätigen dieses allgemeine Gewaltverbot und bekräftigen es in Bezug auf bestimmte internationale Beziehungen. Dies gilt für die BR Deutschland etwa für die sog Ost-Verträge zu Beginn der 1970er Jahre, für die KSZE-Schlussakte v 1975,[19] für ihre Folgedokumente, insbes die Charta von Paris v 1990,[20] sowie für den sog Zwei-plus-vier-Vertrag.[21]

Das allgemeine Gewaltverbot[22] gilt nicht nur aufgrund der dargestellten Entwicklungen des völkerrechtlichen Vertragsrechts, es ist auch *Bestandteil des völkerrechtlichen Gewohnheitsrechts.*[23] Dies wurde bereits für den Briand-Kellogg-Pakt angenommen und wurde für das Gewaltverbot der UN-Charta insbes bestätigt durch die Entscheidung des IGH im *Nicaragua*-Fall.[24] Dies ist keineswegs selbstverständlich, sondern eher überraschend, betrachtet man die Regeln über die Entstehung völkerrechtlichen Gewohnheitsrechts. Diese setzen für die Entstehung einer Norm neben der Rechtsüberzeugung eine der Regel entsprechende allgemeine Praxis der Staaten voraus. Eine ständige und allgemeine Praxis des Unterlassens militärischer Gewalt gibt es jedoch nicht. Militärische Gewalt wurde während der vergangenen Jahrzehnte immer wieder in den internationalen Beziehungen angewandt. Deshalb ist das Gewaltverbot in akademischen Debatten auch immer wieder für tot erklärt worden.[25] Die Entwicklung des gewohnheitsrechtlichen Gewaltverbots ist einer der ganz seltenen Fälle, in denen sich Völkerrecht im Wesentlichen durch die Änderung der Rechtsüberzeugung fortentwickelt hat. Es ist, betrachtet man die Praxis der Staaten, einfach nicht zu bestreiten, dass eine allgemeine Rechtsüberzeugung iSd Geltung des völkerrechtlichen Gewaltverbots besteht. Kein Staat, der in den letzten Jahrzehnten Gewalt angewandt hat, hat die Geltung dieses Verbots in Zweifel gezogen. Es wurde vielmehr regelmäßig versucht, die Anwendung der Gewalt durch

---

18 *Dörr* (Fn 15) Rn 8; *Fassbender* (Fn 6) 246 ff; *Blix*, Legal Restraints on the Use of Armed Force, FS Bring, 2008, 21 (24 ff).
19 Abgedr in Fastenrath (Hrsg), KSZE-Dokumente der Konferenz über die Sicherheit und Zusammenarbeit in Europa, Losebl, A. 1.
20 Abgedr in Fastenrath (Fn 19) A. 2.
21 Vertrag über die abschließende Regelung in Bezug auf Deutschland (BGBl 1990 II, 1318).
22 Dazu *Dörr* (Fn 15); *Randelzhofer/Dörr*, in Simma/Khan/Paulus/Tams (Hrsg), The Charter of the United Nations, 3. Aufl 2012, Article 2(4) mwN.
23 *Kadelbach*, Zwingendes Völkerrecht, 1992, 228 f; *Dörr* (Fn 15) Rn 9 f. Zum Gewohnheitsrecht als Rechtsquelle vgl *Graf Vitzthum*, 1. Abschn Rn 131 ff.
24 *Nicaragua*-Fall, ICJ Rep 1986, 14, 98 ff.
25 *Franck*, Who Killed Article 2 (4)?, AJIL 64 (1970) 809 ff; *ders*, The United Nations After Iraq, AJIL 97 (2003) 607 (620); *Combacau*, The Exception of Self-Defense in U.N. Practice, in Cassese (Hrsg), The Current Legal Regulation of the Use of Force, 1986, 9 ff; *Glennon*, How War Left the Law Behind, NY Times v 21.11.2002, A33; *ders*, How International Rules Die, Geo LJ 93 (2005) 939 ff; dagegen schon *Henkin*, The Reports of the Death of Article 2(4) are Greatly Exaggerated, AJIL 65 (1971) 544 ff; *Wippman*, The Nine Lives of Article 2(4), Minnesota JIL 16 (2007) 387 ff; vgl auch *Delbrück*, Effektivität des Gewaltverbots, Friedens-Warte 74 (1999) 139 ff. *Franck* selbst hat das später anders gesehen, indem er die Anpassung der Rechtsordnung der UN-Charta an veränderte Verhältnisse betont, vgl *ders*, Recourse to Force, 2002, 4 ("meet the threat of obsolescence by adaption") u 175. Die Ergebnisse dieses Sinneswandels sind mitunter problematisch.

rechtliche oder tatsächliche Argumente zu rechtfertigen, die die tatsächlich angewandte Gewalt als einen Fall zulässiger Ausnahmen von der nicht angezweifelten allgemeinen Verbotsregel darstellten.[26] Der Streit um die Zulässigkeit von Gewalt in den internationalen Beziehungen war in den letzten Jahrzehnten und ist noch heute stets ein *Streit um die Tragweite des völkerrechtlichen Gewaltverbots* und um mögliche *Gründe der Rechtfertigung von Gewalt*. In der Praxis behaupten Staaten, die militärische Gewalt anwenden, nicht etwa, dass das Gewaltverbot nicht gelte, sie berufen sich vielmehr auf Ausnahmen vom Gewaltverbot.[27] In diesen Diskursen zeigt sich die Geltung des Gewaltverbots.[28] Daran hat sich auch durch die in den letzten Jahren gesteigerte Bereitschaft einiger Staaten, Gewalt zu legitimieren, nichts geändert. Einzelne Stimmen in der Literatur, die die Geltung des Gewaltverbots leugnen,[29] tragen dieser Realität nicht hinreichend Rechnung.

b) Verbotene Gewalt

9   Durch Art 2 Nr 4 UN-Charta wird jegliche Art von Gewalt in den internationalen Beziehungen verboten,[30] nicht nur der „Krieg im Rechtssinn". Dies ist deswegen ein wesentlicher Fortschritt, weil sich um den Kriegsbegriff erhebliche definitorische Unsicherheiten ranken.[31] Vielfach wird das Vorliegen bewaffneter Kämpfe zwischen Staaten nicht als ausreichend angesehen. Zum Krieg gehöre auch ein subjektives Element, der sog Kriegsführungswille. Ferner fragt sich, ob denn bewaffnete Kämpfe eines gewissen Ausmaßes erforderlich sind, damit der Kriegsbegriff erfüllt ist (objektives Kriterium). Das subjektive Kriterium ist durch die *Entwicklung vom Kriegsverbot zum allgemeinen Gewaltverbot* für das Problem der verbotenen Gewalt irrelevant geworden, ein Schwellenproblem ist geblieben.

10   Mit dieser Entwicklung sind aber noch nicht alle Schwierigkeiten der Bestimmung des Inhalts des Gewaltverbots beseitigt. Vielmehr stellt diese Bestimmung Völkerrechtswissenschaft und -praxis immer wieder vor erhebliche Probleme.[32] Die UN-Generalversammlung hat sich in zwei Erklärungen um eine *nähere Bestimmung*

---

26 Hauptrechtfertigungsstrategien sind Selbstverteidigung, meist mit der rechtlichen und tatsächlichen Konstruktion eines vorherigen Angriffs der anderen Seite, u Rn 19, „Einladung" einer Regierung, u Rn 23, Schutz eigener Staatsangehöriger, u Rn 21, die sog humanitäre Intervention, u Rn 22, sowie die Ermächtigung durch den Sicherheitsrat, u Rn 24. Zweifel an der Fortgeltung des Gewaltverbots blieben akademische Einzelmeinungen.
27 *Wippman* (Fn 25).
28 Das hat der IGH im *Nicaragua-Urteil* klassisch formuliert (§ 186).
29 Vgl die Nachw in Fn 25.
30 *Dörr* (Fn 15) Rn 11 ff. Vgl zum Gewaltverbot: *Dinstein*, War, insbes 81 f; *Berstermann*, Das Einmischungsverbot im Völkerrecht, 1991; *Bruha*, Gewaltverbot und humanitäres Völkerrecht nach dem 11. September 2001, AVR 40 (2002) 383 ff; *Delbrück* (Fn 25) 139 ff; *Erickson*, Legitimate Use of Military Force Against State-Sponsored International Terrorism, 1989; *Franck* (Fn 25); *Kreß*, Gewaltverbot und Selbstverteidigungsrecht nach der Satzung der Vereinten Nationen bei staatlicher Verwicklung in Gewaltakte Privater, 1995.
31 Vgl schon o Text zu Fn 15. Es ist bezeichnend, dass die 2012 erschienene MPEPIL kein Stichwort wie „Krieg" oder „Kriegsbegriff" enthält; vgl *Epping*, Der Kriegsbegriff des Grundgesetzes, Der Staat 31 (1992) 39 ff; *ders*, Die Entwicklung und Bedeutung des Kriegsbegriffes für das Völkerrecht, HV-I 1991, 99 ff; *Bothe*, Krieg im Völkerrecht, in Beyrau/Hochgeschwender/Langewiesche (Hrsg), Formen des Krieges, 2007, 469 ff.
32 *Schindler*, in ders/Hailbronner, Grenzen, 13 ff; ILA 2018, 4.

des Inhalts des Gewaltverbots bemüht, nämlich in der Erklärung über die Grundsätze des Völkerrechts betreffend freundschaftliche Beziehungen und Zusammenarbeit zwischen den Staaten (Res 2625 [XXV] v 24.10.1970)[33] und in der Erklärung über die Definition der Aggression (Res 3314 [XXIX] v 14.12.1974).[34] Einmal abgesehen von der Frage der Rechtswirkung dieser Resolutionen[35] ist in ihnen auch mancher Streitpunkt offen geblieben und durch Formelkompromisse überdeckt.[36] Immerhin war die Aggressionserklärung die Grundlage für die neue Definition im Statut des IStGH.[37] Die Bemühungen um die Bestimmung des Inhalts des Gewaltverbots haben zunächst anzusetzen am Begriff der militärischen Gewalt. Diese kann offen und verdeckt erfolgen. Nicht nur der militärische Einmarsch, sondern auch die von einem Nachbarstaat betriebene Subversion, der verdeckte Kampf stellen eine Verletzung des Gewaltverbots dar.[38] Fraglich ist jedoch, ob eine *gewisse Gewaltintensität* erforderlich ist, ob es also eine Schwelle gibt, die überschritten werden muss, damit man von relevanter militärischer Gewalt sprechen kann. Ist also schon eine einfache Grenzverletzung eine Verletzung des völkerrechtlichen Gewaltverbots? Es gibt wohl einen Bereich minimaler Grenzverletzungen, der noch nicht unter das Gewaltverbot fällt. Die Schwelle ist aber niedrig anzusetzen. Nicht jede Verletzung des Gewaltverbots ist auch ein bewaffneter Angriff iSv Art 51 UN-Charta.[39] Der unstreitige Inhalt des Gewaltverbots ist auf *militärische* Gewalt beschränkt. Einwirkungen auf einen anderen Staat, mögen sie auch sehr empfindlich sein, die nicht als militärische Aktionen zu kennzeichnen sind, fallen nicht darunter. Versuche, die Zufügung anderer Übel als Verletzungen des Gewaltverbots zu qualifizieren, etwa massiven wirtschaftlichen Druck durch Unterbrechung lebenswichtiger Lieferungen oder massive grenzüberschreitende Umweltverschmutzungen, haben sich nicht durchgesetzt.[40] Auf der anderen Seite ist das Gewaltverbot nicht auf die Schadensstiftung durch

---

33 Deklaration abgedr in Sartorius II, Nr 4 bzw Tomuschat (Hrsg), Völkerrecht, Nr 6; s hierzu *Arangio-Ruiz*, The UN Declaration on Friendly Relations and the System of Sources of International Law, 1979; *Rosenstock*, The Declaration of Principles of International Law Concerning Friendly Relations, AJIL 65 (1971) 713 ff; *Neuhold*, Die Prinzipien des „KSZE-Dekalogs" und der „Friendly Relations Declaration" der UN-Generalversammlung, in Simma/Blenk-Knocke (Hrsg), Zwischen Intervention und Zusammenarbeit, 1979, 441 ff; *Scheuner*, Zur Auslegung der Charta durch die Generalversammlung, VN 1978, 111 ff; *Graf zu Dohna*, Die Grundprinzipien des Völkerrechts über die freundschaftlichen Beziehungen und die Zusammenarbeit der Staaten, 1973.
34 Definition abgedr in VN 1975, 120 bzw Tomuschat (Hrsg), Völkerrecht, Nr 7; s hierzu *Arntz*, Der Begriff der Friedensbedrohung in Satzung und Praxis der Vereinten Nationen, 1975; *Broms*, The Definition of Aggression, RdC 154 (1977) 299 ff; *Ferencz*, Defining International Aggression, 2 Bde, 1975; *Bruha*, Die Definition der Aggression, 1980; *Stone*, Hopes and Loopholes in the 1974 Definition of Aggression, AJIL 71 (1977) 224 ff; *Dinstein*, Aggression, MPEPIL I, 201 ff. Eine Definition findet sich nunmehr im Statut des IStGH, s u Rn 28.
35 Vgl dazu auch *Graf Vitzthum*, 1. Abschn Rn 146 u 150.
36 *Bothe*, Die Erklärung der Generalversammlung der Vereinten Nationen über die Definition der Aggression, JIR 18 (1975) 127 ff.
37 S u Rn 28.
38 *Schindler*, in ders/Hailbronner, Grenzen, 32 ff.
39 *Dinstein*, War, 206; *Corten*, Droit, 85 ff; Zum Schwellenproblem beim Vorliegen eines bewaffneten Angriffs vgl u Rn 19.
40 *Schindler*, in ders/Hailbronner, Grenzen, 20; *Derpa*, Das Gewaltverbot der Satzung der Vereinten Nationen und die Anwendung nicht militärischer Gewalt, 1970; *Dicke*, Die Intervention mit wirtschaftlichen Mitteln im Völkerrecht, 1978.

Einsatz klassischer Waffengewalt, dh die Verwendung von Mitteln, die Schaden durch Freisetzung von kinetischer, Wärme- oder Strahlenenergie verursachen, beschränkt. Es kommt vielmehr darauf an, dass diese Schadensverursachung in ihrer „Tragweite und Wirkung" (scale and effect) einem Einsatz militärischer Gewalt gleichzuachten ist.[41] Diese Abgrenzung ist wesentlich für Schadensstiftung im „Cyber Warfare". Dabei geht es darum, dass durch Computer-Operationen andere Computer-Systeme schädlich beeinflusst werden, wodurch weiterer Schaden entsteht, etwa dadurch, dass kritische Infrastruktur nicht mehr funktionsfähig ist. In ihren Wirkungen kann solche Schadensstiftung nach Umfang und Wirkung *(scale and effect)* dem Einsatz von Waffengewalt vergleichbar sein und daher unter das Gewaltverbot fallen.[42]

11   Ein weiteres wesentliches Element der Bestimmung des Inhalts des Gewaltverbots besteht darin, dass es sich um Gewalt in den *internationalen* Beziehungen,[43] dh zwischen Staaten handeln muss. Verbotene Gewalt ist nur die *von einem Staat* zu verantwortende Gewalt, die *gegen einen anderen Staat* gerichtet ist. *Private*, dh nicht einem Staat zurechenbare Gewalt ist vom Gewaltverbot nicht erfasst. Zwar gibt es durchaus völkerrechtliche Regeln über bestimmte international relevante Formen privater Gewalt (Piraterie, Luftpiraterie, Straftaten gegen völkerrechtlich geschützte Personen, bestimmte Formen des Terrorismus);[44] hier geht es um Regeln über die Ahndung und Bekämpfung international unerwünschter Gewalttaten. Mit dem eigentlichen völkerrechtlichen Gewaltverbot haben diese Regeln aber grundsätzlich nichts zu tun. Unter dem Gesichtspunkt des Gewaltverbots wird private Gewalt erst dann relevant, wenn ein Staat aus irgendeinem Grund diese Gewalt zu verantworten hat. Daran ist trotz der Debatte um einen „Krieg gegen den Terrorismus" festzuhalten. Es ist denkbar, dass ein Staat oder ein vergleichbares Völkerrechtssubjekt, der Gewalthandlungen von Privatpersonen oder auch von Organen eines anderen Staats unterstützt, dadurch soweit in private oder fremde Gewalt involviert ist, dass diese einer eigenen staatlichen Gewalt gleichzusetzen ist. Dies ist zB dann der Fall, wenn der Staat den gewaltausübenden Personen erhebliche Ressourcen zur Verfügung

---

[41] Vgl IGH im *Nicaragua*-Fall, ICJ Rep, 1986, 14 (§ 195).
[42] Grundlegend nunmehr Tallinn Manual 2.0, Rule 69, 330 ff. Das Manual stellt den neuesten Stand der völkerrechtlichen Überlegungen zum sog Cyber Warfare dar. Wieweit die dort formulierten Regeln von den Staaten schon akzeptiert sind, wird bezweifelt; s *Efrony/Shany*, A Rulebook on the Shelf? Talinn Manual 2.0 on Cyberoperations and Subsequent State Practice, AJIL 112 (2018) 583 ff; zum Problembereich vgl *Schmitt*, Computer Network Attack and the Use of Force in International Law, Colum J Transnat'l L 37 (1999) 885 ff; *Busuttil*, A Taste of Armageddon, in Goodwin-Gill/Talmon (Hrsg), The Reality of International Law, 1999, 37 ff; *Stelter*, Gewaltanwendung unter und neben der UN-Charta, 2007, 26 ff, 60 ff; *Plate*, Völkerrechtliche Fragen bei Gefahrenabwehrmaßnahmen gegen Cyber-Angriffe, ZRP 44 (2011) 200 ff; *Buchan*, Cyber Attacks, JCSL 17 (2012) 211 ff; *Tsagourias*, Cyber Attacks, Self-defence and the Problem of Attribution, JCSL 17 (2012) 229 ff; *Roscini*, World Wide Warfare, Max Planck YbUNL 14 (2010) 85 ff. Zur parallelen Problematik des ius in bello s u Rn 68.
[43] *Dörr* (Fn 15) Rn 21 ff.
[44] Art 14–21 Übereinkommen v 29.4.1958 über die Hohe See (BGBl 1972 II, 1091); Art 100–107 SRÜ (BGBl 1994 II, 1799); Übereinkommen v 14.12.1973 über die Verhütung, Verfolgung und Bestrafung von Straftaten gegen völkerrechtlich geschützte Personen einschließlich Diplomaten (Diplomatenschutzkonvention – BGBl 1976 II, 1745); Übereinkommen v 23.9.1971 zur Bekämpfung widerrechtlicher Handlungen gegen die Sicherheit der Zivilluftfahrt (BGBl 1977 II, 1230) mit Prot v 24.2.1988 zur Bekämpfung widerrechtlicher, gewalttätiger Handlungen auf Flughäfen, die der internationalen Zivilluftfahrt dienen (BGBl 1993 II, 867).

stellt, etwa in Form von sicheren Operationsbasen oder erheblichen Waffenlieferungen.[45] Die Duldung oder *Förderung terroristischer Aktivitäten* ist aber nicht ohne weiteres der eigenen Gewaltausübung des Staats gleichzuachten. Deshalb war die von den USA zur Rechtfertigung der Bombardierung von Tripolis 1986 aufgestellte Behauptung, Libyen habe terroristische Aktivitäten gegen die USA unterstützt,[46] nicht ohne weiteres geeignet, das Verhalten Libyens als Verletzung des Gewaltverbots zu charakterisieren, das dann, und darauf kam es an, Gegengewalt als Selbstverteidigung gerechtfertigt hätte. In Bezug auf Libyen, den Irak und die Taliban in Afghanistan[47] hat der Sicherheitsrat eine Unterstützung des Terrorismus als Bedrohung des Friedens iSv Art 39 UN-Charta[48] aufgefasst.[49] Seit den Angriffen des 11. September 2001 stellt der Sicherheitsrat allgemeiner fest, dass Akte des *Terrorismus* eine *Friedensbedrohung* darstellen.[50] Das bedeutet aber nicht, dass diese Akte als solche bereits eine Verletzung des Gewaltverbots oder gar einen „bewaffneten Angriff" darstellen. Nichtstaatliche Gewalt wird erst dadurch zu einer Verletzung des Gewaltverbots, dass sie einem Staat oder jedenfalls einem staatsähnlichen Gebilde wie einem de facto-Regime zuzurechnen ist.[51] In seinem *Nicaragua*-Urteil hat der IGH gefordert,

---

45 Vgl Art 3 der Aggressionsdefinition.
46 *Bialos/Kenneth*, The Libyan Sanctions, VJIL 26 (1986) 799 ff; *Greenwood*, International Law and the United States' Air Operation against Libya, West Virginia LR 89 (1987) 933 ff; *McCradie*, The April 14, 1986 Bombing of Libya, CWRJIL 19 (1987) 215 ff; *Reisman*, International Legal Responses to Terrorism, Houston JIL 22 (1999) 3 (32).
47 Res 1333 v 19.12.2000 unter Bezugnahme auf Res 1214 v 8.12.1998 u Res 1267 v 15.10.1999.
48 Dazu u Rn 42.
49 Libyen: S/RES/748 v 31.3.1992, abgedr in VN 1992, 68; Irak: S/RES/687 v 3.4.1991, abgedr in VN 1991, 74 ff.
50 S/RES/1368 (2001) u 1373 (2001), nunmehr zusammenfassend S/RES/2249 (2015); *Klein*, Le droit international à l'épreuve du terrorisme, RdC 321 (2006) 209 (328 ff).
51 Grundlegend *Kreß*, Major Post-Westphalian Shifts and Some Important Neo-Westphalian Hesitations in the State Practice on the Use of Force, JUFIL 1 (2014) 11 (41 f). Er argumentiert für eine vorsichtige Öffnung des Begriffs „bewaffneter Angriff" dahin, dass er auch Angriffe durch nicht-staatliche Akteure einschließen könnte. Im *Mauer*-Gutachten (§ 139) u *Congo/Uganda*-Fall (§§ 141 ff) hat der IGH betont, dass nur staatliche Gewalt ein Selbstverteidigungsrecht auslöse; Analyse bei *Kammerhofer*, The Armed Activities Case and Non-state Actors in Self-Defence Law, Leiden JIL 20 (2007) 89 ff. In Stellungnahmen wissenschaftlicher Institutionen (Res des Institut de droit international [IDI] v 2007, AnnIDI 72 [2007] 233 ff; The Chatham House Principles of International Law on the Use of Force in Self-defence, ICLQ 55 [2006] 963 ff) und in der Literatur (vgl etwa *Weber*, Die israelischen Militäraktionen im Libanon und in den besetzten palästinensischen Gebieten, AVR 44 [2006] 460 ff; *Talmon*, Grenzen der „grenzenlosen Gerechtigkeit", in März [Hrsg], An den Grenzen des Rechts, 2003, 101 [143]; *Rostow*, ASIL Proc 102 [2008] 218; *Schmitt*, „Change Direction" 2006: Israeli Operations in Lebanon and the International Law of Self-defense, Michigan JIL 29 [2007/08] 127 [145 ff]; *Oellers-Frahm*, The International Court of Justice and Article 51 of the Charter, FS Delbrück, 2005, 503 ff; *dies*, Der IGH und die „Lücke" zwischen Gewaltverbot und Selbstverteidigungsrecht, ZEuS 10 [2007], 71 ff), die sich teilweise zu Unrecht auf Formulierungen des Sicherheitsrats berufen (*Weber*, aaO, 462, *Schmitt*, aaO, 147), wird das zT anders gesehen. Diese Literaturmeinung scheitert vor allem daran, dass ein nichtstaatlicher Angriff nicht Selbstverteidigung gegen einen Staat rechtfertigen kann (das sehen auch *Bruha/Tams*, Self-Defence against Terrorist Acts, FS Delbrück, 2005, 85 [99]). Wie hier *Delbrück*, The Fight against Global Terrorism, GYIL 44 (2001) 9 (15); *Hofmeister*, „To harbour or not to harbour"?, ZÖR 62 (2007) 475 (487 f); *Mouellé Kombi*, La guerre préventive et le droit international, 2006, 100 ff; *Sandoz*, Lutte contre le terrorisme et droit international: risques et opportunités, SZIER 12 (2002) 319 (336); iE auch *Schmitz-Elvenich*, Targeted Killing, 2008, 50 ff; *Kranz*, Die völkerrechtliche Verantwortlichkeit für die Anwendung militärischer Gewalt, AVR 48 (2010) 281 ff, insbes 289 ff; differenzierend *Zimmermann*, The Second Lebanon War, MPYUNL 11 (2007) 99 (115 ff); wie hier wohl auch *Gray*, Use of Force, 212 ff; de lege lata wie hier *Wettberg*, The Inter-

der betreffende Staat müsse in erheblichem Maße in die nichtstaatliche Gewalt involviert sein.[52] Nach den Angriffen des 11. September 2001 wurde es offenbar so gesehen, dass die Taliban als effektive Regierung Afghanistans in solcher Weise in die Terrortätigkeit der Al Qaida verstrickt waren.[53] Auch beim Libanon-Konflikt 2006 und beim Georgien-Konflikt 2008 stellte sich die Frage, ob bewaffnete Handlungen des jeweiligen nicht-staatlichen Akteurs einem Staat, dh Handlungen der Hizbollah gegen Israel dem Libanon[54] oder Handlungen Süd-Ossetiens der RF[55] zuzurechnen waren.[56] Besondere Probleme bereitet die Zurechnung bei Phänomenen des Cyber Warfare. Dabei geht es einmal um die meist schwierige Tatsachenfrage, woher eigentlich ein Computerangriff kommt. Lässt sich ein Computer-Angriff auf eine Computer-Infrastruktur, die auf fremdem Staatsgebiet gelegen ist, zurückverfolgen, so heißt das nicht notwendig, dass der Angriff eben dem Staat zuzurechnen ist, auf dessen Gebiet die Quelle belegen ist.[57] Es gelten vielmehr die allgemeinen Zurechnungsregeln des völkerrechtlichen Haftungsrechts.[58] Zum anderen ist zu fragen, welche Sorgfaltspflicht *(due diligence)* ein Staat aufzuwenden hat, um zu verhin-

---

national Legality of Self-Defense against Non-State Actors, 2007, 208 f, der aber einen Trend zur Anerkennung der Selbstverteidigung gegen nicht-staatliche Akteure sieht. S auch u Rn 19.
52 Unter Berufung auf Art 3 lit g der Aggressionsdefinition. Vgl ICJ Rep 1986, 103 f. Das ist immer wieder in einzelnen Fällen str, vgl die folgenden Fn; zu den Aktionen der Türkei auf irakischem Gebiet *Ruys*, Quo vadit jus ad bellum?, Melb JIL 9 (2008) 334 ff; zu denen Kolumbiens auf ecuadorianischem Gebiet *Walsh*, Rethinking the Legality of Colombia's Attack on the FARC in Ecuador, Pace ILR 21 (2009) 137 ff. In letzterem Fall hat die Interamerikanische Menschenrechtskommission eine Beschwerde Ecuadors gegen Kolumbien für zulässig erklärt (Report No 112/10 v 21.10.2010). Die Sachentscheidung steht, soweit ersichtlich, noch aus. Der Umfang staatlicher Kontrolle, der die Zurechnung der Akte nicht-staatlicher Akteure zu einem Staat begründet, ist insbes zwischen dem IGH und dem Jugoslawien-Tribunal str, vgl *Dinstein*, Aggression, MPEPIL I, Rn 29.
53 *Delbrück* (Fn 51) 15; *Frowein*, Der Terrorismus als Herausforderung für das Völkerrecht, ZaöRV 62 (2002) 879 (885 ff); *Dinstein*, Humanitarian Law on the Conflict in Afghanistan, ASIL Proc 96 (2002) 23; *Gazzini*, Pre-emptive Self-Defence Against Non-State Actors, JCSL 13 (2008) 25 (26 f); *Klein* (Fn 50) 399; *Stahn*, „Nicaragua is dead, long live Nicaragua", in Walter u a (Hrsg), Terrorism as a Challenge for National and International Law, 2004, 827 (864); eher zweifelnd *ders*, International Law at a Crossroads?, ZaöRV 62 (2002) 183 (216 ff); krit auch *Kohen*, The Use of Force by the United States after the End of the Cold War, and its Impact on International Law, in Byers/Nolte (Hrsg), United States Hegemony and the Foundations of International Law, 2003, 197 (209); *Sandoz* (Fn 51) 338 f; ablehnend *Williamson*, Terrorism, Law and International Law, 2009, 204 ff.
54 Dazu *Weber* (Fn 51) 466 ff; *Tomuschat*, Der Sommerkrieg des Jahres 2006 im Nahen Osten, Friedens-Warte 81 (2006) 179 (181 ff); *Ronen*, Israel, Hizbollah and the Second Lebanon War, YIHL 9 (2006) 362 ff; *Ronzitti*, The 2006 Conflict in Lebanon and International Law, ItYIL 16 (2006) 3 (7); dagegen *Zimmermann* (Fn 51) 109 ff; *Mahmoudi*, The Second Lebanon War, FS Bring, 2008, 175 (180); *Seidel*, Der Libanon-Konflikt 2006 und das Völkerrecht, VRÜ 40 (2007) 352 (356 f); *Hoppe*, Who Was Calling Whose Shots?, ebd 21 (31), der dann folgerichtig ein Selbstverteidigungsrecht gegen Hisbollah als non-State actor anerkennt; ebenso *Dau*, Die völkerrechtliche Zulässigkeit von Selbstverteidigung gegen nicht-staatliche Akteure, 2018, 209.
55 Dazu *Luchterhandt*, Völkerrechtliche Aspekte des Georgien-Krieges, AVR 46 (2008) 435 (452 ff).
56 Diese Frage ist insbes für die Zulässigkeit von Maßnahmen der Selbstverteidigung bedeutsam, wenn der Angriff von einem nicht-staatlichen Akteur ausgeht, zB für Angriffe dritter Staaten gegen den IS auf syrischem Gebiet, dazu u Rn 19. Wo der Territorialstaat das von einem nicht-staatlichen Gebiet beherrschte Gebiet überhaupt nicht mehr kontrolliert, kann man dem Territorialstaat die Handlungen dieses nicht-staatlichen Akteurs jedenfalls nicht mehr zurechnen, *Urs*, Effective Territorial Control by Non-State Armed Groups and the Right of Self-Defence, ZaöRV 77 (2017) 31 ff.
57 Tallinn Manual 2.0 (Fn 42) Rules 14–18, 84 ff.
58 Dazu *Schröder*, 7. Abschn Rn 22 ff.

dern, dass von oder über Computer-Infrastruktur, die sich auf seinem Territorium befindet, ein Schaden an Computer-Systemen in anderen Staaten verursacht wird. Die Verletzung einer solchen Pflicht ist ein völkerrechtliches Delikt, aber nicht notwendigerweise eine Verletzung des Gewaltverbots oder ein bewaffneter Angriff.[59]

Die *Gewalt* muss auch *gegen einen anderen Staat* gerichtet sein. Dies ist nicht zweifelhaft in all den Fällen, in denen fremdes Staatsgebiet verletzt wird, etwa durch einen Einmarsch.[60] Fraglich ist jedoch, ob auch Aktionen gegen Außenpositionen eines Staats als Gewalt gegen diesen Staat bezeichnet werden können. Dies ist bei Angriffen auf militärische Außenpositionen (Kriegsschiffe, militärische Luftfahrzeuge) gegeben,[61] bei Militärstützpunkten im Ausland mag es schon zweifelhaft sein. Diplomatische Vertretungen im Ausland sind nicht dem Territorium des Entsendestaats gleichzuachten. Gewalt gegen solche Außenvertretungen ist zwar eine Verletzung der Regeln über den Schutz diplomatischer Missionen, jedoch keine des Gewaltverbots. Bei Angriffen auf Schiffe oder auf Luftfahrzeuge über Hoher See ist str, wann von einer Verletzung des Gewaltverbots gesprochen werden kann. Dies ist sicher der Fall, wenn besondere Umstände hinzutreten, etwa wenn es sich um eine besonders gebildete Gruppierung von Fahrzeugen handelt, eine Fischereiflotte oder einen Konvoi von Handelsschiffen. Die überwiegende Staatenpraxis geht aber wohl dahin, dass schon ein Angriff auf ein einzelnes Handelsschiff eine Verletzung des Gewaltverbots darstellt.[62]

Das staatliche Territorium ist durch das Gewaltverbot auch dann noch geschützt, wenn dieser Staat keine funktionsfähige Regierung mehr hat. Eine „teleologische Reduktion"[63] des Gewaltverbots dahin, dass der sog *failed state*[64] seinen Schutz nicht genießt, lässt sich als Gewohnheitsrecht in der Staatenpraxis nicht nachweisen und ist auch rechtspolitisch fragwürdig, da eine solche Argumentation dem Missbrauch Tür und Tor öffnen würde.[65] Allerdings ist dann, wenn ein Staat zum Opfer bewaffneter Gewalt wird, die von einem *failed state* ausgeht, doch zu fragen, ob sich dieser Staat noch auf den Schutz des Gewaltverbots berufen kann, da er seinerseits Schutzpflichten gegenüber seinen Nachbarstaaten verletzt.

Eine schwierige Frage ist in diesem Zusammenhang auch, ob und wann man von einer Verletzung des Staatsgebiets eines fremden Staats sprechen kann, wenn

---
59 Talinn Manual 2.0 (Fn 42) Rule 7; vgl *Krieger*, Krieg gegen anonymus, AVR 50 (2012) 1 (9 f); *Keber/Rogusky*, Ius ad bellum electronicum? Cyberangriffe im Lichte der UN-Charta und aktueller Staatenpraxis, AVR 49 (2011) 399 (408 ff).
60 Vgl Art 3; differenzierend *Stahn* (Fn 53 [Nicaragua]) 852.
61 Vgl Art 3 lit d der Aggressionsdefinition.
62 Insoweit ablehnend *Bothe*, Neutrality at Sea, in Dekker/Post (Hrsg), The Gulf War, 1991, 205 (209 f); vgl aber die gegenteilige Auffassung von *Greenwood*, Comment, ebd 213 f.
63 *Herdegen*, Der Wegfall effektiver Staatsgewalt, BerDGVR 34 (1996) 49 (61).
64 Zum „failed state" *Tetzlaff*, Der Wegfall effektiver Staatsgewalt in den Staaten Afrikas, Friedens-Warte 74 (1999) 307 ff; *Thürer*, Der „zerfallene Staat" und das Völkerrecht, ebd 275 ff; *H. Schröder*, Die völkerrechtliche Verantwortlichkeit im Zusammenhang mit failed und failing States, 2007. Zur Selbstverteidigung gegen die Angriffe nicht-staatlicher Akteure, die ihre Basis auf dem Gebiet eines anderen Staates haben, der sie nicht kontrollieren kann oder will, s u Rn 19.
65 Im gleichen Sinne *von Lersner*, Der Einsatz von Bundeswehrsoldaten in Albanien zur Rettung deutscher Staatsangehöriger, HV-I 19 (1999) 156 (161); *Thürer*, Der Wegfall effektiver Staatsgewalt: „The Failed State", BerDGVR 34 (1996) 9 (17); *Geiß*, Failed States, 2005. Differenzierter *Richter*, Collapsed States, 2011, 226 ff; zu den damit verbundenen Fragen der Zurechnung und der sog „Unwilling and unable-Theorie" unten Fn 96.

der Verlauf der Grenze streitig ist. Wenn das Gewaltverbot seine befriedende Funktion erfüllen soll, dann darf es nicht möglich sein, dass es durch einen *Streit über Grenzverläufe* in Frage gestellt werden kann. Wenn einmal an einer Grenze eine befriedete Situation eingetreten ist, muss diese dem Schutz des Gewaltverbots unterliegen.[66] Deswegen konnte sich Argentinien in dem Streit mit Großbritannien um die Falkland-Inseln/Malwinen nicht darauf berufen, dass Großbritannien – so die argentinische Rechtsbehauptung – diese Inseln einmal rechtswidrig besetzt hatte.[67] Ähnliche Erwägungen spielen eine Rolle, wenn es um die rechtliche Bewertung von Abspaltungsprozessen innerhalb eines Staats geht. Wenn solche Abspaltungsprozesse so weit fortgeschritten sind, dass eine Regierung über einen Teil des Staatsgebiets keine effektive Gewalt mehr ausübt und insofern auch eine gewisse befriedete Situation eingetreten ist, dann ist ein sog *befriedetes de facto-Regime*[68] entstanden, das dem Schutz des völkerrechtlichen Gewaltverbots untersteht, andererseits an dasselbe gebunden ist.[69] Eine solche Erwägung begründet heute zB die Geltung des Gewaltverbots zwischen der Volksrepublik China und Taiwan.[70] Etwas anders ist eine rechtliche Konstruktion zu beurteilen, die für die Geltung des Gewaltverbots in Bezug auf abhängige Kolonialgebiete eine Rolle gespielt hat. Hier ist es der Kampf um das *Selbstbestimmungsrecht*, der, so jedenfalls eine verbreitete These, dem Volk des abhängigen Gebiets eine rechtliche Position verleiht, die durch das Gewaltverbot zu schützen ist.[71] Deswegen bezeichnet die UN-Erklärung über freundschaftliche Beziehungen v 1970 die gewaltsame Unterdrückung des Selbstbestimmungsrechts von Kolonien als eine Verletzung des Gewaltverbots.[72]

15   *Schwere Verletzungen von Menschenrechten* sind jedoch *nicht* einer *Verletzung des Gewaltverbots gleichzuachten*. Zwar ist der Sicherheitsrat in den letzten Jahren dazu übergegangen, solche Verletzungen als eine Friedensbedrohung iSd Art 39 UN-Charta zu beurteilen.[73] Daraus ist jedoch noch nicht zu schließen, dass eine Verletzung des Gewaltverbots vorliegt. Die Situation, die die Befugnis des Sicherheitsrats zur Verhängung von Zwangsmaßnahmen auslöst, geht über eine Reaktion auf die Verletzung des Gewaltverbots hinaus.

16   Verboten ist nicht nur die Ausübung von Gewalt, sondern auch deren *Androhung*.[74] Wie im innerstaatlichen Bereich ist die Abgrenzung von Gewalt und Drohung

---

66 *Schindler*, in ders/Hailbronner, Grenzen, 29 ff.
67 *Waibel*, Falkland Islands/Islas Malvinas, MPEPIL III, 1113 ff.
68 *Frowein*, Das de facto-Regime im Völkerrecht, 1968, 51 ff; *ders*, De Facto Regime, MPEPIL II, 1052 ff.
69 Zu Südossetien so Fn 55.
70 *Heuser*, Taiwan und Selbstbestimmungsrecht, ZaöRV 40 (1980) 31 (69); *Frowein* (Fn 68) 35 ff; neuerdings scheint diese Rechtslage von der Regierung der VR China in Frage gestellt zu werden, s *Erling*, Wie ernst sind Pekings Drohungen an Taiwan?, <https://www.welt.de/politik/ausland/article1864448444/Konflikt-Wie-ernst-sind-Pekings-Drohungen-an-Taiwan.html>.
71 *Schindler*, in ders/Hailbronner, Grenzen, 24 ff.
72 *Friendly Relations*-Erklärung (Fn 33): „[...] Jeder Staat hat die Pflicht, jede Gewaltmaßnahme zu unterlassen, die den in der Erläuterung des Grundsatzes der Gleichberechtigung und Selbstbestimmung erwähnten Völkern ihr Recht auf Selbstbestimmung und Freiheit und Unabhängigkeit entzieht."
73 Vgl Rn 44.
74 *Sadurska*, Threats of Force, AJIL 82 (1988) 239 ff; *Stürchler*, The Threat of Force in International Law, 2007 mit dem Versuch differenzierter Abgrenzungen (252 ff); *Wood*, Use of Force, Prohibition of Threat, MPEPIL X, 621 ff; *Corten*, Droit, 123 ff.

mit Gewalt nicht immer einfach. Gewisse Drohungen können so unmittelbar als Zwang empfunden werden, dass sie der Gewalt gleichzuachten sind.

Schwierig zu beantworten ist auch die Frage, welche Arten von Drohung als rechtswidrige Drohung mit Gewalt anzusehen sind. Drohung mit rechtmäßiger Gewalt, zB mit gemäß Art 51 UN-Charta zulässiger Selbstverteidigung, kann nicht rechtswidrig sein. Insofern liegt auch in einem System der Abschreckung keine *rechtswidrige* Drohung, solange die angedrohten Maßnahmen zweifelsfrei als solche der Selbstverteidigung zu charakterisieren sind. Ob umgekehrt jede Drohung, deren Verwirklichung eine rechtswidrige Maßnahme darstellt, rechtswidrig ist, ist zweifelhaft. Rechtliche Logik gebietet es eigentlich, aber die Praxis der Staaten zeigt eine gewisse Toleranz in der rechtlichen Bewertung von Drohverhalten. Jedenfalls ist die *Drohung mit* einem *Angriffskrieg rechtswidrig.* Auf der anderen Seite ist das völkerrechtliche Gewaltverbot kein Rüstungsverbot. Da Selbstverteidigung zulässig ist, muss auch die Vorbereitung einer Selbstverteidigung durch Rüstungsmaßnahmen zulässig sein.[75] Allerdings ist es nicht ausgeschlossen, dass in einem besonderen Kontext Rüstungsmaßnahmen doch eine rechtswidrige Drohung mit Gewalt darstellen.[76] Entwicklung und Erwerb von Massenvernichtungswaffen unter Verletzung von Verträgen der Rüstungskontrolle[77] können uU als rechtswidrige Drohung eingeordnet werden. Die Unterscheidung zwischen Rüstung zur Verteidigung und Rüstung zum Angriff ist allerdings kaum möglich. Vergleichbare Fragen stellen sich bei militärischen Demonstrationen, die ja auch Drohcharakter besitzen. Fraglich ist auch, ob eine rechtmäßige Drohung dann vorliegt, wenn zwar eine Situation der Selbstverteidigung gegeben wäre, jedoch die im Einzelnen angedrohten militärischen Maßnahmen gegen das geltende Kriegsrecht verstoßen würden. Dies ist das rechtliche Dilemma der nuklearen Abschreckung.[78] Die Drohung mit anderen empfindlichen Übeln als militärischen Maßnahmen, dh *wirtschaftlicher* oder sonstiger *politischer Druck,* ist *keine Androhung von Gewalt.* Das Gewaltverbot würde jegliche Konturen verlieren, wollte man es auf unterschiedliche Arten der Druckausübung ausdehnen.[79] Das bedeutet nicht, dass jede andere Art von Druck zulässig ist. Dies ist aber keine Frage des Gewaltverbots, sondern eine solche des völkerrechtlichen Interventionsverbots,[80] das vom Gewaltverbot zu unterscheiden ist.

---

75 Vgl die Ausführungen des IGH im *Nicaragua*-Fall, ICJ Rep 1986, 14, 135.
76 *Däubler,* Stationierung und Grundgesetz, 1982, 59 ff.
77 Vgl u Rn 53 ff.
78 *Däubler* (Fn 76) 49 ff; *Rostow,* Is There a Legal Basis for Nuclear Deterrence Theory and Policy?, in Cohen/Gouin (Hrsg), Lawyers and the Nuclear Debate, 1988, 175 ff; *El-Banhawy,* ebd 181 ff; *Wang,* ebd 186 ff. Im *GV-Nuklearwaffen*-Gutachten des IGH v 8.7.1996 (ICJ Rep 1996, 226) waren die Richter gespalten in der rechtlichen Bewertung. Die von sieben Richtern getragene Mehrheitsmeinung beschränkt sich darauf, die von einer Reihe von Staaten verfolgte Politik der nuklearen Abschreckung zu referieren, ohne zur rechtlichen Bewertung klar Stellung zu nehmen (§§ 66 f, 73). Für eine Zulässigkeit dieser Abschreckung sprechen sich klar die Richter der überstimmten Minderheit aus *(Schwebel, Guillaume, Higgins),* während Richter der Mehrheit sich sowohl positiv *(Fleischhauer)* als auch negativ *(Shi,* wohl auch *Ferrari Bravo)* aussprechen.
79 *Randelzhofer/Dörr* (Fn 22) Rn 17 ff.
80 *Kunig,* Intervention, Prohibition of, MPEPIL VI, 289 (Rn 6).

c) Rechtfertigungsgründe für Gewalt

18 Militärische Gewaltausübung wird in der internationalen Praxis regelmäßig mit der Rechtsbehauptung legitimiert, es liege eine Ausnahme vom Gewaltverbot, ein Fall *gerechtfertigter Gewalt* vor. Darum gehören diese Rechtfertigungsgründe zu den umstrittensten Problemen des Völkerrechts. Drei Kategorien von Rechtfertigungsgründen werden vor allem diskutiert: erlaubte Gegengewalt (dh Selbstverteidigung), Zustimmung des betroffenen Staats und Entscheidung einer zuständigen I.O. Die rechtlichen Rechtfertigungsgründe für militärische Gewalt sind ein regelmäßig in Bezug genommenes Mittel geworden, solche Gewalt auch politisch zu rechtfertigen. Deshalb sind solche Rechtfertigungen in einem krit Licht zu sehen.[81]

Selbstverteidigung

19 Art 51 UN-Charta anerkennt ausdrücklich das „naturgegebene Recht zur Selbstverteidigung".[82] Wehrt sich allein der angegriffene Staat, spricht man von *individueller* Selbstverteidigung. Es ist aber auch erlaubt, einem angegriffenen Staat zur Hilfe zu kommen (sog *kollektive* Selbstverteidigung). Erlaubt ist die *Gegengewalt*, die notwendig ist, um einen bewaffneten Angriff abzuwehren. Damit hängt das Vorliegen der Selbstverteidigung von der Charakterisierung der sie auslösenden Maßnahmen als *bewaffneter Angriff* ab. Ein wesentlicher Teil der Rechtfertigungsstrategien für militärische Gewalt setzt bei der Definition des bewaffneten Angriffs an, indem versucht wird, gewisse Rechtsverletzungen als einem bewaffneten Angriff gleichwertig anzusehen, was dann die Gegengewalt als Selbstverteidigung rechtfertigt.[83] Deshalb vertreten Staaten, deren Politik auch auf militärische Interessendurchsetzung gerichtet ist, in der rechtspolitischen Debatte häufig einen weiten Begriff des bewaffneten Angriffs. Zunächst das Schwellenproblem: Nach der wohl hM, die auch vom IGH geteilt wird,[84] ist ein bewaffneter Angriff nur gegeben, wenn *militärische Gewalt*

---

81 *Corten*, The Controversy over the Customary Prohibition on the Use of Force, EJIL 16 (2005) 803 ff.
82 Um das Recht auf Selbstverteidigung hat in den letzten Jahren ein eingehender politischer Diskurs stattgefunden, insbes im Rahmen der Debatte um die sog neuen Bedrohungen, vgl UN Doc A/59/565 v 2.12.2004, 8 ff (Report of the High Level Panel on Threats, Challenges and Change; UN Doc A/59/2005 v 21.3.2005, In Larger Freedom). Wissenschaftliche Institutionen haben sich gleichfalls in den letzten Jahren grundlegend mit dem Problem der Selbstverteidigung befasst, vgl IDI-Res (Fn 51) ebd 77, Kommissionsbericht von *Roucounas*; Chatham House Principles (Fn 51); aus der umfangreichen Lit: *Alexandrov*, Self-Defense Against the Use of Force in International Law, 1996; *Beres*, After the Gulf War, Houston JIL 14 (1991) 259 ff; *Bowett*, Repraisals Involving Recourse of Armed Force, AJIL 66 (1972) 1 ff; *Corten*, Les résolutions de l'Institut de droit international sur la légitime défense et sur les actions humanitaires, RBDI 40 (2007) 598 ff; *Gardam*, Proportionality, Necessity and the Use of Force by States, 2004; *Genoni*, Die Notwehr im Völkerrecht, 1987; *Greig*, Self-Defence and the Security Council, ICLQ 40 (1991) 366 ff; *Kunz*, Individual and Collective Self-Defence in Article 51 of the Charter of the United Nations, AJIL 41 (1947) 872 ff; *Malanczuk*, Countermeasures and Self-Defence as Circumstances Precluding Wrongfulness in the ILC's Draft Articles on State Responsibility, ZaöRV 43 (1983) 705 ff; *McDougal*, The Soviet-Cuban Quarantine and Self-Defence, AJIL 57 (1963) 597 ff; *Schachter*, Self-Defence and the Rule of Law, AJIL 83 (1989) 259 ff; *Stahn* (Fn 53 [Nicaragua]) 827 ff; *Wedgwood*, The Use of Armed Force in International Affairs, Colum J Transnat'l L 29 (1991) 609 ff; ILA 2018, 9 ff.
83 Vgl dazu *Weller*, The Changing Environment for Forcible Responses to Nontraditional Threats, ASIL Proc 92 (1998) 177 ff.
84 *Nicaragua*, §§ 191 ff, 211, 249; *Oil Platforms*, §§ 51, 64, 72; zu letzteren Ausführungen des IGH vgl auch das Sondervotum *Simma*, §§ 12 ff. Vgl IDI-Res (Fn 51) Ziff 5; anders Chatham House Principles

einer gewissen Intensität vorliegt. Nicht jede Verletzung des Gewaltverbots erfüllt diese Voraussetzung. Eine Gewaltmaßnahme unterhalb dieser Schwelle löst ein Recht auf sofortige und verhältnismäßige Abwehrmaßnahmen aus, nicht jedoch ein umfassendes Selbstverteidigungsrecht, schon gar nicht ein Recht auf kollektive Selbstverteidigung. Durch diese Annahme einer gewissen Schwelle für den bewaffneten Angriff wird die Möglichkeit, militärische Gewalt als Selbstverteidigung zu rechtfertigen, eingeschränkt.[85] Ein weiterer Versuch der Ausdehnung des Selbstverteidigungsrechts ist eine neuere Lehre, die schwere und systematische Verletzungen von Menschenrechten als Äquivalent zu einem bewaffneten Angriff qualifiziert.[86] Diese Argumentation führt zu der bedenklichen Konsequenz, dass das Gewaltverbot, eine wesentliche Errungenschaft moderner internationaler Rechtskultur, nahezu jegliche Kontur verliert und dadurch in seiner Geltung nachhaltig beeinträchtigt wird. Wenn sich Vertreter dieser Auffassung darauf berufen, dass der Sicherheitsrat die Verletzung von Menschenrechten in jüngster Zeit als Friedensbedrohung qualifiziert hat, dann wird ein wesentlicher Unterschied übersehen. Die Ausweitung des Begriffs der Friedensbedrohung führt zu einer erwünschten Ausweitung der Eingriffsmöglichkeiten der organisierten Staatengemeinschaft, die Ausweitung des Begriffs des bewaffneten Angriffs hingegen zu einer Erweiterung unerwünschter einseitiger staatlicher Gewalt. Das Selbstverteidigungsrecht wird erst durch einen wirklich vorliegenden, nicht bereits durch einen nur drohenden Angriff ausgelöst. *Präventive Selbstverteidigung* ist *unzulässig*.[87] Diese Regel ist freilich immer wieder kritisiert worden, da sie dem Aggressor die Wahl des militärisch günstigsten Zeitpunkts überlässt und dem Opfer die vorbeugende Schutzmöglichkeit nimmt.[88] So nimmt die heute wohl überwiegende Meinung an, dass Selbstverteidigung jedenfalls gegen einen unmittelbar drohenden Angriff zulässig sei.[89] In der Debatte um die sog

---

(Fn 51) 966; *Ruys*, The Meaning of "Force" and the Boundaries of the *jus ad bellum:* Are "Minimal" Uses of Force Excluded from U(N Charter Article 2(4)?, AJIL 108 (2014) 159 ff; vgl auch o Fn 39.

85 Deshalb krit zu dieser Konstruktion *Rostow* (Fn 51) 217; *Murphy*, Protean Jus ad Bellum, BJIL 27 (2009) 22 (29 f); *Sofaer*, International Law and the Use of Force by States, ASIL Proc 1988, 420, 422. Die Frage spielt eine große Rolle in der Diskussion um sog Computer Network Attacks, vgl Tallinn Manual 2.0 (Fn 42) Rule 71 (Kommentar ebd 339 ff) sowie Rule 69 (Kommentar ebd 329).

86 *Delbrück* (Fn 25) 152 f; ihm folgend *Senghaas*, Der Grenzfall, Sicherheit und Frieden 17 (1999) 134 (136 f); auch *Ipsen*, Der Kosovo-Einsatz, Friedens-Warte 74 (1999) 19 (22 f); *Kreß*, Staat und Individuum in Krieg und Bürgerkrieg, NJW 1999, 3077 (3081 f); noch weitergehend *Doehring*, Völkerrecht, 2. Aufl 2004, Rn 1010 ff; gegen diese Konstruktion *Bothe/Martenczuk*, Die NATO und die Vereinten Nationen nach dem Kosovo-Konflikt, VN 47 (1999) 125 (130).

87 *Blix*, Legal Restraints on the Use of Armed Force, FS Bring, 2008, 21 (32); *O'Connell*, Defending the Law against Pre-emptive Force, FS Bothe, 2008, 237 ff; IDI-Res (Fn 51) Ziff 6; Chatham House Principles (Fn 51) 967; umfassende Bestandsaufnahme der Lit: *Schwehm*, Präventive Selbstverteidigung, AVR 46 (2008) 368 ff; instruktive Analyse der neueren Staatenpraxis bei *Reisman/Armstrong*, Claims to Pre-emptive Uses of Force, FS Dinstein, 2007, 79 ff; *Randelzhofer/Nolte*, in Simma u a (Fn 22) Art 51 Rn 49 ff.

88 *Schindler*, in ders/Hailbronner, Grenzen, 80 ff.

89 In diesem Zusammenhang wird die sog *Caroline-Formel* zitiert: „a necessity of self-defence, instant, overwhelming, leaving no choice of means, and no moment for deliberation", vgl *Randelzhofer/Nolte* (Fn 87); *Kunde*, Der Präventivkrieg, 2007, 156 ff, *Greenwood*, Caroline, The, MPEPIL I, 1141 ff; *Reisman* (Fn 46) 43 ff; *Alder*, The Inherent Right of Self-Defence in International Law, 2013; *Doyle*, Striking First: Preemption and Prevention in International Conflict, 2008; Chatham House Principles (Fn 51) 967; ILA 2018, 13; krit zur Caroline-Formel *Dinstein*, War, 225. Das IDI präzisiert, es müsse sich um einen "manifestly imminent attack" handeln, vgl IDI-Res (Fn 51) Ziff 6. Die Berufung

„neuen Bedrohungen" (Existenz von sog Schurkenstaaten, Verbreitung von Massenvernichtungswaffen, Terrorismus etc) gehen allerdings manche Stimmen noch weiter und postulieren die Zulässigkeit von sog *pre-emptive strikes*,[90] etwa gegen Staaten, die Massenvernichtungswaffen besitzen oder besitzen könnten. Eine solche Ausweitung des Selbstverteidigungsrechts ließe die Konturen des Gewaltverbots bis zur Unkenntlichkeit verschwimmen und würde seine Geltung letztlich untergraben.[91] Bestandteil des geltenden Rechts ist diese geforderte Ausweitung nicht geworden.[92] Das Selbstverteidigungsrecht setzt nicht nur einen schon bestehenden, sondern auch einen *noch bestehenden Angriff* voraus. Gewaltausübung als Antwort

---

auf die Formel kann allerdings nicht die genauere Untersuchung der neueren staatlichen Praxis ersetzen, für die die Formel allenfalls einen Orientierungsrahmen abgibt, vgl *Green*, Docking the Caroline, Cardozo JICL 14 (2006) 429 (446 ff); *Gill*, The Temporal Dimension of Self-Defense, FS Dinstein, 2007, 113 (125 ff). Zum Problem der „Unmittelbarkeit" auch *Fletcher/Ohlin*, Defending Humanity, 2008, 156 ff. Vielfach wird der sog Sechs Tage-Krieg als Fall einer nach der Caroline-Formel zulässigen Selbstverteidigung durch Israel angesehen; vgl *Gill*, aaO, 134 ff; *Kunde*, aaO, 151 ff; krit *Kurtulus*, The Notion of a „Pre-emptive War", Middle East J 61 (2007) 220 ff, krit zu dieser Rechtfertigung *Quigley*, The Six-Day War and Israeli Self-Defense: Questioning Legal Basis for Preventive War, 2013.
90 So insbes die National Security Strategy v 17.9.2002 (<http://www.whitehouse.gov/nsc/nss.pdf>). Die neue Strategy v 2010 gibt diese These nicht wirklich auf, vgl *Henderson*, The 2010 United States National Security Strategy and the Obama Doctrine of Necessary Force, JCSL 15 (2010) 403 ff; generell: *Falk*, Global Shock Waves, 2003; *Gareau*, State Terrorism and the United States, 2004; O'Day (Hrsg), War on Terrorism, 2004; *Charney*, The Use of Force Against Terrorism and International Law, AJIL 95 (2001) 835 ff; *Litwak*, The New Calculus of Pre-emption, Survival 44 (2002) 53; *Kreutzer*, Preemptive Self-Defense, 2005, 146 ff; *Murphy*, Terrorism and the Concept of „Armed Attack" in Article 51 of the U.N. Charter, Harvard ILJ 43 (2002) 41 ff; *Murswiek*, Die amerikanische Präventivkriegsstrategie und das Völkerrecht, NJW 56 (2003) 1014 ff; *Totten*, Using Force First, Stanford JIL 43 (2007) 95 ff; *Gray*, Use of Force, 248 ff. Zu möglichen Maßnahmen auf Hoher See *Fitzgerald*, Seizing Weapons of Mass Destruction from Foreign-Flagged Ships on the High Seas Under Article 51 of the Charter, VJIL 49 (2008/09) 473 ff. Krit zur Zulässigkeit eines präventiven Atomschlags gegen Iran wegen einer angenommenen Bedrohung durch sein Atomprogramm *Eichensehr*, Targeting Tehran, UCLA JILFA 39 (2006) 59 ff; *Vatanparast*, International Law Versus the Preemptive Use of Force, Hastings ICLR 31 (2008) 783 ff; *Sarvarian*, The Lawfulness of a Use of Force upon Nuclear Facilities in Self-Defence, UFIL 1 (2014) 247 ff; vgl auch *Krell/Müller*, Noch ein Krieg im Nahen Osten?, HSFK Report 2/2012. Die Zulässigkeit präventiver Gewaltanwendung wird auch damit begründet, dass die Staatenpraxis das Gewaltverbot weniger strikt behandele, dass es eine dynamische ("protean") Norm und deshalb wandelbar sei; vgl *Murphy* (Fn 90) 51 f; *Tams*, The Use of Force against Terrorists, EJIL 20 (2009) 359 ff. Diese Auffassung ist nicht nur rechtspolitisch bedenklich, sie vernachlässigt auch, dass die angeführte Staatenpraxis ja gerade rechtlich str ist; so zutr *Antonopoulos*, Force by Armed Groups as Armed Attack and the Broadening of Self-Defence, NILR 55 (2008) 159 ff u *Klein* (Fn 50) 401 ff.
91 IDI-Res (Fn 51) Ziff 6; Chatham House Principles (Fn 51) 968; *Bothe*, Terrorism and the Legality of Pre-emptive Force, ESIL Proc 14 (2003) 227 (237 ff); *Fassbender* (Fn 6) 249 f; *Gardner*, Neither Bush nor the „Jurisprudes", AJIL 97 (2003) 585 (589 f); *Falk*, What Future for the UN Charter System of War Prevention, AJIL 97 (2003) 590 (597 f); *Franck*, What Happens Now?, AJIL 97 (2003) 607 (619); *Schaller*, Massenvernichtungswaffen und Präventivkrieg, ZaöRV 62 (2002) 641 (657 ff); aA *Wedgwood*, The Fall of Saddam Hussein, AJIL 97 (2002) 576 (584).
92 UN Doc A/59/565 (Fn 82) § 125; UN Doc A/59/2005 (Fn 82) §§ 188 ff; *O'Connell*, The Myth of Preemptive Self-defence, 2002; *dies*, Pre-Emption and Exception, Sicherheit und Frieden 20 (2002) 136 ff; *Dinstein*, War, 228; *Franck* (Fn 91); *Kunde* (Fn 89) 200 f; *Stahn* (Fn 53 [International Law]) 232 ff; mit leichten Zweifeln hinsichtlich möglicher Rechtsentwicklung *Byers*, Terrorism, the Use of Force and International Law after 11 September, ICLQ 51 (2002) 401 (410 f); für eine Anerkennung de lege ferenda *Reisman*, Comments, in Walter ua (Fn 53) 912. Zur Rechtfertigung der Intervention im Irak (2003) haben sich die USA und Großbritannien nicht auf ein Recht zur vorbeugenden Selbstverteidigung berufen, *Frowein*, Is Public International Law Dead?, GYIL 46 (2003) 9 (11); s u Rn 24.

auf einen früheren, aber nicht mehr bestehenden bewaffneten Angriff ist als bewaffnete Repressalie unzulässig. Wann in einer Spannungssituation wirklich davon gesprochen werden kann, dass ein Angriff abgeschlossen ist, wenn gerade keine aktiven Kampfhandlungen stattfinden, ist eine schwierige Frage des einzelnen Falls.[93] Die Selbstverteidigung darf sich nur gegen den Staat richten, dem ein bewaffneter Angriff, ggf auch nicht-staatliche, etwa „terroristische" Gewalt, in irgendeiner Weise zuzurechnen ist.[94] Ist das nicht der Fall, ist für die mit der militärischen Gegenmaßnahme verbundene Verletzung des Gebiets des betr Staates kein Rechtstitel gegeben.[95] Diese strikte Auslegung des Selbstverteidigungsrechts ist jedoch umstritten.[96] Es wird auch vertreten, dass ein Selbstverteidigungsrecht wenigstens dann besteht, wenn ein Staat nicht mehr in der Lage oder willens *(unable or unwilling)* ist, auf dem Teil des Staatsgebiets effektive Herrschaftsgewalt auszuüben, wo sich ein nicht-staatlicher Akteur etabliert hat.[97] Nach dieser These, die etwa auch von der Bundesregierung vertreten wird,[98] wäre Selbstverteidigung, die auf das von diesem Regime beherrschte Gebiet beschränkt ist, zulässig, selbst wenn der aus diesem Gebiet verdrängte Staat nicht zustimmt. Man kann aber kaum davon ausgehen, dass sich diese

---

93 Diese Frage ist vor allem in Bezug auf die Aktion der USA in Afghanistan im November 2001 diskutiert worden, vgl *Preiser*, „Operation Enduring Freedom" and the UN Charter, Int Peacekeeping 8 (2002) 213 (228 ff). Das Verbot der bewaffneten Repressalie ist formuliert in der sog *Friendly Relations*-Erklärung (Fn 33); dazu *Green*, Self-Defence, NILR 55 (2008) 181 ff.
94 Zur entsprechenden Frage bzgl der Definition des Gewaltverbots im Allgemeinen so Rn 11, Nachw Fn 51 f. Zweifelnd *Bruha/Bortfeld*, Terrorismus und Selbstverteidigung, VN 49 (2001) 161 (165). Im Falle der israelischen Intervention im Libanon 2006 sind zwei mögliche Konstruktionen zu unterscheiden: Die vorangegangen Angriffe der Hisbollah könnten entweder dem Libanon zuzurechnen sein, da diese auch in der libanesischen Regierung vertreten war. Will man sie nicht dem Libanon zurechnen, so kann man die Hisbollah als eine Art Staat ansehen, der möglicher Täter eines bewaffneten Angriffs iSv Art 51 SVN sein kann, vgl *Aurescu*, Le conflit libanais de 2006, AFDI 52 (2006) 137 (152); *Ronen* (Fn 54); *Dau* (Fn 54) 194 f. Vergleichbar stellte sich die Frage für das Verhältnis zwischen Südossetien und der Russischen Föderation, so Fn 55.
95 Das IDI (vgl IDI-Res [Fn 51] Ziff 10) will im Fall eines Angriffs durch nicht-staatliche Akteure denn auch nur Selbstverteidigung gegen dieselben außerhalb eines staatlichen Hoheitsbereichs zulassen. Ähnlich *Schmitz-Elvenich* (Fn 51) 83 ff.
96 Zu dieser Fragestellung immer noch grundlegend *Kreß* (Fn 30) 268 ff; zum neuesten Stand vgl die Sammlung kurzer Streitbeiträge zu "Self-Defence Against Non-State Actors" in Impulses from the Max Planck Trilogues on the Law of Peace and War, ZaöRV 57 (2017) 1 ff; dezidierte Ablehnungen der „Unwilling and unable-Theorie" *Starski*, Right to Self-Defense, Attribution and the Non-State Actor, ZaöRV 75 (2015) 455 ff m ausführl Nachw u *Corten*, The 'Unwilling or Unable' Test: Can it be Accepted? Leiden JIL 29 (2016) 777 ff; dafür aus eher grundsätzlichen Erwägungen *Finke*, Selbstverteidigungsrecht gegen nichtstaatliche Akteure, AVR 55 (2017) 1 ff, ebenso *Dau* (Fn 54) 115 ff; *Dinstein*, War, 245 ff; ILA 2018, 14 ff. Das wesentliche Argument für diese These ist, dass sonst der angegriffene Staat schutzlos wäre. Das läuft freilich auf die o (Rn 13) abgelehnte teleologische Reduktion des Gewaltverbots hinaus.
97 Auch diese Frage wäre nach der Aggressionserklärung der GV restriktiv zu beantworten. Stimmen in der Literatur befürworten diese Konstruktion jedoch unter gewissen Bedingungen, vgl *Hofmeister*, When is it Right to Attack So-Called Host-States?, Singapore YBIL 11 (2007) 75 ff; *ders* (Fn 51). Zur Problematik der Zulässigkeit des kolumbianischen Übergriffs auf ecuadorianisches Gebiet 2008 wegen möglicher Verbindungen der FARC zur Regierung Ecuadors *Walsh* (Fn 52) 137 ff; vgl auch *Reisman*, International Legal Responses to Terrorism, Houston JIL 22 (1999) 3 ff.
98 So die Mitteilung der BReg an den SR bezüglich der gegen den sog Islamischen Staat auf syrischem Staatsgebiet gerichteten Militärmaßnahmen (UN Doc S/2015/946 v 10.12.2015). Vgl auch Antrag der BReg auf Zustimmung des BT zum Bundeswehreinsatz in Syrien, BT Drs 18/6866 v 1.12.2015; dazu auch *Finke* (Fn 96) 6 ff.

These in der Staatenpraxis schon soweit durchgesetzt hat, dass eine neue gewohnheitsrechtliche Ausformung des Selbstverteidigungsrechts vorliegt. – Der Umfang der Maßnahmen der Selbstverteidigung muss in einem angemessenen Verhältnis zur Schwere des sie rechtfertigenden Angriffs stehen (Grundsatz der *Verhältnismäßigkeit*).[99] Überschreitet die Selbstverteidigung diesen Rahmen, wird sie selbst verbotene Gewalt.[100] Das Recht zur Selbstverteidigung endet, sobald der Sicherheitsrat die notwendigen Maßnahmen zur Erhaltung des Weltfriedens ergreift.[101] In der Praxis hat der Sicherheitsrat Staaten allerdings von dieser aus der Satzung eigentlich folgenden Einschränkung des Selbstverteidigungsrechts dispensiert.[102]

Ausübung des Selbstbestimmungsrechts

20 In der Zeit der Dekolonisierung spielte die Frage eine große Rolle, ob die gewaltsame Durchsetzung des Selbstbestimmungsrechts eine besondere, der Selbsverteidigung gleichzuachtende Form erlaubter Gewalt sei. Die dahin gehende Rechtsbehauptung hat sich in der Statenpraxis nicht gewohnheitsrechtlich verdichten können.[103]

Schutz eigener Staatsangehöriger

21 Es kommt immer wieder vor, dass Staaten mit militärischer Gewalt eigene Staatsangehörige, deren Leben im Ausland massiv bedroht sind, zu schützen suchen.[104] Sol-

---

99 *Randelzhofer/Nolte* (Fn 87) Rn 57ff; *Gardam*, Proportionality and Force in International Law, AJIL 87 (1993) 391ff; *Dinstein*, War, 297ff. Das ist ein entscheidender Punkt der Kritik am israIischen Angriff gegen den Libanon 2006; vgl *Weber* (Fn 51); *Aurescu* (Fn 94) 154ff.
100 So die st Rechtsprechung des IGH, *GV-Nuklearwaffen*-Gutachten, § 41; *Nicaragua*, § 176; *Oil Platforms*, § 76f.
101 Vgl u Rn 32ff.
102 S/RES/661 v 6.8.1990, abgedr in VN 38 (1990) 146 betr die Besetzung Kuwaits durch den Irak.
103 Ausführlich dazu noch der 5. Aufl; vgl auch *E. Klein*, Nationale Befreiungskämpfe und Dekolonisierungspolitik der Vereinten Nationen, ZaöRV 36 (1976) 618ff; *Randelzhofer/Dörr* (Fn 22) Rn 62ff. Daran hat sich auch durch den unter Berufung auf das Selbstbestimmungsrecht erfolgte Anschluss der Krim an die Russische Föderation nichts geändert, *Bílková*, The Use of Force by the Russian Federation in Crimea, ZaöRV 75 (2016) 27 (43ff); zum Streitstand vgl die Beiträge zu in ZaöRV 75 (2015) 1ff; *Grant*, Annexation of Crimea, AJIL 109 (2015) 68ff.
104 Vgl hierzu: *Ader*, Gewaltsame Rettungsaktionen zum Schutz eigener Staatsangehöriger im Ausland, 1988; *Akehurst*, The Use of Force to Protect Nationals Abroad, Int Rel 1977, 3ff; *Beyerlin*, Die israelische Befreiungsaktion von Entebbe in völkerrechtlicher Sicht, ZaöRV 37 (1977) 213ff; *Bowett*, The Use of Force for the Protection of Nationals Abroad, in Cassese (Hrsg), Current Regulation, 39ff; *D'Angelo*, Resort to Force by States to Protect Nationals, VJIL 21 (1981) 485ff; *Kreß*, Die Rettungsoperation der Bundeswehr in Albanien am 14.3.1997 aus völker- und verfassungsrechtlicher Sicht, ZaöRV 57 (1997) 329 (346ff); *von Lersner* (Fn 65) 165f; *Lillich*, Forcible Protection of Nationals Abroad, GYIL 35 (1992) 202ff; *Nolte*, Kosovo und Konstitutionalisierung, ZaöRV 59 (1999) 941 (950f); *Ronzitti*, Rescuing Nationals Abroad Through Military Coercion and Intervention on Grounds of Humanity, 1985; *Salter*, Commando Coup at Entebbe, International Lawyer 11 (1977) 331ff; *Schweisfurth*, Operation to Rescue Nationals in Third States Involving the Use of Force in Relation to the Protection of Human Rights, GYIL 23 (1980) 159ff; *Umozurike*, The Israelis in Entebbe, VRÜ 12 (1979) 383ff; *Westerdiek*, Humanitäre Intervention und Maßnahmen zum Schutz eigener Staatsangehöriger im Ausland, AVR 21 (1983) 383ff; *Grimal/Melling*, The Protection of Nationals Abroad, JCSL 16 (2011) 541ff; *Lambertz*, Der gewaltsame Schutz eigener Statsangehöriger im Ausland, HV-I 25 (2012) 27ff; ILA 2018, 17f; *Gray*, The Protection of Nationals Abroad, FS Koufa, 2009, 133ff, insbes zur neueren russischen Praxis in

che Aktionen werden unter Berufung auf angebliches gewohnheitsrechtliches allgemeines Selbstverteidigungsrecht gerechtfertigt, das über das Selbstverteidigungsrecht der UN-Charta hinausgehe. Staatsbürger im Ausland sind jedoch keine durch das Gewaltverbot geschützten Außenpositionen des Staats. Der Schutz eigener Staatsangehöriger ist als Rechtfertigungsgrund auch nicht so allgemein akzeptiert, dass man von einer gewohnheitsrechtlichen Einschränkung des Gewaltverbots sprechen könnte. Häufig wurde dieser Grund für die *Rechtfertigung politischer Interventionen* ge- oder missbraucht (Bsp: US-Interventionen in Grenada[105] und Panama).[106] Es gibt kaum „reine" Fälle des Schutzes eigener Staatsangehöriger (Bsp für solche: die israelische Befreiungsaktion in Entebbe 1976 sowie die Rettungsaktion der Bundeswehr in Albanien 1997). Solche Aktionen sind ohne die *Zustimmung des betroffenen Staats* völkerrechtlich nicht zulässig.[107]

Humanitäre Intervention

Als politische und rechtliche Rechtfertigung des Einsatzes militärischer Gewalt wird 22 seit langem das Argument benutzt, eine solche Maßnahme erfolge, um bestimmte Bevölkerungsgruppen vor blutiger Unterdrückung, vor einer rücksichtslosen Verletzung ihrer Menschenrechte zu schützen.[108] Unter der Geltung der UN-Charta ist nicht

---

Bezug auf Georgien. Mit der Befürwortung eines solchen Schutzrechts weicht diese von der früheren sowjetischen Haltung ab.
105 Hierzu *Doswald-Beck*, The Legality of United States Intervention in Grenada, NILR 31 (1984) 355ff; *Hilaire*, International Law and the United States Military Intervention in the Western Hemisphere, 1997, 73ff; *Green*, The Rule of Law and the Use of Force – The Falklands and Grenada, AVR 24 (1986) 173ff; *Weber*, Die „erbetene" Intervention, VN 31 (1983) 169ff.
106 *Nanda*, The Validity of the United States Intervention in Panama under International Law, AJIL 84 (1990) 494ff; *Farer*, Panama, AJIL 84 (1990) 503ff; *D'Amato*, The Invasion of Panama Was a Lawful Response to Tyranny, AJIL 84 (1990) 516ff; *Henkin*, The Invasion of Panama under International Law, Colum J Transnat'l L 29 (1991) 293ff; *Miller*, International Intervention, Harvard ILJ 31 (1990) 633ff.
107 Sehr str, wie hier: *Schindler*, in ders/Hailbronner, Grenzen, 21; *Beyerlin* (Fn 104) 213ff; *Lowe/Tzanakopoulos*, Humanitarian Intervention, MPEPIL V, 47 (Rn 14 u 35); *Schweisfurth* (Fn 104) 159ff; ebenso wohl auch *Epping*, Die Evakuierung deutscher Staatsangehöriger im Ausland als neues Kapitel der Bundeswehrgeschichte ohne rechtliche Grundlage?, AöR 124 (1999) 423ff; *Kreß* (Fn 104) 333; aA, wenn auch mit starken Zweifeln, *Hailbronner*, in Schindler/Hailbronner, Grenzen, 100ff; für die Zulässigkeit solcher Rettungsaktionen spricht sich vor allem die US-amerikanische Doktrin aus: *Lillich*, Forcible Self-Help by States to Protect Human Rights, Iowa LR 53 (1967/68) 325ff; *D'Angelo* (Fn 104) 485ff; *Eichensehr*, Defending Nationals Abroad, VJIL 48 (2007/08) 451 (466); aus der dt-sprachigen Literatur idS *Schröder*, Die Geiselbefreiung von Entebbe, JZ 1977, 420ff; *Franzke*, Die militärische Abwehr von Angriffen auf Staatsangehörige im Ausland, ÖZöRV 16 (1966) 128ff; *Kreß* (Fn 51) 19ff; vorsichtig eingrenzend *Randelzhofer/Nolte* (Fn 87) Rn 60f; unklar *Gray*, Use of Force, 169. Im Falle des Einsatzes der Bundeswehr in Albanien lag eine Zustimmung vor.
108 Hierzu *Beyerlin*, Die humanitäre Aktion zur Gewährleistung des Mindeststandards in nichtinternationalen Konflikten, 1975; *Randelzhofer/Dörr* (Fn 22) Rn 52ff; *Brock*, Von der „humanitären Intervention" zur „Responsibility to Protect", FS Bothe, 2008, 19ff; *Charney*, Anticipatory Humanitarian Intervention in Kosovo, AJIL 93 (1999) 834ff; *Chesterman*, Just War or Just Peace, 2001; *Chinkin*, Kosovo, AJIL 93 (1999) 841ff; *Deiseroth*, „Humanitäre Intervention" und Völkerrecht, NJW 1999, 3084ff; *Delbrück*, Menschenrechte im Schnittpunkt zwischen universalem Schutzanspruch und staatlicher Souveränität, GYIL 22 (1979) 384ff; *Franck*, Recourse to Force, 135ff; *Henkin*, Kosovo and the Law of „Humanitarian Intervention", AJIL 93 (1999) 824ff; *Malanczuk*, The Kurdish Crisis and Allied Intervention in the Aftermath of the Second Gulf War, EJIL 2 (1991) 114ff; *Nolte* (Fn 104); *Ronzitti*, Lessons of International Law from NATO's Armed Intervention Against the Federal Republic of Yu-

zu bezweifeln, dass eine solche humanitäre Intervention *grenzüberschreitende bewaffnete Gewalt* darstellt, die unter Art 2 Nr 4 der Charta fällt. Sie bedürfte also eines besonderen Rechtfertigungsgrunds. Die Konstruktion, schwere Menschenrechtsverletzungen einem bewaffneten Angriff gleichzuachten, der ein Recht auf Gegengewalt, dh auf Selbstverteidigung auslöst, lässt sich nicht halten.[109] Die andere Möglichkeit, diese Form der Gewaltanwendung als gerechtfertigt anzusehen, besteht darin, einen besonderen gewohnheitsrechtlichen Rechtfertigungsgrund zu konstruieren. Auch hier kommt es wieder auf staatliche Praxis und Rechtsüberzeugung an. Als staatliche Praxis kommen eine Reihe militärischer Aktionen auch nach Inkrafttreten der UN-Charta in Betracht, so etwa das indische Eingreifen im damaligen Ostpakistan 1971,[110] das Eingreifen Vietnams in Kambodscha[111] und das Tansanias in Uganda 1979[112] sowie gewisse Maßnahmen zum Schutz der Kurden im Irak 1991.[113] Wenn man allerdings die staatliche Praxis in all diesen Fällen näher betrachtet, fällt auf, dass die intervenierenden Staaten sich nicht entscheidend auf ein Recht zur humanitären Intervention berufen haben. Vielmehr wurden in unterschiedlicher Weise andere rechtliche Konstruktionen zur Rechtfertigung gebraucht. Es ist also *nicht möglich, von einer durch Rechtsüberzeugung getragenen Praxis* der humanitären Intervention als Ausnahme zum völkerrechtlichen Gewaltverbot *zu sprechen*.[114] Das

---

goslavia, Int Spectator 34/3 (1999) 45 (51); *Schachter*, The Legality of Pro-Democratic Invasions, AJIL 78 (1984) 645 ff; *Simma*, Souveränität und Menschenrechtsschutz nach westlichem Völkerrechtsverständnis, EuGRZ 1977, 235 ff; *Tesón*, Humanitarian Intervention, 2. Aufl 1996; *Torelli*, From Humanitarian Assistance to „Intervention on Humanitarian Grounds"?, IRRC 32 (1992) 228 ff; *Verwey*, Humanitarian Intervention, in Cassese (Hrsg), Current Regulation, 57 ff; verschiedene Fallstudien und Beiträge in Bellamy (Hrsg), Humanitarian Intervention, 2017; IDI, Present Problems of the Use of Force in International Law, Subgroup on Humanitarian Intervention, IDI Ann 72 (2007) 239 (263); die Res des IDI (Fn 51) lässt die Frage offen, vgl ebd 366.
109 *Bothe*, Die NATO nach dem Kosovo-Konflikt und das Völkerrecht, SZIER 10 (2000) 177 (184 f); anders *Delbrück* (Fn 25) 152; *Kress*, Staat und Individuum in Krieg und Bürgerkrieg, NJW 1999, 3077 (3081 f).
110 *Nanda*, Self-Determination in International Law, AJIL 66 (1972) 321 ff.
111 *Warbrick*, Kampuchea: Representation and Recognition, ICLQ 30 (1981) 234 ff.
112 *Umozurike*, Tanzania's Intervention in Uganda, AVR 20 (1982) 302 ff.
113 *Malanczuk* (Fn 108) 114 ff.
114 So auch die hL, vgl vor allem die umfassende Analyse von *Chesterman* (Fn 108) 226 f, *Kreß* (Fn 51) 24; ebenso *Lowe/Tzanakopoulos* (Fn 107); *Randelzhofer/Dörr* (Fn 22) Rn 55 f; *Bothe*, The Use of Force to Protect Peoples and Minorities, in Brölmann/Lefeber/Zieck (Hrsg), Peoples and Minorities in International Law, 1993, 289 ff; *Hailbronner*, in Schindler/Hailbronner, Grenzen, 99; *O'Connell*, Regulating the Use of Force in the 21st Century, Colum J Transnat'l L 36 (1997) 473 (477); *Neuhold*, Collective Security after „Operation Allied Force", MPYUNL 4 (2000) 73 (101 f); *Uerpmann*, La primauté des droits de l'homme, in Tomuschat (Hrsg), Kosovo and the International Community, 2002, 65; *Flauss*, La primarité des droits de la personne, ebd 87; *Aghayev*, Humanitäre Intervention und Völkerrecht, 2007; *Corten*, Human Rights and Collective Security, in Alston/MacDonald (Hrsg), Human Rights, Intervention, and the Use of Force, 2008, 87 ff; *ders*, Droit, 741 ff; *Rigaux*, Aspects historiques de l'intervention "humanitaire", FS Degan, 2005, 207 ff; *Ziolkowski* (Fn 5) 266; ILA 2018, 20 ff; aA *Greenwood*, Gibt es ein Recht auf humanitäre Intervention?, EA 1993, 93 (105); *Fletcher/Ohlin* (Fn 89) 151 ff; *Verhoeven*, L'intervention d'humanité, FS Degan, 2005, 221 ff; s auch *Lillich*, Humanitarian Intervention through the United Nations, ZaöRV 53 (1993) 557 (560 ff); unklar *Murphy* (Fn 85) 33 f. Vgl ferner *Torelli* (Fn 108) 243 f. Krit gegenüber der humanitären Rhetorik auch *Weiss*, The Sunset of Humanitarian Intervention?, Security Dialogue 35 (2004) 135; auch der weitgehend mangelnde Erfolg sog humanitärer Interventionen (*Seybold*, Humanitarian Military Intervention, 2007, 272) sollte im rechtlichen Diskurs nicht unbeachtet bleiben.

hat sich auch bei der Intervention der NATO-Staaten im Kosovo 1999 gezeigt, da wesentliche Staaten mit Nachdruck die Auffassung vertreten haben, diese Aktion sei völkerrechtswidrig gewesen.[115] In dem sog neuen Strategischen Konzept der NATO, zeitgleich mit dem Kosovo-Konflikt verabschiedet, ist denn auch von humanitärer Intervention als einem Rechtfertigungsgrund für die Ausübung militärischer Gewalt nicht die Rede.[116] An dieser Lage hat sich auch in der internationalen Praxis nach der Kosovo-Intervention nichts geändert.[117] Die humanitären Katastrophen in Libyen, in Syrien und im Yemen haben nicht zur Anerkennung eines Rechts auf militärisches Eingreifen geführt,[118] auch nicht als Gegenmaßnahme zu groben Verletzungen des humanitären Völkerrechts, zB dem Einsatz chemischer Waffen. Auch der sich entwickelnde Grundsatz einer „Schutzverantwortung" *(Responsibility to Protect [R2P])*[119] führt nicht zu einer Zulässigkeit der einseitigen militärischen humanitären Intervention. Er ist zu verstehen als eine Verpflichtung jeden Staats, seine eigene Bevölkerung vor systematischen Menschenrechtsverletzungen zu schützen (Souveränität als Verantwortung). Erfüllt er diese Verpflichtung nicht, ist die internationale Gemeinschaft gehalten, Maßnahmen zu ergreifen. Sollen zu diesem Zweck militärischer Gewaltmaßbahmen ergriffen werden, so gelten die allgemeinen Regeln des Gewaltverbots und seiner Ausnahmen. Zum Schutz der Menschenrechte einer Bevölkerung militärische Maßnahmen zu beschließen, bleibt danach dem Sicherheitsrat vorbe-

---

115 So vor allem Russland, China und Indien, vgl die Debatte im Sicherheitsrat am 26.3.1999, UN Press Release SC/6659; ausführliche Nachw bei *Nolte* (Fn 104) 945 ff; vgl auch *Roberts*, NATO's ‚Humanitarian War' over Kosovo, in Bellamy (Fn 108) Bd 3, 170 (187 ff).
116 NATO Press Release NAC S(99)65 v 24.4.1999, <www.nato.int/docu/pr/1999/p99-065e.htm>.
117 *Hedir*, Humanitarian Intervention after Kosovo, 2008, 94 ff, 152 ff; *Corten* (Fn 114) 123 ff; *Kunde* (Fn 89) 125 ff; *Randelzhofer/Dörr* (Fn 22) Rn 55; *Lowe/Tzanakopoulos* (Fn 107) Rn 32; iE ähnlich *Bilder*, The Implications of Kosovo for International Human Rights Law, in Alston/MacDonald (Fn 114) 139 (153 ff); *Roberts* (Fn 115) 188; ausführliche Analyse der internationalen Praxis nach der Kosovo-Intervention *Gray*, Use of Force, 40 ff; für eine Anerkennung mit stark rechtspolitischen Argumenten *Glennon*, in Bellamy (Fn 108), Bd 3, 164 ff.
118 *Türkmen*, Von Libyen zu Syrien: Aufstieg und Untergang der humanitären Intervention, VN 63 (2015) 3 ff; *Henriksen/Schack*, The Crisis in Syria and Humanitarian Intervention, UFIL 1 (2014) 122 ff.
119 Grundlegend International Commission on Intervention and State Sovereignty (Hrsg), The Responsibility to Protect, 2001, Ziff 6.36 f. Umfassende Analysen in SFDI (Hrsg), La responsabilité de protéger, 2008; vgl *von Arnauld*, Souveränität und Responsibility to Protect, Friedenswarte 84 (2009) 11 ff; *Boisson de Chazournes*, De la responsabilité de protéger, RGDIP 110 (2006) 11 ff; *Brock* (Fn 108); *Müller-Wolf/Schneider*, Die Responsibility to Protect, Sicherheit und Frieden 27 (2009) 54 ff; *Stahn*, Responsibility to Protect, AJIL 101 (2007) 99 ff; *Verlage*, Responsibility to Protect, 2009; *Strauss*, The Emperor's New Clothes: The United Nations and the Implementation of the Responsibility to Protect, 2009; *Orford*, International Authority and the Responsibility to Protect, 2011; *Hilpold*, Die Schutzverantwortung im Recht der Vereinten Nationen, SZIER 21 (2011) 231 ff; *Dembinski/Reinold*, Libya and the Future of the Responsibility to Protect, PRIF Report 107, 2011; *Dembinski/Mumford*, Die Schutzverantwortung nach Libyen, HSFK Standpunkte 4/2012; *Hoffmann*, Im Streit gestärkt oder umstrittener als behauptet? Zehn Jahre diplomatische Kontroversen über die Schutzverantwortung, HSFK Report 9/2014. Eine neue umfassende Bestandsaufnahme und Analyse ist Hilpold (Hrsg), Die Schutzverantwortung (R2P), 2013; ders (Hrsg), Responsibility to Protect (R2P), 2015; auch *Gray*, Use of Force, 58 ff. Die Sinnhaftigkeit militärischer Interventionen bei humanitären Krisen ist freilich zu bezweifeln und jedenfalls differenziert zu betrachten (*Janssen*, Menschenrechtsschutz in Krisengebieten, 2008, 35 ff), was als rechtspolitisches Argument auch im rechtlichen Diskurs bedacht werden muss; idS krit zur R2P *Verma*, Responsibility while Protecting: A Case for Responsible Humanitarian Interventions, in Sehgul (Hrsg), Issues and Challenges of Public International Law, 2016, 177 ff; vgl auch *Sauer/Wagner*, Der Tschetschenien-Konflikt und das Völkerrecht, AVR 45 (2007) 53 (72 ff).

halten. Staaten bedürfen zu solchen Schutzmaßnahmen *einer besonderen Genehmigung des Sicherheitsrats* (Bsp: Somalia,[120] Ruanda,[121] Haiti,[122] ehemaliges Jugoslawien,[123] Libyen).[124] Die Rechtfertigung solcher Maßnahmen beruht dann eben nicht auf einem Rechtstitel der humanitären Intervention oder einer Schutzverantwortung, sondern auf der Entscheidung des Sicherheitsrats, wobei im Einzelnen zu prüfen bleibt, inwieweit dieser wirklich rechtfertigende Wirkung zukommt.[125] In diesem Zusammenhang ist allerdings auch zu fragen, ob und inwieweit sich aus einem Grundsatz der R2P eine Rechtspflicht von Staaten ergibt, mit anderen als militärischen Mitteln die Menschenrechte in anderen Staaten zu schützen und ggf auch eine Pflicht des Sicherheitsrats, militärische Maßnahmen zu ergreifen. Insofern überschneidet sich die R2P mit dem Konzept der „Human Security".[126]

Intervention auf Einladung

23   Ob die *Zustimmung* eines Staats zu militärischen Maßnahmen, die ein anderer Staat auf dem Gebiet des ersteren Staats durchführt, rechtfertigend wirkt, ist umstritten.[127] Die rechtfertigende Wirkung kann nicht ohne weiteres angenommen werden, da das Gewaltverbot nach überwiegender Meinung Bestandteil des zwingenden Rechts ist, der betroffene Staat hierüber also nicht ohne weiteres disponieren kann.[128] Begrifflich kann man aber nicht mehr von militärischer Gewalt gegenüber einem anderen Staat sprechen, wenn die Regierung dieses Staats dem anderen Staat gestattet oder ihn darum bittet, gegenüber Dritten (Aufständischen, Terroristen) gewaltsam vorzugehen. Diese Rechtfertigung wird jedoch dann zweifelhaft, wenn die Befugnis der ersuchenden oder gestattenden Regierung, für den jeweiligen Staat zu sprechen, zweifelhaft geworden ist. Deshalb wird zT die *Intervention im Bürgerkrieg* auf Seiten einer Bürgerkriegspartei (und sei dies auch die bisherige Regierung) als *unzulässig*

---

120   S/RES/794 v 3.12.1992, abgedr in UNYB 46 (1992) 209.
121   S/RES/929 v 22.6.1994, abgedr in Int Peacekeeping 1 (1994) 103 f.
122   S/RES/940 v 31.7.1994, abgedr in Int Peacekeeping 1 (1994) 104 f; vgl *Glennon*, Sovereignty and Community after Haiti, AJIL 89 (1995) 70 ff; *Falk*, The Haiti Intervention, Harvard ILJ 36 (1995) 341 ff; *Koskenniemi*, The Police in the Temple, EJIL 6 (1995) 325 ff.
123   S/RES/836 v 10.6.1993, abgedr in VN 41 (1993) 156.
124   S/RES/1973 v 17.3.2011.
125   Dazu u Rn 24.
126   Commission on Human Security (Hrsg), Human Security Now, 2003, 24 ff, 58 ff; *Stein-Kämpfe*, Human Security, 2008, 203 ff; *von Tigerstrom*, Human Security and International Law, 2007, 126 f, 206.
127   *Corten*, La licéité douteuse de l'action militaire de l'Ethiopie en Somalie et ses implications sur l'argument de "l'intervention consentie", RGDIP 111 (2007) 513 ff; *ders*, Droit, 391 ff; *Doswald-Beck*, The Legal Validity of Military Intervention by Invitation of the Government, BYBIL 56 (1985) 189 ff; *Tanca*, Foreign Armed Intervention in International Conflicts, 1993, 7 f; *Nolte*, Eingreifen auf Einladung, 1999; ILA 2018, 18 ff; *St-Fleur*, L'intervention par invitation d'un Etat tiers: Le consentement au recours à la force contre les combattants étrangers terroristes, FS Momtaz, 2017, 783 ff; eine gute Würdigung der neueren Praxis ist *Tzimas*, Legal Evaluation ot Saudi-Led Intervention in Yemen: Consensual Intervention in Cases of Contested Authority and Fragmented States, ZaöRV 78 (2018) 147 ff (betr eine Reihe von Bsp, u a Syrien und Afghanistan); sehr krit *Shaygan*, Intervention by Invitation as a Tool of New Colonialism, FS Momtaz, 2017, 766 ff.
128   *Kadelbach* (Fn 23) 226 ff.

angesehen (*strict-abstentionist*-Theorie).¹²⁹ Die neuere Praxis neigt aber eher dazu, die Intervention auf Ersuchen einer allgemein anerkannten Regierung als rechtmäßig anzusehen, allerdings unter im Einzelnen str Bedingungen.¹³⁰ Dazu gehören nicht nur die Effektivität der anerkannten Regierung, sondern ggf auch die Stellungnahme der internationalen Gemeinschaft sowie die Durchführung der Intervention im Licht des Völkerrechts, u a bezüglich des *ius in bello*. So wurde die Zulässigkeit der russischen Intervention in Syrien, die mit Zustimmung der Assad-Regierung erfolgte, deren Legitimation umstritten war, in den internationalen Reaktionen nicht generell angezweifelt, sondern nur wegen der Art ihrer Durchführung, insbes wegen der Nichtberücksichtigung humanitärer Konsequenzen.¹³¹

Entscheidungen Internationaler Organisationen
Militärische Zwangsmaßnahmen gemäß Art 42 UN-Charta sind zulässige Gewalt. Im **24** Einzelfall kann str sein, was alles unter diesen Begriff fällt. Eine Gesamtsicht der Vorschriften der Art 42ff UN-Charta ergibt, dass es sich um Maßnahmen handelt, die der Sicherheitsrat durchführt, dh für die er gewisse Führungs- und Leitungsfunktionen besitzt. Dies entspricht auch allein dem Grundgedanken des Kap VII und des Art 24 UN-Charta, die einseitige, dezentralisierte Gewaltanwendung in internationalen Beziehungen ersetzen wollen durch eine solche der Gemeinschaft selbst. Zu solchen Zwangsmaßnahmen unter der Leitung des Sicherheitsrats ist es aber bislang nicht gekommen. Stattdessen wurde der Weg gewählt, dass der *Sicherheitsrat die Gewaltanwendung durch Staaten autorisierte*. Im Golfkonflikt¹³² genehmigte er alle zur Durchführung seiner bis dahin gefassten Resolutionen „notwendigen Maßnahmen" der Staaten, die mit der Regierung von Kuwait zusammenarbeiten.¹³³ Eine positive Entscheidung darüber, dass Gewalt wirklich eingesetzt werden sollte, fällte der Sicherheitsrat aber nicht. Diese überließ er den genannten Staaten. Ein solches Delegieren der Entscheidung über Gewaltanwendung auf einzelne Staaten oder

---

129 Vgl hierzu die Res des Institut de Droit International (AIDI 56 [1975] 544 ff) u den dazugehörigen Bericht in AIDI 55 (1973) 416 ff sowie AIDI 56 (1975) 119 ff; *Moore*, The Control of Foreign Intervention in Internal Conflicts, VJIL 9 (1969) 205 ff; *Farer*, Intervention in Civil War, Colum LR 67 (1967) 266 ff; *Gray*, Use of Force, 100 ff.
130 Das spielt eine Rolle für die rechtliche Bewertung der ausländischen Militärintervention in Afghanistan (s o Rn 19). Das Eingreifen begann zunächst mit der „Operation Enduring Freedom (OEF)" als einer Maßnahme der Selbstverteidigung. Nach der Einsetzung einer neuen, von der Staatengemeinschaft anerkannten Regierung entfiel dieser Rechtfertigungsgrund, die Aktion wird jedoch als Intervention auf Einladung dieser Regierung als weiterhin zulässig angesehen. Neben die OEF tritt die vom Sicherheitsrat mandatierte ISAF, dazu u Rn 36. Vgl die grundlegende Analyse der neueren Praxis bei *Kreß* (Fn 51) 25 f.
131 Dazu *Charap*, Russia, Syria and the Doctrine of Intervention, Survival 55 (2013) 35 ff.
132 Hierzu *Bothe*, Die Golfkrise und die Vereinten Nationen, Demokratie und Recht 1991, 2 ff; *Fink*, Der Konflikt zwischen dem Irak und Kuwait und die internationale Friedensordnung, AVR 29 (1991) 452 ff; *Graefrath/Mohr*, Legal Consequences of an Act of Aggression, ÖZöRV 43 (1992) 109 ff; *Green*, The Gulf „War", the UN and the Law of Armed Conflict, AVR 28 (1990) 369 ff; *Greenwood*, Iraq's Invasion of Kuwait, World Today 1991, 39 ff; *Johnson/Weigel*, Just War and the Gulf War, 1991; *Pyrich*, United Nations: Authorizations of the Use of Force, Harvard ILJ 32 (1991) 265 ff; *Reisman*, Some Lessons from Iraq, Yale ILJ 16 (1991) 203 ff.
133 S/RES/678 v 29.11.1990, abgedr in VN 38 (1990) 218.

Staatengruppen ist in der UN-Charta nicht vorgesehen.[134] Man konnte diese Entscheidung aber qualifizieren als die verbindliche Bestätigung und zugleich Begrenzung eines Rechts, das diesen Staaten ohnehin zustand, nämlich des Rechts auf kollektive Selbstverteidigung.[135] Dieses wird durch die Resolution verbindlich festgestellt und zugleich dadurch begrenzt, dass es auf die Staaten, die mit der Regierung von Kuwait zusammenarbeiten, beschränkt ist. Eine so weitgehende Autorisierung staatlicher militärischer Gewalt, wie sie im Kuwait-Konflikt erfolgte, ist ein Einzelfall geblieben. In der Folge sind solche Autorisierungen (ehemaliges Jugoslawien,[136] Somalia,[137] Ruanda,[138] Haiti,[139] Afghanistan,[140] Kongo,[141] Irak seit Oktober 2003,[142] Libyen,[143] französische Truppen in Mali)[144] enger begrenzt und zT auch an eine Abstimmung mit den UN geknüpft worden. Diese Verfahrensweise ist nunmehr durch die ständige UN-Praxis rechtlich außer Frage gestellt. Es ist eine *wegen der Genehmigung durch den Sicherheitsrat ausnahmsweise zulässige Form der Intervention.*[145] Bei der Mandatierung muss man allerdings eine hinreichend eindeutige Ermächtigung verlangen. Die Verurteilung eines Staats durch den Sicherheitsrat bedeutet noch keine Ermächtigung an einzelne Staaten, den verurteilten Staat mit militärischer Gewalt zur Beachtung seiner Pflichten aus der UN-Charta anzuhalten.[146] Die von den USA und Großbritannien im Irak-Konflikt im Jahr 2003 zur Recht-

---

134 *Weston*, Security Council Resolution 678 and Persian Gulf Decision-Making, AJIL 85 (1991) 516 (522).
135 Str; wie hier *Schachter*, United Nations Law in the Gulf Conflict, AJIL 85 (1991) 452 (457 ff); *Rostow*, Until What?, AJIL 85 (1991) 506 ff; *Bothe* (Fn 132) 10; Art 51 als Rechtsgrundlage andeutend *Fischer*, Die Resolution des Sicherheitsrates der Vereinten Nationen zum Golfkrieg, HV-I 3 (1990) 121 f; dagegen *Partsch*, Von der Souveränität zur Solidarität, EuGRZ 1991, 469 ff; *Franck/Patel*, UN Police Action in Lieu of War, AJIL 85 (1991) 63 f; *Heinz/Philipp/Wolfrum*, Zweiter Golfkrieg, VN 39 (1991) 121 (126); eine gleiche Deutung wäre für die S/RES 2249 v 20.11.2015 bzgl Militärmaßnahmen gegen IS möglich.
136 Embargo: S/RES/713 v 25.9.1991 u S/RES/787 v 30.5.1992, abgedr in VN 39 (1991) 175 bzw VN 40 (1992) 110; Flugverbotszonen: S/RES/816 v 31.3.1993, abgedr in VN 41 (1993) 73; Sicherheitszonen: S/RES/836 v 10.6.1993; IFOR/SFOR: S/RES/1031 v 15.12.1995, abgedr in Int Peacekeeping 2 (1995) 167 f; INTERFET: S/RES/1264 v 15.9.1999 abgedr in Int Peacekeeping 4–5 (1999) 147 f; KFOR: S/RES/1244 v 10.6.1999; Military Technical Agreement between the International Security Force (KFOR) and the Governments of the Federal Republic of Yugoslavia and the Republic of Serbia, abgedr in Int Peacekeeping 5 (1999) 97 ff. Bei letzterer Ermächtigung ist die Lage insofern besonders, als sie in Zusammenhang mit der treuhänderischen Verwaltung des Kosovo durch die UN steht, vgl dazu *Bothe*, Kosovo – Anlässe zum völkerrechtlichen Nachdenken, FS Dau, 1999, 13 (26 ff).
137 S/RES/794 v 3.12.1992.
138 S/RES/929 v 22.6.1994.
139 S/RES/940 v 31.7.1994; erneut: S/RES/1529 v 29.2.2004.
140 S/RES/1386 v 20.12.2001, mehrfach verlängert; s u Fn 222.
141 S/RES/1484 v 30.5.2003.
142 S/RES/1511 v 16.10.2003, § 13.
143 S/RES/1973 v 17.3.2011.
144 S/RES/2227 v 29.6.2015.
145 *Gray*, Use of Force, 341 ff, 381 ff; vgl A/RES/60/1 v 16.9.2015, § 79: "the authority of the Security Council to mandate coercive action". Weder S/RES/1199 v 23.9.1998 noch S/RES/2249 v 20.11.205 bzgl des IS, die eine Friedensbedrohung feststellen und die Mitgliedstaaten zu Maßnahmen auffordern, enthalten eine solche Mandatierung; dazu *Hilpold*, The Security Council and the Fight against Terrorism, abrufbar unter <http://ssrn.com/abstract=2704464>; zur Auslegung von Entscheidungen des Sicherheitsrats *Hakimi*, The *Jus ad bellum* Regulatory Forum, AJIL 112 (2018) 151 ff.
146 *Krisch*, Unilateral Enforcement of the Collective Will, MPYUNL 3 (1999) 59 ff; *Weller*, Enforced Negotiations, Int Peacekeeping 5 (1999) 4 ff; zu den SR-Res bzgl Irak *Frowein*, Unilateral Interpreta-

fertigung ihres Angriffs verwandte Argumentation, die über 10 Jahre alten Resolutionen des Sicherheitsrats seien wegen der Verletzung der Waffenstillstandsresolution durch den Irak immer noch eine ausreichende Ermächtigung,[147] ist nicht haltbar.[148] Wird eine vom Sicherheitsrat erteilte Ermächtigung überschritten, so wird die Gewaltanwendung unzulässig.[149] Die Satzung sieht einen Fall der Delegation von Zwangsmaßnahmen vor, nämlich die *Inanspruchnahme von Regionalorganisationen* gemäß Art 53 Abs 1 UN-Charta. Welche Organisationen dazu zu zählen sind, und unter welchen Voraussetzungen deren Entscheidungen militärische Maßnahmen zu rechtfertigen vermögen, ist im Einzelnen umstritten.[150] Bei der Mandatierung wird man jedenfalls eine hinreichend eindeutige, grundsätzlich vorgängige Ermächtigung verlangen müssen.[151]

d) Rechtliche Konsequenzen einer Verletzung und Durchsetzung des Gewaltverbots

Die *Durchsetzung der Beachtung des Gewaltverbots* ist eine der schwierigsten Fragen in den heutigen internationalen Beziehungen. Die vielen bewaffneten Konflikte, die es trotz des Gewaltverbots gibt, beweisen es schmerzlich. Deshalb muss die Frage gestellt werden, welche Konsequenzen eine Verletzung des Gewaltverbots gemäß dem Völkerrecht nach sich zieht. Erstens kann diese Verletzung eine der unten[152] dargestellten Maßnahmen der kollektiven Sicherheit zur Folge haben. Zweitens löst die Verletzung das Recht anderer Staaten zur Selbstverteidigung aus.[153] Zum dritten gibt es weitere Konsequenzen, deren Grundgedanke es ist, die Verletzung des Gewaltverbots durch Nachteile zu sanktionieren. Dabei geht es vor allem um die Anwendung des Prinzips *ex iniuria ius non oritur*.[154]

25

---

tion of Security Council Resolutions, FS Jaenicke, 1998, 97 ff; *Kohen* (Fn 53) 214; *Leurdijk/Siekman*, The Legal Basis for Military Action against Iraq, Int Peacekeeping 4 (1998) 71 ff; *Lobel/Ratner*, Bypassing the Security Council, AJIL 93 (1999) 124 ff; *Weller*, The Threat or Use of Force in a Unipolar World, Int Peacekeeping 4 (1998) 63 ff; *White*, The Legality of the Threat of Force against Iraq, Security Dialogue 30 (1999) 75 ff; *Zedalis*, Dealing with Weapon Inspections Crisis in Iraq, ZaöRV 59 (1999) 37 ff.
147 Schreiben der Vertreter der Vereinigten Staaten und Großbritanniens an den Präsidenten des Sicherheitsrats, UN Doc S/2003/350 u 351; *Greenwood*, The Legality of the Use of Force, in Bothe et al (Hrsg), Redefining Sovereignty, 387 ff; *Taft*, Preemption, Irak and International Law, AJIL 97 (2003) 557 ff; *Wedgwood* (Fn 91); *dies*, The Military Action in Iraq and International Law, FS Dinstein, 2007, 229 (234).
148 Ausführlich *Weller*, Iraq and the Use of Force in International Law, 2010; *Bothe*, Der Irak-Krieg und das völkerrechtliche Gewaltverbot, AVR 41 (2003) 255 (262 ff); *ders*, Has Article 2 (4) Survived the Iraq War?, in Bothe et al (Hrsg), Redefining Sovereignty, 417 ff; *Corten*, Opération *Iraqi Freedom*, RBDI 36 (2003) 206 ff; *Schaller* (Fn 91) 649 ff.
149 Zum diesbezüglichen Streit um die Intervention einiger NATO-Staaten in Libyen 2011 vgl *Bothe*, Tatsachenfeststellung (Fact-finding) als Mittel der Durchsetzung von Menschenrechten und humanitärem Völkerrecht, FS Klein, 2013, 1007 (1030 ff).
150 Vgl dazu u Rn 51.
151 Die Praxis gibt allerdings zu manchen Zweifeln Anlass. In Liberia und Sierra Leone hat der Sicherheitsrat erst Maßnahmen ergriffen, nachdem ECOWAS mit Truppen (ECOMOG – ECOWAS Military Observer Group) bereits eingegriffen hatte. Dieses Eingreifen wurde vom Sicherheitsrat ausdrücklich gelobt; vgl für Liberia S/RES/866 v 22.9.1993, für Sierra Leone S/RES/1181 v 13.7.1998; zu diesen und weiteren Unklarheiten *Czaplinsky*, FS Degan, 2005, 39 (44 ff); *Lowe/Tzanakopoulos* (Fn 107) Rn 20.
152 Vgl u Rn 32 ff.
153 Vgl o Rn 19.
154 *Lagerwall*, Le principe ex injuria jus non oritur en droit international, 2016.

26   In Anwendung dieses Grundsatzes sind *Verträge*, deren Abschluss durch rechtswidrige Androhung oder Anwendung von Gewalt herbeigeführt wurde, *nichtig* (Art 52 WVK).[155] Auf dem gleichen Gedanken beruht die Regel, dass unter Verletzung des Gewaltverbots herbeigeführter *Gebietserwerb nicht anerkannt* werden darf (sog *Stimson*-Doktrin), heute allgemeiner formuliert als Verbot des Gebietserwerbs durch Drohung mit oder Anwendung von Gewalt.[156]

27   Nicht durchgesetzt hat sich jedoch der Gedanke, dass Verletzungen des Gewaltverbots durchschlagen auf die zweite Ebene der rechtlichen Regeln zur Hegung von Gewalt, nämlich auf das *ius in bello*. Die Tatsache, dass im Falle eines bewaffneten Konflikts die eine Partei, die das Gewaltverbot verletzt, eine Aggression begangen hat, führt nicht dazu, dass diese Partei bei der Anwendung des Rechts bewaffneter Konflikte diskriminiert wird. Andernfalls könnte das völkerrechtliche Kriegsrecht seine konflikteindämmende Wirkung nicht entfalten.[157] Dies ändert aber nichts daran, dass der Staat, der das Gewaltverbot verletzt, ein *völkerrechtliches Delikt* begeht und deshalb *für* jeden *Schaden ersatzpflichtig* ist, der durch diese Verletzung entstanden ist, auch für Schäden, die durch Kriegshandlungen entstanden sind, die nach den Maßstäben des *ius in bello* rechtmäßig sind.[158] Dieser Grundsatz, dass der Aggressor für den gesamten durch seine Aggression verursachten Schaden einzustehen hat, ist durch den Sicherheitsrat im Falle des Golfkonflikts bestätigt worden. Der Irak ist für alle durch seinen Einmarsch in Kuwait 1990 entstandenen Schäden ersatzpflichtig. Zum ersten Mal hat der Sicherheitsrat in diesem Fall auch ein Verfahren zur Anwendung dieses Grundsatzes beschlossen, nämlich die Einsetzung der United Nations Compensation Commission.[159] Die Geltendmachung von Schadenersatzansprüchen wegen Verletzungen des Gewaltverbots in zwischenstaatlichen Streitregelungsverfahren, sowohl vor dem IGH[160] als auch in Schiedsverfah-

---

155   *Bothe*, Consequences of the Prohibition of the Use of Force, ZaöRV 27 (1967) 507 ff; *Schröder*, Treaties, Validity, MPEPIL X, 51 ff.
156   So der SR in seiner Res 242 v 1967 in Bezug auf das Palästina-Problem, die Generalversammlung in der *Friendly Relations*-Erklärung (Res 2625 [XXV] v 24.10.1970) sowie in Bezug auf die Annexion der Krim durch Russland (A/RES/68/262 v 1.4.2014), ferner der IGH im *Mauer*-Gutachten (§ 87); zur früheren Rechtslage *Grant*, Doctrines (Monroe, Hallstein, Brezhnev, Stimson), MPEPIL III, 181 (Rn 8), zur Krim *Marxsen*, The Crimea Crisis, ZaöRV 74 (2014), 367 (390); *Bothe*, The Current Status of Crimea, MLWR 53 (2014) 99 ff; *Grant*, Annexation of Crimea, AJIL 109 (2015) 68 ff; *Azarova*, An Illegal Territorial Regime? On the Occupation and Annexation of Crimea as a Matter of International Law, in Sayapin/Tsybulenko (Fn 2) 41 ff. Dem steht nicht entgegen, dass der SR bei einer faktischen Situation, die unter Verletzung des Gewaltverbots entstanden ist, zur Friedenserhaltung zunächst von geschaffenen *fait accompli* ausgeht. Dies war der Fall bei den Res des SR nach der Kosovo-Kampagne der NATO (Res 1244 [1999]) und nach der Besetzung des Irak durch die Koalitionsstreitkräfte (Res 1483 u 1511 [2003]). In diesen Fällen wurde eine UN-Verwaltung bzw eine Militärpräsenz mit UN-Mandat etabliert, die auf den durch die ausländische Intervention geschaffenen Gegebenheiten aufbaut. Dies stellt aber keine nachträgliche Genehmigung der jeweiligen Interventionen dar. Vgl dazu *Lagerwall*, L'administration du territoire irakien, RBDI 39 (2001) 249 (267 ff).
157   Vgl u Rn 56 ff; vgl die Präambel des ZP I.
158   *Kadelbach*, Staatenverantwortlichkeit für Angriffskriege und Verbrechen gegen die Menschlichkeit, BerDGVR 40 (2001) 63 (75).
159   S/RES/687 v 3.4.1991, §§ 16 ff; *d'Argent*, Les réparations de guerre en droit international public, 2002, 352 ff; *Kazazi*, United Nations Compensation Commission and Liability for Use of Force, ZaöRV 78 (2018) 603 ff.
160   Vgl die Urteile des IGH in den Fällen *Nicaragua, Oil Platforms* u *Congo/Uganda*. Nur das letztere Verfahren ist allerding bis zum Ende erfolgreich durchgeführt worden. Zur Rolle des IGH *Bothe*,

ren,¹⁶¹ ist heute ein wichtiger Aspekt der Durchsetzung des Gewaltverbots. Es zeigt sich hier, dass der hochpolitische Charakter einer Streitigkeit deren Justiziabilität nicht ausschließt,¹⁶² wenngleich nicht zu verkennen ist, dass es erhebliche politische Hinderungsgründe dafür gibt, solche Streitigkeiten gerichtlich auszutragen.¹⁶³

Eine weitere Konsequenz der Verletzung des Gewaltverbots ist die *persönliche* **28** *strafrechtliche Verantwortlichkeit* derer, die eine solche Verletzung vorbereiten oder entscheiden. Der Gedanke einer persönlichen strafrechtlichen Verantwortlichkeit nach Völkerrecht für Vorbereitung und Führen eines Angriffskriegs wurde zuerst im Statut des Nürnberger Internationalen Militärgerichtshofs und in dem des Internationalen Militärgerichtshofs für den Fernen Osten verwirklicht.¹⁶⁴ Eine Kodifizierung dieses Prinzips durch völkerrechtlichen Vertrag war lange Zeit nicht möglich. Die Arbeiten an einem *Code of Offences Against the Peace and Security of Mankind*, die von den UN durchgeführt wurden, sind 1957 suspendiert und 1978 wieder aufgenommen worden. 1996 haben sie zur Annahme eines Konventionsentwurfs durch die ILC geführt.¹⁶⁵ In den Bestimmungen über die Strafgewalt der Internationalen Strafgerichtshöfe zur Bestrafung der Rechtsverletzungen im ehemaligen Jugoslawien und in Ruanda war die Verletzung des Gewaltverbots nicht enthalten.¹⁶⁶ Dage-

---

Rechtliche Hegung von Gewalt zwischen Theorie und Praxis, FS Hafner, 2008, 141 (147 ff); *Green*, The International Court of Justice and Self-Defence in International Law, 2009; *McKeever*, The Contribution of the International Court of Justice to the Law on the Use of Force, NordJIL 78 (2009) 361 ff; *Pinto*, L'emploi de la force dans la jurisprudence des tribunaux internationaux, RdC 331 (2007) 9 ff; *Torres Bernárdez*, The Use of Force in the Jurisprudence of the International Court of Justice, FS Degan, 2005, 3 ff.

161 Vgl zB die zwischen Eritrea und Äthiopien im Rahmen des Ständigen Schiedshofs eingerichtete Claims Commission; *Ponti*, The Eritrea-Ethiopia Claims Commission on the Threat or Use of Force, in De Guttry/Post/Venturini (Hrsg), The 1998-2000 War between Eritrea and Ethiopia, 2009, 267 ff; krit *Gray*, The Eritrea/Ethiopia Claims Commission Oversteps Its Boundaries, EJIL 17 (2006) 699 ff. De facto eine Variante eines Schieds- oder Vermittlungsverfahrens war die von der EU eingesetzte Ermittlungskommission zum Konflikt zwischen der Russischen Föderation und Georgien 2008/09, die offenbar nicht vereinbart, aber von den Parteien, auch Süd-Ossetien und Abchasien, kooperativ geduldet wurde. Die Kommission traf Feststellungen sowohl zum *ius contra bellum* als auch zum *ius in bello*. Die Einsetzung erfolgte durch Beschluss 2009/901/GASP des Rates v 2.12.2008, Bericht veröffentlicht unter <www.ceiig.ch>.
162 So die ständige Rechtsprechung des IGH, vgl etwa das *GV-Nuklearwaffen-Gutachten*, § 13.
163 Das ist wohl der immer noch bedenkenswerte Kern der Thesen von *Morgenthau*, La notion du „politique" et la théorie des différends internationaux, 1933, 87.
164 Charta des Internationalen Militärgerichtshof von Nürnberg, abgedr in AJIL 33 (1945), Suppl, 259 ff; die des Internationalen Militärgerichtshofs für den Fernen Osten ist abgedr in Dinstein/Tabory (Hrsg), War Crimes in International Law, 1996, 399 ff. S dazu *Schabas*, Nuremberg and Aggressive War, in Sadat (Hrsg), Seeking Accountability for the Unlawful Use of Force, 2018, 58 ff; *Cryer*, The Tokyo Military Tribunal and Crimes against Peace (Aggression), ebd 80 ff. Umfassend die Darstellung in Kreß/Barriga (Fn 5).
165 Zu den neueren Entwicklungen *Allain/Jones*, A Patchwork of Norms, EJIL 8 (1997) 100 ff; Report der ILC (A/48/10) mit Kommentierung (YBILC 1996-II, 2); Draft Code of Crimes against the Peace and Security of Mankind, ILM 30 (1991) 1584 ff; *Thiam*, Eleventh Report of the Special Rapporteur, YBILC 1993-I, 5 ff. Zum Ganzen *Schröder*, 7. Abschn Rn 43 ff.
166 Statute of the International Tribunal for the Prosecution of Persons Responsible for Serious Violations of International Humanitarian Law Committed in the Territory of the Former Yugoslavia since 1991, ILM 32 (1993) 1192 ff; Statute for the Criminal Tribunal for the Prosecution of Persons Responsible for Genocide and Other Serious Violations on the Territory of Rwanda and Rwandan Citizens Re-

gen sieht das Statut des Internationalen Strafgerichtshofs (IStGH) das völkerstrafrechtliche Delikt der Aggression vor,[167] jedoch nur für die Staaten, die das entsprechende Amendment des Statuts akzeptiert haben.[168] Im Hinblick auf die bislang fehlende Praxis kann man bezweifeln, ob das Prinzip der persönlichen strafrechtlichen Haftung für das Führen eines Angriffskriegs bereits Bestandteil des völkerrechtlichen Gewohnheitsrechts geworden ist.[169] Allerdings haben die Strafgesetze vieler Staaten im nationalen Recht solche Taten unter Strafe gestellt (für Deutschland vgl den auf der Grundlage des Verfassungsgebots des Art 26 GG entstandenen § 80 StGB, nunmehr ersetzt durch Art 13 VStGB). Letzteres weist allgemein auf die mögliche Bedeutung des innerstaatlichen Rechts für die Durchsetzung des Gewaltverbots hin, die allerdings nicht überschätzt werden darf.[170]

e) Funktion und Bedeutung des Gewaltverbots

29 Dem völkerrechtlichen Gewaltverbot liegt das Konzept zugrunde, dass Recht einen Beitrag zur Gewaltverhinderung leisten kann und muss. An dieser Stelle setzen freilich kritische Fragen an. Die geschichtliche Erfahrung lehrt, dass trotz Bestehens des Gewaltverbots weiter bewaffnete Konflikte stattgefunden haben. Allein die Tatsache, dass eine Norm verletzt wurde, beweist freilich noch nicht ihre mangelnde Geltung. Man könnte auch fragen, ob durch das Gewaltverbot überhaupt ein bewaffneter Konflikt verhindert wurde. Die Tatsache, dass daran zu zweifeln ist, beweist auch nicht die mangelnde Geltung. Es gilt vielmehr, sich an die Entstehung des Gewaltverbots aus einer Skandalisierung der öffentlichen Meinung zu erinnern.[171] Das

---

sponsible for Genocide and Other Such Violations Committed in the Territory of Neighbouring States between 1.1.1994 and 31.12.1994, ILM 33 (1994) 1602 ff.

167 Art 5 Abs 1 lit d des Statuts, ILM 37 (1998) 999; vgl schon Art 27 Draft Articles of the International Law Commission for an International Criminal Tribunal, ILM 33 (1994) 258 (270); hierzu *Crawford*, The ILC Adopts a Statute for an International Criminal Tribunal, AJIL 89 (1995) 404 ff; vgl die Beiträge in ASIL Proc 96 (2002) 181; *Gaja*, The Long Journey towards Defining Aggression, in Cassese/Gaeta/Jones (Hrsg), The Rome Statute of the International Criminal Court, Bd I, 2002, 427; *Sayapin*, The Definition of the Crime of Aggression for the Purpose of the International Criminal Court, JCSL 13 (2008) 333 ff.

168 Anfang 2019 37 Staaten, wobei bislang alle wesentlichen Militärmächte fehlen. Die notwendige Ergänzung des Statuts wurde auf der Vertragsstaatenkonferenz 2010 angenommen (Res RC/Res.6 v 11.6.2010) und entsprechend diesem Beschluss 2017 „aktiviert" (ICC-ASP/16/Res.5 v 14.12.2017). Für Deutschland wurde diese Änderung umgesetzt durch § 13 VStGB, vgl dazu Entwurf des dt Zustimmungsgesetzes (BT-Drs 17/10975 v 15.10.2012 sowie Drs 18/8621 v 1.6.2016). Grundlegende Dokumentation: Barriga/Kreß (Hrsg), The Travaux Préparatoires of the Crime of Aggression, 2011. Vgl *Kreß/von Holtzendorff*, The Kampala Compromise on the Crime of Aggression, JICJ 9 (2010) 1179 ff; *Dinstein*, War, 131 ff; *Heinsch*, The Crime of Aggression after Kampala, GoJIL 2 (2010) 713 ff; *Kaul*, Kampala June 2010, ebd 649 ff; *O'Connell/Niyazmatov*, What is Aggression?: Comparing the *Jus ad Bellum* and the ICC Statute, JICJ 10 (2012) 189 ff; *Zimmermann*, Amending the Amendment Provisions of the Rome Statute: The Kampala Compromise on the Crime of Aggression and the Law of Treaties, ebd 409 ff; *Trahan*, The crime of aggression and the International Criminal Court, in Sadat (Fn 164) 303 ff.

169 Grundsätzlich dafür *Dinstein*, The Crime of Aggression under Customary International Law, in Sadat (Fn 164) 285 ff.

170 *Bothe/Fischer-Lescano*, The Dimensions of Domestic Constitutional and Statutory Limits on the Use of Military Force, in Bothe/O'Connell/Ronzitti (Hrsg), Redefining Sovereignty, 2005, 195 ff; für Deutschland *Bothe*, in Kahl/Waldhoff/Walter (Fn 12) Art 26, insbes A.II.3 u D.I.1.a.

171 S o Rn 4.

Gewaltverbot entstand nicht, weil es einer schon bestehenden Praxis entsprach, sondern weil es eine bestehende Praxis zu ändern galt. Es formuliert eine kontrafaktische Erwartung. Es lebt aus dem Rechtsbewusstsein. Das betrifft seine Geltung[172] und praktische Wirksamkeit. Die rechtlichen Diskurse, die praktisch jede Anwendung militärischer Gewalt begleiten, und an denen sehr unterschiedliche Akteure,[173] auch internationale Gerichte,[174] beteiligt sind, sind ein Kampf um Auslegungen und um praktische Wirksamkeit der Normen. Ein sehr komplexes Geflecht von Einflüssen und Erwägungen trägt staatliche Entscheidungen, einen Konflikt mit Gewalt auszutragen oder nicht. Es lassen sich Fälle nachweisen, in denen das Recht in diesem Geflecht von Einflüssen und Erwägungen jedenfalls ein Element war.[175] *Das Gewaltverbot delegitimiert Gewalt* und *erhöht* damit die *politischen Kosten von Gewaltanwendung*. Verfahren der formellen Feststellung von Rechtsverletzungen oder von Fehlen einer solchen Verletzung verstärken diese legitimierende oder delegitimierende Kraft des Rechts.

Die Entwicklung des völkerrechtlichen Gewaltverbots beruht auf dem Gedanken, dass fundamentale gesellschaftliche Unwerturteile sich auch in rechtlichen Verboten niederschlagen sollen. Es geht um eine *Kongruenz von Recht und Moral*. Aus dieser Sicht ist das Gewaltverbot aber auch gerade in letzter Zeit Zweifeln ausgesetzt. Im Zusammenhang mit dem Kosovo wurde die These aufgestellt, das militärische Eingreifen der NATO-Staaten sei wenn nicht rechtlich, so doch moralisch gerechtfertigt.[176] Mit einem ähnlichen Anspruch kommt auch die politische Legitimation von Gewaltmaßnahmen durch Sicherheitsbedürfnisse einher, die zu einer missbräuchlichen Überziehung des Selbstverteidigungsrechts führt.[177] Vollends bedenklich ist es, wenn zB Luftangriffe der USA, Großbritanniens und Frankreichs auf Syrien, die auf den Einsatz chemischer Waffen durch Regierungstruppen reagierten, ohne jede juristische Begründung als verständlich oder „erforderlich und angemessen" angesehen werden.[178] Eine solche moralische oder politische Delegitimierung

30

---

172 S o Rn 9.
173 *Bothe* (Fn 160) 145 ff; *Heintze*, „Neue Kriege" und ihre völkerrechtlichen Rechtfertigungen, in Heintze/Fath-Lihic (Hrsg), Kriegsbegründungen, 2008, 59 ff; zum Irakkrieg vgl *Liste*, Völkerrecht-Sprechen, 2012, insbes 171 ff; ebenso zahlreiche Beiträge in Ambos/Arnold (Hrsg), Der Irak-Krieg und das Völkerrecht, 2004.
174 *Pinto* (Fn 160) 145.
175 Instruktiv *Westra*, International Law and the Use of Armed Force, 2007, 81 ff zu verschiedenen US-amerikanischen Interventionen im karibischen Raum sowie 126 ff, 146 ff zum amerikanisch-britischen Vorgehen gegen den Irak. Das Rechtsargument wird hier vor allem als ein Mittel erkannt, den möglichen Widerstand dritter Staaten das militärische Vorgehen zu schwächen.
176 Vgl von den US-amerikanischen Stimmen *Reisman*, Kosovo's Antinomies, AJIL 93 (1999) 860 ff; zur moralischen Frage *Habermas*, Bestialität und Humanität, Die Zeit Nr 18/1999. Die Kritik an der moralischen Rechtfertigung stellt zT darauf ab, dass die eingesetzten Mittel unangemessen waren; Diskussion bei *Mayer* (Fn 5) 299; grundätzlicher krit *Hoeres*, Krieg und Pazifismus, in Heintze/Fath-Lihic (Fn 173) 41 (52 ff); vgl auch *Ipsen*, Legitime Gewaltanwendung neben dem Völkerrecht?, FS Delbrück, 2005, 371 ff.
177 Krit dazu *Sadat*, The Urgent Imperative of Peace, in ders (Fn 164) 548 ff. Eine andere Art der moralischen Rechtfertigung von Gewalt sind gewisse Theorien des „Jihad", die aber keineswegs akzeptierte Lehren des Islam sind; vgl *Bassiouni*, Evolving Approaches to Jihad, CJIL 8 (2007/08) 119 ff.
178 So Bundeskanzlerin *Merkel*, vgl Zeit-online v 14.4.2018; vgl die Wiedergabe des einschlägigen rechtlichen Diskurses in United States Bombs Syrian Government Facilities in Response to Chemical Weapons Use, AJIL 112 (2018) 522 ff.

einer grundlegenden Norm des Völkerrechts kann auf Dauer nicht ohne Konsequenzen für das positive Recht bleiben. Deswegen ist daran zu erinnern, dass die negative gesellschaftliche Bewertung des Phänomens der militärischen Gewalt, die zu der rechtlichen Entwicklung des Gewaltverbots geführt hat, in dem unerträglichen Leiden begründet ist, das durch die Kriege des letzten Jh verursacht wurde. Diese *letztlich menschenrechtliche Begründung des Gewaltverbots* gilt noch immer.[179] Die Reaktion auf Schwächen der internationalen Ordnung bei der Durchsetzung grundlegender Werte dieser Ordnung kann darum nicht in einer Reduktion des Gewaltverbots durch Legitimierung einseitiger Gewalt von Militärmächten liegen, sondern nur in einer Stärkung der Organisation dieser Ordnung, insbes in einer rechtzeitigen Besinnung auf nicht-gewaltsame Verfahren des Interessenausgleichs und der Rechtsdurchsetzung.[180]

2. Rahmenbedingungen des Gewaltverbots
a) Friedliche Streitbeilegung und friedlicher Wandel

31 Verzicht auf Gewalt ist letztlich nur akzeptabel, wenn die Durchsetzung von Rechten und Interessen auf friedlichem Wege möglich ist. Deshalb ist eine notwendige Vorbedingung für das Funktionieren des Gewaltverbots ein funktionierendes *System friedlicher Streitbeilegung*[181] und die Möglichkeit des *peaceful change*. Diese Vorbedingung ist *nur unvollkommen* gegeben. Das System friedlicher Streitbeilegung hat sich in den letzten zwei Jahrzehnten dynamisch entwickelt, weist aber immer noch Lücken auf. Die Möglichkeiten des friedlichen Wandels, die neuen Problemen und Interessenlagen Rechnung tragen, sind trotz der eheblichen Fortschritte der Rechtstechniken vertraglicher Regelungen durch die Langsamkeit der Entwicklung des Konsensrechts im Völkerrecht eingeschränkt.[182] Ferner setzt ein Verzicht auf gewaltsame Selbsthilfe auch voraus, dass die Gemeinschaft gegen Rechtsbrecher vorgeht und die Opfer eines Rechtsbruchs in Schutz nimmt. Dies ist der Grundgedanke der sog kollektiven Sicherheit. Auch diese Vorbedingung des Gewaltverbots ist in der Praxis nur unvollkommen verwirklicht. Denn der Sicherheitsrat als wesentlicher Entscheidungsträger dieses Systems ist auch nach dem Ende des alten Ost-West-Konflikts zu oft blockiert und in der Wahrnehmung seiner Verantwortung immer wieder unangemessen selektiv, insbes angesichts der Wiederbelebung alter und Entstehung neuer weltpolitischer Großkonflikte. Diese Mängel bei den wichtigen Rahmenbedingungen des Gewaltverbots haben dessen Geltung freilich bislang nicht zu erschüttern vermocht.[183] Die Satzungen zur Gründung der Organisationen, deren Aufgabe die Erhaltung des Friedens war und ist, haben die genannten Rahmenbedingungen des Gewaltverbots durchaus zu verwirklichen versucht. Die *Satzung des*

---

179 Schon US-Präsident *Roosevelt* fomulierte diese als „Freedom from Fear"; so auch die Überschrift des Kapitels über Bedrohungen der internationalen Sicherheit in dem Bericht des UNSG *Annan*, In Larger Freedom: Towards Development, Security and Human Rights for All, UN Doc A/59/2005 v 21.3.2005, §§ 74 ff.
180 *Chinkin* (Fn 108) 841 ff; *Falk*, Kosovo, World Order, and the Future of International Law, AJIL 93 (1999) 847 ff; *Fassbender* (Fn 6) 256.
181 Vgl *Schröder*, 7. Abschn Rn 60 ff.
182 Vgl *Graf Vitzthum*, 1. Abschn Rn 150.
183 *Schindler*, in ders/Hailbronner, Grenzen, 18 f, 40 f.

Völkerbunds sah eine *Verpflichtung zur friedlichen Streitbeilegung* vor, die primär durch Schiedsgerichtsbarkeit oder ein gerichtliches Verfahren erfolgte (Art 12–14). Konnte eine Streitigkeit anders nicht geregelt werden, so war der Rat des Völkerbunds das zuständige Organ. In ihm hatten die Großmächte der Zeit nach dem Ersten Weltkrieg einen ständigen Sitz. Wir finden also auch hier schon das Prinzip der Großmachtregie. Der Rat konnte einstimmig (ohne die Stimmen der Konfliktparteien) eine Lösung vorschlagen. Ein Kriegsverbot bestand während des Verfahrens der friedlichen Streitbeilegung und zugunsten der Partei, die sich einem Schiedsspruch, einem gerichtlichen Verfahren oder einem einstimmig gefassten Ratsbeschluss unterwarf. Obwohl das System friedlicher Streitbeilegung sich in der Völkerbundszeit stark entwickelte, ist es letztlich an den gleichen Gründen gescheitert wie das sogleich zu behandelnde System der kollektiven Sicherheit. Auch die *UN-Charta* bekennt sich zum *Prinzip der friedlichen Streitbeilegung* (Art 2 Nr 2). Das *Prinzip des friedlichen Wandels* wird ebenfalls sowohl in der Satzung des Völkerbunds (Art 19) als auch in der UN-Charta (vor allem Art 14) angesprochen. Die Verwirklichung in der Praxis bleibt trotz aller Fortschritte der letzten Jahre unvollkommen.[184]

b) Das System der kollektiven Sicherheit
Entwicklung

Zum System der kollektiven Sicherheit[185] gehört zweierlei: einmal ein multilaterales „Krisenmanagement", zum anderen die Möglichkeit, jedenfalls als letztes Mittel, den Rechtsbrecher mit Gewalt auf die Einhaltung der Regeln der Gemeinschaft zu verpflichten. Es muss also sowohl die militärische Fähigkeit als auch die politische Entschlossenheit und Solidarität vorhanden sein, um einen möglichen Aggressor abzuschrecken oder ihn ggf zu besiegen. Der Gedanke der kollektiven Sicherheit hat an sich eine *längere Tradition* in der Staatstheorie und Philosophie.[186] In der Praxis des vorletzten Jh wurde davon aber nur der Gedanke eines jeweils aus Anlass konkreter Konflikte durchgeführten *multilateralen crisis management* im sog Europäischen Konzert verwirklicht. Nachdem ein solches vor dem Ersten Weltkrieg nicht zustande kam, war es Ziel des Völkerbunds, hierfür ein ständiges Forum zu bilden. Dies war die Hauptzuständigkeit des Völkerbundsrats, in dem die damaligen Großmächte einen ständigen Sitz hatten. Dazu war unter gewissen Bedingungen die Möglichkeit vorgesehen, wenn dieses System nicht zum Erfolg führte, gegen den Rechtsbrecher mittels nicht-militärischer (Art 16 Abs 1 SVB) und militärischer Zwangsmaßnahmen (Art 16 Abs 2 SVB) vorzugehen.

32

Obwohl sich dieses System in den 1930er Jahren als erfolglos erwies, wurde es in seinen Grundzügen in die UN-Charta übernommen.[187] Geblieben ist insbes das Grundprinzip der Zuständigkeit eines Rats mit beschränkter Mitgliederzahl (Sicher-

33

---

184 *Owada*, Peaceful Change, MPEPIL VIII, 175 ff; *Graf Vitzthum*, Friedlicher Wandel durch völkerrechtliche Rechtsetzung, in Delbrück (Hrsg), Völkerrecht und Kriegsverhütung, 1979, 123 ff.
185 *De Wet/Wood* (Fn 12); vgl auch *Haas*, The Collective Management of International Conflict, 1945–1984, in UNITAR (Hrsg), The United Nations and the Maintenance of International Peace and Security, 1987, 3 ff.
186 Vor allem *Kant*, Zum ewigen Frieden, 1795. Vgl *Sohn*, Peace, Proposals for the Preservation of, EPIL III (1997) 926 ff.
187 *Bothe*, in Simma u a (Fn 22), Peacekeeping, Rn 2 ff.

heitsrat), in dem die Großmächte der Gründungszeit einen ständigen Sitz haben. Nach dem Wortlaut der UN-Charta bedarf jede Sachentscheidung der Zustimmung der ständigen Ratsmitglieder, was jedoch in der Praxis dahin modifiziert wurde, dass sie nur mit einer Neinstimme eine Entscheidung verhindern (sog Vetorecht, Art 27), jedoch nicht durch Enthaltung oder Fernbleiben von einer Abstimmung. Das politische Konzept dieses Systems kollektiver Sicherheit war im Grunde die Fortführung der Situation des Zweiten Weltkriegs. Es beruhte darauf, dass die vier (später fünf) Großmächte gemeinsam bereit und in der Lage wären, jeden Aggressor zur Raison zu bringen. Dieses System war insoweit realistisch, als eine entsprechende Militäraktion ohne oder gegen den Willen einer Großmacht nicht möglich war. Unrealistisch war hingegen die Annahme, dass die kriegsbedingte Einigkeit der Großmächte sich fortsetzen könnte. Als nach dem Zweiten Weltkrieg der Ost-West-Gegensatz etabliert und der Kalte Krieg ausgebrochen war, war der Sicherheitsrat nicht mehr entscheidungsfähig. Die politische Reaktion hierauf war zunächst der Versuch, die Zuständigkeit zur Friedenserhaltung in die Generalversammlung zu verlagern. Dies war der Sinn der *Uniting for Peace*-Resolution.[188] Dieser Weg erwies sich aber politisch nicht als gangbar. So zeigte sich schließlich das Konzept einer *Friedenserhaltung durch Zwang* in der UN-Realität als *nicht durchführbar*. Es musste also die Lösung in einer *Friedenserhaltung durch Konsens und Kooperation* gesucht werden. Auch hier konnten sich aber die traditionellen formalisierten Verfahren (Gerichtsbarkeit, Schiedsgerichte) zunächst nicht durchsetzen. Das wesentliche Mittel der Streitbeilegung wurde die diplomatische Verhandlung unterstützt durch Vermittlungsaktionen.[189]

34 Im Rahmen solcher Verhandlungslösungen entwickelten sich auch neue Konzepte des Einsatzes von Streitkräften, nämlich das Konzept der *Konflikteindämmung durch den Einsatz militärischer Einheiten,* sog Peacekeeping Operations, nunmehr Peace Operations.[190] Daraus hat sich seit Ende der 1980er Jahre ein umfassenderes Konzept des differenzierten Krisenmanagements unter Einbezug militärischer

---

188 A/RES/377 (V) v 3.11.1950, abgedr in VN 28 (1980) 29; hierzu auch *Schaefer,* Die Funktionsfähigkeit des Sicherheitsmechanismus der Vereinten Nationen, 1981, 45 ff.
189 Eine Bestandsaufnahme des modernen Instrumentariums des „crisis management" bietet S/RES/2171 v 21.8.2014.
190 Aus der UN-Dokumentation vgl u a UN Doc A/47/277 (Agenda for Peace, Report of the Secretary General), §§ 46 ff; UN Doc A/50/60 (Supplement to an Agenda for Peace), §§ 8 ff. Aus der kaum mehr überschaubaren Literatur: Leuven Manual; *Bothe,* Streitkräfte internationaler Organisationen, 1968; *ders* (Fn 187); *ders,* Peacekeeping Forces, MPEPIL VIII, 225 ff; *ders,* Peace Operations, in Fleck (Hrsg), The Handbook of the Law of Visiting Forces, 2 Aufl 2018, 50 ff; *Fabian,* Soldiers Without Enemies, 1971; *Higgins,* United Nations Peace-Keeping 1946–1967, Bd I: The Middle East, 1969, Bd II: Asia, 1970, Bd III: Africa, 1980, Bd IV: Europe, 1981; *Kelly,* Restoring and Maintaining Order in Complex Peace Operations, 1999; *McCourbrey/White,* The Blue Helmets, 1996; Kühne (Hrsg), Blauhelme in einer turbulenten Welt, 1993; Netherlands Institute of International Relations (Hrsg), Case Studies in Second Generation UN Peace-Keeping, 1994; *Oloniskan,* Reinventing Peacekeeping in Africa, Conceptual and Legal Issues in ECOMOG Operations, 2000; *Murphy,* UN Peacekeeping in Lebanon, Somalia and Kosovo, 2007; *Risse,* Der Einsatz militärischer Kräfte durch die VN und das Kriegsvölkerrecht, 1988; *Tull,* Die Peacekeeping-Krise der Vereinten Nationen, SWP-Studie S1, 2010; *Williams/Bellamy,* Contemporary Peace Operations, Int Peacekeeping 11 (2007) 1 ff. Für den jeweils neuesten Stand ist die Information über die Website der UN (<www.un.org>) unerlässlich. Vielfältige aktuelle Informationen bietet das Berliner Center for International Peace Operations (<www.zif.berlin.org>) mit wöchentlichen Updates.

Maßnahmen entwickelt, das Konfliktprävention, Konfliktregelung und Konfliktnachsorge *(post conflict peace building)* umfasst. Zu unterscheiden ist zwischen Beobachtermissionen und den eigentlichen Friedensstreitkräften.[191] Die Funktion dieser militärischen Elemente besteht nicht darin, eine Konfliktlösung mit Gewalt durchzusetzen. Sie sollen vielmehr durch *Beobachtung* und/oder durch *Bildung eines Puffers* zwischen den Konfliktparteien dafür sorgen, dass der Konflikt nicht wieder in heiße Phasen gerät.[192] Ersteres ist insbes die Funktion von Beobachtermissionen: Bsp sind nach Vorläufern im Balkankonflikt und in Indonesien die 1949 gebildete, heute noch bestehende UN Truce Supervision Organisation in Palästina (UNTSO), die UN Iran-Iraq Military Observer Group zur Überwachung des Waffenstillstands zwischen Iran und Irak nach 1988 sowie die UN-Operation in Syrien (UNSMIS).[193] Die sog Friedensstreitkräfte verbinden zunächst Beobachtungs- und Pufferfunktion (Bsp: UNEF I 1956–1967, UNEF II 1973–1979, jeweils zwischen Israel und Ägypten; UNFICYP seit 1964 zwischen dem griechischen und dem türkischen Bevölkerungsteil auf Zypern; UN Disengagement Observer Force zwischen Israel und Syrien [UNDOF] seit 1974; UN Interim Force in Lebanon [UNIFIL] zwischen Israel und südlibanesischen Palästinensergruppen seit 1978;[194] UNMEE zwischen Eritrea und Äthiopien 2000–2008).[195] Komplex sind die Aufgaben der Friedensstreitkräfte dort, wo innere Konflikte ein Element der Friedensbedrohung sind, so zuerst bei der UN-Friedensstreitmacht im Kongo 1960–1964.[196] In diesem Zusammenhang wurde das Pufferkonzept dadurch erweitert, dass die Friedensstreitkräfte Schutzzonen für die Zivilbevölkerung bilden (so vor allem in bestimmten Phasen des Jugoslawienkonflikts)[197] oder sonst die Konfliktopfer militärisch schützen (Jugoslawien, Somalia). Aufgaben der *Erhaltung der inneren Ordnung* hatten UN-Organe dann, wenn militärische Elemente Bestandteile einer UN-Aktion der Konfliktnachsorge (UN-Aktion in Kambodscha [UNTAC]; Unterstützungsgruppe für den Sonderbeauftragten für die Westsahara nach dem Friedensplan des Sicherheitsrats [MINURSO]; Konfliktnachsorge in Haiti [MINUSTAH], Konfliktnachsorge im Zusammenhang mit der Unabhängigkeit des Südsudan [UNISFA, UNMISS]) sind[198] oder einer UN-Verwaltung zugeordnet werden (UN Security Force in West-Iran 1962 bis 1963; UN Transition Assistance Group in Namibia von 1989–1990; UN Transitional Administration in East Timor [UNTAET]).[199]

Das Ende des Kalten Kriegs hat dazu geführt, dass lange bestehende Gründe **35** für die Handlungsunfähigkeit des Sicherheitsrats entfallen sind. Die beinahe automatische Blockierung jeder Entscheidung durch ein Veto ist nicht mehr gegeben. Die militärische Antwort auf die Aggression des Irak gegen Kuwait schien die Mög-

---

191 *Bothe* (Fn 187) Rn 7, 15.
192 Vgl zu den einzelnen Peace-Keeping-Maßnahmen der Vereinten Nationen *Bothe* (Fn 187) Rn 7.
193 S/RES/2043 v 21.4.2012.
194 S/RES/425 v 19.3.1978. Nach dem Libanon-Konflikt im Sommer 2006 wurden die Befugnisse dieser Streitmacht erweitert, S/RES/1710 v 11.8.2006. Einzelheiten des Mandats sind str; letzte Verlängerung S/RES/2433 v 30.8.2018.
195 S/RES/1312 v 30.6.2000 u 1827 v 31.7.2008.
196 S/RES/143 v 14.7.1960, 145 v 22.7.1960, 146 v 17.9.1960, 161 v 21.2.1961 bzw 24.11.1961.
197 Rn 36.
198 Rn 37.
199 S/RES/1272 v 25.10.1999.

lichkeit zu zeigen, zum ursprünglichen Konzept einer Friedenssicherung durch Zwang unter der Regie der Großmächte zurückzukehren. Allerdings entsprach die militärische Aktion gegen den Irak, die zur *Befreiung Kuwaits* führte, nicht völlig dem Konzept von Zwangsmaßnahmen iSv Art 42 der UN-Charta.[200] Die Entscheidung über den Einsatz von Gewalt lag in Wahrheit nicht bei den UN, sondern bei der Gruppe der zur Gewaltausübung ermächtigten Staaten. Eine so weitgehende Ermächtigung zum einseitigen, von den UN nicht mitgesteuerten Einsatz von Gewalt hat es seitdem nicht wieder gegeben. Allerdings sind enger begrenzte Ermächtigungen durch den Sicherheitsrat, die zu militärischer Gewalt ermächtigen, ständige Praxis geworden.

36   In den Konflikten im Zusammenhang mit dem *Zerfall Jugoslawiens*[201] wurden, wie schon im Irak-Kuwait-Fall, nicht-militärische Zwangsmaßnahmen eingesetzt. Die militärischen Elemente der Lösung der Krise setzten jedoch zunächst auf traditionelle Konzepte der Friedensstreitkräfte mit ihren Funktionen der Beobachtung und Pufferbildung. Dazu trat dann allerdings die militärische Sicherung der Versorgung der Not leidenden Bevölkerung in Teilen von *Bosnien-Herzegowina*. Doch als es sich als notwendig erwies, zusätzlich militärischen Zwang gegen die Konfliktparteien einzusetzen (Kontrolle des Embargos in der Adria; Durchsetzung des Flugverbots über Bosnien-Herzegowina; Verteidigung von Schutzzonen), wurde eine Parallelstrategie eingesetzt. Teilweise erhielten die Friedenstruppen der UN den Auftrag zu aktivem Waffengebrauch zur Durchsetzung ihres Auftrags (sog *robust peacekeeping*), dh zu begrenzten Zwangsmaßnahmen, teilweise wurde das im Golf-Krieg verwandte Konzept bemüht, dass der Sicherheitsrat eine Gruppe von Staaten ermächtigte, militärische Gewalt einzusetzen, diesmal freilich in enger Koordination mit den UN. Die Funktionen von Peace-Keeping und Peace-Enforcement waren damit teilweise vermengt, teilweise unterschiedlichen Einheiten zugeordnet, aber doch miteinander verschränkt. Der Versuch, diese beiden unterschiedlichen Methoden des militärischen Krisenmanagements parallel und miteinander verschränkt anzuwenden, ist nicht unproblematisch. Die Friedensregelung im Dayton-Abkommen v Dezember 1995 hat das Prinzip des *Krisenmanagements durch Konsens* gegenüber dem *durch Ausübung von Zwang* deutlicher *getrennt*. Es sah als militärisches Element eine NATO-Streitmacht mit Beteiligung dritter Staaten vor, die erhebliche Zwangsbefugnisse besaß und vom Sicherheitsrat genehmigt wurde,[202] während die verbleibende UN-Präsenz im Wesentlichen auf Unterstützungsfunktionen im Bereich der Polizei beschränkt war. Noch anders ist die Aufgabenteilung bei der Konfliktregelung im *Kosovo:* Diese Provinz des ehemaligen Jugoslawiens wird von den UN treuhänderisch verwaltet (UNMIK), während die zweite, die Sicherheitskomponenente der Regelung (KFOR), in einer internationalen Streitmacht unter wesentlicher Betei-

---

200 Vgl o Rn 24.
201 Nachw in Fn 136. Vgl auch *Stahn*, International Territorial Administration in the Former Yugoslavia, ZaöRV 61 (2001) 107 ff.
202 S/RES/1031 v 15.12.1995; s auch Dayton Peace Agreement, abgedr in Int Peacekeeping 2 (1995) 141 ff. Zur Bewertung *Graf Vitzthum/Winkelmann*, Nachwort, in dies (Hrsg), Bosnien-Herzegowina im Horizont Europas, 2003, 227 ff. Die erste Streitmacht (Implementation Force – IFOR) wurde 1997 ersetzt durch die etwas anders strukturierte Stabilisation Force (SFOR). Beide waren „NATO plus"-Aktionen. Ende 2004 wurden die Funktionen von SFOR durch eine Streitmacht der EU (EUFOR/Operation Althea) übernommen, vgl S/RES/1575 v 22.11.2004; S/RES/1845 v 21.11.2008.

ligung der NATO-Staaten mit Mandat des Sicherheitsrats besteht.[203] Das Konzept, dass die UN sich auf Peace-Keeping-Maßnahmen beschränkt, während die Streitkräfte einzelner Staaten oder Staatengruppen mit Genehmigung (Mandat) des Sicherheitsrats Maßnahmen der gewaltsamen Durchsetzung bestimmter Ziele durchführen, ist in den 1990er Jahren eine regelmäßige Praxis geworden, so in Somalia (UNITAF = United Task Force als militärische Zwangsmaßnahme;[204] UNOSOM I und II als „traditionelles" Peace-Keeping),[205] Ruanda,[206] Haiti[207] und Elfenbeinküste (MINUCI;[208] Truppen der ECOWAS und Frankreichs mit Mandat des Sicherheitsrats).[209] Das *robust peacekeeping* mit einer Ermächtigung der UN-Streitkräfte selbst zur militärischen Durchsetzung ihrer Ziele wurde jedoch wieder belebt.[210] In diese Kategorie fallen die neueren Operationen in Afrika: MONUC in der Demokratischen Republik Kongo (neben der es allerdings zeitweise eine Streitmacht der EU [Unternehmen Artemis] mit erweitertem Mandat zum Einsatz militärischer Gewalt gab[211]),[212] später umgewandelt in MONUSCO,[213] UNOCI,[214] UNAMID,[215] UN-

---

203 S/RES/1244 v 10.6.1999. Vgl dazu *Bothe/Marauhn*, UN Administration of Kosovo and East Timor, in Tomuschat (Hrsg), Kosovo and the International Community, 2002, 217; *Guillaume*, Le cadre juridique de l'action de la KFOR au Kosovo, ebd 243; *Ruffert*, The Administration of Kosovo and East-Timor by the International Community, ICLQ 50 (2002) 613 ff; *Stahn*, Lawmaking by International Adminstrations, Int Peacekeeping 11 (2007) 81 ff; *Tomuschat*, Yugoslavia's Damaged Sovereignty over the Province of Kosovo, in Kreijen (Hrsg), State, Sovereignty and International Governance, 2002, 323 ff; *Wills*, Occupation Law and Multinational Operations, BYBIL 77 (2006) 256 (301 ff). Die Erklärung der Unabhängigkeit durch das Kosovo hat zwar Einfluss auf die Struktur der Operationen gehabt, die besagte Aufteilung aber nicht wirklich angetastet.
204 S/RES/794 v 3.12.1992.
205 S/RES/751 v 24.4.1992, abgedr in VN 1993, 63 (UNOSOM I); S/RES/814 v 26.3.1993, abgedr in UNYB 1993, 290 (UNOSOM II). Die Besonderheit von UNOSOM II bestand allerdings darin, dass diese Streitmacht auch das Mandat zu Zwangsmaßnahmen besaß, vgl dazu *Bothe* (Fn 187) Rn 49; *Dörmann*, Schutz von UN-Peace-Keeping-Truppen vor Landminen, Forschungshefte zur Friedenssicherung und zum Humanitären Völkerrecht, Bd VIII, 1995, 27.
206 S/RES/929 v 22.6.1994.
207 S/RES/940 v 31.7.1994; nach dem erneuten Konflikt 2004 wurde eine neue „Multinational Interim Force" ermächtigt (S/RES/1529 v 29.2.2004), der dann wiederum eine UN-Aktion der Konfliktnachsorge (MINUSTAH) folgte, S/RES/1542 v 30.4.2004, zuletzt verlängert S/RES/1892 v 13.10.2009. Die Operation wurde durch S/RES/1908 v 19.1.2010 aufgestockt zur Durchführung von Ordnungsaufgaben nach dem Erdbeben v 12.1.2010. Zum Ganzen *Leininger*, Democracy and UN Peace-Keeping, MPYUNL 10 (2006) 465 ff.
208 Mission des Nations Unies en Côte d'Ivoire, S/RES/1479 v 13.5.2003, dieser folgte eine volle UN-Aktion der Konfliktnachsorge, UNOCI, S/RES/1528 v 27.2.2004.
209 S/RES/1464 v 4.2.2003.
210 Zur neueren politisch-strategischen Debatte um *robust peacekeeping* und den Einsatz militärischer Gewalt durch peace operations *Malan*, Action Adapted to Circumstance. Peacekeeping Doctrine and the Use of Force, in Nadin (Hrsg), The Use of Force in Peacekeeping, 2018, 36 ff, insbes 49 ff. Zum *robust peacekeeping* im Libanon S/RES/1791 v 11.8.2006, dazu *Lion-Bustillo*, Is Robust Peacekeeping an Answer to the Spoiler Problem? The case of the expanded UNIFIL, in Fernández-Sánchez (Hrsg), Peacekeeping, 2018, 109 ff.
211 Interim Emergency Multinational Force in Bunia, S/RES/1484 v 30.5.2003.
212 S/RES/1493 v 28.7.2003; 1906 v 23.12.2009.
213 UN Stabilization Mission in the DRC, S/RES/1925 v 28.8.2010; letzte Verlängerung S/RES/2439 v 30.10.2018.
214 United Nations Operation in Côte d'Ivoire, S/RES/1528 v 27.2.2004.
215 Darfur, S/RES/1769 v 31.7.2007; letzte Verlängerung S/RES/2429 v 13.7.2018.

MISS,²¹⁶ ABISFA,²¹⁷ MINUSMA,²¹⁸ und MINUSCA.²¹⁹ In Ost-Timor wurde eine mandatierte Zwangsmaßnahme (INTERFET) durch UNTAET abgelöst, einer UN-Verwaltung mit eigenen Zwangsbefugnissen,²²⁰ der dann nach der Unabhängigkeit von Timor Leste eine neue UN-Aktion zur Unterstützung der neuen Regierung folgte (UNMISET).²²¹ In Afghanistan gab es eine Koalitionsstreitmacht im Rahmen der Operation *enduring freedom,* staatliche Streitkräfte ohne Mandat des Sicherheitsrats, zunächst nach wohl hM als Selbstverteidigung, nach Einsetzung einer allgemein anerkannten Regierung als Intervention mit Zustimmung gerechtfertigt, daneben mit Mandat des Sicherheitsrats die multilaterale Streitmacht ISAF²²² und eine zivile UN-Mission.²²³ Im Irak wurden die Koalitions-Streitkräfte, die ohne eine Ermächtigung des Sicherheitsrats das Land besetzt hatten,²²⁴ mit Zustimmung der neuen irakischen Regierung mit einem Mandat des Sicherheitsrats versehen.²²⁵ Das Bild des militärischen *conflict management* ist also sehr vielgestaltig geworden.²²⁶

37   In den letzten Jahren verbinden sich immer mehr traditionelle Elemente des Peace-Keeping (Pufferfunktion, Sicherung militärischer Trennungslinien) mit *Beobachtungsfunktionen neuer Art,* insbes hinsichtlich der *Beachtung von Menschenrechten* und der *Durchführung ordnungsgemäßer Wahlen* (Zentralamerika,²²⁷ Kambodscha,²²⁸ Mozambique,²²⁹ Angola,²³⁰ West-Sahara,²³¹ Elfenbeinküste,²³² Su-

---

216   United Nations Mission in South Sudan, S/RES/1996 v 8.7.2011 u 2223 v 28.5.2015, letzte Verlängerung S/RES/2406 v 16.3.2018.
217   United Nation Interim Security Force for Abyei, S/RES/ 1990 v 27.6.2011 u 2205 v 28.2.2015, letzte Verlängerung S/RES/2445 v 15.11.2018.
218   United Nations Multidimensional Integrated Stabilization Mission in Mali, S/RES/2100 v 25.4.2013 u 2164 v 25.6.2014, letzte Verlängerung S/RES/2431v 30.8.2018.
219   United Nation Multidimensional Integrated Stabilization Mission in the CAR, S/RES/2149 v 10.4.2014 u 2217 v 28.4.2015, letzte Verlängerung S/RES/2448 v 13.12.2018.
220   S/RES/1264 v 15.9.1999 (INTERFET) sowie S/RES/1272 v 25.10.1999 (UNTAET).
221   S/RES/1410 v 17.5.2002; diese wurde abgelöst durch eine rein zivile Operation (ONOTIL, S/RES/1599 v 28.4.2005), diese wiederum durch eine Operation mit militärischen und polizeilichen Elementen (UNMIT, S/RES/1704 v 25.8.2006, 1867 v 26.2.2009). Daneben gibt es internationale Sicherheitskräfte aufgrund bilateraler Abkommen ohne Mandat, aber mit ausdrücklicher Billigung des Sicherheitsrats.
222   S/RES/1386 v 20.12.2001; beendet am 31.12.2014 und ersetzt durch eine Unterstützungsaktion ohne Kampfauftrag "Operation Resolute Support", vom SR begrüßt in S/RES/2189 v 12.12.2014.
223   UNAMA, S/RES/1401 v 28.3.2002; zuletzt S/RES/2405 v 8.3.2018.
224   Nachw in Fn 142, 147 f.
225   S/RES/1511 v 16.10.2003 (§ 13) u 1546 v 8.6.2004 (§ 9 f).
226   Zum Versuch einer systematischen Ordnung vgl *Bothe,* Militärische Gewalt als Instrument von Konfliktregelung, in von Schorlemer (Hrsg), Praxishandbuch UNO, 2003, 13; vgl auch *Sloan,* The Militarization of Peacekeeping in the Twenty-first Century, 2011; zur Entwicklung eines *ius post bellum* s unten Rn 129 f.
227   UN Observer Mission to Verify the Electoral Process in Nicaragua (ONUVEN), vgl UN Doc A/44/642 v 17.10.1989; UN Observer Group in Central America (ONUCA), S/RES/644 v 7.11.1989, abgedr in VN 38 (1990) 195; UN Observer Mission in EL Salvador (ONUSAL), S/RES/693 v 20.5.1991, abgedr in VN 40 (1992) 175 u S/RES/729 v 14.1.1992, abgedr in VN 40 (1992) 176. Allgemein zur Wahlbeobachtung *Garber,* A New Era of Peacemaking, in Kühne (Fn 190) 217 ff.
228   UN Transitional Authority in Cambodia (UNTAC), S/RES/745 v 28.2.1992, abgedr in VN 40 (1992) 78.
229   ONUMOZ, S/RES/797 v 16.12.1992, abgedr in VN 41 (1993) 118.
230   UN Angola Verification Mission (UNAVEM), zur Wahlbeobachtung insbes die S/RES/747 v 24.3.1992, abgedr in VN 41 (1993) 113.
231   S/RES/690 v 29.4.1991 (MINURSO).
232   UNOCI, vgl Fn 208, 214.

dan,[233] Kongo,[234] mitunter auch als „politische" Missionen ohne militärische Komponente)[235] sowie Hilfeleistung für die Zivilbevölkerung (Somalia, ehemaliges Jugoslawien,[236] Tchad/Zentralafrikanische Republik,[237] Darfur, Südsudan, Elfenbeinküste, Mali,[238] für Flüchtlinge (Tchad/Zentralafrikanische Republik) und andere Akteure (Südsudan).[239] In besonderen Fällen gehen die Funktionen bis zum Wiederherstellen der staatlichen Ordnung eines zusammengebrochenen Staats (Kambodscha, Haiti, Afghanistan).[240] Dazu gehört auch die lokale Abrüstung (Demobilisierung; Einsammeln von Waffenbeständen; Reintegration von Kämpfern in die Gesellschaft)[241] sowie Minenräumen oder jedenfalls Hilfeleistung hierzu. Dies kann bis zur vollständigen Übernahme der Verwaltung eines Gebiets durch die Vereinten Nationen gehen (kurzfristig Ost-Slawonien,[242] Kosovo, Ost-Timor). In diesen vielfältigen Funktionen *(multifunctional peace-keeping)* sind Peace-Keeping-Maßnahmen ein wesentliches Element des *post conflict peace-building*.[243] Daneben hat sich eine Praxis entwickelt, dass UN-Operationen mit solchen von Regionalorganisationen mit unterschiedlicher Arbeitsteilung und differenzierten Kontrollfunktionen zusammenwirken.[244]

Für die allgemeine Rechtsstellung von Friedensstreitkräften ist ausschlaggebend, dass sie UN-Organe sind. Relevante völkerrechtliche Regeln binden bzw be- **38**

---

233 S/RES/1590 v 24.3.2005, deren Funktionen auf den Darfur-Konflikt ausgedehnt wurden (vgl S/RES/1706 v 31.8.2006); dazu *Bothe*, International Legal Aspects of the Darfur Conflict, FS Neuhold, 2006, 1 ff.
234 MONUC, S/RES/1291 v 24.2.2000; zuletzt verlängert S/RES/1906 v 23.12.2009.
235 In Nepal UNMIN, S/RES/1740 v 23.1.2007, dazu *von Einsiedel*, Die Rolle der UN im Friedensprozess in Nepal, VN 57 (2009) 262 ff.
236 Zur humanitären Hilfe im ehemaligen Jugoslawien vgl insbes S/RES/761 v 29.6.1992, abgedr in VN 40 (1992) 213; S/RES/764 v 13.7.1992, abgedr in VN 40 (1992) 214; S/RES/770 v 13.8.1992, abgedr in VN 40 (1992) 216.
237 S/RES/1778 v 25.9.2007.
238 So Fn 204-209.
239 United Nations Interim Security Force for Abyei (UNISFA), S/RES/1990 v 27.6.2011, UNMISS, S/RES/1996 v 8.7.2011.
240 S bereits o Fn 222 f; vgl *O'Neill*, UN Peacekeeping Operations and Rule of Law Programs, in Hurwitz (Hrsg), Civil War and the Rule of Law, 2008, 91 ff.
241 Bsp UNOCI.
242 United Nations Transitional Administration for Eastern Slavonia, Baranja and Western Sirmium, S/RES/1037 v 15.1.1996.
243 Agenda for Peace (Fn 190) §§ 46 ff; Supplement to an Agenda for Peace (ebd) §§ 8 ff; *Schaller*, Peacebuilding und „ius post bellum", 2006; *Shraga*, Military Occupation and UN Transitional Administrations, FS Caflisch, 2007, 479 (484 ff); *Wills* (Fn 203) 301 ff.
244 UN und AU: Darfur (UNAMID, S/RES/1769 v 31.7.2007, Verlängerung S/RES/2063 v 31.7.2012), Côte d'Ivoire (UNOCI, S/RES/1609 v 24.6.2005, 1633 v 21.10.2005, 1721 v 1.11.2006, 2062 v 26.7.2012); UN und EU: Zentralafrikanische Republik und Tchad (MINURCAT, S/RES/1778 v 25.9.2007); UN und ECOWAS: Liberia (UNOMIL, UNMIL), Sierra Leone (UNOMSIL, UNAMSIL), Côte d'Ivoire (UNOCI); UN und GUS: Georgien, Abchasien (UNOMIG, S/RES/858 v 24.8.1993, v 27.7.1994, zuletzt verlängert S/RES/1866 v 13.2.2009); Tadschikistan (UNMOT, S/RES/986 v 16.12.1994, zuletzt verlängert S/RES/1274 v 12.11.1999). Zu dieser Entwicklung *Ruiz-Díaz*, The Role of Regional Organizations in Peacekeeping: Shared Responsibilities, New Roles and Old Uncertainties, in Fernández-Sánchez (Fn 210) 265 ff. Zur Kooperation zwischen UN und AU *Barthel*, Die neue Sicherheits- und Verteidigungsarchitektur der Afrikanischen Union, 2011, 347 ff. Zur OSZE (insbes Nagorno-Karabach u Ukraine) *Meier*, OSCE Peacekeeping – Conceptual Framework and Practical Experience, OSCE Yearbook 2016, 149 ff.

rechtigen also die UN als Völkerrechtssubjekt. Es hat sich im Laufe der Jahre eine ständige Praxis herausgebildet, die in einem *Model Status of Forces Agreement* vom UN-Generalsekretär ausformuliert sind.[245] Dieser Status gleicht in vielem dem der sog *visiting forces*, dh dem staatlicher Streitkräfte, die in Friedenszeiten aus unterschiedlichen Gründen, zB im Rahmen eines Bündnisses, auf dem Gebiet eines anderen Staats mit dessen Zustimmung stationiert sind.[246] Die besonderen Befugnisse der Streitkräfte ergeben sich im Übrigen aus dem jeweiligen Mandat des Sicherheitsrats, das idR von dem betroffenen Staat angenommen wurde. Da dieses Mandat verschiedene Maßnahmen gegenüber der Bevölkerung des Aufenthaltsstaats ermöglicht oder erfordert, stellt sich die Frage des dabei anwendbaren Rechts, zB bei Freiheitsentziehung im Rahmen des Mandats sowie bei schadensstiftenden Handlungen.[247] Bei solchen Maßnahmen sind die UN an die Menschenrechte gebunden, soweit sie Gewohnheitsrecht darstellen. Da und soweit das Personal von Friedensmissionen keinen oder nur einen begrenzten Auftrag zur militärischen Gewaltausübung hat, stellt sich auch das Problem seines Schutzes vor gewaltsamen Übergriffen im Stationierungsstaat. Diese Frage ist nunmehr in dem *Übereinkommen zum Schutz von UN-Personal*[248] geregelt. Es verpflichtet die Vertragsparteien insbes, Übergriffe gegen das UN-Personal unter Strafe zu stellen und strafrechtlich zu verfolgen. Dieses Übereinkommen gilt natürlich nicht für Situationen, in denen UN-Streitkräfte einen Kampfauftrag haben oder in Kampfhandlungen verwickelt werden (Art 2 des Übereinkommens). Dann ist auf sie das Recht bewaffneter Konflikte anwendbar. Die Abgrenzung zwischen der einen und der anderen Situation bereitet Schwierigkeiten.[249]

---

245 UN Doc A/45/594, abgedr in Bothe/Dörschel (Hrsg), UN Peacekeeping, 1999, 59 ff, dazu *Bothe* (Fn 190 [Peace Operations]) 56 ff; *Murphy* (Fn 190) 107 ff; Leuven Manual, 120 ff; zu Fragen der Zuordnung *Zimmermann*, Die Wirksamkeit rechtlicher Hegung militärischer Gewalt, in Zimmermann u a, Konfliktformen, 7 (21 ff).
246 Dazu *Bothe* (Fn 187) Rn 25 ff mwN.
247 Instruktiv zu diesem Problemkreis die Beiträge in Arnold (Hrsg), Law Enforcement within the Framework of Peace Support Operations, 2008; vgl ferner *Daillier*, Les opérations multinationales consécutives à des conflits armés en vue du rétablissement de la paix, RdC 314 (2005) 237 (367 ff); *Fleck*, Schutz der Menschenrechte bei Auslandseinsätzen, NZWehrR 50 (2008) 164 ff; *Rotmann*, Erste Schritte zu einer Polizeidoktrin für UN-Friedenseinsätze, Sicherheit und Frieden 26 (2008) 164 ff; *Zwanenburg*, UN Peace Operations between Independence and Accountability, IOLR 5 (2008) 23 ff; *Oswald*, Detenion by United Nations Peacekeepers, International Peacekeeping 15 (2011) 119 ff; *ders*, The Copenhagen Principles, International Military Operations and Detention, International Peacekeeping 17 (2013) 116 ff; *Grenfell*, Detention in United Nations Peace Operations, in Rose/Oswald (Hrsg), Detention of Non-State Actors Engaged in Hostilities, 2016, 345 ff; Leuven Manual, 145 ff.
248 Convention on the Safety of United Nations and Associated Personnel, abgedr in Bothe/Dörschel (Fn 245) 87 ff; *Fisher*, At Risk in No-man's Land, Minnesota LRev 85 (2000) 663 ff.
249 Vgl u Rn 62; eingehend *Kolb*, Droit humanitaire et opérations de paix internationales, 2. Aufl 2006, 29 ff; *Knoops*, The Transposition of Inter-State Self-Defense and Use of Force onto Operational Mandates for Peace Support Operations, in Arnold (Fn 247) 3 (6 ff); *Mendis*, Application of International Humanitarian Law to United Nations Forces, 2007; *Murphy* (Fn 190) 241 ff; *Schwendimann*, Rechtsfragen des humanitären Völkerrechts bei Friedensmissionen der Vereinten Nationen, 2007; *Marauhn*, Streitkräfte zur Friedenssicherung im Ausland, in Zimmermann u a, Konfliktformen, 249 (263 ff); *D'Aspremont/De Hemptienne*, DIH, 155 f. Zur Abgrenzung der unterschiedlichen Status von UN-Personal *Pacholska*, (Il)Legality of Killing Peacekeepers: The Crime of Attacking Peacekeepers in the Jurisprudence of International Criminal Tribunals, JICJ 13 (2015) 43 ff; *Soan*, UN Peacekeeping and International Law, in Nadin (Fn 210) 265 (277 f); *Papadileris*, Protection of Peacekeepers Resorting to

Angesichts der Tatsache, dass Friedensstreitkräfte immer wieder in Krisensituationen von den UN eingesetzt werden, besteht ein Bedürfnis, die Verfügbarkeit entsprechend ausgebildeter Einheiten auch völkerrechtlich zu gewährleisten. Der Generalsekretär hat mit einer Reihe von Staaten diesbezügliche Absprachen (idR in Form eines *Memorandum of Understanding*) getroffen.[250] ZT halten auch Gruppen von Staaten gemischtnationale Einheiten bereit.[251] Insgesamt hat sich das Konzept der Friedenserhaltung durch Konsens und Kooperation bewährt und entwickelt. Auf der anderen Seite wurde das Konzept einer Friedenserhaltung durch Zwang in der von der UN-Charta vorgesehenen Weise vor allem in der Form nicht-militärischer Zwangsmaßnahmen eingesetzt. *Militärische Zwangsmaßnahmen* einer neuen Form entwickelten sich unter den gewandelten Bedingungen der Zeit nach dem Kalten Krieg mit dem Wegfall des „automatischen Veto". Es entstand zunächst eine neue Art einseitiger Großmachtregie durch die USA, die freilich nicht von allen UN-Mitgliedern ohne Bedenken hingenommen wurde. Das System nahm eher die Züge einer oligarchischen Regie durch die fünf ständigen Mitglieder des Sicherheitsrats („P5") an. Die dazu erforderliche Kooperation der P5 ist allerdings oft nicht möglich, und es tritt Großmachtkonkurrenz an die Stelle von Großmachtkooperation. All das macht die Suche nach Konfliktlösungen *(crisis management)* und sog Friedensprozesse zu komplexen Vorgängen, in denen das System der kollektiven Sicherheit, wie es die UN-Charta geschaffen hat, nicht ohne Bedeutung, aber auch nicht allein ausschlaggebend ist. Gegenüber der reaktiven Friedenssicherung durch Zwang ist die Notwendigkeit einer *präventiven Friedenssicherung* durch Konfliktvorbeugung[252] und präventive Diplomatie[253] zu betonen. **39**

Die Kompetenzen des Sicherheitsrats
Nach Art 24 UN-Charta ist dem Sicherheitsrat die „Hauptverantwortung für die Wahrung des Friedens und der internationalen Sicherheit" übertragen. Zu ihrer Wahrnehmung hat er die spezifischen, in den Kap VI, VII, VIII u XII der Charta aufgeführten Befugnisse. Darüber hinaus hat der IGH angenommen, dass neben diesen besonderen Befugnissen unmittelbar aus Art 24 fließende allgemeine Befugnisse bestehen.[254] In der Literatur wird diese Auffassung dahin eingeschränkt, dass solche **40**

Armed Force, GYIL 61 (2018), im Druck; aus der Rspr: *Prosecutor v Abu Garda*, Rn 71; *Prosecutor v Sesy, Kallon, Gbao*, Rn 68, 215, 218.
250 Der entsprechende Modell-Vertrag ist veröffentlicht in Bothe/Dörschel (Fn 245) 83.
251 Im Jahre 1995 haben einige (überwiegend europäische) Staaten eine „Multi-National Stand-by High Readiness Brigade for United Nations Operations" (SHIRBRIG) geschaffen, die allerdings 2009 wieder aufgelöst wurde. Vgl zum Ganzen *Roberts*, Proposals for UN Standing Force, in Lowe/Roberts/Welsh/Zaum (Hrsg), The United Nations Security Council and War: The Evolution of Thought and Practice since 1945, 2008, 99 ff.
252 Auch in diesem Zusammenhang können Friedensstreitkräfte eine Rolle spielen, so insbes in Mazedonien (UNPREDEP), S/RES/983 v 31.3.1995, vgl *Ostrowski*, Preventive Deployment of Troops as Preventive Measures, NYJILP 30 (1998) 793 ff.
253 *Israelian*, Vorbeugende Diplomatie mittels der VN, VN 37 (1989) 1 ff; *Peck*, Improving the UN System of Preventive Diplomacy and Conflict Resolution, in Kühne (Fn 190) 401 ff; *Picco*, Preventive Diplomacy and Conflict Resolution, ebd 423 ff; *Hill*, Preventive Diplomacy, Peace-Making and Peace-Keeping, SIPRI Yb 1993, 45 ff.
254 So der IGH im *Namibia*-Gutachten, ICJ Rep 1971, 16, 51 f; anders jedoch das ICTY, *Prosecutor v Tadić*, IT-94-AR72, 2.10.1995, § 28.

41 allgemeinen Befugnisse sich als „implied powers" aus spezifischen Aufgabenzuweisungen ergeben müssen.[255] In seiner neueren Praxis pflegt der Sicherheitsrat ausdrücklich zu spezifizieren, nach welchem Kapitel der Satzung er jeweils handelt.[256]

41 *Kap VI UN-Charta* (Art 33ff) betrifft Situationen, bei denen lediglich eine mittelbare Friedensbedrohung vorliegt. In einer solchen Situation kann der Sicherheitsrat eine Untersuchung durchführen (Art 34), den Parteien geeignete Verfahren oder Methoden der friedlichen Streitbeilegung empfehlen (Art 36) oder selbst eine Lösung empfehlen (Art 37 Abs 2, Art 38). Verbindliche Beschlüsse sind also nicht vorgesehen. Die Befugnisse des Sicherheitsrats nach Kap VI gleichen demnach eher der klassischen Streitbeilegung unter Einschaltung Dritter und stellen *noch keine Zwangsmaßnahmen* dar.[257]

42 Kompetenzen zu solchen ergeben sich erst aus *Kap VII UN-Charta*. Danach besitzt der Sicherheitsrat folgende Kompetenzen zur Sicherung des Weltfriedens:[258] (1) Feststellung einer Situation der unmittelbaren Friedensbedrohung, des Friedensbruchs oder einer Aggression, die die besonderen Kompetenzen des Sicherheitsrats auslöst (Art 39); (2) Aussprechen von Empfehlungen (Art 39); (3) Erlass vorläufiger Maßnahmen (etwa Anordnung eines Waffenstillstands oder des Rückzugs von Streitkräften, Art 40); (4) nicht-militärische Zwangsmaßnahmen (insbes durch Abbruch aller wirtschaftlichen und sonstigen Beziehungen, Embargo, Art 41); (5) Durchführung militärischer Zwangsmaßnahmen (Art 42). Nach *Art 39 UN-Charta* stellt der Sicherheitsrat fest, ob „eine *Bedrohung* oder ein *Bruch des Friedens* oder eine *Angriffshandlung* vorliegt". Dass eine solche Situation vorliegt und der Sicherheitsrat dies auch feststellt, ist die Voraussetzung für die ganz erheblichen Eingriffsbefugnisse, die die folgenden Bestimmungen dem Rat einräumen. Demgemäß ist die nähere rechtliche Bestimmung dieser Schwelle, die die Kompetenzen des Sicherheitsrats aktiviert, von ausschlaggebender Bedeutung für das gesamte System der kollektiven Sicherheit.

43 Jede nach Art 2 Nr 4 UN-Charta verbotene Gewalt und insbes jeder bewaffnete Angriff iSv Art 51 stellt eine Situation iSd *Art 39* dar. Jedoch ist die Kompetenz des Sicherheitsrats nicht auf die Situation des bewaffneten Angriffs beschränkt. Bruch und Bedrohung des Friedens sind mehr als bewaffneter Angriff. Die Kompetenz des Sicherheitsrats, Zwangmaßnahmen zu beschließen, reicht also weiter als die Befugnis der Staaten zur dezentralen Gewaltausübung in Form der individuellen oder kollektiven Selbstverteidigung. Zentral für die Auslegung ist der *Begriff des Friedens*.[259]

---

255 *Peters*, in Simma u a (Fn 22) Art 24 Rn 58 ff.
256 *Bothe*, Les limites des pouvoirs du Conseil de Securité, in Dupuy (Hrsg), Le développement du rôle du Conseil de Securité, 1993, 67 (71).
257 *Tomuschat*, in Simma u a (Fn 22) Art 33 Rn 2.
258 Die Entwicklung der Praxis des SR nach Ende des Kalten Kriegs hat eine Fülle von wissenschaftlichen Analysen hervorgebracht, einschließlich einer Vielzahl juristischer Kontroversen. Vgl *Bruha*, Security Council, in Wolfrum/Philipp (Hrsg), United Nations: Law, Politics and Practice, Bd 1, 1995, 1147 ff; Société française pour le droit international (Hrsg), Le chapitre VII de la Charte des Nations Unies, 1995; *Dominicé*, Le Conseil de Sécurité et l'accès aux pouvoirs qu'il reçoit du Chapitre VII de la Charte des Nations Unies, SZIER 5 (1995) 417 ff.
259 *Randelzhofer*, Der normative Gehalt des Friedensbegriffs im Völkerrecht der Gegenwart, in Delbrück (Fn 184) 13 ff; *Czempiel*, Frieden und Sicherheit als außen- und innenpolitische Konzepte aus politologischer Sicht, ebd 77 ff; *Krisch*, in Simma u a (Fn 22) Art 39 Rn 7 ff; *Sorel*, L'élargissement de la notion de menace contre la paix, in Société française (Fn 258) 3 ff.

Wird Frieden lediglich als Abwesenheit organisierter Gewaltanwendung zwischen Staaten verstanden (*negativer* Friedensbegriff), dann ist Friedensbruch jede Situation der Kampfhandlung zwischen bewaffneten Einheiten verschiedener Staaten und Friedensbedrohung jede Situation, in der der Ausbruch solcher Kampfhandlungen unmittelbar droht, wobei diese Situation im Einzelfall von einer mittelbaren Bedrohung oder Friedensgefährdung iSv Kap VI schwer abzugrenzen ist. *Rüstungsmaßnahmen* von Staaten stellen nicht ohne weiteres eine Verletzung des Verbots der Drohung mit Gewalt dar[260] und insoweit auch keine Friedensbedrohung. Es kommt auf den Kontext an. So hat der Sicherheitsrat im Zuge der Beendigung der Kuwait-Krise dem Irak umfangreiche Abrüstungspflichten auferlegt, was jedenfalls dann rechtlich nicht zu beanstanden war, wenn man in der fortgesetzten Rüstung gerade im Irak eine Friedensbedrohung sah.[261] Rüstungsmaßnahmen, aus denen aggressive Absichten zu erkennen sind, müssen wohl als Friedensbedrohung iSv Art 39 UN-Charta qualifiziert werden. Die Praxis des Sicherheitsrats sieht auch die *Förderung des internationalen Terrorismus* durch einen Staat[262] und *schwere Akte des Terrorismus selbst* als *Friedensbedrohung* an.[263] Dies war die Grundlage der vom Sicherheitsrat gegen Libyen im Zusammenhang mit der Nichtauslieferung der mutmaßlichen Attentäter von Lockerbie[264] sowie der gegen die Taliban[265] verhängten nicht-militärischen Zwangsmaßnahmen.[266] Ebenso wird die Verbreitung von Massenvernichtungswaffen als Friedensbedrohung angesehen, was gleichfalls die Grundlage für weitreichende Maßnahmen des Sicherheitsrats bietet.[267]

Definiert man Frieden nicht nur als Abwesenheit militärischer Gewaltausübung zwischen Staaten, sondern verlangt man auch gewisse positive Elemente als Bestandteile des Friedensbegriffs (etwa die Achtung fundamentaler Menschenrechte, *positiver* Friedensbegriff), so wird der *Begriff der Friedensbedrohung* und des Friedensbruchs automatisch *erweitert*. Auf dieser Grundlage kann man zB zu dem Schluss kommen, dass gewisse Völkerrechtsverletzungen, auch wenn sie nicht unmittelbar bewaffnete Reaktionen anderer Staaten nach sich zu ziehen drohen, eine Friedensbedrohung darstellen. Das gilt insbes für massive und ständige Menschenrechtsverletzungen durch einen Staat. Allerdings hat es der Sicherheitsrat lange vermieden, in Fällen, in denen massive Menschenrechtsverletzungen und die Un-

44

---

260 Vgl Rn 17.
261 *Marauhn*, The Implementation of Disarmament and Arms Control Obligations Imposed upon Iraq by the Security Council, ZaöRV 52 (1992) 781 ff.
262 Vgl S/RES/1214 v 8.12.1998, 1267 v 15.10.1999, 1333 v 19.12.2000.
263 S/RES/1368 v 12.9.2001, 1373 v 28.9.2001, 1377 v 12.11.2001, 1438 v 14.10.2002, 1452 v 20.12.2002, 1455 v 17.1.2003, 1516 v 20.11.2003, 1526 v 30.1.2004, 1530 v 11.3.2004, 2083 v 17.12.2012, 2195 v 19.12.2014, 2249 v 20.11.2015 (ISIS u Al Nusrah). Auch bei der Feststellung einer Friedensbedrohung im Jemen war der wesentliche Gesichtspunkt die Rolle von terroristischen Organisationen wie Al Qaeda im Konflikt.
264 S/RES/748 v 31.3.1992.
265 S/RES/1267 v 15.10.1999, 1333 v 19.12.2000.
266 *König*, Terrorism, in Wolfrum/Philipp (Fn 258) 1220 (Rn 13); zur neueren Entwicklung bzgl der Taliban S/RES/2082 v 17.12.2012.
267 S/RES/1540 v 28.4.2004 u 2141 v 5.3.2014 allgemein zur Verbreitung von Massenvernichtungswaffen; zu Nord-Korea S/RES/1718 v 14.10.2006. Letzterer Res liegt offenbar die Auffassung zugrunde, dass der Erwerb von Atomwaffen und Trägerraketen jedenfalls in diesem Fall eine Friedensbedrohung darstellt, obwohl Nord-Korea nicht mehr Vertragspartner des NVV war.

terdrückung bestimmter Bevölkerungsgruppen der Anlass zu Maßnahmen des Sicherheitsrats waren, diese Verletzungen unmittelbar als Friedensbedrohung zu bezeichnen (Maßnahmen gegen Südrhodesien,[268] Südafrika[269] und den Irak[270] in Bezug auf die Unterdrückung der Kurden und anderer Bevölkerungsgruppen; Situation in Somalia,[271] Ruanda[272]).[273] Vielmehr hat der Sicherheitsrat sich eher bemüht, Elemente einer Friedensbedrohung in dem bereits dargestellten traditionellen Sinn zu finden und diese als Auslöser seiner Kompetenzen zu bezeichnen. In neuerer Zeit hat der Sicherheitsrat jedoch diese Zurückhaltung aufgegeben, ohne freilich seinen Entscheidungen den positiven Friedensbegriff in vollem Umfang zugrunde zu legen (Haiti,[274] Ost-Timor,[275] besonders deutlich im Darfur-Konflikt,[276] ebenso in Bezug auf Libyen,[277] Verletzungen des humanitären Völkerrechts im ehemaligen Jugoslawien),[278] wobei allerdings die vorsichtigen Formulierungen der Feststellung einer Friedensbedrohung im Kosovo vor dem Eingreifen der NATO-Staaten[279] auch iSd früheren Praxis verstanden werden können. Bei der Feststellung einer Friedensbedrohung in Syrien hat der Sicherheitsrat lange gezögert. Grundlage der Feststellung einer Bedrohung des Friedens „in der Region" war nicht nur die Verletzung von Menschenrechten und humanitärem Völkerrecht durch alle Seiten, sondern die Flüchtlingssituation in den Nachbarländern und die Verhinderung von außen kommender humanitärer Hilfe,[280] wiederum iS der früheren Praxis. Eine neue Form von Menschenrechtsverletzungen, die der Sicherheitsrat als Friedensbedrohung charakterisiert, ist der Menschenschmuggel.[281]

45 Die genannten Resolutionen werfen die Frage auf, welche rechtlichen *Grenzen* der *Feststellungskompetenz des Sicherheitsrats* gesetzt sind.[282] Es ist daran festzuhalten, dass die in Art 39 UN-Charta verwandten Begriffe Rechtsbegriffe sind. Art 39 gewährt dem Sicherheitsrat kein rechtlich unbegrenztes Ermessen, das Vorliegen

---

268 S/RES/217 v 20.11.1965, abgedr in VN 13 (1965) 214; S/RES/221 v 9.4.1966, abgedr in VN 14 (1966) 68 f.
269 S/RES/418 v 4.11.1977, abgedr in VN 25 (1977) 198.
270 S/RES/688 v 5.4.1991, abgedr in VN 39 (1991) 77.
271 S/RES/794 v 3.12.1992.
272 S/RES/929 v 22.6.1994.
273 *Krisch* (Fn 259) Rn 19 ff.
274 S/RES/940 v 31.7.1994.
275 S/RES/1264 v 15.9.1999.
276 S/RES/1556 (2004); vgl *Bothe* (Fn 226) 8 ff.
277 S/RES/ 1970 v 26.2.2011 u 1973 v 17.3.2011.
278 S/RES/827 v 25.5.1993.
279 S/RES/1199 v 23.9.1998.
280 S/RES/2043 v 21.4.2012 (Verurteilung von Menschenrechtsverletzungen, aber keine Feststellung von Friedensbedrohung) u 2118 v 27.9.2013 (Verurteilung der Anwendung und Verbot des Besitzes chemischer Waffen, keine Feststellung einer Friedensbedrohung, jedoch Berufung auf Art 25 UN-Charta); Qualifikation der humanitären Lage als Friedensbedrohung in S/RES/2165 v 14.7.2014, 2191 v 17.12.2014 u 2258 v 22.12.2015.
281 S/RES/2240 v 9.10.2015 bzgl des Transports von Flüchtlingen aus Libyen.
282 Diese Frage ist höchst str, vgl aus der umfangreichen Lit *Pellet*, Peut-on et doit-on contrôler les actions du Conseil de Securité?, in Société française (Fn 258) 221 ff; *Bedjaoui*, Un contrôle de légalité des actes du Conseil de Securité est-il possible?, ebd 255 ff; *Martenczuk*, Rechtsbindung und Rechtskontrolle des Weltsicherheitsrats, 1996; *ders*, The Security Council, International Court of Justice and Judicial Review, EJIL 10 (1999) 517 ff; zum Irak *Bruha*, Irak-Krieg und Vereinte Nationen, AVR 41 (2003) 295 (300 ff).

von Situationen festzustellen, in denen seine Zuständigkeit eingreift. Es handelt sich vielmehr um eine rechtlich gebundene Feststellungskompetenz. Hierbei muss man allerdings dem Sicherheitsrat einen Beurteilungsspielraum gewähren. Die dargestellten Unsicherheiten bei der Bestimmung der Situationen, die die Kompetenzen des Sicherheitsrats nach Kap VII aktivieren, lassen die Frage nach der *Kontrolle einer Einhaltung rechtlicher Maßstäbe* besonders schwierig erscheinen. In vielen Fällen waren Maßnahmen, die im Sicherheitsrat vorgeschlagen oder von ihm beschlossen wurden, rechtlich umstritten.[283] Der IGH besitzt keine Kompetenz, die Einhaltung der Satzung durch andere UN-Organe zu kontrollieren.[284] Er kann lediglich um Rechtsgutachten[285] gebeten werden, und zwar nur von den Organen selbst, nicht von den betroffenen Staaten. Ob er in besonders gelagerten Fällen im Rahmen zwischenstaatlicher Streitigkeiten, für die er zuständig ist, als Inzidentfrage die Rechtmäßigkeit von Maßnahmen des Sicherheitsrats überprüfen kann, ist umstritten. Aus diesem Grunde ist es nicht zu vermeiden, dass die Praxis des Sicherheitsrats str bleibt, und dass sich erst im Laufe der Zeit Konsens entwickelt, der dann bestimmte Auslegungen des Art 39 oder anderer Charta-Vorschriften außer Streit stellt.

Beschränkt sich der Sicherheitsrat nach einer Feststellung gemäß Art 39 UN-Charta auf *Empfehlungen,* so ergeben sich aus ihr keine weiteren Beschränkungen. Ein sehr wichtiger einschlägiger Fall war der Beschluss des Sicherheitsrats, der zu der Militäraktion der USA und ihrer Verbündeten gegen den nordkoreanischen Angriff auf Südkorea führte.[286] Die Befugnis, Empfehlungen abzugeben, ist an sich eine Selbstverständlichkeit. Auch sie ist aber im Zusammenhang mit seinen Organisationskompetenzen (Art 29, 100 UN-Charta) zu sehen, wodurch wiederum der *Einsatz von Friedensstreitkräften* auf der Grundlage von Empfehlungen ermöglicht wird.[287] Diese Friedensstreitkräfte – dies ist (oder war jedenfalls bis zur Somalia-Krise) gerade ein wesentliches Kriterium – werden nur mit Zustimmung aller unmittelbar betroffenen Parteien eingesetzt. Der Sicherheitsrat kann also den Gebrauch solcher Streitkräfte oder Beobachtermissionen empfehlen, und die Parteien können diese Empfehlung annehmen, womit eine hinreichende Grundlage für den Einsatz dieser Einheiten gegeben ist. 46

Art 40 UN-Charta gibt dem Sicherheitsrat zunächst die Befugnis, *Eilmaßnahmen* zu ergreifen.[288] Hierzu gehört üblicherweise der Beschluss, dass die Feindseligkeiten einzustellen seien, in vielen Fällen auch die Aufforderung an die Konfliktparteien, ihre Streitkräfte auf eine bestimmte Linie zurückzunehmen.[289] Verbindet man Art 40 mit den Organisationskompetenzen des Sicherheitsrats, können auch auf dieser Grundlage Friedensstreitkräfte aufgestellt werden, um die Einhaltung des Waffenstillstands zu kontrollieren. 47

---

283 Vgl dazu *Bruha* (Fn 258) Rn 26 ff.
284 *Rosenne*, International Court of Justice (ICJ), MPEPIL V, 459 (Rn 61); *Gowlland-Debbas*, in Zimmermann/Tomuschat/Oellers-Frahm (Hrsg), Statute of the International Court of Justice, 2. Aufl 2012, Art 7 UN-Charter Rn 42 ff.
285 *Bedjaoui* (Fn 282) 286 f.
286 S/RES/83 v 27.6.1950.
287 *Bothe* (Fn 187), insbes Rn 66 ff.
288 *Krisch*, in Simma u a (Fn 22) Art 40 Rn 1 zum historischen Hintergrund.
289 Ebd Rn 8 f.

48 *Art 41* UN-Charta ermöglicht den Einsatz aller denkbaren *nicht-militärischen Mittel*, um auf einen Staat, der die Friedenspflichten nicht beachtet, *Druck auszuüben*.[290] Die Aufzählung bestimmter Maßnahmen in Art 41 Satz 2 ist nicht abschließend. Die dort ausdrücklich genannten Maßnahmen gehen darauf hinaus, dass der gesamte internationale Verkehr, insbes der Wirtschaftsverkehr, mit dem friedensverletzenden Staat unterbrochen wird. Solche Zwangsmaßnahmen sind über lange Jahrzehnte kaum angewandt worden, mit der Ausnahme von Maßnahmen gegen Rhodesien[291] und Südafrika.[292] Erst in neuerer Zeit wurden sie gegen den Irak,[293] in Bezug auf das zerfallende Jugoslawien,[294] Libyen,[295] Somalia[296] sowie Afghanistan eingesetzt. Von erheblicher Reichweite sind die Maßnahmen gegen den Terrorismus, insbes diejenigen, die dazu bestimmt sind, die finanzielle Basis zu zerstören.[297] Die Wirksamkeit von wirtschaftlichen Embargo-Maßnahmen ist str. Einmal stellt sich die Frage nach der Effektivität; zum anderen ist aber zu berücksichtigen, dass sich solche Maßnahmen nicht nur auf die Entscheidungsträger, die zu einem satzungskonformen Verhalten gebracht werden sollen, auswirken, sondern idR auf die gesamte Bevölkerung des betroffenen Landes. Dann haben die Maßnahmen uU Konsequenzen, die unter dem Gesichtspunkt der Achtung der Menschenrechte der Bevölkerung nicht problemfrei sind. Dies ist der Grund dafür, dass in der neueren Praxis bestimmte *Güter humanitärer Hilfeleistung von Embargomaßnahmen ausgenommen* werden.[298] Vom Wirtschaftsembargo ist das Waffenembargo zu unterscheiden, das auch eine bedeutende praktische Rolle spielt. Daneben entwickelte sich die Praxis gezielter *(targeted)* oder *smart sanctions,* die unmittelbar auf Personen oder Unternehmen zugreifen, deren Tätigkeit für eine Friedensbedrohung oder einen Friedensbruch relevant ist, in aller Regel Reisebeschränkungen und Zugriff auf Vermögen.[299] Von diesen Sanktionen können auch Dritte betroffen sein, zB Banken, die Guthaben von

---

290 *Krisch*, in Simma u a (Fn 22) Art 41 Rn 3, 12 ff.
291 S/RES/253 v 29.5.1968, abgedr in VN 16 (1968) 130 ff.
292 S/RES/418 v 4.11.1977.
293 S/RES/661 v 6.8.1990.
294 S/RES/713 v 25.9.1991.
295 S/RES/748 v 31.3.1992.
296 S/RES/733 v 23.1.1992, abgedr in VN 41 (1993) 61; weitere Bsp sind Liberia (S/RES/788 v 19.11.1992, abgedr in VN 41 [1993] 117), Haiti (S/RES/841 v 16.6.1993, abgedr in UNYB 47 [1993] 342) u Angola (S/RES/864 v 15.9.1993, abgedr in UNYB 47 [1993] 256). Allg vgl Office of the Spokesman for the Secretary General, Use of Sanctions under Chapter VII of the UN Charter, <http://www.un.org/News/ossg/sanction.htm>.
297 Res 1267 v 15.10.1999, 1333 v 19.12.2000, 1373 v 28.9.2001; dazu *Aston*, Die Bekämpfung abstrakter Gefahren für den Weltfrieden durch legislative Maßnahmen des Sicherheitsrates, ZaöRV 62 (2002) 257 ff; *Krisch*, The Rise and Fall of Collective Security, in Walter u a (Fn 53) 879; *Wagner*, Die wirtschaftlichen Maßnahmen des Sicherheitsrates nach dem 11. September 2001 im völkerrechtlichen Kontext, ZaöRV 63 (2003) 879 ff.
298 So insbes im Falle des Irak, vgl S/RES/661 v 6.8.1990; dazu auch Res 4 (F) der 26. Internationalen Rotkreuz-Konferenz 1995, abgedr in IRRC 78 (1996) 72 (77). Vgl *Conlon*, Die fragwürdige Sanktionspraxis der UNO, Außenpolitik 1995, 327, 334 f; *Cordesman*, Iraq and the War of Sanctions, 1999; *Gasser*, Collective Economic Sanctions and International Humanitarian Law, ZaöRV 56 (1996) 880 ff; van Genugten/de Groot (Hrsg), United Nations Sanctions, 1999; *Kulessa/Stark*, Peace Through Sanctions?, Int Peacekeeping 4 (1998) 143 ff; *Segal*, Economic Sanctions, IRRC 81 (1999) 763 ff.
299 S/RES/1757 v 30.5.2007; zu targeted sanctions *Eckert*, The Evolution and Effectiveness of UN Targeted Sanctions, in van den Herik (Hrsg), Research Handbook on UN Sanctions and International Law, 2017, 52 ff.

Zielpersonen einfrieren müssen.³⁰⁰ Art 41 ermöglicht auch eine Fülle weiterer Maßnahmen, so die Errichtung der Kriegsverbrecher-Tribunale für das ehemalige Jugoslawien und Ruanda sowie des Sondergerichts für den Libanon,³⁰¹ institutionelle und finanzielle Regelungen für den Ersatz von Kriegsschäden (Irak) sowie ein Überwachungssystem zur Rüstungskontrolle (Irak).³⁰² Grundlage und Grenze der Maßnahmen des Sicherheitsrats ist, dass Maßnahmen der Erhaltung oder Wiederherstellung des Friedens in einer bestimmten Situation iSv Art 39 UN-Charta dienen. Dies war bei den genannten Maßnahmen der Fall. Der Sicherheitsrat ist allerdings weiter gegangen und hat für allgemeine Friedensbedrohungen (Terrorismus, Verbreitung von Massenvernichtungswaffen) allgemeine Maßnahmen quasi-legislatorischer Art getroffen. Die Zulässigkeit dieser Maßnahmen ist str.³⁰³ Wenn man annimmt, dass auch allgemeinere Bedrohungen wie die beiden genannten unter den Begriff der Friedensbedrohung iSd Art 39 UN-Charta fallen, dann muss der Sicherheitsrat auch solche allgemeinen Maßnahmen beschließen können.³⁰⁴

Art 42 UN-Charta sieht für den Fall, dass die nicht-militärischen Maßnahmen **49** nicht ausreichen, *militärische Maßnahmen* vor. Diese Maßnahmen führt der Sicherheitsrat durch; ihm stellen Mitgliedstaaten Streitkräfte zur Verfügung (Art 42 Satz 1, Art 43 Abs 1). Dies ist dahin zu verstehen, dass die Streitkräfte unter der Leitung des Sicherheitsrats eingesetzt werden. Die Satzung geht davon aus, dass eine militärische Führungsstruktur beim Sicherheitsrat eingesetzt wird, wozu auch ein Generalstabsausschuss gebildet wird (Art 47 iVm Art 45 u 46). Verzichtet der Sicherheitsrat darauf, diese Leitungsfunktion wahrzunehmen, und ermächtigt er stattdessen einzelne Staaten, militärische Maßnahmen durchzuführen, so ist dies jedenfalls keine Maßnahme, wie sie durch Art 42 ausdrücklich vorgesehen ist.³⁰⁵ Allerdings bestehen die Streitkräfte, die nach Art 42 eingesetzt werden, aus Einheiten, die die Mitgliedstaaten zur Verfügung stellen. Eine Verpflichtung dazu ergibt sich noch nicht unmittelbar aus der Satzung; die genaue Festlegung der militärischen Verpflichtung erfolgt erst durch *Zusatzabkommen* gemäß *Art 43* UN-Charta. Solche Abkommen gibt es bislang nicht. Das bedeutet freilich nicht, dass Art 42 deswegen gegenwärtig noch

---

300 Zu menschenrechtlichen Problemen dieser Sanktionen o *Schmahl*, 4. Abschn Rn 199.
301 S/RES/827 v 25.5.1993, 955 v 8.11.1994, 1757 v 30.5.2007; dazu *Graefrath*, Jugoslawientribunal, NJ 47 (1993) 433 ff; *Heintschel von Heinegg*, Die Errichtung des Jugoslawien-Strafgerichtshofes durch Resolution 827, 1993, in Fischer/Lüders (Hrsg), Völkerrechtliche Verbrechen vor dem Jugoslawien Tribunal, nationalen Gerichten und dem internationalen Strafgerichtshof, 1999, 63 ff; Entscheidung des Jugoslawientribunals im *Tadić*-Fall, ILM 35 (1996) 35; Entscheidung des Sondergerichts für den Libanon in *Prosecutor v Ayyash u a*, STL-11-01/PT/AC/AR90.1.
302 *Böckstiegel*, Ein Aggressor wird haftbar gemacht, VN 45 (1997) 89 ff; *Graefrath*, Iraqi Reparations and the Security Council, ZaöRV 55 (1995) 1 ff; *Lillich*, The United Nations Compensation Commission, 1995; *Marauhn*, The Implementation of Disarmament and Arms Control Obligations Imposed upon Iraq by the Security Council, ZaöRV 52 (1992) 781 ff; *Sur*, Security Council Resolution 687 of 3 April 1991 in the Gulf Affair, 1992; Tanner (Hrsg), From Versailles to Baghdad, 1992; United Nations Department of Public Information (Hrsg), The United Nations and the Iraq-Kuwait Conflict 1990–1996, 1996; *Zedalis*, An Analysis of Some of the Principal Leading Question Relating to UN Weapons Inspections in Iraq, NordJIL 67 (1998) 249 ff.
303 *Wagner*, Die wirtschaftlichen Maßnahmen des Sicherheitsrates nach dem 11. September 2001 im völkerrechtlichen Kontext, ZaöRV 63 (2003) 879 (909 ff).
304 Zu den Grenzen der *post-conflict*-Befugnisse des Sicherheitsrats *Wheatley*, The Security Council, Democratic Legitimacy and Regime Change in Iraq, EJIL 17 (2006) 531 ff.
305 So u a der GS der VN in An Agenda for Peace (Fn 190) § 42.

nicht anwendbar ist. Es steht den Staaten frei, soweit sie dies politisch wollen und gemäß ihrem eigenen Verfassungsrecht können, den UN Streitkräfte auch ohne vorherigen Abschluss von Abkommen gemäß Art 43 zur Durchführung von Zwangsmaßnahmen nach Art 42 zur Verfügung zu stellen.[306]

50 Daneben entwickelt sich eine Auslegung der Satzung, nach der der Sicherheitsrat zur Durchsetzung bestimmter Elemente einer Konfliktlösung auch *einzelne Staaten oder Gruppen von Staaten ermächtigen* kann, militärische Gewalt einzusetzen (in den Fällen Irak/Kuwait, ehemaliges Jugoslawien, Somalia, Ruanda, Haiti und Ost-Timor, Afghanistan,[307] Irak seit Oktober 2003,[308] Chad,[309] Libyen[310]). Dieses Konzept ist politisch und rechtlich zweifelhaft, da es einseitiger Großmachtregie Tür und Tor öffnet und die *Konzentration* der Entscheidungsbefugnisse über Gewaltanwendung, die Sinn und Zweck der UN-Satzung darstellen, in Frage stellt.[311] Diese Praxis hat sich nach dem Kuwait-Konflikt verstetigt und modifiziert. Eine so weitgehende und so unkontrollierte Ermächtigung zum Einsatz von Gewalt wie im Kuwait-Konflikt ist danach freilich nicht wieder erteilt worden.[312] Eine solche Ermächtigungskompetenz könnte aus der Summe der Befugnisse des Sicherheitsrats nach Art 39, 40, 42 u 48 UN-Charta als eine mitgeschriebene Kompetenz *(implied power)*[313] abgeleitet werden. Jedenfalls ist dies eine ständige und damit gewohnheitsrechtsbildende Praxis geworden, die insbes für Aktionen im Falle des Zusammenbruchs der staatlichen Ordnung zum Schutz der dort lebenden Menschen und für *post conflict peacebuilding* gilt,[314] deren Grenzen im Übrigen schwer abzuschätzen sind.

51 *Kap VIII* sieht Maßnahmen *regionaler Abmachungen* zur Wahrung von Frieden und Sicherheit vor.[315] Solche Regionalorganisationen dienen der Wahrung von Frieden und Sicherheit innerhalb des Bereichs der Organisation. Eine lange Tradition regionaler Friedenssicherung hat die Organisation Amerikanischer Staaten (OAS).[316] Auch die Organisation der Afrikanischen Einheit (OAU), gegründet 1963, nunmehr neu gegründet als African Union (AU),[317] hat wesentliche Beiträge zur Konfliktbewäl-

---

306 *Krisch*, in Simma u a (Fn 22) Art 43 Rn 10.
307 S/RES/1386 v 20.12.2001.
308 Vgl bereits o Rn 24.
309 EUFOR Chad, S/RES/1778 v 14.9.2007.
310 S/RES/1973 v 17.3.2011.
311 *Bothe*, Peace-Keeping and the Use of Force, Int Peacekeeping 1 (1994) 2 (4).
312 Vgl bereits o Rn 24.
313 *Blokker*, International Organizations or Institutions, Implied Powers, MPEPIL VI, 18 (Rn 6); *Köck*, Die ‚implied powers' der Europäischen Gemeinschaften als Anwendungsfall der ‚implied powers' Internationaler Organisationen überhaupt, FS Seidl-Hohenveldern, 1988, 279 ff; *Rama-Montaldo*, International Legal Personality and Implied Powers of International Organisations, BYBIL 44 (1970) 111 ff; s auch *Bernadotte*-Gutachten des IGH, ICJ Rep 1949, 180 ff.
314 Vgl o Rn 24.
315 *Coleman*, International Organisations and Peace Enforcement, 2007; *Körbs*, Die Friedenssicherung durch die VN und Regionalorganisationen nach Kapitel VIII der Satzung der VN, 1997; *Walter*, Regional Arrangements and the UN Charter, MPEPIL VIII, 746 ff; *ders*, in Simma u a (Fn 22) Art 53 Rn 3 ff; *Perrin de Brichambaut*, Les relations entre les Nations Unies et les systèmes régionaux, in Société française (Fn 258) 97 ff; *Walter*, Vereinte Nationen und Regionalorganisationen, 1996.
316 *Garcia-Corrochano Moyano*, Regional Co-operation and Organisation: American States, MPEPIL VIII, 782 ff; *Thomas/Thomas*, Non Intervention, 1956.
317 Vertrag v 11.7.2000 (<www.africa-union.org>).

tigung in Afrika geleistet.³¹⁸ Eher marginal war hingegen die Rolle der Arabischen Liga³¹⁹ im innerarabischen Verhältnis. In Europa hat sich die KSZE (jetzt OSZE) im Jahr 1992³²⁰ zu einer regionalen Abmachung iSv Kap VIII UN-Charta erklärt. Auch sie hat eine umfangreiche Tätigkeit der Konfliktregelung enwickelt.³²¹ Der Begriff der regionalen Abmachung wird in den letzten Jahren sehr flexibel gehandhabt.³²² Verteidigungsbündnisse wie *NATO* und die ehemalige *WEU gehören* jedoch *nicht dazu*.³²³ Die regionalen Abmachungen werden nach Maßgabe ihrer eigenen rechtlichen (oder im Falle der OSZE: politischen) Regeln tätig. Zusätzlich haben sie die UN-Charta zu beachten. Das bedeutet, dass sie keine militärischen³²⁴ Zwangsmaßnahmen ohne Genehmigung des Sicherheitsrats, die nur konkret für den einzelnen Fall erteilt werden darf, durchführen können.³²⁵ Von den Aufgaben der Friedenssicherung innerhalb des Kreises der Mitglieder ist die Frage zu unterscheiden, ob eine Organisation *militärische Maßnahmen mit einem Mandat des Sicherheitsrats* übernehmen kann. Dies haben NATO und WEU getan und sich aufgrund eines Wandels ihrer Gründungsverträge dazu berechtigt gesehen.³²⁶ Gleiches hat die EU im Rahmen der sich entwickelnden ESVP, seit 2009 GSVP unter Übernahme der Funktionen der WEU, getan.³²⁷ Eine vergleichbare Rolle spielt in Westafrika ECOWAS mit der militärischen Komponente ECOMOG³²⁸ sowie in Zentralafrika die ECCAS mit der Kompo-

---

318 *Killander,* Regional Cooperation and Organization: African States, MPEPIL VIII, 768 ff; *van As,* African Peacekeeping, RDIMDG 45 (2006) 329 ff; *Allain,* The True Challenge to the United Nations System of the Use of Force, MPYUNL 8 (2004) 237 (264 ff).
319 *Rishmawi/Comandulli,* League of Arab States (LAS), MPEPIL VI, 747 ff; *Schmolinsky,* Der Beitrag regionaler Abmachungen und Einrichtungen im Sinne von Kapitel VIII SVN zur Regelung von Konflikten zwischen und innerhalb ihrer Mitgliedstaaten, HV-I 12 (1999) 177 ff.
320 Helsinki-Resolution der KSZE v 10.7.1992, abgedr in ILM 31 (1992) 1390 ff.
321 *Galbreath,* On Reinvigorating European Security, OSCE Yearbook 2015, 81 ff; *Froehly,* OSCE/ODIHR's Responses to Srises in and around Ukraine, OSCE Yearbook 2015, 251 ff; *Hopmann,* The OSCE's Contrasting Roles in Managing the Ukraine/Crimea Srises in 1992-96 and 2014-15, OSCE Yearbook 2015, 277 ff; *Hopmann,* The OSCE's Role in Conflict Management, OSCE Yearbook 2016, 63 ff.
322 *Walter,* in Simma u a (Fn 22) Art 52 Rn 42 ff.
323 *Bothe/Martenczuk* (Fn 86) 127 f; unentschieden *Walter* (Fn 322) Rn 48; *Wolfrum,* Der Beitrag regionaler Abmachungen zur Friedenssicherung, ZaöRV 53 (1993) 576 (591 ff) verlangt für eine Übernahme von Aufgaben nach Kap VIII durch NATO und WEU eine Änderung ihrer Gründungsverträge. Die Übernahme sei „auf der Basis ihrer derzeit geltenden Satzungen nicht unproblematisch" (593); auch *Walter* sieht die Möglichkeit einer Anerkennung von NATO und WEU nur insoweit, als sie nicht im Rahmen ihrer traditionellen Funktion als Verteidigungsbündnis tätig werden.
324 Ob auch nicht-militärische Zwangsmaßnahmen dem Genehmigungsvorbehalt des Sicherheitsrats unterliegen, ist str; vgl hierzu *Walter* (Fn 322) Rn 53.
325 *Walter* (Fn 315 [MPEPIL]) Rn 16 ff; zu den Problemen nachträglicher Genehmigungen und Generalermächtigungen vgl ebd; gegen die Notwendigkeit vorheriger Genehmigung *Frowein,* Konstitutionalisierung des Völkerrechts, BerDGVR 37 (1997) 427 (432 ff); differenzierend *Hakimi,* To Condone or Condemn?, Vanderbilt J Transnat'l L 40 (2007) 643 ff.
326 NATO und WEU haben unterschiedliche Mandate des Sicherheitsrats im Rahmen der Konflikte im ehemaligen Jugoslawien übernommen. Vgl die Sicherheitsrats-Res 816 v 31.3.1993 (Flugverbotszonen), 836 v 4.6.1993, 844 v 18.6.1993, 958 v 19.11.1994 (Luftangriffe zur Unterstützung der UNPROFOR), 1031 v 15.12.1995 (IFOR/SFOR), 1244 v 10.6.1999 (KFOR).
327 Übersicht bei *Kuhn,* The System of EU Crisis Management, MPYUNL 13 (2009) 247 ff; zu den Operationen der EU in der Demokratischen Republik Kongo und in Bosnien-Herzegowina vgl schon o Rn 36. Grundlage ist nunmehr Art 42 EUV.
328 *Bothe* (Fn 187) Rn 31; in bezug auf ECOWAS hat der Sicherheitsrat allerdings keine vorherigen Ermächtigungen erteilt, sondern im Nachhinein die Aktionen in Liberia, Sierra Leone und der Elfen-

nernte eines Friedens- und Sicherheitsrats (COPAX).[329] Eine andere, hiervon zu unterscheidende Variante ist die Übernahme von Funktionen des traditionellen Peacekeeping durch solche Organisationen.[330]

c) Rüstungskontrolle und Abrüstung
Entwicklung

52 Der Gedanke, dass Beschränkung der Rüstung[331] die Angriffsfähigkeit eines Staats mindert und damit die Chance für Frieden erhöht, ist sehr alt. In der Vergangenheit fand er allerdings meist in der Form der Rüstungsbeschränkungen für besiegte Staaten Eingang in die zwischenstaatliche Praxis. Der Gedanke einer *Friedenssicherung durch gleichberechtigte Rüstungsbeschränkung* lag den Haager Friedenskonferenzen (1899 u 1907), den Abrüstungsbemühungen des Völkerbunds und denen der Vereinten Nationen zugrunde.

Rüstungskontrolle und Abrüstung im System gegenseitiger Abschreckung

53 Die Entwicklung von Rüstungskontrolle, Abrüstung und Friedenssicherung war nach dem Zweiten Weltkrieg durch den Antagonismus der Supermächte gekennzeichnet, in dem die *gegenseitige Abschreckung*[332] eine wichtige Rolle als Instrument der Friedenssicherung spielte. Aufgabe von Maßnahmen der Rüstungskontrolle und Abrüstung in diesem System war es vor allem, die Stabilität durch Wahrung und Entwicklung eines *Gleichgewichts* zu sichern, aber auch durch Kooperation Destabilisierung zu verhindern. Die Stabilisierung erfolgte einmal durch eine Beschränkung und teilweise *Reduktion der Waffenarsenale* (SALT I[333] u II,[334] START,[335] Vertrag über die Vernichtung von Mittelstreckenraketen [INF][336] sowie das amerikanisch-sowjetische Abkommen über chemische Abrüstung).[337] Der Vertrag über das Verbot

---

beinküste gebilligt; vgl Res 788 v 19.11.1992 (Liberia), 1162 v 17.4.1998 (Sierra Leone); *Allain* (Fn 318) 260 ff.
329 Protocol relatif au Conseil de Paix et de Sécurité de l'Afrique Central v 24.2.2002, abrufbar unter <www.lab-ceeac.com>.
330 *Bothe* (Fn 187) Rn 31; *van As* (Fn 318).
331 Zu Entwicklung und gegenwärtigen Problemen *Becker/Müller/Rosert*, Rüstungskontrolle im 21. Jahrhundert, Friedens-Warte 83 (2008) 13 ff; *Keefer*, Building the Palace of Peace, JHIL 9 (2007) 25 ff.
332 *Verdirame*, The ‚Sinews of Peace': International Law, Strategy, and the Prevention of War, BYBIL 77 (2006) 83 ff; ebd 91 ff zu den völkerrechtlichen Problemen der Abschreckung.
333 Interim Agreement between the United States of America and the Union of Soviet Socialist Republics on Certain Measures with Respect to Limitation of Strategic Offensive Arms (SALT I-Vertrag), ILM 11 (1972) 791.
334 Wiener Abkommen über die Begrenzung strategisch offensiver Waffen (SALT II-Vertrag), ILM 18 (1979) 1138.
335 Treaty between the United States of America and the Union of Soviet Socialist Republics on the Reduction and Limitation of Strategic Offensive Arms v 31.7.1991 (START I-Vertrag), DSD 2 (1991), Suppl (5.11.1991).
336 Treaty between the United States of America and the Union of Soviet Socialist Republics on the Elimination of their Intermediate-Range and Shorter-Range Missiles (INF-Vertrag), ILM 27 (1988) 84 (dt Übersetzung EA 1988, D 18).
337 Abkommen v 1.6.1990, ILM 29 (1990) 932.

I. Völkerrechtliche Verhinderung von Gewalt (ius contra bellum) — **809**

von Atomversuchen in der Atmosphäre, unter Wasser und im Weltraum v 1963[338] war gleichfalls das Ergebnis des Ausgleichs zwischen den Supermächten. Der Einschränkung des Kriegsrisikos mittels Kooperation dienten Abkommen über die *Kommunikation* zwischen den Supermächten[339] (Heißer Draht-Abkommen) sowie über die Verhinderung von Zwischenfällen.[340] Auch der Vertrag über die Nichtverbreitung von Atomwaffen v 1968 galt der Stabilisierung des Gleichgewichts zwischen den Supermächten, da er dessen Destabilisierung durch Erwerb von Atomwaffen seitens Drittstaaten vermeiden sollte. Das *Verbot der Stationierung von Massenvernichtungswaffen* in bestimmten Räumen (Himmelskörper,[341] Meeresboden)[342] ist ebenso hier einzuordnen. Die Verhandlungen über konventionelle Abrüstung in Europa begannen ebenfalls unter dem Vorzeichen einer gleichgewichtigen Abrüstung zwischen NATO und Warschauer Pakt. Auch der Vertrag über die Beschränkung konventioneller Streitkräfte in Europa,[343] abgeschlossen am Ende des Ost-West-Konflikts 1990, war in seinen Regelungen noch von dem Ziel des Gleichgewichts zwischen den Blöcken geprägt.[344] Das Vertragsregime hat mit seinen Maßnahmen zur Herstellung von Transparenz ganz erheblich zum Abbau von Spannungen in Europa beigetragen. Der *bilateral* geprägte Charakter des Rüstungskontrollrechts zeigte sich auch in den Verhandlungsforen. Die UN spielten eine eher untergeordnete Rolle.[345] Wesentliche Verhandlungen wurden zwischen den Supermächten allein geführt (SALT, START, INF).[346] Ein besonderes Verhandlungsgremium war und ist der Genfer *Abrüstungsausschuss* (seit 1961 mit unterschiedlichen Bezeichnungen, seit 1984 Conference on Disarmament [CD]),[347] in dem zunächst die Supermächte tonangebend waren, was sich formell in dem gemeinsamen sowjetisch-amerikanischen Vorsitz zeigte (bis 1978). In diesem Kontext waren auch Verhandlungen über multilaterale Maßnahmen von Rüstungskontrolle und Abrüstung wie zB über die multilateralen Verträge über das Verbot des Besitzes von biologi-

---

338 BGBl 1963 II, 907. Es handelt sich dabei um einen auf universale Teilnahme angelegten Vertrag (126 Vertragsparteien), der aber allein von den USA, Großbritannien und der Sowjetunion ausgehandelt wurde. Frankreich und China haben ihn nicht ratifiziert, ebensowenig Nordkorea und Pakistan.
339 Fahl (Hrsg), Rüstungsbeschränkung, Bd III, Nr 9.
340 Fahl (Fn 339) Nr 10.
341 Art IV des Vertrags über die Grundsätze zur Regelung der Tätigkeiten von Staaten bei der Erforschung und Nutzung des Weltraums einschließlich des Mondes und anderer Himmelskörper v 27.1.1967, BGBl 1969 II, 1968; vgl auch Mondvertrag v 5.12.1979, 1363 UNTS 3.
342 Art I des Vertrags über das Verbot der Anbringung von Kernwaffen und anderen Massenvernichtungswaffen auf dem Meeresboden und im Meeresgrund v 11.2.1971, BGBl 1972 II, 326.
343 Vertrag über die konventionellen Streitkräfte in Europa (KSE-Vertrag), BGBl 1991 II, 1155; *Koulik*, Verification of the CFE Treaty, 1991.
344 Zur weiteren Entwicklung s u Rn 55.
345 *Citron*, Die Sondergeneralversammlung der Vereinten Nationen für Abrüstung, EA 1978, 630 ff; *Wegener*, Die zweite Sonderkonferenz der Vereinten Nationen über Abrüstung, EA 1982, 575 ff; *Bougrov*, Conceptual and Practical Aspects of United Nations Activities in the Field of Disarmament, in UNITAR (Fn 185) 337 ff; *Goldblat*, The Role of the United Nations in Arms Control, ebd 369 ff; *Akashi*, The Role of the UN in Disarmament, Disarmament 1991, 33 ff.
346 *Bothe*, in *Bothe/Graf Vitzthum*, Rechtsfragen, 40 f mwN.
347 Zu den verschiedenen Arbeiten der CD *Bernauer*, Nuclear Issues on the Agenda of the Conference of Disarmament, UNIDIR-Publication 91/68 (1991); *Schmalberger*, In Pursuit of the Nuclear Test Ban Treaty, UNIDIR-Publication 91/16 (1991).

schen Waffen (abgeschlossen 1972)[348] und von chemischen Waffen (abgeschlossen 1993)[349] bilateral geprägt. Auch die für Verträge über Rüstungskontrolle und Abrüstung entscheidend wichtige *Kontrolle der Einhaltung* bediente sich bilateraler Techniken:[350] gegenseitige Satellitenbeobachtung[351] und gegenseitige Inspektionen.[352]

Rüstungskontrolle und Abrüstung nach dem Ende des Kalten Kriegs

54 Mit dem Ende des Kalten Kriegs hat sich die Struktur des Rechts der Rüstungskontrolle und Abrüstung grundlegend verändert. Zwar bleibt in der Frage der Atomwaffen und strategischen Waffensysteme das Verhältnis zwischen den USA und der Russischen Föderation ausschlaggebend und Gegenstand weiterer bilateraler Vertragsentwicklung[353] oder Vertragsauflösung bzw -suspendierung.[354] Generell wurde das Recht aber *stärker multilateral geprägt.*[355] Die Frage der Sicherheit der Nichtnuklearstaaten vor den Nuklearstaaten,[356] auch vor möglichen neuen Nuklearstaaten, wird stärker aufgeworfen. Diesem Ziel dienen die politischen Begleitdokumente der

---

348 Übereinkommen v 10.4.1972 über das Verbot der Entwicklung, Herstellung und Lagerung bakteriologischer (biologischer) Waffen und von Toxinwaffen sowie der Vernichtung solcher Waffen, BGBl 1983 II, 133 (165 Vertragsparteien); *Geissler,* Strengthening the Biological Weapons Convention, Disarmament 1991, 104 ff; *Meselson,* Implementing the Biological Weapons Convention of 1972, UNIDIR Newsletter 1991, 10 ff; *Millett,* The Biological Weapons Convention, JCSL 15 (2010) 25 ff.
349 Übereinkommen v 13.1.1993 über das Verbot der Entwicklung, Herstellung, Lagerung und des Einsatzes chemischer Waffen und über die Vernichtung solcher Waffen, BGBl 1994 II, 807 (188 Vertragsparteien); s hierzu Bardonnet (Hrsg), The Convention on the Prohibition of Chemical Weapons, 1995; *Krutzsch/Trapp,* Commentary on the Chemical Weapons Convention, 1994; *Bernauer,* Globales Chemiewaffen-Verbot, Friedens-Warte 71 (1996) 9 ff; *Kirstein/Meissner,* Auf des Messers Schneide, Vierteljahresschrift für Sicherheit und Frieden 1990, 210 ff; *Ronzitti,* Le désarmement chimique et le protocole de Genève de 1925, AFDI 35 (1989) 149 ff; *Fry,* Sovereign Equality under the Chemical Weapons Convention, JCSL 15 (2010) 45 ff.
350 *Ifft/Graham,* Practical Problems with Bilateral Arms Control Treaties, in Dahlitz/Dicke (Hrsg), The International Law of Arms Control and Disarmament, 1991, 59 ff. Allgemein zu Problemen der Verifikation von Abrüstungsverträgen *Högel,* Rüstungskontrolle und Völkerrecht 1990.
351 Diese Technik wird in den START-Verträgen euphemistisch umschrieben mit Verifikation durch „national technical means" (Art IV Abs 9 des Start II-Vertrags); zur völkerrechtlichen Zulässigkeit *von Kries,* National Technical Means of Verification in the Light of INF Treaty, ZWL 37 (1988) 326 ff; zur Verifikation *Högel* (Fn 350) 201 ff.
352 So insbes beim INF-Vertrag; vgl hierzu *Högel* (Fn 350) 188 ff.
353 Der START II-Vertrag v 1993 trat nicht in Kraft. START I wurde unwesentlich ergänzt durch den Strategic Offensive Reduction Treaty (SORT) v 2002. START I lief 2009 aus, wurde aber zunächst faktisch weiter angewendet. START I u SORT wurden ersetzt durch den Vertrag über „Measures for the Further Reduction and Limitation of Strategic Offensive Arms" (Prager Vertrag, New START) v 8.4.2010, der am 5.2.2011 in Kraft getreten ist; dazu <https://www.armscontrol.org/print/2556>.
354 Beendigung von SALT I durch die USA 2002. Im Februar 2019 wurde der INF-Vertrag von beiden Seiten mit der Behauptung gekündigt, die jeweils andere Seite habe ihn verletzt, vgl Statement from the President regarding the Intermediate-Range Nuclear Forces (INF) Treaty v 1.2.2019, <http://white house.gov/briefings-statements/>; zur russischen Erklärung <http://kremlin.ru/events/president/news/59763>, zur US Position vgl AJIL 113 (2019) 132 (139 f).
355 *Becker/Müller/Seidler-Diekmann,* Die Regime zur Kontrolle nuklearer, biologischer und chemischer Waffen, Friedens-Warte 83 (2008) 57 ff.
356 In diesem Zusammenhang ist auch zu sehen, dass zunächst die WHO-Versammlung, sodann die GV der UN den IGH um ein Rechtsgutachten zur Zulässigkeit von Atomwaffen ersucht hat, vgl dazu ICJ Rep 1996, 66 (*WHO-Nuklearwaffen-*Gutachten), ebd 226 (*GV-Nuklearwaffen-*Gutachten); s auch *Nagendra/McWhinney,* Nuclear Weapons and Contemporary International Law, 2. Aufl 1989.

Verlängerung des NV-Vertrags im Jahre 1995[357] und die durch diese Dokumente geforderten Verhandlungen über einen allgemeinen Teststop *(Comprehensive Test Ban Treaty)*[358] sowie die Einstellung der Produktion kernwaffenfähigen Materials (sog *Cut-Off-Treaty)*.[359] Ein wichtiger Schritt zu einem echten multilateralen Abrüstungsrecht ist das *C-Waffen-Übereinkommen* v 1993,[360] in dem ein umfassendes Verbot des Besitzes und des Erwerbs chemischer Waffen nach langen Verhandlungen schließlich erreicht wurde. Der Vertrag schreibt eine Vernichtung bestehender Vorräte chemischer Waffen, die Zerstörung (uU Umwandlung) der Produktionsstätten solcher Waffen sowie ein Verbot ihres Besitzes, Erwerbs, ihrer Produktion und ihrer Neuentwicklung vor. Hier zeigen sich die *Strukturen eines neuen Abrüstungsrechts*. Dieses kann nicht auf ein bestimmtes Konfliktszenario, sondern muss wahrhaft multilateral angelegt sein. Es bedarf einer effektiven Kontrolle. Diese kann nicht allein durch nationale Verifikationsmittel erfolgen, sondern muss durch eine *international organisierte Verifikation* geleistet werden.[361] Die Kontrollmechanismen des NV-Vertrags bildeten wichtige Vorbilder. Die Verifikationsmaßnahmen des C-Waffen-Übereinkommens setzen hierzu neue Maßstäbe. Eine neu geschaffene I.O. (OPCW) kontrolliert, ua durch Vor-Ort-Inspektionen, die Lagerung vorhandener Bestände, ihre Vernichtung sowie die Zerstörung oder Umwandlung von Produktionsstätten. Sie überwacht, in genau bestimmtem Umfang, auch Anlagen, in denen mit Chemikalien umgegangen wird, die auch für Waffenzwecke in Betracht kommen, um einer Verwendung solcher Chemikalien zu Rüstungszwecken zuvorzukommen und allen Vertragsparteien eine entsprechende Sicherheit zu gewährleisten. Neben diesen routinemäßig durchzuführenden Kontrollen hat jeder Mitgliedstaat die Möglichkeit, die Durchführung von Verdachtskontrollen *(challenge inspection)* durch die Organisation zu verlangen, wenn aus seiner Sicht Unklarheiten über die Vertragserfüllung in einem anderen Staat bestehen. Die Verhandlungen mit dem Ziel, auch das *B-Waffen-Übereinkommen* um ein ähnliches Überwachungsregime zu ergänzen, sind

---

357 Principles and Objectives for Nuclear Non-Proliferation and Disarmament v 11.5.1995, ILM 34 (1995) 969; Goldblat/Cox (Hrsg), Nuclear Weapon Tests, 1988.
358 Vgl hierzu *Arnett,* Implementing the Comprehensive Test Ban, SIPRI-Research Report Nr 8 (1994); Negotiations in the Conference of Disarmament, 1994, Disarmament 18 (1995) 55 ff; *Ferm,* Multilateral and Bilateral Efforts Towards Nuclear Test Limitations, SIPRI Yb 1991, 541 ff.
359 Vgl hierzu *Delpech/Dunn/Fischer/Sood,* Halting the Production of Fissile Materials for Nuclear Weapons, UNIDIR-Publication 94/45 (1994); *Schaper,* A Treaty on Fissile Material, PRIF Report 109, 2011.
360 Vgl o Fn 349.
361 Zur Verifikation *Bothe,* Verification of Facts, MPEPIL X, 643 (Rn 18 ff); Altmann/Stock/Stroot (Hrsg), Verification After the Cold War, 1994; *Bild/Jones,* Multilateral Verification, Disarmament 1991, 69 ff; Bothe/Ronzitti/Rosas (Hrsg), The New Chemical Weapon Convention, 1999; *Findlay,* Verification of the Ottawa Convention, Disarmament Forum 4 (1999) 45 ff; Hanski/Rosas/Stendahl (Hrsg), Verification of Arms Control Agreements, 1991; *Haubrock,* Das Verifikationsproblem der Rüstungskontrollvereinbarungen, 1992; *Gmelch,* Verifikation von multi- und internationalen Rüstungskontrollabkommen, 1992; *Myjer,* The Law of Arms Control and International Supervision, Leiden JIL 3 (1990) 99 ff; *Graf Vitzthum,* in *Bothe/Graf Vitzthum,* Rechtsfragen; zur Verifikation im Bereich der IAEO *Lohmann,* Die rechtliche Struktur der Sicherungsmaßnahmen der Internationalen Atomenergie-Organisation, 1993; *Schaper,* Verifikation der Abrüstung von Kernmaterial, HSFK Report 3/2009; *Kellman,* Enforcing Nuclear Non-proliferation, in Black-Branch/Fleck (Hrsg), Nuclear Non-Proliferation in International Law, Bd 2 (Verfication and Compliance), 2016, 235 ff; vgl auch *Black-Branch/Fleck,* Verification and Compliance with Nuclear Non-proliferation Agreements: Synopsis of Outstanding Issues, in ebd 1 ff.

bislang *gescheitert*. Hingegen sieht der (gleichfalls zunächst einmal gescheiterte) Comprehensive Test Ban Treaty ein institutionalisiertes Verifikationssystem vor.[362] Eine neue Form internationaler Kontrolle stellte die Überwachung der Abrüstungspflichten des Irak durch die UN dar, die diesem Staat vom Sicherheitsrat nach dem Kuwait-Konflikt auferlegt worden waren.[363]

55 Angesichts der Tatsache, dass Rüstungskontrolle und Abrüstung durch Verträge immer noch unvollständig geregelt sind, ist wichtig, dass der IGH in seinem Rechtsgutachten zur Zulässigkeit von Atomwaffen v 8.7.1996[364] eine *rechtliche* Verpflichtung festgestellt hat, dass die Staaten Verhandlungen zum Zwecke der nuklearen Abrüstung nach Treu und Glauben führen und zu einem Abschluss bringen müssen. Diese ist von den Atommächten auf der Überprüfungskonferenz des NV-Vertrags 2000 an sich anerkannt worden,[365] ihre Erfüllung in der Praxis jedoch nicht abzusehen.[366] Deshalb haben die Marshall-Inseln vor dem IGH Klage gegen die offiziellen und inoffiziellen Atommächte erhoben.[367] Das Problem der destabilisierenden Wirkung von *Massenvernichtungswaffen* wird gegenwärtig vor allem in der Gefahr gesehen, dass diese in die Hände von Terroristen oder sog Schurkenstaaten gelangen. Im Rahmen der Debatte über die sog neuen Bedrohungen[368] wird dies mitunter als Rechtfertigung zum Einsatz einseitiger Gewalt angesehen. Das hat zu umfassenden Maßnahmen zur Verhinderung der Proliferation von Massenvernichtungswaffen geführt, in denen die dargestellten Verträge (NVV, BWÜ, CWÜ) ein Teilaspekt sind.[369] Neben diesen spielen Maßnahmen des Sicherheitsrats (insbes die Resolution 1540 zur Bekämpfung der Proliferation von Massenvernichtungswaffen) und konzertierte Aktionen (Exportkontrollen,[370] Eingriffe in den Waffentrans-

---

362 Angenommen durch A/RES/50/245 v 17.9.1996, ILM 35 (1996) 1439. Der US-Senat hat die Ratifikation abgelehnt. Zum Stand der Test-Verbote *Tabassi*, The Nuclear Test Ban, JCSL 14 (2009) 309ff; zum B-Waffen-Regime vgl *Pearson/Chevrier*, An Effective Prohibition of Biological Weapons, in Lederberg (Hrsg), Biological Weapons, 1999, 113. Auch die diesbezüglichen Verhandlungen sind am Widerstand der USA gescheitert.
363 S/RES/687 v 3.4.1991, §§ 7ff; vgl bereits o Rn 34–44.
364 §§ 98ff des Gutachtens; zu den diesbezüglichen unterschiedlichen Verhandlungskonzepten *Müller*, Nukleare Abrüstung, HSFK Report 7/2011.
365 2000 Review Conference of the Parties to the Treaty on the Non-Proliferation of Nuclear Weapons, 24.4.–19.5.2000, New York, <http://www.un.org/Depts/dda/WMD/nptrevdoc.html>.
366 Die Erklärung von Präsident Obama über eine von Atomwaffen freie Welt als Politikziel der USA v 5.4.2009 (AJIL 103 [2009] 600ff) enthält keine konkreten Schritte; vgl dazu *Fey/Franceschini/Müller/ Schmidt*, Auf dem Weg zu Global Zero?, HSFK Report 4/2010.
367 *Roscini*, The Cases against the Nuclear Weapons States, ASIL Insights 19/10 v 12.5.2015. Sechs Verfahren wurden wegen offensichtlich mangelnder Zuständigkeit vom Gericht nicht registriert, ICJ Press Release 2014/18 v 25.4.2014, Die verbliebenen Klagen gegen Großbritannien, Indien und Pakistan, in denen der IGH nach der Fakultativklausel des Art 36 Abs 2 IGH-Statut zuständig war, wurden aus prozessualen Gründen abgewiesen, s Urteil im Fall *Nuclear Disarmament*.
368 Vgl o Rn 11, 19.
369 *Bothe*, Weapons of Mass Destruction, Counter-Proliferation, MPEPIL X, 829ff; *ders*, Proliferation of Weapons of Mass Destruction, in Handl/Zekoll/Zumbansen (Hrsg), Beyond Territoriality, 2012, 489ff; *Mathews*, WMD Arms Control Agreements in the Post-September 11 Security Environment, Melb JIL 8 (2007) 292ff; *Millet-Devalle*, Non-prolifération nucléaire, RGDIP 111 (2007) 435ff, *Ronzitti*, The Proliferation Security Initiative and International Law, FS Bothe, 2008, 269ff; *König*, Der Einsatz von Seestreitkräften, in *Zimmermann u a*, Konfliktformen, 203 (214).
370 Nuclear Suppliers Group, Australia Group.

port)³⁷¹ eine Rolle. Trotz dieser Fortschritte befindet sich dieses System in einer Krise, vor allem da der NV-Vertrag die ihm zugedachte Funktion der Stabilisierung nicht mehr zu erfüllen vermag. Die Exklusivposition von drei, später fünf Atommächten ist nicht mehr akzeptiert, die allgemeine nukleare Abrüstung hat nicht stattgefunden, und es hat sich eine unakzeptable Diskriminierung zwischen offenen und heimlichen Atommächten und (noch?) Nicht-Atommächten entwickelt, die politisch und rechtlich kaum mehr zu lösen ist.³⁷² Die 9. Überprüfungskonferenz des NVV 2015 ist gescheitert. Dagegen wird Abrüstung und eine Beschränkung der nuklearen Optionen der Kriegführung immer mehr aus humanitären Gründen gefordert (Humanitäre Initiative).³⁷³ Diese politischen Bemühungen hatten einen Teilerfolg mit der Annahme des Vertrags über das Verbot von Atomwaffen durch eine Konferenz der UN am 7.7.2017, der eine umfassendes Verbot der Entwicklung, des Erwerbs, des Besitzes und der Weitergabe von Atomwaffen statuiert. Allerdings wurde dieser Vertrag von keinem der rüstungspolitisch bedeutsamen Staaten unterzeichnet.³⁷⁴ Im Weltraum gibt es Stationierungsverbote für Massenvernichtungswaffen und das Gebot der ausschließlich friedlichen Nutzung des Weltraums, was dessen zunehmende Militarisierung aber nicht ausgeschlossen hat.³⁷⁵ Stellen Massenvernichtungswaffen eine (noch?) nicht realisierte Bedrohung dar, so hat die *Verfügbarkeit einfacher Waffen* aktuell eine konfliktfördernde Wirkung. Diese Waffen verschärfen die Leiden, die durch Kriege auf vielen Schauplätzen verursacht werden. Deshalb wurden sie zum Gegenstand von Bemühungen der Rüstungskontrolle gemacht, etwa das Minenproblem. Das Zusatzprotokoll zur UN-Waffenkonvention über Minen enthält freilich nur ein Einsatzverbot.³⁷⁶ Das Ottawa-Abkommen v 1997 geht mit einem Besitz- und Weitergabeverbot weiter.³⁷⁷ Es zählt 164 Vertragsparteien, jedoch sind

---

371 Sog Proliferation Security Initiative (PSI), str, vgl *Fitzgerald* (Fn 90); *Guilfoyle*, Maritime Interdiction of Weapons of Mass Destruction, JCSL 12 (2007) 1 ff; *Jimenez Kwast*, Maritime Interdiction of Weapons of Mass Destruction in an International Legal Perspective, NYIL 38 (2007) 163 ff; *Shulman*, The Proliferation Security Initiative and the Evolution of the Law on the Use of Force, Houston JIL 28 (2006) 771 ff; *Sharp*, Proliferation Security Initiative, TLCP 16 (2006/07) 991 ff; *Yann-Huei Song*, The U.S.-Led Proliferation Security Initiative and UNCLOS, ODIL 38 (2007) 101 ff; *Ronzitti* (Fn 369) 269 ff *Venturini*, The Proliferation Security Initiative: A Tantative Assessment, in Black-Branch/Fleck (Fn 361) 213 ff.
372 *Müller*, Zukunft der nuklearen Nichtverbreitung, FS Mutz, 2008, 105 ff; *ders*, Nichtverbreitungsvertrag, IP 61 (2006) Nr 2, 16 ff; *ders*, Die Stabilität des nuklearen Nichtverbreitungsregimes, HSFK Report 11/2009; *ders*, Der nukleare Nichtverbreitungsvertrag nach der Überprüfung, HSFK Report 3/2010; *ders*, Die gespaltene Gemeinschaft: Zur gescheiterten Überprüfung des Nuklearen Nichtverbreitungsvertrages, HSFK-Report 1/2015; *ders*, Stillstand der nuklearen Abrüstung. Warum die 9. Überprüfungskonferenz des Nichtverbreitungsvertrages scheiterte, VN 63 (2015) 152 ff.
373 Zum Verlauf vgl <https://www.icanw.org/campaign/humanitarian-initiative>; *Bolton/Minor*, The Humanitarian Initiative on Nuclear Weapons, Global Policy 7 (2016) 380; *Minor*, Changing the Discourse on Nuclear Weapons: The Humanitarian Initiative, ICCR 97 (2015) 711.
374 *Müller*, Der nukleare Verbotsvertrag: Ein begrenzter Schritt vorwärts, VN 66 (2018) 214 ff; *Dunworth*, The Treaty on the Prohibition of Nuclear Weapons, ASIL Insights 21 (2017) No 12. 70 Staaten haben unterzeichnet, 22 ratifiziert. Umsetzung in Deutschland durch § 18 a KriegswaffenkontrollG.
375 S u Rn 89.
376 Dazu u Rn 73. Auch andere Vorschriften des *ius in bello* können zur Rüstungskontrolle verpflichten, so vor allem Art 36 ZP I, der die Überprüfung neuer Waffen auf ihre Vereinbarkeit mit humanitärem Völkerrecht gebietet, vgl dazu *Wisotzki*, Between Morality and Military Interests, PRIF Report 92,
377 Vertrag v 18.9./3.12.1997, ILM 36 (1997) 1507 bzw BGBl 1998 II, 778. Umsetzung in Deutschland durch § 18 a KriegswaffenkontrollG.

wichtige Staaten (USA, Russland, China, Israel, Indien, Pakistan) nicht Vertragsparteien dieses Abkommens. Ein umfassendes Besitz-, Transfer- und Einsatzverbot besteht hinsichtlich Streumunition aufgrnd des Vertrags von 2008.[378] Hinsichtlich der sog *Kleinwaffen (small arms and light weapons* [SALW]) gibt es einen UN-Aktionsplan,[379] der 2012 erneuert wurde[380] und ein Überprüfungsverfahren enthält. Der Waffenhandelsvertrag v 2013 erfasst allgemein konventionelle Waffen und sieht Transferverbote in wesentlichen Problemsituationen vor.[381] Regional existieren rechtlich nicht verbindliche, aber dennoch politisch offenbar wirksame Abmachungen über Im- oder Exportbeschränkungen.[382] Versuche, einen weltweiten Vertrag auszuarbeiten,[383] sind am Widerstand wichtiger Militärmächte gescheitert. Die Frage *regionaler* Abrüstungsabkommen stellt sich nach dem Ende des Kalten Kriegs gleichfalls neu. *Atomwaffenfreie Zonen* gewinnen Bedeutung als ein Mittel der Sicherung von Nicht-Nuklearstaaten. Solche Zonen sind bislang Lateinamerika,[384] der Südpazifik,[385] Südostasien,[386] Afrika[387] und Zentral-Asien,[388] wobei die einschlägigen Verträge allerdings von den Atommächten erst spät und zT noch gar nicht akzeptiert wurden. Die Einrichtung einer kernwaffenfreien Zone im Nahen Osten wurde Gegenstand konkreter, jedoch schwieriger Verhandlungen.[389] In Europa ist mit der *OSZE* ein neues Forum der Verhandlung von Sicherheitsfragen einschließlich Rüstungskontrolle und Abrüstung entstanden.[390] In diesem Rahmen wurde 1999 der KSE-Ver-

---

378 BGBl 2009 II, 502, 504. Der Vertrag verfügt über 106 Vertragsparteien; auch hier fehlen indes die gleichen wichtigen Staaten.
379 Angenommen durch die UN Conference on the Illicit Trade in Small Arms and Light Weapons, 9.–20.7.2001, UN Doc A/CONF.192/15; zum Scheitern der Überprüfungskonferenz 2006 *Wisotzki*, Aktionsprogramm zu Leicht- und Kleinwaffen, VN 54 (2006) 164 f; Die dritte Überprüfungskonferenz fand im Zeitraum 18.-29.6.2018 statt, vgl UN Doc A/CONF/192/2018/RC/3.
380 United Nations Conference to Review Progress Made in the Implementation of the Program of Action to Prevent, Combat and Eradicate the Illicit Trade in Small Arms and Light Weapons in All Its Aspects, Abschlussbericht UN Doc A/CONF.192/2012/RC/4. Vgl dazu *Haumer*, ATT – Die Verhandlungen zu einem neuen Waffenhandelsvertrag, HVI 25 (2012) 180 ff.
381 Art 6 ATT. Zu diesem Vertrag *Casey-Maslen/Clapham/Giacca/Parker*, The Arms Trade Treaty: A Commentary, 2016; *Holtom*, The OSCE and the Arms Trade Treaty, OSCE Yearbook 2015, 377 ff; *Schöberl*, Neuere Entwicklungen des humanitären Völkerrechts, HVI 28 (2015) 67 (69 f).
382 OSZE-Doc über Kleinwaffen und leichte Waffen v 24.11.2000, abgedr bei Fastenrath (Hrsg), KSZE/OSZE, F14.
383 A/RES/61/88; vgl auch A/RES/61/66 v 3.1.2007 zum UN-Aktionsplan.
384 Treaty for the Prohibition of Nuclear Weapons in Latin America (Vertrag von Tlatelolco) v 14.2.1967, abgedr in Fahl (Fn 339) Bd I, Nr 4.
385 South Pacific Nuclear Free Zone Treaty (Vertrag von Rarotonga) v 6.8.1985, ILM 24 (1985) 1442.
386 Treaty on the Southeast Asia Nuclear Weapon-free Zone (Treaty of Bangkok) v 15.12.1995, in Kraft 28.3.1997.
387 African Nuclear-Weapon-Free Zone Treaty (Treaty of Pelindaba) v 11.4.1996 (UN Doc A/50/426), in Kraft 15.7.2009.
388 Vertrag von Semipalatinsk v 8.9.2006, in Kraft 21.3.2009.
389 UN GA/RES/67/28 v 11.12.2012; vgl auch UN Doc A/68/124 v 8.7.2013, Report of the Secretary-General, Establishment of a Nuclear-Weapon-Free Zone in the Region of the Middle East; *Müller*, Eine massenvernichtungswaffenfreie Zone im Nahen und Mittleren Osten, HSFK Report 5/2011. Eine Regionalkonferenz zum Thema wurde mehrfach verschoben. Wegen des Streits über die Errichtung einer solchen Zone scheiterte die Abschlusserklärung der NPT Review Conference 2015.
390 Hierzu *Lutz*, Die OSZE im Übergang der Sicherheitsarchitektur des zwanzigsten Jahrhunderts zum Sicherheitsmodell des einundzwanzigsten Jahrhunderts, OSZE-Jb 1 (1995) 63 ff; *Gießmann*, OSZE

trag³⁹¹ an die veränderte geopolitische Lage angepasst. Ua wurde das einst den militärischen Blöcken jeweils insgesamt zugestandene Rüstungsniveau national aufgeteilt.³⁹² Der Änderungsvertrag wurde freilich von den NATO-Staaten nicht ratifiziert. Russland suspendierte 2007 die Anwendung des KSE-Vertrags als Reaktion auf die US-amerikanischen Pläne zur Errichtung eines Raketenabwehrschirms in Europa. Daraufhin setzten 2011 die meisten Vertragsparteien, 2015 auch die Ukraine, die Implementierung gegenüber Russland aus. 2015 zog sich die Russische Förderation endgültig aus dem KSE-Vertrag zurück, ohne gleichzeitig ihre Ratifikation des Anpassungsvertrags zurückzuziehen. Im Verhältnis zwischen allen anderen Vertragsparteien ist der alte Vertrag in Geltung geblieben. Ein wesentliches bleibendes Element der euopäischen Rüstungskontrolle ist der sog Vertrag über den offenen Himmel, der Verifikation aus der Luft vorsieht.³⁹³ Insgesamt jedoch ist das Regime der konventionellen Rüstungskontrolle in Europa durch Konflikte überlagert und durch erhebliche Unsicherheiten gekennzeichnet. Es gibt aber auch neuere Initiativen für vertrauensbildende Maßnahmen.³⁹⁴

II. Völkerrechtliche Eingrenzung von Gewalt – Das Recht bewaffneter Konflikte (ius in bello)

1. Grundlage und Entwicklung

Wenn und soweit das Völkerrecht die militärische Austragung von Konflikten nicht verhindern kann, sollen diese doch durch rechtliche Regeln in Grenzen gehalten werden. Historisch hängen *ius contra bellum* und *ius in bello* durchaus zusammen.³⁹⁵ Für *Grotius* ist der gerechte Krieg nur der mit gerechten Mitteln geführte, wobei für ihn allerdings die Definition der gerechten Mittel für unser heutiges Verständnis zu weitgehende Konzessionen an die militärische Notwendigkeit enthält.³⁹⁶ In der Folge ist *die Entwicklung des ius in bello* der des *ius contra bellum vorauseilt*. Nach vereinzelten vertraglichen Regelungen im 18. und frühen 19. Jh setzt in der zweiten Hälfte des 19. Jh eine *fortschreitende Kodifikation kriegsrechtlicher Regeln* ein.³⁹⁷ Eine

56

---

und die Zukunft von Rüstungskontrolle und Abrüstung in Europa, Vierteljahresschrift für Sicherheit und Frieden 13 (1995) 239 ff.
391 So Fn 343.
392 Agreement on Adaptation of the Treaty on Conventional Armed Forces in Europe mit Protocol on National Ceilings (<www.osce.org/library/14108>); zu Stand und Entwicklung vgl *Hartmann/Schmitt*, Konventionelle Rüstungskontrolle in Europa, HSFK Report 6/2011.
393 Seit 1992 zunächst vorläufig angewandt, in Kraft 2002.
394 *Flor*, Von Lissabon bis Hamburg – für einen Neustart der konventionellen Rüstungskontrolle in Europa, OSZE Jahrbuch 2016, 51 ff; *Richter*, Neubelebung der konventionellen Rüstungskontrolle in Europa, OSZE Jahrbuch 2016, 57 ff.
395 Vgl *Graf Vitzthum*, 1. Abschn Rn 104.
396 *E. Crawford*, Armed Conflict, International, MPEPIL I, 612 ff; *Bothe*, Die Entwicklung des Humanitären Völkerrechts, Handbuch des Deutschen Roten Kreuzes zum IV. Genfer Abkommen und zu den Zusatzprotokollen, 1984, 16.
397 Vgl *Crawford* (Fn 396); *Bothe* (Fn 396) 14 ff; *Best*, Law and War, 1994, 39 ff; *Schindler*, International Humanitarian Law, JHIL 5 (2003) 165 ff; *Meron*, War Crimes Law Comes of Age, 1999; *Kolb*, Ius in bello, 39 ff; diese internationale Entwicklung wurde auch inspiriert durch eine wesentliche innerstaatliche Kodifikation, nämlich die (von dem deutschstämmigen Juristen *Francis Lieber* verfasste) *Instructions for the Government of Armies of the United States*, von Präsident Lincoln erlassen als Ge-

Entwicklungslinie, bei der es schwerpunktmäßig um zulässige Mittel der Schädigung des Gegners geht, führt von der St. Petersburger Erklärung über das Verbot bestimmter Geschosse 1868[398] und die Brüsseler Erklärung v 1874 über die Gesetze und Gebräuche des Krieges[399] (freilich nie ratifiziert) zu den Verträgen der beiden Haager Friedenskonferenzen (1899 u 1907), unter denen die sog *Haager Landkriegsordnung*[400] (Anlage zum IV. Haager Abkommen) hervorzuheben ist. Eine andere Entwicklungslinie, bei der es schwerpunktmäßig um den Schutz von Konfliktopfern geht (sog Genfer Recht), führt von der ersten Genfer Konvention v 1864[401] über den Schutz der Verwundeten im Felde zu ihrer Neufassung v 1906,[402] den beiden Genfer Konventionen v 1929,[403] den vier *Genfer Konventionen v 1949*,[404] ihren *beiden Zusatzprotokollen v 1977*[405] sowie dem *Dritten Zusatzprotokoll v 2005*.[406] Besondere Entwicklungen finden wir im Seekriegsrecht, beginnend mit der Pariser Erklärung v 1856,[407] beim Verbot bestimmter Waffen (wichtig insbes das Genfer Protokoll über chemische und bakteriologische Waffen v 1925, bestätigt und abgesichert durch das Einsatz- bzw Besitzverbot des BWÜ und CWÜ,[408] sowie die UN-Rahmenkonvention über das Verbot bestimmter konventioneller Waffen mit Zusatzprotokollen, u a zur Beschränkung des Einsatzes von Landminen),[409] für den Kulturgüterschutz (Haager Konvention v 1954,[410] mit dem 2. Zusatzprotokoll v 17.5.1999)[411] und den Luftkrieg (Haager Luftkriegsregeln v 1923,[412] die nur eine nie zum Vertrag gewordene Exper-

---

neral Orders No 100 (abgedr in Schindler/Toman, Armed Conflicts, 3); dazu *Vöneky*, Der Lieber's Code und die Wurzeln des modernen Kriegsvölkerrechts, ZaöRV 62 (2002) 424 ff; *Schmidt-Radefeld*, Die Wurzeln des modernen Kriegsvölkerrechts als transatlantisches Erbe, HV-I 22 (2009) 44 ff.
398 Schindler/Toman, Armed Conflicts, 91 f.
399 Schindler/Toman, Armed Conflicts, 21.
400 DokHVR 31.
401 DokHVR 13.
402 Schindler/Toman, Armed Conflicts, 383.
403 Schindler/Toman, Armed Conflicts, 404, 421.
404 DokHVR 169, 199, 223, 303.
405 DokHVR 503, 591. Zur Geschichte und Bedeutung dieser Verträge *Bothe*, in *Bothe/Partsch/Solf*, New Rules, 1 ff.
406 DokHVR 1069.
407 DokHVR 3; *Ronzitti*, 1856 Paris Declaration Respecting Maritime Law, in ders (Hrsg), The Law of Naval Warfare, 1988, 61 (64); zur neueren Entwicklung *Heintschel von Heinegg*, Seekriegsrecht und Neutralität im Seekrieg, 1995; *ders*, Friedliche Nutzung, Seekriegs- und Neutralitätsrecht, Friedenssicherung, in Graf Vitzthum (Hrsg), Handbuch des Seerechts, 2006, 499 (542 ff).
408 DokHVR 475 u 723. Dazu *Bothe*, Das völkerrechtliche Verbot des Einsatzes chemischer und bakteriologischer Waffen, 1973, 21 ff, 110 ff; zu den Übereinkommen Fn 348 f.
409 Convention on Prohibitions or Restrictions on the Use of Certain Conventional Weapons Which May Be Deemed to Be Excessively Injurious or to Have Indiscriminate Effects v 10.10.1980, ILM 19 (1980) 1524; Protocol on Non-Detectable Fragments, ILM 19 (1980) 1529; Protocol on Prohibitions or Restrictions on the Use of Mines, Booby-Traps and Other Devices, ILM 19 (1980) 1529, mit Änderungen v 3.5.1996, Doc CCW/CONF.I/16 (Part I), Annex B; Protocol on Prohibitions or Restrictions on the Use of Incendiary Weapons, ILM 19 (1980) 1534; Resolution on Small-Calibre Weapons Systems, ILM 19 (1980) 1536; IV. Protocol on Blinding Laser Weapons, 1995, Doc CCW/CONF.I/16, Annex A, 13 ff, V. Protocol on Explosive Remnants of War, Doc CCW/MSP/2003/2, BGBl 2005 II, 122.
410 DokHVR 377.
411 DokHVR 409; dazu *Eick*, Verstärkter Schutz von Kulturgut in bewaffneten Konflikten, HV-I 12 (1999) 143; *Henckaerts*, New Rules for the Protection of Cultural Property in Armed Conflict, ebd 147; eingehend *Kreuter-Kirchhof*, 6. Abschn Rn 153 ff.
412 DokHVR 95.

tenarbeit darstellen, aber weitgehend als Ausdruck des Gewohnheitsrechts angesehen werden).

In wesentlichen Bereichen des *Vertragsrechts* ist eine weitgehende *Universalität* **57** erreicht. Dies gilt insbes für die dem Schutz der Konfliktopfer gewidmeten Genfer Konventionen v 1949.[413] Es gilt im Bereich der Waffenverbote auch für das Genfer Protokoll über chemische und bakteriologische Waffen v 1925.[414] Die Zusatzprotokolle I und II zu den Genfer Konventionen, 1977 abgeschlossen, sind von einer großen Zahl von Staaten ratifiziert, jedoch fehlen hier die USA und Israel[415] sowie ein Block von Staaten des Nahen und Mittleren Ostens (Türkei, Iran, Pakistan, Indien, Indonesien, Malaysia, Thailand). Hinzu kommt, dass die Anwendung des ZP I für eine fundamentale Frage, nämlich den Einsatz von nicht-konventionellen Waffen, str ist.[416] Lückenhaft ist die vertragsrechtliche Entwicklung besonders für den Bereich des See- und den des Luftkriegsrechts.[417] Aus allen diesen Gründen ist das völkerrechtliche *Gewohnheitsrecht* für die Regelung bewaffneter Konflikte immer noch praktisch wichtig.[418] Dem ist darum in den letzten Jahren eine verstärkte Aufmerksamkeit gewidmet worden. Es wurde deutlich,[419] dass staatliche Praxis und die Rspr der internationalen Strafgerichte zu einer Fortentwicklung des Gewohnheitsrechts geführt haben.[420] Auch die Arbeit privater Expertengruppen spielte dazu eine erhebliche Rolle.[421]

Die Entwicklung des völkerrechtlichen Kriegsrechts ist sowohl durch den Gedanken der Menschlichkeit und der Vermeidung und Minderung menschlichen Leids geprägt als auch durch das wohlverstandene Eigeninteresse der Staaten an **58**

---

413 Bis 31.12.2015 sind die Genfer Konventionen von 196 (dh allen) Staaten ratifiziert worden, das ZP I von 174 und das ZP II von 168 Staaten; Nachw unter <http://www.icrc.org/web/eng>.
414 Bis 31.12.2015 hatten 138 Staaten das Prot v 17.6.1925 über das Verbot der Verwendung von erstickenden, giftigen oder ähnlichen Gasen sowie von bakteriologischen Mitteln im Kriege (RGBl 1929 II, 173) ratifiziert, das CWÜ 192 Staaten.
415 *Meron*, The Time Has Come for the United States to Ratify Geneva Protocol I, AJIL 88 (1994) 678 ff; *Prugh*, American Issues and Friendly Reservation Regarding Protocol I, Additional to the Geneva Conventions, RDIMDG 31 (1992) 223 ff; *Aldrich*, Prospects for the United States Ratification of Additional Protocol I to the 1949 Geneva Convention, AJIL 85 (1991) 1 ff; vgl auch den Leserbrief von *Rubin*, AJIL 85 (1991) 662 f.
416 *Solf*, in *Bothe/Partsch/Solf*, New Rules, 218 ff; *Meyrowitz*, Les armes nucléaires et le droit de la guerre, FS Kalshoven, 1991, 297 (311 ff); *Fischer*, Der Einsatz von Nuklearwaffen nach Art 51 des I. Zusatzprotokolls zu den Genfer Konventionen von 1949, 1985, 132 ff; *Empell*, Nuklearwaffeneinsätze und humanitäres Völkerrecht, 1993; dazu näher u Rn 75.
417 Zum Seekriegsrecht *Ronzitti*, Introduction, in ders (Fn 407) 1 ff. Einzelheiten u Rn 114 ff; zum Luftkriegsrecht u Rn 119 ff.
418 *Gasser/Melzer*, Humanitäres Völkerrecht, 57 f; *Kadelbach*, Zwingende Normen des humanitären Völkerrechts, HV-I 1992, 118 ff; *Paust*, The Importance of Customary International Law During Armed Conflict, ILSA JICL 12 (2005/6) 601 ff.
419 Henckaerts/Doswald-Beck (Hrsg), Customary International Humanitarian Law [IKRK-Studie], 2005; dazu Tavernier/Henckaerts (Hrsg), Droit international humanitaire coutumier, 2008.
420 *Hayashi*, Performance of International Courts and Tribunals, in Squatrito/Young/Follesdal/Ulfstein (Hrsg), The Performance of International Courts and Tribunals, 2018, 154 ff.
421 *Bothe*, Private Normunternehmer im Völkerrecht, FS Wolfrum, Bd 2, 2012, 1300 ff; Manual on Naval Warfare 1994 (Fn 563) u Manual on the Law of Non-International Armed Conflict 2006, beide erarbeitet im Rahmen des San Remo International Institute of Humanitarian Law, sowie Manual of International Law Applicable to Air and Missile Warfare 2009 (Fn 567), erarbeitet von einer Arbeitsgruppe des Harvard Program on Humanitarian Policy and Conflict Research.

einer Begrenzung der Schäden durch bewaffnete Konflikte. Die Beschränkung der Mittel gegenseitiger Schädigung kann und soll auch eine Rückkehr zum Frieden erleichtern. IdS hat das *Kriegsrecht* auch eine *friedensfördernde Funktion*.

59   Eine wichtige Garantie der Einhaltung des völkerrechtlichen Kriegsrechts ist grundsätzlich die *Gegenseitigkeit*.[422] Darum muss es in gleicher Weise für und gegen einen Angreifer und das Opfer des Angriffs gelten. Es ist hinsichtlich des *ius contra bellum* indifferent (Grundsatz der Nichtdiskriminierung oder der *Gleichheit der Konfliktparteien*).[423] Das bedeutet, dass im Falle einer Aggression der Aggressor in gleicher Weise durch das *ius in bello* berechtigt und verpflichtet wird wie sein Opfer.

60   Auf der anderen Seite ist der Grundsatz der Gegenseitigkeit insoweit eingeschränkt, als im Interesse des Schutzes der Opfer Verletzungen des völkerrechtlichen Kriegsrechts durch eine Partei die andere nicht ohne weiteres berechtigt, in gleicher Weise zu verfahren. Vielmehr gilt eine Reihe kriegsrechtlicher *Repressalienverbote* (insbes das Verbot von Repressalien gegen Kriegsgefangene, Verwundete und Kranke).[424] In den Repressalienverboten zugunsten bestimmter Konfliktopfer und Sachwerte zeigt sich eine der wesentlichen Zielsetzungen des völkerrechtlichen Kriegsrechts, nämlich der Schutz der menschlichen Person. Diese Zielsetzung teilt das Kriegsrecht mit den Regeln über den Schutz der *Menschenrechte*.[425] Beide Regelungsbereiche überschneiden sich teilweise und sind insoweit parallel anwendbar,[426] nämlich immer dann, wenn ein bewaffneter Konflikt vorliegt und sich die zu

---

422 Das wirft besondere Probleme bei sog asymmetrischen Konflikten auf; vgl *Ipsen,* Humanitäres Völkerrecht und asymmetrische Konfliktparteien, FS Bothe, 2008, 445 ff; *Schmitt,* War, Technology and Armed Conflict, in Helm (Hrsg), The Law of War in the 21st Century, 2007, 137 ff, 150 f; *ders,* Asymmetrical Warfare and International Humanitarian Law, in Heintschel von Heinegg/Epping (Hrsg), International Humanitarian Law, 2007, 11 ff; *Kramer,* Rechtliche Regelung asymmetrischer Konflikte, Friedenswarte 81 (2006) 96 ff; *Münkler,* Der Wandel des Krieges, 2006, 69 f, 203; *Rogers,* Unequal Combat and the Law of War, YIHL 7 (2004) 3 ff; vgl auch *Osiel,* The End of Reciprocity, 2009; *Watts,* Reciprocity and the Law of War, Harvard ILJ 50 (2009) 365 ff; *L. Schmidt,* Das humanitäre Völkerrecht in modernen asymmetrischen Konflikten, 2012, 106 ff; *Hobe,* Das humanitäre Völkerrecht in asymmetrischen Konflikten, in Zimmermann u a, Konfliktformen, 41 ff; *Paulus/Vashakmadze,* Asymmetrical War as the Notion of Armed Conflict – A Tentative Conceptualization, IRRC 91/873 (2009) 95 ff; *Gross,* Moral Dilemmas of Modern War, 2010; *John-Hopkins,* Regulating the Conduct of Urban Warfare: Lessons from Contemporary Asymmetric Armed Conflicts, IRRC 82/878 (2010) 469 ff.
423 So Rn 27. ZP I, Präambel, dazu *Partsch,* in Bothe/Partsch/Solf, New Rules, 31; vgl auch *Bothe,* Le droit de la guerre et les Nations Unies, Etudes et travaux de l'Institut universitaire de hautes études internationales 5 (1967) 137 (163 ff). Für die Aufrechterhaltung dieses Prinzips auch angesichts gewichtiger Kritik *D'Alessandra/Heinsch,* Rethinking the Relationship between jus in bello and jus ad bellum, in Sadat (Fn 164) 453 ff; so auch *D'Aspremont/De Hemptienne,* DIH, 355 ff, die aber auch auf die Möglichkeiten einer gegenseitigen Öffnung beider Rechtsbereiche hinweisen.
424 Art 46 I. GK, Art 47 II. GK, Art 13 Abs 3 III. GK, Art 33 Abs 3 IV. GK; Art 20, Art 51 Abs 6, Art 53 lit c, Art 54 Abs 4, Art 54 Abs 4, Art 55 Abs 2, Art 56 Abs 4 ZP I. Vgl Europäische Kommission für Demokratie und Recht (Hrsg), Gutachten zum möglichen Bedürfnis, die Genfer Konventionen fortzuentwickeln, EuGRZ 31 (2004) 343 (345).
425 *Dinstein,* Hostilities, 7 f; vgl *Graf Vitzthum,* 1. Abschn Rn 107; zu Einzelheiten u Rn 122.
426 IGH, *Mauer*-Gutachten, § 106; die Interamerikanische Menschenrechtskommission hat ihre reichhaltige einschlägige Rechtsprechung aufgearbeitet in der Sache *Aisalla,* Ecuador v Kolumbien, Report 112/10 v 21.10.2012, §§ 78 ff. Zum Verhältnis beider Rechtsbereiche *Heintze,* Theorien zum Verhältnis von Menschenrechten und humanitärem Völkerrecht, HV-I 24 (2011) 4 ff; *Rowe,* The Impact of Human Rights Law on Armed Forces, 2005; *Bothe,* Humanitäres Völkerrecht und Schutz der Menschenrechte, FS Tomuschat, 2005, 63 ff; *Doswald-Beck/Vité,* International Humanitarian Law and Human Rights Law, IRRC 293 (1993) 94 ff; *Frowein,* The Relationship between Human Rights Regimes

schützenden Personen unter der Hoheitsgewalt einer Konfliktpartei befinden (insbes Gefangene, Staatsangehörige einer Konfliktpartei auf dem Gebiet der Gegenpartei, Bevölkerung eines besetzten Gebiets, nicht-internationaler bewaffneter Konflikt). In diesen Situationen sind die Anforderungen beider Rechtsbereiche zu einem Ausgleich zu bringen.[427] Jedoch dient der weite Bereich des Rechts bewaffneter Konflikte, der wegen dieses menschenschützenden Grundanliegens *humanitäres Völkerrecht* genannt wird, nicht nur dem Schutz von Menschenrechten, sondern auch dem Ausgleich staatlicher Interessen. Hinzu tritt in einem modernen Verständnis der Schutz zukünftiger Generationen und damit der Schutz der Umwelt auch in bewaffneten Konflikten.

Kritiker wenden ein, das völkerrechtliche Kriegsrecht diene mehr der *Legitimierung von Gewalt,* als dass es sie begrenze.[428] An dieser Kritik ist richtig, dass sowohl die gewohnheitsrechtsbildende Praxis der Militärmächte als auch die in den erwähnten Verträgen durchgesetzte Verhandlungsposition dieser Staaten stets darauf bedacht waren, als militärisch notwendig angesehene Kampfmittel und -methoden nicht rechtlich auszuschließen. Auch sind von Staaten, die an bewaffneten Konflikten beteiligt waren, immer wieder Auslegungen der einschlägigen Vorschriften vertreten worden, die bestimmte militärische Vorgehensweisen (vielleicht zu Unrecht) als rechtmäßig erscheinen ließen. Dies alles ermöglicht es Konfliktparteien, Rechtstreue als Argument zur Verbesserung der eigenen politischen Position zu benutzen. Dies mag im Einzelfall bedauerlich, ja moralisch und teilweise auch rechtlich inak-

---

and Regimes of Belligerent Occupation, IYHR 28 (1999) 1ff; *Oberleithner,* Human Rights in Armed Conflict, 2014; *Meron,* The Humanization of Humanitarian Law, AJIL 94 (2000) 239ff; *Orakhelashvili,* The Interaction between Human Rights and Humanitarian Law, EJIL 19 (2008) 161ff; *Perrakis,* Le droit international humanitaire et ses relations avec les droits de l'homme, in Tavernier/Henckaerts (Hrsg), Droit international humanitaire coutumier, 2008, 115ff; *Provost,* International Human Rights and Humanitarian Law, 2002; *Roberts,* Human Rights Obligations of External Military Forces, in The Rule of Law in Peace Operations, Recueils de la société internationale de droit militaire et de droit de la guerre 17 (2006) 429ff; *Stahn* (Fn 53 [International Law]) 205ff; vgl die Beiträge „Bombing for Peace", ASIL Proc 96 (2002) 95ff; zur geschichtl Entwicklung *Schotten,* Das Verhältnis von humanitärem Völkerrecht und Menschenrechten aus historischer Sicht, HuVI 26 (2013) 112ff; *van Dijk,* Human Rights in War: On the Entangled Foundations of the 1949 Geneva Conventions, AJIL 112 (2018) 553ff.

427 Dazu Human Rights Committee, General Comment No 36 (2018), Right to Life, UN Doc CCPR(C/GC/36, § 64. Die in diesem Zusammenhang häufig vertretene These, dann sei das humanitäre Völkerrecht *lex specialis* (so der IGH im *GV-Nuklearwaffen*-Gutachten, § 25, und im *Mauer*-Gutachten, § 106) ist zumindest missverständlich und trifft das Problem nicht; krit dazu *Guellali,* Lex specialis, droit international humanitaire et droit de l'homme, RGDIP 111 (2007) 539ff; *Milanovic,* The Lost Origins of Lex Specialis, in Ohlin (Hrsg), Theoretical Boundaries of Armed Conflict and Human Rights, 2016, 78ff; *Salomon,* Zum Verhältnis von Menschenrechten und humanitärem Völkerrecht, HVI 28 (2018) 153ff, insbes 155f, *Bothe* (Fn 426) 89; *Mottershaw,* Economic, Social and Cultural Rights in Armed Conflict, IJHR 12 (2008) 449 (456); *Geiß,* Toward the Substantive Convergence of International Human Rights Law and the Law of Armed Conflict: The Case of *Hassan v. the United Kingdom,* in Sadat (Fn 164) 252ff; *E. Crawford,* Convergence of Norms Across the Spectrum of Armed Conflict: International Humanitarian and Human Rights Law, in Rose/Oswald (Fn 247) 7ff; vgl auch die Entscheidung der Interamerikanischen Menschenrechtskommission in der Sache *Aisalla,* § 122. *Dinstein,* Hostilities, 31ff betont zwar den *lex specialis*-Charakter des humanitären Völkerrechts, spricht aber dennoch zutreffend von „symbiotic coexistence".

428 *af Jochnik/Normand,* The Legitimation of Violence, Harvard ILJ 35 (1994) 49ff; *dies,* The Legitimation of Violence, ebd 387ff; ihnen folgend *Rosert,* HSFK Standpunkt Nr 7/2010; krit auch *Fischer-Lescano,* Zwischen Humanität und Inhmnität, KJ 51 (2018) 367ff.

zeptabel sein. Es ist aber nur die halbe Wahrheit. Wenn das Recht eine Grenze zwischen zulässigen und unzulässigen Kampfmitteln und -methoden zieht, dann hat es sowohl eine legitimierende als auch eine delegitimierende Funktion. Wenn sich ein Akteur auf die legitimierende Funktion beruft, kann dies von anderen Akteuren mit rechtlichen und politischen Argumenten stets in Frage gestellt werden – und wird es auch. Im heutigen internationalen Konsensbildungsprozess, der streitige Rechtsfragen durch Vertrag oder Entwicklung von Gewohnheitsrecht außer Streit stellt, sind militärische Interessen zwar sehr durchsetzungsfähig, aber nicht allein dominierend. Deshalb kommt der delegitimierenden Funktion des Kriegsvölkerrechts doch eine wichtige *gewaltbegrenzende Wirkung* zu.

2. Die Beziehungen zwischen den Konfliktparteien
a) Der Anwendungsbereich des völkerrechtlichen Kriegsrechts – der internationale bewaffnete Konflikt

62 Kriegsvölkerrechtliche Verträge, die seit dem Zweiten Weltkrieg abgeschlossen wurden, angefangen von den Genfer Konventionen v 1949, gebrauchen zur Bestimmung ihres Anwendungsbereichs den Begriff des Kriegs nicht mehr, sondern den des *bewaffneten Konflikts*. Es entwickelte sich eine neue Theorie zur Bestimmung des Anwendungsbereichs der Regeln über internationale bewaffnete Konflikte,[429] die Feindseligkeiten einer bestimmten Intensität als Voraussetzung des „bewaffneten Konflikts" ansehen. Gewisse Regeln des Kriegsrechts passen nur auf Konflikte einer gewissen Intensität. Auf der anderen Seite muss es Regeln, zB über zulässigen Waffengebrauch und menschliche Behandlung von Gefangenen, auch für Kleinstkonflikte, sog *Zwischenfälle*, geben. Für solche Regeln ist die Schwelle dessen, was als bewaffneter Konflikt anzusehen ist, dementsprechend niedrig anzusetzen, sog *First shot*-Theorie.[430] Die Ersetzung des früheren, eher formalen Kriegsbegriffs durch den materiellen oder objektiven Begriff des bewaffneten Konflikts, der abstellt auf das objektive Vorliegen von Feindseligkeiten, erleichtert die rechtliche Erfassung von Konflikten, die nicht zwischen Staaten, sondern innerhalb derselben, oder zwischen Staaten und nicht-statlichen Akteuren stattfinden.[431]

63 Das *ius in bello* ist auch auf bewaffnete Konflikte anwendbar, an denen *UN-Streitkräfte* beteiligt sind,[432] sei es bei militärischen Zwangsmaßnahmen, sei es bei

---

429 Grundlegend *Grob*, The Relativity of War and Peace, 1949; *Kotzsch*, The Concept of War in Contemporary History and International Law, 1956; *Post*, Some Curiosities in the Sources of the Law of Armed Conflict Conceived in a General International Legal Perspective, NYIL 25 (1994) 83 ff; *Ipsen*, Zum Begriff des „internationalen Konflikts", FS Menzel, 1975, 405 ff; *Mancini*, Stato di guerra e conflitto armato nel diritto internazionale, 2009, 308 f; ILA Committee on the Use of Force, Initial Report, in ILA, Report on the 73rd Conference 2008, 814 (817 ff).
430 *Bothe* (Fn 423) 149 ff; zur Schwelle der Intensität vgl ILA Committee (Fn 429) 841 ff.
431 Dazu unten Rn 121 ff.
432 Secretary General's Bulletin Observance by UN Forces of International Humanitarian Law (ST/SGB/1999/13 v 6.8.1999), abgedr in Int Peacekeeping 5 (1999) 161 ff; *Bothe*, Peacekeeping and International Humanitarian Law, Int Peacekeeping 3 (1996) 91 ff; *ders* (Fn 190 [Peace Operations]) 65 ff; *Shraga*, UN Peacekeeping Operations, AJIL 94 (2000) 406 ff; *Zwanenburg*, The Secretary-General's Bulletin on Observance by United Nations Forces of International Humanitarian Law, Int Peacekeeping 5 (1999) 133 ff; *D'Aspremont/De Hemptienne*, DIH, 155 ff.

Peacekeeping-Operationen, wenn in diesem Rahmen Situationen entstehen, die als bewaffnete Konflikte betrachtet werden können. Soweit es sich um Streitkräfte handelt, die Organe der UN und nicht solche der etwa Kontingente stellenden Staaten sind, sind die UN die Adressaten der auf das Verhalten der Streitkräfte anwendbaren völkerrechtlichen Normen. Zwar sind sie nicht Vertragpartner einschlägiger völkerrechtlicher Verträge und können es auch nicht sein. Die UN sind jedoch an das anwendbare Gewohnheitsrecht gebunden. Sie stehen nicht über dem Völkerrecht. Wenn sie sich mit Streitkräften in einem bewaffneten Konflikt engagieren, dann sind diese durch die Regeln des Völkerrechts gebunden und geschützt, die das Gewohnheitsrecht eben für solche Situationen entwickelt hat (s o Rn 38).

b) Allgemeine Grundsätze und Landkriegsrecht
Die Grundregel

Ausgangspunkt der gesamten modernen kriegsrechtlichen Regelung ist der Gedanke, dass der bewaffnete Konflikt eine *Auseinandersetzung zwischen Staaten* und nicht zwischen Völkern ist.[433] Darauf beruht der *Grundsatz der Unterscheidung* zwischen Personen, die als befugte Organe einer Konfliktpartei kriegerische Schädigungshandlungen vornehmen dürfen (Kombattanten), und solchen, die es nicht dürfen, sowie zwischen Personen und Sachgütern, die angegriffen werden dürfen (Kombattanten und Personen, die unmittelbar an Kampfhandlungen teilnehmen; militärische Ziele), und solchen, die es nicht dürfen (Zivilpersonen, Zivilbevölkerung, zivile Objekte). Das einzige legitime Ziel der bewaffneten Auseinandersetzung ist, den jeweils anderen Staat in seiner militärischen Widerstandskraft zu schwächen. Gewaltausübung, die zur Erreichung dieses einzig legitimen Ziels nicht erforderlich und damit idS überflüssig ist, ist darum verboten. Von daher wirkt die oft zur Rechtfertigung militärischer Gewaltmaßnahmen angeführte *militärische Notwendigkeit* nicht als Legitimation militärischer Gewaltausübung, sondern als deren Schranke.[434] Legitime militärische Ziele dürfen nur mit erlaubten Mitteln angegriffen werden. Die spezifischen Regeln des Kriegsführungsrechts können nicht durch Berufung auf militärische Notwendigkeit ausgehebelt werden. Sie werden ergänzt durch das *allgemeine Humanitätsgebot,* wie es in der sog *Martens'schen Klausel*[435] formuliert ist. In nicht von spezifischen Regeln erfassten Fällen „verbleiben Zivilpersonen und Kombattanten unter dem Schutz und der Herrschaft der Grundsätze des Völkerrechts, wie sie sich aus feststehenden Gebräuchen, aus den Grundsätzen der

64

---

433 *O'Connell,* in Fleck (Hrsg), Handbook, 1 (19 f).
434 *O'Connell,* in Fleck (Hrsg), Handbook, 37 f; *Beer,* Military Professionalism and Humanitarian Law, 2018, 31 ff.
435 So genannt nach *Friedrich v. Martens,* Delegierter Russlands auf den Haager Friedenskonferenzen, der diese Klausel für die Präambel der Haager Konvention über die Gesetze und Gebräuche des Landkriegs entwarf, vgl *Cassese,* The Martens Clause, EJIL 11 (2000) 187 ff; *von Bernstorff,* Martens Clause, MPEPIL VI, 1143 ff; *Schirks,* Die Martens'sche Klausel, 2001; *Empell,* Die Martens'sche Klausel, HV-I 22 (2009) 145 ff; *Salter,* Reinterpreting Competing Interpretations of the Scope and Potential of the Martens Clause, JCSL 17 (2012) 403 ff; *Giladi,* The Enactment of Irony: Reflections on the Origins of the Martens Clause, EJIL 25 (2014) 847 ff; *Kahn,* Protection and Empire: The Martens Clause, State Sovereignty and Individual Rights, Virginia JIL 56 (2016/17) 1 ff; *Dinstein,* Hostilities, 13 ff.

Menschlichkeit und aus den Forderungen des öffentlichen Gewissens ergeben".[436] Gerade diesem Humanitätsgebot dient auch die Anwendung der völkerrechtlichen Menschenrechte in bewaffneten Konflikten.

Zulässige Mittel der Schädigung des Gegners: Verbot „überflüssiger" Leiden

65 Das *Verbot* der Verursachung *überflüssiger Leiden* ist in allgemeiner Form in der HLKO[437] und im ZP I[438] formuliert.[439] Darüber hinaus ist diese Regel in einer ganzen Reihe von spezifischen Normen über zulässige Arten und Mittel der Schädigung des Gegners konkretisiert. Sie hat ihren Niederschlag etwa in konkreten Waffenverboten gefunden.[440]

Schutz der Zivilbevölkerung

66 Eine weitere Konsequenz der dargestellten Grundregel ist das Prinzip der *Immunität der Zivilbevölkerung*.[441] Angriffe, dh Aktionen, die Verletzung oder Tod von Personen oder Schaden an Sachgütern zur Folge haben oder haben können,[442] dürfen *nur gegen militärische Ziele* gerichtet werden, nicht gegen die Zivilbevölkerung oder zivile Objekte.[443] Bei Angriffen gegen militärische Ziele darf die Zivilbevölkerung nicht unterschiedslos in Mitleidenschaft gezogen werden (Verbot unterschiedsloser, blinder Angriffe). Angriffe gegen militärische Ziele sind unzulässig, wenn der zivile Schaden außer Verhältnis zu dem zu erwartenden unmittelbaren militärischen Nutzen stehen würde (Verhältnismäßigkeitsprinzip). Diese Regeln über den Schutz der Zivilbevölkerung sind Bestandteil des völkerrechtlichen Gewohnheitsrechts und auch trotz vielfältiger Verletzungen vom Zweiten Weltkrieg bis zu Konflikten der jüngsten Zeit nicht obsolet geworden.[444] Sie sind im ZP I (Art 48 ff) kodifiziert und in Einzelheiten weiterentwickelt worden. Ihre Geltung ist also unbestritten, jedoch bereitet ihre Auslegung im konkreten Fall häufig ganz erhebliche Schwierigkeiten. Insofern ist zwischen Personen und Sachgütern zu unterscheiden. Angriffe gegen

---

436 Art 1 Abs 1 ZP I; vgl auch Präambel Abs 4 ZP II.
437 Art 23 lit e ZP I.
438 Art 35 Abs 2 ZP I. Zu Problemen der Formulierung *Solf*, in *Bothe/Partsch/Solf*, New Rules, 225 f.
439 Die Bestimmung dessen, was im konkreten Fall als „überflüssige Leiden" anzusehen ist, bereitet erhebliche Schwierigkeiten. Zur Erarbeitung von Kriterien hat das IKRK mit einigen Partnern das sog SIrUS-Projekt entwickelt. Dazu *Coupland*, The SIrUS Project, in Durham/McCormack (Hrsg), The Changing Face of Conflict and the Efficacy of International Humanitarian Law, 1999, 99 ff.
440 Näheres dazu u Rn 72 ff.
441 *Ronzitti*, Civilian Population in Armed Conflict, MPEPIL II, 197 (Rn 7 ff); *D'Aspremeont/De Hemptienne*, DIH, 177 ff.
442 Diese auf die Wirkung abstellende Definition bedeutet, dass ein „Angriff" nicht nur durch traditionelle militärische Schädigungsmittel, die Wärme oder kinetische Energie freisetzen, sondern auch durch moderne technologische Mittel wie den Einsatz von Computerviren erfolgen kann, vgl Tallinn Manual 2.0 (Fn 42) Rule 92 (415 ff); ferner *Busuttil* (Fn 42) 37 ff; *Schmitt*, Wired Warfare, IRRC 84 (2002) 365 ff.
443 Für sog cyber attacks vgl Tallinn Manual 2.0 (Fn 42) Rule 93; dazu *Dinstein*, The Principle of Distinction and Cyber War in International Armed Conflicts, JCSL 17 (2012) 261 ff.
444 *Oeter*, in Fleck (Hrsg), Handbook, 115 (119 ff, 187 f); *Solf*, in *Bothe/Partsch/Solf*, New Rules, 358; *Aaronson*, Protection of Civilians in the Modern Law of Armed Conflicts, Int Rel 1992, 219 ff; zum Grundsätzlichen *Maier*, Targeting the City, IRRC 87 (2005) 429 ff.

Zivilpersonen und gegen die *Zivilbevölkerung* als solche sind unzulässig (Art 51 Abs ZP I). Wer dazu gehört, wird negativ definiert, nämlich alle Personen, die nicht Angehörige der Streitkräfte oder gewisser gleichgestellter Verbände, etwa bestimmten Polizeieinheiten *(Kombattanten)*,[445] sind. Denn die Beschränkung der Schädigungsziele entspricht einer solchen der legitimen Schädigungsakteure. Die Schonung der Zivilbevölkerung kann nur erwartet werden, soweit von ihr keine Schädigungshandlungen ausgehen. Das Recht zu Schädigungshandlungen im Kriege ist auf Kombattanten beschränkt, auf der anderen Seite dürfen nur sie gezielt angegriffen werden. Sie müssen zu einer Konfliktpartei gehören,[446] die freilich nicht von der anderen Konfliktpartei anerkannt sein muss.[447] Private Gewalt ist Straftat,[448] keine im Krieg erlaubte Schädigungshandlung. Der Schutz der Zivilpersonen vor gezielten Angriffen geht verloren, sofern und solange ein Zivilist unmittelbar an Kampfhandlungen teilnimmt (Art 51 Abs 3 ZP I). Hört er jedoch auf, unmittelbar an den Kampfhandlungen teilzunehmen, so ist er wieder geschützte Zivilperson, die nicht zum Gegenstand gezielter Tötung gemacht werden darf.[449] Die Konsequenz

---

[445] Art 43 Abs 2 ZP I; s schon o Rn 64 sowie u Rn 78, 81; *Sassòli*, Combatants, MPEPIL II, 350 (Rn 14); *Dinstein*, Hostilities, 41 ff; *Watkin*, Warriors without Rights?, 2005; zum besonderen Problem der Söldner *David*, Mercenaires et volontaux internationaux en droit des gens, 1978; *Maaß*, Der Söldner und seine kriegsvölkerrechtliche Rechtsstellung als Kombattant und Kriegsgefangener, 1990; *Cassese*, Mercenaries, ZaöRV 40 (1980) 1 ff; *Gómez del Prado*, Private Military and Security Companies and the UN Working Group on the Use of Mercenaries, JCSL 13 (2009) 429 ff; Chesterman/Lehnardt (Hrsg), From Mercenaries to Market, 2009.
[446] Art 43 ZP I.
[447] Deswegen waren die Taliban-Kämpfer, die sich den ausländischen Interventionsstreitkräften im Kampf entgegenstellten, als Kombattanten zu behandeln. Denn das Taliban-Regime war jedenfalls faktisch die Regierung von Afghanistan. Daher gehen auch die USA von der Anwendbarkeit der Genfer Konventionen in dem Konflikt mit den Taliban aus; dazu *Aldrich*, The Taliban, Al Qaeda and the Determination of Illegal Combatants, AJIL 96 (2002) 891 ff; *Naqvi*, Doubtful Prisoner of War Status, IRRC 84 (2002) 571 ff; *Goldman/Tittemore*, Unprivileged Combatants and the Hostilities in Afghanistan, 2002; *Wolfrum/Philipp*, The Status of the Taliban, MPYUNL 6 (2002) 559 ff; *Wolfrum*, The Attack of September 11, 2001, the Wars Against the Taliban and Iraq, MPYUNL 7 (2003) 1 ff. Schwieriger ist die Beurteilung für die Zeit nach dem Sturz des Taliban-Regimes und der Bildung einer international anerkannten Regierung, mit deren Zustimmung die Interventionstruppen weiter agieren; vgl *Wieczorek*, Unrechtmäßige Kombattanten und Humanitäres Völkerrecht, 2005, 185 ff. Übersicht bei *Trauttmansdorff*, Maßnahmen gegen den Al Kaida-Terrorismus, Menschenrechte und humanitäres Recht, in Schmalenbach/Benedek (Hrsg), Von Terrorismusbekämpfung bis Klimaschutz, 2008, 3 ff, 16 ff. Grundlegend *Parks*, Combatants, in Schmitt (Hrsg), The War in Afghanistan, Naval War College International Law Studies 85 (2009) 247 (261 ff). Zur neueren amerikanischen Praxis *Danner*, Defining Unlawful Enemy Combatants, Texas ILJ 43 (2007/08) 1 ff. Generell *Frowein* (Fn 53) 894 f; *Stahn* (Fn 53 [International Law]) 196 ff; *Roberts*, Counter-terrorism, Armed Force and the Laws of War, Survival 44 (2002) 7 (20 ff).
[448] Ob die in Afghanistan kämpfenden Angehörigen der Al Qaida Kombattanten oder einfach Straftäter waren, hängt davon ab, ob sie der Taliban-Regierung zugerechnet werden können. Ob das der Fall ist, wäre nach der Gefangennahme solcher Personen nach Art 5 III. GK von einem Richter zu entscheiden. Bis zu einer solchen Entscheidung hätten sie als Kriegsgefangene behandelt werden müssen, vgl die Lit in Fn 445.
[449] Grundlegend *Melzer*, Targeted Killing in International Law, 2008; *Otto*, Targeted Killings and International Law, 2012; *Guiora*, Legitimate Target – A Criteria-Based Approach to Targeted Killing, 2013; *Goppel*, Killing Terrorists – A Moral and Legal Analysis, 2013; Übersicht bei *Rudolf/Schaller*, Targeted Killing, SWP-Studie 1/2012. Aus der Rspr der sog *Targeted Killing*-Fall des Israelischen Supreme Court; vgl dazu *Dinstein*, Distinction and Loss of Civilian Protection in International Armed Conflicts, IsYHR 38 (2008) 1 (9 ff); *Eichensehr*, On Target?, Yale LJ 116 (2006/07) 1873 ff; *Fenrick*, The

dieser Regel ist allerdings, dass der geschützte Status einer Person einer ständigen Änderung unterworfen sein kann (*farmer by day, fighter by night*, sog Drehtüreffekt). Das führt zu schwierigen Abgrenzungsproblemen bei der Frage, was *unmittelbare Beteiligung an Kampfhandlungen* bedeutet.[450] Dennoch ist die Regel eindeutig Bestandteil des Vertragsrechts und auch Gewohnheitsrecht.[451] Es geht auch nicht an, diese klare Regel dadurch zu umgehen, dass der Status eines *unlawful combatant* konstruiert wird, der zwar selbst nicht töten, aber jederzeit getötet werden darf.[452]

67 Kombattanten dürfen für die Teilnahme an Kampfhandlungen, soweit sie sich im Rahmen des Rechts bewaffneter Konflikte hält, vom Gegner nicht bestraft werden (sog *combatant privilege*).[453] Personen, die, ohne Kombattanten zu sein, an Kampfhandlungen teilnehmen, können auch vom Gegner dafür bestraft werden, jedoch nur unter Beachtung gewisser Verfahrensgarantien. Sie sind nicht rechtlos, sie genießen jedenfalls menschenrechtliche Mindestgarantien (Art 75 ZP I). Kombattanten müssen als solche *erkennbar* sein.[454] Allerdings haben die Gegebenheiten moderner Kriegsführung dieses Unterscheidungsgebot fraglich werden lassen. Die neueste Rechtsentwicklung hat zwar die im Einzelnen an die Unterscheidung zu stellenden Anforderungen gemildert, das Gebot der Sichtbarkeit der Unterscheidung aber nicht aufgegeben (Problem der Guerilla, Art 44 ZP I).[455] Dieses Unterscheidungsgebot ist so wesentlich, dass Kombattanten, die es verletzen, des *combatant privilege* verlustig gehen. Problematisch wird das Unterscheidungsgebot auch durch die Praxis, im

---

Targeted Killing Judgment and the Scope of Direct Participation in Hostilities, JICJ 5 (2007) 322 ff; *Keller/Forowicz*, A Tightrope Walk between Legality and Legitimacy, Leiden JIL 21 (2009) 185 ff; *Lesh*, The Public Committee against Torture in Israel v The Government of Israel, Melbourne JIL 8 (2007) 373 ff; *Schmitz-Elvenich* (Fn 51) 212 ff; zur amerikanischen Praxis vgl *Fisher*, Targeted Killings, Norms and International Law, Columbia J'l Transnational Law 45 (2006/7) 711 ff.

450 Dazu eingehend die Studie des IKRK (Hrsg), Interpretive Guidance on the Notion of Direct Participation in Hostilities under International Humanitarian Law, abgedr in IRRC 90 (2008) 991 ff; dt-engl Ausg Melzer/DRK (Hrsg), Unmittelbare Teilnahme an Feindseligkeiten, 2012; *Kleffner*, From 'Belligerents' to 'Fighters' and Civilians Directly Participating in Hostilities, NILR 54 (2007) 315 (323 ff); *Momtaz*, La participation directe des personnes civiles aux hostilités, FS Bothe, 2008, 493 ff; *v. Devivere*, Unmittelbare Teilnahme an Feindseligkeiten, KJ 41 (2008) 24 ff; *E. Crawford*, Identifying the Enemy: Civilian Participation in Armed Conflict, 2015; zu den besonderen Problemen des Cyber Warfare *Turns*, Cyber Warfare and the Notion of Direct Participaion in Hostilities, JSCL 17 (2012) 279 ff; *Langobardo*, (New) Cyber Exploitation and (Old) International Humanitarian Law, ZaöRV 77 (2017) 809 (826 ff).

451 *Henckaerts/Doswald-Beck*, IKRK-Studie, Rule 6, 19 ff.

452 Umfassend *Dörmann*, Combatants, Unlawful, MPEPIL II, 360 ff; *Wieczorek* (Fn 447) 107 (kein eigener Status), 143 (zeitliche Beschränkung zulässiger Angriffe auf Zivilpersonen); *Finaud*, L'abus de la notion de "combattant illégal", RGDIP 110 (2006) 861 ff; *Hobe* (Fn 422) 58 f; differenzierend *Kretzmer*, Targeted Killing of Suspected Terrorists, EJIL 16 (2005) 171 ff; unklar *Garraway*, „Combatants", FS Dinstein, 2007, 317 ff; *Pejic*, „Unlawful/Enemy Combatants", ebd 335 ff; *Solis*, Law of War Issues in Ground Hostilities in Afghanistan, in Schmitt (Fn 447) 219 (227 f) *Dinstein*, Hostilities, 48 ff.

453 Das ist ein wesentliches gewohnheitsrechtliches Element des Kriegsgefangenen-Status; s u Rn 80.

454 Vgl *Pfanner*, Military Uniforms and the Law of War, IRRC 86 (2004) 93 ff.

455 Diese Bestimmung gehört zu den umstrittensten der ZP v 1977, vgl *Solf*, in *Bothe/Partsch/Solf*, New Rules, 277 ff; *Sassòli* (Fn 445) Rn 15. Zur Geschichte des Problems grundlegend *Nabulsi*, Traditions of War, 1999. Das Unterscheidungsgebot ist allerdings auch für die Angehörigen regulärer Streitkräfte von Bedeutung, vgl *Parks*, Special Forces' Wear of Non-Standard Uniforms, CJIL 4 (2003) 493 ff.

Zusammenhang mit bewaffneten Konflikten Funktionen, die Kampfhandlungen nahe sind, an Privatunternehmen oder -personen zu übertragen.[456]

Schwierig ist auch die Bestimmung dessen, was als *militärisches Ziel* anzusehen ist.[457] Dies sind nicht nur die Militäreinrichtungen und Streitkräfte des Gegners, sondern es sind alle Objekte, die „aufgrund ihrer Beschaffenheit, ihres Standorts, ihrer Zweckbestimmung oder ihrer Verwendung wirksam zu militärischen Handlungen beitragen und deren gänzliche oder teilweise Zerstörung, deren Inbesitznahme oder Neutralisierung unter den in dem betreffenden Zeitpunkt gegebenen Umständen einen eindeutigen militärischen Vorteil darstellt" (Art 52 Abs 2 ZP I). Dazu zählen selbstverständlich Rüstungsbetriebe. Wegen ihrer Bedeutung für die militärischen Anstrengungen werden traditionell auch die Infrastruktur der Kommunikation (Straßen, Eisenbahnen, Brücken, Fernmeldeeinrichtungen), Einrichtungen der Energieerzeugung und Computer-Netzwerke,[458] die solche Einrichtungen steuern und häufig den militärischen Anstrengungen zugute kommen können, als militärische Ziele angesehen, auch wenn sie zugleich zivilen Zwecken dienen *(dual use objects).* Dies hat erhebliche Konsequenzen für die Zivilbevölkerung, vor allem in Großstädten. Die traditionelle Charakterisierung von Infrastruktur als militärisches Ziel darf nicht zu einer schematischen Gleichsetzung führen. In Konflikten wie der Kosovo-Intervention der NATO, bei der die Logistik für den Nachschub am Boden gegenüber dem reinen Luftkrieg der NATO ersichtlich keine Rolle spielte, kann nicht jede Brücke oder Eisenbahnlinie als militärisches Ziel angesehen werden.[459] Aus dieser Definition ergibt sich, dass militärische Ziele und *zivile Objekte,* gegen die ein Angriff nicht gerichtet werden darf, sich häufig nahe beieinander und in einer Gemengelage befinden. Für diese Situation ist das *Verbot des unterschiedslosen Angriffs* wichtig (Art 51 Abs 4 u 5 ZP I).[460] Es bedeutet, dass Angriffe verboten sind, die nicht gegen bestimmte militärische Ziele gerichtet sind oder, mangels Zielgenauigkeit der Waffe, gar nicht gegen solche Ziele gerichtet werden können. Es bedeutet auch, dass in

68

---

456 *McDonald,* The Legal Status of Military and Security Subcontractors, in Arnold/Hildbrand (Hrsg), IHL, 215 ff; *Cockayne,* Regulating Private Military and Security Companies, JCSL 13 (2009) 401 ff; *Cameron,* Regulating Private Military and Security Companies, FS Mahmoodi, 2014, 14 ff; *Calazanz,* Private Military and Security Companies, 2016; *Renz,* The Role of Private Military and Security Companies, SRIEL 27 (2017) 305 ff; *Epiney/Egbuna-Joss,* Zur völkerrechtlichen Verantwortlichkeit im Zusammenhang mit dem Verhalten privater Sicherheitsfirmen, SZIER 17 (2007) 215 ff; *Gómez del Prado* (Fn 445); *Stephens/Lewis,* The Targeting of Civilian Contractors in Armed Conflict, YIHL 9 (2006) 25 ff; *Dinstein,* Hostilities, 140 f. Dazu hat eine Gruppe von 17 Staaten auf Initiative der Schweiz und des IKRK ein Dokument erarbeitet, in dem aufgezeichnet ist, was diese Staaten als diesbezügliche Rechtslage ansehen (UN Doc A/63/467-S/2008/636, Montreux Document on Pertinent International Legal Obligations and Good Practices for States Related to Operations of Private Military and Security Companies During Armed Conflict). In den Debatten der Generalversammlung hat das Dokument keine ungeteilte Zustimmung gefunden.
457 Art 52 ZP I, vgl dazu *Oeter,* in Fleck (Hrsg), Handbook, 175 ff; *Solf,* in *Bothe/Partsch/Solf,* New Rules, 361 ff.
458 Tallinn Manual 2.0 (Fn 42) Rules 99 ff (ebd 434 ff).
459 *Aldrich* (Fn 447) 149 ff; *Bothe,* Targeting, in Wall (Hrsg), Legal and Ethical Lessons of NATO's Kosovo Campaign, U.S. Naval War College International Law Studies 78 (2002) 173 ff; *Burger,* International Humanitarian Law and the Kosovo Crisis, IRRC 837 (2000) 129 ff; *Egorov,* The Kosovo Crisis and the Law or Armed Conflicts, IRRC 837 (2000) 183 ff; *Kröning,* Kosovo and International Humanitarian Law, HV-I 1 (2000) 44 ff; *Rowe,* Kosovo 1999: The Air Campaign, IRRC 837 (2000) 147 ff.
460 *Solf,* in *Bothe/Partsch/Solf,* New Rules, 345 ff; *Oeter,* in Fleck (Hrsg), Handbook, 190 ff.

Situationen, in denen sich einzelne militärische Ziele, die voneinander klar getrennt sind, in bewohnten Gebieten befinden, diese Gebiete nicht einfach flächendeckend angegriffen werden dürfen *(Verbot des Flächenbombardements)*.[461] Vielmehr muss der Angriff immer gegen die einzelnen getrennten Ziele militärischer Art gerichtet werden. Aus dem Prinzip des Schutzes der Zivilbevölkerung folgt also das Gebot möglichster Zielgenauigkeit von Angriffen. Realistischerweise kann das Kriegsvölkerrecht aber nicht ausschließen, dass auch bei Angriffen, die gegen militärische Ziele gerichtet sind, die Zivilbevölkerung in Mitleidenschaft gezogen wird. Dann gilt das *Verhältnismäßigkeitsprinzip*,[462] das einen besonders schwierigen Kompromiss zwischen dem Gebot des Schutzes der Zivilbevölkerung und militärischen Notwendigkeiten darstellt. Es besagt (Art 51 Abs 5 lit b ZP I), dass ein Angriff verboten ist, „bei dem damit zu rechnen ist, dass er auch Verluste an Menschenleben unter der Zivilbevölkerung, die Verwundung von Zivilpersonen, die Beschädigung ziviler Objekte oder mehrere derartige Folgen zusammen verursacht, die in keinem Verhältnis zum erwarteten konkreten und unmittelbaren militärischen Vorteil stehen". So dürfen etwa militärische Einheiten in freiem Gelände auch mit Waffen von hoher Sprengkraft angegriffen werden, wenn sich einzelne Zivilisten in der Nähe derselben befinden und mit Sicherheit durch den Angriff auch getötet werden. Auf der anderen Seite wäre ein Angriff auf einzelne Soldaten unzulässig, wenn diese sich in einer großen Menge von Zivilpersonen befinden. Die Bsp machen deutlich, dass als notwendiges Gegenstück zu diesen Regeln gehört, dass die Zivilbevölkerung nicht von einer Konfliktpartei dazu missbraucht werden darf, militärische Ziele abzuschirmen (Art 51 Abs 7 ZP I).[463] Hervorzuheben ist, dass der *militärische Vorteil, der zivilen Begleitschaden rechtfertigt, konkret und unmittelbar* sein muss. Dies schließt es zB aus, den Einsatz von Atomwaffen mit dem Argument zu rechtfertigen, dadurch werde der Krieg insgesamt verkürzt. Welche zivilen Begleitschäden im Einzelfall als noch verhältnismäßig oder als schon unverhältnismäßig anzusehen sind, entzieht sich einer genaueren allgemeinen Bestimmung. Hier kommt alles auf den Einzelfall an, über den es immer Streit geben kann. Allerdings gibt es durchaus typische Situationen, für die sich konkretere Regeln herausbilden können. Ein besonderes Problem ist der

---

461 *Solf*, in Bothe/Partsch/Solf, New Rules, 350; *Oeter*, in Fleck (Hrsg), Handbook, 203 f. Hier liegt das rechtliche Problem sog Cluster-Bomben, die bei der Explosion weitere Sprengkörper freisetzen und so eine weite Streuwirkung erzielen; dazu Human Rights Watch, Off Target: The Conduct of War and Civilian Casualties in Iraq, 2003, abrufbar unter <www.hrw.org/reports/2003/usa1203>.
462 *Solf*, in Bothe/Partsch/Solf, New Rules, 350 f; *Oeter*, in Fleck (Hrsg), Handbook, 196 f; *Holland*, Military Objective and Collateral Damage, YIHL 7 (2004) 35 (55); *Beard*, Law and War in the Virtual Era, AJIL 103 (2009) 409 (427); *Stein*, Collateral Damage, Proportionality and Individual Criminal Responsibility, in Heintschel von Heinegg/Epping (Fn 422) 157 ff; *Barber*, The Proportionality Equation: Balancing Military Objectives with Civilian Lives in the Armed Conflict in Afghanistan, JCSL 15 (2010), 467 ff; *Haque*, A Theory of *Jus in Bello* Proportionality, in Ohlin/May/Finkelstein (Hrsg), Weighing Lives in War, 2017, 188 ff; Gillner/Stümke (Hrsg), Kollateralopfer? Zivile Opfer und humanitäres Völkerrecht, 2015; *Gillard*, Proportionality in the Conduct of Hostilities, Chatham House Research Paper 2018.
463 Dazu *Haas*, Voluntary Human Shields, in Arnold/Hildbrand (Hrsg), IHL, 191 ff; *Lyall*, Voluntary Human Shields, Direct Participation in Hostilities and the International Humanitarian Law Obligations of States, Melbourne JIL 9 (2008) 313 ff; *Sassòli*, Human Shields and International Humanitarian Law, FS Bothe, 2008, 567 ff; *Schmitt*, Human Shields in International Humanitarian Law, IsYHR 38 (2008) 17 ff.

Angriff auf die Infrastruktur von Großstädten. Wie sich gerade im zweiten und dritten Golfkrieg und wohl auch im Kosovo-Konflikt gezeigt hat,[464] hat auch der gezielte und genaue Angriff auf solche Infrastruktur, selbst soweit sie an sich ein militärisches Ziel darstellt, ganz erhebliche Folgen für die Zivilbevölkerung, deren Versorgung mit Nahrungsmitteln, aber auch mit notwendigen Dienstleistungen, wie solchen des Gesundheitswesens, von dieser Infrastruktur abhängt. Nach diesen Erfahrungen werden solche Begleitschäden in Zukunft verstärkt in das Urteil über die Verhältnismäßigkeit eingehen müssen. Der Einsatz von Explosivwaffen in dicht besielten Gebieten wird deshalb kritisch diskutiert.[465]

Besonders geschützte Objekte

Der Schutz der Zivilbevölkerung und ziviler Objekte ist kein absoluter. Selbst wenn die Regeln eingehalten werden, kommt es zu Zerstörungen. Deshalb stellt sich die Frage, ob für bestimmte zivile Objekte ein verstärkter Schutz vorzusehen ist. Es gibt sogar Objekte, die zwar als militärische Ziele angesehen werden können, deren Zerstörungen aber so erhebliche Konsequenzen für die Zivilbevölkerung haben können, dass ihre Zerstörung ohne Rücksicht auf das Proportionalitätsurteil im Einzelfall verboten werden muss. 69

Zu den Objekten, die an sich als zivile Objekte geschützt wären, die aber eines besonderen zusätzlichen Schutzes bedürfen, gehören die *Kulturgüter*. Für sie gilt gemäß der Haager Konvention v 1954 und Art 53 ZP I ein Sonderschutz mit Verwendung eines speziellen Schutzzeichens.[466] Besondere Regeln gelten auch für *Dämme* und *Deiche* sowie für *Kernkraftwerke*. Diese Objekte dürfen grundsätzlich selbst dann nicht angegriffen werden, wenn sie wegen ihrer militärischen Bedeutung an sich militärische Ziele darstellen, die Freisetzung der in ihnen enthaltenen Zerstörungskräfte aber zu erheblichen Verlusten unter der Zivilbevölkerung führen würde (Art 56 ZP I). Die Ausdehnung dieser Regel auf andere Arten von Anlagen (zB solche zur Gewinnung von Erdöl und Erdölprodukten) war bislang nicht möglich.[467] Das letztgenannte Bsp wirft die allgemeine Frage des *Schutzes der Umwelt in bewaffneten Konflikten*[468] auf. Grundsätzlich sind die Bestandteile der „Umwelt" als ziviles Objekt 70

---

464 Sehr krit zu der in offiziellen Kreisen weitgehend unwidersprochenen US-amerikanischen These, die Luftangriffe im 2. Golfkrieg seien unter strikter Beachtung der Regeln zum Schutz der Zivilbevölkerung durchgeführt worden, af *Jochnik/Normand* (Fn 428) 387, insbes 399 ff. Für die amerikanisch-britische Intervention im Irak 2003 ist diese Frage gründlich und differenziert untersucht in Human Rights Watch (Fn 461).
465 *Haumer/Schöberl*, Anwendung militärischer Gewalt in dicht besiedelten Gebieten, HV-I 28 (2015) 100 ff; *John-Hopkins* (Fn 422); ICRC Challenges Report 15, 47 ff.
466 *Toman*, La protection des biens culurels en cas de conflit armé, 1994; *Hönes*, Zur Ratifizierung des Zweiten Protokolls von 1999 zur Haager Konvention zum Schutz von Kulturgut 1954, DÖV 2008, 911 ff; *Wolfrum*, Protection of Cultural Property in Armed Conflict, IsYHR 32 (2003) 305 ff; vgl *Kreuter-Kirchhof*, 6. Abschn Rn 153 ff; *Odendahl*, Der Schutz von Kulturgütern bei militärischen Konflikten, in Zimmermann u a, Konfliktformen, 113 ff.
467 *Pilloud/Pictet*, in Sandoz/Swinarski/Zimmermann (Hrsg), Additional Protocols, Protocol I, Art 56 Rn 2149.
468 *Vöneky/Wolfrum*, Environment, Protection in Armed Conflict, MPEPIL III, 509 ff; *Bothe*, Military Activities and the Protection of the Environment, EPL 37 (2007) 23 ff; Austin/Bruch (Hrsg), The Environmental Consequences of War, 2000; *Goldblat*, Protection of Natural Environment against the Effects

anzusehen und damit nach den dargestellten Regeln geschützt. Jedoch kann ein Bestandteil der Umwelt auch militärisches Ziel werden, etwa wenn ein Naturschutzgebiet als Aufmarschgelände benutzt wird. Im Vietnam-Krieg wurden umfangreiche Entlaubungsaktionen durchgeführt, um den Gegner seiner Deckung zu berauben.[469] Nach Art 55 ZP I gilt in solchen Fällen, dass die natürliche Umwelt jedenfalls vor „ausgedehnten, lang anhaltenden und schweren Schäden" zu schützen ist. Die Formulierung ist misslungen und wird auch bei Anerkennung militärischer Notwendigkeiten einem modernen umweltrechtlichen Verständnis nicht gerecht.[470] Deshalb gibt es Bestrebungen, den Schutz der Umwelt in bewaffneten Konflikten durch neue Regelungen zu verbessern oder jedenfalls konkreter zu gestalten.[471] Die Frage wird von der ILC behandelt.[472] Die Rechtsentwicklung ist weiter gegangen. Gewohnheitsrechtlich gilt, dass bei Entscheidungen über Angriffe auf die natürliche Umwelt angemessen Rücksicht zu nehmen ist *(due regard principle)*.[473] Das bedeutet, dass bei einer Abwägung die kurzfristigen militärischen Interessen nicht ohne weiteres den Vorrang vor den Ineressen zukünftiger Generationen haben. Weitere Schranken militärischer Maßnahmen ergeben sich aus der Fortgeltung von multilateralen Umweltverträgen im bewaffneten Konflikt.[474]

---

of Military Activities, HV-I 1992, 133 ff; *Linden/Rust*, Oil Spill Damage to Coastal Ecosystems in Lebanon as a Result of Military Action in July 2006, Ocean Yearbook 22 (2008) 375 ff; *Peterson*, The Natural Environment in Times of Armed Conflict, Leiden JIL 22 (2009) 325 ff; Plant (Hrsg), Environmental Protection and the Law of War, 1992; *Robinson*, International Law and the Destruction of the Nature in the Gulf War, EPL 21 (1991) 216 ff; *Spieker*, Völkergewohnheitsrechtlicher Schutz der natürlichen Umwelt im internationalen bewaffneten Konflikt, 1992; *dies*, The Conduct of Hostilities and the Protection of the Environment, FS Bothe, 2008, 741 ff; *Schmitt*, Green War, Yale JIL 22 (1997) 1 ff; *ders*, War and the Environment, AVR 37 (1999) 25 ff; UNEP (Hrsg), Protecting the Environment During Armed Conflict, 2009; *Verwey*, Protection of the Environment in Times of Armed Conflict, Leiden JIL 8 (1995) 7 ff; *Bothe/Bruch/Diamond/Jensen*, International Law Protecting the Environment During Armed Conflict, IRRC 92 (2010) 569 ff; *Das*, Environmental Protection, Security and Armed Conflict. A Sustainable Development Perspective, 2013; *Shelton/Cutting*, If You Break It, Do You Own It? Legal Consequences of Environmental Harm from Military Activities, JIHLS 6 (2015) 201 ff.
469 Vgl *Weiler*, Vietnam, 2. Aufl 1973, 240 ff.
470 Analyse der Lücken des geltenden Rechts bei *Bothe/Bruch/Diamond/Jensen* (Fn 468); *Oeter*, in Fleck, Handbook, 216; umfassend Austin/Bruch (Fn 468).
471 Vgl hierzu den Bericht des GS an die 47. GV, UN Doc A/47/328 (1992); A/RES/47/37 v 25.11.1992; UN Doc A/48/269, Kap II (1993), Bericht des GS; A/RES/48/30 v 9.12.1993; UN Doc A/49/323 (1994) u A/RES/49/50 v 9.12.1994. Hierzu auch ICRC, Meeting of Experts on the Protection of the Environment in Time of Armed Conflict, Report on the Work of the Meeting (September 1992); ICRC, Second Meeting of Experts on the Protection of the Environment in Time of Armed Conflict, Report on the Work of the Meeting (April 1993). Beide Berichte sind unveröffentlicht, jedoch sind ihre Schlussfolgerungen in den Berichten des GS enthalten. Vgl auch *Bouvier*, Recent Studies on the Protection of the Environment in Time of Armed Conflict, IRRC 32 (1992) 554 ff mwN.
472 Die erste Sonderberichterstatterin *M.G. Jacobsson* hat drei Berichte vorgelegt, vgl UN Docs A/CN.4/674, A/CN.4/685 u A/CN.4/700, die zweite Sonderberichterstatterin einen weiteren Bericht, vgl UN Doc A/CN.4/720. Die Kommission hat einige Prinzipien vorläufig angenommen, UN Doc A/CN.4/L.876. Zu den Arbeiten der ILC teilweise krit *Bothe*, Protection of the Environment in Relation to Armed Conflicts – A Preliminary Comment on the Work of the International law Commission, FS Momtaz, 2017, 641 (648 f).
473 IKRK-Studie, Vol I, 147 (Rule 44); San Remo Manual (Fn 563), Art 44; AMW Manual (Fn 567), Rule 89; *Dinstein*, Hostilities, 231.
474 *Vöneky*, Die Fortgeltung des Umweltvölkerrechts in bewaffneten Konflikten, 2001; *Bothe/Bruch/Diamond/Jensen* (Fn 468); *Sjöstedt*, Protecting the Environment in Relation to Armed Conflict: The Role of Multilatereal Environmental Agreements, 2016.

Das Perfidieverbot

Ein anderer allgemeiner Gesichtspunkt der Beschränkung der Mittel und Methoden, die zur Schädigung des Gegners erlaubt sind, ist das Verbot der Perfidie (Art 23 lit a HLKO).[475] Es beruht auf alten Gedanken der Ritterlichkeit, die zwar den offenen Kampf mit dem Gegner, nicht aber heimtückischen Mord als erlaubt ansehen. Im Einzelfall sind verbotene Perfidie und erlaubte Kriegslist schwer voneinander abzugrenzen (Art 37 ZP I). Perfidie ist insbes jede Schädigungshandlung, die durch das Vortäuschen einer besonderen Schutzsituation (zB Gebrauch des Rot-Kreuzzeichens) ermöglicht wird.[476] Mit dem Verbot meuchlerischer Kriegsführung hängt auch das *der Verwendung von Gift* als Kampfmittel zusammen (Art 23 lit a HLKO), was eine wichtige Grundlage für das Verbot chemischer Waffen[477] darstellt.

71

Waffenverbote und Verbote von Kampfmethoden

Die dargestellten Grundregeln bedeuten eine Beschränkung von Kampfzielen und Kampfmethoden, nicht jedoch bereits das Verbot bestimmter Waffen.[478] Bei allen sog „zweifelhaften" Waffen ist stets zu fragen, ob im konkreten Fall die Wirkung eines Angriffs gegen die dargestellten Regeln verstößt. Jedoch haben sich auf der Grundlage dieser allgemeinen Regeln über verbotene Kampfziele und -methoden konkrete und spezifische Waffenverbote im Vertrags- und zT im Gewohnheitsrecht entwickelt.

72

Das Verbot der Zufügung unnötiger Leiden ist die Grundlage der Sankt Petersburger Erklärung über das Verbot von Explosivgeschossen[479] unter 400 g Gewicht und der Haager Erklärung über das sog Dum-Dum-Geschosse.[480] Das Verbot der unterschiedslosen Kriegführung wurde insbes die Grundlage des Verbots chemischer Waffen. Beide Gesichtspunkte werden zusammengefasst in der *UN-Konvention über konventionelle Waffen, die überflüssige Leiden verursachen oder unterschiedslos wirken*.[481] Diese Rahmenkonvention wird ausgeführt durch Protokolle über nichterkennbare Splitter (die deswegen überflüssige Leiden verursachen, weil wegen der Nichterkennbarkeit auf dem Röntgenbild die Behandlung Verwundeter unnötig er-

73

---

475 Hierzu *Gimmerthal*, Kriegslist und Perfidieverbot im Zusatzprotokoll vom 10.6.1977 zu den vier Genfer Rotkreuz-Abkommen von 1949 (Zusatzprotokoll I), 1990; *Rusinova*, Perfidy, MPEPIL VIII, 245 ff; *Fleck*, Kriegslisten und Perfidieverbot, in ders (Hrsg), Beiträge zur Weiterentwicklung des humanitären Völkerrechts für bewaffnete Konflikte, 1973, 105 ff; *Madden*, Of Wolves and Sheep, JCSL 17 (2012) 439 ff.
476 Vgl *Solf*, in *Bothe/Partsch/Solf*, New Rules, 235 f.
477 Dazu sogleich u Rn 74.
478 Vgl grundlegend *Boothby*, Weapons and the Law of Armed Conflict, 2009; *Fleck*, Völkerrechtliche Gesichtspunkte für ein Verbot der Anwendung bestimmter Kriegswaffen, in ders (Hrsg), Beiträge zur Weiterentwicklung des humanitären Völkerrechts, 1973, 1 ff; *Oeter*, in Fleck (Hrsg), Handbook, 137 ff; *Dinstein*, Hostilities, 77 ff; zu neueren Zweifelsfragen *Heintze*, Nichtletale Waffen und das humanitäre Völkerrecht, Sicherheit und Frieden 18 (2000) 2 ff; *Wisotzki*, Die „vergessenen" Waffen, Friedenswarte 75 (2000), 221 ff; IIHL (Hrsg), International Humanitarian Law and New Weapons Technologies, 2012.
479 St. Petersburger Erklärung v 11.12.1868 abgedr in Schindler/Toman, Armed Conflicts, 101.
480 Erklärung v 29.7.1899, betr das Verbot von Geschossen, die sich leicht im menschlichen Körper ausdehnen oder plattdrücken, abgedr in RGBl 1901, 478 ff.
481 Vertrag v 10.10.1980, DokHVR 607; hierzu *Aubert*, Das Internationale Komitee vom Roten Kreuz und die Problematik der Waffen, die übermäßiges Leiden verursachen oder unterschiedslos treffen, IRRC 30 (1990) 271 ff; *Bring*, The 1981 Inhuman Weapons Convention, Disarmament 1991, 33 ff.

schwert wird), über Minen (wegen ihrer besonderen Gefahr für die Zivilbevölkerung) und eine Einschränkung des Gebrauchs von Brandwaffen. Die Frage von kleinkalibrigen Hochgeschwindigkeits-Geschossen, von denen sich mit guten Gründen gleichfalls sagen lässt, dass sie überflüssige Leiden verursachen, wurde bislang nur in einer Resolution behandelt. *Landminen* stellen in zahlreichen bewaffneten Konflikten der jüngsten Zeit eine schreckliche Bedrohung der Zivilbevölkerung dar, weshalb das Minenprotokoll v 1980 als unbefriedigend empfunden wurde.[482] Jedoch hat sich der Versuch, ein umfassendes Verbot von Landminen einzuführen, als sehr schwierig erwiesen.[483] Das Minenprotokoll v 1996 brachte noch immer kein generelles Verbot von Anti-Personen-Minen, erzielte aber immerhin gewisse Fortschritte.[484] Einen Durchbruch erzielte erst das *Übereinkommen von Ottawa* mit einem umfassenden Verbot des Einsatzes und des Besitzes von Anti-Personen-Minen, dem allerdings bislang wesentliche Staaten fernbleiben.[485] Unter dem Gesichtspunkt des Verbots unverhältnismäßiger Kollateralschäden ist auch ein vertragliches Verbot von sog Streubomben erreicht worden,[486] dem allerdings auch einige Militärmächte Widerstand leisten. Unter dem Gesichtspunkt des Verbots überflüssiger Leiden wird der Einsatz von Laser-Strahlen zum Zweck, die Erblindung gegnerischer Soldaten zu verursachen, durch ein ZP v 1995 verboten.[487] Umstritten ist die Forderung eines Verbots von *depleted uranium*.[488]

---

[482] Vgl die Stellungnahme des IKRK zur 48. GV der UN, IRRC 76 (1994) 59 ff sowie zum Delegiertenrat des Roten Kreuzes und Roten Halbmonds, ebd 64 ff. Zu weiteren Initiativen des IKRK vgl IRRC 77 (1995) 726 f.
[483] Zu den Ergebnissen der Wiener Sitzung der Überprüfungskonferenz vgl IRRC 77 (1995) 731 ff sowie Res 2 (G) der 26. Internationalen Rotkreuzkonferenz, IRRC 78 (1996) 62 (69).
[484] Die Fortschritte bestehen vor allem in der Ausdehnung des Anwendungsbereichs des Protokolls auf den nicht-internationalen Konflikt (s dazu auch u Rn 121 ff) sowie im Verbot von Minen ohne Selbstzerstörungsmechanismen bzw automatische Deaktivierung, allerdings mit einer zu langen Übergangsfrist. Zur Kritik vgl Entschließung des Europäischen Parlaments v 23.5.1996, abgedr in EuGRZ 1996, 331 f; vgl ferner *Küchenmeister*, Ächtung von Landminen wird eine Illusion bleiben, Friedens-Warte 71 (1996) 27 ff.
[485] Vertrag v 18.9./3.12.1997, DokHVR 919, 164 Vertragsparteien (31.1.2019); es fehlen u a China, Indien, Iran, Israel, Pakistan, Russland, USA.
[486] Vertrag v 30.5.2008, DokHVR 1107, 106 Vertagsparteien (31.1.2019). Dies sind Munitionen, die vor dem Aufprall in zahlreiche kleinere *submunitions* oder *bomblets* zersplittern, die aber meist nicht alle explodieren. Die nicht explodierten Munitionsteile *(duds)* liegen dann im Zielgebiet zerstreut und sind für die Bevölkerung mindestens so gefährlich wie Landminen. Die durch die *duds* verursachten Schäden sind Kollateralschäden des Einsatzes der Streubomben, deren Verhältnismäßigkeit häufig zu verneinen ist. Wegen des Widerstands wichtiger Militärmächte gegen den Vertrag von Dublin/Oslo finden weiter Verhandlungen im Rahmen der UN-Waffenkonvention statt. Die USA verfolgen eine „Politik der Minimierung negativer humanitärer Folgewirkungen" dieser Munition, US Manual 6.13.3. Zum Problem der Cluster-Bomben vgl auch *Heintschel von Heinegg*, Irak-Krieg und ius in bello, AVR 41 (2003) 272 (279).
[487] CCW/CONF.I/16 (Part I), Annex A, 13 ff.
[488] Entschließung des Europäischen Parlaments v 13.2.2003, ABl EU 2004, Nr C 43/361. *Depleted Uranium* besteht im Wesentlichen aus Uran 238 und hat nur noch einen geringen Anteil des hoch radioaktiven Uran 235. Seine Verwendung in Waffen dient der Härtung von Projektilen, um insbes die Durchschlagskraft panzerbrechender Waffen zu erhöhen. Das Problem seiner Wirkung besteht darin, dass das Metall auf verschiedenen Belastungspfaden in den Körper gelangt, wo es Gesundheitsschäden weniger wegen der verbliebenen Radioaktivität als wegen der Giftwirkung als Schwermetall verursacht. Welche Folgen dies für die rechtliche Zulässigkeit hat, ist str, vgl McDonald/Kleffner/Toebes (Hrsg), Depleted Uranium Weapons and International Law, 2008; *Black-Branch*, The Legal

Der Einsatz *chemischer Waffen*[489] im Ersten Weltkrieg führte rasch zu ablehnen- 74
den Reaktionen gegenüber dieser Art von Waffen, die sowohl mit Gesichtspunkten
des Schutzes der Zivilbevölkerung als auch mit denen der Verursachung überflüssiger Leiden und vor allem des Verbots heimtückischer Kriegführung begründet
wurden. Dies führte zunächst zur Aufnahme chemischer Waffen in die Rüstungsbeschränkungen, die den Verlierern des Ersten Weltkriegs in den Pariser Vorortverträ-
gen auferlegt wurden.[490] 1925 wurde dann auf der Genfer Waffenhandelskonferenz
ein *Protokoll über das Verbot des Einsatzes chemischer und bakteriologischer Waffen*
angenommen, dem im Laufe der Zeit eine große Zahl von Staaten beitrat.[491] Sein wesentlicher Inhalt gilt heute als Gewohnheitsrecht. Chemische Waffen sind solche, bei
denen die Schädigung durch die toxische Wirkung der eingesetzten Stoffe auf lebende Organismen erfolgt. Dabei ist str geworden, ob von einer chemischen Waffe
bereits dann gesprochen werden kann, wenn die Wirkung auf den Organismus nicht
zum Tod oder zu erheblichen Verletzungen führt, sondern wenn nur eine Lähmung
oder eine andere zeitweilige Beeinträchtigung die Folge ist. Deshalb ist die Verwendung von Tränengasen als Kampfmittel lange eine Streitfrage gewesen.[492] Richtiger
Auffassung nach fällt Tränengas unter das Verbot, was auch durch das *C-Waffen-
Übereinkommen v 1993*[493] bestätigt wird. Im Hinblick auf den umfangreichen Einsatz
von Entlaubungsmitteln im Vietnam-Krieg[494] ist auch str, ob von einer verbotenen
chemischen Waffe auch dann gesprochen werden kann, wenn die toxische Wirkung
nur bei Pflanzen erhebliche Schäden hervorruft. Richtiger Auffassung nach ist dies
der Fall.[495]

Die Bemühungen, auch ein vertragliches Verbot des Einsatzes von *Atomwaf-* 75
fen[496] zu erreichen, waren bislang nicht von Erfolg gekrönt. Aber die dargestellten
Regeln über den Schutz der Zivilbevölkerung vor den Folgen von Kampfhandlungen
gelten auch für den Einsatz von Nuklearwaffen. Dies ist hinsichtlich des *gewohnheitsrechtlichen* Verbots unbestritten, was auch der IGH in seinem *Gutachten über
die Rechtmäßigkeit von Atomwaffen* v 8.7.1996 einmütig festgestellt hat.[497] Hinsichtlich der vertraglichen Regeln des ZP I stehen verschiedene Regierungen von NATO-
Staaten auf dem Standpunkt, dass dieser Vertrag deswegen nicht auf den Einsatz
von Atomwaffen Anwendung finden könne, weil bereits während der Verhandlungen von den USA, Großbritannien und Frankreich Erklärungen idS abgegeben wor-

---

Status of Cluster Munitions under International Humanitarian Law, HuVI 22 (2009) 186 ff; *Di Ruzza*,
The Convention on Cluster Munitions, RDMDG 47 (2008) 405 ff; *Justen*, Der Vertrag von Oslo über das
umfassende Verbot von Streumunition, Sicherheit und Frieden 27 (2009) 102 ff; *Gibbons*, Uses and
Effects of Depleted Uranium Munitions, YIHL 7 (2004) 191 ff.
489 *Bothe* (Fn 396) 1 ff; *Marauhn*, Chemical Weapons and Warfare, MPEPIL II, 108 ff.
490 Art 171 des Versailler Vertrags; vgl dazu *Marauhn*, Der deutsche Chemiewaffenverzicht, 1994,
59 ff; *Bothe* (Fn 396) 89 ff.
491 Bis zum Januar 2019 traten 142 Staaten dem Protokoll bei.
492 *Bothe* (Fn 396) 31 u 49 f; *Verwey*, Riot Control Agents and Herbicides in War, 1977, 69 ff, 205 ff.
493 Art I Abs 5 Chemiewaffen-Übereinkommen.
494 SIPRI, Ecological Consequences of the Second Indochine War, 1976, 24 ff, 46 ff.
495 *Verwey* (Fn 492) 155, 239, 281 ff; *Bothe* (Fn 396) 31.
496 *Oeter*, in Fleck (Hrsg), Handbook, 153 ff mwN.
497 Nr 2 D des Tenors, insbes § 85 der Gründe.

den seien.⁴⁹⁸ Man kann jedoch Erklärungen einzelner (auch wichtiger) Staaten während der Vertragsverhandlungen nicht ohne weiteres die Wirkung beimessen, dass dadurch der klare Vertragswortlaut in seiner Tragweite eingeschränkt wird. Die meisten NATO-Staaten haben jedoch bei der Ratifizierung des ZP I entsprechende Erklärungen abgegeben, denen man eine rechtliche Wirksamkeit als Vorbehalt nicht absprechen kann. Da diese Erklärungen unwidersprochen geblieben sind, kann jedenfalls im Verhältnis zwischen den NATO-Staaten, die eine solche Erklärung abgegeben haben, und anderen Staaten *nicht* von einer *Geltung des ZP I für den Einsatz von Atomwaffen* ausgegangen werden. Dies beeinträchtigt nicht die gewohnheitsrechtliche Geltung der im ZP I kodifizierten Regeln, weswegen der IGH den vertragsrechtlichen Streit als irrelevant betrachtet hat.

76   Bei der Anwendung der dargestellten Regeln auf Atomwaffen ist str, ob angesichts der verheerenden Wirkung dieser Waffen überhaupt Fälle denkbar sind, in denen der Einsatz zulässig wäre. In dem Rechtsgutachten des IGH⁴⁹⁹ haben drei Richter diese Frage klar verneint, zwei Richter *(Schwebel, Guillaume)* haben sie bejaht, ohne die möglichen Ausnahmen vom Verbot näher zu präzisieren, während die sieben Richter der Mehrheit sie für eine eng begrenzte Ausnahmesituation offen gelassen,⁵⁰⁰ die Tragweite der als möglich angesehenen Ausnahmen aber eng definiert haben. Angesichts der auch nach dem Gutachten verbleibenden Unsicherheit bleibt es sinnvoll zu fragen, wie im Einzelnen die rechtliche Bewertung bei Anwendung der oben dargestellten Regeln erfolgen könnte. Dabei müsste *nach Einsatzarten und Waffenwirkung differenziert werden.* Der Einsatz von Waffen mit hoher Sprengkraft gegen Bevölkerungszentren – strategische Atomwaffen – ist als Angriff gegen die Zivilbevölkerung unzulässig, selbst wenn sich in solchen Bevölkerungszentren einzelne militärische Ziele befinden.⁵⁰¹ Fraglich könnte nur die Rechtfertigung als *Zweiteinsatz* sein. Die Rechtfertigung als Repressalie wäre nach Art 51 Abs 6 ZP I verboten, wobei allerdings str ist, ob dieses Repressalienverbot bereits gewohnheitsrechtliche Geltung besitzt. Es lässt sich auch vertreten, dass nach dem Grundsatz des *Tu quoque* die Regel jedenfalls gegenüber dem die Waffen zuerst einsetzenden Staat nicht mehr gilt. Der IGH ist in seinem Gutachten auf die Frage des Zweiteinsatzes nicht eingegangen. Werden *taktische Nuklearwaffen* oder sog Gefechtsfeldwaffen gegen militärische Ziele eingesetzt, ist hinsichtlich der Zerstörungswirkungen über das eigentliche militärische Ziel hinaus, dh auf den sog zivilen Begleitschaden, der Verhältnismäßigkeitsgrundsatz anzuwenden. Dabei fallen neben den unabsehbaren Folgen für Leben und Gesundheit der Bevölkerung auch die schwerwiegenden Um-

---

498 Die Wirkung der Erklärungen ist höchst str, vgl *Solf*, in *Bothe/Partsch/Solf*, New Rules, 218 ff; *Fischer* (Fn 416) 100 ff; *Meyrowitz* (Fn 416) 311 ff; *ders*, Kriegsrecht und Kernwaffen, EA 1981, 689 ff; *Empell* (Fn 416) 189 ff.
499 Vgl o Fn 78. Krit *Schmitt* (Fn 422) 156 f; ICRC Challenges Report 15, 59; aus der Lit *Anastassov*, Are Nuclear Weapons Illegal?, JCSL 15 (2010) 89 ff; eine umfassende neuere Analyse ist Nystuen/Casey-Maslen/Bersagel (Hrsg), Nuclear Weapons under International Law, 2014.
500 Was sie nach Auffassung der Richterin *Higgins* nicht hätten tun dürfen, vgl ICJ Rep 1996, 226, 583 ff.
501 *Meyrowitz*, Le bombardement stratégique d'après le Protocole additionnel I aux Conventions de Genève, ZaöRV 41 (1981) 1 ff.

weltkonsequenzen[502] des Einsatzes von Atomwaffen gegen den militärischen Nutzen ins Gewicht. Ob dennoch ausnahmsweise Fälle denkbar sind, in denen der Einsatz zulässig wäre, kann hier schon mangels Kenntnis möglicher militärischer Szenarien nicht abschließend gesagt werden. Insofern muss es aber zu denken geben, dass in dem erwähnten Gutachtenverfahren vor dem IGH Staaten, die den zulässigen Einsatz von Atomwaffen noch für möglich hielten, kein Szenario eines solchen Einsatzes darstellen konnten.[503] Besteht die wesentliche Wirkung einer Nuklearwaffe nicht in ihrer Sprengwirkung, sondern in der *Strahlenwirkung,* so fällt diese Waffe unter das Genfer Protokoll v 1925.[504] Dieses enthält nicht nur ein Verbot von chemischen Waffen ieS, sondern auch das Verbot von allen „ähnlichen Flüssigkeiten, Stoffen oder Verfahrensarten", eine Klausel, die man als eine Art Auffangtatbestand für alle Fälle nicht konventioneller Kriegführung verstehen muss, bei denen die Waffenwirkung eben nicht durch Hitze oder Druck erfolgt. Deshalb ist der Einsatz solcher Waffen völkerrechtswidrig. Ein weiterer Gesichtspunkt für das Verbot von Atomwaffen ist, dass die Begleitschäden sich auf das Gebiet neutraler Staaten erstrecken würden, wofür es nach geltendem Neutralitätsrecht keine Rechtfertigung gibt.[505] Schließlich erörtert der IGH das Selbsterhaltungsrecht des Staats *(fundamental right of every state to survival)* iVm dem Selbstverteidigungsrecht als mögliche Rechtfertigung des Einsatzes von Atomwaffen.[506] Wie dabei das Kriterium des *ius contra bellum* mit dem des *ius in bello* verknüpft werden könnte,[507] bleibt unklar. Der IGH trifft denn auch letztlich keine positive Aussage dahin, dass in einer bestimmten oder bestimmbaren Situation der Einsatz von Nuklearwaffen zulässig sein könnte, sondern kommt bei Betonung der generellen Unzulässigkeit zu einem *non liquet* hinsichtlich einer *sehr eng begrenzten Ausnahme*. Es ist somit in Zukunft kaum noch möglich, die Planung des Einsatzes von Nuklearwaffen mit dem Argument zu rechtfertigen, Szenarien eines rechtmäßigen Einsatzes seien denkbar.[508] Dennoch sehen die Nuklearstrategien von Atommächten, wenn auch in unterschiedlicher Weise, solche Einsätze vor, teilweise auch unter Berufung auf die vom IGH angeblich zugelassene Ausnahme. Allerdings sind wohl praktisch bedeutender als die Wirkung dieser Bedenken aus dem humanitären Völkerrecht Gesichtspunkte ethisch-normativer Art, das sog „nukleare Tabu".[509] – Die dargestellten Probleme des Einsatzes bestimmter Kampfmetho-

---

502 *Koppe,* The Use of Nuclear Weapons and the Protection of the Environment During International Armed Conflict, 2006.
503 Das betont nicht nur die Mehrheitsmeinung des Gerichts (§ 94), sondern auch die dissentierende Richterin *Higgins,* ICJ Rep 1996, 226, 583 ff.
504 Sehr str; s hierzu *Ney,* Der Einsatz von Atomwaffen im Lichte des Völkerrechts, 1985, 177 ff mwN; *Menzel,* Atomwaffen und völkerrechtliches Kriegsrecht, in Kewenig (Hrsg), Abschreckung und Entspannung, 1977, 148 (167 ff). Dieses Argument wurde in dem Rechtsgutachten des IGH v 8.7.1996 nicht akzeptiert, vgl ICJ Rep 1996, 226 (§ 55 f).
505 ICJ Rep 1996, 226 (§§ 88, 94); s auch u Rn 110.
506 ICJ Rep 1996, 226 (§ 96 f).
507 Dazu s o Einl Rn 1 f u Rn 56 ff.
508 Ein eher misslungener Versuch, solche Szenarien zu entwickeln: *Grimal,* Jus ad Bellum, Nucler Weapons and the Inherent Right of Self-defence, in Branch-Black/Fleck (Fn 361) 337 (342 ff).
509 *Tannenwald,* The Nuclear Taboo – The United States and the Normative Basis of Nuclear Non-Use, International Organization 53 (1999) 433 ff. Die US Nuclear Posture Review 2018 sieht den Einsatz von Atomwaffen nur vor "in extreme circumstances to defend the vital interests of the United States, its allies and partners. Extreme circumstances could include significant non-nucler strategic attacks"

den und Waffen sind Teilaspekte einer allgemeineren Rechtsfrage, ob und welche rechtlichen Konsequenzen sich aus der Bedeutung moderner Technologie für die Kriegführung ergeben. Gerade die Diskussion um das Verbot von Atomwaffen zeigt, dass die technische Entwicklung nicht zu einer Aufhebung der gewohnheits- und vertragsrechtlichen Verbote geführt hat. Das geltende Recht der Kampfführung ist also auf neuere technische Entwicklungen anzuwenden.[510] Daraus folgen konkrete rechtliche Konsequenzen,[511] etwa der besondere militärische Nutzen technischer Infrastruktur bei der Bewertung des militärischen Vorteils ihrer Zerstörung. Eine str Frage ist, ob ein Staat, der Präzisionswaffen besitzt, diese auch einsetzen muss, um das Gebot der Minimierung von Kollateralschäden zu befolgen.[512] Ungleiche technische militärische Fähigkeiten der Konfliktparteien beeinträchtigen die Gegenseitigkeit als Anreiz für Rechtsbeachtung – ein wichtiges Element asymmetrischer Konflikte. Die Anwendung des geltenden Rechts bereitet besondere Probleme bei neuen Formen hochtechnisierter Kriegführung, insbes „Cyber Warfare" und autonomen Waffensystemen. Wie bei der Bewertung einer Schädigungshandlung gemäß dem ius contra bellum[513] ist auch für die Bewertung der Rechtmäßigkeit eines „Angriffs" nach ius in bello die Gleichwertigkeit von „Tragweite und Wirkung" ausschlaggebend. Das gilt für den zulässigen Schädigungsgegenstand (militärisches Ziel) als auch für die Bewertung des zulässigen zivilen Begleitschadens. Bei letzterer ist insbes die hohe Abhängigkeit gerade städtischer Lebensräume von Computerinfrastruktur in Rechnung zu stellen. Solche Schädigungshandlungen dürfen nur von Kombattanten vorgenommen werden, aber das ist häufig nicht der Fall.[514] Damit ist das allgemeinere und grundsätzliche Problem der schwierigen Feststellbarkeit des Urhebers eines Computer-Angriffs angesprochen. Die Lösung diese Frage kann wohl nur in der Entwicklung von staatlichen Kontrollpflichten liegen, die staatliche Verantwortung für Computer-Angriffe praktisch möglich machen.[515] Die dargestellten Regeln gelten auch für sog autonome Waffensysteme, die Angriffsentscheidungen selbständig nach Maßgabe ihrer Programmierung treffen (Autonomie in den kritischen Funktionen).[516] Die Programmierung muss darum jedenfalls die Einhaltung

---

(ebd 21). Das geht deutlich über den Bereich des vom IGH offen gelassenen non-liquet hinaus. Dennoch würde der Einsatz von Atomwaffen „adhere to the law of armed conflict" (ebd 23). Eine ernsthafte juristische Analyse fehlt hier. Die chin Nuklearstrategie orientiert sich im Wesentlichen an der Bedrohungswahrnehmung, enthält aber mit der Betonung einer „No first use"-Politik und der Betonung der nuklearen Abrüstung auch rechtliche Elelmente, vgl *Douglas/Doyle*, China's and India's Nuclear Strategies, ISIA 25 (2014) 73 ff.
510 ICRC Challenges Report 15, 38.
511 *Schmitt* (Fn 422) 153 ff; *Boothby* (Fn 478) 332 ff; *Beard* (Fn 462).
512 *Schmitt* (Fn 422) 163 f.
513 S o Rn 10 mit Fn 42; vgl auch *Turns*, Cyber War and the Concept of ‚Attack' in International Humanitarian Law, in Saxon (Hrsg), International Humanitarian Law and the Changing Technology of War, 2013, 209 ff.
514 Eingehend zu dieser Frage *Dinmiss*, Participants in Conflict: Cyber Warriors, Patriotic Neighbours and the Law of War, in Saxon (Fn 513) 251 ff.
515 Talinn Manual 2.0 (Fn 42) Rules 6-7, 30 ff u 83; eingehend *Schulze*, Cyber „War" – Testfall der Staatenverantwortlichkeit, 2015; *Krieger* (Fn 59) 5 ff.
516 ICRC Challenges Report 15, 44 ff; Bhuta/Beck/Geiß/Liu/Kreß (Hrsg), Autonomous Weapons Systems: Law, Ethics, Policy, 2016; *Dinstein*, Hostilities, 98 f; *Wagner*, Autonomy in the Battlespace: Independently Operating Weapons Systems and the Law of Armed Conflict, in Saxon (Fn 513) 99 ff.

der Regeln sicherstellen. Ob das wirklich möglich ist, ist str.[517] Soweit es nicht möglich ist, muss der Einsatz solcher Waffensysteme unterbleiben (Art 51 Abs. 4 lit. c ZP I). Aber selbst wenn die technische Möglichkeit zu bejahen ist, stellt sich die Frage, ob das humanitäre Völkerrecht nicht doch voraussetzt, dass ein Mensch im Einzelfall die Entscheidung zu einem tödlichen Angriff verantwortet *(appropriate human judgment over the use of force)*.

Geschützte Personen

Eine weitere Folge der Beschränkung der Gewalt auf die militärische Schwächung des Gegners ist der *Schutz des Wehrlosen,* der dem Gegner nicht mehr schaden kann. Deshalb ist es verboten, einen sich ergebenden oder zur Gegenwehr nicht mehr fähigen Gegner zu töten. Die Regel ist auch die Grundlage der besonderen Regelungen für den Schutz bestimmter Gruppen von Personen (Verwundete und Kranke, Sanitäts- und Seelsorge-Personal, Kriegsgefangene sowie die Zivilbevölkerung im besetzten Gebiet). In diesen Regeln zeigt sich die *menschenrechtliche Komponente des ius in bello* besonders deutlich. Allerdings wirft die Entwicklung eines Schutzes für ganz spezifische Gruppen das Definitionsproblem der Zugehörigkeit zu dieser Gruppe auf. Es fragt sich in der Tat, ob die Gruppen so definiert sind, dass alle aus dem Grundprinzip des Schutzes des Wehrlosen sich ergebenden Schutzbedürfnisse befriedigt werden. Die insofern bestehenden Lücken zu schließen, ist der Sinn der Auffangvorschrift des Art 75 ZP I (Rn 83). Nicht mit dem geltenden Recht vereinbar sind auf der anderen Seite Bestrebungen, angeblich dem Terrorismus zuzuordnende Personen als *unlawful combatants* zu bezeichnen und damit aus dem Kreis der geschützten Personengruppen hinauszudefinieren.[518]

Jede Person, die *wehrlos* ist *oder sich ergibt,* darf nicht mehr angegriffen werden. Darum ist das „Verbot, Gefangene zu machen", dh der Befehl, wehrlose oder sich ergebende Angehörige des Gegners zu erschießen oder in schutzloser Lage zu lassen, rechtwidrig (Art 23 lit c und d HLKO; Art 40, 41 ZP I). Wehrlos sind auch Soldaten, die sich am Fallschirm aus einem abgeschossenen Flugzeug retten, jedoch nicht Fallschirmtruppen, bei denen der Absprung eben ein Mittel der Schädigung des Gegners ist (Art 42 ZP I).[519]

77

78

---

517 *Schöberl* (Fn 381) 70 f mwN; *Dörmann/Rodenhäuser,* Contemporary Challenges for International Humanitrian Law, FS Momtaz, 2017, 676 (693 f); *Bhuta/Beck/Geiß*, Present Futures: Concluding Reflections and Open Questions on Autonomous Weapons Systems, in Bhuta/Beck/Geiß/Liu/Kreß (Fn 516) 347 (369 f); *Crootof*, A Meaningful Floor for ‚Meaningful Human Control', TICLJ 30 (2016), 53 ff; *dies*, War, Responsibility and Killer Robots, NCJILCR 40 (2015) 910 ff; *Egeland*, Lethal Autonomous Weapons Systems, NJIL 85 (2016) 98 ff; mit einer interessanten Analyse von möglichen Zusatzmaßnahmen, die den Einsatz autonomer Waffensysteme rechtlich akzeptabel machen könnten: *Homayounejad*, Ensuring Fully Autonomous Weapons Systems Comply with the Rule of Distinction in Attack, in Casey-Maslen/Homayounnejad/Stauffer/Weizmann (Hrsg), Drones and Other Unmanned Weapons Systems under International Law, 2018, 122 f; vgl auch *Fischer-Lescano* (Fn 428) 373.
518 Vgl schon o Rn 66 mwN. Vgl auch *Rodley*, The Treatment of Prisoners under International Law, 3. Aufl 2009.
519 Zur Vorgeschichte *Hailbronner*, Die Notsituation im Luftkriegsrecht, in Fleck (Hrsg), Beiträge zur Weiterentwicklung des humanitären Völkerrechts, 1973, 106 ff; vgl im Übrigen *Solf*, in Bothe/Partsch/Solf, New Rules, 259 ff.

79 Verwundete und Kranke, jedenfalls wenn sie nicht mehr an Kampfhandlungen teilnehmen, dürfen gleichfalls nicht angegriffen werden. Jede Konfliktpartei muss sie medizinisch versorgen. Das erfordert auch, dass das Sanitätspersonal geschützt und geachtet werden muss, dh es darf ebenfalls nicht angegriffen werden; vielmehr muss ihm Gelegenheit gegeben werden, seine Funktionen für die Verwundeten und Kranken auszuüben.[520] Zur Kennzeichnung von Sanitätspersonal, -einheiten und -transportmitteln sind das rote Kreuz, der rote Halbmond[521] oder neuerdings der rote Kristall[522] auf weißem Grund zu verwenden.[523] Diese Schutzzeichen sind zu unterscheiden von dem Erkennungszeichen, das die nationalen Rot-Kreuz/Rot-Halbmond-Gesellschaften oder die Vertreter des Internationalen Roten Kreuzes führen.[524] Diese Regeln galten zunächst, seit der ersten Genfer Konvention v 1864, für verwundete und kranke Militärpersonen sowie für militärisches Sanitätspersonal. Durch das ZP I sind sie in vollem Umfang auf den zivilen Bereich ausgedehnt worden.[525] Dies wirft freilich besondere Probleme der Kontrolle und des Gebrauchs als Schutzzeichen auf.[526]

80 *Kombattanten* (Rn 66 f) sowie bestimmte Personen, die den Streitkräften angehören, ohne einen Kampfauftrag zu besitzen (Richter, zivile Bediensteten), ferner Angehörige des Gefolges der Streitkräfte (Kriegsberichterstatter, Truppenbetreuung, Wartungspersonal),[527] die in die Hand des Gegners geraten, haben als *Kriegsgefangene* bestimmte Rechte und Pflichten.[528] Oberster Grundsatz ist, dass sie mit Menschlichkeit zu behandeln sind und *Anspruch auf Achtung ihrer Person und Ehre* besitzen. Dies bedeutet auch, dass sie nicht diskriminiert werden und ihre persönlichen Sachen und Gebrauchsgegenstände behalten dürfen, die sie bei der Gefangennahme mit sich führen. Sie sind in Lagern unterzubringen, die hinreichend vom Ort der Kampfhandlungen entfernt sind. Ihnen ist ausreichende Versorgung zu gewähren. Ebenso ist eine religiöse, geistige und körperliche Betätigung und die Kommunikation mit der Außenwelt zu ermöglichen, freilich unter gewissen Kontrollen. Nach Beendigung der Feindseligkeiten sind Kriegsgefangene freizulassen und heimzuschaffen, wenn sie dem nicht widersprechen.[529] Kriegsgefangene unterstehen der

---

520 I. GK 1949, insbes Art 12, 19, 24; Art 10, 11, 12, 15, 16 ZP I.
521 Nach der Genfer Konvention v 1864 galt allein das rote Kreuz als Schutzzeichen. Zunächst aufgrund von Vorbehalten zur Konvention v 1906, dann durch ausdrückliche Vertragsbestimmung v 1929 wurde das Recht anerkannt, anstelle des roten Kreuzes den roten Halbmond zu verwenden. Israel verwendet den roten Davidstern als Schutzzeichen, was aber zunächst rechtlich nicht anerkannt war. Nach dem ZP III kann nunmehr der rote Davidsstern in Kombination mit dem roten Kristall verwandt werden.
522 ZP III v 2005, vgl *Magnuson*, The Emblem, IRRC 83 (2001) 1156 ff.
523 I. GK 1949, Art 38 ff.
524 I. GK 1949, Art 44.
525 Vgl dazu *Bothe*, in Bothe/Partsch/Solf, New Rules, 93 ff; *Kleffner*, Protection of the Wounded, Sick, and Shipwrecked, in Fleck (Hrsg), Handbook, 321 ff.
526 Vgl dazu die unterschiedlichen Beiträge in Bothe/Kurzidem/Macalister-Smith (Hrsg), National Implementation of International Humanitarian Law, 1990, 151 ff.
527 *Ipsen*, Combatants and Non-Combatants, in Fleck (Hrsg), Handbook, 79 (97 f); *E. Crawford*, The Treatment of Combatants under the Law of Armed Conflict, 2010.
528 III. GK 1949; vgl *Rosas*, The Legal Status of Prisoners of War, 1976; *Stuke*, Der Rechtsstatus des Kriegsgefangenen im bewaffneten Konflikt, 2017, 211 ff.
529 Zum schwierigen Problem der Repatriierung von Kriegsgefangenen vgl *Chesney*, Prisoners of War, MPEPIL VIII, 436 (Rn 47 ff).

Disziplinar- und Strafgewalt des Gewahrsamsstaats, genießen jedoch bei der Durchsetzung dieser Gewalt bestimmte Verfahrensgarantien.[530] Für die Teilnahme an Kampfhandlungen dürfen sie nicht bestraft werden, wenn diese Beteiligung sich im Rahmen des *ius in bello* hält. Dieser besondere völkerrechtliche Schutz kommt *grundsätzlich nur Kombattanten* zu (sog *combatant privilege*).[531] Deshalb ist die Bestimmung dieses Status eine entscheidende Frage. Sie ist in Zweifelsfällen einem Gericht vorbehalten.[532] Wer sich an Kampfhandlungen beteiligt, ohne Kombattant zu sein, hat kein Recht auf den Kriegsgefangenen-Status, ist also auch nicht vor Bestrafung wegen dieser Teilnahme an den Kampfhandlungen geschützt (Rn 67, 78); jedoch finden auf solche Personen die menschenrechtlichen Garantien des Art 75 ZP I (Rn 77, 83) und die allgemeinen Regeln des Menschenrechtsschutzes Anwendung.

Die *Zivilbevölkerung* ist Hauptleidtragende moderner Konflikte.[533] Der Schutz der Zivilbevölkerung vor Kampfhandlungen[534] reicht nicht aus, um die Leiden der Zivilbevölkerung hinreichend einzuschränken. Zwei Problembereiche sind zusätzlich von Bedeutung: die menschenwürdige Behandlung von Zivilpersonen, die sich in der Gewalt des Gegners befinden, und die Durchführung von Hilfsaktionen zugunsten der Zivilbevölkerung. Hinsichtlich des Schutzes von Zivilpersonen ist zu unterscheiden zwischen Zivilpersonen in Feindesland und solchen in besetzten Gebieten. Befindet sich der Staatsangehörige einer Konfliktpartei auf dem Gebiet der anderen Partei, so ist er jedenfalls menschlich zu behandeln.[535] Grundsätzlich hat er Gelegenheit, das Land zu verlassen. Jedoch kann er unter bestimmten Bedingungen auch interniert werden,[536] wobei seine Rechte und Pflichten heute denen eines Kriegsgefangenen weitgehend angenähert sind. Die Notwendigkeit von *Hilfsaktionen zugunsten der Zivilbevölkerung* kann einmal in besetzten Gebieten, zum anderen dann bestehen, wenn ein Staat kriegsbedingt die eigene Bevölkerung nicht mehr versorgen kann, zB im Falle einer Belagerung oder Blockade. Es gilt der Grundsatz, dass solche Hilfsaktionen ermöglicht werden müssen. Sie bedürfen jedoch der Zustimmung des jeweils betroffenen Staats (Transitstaat, Empfangsstaat), die jedoch nur aus wichtigen Gründen, dh nicht willkürlich verweigert werden darf. Die Tatsache, dass die Hilfsaktion für die Bevölkerung des Gegners bestimmt ist, reicht als Grund für die Verweigerung einer Transitgenehmigung nicht aus.[537]

81

---

[530] III. GK 1949, Art 82–88.
[531] Dazu bereits Rn 67; vgl auch *Sommer*, Das Recht der Kriegsgefangenen in modernen bewaffneten Konflikten, 2013.
[532] III. GK 1949, Art 5. Zu Statusfragen und Haftbedingungen vgl *Debuf*, Captured in War: Lawful Internment in Armed Conflict, 2013; *Goodman*, The Detention of Civilians in Armed Conflict, AJIL 103 (2009) 48 ff.
[533] Das Problem steht deshalb ständig auf der Tagesordnung des SR, der sich vom Generalsekretär berichten lässt (Res 1894 v 11.11.2009); vgl die neuesten Berichte UN Doc S/2009/277 u S/2010/579. Eine umfassende Darstellung bieten die Beiträge in Willmot/Mamiya/Sheeran/Weller (Hrsg), The Protection of Civilians in International Law, 2015.
[534] Vgl o Rn 66 f.
[535] IV. GK 1949, Art 27.
[536] IV. GK 1949, Art 35, 42.
[537] Art 23 IV. GK 1949, Art 70 ZP I; vgl *Bothe*, in Bothe/Partsch/Solf, New Rules, 483 f; *Macalister-Smith*, Protection de la population civile et interdiction d'utiliser la famine comme méthode de guerre, IRRC 31 (1991) 464 ff; *ders*, Humanitarian Assistance Post-1977: Do the Additional Protocols Meet all the Challenges? Collegium 48 (2018) 53 ff; *Ferraro*, Humanitarian Access and IHL: The ICRC Per-

82   Wenn im Laufe eines Konflikts das Gebiet einer Partei in die Gewalt der anderen Partei gerät, spricht man von *kriegerischer Besetzung*.[538] Die dadurch entstandene *de facto*-Gewalt der Besatzungsmacht wird durch eine Reihe von völkerrechtlichen Regeln begrenzt. Dieses Rechtsregime ist auf den Ausgleich von drei zu schützenden Interessen gerichtet: den Schutz der Bevölkerung des besetzten Gebiets, die fortbestehende Souveränitätsinteressen des besetzten Staats (weswegen der Besatzungsmacht endgültig wirkende Veränderungen des status quo grundsätzlich versagt sind) sowie die Sicherheitsinteressen der Besatzungsmacht.[539] Eine rechtliche Gehorsamspflicht der Bevölkerung des besetzten Gebiets gegenüber der Besatzungsmacht besteht zwar nicht. Es ist jedoch der Besatzungsmacht nicht verwehrt, faktisch Gehorsam durchzusetzen.[540] Sie unterliegt dabei denselben (menschen-)rechtlichen Schranken, die auch einen Staat gegenüber seiner eigenen Bevölkerung binden *(law enforcement paradigm)*. Ausnahmsweise gilt bei solchen Aktionen das Recht des bewaffneten Konflikts, wenn eine Situation vorliegt, in der auch der eigene Staat nach den Regeln des nicht-internationalen Konflikts vorgehen dürfte *(armed conflict paradigm)*. Während des Konflikts darf die Schutzwirkung der völkerrechtlichen Regelung der Besetzung für die Bevölkerung *nicht* dadurch zunichte gemacht werden, dass das Gebiet *annektiert* wird.[541] Durch die Begründung der *de facto*-Gewalt wird die *Besatzungsmacht für die Wohlfahrt der Einwohner des besetzten Gebiets verantwortlich*.[542] Sie hat für geordnete Lebensbedingungen zu sorgen. Dazu gehört die Sicherheit der Bevölkerung und der Schutz vor Plünderungen,[543]

---

spective, ebd 59 ff; *Bellal*, Humanitarian Action from an Armed Group's Perspective, ebd 74 ff; ausführlich zur Rechtslage *Akande/Gillard*, Oxford Guidance on the Law Relating to Humanitarian Relief Operations in Situations of Armed Conflict, 2016. Eingehend zu den Restriktionen des Zugangs zu Konfliktopfern die Berichte des GS (Fn 533), jeweils in Anhängen, sowie IRRC 93 (2011) No 884; zur Praxis des Sicherheitsrats bzgl Syrien vgl S/RES/2165 v 14.7.2014, 2393 v 19.12.2017 u 2449 v 13.12.2018; zur Rechtsstellung von Hilfsorganisationen *Barat*, Status of NGOs in International Humanitarian Law, 2014, insbes 245 ff; zu notwendigem Schutz und Neutralität der Hilfeleistung BVerfG, NVwZ 2018, 1788, 1795 (Rn 134 f).

538 *Benvenisti*, The International Law of Occupation, 2. Aufl 2012; *ders*, Occupation, Belligerent, MPEPIL VII, 920 ff; *Kolb/Vité*, Le droit de l'occupation militaire, 2009; *Harris*, The Era of Multilateral Occupation, BJIL 24 (2006) 1 ff; *Koskenniemi*, Occupation and Sovereignty, FS Bring, 2008, 163 ff; *Parameswaran*, Besatzungsrecht im Wandel, 2008; IRRC 94 (2012) No 885; *Langobardo*, The Use of Armed Force in Occupied Territory, 2018. Das Recht der kriegerischen Besetzung spielt heute vor allem bei der Beurteilung von Maßnahmen in den besetzten palästinensischen Gebieten eine Rolle; vgl *Gasser*, From Military Intervention to Occupation of Territory, FS Fleck, 2004, 139 ff; *Kretzmer*, The Law of Belligerent Occupation in the Supreme Court of Israel, ICCR 94/885 (2012) 207 ff.

539 *Bothe*, The Administration of Occupied Territory, in Clapham/Gaeta/Sassòli (Hrsg), The 1949 Geneva Conventions, 2015, 1455 (Rn 8 ff).

540 *Baxter*, The Duty of Obedience to the Belligerent Occupant, BYBIL 27 (1950) 235 ff. *Langobardo* (Fn 538) 137 ff; zu dem bei Gewaltanwendung anwendbaren Recht ebd 253 ff; *Watkin*, Use of Force During Occupation: Law Enforcement and Conduct of Hostilities, IRRC 94/885 (2012) 267 ff. In diesem Zusammenhang hat der israelische Supreme Court festgestellt, dass die Besatzungsmacht von Bewohnern des besetzten Gebiets keine Kooperation verlangen darf, die diese selbst möglicherweise in Gefahr bringt, *Adalah v Central Command IDF*.

541 IGH, *Mauer-Gutachten*, § 87.

542 Art 42–56 HLKO; Art 47–78 IV. GK 1949; Art 14 ZP I; *Sassòli*, Legislation and Maintenance of Public Order and Civil Life by Occupying Powers, EJIL 16 (2005) 661 ff; *Sandoz*, Les situations de conflit armé ou d'occupation, in SFDI (Hrsg), L'État de droit en droit international, 2009, 361 (370 ff).

543 Zum Irak vgl S/RES/1483 v 22.5.2003, Ziff 5; *Wolfrum*, The Adequacy of International Humanitarian Law Rules on Belligerent Occupation, FS Dinstein, 2007, 497 (500 ff).

ferner ihre Versorgung mit Nahrungsmitteln und medizinischen Dienstleistungen[544] ebenso wie eine Verantwortung für die lebenswichtige Infrastruktur im besetzten Gebiet.[545] Je länger eine Besetzung dauert, desto wichtiger ist diese Verpflichtung. Daraus und aus der Wahrung des Souveränitätsinteresses des besetzten Staatesfolgt auch, dass die Besatzungsmacht grundsätzlich die Rechtsordnung des besetzten Gebiets intakt lassen muss.[546] Ausnahmen sind zulässig, die für die Sicherheit der Besatzungsmacht oder zur Sicherung der Lebensbedingungen der Bevölkerung erforderlich sind. Daneben können Ausnahmen vom besagten Grundsatz zulässig und geboten sein, wenn der rechtliche *status quo* menschenrechtswidrig ist. Ein solcher Zustand darf, ja muss beseitigt werden. Die Grundrechte der Einwohner des besetzten Gebiets sind zu achten. Sie ergeben sich einmal aus den speziellen Vorschriften des Besatzungsrechts, zum anderen aus den allgemeinen Menschenrechten, die kumulativ zu den Regeln des humanitären Völkerrechts anzuwenden sind.[547] Transfers und Deportationen der Bevölkerung sind verboten.[548] Sie darf nicht zur Übernahme von Loyalitätspflichten gegenüber der Besatzungsmacht gezwungen werden. Sogar die Propaganda für den freiwilligen Eintritt in die Streitkräfte der Besatzungsmacht ist verboten.[549] *Privateigentum* ist zu respektieren und *darf nicht konfisziert werden*, vorbehaltlich der Möglichkeit von Requisition für die Zwecke der Besatzungsarmee, für die dann Entschädigung zu leisten ist.[550] Bodenschätze sind nachhaltig zu bewirtschaften.[551] Der Transfer von Teilen der eigenen Zivilbevölkerung in das besetzte Gebiet ist der Besatzungsmacht gleichfalls verboten.[552] Wegen

---

544 Wegen der nachteiligen Folgen für die Lebensbedingungen der Palästinenser in den von Israel besetzten Gebieten ist deshalb der Bau einer Mauer durch Israel als Verletzung seiner Pflichten als Besatzungsmacht zu qualifizieren, vgl *Mauer*-Gutachten, besonders § 134; vgl schon den Bericht des Sonderberichterstatters der Menschenrechtskommission *Ziegler* zum Recht auf Nahrung, UN Doc E/CN.4/2004/10/Add.2, §§ 21 ff. Dies wird im Grundsatz auch anerkannt vom Supreme Court Israels, der Teile des Bauwerks für rechtswidrig erklärt hat, im Wesentlichen als Verstoß gegen den Grundsatz der Verhältnismäßigkeit. Zum Irak vgl *Heintschel von Heinegg* (Fn 486); *Hover*, The Occupation of Iraq: A Military Perspective on Lessons Learned, IRRC 94/885 (2012) 339 ff.
545 Zur Pflicht, Hilfsaktionen zugunsten der Zivilbevölkerung zuzulassen, Art 59–62 IV. GK 1949; Art 69 ZP I. Zur den natürlichen Ressourcen des besetzten Gebiets *Koskenniemi* (Fn 538) 167; *Langenkamp/Zedalis*, An Analysis of Claims Regarding Transferable „Legal Title" to Iraqi Oil in the Immediate Aftermath of Gulf War II, ZaöRV 63 (2003) 605 ff.
546 Art 43 HLKO; auch Art 64 IV. GK 1949.
547 So Rn 60; *Gasser*, Recht der kriegerischen Besetzung und Menschenrechte, FS Bothe, 2008, 417 ff; *Arai-Takahashi*, The Law of Occupation, 2009; *Roberts*, Transformative Military Occupation, FS Dinstein, 2007, 439 ff; *Lubell*, Human Rights Obligations in Military Occupation, IRRC 94/885 (2012) 317 ff; zur Anwendung des IpwskR in besetzten Gebieten *Mottershaw* (Fn 427) 449 ff. Grundsätzlich setzt die Besatzungsmacht zur Durchsetzung von Sicherheit und Ordnung die Mittel und Methoden ein, die einem Staat zur Durchführung dieser Aufgabe auf eigenem Gebiet zur Verfügung stehen. Jedoch kann eine Situation entstehen, die einem nicht internationalen bewaffneten Konflikt gleichkommt. Dann ist dementsprechend humanitäres Völkerrecht anzuwenden; vgl *Oeter*, Das militärische Vorgehen gegenüber bewaffneten Widerstandskämpfern in besetzten Gebieten und internen Konflikten, FS Bothe, 2008, 503 ff; *Watkin* (Fn 540); s auch u Rn 122, 125.
548 Art 49 IV. GK 1949.
549 Art 45 HLKO.
550 Art 52 HLKO.
551 Zu Einzelheiten des Streitstands *Bothe* (Fn 539) Rn 85.
552 Art 49 Abs 6 IV. GK 1949. Hier liegt das rechtliche Problem der israelischen Siedlungspolitik in den besetzten palästinensischen Gebieten, die mehrfach sowohl vom SR (Res 446 v 22.3.1979) als auch von der GV (zuletzt Res ES-10/13 v 27.10.2003) und auch vom IGH (*Mauer*-Gutachten, § 120) als

der Pflichten und Verantwortlichkeiten der Besatzungsmacht ist die Bestimmung des Zeitpunkts, zu dem eine Besetzung beginnt und zu dem sie endet, von erheblicher Bedeutung. Der Übergang von einer Phase der Kampfhandlungen zu einer Besetzung erfolgt, wenn eine vorrückende Streitmacht *de facto* eine gewisse Kontrolle über ein Gebiet erlangt hat (Art 43 HLKO).[553] Die Besetzung endet, wenn diese Kontrolle aufhört[554] oder die Besetzung durch einen entsprechenden Rechtsakt wirksam beendet wird.[555]

83   Die vorstehenden Erläuterungen stellten jeweils Regeln über den Schutz bestimmter Personengruppen dar. Im Rahmen eines bewaffneten Konflikts kommt es aber immer wieder vor, dass nicht zu diesen genauer definierten Gruppen gehörende Personen in die Hand einer Konfliktpartei geraten, die diesen Personen aus irgendeinem Grunde feindlich gesonnen ist. Dies ist etwa bei Bevölkerungsgruppen der Fall, die zwar die Staatsangehörigkeit einer Konfliktpartei besitzen und sich auf deren Staatsgebiet aufhalten, aber in Wahrheit ihrem eigenen Staat gegenüber feindlich gesonnen sind. Sog Kollaborateure können hierher gehören, auf der anderen Seite auch Personen, die, ohne Kombattanten zu sein, sich an Kampfhandlungen beteiligen. Für alle diese Fälle, in denen *Personen* in Zusammenhang mit einem bewaffneten Konflikt *des Schutzes vor einer Konfliktpartei bedürfen,* ist mit Art 75 ZP I ein Auffangtatbestand geschaffen worden, der für diese Personen ein Minimum an menschlicher Behandlung garantiert. Diese Bestimmung entfaltet Schutzfunktionen, die die allgemeinen Regeln über den *Schutz der Menschenrechte* ergänzen oder auch an ihre Stelle treten, zB wo die Geltung von Menschenrechtsverträgen in zulässiger Weise suspendiert ist.[556] Ein wesentliches Problemfeld ist in heutigen bewaff-

---

rechtswidrig angesehen wurde. Allerdings haben die USA mehrfach eine einhellige Verurteilung dieser Politik durch ihr Veto verhindert, diese Haltung jedoch jedenfalls zeitweilig geändert; vgl S/RES/2334 v 23.12.2016.

553 Vgl *Sassòli,* The Concept and the Beginning of Occupation, in Clapham/Gaeta/Sassòli (Fn 539) 1389 ff mwN; *Koutroulis,* Le début et la fin de l'application du droit de l'occupation, 2010; *Ferraro,* Determining the Beginning and End of an Occupation under International Humanitarian Law, IRRC 94/885 (2012) 133 ff; zur amerikanisch-britischen Intervention im Irak 2003 vgl *Hover* (Fn 544); zum Kongo 1998–2003 vgl IGH-Urteil *Kongo/Uganda,* §§ 167 ff; dazu krit *Koutroulis,* L'affaire des activités armées sur le territoire du Congo (Congo c. Ouganda), RBDI 39 (2006) 703 ff. Die Frage, wann eine kriegerische Besetzung beginnt, wird uU verunklart durch einen Streit über den Status eines militärisch eingenommenen Gebiets, vgl *Bothe* (Fn 156); *Azarova* (Fn 156) 48 ff.

554 *Grignon,* The Geneva Conventions and the End of Occupation, in Claham/Gaeta/Sassòli (Fn 539) 1575 ff; *Ferraro* (Fn 553). Nach dem Rückzug Israels aus dem Gaza-Streifen 2005 ist die offizielle Auffassung Israels, dass die Besetzung beendet ist. Diese Auffassung wird in der internationalen Gemeinschaft nicht geteilt, da Israel faktisch immer noch das Gebiet kontrolliert; idS ausdrücklich der Sicherheitsrat in S/RES/1869 v 8.1.2009 und der Menschenrechtsrat in Res S-9/1 v 12.1.2009. Vgl *Darcy/Reynolds,* An Enduring Occupation, JCSL 15 (2010) 211 ff; *Rubin,* Disengagement from the Gaza Strip and Post-Occupation Duties, IsraelLR 42 (2009) 527 ff; *Dinstein,* The International Law of Beligerent Occupation, 2009, 276 ff.

555 Im Falle des Irak wurde das nach der amerikanisch-britischen Intervention entstandene Regime der Besetzung durch ein Abkommen zwischen der dann anerkannten irakischen Regierung und den Interventionsmächten mit Zustimmung des Sicherheitsrats (S/RES/1546 v 8.6.2004) mit Wirkung v 30.6.2004 in ein neues Rechtsregime umgewandelt. Dazu *Thürer/Mclaren,* "Ius post bellum" in Iraq, FS Delbrück, 753 (769 ff); *Buchan,* International Community and the Occupation of Iraq, JCSL 12 (2007) 37 ff; *Giansanti,* Transizione in Iraq, Comunità internazionale 63 (2008) 105 ff; *Wills* (Fn 203) 292 ff; *Wolfrum* (Fn 543) 505 ff.

556 Grundlage einer Suspendierung im Notstandsfall sind zB Art 4 IPBPR oder Art 15 EMRK.

neten Konflikten der Schutz von besonders verletzlichen Gruppen von Personen: Frauen, Kinder, Alte, Behinderte. Dem Schutz von Frauen und Kindern dienen zwei Sondervorschriften des ZP I, dem Schutz von Kindern außerdem das Zusatzprotokoll zur Kinderrechtskonvention.[557] Ein besonderes Übel ist die Rekrutierung von Kindersoldaten, desöfteren vom Sicherheitsrat verurteilt[558] und Gegenstand der ersten vom IStGH ausgesprochenen Verurteilung wegen Kriegsverbrechen.[559]

c) Seekrieg

Das Völkerrecht bewaffneter Konflikte enthält besondere Regeln für die Kriegsschauplätze See und Luft. Zwar gelten die oben dargestellten Regeln über die Beschränkung der Mittel zur Schädigung des Feindes, den Schutz wehrloser Personen und die zur Teilnahme an Kampfhandlungen Berechtigten grundsätzlich auch im Seekrieg,[560] jedoch mit einigen Besonderheiten. Diese beruhen einmal auf den besonderen Gegebenheiten und Traditionen des Austragens bewaffneter Konflikte auf See,[561] zum anderen auf der Tatsache, dass die *Schwächung der Wirtschaftskraft* des Gegners *legitimes Seekriegsziel* ist.[562] Anders als das Landkriegsrecht hat das Seekriegsrecht seit Jahrzehnten keine wesentliche vertragsrechtliche Anpassung erfahren. Dadurch entsteht eine nicht geringe Rechtsunsicherheit. In jüngster Zeit haben allerdings private Bemühungen um eine (rechtlich unverbindliche) Formulierung des geltenden Seekriegsrechts deutliche Erfolge gehabt.[563] 84

Militärisches Ziel im Seekrieg ist vor allem das feindliche *Kriegsschiff*.[564] Dieses darf auch ohne Warnung angegriffen und versenkt werden. Das feindliche *Handelsschiff* besitzt nicht den gleichen Schutz vor Kampfhandlungen wie die Zivilbevölkerung im Landkrieg.[565] Es darf aufgebracht und in einem prisengerichtlichen Verfahren eingezogen werden. Das gleiche gilt für seine Ladung, soweit der Eigentümer Staatsangehöriger der anderen Konfliktpartei ist. Feindliche Handelsschiffe können 85

---

557 Fakultativprotokoll v 25.5.2000 zum Übereinkommen über die Rechte des Kindes betr die Beteiligung von Kindern an bewaffneten Konflikten, BGBl 2004 II, 1354.
558 Zuletzt Res 2068 v 19.9.2012. Vgl *Washefort,* Child Soldiers and International Law, 2013; *Palomo Suarez,* Kindersoldaten und Völkerstrafrecht, 2009; *Pack,* Targeting Child Soldiers: Striking a Balance between Humanity and Military Necessity, JIHLS 7 (2016) 183 ff.
559 Art 8 Abs 2 lit e (vii) IStGH-Statut, *Prosecutor v Lubanga;* dazu *Schröder,* 7. Abschn Rn 52, 59.
560 Eine wesentliche Ausnahme ist Art 49 Abs 3 ZP I, der für die neuen Vorschriften des ZP I über den allgemeinen Schutz der Zivilbevölkerung bestimmt, dass sie nur insoweit gelten, als die Wirkung von Angriff zu Lande beginnt. Im Übrigen vgl *Heintschel von Heinegg,* in Fleck (Hrsg), Handbuch, 463 (478).
561 Bsp für besondere Traditionen: anders als im Landkrieg ist im Seekrieg das Zeigen einer falschen Flagge grundsätzlich zulässige Kriegslist, nicht verbotene Perfidie, vgl *Heintschel von Heinegg,* in Fleck (Hrsg), Handbuch, 463 (482); *ders* (Fn 407 [Handbuch Seerecht]) 589 ff.
562 *Heintschel von Heinegg,* in Fleck (Hrsg), Handbuch, 463.
563 Wichtig ist vor allem das sog *San Remo Manual,* die Zusammenstellung eines Regelwerks über das Seekriegsrecht durch eine Arbeitsgruppe des International Institute of Humanitarian Law, vgl Doswald-Beck (Hrsg), San Remo Manual on International Law Applicable to Armed Conflicts at Sea, 1995; das Manual ist ebenfalls veröffentlicht in IRRC 35 (1995) 595 ff sowie in DokHVR 829.
564 *Heintschel von Heinegg,* in Fleck (Hrsg), Handbuch, 463 (485); *ders* (Fn 407 [Handbuch Seerecht]) 576 f.
565 *Heintschel von Heinegg,* in Fleck (Hrsg), Handbuch, 463 (486 ff); *ders* (Fn 407 [Handbuch Seerecht]) 577 f.

auch versenkt werden, wenn sie sich einer Aufforderung zum Anhalten oder einer Durchsuchung und Aufbringung widersetzen.[566] Handelsschiffe dürfen unter besonderen Voraussetzungen *in Kriegsschiffe umgewandelt* werden und haben dann denselben Status wie diese, dh sie können an Kampfhandlungen teilnehmen und sind andererseits militärische Ziele. Auch im Seekrieg gilt das Verbot unterschiedsloser Kriegführung. Die Besonderheiten des *U-Boot-Kriegs* rechtfertigen es nicht, Angriffe ohne Unterschied auf militärische Ziele und zivile Objekte oder Kriegs- und Handelsschiffe zu führen.[567]

86 Unter dem Gesichtspunkt des Verbots unterschiedsloser Kriegführung spielt im Seekrieg das *Minenlegen* eine besondere Rolle.[568] Dabei sind die Grundsätze der wirksamen Überwachung, der Gefahrenbeherrschung und der Warnung zu beachten. Insbes sind die für die Sicherheit der friedlichen Schifffahrt notwendigen Vorsichtsmaßnahmen zu treffen. So ist zB das Aussetzen von Treibminen verboten. Verankerte Minen müssen automatisch deaktiviert werden, wenn sie sich losreißen oder sonst die Kontrolle über sie verloren geht. Ein besonderes Mittel des Seekriegsrechts ist die *Blockade*.[569] Dies ist die Sperre gegnerischer Häfen oder Küsten, so dass jegliches Ein- und Auslaufen von Seefahrzeugen verhindert wird. Eine Blockade muss von der blockierenden Konfliktpartei ausdrücklich erklärt und bekannt gemacht werden. Sie ist nur verbindlich, wenn sie auch effektiv ist, dh ihre Einhaltung kontrolliert werden kann. Eine solche Blockade berechtigt auch zu Maßnahmen gegenüber zivilen Schiffen des Gegners und neutraler Staaten. Das Blockaderecht findet allerdings seine Grenze an den Versorgungsbedürfnissen der betroffenen Zivilbevölkerung.[570] Nicht zulässig ist die Erklärung von sog *Ausschlusszonen* mit der Folge, dass in ihnen auf jegliches dort befindliche Schiff geschossen werden könnte.[571] Nicht zu beanstanden ist aber die Erklärung bestimmter Seegebiete zu *besonderen* oder *Sicherheitszonen,* in denen Kampfhandlungen stattfinden und infolgedessen die friedliche Schifffahrt besonders gefährdet ist und darum eingeschränkt werden kann.

87 Im Seekrieg spielen als geschützte wehrlose Personen die *Schiffbrüchigen*[572] eine besondere Rolle. Ihr Schutz ist dem der Verwundeten und Kranken im Landkrieg

---

566 *Heintschel von Heinegg,* in Fleck (Hrsg), Handbook, 463 (490 f); *ders* (Fn 407 [Handbuch Seerecht]) 577 f.
567 *Heintschel von Heinegg,* in Fleck (Hrsg), Handbook, 463 (517 ff).
568 *Heintschel von Heinegg,* in Fleck (Hrsg), Handbook, 463 (500 ff); *ders* (Fn 407 [Handbuch Seerecht]) 586 ff.
569 *Heintschel von Heinegg,* in Fleck (Hrsg), Handbook, 463 (532 ff); *ders* (Fn 407 [Handbuch Seerecht]) 567 ff.
570 San Remo Manual (Fn 563) Art 102–104. Hier liegt u a das Problem der Zulässigkeit der israelischen Blockade des Gaza-Streifens. Die verschiedenen Untersuchungskommissionen, die dies zu beurteilen suchten, kamen zu unterschiedlichen Ergebnissen. Als rechtswidrig sieht die Blockade an die Kommission des Menschenrechtsrats, UN Doc A/HRC/15/21 v 27.9.2010, § 53, als rechtmäßig die israelische Kommission (sog Turkel Committee), <www.turkel-committee.com>, 82 ff sowie die Untersuchungskommission des GS, <www.un.org/News/dh/infocus/middle_east/Gaza_Flotilla_Panel_Report.pdf>, 32 ff.
571 *Heintschel von Heinegg,* in Fleck (Hrsg), Handbook, 463 (522 ff); *ders* (Fn 407 [Handbuch Seerecht]) 570 f. Der von *Heintschel von Heinegg* verwendete Begriff der Ausschlusszone *(maritime exclusion zone)* entspricht dem hier verwendeten der Sicherheitszone. Das San Remo Manual (Fn 563) spricht von *special zone.*
572 Insbes Art 12, 22, 36, 37 II. GK 1949; Art 10, 22, 23 ZP I.

weitgehend angeglichen. Die Kriegsschiffe aller Konfliktparteien müssen alle möglichen Anstrengungen unternehmen, um Schiffbrüchige zu bergen. Besondere Regeln gelten für den Status von *Hospitalschiffen*.[573] Hinsichtlich des Kriegsgefangenenstatus gilt als Besonderheit, dass die *Besatzung aufgebrachter gegnerischer Handelsschiffe*,[574] soweit sie die gegnerische Staatsangehörigkeit besitzt, zu Kriegsgefangenen wird, obwohl es sich eigentlich um Zivilpersonen handelt. Dies gilt jedoch nicht für die Passagiere gegnerischer Handelsschiffe.

Berechtigt, an Seekriegshandlungen teilzunehmen, sind die Kriegsschiffe einer Konfliktpartei. Das Kriegsschiff muss als solches äußerlich gekennzeichnet sein, zB durch eine von der normalen Staatsflagge unterschiedene *Kriegsflagge*.[575]

88

d) Luftkrieg und Militarisierung des Weltraums

Der Einsatz von Luftfahrzeugen im Krieg hat die Kriegführung grundlegend verändert. Dennoch haben sich besondere vertragliche Regeln für das Luftkriegsrecht kaum entwickelt.[576] Lösungen für die Probleme des Luftkriegs sind aus den dargestellten Regeln des Land- und Seekriegsrechts zu entwickeln. Bei Angriffen aus der Luft gelten die Regeln über zulässige Ziele zu Land und zur See. Das gilt insbes für die Verwendung von unbemannten Flugkörpern, sog Drohnen, für gezielte Tötungen.[577] Militärische Luftfahrzeuge, die als solche gekennzeichnet sein müssen, sind militärische Ziele. Sie sind befugt, Kampfhandlungen gegen Ziele auf dem Lande, zur See und in der Luft vorzunehmen. Besondere Regeln gelten für Sanitätslufttransporte.[578] Auch ergeben sich aus den Besonderheiten des Luftkriegs spezifische Sorgfaltspflichten, um Angriffe auf zivile Objekte oder unverhältnismäßigen zivilen Begleitschaden zu vermeiden, zB für die Sicherheit von zivilen Linienflugzeugen.

89

---

573 Art 22 ff II. GK 1949.
574 *Heintschel von Heinegg*, in Fleck (Hrsg), Handbook, 463 (493 f).
575 *Heintschel von Heinegg*, in Fleck (Hrsg), Handbook, 463 (465).
576 *Dinstein*, Air Warfare, MPEPIL I, 251 ff; die sog *Haager Luftkriegsregeln* (DokHVR 85) sind eine Expertenarbeit, die nie zu einem Vertragsabschluss geführt hat. Wenn sie dennoch weitgehend als Ausdruck des geltenden Gewohnheitsrechts angesehen werden, so beruht das nicht zuletzt darauf, dass sie eine Adaptation der geltenden allgemeinen Regeln des Land- und Kriegsrechts sowie des Neutralitätsrechts für die besondere Situation von Feindseligkeiten durch und gegen Luftfahrzeuge darstellen; vgl *Hanke*, Die Haager Luftkriegsregeln von 1923, IRRC 31 (1991) 139 ff; *Parks*, Air War and the Law of War, Air Force LR 1990, 1 ff; *Spieker*, Haager Regeln des Luftkriegs von 1923, HV-I 1990, 134 ff. In der Tradition der Haager Luftkriegsregeln und nach dem Vorbild des San Remo Manual (Fn 563) hat eine vom Harvard Program on Humanitarian Policy and Conflict Research einberufene Expertengruppe eine neue Formulierung der gegenwärtigen Regeln des Luftkriegs erarbeitet, vgl Manual on International Law Applicable to Air and Missile Warfare, 2009 (HPCR Manual).
577 Diese verbreitete Praxis bietet wenig spezifische Probleme, soweit sie im Rahmen eines bewaffneten Konflikts angewandt wird (was allerdings häufig nicht der Fall ist). Es gelten die allgemeinen Regeln über zulässige Ziele und das Verhältnismäßigkeitsprinzip (Rn 68, vgl Art 39 HPCR Manual). Eine andere Frage ist, ob häufiger Einsatz von Drohnen konstitutiv für das Bestehen eines bewaffneten Konflikts ist. Vgl zum Ganzen mit ausführlichen Nachweisen *Heinsch*, Unmanned Aerial Vehicles and the Scope of the ‚Combat Zone', HVI 25 (2012) 184 ff; Bergen/Rothenberg (Hrsg), Drone Wars: Transforming Conflict, Law and Policy, 2014; Cartright/Fairhurs/Wall (Hrsg), Drones and the Future of Armed Conflict, 2014; *Weizmann*, Armed Drones and the Law of Armed Conflict, in Casey-Maslen ua (Fn 517) 89 ff; *Grimal/Sundaram*, Combat Drones: Hives, Swarms, and Autonomous Action, JCSL 23 (2018) 105 ff; eingehende Literaturanalyse bei *O'Connell*, Game of Drones, AJIL 109 (2015) 889 ff.
578 Art 36 I. GK 1949; Art 24–31 ZP I.

Die häufig gegebene räumliche Entfernung zwischen dem Entscheider des Waffeneinsatzes und dem Ziel erfordert besondere Sorgfalt bei der Qualifizierung und Bestimmung eines Ziels und der Beurteilung der Verhältnismäßigkeit. Die Entwicklung der Nutzung des *Weltraums* war durch rechtliche Bemühungen begleitet, eine Militarisierung desselben zu verhindern, was in verschiedenen weltraumrechtlichen Verträgen seinen Ausdruck gefunden hat.[579] Dennoch spielt die Militarisierung des Weltraums eine wichtige praktische Rolle, was Probleme ihrer Vereinbarkeit mit dem Weltraumregime sowie zugleich solche der Anwendung von Grundregeln des Rechts bewaffneter Konflikte aufwirft.[580]

e) Wirtschaftskrieg

90 Unter Wirtschaftskrieg werden alle diejenigen Maßnahmen einer Konfliktpartei zusammengefasst, deren Ziel es ist, die *Wirtschaftskraft des Gegners zu schwächen* und insbes seine Versorgung mit lebenswichtigen Gütern zu unterbinden. Dies umfasst sowohl legislative und administrative Maßnahmen als auch militärische Aktionen.[581] Zu den Ersteren gehört vor allem die Unterbindung des Wirtschaftsverkehrs zwischen den eigenen Staatsangehörigen einer Konfliktpartei und dem Feind, wobei die Bestimmung der Feindeigenschaft und die Kontrolle von Transaktionen, die über neutrale Staaten abgewickelt werden, rechtlich nicht immer unproblematisch ist. Die Blockierung von Feindguthaben und die Konfiszierung von feindlichem Eigentum gehören auch zu solchen Maßnahmen. Sie sind grundsätzlich zulässig, soweit sich solche Vermögensgegenstände im Hoheitsbereich der anderen Konfliktpartei befinden. Zu den militärischen Maßnahmen gehören solche gegen die feindliche Handelsschifffahrt[582] und die Kontrolle des neutralen Seehandels.[583]

f) Durchsetzung des *ius in bello*

91 Der bewaffnete Konflikt ist für den Staat eine Situation extremer Belastung, in der es nahe liegt, kurzfristige Interessen an der Sicherung eines militärischen Vorteils höher zu bewerten als die Einhaltung von Rechtsnormen und deswegen diese Normen zu verletzen.[584] Die Geschichte der bewaffneten Konflikte über die Jh bis in die neu-

---

579 Präambel u Art IV Weltraunmvertrag, vgl *Proelß*, 5. Abschn Rn 77.
580 *Mačák*, Silent War: Applicability of the *Jus in Bello* to Military Space Operations, ILS 94 (2018) 1 ff; *Stephens*, The International Legal Implications of Military Space Opertions: Examining the Interplay between Interntional Humanitarian Law and the Outer Space Legal Regime, ebd 75 ff; *Heintschel von Heinegg*, Neutrality and Outer Space, ILS 93 (2017) 526 ff.
581 *Lowe/Tzanakopoulos*, Economic Warfare, MPEPIL III, 330 ff.
582 Vgl o Rn 85.
583 Vgl u Rn 115 f.
584 Übersichten: *Bothe* (Fn 160) 156 ff; *Kussbach*, Mittel und Wege zur Durchsetzung des Humanitären Völkerrechts, in Wittich/Reinisch/Gattini (Hrsg), Kosovo – Staatsschulden – Notstand – EU-Reformvertrag – Humanitätsrecht, 2009, 195 ff; *Pfanner*, Various Mechanisms and Approaches for Implementing International Humanitarian Law and Protecting and Assisting War Victims, IRRC 91 (2009) 279 ff; *Vöneky*, Implementation and Enforcement of International Humanitarian Law, in Fleck (Hrsg), Handbook, 647 ff; *Clarke*, Securing Compliance with International Humanitarian Law, IHLS 1 (2010) 213 ff.

este Zeit ist denn auch voll von erschütternden Bsp von Rechtsverletzungen.[585] Es lässt sich aber auch zeigen, dass doch häufig Kampfhandlungen gemäß den anwendbaren völkerrechtlichen Regeln geführt werden, dass in der Tat Rechtsnormen auf die Art und Weise der Kriegführung einwirken, dass zB Befehlshaber die Ziele von Angriffen auch unter Berücksichtigung rechtlicher Gesichtspunkte auswählen.[586] Die Mechanismen, die zu einer solchen *Einhaltung des Rechts* führen, sind vielfältig, subtil und komplex.[587] Systematisch sind folgende Aspekte zu unterscheiden: Internalisierung von Normen, Wirken von „Anwälten des öffentlichen Interesses", zwischenstaatliche Streitregelungsmechanismen, strafrechtliche Sanktionen, individuelle Schutzansprüche und Rechtsbehelfe.

Wesentlich ist die *Motivation der Entscheidungsträger*, Recht in einem konkreten Fall zu beachten oder nicht. Diese Motivation kann rational oder irrational bestimmt sein. Bei einer rationalen Motivation geht es vor allem um Interessenbewertung. Es gibt Interessen, die für, und solche, die gegen Rechtsgehorsam im konkreten Fall sprechen. Wichtig ist in diesem Zusammenhang das *Interesse* einer Konfliktpartei an *Schadensminimierung*. Begrenzung und Beschränkung der Gewaltausübng kann durchaus die militärische Effektivität fördern.[588] Ein wichtiges Element der Schadensminimierung ist der Gedanke der *Gegenseitigkeit*. Recht wird eingehalten, weil und damit die andere Seite dies auch tut und damit der eigene Schaden so gering wie möglich gehalten wird. Dieser einfache Mechanismus wirkt, obwohl er in einzelnen Fällen sogar rechtlich verboten ist, nämlich dort, wo Repressalien zu Lasten bestimmter Konfliktopfer, insbes zu Lasten von Gefangenen, verboten sind.[589] Er wirkt jedoch nicht oder ist jedenfalls problematisch in sog asymmetrischen Konflikten, in denen die Art und Weise der gegenseitigen Schadenszufügung und auch die Verwundbarkeit der beiden Seiten eines Konflikts ganz unterschiedlich sind.[590] Sicherheit der gegenseitigen Verhaltenserwartungen ist ein Element der Schadensminimierung; darum sind Maßnahmen der Vertrauensbildung durch Kommunikation auch in einer Situation bewaffneter Konflikte wichtig. Bsp sind die Zulassung von

---

585 Vgl *Graf Vitzthum*, 1. Abschn Rn 103 ff.
586 *Carnahan*, „Linebacker II" and Protocol I, AULR 31 (1982) 861 ff; *ders*, Protecting Nuclear Facilities from Military Attack, AJIL 86 (1992) 524 (528 ff). Zu Kosovo vgl *Montgomery*, Legal Perspective from the EUCOM Targeting Cell, in Wall (Hrsg), Legal and Ethical Lessons of NATO's Kosovo-Campaign, U. S. Naval War College ILS 78 (2002) 189 ff.
587 *Blenk-Knocke*, Zu den soziologischen Bedingungen völkerrechtlicher Normenbefolgung, 1979; *Bothe*, Compliance, MPEPIL II, 530 ff mwN; *Padmanabhan*, Norm Internalization through Trials for Violations of International Law, UPennJIL 31 (2009) 427 ff; zur Entwicklung in USA *Gutierrez/DeCristofaro/Woods*, What Americans Think of International Humanitarian Law, IRRC 93 (2011) 1009 ff. Zu den neuesten Entwicklungen *Bothe*, Warum wird humanitäres Völkerrecht eingehalten oder verletzt? Perspektiven der Durchsetzung des humanitären Völkerrechts – neue Entwicklungen und kritische Bilanz, HVI 28 (2015) 55 ff. Die dort geschilderte Initiative der Schweiz und des IKRK zur Schaffung eines „compliance mechanism" wurde jedoch 2018 erfolglos beendet. Noch zu einem Zwischenstand *Peijic*, Strengthening Compliance with IHL: The ICRC-Swiss Initiative, IRRC 98 (2016) 315 ff; *Bartolini*, Strengthening Compliance with International Humanitarian Law, ItYIL 25 (2015) 201 ff; *La Vaccara*, Strengthening Compliance with IHL, AYHRHL 1 (2012) 300 ff.
588 *Beer* (Fn 434) 31 ff, 132 f.
589 Art 46 I. GK 1949; Art 47 II. GK 1949; Art 13 III. GK 1949; Art 33 IV. GK 1949; Art 20, Art 51 Abs 6, Art 54 Abs 4, Art 55 Abs 3 ZP I.
590 So Rn 59.

Kontrollen bei der Verteilung von Hilfsgütern[591] oder von Beobachtern bei Prozessen gegen Gefangene.[592] Ein wesentliches Element von Schadensminimierung sind auch die möglichen *politischen Kosten der Rechtsverletzung*. Staaten legen meistens Wert auf ein sauberes Erscheinungsbild nach außen. Deshalb sind Möglichkeiten der Offenlegung von Rechtsverletzungen ein wesentlicher Mechanismus zur Sicherung der Rechtsbeachtung. Rechtsdiskurse, die bewaffnete Konflikte begleiten, sind ein wesentliches Element der Sicherung der Beachtung des Rechts.[593]

93   Ein nicht geringer Teil der Motivation von Entscheidungsträgern besteht in *kulturellen Faktoren*. Die Idee der Humanität hat hier durchaus praktische Wirksamkeit. Militärische Traditionen einer Kriegführung nach professionellen Regeln („Ritterlichkeit") spielen auch eine Rolle, ebenso die rechtstreue Gesinnung der Entscheidungsträger *(Internalisierung von Normen)*.[594] Dies führt zu der weiteren Frage der Fähigkeit zur Rechtsbeachtung. Internalisierung von Normen setzt organisatorische und intellektuelle Ressourcen voraus. Soweit das Recht bestimmte Standards der Behandlung von Personen (zB Unterbringung und Versorgung von Kriegsgefangenen) vorschreibt, ist dies auch eine Frage wirtschaftlicher Ressourcen. In diesen subtilen Mechanismen spielt der Zwang gegenüber Staaten oder gegenüber individuellen Entscheidungsträgern eine eher untergeordnete Rolle. Von daher ist vor einer Überbewertung des Strafrechts als Mittel zur Sicherung der Beachtung des Rechts bewaffneter Konflikte zu warnen.[595] Das zentrale Element der Internalisierung von Normen ist, dass relevante Akteure im Zeitpunkt der Entscheidung sich der Norm überhaupt bewusst sind. Deshalb sehen die Genfer Konventionen und ihre Zusatzprotokolle eine Pflicht vor, deren Inhalt zu verbreiten.[596] Die Rolle der *Verbreitungsarbeit* für die Sicherung der Beachtung des *ius in bello* ist sehr groß.[597] Dazu gehört nicht nur das Strafrecht. Wichtig ist die Aufnahme der Genfer Konventionen und der ZP in das militärische Ausbildungsprogramm (Art 83 ZP I). Eine Reihe weiterer innerstaatlicher Regelungen in sonstigen Rechtsbereichen ist notwendig, um den Genfer Konventionen zur praktischen Entfaltung zu verhelfen. Hierzu gehören insbes Regelungen über das Sanitätswesen, so die Berechtigung zum Führen des *Rot-Kreuzzeichens* und zum Schutz desselben vor Missbrauch.[598] Ferner ist es wichtig, dass die Regeln des humanitären Völkerrechts in interne Dienstanweisungen und ähnliches *(military manuals)*[599] umgesetzt werden, die für das Verhalten von Solda-

---

591 Art 23 IV. GK 1949; Art 70 Abs 3 ZP I.
592 Art 105 Abs 5 III. GK 1949.
593 Zu dem entsprechenden Phänomen bei der Beachtung des *ius contra bellum* s o Rn 29 f.
594 *Beer* (Fn 434) 134 ff.
595 *Bothe*, Prevention and Repression of Breaches of International Humanitarian Law, IIHLY 1986–87, 115 (124); *Vinuesa*, Comment, in Bothe/Kurzidem/Macalister-Smith (Fn 526) 81 ff; vorsichtig *Kaul*, Abstrafung der Täter – ein Instrument der Prävention?, in Heintze/Ipsen (Hrsg), Heutige bewaffnete Konflikte als Herausforderungen an das humanitäre Völkerrecht, 2010, 153 ff.
596 Art 47, 48, 127, 144 GK; Art 83 ZP I; Art 20 ZP II.
597 Hierzu die Beiträge in Bothe/Kurzidem/Macalister-Smith (Fn 526); *Meriboute*, Mesures nationales de mise en œuvre du droit international humanitaire dans les temps de paix, IIHLY 1986–87, 103 ff.
598 *Herczegh/Forsythe/Hannikainen*, Introductory Reports, in Bothe/Kurzidem/Macalister-Smith (Fn 526) 151 ff.
599 *Obradovic/Fleck/Greenwood*, Military Manuals and Other Administrative Rules Relating to Armed Conflicts, Introductory Reports, in Bothe/Kurzidem/Macalister-Smith (Fn 526) 179 ff. Eine Liste

ten oder Militärverwaltungen unmittelbar eine größere Wirkung haben als der Text des völkerrechtlichen Vertrags selbst. Die Gesamtheit der nationalen Ausführungsmaßnahmen stellt die notwendige rechtliche und praktische Infrastruktur für die Beachtung des humanitären Völkerrechts dar. Ihre Bedeutung wurde in den letzten Jahren besser erkannt. Deshalb hat das IKRK einen Beratungsdienst eingerichtet, der Staaten bei der Gestaltung dieser Infrastruktur unterstützen soll.[600] Um sie weiter zu verbessern, wird an einem internationalen System des Informationsaustauschs hierzu gearbeitet.[601] Mit der Veröffentlichung von Manuals üben Staaten auch einen gewissen Einfluss auf die Rechtsentwicklung aus.

Wesentlich sind ferner Sicherungen dafür, dass rechtliche Gesichtspunkte in konkrete Entscheidungen einfließen. Dazu sind besondere *Rechtsberater in den Streitkräften* vorzusehen (Art 82 ZP I).[602] Das Verhalten der Streitkräfte bei konkreten Operationen pflegt von den Befehlshabern durch *Rules of Engagement* festgelegt zu werden, die auf der unteren Ebene einfache Formen wie Taschenkarten annehmen können. Für die Beachtung des humanitären Völkerrechts ist ausschlaggebend, dass rechtliche Gesichtspunkte in die Formulierung der *Rules* Eingang finden.[603] Für die Beachtung des Rechts im modernen Luftkrieg ist von Bedeutung, dass es gerade bei großen Militärmächten formalisierte Verfahren der Zielfindung gibt, in die auch Rechtsrat einfließt.[604] **94**

Die hier gewählte Bezeichnung „Anwälte des öffentlichen Interesses" soll der Tatsache Rechnung tragen, dass bei Verletzungen des *ius in bello* nicht nur rechtlich geschützte Interessen eines Opferstaats betroffen sind, sondern dass auch ein Gemeinschaftsinteresse verletzt wird, dass es sich also um Verpflichtungen mit Wirkung *erga omnes* handelt.[605] Deshalb sind Institutionen, die dieses Gemeinschaftsinteresse vertreten, in die Durchsetzung des *ius in bello* involviert. Dies sind vor allem die UN, insbes der Sicherheitsrat, und das IKRK, ferner Regionalorganisationen sowie Organisationen der Zivilgesellschaft. Der Sicherheitsrat hat mehrfach festgestellt, dass *massive Verletzungen des humanitären Völkerrechts* eine *Friedensbedrohung* iSd Art 39 UN-Charta sind, und hat Maßnahmen ergriffen, zB die Errichtung der Strafgerichtshöfe für das ehemalige Jugoslawien und für Ruanda. Dies macht **95**

---

solcher Vorschriften mit Anspruch auf Vollständigkeit wird vom IKRK auf dem neuesten Stand gehalten: <www.icrc.org/customary-ihl/eng/docs/sr>. Deutschland: Bundesministerium der Verteidigung, ZDV A-2141/1 v 8.8.2017, Humanitäres Völkerrecht in bewaffneten Konflikten; Großbritannien: UK Ministry of Defence, The Manual of the Law of Armed Conflict, 2004; USA: United States Department of Defense Law of War Manual v 12.6.2015; vgl auch *Boothby/Heintschell von Heinegg*, The Law of War, 2018.
600 *Berman*, The ICRC' Advisory Service on International Humanitarian Law, IRRC 312 (1996) 338 ff.
601 *Bothe*, The Role of National Law in the Implementation of International Humanitarian Law, in Études et essais sur le droit international humanitaire et sur les principes de la Croix-Rouge, 1984, 301 (312); *Kornblum*, A Comparison of Self-evaluating State Reporting Systems, IRRC 304 (1995) 39 ff u 305 (1995) 137 ff; *Mohr*, Zum Berichtsverfahren im humanitären Völkerrecht, HV-I 1991, 81 ff; International Law Committee of the Danish Red Cross (Hrsg), Voluntary Review Procedure on National Implementation of International Humanitarian Law, 1998. Ein Berichtsverfahren sollte auch Bestandteil des neuen, jedoch zunächst gescheiterten „compliance mechanism" (Fn 587) sein.
602 *O'Connell*, in Fleck (Hrsg), Handbook, 41 mwN; *Dickinson*, Military Lawyers on the Battlefield, AJIL 104 (2010) 1 ff.
603 Vgl Mandsager (Hrsg), Rules of Engagement Handbook, 2009.
604 S die Nachw bei Rn 89.
605 Dazu oben *Graf Vitzthum*, 1. Abschn Rn 120.

den Sicherheitsrat zu einem wesentlichen Akteur der Durchsetzung des humanitären Völkerrechts.[606] Neben dem Sicherheitsrat bemüht sich der Menschenrechtsrat[607] um die Einhaltung des humanitären Völkerrechts, u a durch Untersuchungskommissionen, und dies mit deutlich anderen politischen Präferenzen als der Sicherheitsrat. Die Beschlüsse des Sicherheitsrats werden geprägt durch die Notwendigkeit der Einigung zwischen den fünf ständigen Ratsmitgliedern, die des Menschenrechtsrats durch die Mehrheit der Dritten Welt. Die dadurch begründete unterschiedliche politische Selektivität der beiden UN-Organe ist unter dem Gesichtspunkt der *rule of law*, die eine am Gleichheitssatz orientierte Praxis der Rechtsdurchsetzung verlangen würde, problematisch.[608] Neben den UN spielen auch Regionalorganisationen für die Beachtung von Menschenrechten und humanitärem Völkerrecht eine Rolle.[609] Aus dem modernen Gesamtbild der Durchsetzung von humanitärem Völkerrecht und Menschenrechten ist die Arbeit von NGOs nicht wegzudenken.[610]

96 Gegen Bedenken der Selektivität gefeit und von großer praktischer Bedeutung ist die Funktion des *IKRK* als *Hüter der Beachtung des humanitären Völkerrechts*.[611] Diese Funktion wird in den Genfer Konventionen und den ZP zwar allenfalls indirekt als Funktion zum Schutz der Opfer formuliert; sie ist aber jedenfalls *gewohnheits-*

---

606 Ausführliche Nachw bei *Nolte*, The Different Functions of the Security Council with respect to Humanitarian Law, in Lowe/Roberts/Welsh/Zaum (Fn 251) 519 ff; *Happold*, UN Sanctions as Human Rights and Humanitarian Law Devices, in van den Herik (Fn 299) 125 ff; *Ugarte*, Security Council Diplomacy on the Protection of Civilians: A Convoluted History, in Willmot u a (Fn 533) 292 ff. Zu einzelnen Maßnahmen des Sicherheitsrats so Rn 48; ferner die Überweisung der in Darfur mutmaßlich begangenen Rechtsverletzungen an den IStGH, S/RES/1593 v 31.3.2005.
607 So *Schmahl*, 4. Abschn Rn 206.
608 Signifikant ist die unterschiedliche Behandlung des Libanon- und des Gaza-Konflikts (2006 bzw 2009) sowie die *Mavi Marmara*-Zwischenfalls (2010, so Fn 570) in beiden Organen. Der SR hat nicht zu den in beiden Fällen behaupteten Verletzungen des *ius in bello* Stellung genommen, sondern auf eine politische Lösung des Konflikts gedrungen (S/RES/1701 v 11.8.2006 bzw 1860 v 8.1.2009). Der Menschenrechtsrat hat in Resolutionen, die praktisch eine Vorverurteilung Israels enthielten, für diese behaupteten Rechtsverletzungen Untersuchungskommissionen eingesetzt (Res S-2/1 v 11.8.2006 u S-9/1 v 12.1.2009, angenommen jeweils gegen die Stimmen bzw bei Enthaltungen der meisten westlichen Staaten). Die Berichte (A/HRC/3/2 v 3.11.2006 u A/HRC/12/48 v 15.9.2009), nach dem Vorsitzenden bekannt als *Goldstone*-Report, kamen zur Feststellung erheblicher Rechtsverletzungen. Im Falle Gaza machte sich der Menschenrechtsrat (Res S-12/1 v 16.10.2009, Abstimmung 25/6/11) die Ergebnisse und Forderungen des Berichts zu eigen. Der SR diskutierte, ohne eine Entscheidung zu versuchen (S/PV.6201 v 14.10.2009). Die Generalversammlung stellte sich hinter den Menschenrechtsrat (A/RES/64/10 v 5.11.2009, Abstimmung 144/18/44). Vgl auch *Binder*, Humanitarian Crises and the International Politics of Selectivity, HRR 10 (2009) 327 ff; eingehend *Bothe*, Tatsachenfeststellung (Fact-finding) als Mittel der Durchsetzung von Menschenrechten und humanitärem Völkerrecht, FS Klein, 2013, 1007 ff. Die neuere Praxis des Menschenrechtsrats bzgl Ermittlungen betrifft Syrien (HRC Resolution S-17/1 v 22.8.2011; 10. Bericht v 13.8.2015, UN Doc A/HRC/3048; Resolution 34/26 v 24.3.2017; Bericht v 9.8.2018, UN Doc A/HRC/39/65), Gaza und die übrigen besetzen Gebiete (Operation Protective Edge 2014, HRC Resolution S-21/1; Bericht v 24.6.2015, UN Doc A/HRC/29/52; Resolution 34/28 v 24.4.2017 u S/28/1 v 18.5.2018), Myanmar (Resolution 34/22 v 24.3.2017; Bericht v 12.9.2018, UN Doc A/HRC/39/64) u Jemen (Bericht v 17.8.2018, UN Doc A/HRC/39/43; Resolution 39/16 v 28.9.2018).
609 Vgl die Nachw o Rn 51.
610 Insbes Human Rights Watch (<www.hrw.org>) und Amnesty International (<www.amnesty.de>), aber auch zahlreiche spezialisierte Organisation wie die Syrische Beobachtungsstelle für Menschenrechte (<www.syriahr.com>).
611 Zur Stellung des IKRK *Gasser*, Interntional Committee of the Red Cross, MPEPIL, Rn 24 ff.

rechtlich anerkannt, auch als Initiativrecht des IKRK bezeichnet. Dies führt dazu, dass das IKRK beim Ausbruch bewaffneter Konflikte und aus gegebener weiterer Veranlassung regelmäßig Appelle an die Konfliktparteien richtet, die anwendbaren Regeln des humanitären Völkerrechts zu beachten. Für die Durchsetzung im Einzelnen setzt das IKRK eher auf die Mittel der diplomatischen Überredung. Jedoch kommt es auch vor, dass es bestimmte Verletzungen des humanitären Völkerrechts durch einzelne Staaten öffentlich benennt und auf diese Weise die politischen Kosten des Konflikts für diese Staaten erhöht. Wichtig ist vor allem die Kontrollfunktion des IKRK bzgl der Behandlung von Kriegsgefangenen. Gemäß Art 126 der III. GK 1949 ist das IKRK ermächtigt, sich an alle Orte zu begeben, wo sich Kriegsgefangene aufhalten. Vertreter des IKRK können sich insbes ohne Zeugen mit den Gefangenen unterhalten. Bei der Frage der Behandlung der Kriegsgefangenen besitzt das IKRK also automatisch die gleichen Funktionen wie eine Schutzmacht,[612] die allerdings durch sein Initiativrecht verstärkt werden. Die Tatsache, dass es sich um *erga omnes*-Verpflichtungen handelt, bedeutet im Übrigen auch, dass dritte Staaten neben dem Opferstaat Schritte zur Durchsetzung des *ius in bello* ergreifen dürfen. Nach Art 1 I der Genfer Konventionen (Verpflichtung, die „Einhaltung durchsetzen") sind sie sogar dazu verpflichtet.[613]

Traditionelle Mittel der Rechtsdurchsetzung finden auch im humanitären Völkerrecht Anwendung. Ein Instrument der einseitigen Rechtsdurchsetzung ist die *Repressalie,*[614] die auch im Kriegsrecht lange Zeit erhebliche Bedeutung hatte. Sie knüpft an den Gedanken der Gegenseitigkeit und der Schadensminimierung an. Durch die Repressalie oder die Drohung mit ihr soll das Interesse der anderen Partei an Schadensminimierung angesprochen werden, um sie zu veranlassen, eine Rechtsverletzung zu beenden. Gerade im Kriegsrecht zeigt sich aber das Problem dieser *Form der einseitigen Rechtsdurchsetzung*. Da es regelmäßig an einer verbindlichen Feststellung der Verletzung einer Rechtsnorm fehlt, wird der Adressat der Repressalie diese als nicht gerechtfertigt, sondern als erste Rechtsverletzung ansehen, die er seinerseits mit einer Repressalie beantworten kann. Die Folge eines solchen Vorgehens ist die Eskalation von Repressalien. Deshalb geht die Bedeutung der Kriegsrepressalie in der Praxis deutlich zurück.[615] Allerdings ist es bei den Verhandlungen zum ZP I nicht gelungen, ihre gänzliche Abschaffung durchzusetzen. Es gelten aber einige *spezifische Repressalienverbote zugunsten besonders geschützter Personen* (Kriegsgefangene, Verwundete und Kranke, Zivilbevölkerung) und *Objekte* (zivile Objekte, Umwelt).[616]

Rechtsdurchsetzung ist auch im Rahmen klassischer Streitbeilegung durch Dritte denkbar. Dies ist ein Element der im humanitären Völkerrecht vorgesehenen Hilfe

---

612 Art 126 Abs 4 III. GK 1949.
613 ICRC, Convention (I), Commentary of 2016, Art 1 Rn 153 ff; *Frutig,* Die Pflicht von Drittstaaten zur Durchsetzung des humanitären Völkerrechts nach Art 1 der Genfer Konventionen von 1949, 2009.
614 Vgl *Schröder,* 7. Abschn Rn 108 ff. Zur kriegsrechtlichen Repressalie *Kalshoven,* Belligerent Reprisals, 1971; *ders,* Belligerent Reprisals Revisited, NYIL 21 (1990) 43 ff; *Nahlik,* From Reprisals to Individual Penal Responsibility, FS Kalshoven, 1991, 165 ff.
615 *Kalshoven* (Fn 614) 376 f; vgl aber *Sutter,* The Continuing Role for Belligerent Reprisals, JCSL 13 (2008) 93 ff.
616 Vgl bereits o Rn 60.

einer dritten Partei zur Sicherung der Rechtsanwendung: das Institut der *Schutzmacht*.[617] Diese hat eine nicht ganz präzise umschriebene Funktion. Ihre Aufgabe ist die „Mitwirkung und Aufsicht" (Art 8 I. GK 1949) bei der Durchführung der Genfer Konventionen. Sie hat also beobachtende Funktionen, ist Bestandteil eines Verfahrens der Rechtssicherung durch Offenlegung, aber auch der Vertrauensbildung durch Kommunikation. Sie hat dabei gleichzeitig die Funktion eines Vermittlers zwischen den Konfliktparteien (Art 11 I. GK 1949). Die Einrichtung der Schutzmacht ist ein *Element konsensualer Rechtsdurchsetzung,* da für die Bestimmung der Schutzmacht das Einverständnis beider Konfliktparteien erforderlich ist. Nach dem Zweiten Weltkrieg ist es freilich nur in ganz seltenen Fällen zur Bestimmung von Schutzmächten gekommen. Ihre Funktionen können auch von einer unparteiischen Organisation als Substitut wahrgenommen werden, insbes vom IKRK (Art 10 I. GK 1949). Von dieser Möglichkeit der Vereinbarung eines Schutzmachtsubstituten ist bislang jedoch nicht Gebrauch gemacht worden. Dies alles zeigt die Schwierigkeiten, denen im Rahmen von bewaffneten Konflikten auch konsensuale Verfahren mit Drittbeteiligung begegnen.[618] Was die Schutzmacht angeht, so hat das IKRK faktisch bedeutende Teile ihrer traditionellen Funktion übernommen ohne formell Substitut zu sein.

99   Klassische internationale Streitbeilegung durch gerichtliche und schiedsgerichtliche Verfahren spielt im humanitären Völkerrecht eine zunehmende Rolle. Der IGH hat mehrfach über Fragen des humanitären Völkerrechts entschieden, insbes im Fall *DRC v Uganda*,[619] ferner über die Beachtung der Völkermord-Konvention in einem bewaffneten Konflikt.[620] Gegenstand dieser Verfahren ist sowohl die Feststellung der Rechtsverletzung als auch die Gewährung von Schadenersatz.[621] Ein speziell zu Fragen des Rechts bewaffneter Konflikte eingesetztes Schiedsgericht ist die Eritrea/Ethiopia Claims Commission.[622] Wie auch bei der Durchsetzung des *ius contra bellum* sind die Möglichkeiten des IGH dadurch begrenzt, dass das Netz der Zuständigkeiten nach Maßgabe der Fakultativklausel des Art 36 Abs 2 IGH-Statut immer noch zu weitmaschig ist.[623] Die parallele Anwendung von Menschenrechten und humanitärem Völkerrecht eröffnet auch die Möglichkeit, die Staatenbeschwerdeverfahren der Menschenrechtsverträge zur Durchsetzung des humanitären Völkerrechts einzusetzen.[624]

100 Zur Zeit der Verabschiedung des ZP I 1977 war allerdings an die vertragliche Verankerung gerichtlicher Streitbeilegung nicht zu denken. Stattdessen greift das

---

617 *Abi-Saab*, Les mécanismes de mise en œuvre du droit humanitaire, RGDIP 82 (1978) 103 (109 ff, 118 ff); *Vöneky*, in Fleck (Hrsg), Handbook, 685 ff.
618 *Abi-Saab* (Fn 617) 128.
619 ICJ Rep 2005, 169.
620 Vgl die IGH-Urteile in den Fällen *Genocide Convention 1 u 2*.
621 Zu Schadenersatzansprüchen wegen Verletzungen des *ius in bello* allgemein *d'Argent* (Fn 159) 505 ff.
622 Die Kommission wurde eingesetzt durch das Abkommen von Algier v 12.12.2004. Die Entscheidungen sind veröffentlicht auf der Website des Ständigen Schiedshofs in Den Haag, <http://www.pca-cpa.org/>. Vgl den Bericht des UN-Generalsekretärs S/2003/858, § 15.
623 *Bothe* (Fn 160) 150.
624 Davon hat bis jetzt nur Georgien gegen die Russische Föderation Gebrauch gemacht; vgl die Informationen in EuGRZ 2008, 556.

ZP I ein traditionelles Verfahren auf, das der Rechtsdurchsetzung durch Offenlegung dient, nämlich die Untersuchung, die in Gestalt der *Internationalen Ermittlungskommission* (International Humanitarian Fact Finding Commission, Art 90 ZP I) vervollkommnet wird.[625] Sie soll in Fällen, in denen die Verletzung des humanitären Völkerrechts geltend gemacht wird, die Tatsachen ermitteln und feststellen, ohne aber einen Ausspruch über das Vorliegen einer Rechtsverletzung zu tun. Ihre Zuständigkeit ist nicht für alle Vertragsparteien des Protokolls gegeben, sondern nur für diejenigen, die diese durch eine besondere Erklärung anerkennen. Eine solche Erklärung haben 77 Staaten abgegeben, darunter 38 europäische Staaten.[626] Ferner kann ein Fall der Kommission auch ad hoc unterbreitet werden. Sie kann auch selbst ihre guten Dienste anbieten. Bislang ist dieses Verfahren nur einmal angewandt worden.

Ein wesentliches Element der Sicherung der Beachtung des humanitären Völkerrechts ist das *Strafrecht*, dem eine verbreitete Meinung eine abschreckende Wirkung beimisst, was die individuelle Motivation zur Rechtstreue beeinflussen soll. Ob dies tatsächlich der Fall ist, kann man bezweifeln. Jedenfalls sind alle Vertragsparteien der Genfer Konventionen verpflichtet, schwere Verstöße gegen dieselben unter Strafe zu stellen. Der Kreis dieser strafwürdigen Verstöße ist durch das ZP I noch erweitert worden.[627] Freilich hat es lange Zeit wenig Praxis der Strafverfolgung und eine große Zahl von Fällen ungeahndeter Kriegsverbrechen gegeben. Die Gründe hierfür sind vielschichtig. Häufig *fehlt Staaten der politische Wille*, für eine Bestrafung eigener Soldaten zu sorgen, während sie bei gefangenen Soldaten der Gegenseite, wenn diese an sich wegen Kriegsverbrechen belangt werden könnten, mit einer Strafverfolgung aus Rücksicht auf das Schicksal der Gefangenen, die sich in der Hand des Gegners befinden, zögern.[628] Dennoch kann man nicht sagen, dass die strafrechtliche Ahndung von Verletzungen des Kriegsrechts praktisch bedeutungslos ist. Strafbarkeit gehört sicherlich auch zu der Dokumentation des Unrechtsgehalts solcher Verletzungen und ist damit ein wichtiges Element der Internalisierung von Normen. Mit der Aburteilung von Kriegsverbrechen wird dem gesellschaftlichen Bedürfnis Rechnung getragen, solche Taten nicht ungesühnt zu lassen, und damit auch ein Beitrag zur Wiederherstellung des Friedens geleistet. Dies ist die Funktion des vielfach angemahnten Kampfes gegen Straflosigkeit *(impunity)*.[629] Neben die strafrechtliche Verfolgung von Verletzungen des humanitären Völkerrechts durch den Staat des Täters tritt die Bestrafung durch die Gerichte anderer Staaten als der des Heimatstaats des

---

625 *Partsch*, in *Bothe/Partsch/Solf*, New Rules, 610 ff; *Bothe*, Fact-finding as a Means of Ensuring Respect for International Humanitarian Law, in Heintschel von Heinegg/Epping (Fn 422) 249 ff; *Mikos-Skuza*, The International Humanitarian Fact-finding Commission, FS Bothe, 2008, 481 ff; *Roach/Krill*, The International Fact-Finding Commission, IRRC 73 (1991) 167 ff. Vgl auch *Roach*, The International Fact-Finding Commission, IIHLY 1989–90, 69 ff; *Condorelli*, La Commission internationale humanitaire d'établissement des faits, IRRC 83 (2001) 393 ff.
626 Stand 31.1.2019. Aktuelle Informationen unter <www.ihffc.org>.
627 *Partsch*, in *Bothe/Partsch/Solf*, New Rules, 577 ff; *Bothe* (Fn 564) 115 ff; dazu auch *Cameron*, Individual Responsibility under National and International Law for the Conduct of Armed Conflict, FS Bring, 2008, 39 ff.
628 *Bothe* (Fn 564) 125.
629 *Meron*, Closing the Accountability Gap: Concrete Steps Towards Ending Impunity for Atrocity Crimes, AJIL 112 (2018) 433 ff; vgl idS die Res des SR zum Darfur-Konflikt, S/RES/1593 v 31.3.2005; vgl *Bothe* (Fn 233) 14.

Täters nach dem Grundsatz der *universal jurisdiction*, heute ein wesentlicher Aspekt der Durchsetzung des humanitären Völkerrechts und Ausdruck der Tatsache, dass es sich um *erga omnes*-Pflichten handelt.[630] Für schwere Verletzungen der Genfer Konventionen besteht sogar eine Pflicht zur Verfolgung nach Maßgabe der *universal jurisdiction* oder zur Auslieferung an einen verfolgungswilligen Staat.[631]

102 Mit der Einrichtung der *UN-Gerichtshöfe zur Aburteilung von Kriegsverbrechen* im ehemaligen Jugoslawien[632] und in Ruanda[633] hat eine neue Entwicklung der strafrechtlichen Ahndung von Verstößen gegen das humanitäre Völkerrecht durch internationale Organe begonnen. Durch die Rechtsprechung der beiden Gerichtshöfe wurde ein wichtiger Beitrag zur Klärung und damit auch zur Entwicklung des humanitären Völkerrechts geleistet. Schließlich hat ihr Wirken auch politisch den Boden für die Errichtung eines ständigen internationalen Strafgerichtshofs bereitet. Auf der Grundlage von Vorarbeiten der ILC wurde 1998 in Rom das Statut des Internationalen Strafgerichtshofs (IStGH) angenommen, das 2002 in Kraft trat.[634] Parallel dazu sind weitere ad hoc-Strafgerichtshöfe errichtet worden, allerdings nicht als rein internationale, sondern als gemischte („hybride") Gerichte, so für Sierra Leone und für Kambodscha.[635] Der IStGH hat seine Arbeit 2003 aufgenommen.[636] Aufgrund

---

630 Die Grenzen dieser Möglichkeit sind im Einzelnen str; vgl dazu *Bantekas*, Criminal Jurisdiction of States under International Law, MPEPIL II, 861 (Rn 22ff); *Werle*, Völkerstrafrecht, 3. Aufl 2012, Rn 189; Macedo (Hrsg), Universal Jurisdiction, 2004. Für die gewohnheitsrechtliche Geltung des Prinzips vgl die IKRK-Studie, Bd 1, 604 ff; zur Praxis in europäischen Staaten *Kaleck*, From Pinochet to Rumsfeld, Michigan JIL 30 (2009) 927 ff; zur Lage in Deutschland *Bothe*, La juridiction universelle en matière de crimes de guerre, FS Salmon, 2007, 833 ff; *Ryngaert*, Universal Jurisdiction over Violations of International Humanitarian Law in Germany, RDMDG 47 (2008) 377 ff; *Weill*, The Role of National Courts in Applying International Humanitarian Law, 2014; in Deutschland ist Grundlage für die Ausübung dieser Gerichtsbarkeit das Völkerstrafgesetzbuch.
631 Vgl Art 49, 50, 129 u 146 GK.
632 Statute of the International Tribunal, S/RES/827 v 25.5.1993; vgl auch Draft of the International Law Commission for an International Criminal Tribunal (with Commentary), ILM 33 (1994) 258 ff; Fischer/Lüders (Hrsg), Völkerrechtliche Verbrechen vor dem Jugoslawien Tribunal, nationalen Gerichten und dem internationalen Strafgerichtshof, 1999; *Heinsch*, Die Weiterentwicklung des humanitären Völkerrechts durch die Strafgerichtshöfe für das ehemalige Jugoslawien und Ruanda, 2007; McCormack/Simpson (Hrsg), The Law of War Crimes, 1997; *Nowlan*, Die Regelung des Statuts des Strafgerichtshofs nach Resolution 827 des Sicherheitsrates der Vereinten Nationen, HV-I 1993, 160 ff; *Roggemann*, Die internationalen Strafgerichtshöfe der Vereinten Nationen, 2. Aufl 1997; *O'Brien*, The International Tribunal for Violations of International Humanitarian Law in the Former Yugoslavia, AJIL 87 (1993) 639 ff; *Castillo*, La compétence du Tribunal pénal pour la Yougoslavie, RGDIP 98 (1994) 61 ff; *Oellers-Frahm*, Das Statut des Internationalen Strafgerichtshof zur Verfolgung von Kriegsverbrechen im ehemaligen Yugoslawien, ZaöRV 54 (1994) 416 ff; *Crawford* (Fn 161) 404. Zum Verhältnis von nationaler und internationaler Gerichtsbarkeit *Wolfrum*, Prosecution of International Crimes by International and National Criminal Courts, FS Arangio-Ruiz, 2007, 2199 ff.
633 Statute for the Criminal Tribunal, S/RES/955 v 8.11.1994.
634 Vgl *Schröder*, 7. Abschn Rn 44, 46, 49 f, 51 f mwN; *Ambos*, Der neue IStGH, NJW 1998, 3743 ff; *Arsanjani*, The Rome Statute of the International Criminal Court, AJIL 93 (1999) 22 ff; zum Verhältnis zur nationalen Gerichtsbarkeit *Bothe*, Complementarity, Friedens-Warte 83 (2008) 59 ff.
635 *Dickinson*, The Promise of Hybrid Courts, AJIL 97 (2003) 295 ff; *Linton*, New Approaches to International Justice in Cambodia and East Timor, IRRC 84 (2002) 93 ff; *McDonald*, Sierra Leone's Shoestring Special Court, ebd 121 ff.
636 *Schöder*, 7. Abschn, Rn 55 f; *Stein*, Der Internationale Strafgerichtshof – Start über Stolpersteine, FS Fleck, 2004, 559 ff; Bewertung der bisherigen Arbeit: *Jo/Radtke/Simmons*, Assessing the International Criminal Court, in Squatrito u a (Fn 420) 193 ff.

der 2008 beschlossenen Verschmelzung des Gerichtshof der Afrikanischen Union und des African Court of Human and Peoples' Rights soll ein regionales afrikanisches Gericht für Menschenrechte entstehen, das auch ausgedehnte internationalstrafrechtliche Zuständigkeiten besitzt, die weit über das Recht bewaffneter Konflikte hinausgehen und dabei besondere afrikanische Anliegen verwirklichen.[637]

Infolge der Parallelität von humanitärem Völkerrecht und Menschenrechtsschutz werden immer mehr auch die Rechtsschutzinstanzen des internationalen Menschenrechtsschutzes zu Akteuren der Durchsetzung des humanitären Völkerrechts,[638] und zwar aufgrund der Möglichkeit individueller Rechtsbehelfe, insbes vor dem EGMR,[639] im Rahmen der Amerikanischen Menschenrechtskonvention aufgrund von Entscheidungen der Kommission.[640] Daneben besteht die Forderung, dass den Opfern von Verletzungen des humanitären Völkerrechts auch innerstaatliche Rechtsbehelfe zur Verfügung stehen müssen. Die Durchsetzung von Ansprüchen geschädigter Personen vor innerstaatlichen Gerichten, insbes Ansprüche auf Schadenersatz, und zwar sowohl vor den Gerichten des Schädiger-Staats als auch vor den Gerichten anderer Staaten, ist im Vordringen.[641]

103

---

637 Statut v 2008, ergänzt durch das Protokoll von Malabo v 2014.
638 S o Rn 60; *Bothe* (Fn 160) mwN; *Zimmermann*, Responsibility for Violations of International Humanitarian Law, International Criminal Law and Human Rights Law, in Heintschel von Heinegg/Epping (Fn 422) 215 ff.
639 Zur einschlägigen Rechtsprechung des EGMR vgl *Bothe*, Humanitäres Völkerrecht und Schutz der Menschenrechte, FS Tomuschat, 2006, 63 (70 f); *Şimşek*, Die Kurden- und Tschetschenienfälle vor dem Europäischen Gerichtshof für Menschenrechte, HV-I 28 (2015) 171 ff; zu den Tschetschenien-Entscheidungen auch *Irmscher*, Menschenrechtsverletzungen und bewaffneter Konflikt, EuGRZ 33 (2006) 11 ff; *Sauer/Wagner* (Fn 119) 68 ff.; Rspr: *Loizidou, Banković, Kurden-Fälle, Tschetschenien-Fälle*; die neueste Rspr betr Freiheitsentziehung durch brit Truppen im Irak: *Al Skeini, Al Jedda* u, *Hassan*; dazu *Geiß* (Fn 427) 460 ff; zu Fragen der Zurechnung *Ilascu*.
640 Vgl die Aufarbeitung der Rechtsprechung der Kommission in ihrem Bericht in der Sache *Aisalla*, Ecuador v Kolumbien, Rep No 112/10 v 21.10.2010, §§ 78 ff.
641 IdS nunmehr unter Aufarbeitung der Praxis: ILA, 76th Conference 2014, Res 1/2014: Declaration "Procedural Principles for Reparation Mechanisms"; Grundlage: International Committee on Compensation for Victims of War, Washington Conference 2014, Report; The Hague Conference 2010: 74th Conference 2010, Resolution 2/2010: Declaration of International Law Principles on Reparation for Victims of Armed Conflicts (Substantive Issues). Zu Schadensersatzfragen *Heintschel von Heinegg*, Entschädigung für Verletzungen des humanitären Völkerrechts, BerDGVR 40 (2001) 1 ff; zu den Ansprüchen vor innerstaatlichen Gerichten *Heß*, Kriegsentschädigung aus kollisionsrechtlicher und rechtsvergleichender Sicht, ebd 107 ff. Wegen möglicherweise völkerrechtswidriger Bombardierungen während der Kosovo-Aktion der NATO ist es in mehreren Staaten zu Schadenersatzklagen gekommen. In der BR Deutschland wurde eine solche vom BGH abgewiesen (Urt v 2.11.2006, Az III ZR 190/05), die Verfassungsbeschwerde wurde vom BVerfG nicht zur Entscheidung angenommen (Beschluss v 13.8.2013, 2 BvR 2660/06); vgl *Jaksic*, Direktklagen von Konfliktopfern gegen Staaten, HV-I 22 (2009) 154 ff; zu den besonderen Problemen massenhaft erhobener Ansprüche vgl auch *Brillmayer/Giogetti/Charlton*, International Claims Commissions, 2017. Eine Res der Human Right Commission verlangt, dass den Opfern von Verletzungen des humanitären Völkerrechts ein effektiver innerstaatlicher Rechtsweg zur Durchsetzung diesbezüglicher Schadensersatzansprüche zur Verfügung stehen muss (Res 2005/35 v 19.4.2005). Dazu *Tomuschat*, Reparation in Favour of Individual Victims of Gross Violations of Human Rights and International Humanitarian Law, FS Caflisch, 2007, 569 ff; *Fischer-Lescano*, Subjektivierung völkerrechtlicher Sekundärregeln, AVR 45 (2007) 299 ff; *Hofmann*, Victims of Violations of International Humanitarian Law, FS Tomuschat, 2006, 341 ff; *Perrakis*, De la réparations des victimes des violations du droit international humanitaire et l'affaire des «Réparations de guerre allemandes» en Grèce, FS Bothe, 2008, 523 ff; *Schwager*, Ius bello durante et bello confecto, 2008; *Stammler*, Der Anspruch von Kriegsopfern auf Schadenersatz, 2009; *Bong*, Compensation for

3. Konfliktparteien und dritte Staaten (Neutralitätsrecht)
a) Grundlagen

104 Mit *Neutralität* wird der durch das Völkerrecht definierte Status des an einem bewaffneten Konflikt nicht beteiligten Staates umschrieben.[642] Dieser Status hat bestimmte Rechte und Pflichten im Verhältnis zwischen den neutralen und den kriegführenden Staaten zur Folge. Auf der einen Seite steht das *Recht* des neutralen Staats, durch den Konflikt unbehelligt zu bleiben, also *nicht beeinträchtigt zu werden*. Auf der anderen steht die *Pflicht zur Nichtteilnahme* und *Unparteilichkeit*. Das Recht, nicht beeinträchtigt zu werden, bedeutet, dass die Beziehungen zwischen den neutralen und den kriegführenden Staaten solche des Friedensrechts sind, die nur in bestimmten Punkten durch das Neutralitätsrecht modifiziert werden.[643] Insbes hat der Neutrale gewisse Kontrollen im Bereich des Seehandels zu dulden.[644] Die Pflicht zur Nichtteilnahme und Unparteilichkeit ist das notwendige Gegengewicht zum Recht, nicht beeinträchtigt zu werden.

105 Pflicht zur Nichtteilnahme bedeutet vor allem *Unterlassen von Unterstützungshandlungen* zugunsten einer Konfliktpartei *(duty of abstention)*. Pflicht zur Unparteilichkeit bedeutet keine Pflicht einer schematischen Gleichbehandlung. Sie ist ein *Diskriminierungsverbot*, dh sie verbietet eine differenzierende Behandlung der Kriegführenden, die angesichts der besonderen Problemlage des bewaffneten Konflikts nicht gerechtfertigt ist.[645] Da Neutralität nicht zur schematischen Gleichbehandlung verpflichtet, sind bestehende Unterschiede in den Handelsbeziehungen zwischen den neutralen und den jeweiligen Konfliktparteien bei Ausbruch des bewaffneten Konflikts nicht etwa einzuebnen. Vielmehr ist der Neutrale berechtigt, die bestehenden Handelsbeziehungen fortzuführen (Prinzip des *courant normal*);[646] eine Veränderung der Handelsbeziehungen zugunsten eines Kriegführenden wäre freilich eine mit dem Neutralitätsstatus unvereinbare Parteinahme. Das Verbot von Unterstützungshandlungen bedeutet auch, dass der neutrale Staat nicht dulden darf, wenn sich eine Konfliktpartei gegen seinen Willen seiner Ressourcen bedient. Deshalb gehört auch die *Verteidigung der Neutralität* zu den *Pflichten* der Nichtbeteiligung. Das Regime von Rechten und Pflichten der Neutralen insgesamt ist ein wichtiges *Instrument der Konfliktbegrenzung*. Durch die Unterscheidung zwischen neutralen und konfliktbeteiligten Staaten verhindert das Völkerrecht, dass immer mehr Staaten in einen Konflikt hineingezogen werden. Die Neutralen können den Konfliktparteien helfen, Beziehun-

---

Victims of Wartime Atrocities, JICJ 3 (2005) 187 ff; *Abdelrehim*, Das Recht des Individuums auf Wiedergutmachung nach humanitärem Völkerrecht, HVI 26 (2013) 178 ff. Zu Individualrechten von Kriegsgefangenen *Stuke* (Fn 528) 416 ff. Zur Rolle innerstaatlicher Gerichte bei der Durchsetzung des humanitären Völkerrechts in verschiedenen Staaten vgl auch die Beiträge in Jinks/Maogoto/Solomon (Hrsg), Applying International Humanitarian Law in Judicial and Quasi-Judicial Bodies, 2014, 317 ff; eine umfassende Darstellung verschiedener Aspekte des Problems sind die Beiträge in ZaöRV 78 (2018) 519 ff.

642 *Bothe*, Neutrality, Concept and General Rules, MPEPIL VII, 617 ff; *Schindler*, Transformations in the Law of Neutrality since 1945, FS Kalshoven, 1991, 367 ff; *Bothe*, The Law of Neutrality, in Fleck (Hrsg), Handbook, 549 ff; *Upcher*, Neutrality in Contemporary International Law, 2015; *Seger*, The Law of Neutrality, in Clapham/Gaeta (Hrsg), Oxford Handbook, 248 ff.
643 *Bothe*, in Fleck (Hrsg), Handbuch, 549 ff.
644 Dazu u Rn 115 f.
645 Vgl Art 9 Haager Abkommen Nr V 1907.
646 *Castrén*, The Present Law of War and Neutrality, 1954, 454 ff.

gen aufrechtzuerhalten oder herzustellen, die zu einer Linderung des Leidens der Konfliktopfer (etwa durch Hilfsaktionen oder Austausch von Nachrichten) führen und schließlich den Weg zum Frieden ebnen (zB durch Vermittlung von Waffenstillständen).[647]

Bereits unter dem Briand-Kellogg-Pakt, noch mehr jedoch nach Inkrafttreten der UN-Charta ist bezweifelt worden, ob das aus dem überkommenen Neutralitätsrecht folgende Gebot der *Unparteilichkeit*, dh der Nichtdiskriminierung der Konfliktparteien, *mit der Ächtung des Angreifers noch vereinbar* ist. Es wurde vielfach für obsolet gehalten.[648] Demgegenüber ist daran festzuhalten, dass die Unparteilichkeit des Neutralen eine wichtige Funktion jedenfalls solange behält, als die Möglichkeit einer verbindlichen Entscheidung darüber, wer in einem bestimmten Konflikt der Angreifer ist und wer das Opfer, faktisch nicht gegeben ist.[649] Wenngleich die UN-Charta die Möglichkeit einer *verbindlichen Entscheidung des Sicherheitsrats* darüber vorsieht, ob ein bewaffneter Angriff vorliegt und welcher Staat der Angreifer ist, waren solche Entscheidungen angesichts der Polarisierung zwischen den beiden Supermächten lange politisch nicht möglich. Die Entwicklung nach dem Ende des Kalten Kriegs hat die Entscheidungsfähigkeit des Sicherheitsrats zwar erheblich verstärkt, doch sind Blockaden auch für die Zukunft nicht auszuschließen. Zudem vermeidet der Sicherheitsrat auch immer wieder klare Aussagen über die Frage, wer Angreifer ist und wer nicht.[650] Darüber hinaus ist zu betonen, dass die UN-Charta zwar ein Recht auf kollektive Selbstverteidigung, dh ein Recht aller Staaten, einem angegriffenen Staat zu helfen, vorsieht, jedoch keine Pflicht zu einer solchen Hilfeleistung.[651] Somit ist es nicht rechtswidrig, wenn ein Staat von der Unterstützung des Opfers einer Aggression absieht, dh unparteilich, neutral bleibt.[652] Dies ist nur dann und insoweit anders, als der Sicherheitsrat von der Möglichkeit Gebrauch macht, nach Kap VII der UN-Charta Staaten zur Hilfeleistung für das Opfer einer Aggression und zur Unterstützung ggf beschlossener Zwangsmaßnahmen der UN zu verpflichten (Art 42, 43, 48 UN-Charta).[653] Dies bedeutet, dass die überkommene Neutra-

---

647 *Castrén* (Fn 646) 443; *Bindschedler,* Die Neutralität im modernen Völkerrecht, ZaöRV 17 (1956/57) 1 (13 f).
648 *Bindschedler* (Fn 647) 9, 13; *Castrén* (Fn 646) 433 ff.
649 *Heintschel von Heinegg,* Wider die Mär vom Tode des Neutralitätsrechts, FS Fleck, 2004, 221 (232 ff).
650 Res wie S/RES/660, abgedr in VN 38 (1990) 146, wo die Invasion des Irak in Kuwait als „Bruch" des Friedens erklärt wurde (freilich nicht als Angriffshandlung), sind nach wie vor die Ausnahme. Bei den Res zur Lage in zerfallenden Staaten wird auf eine „Situation" abgestellt, die eine „Bedrohung" des internationalen Friedens darstelle. Vgl zB S/RES/941 u 942 v 23.9.1994 (Bosnien-Herzegowina), abgedr in VN 42 (1994) 225; S/RES/859 v 24.8.1993 (Bosnien-Herzegowina), abgedr in VN 42 (1994) 26; vgl o Rn 44 zur Friedensbedrohung. Bei zahlreichen Militäraktionen Israels, vom SR als Verletzung der UN-Charta bezeichnet, wurde auch nicht ausdrücklich gesagt, dass eine Verletzung des Gewaltverbots vorliege. Es wird vielmehr auf eine Feststellung, dass eine Situation iSd Art 39 UN-Charta vorliege, ja sogar auf eine Paraphrasierung des Texts des Art 39 („Friedensbruch" o ä) verzichtet, vgl zB S/RES/262 (Angriff auf Flughafen in Beirut), abgedr in VN 17 (1969) 31; S/RES/265 (Angriffe auf jordanische Dörfer), abgedr in VN 17 (1969) 64; S/RES/487 (Angriff auf irakischen Atomreaktor in Bagdad), abgedr in VN 29 (1981) 136.
651 Vgl *Randelzhofer/Nolte* (Fn 87) Rn 47 f. Eine Verpflichtung kann allerdings in Verträgen über militärischen Beistand enthalten sein.
652 *Schindler* (Fn 642) 373.
653 *Schindler,* in ders/Hailbronner, Grenzen, 3 ff.

litärspflicht der Nichtbeteiligung und Unparteilichkeit durch die UN-Charta nicht etwa abgeschafft wurde,[654] sondern dass sie nur im Einzelfall durch eine verbindliche Entscheidung des Sicherheitsrats außer Kraft gesetzt werden kann. Dabei kann der Sicherheitsrat hinsichtlich der Unterstützungspflichten einzelner Staaten auch Unterschiede machen.[655] Das bedeutet, dass selbst dann, wenn er von seinen Befugnissen nach Kap VII UN-Charta Gebrauch macht, Neutralität möglich bleibt. Dies ist letztlich durch eine Auslegung der einschlägigen Res des Sicherheitsrats zu ermitteln.[656]

107 Nicht-militärische Zwangsmaßnahmen sehen häufig den Abbruch der Handelsbeziehungen und die Blockierung des Zahlungsverkehrs vor, die allen UN-Mitgliedstaaten zur Pflicht gemacht werden.[657] In einem solchen Fall muss vom erwähnten Grundsatz des *courant normal* abgewichen werden; es liegt eine klare Modifikation der Neutralitätsregeln vor.

108 Der völkerrechtlich definierte Status der Neutralität wird wirksam mit dem Ausbruch eines internationalen bewaffneten Konflikts zwischen anderen Staaten. Damit stellt sich die Frage, was als *bewaffneter Konflikt* iSd Neutralitätsrechts anzusehen ist, wo mit anderen Worten die *Anwendungsschwelle für das Neutralitätsrecht* liegt.[658] Das Neutralitätsrecht bedeutet nicht unerhebliche Veränderungen der Beziehungen zwischen den neutralen und den kriegführenden Staaten, zB bei der Frage der Zulässigkeit von Rüstungsexporten, des Aufenthalts von Kriegsschiffen der Konfliktparteien in neutralen Gewässern und der Kontrolle des neutralen Handels. Diese grundlegenden Veränderungen können nicht bereits bei jedem bewaffneten Zwischenfall eintreten, sondern setzen eine bewaffnete Auseinandersetzung einer gewissen Dauer und Intensität voraus. Damit ist die Anwendungsschwelle für das Neutralitätsrecht wohl höher als diejenige für kriegsrechtliche Regelungen über die Kampfführung und die Behandlung von Gefangenen, die auch bei Konflikten geringerer Intensität anwendbar sind. Eine überkommene und in der Lit,[659] aber auch in Äußerungen staatlicher Organe[660] immer noch vertretene These geht dahin, dass die Anwendung des Neutralitätsrechts einen „Krieg im Rechtssinne" voraussetze. Ob und inwieweit diese Aussage für den gegenwärtigen Stand des Gewohnheitsrechts zutrifft, hängt letztlich davon ab, was man eigentlich unter einem Krieg im Rechtssinne versteht. Nach der bereits oben[661] abgelehnten Meinung, dass ein subjektives Element zu dem Vorliegen einer bewaffneten Auseinandersetzung hinzukommen müsse, könnte ein Staat einfach durch die Erklärung, keinen Krieg führen zu wollen, alle Beschränkungen vermeiden, die das Neutralitätsrecht Konfliktparteien aufer-

---

654 Davon geht auch der IGH in seinem Gutachten zur Unrechtmäßigkeit des Einsatzes von Atomwaffen aus, vgl ICJ Rep 1996, 66 ff bzw 226 ff (§ 88f).
655 Art 48 Abs 1 UN-Charta.
656 Diese kann schwierige Fragen aufwerfen. Bei der amerikanisch-britischen Intervention im Irak 2003 beriefen sich die Staaten auf eine Ermächtigung durch den SR (so Rn 24). Das hätte dann möglicherweise die Folge, dass keine neutralitätsrechtlichen Pflichten dritter Staaten bestanden.
657 S/RES/664 v 6.8.1990, abgedr in VN 38 (1990) 146.
658 Dazu *Bothe*, in Fleck (Hrsg), Handbook, 555 ff mwN; *ders* (Fn 62) 205 f; eingehend auch *Oeter*, Neutralität und Waffenhandel, 1992, 77 ff.
659 *Castrén* (Fn 646) 423; *Bindschedler* (Fn 647) 9 f; *Greenwood*, Comments, in Dekker/Post (Fn 59) 212 f; vgl auch *Schindler* (Fn 642) 374 ff.
660 Vgl die eingehenden Nachw bei *Greenwood* (Fn 659) 212 f.
661 Vgl o Rn 62.

legt. Für nicht am Konflikt beteiligte Staaten bietet diese Konstruktion eine gute Ausrede, sich nicht an das Verbot von Unterstützungsleistungen halten zu müssen. IdS ist sie auch immer wieder genutzt worden.[662] Dies ist inakzeptabel. Die Anwendungsschwelle des Neutralitätsrechts ist darum von seinem Sinn und Zweck her zu bestimmen. Dies bedeutet, dass Neutralitätsrecht immer dann angewandt werden muss, wenn ein Konflikt vorliegt, der ein Ausmaß erreicht hat, das seine rechtliche Eingrenzung durch die Anwendung von Neutralitätsrecht sinnvoll und notwendig macht. Hierfür können keine ganz eindeutigen generellen Festlegungen getroffen werden. Allgemein kann nur gesagt werden, dass es sich um einen Konflikt einer „gewissen" Dauer und Intensität handeln muss.

Staaten, die an einem Konflikt unterhalb der Anwendungsschwelle des Neutralitätsrechts nicht beteiligt sind, sind nicht neutral, dh unterliegen nicht den neutralitätsrechtlichen Pflichten.[663] In diesem Zusammenhang wird die Frage erörtert, ob es einen *besonderen Status der Nichtkriegführung* gebe, der zwischen Konfliktbeteiligung und Neutralität stehe.[664] Hier müssen zwei Fragen auseinander gehalten werden. Einmal geht es um die Stellung unbeteiligter Staaten in Konflikten, auf die das Neutralitätsrecht nicht anwendbar ist. Zum anderen geht es um die Frage, ob auch bei Konflikten, auf die an sich dieses Recht anwendbar ist, ein solcher Zwischenstatus der Nichtkriegführung möglich ist. So haben sich insbes die USA vor ihrem Eintritt in den Zweiten Weltkrieg als „nichtkriegführend", jedoch nicht als neutral angesehen, da sie Großbritannien in einer Weise unterstützten, die mit den neutralitätsrechtlichen Nichtbeteiligungspflichten nicht vereinbar war.[665] Wenngleich es eine ganze Reihe von Fällen unerklärter oder stillschweigender „Nichtkriegführung" gibt, kann von einer hinreichend einheitlichen und allgemeinen Praxis, die es möglich machen würde, die Nichtkriegführung als ein neues Institut des völkerrechtlichen Gewohnheitsrechts anzusehen, nicht gesprochen werden. Die Fälle der sog Nichtkriegführung waren entweder solche, in denen ein Konflikt, der das Neutralitätsrecht anwendbar machte, nicht vorlag (oder der jedenfalls in dieser Weise eingeschätzt werden konnte),[666] oder es handelte sich um Verletzungen der anwendbaren Regeln des Neutralitätsrechts.[667]

---

662 *Bindschedler* (Fn 647) 9, 13.
663 Deshalb formuliert das ZP I korrekt, wenn Rechte und Pflichten für nicht am Konflikt beteiligte Staaten auch in den Fällen geschaffen werden sollen, in denen das Neutralitätsrecht nicht anwendbar ist: „neutrale und andere nicht am Konflikt beteiligte Staaten", vgl Art 9 Abs 2, Art 19, Art 31, Art 37 Abs 1, Art 39 Abs 1, Art 64 Abs 1 ZP I.
664 *Bindschedler* (Fn 647) 9, 13 f.
665 *Bindschedler* (Fn 647) 9, 12 f.
666 *Heintschel von Heinegg*, „Benevolent" Third States in International Armed Conflicts, FS Dinstein, 2007, 543 ff.
667 *Bindschedler* (Fn 647) 9, 13 f. Ein solcher Fall war die Unterstützung des Irak durch einige arabische Staaten und die USA während des ersten Golfkriegs. Vgl *Momtaz*, Iran, Commentary, in De-Guttry/Ronzitti (Hrsg), The Iran-Iraq War and the Law of Naval Warfare, 1993, 19 (28 ff); *Mehr*, Neutrality in the Gulf War, ODIL 20 (1989) 105 f. Während des Irak-Konflikts 2003 hat die BR Deutschland zugunsten der USA Neutralitätsrecht, so es denn anwendbar war, insbes dadurch verletzt, dass sie gestattete, dass die USA ihre Kampfhandlungen gegen den Irak von deutschem Gebiet aus starteten, *Heintschel von Heinegg* (Fn 649) 224 ff. Wenn allerdings die in Rn 24 dargestellte amerikanische These doch zutraf, dass es sich um eine vom SR autorisierte Aktion handelte, war Neutralitätsrecht nicht anwendbar und die Haltung der BR Deutschland völkerrechtlich nicht zu beanstanden. Eine klare Aussage Deutschlands zu dieser Frage existiert, soweit ersichtlich, nicht. Italien hat sich dagegen

b) Unverletzlichkeit des neutralen Gebiets

110 Das grundlegende Recht des neutralen Staats, durch den bewaffneten Konflikt nicht beeinträchtigt zu werden, zeigt sich insbes am Grundsatz der Unverletzlichkeit des neutralen Staatsgebiets. Dies bedeutet vor allem, dass die *Konfliktparteien* sich mit ihren Truppen *vom Gebiet des neutralen Staats fernzuhalten* haben. Sie dürfen dieses in keiner Weise für ihre kriegerischen Aktionen nutzen, auch nicht zum Durchzug oder zu ähnlichen Zwecken.[668] Dabei ist wiederum zu betonen, dass diese Regel ohne Rücksicht darauf gilt, ob eine Konfliktpartei Angreifer oder Opfer eines Angriffs ist. Das dem Opfer zustehende Selbstverteidigungsrecht rechtfertigt nicht den Einsatz kriegerischer Mittel, die nach den Regeln des Kriegsvölkerrechts verboten sind. Es rechtfertigt auch nicht militärische Maßnahmen gegen Staaten, die nicht selbst einen Angriff verübt haben, selbst wenn eine Inanspruchnahme des Territoriums eines solchen Staats zu einer militärisch sinnvollen Ausübung des Selbstverteidigungsrechts nützlich oder gar erforderlich ist. Das *Selbstverteidigungsrecht* ist *kein umfassendes Selbsthilferecht gegenüber unbeteiligten Staaten.*[669] Die Regel der Unverletzlichkeit des neutralen Gebiets gilt nicht nur für das Landgebiet, sondern auch für die Hoheitsgewässer und für den darüber liegenden Luftraum.[670] Unverletzlichkeit des Gebiets des neutralen Staats bedeutet auch, dass dieser von etwaigen Nebenwirkungen der Kampfhandlungen verschont bleiben muss. Die Konfliktparteien besitzen kein Recht, durch Kampfhandlungen, die zwischen ihnen stattfinden, das Gebiet neutraler Staaten zu beschädigen.[671] Hier liegt eine wichtige neutralitätsrechtliche *Schranke für den Einsatz von Waffen,* die weiträumige Schäden, insbes Umweltschäden verursachen.[672]

c) Neutralitätspflichten der Nichtteilnehmer

111 Das Gegenstück zum Recht des Neutralen, nicht durch den Konflikt beeinträchtigt zu werden, ist seine Pflicht zu verhindern, dass sein Territorium von einer Konfliktpartei zum Ausgangspunkt militärischer Maßnahmen gemacht wird. Deshalb muss er jeden Versuch einer Konfliktpartei, sein Territorium für kriegerische Maßnahmen in Anspruch zu nehmen, etwa durch einen Einmarsch, Durchmarsch, Durchfahrt oder Überflug,[673] mit allen zur Verfügung stehenden Mittel verhindern. Allerdings ist diese Verpflichtung auf die dem Neutralen nach Lage der Dinge zumutbare Gegenwehr beschränkt. Sie verpflichtet ihn nicht zum „Selbstmord". Im Zusammenhang mit dieser *Verpflichtung zur Verteidigung der Neutralität* wird diskutiert, ob und in-

---

offiziell als „nicht-kriegführend" angesehen, *Ronzitti,* Italy's Non-Belligerency During the Iraq War, in Ragazzi (Hrsg), International Responsibility Today, 2005, 197 ff.
668 Art 1f Haager Abkommen Nr V v 1907.
669 *Bindschedler* (Fn 647) 9, 13.
670 *Bothe,* in Fleck (Hrsg) Handbook, 559.
671 Zur Praxis *Jaccard,* Über Neutralitätsverletzungsschäden in der Schweiz während des Zweiten Weltkrieges, Zeitschrift des Bernschen Justizvereins 87 (1951) 225 ff.
672 *Bothe/Bruch/Diamond/Jensen* (Fn 468) 585 f; vgl auch das Gutachten des IGH zur Unrechtmäßigkeit des Einsatzes von Atomwaffen (Fn 78), §§ 89 u 93.
673 Während der amerik-brit Intervention im Irak 2003 lag hier ein wesentliches neutralitätsrechtliches Problem der Haltung von NATO-Staaten, die nicht am Konflikt beteiligt waren, aber den USA und Großbritannien Überflugrechte gewährten, vgl o Fn 667.

wieweit Neutralität zu militärischen Anstrengungen verpflichtet. Das österreichische und schweizerische Konzept ist das einer *bewaffneten Neutralität*.[674] Es wird von einer Verpflichtung ausgegangen, militärische Anstrengungen zu unternehmen, um Beeinträchtigungen der Neutralität mit Waffengewalt zurückweisen zu können. Es gibt aber auch Bsp für eine Neutralitätspolitik, die von einer *unbewaffneten Neutralität* ausgeht (Costa Rica). Dies ist sicherlich unschädlich, solange keine Konfliktpartei versucht, Territorium des unbewaffneten Neutralen auch wirklich in Anspruch zu nehmen. Unternimmt dieser jedoch im Falle der Verletzung überhaupt keinen Versuch, dem zu begegnen, setzt er sich dem Risiko aus, von der benachteiligten Konfliktpartei nicht mehr als neutral angesehen zu werden.

Ein neutraler Staat darf keine der Konfliktparteien unterstützen. Verboten ist vor allem die Lieferung von Kriegsschiffen, Munition und sonstigem Kriegsmaterial.[675] Auch die massive finanzielle Unterstützung ist als neutralitätswidrige Hilfeleistung anzusehen.[676] *Humanitäre Hilfeleistung* zugunsten der Konfliktopfer ist keine Verletzung der Neutralität, auch wenn sie nur zugunsten der Opfer einer Seite erfolgt.[677] Die Staatspraxis hat die frühere vertragliche Regel, dass ein neutraler Staat die *Aus- und Durchfuhr von Kriegsmaterial durch Private* zugunsten einer Konfliktpartei nicht zu verbieten braucht, modifiziert.[678] Jene Trennung zwischen Staat und privater Rüstungswirtschaft ist aus heutiger Sicht in der Tat künstlich und entspricht keinesfalls den tatsächlichen politischen Gegebenheiten. Rüstungsproduktion und -handel sind in vielfältiger Weise staatlich geprägt, gefördert, kontrolliert. Von daher wäre es unrealistisch, wollte man dem Staat nicht die Exporte seiner „offiziellen" Rüstungsindustrie zurechnen. Dem entspricht die moderne Staatspraxis. Soweit Staaten überhaupt davon ausgingen, dass eine Situation vorlag, in der sie Neutralitätsrecht anzuwenden hatten, haben sie Waffenexporte auch von Privatunternehmen nicht zugelassen und sich nicht auf die künstliche Trennung von Staat und Privatunternehmen berufen. Nach heutigem Stand des Gewohnheitsrechts muss man davon ausgehen, dass die *staatliche Zulassung der Lieferung von Kriegsmaterial* eine *neutralitätswidrige Unterstützung* darstellt. Aus der Tatsache, dass Rüstungsexporte eine konfliktfördernde Wirkung haben, hat Art 26 GG die Konsequenz gezogen, dass die BR Deutschland verfassungsrechtlich verpflichtet ist, den Export von Kriegswaffen rechtlich zu beschränken. Dies ist durch das Kriegswaffenkontrollgesetz geschehen. Weitere Beschränkungsmöglichkeiten ergeben sich aus dem Außenwirtschaftsrecht. Beide Gesetze geben der Bundesregierung die Möglichkeit, neutralitätsrechtlich verbotene Rüstungsexporte zu verhindern.[679]

d) Landkrieg

Truppen- und Versorgungstransporte dürfen auf neutralem Staatsgebiet nicht stattfinden. Der neutrale Staat kann aber den *Transit* von Verwundeten und Hilfsgütern

---

674 *Castrén* (Fn 646) 457.
675 Art 6 Haager Abkommen Nr XIII v 1907.
676 *Bothe*, in Fleck (Hrsg), Handbook, 561. Hier lag ein neutralitätsrechtliches Problem der Haltung der BR Deutschland während der amerik-brit Intervention im Irak 2003.
677 Ebd; s a *Bothe*, in Bothe/Partsch/Solf, New Rules 486; vgl auch BVerfG (Fn 537).
678 *Oeter* (Fn 658) 216 ff.
679 Vgl *Oeter* (Fn 658) 193 ff, speziell 198. Vgl auch *Kunig/Uerpmann-Wittzack*, 2. Abschn Rn 13.

erlauben.[680] Es ist auch eine Form der Unterstützung einer Konfliktpartei, wenn Mitglieder ihrer Streitkräfte zeitweilig auf neutralem Gebiet Zuflucht finden und dann wieder an den Kampfhandlungen teilnehmen. Deswegen sind *Truppen einer Konfliktpartei*, die, auf welchem Wege auch immer, auf neutrales Staatsgebiet gelangen, *zu internieren* und dadurch an der weiteren Teilnahme an Kampfhandlungen zu hindern.[681]

e) Seekrieg
Kriegsschiffe in neutralen Gewässern

114 Die Hoheitsgewässer eines neutralen Staats sind zu achten. *Kriegshandlungen in neutralen Hoheitsgewässern* sind ebenso wie auf neutralem Hoheitsgebiet *verboten*.[682] Die *friedliche Durchfahrt* durch neutrales Küstenmeer ist den Kriegsschiffen der Konfliktparteien *gestattet*.[683] Das Prinzip der friedlichen Durchfahrt ist einerseits eine Ausnahme von dem im Übrigen für den Landkrieg geltenden Grundsatz, dass ein Neutraler die Anwesenheit von Streitkräften der Konfliktparteien in seinem Hoheitsgebiet weder dulden darf noch muss. Auf der anderen Seite bedeutet es eine Bestätigung der Regel, dass die Beziehungen zwischen Neutralen und Konfliktparteien im Wesentlichen durch das Friedensrecht geprägt sind, das solche Durchfahrtsrechte auch vorsieht. Kriegsschiffe der Konfliktparteien dürfen sich in Häfen, auf Reeden oder im Küstenmeer von Neutralen aber grundsätzlich *nicht länger als 24 Stunden* aufhalten.[684]

Die Kontrolle des neutralen Seehandels

115 Kriegsschiffe einer Konfliktpartei haben auf Hoher See gegenüber *Handelsschiffen*, die die Flagge eines neutralen Staats führen, gewisse *Kontrollrechte*, die bis zur Einziehung von kriegswichtiger Ladung (Konterbande) und eines eine solche Ladung führenden Schiffs gehen.[685] Die Kontrolle der neutralen Handelsschifffahrt durch die Konfliktparteien ist von alters her eine bedeutsame Frage, die bis in die jüngste Zeit wichtig geblieben ist. Hinsichtlich der Ausdehnung dieser Kontrollrechte ist der Stand des völkerrechtlichen Gewohnheitsrechts in vielen Einzelheiten str. Die Londoner Seerechtserklärung v 1909, die diese Kontrollrechte kodifiziert, wurde niemals ratifiziert, gilt jedoch weitgehend als Ausdruck des Gewohnheitsrechts.[686] Die Kontrollmöglichkeiten der Konfliktparteien über die neutrale Schifffahrt bilden eine wesentliche Ausnahme von dem Grundsatz, dass der neutrale Staat durch das Vorliegen eines bewaffneten Konflikts nicht beeinträchtigt werden darf. Diese Kontroll-

---

680 Art 14 Haager Abkommen Nr V v 1907.
681 Art 11f Haager Abkommen Nr V v 1907.
682 Art 2 Haager Abkommen Nr XIII v 1907. Zu den Hoheitsgewässern vgl *Proelß*, 5. Abschn Rn 38ff; *Graf Vitzthum*, Maritimes Aquitorium und Anschlusszone, in ders (Fn 407) 63ff.
683 Art 10 Haager Abkommen Nr XIII v 1907; hierzu und zum Folgenden *Heintschel von Heinegg* (Fn 407 [Handbuch Seerecht]) 549ff, 552ff.
684 Art 13 Haager Abkommen Nr XIII v 1907.
685 *Heintschel von Heinegg* (Fn 407 [Seekriegsrecht]) 566ff; ders (Fn 407 [Handbuch Seerecht]) 559ff.
686 Krit insofern *Kalshoven*, 1909 London Declaration Concerning the Laws of Naval War, in Ronzitti (Fn 407) 269ff, Text: ebd 223ff.

rechte sind jedoch begrenzt, wobei sich im Zweiten Weltkrieg eine deutliche Tendenz zu ihrer Ausdehnung gezeigt hat.[687]

Sinn der Kontrollrechte ist es, die *Versorgung* der jeweils anderen Konfliktpartei **116** *mit kriegswichtigen Gütern zu verhindern.* Zu diesem Zweck besitzen Kriegsschiffe einer Konfliktpartei das Recht, neutrale Handelsschiffe anzuhalten und zu kontrollieren, um festzustellen, ob sie solche Güter an Bord haben. Gegenüber solchen Handelsschiffen dürfen Kriegsschiffe einer Konfliktpartei nur diejenige Gewalt anwenden, die erforderlich ist, um die genannten Kontrollrechte durchzusetzen. Insbes dürfen neutrale Handelsschiffe, die der Kontrolle durch eine Konfliktpartei unterliegen und sich dieser Kontrolle widersetzen, nur beschädigt oder zerstört werden, soweit sie nicht auf andere Weise an der Weiterfahrt gehindert werden können. Der Kapitän des neutralen Schiffs ist vorher zu warnen. Für die Rettung von Schiffbrüchigen ist Sorge zu tragen.[688] Bei der Kontrolle stellt sich zunächst die Frage, welche Arten von *Gütern* als *kriegswichtig* anzusehen sind und deshalb der Befugnis zur Verhinderung weiterer Beförderung unterliegen (sog *Konterbande* oder Bannware). Hinsichtlich der Bestimmung der Kriegswichtigkeit besitzen die Konfliktparteien eine gewisse Einschätzungsprärogative. Was kriegswichtig ist, ist im Hinblick auf die besonderen Umstände des jeweiligen Konflikts zu entscheiden. Wenn die Konfliktparteien ihre Einschätzungen in Listen niederlegen und diese notifizieren, dient dies sicherlich der Rechtsklarheit. Auf der anderen Seite haben im Zweiten Weltkrieg die Listen eine Tendenz zur übermäßigen Ausweitung gezeigt, die nicht hinnehmbar ist.[689] Zur Vereinfachung der Kontrolle kann eine Konfliktpartei mit Zustimmung des Neutralen dessen Schiff bereits im Verladehafen ein Kontrolldokument (Navicert) ausstellen. Dieses in der Praxis vielfach verwandte *Navicertsystem* ermöglicht einem neutralen Schiff im Falle der Kontrolle durch das Kriegsschiff einer Konfliktpartei, durch ein bereits im Ausgangshafen von der Konfliktpartei ausgestelltes Dokument nachzuweisen, dass es keine Konterbande mit sich führt. Akzeptiert wird ein solches Navicert allerdings immer nur von der Seite, die es ausgestellt hat.[690] Hat eine Kontrolle ergeben, dass sich in der Tat kriegswichtige Güter mit gegnerischem Bestimmungsort an Bord des Schiffs befinden, so kann die Weiterbeförderung dieser kriegswichtigen Güter unter Beachtung gewisser Verfahrensvorschriften verhindert werden. Konterbande und das Bannware führende Schiff sind zunächst von dem kontrollierenden Kriegsschiff zu *beschlagnahmen*. Das beschlagnahmte Schiff (Prise) ist zu einem Hafen der Konfliktpartei oder eines mit ihr verbündeten Staats zu bringen. Dort ist die Zulässigkeit der Beschlagnahme von Schiff und Ladung in einem prisengerichtlichen Verfahren zu überprüfen. Durch *prisengerichtliches Urteil* können Schiff und Ladung *eingezogen* werden.[691]

---

687 *Heintschel von Heinegg* (Fn 407 [Seekriegsrecht]) 570 ff.
688 Londoner Protokoll über Unterseebootkrieg v 1936 (DokHVR 115).
689 *Steinicke*, Das Navicertsystem, 1966, 160 ff.
690 *Steinicke* (Fn 689) 154; *Bothe*, in Fleck (Hrsg), Handbook, 572.
691 Institut de Droit International (Hrsg), Oxford Manual of Naval War, 1913, Art 109 ff; *Sico*, „Toute prise doit être jugée", 1971. Zur neueren Praxis, die weiterhin das prisengerichtliche Verfahren für notwendig erachtet, *Heintschel von Heinegg* (Fn 407 [Seekriegsrecht]) 58 f; vgl auch *ders*, Visit, Search, Diversion, and Capture in Naval Warefare, Part I (The Traditional Law), CYIL 29 (1991) 283 ff u Part II (Developments since 1945), CYIL 30 (1992) 83 ff; *ders* (Fn 407 [Handbuch Seerecht]) 563 ff.

Bothe

Schutz der neutralen Handelsschifffahrt

117 *Die Freiheit der neutralen Schifffahrt* und ihr militärischer Schutz haben in den Konflikten der jüngeren Vergangenheit erhebliche Probleme aufgeworfen.[692] Denn diese Freiheit, eingeschränkt allein durch die dargestellten Kontrollrechte, ist, das haben etwa Erfahrungen im Konflikt zwischen Iran und Irak gezeigt, noch immer keineswegs unangefochten. Politisch lag in diesem Konflikt eine Behinderung der neutralen Schifffahrt, insbes der neutralen Tankerschifffahrt, nahe, weil die jeweils andere Konfliktpartei uU ganz erheblich von dieser Schifffahrt profitierte, ohne dass nach den dargestellten Regeln die Schiffe der Beschlagnahme und Einziehung unterlegen hätten. Treibstoffe sind wie jede andere Ware nur dann Konterbande, wenn sie für eine Konfliktpartei bestimmt sind, nicht jedoch, wenn sie von einer Konfliktpartei stammen, die mit dem Erlös des Treibstoffs ihre Kriegsanstrengungen finanziert.[693] Dennoch ist in einer solchen Lage die Versuchung groß, die Schiffe zu behindern, die die Ölproduktion der jeweils anderen Seite transportieren. In diesen und ähnlichen Situationen stellt sich dann die Frage, wie die neutrale Schifffahrt notfalls auch mit militärischer Gewalt geschützt werden kann. Kriegsschiffe neutraler Staaten dürfen Handelsschiffe, die die eigene oder die Flagge eines anderen neutralen Staats führen, begleiten. Neutrale besitzen insbes das Recht, aus neutralen Handelsschiffen Konvois zu bilden und diese durch Kriegsschiffe zu begleiten. Schiffe eines *Konvois* dürfen nicht angehalten und durchsucht werden.[694] Greift eine Konfliktpartei einen Konvoi an, so wird dadurch ein Selbstverteidigungsrecht des neutralen Staats ausgelöst.

118   Kriegsschiffe neutraler Staaten dürfen auf internationalen Seestraßen und auf Hoher See *Minen räumen,* soweit dies erforderlich ist, um die neutrale Schifffahrt zu schützen und aufrecht zu erhalten.[695] Solche Minenräumaktionen stellen keine neutralitätswidrige Unterstützung des Gegners der Konfliktpartei dar, die die Minen gelegt hat. Das Minenräumen auf Hoher See und in Seegebieten, für die Transitrechte bestehen, ist eine Selbstschutzmaßnahme Neutraler, die etwa im Konflikt zwischen Iran und Irak eine erhebliche praktische Bedeutung erlangt hat. In Hoheitsgewässern einer Konfliktpartei, für die keine besonderen Transitrechte bestehen, ist Minenräumen dagegen unzulässig.[696]

f) Luftkrieg

119 Der Luftraum eines neutralen Staats ist unverletzlich. Dies folgt aus der allgemeinen Regel der Unverletzlichkeit des neutralen Staatsgebiets. Gerade für den Luftraum ist

---

692 Vgl *Donner,* Die neutrale Handelsschiffahrt im begrenzt militärischen Konflikt, 1993; *Lagoni,* Gewaltverbot, Seekriegsrecht und Schiffahrtsfreiheit im Golfkrieg, FS Zeidler, 1987, 1833 ff; *Bothe,* in Fleck (Hrsg), Handbook, 574 ff.
693 Im ersten Golfkrieg wurde darüber hinaus sogar die Auffassung vertreten, dass Tanker, die iranisches Öl transportierten, vom Irak angegriffen werden könnten, da dieser Transport einen neutralitätswidrige Unterstützung der iranischen Kriegsanstrengungen darstelle, vgl *Roach,* Missiles on Target, VJIL 31 (1991) 593 (605 ff); *Fenrick,* The Exclusion Zone Device in the Law of Naval Warfare, CYIL 24 (1986) 91 (120). Von der hM wird das zu Recht abgelehnt: *Donner* (Fn 692) 193 ff, *Heintschel von Heinegg* (Fn 407 [Seekriegsrecht]) 587; *ders* (Fn 407 [Handbuch Seerecht]) 570 f.
694 *Ronzitti* (Fn 417) 9; *Bothe,* in Dekker/Post (Fn 62) 210.
695 Eingehend dazu *Heintschel von Heinegg* (Fn 407 [Seekriegsrecht]) 403 ff. Das gilt jedenfalls für rechtswidrig verlegte Minen (vgl o Rn 85 ff).
696 So der IGH in *Korfu Kanal*-Fall, ICJ Rep 1949, 4, 35.

diese Regel besonders wichtig, da insofern Verletzungen im Zeitalter des modernen Luftkriegs und der Raketentechnik besonders nahe liegen und leicht möglich sind. Die Territorialhoheit des neutralen Staats reicht nach oben soweit wie die Atmosphäre.[697] Der Weltraum über dem Neutralen unterliegt nicht seiner Hoheit.[698] Das Überfliegen mit Satelliten oder Raketen, die sich im Weltraum bewegen, ist darum keine Neutralitätsverletzung.[699] Aus der *Unverletzlichkeit des Luftraums* folgt, dass die Konfliktparteien mit militärischen Luftfahrzeugen oder Flugkörpern nicht in den Luftraum neutraler Staaten eindringen dürfen.[700] Dies kann Flugzeuge, die ein weit entferntes Ziel angreifen sollen, uU zu erheblichen Umwegen zwingen.[701] Auch Angriffe, bei denen eine Rakete neutralen Luftraum durchquert, sind unzulässig. Diese Gefährdungen des neutralen Luftraums führen zu der entscheidenden Frage, was der neutrale Staat tun muss, um solche *Verletzungen seines Luftraums zu verhindern*. Dabei ist unbestritten, dass er sich bemühen muss, solche Verletzungen zu verhindern. Das Maß der diesbezüglichen Anstrengungen ist jedoch schwierig zu bestimmen.[702] Man wird vom Neutralen ein wirtschaftlich vertretbares Maß an Luftabwehrkapazität verlangen können. Dazu gehört jedenfalls eine einfache Radarbeobachtung des Luftraums. Auf der anderen Seite kann nicht verlangt werden, dass jeder Staat zum Schutz seiner Neutralität über die neueste Raketenabwehrtechnik verfügt. Das Recht neutraler Luftfahrzeuge zum Überfliegen des Territoriums der Konfliktparteien richtet sich nach den allgemeinen Regeln des Völkerrechts über den Schutz des staatlichen Luftraums und den Bestimmungen des internationalen Luftverkehrsrechts.[703] Für den Luftraum über Gewässern, die der Jurisdiktion einer Konfliktpartei unterstehen, gelten die Regeln über die neutrale Schifffahrt in diesen Gewässern entsprechend.[704]

Mit dem Aufkommen des Luftverkehrs stellte sich zunächst eher theoretisch die Frage der *Kontrolle des neutralen Handels*, soweit er *durch Luftfahrzeuge erfolgte*. Die Analogie zur neutralen Schifffahrt liegt nahe. Bei der Ausarbeitung der Haager Luftkriegsregeln wurden denn auch die Regeln über die Kontrolle des neutralen Seehandels global übernommen. Jedoch gibt es relativ wenig Staatspraxis in dieser Frage. Es kann sich nur um eine analoge Anwendung handeln, so dass nicht jedes Detail der Regeln anwendbar ist. Den Besonderheiten des Luftverkehrs ist Rechnung zu tragen.[705] Bei der Behandlung des *Luftverkehrs über der Hohen See* ist auch zu berücksichtigen, dass von Flugzeugen eine erhebliche Bedrohung der Kriegsschiffe

120

---

697 *Hobe*, Airspace, MPEPIL I, 263 (Rn 9 ff).
698 *Vereshchetin*, Outer Space, MPEPIL VII, 1103 (Rn 5). Zu den neutralitätsrechtlichen Aspekten der Militarisierung des Weltraums *Heintschel von Heinegg* (Fn 580).
699 Vgl o Rn 110.
700 *Hostettler/Danai*, Neutrality in Air Warfare, MPEPIL VII, 634 (Rn 8 ff); zur amerik-brit Intervention im Irak 2003 vgl bereits o Rn 24.
701 So im April 1986, als amerik und brit Flugzeuge von Großbritannien aus einen Bombenangriff auf Tripolis und Bengasi flogen und Frankreich ihnen den Überflug verweigerte, *Charpentier*, Pratique française du droit international, AFDI 32 (1986) 1026 f. Frankreich hat sich dabei allerdings, soweit ersichtlich, nicht formell auf das Neutralitätsrecht berufen.
702 Vgl bereits o Rn 111 f.
703 *Torelli*, La neutralité, ADIM 35 (1991) 25 (44 f); *Millet*, La neutralité aérienne, ADIM 35 (1991) 63 (69).
704 HPCR Manual (Fn 576) Art 1 (a), Art 172 (a) (ii).
705 Vgl Art 53 Haager Luftkriegsregeln v 1923.

der Konfliktparteien ausgeht. Sie werden immer geneigt sein, auf eine angenommene Bedrohung zu reagieren, auch wenn die Identität eines Luftfahrzeugs noch nicht völlig feststeht.[706] Welche tragischen Irrtümer hierbei entstehen können, hat der Abschuss eines iranischen zivilen Airbus durch ein US-Kriegsschiff während des Konflikts zwischen Iran und Irak gezeigt.[707] Als Grundsatz bleibt festzuhalten, dass die Kriegführenden (und auch neutrale Kriegsschiffe wie im eben genannten Falle) sich bemühen müssen, Zugehörigkeit und Kategorie eines Luftfahrzeugs festzustellen, bevor es angegriffen wird. Dies setzt allerdings voraus, dass neutrale Luftfahrzeuge und auch zivile Luftfahrzeuge der Konfliktparteien das jeweils Mögliche tun, um eine Identifizierung zu ermöglichen.

4. Der nichtinternationale bewaffnete Konflikt

121 Das Völkerrecht regelt die Beziehungen zwischen Staaten, das völkerrechtliche Kriegsrecht *(ius in bello)* gilt folglich primär für bewaffnete Konflikte zwischen Staaten (internationale bewaffnete Konflikte).[708] Insoweit ist die Anwendung der oben dargestellten Regeln davon abhängig, dass sich auf beiden Seiten eines Konflikts Staaten oder ihnen gleichzuachtende Völkerrechtssubjekte gegenüberstehen. Das ist aber bei bewaffneten *Auseinandersetzungen, die sich im Inneren eines Staats* abspielen, nicht der Fall. Dennoch kann man an solche internen bewaffneten Auseinandersetzungen, deren es eine große Zahl gab und gibt, nicht oder nicht ohne weiteres immer diejenigen rechtlichen Maßstäbe anlegen, die generell für die Durchsetzung der Rechtsordnung des Staats im Inneren gelten. Das Verhältnis zwischen einer Regierung und aufständischen Gruppen in einem Staat ist nicht ohne weiteres mit dem Verhältnis zwischen Polizei und Verbrecher vergleichbar, auch wenn das von vielen Staaten, die sich in einer solchen Situation befinden, gerne so dargestellt wird. Solche bewaffneten Auseinandersetzungen sind vielmehr häufig internationalen Konflikten durchaus vergleichbar. Es besteht eine gewisse Reziprozität der Interessen, insbes bei der Behandlung von Gefangenen. Wenn und soweit man allerdings aus diesem Grund auf nichtinternationale bewaffnete Konflikte, auf *Bürgerkriege* also, die gleichen Regeln anwenden will wie für internationale Konflikte, wird dies als eine ganz erhebliche Einschränkung der souveränen Freiheit der Staaten angesehen, ihre Rechtsordnung durchzusetzen, für Ordnung im eigenen Hause zu sorgen. Die *Anwendung kriegsrechtlicher Regeln* auf bewaffnete Auseinandersetzungen im Inneren von Staaten hat sich darum im Völkerrecht nur sehr langsam durchgesetzt.[709] Allerdings ist die Tatsache, dass es interne Konflikte gibt, die von ihrem Er-

---

706 Vgl die Erklärung des US Assistant Secretary of State for International Organization Affairs vor dem ICAO-Rat v 13.7.1988, abgedr in DeGuttry/Ronzitti (Fn 667) 230 ff.
707 Vgl dazu die Stellungnahme des iranischen Außenministers vor dem SR v 14.7.1988, S/PV 2818, abgedr in DeGuttry/Ronzitti (Fn 667) 49 ff. Die USA haben für den entstandenen Schaden Ersatz geleistet, ILM 35 (1996) 550.
708 So Rn 62. Grundlegend *Kreß*, Der Bürgerkrieg und das Völkerrecht, JZ 2014, 365 ff.
709 *Abi-Saab*, Non-International Armed Conflicts, in UNESCO (Hrsg), International Dimensions of Humanitarian Law, 1988, 217 ff; *Bothe*, Conflits armés internes et droit international humanitaire, RGDIP 82 (1978) 82 ff; *Schäfer*, A History of Division(s): A Critical Assessment of the Law of Non-international Armed Conflict, in Baade/Mührel/Perov (Hrsg), International Humanitarian Law in Areas of Limited Statehood, 2018, 43 ff.

scheinungsbild her die Anwendung des Kriegsrechts erfordern, in der Völkerrechtsordnung schon früh zur Geltung gekommen. Eine erste Grundlage war das Institut der *Anerkennung als kriegführende Partei*.[710] Wenn und soweit Aufständische als kriegführende Partei anerkannt werden, gelten für die Beziehungen zwischen ihnen und der bisherigen Regierung die Regeln des völkerrechtlichen Kriegsrechts. Für die Zwecke der Anwendung des vollen völkerrechtlichen Kriegsrechts, einschließlich des Neutralitätsrechts, wird die kriegführende Partei praktisch wie ein Staat behandelt. Dies ist eine „alles oder nichts"-Lösung, die große Nachteile hat. Es gibt in der Geschichte überhaupt nur sehr wenige Fälle, bei denen man sich weitgehend darüber einig ist, dass eine solche Anerkennung als kriegführende Partei stattgefunden hat.[711] In blutigen Konflikten wie zB dem spanischen Bürgerkrieg war das nicht der Fall. Wenn es nicht zu einer solchen Anerkennung kommt, kann das Kriegsrecht seine die Gewalt eindämmende Funktion nicht mehr entfalten, und es kommt zu einer Eskalation von Gewalt und Gegengewalt, die Kriegführung wird immer grausamer und regelloser. Deshalb hat es gerade im Hinblick auf den Schutz der Opfer dieser Konflikte schon seit Beginn des 20. Jh im Rahmen der Rot-Kreuz-Konferenzen Bemühungen gegeben, für den nicht-internationalen Konflikt zusätzliche Völkerrechtsregeln zu schaffen, die von der Anerkennung als kriegführende Partei unabhängig sind. Einen Durchbruch haben diese Bemühungen erst 1948/49 gehabt. Allerdings war dies nur ein Teilerfolg. Die Rot-Kreuz-Konferenz 1948 forderte eine integrale Anwendung des humanitären Völkerrechts auch auf nichtinternationale Konflikte. Davon blieb in der Diplomatischen Konferenz 1949, die die vier neuen Genfer Konventionen annahm, nur eine besondere Minikonvention für den nichtinternationalen Konflikt übrig, nämlich der *gemeinsame Art 3 dieser Konventionen*. Diese Vorschrift enthält einige Grundregeln zum Schutz der Opfer nichtinternationaler Konflikte, aber eben nur ein Minimum. Deshalb wurde sie von vornherein als unbefriedigend empfunden. Zudem bereitete sie in der praktischen Anwendung Schwierigkeiten, da sich Staaten, auf deren Gebiet bewaffnete Auseinandersetzungen stattfanden, häufig weigerten, zuzugeben, dass diese Auseinandersetzungen einen bewaffneten Konflikt darstellten, auf den der Art 3 anzuwenden war. Auf der anderen Seite konnte in Konflikten, bei denen ein entsprechendes gegenseitiges Interesse bestand, erreicht werden, dass die angewandten Regeln weit über das Minimum des Art 3 hinausgingen, so etwa im Biafra-Konflikt.[712]

In den weiteren Bemühungen um die Reform gab es unterschiedliche Interessenrichtungen, die auch inhaltlich die jetzt bestehende Regelung geprägt haben.[713] Auf der einen Seite waren die Staaten der Dritten Welt daran interessiert, den Status *kolonialer Befreiungskämpfe*[714] aufzuwerten. Diese wurden von Vertretern der tradi- **122**

---

710 *Neff* (Fn 8) 258 ff; *Azarov/Blum*, Belligerency, MPEPIL I, 878 (Rn 11 ff).
711 Bsp sind: der griechische Aufstand gegen das Ottomanische Reich 1821–1829; der amerikanische Bürgerkrieg (1861–1865); der chilenische Aufstand 1891 (Anerkennung der Aufständischen durch Bolivien 1891).
712 *Bothe*, Article 3 and Protocol II, AULR 31 (1982) 899, insbes 902 f.
713 *Bothe* (Fn 709) 86 ff; *Abi-Saab* (Fn 709) 225 ff; zu den bestehenden Regelungen *Baloro*, International Humanitarian Law and Situations of Internal Armed Conflicts in Africa, Afr J Int'l & Comp L 1992, 449 ff; Falk (Hrsg), The International Law of Civil War, 1971; *Meron*, Human Rights in Internal Strife, 1987; *Myren*, Applying International Laws of War to Non-International Armed Conflicts, NILR 37 (1990) 347 ff; *Rajower*, Das Recht des nicht internationalen Konflikts seit 1949, 1990.
714 Vgl bereits o Rn 14 u Rn 21.

tionellen Völkerrechtslehre und Staatspraxis als nichtinternationale Konflikte angesehen. Auf der anderen Seite standen viele Staaten, nicht nur solche der Dritten Welt, einer völkerrechtlichen Regelung, die zu einer stärkeren rechtlichen Gleichstellung von etablierter Regierung und Aufständischen führte, sehr reserviert gegenüber. Als es auf der Genfer Konferenz, die zur Annahme der ZP 1977 führte, gelang, eine Bestimmung durchzusetzen, die koloniale Befreiungskämpfe als internationale Konflikte charakterisierte, gewannen letztlich die politischen Widerstände gegen eine weitreichende Regelung für andere nichtinternationale Konflikte, die ein hohes Niveau an Schutz für die Opfer gebracht hätte, die Oberhand. *Das ZP II über den Schutz der Opfer nichtinternationaler Konflikte* wurde in der letzten Phase der Konferenz deutlich reduziert. Sein Anwendungsbereich ist deutlich enger als derjenige des gemeinsamen Art 3 der Konventionen.[715] Das ZP bringt zwar gegenüber der älteren Vorschrift gewisse Fortschritte, jedoch bleiben problematische Lücken, die nur teilweise durch die spätere Ausdehnung des Anwendungsbereichs von Verträgen des humanitären Völkerrechts auf nichtinternationale Konflikte geschlossen wurden.[716] Für den Schutz der Opfer nichtinternationaler Konflikte sind auch die *Regeln des völkerrechtlichen Menschenrechtsschutzes* von Bedeutung.[717] Jedoch reichen sie unter zwei Gesichtspunkten nicht aus. Zum einen binden die Menschenrechtsverträge nur die Staaten, was bedeutet, dass nur die Organe des Staats, dh praktisch die von der etablierten Regierung abhängenden Behörden, vertraglich gebunden sind, nicht aber die Aufständischen, ein Befund, der allerdings gegenwärtig immer mehr hinterfragt wird.[718] Zum anderen kann ein Teil der Garantien der Menschenrechtsverträge im Notstandsfall suspendiert werden. Dies ist insbes der Fall für die Garantien bei Freiheitsentzug, im gerichtlichen Verfahren und zum Schutz von Kindern (Art 10, 14 u 24 des Pakts über bürgerliche und politische Rechte). Hier bestehen also Lücken, die nur durch das humanitäre Völkerrecht gefüllt werden können und müssen.

123 Eine nicht abschließend geklärte Frage ist die *Grundlage der Verbindlichkeit* sowohl des gemeinsamen Art 3 der Genfer Konventionen als auch des ZP II im Verhältnis zwischen den Konfliktparteien, von den zumindest eine nicht der Staat ist, der die GK bzw ZP II ratifiziert hat.[719] Die eine Erklärung geht dahin, dass völkerver-

---

715 *Abi-Saab* (Fn 709) 227 f.
716 Ausdrücklich auf den nichtinternationalen Konflikt ausgedehnt wurden die UN-Waffenkonvention durch eine Änderung v 2001 sowie das 2. Protokoll zur Haager Kulturgüter-Konvention v 1999. Auch das ZP III gilt für beide Konflikttypen. Das ist der Sache nach auch der Fall bei Verträgen, die bestimmtes Verhalten unter allen Umständen („never in any circumstance") verbieten: C-Waffen-Übereinkommen, Ottawa-Abkommen, Streumunition-Abkommen, auch das Fakultativprotokoll zur Kinderrechtekonvention zum Schutz von Kindern in bewaffneten Konflikten v 25.5.2000 (BGBl 2004 II, 1354).
717 *Eide*, Internal Disturbances and Tensions, in UNESCO (Fn 709) 241 (243 ff); zu Tschetschenien *Sauer/Wagner* (Fn 119) 66 ff.
718 *Zegfeld*, Accountability of Armed Opposition Groups in International Law, 2002; *Clapham*, Human Rights Obligations of Non-State Actors, 2006, ders, Non-state Actors, in ders (Hrsg), Human Rights and Non-state Actors, 2013, 3 (20 f).
719 Vgl dazu *Bothe*, War Crimes in Non-International Armed Conflicts, in Dinstein/Tabory (Fn 164) 293 ff; eine neuere Übersicht über die verschiedenen diskutierten Erklärungen ist *Haumer*, Non-state Armed Actors and International Humanitarian Law – A Demanding Relationship? HVI 28 (2015) 120 ff;

tragliche Regeln auch für alle Personen verbindlich seien, die sich auf dem Gebiet eines Staates befinden.[720] Dies ist keine überzeugende Erklärung. Theoretisch schlüssig sind andere Konstruktionen. Sie gehen von der Tatsache aus, dass sowohl der gemeinsame Art 3 der Genfer Konventionen als auch das ZP II für die aufständische Partei Verträge zu Lasten Dritter sind. Dann ist die Bindung der Aufständischen einmal dadurch zu erklären, dass man hier eine Ausnahme von der gewohnheitsrechtlichen Regel anerkennt, dass Verträge Dritte nicht binden können. Zum anderen ist es möglich, eine Bindung mit der *Zustimmung der Aufständischen* zu erklären. Damit entfällt zwar die automatische Bindung jeder aufständischen Partei, dieser Nachteil wiegt jedoch nicht schwer, da eine praktische Anwendung, die regelmäßig eher im Interesse der Aufständischen als in demjenigen der etablierten Regierung liegt, ohne eine Bejahung der Bindung durch die Aufständischen kaum denkbar ist, eine solche praktische Anwendung aber auch schon bereits eine implizierte Zustimmung, die eine Bindung erzeugt, darstellen kann, und zwar auch für die nichtstaatlichen Parteien. Darum sind politische Initiativen, die auf eine ausdrückliche Anerkennung bestimmter Bindungen durch nicht-staatliche Akteure hinwirken, für die praktische Anwendung des humanitären Völkerrechts in nichtinternationalen Konflikten wesentlich. Neben diesen vertraglichen Regelungen gilt auch im nichtinternationalen Konflikt völkerrechtliches Gewohnheitsrecht, das sich in den letzten Jahren erheblich, teilweise über das Vertragsrecht hinaus, entwickelt hat[721] und von einer rechtlichen Bindung der nicht-staatlichen Parteien ausgeht.[722] Eine Konseqenz der rechtlichen Bindung nicht-staatlicher Parteien sollte sein, dass diese auch für Rechtsverletzungen völkerrechtlich verantwortlich sind, die ihnen zugerechnet werden können. Freilich bestehen insofern viele klärungsbedürftige Fragen.[723]

Das Verhalten der Parteien nichtinternationaler Konflikte ist also durch zwei **124** unterschiedliche vertragliche Regelwerke bestimmt, nämlich einmal den gemeinsamen Art 3, zum anderen das ZP II. Eine entsprechende Aufteilung gilt für das Gewohnheitsrecht.[724] Dies führt zu einer mehrfachen Problematik von Anwendungs-

---

zu praktischen Gesichtspunkten *Herr*, Vom Regelbruch zu politischer Verantwortung, HSFK Report 5/2010.
720 So wohl immer noch die vom IKRK vertretene These, vgl *Junod*, in Sandoz/Swinarski/Zimmermann (Hrsg), Additional Protocols, 1369; differenzierter *Sandoz* (Fn 542) 377 ff.
721 *Henckaerts/Doswald-Beck*, IKRK-Studie, xxix.
722 S die Sonderhefte IRRC 93 (2011) Nr 882 u 883; ferner insbes *Fortin*, The Accountability of Armed Groups under Human Rights Law, 2017, 177 ff; *Kleffner*, The Applicability on International Humanitarian Law to Organized Armed Groups, IRRC 93 (2011) Nr 882, 443 ff; *Daboné*, Le droit international relatif aux groupes armés non-étatiques, 2012; *Heffes*, The Responsibility of Armed Opposition Groups for Violations of IHL: Challenging the State-centric System of International Law, JIHLS 4 (2013) 81 ff.
723 *Verhoeven*, International Responsibility of Armed Opposition Groups, in Gal-Or/Ryngaert/Noortmann (Hrsg), Responsibilities of the Non-State Actor in Armed Conflict and the Market Place, 2015, 285 ff; *Bellal*, Establishing the Direct Responsibility of Non-state Armed Groups for Violations of International Norms: Issues of Attribution, ebd 304 ff; *Daboné*, Le droit international relatif aux groupes armés non-étatiques, 2012, 128 ff, 184 f; generell zur Durchsetzung des humanitären Völkerrechts gegenüber nicht-staatlichen Akteuren *Dörmann/Rodenhäuser* (Fn 517) 696 ff.
724 Das wird u a dadurch deutlich, dass es eine entsprechende Unterscheidung in der Definition des Kriegsverbrechens nach Art 8 IStGH-Statut gibt (Abs 2 lit c und lit d auf der einen, lit e und lit f auf der anderen Seite). Die Unterscheidung stellt nicht nur auf die vertraglichen Regeln ab. Vgl *Fleck*, Towards a Code of Conduct for Internal Armed Conflicts, ASIL Proc 96 (2002) 25; aA *Sivakumaran*, The Law of Non-International Armed Conflict, 2012, 170 ff.

schwellen: gewaltsame Auseinandersetzungen unterhalb der Schwelle des bewaffneten Konflikts *(low level violence)*,[725] zwischen Konflikten nach Art 3 und solchen nach ZP II,[726] und schließlich zwischen nichtinternationalen und internationalen Konflikten. Für die Schwelle zwischen *low level violence* und bewaffneten Konflikten kommt es auf die Definition des letzteren an.[727] Für sie sind zwei Elemente ausschlaggebend: Intensität der Kampfhandlungen und Organisation der nichtstaatlichen Konfliktpartei.[728] Der Anwendungsbereich des ZP II ist enger, er erfordert höhere Intensität und einen höheren Organisationsgrad. Er ist beschränkt auf solche Konflikte, die zwischen den Streitkräften eines Vertragsstaats und aufständischen Streitkräften oder anderen organisierten bewaffneten Gruppen stattfinden, die unter einer für sie verantwortlichen Führung eine solche Kontrolle über einen Teil des Hoheitsgebiets der Vertragspartei ausüben, dass sie anhaltende koordinierte Kampfhandlungen durchführen und das ZP anwenden können. Damit sind zum einen Kämpfe zwischen unterschiedlichen aufständischen Gruppen (wie etwa bei den internen Konflikten im Libanon und in Syrien), zum anderen aber auch die nicht untypische Situation, dass die Aufständischen keine erheblichen Territorien kontrollieren, aus dem Anwendungsbereich des ZP II ausgeschlossen. Nach dem heute geltenden Gewohnheitsrecht, wie es sich in Art 8 IStGH-Statut spiegelt, stellt allerdings auch ein Konflikt zwischen nichtstaatlichen Gruppen, der eine entsprechende Intensität erreicht, einen bewaffneten Konflikt der höheren Kategorie dar.

125   Art 3 enthält im Wesentlichen *rudimentäre Regeln zum Schutz von Wehrlosen*. Daneben anerkennt er das Initiativrecht von unparteiischen humanitären Organisationen, insbes des IKRK.[729] Das *ZP II* enthält darüber hinaus *ausführlichere menschenrechtliche Garantien*,[730] insbes solche für alle Personen, die sich nicht unmittelbar oder nicht mehr an Feindseligkeiten beteiligen, vor allem Kinder (Art 4), für Freiheitsbeschränkungen und Strafverfolgungen im Zusammenhang mit dem bewaffneten Konflikt (Art 5 u 6) sowie für den Schutz der Verwundeten und Kranken (Art 7–12). Wichtig ist auch ein allgemeines Diskriminierungsverbot bei der Behandlung der vom Konflikt betroffenen Personen (Art 2). Wichtig ist ferner das Verbot der Zwangsverlegung der Zivilbevölkerung (Art 17). In Bezug auf die *Regelung der Kampfhandlungen* enthält das Protokoll sehr *wenig*, nämlich einmal eine sehr allgemeine Bestimmung über den Schutz der Zivilbevölkerung, ferner ein Verbot des Aushungerns der Zivilbevölkerung als Mittel der Kriegführung, aus dem ein Verbot des Angriffs auf für die Zivilbevölkerung lebensnotwendige Objekte folgt (Art 14),

---

[725] Eingehend *Partsch*, in *Bothe/Partsch/Solf*, New Rules, 713 ff. Das im einen oder anderen Fall anwendbare Recht differiert erheblich. Ist für *low level violence* innerstaatliches Gefahrenabwehrrecht unter Beachtung der Menschenrechte anwendbar, ist es im anderen Fall das völkerrechtliche Kriegsrecht mit einer viel weitergehenden Rechtmäßigkeit des Einsatzes tödlich wirkender Waffengewalt, vgl *Fleck*, Law Enforcement and the Conduct of Hostilities, FS Bothe, 2008, 391 ff; *Waechter*, Polizeirecht und Kriegsrecht, JZ 2007, 61 ff.
[726] *Frostad* (Fn 3) 41 ff.
[727] Die Negativbeispiele des Art 1 Abs 2 ZP II bieten dazu kaum Anhaltspunkte. Sie wurden allerdings in das UN-Waffenabkommen und das Prot zur Haager Kulturgüter-Konvention (Fn 411) übernommen.
[728] ILA Committee on the Use of Force (Fn 429) 840 f.
[729] Vgl dazu *Sandoz*, Le droit d'initiative du Comité international de la Croix-Rouge, GYIL 22 (1979) 352 f.
[730] *Abi-Saab* (Fn 709) 234 ff; *Partsch*, in *Bothe/Partsch/Solf*, New Rules, 734 ff.

ein Verbot von Angriffen auf Anlagen oder Einrichtungen, die gefährliche Kräfte enthalten (Staudämme, Deiche und Kernkraftwerke, vgl Art 15), sowie auf Kulturgut und Kultstätten. Auch das ZP II anerkennt das Recht der nationalen Hilfsgesellschaften, *humanitäre Dienste* anzubieten.[731] Das Initiativrecht des IKRK ist nicht ausdrücklich erwähnt, ergibt sich aber bereits aus dem gemeinsamen Art 3 der Konventionen.[732] Schließlich besteht auch eine Verpflichtung zur Durchführung und Zulassung von humanitären Hilfsaktionen zugunsten der leidenden Zivilbevölkerung.[733] Im Gegensatz zu der Lage bei internationalen Konflikten wird den Kämpfern des nichtinternationalen Konflikts kein Kombattantenstatus und damit im Falle der Gefangennahme auch *kein Kriegsgefangenenstatus* mit dem damit einher gehenden *combatant privilege* zugeordnet.[734] Das bedeutet u a, dass es nicht verboten ist, Kämpfer für ihre Beteiligung an den Kampfhandlungen zu bestrafen, selbst wenn sie sich gemäß den Regeln des Kriegsrechts verhalten haben. Sie genießen jedoch Garantien einer menschlichen Behandlung sowohl nach humanitärem Völkerrecht als auch nach Maßgabe der anwendbaren menschenrechtlichen Bestimmungen.[735] Auf der anderen Seite ist es für den Schutz der Zivilbevölkerung wesentlich, dass Kämpfer von Zivilpersonen tatsächlich und rechtlich unterschieden werden. Insofern begegnet die negative Definition der Zivilbevölkerung, die im interntionalen Konflikt klar ist,[736] im nichtinternationalen Konflikt Schwierigkeiten.[737] Eine wesentliche Weiterentwicklung des Rechts des nichtinternationalen Konflikts besteht darin, dass das Prinzip der strafrechtlichen Ahndung schwerer Rechtsverletzungen auch durch internationale Gerichte ebenso für diesen Konflikt anerkannt wird, zuerst durch die Rspr des Jugoslawien-Tribunals,[738] dann im Statut des Ruanda-Tribunals und in dem des IStGH. Es ist ein wesentliches Element der Entwicklung der jüngsten Zeit, dass der Unterschied zwischen den Regeln, die für den nichtinternationalen Konflikt gelten, und denen, die den internationalen Konflikt regeln, kraft Gewohnheitsrechts, dh unter Überwindung der vertragsrechtlichen Unterschiede, geringer geworden ist.[739] Das Fehlen des Kombattantenstatus bleibt aber eine wesentliche Unterschei-

---

731 Art 18 ZP II; vgl dazu *Bothe*, in *Bothe/Partsch/Solf*, New Rules, 798 ff.
732 *Bothe*, ebd 800.
733 *Bothe*, ebd 801 f; *ders* (Fn 537 [Humanitarian Assistance]) mwN. Die Zustimmung zu solchen Aktionen darf nicht willkürlich verweigert werden; ob in jedem Fall die Zustimmung der anerkannten Regierung erforderlich ist, ist str.
734 So Rn 67; vgl auch *Eide* (Fn 717); *Kleffner* (Fn 450) 321 ff; *D'Aspremont/De Hemptienne*, DIH, 348 ff, dazu die eher rechtspolitischen Überlegungen von *Kreß/Mégret*, The Regulation of Non-international Armed Conflicts: Can a Privilege of Belligerency be Envisioned by the Law of Non-international Armed Conflicts?, IRRC 96 (2014) Nr 893, 29 ff.
735 Art 3 GK; Art 5 ZP II; vgl *Goodman*, Detention of Civilians in Armed Conflict, AJIL 103 (2009) 48 ff; *Prescott*, The Convergence of Violence Around a Norm: Direct Participation in Hostilities and its Significance for Detention Standards in Non-international Armed Conflict, in Rose/Oswald (Fn 247) 65 ff; s a *Petrov*, Detention in Non-international Conflict by States, in Baade u a (Fn 709) 118 ff; *Dörmann/Rodenhäuser* (Fn 517) 684 ff.
736 Vgl Rn 66.
737 *Bissonnette*, The Definition of Civilian in Non-international Armed Conflicts, JIHLS 7 (2016) 129 ff; ICRC Challenges Report 15, 27 ff.
738 Vgl das *Tadić*-Urteil des Jugoslawien-Tribunals, ILM 35 (1996) 35 (§ 94).
739 So jedenfalls die Schlussfolgerung in der IKRK-Studie, vgl *Henckaerts/Doswald-Beck*, IKRK-Studie. Das deutsche VStGB zieht daraus die Konsequenz, dass die Tatbestände des Kriegsverbrechens (§§ 8–12) idR für beide Konfliktarten Anwendung finden. Vgl zu diesem Problemkreis *Bartels*,

dung, die allenfalls *de facto* in innerstaatlichen Konflikten hoher Intensität überwunden wird.[740]

126   Das *Neutralitätsrecht* ist im nichtinternationalen Konflikt *unanwendbar*. Die wesentliche Bestimmung hinsichtlich des Verhaltens dritter Staaten besteht im Interventionsverbot. Auf der anderen Seite gibt es keine Kontrollrechte hinsichtlich der Schifffahrt unbeteiligter Staaten, wie sie den Kriegführenden im Falle eines internationalen bewaffneten Konflikts zustehen.

5. Die Internationalisierung nichtinternationaler Konflikte

127   Trotz einer Konvergenz gibt es noch immer zwei unterschiedliche rechtliche Regime für bewaffnete Konflikte, nämlich zum einen das für den internationalen, zum anderen das für den nichtinternationalen Konflikt.[741] Damit ist in einem konkreten Fall die Frage, ob ein Konflikt zur einen oder anderen Kategorie gehört, von ausschlaggebender Bedeutung für die Auswahl des anwendbaren Rechtsregimes. Das Problem vieler Konflikte der letzten Jahrzehnte besteht aber darin, dass entweder der *Status von Konfliktparteien umstritten* ist, etwa wenn bei einer Sezession die Regierung des sich abtrennenden Teils behauptet, bereits ein Staat zu sein, oder sich *nationale und internationale Konfliktkomponenten mischen*, wenn ein ausländischer Staat auf der Seite der Aufständischen oder auch auf der Seite der etablierten Regierung in den Konflikt (in zulässiger oder unzulässiger Weise) interveniert. Eine vertragliche Regelung dieser Situationen war bislang nicht möglich.[742] Weitgehend anerkannt ist, dass Kampfhandlungen, an denen ausländische Truppen beteiligt sind, nach den Regeln des *inter*nationalen Konflikts zu beurteilen sind, wenn im Zusammenhang mit einem internen Konflikt die ausländischen Truppen die Regierungstruppen bekämpfen, obwohl der gleiche Konflikt rein interne Komponenten besitzt.[743] Der umgekehrte Fall, nämlich die ausländische Intervention gegen die aufständische Partei, wird heute überwiegend als nicht-internationaler Konflikt angesehen. So hat der US Supreme Court allein den gemeinsamen Art 3 der Genfer Konventionen als den verbindlichen Minimum-Standard angesehen, der bei der amerikanischen Interven-

---

Timelines, Borderlines and Conflicts. The Historical Evolution of the Legal Divide between International and Non-international Armed Conflicts, IRRC 91/873 (2009) 35 ff; zum Umweltschutz vgl *Pretorius*, Enhancing Environmental Protection in Non-International Armed Conflict, ZaöRV 78 (2018) 903 ff.
740   *Bothe*, Töten und getötet werden, FS Delbrück, 2005, 67 (83).
741   *Frostad* (Fn 3) 53 ff.
742   Vgl *Hess*, Die Anwendbarkeit des humanitären Völkerrechts, insbes in gemischten Konflikten, 1985, 153 ff; *Schindler*, The Different Types of Armed Conflicts According to the Geneva Conventions and Protocols, RdC 163 (1979-II) 125 ff; *Gasser*, International Non-International Armed Conflicts, AULR 31 (1982) 911 ff. *Mačák*, Internationalized Armed Conflicts in International Law, 2018; *Zamir*, Classification of Conflicts in International Humanitarian Law: The Legal Impact of Foreign Intervention in Civil Wars, 2017; *Dörmann/Rodenhäuser* (Fn 517) 678 ff. Zu einzelnen Konflikten auch *Frowein*, Völkerrechtliche Aspekte des Vietnam-Konflikts, ZaöRV 27 (1967) 15 ff; *Bothe*, Völkerrechtliche Aspekte des Angola-Konflikts, ZaöRV 37 (1977) 572 ff; *Sassòli*, Der Konflikt im ehemaligen Jugoslawien, in Voit (Hrsg), Humanitäres Völkerrecht im Jugoslawien-Konflikt, 1993, 5, insbes 9 ff u 17 ff.
743   *Hess* (Fn 742) 162, 165. Für Afghanistan vgl die Nachw bei *Aldrich* (Fn 447) 891 f; *Roberts* (Fn 447) 16.

tion in Afghanistan zu beachten war.[744] Dem entspricht es, dass die deutsche Bundesregierung die Kampfhandlungen in Afghanistan zwischen Bundeswehr und Taliban als nichtinternationalen Konflikt angesehen hat.[745] Dass die ausländische Intervention den gesamten Konflikt, dh auch das Verhältnis zwischen etablierter Regierung und Aufständischen, internationalisiert, kann nicht als geltendes Recht bezeichnet werden.[746]

In diesem Zusammenhang ist auch die Frage zu beantworten, ob in dem sog „Krieg gegen den Terror" das *ius in bello* anwendbar ist.[747] Dieses Recht ist nur in bewaffneten Konflikten anwendbar. Ein bewaffneter Konflikt setzt konfliktfähige Parteien voraus (Staaten, bewaffnete Gruppen). Der „Terror" ist dies nicht, ebensowenig Al Qaida. Das Schagwort vom Krieg gegen den Terror soll rechtlich gesehen nur die rechtlich nicht akzeptable Konstruktion erlauben, „Terroristen", auch wenn sie keine Kombattanten sind, überall gezielt zu töten.[748] Hinter dieser vordergründigen Erwägung steht allerdings das Problem, das sich in den letzten Jahren immer wieder in neuen Varianten gestellt hat, wie denn die Tatsache einer Vervielfältigung der Gewaltakteure[749] in die Dichotomie „bewaffneter Konflikt/andere Formen organisierter Gewalt" einzuordnen ist.[750]

128

---

744 *Hamdan v Rumsfeld*, ILM 45 (2006) 1130; vgl dazu *Schöberl*, Konfliktpartei und Kriegsgebiet in bewaffneten Auseinandersetzungen, HVI 25 (2012) 128 ff; *Arend*, Who's Afraid of the Geneva Conventions?, AUILR 22 (2006/7) 709 ff; *Fitzpatrick*, Hamdan v Rumsfeld, Harvard HRJ 20 (2007) 339 ff; *Shamir-Borer*, Revisiting Hamdan v. Rumsfeld's Analysis of the Laws of Armed Conflict, Emory ILR 21 (2007) 601 ff; *Corn/Jensen*, Transnational Armed Conflict: A ‚Principled' Approach to the Regulation of Counter-Terror Combat Operations, IsLR 42 (2009) 1 ff; *Kreß*, Some Reflections on the International Legal Framework Governing Transnational Armed Conflicts, JCSL 15 (2010) 245 ff; *Carron*, Transnational Armed Conflicts: An Argument for a Single Classification of Non-international Armed Conflicts, JIHLS 7 (2016) 5 ff; zum Fall der Intervention von UN-Streitkräften in einem nicht-internationalen Konflikt vgl *Sergeev*, Applying Additional Protocol II of the Geneva Conventions to the United Nations Forces, JIHLS 8 (2017) 234 ff, s auch o Rn 38.
745 Erkärung des Bundesaußenministers vor dem Bundestag am 10.2.2010, abrufbar unter <www.auswaertiges-amt.de/diplo/de/Infoservice/Presse/Reden/2010/100210-BM>. Überblick bei *Schaller*, Rechtssicherheit im Auslandseinsatz, SWP-Aktuell 67 (2009).
746 Nachw bei *Bothe* (Fn 742) 591; *Hess* (Fn 742) 285; krit dazu *Stewart*, Towards a Single Definition of Armed Conflict in International Humanitarian Law, IRRC 85 (2003) 313 ff.
747 *O'Connell*, What is War? An Investigation in the Wake of 9/11, 2012.
748 So Rn 66; *McDonald*, Declarations of War and Belligerent Parties, NILR 54 (2007) 279 (296 ff); vgl dazu die Stellungnahme des IKRK v 21.7.2005 („The relevance of IHL in the context of terrorism"), abrufbar unter <http://www.icrc.org/web/eng/siteeng0.nsf/htmlall/terrorism-ihl-210705?opendocument>; *Marouda*, Application of International Humanitarian Law in Contemporary Armed Conflict, in Perrakis/Marouda (Hrsg), Armed Conflicts and International Humanitarian Law, 2009, 202 (209 ff); *Nanda*, Terrorism as an "Internal Conflict" under the 1977 Geneva Protocol, JIL 14 (2006) 27 ff.
749 *Chojnacki*, Wandel der Gewaltformen im internationalen System 1946–2006, Forschung DSF No 14, 2008.
750 *Geiß*, Armed Violence in Fragile States: Low-intensity Conflicts, Spillover Conflicts, and Sporadic Law Enforcement Operations by Third States, IRRC 91/873 (2009) 127 ff. Zum Status der Hisbollah im Israel-Libanon-Konflikt vgl schon o die Nachw in Fn 54; krit *Münkler*, Asymmetrie und Kriegsvölkerrecht, Friedens-Warte 81 (2006) 59 (62).

III. Rechtliche Steuerung des Wegs vom bewaffneten Konflikt zur friedlichen Normalität *(ius post bellum)*

129 Das traditionelle Völkerrecht enthielt keine Regeln darüber, wie nach dem Ende eines Kriegs auch in der Realität friedliche Verhältnisse wieder herzustellen seien. Teilweise wurde dies in Friedensverträgen geregelt. Gerade die Friedensverträge nach dem Ersten Weltkrieg haben aber gezeigt, dass nach dem Krieg vor dem Krieg sein kann. Von daher liegt der Gedanke nahe, dass die internationale Gemeinschaft im Interesse der Friedenssicherung auch eine Verantwortung für diesen Übergang vom bewaffneten Konflikt zur friedlichen Normalität haben sollte. In den letzten Jahrzehnten hat sich eine Praxis dahin entwickelt, dass sie diese Verantwortung in der Tat übernimmt, insbes nach nichtinternationalen Konflikten. Es haben sich Praktiken entwickelt, die eine gewisse Regelmäßigkeit aufweisen und unter dem Begriff *ius post bellum* diskutiert werden.[751] Ein wesentlicher Anstoß für diese Entwicklung findet sich in dem Grundsatzpapier des UNSG „An Agenda for Peace", in dem Grundsätze des *post conflict peace-building* entwickelt werden.[752] Dazu gehört ein Bündel sehr unterschiedlicher Maßnahmen: Wiederherstellung physischer Normalität (etwa durch Minenräumen, Wiederherstellung wesentlicher Infrastruktur, Beseitigung von Umweltschäden,[753] Wiederaufbau), Wiederherstellung institutioneller Normalität (etwa durch Wieder-Errichtung demokratischer Einrichtungen, kontrollierte Wahlen, Herstellung rechtsstaatlicher Verhältnisse,[754] wozu uU Verfahren der geordneten Bewältigung vergangenen Unrechts *[transitional justice]*[755] gehören können) sowie ggf auch das Schadenersatzrecht.[756]

---

751 *Stahn* (Fn 4); *Epping* (Fn 4); *Fleck* (Fn 4); Bowden/Charlesworth/Farrall (Hrsg), The Role of International Law in Rebuilding Societies after Conflict, 2009; *Österdahl/van Zadel*, What Will Jus Post Bellum Mean?, JCSL 14 (2009) 175 ff. Die sog *transformative occupation* besitzt Bezüge zum *ius post bellum*, vgl *Schmalenbach*, Die Wiederherstellung von Staatlichkeit nach militärischen Konflikten, in Zimmermann u a, Konfliktformen, 341 ff. Dabei muss jedoch der vorläufige Charakter jedes Regimes der kriegerischen Besetzung (so Rn 82) beachtet werden.
752 S bereits o Rn 37; vgl auch *Brzoska*, Bedingungen erfolgreicher Friedenskonsolidierung, APZ 46/2009, 15 ff; Epping/Heintze (Hrsg), Wiederherstellung staatlicher Strukturen in Nach-Konflikt-Situationen, 2007. Zum Wiederaufbau in Gaza nach der israelischen Operation „Operation Protective Edge" 2014 finden sich wesentliche Informationen auf der Webseite des Office of the Special Coordinator for the Middle East Peace Process der UN, insbes zum Gaza Reconstruction Mechanism, unter <www.unsco.org>.
753 Toxic Remnants of War Project, Pollution Politics: Power, Accountability and Toxic Remants of War, 2014.
754 *Niyungeko*, Accords de paix, resolutions du Conseil de sécurité et reconstruction des sociétés dans les situations post-conflictuelles, in SFDI (Fn 542) 403 ff; *Vig*, The Conflictual Promises of the United Nationss Rule of Law Agenda, Int Peacekeeping 13 (2009) 131 ff; *Wolfrum*, International Administration in Post-Conflict Situations by the United Nations and Other International Actors, MPYUNL 9 (2005) 649 ff.
755 UN Doc S/2004/616, Report of the Secretary-General ("The Rule of Law and Transitional Justice in Conflict and Post-conflict Societies").
756 So Rn 27 u 99; vgl *Rosenfeld*, Die Humanitäre Besatzung, 2009, 218; *Krajewski*, Schadenersatz wegen Verletzungen des Gewaltverbots als ius post bellum am Beispiel der Eritrea-Ethiopia Claims Commission, ZaöRV 72 (2012) 147 ff. GV und SR haben gemeinsam (RES/60/180 u S/RES/1645, beide v 20.12.2005) eine Peacebuilding Commission geschaffen; dazu *Schweisfurth*, The United Nation's Peacebuilding Commission's First Year, FS Bothe, 2008, 297 ff; *Schaller*, Peacebuilding und „ius post bellum", 2006.

III. Rechtl. Steuer. d. Wegs v. bewaff. Konflikt z. friedl. Normalit. (ius post bellum) — **873**

Diese Maßnahmen werden weitgehend durch dritte Staaten oder I.O. getrof- **130** fen.[757] Ihre Rechtsgrundlage findet sich häufig in einem Abkommen zwischen den Konfliktparteien, zwischen diesen und den intervenierenden Drittstaaten und/oder der Entscheidung einer I.O., insbes einer Entscheidung des Sicherheitsrats. Danach bestimmen sich Rechte und Pflichten der Beteiligten.[758] Ob und inwieweit in dieser Phase des Übergangs Regeln des *ius in bello* anwendbar bleiben, insbes das Recht der kriegerischen Besetzung, kann im Einzelfall zweifelhaft sein.[759] Ob Staaten oder I.O. verpflichtet sind, solche Maßnahmen zu treffen oder zu unterstützen, hängt eng mit dem Grundsatz der Responsibility to Protect zusammen,[760] zu dem auch eine *responsibility to rebuild* gehört.[761]

---

[757] So Rn 37. Zu den UN vgl *Daillier* (Fn 247) 300 ff; *Schaller/Schneckener*, Das Peacebuilding-System der Vereinten Nationen, 2009.
[758] *Stahn* (Fn 4) 334; *Wolfrum* (Fn 754) 667; zur rechtlichen Bindung des Sicherheitsrats *Weiß*, Security Council Powers and the Exigencies of Justice after War, MPYUNL 12 (2008) 45 (94 ff); zu Problemen eines *ius post bellum* im Kosovo vgl auch *Schaller*, Die Sezession des Kosovo und der völkerrechtliche Status der internationalen Präsenz, AVR 46 (2008) 131 ff; *von Carlowitz*, Crossing the Boundary from the International to the Domestic Legal Realm, Global Governance 10 (2004) 307 ff; zu Liberia *Sannerholm*, Legal, Judicial and Administrative Reforms Beyond the Rule of Law Template, JCSL 12 (2007) 65 ff; zu Afghanistan *Heitmann-Kroning*, Der Peacebuilding-Prozess in Afghanistan im Lichte des ius post bellum, HVI 23 (2010) 86 ff; *Schmidt-Radefeldt*, Enduring Freedom, HVI 18 (2005) 245 ff.
[759] Zur Situation im Irak vgl *Thürer/McLaren*, „Ius Post Bellum" in Iraq, FS Delbrück, 753 ff; *Weiß* (Fn 758) 84 ff.
[760] So Fn 119.
[761] International Commission on Intervention and State Sovereignty (Fn 119), Ziff 5; *Hilpold*, Jus post bellum and the Responsibility to Rebuild, JIHLS 6 (2015) 284 ff; *Hümmrich-Welt*, Responsibility to Rebuild: Verantwortung zum Wiederaufbau in Post-Konflikt-Staaten, 2016.

Sachverzeichnis

römische Zahlen = Abschnitte, arabische Zahlen = Randnummern*

Abfallentsorgung V 166
Abkommen, gemischte → *Europäische Union*
Abrüstung → *Rüstungskontrolle und Abrüstung*
Abschiebungshindernisse und -verbote III 304 ff
Abschreckung, nukleare → *Gewaltverbot, allgemeines*
Abtretung → *Staatsgebiet: Erwerb und Verlust*
access and benefit sharing V 161
Accountability IV 101, 123
Acquiescence → *Völkergewohnheitsrecht*
acquis communautaire IV 74
acta iure imperii/gestionis → *Immunität (der Staaten)*
Act of State-Doktrin III 89; VI 47
ad hoc-Gesandter → *Sonderbotschafter*
ad hoc-Richter → *Internationaler Gerichtshof: Organisation*
Adaptation → *Klimaschutz*
Adjudikation → *Staatsgebiet: Erwerb und Verlust*
Afghanistan VIII 11, 19, 23, 36 f, 66 ff, 127
– s a → *Bundeswehr*
Afrikanische Freihandelszone → *Freihandelszonen: regionale Freihandelsabkommen*
Afrikanische Union IV 9, 63, 67, 77, 83, 85, 89, 181, 239; VI 99
Agenda 21 V 98, 100, 134
Aggression IV 76; VII 16, 51; VIII 10, 27 f, 35, 42, 59, 106
– s a → *Völkerstrafrecht*
Agrarsektor VI 68, 80, 81, 86, 118, 124
Agrément → *diplomatische Beziehungen/Diplomatenrecht*
Aichi Targets → *Flora und Fauna, Schutz*
AKP VI 17, 41, 124
Aktionsprogramm Rhein V 130
Alaska III 142
Alcáçovas, Vertrag von I 99
Allgemeine Erklärung der Menschenrechte III 21, 234 f; IV 206
– Bindungswirkung III 235
– Inhalt III 234
Allgemeine Erklärung zur kulturellen Vielfalt → *Kultur*

– s a → *Völkergewohnheitsrecht*
Allgemeine Rechtsgrundsätze des Völkerrechts → *Völkerrechtsquellen*
Allgemeine Regeln des Völkerrechts II 135 ff
– Begriff II 137 ff
– Rang II 148 ff
– und allgemeine Rechtsgrundsätze II 139
Allgemeinverbindlichkeitserklärungen III 94b
Alliierte Verwaltung → *Bundesrepublik Deutschland*
Al Qaida VIII 11, 66, 128
Amerikanische Deklaration über die Rechte und Pflichten der Menschen → *Menschenrechte/Menschenrechtsschutz*
Amsterdam → *Europäische Union: Gründungsvertrag: Weiterentwicklung*
Andenpakt → *Zollunionen*
Andinische Geminschaft VI 99
Anerkennung
– von Internationalen Organisationen IV 96, 104
– von Regierungen III 81, 180
– von Staaten II 78; III 178 ff
– – Anerkennungsrichtlinien III 178 f
– – deklaratorische Theorie III 178
– – konstitutive Theorie III 178
– – de iure III 180
– – de facto III 180
– – der DDR III 178
– – im ehemaligen Jugoslawien III 184
– von Staatsoberhäuptern III 44
Anfechtung → *Verträge, völkerrechtliche*
Angriff, bewaffneter VIII 10, 43, 106
– Definition VIII 19
– Verbot des unterschiedslosen → *Krieg, Kriegsrecht: Schutz und Immunität der Zivilbevölkerung*
Angriffskrieg, Verbot → *Gewaltverbot*
Annexion → *Staatsgebiet: Erwerb und Verlust*
Anschlusszone III 151; V 50, 51
– als küstenstaatlicher Funktionshoheitsraum V 49

---

* Völkerrechtliche Verträge und Rechtsprechung werden nicht im Sachverzeichnis, sondern in den Verzeichnissen aufgeführt, die den einzelnen Lehrbuchabschnitten vorangestellt sind.

https://doi.org/10.1515/9783110633269-009

Anschwemmung → *Staatsgebiet: Erwerb und Verlust*
Antarktis V 9, 61, 83 ff
– als „Weltpark" bzw. globaler Staatengemeinschaftsraum V 83, 85 ff
– Antarktisches System V 86
– Bergbauverbot V 83
– Konsultativstaaten V 84, 85
– Normsetzung durch Bifokalismus V 83
– Nutzungen V 84
– Souveränitätsfrage V 83
– Umweltschutz V 85 f
– s a → *Nichtstaatsgebiet: Staatengemeinschaftsräume, globale*
Anti-Dumping VI 76 ff
Anwendungsvorrang→ *Europäisches Unionsrecht*
Apostolischer Stuhl → *Heiliger Stuhl*
Appellate Body (WTO) VI 75, 88, 132
Äquidistanzlinie bzw -prinzip III 153
– s a → *Festlandsockel*
Aquitorium → *Staatsgebiet*
AREC → *Freihandelszonen*
Archäologie → *Kulturgüter*
Archipelgewässer V 41 f
– Archipelstaaten V 41 f
– Durchfahrt- und Überflugrecht V 42
Archäologie → *Kulturgüter*
Architektur → *Kulturgüter*
Archivgut → *Kulturgüter*
Arktis V 19, 36, 47, 51, 58
– Arktischer Ozean V 58
– Grönland V 19, 58
– Jan Mayen V 19
– Spitzbergen V 19
Artenschutz V 92 f, 97, 124, 159 f
Asbest VI 24, 88
ASEAN → *Freihandelszonen: regionale Freihandelsabkommen*
Asiatische Infrastruktur-Investitionsbank VI 119
Assoziierte Mitgliedschaft (in I. O.) → *Internationale Organisationen: Mitgliedschaft*
Asteroid mining → *Weltraum*
Asyl III 74 f, 297 ff
– diplomatisches III 74 f
– Erklärung über das territoriale Asyl III 307
– Non-Refoulement (Verbot der Rückschiebung) III 74, 302, 304 ff
– sichere Drittstaaten III 305
– und EU III 309 ff
– und Europarat III 307 f
– Verweigerung III 300

asymmetrische Konflikte → *Krieg, Kriegsrecht*
Ätherraum V 33 f
– Ätherfreiheit V 33
– Fernmeldeverkehr, internationaler V 33 f
– Internationale Fernmeldeunion V 34
– jamming V 33; VI 130
Atmosphäre → *Luft und Atmosphäre*
Atomausstieg VI 53
Atomwaffen VIII 52 ff, 75 f
– atomwaffenfreie Zonen VIII 55
– Atomwaffentests VIII 54
– Atomwaffenverbot VIII 55
– Begleitschäden VIII 76
– NATO VIII 75
– und Beeinträchtigung neutraler Staaten VIII 76
– s a → *Weltraum*
Aufständische I 5; III 37; VIII 23, 121 ff, 127
Augustinus I 92
Ausländer → *Fremdenrecht*
Auslandseinsätze der Bundeswehr → *Bundeswehr*
Auslegung → *Verträge, völkerrechtliche*
Auslieferung II 1; III 318 ff; VII 58
– Änderung des Grundgesetzes III 322
– aut dedere aut iudicare III 323
– Grundsatz der Spezialität III 324
– male captus, bene detentus III 327
– political offence exception III 325
– vereinfachte innerhalb der Europäischen Union III 319
Ausschließliche Wirtschaftszone III 151; V 9, 51, 53 ff
– als küstenstaatliche Fischereimonopolzone V 52
– als küstenstaatlicher Funktionshoheitsraum V 9, 49
– künstliche Inseln V 60
– Meeresboden und -untergrund V 56
– Rechte des Küstenstaates V 52, 55 ff
Asia-Pacific Economic Cooperation → *Freihandelszonen: regionale Freihandelsabkommen*
Ausschlusszonen → *Seekrieg*
auswärtige Gewalt II 76, 80 ff, 178 f
Ausweisung → *Fremdenrecht, völkerrechtliches*
Aut dedere aut iudicare → *Auslieferung*
Autonome Waffensysteme VIII 76

Bali-Paket VI 68
Baltische Staaten III 173, 186; IV 76; V 23

Bananenmarktordnung VI 17
Basislinien V 39 f
– gerade V 40
BBNJ-Prozess V 64, 136
Beendigung → Verträge, völkerrechtliche
Befreiungsbewegungen III 38
– und Beobachterstatus in I. O. IV 89
Befriedetes de facto-Regime VIII 14
Beitritt → Verträge, völkerrechtliche
Bellum iustum → Krieg, Kriegsrecht
Beobachter → Internationale Organisationen: Mitgliedschaft
Beobachtermissionen → Vereinte Nationen
Bermuda-Abkommen → Luftfreiheiten
Besatzungsmacht, de facto-Gewalt VIII 82
Besetzung, kriegerische VIII 82
Beutekunst → Kulturgüter
bewegliche Vertragsgrenzen, Grundsatz III 192, 225
Bifokalismus → Antarktis
Billigflaggen V 66
Billigkeit (equity) I 142; V 62, 111, 121; VI 29
Binnengewässer V 17 f, 125 ff
– Grenzübergreifende Binnengewässer V 127 ff
– Grenzüberschreitende Grundwasserschichten V 128
– Nutzung V 127 f
– Schutz V 125 ff
– – Drainage Basin-Konzept V 134
– – Entwicklung V 126
– Wasserrahmenrichtlinie V 135
Binnenmarkt VI 92, 99, 102, 124, 125
Biodiversität/biologische Vielfalt → Flora und Fauna, Schutz
Biologische Sicherheit V 162
Biologische Waffen → Rüstungskontrolle und Abrüstung
Blockade → Seekrieg
Bodensee III 148; V 17, 131 f
– Gewässerschutzkommissionen V 132
– Schutzübereinkommen V 133
Bosnien-Herzegowina → Jugoslawien
Boykott → Wirtschaftssanktionen
Bretton Woods VI 8, 14, 69, 114, 117
Brexit IV 78, 255
Briand-Kellogg-Pakt (Kellogg-Briand-Pakt) → Gewaltverbot, allgemeines
Brundtland-Kommission V 98, 115; VI 35
Buchten V 40
– s a → innere Gewässer

Bürgerkrieg → Flüchtlingsrecht; Krieg, Kriegsrecht
Bufferstocks → Rohstoffabkommen
Bundespräsident II 76 ff
– Befugnis zur Delegation II 78
– Gegenzeichnung II 79
– völkerrechtliche Vertretungsbefugnis II 76 ff
Bundesrepublik Deutschland III 207 ff
– alliierte Verwaltung III 208
– Bundesstaat/Gliedstaaten III 160 ff
– Grenzen V 23
– Grundlagenvertrag III 210
– Gründung III 209
– Lindauer Abkommen (Absprache) II 68; III 164
– Ostgrenzen III 219 f; V 21
– und Deutsches Reich III 212 ff
– und Polen III 220; V 21, 133
– und Tschechische Republik V 21
– Wiedervereinigung III 216 ff; IV 73; V 21, 24
– – Einigungsvertrag III 207, 210, 217 ff
– – Sukzessionen/Nachfolgeregelungen III 223 ff
– – Wiedervereinigungsgebot II 27
– – s a → Selbstbestimmungsrecht der Völker
– s a → Küstenmeer
Bundesstaat III 161
– und völkerrechtliche Verantwortlichkeit VII 22
– s a → Bundesrepublik Deutschland
Bundestreue II 68 f
Bundesverfassungsgericht II 159 ff
– Kompetenzen II 84 f
– Normverifikationsverfahren II 159 ff
– Rechtssprechungskonkurrenzen II 185 f
– und Europäischer Gerichtshof II 129, 185 f
– und Europäischer Gerichtshof für Menschenrechte II 185 f
Bundeswehr
– Afghanistaneinsatz VIII 127
– Auslandseinsätze II 81, 83 f
– Rettungsaktion in Albanien VIII 21

Calvo-Doktrin → Enteignungsrecht: Enteignung
Calvo-Klauseln → Diplomatischer Schutz
cap and trade-Verfahren → Klimaschutz
Carbon Capture and Storage → Klimaschutz
Caroline-Formel VIII 19
Charta von Paris → OSZE/KSZE
Charta über die wirtschaftlichen Rechte und Pflichten der Staaten I 68; VI 30, 46, 111
Chemische Waffen → Krieg, Kriegsrecht: Waffenverbote; Rüstungskontrolle und Abrüstung

China II 57
Civilized nations → *Kulturvölker*
Clausula rebus sic stantibus → *Verträge, völkerrechtliche*
Clean development mechanism → *Klimaschutz*
Clean slate → *Staatensukzession: in völkerrechtliche Verträge*
Climate Engineering → *Klimaschutz*
Climate Litigation V 158
Club of Rome V 88
Code of conduct → *Multinationale Unternehmen*
Collective Action Clauses III 94b
Commission on Sustainable Development V 98; VI 35
Committee on the Peaceful Uses of Outer Space → *Weltraum*
Common but differentiated responsibilities (gemeinsame, aber unterschiedliche Verantwortlichkeiten) V 99, 105, 153f; VI 5, 37, 112
Common concern of mankind V 105
Common heritage of mankind (gemeinsames Erbe der Menschheit) IV 210; V 35, 68ff, 105
– s a → *Kulturgüter*
Compliance control → *Streitbeilegung: Mittel der Streitbeilegung*
Conferences of the Parties → *Vertragsstaatenkonferenzen*
Connally-Vorbehalt → *Internationaler Gerichtshof: Zuständigkeit*
Corporate Social Responsibility → *Multinationale Unternehmen*
Counterterrorism Center III 252c
Courtoisie (Sitte) I 45, 66, 69, 131
creeping jurisdiction V 13, 50
ČSFR III 183, 193, 201; IV 71, 76
– Nachfolgestaaten, Mitgliedschaft in I. O. IV 71
– Rechtsnachfolge III 201
– Teilung/Auflösung III 183
Cyberspace V 35
Cyber Warfare VIII 10, 11, 19, 66, 76

Dayton-Abkommen → *Jugoslawien*
De facto-Regime I 5; VIII 14
Dédoublement fonctionnel V 140
Dekolonisierung IV 8, 69, 207; V 30
– Deklaration über die Gewährung der Unabhängigkeit an koloniale Länder und Völker IV 207

– Dekolonisierungs-Ausschuss der UN IV 131, 207
– und Gewaltverbot VIII 20
Delikte, völkerrechtliche → *Staatenverantwortlichkeit, völkerrechtliche Verantwortlichkeit*
Delimitation V 16, 57, 58
Delineation V 16, 56, 58
Demarkation V 16
Demokratie I 20, 43; II 5, 25, 33, 52, 87, 114; III 181, 271; IV 70, 85, 242; VI 12, 14, 99
Déni de justice (denial of justice) → *Zurechnung: Staatenverantwortlichkeit*
Depleted uranium → *Krieg, Kriegsrecht: Waffenverbote*
Dereliktion → *Staatsgebiet: Erwerb und Verlust*
Deutsche Demokratische Republik (DDR) III 211ff; V 23, 26
– s a → *Anerkennung: von Staaten*
Deutscher Orden I 97
Deutsches Reich → *Bundesrepublik Deutschland; Österreich*
Deutsch-Italienischer Zukunftsfonds III 99b
Deutschland → *Bundesrepublik Deutschland*
Dienstleistungsfreiheit VI 92, 133
Dienstleistungsverkehr, internationaler VI 92, 102
differential and more favourable treatment → *Entwicklung, Recht auf*
Diplomatische Beziehungen/Diplomatenrecht I 54; II 4; III 51ff
– Agrément III 52
– Aufgaben III 55
– Einteilung der Diplomaten III 51
– Familienmitglieder III 60a
– freier Verkehr III 57
– Kuriergepäck III 57, 67
– Missionen III 51ff
– Missionsgebäude III 56a
– Mitglieder, Personal III 52f
– Persona non grata III 53, 59, 60
– Sonderbotschafter III 70ff
– Unverletzlichkeit III 56
– Vertretung bei Internationalen Organisationen III 73
– s a → *Asyl; Europäische Union; Immunität, diplomatische*
Diplomatischer Schutz III 15, 117ff
– Anspruchs-/Rechtsträger III 117
– bei Doppel-/Mehrstaatlern III 120
– Genuine link III 119; VI 57
– Local remedies rule III 118

- für Unionsbürger III 122
- Verzicht/Calvo-Klauseln III 15, 118
- s a → *Multinationale Unternehmen; Staatsangehörigkeit*
Diskriminierungsverbot
- allgemeines I 74
- Rassendiskriminierung VI 16, 150
- s a → *Menschenrechte/Menschenrechtsschutz: in Europa; Neutralität; Welthandelsprinzipien*
Dismembration → *Staatsgebiet: Erwerb und Verlust*
Doha-Runde VI 14, 68
Domaine réservé I 30; IV 27, 128, 195 f; V 33
Donaukommission IV 54
Doppelbesteuerungsabkommen → *Internationales Steuerrecht*
Drainage-Basin-Konzept → *Binnengewässer: Schutz*
Drohnen
- Einsatz → *Krieg, Kriegsrecht*
- Überflug V 29
Dualismus II 28 ff, 35 f, 38, 40, 46 ff, 116, 136
Dual use-Objekte → *Krieg, Kriegsrecht*
Due diligence V 108, 157a; VII 12, 25; VIII 11
Due regard VIII 70
Dum-Dum-Geschosse → *Krieg, Kriegsrecht: Waffenverbote*
Dumping VI 70, 73, 76 ff
Dumping (Einbringen) → *Meeresschutz: Verschmutzung*
Durchsetzung → *Krieg, Kriegsrecht; Menschenrechtsverträge*
Durchsetzungsschwäche des Völkerrechts → *Völkerrecht*

EAC → *Zollunionen*
ECOWAS → *Zollunionen*
Effektivitätsprinzip III 80 f
- s a → *Europäisches Unionsrecht; Staatsgebiet: Erwerb und Verlust; Staatsgewalt*
effet utile → *Europäisches Unionsrecht; Internationale Organisationen; Verträge, völkerrechtliche: Auslegung*
EFTA → *Freihandelszonen: regionale Freihandelsabkommen*
Eigengewässer → *Staatsgebiet*
Eigentum, Schutz III 258; VI 44 ff
Einbringen (Dumping) → *Meeresschutz: Verschmutzung*
Einheit der Völkerrechtsordnung → *Völkerrecht*

Einigungsvertrag → *Bundesrepublik Deutschland: Wiedervereinigung*
einseitige Akte (unilateral acts) → *Völkerrechtsquellen*
Einzelperson/der Einzelne II 149 ff; III 14 ff, 229 ff
- Mediatisierung I 60; III 15
- völkerrechtliche Pflichten III 22
Embargo VII 119 f; VIII 24, 36, 42, 48
- s a → *Sicherheitsrat der Vereinten Nationen*
Emissionshandel → *Klimaschutz*
Enklaven/Exklaven → *Staatsgebiet*
Enteignungsrecht VI 44 ff
- Enteignung VI 45 ff
- - Calvo-Doktrin VI 23, 45
- - Entschädigungsanspruch, Rechtsnatur VI 47
- - Entschädigungspflicht VI 46
- - extraterritoriale Wirkung VI 48
- - Globalentschädigungsabkommen VI 46
- - Hull-Doktrin VI 46, 51
- - Mindeststandards VI 46
- - ordre public VI 49
- Konfiskation VI 45
- lump sum agreements VI 46
- Nationalisierung VI 45
Entwicklung, Recht auf VI 30 ff
- Differential and more favourable treatment VI 30
Entwicklungshilfe VI 4, 31, 106 ff
Entwicklungsvölkerrecht VI 30 ff, 110 ff
- Charta über die wirtschaftlichen Rechte und Pflichten der Staaten s dort
- Entwicklungsdekaden VI 30
- neue Weltwirtschaftsordnung VI 8, 111
- Technologietransfer (Code of Conduct) VI 32, 101 f
- UNCTAD VI 30, 110, 120, 123
Equitable utilization V 111
Equity → *Billigkeit*
Erfüllungskontrolle → *Streitbeilegung: Mittel der Streitbeilegung*
Erga omnes-Verpflichtungen I 21, 48, 72, 120, 126, 133; IV 92; V 53, 73, 136, 140; VII 16 ff, 28, 36, 43, 47, 118; VIII 95 f, 101
- Erga omnes partes-Verpflichtungen I 120
- s a → *Staatenverantwortlichkeit, völkerrechtliche Verantwortlichkeit*
Erklärung von Bogotá → *Weltraum*
Erklärung von Kopenhagen IV 246
Ermittlungskommission, internationale VIII 100

Ersitzung → *Staatsgebiet: Erwerb und Verlust*
Estoppel → *Völkergewohnheitsrecht*
Estrada-Doktrin → *Staatsgewalt*
Europäische Gemeinschaft(en) → *Zollunionen; Europäische Union*
Europäische Integration   II 5, 10, 21ff, 75, 120ff, 131, 186
Europäische Kernenergie-Agentur   II 132
Europäische Sozialcharta   III 267ff
Europäische Union
– Änderung der Gründungsverträge   IV 44, 47f
– Assoziierung   IV 88
– Aufgaben und Befugnisse   IV 188
– Auflösung, Beendigung   IV 53
– Aufnahme in die   IV 64f, 67, 70
– Ausschluss von Mitgliedstaaten   IV 81, 83
– Außenbeziehungen   I 44
– Austritt von Mitgliedstaaten   IV 78, 80
– diplomatische Beziehungen mit Nichtmitgliedern   IV 100
– Europäischer Rat   IV 122
– fehlender Staatscharakter   I 43; II 26
– Finanzierung   IV 215f, 218f
– Gemeinsame Außen- und Sicherheitspolitik (GASP)   IV 188, 252
– Gemischte Abkommen   II 120, 130; IV 99; VI 50
– Gründungsvertrag (Maastricht-Vertrag)
– – Kompetenz-Kompetenz   IV 15
– – Weiterentwicklung   II 24, 26f, 125; IV 50, 182, 256ff
– Grundfreiheiten   VI 135
– Grundrechte   VI 133
– Hauptorgane   IV 124f
– Implied powers   I 44; IV 98, 191
– „institutionelles Gleichgewicht"   IV 183
– Integrationsgrenze   II 24ff
– Konventsmethode   IV 50
– Polizeilich-justizielle Zusammenarbeit in Strafsachen (PJZ)   I 43; IV 188, 252f
– Rechnungshof   IV 124, 223
– Rechtsetzung   IV 201, 250
– Rechtsstaatsdialog   IV 85
– Reformdiskussion, Entwicklungsperspektiven   III 170; IV 182, 256ff
– als „Staatenverbund"   IV 252f
– Subsidiaritätsprinzip   II 25; IV 253f
– Supranationalität   II 24, 121; IV 250, 254
– Suspension von Mitgliedschafts-rechten   IV 85
– Übertragung von Hoheitsrechten auf die   II 26, 129
– Ultra vires-Handelns   IV 194

– Unionsbürgerschaft   I 43; 103ff, 122
– – s a → *Diplomatischer Schutz*
– Verhältnis zu den Europäischen Gemeinschaften   IV 252f
– Vertragsschlusskompetenz   II 120; IV 98
– Völkerrechtssubjektivität   I 18; II 24; IV 253
– Wirtschafts- und Währungsunion   IV 258; VI 99
– s a → *Asyl; Auslieferung; Europäischer Gerichtshof*
Europäischer Entwicklungsfonds   VI 124
Europäischer Gerichtshof   II 61, 124; IV 40, 80, 98, 124, 181, 194, 198, 203, 250, 254f; VI 53, 69, 135
– Auslegung der Gründungsverträge   IV 40
– Gericht erster Instanz   IV 203, 254
– Grundrechtsschutz in der Europäischen Union   IV 254
– s a → *Bundesverfassungsgericht*
Europäischer Gerichtshof für Menschenrechte   II 61, 186; III 250, 250ff; IV 203, 246
– Verfahren   III 262ff
– – Individualbeschwerde   III 17, 262
– – Staatenbeschwerde   III 262
– s a → *Bundesverfassungsgericht*
Europäischer Verfassungsvertrag → *Europäische Union: Gründungsvertrag (Maastricht-Vertrag): Weiterentwicklung*
Europäischer Wirtschaftsraum (EWR) → *Freihandelszonen: regionale Freihandelsabkommen*
Europäisches Unionsrecht   I 40ff; IV 249ff
– Anwendungsvorrang   I 43; II 129f, 173, 176; IV 250
– Effet utile/Effektivitätsgrundsatz   I 42; IV 40, 190
– primäres   I 40; II 120, 122ff, 126ff
– Prinzip der begrenzten (Einzel-)Ermächtigung   IV 189f, 254, 257
– Rolle im deutschen Recht   II 120ff, 173f
– sekundäres   I 42; II 120, 122, 173f
– – als eigenständige Rechtsordnung   I 40, 43; IV 117
– – Typen verbindlicher Rechtsakte   I 42; II 173f
– s a → *Völkerrecht*
Europarat   II 23f, 186; III 248ff; IV 31, 67, 70, 124, 238ff
– Abschluss von Abkommen   IV 248
– Aufgaben   III 249ff; IV 241ff
– Entstehungsgeschichte   IV 238f
– Gästestatus   IV 239

- Konventionen IV 245
- Mitglieder, Bedingungen IV 70, 239
- Organe IV 124 f, 240 ff
- – Kongress der Gemeinden und Regionen Europas IV 242
- – Ministerkomitee IV 240
- – Parlamentarische Versammlung IV 241 f
- – Sekretariat IV 243
- Satzung III 248
- s a → *Asyl*
European Space Agency (ESA) IV 51; V 81
Evidenztheorie I 118
Ewigkeitsgarantie II 26 f, 156
EWR → *Freihandelszonen*
Exklaven → *Staatsgebiet*

Failed State III 85 f; VII 9, 49; VIII 13
Fair Trade VI 70, 73
Faires Gerichtsverfahren (fair trial) III 257
Fairness, Prinzip der → *internationales Wirtschaftsrecht: Standards*
Falkland-Inseln (Malvinas) VIII 14
FCKW V 151
Fernerkundung (remote sensing) → *Weltraum*
Fernmeldeverkehr, internationaler → *Ätherraum*
Festlandsockel III 152 ff; V 10, 12, 55 ff
- Abgrenzung V 57
- als küstenstaatlicher Funktionshoheitsraum V 10, 49, 55
- Äquidistanzlinie V 57
- Breite III 153; V 56
- darüber liegende Gewässer und Luftraum V 59
- Entstehungsgeschichte V 55
- künstliche Inseln, Anlagen und Bauwerke V 60
- Truman-Proklamation V 10, 55
Financial Stability Forum/Board VI 116
Finanzmarktaufsicht und -regulierung VI 116
First shot-Theorie VIII 62
Fischerei V 13, 52 f, 65, 67, 103, 137
- Fischbestände, gebietsübergreifende (Straddling Stocks) V 52 f, 67
- Fischereiabkommen V 69, 94, 103, 137
- Fischereirechte, historische V 12
- Gemeinsame Fischereipolitik (GFP) V 52 ff
- real interest-Kriterium V 67
- surplus V 52
- total allowable catch V 52
- s a → *Ausschließliche Wirtschaftszone; Hohe See*

Flaggenhoheit V 8, 12, 66
Flaggenstaaten → *Billigflaggen; Hohe See: Durchsetzung; Meeresschutz: Durchsetzung*
Flächenbombardement → *Krieg, Kriegsrecht: Schutz und Immunität der Zivilbevölkerung*
Flora und Fauna, Schutz V 95 f, 159 f
- Aichi Targets V 163; VI 37
- Biologische Vielfalt V 90, 112, 160
- Ecosystem Services V 163
- Wandernde Tierarten V 13, 53, 67, 95, 159
- Weltbiodiversitätsrat/IPBES V 164
Flüchtlinge III 18, 297 ff
- De facto/Gewaltflüchtlinge III 299
- politische III 298
- Temporary protection III 300
- s a → *Klimawandel*
Flüchtlingsrecht III 18, 297 ff
- Bürgerkriegsflüchtlinge III 303a
- europäisches III 307 ff
- Globaler Pakt für Flüchtlinge I 5; III 283a, 283b; IV 23
- Hoher Flüchtlingskommissar (UNHCR) III 18, 299 f
- Internationale Flüchtlingsorganisation III 18
Flüsse, „internationalisierte" V 18, 127 ff
Folterverbot III 242 f, 254
Fragmentierung des Völkerrechts → *Völkerrecht*
Frankreich II 50
Freihandelszonen VI 71, 97 ff
- als Ausnahme vom Meistbegünstigungsprinzip VI 71, 97 f
- regionale Freihandelsabkommen VI 100
- – Afrikanische Freihandelszone VI 125
- – ASEAN VI 100
- – Asia-Pacific Economic Cooperation VI 100
- – EFTA VI 100
- – Europäischer Wirtschaftsraum VI 100
- – Mega-Regionals VI 100
- – Union für das Mittelmeer VI 100
Fremdenrecht, völkerrechtliches III 280 ff; VI 16, 19, 23, 26, 44; VII 19, 32
- Ausweisung III 291 ff
- Einreise von Ausländern III 284 f
- Familiennachzug III 286, 295
- Schutz von Minderjährigen III 295a
- Staatenlose → *Staatenlosigkeit*
- völkerrechtlicher Mindeststandard III 289 f
Friedensbegriff VIII 43 f
- Ausweitung des VIII 19

– des Grundgesetzes II 15
– negativer VIII 43
– positiver VIII 44
Friedenssicherung VIII 5, 35 f, 39, 51 ff, 129
Friedliche Durchfahrt, Recht der → *innere Gewässer; Küstenmeer*
Friedliche Streitbeilegung → *Völkerrecht: Grundregeln*
Friendly Relations Declaration I 72; III 125; IV 210; VIII 10, 14
Frustrationsverbot → *Verträge, völkerrechtliche: Verfahren des Vertragsschlusses*
Fundamentaler Relativismus → *Völkerrecht: Begriff, Besonderheit*
Funktionshoheitsräume, küstenstaatliche → *Nichtstaatsgebiet*

G-8 VI 116
G-20 VI 116
„Gebiet" → *Meeresboden*
Gebietshoheit III 131 ff; V 2 f, 5, 14 f
gebietsübergreifende Fischbestände → *Fischerei*
Gegenmaßnahmen → *Staatenverantwortlichkeit, völkerrechtliche Verantwortlichkeit*
Gegenseitigkeit, Grundsatz der (Reziprozität) I 26, 51, 72, 128
– s a → *Internationales Wirtschaftsrecht: Standards; Welthandelsprinzipien*
Gegenzeichnung → *Bundespräsident*
Geistiges Eigentum, Schutz VI 51, 75, 93
Gemeinsame, aber unterschiedliche Verantwortlichkeiten → *Common but differentiated responsibilities*
Gemeinsame Außen- und Sicherheitspolitik (GASP) → *Europäische Union*
Gemeinsame Fischereipolitik (GFP) → *Fischerei*
Gemeinsames Erbe der Menschheit → *common heritage of mankind; Mond*
Gemischte Abkommen → *Europäische Union*
Gemischter Konflikt → *Krieg, Kriegsrecht*
Generalsekretär der Vereinten Nationen → *Sekretariat der Vereinten Nationen*
Generalversammlung der Vereinten Nationen IV 127 ff
– Abstimmungsmodus IV 132 ff
– – Annahme ohne Abstimmung IV 136
– – Consensus-Verfahren IV 135
– – Stimmenwägung (weighted voting) IV 137
– allgemeine Diskussions- und Empfehlungsbefugnis IV 128 ff
– Ausschüsse IV 131, 209, 221

– – Rechtsausschuss IV 209
– – Meeresbodenausschuss IV 209
– – Weltraumausschuss IV 209
– Geschäftsordnung IV 131
– Jahrestagung IV 131
– Notstandssondertagungen IV 131
– Resolutionen (Entschließungen), Deklarationen bzw Beschlüsse I 14 f, 149 f; IV 138 f
– – als Rechtsquelle des Völkerrechts I 150
– – Bindungswirkung („soft law") I 14, 68, 152; II 170 ff; IV 129, 138; V 90, 117
– – s a → *Völkerrechtsquellen: allgemeine Rechtsgrundsätze*
Genetische Ressourcen → *Ressourcen, genetische*
Gentlemen's agreement I 67
Genugtuung → *Staatenverantwortlichkeit, völkerrechtliche Verantwortlichkeit: Rechtsfolgen*
Genuine link → *diplomatischer Schutz; Staatsangehörigkeit; Staatszugehörigkeit: Schiffe*
Geoengineering → *Klimaschutz*
Georgien VIII 21
Geostationärer Orbit → *Weltraum*
Gericht erster Instanz → *Europäischer Gerichtshof*
Gewässerschutz → *Binnengewässer: Schutz; Bodensee: Gewässerschutzkommission*
Gewaltmonopol, staatliches VIII 1
Gewaltverbot, allgemeines I 52 ff, 72, 75; II 12; IV 22, 92, 205; VII 3, 8, 21, 64 f, 66 f, 121; VIII 7 ff
– Androhung von Gewalt VIII 16 f, 26
– Angriffe auf Hoher See VIII 12
– Angriffe auf militärische Außenpositionen VIII 12
– bei streitigem Grenzverlauf VIII 14
– Briand-Kellogg-Pakt I 52; VII 63; VIII 6 ff, 106
– Funktion und Bedeutung VIII 29 f
– Gewaltverzicht II 96
– nukleare Abschreckung VIII 17, 53
– Peace Keeping Forces IV 205
– Rechtfertigungsgründe VIII 18 ff
– Selbstverteidigung, individuelle und kollektive I 54 ff; IV 205; VIII 17, 19 f, 25, 43
– – gegen Private VIII 19
– – präventive VIII 19
– – regionale Bündnisse I 18
– – Verhältnismäßigkeit VIII 19
– – s a → *Neutralität*
– Rechtsfolgen der Verletzung VIII 25 ff

- Scale and effect-Test VIII 10
- Systeme kollektiver Sicherheit s dort
- und private Gewalt VIII 11
- und Unterstützung terroristischer Aktivitäten VIII 11, 43
- und Völkergewohnheitsrecht VIII 8
- Verbot des Angriffskrieges II 12; VIII 9 ff
- Verbot militärischer Gewalt I 75; IV 22
- Verhältnis zum Kriegsverbot VIII 9
- Zwangsmaßnahmen, Empfehlungen der UN-Generalversammlung IV 128 ff
- – Uniting for Peace-Resolution IV 130 f
- s a → *Internationale Organisationen; Interventionsverbot; Menschenrechte/Menschenrechtsschutz; Selbstbestimmungsrecht der Völker*

Gewohnheitsrecht → *Völkergewohnheitsrecht*
Gleichheit der Staaten → *Souveränität: Verhältnis zum Gleichheitssatz; Staat*
Gliedstaaten → *Bundesrepublik Deutschland*
Global commons V 11, 61 ff
Global Compact → *Multinationale Unternehmen*
Global Stocktake V 157
Globaler Pakt für die Umwelt V 105
Globaler Pakt für Flüchtlinge → *Flüchtlingsrecht*
Good governance I 20; IV 20, 101, 123; VI 33, 39 ff
Governance V 90, 105, 164
Grundlagenvertrag → *Bundesrepublik Deutschland*
Greenpeace V 90
Grenzen → *Staatsgebiet*
Grenznachbarschaftliche Einrichtungen II 74
Grenzkontrollen → *Staatsgebiet: Grenzen*
Griechenland II 52
- Staatsanleihen III 91a, 94a
Grönland → *Arktis*
Grotius, Hugo I 63, 100; V 64; VI 121
Gründungstheorie VI 57
Grundgesetz → *Auslieferung; Friedensbegriff; Menschenrechte/Menschenrechtsschutz; Präambel des Grundgesetzes; Völkerrechtsfreundlichkeit des Grundgesetzes*
Grundlagenvertrag → *Bundesrepublik Deutschland*
Grundregeln des Völkerrechts → *Völkerrecht*
Grundwasserschichten → *Binnengewässer*
Guerilla VIII 67
GUS-Staaten III 187; IV 17, 71

Gutachten → *Internationaler Gerichtshof: Zuständigkeit*
„gute Dienste" → *Streitbeilegung: Mittel der Streitbeilegung*
Haager Friedenskonferenzen → *Krieg, Kriegsrecht*
habit of obedience I 51
Haftung → *Internationale Organisationen; Staatenverantwortlichkeit, Völkerrechtliche Verantwortlichkeit; Vereinte Nationen, UNO; Weltraum*
Haiti VIII 22, 24, 34, 36 f, 48, 50
Halone V 149, 154
Hallstein-Doktrin I 76
Handel mit Treibhausgasemissionszertifikaten → *Klimaschutz*
Hanse I 97
Harmon-Doktrin → *Souveränität*
Havanna Charta VI 12, 66
Headquarters Agreement → *Vereinte Nationen*
Heiliger Stuhl I 5; III 39; IV 1, 89
Hermes-Versicherungen VI 54
High-Level Political Forum on Sustainable Development IV 208
Historische Rechte → *Fischerei; innere Gewässer*
Hobbes, Thomas I 62
Hohe See V 64 ff
- als Staatengemeinschaftsraum V 9, 11, 64
- Durchsetzung
- – durch Flaggenstaaten V 66
- – durch Hafen- und Küstenstaaten V 140
- Freiheiten V 13, 63, 66 ff
- – der Fischerei V 13, 63, 67
- mare liberum/clausum V 64
- Ressourcennutzung und -erhaltung V 8, 67
- s a → *Gewaltverbot, allgemeines*
Hoher Flüchtlingskommissar (UNHCR) → *Flüchtlingsrecht*
höhere Gewalt → *Staatenverantwortlichkeit, völkerrechtliche Verantwortlichkeit*
Hull-Formel → *Enteignungsrecht*
humanitäre Intervention I 54; III 230; IV 22, 205; VIII 8, 22
humanitäres Völkerrecht
- Begriff VIII 60
- s a → *Krieg, Kriegsrecht*
Hybride Tribunale → *Streitbelegung: Mittel der Streitbeilegung*

Ilulissat-Erklärung V 58
Immunität (der Staaten) III 89 ff
– absolute III 90
– Acta iure imperii/gestionis I 32, 73; III 90
– in der Zwangsvollstreckung III 93, 95c, 95d, 99a
– restriktive Theorie III 90
– Staatsbedienstete III 48a
– Staatsoberhaupt III 44 ff
– Staatsunternehmen III 95
– s a → *Sekretariat der Vereinten Nationen: Bedienstete*
Immunität, diplomatische III 59 f
Immunität, konsularische III 68
Immunität der Zivilbevölkerung bei Kampfhandlungen VIII 66
implied powers → *Europäische Union; Internationale Organisationen; Sicherheitsrat der Vereinten Nationen; Vereinte Nationen*
indigene Völker I 11; VI 150, 162
Individualbeschwerde → *Europäischer Gerichtshof für Menschenrechte: Verfahren*
Inégalité compensatrice VI 21
Informationsfreiheit → *Kultur*
Informationspflichten → *Küstenmeer: Recht der friedlichen Durchfahrt*
Inkorporation von Staaten III 175
Inländergleichbehandlung → *Welthandelsprinzipien*
INMARSAT V 81
Innere Gewässer III 149; V 38 ff
– Abgrenzung V 39
– historische Buchten V 40
– Nothafenrecht V 38
– Recht der friedlichen Durchfahrt V 38
– Rechtsstatus V 38
Inseln V 19
Inseln, künstliche → *Ausschließliche Wirtschaftszone; Festlandsockel*
instant customary law → *Völkergewohnheitsrecht: Entstehungsvoraussetzungen*
Institut de droit international I 147
Integrationsprinzip → *Umweltvölkerrecht: Prinzipien des Umweltvölkerrechts*
Integrität, territoriale → *Souveränität: territoriale*
INTELSAT V 81

Interamerikanische Kommission für Menschenrechte → *Menschenrechte/Menschenrechtsschutz*
Interamerikanischer Gerichtshof für Menschenrechte → *Menschenrechte/Menschenrechtsschutz*
International Air Transport Association (IATA) → *Luftfreiheiten*
International Civil Aviation Organization → *Luftfreiheiten*
International Law Association I 147
International Law Commission IV 209; VII 6 f, 9, 17, 20, 26, 31, 35 f, 46
Internationale Entwicklungsorganisation (IDA) → *Weltbank, Weltbankgruppe*
Internationale Fernmeldeunion (ITU) → *Ätherraum*
Internationale Finanz-Corporation (IFC) → *Weltbank, Weltbankgruppe*
Internationale Gemeinschaft I 21, 72, 120
Internationale Meeresbodenbehörde → *Meeresboden (das „Gebiet")*
Internationale Organisationen
– Aufgaben und Befugnisse IV 188 ff
– – keine Kompetenz-Kompetenz IV 189
– – Prinzip der begrenzten Ermächtigung IV 189, 254
– – Vertrauensschutz gegenüber Drittstaaten und anderen I. O. IV 193
– Begriff, Wurzeln III 12; IV 3 ff, 12
– Deliktsfähigkeit IV 101 ff
– effet utile III 12; IV 39 f, 116, 190
– Empfehlungen II 171 f, 184
– s a → *Generalversammlung der Vereinten Nationen: Entschließungen*
– Entscheidungen II 169, 180, 184
– – und Gewaltverbot VIII 24
– Entstehung IV 32 ff
– Entwicklung IV 2 ff
– Finanzierung IV 212 ff
– – Ausgaben IV 220 ff
– – Budgetierung IV 220 ff
– – eigene Einkünfte (Eigenmittel) IV 218
– – Einnahmen IV 213 ff
– – Friedensmission auf Zypern IV 217
– – Geldaufnahme am Kapitalmarkt IV 219
– – obligatorische Beiträge IV 214 ff
– – Spenden, freiwillige Beiträge IV 217
– – Zurückbehaltung von Beiträgen IV 216
– Funktionalismus IV 9

– Gründungsverträge, Primärrecht I 40, 124, 158; IV 32 ff, 61, 114, 188
– – Änderung II 82, 167 f; IV 43 ff, 52
– – Auslegung IV 39 ff, 190
– – inhaltliche Grenzen der Vertragsänderung IV 48
– – Ratifikation, Urkunden IV 34
– – Revisionskonferenzen IV 49
– – Satzung als „Verfassung" IV 37
– Handlungsfähigkeit, völkerrechtliche IV 97 ff
– – Gesandtschaftsrecht IV 100
– – Innen- und Außenkompetenzen IV 98
– – ultra vires-Handeln IV 98, 101, 192 ff, 216
– – und Vertragsabschlussfähigkeit IV 98
– Handlungsinstrumentarium IV 200 ff
– – judizielle Akte IV 203
– – Rechtssetzungsbefugnis IV 201
– – Vertragsabschlussbefugnis IV 202
– Immunität, Privilegien IV 106 ff, 112
– implied powers III 12; IV 39, 98, 191, 219
– internes Organisationsrecht I 39; IV 114 ff
– – Primär- und Sekundärrecht IV 114
– – Rechtscharakter I 39; IV 114 ff
– Legitimation, demokratische I 18
– Mitgliedstaaten II 74, 89, 98; IV 13, 61 ff, 195 f
– – abgestufte Formen der Mitgliedschaft IV 88 ff
– – Assoziierung IV 88
– – Ausschluss von Mitgliedstaaten IV 81 ff
– – Austritt von Mitgliedstaaten IV 46, 77 ff
– – Austrittsklausel IV 77 f
– – Beendigung der Mitgliedschaft IV 76 ff
– – Beitritt, Aufnahme II 74, 89, 98; IV 63 ff
– – Beobachter IV 89 f
– – Gründungsmitglieder IV 62
– – „Herren der Verträge", Kompetenz-Kompetenz IV 15, 29, 189
– – Internationale Organisationen als Mitglieder IV 65
– – opting out (contracting out) IV 201
– – Souveränität III 167; IV 195 f
– Mitgliedschaftsrechte und -pflichten IV 74 ff
– – Beeinträchtigungen der Mitgliedschaftsrechte IV 84 ff
– – Beitragspflichten IV 75
– – Gleichheit IV 75
– – Loyalität der I. O. IV 74
– – „one state, one vote" IV 75
– Nichtmitglieder, Drittstaaten IV 89, 91 f, 96, 100, 104, 113

– Notstandsrecht IV 170
– Organe III 12; IV 41, 118 ff
– – Hauptorgane IV 121, 124 ff
– – Interpretationskompetenz IV 41
– – Kompetenzverteilung IV 183 ff
– – Organtreue IV 186 f
– – Verfahren bei Kompetenzüberschneidungen IV 184
– Rechnungskontrolle IV 223 f
– Rechts- und Geschäftsfähigkeit, innerstaatliche IV 112 f
– regionale IV 9, 70, 107, 225, 239
– Sanktionen bei Verletzung von Zahlungsverpflichtungen IV 224
– Sitzstaat, Sitz(staaten)abkommen I 39; IV 110 f
– Streitbeilegung IV 111; VII 64, 66, 77
– Sukzession IV 57 ff
– – Kontinuität der Rechtspersönlichkeit IV 58
– – Völkerbund und UN IV 59
– Suspension von Mitgliedsrechten IV 85 f
– und Durchsetzung völkerrechtlicher Verpflichtungen IV 24
– und Kodifizierung des Völkerrechts I 18; IV 25
– und Umweltschutz IV 208; V 91
– Untergang, Auflösung IV 51 ff
– – Beispiele IV 52
– – finanzieller Zusammenbruch IV 55
– – vertragliche Regelung IV 51 ff
– – Wegfall des Mitgliederbestandes IV 54
– Verantwortlichkeit, Haftung IV 101 ff; VII 34 ff
– – der Internationalen Organisation IV 101 f; VII 34
– – der Mitgliedstaaten IV 103; VII 37
– – gegenüber Dritten, die die I. O. nicht anerkennen IV 104
– – gegenüber der I. O. IV 105
– Vertretung bei I. O. III 73
– Völkerrechtsfähigkeit, -persönlichkeit, -subjektivität I 5 f; III 12; IV 4, 13, 16, 93 ff
– – objektive IV 96
– – Verleihung der Rechtsfähigkeit IV 95
– Vorläufer I 104; IV 3 ff
– Zahl IV 11
– s a → Anerkennung; Befreiungsbewegungen; ČSFR; diplomatische Beziehungen/Diplomatenrecht; Jugoslawien; Menschenrechte/Menschenrechtsschutz; OSZE/KSZE; Selbstbestimmungsrecht der Völker;

886 — Sachverzeichnis

Staatensukzession; UdSSR: Nachfolge; Verträge, völkerrechtliche; Weltraum
Internationale Regime V 13 f, 19, 31 f, 51, 69, 72 f, 87, 124, 129, 132, 150, 161 f
Internationale Seeschifffahrtsorganisation (IMO) V 47, 51, 66, 139
Internationale Strafgerichtsbarkeit III 22 ff; VII 38 ff; VIII 101 ff
– Interalliierter Militärgerichtshof III 22; VII 44, 52
– Internationaler Strafgerichtshof I 36; II 61; III 25 ff; IV 21; VII 44, 46 f, 49 f, 53, 54 ff
– – anwendbares Recht III 27
– – Grundsatz der Komplementarität IV 29, 31a; VII 49
– – Jurisdiktion III 25
– – Verfahren III 28; VII 56 f
– – Vorgeschichte VII 44, 46
– – Zuständigkeit VII 49 f, 55 ff
– – Zusammenarbeitspflicht III 29; VII 58
– Jugoslawien-Strafgerichtshof II 61; III 23 ff; IV 21; VII 44, 47, 49 f, 52 ff, 57; VIII 28, 48, 95, 102, 125
– Nürnberger Kriegsverbrecherprozesse II 11; III 22; VII 44, 46, 52
– Ruanda (Rwanda) III 23; IV 21; VII 44, 47, 49; VIII 28, 48, 95, 102, 125
– Tokioter Prozesse II 11; III 22; VII 44, 52
Internationale Verantwortlichkeit → *Staatenverantwortlichkeit*
Internationaler Gerichtshof I 110 f, 147; II 61, 66; IV 177 ff, 210; VII 79, 86, 87 ff
– Entscheidungsmaßstab VII 96
– Organisation VII 97 ff
– – ad hoc-Richter VII 98
– – Kammern VII 100
– Streitverfahren VII 101
– – Durchführung der Entscheidungen VII 106
– – mündliche Verhandlung VII 103
– – schriftliches Verfahren VII 102
– – Urteile VII 104
– – vorsorgliche Maßnahmen VII 105
– und Fortbildung des Völkerrechts IV 177
– Zuständigkeit IV 41, 179; VII 90 ff
– – einseitige Staatenerklärung VII 92
– – Fakultativklausel VII 88, 91
– – Gutachten IV 152, 179 f; VII 89, 93; VIII 45
– – keine Kompetenz bei Auseinandersetzungen zwischen UN-Organen IV 180

– – Schiedskompromiss (Compromis) VII 91
– – Überprüfung von Maßnahmen anderer UN-Organe IV 179; VIII 45
– – Unterwerfung VII 91
– – Vorbehalte (Connally, Vandenberg) VII 92
Internationaler Seegerichtshof IV 102; V 39, 55; VII 60
– Kammer für Meeresbodenstreitigkeiten IV 102; V 70
– Schiffsfreigabeverfahren V 37, 53
Internationaler Strafgerichtshof → *internationale Strafgerichtsbarkeit*
Internationaler Währungsfonds VI 8, 9, 13, 33, 41, 42, 44, 114 ff
– Funktionsweise VI 115
– Kreditvergabe VI 115
– Stabilitätsforum VI 116
Internationales Gewohnheitsrecht → *Völkergewohnheitsrecht*
Internationales Komitee vom Roten Kreuz → *Rotes Kreuz*
Internationales öffentliches Recht → *Völkerrecht: Begriffsgeschichte*
Internationales Privatrecht I 34; II 1
Internationales Steuerrecht I 37; VI 104 ff
– Besteuerungsprinzipien VI 105
– Doppelbesteuerungsabkommen III 154; VI 104, 107 f
– Vollstreckung VI 108
Internationales Strafrecht I 36; III 155; VII 39
Internationales Verwaltungsrecht I 37
Internationales Wirtschaftsrecht
– Begriff I 38; II 5; VI 10 f
– Rolle II 5
– Standards VI 15 ff
– – Fairness VI 26, 29, 42
– – Good governance s dort
– – Nachhaltigkeit → *Umweltvölkerrecht*
– – Rationalität → *Welthandelsprinzipien*
– – Reziprozität (Gegenseitigkeit) VI 26 ff, 68
– – Transparenz VI 40, 42, 92, 116
Internationales Zivilverfahrensrecht I 35
International Organization for Migration IV 230
Internationalisierung → *Nichtstaatsgebiet*
Internet Corporation for the Assigned Numbers and Names (ICANN) V 35
Interpretationserklärungen → *Verträge, völkerrechtliche*

Intervention, humanitäre → *humanitäre Intervention*
Intervention, politische VIII 21
Intervention auf Einladung → *Interventionsverbot*
Interventionsverbot I 76; II 10, 171; III 83; VII 121; VIII 17, 126
- Abgrenzung vom Gewaltverbot VIII 17
- Intervention auf Einladung VIII 23
Investitionsmaßnahmen, handelsbezogene VI 94 ff
Investitionsschutz VI 7, 18, 22, 25, 28 f, 50 ff
- bilaterale Investitionsschutzabkommen VI 7, 18, 22, 25, 28, 50
- - Schirmklausel VI 50
- Multilaterale Investitions-Garantie-Agentur (MIGA) VI 52
- Multilaterale Investitionsschutzabkommen VI 18, 51
- staatliche Investitionssicherungsprogramme VI 51
- ständiger multilateraler Investitionsgerichtshof VI 53
- Streitbeilegung VI 53
IPBES → *Flora und Fauna, Schutz*
IPCC → *Klimawandel*
Irak I 107; II 12; III 140; IV 27, 76, 85, 145, 205; V 22; VI 157; VIII 11, 19, 22, 24, 27, 29, 34 ff, 43 f, 48, 50, 54, 57, 68, 73, 82, 107 ff, 117 ff
- s a → *Rüstungskontrolle und Abrüstung*
Islam und Völkerrecht I 83 ff, 94
- s a → *Menschenrechte/Menschenrechtsschutz*
Islamischer Staat IV 38a, 79; VIII 11, 19, 24
Italien II 51
Ius ad bellum → *Krieg, Kriegsrecht*
Ius cogens I 13, 48, 120, 126, 132, 154; II 138, 157 f; III 49; IV 26; VI 166; VII 3, 17, 28, 34, 116; VIII 23
- s a → *Streitbeilegung: Pflicht zur friedlichen Streitbeilegung*
Ius contra bellum → *Krieg, Kriegsrecht*
Ius gentium/inter gentes I 9, 90
Ius in bello → *Krieg, Kriegsrecht*
Ius soli/sanguinis → *Staatsangehörigkeit*
Ius standi I 120

Jalta, Konferenz von IV 142
Jamming → *Ätherraum*

Jan Mayen → *Arktis*
Japan II 54
Jerusalem IV 145
Johannesburg-Gipfel V 103
Johanniterorden I 97
Jugoslawien III 182 ff; IV 21, 207; VIII 3, 22 ff, 28, 34, 36 f, 48, 50, 95, 102, 125
- Auflösungsprozess III 184
- Dayton-Abkommen VIII 36
- Haager Jugoslawienkonferenz/Anerkennung der Neustaaten III 182
- Nachfolgestaaten, Mitgliedschaft in Internationalen Organisationen IV 71
- NATO-Einsatz gegen II 12; IV 145, 205
- s a → *Anerkennung: von Staaten; internationale Strafgerichtsbarkeit*
Jurisdiktionsprinzipien
- Territorialitätsprinzip VI 3, 48

Kabotagerecht → *Luftfreiheiten*
Kairo Declaration on Human Rights in Islam I 85
Kaliningrad V 20
Kanäle V 18
Kaspisches Meer III 148; V 3, 13, 17
Katalonien IV 129, 130b
Kinderschutz III 245 ff
Klimaschutz V 153 ff
- Adaptation V 158
- Cap and trade-Verfahren V 155 f
- Carbon capture and storage (CCS) V 141, 154, 158
- Clean development mechanism V 155
- Climate engineering/geoengineering V 79, 158
- Emissionshandel V 155 f
- Marrakesh Accords V 153
- Mitigation V 158
- Negative Emissionstechnologien V 158
- Pledge and review-Verfahren V 156, 157b
- Senken und Speicher V 154
- Solar radiation management V 79, 158
- Zukunft des Klimaschutzrechts V 157 ff
Klimawandel I 20; V 1, 88, 112, 121, 145 ff
- IPCC/Weltklimarat V 90, 145
- Klimaflüchtlinge V 121
- Meeresspiegelanstieg V 27, 39
Kodifikation → *Völkergewohnheitsrecht*
Kohlenwasserstoffe V 149 ff
Koimperium III 135; V 5 f

kollektive Sicherheit → *Systeme kollektiver Sicherheit*
Kollisionsrecht I 33 ff; II 1; VI 140
Kombattanten → *Krieg, Kriegsrecht*
Komplementarität → *Internationale Strafgerichtsbarkeit: Internationaler Strafgerichtshof*
Kondominium III 135; V 2, 4, 6, 8, 17
Konferenz für Sicherheit und Zusammenarbeit in Europa (KSZE) → *OSZE/KSZE*
Konfiskation → *Enteignungsrecht*
Konflikte, bewaffnete → *Krieg, Kriegsrecht*
Kongress der Gemeinden und Regionen Europas → *Europarat: Organe*
Königsberg → *Kaliningrad*
Konsensus (Consensus, Konsens) I 113; IV 135
– s a → *Verträge, völkerrechtliche*
Konstitutionalisierung des Völkerrechts → *Völkerrecht*
konsularischer Verkehr/Konsulate III 65 ff
– Aufgaben III 66
– Einteilung III 67
– Kuriergepäck III 67
– persona non grata III 67
– Unverletzlichkeit III 67
– Wahlkonsuln III 69
– s a → *Immunität, konsularische*
Komplementarität → *internationale Strafgerichtsbarkeit: Internationaler Strafgerichtshof*
Kontiguität V 36, 55, 60
Kontinuität vertraglicher Pflichten III 191, 193
Kontrabande (Konterbande) → *Seekrieg*
Kontrolltheorie VI 57
Koran I 94
Kosovo II 12; III 80, 128, 130, 182a; IV 145, 204
– NATO-Einsatz IV 145, 205; VIII 22, 30, 44, 68
– UN Treuhandverwaltung VIII 36
Krieg, Kriegsrecht VIII 56 ff
– asymmetrische Konflikte VIII 59, 92, 127 f
– Bedeutung des Völkergewohnheitsrechts VIII 57
– bellum iustum I 92; VIII 3
– besonders geschützte Objekte VIII 69 ff
– Bürgerkrieg VIII 121 ff
– Drohnen, Einsatz von VIII 89
– Dual use-Objekte V 81; VIII 68
– Durchsetzung VIII 91 ff
– – internationale Ermittlungskommission VIII 100
– – Repressalie s dort
– – Rotes Kreuz s dort
– – Schadensminimierung VIII 92, 97
– – Schutzmacht VIII 96
– – Strafverfolgung VIII 101
– Entwicklung I 103 ff; VIII 56 ff
– gemischte Konflikte VIII 127 ff
– Gleichheit der Konfliktparteien (Nichtdiskriminierung, Unparteilichkeit) VIII 59, 106
– Haager Friedenskonferenzen VIII 4, 52, 56
– ius ad bellum VIII 2
– ius contra bellum VIII 2 ff, 56
– ius in bello VIII 2 ff, 56 ff
– Kombattanten VIII 64, 66 f, 80, 83, 125, 128
– kriegerische Besetzung VIII 82
– Kriegsbegriff VIII 9, 62
– Kriegsgefangene VIII 77, 80 f, 87, 96 f, 125
– Kulturgüter VI 145 ff; VIII 56, 70
– Luftkrieg VIII 89, 119 f
– Martens'sche Klausel VIII 64
– meuchlerische Kriegsführung, Verbot VIII 71
– Perfidieverbot VIII 71
– Schutz und Immunität der Zivilbevölkerung VIII 66 ff, 70, 75, 81 f, 125
– – Flächenbombardement VIII 68
– – Hilfsaktionen VIII 81
– – im nichtinternationalen Konflikt VIII 125
– – Verbot des unterschiedslosen Angriffs (Verbot der unterschiedslosen Kriegsführung) VIII 66, 68, 85 f
– – Verhältnismäßigkeitsprinzip VIII 66 ff
– – zivile Begleitschäden VIII 68, 76
– Seekrieg s dort
– Targeted killing VIII 68, 89
– Umweltschutz VIII 70
– und Völkerbund VIII 5, 7, 31 f
– Universalität VIII 57
– Unlawful combatants VIII 66, 77
– Verwundete und Kranke VIII 60, 77, 79, 87, 97
– Waffenverbote VIII 72 ff
– – Atomwaffen s dort
– – Chemische Waffen VIII 74
– – Depleted uranium VIII 73
– – Dum-Dum-Geschosse VIII 73
– – konventionelle Waffen VIII 73
– – Landminen VIII 73
– – Laserstrahlen VIII 73
– Wirtschaftskrieg VIII 90
– s a → *Gewaltverbot, allgemeines; Menschenrechte/Menschen-*

rechtsschutz; Neutralität; Rotes Kreuz;
   Seekrieg
Kriegsgefangene → *Krieg, Kriegsrecht*
Kriegsverbot VIII 6, 9, 31
Kriegsverbrechen VIII 101f
– s a → *Völkerstrafrecht*
Kriegswaffenkontrollgesetz → *Neutralität*
Krim III 130a, 140, 272
KSZE → *OSZE/KSZE*
Kündigung → *Verträge, völkerrechtliche*
Kultur VI 126ff
– Allgemeine Erklärung zur kulturellen Vielfalt VI 128
– als Schranke der Waren- und Dienstleistungsfreiheiten VI 132ff
– Begriff VI 127
– und Informationsfreiheit VI 129f
Kulturgüter VI 138ff
– als common heritage of mankind VI 143, 152
– Archivgut, Archäologie, Architektur VI 170ff
– Beutekunst VI 154
– Definition VI 144ff
– maritime VI 168f
– Raub VI 154
– Recht auf Kultur VI 151
– – Rechtsträger VI 148ff
– Rückführung VI 128, 139, 165ff
– Schutz VI 8, 138ff
– – in bewaffneten Konflikten VI 145, 153ff
– – Friedenszeiten VI 158ff
– Selbstbestimmungsrecht der Völker VI 143, 150, 166
– Sonderrecht für VI 141
– und staatliche Souveränität VI 160
– UNESCO V 15; VI 130, 133, 151f, 157, 159, 161, 169
– – Welterbekomitee VI 159
– Zerstörung VI 156f
– s a → *Krieg, Kriegsrecht*
Kulturvölker (civilized nations) I 10f, 142f
Kuriergepäck → *diplomatische Beziehungen/ Diplomatenrecht; konsularischer Verkehr/ Konsulate*
Küstenmeer III 150; V 43ff
– Abgrenzung V 43
– aquitoriale Souveränität V 27, 46, 51f
– Breite III 150; V 39, 44
– Bundesrepublik Deutschland V 26
– Recht der friedlichen Durchfahrt II 152, 154; V 38, 42, 45f
– – Eingriffsrechte des Küstenstaats V 46

– – Informationspflichten V 45
– – Nutzungsentgelte (lighthouse dues) V 46
– – Schifffahrtswege V 46
– – U-Boote V 45
– – Verkehrstrennungsgebiete V 46
– Schutz der Meeresumwelt V 70, 140, 144
– vertikale Rechtseinheit V 43
Kuwait-Krise IV 76; VIII 24, 35f, 43, 50, 54

Landminen → *Krieg, Kriegsrecht: Waffenverbote*
Legalitätsprinzip (nulla poena sine lege) → *Völkerstrafrecht*
Legitimation, demokratische → *Internationale Organisationen*
lighthouse dues → *Küstenmeer: Recht der friedlichen Durchfahrt*
Lindauer Abkommen (Absprache) → *Bundesrepublik Deutschland*
local remedies rule → *diplomatischer Schutz*
localized debts → *Staatensukzession: in Staatsschulden*
Lockerbie VII 49; VIII 43
Luft und Atmosphäre, Schutz V 145ff
– Durchsetzung V 149
– funktionsbezogener Ansatz V 166
Luftfreiheiten V 28ff
– International Air Transport Association (IATA) V 32
– International Civil Aviation Organization (ICAO) V 32
– Luftverkehrsabkommen V 31
– Kabotagerecht V 32
– Open Skies V 31
Luftkrieg → *Krieg, Kriegsrecht*
Luftraum → *Staatsgebiet*
Luftverkehrsabkommen → *Luftfreiheiten*
Lump sum agreements → *Enteignungsrecht*

Maastricht → *Europäische Union: Gründungsvertrag (Maastricht-Vertrag)*
male captus, bene detentus → *Auslieferung*
Malteserritterorden, Souveräner I 5, 97; III 40; IV 1
Manila-Erklärung → *Streitbeilegung: Pflicht zur friedlichen Streitbeilegung*
Mare liberum/clausum → *Hohe See*
Maritime Raumordnung V 52
Marrakesh Accords → *Klimaschutz*
Martens'sche Klausel → *Krieg, Kriegsrecht*
Mediatisierung des Einzelnen → *Einzelperson/ der Einzelne*

Meerengen V 47
- Recht der Transitdurchfahrt V 47
Meeresboden (das „Gebiet") V 11 ff, 68 ff
- als globaler Staatengemeinschaftsraum V 11, 87
- Internationale Meeresbodenbehörde V 6, 69 f
- nationale Gesetzgebung V 72
- Unternehmen (Enterprise) V 69
- s a → *Internationaler Seegerichtshof*
Meeresboden und -untergrund → *Ausschließliche Wirtschaftszone*
Meeresschutz V 136 ff
- Begriff V 136
- Durchsetzung V 38, 136 ff, 138 ff
- - durch Flaggenstaaten V 137, 140
- globale Vereinbarungen V 134 ff
- Meeresschutzgebiete V 13, 140
- regionale Vereinbarungen V 143 f
- Verschmutzung V 135 ff
- - Begriff V 112
- - Dumping (Einbringen) V 141
- - durch Schiffe V 137 ff
- - vom Lande aus V 138
Meeresschutzgebiete → *Meeresschutz*
Meeresspiegelanstieg → *Klimawandel*
Meeresverschmutzung → *Meeresschutz*
Mega-Regionals → *Freihandelszonen: regionale Freihandelsabkommen*
Mehrstaatigkeit III 113, 120 ff
Meistbegünstigung → *Freihandelszonen; Welthandelsprinzipien; Zollunionen*
Menschenrechte/Menschenrechtsschutz II 4, 15, 36, 43, 98, 101, 151; III 17, 229 ff; VI 150 f; VIII 37 f, 44, 48, 60, 80, 82 f, 103, 122, 125
- Allgemeine Erklärung der Menschenrechte s dort
- Amerikanische Deklaration über die Rechte und Pflichten der Menschen III 20, 273
- Generationen III 233
- im Kriegsrecht VIII 60
- im nichtinternationalen bewaffneten Konflikt VIII 122, 125
- in Afrika III 277 f; VIII 102
- in Europa II 119, 186; III 17, 248 ff; IV 246 f; VIII 103
- - Diskriminierungsverbot III 259
- - Eigentum, Recht auf III 258
- - Faires Gerichtsverfahren III 257
- - Folterverbot III 255 f
- - Ministerkomitee III 261

- - nulla poena sine lege III 257
- - Unschuldsvermutung III 257
- Interamerikanische Kommission für Menschenrechte III 273
- Interamerikanischer Gerichtshof für Menschenrechte III 276; V 120
- Menschenrechtsbekenntnis des Grundgesetzes II 15
- Menschenrechtsbindung der UN IV 197 ff
- und domaine réservé s dort
- und Gewaltverbot VIII 15, 19
- und Internationale Organisationen IV 21
- - Förderung durch Unterorgane des Wirtschafts- und Sozialrats der UN IV 161, 206
- - Schutz durch die Vereinten Nationen III 234 ff; IV 206
- und Islam I 83 ff
- und Völkerstrafrecht VII 43 ff
Menschenrechtsausschuss III 239 ff
- General Comments III 239; IV 206
Menschenrechtsrat III 235; IV 131, 161, 206
Menschenrechtsverträge III 232 ff
- Durchsetzung und Überwachung III 233, 239 ff
- regionale III 19, 233, 248 ff, 273 f; VI 150 ff
- universelle III 21, 233 ff; VI 144
- Verletzung I 129
Mercosur → *Zollunionen*
Migrationskrise IV 256
Migrationspakt I 5, 14; III 283a, 283b; IV 23
Mikrostaaten IV 69, 88
Millenium Development Goals IV 32, 204; V 102, 104; VI 34, 113
Minderheitenschutz III 34 ff, 328 ff; VI 136
- auf regionaler Ebene III 333 ff
- auf universeller Ebene III 332
- Begriff der Minderheit III 35, 330 f
- Hoher Kommissar für nationale Minderheiten → *OSZE/KSZE*
- Schutzumfang III 331
- s a → *Selbstbestimmungsrecht der Völker*
Minderjährigenschutz → *Fremdenrecht, völkerrechtliches*
Minenlegen und -räumen → *Krieg/Kriegsrecht: Waffenverbote; Seekrieg*
Ministerkomitee → *Europarat*
Missionen → *diplomatische Beziehungen/ Diplomatenrecht*
Mitigation → *Klimaschutz*
Mohammed I 94
Mond V 77, 79, 82
- Gemeinsames Menschheitserbe V 75

- Schutz V 80
- s a → *Weltraum*
Monismus II 28 ff, 37 ff, 116, 136
Monroe-Doktrin I 103
Moral, internationale I 67, 69
Multilaterale Investitions-Garantie-Agentur (MIGA) → *Investitionsschutz*
Multinationale Unternehmen I 19; III 42; VI 56 ff
- Bindung an Menschenrechte VI 65
- Corporate Social Responsibility VI 65
- diplomatischer Schutz VI 56, 57
- Global Compact III 42; VI 65, 111
- „internationalisierte" („quasi-völkerrechtliche") Verträge I 19, 151; VI 58 ff
- Neuverhandlungsklauseln VI 64
- Stabilisierungsklauseln VI 63
- Völkerrechtssubjektivität III 42; VI 61
- s a → *Staatszugehörigkeit*

Nachbarrecht → *Umweltvölkerrecht*
Nachhaltige Entwicklung, Nachhaltigkeit → *Umweltvölkerrecht*
NAFTA → *Freihandelszonen*
Napoléon Bonaparte I 102 f; VII 44
Nationally Determined Contributions V 157 f; VI 37
Nationen → *Völker*
NATO II 83, 134; IV 9, 73, 244; VIII 30, 36, 51, 53, 68, 75
- Partnerschaft für den Frieden IV 88
- s a → *Atomwaffen; Jugoslawien; Kosovo*
Navicert → *Seekrieg*
ne bis in idem → *Völkerstrafrecht*
NePAD → *Zollunionen*
Neutralität III 156 ff; IV 22; VIII 104 ff
- bei UN-Zwangsmaßnahmen VIII 106
- bewaffnete VIII 111
- Diskriminierungsverbot VIII 105
- Formen III 156; VIII 104 ff
- Hilfsleistung VIII 112
- im Landkrieg VIII 113
- im Luftkrieg VIII 119 f
- im nichtinternationalen Konflikt VIII 121, 126
- im Seekrieg VIII 114 ff
- Kriegswaffenkontrollgesetz II 13; VIII 112
- Pflichten des Neutralen III 158; VIII 111 f
- Schutz der neutralen Handelsschifffahrt VIII 117
- unbewaffnete VIII 111
- und Pflicht zur Hilfsleistung VIII 106
- und Selbstverteidigungsrecht VIII 110
- Unparteilichkeit VIII 104 ff
- Unverletzlichkeit des neutralen Staatsgebiets VIII 110
- Waffenexporte II 13, 97; VIII 112
- s a → *Österreich*
nichtinternationaler bewaffneter Konflikt VIII 121 ff
- s a → *Rotes Kreuz*
Nichtstaatsgebiet V 7 ff, 61 ff
- Funktionshoheitsräume, küstenstaatliche V 10, 49 ff
- - Finalität der Befugnisse V 10, 49
- - s a → *Anschlusszone; Ausschließliche Wirtschaftszone; Festlandsockel*
- Internationalisierung V 6, 11, 53, 61, 63 ff, 83
- Staatengemeinschaftsräume, globale V 11, 61 ff
- - s a → *Antarktis; Hohe See; Meeresboden (das „Gebiet"); Weltraum*
- Wesen und Grenzen V 61
Nizza → *Europäische Union: Gründungsvertrag: Weiterentwicklung*
Non-Governmental Organizations I 19; II 132; IV 18, 160; VIII 95
- Mitwirkungsrechte im Wirtschafts- und Sozialrat der UN IV 160
- und Umweltschutz V 90, 122 f
- und Zusammenarbeit mit I. O. IV 18
Nordmazedonien III 182
Non-Refoulement → *Asyl*
Nord-Ostsee-Kanal I 73
Nordsee III 152; V 56 f, 143
Nord-Süd-Dialog/Gefälle V 96, 98; VI 107
Normverifikationsverfahren → *Bundesverfassungsgericht*
Nothafenrecht → *innere Gewässer*
Nukleares Tabu VIII 76
Nuklearwaffen → *Atomwaffen*
nulla poena sine lege → *Völkerstrafrecht*
Nürnberger Kriegsverbrecherprozesse → *internationale Strafgerichtsbarkeit*
Nutzungsentgelte → *Küstenmeer: Recht der friedlichen Durchfahrt*

Oder-Neiße-Linie III 145, 220; V 23
odious debts → *Staatensukzession: in Staatsschulden*
Offshore-Windenergiegewinnung V 21, 52
Okkupation → *Staatsgebiet: Erwerb und Verlust*
OPEC IV 188, 214; VI 59, 121

Open door policy VI 2
Open Skies → Luftfreiheiten
Opting out (contracting out) → Internationale Organisationen: Mitgliedstaaten
Ordre public → Enteignungsrecht: Enteignung
Österreich
- Anschluss an das Deutsche Reich III 173; IV 76
- Neutralität III 156; VIII 111
Ostpakistan (bzw Bangladesh) V 21, 28; VIII 22
Ost-Timor V 59; VIII 36 f, 44, 50
Ost-Ukraine III 272
Ostverträge → Bundesrepublik Deutschland
OSZE/KSZE III 168, 270 ff
- als regionale Abmachung VIII 51
- Charta von Paris III 270; VIII 7
- Hoher Kommissar für nationale Minderheiten III 339
- Schlussakte von Helsinki I 67; III 181, 270; VIII 7
- Überführung der KSZE in eine Internationale Organisation IV 16
Ozonschicht, Schutz V 149 ff

Pacta sunt servanda → Verträge, völkerrechtliche
Pacta tertiis nec nocent nec prosunt → Verträge, völkerrechtliche
Palästinensische Befreiungsbewegung (PLO)
- Schließung der UN-Mission IV 111
Paraphierung → Verträge, völkerrechtliche: Verfahren des Vertragsschlusses
Parlamentarische Versammlung → Europarat
Parlamentsvorbehalt → Europäische Union
Partnerschaft für den Frieden → NATO
Peace Keeping Forces → Gewaltverbot, allgemeines
Peace Operations VIII 34
Peaceful change VIII 31
Perfidieverbot → Krieg, Kriegsrecht
Persistent objector → Völkergewohnheitsrecht
Persona non grata → diplomatische Beziehungen/Diplomatenrecht; konsularischer Verkehr/Konsulate
Pflicht zur friedlichen Streitbeilegung → Streitbeilegung
Piraterie I 8; III 31; V 66; VII 44; VIII 11
Pledge and review-Verfahren → Klimaschutz
Polen → Bundesrepublik Deutschland

political offence exception → Auslieferung
Polizeilich-justizielle Zusammenarbeit in Strafsachen (PJZ) → Europäische Union
Präambel des Grundgesetzes II 14 ff, 22
pre-emptive strikes → Terrorismus, internationaler
Prinzip der begrenzten (Einzel-)Ermächtigung → Europäisches Unionsrecht
Prinzipiendeklaration von 1970 I 77
Prisen → Seekrieg
Privatrecht, internationales → Internationales Privatrecht
Produktpiraterie VI 131
Pufendorf, Samuel I 100

Quellen des Völkerrechts → Völkerrechtsquellen
Quellenprinzip VI 105

Rassendiskriminierung → Diskriminierungsverbot
Ratifikation → Verträge, völkerrechtliche: Verfahren des Vertragsschlusses
Rationalität → Welthandelsprinzipien
Raubkunst → Kulturgüter
real interest-Kriterium → Fischerei
Rechtsgrundsätze, allgemeine → Völkerrechtsquellen
Rechtsquellen des Völkerrechts → Völkerrechtsquellen
Rechtsträger im Völkerrecht → Völkerrechtssubjekte
Regierungs- und Ressortabkommen II 111 ff
Regionale Abmachungen VIII 51
Regionale wirtschaftliche Integration VI 97 ff
Registrierung → Verträge, völkerrechtliche
Remote sensing → Weltraum
Repressalie II 154; IV 24, 84, 196; VII 113, 116 ff; VIII 3, 19, 60, 76, 92, 97
- Anwendungsregeln VII 119
- Friedensrepressalie VII 116 ff
- Kriegsrepressalie VII 116
- Repressalienverbote VII 117; VIII 60, 76
Res inter alios acta → Verträge, völkerrechtliche
Res iudicata VII 84
Resilienz V 164
Resolutionen → Generalversammlung der Vereinten Nationen
Responsibility to Protect IV 22, 27; VIII 22
Ressortabkommen → Regierungs- und Ressortabkommen
Ressourcen, genetische V 65, 160 ff

Ressourcennutzung und -erhaltung → *Hohe See*
Restatements II 170
Retorsion VII 112
Reziprozität → *Gegenseitigkeit; internationales Wirtschaftsrecht*
Rhein V 18, 127, 130 ff
Rio Deklaration V 99, 102, 108 f, 112 f, 115
Rohstoffabkommen VI 102, 120 ff
- Bufferstocks VI 123
- Gemeinsamer Fonds für Rohstoffe VI 123
- Integriertes Rohstoffprogramm VI 123
- Rohstoffkartelle VI 121
Rotes Kreuz III 41; VIII 79, 96, 121
- Einsatz im nichtinternationalen Konflikt VIII 121
- Internationale Konferenz vom Roten Kreuz III 41
- Internationales Komitee vom Roten Kreuz I 5; III 41; VIII 96
- Liga der Rotkreuzverbände III 41
- Rotkreuzzeichen VIII 71, 93
- Schutz Verwundeter und Kranker im Krieg VIII 79
Rousseau, Jean-Jacques I 102
Ruanda (Rwanda) → *internationale Strafgerichtsbarkeit*
Rücktritt → *Verträge, völkerrechtliche*
Russland (Russische Föderation) II 56; III 185, 187; VIII 21 ff, 54
- als Rechtsnachfolger der UdSSR III 185, 187
- Verfassung und Völkerrecht II 56
- s a → *UdSSR*
Rüstungskontrolle und Abrüstung VIII 52 ff
- Atomwaffen s dort
- Conference on Disarmament (Abrüstungsausschuss) VIII 53
- Rüstungsbeschränkung VIII 52
- Verbot der Stationierung von Massenvernichtungswaffen VIII 53
- Vereinbarungen VIII 53 ff
- Verifikation VIII 54

Sachwalterschaft V 53
Saint-Pierre, Abbé de I 102
Sanction of Non-Participation VI 115
Sanktionen VII 3, 34, 108 f, 111 ff
- Begriff VII 108 f
- Erscheinungsformen VII 111 ff
- - psychologischer Zwang VII 115
- - Repressalie s dort
- - Retorsion s dort

- - Smart Sanctions VIII 48
- - Targeted sanctions IV 27, 152, 197, VIII 48
- - Waffenembargo VIII 48
- - Wirtschaftssanktionen s dort
   s a → *Internationale Organisationen; Völkerstrafrecht*
Saragossa, Vertrag von I 99
Scale and effect-Test → *Gewaltverbot, allgemeines*
Schädigungsverbot (sic utere tuo ut alienum non laedas) V 96, 106
Scharia I 83
Schengen-Acquis V 15
Schiedsgerichtsbarkeit, internationale II 66; IV 7; VII 77 ff
- obligatorische Schiedsgerichtsbarkeit VII 81
- Schiedsklauseln VII 81
- Schiedsvergleich (compromis) VII 80
- ständige Schiedsgerichte VII 81
- und Entwicklung des Völkerrechts VII 86
Schiffbrüchige → *Seekrieg*
Schifffahrtswege → *Küstenmeer: Recht der friedlichen Durchfahrt*
Schiffsemissionen V 139
Schiffsfreigabeverfahren → *Internationaler Seegerichtshof*
Schirmklausel → *Investitionsschutz: bilaterale Investitionsschutzabkommen*
Schlussakte von Helsinki → *OSZE/KSZE*
Schutzmacht → *Krieg, Kriegsrecht*
Schutzmaßnahmen → *Welthandelsorganisation (WTO)*
Schweiz, Entstehung I 100
Seekrieg VIII 84 ff, 114 ff
- Ausschlusszonen VIII 86
- Blockade VIII 86
- Handelsschiffe VIII 85, 87, 115 ff
- Kontrabande (Konterbande) VIII 115 f
- Kriegsschiffe VIII 87 f
- Minenlegen und -räumen VIII 86, 118
- Navicert VIII 116
- Prisen, Prisengericht VIII 116
- Schiffbrüchige VIII 87
- s a → *Neutralität*
Seeminen → *Seekrieg*
Seerecht V 36 ff, 49 ff, 72, 136 ff
- s a → *Völkergewohnheitsrecht*
Seerechtskonferenzen V 37, 44 f, 49
Sekretariat der Vereinten Nationen IV 165 ff
- Administrative Committee on Co-ordination IV 166, 236

– Aufgaben IV 166
– Bedienstete IV 172 ff
– – Immunität IV 176
– – Rechtsschutz IV 174
– – staff rules/regulations IV 174 f
– Chief Executives Board for Coordination
    IV 166, 236
– Generalsekretär IV 165 ff
– – Amtsinhaber IV 168
– – Amtszeit IV 170
– – Bestellung IV 169
– – Kongo-Krise IV 171
– – politische Funktionen IV 167
– Stellvertretender Generalsekretär IV 166
Selbstbestimmungsrecht der Völker I 17, 78,
    120; II 3; III 33, 125 ff; IV 207; VIII 14, 20
– äußeres III 127, 129 f
– im Dekolonisierungsprozess III 127; VIII 20
– inneres III 126
– und Gewaltverbot VIII 20
– und Internationale Organisationen IV 21
– und territoriale Integrität III 129
– und Wiedervereinigung Deutschlands
    IV 207
– s a → Kulturgüter
Selbstverteidigung, individuelle und kollektive
    → Gewaltverbot, allgemeines
Self-contained regimes III 61; IV 117; VII 34,
    117
Senken/Speicher → Klimaschutz
Servituten → Staatsgebiet
Sezession → Staatsgebiet: Erwerb und
    Verlust
Sic utere tuo ut alienum non laedas →
    Nachbarrecht; Schädigungsverbot
Sicherheitsrat der Vereinten Nationen I 75;
    IV 140 ff; VIII 40 ff
– Ausschüsse IV 149
– Beschlüsse IV 150 ff
– – Entschließungen ohne förmliche
    Abstimmung IV 147
– – gerichtliche Kontrolle IV 152; VIII 45
– – nichtbindende (Empfehlungen) II 170 ff,
    184; IV 150; VIII 46
– – verbindliche (Entscheidungen) II 170 ff, 184,
    179; IV 150 f
– Eilmaßnahmen VIII 47
– Embargo-Maßnahmen VIII 48
– Feststellungskompetenz VIII 45
– friedenssichernde Operationen, Militär-
    aktionen II 81; IV 205, 228; VIII 49

– Geschäftsordnung, vorläufige IV 148
– Handlungsunfähigkeit IV 205
– implied powers VIII 50
– Kompetenzgrenzen VIII 45
– Legislativresolutionen IV 210
– Mitglieder IV 141 f
– – nichtständige IV 141 f
– – ständige IV 34, 141 f
– nichtmilitärische Maßnahmen VIII 48
– Nichtmitglieder IV 148, 154
– Präsidentschaft IV 149
– Reformdiskussion IV 153
– Sitzungen IV 148
– Umsetzung der Beschlüsse II 169
– Veto(recht) IV 130, 142 ff, 152
– Zwangsmaßnahmen IV 27
Sitzstaat, Sitz(staaten)abkommen → Inter-
    nationale Organisationen
Sitztheorie VI 57
Sitte → Courtoisie
Slowenien III 182
Smart Sanctions → Sanktionen: Erscheinungs-
    formen
Soft law I 14, 68, 152; II 170; IV 129, 138; V 89,
    117
– s a → Generalversammlung der Vereinten
    Nationen: Resolutionen (Entschließungen),
    Deklarationen
solar radiation management → Klimaschutz
Somalia VIII 22, 24, 34, 36 f, 44, 46, 48, 50
Sonderbotschafter → diplomatische
    Beziehungen/Diplomatenrecht
Souveränität I 45 f, 73; II 9; III 83 ff; V 2 f, 17, 92;
    VI 2
– äußere I 46, 73; V 2
– Entstehung der Souveränitätsidee I 100
– Failed/failing states s dort
– funktionelle V 10
– Harmon-Doktrin V 92
– innere II 9; V 2
– Interventionsverbot III 83
– Kompetenztheorie III 131
– Relativierung V 15, 92 ff
– territoriale III 132 ff; V 2 ff, 92; VI 58 f, 105, 148
– und Handlungsfreiheit I 50
– Verhältnis zum Gleichheitssatz I 45 f, 143
– s a → Antarktis; Internationale Organisationen:
    Mitgliedstaaten; Kulturgüter; Küsten-
    meer
Souveräner Malteserritterorden → Malteser-
    ritterorden

Sowjetunion → *UdSSR*
Sozialistisches Völkerrecht I 80 ff, 144
space debris (Weltraumschrott) → *Weltraum*
Speicher/Senken → *Klimaschutz*
Spionage II 154
Spitzbergen → *Arktis*
Sprache, Recht auf VI 136 f
Srebrenica IV 102
Staat III 76 ff; V 22 ff
- als Völkerrechtsadressat I 27
- als (originäres) Völkerrechtssubjekt I 5 f, 17 f; III 8; IV 93
- Drei-Elemente-Lehre III 76
- Entstehung III 171 ff; V 23 ff
- Fusion III 175
- Gleichheit der Staaten I 45 f, 74; III 87 ff; IV 27, 75, 210; VIII 59
- Immunität s dort
- Staaten als Herren der Völkerrechtsordnung I 6, 18, 21, 47, 56
- Untergang III 171 ff; V 24
- wiederhergestellter III 173
- s a → *Staatsgebiet: Erwerb und Verlust*
Staatenbeschwerde → *Europäischer Gerichtshof für Menschenrechte: Verfahren*
Staatengemeinschaftsräume, globale → *Nichtstaatsgebiet*
Staatenlosigkeit III 114 f, 283
Staatennachfolge → *Staatensukzession*
Staatenpraxis → *Völkergewohnheitsrecht: Entstehungsvoraussetzungen*
Staatensukzession III 188 ff
- in Haftungsansprüche III 203
- in Mitgliedschaften bei Internationalen Organisationen III 195; IV 71 ff
- in Staatsarchive III 196, 199
- in Staatsschulden III 196, 200, 202
- - odious debts (dettes odieuses) III 202
- in Vermögen III 196 ff
- in völkerrechtliche Verträge III 191 ff
- - clean slate I 19; III 191
- - free choice doctrine III 191
- und Staatsangehörigkeit III 204 ff
- s a → *Bundesrepublik Deutschland: Wiedervereinigung; ČSFR; Internationale Organisationen*
Staatenverantwortlichkeit, völkerrechtliche Verantwortlichkeit VII 4 ff; VIII 27
- Act of state VII 13, 22 ff
- Ausschluss VII 28 ff

- Beihilfe VII 27
- besondere Rechtsbeziehung, Beteiligte VII 8 f, 32
- Delikte, völkerrechtliche III 22, 24 f; VII 5, 17 f
- Deliktsfähigkeit VII 9
- Erfolgshaftung VII 12
- - Haftung von Internationalen Organisationen IV 102
- Erga omnes-Pflichten VII 3, 16 f, 28, 36
- Gegenmaßnahmen VII 30 ff
- Grundlagen und Konzept VII 6 ff
- Haftung für risikobehaftete Tätigkeiten VII 19 ff
- Haftung für schuldhaft begangene Pflichtverletzungen VII 12
- Höhere Gewalt VII 28
- Internationale „Verbrechen" VII 17 f
- Kodifikation VII 6 ff
- Rechtsfolgen VII 32 ff; VIII 27
- - Genugtuung VII 8, 32
- - Wiedergutmachung VII 8, 32
- Schaden VII 14
- Sekundärnormen VII 4
- Staatsnotstand VII 28; VIII 122
- Verletzte Pflicht VII 11
- Zurechnung VII 13, 22 ff
- - déni de justice (denial of justice) VII 22
- - Handlungen Privater VII 25
- - Ultra vires-Handeln VII 24
- s a → *Bundesstaat; Internationale Organisationen*
Staatenverbindung, Staatenverbund II 26, 122; III 160 f; IV 17, 250
Staatsangehörigkeit III 100 ff, 204 ff
- Begriff III 100
- deutsches Staatsangehörigkeitsgesetz III 100
- effektive III 119
- genuine link (connection) III 107, 119
- ius soli/sanguinis III 108
- nachträglicher Erwerb III 109
- originärer Erwerb III 108
- Recht des Einzelnen auf Staatsangehörigkeit III 112, 115, 205, 260
- und diplomatischer Schutz III 102, 118
- Unionsbürgerschaft III 103 ff
- Verlust III 110
- Zwangsausbürgerung III 111
- s a → *Staatensukzession*
Staatsarchive → *Staatensukzession*
staatsfreier Raum → *Nichtstaatsgebiet*
Staatsgebiet III 76, 78, 131 ff; V 7 ff

– als Staatsmerkmal V 15
– Aquitorium, maritimes (Wassergebiet) V 14, 36 ff
– Eigengewässer V 38
– Enklaven, Exklaven V 20
– Erwerb und Verlust III 136 ff; V 22 ff
– – Abtragung V 27
– – Abtretung V 26
– – Adjudikation III 143
– – Annexion III 140, 173; IV 76; V 22
– – Anschwemmung III 141; V 27
– – Dekolonisation V 25
– – Dereliktion III 144
– – Dismembration III 176; IV 71; V 23
– – Effektivitätsgrundsatz III 137
– – Ersitzung (Preskription) III 141
– – Landgewinnung V 27
– – Okkupation III 139; V 9, 27
– – Originärer Erwerb V 27
– – Sezession III 127 ff, 173 f; V 26; VIII 127
– – Stimson-Doktrin IV 76; VIII 26
– – Vereinigung V 24
– – Zession III 142
– Grenzen III 79, 146 ff; V 16 ff
– – Festlegung V 16, 21
– – Grenzkontrollen V 15
– – maritime Begrenzungen V 19
– – s a → *Bundesrepublik Deutschland*
– Grenzflüsse und -seen III 147 ff; V 17
– Kompetenztheorie III 131
– Luftraum V 13, 28 ff
– – Lufthoheit V 13, 29, 31
– – Überflug V 30
– – weltraumwärtige Begrenzung V 28 f, 74
– Servituten III 133
– Territorium (Landgebiet) V 14 ff
– Umfang III 146 ff; V 14 ff, 36 ff
– Verwaltungszession III 133
Staatsgewalt III 80, 154 f
– Effektivität III 80 f
– Legitimität (Estrada- und Tobar-Doktrin) III 81
Staatsgrenzen → *Staatsgebiet*
Staatsnotstand → *Staatenverantwortlichkeit, völkerrechtliche Verantwortlichkeit*
Staatsoberhaupt II 76; III 46 f
– s a → *Immunität (der Staaten)*
Staatsschulden → *Staatensukzession*
Staatsschuldenkrise IV 258
Staatsvolk III 76 f, 100 ff
Staatszugehörigkeit
– Juristische Personen III 116

– Multinationale Unternehmen VI 57
– Schiffe V 66 f
– – Billigflaggen *s dort*
– – Genuine link V 66
Stabilisierungsklauseln VI 62
Ständiger Internationaler Gerichtshof IV 7; VII 86, 87 f
Ständiger multilateraler Investitionsgerichtshof → *Investitionsschutz*
Standards → *Völkerrechtsquellen*
Steuerrecht, internationales → *Internationales Steuerrecht*
Stimson-Doktrin → *Staatsgebiet: Erwerb und Verlust*
Stockholmer Erklärung V 96, 148
Straddling Stocks → *Fischerei*
Strafgerichtsbarkeit, internationale → *internationale Strafgerichtsbarkeit*
Strafrecht, internationales → *Internationales Strafrecht*
Streitbeilegung VII 60 ff
– Begriff VII 65
– Internationalität des Streits VII 66
– Konkurrenzen VI 84; VII 60
– Mittel der Streitbeilegung IV 167; VII 68 ff
– – Erfüllungskontrolle (Compliance control) V 90, 105
– – Gute Dienste IV 167; VII 68 ff, 73 f
– – Hybride Tribunale IV 21; VII 59
– – Internationaler Gerichtshof *s dort*
– – Schiedsgerichtsbarkeit *s dort*
– – Untersuchung VII 68 f, 73, 75
– – Vergleich VII 68 f, 73, 76
– – Verhandlungen VII 71 f
– – Vermittlung VII 68 f, 73
– – Zwischenstaatliche Konsultationen VII 72
– Pflicht zur friedlichen Streitbeilegung VII 60 ff; VIII 31
– – Manila-Erklärung VII 60, 71
– – und ius cogens VII 62
– Streitbeilegung im Rahmen von Internationalen Organisationen VII 69
– Verfahren mit Drittbeteiligung VII 73 ff
– s a → *Internationale Organisationen; Investitionsschutz; World Trade Organization*
Suárez, Francisco I 92
subsequent objector → *Völkergewohnheitsrecht*
Subsidiaritätsprinzip → *Europäische Union*
Subventionen VI 70, 73, 78, 79 ff, 96
Südafrika IV 86, 179

Südchinesisches Meer V 19, 27, 41
Sukzession → Staatensukzession
Supranationale Organisationen III 169 f; IV 10, 14, 27, 249 ff
– Kompetenzen III 169
– Mehrheitsbeschlüsse IV 14
– Mitgliedstaaten als „Herren der Verträge" IV 29
– Organe III 169
– Rechtsakte IV 14
– als Völkerrechtssubjekte I 5
– s a → Europäische Union; Europäisches Unionsrecht; Europäische Union
surplus → Fischerei
Sustainable Development Goals IV 23, 204; V 104; VI 14, 34, 113, 125
Systeme kollektiver Sicherheit I 52, 75; II 65, 83; VIII 5, 32 ff
– Crisis management VIII 32, 36
– Nichtmilitärische Zwangsmaßnahmen VIII 48
– Peace keeping, Elemente VIII 37
– Präventive Friedenssicherung VIII 39
– Uniting for Peace-Resolution VIII 33
  s a → Völkerbund

Taiwan II 58
Taliban VIII 11, 43, 66, 127
Tanger V 5
targeted killing VIII → Krieg, Kriegsrecht
targeted sanctions → Sanktionen: Erscheinungsformen
Tariffs only-Maxime → Welthandelsprinzipien
Technologietransfer → Entwicklungsvölkerrecht
Terraneisierung der Meere V 60, 136 f
territoriale Souveränität → Souveränität: territoriale
Territorialitätsprinzip → Jurisdiktionsprinzipien
Territorium (Landgebiet) → Staatsgebiet
Terrorismus, internationaler III 121a, 325; IV 27, 210; VIII 11, 19, 43, 48, 128
– als neue Bedrohung VIII 19
– Förderung terroristischer Aktivitäten VIII 11
– Pre-emptive strikes VIII 19
– Terroristen als „unlawful combatants" VIII 77
– s a → Gewaltverbot, allgemeines
Tobar-Doktrin → Staatsgewalt
Todesstrafe II 1
Tokio → internationale Strafgerichtsbarkeit
Toleranzedikt von Mailand I 91
Tordesillas, Vertrag von I 99
total allowable catch → Fischerei

Trail Smelter-Fall → Schädigungsverbot
Transformationslehre II 38, 115, 118, 136
Transnationale Unternehmen → Multinationale Unternehmen
Transnationales Recht I 23
Transnationalisierung des Umweltrechts V 105, 157b
Transparenz → internationales Wirtschaftsrecht: Standards
Travaux préparatoires → Verträge, völkerrechtliche: Auslegung
Treu und Glauben I 59, 117, 123, 126, 142, 149; II 139
Treuhandsystem der Vereinten Nationen IV 163 f
– Treuhandabkommen IV 163
– Treuhandrat IV 163 f
Truman-Proklamation → Festlandsockel
Tschechische Republik → Bundesrepublik Deutschland
Tschechoslowakei → ČSFR
Türkei II 53

U-Boote → Küstenmeer: Recht der friedlichen Durchfahrt
UdSSR III 185 ff, 194 f; IV 71
– Auflösung/Zerfall III 185, 194 f; IV 71
– Nachfolge III 194 f
– – Mitgliedschaften in Internationalen Organisationen III 195; IV 71
– – völkerrechtliche Verträge III 194
Ultra vires-Handeln → Europäische Union; Internationale Organisationen: Handlungsfähigkeit, völkerrechtliche; Staatenverantwortlichkeit, völkerrechtliche Verantwortlichkeit
Umwelt V 88
– Begriff V 88
– Recht auf saubere Umwelt V 89, 118 ff
Umwelthaftung V 80, 85, 89, 131, 158
Umweltschutz V 88 ff
– funktionale Ansätze V 165
– holistische/ganzheitliche Ansätze V 103, 112, 134 f, 142
– raum- und objektbezogene Ansätze V 165
– s a → Antarktis; Krieg/Kriegsrecht; Internationale Organisationen; Non-Governmental Organizations; Welthandelsprinzipien; Weltraum
Umweltverschmutzung (Begriff) V 106
Umweltverträglichkeitsprüfung V 109

Umweltvölkerrecht V 88 ff
- Definition V 89
- Entwicklung V 91 ff
- Implementierungsschwäche V 90
- Nachbarrecht V 92 ff
- Nachhaltige Entwicklung, Konzept I 20; V 112 ff; VI 34 ff, 113
- - Entstehung V 98 ff
- - Gehalt V 112 ff
- - Geltung VI 36
- Prinzipien des Umweltvölkerrechts V 90 ff, 105 ff
- - Grundsatz der ausgewogenen Mitbenutzung grenzübergreifender Naturressourcen V 93 f, 111 f
- - Integrationsprinzip V 116
- - Verbot erheblicher grenzüberschreitender Belastungen V 91 ff
- - Verursacherprinzip V 112
- - Vorsorgeprinzip V 112
- Quellen V 89
- Querschnittscharakter V 89
- sektoraler Ansatz V 97
- und Internationale Organisationen V 90
- s a → Völkergewohnheitsrecht
UNCTAD → Entwicklungsvölkerrecht
UNESCO → Kulturgüter
UN-Familie IV 9, 30, 31, 158, 225
- s a → Vereinte Nationen
UN-Generalversammlung → Generalversammlung der Vereinten Nationen
Unilateral acts → Völkerrechtsquellen
Union für das Mittelmeer → Freihandelszonen: regionale Freihandelsabkommen
Unionsbürgerschaft → Europäische Union; Staatsangehörigkeit
United Nations Conference on Environment and Development (UNCED) V 98
United Nations Environment Programme (UNEP) V 96
United Nations Treaty Series (UNTS) I 119; IV 211
Uniting for Peace-Resolution → Gewaltverbot: Zwangsmaßnahmen, Empfehlungen der UN-Generalversammlung; Systeme kollektiver Sicherheit
Unlawful combatants → Krieg, Kriegsrecht; Terrorismus, internationaler
UNO → Vereinte Nationen, UNO
UN-Sicherheitsrat → Sicherheitsrat der Vereinten Nationen

Unternehmen (Enterprise) → Meeresboden (das „Gebiet")
Unternehmensübernahmen VI 103
Untersuchung → Streitbeilegung: Mittel der Streitbeilegung
Unterzeichnung → Verträge, völkerrechtliche: Verfahren des Vertragsschlusses
Uruguay-Runde VI 14, 63, 64, 73, 76, 82, 84, 124

Vandenberg-Vorbehalt → Internationaler Gerichtshof: Zuständigkeit
Vásquez, Fernando I 63
Verantwortlichkeit, völkerrechtliche → Staatenverantwortlichkeit, Völkerrechtliche Verantwortlichkeit
Verbot erheblicher grenzüberschreitender Umweltbelastungen → Umweltvölkerrecht: Prinzipien
Verbrechen gegen die Menschlichkeit → Völkerstrafrecht
Vergleich → Streitbeilegung: Mittel der Streitbeilegung
Vereinigungsfreiheit II 17
Vereinte Nationen, UNO
- Aufgabenfelder IV 204 ff
- Auflösung, Beendigung IV 52
- Aufnahme in die II 89; IV 27, 64, 68
- Ausschluss von Mitgliedstaaten IV 82
- Austritt von Mitgliedstaaten IV 78 f
- Bedienstete IV 105, 174
- Beobachtermissionen VIII 34
- Budgetierung IV 220 f
- - Doppelhaushalt IV 221
- Charta IV 8, 44, 92, 142
- exklusive Haftung IV 102
- Friedensstreitkräfte VIII 34, 38 f, 46 f
- Hauptorgane IV 124 ff
- - Generalversammlung s dort
- - Internationaler Gerichtshof s dort
- - Sekretariat s dort
- - Sicherheitsrat s dort
- - Treuhandrat → Treuhandsystem der Vereinten Nationen
- - Wirtschafts- und Sozialrat s dort
- Headquarters Agreement III 13; IV 110
- historischer Hintergrund I 106 f; IV 3 ff
- implied powers IV 191; VIII 50
- Mitgliedsbeiträge, Festsetzung und Zurückbehaltung IV 212 f

- als Nachfolgeorganisation des Völkerbundes IV 59
- Nebenorgane IV 131, 227 ff
- Organe IV 124 ff
- Rechnungsprüfung (joint inspection unit) IV 223
- Reformdiskussion IV 131, 153, 157, 166, 182
- ruhende Mitgliedschaft IV 79
- Sonderorganisationen IV 9, 30, 158, 229 ff
- – Beziehungsabkommen IV 231 f, 237
- – Entpolitisierung IV 237
- – Gründungsvertrag IV 231
- Spezialorgane IV 224
- Übergangsverwaltung in Osttimor VIII 36
- Universalität IV 9, 30, 67, 225
- s a → *Menschenrechte/Menschenrechtsschutz: Internationale Organisationen*
Verhältnismäßigkeit → *Gewaltverbot, allgemeines: Selbstverteidigung, individuelle und kollektive*
Verhandlungen → *Streitbeilegung: Mittel der Streitbeilegung*
Verkehrstrennungsgebiete → *Küstenmeer: Recht der friedlichen Durchfahrt*
Vermittlung → *Streitbeilegung: Mittel der Streitbeilegung*
Versailler Vertrag I 105
Verschmutzung → *Meeresschutz*
Verträge, völkerrechtliche I 113 ff; II 62 ff
- Abgrenzung zum Konsens I 113
- Änderung I 125; II 91
- Anhörungsrecht der Länder II 67, 72, 100
- Aufhebung und Suspendierung I 127 ff
- – bei „material breach" I 128
- Auslegung I 123 f; II 108, 119
- – Auslegungsregeln I 124; IV 39 ff, 116
- – bei Textfassungen in verschiedenen Sprachen I 123
- – effet utile I 123
- – travaux préparatoires I 123; IV 40
- – Treu und Glauben *s dort*
- außenpolitisches „Ermessen" II 90, 105
- Beendigung, Rücktritt, Kündigung I 127 f; II 90, 116 f
- Beitritt I 117; II 89
- bewegliche Vertragsgrenzen III 192
- bilaterale/multilaterale I 115
- clausula rebus sic stantibus I 130
- einseitige Pflichtenübernahme II 90
- Evidenztheorie I 118
- Fähigkeit zum Vertragsschluss I 116

- Friedensverträge II 96
- Frustrationsverbot I 117
- Gegenstände der Bundesgesetzgebung II 99 ff, 107
- Gegenstände der Landesgesetzgebung II 100
- Grenzverträge II 96; III 147
- Gründungsverträge Internationaler Organisationen IV 32 ff
- – Änderung IV 43 ff
- – Auslegung IV 39 ff
- In-Kraft-Treten I 118; II 87, 109, 115 ff
- Innerstaatliche Anwendbarkeit II 41 f, 181 f
- Innerstaatliche Geltung II 115 ff
- Innerstaatlicher Rang II 115 ff, 176
- Interpretationserklärungen I 121
- kommunale Angelegenheiten II 68
- Kündigung → *Beendigung*
- Kulturabkommen II 68
- militärische II 96
- Nichtigkeit und Anfechtbarkeit I 126
- pacta sunt servanda I 90, 118, 128
- pacta tertiis nec nocent nec prosunt I 120; IV 91; V 87
- parlamentarische Mitwirkung II 86 ff, 103 ff
- politische II 68, 81, 95 ff, 107
- radizierte III 192
- res inter alios acta I 120
- Registrierung I 119
- Reichweite der Bindung I 120 ff
- relative Rechtsverhältnisse I 122, 125
- Verfahren des Vertragsschlusses I 117
- – Frustrationsverbot I 117
- – Paraphierung I 117; II 111
- – Ratifikation I 117 f; II 72, 87, 89, 109, 111, 115
- – Unterzeichnung I 117
- – Urkunde I 117
- Verhältnis zum staatlichen Recht II 46 ff
- Vertragsabschlussfähigkeit der Länder II 67 ff
- Vollmacht I 117
- Vorbehalte I 121 f; II 90, 109
- – Einspruch I 122
- – s a → *Internationaler Gerichtshof*
- Vorläufige Anwendung I 117
- s a → *Multinationale Unternehmen; Staatensukzession; UdSSR: Nachfolge*
Vertragsgesetz II 87, 91, 104, 111, 115, 176, 180
- Form II 104 ff
- Rechtsverordnung II 110, 112
- Zweck II 104
Vertragsstaatenkonferenzen (Conferences of the Parties) V 120, 153, 156, 157, 162, 163

Verursacherprinzip → *Umweltvölkerrecht: Prinzipien des Umweltvölkerrechts*
Verwaltungsabkommen II 94, 112 ff
Verwaltungsgericht der Vereinten Nationen IV 175
Verwaltungsrecht, internationales → *Internationales Verwaltungsrecht*
Verwaltungsunionen IV 3 f, 231
Verwundete und Kranke → *Krieg, Kriegsrecht*
Vier Mächte-Verwaltung III 208; V 5
Vitoria, Francisco de I 9, 92
Völker (Nationen) I 4, 17, 29; II 3; III 32 f
Völkerbund IV 6 f
– Austritt/Ausschluss von Staaten I 105
– Mandatsgebiete IV 163
– Satzung IV 6
– System kollektiver Sicherheit VIII 5
– Zwangsmaßnahmen VIII 32
– s a → *Krieg, Kriegsrecht*
Völkergewohnheitsrecht I 25, 131 ff; II 7, 135 ff
– Acquiescence I 134, 141
– als eigenständige Rechtsquelle I 135
– bilaterales II 144, 147
– Entstehungsvoraussetzungen I 131 ff, 137; VIII 8
– – Rechtsüberzeugung I 131
– – Übung, Staatenpraxis I 132 f
– – Dauerhaftigkeit der Übung I 139
– – Einheitlichkeit und Allgemeinheit der Übung I 140
– – instant customary law I 139
– Estoppel I 134, 149
– (Europäisches) Gemeinschaftsgewohnheitsrecht II 141
– Feststellung II 142
– Innerstaatliche Anwendbarkeit II 145 f, 175 f
– Innerstaatliche Geltung II 142 ff
– Innerstaatlicher Rang II 148 ff, 156, 176
– Kodifikation I 136 f; IV 209
– pactum tacitum I 141
– partikulares II 140 f, 143
– Persistent objector I 126, 133; II 142
– regionales II 141, 147, 180
– im Seerecht V 37 ff, 47, 55 f, 58, 71 ff
– im Umweltvölkerrecht V 91 ff, 112 ff, 121
– Verhältnis zum staatlichen Recht II 46 ff, 142
– Vorrangfragen II 137 f
– im Weltraumrecht (Weltraumgewohnheitsrecht) I 137 ff; V 28, 78

– und „allgemeine Regeln des Völkerrechts" II 137, 140
– s a → *Gewaltverbot, allgemeines; Krieg, Kriegsrecht; Völkerrechtsquellen: allgemeine Rechtsgrundsätze*
Völkermord III 25, 31; VII 16
– s a → *Völkerstrafrecht*
Völkerrecht
– Abgrenzung zu anderen Rechtsgebieten I 33 ff
– Abgrenzung zum europäischen Unionsrecht I 40 ff; IV 115
– allgemeines I 13
– als Raumordnung V 2 ff
– Begriff, Besonderheit I 2 ff
– – Ausgleich staatlicher Interessen I 8
– – fundamentaler Relativismus I 48, 133
– – Konsensualstruktur I 26, 55
– – Kooperationsordnung I 20, 55, 79, 87
– – Organisationsschwäche I 47
– – Wertorientierung I 8, 72
– – Zwischen-Staaten-Recht I 4 ff, 21, 48
– Begriffsgeschichte I 9 ff
– Definition I 2 ff
– Durchsetzungsschwäche I 51, 53, 61 f, 65, 108; II 4; IV 24
– Einheit der Völkerrechtsordnung I 12, 80 ff
– Fragmentierung I 12, 20, 80, 154 ff
– Funktionen I 71
– Geltungsfrage I 61 ff
– Gerechtigkeit I 87
– Grundregeln I 72 ff
– – Diskriminierungsverbot s dort
– – Gewaltverbot s dort
– – Gleichheit → *Staat: Gleichheit der Staaten*
– – Interventionsverbot s dort
– – Pflicht zur friedlichen Regelung von Streitigkeiten I 77
– – Pflicht zur Zusammenarbeit I 79
– – Selbstbestimmungsrecht der Völker s dort
– – Souveränität s dort
– ius publicum Europaeum/außereuropäischer Anteil I 10 f, 103
– Konstitutionalisierung I 20, 72
– Lücken im Völkerrecht I 50
– als Maßstab der deutschen Staatsgewalt II 175 ff
– – Gesetzgebung II 176
– – Regierung und Verwaltung II 177 ff

– – Gerichte II 185 f
– partikuläres I 13
– Quellen → *Völkerrechtsquellen*
– regionales I 13
– staatsgerichtetes II 150 ff
– Strukturwandel I 20; V 13
– Verhältnis zum staatlichen Recht II 28 ff; III 99a
– Wirklichkeitsnähe I 57
Völkerrechtliche Verträge → *Verträge, völkerrechtliche*
Völkerrechtsfreundlichkeit des Grundgesetzes II 10, 18 ff, 153, 186
Völkerrechtsgemeinschaft I 29
Völkerrechtsgeschichte I 88 ff
– Ära der Vereinten Nationen I 106 ff
– Altertum I 88 ff
– Byzantinisch-orthodoxe Christenheit I 96
– Entdeckungszeitalter I 98 ff
– Französisches Zeitalter I 102 f
– früher Islam I 94
– Heiliges Römisches Reich deutscher Nationen I 95
– 19. Jahrhundert I 104
– Spätmittelalter I 97 f
– Völkerbundära I 105
– Westfälischer Frieden I 101 f
– Wiener Kongress I 103
Völkerrechtsquellen I 24 ff, 113 ff; II 137 ff
– Allgemeine Rechtsgrundsätze I 25, 142 ff; II 163 ff
– – Abgrenzung zum Völkergewohnheitsrecht I 145
– – und Resolutionen Internationaler Organisationen I 146
– – s a → *allgemeine Regeln des Völkerrechts*
– Ausweitung des Kreises der Quellen I 14, 148 ff
– Einseitige Akte (unilateral acts) I 149; II 89
– Erkenntnisquellen I 147
– Rangverhältnis I 154 ff; II 137 f
– – Lex posterior derogat legi priori I 125, 154
– – Lex specialis derogat legi generali I 125, 154
– – Vorrang des ius cogens I 154
– – zwischen primären und sekundären Quellen I 158
– Richterliche Entscheidungen I 25, 110, 147
– Standards I 153
– Verträge, völkerrechtliche *s dort*
– Völkergewohnheitsrecht *s dort*

– Völkerrechtslehre I 25, 109 ff, 147
Völkerrechtssubjekte III 1 ff; IV 1
– Begriff und Kennzeichen III 2 f
– Entwicklung III 4 ff
– Erweiterung des Kreises der Völkerrechtssubjekte I 16 ff; III 6
– Handlungsfähigkeit, rechtliche III 10 f
– – nach innerstaatlichem Recht III 11
– – nach Völkerrecht III 11
– kein numerus clausus I 29
– Organe III 43 ff
– – dezentrale III 44, 51 ff
– – zentrale III 44 ff
– Rechtsfähigkeit III 10 f; IV 93 ff
– Typologie III 7 ff
– – beschränkte III 9
– – unbeschränkte III 8
– – derivative/abgeleitete I 18 f; III 9
– – Non-state actors I 6, 18
– – originäre/geborene I 16 f; III 8
– s a → *Europäische Union; Multinationale Unternehmen; Supranationale Unternehmen; Staat*
Völkerrechtswissenschaft I 109 ff
Völkerstrafrecht VII 38 ff
– Aggression III 25; VII 52, 55
– Ausgestaltung der Tatbestände VII 52
– Entstehungsgeschichte VII 44
– Internationale Strafgerichtsbarkeit *s dort*
– Kodifikation VII 46
– konkurrierende staatliche Strafansprüche III 29; VII 50
– Kriegsverbrechen III 25; VII 46, 52
– Legalitätsprinzip (nulla poena sine lege) III 25; VII 51
– Ne bis in idem VII 50
– Strafsanktionen VII 53
– Terminologie VII 39 ff
– Verbrechen gegen die Menschlichkeit III 25; VII 44, 46, 51, 52
– Verfahren VII 57 ff
– Völkermord III 25; VII 52
– Wesentliche Kriterien VII 42
– s a → *Menschenrechte/Menschenrechtsschutz*
Vollmacht → *Verträge, völkerrechtliche*
Vollzugslehre II 40, 116, 117 f, 136
Vorbehalte → *Internationaler Gerichtshof: Zuständigkeit; Verträge, völkerrechtliche*
Vorsorgeprinzip → *Umweltvölkerrecht: Prinzipien des Umweltvölkerrechts*

Waffenembargo → *Sanktionen: Erscheinungsformen*
Waffenexporte → *Neutralität*
Waffenverbote → *Krieg, Kriegsrecht*
Waiver clause → *Welthandelsprinzipien*
Walfang V 94
Wasserrahmenrichtlinie → *Binnengewässer*
Weimarer Reichsverfassung II 59
Weltbank, Weltbankgruppe VI 9, 12, 13, 33, 36, 40 f, 52, 116 ff, 139
- Internationale Entwicklungsorganisation VI 118
- Internationale Finanz-Corporation VI 118
Weltbiodiversitätsrat → *Flora und Fauna, Schutz*
Welteinkommensprinzip VI 105
Welterbekomitee → *Kulturgüter: UNESCO*
Weltfinanzkrise IV 256; V 104; VI 9, 114, 116
Welthandelsordnung VI 66 ff
Welthandelsorganisation VI 5, 66 ff
- Freihandel als Ziel VI 5, 12
- als Internationale Organisation VI 74
- Schutzmaßnahmen VI 69, 82 f
- Streitschlichtung VI 75, 88 f
- Vertragskomplex VI 69, 74
Welthandelsprinzipien VI 69 ff
- allgemeine Ausnahmen VI 83 ff
- Diskriminierungsverbot VI 16 ff, 70 f
- Gegenseitigkeit VI 70, 72
- Inländergleichbehandlung VI 12, 16 ff, 23 ff, 72, 92, 93, 96
- kulturelle Belange als Schranke VI 131 f
- Meistbegünstigung VI 19 ff, 70 ff, 92, 93
- Menschenrechte VI 90 ff
- Rationalität VI 39 f
- Schutzklausel VI 83
- Tariffs only-Maxime VI 73
- und Umweltschutz VI 87 ff
- waiver clause VI 21, 82
- warenbezogene Sonderregelungen VI 86
Weltklimarat → *Klimawandel*
Weltraum I 137 ff; V 9, 28 f, 74 ff
- als globaler Staatengemeinschaftsraum V 9, 74 ff
- asteroid mining V 75
- Committee on the Peaceful Uses of Outer Space (COPUOS) V 81
- Erklärung von Bogotá V 76
- Fernerkundung (remote sensing) I 138; V 77; VIII 53
- geostationärer Orbit V 76

- Haftung für Schäden IV 102; V 80
- Innocent passage I 138
- Internationale Organisationen V 81
- Kommunklausel V 75
- Lunarer Bergbau V 75
- Militarisierung VIII 89
- Nichtappropriierbarkeit V 75
- Stationierungsverbot für Atomwaffen V 77
- Umweltschutz V 78
- - Schutzpflicht V 78
- - Space debris (Weltraumschrott) V 78, 80
- Verbot militärischer Nutzung V 79
- von-Kármán-Linie V 28
- Weltraumfreiheit V 77
- Weltraumgleichheit V 77
- s a → *Völkergewohnheitsrecht; Staatsgebiet: Luftraum*
Weltwirtschaft, Begriff VI 2, 7
Weltwirtschaftsordnung VI 12 ff
- Grundlagen VI 13
- neue VI 44, 107
Westeremskommission V 21
Westfälischer Frieden I 101 f
Wiedergutmachung → *Staatenverantwortlichkeit, völkerrechtliche Verantwortlichkeit: Rechtsfolgen*
Wiedervereinigung → *Bundesrepublik Deutschland*
Wiener Kongress → *Völkerrechtsgeschichte*
Wirtschaftskrieg → *Krieg, Kriegsrecht*
Wirtschaftsrecht, internationales → *Internationales Wirtschaftsrecht*
Wirtschaftssanktionen VII 110, 120 f; VIII 48
- Boykott VII 119
- wirtschaftliche Diskriminierung VII 121
Wirtschafts- und Sozialrat der Vereinten Nationen IV 155 ff
- Arbeitsweise IV 159
- Aufgaben und Befugnisse IV 157 f, 234
- Mitglieder IV 156
- Nichtmitglieder IV 160
- Präsidentschaft IV 159
- Sitzungen, Mitwirkungsrechte anderer Organisationen IV 160
- Unterorgane IV 161
Wirtschafts- und Währungsunion → *Europäische Union*
Wirtschaftsvölkerrecht VI 1 ff
World Conservation Union (IUCN) V 90, 97
World Summit on Sustainable Development → *Johannesburg-Gipfel*

World Trade Organization → *Welthandelsorganisation (WTO)*
World Wide Fund for Nature (WWF) V 90, 97

Zession → *Staatsgebiet: Erwerb und Verlust*
Zivilbevölkerung → *Immunität der Zivilbevölkerung bei Kampfhandlungen; Krieg, Kriegsrecht*
Zollunionen VI 19, 21, 71, 97, 99
– Andenpakt VI 10
– als Ausnahme vom Meistbegünstigungsprinzip VI 71
– EAC VI 99
– ECOWAS VI 99
– Europäische Union VI 99
– Mercosur VI 99
– NePAD VI 99
Zugang zu Wasser VI 113
Zurechnung → *Staatenverantwortlichkeit, völkerrechtliche Verantwortlichkeit*
Zwangsausbürgerung → *Staatsangehörigkeit*
Zwangsvollstreckung → *Immunität (der Staaten); internationales Steuerrecht*
zwingendes Recht → *ius cogens*
zwischenstaatliche Einrichtungen, Übertragung von Hoheitsrechten II 25 f, 64, 131 ff